2025
中国海关进出口货物检验检疫申报手册

进出口货物检验检疫申报手册编委会　编著

中国海关出版社有限公司
· 北京 ·

图书在版编目（CIP）数据

2025 中国海关进出口货物检验检疫申报手册 / 进出口货物检验检疫申报手册编委会编著. -- 北京 : 中国海关出版社有限公司, 2025. -- ISBN 978-7-5175-0882-3

Ⅰ. F752. 65-62

中国国家版本馆 CIP 数据核字第 2025R7B101 号

2025 中国海关进出口货物检验检疫申报手册

2025 ZHONGGUO HAIGUAN JINCHUKOU HUOWU JIANYAN JIANYI SHENBAO SHOUCE

作　　者：进出口货物检验检疫申报手册编委会
责任编辑：刘　婧　文珍妮
责任印制：王怡莎
出版发行：中国海关出版社有限公司
社　　址：北京市朝阳区东四环南路甲 1 号　　邮政编码：100023
编 辑 部：01065194242-7544（电话）
发 行 部：01065194221/4238/4246/5127（电话）
社办书店：01065195616（电话）
https://weidian.com/?userid=319526934（网址）
印　　刷：北京新华印刷有限公司　　经　　销：新华书店
开　　本：889mm×1194mm　1/16
印　　张：69　　字　　数：2230 千字
版　　次：2025 年 3 月第 1 版
印　　次：2025 年 3 月第 1 次印刷
书　　号：ISBN　978-7-5175-0882-3
定　　价：360.00 元

前言

自2018年4月出入境检验检疫的管理职责和队伍正式划入中国海关以来，伴随关检业务的深度融合，对需实施检验检疫的进出口货物在申报要求、资质管理、检查项目等方面的管理要求都发生了很大变化，广大进出口企业、代理公司以及一线海关关员迫切希望有一套能够讲清讲透检验检疫各项管理要求、准确指导海关检验检疫业务办理的手册。受中国海关出版社有限公司的邀约，编委会组织业务专家，于2022年年初出版了《2022中国海关进出口货物检验检疫申报手册》，受到了业内人士的广泛关注。在过去三年的使用中，本书得到了广大读者的高度认可。许多进出口从业者表示，借助这部工具书的指导，在进出口货物申报时，可以准确地掌握海关对涉及检验检疫货物的政策法规以及各项工作要求，配合海关高效地做好检验检疫工作，确保货物快速通关。广大读者还积极建言献策，对本书提出了许多很好的改进建议，并表示希望本书每年更新，2025年继续选用本书作为业务指导工具书。

为满足广大读者的需要，经过编委会和出版社的反复论证和推动，《2025中国海关进出口货物检验检疫申报手册》与读者见面了。2025版申报手册在历年版本的基础上，充分吸收了广大读者提出的优化建议，全书以进出口货物检验检疫要求查询表（俗称“种类表”“法检目录”）为基础，以货物类别为导向，重点介绍各类涉及海关检验检疫货物的资质要求、申报要求、录入要求、检验检疫监管要求。本书涉及的行政审批事项，均出自官方渠道。在给予进出口报关企业涉检申报工作权威、准确、快捷的指导的同时，也为一线海关关员各项涉检业务管理工作提供全面、直接、高效的参考。

本书凝聚了编委们的心血，希望能够给广大进出口从业者和管理者准确的业务指导，帮助从业者尽可能地避免因政策不清、流程不明、操作不熟而造成的诸多问题，提高口岸通关效率。

本书的各项内容基本更新至2025年1月1日，确保了内容的时效性、准确性。由于编委业务局限、编写时间紧迫以及业务政策不断更新调整，内容难免存在错漏，读者在参考本书内容的同时应以官方解读为准。在此，也衷心地希望广大读者和专业人士对本书内容予以指正（邮箱：jysbsc@icloud.com），我们将不胜感激并在后续版本中不断完善。

编委会

2025年1月

目　录

第一部分　进出口货物检验检疫要求查询表

进出口货物检验检疫要求查询表 …… 3

第二部分　检验检疫要求

第一章　进出口货物检验检疫申报通用要求和操作要点 …… 253
第一节　进出口货物检验检疫申报的基本规定 …… 253
第二节　进口货物整合申报检验检疫业务的一般申报要求 …… 255
第三节　出口检验检疫的一般申请要求 …… 259
第四节　过境货物检验检疫申报范围及要求 …… 259
第五节　进出口货物检验检疫申报录入填制规范及操作指南 …… 260

第二章　特殊物品、生物材料和中药材 …… 276
第一节　特殊物品 …… 276
第二节　进境生物材料 …… 278
第三节　中药材（食药物质） …… 282
参考资料1　按照传统既是食品又是中药材的物质目录 …… 324
参考资料2　口岸及边境口岸与口岸药品监督管理部门和口岸药品检验机构对应关系表 …… 332

第三章　动物及其产品 …… 335
第一节　陆生动物 …… 335
参考资料　已完成检疫准入的畜禽品种清单 …… 339
第二节　水生动物 …… 346
参考资料　已准入水生动物国家（地区）及品种名单 …… 350
第三节　进境动物遗传物质 …… 393
参考资料　允许向中国出口动物遗传物质的国家（地区）及产品名单 …… 395
第四节　非食用动物产品 …… 396
参考资料　已准入非食用动物产品国家或地区及产品种类名单 …… 401

第四章　植物及其产品 …… 409
第一节　植物和植物繁殖材料 …… 409
第二节　原木和木材 …… 414
第三节　烟　草 …… 416
第四节　其他非食用植物产品 …… 418

第五章　饲料、肥料、栽培介质 …… 421
第一节　饲料和饲料添加剂 …… 421
参考资料　允许进口饲料国家（地区）及产品名单 …… 441
第二节　栽培介质 …… 447
第三节　植物源性肥料 …… 449

第六章　动物源性食品 …… 451
第一节　肉类产品 …… 451
第二节　食用蛋品 …… 463
第三节　乳　品 …… 466
第四节　水产品 …… 472
第五节　燕窝产品 …… 492
第六节　蜂产品 …… 495
第七节　其他动物源性食品 …… 499

第七章　食用植物产品 …… 502
第一节　粮　食 …… 502
参考资料　准予进口粮食种类（含籽实类和块茎类粮食、油籽）及输出国家或地区名录 …… 521
第二节　粮食加工品 …… 524
第三节　食用植物油 …… 529
参考资料　进口食用植物油允许装运货物列表及禁止装运货物列表 …… 531
第四节　新鲜水果 …… 535
参考资料　获得我国检验检疫准入的新鲜水果种类及输出国家（地区）名录 …… 577
第五节　冷冻水果 …… 582
第六节　新鲜蔬菜 …… 586
参考资料　准予进口新鲜蔬菜产品种类及输出国家（地区）名录 …… 592
第七节　蔬菜制品 …… 594
第八节　干（坚）果 …… 597
第九节　调味香料 …… 603
参考资料　准予进口调味料产品种类及输出国家（地区）名录 …… 606
第十节　茶叶产品 …… 607
参考资料　特定品种茶叶具体要求 …… 610
第十一节　咖啡豆、可可豆 …… 611
第十二节　其他植物源性食品 …… 615

第八章　特殊食品和深加工食品 …… 618
第一节　特殊食品 …… 618
参考资料 1　可用于保健食品的物品名单 …… 622
参考资料 2　禁止和限制用于保健食品的物质目录 …… 623
参考资料 3　特殊医学用途配方食品标识指南 …… 623
第二节　酒类产品 …… 627
第三节　其他深加工食品 …… 629

第九章　食品相关产品 …… 632
第一节　进出口食品添加剂（营养强化剂） …… 632
第二节　进口食品接触产品 …… 634

第十章　化妆品 …… 636
第一节　进口化妆品 …… 636
第二节　出口化妆品 …… 641
第三节　特殊贸易化妆品 …… 642

第十一章　工业产品 …… 643
第一节　进口强制性产品认证 …… 643
参考资料 1　强制性产品认证目录 …… 649
参考资料 2　《强制性产品认证目录》产品与 2020 年商品编号对应参考表 …… 653
参考资料 3　《强制性产品认证目录》描述与界定表 …… 674
参考资料 4　《强制性产品认证目录》描述与界定表（2024 年增补部分） …… 732
参考资料 5　《强制性产品认证目录》相关技术决议（18 个） …… 737
第二节　进口成套设备与旧机电产品 …… 745
参考资料 1　进口旧机电产品相关目录 …… 749
参考资料 2　进口旧机电产品相关声明 …… 753
参考资料 3　机电类商品许可证特殊情形说明 …… 756
第三节　进口机动车辆及其零部件 …… 757
参考资料　《货物进口证明（汽车、摩托车）》和《进口机动车辆随车检验单》“两证合一”改革试点 …… 758
第四节　进口医疗器械 …… 759
第五节　进口特种设备 …… 762
第六节　进口普通设备（生产设备） …… 766
第七节　进口电气设备 …… 768
第八节　其他机械、电子产品 …… 775
第九节　进口棉花 …… 777
第十节　进口轻工、纺织产品 …… 778
第十一节　进出口烟花爆竹 …… 781
第十二节　出口打火机、点火枪 …… 783

第十二章　资源与化工产品 …… 785
第一节　进出口危险化学品 …… 785
参考资料 1　危险货物包装类别 …… 786
参考资料 2　进出口危险化学品企业符合性声明式样 …… 788
第二节　进口非金属矿产品 …… 789
参考资料 1　进口原油“先放后检”新模式 …… 790
参考资料 2　进口原油检验采信管理 …… 790
第三节　进口金属矿产品 …… 792

参考资料　进口金属矿产品“先放后检”新模式 …… 793
第四节　进口再生金属原料产品 …… 793
第五节　进口复合橡胶 …… 794
第六节　进出口其他资源与化工产品 …… 794

第三部分　资质办理指南及检验鉴定

第十三章　海关检验检疫业务相关产品资质办理指南 …… 801
第一节　入/出境特殊物品卫生检疫审批（行政许可） …… 801
第二节　进境（过境）动物及其产品检疫审批（行政许可） …… 802
第三节　进境（过境）植物及其产品检疫审批（行政许可） …… 804
第四节　引进农业种子、苗木检疫审批（行政许可） …… 805
第五节　引进林草种子、苗木检疫审批（行政许可） …… 806
第六节　肥料登记证（行政许可） …… 808
第七节　进口保健食品备案 …… 811
第八节　进口特殊医学用途配方食品注册（行政许可） …… 813
第九节　进口婴幼儿配方乳粉产品配方注册（行政许可） …… 814
第十节　强制性产品认证（认证模式） …… 816
第十一节　强制性产品认证（自我声明模式） …… 817
第十二节　免予办理强制性产品认证 …… 819
第十三节　进口医疗器械注册申请（行政许可） …… 821
第十四节　中华人民共和国特种设备生产许可证（行政许可） …… 824

第十四章　海关检验检疫业务相关企业资质办理指南 …… 826
第一节　进境动物产品国外生产、加工、存放单位注册登记 …… 826
第二节　进境植物产品国外生产、加工、存放单位注册登记 …… 827
第三节　出境动物及其产品、其他检疫物的生产、加工、存放单位注册登记（行政许可） …… 829
第四节　出境植物及其产品、其他检疫物的生产、加工、存放单位注册登记（行政许可） …… 834
第五节　进境动物遗传物质使用单位备案 …… 840
第六节　进境非食用动物产品存放、加工过程的检疫监督 …… 841
第七节　进境Ⅰ级风险饲料原料存放、生产、加工过程的检疫监督 …… 842
第八节　进境粮食存放、加工过程的检疫监督 …… 845
第九节　进境植物繁殖材料地方隔离检疫圃指定 …… 847
第十节　进口食品境外生产企业注册 …… 848
第十一节　进口食品进口商备案 …… 853
第十二节　进口食品境外出口商、代理商备案 …… 854
第十三节　进境肠衣定点加工企业备案 …… 855
第十四节　进境中药材指定存放、加工企业备案 …… 856
第十五节　进口毛燕指定加工企业备案 …… 857
第十六节　出口食品生产企业备案 …… 858
第十七节　出口食品生产企业对外推荐注册 …… 859
第十八节　出口食品原料种植场备案 …… 860

第十九节 出口食品原料养殖场备案 …… 862
第二十节 进口棉花境外供货企业登记 …… 864
第二十一节 出口危险货物包装生产企业登记 …… 865
第二十二节 进口旧机电产品装运前检验的第三方检验机构备案 …… 866

第十五章 检验鉴定 …… 868
第一节 数（重）量鉴定 …… 868
第二节 残损鉴定 …… 869
第三节 适载检验 …… 870
第四节 出口危险货物包装容器检验鉴定 …… 871
第五节 出口装运前检验 …… 880

第四部分 附 录

附录 1 海关检验检疫法律法规和规章 …… 885
附录 1-1 检验检疫法律、行政法规 …… 885
附录 1-2 检验检疫规章 …… 886

附录 2 相关名录及货物范围 …… 889
附录 2-1 中华人民共和国进境动物检疫疫病名录 …… 889
附录 2-2 中华人民共和国进境植物检疫性有害生物名录 …… 894
附录 2-3 须向海关申请办理进境动植物检疫审批的货物范围 …… 906
附录 2-4 禁止从动物疫病流行国家/地区输入的动物及其产品一览表 …… 907
附录 2-5 中华人民共和国进境植物检疫禁止进境物名录 …… 928
附录 2-6 食品安全国家标准目录 …… 930
附录 2-7 指定监管场地名单 …… 956

附录 3 通用代码表 …… 998
附录 3-1 关区代码及对应的检验检疫机关代码对照表 …… 998
附录 3-2 中国行政区划代码表 …… 1022
附录 3-3 国家和地区代码表 …… 1076
附录 3-4 计量单位代码表 …… 1084
附录 3-5 货币单位代码表 …… 1088
附录 3-6 集装箱规格代码表、包装种类代码表、危险货物运输包装规格表 …… 1088
附录 3-7 货物属性代码表、用途代码表 …… 1091
附录 3-8 检验检疫单证代码表 …… 1092

第一部分

进出口货物检验检疫要求查询表

进出口货物检验检疫要求查询表

1. 本查询表按照商品编号排序编制，范围包括监管条件包含“A”或“B”的商品编号，以及法律法规规定必须实施进出口检疫、检验、验证的特殊物品、危险化学品、旧机电、强制性产品认证产品等涉及的商品编号。

2. “监管条件”栏中的“A”表示该商品编号项下相关货物进口时需实施检验检疫监管，“B”表示出口时需实施检验检疫监管；部分商品编号“监管条件”栏为空，相应管理要求见“检验检疫要求”栏。

3. “检验检疫类别”栏中的“V”表示进境特殊物品卫生检疫，“W”表示出境特殊物品卫生检疫，“P”表示进境动植物检疫，“Q”表示出境动植物检疫，“R”表示进口食品安全检验，“S”表示出口食品安全检验，“M”表示进口商品检验，“N”表示出口商品检验，“L”表示进口货物可能涉及强制性产品认证验证；部分商品编号“检验检疫类别”栏为空，相应管理要求见“检验检疫要求”栏。例如，商品编号“0709300000”的检验检疫类别为“P. R/Q. S”，说明该编号项下货物进口或出口时，都需要实施动植物检疫、食品安全检验。

4. “检验检疫要求”栏中的内容表示对应商品编号项下货物涉及的检验检疫要求分类，如该栏有多项检验检疫要求分类，则表示该商品编号项下不同的货物适用其中一类或者几类检验检疫要求；检验检疫要求分类后括号内的数字表示该检验检疫要求的具体内容所在的章节，如“陆生动物（3.1）”表示“陆生动物”的具体检验检疫要求在本书第二部分第三章第一节。由于能力所限，少量商品编号项下的货物，编委会未能收集到具体的检验检疫要求，对应的检验检疫要求分类后无标识章节的数字，实际业务中请咨询有关部门。

5. 使用方法：已知申报的商品编号时，从本查询表中找到该商品编号，根据对应的“监管条件”“检验检疫类别”“检验检疫要求”栏的内容，确定是否需要实施检验检疫；如需实施检验检疫，则根据“检验检疫要求”栏的提示，确定具体检验检疫要求所在的章节。特定情况说明如下：

（1）“检验检疫要求”栏注明“特殊物品”字样时，指该商品编号项下货物可能涉及进、出境特殊物品卫生检疫监管，无论“监管条件”栏是否包含“A”“B”，或“检验检疫类别”栏是否包含“V”“W”；

（2）“检验检疫要求”栏注明“危险化学品”字样时，指该商品编号项下货物可能涉及进、出口危险化学品检验监管，无论“监管条件”栏是否包含“A”“B”，或“检验检疫类别”栏是否包含“M”“N”；

（3）“检验检疫要求”栏注明“进口旧机电产品”字样时，指该商品编号项下货物如为旧品，涉及进口旧机电检验监管，无论“监管条件”栏是否包含“A”，或“检验检疫类别”栏是否包含“M”；

（4）“检验检疫要求”栏注明“出口医疗物资”字样时，指该商品编号项下货物根据海关总署公告2020年第53号、2020年第124号实施出口商品检验；

（5）“检验检疫要求”栏注明“进口强制性产品认证”字样时，指该商品编号项下货物可能涉及进口强制性产品认证验证监管，无论“监管条件”栏是否包含“A”，或“检验检疫类别”栏是否包含“L”；

（6）“检验检疫要求”栏注明“禁止进口”“禁止出口”“禁止进出口”字样时，指该商品编号项下货物禁止进口或（和）出口，应遵从相应的管理要求，该管理要求优先于监管条件或检验检疫类别；

（7）“检验检疫类别”栏为空时，“检验检疫要求”栏仅列出了需要实施检验检疫要求的分类，该商品编号项下不需要实施检验检疫的情形未予列出，使用时请注意。

例如，商品编号“8443319020”监管条件为“A”，检验检疫类别为“L. M”，检验检疫要求包括“进口旧机电产品（11.2），进口强制性产品认证（11.1），音视频、信息技术和通信技术设备（11.7）”，说明该编号项下货物需按音视频、信息技术和通信技术设备实施进口商品检验，且相关货物涉及强制性产品认证验证监管；如进口时为旧品，则需按照进口旧机电产品实施检验监管；相关检验检疫要求分别在本书第二部分第十一章第二节、第一节和第七节。

特别要说明的是，本查询表为编委会根据相关资料及多年工作经验整理、编写而成，目的是为从业人员办理海关检验检疫业务提供检验检疫要求的快速查询。如通过查询得到的检验检疫要求及具体内容与海关实际监管要求不一致，请以海关要求为准。

商品编号	商品名称	监管条件	检验检疫类别	检验检疫要求
0101210010	改良种用濒危野马	A/B	P/Q	陆生动物（3.1）
0101210090	改良种用马（濒危野马除外）	A/B	P/Q	陆生动物（3.1）
0101290010	非改良种用濒危野马	A/B	P/Q	陆生动物（3.1）
0101290090	非改良种用其他马	A/B	P/Q	陆生动物（3.1）
0101301010	改良种用的濒危野驴	A/B	P/Q	陆生动物（3.1）
0101301090	改良种用驴（濒危野驴除外）	A/B	P/Q	陆生动物（3.1）
0101309010	非改良种用濒危野驴	A/B	P/Q	陆生动物（3.1）
0101309090	非改良种用其他驴	A/B	P/Q	陆生动物（3.1）
0101900000	骡	A/B	P/Q	陆生动物（3.1）
0102210000	改良种用家牛	A/B	P/Q	陆生动物（3.1）
0102290000	非改良种用家牛	A/B	P/Q	陆生动物（3.1）
0102310010	改良种用濒危水牛	A/B	P/Q	陆生动物（3.1）
0102310090	改良种用水牛（濒危水牛除外）	A/B	P/Q	陆生动物（3.1）
0102390010	非改良种用濒危水牛	A/B	P/Q	陆生动物（3.1）
0102390090	非改良种用其他水牛	A/B	P/Q	陆生动物（3.1）
0102901010	改良种用濒危野牛	A/B	P/Q	陆生动物（3.1）
0102901090	其他改良种用牛	A/B	P/Q	陆生动物（3.1）
0102909010	非改良种用濒危野牛	A/B	P/Q	陆生动物（3.1）
0102909090	非改良种用其他牛	A/B	P/Q	陆生动物（3.1）
0103100010	改良种用的鹿豚、姬猪	A/B	P/Q	陆生动物（3.1）
0103100090	改良种用猪（鹿豚、姬猪除外）	A/B	P/Q	陆生动物（3.1）
0103911010	重量在 10 千克以下的非改良种用濒危猪（包括人工繁殖的）	A/B	P. R/Q	陆生动物（3.1）
0103911090	重量在 10 千克以下的其他猪（改良种用的除外）	A/B	P. R/Q	陆生动物（3.1）
0103912010	10 千克≤重量<50 千克的非改良种用濒危猪（包括人工繁殖的）	A/B	P. R/Q	陆生动物（3.1）
0103912090	10 千克≤重量<50 千克的其他猪（改良种用的除外）	A/B	P. R/Q	陆生动物（3.1）
0103920010	重量在 50 千克及以上的非改良种用濒危猪（包括人工繁殖的）	A/B	P. R/Q	陆生动物（3.1）
0103920090	重量在 50 千克及以上的其他猪（改良种用的除外）	A/B	P. R/Q	陆生动物（3.1）
0104101000	改良种用绵羊	A/B	P/Q	陆生动物（3.1）
0104109000	其他绵羊（改良种用的除外）	A/B	P. R/Q	陆生动物（3.1）
0104201000	改良种用山羊	A/B	P/Q	陆生动物（3.1）
0104209000	非改良种用山羊	A/B	P/Q	陆生动物（3.1）
0105111000	重量不超过 185 克的改良种用鸡	A/B	P/Q	陆生动物（3.1）
0105119000	不超过 185 克的其他鸡（改良种用的除外）	A/B	P. R/Q	陆生动物（3.1）

续表1

商品编号	商品名称	监管条件	检验检疫类别	检验检疫要求
0105121000	重量不超过185克的改良种用火鸡	A/B	P/Q	陆生动物（3.1）
0105129000	不超过185克的其他火鸡（改良种用的除外）	A/B	P. R/Q	陆生动物（3.1）
0105131000	重量不超过185克的改良种用鸭	A/B	P/Q	陆生动物（3.1）
0105139000	不超过185克的其他鸭（改良种用的除外）	A/B	P. R/Q	陆生动物（3.1）
0105141000	重量不超过185克的改良种用鹅	A/B	P/Q	陆生动物（3.1）
0105149000	不超过185克的其他鹅（改良种用的除外）	A/B	P. R/Q	陆生动物（3.1）
0105151000	重量不超过185克的改良种用珍珠鸡	A/B	P/Q	陆生动物（3.1）
0105159000	不超过185克的其他珍珠鸡（改良种用的除外）	A/B	P. R/Q	陆生动物（3.1）
0105941000	重量大于185克的改良种用鸡	A/B	P/Q	陆生动物（3.1）
0105949000	超过185克的其他鸡（改良种用的除外）	A/B	P. R/Q	陆生动物（3.1）
0105991000	重量大于185克的改良种用其他家禽	A/B	P/Q	陆生动物（3.1）
0105999100	超过185克的非改良种用鸭	A/B	P/Q	陆生动物（3.1）
0105999200	超过185克的非改良种用鹅	A/B	P/Q	陆生动物（3.1）
0105999300	超过185克的非改良种用珍珠鸡	A/B	P/Q	陆生动物（3.1）
0105999400	超过185克的非改良种用火鸡	A/B	P/Q	陆生动物（3.1）
0106111000	改良种用灵长目哺乳动物（包括人工驯养、繁殖的）	A/B	P/Q	陆生动物（3.1）
0106119000	其他灵长目哺乳动物（包括人工驯养、繁殖的）	A/B	P/Q	陆生动物（3.1）
0106121100	改良种用鲸、海豚及鼠海豚（鲸目哺乳动物）；改良种用海牛及儒艮（海牛目哺乳动物）（包括人工驯养、繁殖的）	A/B	P/Q	陆生动物（3.1）
0106121900	非改良种用鲸、海豚及鼠海豚（鲸目哺乳动物）；非改良种用海牛及儒艮（海牛目哺乳动物）（包括人工驯养、繁殖的）	A/B	P/Q	陆生动物（3.1）
0106122110	改良种用濒危海豹、海狮及海象（鳍足亚目哺乳动物）（包括人工繁育的）	A/B	P/Q	陆生动物（3.1）
0106122190	改良种用非濒危海豹、海狮及海象（鳍足亚目哺乳动物）	A/B	P/Q	陆生动物（3.1）
0106122910	非改良种用濒危海豹、海狮及海象（鳍足亚目哺乳动物）（包括人工繁育的）	A/B	P/Q	陆生动物（3.1）
0106122990	非改良种用非濒危海豹、海狮及海象（鳍足亚目哺乳动物）	A/B	P/Q	陆生动物（3.1）
0106131010	改良种用濒危骆驼及其他濒危骆驼科动物（包括人工驯养、繁殖的）	A/B	P/Q	陆生动物（3.1）
0106131090	改良种用骆驼及其他骆驼科动物（濒危骆驼及其他濒危骆驼科动物除外）	A/B	P/Q	陆生动物（3.1）
0106139010	其他濒危骆驼及其他濒危骆驼科动物（包括人工驯养、繁殖的）	A/B	P. R/Q	陆生动物（3.1）
0106139090	其他骆驼及其他骆驼科动物	A/B	P. R/Q	陆生动物（3.1）
0106141010	改良种用濒危野兔（包括人工驯养、繁殖的）	A/B	P/Q	陆生动物（3.1）
0106141090	改良种用家兔及野兔（濒危除外）	A/B	P/Q	陆生动物（3.1）
0106149010	其他濒危野兔（包括人工驯养、繁殖的）	A/B	P. R/Q	陆生动物（3.1）
0106149090	其他家兔及野兔	A/B	P. R/Q	陆生动物（3.1）
0106191010	其他改良种用濒危哺乳动物（包括人工驯养、繁殖的）	A/B	P/Q	陆生动物（3.1）
0106191020	改良种用梅花鹿、马鹿、驯鹿、水貂、银狐、北极狐、貉（濒危除外）	A/B	P/Q	陆生动物（3.1）
0106191090	其他改良种用哺乳动物	A/B	P/Q	陆生动物（3.1）
0106199010	其他濒危哺乳动物（包括人工驯养、繁殖的）	A/B	P. R/Q	陆生动物（3.1）
0106199090	其他哺乳动物	A/B	P. R/Q	陆生动物（3.1）
0106201100	改良种用鳄鱼苗（包括人工驯养、繁殖的）	A/B	P/Q	水生动物（3.2）
0106201910	其他改良种用濒危爬行动物（包括人工繁育的）	A/B	P/Q	水生动物（3.2）
0106201990	其他改良种用非濒危爬行动物	A/B	P/Q	水生动物（3.2）
0106202011	食用濒危蛇（包括人工繁育的）	A/B	P. R/Q	水生动物（3.2）
0106202019	食用非濒危蛇	A/B	P. R/Q	水生动物（3.2）
0106202021	食用濒危龟鳖（包括人工驯养、繁殖的）	A/B	P. R/Q	水生动物（3.2）
0106202029	其他食用龟鳖（包括人工驯养、繁殖的）	A/B	P. R/Q	水生动物（3.2）

续表2

商品编号	商品名称	监管条件	检验检疫类别	检验检疫要求
0106202091	其他食用濒危爬行动物（包括人工驯养、繁殖的）	A/B	P. R/Q	水生动物（3.2）
0106202099	其他食用爬行动物（包括人工驯养、繁殖的）	A/B	P. R/Q	水生动物（3.2）
0106209010	其他濒危爬行动物（包括人工驯养、繁殖的）	A/B	P/Q	水生动物（3.2）
0106209090	其他爬行动物（包括人工驯养、繁殖的）	A/B	P/Q	水生动物（3.2）
0106311000	改良种用猛禽（包括人工驯养、繁殖的）	A/B	P/Q	陆生动物（3.1）
0106319000	其他猛禽（包括人工驯养、繁殖的）	A/B	P/Q	陆生动物（3.1）
0106321010	改良种用濒危鹦形目的鸟（包括人工繁育的）	A/B	P/Q	陆生动物（3.1）
0106321090	改良种用非濒危鹦形目的鸟	A/B	P/Q	陆生动物（3.1）
0106329010	非改良种用濒危鹦形目的鸟（包括人工繁育的）	A/B	P/Q	陆生动物（3.1）
0106329090	非改良种用非濒危鹦形目的鸟	A/B	P/Q	陆生动物（3.1）
0106331010	改良种用濒危鸵鸟（包括人工驯养、繁殖的）	A/B	P/Q	陆生动物（3.1）
0106331090	改良种用鸵鸟；鸸鹋（濒危鸵鸟除外）	A/B	P/Q	陆生动物（3.1）
0106339010	其他濒危鸵鸟（包括人工驯养、繁殖的）	A/B	P. R/Q	陆生动物（3.1）
0106339090	其他鸵鸟；鸸鹋	A/B	P. R/Q	陆生动物（3.1）
0106391010	其他改良种用濒危鸟（包括人工驯养、繁殖的）	A/B	P/Q	陆生动物（3.1）
0106391020	改良种用鸽、鹌鹑	A/B	P/Q	陆生动物（3.1）
0106391090	其他改良种用的鸟	A/B	P/Q	陆生动物（3.1）
0106392100	食用乳鸽	A/B	P. R/Q	陆生动物（3.1）
0106392310	食用濒危野鸭	A/B	P. R/Q	陆生动物（3.1）
0106392390	食用非濒危野鸭	A/B	P. R/Q	陆生动物（3.1）
0106392910	其他食用濒危鸟（包括人工驯养、繁殖的）	A/B	P. R/Q	陆生动物（3.1）
0106392990	其他食用鸟	A/B	P. R/Q	陆生动物（3.1）
0106399010	其他濒危鸟（包括人工驯养、繁殖的）	A/B	P. R/Q	陆生动物（3.1）
0106399090	其他鸟	A/B	P. R/Q	陆生动物（3.1）
0106411000	改良种用蜂	A/B	P/Q	陆生动物（3.1）
0106419000	其他蜂	A/B	P/Q	陆生动物（3.1）
0106491010	其他改良种用濒危昆虫（包括人工驯养、繁殖的）	A/B	P/Q	陆生动物（3.1）
0106491090	其他改良种用非濒危昆虫	A/B	P/Q	陆生动物（3.1）
0106499010	其他濒危昆虫（包括人工驯养、繁殖的）	A/B	P/Q	陆生动物（3.1）
0106499090	其他非濒危昆虫	A/B	P/Q	陆生动物（3.1）
0106901110	改良种用濒危蛙苗	A/B	P/Q	水生动物（3.2）
0106901190	其他改良种用蛙苗	A/B	P/Q	水生动物（3.2）
0106901910	其他改良种用濒危动物（包括人工驯养、繁殖的）	A/B	P/Q	陆生动物（3.1）
0106901990	其他改良种用动物	A/B	P/Q	陆生动物（3.1）
0106909010	其他濒危动物（包括人工驯养、繁殖的）	A/B	P/Q	陆生动物（3.1） 水生动物（3.2）
0106909090	其他动物	A/B	P/Q	陆生动物（3.1） 水生动物（3.2）
0201100010	整头及半头鲜或冷藏的濒危野牛肉	A/B	P. R/Q. S	肉类产品（6.1）
0201100090	其他整头及半头鲜或冷藏的牛肉	A/B	P. R/Q. S	肉类产品（6.1）
0201200010	鲜或冷藏的带骨濒危野牛肉	A/B	P. R/Q	肉类产品（6.1）
0201200090	其他鲜或冷藏的带骨牛肉	A/B	P. R/Q	肉类产品（6.1）
0201300010	鲜或冷藏的去骨濒危野牛肉	A/B	P. R/Q. S	肉类产品（6.1）
0201300090	其他鲜或冷藏的去骨牛肉	A/B	P. R/Q. S	肉类产品（6.1）
0202100010	冻藏的整头及半头濒危野牛肉	A/B	P. R/Q. S	肉类产品（6.1）
0202100090	其他冻藏的整头及半头牛肉	A/B	P. R/Q. S	肉类产品（6.1）
0202200010	冻藏的带骨濒危野牛肉	A/B	P. R/Q. S	肉类产品（6.1）
0202200090	其他冻藏的带骨牛肉	A/B	P. R/Q. S	肉类产品（6.1）
0202300010	冻藏的去骨濒危野牛肉	A/B	P. R/Q. S	肉类产品（6.1）

续表3

商品编号	商品名称	监管条件	检验检疫类别	检验检疫要求
0202300090	其他冻藏的去骨牛肉	A/B	P. R/Q. S	肉类产品（6.1）
0203111010	鲜或冷藏整头及半头濒危乳猪肉（包括人工繁殖的）	A/B	P. R/Q. S	肉类产品（6.1）
0203111090	鲜或冷藏整头及半头其他乳猪肉	A/B	P. R/Q. S	肉类产品（6.1）
0203119010	鲜或冷藏整头及半头濒危其他猪肉（包括人工繁殖的）	A/B	P. R/Q. S	肉类产品（6.1）
0203119090	鲜或冷藏整头及半头其他猪肉	A/B	P. R/Q. S	肉类产品（6.1）
0203120010	鲜或冷藏带骨濒危猪前腿、后腿及肉块（包括人工繁殖的）	A/B	P. R/Q. S	肉类产品（6.1）
0203120090	鲜或冷藏带骨其他猪前腿、后腿及肉块	A/B	P. R/Q. S	肉类产品（6.1）
0203190010	其他鲜或冷藏濒危猪肉（包括人工繁殖的）	A/B	P. R/Q. S	肉类产品（6.1）
0203190090	其他鲜或冷藏的猪肉	A/B	P. R/Q. S	肉类产品（6.1）
0203211010	冻藏整头及半头濒危乳猪肉（包括人工繁殖的）	A/B	P. R/Q. S	肉类产品（6.1）
0203211090	冻藏整头及半头其他乳猪肉	A/B	P. R/Q. S	肉类产品（6.1）
0203219010	冻藏整头及半头濒危其他猪肉（包括人工繁殖的）	A/B	P. R/Q. S	肉类产品（6.1）
0203219090	冻藏整头及半头其他猪肉	A/B	P. R/Q. S	肉类产品（6.1）
0203220010	冻藏带骨濒危猪前腿、后腿及肉块（包括人工繁殖的）	A/B	P. R/Q. S	肉类产品（6.1）
0203220090	冻藏带骨其他猪前腿、后腿及肉块	A/B	P. R/Q. S	肉类产品（6.1）
0203290010	其他冻藏濒危猪肉（包括人工繁殖的）	A/B	P. R/Q. S	肉类产品（6.1）
0203290090	其他冻藏猪肉	A/B	P. R/Q. S	肉类产品（6.1）
0204100000	鲜或冷藏的整头及半头羔羊肉	A/B	P. R/Q. S	肉类产品（6.1）
0204210000	鲜或冷藏的整头及半头绵羊肉	A/B	P. R/Q	肉类产品（6.1）
0204220000	鲜或冷藏的带骨绵羊肉	A/B	P. R/Q. S	肉类产品（6.1）
0204230000	鲜或冷藏的去骨绵羊肉	A/B	P. R/Q. S	肉类产品（6.1）
0204300000	冻藏的整头及半头羔羊肉	A/B	P. R/Q. S	肉类产品（6.1）
0204410000	冻藏的整头及半头绵羊肉	A/B	P. R/Q. S	肉类产品（6.1）
0204420000	冻藏的其他带骨绵羊肉	A/B	P. R/Q. S	肉类产品（6.1）
0204430000	冻藏的其他去骨绵羊肉	A/B	P. R/Q. S	肉类产品（6.1）
0204500000	鲜或冷藏、冻藏的山羊肉	A/B	P. R/Q. S	肉类产品（6.1）
0205000010	鲜、冷或冻的濒危野马、野驴肉	A/B	P. R/Q. S	肉类产品（6.1）
0205000090	鲜、冷或冻的马、驴、骡肉	A/B	P. R/Q. S	肉类产品（6.1）
0206100000	鲜或冷藏的牛杂碎	A/B	P. R/Q. S	肉类产品（6.1）
0206210000	冻牛舌	A/B	P. R/Q. S	肉类产品（6.1）
0206220000	冻牛肝	A/B	P. R/Q. S	肉类产品（6.1）
0206290000	其他冻牛杂碎	A/B	P. R/Q. S	肉类产品（6.1）
0206300000	鲜或冷藏的猪杂碎	A/B	P. R/Q. S	肉类产品（6.1）
0206410000	冻猪肝	A/B	P. R/Q. S	肉类产品（6.1）
0206490000	其他冻猪杂碎	A/B	P. R/Q. S	肉类产品（6.1）
0206800010	鲜或冷的羊杂碎	A/B	P. R/Q. S	肉类产品（6.1） 饲料和饲料添加剂（5.1）
0206800090	鲜或冷的马、驴、骡杂碎	A/B	P. R/Q. S	肉类产品（6.1）
0206900010	冻藏的羊杂碎	A/B	P. R/Q. S	肉类产品（6.1） 饲料和饲料添加剂（5.1）
0206900090	冻藏的马、驴、骡杂碎	A/B	P. R/Q. S	肉类产品（6.1）
0207110000	鲜或冷藏的整只鸡	A/B	P. R/Q. S	肉类产品（6.1）
0207120000	冻的整只鸡	A/B	P. R/Q. S	肉类产品（6.1）
0207131100	鲜或冷的带骨的鸡块	A/B	P. R/Q. S	肉类产品（6.1）
0207131900	其他鲜或冷的鸡块	A/B	P. R/Q. S	肉类产品（6.1）
0207132101	鲜或冷的鸡整翅（翼）（沿肩关节将鸡翅从整鸡上分割下来的部位）	A/B	P. R/Q. S	肉类产品（6.1）
0207132102	鲜或冷的鸡翅（翼）根（将整翅从肘关节处切开，靠近根部的部分）	A/B	P. R/Q. S	肉类产品（6.1）

续表4

商品编号	商品名称	监管条件	检验检疫类别	检验检疫要求
0207132103	鲜或冷的鸡翅（翼）中（将整翅从肘关节和腕关节处切开，中间的部分）	A/B	P. R/Q. S	肉类产品（6.1）
0207132104	鲜或冷的鸡两节翅（翼）（翅中和翅尖相连的部分，或翅根和翅中相连的部分）	A/B	P. R/Q. S	肉类产品（6.1）
0207132901	鲜或冷的鸡翅（翼）尖	A/B	P. R/Q. S	肉类产品（6.1）
0207132902	鲜或冷的鸡膝软骨（鸡膝部连接小腿和大腿的软骨）	A/B	P. R/Q. S	肉类产品（6.1）
0207132990	其他鲜或冷的鸡杂碎	A/B	P. R/Q. S	肉类产品（6.1）
0207141100	冻的带骨鸡块（包括鸡胸脯、鸡大腿等）	A/B	P. R/Q. S	肉类产品（6.1）
0207141900	冻的不带骨鸡块（包括鸡胸脯、鸡大腿等）	A/B	P. R/Q. S	肉类产品（6.1）
0207142101	冻的鸡整翅（翼）（沿肩关节将鸡翅从整鸡上分割下来的部位）	A/B	P. R/Q. S	肉类产品（6.1） 饲料和饲料添加剂（5.1）
0207142102	冻的鸡翅（翼）根（将整翅从肘关节处切开，靠近根部的部分）	A/B	P. R/Q. S	肉类产品（6.1） 饲料和饲料添加剂（5.1）
0207142103	冻的鸡翅（翼）中（将整翅从肘关节和腕关节处切开，中间的部分）	A/B	P. R/Q. S	肉类产品（6.1） 饲料和饲料添加剂（5.1）
0207142104	冻的鸡两节翅（翼）（翅中和翅尖相连的部分，或翅根和翅中相连的部分）	A/B	P. R/Q. S	肉类产品（6.1） 饲料和饲料添加剂（5.1）
0207142200	冻的鸡爪	A/B	P. R/Q. S	肉类产品（6.1） 饲料和饲料添加剂（5.1）
0207142901	冻的鸡翅（翼）尖	A/B	P. R/Q. S	肉类产品（6.1） 饲料和饲料添加剂（5.1）
0207142902	冻的鸡膝软骨	A/B	P. R/Q. S	肉类产品（6.1）
0207142990	冻的其他食用鸡杂碎（包括鸡肝等）	A/B	P. R/Q. S	肉类产品（6.1）
0207240000	鲜或冷的整只火鸡	A/B	P. R/Q. S	肉类产品（6.1）
0207250000	冻的整只火鸡	A/B	P. R/Q. S	肉类产品（6.1）
0207260000	鲜或冷的火鸡块及杂碎（肥肝除外）	A/B	P. R/Q. S	肉类产品（6.1）
0207270000	冻的火鸡块及杂碎（肥肝除外）	A/B	P. R/Q. S	肉类产品（6.1）
0207410000	鲜或冷的整只鸭	A/B	P. R/Q. S	肉类产品（6.1）
0207420000	冻的整只鸭	A/B	P. R/Q. S	肉类产品（6.1）
0207430000	鲜或冷的鸭肥肝	A/B	P. R/Q. S	肉类产品（6.1）
0207440000	鲜或冷的鸭块及食用杂碎（肥肝除外）	A/B	P. R/Q. S	肉类产品（6.1）
0207450000	冻的鸭块及食用杂碎	A/B	P. R/Q. S	肉类产品（6.1） 饲料和饲料添加剂（5.1）
0207510000	鲜或冷的整只鹅	A/B	P. R/Q. S	肉类产品（6.1）
0207520000	冻的整只鹅	A/B	P. R/Q. S	肉类产品（6.1）
0207530000	鲜或冷的鹅肥肝	A/B	P. R/Q. S	肉类产品（6.1）
0207540000	鲜或冷的鹅块及食用杂碎（肥肝除外）	A/B	P. R/Q. S	肉类产品（6.1）
0207550000	冻的鹅块及食用杂碎	A/B	P. R/Q. S	肉类产品（6.1） 饲料和饲料添加剂（5.1）
0207600000	鲜、冷、冻的整只珍珠鸡、珍珠鸡块及食用杂碎	A/B	P. R/Q. S	肉类产品（6.1）
0208101000	鲜或冷的家兔肉（不包括兔头）	A/B	P. R/Q. S	肉类产品（6.1）
0208102000	冻家兔肉（不包括兔头）	A/B	P. R/Q. S	肉类产品（6.1）
0208109010	鲜、冷或冻的濒危野兔肉及其食用杂碎（不包括兔头）	A/B	P. R/Q. S	肉类产品（6.1）
0208109090	鲜、冷或冻家兔食用杂碎	A/B	P. R/Q. S	肉类产品（6.1）
0208300000	鲜、冷或冻的灵长目动物肉及食用杂碎	A/B	P. R/Q. S	肉类产品（6.1）
0208400011	鲜、冷或冻的濒危海豹、海狮及海象（鳍足亚目哺乳动物）的肉及食用杂碎	A/B	P. R/Q. S	水产品（6.4）
0208400019	鲜、冷或冻的非濒危海豹、海狮及海象（鳍足亚目哺乳动物）的肉及食用杂碎	A/B	P. R/Q. S	水产品（6.4）

续表5

商品编号	商品名称	监管条件	检验检疫类别	检验检疫要求
0208400020	鲜、冷或冻的鲸、海豚及鼠海豚（鲸目哺乳动物）、海牛及儒艮（海牛目哺乳动物）的肉及食用杂碎	A/B	P. R/Q. S	水产品（6.4）
0208500010	鲜、冷或冻的濒危爬行动物肉及食用杂碎	A/B	P. R/Q. S	水产品（6.4）
0208500090	鲜、冷或冻的非濒危爬行动物肉及食用杂碎	A/B	P. R/Q. S	水产品（6.4）
0208600010	鲜、冷或冻的濒危野生骆驼及其他濒危野生骆驼科动物的肉及食用杂碎	A/B	P. R/Q. S	肉类产品（6.1）
0208600090	其他鲜、冷或冻骆驼及其他骆驼科动物的肉及食用杂碎	A/B	P. R/Q. S	肉类产品（6.1）
0208901000	鲜、冷或冻的乳鸽肉及其杂碎	A/B	P. R/Q. S	肉类产品（6.1）
0208909010	其他鲜、冷或冻的濒危野生动物肉	A/B	P. R/Q. S	水产品（6.4） 肉类产品（6.1）
0208909090	其他鲜、冷或冻肉及食用杂碎	A/B	P. R/Q. S	水产品（6.4） 肉类产品（6.1）
0209100000	未炼制或用其他方法提取的不带瘦肉的肥猪肉、猪脂肪（包括鲜、冷、冻、干、熏、盐制的）	A/B	P. R/Q	肉类产品（6.1） 非食用动物产品（3.4） 饲料和饲料添加剂（5.1）
0209900000	未炼制或用其他方法提取的家禽脂肪（包括鲜、冷、冻、干、熏、盐制的）	A/B	P. R/Q	肉类产品（6.1） 非食用动物产品（3.4） 饲料和饲料添加剂（5.1）
0210111010	干、熏、盐制的带骨鹿豚、姬猪腿	A/B	P. R/Q. S	肉类产品（6.1）
0210111090	其他干、熏、盐制的带骨猪腿	A/B	P. R/Q. S	肉类产品（6.1）
0210119010	干、熏、盐制的带骨鹿豚、姬猪腿肉块	A/B	P. R/Q. S	肉类产品（6.1）
0210119090	其他干、熏、盐制的带骨猪腿肉	A/B	P. R/Q. S	肉类产品（6.1）
0210120010	干、熏、盐制的鹿豚、姬猪腹肉（指五花肉）	A/B	P. R/Q. S	肉类产品（6.1）
0210120090	其他干、熏、盐制的猪腹肉（指五花肉）	A/B	P. R/Q. S	肉类产品（6.1）
0210190010	干、熏、盐制的鹿豚、姬猪其他肉	A/B	P. R/Q. S	肉类产品（6.1）
0210190090	其他干、熏、盐制的其他猪肉	A/B	P. R/Q. S	肉类产品（6.1）
0210200010	干、熏、盐制的濒危野牛肉	A/B	P. R/Q. S	肉类产品（6.1）
0210200090	干、熏、盐制的其他牛肉	A/B	P. R/Q. S	肉类产品（6.1）
0210910000	干、熏、盐制的灵长目动物肉及食用杂碎	A/B	P. R/Q. S	肉类产品（6.1）
0210920011	干、熏、盐制的濒危海豹、海狮及海象（鳍足亚目哺乳动物）的肉及食用杂碎（包括可供食用的肉或杂碎的细粉、粗粉）	A/B	P. R/Q. S	水产品（6.4）
0210920019	干、熏、盐制的非濒危海豹、海狮及海象（鳍足亚目哺乳动物）的肉及食用杂碎（包括可供食用的肉或杂碎的细粉、粗粉）	A/B	P. R/Q. S	水产品（6.4）
0210920020	干、熏、盐制的鲸、海豚及鼠海豚（鲸目哺乳动物）、海牛及儒艮（海牛目哺乳动物）的肉及食用杂碎（包括可供食用的肉或杂碎的细粉、粗粉）	A/B	P. R/Q. S	水产品（6.4）
0210930010	干、熏、盐制的濒危爬行动物肉及食用杂碎（包括食用的肉及杂碎的细粉、粗粉）	A/B	P. R/Q. S	水产品（6.4）
0210930090	干、熏、盐制的非濒危爬行动物肉及食用杂碎（包括食用的肉及杂碎的细粉、粗粉）	A/B	P. R/Q. S	水产品（6.4）
0210990010	干、熏、盐制的其他濒危动物肉及杂碎（包括可供食用的肉或杂碎的细粉、粗粉）	A/B	P. R/Q. S	肉类产品（6.1）
0210990090	干、熏、盐制的其他肉及食用杂碎（包括可供食用的肉或杂碎的细粉、粗粉）	A/B	P. R/Q. S	肉类产品（6.1）
0301110010	观赏用濒危淡水鱼	A/B	P/Q	水生动物（3.2）
0301110020	淡水鱼观赏鱼种苗（濒危除外）	A/B	P/Q	水生动物（3.2）
0301110090	观赏用其他淡水鱼（种苗除外）	A/B	P/Q	水生动物（3.2）
0301190010	观赏用濒危非淡水鱼	A/B	P/Q	水生动物（3.2）
0301190020	非淡水观赏鱼种苗（濒危除外）	A/B	P/Q	水生动物（3.2）

续表6

商品编号	商品名称	监管条件	检验检疫类别	检验检疫要求
0301190090	观赏用其他非淡水鱼（种苗除外）	A/B	P/Q	水生动物（3.2）
0301911000	鳟鱼（河鳟、虹鳟、克拉克大麻哈鱼、阿瓜大麻哈鱼、吉雨大麻哈鱼、亚利桑那大麻哈鱼、金腹大麻哈鱼）鱼苗	A/B	P/Q	水生动物（3.2）
0301919000	其他活鳟鱼（河鳟、虹鳟、克拉克大麻哈鱼、阿瓜大麻哈鱼、吉雨大麻哈鱼、亚利桑那大麻哈鱼、金腹大麻哈鱼）	A/B	P.R/Q	水生动物（3.2）
0301921010	花鳗鲡鱼苗	A/B	P/N.Q	水生动物（3.2）
0301921020	欧洲鳗鲡鱼苗	A/B	P/N.Q	水生动物（3.2）
0301921090	鳗鱼（鳗鲡属）鱼苗（濒危除外）	A/B	P/N.Q	水生动物（3.2）
0301929010	花鳗鲡	A/B	P.R/Q.S	水生动物（3.2）
0301929020	欧洲鳗鲡	A/B	P.R/Q.S	水生动物（3.2）
0301929090	其他活鳗鱼（鳗鲡属）	A/B	P.R/Q.S	水生动物（3.2）
0301931010	鲤属鱼鱼苗	A/B	P/Q	水生动物（3.2）
0301931090	其他鲤科鱼（鲫属、草鱼、鲢属、鲮属、青鱼、卡特拉鲃、野鲮属、哈氏纹唇鱼、何氏细须鲃、鲂属）鱼苗	A/B	P/Q	水生动物（3.2）
0301939000	其他鲤科鱼（鲤属、鲫属、草鱼、鲢属、鲮属、青鱼、卡特拉鲃、野鲮属、哈氏纹唇鱼、何氏细须鲃、鲂属）	A/B	P.R/Q.S	水生动物（3.2）
0301941000	大西洋及太平洋蓝鳍金枪鱼鱼苗	A/B	P/Q	水生动物（3.2）
0301949100	大西洋蓝鳍金枪鱼	A/B	P/N.Q	水生动物（3.2）
0301949200	太平洋蓝鳍金枪鱼	A/B	P/N.Q	水生动物（3.2）
0301951000	南方蓝鳍金枪鱼（Thunnus maccoyii）鱼苗	A/B	P/Q	水生动物（3.2）
0301959000	其他南方蓝鳍金枪鱼（Thunnus maccoyii）	A/B	P/N.Q	水生动物（3.2）
0301991100	鲈鱼种苗	A/B	P/Q	水生动物（3.2）
0301991200	鲟鱼种苗	A/B	P/Q	水生动物（3.2）
0301991910	其他濒危鱼苗	A/B	P/Q	水生动物（3.2）
0301991990	其他鱼苗（濒危除外）	A/B	P/Q	水生动物（3.2） 动物遗传物质（3.3）
0301999100	活罗非鱼	A/B	P.R/Q.S	水生动物（3.2）
0301999200	活的鲀	A/B	P/N.Q	水生动物（3.2）
0301999310	活的濒危鲤科鱼	A/B	P/N.Q	水生动物（3.2）
0301999390	活的其他鲤科鱼［鲤科鱼（鲤属、鲫属、草鱼、鲢属、鲮属、青鱼、卡特拉鲃、野鲮属、哈氏纹唇鱼、何氏细须鲃、鲂属）除外］	A/B	P.R/Q.S	水生动物（3.2）
0301999910	其他濒危活鱼	A/B	P/N.Q	水生动物（3.2）
0301999990	其他活鱼	A/B	P.R/Q.S	水生动物（3.2）
0302110000	鲜或冷鳟鱼（河鳟、虹鳟、克拉克大麻哈鱼、阿瓜大麻哈鱼、吉雨大麻哈鱼、亚利桑那大麻哈鱼、金腹大麻哈鱼）（子目 030291 至 030299 的可食用鱼杂碎除外）	A/B	P.R/Q.S	水产品（6.4）
0302130000	鲜或冷的大麻哈鱼［红大麻哈鱼、细鳞大麻哈鱼、大麻哈鱼（种）、大鳞大麻哈鱼、银大麻哈鱼、马苏大麻哈鱼、玫瑰大麻哈鱼］（子目 030291 至 030299 的可食用鱼杂碎除外）	A/B	P.R/Q.S	水产品（6.4）
0302141000	鲜或冷大西洋鲑鱼（子目 030291 至 030299 的可食用鱼杂碎除外）	A/B	P.R/Q.S	水产品（6.4）
0302142000	鲜或冷多瑙哲罗鱼（子目 030291 至 030299 的可食用鱼杂碎除外）	A/B	P.R/Q.S	水产品（6.4）
0302190000	其他鲜或冷鲑科鱼（子目 030291 至 030299 的可食用鱼杂碎除外）	A/B	P.R/Q.S	水产品（6.4）
0302210010	鲜或冷大西洋庸鲽（庸鲽）（子目 030291 至 030299 的可食用鱼杂碎除外）	A/B	P.R/Q.S	水产品（6.4）
0302210020	鲜或冷马舌鲽（子目 030291 至 030299 的可食用鱼杂碎除外）	A/B	P.R/Q.S	水产品（6.4）
0302210090	其他鲜或冷庸鲽鱼（子目 030291 至 030299 的可食用鱼杂碎除外）	A/B	P.R/Q.S	水产品（6.4）
0302220000	鲜或冷鲽鱼（鲽）（子目 030291 至 030299 的可食用鱼杂碎除外）	A/B	P.R/Q.S	水产品（6.4）
0302230000	鲜或冷鳎鱼（鳎属）（子目 030291 至 030299 的可食用鱼杂碎除外）	A/B	P.R/Q.S	水产品（6.4）

续表7

商品编号	商品名称	监管条件	检验检疫类别	检验检疫要求
0302240000	鲜或冷大菱鲆（瘤棘鲆）（子目030291至030299的可食用鱼杂碎除外）	A/B	P. R/Q. S	水产品（6.4）
0302290010	鲜或冷的亚洲箭齿鲽（子目030291至030299的可食用鱼杂碎除外）	A/B	P. R/Q. S	水产品（6.4）
0302290090	其他鲜或冷比目鱼（鲽科、鲆科、舌鳎科、鳎科、菱鲆科、刺鲆科）（子目030291至030299的可食用鱼杂碎除外）	A/B	P. R/Q. S	水产品（6.4）
0302310000	鲜或冷长鳍金枪鱼（子目030291至030299的可食用鱼杂碎除外）	A/B	P. R/Q. S	水产品（6.4）
0302320000	鲜或冷黄鳍金枪鱼（子目030291至030299的可食用鱼杂碎除外）	A/B	P. R/Q. S	水产品（6.4）
0302330000	鲜或冷鲣（子目030291至030299的可食用鱼杂碎除外）	A/B	P. R/Q. S	水产品（6.4）
0302340000	鲜或冷大眼金枪鱼（子目030291至030299的可食用鱼杂碎除外）	A/B	P. R/Q. S	水产品（6.4）
0302351000	鲜或冷大西洋蓝鳍金枪鱼（子目030291至030299的可食用鱼杂碎除外）	A/B	P. R/Q. S	水产品（6.4）
0302352000	鲜或冷太平洋蓝鳍金枪鱼（子目030291至030299的可食用鱼杂碎除外）	A/B	P. R/Q. S	水产品（6.4）
0302360000	鲜或冷南方金枪鱼（子目030291至030299的可食用鱼杂碎除外）	A/B	P. R/Q. S	水产品（6.4）
0302390000	其他鲜或冷金枪鱼（金枪鱼属）（子目030291至030299的可食用鱼杂碎除外）	A/B	P. R/Q. S	水产品（6.4）
0302410010	鲜或冷太平洋鲱鱼（子目030291至030299的可食用鱼杂碎除外）	A/B	P. R/Q. S	水产品（6.4）
0302410090	鲜或冷大西洋鲱鱼（子目030291至030299的可食用鱼杂碎除外）	A/B	P. R/Q. S	水产品（6.4）
0302420000	鲜或冷鳀鱼（鳀属）（子目030291至030299的可食用鱼杂碎除外）	A/B	P. R/Q. S	水产品（6.4） 饲料和饲料添加剂（5.1）
0302430000	鲜或冷沙丁鱼（沙丁鱼、沙瑙鱼属）、小沙丁鱼属、黍鲱或西鲱（子目030291至030299的可食用鱼杂碎除外）	A/B	P. R/Q. S	水产品（6.4） 饲料和饲料添加剂（5.1）
0302440000	鲜或冷鲭鱼［大西洋鲭、澳洲鲭（鲐）、日本鲭（鲐）］（子目030291至030299的可食用鱼杂碎除外）	A/B	P. R/Q. S	水产品（6.4） 饲料和饲料添加剂（5.1）
0302450000	鲜或冷对称竹荚鱼、新西兰竹荚鱼及竹荚鱼（竹荚鱼属）（子目030291至030299的可食用鱼杂碎除外）	A/B	P. R/Q. S	水产品（6.4） 饲料和饲料添加剂（5.1）
0302460000	鲜或冷军曹鱼（子目030291至030299的可食用鱼杂碎除外）	A/B	P. R/Q. S	水产品（6.4） 饲料和饲料添加剂（5.1）
0302470000	鲜或冷剑鱼（子目030291至030299的可食用鱼杂碎除外）	A/B	P. R/Q. S	水产品（6.4）
0302491000	鲜或冷的银鲳（鲳属）	A/B	P. R/Q. S	水产品（6.4）
0302499000	鲜或冷其他0302.4项下的鱼［印度鲭（羽鳃鲐属）、马鲛鱼（马鲛属）、鲹鱼（鲹属）、秋刀鱼、圆鲹（圆鲹属）、多春鱼（毛鳞鱼）、鲔鱼、狐鲣（狐鲣属）、枪鱼、旗鱼、四鳍旗鱼（旗鱼科），但子目030291至030299的可食用鱼杂碎除外］	A/B	P. R/Q. S	水产品（6.4）
0302510000	鲜或冷鳕鱼（大西洋鳕鱼、格陵兰鳕鱼、太平洋鳕鱼）（子目030291至030299的可食用鱼杂碎除外）	A/B	P. R/Q. S	水产品（6.4）
0302520000	鲜或冷黑线鳕鱼（黑线鳕）（子目030291至030299的可食用鱼杂碎除外）	A/B	P. R/Q. S	水产品（6.4）
0302530000	鲜或冷绿青鳕鱼（子目030291至030299的可食用鱼杂碎除外）	A/B	P. R/Q. S	水产品（6.4）
0302540000	鲜或冷狗鳕鱼（无须鳕属、长鳍鳕属）（子目030291至030299的可食用鱼杂碎除外）	A/B	P. R/Q. S	水产品（6.4） 饲料和饲料添加剂（5.1）
0302550000	鲜或冷阿拉斯加狭鳕鱼（子目030291至030299的可食用鱼杂碎除外）	A/B	P. R/Q. S	水产品（6.4） 饲料和饲料添加剂（5.1）
0302560000	鲜或冷蓝鳕鱼（小鳍鳕、南蓝鳕）（子目030291至030299的可食用鱼杂碎除外）	A/B	P. R/Q. S	水产品（6.4） 饲料和饲料添加剂（5.1）
0302590000	其他鲜或冷犀鳕科、多丝真鳕科、鳕科、长尾鳕科、黑鳕科、无须鳕科、深海鳕科及南极鳕科鱼（子目030291至030299的可食用鱼杂碎除外）	A/B	P. R/Q. S	水产品（6.4） 饲料和饲料添加剂（5.1）

续表8

商品编号	商品名称	监管条件	检验检疫类别	检验检疫要求
0302710000	鲜或冷罗非鱼（口孵非鲫属）（子目 030291 至 030299 的可食用鱼杂碎除外）	A/B	P. R/Q. S	水产品（6.4）
0302720000	鲜或冷鲶鱼（鲇鲶属、鲶属、胡鲶属、真鮰属）（子目 030291 至 030299 的可食用鱼杂碎除外）	A/B	P. R/Q. S	水产品（6.4） 饲料和饲料添加剂（5.1）
0302730000	鲜或冷鲤科鱼（鲤属、鲫属、草鱼、鲢属、鲮属、青鱼、卡特拉鲃、野鲮属、哈氏纹唇鱼、何氏细须鲃、鲂属）（子目 030291 至 030299 的可食用鱼杂碎除外）	A/B	P. R/Q. S	水产品（6.4） 饲料和饲料添加剂（5.1）
0302740010	鲜或冷花鳗鲡（子目 030291 至 030299 的可食用鱼杂碎除外）	A/B	P. R/Q. S	水产品（6.4）
0302740020	鲜或冷欧洲鳗鲡（子目 030291 至 030299 的可食用鱼杂碎除外）	A/B	P. R/Q. S	水产品（6.4）
0302740090	其他鲜或冷鳗鱼（鳗鲡属）（子目 030291 至 030299 的可食用鱼杂碎除外）	A/B	P. R/Q. S	水产品（6.4）
0302790001	鲜或冷尼罗河鲈鱼（尼罗尖吻鲈）（子目 030291 至 030299 的可食用鱼杂碎除外）	A/B	P. R/Q. S	水产品（6.4）
0302790090	鲜或冷的黑鱼（鳢属）（子目 030291 至 030299 的可食用鱼杂碎除外）	A/B	P. R/Q. S	水产品（6.4）
0302810010	鲜或冷濒危鲨鱼（子目 030291 至 030299 的可食用鱼杂碎除外）	A/B	P. R/Q. S	水产品（6.4）
0302810090	鲜或冷其他鲨鱼（子目 030291 至 030299 的可食用鱼杂碎除外）	A/B	P. R/Q. S	水产品（6.4）
0302820000	鲜或冷魟鱼及鳐鱼（鳐科）（子目 030291 至 030299 的可食用鱼杂碎除外）	A/B	P. R/Q. S	水产品（6.4） 饲料和饲料添加剂（5.1）
0302830000	鲜或冷南极犬牙鱼（南极犬牙鱼属）（子目 030291 至 030299 的可食用鱼杂碎除外）	A/B	P. R/Q. S	水产品（6.4）
0302840000	鲜或冷尖吻鲈鱼（舌齿鲈属）（子目 030291 至 030299 的可食用鱼杂碎除外）	A/B	P. R/Q. S	水产品（6.4）
0302850000	鲜或冷菱羊鲷（鲷科）（子目 030291 至 030299 的可食用鱼杂碎除外）	A/B	P. R/Q. S	水产品（6.4） 饲料和饲料添加剂（5.1）
0302891000	鲜或冷带鱼（子目 030291 至 030299 的可食用鱼杂碎除外）	A/B	P. R/Q. S	水产品（6.4）
0302892000	鲜或冷黄鱼（子目 030291 至 030299 的可食用鱼杂碎除外）	A/B	P. R/Q. S	水产品（6.4）
0302893000	鲜或冷鲳鱼（银鲳除外）（子目 030291 至 030299 的可食用鱼杂碎除外）	A/B	P. R/Q. S	水产品（6.4）
0302894000	鲜或冷的鲀（子目 030291 至 030299 的可食用鱼杂碎除外）	A/B	P. R/Q. S	水产品（6.4）
0302899001	鲜或冷的其他鲈鱼（子目 030291 至 030299 的可食用鱼杂碎除外）	A/B	P. R/Q. S	水产品（6.4）
0302899010	其他未列名濒危鲜或冷鱼（子目 030291 至 030299 的可食用鱼杂碎除外）	A/B	P. R/Q. S	水产品（6.4）
0302899020	鲜或冷的平鲉属（子目 030291 至 030299 的可食用鱼杂碎除外）	A/B	P. R/Q. S	水产品（6.4）
0302899030	鲜或冷的鲉鲉属（叶鳍鲉属）（子目 030291 至 030299 的可食用鱼杂碎除外）	A/B	P. R/Q. S	水产品（6.4）
0302899090	其他鲜或冷鱼（子目 030291 至 030299 的可食用鱼杂碎除外）	A/B	P. R/Q. S	水产品（6.4） 饲料和饲料添加剂（5.1）
0302910010	鲜或冷濒危鱼种的肝、鱼卵及鱼精	A/B	P. R/Q. S	水产品（6.4）
0302910020	鲜、冷的种用鱼卵（濒危除外）	A/B	P/Q	动物遗传物质（3.3）
0302910090	其他鲜或冷的鱼肝、鱼卵及鱼精	A/B	P. R/Q. S	水产品（6.4）
0302920010	鲜或冷濒危鲨鱼翅	A/B	P. R/Q. S	水产品（6.4）
0302920090	其他鲜或冷鲨鱼翅	A/B	P. R/Q. S	水产品（6.4）
0302990010	其他鲜或冷可食用濒危鱼杂碎	A/B	P. R/Q. S	水产品（6.4）
0302990020	鲜或冷的大菱鲆、比目鱼、鲱鱼、鲭鱼、鲳鱼、带鱼、尼罗河鲈鱼、尖吻鲈鱼、其他鲈鱼的可食用其他鱼杂碎	A/B	P. R/Q. S	水产品（6.4）
0302990090	其他鲜或冷可食用其他鱼杂碎	A/B	P. R/Q. S	水产品（6.4）
0303110000	冻红大麻哈鱼（但子目 030391 至 030399 的可食用鱼杂碎除外）	A/B	P. R/Q. S	水产品（6.4）

续表9

商品编号	商品名称	监管条件	检验检疫类别	检验检疫要求
0303120000	其他冻大麻哈鱼［细鳞大麻哈鱼、大麻哈鱼（种）、大鳞大麻哈鱼、银大麻哈鱼、马苏大麻哈鱼、玫瑰大麻哈鱼］（但子目030391至030399的可食用鱼杂碎除外）	A/B	P. R/Q. S	水产品（6.4）
0303131000	冻大西洋鲑鱼（但子目030391至030399的可食用鱼杂碎除外）	A/B	P. R/Q. S	水产品（6.4）
0303132000	冻多瑙哲罗鱼（但子目030391至030399的可食用鱼杂碎除外）	A/B	P. R/Q. S	水产品（6.4）
0303140000	冻鳟鱼（河鳟、虹鳟、克拉克大麻哈鱼、阿瓜大麻哈鱼、吉雨大麻哈鱼、亚利桑那大麻哈鱼、金腹大麻哈鱼）（但子目030391至030399的可食用鱼杂碎除外）	A/B	P. R/Q. S	水产品（6.4）
0303190000	其他冻鲑科鱼（但子目030391至030399的可食用鱼杂碎除外）	A/B	P. R/Q. S	水产品（6.4）
0303230000	冻罗非鱼（口孵非鲫属）（但子目030391至030399的可食用鱼杂碎除外）	A/B	P. R/Q. S	水产品（6.4）
0303240000	冻鲶鱼（鲃鲶属、鲶属、胡鲶属、真鮰属）（但子目030391至030399的可食用鱼杂碎除外）	A/B	P. R/Q. S	水产品（6.4） 饲料和饲料添加剂（5.1）
0303250000	冻鲤科鱼（鲤属、鲫属、草鱼、鲢属、鲮属、青鱼、卡特拉鲃、野鲮属、哈氏纹唇鱼、何氏细须鲃、鲂属）（但子目030391至030399的可食用鱼杂碎除外）	A/B	P. R/Q. S	水产品（6.4） 饲料和饲料添加剂（5.1）
0303260010	冻花鳗鲡（但子目030391至030399的可食用鱼杂碎除外）	A/B	P. R/Q. S	水产品（6.4）
0303260020	冻欧洲鳗鲡（但子目030391至030399的可食用鱼杂碎除外）	A/B	P. R/Q. S	水产品（6.4）
0303260090	其他冻鳗鱼（鳗鲡属）（但子目030391至030399的可食用鱼杂碎除外）	A/B	P. R/Q. S	水产品（6.4）
0303290001	冻尼罗河鲈鱼（尼罗尖吻鲈）（但子目030391至030399的可食用鱼杂碎除外）	A/B	P. R/Q. S	水产品（6.4）
0303290090	冻黑鱼（鳢属）（但子目030391至030399的可食用鱼杂碎除外）	A/B	P. R/Q. S	水产品（6.4）
0303311000	冻马舌鲽（格陵兰庸鲽鱼）（但子目030391至030399的可食用鱼杂碎除外）	A/B	P. R/Q. S	水产品（6.4）
0303319010	冻大西洋庸鲽（庸鲽）（但子目030391至030399的可食用鱼杂碎除外）	A/B	P. R/Q. S	水产品（6.4）
0303319090	其他冻庸鲽鱼（但子目030391至030399的可食用鱼杂碎除外）	A/B	P. R/Q. S	水产品（6.4）
0303320000	冻鲽鱼（鲽）（但子目030391至030399的可食用鱼杂碎除外）	A/B	P. R/Q. S	水产品（6.4）
0303330000	冻鳎鱼（鳎属）（但子目030391至030399的可食用鱼杂碎除外）	A/B	P. R/Q. S	水产品（6.4）
0303340000	冻大菱鲆（瘤棘鲆）（但子目030391至030399的可食用鱼杂碎除外）	A/B	P. R/Q. S	水产品（6.4）
0303390010	冻亚洲箭齿鲽（但子目030391至030399的可食用鱼杂碎除外）	A/B	P. R/Q. S	水产品（6.4）
0303390090	其他冻比目鱼（鲽科、鲆科、舌鳎科、鳎科、菱鲆科、刺鲆科）（但子目030391至030399的可食用鱼杂碎除外）	A/B	P. R/Q. S	水产品（6.4）
0303410000	冻长鳍金枪鱼（但子目030391至030399的可食用鱼杂碎除外）	A/B	P. R/Q. S	水产品（6.4）
0303420000	冻黄鳍金枪鱼（但子目030391至030399的可食用鱼杂碎除外）	A/B	P. R/Q. S	水产品（6.4）
0303430000	冻鲣（但子目030391至030399的可食用鱼杂碎除外）	A/B	P. R/Q. S	水产品（6.4）
0303440000	冻大眼金枪鱼（但子目030391至030399的可食用鱼杂碎除外）	A/B	P. R/Q. S	水产品（6.4）
0303451000	冻大西洋蓝鳍金枪鱼（但子目030391至030399的可食用鱼杂碎除外）	A/B	P. R/Q. S	水产品（6.4）
0303452000	冻太平洋蓝鳍金枪鱼（但子目030391至030399的可食用鱼杂碎除外）	A/B	P. R/Q. S	水产品（6.4）
0303460000	冻南方蓝鳍金枪鱼（但子目030391至030399的可食用鱼杂碎除外）	A/B	P. R/Q. S	水产品（6.4）
0303490000	其他冻金枪鱼（金枪鱼属）（但子目030391至030399的可食用鱼杂碎除外）	A/B	P. R/Q. S	水产品（6.4）
0303510010	冻太平洋鲱鱼（但子目030391至030399的可食用鱼杂碎除外）	A/B	P. R/Q. S	水产品（6.4）
0303510090	冻大西洋鲱鱼（但子目030391至030399的可食用鱼杂碎除外）	A/B	P. R/Q. S	水产品（6.4）

续表10

商品编号	商品名称	监管条件	检验检疫类别	检验检疫要求
0303530000	冻沙丁鱼（沙丁鱼、沙瑙鱼属）、小沙丁鱼属、黍鲱或西鲱（但子目030391至030399的可食用鱼杂碎除外）	A/B	P. R/Q. S	水产品（6.4） 饲料和饲料添加剂（5.1）
0303540000	冻鲭鱼［大西洋鲭、澳洲鲭（鲐）、日本鲭（鲐）］（但子目030391至030399的可食用鱼杂碎除外）	A/B	P. R/Q. S	水产品（6.4） 饲料和饲料添加剂（5.1）
0303550000	冻对称竹荚鱼、新西兰竹荚鱼及竹荚鱼（竹荚鱼属）（但子目030391至030399的可食用鱼杂碎除外）	A/B	P. R/Q. S	水产品（6.4） 饲料和饲料添加剂（5.1）
0303560000	冻军曹鱼（但子目030391至030399的可食用鱼杂碎除外）	A/B	P. R/Q. S	水产品（6.4） 饲料和饲料添加剂（5.1）
0303570000	冻剑鱼（但子目030391至030399的可食用鱼杂碎除外）	A/B	P. R/Q. S	水产品（6.4）
0303591000	冻银鲳（鲳属），但食用杂碎除外	A/B	P. R/Q. S	水产品（6.4）
0303599010	冻毛鳞鱼，但食用杂碎除外	A/B	P. R/Q. S	水产品（6.4）
0303599090	其他冻03035项下的鱼［鳀鱼（鳀属）、印度鲭（羽鳃鲐属）、马鲛鱼（马鲛属）、鲹鱼（鲹属）、秋刀鱼、圆鲹（圆鲹属）、鲔鱼、狐鲣（狐鲣属）、枪鱼、旗鱼、四鳍旗鱼（旗鱼科），但子目030391至030399的可食用鱼杂碎除外］	A/B	P. R/Q. S	水产品（6.4）
0303630000	冻鳕鱼（大西洋鳕鱼、格陵兰鳕鱼、太平洋鳕鱼）（但子目030391至030399的可食用鱼杂碎除外）	A/B	P. R/Q. S	水产品（6.4）
0303640000	冻黑线鳕鱼（黑线鳕）（但子目030391至030399的可食用鱼杂碎除外）	A/B	P. R/Q. S	水产品（6.4）
0303650000	冻绿青鳕鱼（但子目030391至030399的可食用鱼杂碎除外）	A/B	P. R/Q. S	水产品（6.4）
0303660000	冻狗鳕鱼（无须鳕属、长鳍鳕属）（但子目030391至030399的可食用鱼杂碎除外）	A/B	P. R/Q. S	水产品（6.4）
0303670000	冻阿拉斯加狭鳕鱼（但子目030391至030399的可食用鱼杂碎除外）	A/B	P. R/Q. S	水产品（6.4） 饲料和饲料添加剂（5.1）
0303680000	冻蓝鳕鱼（小鳍鳕、南蓝鳕）（但子目030391至030399的可食用鱼杂碎除外）	A/B	P. R/Q. S	水产品（6.4） 饲料和饲料添加剂（5.1）
0303690000	冻的其他犀鳕科、多丝真鳕科、鳕科、长尾鳕科、黑鳕科、无须鳕科、深海鳕科及南极鳕科鱼（但子目030391至030399的可食用鱼杂碎除外）	A/B	P. R/Q. S	水产品（6.4） 饲料和饲料添加剂（5.1）
0303810010	冻濒危鲨鱼（但子目030391至030399的可食用鱼杂碎除外）	A/B	P. R/Q. S	水产品（6.4）
0303810090	冻其他鲨鱼（但子目030391至030399的可食用鱼杂碎除外）	A/B	P. R/Q. S	水产品（6.4）
0303820000	冻魟鱼及鳐鱼（鳐科）（但子目030391至030399的可食用鱼杂碎除外）	A/B	P. R/Q. S	水产品（6.4） 饲料和饲料添加剂（5.1）
0303830000	冻南极犬牙鱼（南极犬牙鱼属）（但子目030391至030399的可食用鱼杂碎除外）	A/B	P. R/Q. S	水产品（6.4）
0303840000	冻尖吻鲈鱼（舌齿鲈属）（但子目030391至030399的可食用鱼杂碎除外）	A/B	P. R/Q. S	水产品（6.4）
0303891000	冻带鱼（但子目030391至030399的可食用鱼杂碎除外）	A/B	P. R/Q. S	水产品（6.4）
0303892000	冻黄鱼（但子目030391至030399的可食用鱼杂碎除外）	A/B	P. R/Q. S	水产品（6.4）
0303893000	冻鲳鱼（银鲳除外）（但子目030391至030399的可食用鱼杂碎除外）	A/B	P. R/Q. S	水产品（6.4）
0303899001	其他冻鲈鱼（但子目030391至030399的可食用鱼杂碎除外）	A/B	P. R/Q. S	水产品（6.4）
0303899010	其他未列名濒危冻鱼（但子目030391至030399的可食用鱼杂碎除外）	A/B	P. R/Q. S	水产品（6.4）
0303899020	冻平鲉属鱼（但子目030391至030399的可食用鱼杂碎除外）	A/B	P. R/Q. S	水产品（6.4）
0303899030	冻鲉鲉属（叶鳍鲉属）（但子目030391至030399的可食用鱼杂碎除外）	A/B	P. R/Q. S	水产品（6.4）

续表11

商品编号	商品名称	监管条件	检验检疫类别	检验检疫要求
0303899090	其他未列名冻鱼（但子目030391至030399的可食用鱼杂碎除外）	A/B	P. R/Q. S	水产品（6.4） 饲料和饲料添加剂（5.1）
0303910010	冻濒危鱼种的肝、鱼卵及鱼精	A/B	P. R/Q. S	水产品（6.4）
0303910020	冻的种用鱼卵（濒危除外）	A/B	P. R/Q. S	动物遗传物质（3.3）
0303910090	其他冻鱼肝、鱼卵及鱼精	A/B	P. R/Q. S	水产品（6.4）
0303920010	冻濒危鲨鱼翅	A/B	P. R/Q. S	水产品（6.4）
0303920090	其他冻鲨鱼翅	A/B	P. R/Q. S	水产品（6.4）
0303990010	其他冻可食用濒危鱼杂碎	A/B	P. R/Q. S	水产品（6.4）
0303990020	冻的大菱鲆、比目鱼、鲱鱼、鲭鱼、鲳鱼、带鱼、尼罗河鲈鱼、尖吻鲈鱼、其他鲈鱼的可食用其他鱼杂碎	A/B	P. R/Q. S	水产品（6.4）
0303990090	其他冻可食用其他鱼杂碎	A/B	P. R/Q. S	水产品（6.4）
0304310000	鲜或冷的罗非鱼（口孵非鲫属）的鱼片	A/B	P. R/Q. S	水产品（6.4）
0304320000	鲜或冷的鲶鱼（鲶鲶属、鲶属、胡鲶属、真鮰属）的鱼片	A/B	P. R/Q. S	水产品（6.4）
0304330000	鲜或冷的尼罗河鲈鱼（尼罗尖吻鲈）的鱼片	A/B	P. R/Q. S	水产品（6.4）
0304390010	鲜或冷的花鳗鲡鱼片	A/B	P. R/Q. S	水产品（6.4）
0304390020	鲜或冷的欧洲鳗鲡鱼片	A/B	P. R/Q. S	水产品（6.4）
0304390090	鲜或冷的鲤科鱼（鲤属、鲫属、草鱼、鲢属、鲮属、青鱼、卡特拉鲃、野鲮属、哈氏纹唇鱼、何氏细须鲃、鲂属）、其他鳗鱼（鳗鲡属）及黑鱼（鳢属）的鱼片	A/B	P. R/Q. S	水产品（6.4）
0304410000	鲜或冷的大麻哈鱼［红大麻哈鱼、细鳞大麻哈鱼、大麻哈鱼（种）、大鳞大麻哈鱼、银大麻哈鱼、马苏大麻哈鱼、玫瑰大麻哈鱼］、大西洋鲑鱼及多瑙哲罗鱼的鱼片	A/B	P. R/Q. S	水产品（6.4）
0304420000	鲜或冷的鳟鱼（河鳟、虹鳟、克拉克大麻哈鱼、阿瓜大麻哈鱼、吉雨大麻哈鱼、亚利桑那大麻哈鱼、金腹大麻哈鱼）的鱼片	A/B	P. R/Q. S	水产品（6.4）
0304430000	鲜或冷的比目鱼（鲽科、鲆科、舌鳎科、鳎科、菱鲆科、刺鲆科）的鱼片	A/B	P. R/Q. S	水产品（6.4）
0304440000	鲜或冷的犀鳕科、多丝真鳕科、鳕科、长尾鳕科、黑鳕科、无须鳕科、深海鳕科及南极鳕科鱼的鱼片	A/B	P. R/Q. S	水产品（6.4）
0304450000	鲜或冷的剑鱼鱼片	A/B	P. R/Q. S	水产品（6.4）
0304460000	鲜或冷的南极犬牙鱼（南极犬牙鱼属）的鱼片	A/B	P. R/Q. S	水产品（6.4）
0304470010	鲜或冷的濒危鲨鱼的鱼片	A/B	P. R/Q. S	水产品（6.4）
0304470090	鲜或冷的其他鲨鱼的鱼片	A/B	P. R/Q. S	水产品（6.4）
0304480010	鲜或冷的濒危魟鱼及鳐鱼的鱼片	A/B	P. R/Q. S	水产品（6.4）
0304480090	鲜或冷的其他魟鱼及鳐鱼的鱼片	A/B	P. R/Q. S	水产品（6.4）
0304490010	鲜或冷的其他濒危鱼的鱼片	A/B	P. R/Q. S	水产品（6.4）
0304490090	鲜或冷的其他鱼的鱼片	A/B	P. R/Q. S	水产品（6.4）
0304510010	鲜或冷的花鳗鲡的鱼肉（不论是否绞碎）	A/B	P. R/Q. S	水产品（6.4）
0304510020	鲜或冷的欧洲鳗鲡的鱼肉（不论是否绞碎）	A/B	P. R/Q. S	水产品（6.4）
0304510090	鲜或冷的罗非鱼（口孵非鲫属）、鲶鱼（鲶鲶属、鲶属、胡鲶属、真鮰属）、鲤科鱼（鲤属、鲫属、草鱼、鲢属、鲮属、青鱼、卡特拉鲃、野鲮属、哈氏纹唇鱼、何氏细须鲃、鲂属）、其他鳗鱼（鳗鲡属）、尼罗河鲈鱼（尼罗尖吻鲈）及黑鱼（鳢属）的鱼肉	A/B	P. R/Q. S	水产品（6.4）
0304520000	鲜或冷的鲑科鱼的鱼肉（不论是否绞碎）	A/B	P. R/Q. S	水产品（6.4）
0304530000	鲜或冷的犀鳕科、多丝真鳕科、鳕科、长尾鳕科、黑鳕科、无须鳕科、深海鳕科及南极鳕科鱼的鱼肉（不论是否绞碎）	A/B	P. R/Q. S	水产品（6.4）
0304540000	鲜或冷的剑鱼鱼肉（不论是否绞碎）	A/B	P. R/Q. S	水产品（6.4）
0304550000	鲜或冷的南极犬牙鱼（南极犬牙鱼属）的鱼肉（不论是否绞碎）	A/B	P. R/Q. S	水产品（6.4）
0304560010	鲜或冷的濒危鲨鱼肉（不论是否绞碎）	A/B	P. R/Q. S	水产品（6.4）
0304560090	鲜或冷的其他鲨鱼肉（不论是否绞碎）	A/B	P. R/Q. S	水产品（6.4）

续表12

商品编号	商品名称	监管条件	检验检疫类别	检验检疫要求
0304570010	鲜或冷的濒危魟鱼及鳐鱼的鱼肉（不论是否绞碎）	A/B	P. R/Q. S	水产品（6.4）
0304570090	鲜或冷的其他魟鱼及鳐鱼的鱼肉（不论是否绞碎）	A/B	P. R/Q. S	水产品（6.4）
0304590010	鲜或冷的其他濒危鱼的鱼肉（不论是否绞碎）	A/B	P. R/Q. S	水产品（6.4）
0304590090	鲜或冷的其他鱼的鱼肉（不论是否绞碎）	A/B	P. R/Q. S	水产品（6.4）
0304610000	冻罗非鱼（口孵非鲫属）鱼片	A/B	P. R/Q. S	水产品（6.4）
0304621100	冻斑点叉尾鮰鱼鱼片（斑点叉尾鮰鱼亦称沟鲶，属于鲇形目、叉尾鮰科、叉尾鮰属）	A/B	P. R/Q. S	水产品（6.4）
0304621900	冻的其他叉尾鮰鱼片	A/B	P. R/Q. S	水产品（6.4）
0304629000	冻的其他鲶鱼（𩷶鲶属、鲶属、胡鲶属、真鮰属）鱼片	A/B	P. R/Q. S	水产品（6.4）
0304630000	冻的尼罗河鲈鱼（尼罗尖吻鲈）鱼片	A/B	P. R/Q. S	水产品（6.4）
0304690010	冻的花鳗鲡鱼片	A/B	P. R/Q. S	水产品（6.4）
0304690020	冻的欧洲鳗鲡鱼片	A/B	P. R/Q. S	水产品（6.4）
0304690090	冻的鲤科鱼（鲤属、鲫属、草鱼、鲢属、鲮属、青鱼、卡特拉鲃、野鲮属、哈氏纹唇鱼、何氏细须鲃、鲂属）、其他鳗鱼（鳗鲡属）及黑鱼（鳢属）的鱼片	A/B	P. R/Q. S	水产品（6.4）
0304710000	冻的鳕鱼（大西洋鳕鱼、格陵兰鳕鱼、太平洋鳕鱼）鱼片	A/B	P. R/Q. S	水产品（6.4）
0304720000	冻的黑线鳕鱼（黑线鳕）鱼片	A/B	P. R/Q. S	水产品（6.4）
0304730000	冻的绿青鳕鱼鱼片	A/B	P. R/Q. S	水产品（6.4）
0304740000	冻的狗鳕鱼（无须鳕属、长鳍鳕属）鱼片	A/B	P. R/Q. S	水产品（6.4）
0304750000	冻的阿拉斯加狭鳕鱼鱼片	A/B	P. R/Q. S	水产品（6.4）
0304790000	冻的犀鳕科、多丝真鳕科、鳕科、长尾鳕科、黑鳕科、无须鳕科、深海鳕科及南极鳕科鱼的鱼片	A/B	P. R/Q. S	水产品（6.4）
0304810000	冻的大麻哈鱼［红大麻哈鱼、细鳞大麻哈鱼、大麻哈鱼（种）、大鳞大麻哈鱼、银大麻哈鱼、马苏大麻哈鱼、玫瑰大麻哈鱼］、大西洋鲑鱼及多瑙哲罗鱼鱼片	A/B	P. R/Q. S	水产品（6.4）
0304820000	冻的鳟鱼（河鳟、虹鳟、克拉克大麻哈鱼、阿瓜大麻哈鱼、吉雨大麻哈鱼、亚利桑那大麻哈鱼、金腹大麻哈鱼）鱼片	A/B	P. R/Q. S	水产品（6.4）
0304830000	冻的比目鱼（鲽科、鲆科、舌鳎科、鳎科、菱鲆科、刺鲆科）鱼片	A/B	P. R/Q. S	水产品（6.4）
0304840000	冻剑鱼鱼片	A/B	P. R/Q. S	水产品（6.4）
0304850000	冻南极犬牙鱼（南极犬牙鱼属）鱼片	A/B	P. R/Q. S	水产品（6.4）
0304860000	冻的鲱鱼（大西洋鲱鱼、太平洋鲱鱼）鱼片	A/B	P. R/Q. S	水产品（6.4）
0304870000	冻的金枪鱼（金枪鱼属）、鲣的鱼片	A/B	P. R/Q. S	水产品（6.4）
0304880010	冻的濒危鲨鱼、魟鱼及鳐鱼的鱼片	A/B	P. R/Q. S	水产品（6.4）
0304880090	冻的其他鲨鱼、魟鱼及鳐鱼的鱼片	A/B	P. R/Q. S	水产品（6.4）
0304890010	冻的其他濒危鱼的鱼片	A/B	P. R/Q. S	水产品（6.4）
0304890090	冻的其他鱼片	A/B	P. R/Q. S	水产品（6.4）
0304910000	其他冻剑鱼肉（Xiphias gladius）（不论是否绞碎）	A/B	P. R/Q. S	水产品（6.4）
0304920000	其他冻南极犬牙鱼肉（Toothfish，Dissostichus spp.）（不论是否绞碎）	A/B	P. R/Q. S	水产品（6.4）
0304930010	冻的花鳗鲡鱼肉（不论是否绞碎）	A/B	P. R/Q. S	水产品（6.4）
0304930020	冻的欧洲鳗鲡鱼肉（不论是否绞碎）	A/B	P. R/Q. S	水产品（6.4）
0304930090	冻的罗非鱼（口孵非鲫属）、鲶鱼（𩷶鲶属、鲶属、胡鲶属、真鮰属）、鲤科鱼（鲤属、鲫属、草鱼、鲢属、鲮属、青鱼、卡特拉鲃、野鲮属、哈氏纹唇鱼、何氏细须鲃、鲂属）、其他鳗鱼（鳗鲡属）、尼罗河鲈鱼（尼罗尖吻鲈）及黑鱼（鳢属）鱼肉（不论是否绞碎）	A/B	P. R/Q. S	水产品（6.4）
0304940000	冻的阿拉斯加狭鳕鱼鱼肉（不论是否绞碎）	A/B	P. R/Q. S	水产品（6.4）
0304950000	冻的犀鳕科、多丝真鳕科、鳕科、长尾鳕科、黑鳕科、无须鳕科、深海鳕科及南极鳕科鱼的鱼肉，阿拉斯加狭鳕鱼除外（不论是否绞碎）	A/B	P. R/Q. S	水产品（6.4）
0304960010	冻的濒危鲨鱼肉（不论是否绞碎）	A/B	P. R/Q. S	水产品（6.4）

续表13

商品编号	商品名称	监管条件	检验检疫类别	检验检疫要求
0304960090	冻的其他鲨鱼肉（不论是否绞碎）	A/B	P. R/Q. S	水产品（6.4）
0304970010	冻的濒危魟鱼及鳐鱼的鱼肉（不论是否绞碎）	A/B	P. R/Q. S	水产品（6.4）
0304970090	冻的其他魟鱼及鳐鱼的鱼肉（不论是否绞碎）	A/B	P. R/Q. S	水产品（6.4）
0304990010	冻的其他濒危鱼的鱼肉（不论是否绞碎）	A/B	P. R/Q. S	水产品（6.4）
0304990090	其他冻鱼肉（不论是否绞碎）	A/B	P. R/Q. S	水产品（6.4）
0305200010	干、熏、盐制的濒危鱼种肝、卵及鱼精	A/B	P. R/Q. S	水产品（6.4）
0305200090	其他干、熏、盐制的鱼肝、鱼卵及鱼精	A/B	P. R/Q. S	水产品（6.4）
0305310010	干、盐腌或盐渍的花鳗鲡鱼片（熏制的除外）	A/B	P. R/Q. S	水产品（6.4）
0305310020	干、盐腌或盐渍的欧洲鳗鲡鱼片（熏制的除外）	A/B	P. R/Q. S	水产品（6.4）
0305310090	干、盐腌或盐渍的罗非鱼（口孵非鲫属）、鲶鱼（鲶鲶属、鲶属、胡鲶属、真鮰属）、鲤科鱼（鲤属、鲫属、草鱼、鲢属、鲮属、青鱼、卡特拉鲃、野鲮属、哈氏纹唇鱼、何氏细须鲃、鲂属）、鳗鱼（鳗鲡属）、尼罗河鲈鱼（尼罗尖吻鲈）及黑鱼（鳢属）的鱼片（熏制的除外）	A/B	P. R/Q. S	水产品（6.4）
0305320000	干、盐腌或盐渍的犀鳕科、多丝真鳕科、鳕科、长尾鳕科、黑鳕科、无须鳕科、深海鳕科及南极鳕科的鱼片（熏制的除外）	A/B	P. R/Q. S	水产品（6.4）
0305390010	干、盐腌或盐渍的濒危鱼类的鱼片（熏制的除外）	A/B	P. R/Q. S	水产品（6.4）
0305390090	其他干、盐腌或盐渍的鱼片（熏制的除外）	A/B	P. R/Q. S	水产品（6.4）
0305411000	熏大西洋鲑鱼及鱼片（食用杂碎除外）	A/B	P. R/Q	水产品（6.4）
0305412000	熏大麻哈鱼、多瑙哲罗鱼及鱼片（食用杂碎除外）	A/B	P. R/Q	水产品（6.4）
0305420000	熏制鲱鱼（大西洋鲱鱼、太平洋鲱鱼）及鱼片（食用杂碎除外）	A/B	P. R/Q	水产品（6.4）
0305430000	熏制鳟鱼（河鳟、虹鳟、克拉克大麻哈鱼、阿瓜大麻哈鱼、吉雨大麻哈鱼、亚利桑那大麻哈鱼、金腹大麻哈鱼）及鱼片（食用杂碎除外）	A/B	P. R/Q. S	水产品（6.4）
0305440010	熏制花鳗鲡及鱼片（食用杂碎除外）	A/B	P. R/Q. S	水产品（6.4）
0305440020	熏制欧洲鳗鲡及鱼片（食用杂碎除外）	A/B	P. R/Q. S	水产品（6.4）
0305440090	熏制罗非鱼（口孵非鲫属）、鲶鱼（鲶鲶属、鲶属、胡鲶属、真鮰属）、鲤科鱼（鲤属、鲫属、草鱼、鲢属、鲮属、青鱼、卡特拉鲃、野鲮属、哈氏纹唇鱼、何氏细须鲃、鲂属）、鳗鱼（鳗鲡属）、尼罗河鲈鱼（尼罗尖吻鲈）及黑鱼（鳢属）（食用杂碎除外）	A/B	P. R/Q. S	水产品（6.4）
0305490020	熏制其他濒危鱼及鱼片（食用杂碎除外）	A/B	P. R/Q. S	水产品（6.4）
0305490090	其他熏鱼及鱼片（食用杂碎除外）	A/B	P. R/Q. S	水产品（6.4）
0305510000	干鳕鱼（大西洋鳕鱼、格陵兰鳕鱼、太平洋鳕鱼），食用杂碎除外（不论是否盐腌，但熏制的除外）	A/B	P. R/Q. S	水产品（6.4）
0305520000	干罗非鱼（口孵非鲫属）、鲶鱼（鲶鲶属、鲶属、胡鲶属、真鮰属）、鲤科鱼（鲤属、鲫属、草鱼、鲢属、鲮属、青鱼、卡特拉鲃、野鲮属、哈氏纹唇鱼、何氏细须鲃、鲂属）、鳗鱼（鳗鲡属）、尼罗河鲈鱼（尼罗尖吻鲈）及黑鱼（鳢属）	A/B	P. R/Q. S	水产品（6.4）
0305530000	干犀鳕科、多丝真鳕科、鳕科、长尾鳕科、黑鳕科、无须鳕科、深海鳕科及南极鳕科鱼，鳕鱼（大西洋鳕鱼、格陵兰鳕鱼、太平洋鳕鱼）除外	A/B	P. R/Q. S	水产品（6.4）
0305541000	干银鲳（鲳属）	A/B	P. R/Q. S	水产品（6.4）
0305549000	干鲱鱼（大西洋鲱鱼、太平洋鲱鱼）、鳀鱼（鳀属）、沙丁鱼（沙丁鱼、沙瑙鱼属）、小沙丁鱼属、黍鲱或西鲱、鲭鱼［大西洋鲭、澳洲鲭（鲐）、日本鲭（鲐）］、印度鲭（羽鳃鲐属）、马鲛鱼（马鲛属）、对称竹荚鱼、新西兰竹荚鱼及竹荚鱼（竹荚鱼属）、鲹鱼（鲹属）、军曹鱼、秋刀鱼、圆鲹（圆鲹属）、多春鱼（毛鳞鱼）、剑鱼、鲔鱼、狐鲣（狐鲣属）	A/B	P. R/Q. S	水产品（6.4）

续表14

商品编号	商品名称	监管条件	检验检疫类别	检验检疫要求
0305591010	干海马，食用杂碎除外（不论是否盐腌，但熏制的除外）	A/B	P. R/Q	水产品（6.4） 中药材（食药物质）（2.3）
0305591020	干海龙，食用杂碎除外（不论是否盐腌，但熏制的除外）	A/B	P. R/Q	水产品（6.4） 中药材（食药物质）（2.3）
0305599010	其他濒危干鱼，食用杂碎除外（不论是否盐腌，但熏制的除外）	A/B	P. R/Q. S	水产品（6.4）
0305599090	其他干鱼，食用杂碎除外（不论是否盐腌，但熏制的除外）	A/B	P. R/Q. S	水产品（6.4）
0305610000	盐腌及盐渍的鲱鱼（大西洋鲱鱼、太平洋鲱鱼），食用杂碎除外（干或熏制的除外）	A/B	P. R/Q	水产品（6.4）
0305620000	盐腌及盐渍鳕鱼（大西洋鳕鱼、格陵兰鳕鱼、太平洋鳕鱼），食用杂碎除外（干或熏制的除外）	A/B	P. R/Q. S	水产品（6.4）
0305630000	盐腌及盐渍的鳀鱼（鳀属），食用杂碎除外（干或熏制的除外）	A/B	P. R/Q	水产品（6.4）
0305640010	盐腌及盐渍的花鳗鲡，食用杂碎除外（干或熏制的除外）	A/B	P. R/Q. S	水产品（6.4）
0305640020	盐腌及盐渍的欧洲鳗鲡，食用杂碎除外（干或熏制的除外）	A/B	P. R/Q. S	水产品（6.4）
0305640090	盐腌及盐渍的罗非鱼（口孵非鲫属）、鲶鱼（鲑鲶属、鲶属、胡鲶属、真鮰属）、鲤科鱼（鲤属、鲫属、草鱼、鲢属、鲮属、青鱼、卡特拉鲃、野鲮属、哈氏纹唇鱼、何氏细须鲃、鲂属）、其他鳗鱼（鳗鲡属）、尼罗河鲈鱼（尼罗尖吻鲈）及黑鱼（鳢属），食用杂碎除外（干或熏制的除外）	A/B	P. R/Q. S	水产品（6.4）
0305691000	盐腌及盐渍的带鱼，食用杂碎除外（干或熏制的除外）	A/B	P. R/Q. S	水产品（6.4）
0305692000	盐腌及盐渍的黄鱼，食用杂碎除外（干或熏制的除外）	A/B	P. R/Q. S	水产品（6.4）
0305693000	盐腌及盐渍的鲳鱼（银鲳除外），食用杂碎除外（干或熏制的除外）	A/B	P. R/Q. S	水产品（6.4）
0305699010	盐腌及盐渍的其他濒危鱼，食用杂碎除外（干或熏制的除外）	A/B	P. R/Q. S	水产品（6.4）
0305699090	盐腌及盐渍的其他鱼，食用杂碎除外（干或熏制的除外）	A/B	P. R/Q. S	水产品（6.4）
0305710010	濒危鲨鱼鱼翅（不论是否干制、盐腌、盐渍和熏制）	A/B	P. R/Q. S	水产品（6.4）
0305710090	其他鲨鱼鱼翅（不论是否干制、盐腌、盐渍和熏制）	A/B	P. R/Q. S	水产品（6.4）
0305720010	濒危鱼的鱼头、鱼尾、鱼鳔（不论是否干制、盐腌、盐渍和熏制）	A/B	P. R/Q. S	水产品（6.4）
0305720090	其他鱼的鱼头、鱼尾、鱼鳔（不论是否干制、盐腌、盐渍和熏制）	A/B	P. R/Q. S	水产品（6.4）
0305790010	其他濒危鱼可食用鱼杂碎（不论是否干制、盐腌、盐渍和熏制）	A/B	P. R/Q. S	水产品（6.4）
0305790090	其他可食用鱼杂碎（不论是否干制、盐腌、盐渍和熏制）	A/B	P. R/Q. S	水产品（6.4）
0306110000	冻岩礁虾和其他龙虾（真龙虾属、龙虾属、岩龙虾属）	A/B	P. R/Q. S	水产品（6.4）
0306120000	冻鳌龙虾（鳌龙虾属）	A/B	P. R/Q. S	水产品（6.4）
0306141000	冻梭子蟹	A/B	P. R/Q. S	水产品（6.4） 饲料和饲料添加剂（5.1）
0306149010	冻的金霸王蟹（帝王蟹）、毛蟹、仿石蟹（仿岩蟹）、堪察加拟石蟹、短足拟石蟹、扁足拟石蟹、雪蟹、日本雪蟹	A/B	P. R/Q. S	水产品（6.4）
0306149090	其他冻蟹	A/B	P. R/Q. S	水产品（6.4） 饲料和饲料添加剂（5.1）
0306150000	冻挪威海鳌虾	A/B	P. R/Q. S	水产品（6.4）
0306163000	冻的冷水小虾及对虾（长额虾属、褐虾）虾仁	A/B	P. R/Q. S	水产品（6.4）
0306164000	冻北方长额虾（虾仁除外）	A/B	P. R/Q. S	水产品（6.4）
0306169000	其他冻的冷水小虾及对虾（长额虾属、褐虾）	A/B	P. R/Q. S	水产品（6.4）
0306173000	其他冻小虾及对虾虾仁	A/B	P. R/Q. S	水产品（6.4）
0306179000	其他冻小虾及对虾（虾仁除外）	A/B	P. R/Q. S	水产品（6.4）
0306191100	冻淡水小龙虾虾仁	A/B	P. R/Q. S	水产品（6.4）
0306191900	冻带壳淡水小龙虾	A/B	P. R/Q. S	水产品（6.4）
0306199000	其他冻甲壳动物	A/B	P. R/Q. S	水产品（6.4）
0306311000	岩礁虾及其他龙虾种苗	A/B	P/Q	水生动物（3.2）
0306319000	活、鲜或冷的带壳或去壳岩礁虾和其他龙虾（真龙虾属、龙虾属、岩龙虾属）	A/B	P. R/Q. S	水产品（6.4） 水生动物（3.2）

续表15

商品编号	商品名称	监管条件	检验检疫类别	检验检疫要求
0306321000	螯龙虾（螯龙虾属）种苗	A/B	P/Q	水生动物（3.2）
0306329000	活、鲜或冷的带壳或去壳螯龙虾（螯龙虾属）	A/B	P.R/Q.S	水产品（6.4） 水生动物（3.2）
0306331000	蟹种苗	A/B	P/Q	水生动物（3.2）
0306339100	活、鲜或冷的带壳或去壳中华绒螯蟹	A/B	P.R/Q.S	水产品（6.4） 水生动物（3.2） 饲料和饲料添加剂（5.1）
0306339200	活、鲜或冷的带壳或去壳梭子蟹	A/B	P.R/Q.S	水产品（6.4） 水生动物（3.2） 饲料和饲料添加剂（5.1）
0306339910	活、鲜或冷的金霸王蟹（帝王蟹）、毛蟹、仿石蟹（仿岩蟹）、堪察加拟石蟹、短足拟石蟹、扁足拟石蟹、雪蟹、日本雪蟹	A/B	P.R/Q.S	水产品（6.4） 水生动物（3.2）
0306339990	其他活、鲜或冷的带壳或去壳蟹	A/B	P.R/Q.S	水产品（6.4） 水生动物（3.2） 饲料和饲料添加剂（5.1）
0306341000	挪威海螯虾种苗	A/B	P/Q	水生动物（3.2）
0306349000	其他活、鲜或冷的带壳或去壳挪威海螯虾	A/B	P.R/Q.S	水产品（6.4） 水生动物（3.2）
0306351000	冷水小虾及对虾（长额虾属、褐虾）种苗	A/B	P/Q	水生动物（3.2）
0306359010	鲜、冷的冷水小虾及对虾（长额虾属、褐虾）（种苗除外）	A/B	P.R/Q.S	水产品（6.4） 饲料和饲料添加剂（5.1）
0306359090	活的冷水小虾及对虾（长额虾属、褐虾）（种苗除外）	A/B	P.R/Q.S	水生动物（3.2）
0306361000	其他小虾及对虾种苗	A/B	P/Q	水生动物（3.2）
0306369010	其他鲜、冷的小虾（对虾属除外）（种苗除外）	A/B	P.R/Q.S	水产品（6.4） 饲料和饲料添加剂（5.1）
0306369090	活、鲜或冷的对虾（对虾属）；其他活的小虾（对虾属除外）（种苗除外）	A/B	P.R/Q.S	水产品（6.4） 水生动物（3.2） 饲料和饲料添加剂（5.1）
0306391000	其他甲壳动物种苗	A/B	P/Q	水生动物（3.2）
0306399010	其他甲壳动物的种用卵	A/B	P.R/Q.S	动物遗传物质（3.3）
0306399090	其他活、鲜、冷的带壳或去壳甲壳动物	A/B	P.R/Q.S	水产品（6.4） 水生动物（3.2） 饲料和饲料添加剂（5.1）
0306910000	干、盐腌或盐渍的其他岩礁虾及其他龙虾（真龙虾属、龙虾属、岩龙虾属）（包括熏制的带壳或去壳的，不论在熏制前或熏制过程中是否烹煮）	A/B	P.R/Q.S	水产品（6.4）
0306920000	干、盐腌或盐渍的其他螯龙虾（螯龙虾属）（包括熏制的带壳或去壳的，不论在熏制前或熏制过程中是否烹煮）	A/B	P.R/Q.S	水产品（6.4）
0306931000	干、盐腌或盐渍的其他中华绒螯蟹（包括熏制的带壳或去壳的，不论在熏制前或熏制过程中是否烹煮）	A/B	P.R/Q.S	水产品（6.4）
0306932000	干、盐腌或盐渍的其他梭子蟹（包括熏制的带壳或去壳的，不论在熏制前或熏制过程中是否烹煮）	A/B	P.R/Q.S	水产品（6.4）
0306939000	干、盐腌或盐渍的其他蟹（包括熏制的带壳或去壳的，不论在熏制前或熏制过程中是否烹煮）	A/B	P.R/Q.S	水产品（6.4）
0306940000	干、盐腌或盐渍的挪威海螯虾（包括熏制的带壳或去壳的，不论在熏制前或熏制过程中是否烹煮）	A/B	P.R/Q.S	水产品（6.4）
0306951000	干、盐腌或盐渍的冷水小虾及对虾（长额虾属、褐虾）（包括熏制的带壳或去壳的，不论在熏制前或熏制过程中是否烹煮）	A/B	P.R/Q.S	水产品（6.4）

续表16

商品编号	商品名称	监管条件	检验检疫类别	检验检疫要求
0306959000	干、盐腌或盐渍的其他小虾及对虾（包括熏制的带壳或去壳的，不论在熏制前或熏制过程中是否烹煮）	A/B	P. R/Q. S	水产品（6.4）
0306990000	干、盐腌或盐渍的其他甲壳动物（包括熏制的带壳或去壳的，不论在熏制前或熏制过程中是否烹煮）	A/B	P. R/Q. S	水产品（6.4）
0307111000	牡蛎（蚝）种苗	A/B	P/Q	饲料和饲料添加剂（5.1）
0307119000	其他活、鲜、冷的牡蛎（蚝）	A/B	P. R/Q. S	水产品（6.4） 水生动物（3.2）
0307120000	冻的牡蛎（蚝）	A/B	P. R/Q. S	水产品（6.4）
0307190000	其他干、盐腌或盐渍牡蛎（蚝）（包括熏制的带壳或去壳的，不论在熏制前或熏制过程中是否烹煮）	A/B	P. R/Q. S	水产品（6.4）
0307211000	扇贝及其他扇贝科软体动物的种苗	A/B	P/Q	水生动物（3.2）
0307219100	活、鲜、冷的扇贝（扇贝属、栉孔扇贝属、巨扇贝属）（种苗除外）	A/B	P. R/Q. S	水产品（6.4） 水生动物（3.2）
0307219900	其他活、鲜、冷的扇贝科的软体动物（种苗除外）	A/B	P. R/Q. S	水产品（6.4） 水生动物（3.2）
0307221000	冻的扇贝（扇贝属、栉孔扇贝属、巨扇贝属）	A/B	P. R/Q. S	水产品（6.4）
0307229000	其他冻的扇贝科的软体动物	A/B	P. R/Q. S	水产品（6.4）
0307291000	干、盐腌或盐渍的扇贝（扇贝属、栉孔扇贝属、巨扇贝属）（包括熏制的带壳或去壳的，不论在熏制前或熏制过程中是否烹煮）	A/B	P. R/Q. S	水产品（6.4）
0307299000	其他干、盐腌或盐渍的扇贝科的软体动物（包括熏制的带壳或去壳的，不论在熏制前或熏制过程中是否烹煮）	A/B	P. R/Q. S	水产品（6.4）
0307311000	贻贝种苗	A/B	P/Q	水生动物（3.2）
0307319001	鲜、冷贻贝	A/B	P. R/Q. S	水产品（6.4）
0307319090	其他活贻贝	A/B	P. R/Q. S	水生动物（3.2）
0307320000	冻贻贝	A/B	P. R/Q. S	水产品（6.4）
0307390000	其他干、盐腌或盐渍的贻贝（包括熏制的带壳或去壳的，不论在熏制前或熏制过程中是否烹煮）	A/B	P. R/Q. S	水产品（6.4）
0307421000	墨鱼及鱿鱼种苗	A/B	P/Q	水生动物（3.2）
0307429100	其他活、鲜、冷的墨鱼（乌贼属、巨粒僧头乌贼、耳乌贼属）及鱿鱼（柔鱼属、枪乌贼属、双柔鱼属、拟乌贼属）	A/B	P. R/Q. S	水产品（6.4） 水生动物（3.2） 饲料和饲料添加剂（5.1）
0307429900	其他活、鲜、冷的墨鱼及鱿鱼	A/B	P. R/Q. S	水产品（6.4） 水生动物（3.2） 饲料和饲料添加剂（5.1）
0307431000	冻的墨鱼（乌贼属、巨粒僧头乌贼、耳乌贼属）及鱿鱼（柔鱼属、枪乌贼属、双柔鱼属、拟乌贼属）	A/B	P. R/Q. S	水产品（6.4）
0307439000	其他冻的墨鱼及鱿鱼	A/B	P. R/Q. S	水产品（6.4）
0307491000	其他干、盐制的墨鱼（乌贼属、巨粒僧头乌贼、耳乌贼属）及鱿鱼（柔鱼属、枪乌贼属、双柔鱼属、拟乌贼属）（包括熏制的带壳或去壳的，不论在熏制前或熏制过程中是否烹煮）	A/B	P. R/Q. S	水产品（6.4）
0307499000	其他干、盐制的墨鱼及鱿鱼（包括熏制的带壳或去壳的，不论在熏制前或熏制过程中是否烹煮）	A/B	P. R/Q. S	水产品（6.4）
0307510000	活、鲜、冷章鱼	A/B	P. R/Q. S	水产品（6.4） 水生动物（3.2） 饲料和饲料添加剂（5.1）
0307520000	冻的章鱼	A/B	P. R/Q. S	水产品（6.4）
0307590000	其他干、盐制的章鱼（包括熏制的，不论在熏制前或熏制过程中是否烹煮）	A/B	P. R/Q. S	水产品（6.4） 饲料和饲料添加剂（5.1）

续表17

商品编号	商品名称	监管条件	检验检疫类别	检验检疫要求
0307601010	濒危蜗牛及螺种苗，海螺除外	A/B	P/Q	水生动物（3.2）
0307601090	蜗牛及螺种苗，海螺除外（濒危除外）	A/B	P/Q	水生动物（3.2）
0307609010	其他濒危蜗牛及螺，海螺除外	A/B	P.R/Q.S	水产品（6.4） 水生动物（3.2）
0307609090	其他活、鲜、冷、冻、干、盐腌或盐渍的蜗牛及螺，海螺除外（包括熏制的带壳或去壳的，不论在熏制前或熏制过程中是否烹煮）	A/B	P.R/Q.S	水产品（6.4） 水生动物（3.2）
0307711010	砗磲的种苗	A/B	P/Q	水生动物（3.2）
0307711090	蛤、鸟蛤及舟贝种苗（濒危除外）	A/B	P/Q	水生动物（3.2）
0307719100	活、鲜、冷蛤	A/B	P.R/Q.S	水产品（6.4） 水生动物（3.2）
0307719910	活、鲜、冷砗磲	A/B	P.R/Q.S	水产品（6.4） 水生动物（3.2）
0307719920	活、鲜、冷的粗饰蚶	A/B	P.R/Q.S	水产品（6.4） 水生动物（3.2）
0307719990	活、鲜、冷鸟蛤及舟贝（蚶科、北极蛤科、鸟蛤科、斧蛤科、缝栖蛤科、蛤蜊科、中带蛤科、海螂科、双带蛤科、截蛏科、竹蛏科、帘蛤科）	A/B	P.R/Q.S	水产品（6.4） 水生动物（3.2）
0307720010	冻的砗磲	A/B	P.R/Q.S	水产品（6.4）
0307720020	冻的粗饰蚶	A/B	P.R/Q.S	水产品（6.4）
0307720090	冻的其他蛤、鸟蛤及舟贝（蚶科、北极蛤科、鸟蛤科、斧蛤科、缝栖蛤科、蛤蜊科、中带蛤科、海螂科、双带蛤科、截蛏科、竹蛏科、帘蛤科）	A/B	P.R/Q.S	水产品（6.4）
0307790010	干、盐渍的砗磲（包括熏制的带壳或去壳的，不论在熏制前或熏制过程中是否烹煮）	A/B	P.R/Q.S	水产品（6.4）
0307790020	干、盐制的粗饰蚶（包括熏制的带壳或去壳的，不论在熏制前或熏制过程中是否烹煮）	A/B	P.R/Q.S	水产品（6.4）
0307790090	干、盐制其他蛤、鸟蛤及舟贝（蚶科、北极蛤科、鸟蛤科、斧蛤科、缝栖蛤科、蛤蜊科、中带蛤科、海螂科、双带蛤科、截蛏科、竹蛏科、帘蛤科）（包括熏制的带壳或去壳的，不论在熏制前或熏制过程中是否烹煮）	A/B	P.R/Q.S	水产品（6.4）
0307811000	鲍鱼（鲍属）种苗	A/B	P/Q	水生动物（3.2）
0307819000	活、鲜、冷的鲍鱼（鲍属）	A/B	P.R/Q.S	水产品（6.4） 水生动物（3.2）
0307821000	凤螺（凤螺属）种苗	A/B	P/Q	水生动物（3.2）
0307829000	活、鲜或冷的其他凤螺（凤螺属）	A/B	P.R/Q.S	水产品（6.4） 水生动物（3.2）
0307830000	冻的鲍鱼（鲍属）	A/B	P.R/Q.S	水产品（6.4）
0307840000	冻的凤螺（凤螺属）	A/B	P.R/Q.S	水产品（6.4）
0307870000	干、盐腌或盐渍的鲍鱼（鲍属）（包括熏制的带壳或去壳的，不论在熏制前或熏制过程中是否烹煮）	A/B	P.R/Q.S	水产品（6.4）
0307880000	干、盐腌或盐渍的凤螺（凤螺属）（包括熏制的带壳或去壳的，不论在熏制前或熏制过程中是否烹煮）	A/B	P.R/Q.S	水产品（6.4）
0307911011	大珠母贝的种苗	A/B	P/Q	水生动物（3.2）
0307911019	其他濒危软体动物的种苗（大珠母贝除外）	A/B	P/Q	水生动物（3.2）
0307911090	其他软体动物的种苗	A/B	P/Q	水生动物（3.2）
0307919011	活、鲜、冷大珠母贝（种苗除外）	A/B	P.R/Q.S	水产品（6.4） 水生动物（3.2）

续表18

商品编号	商品名称	监管条件	检验检疫类别	检验检疫要求
0307919019	活、鲜、冷的其他濒危软体动物（种苗除外）	A/B	P. R/Q. S	水产品（6.4） 水生动物（3.2）
0307919020	活、鲜、冷蚬属（种苗除外）	A/B	P. R/Q. S	水产品（6.4） 水生动物（3.2）
0307919090	其他活、鲜、冷的软体动物（种苗除外）	A/B	P. R/Q. S	水产品（6.4） 陆生动物（3.1） 水生动物（3.2）
0307920011	冻的大珠母贝	A/B	P. R/Q. S	水产品（6.4）
0307920019	冻的其他濒危软体动物	A/B	P. R/Q. S	水产品（6.4）
0307920020	冻的蚬属	A/B	P. R/Q. S	水产品（6.4）
0307920090	其他冻的软体动物	A/B	P. R/Q. S	水产品（6.4）
0307990011	干、盐腌或盐渍的大珠母贝（包括熏制的带壳或去壳的，不论在熏制前或熏制过程中是否烹煮）	A/B	P. R/Q. S	水产品（6.4）
0307990019	干、盐腌或盐渍的其他濒危软体动物（包括熏制的带壳或去壳的，不论在熏制前或熏制过程中是否烹煮）	A/B	P. R/Q. S	水产品（6.4）
0307990020	干、盐腌或盐渍蚬属（包括供人食用的软体动物粉、团粒，甲壳动物除外；包括熏制的带壳或去壳的，不论在熏制前或熏制过程中是否烹煮）	A/B	P. R/Q. S	水产品（6.4）
0307990090	其他干、盐腌或盐渍软体动物（包括熏制的带壳或去壳的，不论在熏制前或熏制过程中是否烹煮）	A/B	P. R/Q. S	水产品（6.4）
0308111010	暗色刺参的种苗	A/B	P/Q	水生动物（3.2）
0308111090	海参（仿刺参、海参纲）种苗（濒危除外）	A/B	P/Q	水生动物（3.2）
0308119010	活、鲜或冷的暗色刺参	A/B	P. R/Q. S	水产品（6.4） 水生动物（3.2）
0308119020	活、鲜或冷的刺参	A/B	P. R/Q. S	水产品（6.4） 水生动物（3.2）
0308119090	活、鲜或冷的其他海参（仿刺参、海参纲）	A/B	P. R/Q. S	水产品（6.4） 水生动物（3.2）
0308120010	冻的暗色刺参	A/B	P. R/Q. S	水产品（6.4）
0308120020	冻的其他刺参	A/B	P. R/Q. S	水产品（6.4）
0308120090	冻的其他海参（仿刺参、海参纲）	A/B	P. R/Q. S	水产品（6.4）
0308190010	干、盐腌或盐渍暗色刺参（包括熏制的，不论在熏制前或熏制过程中是否烹煮）	A/B	P. R/Q. S	水产品（6.4）
0308190020	干、盐腌或盐渍的其他刺参（包括熏制的，不论在熏制前或熏制过程中是否烹煮）	A/B	P. R/Q. S	水产品（6.4）
0308190090	干、盐腌或盐渍的其他海参（仿刺参、海参纲）（包括熏制的，不论在熏制前或熏制过程中是否烹煮）	A/B	P. R/Q. S	水产品（6.4）
0308211000	海胆种苗	A/B	P/Q	水生动物（3.2）
0308219010	活、鲜或冷的食用海胆纲	A/B	P. R/Q. S	水产品（6.4） 水生动物（3.2）
0308219090	其他活、鲜或冷的海胆	A/B	P. R/Q. S	水产品（6.4） 水生动物（3.2）
0308220010	冻食用海胆纲	A/B	P. R/Q. S	水产品（6.4）
0308220090	其他冻海胆	A/B	P. R/Q. S	水产品（6.4）
0308290010	干、盐制食用海胆纲（包括熏制的，不论在熏制前或熏制过程中是否烹煮）	A/B	P. R/Q. S	水产品（6.4）
0308290090	其他干、盐制海胆（包括熏制的，不论在熏制前或熏制过程中是否烹煮）	A/B	P. R/Q. S	水产品（6.4）

续表19

商品编号	商品名称	监管条件	检验检疫类别	检验检疫要求
0308301100	海蜇（海蜇属）种苗	A/B	P/Q	水生动物（3.2）
0308301900	活、鲜或冷的海蜇（海蜇属）	A/B	P.R/Q.S	水产品（6.4） 水生动物（3.2）
0308309000	冻、干、盐制海蜇（海蜇属）（包括熏制的，不论在熏制前或熏制过程中是否烹煮）	A/B	P.R/Q.S	水产品（6.4）
0308901110	活、鲜或冷的其他濒危水生无脊椎动物的种苗（甲壳动物及软体动物除外）	A/B	P/Q	水生动物（3.2）
0308901190	其他水生无脊椎动物的种苗（甲壳动物及软体动物和其他濒危水生无脊椎动物除外）（甲壳动物及软体动物除外）	A/B	P/Q	水生动物（3.2）
0308901200	活、鲜或冷的沙蚕，种苗除外	A/B	P.R/Q.S	水生动物（3.2） 饲料和饲料添加剂（5.1）
0308901910	活、鲜或冷的其他濒危水生无脊椎动物（甲壳动物及软体动物除外）	A/B	P.R/Q.S	水产品（6.4） 水生动物（3.2）
0308901990	活、鲜或冷的其他水生无脊椎动物（甲壳动物及软体动物除外）	A/B	P.R/Q.S	水产品（6.4） 水生动物（3.2）
0308909010	其他冻、干、盐制濒危水生无脊椎动物（包括熏制的，不论在熏制前或熏制过程中是否烹煮）	A/B	P.R/Q.S	水产品（6.4）
0308909090	其他冻、干、盐制水生无脊椎动物（包括熏制的，不论在熏制前或熏制过程中是否烹煮）	A/B	P.R/Q.S	水产品（6.4）
0309100010	适合供人食用的濒危鱼的细粉、粗粉及团粒	A/B	P.R/Q.S	水产品（6.4）
0309100090	适合供人食用的其他鱼的细粉、粗粉及团粒	A/B	P.R/Q.S	水产品（6.4）
0309900010	适合供人食用的濒危甲壳动物、软体动物和其他水生无脊椎动物的细粉、粗粉及团粒	A/B	P.R/Q.S	水产品（6.4）
0309900090	适合供人食用的其他甲壳动物、软体动物和其他水生无脊椎动物的细粉、粗粉及团粒	A/B	P.R/Q.S	水产品（6.4）
0401100000	脂肪含量≤1%未浓缩的乳及稀奶油（脂肪含量按重量计，本编号货品不得加糖和其他甜物质）	A/B	P.R/Q.S	乳品（6.3）
0401200000	1%<脂肪含量≤6%的未浓缩的乳及稀奶油（脂肪含量按重量计，本编号货品不得加糖和其他甜物质）	A/B	P.R/Q.S	乳品（6.3）
0401400000	6%<脂肪含量≤10%的未浓缩的乳及稀奶油（脂肪含量按重量计，本编号货品不得加糖和其他甜物质）	A/B	P.R/Q.S	乳品（6.3）
0401500000	脂肪含量>10%未浓缩的乳及稀奶油（脂肪含量按重量计，本编号货品不得加糖和其他甜物质）	A/B	P.R/Q.S	乳品（6.3）
0402100000	脂肪含量≤1.5%固状乳及稀奶油（指粉状、粒状或其他固体状态，浓缩，加糖或其他甜物质）	A/B	M.P.R/Q.S	乳品（6.3）
0402210000	脂肪量>1.5%未加糖固状乳及稀奶油（指粉状、粒状或其他固体状态，浓缩，加糖或其他甜物质）	A/B	M.P.R/Q.S	乳品（6.3）
0402290000	脂肪量>1.5%的加糖固状乳及稀奶油（指粉状、粒状或其他固体状态，浓缩，加糖或其他甜物质）	A/B	P.R/Q.S	乳品（6.3）
0402910000	浓缩但未加糖的非固状乳及稀奶油（未加其他甜物质）	A/B	P.R/Q.S	乳品（6.3）
0402990000	浓缩并已加糖的非固状乳及稀奶油（加其他甜物质）	A/B	P.R/Q.S	乳品（6.3）
0403201000	酸乳，不论是否浓缩，除允许添加的添加剂外，仅可含糖或其他甜味物质、香料、水果、坚果、可可	A/B	P.R/Q.S	乳品（6.3）
0403209000	其他酸乳	A/B	P.R/Q.S	乳品（6.3）
0403900000	酪乳及其他发酵或酸化的乳及稀奶油（不论是否浓缩、加糖或其他甜物质、香料、水果等）	A/B	P.R/Q	乳品（6.3）
0404100010	饲料用乳清（按重量计蛋白含量2%~7%，乳糖含量76%~88%）	A/B	P.R/Q	饲料和饲料添加剂（5.1）

续表20

商品编号	商品名称	监管条件	检验检疫类别	检验检疫要求
0404100090	其他乳清及改性乳清（不论是否浓缩、加糖或其他甜物质）	A/B	P. R/Q	乳品（6.3） 饲料和饲料添加剂（5.1）
0404900000	其他编号未列名的含天然乳的产品（不论是否浓缩、加糖或其他甜物质）	A/B	P. R/Q	乳品（6.3）
0405100000	黄油	A/B	P. R/Q. S	乳品（6.3）
0405200000	乳酱	A/B	P. R/Q. S	乳品（6.3）
0405900000	其他从乳中提取的脂和油	A/B	P. R/Q. S	乳品（6.3）
0406100000	鲜乳酪（未熟化或未固化的）（包括乳清乳酪；凝乳）	A/B	P. R/Q	乳品（6.3）
0406200000	各种磨碎或粉化的乳酪	A/B	P. R/Q. S	乳品（6.3） 饲料和饲料添加剂（5.1）
0406300000	经加工的乳酪（但磨碎或粉化的除外）	A/B	P. R/Q	乳品（6.3）
0406400000	蓝纹乳酪和娄地青霉生产的带有纹理的其他乳酪	A/B	P. R/Q	乳品（6.3）
0406900000	其他乳酪	A/B	P. R/Q	乳品（6.3）
0407110000	孵化用受精的鸡蛋	A/B	P/Q	动物遗传物质（3.3）
0407190010	其他孵化用受精濒危禽蛋	A/B	P/Q	动物遗传物质（3.3）
0407190090	其他孵化用受精禽蛋（濒危禽蛋除外）	A/B	P/Q	动物遗传物质（3.3）
0407210000	其他带壳的鸡的鲜蛋	A/B	P. R/Q. S	食用蛋品（6.2）
0407290010	其他鲜的带壳濒危禽蛋	A/B	P. R/Q. S	食用蛋品（6.2）
0407290090	其他鲜的带壳禽蛋	A/B	P. R/Q. S	食用蛋品（6.2）
0407901000	带壳咸蛋	A/B	P. R/Q. S	食用蛋品（6.2）
0407902000	带壳皮蛋	A/B	P. R/Q. S	食用蛋品（6.2）
0407909010	其他腌制或煮过的带壳濒危野鸟蛋	A/B	P. R/Q. S	食用蛋品（6.2）
0407909090	其他腌制或煮过的带壳禽蛋	A/B	P. R/Q. S	食用蛋品（6.2）
0408110000	干蛋黄	A/B	P. R/Q. S	食用蛋品（6.2）
0408190000	其他蛋黄	A/B	P. R/Q. S	食用蛋品（6.2）
0408910000	干的其他去壳禽蛋	A/B	P. R/Q. S	食用蛋品（6.2）
0408990000	其他去壳禽蛋	A/B	P. R/Q. S	食用蛋品（6.2）
0409000000	天然蜂蜜	A/B	P. R/Q. S	蜂产品（6.6） 中药材（食药物质）（2.3）
0410100010	食用濒危昆虫	A/B	P. R/Q. S	陆生动物（3.1）
0410100090	其他食用昆虫	A/B	P. R/Q. S	陆生动物（3.1）
0410901000	燕窝	A/B	P. R/Q. S	燕窝产品（6.5） 保健食品（8.1）
0410902100	鲜蜂王浆	A/B	P. R/Q. S	蜂产品（6.6）
0410902200	鲜蜂王浆粉	A/B	P. R/Q. S	蜂产品（6.6）
0410902300	蜂花粉	A/B	P. R/Q. S	蜂产品（6.6）
0410902900	其他蜂产品	A/B	P. R/Q. S	蜂产品（6.6） 中药材（食药物质）（2.3）
0410909010	其他编号未列名的食用濒危动物产品	A/B	P. R/Q. S	其他动物源性食品（6.7）
0410909090	其他编号未列名的食用动物产品	A/B	P. R/Q. S	水产品（6.4） 其他动物源性食品（6.7）
0501000000	未经加工的人发；废人发（不论是否洗涤）	/B	V/W	禁止进口 未分类货物
0502101000	猪鬃	A/B	P/Q	非食用动物产品（3.4）
0502102000	猪毛	A/B	P/Q	非食用动物产品（3.4）
0502103000	猪鬃或猪毛的废料	/B	P/Q	禁止进口 非食用动物产品（3.4）
0502901100	山羊毛	A/B	P/Q	非食用动物产品（3.4）
0502901200	黄鼠狼尾毛	A/B	P/Q	非食用动物产品（3.4）

续表21

商品编号	商品名称	监管条件	检验检疫类别	检验检疫要求
0502901910	濒危獾毛及其他制刷用濒危兽毛	A/B	P/Q	非食用动物产品（3.4）
0502901990	其他獾毛及其他制刷用兽毛	A/B	P/Q	非食用动物产品（3.4）
0502902010	濒危獾毛及其他制刷濒危兽毛废料	/B	P/Q	非食用动物产品（3.4）
0502902090	其他獾毛及其他制刷用兽毛的废料	/B	P/Q	禁止进口 非食用动物产品（3.4）
0504001100	整个或切块盐渍的猪肠衣（猪大肠头除外）	A/B	P.R/Q.S	肉类产品（6.1）
0504001200	整个或切块盐渍的绵羊肠衣	A/B	P.R/Q.S	肉类产品（6.1）
0504001300	整个或切块盐渍的山羊肠衣	A/B	P.R/Q.S	肉类产品（6.1）
0504001400	整个或切块盐渍的猪大肠头	A/B	P.R/Q.S	肉类产品（6.1）
0504001900	整个或切块的其他动物肠衣（包括鲜、冷、冻、干、熏、盐腌或盐渍的，鱼除外）	A/B	P.R/Q.S	肉类产品（6.1）
0504002100	冷、冻的鸡胗（即鸡胃）	A/B	P.R/Q.S	肉类产品（6.1） 饲料和饲料添加剂（5.1）
0504002900	整个或切块的其他动物的胃（包括鲜、冷、冻、干、熏、盐腌或盐渍的，鱼除外）	A/B	P.R/Q.S	肉类产品（6.1） 饲料和饲料添加剂（5.1）
0504009000	整个或切块的其他动物肠、膀胱（包括鲜、冷、冻、干、熏、盐腌或盐渍的，鱼除外）	A/B	P.R/Q.S	肉类产品（6.1）
0505100010	填充用濒危野生禽类羽毛、羽绒（仅经洗涤、消毒等处理，未进一步加工）	A/B	P/Q	非食用动物产品（3.4）
0505100090	其他填充用羽毛、羽绒（仅经洗涤、消毒等处理，未进一步加工）	A/B	P/Q	非食用动物产品（3.4）
0505901000	羽毛或不完整羽毛的粉末及废料	A/B	P/Q	禁止进口 非食用动物产品（3.4）
0505909010	其他濒危野生禽类羽毛、羽绒（包括带有羽毛或羽绒的鸟皮及鸟体的其他部分）	A/B	P/Q	非食用动物产品（3.4）
0505909090	其他羽毛、羽绒（包括带有羽毛或羽绒的鸟皮及鸟体的其他部分）	A/B	P/Q	非食用动物产品（3.4）
0506100000	经酸处理的骨胶原及骨	A/B	P/Q	非食用动物产品（3.4）
0506901110	含牛羊成分的骨废料（未经加工或仅经脱脂等加工的）	A/B	P/Q	禁止进口 非食用动物产品（3.4）
0506901190	含牛羊成分的骨粉（未经加工或仅经脱脂等加工的）	A/B	M.P/Q	饲料和饲料添加剂（5.1）
0506901910	其他骨废料（未经加工或仅经脱脂等加工的）	A/B	P/Q	禁止进口 非食用动物产品（3.4）
0506901990	其他骨粉（未经加工或仅经脱脂等加工的）	A/B	M.P/Q	饲料和饲料添加剂（5.1）
0506909011	已脱胶的虎骨（指未经加工或经脱脂等加工的）	A/B	P/Q	禁止进出口 非食用动物产品（3.4）
0506909019	未脱胶的虎骨（指未经加工或经脱脂等加工的）	A/B	P/Q	禁止进出口 非食用动物产品（3.4）
0506909021	已脱胶的豹骨（指未经加工或经脱脂等加工的）	A/B	P/Q	非食用动物产品（3.4）
0506909029	未脱胶的豹骨（指未经加工或经脱脂等加工的）	A/B	P/Q	非食用动物产品（3.4）
0506909031	已脱胶的濒危野生动物的骨及角柱（不包括虎骨、豹骨，指未经加工或经脱脂等加工的）	A/B	P/Q	非食用动物产品（3.4）
0506909039	未脱胶的濒危野生动物的骨及角柱（不包括虎骨、豹骨，指未经加工或经脱脂等加工的）	A/B	P/Q	非食用动物产品（3.4）
0506909091	已脱胶的其他骨及角柱（不包括虎骨、豹骨，指未经加工或经脱脂等加工的）	A/B	P/Q	非食用动物产品（3.4）
0506909099	未脱胶的其他骨及角柱（不包括虎骨、豹骨，指未经加工或经脱脂等加工的）	A/B	P/Q	非食用动物产品（3.4） 饲料和饲料添加剂（5.1）
0507100010	犀牛角	A/B	P/Q	禁止进出口 非食用动物产品（3.4）
0507100020	其他濒危野生兽牙、兽牙粉末及废料	A/B	P/Q	非食用动物产品（3.4）

续表22

商品编号	商品名称	监管条件	检验检疫类别	检验检疫要求
0507100030	其他兽牙	A/B	P/Q	非食用动物产品（3.4）
0507100090	其他兽牙粉末及废料	A/B	P/Q	禁止进口 非食用动物产品（3.4）
0507901000	羚羊角及其粉末和废料	A/B	P/Q	非食用动物产品（3.4） 中药材（食药物质）（2.3）
0507902010	濒危鹿茸及其粉末	A/B	P/Q	非食用动物产品（3.4） 中药材（食药物质）（2.3）
0507902090	非濒危鹿茸及其粉末	A/B	P/Q	非食用动物产品（3.4） 中药材（食药物质）（2.3）
0507909011	濒危龟壳及鹿角（包括粉末和废料）	A/B	P/Q	非食用动物产品（3.4） 中药材（食药物质）（2.3）
0507909019	非濒危龟壳及鹿角（包括粉末和废料）	A/B	P/Q	非食用动物产品（3.4） 中药材（食药物质）（2.3）
0507909020	鲸须、鲸须毛（包括粉末和废料）	A/B	P/Q	非食用动物产品（3.4）
0507909030	其他濒危动物角（包括蹄、甲、爪及喙及其粉末和废料）	A/B	P/Q	非食用动物产品（3.4） 中药材（食药物质）（2.3）
0507909090	其他非濒危动物角（包括蹄、甲、爪及喙及其粉末和废料）	A/B	P/Q	非食用动物产品（3.4） 中药材（食药物质）（2.3）
0508001010	濒危珊瑚及濒危水产品的粉末、废料（包括介、贝、棘皮动物壳，不包括墨鱼骨的粉末、废料）	A/B	P/Q	饲料和饲料添加剂（5.1）
0508001090	其他水产品壳、骨的粉末及废料（包括介、贝壳，棘皮动物壳，墨鱼骨的粉末及废料）	A/B	P/Q	非食用动物产品（3.4） 饲料和饲料添加剂（5.1） 中药材（食药物质）（2.3）
0508009010	濒危珊瑚及濒危水产品的壳、骨（包括介、贝、棘皮动物的壳，不包括墨鱼骨）	A/B	P/Q	古物 非食用动物产品（3.4）
0508009090	其他水产品的壳、骨（包括介、贝、棘皮动物的壳，墨鱼骨）	A/B	P/Q	非食用动物产品（3.4）
0510001010	牛黄	A/	P/Q	禁止出口 中药材（食药物质）（2.3）
0510001020	猴枣	A/B	P/Q	中药材（食药物质）（2.3）
0510001090	其他黄药（不包括牛黄）	A/B	P/Q	中药材（食药物质）（2.3）
0510002010	海狸香、灵猫香	A/B	P/Q	食品添加剂（营养强化剂）（9.1）
0510002020	龙涎香	A/B	P/Q	食品添加剂（营养强化剂）（9.1）
0510003010	天然麝香	A/	P/Q	禁止出口 中药材（食药物质）（2.3）
0510003090	其他麝香	A/	P/Q	禁止出口 中药材（食药物质）（2.3）
0510004000	斑蝥	A/B	P/Q	中药材（食药物质）（2.3）
0510009010	其他濒危野生动物胆汁及其他产品（不论是否干制；鲜、冷、冻或用其他方法暂时保藏的）	A/B	P/Q	中药材（食药物质）（2.3）
0510009090	胆汁，配药用腺体及其他动物产品（不论是否干制；鲜、冷、冻或用其他方法暂时保藏的）	A/B	P/Q	中药材（食药物质）（2.3）
0511100010	濒危野生牛的精液	A/B	P/Q	动物遗传物质（3.3）
0511100090	牛的精液（濒危野牛的精液除外）	A/B	P/Q	动物遗传物质（3.3）
0511911110	濒危鱼的受精卵	A/B	P/Q	动物遗传物质（3.3）
0511911190	受精鱼卵（包括发眼卵，濒危除外）	A/B	P/Q	动物遗传物质（3.3）

续表23

商品编号	商品名称	监管条件	检验检疫类别	检验检疫要求
0511911910	濒危鱼的非食用产品（包括鱼肚）	A/B	P/Q	动物遗传物质（3.3） 饲料和饲料添加剂（5.1）
0511911990	其他鱼的非食用产品（包括鱼肚）	A/B	P/Q	动物遗传物质（3.3） 非食用动物产品（3.4） 饲料和饲料添加剂（5.1）
0511919010	濒危水生无脊椎动物产品（包括甲壳动物、软体动物、第三章死动物）	A/B	P/Q	水产品（6.4）
0511919020	丰年虫卵（丰年虾卵）	A/B	P/Q	饲料和饲料添加剂（5.1）
0511919090	其他水生无脊椎动物产品（包括甲壳动物、软体动物、第三章死动物）	A/B	P/Q	水产品（6.4） 非食用动物产品（3.4） 饲料和饲料添加剂（5.1）
0511991010	濒危野生动物精液（牛的精液除外）	A/B	P/Q	动物遗传物质（3.3）
0511991090	其他动物精液（牛的精液和其他濒危动物精液除外）	A/B	P/Q	动物遗传物质（3.3）
0511992010	濒危野生动物胚胎	A/B	P/Q	动物遗传物质（3.3）
0511992020	猪、牛、山羊、绵羊胚胎（濒危除外）	A/B	P/Q	动物遗传物质（3.3）
0511992090	其他动物胚胎	A/B	P/Q	动物遗传物质（3.3）
0511993000	蚕种	A/B	P/Q	陆生动物（3.1）
0511994010	废马毛（不论是否制成有或无衬垫的毛片）	/B	P/Q	禁止进口 非食用动物产品（3.4）
0511994090	其他马毛（不论是否制成有或无衬垫的毛片）	A/B	P/Q	非食用动物产品（3.4）
0511999010	其他编号未列名濒危野生动物产品（包括不适合供人食用的第一章的死动物）	A/B	P/Q	生物材料（2.2） 动物遗传物质（3.3） 非食用动物产品（3.4）
0511999090	其他编号未列名的动物产品（包括不适合供人食用的第一章的死动物）	A/B	P/Q	生物材料（2.2） 陆生动物（3.1） 动物遗传物质（3.3） 非食用动物产品（3.4） 饲料和饲料添加剂（5.1） 中药材（食药物质）（2.3）
0601101000	休眠的番红花球茎	A/B	P/Q	植物和植物繁殖材料（4.1）
0601102110	种用休眠的濒危野生百合球茎（不包括人工培植的）	A/B	P/Q	植物和植物繁殖材料（4.1）
0601102190	种用休眠的其他百合球茎	A/B	P/Q	植物和植物繁殖材料（4.1）
0601102910	非种用休眠的濒危野生百合球茎（不包括人工培植的）	A/B	P/Q	新鲜蔬菜（7.6）
0601102990	非种用休眠的其他百合球茎	A/B	P/Q	新鲜蔬菜（7.6）
0601109110	种用休眠的兰花块茎（包括球茎、根颈及根茎）	A/B	P/Q	植物和植物繁殖材料（4.1）
0601109191	种用休眠其他濒危植物鳞茎等（包括球茎、根颈、根茎、鳞茎、块茎、块根）	A/B	P/Q	植物和植物繁殖材料（4.1）
0601109199	种用休眠的鳞茎、块茎、块根、球茎、根颈及根茎（濒危除外）	A/B	P/Q	植物和植物繁殖材料（4.1）
0601109910	其他休眠的兰花块茎（包括球茎、根颈及根茎）	A/B	P/Q	植物和植物繁殖材料（4.1）
0601109991	其他休眠濒危植物鳞茎等（包括球茎、根颈、根茎、鳞茎、块茎、块根）	A/B	P/Q	植物和植物繁殖材料（4.1）
0601109999	其他休眠的其他鳞茎、块茎、块根（包括球茎、根颈及根茎）	A/B	P/Q	植物和植物繁殖材料（4.1）
0601200010	生长或开花的兰花块茎（包括球茎、根颈及根茎）	A/B	P/Q	植物和植物繁殖材料（4.1）
0601200020	生长或开花的仙客来鳞茎	A/B	P/Q	植物和植物繁殖材料（4.1）
0601200091	生长或开花的其他濒危植物鳞茎等（包括球茎、根颈、根茎、鳞茎、块茎、块根、菊苣植物）	A/B	P/Q	植物和植物繁殖材料（4.1）

续表24

商品编号	商品名称	监管条件	检验检疫类别	检验检疫要求
0601200099	生长或开花的鳞茎、块茎、块根、球茎、根颈及根茎；菊苣植物及其根（濒危除外）（包括块茎、块根、球茎、根颈及根茎，品目1212的根除外）	A/B	P/Q	植物和植物繁殖材料（4.1）
0602100010	濒危植物的无根插枝及接穗	A/B	P/Q	植物和植物繁殖材料（4.1）
0602100090	无根插枝及接穗（濒危除外）	A/B	P/Q	植物和植物繁殖材料（4.1）
0602201000	食用水果或食用坚果的种用苗木（包括食用果灌木种用苗木）	A/B	P/Q	植物和植物繁殖材料（4.1）
0602209000	其他食用水果、坚果树及灌木（不论是否嫁接）	A/B	P/Q	植物和植物繁殖材料（4.1）
0602301010	种用濒危野生杜鹃（不论是否嫁接，不包括人工培植的）	A/B	P/Q	植物和植物繁殖材料（4.1）
0602301090	种用其他杜鹃（不论是否嫁接）	A/B	P/Q	植物和植物繁殖材料（4.1）
0602309010	非种用濒危野生杜鹃（不论是否嫁接，不包括人工培植的）	A/B	P/Q	植物和植物繁殖材料（4.1）
0602309090	非种用其他杜鹃（不论是否嫁接）	A/B	P/Q	植物和植物繁殖材料（4.1）
0602401010	种用濒危野生玫瑰（不论是否嫁接，不包括人工培植的）	A/B	P/Q	植物和植物繁殖材料（4.1）
0602401090	种用其他玫瑰（不论是否嫁接）	A/B	P/Q	植物和植物繁殖材料（4.1）
0602409010	非种用濒危野生玫瑰（不论是否嫁接，不包括人工培植的）	A/B	P/Q	植物和植物繁殖材料（4.1）
0602409090	非种用其他玫瑰（不论是否嫁接）	A/B	P/Q	植物和植物繁殖材料（4.1）
0602901000	蘑菇菌丝	A/B	P/Q	植物和植物繁殖材料（4.1）
0602909110	种用兰花	A/B	P/Q	植物和植物繁殖材料（4.1）
0602909120	种用濒危红豆杉苗木	A/B	P/Q	植物和植物繁殖材料（4.1）
0602909191	其他濒危植物种用苗木	A/B	P/Q	植物和植物繁殖材料（4.1）
0602909199	其他种用苗木（濒危除外）	A/B	P/Q	植物和植物繁殖材料（4.1）
0602909200	其他兰花（种用除外）	A/B	P/Q	植物和植物繁殖材料（4.1）
0602909300	其他菊花（种用除外）	A/B	P/Q	植物和植物繁殖材料（4.1）
0602909410	非种用翠叶芦荟	A/B	P/Q	植物和植物繁殖材料（4.1）
0602909420	非种用其他芦荟（翠叶芦荟除外）	A/B	P/Q	植物和植物繁殖材料（4.1）
0602909430	其他非种用濒危野生百合（不包括人工培植的）	A/B	P/Q	中药材（食药物质）（2.3） 植物和植物繁殖材料（4.1）
0602909490	其他百合（种用除外）	A/B	P/Q	中药材（食药物质）（2.3） 植物和植物繁殖材料（4.1）
0602909500	其他康乃馨（种用除外）	A/B	P/Q	植物和植物繁殖材料（4.1）
0602909910	苏铁（铁树）类	A/B	P/Q	植物和植物繁殖材料（4.1）
0602909920	仙人掌（包括仙人球、仙人柱、仙人指）	A/B	P/Q	植物和植物繁殖材料（4.1）
0602909930	濒危红豆杉（种用除外）	A/B	P/Q	植物和植物繁殖材料（4.1）
0602909991	其他濒危活植物（种用除外）	A/B	P/Q	植物和植物繁殖材料（4.1）
0602909999	其他活植物（种用除外）	A/B	P/Q	植物和植物繁殖材料（4.1） 其他非食用植物产品（4.4）
0603110000	鲜的玫瑰（制花束或装饰用的）	A/B	P/Q	其他非食用植物产品（4.4）
0603120000	鲜的康乃馨（制花束或装饰用的）	A/B	P/Q	其他非食用植物产品（4.4）
0603130000	鲜的兰花（制花束或装饰用的）	A/B	P/Q	其他非食用植物产品（4.4）
0603140000	鲜的菊花（制花束或装饰用的）	A/B	P/Q	其他非食用植物产品（4.4）
0603150000	鲜的百合花（百合属）（制花束或装饰用的）	A/B	P/Q	其他非食用植物产品（4.4）
0603190010	鲜的濒危植物插花及花蕾（制花束或装饰用的）	A/B	P/Q	其他非食用植物产品（4.4）
0603190090	其他鲜的插花及花蕾（制花束或装饰用的）	A/B	P/Q	其他非食用植物产品（4.4）
0603900010	干或染色等加工濒危植物插花及花蕾（制花束或装饰用的，鲜的除外）	A/B	P/Q	其他非食用植物产品（4.4）
0603900090	其他干或染色等加工的插花及花蕾（制花束或装饰用的，鲜的除外）	A/B	P/Q	其他非食用植物产品（4.4）
0604201010	鲜的濒危野生苔藓及地衣（不包括人工培植的）	A/B	P/Q	栽培介质（5.2） 植物和植物繁殖材料（4.1）
0604201090	鲜的其他苔藓及地衣	A/B	P/Q	栽培介质（5.2） 植物和植物繁殖材料（4.1）

续表25

商品编号	商品名称	监管条件	检验检疫类别	检验检疫要求
0604209010	其他鲜濒危植物枝、叶或其他部分，草（枝、叶或其他部分是指制花束或装饰用并且不带花及花蕾）	A/B	P/Q	其他非食用植物产品（4.4）
0604209090	其他鲜植物枝、叶或其他部分，草（枝、叶或其他部分是指制花束或装饰用并且不带花及花蕾）	A/B	P/Q	植物和植物繁殖材料（4.1） 其他非食用植物产品（4.4）
0604901010	其他濒危野生苔藓及地衣（不包括人工培植的）	A/B	P/Q	栽培介质（5.2） 植物和植物繁殖材料（4.1）
0604901090	其他苔藓及地衣	A/B	P/Q	栽培介质（5.2） 植物和植物繁殖材料（4.1）
0604909010	其他染色或经加工濒危植物枝、叶或其他部分，草等（枝、叶或其他部分是指制花束或装饰用并且不带花及花蕾）	A/B	P/Q	其他非食用植物产品（4.4）
0604909090	其他染色或加工的植物枝、叶或其他部分，草（枝、叶或其他部分是指制花束或装饰用并且不带花及花蕾）	A/B	P/Q	其他非食用植物产品（4.4）
0701100000	种用马铃薯	A/B	P/Q	植物和植物繁殖材料（4.1）
0701900000	其他鲜或冷藏的马铃薯	A/B	P.R/Q.S	粮食（7.1）
0702000000	鲜或冷藏的番茄	A/B	P.R/Q.S	新鲜蔬菜（7.6）
0703101000	鲜或冷藏的洋葱	A/B	P.R/Q.S	新鲜蔬菜（7.6） 植物和植物繁殖材料（4.1）
0703102000	鲜或冷藏的青葱	A/B	P.R/Q.S	新鲜蔬菜（7.6）
0703201000	鲜或冷藏的蒜头	A/B	P.R/Q.S	新鲜蔬菜（7.6） 中药材（食药物质）（2.3） 植物和植物繁殖材料（4.1）
0703202000	鲜或冷藏的蒜薹及蒜苗（包括青蒜）	A/B	P.R/Q.S	新鲜蔬菜（7.6）
0703209000	鲜或冷藏的其他大蒜（包括切片、切碎、切丝、捣碎、磨碎、去皮等）	A/B	P.R/Q.S	新鲜蔬菜（7.6）
0703901000	鲜或冷藏的韭葱	A/B	P.R/Q.S	新鲜蔬菜（7.6）
0703902000	鲜或冷藏的大葱	A/B	P.R/Q.S	新鲜蔬菜（7.6）
0703909000	鲜或冷藏的其他葱属蔬菜	A/B	P.R/Q.S	新鲜蔬菜（7.6）
0704101000	鲜或冷的菜花（花椰菜）	A/B	P.R/Q.S	新鲜蔬菜（7.6）
0704109010	鲜或冷的硬花甘蓝	A/B	P.R/Q.S	新鲜蔬菜（7.6）
0704109090	鲜或冷的西兰花	A/B	P.R/Q.S	新鲜蔬菜（7.6）
0704200000	鲜或冷藏的抱子甘蓝	A/B	P.R/Q.S	新鲜蔬菜（7.6）
0704901000	鲜或冷藏的卷心菜（学名结球甘蓝，又名圆白菜、洋白菜，属十字花科芸薹属甘蓝变种）	A/B	P.R/Q.S	新鲜蔬菜（7.6）
0704909001	鲜、冷其他甘蓝	A/B	P.R/Q.S	新鲜蔬菜（7.6）
0704909090	鲜或冷藏的其他食用芥菜类蔬菜	A/B	P.R/Q.S	新鲜蔬菜（7.6）
0705110000	鲜或冷藏的结球莴苣（包心生菜）	A/B	P.R/Q.S	新鲜蔬菜（7.6）
0705190000	鲜或冷藏的其他莴苣	A/B	P.R/Q.S	新鲜蔬菜（7.6）
0705210000	鲜或冷藏的维特罗夫菊苣	A/B	P.R/Q	新鲜蔬菜（7.6）
0705290000	鲜或冷藏的其他菊苣	A/B	P.R/Q	新鲜蔬菜（7.6）
0706100001	鲜、冷胡萝卜	A/B	P.R/Q.S	新鲜蔬菜（7.6）
0706100090	鲜或冷藏的芜菁	A/B	P.R/Q.S	新鲜蔬菜（7.6）
0706900000	鲜或冷藏的萝卜及类似食用根茎（包括色拉甜菜根、婆罗门参、块根芹）	A/B	P.R/Q.S	新鲜蔬菜（7.6）
0707000000	鲜或冷藏的黄瓜及小黄瓜	A/B	P.R/Q.S	新鲜蔬菜（7.6）
0708100000	鲜或冷藏的豌豆（不论是否脱荚）	A/B	P.R/Q.S	新鲜蔬菜（7.6）
0708200000	鲜或冷藏的豇豆及菜豆（不论是否脱荚）	A/B	P.R/Q.S	新鲜蔬菜（7.6）
0708900000	鲜或冷藏的其他豆类蔬菜（不论是否脱荚）	A/B	P.R/Q.S	新鲜蔬菜（7.6）
0709200000	鲜或冷藏的芦笋	A/B	P.R/Q.S	新鲜蔬菜（7.6）
0709300000	鲜或冷藏的茄子	A/B	P.R/Q.S	新鲜蔬菜（7.6）

续表26

商品编号	商品名称	监管条件	检验检疫类别	检验检疫要求
0709400000	鲜或冷藏的芹菜（块根芹除外）	A/B	P. R/Q. S	新鲜蔬菜（7.6）
0709510000	鲜或冷藏的伞菌属蘑菇	A/B	P. R/Q. S	新鲜蔬菜（7.6）
0709520000	鲜或冷藏的牛肝菌属蘑菇	A/B	P. R/Q. S	新鲜蔬菜（7.6）
0709530000	鲜或冷藏的鸡油菌属蘑菇	A/B	P. R/Q. S	新鲜蔬菜（7.6）
0709540000	鲜或冷藏的香菇	A/B	P. R/Q. S	新鲜蔬菜（7.6）
0709550010	鲜或冷藏的松口蘑	A/B	P. R/Q. S	新鲜蔬菜（7.6）
0709550090	鲜或冷藏的美洲松口蘑、雪松口蘑、甜味松口蘑、欧洲松口蘑	A/B	P. R/Q. S	新鲜蔬菜（7.6）
0709560010	鲜或冷藏的濒危野生块菌（松露属）（不包括人工培植的）	A/B	P. R/Q. S	新鲜蔬菜（7.6）
0709560090	鲜或冷藏的其他块菌（松露属）	A/B	P. R/Q. S	新鲜蔬菜（7.6）
0709591000	鲜或冷藏的其他松茸（松口蘑、美洲松口蘑、雪松口蘑、甜味松口蘑、欧洲松口蘑除外）	A/B	P. R/Q. S	新鲜蔬菜（7.6）
0709593000	鲜或冷藏的金针菇	A/B	P. R/Q. S	新鲜蔬菜（7.6）
0709594000	鲜或冷藏的草菇	A/B	P. R/Q. S	新鲜蔬菜（7.6）
0709595010	鲜或冷藏的濒危野生口蘑（不包括人工培植的）	A/B	P. R/Q. S	新鲜蔬菜（7.6）
0709595090	鲜或冷藏的其他口蘑	A/B	P. R/Q. S	新鲜蔬菜（7.6）
0709596000	鲜或冷藏的其他块菌	A/B	P. R/Q. S	新鲜蔬菜（7.6）
0709599000	鲜或冷藏的其他蘑菇	A/B	P. R/Q. S	新鲜蔬菜（7.6）
0709600000	鲜或冷藏的辣椒属及多香果属的果实（包括甜椒）	A/B	P. R/Q. S	新鲜蔬菜（7.6）
0709700000	鲜或冷藏的菠菜	A/B	P. R/Q. S	新鲜蔬菜（7.6）
0709910000	鲜或冷藏的洋蓟	A/B	P. R/Q. S	新鲜蔬菜（7.6）
0709920000	鲜或冷藏的油橄榄	A/B	P. R/Q. S	新鲜蔬菜（7.6）
0709930000	鲜或冷藏的南瓜、笋瓜及瓠瓜（南瓜属）	A/B	P. R/Q. S	新鲜蔬菜（7.6）
0709991000	鲜或冷藏的竹笋	A/B	P. R/Q. S	新鲜蔬菜（7.6）
0709999001	鲜或冷藏的丝瓜	A/B	P. R/Q. S	新鲜蔬菜（7.6）
0709999002	鲜或冷藏的青江菜	A/B	P. R/Q. S	新鲜蔬菜（7.6）
0709999003	鲜或冷藏的小白菜	A/B	P. R/Q. S	新鲜蔬菜（7.6）
0709999004	鲜或冷藏的苦瓜	A/B	P. R/Q. S	新鲜蔬菜（7.6）
0709999005	鲜或冷藏的山葵	A/B	P. R/Q. S	新鲜蔬菜（7.6）
0709999010	鲜或冷藏的野生莼菜（不包括人工培植的）	A/B	P. R/Q. S	新鲜蔬菜（7.6）
0709999090	鲜或冷藏的其他蔬菜	A/B	P. R/Q. S	新鲜蔬菜（7.6）
0710100000	冷冻马铃薯（不论是否蒸煮）	A/B	R/S	蔬菜制品（7.7）
0710210000	冷冻豌豆（不论是否蒸煮）	A/B	R/S	蔬菜制品（7.7）
0710221000	冷冻的红小豆（赤豆）（不论是否蒸煮）	A/B	R/S	蔬菜制品（7.7）
0710229000	冷冻豇豆及菜豆（不论是否蒸煮）	A/B	R/S	蔬菜制品（7.7）
0710290000	冷冻其他豆类蔬菜（不论是否蒸煮）	A/B	R/S	蔬菜制品（7.7）
0710300000	冷冻菠菜（不论是否蒸煮）	A/B	R/S	蔬菜制品（7.7）
0710400000	冷冻甜玉米（不论是否蒸煮）	A/B	R/S	蔬菜制品（7.7）
0710801000	冷冻松茸（不论是否蒸煮）	A/B	R/S	蔬菜制品（7.7）
0710802000	冷冻蒜薹及蒜苗（包括青蒜）（不论是否蒸煮）	A/B	R/S	蔬菜制品（7.7）
0710803000	冷冻蒜头（不论是否蒸煮）	A/B	R/S	蔬菜制品（7.7）
0710804000	冷冻牛肝菌（不论是否蒸煮）	A/B	R/S	蔬菜制品（7.7）
0710809010	冷冻的大蒜瓣（不论是否蒸煮）	A/B	R/S	蔬菜制品（7.7）
0710809020	冷冻的香菇（不论是否蒸煮）	A/B	R/S	蔬菜制品（7.7）
0710809030	冷冻野生莼菜（不论是否蒸煮，不包括人工培植的）	A/B	R/S	蔬菜制品（7.7）
0710809090	冷冻的未列名蔬菜（不论是否蒸煮）	A/B	R/S	蔬菜制品（7.7）
0710900000	冷冻什锦蔬菜（不论是否蒸煮）	A/B	R/S	蔬菜制品（7.7）
0711200000	暂时保藏的油橄榄（不适于直接食用的）	A/B	P. R/Q. S	蔬菜制品（7.7）
0711400000	暂时保藏的黄瓜及小黄瓜（不适于直接食用的）	A/B	P. R/Q. S	蔬菜制品（7.7）
0711511200	盐水白蘑菇（不适于直接食用的）	A/B	R/S	蔬菜制品（7.7）

续表27

商品编号	商品名称	监管条件	检验检疫类别	检验检疫要求
0711511900	盐水的其他伞菌属蘑菇（不适于直接食用的）	A/B	R/S	蔬菜制品（7.7）
0711519000	暂时保藏的其他伞菌属蘑菇（不适于直接食用的）	A/B	P. R/Q. S	蔬菜制品（7.7）
0711591100	盐水松茸（不适于直接食用的）	A/B	R/S	蔬菜制品（7.7）
0711591910	盐水的香菇（不适于直接食用的）	A/B	R/S	蔬菜制品（7.7）
0711591920	盐水的野生中华夏块菌（不适于直接食用的，不包括人工培植的）	A/B	R/S	蔬菜制品（7.7）
0711591990	盐水的其他非伞菌属蘑菇及块菌（不适于直接食用的）	A/B	R/S	蔬菜制品（7.7）
0711599010	暂时保藏的香菇（不适于直接食用的）	A/B	P. R/Q. S	蔬菜制品（7.7）
0711599090	暂时保藏的蘑菇及块菌（不适于直接食用的）	A/B	P. R/Q. S	蔬菜制品（7.7）
0711903100	盐水竹笋（不适于直接食用的）	A/B	R/S	蔬菜制品（7.7）
0711903410	盐水简单腌制的大蒜头、大蒜瓣（无论是否去皮，但不适于直接食用）	A/B	R/S	蔬菜制品（7.7）
0711903490	盐水简单腌制的其他大蒜（不含蒜头、蒜瓣，无论是否去皮，但不适于直接食用）	A/B	R/S	蔬菜制品（7.7）
0711903900	盐水的其他蔬菜及什锦蔬菜（不适于直接食用的）	A/B	R/S	蔬菜制品（7.7）
0711909000	暂时保藏的其他蔬菜及什锦蔬菜（不适于直接食用的）	A/B	P. R/Q. S	蔬菜制品（7.7）
0712200000	干制洋葱（整个，切块，切片，破碎或制成粉状，但未经进一步加工的）	A/B	P. R/Q. S	蔬菜制品（7.7）
0712310000	干伞菌属蘑菇（整个，切块，切片，破碎或制成粉状，但未经进一步加工的）	A/B	P. R/Q. S	蔬菜制品（7.7）
0712320000	干木耳（整个，切块，切片，破碎或制成粉状，但未经进一步加工的）	A/B	P. R/Q. S	蔬菜制品（7.7）
0712330000	干银耳（白木耳）（整个，切块，切片，破碎或制成粉状，但未经进一步加工的）	A/B	P. R/Q. S	蔬菜制品（7.7）
0712340000	干制香菇（整个，切块，切片，破碎或制成粉状，但未经进一步加工的）	A/B	P. R/Q. S	蔬菜制品（7.7）
0712392000	干制金针菇（整个，切块，切片，破碎或制成粉状，但未经进一步加工的）	A/B	P. R/Q. S	蔬菜制品（7.7）
0712395000	干制牛肝菌（整个，切块，切片，破碎或制成粉状，但未经进一步加工的）	A/B	P. R/Q. S	蔬菜制品（7.7）
0712399100	干制羊肚菌（整个，切块，切片，破碎或制成粉状，但未经进一步加工的）	A/B	P. R/Q. S	蔬菜制品（7.7）
0712399910	干制松茸（整个，切块，切片，破碎或制成粉状，但未经进一步加工的）	A/B	P. R/Q. S	蔬菜制品（7.7）
0712399920	干制野生中华夏块菌（整个，切块，切片，破碎或制成粉状，但未经进一步加工的，不包括人工培植的）	A/B	P. R/Q. S	蔬菜制品（7.7）
0712399990	其他干制蘑菇及块菌（整个，切块，切片，破碎或制成粉状，但未经进一步加工的）	A/B	P. R/Q. S	蔬菜制品（7.7）
0712901000	笋干丝	A/B	P. R/Q. S	蔬菜制品（7.7）
0712902000	紫萁（薇菜干）（整条，切段，破碎或制成粉状，但未经进一步加工的）	A/B	P. R/Q. S	蔬菜制品（7.7）
0712903000	干金针菜（黄花菜）（整条，切段，破碎或制成粉状，但未经进一步加工的）	A/B	P. R/Q. S	蔬菜制品（7.7）
0712904000	蕨菜干（整个，切段，破碎或制成粉状，但未经进一步加工的）	A/B	P. R/Q. S	蔬菜制品（7.7）
0712905010	干燥或脱水的大蒜头、大蒜瓣（无论是否去皮）	A/B	P. R/Q. S	蔬菜制品（7.7）
0712905090	干燥或脱水的其他大蒜（不含蒜头、蒜瓣，无论是否去皮）	A/B	P. R/Q. S	蔬菜制品（7.7）
0712909100	干辣根（整个，切块，切片，破碎或制成粉状，但未经进一步加工的）	A/B	P. R/Q. S	蔬菜制品（7.7）
0712909910	干野生莼菜（整个，切块，切片，破碎或制成粉状，但未经进一步加工的，不包括人工培植的）	A/B	P. R/Q. S	蔬菜制品（7.7）

续表28

商品编号	商品名称	监管条件	检验检疫类别	检验检疫要求
0712909920	甜玉米种子（种用甜玉米）	A/B	P. R/Q. S	植物和植物繁殖材料（4. 1）
0712909990	干制的其他蔬菜及什锦蔬菜（整个，切块，切片，破碎或制成粉状，但未经进一步加工的）	A/B	P. R/Q. S	蔬菜制品（7. 7）
0713101000	种用豌豆（干豆，不论是否去皮或分瓣）	A/B	P/N. Q	植物和植物繁殖材料（4. 1）
0713109000	其他干豌豆（不论是否去皮或分瓣）	A/B	P. R/Q. S	粮食（7. 1）
0713201000	种用干鹰嘴豆（不论是否去皮或分瓣）	A/B	P/N. Q	植物和植物繁殖材料（4. 1）
0713209000	其他干鹰嘴豆（不论是否去皮或分瓣）	A/B	P. R/Q. S	粮食（7. 1）
0713311000	种用干绿豆（不论是否去皮或分瓣）	A/B	P/N. Q	植物和植物繁殖材料（4. 1）
0713319000	其他干绿豆（不论是否去皮或分瓣）	A/B	P. R/Q. S	粮食（7. 1）
0713321000	种用红小豆（赤豆）（不论是否去皮或分瓣）	A/B	P/N. Q	植物和植物繁殖材料（4. 1）
0713329000	其他干赤豆（不论是否去皮或分瓣）	A/B	P. R/Q. S	粮食（7. 1） 中药材（食药物质）（2. 3）
0713331000	种用芸豆（干豆，不论是否去皮或分瓣）	A/B	P/N. Q	植物和植物繁殖材料（4. 1）
0713339000	其他干芸豆（不论是否去皮或分瓣）	A/B	P. R/Q. S	粮食（7. 1）
0713340000	干巴姆巴拉豆（不论是否去皮或分瓣）	A/B	P. R/Q. S	粮食（7. 1）
0713350010	种用牛豆（豇豆）	A/B	P. R/Q. S	植物和植物繁殖材料（4. 1）
0713350090	其他干牛豆（豇豆）（不论是否去皮或分瓣）	A/B	P. R/Q. S	粮食（7. 1） 蔬菜制品（7. 7）
0713390000	其他干豇豆属及菜豆属（不论是否去皮或分瓣）	A/B	P. R/Q. S	粮食（7. 1） 蔬菜制品（7. 7）
0713401000	种用干扁豆（不论是否去皮或分瓣）	A/B	P/N. Q	植物和植物繁殖材料（4. 1）
0713409000	其他干扁豆（不论是否去皮或分瓣）	A/B	P. R/Q. S	粮食（7. 1） 中药材（食药物质）（2. 3）
0713501000	种用蚕豆（干豆，不论是否去皮或分瓣）	A/B	P/N. Q	植物和植物繁殖材料（4. 1）
0713509000	其他干蚕豆（不论是否去皮或分瓣）	A/B	P. R/Q. S	粮食（7. 1）
0713601000	种用干木豆（木豆属）（不论是否去皮或分瓣）	A/B	P/N. Q	植物和植物繁殖材料（4. 1）
0713609000	其他干木豆（木豆属）（不论是否去皮或分瓣）	A/B	P. R/Q. S	粮食（7. 1）
0713901000	其他种用干豆（不论是否去皮或分瓣）	A/B	P/N. Q	植物和植物繁殖材料（4. 1）
0713909000	其他干豆（不论是否去皮或分瓣）	A/B	P. R/Q. S	粮食（7. 1） 中药材（食药物质）（2. 3） 其他非食用植物产品（4. 4）
0714101000	鲜木薯（不论是否切片）	A/B	P. R/Q. S	粮食（7. 1）
0714102000	干木薯（不论是否切片或制成团粒）	A/B	P. R/Q. S	粮食（7. 1）
0714103000	冷或冻的木薯（不论是否切片或制成团粒）	A/B	P. R/Q	蔬菜制品（7. 7）
0714201100	鲜种用甘薯	A/B	P/Q	植物和植物繁殖材料（4. 1）
0714201900	其他非种用鲜甘薯（不论是否切片）	A/B	P. R/Q. S	粮食（7. 1）
0714202000	干甘薯（不论是否切片或制成团粒）	A/B	P. R/Q. S	粮食（7. 1）
0714203000	冷或冻的甘薯（不论是否切片或制成团粒）	A/B	P. R/Q. S	粮食（7. 1） 蔬菜制品（7. 7）
0714300000	鲜、冷、冻或干的山药（不论是否切片或制成团粒）	A/B	P. R/Q	新鲜蔬菜（7. 6） 蔬菜制品（7. 7） 中药材（食药物质）（2. 3）
0714400001	鲜、冷芋头（芋属）（不论是否切片或制成团粒；芋头又称芋艿，为天南星科芋属植物，分为旱芋、水芋）	A/B	P. R/Q	新鲜蔬菜（7. 6） 植物和植物繁殖材料（4. 1）
0714400090	冻、干的芋头（芋属）（不论是否切片或制成团粒；芋头又称芋艿，为天南星科芋属植物，分为旱芋、水芋）	A/B	P. R/Q	蔬菜制品（7. 7）
0714500000	鲜、冷、冻或干的箭叶黄体芋（黄肉芋属）（不论是否切片或制成团粒，鲜、冷、冻或干的）	A/B	P. R/Q	新鲜蔬菜（7. 6） 蔬菜制品（7. 7）

续表29

商品编号	商品名称	监管条件	检验检疫类别	检验检疫要求
0714901000	鲜、冷、冻、干的荸荠（不论是否切片或制成团粒）	A/B	P. R/Q. S	新鲜蔬菜（7.6） 蔬菜制品（7.7）
0714902100	种用藕（不论是否去皮或分瓣）	A/B	P/N. Q	植物和植物繁殖材料（4.1）
0714902900	鲜、冷、冻、干的非种用藕（不论是否切片或制成团粒）	A/B	P. R/Q. S	新鲜蔬菜（7.6） 蔬菜制品（7.7）
0714909010	鲜、冷、冻、干的兰科植物块茎	A/B	P. R/Q	植物和植物繁殖材料（4.1）
0714909091	含高淀粉或菊粉的其他濒危类似根茎（包括西谷茎髓，不论是否切片或制成团粒，鲜、冷、冻或干的）	A/B	P. R/Q	新鲜蔬菜（7.6） 蔬菜制品（7.7） 植物和植物繁殖材料（4.1）
0714909099	含有高淀粉或菊粉的其他类似根茎（包括西谷茎髓，不论是否切片或制成团粒，鲜、冷、冻或干的）	A/B	P. R/Q	新鲜蔬菜（7.6） 蔬菜制品（7.7） 植物和植物繁殖材料（4.1）
0801110000	干的椰子（不论是否去壳或去皮）	A/B	P. R/Q. S	干（坚）果（7.8） 其他深加工食品（8.3）
0801120000	鲜的未去内壳（内果皮）椰子	A/B	P. R/Q. S	新鲜水果（7.4） 其他植物源性食品（7.12）
0801191000	种用椰子	A/B	P/Q. N	植物和植物繁殖材料（4.1）
0801199000	其他鲜椰子	A/B	P. R/Q. S	新鲜水果（7.4）
0801210000	鲜或干的未去壳巴西果	A/B	P. R/Q	干（坚）果（7.8）
0801220000	鲜或干的去壳巴西果	A/B	P. R/Q	干（坚）果（7.8）
0801310000	鲜或干的未去壳腰果	A/B	P. R/Q. S	干（坚）果（7.8）
0801320000	鲜或干的去壳腰果	A/B	P. R/Q. S	干（坚）果（7.8）
0802110000	鲜或干的未去壳扁桃核	A/B	P. R/Q. S	干（坚）果（7.8）
0802120000	鲜或干的去壳扁桃仁	A/B	P. R/Q. S	干（坚）果（7.8） 其他深加工食品（8.3）
0802210000	鲜或干的未去壳榛子	A/B	P. R/Q. S	干（坚）果（7.8）
0802220000	鲜或干的去壳榛子	A/B	P. R/Q. S	干（坚）果（7.8）
0802310000	鲜或干的未去壳核桃	A/B	P. R/Q. S	干（坚）果（7.8）
0802320000	鲜或干的去壳核桃	A/B	P. R/Q. S	干（坚）果（7.8）
0802411000	鲜或干的未去壳板栗	A/B	P. R/Q. S	干（坚）果（7.8）
0802419000	鲜或干的未去壳其他栗子（板栗除外）	A/B	P. R/Q. S	干（坚）果（7.8）
0802421000	鲜或干的去壳板栗（不论是否去皮）	A/B	P. R/Q. S	干（坚）果（7.8）
0802429000	鲜或干的去壳其他栗子（不论是否去皮，板栗除外）	A/B	P. R/Q. S	干（坚）果（7.8）
0802510000	鲜或干的未去壳阿月浑子果（开心果）	A/B	P. R/Q. S	干（坚）果（7.8）
0802520000	鲜或干的去壳阿月浑子果（开心果）	A/B	P. R/Q. S	干（坚）果（7.8）
0802611000	鲜或干的种用未去壳马卡达姆坚果（夏威夷果）	A/B	P/Q	植物和植物繁殖材料（4.1）
0802619000	鲜或干的其他未去壳马卡达姆坚果（夏威夷果）	A/B	P. R/Q. S	干（坚）果（7.8）
0802620000	鲜或干的去壳马卡达姆坚果（夏威夷果）（不论是否去皮）	A/B	P. R/Q. S	干（坚）果（7.8）
0802700000	鲜或干的可乐果（可乐果属）（不论是否去壳或去皮）	A/B	P. R/Q. S	干（坚）果（7.8）
0802800001	鲜的槟榔果（不论是否去壳或去皮）	A/B	P. R/Q. S	新鲜水果（7.4）
0802800090	干的槟榔果（不论是否去壳或去皮）	A/B	P. R/Q. S	干（坚）果（7.8） 中药材（食药物质）（2.3）
0802910011	鲜或干的未去壳野生红松子（不包括人工培植的）	A/B	P. R/Q. S	干（坚）果（7.8）
0802910019	鲜或干的未去壳其他红松子	A/B	P. R/Q. S	干（坚）果（7.8）
0802910020	鲜或干的未去壳其他濒危松子	A/B	P. R/Q. S	干（坚）果（7.8）
0802910090	鲜或干的未去壳其他松子	A/B	P. R/Q. S	干（坚）果（7.8）
0802920011	鲜或干的去壳野生红松子（不包括人工培植的）	A/B	P. R/Q. S	干（坚）果（7.8）
0802920019	鲜或干的去壳其他红松子	A/B	P. R/Q. S	干（坚）果（7.8）
0802920020	鲜或干的去壳其他濒危松子	A/B	P. R/Q. S	干（坚）果（7.8）

续表30

商品编号	商品名称	监管条件	检验检疫类别	检验检疫要求
0802920090	鲜或干的去壳其他松子	A/B	P. R/Q. S	干（坚）果（7.8）
0802991000	鲜或干的白果（不论是否去壳或去皮）	A/B	P. R/Q	干（坚）果（7.8） 中药材（食药物质）（2.3）
0802999011	鲜或干的野生榧子（不论是否去壳或去皮，不包括人工培植的）	A/B	P. R/Q. S	干（坚）果（7.8） 中药材（食药物质）（2.3）
0802999019	鲜或干的其他榧子（不论是否去壳或去皮，不包括人工培植的）	A/B	P. R/Q. S	干（坚）果（7.8） 中药材（食药物质）（2.3）
0802999020	鲜或干的巨籽棕（海椰子）果仁	A/B	P. R/Q. S	干（坚）果（7.8）
0802999030	鲜或干的碧根果（不论是否去壳或去皮）	A/B	P. R/Q. S	干（坚）果（7.8）
0802999090	鲜或干的其他坚果（不论是否去壳或去皮）	A/B	P. R/Q. S	干（坚）果（7.8）
0803100000	鲜或干的芭蕉	A/B	P. R/Q. S	新鲜水果（7.4） 干（坚）果（7.8） 其他深加工食品（8.3）
0803900000	鲜或干的香蕉	A/B	P. R/Q. S	新鲜水果（7.4） 干（坚）果（7.8） 其他深加工食品（8.3）
0804100000	鲜或干的椰枣	A/B	P. R/Q	新鲜水果（7.4） 干（坚）果（7.8）
0804200000	鲜或干的无花果	A/B	P. R/Q	新鲜水果（7.4） 干（坚）果（7.8） 其他深加工食品（8.3）
0804300001	鲜菠萝	A/B	P. R/Q. S	新鲜水果（7.4）
0804300090	干菠萝	A/B	P. R/Q. S	干（坚）果（7.8） 其他深加工食品（8.3）
0804400000	鲜或干的鳄梨	A/B	P. R/Q	新鲜水果（7.4） 干（坚）果（7.8） 其他深加工食品（8.3）
0804501001	鲜番石榴	A/B	P. R/Q	新鲜水果（7.4）
0804501090	干番石榴	A/B	P. R/Q	干（坚）果（7.8） 其他深加工食品（8.3）
0804502001	鲜芒果	A/B	P. R/Q	新鲜水果（7.4）
0804502090	干芒果	A/B	P. R/Q	干（坚）果（7.8） 其他深加工食品（8.3）
0804503000	鲜或干的山竹果	A/B	P. R/Q	新鲜水果（7.4） 干（坚）果（7.8） 其他深加工食品（8.3）
0805100000	鲜或干的橙	A/B	P. R/Q. S	新鲜水果（7.4） 干（坚）果（7.8） 其他深加工食品（8.3）
0805211000	鲜或干的蕉柑	A/B	P. R/Q. S	新鲜水果（7.4） 干（坚）果（7.8）
0805219000	鲜或干的柑橘（包括小蜜橘及萨摩蜜柑橘）	A/B	P. R/Q. S	新鲜水果（7.4） 干（坚）果（7.8）
0805220000	鲜或干的克里曼丁橘	A/B	P. R/Q. S	新鲜水果（7.4） 干（坚）果（7.8）
0805290000	鲜或干的韦尔金橘及其他类似的杂交柑橘	A/B	P. R/Q. S	新鲜水果（7.4） 干（坚）果（7.8）
0805400010	鲜的葡萄柚及柚	A/B	P. R/Q. S	新鲜水果（7.4）

续表31

商品编号	商品名称	监管条件	检验检疫类别	检验检疫要求
0805400090	干的葡萄柚及柚	A/B	P. R/Q. S	干（坚）果（7.8） 其他深加工食品（8.3）
0805500000	鲜或干的柠檬及酸橙	A/B	P. R/Q. S	新鲜水果（7.4） 干（坚）果（7.8） 其他深加工食品（8.3）
0805900000	鲜或干的其他柑橘属水果	A/B	P. R/Q. S	新鲜水果（7.4） 干（坚）果（7.8） 其他深加工食品（8.3） 中药材（食药物质）（2.3）
0806100000	鲜葡萄	A/B	P. R/Q. S	新鲜水果（7.4）
0806200000	葡萄干	A/B	P. R/Q. S	干（坚）果（7.8）
0807110000	鲜西瓜	A/B	P. R/Q. S	新鲜水果（7.4）
0807191000	鲜哈密瓜	A/B	P. R/Q. S	新鲜水果（7.4）
0807192000	鲜罗马甜瓜及加勒比甜瓜	A/B	P. R/Q. S	新鲜水果（7.4）
0807199000	其他鲜甜瓜	A/B	P. R/Q. S	新鲜水果（7.4）
0807200000	鲜番木瓜	A/B	P. R/Q. S	新鲜水果（7.4）
0808100000	鲜苹果	A/B	P. R/Q. S	新鲜水果（7.4）
0808301000	鲜鸭梨及雪梨	A/B	P. R/Q. S	新鲜水果（7.4）
0808302000	鲜香梨	A/B	P. R/Q. S	新鲜水果（7.4）
0808309000	其他鲜梨	A/B	P. R/Q. S	新鲜水果（7.4）
0808400000	鲜榅桲（QUINCES）	A/B	P. R/Q	新鲜水果（7.4）
0809100010	鲜杏（梅）	A/B	P. R/Q	新鲜水果（7.4）
0809100090	其他鲜杏（杏属）	A/B	P. R/Q	新鲜水果（7.4）
0809210000	鲜欧洲酸樱桃	A/B	P. R/Q	新鲜水果（7.4）
0809290000	其他鲜樱桃	A/B	P. R/Q	新鲜水果（7.4）
0809300000	鲜桃，包括鲜油桃	A/B	P. R/Q. S	新鲜水果（7.4）
0809400010	鲜梅（樱桃李）	A/B	P. R/Q. S	新鲜水果（7.4）
0809400090	其他鲜李子及黑刺李	A/B	P. R/Q. S	新鲜水果（7.4）
0810100000	鲜草莓	A/B	P. R/Q	新鲜水果（7.4）
0810200000	鲜的木莓、黑莓、桑葚及罗甘莓	A/B	P. R/Q	新鲜水果（7.4）
0810300000	鲜的黑、白或红的穗醋栗（加仑子）及醋栗	A/B	P. R/Q	新鲜水果（7.4）
0810400000	鲜蔓越橘、越橘及其他越橘属植物果实	A/B	P. R/Q	新鲜水果（7.4）
0810500000	鲜猕猴桃	A/B	P. R/Q. S	新鲜水果（7.4）
0810600000	鲜榴莲	A/B	P. R/Q	新鲜水果（7.4）
0810700000	鲜柿子	A/B	P. R/Q. S	新鲜水果（7.4）
0810901000	鲜荔枝	A/B	P. R/Q. S	新鲜水果（7.4）
0810903000	鲜龙眼	A/B	P. R/Q. S	新鲜水果（7.4）
0810904000	鲜红毛丹	A/B	P. R/Q. S	新鲜水果（7.4）
0810905000	鲜蕃荔枝	A/B	P. R/Q. S	新鲜水果（7.4）
0810906000	鲜杨桃	A/B	P. R/Q. S	新鲜水果（7.4）
0810907000	鲜莲雾	A/B	P. R/Q. S	新鲜水果（7.4）
0810908000	鲜火龙果	A/B	P. R/Q. S	新鲜水果（7.4）
0810909001	鲜枣	A/B	P. R/Q. S	新鲜水果（7.4）
0810909002	鲜枇杷	A/B	P. R/Q. S	新鲜水果（7.4）
0810909090	其他鲜果	A/B	P. R/Q. S	新鲜水果（7.4） 新鲜蔬菜（7.6） 其他植物源性食品（7.12）
0811100000	冷冻草莓	A/B	P. R/Q. S	冷冻水果（7.5）

续表32

商品编号	商品名称	监管条件	检验检疫类别	检验检疫要求
0811200000	冷冻木莓、黑莓、桑葚、罗甘莓、黑、白或红的穗醋栗（加仑子）及醋栗	A/B	P. R/Q	冷冻水果（7.5） 其他植物源性食品（7.12）
0811901000	未去壳的冷冻栗子	A/B	P. R/Q. S	干（坚）果（7.8）
0811909021	冷冻的野生红松子（不论是否去壳或去皮，不包括人工培植的）	A/B	P. R/Q. S	干（坚）果（7.8）
0811909022	冷冻的其他濒危松子（不论是否去壳或去皮）	A/B	P. R/Q. S	干（坚）果（7.8）
0811909030	冷冻的野生榧子（不包括人工培植的）	A/B	P. R/Q. S	干（坚）果（7.8）
0811909050	冷冻的巨籽棕（海椰子）果仁	A/B	P. R/Q. S	干（坚）果（7.8）
0811909060	冷冻的鳄梨	A/B	P. R/Q. S	冷冻水果（7.5）
0811909090	其他未列名冷冻水果及坚果	A/B	P. R/Q. S	冷冻水果（7.5） 干（坚）果（7.8） 其他植物源性食品（7.12）
0812100000	暂时保藏的樱桃（但不适于直接食用的）	A/B	P. R/Q	干（坚）果（7.8）
0812900060	暂时保存的野生红松子、野生榧子（不适于直接食用的，不包括人工培植的）	A/B	P. R/Q. S	干（坚）果（7.8）
0812900070	暂时保存的其他濒危松子、巨籽棕（海椰子）果仁（但不适于直接食用的）	A/B	P. R/Q. S	干（坚）果（7.8）
0812900090	暂时保存的其他水果及坚果（但不适于直接食用的）	A/B	P. R/Q. S	干（坚）果（7.8）
0813100000	杏干（品目 0801 至 0806 的干果除外）	A/B	P. R/Q. S	干（坚）果（7.8） 其他深加工食品（8.3）
0813200000	梅干及李干（品目 0801 至 0806 的干果除外）	A/B	P. R/Q. S	干（坚）果（7.8） 其他深加工食品（8.3） 中药材（食药物质）（2.3）
0813300000	苹果干（品目 0801 至 0806 的干果除外）	A/B	P. R/Q. S	干（坚）果（7.8） 其他深加工食品（8.3）
0813401000	龙眼干、肉（品目 0801 至 0806 的干果除外）	A/B	P. R/Q. S	干（坚）果（7.8） 其他深加工食品（8.3） 中药材（食药物质）（2.3）
0813402000	柿饼（品目 0801 至 0806 的干果除外）	A/B	P. R/Q. S	干（坚）果（7.8） 其他深加工食品（8.3）
0813403000	干红枣（品目 0801 至 0806 的干果除外）	A/B	P. R/Q. S	干（坚）果（7.8） 其他深加工食品（8.3） 中药材（食药物质）（2.3）
0813404000	荔枝干（品目 0801 至 0806 的干果除外）	A/B	P. R/Q. S	干（坚）果（7.8）
0813409020	蔓越橘干	A/B	P. R/Q. S	干（坚）果（7.8）
0813409090	其他干果（品目 0801 至 0806 的干果除外）	A/B	P. R/Q. S	调味香料（7.9） 干（坚）果（7.8） 其他深加工食品（8.3） 中药材（食药物质）（2.3）
0813500000	本章的什锦坚果或干果（品目 0801 至 0806 的干果除外）	A/B	P. R/Q. S	干（坚）果（7.8）
0814000000	柑橘属水果或甜瓜（包括西瓜）的果皮（仅包括鲜、冻、干或暂时保藏的）	A/B	P. R/Q. S	干（坚）果（7.8） 其他深加工食品（8.3）
0901110000	未浸除咖啡碱的未焙炒咖啡	A/B	P. R/Q. S	咖啡豆、可可豆（7.11）
0901120000	已浸除咖啡碱的未焙炒咖啡	A/B	P. R/Q. S	咖啡豆、可可豆（7.11）
0901210000	未浸除咖啡碱的已焙炒咖啡	A/B	P. R/Q. S	其他深加工食品（8.3）
0901220000	已浸除咖啡碱的已焙炒咖啡	A/B	P. R/Q. S	其他深加工食品（8.3）
0901901000	咖啡豆荚及咖啡豆皮	A/B	P. R/Q. S	其他深加工食品（8.3）
0901902000	含咖啡的咖啡代用品	A/B	P. R/Q	其他深加工食品（8.3）
0902101100	每件净重不超过 3 千克的茉莉花茶（未发酵的，净重指内包装）	A/B	R/S	茶叶（7.10）

续表33

商品编号	商品名称	监管条件	检验检疫类别	检验检疫要求
0902101900	每件净重不超过3千克的其他花茶（未发酵的，净重指内包装）	A/B	R/S	茶叶（7.10）
0902102000	每件净重不超过3千克的白茶（未发酵的，净重指内包装）	A/B	R/S	茶叶（7.10）
0902109000	每件净重不超过3千克的其他绿茶（未发酵的，净重指内包装）	A/B	R/S	茶叶（7.10）
0902201100	每件净重超过3千克的茉莉花茶（未发酵的，净重指内包装）	A/B	R/S	茶叶（7.10）
0902201900	每件净重超过3千克的其他花茶（未发酵的，净重指内包装）	A/B	R/S	茶叶（7.10）
0902202000	每件净重超过3千克的白茶（未发酵的，净重指内包装）	A/B	R/S	茶叶（7.10）
0902209000	每件净重超过3千克的其他绿茶（未发酵的，净重指内包装）	A/B	R/S	茶叶（7.10）
0902301000	每件净重不超过3千克的乌龙茶（净重指内包装）	A/B	R/S	茶叶（7.10）
0902303100	每件净重不超过3千克的普洱茶（熟茶）（净重指内包装）	A/B	R/S	茶叶（7.10）
0902303900	每件净重不超过3千克的其他黑茶（净重指内包装）	A/B	R/S	茶叶（7.10）
0902309000	红茶（内包装每件净重不超过3千克）（包括其他半发酵茶）	A/B	R/S	茶叶（7.10）
0902401000	每件净重超过3千克的乌龙茶（净重指内包装）	A/B	R/S	茶叶（7.10）
0902403100	每件净重超过3千克的普洱茶（熟茶）（净重指内包装）	A/B	R/S	茶叶（7.10）
0902403900	每件净重超过3千克的其他黑茶（净重指内包装）	A/B	R/S	茶叶（7.10）
0902409000	红茶（内包装每件净重超过3千克）（包括其他半发酵茶）	A/B	R/S	茶叶（7.10）
0903000000	马黛茶	A/B	R/S	茶叶（7.10）
0904110010	荜茇	A/B	P.R/Q.S	调味香料（7.9） 中药材（食药物质）（2.3）
0904110090	未磨胡椒（荜茇除外）	A/B	P.R/Q.S	调味香料（7.9） 中药材（食药物质）（2.3）
0904120000	已磨胡椒	A/B	P.R/Q.S	调味香料（7.9） 中药材（食药物质）（2.3）
0904210000	干且未磨辣椒	A/B	P.R/Q.S	调味香料（7.9） 中药材（食药物质）（2.3）
0904220000	已磨辣椒	A/B	P.R/Q.S	调味香料（7.9）
0905100000	未磨的香子兰豆	A/B	P.R/Q	调味香料（7.9）
0905200000	已磨的香子兰豆	A/B	P.R/Q	调味香料（7.9）
0906110000	未磨锡兰肉桂	A/B	P.R/Q.S	调味香料（7.9）
0906190000	其他未磨肉桂及肉桂花	A/B	P.R/Q.S	调味香料（7.9） 中药材（食药物质）（2.3）
0906200000	已磨肉桂及肉桂花	A/B	P.R/Q.S	调味香料（7.9） 中药材（食药物质）（2.3）
0907100000	未磨的丁香（母丁香、公丁香及丁香梗）	A/B	P.R/Q	调味香料（7.9） 中药材（食药物质）（2.3）
0907200000	已磨的丁香（母丁香、公丁香及丁香梗）	A/B	P.R/Q	调味香料（7.9） 中药材（食药物质）（2.3）
0908110010	未磨的濒危野生肉豆蔻（不包括人工培植的）	A/B	P.R/Q	调味香料（7.9） 中药材（食药物质）（2.3）
0908110090	未磨的其他肉豆蔻	A/B	P.R/Q	调味香料（7.9） 中药材（食药物质）（2.3）
0908120010	已磨的濒危野生肉豆蔻（不包括人工培植的）	A/B	P.R/Q	调味香料（7.9） 中药材（食药物质）（2.3）
0908120090	已磨的其他肉豆蔻	A/B	P.R/Q	调味香料（7.9） 中药材（食药物质）（2.3）
0908210010	未磨的濒危野生肉豆蔻衣（不包括人工培植的）	A/B	P.R/Q	调味香料（7.9）
0908210090	未磨的其他肉豆蔻衣	A/B	P.R/Q	调味香料（7.9）
0908220010	已磨的濒危野生肉豆蔻衣（不包括人工培植的）	A/B	P.R/Q	调味香料（7.9）
0908220090	已磨的其他肉豆蔻衣	A/B	P.R/Q	调味香料（7.9）

续表34

商品编号	商品名称	监管条件	检验检疫类别	检验检疫要求
0908310010	未磨的濒危野生豆蔻（不包括人工培植的）	A/B	P. R/Q	调味香料（7.9） 中药材（食药物质）（2.3）
0908310090	未磨的其他豆蔻	A/B	P. R/Q	调味香料（7.9） 中药材（食药物质）（2.3）
0908320010	已磨的濒危野生豆蔻（不包括人工培植的）	A/B	P. R/Q	调味香料（7.9） 中药材（食药物质）（2.3）
0908320090	已磨的其他豆蔻	A/B	P. R/Q	调味香料（7.9） 中药材（食药物质）（2.3）
0909210010	种用芫荽子（种用芫荽）	A/B	P. R/Q	植物和植物繁殖材料（4.1）
0909210090	其他未磨的芫荽子	A/B	P. R/Q	调味香料（7.9）
0909220000	已磨的芫荽子	A/B	P. R/Q	调味香料（7.9）
0909310000	未磨的枯茗子	A/B	P. R/Q	调味香料（7.9）
0909320000	已磨的枯茗子	A/B	P. R/Q	调味香料（7.9）
0909611000	未磨的八角茴香	A/B	P. R/Q. S	调味香料（7.9） 中药材（食药物质）（2.3）
0909619001	种用茴香子	A/B	P. R/Q. S	植物和植物繁殖材料（4.1）
0909619010	未磨的小茴香子；未磨的杜松果	A/B	P. R/Q. S	调味香料（7.9） 中药材（食药物质）（2.3）
0909619090	未磨的茴芹子；未磨的黄蒿子	A/B	P. R/Q	调味香料（7.9）
0909621000	已磨的八角茴香	A/B	P. R/Q. S	调味香料（7.9） 中药材（食药物质）（2.3）
0909629010	已磨的小茴香子；已磨的杜松果	A/B	P. R/Q. S	调味香料（7.9） 中药材（食药物质）（2.3）
0909629090	已磨的茴芹子；已磨的黄蒿子	A/B	P. R/Q	调味香料（7.9）
0910110000	未磨的姜	A/B	P. R/Q. S	调味香料（7.9） 中药材（食药物质）（2.3）
0910120000	已磨的姜	A/B	P. R/Q. S	调味香料（7.9） 中药材（食药物质）（2.3）
0910200000	番红花（西红花）	A/B	P. R/Q. S	调味香料（7.9） 中药材（食药物质）（2.3）
0910300000	姜黄	A/B	P. R/Q. S	调味香料（7.9） 中药材（食药物质）（2.3） 植物和植物繁殖材料（4.1） 食品添加剂（营养强化剂）（9.1）
0910910000	混合调味香料［本章注释一（二）所述的混合物］	A/B	P. R/Q. S	调味香料（7.9）
0910991000	花椒、竹叶花椒和青花椒	A/B	P. R/Q. S	调味香料（7.9） 中药材（食药物质）（2.3）
0910999000	其他调味香料	A/B	P. R/Q. S	调味香料（7.9） 中药材（食药物质）（2.3）
1001110001	种用硬粒小麦（配额内）	A/B	P/Q	植物和植物繁殖材料（4.1）
1001110090	种用硬粒小麦（配额外）	A/B	P/Q	植物和植物繁殖材料（4.1）
1001190001	其他硬粒小麦（配额内）	A/B	P. R/Q. S	粮食（7.1）
1001190090	其他硬粒小麦（配额外）	A/B	P. R/Q. S	粮食（7.1）
1001910001	其他种用小麦及混合麦（配额内）	A/B	P/Q	植物和植物繁殖材料（4.1）
1001910090	其他种用小麦及混合麦（配额外）	A/B	P/Q	植物和植物繁殖材料（4.1）
1001990001	其他小麦及混合麦（配额内）	A/B	P. R/Q. S	粮食（7.1）
1001990090	其他小麦及混合麦（配额外）	A/B	P. R/Q. S	粮食（7.1）

续表35

商品编号	商品名称	监管条件	检验检疫类别	检验检疫要求
1002100000	种用黑麦	A/B	P/Q	植物和植物繁殖材料（4.1）
1002900000	其他黑麦	A/B	P. R/Q	粮食（7.1）
1003100000	种用大麦	A/B	P/Q	植物和植物繁殖材料（4.1）
1003900000	其他大麦	A/B	P. R/Q. S	粮食（7.1）
1004100000	种用燕麦	A/B	P/Q	植物和植物繁殖材料（4.1）
1004900000	其他燕麦	A/B	P. R/Q	粮食（7.1）
1005100001	种用玉米（配额内）	A/B	P/Q	植物和植物繁殖材料（4.1）
1005100090	种用玉米（配额外）	A/B	P/Q	植物和植物繁殖材料（4.1）
1005900001	其他玉米（配额内）	A/B	P. R/Q. S	粮食（7.1）
1005900090	其他玉米（配额外）	A/B	P. R/Q. S	粮食（7.1）
1006102101	种用长粒米稻谷（配额内）	A/B	P/N. Q	植物和植物繁殖材料（4.1）
1006102190	种用长粒米稻谷（配额外）	A/B	P/N. Q	植物和植物繁殖材料（4.1）
1006102901	其他种用稻谷（配额内）	A/B	P/N. Q	植物和植物繁殖材料（4.1）
1006102990	其他种用稻谷（配额外）	A/B	P/N. Q	植物和植物繁殖材料（4.1）
1006108101	其他长粒米稻谷（配额内）	A/B	P. R/Q. S	粮食（7.1）
1006108190	其他长粒米稻谷（配额外）	A/B	P. R/Q. S	粮食（7.1）
1006108901	其他稻谷（配额内）	A/B	P. R/Q. S	粮食（7.1）
1006108990	其他稻谷（配额外）	A/B	P. R/Q. S	粮食（7.1）
1006202001	长粒米糙米（配额内）	A/B	P. R/Q. S	粮食加工品（7.2）
1006202090	长粒米糙米（配额外）	A/B	P. R/Q. S	粮食加工品（7.2）
1006208001	其他糙米（配额内）	A/B	P. R/Q. S	粮食加工品（7.2）
1006208090	其他糙米（配额外）	A/B	P. R/Q. S	粮食加工品（7.2）
1006302001	长粒米精米［不论是否磨光或上光（配额内）］	A/B	P. R/Q. S	粮食加工品（7.2）
1006302090	长粒米精米［不论是否磨光或上光（配额外）］	A/B	P. R/Q. S	粮食加工品（7.2）
1006308001	其他精米［不论是否磨光或上光（配额内）］	A/B	P. R/Q. S	粮食加工品（7.2）
1006308090	其他精米［不论是否磨光或上光（配额外）］	A/B	P. R/Q. S	粮食加工品（7.2）
1006402001	长粒米碎米（配额内）	A/B	P. R/Q. S	粮食加工品（7.2）
1006402090	长粒米碎米（配额外）	A/B	P. R/Q. S	粮食加工品（7.2）
1006408001	其他碎米（配额内）	A/B	P. R/Q. S	粮食加工品（7.2）
1006408090	其他碎米（配额外）	A/B	P. R/Q. S	粮食加工品（7.2）
1007100000	种用食用高粱	A/B	P/N. Q	植物和植物繁殖材料（4.1）
1007900000	其他食用高粱	A/B	P. R/Q. S	粮食（7.1）
1008100000	荞麦	A/B	P. R/Q. S	粮食（7.1）
1008210000	种用谷子	A/B	P/Q	植物和植物繁殖材料（4.1）
1008290000	其他谷子	A/B	P. R/Q. S	粮食（7.1）
1008300000	加那利草子	A/B	P. R/Q	粮食（7.1）
1008401000	种用直长马唐（马唐属）	A/B	P/N. Q	植物和植物繁殖材料（4.1）
1008409000	其他直长马唐（马唐属）	A/B	P. R/Q. S	饲料和饲料添加剂（5.1）
1008501000	种用昆诺阿藜	A/B	P/N. Q	植物和植物繁殖材料（4.1）
1008509000	其他昆诺阿藜	A/B	P. R/Q. S	粮食（7.1）
1008601000	种用黑小麦	A/B	P/N. Q	植物和植物繁殖材料（4.1）
1008609000	其他黑小麦	A/B	P. R/Q. S	粮食（7.1）
1008901000	其他种用谷物	A/B	P/N. Q	植物和植物繁殖材料（4.1）
1008909000	其他谷物	A/B	P. R/Q. S	粮食（7.1）
1101000001	小麦或混合麦的细粉（配额内）	A/B	P. R/Q. S	粮食加工品（7.2） 饲料和饲料添加剂（5.1）
1101000090	小麦或混合麦的细粉（配额外）	A/B	P. R/Q. S	粮食加工品（7.2） 饲料和饲料添加剂（5.1）
1102200001	玉米细粉（配额内）	A/B	P. R/Q. S	粮食加工品（7.2）

续表36

商品编号	商品名称	监管条件	检验检疫类别	检验检疫要求
1102200090	玉米细粉（配额外）	A/B	P. R/Q. S	粮食加工品（7.2）
1102902101	长粒米大米细粉（配额内）	A/B	P. R/Q. S	粮食加工品（7.2）
1102902190	长粒米大米细粉（配额外）	A/B	P. R/Q. S	粮食加工品（7.2）
1102902901	其他大米细粉（配额内）	A/B	P. R/Q. S	粮食加工品（7.2）
1102902990	其他大米细粉（配额外）	A/B	P. R/Q. S	粮食加工品（7.2）
1102909000	其他谷物细粉	A/B	P. R/Q. S	粮食加工品（7.2） 饲料和饲料添加剂（5.1）
1103110001	小麦粗粒及粗粉（配额内）	A/B	P. R/Q. S	粮食加工品（7.2） 饲料和饲料添加剂（5.1）
1103110090	小麦粗粒及粗粉（配额外）	A/B	P. R/Q. S	粮食加工品（7.2） 饲料和饲料添加剂（5.1）
1103130001	玉米粗粒及粗粉（配额内）	A/B	P. R/Q. S	粮食加工品（7.2）
1103130090	玉米粗粒及粗粉（配额外）	A/B	P. R/Q. S	粮食加工品（7.2）
1103191000	燕麦粗粒及粗粉	A/B	P. R/Q	粮食加工品（7.2）
1103193101	长粒米大米粗粒及粗粉（配额内）	A/B	P. R/Q. S	粮食加工品（7.2）
1103193190	长粒米大米粗粒及粗粉（配额外）	A/B	P. R/Q. S	粮食加工品（7.2）
1103193901	其他大米粗粒及粗粉（配额内）	A/B	P. R/Q. S	粮食加工品（7.2）
1103193990	其他大米粗粒及粗粉（配额外）	A/B	P. R/Q. S	粮食加工品（7.2）
1103199000	其他谷物粗粒及粗粉	A/B	P. R/Q. S	粮食加工品（7.2） 饲料和饲料添加剂（5.1）
1103201001	小麦团粒（配额内）	A/B	P. R/Q	粮食加工品（7.2） 饲料和饲料添加剂（5.1）
1103201090	小麦团粒（配额外）	A/B	P. R/Q	粮食加工品（7.2） 饲料和饲料添加剂（5.1）
1103209000	其他谷物团粒	A/B	P. R/Q	粮食加工品（7.2） 饲料和饲料添加剂（5.1）
1104120000	滚压或制片的燕麦	A/B	P. R/Q	粮食加工品（7.2）
1104191000	滚压或制片的大麦	A/B	P. R/Q	粮食加工品（7.2）
1104199010	滚压或制片的玉米	A/B	P. R/Q	粮食加工品（7.2）
1104199090	滚压或制片的其他谷物	A/B	P. R/Q	粮食加工品（7.2）
1104220000	经其他加工的燕麦	A/B	P. R/Q	粮食加工品（7.2）
1104230001	经其他加工的玉米（配额内）	A/B	P. R/Q	粮食加工品（7.2）
1104230090	经其他加工的玉米（配额外）	A/B	P. R/Q	粮食加工品（7.2）
1104291000	经其他加工的大麦	A/B	P. R/Q. S	粮食加工品（7.2） 饲料和饲料添加剂（5.1）
1104299000	经其他加工的其他谷物	A/B	P. R/Q. S	粮食（7.1） 粮食加工品（7.2）
1104300000	整粒或经加工的谷物胚芽（经加工是指滚压、制片或磨碎）	A/B	P. R/Q	粮食加工品（7.2）
1105100000	马铃薯细粉、粗粉及粉末	A/B	P. R/Q	粮食加工品（7.2）
1105200000	马铃薯粉片、颗粒及团粒	A/B	P. R/Q	粮食加工品（7.2）
1106100000	干豆细粉、粗粉及粉末（干豆仅指品目 0713 所列的干豆）	A/B	P. R/Q. S	粮食加工品（7.2）
1106200000	西谷茎髓粉、木薯粉及类似粉（仅包括品目 0714 所列货品的粉）	A/B	P. R/Q. S	粮食加工品（7.2）
1106300000	水果及坚果的细粉、粗粉及粉末（仅包括第八章所列货品的粉）	A/B	P. R/Q. S	干（坚）果（7.8）
1107100000	未焙制麦芽	A/B	P. R/Q. S	粮食加工品（7.2） 中药材（食药物质）（2.3）
1107200000	已焙制麦芽	A/B	P. R/Q. S	粮食加工品（7.2） 中药材（食药物质）（2.3）
1108110000	小麦淀粉	A/B	R/S	其他深加工食品（8.3）

续表37

商品编号	商品名称	监管条件	检验检疫类别	检验检疫要求
1108120000	玉米淀粉	A/B	R/S	其他深加工食品（8.3） 饲料和饲料添加剂（5.1） 其他非食用植物产品（4.4）
1108130000	马铃薯淀粉	A/B	R/S	其他深加工食品（8.3）
1108140000	木薯淀粉	A/B	R/S	其他深加工食品（8.3）
1108190000	其他淀粉	A/B	R/S	粮食加工品（7.2） 其他深加工食品（8.3）
1108200000	菊粉	A/B	R/S	其他深加工食品（8.3）
1109000000	面筋（不论是否干制）	A/B	P.R/Q.S	其他深加工食品（8.3）
1201100000	种用大豆	A/B	P/Q	植物和植物繁殖材料（4.1）
1201901100	非转基因黄大豆（非种用，不论是否破碎）	A/B	P.R/Q.S	粮食（7.1）
1201901900	转基因黄大豆（非种用，不论是否破碎）	A/B	P.R/Q.S	粮食（7.1）
1201902000	非种用黑大豆（不论是否破碎）	A/B	P.R/Q.S	粮食（7.1）
1201903000	非种用青大豆（不论是否破碎）	A/B	P.R/Q.S	粮食（7.1）
1201909000	非种用其他大豆（不论是否破碎）	A/B	P.R/Q.S	粮食（7.1）
1202300000	种用花生	A/B	P/N.Q	植物和植物繁殖材料（4.1）
1202410000	其他未去壳花生（未焙炒或未烹煮的）	A/B	P.R/Q.S	粮食（7.1）
1202420000	其他去壳花生，不论是否破碎（未焙炒或未烹煮的）	A/B	P.R/Q.S	粮食（7.1）
1203000000	干椰子肉	A/B	P.R/Q	干（坚）果（7.8）
1204000010	亚麻种子（不论是否破碎）	A/B	P.R/Q	植物和植物繁殖材料（4.1）
1204000090	其他亚麻子（种用除外）（不论是否破碎）	A/B	P.R/Q	粮食（7.1）
1205101000	种用低芥子酸油菜子	A/B	P/N.Q	植物和植物繁殖材料（4.1）
1205109000	其他低芥子酸油菜子（不论是否破碎）	A/B	P.R/Q.S	粮食（7.1）
1205901000	种用其他油菜子	A/B	P/N.Q	植物和植物繁殖材料（4.1）
1205909000	其他油菜子（不论是否破碎）	A/B	P.R/Q.S	粮食（7.1）
1206001010	观赏用向日葵种子	A/B	P/N.Q	植物和植物繁殖材料（4.1）
1206001090	其他种用葵花子	A/B	P/N.Q	植物和植物繁殖材料（4.1）
1206009000	其他葵花子（不论是否破碎）	A/B	P.R/Q.S	粮食（7.1） 其他深加工食品（8.3）
1207101010	种用濒危棕榈果及棕榈仁	A/B	P/N.Q	植物和植物繁殖材料（4.1）
1207101090	其他种用棕榈果及棕榈仁	A/B	P/N.Q	植物和植物繁殖材料（4.1）
1207109010	其他濒危棕榈果及棕榈仁（不论是否破碎）	A/B	P.R/Q.S	粮食（7.1）
1207109090	其他棕榈果及棕榈仁（不论是否破碎）	A/B	P.R/Q.S	粮食（7.1）
1207210000	种用棉子	A/B	P/N.Q	植物和植物繁殖材料（4.1）
1207290000	其他棉子（不论是否破碎）	A/B	P.R/Q.S	粮食（7.1）
1207301000	种用蓖麻子	A/B	P/N.Q	植物和植物繁殖材料（4.1）
1207309000	其他蓖麻子（不论是否破碎）	A/B	P.R/Q.S	粮食（7.1）
1207401000	种用芝麻（不论是否破碎）	A/B	P/N.Q	植物和植物繁殖材料（4.1）
1207409000	其他芝麻（不论是否破碎）	A/B	P.R/Q.S	粮食（7.1） 中药材（食药物质）（2.3）
1207501000	种用芥子（不论是否破碎）	A/B	P/N.Q	植物和植物繁殖材料（4.1）
1207509000	其他芥子（不论是否破碎）	A/B	P.R/Q	粮食（7.1）
1207601000	种用红花子	A/B	P/N.Q	植物和植物繁殖材料（4.1）
1207609000	其他红花子（不论是否破碎）	A/B	P.R/Q.S	粮食（7.1）
1207701000	种用甜瓜子（包括西瓜属和甜瓜属的子）	A/B	P/Q	植物和植物繁殖材料（4.1）
1207709100	非种用黑瓜子或其他黑瓜子（不论是否破碎）	A/B	P.R/Q.S	干（坚）果（7.8） 其他深加工食品（8.3）
1207709200	非种用红瓜子或其他红瓜子（不论是否破碎）	A/B	P.R/Q.S	干（坚）果（7.8）
1207709900	其他甜瓜的子（包括西瓜属和甜瓜属的子；不论是否破碎）	A/B	P.R/Q.S	干（坚）果（7.8）

续表38

商品编号	商品名称	监管条件	检验检疫类别	检验检疫要求
1207910000	罂粟子（不论是否破碎）	A/B	P/Q	植物和植物繁殖材料（4.1）
1207991010	大麻子	A/B	P/N.Q	植物和植物繁殖材料（4.1）
1207991020	种用紫苏子	A/B	P/N.Q	植物和植物繁殖材料（4.1）
1207991090	其他种用含油子仁及果实	A/B	P/N.Q	植物和植物繁殖材料（4.1）
1207999100	牛油树果（不论是否破碎）	A/B	P.R/Q	粮食（7.1）
1207999900	其他含油子仁及果实（不论是否破碎）	A/B	P.R/Q.S	粮食（7.1）
1208100000	大豆粉	A/B	P.R/Q.S	粮食加工品（7.2）
1208900000	其他含油子仁或果实的细粉及粗粉（芥子粉除外）	A/B	P.R/Q.S	粮食加工品（7.2）
1209100000	糖甜菜子	A/B	P/Q	植物和植物繁殖材料（4.1）
1209210000	紫苜蓿子	A/B	P/Q	植物和植物繁殖材料（4.1）
1209220000	三叶草子	A/B	P/Q	植物和植物繁殖材料（4.1）
1209230000	羊茅子	A/B	P/Q	植物和植物繁殖材料（4.1）
1209240000	草地早熟禾子	A/B	P/Q	植物和植物繁殖材料（4.1）
1209250000	黑麦草种子	A/B	P/Q	植物和植物繁殖材料（4.1）
1209291000	甜菜子，糖甜菜子除外	A/B	P/Q	植物和植物繁殖材料（4.1）
1209299000	其他饲料植物种子	A/B	P/Q	植物和植物繁殖材料（4.1）
1209300010	濒危草本花卉植物种子	A/B	P/Q	植物和植物繁殖材料（4.1）
1209300090	草本花卉植物种子（濒危除外）	A/B	P/Q	植物和植物繁殖材料（4.1）
1209911000	胡萝卜种子	A/B	P/Q	植物和植物繁殖材料（4.1）
1209912000	西兰花种子	A/B	P/Q	植物和植物繁殖材料（4.1）
1209913000	番茄种子	A/B	P/Q	植物和植物繁殖材料（4.1）
1209914000	洋葱种子	A/B	P/Q	植物和植物繁殖材料（4.1）
1209915000	菠菜种子	A/B	P/Q	植物和植物繁殖材料（4.1）
1209919000	其他蔬菜种子	A/B	P/Q	植物和植物繁殖材料（4.1）
1209990010	其他种植用濒危种子、果实及孢子	A/B	P/Q	植物和植物繁殖材料（4.1）
1209990020	黄麻种子、红麻种子、柴胡种子、白芷种子	A/B	P/Q	植物和植物繁殖材料（4.1）
1209990030	果树及其他林木种子（濒危除外）	A/B	P/Q	植物和植物繁殖材料（4.1）
1209990090	其他种植用的种子、果实及孢子	A/B	P/Q	植物和植物繁殖材料（4.1）
1210100000	未研磨也未制成团粒的啤酒花（鲜或干的）	A/B	P.R/Q.S	酒类产品（8.2）
1210200000	已研磨或制成团粒的啤酒花（包括蛇麻腺，鲜或干的）	A/B	P.R/Q.S	酒类产品（8.2）
1211201100	鲜或干的西洋参（不论是否切割、压碎或研磨成粉）	A/B	P.R/Q.S	中药材（食药物质）（2.3）
1211201900	冷或冻的西洋参（不论是否切割、压碎或研磨成粉）	A/B	P.R/Q.S	中药材（食药物质）（2.3）
1211202110	鲜或干的野山参（仅限俄罗斯种群，西洋参除外）（不论是否切割、压碎或研磨成粉）	A/B	P.R/Q.S	中药材（食药物质）（2.3）
1211202190	鲜或干的野山参（俄罗斯种群除外，西洋参除外）（不论是否切割、压碎或研磨成粉）	A/B	P.R/Q.S	中药材（食药物质）（2.3）
1211202910	冷或冻的野山参（仅限俄罗斯种群，西洋参除外）（不论是否切割、压碎或研磨成粉）	A/B	P.R/Q.S	中药材（食药物质）（2.3）
1211202990	冷或冻的野山参（俄罗斯种群除外，西洋参除外）（不论是否切割、压碎或研磨成粉）	A/B	P.R/Q.S	中药材（食药物质）（2.3）
1211209110	其他鲜的人参（仅限俄罗斯种群）（不论是否切割、压碎或研磨成粉）	A/B	P.R/Q.S	中药材（食药物质）（2.3）
1211209191	其他鲜的野生人参（俄罗斯种群除外）（不论是否切割、压碎或研磨成粉）	A/B	P.R/Q.S	中药材（食药物质）（2.3）
1211209199	其他鲜的非野生人参（俄罗斯种群除外）（不论是否切割、压碎或研磨成粉）	A/B	P.R/Q.S	中药材（食药物质）（2.3）
1211209210	其他干的人参（仅限俄罗斯种群）（不论是否切割、压碎或研磨成粉）	A/B	P.R/Q.S	中药材（食药物质）（2.3）

续表39

商品编号	商品名称	监管条件	检验检疫类别	检验检疫要求
1211209291	其他干的野生人参（俄罗斯种群除外）（不论是否切割、压碎或研磨成粉）	A/B	P. R/Q. S	中药材（食药物质）（2.3）
1211209299	其他干的非野生人参（俄罗斯种群除外）（不论是否切割、压碎或研磨成粉）	A/B	P. R/Q. S	中药材（食药物质）（2.3）
1211209910	其他冷、冻的人参（仅限俄罗斯种群）（不论是否切割、压碎或研磨成粉）	A/B	P. R/Q. S	中药材（食药物质）（2.3）
1211209991	其他冷、冻的野生人参（俄罗斯种群除外）（不论是否切割、压碎或研磨成粉）	A/B	P. R/Q. S	中药材（食药物质）（2.3）
1211209999	其他冷、冻的非野生人参（俄罗斯种群除外）（不论是否切割、压碎或研磨成粉）	A/B	P. R/Q. S	中药材（食药物质）（2.3）
1211300010	药用古柯叶（不论是否切割、压碎或研磨成粉）	A/B	P/Q	中药材（食药物质）（2.3）
1211300020	做香料用古柯叶（不论是否切割、压碎或研磨成粉）	A/B	P/Q	其他非食用植物产品（4.4）
1211300090	杀虫杀菌用古柯叶（不论是否切割、压碎或研磨成粉）	A/B	P/Q	其他非食用植物产品（4.4）
1211400010	药用罂粟秆（不论是否切割、压碎或研磨成粉）	A/B	P/Q	中药材（食药物质）（2.3）
1211400020	做香料用罂粟秆（不论是否切割、压碎或研磨成粉）	A/B	P/Q	其他非食用植物产品（4.4）
1211400090	杀虫杀菌用罂粟秆（不论是否切割、压碎或研磨成粉）	A/B	P/Q	其他非食用植物产品（4.4）
1211500011	药料用麻黄草粉	A/B	P/Q	中药材（食药物质）（2.3）
1211500012	药料用人工种植麻黄草	A/B	P/Q	中药材（食药物质）（2.3）
1211500019	其他药料用麻黄草	A/B	P/Q	中药材（食药物质）（2.3）
1211500021	香料用麻黄草粉	A/B	P. R/Q	食品添加剂（营养强化剂）（9.1）
1211500029	香料用麻黄草	A/	P. R/	禁止出口 食品添加剂（营养强化剂）（9.1）
1211500091	其他用麻黄草粉	A/B	P/Q	其他非食用植物产品（4.4）
1211500099	其他用麻黄草	A/	P/Q	禁止出口 其他非食用植物产品（4.4）
1211600000	鲜、冷、冻或干的非洲李的树皮（不论是否切割、压碎或研磨成粉）	A/B	P/Q	中药材（食药物质）（2.3）
1211901100	鲜、冷、冻或干的当归（不论是否切割、压碎或研磨成粉）	A/B	P. R/Q	调味香料（7.9） 中药材（食药物质）（2.3）
1211901200	鲜、冷、冻或干的三七（田七）（不论是否切割、压碎或研磨成粉）	A/B	P. R/Q	中药材（食药物质）（2.3）
1211901300	鲜、冷、冻或干的党参（不论是否切割、压碎或研磨成粉）	A/B	P. R/Q	调味香料（7.9） 中药材（食药物质）（2.3）
1211901410	鲜、冷、冻或干的野生黄连（不论是否切割、压碎或研磨成粉，不包括人工培植的）	A/B	P/Q	中药材（食药物质）（2.3）
1211901490	鲜、冷、冻或干的其他黄连（不论是否切割、压碎或研磨成粉）	A/B	P/Q	中药材（食药物质）（2.3）
1211901500	鲜、冷、冻或干的菊花（不论是否切割、压碎或研磨成粉）	A/B	P. R/Q. S	调味香料（7.9） 中药材（食药物质）（2.3）
1211901610	鲜、冷、冻或干的野生冬虫夏草（不论是否切割、压碎或研磨成粉）	A/B	P/Q	中药材（食药物质）（2.3）
1211901690	鲜、冷、冻或干的其他冬虫夏草（不论是否切割、压碎或研磨成粉）	A/B	P/Q	中药材（食药物质）（2.3）
1211901710	鲜、冷、冻或干的野生贝母（不论是否切割、压碎或研磨成粉，不包括人工培植的）	A/B	P. R/Q	中药材（食药物质）（2.3）
1211901790	鲜、冷、冻或干的其他贝母（不论是否切割、压碎或研磨成粉）	A/B	P. R/Q	中药材（食药物质）（2.3）
1211901800	鲜、冷、冻或干的川芎（不论是否切割、压碎或研磨成粉）	A/B	P. R/Q	中药材（食药物质）（2.3）
1211901900	鲜、冷、冻或干的半夏（不论是否切割、压碎或研磨成粉）	A/B	P/Q	中药材（食药物质）（2.3）
1211902100	鲜、冷、冻或干的白芍（不论是否切割、压碎或研磨成粉）	A/B	P. R/Q	中药材（食药物质）（2.3）
1211902200	鲜、冷、冻或干的天麻（不论是否切割、压碎或研磨成粉）	A/B	P. R/Q	调味香料（7.9） 中药材（食药物质）（2.3）
1211902300	鲜、冷、冻或干的黄芪（不论是否切割、压碎或研磨成粉）	A/B	P. R/Q	中药材（食药物质）（2.3）

续表40

商品编号	商品名称	监管条件	检验检疫类别	检验检疫要求
1211902400	鲜、冷、冻或干的大黄、籽黄（不论是否切割、压碎或研磨成粉）	A/B	P. R/Q	中药材（食药物质）(2.3)
1211902500	鲜、冷、冻或干的白术（不论是否切割、压碎或研磨成粉）	A/B	P. R/Q	中药材（食药物质）(2.3)
1211902600	鲜、冷、冻或干的地黄（不论是否切割、压碎或研磨成粉）	A/B	P. R/Q	中药材（食药物质）(2.3)
1211902700	鲜、冷、冻或干的槐米（不论是否切割、压碎或研磨成粉）	A/B	P. R/Q. S	调味香料（7.9） 中药材（食药物质）(2.3)
1211902800	鲜、冷、冻或干的杜仲（不论是否切割、压碎或研磨成粉）	A/B	P. R/Q	中药材（食药物质）(2.3)
1211902900	鲜、冷、冻或干的茯苓（不论是否切割、压碎或研磨成粉）	A/B	P. R/Q. S	调味香料（7.9） 中药材（食药物质）(2.3)
1211903100	鲜、冷、冻或干的枸杞（不论是否切割、压碎或研磨成粉）	A/B	P. R/Q. S	调味香料（7.9） 中药材（食药物质）(2.3)
1211903200	鲜、冷、冻或干的大海子（不论是否切割、压碎或研磨成粉）	A/B	P. R/Q. S	中药材（食药物质）(2.3)
1211903300	鲜、冷、冻或干的沉香（不论是否切割、压碎或研磨成粉）	A/B	P/Q	中药材（食药物质）(2.3)
1211903400	鲜、冷、冻或干的沙参（不论是否切割、压碎或研磨成粉）	A/B	P. R/Q	中药材（食药物质）(2.3)
1211903500	鲜、冷、冻或干的青蒿（不论是否切割、压碎或研磨成粉）	A/B	P/Q	中药材（食药物质）(2.3)
1211903600	鲜、冷、冻或干的甘草（不论是否切割、压碎或研磨成粉）	A/B	P. R/Q. S	调味香料（7.9） 中药材（食药物质）(2.3)
1211903700	鲜、冷、冻或干的黄芩（不论是否切割、压碎或研磨成粉）	A/B	P/Q	中药材（食药物质）(2.3)
1211903810	野生海南椴、紫椴（籽椴）花及叶（不论是否切割、压碎或研磨成粉）	A/B	P/Q	其他非食用植物产品（4.4）
1211903890	其他椴树（欧椴）花及叶	A/B	P/Q	其他非食用植物产品（4.4）
1211903930	大麻	A/B	P/Q	其他非食用植物产品（4.4）
1211903940	罂粟壳	A/B	P/Q	中药材（食药物质）(2.3)
1211903950	鲜、冷、冻或干的木香（不论是否切割、压碎或研磨成粉）	A/B	P/Q	中药材（食药物质）(2.3)
1211903960	鲜、冷、冻或干的黄草及枫斗（石斛）（不论是否切割、压碎或研磨成粉）	A/B	P/Q	调味香料（7.9） 中药材（食药物质）(2.3)
1211903971	鲜、冷、冻或干的濒危苁蓉（不论是否切割、压碎或研磨成粉）	A/B	P/Q	中药材（食药物质）(2.3)
1211903979	鲜、冷、冻或干的其他苁蓉（不论是否切割、压碎或研磨成粉）	A/B	P/Q	中药材（食药物质）(2.3)
1211903982	鲜或干的濒危红豆杉皮、枝叶（不论是否切割、压碎或研磨成粉）	A/B	P/Q	其他非食用植物产品（4.4）
1211903983	鲜或干的其他红豆杉皮、枝叶（不论是否切割、压碎或研磨成粉）	A/B	P/Q	其他非食用植物产品（4.4）
1211903984	冷或冻的濒危红豆杉皮、枝叶（不论是否切割、压碎或研磨成粉）	A/B	P/Q	其他非食用植物产品（4.4）
1211903985	冷或冻的其他红豆杉皮、枝叶（不论是否切割、压碎或研磨成粉）	A/B	P/Q	其他非食用植物产品（4.4）
1211903991	其他主要用作药料鲜、冷、冻或干的濒危植物（包括其某部分，不论是否切割、压碎或研磨成粉）	A/B	P/Q	中药材（食药物质）(2.3)
1211903992	加纳籽、车前子壳粉、育亨宾皮（包括其某部分，不论是否切割、压碎或研磨成粉）	A/B	P/Q	其他深加工食品（8.3）
1211903993	恰特草（Cathaedulis Forssk；包括其某部分，不论是否切割、压碎或研磨成粉）	A/B	P/Q	其他非食用植物产品（4.4）
1211903994	牛蒡种子（种用牛蒡）	A/B	P/Q	植物和植物繁殖材料（4.1）
1211903995	当归种子	A/B	P/Q	植物和植物繁殖材料（4.1）
1211903996	如意博士茶（线叶金雀花）（包括其某部分，不论是否切割、压碎或研磨成粉）	A/B	P/Q	其他植物源性食品（7.12）
1211903999	其他主要用作药料的鲜、冷、冻或干的植物（包括其某部分，不论是否切割、压碎或研磨成粉）	A/B	P/Q	调味香料（7.9） 中药材（食药物质）(2.3)
1211905030	香料用沉香木及拟沉香木（包括其某部分，不论是否切割、压碎或研磨成粉）	A/B	P. R/Q	食品添加剂（营养强化剂）(9.1)
1211905091	其他主要用作香料的濒危植物（包括其某部分，不论是否切割、压碎或研磨成粉）	A/B	P. R/Q	其他深加工食品（8.3）
1211905099	其他主要用作香料的植物（包括其某部分，不论是否切割、压碎或研磨成粉）	A/B	M. P. R/N. Q	调味香料（7.9） 其他深加工食品（8.3）

续表41

商品编号	商品名称	监管条件	检验检疫类别	检验检疫要求
1211909100	鲜、冷、冻或干的鱼藤根、除虫菊（不论是否切割、压碎或研磨成粉）	A/B	M. P/N. Q	其他资源与化工产品（12.6）
1211909991	其他鲜、冷、冻或干的杀虫、杀菌用濒危植物（不论是否切割、压碎或研磨成粉）	A/B	P/Q	其他非食用植物产品（4.4）
1211909999	其他鲜、冷、冻或干的杀虫、杀菌用植物（不论是否切割、压碎或研磨成粉）	A/B	P/Q	其他非食用植物产品（4.4）
1212211010	不超过10厘米的海带种苗及其配子或孢子（不论是否碾磨）	A/B	P. R/Q. S	植物和植物繁殖材料（4.1）
1212211090	适合供人食用的鲜、冷、冻或干的海带（不论是否碾磨）	A/B	P. R/Q. S	水产品（6.4） 中药材（食药物质）（2.3）
1212212000	适合供人食用的鲜、冷、冻或干的发菜（不论是否碾磨）	A/	P. R/Q. S	禁止出口 水产品（6.4）
1212213100	适合供人食用的干的裙带菜（不论是否碾磨）	A/B	P. R/Q. S	水产品（6.4）
1212213210	不超过10厘米的裙带菜种苗及其配子或孢子（不论是否碾磨）	A/B	P. R/Q. S	植物和植物繁殖材料（4.1）
1212213290	适合供人食用的鲜的裙带菜（不论是否碾磨）	A/B	P. R/Q. S	水产品（6.4）
1212213900	适合供人食用的冷、冻的裙带菜（不论是否碾磨）	A/B	P. R/Q. S	水产品（6.4）
1212214100	适合供人食用的干的紫菜（不论是否碾磨）	A/B	P. R/Q. S	水产品（6.4）
1212214210	不超过5厘米的紫菜种苗及其配子或孢子（不论是否碾磨）	A/B	P. R/Q. S	植物和植物繁殖材料（4.1）
1212214290	适合供人食用的鲜的紫菜（不论是否碾磨）	A/B	P. R/Q. S	水产品（6.4）
1212214900	适合供人食用的冷、冻紫菜（不论是否碾磨）	A/B	P. R/Q. S	水产品（6.4）
1212216110	适合供人食用的干的野生珍珠麒麟菜（不论是否碾磨，不包括人工培植的）	A/B	P. R/Q. S	水产品（6.4） 其他非食用植物产品（4.4）
1212216190	适合供人食用的干的其他麒麟菜（不论是否碾磨）	A/B	P. R/Q. S	水产品（6.4） 其他非食用植物产品（4.4）
1212216911	野生珍珠麒麟菜种苗及其配子或孢子（不论是否碾磨，不包括人工培植的）	A/B	P. R/Q. S	植物和植物繁殖材料（4.1）
1212216919	其他麒麟菜种苗及其配子或孢子（不论是否碾磨）	A/B	P. R/Q. S	植物和植物繁殖材料（4.1）
1212216991	适合供人食用的鲜、冷或冻的野生珍珠麒麟菜（不论是否碾磨，不包括人工培植的）	A/B	P. R/Q. S	水产品（6.4）
1212216999	适合供人食用的鲜、冷或冻的其他麒麟菜（不论是否碾磨）	A/B	P. R/Q. S	水产品（6.4）
1212217100	适合供人食用的干的江蓠（不论是否碾磨）	A/B	P. R/Q. S	水产品（6.4）
1212217910	江蓠种苗及其配子或孢子（不论是否碾磨）	A/B	P. R/Q. S	植物和植物繁殖材料（4.1）
1212217990	适合供人食用的鲜、冷或冻的江蓠（不论是否碾磨）	A/B	P. R/Q. S	水产品（6.4）
1212219010	其他适合供人食用的藻类（石花菜、羊栖菜、苔菜等）种苗及其配子或孢子（不论是否碾磨）	A/B	P. R/Q. S	植物和植物繁殖材料（4.1）
1212219090	其他适合供人食用的海草及藻类（不论是否碾磨）	A/B	P. R/Q. S	水产品（6.4）
1212291010	鲜、冷、冻或干的野生马尾藻（不论是否碾磨，不包括人工培植的）	A/B	P/Q	饲料和饲料添加剂（5.1）
1212291090	鲜、冷、冻或干的其他马尾藻（不论是否碾磨）	A/B	P/Q	饲料和饲料添加剂（5.1）
1212299000	其他不适合供人食用的鲜、冷、冻或干海草及藻类（不论是否碾磨）	A/B	P/Q	饲料和饲料添加剂（5.1）
1212910000	鲜、冷、冻或干的甜菜（不论是否碾磨）	A/B	P. R/Q	其他非食用植物产品（4.4）
1212920000	鲜、冷、冻或干的刺槐豆（不论是否碾磨）	A/B	P. R/Q	其他非食用植物产品（4.4）
1212930000	鲜、冷、冻或干的甘蔗（不论是否碾磨）	A/B	P. R/Q	其他非食用植物产品（4.4）
1212940000	菊苣根（不论是否碾磨）	A/B	P. R/Q. S	中药材（食药物质）（2.3）
1212991100	苦杏仁	A/B	P. R/Q. S	干（坚）果（7.8） 中药材（食药物质）（2.3）
1212991200	甜杏仁	A/B	P. R/Q. S	干（坚）果（7.8）
1212991900	其他杏核，桃、梅或李的核及核仁（杏仁除外，包括油桃）	A/B	P. R/Q. S	干（坚）果（7.8） 其他深加工食品（8.3） 中药材（食药物质）（2.3）

续表42

商品编号	商品名称	监管条件	检验检疫类别	检验检疫要求
1212999300	白瓜子	A/B	P. R/Q. S	干（坚）果（7.8） 其他深加工食品（8.3）
1212999400	莲子	A/B	P. R/Q. S	干（坚）果（7.8） 中药材（食药物质）（2.3）
1212999600	甜叶菊叶	A/B	P. R/Q. S	其他植物源性食品（7.12）
1212999910	其他供人食用濒危植物产品（包括未焙制的菊苣根，包括果核、仁等）	A/B	P. R/Q. S	干（坚）果（7.8） 其他植物源性食品（7.12）
1212999990	其他供人食用果核、仁及植物产品（包括未焙制的菊苣根）	A/B	P. R/Q. S	新鲜蔬菜（7.6） 蔬菜制品（7.7） 干（坚）果（7.8） 其他植物源性食品（7.12）
1213000000	未经处理的谷类植物的茎、秆及谷壳（不论是否切碎、碾磨、挤压或制成团粒）	A/B	P/Q	饲料和饲料添加剂（5.1） 其他非食用植物产品（4.4）
1214100000	紫苜蓿粗粉及团粒	A/B	P/Q	饲料和饲料添加剂（5.1）
1214900001	其他紫苜蓿（粗粉及团粒除外）	A/B	P/Q	饲料和饲料添加剂（5.1）
1214900002	以除紫苜蓿外的禾本科和豆科为主的多种混合天然饲草	A/B	P/Q	饲料和饲料添加剂（5.1）
1214900090	芜菁甘蓝、饲料甜菜、其他植物饲料（包括饲料用根、干草、三叶草、驴喜豆等，不论是否制成团粒）	A/B	P/Q	饲料和饲料添加剂（5.1）
1301200000	阿拉伯胶	A/B	P. R/Q	饲料和饲料添加剂（5.1） 非食品添加剂（工业用）（9.1） 食品添加剂（营养强化剂）（9.1）
1301901000	胶黄耆树胶	A/B	P/Q	其他非食用植物产品（4.4）
1301902000	乳香、没药及血竭	A/B	P/Q	中药材（食药物质）（2.3） 其他非食用植物产品（4.4）
1301903010	濒危野生阿魏（不包括人工培植的）	A/B	P/Q	中药材（食药物质）（2.3） 其他非食用植物产品（4.4）
1301903090	其他阿魏	A/B	P/Q	中药材（食药物质）（2.3） 其他非食用植物产品（4.4）
1301904010	濒危野生松科植物的松脂（不包括人工培植的）	A/B	M. P/N. Q	危险化学品（12.1） 其他非食用植物产品（4.4） 其他资源与化工产品（12.6） 食品添加剂（营养强化剂）（9.1）
1301904090	其他松脂	A/B	M. P. R/N. Q	危险化学品（12.1） 其他非食用植物产品（4.4） 其他资源与化工产品（12.6） 食品添加剂（营养强化剂）（9.1）
1301909010	龙血树脂、大戟脂、愈疮树脂	A/B	P/Q	其他非食用植物产品（4.4）
1301909020	大麻脂	A/B	P/Q	其他非食用植物产品（4.4）
1301909091	其他濒危植物的天然树胶、树脂［包括天然树胶、树脂及其他油树脂（例如香树脂）］	A/B	P/Q	其他非食用植物产品（4.4）
1301909099	其他天然树胶、树脂［包括天然树胶、树脂及其他油树脂（例如香树脂）］	A/B	P/Q	中药材（食药物质）（2.3） 其他非食用植物产品（4.4）

续表43

商品编号	商品名称	监管条件	检验检疫类别	检验检疫要求
1302110000	鸦片液汁及浸膏（也称阿片）	/B	P/Q	禁止进口 危险化学品（12.1） 其他植物源性食品（7.12）
1302120000	甘草液汁及浸膏	A/	R/	其他植物源性食品（7.12） 食品添加剂（营养强化剂）（9.1）
1302130000	啤酒花液汁及浸膏	A/B	P.R/Q.S	酒类产品（8.2） 食品添加剂（营养强化剂）（9.1）
1302140011	供制农药用麻黄浸膏及浸膏粉	A/B	P/Q	其他非食用植物产品（4.4）
1302140012	供制医药用麻黄浸膏及浸膏粉	A/B	P/Q	其他非食用植物产品（4.4）
1302140019	其他麻黄浸膏及浸膏粉	A/B	P/Q	其他非食用植物产品（4.4）
1302140020	麻黄液汁	A/B	P/Q	其他非食用植物产品（4.4）
1302191000	生漆	A/B	M.P/N.Q	危险化学品（12.1） 其他非食用植物产品（4.4）
1302192000	印楝素	A/B	P/Q	其他非食用植物产品（4.4）
1302193010	除虫菊的液汁及浸膏	A/B	M.P/N.Q	其他非食用植物产品（4.4）
1302193090	含鱼藤酮植物根茎的液汁及浸膏	A/B	M.P/N.Q	其他非食用植物产品（4.4）
1302194000	银杏的液汁及浸膏	A/B	P/Q	其他非食用植物产品（4.4）
1302199001	苦参碱	A/B	P/Q	其他非食用植物产品（4.4）
1302199013	供制农药用的濒危植物液汁及浸膏	A/B	P/Q	其他非食用植物产品（4.4）
1302199019	供制农药用的其他植物液汁及浸膏	A/B	P.R/Q	其他非食用植物产品（4.4）
1302199095	濒危红豆杉液汁及浸膏	A/B	P/Q	其他植物源性食品（7.12） 其他非食用植物产品（4.4）
1302199096	黄草汁液及浸膏	A/B	P/Q	其他植物源性食品（7.12） 其他非食用植物产品（4.4）
1302199097	其他濒危植物液汁及浸膏	A/B	P/Q	其他植物源性食品（7.12） 其他非食用植物产品（4.4）
1302199099	其他植物液汁及浸膏	A/B	M.P.R/N.Q.S	危险化学品（12.1） 其他植物源性食品（7.12） 其他非食用植物产品（4.4） 其他资源与化工产品（12.6） 食品添加剂（营养强化剂）（9.1）
1302200000	果胶、果胶酸盐及果胶酸酯	A/	R/	食品添加剂（营养强化剂）（9.1）
1302310000	琼脂	A/	R/	饲料和饲料添加剂（5.1） 食品添加剂（营养强化剂）（9.1）
1302320000	刺槐豆胶液及增稠剂（从刺槐豆、刺槐豆子或瓜尔豆制得的，不论是否改性）	A/	R/	饲料和饲料添加剂（5.1） 非食品添加剂（工业用）（9.1） 食品添加剂（营养强化剂）（9.1）
1302391100	卡拉胶（不论是否改性）	A/	R/	非食品添加剂（工业用）（9.1） 食品添加剂（营养强化剂）（9.1）

续表44

商品编号	商品名称	监管条件	检验检疫类别	检验检疫要求
1302391200	褐藻胶（不论是否改性）	A/B	P/Q	食品添加剂（营养强化剂）(9.1)
1302391900	海草及其他藻类胶液及增稠剂（不论是否改性）	A/B	P/Q	其他非食用植物产品（4.4）
1302399010	未列名濒危植物胶液及增稠剂	A/B	P/Q	其他资源与化工产品（12.6）
1302399090	其他未列名植物胶液及增稠剂	A/B	M.P.R/Q	非食品添加剂（工业用）(9.1) 食品添加剂（营养强化剂）(9.1)
1401100000	竹	A/B	P/Q	其他非食用植物产品（4.4）
1401200010	濒危藤	A/B	P/Q	其他非食用植物产品（4.4）
1401200090	其他藤	A/B	P/Q	其他非食用植物产品（4.4）
1401901000	谷类植物的茎秆（麦秸除外）（已净、漂白或染色的）	A/B	P/Q	其他非食用植物产品（4.4）
1401902000	芦苇（已净、漂白或染色的）	A/B	P/Q	其他非食用植物产品（4.4）
1401903100	蔺草（已净、漂白或染色的）	A/B	P/Q	其他非食用植物产品（4.4）
1401903900	其他灯芯草属植物材料（已净、漂白或染色的）	A/B	P/Q	其他非食用植物产品（4.4）
1401909000	未列名主要用作编结用的植物材料（已净、漂白或染色的）	A/B	P/Q	其他非食用植物产品（4.4）
1404200000	棉短绒	A/B	P/Q	棉花（11.9）
1404901000	主要供染料或鞣料用的植物原料	A/B	P/Q	中药材（食药物质）(2.3) 其他非食用植物产品（4.4）
1404909010	椰糠（条/块）	A/B	P/Q	栽培介质（5.2）
1404909090	其他编号未列名植物产品	A/B	P/Q	栽培介质（5.2） 其他非食用植物产品（4.4）
1501100000	猪油（但品目0209及1503的货品除外）	A/B	M.P.R/Q.S	非食用动物产品（3.4） 饲料和饲料添加剂（5.1） 其他动物源性食品（6.7）
1501200000	其他猪脂肪（但品目0209及1503的货品除外）	A/B	M.P.R/Q.S	非食用动物产品（3.4） 饲料和饲料添加剂（5.1） 其他动物源性食品（6.7）
1501900000	家禽脂肪（但品目0209及1503的货品除外）	A/B	M.P.R/Q.S	非食用动物产品（3.4） 饲料和饲料添加剂（5.1） 其他动物源性食品（6.7）
1502100000	牛、羊油脂（但品目1503的货品除外）	A/B	M.P.R/Q.S	非食用动物产品（3.4） 饲料和饲料添加剂（5.1） 其他动物源性食品（6.7）
1502900000	其他牛、羊脂肪（但品目1503的货品除外）	A/B	M.P.R/Q.S	肉类产品（6.1） 非食用动物产品（3.4） 饲料和饲料添加剂（5.1） 其他动物源性食品（6.7）
1503000000	未经制作的猪油硬脂、油硬脂等（包括液体猪油及脂油，未经乳化、混合或其他方法制作）	A/B	P.R/Q.S	非食用动物产品（3.4） 饲料和饲料添加剂（5.1） 其他动物源性食品（6.7）
1504100010	濒危鱼鱼肝油及其分离品	A/B	P.R/Q.S	保健食品（8.1）
1504100090	其他鱼鱼肝油及其分离品	A/B	P.R/Q.S	水产品（6.4） 保健食品（8.1） 非食用动物产品（3.4） 饲料和饲料添加剂（5.1）
1504200011	濒危鱼的鱼油软胶囊（鱼肝油除外）	A/B	P.R/Q.S	保健食品（8.1） 其他深加工食品（8.3）

续表45

商品编号	商品名称	监管条件	检验检疫类别	检验检疫要求
1504200019	濒危鱼其他鱼油、脂及其分离品（鱼肝油除外）	A/B	P. R/Q. S	水产品（6.4） 保健食品（8.1） 非食用动物产品（3.4） 饲料和饲料添加剂（5.1）
1504200091	其他鱼的鱼油软胶囊（鱼肝油除外）	A/B	P. R/Q. S	保健食品（8.1） 其他深加工食品（8.3）
1504200099	其他鱼油、脂及其分离品（鱼肝油除外）	A/B	P. R/Q. S	水产品（6.4） 保健食品（8.1） 非食用动物产品（3.4） 饲料和饲料添加剂（5.1）
1504300010	濒危哺乳动物的油、脂及其分离品（仅指海生）	A/B	P. R/Q. S	水产品（6.4） 非食用动物产品（3.4） 饲料和饲料添加剂（5.1）
1504300090	其他海生哺乳动物油、脂及其分离品	A/B	P. R/Q. S	水产品（6.4） 非食用动物产品（3.4） 饲料和饲料添加剂（5.1）
1505000000	羊毛脂及羊毛脂肪物质（包括纯净的羊毛脂）	A/B	P/Q. S	非食用动物产品（3.4） 饲料和饲料添加剂（5.1）
1506000010	其他濒危动物为原料制取的脂肪（包括河马、熊、野兔、海龟为原料的及海龟蛋油）	A/B	P. R/Q. S	非食用动物产品（3.4） 饲料和饲料添加剂（5.1） 其他动物源性食品（6.7）
1506000090	其他动物油、脂及其分离品（不论是否精制，但未经化学改性）	A/B	P. R/Q. S	水产品（6.4） 非食用动物产品（3.4） 饲料和饲料添加剂（5.1） 其他动物源性食品（6.7）
1507100000	初榨的豆油（但未经化学改性）	A/B	M. P. R/Q. S	食用植物油（7.3）
1507900000	精制的豆油及其分离品（包括初榨豆油的分离品，但未经化学改性）	A/B	M. R/S	食用植物油（7.3）
1508100000	初榨的花生油（但未经化学改性）	A/B	P. R/Q. S	食用植物油（7.3）
1508900000	精制的花生油及其分离品（包括初榨花生油的分离品，但未经化学改性）	A/B	M. R/S	食用植物油（7.3）
1509200000	特级初榨油橄榄油（未经化学改性）	A/B	P. R/Q. S	食用植物油（7.3）
1509300000	初榨油橄榄油（未经化学改性）	A/B	P. R/Q. S	食用植物油（7.3）
1509400000	其他初榨油橄榄油（未经化学改性）	A/B	P. R/Q. S	食用植物油（7.3）
1509900000	精制的油橄榄油及其分离品（包括初榨油橄榄油的分离品，但未经化学改性）	A/B	R/S	食用植物油（7.3）
1510100000	粗提油橄榄果渣油（未经化学改性）	A/B	P. R/Q. S	食用植物油（7.3）
1510900000	其他橄榄油及其分离品（不论是否精制，但未经化学改性，包括掺有品目1509的油或分离品的混合物）	A/B	P. R/Q. S	食用植物油（7.3）
1511100000	初榨的棕榈油（但未经化学改性）	A/B	M. P. R/Q. S	食用植物油（7.3）
1511901000	棕榈液油（熔点为19℃～24℃，未经化学改性）	A/B	M. R/S	食用植物油（7.3）
1511902001	固态棕榈硬脂（50℃≤熔点≤56℃）（未经化学改性）	A/B	M. R/S	食用植物油（7.3）
1511902090	其他棕榈硬脂（44℃≤熔点<50℃）（未经化学改性）	A/B	M. R/S	食用植物油（7.3）
1511909000	其他精制棕榈油（包括棕榈油的分离品，但未经化学改性）	A/B	M. R/S	食用植物油（7.3） 其他资源与化工产品（12.6）
1512110000	初榨的葵花油和红花油（但未经化学改性）	A/B	P. R/Q. S	食用植物油（7.3）
1512190000	精制的葵花油和红花油及其分离品（包括初榨葵花油和红花油的分离品，但未经化学改性）	A/B	R/S	食用植物油（7.3）
1512210000	初榨的棉子油（不论是否去除棉子酚）	A/B	P. R/Q. S	食用植物油（7.3）

续表46

商品编号	商品名称	监管条件	检验检疫类别	检验检疫要求
1512290000	精制的棉子油及其分离品（包括初榨棉子油的分离品，但未经化学改性）	A/B	R/S	食用植物油（7.3）
1513110000	初榨椰子油（但未经化学改性）	A/B	M.P.R/Q.S	食用植物油（7.3）
1513190000	其他椰子油及其分离品（包括初榨椰子油的分离品，但未经化学改性）	A/B	M.P.R/Q.S	食用植物油（7.3）
1513210000	初榨棕榈仁油或巴巴苏棕榈果油（未经化学改性）	A/B	M.P.R/Q.S	食用植物油（7.3）
1513290000	精制的棕榈仁油或巴巴苏棕榈果油（包括分离品，但未经化学改性，初榨的除外）	A/B	M.R/S	食用植物油（7.3）
1514110000	初榨的低芥子酸菜子油（但未经化学改性）	A/B	M.P.R/Q.S	食用植物油（7.3）
1514190000	其他低芥子酸菜子油（包括其分离品，但未经化学改性）	A/B	M.P.R/Q.S	食用植物油（7.3）
1514911000	初榨的非低芥子酸菜子油（但未经化学改性）	A/B	M.P.R/Q.S	食用植物油（7.3）
1514919000	初榨的芥子油（但未经化学改性）	A/B	M.P.R/Q.S	食用植物油（7.3）
1514990000	精制非低芥子酸菜子油、芥子油（包括其分离品，但未经化学改性）	A/B	M.R/S	食用植物油（7.3）
1515110000	初榨亚麻子油（但未经化学改性）	A/B	M.P.R/Q.S	食用植物油（7.3）
1515190000	精制的亚麻子油及其分离品（包括初榨亚麻子油的分离品，但未经化学改性）	A/B	R/S	食用植物油（7.3）
1515210000	初榨的玉米油（但未经化学改性）	A/B	P.R/Q.S	食用植物油（7.3）
1515290000	精制的玉米油及其分离品（包括初榨玉米油的分离品，但未经化学改性）	A/B	R/S	食用植物油（7.3）
1515300000	蓖麻油及其分离品（不论是否精制，但未经化学改性）	A/B	M.P/Q.S	非食品添加剂（工业用）（9.1） 食品添加剂（营养强化剂）（9.1）
1515500000	芝麻油及其分离品（不论是否精制，但未经化学改性）	A/B	P.R/Q.S	食用植物油（7.3）
1515600000	微生物油、脂及其分离品（不论是否精制，但未经化学改性）	A/B	M.P.R/N.Q.S	其他深加工食品（8.3）
1515901000	希蒙得木油及其分离品（不论是否精制，但未经化学改性）	A/B	P.R/Q.S	食用植物油（7.3）
1515902000	印楝油及其分离品（不论是否精制，但未经化学改性）	A/B	P.R/Q.S	其他非食用植物产品（4.4）
1515903000	桐油及其分离品（不论是否精制，但未经化学改性）	A/B	P.R/Q.S	其他非食用植物产品（4.4）
1515904000	茶籽油及其分离品（不论是否精制，但未经化学改性）	A/B	M.P.R/N.Q.S	食用植物油（7.3）
1515909010	野生红松籽油（不论是否精制，但未经化学改性，不包括人工培植的）	A/B	P.R/Q.S	食用植物油（7.3）
1515909090	其他固定植物油、脂及其分离品（不论是否精制，但未经化学改性）	A/B	M.P.R/N.Q.S	危险化学品（12.1） 食用植物油（7.3） 饲料和饲料添加剂（5.1） 其他资源与化工产品（12.6） 食品添加剂（营养强化剂）（9.1）
1516100000	氢化、酯化或反油酸化动物油、脂（包括其分离品，不论是否精制，但未经进一步加工）	A/B	P.R/S	水产品（6.4） 其他深加工食品（8.3）
1516200000	氢化、酯化或反油酸化植物油、脂（包括其分离品，不论是否精制，但未经进一步加工）	A/B	R/S	食用植物油（7.3） 其他深加工食品（8.3） 非食品添加剂（工业用）（9.1） 食品添加剂（营养强化剂）（9.1）

续表47

商品编号	商品名称	监管条件	检验检疫类别	检验检疫要求
1516300000	氢化、酯化或反油酸化微生物油、脂（包括其分离品，不论是否精制，但未经进一步加工）	A/B	R/S	非食品添加剂（工业用）(9.1) 食品添加剂（营养强化剂）(9.1)
1517100000	人造黄油（但不包括液态的）	A/B	M. R/S	其他深加工食品（8.3） 食品添加剂（营养强化剂）(9.1)
1517901001	动物油脂制造的起酥油（品目1516的食用油、脂及其分离品除外）	A/B	P. R/S	其他动物源性食品（6.7） 食品添加剂（营养强化剂）(9.1)
1517901002	植物油脂制造的起酥油（品目1516的食用油、脂及其分离品除外）	A/B	R/S	食用植物油（7.3） 其他深加工食品（8.3） 食品添加剂（营养强化剂）(9.1)
1517901090	微生物油脂制造的起酥油（品目1516的食用油、脂及其分离品除外）	A/B	R/S	食用植物油（7.3） 其他深加工食品（8.3） 食品添加剂（营养强化剂）(9.1)
1517909001	其他混合制成的动物质食用油脂或制品（品目1516的食用油、脂及其分离品除外）	A/B	P. R/S	其他深加工食品（8.3） 其他动物源性食品（6.7） 食品添加剂（营养强化剂）(9.1)
1517909002	其他混合制成的植物质食用油脂或制品（品目1516的食用油、脂及其分离品除外）	A/B	R/S	食用植物油（7.3） 其他深加工食品（8.3） 食品添加剂（营养强化剂）(9.1)
1517909003	其他混合制成的微生物质食用油脂或制品（品目1516的食用油、脂及其分离品除外）	A/B	R/S	食用植物油（7.3） 其他深加工食品（8.3） 食品添加剂（营养强化剂）(9.1)
1518000000	化学改性的动、植物或微生物油、脂（包括其分离品及本章油脂混合制成的非食用油脂或制品，品目1516的产品除外）	A/B	M. R/S	饲料和饲料添加剂（5.1） 其他资源与化工产品（12.6） 食品添加剂（营养强化剂）(9.1)
1520000000	粗甘油；甘油水及甘油碱液	A/B	M. R/S	非食品添加剂（工业用）(9.1) 食品添加剂（营养强化剂）(9.1)
1521100010	小烛树蜡	A/B	P. R/Q	非食品添加剂（工业用）(9.1) 食品添加剂（营养强化剂）(9.1)
1521100090	其他植物蜡	A/B	P. R/Q. S	非食品添加剂（工业用）(9.1) 食品添加剂（营养强化剂）(9.1)
1521901000	蜂蜡（不论是否精制或着色）	A/B	P. R/Q. S	非食用动物产品（3.4）
1521909010	鲸蜡（不论是否精制或着色）	A/B	P/Q	非食用动物产品（3.4）

续表48

商品编号	商品名称	监管条件	检验检疫类别	检验检疫要求
1521909090	其他虫蜡（不论是否精制或着色）	A/B	P/Q	非食用动物产品（3.4） 中药材（食药物质）（2.3）
1601001010	濒危野生动物肉、杂碎、血或昆虫制天然肠衣香肠（品目0208的野生动物，包括类似品）	A/B	P.R/Q.S	肉类产品（6.1）
1601001090	其他动物肉、杂碎、血或昆虫制天然肠衣香肠（包括类似品）	A/B	P.R/Q.S	肉类产品（6.1）
1601002010	濒危野生动物肉、杂碎、血或昆虫制其他肠衣香肠（含品目0208的野生动物，包括类似品）	A/B	P.R/Q.S	肉类产品（6.1）
1601002090	其他动物肉、杂碎、血或昆虫制其他肠衣香肠（包括类似品）	A/B	P.R/Q.S	水产品（6.4） 肉类产品（6.1）
1601003010	用含濒危野生动物或昆虫成分的香肠制的食品（含品目0208的野生动物）	A/B	P.R/Q.S	肉类产品（6.1）
1601003090	用含其他动物或昆虫成分的香肠制的食品	A/B	P.R/Q.S	肉类产品（6.1）
1602100010	含濒危野生动物或昆虫成分的均化食品（指用肉、食用杂碎或动物血经精细均化制成，零售包装）	A/B	P.R/S	肉类产品（6.1）
1602100090	其他动物肉、食用杂碎、血或昆虫的均化食品（指用肉、食用杂碎、动物血或昆虫经精细均化制成，零售包装）	A/B	P.R/S	肉类产品（6.1）
1602200010	制作或保藏的濒危动物肝（第二、三章所列方法制作或保藏的除外）	A/B	P.R/Q.S	肉类产品（6.1）
1602200090	制作或保藏的其他动物肝（第二、三章所列方法制作或保藏的除外）	A/B	P.R/Q.S	肉类产品（6.1）
1602310000	制作或保藏的火鸡肉及杂碎（第二、三章所列方法制作或保藏的除外）	A/B	P.R/Q.S	肉类产品（6.1）
1602321000	鸡罐头	A/B	P.R/Q.S	其他深加工食品（8.3）
1602329100	其他方法制作或保藏的鸡胸肉（第二、三章所列方法制作或保藏的除外）	A/B	P.R/Q.S	肉类产品（6.1）
1602329200	其他方法制作或保藏的鸡腿肉（第二、三章所列方法制作或保藏的除外）	A/B	P.R/Q.S	肉类产品（6.1）
1602329900	其他方法制作或保藏的其他鸡产品（第二、三章所列方法制作或保藏的除外；鸡胸肉、鸡腿肉除外）	A/B	P.R/Q.S	肉类产品（6.1）
1602391000	其他家禽肉及杂碎的罐头	A/B	P.R/Q.S	其他深加工食品（8.3）
1602399100	其他方法制作或保藏的鸭（第二、三章所列方法制作或保藏的除外）	A/B	P.R/Q.S	肉类产品（6.1）
1602399900	其他方法制作或保藏的其他家禽肉及杂碎（第二、三章所列方法制作或保藏的除外；鸡、鸭除外）	A/B	P.R/Q.S	肉类产品（6.1）
1602410010	制作或保藏的鹿豚、姬猪后腿及肉块	A/B	P.R/Q.S	肉类产品（6.1）
1602410090	制作或保藏的猪后腿及其肉块	A/B	P.R/Q.S	肉类产品（6.1）
1602420010	制作或保藏的鹿豚、姬猪前腿及肉块	A/B	P.R/Q.S	肉类产品（6.1）
1602420090	制作或保藏的猪前腿及其肉块	A/B	P.R/Q.S	肉类产品（6.1）
1602491010	其他含鹿豚、姬猪肉及杂碎的罐头	A/B	P.R/Q.S	其他深加工食品（8.3）
1602491090	其他猪肉及杂碎的罐头	A/B	P.R/Q.S	其他深加工食品（8.3）
1602499010	制作或保藏的其他鹿豚、姬猪肉及杂碎（包括血等）	A/B	P.R/Q.S	肉类产品（6.1）
1602499090	制作或保藏的其他猪肉、杂碎、血	A/B	P.R/Q.S	肉类产品（6.1）
1602501010	含濒危野牛肉的罐头	A/B	P.R/Q.S	其他深加工食品（8.3）
1602501090	其他牛肉及牛杂碎罐头（含野牛肉的除外）	A/B	P.R/Q.S	其他深加工食品（8.3）
1602509010	其他制作或保藏的濒危野牛肉、杂碎（包括血等）	A/B	P.R/Q.S	肉类产品（6.1）
1602509090	其他制作或保藏的牛肉、杂碎、血	A/B	P.R/Q.S	肉类产品（6.1）
1602901010	其他濒危动物肉、杂碎、血或昆虫罐头	A/B	P.R/Q.S	其他深加工食品（8.3）
1602901090	其他动物肉、杂碎、血或昆虫的罐头	A/B	P.R/Q.S	其他深加工食品（8.3）
1602909010	制作或保藏的其他濒危动物肉、杂碎、血或昆虫	A/B	P.R/Q.S	肉类产品（6.1）
1602909090	制作或保藏的其他动物肉、杂碎、血或昆虫	A/B	P.R/Q.S	肉类产品（6.1）
1603000010	含濒危野生动物及鱼类成分的肉（指品目0208及子目030192野生动物及鱼类）	A/B	P.R/Q.S	水产品（6.4） 其他深加工食品（8.3）

续表49

商品编号	商品名称	监管条件	检验检疫类别	检验检疫要求
1603000090	肉及水产品的精、汁（水产品指鱼、甲壳动物、软体动物或其他水生无脊椎动物）	A/B	P. R/Q. S	水产品（6.4）
1604111000	制作或保藏的大西洋鲑鱼（整条或切块，但未绞碎）	A/B	P. R/Q. S	水产品（6.4） 其他深加工食品（8.3）
1604119000	制作或保藏的其他鲑鱼	A/B	P. R/Q. S	水产品（6.4） 其他深加工食品（8.3）
1604120000	制作或保藏的鲱鱼（整条或切块，但未绞碎）	A/B	P. R/Q. S	水产品（6.4） 其他深加工食品（8.3）
1604130000	制作或保藏的沙丁鱼、小沙丁鱼属、黍鲱或西鲱（整条或切块，但未绞碎）	A/B	P. R/Q. S	水产品（6.4） 其他深加工食品（8.3）
1604140000	制作或保藏的金枪鱼、鲣及狐鲣（狐鲣属）（整条或切块，但未绞碎）	A/B	P. R/Q. S	水产品（6.4） 其他深加工食品（8.3）
1604150000	制作或保藏的鲭鱼（整条或切块，但未绞碎）	A/B	P. R/Q. S	水产品（6.4） 其他深加工食品（8.3）
1604160000	制作保藏的醍鱼（Anchovies）（整条或切块，但未绞碎）	A/B	P. R/Q. S	水产品（6.4） 其他深加工食品（8.3）
1604170010	制作或保藏的花鳗鲡（整条或切块，但未绞碎）	A/B	P. R/Q. S	水产品（6.4） 其他深加工食品（8.3）
1604170020	制作或保藏的欧洲鳗鲡（整条或切块，但未绞碎）	A/B	P. R/Q. S	水产品（6.4） 其他深加工食品（8.3）
1604170090	其他制作或保藏的鳗鱼（整条或切块，但未绞碎）	A/B	P. R/Q. S	水产品（6.4） 其他深加工食品（8.3）
1604180010	制作或保藏的濒危鲨鱼鱼翅（整条或切块，但未绞碎）	A/B	P. R/Q. S	水产品（6.4）
1604180090	制作或保藏的其他鲨鱼鱼翅（整条或切块，但未绞碎）	A/B	P. R/Q. S	水产品（6.4）
1604192000	制作或保藏的罗非鱼（整条或切块，但未绞碎）	A/B	P. R/Q. S	水产品（6.4） 其他深加工食品（8.3）
1604193100	制作或保藏的斑点叉尾鮰鱼（整条或切块，但未绞碎）	A/B	P. R/Q. S	水产品（6.4） 其他深加工食品（8.3）
1604193900	制作或保藏的其他叉尾鮰鱼（整条或切块，但未绞碎）	A/B	P. R/Q. S	水产品（6.4） 其他深加工食品（8.3）
1604199010	制作或保藏的濒危鱼类（整条或切块，但未绞碎）	A/B	P. R/Q. S	水产品（6.4） 其他深加工食品（8.3）
1604199090	制作或保藏的其他鱼（整条或切块，但未绞碎）	A/B	P. R/Q. S	水产品（6.4） 其他深加工食品（8.3）
1604201110	濒危鲨鱼鱼翅罐头	A/B	P. R/Q. S	其他深加工食品（8.3）
1604201190	其他鲨鱼鱼翅罐头	A/B	P. R/Q. S	其他深加工食品（8.3）
1604201910	非整条或切块的濒危鱼罐头（鱼翅除外）	A/B	P. R/Q. S	其他深加工食品（8.3）
1604201990	非整条或切块的其他鱼罐头（鱼翅除外）	A/B	P. R/Q. S	其他深加工食品（8.3）
1604209110	制作或保藏的濒危鲨鱼鱼翅（非整条、非切块、非罐头）	A/B	P. R/Q. S	水产品（6.4）
1604209190	制作或保藏其他鲨鱼鱼翅（非整条、非切块、非罐头）	A/B	P. R/Q. S	水产品（6.4）
1604209910	其他制作或保藏的濒危鱼（非整条、非切块、非罐头，鱼翅除外）	A/B	P. R/Q. S	水产品（6.4）
1604209990	其他制作或保藏的鱼（非整条、非切块、非罐头，鱼翅除外）	A/B	P. R/Q. S	水产品（6.4）
1604310000	鲟鱼子酱	A/B	P. R/Q. S	水产品（6.4）
1604320000	鲟鱼子酱代用品	A/B	P. R/Q. S	水产品（6.4）
1605100000	制作或保藏的蟹	A/B	P. R/Q. S	水产品（6.4） 其他深加工食品（8.3）
1605210000	制作或保藏的非密封包装小虾及对虾	A/B	P. R/Q. S	水产品（6.4） 其他深加工食品（8.3）

续表50

商品编号	商品名称	监管条件	检验检疫类别	检验检疫要求
1605290000	其他制作或保藏的小虾及对虾	A/B	P. R/Q. S	水产品（6.4） 其他深加工食品（8.3）
1605300000	制作或保藏的龙虾	A/B	P. R/Q. S	水产品（6.4） 其他深加工食品（8.3）
1605401100	制作或保藏的淡水小龙虾仁	A/B	P. R/Q. S	水产品（6.4） 其他深加工食品（8.3）
1605401900	制作或保藏的带壳淡水小龙虾	A/B	P. R/Q. S	水产品（6.4） 其他深加工食品（8.3）
1605409000	制作或保藏的其他甲壳动物	A/B	P. R/Q. S	水产品（6.4） 其他深加工食品（8.3）
1605510000	制作或保藏的牡蛎（蚝）	A/B	P. R/Q. S	水产品（6.4） 其他深加工食品（8.3）
1605520010	制作或保藏的大珠母贝	A/B	P. R/Q. S	水产品（6.4） 其他深加工食品（8.3）
1605520090	其他制作或保藏的扇贝，包括海扇	A/B	P. R/Q. S	水产品（6.4） 其他深加工食品（8.3）
1605530000	制作或保藏的贻贝	A/B	P. R/Q. S	水产品（6.4） 其他深加工食品（8.3）
1605540000	制作或保藏的墨鱼及鱿鱼	A/B	P. R/Q. S	水产品（6.4） 其他深加工食品（8.3）
1605550000	制作或保藏的章鱼	A/B	P. R/Q. S	水产品（6.4） 其他深加工食品（8.3）
1605561000	制作或保藏的蛤	A/B	P. R/Q. S	水产品（6.4） 其他深加工食品（8.3）
1605562010	制作或保藏的砗磲	A/B	P. R/Q. S	水产品（6.4） 其他深加工食品（8.3）
1605562090	其他制作或保藏的鸟蛤及舟贝	A/B	P. R/Q. S	水产品（6.4） 其他深加工食品（8.3）
1605570000	制作或保藏的鲍鱼	A/B	P. R/Q. S	水产品（6.4） 其他深加工食品（8.3）
1605580010	制作或保藏的濒危蜗牛及螺，海螺除外	A/B	P. R/Q. S	水产品（6.4） 其他深加工食品（8.3）
1605580090	其他制作或保藏的蜗牛及螺，海螺除外	A/B	P. R/Q. S	水产品（6.4） 其他深加工食品（8.3）
1605590010	其他制作或保藏的濒危软体动物	A/B	P. R/Q. S	水产品（6.4） 其他深加工食品（8.3）
1605590090	其他制作或保藏的软体动物	A/B	P. R/Q. S	水产品（6.4） 其他深加工食品（8.3）
1605610010	制作或保藏的暗色刺参	A/B	P. R/Q. S	水产品（6.4） 其他深加工食品（8.3）
1605610090	其他制作或保藏的海参	A/B	P. R/Q. S	水产品（6.4） 其他深加工食品（8.3）
1605620000	制作或保藏的海胆	A/B	P. R/Q. S	水产品（6.4） 其他深加工食品（8.3）
1605630000	制作或保藏的海蜇	A/B	P. R/Q. S	水产品（6.4） 其他深加工食品（8.3）
1605690010	其他制作或保藏的濒危水生无脊椎动物	A/B	P. R/Q. S	水产品（6.4） 其他深加工食品（8.3）

续表51

商品编号	商品名称	监管条件	检验检疫类别	检验检疫要求
1605690090	其他制作或保藏的水生无脊椎动物	A/B	P. R/Q. S	水产品（6.4） 其他深加工食品（8.3）
1701120001	未加香料或着色剂的甜菜原糖［按重量计干燥状态的糖含量低于旋光读数99.5度（配额内）］	A/B	M. P. R/Q. S	其他深加工食品（8.3）
1701120090	未加香料或着色剂的甜菜原糖［按重量计干燥状态的糖含量低于旋光读数99.5度（配额外）］	A/B	M. P. R/Q. S	其他深加工食品（8.3）
1701130001	未加香料或着色剂的本章子目注释二所述的甘蔗原糖［按重量计干燥状态的蔗糖含量对应的旋光读数不低于69度，但低于93度（配额内）］	A/B	M. P. R/Q. S	其他深加工食品（8.3）
1701130090	未加香料或着色剂的本章子目注释二所述的甘蔗原糖［按重量计干燥状态的蔗糖含量对应的旋光读数不低于69度，但低于93度（配额外）］	A/B	P. R/Q. S	其他深加工食品（8.3）
1701140001	未加香料或着色剂其他甘蔗原糖［按重量计干燥状态的糖含量低于旋光读数99.5度（配额内）］	A/B	P. R/Q. S	其他深加工食品（8.3）
1701140090	未加香料或着色剂其他甘蔗原糖［按重量计干燥状态的糖含量低于旋光读数99.5度（配额外）］	A/B	P. R/Q. S	其他深加工食品（8.3）
1701910001	加有香料或着色剂的糖［指甘蔗糖、甜菜糖及化学纯蔗糖（配额内）］	A/B	R/S	其他深加工食品（8.3）
1701910090	加有香料或着色剂的糖［指甘蔗糖、甜菜糖及化学纯蔗糖（配额外）］	A/B	R/S	其他深加工食品（8.3）
1701991010	砂糖（配额内）	A/B	M. R/S	其他深加工食品（8.3）
1701991090	砂糖（配额外）	A/B	M. R/S	其他深加工食品（8.3）
1701992001	绵白糖（配额内）	A/B	R/S	其他深加工食品（8.3）
1701992090	绵白糖（配额外）	A/B	R/S	其他深加工食品（8.3）
1701999001	其他精制糖（配额内）	A/B	R/S	其他深加工食品（8.3）
1701999090	其他精制糖（配额外）	A/B	R/S	其他深加工食品（8.3）
1702110000	按重量计干燥无水乳糖含量在99%及以上的乳糖	A/B	R/S	其他深加工食品（8.3）
1702190000	其他乳糖及乳糖浆	A/B	R/S	其他深加工食品（8.3） 食品添加剂（营养强化剂）（9.1）
1702200000	槭糖及槭糖浆	A/B	R/S	其他深加工食品（8.3） 非食品添加剂（工业用）（9.1）
1702300000	低果糖含量的葡萄糖及糖浆（仅指按重量计干燥状态的果糖含量在20%以下的葡萄糖）	A/B	R/S	其他深加工食品（8.3） 食品添加剂（营养强化剂）（9.1）
1702400000	中果糖含量的葡萄糖及糖浆（仅指干燥果糖重量在20%~50%的葡萄糖，转化糖除外）	A/B	R/S	其他深加工食品（8.3）
1702500000	化学纯果糖	A/B	R/S	其他深加工食品（8.3） 非食品添加剂（工业用）（9.1） 食品添加剂（营养强化剂）（9.1）
1702600000	其他果糖及糖浆（仅指干燥果糖重量在50%以上的，转化糖除外）	A/B	R/S	其他深加工食品（8.3） 食品添加剂（营养强化剂）（9.1）
1702901100	甘蔗糖或甜菜糖水溶液	A/B	R/S	其他深加工食品（8.3）
1702901200	蔗糖含量超过50%的甘蔗糖、甜菜糖与其他糖的简单固体混合物	A/B	R/S	其他深加工食品（8.3）

续表52

商品编号	商品名称	监管条件	检验检疫类别	检验检疫要求
1702909010	人造蜜	A/B	R/S	其他深加工食品（8.3） 食品添加剂（营养强化剂）（9.1）
1702909090	其他固体糖、糖浆及焦糖（包括转化糖及按重量计干燥状态果糖含量50%的糖、糖浆）	A/B	R/S	其他深加工食品（8.3） 食品添加剂（营养强化剂）（9.1）
1703100000	甘蔗糖蜜	/B	R/S	禁止进口 固体废物 其他深加工食品（8.3） 非食品添加剂（工业用）（9.1）
1703900000	其他糖蜜	/B	R/S	禁止进口 固体废物 其他深加工食品（8.3） 非食品添加剂（工业用）（9.1） 食品添加剂（营养强化剂）（9.1）
1704100000	口香糖（不论是否裹糖）	A/B	R/S	其他深加工食品（8.3）
1704900000	其他不含可可的糖食（包括白巧克力）	A/B	R/S	保健食品（8.1） 其他深加工食品（8.3）
1801000000	生或焙炒的整颗或破碎的可可豆	A/B	M. P. R/Q. S	其他深加工食品（8.3） 咖啡豆、可可豆（7.11）
1802000000	可可荚、壳、皮及废料	A/B	P/Q. S	其他非食用植物产品（4.4）
1803100000	未脱脂可可膏	A/B	R/S	其他深加工食品（8.3）
1803200000	全脱脂或部分脱脂的可可膏	A/B	R/S	其他深加工食品（8.3）
1804000010	可可脂	A/B	R/S	其他深加工食品（8.3）
1804000090	可可油	A/B	R/S	其他深加工食品（8.3） 食品添加剂（营养强化剂）（9.1）
1805000000	未加糖或其他甜物质的可可粉	A/B	P. R/Q. S	其他深加工食品（8.3）
1806100000	含糖或其他甜物质的可可粉	A/B	P. R/Q. S	其他深加工食品（8.3）
1806200000	每件净重超过2千克的含可可食品	A/B	R/S	其他深加工食品（8.3）
1806310000	其他夹心块状或条状的含可可食品（每件净重不超过2千克）	A/B	R/S	其他深加工食品（8.3）
1806320000	其他不夹心块状或条状含可可食品（每件净重不超过2千克）	A/B	R/S	其他深加工食品（8.3）
1806900000	其他巧克力及含可可的食品（每件净重不超过2千克）	A/B	R/S	其他深加工食品（8.3）
1901101010	乳基特殊医学用途婴幼儿配方食品（按重量计全脱脂可可含量<5%乳品制）	A/B	R/S	特殊医学用途配方食品（8.1）
1901101090	供婴幼儿食用的零售包装配方奶粉（乳基特殊医学用途婴幼儿配方食品除外）（按重量计全脱脂可可含量<5%乳品制）	A/B	R/S	婴幼儿配方食品（8.1）
1901109000	其他供婴幼儿食用的零售包装食品（按重量计全脱脂可可含量<40%粉、淀粉或麦精制；按重量计全脱脂可可含量<5%乳品制）	A/B	P. R/S	特殊食品（8.1） 婴幼儿配方食品（8.1） 其他深加工食品（8.3）
1901200000	供烘焙品目1905所列面包糕饼用的调制品及面团（按重量计全脱脂可可含量<40%粉、淀粉或麦精制；按重量计全脱脂可可含量<5%乳品制）	A/B	R/S	其他深加工食品（8.3）
1901900010	乳基特殊医学用途配方食品（按重量计全脱脂可可含量<40%粉、淀粉、麦精制；按重量计全脱脂可可含量<5%乳品制）	A/B	R/S	特殊医学用途配方食品（8.1）

续表53

商品编号	商品名称	监管条件	检验检疫类别	检验检疫要求
1901900090	其他麦精，粮食粉等制食品及乳制食品（按重量计全脱脂可可含量<40%粉、淀粉、麦精制；按重量计全脱脂可可含量<5%乳品制）	A/B	R/S	乳品（6.3） 特殊食品（8.1） 其他深加工食品（8.3）
1902110010	未包馅或未制作的含蛋生面食，非速冻的	A/B	P.R/Q.S	其他深加工食品（8.3）
1902110090	其他未包馅或未制作的含蛋生面食	A/B	P.R/Q.S	其他深加工食品（8.3）
1902190010	其他未包馅或未制作的生面食，非速冻的	A/B	P.R/Q.S	特殊食品（8.1） 其他深加工食品（8.3）
1902190090	其他未包馅或未制作的生面食	A/B	P.R/Q.S	特殊食品（8.1） 其他深加工食品（8.3）
1902200000	包馅面食（不论是否烹煮或经其他方法制作）	A/B	P.R/Q.S	其他深加工食品（8.3）
1902301000	米粉干	A/B	P.R/Q.S	其他深加工食品（8.3）
1902302000	粉丝	A/B	P.R/Q.S	其他深加工食品（8.3）
1902303000	即食或快熟面条	A/B	R/S	其他深加工食品（8.3）
1902309000	其他面食	A/B	P.R/Q.S	特殊食品（8.1） 其他深加工食品（8.3）
1902400000	古斯古斯面食（古斯古斯粉是一种经热处理的硬麦粗粉）	A/B	R/S	其他深加工食品（8.3）
1903000000	珍粉及淀粉制成的珍粉代用品（片、粒、珠、粉或类似形状的）	A/B	R/S	其他深加工食品（8.3）
1904100000	膨化或烘炒谷物制成的食品	A/B	R/S	特殊食品（8.1） 其他深加工食品（8.3）
1904200000	未烘炒谷物片制成的食品（包括未烘炒谷物片与烘炒谷物片或膨化谷物混合制成食品）	A/B	P.R/Q.S	其他深加工食品（8.3）
1904300000	碾碎的干小麦（细粉、粗粒及粗粉除外）	A/B	P.R/Q.S	粮食加工品（7.2）
1904900000	预煮或经其他方法制作的谷粒［包括其他经加工的谷粒（除细粉、粗粒及粗粉），玉米除外］	A/B	P.R/Q.S	粮食加工品（7.2） 其他深加工食品（8.3）
1905100000	黑麦脆面包片	A/B	R/S	其他深加工食品（8.3）
1905200000	姜饼及类似品	A/B	R/S	其他深加工食品（8.3）
1905310000	甜饼干	A/B	R/S	特殊食品（8.1） 其他深加工食品（8.3）
1905320000	华夫饼干及圣餐饼	A/B	R/S	其他深加工食品（8.3）
1905400000	面包干，吐司及类似的烤面包	A/B	R/S	其他深加工食品（8.3）
1905900000	其他面包，糕点，饼干及烘焙糕饼（包括装药空囊、封缄、糯米纸及类似制品）	A/B	R/S	特殊食品（8.1） 其他深加工食品（8.3）
2001100000	用醋或醋酸制作的黄瓜及小黄瓜	A/B	R/S	蔬菜制品（7.7）
2001901010	用醋或醋酸腌制的大蒜头、大蒜瓣（无论是否加糖或去皮）	A/B	R/S	蔬菜制品（7.7）
2001901090	用醋或醋酸腌制的其他大蒜（不含蒜头、蒜瓣，无论是否加糖或去皮）	A/B	R/S	蔬菜制品（7.7）
2001909010	用醋或醋酸制作或保藏的松茸	A/B	R/S	蔬菜制品（7.7）
2001909020	用醋或醋酸制作或保藏的翠叶芦荟	A/B	R/S	蔬菜制品（7.7）
2001909030	用醋或醋酸制作或保藏的其他芦荟（翠叶芦荟除外）	A/B	R/S	蔬菜制品（7.7）
2001909040	用醋或醋酸制作或保藏的仙人掌植物	A/B	R/S	蔬菜制品（7.7）
2001909050	用醋或醋酸制作或保藏的野生莼菜（不包括人工培植的）	A/B	R/S	蔬菜制品（7.7）
2001909090	用醋制作的其他果、菜及食用植物（包括用醋酸制作或保藏的）	A/B	R/S	蔬菜制品（7.7） 其他深加工食品（8.3）
2002101000	非用醋制作的整个或切片番茄罐头	A/B	R/S	其他深加工食品（8.3）
2002109000	非用醋制作的其他整个或切片番茄	A/B	P.R/Q	蔬菜制品（7.7）
2002901100	重量不超过5千克的番茄酱罐头	A/B	R/S	其他深加工食品（8.3）
2002901900	重量大于5千克的番茄酱罐头	A/B	R/S	其他深加工食品（8.3）
2002909000	非用醋制作的绞碎番茄（用醋或醋酸以外其他方法制作或保藏的）	A/B	P.R/Q.S	蔬菜制品（7.7）
2003101100	小白蘑菇罐头（指洋蘑菇，用醋或醋酸以外其他方法制作或保藏的）	A/B	R/S	其他深加工食品（8.3）

续表54

商品编号	商品名称	监管条件	检验检疫类别	检验检疫要求
2003101900	其他伞菌属蘑菇罐头（用醋或醋酸以外其他方法制作或保藏的）	A/B	R/S	其他深加工食品（8.3）
2003109000	非用醋制作的其他伞菌属蘑菇（用醋或醋酸以外其他方法制作或保藏的）	A/B	R/S	蔬菜制品（7.7）
2003901100	非用醋制作的杏鲍菇罐头［用醋或醋酸以外其他方法制作或保藏的（非伞菌属蘑菇）］	A/B	R/S	其他深加工食品（8.3）
2003901910	非用醋制作的香菇罐头［用醋或醋酸以外其他方法制作或保藏的（非伞菌属蘑菇）］	A/B	R/S	其他深加工食品（8.3）
2003901920	非用醋制作的濒危野生口蘑罐头（用醋或醋酸以外其他方法制作或保藏的，不包括人工培植的）	A/B	R/S	其他深加工食品（8.3）
2003901990	非用醋制作的其他蘑菇罐头［用醋或醋酸以外其他方法制作或保藏的（非伞菌属蘑菇）］	A/B	R/S	其他深加工食品（8.3）
2003909010	非用醋制作的其他香菇［用醋或醋酸以外其他方法制作或保藏的（非伞菌属蘑菇）］	A/B	P. R/Q. S	蔬菜制品（7.7）
2003909020	非用醋制作的其他濒危野生口蘑（用醋或醋酸以外其他方法制作或保藏的，不包括人工培植的）	A/B	P. R/Q. S	蔬菜制品（7.7）
2003909090	非用醋制作的其他蘑菇［用醋或醋酸以外其他方法制作或保藏的（非伞菌属蘑菇）］	A/B	P. R/Q. S	蔬菜制品（7.7）
2004100000	非用醋制作的冷冻马铃薯（品目2006的货品除外）	A/B	R/S	蔬菜制品（7.7）
2004900020	非用醋制作的冷冻翠叶芦荟	A/B	R/S	蔬菜制品（7.7）
2004900030	非用醋制作的冷冻其他芦荟（翠叶芦荟除外）	A/B	R/S	蔬菜制品（7.7）
2004900040	非用醋制作的冷冻仙人掌植物	A/B	R/S	蔬菜制品（7.7）
2004900090	非用醋制作的其他冷冻蔬菜（品目2006的货品除外）	A/B	R/S	蔬菜制品（7.7） 其他深加工食品（8.3）
2005100000	非用醋制作的未冷冻均化蔬菜	A/B	P. R/Q. S	蔬菜制品（7.7） 特殊食品（8.1）
2005200000	非用醋制作的未冷冻马铃薯	A/B	P. R/Q. S	粮食（7.1） 其他深加工食品（8.3）
2005400000	非用醋制作的未冷冻豌豆	A/B	P. R/Q. S	其他深加工食品（8.3）
2005511100	非用醋制作的赤豆馅罐头	A/B	R/S	其他深加工食品（8.3）
2005511900	其他非用醋制作的脱荚豇豆及菜豆罐头	A/B	R/S	其他深加工食品（8.3）
2005519100	非用醋制作的赤豆馅，罐头除外	A/B	P. R/Q. S	其他深加工食品（8.3）
2005519900	非用醋制作的其他脱荚豇豆及菜豆，罐头除外	A/B	P. R/Q. S	蔬菜制品（7.7）
2005591000	非用醋制作的其他豇豆及菜豆罐头	A/B	R/S	其他深加工食品（8.3）
2005599000	非用醋制作的其他豇豆及菜豆	A/B	P. R/Q. S	蔬菜制品（7.7）
2005601000	非用醋制作的芦笋罐头	A/B	R/S	其他深加工食品（8.3）
2005609000	非用醋制作的其他芦笋	A/B	P. R/Q. S	蔬菜制品（7.7）
2005700000	非用醋制作的未冷冻油橄榄	A/B	P. R/Q. S	蔬菜制品（7.7）
2005800000	非用醋制作的未冷冻甜玉米	A/B	P. R/Q. S	其他深加工食品（8.3）
2005911000	非用醋制作的竹笋罐头	A/B	R/S	其他深加工食品（8.3）
2005919000	非用醋制作的其他竹笋	A/B	P. R/Q. S	蔬菜制品（7.7）
2005992000	非用醋制作的蚕豆罐头	A/B	R/S	其他深加工食品（8.3）
2005994000	榨菜	A/B	R/S	其他深加工食品（8.3）
2005995000	咸蕨菜	A/B	R/S	蔬菜制品（7.7）
2005996000	咸荞（藠）头	A/B	R/S	蔬菜制品（7.7）
2005997000	蒜制品（非用醋制作）	A/B	R/S	蔬菜制品（7.7）
2005999100	其他蔬菜及什锦蔬菜罐头（非用醋制作）	A/B	R/S	其他深加工食品（8.3）
2005999910	非用醋制作的仙人掌	A/B	P. R/Q. S	蔬菜制品（7.7）
2005999921	非用醋制作的翠叶芦荟	A/B	P. R/Q. S	蔬菜制品（7.7）
2005999929	非用醋制作的其他芦荟（翠叶芦荟除外）	A/B	P. R/Q. S	蔬菜制品（7.7）

续表55

商品编号	商品名称	监管条件	检验检疫类别	检验检疫要求
2005999990	非用醋制作的其他蔬菜及什锦蔬菜	A/B	P. R/Q. S	蔬菜制品（7.7）
2006001000	蜜枣	A/B	R/S	其他深加工食品（8.3）
2006002000	糖渍制橄榄	A/B	R/S	其他深加工食品（8.3）
2006009000	其他糖渍蔬菜、水果、坚果、果皮（包括糖渍植物的其他部分）	A/B	R/S	其他深加工食品（8.3）
2007100000	烹煮的果子均化食品（包括果酱、果冻、果泥、果膏）	A/B	R/S	特殊食品（8.1） 其他深加工食品（8.3）
2007910000	烹煮的柑橘属水果（包括果酱、果冻、果泥、果膏）	A/B	R/S	其他深加工食品（8.3）
2007991000	其他烹煮的果酱、果冻罐头（包括果泥、果膏）	A/B	R/S	特殊食品（8.1） 其他深加工食品（8.3）
2007999000	其他烹煮的果酱、果冻（包括果泥、果膏）	A/B	R/S	其他深加工食品（8.3）
2008111000	花生米罐头	A/B	R/S	其他深加工食品（8.3）
2008112000	烘焙花生	A/B	P. R/Q. S	其他深加工食品（8.3）
2008113000	花生酱	A/B	R/S	其他深加工食品（8.3）
2008119000	其他非用醋制作的花生（用醋或醋酸以外其他方法制作或保藏的）	A/B	P. R/Q. S	其他深加工食品（8.3）
2008191000	核桃仁罐头	A/B	R/S	其他深加工食品（8.3）
2008192000	其他果仁罐头	A/B	R/S	其他深加工食品（8.3）
2008199100	栗仁（用醋或醋酸以外其他方法制作或保藏的）	A/B	P. R/Q. S	其他深加工食品（8.3）
2008199200	芝麻（用醋或醋酸以外其他方法制作或保藏的）	A/B	P. R/Q. S	其他深加工食品（8.3）
2008199910	其他方法制作或保藏的野生红松子仁（用醋或醋酸以外其他方法制作或保藏的，不包括人工培植的）	A/B	P. R/Q. S	其他深加工食品（8.3）
2008199990	未列名制作或保藏的坚果及其他子仁（用醋或醋酸以外其他方法制作或保藏的）	A/B	P. R/Q. S	其他深加工食品（8.3）
2008201000	菠萝罐头	A/B	R/S	其他深加工食品（8.3）
2008209000	非用醋制作的其他菠萝（用醋或醋酸以外其他方法制作或保藏的）	A/B	P. R/Q	其他深加工食品（8.3）
2008301000	柑橘属水果罐头	A/B	R/S	其他深加工食品（8.3）
2008309000	非用醋制作的其他柑橘属水果（用醋或醋酸以外其他方法制作或保藏的）	A/B	P. R/Q. S	其他深加工食品（8.3）
2008401000	梨罐头	A/B	R/S	其他深加工食品（8.3）
2008409000	非用醋制作的其他梨（用醋或醋酸以外其他方法制作或保藏的）	A/B	P. R/Q	其他深加工食品（8.3）
2008500000	非用醋制作的杏（用醋或醋酸以外其他方法制作或保藏的）	A/B	P. R/Q. S	其他深加工食品（8.3）
2008601000	非用醋制作的樱桃罐头（用醋或醋酸以外其他方法制作或保藏的）	A/B	P. R/Q. S	其他深加工食品（8.3）
2008609000	非用醋制作的樱桃，罐头除外（用醋或醋酸以外其他方法制作或保藏的）	A/B	P. R/Q. S	其他深加工食品（8.3）
2008701000	桃罐头，包括油桃罐头	A/B	R/S	其他深加工食品（8.3）
2008709000	非用醋制作的其他桃，包括油桃（用醋或醋酸以外其他方法制作或保藏的）	A/B	P. R/Q. S	其他深加工食品（8.3）
2008800000	非用醋制作的草莓（用醋或醋酸以外其他方法制作或保藏的）	A/B	P. R/Q. S	其他深加工食品（8.3）
2008910000	非用醋制作的棕榈芯（用醋或醋酸以外其他方法制作或保藏的）	A/B	P. R/Q. S	其他深加工食品（8.3）
2008930000	非用醋制作的蔓越橘（大果蔓越橘、小果蔓越橘）、越橘（用醋或醋酸以外其他方法制作或保藏的）	A/B	P. R/Q. S	其他深加工食品（8.3）
2008970000	非用醋制作的什锦果实（用醋或醋酸以外其他方法制作或保藏的）	A/B	P. R/Q. S	其他深加工食品（8.3）
2008991000	荔枝罐头	A/B	R/S	其他深加工食品（8.3）
2008992000	龙眼罐头	A/B	R/S	其他深加工食品（8.3）
2008993100	调味紫菜	A/B	P. R/S	水产品（6.4）
2008993200	盐腌海带	A/B	P. R/Q. S	水产品（6.4）
2008993300	盐腌裙带菜	A/B	P. R/Q. S	水产品（6.4）
2008993400	烤紫菜	A/B	P. R/S	水产品（6.4）
2008993900	海草及其他藻类制品	A/B	P. R/Q. S	水产品（6.4）
2008994000	清水荸荠（马蹄）罐头	A/B	R/S	其他深加工食品（8.3）

续表56

商品编号	商品名称	监管条件	检验检疫类别	检验检疫要求
2008995000	姜制品（包括植物的其他食用部分）	A/B	P/Q	蔬菜制品（7.7）
2008999000	未列名制作或保藏的水果、坚果（包括植物的其他食用部分）	A/B	P. R/Q. S	蔬菜制品（7.7） 干（坚）果（7.8） 其他深加工食品（8.3）
2009110000	冷冻的橙汁（未发酵及未加酒精的，不论是否加糖或其他甜物质）	A/B	P. R/Q. S	其他深加工食品（8.3）
2009120000	白利糖度值不超过 20 的非冷冻橙汁（未发酵及未加酒精的，不论是否加糖或其他甜物质）	A/B	P. R/Q. S	其他深加工食品（8.3）
2009190000	白利糖度值超过 20 的非冷冻橙汁（未发酵及未加酒精的，不论是否加糖或其他甜物质）	A/B	R/S	其他深加工食品（8.3）
2009210000	白利糖度值不超过 20 的葡萄柚汁、柚汁（未发酵及未加酒精的，不论是否加糖或其他甜物质）	A/B	P. R/Q. S	其他深加工食品（8.3）
2009290000	白利糖度值超过 20 的葡萄柚汁、柚汁（未发酵及未加酒精的，不论是否加糖或其他甜物质）	A/B	R/S	其他深加工食品（8.3）
2009311000	白利糖度值不超过 20 的未混合柠檬汁（未发酵及未加酒精的，不论是否加糖或其他甜物质）	A/B	P. R/Q. S	其他深加工食品（8.3）
2009319000	白利糖度值不超过 20 的未混合其他柑橘属果汁（未发酵及未加酒精的；柠檬汁除外）	A/B	P. R/Q. S	其他深加工食品（8.3）
2009391000	白利糖度值超过 20 的未混合柠檬汁（未发酵及未加酒精的，不论是否加糖或其他甜物质）	A/B	R/S	其他深加工食品（8.3）
2009399000	白利糖度值超过 20 的未混合其他柑橘属果汁（未发酵及未加酒精的；柠檬汁除外）	A/B	R/S	其他深加工食品（8.3）
2009410000	白利糖度值不超过 20 的菠萝汁（未发酵及未加酒精的，不论是否加糖或其他甜物质）	A/B	P. R/Q. S	其他深加工食品（8.3）
2009490000	白利糖度值超过 20 的菠萝汁（未发酵及未加酒精的，不论是否加糖或其他甜物质）	A/B	R/S	其他深加工食品（8.3）
2009500000	番茄汁（未发酵及未加酒精的，不论是否加糖或其他甜物质）	A/B	R/S	其他深加工食品（8.3）
2009610000	白利糖度值不超过 30 的葡萄汁（包括酿酒葡萄汁）（未发酵及未加酒精的，不论是否加糖或其他甜物质）	A/B	P. R/Q. S	酒类产品（8.2） 其他深加工食品（8.3）
2009690000	白利糖度值超过 30 的葡萄汁（包括酿酒葡萄汁）（未发酵及未加酒精的，不论是否加糖或其他甜物质）	A/B	R/S	酒类产品（8.2） 其他深加工食品（8.3）
2009710000	白利糖度值不超过 20 的苹果汁（未发酵及未加酒精的，不论是否加糖或其他甜物质）	A/B	P. R/Q. S	其他深加工食品（8.3）
2009790000	白利糖度值超过 20 的苹果汁（未发酵及未加酒精的，不论是否加糖或其他甜物质）	A/B	R/S	其他深加工食品（8.3）
2009810000	未混合蔓越橘汁（大果蔓越橘、小果蔓越橘）、越橘汁（未发酵及未加酒精的，不论是否加糖或其他甜物质）	A/B	P. R/Q. S	其他深加工食品（8.3）
2009891200	未混合芒果汁（未发酵及未加酒精的，不论是否加糖或其他甜物质）	A/B	P. R/Q. S	其他深加工食品（8.3）
2009891300	未混合西番莲果汁（未发酵及未加酒精的，不论是否加糖或其他甜物质）	A/B	P. R/Q. S	其他深加工食品（8.3）
2009891400	未混合番石榴果汁（未发酵及未加酒精的，不论是否加糖或其他甜物质）	A/B	P. R/Q. S	其他深加工食品（8.3）
2009891500	未混合梨汁（未发酵及未加酒精的，不论是否加糖或其他甜物质）	A/B	P. R/Q. S	其他深加工食品（8.3）
2009891600	未混合沙棘汁（未发酵及未加酒精的，不论是否加糖或其他甜物质）	A/B	P. R/Q. S	其他深加工食品（8.3）
2009891900	其他未混合的水果汁或坚果汁（未发酵及未加酒精的，不论是否加糖或其他甜物质）	A/B	P. R/Q. S	其他深加工食品（8.3）
2009892000	其他未混合的蔬菜汁（未发酵及未加酒精的，不论是否加糖或其他甜物质）	A/B	P. R/Q. S	其他深加工食品（8.3）
2009901000	混合水果汁（未发酵及未加酒精的，不论是否加糖或其他甜物质）	A/B	P. R/Q. S	其他深加工食品（8.3）

续表57

商品编号	商品名称	监管条件	检验检疫类别	检验检疫要求
2009909000	水果、坚果或蔬菜的混合汁（混合水果汁除外，未发酵及未加酒精的，不论是否加糖或其他甜物质）	A/B	P. R/Q. S	其他深加工食品（8.3）
2101110000	咖啡浓缩精汁	A/B	R/S	其他深加工食品（8.3）
2101120000	以咖啡为基本成分的制品（包括以咖啡浓缩精汁为基本成分的制品）	A/B	R/S	其他深加工食品（8.3）
2101200000	茶、马黛茶浓缩精汁及其制品	A/B	R/S	其他深加工食品（8.3）
2101300000	烘焙咖啡代用品及其浓缩精汁	A/B	R/S	其他深加工食品（8.3）
2102100000	活性酵母	A/B	P. R/Q. S	特殊食品（8.1） 饲料和饲料添加剂（5.1）
2102200000	非活性酵母，已死单细胞微生物（品目3002疫苗除外）	A/B	P. R/Q. S	特殊食品（8.1） 其他深加工食品（8.3） 饲料和饲料添加剂（5.1） 食品添加剂（营养强化剂）（9.1）
2102300000	发酵粉	A/B	P. R/Q. S	特殊食品（8.1） 其他深加工食品（8.3） 饲料和饲料添加剂（5.1）
2103100000	酱油	A/B	R/S	其他深加工食品（8.3）
2103200000	番茄沙司及其他番茄调味汁	A/B	R/S	其他深加工食品（8.3）
2103300000	芥子粉及其调味品	A/B	P. R/Q. S	其他深加工食品（8.3）
2103901000	味精	A/B	R/S	其他深加工食品（8.3）
2103902000	别特酒（Aromatic bitters，仅做烹饪用，不适于饮用）	A/B	R/S	其他深加工食品（8.3）
2103909000	其他调味品	A/B	P. R/S	水产品（6.4） 食用植物油（7.3） 其他深加工食品（8.3）
2104100000	汤料及其制品	A/B	P. R/Q. S	其他深加工食品（8.3）
2104200000	均化混合食品	A/B	R/S	保健食品（8.1） 特殊食品（8.1） 其他深加工食品（8.3）
2105000000	冰激凌及其他冰制食品（不论是否含可可）	A/B	R/S	其他深加工食品（8.3）
2106100000	浓缩蛋白质及人造蛋白物质	A/B	R/S	保健食品（8.1） 其他深加工食品（8.3） 特殊医学用途配方食品（8.1）
2106901000	制造碳酸饮料的浓缩物	A/B	R/S	其他深加工食品（8.3）
2106902000	制造饮料用的复合酒精制品	A/B	R/S	酒类产品（8.2）
2106903010	含濒危植物成分的蜂王浆制剂	A/B	R/S	蜂产品（6.6） 保健食品（8.1）
2106903090	其他蜂王浆制剂	A/B	R/S	蜂产品（6.6） 保健食品（8.1）
2106904000	椰浆	A/B	P. R/Q. S	其他深加工食品（8.3）
2106905010	濒危海豹油胶囊	A/B	R/S	保健食品（8.1）
2106905090	其他海豹油胶囊	A/B	R/S	保健食品（8.1）
2106906100	含香料或着色剂的甘蔗糖或甜菜糖水溶液	A/B	R/S	其他深加工食品（8.3）
2106906200	蔗糖含量超过50%的甘蔗糖、甜菜糖与其他食品原料的简单固体混合物	A/B	R/S	其他深加工食品（8.3）
2106909001	非乳基特殊医学用途婴儿配方食品、非乳基特殊医学用途配方食品	A/B	R/S	婴幼儿配方食品（8.1） 特殊医学用途配方食品（8.1）
2106909011	含濒危鱼软骨素胶囊	A/B	R/S	特殊医学用途配方食品（8.1）

续表58

商品编号	商品名称	监管条件	检验检疫类别	检验检疫要求
2106909019	含濒危动植物成分的其他编号未列名食品	A/B	R/S	保健食品（8.1） 特殊食品（8.1） 其他深加工食品（8.3） 特殊医学用途配方食品（8.1）
2106909090	其他编号未列名的食品	A/B	P. R/S	乳品（6.3） 茶叶（7.10） 水产品（6.4） 保健食品（8.1） 特殊食品（8.1） 酒类产品（8.2） 食用植物油（7.3） 其他深加工食品（8.3） 特殊医学用途配方食品（8.1） 食品添加剂（营养强化剂）（9.1）
2201101000	未加糖及未加味的矿泉水（包括天然或人造矿泉水）	A/B	R/S	其他深加工食品（8.3）
2201102000	未加糖及未加味的汽水	A/B	R/S	其他深加工食品（8.3）
2201901100	已包装的天然水（未加味、加糖或其他甜物质）	A/B	R/S	其他深加工食品（8.3）
2201909000	其他水、冰及雪（未加味、加糖或其他甜物质）	A/B	R/S	其他深加工食品（8.3） 非食品添加剂（工业用）（9.1）
2202100010	含濒危动植物成分的加味、加糖或其他甜物质的水（包括矿泉水及汽水）	A/B	R/S	保健食品（8.1） 其他深加工食品（8.3）
2202100090	其他加味、加糖或其他甜物质的水（包括矿泉水及汽水）	A/B	R/S	保健食品（8.1） 其他深加工食品（8.3）
2202910011	含濒危动植物成分散装无醇啤酒	A/B	R/S	酒类产品（8.2）
2202910019	其他散装无醇啤酒	A/B	R/S	酒类产品（8.2）
2202910091	含濒危动植物成分其他包装无醇啤酒	A/B	R/S	酒类产品（8.2）
2202910099	其他包装无醇啤酒	A/B	R/S	酒类产品（8.2）
2202990011	其他含濒危动植物成分散装无酒精饮料（不包括品目2009的水果汁、坚果汁或蔬菜汁）	A/B	R/S	保健食品（8.1） 其他深加工食品（8.3）
2202990019	其他散装无酒精饮料（不包括品目2009的水果汁、坚果汁或蔬菜汁）	A/B	R/S	其他深加工食品（8.3）
2202990091	其他含濒危动植物成分其他包装无酒精饮料（不包括品目2009的水果汁、坚果汁或蔬菜汁）	A/B	R/S	保健食品（8.1） 其他深加工食品（8.3）
2202990099	其他包装无酒精饮料（不包括品目2009的水果汁、坚果汁或蔬菜汁）	A/B	R/S	乳品（6.3） 保健食品（8.1） 其他深加工食品（8.3）
2203000000	麦芽酿造的啤酒	A/B	R/S	酒类产品（8.2）
2204100000	葡萄汽酒	A/B	R/S	酒类产品（8.2）
2204210000	小包装的鲜葡萄酿造的酒（小包装指装入2升及以下容器的）	A/B	R/S	酒类产品（8.2）
2204220000	中等包装鲜葡萄酿造的酒（中等包装是指装入2升以上但不超过10升容器的）	A/B	R/S	酒类产品（8.2）
2204290000	其他包装鲜葡萄酿造的酒（其他包装指装入10升以上容器的）	A/B	R/S	酒类产品（8.2）
2204300000	其他酿酒葡萄汁（品目2009以外的）	A/B	R/S	酒类产品（8.2） 非食品添加剂（工业用）（9.1）

续表59

商品编号	商品名称	监管条件	检验检疫类别	检验检疫要求
2205100000	小包装的味美思酒及类似酒（2升及以下容器包装，加植物或香料的用鲜葡萄酿造的酒）	A/B	R/S	酒类产品（8.2）
2205900000	其他包装的味美思酒及类似酒（2升以上容器包装，加植物或香料的用鲜葡萄酿造的酒）	A/B	R/S	酒类产品（8.2）
2206001000	黄酒（以稻米、黍米、玉米、小米、小麦等为主要原料，经进一步加工制成）	A/B	R/S	酒类产品（8.2）
2206009000	其他发酵饮料（未列名发酵饮料混合物及发酵饮料与无酒精饮料的混合物）	A/B	R/S	酒类产品（8.2） 其他深加工食品（8.3）
2207100000	酒精浓度在80%及以上的未改性乙醇	A/B	M.R/N.S	酒类产品（8.2） 危险化学品（12.1）
2207200010	任何浓度的改性乙醇	A/B	M.R/N.S	危险化学品（12.1） 其他资源与化工产品（12.6）
2207200090	任何浓度的其他酒精	A/B	M.R/N.S	酒类产品（8.2） 危险化学品（12.1） 其他资源与化工产品（12.6） 食品添加剂（营养强化剂）（9.1）
2208200010	装入200升及以上容器的蒸馏葡萄酒制得的烈性酒	A/B	R/S	酒类产品（8.2）
2208200090	其他蒸馏葡萄酒制得的烈性酒	A/B	R/S	酒类产品（8.2）
2208300000	威士忌酒	A/B	R/S	酒类产品（8.2）
2208400000	朗姆酒及蒸馏已发酵甘蔗产品制得的其他烈性酒	A/B	R/S	酒类产品（8.2）
2208500000	杜松子酒	A/B	R/S	酒类产品（8.2）
2208600000	伏特加酒	A/B	R/S	酒类产品（8.2）
2208700000	利口酒及柯迪尔酒	A/B	R/S	酒类产品（8.2）
2208901010	濒危龙舌兰酒	A/B	R/S	酒类产品（8.2）
2208901090	其他龙舌兰酒	A/B	R/S	酒类产品（8.2）
2208902000	白酒	A/B	R/S	酒类产品（8.2） 危险化学品（12.1）
2208909001	酒精浓度在80%以下的未改性乙醇	A/B	R/S	酒类产品（8.2） 危险化学品（12.1） 非食品添加剂（工业用）（9.1） 食品添加剂（营养强化剂）（9.1）
2208909021	含濒危野生动植物成分的薯类蒸馏酒	A/B	R/S	保健食品（8.1） 酒类产品（8.2）
2208909029	其他薯类蒸馏酒	A/B	R/S	酒类产品（8.2）
2208909091	含濒危野生动植物成分的其他蒸馏酒及酒精饮料	A/B	R/S	保健食品（8.1） 酒类产品（8.2）
2208909099	其他蒸馏酒及酒精饮料	A/B	M.R/N.S	酒类产品（8.2）
2209000000	醋及用醋酸制得的醋代用品	A/B	R/S	保健食品（8.1） 其他深加工食品（8.3）
2301101100	含牛羊成分的肉骨粉（不适于供人食用的）	A/B	M.P/Q	饲料和饲料添加剂（5.1）
2301101900	其他肉骨粉（不适于供人食用的）	A/B	M.P/Q	饲料和饲料添加剂（5.1）
2301102000	油渣（不适于供人食用的）	A/B	P/Q	非食用动物产品（3.4） 饲料和饲料添加剂（5.1）
2301109000	其他不适于供人食用的肉渣粉（包括杂碎渣粉）	A/B	P/Q	饲料和饲料添加剂（5.1）
2301201000	饲料用鱼粉	A/B	M.P/Q	饲料和饲料添加剂（5.1）

续表60

商品编号	商品名称	监管条件	检验检疫类别	检验检疫要求
2301209000	其他不适于供人食用的水产品渣粉	A/B	P/Q	生物材料（2.2） 饲料和饲料添加剂（5.1）
2302100000	玉米糠、麸及其他残渣	A/B	P/Q	饲料和饲料添加剂（5.1）
2302300000	小麦糠、麸及其他残渣	A/B	P/Q	饲料和饲料添加剂（5.1）
2302400000	其他谷物糠、麸及其他残渣	A/B	P/Q	饲料和饲料添加剂（5.1）
2302500000	豆类植物糠、麸及其他残渣	A/B	P/Q	饲料和饲料添加剂（5.1）
2303100000	制造淀粉过程中的残渣及类似品	A/B	P/Q	饲料和饲料添加剂（5.1）
2303200000	甜菜渣、甘蔗渣及类似残渣	A/B	P/Q	栽培介质（5.2） 饲料和饲料添加剂（5.1）
2303300011	干玉米酒糟	A/B	P/Q	饲料和饲料添加剂（5.1）
2303300019	其他玉米酒糟	A/B	P/Q	饲料和饲料添加剂（5.1）
2303300090	其他酿造及蒸馏过程中的糟粕及残渣	A/B	P/Q	饲料和饲料添加剂（5.1）
2304001000	提炼豆油所得的油渣饼（豆饼）	A/B	P/N. Q	栽培介质（5.2） 粮食加工品（7.2） 饲料和饲料添加剂（5.1）
2304009000	提炼豆油所得的其他固体残渣（不论是否研磨或制成团）	A/B	P/N. Q	栽培介质（5.2） 粮食加工品（7.2） 饲料和饲料添加剂（5.1）
2305000000	提炼花生油所得的油渣饼及其他固体残渣	A/B	P/N. Q	饲料和饲料添加剂（5.1）
2306100000	棉子油渣饼及固体残渣（不论是否碾磨或制成团粒）	A/B	P/N. Q	饲料和饲料添加剂（5.1）
2306200000	亚麻子油渣饼及固体残渣（不论是否碾磨或制成团粒）	A/B	P/N. Q	饲料和饲料添加剂（5.1）
2306300000	葵花子油渣饼及固体残渣（不论是否碾磨或制成团粒）	A/B	P/N. Q	饲料和饲料添加剂（5.1）
2306410000	低芥子酸油菜子油渣饼及固体残渣（不论是否碾磨或制成团粒）	A/B	P/N. Q	饲料和饲料添加剂（5.1）
2306490000	其他油菜子油渣饼及固体残渣（不论是否碾磨或制成团粒）	A/B	P/N. Q	饲料和饲料添加剂（5.1）
2306500000	椰子或干椰肉油渣饼及固体残渣（不论是否碾磨或制成团粒）	A/B	P/N. Q	干（坚）果（7.8） 饲料和饲料添加剂（5.1）
2306600010	濒危棕榈果或濒危棕榈仁油渣饼及固体残渣（不论是否碾磨或制成团粒）	A/B	P/N. Q	饲料和饲料添加剂（5.1）
2306600090	其他棕榈果或其他棕榈仁油渣饼及固体残渣（不论是否碾磨或制成团粒）	A/B	P/N. Q	饲料和饲料添加剂（5.1）
2306900000	其他油渣饼及固体残渣（品目2304或2305以外的提炼植物或微生物油脂所得的，不论是否碾磨或制成团粒）	A/B	P/N. Q	饲料和饲料添加剂（5.1）
2307000000	葡萄酒渣、粗酒石	A/B	R/S	饲料和饲料添加剂（5.1） 非食品添加剂（工业用）（9.1）
2308000000	动物饲料用的其他植物产品（包括废料、残渣及副产品）	A/B	P/Q	栽培介质（5.2） 饲料和饲料添加剂（5.1）
2309101000	狗食或猫食罐头	A/B	P/Q	饲料和饲料添加剂（5.1）
2309109000	其他零售包装的狗食或猫食	A/B	P/Q	饲料和饲料添加剂（5.1）
2309901000	添加剂预混合饲料	A/B	M. P/Q	饲料和饲料添加剂（5.1）
2309909000	其他配制的动物饲料	A/B	M. P/Q	饲料和饲料添加剂（5.1）
2401101000	未去梗的烤烟	A/B	P/Q. S	烟草（4.3）
2401109000	其他未去梗的烟草	A/B	P/Q. S	烟草（4.3）
2401201000	部分或全部去梗的烤烟	A/B	P/Q. S	烟草（4.3）
2401209000	部分或全部去梗的其他烟草	A/B	P/Q. S	烟草（4.3）
2401300000	烟草废料	A/B	P/Q. S	烟草（4.3）
2403110000	供吸用的本章子目注释所述的水烟料（不论是否含有任何比例的烟草代用品）	A/B	P/Q. S	烟草（4.3）
2403190000	其他供吸用的烟草（不论是否含有任何比例的烟草代用品）	A/B	P/Q. S	烟草（4.3）

续表61

商品编号	商品名称	监管条件	检验检疫类别	检验检疫要求
2403910010	再造烟草	A/B	P/Q	烟草（4.3）
2403910090	均化烟草	A/B	P/Q	烟草（4.3）
2403990010	烟草精汁	A/B	M.P/N.Q.S	烟草（4.3）
2403990090	其他烟草及烟草代用品的制品	A/B	P/Q.S	烟草（4.3） 危险化学品（12.1）
2404110000	含烟草或再造（均化）烟草的非经燃烧吸用的产品	A/B	P/Q	其他资源与化工产品（12.6）
2404191000	含烟草代用品的非经燃烧吸用的产品，且不含烟草、再造（均化）烟草、尼古丁	A/B	P/Q.S	非食品添加剂（工业用）（9.1）
2404910010	经口腔摄入含濒危动植物成分的供人体摄入尼古丁的产品	A/B	R/S	非食品添加剂（工业用）（9.1）
2404910090	经口腔摄入的其他供人体摄入尼古丁的产品	A/B	R/S	非食品添加剂（工业用）（9.1）
2501001100	食用盐	A/B	R/S	其他深加工食品（8.3） 饲料和饲料添加剂（5.1）
2501001900	其他盐	A/B	R/S	非金属矿产品（12.2） 饲料和饲料添加剂（5.1）
2503000000	各种硫磺（升华硫磺、沉淀硫磺及胶态硫磺除外）	A/B	M.R/N.S	危险化学品（12.1） 食品添加剂（营养强化剂）（9.1）
2512001000	硅藻土（不论是否煅烧，表观比重不超过1）	A/	R/	非金属矿产品（12.2） 食品添加剂（营养强化剂）（9.1）
2516110000	原状或粗加修整花岗岩	A/	M/	石材（12.2）
2516120000	用锯或其他方法切割成矩形（包括正方形）的花岗岩板、块	A/	M/	石材（12.2）
2516200001	原状或粗加修整砂岩	A/	M/	石材（12.2）
2519909100	化学纯氧化镁	A/	R/	非金属矿产品（12.2） 饲料和饲料添加剂（5.1） 食品添加剂（营养强化剂）（9.1）
2523290000	其他硅酸盐水泥	A/	M/	水泥（12.2）
2523900000	其他水凝水泥	A/	M/	水泥（12.2）
2524100000	青石棉			禁止进出口 危险化学品（12.1）
2524901010	长纤维阳起石石棉（包括长纤维铁石棉、透闪石石棉及直闪石石棉）			禁止进出口 危险化学品（12.1）
2524901090	其他长纤维石棉			危险化学品（12.1）
2524909010	其他阳起石石棉（包括其他铁石棉、透闪石石棉及直闪石石棉）			禁止进出口 危险化学品（12.1）
2524909090	其他石棉			危险化学品（12.1）
2526202001	滑石粉（体积百分比90%及以上的产品颗粒度小于等于18微米的）	A/	R/	非金属矿产品（12.2）
2528001000	天然硼砂及其精矿（不论是否煅烧，不含从天然盐水析离的硼酸盐）	A/	M/	非金属矿产品（12.2）
2530902000	其他稀土金属矿	/B	/N	稀土
2601111000	未烧结铁矿砂及其精矿（平均粒度小于0.8毫米的，焙烧黄铁矿除外）	A/	M/	铁矿砂及其精矿（12.3）
2601112000	未烧结铁矿砂及其精矿（平均粒度不小于0.8毫米，但不大于6.3毫米的，焙烧黄铁矿除外）	A/	M/	铁矿砂及其精矿（12.3）
2601119000	平均粒度大于6.3毫米的未烧结铁矿砂及其精矿（焙烧黄铁矿除外）	A/	M/	铁矿砂及其精矿（12.3）
2601120000	已烧结铁矿砂及其精矿（焙烧黄铁矿除外）	A/	M/	铁矿砂及其精矿（12.3）

续表62

商品编号	商品名称	监管条件	检验检疫类别	检验检疫要求
2601200000	焙烧黄铁矿	A/	M/	铁矿砂及其精矿（12.3）
2602000000	锰矿砂及其精矿（包括以干重计含锰量在20%及以上的锰铁矿及其精矿）	A/	M/	金属矿产品（12.3）
2603000010	铜矿砂及其精矿（黄金价值部分）	A/	M/	铜矿砂及其精矿（12.3）
2603000090	铜矿砂及其精矿（非黄金价值部分）	A/	M/	铜矿砂及其精矿（12.3）
2607000001	铅矿砂及其精矿（黄金价值部分）	A/	M/	金属矿产品（12.3）
2607000090	铅矿砂及其精矿（非黄金价值部分）	A/	M/	金属矿产品（12.3）
2608000001	灰色饲料氧化锌（氧化锌ZnO含量大于80%）	A/	M/	饲料和饲料添加剂（5.1）
2608000090	其他锌矿砂及其精矿	A/	M/	金属矿产品（12.3）
2610000000	铬矿砂及其精矿	A/	M/	金属矿产品（12.3）
2617901000	朱砂（辰砂）			危险化学品（12.1）
2701110010	无烟煤（不论是否粉化，但未制成型）	A/	M/	煤炭（12.2）
2701110090	无烟煤滤料	A/	M/	煤炭（12.2）
2701121000	未制成型的炼焦煤（不论是否粉化）	A/	M/	煤炭（12.2）
2701129000	其他烟煤（不论是否粉化，但未制成型）	A/	M/	煤炭（12.2）
2701190000	其他煤（不论是否粉化，但未制成型）	A/	M/	煤炭（12.2）
2702100000	褐煤（不论是否粉化，但未制成型）	A/	M/	煤炭（12.2）
2702200000	制成型的褐煤	A/	M/	煤炭（12.2）
2703000010	泥炭（草炭）［沼泽（湿地）中，地上植物枯死、腐烂堆积而成的有机矿体（不论干湿）］	A/B	P/Q	禁止出口 栽培介质（5.2） 其他资源与化工产品（12.6）
2703000090	泥煤（包括肥料用泥煤）（不论是否制成型）	A/B	P/Q	煤炭（12.2） 栽培介质（5.2）
2705000010	煤气	A/B	M/N	危险化学品（12.1）
2705000090	水煤气、炉煤气及类似气体（石油气及其他烃类气除外）			危险化学品（12.1）
2706000001	含蒽油≥50%及沥青≥40%的“炭黑油”			危险化学品（12.1）
2706000090	其他从煤、褐煤或泥煤蒸馏所得的焦油及矿物焦油（不论是否脱水或部分蒸馏，包括再造焦油）	A/B	M/N	危险化学品（12.1） 其他资源与化工产品（12.6）
2707100000	粗苯	A/B	M/N	危险化学品（12.1）
2707200000	粗甲苯			危险化学品（12.1）
2707300000	粗二甲苯			危险化学品（12.1）
2707400000	萘	A/B	M/N	危险化学品（12.1）
2707500010	200摄氏度以下时蒸馏出的芳烃以体积计小于95%的其他芳烃混合物［根据ISO 3405方法（等同于ASTM D 86方法），温度在250℃时的馏出量以体积计（包括损耗）在65%及以上］			危险化学品（12.1）
2707500090	其他芳烃混合物［根据ISO 3405方法（等同于ASTM D 86方法），温度在250℃时的馏出量以体积计（包括损耗）在65%及以上］			危险化学品（12.1）
2707910000	杂酚油			危险化学品（12.1）
2707991000	酚			危险化学品（12.1）
2707999000	蒸馏煤焦油所得的其他产品（包括芳族成分重量超过非芳族成分的其他类似产品）			危险化学品（12.1）
2708100000	沥青			危险化学品（12.1）
2709000000	石油原油及从沥青矿物提取的原油	A/B	M/N	危险化学品（12.1） 石油及制品（12.2）
2710121000	车用汽油及航空汽油，不含生物柴油	A/B	M/N	危险化学品（12.1） 石油及制品（12.2）
2710122000	石脑油，不含生物柴油	A/B	M/N	危险化学品（12.1）
2710123000	橡胶溶剂油、油漆溶剂油、抽提溶剂油，不含生物柴油			危险化学品（12.1）
2710129101	壬烯，不含生物柴油（碳九异构体混合物含量高于90%）	A/	M/	危险化学品（12.1）

续表63

商品编号	商品名称	监管条件	检验检疫类别	检验检疫要求
2710129190	其他壬烯，不含生物柴油	A/	M/	危险化学品（12.1） 石油及制品（12.2）
2710129910	异戊烯同分异构体混合物，不含生物柴油	A/	M/	危险化学品（12.1） 石油及制品（12.2）
2710129920	脱模剂（包括按重量计含油≥70%的制品）	A/	M/	危险化学品（12.1） 石油及制品（12.2）
2710129990	其他轻油及制品，不含生物柴油（包括按重量计含油≥70%的制品）	A/	M/	危险化学品（12.1） 石油及制品（12.2）
2710191100	航空煤油，不含生物柴油	A/B	M/N	危险化学品（12.1） 石油及制品（12.2）
2710191200	灯用煤油，不含生物柴油	A/B	M/N	危险化学品（12.1） 石油及制品（12.2）
2710191910	正构烷烃（C9～C13），不含生物柴油			危险化学品（12.1）
2710191920	异构烷烃溶剂，不含生物柴油（初沸点225℃，闪点92℃，密度0.79g/cm^3，黏度3.57mm^2/s）	A/B	M/N	危险化学品（12.1） 石油及制品（12.2）
2710191990	其他煤油馏分的油及制品，不含生物柴油	A/B	M/N	危险化学品（12.1） 石油及制品（12.2）
2710192300	柴油	A/B	M/N	危险化学品（12.1） 石油及制品（12.2）
2710192410	低硫船用燃料油（硫含量不高于0.5%m/m），不含生物柴油	A/B	M/N	危险化学品（12.1） 石油及制品（12.2）
2710192490	其他燃料油，不含生物柴油	A/B	M/N	危险化学品（12.1） 石油及制品（12.2）
2710199100	润滑油，不含生物柴油	A/	M/	危险化学品（12.1） 石油及制品（12.2）
2710199200	润滑脂，不含生物柴油	A/	M/	石油及制品（12.2）
2710199400	液体石蜡和重质液体石蜡，不含生物柴油	A/B	M.R/N.S	危险化学品（12.1） 石油及制品（12.2） 食品添加剂（营养强化剂）（9.1）
2710199910	白油（液体烃类混合物组成的无色透明油状液体，由原油分馏所得）[商品成分为100%白矿油，40℃时该产品黏度为65mm^2/s，闪点为225℃，倾点为-10℃，比重（20℃/20℃）为0.885]	/B	/N	危险化学品（12.1） 石油及制品（12.2）
2710199920	蜡油，不含生物柴油（350℃以下馏出物体积<20%，550℃以下馏出物体积>80%）	A/B	M/N	石油及制品（12.2）
2710199990	其他石油及沥青矿物提取的油类（但原油除外）以及以上述油为基本成分的其他税目未列名制品（包括按重量计含油≥70%的制品，不含有生物柴油，但废油除外）	/B	/N	危险化学品（12.1） 石油及制品（12.2）
2710200000	石油及从沥青矿物提取的油类（但原油除外）以及以上述油为基本成分（按重量计≥70%）的其他税目未列名制品（含生物柴油<30%，废油除外）	A/	M/	危险化学品（12.1） 石油及制品（12.2）
2711110000	液化天然气	A/B	M/N	危险化学品（12.1） 石油及制品（12.2）
2711120000	液化丙烷	A/B	M/N	危险化学品（12.1） 石油及制品（12.2） 食品添加剂（营养强化剂）（9.1）

续表64

商品编号	商品名称	监管条件	检验检疫类别	检验检疫要求
2711131000	直接灌注香烟打火机等用液化丁烷（包装容器容积超过 300 立方厘米）			危险化学品（12.1）
2711139000	其他液化丁烷			危险化学品（12.1）
2711140010	液化的乙烯	A/B	M/N	危险化学品（12.1）
2711140090	液化的丙烯、丁烯及丁二烯			危险化学品（12.1）
2711191000	其他直接灌注打火机等用液化燃料（包装容器容积超过 300 立方厘米）			危险化学品（12.1）
2711199010	其他液化石油气	A/B	M/N	危险化学品（12.1） 石油及制品（12.2）
2711199090	其他液化烃类气			危险化学品（12.1）
2711210000	气态天然气	A/B	M/N	危险化学品（12.1） 石油及制品（12.2）
2711290010	其他气态石油气	A/B	M/N	危险化学品（12.1）
2711290090	其他气态烃类气			危险化学品（12.1）
2712100000	凡士林	A/	R/	非食品添加剂（工业用）（9.1）
2712200000	石蜡，不论是否着色（按重量计含油量小于 0.75%）	A/	R/	非食品添加剂（工业用）（9.1） 食品添加剂（营养强化剂）（9.1）
2712901010	食品级微晶石蜡	A/	R/	食品添加剂（营养强化剂）（9.1）
2712901090	其他微晶石蜡	A/	R/	非食品添加剂（工业用）（9.1）
2715000010	440℃以下时蒸馏出的矿物油以体积计大于 5%的沥青混合物（例如，沥青胶黏剂、稀释沥青）（包括石油沥青、矿物焦油、矿物焦油沥青等的沥青混合物）			危险化学品（12.1）
2715000090	其他沥青混合物（例如，沥青胶黏剂、稀释沥青）（包括石油沥青、矿物焦油、矿物焦油沥青等的沥青混合物）			危险化学品（12.1）
2801100000	氯	A/B	M/N	危险化学品（12.1）
2801301000	氟	A/B	M/N	危险化学品（12.1）
2801302000	溴	A/B	M/N	危险化学品（12.1）
2802000000	升华、沉淀、胶态硫磺	A/B	M/N	危险化学品（12.1） 食品添加剂（营养强化剂）（9.1）
2804100000	氢	A/B	M/N	危险化学品（12.1）
2804210000	氩	A/B	M/N	危险化学品（12.1）
2804290010	氦			危险化学品（12.1）
2804290020	氖			危险化学品（12.1）
2804290030	氙			危险化学品（12.1）
2804290090	其他稀有气体			危险化学品（12.1）
2804300000	氮	A/B	M/N	危险化学品（12.1）
2804400000	氧	A/B	M/N	危险化学品（12.1）
2804619099	其他含硅量≥99.99%的硅（太阳能级多晶硅除外）			危险化学品（12.1）
2804690000	其他含硅量<99.99%的硅			危险化学品（12.1）
2804701000	黄磷（白磷）	A/B	M/N	危险化学品（12.1）
2804709010	红磷	A/B	M/N	危险化学品（12.1）
2804800000	砷	A/B	M/N	危险化学品（12.1）
2804909000	其他硒			危险化学品（12.1）

续表65

商品编号	商品名称	监管条件	检验检疫类别	检验检疫要求
2805110000	钠	A/B	M/N	危险化学品（12.1）
2805120010	高纯度钙［金属杂质（除镁外）含量<1‰，硼含量小于十万分之一］	A/	M/	危险化学品（12.1）
2805120090	其他钙			危险化学品（12.1）
2805191000	锂	A/B	M/N	危险化学品（12.1）
2805199000	其他碱金属及碱土金属			危险化学品（12.1）
2805301100	钕（未相互混合或相互熔合）	/B	/N	稀土 危险化学品（12.1）
2805301200	镝（未相互混合或相互熔合）	/B	/N	稀土
2805301300	铽（未相互混合或相互熔合）	/B	/N	稀土
2805301400	镧（未相互混合或相互熔合）	/B	/N	稀土 危险化学品（12.1）
2805301510	颗粒<500μm的铈及其合金（含量≥97%，不论球形、椭球体、雾化、片状、研碎金属燃料；未相互混合或相互熔合）	/B	/N	稀土 危险化学品（12.1）
2805301590	其他金属铈（未相互混合或相互熔合）	/B	/N	稀土 危险化学品（12.1）
2805301600	金属镨（未相互混合或相互熔合）	/B	/N	稀土
2805301700	金属钇（未相互混合或相互熔合）	/B	/N	稀土
2805301800	金属钪（未相互混合或相互熔合）	/B	/N	稀土
2805301900	其他稀土金属（未相互混合或相互熔合）	/B	/N	稀土 危险化学品（12.1）
2805302100	其他电池级的稀土金属、钪及钇（已相互混合或相互熔合）	/B	/N	稀土
2805302900	其他稀土金属、钪及钇（已相互混合或相互熔合）	/B	/N	稀土 危险化学品（12.1）
2805400000	汞	A/B	M/N	危险化学品（12.1）
2806100000	氯化氢（盐酸）	A/B	M.R/N.S	危险化学品（12.1） 食品添加剂（营养强化剂）（9.1）
2806200000	氯磺酸	A/B	M/N	危险化学品（12.1）
2807000010	硫酸			危险化学品（12.1）
2807000090	发烟硫酸	A/B	M/N	危险化学品（12.1）
2808000010	红发烟硝酸	A/	M/	危险化学品（12.1）
2808000090	磺硝酸及其他硝酸			危险化学品（12.1）
2809100000	五氧化二磷	A/B	M/N	危险化学品（12.1）
2809201100	食品级磷酸（食品级磷酸的具体技术指标参考GB3149—2004）	A/B	R/N.S	危险化学品（12.1） 饲料和饲料添加剂（5.1） 食品添加剂（营养强化剂）（9.1）
2809201900	其他磷酸及偏磷酸、焦磷酸（食品级磷酸除外）	/B	/N	危险化学品（12.1） 饲料和饲料添加剂（5.1） 其他资源与化工产品（12.6）
2809209000	其他多磷酸			危险化学品（12.1）
2810002000	硼酸	A/B	M/N	危险化学品（12.1） 其他资源与化工产品（12.6）
2811111000	电子级氢氟酸	A/B	M/N	危险化学品（12.1）
2811119000	其他氢氟酸	A/B	M/N	危险化学品（12.1）
2811120000	氢氰酸（包括氰化氢）			危险化学品（12.1）
2811192000	硒化氢	A/B	M/N	危险化学品（12.1）
2811199010	氢碘酸	A/B	M/N	危险化学品（12.1）

续表66

商品编号	商品名称	监管条件	检验检疫类别	检验检疫要求
2811199020	砷酸、焦砷酸、偏砷酸			危险化学品（12.1）
2811199030	氢溴酸（CAS 号 10035-10-6）	A/B	M.R/N.S	危险化学品（12.1）
2811199090	其他无机酸	A/B	M.R/N.S	危险化学品（12.1） 其他资源与化工产品（12.6） 食品添加剂（营养强化剂）(9.1)
2811210000	二氧化碳	A/B	M.R/N.S	危险化学品（12.1） 其他资源与化工产品（12.6） 食品添加剂（营养强化剂）(9.1)
2811221000	二氧化硅硅胶	A/	R/	饲料和饲料添加剂（5.1） 非食品添加剂（工业用）(9.1) 食品添加剂（营养强化剂）(9.1)
2811229000	其他二氧化硅	A/	R/	饲料和饲料添加剂（5.1） 非食品添加剂（工业用）(9.1) 食品添加剂（营养强化剂）(9.1)
2811290020	四氧化二氮	A/	M/	危险化学品（12.1）
2811290090	其他非金属无机氧化物			危险化学品（12.1）
2812110000	碳酰二氯（光气）			危险化学品（12.1）
2812120000	氧氯化磷（即磷酰氯，三氯氧磷）			危险化学品（12.1）
2812130000	三氯化磷	A/B	M/N	危险化学品（12.1）
2812140000	五氯化磷	A/B	M/N	危险化学品（12.1）
2812150000	一氯化硫（氯化硫）	A/B	M/N	危险化学品（12.1）
2812160000	二氯化硫	A/B	M/N	危险化学品（12.1）
2812170000	氯化亚砜（又称亚硫酰氯，CAS 号 7719-09-7）	A/B	M/N	危险化学品（12.1）
2812191010	三氯化砷	A/B	M/N	危险化学品（12.1）
2812191090	其他非金属氯化物			危险化学品（12.1）
2812199000	非金属氯氧化物			危险化学品（12.1）
2812901100	三氟化氮	A/B	M/N	危险化学品（12.1）
2812901200	六氟化硫			危险化学品（12.1）
2812901910	三氟化氯	A/	M/	危险化学品（12.1）
2812901930	硫酰氟			危险化学品（12.1）
2812901940	三氟化磷			危险化学品（12.1）
2812901950	三氟化硼			危险化学品（12.1）
2812901990	其他氟化物及氟氧化物			危险化学品（12.1）
2812909000	其他非金属卤化物及卤氧化物			危险化学品（12.1）
2813100000	二硫化碳	A/B	M/N	危险化学品（12.1）
2813900010	五硫化二磷			危险化学品（12.1）
2813900020	三硫化二磷	A/B	M/N	危险化学品（12.1）
2813900090	其他非金属硫化物			危险化学品（12.1）
2814100000	氨	A/B	M/N	危险化学品（12.1） 饲料和饲料添加剂（5.1）
2814200010	氨水（含量≥10%）	A/B	M/N	危险化学品（12.1） 饲料和饲料添加剂（5.1）

续表67

商品编号	商品名称	监管条件	检验检疫类别	检验检疫要求
2815110000	固体氢氧化钠	A/B	M. R/N. S	危险化学品（12.1） 饲料和饲料添加剂（5.1） 其他资源与化工产品（12.6） 食品添加剂（营养强化剂）(9.1)
2815120000	氢氧化钠水溶液，液体烧碱	A/B	M/N	危险化学品（12.1） 饲料和饲料添加剂（5.1） 其他资源与化工产品（12.6） 食品添加剂（营养强化剂）(9.1)
2815200000	氢氧化钾（苛性钾）	A/B	M. R/N. S	危险化学品（12.1） 其他资源与化工产品（12.6） 食品添加剂（营养强化剂）(9.1)
2815300000	过氧化钠及过氧化钾	A/B	M/N	危险化学品（12.1）
2816100010	过氧化镁	A/B	M/N	危险化学品（12.1）
2816400000	锶或钡的氧化物、氢氧化物（及其过氧化物）			危险化学品（12.1）
2817001000	氧化锌	A/	R/	饲料和饲料添加剂（5.1） 非食品添加剂（工业用）(9.1) 食品添加剂（营养强化剂）(9.1)
2817009000	过氧化锌	A/B	M/N	危险化学品（12.1）
2819100000	三氧化铬	A/B	M/N	危险化学品（12.1）
2824100000	一氧化铅（铅黄，黄丹）	A/B	M/N	危险化学品（12.1）
2824901000	铅丹及铅橙［四氧化（三）铅］（红丹）	A/B	M/N	危险化学品（12.1）
2824909000	其他铅的氧化物			危险化学品（12.1）
2825101010	纯度70%及以上的水合肼	A/	M/	其他资源与化工产品（12.6）
2825101090	纯度70%以下的水合肼	A/B	M/N	危险化学品（12.1）
2825102000	硫酸羟胺	A/B	M/N	危险化学品（12.1）
2825109000	其他肼、胲及其无机盐			危险化学品（12.1）
2825201000	氢氧化锂	A/B	M/N	危险化学品（12.1）
2825209000	锂的氧化物			危险化学品（12.1）
2825301000	五氧化二钒	A/B	M/N	危险化学品（12.1）
2825309000	其他钒的氧化物及氢氧化物			危险化学品（12.1）
2825800010	锑的氧化物，纯度大于等于99.99%，包括但不限于粉末形态	/B	/N	危险化学品（12.1） 其他资源与化工产品（12.6）
2825800090	其他锑的氧化物	/B	/N	危险化学品（12.1） 其他资源与化工产品（12.6）
2825902100	三氧化二铋	A/	R/	非食品添加剂（工业用）(9.1)
2825902900	其他铋的氧化物及氢氧化物	A/	R/	非食品添加剂（工业用）(9.1)
2825903100	二氧化锡	A/	R/	非食品添加剂（工业用）(9.1)
2825903900	其他锡的氧化物及氢氧化物	A/	R/	非食品添加剂（工业用）(9.1)
2825904100	一氧化铌	A/	M/	其他资源与化工产品（12.6）

续表68

商品编号	商品名称	监管条件	检验检疫类别	检验检疫要求
2825904910	五氧化二铌	A/B	M. R/N	非食品添加剂（工业用）(9.1)
2825904990	其他铌的氧化物及氢氧化物	A/B	M. R/N	非食品添加剂（工业用）(9.1)
2825909001	氧化镓	A/B	M. R/N. S	其他资源与化工产品（12.6）
2825909090	其他氧化物	A/B	M. R/N. S	危险化学品（12.1） 其他资源与化工产品（12.6） 食品添加剂（营养强化剂）(9.1)
2826191010	氟化氢铵	A/	M/	危险化学品（12.1）
2826191090	其他铵的氟化物			危险化学品（12.1）
2826192010	氟化钠	A/B	M. R/N. S	危险化学品（12.1）
2826192020	氟化氢钠	A/	M/	危险化学品（12.1）
2826193000	六氟化钨			危险化学品（12.1）
2826199040	氟化钾、氟化氢钾	A/	M/	危险化学品（12.1）
2826199090	其他氟化物			危险化学品（12.1）
2826901000	氟硅酸盐			危险化学品（12.1）
2826909010	氟钽酸钾			危险化学品（12.1）
2826909090	氟铝酸盐及其他氟络盐			危险化学品（12.1）
2827101000	肥料用氯化铵	/B	/N	化肥（12.6）
2827200000	氯化钙	A/	R/	饲料和饲料添加剂（5.1） 非食品添加剂（工业用）(9.1) 食品添加剂（营养强化剂）(9.1)
2827310000	氯化镁	A/	R/	饲料和饲料添加剂（5.1） 非食品添加剂（工业用）(9.1) 食品添加剂（营养强化剂）(9.1)
2827320000	三氯化铝（CAS 号 7446-70-0）			危险化学品（12.1）
2827350000	氯化镍	A/B	M/N	危险化学品（12.1）
2827391000	氯化锂			危险化学品（12.1）
2827392000	氯化钡	A/B	M/N	危险化学品（12.1）
2827393000	氯化钴	A/B	M. R/N. S	危险化学品（12.1） 饲料和饲料添加剂（5.1）
2827399001	四氯化锗	A/B	M. R/N. S	危险化学品（12.1）
2827399090	其他氯化物	A/B	M. R/N. S	危险化学品（12.1） 饲料和饲料添加剂（5.1） 其他资源与化工产品（12.6） 食品添加剂（营养强化剂）(9.1)
2827499000	其他氯氧化物及氢氧基氯化物			危险化学品（12.1）
2827590000	其他溴化物及溴氧化物			危险化学品（12.1）

续表69

商品编号	商品名称	监管条件	检验检疫类别	检验检疫要求
2827600000	碘化物及碘氧化物	A/B	M. R/N. S	危险化学品（12. 1） 其他资源与化工产品（12. 6） 饲料和饲料添加剂（5. 1） 食品添加剂（营养强化剂）（9. 1）
2828100000	商品次氯酸钙及其他钙的次氯酸盐			危险化学品（12. 1）
2828900000	次溴酸盐、亚氯酸盐、其他次氯酸盐	A/B	M. R/N. S	危险化学品（12. 1） 其他资源与化工产品（12. 6）
2829110000	氯酸钠	A/B	M/N	危险化学品（12. 1）
2829191000	氯酸钾（洋硝）	/B	/N	禁止进口 危险化学品（12. 1）
2829199000	其他氯酸盐			危险化学品（12. 1）
2829900010	颗粒<500 微米的球形高氯酸铵	A/	M/	危险化学品（12. 1）
2829900020	高氯酸钾			危险化学品（12. 1）
2829900090	其他高氯酸盐，溴酸盐等（包括过溴酸盐、碘酸盐及高碘酸盐）			危险化学品（12. 1）
2830101000	硫化钠	A/B	M/N	危险化学品（12. 1）
2830109000	其他钠的硫化物			危险化学品（12. 1）
2830902000	硫化锑	/B	/N	危险化学品（12. 1） 金属矿产品（12. 3）
2830909000	其他硫化物、多硫化物			危险化学品（12. 1）
2831101000	钠的连二亚硫酸盐	A/B	M. R/N. S	危险化学品（12. 1） 食品添加剂（营养强化剂）（9. 1）
2831900000	其他连二亚硫酸盐及次硫酸盐			危险化学品（12. 1）
2832100000	钠的亚硫酸盐			危险化学品（12. 1）
2832200000	其他亚硫酸盐	A/B	M. R/N. S	危险化学品（12. 1） 其他资源与化工产品（12. 6） 食品添加剂（营养强化剂）（9. 1）
2833190000	钠的其他硫酸盐			危险化学品（12. 1）
2833210000	硫酸镁	A/	R/	饲料和饲料添加剂（5. 1） 非食品添加剂（工业用）（9. 1） 食品添加剂（营养强化剂）（9. 1）
2833240000	镍的硫酸盐			危险化学品（12. 1）
2833291000	硫酸亚铁	A/	R/	饲料和饲料添加剂（5. 1） 非食品添加剂（工业用）（9. 1） 食品添加剂（营养强化剂）（9. 1）
2833293000	硫酸锌	A/	R/	饲料和饲料添加剂（5. 1） 非食品添加剂（工业用）（9. 1） 食品添加剂（营养强化剂）（9. 1）
2833299010	硫酸钴	A/B	R/S	危险化学品（12. 1） 饲料和饲料添加剂（5. 1）

续表70

商品编号	商品名称	监管条件	检验检疫类别	检验检疫要求
2833299020	其他钴的硫酸盐	A/B	M. R/N. S	饲料和饲料添加剂（5.1） 其他资源与化工产品（12.6） 食品添加剂（营养强化剂）(9.1)
2833299090	其他硫酸盐	A/B	M. R/N	危险化学品（12.1） 饲料和饲料添加剂（5.1） 其他资源与化工产品（12.6） 食品添加剂（营养强化剂）(9.1)
2833400000	过硫酸盐			危险化学品（12.1）
2834100000	亚硝酸盐	A/B	M. R/N. S	危险化学品（12.1） 其他资源与化工产品（12.6） 食品添加剂（营养强化剂）(9.1)
2834211000	肥料用硝酸钾	A/B	M/N	化肥（12.6） 危险化学品（12.1）
2834219000	非肥料用硝酸钾	A/B	M/N	危险化学品（12.1） 食品添加剂（营养强化剂）(9.1)
2834291000	硝酸钴	A/B	M/N	危险化学品（12.1）
2834299001	硝酸钡	A/B	M/N	危险化学品（12.1）
2834299090	其他硝酸盐			危险化学品（12.1）
2835100000	次磷酸盐及亚磷酸盐			危险化学品（12.1）
2835251000	饲料级的正磷酸氢钙（磷酸二钙）	A/B	R/S	饲料和饲料添加剂（5.1） 非食品添加剂（工业用）(9.1)
2835252000	食品级的正磷酸氢钙（磷酸二钙）	A/	R/	饲料和饲料添加剂（5.1） 食品添加剂（营养强化剂）(9.1)
2835291000	磷酸三钠	A/	R/	非食品添加剂（工业用）(9.1) 食品添加剂（营养强化剂）(9.1)
2835299000	其他磷酸盐	A/	M. R/	危险化学品（12.1） 饲料和饲料添加剂（5.1） 其他资源与化工产品（12.6） 食品添加剂（营养强化剂）(9.1)
2835311000	食品级的三磷酸钠（三聚磷酸钠）	A/	R/	食品添加剂（营养强化剂）(9.1)
2835391100	食品级的六偏磷酸钠	A/	R/	食品添加剂（营养强化剂）(9.1)
2836200000	碳酸钠（纯碱）	A/	M. R/	饲料和饲料添加剂（5.1） 非食品添加剂（工业用）(9.1) 食品添加剂（营养强化剂）(9.1)

续表71

商品编号	商品名称	监管条件	检验检疫类别	检验检疫要求
2836300000	碳酸氢钠（小苏打）	A/	R/	饲料和饲料添加剂（5.1） 非食品添加剂（工业用）（9.1） 食品添加剂（营养强化剂）（9.1）
2836500000	碳酸钙	A/	R/	饲料和饲料添加剂（5.1） 非食品添加剂（工业用）（9.1） 食品添加剂（营养强化剂）（9.1）
2836991000	碳酸镁	A/	R/	危险化学品（12.1） 饲料和饲料添加剂（5.1） 非食品添加剂（工业用）（9.1） 食品添加剂（营养强化剂）（9.1）
2836995000	碳酸锆	A/B	R/S	非食品添加剂（工业用）（9.1）
2836999000	其他碳酸盐及过碳酸盐	A/	M.R/	危险化学品（12.1） 饲料和饲料添加剂（5.1） 其他资源与化工产品（12.6） 食品添加剂（营养强化剂）（9.1）
2837111000	氰化钠（山奈）	A/B	M/N	危险化学品（12.1）
2837191000	氰化钾	A/B	M/N	危险化学品（12.1）
2837200000	氰络合物			危险化学品（12.1）
2839110000	偏硅酸钠	A/B	M/N	危险化学品（12.1）
2839191000	硅酸钠	A/	M/	其他资源与化工产品（12.6）
2839900090	其他硅酸盐；商品碱金属硅酸盐			危险化学品（12.1）
2840300000	过硼酸盐			危险化学品（12.1）
2841300000	重铬酸钠	A/B	M/N	危险化学品（12.1）
2841500000	其他铬酸盐及重铬酸盐，过铬酸盐			危险化学品（12.1）
2841610000	高锰酸钾	A/B	M.R/N.S	危险化学品（12.1） 食品添加剂（营养强化剂）（9.1）
2841699000	亚锰酸盐，其他锰酸盐及其他高锰酸盐			危险化学品（12.1）
2841900090	其他金属酸盐及过金属酸盐			危险化学品（12.1）
2842100010	环硅酸锆钠	A/B	M.R/N.S	其他资源与化工产品（12.6）
2842100090	其他硅酸复盐及硅酸络盐（包括不论是否已有化学定义的硅铝酸盐）	A/B	M.R/N.S	饲料和饲料添加剂（5.1） 其他资源与化工产品（12.6） 食品添加剂（营养强化剂）（9.1）
2842901910	其他硫氰酸盐	A/B	M/N	危险化学品（12.1） 其他资源与化工产品（12.6）
2842902000	碲化镉	A/B	M/N	危险化学品（12.1）

续表72

商品编号	商品名称	监管条件	检验检疫类别	检验检疫要求
2842903000	锂镍钴锰氧化物	A/B	R/S	非食品添加剂（工业用）(9.1) 食品添加剂（营养强化剂）(9.1)
2842905000	硒酸盐及亚硒酸盐	A/B	M. R/N. S	危险化学品（12.1） 饲料和饲料添加剂（5.1） 其他资源与化工产品（12.6） 食品添加剂（营养强化剂）(9.1)
2842906000	锂镍钴铝氧化物	A/B	M. R/N. S	其他资源与化工产品（12.6）
2842909024	硒化镓	A/B	M. R/N. S	其他资源与化工产品（12.6）
2842909026	亚砷酸钠，亚砷酸钾，亚砷酸钙，偏亚砷酸钠，亚砷酸锶，亚砷酸钡，亚砷酸铁，亚砷酸铜，亚砷酸锌，亚砷酸铅，亚砷酸氢铜，亚砷酸锑，砷酸铵，砷酸氢二铵，砷酸钠，砷酸氢二钠，砷酸二氢钠，砷酸三钠（砷酸钾，砷酸二氢钾，砷酸镁，砷酸钙，砷酸钡，砷酸铁，砷酸三钙，砷酸亚铁，砷酸铜，砷酸锌，砷酸铅，砷酸锑，偏砷酸钠，硒化铅，硒化镉）			危险化学品（12.1）
2842909090	其他无机酸盐及过氧酸盐（叠氮化物除外）	A/B	M. R/N. S	危险化学品（12.1） 饲料和饲料添加剂（5.1） 其他资源与化工产品（12.6） 食品添加剂（营养强化剂）(9.1)
2843210000	硝酸银	A/B	M/N	危险化学品（12.1）
2843290090	其他银化合物（不论是否已有化学定义）			危险化学品（12.1）
2843300010	氰化金，氰化金钾（含金40%）等［包括氰化亚金（I）钾（含金68.3%）、氰化亚金（III）钾（含金57%）］			危险化学品（12.1）
2843900039	其他铂化合物			危险化学品（12.1）
2843900099	其他贵金属化合物（不论是否已有化学定义）			危险化学品（12.1）
2845900001	除重水外的氘及氘化物，其他硼-10同位素占硼总量>20%的硼及其化合物、混合物，其他富集锂-6同位素及其化合物混合物［富集锂-6同位素指锂-6同位素富集度>7.5%（按原子数计）］			危险化学品（12.1）
2846101000	氧化铈	/B	/N	稀土
2846102000	氢氧化铈	/B	/N	稀土
2846103000	碳酸铈	/B	/N	稀土
2846109010	氰化铈	/B	/N	稀土 危险化学品（12.1）
2846109090	铈的其他化合物	/B	/N	稀土 危险化学品（12.1） 饲料和饲料添加剂（5.1）
2846901100	氧化钇	/B	/N	稀土
2846901200	氧化镧	/B	/N	稀土
2846901300	氧化钕	/B	/N	稀土
2846901400	氧化铕	/B	/N	稀土
2846901500	氧化镝	/B	/N	稀土
2846901600	氧化铽	/B	/N	稀土
2846901700	氧化镨	/B	/N	稀土
2846901800	氧化镥	/B	/N	稀土
2846901920	氧化铒	/B	/N	稀土

续表73

商品编号	商品名称	监管条件	检验检疫类别	检验检疫要求
2846901930	氧化钆	/B	/N	稀土
2846901940	氧化钐	/B	/N	稀土
2846901970	氧化镱	/B	/N	稀土
2846901980	氧化钪	/B	/N	稀土
2846901991	灯用红粉	/B	/N	稀土
2846901992	按重量计中重稀土总含量≥30%的其他氧化稀土（灯用红粉、氧化铈除外）	/B	/N	稀土
2846901999	其他氧化稀土（灯用红粉、氧化铈除外）	/B	/N	稀土
2846902100	氯化铽	/B	/N	稀土
2846902200	氯化镝	/B	/N	稀土
2846902300	氯化镧	/B	/N	稀土
2846902400	氯化钕	/B	/N	稀土
2846902500	氯化镨	/B	/N	稀土
2846902600	氯化钇	/B	/N	稀土
2846902800	混合氯化稀土	/B	/N	稀土
2846902900	其他未混合氯化稀土	/B	/N	稀土
2846903100	氟化铽	/B	/N	稀土
2846903200	氟化镝	/B	/N	稀土
2846903300	氟化镧	A/B	M/N	稀土 危险化学品（12.1）
2846903400	氟化钕	/B	/N	稀土
2846903500	氟化镨	/B	/N	稀土
2846903600	氟化钇	/B	/N	稀土
2846903900	其他氟化稀土	/B	/N	稀土
2846904100	碳酸镧	/B	/N	稀土
2846904200	碳酸铽	/B	/N	稀土
2846904300	碳酸镝	/B	/N	稀土
2846904400	碳酸钕	/B	/N	稀土
2846904500	碳酸镨	/B	/N	稀土
2846904600	碳酸钇	/B	/N	稀土
2846904810	按重量计中重稀土总含量≥30%的混合碳酸稀土	/B	/N	稀土
2846904890	其他混合碳酸稀土	/B	/N	稀土
2846904900	其他未混合碳酸稀土	/B	/N	稀土
2846909100	镧的其他化合物	/B	/N	稀土 危险化学品（12.1）
2846909200	钕的其他化合物	/B	/N	稀土 危险化学品（12.1）
2846909300	铽的其他化合物	/B	/N	稀土
2846909400	镝的其他化合物	/B	/N	稀土 危险化学品（12.1）
2846909500	镨的其他化合物	/B	/N	稀土 危险化学品（12.1）
2846909601	LED 用荧光粉（成分含钇的其他化合物）	/B	/N	稀土
2846909690	钇的其他化合物（LED 用荧光粉除外）	/B	/N	稀土 危险化学品（12.1）
2846909901	LED 用荧光粉（成分含稀土金属、钪的其他化合物、铈的化合物除外）	/B	/N	稀土
2846909910	按重量计中重稀土总含量≥30%的稀土金属、钪的其他化合物（LED 用荧光粉、铈的化合物除外）	/B	/N	稀土

续表74

商品编号	商品名称	监管条件	检验检疫类别	检验检疫要求
2846909990	其他稀土金属、钪的其他化合物（LED 用荧光粉、铈的化合物除外）	/B	/N	稀土 危险化学品（12.1） 饲料和饲料添加剂（5.1）
2847000000	过氧化氢（不论是否用尿素固化，CAS 号 7722-84-1）	A/B	M.R/N.S	危险化学品（12.1） 其他资源与化工产品（12.6） 食品添加剂（营养强化剂）（9.1）
2849100000	碳化钙	A/B	M/N	危险化学品（12.1）
2849909000	其他碳化物			危险化学品（12.1）
2850001990	其他氮化物（包括叠氮化物）			危险化学品（12.1）
2850009010	砷化氢（砷烷，砷化三氢，胂）			危险化学品（12.1）
2850009020	硼氢化钾、硼氢化钠、锑的氢化物，纯度大于 99.999%（含在惰性气体或氢气中稀释的锑的氢化物）（CAS 号 13762-51-1、CAS 号 16940-66-2）			危险化学品（12.1）
2850009090	其他氢化物、硅化物等（包括硼化物，可归入品目 2849 的碳化物除外）			危险化学品（12.1）
2852100090	汞的无机或有机化合物，汞齐除外，已有化学定义的			危险化学品（12.1）
2853100000	氯化氰	A/B	M/N	危险化学品（12.1）
2853901000	饮用蒸馏水	A/B	R/S	其他深加工食品（8.3） 其他资源与化工产品（12.6） 非食品添加剂（工业用）（9.1）
2853904010	磷化铝，磷化锌			危险化学品（12.1）
2853904020	磷烷			危险化学品（12.1）
2853904090	其他磷化物（不论是否已有化学定义，但不包括磷铁）			危险化学品（12.1）
2853909010	饮用纯净水	A/B	M/N	其他深加工食品（8.3） 其他资源与化工产品（12.6）
2853909040	砷化镓，铟镓砷，锑化镓			危险化学品（12.1）
2853909050	铅汞齐及其他汞齐			危险化学品（12.1）
2853909090	其他无机化合物、压缩空气等（包括单导电水、液态空气等）			危险化学品（12.1）
2901101000	饱和乙烷			危险化学品（12.1）
2901109000	其他饱和无环烃			危险化学品（12.1）
2901210000	乙烯	A/B	M/N	危险化学品（12.1）
2901220000	丙烯	A/B	M/N	危险化学品（12.1）
2901231000	1-丁烯	A/B	M/N	危险化学品（12.1）
2901232000	2-丁烯	A/B	M/N	危险化学品（12.1）
2901233000	2-甲基丙烯			危险化学品（12.1）
2901241000	1，3-丁二烯	A/B	M/N	危险化学品（12.1）
2901242000	异戊二烯			危险化学品（12.1）
2901291000	异戊烯	A/B	M/N	危险化学品（12.1）
2901292000	乙炔	A/B	M/N	危险化学品（12.1）
2901299090	其他不饱和无环烃			危险化学品（12.1）
2902110000	环已烷（CAS 号 110-82-7）	A/B	M/N	危险化学品（12.1）
2902191000	蒎烯			危险化学品（12.1）
2902199013	环戊烯（CAS 号 142-29-0）			危险化学品（12.1）
2902199090	其他环烷烃、环烯及环萜烯			危险化学品（12.1）
2902200000	苯（CAS 号 71-43-2）	A/B	M/N	危险化学品（12.1）
2902300000	甲苯	A/B	M/N	危险化学品（12.1）
2902410000	邻二甲苯			危险化学品（12.1）

续表75

商品编号	商品名称	监管条件	检验检疫类别	检验检疫要求
2902420000	间二甲苯			危险化学品（12.1）
2902430000	对二甲苯			危险化学品（12.1）
2902440000	混合二甲苯异构体			危险化学品（12.1）
2902500000	苯乙烯	A/B	M/N	危险化学品（12.1）
2902600000	乙苯	A/B	M/N	危险化学品（12.1）
2902700000	异丙基苯	A/B	M/N	危险化学品（12.1）
2902902000	精萘	A/B	M/N	危险化学品（12.1）
2902909000	其他环烃			危险化学品（12.1）
2903110000	一氯甲烷及氯乙烷			危险化学品（12.1）
2903120000	二氯甲烷（CAS 号 75-09--2）			危险化学品（12.1）
2903130000	三氯甲烷（氯仿）	A/B	M/N	危险化学品（12.1）
2903140010	四氯化碳（受控用途）（CTC）			禁止进出口 危险化学品（12.1）
2903140090	四氯化碳（用于受控用途除外）（CTC）			禁止进口 危险化学品（12.1）
2903150000	1,2-二氯乙烷（ISO）（CAS 号 107-06-2）	A/B	M.R/N.S	危险化学品（12.1） 食品添加剂（营养强化剂）（9.1）
2903191010	1,1,1-三氯乙烷/甲基氯仿（受控用途）（TCA）	A/B	M/N	禁止出口 危险化学品（12.1）
2903191090	1,1,1-三氯乙烷/甲基氯仿（用于受控用途除外）（TCA）	A/	M/	危险化学品（12.1）
2903199000	其他无环烃的饱和氯化衍生物			危险化学品（12.1）
2903210000	氯乙烯	A/B	M/N	危险化学品（12.1）
2903220000	三氯乙烯	A/B	M/N	危险化学品（12.1）
2903230000	四氯乙烯	A/B	M/N	危险化学品（12.1）
2903291000	3-氯-1-丙烯（氯丙烯）			危险化学品（12.1）
2903299020	六氯丁二烯（CAS 号 87-68-3）			禁止进出口 危险化学品（12.1）
2903299090	其他无环烃的不饱和氯化衍生物			危险化学品（12.1）
2903410000	三氟甲烷（HFC-23）			危险化学品（12.1）
2903420000	二氟甲烷（HFC-32）			危险化学品（12.1）
2903430010	一氟甲烷（HFC-41）			危险化学品（12.1）
2903430020	1,2-二氟乙烷（HFC-152）及 1,1-二氟乙烷（HFC-152a）			危险化学品（12.1）
2903440010	1,1,1-三氟乙烷（HFC-143a）及 1,1,2-三氟乙烷（HFC-143）			危险化学品（12.1）
2903490090	其他无环烃的饱和氟化衍生物			危险化学品（12.1）
2903591000	1,1,3,3,3-五氟-2-三氟甲基-1-丙烯（全氟异丁烯；八氟异丁烯）			危险化学品（12.1）
2903599000	其他无环烃的不饱和氟化衍生物			危险化学品（12.1）
2903610000	甲基溴（溴甲烷）	A/B	M/N	危险化学品（12.1）
2903620000	二溴乙烷（ISO）（1,2-二溴乙烷）			禁止进出口 危险化学品（12.1）
2903690010	二溴甲烷、碘甲烷	A/B	M/N	危险化学品（12.1）
2903690090	其他无环烃的溴化或碘化衍生物			危险化学品（12.1）
2903710000	一氯二氟甲烷（HCFC-22）	A/B	M/N	危险化学品（12.1）
2903740000	一氯二氟乙烷			危险化学品（12.1）
2903760020	溴三氟甲烷（Halon-1301）	A/B	M/N	危险化学品（12.1）
2903760040	溴氯二氟甲烷（Halon-1211）、二溴四氟乙烷（Halon-2402）			危险化学品（12.1）
2903771000	三氯氟甲烷（CFC-11）			危险化学品（12.1）
2903772013	三氯三氟乙烷（受控用途）（CFC-113）			禁止进出口 危险化学品（12.1）

续表76

商品编号	商品名称	监管条件	检验检疫类别	检验检疫要求
2903772020	二氯二氟甲烷（CFC-12），二氯四氟乙烷（CFC-114），一氯五氟乙烷（CFC-115），一氯三氟甲烷（CFC-13）	A/B	M/N	危险化学品（12.1）
2903772030	三氯三氟乙烷（CFC-113）（用于受控用途除外），五氯一氟乙烷（CFC-111），四氯二氟乙烷（CFC-112），七氯一氟丙烷（CFC-211），六氯二氟丙烷（CFC-212），五氯三氟丙烷（CFC-213），四氯四氟丙烷（CFC-214），三氯五氟丙烷（CFC-215）			危险化学品（12.1）
2903772090	其他仅含氟和氯的甲烷、乙烷及丙烷的全卤化物			危险化学品（12.1）
2903779000	其他无环烃全卤化物（指仅含氟和氯的）			危险化学品（12.1）
2903780090	其他无环烃全卤化衍生物（指含两种或两种以上不同卤素的）			危险化学品（12.1）
2903791020	1-氟-1,1-二氯乙烷，1,1-二氟-1-氯乙烷			危险化学品（12.1）
2903791090	其他含氢氯氟烃类物质（这里的烃是指甲烷、乙烷及丙烷）			危险化学品（12.1）
2903799021	其他溴氟代甲烷、乙烷和丙烷			危险化学品（12.1）
2903799022	溴氯甲烷			危险化学品（12.1）
2903799090	其他无环烃卤化衍生物（含两种或两种以上不同卤素的其他无环烃卤化衍生物）			危险化学品（12.1）
2903810030	林丹（ISO，INN）、α-六氯环已烷、β-六氯环已烷			禁止进出口 危险化学品（12.1）
2903810090	其他1,2,3,4,5,6-六氯环已烷［六六六（ISO）］（混合异构体）			危险化学品（12.1）
2903820000	艾氏剂（ISO）、氯丹（ISO）（别名八氯化甲桥茚）及七氯（ISO）			禁止进出口 危险化学品（12.1）
2903830000	灭蚁灵			禁止进出口 危险化学品（12.1）
2903890041	氯代环戊烷、溴代环戊烷（CAS号930-28-9、CAS号137-43-9）			危险化学品（12.1）
2903890050	毒杀芬，六溴环十二烷，得克隆及其顺式异构体和反式异构体			禁止进出口 危险化学品（12.1）
2903890090	其他环烷烃、环烯烃或环萜烯烃的卤化衍生物			危险化学品（12.1）
2903911000	邻二氯苯			危险化学品（12.1）
2903919090	氯苯	A/B	M/N	危险化学品（12.1）
2903920000	六氯苯（ISO）及滴滴涕（ISO，INN）［六氯苯别名过氯苯，滴滴涕别名1，1，1-三氯-2，2-双（4-氯苯基）乙烷］			禁止进出口 危险化学品（12.1）
2903930000	五氯苯			禁止进出口 危险化学品（12.1）
2903940000	六溴联苯			禁止进出口 危险化学品（12.1）
2903991000	对氯甲苯	A/B	M/N	危险化学品（12.1）
2903999020	多氯联苯、多溴联苯，单一的二氯萘、三氯萘、四氯萘、五氯萘、六氯萘、七氯萘、八氯萘			禁止进出口 危险化学品（12.1）
2903999030	多氯三联苯（PCT）			危险化学品（12.1）
2903999090	其他芳烃卤化衍生物			危险化学品（12.1）
2904100000	仅含磺基的衍生物及其盐和乙酯			危险化学品（12.1）
2904201000	硝基苯	A/B	M/N	危险化学品（12.1）
2904202000	硝基甲苯			危险化学品（12.1）
2904203000	二硝基甲苯	A/B	M/N	危险化学品（12.1）
2904204000	三硝基甲苯（TNT）	A/B	M/N	危险化学品（12.1）
2904209010	六硝基芪			危险化学品（12.1）
2904209090	其他仅含硝基或亚硝基衍生物			危险化学品（12.1）
2904310000	全氟辛基磺酸			禁止进出口 危险化学品（12.1）

续表77

商品编号	商品名称	监管条件	检验检疫类别	检验检疫要求
2904320000	全氟辛基磺酸铵			禁止进出口 危险化学品（12.1）
2904330000	全氟辛基磺酸锂			禁止进出口 危险化学品（12.1）
2904340000	全氟辛基磺酸钾			禁止进出口 危险化学品（12.1）
2904360000	全氟辛基磺酰氟			禁止进出口 危险化学品（12.1）
2904910000	三氯硝基甲烷（氯化苦）			危险化学品（12.1）
2904990020	氯硝丙烷，四氯硝基苯，五氯硝基苯			危险化学品（12.1）
2904990090	其他烃的磺化、硝化、亚硝化衍生物（不论是否卤化）			危险化学品（12.1）
2905110000	甲醇	A/B	M/N	危险化学品（12.1）
2905121000	正丙醇	A/B	M/N	危险化学品（12.1） 食品添加剂（营养强化剂）(9.1)
2905122000	异丙醇	A/B	M/N	危险化学品（12.1） 食品添加剂（营养强化剂）(9.1)
2905130000	正丁醇	A/B	M.R/N.S	危险化学品（12.1） 食品添加剂（营养强化剂）(9.1)
2905141000	异丁醇			危险化学品（12.1）
2905142000	仲丁醇			危险化学品（12.1）
2905143000	叔丁醇			危险化学品（12.1）
2905199090	其他饱和一元醇			危险化学品（12.1）
2905223000	芳樟醇	A/	R/	非食品添加剂（工业用）(9.1) 食品添加剂（营养强化剂）(9.1)
2905229000	其他无环萜烯醇			危险化学品（12.1）
2905290000	其他不饱和一元醇			危险化学品（12.1）
2905399001	1,3-丙二醇	A/B	R/S	饲料和饲料添加剂（5.1） 非食品添加剂（工业用）(9.1)
2905399002	1,4-丁二醇	A/B	R/S	非食品添加剂（工业用）(9.1)
2905399091	抗癌药原料（白消安）（适用抗癌药增值税政策的）	A/B	M.R/N.S	非食品添加剂（工业用）(9.1) 食品添加剂（营养强化剂）(9.1)
2905399092	抗癌药原料（白消安）（不适用抗癌药增值税政策的）	A/B	M.R/N.S	非食品添加剂（工业用）(9.1) 食品添加剂（营养强化剂）(9.1)
2905399099	其他二元醇	A/B	M.R/N.S	危险化学品（12.1） 其他资源与化工产品（12.6） 食品添加剂（营养强化剂）(9.1)

续表78

商品编号	商品名称	监管条件	检验检疫类别	检验检疫要求
2905430000	甘露糖醇	A/	R/	饲料和饲料添加剂（5.1） 非食品添加剂（工业用）（9.1） 食品添加剂（营养强化剂）（9.1）
2905450000	丙三醇（甘油）	A/	R/	饲料和饲料添加剂（5.1） 非食品添加剂（工业用）（9.1） 食品添加剂（营养强化剂）（9.1）
2905491000	木糖醇	A/	R/	食品添加剂（营养强化剂）（9.1）
2905590020	2-氯乙醇	A/	M/	危险化学品（12.1）
2905590040	鼠甘伏，溴硝醇			危险化学品（12.1）
2905590090	其他无环醇的卤化、磺化等衍生物			危险化学品（12.1）
2906120010	甲基环己醇	A/B	M/N	危险化学品（12.1）
2906132000	肌醇	A/	R/	饲料和饲料添加剂（5.1） 非食品添加剂（工业用）（9.1） 食品添加剂（营养强化剂）（9.1）
2906199090	其他环烷醇，环烯醇及环萜烯醇			危险化学品（12.1）
2906299090	其他芳香醇			危险化学品（12.1）
2907111000	苯酚	A/B	M/N	危险化学品（12.1）
2907119000	苯酚的盐			危险化学品（12.1）
2907121100	间甲酚			危险化学品（12.1）
2907121200	邻甲酚			危险化学品（12.1）
2907121900	其他甲酚	A/B	M.R/N.S	危险化学品（12.1） 其他资源与化工产品（12.6） 食品添加剂（营养强化剂）（9.1）
2907131000	壬基酚、对壬基酚、支链-4-壬基酚（包括4-壬基苯酚、壬基苯酚）	A/B	M/N	危险化学品（12.1）
2907139000	辛基酚及其异构体（包括辛基酚及其异构体的盐和壬基酚盐）			危险化学品（12.1）
2907159000	其他萘酚及萘酚盐	A/B	R/S	非食品添加剂（工业用）（9.1） 食品添加剂（营养强化剂）（9.1）
2907191010	邻异丙基（苯）酚	A/B	M/N	危险化学品（12.1）
2907199090	其他一元酚			危险化学品（12.1）
2907210001	间苯二酚			危险化学品（12.1）
2907221000	对苯二酚			危险化学品（12.1）
2907291000	邻苯二酚			危险化学品（12.1）
2907299010	毒菌酚			危险化学品（12.1）
2907299020	大麻二酚（CAS号13956-29-1）	A/B	M.R/N.S	其他资源与化工产品（12.6）
2907299090	其他多元酚；酚醇	A/B	M.R/N.S	危险化学品（12.1） 其他资源与化工产品（12.6） 食品添加剂（营养强化剂）（9.1）

续表79

商品编号	商品名称	监管条件	检验检疫类别	检验检疫要求
2908110000	五氯苯酚（五氯酚，CAS 号 87-86-5）	A/B	M/N	禁止进出口 危险化学品（12.1）
2908191000	对氯苯酚			危险化学品（12.1）
2908199023	五氯酚钠（CAS 号 131-52-2）			禁止进出口 危险化学品（12.1）
2908199090	其他仅含卤素取代基的衍生物及盐			危险化学品（12.1）
2908910000	地乐酚及其盐和酯			禁止进出口 危险化学品（12.1）
2908920000	4,6-二硝基邻甲酚［二硝酚（ISO）］及其盐			禁止进出口 危险化学品（12.1）
2908991010	4-硝基苯酚（对硝基苯酚）			危险化学品（12.1）
2908991090	对硝基苯酚钠			危险化学品（12.1）
2908999010	芬螨酯，消螨酚，戊硝酚，特乐酚，壬菌铜			危险化学品（12.1）
2908999030	苦味酸（2,4,6-三硝基苯酚）			危险化学品（12.1）
2908999090	其他酚及酚醇的卤化等衍生物（包括其磺化、硝化或亚硝化衍生物）			危险化学品（12.1）
2909110000	乙醚	A/B	M/N	危险化学品（12.1）
2909191000	甲醚			危险化学品（12.1）
2909199010	八氯二丙醚，二氯异丙醚			危险化学品（12.1）
2909199090	其他无环醚及其卤化等衍生物（包括其磺化、硝化或亚硝化衍生物）			危险化学品（12.1）
2909309020	四溴二苯醚，五溴二苯醚，六溴二苯醚，七溴二苯醚，五氯代苯甲醚（CAS 号 1825-21-4），十溴二苯醚（CAS 号 1163-19-5）			禁止进出口 危险化学品（12.1）
2909309090	其他芳香醚及其卤化、磺化、硝化衍生物（包括其亚硝化衍生物）			危险化学品（12.1）
2909430000	乙二醇或二甘醇的单丁醚			危险化学品（12.1）
2909440010	乙二醇甲醚、二乙二醇甲醚、乙二醇乙醚、二乙二醇乙醚、乙二醇丙醚、二乙二醇丙醚、乙二醇己醚、二乙二醇己醚、乙二醇异辛醚、二乙二醇异辛醚			危险化学品（12.1）
2909440090	乙二醇或二甘醇的其他单烷基醚			危险化学品（12.1）
2909499010	三乙二醇甲醚、四乙二醇甲醚、三乙二醇乙醚、丙二醇乙醚、二丙二醇乙醚、丙二醇丙醚、二丙二醇丙醚、丙二醇丁醚、二丙二醇丁醚、三丙二醇丁醚			危险化学品（12.1）
2909500000	醚酚、醚醇酚及其衍生物（包括其卤化、磺化、硝化或亚硝化衍生物）			危险化学品（12.1）
2909609000	过氧化醇、过氧化醚、过氧化酮及其卤化、磺化、硝化或亚硝化衍生物			危险化学品（12.1）
2910100000	环氧乙烷	A/B	M/N	危险化学品（12.1）
2910200000	甲基环氧乙烷（氧化丙烯）			危险化学品（12.1）
2910300000	1-氯-2,3-环氧丙烷（表氯醇）（环氧氯丙烷）	A/B	M/N	危险化学品（12.1）
2910400000	狄氏剂（ISO、INN）			禁止进出口 危险化学品（12.1）
2910500000	异狄氏剂			禁止进出口 危险化学品（12.1）
2910900090	三节环环氧化物，环氧醇（酚、醚）（包括其卤化、磺化、硝化或亚硝化的衍生物）			危险化学品（12.1）
2911000000	缩醛、半缩醛，不论含否其他含氧基（包括其卤化、磺化、硝化或亚硝化的衍生物）			危险化学品（12.1）
2912110000	甲醛	A/B	M/N	危险化学品（12.1）
2912120000	乙醛	A/B	M/N	危险化学品（12.1）
2912190090	其他无环醛（指不含其他含氧基）			危险化学品（12.1）
2912299000	其他环醛（指不含其他含氧基）			危险化学品（12.1）

续表80

商品编号	商品名称	监管条件	检验检疫类别	检验检疫要求
2912491000	醛醇（指不含其他含氧基）			危险化学品（12.1）
2912499090	其他醛醚、醛酚（包括含其他含氧基的醛）			危险化学品（12.1）
2912500010	四聚乙醛			危险化学品（12.1）
2912500090	其他环聚醛			危险化学品（12.1）
2912600000	多聚甲醛	A/B	M/N	危险化学品（12.1）
2913000010	三氯乙醛	A/B	M/N	危险化学品（12.1）
2913000090	品目 2912 所列产品的其他衍生物（指卤化、磺化、硝化或亚硝化的衍生物）			危险化学品（12.1）
2914110000	丙酮（二甲基甲酮、二甲酮、醋酮、木酮）	A/B	M/N	危险化学品（12.1）
2914120000	丁酮［甲基乙基（甲）酮］（甲乙酮）			危险化学品（12.1）
2914130000	4-甲基-2-戊酮［甲基异丁基（甲）酮］	A/B	M/N	危险化学品（12.1）
2914190010	频哪酮			危险化学品（12.1）
2914190090	其他不含其他含氧基的无环酮			危险化学品（12.1）
2914220000	环己酮及甲基环己酮	A/B	M/N	危险化学品（12.1）
2914291000	樟脑	/B	/N	其他资源与化工产品（12.6）
2914299090	其他环烷酮、环烯酮或环萜烯酮（指不含其他含氧基的）			危险化学品（12.1）
2914399020	杀鼠酮，鼠完，敌鼠			危险化学品（12.1）
2914400090	其他酮醇及酮醛			危险化学品（12.1）
2914509090	含其他含氧基的酮			危险化学品（12.1）
2914690090	其他醌			危险化学品（12.1）
2914710000	十氯酮			禁止进出口 危险化学品（12.1）
2914790010	氯鼠酮，苯茵酮，茚草酮，二氯萘醌，四氯对醌，六氯丙酮，氯敌鼠钠盐			危险化学品（12.1）
2914790090	其他酮及醌的卤化、磺化衍生物（包括硝化或亚硝化衍生物）			危险化学品（12.1）
2915110000	甲酸	A/B	M/N	危险化学品（12.1） 饲料和饲料添加剂（5.1）
2915120000	甲酸盐			危险化学品（12.1）
2915130000	甲酸酯			危险化学品（12.1）
2915211100	食品级冰乙酸（冰醋酸）（GB 1903—2008）	A/B	M.R/N.S	危险化学品（12.1） 饲料和饲料添加剂（5.1） 食品添加剂（营养强化剂）（9.1）
2915211900	其他冰乙酸（冰醋酸）			危险化学品（12.1）
2915219030	乙酸溶液，10%<含量≤80%；乙酸，含量>80%	A/B	M/N	危险化学品（12.1） 饲料和饲料添加剂（5.1） 其他资源与化工产品（12.6）
2915219090	其他乙酸	A/B	M.R/N.S	其他资源与化工产品（12.6） 食品添加剂（营养强化剂）（9.1）
2915240000	乙酸酐（醋酸酐）	A/B	M/N	危险化学品（12.1）
2915291000	乙酸钠	A/	R/	饲料和饲料添加剂（5.1） 非食品添加剂（工业用）（9.1） 食品添加剂（营养强化剂）（9.1）
2915299010	乙酸铜，乙酸铅			危险化学品（12.1）

续表81

商品编号	商品名称	监管条件	检验检疫类别	检验检疫要求
2915299090	其他乙酸盐	A/B	M. R/N. S	危险化学品（12.1） 饲料和饲料添加剂（5.1） 其他资源与化工产品（12.6） 食品添加剂（营养强化剂）（9.1）
2915310000	乙酸乙酯	A/B	M. R/N. S	危险化学品（12.1） 食品添加剂（营养强化剂）（9.1）
2915320000	乙酸乙烯酯	A/B	M/N	危险化学品（12.1）
2915330000	乙酸正丁酯	A/B	M/N	危险化学品（12.1）
2915390017	全氟辛酸的盐类和相关化合物（PFOA类）	A/B	M. R/N. S	其他资源与化工产品（12.6）
2915390090	其他乙酸酯	A/B	M. R/N. S	危险化学品（12.1） 其他资源与化工产品（12.6） 食品添加剂（营养强化剂）（9.1）
2915400000	一氯代乙酸、二氯乙酸或三氯乙酸及其盐和酯			危险化学品（12.1）
2915501000	丙酸	A/B	M. R/N. S	危险化学品（12.1） 饲料和饲料添加剂（5.1） 其他资源与化工产品（12.6） 食品添加剂（营养强化剂）（9.1）
2915509000	丙酸盐和酯	A/B	M. R/N. S	危险化学品（12.1） 饲料和饲料添加剂（5.1） 其他资源与化工产品（12.6） 食品添加剂（营养强化剂）（9.1）
2915600000	丁酸、戊酸及其盐和酯			危险化学品（12.1）
2915701000	硬脂酸（以干燥重量计，纯度在90%及以上）	A/	R/	饲料和饲料添加剂（5.1） 非食品添加剂（工业用）（9.1） 食品添加剂（营养强化剂）（9.1）
2915900016	丙酰氯（CAS号79-03-8）	A/B	M. R/N. S	危险化学品（12.1）
2915900020	氟乙酸钠			禁止进出口 危险化学品（12.1）
2915900030	全氟辛酸的盐类和相关化合物（PFOA类）	A/B	M. R/N. S	其他资源与化工产品（12.6）
2915900090	其他饱和无环一元羧酸及其酸酐［（酰卤、过氧）化物，过氧酸及其卤化、硝化、磺化、亚硝化衍生物］	A/B	M. R/N. S	危险化学品（12.1） 其他资源与化工产品（12.6） 食品添加剂（营养强化剂）（9.1）
2916110000	丙烯酸及其盐			危险化学品（12.1）
2916121000	丙烯酸甲酯	A/B	M/N	危险化学品（12.1）
2916122000	丙烯酸乙酯	A/B	M/N	危险化学品（12.1）
2916123000	丙烯酸丁酯	A/B	M/N	危险化学品（12.1）
2916124000	丙烯酸异辛酯			危险化学品（12.1）
2916129090	其他丙烯酸酯			危险化学品（12.1）
2916130010	甲基丙烯酸	A/B	M/N	危险化学品（12.1）
2916399021	邻氯苯甲酰氯（CAS号609-56-4）			危险化学品（12.1）

续表82

商品编号	商品名称	监管条件	检验检疫类别	检验检疫要求
2916399090	其他芳香一元羧酸			危险化学品（12.1）
2916140090	其他甲基丙烯酸酯			危险化学品（12.1）
2916160000	乐杀螨（ISO）			危险化学品（12.1）
2916190020	全氟辛酸的盐类和相关化合物（PFOA 类）	A/B	M. R/N. S	其他资源与化工产品（12.6）
2916190090	其他不饱和无环一元羧酸（包括其酸酐，酰卤化物，过氧化物和过氧酸及它们的衍生物）	A/B	M. R/N. S	危险化学品（12.1） 饲料和饲料添加剂（5.1） 其他资源与化工产品（12.6） 食品添加剂（营养强化剂）（9.1）
2916209090	其他（环烷、环烯、环萜烯）一元羧酸（包括酸酐，酰卤化物，过氧化物和过氧酸及其衍生物）	A/B	M. R/N. S	危险化学品（12.1） 其他资源与化工产品（12.6） 食品添加剂（营养强化剂）（9.1）
2916310010	苯甲酸乙酯（CAS 号 93-89-0）	A/B	M. R/N. S	其他资源与化工产品（12.6） 非食品添加剂（工业用）（9.1） 食品添加剂（营养强化剂）（9.1）
2916310090	其他苯甲酸及其盐和酯	A/B	M. R/N. S	危险化学品（12.1） 饲料和饲料添加剂（5.1） 其他资源与化工产品（12.6） 食品添加剂（营养强化剂）（9.1）
2916320000	过氧化苯甲酰及苯甲酰氯	A/B	M. R/N. S	危险化学品（12.1） 其他资源与化工产品（12.6）
2917119000	其他草酸盐和酯			危险化学品（12.1）
2917120000	己二酸及其盐和酯	A/	R/	非食品添加剂（工业用）（9.1） 食品添加剂（营养强化剂）（9.1）
2917140000	马来酐			危险化学品（12.1）
2917190090	其他无环多元羧酸			危险化学品（12.1）
2917201000	四氢苯酐			危险化学品（12.1）
2917209090	其他（环烷、环烯、环萜烯）多元羧酸	A/B	M. R/N. S	其他资源与化工产品（12.6） 食品添加剂（营养强化剂）（9.1）
2917349000	其他邻苯二甲酸酯			危险化学品（12.1）
2917350000	邻苯二甲酸酐（苯酐）	A/B	M/N	危险化学品（12.1） 其他资源与化工产品（12.6）
2917399090	其他芳香多元羧酸			危险化学品（12.1）
2918110000	乳酸及其盐和酯	A/B	M. R/N. S	危险化学品（12.1） 饲料和饲料添加剂（5.1） 其他资源与化工产品（12.6） 食品添加剂（营养强化剂）（9.1）

续表83

商品编号	商品名称	监管条件	检验检疫类别	检验检疫要求
2918120000	酒石酸（CAS 号 147-71-7）	A/	R/	饲料和饲料添加剂（5.1） 非食品添加剂（工业用）(9.1) 食品添加剂（营养强化剂）(9.1)
2918130010	二苯甲酰基酒石酸（CAS 号 22333-70-6）	A/B	M. R/N. S	其他资源与化工产品（12.6）
2918130090	酒石酸盐及酒石酸酯	A/B	M. R/N. S	危险化学品（12.1） 其他资源与化工产品（12.6） 食品添加剂（营养强化剂）(9.1)
2918140000	柠檬酸	A/	R/	饲料和饲料添加剂（5.1） 非食品添加剂（工业用）(9.1) 食品添加剂（营养强化剂）(9.1)
2918150000	柠檬酸盐及柠檬酸酯	A/	R/	饲料和饲料添加剂（5.1） 非食品添加剂（工业用）(9.1) 食品添加剂（营养强化剂）(9.1)
2918180000	乙酯杀螨醇（包括其酸酐，酰卤化物，过氧化物和过氧酸及其衍生物）			危险化学品（12.1）
2918190090	其他含醇基但不含其他含氧基羧酸（包括其酸酐，酰卤化物，过氧化物和过氧酸及其衍生物）			危险化学品（12.1）
2918290000	其他含酚基但不含其他含氧基羧酸（包括其酸酐，酰卤化物，过氧化物和过氧酸及其衍生物）	A/	R/	危险化学品（12.1） 非食品添加剂（工业用）(9.1) 食品添加剂（营养强化剂）(9.1)
2918300090	其他含醛基或酮基不含其他含氧基羧酸（包括酸酐，酰卤化物，过氧化物和过氧酸及其衍生物）			危险化学品（12.1）
2918910000	2,4,5-涕（ISO）(2,4,5-三氯苯氧乙酸）及其盐或酯			禁止进出口 危险化学品（12.1）
2918990010	2,4-滴及其盐和酯、2,4-滴丙酸、2,4-滴丁酸、精2,4-滴丙酸、苯醚菌酯、二甲四氯及其盐和酯、二甲四氯丙酸、二甲四氯丁酸、精二甲四氯丙酸、麦草畏及其盐、杀草畏、禾草灵、乳氟禾草灵、氰氟禾草灵、甲羧除草醚、三氟羧草醚、乙羧氟草醚、氟乳醚			危险化学品（12.1）
2918990090	其他含其他附加含氧基羧酸（包括其酸酐，酰卤化物，过氧化物和过氧酸及其衍生物）			危险化学品（12.1）
2919100000	三（2,3-二溴丙基）磷酸酯			禁止进出口 危险化学品（12.1）
2919900030	敌敌钙，敌敌畏，速灭磷，二溴磷，巴毒磷，杀虫畏，毒虫畏，甲基毒虫畏，庚烯磷，特普，三乙膦酸铝，乙膦酸，氯瘟磷，伐草磷			危险化学品（12.1）
2919900090	其他磷酸酯及其盐（包括乳磷酸盐）（包括它们的卤化、磺化、硝化或亚硝化衍生物）	A/B	M. R/N. S	危险化学品（12.1） 其他资源与化工产品（12.6） 食品添加剂（营养强化剂）(9.1)
2920110000	对硫磷（ISO）及甲基对硫磷（ISO）			危险化学品（12.1）

续表84

商品编号	商品名称	监管条件	检验检疫类别	检验检疫要求
2920190010	氯氧磷，虫螨畏，杀螟硫磷，除线磷，异氯磷，皮蝇磷，溴硫磷，乙基溴硫磷，硝虫硫磷，碘硫磷，苯稻瘟净，甲基立枯磷，克菌磷，速杀硫磷，丰丙磷			危险化学品（12.1）
2920190090	其他硫代磷酸酯及其盐（包括它们的卤化、磺化、硝化或亚硝化衍生物）			危险化学品（12.1）
2920230000	亚磷酸三甲酯	A/B	M/N	危险化学品（12.1）
2920240000	亚磷酸三乙酯	A/B	M/N	危险化学品（12.1）
2920291000	其他亚磷酸酯			危险化学品（12.1）
2920299090	其他亚磷酸酯及其盐以及它们的卤化、磺化、硝化或亚硝化衍生物			危险化学品（12.1）
2920300000	硫丹			禁止进出口 危险化学品（12.1）
2920900017	治螟磷，消螨通，炔螨特，赛松			危险化学品（12.1）
2920900090	其他无机酸酯（不包括卤化氢的酯）（包括其盐以及它们的卤化、磺化、硝化或亚硝化衍生物）			危险化学品（12.1）
2921110030	甲胺盐			危险化学品（12.1）
2921110040	甲胺（CAS 号 74-89-5）	A/B	M/N	危险化学品（12.1）
2921110050	二甲胺及其盐酸盐			危险化学品（12.1）
2921110090	三甲胺及其盐，其他二甲胺盐	A/B	M/N	危险化学品（12.1） 其他资源与化工产品（12.6） 食品添加剂（营养强化剂）（9.1）
2921191000	二正丙胺	A/B	M/N	危险化学品（12.1）
2921192000	异丙胺			危险化学品（12.1）
2921194000	N,N-二（2-氯乙基）甲胺			危险化学品（12.1）
2921199011	三乙胺（单一成分，用做点火剂）	A/	M/	危险化学品（12.1）
2921199020	二异丙胺			危险化学品（12.1）
2921199030	2-氨基丁烷，胺鲜酯			危险化学品（12.1）
2921199090	其他无环单胺及其衍生物及其盐			危险化学品（12.1）
2921211000	乙二胺			危险化学品（12.1）
2921219000	乙二胺盐			危险化学品（12.1）
2921229000	六亚甲基二胺及其他盐			危险化学品（12.1）
2921290090	其他无环多胺及其衍生物（包括它们的盐）			危险化学品（12.1）
2921300040	乙撑亚胺	A/B	M/N	危险化学品（12.1）
2921300090	其他环（烷、烯、萜烯）单胺或多胺（包括其衍生物及它们的盐）			危险化学品（12.1）
2921411000	苯胺	A/B	M/N	危险化学品（12.1）
2921419000	苯胺盐			危险化学品（12.1）
2921420020	邻氯对硝基苯胺			危险化学品（12.1）
2921420090	其他苯胺衍生物及其盐			危险化学品（12.1）
2921430001	间甲苯胺或对甲苯胺			危险化学品（12.1）
2921430020	邻甲苯胺			危险化学品（12.1）
2921430090	甲苯胺盐、甲苯胺衍生物及其盐			危险化学品（12.1）
2921440000	二苯胺及其衍生物以及它们的盐			危险化学品（12.1）
2921450000	1-萘胺（α-萘胺）、2-萘胺（β-萘胺）及其衍生物以及它们的盐			危险化学品（12.1）
2921492000	二甲基苯胺			危险化学品（12.1）
2921499090	其他芳香单胺及衍生物及它们的盐			危险化学品（12.1）
2921511000	邻苯二胺			危险化学品（12.1）
2921519090	间-、对-苯二胺、二氨基甲苯等（包括衍生物及它们的盐）			危险化学品（12.1）
2921590020	联苯胺（4,4'-二氨基联苯）			禁止进出口 危险化学品（12.1）

续表85

商品编号	商品名称	监管条件	检验检疫类别	检验检疫要求
2921590030	3,3'-二氨基-2,2',4,4',6,6'-六硝基联苯或二苦酰胺（DIPAM）（CAS 号 17215-44-0）、三氨基三硝基苯			危险化学品（12.1）
2921590090	其他芳香多胺及衍生物及它们的盐			危险化学品（12.1）
2922110001	单乙醇胺	A/B	M.R/N.S	危险化学品（12.1） 其他资源与化工产品（12.6）
2922120001	二乙醇胺			危险化学品（12.1）
2922150000	三乙醇胺	A/	R/	非食品添加剂（工业用）（9.1）
2922160000	全氟辛基磺酸二乙醇胺			禁止进出口 危险化学品（12.1）
2922180000	2-（N,N-二异丙基氨基）乙醇			危险化学品（12.1）
2922192100	二甲氨基乙醇及其质子化盐			危险化学品（12.1）
2922192210	2-二乙氨基乙醇（或称 N,N-二乙基乙醇胺）			危险化学品（12.1）
2922199090	其他氨基醇及其醚、酯和它们的盐（但含有一种以上含氧基的除外）			危险化学品（12.1）
2922291000	茴香胺，二茴香胺，氨基苯乙醚等（但含有一种以上含氧基的除外）			危险化学品（12.1）
2922299090	其他氨基萘酚和其他氨基酚及其醚和酯（包括它们的盐，但含有一种以上含氧基的除外）			危险化学品（12.1）
2922399060	氯胺酮、异美沙酮、甲卡西酮以及它们的盐，4-甲基乙卡西酮（4-MEC）（CAS 号 1225617-18-4）			危险化学品（12.1）
2922411000	赖氨酸	A/B	M.P/Q	饲料和饲料添加剂（5.1） 食品添加剂（营养强化剂）（9.1）
2922419000	赖氨酸酯和赖氨酸盐（包括赖氨酸酯的盐）	A/B	M.P.R/Q	饲料和饲料添加剂（5.1） 非食品添加剂（工业用）（9.1） 食品添加剂（营养强化剂）（9.1）
2922421000	谷氨酸	A/	M.P/	饲料和饲料添加剂（5.1） 其他资源与化工产品（12.6） 食品添加剂（营养强化剂）（9.1）
2922422000	谷氨酸钠	A/	M.P/	饲料和饲料添加剂（5.1） 食品添加剂（营养强化剂）（9.1）
2922429000	其他谷氨酸盐	A/	M.P/	饲料和饲料添加剂（5.1） 食品添加剂（营养强化剂）（9.1）
2922491100	氨甲环酸	A/B	M.R/S	饲料和饲料添加剂（5.1） 其他资源与化工产品（12.6）
2922491990	其他氨基酸	A/B	M.P.R/Q	饲料和饲料添加剂（5.1） 非食品添加剂（工业用）（9.1） 食品添加剂（营养强化剂）（9.1）
2922499920	草灭畏，甲萘威，地麦威，蜱虱威，除线威，氨酰丙酸（盐酸盐）	A/	M.P/	农药（12.6） 危险化学品（12.1） 饲料和饲料添加剂（5.1）

续表86

商品编号	商品名称	监管条件	检验检疫类别	检验检疫要求
2922499930	灭杀威，灭除威，混灭威，害扑威，速灭威，残杀威，猛杀威，兹克威，除害威，异丙威，仲丁威，畜虫威，合杀威	A/B	M/N	农药（12.6） 危险化学品（12.1）
2922499990	其他氨基酸及其酯及它们的盐（含有一种以上含氧基的除外）	A/B	M. R/N. Q	危险化学品（12.1） 饲料和饲料添加剂（5.1） 其他资源与化工产品（12.6）
2922501000	对羟基苯甘氨酸及其邓钾盐	A/	R/	其他资源与化工产品（12.6）
2922509010	曲马多			危险化学品（12.1）
2922509091	抗癌药原料（盐酸米托蒽醌）（适用抗癌药增值税政策的）	A/	R/	非食品添加剂（工业用）（9.1） 食品添加剂（营养强化剂）（9.1）
2922509092	抗癌药原料（盐酸米托蒽醌）（不适用抗癌药增值税政策的）	A/	R/	非食品添加剂（工业用）（9.1） 食品添加剂（营养强化剂）（9.1）
2922509099	其他氨基醇酚、氨基酸酚（包括其他含氧基氨基化合物）	A/	R/	非食品添加剂（工业用）（9.1） 食品添加剂（营养强化剂）（9.1）
2923100000	胆碱及其盐	A/	R/	饲料和饲料添加剂（5.1） 非食品添加剂（工业用）（9.1） 食品添加剂（营养强化剂）（9.1）
2923200000	卵磷脂及其他磷氨基类脂	A/	R/	保健食品（8.1） 饲料和饲料添加剂（5.1） 非食品添加剂（工业用）（9.1） 食品添加剂（营养强化剂）（9.1）
2923300000	全氟辛基磺酸四乙基铵			禁止进出口 危险化学品（12.1）
2923400000	全氟辛基磺酸二癸基二甲基铵			禁止进出口 危险化学品（12.1）
2923900090	其他季铵盐及季铵碱			危险化学品（12.1）
2924110000	甲丙氨酯（INN）			危险化学品（12.1）
2924120010	氟乙酰胺（ISO）（氟乙酰胺别名敌蚜胺）			禁止进出口 危险化学品（12.1）
2924120090	久效磷（ISO）及磷胺（ISO）			危险化学品（12.1）
2924191000	二甲基甲酰胺			危险化学品（12.1）
2924199020	百治磷，溴乙酰胺，霜霉威及其盐，叶枯炔，二丙烯草胺，驱蚊酯			危险化学品（12.1）
2924199090	其他无环酰胺（包括无环氨基甲酸酯）（包括其衍生物及其盐）			危险化学品（12.1）
2924250000	甲草胺			危险化学品（12.1）
2924299001	避蚊胺，灭锈胺，叶枯酞，水杨菌胺，氟丁酰草胺，萘草胺，新燕灵，非草隆，氯炔灵，苄草隆，燕麦灵，苄胺灵，特草灵，特胺灵，环丙酰亚胺，毒草胺，丁烯草胺，二氯己酰草胺，萘丙胺，牧草胺，溴丁酰草胺，氯甲酰草胺，麦草伏 M，麦草伏			危险化学品（12.1）

续表87

商品编号	商品名称	监管条件	检验检疫类别	检验检疫要求
2924299002	氯虫酰肼，异丙甲草胺，苯肽胺酸，精异丙甲草胺，缬霉威，灭害威，苯氧威，氟酰脲，环丙酰草胺，烯草胺，苯胺灵，苯霜灵，丙草胺，敌稗，丙炔草胺，草不隆，草完隆，除虫脲，除幼脲，敌草胺，敌草隆，二甲苯草胺，丁草胺			危险化学品（12.1）
2924299004	灭草隆，灭幼脲，炔苯酰草胺，麦锈灵，棉胺宁，灭草灵，炔草隆，杀草胺，虱螨脲，双苯酰草胺，双酰草胺，杀草隆，杀铃脲，杀螺胺及其盐，莎稗磷，甜菜安，特丁草胺，乙氧苯草胺，甜菜宁，戊菌隆，酰草隆，乙草胺，乙霉威，乙酰甲草胺，异丙隆			危险化学品（12.1）
2924299099	其他环酰胺（包括环氨基甲酸酯）（包括其衍生物以及它们的盐）			危险化学品（12.1）
2925110000	糖精及其盐	A/	R/	饲料和饲料添加剂（5.1） 非食品添加剂（工业用）（9.1） 食品添加剂（营养强化剂）（9.1）
2925190090	其他酰亚胺及其衍生物、盐			危险化学品（12.1）
2925210000	杀虫脒（ISO）			禁止进出口 危险化学品（12.1）
2925290010	杀螨特，杀螨脒，单甲脒及其盐，伐虫脒，丙烷脒，烯肟菌胺，烯肟菌酯，醚菌酯，双胍辛胺，多果定，双胍辛胺乙酸盐，双胍三辛烷基苯磺酸盐，禾草灭，氟草醚，增产肟，氯代水杨胺，双胍辛乙酸盐，顺己烯醇，双甲脒			危险化学品（12.1）
2925290090	其他亚胺及其衍生物以及它们的盐			危险化学品（12.1）
2926100000	丙烯腈（即2-丙烯腈、乙烯基氰）			危险化学品（12.1）
2926909020	己二腈			危险化学品（12.1）
2926909011	甲氰菊酯，S-氰戊菊酯，氯氟氰菊酯，氰氟虫腙，氯氰菊酯，氟氯氰菊酯，高效氯氰菊酯，高效反式氯氰菊酯，高效氟氯氰菊酯，杀螟腈，甲基辛硫磷，敌草腈，碘苯腈，辛酰碘苯腈，溴苯腈，辛酰溴苯腈，氯辛硫磷，戊氰威，苯醚氰菊酯，稻瘟酰胺			危险化学品（12.1）
2926909071	3-氧-2-苯基丁腈，苯乙腈（CAS号140-29-4）			危险化学品（12.1）
2926909090	其他腈基化合物			危险化学品（12.1）
2927000090	其他重氮化合物、偶氮化合物等（包括氧化偶氮化合物）			危险化学品（12.1）
2928000010	偏二甲肼			危险化学品（12.1）
2928000020	甲基肼	A/	M/	危险化学品（12.1）
2928000090	其他肼（联氨）及胲（羟胺）的有机衍生物			危险化学品（12.1）
2929101000	甲苯二异氰酸酯（TDI）	A/B	M/N	危险化学品（12.1）
2929103000	二苯基甲烷二异氰酸酯（纯MDI）			危险化学品（12.1）
2929104000	六亚基甲烷二异氰酸酯			危险化学品（12.1）
2929109000	其他异氰酸酯			危险化学品（12.1）
2929901000	环已基氨基磺酸钠（甜蜜素）	A/	R/	非食品添加剂（工业用）（9.1） 食品添加剂（营养强化剂）（9.1）
2929909010	胺丙畏，胺草磷，抑草磷，丁苯草酮，甲基胺草磷，异柳磷，甲基异柳磷，丙胺氟磷，八甲磷，育畜磷，甘氨硫磷，甲氟磷，毒鼠磷，水胺硫磷			危险化学品（12.1）
2929909090	其他含氮基化合物			危险化学品（12.1）

续表88

商品编号	商品名称	监管条件	检验检疫类别	检验检疫要求
2930200010	禾草丹，杀螟丹，威百亩，代森钠，丙森锌，福美铁，福美锌，代森福美锌，安百亩，燕麦敌，野麦畏，硫草敌，苄草丹，戊草丹，坪草丹，仲草丹，丁草敌，克草敌，茵草敌，灭草敌，环草敌，硫菌威，菜草畏			危险化学品（12.1）
2930300010	福美双			危险化学品（12.1）
2930400000	甲硫氨酸（蛋氨酸）	A/	M. P/	饲料和饲料添加剂（5.1） 其他资源与化工产品（12.6）
2930800010	甲胺磷（ISO）			危险化学品（12.1）
2930800020	敌菌丹（ISO）			危险化学品（12.1）
2930800030	涕灭威（ISO）			危险化学品（12.1）
2930901000	双巯丙氨酸（胱氨酸）	A/	M. P/	饲料和饲料添加剂（5.1） 其他资源与化工产品（12.6）
2930902000	二硫代碳酸酯（或盐）［黄原酸酯（或盐）］			危险化学品（12.1）
2930909043	甲基硫菌灵，硫菌灵，苯螨醚，乙蒜素，敌灭生，丁酮威，丁酮砜威，棉铃威，灭多威，乙硫苯威，杀线威，甲硫威，多杀威，涕灭砜威，硫双威，丁醚脲，久效威，苯硫威，敌螨特，二甲四氯乙硫酯，杀虫双，杀虫单，灭虫脲，避虫醇			危险化学品（12.1）
2930909044	代森锌，代森锰，代森锰锌，福美胂，福美甲胂，代森铵，代森联，烯草酮，磺草酮，嗪草酸甲酯，硝磺草酮，苯氟磺胺，甲磺乐灵，氯硫酰草胺，脱叶磷，灭菌丹，克菌丹，杀螨硫醚，氟杀螨，硫肟醚，莠不生，稻瘟净，异稻瘟净，稻丰散，敌瘟磷			危险化学品（12.1）
2930909045	马拉硫磷，苏硫磷，赛硫磷，丙虫磷，双硫磷，亚砜磷，异亚砜磷，丙溴磷，田乐磷，特丁硫磷，硫丙磷，地虫硫膦，乙硫磷，丙硫磷，甲基乙拌磷，乐果，益硫磷，氧乐果，甲拌磷，乙拌磷，虫螨磷，果虫磷，氯胺磷，家蝇磷，灭蚜磷，安硫磷			危险化学品（12.1）
2930909046	硫线磷，氯甲硫磷，杀虫磺，砜吸磷，砜拌磷，异拌磷，三硫磷，芬硫磷，倍硫磷，甲基内吸磷，乙酯磷，丰索磷，内吸磷，发硫磷，灭线磷，烯禾啶，双环磺草酮，氟虫酰胺，氟苯虫酰胺			危险化学品（12.1）
2930909091	DL-羟基蛋氨酸	A/	M. P/	饲料和饲料添加剂（5.1） 其他资源与化工产品（12.6）
2930909099	其他有机硫化合物			危险化学品（12.1）
2931100000	四甲基铅及四乙基铅	A/B	M/N	危险化学品（12.1）
2931200000	三丁基锡化合物			危险化学品（12.1）
2931420000	丙基膦酸二甲酯	A/B	M. R/N. S	其他资源与化工产品（12.6）
2931450000	甲基膦酸和脒基尿素（1∶1）生成的盐	A/B	M. R/N. S	其他资源与化工产品（12.6）
2931460000	1-丙基磷酸环酐	A/B	M. R/N. S	危险化学品（12.1） 其他资源与化工产品（12.6）
2931480000	3,9-二甲基-2，4，8，10-四氧杂-3，9-二磷杂螺［5，5］十一烷-3，9二氧化物	A/B	M. R/N. S	其他资源与化工产品（12.6）
2931491000	双甘膦	A/B	R/S	非食品添加剂（工业用）（9.1）
2931499030	草甘膦及其盐，草铵膦，精草铵膦，草硫膦，杀木膦，双丙氨膦，增甘膦，苯硫膦，苯腈膦			危险化学品（12.1）
2931499090	其他非卤化有机磷衍生物	A/B	M. R/N. S	危险化学品（12.1） 其他资源与化工产品（12.6） 食品添加剂（营养强化剂）（9.1）
2931520000	丙基膦酰二氯	A/B	M. R/N. S	其他资源与化工产品（12.6）

续表89

商品编号	商品名称	监管条件	检验检疫类别	检验检疫要求
2931530000	O-（3-氯丙基）O-［4-硝基-3-（三氟甲基）苯基］甲基硫代膦酸酯	A/B	M. R/N. S	其他资源与化工产品（12.6）
2931540000	敌百虫（ISO）			危险化学品（12.1）
2931590040	三丁氯苄鏻，乙烯利，氟硅菊酯，溴苯膦，丁酯膦			危险化学品（12.1）
2931590080	全氟辛酸的盐类和相关化合物（PFOA 类）	A/B	M. R/N. S	其他资源与化工产品（12.6）
2931590090	其他卤化有机磷衍生物	A/B	M. R/N. S	危险化学品（12.1） 其他资源与化工产品（12.6） 食品添加剂（营养强化剂）（9.1）
2931900001	六甲基环三硅氧烷（包括八甲基环四硅氧烷，十甲基环五硅氧烷，十二甲基环六硅氧烷）			危险化学品（12.1）
2931900003	三苯锡，三苯基乙酸锡，三苯基氯化锡，三苯基氢氧化锡，苯丁锡，三唑锡，田安，乙烯硅			危险化学品（12.1）
2931900017	硫酸三乙基锡，二丁基氧化锡等（包括氧化二丁基锡，乙酸三乙基锡，三乙基乙酸锡）			危险化学品（12.1）
2931900032	三甲基锑、三乙基锑及其他有机锑化合物，纯度（无机元素基准）大于99.999%	A/B	M. R/N. S	危险化学品（12.1） 其他资源与化工产品（12.6）
2931900040	全氟辛酸的盐类和相关化合物（PFOA 类）	A/B	M. R/N. S	其他资源与化工产品（12.6）
2931900051	锆试剂，二甲胂酸，4-二甲氨基偶氮苯-4'-胂酸，卡可基酸，二甲基胂酸钠，4-氨基苯胂酸钠，二氯化苯胂，对氨基苯胂酸钠，二氯苯胂，苯胂化二氯，蒽醌-1-胂酸、三环锡（普特丹），月桂酸三丁基锡、醋酸三丁基锡			危险化学品（12.1）
2931900052	四乙基锡，乙酸三甲基锡，四乙锡，醋酸三甲基锡，毒菌锡，三苯基羟基锡（含量>20%），乙酰亚砷酸铜，二苯（基）胺氯胂，祖母绿，翡翠绿，醋酸亚砷酸铜，吩吡嗪化氯，亚当氏气，3-硝基-4-羟基苯胂酸，4-羟基-3-硝基苯胂酸，乙基二氯胂，二苯（基）氯胂			危险化学品（12.1）
2931900053	甲（基）胂酸，丙（基）胂酸，二碘化苯胂（苯基二碘胂），苯胂酸，2-硝基苯胂酸，邻硝基苯胂酸，3-硝基苯胂酸，间硝基苯胂酸，4-硝基苯胂酸，2-氨基苯胂酸，对硝基苯胂酸，邻氨基苯胂酸，3-氨基苯胂酸，4-氨基苯胂酸，间氨基苯胂酸，对氨基苯胂酸			危险化学品（12.1）
2931900090	其他有机-无机化合物	A/B	M. R/N. S	危险化学品（12.1） 其他资源与化工产品（12.6） 食品添加剂（营养强化剂）（9.1）
2932110000	四氢呋喃	A/B	M/N	危险化学品（12.1） 食品添加剂（营养强化剂）（9.1）
2932120000	2-糠醛	/B	/N	危险化学品（12.1）
2932130000	糠醇及四氢糠醇			危险化学品（12.1）
2932190090	其他结构上有非稠合呋喃环化合物			危险化学品（12.1）
2932209010	杀鼠灵，克鼠灵，敌鼠灵，溴鼠灵，氯灭鼠灵，氟鼠灵，鼠得克，杀鼠醚，赤霉酸，蝇毒磷，茴蒿素，溴敌隆，呋酰胺，四氯苯酞，畜虫磷，丁香菌酯，甲氨基阿维菌素及其盐，阿维菌素，丙酰芸苔素内酯，螺螨双酯			危险化学品（12.1）
2932209090	其他内酯			危险化学品（12.1）
2932960000	克百威（ISO）			危险化学品（12.1）
2932999001	二氧威，噁虫威，丙硫克百威，丁硫克百威，呋线威，因毒磷，敌噁磷，碳氯灵，呲喃灵，呲喃隆，乙氧呋草黄，呋草黄，氟草肟，避蚊酮，苯虫醚，鱼藤酮，环虫酰肼，调呋酸，芸苔素内酯			危险化学品（12.1）

续表90

商品编号	商品名称	监管条件	检验检疫类别	检验检疫要求
2932999060	二恶英、呋喃（多氯二苯并对二恶英、多氯二苯并呋喃）			禁止进出口 危险化学品（12.1）
2932999099	其他仅含氧杂原子的杂环化合物			危险化学品（12.1）
2933199017	吡硫磷，吡唑硫磷，敌蝇威，乙虫腈，氟虫腈，唑螨酯，吡螨胺，吡草醚，吡唑草胺，氟氯草胺，吡唑萘菌胺，苯并烯氟菌唑，丁虫腈，腈吡螨酯，唑菌酯，异索威，吡唑威，吡唑醚菌酯，野燕枯，苄草唑，吡唑特，吡草酮，氟唑菌胺，乙唑螨腈			危险化学品（12.1）
2933199090	其他结构上有非稠合吡唑环化合物			危险化学品（12.1）
2933290090	其他结构上有非稠合咪唑环化合物			危险化学品（12.1）
2933310010	吡啶	A/B	M/N	危险化学品（12.1）
2933321000	哌啶（六氢吡啶）			危险化学品（12.1）
2933340090	其他芬太尼及它们的衍生物			危险化学品（12.1）
2933399014	精吡氟禾草灵及其酯，毒死蜱，二氯氨基吡啶羧酸，二氟吡隆，三氟甲吡醚，氯虫苯甲酰胺，啶酰菌胺，羟哌酯，啶虫脒，精喹禾灵，喹禾灵，氟吡禾灵，吡氟禾草灵，炔禾灵，氟吡乙禾灵，氟吡菌胺，卤草啶，高效氟吡甲禾灵，氟吡甲禾灵			危险化学品（12.1）
2933399099	其他结构上含有一个非稠合吡啶环（不论是否氢化）的化合物			危险化学品（12.1）
2933490090	其他含喹啉或异喹啉环系的化合物（但未进一步稠合的）			危险化学品（12.1）
2933599055	吡菌磷，嘧霉胺，嘧菌胺，嘧菌酯，嘧啶威，抗蚜威，环虫腈，嘧螨醚，氯苯嘧啶醇，环丙嘧啶醇，呋嘧醇，氟蚁腙，鼠立死，三氟苯嘧啶，二甲嘧酚，乙嘧酚，乙嘧酚磺酸酯，嘧菌环胺，嘧菌腙，嘧螨酯，氟苯嘧啶醇			危险化学品（12.1）
2933599099	其他结构上有嘧啶环等的化合物（包括其他结构上有哌嗪环的化合物）			危险化学品（12.1）
2933691000	三聚氰氯			危险化学品（12.1）
2933692100	二氯异氰脲酸			危险化学品（12.1）
2933692200	三氯异氰脲酸	A/B	M/N	危险化学品（12.1）
2933692910	二氯异氰尿酸钠	A/	R/	其他资源与化工产品（12.6）
2933699099	其他结构上含非稠合三嗪环化合物			危险化学品（12.1）
2933790099	其他内酰胺			危险化学品（12.1）
2933990026	唑草酯，四环唑，噁草酸，氟胺草唑，氨唑草酮，三氟苯唑，多效唑，烯效唑，抑芽唑，喹禾糠酯，哒草特，咯草隆，禾草敌，唑草胺，敌草快及其盐，氯草敏，丙硫菌唑，氯氟醚菌唑，烯唑醇，吲哚丁酸，溴莠敏，吲熟酯，三唑磺，四唑酰草胺			危险化学品（12.1）
2933990027	抑芽丹，三唑磷，虫线磷，喹硫磷，唑啶草酮，氯唑磷，炔咪菊酯，吲哚酮草酯，多菌灵，苯菌灵，氰菌灵，麦穗宁，氟哒嗪草酯，哒嗪硫磷，亚胺硫磷，氯亚胺硫磷，保棉磷，益棉磷，威菌磷，呋喃虫酰肼，唑蚜威，不育胺，虫螨腈，抗螨唑，四螨嗪，咪菌威，丙硫咗，氟氯菌核利，哒菌酮，拌种咯，杀草强			危险化学品（12.1）
2933990061	二硝基甘脲（DNGU 或 DINGU）（CAS 号 55510-04-8）、1，4，5，8-四硝基-哒嗪并［4，5-d］哒嗪（TNP）（CAS 号 229176-04-9）			危险化学品（12.1）
2933990062	（环）四亚甲基四硝胺（俗名奥托金 HMX）、（环）三亚甲基三硝基胺（俗名黑索金 RDX）			危险化学品（12.1）
2933990099	其他仅含氮杂原子的杂环化合物			危险化学品（12.1）
2934992000	呋喃唑酮	A/	M/	其他资源与化工产品（12.6）
2934993010	人类核酸及其盐			特殊物品（2.1）
2934993090	其他核酸及其盐			特殊物品（2.1）

续表91

商品编号	商品名称	监管条件	检验检疫类别	检验检疫要求
2934999001	核苷酸类食品添加剂	A/	R/	非食品添加剂（工业用）(9.1) 食品添加剂（营养强化剂）(9.1)
2934999011	噁草酮，氟噻草胺，活化酯，高效二甲吩草胺，噁唑磷，蔬果磷，茂硫磷，除害磷，噁唑禾草灵，毒鼠硅，噻鼠灵，吡噻菌胺，甲基吡噁磷，丁硫环磷，硫环磷，杀扑磷，伏杀硫磷，地胺磷，福拉比，噻节因，糠菌唑，精噁唑禾草灵，砜吡草唑			危险化学品（12.1）
2934999013	苯草灭，灭草松，灭草唑，丙炔噁草酮，噻草酮，噻唑锌，异噁草松，噁嗪草酮，环苯草酮，丙炔氟草胺，糖氨基嘌呤，苯螨噻，异噁酰草胺，异噁唑草酮，噻菌茂，硅丰环，多抗霉素，灰瘟素，三环唑，氧环唑，灭螨猛，克杀螨，螨蜱胺，二氰蒽醌			危险化学品（12.1）
2934999099	其他杂环化合物			危险化学品（12.1）
2935100000	N-甲基全氟辛基磺酰胺			禁止进出口 危险化学品（12.1）
2935200000	N-乙基全氟辛基磺酰胺			禁止进出口 危险化学品（12.1）
2935300000	N-乙基-N-（2-羟乙基）全氟辛基磺酰胺			禁止进出口 危险化学品（12.1）
2935400000	N-（2-羟乙基）-N-甲基全氟辛基磺酰胺			禁止进出口 危险化学品（12.1）
2935900043	磺草膦，氨磺乐灵，三氟啶磺隆，啶磺草胺，磺菌胺，增糖胺，畜蜱磷，伐灭磷，地散磷，环氧嘧磺隆，苯嘧磺草胺，噻酮磺隆，甲基碘磺隆钠盐，甲苯氟磺胺，氟虫胺，磺菌威，氰霜唑			危险化学品（12.1）
2935900090	其他磺（酰）胺			危险化学品（12.1）
2936210000	未混合的维生素A及其衍生物（不论是否溶于溶剂）	A/	R/	危险化学品（12.1） 饲料和饲料添加剂（5.1） 非食品添加剂（工业用）(9.1) 食品添加剂（营养强化剂）(9.1)
2936220000	未混合的维生素 B_1 及其衍生物（不论是否溶于溶剂）	A/	R/	饲料和饲料添加剂（5.1） 非食品添加剂（工业用）(9.1) 食品添加剂（营养强化剂）(9.1)
2936230000	未混合的维生素 B_2 及其衍生物（不论是否溶于溶剂）	A/	R/	饲料和饲料添加剂（5.1） 非食品添加剂（工业用）(9.1) 食品添加剂（营养强化剂）(9.1)
2936240000	D或DL-泛酸（维生素 B_5）及其衍生物（不论是否溶于溶剂）	A/	R/	饲料和饲料添加剂（5.1） 非食品添加剂（工业用）(9.1) 食品添加剂（营养强化剂）(9.1)

续表92

商品编号	商品名称	监管条件	检验检疫类别	检验检疫要求
2936250000	未混合的维生素 B_6 及其衍生物（不论是否溶于溶剂）	A/	R/	危险化学品（12.1） 饲料和饲料添加剂（5.1） 非食品添加剂（工业用）（9.1） 食品添加剂（营养强化剂）（9.1）
2936260000	未混合的维生素 B_{12} 及其衍生物（不论是否溶于溶剂）	A/	R/	危险化学品（12.1） 饲料和饲料添加剂（5.1） 非食品添加剂（工业用）（9.1） 食品添加剂（营养强化剂）（9.1）
2936270000	未混合的维生素 C 及其衍生物	A/	R/	危险化学品（12.1） 饲料和饲料添加剂（5.1） 非食品添加剂（工业用）（9.1） 食品添加剂（营养强化剂）（9.1）
2936280000	未混合的维生素 E 及其衍生物（不论是否溶于溶剂）	A/	R/	保健食品（8.1） 危险化学品（12.1） 饲料和饲料添加剂（5.1） 非食品添加剂（工业用）（9.1） 食品添加剂（营养强化剂）（9.1）
2936290000	其他未混合的维生素及其衍生物（不论是否溶于溶剂）	A/	R/	危险化学品（12.1） 饲料和饲料添加剂（5.1） 非食品添加剂（工业用）（9.1） 食品添加剂（营养强化剂）（9.1）
2936901000	维生素 AD_3（包括天然浓缩物，不论是否溶于溶剂）	A/	R/	保健食品（8.1） 饲料和饲料添加剂（5.1） 食品添加剂（营养强化剂）（9.1）
2936909000	维生素原，混合维生素原、其他混合维生素及其衍生物（包括天然浓缩物，不论是否溶于溶剂）	A/	R/	保健食品（8.1） 饲料和饲料添加剂（5.1） 非食品添加剂（工业用）（9.1） 食品添加剂（营养强化剂）（9.1）
2937110030	《兴奋剂目录》所列生长激素及其衍生物和结构类似物			特殊物品（2.1）
2937121000	重组人胰岛素及其盐			特殊物品（2.1）
2937190020	《兴奋剂目录》所列其他多肽激素、蛋白激素、糖蛋白激素及其衍生物和结构类似物			特殊物品（2.1）
2937190099	其他多肽激素及衍生物和结构类似物（包括蛋白激素、糖蛋白激素及其衍生物和结构类似物）			特殊物品（2.1）

续表93

商品编号	商品名称	监管条件	检验检疫类别	检验检疫要求
2937900010	氨基酸衍生物	A/	R/	非食品添加剂（工业用）(9.1)
2937900090	其他激素及其衍生物和结构类似物			危险化学品（12.1）
2938909020	甘草酸盐类	A/	R/	非食品添加剂（工业用）(9.1) 食品添加剂（营养强化剂）(9.1)
2938909090	其他天然或合成再制的苷及其盐等（包括醚、酯和其他衍生物）			危险化学品（12.1）
2939300000	咖啡因及其盐	A/	R/	非食品添加剂（工业用）(9.1) 食品添加剂（营养强化剂）(9.1)
2939490099	其他麻黄生物碱衍生物，以及它们的盐	A/B	M. R/N	其他资源与化工产品（12.6）
2939791010	烟碱	A/B	M/N	危险化学品（12.1）
2939791090	烟碱盐			危险化学品（12.1）
2939792010	番木鳖碱	A/B	M/N	危险化学品（12.1）
2939799091	抗癌药原料（酒石酸长春瑞滨、硫酸长春新碱、盐酸托泊替康、盐酸伊立替康）（适用抗癌药增值税政策的）	A/B	M. R/N	非食品添加剂（工业用）(9.1) 食品添加剂（营养强化剂）(9.1)
2939799092	抗癌药原料（酒石酸长春瑞滨、硫酸长春新碱、盐酸托泊替康、盐酸伊立替康）（不适用抗癌药增值税政策的）	A/B	M. R/N	非食品添加剂（工业用）(9.1) 食品添加剂（营养强化剂）(9.1)
2939799099	其他植物碱及其衍生物（包括植物碱的盐、酯及其他衍生物）	A/B	M. R/N	危险化学品（12.1） 其他资源与化工产品（12.6）
2939801000	石房蛤毒素			特殊物品（2.1） 危险化学品（12.1）
2939809010	河豚毒素（包括生物碱的盐、酯及其他衍生物）	A/B	M. R/N	危险化学品（12.1）
2939809090	其他生物碱及其衍生物（包括生物碱的盐、酯及其他衍生物）	A/B	M. R/N	其他资源与化工产品（12.6） 食品添加剂（营养强化剂）(9.1)
2940001000	木糖	A/	R/	饲料和饲料添加剂（5.1） 食品添加剂（营养强化剂）(9.1)
2940009010	氨基寡糖素	A/	R/	农药（12.6）
2940009090	其他化学纯糖，糖醚、糖酯及其盐（蔗糖、乳糖、麦芽糖、葡萄糖、品目2937~2939产品除外）	A/	R/	危险化学品（12.1） 其他深加工食品（8.3） 饲料和饲料添加剂（5.1） 食品添加剂（营养强化剂）(9.1)
2941905910	放线菌酮			危险化学品（12.1）
2941909091	抗癌药原料（吡柔比星、丝裂霉素、盐酸表柔比星、盐酸多柔比星、盐酸平阳霉素、盐酸柔红霉素、盐酸伊达比星）（适用抗癌药增值税政策的）			危险化学品（12.1）
2941909092	抗癌药原料（吡柔比星、丝裂霉素、盐酸表柔比星、盐酸多柔比星、盐酸平阳霉素、盐酸柔红霉素、盐酸伊达比星）（不适用抗癌药增值税政策的）			危险化学品（12.1）

续表94

商品编号	商品名称	监管条件	检验检疫类别	检验检疫要求
2941909099	其他抗菌素			危险化学品（12.1）
2942000000	其他有机化合物			危险化学品（12.1）
3001200010	其他濒危野生动物腺体、器官（包括分泌物）	A/B	P/Q	生物材料（2.2） 非食用动物产品（3.4） 其他资源与化工产品（12.6）
3001200021	含人类遗传资源的人类腺体、器官及其分泌物的提取物	A/B	V/W	特殊物品（2.1） 其他类别
3001200029	其他人类的腺体、器官及其分泌物的提取物	A/B	V/W	特殊物品（2.1） 其他类别
3001200090	其他腺体、器官及其分泌物提取物	A/B	P/Q	生物材料（2.2） 非食用动物产品（3.4） 其他资源与化工产品（12.6）
3001909011	濒危蛇毒制品（供治疗或预防疾病用）	A/B	P.V/Q.W	其他资源与化工产品（12.6）
3001909019	非濒危蛇毒制品（供治疗或预防疾病用）	A/B	P.V/Q.W	其他资源与化工产品（12.6）
3001909020	含有人类遗传资源的人体制品	A/B	V/W	特殊物品（2.1） 其他类别
3001909091	其他濒危动物制品（供治疗或预防疾病用）	A/B	P/Q	生物材料（2.2） 中药材（食药物质）（2.3） 其他资源与化工产品（12.6）
3001909092	人类腺体、器官、组织	A/B	V/W	特殊物品（2.1）
3001909099	其他未列名的人体或动物制品	A/B	P.V/Q.W	生物材料（2.2） 医疗器械（11.4） 中药材（食药物质）（2.3） 其他资源与化工产品（12.6）
3002120023	含有人类遗传资源的抗血清及其他血份	A/B	P.V/Q.W	特殊物品（2.1） 其他类别
3002120030	兽用血清制品	A/B	P.V/Q.W	生物材料（2.2）
3002120093	罕见病药品制剂（包括符合增值税政策规定的罕见病药品清单第一批、第二批、第三批商品）	A/B	P.V/Q.W	其他资源与化工产品（12.6） 其他类别
3002120094	其他含濒危动物成分的抗血清及血份	A/B	P.V/Q.W	生物材料（2.2）
3002120099	其他抗血清及其他血份（因拆分抗癌药产生的兜底编号）	A/B	P.V/Q.W	特殊物品（2.1） 生物材料（2.2） 饲料和饲料添加剂（5.1） 其他资源与化工产品（12.6） 其他类别
3002130010	非混合的《兴奋剂目录》所列免疫制品，未配定剂量或制成零售包装	A/B	P.V/Q.W	特殊物品（2.1） 生物材料（2.2） 其他资源与化工产品（12.6）
3002130090	其他非混合的免疫制品，未配定剂量或制成零售包装	A/B	P.V/Q.W	特殊物品（2.1） 生物材料（2.2） 其他资源与化工产品（12.6）
3002140000	混合的免疫制品，未配定剂量或制成零售包装	A/B	P.V/Q.W	特殊物品（2.1） 生物材料（2.2） 其他资源与化工产品（12.6）
3002150010	抗（防）癌药品制剂（不含癌症辅助治疗药品）（包括符合增值税政策规定的抗癌药品清单第一批、第二批、第三批商品）	A/B	P.V/Q.W	其他资源与化工产品（12.6）
3002150030	罕见病药品制剂（包括符合增值税政策规定的罕见病药品清单第一批、第二批、第三批商品）	A/B	P.V/Q.W	其他资源与化工产品（12.6）

续表95

商品编号	商品名称	监管条件	检验检疫类别	检验检疫要求
3002150040	兽用免疫学体内诊断制品（已配剂量的）	A/B	P. V/Q. W	生物材料（2.2）
3002150050	《兴奋剂目录》所列免疫制品，已配定剂量或制成零售包装	A/B	P. V/Q. W	特殊物品（2.1） 生物材料（2.2） 其他资源与化工产品（12.6）
3002150090	其他免疫制品，已配定剂量或制成零售包装	A/B	P. V/Q. W	特殊物品（2.1） 生物材料（2.2） 其他资源与化工产品（12.6）
3002410011	新型冠状病毒（COVID-19）疫苗，已配定剂量或制成零售包装	A/B	V/W	特殊物品（2.1） 其他资源与化工产品（12.6）
3002410019	新型冠状病毒（COVID-19）疫苗，未配定剂量或制成零售包装	A/B	V/W	特殊物品（2.1） 其他资源与化工产品（12.6）
3002410090	其他人用疫苗	A/B	V/W	特殊物品（2.1） 其他资源与化工产品（12.6）
3002492000	蓖麻毒素			特殊物品（2.1）
3002493010	两用物项管制细菌及病毒	A/B	P. V/Q. W	特殊物品（2.1） 生物材料（2.2）
3002493020	苏云金杆菌、枯草芽孢杆菌	A/B	P. V/Q. W	特殊食品（8.1） 饲料和饲料添加剂（5.1）
3002493030	CAR-T细胞治疗药品生产用病毒载体（包括慢病毒载体、逆转录病毒载体）	A/B	P. V/Q. W	特殊物品（2.1） 其他资源与化工产品（12.6）
3002493090	其他细菌及病毒	A/B	P. V/Q. W	特殊物品（2.1） 生物材料（2.2） 特殊食品（8.1） 其他类别
3002499010	噬菌核霉、淡紫拟青霉、哈茨木霉菌、寡雄腐霉菌	A/B	P. V/Q. W	特殊物品（2.1） 其他类别
3002499020	其他两用物项管制毒素、培养微生物（不包括酵母）及类似产品	A/B	P. V/Q. W	特殊物品（2.1） 生物材料（2.2） 其他类别
3002499090	其他毒素、培养微生物（不包括酵母）及类似产品	A/B	P. V/Q. W	特殊物品（2.1） 生物材料（2.2） 其他资源与化工产品（12.6） 其他类别
3002510010	抗（防）癌药品清单内的细胞治疗产品	A/B	P. V/Q. W	特殊物品（2.1） 生物材料（2.2） 其他类别
3002510090	其他细胞治疗产品	A/B	P. V/Q. W	特殊物品（2.1） 生物材料（2.2） 其他类别
3002590000	其他细胞培养物，不论是否修饰	A/B	P. V/Q. W	特殊物品（2.1） 生物材料（2.2） 其他类别
3002904010	两用物项管制遗传物质和基因修饰生物体	A/B	P. V/Q. W	特殊物品（2.1） 生物材料（2.2） 其他资源与化工产品（12.6）
3002904090	其他遗传物质和基因修饰生物体	A/B	P. V/Q. W	生物材料（2.2） 其他类别
3002909001	人血	A/B	V/W	特殊物品（2.1）

续表96

商品编号	商品名称	监管条件	检验检疫类别	检验检疫要求
3002909010	治病、防病或诊断用的濒危动物血制品	A/B	P/Q	生物材料（2.2）
3002909090	治病、防病或诊断用的其他动物血制品	A/B	P/Q	生物材料（2.2）
3004311010	已配剂量含重组人胰岛素的单方制剂（包括零售包装）			特殊物品（2.1）
3004311090	已配剂量含重组人胰岛素的其他药品（不含抗菌素，包括零售包装）			特殊物品（2.1）
3005909000	其他软填料及类似物品（经药物浸涂或制成零售包装，供医疗、外科、牙科或兽医用）			危险化学品（12.1）
3006300010	碘普罗胺注射液、钆布醇注射液	A/B	V/W	其他资源与化工产品（12.6）
3006300090	其他 X 光检查造影剂、诊断试剂	A/B	V/W	医疗器械（11.4） 其他资源与化工产品（12.6）
3101001100	未经化学处理的鸟粪	A/B	P/Q	生物材料（2.2）
3101001910	未经化学处理的森林凋落物（包括腐叶、腐根、树皮、树叶、树根等森林腐殖质）	A/B	P/Q	禁止出口 栽培介质（5.2） 植物源性肥料（5.3）
3101001990	未经化学处理的其他动植物肥料	A/B	P/Q	生物材料（2.2） 植物源性肥料（5.3）
3101009020	经化学处理的森林凋落物（包括腐叶、腐根、树皮、树叶、树根等森林腐殖质）	A/B	P/Q	禁止出口 生物材料（2.2） 植物源性肥料（5.3） 其他资源与化工产品（12.6）
3101009090	经化学处理的其他动植物肥料	A/B	P/Q	生物材料（2.2） 植物源性肥料（5.3） 其他资源与化工产品（12.6）
3102100010	尿素（配额内，不论是否水溶液）	A/B	M/N	化肥（12.6） 饲料和饲料添加剂（5.1）
3102100090	尿素（配额外，不论是否水溶液）	A/B	M/N	化肥（12.6） 饲料和饲料添加剂（5.1）
3102210000	硫酸铵	A/	R/	饲料和饲料添加剂（5.1） 非食品添加剂（工业用）（9.1） 食品添加剂（营养强化剂）（9.1）
3102300000	硝酸铵（不论是否水溶液）	A/B	M/N	禁止进口 化肥（12.6） 危险化学品（12.1）
3102400000	硝酸铵与碳酸钙等的混合物（包括硝酸铵与其他无效肥及无机物的混合物）	/B	/N	化肥（12.6）
3102500000	硝酸钠	A/B	M/N. S	危险化学品（12.1） 食品添加剂（营养强化剂）（9.1）
3102600000	硝酸钙和硝酸铵的复盐及混合物	/B	/N	化肥（12.6）
3102800000	尿素及硝酸铵混合物的水溶液（包括氨水溶液）	/B	/N	化肥（12.6） 危险化学品（12.1）
3102901000	氰氨化钙	A/B	M/N	化肥（12.6） 危险化学品（12.1）
3102909000	其他矿物氮肥及化学氮肥（包括上述子目未列名的混合物）	/B	/N	化肥（12.6） 危险化学品（12.1）
3103111000	重过磷酸钙［按重量计五氧化二磷（P_2O_5）含量≥35%］	A/B	M/N	化肥（12.6）
3103119000	其他按重量计五氧化二磷（P_2O_5）含量≥35%及以上的过磷酸钙	A/B	M/N	化肥（12.6）

续表97

商品编号	商品名称	监管条件	检验检疫类别	检验检疫要求
3103190000	其他过磷酸钙	A/B	M/N	化肥（12.6）
3103900000	其他矿物磷肥或化学磷肥	/B	/N	化肥（12.6）
3104202000	纯氯化钾（按重量计氯化钾含量≥99.5%）	/B	/N	化肥（12.6）
3104209000	其他氯化钾	A/B	R/N	化肥（12.6） 饲料和饲料添加剂（5.1）
3104300000	硫酸钾	A/B	M/N	化肥（12.6） 饲料和饲料添加剂（5.1）
3104901000	光卤石、钾盐及其他天然粗钾盐	/B	/N	化肥（12.6）
3104909000	其他矿物钾肥及化学钾肥	/B	/N	化肥（12.6）
3105100010	制成片状及类似形状或零售包装的硝酸铵（零售包装每件毛重不超过10千克）	/B	/N	禁止进口 化肥（12.6）
3105100090	制成片状及类似形状或零售包装的第三十一章其他货品（零售包装每件毛重不超过10千克）	/B	/N	化肥（12.6） 危险化学品（12.1） 食品添加剂（营养强化剂）（9.1）
3105200010	化学肥料或矿物肥料（配额内，含氮、磷、钾三种肥效元素）	A/B	M/N	化肥（12.6） 危险化学品（12.1）
3105200090	化学肥料或矿物肥料（配额外，含氮、磷、钾三种肥效元素）	A/B	M/N	化肥（12.6） 危险化学品（12.1）
3105300010	磷酸氢二铵（配额内）	A/B	R/N	化肥（12.6） 饲料和饲料添加剂（5.1）
3105300090	磷酸氢二铵（配额外）	A/B	R/N	化肥（12.6） 饲料和饲料添加剂（5.1）
3105400000	磷酸二氢铵（包括磷酸二氢铵与磷酸氢二铵的混合物）	A/B	M/N	化肥（12.6） 饲料和饲料添加剂（5.1）
3105510000	含有硝酸盐及磷酸盐的肥料（包括矿物肥料或化学肥料）	A/B	M/N	化肥（12.6） 危险化学品（12.1）
3105590000	其他含氮、磷两种元素肥料（包括矿物肥料或化学肥料）	A/B	M/N	化肥（12.6） 危险化学品（12.1） 饲料和饲料添加剂（5.1）
3105600000	含磷、钾两种元素的肥料（包括矿物肥料或化学肥料）	A/B	M/N	化肥（12.6）
3105901000	有机-无机复混肥料	A/B	M/N	化肥（12.6） 危险化学品（12.1）
3105909000	其他肥料	A/B	M/N	化肥（12.6） 危险化学品（12.1）
3203001100	天然靛蓝及以其为基本成分的制品	A/	R/	非食品添加剂（工业用）（9.1） 食品添加剂（营养强化剂）（9.1）
3203001910	濒危植物质着色料及制品（制品是指以植物质着色料为基本成分的）	A/B	R/S	危险化学品（12.1） 饲料和饲料添加剂（5.1） 非食品添加剂（工业用）（9.1） 食品添加剂（营养强化剂）（9.1）

续表98

商品编号	商品名称	监管条件	检验检疫类别	检验检疫要求
3203001990	其他植物质着色料及制品（制品是指以植物质着色料为基本成分的）	A/B	R/S	危险化学品（12.1） 其他深加工食品（8.3） 饲料和饲料添加剂（5.1） 非食品添加剂（工业用）（9.1） 食品添加剂（营养强化剂）（9.1）
3203002000	动物质着色料及制品（制品是指以动物质着色料为基本成分的）	A/	M.R/	危险化学品（12.1） 其他资源与化工产品（12.6） 食品添加剂（营养强化剂）（9.1）
3204110000	分散染料及以其为基本成分的制品，不论是否有化学定义	A/B	R/S	危险化学品（12.1） 非食品添加剂（工业用）（9.1） 食品添加剂（营养强化剂）（9.1）
3204120000	酸性染料及制品、媒染染料及制品（包括以酸性染料或媒染染料为基本成分的制品，不论是否有化学定义）	A/B	R/S	危险化学品（12.1） 非食品添加剂（工业用）（9.1） 食品添加剂（营养强化剂）（9.1）
3204130000	碱性染料及以其为基本成分的制品	A/B	R/S	危险化学品（12.1） 非食品添加剂（工业用）（9.1） 食品添加剂（营养强化剂）（9.1）
3204140000	直接染料及以其为基本成分的制品	A/B	R/S	危险化学品（12.1） 非食品添加剂（工业用）（9.1） 食品添加剂（营养强化剂）（9.1）
3204151000	合成靛蓝（还原靛蓝）	A/	R/	非食品添加剂（工业用）（9.1） 食品添加剂（营养强化剂）（9.1）
3204159000	其他还原染料及以其为基本成分品（包括颜料用的）			危险化学品（12.1）
3204170010	彩色光刻胶用光刻胶颜料分散液			危险化学品（12.1）
3204170090	其他颜料及以其为基本成分的制品			危险化学品（12.1）
3204182000	以类胡萝卜素（包括胡萝卜素）为基本成分的制品	A/B	R/S	非食品添加剂（工业用）（9.1） 食品添加剂（营养强化剂）（9.1）

续表99

商品编号	商品名称	监管条件	检验检疫类别	检验检疫要求
3204199000	其他着色料组成的混合物	A/B	R/S	危险化学品（12.1） 饲料和饲料添加剂（5.1） 非食品添加剂（工业用）（9.1） 食品添加剂（营养强化剂）（9.1）
3204200000	用作荧光增白剂的有机合成产品	A/	M/	危险化学品（12.1） 其他资源与化工产品（12.6）
3204901000	生物染色剂及染料指示剂			危险化学品（12.1）
3204909000	其他用作发光体的有机合成产品			危险化学品（12.1）
3205000000	色淀及以色淀为基本成分的制品	A/	R/	非食品添加剂（工业用）（9.1） 食品添加剂（营养强化剂）（9.1）
3206190000	其他二氧化钛为基料的颜料及制品			危险化学品（12.1）
3206200000	铬化合物为基本成分的颜料及制品			危险化学品（12.1）
3206499000	其他无机着色料及其制品			危险化学品（12.1）
3206500000	用作发光体的无机产品			危险化学品（12.1）
3207100000	调制颜料，遮光剂，着色剂及类似品			危险化学品（12.1）
3207300000	光瓷釉及类似制品			危险化学品（12.1）
3208100010	分散于或溶于非水介质的以聚酯为基本成分的油漆及清漆（包括瓷漆及大漆），施工状态下挥发性有机物含量大于420克/升；以聚酯为基本成分、符合本章注释四的规定，且施工状态下挥发性有机物含量大于420克/升的涂料	A/	M/	涂料（12.6） 危险化学品（12.1） 其他资源与化工产品（12.6）
3208100020	同时满足以下指标的用于集成电路生产的防反射薄膜生成液：挥发性有机物含量>700g/L，反射值（N）为1~2.1，及吸光指数（K）（248纳米或193纳米波长测试）为0~1（以聚酯为基本成分）	A/	M/	涂料（12.6） 危险化学品（12.1） 其他资源与化工产品（12.6）
3208100090	其他分散于或溶于非水介质的以聚酯为基本成分的油漆及清漆（包括瓷漆及大漆），施工状态下挥发性有机物含量大于420克/升的除外；以聚酯为基本成分的本章注释四所述的溶液，施工状态下挥发性有机物含量大于420克/升的涂料除外	A/	M/	涂料（12.6） 危险化学品（12.1） 其他资源与化工产品（12.6）
3208201020	分散于或溶于非水介质的以丙烯酸聚合物为基本成分的油漆及清漆（包括瓷漆及大漆），施工状态下挥发性有机物含量大于420克/升；以丙烯酸聚合物为基本成分、符合本章注释四的规定，且施工状态下挥发性有机物含量大于420克/升的涂料	A/	M/	涂料（12.6） 危险化学品（12.1） 其他资源与化工产品（12.6）
3208201030	同时满足以下指标的用于集成电路生产的防反射薄膜生成液：挥发性有机物含量>700g/L，反射值（N）为1~2.1，及吸光指数（K）（248纳米或193纳米波长测试）为0~1（以丙烯酸聚合物为基本成分）	A/	M/	涂料（12.6） 危险化学品（12.1） 其他资源与化工产品（12.6）
3208201090	其他分散于或溶于非水介质的以丙烯酸聚合物为基本成分的油漆及清漆（包括瓷漆及大漆），施工状态下挥发性有机物含量大于420克/升的除外；以丙烯酸聚合物为基本成分的本章注释四所述的溶液，施工状态下挥发性有机物含量大于420克/升的涂料除外	A/	M/	涂料（12.6） 危险化学品（12.1） 其他资源与化工产品（12.6）
3208202010	分散于或溶于非水介质的以乙烯聚合物为基本成分的油漆及清漆（包括瓷漆及大漆），施工状态下挥发性有机物含量大于420克/升；以乙烯聚合物为基本成分、符合本章注释四的规定，且施工状态下挥发性有机物含量大于420克/升的涂料	A/	M/	涂料（12.6） 危险化学品（12.1） 其他资源与化工产品（12.6）

续表100

商品编号	商品名称	监管条件	检验检疫类别	检验检疫要求
3208202020	同时满足以下指标的用于集成电路生产的防反射薄膜生成液：挥发性有机物含量>700g/L，反射值（N）为1~2.1，及吸光指数（K）（248纳米或193纳米波长测试）为0~1（以乙烯聚合物为基本成分）	A/	M/	涂料（12.6） 危险化学品（12.1） 其他资源与化工产品（12.6）
3208202090	其他分散于或溶于非水介质的以乙烯聚合物为基本成分的油漆及清漆（包括瓷漆及大漆），施工状态下挥发性有机物含量大于420克/升的除外；以乙烯聚合物为基本成分的本章注释四所述的溶液，施工状态下挥发性有机物含量大于420克/升的涂料除外	A/	M/	涂料（12.6） 危险化学品（12.1） 其他资源与化工产品（12.6）
3208901011	分散于或溶于非水介质的以聚胺酯类化合物为基本成分的光导纤维用涂料，施工状态下挥发性有机物含量大于420克/升；以聚胺酯类化合物为基本成分、符合本章注释四的规定，且施工状态下挥发性有机物含量大于420克/升的光导纤维用涂料（主要成分为聚胺酯丙烯酸酯类化合物）	A/	M/	涂料（12.6） 危险化学品（12.1） 其他资源与化工产品（12.6）
3208901019	分散于或溶于非水介质的以聚胺酯类化合物为基本成分的光导纤维用涂料，施工状态下挥发性有机物含量大于420克/升的除外；以聚胺酯类化合物为基本成分、符合本章注释四规定的光导纤维用涂料，施工状态下挥发性有机物含量大于420克/升的除外（主要成分为聚胺酯丙烯酸酯类化合物）	A/	M/	涂料（12.6） 危险化学品（12.1） 其他资源与化工产品（12.6）
3208901091	分散于或溶于非水介质的以聚胺酯类化合物为基本成分的油漆及清漆（包括瓷漆及大漆），施工状态下挥发性有机物含量大于420克/升；以聚胺酯类化合物为基本成分、符合本章注释四的规定，且施工状态下挥发性有机物含量大于420克/升的涂料（不包括主要成分为聚胺酯丙烯酸酯类化合物的光导纤维用涂料）	A/	L. M/	涂料（12.6） 危险化学品（12.1） 进口强制性产品认证（11.1） 其他资源与化工产品（12.6）
3208901099	分散于或溶于非水介质的以聚胺酯类化合物为基本成分的油漆及清漆（包括瓷漆及大漆），施工状态下挥发性有机物含量大于420克/升的除外；以聚胺酯类化合物为基本成分的本章注释四所述的溶液，施工状态下挥发性有机物含量大于420克/升的涂料除外（不包括主要成分为聚胺酯丙烯酸酯类化合物的光导纤维用涂料）	A/	L. M/	涂料（12.6） 危险化学品（12.1） 进口强制性产品认证（11.1） 其他资源与化工产品（12.6）
3208909010	分散于或溶于非水介质的以其他合成聚合物或化学改性天然聚合物为基本成分的油漆及清漆（包括瓷漆及大漆），施工状态下挥发性有机物含量大于420克/升；其他符合本章注释四的规定，且施工状态下挥发性有机物含量大于420克/升的涂料	A/	L. M/	涂料（12.6） 危险化学品（12.1） 进口强制性产品认证（11.1） 其他资源与化工产品（12.6）
3208909021	同时满足以下指标的用于集成电路生产的防反射薄膜生成液：挥发性有机物含量>700g/L，反射值（N）为1~2.1，及吸光指数（K）（248纳米或193纳米波长测试）为0~1	A/	L. M/	涂料（12.6） 危险化学品（12.1） 其他资源与化工产品（12.6）
3208909022	同时满足以下指标的用于集成电路生产的聚酰亚胺原液和聚酰亚胺树脂溶液：挥发性有机物含量>700g/L，黏度（25℃）为2500~3000mPa·s	A/	L. M/	涂料（12.6） 危险化学品（12.1） 其他资源与化工产品（12.6）
3208909090	其他分散于或溶于非水介质的以其他合成聚合物或化学改性天然聚合物为基本成分的油漆及清漆（包括瓷漆及大漆），施工状态下挥发性有机物含量大于420克/升的除外；其他本章注释四所述的溶液，施工状态下挥发性有机物含量大于420克/升的涂料除外	A/	L. M/	涂料（12.6） 危险化学品（12.1） 进口强制性产品认证（11.1） 其他资源与化工产品（12.6）
3209100010	分散于或溶于水介质的以丙烯酸聚合物或乙烯聚合物为基本成分的油漆及清漆（包括瓷漆及大漆），施工状态下挥发性有机物含量大于420克/升	A/	M/	涂料（12.6） 危险化学品（12.1） 其他资源与化工产品（12.6）

续表101

商品编号	商品名称	监管条件	检验检疫类别	检验检疫要求
3209100020	同时满足以下指标的用于集成电路生产的防反射薄膜生成液：挥发性有机物含量>700g/L，反射值（N）为1~2.1，及吸光指数（K）（248纳米或193纳米波长测试）为0~1（以丙烯酸聚合物或乙烯聚合物为基本成分）	A/	M/	涂料（12.6） 危险化学品（12.1） 其他资源与化工产品（12.6）
3209100090	其他分散于或溶于水介质的以丙烯酸聚合物或乙烯聚合物为基本成分的油漆及清漆（包括瓷漆及大漆），施工状态下挥发性有机物含量大于420克/升的除外	A/	M/	涂料（12.6） 危险化学品（12.1） 其他资源与化工产品（12.6）
3209901010	分散于或溶于水介质的以环氧树脂为基本成分的油漆及清漆（包括瓷漆及大漆），施工状态下挥发性有机物含量大于420克/升	A/	M/	涂料（12.6） 危险化学品（12.1） 其他资源与化工产品（12.6）
3209901020	同时满足以下指标的用于集成电路生产的防反射薄膜生成液：挥发性有机物含量>700g/L，反射值（N）为1~2.1，及吸光指数（K）（248纳米或193纳米波长测试）为0~1（以环氧树脂为基本成分）	A/	M/	涂料（12.6） 危险化学品（12.1） 其他资源与化工产品（12.6）
3209901090	其他分散于或溶于水介质的以环氧树脂为基本成分的油漆及清漆（包括瓷漆及大漆），施工状态下挥发性有机物含量大于420克/升的除外	A/	M/	涂料（12.6） 危险化学品（12.1） 其他资源与化工产品（12.6）
3209902010	分散于或溶于水介质的以氟树脂为基本成分的油漆及清漆（包括瓷漆及大漆），施工状态下挥发性有机物含量大于420克/升	A/	M/	涂料（12.6） 危险化学品（12.1） 其他资源与化工产品（12.6）
3209902020	同时满足以下指标的用于集成电路生产的防反射薄膜生成液：挥发性有机物含量>700g/L，反射值（N）为1~2.1，及吸光指数（K）（248纳米或193纳米波长测试）为0~1（以氟树脂为基本成分）	A/	M/	涂料（12.6） 危险化学品（12.1） 其他资源与化工产品（12.6）
3209902090	其他分散于或溶于水介质的以氟树脂为基本成分的油漆及清漆（包括瓷漆及大漆），施工状态下挥发性有机物含量大于420克/升的除外	A/	M/	涂料（12.6） 危险化学品（12.1） 其他资源与化工产品（12.6）
3209909010	分散于或溶于水介质的以其他合成聚合物或化学改性天然聚合物为基本成分的油漆及清漆（包括瓷漆及大漆），施工状态下挥发性有机物含量大于420克/升	A/	M/	涂料（12.6） 危险化学品（12.1） 其他资源与化工产品（12.6）
3209909021	同时满足以下指标的用于集成电路生产的防反射薄膜生成液：挥发性有机物含量>700g/L，反射值（N）为1~2.1，及吸光指数（K）（248纳米或193纳米波长测试）为0~1	A/	M/	涂料（12.6） 危险化学品（12.1） 其他资源与化工产品（12.6）
3209909022	同时满足以下指标的用于集成电路生产的旋涂玻璃：挥发性有机物含量>700g/L，密度为0.8~0.9g/cm^3	A/	M/	涂料（12.6） 危险化学品（12.1） 其他资源与化工产品（12.6）
3209909090	其他分散于或溶于水介质的以其他合成聚合物或化学改性天然聚合物为基本成分的油漆及清漆（包括瓷漆及大漆），施工状态下挥发性有机物含量大于420克/升的除外	A/	M/	涂料（12.6） 危险化学品（12.1） 其他资源与化工产品（12.6）
3210000020	其他油漆及清漆（包括瓷漆、大漆及水浆涂料），施工状态下挥发性有机物含量大于420克/升；加工皮革用的水性颜料，施工状态下挥发性有机物含量大于420克/升			危险化学品（12.1） 进口强制性产品认证（11.1）
3210000090	其他油漆及清漆（包括瓷漆、大漆及水浆涂料），施工状态下挥发性有机物含量大于420克/升的除外；加工皮革用的水性颜料，施工状态下挥发性有机物含量大于420克/升的除外			危险化学品（12.1） 进口强制性产品认证（11.1）
3211000000	配制的催干剂			危险化学品（12.1）
3212900010	零售形状及零售包装的酞菁类颜料			危险化学品（12.1）
3212900090	制造油漆（含瓷漆）用的颜料（包括金属粉末或金属粉片），分散于非水介质中呈液状或浆状的（其他零售形状及零售包装的染料或其他着色料）			危险化学品（12.1）

续表102

商品编号	商品名称	监管条件	检验检疫类别	检验检疫要求
3213100000	成套的颜料（艺术家、学生和广告美工用的）			危险化学品（12.1）
3213900000	非成套颜料、调色料及类似品（片状、管装、罐装、瓶装、扁盒装等类似形状或包装的）			危险化学品（12.1）
3214101000	半导体器件封装材料			危险化学品（12.1）
3214109000	其他安装玻璃用油灰等；漆工用填料（包括接缝用油灰、树脂胶泥、嵌缝胶及其他胶黏剂）			危险化学品（12.1）
3214900010	非耐火涂面制剂，施工状态下挥发性有机物含量大于420克/升（涂门面、内墙、地板、天花板等用）			危险化学品（12.1）
3214900090	非耐火涂面制剂，施工状态下挥发性有机物含量大于420克/升的除外（涂门面、内墙、地板、天花板等用）			危险化学品（12.1）
3215110010	黑色，用于装入子目844331、844332或844339所列设备的工程形态的固体油墨	A/B	M/N	危险化学品（12.1） 其他资源与化工产品（12.6）
3215110090	其他黑色印刷油墨（不论是否固体或浓缩）	A/B	M/N	危险化学品（12.1） 其他资源与化工产品（12.6）
3215190090	其他印刷油墨（不论是否固体或浓缩）			危险化学品（12.1）
3215901000	书写墨水（不论是否固体或浓缩）			危险化学品（12.1）
3215909000	其他绘图墨水及其他墨类（不论是否固体或浓缩）			危险化学品（12.1）
3301120000	橙油（包括浸膏及净油）	A/	R/	化妆品（10.0） 危险化学品（12.1） 非食品添加剂（工业用）（9.1） 食品添加剂（营养强化剂）（9.1）
3301130000	柠檬油（包括浸膏及净油）	A/	R/	化妆品（10.0） 危险化学品（12.1） 食品添加剂（营养强化剂）（9.1）
3301191000	白柠檬油（酸橙油）（包括浸膏及净油）	A/	R/	化妆品（10.0） 危险化学品（12.1） 食品添加剂（营养强化剂）（9.1）
3301199000	其他柑橘属果实的精油（包括浸膏及净油）	A/	R/	化妆品（10.0） 危险化学品（12.1） 非食品添加剂（工业用）（9.1） 食品添加剂（营养强化剂）（9.1）
3301240000	胡椒薄荷油（包括浸膏及净油）	A/	R/	化妆品（10.0） 危险化学品（12.1） 非食品添加剂（工业用）（9.1） 食品添加剂（营养强化剂）（9.1）
3301250000	其他薄荷油（包括浸膏及净油）	A/	R/	化妆品（10.0） 非食品添加剂（工业用）（9.1） 食品添加剂（营养强化剂）（9.1）

续表103

商品编号	商品名称	监管条件	检验检疫类别	检验检疫要求
3301291000	樟脑油（包括浸膏及精油）	A/B	M. R/N	化妆品（10.0） 危险化学品（12.1）
3301292000	香茅油（包括浸膏及净油）	A/	R/	化妆品（10.0） 非食品添加剂（工业用）（9.1） 食品添加剂（营养强化剂）（9.1）
3301293000	茴香油（包括浸膏及净油）	A/	R/	化妆品（10.0） 食品添加剂（营养强化剂）（9.1）
3301294000	桂油（包括浸膏及净油）	A/	R/	化妆品（10.0） 非食品添加剂（工业用）（9.1） 食品添加剂（营养强化剂）（9.1）
3301295000	山苍子油（包括浸膏及净油）	A/	R/	化妆品（10.0） 非食品添加剂（工业用）（9.1） 食品添加剂（营养强化剂）（9.1）
3301296000	桉叶油（包括浸膏及净油）	A/B	M. R/N	化妆品（10.0） 危险化学品（12.1） 其他资源与化工产品（12.6） 食品添加剂（营养强化剂）（9.1）
3301299100	老鹳草油（香叶油）（包括浸膏及精油）	A/	R/	化妆品（10.0） 非食品添加剂（工业用）（9.1） 食品添加剂（营养强化剂）（9.1）
3301299910	黄樟油	A/	R/	化妆品（10.0） 食品添加剂（营养强化剂）（9.1）
3301299991	其他濒危植物精油（柑橘属果实除外）（包括浸膏及净油）	A/	R/	化妆品（10.0） 食品添加剂（营养强化剂）（9.1）
3301299999	其他非柑橘属果实的精油（包括浸膏及净油）	A/	R/	化妆品（10.0） 危险化学品（12.1） 非食品添加剂（工业用）（9.1） 食品添加剂（营养强化剂）（9.1）
3301901090	其他提取的油树脂			危险化学品（12.1）
3301902000	柑橘属果实精油脱萜的萜烯副产品			危险化学品（12.1）
3301909000	吸取浸渍法制成含浓缩精油的脂肪（含固定油、蜡及类似品，精油水溶液及水馏液）			危险化学品（12.1）

续表104

商品编号	商品名称	监管条件	检验检疫类别	检验检疫要求
3302101000	以香料为基本成分的制品（生产饮料用，按容量计酒精浓度≤0.5%）	A/	R/	危险化学品（12.1） 食品添加剂（营养强化剂）(9.1)
3302109001	生产食品、饮料用混合香料及制品（含以香料为基本成分的混合物，按容量计酒精浓度>0.5%）	A/	R/	危险化学品（12.1） 食品添加剂（营养强化剂）(9.1)
3302109090	其他生产食品用混合香料及制品（含以香料为基本成分的混合物）	A/	R/	危险化学品（12.1） 非食品添加剂（工业用）(9.1) 食品添加剂（营养强化剂）(9.1)
3302900000	其他工业用混合香料及香料混合物（以一种或多种香料为基本成分的混合物）			危险化学品（12.1）
3303000010	包装标注含量以重量计的香水及花露水	A/B	M/N	化妆品（10.0） 危险化学品（12.1）
3303000020	包装标注含量以体积计的香水及花露水	A/B	M/N	化妆品（10.0） 危险化学品（12.1）
3304100011	包装标注含量以重量计的含濒危物种成分唇用化妆品	A/B	M/N	化妆品（10.0）
3304100012	包装标注含量以体积计的含濒危物种成分唇用化妆品	A/B	M/N	化妆品（10.0）
3304100013	包装标注规格为“片”或“张”的含濒危物种成分唇用化妆品	A/B	M/N	化妆品（10.0）
3304100091	包装标注含量以重量计的其他唇用化妆品	A/B	M/N	化妆品（10.0）
3304100092	包装标注含量以体积计的其他唇用化妆品	A/B	M/N	化妆品（10.0）
3304100093	包装标注规格为“片”或“张”的其他唇用化妆品	A/B	M/N	化妆品（10.0）
3304200011	包装标注含量以重量计的含濒危物种成分眼用化妆品	A/B	M/N	化妆品（10.0）
3304200012	包装标注含量以体积计的含濒危物种成分眼用化妆品	A/B	M/N	化妆品（10.0）
3304200013	包装标注规格为“片”或“张”的含濒危物种成分眼用化妆品	A/B	M/N	化妆品（10.0）
3304200091	包装标注含量以重量计的其他眼用化妆品	A/B	M/N	化妆品（10.0）
3304200092	包装标注含量以体积计的其他眼用化妆品	A/B	M/N	化妆品（10.0）
3304200093	包装标注规格为“片”或“张”的其他眼用化妆品	A/B	M/N	化妆品（10.0）
3304300001	包装标注含量以重量计的指（趾）甲化妆品	A/B	M/N	化妆品（10.0） 危险化学品（12.1） 其他资源与化工产品（12.6）
3304300002	包装标注含量以体积计的指（趾）甲化妆品	A/B	M/N	化妆品（10.0） 危险化学品（12.1） 其他资源与化工产品（12.6）
3304300003	包装标注规格为“片”或“张”的指（趾）甲化妆品	A/B	M/N	化妆品（10.0）
3304910090	其他粉状化妆品，不论是否压紧	A/B	M/N	化妆品（10.0）
3304990021	包装标注含量以重量计含濒危物种成分的美容品或化妆品及护肤品（包括防晒油或晒黑油，但药品除外）	A/B	M/N	化妆品（10.0）
3304990029	包装标注含量以重量计的其他美容品或化妆品及护肤品（包括防晒油或晒黑油，但药品除外）	A/B	M/N	化妆品（10.0） 医疗器械（11.4）
3304990031	包装标注含量以体积计的含濒危物种成分美容品或化妆品及护肤品（包括防晒油或晒黑油，但药品除外）	A/B	M/N	化妆品（10.0）
3304990039	包装标注含量以体积计的其他美容品或化妆品及护肤品（包括防晒油或晒黑油，但药品除外）	A/B	M/N	化妆品（10.0） 医疗器械（11.4）
3304990041	包装标注规格为“片”或“张”的含濒危物种成分美容品或化妆品及护肤品（包括防晒油或晒黑油，但药品除外）	A/B	M/N	化妆品（10.0）

续表105

商品编号	商品名称	监管条件	检验检疫类别	检验检疫要求
3304990049	包装标注规格为“片”或“张”的其他美容品或化妆品及护肤品（包括防晒油或晒黑油，但药品除外）	A/B	M/N	化妆品（10.0） 医疗器械（11.4）
3304990091	其他包装标注规格的含濒危物种成分美容品或化妆品及护肤品（包括防晒油或晒黑油，但药品除外）	A/B	M/N	化妆品（10.0）
3304990099	其他包装标注规格的其他美容品或化妆品及护肤品（包括防晒油或晒黑油，但药品除外）	A/B	M/N	化妆品（10.0）
3305100010	含濒危物种成分的洗发剂	A/B	M/N	化妆品（10.0）
3305100090	其他洗发剂（香波）	A/B	M/N	化妆品（10.0）
3305200000	烫发剂	A/B	M/N	化妆品（10.0）
3305300000	定型剂	A/B	M/N	化妆品（10.0）
3305900000	其他护发品	A/B	M/N	化妆品（10.0）
3306101010	含濒危物种成分牙膏	A/B	R/S	化妆品（10.0）
3306101090	其他牙膏	A/B	R/S	化妆品（10.0）
3306901000	漱口剂（包括假牙模膏及粉）	A/B	R/S	化妆品（10.0） 医疗器械（11.4）
3306909000	其他口腔及牙齿清洁剂（包括假牙稳固剂及粉）	A/B	R/S	化妆品（10.0） 医疗器械（11.4）
3307100000	剃须用制剂	A/B	M/N	化妆品（10.0）
3307200000	人体除臭剂及止汗剂	A/B	M/N	化妆品（10.0）
3307300000	香浴盐及其他泡澡用制剂	A/B	M/N	化妆品（10.0）
3307490000	其他室内除臭制品（不论是否加香水或消毒剂）			危险化学品（12.1）
3307900000	其他编号未列名的芳香料制品（包括化妆盥洗品）			危险化学品（12.1）
3401110090	其他盥洗用皂及有机表面活性产品（包括含有药物的产品、呈条状、块状或模制形状）	A/B	M/N	化妆品（10.0） 其他资源与化工产品（12.6）
3401300090	洁肤用有机表面活性产品及制品（液状或膏状并制成零售包装的，不论是否含有肥皂）	A/B	M/N	化妆品（10.0） 其他资源与化工产品（12.6）
3402310000	直链烷基苯磺酸及其盐			危险化学品（12.1）
3402390000	其他阴离子型有机表面活性剂			危险化学品（12.1）
3402410000	阳离子型有机表面活性剂			危险化学品（12.1）
3402420000	其他非离子型有机表面活性剂			危险化学品（12.1）
3402490000	其他有机表面活性剂			危险化学品（12.1）
3402509000	其他零售包装有机表面活性剂制品（包括洗涤剂及清洁剂，不论是否含有肥皂）			危险化学品（12.1）
3402900000	非零售包装有机表面活性剂制品			危险化学品（12.1）
3403110000	含有石油类的处理纺织等材料制剂［指含石油或沥青矿物油（重量<70%）的制剂］			危险化学品（12.1）
3403190000	其他含有石油或矿物提取油类制剂［指含石油或沥青矿物油（重量<70%）的制剂］			危险化学品（12.1）
3403990000	其他润滑剂（含油<70%）（包括以润滑剂为基本成分的切削油制剂、螺栓松开剂等）			危险化学品（12.1）
3404900090	其他人造蜡及调制蜡			危险化学品（12.1）
3405100000	鞋靴或皮革用的上光剂及类似制品			危险化学品（12.1）
3405200000	保养木制品的上光剂及类似制品（指保养木家具、地板或其他木制品的上光剂及类似制品）			危险化学品（12.1）
3405300000	车身用的上光剂及类似制品（但金属用的光洁剂除外）			危险化学品（12.1）
3405900000	其他玻璃或金属用的光洁剂（不包括擦洗膏、去污粉及类似制品）			危险化学品（12.1）

续表106

商品编号	商品名称	监管条件	检验检疫类别	检验检疫要求
3501100000	酪蛋白	A/B	R/S	乳品（6.3） 非食用动物产品（3.4） 非食品添加剂（工业用）（9.1） 食品添加剂（营养强化剂）（9.1）
3501900000	酪蛋白酸盐及其衍生物，酪蛋白胶	A/	R/	乳品（6.3） 非食用动物产品（3.4） 非食品添加剂（工业用）（9.1） 食品添加剂（营养强化剂）（9.1）
3502110000	干的卵清蛋白	A/B	P/Q	其他动物源性食品（6.7）
3502190000	其他卵清蛋白	A/B	P/Q	其他动物源性食品（6.7）
3502200010	乳清蛋白粉（按重量计干质成分的乳清蛋白含量超过80%）	A/B	P. R/S	乳品（6.3）
3502200020	乳铁蛋白	A/B	R/S	生物材料（2.2） 非食品添加剂（工业用）（9.1） 食品添加剂（营养强化剂）（9.1）
3502200090	其他乳白蛋白（包括两种或两种以上乳清蛋白浓缩物）	A/B	R/S	生物材料（2.2） 非食品添加剂（工业用）（9.1） 食品添加剂（营养强化剂）（9.1）
3502900000	其他白蛋白及白蛋白盐（包括白蛋白衍生物）	A/	R/	特殊物品（2.1） 生物材料（2.2） 非食品添加剂（工业用）（9.1） 食品添加剂（营养强化剂）（9.1） 其他类别
3503001000	明胶及其衍生物（包括长方形、正方形明胶薄片不论是否表面加工或着色）	A/B	P. R/Q	生物材料（2.2） 非食用动物产品（3.4） 饲料和饲料添加剂（5.1） 其他动物源性食品（6.7） 食品添加剂（营养强化剂）（9.1）
3503009000	鱼鳔胶、其他动物胶（但不包括品目3501的酪蛋白胶）	A/B	P. R/Q	中药材（食药物质）（2.3） 食品添加剂（营养强化剂）（9.1）
3504001000	蛋白胨	A/	R/	保健食品（8.1） 非食品添加剂（工业用）（9.1） 食品添加剂（营养强化剂）（9.1）

续表107

商品编号	商品名称	监管条件	检验检疫类别	检验检疫要求
3504002000	植物蛋白，以干基计蛋白质含量≥90%	A/	R/	保健食品（8.1） 其他深加工食品（8.3）
3504009000	其他编号未列名蛋白质及其衍生物［包括蛋白胨的衍生物及皮粉（不论是否加入铬矾）］	A/	R/	乳品（6.3） 特殊物品（2.1） 保健食品（8.1） 非食用动物产品（3.4） 其他深加工食品（8.3） 饲料和饲料添加剂（5.1） 非食品添加剂（工业用）（9.1） 食品添加剂（营养强化剂）（9.1） 其他类别
3505100000	糊精及其他改性淀粉	A/	M.R/	危险化学品（12.1） 其他深加工食品（8.3） 饲料和饲料添加剂（5.1） 其他资源与化工产品（12.6） 食品添加剂（营养强化剂）（9.1）
3505200000	以淀粉糊精等为基本成分的胶	A/	M.R/	其他深加工食品（8.3） 非食品添加剂（工业用）（9.1） 食品添加剂（营养强化剂）（9.1）
3506100010	硅酮结构密封胶（零售包装每件净重不超过1千克）	A/	M/	危险化学品（12.1） 轻工、纺织产品（11.10） 其他资源与化工产品（12.6）
3506100090	其他适于作胶或黏合剂的零售产品（零售包装每件净重不超过1千克）			危险化学品（12.1）
3506911000	以聚酰胺为基本成分的黏合剂			危险化学品（12.1）
3506912000	以环氧树脂为基本成分的黏合剂			危险化学品（12.1）
3506919010	非零售硅酮结构密封胶	A/	M/	危险化学品（12.1） 其他资源与化工产品（12.6）
3506919020	专门或主要用于显示屏或触摸屏制造的光学透明膜黏合剂和光固化液体黏合剂［包括以人造树脂（环氧树脂除外）为基本成分的］			危险化学品（12.1）
3506919090	其他橡胶或塑料为基本成分黏合剂［包括以人造树脂（环氧树脂除外）为基本成分的］			危险化学品（12.1）
3506990000	其他编号未列名的调制胶、黏合剂			危险化学品（12.1）
3507100000	粗制凝乳酶及其浓缩物	A/	R/	饲料和饲料添加剂（5.1） 非食品添加剂（工业用）（9.1） 食品添加剂（营养强化剂）（9.1）

续表108

商品编号	商品名称	监管条件	检验检疫类别	检验检疫要求
3507901000	碱性蛋白酶	A/	R/	特殊物品（2.1） 饲料和饲料添加剂（5.1） 非食品添加剂（工业用）(9.1) 食品添加剂（营养强化剂）(9.1)
3507902000	碱性脂肪酶	A/	R/	特殊物品（2.1） 饲料和饲料添加剂（5.1） 非食品添加剂（工业用）(9.1) 食品添加剂（营养强化剂）(9.1)
3507909010	抗癌药原料（门冬酰胺酶）（适用抗癌药增值税政策的）	A/B	R.V/W	特殊物品（2.1） 其他资源与化工产品（12.6）
3507909020	抗癌药原料（门冬酰胺酶）（不适用抗癌药增值税政策的）	A/B	R.V/W	特殊物品（2.1） 其他资源与化工产品（12.6）
3507909090	其他酶及酶制品	A/B	R.V/W	特殊物品（2.1） 非食用动物产品（3.4） 饲料和饲料添加剂（5.1） 非食品添加剂（工业用）(9.1) 食品添加剂（营养强化剂）(9.1)
3602001010	符合特定标准的硝铵炸药（硝胺类物质超过2%，或密度>1.8g/cm^3、爆速>8000m/s）			危险化学品（12.1）
3602001020	黑梯炸药			危险化学品（12.1）
3602001099	其他硝铵炸药，但发射药除外			危险化学品（12.1）
3602009010	符合特定标准的其他配制炸药［含有超过2%（按重量计）的下述任何一种物质：（环）四亚甲基四硝胺（HMX）；（环）三亚甲基三硝基胺（RDX）；三氨基三硝基苯（TATB）；氨基二硝基苯并氧化呋咱或7-氨基-4，6-硝基苯并呋咱-1-氧化物；六硝基芪（HNS）等；或晶体密度大于1.8g/cm^3、爆速超过8000m/s的各种炸药］			危险化学品（12.1）
3602009091	民用的其他硝铵炸药，但发射药除外			危险化学品（12.1）
3602009099	其他配制炸药，但发射药除外			危险化学品（12.1）
3603300090	其他火帽			危险化学品（12.1）
3604100000	烟花、爆竹	A/B	M/N	烟花爆竹（11.11）
3606100000	打火机等用液体或液化气体燃料（其包装容器的容积≤300立方厘米）			危险化学品（12.1）
3606901100	已切成形可直接使用的铈铁（包括其他引火合金）			危险化学品（12.1）
3606901900	未切成形不可直接使用的铈铁（包括其他引火合金）			危险化学品（12.1）
3606909000	其他易燃材料制品（本章注释二所述的）			危险化学品（12.1）
3707100001	不含银的感光乳液剂			危险化学品（12.1）
3707100090	其他感光乳液			危险化学品（12.1）
3707901000	冲洗胶卷及相片用化学制剂（包括摄影用未混合产品，定量或零售包装即可使用的）			危险化学品（12.1）
3707909010	光刻胶（符合《税则》第三十七章章注二）			危险化学品（12.1）
3707909090	其他摄影用化学制剂（包括摄影用未混合产品）			危险化学品（12.1）
3801200000	胶态或半胶态石墨			危险化学品（12.1）

续表109

商品编号	商品名称	监管条件	检验检疫类别	检验检疫要求
3801909090	其他以石墨或其他碳为基本成分的糊状、块状、板状制品或其他半制品			危险化学品（12.1）
3805100000	松节油（包括脂松节油、木松节油和硫酸盐松节油）	A/B	M/N	危险化学品（12.1） 其他资源与化工产品（12.6）
3805901000	以α萜品醇为基本成分的松油	A/B	M/N	危险化学品（12.1） 其他资源与化工产品（12.6）
3806101000	松香（包括松香渣）			危险化学品（12.1）
3806201000	松香盐及树脂酸盐			危险化学品（12.1）
3806300000	酯胶	A/B	P. R/Q. S	非食品添加剂（工业用）（9.1） 食品添加剂（营养强化剂）（9.1）
3806900000	其他松香及树脂酸衍生物（包括松香精及松香油；再熔胶）			危险化学品（12.1）
3807000000	木焦油木杂酚油粗木精植物沥青等（包括以松香、树脂酸植物沥青为基料的啤酒桶沥青及类似）			危险化学品（12.1）
3808520000	DDT（ISO）［滴滴涕（INN）］，每包净重不超过300克			禁止进出口 危险化学品（12.1）
3808592050	零售包装的含有克百威或敌百虫，但不含其他第三十八章子目注释一所列物质的杀虫剂成药	A/	M/	危险化学品（12.1） 其他资源与化工产品（12.6）
3808592060	其他零售包装含一种第三十八章子目注释一所列物质的货品			危险化学品（12.1）
3808599050	非零售包装的含有克百威或敌百虫，但不含其他第三十八章子目注释一所列物质的杀虫剂成药	A/	M/	危险化学品（12.1） 其他资源与化工产品（12.6）
3808599060	其他非零售包装含一种第三十八章子目注释一所列物质的货品	A/	M/	危险化学品（12.1） 其他资源与化工产品（12.6）
3808610000	含第三十八章子目注释二所列物质的货品，每包净重不超过300克	A/	M/	农药（12.6）
3808620000	含第三十八章子目注释二所列物质的货品，每包净重超过300克，但不超过7.5千克	A/	M/	农药（12.6）
3808690000	其他含第三十八章子目注释二所列物质的货品	A/	M/	农药（12.6）
3808911100	蚊香（不含有一种或多种第三十八章子目注释一所列物质的货品）	A/	M/	农药（12.6）
3808911210	零售包装的含汞生物杀虫剂			禁止进出口 危险化学品（12.1）
3808911290	零售包装的其他生物杀虫剂	A/	M/	危险化学品（12.1） 其他资源与化工产品（12.6）
3808911930	零售包装的含有灭蚁灵、十氯酮、汞的杀虫剂			禁止进出口 危险化学品（12.1）
3808911990	其他零售包装的杀虫剂成药	A/	M/	农药（12.6） 危险化学品（12.1）
3808919040	非零售包装的含有灭蚁灵、十氯酮、汞的杀虫剂			禁止进出口 危险化学品（12.1）
3808919090	其他非零售包装杀虫剂成药	A/	M/	农药（12.6） 危险化学品（12.1）
3808921090	零售包装的其他杀菌剂成药			危险化学品（12.1）
3808929029	非零售包装的其他农用杀菌剂成药			危险化学品（12.1）
3808929090	非零售包装的非农用杀菌剂成药（包括非医用杀菌剂）			危险化学品（12.1）
3808931190	零售包装的除草剂成药	A/	M/	农药（12.6） 危险化学品（12.1）
3808931990	其他非零售包装的除草剂成药	A/	M/	农药（12.6） 危险化学品（12.1）

续表110

商品编号	商品名称	监管条件	检验检疫类别	检验检疫要求
3808940010	医用消毒剂			危险化学品（12.1）
3808940090	其他非医用消毒剂			危险化学品（12.1）
3809910000	纺织工业用其他未列名产品和制剂（包括整理剂、染料加速着色或固色助剂及其他制剂）			危险化学品（12.1）
3809920000	造纸工业用其他未列名产品和制剂（包括整理剂、染料加速着色或固色助剂及其他制剂）			危险化学品（12.1）
3809930000	制革工业用其他未列名产品和制剂（包括整理剂、染料加速着色或固色助剂及其他制剂）			危险化学品（12.1）
3810100000	金属表面酸洗剂焊粉或焊膏（金属及其他材料制成的焊粉或焊膏）			危险化学品（12.1）
3810900000	焊接用的焊剂及其他辅助剂等（包括作焊条芯子或焊条涂料用的制品）			危险化学品（12.1）
3811190000	其他抗震剂			危险化学品（12.1）
3811210000	含有石油的润滑油添加剂（包括含有从沥青矿物提取的油类的润滑油添加剂）			危险化学品（12.1）
3811290000	不含石油的润滑油添加剂			危险化学品（12.1）
3811900000	其他矿物油用的配制添加剂（抗氧剂、防胶剂、黏度改良剂、防腐剂及其他配制添加剂）			危险化学品（12.1）
3812100000	配制的橡胶促进剂			危险化学品（12.1）
3812200000	橡胶或塑料用复合增塑剂			危险化学品（12.1）
3812391000	其他橡胶防老剂			危险化学品（12.1）
3812399000	其他橡胶或塑料用抗氧制剂及其他复合稳定剂			危险化学品（12.1）
3814000000	有机复合溶剂及稀释剂，除漆剂（指其他编号未列名的）			危险化学品（12.1）
3815110000	以镍为活性物的载体催化剂（包括以镍化合物为活性物的）			危险化学品（12.1）
3815120090	其他以贵金属为活性物的载体催化剂			危险化学品（12.1）
3815190000	其他载体催化剂			危险化学品（12.1）
3815900000	其他未列名的反应引发剂、促进剂（包括反应催化剂）			危险化学品（12.1）
3817000000	混合烷基苯和混合烷基萘（品目2707及2902的货品除外）			危险化学品（12.1）
3818009020	经掺杂用于电子工业的氮化镓、氧化镓、磷化镓、砷化镓、铟镓砷、硒化镓、锑化镓、磷锗锌、二氧化锗、四氯化锗、磷化铟			危险化学品（12.1）
3820000000	防冻剂及解冻剂			危险化学品（12.1）
3821000000	制成的供微生物（包括病毒及类似品）生长或维持用培养基（及制成的供植物、人体或动物细胞生长或维持用的培养基）			特殊物品（2.1）
3822110010	疟疾诊断试剂盒	A/B	P. V/Q. W	特殊物品（2.1） 其他资源与化工产品（12.6） 其他类别
3822110090	其他疟疾用的附于衬背上的诊断或实验用试剂及不论是否附于衬背上的诊断或实验用配制试剂，不论是否制成试剂盒形式，但品目3006的货品除外	A/B	P. V/Q. W	特殊物品（2.1） 其他资源与化工产品（12.6） 其他类别
3822120000	寨卡病毒及由伊蚊属蚊子传播的其他疾病用的附于衬背上的诊断或实验用试剂及不论是否附于衬背上的诊断或实验用配制试剂，不论是否制成试剂盒形式，但品目3006的货品除外	A/B	P. V/Q. W	特殊物品（2.1） 其他资源与化工产品（12.6） 其他类别
3822130000	血型鉴定用的附于衬背上的诊断或实验用试剂及不论是否附于衬背上的诊断或实验用配制试剂，不论是否制成试剂盒形式，但品目3006的货品除外	A/B	V/W	特殊物品（2.1） 其他资源与化工产品（12.6） 其他类别
3822190010	兽用诊断制品（用于一、二、三类动物疫病诊断的诊断试剂盒、试纸条）（包括已配定剂量或零售包装）	A/B	P. V/Q. W	生物材料（2.2）
3822190020	新型冠状病毒检测试剂盒	A/B	P. V/Q. W	特殊物品（2.1） 其他类别

续表111

商品编号	商品名称	监管条件	检验检疫类别	检验检疫要求
3822190030	鲎试剂	A/B		生物材料（2.2）
3822190090	其他附于衬背上的诊断或实验用试剂及不论是否附于衬背上的诊断或实验用配制试剂，不论是否制成试剂盒形式，但品目3006的货品除外	A/B	V/W	特殊物品（2.1） 生物材料（2.2） 医疗器械（11.4） 危险化学品（12.1） 其他资源与化工产品（12.6） 其他类别
3822900000	有证标准样品	A/B	V/W	特殊物品（2.1） 生物材料（2.2） 危险化学品（12.1） 其他资源与化工产品（12.6） 其他类别
3823120000	油酸	A/	R/	非食品添加剂（工业用）（9.1） 食品添加剂（营养强化剂）（9.1）
3823190090	其他工业用单羧脂肪酸、酸性油（酸性油仅指精炼所得的）			危险化学品（12.1）
3824100000	铸模及铸芯用黏合剂			危险化学品（12.1）
3824401000	高效减水剂			危险化学品（12.1）
3824409000	其他水泥、灰泥及混凝土用添加剂		L/	危险化学品（12.1）
3824820010	含多氯联苯（PCBs）或六溴联苯的混合物			禁止进出口 危险化学品（12.1）
3824820090	含多氯三联苯（PCTs）或其他多溴联苯（PBBs）的混合物			危险化学品（12.1）
3824880010	含四、五、六或七溴联苯醚的			禁止进出口 危险化学品（12.1）
3824890000	含短链氯化石蜡的			禁止进出口 危险化学品（12.1）
3824910000	主要由（5-乙基-2-甲基-2氧代-1,3,2-二氧磷杂环己-5-基）甲基膦酸二甲酯和双［（5-乙基-2-甲基-2氧代-1,3,2-二氧磷杂环己-5-基）甲基］甲基膦酸酯（阻燃剂FRC-1）组成的混合物及制品			危险化学品（12.1）
3824991000	杂醇油			危险化学品（12.1）
3824992000	除墨剂、蜡纸改正液及类似品			危险化学品（12.1）
3824999921	混胺（二甲胺和三乙胺混合物的水溶液）、膨胀石墨			危险化学品（12.1）
3824999970	核苷酸类食品添加剂	A/B	R/S	非食品添加剂（工业用）（9.1） 食品添加剂（营养强化剂）（9.1）
3824999991	短链氯化石蜡（不具有人造蜡特性）			禁止进出口 危险化学品（12.1）
3824999999	其他编号未列名的化工产品）			危险化学品（12.1）
3825690090	其他化学工业及相关工业的废物			禁止进口 危险化学品（12.1）
3825900010	浓缩糖蜜发酵液	A/	R/	非食品添加剂（工业用）（9.1） 食品添加剂（营养强化剂）（9.1）
3826000090	其他生物柴油及其混合物			危险化学品（12.1）

续表112

商品编号	商品名称	监管条件	检验检疫类别	检验检疫要求
3827110010	二氯二氟甲烷与二氟乙烷的混合物、一氯二氟甲烷与一氯五氟乙烷的混合物、三氟甲烷与一氯三氟甲烷的混合物（R-500、R-502、R-503）	A/B	M/N	危险化学品（12.1）
3827140000	含1,1,1-三氯乙烷（甲基氯仿）的混合物			危险化学品（12.1）
3827310000	含子目290341至290348对应物质的含氢氯氟烃（HCFCs）混合物，但不含全氯氟烃（CFCs）			危险化学品（12.1）
3827320000	含子目290371至290375对应物质的含氢氯氟烃（HCFCs）混合物，但不含全氯氟烃（CFCs）			危险化学品（12.1）
3827510000	含三氟甲烷（HFC-23）的混合物，但不含全氯氟烃（CFCs）或氢氯氟烃（HCFCs）的混合物			危险化学品（12.1）
3827900000	其他编号未列名的，含甲烷、乙烷或丙烷的卤化衍生物的混合物			危险化学品（12.1）
3901909000	其他初级形状的乙烯聚合物			危险化学品（12.1）
3902200000	初级形状的聚异丁烯	A/	R/	非食品添加剂（工业用）（9.1） 食品添加剂（营养强化剂）（9.1）
3902309000	其他初级形状的丙烯共聚物			危险化学品（12.1）
3902900030	端羧基聚丁二烯，CTPB；端羟基聚丁二烯，HTPB			危险化学品（12.1）
3902900090	其他初级形状的烯烃聚合物			危险化学品（12.1）
3903110000	初级形状的可发性聚苯乙烯			危险化学品（12.1）
3903199000	其他初级形状的聚苯乙烯			危险化学品（12.1）
3903309000	其他丙烯腈-丁二烯-苯乙烯共聚物（初级形状的ABS树脂）			危险化学品（12.1）
3903900000	初级形状的其他苯乙烯聚合物			危险化学品（12.1）
3904610000	初级形状的聚四氟乙烯			危险化学品（12.1）
3904690090	初级形状的其他氟聚合物			危险化学品（12.1）
3905190000	其他初级形状聚乙酸乙烯酯			危险化学品（12.1）
3905290000	其他初级形状的乙酸乙烯酯共聚物			危险化学品（12.1）
3905300000	初级形状的聚乙烯醇（不论是否含有未水解的乙酸酯基）	A/	R/	非食品添加剂（工业用）（9.1） 食品添加剂（营养强化剂）（9.1）
3905910010	乙烯-乙烯醇共聚物（初级形状的）			危险化学品（12.1）
3905910090	其他乙烯酯或乙烯基的共聚物（初级形状的）			危险化学品（12.1）
3905990000	其他乙烯酯或乙烯基的聚合物（初级形状的，共聚物除外）			危险化学品（12.1）
3906100000	初级形状的聚甲基丙烯酸甲酯			危险化学品（12.1）
3906901000	聚丙烯酰胺	A/	R/	非食品添加剂（工业用）（9.1） 食品添加剂（营养强化剂）（9.1）
3906909090	其他初级形状的丙烯酸聚合物			危险化学品（12.1）
3907109090	其他聚缩醛			危险化学品（12.1）
3907299010	初级形状的聚2，6-二甲基-1，4-苯醚（包括化学改性或物理改性的）			危险化学品（12.1）
3907299020	培尼沙肽			特殊物品（2.1）
3907299090	初级形状的其他聚醚			危险化学品（12.1）
3907300001	初级形状溴质量≥18%或进口CIF价>3800美元/吨的环氧树脂（如溶于溶剂，以纯环氧树脂折算溴的百分比含量）	A/	M/	危险化学品（12.1） 其他资源与化工产品（12.6）
3907300090	初级形状的环氧树脂（溴重量百分比含量在18%以下）	A/B	M/N	危险化学品（12.1） 其他资源与化工产品（12.6）
3907400010	聚碳酸酯			危险化学品（12.1）

续表113

商品编号	商品名称	监管条件	检验检疫类别	检验检疫要求
3907400090	双酚A型聚碳酸酯按重量计含量小于99%			危险化学品（12.1）
3907500000	初级形状的醇酸树脂	A/B	M/N	危险化学品（12.1） 其他资源与化工产品（12.6）
3907910000	初级形状的不饱和聚酯			危险化学品（12.1）
3907991000	聚对苯二甲酸丁二酯			危险化学品（12.1）
3907999110	初级形状的热塑性液晶聚对苯二甲酸-己二醇-丁二醇酯	A/B	R/S	其他资源与化工产品（12.6）
3907999190	其他初级形状的聚对苯二甲酸-己二酸-丁二醇酯	A/B	R/S	其他资源与化工产品（12.6）
3907999910	初级形状的热塑性液晶其他聚酯	A/B	R/S	危险化学品（12.1） 非食品添加剂（工业用）（9.1）
3907999990	初级形状的其他聚酯	A/B	R/S	危险化学品（12.1） 非食品添加剂（工业用）（9.1）
3908901000	初级形状的芳香族聚酰胺及其共聚物			危险化学品（12.1）
3908902000	初级形状的半芳香族聚酰胺及其共聚物			危险化学品（12.1）
3908909000	初级形状的其他聚酰胺			危险化学品（12.1）
3909100000	初级形状的尿素树脂及硫尿树脂			危险化学品（12.1）
3909200000	初级形状的蜜胺树脂			危险化学品（12.1）
3909310000	聚（亚甲基苯基异氰酸酯）（聚合MDI或粗MDI）			危险化学品（12.1）
3909390000	其他初级形状的氨基树脂	A/B	M/N	危险化学品（12.1） 其他资源与化工产品（12.6）
3909400000	初级形状的酚醛树脂	A/B	M/N	危险化学品（12.1） 其他资源与化工产品（12.6）
3909500000	初级形状的聚氨基甲酸酯	A/B	M/N	危险化学品（12.1） 其他资源与化工产品（12.6）
3910000000	初级形状的聚硅氧烷			危险化学品（12.1）
3911100000	初级形状的石油树脂等（等指苯并呋喃树脂、茚树脂、苯并呋喃-茚树脂及多萜树脂）			危险化学品（12.1）
3911900001	芳基酸与芳基胺预缩聚物			危险化学品（12.1）
3911900005	偏苯三酸酐和异氰酸预缩聚物			危险化学品（12.1）
3911900090	其他初级形状的多硫化物、聚砜等（等包括本章注释三所规定的其他编号未列名产品）			危险化学品（12.1）
3912200000	初级形状的硝酸纤维素（包括棉胶）			危险化学品（12.1）
3912900000	初级形状的其他未列名的纤维素（包括化学衍生物）			危险化学品（12.1）
3913100000	初级形状的藻酸及盐和酯	A/B	R/S	饲料和饲料添加剂（5.1） 非食品添加剂（工业用）（9.1） 食品添加剂（营养强化剂）（9.1）
3913900090	其他初级形状的未列名天然聚合物［包括改性天然聚合物（如硬化蛋白）］			危险化学品（12.1）
3914000000	初级形状的离子交换剂（以品目3901至3913的聚合物为基本成分的）			危险化学品（12.1）
3915909000	其他塑料的废碎料及下脚料			禁止进口 危险化学品（12.1）
3917100000	硬化蛋白或纤维素材料制人造肠衣（香肠用肠衣）	A/	R/	进口食品接触产品（9.2）
3917290000	其他塑料制的硬管			危险化学品（12.1）
3917320000	其他未装有附件的塑料制管子（未经加强也未与其他材料合制）			危险化学品（12.1）
3917330000	其他装有附件的塑料管子（未经加强也未与其他材料合制）			危险化学品（12.1）

续表114

商品编号	商品名称	监管条件	检验检疫类别	检验检疫要求
3920790000	其他纤维素衍生物制板、片、膜、箔及扁条（非泡沫料的，未用其他材料强化、层压、支撑）			危险化学品（12.1）
3921909090	未列名塑料板、片、膜、箔、扁条（离子交换膜、两用物项管制结构复合材料的层压板除外）			危险化学品（12.1）
3924100000	塑料制餐具及厨房用具	A/	R/	进口食品接触产品（9.2） 其他资源与化工产品（12.6）
3926209000	其他塑料制衣服及衣着附件［手套（包括分指手套、连指手套及露指手套）除外］			出口医疗物资（11.4）
4002910000	本编号其他未列名的胶乳			危险化学品（12.1）
4005100000	与碳黑等混合的未硫化复合橡胶（包括与硅石混合，初级形状或板、片、带）	A/	M/	复合橡胶（12.5）
4005200000	未硫化的复合橡胶溶液及分散体（分散体指子目 400510 以外的）	A/	M/	复合橡胶（12.5） 危险化学品（12.1）
4005910000	其他未硫化的复合橡胶板、片、带	A/	M/	复合橡胶（12.5）
4005990000	其他未硫化的初级形状复合橡胶	A/	M/	复合橡胶（12.5）
4011100000	机动小客车用新的充气轮胎（橡胶轮胎，包括旅行小客车及赛车用）	A/	L. M/	进口强制性产品认证（11.1） 机动车辆及其零部件（11.3）
4011200010	断面宽≥30 英寸客或货车用新充气橡胶轮胎（指机动车辆用橡胶轮胎，断面宽度≥30 英寸）	A/	M/	机动车辆及其零部件（11.3）
4011200090	其他客或货车用新充气橡胶轮胎（指机动车辆用橡胶轮胎）	A/	L. M/	进口强制性产品认证（11.1） 机动车辆及其零部件（11.3）
4011400000	摩托车用新的充气橡胶轮胎	A/	L. M/	进口强制性产品认证（11.1） 机动车辆及其零部件（11.3）
4011701000	人字形胎面轮胎（新充气橡胶轮胎，含胎面类似人字形的，农林车辆及机器用）	A/	M/	机动车辆及其零部件（11.3）
4011801100	辋圈尺寸不超过 61 厘米	A/	M/	机动车辆及其零部件（11.3）
4011801200	人字形胎面轮胎（建筑业、采矿业或工业搬运车辆及机器用，辋圈>61 厘米，新充气橡胶胎，含类人字形）	A/	M/	机动车辆及其零部件（11.3）
4011901000	人字形胎面轮胎（其他用途，新充气橡胶轮胎，含胎面类似人字形的）	A/	M/	机动车辆及其零部件（11.3）
4011909000	其他新的充气橡胶轮胎，非人字形胎面			进口强制性产品认证（11.1）
4012110000	机动小客车用翻新轮胎（包括旅行小客车及赛车用翻新轮胎）	A/	M/	机动车辆及其零部件（11.3）
4012120000	机动大客车或货运车用翻新轮胎	A/	M/	机动车辆及其零部件（11.3）
4012201000	汽车用旧的充气橡胶轮胎	A/	M/	机动车辆及其零部件（11.3）
4012902000	汽车用实心或半实心轮胎	A/	M/	机动车辆及其零部件（11.3）
4013100000	汽车用橡胶内胎［机动小客车（包括旅行小客车及赛车）、客运车或货运车用］	A/	M/	机动车辆及其零部件（11.3）
4014900000	硫化橡胶制其他卫生及医疗用品（包括奶嘴，不论有无硬质橡胶配件，硬化橡胶的除外）	A/	M/	医疗器械（11.4） 进口食品接触产品（9.2）
4101201110	规定重量退鞣未剖层整张濒危生野牛皮（指每张，简单干燥≤8 千克，干盐渍≤10 千克，鲜或湿盐≤16 千克）	A/B	P/Q	非食用动物产品（3.4）
4101201190	规定重量未剖层退鞣处理整张生牛皮（包括水牛皮）（指每张，简单干燥≤8 千克，干盐渍≤10 千克，鲜或湿盐≤16 千克）	A/B	P/Q	非食用动物产品（3.4）
4101201910	规定重量非退鞣未剖层整张濒危生野牛皮（指每张，简单干燥≤8 千克，干盐渍≤10 千克，鲜或湿盐≤16 千克）	A/B	P/Q	非食用动物产品（3.4）
4101201990	规定重量非退鞣未剖层处理整张生牛皮（包括水牛皮）（指每张，简单干燥≤8 千克，干盐渍≤10 千克，鲜或湿盐≤16 千克）	A/B	P/Q	非食用动物产品（3.4）

续表115

商品编号	商品名称	监管条件	检验检疫类别	检验检疫要求
4101202011	规定重量未剖层整张濒危生野驴皮（指每张，简单干燥≤8千克，干盐渍≤10千克，鲜或湿盐≤16千克）	A/B	P/Q	非食用动物产品（3.4）
4101202019	规定重量未剖层整张其他濒危生野马科动物皮（指每张，简单干燥≤8千克，干盐渍≤10千克，鲜或湿盐≤16千克）	A/B	P/Q	非食用动物产品（3.4）
4101202091	规定重量未剖层整张生驴皮（指每张，简单干燥≤8千克，干盐渍≤10千克，鲜或湿盐≤16千克）	A/B	P/Q	非食用动物产品（3.4）
4101202099	规定重量未剖层整张其他生马科动物皮（指每张，简单干燥≤8千克，干盐渍≤10千克，鲜或湿盐≤16千克）	A/B	P/Q	非食用动物产品（3.4）
4101501110	重量>16千克退鞣整张濒危生野牛皮	A/B	P/Q	非食用动物产品（3.4）
4101501190	重量>16千克退鞣处理整张生牛皮（包括水牛皮）	A/B	P/Q	非食用动物产品（3.4）
4101501910	重量>16千克非退鞣整张濒危生野牛皮	A/B	P/Q	非食用动物产品（3.4）
4101501990	重量>16千克非退鞣处理整张生牛皮（包括水牛皮）	A/B	P/Q	非食用动物产品（3.4）
4101502010	重量>16千克整张濒危生野马科动物皮	A/B	P/Q	非食用动物产品（3.4）
4101502090	重量>16千克整张生马科动物皮	A/B	P/Q	非食用动物产品（3.4）
4101901110	其他退鞣处理濒危生野牛皮（包括整张或半张的背皮及腹皮）	A/B	P/Q	非食用动物产品（3.4）
4101901190	其他退鞣处理生牛皮（包括整张或半张的背皮及腹皮）	A/B	P/Q	非食用动物产品（3.4）
4101901910	其他濒危生野牛皮（包括整张或半张的背皮及腹皮）	A/B	P/Q	非食用动物产品（3.4）
4101901990	其他生牛皮（包括整张或半张的背皮及腹皮）	A/B	P/Q	非食用动物产品（3.4）
4101902010	其他濒危生野马科动物皮（包括整张或半张的背皮及腹皮）	A/B	P/Q	非食用动物产品（3.4）
4101902090	其他生马科动物皮（包括整张或半张的背皮及腹皮）	A/B	P/Q	非食用动物产品（3.4）
4102100000	带毛的绵羊或羔羊生皮［本章注释一（三）所述不包括的生皮除外］	A/B	P/Q	非食用动物产品（3.4）
4102211000	浸酸退鞣不带毛绵羊或羔羊生皮［本章注释一（三）所述不包括的生皮除外］	A/B	P/Q	非食用动物产品（3.4）
4102219000	浸酸非退鞣不带毛绵羊或羔羊生皮［本章注释一（三）所述不包括的生皮除外］	A/B	P/Q	非食用动物产品（3.4）
4102291000	其他不带毛退鞣绵羊或羔羊生皮［浸酸的及本章注释一（三）所述不包括的生皮除外］	A/B	P/Q	非食用动物产品（3.4）
4102299000	其他不带毛非退鞣绵羊或羔羊生皮［浸酸的及本章注释一（三）所述不包括的生皮除外］	A/B	P/Q	非食用动物产品（3.4）
4103200010	濒危爬行动物的生皮	A/B	P/Q	非食用动物产品（3.4）
4103200090	其他爬行动物的生皮	A/B	P/Q	非食用动物产品（3.4）
4103300010	生鹿豚、姬猪皮	A/B	P/Q	非食用动物产品（3.4）
4103300090	生猪皮	A/B	P/Q	非食用动物产品（3.4）
4103901100	退鞣山羊板皮［本章注释一（三）所述不包括的生皮除外］	A/B	P/Q	非食用动物产品（3.4）
4103901900	非退鞣山羊板皮［本章注释一（三）所述不包括的生皮除外］	A/B	P/Q	非食用动物产品（3.4）
4103902100	其他退鞣山羊或小山羊皮［山羊板皮及本章注释一（三）所述不包括的生皮除外］	A/B	P/Q	非食用动物产品（3.4）
4103902900	其他非退鞣山羊或小山羊皮［山羊板皮及本章注释一（三）所述不包括的生皮除外］	A/B	P/Q	非食用动物产品（3.4）
4103909010	其他濒危野生动物生皮［本章注释一（二）或（三）所述不包括的生皮除外］	A/B	P/Q	非食用动物产品（3.4）
4103909090	其他生皮［本章注释一（二）或（三）所述不包括的生皮除外］	A/B	P/Q	非食用动物产品（3.4）
4104111110	蓝湿濒危野牛皮（全粒面未剖或粒面剖层，经鞣制不带毛）	A/B	P/Q	非食用动物产品（3.4）
4104111190	全粒面未剖层或粒面剖层蓝湿牛皮（经鞣制不带毛）	A/B	P/Q	非食用动物产品（3.4）
4104191110	其他蓝湿濒危野牛皮（经鞣制不带毛）	A/B	P/Q	非食用动物产品（3.4）
4104191190	其他蓝湿牛皮（经鞣制不带毛）	A/B	P/Q	非食用动物产品（3.4）
4105101000	蓝湿绵羊或羔羊皮（经鞣制不带毛）	A/B	P/Q	非食用动物产品（3.4）
4106311010	蓝湿鹿豚、姬猪皮（经鞣制不带毛）	A/B	P/Q	非食用动物产品（3.4）

续表116

商品编号	商品名称	监管条件	检验检疫类别	检验检疫要求
4106311090	其他蓝湿猪皮（经鞣制不带毛）	A/B	P/Q	非食用动物产品（3.4）
4205009020	皮革或再生皮革制宠物用品	A/B	P/Q	轻工、纺织产品（11.10）
4301100000	整张生水貂皮（不论是否带头，尾或爪）	A/B	P/Q	非食用动物产品（3.4）
4301300000	阿斯特拉罕等羔羊的整张生毛皮（还包括大尾羔羊、卡拉库尔羔羊、波斯羔羊及类似羔羊，印度、中国或蒙古羔羊）	A/B	P/Q	非食用动物产品（3.4）
4301600010	整张濒危生狐皮（不论是否带头、尾或爪）	A/B	P/Q	非食用动物产品（3.4）
4301600090	其他整张生狐皮（不论是否带头，尾或爪）	A/B	P/Q	非食用动物产品（3.4）
4301801010	整张生濒危野兔皮（不论是否带头、尾或爪）	A/B	P/Q	非食用动物产品（3.4）
4301801090	整张生兔皮（不论是否带头、尾或爪）	A/B	P/Q	非食用动物产品（3.4）
4301809010	整张的其他生濒危野生动物毛皮（不论是否带头、尾或爪，包括整张濒危生海豹皮）	A/B	P/Q	非食用动物产品（3.4）
4301809090	整张的其他生毛皮（不论是否带头、尾或爪，包括整张生海豹皮）	A/B	P/Q	非食用动物产品（3.4）
4301901000	未鞣制的黄鼠狼尾	A/B	P/Q	非食用动物产品（3.4）
4301909010	其他濒危野生动物未鞣头尾（加工皮货用，包括爪及其他块、片）	A/B	P/Q	非食用动物产品（3.4）
4301909090	适合加工皮货用的其他未鞣头、尾（包括爪及其他块、片）	A/B	P/Q	非食用动物产品（3.4）
4401110010	濒危针叶木薪柴（圆木段、块、枝、成捆或类似形状）	A/B	P/Q	其他非食用植物产品（4.4）
4401110090	其他针叶木薪柴（圆木段、块、枝、成捆或类似形状）	A/B	P/Q	其他非食用植物产品（4.4）
4401120010	濒危非针叶木薪柴（圆木段、块、枝、成捆或类似形状）	A/B	P/Q	其他非食用植物产品（4.4）
4401120090	其他非针叶木薪柴（圆木段、块、枝、成捆或类似形状）	A/B	P/Q	其他非食用植物产品（4.4）
4401210010	濒危针叶木木片或木粒	A/B	P/Q	其他非食用植物产品（4.4）
4401210090	其他针叶木木片或木粒	A/B	P/Q	其他非食用植物产品（4.4）
4401220010	濒危非针叶木木片或木粒	A/B	P/Q	其他非食用植物产品（4.4）
4401220090	其他非针叶木木片或木粒	A/B	P/Q	其他非食用植物产品（4.4）
4401310000	木屑棒	A/B	P/Q	禁止进口 固体废物
4401320000	木屑块	A/B	P/Q	禁止进口 固体废物
4401390000	其他锯末、木废料及碎片（粘结成圆木段、片或类似形状）	A/B	P/Q	禁止进口 固体废物
4401410000	锯末（未粘结成圆木段、块、片或类似形状）	A/B	M.P/Q	禁止进口 其他非食用植物产品（4.4）
4401490000	其他（未粘结成圆木段、块、片或类似形状）	A/B	M.P/Q	禁止进口 其他非食用植物产品（4.4）
4403110010	油漆，着色剂等处理的濒危红豆杉原木（包括用杂酚油或其他防腐剂处理）	A/	P/	禁止出口 原木和木材（4.2）
4403110020	油漆，着色剂等处理的其他濒危针叶木原木（包括用杂酚油或其他防腐剂处理）	A/	P/Q	禁止出口 原木和木材（4.2）
4403110090	其他油漆，着色剂等处理的针叶木原木（包括用杂酚油或其他防腐剂处理）	A/	P/Q	禁止出口 原木和木材（4.2）
4403120010	油漆，着色剂等处理的濒危非针叶木原木（包括用杂酚油或其他防腐剂处理）	A/	P/Q	禁止出口 原木和木材（4.2）
4403120090	其他油漆，着色剂等处理的非针叶木原木（包括用杂酚油或其他防腐剂处理）	A/	P/Q	禁止出口 原木和木材（4.2）
4403211010	最小截面尺寸在15厘米及以上的红松原木（用油漆着色剂，杂酚油或其他防腐剂处理的除外）	A/	P/Q	禁止出口 原木和木材（4.2）
4403211090	最小截面尺寸在15厘米及以上的樟子松原木（用油漆着色剂，杂酚油或其他防腐剂处理的除外）	A/	P/Q	禁止出口 原木和木材（4.2）
4403212000	最小截面尺寸在15厘米及以上的辐射松原木（用油漆着色剂，杂酚油或其他防腐剂处理的除外）	A/	P/Q	禁止出口 原木和木材（4.2）

续表117

商品编号	商品名称	监管条件	检验检疫类别	检验检疫要求
4403219010	最小截面尺寸在15厘米及以上的濒危松木（松属）原木（用油漆着色剂，杂酚油或其他防腐剂处理的除外）	A/	M. P/Q	禁止出口 原木和木材（4.2）
4403219090	最小截面尺寸在15厘米及以上的其他松木（松属）原木（用油漆着色剂，杂酚油或其他防腐剂处理的除外）	A/	M. P/Q	禁止出口 原木和木材（4.2）
4403221010	最小截面尺寸在15厘米以下的红松原木（用油漆着色剂，杂酚油或其他防腐剂处理的除外）	A/	P/Q	禁止出口 原木和木材（4.2）
4403221090	最小截面尺寸在15厘米以下的樟子松原木（用油漆着色剂，杂酚油或其他防腐剂处理的除外）	A/	P/Q	禁止出口 原木和木材（4.2）
4403222000	最小截面尺寸在15厘米以下的辐射松原木（用油漆着色剂，杂酚油或其他防腐剂处理的除外）	A/	P/Q	禁止出口 原木和木材（4.2）
4403229010	最小截面尺寸在15厘米以下的濒危其他松木（松属）原木（用油漆着色剂，杂酚油或其他防腐剂处理的除外）	A/	M. P/Q	禁止出口 原木和木材（4.2）
4403229090	最小截面尺寸在15厘米以下的其他松木（松属）原木（用油漆着色剂，杂酚油或其他防腐剂处理的除外）	A/	M. P/Q	禁止出口 原木和木材（4.2）
4403230010	最小截面尺寸在15厘米及以上的濒危云杉和冷杉原木（用油漆着色剂，杂酚油或其他防腐剂处理的除外）	A/	P/Q	禁止出口 原木和木材（4.2）
4403230090	最小截面尺寸在15厘米及以上的其他云杉和冷杉原木（用油漆着色剂，杂酚油或其他防腐剂处理的除外）	A/	P/Q	禁止出口 原木和木材（4.2）
4403240010	最小截面尺寸在15厘米以下的濒危云杉和冷杉原木（用油漆着色剂，杂酚油或其他防腐剂处理的除外）	A/	P/Q	禁止出口 原木和木材（4.2）
4403240090	最小截面尺寸在15厘米以下的其他云杉和冷杉原木（用油漆着色剂，杂酚油或其他防腐剂处理的除外）	A/	P/Q	禁止出口 原木和木材（4.2）
4403251000	最小截面尺寸在15厘米及以上的落叶松原木（用油漆着色剂，杂酚油或其他防腐剂处理的除外）	A/	P/Q	禁止出口 原木和木材（4.2）
4403252000	最小截面尺寸在15厘米及以上的花旗松原木（用油漆着色剂，杂酚油或其他防腐剂处理的除外）	A/	P/Q	禁止出口 原木和木材（4.2）
4403259010	最小截面尺寸在15厘米及以上的濒危红豆杉原木（用油漆着色剂，杂酚油或其他防腐剂处理的除外）	A/	P/Q	禁止出口 原木和木材（4.2）
4403259020	最小截面尺寸在15厘米及以上的其他濒危针叶木原木（用油漆着色剂，杂酚油或其他防腐剂处理的除外）	A/	P/Q	禁止出口 原木和木材（4.2）
4403259090	最小截面尺寸在15厘米及以上的其他针叶木原木（用油漆着色剂，杂酚油或其他防腐剂处理的除外）	A/	P/Q	禁止出口 原木和木材（4.2）
4403261000	最小截面尺寸在15厘米以下的落叶松原木（用油漆着色剂，杂酚油或其他防腐剂处理的除外）	A/	P/Q	禁止出口 原木和木材（4.2）
4403262000	最小截面尺寸在15厘米以下的花旗松原木（用油漆着色剂，杂酚油或其他防腐剂处理的除外）	A/	M. P/	禁止出口 原木和木材（4.2）
4403269010	最小截面尺寸在15厘米以下的濒危红豆杉原木（用油漆着色剂，杂酚油或其他防腐剂处理的除外）	A/	M. P/	禁止出口 原木和木材（4.2）
4403269020	最小截面尺寸在15厘米以下的其他濒危针叶木原木（用油漆着色剂，杂酚油或其他防腐剂处理的除外）	A/	M. P/	禁止出口 原木和木材（4.2）
4403269090	最小截面尺寸在15厘米以下的其他针叶木原木（用油漆着色剂，杂酚油或其他防腐剂处理的除外）	A/	M. P/	禁止出口 原木和木材（4.2）
4403410000	其他红柳桉木原木（指深红色红柳桉木，浅红色红柳桉及巴梼红色红柳桉木）	A/	P/Q	禁止出口 原木和木材（4.2）
4403420000	柚木原木（用油漆、着色剂、杂酚油或其他防腐剂处理的除外）	A/	P/Q	禁止出口 原木和木材（4.2）
4403492000	其他奥克曼 OKOUME 原木（奥克榄 Aukoumed klaineana）	A/	P/Q	禁止出口 原木和木材（4.2）

续表118

商品编号	商品名称	监管条件	检验检疫类别	检验检疫要求
4403493000	其他龙脑香木、克隆原木（龙脑香木 Dipterocarpus spp. 克隆 Keruing）	A/	P/Q	禁止出口 原木和木材（4.2）
4403494000	其他山樟 Kapur 原木（香木 Dryobalanops spp.）	A/	P/Q	禁止出口 原木和木材（4.2）
4403495000	其他印加木 Intsia spp. 原木（波罗格 Mengaris）	A/	P/Q	禁止出口 原木和木材（4.2）
4403496000	其他大干巴豆 Koompassia spp.（门格里斯 Mengaris 或康派斯 Kempas）	A/	P/Q	禁止出口 原木和木材（4.2）
4403497000	其他异翅香木 Anisopter spp.	A/	P/Q	禁止出口 原木和木材（4.2）
4403498010	濒危热带红木原木（用油漆着色剂、杂酚油或其他防腐剂处理的除外）	A/	P/Q	禁止出口 原木和木材（4.2）
4403498090	其他热带红木原木（用油漆着色剂、杂酚油或其他防腐剂处理的除外）	A/	P/Q	禁止出口 原木和木材（4.2）
4403499010	南美蒺藜木（玉檀木）原木（用油漆、着色剂、杂酚油或其他防腐剂处理的除外）	A/	P/Q	禁止出口 原木和木材（4.2）
4403499020	其他濒危热带原木（用油漆、着色剂、杂酚油或其他防腐剂处理的除外）	A/	P/Q	禁止出口 原木和木材（4.2）
4403499090	其他热带原木（用油漆、着色剂、杂酚油或其他防腐剂处理的除外）	A/	P/Q	禁止出口 原木和木材（4.2）
4403910010	蒙古栎原木（用油漆、着色剂、杂酚油或其他防腐剂处理的除外）	A/	P/Q	禁止出口 原木和木材（4.2）
4403910020	其他濒危野生栎木（橡木）原木（用油漆、着色剂、杂酚油或其他防腐剂处理的除外，不包括人工培植的）	A/	P/	禁止出口 原木和木材（4.2）
4403910090	其他栎木（橡木）原木（用油漆、着色剂、杂酚油或其他防腐剂处理的除外）	A/	P/Q	禁止出口 原木和木材（4.2）
4403930010	濒危野生水青冈木（山毛榉木），最小截面尺寸在15厘米及以上（用油漆、着色剂、杂酚油或其他防腐剂处理的除外，不包括人工培植的）	A/	P/	禁止出口 原木和木材（4.2）
4403930090	其他水青冈木（山毛榉木），最小截面尺寸在15厘米及以上（用油漆、着色剂、杂酚油或其他防腐剂处理的除外）	A/	P/	禁止出口 原木和木材（4.2）
4403940000	其他水青冈木（山毛榉木）（用油漆、着色剂、杂酚油或其他防腐剂处理的除外）	A/	P/Q	禁止出口 原木和木材（4.2）
4403950000	桦木，最小截面尺寸在15厘米及以上（用油漆、着色剂、杂酚油或其他防腐剂处理的除外）	A/	P/	禁止出口 原木和木材（4.2）
4403960000	其他桦木（用油漆、着色剂、杂酚油或其他防腐剂处理的除外）	A/	P/	禁止出口 原木和木材（4.2）
4403970000	杨木（用油漆、着色剂、杂酚油或其他防腐剂处理的除外）	A/	P/Q	禁止出口 原木和木材（4.2）
4403980000	桉木（用油漆、着色剂、杂酚油或其他防腐剂处理的除外）	A/	P/Q	禁止出口 原木和木材（4.2）
4403993010	濒危红木原木，但编号44034980所列热带红木除外（用油漆、着色剂、杂酚油或其他防腐剂处理的除外）	A/	P/Q	禁止出口 原木和木材（4.2）
4403993090	其他红木原木，但编号44034980所列热带红木除外（用油漆、着色剂、杂酚油或其他防腐剂处理的除外）	A/	P/Q	禁止出口 原木和木材（4.2）
4403994000	泡桐木原木（用油漆、着色剂、杂酚油或其他防腐剂处理的除外）	A/	P/Q	禁止出口 原木和木材（4.2）

续表119

商品编号	商品名称	监管条件	检验检疫类别	检验检疫要求
4403995000	水曲柳原木（用油漆、着色剂、杂酚油或其他防腐剂处理的除外）	A/	P/Q	禁止出口 原木和木材（4.2）
4403996000	其他北美硬阔叶木	A/	P/Q	禁止出口 原木和木材（4.2）
4403998010	其他未列名温带濒危非针叶木原木（用油漆、着色剂、杂酚油或其他防腐剂处理的除外）	A/	P/Q	禁止出口 原木和木材（4.2）
4403998090	其他未列名温带非针叶木原木（用油漆、着色剂、杂酚油或其他防腐剂处理的除外）	A/	P/Q	禁止出口 原木和木材（4.2）
4403999012	沉香木及拟沉香木原木（用油漆、着色剂、杂酚油或其他防腐剂处理的除外）	A/	P/Q	禁止出口 原木和木材（4.2）
4403999019	其他未列名濒危非针叶原木（用油漆、着色剂、杂酚油或其他防腐剂处理的除外）	A/	P/Q	禁止出口 原木和木材（4.2）
4403999090	其他未列名非针叶原木（用油漆、着色剂、杂酚油或其他防腐剂处理的除外）	A/	P/Q	禁止出口 原木和木材（4.2）
4404100010	濒危针叶木的箍木等及类似品（包括木劈条、棒及类似品）	A/B	P/Q	其他非食用植物产品（4.4）
4404100090	其他针叶木的箍木等及类似品（包括木劈条、棒及类似品）	A/B	P/Q	其他非食用植物产品（4.4）
4404200010	濒危非针叶木箍木等（包括木劈条、棒及类似品）	A/B	P/Q	其他非食用植物产品（4.4）
4404200090	其他非针叶木箍木等（包括木劈条、棒及类似品）	A/B	P/Q	其他非食用植物产品（4.4）
4405000000	木丝及木粉	A/B	P/Q	其他非食用植物产品（4.4）
4406110000	未浸渍的铁道及电车道针叶木枕木	A/B	P/Q	其他非食用植物产品（4.4）
4406120000	未浸渍的铁道及电车道非针叶木枕木	A/B	P/Q	其他非食用植物产品（4.4）
4407111011	端部接合的红松厚板材（经纵锯、纵切、刨切或旋切的，厚度超过6毫米）	A/B	P/Q	原木和木材（4.2）
4407111019	端部接合的樟子松厚板材（经纵锯、纵切、刨切或旋切的，厚度超过6毫米）	A/B	P/Q	原木和木材（4.2）
4407111091	非端部接合的红松厚板材（经纵锯、纵切、刨切或旋切的，厚度超过6毫米）	A/B	P/Q	原木和木材（4.2）
4407111099	非端部接合的樟子松厚板材（经纵锯、纵切、刨切或旋切的，厚度超过6毫米）	A/B	P/Q	原木和木材（4.2）
4407112010	端部接合的辐射松厚板材（经纵锯、纵切、刨切或旋切的，厚度超过6毫米）	A/B	P/Q	原木和木材（4.2）
4407112090	非端部接合的辐射松厚板材（经纵锯、纵切、刨切或旋切的，厚度超过6毫米）	A/B	P/Q	原木和木材（4.2）
4407119011	端部接合其他濒危松木厚板材（经纵锯、纵切、刨切或旋切的，厚度超过6毫米）	A/B	P/Q	原木和木材（4.2）
4407119019	端部接合其他松木厚板材（经纵锯、纵切、刨切或旋切的，厚度超过6毫米）	A/B	P/Q	原木和木材（4.2）
4407119091	非端部接合其他濒危松木厚板材（经纵锯、纵切、刨切或旋切的，厚度超过6毫米）	A/B	P/Q	原木和木材（4.2）
4407119099	非端部接合的其他松木厚板材（经纵锯、纵切、刨切或旋切的，厚度超过6毫米）	A/B	P/Q	原木和木材（4.2）
4407120011	端部接合的濒危云杉及冷杉厚板材（经纵锯、纵切、刨切或旋切的，厚度超过6毫米）	A/B	P/Q	原木和木材（4.2）
4407120019	端部接合的其他云杉及冷杉厚板材（经纵锯、纵切、刨切或旋切的，厚度超过6毫米）	A/B	P/Q	原木和木材（4.2）
4407120091	非端部接合濒危云杉及冷杉厚板材（经纵锯、纵切、刨切或旋切的，厚度超过6毫米）	A/B	P/Q	原木和木材（4.2）

续表120

商品编号	商品名称	监管条件	检验检疫类别	检验检疫要求
4407120099	非端部接合其他云杉及冷杉厚板材（经纵锯、纵切、刨切或旋切的，厚度超过6毫米）	A/B	P/Q	原木和木材（4.2）
4407130011	端部接合的濒危云杉-松木-冷杉厚板材（经纵锯、纵切、刨切或旋切的，厚度超过6毫米）	A/B	P/Q	原木和木材（4.2）
4407130019	端部接合其他云杉-松木-冷杉厚板材（经纵锯、纵切、刨切或旋切的，厚度超过6毫米）	A/B	P/Q	原木和木材（4.2）
4407130091	非端部接合的濒危云杉-松木-冷杉厚板材（经纵锯、纵切、刨切或旋切的，厚度超过6毫米）	A/B	P/Q	原木和木材（4.2）
4407130099	非端部接合的其他云杉-松木-冷杉厚板材（经纵锯、纵切、刨切或旋切的，厚度超过6毫米）	A/B	P/Q	原木和木材（4.2）
4407140011	端部接合的濒危铁杉-冷杉厚板材（经纵锯、纵切、刨切或旋切的，厚度超过6毫米）	A/B	P/Q	原木和木材（4.2）
4407140019	端部接合其他铁杉-冷杉厚板材（经纵锯、纵切、刨切或旋切的，厚度超过6毫米）	A/B	P/Q	原木和木材（4.2）
4407140091	非端部接合的濒危铁杉-冷杉厚板材（经纵锯、纵切、刨切或旋切的，厚度超过6毫米）	A/B	P/Q	原木和木材（4.2）
4407140099	非端部接合的其他铁杉-冷杉厚板材（经纵锯、纵切、刨切或旋切的，厚度超过6毫米）	A/B	P/Q	原木和木材（4.2）
4407191010	端部接合的花旗松厚板材（经纵锯、纵切、刨切或旋切的，厚度超过6毫米）	A/B	P/Q	原木和木材（4.2）
4407191090	非端部接合的花旗松厚板材（经纵锯、纵切、刨切或旋切的，厚度超过6毫米）	A/B	P/Q	原木和木材（4.2）
4407199011	端部接合其他濒危针叶木厚板材（经纵锯、纵切、刨切或旋切的，厚度超过6毫米）	A/B	P/Q	原木和木材（4.2）
4407199019	端部接合其他针叶木厚板材（经纵锯、纵切、刨切或旋切的，厚度超过6毫米）	A/B	P/Q	原木和木材（4.2）
4407199091	非端部接合其他濒危针叶木厚板材（经纵锯、纵切、刨切或旋切的，厚度超过6毫米）	A/B	P/Q	原木和木材（4.2）
4407199099	非端部接合的其他针叶木厚板材（经纵锯、纵切、刨切或旋切的，厚度超过6毫米）	A/B	P/Q	原木和木材（4.2）
4407210011	端部接合濒危桃花心木（经纵锯、纵切、刨切或旋切的，厚度超过6毫米）	A/B	P/Q	原木和木材（4.2）
4407210019	端部接合的其他桃花心木（经纵锯、纵切、刨切或旋切的，厚度超过6毫米）	A/B	P/Q	原木和木材（4.2）
4407210091	非端部接合濒危桃花心木（经纵锯、纵切、刨切或旋切的，厚度超过6毫米）	A/B	P/Q	原木和木材（4.2）
4407210099	非端部接合的其他桃花心木（经纵锯、纵切、刨切或旋切的，厚度超过6毫米）	A/B	P/Q	原木和木材（4.2）
4407220010	端部接合的苏里南肉豆蔻木、细孔绿心樟及美洲轻木（经纵锯、纵切、刨切或旋切的，厚度超过6毫米）	A/B	P/Q	原木和木材（4.2）
4407220090	非端部接合的苏里南肉豆蔻木、细孔绿心樟及美洲轻木（经纵锯、纵切、刨切或旋切的，厚度超过6毫米）	A/B	P/Q	原木和木材（4.2）
4407230010	端部接合的柚木板材（经纵锯、纵切、刨切或旋切的，厚度超过6毫米）	A/B	P/Q	原木和木材（4.2）
4407230090	非端部接合的柚木板材（经纵锯、纵切、刨切或旋切的，厚度超过6毫米）	A/B	P/Q	原木和木材（4.2）
4407250010	端部接合的红柳桉木板材（指深红色、浅红色及巴栲红柳桉木，厚度超过6毫米）	A/B	P/Q	原木和木材（4.2）

续表121

商品编号	商品名称	监管条件	检验检疫类别	检验检疫要求
4407250090	非端部接合的红柳桉木板材（指深红色、浅红色及巴栲红柳桉木，经纵锯、纵切、刨切或旋切的，厚度超过6毫米）	A/B	P/Q	原木和木材（4.2）
4407260010	端部接合的白柳桉、其他柳桉木和阿兰木板材（经纵锯、纵切、刨切或旋切的，厚度超过6毫米）	A/B	P/Q	原木和木材（4.2）
4407260090	非端部接合的白柳桉、其他柳桉木和阿兰木板材（经纵锯、纵切、刨切或旋切的，厚度超过6毫米）	A/B	P/Q	原木和木材（4.2）
4407270010	端部接合的沙比利木板材（经纵锯、纵切、刨切或旋切的，厚度超过6毫米）	A/B	P/Q	原木和木材（4.2）
4407270090	非端部接合的沙比利木板材（经纵锯、纵切、刨切或旋切的，厚度超过6毫米）	A/B	P/Q	原木和木材（4.2）
4407280010	端部接合的伊罗科木板材（经纵锯、纵切、刨切或旋切的，厚度超过6毫米）	A/B	P/Q	原木和木材（4.2）
4407280090	非端部接合的伊罗科木板材（经纵锯、纵切、刨切或旋切的，厚度超过6毫米）	A/B	P/Q	原木和木材（4.2）
4407292010	端部接合的非洲桃花心木板材（经纵锯、纵切、刨切或旋切的，厚度超过6毫米）	A/B	P/Q	原木和木材（4.2）
4407292090	非端部接合的非洲桃花心木板材（经纵锯、纵切、刨切或旋切的，厚度超过6毫米）	A/B	P/Q	原木和木材（4.2）
4407293010	端部接合的波罗格 Merban 板材（经纵锯、纵切、刨切或旋切的，厚度超过6毫米）	A/B	P/Q	原木和木材（4.2）
4407293090	非端部接合的波罗格 Merban 板材（经纵锯、纵切、刨切或旋切的，厚度超过6毫米）	A/B	P/Q	原木和木材（4.2）
4407294011	端部接合濒危热带红木厚板材（经纵锯、纵切、刨切或旋切的，厚度超过6毫米）	A/B	P/Q	原木和木材（4.2）
4407294019	端部接合其他热带红木厚板材（经纵锯、纵切、刨切或旋切的，厚度超过6毫米）	A/B	P/Q	原木和木材（4.2）
4407294091	非端部接合濒危热带红木厚板材（经纵锯、纵切、刨切或旋切的，厚度超过6毫米）	A/B	P/Q	原木和木材（4.2）
4407294099	非端部接合其他热带红木厚板材（经纵锯、纵切、刨切或旋切的，厚度超过6毫米）	A/B	P/Q	原木和木材（4.2）
4407299011	端部接合拉敏木厚板材（经纵锯、纵切、刨切或旋切的，厚度超过6毫米）	A/B	P/Q	原木和木材（4.2）
4407299012	端部接合的南美蒺藜木（玉檀木）厚板材（经纵锯、纵切、刨切或旋切的，厚度超过6毫米）	A/B	P/Q	原木和木材（4.2）
4407299013	端部接合其他未列名濒危热带木厚板材（经纵锯、纵切、刨切或旋切的，厚度超过6毫米）	A/B	P/Q	原木和木材（4.2）
4407299019	端部接合其他未列名热带木厚板材（经纵锯、纵切、刨切或旋切的，厚度超过6毫米）	A/B	P/Q	原木和木材（4.2）
4407299091	非端部接合的南美蒺藜木（玉檀木）厚板材（经纵锯、纵切、刨切或旋切的，厚度超过6毫米）	A/B	P/Q	原木和木材（4.2）
4407299092	非端部接合其他未列名濒危热带木板材（经纵锯、纵切、刨切或旋切的，厚度超过6毫米）	A/B	P/Q	原木和木材（4.2）
4407299099	非端部接合其他未列名热带木板材（经纵锯、纵切、刨切或旋切的，厚度超过6毫米）	A/B	P/Q	原木和木材（4.2）
4407910011	端部接合的蒙古栎厚板材（经纵锯、纵切、刨切或旋切的，厚度超过6毫米）	A/B	P/Q	原木和木材（4.2）
4407910012	端部接合的濒危野生栎木（橡木）厚板材（经纵锯、纵切、刨切或旋切的，厚度超过6毫米，不包括人工培植的）	A/B	P/Q	原木和木材（4.2）

续表122

商品编号	商品名称	监管条件	检验检疫类别	检验检疫要求
4407910019	端部接合的其他栎木（橡木）厚板材（经纵锯、纵切、刨切或旋切的，厚度超过6毫米）	A/B	P/Q	原木和木材（4.2）
4407910091	非端部接合的蒙古栎厚板材（经纵锯、纵切、刨切或旋切的，厚度超过6毫米）	A/B	P/Q	原木和木材（4.2）
4407910092	非端部接合的濒危野生栎木（橡木）厚板材（经纵锯、纵切、刨切或旋切的，厚度超过6毫米，不包括人工培植的）	A/B	P/Q	原木和木材（4.2）
4407910099	非端部接合的其他栎木（橡木）厚板材（经纵锯、纵切、刨切或旋切的，厚度超过6毫米）	A/B	P/Q	原木和木材（4.2）
4407920011	端部接合的濒危野生水青冈木（山毛榉木）厚板材（经纵锯、纵切、刨切或旋切的，厚度超过6毫米，不包括人工培植的）	A/B	P/Q	原木和木材（4.2）
4407920019	端部接合的其他水青冈木（山毛榉木）厚板材（经纵锯、纵切、刨切或旋切的，厚度超过6毫米）	A/B	P/Q	原木和木材（4.2）
4407920091	非端部接合的濒危野生水青冈木（山毛榉木）厚板材（经纵锯、纵切、刨切或旋切的，厚度超过6毫米，不包括人工培植的）	A/B	P/Q	原木和木材（4.2）
4407920099	非端部接合的其他水青冈木（山毛榉木）厚板材（经纵锯、纵切、刨切或旋切的，厚度超过6毫米）	A/B	P/Q	原木和木材（4.2）
4407930011	端部接合的濒危野生槭木（枫木）厚板材（经纵锯、纵切、刨切或旋切，厚度超过6毫米，不包括人工培植的）	A/B	P/Q	原木和木材（4.2）
4407930019	端部接合的其他槭木（枫木）厚板材（经纵锯、纵切、刨切或旋切，厚度超过6毫米）	A/B	P/Q	原木和木材（4.2）
4407930091	非端部接合的濒危野生槭木（枫木）厚板材（经纵锯、纵切、刨切或旋切，厚度超过6毫米，不包括人工培植的）	A/B	P/Q	原木和木材（4.2）
4407930099	非端部接合的其他槭木（枫木）厚板材（经纵锯、纵切、刨切或旋切，厚度超过6毫米）	A/B	P/Q	原木和木材（4.2）
4407940010	端部接合的樱桃木厚板材（经纵锯、纵切、刨切或旋切，厚度超过6毫米）	A/B	P/Q	原木和木材（4.2）
4407940090	非端部接合的樱桃木厚板材（经纵锯、纵切、刨切或旋切，厚度超过6毫米）	A/B	P/Q	原木和木材（4.2）
4407950011	端部接合的水曲柳厚板材（经纵锯、纵切、刨切或旋切的，厚度超过6毫米）	A/B	P/Q	原木和木材（4.2）
4407950019	端部接合的其他白蜡木厚板材（经纵锯、纵切、刨切或旋切的，厚度超过6毫米）	A/B	P/Q	原木和木材（4.2）
4407950091	非端部接合的水曲柳厚板材（经纵锯、纵切、刨切或旋切的，厚度超过6毫米）	A/B	P/Q	原木和木材（4.2）
4407950099	非端部接合的其他白蜡木厚板材（经纵锯、纵切、刨切或旋切的，厚度超过6毫米）	A/B	P/Q	原木和木材（4.2）
4407960010	端部接合的桦木厚板材（经纵锯、纵切、刨切或旋切，厚度超过6毫米）	A/B	P/Q	原木和木材（4.2）
4407960090	非端部结合的桦木厚板材（经纵锯、纵切、刨切或旋切，厚度超过6毫米）	A/B	P/Q	原木和木材（4.2）
4407970010	端部接合的杨木厚板材（经纵锯、纵切、刨切或旋切，厚度超过6毫米）	A/B	P/Q	原木和木材（4.2）
4407970090	非端部接合的杨木厚板材（经纵锯、纵切、刨切或旋切，厚度超过6毫米）	A/B	P/Q	原木和木材（4.2）
4407991011	端部接合濒危红木厚板材，但编号44072940所列热带红木除外（经纵锯、纵切、刨切或旋切的，厚度超过6毫米）	A/B	P/Q	原木和木材（4.2）
4407991019	端部接合其他红木厚板材，但编号44072940所列热带红木除外（经纵锯、纵切、刨切或旋切的，厚度超过6毫米）	A/B	P/Q	原木和木材（4.2）

续表123

商品编号	商品名称	监管条件	检验检疫类别	检验检疫要求
4407991091	非端部接合濒危红木厚板材，但编号44072940所列热带红木除外（经纵锯、纵切、刨切或旋切的，厚度超过6毫米）	A/B	P/Q	原木和木材（4.2）
4407991099	非端部接合其他红木厚板材，但编号44072940所列热带红木除外（经纵锯、纵切、刨切或旋切的，厚度超过6毫米）	A/B	P/Q	原木和木材（4.2）
4407992010	端部接合的泡桐木厚板材（经纵锯、纵切、刨切或旋切的，厚度超过6毫米）	A/B	P/Q	原木和木材（4.2）
4407992090	非端部接合的泡桐木厚板材（经纵锯、纵切、刨切或旋切的，厚度超过6毫米）	A/B	P/Q	原木和木材（4.2）
4407993010	端部接合的北美硬阔叶材厚板材（经纵锯、纵切、刨切或旋切的，厚度超过6毫米）	A/B	P/Q	原木和木材（4.2）
4407993090	非端部接合的北美硬阔叶材厚板材（经纵锯、纵切、刨切或旋切的，厚度超过6毫米）	A/B	P/Q	原木和木材（4.2）
4407998011	端部接合其他未列名的温带濒危非针叶板材（经纵锯、纵切、刨切或旋切的，厚度超过6毫米）	A/B	P/Q	原木和木材（4.2）
4407998019	端部接合的其他未列名的温带非针叶厚板材（经纵锯、纵切、刨切或旋切的，厚度超过6毫米）	A/B	P/Q	原木和木材（4.2）
4407998091	非端部结合其他未列名的温带濒危非针叶厚板材（经纵锯、纵切、刨切或旋切的，厚度超过6毫米）	A/B	P/Q	原木和木材（4.2）
4407998099	非端部接合的其他未列名的温带非针叶厚板材（经纵锯、纵切、刨切或旋切的，厚度超过6毫米）	A/B	P/Q	原木和木材（4.2）
4407999012	端部接合的沉香木及拟沉香木厚板材（经纵锯、纵切、刨切或旋切的，厚度超过6毫米）	A/B	P/Q	原木和木材（4.2）
4407999015	端部接合的其他濒危木厚板材（经纵锯、纵切、刨切或旋切的，厚度超过6毫米）	A/B	P/Q	原木和木材（4.2）
4407999019	端部接合的其他木厚板材（经纵锯、纵切、刨切或旋切的，厚度超过6毫米）	A/B	P/Q	原木和木材（4.2）
4407999092	非端部接合的沉香木及拟沉香木厚板材（经纵锯、纵切、刨切或旋切的，厚度超过6毫米）	A/B	P/Q	原木和木材（4.2）
4407999095	非端部接合的其他濒危木厚板材（经纵锯、纵切、刨切或旋切的，厚度超过6毫米）	A/B	P/Q	原木和木材（4.2）
4407999099	非端部接合的其他木厚板材（经纵锯、纵切、刨切或旋切的，厚度超过6毫米）	A/B	P/Q	原木和木材（4.2）
4408101110	胶合板等多层板制濒危针叶木单板（厚度≤6毫米，饰面用）	A/B	M. P/Q	其他非食用植物产品（4.4）
4408101190	其他胶合板等多层板制针叶木单板（厚度≤6毫米，饰面用）	A/B	M. P/Q	其他非食用植物产品（4.4）
4408101910	其他饰面濒危针叶木单板（厚度≤6毫米）	A/B	M. P/Q	其他非食用植物产品（4.4）
4408101990	其他饰面针叶木单板（厚度≤6毫米）	A/B	M. P/Q	其他非食用植物产品（4.4）
4408102010	制胶合板用濒危针叶木单板（厚度≤6毫米）	A/B	M. P/Q	其他非食用植物产品（4.4）
4408102090	其他制胶合板用针叶木单板（厚度≤6毫米）	A/B	M. P/Q	其他非食用植物产品（4.4）
4408109010	其他濒危针叶木单板材（经纵锯、刨切或旋切的，厚度≤6毫米）	A/B	P/Q	其他非食用植物产品（4.4）
4408109090	其他针叶木单板材（经纵锯、刨切或旋切的，厚度≤6毫米）	A/B	P/Q	其他非食用植物产品（4.4）
4408311100	胶合板多层板制饰面红柳桉木单板（指深红色、浅红色红柳桉木及巴栲红柳桉木，厚度≤6毫米）	A/B	M. P/Q	其他非食用植物产品（4.4）
4408311900	其他饰面用红柳桉木单板（深红色、浅红色红柳桉木及巴栲红柳桉木，厚度≤6毫米）	A/B	P/Q	其他非食用植物产品（4.4）
4408312000	红柳桉木制的胶合板用单板（深红色、浅红色红柳桉木及巴栲红柳桉木，厚度≤6毫米）	A/B	M. P/Q	其他非食用植物产品（4.4）
4408319000	红柳桉木制的其他单板（深红色、浅红色红柳桉木及巴栲红柳桉木，厚度≤6毫米）	A/B	P/Q	其他非食用植物产品（4.4）

续表124

商品编号	商品名称	监管条件	检验检疫类别	检验检疫要求
4408391110	胶合板多层板制饰面濒危桃花心木单板（厚度≤6毫米）	A/B	M. P/Q	其他非食用植物产品（4.4）
4408391120	胶合板多层板制饰面拉敏木单板（厚度≤6毫米）	A/B	M. P/Q	其他非食用植物产品（4.4）
4408391130	厚度≤6毫米胶合板多层板制饰面濒危热带木单板	A/B	M. P/Q	其他非食用植物产品（4.4）
4408391190	厚度≤6毫米胶合板多层板制饰面热带木单板	A/B	M. P/Q	其他非食用植物产品（4.4）
4408391910	其他饰面用濒危桃花心木单板（厚度不超过6毫米）	A/B	P/Q	其他非食用植物产品（4.4）
4408391930	厚度≤6毫米其他濒危热带木制饰面用单板	A/B	P/Q	其他非食用植物产品（4.4）
4408391990	厚度≤6毫米其他热带木饰面用单板	A/B	P/Q	其他非食用植物产品（4.4）
4408392010	其他濒危桃花心木制的胶合板用单板（厚度≤6毫米）	A/B	M. P/Q	其他非食用植物产品（4.4）
4408392020	其他拉敏木制的胶合板用单板（厚度≤6毫米）	A/B	M. P/Q	其他非食用植物产品（4.4）
4408392030	其他濒危热带木制的胶合板用单板（厚度≤6毫米）	A/B	M. P/Q	其他非食用植物产品（4.4）
4408392090	其他列名热带木制的胶合板用单板（厚度≤6毫米）	A/B	M. P/Q	其他非食用植物产品（4.4）
4408399010	其他濒危桃花心木制的其他单板（厚度≤6毫米）	A/B	P/Q	其他非食用植物产品（4.4）
4408399030	其他列名濒危热带木制的其他单板（厚度≤6毫米）	A/B	P/Q	其他非食用植物产品（4.4）
4408399090	其他列名的热带木制的其他单板（厚度≤6毫米）	A/B	P/Q	其他非食用植物产品（4.4）
4408901110	胶合板多层板制饰面濒危木单板（厚度≤6毫米）	A/B	M. P/Q	其他非食用植物产品（4.4）
4408901190	胶合板多层板制饰面其他木单板（厚度≤6毫米，针叶木、热带木除外）	A/B	M. P/Q	其他非食用植物产品（4.4）
4408901210	温带濒危非针叶木制饰面用木单板（厚度≤6毫米，针叶木、热带木除外）	A/B	P/Q	其他非食用植物产品（4.4）
4408901290	其他温带非针叶木制饰面用木单板（厚度≤6毫米，针叶木、热带木除外）	A/B	P/Q	其他非食用植物产品（4.4）
4408901310	野生濒危竹制饰面用单板（厚度≤6毫米，不包括人工培植的）	A/B	P/Q	其他非食用植物产品（4.4）
4408901390	其他竹制饰面用单板（厚度≤6毫米）	A/B	P/Q	其他非食用植物产品（4.4）
4408901911	家具饰面用濒危木单板（厚度≤6毫米）	A/B	M. P/Q	其他非食用植物产品（4.4）
4408901919	其他家具饰面用单板（厚度≤6毫米）	A/B	M. P/Q	其他非食用植物产品（4.4）
4408901991	其他饰面用濒危木单板（厚度≤6毫米）	A/B	M. P/Q	其他非食用植物产品（4.4）
4408901999	其他饰面用单板（厚度≤6毫米）	A/B	M. P/Q	其他非食用植物产品（4.4）
4408902110	温带濒危非针叶木制胶合板用单板（厚度≤6毫米）	A/B	M. P/Q	其他非食用植物产品（4.4）
4408902190	其他温带非针叶木制胶合板用单板（厚度≤6毫米）	A/B	M. P/Q	其他非食用植物产品（4.4）
4408902911	其他濒危木制胶合板用旋切单板（厚度≤6毫米）	A/B	M. P/Q	其他非食用植物产品（4.4）
4408902919	其他濒危木制胶合板用其他单板（厚度≤6毫米，旋切单板除外）	A/B	M. P/Q	其他非食用植物产品（4.4）
4408902991	其他木制胶合板用旋切单板（厚度≤6毫米）	A/B	M. P/Q	其他非食用植物产品（4.4）
4408902999	其他木制胶合板用其他单板（厚度≤6毫米，旋切单板除外）	A/B	M. P/Q	其他非食用植物产品（4.4）
4408909110	温带濒危非针叶木制其他单板材（经纵锯、刨切或旋切的，厚度≤6毫米）	A/B	P/Q	其他非食用植物产品（4.4）
4408909190	温带非针叶木制其他单板材（经纵锯、刨切或旋切的，厚度≤6毫米）	A/B	P/Q	其他非食用植物产品（4.4）
4408909910	其他濒危木制的其他单板材（经纵锯、刨切或旋切的，厚度≤6毫米）	A/B	P/Q	其他非食用植物产品（4.4）
4408909990	其他木材，但针叶木热带木除外（经纵锯、刨切或旋切的，厚度≤6毫米）	A/B	P/Q	其他非食用植物产品（4.4）
4409101010	一边或面制成连续形状的濒危针叶木制地板条、块（包括未装拼的拼花地板用板条及缘板）	A/B	P/Q	其他非食用植物产品（4.4）
4409101090	一边或面制成连续形状的其他针叶木地板条、块（包括未装拼的拼花地板用板条及缘板）	A/B	P/Q	其他非食用植物产品（4.4）
4409109010	一边或面制成连续形状濒危针叶木材	A/B	P/Q	其他非食用植物产品（4.4）
4409109090	其他一边或面制成连续形状的针叶木材	A/B	P/Q	其他非食用植物产品（4.4）
4409211010	一边或面制成连续形状的野生濒危竹地板条（块）（包括未装拼的拼花竹地板用板条及缘板，不包括人工培植的）	A/B	P/Q	其他非食用植物产品（4.4）

续表125

商品编号	商品名称	监管条件	检验检疫类别	检验检疫要求
4409211090	一边或面制成连续形状的竹地板条（块）（包括未装拼的拼花竹地板用板条及缘板）	A/B	P/Q	其他非食用植物产品（4.4）
4409219010	一边或面制成连续形状的其他野生濒危竹材（不包括人工培植的）	A/B	P/Q	其他非食用植物产品（4.4）
4409219090	一边或面制成连续形状的其他竹材	A/B	P/Q	其他非食用植物产品（4.4）
4409221020	一边或面制成连续形状的濒危桃花心木地板条、块（包括未装拼的桃花心木拼花地板用板条及缘板）	A/B	P/Q	其他非食用植物产品（4.4）
4409221030	一边或面制成连续形状的其他濒危热带木地板条、块（包括未装拼的其他濒危热带木拼花地板用板条及缘板）	A/B	P/Q	其他非食用植物产品（4.4）
4409221090	一边或面制成连续形状的其他热带木地板条、块（包括未装拼的其他热带木拼花地板用板条及缘板）	A/B	P/Q	其他非食用植物产品（4.4）
4409229020	一边或面制成连续形状的濒危桃花心木	A/B	P/Q	其他非食用植物产品（4.4）
4409229030	一边或面制成连续形状的其他濒危热带木	A/B	P/Q	其他非食用植物产品（4.4）
4409229090	一边或面制成连续形状的其他热带木	A/B	P/Q	其他非食用植物产品（4.4）
4409291030	一边或面制成连续形状的其他濒危木地板条、块（包括未装拼的其他濒危木拼花地板用板条及缘板）	A/B	P/Q	其他非食用植物产品（4.4）
4409291090	一边或面制成连续形状的其他非针叶木地板条、块（包括未装拼的其他非针叶木拼花地板用板条及缘板）	A/B	P/Q	其他非食用植物产品（4.4）
4409299030	一边或面制成连续形状的其他濒危木	A/B	P/Q	其他非食用植物产品（4.4）
4409299090	一边或面制成连续形状的其他非针叶木材	A/B	P/Q	其他非食用植物产品（4.4）
4410110000	木制碎料板（不论是否用树脂或其他有机黏合剂黏合）	A/B	P/Q	人造板（4.4）
4410120000	木制定向刨花板（OSB）（不论是否用树脂或其他有机黏合剂黏合）	A/B	P/Q	人造板（4.4）
4410190000	其他木制板（不论是否用树脂或其他有机黏合剂黏合）	A/B	P/Q	其他非食用植物产品（4.4）
4410901100	麦稻秸秆制碎料板（不论是否用树脂或其他有机黏合剂黏合）	A/B	P/Q	人造板（4.4）
4410901900	其他碎料板（不论是否用树脂或其他有机黏合剂黏合）	A/B	P/Q	人造板（4.4）
4410909000	其他板（不论是否用树脂或其他有机黏合剂黏合）	A/B	P/Q	其他非食用植物产品（4.4）
4411121100	密度>0.8g/cm^3 且厚度≤5 毫米的中密度纤维板（未经机械加工或盖面的）	A/B	P/Q	人造板（4.4）
4411121900	密度>0.8g/cm^3 且厚度≤5 毫米的其他中密度纤维板	A/B	P/Q	人造板（4.4）
4411122100	辐射松制的 0.5g/cm^3<密度≤0.8g/cm^3 且厚≤5 毫米的中密度纤维板	A/B	P/Q	人造板（4.4）
4411122900	0.5g/cm^3<密度≤0.8g/cm^3 且厚度≤5 毫米的其他中密度纤维板（辐射松制的除外）	A/B	P/Q	人造板（4.4）
4411129100	未经机械加工或盖面的其他厚度≤5 毫米的中密度纤维板	A/B	P/Q	人造板（4.4）
4411129900	其他厚度≤5 毫米的中密度纤维板	A/B	P/Q	人造板（4.4）
4411131100	密度>0.8g/cm^3 且 5 毫米<厚度≤9 毫米的中密度纤维板（未经机械加工或盖面的）	A/B	P/Q	人造板（4.4）
4411131900	密度>0.8g/cm^3 且 5 毫米<厚度≤9 毫米的其他中密度纤维板	A/B	M.P/Q	人造板（4.4）
4411132100	辐射松制的 0.5g/cm^3<密度≤0.8g/cm^3 且 5 毫米<厚度≤9 毫米中密度纤维板	A/B	P/Q	人造板（4.4）
4411132900	0.5g/cm^3<密度≤0.8g/cm^3 且 5 毫米<厚度≤9 毫米其他中密度纤维板（辐射松制的除外）	A/B	P/Q	人造板（4.4）
4411139100	未机械加工或盖面的其他 5 毫米<厚度≤9 毫米中密度纤维板	A/B	P/Q	人造板（4.4）
4411139900	其他 5 毫米<厚度≤9 毫米中密度纤维板	A/B	P/Q	人造板（4.4）
4411141100	密度>0.8g/cm^3 且厚度>9 毫米的中密度纤维板（未经机械加工或盖面的）	A/B	P/Q	人造板（4.4）
4411141900	密度>0.8g/cm^3 且厚度>9 毫米的其他中密度纤维板	A/B	M.P/Q	人造板（4.4）
4411142100	辐射松制的 0.5g/cm^3<密度≤0.8g/cm^3 且厚度>9 毫米中密度纤维板	A/B	P/Q	人造板（4.4）
4411142900	0.5g/cm^3<密度≤0.8g/cm^3 且厚度>9 毫米其他中密度纤维板（辐射松制的除外）	A/B	P/Q	人造板（4.4）

续表126

商品编号	商品名称	监管条件	检验检疫类别	检验检疫要求
4411149100	未经机械加工或盖面的其他厚度>9 毫米中密度纤维板	A/B	P/Q	人造板（4.4）
4411149900	其他厚度>9 毫米的中密度纤维板	A/B	P/Q	人造板（4.4）
4411921000	密度>0.8g/cm^3 的未经机械加工或盖面的其他纤维板	A/B	P/Q	人造板（4.4）
4411929000	密度>0.8g/cm^3 的其他纤维板	A/B	M.P/Q	人造板（4.4）
4411931000	辐射松制的 0.5g/cm^3<密度≤0.8g/cm^3 的其他纤维板	A/B	P/Q	人造板（4.4）
4411939000	0.5g/cm^3<密度≤0.8g/cm^3 的其他纤维板（辐射松制的除外）	A/B	P/Q	人造板（4.4）
4411941000	0.35g/cm^3<密度≤0.5g/cm^3 的其他纤维板	A/B	P/Q	人造板（4.4）
4411942100	密度≤0.35g/cm^3 的未经机械加工或盖面的木纤维板	A/B	P/Q	人造板（4.4）
4411942900	密度≤0.35g/cm^3 的其他木纤维板	A/B	P/Q	人造板（4.4）
4412101111	至少有一表层为濒危热带木薄板制濒危野生（不包括人工培植的）竹胶合板（每层厚度≤6 毫米）	A/B	M.P/Q	其他非食用植物产品（4.4）
4412101119	至少有一表层为濒危热带木薄板制其他竹胶合板（每层厚度≤6 毫米）	A/B	M.P/Q	其他非食用植物产品（4.4）
4412101191	至少有一表层是其他热带木薄板制濒危野生（不包括人工培植的）竹胶合板（每层厚度≤6 毫米）	A/B	M.P/Q	其他非食用植物产品（4.4）
4412101199	至少有一表层是其他热带木薄板制其他竹胶合板（每层厚度≤6 毫米）	A/B	M.P/Q	其他非食用植物产品（4.4）
4412101911	至少有一表层为濒危非针叶木薄板制竹胶合板（每层厚度≤6 毫米）	A/B	M.P/Q	人造板（4.4）
4412101919	其他至少有一表层为非针叶木薄板制竹胶合板（每层厚度≤6 毫米）	A/B	M.P/Q	人造板（4.4）
4412101991	其他薄板制濒危野生竹胶合板（每层厚度≤6 毫米，不包括人工培植的）	A/B	M.P/Q	其他非食用植物产品（4.4）
4412101999	其他薄板制竹胶合板（每层厚度≤6 毫米）	A/B	M.P/Q	其他非食用植物产品（4.4）
4412102011	至少有一表层是濒危非针叶木的濒危野生（不包括人工培植的）竹制的，其他胶合板、单板饰面板及类似的多层板	A/B	M.P/Q	其他非食用植物产品（4.4）
4412102019	至少有一表层是其他非针叶木的其他濒危野生（不包括人工培植的）竹制的，其他胶合板、单板饰面板及类似的多层板	A/B	M.P/Q	其他非食用植物产品（4.4）
4412102091	至少有一表层是濒危非针叶木的其他竹制的，其他胶合板、单板饰面板及类似的多层板	A/B	M.P/Q	其他非食用植物产品（4.4）
4412102099	至少有一表层是其他非针叶木的其他竹制的，其他胶合板、单板饰面板及类似的多层板	A/B	M.P/Q	其他非食用植物产品（4.4）
4412109310	中间至少有一层是本章本国注释一所列的热带木的，其他濒危野生（不包括人工培植的）竹制胶合板及类似的多层板	A/B	M.P/Q	其他非食用植物产品（4.4）
4412109390	中间至少有一层是本章本国注释一所列的热带木的，其他竹制胶合板及类似的多层板	A/B	M.P/Q	其他非食用植物产品（4.4）
4412109410	中间至少有一层是其他热带木的，其他濒危野生（不包括人工培植的）竹制胶合板及类似的多层板	A/B	M.P/Q	其他非食用植物产品（4.4）
4412109490	中间至少有一层是其他热带木的，其他竹制胶合板及类似的多层板	A/B	M.P/Q	其他非食用植物产品（4.4）
4412109510	中间至少含有一层木碎料板的，其他濒危野生（不包括人工培植的）竹制胶合板及类似的多层板	A/B	M.P/Q	其他非食用植物产品（4.4）
4412109590	中间至少含有一层木碎料板的，其他竹制胶合板及类似的多层板	A/B	M.P/Q	其他非食用植物产品（4.4）
4412109910	其他濒危野生（不包括人工培植的）竹制胶合板、单板饰面板及类似的多层板	A/B	M.P/Q	其他非食用植物产品（4.4）
4412109990	其他竹制胶合板、单板饰面板及类似的多层板	A/B	M.P/Q	其他非食用植物产品（4.4）
4412310010	至少有一表层为濒危桃花心木薄板制胶合板（每层厚度≤6 毫米）	A/B	M.P/Q	人造板（4.4）
4412310020	至少有一表层为拉敏木薄板制胶合板（每层厚度≤6 毫米）	A/B	M.P/Q	人造板（4.4）
4412310030	至少有一表层为濒危热带木薄板制胶合板（每层厚度≤6 毫米）	A/B	M.P/Q	人造板（4.4）
4412310090	至少有一表层是其他热带木制的胶合板（每层厚度≤6 毫米，竹制除外）	A/B	M.P/Q	人造板（4.4）

续表127

商品编号	商品名称	监管条件	检验检疫类别	检验检疫要求
4412330010	至少有一表层是濒危的下列非针叶木：白蜡木、水青冈木（山毛榉木）、桦木、樱桃木、榆木、椴木、槭木、鹅掌楸木薄板制胶合板（每层厚度≤6毫米，竹制除外）	A/B	M. P/Q	人造板（4.4）
4412330090	至少有一表层是下列非针叶木：桤木、白蜡木、水青冈木（山毛榉木）、桦木、樱桃木、栗木、榆木、桉木、山核桃、七叶树、椴木、槭木、栎木（橡木）、悬铃木、杨木、刺槐木、鹅掌楸或核桃木薄板制胶合板（每层厚度≤6毫米，竹制除外）	A/B	M. P/Q	人造板（4.4）
4412341010	至少有一表层是濒危温带非针叶木薄板制胶合板（每层厚度≤6毫米，竹制除外）	A/B	M. P/Q	人造板（4.4）
4412341090	至少有一表层是其他温带非针叶木薄板制胶合板（每层厚度≤6毫米，竹制除外）	A/B	M. P/Q	人造板（4.4）
4412349010	至少有一表层是濒危其他非针叶胶合板（每层厚度≤6毫米，竹制除外）	A/B	M. P/Q	人造板（4.4）
4412349090	至少有一表层是其他非针叶胶合板（每层厚度≤6毫米，竹制除外）	A/B	M. P/Q	人造板（4.4）
4412390010	其他濒危薄板制胶合板，上下表层均为针叶木（每层厚度≤6毫米，竹制除外）	A/B	M. P/Q	人造板（4.4）
4412390090	其他薄板制胶合板，上下表层均为针叶木（每层厚度≤6毫米，竹制除外）	A/B	M. P/Q	人造板（4.4）
4412410010	至少有一表层是濒危热带木的单板层积材	A/B	M. P/Q	人造板（4.4）
4412410090	其他至少有一表层是热带木的单板层积材	A/B	M. P/Q	人造板（4.4）
4412420010	其他至少有一表层是濒危非针叶木的单板层积材	A/B	M. P/Q	人造板（4.4）
4412420090	其他至少有一表层是非针叶木的单板层积材	A/B	M. P/Q	人造板（4.4）
4412491110	其他涉濒危的单板层积材，上下表层均为针叶木，中间至少有一层是本章本国注释一所列热带木	A/B	M. P/Q	人造板（4.4）
4412491190	其他单板层积材，上下表层均为针叶木，中间至少有一层是本章本国注释一所列热带木	A/B	M. P/Q	人造板（4.4）
4412491910	其他涉濒危的单板层积材，上下表层均为针叶木，中间至少有一层是其他热带木	A/B	M. P/Q	人造板（4.4）
4412491990	其他单板层积材，上下表层均为针叶木，中间至少有一层是其他热带木	A/B	M. P/Q	人造板（4.4）
4412492010	其他涉濒危的单板层积材，上下表层均为针叶木，中间至少含有一层木碎料板	A/B	M. P/Q	人造板（4.4）
4412492090	其他单板层积材，上下表层均为针叶木，中间至少含有一层木碎料板	A/B	M. P/Q	人造板（4.4）
4412499010	其他涉濒危的单板层积材，上下表层均为针叶木	A/B	M. P/Q	人造板（4.4）
4412499090	其他单板层积材，上下表层均为针叶木	A/B	M. P/Q	人造板（4.4）
4412510010	至少有一表层是濒危热带木的木块芯胶合板等（还包括侧板条芯胶合板及板条芯胶合板）	A/B	M. P/Q	人造板（4.4）
4412510090	至少有一表层是其他热带木的木块芯胶合板等（还包括侧板条芯胶合板及板条芯胶合板）	A/B	M. P/Q	人造板（4.4）
4412520010	至少有一表层是濒危非针叶木的木块芯胶合板等（还包括侧板条芯胶合板及板条芯胶合板）	A/B	M. P/Q	人造板（4.4）
4412520090	至少有一表层是其他非针叶木的木块芯胶合板等（还包括侧板条芯胶合板及板条芯胶合板）	A/B	M. P/Q	人造板（4.4）
4412591110	其他涉濒危的木块芯胶合板，上下表层均为针叶木，中间至少有一层是本章本国注释一所列的热带木（还包括侧板条芯胶合板及板条芯胶合板）	A/B	M. P/Q	人造板（4.4）

续表128

商品编号	商品名称	监管条件	检验检疫类别	检验检疫要求
4412591190	其他木块芯胶合板，上下表层均为针叶木，中间至少有一层是本章本国注释一所列的热带木（还包括侧板条芯胶合板及板条芯胶合板）	A/B	M. P/Q	人造板（4.4）
4412591910	其他涉濒危的木块芯胶合板，上下表层均为针叶木，中间至少有一层是其他热带木（还包括侧板条芯胶合板及板条芯胶合板）	A/B	M. P/Q	人造板（4.4）
4412591990	其他木块芯胶合板，上下表层均为针叶木，中间至少有一层是其他热带木（还包括侧板条芯胶合板及板条芯胶合板）	A/B	M. P/Q	人造板（4.4）
4412592010	其他涉濒危的木块芯胶合板，上下表层均为针叶木，中间至少含有一层木碎料板（还包括侧板条芯胶合板及板条芯胶合板）	A/B	M. P/Q	人造板（4.4）
4412592090	其他木块芯胶合板，上下表层均为针叶木，中间至少含有一层木碎料板（还包括侧板条芯胶合板及板条芯胶合板）	A/B	M. P/Q	人造板（4.4）
4412599010	其他涉濒危的木块芯胶合板，上下表层均为针叶木（还包括侧板条芯胶合板及板条芯胶合板）	A/B	M. P/Q	人造板（4.4）
4412599090	其他木块芯胶合板，上下表层均为针叶木（还包括侧板条芯胶合板及板条芯胶合板）	A/B	M. P/Q	人造板（4.4）
4412910010	其他至少有一表层是濒危热带木的多层板	A/B	M. P/Q	人造板（4.4）
4412910090	其他至少有一表层是热带木的多层板	A/B	M. P/Q	人造板（4.4）
4412920010	其他至少有一表层濒危非针叶木的多层板	A/B	M. P/Q	人造板（4.4）
4412920090	其他至少有一表层是非针叶木的多层板	A/B	M. P/Q	人造板（4.4）
4412992010	其他涉濒危的多层板，上下表层均为针叶木，中间至少有一层是本章本国注释一所列的热带木	A/B	M. P/Q	人造板（4.4）
4412992090	其他多层板，上下表层均为针叶木，中间至少有一层是本章本国注释一所列的热带木	A/B	M. P/Q	人造板（4.4）
4412993010	其他涉濒危的多层板，上下表层均为针叶木，中间至少有一层是其他热带木	A/B	M. P/Q	人造板（4.4）
4412993090	其他多层板，上下表层均为针叶木，中间至少有一层是其他热带木	A/B	M. P/Q	人造板（4.4）
4412994010	其他涉濒危的多层板，上下表层均为针叶木，中间至少含有一层木碎料板	A/B	M. P/Q	人造板（4.4）
4412994090	其他多层板，上下表层均为针叶木，中间至少含有一层木碎料板	A/B	M. P/Q	人造板（4.4）
4412999010	其他涉濒危的多层板，上下表层均为针叶木	A/B	M. P/Q	人造板（4.4）
4412999090	其他多层板，上下表层均为针叶木	A/B	M. P/Q	人造板（4.4）
4413000000	强化木（成块、板、条或异型的）	A/B	M. P/Q	强化木（4.4）
4414100010	濒危热带木制画框、相框、镜框及类似品	A/B	P/Q	其他非食用植物产品（4.4）
4414100090	其他热带木制的画框、相框、镜框及类似品	A/B	P/Q	其他非食用植物产品（4.4）
4414901000	辐射松木制的画框、相框、镜框及类似品	A/B	P/Q	其他非食用植物产品（4.4）
4414909010	濒危木制画框、相框、镜框及类似品	A/B	P/Q	其他非食用植物产品（4.4）
4414909090	其他木制的画框、相框、镜框及类似品	A/B	P/Q	其他非食用植物产品（4.4）
4415100010	拉敏木制木箱及类似包装容器（电缆卷筒）	A/B	P/Q	其他非食用植物产品（4.4）
4415100020	濒危木制木箱及类似包装容器（电缆卷筒）	A/B	P/Q	其他非食用植物产品（4.4）
4415100090	木箱及类似的包装容器，电缆卷筒	A/B	P/Q	其他非食用植物产品（4.4）
4415201000	辐射松木制托板、箱形托盘及其他装载用辐射松木板（包括辐射松木制托盘护框）	A/B	P/Q	其他非食用植物产品（4.4）
4415209010	拉敏木托板、箱形托盘及装载木板（包括拉敏木制托盘护框）	A/B	P/Q	其他非食用植物产品（4.4）
4415209020	濒危木托板、箱形托盘及装载木板（包括濒危木制托盘护框）	A/B	P/Q	其他非食用植物产品（4.4）
4415209090	其他木制托板、箱形托盘及其他装载木板（包括其他木制托盘护框）	A/B	P/Q	其他非食用植物产品（4.4）
4416001000	辐射松木制大桶、琵琶桶、盆和其他箍桶及其零件（包括辐射松木制桶板）	A/B	P/Q	其他非食用植物产品（4.4）
4416009010	拉敏木制大桶、琵琶桶、盆和其他箍桶及其零件（包括拉敏木制桶板）	A/B	P/Q	其他非食用植物产品（4.4）

续表129

商品编号	商品名称	监管条件	检验检疫类别	检验检疫要求
4416009020	濒危木制大桶、琵琶桶、盆和其他箍桶及其零件（包括濒危木制桶板）	A/B	P/Q	其他非食用植物产品（4.4）
4416009030	橡木制大桶、琵琶桶、盆和其他箍桶及其零件（包括橡木制桶板）	A/B	P/Q	其他非食用植物产品（4.4）
4416009090	其他木制大桶、琵琶桶、盆和其他箍桶及其零件（包括其他木制桶板）	A/B	P/Q	其他非食用植物产品（4.4）
4417001000	辐射松木制工具、工具支架、工具柄、扫帚及刷子的身及柄（包括辐射松木制鞋靴楦及楦头）	A/B	P/Q	其他非食用植物产品（4.4）
4417009010	拉敏木制工具、工具支架、工具柄、扫帚及刷子的身及柄（包括拉敏木制鞋靴楦及楦头）	A/B	P/Q	其他非食用植物产品（4.4）
4417009020	濒危木制工具、工具支架、工具柄、扫帚及刷子的身及柄（包括濒危木制鞋靴楦及楦头）	A/B	P/Q	其他非食用植物产品（4.4）
4417009090	其他木制工具、工具支架、工具柄、扫帚及刷子的身及柄（包括其他木制鞋靴楦及楦头）	A/B	P/Q	其他非食用植物产品（4.4）
4418110010	濒危热带木制木窗、落地窗及其框架	A/B	P/Q	其他非食用植物产品（4.4）
4418110090	其他热带木制木窗、落地窗及其框架	A/B	P/Q	其他非食用植物产品（4.4）
4418191000	辐射松木制的木窗、落地窗及其框架	A/B	P/Q	其他非食用植物产品（4.4）
4418199010	其他濒危木制木窗、落地窗及其框架	A/B	P/Q	其他非食用植物产品（4.4）
4418199090	其他木制木窗、落地窗及其框架	A/B	P/Q	其他非食用植物产品（4.4）
4418210010	濒危热带木制的木门及其框架和门槛	A/B	P/Q	其他非食用植物产品（4.4）
4418210090	其他热带木制的木门及其框架和门槛	A/B	P/Q	其他非食用植物产品（4.4）
4418290010	其他濒危木制的木门及其框架和门槛	A/B	P/Q	其他非食用植物产品（4.4）
4418290090	其他木门及其框架和门槛	A/B	P/Q	其他非食用植物产品（4.4）
4418300010	濒危木制柱和梁，但子目441881至441889的货品除外	A/B	P/Q	其他非食用植物产品（4.4）
4418300090	其他木制柱和梁，但子目441881至441890的货品除外	A/B	P/Q	其他非食用植物产品（4.4）
4418400000	水泥构件的木模板	A/B	P/Q	其他非食用植物产品（4.4）
4418500000	木瓦及盖屋板	A/B	P/Q	其他非食用植物产品（4.4）
4418731000	已装拼的竹的或至少顶层（耐磨层）是竹的马赛克地板	A/B	P/Q	其他非食用植物产品（4.4）
4418732000	已装拼的竹制多层地板	A/B	P/Q	其他非食用植物产品（4.4）
4418739000	已装拼的竹制其他地板	A/B	P/Q	其他非食用植物产品（4.4）
4418740010	已装拼的拉敏木制马赛克地板	A/B	P/Q	其他非食用植物产品（4.4）
4418740020	已装拼的其他濒危木制马赛克地板	A/B	P/Q	其他非食用植物产品（4.4）
4418740090	已装拼的其他木制马赛克地板	A/B	P/Q	其他非食用植物产品（4.4）
4418750010	已装拼的拉敏木制多层地板	A/B	P/Q	其他非食用植物产品（4.4）
4418750020	已装拼的其他濒危木制多层地板	A/B	P/Q	其他非食用植物产品（4.4）
4418750090	已装拼的其他木制多层地板	A/B	P/Q	其他非食用植物产品（4.4）
4418790010	已装拼的拉敏木制其他地板	A/B	P/Q	其他非食用植物产品（4.4）
4418790020	已装拼的其他濒危木制地板	A/B	P/Q	其他非食用植物产品（4.4）
4418790090	已装拼的木制其他地板	A/B	P/Q	其他非食用植物产品（4.4）
4418810010	濒危野生竹制的集成材（不包括人工培植的）	A/B	P/Q	其他非食用植物产品（4.4）
4418810020	濒危木制的集成材	A/B	P/Q	其他非食用植物产品（4.4）
4418810090	其他木制的集成材（包括竹制的）	A/B	P/Q	其他非食用植物产品（4.4）
4418820010	濒危野生竹制的正交胶合木（不包括人工培植的）	A/B	P/Q	其他非食用植物产品（4.4）
4418820020	濒危木制的正交胶合木	A/B	P/Q	其他非食用植物产品（4.4）
4418820090	其他木制的正交胶合木（包括竹制的）	A/B	P/Q	其他非食用植物产品（4.4）
4418830010	濒危野生竹制的工字梁（不包括人工培植的）	A/B	P/Q	其他非食用植物产品（4.4）
4418830020	濒危木制的工字梁	A/B	P/Q	其他非食用植物产品（4.4）
4418830090	其他木制的工字梁（包括竹制的）	A/B	P/Q	其他非食用植物产品（4.4）
4418890010	其他濒危野生竹制的工程结构木制品（不包括人工培植的）	A/B	P/Q	其他非食用植物产品（4.4）
4418890020	其他濒危木制的工程结构木制品	A/B	P/Q	其他非食用植物产品（4.4）

续表130

商品编号	商品名称	监管条件	检验检疫类别	检验检疫要求
4418890090	其他木制的工程结构木制品（包括竹制的）	A/B	P/Q	其他非食用植物产品（4.4）
4418910010	濒危野生竹制的其他建筑用木工制品（不包括人工培植的）	A/B	P/Q	其他非食用植物产品（4.4）
4418910090	其他竹制的其他建筑用木工制品	A/B	P/Q	其他非食用植物产品（4.4）
4418920010	濒危木制的蜂窝结构木镶板	A/B	P/Q	其他非食用植物产品（4.4）
4418920090	其他蜂窝结构木镶板	A/B	P/Q	其他非食用植物产品（4.4）
4418990010	濒危木制的其他建筑用木工制品	A/B	P/Q	其他非食用植物产品（4.4）
4418990090	其他建筑用木工制品	A/B	P/Q	其他非食用植物产品（4.4）
4419110010	濒危野生竹制的切面包板、砧板及类似板（不包括人工培植的）	A/B	P. R/Q	进口食品接触产品（9.2） 其他非食用植物产品（4.4）
4419110090	其他竹制的切面包板、砧板及类似板	A/B	P. R/Q	进口食品接触产品（9.2） 其他非食用植物产品（4.4）
4419121020	濒危野生竹制一次性筷子（不包括人工培植的）	A/B	P. R/Q	进口食品接触产品（9.2） 其他非食用植物产品（4.4）
4419121090	其他竹制一次性筷子	A/B	P. R/Q	进口食品接触产品（9.2） 其他非食用植物产品（4.4）
4419129010	濒危野生竹制的其他筷子（不包括人工培植的）	A/B	P. R/Q	进口食品接触产品（9.2） 其他非食用植物产品（4.4）
4419129090	其他竹制的其他筷子	A/B	P. R/Q	进口食品接触产品（9.2） 其他非食用植物产品（4.4）
4419190010	濒危野生竹制的其他餐具及厨房用具（不包括人工培植的）	A/B	P. R/Q	进口食品接触产品（9.2） 其他非食用植物产品（4.4）
4419190090	其他竹制的其他餐具及厨房用具	A/B	P. R/Q	进口食品接触产品（9.2） 其他非食用植物产品（4.4）
4419200010	濒危热带木制的餐具及厨房用具	A/B	P. R/Q	进口食品接触产品（9.2） 其他非食用植物产品（4.4）
4419200090	其他热带木制的餐具及厨房用具	A/B	P. R/Q	进口食品接触产品（9.2） 其他非食用植物产品（4.4）
4419901000	其他木制的一次性筷子	A/B	P/Q	进口食品接触产品（9.2） 其他非食用植物产品（4.4）
4419909030	其他濒危木制的其他餐具及厨房用具	A/B	P. R/Q	进口食品接触产品（9.2） 其他非食用植物产品（4.4）
4419909090	其他木制的其他餐具及厨房用具	A/B	P. R/Q	进口食品接触产品（9.2）
4420111010	濒危热带木制的木刻	A/B	P/Q	其他非食用植物产品（4.4）
4420111090	其他热带木制的木刻	A/B	P/Q	其他非食用植物产品（4.4）
4420112010	濒危热带木制的木扇	A/B	P/Q	其他非食用植物产品（4.4）
4420112090	其他热带木制的木扇	A/B	P/Q	其他非食用植物产品（4.4）
4420119010	其他濒危热带木制的小雕像及其他装饰品	A/B	P/Q	其他非食用植物产品（4.4）
4420119090	其他热带木制的小雕像及其他装饰品	A/B	P/Q	其他非食用植物产品（4.4）
4420191110	其他濒危木制的木刻	A/B	P/Q	其他非食用植物产品（4.4）
4420191190	其他木制的木刻	A/B	P/Q	其他非食用植物产品（4.4）
4420191210	濒危野生竹刻（不包括人工培植的）	A/B	P/Q	其他非食用植物产品（4.4）
4420191290	其他竹刻	A/B	P/Q	其他非食用植物产品（4.4）
4420192010	其他濒危木制的木扇	A/B	P/Q	其他非食用植物产品（4.4）
4420192090	其他木制的木扇	A/B	P/Q	其他非食用植物产品（4.4）
4420199010	其他濒危木制的小雕像及其他装饰品	A/B	P/Q	其他非食用植物产品（4.4）
4420199090	其他木制的小雕像及其他装饰品	A/B	P/Q	其他非食用植物产品（4.4）
4420901010	拉敏木制的镶嵌木	A/B	P/Q	其他非食用植物产品（4.4）
4420901020	濒危木制的镶嵌木	A/B	P/Q	其他非食用植物产品（4.4）
4420901090	镶嵌木	A/B	P/Q	其他非食用植物产品（4.4）

续表131

商品编号	商品名称	监管条件	检验检疫类别	检验检疫要求
4420909010	拉敏木盒及类似品，非落地木家具（前者用于装珠宝或家具；后者不包括第九十四章的家具）	A/B	P/Q	其他非食用植物产品（4.4）
4420909020	濒危木盒及类似品，非落地木家具（前者用于装珠宝或家具；后者不包括第九十四章的家具）	A/B	P/Q	其他非食用植物产品（4.4）
4420909090	木盒子及类似品；非落地式木家具（前者用于装珠宝或家具，后者不包括第九十四章的家具）	A/B	P/Q	其他非食用植物产品（4.4）
4421100010	拉敏木制木衣架	A/B	P/Q	其他非食用植物产品（4.4）
4421100020	濒危木制木衣架	A/B	P/Q	其他非食用植物产品（4.4）
4421100090	木衣架	A/B	P/Q	其他非食用植物产品（4.4）
4421200010	濒危木制的棺材（包括竹制的）	A/B	P/Q	其他非食用植物产品（4.4）
4421200090	其他木制的棺材（包括竹制的）	A/B	P/Q	其他非食用植物产品（4.4）
4421911020	濒危野生竹制圆签、圆棒、冰果棒、压舌片及类似一次性制品（不包括人工培植的）	A/B	P/Q	进口食品接触产品（9.2） 其他非食用植物产品（4.4）
4421911090	其他竹制圆签、圆棒、冰果棒、压舌片及类似一次性制品	A/B	P/Q	进口食品接触产品（9.2） 其他非食用植物产品（4.4）
4421919010	其他未列名的濒危野生竹制品（不包括人工培植的）	A/B	P/Q	其他非食用植物产品（4.4）
4421919090	其他未列名的竹制品	A/B	P/Q	医疗器械（11.4） 其他非食用植物产品（4.4）
4421991010	拉敏木制圆签、圆棒、冰果棒、压舌片及类似一次性制品	A/B	P/Q	进口食品接触产品（9.2） 其他非食用植物产品（4.4）
4421991020	濒危木制圆签、圆棒、冰果棒、压舌片及类似一次性制品	A/B	P/Q	进口食品接触产品（9.2） 其他非食用植物产品（4.4）
4421991090	其他木制圆签、圆棒、冰果棒、压舌片及类似一次性制品	A/B	P/Q	进口食品接触产品（9.2） 其他非食用植物产品（4.4）
4421999030	濒危木制的未列名的木制品	A/B	P/Q	其他非食用植物产品（4.4）
4421999090	未列名的木制品	A/B	P/Q	医疗器械（11.4） 其他非食用植物产品（4.4）
4501100000	未加工或简单加工的天然软木	A/B	P/Q	其他非食用植物产品（4.4）
4501901000	软木废料	A/B	P/Q	禁止进口 固体废物
4501902000	碎的、粒状的或粉状的软木（软木碎、软木粒或软木粉）	A/B	P/Q	其他非食用植物产品（4.4）
4502000000	块、板、片或条状的天然软木（包括作塞子用的方块坯料）	A/B	P/Q	其他非食用植物产品（4.4）
4503100000	天然软木塞子	A/B	P/Q	进口食品接触产品（9.2） 其他非食用植物产品（4.4）
4503900000	其他天然软木制品	A/B	P/Q	其他非食用植物产品（4.4）
4504100010	压制软木塞（包括任何形状的压制软木的砖、瓦、实心圆柱体、圆片）	A/B	P/Q	其他非食用植物产品（4.4）
4504100090	块、板、片及条状压制软木，压制软木塞除外（包括任何形状的压制软木的砖、瓦、实心圆柱体、圆片）	A/B	P/Q	其他非食用植物产品（4.4）
4504900000	其他压制软木及其制品（不论是否使用黏合剂压成）	A/B	P/Q	其他非食用植物产品（4.4）
4601210000	竹制的席子、席料及帘子	A/B	P/Q	其他非食用植物产品（4.4）
4601220000	藤制的席子、席料及帘子	A/B	P/Q	其他非食用植物产品（4.4）
4601291111	蔺草制的提花席、双苜席、垫子（单位面积>1平方米，不论是否包边）	A/B	P/Q	其他非食用植物产品（4.4）
4601291112	蔺草制的其他席子（单位面积>1平方米，不论是否包边）	A/B	P/Q	其他非食用植物产品（4.4）
4601291119	蔺草制的其他席子、席料及帘子（单位面积≤1平方米，不论是否包边）	A/B	P/Q	其他非食用植物产品（4.4）
4601291190	其他灯心草属材料制的席子等（包括席子、席料、帘子、垫子）	A/B	P/Q	其他非食用植物产品（4.4）
4601291900	其他草制的席子、席料及帘子	A/B	P/Q	其他非食用植物产品（4.4）

续表132

商品编号	商品名称	监管条件	检验检疫类别	检验检疫要求
4601292100	苇帘	A/B	P/Q	其他非食用植物产品（4.4）
4601292900	芦苇制的席子、席料	A/B	P/Q	其他非食用植物产品（4.4）
4601299000	其他植物材料制席子，席料及帘子	A/B	P/Q	其他非食用植物产品（4.4）
4601921000	竹制缏条及类似产品（不论是否缝合成宽条）	A/B	P/Q	其他非食用植物产品（4.4）
4601929000	竹制的其他编结材料产品	A/B	P/Q	其他非食用植物产品（4.4）
4601931000	藤制的缏条及类似产品（不论是否缝合成宽条）	A/B	P/Q	其他非食用植物产品（4.4）
4601939000	藤制的其他编结材料产品	A/B	P/Q	其他非食用植物产品（4.4）
4601941100	稻草制的缏条（绳）及类似产品（不论是否缝合成宽条）	A/B	P/Q	其他非食用植物产品（4.4）
4601941900	稻草制的其他编结材料产品	A/B	P/Q	其他非食用植物产品（4.4）
4601949100	其他植物材料制缏条及类似产品（不论是否缝合成宽条）	A/B	P/Q	其他非食用植物产品（4.4）
4601949900	其他植物编结材料产品	A/B	P/Q	其他非食用植物产品（4.4）
4602110000	竹编制的篮筐及其他制品	A/B	P/Q	其他非食用植物产品（4.4）
4602120000	藤编制的篮筐及其他制品	A/B	P/Q	其他非食用植物产品（4.4）
4602191000	草编制的篮筐及其他制品	A/B	P/Q	其他非食用植物产品（4.4）
4602192000	玉米皮编制的篮筐及其他制品	A/B	P/Q	其他非食用植物产品（4.4）
4602193000	柳条编制的篮筐及其他制品	A/B	P/Q	其他非食用植物产品（4.4）
4602199000	其他植物材料编制篮筐及其他制品	A/B	P/Q	其他非食用植物产品（4.4）
4707100000	回收（废碎）的未漂白牛皮、瓦楞纸或纸板	A/B	M. P/Q	禁止进口 固体废物
4707200000	回收（废碎）的漂白化学木浆制的纸和纸板（未经本体染色）	A/B	M. P/Q	禁止进口 固体废物
4707300000	回收（废碎）的机械木浆制的纸或纸板（例如，废报纸，杂志及类似印刷品）	A/B	M. P/Q	禁止进口 固体废物
4707900010	回收（废碎）墙（壁）纸、涂蜡纸、浸蜡纸、复写纸（包括未分选的废碎品）	A/B	M. P/Q	禁止进口 固体废物
4707900090	其他回收纸或纸板（包括未分选的废碎品）	/B	M. P/Q	禁止进口 固体废物
4803000000	卫生纸、面巾纸、餐巾纸及类似纸（成条或成卷宽>36 厘米，或一边>36 厘米，一边>15 厘米的成张矩形）	A/	M/	轻工、纺织产品（11.10）
4818100000	小卷（张）卫生纸（成卷或矩形成张的宽度≤36 厘米，或制成特殊形状的）	A/	M/	轻工、纺织产品（11.10）
4818200000	小卷（张）纸手帕及纸面巾（成卷或矩形成张的宽度≤36 厘米，或制成特殊形状的）	A/	M/	轻工、纺织产品（11.10）
4818300000	小卷（张）纸台布及纸餐巾（成卷或矩形成张的宽度≤36cm，或制成特殊形状的）	A/	M/	轻工、纺织产品（11.10）
4818900000	纸床单及类似家庭，卫生，医院用品（纸浆，纸，纤维素絮纸和纤维素纤维网纸制的）	A/	M/	医疗器械（11.4） 轻工、纺织产品（11.10）
4819500000	其他纸包装容器（包括唱片套）	A/	R/	轻工、纺织产品（11.10）
4823610000	竹浆纸制的盘，碟，盆，杯及类似品	A/	M/	进口食品接触产品（9.2） 轻工、纺织产品（11.10）
4823691000	其他非木植物浆纸制的盘，碟，盆，杯及类似品	A/	M/	进口食品接触产品（9.2） 轻工、纺织产品（11.10）
4823699000	其他纸制的盘，碟，盆，杯及类似品	A/	M/	进口食品接触产品（9.2） 轻工、纺织产品（11.10）
5001001000	适于缫丝的桑蚕茧	A/B	P/Q	非食用动物产品（3.4）
5001009000	适于缫丝的其他蚕茧	A/B	P/Q	非食用动物产品（3.4）
5002001100	未加捻的桑蚕厂丝	A/B	P/Q	非食用动物产品（3.4）
5002001200	未加捻的桑蚕土丝	A/B	P/Q	非食用动物产品（3.4）
5002001300	未加捻的桑蚕双宫丝	A/B	P/Q	非食用动物产品（3.4）

续表133

商品编号	商品名称	监管条件	检验检疫类别	检验检疫要求
5002001900	其他未加捻的桑蚕丝	A/B	P/Q	非食用动物产品（3.4）
5002002000	未加捻柞蚕丝	A/B	P/Q	非食用动物产品（3.4）
5002009000	未加捻其他生丝	A/B	P/Q	非食用动物产品（3.4）
5003001100	未梳的下茧、茧衣、长吐、滞头	A/B	P/Q	非食用动物产品（3.4）
5003001200	未梳的回收纤维	A/B	P/Q	纺织原料
5003001900	其他未梳废丝（包括不适于缫丝的废纱）	A/B	P/Q	非食用动物产品（3.4）
5003009100	绵球	A/B	P/Q	纺织原料
5003009900	其他废丝（包括不适于缫丝的蚕茧、废纱及回收纤维）	A/B	P/Q	非食用动物产品（3.4）
5101110001	未梳的含脂剪羊毛（配额内）	A/B	P/Q	非食用动物产品（3.4）
5101110090	未梳的含脂剪羊毛（配额外）	A/B	P/Q	非食用动物产品（3.4）
5101190001	未梳的其他含脂羊毛（配额内）	A/B	P/Q	非食用动物产品（3.4）
5101190090	未梳的其他含脂羊毛（配额外）	A/B	P/Q	非食用动物产品（3.4）
5101210001	未梳的脱脂剪羊毛（未碳化）（配额内）	A/B	P/Q	非食用动物产品（3.4）
5101210090	未梳的脱脂剪羊毛（未碳化）（配额外）	A/B	P/Q	非食用动物产品（3.4）
5101290001	未梳的其他脱脂羊毛（未碳化）（配额内）	A/B	P/Q	非食用动物产品（3.4）
5101290090	未梳的其他脱脂羊毛（未碳化）（配额外）	A/B	P/Q	非食用动物产品（3.4）
5101300001	未梳碳化羊毛（配额内）	A/B	P/Q	非食用动物产品（3.4）
5101300090	未梳碳化羊毛（配额外）	A/B	P/Q	非食用动物产品（3.4）
5102110000	未梳喀什米尔山羊的细毛	A/B	P/Q	非食用动物产品（3.4）
5102191010	未梳濒危兔毛	A/B	P/Q	非食用动物产品（3.4）
5102191090	其他未梳兔毛	A/B	P/Q	非食用动物产品（3.4）
5102192000	其他未梳山羊绒	A/B	P/Q	非食用动物产品（3.4）
5102193010	未梳濒危野生骆驼科动物毛、绒	A/B	P/Q	非食用动物产品（3.4）
5102193090	其他未梳骆驼毛、绒	A/B	P/Q	非食用动物产品（3.4）
5102199010	未梳的其他濒危野生动物细毛	A/B	P/Q	非食用动物产品（3.4）
5102199090	未梳的其他动物细毛	A/B	P/Q	非食用动物产品（3.4）
5102200010	未梳的濒危野生动物粗毛	A/B	P/Q	非食用动物产品（3.4）
5102200090	未梳的其他动物粗毛	A/B	P/Q	非食用动物产品（3.4）
5103101001	羊毛落毛（配额内）	A/B	P/Q	非食用动物产品（3.4）
5103101090	羊毛落毛（配额外）	A/B	P/Q	非食用动物产品（3.4）
5103109010	其他濒危野生动物细毛的落毛	A/B	P/Q	非食用动物产品（3.4）
5103109090	其他动物细毛的落毛	/B	P/Q	禁止进口 固体废物
5103201000	羊毛废料（包括废纱线，不包括回收纤维）	A/B	P/Q	非食用动物产品（3.4）
5103209010	其他濒危野生动物细毛废料（包括废纱线，不包括回收纤维）	A/B	P/Q	非食用动物产品（3.4）
5103209090	其他动物细毛废料（包括废纱线，不包括回收纤维）	/B	P/Q	禁止进口 固体废物
5103300010	濒危野生动物粗毛废料（包括废纱线，不包括回收纤维）	A/B	P/Q	非食用动物产品（3.4）
5103300090	其他动物粗毛废料（包括废纱线，不包括回收纤维）	/B	P/Q	禁止进口 固体废物
5104001000	羊毛的回收纤维	A/B	P/Q	非食用动物产品（3.4）
5104009010	其他濒危野生动物细毛（包括粗毛回收纤维）	A/B	P/Q	非食用动物产品（3.4）
5104009090	其他动物细毛或粗毛的回收纤维	/B	P/Q	禁止进口 固体废物
5105100001	粗梳羊毛（配额内）	A/B	P/Q	非食用动物产品（3.4）
5105100090	粗梳羊毛（配额外）	A/B	P/Q	非食用动物产品（3.4）
5105210001	精梳羊毛片毛（配额内）	A/B	P/Q	非食用动物产品（3.4）
5105210090	精梳羊毛片毛（配额外）	A/B	P/Q	非食用动物产品（3.4）
5105290001	羊毛条及其他精梳羊毛（配额内）	A/B	P/Q	非食用动物产品（3.4）

续表134

商品编号	商品名称	监管条件	检验检疫类别	检验检疫要求
5105290090	羊毛条及其他精梳羊毛（配额外）	A/B	P/Q	非食用动物产品（3.4）
5105310000	已梳喀什米尔山羊的细毛	A/B	P/Q	非食用动物产品（3.4）
5105391010	已梳濒危兔毛	A/B	P/Q	非食用动物产品（3.4）
5105391090	其他已梳兔毛	A/B	P/Q	非食用动物产品（3.4）
5105392100	其他已梳无毛山羊绒	A/B	P/Q	非食用动物产品（3.4）
5105392900	其他已梳山羊绒	A/B	P/Q	非食用动物产品（3.4）
5105399010	其他已梳濒危野生动物细毛	A/B	P/Q	非食用动物产品（3.4）
5105399090	其他已梳动物细毛	A/B	P/Q	非食用动物产品（3.4）
5105400010	其他已梳濒危野生动物粗毛	A/B	P/Q	非食用动物产品（3.4）
5105400090	其他已梳动物粗毛	A/B	P/Q	非食用动物产品（3.4）
5201000001	未梳的棉花［包括脱脂棉花（配额内）］	A/B	M. P/Q	棉花（11.9）
5201000080	未梳的棉花［包括脱脂棉花（关税配额外暂定）］	A/B	M. P/Q	棉花（11.9）
5201000090	未梳的棉花［包括脱脂棉花（配额外）］	A/B	M. P/Q	棉花（11.9）
5202910000	棉的回收纤维	/B	P/Q	禁止进口 固体废物
5202990000	其他废棉	/B	P/Q	禁止进口 固体废物
5203000001	已梳的棉花（配额内）	A/B	M. P/Q	棉花（11.9）
5203000090	已梳的棉花（配额外）	A/B	M. P/Q	棉花（11.9）
5301100000	生的或沤制的亚麻	A/B	P/Q	其他非食用植物产品（4.4）
5301210000	破开或打成的亚麻	A/B	P/Q	其他非食用植物产品（4.4）
5301290000	栉梳或经其他加工未纺制的亚麻	A/B	P/Q	其他非食用植物产品（4.4）
5301300000	亚麻短纤及废麻（包括废麻纱线及回收纤维）	A/B	P/Q	其他非食用植物产品（4.4）
5302100000	生的或经沤制的大麻	A/B	P/Q	其他非食用植物产品（4.4）
5302900000	加工未纺的大麻、大麻短纤及废麻（包括废麻纱线及回收纤维）	A/B	P/Q	其他非食用植物产品（4.4）
5303100000	生或沤制黄麻，其他纺织韧皮纤维（不包括亚麻、大麻、苎麻）	A/B	P/Q	其他非食用植物产品（4.4）
5303900000	加工未纺的黄麻及纺织用韧皮纤维（包括短纤、废麻、废纱线及回收纤维、不含亚麻、大麻、苎麻）	A/B	P/Q	其他非食用植物产品（4.4）
5305001100	生的苎麻	A/B	P/Q	其他非食用植物产品（4.4）
5305001200	经加工、未纺制的苎麻	A/B	P/Q	其他非食用植物产品（4.4）
5305001300	苎麻短纤及废麻（包括废纱线及回收纤维）	A/B	P/Q	其他非食用植物产品（4.4）
5305001900	经加工的未列名纺织用苎麻纤维（包括短纤、落麻、废料、废纱线及回收纤维）	A/B	P/Q	其他非食用植物产品（4.4）
5305002000	生的或经加工、未纺制的蕉麻（包括短纤、落麻、废料、废蕉麻纱线及回收纤维）	A/B	P/Q	其他非食用植物产品（4.4）
5305009100	生的或经加工、未纺制的西沙尔麻及纺织用龙舌兰纤维（包括短纤、落麻、废料、废纱线及回收纤维）	A/B	P/Q	其他非食用植物产品（4.4）
5305009200	生的或经加工、未纺制的椰壳纤维（包括短纤、落麻、废料、废椰壳纱线及回收纤维）	A/B	P/Q	其他非食用植物产品（4.4）
5305009900	生的或经加工的未列名纺织用植物纤维（包括短纤、落麻、废料、废纱线及回收纤维）	A/B	P/Q	其他非食用植物产品（4.4）
6103420010	棉针织或钩编男童游戏套装长裤（包括马裤、短裤、非保暖护胸背带工装裤及其他长裤 ）	A/	M/	纺织服装（11.10）
6103430010	其他合纤制男童游戏套装长裤（针织或钩编，包括马裤、短裤、非保暖护胸背带工装裤及其他长裤）	A/	M/	纺织服装（11.10）
6103490010	其他纺织材料制其他男童长裤马裤（针织或钩编）	A/	M/	纺织服装（11.10）
6104620010	棉针织或钩编女童游戏套装长裤（包括马裤、短裤、非保暖护胸背带工装裤及其他长裤）	A/	M/	纺织服装（11.10）

续表135

商品编号	商品名称	监管条件	检验检疫类别	检验检疫要求
6104630010	其他合成纤维制女童游戏套装长裤（针织或钩编，包括马裤、短裤及其他长裤）	A/	M/	纺织服装（11.10）
6105100010	棉制针织或钩编男童游戏套装衬衫（针织或钩编）	A/	M/	纺织服装（11.10）
6105200010	化纤针织或钩编男童游戏套装衬衫（针织或钩编）	A/	M/	纺织服装（11.10）
6106100010	棉制针织或钩编女童游戏套装衬衫	A/	M/	纺织服装（11.10）
6106200020	其他化纤制女童游戏套装衬衫（针织或钩编）	A/	M/	纺织服装（11.10）
6107110000	棉制针织或钩编男内裤及三角裤	A/	M/	纺织服装（11.10）
6107120000	化纤制针织或钩编男内裤及三角裤	A/	M/	纺织服装（11.10）
6107191000	丝及绢丝制男内裤及三角裤（针织或钩编）	A/	M/	纺织服装（11.10）
6107199000	其他纺织材料制男内裤及三角裤（针织或钩编）	A/	M/	纺织服装（11.10）
6107210000	棉制针织或钩编男长睡衣及睡衣裤	A/	M/	纺织服装（11.10）
6107220000	化纤制针织或钩编男睡衣裤（包括长睡衣）	A/	M/	纺织服装（11.10）
6107291000	丝及绢丝制针织或钩编男睡衣裤	A/	M/	纺织服装（11.10）
6107299000	其他纺材制针织或钩编男睡衣裤（包括长睡衣）	A/	M/	纺织服装（11.10）
6107910000	棉制针织或钩编男浴衣．晨衣等（包括类似品）	A/	M/	纺织服装（11.10）
6107991000	化学纤维制其他男睡衣裤、浴衣、晨衣等（包括类似品）	A/	M/	纺织服装（11.10）
6107999000	其他纺织材料制其他男睡衣裤、浴衣、晨衣等（包括类似品，针织或钩编）	A/	M/	纺织服装（11.10）
6108210000	棉制针织或钩编女三角裤及短衬裤	A/	M/	纺织服装（11.10）
6108220010	化纤制一次性女三角裤及短衬裤（针织或钩编）	A/	M/	纺织服装（11.10）
6108220090	化纤制其他女三角裤及短衬裤（针织或钩编）	A/	M/	纺织服装（11.10）
6108291000	丝及绢丝制女三角裤及短衬裤（针织或钩编）	A/	M/	纺织服装（11.10）
6108299000	其他纺织材料制女三角裤及短衬裤（针织或钩编）	A/	M/	纺织服装（11.10）
6108310000	棉制针织或钩编女睡衣及睡衣裤	A/	M/	纺织服装（11.10）
6108320000	化纤制针织或钩编女睡衣及睡衣裤	A/	M/	纺织服装（11.10）
6108391000	丝及绢丝制女睡衣及睡衣裤（针织或钩编）	A/	M/	纺织服装（11.10）
6108399000	其他纺织材料制女睡衣及睡衣裤（针织或钩编）	A/	M/	纺织服装（11.10）
6108910000	其他棉制针织或钩编女浴衣、晨衣等（包括类似品）	A/	M/	纺织服装（11.10）
6108920000	化纤制针织或钩编女浴衣、晨衣等（包括类似品）	A/	M/	纺织服装（11.10）
6108990000	其他纺织材料制女浴衣、晨衣等（针织或钩编，包括类似品）	A/	M/	纺织服装（11.10）
6109100000	棉制针织或钩编T恤衫、汗衫及其他内衣背心	A/	M/	纺织服装（11.10）
6109901000	丝及绢丝针织或钩编T恤衫、汗衫、及其他内衣背心	A/	M/	纺织服装（11.10）
6109909000	其他纺材制针织或钩编T恤衫、汗衫及其他内衣背心	A/	M/	纺织服装（11.10）
6110200010	棉制儿童游戏套装紧身衫及套头衫［针织或钩编，包括开襟衫、马甲（背心）及类似品］	A/	M/	纺织服装（11.10）
6110300010	化纤制儿童游戏套装紧身衫及套头衫［针织或钩编，包括开襟衫、马甲（背心）及类似品］	A/	M/	纺织服装（11.10）
6111200000	棉制针织或钩编婴儿服装及衣着附件	A/	M/	纺织服装（11.10）
6111300000	合成纤维制针织或钩编婴儿服装及衣着附件	A/	M/	纺织服装（11.10）
6111901000	毛制针织或钩编婴儿服装及衣着附件（羊毛或动物细毛制）	A/	M/	纺织服装（11.10）
6111909000	其他纺织材料制婴儿服装及衣着附件（针织或钩编）	A/	M/	纺织服装（11.10）
6114200011	棉制针织或钩编儿童非保暖连身裤	A/	M/	纺织服装（11.10）
6114200020	棉制针织或钩编男成人及男童TOPS	A/	M/	纺织服装（11.10）
6114200040	棉制针织或钩编夏服、水洗服（包括女成人、女童及男童）	A/	M/	纺织服装（11.10）
6114300020	化纤针织或钩编男成人及男童TOPS	A/	M/	纺织服装（11.10）
6203410020	毛制男童长裤、马裤（羊毛或动物细毛制）	A/	M/	纺织服装（11.10）
6203429010	棉制其他男童长裤、护胸背带工装裤、马裤及短裤	A/	M/	纺织服装（11.10）
6203439010	其他合纤制其他男童长裤、护胸背带工装裤、马裤及短裤	A/	M/	纺织服装（11.10）
6203499010	人纤制男童护胸背带工装裤	A/	M/	纺织服装（11.10）

续表136

商品编号	商品名称	监管条件	检验检疫类别	检验检疫要求
6205200010	不带特制领的棉制男成人衬衫（含男童8-18号衬衫）	A/	M/	纺织服装（11.10）
6205200091	其他棉制男童游戏套装衬衫（不包括长衬衫）	A/	M/	纺织服装（11.10）
6205300011	不带特制领的化学纤维制男式衬衫（含羊毛或动物细毛36%及以上，含男童8-18号衬衫）	A/	M/	纺织服装（11.10）
6205300019	不带特制领的化纤制其他男童衬衫（含羊毛或动物细毛36%及以上）	A/	M/	纺织服装（11.10）
6205300091	化学纤维制其他男成人及男童衬衫（不带特制领，男童衬衫指8-18号）	A/	M/	纺织服装（11.10）
6205300092	化学纤维制其他男童游戏套装衬衫	A/	M/	纺织服装（11.10）
6205901000	丝及绢丝制男式衬衫	A/	M/	纺织服装（11.10）
6205902000	羊毛或动物细毛制男式衬衫（含男童8-18号衬衫）	A/	M/	纺织服装（11.10）
6205909000	其他纺织材料制男式衬衫	A/	M/	纺织服装（11.10）
6206100000	丝及绢丝制女式衬衫	A/	M/	纺织服装（11.10）
6206200000	羊毛或动物细毛制女衬衫	A/	M/	纺织服装（11.10）
6206300000	棉制女式衬衫	A/	M/	纺织服装（11.10）
6206400000	化学纤维制女式衬衫	A/	M/	纺织服装（11.10）
6206900090	其他纺织材料制女式衬衫	A/	M/	纺织服装（11.10）
6207110000	棉制男式内裤及三角裤	A/	M/	纺织服装（11.10）
6207191000	丝及绢丝制男式内裤及三角裤	A/	M/	纺织服装（11.10）
6207192000	化纤制男式内裤及三角裤	A/	M/	纺织服装（11.10）
6207199000	其他材料制男式内裤及三角裤	A/	M/	纺织服装（11.10）
6207210000	棉制男式长睡衣及睡衣裤	A/	M/	纺织服装（11.10）
6207220000	化纤制男式长睡衣及睡衣裤	A/	M/	纺织服装（11.10）
6207291000	丝及绢丝制男式长睡衣/睡衣裤	A/	M/	纺织服装（11.10）
6207299000	其他纺织材料制男式长睡衣及睡衣裤	A/	M/	纺织服装（11.10）
6207910000	棉制男式汗衫及其他内衣背心、浴衣、晨衣及类似品	A/	M/	纺织服装（11.10）
6207991000	丝及绢丝制男式汗衫及其他内衣背心、浴衣、晨衣及类似品	A/	M/	纺织服装（11.10）
6207992000	化纤制男式汗衫及其他内衣背心、浴衣、晨衣及类似品	A/	M/	纺织服装（11.10）
6207999010	毛制男式汗衫及其他内衣背心、浴衣、晨衣及类似品	A/	M/	纺织服装（11.10）
6207999090	其他材料制男式汗衫及其他内衣背心、浴衣、晨衣及类似品	A/	M/	纺织服装（11.10）
6208210000	棉制女式睡衣及睡衣裤	A/	M/	纺织服装（11.10）
6208220000	化纤制女式睡衣及睡衣裤	A/	M/	纺织服装（11.10）
6208291000	丝及绢丝制女式睡衣及睡衣裤	A/	M/	纺织服装（11.10）
6208299010	毛制女式睡衣及睡衣裤	A/	M/	纺织服装（11.10）
6208299090	其他材料制女式睡衣及睡衣裤	A/	M/	纺织服装（11.10）
6208910000	棉制女式汗衫及其他内衣背心、三角裤、短衬裤、浴衣、晨衣及类似品	A/	M/	纺织服装（11.10）
6208920000	化纤制女式汗衫及其他内衣背心、三角裤、短衬裤、浴衣、晨衣及类似品	A/	M/	纺织服装（11.10）
6208991000	丝制女式汗衫及其他内衣背心、三角裤、短衬裤、浴衣、晨衣及类似品	A/	M/	纺织服装（11.10）
6208999010	毛制女式汗衫及其他内衣背心、三角裤、短衬裤、浴衣、晨衣及类似品	A/	M/	纺织服装（11.10）
6208999090	其他材料制女式背心、三角裤、短衬裤、浴衣、晨衣及类似品	A/	M/	纺织服装（11.10）
6209200000	棉制婴儿服装及衣着附件	A/	M/	纺织服装（11.10）
6209300000	合成纤维制婴儿服装及衣着附件	A/	M/	纺织服装（11.10）
6209901000	羊毛或动物细毛制婴儿服装衣及衣着附件	A/	M/	纺织服装（11.10）
6209909000	其他纺织材料制婴儿服装及衣着附件	A/	M/	纺织服装（11.10）
6210103010	化纤制防护服			出口医疗物资（11.4）
6212101000	化纤制其他胸罩（不论是否针织或钩编）	A/	M/	纺织服装（11.10）

续表137

商品编号	商品名称	监管条件	检验检疫类别	检验检疫要求
6212109000	其他纺织材料制胸罩（不论是否针织或钩编）	A/	M/	纺织服装（11.10）
6212201000	化纤制束胸带及腹带（不论是否针织或钩编）	A/	M/	纺织服装（11.10）
6212209000	其他材料制束胸带及腹带（不论是否针织或钩编）	A/	M/	纺织服装（11.10）
6212301000	化纤制紧身胸衣（不论是否针织或钩编）	A/	M/	纺织服装（11.10）
6212309000	其他材料制紧身胸衣（不论是否针织或钩编）	A/	M/	纺织服装（11.10）
6301100000	电暖毯	A/	M/	电热毯（11.10） 进口强制性产品认证（11.1）
6307901010	医疗或外科口罩			出口医疗物资（11.4）
6403511190	皮革制外底皮革面过脚踝但低于小腿的鞋靴（内底长度小于24厘米，运动用靴除外）	A/	M/	童鞋（11.10）
6403519190	皮革制外底的皮革面短筒靴（过踝）（内底长度小于24厘米，运动用靴除外）	A/	M/	童鞋（11.10）
6403911190	其他皮革制面过脚踝但低于小腿的鞋靴（内底长度<24厘米，橡胶、塑料、再生皮革制外底，运动用靴除外）	A/	M/	童鞋（11.10）
6403919190	其他皮革制面的短筒靴（过踝）（内底长度<24厘米，橡胶、塑料、再生皮革制外底，运动用靴除外）	A/	M/	童鞋（11.10）
6506100090	其他安全帽（不论有无衬里或饰物）			进口强制性产品认证（11.1）
6701000010	已加工濒危野禽羽毛、羽绒及其制品	A/B	P/Q	非食用动物产品（3.4）
6701000090	其他已加工羽毛、羽绒及其制品（品目0505的货品和经加工的羽管及羽轴除外）	A/B	P/Q	非食用动物产品（3.4）
6702901010	濒危野禽羽毛制花、叶、果实及其制品	A/B	P/Q	轻工、纺织产品（11.10）
6702901090	其他羽毛制花、叶、果实及其制品（包括花、叶、果实的零件）	A/B	P/Q	轻工、纺织产品（11.10）
6802230000	经简单切削或锯开的花岗岩及制品（具有一个平面）	A/	M/	石材（12.2）
6802931100	花岗岩制石刻墓碑石	A/	M/	石材（12.2）
6802931900	其他花岗岩制石刻	A/	M/	石材（12.2）
6802939000	其他已加工花岗岩及制品	A/	M/	石材（12.2）
6904100000	陶瓷制建筑用砖		L/	进口强制性产品认证（11.1）
6904900000	陶瓷制铺地砖、支撑或填充用砖（包括类似品）		L/	进口强制性产品认证（11.1）
6905900000	其他建筑用陶瓷制品（包括烟囱罩通风帽、烟囱衬壁、建筑装饰物）		L/	进口强制性产品认证（11.1）
6907211000	不论是否矩形，其最大表面积以可置入边长小于7厘米的方格的贴面砖、铺面砖，包括炉面砖及墙面砖，但子目690730和690740所列商品除外（按重量计吸水率不超过0.5%）		L/	进口强制性产品认证（11.1）
6907219000	其他贴面砖、铺面砖，包括炉面砖及墙面砖，但子目690730和690740所列商品除外（按重量计吸水率不超过0.5%）		L/	进口强制性产品认证（11.1）
6907301000	不论是否矩形，其最大表面积以可置入边长小于7厘米的方格的镶嵌砖（马赛克）及其类似品，但子目690740的货品除外		L/	进口强制性产品认证（11.1）
6907309000	其他镶嵌砖（马赛克）及其类似品，但子目690740的货品除外		L/	进口强制性产品认证（11.1）
6907401000	不论是否矩形，其最大表面积以可置入边长小于7厘米的方格的饰面陶瓷		L/	进口强制性产品认证（11.1）
6907409000	其他饰面陶瓷		L/	进口强制性产品认证（11.1）
6910900000	陶制脸盆，浴缸及类似卫生器具（包括洗涤槽、抽水马桶、小便池等）	A/	M/	轻工、纺织产品（11.10） 家用和类似用途电器（11.7）
6911101100	骨瓷餐具	A/	R/	进口食品接触产品（9.2）
6911101900	其他瓷餐具	A/	R/	进口食品接触产品（9.2）
6911102100	瓷厨房刀具	A/	R/	进口食品接触产品（9.2）
6911102900	其他瓷厨房器具	A/	R/	进口食品接触产品（9.2）
6912001000	陶餐具	A/	R/	进口食品接触产品（9.2）
6912009000	陶制厨房器具（包括家用或盥洗用的）	A/	R/	进口食品接触产品（9.2） 轻工、纺织产品（11.10）

续表138

商品编号	商品名称	监管条件	检验检疫类别	检验检疫要求
7007119000	车辆用钢化安全玻璃（规格及形状适于安装在车辆上的）	A/	L/	进口强制性产品认证（11.1） 机动车辆及其零部件（11.3）
7007190000	其他钢化安全玻璃		L/	进口强制性产品认证（11.1）
7007219000	车辆用层压安全玻璃（规格及形状适于安装在车辆上的）	A/	L/	进口强制性产品认证（11.1） 机动车辆及其零部件（11.3）
7007290000	其他层压安全玻璃		L/	进口强制性产品认证（11.1）
7008001000	中空或真空隔温、隔音玻璃组件		L/	进口强制性产品认证（11.1）
7008009000	其他多层隔温、隔音玻璃组件		L/	进口强制性产品认证（11.1）
7009100000	车辆后视镜（不论是否镶框）		L/	进口强制性产品认证（11.1）
7009910000	未镶框玻璃镜（包括后视镜）		L/	进口强制性产品认证（11.1）
7011100000	电灯用未封口玻璃外壳及玻璃零件（未装有配件）			进口旧机电产品（11.2）
7011201000	显像管玻壳及其零件（未装有配件）			进口旧机电产品（11.2）
7011209000	其他阴极射线管用的未封口玻壳（包括零件，但未装有配件）			进口旧机电产品（11.2）
7011901000	电子管未封口玻璃外壳及玻璃零件（未装有配件）			进口旧机电产品（11.2）
7011909000	其他类似品用未封口玻璃外壳零件（未装有配件）			进口旧机电产品（11.2）
7013280000	其他玻璃制高脚杯（玻璃陶瓷制的除外）	A/	R/	进口食品接触产品（9.2） 轻工、纺织产品（11.10）
7013370000	其他玻璃杯（玻璃陶瓷制的除外）	A/	R/	进口食品接触产品（9.2） 轻工、纺织产品（11.10）
7013410000	铅晶质玻璃制餐桌、厨房用器皿［（不包括杯子）玻璃陶瓷制的除外］	A/	R/	进口食品接触产品（9.2） 轻工、纺织产品（11.10）
7013420000	低膨胀系数玻璃制餐桌厨房用器皿（低膨胀系数指温度 0~300℃，膨胀系数<5×10^{-6}/开尔文）	A/	R/	进口食品接触产品（9.2） 轻工、纺织产品（11.10）
7013490000	其他玻璃制餐桌、厨房用器皿（不包括杯子，玻璃陶瓷制的除外）	A/	R/	进口食品接触产品（9.2） 轻工、纺织产品（11.10）
7020009100	保温瓶或其他保温容器用玻璃胆	A/	R/	进口食品接触产品（9.2）
7101101100	未分级的天然黑珍珠（不论是否加工，但未制成制品）	A/B	P/Q	天然或养殖珍珠
7101101900	其他未分级的天然珍珠（不论是否加工，但未制成制品）	A/B	P/Q	天然或养殖珍珠
7101109100	其他天然黑珍珠（不论是否加工，但未制成制品）	A/B	P/Q	天然或养殖珍珠
7101109900	其他天然珍珠（不论是否加工，但未制成制品）	A/B	P/Q	天然或养殖珍珠 中药材（食药物质）（2.3）
7101211001	未分级，未加工的养殖黑珍珠（未制成制品）	A/B	P/Q	天然或养殖珍珠
7101211090	其他未分级，未加工的养殖珍珠（未制成制品）	A/B	P/Q	天然或养殖珍珠
7101219001	其他未加工的养殖黑珍珠（未制成制品）	A/B	P/Q	天然或养殖珍珠
7101219090	其他未加工的养殖珍珠（未制成制品）	A/B	P/Q	天然或养殖珍珠 中药材（食药物质）（2.3）
7106101900	平均粒径≥3 微米的非片状银粉			危险化学品（12.1）
7201100000	非合金生铁，按重量计含磷量在 0.5%及以下	/B	/N	其他机械、电子产品（11.8）
7201200000	非合金生铁，按重量计含磷量>0.5%	/B	/N	其他机械、电子产品（11.8）
7201500010	合金生铁	/B	/N	其他机械、电子产品（11.8）
7201500090	镜铁	/B	/N	其他机械、电子产品（11.8）
7204100010	符合 GB/T 39733—2020 标准要求的再生钢铁原料	A/	M/	再生金属原料产品（12.4）
7204100090	其他铸铁废碎料	A/	M/	禁止进口 固体废物
7204210010	其他符合 GB/T 39733—2020 标准要求的再生钢铁原料	A/	M/	再生金属原料产品（12.4）
7204210090	其他不锈钢废碎料	A/	M/	禁止进口 固体废物
7204290010	其他符合 GB/T 39733—2020 标准要求的再生钢铁原料	A/	M/	再生金属原料产品（12.4）

续表139

商品编号	商品名称	监管条件	检验检疫类别	检验检疫要求
7204290090	其他合金钢废碎料	A/	M/	禁止进口 固体废物
7204410010	符合 GB/T 39733—2020 标准要求的机械加工中产生的再生钢铁原料（机械加工指车，刨，铣，磨，锯，锉，剪，冲加工）	A/	M/	再生金属原料产品（12.4）
7204410090	其他机械加工中产生的钢铁废料（机械加工指车，刨，铣，磨，锯，锉，剪，冲加工）	A/	M/	禁止进口 固体废物
7204490030	符合 GB/T 39733—2020 标准要求的未列名再生钢铁原料	A/	M/	再生金属原料产品（12.4）
7204490090	其他未列名钢铁废碎料	A/	M/	禁止进口 固体废物
7205100000	生铁、镜铁及钢铁颗粒	/B	/N	其他机械、电子产品（11.8）
7205210000	合金钢粉末	/B	/N	其他机械、电子产品（11.8）
7205291000	平均粒径小于 10 微米的铁粉	/B	/N	其他机械、电子产品（11.8）
7205299000	其他生铁、镜铁及其他钢铁粉末	/B	/N	其他机械、电子产品（11.8）
7206100000	铁及非合金钢锭	/B	/N	其他机械、电子产品（11.8）
7206900000	其他初级形状的铁及非合金钢	/B	/N	其他机械、电子产品（11.8）
7207110000	宽度小于厚度两倍的矩形截面钢坯（含碳量小于 0.25%）	/B	/N	其他机械、电子产品（11.8）
7207120010	其他矩形截面的厚度大于 400 毫米的连铸板坯［含碳量小于 0.25%（正方形截面除外）］	/B	/N	其他机械、电子产品（11.8）
7207120090	其他矩形截面钢坯［含碳量小于 0.25%（正方形截面除外）］	/B	/N	其他机械、电子产品（11.8）
7207190010	其他含碳量小于 0.25%的厚度大于 400 毫米的连铸板坯	/B	/N	其他机械、电子产品（11.8）
7207190090	其他含碳量小于 0.25%的钢坯	/B	/N	其他机械、电子产品（11.8）
7207200010	车轮用连铸圆坯（直径为 380 毫米和 450 毫米，公差±1.2%，含碳量：0.38%~0.85%，含锰量：0.68%~1.2%，含磷量≤0.012%，总氧化物含量≤0.0012%）	/B	/N	其他机械、电子产品（11.8）
7207200090	其他含碳量不小于 0.25%的钢坯	/B	/N	其他机械、电子产品（11.8）
7218100000	不锈钢锭及其他初级形状产品	/B	/N	其他机械、电子产品（11.8）
7218910000	矩形截面的不锈钢半制成品（正方形截面除外）	/B	/N	其他机械、电子产品（11.8）
7218990010	正方形截面的不锈钢半制成品	/B	/N	其他机械、电子产品（11.8）
7218990090	其他不锈钢半制成品	/B	/N	其他机械、电子产品（11.8）
7224100000	其他合金钢锭及其他初级形状	/B	/N	其他机械、电子产品（11.8）
7224901000	粗铸锻件坯（单件重量在 10 吨及以上）	/B	/N	其他机械、电子产品（11.8）
7224909010	其他合金钢圆坯，直径≥700 毫米（其他合金钢锭及其他初级形态的）	/B	/N	其他机械、电子产品（11.8）
7224909090	其他合金钢坯，直径≥700 毫米的合金钢圆坯除外（其他合金钢锭及其他初级形态的）	/B	/N	其他机械、电子产品（11.8）
7309000000	容积>300 升钢铁制盛物容器（容积>300 升的囤、柜、桶、罐、听及类似容器）			进口旧机电产品（11.2）
7310100010	100 升<总容积≤300 升的容器（与所处理或盛放的化学品接触表面由特殊耐腐蚀材料制成）			进口旧机电产品（11.2）
7310100090	50 升≤容积≤300 升的其他钢铁制盛物容器（钢铁柜、桶、罐、听及类似容器）			进口旧机电产品（11.2）
7310211000	容积<50 升的焊边或卷边接合钢铁易拉罐及罐体	A/	R/	进口旧机电产品（11.2） 其他机械、电子产品（11.8）
7310219000	容积<50 升的其他焊边或卷边接合钢铁罐			进口旧机电产品（11.2）
7310291000	容积<50 升的其他易拉罐及罐体（焊边或卷边接合的除外）	A/	R/	进口旧机电产品（11.2） 其他机械、电子产品（11.8）
7310299000	容积<50 升的其他盛物容器（钢铁柜、桶、罐、听及类似容器）	A/	R/	进口旧机电产品（11.2） 其他机械、电子产品（11.8）

续表140

商品编号	商品名称	监管条件	检验检疫类别	检验检疫要求
7311001000	装压缩或液化气的钢铁容器（指零售包装用）	A/	M/	特种设备（11.5） 进口旧机电产品（11.2）
7311009000	其他装压缩或液化气的容器（指非零售包装用）	A/	M/	特种设备（11.5） 进口旧机电产品（11.2）
7321110000	可使用气体燃料的家用炉灶			进口旧机电产品（11.2） 进口强制性产品认证（11.1）
7321121000	煤油炉			进口旧机电产品（11.2）
7321129000	其他使用液体燃料的家用炉灶			进口旧机电产品（11.2）
7321190000	其他炊事器具及加热板，包括使用固体燃料的			进口旧机电产品（11.2）
7321810000	可使用气体燃料的其他家用器具			进口旧机电产品（11.2）
7321820000	使用液体燃料的其他家用器具			进口旧机电产品（11.2）
7321890000	其他器具，包括使用固体燃料的			进口旧机电产品（11.2）
7321900000	非电热家用器具零件			进口旧机电产品（11.2）
7322110000	非电热铸铁制集中供暖用散热器（包括零件）			进口旧机电产品（11.2）
7322190000	非电热钢制集中供暖用散热器（包括零件）			进口旧机电产品（11.2）
7322900000	非电热空气加热器、暖气分布器（包括零件）			进口旧机电产品（11.2）
7323100000	钢铁丝绒、擦锅器、洗擦用块垫等	A/	R/	进口食品接触产品（9.2） 其他机械、电子产品（11.8）
7323910000	餐桌、厨房等家用铸铁制器具（包括零件、非搪瓷的）	A/	R/	进口食品接触产品（9.2）
7323920000	餐桌、厨房等家用铸铁制搪瓷器（包括零件、已搪瓷的）	A/	R/	进口食品接触产品（9.2）
7323930000	餐桌、厨房等家用不锈钢器具（包括零件、已搪瓷的）	A/	R/	进口食品接触产品（9.2）
7323941000	面盆，钢铁制，已搪瓷（铸铁的除外）	A/	R/	进口食品接触产品（9.2）
7323942000	烧锅，钢铁制，已搪瓷（铸铁的除外）	A/	R/	进口食品接触产品（9.2）
7323949000	其他餐桌、厨房等家用钢铁制搪器（铸铁的除外）	A/	R/	进口食品接触产品（9.2）
7323990000	其他餐桌、厨房等用钢铁器具	A/	R/	进口食品接触产品（9.2） 其他机械、电子产品（11.8）
7403290000	未锻轧的其他铜合金（铜母合金除外，包括未锻轧的白铜或德银）			危险化学品（12.1）
7404000040	可进口再生铜合金原料（块料、屑料）	A/	M/	再生金属原料产品（12.4）
7404000050	可进口再生铜原料	A/	M/	再生金属原料产品（12.4）
7418101000	擦锅器及洗刷擦光用的块垫、手套（包括类似品，铜制）	A/	R/	进口食品接触产品（9.2）
7418102000	非电热的铜制家用烹饪器具及其零件	A/	R/	进口食品接触产品（9.2）
7418109000	其他餐桌厨房等家用铜制器具及其零件	A/	R/	进口食品接触产品（9.2）
7602000030	可进口再生铸造铝合金原料（铝块、屑料）	A/	M/	再生金属原料产品（12.4）
7602000040	可进口再生纯铝原料	A/	M/	再生金属原料产品（12.4）
7602000050	可进口再生变形铝合金原料	A/	M/	再生金属原料产品（12.4）
7603100010	颗粒<500 微米的微细球形铝粉（颗粒均匀，铝含量≥97%）	A/	M/	危险化学品（12.1） 其他机械、电子产品（11.8）
7603100090	其他非片状铝粉	A/B	M/N	危险化学品（12.1） 其他机械、电子产品（11.8）
7603200000	片状铝粉末			危险化学品（12.1）
7611000000	容积>300 升的铝制囤、罐等容器（盛装物料用的，装压缩气体或液化气体的除外）			进口旧机电产品（11.2）
7612901000	铝制易拉罐及罐体	A/	R/	进口食品接触产品（9.2） 其他机械、电子产品（11.8）
7612909000	容积≤300 升的铝制囤、罐等容器（盛装物料用的，装压缩气体或液化气体的除外）			进口旧机电产品（11.2）
7613001000	零售包装装压缩、液化气体铝容器（铝及铝合金制）			进口旧机电产品（11.2）
7613009000	非零售装装压缩、液化气体铝容器（铝及铝合金制）			进口旧机电产品（11.2）

续表141

商品编号	商品名称	监管条件	检验检疫类别	检验检疫要求
7615101000	擦锅器及洗刷擦光用的块垫、手套（包括类似品，铝制）	A/	R/	进口食品接触产品（9.2） 其他机械、电子产品（11.8）
7615109000	其他（餐桌、厨房或其他家用器具及其零件）	A/	R/	进口旧机电产品（11.2） 进口食品接触产品（9.2） 其他机械、电子产品（11.8）
7903100000	锌末（包括锌合金）	A/	M/	危险化学品（12.1） 其他机械、电子产品（11.8）
7903900010	颗粒<500微米的锌及其合金（含量≥97%，不论球形，椭球体，雾化，片状，研碎金属燃料）	A/	M/	危险化学品（12.1） 其他机械、电子产品（11.8）
7903900090	其他锌粉及片状粉末	A/B	M/N	危险化学品（12.1） 其他机械、电子产品（11.8）
8104110000	含镁量≥99.8%的未锻轧镁（CAS号7439-95-4）			危险化学品（12.1）
8104190000	其他未锻轧的镁及镁合金			危险化学品（12.1）
8104300010	颗粒<500微米的镁及其合金（含量≥97%，不论球形，椭球体，雾化，片状，研碎金属燃料，CAS号7439-95-4）			危险化学品（12.1）
8104300090	其他已分级的镁锉屑，车屑，颗粒；粉末（CAS号7439-95-4）			危险化学品（12.1）
8104901010	两用物项管制的镁			危险化学品（12.1）
8104901090	其他锻轧镁			危险化学品（12.1）
8104902090	其他镁制品			危险化学品（12.1）
8108202910	颗粒<500微米的钛及其合金（含量≥97%，不论球形，椭球体，雾化，片状，研碎金属燃料）	A/	M/	危险化学品（12.1） 其他机械、电子产品（11.8）
8108203000	钛的粉末	A/	M/	危险化学品（12.1） 其他机械、电子产品（11.8）
8109210010	颗粒<500微米的锆及其合金，按重量计铪与锆之比低于1：500（含量≥97%，不论球形，椭球体，雾化，片状，研碎金属燃料）	A/	M/	危险化学品（12.1） 其他机械、电子产品（11.8）
8109210090	其他未锻轧锆及粉末，按重量计铪与锆之比低于1：500	A/	M/	危险化学品（12.1） 其他机械、电子产品（11.8）
8109290010	其他颗粒<500微米的锆及其合金（含量≥97%，不论球形，椭球体，雾化，片状，研碎金属燃料）	A/	M/	危险化学品（12.1） 其他机械、电子产品（11.8）
8109290090	其他未锻轧锆及粉末	A/	M/	危险化学品（12.1） 其他机械、电子产品（11.8）
8109990000	其他锻轧锆及锆制品			危险化学品（12.1）
8110102000	锑粉末	A/	M/	危险化学品（12.1） 其他机械、电子产品（11.8）
8111001090	未锻轧锰；粉末	A/	M/	危险化学品（12.1） 其他机械、电子产品（11.8）
8112120000	未锻轧铍、铍粉末	A/	M/	危险化学品（12.1） 其他机械、电子产品（11.8）
8112310091	未锻轧的铪或粉末，按重量计铪含量超过60%	A/	M/	危险化学品（12.1） 其他机械、电子产品（11.8）
8112310099	其他未锻轧的铪或粉末	A/	M/	危险化学品（12.1） 其他机械、电子产品（11.8）
8112410010	未锻轧的铼废碎料	A/	M/	禁止进口 固体废物
8112510000	未锻轧铊；铊粉末	A/B	M/N	危险化学品（12.1） 其他机械、电子产品（11.8）
8112691000	未锻轧镉；粉末			危险化学品（12.1）

续表142

商品编号	商品名称	监管条件	检验检疫类别	检验检疫要求
8112921010	锗废碎料	A/		禁止进口 固体废物
8112922010	钒废碎料	A/		禁止进口 固体废物
8112929010	未锻轧的镓废碎料	A/	M/	禁止进口 固体废物
8112929090	未锻轧的镓；粉末	A/	M/	危险化学品（12.1） 其他机械、电子产品（11.8）
8112999000	锻轧的镓及镓制品			危险化学品（12.1）
8201100010	含植物性材料的锹及铲	A/B	P/Q	其他非食用植物产品（4.4）
8201300010	含植物性材料的镐、锄、耙	A/B	P/Q	其他非食用植物产品（4.4）
8201400010	含植物性材料的砍伐工具（包括斧子、钩刀及类似砍伐工具）	A/B	P/Q	其他非食用植物产品（4.4）
8201500010	含植物性材料的单手操作农用剪（包括家禽剪）	A/B	P/Q	其他非食用植物产品（4.4）
8201600010	含植物性材料的双手操作农用剪	A/B	P/Q	其他非食用植物产品（4.4）
8201901010	含植物性材料的农业、园艺、林业用叉	A/B	P/Q	其他非食用植物产品（4.4）
8201909010	含植物性材料的农业、园艺、林业用手工工具	A/B	P/Q	其他非食用植物产品（4.4）
8208300000	厨房或食品加工机器用刀及刀片（厨房器具或食品加工机器用）	A/	R/	食品加工设备（11.6）
8210000000	加工调制食品、饮料用手动机械（重量不超过10千克）	A/	R/	食品加工设备（11.6）
8211910000	刃面固定的餐刀	A/	R/	食品加工设备（11.6） 进口食品接触产品（9.2）
8214900010	切菜刀等厨房用利口器	A/	R/	食品加工设备（11.6） 进口食品接触产品（9.2）
8215100000	成套含镀贵金属制厨房或餐桌用具（成套货品，至少其中一件是镀贵金属的）	A/	R/	食品加工设备（11.6） 进口食品接触产品（9.2）
8215200000	成套的其他厨房或餐桌用具（成套货品，没有一件是镀贵金属的）	A/	R/	食品加工设备（11.6） 进口食品接触产品（9.2）
8215910000	非成套镀贵金属制厨房或餐桌用具（非成套货品，镀贵金属的）	A/	R/	食品加工设备（11.6） 进口食品接触产品（9.2）
8215990000	其他非成套的厨房或餐桌用具（非成套货品，没镀贵金属的）	A/	R/	食品加工设备（11.6） 进口食品接触产品（9.2）
8402111000	蒸发量≥900吨/时发电用蒸汽水管锅炉	A/	M/	特种设备（11.5） 进口旧机电产品（11.2）
8402119000	其他蒸发量>45吨/时的蒸汽水管锅炉	A/	M/	特种设备（11.5） 进口旧机电产品（11.2）
8402120000	蒸发量不超过45吨/时的水管锅炉	A/	M/	特种设备（11.5） 进口旧机电产品（11.2）
8402190000	其他蒸汽锅炉（包括混合式锅炉）	A/	M/	特种设备（11.5） 进口旧机电产品（11.2）
8402200000	过热水锅炉	A/	M/	特种设备（11.5） 进口旧机电产品（11.2）
8402900000	蒸汽锅炉及过热水锅炉的零件			进口旧机电产品（11.2）
8403101000	家用型热水锅炉（但品目8402的货品除外）	A/	M/	特种设备（11.5） 进口旧机电产品（11.2） 进口强制性产品认证（11.1）
8403109000	其他集中供暖用的热水锅炉（但品目8402的货品除外）	A/	M/	特种设备（11.5） 进口旧机电产品（11.2）
8403900000	集中供暖用热水锅炉的零件			进口旧机电产品（11.2）

续表143

商品编号	商品名称	监管条件	检验检疫类别	检验检疫要求
8404101010	使用（可再生）生物质燃料的非水管蒸汽锅炉的辅助设备（例如，节热器、过热器、除灰器、气体回收器）			进口旧机电产品（11.2）
8404101090	其他蒸汽锅炉、过热水锅炉的辅助设备（例如，节热器、过热器、除灰器、气体回收器）			进口旧机电产品（11.2）
8404102000	集中供暖用热水锅炉的辅助设备（例如，节热器、过热器、除灰器、气体回收器）			进口旧机电产品（11.2）
8404200000	水及其他蒸汽动力装置的冷凝器			进口旧机电产品（11.2）
8404901000	集中供暖热水锅炉辅助设备的零件			进口旧机电产品（11.2）
8404909010	使用（可再生）生物质燃料的非水管蒸汽锅炉的辅助设备的零件；水蒸汽或其他蒸汽动力装置的冷凝器的零件（编号84041010、84042000所列辅助设备的）			进口旧机电产品（11.2）
8404909090	其他辅助设备用零件（编号84041010、84042000所列辅助设备的）			进口旧机电产品（11.2）
8405100000	煤气、乙炔及类似水解气体发生器（不论有无净化器）	A/	M/	特种设备（11.5） 进口旧机电产品（11.2）
8405900000	煤气、乙炔等气体发生器的零件			进口旧机电产品（11.2）
8406811000	40兆瓦<功率≤100兆瓦的其他汽轮机（功率指输出功率）			进口旧机电产品（11.2）
8406812000	100兆瓦<功率≤350兆瓦的其他汽轮机（功率指输出功率）			进口旧机电产品（11.2）
8406813000	功率超过350兆瓦的其他汽轮机（功率指输出功率）			进口旧机电产品（11.2）
8406820000	功率不超过40兆瓦的其他汽轮机（功率指输出功率）			进口旧机电产品（11.2）
8406900000	汽轮机用的零件			进口旧机电产品（11.2）
8407310000	排气量≤50cc往复式活塞引擎（第八十七章所列车辆用的点燃往复式活塞发动机，不超过50cc）	A/	M/	进口旧机电产品（11.2） 机动车辆及其零部件（11.3） 普通设备（生产设备）（11.6）
8407320000	50cc<排气量≤250cc往复式活塞引擎（第八十七章所列车辆用的点燃往复式活塞发动机）	A/	M/	进口旧机电产品（11.2） 机动车辆及其零部件（11.3） 普通设备（生产设备）（11.6）
8407330000	250cc<排气量≤1000cc往复活塞引擎（第八十七章所列车辆的点燃往复式活塞发动机）	A/	M/	进口旧机电产品（11.2） 机动车辆及其零部件（11.3） 普通设备（生产设备）（11.6）
8407341000	1000cc<排气量≤3000cc车辆的往复式活塞引擎（第八十七章所列车辆的点燃往复式活塞发动机）	A/	M/	进口旧机电产品（11.2） 机动车辆及其零部件（11.3） 普通设备（生产设备）（11.6）
8407342000	超3000cc车用往复式活塞引擎（第八十七章所列车辆用的点燃往复式活塞发动机）			进口旧机电产品（11.2）
8407901000	沼气发动机			进口旧机电产品（11.2）
8407909031	叉车用汽油发动机（800r/min≤转速≤3400r/min）（立式输出轴汽油发动机除外）			进口旧机电产品（11.2）
8407909090	其他往复或旋转式活塞内燃引擎（非第八十七章所列车辆用其他点燃往复式或旋转式活塞发动机）			进口旧机电产品（11.2）
8408100000	船舶用柴油发动机（指压燃式活塞内燃发动机）			进口旧机电产品（11.2）
8408201001	输出功率在441千瓦及以上的柴油发动机（600马力）			进口旧机电产品（11.2）
8408201010	功率≥132.39千瓦拖拉机用柴油机			进口旧机电产品（11.2）
8408201090	功率≥132.39千瓦其他用柴油机［指第八十七章车辆用压燃式活塞内燃发动机（132.39千瓦=180马力）］			进口旧机电产品（11.2）

续表144

商品编号	商品名称	监管条件	检验检疫类别	检验检疫要求
8408209010	功率<132.39 千瓦拖拉机用柴油机			进口旧机电产品（11.2）
8408209090	功率<132.39 千瓦其他用柴油机（指第八十七章车辆用压燃式活塞内燃发动机）			进口旧机电产品（11.2）
8408901000	机车用柴油发动机（压燃式活塞内燃发动机）			进口旧机电产品（11.2）
8408909110	功率≤14 千瓦农业用柴油发动机［非第八十七章车辆用压燃式活塞内燃发动机（14 千瓦=19.05 马力）］			进口旧机电产品（11.2）
8408909190	功率≤14 千瓦其他用柴油发动机［非第八十七章车辆用压燃式活塞内燃发动机（14 千瓦=19.05 马力）］			进口旧机电产品（11.2）
8408909220	14 千瓦<功率<132.39 千瓦的农业用柴油机［非第八十七章车辆用压燃式活塞内燃发动机（1 千瓦=1.36 马力）］			进口旧机电产品（11.2）
8408909230	16 千瓦<功率<132.39 千瓦的两用物项管制的无人机专用柴油机［非第八十七章车辆用压燃式活塞内燃发动机（1 千瓦=1.36 马力）］			进口旧机电产品（11.2）
8408909290	14 千瓦<功率<132.39 千瓦的其他用柴油机［非第八十七章车辆用压燃式活塞内燃发动机（1 千瓦=1.36 马力）］			进口旧机电产品（11.2）
8408909310	功率≥132.39 千瓦的农业用柴油机［非第八十七章用压燃式活塞内燃发动机（132.39 千瓦=180 马力）］			进口旧机电产品（11.2）
8408909320	功率≥132.39 千瓦两用物项管制的无人机专用柴油发动机［非第八十七章用压燃式活塞内燃发动机（132.39 千瓦=180 马力）］			进口旧机电产品（11.2）
8408909390	功率≥132.39 千瓦其他用柴油发动机［非第八十七章用压燃式活塞内燃发动机（132.39 千瓦=180 马力）］			进口旧机电产品（11.2）
8409919100	电控燃油喷射装置（指专用于或主要用于点燃式活塞内燃发动机的）			进口旧机电产品（11.2）
8409919910	汽车用电子节气门			进口旧机电产品（11.2）
8409919990	其他点燃式活塞内燃发动机用零件			进口旧机电产品（11.2）
8409991000	其他船舶发动机专用零件			进口旧机电产品（11.2）
8409992000	其他机车发动机专用零件			进口旧机电产品（11.2）
8409999100	其他功率≥132.39 千瓦发动机的专用零件（132.39 千瓦=180 马力）			进口旧机电产品（11.2）
8409999910	电控柴油喷射装置及其零件（指品目 8408 所列的其他发动机用）			进口旧机电产品（11.2）
8409999990	其他发动机的专用零件（指品目 8407 或 8408 所列的其他发动机）			进口旧机电产品（11.2）
8410110000	功率≤1000 千瓦的水轮机及水轮			进口旧机电产品（11.2）
8410120000	功率 1000 千瓦~10000 千瓦的水轮机及水轮（指超过 1000 千瓦，但不超过 10000 千瓦的）			进口旧机电产品（11.2）
8410131000	功率>30000 千瓦冲击式水轮机及水轮			进口旧机电产品（11.2）
8410132000	功率>35000 千瓦贯流水轮机及水轮			进口旧机电产品（11.2）
8410133000	功率>200000 千瓦水泵式水轮机及水轮			进口旧机电产品（11.2）
8410139000	功率>10000 千瓦的其他水轮机及水轮			进口旧机电产品（11.2）
8410901000	水轮机及水轮的调节器			进口旧机电产品（11.2）
8410909000	水轮机及水轮的其他零件（不包括调节器）			进口旧机电产品（11.2）
8411111010	两用物项管制的无人机专用涡轮风扇发动机，功率大于 16 千瓦，且推力≤25 千牛顿			进口旧机电产品（11.2）
8411111090	其他涡轮风扇发动机推力≤25 千牛顿			进口旧机电产品（11.2）
8411119010	功率>16 千瓦两用物项管制的无人机专用涡轮喷气发动机（推力不超过 25 千牛顿）			进口旧机电产品（11.2）
8411119090	其他涡轮喷气发动机（推力不超过 25 千牛顿）			进口旧机电产品（11.2）
8411121010	两用物项管制的无人机专用涡轮风扇发动机，功率大于 16 千瓦，且推力>25 千牛顿			进口旧机电产品（11.2）
8411121090	其他涡轮风扇发动机推力>25 千牛顿			进口旧机电产品（11.2）
8411129010	小型燃烧率高轻型涡轮喷气发动机（推力大于或等于 90 千牛顿的涡轮喷气发动机）			进口旧机电产品（11.2）

续表145

商品编号	商品名称	监管条件	检验检疫类别	检验检疫要求
8411129020	功率>16千瓦两用物项管制的无人机专用涡轮喷气发动机（推力大于或等于90千牛顿的涡轮喷气发动机）			进口旧机电产品（11.2）
8411129090	其他涡轮喷气发动机（推力超过25千牛顿）			进口旧机电产品（11.2）
8411210010	16千瓦<功率≤1100千瓦的两用物项管制的无人机专用涡轮螺桨发动机			进口旧机电产品（11.2）
8411210090	功率≤1100千瓦的其他涡轮螺桨发动机			进口旧机电产品（11.2）
8411221010	1100千瓦<功率≤2238千瓦两用物项管制的无人机专用涡轮螺桨引擎			进口旧机电产品（11.2）
8411221090	1100千瓦<功率≤2238千瓦其他涡轮螺桨引擎			进口旧机电产品（11.2）
8411222010	2238千瓦<功率≤3730千瓦两用物项管制的无人机专用涡轮螺桨引擎			进口旧机电产品（11.2）
8411222090	2238千瓦<功率≤3730千瓦其他涡轮螺桨引擎			进口旧机电产品（11.2）
8411223010	功率>3730千瓦两用物项管制的无人机专用涡轮螺桨引擎			进口旧机电产品（11.2）
8411223090	功率>3730千瓦其他涡轮螺桨引擎			进口旧机电产品（11.2）
8411810001	涡轮轴航空发动机，不包括编号8411810002所列商品			进口旧机电产品（11.2）
8411810002	两用物项管制的无人机专用涡轮轴航空发动机（16千瓦<功率≤5000千瓦）			进口旧机电产品（11.2）
8411810010	功率≥3500千瓦的涡轮轴发动机（航空发动机除外）			进口旧机电产品（11.2）
8411810090	功率≤5000千瓦的其他燃气轮机			进口旧机电产品（11.2）
8411820000	功率>5000千瓦的其他燃气轮机			进口旧机电产品（11.2）
8411910000	涡轮喷气或涡轮螺桨发动机用零件			进口旧机电产品（11.2）
8411991010	涡轮轴航空发动机用零件			进口旧机电产品（11.2）
8411991090	其他涡轮轴发动机用零件			进口旧机电产品（11.2）
8411999000	其他燃气轮机用零件			进口旧机电产品（11.2）
8412101040	冲压喷气发动机；脉冲喷气发动机；组合循环发动机			进口旧机电产品（11.2）
8412109000	非航空、航天器用喷气发动机（涡轮喷气发动机除外）			进口旧机电产品（11.2）
8412210010	飞机发动机用作动筒			进口旧机电产品（11.2）
8412210090	其他直线作用的液压动力装置（液压缸）			进口旧机电产品（11.2）
8412291000	液压马达			进口旧机电产品（11.2）
8412299010	抓桩器（抱桩器）			进口旧机电产品（11.2）
8412299020	飞机发动机用液压作动器			进口旧机电产品（11.2）
8412299090	其他液压动力装置			进口旧机电产品（11.2）
8412310001	三坐标测量机用平衡气缸			进口旧机电产品（11.2）
8412310010	飞机舱门气动作动筒			进口旧机电产品（11.2）
8412310090	其他直线作用的气压动力装置（气压缸）			进口旧机电产品（11.2）
8412390010	飞机发动机用气压作动器			进口旧机电产品（11.2）
8412390090	其他气压动力装置			进口旧机电产品（11.2）
8412800090	其他发动机及动力装置			进口旧机电产品（11.2）
8412901010	燃烧调节装置（冲压或脉冲喷气发动机的）			进口旧机电产品（11.2）
8412909010	风力发动机零件			进口旧机电产品（11.2）
8412909020	飞机发动机用作动筒壳体			进口旧机电产品（11.2）
8412909090	其他发动机及动力装置的零件			进口旧机电产品（11.2）
8413110000	分装燃料或润滑油的泵，用于加油站或车库（其装有或可装计量装置）			进口旧机电产品（11.2）
8413190000	其他装有或可装计量装置的泵			进口旧机电产品（11.2）
8413200000	手泵（但子目841311或841319的货品除外）			进口旧机电产品（11.2）
8413302100	180马力及以上发动机用燃油泵（活塞式内燃发动机用的）			进口旧机电产品（11.2）
8413302900	其他燃油泵（活塞式内燃发动机用的）			进口旧机电产品（11.2）
8413303000	润滑油泵（活塞式内燃发动机用的）			进口旧机电产品（11.2）

续表146

商品编号	商品名称	监管条件	检验检疫类别	检验检疫要求
8413309000	冷却剂泵（活塞式内燃发动机用的）			进口旧机电产品（11.2）
8413400000	混凝土泵			进口旧机电产品（11.2）
8413501010	农业用气动往复式排液泵			进口旧机电产品（11.2）
8413501020	气动式耐腐蚀波纹或隔膜泵（流量大于 0.6m^3/h，接触表面由特殊耐腐蚀材料制成）			进口旧机电产品（11.2）
8413501090	其他非农业用气动往复式排液泵			进口旧机电产品（11.2）
8413502010	农业用电动往复式排液泵			进口旧机电产品（11.2）
8413502020	电动式耐腐蚀波纹或隔膜泵（流量大于 0.6m^3/h，接触表面由特殊耐腐蚀材料制成）			进口旧机电产品（11.2）
8413502030	电动往复式排液多重密封泵（两用物项管制）			进口旧机电产品（11.2）
8413502040	电动吸奶器			进口旧机电产品（11.2）
8413502050	集成电路制造用高精度光刻胶泵			进口旧机电产品（11.2）
8413502090	其他非农业用电动往复式排液泵			进口旧机电产品（11.2）
8413503101	农业用柱塞泵			进口旧机电产品（11.2）
8413503110	飞机用液压柱塞泵			进口旧机电产品（11.2）
8413503190	其他非农业用柱塞泵			进口旧机电产品（11.2）
8413503901	其他农业用液压往复式排液泵			进口旧机电产品（11.2）
8413503920	液压式耐腐蚀波纹或隔膜泵（流量大于 0.6m^3/h，接触表面由特殊耐腐蚀材料制成）			进口旧机电产品（11.2）
8413503990	其他非农业用液压往复式排液泵			进口旧机电产品（11.2）
8413509010	其他农用往复式排液泵			进口旧机电产品（11.2）
8413509020	其他耐腐蚀波纹或隔膜泵（流量大于 0.6m^3/h，接触表面由特殊耐腐蚀材料制成）			进口旧机电产品（11.2）
8413509090	其他非农用往复式排液泵			进口旧机电产品（11.2）
8413602101	农业用电动齿轮泵（回转式排液泵）			进口旧机电产品（11.2）
8413602110	电动齿轮多重密封泵（非农业用回转式排液泵）			进口旧机电产品（11.2）
8413602190	其他非农业用电动齿轮泵（回转式排液泵，多重密封泵除外）			进口旧机电产品（11.2）
8413602201	农业用回转式液压油泵（输入转速>2000r/min，输入功率>190 千瓦，最大流量>2×280L/min）			进口旧机电产品（11.2）
8413602202	非农业用回转式液压油泵（输入转速>2000r/min，输入功率>190 千瓦，最大流量>2×280L/min）			进口旧机电产品（11.2）
8413602210	其他农业用液压齿轮泵（回转式排液泵）			进口旧机电产品（11.2）
8413602220	液压齿轮多重密封泵（非农业用回转式排液泵）			进口旧机电产品（11.2）
8413602290	其他非农业用液压齿轮泵（回转式排液泵，多重密封泵除外）			进口旧机电产品（11.2）
8413602901	其他农业用齿轮泵（回转式排液泵）			进口旧机电产品（11.2）
8413602990	其他非农业用齿轮泵（回转式排液泵）			进口旧机电产品（11.2）
8413603101	农业用电动叶片泵（回转式排液泵）			进口旧机电产品（11.2）
8413603130	两用物项管制的电动叶片多重密封泵；出口管制高压水炮用的电动叶片泵			进口旧机电产品（11.2）
8413603190	其他非农业用电动叶片泵（回转式排液泵，多重密封泵除外）			进口旧机电产品（11.2）
8413603201	农业用液压叶片泵（回转式排液泵）			进口旧机电产品（11.2）
8413603210	液压叶片多重密封泵（非农业用回转式排液泵）			进口旧机电产品（11.2）
8413603290	其他非农业用液压叶片泵（回转式排液泵，多重密封泵除外）			进口旧机电产品（11.2）
8413603901	其他农业用叶片泵（回转式排液泵）			进口旧机电产品（11.2）
8413603902	出口管制高压水炮用的其他叶片泵			进口旧机电产品（11.2）
8413603990	其他非农业用叶片泵（回转式排液泵）			进口旧机电产品（11.2）
8413604001	农业用螺杆泵（回转式排液泵）			进口旧机电产品（11.2）
8413604010	螺杆多重密封泵（非农业用回转式排液泵）			进口旧机电产品（11.2）
8413604090	其他非农业用螺杆泵（回转式排液泵，多重密封泵除外）			进口旧机电产品（11.2）

续表147

商品编号	商品名称	监管条件	检验检疫类别	检验检疫要求
8413605001	农业用径向柱塞泵（回转式排液泵）			进口旧机电产品（11.2）
8413605090	其他非农业用径向柱塞泵（回转式排液泵）			进口旧机电产品（11.2）
8413606001	农业用轴向柱塞泵（回转式排液泵）			进口旧机电产品（11.2）
8413606090	其他非农业用轴向柱塞泵（回转式排液泵）			进口旧机电产品（11.2）
8413609010	农业用其他回转式排液泵			进口旧机电产品（11.2）
8413609090	其他回转式排液泵			进口旧机电产品（11.2）
8413701010	农业用其他离心泵（转速在10000转/分及以上）			进口旧机电产品（11.2）
8413701040	液体推进剂用泵（转速≥10000转/分，出口压力≥7000千帕）；两用物项的管制离心泵多重密封泵			进口旧机电产品（11.2）
8413701090	其他非农用离心泵（转速在10000转/分及以上）			进口旧机电产品（11.2）
8413709110	农业用电动潜油泵及潜水电泵（转速在10000转/分以下）			进口旧机电产品（11.2）
8413709190	其他非农业用电动潜油泵及潜水电泵（转速在10000转/分以下）			进口旧机电产品（11.2）
8413709910	其他农业用离心泵（转速在10000转/分以下）			进口旧机电产品（11.2）
8413709970	飞机发动机用燃油泵			进口旧机电产品（11.2）
8413709980	其他转速在10000转/分以下的其他离心泵			进口旧机电产品（11.2）
8413709990	其他非农业用离心泵（转速在10000转/分以下）			进口旧机电产品（11.2）
8413810010	农业用其他液体泵			进口旧机电产品（11.2）
8413810020	生产重水用多级泵（专门为利用氨-氢交换法生产重水而设计或制造的多级泵）			进口旧机电产品（11.2）
8413810090	其他非农用液体泵			进口旧机电产品（11.2）
8413820000	液体提升机			进口旧机电产品（11.2）
8413910000	泵用零件			进口旧机电产品（11.2）
8413920000	液体提升机用零件			进口旧机电产品（11.2）
8414100010	耐腐蚀真空泵（流量大于$5m^3/h$，接触表面由特殊耐腐蚀材料制成）			进口旧机电产品（11.2）
8414100020	真空泵（抽气口≥38cm，速度≥$15m^3/s$，产生$<10^{-4}$托极限真空度）			进口旧机电产品（11.2）
8414100030	能在含UF6气氛中使用的真空泵（用耐UF6腐蚀的材料制成或保护。这些泵可以是旋转式或正压式，可有排代式密封和碳氟化合物密封并且可以有特殊工作流体存在）			进口旧机电产品（11.2）
8414100040	专门设计或制造的抽气能力≥$5m^3/min$的真空泵（专用于同位素气体扩散浓缩）			进口旧机电产品（11.2）
8414100050	能在含UF6气氛中使用的真空泵（耐UF6腐蚀的，也可用氟碳密封和特殊工作流体）			进口旧机电产品（11.2）
8414100060	专门或主要用于半导体或平板显示屏制造的真空泵（P）			进口旧机电产品（11.2）
8414100090	其他真空泵			进口旧机电产品（11.2）
8414200000	手动或脚踏式空气泵			进口旧机电产品（11.2）
8414301100	电动机额定功率≤0.4千瓦冷藏或冷冻箱用压缩机	A/	L.M/	进口旧机电产品（11.2） 涉氯氟烃物质设备（11.7） 进口强制性产品认证（11.1） 家用和类似用途电器（11.7）
8414301200	其他电驱动冷藏或冷冻箱用压缩机（0.4千瓦<电动机额定功率≤5千瓦）	A/	L.M/	进口旧机电产品（11.2） 涉氯氟烃物质设备（11.7） 进口强制性产品认证（11.1） 家用和类似用途电器（11.7）
8414301300	0.4千瓦<电动机额定功率≤5千瓦的空调器用压缩机	A/	L.M/	进口旧机电产品（11.2） 进口强制性产品认证（11.1） 家用和类似用途电器（11.7）
8414301400	电动机额定功率>5千瓦的空调器用压缩机			进口旧机电产品（11.2） 涉氯氟烃物质设备（11.7）

续表148

商品编号	商品名称	监管条件	检验检疫类别	检验检疫要求
8414301500	电动机额定功率>5 千瓦的冷冻或冷藏设备用压缩机			进口旧机电产品（11.2） 涉氯氟烃物质设备（11.7）
8414301900	电动机驱动其他用于制冷设备的压缩机	A/	L.M/	进口旧机电产品（11.2） 进口强制性产品认证（11.1） 家用和类似用途电器（11.7）
8414309000	非电动机驱动的制冷设备用压缩机			进口旧机电产品（11.2）
8414400000	装在拖车底盘上的空气压缩机			进口旧机电产品（11.2）
8414511000	功率≤125 瓦的吊扇（本身装有一个输出功率不超过 125 瓦的电动机）	A/	L.M/	进口旧机电产品（11.2） 进口强制性产品认证（11.1） 家用和类似用途电器（11.7）
8414512000	其他功率≤125 瓦的换气扇（装有一输出功率≤125 瓦电动机）	A/	L.M/	进口旧机电产品（11.2） 进口强制性产品认证（11.1） 家用和类似用途电器（11.7）
8414513000	功率≤125 瓦有旋转导风轮的风扇（本身装有一个输出功率不超过 125 瓦的电动机）		L/	进口旧机电产品（11.2） 进口强制性产品认证（11.1）
8414519100	功率≤125 瓦的台扇（本身装有一个输出功率不超过 125 瓦的电动机）	A/	L.M/	进口旧机电产品（11.2） 进口强制性产品认证（11.1） 家用和类似用途电器（11.7）
8414519200	功率≤125 瓦的落地扇（本身装有一个输出功率不超过 125 瓦的电动机）	A/	L.M/	进口旧机电产品（11.2） 进口强制性产品认证（11.1） 家用和类似用途电器（11.7）
8414519300	功率≤125 瓦的壁扇（本身装有一个输出功率不超过 125 瓦的电动机）	A/	L.M/	进口旧机电产品（11.2） 进口强制性产品认证（11.1） 家用和类似用途电器（11.7）
8414519900	其他功率≤125 瓦其他风机、风扇（本身装有一个输出功率不超过 125 瓦的电动机）		L/	进口旧机电产品（11.2） 进口强制性产品认证（11.1）
8414591000	其他吊扇（电动机输出功率超过 125 瓦的）	A/	L.M/	进口旧机电产品（11.2） 进口强制性产品认证（11.1） 家用和类似用途电器（11.7）
8414592000	其他换气扇（电动机输出功率超过 125 瓦的）	A/	L.M/	进口旧机电产品（11.2） 进口强制性产品认证（11.1） 家用和类似用途电器（11.7）
8414593000	其他离心通风机			进口旧机电产品（11.2）
8414599020	吸气≥1 立方米/分的耐 UF6 腐蚀的鼓风机			进口旧机电产品（11.2）
8414599030	吸气≥2 立方米/分的耐 UF6 腐蚀鼓风机			进口旧机电产品（11.2）
8414599040	吸气≥56 立方米/秒的鼓风机			进口旧机电产品（11.2）
8414599050	电子产品散热用轴流风扇			进口旧机电产品（11.2）
8414599060	专门或主要用于微处理器、电信设备、自动数据处理设备或装置的散热扇			进口旧机电产品（11.2）
8414599091	其他台扇、落地扇、壁扇（电动机输出功率超过 125 瓦的）	A/	M/	进口旧机电产品（11.2） 进口强制性产品认证（11.1） 家用和类似用途电器（11.7）
8414599099	其他风机、风扇			进口旧机电产品（11.2） 进口强制性产品认证（11.1）
8414601000	抽油烟机（指罩的平面最大边长不超过 120 厘米，装有风扇的）		L/	进口旧机电产品（11.2） 进口强制性产品认证（11.1）
8414609012	活动（柔软的）隔离装置（具有与三级生物安全柜类似标准，罩的最大边长≤120 厘米）			进口旧机电产品（11.2）

续表149

商品编号	商品名称	监管条件	检验检疫类别	检验检疫要求
8414609014	吸收塔（两用物项管制，罩的最大边长≤120 厘米）			进口旧机电产品（11.2）
8414609015	带有风扇的高效空气粒子过滤单元的封闭洁净设备（高效空气粒子过滤单元（HEPA），罩的最大边长≤120 厘米）			进口旧机电产品（11.2）
8414609090	其他≤120 厘米的通风罩或循环气罩（指罩的平面最大边长不超过 120 厘米，装有风扇的）			进口旧机电产品（11.2）
8414701010	三级生物安全柜（具有与三级生物安全柜类似标准，罩的最大边长≤120 厘米）			进口旧机电产品（11.2）
8414701090	其他气密生物安全柜（指罩的平面最大边长不超过 120 厘米，装有风扇的）			进口旧机电产品（11.2）
8414709010	三级生物安全柜（具有与三级生物安全柜类似标准，平面边长>120 厘米）			进口旧机电产品（11.2）
8414709090	其他气密生物安全柜（符合世界卫生组织规定的生物安全水平三级标准，平面边长>120 厘米）			进口旧机电产品（11.2）
8414801000	燃气轮机用的自由活塞式发生器			进口旧机电产品（11.2）
8414802000	二氧化碳压缩机			进口旧机电产品（11.2）
8414803000	发动机用增压器			进口旧机电产品（11.2）
8414804100	螺杆空压机			进口旧机电产品（11.2）
8414804910	吸气≥1m^3UF6/min 的耐 UF6 腐蚀压缩机（出口压力高达 500 千帕，设计成在 UF6 环境中长期运行。这种压缩机的压力比为 10：1 或更低，用耐 UF6 的材料制成或用这种材料进行保护）			进口旧机电产品（11.2）
8414804920	MLIS 用 UF6/载气压缩机（能在 UF6 环境中长期操作 UF6/载气混合气压缩机）			进口旧机电产品（11.2）
8414804930	吸气≥56m^3/s 的压缩机（用于循环硫化氢气体的单级、低压头离心式压缩机）			进口旧机电产品（11.2）
8414804940	吸气≥2m^3/min 的耐 UF6 腐蚀压缩机（轴向离心式或正排量压缩机，压力比在 1.2：1 和 6：1 之间）			进口旧机电产品（11.2）
8414804960	飞机用离心式氮气系统压缩机			进口旧机电产品（11.2）
8414804990	其他空气及气体压缩机			进口旧机电产品（11.2）
8414809052	其他活动（柔软的）隔离装置（具有与三级生物安全柜类似标准）			进口旧机电产品（11.2）
8414809054	其他吸收塔（两用物项管制）			进口旧机电产品（11.2）
8414809055	其他带有风扇的高效空气粒子过滤单元的封闭洁净设备［高效空气粒子过滤单元（HEPA）］			进口旧机电产品（11.2）
8414809090	其他空气泵及通风罩（通风罩指装有风扇的通风罩或循环气罩，平面边长>120 厘米）			进口旧机电产品（11.2）
8414901100	压缩机进、排气阀片（用于制冷设备的）			进口旧机电产品（11.2）
8414901900	编号 84143011 至 84143014 及 84143090 的零件（指编号 84143011 至 84143014 及 84143090 所列机器的其他零件）			进口旧机电产品（11.2）
8414902000	编号 84145110 至 84145199 及 84146000 机器零件（指上述编号内的吊扇换气扇等，还包括编号 84146000 机器零件）			进口旧机电产品（11.2）
8414909010	分子泵（气体离心机的静态部件，专门设计或制造的内部有已加工或挤压的螺纹槽和已加工的腔的泵体）			进口旧机电产品（11.2）
8414909090	品目 8414 其他未列名零件			进口旧机电产品（11.2）
8415101000	独立式空气调节器，窗式、壁式、置于天花板或地板上的（装有电扇及调温、调湿装置，包括不能单独调湿的空调器）	A/	L. M/	进口旧机电产品（11.2） 进口强制性产品认证（11.1） 家用和类似用途电器（11.7）
8415102100	制冷量≤4 千大卡/时分体式空调，窗式、壁式、置于天花板或地板上的（装有电扇及调温、调湿装置，包括不能单独调湿的空调器）	A/	L. M/	进口旧机电产品（11.2） 进口强制性产品认证（11.1） 家用和类似用途电器（11.7）

续表150

商品编号	商品名称	监管条件	检验检疫类别	检验检疫要求
8415102210	4000 大卡/时<制冷量≤12046 大卡/时（14000 瓦）分体式空调，窗式、壁式、置于天花板或地板上的（装有电扇及调温、调湿装置，包括不能单独调湿的空调器）	A/	L. M/	进口旧机电产品（11.2） 进口强制性产品认证（11.1） 家用和类似用途电器（11.7）
8415102290	其他制冷量>12046 大卡/时（14000 瓦）分体式空调，窗式、壁式、置于天花板或地板上的（装有电扇及调温、调湿装置，包括不能单独调湿的空调器）	A/	L. M/	进口旧机电产品（11.2） 进口强制性产品认证（11.1） 家用和类似用途电器（11.7）
8415200000	机动车辆上供人使用的空气调节器（指机动车辆上供人使用的空气调节器）			进口旧机电产品（11.2）
8415811000	制冷量≤4 千大卡/时热泵式空调器（装有制冷装置及一个冷热循环换向阀的）	A/	L. M/	进口旧机电产品（11.2） 进口强制性产品认证（11.1） 家用和类似用途电器（11.7）
8415812001	4000 大卡/时<制冷量≤12046 大卡/时（14000 瓦）热泵式空调器（装有制冷装置及一个冷热循环换向阀的）	A/	L. M/	进口旧机电产品（11.2） 涉氯氟烃物质设备（11.7） 进口强制性产品认证（11.1） 家用和类似用途电器（11.7）
8415812090	其他制冷量>12046 大卡/时（14000 瓦）热泵式空调器（装有制冷装置及一个冷热循环换向阀的）	A/	L. M/	进口旧机电产品（11.2） 涉氯氟烃物质设备（11.7） 进口强制性产品认证（11.1） 家用和类似用途电器（11.7）
8415821000	制冷量≤4 千大卡/时的其他空调器（仅装有制冷装置，而无冷热循环装置的）	A/	L. M/	进口旧机电产品（11.2） 进口强制性产品认证（11.1） 家用和类似用途电器（11.7）
8415822001	4000 大卡/时<制冷量≤12046 大卡/时（14000 瓦）的其他空调（仅装有制冷装置，而无冷热循环装置的）	A/	L. M/	进口旧机电产品（11.2） 涉氯氟烃物质设备（11.7） 进口强制性产品认证（11.1） 家用和类似用途电器（11.7）
8415822090	其他制冷量>12046 大卡/时（14000 瓦）的其他空调（仅装有制冷装置，而无冷热循环装置的）	A/	L. M/	进口旧机电产品（11.2） 涉氯氟烃物质设备（11.7） 进口强制性产品认证（11.1） 家用和类似用途电器（11.7）
8415830000	未装有制冷装置的空调器			进口旧机电产品（11.2）
8415901000	其他制冷量≤4 千大卡/时空调的零件（指编号 84151010、84151021、84158110、84158210 所列设备的零件）			进口旧机电产品（11.2）
8415909000	其他制冷量>4 千大卡/时空调的零件（指编号 84151022、84152000、84158120、84158220、84158300 所列设备的零件）			进口旧机电产品（11.2）
8416100000	使用液体燃料的炉用燃烧器			进口旧机电产品（11.2）
8416201101	溴化锂空调用天然气燃烧机			进口旧机电产品（11.2）
8416201190	其他使用天然气的炉用燃烧器			进口旧机电产品（11.2）
8416201900	使用其他气的炉用燃烧器			进口旧机电产品（11.2）
8416209000	使用粉状固体燃料炉用燃烧器（包括其他复式燃烧器）			进口旧机电产品（11.2）
8416300000	机械加煤机及类似装置（包括机械炉篦、机械出灰器）			进口旧机电产品（11.2）
8416900000	炉用燃烧器、机械加煤机等的零件（包括机械炉篦、机械出灰器及类似装置用的零件）			进口旧机电产品（11.2）
8417100000	矿砂、金属的焙烧、熔化用炉			进口旧机电产品（11.2）
8417200000	面包房用烤炉及烘箱等（包括做饼干用的）	A/	R/	进口旧机电产品（11.2） 普通设备（生产设备）（11.6）
8417801000	炼焦炉			进口旧机电产品（11.2）

续表151

商品编号	商品名称	监管条件	检验检疫类别	检验检疫要求
8417802000	放射性废物焚烧炉			进口旧机电产品（11.2）
8417803000	水泥回转窑			进口旧机电产品（11.2）
8417804000	石灰石分解炉			进口旧机电产品（11.2）
8417805000	垃圾焚烧炉			进口旧机电产品（11.2）
8417809010	平均温度>1000℃的耐腐蚀焚烧炉			进口旧机电产品（11.2）
8417809090	其他非电热的工业用炉及烘箱			进口旧机电产品（11.2）
8417901000	海绵铁回转窑的零件			进口旧机电产品（11.2）
8417902000	炼焦炉的零件			进口旧机电产品（11.2）
8417909010	垃圾焚烧炉和放射性废物焚烧炉的零件			进口旧机电产品（11.2）
8417909090	其他非电热工业用炉及烘箱的零件（包括实验室用炉及烘箱的零件和焚烧炉零件）			进口旧机电产品（11.2）
8418101000	容积>500 升冷藏-冷冻组合机（各自装有单独外门或抽屉，或其组合的）	A/	L.M/	进口旧机电产品（11.2） 涉氯氟烃物质设备（11.7） 进口强制性产品认证（11.1） 家用和类似用途电器（11.7）
8418102000	200 升<容积≤500 升冷藏-冷冻组合机（各自装有单独外门或抽屉，或其组合的）	A/	L.M/	进口旧机电产品（11.2） 涉氯氟烃物质设备（11.7） 进口强制性产品认证（11.1） 家用和类似用途电器（11.7）
8418103000	容积≤200 升冷藏-冷冻组合机（各自装有单独外门或抽屉，或其组合的）	A/	L.M/	进口旧机电产品（11.2） 涉氯氟烃物质设备（11.7） 进口强制性产品认证（11.1） 家用和类似用途电器（11.7）
8418211000	容积>150 升压缩式家用型冷藏箱	A/	L.M.R/	进口旧机电产品（11.2） 涉氯氟烃物质设备（11.7） 进口强制性产品认证（11.1） 家用和类似用途电器（11.7）
8418212000	压缩式家用型冷藏箱（50 升<容积≤150 升）	A/	L.M.R/	进口旧机电产品（11.2） 涉氯氟烃物质设备（11.7） 进口强制性产品认证（11.1） 家用和类似用途电器（11.7）
8418213000	容积≤50 升压缩式家用型冷藏箱	A/	L.M.R/	进口旧机电产品（11.2） 涉氯氟烃物质设备（11.7） 进口强制性产品认证（11.1） 家用和类似用途电器（11.7）
8418291000	半导体制冷式家用型冷藏箱	A/	L.M.R/	进口旧机电产品（11.2） 进口强制性产品认证（11.1） 家用和类似用途电器（11.7）
8418292000	电气吸收式家用型冷藏箱	A/	L.R/	进口旧机电产品（11.2） 进口强制性产品认证（11.1） 家用和类似用途电器（11.7）
8418299000	其他家用型冷藏箱	A/	L.M.R/	进口旧机电产品（11.2） 涉氯氟烃物质设备（11.7） 进口强制性产品认证（11.1） 家用和类似用途电器（11.7）

续表152

商品编号	商品名称	监管条件	检验检疫类别	检验检疫要求
8418301000	制冷温度≤-40℃的柜式冷冻箱（客积不超过 800 升）	A/	M/	进口旧机电产品（11.2） 涉氯氟烃物质设备（11.7） 进口强制性产品认证（11.1） 家用和类似用途电器（11.7）
8418302100	制冷温度>-40℃大的其他柜式冷冻箱（大的指容积>500 升，但≤800 升）	A/		进口旧机电产品（11.2） 进口强制性产品认证（11.1） 家用和类似用途电器（11.7）
8418302900	制冷温度>-40℃小的其他柜式冷冻箱（小的指容积≤500 升）	A/	L. M/	进口旧机电产品（11.2） 涉氯氟烃物质设备（11.7） 进口强制性产品认证（11.1） 家用和类似用途电器（11.7）
8418401000	制冷温度≤-40℃的立式冷冻箱（容积≤900 升）	A/	M/	进口旧机电产品（11.2） 涉氯氟烃物质设备（11.7） 进口强制性产品认证（11.1） 家用和类似用途电器（11.7）
8418402100	制冷温度>-40℃大的立式冷冻箱（大的指容积>500 升，但≤900 升）	A/		进口旧机电产品（11.2） 进口强制性产品认证（11.1） 家用和类似用途电器（11.7）
8418402900	制冷温度>-40℃小的立式冷冻箱（小的指容积≤500 升）	A/	L. M/	进口旧机电产品（11.2） 涉氯氟烃物质设备（11.7） 进口强制性产品认证（11.1） 家用和类似用途电器（11.7）
8418500000	装有冷藏或冷冻装置的其他设备，用于存储及展示（包括柜、箱、展示台、陈列箱及类似品）	A/	L. M/	进口旧机电产品（11.2） 涉氯氟烃物质设备（11.7） 进口强制性产品认证（11.1） 家用和类似用途电器（11.7）
8418612010	压缩式制冷机组的热泵（介质为氢、氦的可冷却到≤23K 且排热>150W）			进口旧机电产品（11.2）
8418612090	其他压缩式热泵，品目 8415 的空气调节器除外			进口旧机电产品（11.2）
8418619000	其他热泵，品目 8415 的空气调节器除外			进口旧机电产品（11.2）
8418692010	其他压缩式制冷设备（介质为氢或氦，可冷却到≤23K 且排热>150W）			进口旧机电产品（11.2）
8418692090	其他制冷机组			进口旧机电产品（11.2）
8418699010	带制冷装置的发酵罐（不发散气溶胶，且容积大于 20 升）			进口旧机电产品（11.2）
8418699090	其他制冷设备			进口旧机电产品（11.2） 涉氯氟烃物质设备（11.7）
8418910000	冷藏或冷冻设备专用的特制家具			进口旧机电产品（11.2）
8418991000	制冷机组及热泵用零件			进口旧机电产品（11.2）
8418999100	制冷温度≤-40℃冷冻设备零件			进口旧机电产品（11.2）
8418999200	制冷温度>-40℃大的冷藏设备零件（大的仅指容积超过 500 升的冷藏或冷冻设备用的零件）			进口旧机电产品（11.2）
8418999910	耐腐蚀冷凝器（0.15 平方米<换热面积<20 平方米）			进口旧机电产品（11.2）
8418999990	品目 8418 其他制冷设备用零件			进口旧机电产品（11.2）
8419110000	非电热燃气快速热水器	A/	M/	进口旧机电产品（11.2） 进口强制性产品认证（11.1） 普通设备（生产设备）（11.6）

续表153

商品编号	商品名称	监管条件	检验检疫类别	检验检疫要求
8419120000	太阳能热水器	A/	L. M/	进口旧机电产品（11.2） 普通设备（生产设备）（11.6）
8419190000	其他非电热的快速或贮备式热水器	A/	M/	进口旧机电产品（11.2） 普通设备（生产设备）（11.6）
8419200000	医用或实验室用其他消毒器具	A/	M/	医疗器械（11.4） 进口旧机电产品（11.2） 测量、控制和实验室用电气设备（11.7）
8419331000	农产品用冷冻干燥装置、冷冻干燥单元和喷雾式干燥器			进口旧机电产品（11.2）
8419332000	木材、纸浆、纸或纸板用冷冻干燥装置、冷冻干燥单元和喷雾式干燥器			进口旧机电产品（11.2）
8419339020	冷冻或喷雾式烟丝烘干机			进口旧机电产品（11.2）
8419339040	具有与三级生物安全柜类似标准的其他冷冻或喷雾式干燥箱；其他冻干设备（10千克≤24小时凝冰量≤1000千克，并可蒸汽消毒的）			进口旧机电产品（11.2）
8419339050	冷冻或喷雾式污泥干燥机			进口旧机电产品（11.2）
8419339090	其他冷冻干燥装置、冷冻干燥单元和喷雾式干燥器			进口旧机电产品（11.2）
8419340000	其他农产品用干燥器			进口旧机电产品（11.2）
8419350000	其他木材、纸浆、纸或纸板用干燥器			进口旧机电产品（11.2）
8419391000	微空气流动陶瓷坯件干燥器			进口旧机电产品（11.2）
8419399020	其他烟丝烘干机			进口旧机电产品（11.2）
8419399030	其他干燥箱（具有与三级生物安全柜类似标准）			进口旧机电产品（11.2）
8419399050	其他污泥干燥机（冷冻式、喷雾式除外）			进口旧机电产品（11.2）
8419399090	其他用途的干燥器			进口旧机电产品（11.2）
8419401000	提净塔	A/	R/	特种设备（11.5） 进口旧机电产品（11.2）
8419402000	精馏塔	A/	R/	特种设备（11.5） 进口旧机电产品（11.2）
8419409010	氢-低温蒸馏塔			进口旧机电产品（11.2）
8419409020	耐腐蚀蒸馏塔			进口旧机电产品（11.2）
8419409090	其他蒸馏或精馏设备			进口旧机电产品（11.2）
8419500010	热交换器（专用于核反应堆的一次冷却剂回路的）			进口旧机电产品（11.2）
8419500020	蒸汽发生器（专用于核反应堆内生成的热量输送到进水以产生蒸汽的）			进口旧机电产品（11.2）
8419500030	冷却 UF6 的热交换器			进口旧机电产品（11.2）
8419500040	冷却气体用热交换器			进口旧机电产品（11.2）
8419500050	耐腐蚀热交换器（0.15平方米<换热面积<20平方米）	A/	M/	特种设备（11.5） 进口旧机电产品（11.2）
8419500060	用氟聚合物制造的、入口管和出口管内径不超过3厘米的热交换装置	A/	M/	特种设备（11.5） 进口旧机电产品（11.2）
8419500090	其他热交换装置	A/	M/	特种设备（11.5） 进口旧机电产品（11.2）
8419601100	制氧机（制氧量在15000立方米/小时及以上）	A/	M/	医疗器械（11.4） 特种设备（11.5） 进口旧机电产品（11.2）

续表154

商品编号	商品名称	监管条件	检验检疫类别	检验检疫要求
8419601900	其他制氧机（制氧量在 15000 立方米/小时以下）	A/	M/	医疗器械（11.4） 特种设备（11.5） 进口旧机电产品（11.2）
8419609010	液化器			进口旧机电产品（11.2）
8419609020	通过冷凝分离和去除污染物的气体液化设备	A/	M/	特种设备（11.5） 进口旧机电产品（11.2）
8419609090	其他液化空气或其他气体用的机器	A/	M/	特种设备（11.5） 进口旧机电产品（11.2）
8419810000	加工热饮料，烹调，加热食品的机器	A/	L. M. R/	食品加工设备（11.6） 进口旧机电产品（11.2） 进口强制性产品认证（11.1）
8419891000	加氢反应器			进口旧机电产品（11.2）
8419899010	带加热装置的发酵罐（不发散气溶胶，且容积大于 20 升）			进口旧机电产品（11.2）
8419899021	凝华器（或冷阱）			进口旧机电产品（11.2）
8419899022	低温制冷设备（能承受-120℃或更低的温度）	A/	M/	特种设备（11.5） 进口旧机电产品（11.2）
8419899023	UF6 冷阱			进口旧机电产品（11.2）
8419899090	其他利用温度变化处理材料的机器（包括类似的实验室设备）	A/	M/	医疗器械（11.4） 特种设备（11.5） 进口旧机电产品（11.2）
8419901000	热水器用零件			进口旧机电产品（11.2）
8419909000	品目 8419 的机器设备用零件（其他利用温度变化处理材料的机器等用零件）			进口旧机电产品（11.2）
8420100001	织物轧光机			进口旧机电产品（11.2）
8420100020	专门或主要用于印刷电路板基板或印刷电路制造的滚压机（加工金属或玻璃用的除外）			进口旧机电产品（11.2）
8420100090	其他砑光机或滚压机器（加工金属或玻璃用的除外）			进口旧机电产品（11.2）
8420910000	砑光机或其他滚压机器的滚筒			进口旧机电产品（11.2）
8420990000	砑光机或其他滚压机的未列名零件			进口旧机电产品（11.2）
8421110000	奶油分离器	A/	R/	食品加工设备（11.6） 进口旧机电产品（11.2）
8421121000	干衣量不超过 10 千克的离心干衣机		L/	进口旧机电产品（11.2） 进口强制性产品认证（11.1）
8421129000	干衣量大于 10 千克的离心干衣机			进口旧机电产品（11.2）
8421191000	脱水机		L/	进口旧机电产品（11.2） 进口强制性产品认证（11.1）
8421192000	固液分离机			进口旧机电产品（11.2）
8421199040	液-液离心接触器（为化学交换过程的铀浓缩而专门设计或制造的）；离心分离器，包括倾析器（不发散气溶胶、可对致病性微生物进行连续分离的）			进口旧机电产品（11.2）
8421199090	其他离心机及离心干燥机			进口旧机电产品（11.2）
8421211000	家用型过滤或净化水的机器及装置	A/	R/	进口旧机电产品（11.2） 家用和类似用途电器（11.7） 普通设备（生产设备）（11.6）
8421219100	船舶压载水处理设备			进口旧机电产品（11.2）
8421219910	喷灌设备用叠式净水过滤器			进口旧机电产品（11.2）
8421219920	船舶压载水处理设备用过滤器			进口旧机电产品（11.2）

续表155

商品编号	商品名称	监管条件	检验检疫类别	检验检疫要求
8421219990	其他非家用型过滤或净化水的装置			进口旧机电产品（11.2）
8421220000	过滤或净化饮料的机器及装置（过滤或净化水的装置除外）	A/	R/	进口旧机电产品（11.2） 家用和类似用途电器（11.7） 普通设备（生产设备）（11.6）
8421230000	内燃发动机的滤油器			进口旧机电产品（11.2）
8421291010	用氟聚合物制造的厚度不超过140微米的过滤膜或净化膜的压滤机			进口旧机电产品（11.2）
8421291090	其他压滤机			进口旧机电产品（11.2）
8421299010	用氟聚合物制造的厚度不超过140微米的过滤膜或净化膜的其他液体过滤或净化机器及装置			进口旧机电产品（11.2）
8421299040	液体截流过滤设备（可连续分离致病性微生物、毒素和细胞培养物）			进口旧机电产品（11.2）
8421299090	其他液体的过滤、净化机器及装置			进口旧机电产品（11.2）
8421310000	内燃发动机的进气过滤器			进口旧机电产品（11.2）
8421320020	装备不锈钢外壳、入口管和出口管内径不超过1.3厘米的其他内燃发动机排气过滤及净化装置			进口旧机电产品（11.2）
8421320030	柴油发动机排气过滤及净化装置（装备不锈钢外壳、入口管和出口管内径不超过1.3厘米的气体过滤或净化机器及装置除外）			进口旧机电产品（11.2）
8421320040	汽油机颗粒捕集器（装备不锈钢外壳、入口管和出口管内径不超过1.3厘米的气体过滤或净化机器及装置除外）			进口旧机电产品（11.2）
8421320090	其他用于净化或过滤内燃机所排出废气的催化转化器或微粒过滤器（不论是否组合式）			进口旧机电产品（11.2）
8421391000	家用型气体过滤、净化机器及装置			进口旧机电产品（11.2）
8421392110	装备不锈钢外壳、入口管和出口管内径不超过1.3厘米的工业用静电除尘器			进口旧机电产品（11.2）
8421392190	其他工业用静电除尘器			进口旧机电产品（11.2）
8421392210	装备不锈钢外壳、入口管和出口管内径不超过1.3厘米的工业用袋式除尘器			进口旧机电产品（11.2）
8421392290	其他工业用袋式除尘器			进口旧机电产品（11.2）
8421392310	装备不锈钢外壳、入口管和出口管内径不超过1.3厘米的工业用旋风式除尘器			进口旧机电产品（11.2）
8421392390	其他工业用旋风式除尘器			进口旧机电产品（11.2）
8421392410	装备不锈钢外壳、入口管和出口管内径不超过1.3厘米的电袋复合除尘器			进口旧机电产品（11.2）
8421392490	其他电袋复合除尘器			进口旧机电产品（11.2）
8421392910	装备不锈钢外壳、入口管和出口管内径不超过1.3厘米的其他工业用除尘器			进口旧机电产品（11.2）
8421392990	其他工业用除尘器			进口旧机电产品（11.2）
8421394010	装备不锈钢外壳、入口管和出口管内径不超过1.3厘米的烟气脱硫装置			进口旧机电产品（11.2）
8421394090	其他烟气脱硫装置			进口旧机电产品（11.2）
8421395010	装备不锈钢外壳、入口管和出口管内径不超过1.3厘米的烟气脱硝装置			进口旧机电产品（11.2）
8421395090	其他烟气脱硝装置			进口旧机电产品（11.2）
8421399010	装备不锈钢外壳、入口管和出口管内径不超过1.3厘米的其他气体过滤或净化机器及装置			进口旧机电产品（11.2）
8421399090	其他气体过滤、净化机器及装置			进口旧机电产品（11.2）
8421911000	干衣量≤10千克离心干衣机零件			进口旧机电产品（11.2）
8421919011	离心机壳/收集器（容纳气体离心机的转筒组件的耐UF6部件）			进口旧机电产品（11.2）
8421919012	收集器（由内径不同的同心管组成用于供取UF6气体的管件）			进口旧机电产品（11.2）

续表156

商品编号	商品名称	监管条件	检验检疫类别	检验检疫要求
8421919013	气体扩散膜（由耐 UF6 材料制成的多细孔过滤薄膜）			进口旧机电产品（11.2）
8421919014	扩散室（专门设计或制造的密闭式容器，用于容纳气体扩散膜，由耐 UF6 的材料制成或用这种材料进行保护）			进口旧机电产品（11.2）
8421919090	其他离心机用零件			进口旧机电产品（11.2）
8421991000	家用型过滤、净化装置用零件			进口旧机电产品（11.2）
8421999010	用氟聚合物制造的厚度不超过 140 微米的过滤膜或净化膜的液体过滤或净化机器及装置的零件；装备不锈钢外壳、入口管和出口管内径不超过 1.3 厘米的气体过滤或净化机器及装置的零件			进口旧机电产品（11.2）
8421999090	其他过滤、净化装置用零件			进口旧机电产品（11.2）
8422110000	家用型洗碟机			进口旧机电产品（11.2）
8422190000	非家用型洗碟机			进口旧机电产品（11.2）
8422200000	瓶子及其他容器的洗涤或干燥机器			进口旧机电产品（11.2）
8422301010	乳品加工用自动化灌装设备	A/	R/	食品加工设备（11.6） 进口旧机电产品（11.2）
8422301090	其他饮料及液体食品灌装设备	A/	R/	食品加工设备（11.6） 进口旧机电产品（11.2）
8422302100	全自动水泥灌包机			进口旧机电产品（11.2）
8422302900	其他水泥包装机			进口旧机电产品（11.2）
8422303001	全自动无菌灌装生产线用包装机（加工速度≥20000 只/小时）	A/	R/	食品加工设备（11.6） 进口旧机电产品（11.2）
8422303090	其他包装机	A/	R/	食品加工设备（11.6） 进口旧机电产品（11.2）
8422309001	全自动无菌灌装生产线用贴吸管机（加工速度≥22000 只/小时）	A/	R/	食品加工设备（11.6） 进口旧机电产品（11.2）
8422309010	充装设备（两用物项管制）			进口旧机电产品（11.2）
8422309090	其他瓶、罐、箱、袋或其他容器的封口、密封、贴标签的机器；其他瓶、罐、管、筒或类似容器的包封机器；饮料充气机	A/	R/	食品加工设备（11.6） 进口旧机电产品（11.2）
8422400010	半导体检测分选编带机			进口旧机电产品（11.2）
8422400090	其他包装或打包机器（包括热缩包装机器）			进口旧机电产品（11.2）
8422901000	洗碟机用零件			进口旧机电产品（11.2）
8422902010	乳品加工用自动化灌装设备用零件			进口旧机电产品（11.2）
8422902090	其他饮料及液体食品灌装设备用零件			进口旧机电产品（11.2）
8422909010	全自动无菌灌装生产线用包装机（加工速度≥20000 只/小时）、贴吸管机（加工速度≥22000 只/小时）用零件			进口旧机电产品（11.2）
8422909020	半导体检测分选编带机专用零件			进口旧机电产品（11.2）
8422909090	品目 8422 其他未列名机器零件			进口旧机电产品（11.2）
8423100000	体重计、婴儿秤及家用秤			进口旧机电产品（11.2）
8423201000	输送带上连续称货的电子皮带秤			进口旧机电产品（11.2）
8423209000	输送带上连续称货的其他秤			进口旧机电产品（11.2）
8423301010	以电子方式称重的定量包装秤			进口旧机电产品（11.2）
8423301090	其他定量包装秤			进口旧机电产品（11.2）
8423302000	定量分选秤			进口旧机电产品（11.2）
8423303010	以电子方式称重的配料秤			进口旧机电产品（11.2）
8423303090	其他配料秤			进口旧机电产品（11.2）
8423309010	以电子方式称重的恒定秤，库秤及其他包装秤，分选秤			进口旧机电产品（11.2）
8423309090	其他恒定秤，库秤及其他包装秤，分选秤			进口旧机电产品（11.2）
8423811000	最大称量≤30 千克的计价秤			进口旧机电产品（11.2）
8423812000	最大称量≤30 千克的弹簧秤			进口旧机电产品（11.2）
8423819010	其他以电子方式称重的衡器，最大称量不超过 30 千克			进口旧机电产品（11.2）

续表157

商品编号	商品名称	监管条件	检验检疫类别	检验检疫要求
8423819090	最大称量≤30千克的其他衡器			进口旧机电产品（11.2）
8423821010	其他以电子方式称重的地中衡，最大称量大于30千克但不超过5000千克，但对车辆称重的衡器除外			进口旧机电产品（11.2）
8423821090	30千克<最大称量≤5000千克的其他地中衡			进口旧机电产品（11.2）
8423829010	其他以电子方式称重的衡器，最大称量大于30千克但不超过5000千克，但对车辆称重的衡器除外			进口旧机电产品（11.2）
8423829090	30千克<最大称量≤5000千克的其他衡器			进口旧机电产品（11.2）
8423891010	其他以电子方式称重的地中衡，最大称量超过5000千克，但对车辆称重的衡器除外			进口旧机电产品（11.2）
8423891090	最大称量>5000千克的其他地中衡			进口旧机电产品（11.2）
8423892010	其他以电子方式称重的轨道衡，最大称量超过5000千克，但对车辆称重的衡器除外			进口旧机电产品（11.2）
8423892090	最大秤量>5000千克的其他轨道衡			进口旧机电产品（11.2）
8423893010	其他以电子方式称重的吊秤，最大称量超过5000千克，但对车辆称重的衡器除外			进口旧机电产品（11.2）
8423893090	最大秤量>5000千克的其他吊秤			进口旧机电产品（11.2）
8423899010	其他以电子方式称重的衡器，最大称量超过5000千克，但对车辆称重的衡器除外			进口旧机电产品（11.2）
8423899090	最大秤量>5000千克的其他衡器			进口旧机电产品（11.2）
8423900010	以电子方式称重的衡器的零件，但对车辆称重的衡器零件除外			进口旧机电产品（11.2）
8423900090	其他衡器用的各种砝码、秤砣及其零件			进口旧机电产品（11.2）
8424100010	飞机用灭火器（不论是否装药）			进口旧机电产品（11.2）
8424100090	其他灭火器（不论是否装药）	A/	L. M/	进口旧机电产品（11.2） 进口强制性产品认证（11.1）
8424200000	喷枪及类似器具			进口旧机电产品（11.2）
8424300000	喷汽机、喷砂机及类似喷射机器			进口旧机电产品（11.2）
8424410000	农业或园艺用便携式喷雾器		L/	进口旧机电产品（11.2） 进口强制性产品认证（11.1）
8424490000	农业或园艺用非便携式喷雾器		L/	进口旧机电产品（11.2） 进口强制性产品认证（11.1）
8424820000	农业或园艺用其他喷射器具（喷雾器除外）		L/	进口旧机电产品（11.2） 进口强制性产品认证（11.1）
8424891000	家用型喷射、喷雾机械器具			进口旧机电产品（11.2）
8424892000	喷涂机器人			进口旧机电产品（11.2）
8424899100	船用洗舱机			进口旧机电产品（11.2）
8424899930	分离喷嘴（由狭缝状、曲率半径极小的弯曲通道组成，内有分离楔尖）；出口管制的高压水炮			进口旧机电产品（11.2）
8424899990	其他用途的喷射、喷雾机械器具		L/	进口旧机电产品（11.2） 进口强制性产品认证（11.1）
8424901000	灭火器用的零件			进口旧机电产品（11.2）
8424902000	家用型喷射、喷雾器具的零件			进口旧机电产品（11.2）
8424909010	出口管制的高压水炮本体			进口旧机电产品（11.2）
8424909090	其他喷雾器具及喷汽机等用零件（编号84242000、84243000、84248990所列器具的零件）			进口旧机电产品（11.2）
8425110000	电动滑车及提升机（倒卸式提升机及提升车辆用的提升机除外）			进口旧机电产品（11.2）
8425190000	非电动滑车及提升机（倒卸式提升机及提升车辆用的提升机除外）			进口旧机电产品（11.2）
8425311000	矿井口卷扬装置及专为井下使用设计的卷扬机，电动的			进口旧机电产品（11.2）
8425319000	其他电动卷扬机及绞盘			进口旧机电产品（11.2）
8425391000	矿井口卷扬装置及专为井下使用设计的卷扬机，非电动的			进口旧机电产品（11.2）

续表158

商品编号	商品名称	监管条件	检验检疫类别	检验检疫要求
8425399000	其他非电动卷扬机及绞盘			进口旧机电产品（11.2）
8425410000	车库中使用的固定千斤顶系统			进口旧机电产品（11.2）
8425421000	液压千斤顶			进口旧机电产品（11.2）
8425429000	提升车辆用液压提升机			进口旧机电产品（11.2）
8425491000	其他千斤顶			进口旧机电产品（11.2）
8425499000	其他提升车辆用提升机			进口旧机电产品（11.2）
8426112000	通用桥式起重机			进口旧机电产品（11.2）
8426119000	其他固定支架的高架移动式起重机			进口旧机电产品（11.2）
8426120000	胶轮移动式吊运架及跨运车			进口旧机电产品（11.2）
8426191000	装船机			进口旧机电产品（11.2）
8426192100	抓斗式卸船机			进口旧机电产品（11.2）
8426192900	其他卸船机			进口旧机电产品（11.2）
8426193000	龙门式起重机			进口旧机电产品（11.2）
8426194100	门式装卸桥			进口旧机电产品（11.2）
8426194200	集装箱装卸桥			进口旧机电产品（11.2）
8426194300	其他动臂式装卸桥			进口旧机电产品（11.2）
8426194900	其他装卸桥			进口旧机电产品（11.2）
8426199000	其他高架移动式起重吊运设备			进口旧机电产品（11.2）
8426200000	塔式起重机			进口旧机电产品（11.2）
8426300000	门座式起重机及座式旋臂起重机			进口旧机电产品（11.2）
8426411000	轮胎式起重机			进口旧机电产品（11.2） 进口强制性产品认证（11.1）
8426419000	其他带胶轮的自推进起重机械			进口旧机电产品（11.2）
8426491000	履带式自推进起重机械			进口旧机电产品（11.2）
8426499000	其他不带胶轮的自推进起重机械			进口旧机电产品（11.2）
8426910000	供装于公路车辆的其他起重机械			进口旧机电产品（11.2）
8426990000	其他起重机械			进口旧机电产品（11.2）
8427101000	有轨巷道堆垛机	A/	M/	特种设备（11.5） 进口旧机电产品（11.2）
8427102000	无轨巷道堆垛机	A/	M/	特种设备（11.5） 进口旧机电产品（11.2）
8427109000	其他电动机推动的机动叉车或升降搬运车	A/	M/	特种设备（11.5） 进口旧机电产品（11.2）
8427201000	集装箱叉车	A/	M/	特种设备（11.5） 进口旧机电产品（11.2）
8427209000	其他机动叉车及有升降装置工作车（包括装有搬运装置的机动工作车）	A/	M/	特种设备（11.5） 进口旧机电产品（11.2）
8427900000	其他叉车及可升降的工作车（工作车指装有升降或搬运装置）	A/	M/	特种设备（11.5） 进口旧机电产品（11.2）
8428101001	无障碍升降机	A/	M/	特种设备（11.5） 进口旧机电产品（11.2）
8428101090	其他载客电梯	A/	M/	特种设备（11.5） 进口旧机电产品（11.2）
8428109000	其他升降机及倒卸式起重机	A/	M/	特种设备（11.5） 进口旧机电产品（11.2）
8428200000	气压升降机及输送机			进口旧机电产品（11.2）
8428310000	地下连续运货或材料升降、输送机			进口旧机电产品（11.2）
8428320000	其他斗式连续运货升降、输送机			进口旧机电产品（11.2）
8428330000	其他带式连续运货升降、输送机			进口旧机电产品（11.2）

续表159

商品编号	商品名称	监管条件	检验检疫类别	检验检疫要求
8428391000	其他链式连续运送货升降、输送机			进口旧机电产品（11.2）
8428392000	辊式连续运送货升降、输送机			进口旧机电产品（11.2）
8428399010	半导体级化学品填充机			进口旧机电产品（11.2）
8428399090	其他未列名连续运货升降、输送机			进口旧机电产品（11.2）
8428400000	自动梯及自动人行道	A/	M/	特种设备（11.5） 进口旧机电产品（11.2）
8428601000	货运架空索道			进口旧机电产品（11.2）
8428602100	单线循环式客运架空索道			进口旧机电产品（11.2）
8428602900	非单线循环式客运架空索道			进口旧机电产品（11.2）
8428609000	缆车、座式升降机等用牵引装置（包括滑雪拉索）			进口旧机电产品（11.2）
8428700000	工业机器人			进口旧机电产品（11.2）
8428901000	矿车推动机、铁道机车等的转车台（包括货车转车台、货车倾卸装置及类似铁道货车搬运装置）			进口旧机电产品（11.2）
8428902000	机械式停车设备			进口旧机电产品（11.2）
8428903100	堆取料机械			进口旧机电产品（11.2）
8428903900	其他装卸机械			进口旧机电产品（11.2）
8428909010	放化分离作业和热室用遥控机械手（能贯穿0.6米以上热室壁或壁厚为0.6米以上热室顶）			进口旧机电产品（11.2）
8428909030	专门设计用于制造燃气涡轮发动机/燃气轮机叶片、导向器、机匣等涡轮构型部件的精密铸造中间产品（包括陶瓷型芯、蜡模模组、型壳）的机械手装置			进口旧机电产品（11.2）
8428909090	其他升降、搬运、装卸机械			进口旧机电产品（11.2）
8429111000	功率>235.36千瓦的履带式推土机（包括侧铲推土机，发动机输出功率235.36千瓦=320马力）	A/	M/	土方机械（11.8） 进口旧机电产品（11.2）
8429119000	功率≤235.36千瓦的履带式推土机（包括侧铲推土机，发动机输出功率235.36千瓦=320马力）	A/	M/	土方机械（11.8） 进口旧机电产品（11.2）
8429191000	功率>235.36千瓦其他推土机（非履带式，包括侧铲推土机，功率235.36千瓦=320马力）	A/	M/	土方机械（11.8） 进口旧机电产品（11.2）
8429199000	功率≤235.36千瓦的其他推土机（非履带式，包括侧铲推土机，功率235.36千瓦=320马力）	A/	M/	土方机械（11.8） 进口旧机电产品（11.2）
8429201000	功率>235.36千瓦的筑路机及平地机（发动机输出功率235.36千瓦=320马力）	A/	M/	土方机械（11.8） 进口旧机电产品（11.2）
8429209000	其他筑路机及平地机（发动机输出功率≤235.36千瓦的）	A/	M/	土方机械（11.8） 进口旧机电产品（11.2）
8429301000	斗容量>10立方米的铲运机	A/	M/	土方机械（11.8） 进口旧机电产品（11.2）
8429309000	斗容量≤10立方米的铲运机	A/	M/	土方机械（11.8） 进口旧机电产品（11.2）
8429401100	机重≥18吨的振动压路机	A/	M/	土方机械（11.8） 进口旧机电产品（11.2）
8429401900	其他机动压路机	A/	M/	土方机械（11.8） 进口旧机电产品（11.2）
8429409000	其他未列名捣固机械及压路机	A/	M/	土方机械（11.8） 进口旧机电产品（11.2）
8429510000	前铲装载机	A/	M/	土方机械（11.8） 进口旧机电产品（11.2）
8429521100	轮胎式挖掘机（上部结构可转360度的）	A/	M/	土方机械（11.8） 进口旧机电产品（11.2）

续表160

商品编号	商品名称	监管条件	检验检疫类别	检验检疫要求
8429521200	履带式挖掘机（上部结构可转 360 度的）	A/	M/	土方机械（11.8） 进口旧机电产品（11.2）
8429521900	其他挖掘机（上部结构可转 360 度的）	A/	M/	土方机械（11.8） 进口旧机电产品（11.2）
8429529000	其他上部结构可转 360 度的机械（包括机械铲及机铲装载机）	A/	M/	土方机械（11.8） 进口旧机电产品（11.2）
8429590000	其他机械铲、挖掘机及机铲装载机	A/	M/	土方机械（11.8） 进口旧机电产品（11.2）
8430100000	打桩机及拔桩机			进口旧机电产品（11.2）
8430200000	扫雪机及吹雪机			进口旧机电产品（11.2）
8430311000	自推进采（截）煤机			进口旧机电产品（11.2）
8430312000	自推进凿岩机			进口旧机电产品（11.2）
8430313000	自推进隧道掘进机			进口旧机电产品（11.2）
8430390000	其他非自推进截煤机凿岩机（包括非自推隧道掘进机）			进口旧机电产品（11.2）
8430411100	钻探深度≥6 千米其他石油钻探机（自推进的，包括天然气钻探机）			进口旧机电产品（11.2）
8430411900	其他自推进石油及天然气钻探机（钻探深度在 6000 米以下的）			进口旧机电产品（11.2）
8430412100	钻探深度≥6 千米的其他钻探机（自推进的）			进口旧机电产品（11.2）
8430412200	钻探深度<6 千米履带式自推进钻机（指石油及天然气钻探机）			进口旧机电产品（11.2）
8430412900	钻探深度<6 千米的其他钻探机（自推进的）			进口旧机电产品（11.2）
8430419000	其他自推进的凿井机械			进口旧机电产品（11.2）
8430490000	非自推进的其他钻探或凿井机械			进口旧机电产品（11.2）
8430501000	其他自推进采油机械			进口旧机电产品（11.2）
8430502000	矿用电铲			进口旧机电产品（11.2）
8430503100	牙轮直径≥380 毫米的采矿钻机（自推进的）			进口旧机电产品（11.2）
8430503900	牙轮直径<380 毫米的采矿钻机（自推进的）			进口旧机电产品（11.2）
8430509000	其他自推进未列名平整、压实等机械			进口旧机电产品（11.2）
8430610000	非自推进捣固或压实机械			进口旧机电产品（11.2）
8430691100	转筒直径≥3 米的工程钻机（非自动推进）			进口旧机电产品（11.2）
8430691900	转筒直径<3 米的工程钻机（非自动推进）			进口旧机电产品（11.2）
8430692000	非自推进铲运机			进口旧机电产品（11.2）
8430699000	其他非自推进未列名机械			进口旧机电产品（11.2）
8431100000	滑车、绞盘、千斤顶等机械用零件（品目 8425 所列机械用的）			进口旧机电产品（11.2）
8431201000	装有差速器的驱动桥及其零件，不论是否装有其他传动部件（品目 8427 所列机械用的）			进口旧机电产品（11.2）
8431209000	叉车及装有升降装置工作车用其他零件（品目 8427 所列机械用的）			进口旧机电产品（11.2）
8431310001	无障碍升降机的零件			进口旧机电产品（11.2）
8431310090	其他升降机、倒卸式起重机零件（包括自动梯零件）			进口旧机电产品（11.2）
8431390000	品目 8428 所列其他机械的零件（升降机，倒卸式起重机，自动梯的零件除外）			进口旧机电产品（11.2）
8431410000	戽斗、夹斗、抓斗及其他铲斗			进口旧机电产品（11.2）
8431420000	推土机或侧铲推土机用铲			进口旧机电产品（11.2）
8431431000	石油或天然气钻探机用零件			进口旧机电产品（11.2）
8431432000	其他钻探机用零件			进口旧机电产品（11.2）
8431439000	其他凿井机用零件（子目 843041、843049 所列机械的）			进口旧机电产品（11.2）
8431492000	装有差速器的驱动桥及其零件，不论是否装有其他传动部件			进口旧机电产品（11.2）
8431499100	矿用电铲用零件			进口旧机电产品（11.2）
8431499900	品目 8426、8429、8430 的其他零件（前述具体列名的机械零件除外）			进口旧机电产品（11.2）
8432100000	犁			进口旧机电产品（11.2）

续表161

商品编号	商品名称	监管条件	检验检疫类别	检验检疫要求
8432210000	圆盘耙			进口旧机电产品（11.2）
8432290000	其他耙、松土机等耕作机械（包括中耙机、除草机及耕耘机）			进口旧机电产品（11.2）
8432311100	免耕直接谷物播种机			进口旧机电产品（11.2）
8432311900	其他免耕直接播种机			进口旧机电产品（11.2）
8432312100	免耕直接马铃薯种植机			进口旧机电产品（11.2）
8432312900	其他免耕直接种植机			进口旧机电产品（11.2）
8432313100	免耕直接水稻插秧机			进口旧机电产品（11.2）
8432313900	其他免耕直接移植机（栽植机）			进口旧机电产品（11.2）
8432391100	非免耕直接谷物播种机			进口旧机电产品（11.2）
8432391900	其他非免耕直接播种机			进口旧机电产品（11.2）
8432392100	非免耕直接马铃薯种植机			进口旧机电产品（11.2）
8432392900	其他非免耕直接种植机			进口旧机电产品（11.2）
8432393100	非免耕直接水稻插秧机			进口旧机电产品（11.2）
8432393900	其他非免耕直接移植机（栽植机）			进口旧机电产品（11.2）
8432410000	粪肥施肥机			进口旧机电产品（11.2）
8432420000	化肥施肥机			进口旧机电产品（11.2）
8432801000	草坪及运动场地滚压机			进口旧机电产品（11.2）
8432809000	其他未列名整地或耕作机械			进口旧机电产品（11.2）
8432900000	整地或耕作机械、滚压机零件（品目8432所列机械用的）			进口旧机电产品（11.2）
8433110000	机动旋转式割草机（旋转式指切割装置在同一水平面上旋转。用于草坪、公园）			进口旧机电产品（11.2）
8433190000	草坪、公园等用其他割草机（包括运动场地）			进口旧机电产品（11.2）
8433200000	其他割草机（包括牵引装置用的刀具杆）			进口旧机电产品（11.2）
8433300000	其他干草切割、翻晒机器			进口旧机电产品（11.2）
8433400000	草料打包机（包括收集打包机）			进口旧机电产品（11.2）
8433510001	功率≥200马力的联合收割机			进口旧机电产品（11.2）
8433510090	功率<200马力的联合收割机			进口旧机电产品（11.2）
8433520000	其他脱粒机			进口旧机电产品（11.2）
8433530001	功率≥160马力的土豆、甜菜收获机			进口旧机电产品（11.2）
8433530090	其他根茎或块茎收获机			进口旧机电产品（11.2）
8433591001	功率≥160马力的甘蔗收获机			进口旧机电产品（11.2）
8433591090	其他甘蔗收获机			进口旧机电产品（11.2）
8433592000	棉花采摘机	A/	M/	农林机械（11.8） 进口旧机电产品（11.2）
8433599001	自走式青储饲料收获机			进口旧机电产品（11.2）
8433599090	其他收割机及脱粒机			进口旧机电产品（11.2）
8433601000	蛋类清洁、分选、分级机器			进口旧机电产品（11.2）
8433609000	水果等其他农产品的清洁、分选、分级机器（品目8437的机器除外）			进口旧机电产品（11.2）
8433901000	联合收割机用零件			进口旧机电产品（11.2）
8433909000	品目8433所列其他机械零件			进口旧机电产品（11.2）
8434100000	挤奶机			进口旧机电产品（11.2）
8434200000	乳品加工机器	A/	R/	食品加工设备（11.6） 进口旧机电产品（11.2）
8434900000	挤奶机及乳品加工机器用零件			进口旧机电产品（11.2）
8435100000	制酒、果汁等的压榨、轧碎机（包括制类似饮料用机器）	A/	R/	食品加工设备（11.6） 进口旧机电产品（11.2）
8435900000	制酒、果汁等压榨、轧碎机零件			进口旧机电产品（11.2）
8436100000	动物饲料配制机			进口旧机电产品（11.2）

续表162

商品编号	商品名称	监管条件	检验检疫类别	检验检疫要求
8436210000	家禽孵卵器及育雏器			进口旧机电产品（11.2）
8436290000	家禽饲养用机器			进口旧机电产品（11.2）
8436800000	农业、林业、园艺等用的其他机器（包括装有机械或热力装置的催芽设备）			进口旧机电产品（11.2）
8436910000	家禽饲养机，孵卵器及育雏器零件			进口旧机电产品（11.2）
8436990000	品目 8436 所列其他机器的零件			进口旧机电产品（11.2）
8437101000	光学色差颗粒选别机（色选机）			进口旧机电产品（11.2）
8437109000	种子谷物其他清洁、清选、分级机（包括干豆的清洁，分选或分级机）			进口旧机电产品（11.2）
8437800000	谷物磨粉业加工机器（包括谷物、干豆加工机器，但农业用机器除外）	A/	R/	食品加工设备（11.6） 进口旧机电产品（11.2）
8437900000	品目 8437 所列机械的零件			进口旧机电产品（11.2）
8438100010	糕点生产线	A/	R/	食品加工设备（11.6） 进口旧机电产品（11.2）
8438100090	通心粉，面条的生产加工机器（包括类似产品的加工机）	A/	R/	食品加工设备（11.6） 进口旧机电产品（11.2）
8438200000	生产糖果，可可粉，巧克力的机器	A/	R/	食品加工设备（11.6） 进口旧机电产品（11.2）
8438300000	制糖机器	A/	R/	食品加工设备（11.6） 进口旧机电产品（11.2）
8438400000	酿酒机器	A/	R/	食品加工设备（11.6） 进口旧机电产品（11.2）
8438500000	肉类或家禽加工机器	A/	R/	食品加工设备（11.6） 进口旧机电产品（11.2）
8438600000	水果、坚果或蔬菜加工机器	A/	R/	食品加工设备（11.6） 进口旧机电产品（11.2）
8438800000	本章其他未列名食品等加工机器（包括饮料工业用加工机器，加工动、植物油脂或微生物油脂的机器除外）	A/	R/	食品加工设备（11.6） 进口旧机电产品（11.2）
8438900000	食品、饮料工业用机器的零件（品目 8438 所列机械的）			进口旧机电产品（11.2）
8439100000	制造纤维素纸浆的机器			进口旧机电产品（11.2）
8439200000	纸或纸板的抄造机器			进口旧机电产品（11.2）
8439300000	纸或纸板的整理机器			进口旧机电产品（11.2）
8439910000	制造纤维素纸浆的机器零件			进口旧机电产品（11.2）
8439990000	制造或整理纸及纸板的机器零件			进口旧机电产品（11.2）
8440101000	锁线订书机			进口旧机电产品（11.2）
8440102000	胶订机			进口旧机电产品（11.2）
8440109000	其他书本装订机			进口旧机电产品（11.2）
8440900000	书本装订机器的零件（包括锁线订书机的零件）			进口旧机电产品（11.2）
8441100000	切纸机			进口旧机电产品（11.2）
8441200000	制造包、袋或信封的机器			进口旧机电产品（11.2）
8441301000	纸塑铝复合罐生产设备（但模制成型机器除外）			进口旧机电产品（11.2）
8441309000	其他制造箱、盒及类似容器的机器（但模制成型机器除外）			进口旧机电产品（11.2）
8441400000	纸浆、纸或纸板制品模制成型机器			进口旧机电产品（11.2）
8441801000	制造纸塑铝软包装生产设备			进口旧机电产品（11.2）
8441809000	其他制造纸浆制品、纸制品的机器（包括制造纸板制品的机器）			进口旧机电产品（11.2）
8441901001	切纸机用弧形辊			进口旧机电产品（11.2）
8441901002	切纸机用横切刀单元			进口旧机电产品（11.2）
8441901090	其他切纸机零件			进口旧机电产品（11.2）
8441909000	其他制造纸浆、纸制品的机器零件			进口旧机电产品（11.2）

续表163

商品编号	商品名称	监管条件	检验检疫类别	检验检疫要求
8442301000	铸字机			进口旧机电产品（11.2）
8442302100	计算机直接制版设备（CTP）			进口旧机电产品（11.2）
8442302900	其他制版机器、器具及设备			进口旧机电产品（11.2）
8442309000	制作滚筒及其他印刷部件用机器、器具及设备（品目84.56至84.65所列机器除外）			进口旧机电产品（11.2）
8442400000	铸字、排字、制版机器的零件			进口旧机电产品（11.2）
8442500000	印刷用版、滚筒及其他印刷部件［包括制成供印刷用（如：刨平、压纹或抛光）的板、滚筒及石板］			进口旧机电产品（11.2）
8443110000	卷取进料式胶印机（用品目8442项下商品进行印刷的机器）			进口旧机电产品（11.2）
8443120000	办公室用片取进料式胶印机（片尺寸不超过22厘米×36厘米，用品目8442项下商品进行印刷的机器）			进口旧机电产品（11.2）
8443131100	平张纸进料式单色胶印机（用品目8442项下商品进行印刷的机器）			进口旧机电产品（11.2）
8443131200	平张纸进料式双色胶印机（用品目8442项下商品进行印刷的机器）			进口旧机电产品（11.2）
8443131301	四色平张纸胶印机（对开单张单面印刷速度≥17000张/小时）			进口旧机电产品（11.2）
8443131302	四色平张纸胶印机（对开单张双面印刷速度≥13000张/小时）			进口旧机电产品（11.2）
8443131303	四色平张纸胶印机（全张或超全张单张单面印刷速度≥13000张/小时）			进口旧机电产品（11.2）
8443131390	其他四色平张纸胶印机（用品目8442项下商品进行印刷的机器）			进口旧机电产品（11.2）
8443131901	五色及以上平张纸胶印机（对开单张单面印刷速度≥17000张/小时）			进口旧机电产品（11.2）
8443131902	五色及以上平张纸胶印机（对开单张双面印刷速度≥13000张/小时）			进口旧机电产品（11.2）
8443131903	五色及以上平张纸胶印机（全张或超全张单张单面印刷速度≥13000张/小时）			进口旧机电产品（11.2）
8443131990	其他平张纸进料式胶印机（用品目8442项下商品进行印刷的机器）			进口旧机电产品（11.2）
8443139000	其他胶印机（用品目8442项下商品进行印刷的机器）			进口旧机电产品（11.2）
8443140000	卷取进料式凸版印刷机，但不包括苯胺印刷机（用品目8442项下商品进行印刷的机器）			进口旧机电产品（11.2）
8443150000	除卷取进料式以外的凸版印刷机，但不包括苯胺印刷机（用品目8442项下商品进行印刷的机器）			进口旧机电产品（11.2）
8443160001	苯胺印刷机，线速度≥350米/分钟，幅宽≥800毫米（柔性版印刷机，用品目8442项下商品进行印刷的机器）			进口旧机电产品（11.2）
8443160002	机组式柔性版印刷机，线速度≥160米/分钟，250毫米≤幅宽<800毫米（具有烫印或全息或丝网印刷功能单元的）			进口旧机电产品（11.2）
8443160090	其他苯胺印刷机（柔性版印刷机，用品目8442项下商品进行印刷的机器）			进口旧机电产品（11.2）
8443170001	凹版印刷机，印刷速度≥350米/分钟（用品目8442项下商品进行印刷的机器）			进口旧机电产品（11.2）
8443170090	其他凹版印刷机（用品目8442项下商品进行印刷的机器）			进口旧机电产品（11.2）
8443192101	纺织用圆网印花机			进口旧机电产品（11.2）
8443192190	其他圆网印刷机（用品目8442项下商品进行印刷的机器）			进口旧机电产品（11.2）
8443192201	纺织用平网印花机			进口旧机电产品（11.2）
8443192290	其他平网印刷机（用品目8442项下商品进行印刷的机器）			进口旧机电产品（11.2）
8443192900	其他网式印刷机（用品目8442项下商品进行印刷的机器）			进口旧机电产品（11.2）
8443198000	未列名印刷机（网式印刷机除外，用品目8442项下商品进行印刷的机器）			进口旧机电产品（11.2）
8443311010	静电感光式多功能一体加密传真机（可与自动数据处理设备或网络连接）		L/	进口旧机电产品（11.2） 进口强制性产品认证（11.1）
8443311090	其他静电感光式多功能一体机（可与自动数据处理设备或网络连接）		L/	进口旧机电产品（11.2） 进口强制性产品认证（11.1）

续表164

商品编号	商品名称	监管条件	检验检疫类别	检验检疫要求
8443319010	其他具有打印和复印两种功能的机器（可与自动数据处理设备或网络连接）	A/	L/	进口旧机电产品（11.2） 进口强制性产品认证（11.1）
8443319020	其他多功能一体加密传真机（兼有打印、复印中一种及以上功能的机器）	A/	L. M/	进口旧机电产品（11.2） 进口强制性产品认证（11.1） 音视频、信息技术和通信技术设备（11.7）
8443319090	其他具有打印、复印或传真中两种及以上功能的机器（具有打印和复印两种功能的机器除外，可与自动数据处理设备或网络连接）	A/	L. M/	进口旧机电产品（11.2） 进口强制性产品认证（11.1） 音视频、信息技术和通信技术设备（11.7）
8443321100	专用于品目 8471 所列设备的针式打印机（可与自动数据处理设备或网络连接）	A/	L/	进口旧机电产品（11.2） 进口强制性产品认证（11.1）
8443321200	专用于品目 8471 所列设备的激光打印机（可与自动数据处理设备或网络连接）	A/	L/	进口旧机电产品（11.2） 进口强制性产品认证（11.1）
8443321300	专用于品目 8471 所列设备的喷墨打印机（可与自动数据处理设备或网络连接）	A/	L/	进口旧机电产品（11.2） 进口强制性产品认证（11.1）
8443321400	专用于品目 8471 所列设备的热敏打印机（可与自动数据处理设备或网络连接）	A/	L/	进口旧机电产品（11.2） 进口强制性产品认证（11.1）
8443321900	专用于品目 8471 所列设备的其他打印机（可与自动数据处理设备或网络连接）	A/	L/	进口旧机电产品（11.2） 进口强制性产品认证（11.1）
8443322100	数字式喷墨印刷机（可与自动数据处理设备或网络连接）			进口旧机电产品（11.2）
8443322200	数字式静电照相印刷机（激光印刷机）（可与自动数据处理设备或网络连接）			进口旧机电产品（11.2）
8443322900	其他数字式印刷设备（可与自动数据处理设备或网络连接）			进口旧机电产品（11.2）
8443329010	其他加密传真机（可与自动数据处理设备或网络连接）	A/	L. M/	进口旧机电产品（11.2） 进口强制性产品认证（11.1） 音视频、信息技术和通信技术设备（11.7）
8443329090	其他印刷（打印）机、复印机、传真机和电传打字机（可与自动数据处理设备或网络连接）	A/	L. M/	进口旧机电产品（11.2） 进口强制性产品认证（11.1） 音视频、信息技术和通信技术设备（11.7）
8443391100	将原件直接复印（直接法）的静电感光复印设备（不可与自动数据处理设备或网络连接）			进口旧机电产品（11.2）
8443391200	将原件通过中间体转印（间接法）的静电感光复印设备（不可与自动数据处理设备或网络连接）			进口旧机电产品（11.2）
8443392100	带有光学系统的其他感光复印设备（不可与自动数据处理设备或网络连接）			进口旧机电产品（11.2）
8443392200	接触式的其他感光复印设备（不可与自动数据处理设备或网络连接）			进口旧机电产品（11.2）
8443392300	热敏的其他感光复印设备（不可与自动数据处理设备或网络连接）			进口旧机电产品（11.2）
8443392400	热升华的其他感光复印设备（不可与自动数据处理设备或网络连接）			进口旧机电产品（11.2）
8443393100	数字式喷墨印刷机（不可与自动数据处理设备或网络连接）			进口旧机电产品（11.2）
8443393200	数字式静电照相印刷机（激光印刷机）（不可与自动数据处理设备或网络连接）			进口旧机电产品（11.2）
8443393900	其他数字式印刷设备（不可与自动数据处理设备或网络连接）			进口旧机电产品（11.2）
8443399000	其他印刷（打印）机、复印机（不可与自动数据处理设备或网络连接）			进口旧机电产品（11.2）
8443911100	卷筒料给料机			进口旧机电产品（11.2）

续表165

商品编号	商品名称	监管条件	检验检疫类别	检验检疫要求
8443911900	其他印刷用辅助机器（用品目8442项下商品进行印刷的机器附件）			进口旧机电产品（11.2）
8443919010	胶印机用墨量遥控装置（包括墨色控制装置，墨量调节装置、墨斗体等组成部分）			进口旧机电产品（11.2）
8443919090	传统印刷机用零件及附件（胶印机用墨量遥控装置除外）			进口旧机电产品（11.2）
8443991000	数字印刷设备用辅助机器（非用品目8442项下商品进行印刷的机器附件）			进口旧机电产品（11.2）
8443992100	热敏打印头			进口旧机电产品（11.2）
8443992900	其他数字印刷设备的零件			进口旧机电产品（11.2）
8443999010	其他印刷（打印）机、复印机及传真机的感光鼓和含感光鼓的碳粉盒			进口旧机电产品（11.2）
8443999090	其他印刷（打印）机、复印机及传真机的零件和附件			进口旧机电产品（11.2）
8444001000	合成纤维长丝纺丝机			进口旧机电产品（11.2）
8444002000	合成纤维短丝纺丝机			进口旧机电产品（11.2）
8444003000	人造纤维纺丝机			进口旧机电产品（11.2）
8444004000	化学纤维变形机			进口旧机电产品（11.2）
8444005000	化学纤维切断机			进口旧机电产品（11.2）
8444009000	其他化纤挤压、拉伸、切割机器			进口旧机电产品（11.2）
8445111100	棉纤维型清梳联合机			进口旧机电产品（11.2）
8445111200	棉纤维型自动抓棉机			进口旧机电产品（11.2）
8445111300	棉纤维型梳棉机			进口旧机电产品（11.2）
8445111900	其他棉纤维型梳理机			进口旧机电产品（11.2）
8445112000	毛纤维型梳理机			进口旧机电产品（11.2）
8445119001	宽幅非织造布梳理机（工作幅宽>3.5米，工作速度>120米/分钟）			进口旧机电产品（11.2）
8445119090	其他纺织纤维梳理机			进口旧机电产品（11.2）
8445121000	棉精梳机			进口旧机电产品（11.2）
8445122000	毛精梳机			进口旧机电产品（11.2）
8445129000	其他纺织纤维精梳机			进口旧机电产品（11.2）
8445131000	纺织纤维拉伸机			进口旧机电产品（11.2）
8445132100	棉纺粗纱机			进口旧机电产品（11.2）
8445132200	毛纺粗纱机			进口旧机电产品（11.2）
8445132900	其他纺织纤维粗纱机			进口旧机电产品（11.2）
8445190000	纺织纤维的其他预处理机器			进口旧机电产品（11.2）
8445203101	全自动转杯纺纱机			进口旧机电产品（11.2）
8445203190	其他自由端转杯纺纱机			进口旧机电产品（11.2）
8445203200	自由端喷气纺纱机			进口旧机电产品（11.2）
8445203900	其他自由端纺纱机			进口旧机电产品（11.2）
8445204100	环锭棉细纱机			进口旧机电产品（11.2）
8445204200	环锭毛细纱机			进口旧机电产品（11.2）
8445204900	其他环锭细纱机			进口旧机电产品（11.2）
8445209000	其他纺纱机			进口旧机电产品（11.2）
8445300000	并线机或加捻机			进口旧机电产品（11.2）
8445401000	自动络筒机			进口旧机电产品（11.2）
8445409000	卷纬机及摇纱机、络纱机			进口旧机电产品（11.2）
8445901000	整经机			进口旧机电产品（11.2）
8445902000	浆纱机			进口旧机电产品（11.2）
8445909000	其他生产及处理纺织纱线的机器（处理品目8446或8447所列机器用的纺织纱线的机器）			进口旧机电产品（11.2）
8446100000	所织织物宽度≤30厘米的织机			进口旧机电产品（11.2）
8446211000	织物宽>30厘米的梭织动力地毯织机			进口旧机电产品（11.2）

续表166

商品编号	商品名称	监管条件	检验检疫类别	检验检疫要求
8446219000	织物宽>30 厘米的其他梭织动力织机			进口旧机电产品（11.2）
8446290000	织物宽>30 厘米的梭织非动力织机			进口旧机电产品（11.2）
8446302000	织物宽度>30 厘米的剑杆织机			进口旧机电产品（11.2）
8446303000	织物宽度>30 厘米的片梭织机			进口旧机电产品（11.2）
8446304000	织物宽度>30 厘米的喷水织机			进口旧机电产品（11.2）
8446305000	织物宽>30 厘米的喷气织机			进口旧机电产品（11.2）
8446309000	织物宽>30 厘米的其他无梭织机			进口旧机电产品（11.2）
8447110000	圆筒直径≤165 毫米的圆形针织机			进口旧机电产品（11.2）
8447120000	圆筒直径>165 毫米的圆形针织机			进口旧机电产品（11.2）
8447201100	特里科经编机			进口旧机电产品（11.2）
8447201200	拉舍尔经编机			进口旧机电产品（11.2）
8447201900	其他经编机			进口旧机电产品（11.2）
8447202000	平型纬编机			进口旧机电产品（11.2）
8447203000	缝编机			进口旧机电产品（11.2）
8447901100	地毯织机			进口旧机电产品（11.2）
8447901900	其他簇绒机（地毯织机除外）			进口旧机电产品（11.2）
8447902000	绣花机			进口旧机电产品（11.2）
8447909000	品目 8447 其他子目未列名机器（包括制粗松螺旋花线，网眼薄纱，编织带或网的机器）			进口旧机电产品（11.2）
8448110001	多臂机或提花机（转速指标 500 转/分以上）			进口旧机电产品（11.2）
8448110090	多臂机或提花机所用卡片缩小、复制、穿孔或汇编机器（包括其所用的卡片缩小，复制，穿孔或汇编机器）			进口旧机电产品（11.2）
8448190000	品目 8444 至 8447 的机器的辅助机器			进口旧机电产品（11.2）
8448202000	喷丝头或喷丝板			进口旧机电产品（11.2）
8448209000	纤维挤压机及辅助机器的其他零件（包括附件，品目 8444 的机器用）			进口旧机电产品（11.2）
8448310000	钢丝针布			进口旧机电产品（11.2）
8448320000	其他纺织纤维预处理机器的零件、附件（钢丝针布除外）			进口旧机电产品（11.2）
8448331000	络筒锭			进口旧机电产品（11.2）
8448339000	其他锭子、锭壳、纺丝环、钢丝圈			进口旧机电产品（11.2）
8448391000	气流杯			进口旧机电产品（11.2）
8448392000	电子清纱器			进口旧机电产品（11.2）
8448393000	空气捻接器			进口旧机电产品（11.2）
8448394000	环锭细纱机紧密纺装置			进口旧机电产品（11.2）
8448399000	品目 8445 所列机器的其他零、附件（指纺织纱线机器及预处理机的零件、附件）			进口旧机电产品（11.2）
8448420000	织机用筘、综丝、综框			进口旧机电产品（11.2）
8448491000	接、投梭箱			进口旧机电产品（11.2）
8448492000	引纬、送经装置			进口旧机电产品（11.2）
8448493000	梭子			进口旧机电产品（11.2）
8448499000	织机及其辅助机器用其他零、附件			进口旧机电产品（11.2）
8448512000	针织机用 28 号以下的弹簧针、钩针（包括复合针）			进口旧机电产品（11.2）
8448519000	沉降片、其他织针及成圈机件			进口旧机电产品（11.2）
8448590000	品目 8447 机器用的其他零件、附件（指针织等机器及其辅助机器的零件、附件）			进口旧机电产品（11.2）
8449001001	高速针刺机，针刺频率>2000 次/分钟			进口旧机电产品（11.2）
8449002000	水刺设备			进口旧机电产品（11.2）
8449001090	其他针刺机			进口旧机电产品（11.2）
8449002000	水刺设备			进口旧机电产品（11.2）

续表167

商品编号	商品名称	监管条件	检验检疫类别	检验检疫要求
8449009000	其他成匹、成形的毡呢制造或整理机器（包括无纺织物制造或整理机，制毡呢帽机，帽模）			进口旧机电产品（11.2）
8450111000	干衣量≤10千克全自动波轮式洗衣机	A/	L. M/	进口旧机电产品（11.2） 家用和类似用途电器（11.7） 进口强制性产品认证（11.1）
8450112000	干衣量≤10千克全自动滚筒式洗衣机	A/	L. M/	进口旧机电产品（11.2） 家用和类似用途电器（11.7） 进口强制性产品认证（11.1）
8450119000	其他干衣量≤10千克的全自动洗衣机	A/	L. M/	进口旧机电产品（11.2） 家用和类似用途电器（11.7） 进口强制性产品认证（11.1）
8450120000	装有离心甩干机的非全自动洗衣机（干衣量≤10千克）	A/	L. M/	进口旧机电产品（11.2） 家用和类似用途电器（11.7） 进口强制性产品认证（11.1）
8450190000	干衣量≤10千克的其他洗衣机	A/	L. M/	进口旧机电产品（11.2） 家用和类似用途电器（11.7） 进口强制性产品认证（11.1）
8450201100	全自动的波轮式洗衣机（干衣量>10千克）			进口旧机电产品（11.2）
8450201200	全自动的滚筒式洗衣机（干衣量>10千克）			进口旧机电产品（11.2）
8450201900	其他全自动的洗衣机（干衣量>10千克）			进口旧机电产品（11.2）
8450209000	其他洗衣机（干衣量>10千克）			进口旧机电产品（11.2）
8450901000	其他干衣量≤10千克的洗衣机零件			进口旧机电产品（11.2）
8450909000	干衣量>10千克的洗衣机零件			进口旧机电产品（11.2）
8451100000	干洗机			进口旧机电产品（11.2）
8451210000	干衣量≤10千克的干燥机			进口旧机电产品（11.2）
8451290000	干衣量>10千克的其他干燥机			进口旧机电产品（11.2）
8451300000	熨烫机及挤压机（包括熔压机）			进口旧机电产品（11.2）
8451400000	其他洗涤，漂白或染色机器			进口旧机电产品（11.2）
8451500000	织物的卷绕，退绕，折叠，剪切机器（包括剪齿边机）			进口旧机电产品（11.2）
8451800000	品目8451未列名的其他机器			进口旧机电产品（11.2）
8451900000	品目8451所列机器的零件			进口旧机电产品（11.2）
8452101000	多功能家用型缝纫机			进口旧机电产品（11.2）
8452109100	其他家用型手动式缝纫机			进口旧机电产品（11.2）
8452109900	其他家用型缝纫机			进口旧机电产品（11.2）
8452211000	非家用自动平缝机			进口旧机电产品（11.2）
8452212000	非家用自动包缝机			进口旧机电产品（11.2）
8452213000	非家用自动绷缝机			进口旧机电产品（11.2）
8452219000	其他非家用自动缝纫机			进口旧机电产品（11.2）
8452290000	其他非自动缝纫机（家用型除外）			进口旧机电产品（11.2）
8452300000	缝纫机针			进口旧机电产品（11.2）
8452901100	家用缝纫机用旋梭			进口旧机电产品（11.2）
8452901900	家用缝纫机用其他零件（旋梭除外）			进口旧机电产品（11.2）
8452909100	非家用缝纫机用旋梭			进口旧机电产品（11.2）
8452909200	非家用缝纫机用特制家具、底座和罩盖及其零件			进口旧机电产品（11.2）
8452909900	非家用缝纫机用其他零件（旋梭除外）			进口旧机电产品（11.2）
8453100000	生皮，皮革的处理或加工机器（包括鞣制机）			进口旧机电产品（11.2）
8453200000	鞋靴制作或修理机器（缝纫机除外）			进口旧机电产品（11.2）
8453800000	毛皮及其他皮革的制作或修理机器（缝纫机除外）			进口旧机电产品（11.2）
8453900000	品目8453所列机器的零件（皮革等处理、加工或修理机器的）			进口旧机电产品（11.2）

续表168

商品编号	商品名称	监管条件	检验检疫类别	检验检疫要求
8454100000	金属冶炼及铸造用转炉			进口旧机电产品（11.2）
8454201000	炉外精炼设备			进口旧机电产品（11.2）
8454209000	其他金属冶炼及铸造用锭模及浇包			进口旧机电产品（11.2）
8454301010	用于制造燃气涡轮发动机/燃气轮机叶片、导向器等涡轮构型部件所需高温合金的冷室压铸机			进口旧机电产品（11.2）
8454301090	其他冷室压铸机			进口旧机电产品（11.2）
8454302100	方坯连铸机			进口旧机电产品（11.2）
8454302200	板坯连铸机			进口旧机电产品（11.2）
8454302900	其他钢坯连铸机			进口旧机电产品（11.2）
8454309010	用于制造燃气涡轮发动机/燃气轮机叶片、导向器等涡轮构型部件所需高温合金的其他铸造机			进口旧机电产品（11.2）
8454309090	其他金属冶炼及铸造用铸造机			进口旧机电产品（11.2）
8454901000	炉外精炼设备的零件			进口旧机电产品（11.2）
8454902100	钢坯连铸机用结晶器			进口旧机电产品（11.2）
8454902200	钢坯连铸机用振动装置			进口旧机电产品（11.2）
8454902900	钢坯连铸机用其他零件			进口旧机电产品（11.2）
8454909000	其他冶炼等用转炉及铸造机的零件（包括浇包、锭模的零件）			进口旧机电产品（11.2）
8455101000	热轧管机			进口旧机电产品（11.2）
8455102000	冷轧管机			进口旧机电产品（11.2）
8455103000	定、减径轧管机			进口旧机电产品（11.2）
8455109000	其他金属轧管机			进口旧机电产品（11.2）
8455211000	其他金属板材热轧机			进口旧机电产品（11.2）
8455212000	型钢轧机			进口旧机电产品（11.2）
8455213000	金属线材轧机			进口旧机电产品（11.2）
8455219000	其他金属热轧或冷热联合轧机			进口旧机电产品（11.2）
8455221000	金属板材冷轧机			进口旧机电产品（11.2）
8455229000	其他金属冷轧机			进口旧机电产品（11.2）
8455300000	金属轧机用轧辊			进口旧机电产品（11.2）
8455900000	金属轧机的其他零件			进口旧机电产品（11.2）
8456110010	辐照元件激光切割机（切割燃料包壳以使辐照核材料能溶解，含遥控设备）			进口旧机电产品（11.2）
8456110090	其他用激光处理的机床			进口旧机电产品（11.2）
8456120000	用其他光或光子束处理的机床			进口旧机电产品（11.2）
8456200000	用超声波处理各种材料的加工机床			进口旧机电产品（11.2）
8456301010	数控放电加工机床			进口旧机电产品（11.2）
8456301090	其他数控的放电处理加工机床			进口旧机电产品（11.2）
8456309010	非数控放电加工机床			进口旧机电产品（11.2）
8456309090	其他非数控的放电处理加工机床			进口旧机电产品（11.2）
8456401000	等离子切割机	A/	L/	进口旧机电产品（11.2） 进口强制性产品认证（11.1）
8456409000	其他用等离子弧处理的机床			进口旧机电产品（11.2）
8456500000	水射流切割机			进口旧机电产品（11.2）
8456900000	其他方法处理材料的加工机床			进口旧机电产品（11.2）
8457101000	立式加工金属的加工中心			进口旧机电产品（11.2）
8457102000	卧式加工金属的加工中心			进口旧机电产品（11.2）
8457103000	龙门式加工金属的加工中心			进口旧机电产品（11.2）
8457109100	铣车复合加工中心			进口旧机电产品（11.2）
8457109900	其他加工金属的加工中心			进口旧机电产品（11.2）
8457200000	加工金属的单工位组合机床			进口旧机电产品（11.2）

续表169

商品编号	商品名称	监管条件	检验检疫类别	检验检疫要求
8457300000	加工金属的多工位组合机床			进口旧机电产品（11.2）
8458110010	两用物项管制的切削金属的卧式数控车床（包括车削中心）			进口旧机电产品（11.2）
8458110090	其他切削金属的卧式数控车床			进口旧机电产品（11.2）
8458190000	切削金属的其他卧式车床			进口旧机电产品（11.2）
8458911010	两用物项管制的切削金属立式数控车床（包括车削中心）			进口旧机电产品（11.2）
8458911090	其他切削金属的立式数控车床			进口旧机电产品（11.2）
8458912010	其他两用物项管制的切削金属数控车床（包括车削中心）			进口旧机电产品（11.2）
8458912090	其他切削金属的数控车床			进口旧机电产品（11.2）
8458990000	切削金属的其他车床			进口旧机电产品（11.2）
8459100000	切削金属的直线移动式动力头钻床（但品目8458的车床除外）			进口旧机电产品（11.2）
8459210000	切削金属的其他数控钻床（但品目8458的车床除外）			进口旧机电产品（11.2）
8459290000	切削金属的其他钻床（但品目8458的车床除外）			进口旧机电产品（11.2）
8459310000	切削金属的其他数控镗铣机床（但品目8458的车床除外）			进口旧机电产品（11.2）
8459390000	切削金属的其他镗铣机床（但品目8458的车床除外）			进口旧机电产品（11.2）
8459410000	切削金属的其他数控镗床（但品目8458的车床除外）			进口旧机电产品（11.2）
8459490000	切削金属的其他镗床（但品目8458的车床除外）			进口旧机电产品（11.2）
8459510000	切削金属的升降台式数控铣床（但品目8458的车床除外）			进口旧机电产品（11.2）
8459590000	切削金属的其他升降台式铣床（但品目8458的车床除外）			进口旧机电产品（11.2）
8459611000	切削金属的其他龙门数控铣床			进口旧机电产品（11.2）
8459619000	切削金属的其他数控铣床（但品目8458的车床及龙门铣床除外）			进口旧机电产品（11.2）
8459691000	切削金属的其他龙门非数控铣床（但品目8458的车床除外）			进口旧机电产品（11.2）
8459699000	切削金属的其他非数控铣床（但品目8458的车床及龙门铣床除外）			进口旧机电产品（11.2）
8459700000	切削金属的其他攻丝机床（但品目8458的车床除外）			进口旧机电产品（11.2）
8460121000	加工金属的数控平面磨床（含加工金属陶瓷，任一坐标定位精度至少是0.01mm）			进口旧机电产品（11.2）
8460129000	加工金属的其他数控平面磨床（含加工金属陶瓷）			进口旧机电产品（11.2）
8460191000	加工金属的非数控平面磨床（含加工金属陶瓷，任一坐标定位精度至少是0.01mm）			进口旧机电产品（11.2）
8460199000	加工金属的其他非数控平面磨床（含加工金属陶瓷）			进口旧机电产品（11.2）
8460221000	加工金属的数控无心磨床（含加工金属陶瓷，任一坐标定位精度至少是0.01mm）			进口旧机电产品（11.2）
8460229000	加工金属的其他数控无心磨床（含加工金属陶瓷）			进口旧机电产品（11.2）
8460231100	加工金属的数控曲轴磨床（属外圆磨床，含加工金属陶瓷，任一坐标定位精度至少是0.01mm）			进口旧机电产品（11.2）
8460231900	加工金属的其他数控外圆磨床（含加工金属陶瓷，任一坐标定位精度至少是0.01mm）			进口旧机电产品（11.2）
8460239000	加工金属的其他数控外圆磨床（含加工金属陶瓷）			进口旧机电产品（11.2）
8460241100	加工金属的数控内圆磨床（含加工金属陶瓷，任一坐标定位精度至少是0.01mm）			进口旧机电产品（11.2）
8460241900	加工金属的其他数控磨床（含加工金属陶瓷，任一坐标定位精度至少是0.01mm）			进口旧机电产品（11.2）
8460249000	加工金属的其他数控磨床（含加工金属陶瓷）			进口旧机电产品（11.2）
8460291100	加工金属的非数控外圆磨床（含加工金属陶瓷，任一坐标定位精度至少是0.01mm）			进口旧机电产品（11.2）
8460291200	加工金属的非数控内圆磨床（含加工金属陶瓷，任一坐标定位精度至少是0.01mm）			进口旧机电产品（11.2）
8460291300	加工金属的非数控轧辊磨床（含加工金属陶瓷，任一坐标定位精度至少是0.01mm）			进口旧机电产品（11.2）

续表170

商品编号	商品名称	监管条件	检验检疫类别	检验检疫要求
8460291900	加工金属的其他非数控磨床（含加工金属陶瓷，任一坐标定位精度至少是 0.01mm）			进口旧机电产品（11.2）
8460299000	加工金属的其他非数控磨床（含加工金属陶瓷）			进口旧机电产品（11.2）
8460310000	加工金属的数控刃磨机床（含加工金属陶瓷）			进口旧机电产品（11.2）
8460390000	加工金属的其他刃磨机床（含加工金属陶瓷）			进口旧机电产品（11.2）
8460401000	金属珩磨机床			进口旧机电产品（11.2）
8460402000	金属研磨机床			进口旧机电产品（11.2）
8460901000	加工金属的砂轮机（含加工金属陶瓷）			进口旧机电产品（11.2）
8460902000	金属抛光机床			进口旧机电产品（11.2）
8460909000	其他用磨石、磨料加工金属的机床			进口旧机电产品（11.2）
8461201000	切削金属或金属陶瓷的牛头刨床			进口旧机电产品（11.2）
8461202000	切削金属或金属陶瓷的插床			进口旧机电产品（11.2）
8461300000	切削金属或金属陶瓷的拉床			进口旧机电产品（11.2）
8461401100	切削金属的数控齿轮磨床（含加工金属陶瓷）			进口旧机电产品（11.2）
8461401900	切削金属的数控切齿机、数控齿轮精加工机床（含加工金属陶瓷）			进口旧机电产品（11.2）
8461409000	切削金属的其他切齿机，齿轮磨床（含加工金属陶瓷，包括其他齿轮精加工机床）			进口旧机电产品（11.2）
8461500010	辐照元件刀具切割机［切割燃料包壳以使辐照核材料能溶解（含遥控设备）］			进口旧机电产品（11.2）
8461500090	其他锯床或切断机			进口旧机电产品（11.2）
8461901100	切削金属或金属陶瓷的龙门刨床			进口旧机电产品（11.2）
8461901900	切削金属或金属陶瓷的其他刨床			进口旧机电产品（11.2）
8461909000	切削金属或金属陶瓷的未列名机床			进口旧机电产品（11.2）
8462111000	加工金属的数控的闭式锻造机（模锻机）			进口旧机电产品（11.2）
8462119000	加工金属的非数控闭式锻造机（模锻机）			进口旧机电产品（11.2）
8462191000	其他数控的热锻设备、热模锻设备（包括压力机）及热锻锻锤			进口旧机电产品（11.2）
8462199000	其他非数控的热锻设备、热模锻设备（包括压力机）及热锻锻锤			进口旧机电产品（11.2）
8462221000	用于加工金属板材的数控型材成型机			进口旧机电产品（11.2）
8462229000	用于加工金属板材的非数控型材成型机			进口旧机电产品（11.2）
8462230000	用于加工金属板材的数控折弯机			进口旧机电产品（11.2）
8462240000	用于加工金属板材的数控多边折弯机			进口旧机电产品（11.2）
8462250000	用于加工金属板材的数控卷板机			进口旧机电产品（11.2）
8462261000	用于加工金属板材的其他数控矫直机			进口旧机电产品（11.2）
8462269000	用于加工金属板材的其他数控弯曲、折叠或矫平机床			进口旧机电产品（11.2）
8462291000	用于加工金属板材的非数控矫直机床			进口旧机电产品（11.2）
8462299000	用于加工金属板材的非数控弯曲、折叠或矫平机床（包括折弯机）			进口旧机电产品（11.2）
8462321000	用于加工金属板材的数控纵剪线和定尺剪切线（冲剪两用机、压力机除外）			进口旧机电产品（11.2）
8462329000	用于加工金属板材的非数控纵剪线和定尺剪切线（冲剪两用机、压力机除外）			进口旧机电产品（11.2）
8462330000	用于加工金属板材的数控剪切机床（冲剪两用机、压力机除外）			进口旧机电产品（11.2）
8462390000	用于加工金属板材的非数控剪切机床（冲剪两用机、压力机除外）			进口旧机电产品（11.2）
8462421100	用于加工金属板材的自动模式数控步冲压力机（包括冲剪两用机）			进口旧机电产品（11.2）
8462421200	用于加工金属板材的其他数控冲床（包括冲剪两用机）			进口旧机电产品（11.2）
8462429000	用于加工金属板材的数控冲剪两用机			进口旧机电产品（11.2）
8462490000	用于加工金属板材的非数控冲孔、开槽或步冲机床（不包括压力机）（包括冲剪两用机）			进口旧机电产品（11.2）
8462510010	数控金属管道、管材、型材、空心型材和棒材的锻造或冲压机床及锻锤［压力机除外（P）］			进口旧机电产品（11.2）

续表171

商品编号	商品名称	监管条件	检验检疫类别	检验检疫要求
8462510090	其他金属管道、管材、型材、空心型材和棒材的数控加工机床（压力机除外）			进口旧机电产品（11.2）
8462590010	非数控金属管道、管材、型材、空心型材和棒材的锻造或冲压机床及锻锤［压力机除外（P）］			进口旧机电产品（11.2）
8462590090	其他金属管道、管材、型材、空心型材和棒材的非数控加工机床（压力机除外）			进口旧机电产品（11.2）
8462611010	数控液压式锻造或冲压机床及锻锤［加工金属或硬质合金（P）］			进口旧机电产品（11.2）
8462611090	其他数控液压压力机（加工金属或硬质合金）			进口旧机电产品（11.2）
8462619010	非数控液压式锻造或冲压机床及锻锤［加工金属或硬质合金（P）］			进口旧机电产品（11.2）
8462619090	其他非数控液压压力机（加工金属或硬质合金）			进口旧机电产品（11.2）
8462621010	数控机械式锻造或冲压机床及锻锤［加工金属或硬质合金（P）］			进口旧机电产品（11.2）
8462621090	其他数控机械压力机（加工金属或硬质合金）			进口旧机电产品（11.2）
8462629010	非数控机械式锻造或冲压机床及锻锤［加工金属或硬质合金（P）］			进口旧机电产品（11.2）
8462629090	其他非数控机械压力机（加工金属或硬质合金）			进口旧机电产品（11.2）
8462630010	伺服锻造或冲压机床及锻锤［加工金属或硬质合金（P）］			进口旧机电产品（11.2）
8462630090	其他伺服压力机（加工金属或硬质合金）			进口旧机电产品（11.2）
8462691010	其他锻造或冲压机床及锻锤［加工金属或硬质合金（P）］			进口旧机电产品（11.2）
8462691090	其他数控压力机（加工金属或硬质合金）			进口旧机电产品（11.2）
8462699010	其他非数控锻造或冲压机床及锻锤［加工金属或硬质合金（P）］			进口旧机电产品（11.2）
8462699090	其他非数控压力机（加工金属或硬质合金）			进口旧机电产品（11.2）
8462901010	品目8462的其他数控的金属管道、管材、型材、空心型材和棒材的数控锻造或冲压机床及锻锤（P）			进口旧机电产品（11.2）
8462901090	品目8462的其他数控机床			进口旧机电产品（11.2）
8462909010	品目8462的其他非数控的金属管道、管材、型材、空心型材和棒材的数控锻造或冲压机床及锻锤（P）			进口旧机电产品（11.2）
8462909090	品目8462的其他非数控机床			进口旧机电产品（11.2）
8463101100	拉拔力为300吨及以下的金属冷拔管机（包括金属陶瓷的冷拔管机）			进口旧机电产品（11.2）
8463101900	300吨以上的金属冷拔管机（包括金属陶瓷的冷拔管机）			进口旧机电产品（11.2）
8463102000	金属及金属陶瓷的拔丝机			进口旧机电产品（11.2）
8463109000	其他金属或金属陶瓷的拉拔机			进口旧机电产品（11.2）
8463200000	金属或金属陶瓷的螺纹滚轧机			进口旧机电产品（11.2）
8463300000	金属或金属陶瓷丝的加工机			进口旧机电产品（11.2）
8463900030	滚压成形机床；具有滚压功能的旋压成形机床（数控，装3个以上压辊）			进口旧机电产品（11.2）
8463900090	其他非切削加工机床（是指加工金属或金属陶瓷的）			进口旧机电产品（11.2）
8464101000	圆盘锯（加工石料，陶瓷，混凝土，石棉水泥或类似矿物材料）			进口旧机电产品（11.2）
8464102000	钢丝锯（加工石料，陶瓷，混凝土，石棉水泥或类似矿物材料）			进口旧机电产品（11.2）
8464109000	加工矿物等材料的其他锯床（加工石料，陶瓷，混凝土，石棉水泥或类似矿物材料）			进口旧机电产品（11.2）
8464201000	玻璃研磨或抛光机床			进口旧机电产品（11.2）
8464209000	加工矿物等材料的研磨或抛光机床（加工石料，陶瓷，混凝土，石棉水泥等似矿物材料）			进口旧机电产品（11.2）
8464901100	玻璃切割机（玻璃冷加工机床）			进口旧机电产品（11.2）
8464901200	玻璃刻花机（玻璃冷加工机床）			进口旧机电产品（11.2）
8464901900	其他玻璃冷加工机床			进口旧机电产品（11.2）
8464909000	其他加工矿物等材料的机床			进口旧机电产品（11.2）
8465100000	不需变换工具即可进行加工的机床（加工木材，软木，骨，硬质橡胶，硬质塑料及其他硬质材料）			进口旧机电产品（11.2）

续表172

商品编号	商品名称	监管条件	检验检疫类别	检验检疫要求
8465201000	以刨、铣、钻孔、研磨、抛光、凿榫及其他切削为主的加工中心，加工木材及类似硬质材料的			进口旧机电产品（11.2）
8465209000	其他加工木材等材料的加工中心（加工木材，软木，骨，硬质橡胶，硬质塑料及其他硬质材料）			进口旧机电产品（11.2）
8465910000	加工木材等材料的锯床（加工木材，软木，骨，硬质橡胶，硬质塑料及其他硬质材料）			进口旧机电产品（11.2）
8465920000	加工木材等材料的刨，铣，切削机器（加工木材，软木，骨，硬质橡胶，硬质塑料及其他硬质材料）			进口旧机电产品（11.2）
8465930000	加工木材等材料的研磨或抛光机器，含砂磨（加工木材，软木，骨，硬质橡胶，硬质塑料及其他硬质材料）			进口旧机电产品（11.2）
8465940000	加工木材等材料的弯曲或装配机器（加工木材，软木，骨，硬质橡胶，硬质塑料及其他硬质材料）			进口旧机电产品（11.2）
8465950000	加工木材等材料的钻孔或凿榫机器（加工木材，软木，骨，硬质橡胶，硬质塑料及其他硬质材料）			进口旧机电产品（11.2）
8465960000	加工木材等材料的剖，切，刮削机器（加工木材，软木，骨，硬质橡胶，硬质塑料及其他硬质材料）			进口旧机电产品（11.2）
8465990000	加工木材等材料的其他机床（加工木材，软木，骨，硬质橡胶，硬质塑料及其他硬质材料）			进口旧机电产品（11.2）
8466100000	工具夹具及自启板牙切头（用于品目 8456 至 8465 所列机器的）			进口旧机电产品（11.2）
8466200010	专门设计用于燃气涡轮发动机/燃气轮机的高温合金、钛合金或金属间化合物等材料的盘片固态连接所需的工件夹具（用于品目 8456 至 8465 所列机器的）			进口旧机电产品（11.2）
8466200090	其他专用于或主要用于品目 8456 至 8465 所列机器的工件夹具（用于品目 8456 至 8465 所列机器的）			进口旧机电产品（11.2）
8466300000	分度头及其他专用于机器的附件（用于品目 8456 至 8465 所列机器的）			进口旧机电产品（11.2）
8466910000	品目 8464 所列机器用的零件（加工石料等机器用零件，附件）			进口旧机电产品（11.2）
8466920000	品目 8465 所列机器用的零件（加工木材等机器用零件，附件）			进口旧机电产品（11.2）
8466931000	刀库及自动换刀装置（品目 8456 至 8461 机器用）			进口旧机电产品（11.2）
8466939000	品目 8456 至 8461 机器用其他零件			进口旧机电产品（11.2）
8466940030	滚压成形机床用芯轴；有滚压功能的旋压成形机用芯轴（转筒成形用的芯轴，内径在 75 毫米至 400 毫米之间）			进口旧机电产品（11.2）
8466940090	品目 8462 至 8463 机器用其他零件			进口旧机电产品（11.2）
8467110000	旋转式手提风动工具（包括旋转冲击式的）			进口旧机电产品（11.2）
8467190000	其他手提式风动工具			进口旧机电产品（11.2）
8467210000	手提式电动钻	A/	L/	进口旧机电产品（11.2） 进口强制性产品认证（11.1）
8467221000	手提式电动链锯			进口旧机电产品（11.2）
8467229000	其他手提式电锯			进口旧机电产品（11.2）
8467291000	手提式电动砂磨工具	A/	L/	进口旧机电产品（11.2） 进口强制性产品认证（11.1）
8467292000	手提式电刨			进口旧机电产品（11.2）
8467299000	其他手提式电动工具	A/	L/	进口旧机电产品（11.2） 进口强制性产品认证（11.1）
8467810000	手提式液压或其他动力链锯（电动和风动的除外）			进口旧机电产品（11.2）
8467890000	其他手提式液压或其他动力工具（电动和风动的除外）			进口旧机电产品（11.2）
8467911000	编号 84672210 的链锯用零件			进口旧机电产品（11.2）
8467919000	子目 846781 的链锯用的零件			进口旧机电产品（11.2）
8467920000	风动的工具零件			进口旧机电产品（11.2）

续表173

商品编号	商品名称	监管条件	检验检疫类别	检验检疫要求
8467991000	其他手提式电动工具用零件			进口旧机电产品（11.2）
8467999000	其他手提式动力工具用的零件			进口旧机电产品（11.2）
8468100000	手提喷焊器			进口旧机电产品（11.2）
8468200010	自动焊接机［将端塞焊接于燃料细棒（或棒）的自动焊接机］			进口旧机电产品（11.2）
8468200090	其他气体焊接或表面回火机器及装置			进口旧机电产品（11.2）
8468800000	其他焊接机器及装置（品目8515的货品除外）			进口旧机电产品（11.2）
8468900000	焊接机器用零件			进口旧机电产品（11.2）
8470100000	电子计算器及袖珍式数据录放机器（不需外接电源，录放指具计算功能的数据记录，重现及显示）			进口旧机电产品（11.2）
8470210000	装有打印装置的电子计算器			进口旧机电产品（11.2）
8470290000	其他电子计算器			进口旧机电产品（11.2）
8470300000	其他计算机器			进口旧机电产品（11.2）
8470501000	销售点终端出纳机		L/	进口旧机电产品（11.2） 进口强制性产品认证（11.1）
8470509000	其他现金出纳机		L/	进口旧机电产品（11.2） 进口强制性产品认证（11.1）
8470900000	会计计算机，邮资盖戳机，售票机及类似机器			进口旧机电产品（11.2）
8471301000	平板电脑（重量≤10千克，至少由一个中央处理器、键盘和显示器组成）	A/	L/	进口旧机电产品（11.2） 进口强制性产品认证（11.1）
8471309000	其他便携式自动数据处理设备（重量≤10千克，至少由一个中央处理器、键盘和显示器组成）	A/	L/	进口旧机电产品（11.2） 进口强制性产品认证（11.1）
8471411010	高性能数字计算机［高性能数字计算机是指调整后峰值性能（APP）大于8.0加权每秒万亿次浮点运算的数字计算机］			进口旧机电产品（11.2）
8471411090	其他巨大中型自动数据处理设备			进口旧机电产品（11.2）
8471412000	小型自动数据处理设备		L/	进口旧机电产品（11.2） 进口强制性产品认证（11.1）
8471414000	微型机	A/	L/	进口旧机电产品（11.2） 进口强制性产品认证（11.1）
8471419000	其他数据处理设备（同一机壳内至少有一个CPU和一个输入输出部件；包括组合式）		L/	进口旧机电产品（11.2） 进口强制性产品认证（11.1）
8471491010	系统形式报验的高性能数字计算机［计算机指自动数据处理设备，高性能数字计算机是指调整后峰值性能（APP）大于8.0加权每秒万亿次浮点运算的数字计算机］			进口旧机电产品（11.2）
8471491090	其他系统形式报验的巨、大、中型机（计算机指自动数据处理设备）			进口旧机电产品（11.2）
8471492000	以系统形式报验的小型计算机（计算机指自动数据处理设备）		L/	进口旧机电产品（11.2） 进口强制性产品认证（11.1）
8471494000	以系统形式报验的微型机		L/	进口旧机电产品（11.2） 进口强制性产品认证（11.1）
8471499100	其他分散型工业过程控制设备（以系统形式报验的）			进口旧机电产品（11.2）
8471499900	以系统形式报验的其他计算机		L/	进口旧机电产品（11.2） 进口强制性产品认证（11.1）
8471501010	高性能数字计算机处理部件［不论是否在同一机壳内有一或两个存储，输入或输出部件，高性能数字计算机是指调整后峰值性能（APP）大于8.0加权每秒万亿次浮点运算的数字计算机］			进口旧机电产品（11.2）
8471501090	其他巨、大、中型机处理部件（不论是否在同一机壳内有一或两个存储，输入或输出部件）			进口旧机电产品（11.2）
8471502000	小型机的处理部件（不论是否在同一机壳内有一或两个存储，输入或输出部件）			进口旧机电产品（11.2）

续表174

商品编号	商品名称	监管条件	检验检疫类别	检验检疫要求
8471504001	含显示器和主机的微型机（不论是否在同一机壳内有一或两个存储，输入或输出部件）		L/	进口旧机电产品（11.2） 进口强制性产品认证（11.1）
8471504090	其他的微型机的处理部件（不论是否在同一机壳内有一或两个存储，输入或输出部件）			进口旧机电产品（11.2）
8471509000	子目 847141 或 847149 以外设备的处理部件（不论是否在同一机壳内有一或两个存储，输入或输出部件）			进口旧机电产品（11.2）
8471604000	巨、大、中及小型计算机用终端（输入或输出部件，不论是否在同一机壳内有存储部件）			进口旧机电产品（11.2）
8471605000	自动数据处理设备的扫描器		L/	进口旧机电产品（11.2） 进口强制性产品认证（11.1）
8471606000	自动数据处理设备的数字化仪			进口旧机电产品（11.2）
8471607100	键盘			进口旧机电产品（11.2）
8471607200	鼠标器			进口旧机电产品（11.2）
8471609000	计算机的其他输入或输出部件（计算机指自动数据处理设备）			进口旧机电产品（11.2）
8471701100	固态硬盘（SSD）			进口旧机电产品（11.2）
8471701900	其他计算机硬盘驱动器（计算机指自动数据处理设备）			进口旧机电产品（11.2）
8471702000	自动数据处理设备的软盘驱动器			进口旧机电产品（11.2）
8471703000	光盘驱动器（自动数据处理设备的光盘驱动器）			进口旧机电产品（11.2）
8471709000	自动数据处理设备的其他存储部件			进口旧机电产品（11.2）
8471800000	其他自动数据处理设备的部件			进口旧机电产品（11.2）
8471900000	其他品目未列名的磁性或光学阅读机；将数据以代码形式转录到数据记录媒体的机器及处理这些数据的机器			进口旧机电产品（11.2） 进口强制性产品认证（11.1）
8472100000	胶版复印机、油印机		L/	进口旧机电产品（11.2） 进口强制性产品认证（11.1）
8472301000	邮政信件分拣及封装设备			进口旧机电产品（11.2）
8472309000	其他信件折叠、分类、开或闭封机（包括信件装封机及粘贴邮票机和盖销邮票机）			进口旧机电产品（11.2）
8472901000	自动柜员机		L/	进口旧机电产品（11.2） 进口强制性产品认证（11.1）
8472902100	办公室用打洞机			进口旧机电产品（11.2）
8472902200	办公室用订书机			进口旧机电产品（11.2）
8472902900	其他装订用办公室机器			进口旧机电产品（11.2）
8472903000	碎纸机			进口旧机电产品（11.2）
8472904000	地址印写机及地址铭牌压印机			进口旧机电产品（11.2）
8472905000	文字处理机			进口旧机电产品（11.2）
8472906000	打字机（品目 8443 的打印机除外）			进口旧机电产品（11.2）
8472909000	其他办公室用机器（包括硬币分类、计数、包装机和削笔机等）			进口旧机电产品（11.2）
8473210000	品目 8470 所列电子计算器的零附件（系指子目 847010、847021 及 847029 所列的电子计算器的）			进口旧机电产品（11.2）
8473290000	品目 8470 所列其他机器的零附件（系指子目 847030、847040、847050 及 847090 所列机器的）			进口旧机电产品（11.2）
8473301000	编号 84714110、84714120、84714910、84714920、84715010、84715020、84716090、84717011、84717019、84717020、84717030 及 84717090 所列机器及装置的零件、附件			进口旧机电产品（11.2）
8473309000	品目 8471 所列其他机器零附件			进口旧机电产品（11.2）
8473401000	自动柜员机用出钞器和循环出钞器			进口旧机电产品（11.2）
8473402000	编号 84729050、84729060 所列机器的零件、附件			进口旧机电产品（11.2）
8473409000	其他办公室用机器零附件			进口旧机电产品（11.2）

续表175

商品编号	商品名称	监管条件	检验检疫类别	检验检疫要求
8473500000	品目 8470 至 8472 中所列机器零附件（用于品目 8470 至 8472 中两个或两个以上品目所列机器的）			进口旧机电产品（11.2）
8474100000	分类、筛选、分离或洗涤机器（用于泥土、石料、矿石或其他固体物质的）			进口旧机电产品（11.2）
8474201000	齿辊式破碎及磨粉机器（用于泥土、石料、矿石或其他固体物质的）			进口旧机电产品（11.2）
8474202000	球磨式磨碎或磨粉机（用于泥土、石料、矿石或其他固体物质的）			进口旧机电产品（11.2）
8474209000	破碎或磨粉用机器（用于泥土、石料、矿石或其他固体物质的）			进口旧机电产品（11.2）
8474310000	混凝土或砂浆混合机器（用于泥土、石料、矿石或其他固体物质的）			进口旧机电产品（11.2）
8474320000	矿物与沥青的混合机器（用于泥土、石料、矿石或其他固体物质的）			进口旧机电产品（11.2）
8474390000	其他混合或搅拌机器（用于泥土、石料、矿石或其他固体物质的）			进口旧机电产品（11.2）
8474801000	其他辊压成型机			进口旧机电产品（11.2）
8474802000	其他模压成型机			进口旧机电产品（11.2）
8474809000	品目 8474 未列名的其他机器			进口旧机电产品（11.2）
8474900000	品目 8474 所列机器的零件			进口旧机电产品（11.2）
8475100000	白炽灯泡、灯管等的封装机（包括放电灯管、电子管、闪光灯泡等）			进口旧机电产品（11.2）
8475210000	制造光导纤维及预制棒的机器			进口旧机电产品（11.2）
8475291100	连续式玻璃热弯炉			进口旧机电产品（11.2）
8475291200	玻璃纤维拉丝机（光纤拉丝机除外）			进口旧机电产品（11.2）
8475291900	其他玻璃及制品热加工机器			进口旧机电产品（11.2）
8475299000	其他玻璃及制品的制造加工机器			进口旧机电产品（11.2）
8475900010	子目 847521 所列机器的零件			进口旧机电产品（11.2）
8475900090	其他品目 8475 所列机器的零件（灯泡等封装机及玻璃等制造机器的零件）			进口旧机电产品（11.2）
8476210000	可加热或制冷的饮料自动销售机	A/	R/	食品加工设备（11.6） 进口旧机电产品（11.2）
8476290000	其他饮料自动销售机（装有加热或制冷装置的除外）	A/	R/	食品加工设备（11.6） 进口旧机电产品（11.2）
8476810000	装有加热或制冷装置的自动售货机（饮料自动销售机除外）			进口旧机电产品（11.2）
8476890010	钱币兑换机			进口旧机电产品（11.2）
8476890090	其他无加热或制冷装置的自动售货机			进口旧机电产品（11.2）
8476900010	钱币兑换机的零件			进口旧机电产品（11.2）
8476900090	其他品目 8476 所列机器的零件			进口旧机电产品（11.2）
8477101000	其他注塑机			进口旧机电产品（11.2）
8477109000	其他注射机			进口旧机电产品（11.2）
8477201000	塑料造粒机			进口旧机电产品（11.2）
8477209000	其他加工塑料或橡胶的挤出机			进口旧机电产品（11.2）
8477301000	挤出吹塑机			进口旧机电产品（11.2）
8477302000	注射吹塑机			进口旧机电产品（11.2）
8477309000	其他吹塑机			进口旧机电产品（11.2）
8477401000	塑料中空成型机			进口旧机电产品（11.2）
8477402000	塑料压延成型机			进口旧机电产品（11.2）
8477409000	真空模塑及其他热成型机器			进口旧机电产品（11.2）
8477510000	用于充气轮胎模塑或翻新的机器（包括内胎模塑或用其他方法成型的机器）			进口旧机电产品（11.2）
8477590000	其他模塑机、成型机			进口旧机电产品（11.2）
8477800000	未列名的橡胶或塑料加工机器			进口旧机电产品（11.2）
8477900000	橡胶、塑料等加工机机器的零件			进口旧机电产品（11.2）
8478100000	其他的烟草加工及制作机器（本章其他编号未列名的）			进口旧机电产品（11.2）
8478900000	烟草加工及制作机器用的零件			进口旧机电产品（11.2）

续表176

商品编号	商品名称	监管条件	检验检疫类别	检验检疫要求
8479102100	沥青混凝土摊铺机			进口旧机电产品（11.2）
8479102200	稳定土摊铺机			进口旧机电产品（11.2）
8479102900	其他摊铺机			进口旧机电产品（11.2）
8479109000	其他公共工程用的机器			进口旧机电产品（11.2）
8479200000	提取、加工动物油脂、植物固定油脂或微生物油脂的机器	A/	R/	食品加工设备（11.6） 进口旧机电产品（11.2） 普通设备（生产设备）（11.6）
8479300000	木碎料板或木纤维板的其他挤压机（包括其他木材或软木处理机器）			进口旧机电产品（11.2）
8479400000	绳或缆的制造机器			进口旧机电产品（11.2）
8479501100	协作机器人			进口旧机电产品（11.2）
8479501900	其他多功能工业机器人			进口旧机电产品（11.2）
8479509010	机器人，末端操纵装置［能处理高能炸药或能抗大于 5×10^4 戈瑞（硅）辐射的］			进口旧机电产品（11.2）
8479509090	其他工业机器人（多功能工业机器人除外）			进口旧机电产品（11.2）
8479600000	蒸发式空气冷却器			进口旧机电产品（11.2）
8479710000	机场用旅客登机桥			进口旧机电产品（11.2）
8479790000	非机场用旅客登机（船）桥	A/	M/	进口旧机电产品（11.2） 普通设备（生产设备）（11.6）
8479811000	处理金属的其他绕线机			进口旧机电产品（11.2）
8479819000	其他处理金属的机械			进口旧机电产品（11.2）
8479820010	两用物项管制搅拌器（耐腐蚀热交换器、搅拌器用，带搅拌的发酵罐）			进口旧机电产品（11.2）
8479820020	用于废物和废水处理的混合、搅拌、轧碎、研磨、筛选、均化或乳化机器			进口旧机电产品（11.2）
8479820090	其他混合、搅拌、轧碎、研磨机器（包括筛选、均化、乳化机器）			进口旧机电产品（11.2）
8479831010	处理金属的冷等静压机（两用物项管制机器及机械器具）			进口旧机电产品（11.2）
8479831090	处理金属的冷等静压机			进口旧机电产品（11.2）
8479839010	其他冷等静压压力机（两用物项管制机器及机械器具）			进口旧机电产品（11.2）
8479839090	其他冷等静压压力机			进口旧机电产品（11.2）
8479892000	空气增湿器及减湿器		L/	进口旧机电产品（11.2） 进口强制性产品认证（11.1）
8479894000	其他邮政用包裹、印刷品分拣设备			进口旧机电产品（11.2）
8479895000	放射性废物压实机			进口旧机电产品（11.2）
8479896100	自动插件机			进口旧机电产品（11.2）
8479896200	自动贴片机			进口旧机电产品（11.2）
8479896900	其他印刷电路板上装配元器件机器			进口旧机电产品（11.2）
8479899200	自动化立体仓储设备（具有独立功能的）	A/	M/	特种设备（11.5） 进口旧机电产品（11.2） 普通设备（生产设备）（11.6）
8479899910	用于光盘生产的金属母盘生产设备（具有独立功能的）			进口旧机电产品（11.2）
8479899920	用于光盘生产的粘合机（具有独立功能的）			进口旧机电产品（11.2）
8479899930	用于光盘生产的真空金属溅镀机（具有独立功能的）			进口旧机电产品（11.2）
8479899940	保护胶涂覆机及染料层旋涂机（光盘生产用，具有独立功能的）			进口旧机电产品（11.2）
8479899952	生物反应器（两用物项管制机器及机械器具）			进口旧机电产品（11.2）
8479899953	恒化器（两用物项管制机器及机械器具）			进口旧机电产品（11.2）
8479899954	连续灌流系统（两用物项管制机器及机械器具）			进口旧机电产品（11.2）

续表177

商品编号	商品名称	监管条件	检验检疫类别	检验检疫要求
8479899955	三坐标或多坐标联动和程控的纤维缠绕机（两用物项管制机器及机械器具）			进口旧机电产品（11.2）
8479899956	六面顶压机设备，具有以下所有特性：专门设计或制造的X/Y/Z三轴六面同步加压的大型液压机，缸径尺寸大于等于500毫米或设计使用压力大于等于5000兆帕	A/	M/	进口旧机电产品（11.2） 普通设备（生产设备）（11.6）
8479899957	微波等离子体化学气相沉积法（MPCVD）设备，具有以下所有特性：专门设计或制造的MPCVD设备，微波功率在10千瓦以上，且微波频率为915兆赫或2450兆赫	A/	M/	进口旧机电产品（11.2） 普通设备（生产设备）（11.6）
8479899959	其他两用物项管制机器及机械器具			进口旧机电产品（11.2）
8479899960	绕线机（能卷绕直径在75毫米至400毫米、长度为600毫米或更长的）			进口旧机电产品（11.2）
8479899990	本章其他未列名机器及机械器具（具有独立功能的）	A/	M/	医疗器械（11.4） 特种设备（11.5） 进口旧机电产品（11.2） 普通设备（生产设备）（11.6）
8479902000	空气增湿器及减湿器零件			进口旧机电产品（11.2）
8479909010	绕线机的精密芯轴（专用于编号8479899060绕线机的精密芯轴）			进口旧机电产品（11.2）
8479909020	六面顶压机专用关键零部件，包括铰链梁、顶锤			进口旧机电产品（11.2）
8479909090	品目8479所列机器的其他零件			进口旧机电产品（11.2）
8480100000	金属铸造用型箱			进口旧机电产品（11.2）
8480200000	型模底板			进口旧机电产品（11.2）
8480300000	阳模			进口旧机电产品（11.2）
8480411000	压铸模（金属，硬质合金用）			进口旧机电产品（11.2）
8480412000	粉末冶金用压模			进口旧机电产品（11.2）
8480419010	为制造航空器结构件或航天器结构件、航空发动机或航天发动机或为上述物项专门设计的部件而专门设计用于钛、铝及其合金超塑成形/扩散连接的注模或压模			进口旧机电产品（11.2）
8480419020	专门设计用于燃气涡轮发动机/燃气轮机的高温合金、钛合金或金属间化合物等材料的盘片固态连接所需的注模或压模			进口旧机电产品（11.2）
8480419090	其他金属或硬质合金用注模或压模			进口旧机电产品（11.2）
8480490010	专门设计用于制造燃气涡轮发动机/燃气轮机叶片、导向器、机匣等涡轮构型部件的精密铸造蜡模模组（注模或压模除外）			进口旧机电产品（11.2）
8480490090	其他金属、硬质合金用其他型模（注模或压模除外）			进口旧机电产品（11.2）
8480500000	玻璃用型模			进口旧机电产品（11.2）
8480600010	专门设计用于制造燃气涡轮发动机/燃气轮机叶片、导向器、机匣等涡轮构型部件的精密铸造中间产品（包括陶瓷型芯、蜡模模组、型壳）的模具			进口旧机电产品（11.2）
8480600090	其他矿物材料用型模			进口旧机电产品（11.2）
8480711000	硫化轮胎用囊式型模（注模或压模）			进口旧机电产品（11.2）
8480719020	专门设计用于制造航天服面窗的模具（注模）			进口旧机电产品（11.2）
8480719090	其他塑料或橡胶用注模或压模			进口旧机电产品（11.2）
8480790000	塑料或橡胶用其他型模			进口旧机电产品（11.2）
8481100001	喷灌设备用减压阀（用于管道、锅炉、罐、桶或类似品的）			进口旧机电产品（11.2）
8481100090	其他减压阀（用于管道、锅炉、罐、桶或类似品的）			进口旧机电产品（11.2）
8481201010	飞机发动机用液压传动阀（用于管道、锅炉、罐、桶或类似品的）			进口旧机电产品（11.2）
8481201090	其他油压传动阀（用于管道、锅炉、罐、桶或类似品的）			进口旧机电产品（11.2）
8481202010	飞机发动机用气压传动阀（用于管道、锅炉、罐、桶或类似品的）			进口旧机电产品（11.2）
8481202090	其他气压传动阀（用于管道、锅炉、罐、桶或类似品的）			进口旧机电产品（11.2）

续表178

商品编号	商品名称	监管条件	检验检疫类别	检验检疫要求
8481300000	止回阀（用于管道、锅炉、罐、桶或类似品的）			进口旧机电产品（11.2）
8481400000	安全阀或溢流阀（用于管道、锅炉、罐、桶或类似品的）			进口旧机电产品（11.2）
8481802110	两用物项管制的电磁式换向阀			进口旧机电产品（11.2）
8481802190	其他电磁式换向阀（用于管道、锅炉、罐、桶或类似品的）			进口旧机电产品（11.2）
8481802910	两用物项管制的其他换向阀			进口旧机电产品（11.2）
8481802990	其他换向阀（用于管道、锅炉、罐、桶或类似品的）			进口旧机电产品（11.2）
8481803110	两用物项管制的电子膨胀流量阀			进口旧机电产品（11.2）
8481803190	其他电子膨胀流量阀（用于管道、锅炉、罐、桶或类似品的）			进口旧机电产品（11.2）
8481803910	两用物项管制的其他流量阀			进口旧机电产品（11.2）
8481803920	飞机发动机用流量阀			进口旧机电产品（11.2）
8481803930	专用或主要用于半导体器件、集成电路或平板显示器制造设备用的气体流量阀（流量控制范围：满量程的2%~100%）			进口旧机电产品（11.2）
8481803990	其他流量阀（用于管道、锅炉、罐、桶或类似品的）			进口旧机电产品（11.2）
8481804010	两用物项管制的其他阀门			进口旧机电产品（11.2）
8481804020	高压涡轮间隙控制阀门（用于管道、锅炉、罐、桶或类似品的）			进口旧机电产品（11.2）
8481804030	废气再循环阀（用于管道、锅炉、罐、桶或类似品的）			进口旧机电产品（11.2）
8481804040	飞机发动机用预冷控制阀门（用于管道、锅炉、罐、桶或类似品的）			进口旧机电产品（11.2）
8481804090	其他阀门（用于管道、锅炉、罐、桶或类似品的）			进口旧机电产品（11.2）
8481809000	未列名龙头、旋塞及类似装置（用于管道、锅炉、罐、桶或类似品的）			进口旧机电产品（11.2）
8481901000	阀门用零件（用于管道、锅炉、罐、桶或类似品的）			进口旧机电产品（11.2）
8481909000	龙头，旋塞及类似装置的零件（用于管道、锅炉、罐、桶或类似品的）			进口旧机电产品（11.2）
8482101010	绝缘调心球轴承（高铁电机用，绝缘电阻>1 吉欧姆，直流耐压≥3000 伏，额定动载荷≥210000 牛顿）			进口旧机电产品（11.2）
8482101090	其他调心球轴承（滚珠轴承）			进口旧机电产品（11.2）
8482102000	深沟球轴承（滚珠轴承）			进口旧机电产品（11.2）
8482103000	角接触球轴承（滚珠轴承）			进口旧机电产品（11.2）
8482104011	飞机发动机用外径 30 厘米的推力球轴承（滚珠轴承）			进口旧机电产品（11.2）
8482104019	飞机发动机用其他推力球轴承（滚珠轴承）			进口旧机电产品（11.2）
8482104090	其他推力球轴承（滚珠轴承）			进口旧机电产品（11.2）
8482109000	其他滚珠轴承			进口旧机电产品（11.2）
8482200010	6 兆瓦及以上风力发电机用锥形滚子轴承（包括锥形滚子组件）			进口旧机电产品（11.2）
8482200090	其他锥形滚子轴承（包括锥形滚子组件）			进口旧机电产品（11.2）
8482300000	鼓形滚子轴承			进口旧机电产品（11.2）
8482400010	飞机发动机用滚针轴承（包括保持架和滚针组件）			进口旧机电产品（11.2）
8482400090	其他滚针轴承（包括保持架和滚针组件）			进口旧机电产品（11.2）
8482500010	三环、二环偏心滚动轴承，飞机发动机主推进轴用滚子轴承除外（包括保持架和滚子组件）			进口旧机电产品（11.2）
8482500020	飞机发动机主推进轴用滚子轴承（包括保持架和滚子组件）			进口旧机电产品（11.2）
8482500090	其他圆柱形滚子轴承（包括保持架和滚子组件）			进口旧机电产品（11.2）
8482800000	其他滚动轴承及球、柱混合轴承			进口旧机电产品（11.2）
8482910000	滚珠、滚针及滚柱			进口旧机电产品（11.2）
8482990000	滚动轴承的其他零件			进口旧机电产品（11.2）
8483109010	飞机发动机用传动轴			进口旧机电产品（11.2）
8483109090	其他传动轴及曲柄（包括凸轮轴及曲柄轴）			进口旧机电产品（11.2）
8483200000	装有滚珠或滚子轴承的轴承座			进口旧机电产品（11.2）
8483300030	磁悬浮轴承（轴承组合件，由悬浮在充满阻尼介质的环形磁铁组成）；轴承/阻尼器（安装在阻尼器上的具有枢轴/盖的轴承）			进口旧机电产品（11.2）

续表179

商品编号	商品名称	监管条件	检验检疫类别	检验检疫要求
8483300090	其他未装有滚珠或滚子轴承的轴承座；其他滑动轴承			进口旧机电产品（11.2）
8483401010	飞机水平尾翼螺旋杆			进口旧机电产品（11.2）
8483401090	其他滚子螺杆传动装置			进口旧机电产品（11.2）
8483402000	行星齿轮减速器			进口旧机电产品（11.2）
8483409010	飞机发动机用齿轮传动装置（齿轮箱）			进口旧机电产品（11.2）
8483409090	其他传动装置及变速装置（指齿轮及齿轮传动装置，齿轮箱和扭矩变换器）			进口旧机电产品（11.2）
8483500000	飞轮及滑轮（包括滑轮组）			进口旧机电产品（11.2）
8483600001	压力机用组合式湿式离合/制动器（离合扭矩为60kN·m~300kN·m，制动扭矩为30kN·m~100kN·m）			进口旧机电产品（11.2）
8483600020	高速轴联轴器（风力发电机组用），扭矩保护值为160kN·m~1000kN·m			进口旧机电产品（11.2）
8483600090	离合器及联轴器（包括万向节）			进口旧机电产品（11.2）
8483900010	车用凸轮轴相位调节器（汽车发动机用）			进口旧机电产品（11.2）
8483900020	飞机发动机用齿轮箱用单个齿轮			进口旧机电产品（11.2）
8483900090	品目8483所列货品用其他零件（包括单独报验的带齿的轮、链轮及其他传动元件）			进口旧机电产品（11.2）
8484100000	密封垫或类似接合衬垫（用金属片与其他材料制成或用双层及多层金属片制成）			进口旧机电产品（11.2）
8484200010	耐UF6腐蚀的转动轴封（专门设计的真空密封装置，缓冲气体泄漏率1000cm^3/min）			进口旧机电产品（11.2）
8484200020	转动轴封（专门设计的带有密封式进气口和出气口的转动轴封）			进口旧机电产品（11.2）
8484200030	MLIS用转动轴封（专门设计的带密封进气口和出气口的转动轴封）			进口旧机电产品（11.2）
8484200090	其他机械密封件			进口旧机电产品（11.2）
8484900000	其他材料制密封垫及类似接合衬垫（成套或各种不同材料制，装于袋、套或类似包装内）			进口旧机电产品（11.2）
8485100000	用金属材料的增材制造设备			进口旧机电产品（11.2）
8485200000	用塑料或橡胶材料的增材制造设备			进口旧机电产品（11.2）
8485301000	用玻璃材料的增材制造设备			进口旧机电产品（11.2）
8485302000	用石膏、水泥、陶瓷材料的增材制造设备			进口旧机电产品（11.2）
8485801000	用纸或纸浆的增材制造设备			进口旧机电产品（11.2）
8485802000	用木材、软木的增材制造设备			进口旧机电产品（11.2）
8485809000	其他增材制造设备			进口旧机电产品（11.2）
8485901000	用金属材料的增材制造设备的零件			进口旧机电产品（11.2）
8485902000	用玻璃材料的增材制造设备的零件			进口旧机电产品（11.2）
8485903000	用塑料或橡胶材料的增材制造设备的零件			进口旧机电产品（11.2）
8485904000	用石膏、水泥、陶瓷材料的增材制造设备的零件			进口旧机电产品（11.2）
8485905000	用纸或纸浆的增材制造设备的零件			进口旧机电产品（11.2）
8485906000	用木材、软木的增材制造设备的零件			进口旧机电产品（11.2）
8485909000	其他增材制造设备的零件			进口旧机电产品（11.2）
8486101000	利用温度变化处理单晶硅的机器及装置（制造单晶柱或晶圆用的）			进口旧机电产品（11.2）
8486102000	制造单晶柱或晶圆用的研磨设备			进口旧机电产品（11.2）
8486103000	制造单晶柱或晶圆用的切割设备			进口旧机电产品（11.2）
8486104000	制造单晶柱或晶圆用的化学机械抛光设备（CMP）			进口旧机电产品（11.2）
8486109000	其他制造单晶柱或晶圆用的机器及装置			进口旧机电产品（11.2）
8486201000	氧化、扩散、退火及其他热处理设备（制造半导体器件或集成电路用的）			进口旧机电产品（11.2）
8486202100	制造半导体器件或集成电路用化学气相沉积装置［化学气相沉积装置（CVD）］			进口旧机电产品（11.2）

续表180

商品编号	商品名称	监管条件	检验检疫类别	检验检疫要求
8486202200	制造半导体器件或集成电路用物理气相沉积装置［物理气相沉积装置（PVD）］			进口旧机电产品（11.2）
8486202900	其他制造半导体器件或集成电路用薄膜沉积设备			进口旧机电产品（11.2）
8486203110	制造半导体器件或集成电路用分布重复光刻机（后道用）			进口旧机电产品（11.2）
8486203120	制造半导体器件或集成电路用分布重复光刻机（前道用I线光刻机）			进口旧机电产品（11.2）
8486203130	制造半导体器件或集成电路用分布重复光刻机［前道用氟化氪（KrF）光刻机］			进口旧机电产品（11.2）
8486203190	其他制造半导体器件或集成电路用分布重复光刻机			进口旧机电产品（11.2）
8486203910	制造半导体器件或集成电路用的I线光刻机（步进式除外）			进口旧机电产品（11.2）
8486203920	制造半导体器件或集成电路用的氟化氪（KrF）光刻机（步进式除外）			进口旧机电产品（11.2）
8486203930	制造半导体器件或集成电路用的氟化氩（ArF）光刻机（步进式除外）			进口旧机电产品（11.2）
8486203940	制造半导体器件或集成电路用的氟化氩浸没式（ArFi）光刻机（步进式除外）			进口旧机电产品（11.2）
8486203950	制造半导体器件或集成电路用的极紫外（EUV）光刻机（步进式除外）			进口旧机电产品（11.2）
8486203990	未列名制造半导体器件或集成电路用的光刻设备			进口旧机电产品（11.2）
8486204100	制造半导体器件或集成电路用等离子体干法刻蚀机			进口旧机电产品（11.2）
8486204900	其他制造半导体器件或集成电路用刻蚀及剥离设备			进口旧机电产品（11.2）
8486205000	制造半导体器件或集成电路用离子注入机			进口旧机电产品（11.2）
8486209000	其他制造半导体器件或集成电路用机器及装置			进口旧机电产品（11.2）
8486301000	制造平板显示器用扩散、氧化、退火及其他热处理设备			进口旧机电产品（11.2）
8486302100	制造平板显示器用化学气相沉积装置（CVD）			进口旧机电产品（11.2）
8486302200	制造平板显示器用物理气相沉积装置（PVD）			进口旧机电产品（11.2）
8486302900	其他制造平板显示器用薄膜沉积设备			进口旧机电产品（11.2）
8486303100	制造平板显示器用分步重复光刻机			进口旧机电产品（11.2）
8486303900	其他将电路图投影或绘制到感光半导体材料上的装置（制造平板显示器用的机器及装置）			进口旧机电产品（11.2）
8486304100	制造平板显示器用超声波清洗装置			进口旧机电产品（11.2）
8486304900	其他制造平板显示器用湿法蚀刻、显影、剥离、清洗装置			进口旧机电产品（11.2）
8486309000	其他制造平板显示器用的机器及装置			进口旧机电产品（11.2）
8486401000	主要用于或专用于制作和修复掩膜版或投影掩膜版的装置［掩膜版（mask），投影掩膜版（reticle）］			进口旧机电产品（11.2）
8486402100	塑封机（主要用于或专用于装配与封装半导体器件和集成电路的设备）			进口旧机电产品（11.2）
8486402200	引线键合装置（主要用于或专用于装配与封装半导体器件和集成电路的设备）			进口旧机电产品（11.2）
8486402900	其他主要或专用于装配封装半导体器件和集成电路的设备			进口旧机电产品（11.2）
8486403100	IC 工厂专用的自动搬运机器人			进口旧机电产品（11.2）
8486403900	其他用于升降、装卸、搬运集成电路等的设备（升降、装卸、搬运单晶柱、晶圆、半导体器件、集成电路和平板显示器的装置）			进口旧机电产品（11.2）
8486901000	升降、搬运、装卸机器用零件或附件（子目 848640 项下商品用，但自动搬运设备用除外）			进口旧机电产品（11.2）
8486902000	引线键合装置用零件或附件（子目 848640 项下商品用）			进口旧机电产品（11.2）
8486909110	两用物项管制的带背板的溅射靶材组件			进口旧机电产品（11.2）
8486909190	其他的带背板的溅射靶材组件			进口旧机电产品（11.2）
8486909910	制造半导体器件或集成电路用光刻设备用零件及附件			进口旧机电产品（11.2）
8486909990	其他品目 8486 所列设备用零件及附件			进口旧机电产品（11.2）

续表181

商品编号	商品名称	监管条件	检验检疫类别	检验检疫要求
8487900000	本章其他编号未列名的机器零件（不具有电气接插件、绝缘体、线圈或其他电气器材特征的）			进口旧机电产品（11.2）
8501101000	输出功率≤37.5瓦玩具电动机			进口旧机电产品（11.2）
8501109101	激光视盘机机芯精密微型电机（1瓦≤功率≤18瓦，20毫米≤直径≤30毫米）			进口旧机电产品（11.2）
8501109102	摄像机、摄录一体机用精密微型电机（0.5瓦≤功率≤10瓦，20毫米≤直径≤39毫米）			进口旧机电产品（11.2）
8501109190	其他微电机，机座尺寸在20毫米及以上，但不超过39毫米（输出功率不超过37.5瓦）			进口旧机电产品（11.2）
8501109901	功率≤0.5瓦非用于激光视盘机机芯的微型电机（圆柱形直径≤6毫米，高≤25毫米；扁圆形直径≤15毫米，厚≤5毫米）			进口旧机电产品（11.2）
8501109902	激光视盘机机芯用精密微型电机（0.5瓦≤功率≤2瓦，5毫米≤直径<20毫米）			进口旧机电产品（11.2）
8501109903	摄像机、摄录一体机用精密微型电机（0.5瓦≤功率≤10瓦，5毫米≤直径<20毫米或39毫米<直径≤40毫米）			进口旧机电产品（11.2）
8501109990	其他微电机（输出功率不超过37.5瓦）			进口旧机电产品（11.2）
8501200010	输出功率大于16千瓦的两用物项管制的无人机专用交直两用电动机			进口旧机电产品（11.2） 进口强制性产品认证（11.1）
8501200090	其他输出功率>37.5瓦的交直流两用电动机			进口旧机电产品（11.2） 进口强制性产品认证（11.1）
8501310000	其他输出功率≤750瓦的直流电动机、发电机（不包括光伏发电机）		L/	进口旧机电产品（11.2） 进口强制性产品认证（11.1）
8501320010	16千瓦<输出功率≤75千瓦的两用物项管制的无人机专用直流电动机（不包括光伏发电机）			进口旧机电产品（11.2） 进口强制性产品认证（11.1）
8501320090	其他750瓦<输出功率≤16千瓦的直流电动机、发电机（不包括光伏发电机）			进口旧机电产品（11.2） 进口强制性产品认证（11.1）
8501330010	75千瓦<输出功率≤375千瓦的两用物项管制的无人机专用直流电动机（不包括光伏发电机）			进口旧机电产品（11.2）
8501330090	其他75千瓦<输出功率≤375千瓦的直流电动机，发电机（不包括光伏发电机）			进口旧机电产品（11.2）
8501340010	输出功率>375千瓦的两用物项管制的无人机专用直流电动机（不包括光伏发电机）			进口旧机电产品（11.2）
8501340090	其他输出功率>375千瓦的直流电动机、发电机（不包括光伏发电机）			进口旧机电产品（11.2）
8501400010	输出功率大于16千瓦的两用物项管制的无人机专用单相交流电动机			进口旧机电产品（11.2） 进口强制性产品认证（11.1）
8501400090	其他单相交流电动机			进口旧机电产品（11.2） 进口强制性产品认证（11.1）
8501510010	发电机（功率≥40瓦，频率600至2000赫兹，谐波畸变低于10%等）			进口旧机电产品（11.2）
8501510090	其他输出功率≤750瓦多相交流电动机		L/	进口旧机电产品（11.2） 进口强制性产品认证（11.1）
8501520010	750瓦<输出功率≤75千瓦的两用物项管制的无人机专用多相交流电动机			进口旧机电产品（11.2） 进口强制性产品认证（11.1）
8501520090	其他750瓦<输出功率≤75千瓦的多相交流电动机			进口旧机电产品（11.2） 进口强制性产品认证（11.1）
8501530010	其他功率>75千瓦两用物项管制的无人机专用多相交流电动机			进口旧机电产品（11.2）
8501530090	其他功率>75千瓦多相交流电动机			进口旧机电产品（11.2）

续表182

商品编号	商品名称	监管条件	检验检疫类别	检验检疫要求
8501610000	输出功率≤75kVA 交流发电机（不包括光伏发电机）			进口旧机电产品（11.2）
8501620000	75kVA<输出功率≤375kVA 交流发电机（不包括光伏发电机）			进口旧机电产品（11.2）
8501630000	375kVA<输出功率≤750kVA 交流发电机（不包括光伏发电机）			进口旧机电产品（11.2）
8501641010	由使用可再生燃料锅炉和涡轮机组驱动的交流发电机，750kVA<输出功率≤350MVA			进口旧机电产品（11.2）
8501641090	其他 750kVA<输出功率≤350MVA 的交流发电机（不包括光伏发电机）			进口旧机电产品（11.2）
8501642010	由使用可再生燃料锅炉和涡轮机组驱动的交流发电机，350MVA<输出功率≤665MVA			进口旧机电产品（11.2）
8501642090	其他 350MVA<输出功率≤665MVA 交流发电机（不包括光伏发电机）			进口旧机电产品（11.2）
8501643010	由使用可再生燃料锅炉和涡轮机组驱动的交流发电机，输出功率>665MVA			进口旧机电产品（11.2）
8501643090	其他输出功率>665MVA 交流发电机（不包括光伏发电机）			进口旧机电产品（11.2）
8501710000	输出功率≤50W 的光伏直流发电机		L/	进口旧机电产品（11.2）
8501721000	50W<输出功率≤750W 的光伏直流发电机		L/	进口旧机电产品（11.2）
8501722000	750W<输出功率≤75kW 的光伏直流发电机		L/	进口旧机电产品（11.2）
8501723000	75kW<输出功率≤375kW 的光伏直流发电机			进口旧机电产品（11.2）
8501724000	输出功率>375kW 的光伏直流发电机			进口旧机电产品（11.2）
8501801000	输出功率≤75kVA 的光伏交流发电机			进口旧机电产品（11.2）
8501802000	75kVA<输出功率≤375kVA 的光伏交流发电机			进口旧机电产品（11.2）
8501803000	375kVA<输出功率≤750kVA 的光伏交流发电机			进口旧机电产品（11.2）
8501804100	其他 750kVA<输出功率≤350MVA 的光伏交流发电机			进口旧机电产品（11.2）
8501804200	其他 350MVA<输出功率≤665MVA 的光伏交流发电机			进口旧机电产品（11.2）
8501804300	其他输出功率>665MVA 的光伏交流发电机			进口旧机电产品（11.2）
8502110000	输出功率≤75kVA 柴油发电机组（包括半柴油发电机组）			进口旧机电产品（11.2）
8502120000	75kVA<输出功率≤375kVA 柴油发电机组（包括半柴油发电机组）			进口旧机电产品（11.2）
8502131000	375kVA<输出功率≤2MVA 柴油发电机组（包括半柴油发电机组）			进口旧机电产品（11.2）
8502132000	输出功率>2MVA 柴油发电机组（包括半柴油发电机组）			进口旧机电产品（11.2）
8502200010	以沼气为燃料的装有点燃式活塞发动机的发电机组（功率≥1000kW，发电效率≥40%）			进口旧机电产品（11.2）
8502200090	其他装有点燃式活塞发动机的发电机组（内燃的）			进口旧机电产品（11.2）
8502310000	风力发电设备			进口旧机电产品（11.2）
8502390010	依靠可再生能源（太阳能、小水电、潮汐、沼气、地热能、生物质/余热驱动的汽轮机）生产电力的发电机组			进口旧机电产品（11.2）
8502390090	其他发电机组（风力驱动除外）			进口旧机电产品（11.2）
8502400000	旋转式变流机			进口旧机电产品（11.2）
8503001000	玩具用电动机等微电动机零件（编号 85011010 及 85011091 所列电动机零件）			进口旧机电产品（11.2）
8503002000	输出功率>350MVA 交流发电机零件（编号 85016420 及 85016430 所列发电机零件）			进口旧机电产品（11.2）
8503003000	风力发电设备的零件（编号 85023100 所列发电机组零件）			进口旧机电产品（11.2）
8503009010	电动机定子（用于真空中频率 600～2000Hz、功率 50～1000VA 条件下）			进口旧机电产品（11.2）
8503009020	由使用可再生燃料锅炉和涡轮机组驱动的输出功率超过 750kVA 不超过 350MVA 的交流发电机的零件			进口旧机电产品（11.2）
8503009030	靠可再生能源（太阳能、小水电、潮汐、沼气、地热能、生物质/余热驱动的汽轮机）生产电力发电机组的零件			进口旧机电产品（11.2）
8503009040	飞机发动机用交流发电机定子			进口旧机电产品（11.2）

续表183

商品编号	商品名称	监管条件	检验检疫类别	检验检疫要求
8503009050	燃料电池用膜电极组件（主要由质子交换膜、催化剂和气体扩散层构成）			进口旧机电产品（11.2）
8503009090	其他电动机、发电机（组）零件			进口旧机电产品（11.2）
8504101000	电子镇流器		L/	进口旧机电产品（11.2） 进口强制性产品认证（11.1）
8504109000	其他放电灯或放电管用镇流器		L/	进口旧机电产品（11.2） 进口强制性产品认证（11.1）
8504210000	额定容量≤650kVA 液体介质变压器			进口旧机电产品（11.2）
8504220000	650kVA<额定电压≤10MVA 液体介质变压器			进口旧机电产品（11.2）
8504231100	10MVA<额定容量<220MVA 液体变压器			进口旧机电产品（11.2）
8504231200	220MVA≤额定容量<330MVA 液体变压器			进口旧机电产品（11.2）
8504231300	330MVA≤额定容量<400MVA 液体变压器			进口旧机电产品（11.2）
8504232100	400MVA≤额定容量<500MVA 液体变压器			进口旧机电产品（11.2）
8504232900	额定容量≥500MVA 液体变压器			进口旧机电产品（11.2）
8504311000	额定容量不超过 1kVA 的互感器			进口旧机电产品（11.2）
8504319000	额定容量≤1kVA 的其他变压器			进口旧机电产品（11.2）
8504321000	1kVA<额定容量≤16kVA 的互感器			进口旧机电产品（11.2）
8504329000	1kVA<额定容量≤16kVA 的其他变压器			进口旧机电产品（11.2）
8504331000	16kVA<额定容量≤500kVA 互感器			进口旧机电产品（11.2）
8504339000	16kVA<额定容量≤500kVA 其他变压器			进口旧机电产品（11.2）
8504341000	额定容量>500kVA 的互感器			进口旧机电产品（11.2）
8504349000	额定容量>500kVA 的其他变压器			进口旧机电产品（11.2）
8504401300	品目 8471 所列机器用的稳压电源	A/	L/	进口旧机电产品（11.2） 进口强制性产品认证（11.1）
8504401400	功率<1 千瓦直流稳压电源（稳压系数低于万分之一，品目 8471 所列机器用除外）			进口旧机电产品（11.2） 进口强制性产品认证（11.1）
8504401500	功率<10 千瓦其他交流稳压电源（精度低于千分之一）			进口旧机电产品（11.2）
8504401910	同位素电磁分离器离子源磁体电源（高功率直流型）			进口旧机电产品（11.2）
8504401920	直流高功率电源（能 8 小时连续产生 100V、500A 电流，稳定度优于 0.1%）			进口旧机电产品（11.2）
8504401930	高压直流电源（能 8 小时连续产生 20kV、1A 电流，稳定度优于 0.2%）			进口旧机电产品（11.2）
8504401940	同位素电磁分离器离子源高压电源			进口旧机电产品（11.2）
8504401990	其他稳压电源		L/	进口旧机电产品（11.2） 进口强制性产品认证（11.1）
8504402000	不间断供电电源（UPS）			进口旧机电产品（11.2）
8504403010	两用物项管制的逆变器（功率≥40 瓦，频率 600 至 2000 赫兹，谐波畸变低于 10%等）			进口旧机电产品（11.2）
8504403090	其他逆变器			进口旧机电产品（11.2）
8504409100	其他具有变流功能的半导体模块			进口旧机电产品（11.2）
8504409930	专用 8503009010 电动机定子的频率变换器［1. 多相输出 600 赫兹或更高；2. 高稳定性（频率控制优于 0.2%）］			进口旧机电产品（11.2）
8504409940	两用物项管制的频率变换器（功率≥40 瓦，频率 600 至 2000 赫兹，谐波畸变低于 10%等）			进口旧机电产品（11.2）
8504409950	电源（真空或受控环境感应炉用电源，额定输出功率≥5 千瓦）			进口旧机电产品（11.2）
8504409960	模块式电脉冲发生器（在 15 毫秒内输出电流>100 安，密封在防尘罩内，温宽范围大）			进口旧机电产品（11.2）
8504409999	其他未列名静止式变流器			进口旧机电产品（11.2）
8504500000	其他电感器			进口旧机电产品（11.2）

续表184

商品编号	商品名称	监管条件	检验检疫类别	检验检疫要求
8504901100	额定容量>400MVA 液体介质变压器零件			进口旧机电产品（11.2）
8504901900	其他变压器零件			进口旧机电产品（11.2）
8504902000	稳压电源及不间断供电电源零件			进口旧机电产品（11.2）
8504909000	其他静止式变流器及电感器零件			进口旧机电产品（11.2）
8505111000	稀土永磁铁及稀土永磁体			进口旧机电产品（11.2）
8505119000	其他金属的永磁铁及永磁体			进口旧机电产品（11.2）
8505190010	磁极块（直径大于2米，用在同位素电磁分离器内）			进口旧机电产品（11.2）
8505190090	其他非金属的永磁铁及永磁体			进口旧机电产品（11.2）
8505200000	电磁联轴节、离合器及制动器			进口旧机电产品（11.2）
8505901000	电磁起重吸盘			进口旧机电产品（11.2）
8505909010	超导螺线电磁体（产生超过2个泰斯拉磁场，长径比≥2，内径≥300毫米等）			进口旧机电产品（11.2）
8505909020	专门或主要用于核磁共振成像装置的电磁体，但品目9018所列其他电磁铁除外			进口旧机电产品（11.2）
8505909030	品目8486项下晶体生长设备及拉晶机用超导磁体			进口旧机电产品（11.2）
8505909090	其他电磁铁；电磁铁或永磁铁卡盘、夹具及类似的工件夹具；品目8505的零件			进口旧机电产品（11.2）
8506101110	扣式无汞碱性锌锰的原电池及原电池组（汞含量<电池重量的0.0005%）			进口旧机电产品（11.2）
8506101190	扣式含汞碱性锌锰的原电池及原电池组（汞含量≥电池重量的0.0005%）			禁止进出口 进口旧机电产品（11.2）
8506101210	圆柱形无汞碱性锌锰的原电池及原电池组（汞含量<电池重量的0.0001%）			进口旧机电产品（11.2）
8506101290	圆柱形含汞碱性锌锰的原电池及原电池组（汞含量≥电池重量的0.0001%）			禁止进出口 进口旧机电产品（11.2）
8506101910	其他无汞碱性锌锰的原电池及原电池组（汞含量<电池重量的0.0001%）			进口旧机电产品（11.2）
8506101990	其他含汞碱性锌锰的原电池及原电池组（汞含量≥电池重量的0.0001%）			禁止进出口 进口旧机电产品（11.2）
8506109010	其他无汞二氧化锰的原电池及原电池组（汞含量<电池重量的0.0001%，扣式电池的汞含量<电池重量的0.0005%）			进口旧机电产品（11.2）
8506109090	其他含汞二氧化锰的原电池及原电池组（汞含量≥电池重量的0.0001%，扣式电池的汞含量≥电池重量的0.0005%）			禁止进出口 进口旧机电产品（11.2）
8506300000	氧化汞的原电池及原电池组			禁止进出口 进口旧机电产品（11.2）
8506400010	氧化银的原电池及原电池组（无汞）（汞含量<电池重量的0.0001%，扣式电池的汞含量<电池重量的0.0005%）			进口旧机电产品（11.2）
8506400090	氧化银的原电池及原电池组（含汞）（汞含量≥电池重量的0.0001%，扣式电池的汞含量≥电池重量的0.0005%）			禁止进出口 进口旧机电产品（11.2）
8506500000	锂的原电池及原电池组	A/	M/	电池（11.7） 进口旧机电产品（11.2）
8506600010	锌空气的原电池及原电池组（无汞）（汞含量<电池重量的0.0001%，扣式电池的汞含量<电池重量的0.0005%）			进口旧机电产品（11.2）
8506600090	锌空气的原电池及原电池组（含汞）（汞含量≥电池重量的0.0001%，扣式电池的汞含量≥电池重量的0.0005%）			禁止进出口 进口旧机电产品（11.2）
8506800011	无汞燃料电池（汞含量<电池重量的0.0001%，扣式电池的汞含量<电池重量的0.0005%）			进口旧机电产品（11.2）

续表185

商品编号	商品名称	监管条件	检验检疫类别	检验检疫要求
8506800019	其他无汞原电池及原电池组（汞含量<电池重量的 0.0001%，扣式电池的汞含量<电池重量的 0.0005%）			进口旧机电产品（11.2）
8506800091	含汞燃料电池（汞含量≥电池重量的 0.0001%，扣式电池的汞含量≥电池重量的 0.0005%）			禁止进出口 进口旧机电产品（11.2）
8506800099	其他含汞原电池及原电池组（汞含量≥电池重量的 0.0001%，扣式电池的汞含量≥电池重量的 0.0005%）			禁止进出口 进口旧机电产品（11.2）
8506901000	二氧化锰原电池或原电池组的零件			进口旧机电产品（11.2）
8506909000	其他原电池组或原电池组的零件			危险化学品（12.1） 进口旧机电产品（11.2）
8507100000	启动活塞式发动机用铅酸蓄电池			进口旧机电产品（11.2）
8507200000	其他铅酸蓄电池			进口旧机电产品（11.2）
8507300010	飞机用镍镉蓄电池			进口旧机电产品（11.2）
8507300090	其他镍镉蓄电池			进口旧机电产品（11.2）
8507500000	镍氢蓄电池			进口旧机电产品（11.2）
8507600020	纯电动汽车或插电式混合动力汽车用锂离子蓄电池系统（包含蓄电池模块、容器、盖、冷却系统、管理系统等，比能量≥80Wh/kg）	A/	M/	电池（11.7） 进口旧机电产品（11.2）
8507600030	飞机用锂离子蓄电池			进口旧机电产品（11.2）
8507600090	其他锂离子蓄电池	A/	M/	电池（11.7） 进口旧机电产品（11.2） 进口强制性产品认证（11.1） 音视频、信息技术和通信技术设备（11.7）
8507803000	全钒液流电池			进口旧机电产品（11.2）
8507809000	其他蓄电池			进口旧机电产品（11.2） 进口强制性产品认证（11.1）
8507901000	铅酸蓄电池零件			进口旧机电产品（11.2）
8507909000	其他蓄电池零件			进口旧机电产品（11.2）
8508110000	电动的真空吸尘器（功率不超过 1500 瓦，且带有容积不超过 20 升的集尘袋或其他集尘容器）			进口旧机电产品（11.2） 进口强制性产品认证（11.1）
8508190000	其他电动的真空吸尘器			进口旧机电产品（11.2） 进口强制性产品认证（11.1）
8508600000	其他真空吸尘器（非电动）			进口旧机电产品（11.2）
8508701000	编号 85081100 所列吸尘器用零件			进口旧机电产品（11.2）
8508709000	其他真空吸尘器零件			进口旧机电产品（11.2）
8509401000	水果或蔬菜的榨汁机	A/	L. R/	进口旧机电产品（11.2） 家用和类似用途电器（11.7） 进口强制性产品认证（11.1）
8509409000	食品研磨机，搅拌器	A/	L. R/	进口旧机电产品（11.2） 家用和类似用途电器（11.7） 进口强制性产品认证（11.1）
8509801000	地板打蜡机			进口旧机电产品（11.2）
8509802000	厨房废物处理器			进口旧机电产品（11.2）
8509809000	其他家用电动器具	A/	L/	进口旧机电产品（11.2） 进口强制性产品认证（11.1）
8509900000	家用电动器具的零件			进口旧机电产品（11.2）
8510100000	电动剃须刀			进口旧机电产品（11.2）
8510200000	电动毛发推剪			进口旧机电产品（11.2）
8510300000	电动脱毛器			进口旧机电产品（11.2）
8510900000	品目 8510 所列货品的零件			进口旧机电产品（11.2）

续表186

商品编号	商品名称	监管条件	检验检疫类别	检验检疫要求
8511100000	火花塞			进口旧机电产品（11.2）
8511201000	其他点火磁电机、磁飞轮（包括永磁直流发电机）			进口旧机电产品（11.2）
8511209000	其他点火磁电机、磁飞轮（包括永磁直流发电机）			进口旧机电产品（11.2）
8511301000	分电器及点火线圈（指机车、航空器、船舶用）			进口旧机电产品（11.2）
8511309000	其他用途用分电器、点火线圈			进口旧机电产品（11.2）
8511401010	飞机辅助动力装置电源启动马达			进口旧机电产品（11.2）
8511401090	其他启动电机及两用启动发电机（指机车、航空器、船舶用）			进口旧机电产品（11.2）
8511409100	输出功率≥132.39 千瓦启动电机（输出功率在 180 马力及以上的发动机用）			进口旧机电产品（11.2）
8511409900	其他用途的启动电机（包括两用启动发电机）			进口旧机电产品（11.2）
8511501000	其他机车，航空器，船舶用发电机			进口旧机电产品（11.2）
8511509000	其他附属于内燃发动机的发电机			进口旧机电产品（11.2）
8511800000	发动机用电点火，启动的其他装置（指点燃式或压燃式内燃发动机用的）			进口旧机电产品（11.2）
8511901010	飞机发动机用三相交流发电机用壳体			进口旧机电产品（11.2）
8511901090	车船飞机用其他电点火，启动装置零件（指品目 8511 所列供机车、航空器及船舶用各种装置的零件）			进口旧机电产品（11.2）
8511909000	其他用电点火，电启动装置的零件（指品目 8511 所列供其他用途的各种装置的零件）			进口旧机电产品（11.2）
8512100000	自行车用照明或视觉信号装置			进口旧机电产品（11.2）
8512201000	机动车辆用照明装置		L/	进口旧机电产品（11.2） 进口强制性产品认证（11.1）
8512209000	其他照明或视觉信号装置（包括机动车辆用视觉装置）		L/	进口旧机电产品（11.2） 进口强制性产品认证（11.1）
8512301100	机动车辆用喇叭、蜂鸣器			进口旧机电产品（11.2）
8512301200	机动车辆用防盗报警器			进口旧机电产品（11.2）
8512301900	机动车辆用其他音响信号装置			进口旧机电产品（11.2）
8512309000	其他车辆用电器音响信号装置			进口旧机电产品（11.2）
8512400000	车辆风挡刮水器、除霜器及去雾器			进口旧机电产品（11.2）
8512900000	品目 8512 所列装置的零件（指车辆等用照明、信号装置、风挡刮水器、除霜器等零件）			进口旧机电产品（11.2）
8513101000	手电筒			进口旧机电产品（11.2）
8513109000	其他自供能源手提式电灯（但品目 8512 的照明装置除外）			进口旧机电产品（11.2）
8513901000	手电筒零件			进口旧机电产品（11.2）
8513909000	其他自供能源手提式电灯零件			进口旧机电产品（11.2）
8514110010	热等静压机（两用物项管制机器及机械器具）			进口旧机电产品（11.2）
8514110090	热等静压机			进口旧机电产品（11.2）
8514191000	可控气氛热处理炉			进口旧机电产品（11.2）
8514199000	工业用其他电阻加热炉及烘箱（包括实验室用）			进口旧机电产品（11.2）
8514200010	真空感应炉或受控环境感应炉（工作温度>850℃，感应线圈直径≤600 毫米，功率≥5 千瓦）			进口旧机电产品（11.2）
8514200090	其他感应或介质损耗工作炉及烘箱（包括实验室用）			进口旧机电产品（11.2）
8514310010	电子束熔化炉（功率≥50 千瓦，能在>1200℃的熔化温度工作）			进口旧机电产品（11.2）
8514310090	其他电子束炉（包括实验室用）			进口旧机电产品（11.2）
8514320010	真空电弧重熔炉、真空电弧熔炉和真空电弧融化铸造炉（容量 1000~20000 立方厘米，使用自耗电极，工作温度 1700℃以上）			进口旧机电产品（11.2）
8514320020	等离子体雾化炉和等离子体熔化炉（功率≥50 千瓦，能在>1200℃的熔化温度工作）			进口旧机电产品（11.2）
8514320090	其他等离子及真空电弧炉（包括实验室用）			进口旧机电产品（11.2）

续表187

商品编号	商品名称	监管条件	检验检疫类别	检验检疫要求
8514390010	其他电弧重熔炉、电弧熔炉和电弧融化铸造炉（容量1000~20000立方厘米，使用自耗电极，工作温度1700℃以上）			进口旧机电产品（11.2）
8514390090	工业用其他电炉及电烘箱（包括实验室用）			进口旧机电产品（11.2）
8514400000	其他感应或介质损耗的工业用加热设备（包括实验室用）			进口旧机电产品（11.2）
8514901000	炼钢电炉用零件			进口旧机电产品（11.2）
8514909000	工业用电阻加热炉及烘箱等零件（指品目8514所列货品的零件）			进口旧机电产品（11.2）
8515110000	钎焊机器及装置用烙铁及焊枪			进口旧机电产品（11.2）
8515190010	专门或主要用于印刷电路组件制造的其他波峰焊接机器			进口旧机电产品（11.2）
8515190090	其他钎焊机器及装置			进口旧机电产品（11.2）
8515212000	电阻焊接机器人			进口旧机电产品（11.2）
8515219100	直缝焊管机（电阻焊接式，全自动或半自动的）			进口旧机电产品（11.2）
8515219900	其他电阻焊接机器（全自动或半自动的）			进口旧机电产品（11.2）
8515290000	其他电阻焊接机器及装置			进口旧机电产品（11.2）
8515312000	电弧（包括等离子弧）焊接机器人	A/	L/	进口旧机电产品（11.2） 进口强制性产品认证（11.1）
8515319100	螺旋焊管机［电弧（包括等离子弧）焊接式，全自动或半自动的］			进口旧机电产品（11.2） 进口强制性产品认证（11.1）
8515319900	其他电弧（包括等离子弧）焊接机及装置（全自动或半自动的）	A/	L/	进口旧机电产品（11.2） 进口强制性产品认证（11.1）
8515390000	其他电弧（等离子弧）焊接机器及装置（非全自动或半自动的）	A/	L/	进口旧机电产品（11.2） 进口强制性产品认证（11.1）
8515801000	激光焊接机器人			进口旧机电产品（11.2）
8515809010	电子束、激光自动焊接机（将端塞焊接于燃料细棒（或棒）的自动焊接机）			进口旧机电产品（11.2）
8515809090	其他焊接机器及装置		L/	进口旧机电产品（11.2） 进口强制性产品认证（11.1）
8515900010	专门或主要用于印刷电路组件制造的其他波峰焊接机器的零件			进口旧机电产品（11.2）
8515900090	其他电气等焊接机器及装置零件（包括激光，其他光，光子束，超声波，电子束磁脉冲等）			进口旧机电产品（11.2）
8516101000	储存式电热水器	A/	L/	进口旧机电产品（11.2） 涉氯氟烃物质设备（11.7） 进口强制性产品认证（11.1）
8516102000	即热式电热水器	A/	L/	进口旧机电产品（11.2） 进口强制性产品认证（11.1）
8516109000	其他电热水器	A/	L/	进口旧机电产品（11.2） 进口强制性产品认证（11.1）
8516210000	电气储存式散热器			进口旧机电产品（11.2）
8516291000	电气土壤加热器			进口旧机电产品（11.2）
8516292000	辐射式空间加热器		L/	进口旧机电产品（11.2） 进口强制性产品认证（11.1）
8516293100	风扇式对流空间加热器		L/	进口旧机电产品（11.2） 进口强制性产品认证（11.1）
8516293200	充液式对流空间加热器		L/	进口旧机电产品（11.2） 进口强制性产品认证（11.1）
8516293900	其他对流式空间加热器		L/	进口旧机电产品（11.2） 进口强制性产品认证（11.1）
8516299000	电气空间加热器		L/	进口旧机电产品（11.2） 进口强制性产品认证（11.1）

续表188

商品编号	商品名称	监管条件	检验检疫类别	检验检疫要求
8516310000	电吹风机	A/	L. M/	进口旧机电产品（11.2） 家用和类似用途电器（11.7） 进口强制性产品认证（11.1）
8516320000	其他电热理发器具	A/	L. M/	进口旧机电产品（11.2） 家用和类似用途电器（11.7） 进口强制性产品认证（11.1）
8516330000	电热干手器	A/	L. M/	进口旧机电产品（11.2） 家用和类似用途电器（11.7） 进口强制性产品认证（11.1）
8516400000	电熨斗	A/	L. M/	进口旧机电产品（11.2） 家用和类似用途电器（11.7） 进口强制性产品认证（11.1）
8516500000	微波炉	A/	L. M. R/	进口旧机电产品（11.2） 家用和类似用途电器（11.7） 进口强制性产品认证（11.1）
8516601000	电磁炉	A/	L/	进口旧机电产品（11.2） 进口强制性产品认证（11.1）
8516603000	电饭锅	A/	L. R/	进口旧机电产品（11.2） 家用和类似用途电器（11.7） 进口强制性产品认证（11.1）
8516604000	电炒锅	A/	R/	进口旧机电产品（11.2） 家用和类似用途电器（11.7）
8516605000	电烤箱	A/	L. M/	进口旧机电产品（11.2） 家用和类似用途电器（11.7） 进口强制性产品认证（11.1）
8516609000	其他电热炉（包括电热板、加热环、烧烤炉及烘烤器）	A/	L. M/	进口旧机电产品（11.2） 家用和类似用途电器（11.7） 进口强制性产品认证（11.1）
8516711000	滴液式咖啡机	A/	L. R/	进口旧机电产品（11.2） 家用和类似用途电器（11.7） 进口强制性产品认证（11.1）
8516712000	蒸馏渗滤式咖啡机	A/	L. R/	进口旧机电产品（11.2） 家用和类似用途电器（11.7） 进口强制性产品认证（11.1）
8516713000	泵压式咖啡机	A/	L. R/	进口旧机电产品（11.2） 家用和类似用途电器（11.7） 进口强制性产品认证（11.1）
8516719000	其他电热咖啡机和茶壶	A/	L. R/	进口旧机电产品（11.2） 家用和类似用途电器（11.7） 进口强制性产品认证（11.1）
8516721000	家用自动面包机	A/	L. M. R/	进口旧机电产品（11.2） 家用和类似用途电器（11.7） 进口强制性产品认证（11.1）
8516722000	片式烤面包机（多士炉）	A/	L. M. R/	进口旧机电产品（11.2） 家用和类似用途电器（11.7） 进口强制性产品认证（11.1）

续表189

商品编号	商品名称	监管条件	检验检疫类别	检验检疫要求
8516729000	其他电热烤面包器	A/	L. M. R/	进口旧机电产品（11.2） 家用和类似用途电器（11.7） 进口强制性产品认证（11.1）
8516791000	电热饮水机	A/	L/	进口旧机电产品（11.2） 进口强制性产品认证（11.1）
8516799000	其他电热器具	A/	L/	进口旧机电产品（11.2） 进口强制性产品认证（11.1）
8516800000	加热电阻器			进口旧机电产品（11.2）
8516901000	土壤加热器及加热电阻器零件			进口旧机电产品（11.2）
8516909000	品目 8516 所列货品的其他零件			进口旧机电产品（11.2）
8517110010	无绳加密电话机	A/	L/	进口旧机电产品（11.2）
8517110090	其他无绳电话机	A/	L/	进口旧机电产品（11.2）
8517130000	智能手机	A/	L/	进口旧机电产品（11.2） 进口强制性产品认证（11.1）
8517141011	GSM 数字式手持无线电话整套散件			进口旧机电产品（11.2）
8517141021	CDMA 数字式手持无线电话整套散件			进口旧机电产品（11.2）
8517141090	其他手持式无线电话机（包括车载式无线电话机）	A/	L/	进口旧机电产品（11.2） 进口强制性产品认证（11.1）
8517142000	对讲机（用于蜂窝网络或其他无线网络的）			进口旧机电产品（11.2）
8517149000	其他用于蜂窝网络或其他无线网络的电话机		L/	进口旧机电产品（11.2） 进口强制性产品认证（11.1）
8517180010	其他加密电话机			进口旧机电产品（11.2）
8517180090	其他电话机			进口旧机电产品（11.2）
8517611010	GSM 式移动通信基地站			进口旧机电产品（11.2）
8517611020	CDMA 式移动通信基地站			进口旧机电产品（11.2）
8517611030	TACS 式移动通信基地站			进口旧机电产品（11.2）
8517611090	其他移动通信基地站			进口旧机电产品（11.2）
8517619000	其他基站			进口旧机电产品（11.2）
8517621100	局用电话交换机、长途电话交换机、电报交换机，数字式			进口旧机电产品（11.2）
8517621200	数字移动通信交换机			进口旧机电产品（11.2）
8517621900	其他数字式程控电话交换机			进口旧机电产品（11.2）
8517622100	光端机及脉冲编码调制设备（PCM）		L/	进口旧机电产品（11.2）
8517622200	波分复用光传输设备		L/	进口旧机电产品（11.2）
8517622910	光通信加密路由器	A/	L/	进口旧机电产品（11.2）
8517622920	光通信加密 VPN 设备	A/	L. M/	进口旧机电产品（11.2） 音视频、信息技术和通信技术设备（11.7）
8517622990	其他光通信设备	A/	L/	进口旧机电产品（11.2）
8517623100	非光通信网络时钟同步设备		L/	进口旧机电产品（11.2）
8517623200	非光通信以太网络交换机			进口旧机电产品（11.2）
8517623300	IP 电话信号转换设备			进口旧机电产品（11.2）
8517623400	调制解调器			进口旧机电产品（11.2）
8517623500	集线器	A/	L/	进口旧机电产品（11.2）
8517623600	路由器			进口旧机电产品（11.2）
8517623710	为聚合高性能数字计算机性能而专门设计的有线网络接口卡［单链路单向通信速率超过 2.0GB/S，自定义通信协议。高性能数字计算机是指调整后峰值性能（APP）大于 8.0 加权每秒万亿次浮点运算的数字计算机］			进口旧机电产品（11.2）
8517623790	其他有线网络接口卡		L/	进口旧机电产品（11.2）

续表190

商品编号	商品名称	监管条件	检验检疫类别	检验检疫要求
8517623910	为聚合高性能数字计算机性能而专门设计的交换机［单链路单向通信速率超过2.0GB/S，自定义通信协议。高性能数字计算机是指调整后峰值性能（APP）大于8.0加权每秒万亿次浮点运算的数字计算机］			进口旧机电产品（11.2）
8517623920	其他加密VPN设备			进口旧机电产品（11.2）
8517623990	其他有线数字通信设备		L/	进口旧机电产品（11.2）
8517629200	无线网络接口卡		L/	进口旧机电产品（11.2） 进口强制性产品认证（11.1）
8517629300	无线接入固定台		L/	进口旧机电产品（11.2） 进口强制性产品认证（11.1）
8517629400	无线耳机			进口旧机电产品（11.2）
8517629910	两用物项管制的无人机专用有发送且有接收功能的无线通讯设备			进口旧机电产品（11.2）
8517629990	其他接收、转换并发送或再生音像或其他数据用的设备			进口旧机电产品（11.2）
8517691001	用于呼叫、提示和寻呼的便携式接收器			进口旧机电产品（11.2）
8517691002	两用物项管制的无人机专用的无线通讯发送或接收设备			进口旧机电产品（11.2）
8517691091	卫星地球站（含终端地球站）无线电发射设备（无线电广播、电视用卫星地面站设备除外）			进口旧机电产品（11.2）
8517691099	其他无线通信设备	A/	L/	进口旧机电产品（11.2） 进口强制性产品认证（11.1）
8517699000	其他有线通信设备		L/	进口旧机电产品（11.2）
8517710000	各种天线和天线反射器及其零件			进口旧机电产品（11.2）
8517791000	数字式程控电话或电报交换机零件			进口旧机电产品（11.2）
8517792000	光端机、脉冲编码调制设备的零件			进口旧机电产品（11.2）
8517793000	智能手机及其他手持（包括车载）式无线电话机用（天线除外）			进口旧机电产品（11.2）
8517794000	对讲机用零件（天线除外）			进口旧机电产品（11.2）
8517795000	光通信设备的激光收发模块			进口旧机电产品（11.2）
8517799000	品目8517所列其他通信设备零件			进口旧机电产品（11.2）
8518100000	传声器（麦克风）及其座架			进口旧机电产品（11.2）
8518210000	单喇叭音箱			进口旧机电产品（11.2）
8518220000	多喇叭音箱			进口旧机电产品（11.2）
8518290000	其他扬声器			进口旧机电产品（11.2）
8518300000	耳机、耳塞机（包括传声器与扬声器的组合机）			进口旧机电产品（11.2）
8518400000	其他音频扩大器			进口旧机电产品（11.2）
8518500000	电气扩音机组		L/	进口旧机电产品（11.2）
8518900000	品目8518所列货品的零件			进口旧机电产品（11.2）
8519200000	以特定支付方式使其工作的声音录制或重放设备			进口旧机电产品（11.2）
8519300000	转盘（唱机唱盘）			进口旧机电产品（11.2）
8519811100	未装有声音录制装置的盒式磁带型声音重放装置（编辑节目用放声机除外）	A/	L/	进口旧机电产品（11.2）
8519811200	装有声音重放装置的盒式磁带型录音机	A/	L/	进口旧机电产品（11.2）
8519811900	其他使用磁性媒体的声音录制或重放设备	A/	L/	进口旧机电产品（11.2）
8519812100	激光唱机，未装有声音录制装置	A/	L/	进口旧机电产品（11.2）
8519812910	具有录音功能的激光唱机	A/	L/	进口旧机电产品（11.2）
8519812990	其他使用光学媒体的声音录制或重放设备	A/	L/	进口旧机电产品（11.2）
8519813100	装有声音重放装置的闪速存储器型声音录制设备	A/	L/	进口旧机电产品（11.2）
8519813900	其他使用半导体媒体的声音录制或重放设备	A/	L/	进口旧机电产品（11.2）
8519891000	不带录制装置的其他唱机，不论是否带有扬声器（使用磁性、光学或半导体媒体的除外）	A/	L/	进口旧机电产品（11.2）
8519899000	其他声音录制或重放设备（使用磁性、光学或半导体媒体的除外）	A/	L/	进口旧机电产品（11.2）

续表191

商品编号	商品名称	监管条件	检验检疫类别	检验检疫要求
8521101100	广播级磁带录像机（不论是否装有高频调谐放大器）			进口旧机电产品（11.2）
8521101900	其他磁带型录像机（不论是否装有高频调谐放大器）			进口旧机电产品（11.2）
8521102000	磁带放像机（不论是否装有高频调谐放大器）			进口旧机电产品（11.2）
8521901100	视频高密光盘（VCD）播放机	A/	L/	进口旧机电产品（11.2）
8521901200	其他数字化视频光盘（DVD）播放机	A/	L/	进口旧机电产品（11.2）
8521901900	其他激光视盘播放机	A/	L/	进口旧机电产品（11.2）
8521909010	用于光盘生产的金属母盘生产设备			进口旧机电产品（11.2）
8521909020	光盘型广播级录像机			进口旧机电产品（11.2）
8521909090	其他视频信号录制或重放设备（不论是否装有高频调谐放大器）	A/	L/	进口旧机电产品（11.2）
8522100000	拾音头			进口旧机电产品（11.2）
8522901000	转盘或唱机用零件、附件			进口旧机电产品（11.2）
8522902100	录音机走带机构（机芯）（不论是否装有磁头）			进口旧机电产品（11.2）
8522902200	磁头			进口旧机电产品（11.2）
8522902300	磁头零件			进口旧机电产品（11.2）
8522902900	盒式磁带录音机或放声机其他零件			进口旧机电产品（11.2）
8522903100	激光视盘机的机芯			进口旧机电产品（11.2）
8522903900	其他视频信号录制或重放设备的零件			进口旧机电产品（11.2）
8522909100	车载音频转播器或发射器			进口旧机电产品（11.2）
8522909900	品目8519或8521所列设备的其他零件			进口旧机电产品（11.2）
8523211000	未录制的磁条卡			进口旧机电产品（11.2）
8523212000	已录制的磁条卡			进口旧机电产品（11.2）
8523291100	未录制磁盘			进口旧机电产品（11.2）
8523291900	已录制磁盘			进口旧机电产品（11.2）
8523292100	未录制的宽度不超过4毫米的磁带			进口旧机电产品（11.2）
8523292200	未录制的宽度超过4毫米，但不超过6.5毫米的磁带			进口旧机电产品（11.2）
8523292300	未录制的宽度超过6.5毫米的磁带			进口旧机电产品（11.2）
8523292810	含人类遗传资源信息资料的重放声音或图像信息的磁带			进口旧机电产品（11.2）
8523292820	录有广播电影电视节目的重放声音或图像信息的磁带			进口旧机电产品（11.2）
8523292890	其他重放声音或图像信息的磁带			进口旧机电产品（11.2）
8523292910	其他含人类遗传资源信息资料的磁带			进口旧机电产品（11.2）
8523292920	录有广播电影电视节目的其他磁带			进口旧机电产品（11.2）
8523292990	已录制的其他磁带			进口旧机电产品（11.2）
8523299010	其他含人类遗传资源信息资料的磁性媒体			进口旧机电产品（11.2）
8523299020	其他录有广播电影电视节目的磁性媒体			进口旧机电产品（11.2）
8523299090	其他磁性媒体			进口旧机电产品（11.2）
8523410000	未录制光学媒体			进口旧机电产品（11.2）
8523491010	含人类遗传资源信息资料的仅用于重放声音信息的光学媒体			进口旧机电产品（11.2）
8523491020	录有广播电影电视节目的仅用于重放声音信息的光学媒体			进口旧机电产品（11.2）
8523491090	其他仅用于重放声音信息的已录制光学媒体			进口旧机电产品（11.2）
8523492010	含人类遗传资源信息资料的用于重放声音、图像以外信息的光学媒体			进口旧机电产品（11.2）
8523492090	其他用于重放声音、图像以外信息的光学媒体			进口旧机电产品（11.2）
8523499010	其他含人类遗传资源信息资料的光学媒体			进口旧机电产品（11.2）
8523499020	其他录有广播电影电视节目的光学媒体			进口旧机电产品（11.2）
8523499030	其他赴境外加工并返回境内的已录制光盘			进口旧机电产品（11.2）
8523499090	其他已录制光学媒体			进口旧机电产品（11.2）
8523511000	未录制的固态非易失性存储器件（闪速存储器）			进口旧机电产品（11.2）
8523512010	含人类遗传资源信息资料的固态非易失性存储器件（闪速存储器）			进口旧机电产品（11.2）
8523512020	录有广播电影电视节目的固态非易失性存储器件（闪速存储器）			进口旧机电产品（11.2）

续表192

商品编号	商品名称	监管条件	检验检疫类别	检验检疫要求
8523512030	赴境外加工并返回境内的已录制的固态非易失性存储器件（闪速存储器）			进口旧机电产品（11.2）
8523512090	其他已录制的固态非易失性存储器件（闪速存储器）			进口旧机电产品（11.2）
8523521000	未录制的“智能卡”			进口旧机电产品（11.2）
8523529000	其他“智能卡”			进口旧机电产品（11.2）
8523591000	其他未录制的半导体媒体			进口旧机电产品（11.2）
8523592010	其他含人类遗传资源信息资料的半导体媒体			进口旧机电产品（11.2）
8523592020	其他录有广播电影电视节目的半导体媒体			进口旧机电产品（11.2）
8523592030	其他赴境外加工并返回境内的已录制的半导体媒体			进口旧机电产品（11.2）
8523592090	其他已录制的半导体媒体			进口旧机电产品（11.2）
8523801110	录有广播电影电视节目的唱片			进口旧机电产品（11.2）
8523801120	赴境外加工并返回境内的已录制唱片			进口旧机电产品（11.2）
8523801190	其他已录制唱片			进口旧机电产品（11.2）
8523801900	其他唱片			进口旧机电产品（11.2）
8523802100	未录制的品目 8471 所列机器用其他媒体（磁性、光学或半导体媒体除外）			进口旧机电产品（11.2）
8523802910	其他含人类遗传资源信息资料的品目 8471 所列机器用其他媒体			进口旧机电产品（11.2）
8523802990	其他品目 8471 所列机器用其他媒体			进口旧机电产品（11.2）
8523809100	未录制的其他媒体（磁性、光学或半导体媒体除外）			进口旧机电产品（11.2）
8523809910	其他含人类遗传资源信息资料的媒体			进口旧机电产品（11.2）
8523809920	其他录有广播电影电视节目的媒体			进口旧机电产品（11.2）
8523809990	其他媒体			进口旧机电产品（11.2）
8524110000	不含驱动器或控制电路的液晶模组（不论是否装有触摸屏）			进口旧机电产品（11.2）
8524120000	不含驱动器或控制电路的有机发光二极管（OLED）模组（不论是否装有触摸屏）			进口旧机电产品（11.2）
8524191000	不含驱动器或控制电路的电视机用等离子显像组件（不论是否装有触摸屏）			进口旧机电产品（11.2）
8524192100	不含驱动器或控制电路的电视机用发光二极管模组（不论是否装有触摸屏）			进口旧机电产品（11.2）
8524192900	不含驱动器或控制电路的其他发光二极管模组（不论是否装有触摸屏）			进口旧机电产品（11.2）
8524199010	未切割的电子墨水屏（不论是否装有触摸屏）			进口旧机电产品（11.2）
8524199090	不含驱动器或控制电路的其他平板模组（不论是否装有触摸屏）			进口旧机电产品（11.2）
8524911000	专用于或主要用于品目 8517 所列装置的液晶模组（含驱动器或控制电路，不论是否装有触摸屏）			进口旧机电产品（11.2）
8524912020	用于雷达设备及无线电导航设备用的液晶平板显示模组［含驱动器或控制电路，不论是否装有触摸屏（P）］			进口旧机电产品（11.2）
8524912090	其他专用于或主要用于品目 8519、8521、8525、8526 或 8527 所列设备的液晶模组（含驱动器或控制电路，不论是否装有触摸屏）			进口旧机电产品（11.2）
8524913000	专用或主要用于品目 8535、8536 或 8537 所列装置的液晶模组（含驱动器或控制电路，不论是否装有触摸屏）			进口旧机电产品（11.2）
8524914000	专用于或主要用于品目 8701 至 8705 所列车辆的液晶模组（含驱动器或控制电路，不论是否装有触摸屏）			进口旧机电产品（11.2）
8524919010	专用于平板电脑和笔记本电脑的带触摸屏的液晶模组（含驱动器或控制电路，不论是否装有触摸屏）			进口旧机电产品（11.2）
8524919090	其他液晶模组（含驱动器或控制电路，不论是否装有触摸屏）			进口旧机电产品（11.2）
8524921000	专用于或主要用于品目 8517 所列装置的有机发光二极管（OLED）模组（含驱动器或控制电路，不论是否装有触摸屏）			进口旧机电产品（11.2）

续表193

商品编号	商品名称	监管条件	检验检疫类别	检验检疫要求
8524922020	用于雷达设备及无线电导航设备用的有机发光二极管平板显示模组［含驱动器或控制电路，不论是否装有触摸屏（P）］			进口旧机电产品（11.2）
8524922090	其他专用于或主要用于品目8519、8521、8525、8526或8527所列设备的有机发光二极管（OLED）模组（含驱动器或控制电路，不论是否装有触摸屏）			进口旧机电产品（11.2）
8524923000	专用于或主要用于品目8535、8536或8537所列装置的有机发光二极管（OLED）模组（含驱动器或控制电路，不论是否装有触摸屏）			进口旧机电产品（11.2）
8524924000	专用于或主要用于品目8701至8705所列车辆的有机发光二极管（OLED）模组（含驱动器或控制电路，不论是否装有触摸屏）			进口旧机电产品（11.2）
8524925000	电视接收机用的有机发光二极管（OLED）模组（含驱动器或控制电路，不论是否装有触摸屏）			进口旧机电产品（11.2）
8524926000	专用于或主要用于品目8528所列其他监视器的有机发光二极管（OLED）模组（含驱动器或控制电路，不论是否装有触摸屏）			进口旧机电产品（11.2）
8524929000	其他有机发光二极管（OLED）模组（含驱动器或控制电路，不论是否装有触摸屏）			进口旧机电产品（11.2）
8524991000	电视机用等离子显像组件（含驱动器或控制电路，不论是否装有触摸屏）			进口旧机电产品（11.2）
8524992100	电视机用发光二极管模组（含驱动器或控制电路，不论是否装有触摸屏）			进口旧机电产品（11.2）
8524992900	其他发光二极管模组（含驱动器或控制电路，不论是否装有触摸屏）			进口旧机电产品（11.2）
8524999010	专用于或主要用于品目8531、8543所列装置用电子墨水屏（含驱动器或控制电路，不论是否装有触摸屏）			进口旧机电产品（11.2）
8524999090	其他平板显示模组（含驱动器或控制电路，不论是否装有触摸屏）			进口旧机电产品（11.2）
8525500000	无线电广播、电视用发送设备			进口旧机电产品（11.2）
8525601000	无线电广播、电视用卫星地面站设备（装有接收装置的发送设备）			进口旧机电产品（11.2）
8525609000	其他装有接收装置的无线电广播、电视发送设备			进口旧机电产品（11.2）
8525811000	本章子目注释一所列高速电视摄像机			进口旧机电产品（11.2）
8525812000	本章子目注释一所列高速数字照相机			进口旧机电产品（11.2）
8525813000	本章子目注释一所列高速视频摄录一体机			进口旧机电产品（11.2）
8525821010	抗辐射电视摄像机［能抗 5×10^4 戈瑞（硅）以上辐射而又不会降低使用质量］			进口旧机电产品（11.2）
8525821090	其他本章子目注释二所列抗辐射或耐辐射电视摄像机			进口旧机电产品（11.2）
8525822000	本章子目注释二所列抗辐射或耐辐射数字照相机			进口旧机电产品（11.2）
8525823000	本章子目注释二所列抗辐射或耐辐射视频摄录一体机			进口旧机电产品（11.2）
8525831000	本章子目注释三所列夜视电视摄像机			进口旧机电产品（11.2）
8525832000	本章子目注释三所列夜视数字照相机			进口旧机电产品（11.2）
8525833000	本章子目注释三所列夜视视频摄录一体机			进口旧机电产品（11.2）
8525891110	两用物项管制的无人机专用热成像电视摄像机			进口旧机电产品（11.2）
8525891190	其他特种用途电视摄像机			进口旧机电产品（11.2）
8525891200	非特种用途广播级电视摄像机			进口旧机电产品（11.2）
8525891900	其他非特种用途电视摄像机及摄像组件（其他摄像组件由非广播级镜头+CCD/CMOS+数字信号处理电路构成）			进口旧机电产品（11.2）
8525892110	两用物项管制的无人机专用热成像数字照相机			进口旧机电产品（11.2）
8525892190	其他特种用途的数字照相机			进口旧机电产品（11.2）
8525892200	非特种用途的单镜头反光型数字照相机			进口旧机电产品（11.2）
8525892300	非特种用途其他可换镜头数字照相机			进口旧机电产品（11.2）
8525892900	其他非特种用途的数字照相机（单镜头反光型除外）			进口旧机电产品（11.2）
8525893110	两用物项管制的无人机专用热成像摄录一体机			进口旧机电产品（11.2）
8525893190	其他特种用途视频摄录一体机			进口旧机电产品（11.2）

续表194

商品编号	商品名称	监管条件	检验检疫类别	检验检疫要求
8525893200	非特种用途的广播级视频摄录一体机			进口旧机电产品（11.2）
8525893300	非特种用途的家用型视频摄录一体机			进口旧机电产品（11.2）
8525893900	其他非特种用途的视频摄录一体机（非广播级、非多用途）			进口旧机电产品（11.2） 进口强制性产品认证（11.1）
8526109019	其他飞机机载雷达（包括气象雷达，地形雷达和空中交通管制应答系统）			进口旧机电产品（11.2）
8526109020	雷达生命探测仪			进口旧机电产品（11.2）
8526109030	用于导弹、火箭等的机载雷达设备（用于弹道导弹、运载火箭、探空火箭、巡航导弹、无人驾驶航空飞行器的目标探测）			进口旧机电产品（11.2）
8526109040	用于导弹、火箭等的其他雷达设备（用于弹道导弹、运载火箭、探空火箭、巡航导弹、无人驾驶航空飞行器的目标探测）			进口旧机电产品（11.2）
8526109090	其他雷达设备			进口旧机电产品（11.2）
8526911000	机动车辆用无线电导航设备			进口旧机电产品（11.2）
8526919090	其他无线电导航设备			进口旧机电产品（11.2）
8526920010	两用物项管制的无人机专用无线电遥控设备			进口旧机电产品（11.2）
8526920090	无线电遥控设备			进口旧机电产品（11.2）
8527120000	不需外接电源袖珍盒式磁带收放机			进口旧机电产品（11.2）
8527130000	不需外接电源收录（放）音组合机			进口旧机电产品（11.2）
8527190000	不需外接电源无线电收音机			进口旧机电产品（11.2）
8527210010	具备接收和转换数字广播数据系统信号功能需外接电源的汽车用收录（放）音组合机			进口旧机电产品（11.2）
8527210090	其他需外接电源汽车收录（放）音组合机			进口旧机电产品（11.2）
8527290000	需外接电源汽车用无线电收音机			进口旧机电产品（11.2）
8527910000	其他收录（放）音组合机			进口旧机电产品（11.2）
8527920000	带时钟的收音机			进口旧机电产品（11.2）
8527990000	其他收音机			进口旧机电产品（11.2）
8528420000	可直接连接且设计用于品目 8471 的自动数据处理设备的阴极射线管监视器			进口旧机电产品（11.2） 进口强制性产品认证（11.1）
8528491000	其他彩色的阴极射线管监视器			进口旧机电产品（11.2）
8528499000	其他单色的阴极射线管监视器			进口旧机电产品（11.2）
8528521100	专用或主要用于品目 8471 商品的液晶监视器			进口旧机电产品（11.2） 进口强制性产品认证（11.1）
8528521200	其他可直接连接且设计用于品目 8471 的自动数据处理设备的彩色液晶监视器			进口旧机电产品（11.2） 进口强制性产品认证（11.1）
8528521900	其他可直接连接且设计用于品目 8471 的自动数据处理设备的单色液晶监视器			进口旧机电产品（11.2） 进口强制性产品认证（11.1）
8528529100	专用或主要用于品目 8471 商品的其他彩色监视器			进口旧机电产品（11.2） 进口强制性产品认证（11.1）
8528529200	其他可直接连接且设计用于品目 8471 的自动数据处理设备的其他彩色监视器			进口旧机电产品（11.2） 进口强制性产品认证（11.1）
8528529900	其他可直接连接且设计用于品目 8471 的自动数据处理设备的其他单色监视器			进口旧机电产品（11.2） 进口强制性产品认证（11.1）
8528591020	航空器用显示器			进口旧机电产品（11.2）
8528591090	其他彩色的监视器			进口旧机电产品（11.2）
8528599000	其他单色的监视器			进口旧机电产品（11.2）
8528621000	专用或主要用于品目 8471 商品的投影机			进口旧机电产品（11.2） 进口强制性产品认证（11.1）
8528622000	其他可直接连接且设计用于品目 8471 的自动数据处理设备的彩色投影机			进口旧机电产品（11.2） 进口强制性产品认证（11.1）

续表195

商品编号	商品名称	监管条件	检验检疫类别	检验检疫要求
8528629000	其他可直接连接且设计用于品目 8471 的自动数据处理设备的单色投影机			进口旧机电产品（11.2） 进口强制性产品认证（11.1）
8528691000	其他彩色的投影机			进口旧机电产品（11.2） 进口强制性产品认证（11.1）
8528699000	其他单色的投影机			进口旧机电产品（11.2） 进口强制性产品认证（11.1）
8528711000	彩色的卫星电视接收机（在设计上不带有视频显示器或屏幕的）			进口旧机电产品（11.2） 进口强制性产品认证（11.1）
8528718000	其他彩色的电视接收装置（在设计上不带有视频显示器或屏幕的）			进口旧机电产品（11.2） 进口强制性产品认证（11.1）
8528719000	单色的电视接收装置（在设计上不带有视频显示器或屏幕的）			进口旧机电产品（11.2）
8528721100	其他彩色的模拟电视接收机，带阴极射线显像管的			进口旧机电产品（11.2） 进口强制性产品认证（11.1）
8528721200	其他彩色的数字电视接收机，阴极射线显像管的			进口旧机电产品（11.2） 进口强制性产品认证（11.1）
8528721900	其他彩色的电视接收机，阴极射线显像管的			进口旧机电产品（11.2） 进口强制性产品认证（11.1）
8528722100	彩色的液晶显示器的模拟电视接收机			进口旧机电产品（11.2） 进口强制性产品认证（11.1）
8528722200	彩色的液晶显示器的数字电视接收机			进口旧机电产品（11.2） 进口强制性产品认证（11.1）
8528722900	其他彩色的液晶显示器的电视接收机			进口旧机电产品（11.2） 进口强制性产品认证（11.1）
8528723100	彩色的等离子显示器的模拟电视接收机			进口旧机电产品（11.2） 进口强制性产品认证（11.1）
8528723200	彩色的等离子显示器的数字电视接收机			进口旧机电产品（11.2） 进口强制性产品认证（11.1）
8528723900	其他彩色的等离子显示器的电视接收机			进口旧机电产品（11.2） 进口强制性产品认证（11.1）
8528729100	其他彩色的模拟电视接收机			进口旧机电产品（11.2） 进口强制性产品认证（11.1）
8528729200	其他彩色的数字电视接收机			进口旧机电产品（11.2） 进口强制性产品认证（11.1）
8528729900	其他彩色的电视接收机			进口旧机电产品（11.2） 进口强制性产品认证（11.1）
8528730000	其他单色的电视接收机			进口旧机电产品（11.2）
8529101000	雷达及无线电导航设备天线及零件（包括天线反射器）			进口旧机电产品（11.2）
8529102000	收音机、电视机天线及其零件（包括收音机的组合机用的天线及零件）			进口旧机电产品（11.2）
8529109020	无线广播电视用天线			进口旧机电产品（11.2）
8529109090	其他无线电设备天线及其零件（品目 8525 至 8528 所列其他装置或设备的，包括天线反射器）			进口旧机电产品（11.2）
8529901010	卫星电视接收用专用零件			进口旧机电产品（11.2） 进口强制性产品认证（11.1）
8529901090	其他电视发送，差转等设备零件（包括其他卫星电视地面接收转播设备零件）			进口旧机电产品（11.2）
8529902010	品目 8524 所列设备用零件，用于雷达设备及无线电导航设备（P）			进口旧机电产品（11.2）
8529902090	其他品目 8524 所列设备用零件			进口旧机电产品（11.2）

续表196

商品编号	商品名称	监管条件	检验检疫类别	检验检疫要求
8529904100	特种用途的电视摄像机等设备用零件（也包括视频摄录一体机、数字照相机的零件）			进口旧机电产品（11.2）
8529904200	非特种用途的取像模块			进口旧机电产品（11.2）
8529904900	摄像机、摄录一体机、数码相机的其他零件			进口旧机电产品（11.2）
8529905000	雷达及无线电导航设备零件			进口旧机电产品（11.2）
8529906000	收音机及其组合机的其他零件			进口旧机电产品（11.2）
8529908100	彩色电视机零件（高频调谐器除外）			进口旧机电产品（11.2）
8529908900	其他电视机零件（高频调谐器除外）			进口旧机电产品（11.2）
8529909011	卫星电视接收用高频调谐器			进口旧机电产品（11.2）
8529909090	品目 8525 至 8528 所列装置或设备其他零件			进口旧机电产品（11.2）
8530100000	铁道或电车道用电气信号等设备（包括安全或交通管理设备）			进口旧机电产品（11.2）
8530800000	其他用电气信号、安全、交通设备（指道路或内河航道、停车场、港口、机场用）			进口旧机电产品（11.2）
8530900000	品目 8530 所列设备的零件（包括电车道、道路、港口、机场用电气信号安全、交管设备）			进口旧机电产品（11.2）
8531100000	防盗或防火报警器及类似装置	A/	L/	进口旧机电产品（11.2） 进口强制性产品认证（11.1）
8531200000	有液晶装置或发光管的显示板			进口旧机电产品（11.2）
8531801000	蜂鸣器			进口旧机电产品（11.2）
8531809000	其他电气音响或视觉信号装置			进口旧机电产品（11.2）
8531901000	防盗、防火及类似装置用零件			进口旧机电产品（11.2）
8531909000	其他音响或视觉信号装置用零件			进口旧机电产品（11.2）
8532100000	固定电容器，电力电容器（用于 50/60 赫兹电路，额定无功功率不低于 0.5 千瓦）			进口旧机电产品（11.2）
8532211000	片式钽电容器			进口旧机电产品（11.2）
8532219000	其他钽电容器			进口旧机电产品（11.2）
8532221000	片式铝电解电容器			进口旧机电产品（11.2）
8532229000	其他铝电解电容器			进口旧机电产品（11.2）
8532230000	单层瓷介电容器			进口旧机电产品（11.2）
8532241000	片式多层瓷介电容器			进口旧机电产品（11.2）
8532249000	其他多层瓷介电容器			进口旧机电产品（11.2）
8532251000	片式纸介质或塑料介质电容器			进口旧机电产品（11.2）
8532259000	其他纸介质或塑料介质电容器			进口旧机电产品（11.2）
8532290000	其他固定电容器			进口旧机电产品（11.2）
8532300000	其他可变或可调（微调）电容器			进口旧机电产品（11.2）
8532901000	编号 85321000 所列电容器零件			进口旧机电产品（11.2）
8532909000	其他电容器零件（编号 85321000 所列电容器零件除外）			进口旧机电产品（11.2）
8533100000	合成或薄膜式固定碳质电阻器			进口旧机电产品（11.2）
8533211000	额定功率≤20 瓦片式固定电阻器			进口旧机电产品（11.2）
8533219000	额定功率≤20 瓦其他固定电阻器（额定功率≤20 瓦片式电阻除外）			进口旧机电产品（11.2）
8533290000	其他额定功率>20 瓦固定电阻器			进口旧机电产品（11.2）
8533310000	额定功率≤20 瓦线绕可变电阻器（包括变阻器及电位器）			进口旧机电产品（11.2）
8533390000	额定功率>20 瓦电位器（包括变阻器及电位器）			进口旧机电产品（11.2）
8533400000	其他可变电阻器（包括变阻器及电位器）			进口旧机电产品（11.2）
8533900000	各种电阻器零件（包括变阻器及电位器）			进口旧机电产品（11.2）
8534001000	四层以上的印刷电路			进口旧机电产品（11.2）
8534009000	四层及以下的印刷电路			进口旧机电产品（11.2）
8535100000	电路熔断器（电压>1000 伏）	A/	L/	进口旧机电产品（11.2） 进口强制性产品认证（11.1）

续表197

商品编号	商品名称	监管条件	检验检疫类别	检验检疫要求
8535210000	电压<72.5 千伏自动断路器（用于电压超过 1000 伏的线路）	A/	L/	进口旧机电产品（11.2） 进口强制性产品认证（11.1）
8535291000	72.5 千伏≤电压≤220 千伏的自动断路器			进口旧机电产品（11.2）
8535292000	220 千伏<电压≤750 千伏的自动断路器			进口旧机电产品（11.2）
8535299000	电压>750 千伏的其他自动断路器			进口旧机电产品（11.2）
8535301010	72.5 千伏≤电压≤220 千伏的隔离开关及断续开关，含汞			禁止进出口 进口旧机电产品（11.2）
8535301090	其他 72.5 千伏≤电压≤220 千伏的隔离开关及断续开关			进口旧机电产品（11.2）
8535302010	220 千伏<电压≤750 千伏隔离开关及断续开关，含汞			禁止进出口 进口旧机电产品（11.2）
8535302090	其他 220 千伏<电压≤750 千伏隔离开关及断续开关			进口旧机电产品（11.2）
8535309010	其他隔离开关及断续开关，含汞（用于电压超过 1000 伏的线路）			禁止进出口 进口旧机电产品（11.2）
8535309090	其他隔离开关及断续开关（用于电压超过 1000 伏的线路）	A/	L/	进口旧机电产品（11.2） 进口强制性产品认证（11.1）
8535400000	避雷器，电压限幅器及电涌抑制器（用于电压超过 1000 伏的线路）			进口旧机电产品（11.2）
8535900010	触发式火花隙（阳极延迟时间≤15 毫秒，阳极峰值额定电流≥500 安）			进口旧机电产品（11.2）
8535900020	具有快速开关功能的模件或组件（阳极峰值电压≥2000 伏；电流≥500 安；接通时间为 1 微秒或更短）			进口旧机电产品（11.2）
8535900030	受电弓			进口旧机电产品（11.2）
8535900040	250 千米/小时及以上高速动车组用高压电缆接头			进口旧机电产品（11.2）
8535900090	其他电压>1000 伏电路开关等电气装置			进口旧机电产品（11.2） 进口强制性产品认证（11.1）
8536100000	熔断器（电压不超过 1000 伏）	A/	L/	进口旧机电产品（11.2） 进口强制性产品认证（11.1）
8536200000	电压不超过 1000 伏自动断路器	A/	L/	进口旧机电产品（11.2） 进口强制性产品认证（11.1）
8536300000	电压≤1000 伏其他电路保护装置	A/	L/	进口旧机电产品（11.2） 进口强制性产品认证（11.1）
8536411010	电压≤36 伏的继电器，含汞			禁止进出口 进口旧机电产品（11.2）
8536411090	其他电压≤36 伏的继电器			进口旧机电产品（11.2）
8536419010	36 伏<电压≤60 伏的继电器，含汞			禁止进出口 进口旧机电产品（11.2）
8536419090	其他 36 伏<电压≤60 伏的继电器	A/	L/	进口旧机电产品（11.2） 进口强制性产品认证（11.1）
8536490010	电压大于 60 伏的继电器，含汞（用于电压不超过 1000 伏的线路）			禁止进出口 进口旧机电产品（11.2）
8536490090	其他电压大于 60 伏的继电器（用于电压不超过 1000 伏的线路）	A/	L/	进口旧机电产品（11.2） 进口强制性产品认证（11.1）
8536500010	电压≤1000 伏的其他开关，含汞			禁止进出口 进口旧机电产品（11.2）
8536500090	其他电压≤1000 伏的其他开关	A/	L/	进口旧机电产品（11.2） 进口强制性产品认证（11.1）
8536610000	电压≤1000 伏的灯座			进口旧机电产品（11.2）
8536690000	电压≤1000 伏的插头及插座		L/	进口旧机电产品（11.2） 进口强制性产品认证（11.1）

续表198

商品编号	商品名称	监管条件	检验检疫类别	检验检疫要求
8536700000	光导纤维、光导纤维束或光缆用连接器			进口旧机电产品（11.2）
8536901100	工作电压不超过36伏的接插件			进口旧机电产品（11.2）
8536901900	其他36伏<电压≤1000伏的接插件	A/	L/	进口旧机电产品（11.2） 进口强制性产品认证（11.1）
8536909000	其他电压≤1000伏电路连接器等电气装置	A/	L/	进口旧机电产品（11.2） 进口强制性产品认证（11.1）
8537101101	机床用可编程序控制器（PLC）			进口旧机电产品（11.2）
8537101110	调节和编程控制器（编号8479899960绕线机用）			进口旧机电产品（11.2）
8537101190	其他可编程控制器（用于电压不超过1000伏的线路）			进口旧机电产品（11.2）
8537101901	机床用其他数控单元（包括单独进口的CNC操作单元）			进口旧机电产品（11.2）
8537101990	其他非机床用数控装置（用于电压不超过1000伏的线路）			进口旧机电产品（11.2）
8537109001	电梯用控制柜及控制柜专用印刷电路板（电压不超过1000伏的线路）			进口旧机电产品（11.2）
8537109021	控制器［用于机器人或末端操纵装置（详见核两用清单）］			进口旧机电产品（11.2）
8537109022	数字控制器（专用于编号8479899959电动式振动试验系统）			进口旧机电产品（11.2）
8537109030	飞机用控制模块（电压不超过1000伏的线路）			进口旧机电产品（11.2）
8537109040	出口管制的高压水炮操控系统（用于电压不超过1000伏的线路）	A/	L/	进口旧机电产品（11.2）
8537109090	其他电力控制或分配的装置（电压不超过1000伏的线路）	A/	L/	进口旧机电产品（11.2） 进口强制性产品认证（11.1）
8537201000	电压≥500千伏高压开关装置（全封闭组合式高压开关装置电压500千伏及以上的线路）			进口旧机电产品（11.2）
8537209000	其他电力控制或分配装置［包括盘、板（含数控装置）］			进口旧机电产品（11.2）
8538101000	编号85372010所列装置的零件（电压≥500千伏线路用全封闭组合式高压开关装置用）			进口旧机电产品（11.2）
8538109000	品目8537货品用的其他盘、板等（未装有开关装置）			进口旧机电产品（11.2）
8538900000	品目8535、8536、8537装置的零件（专用于或主要用于）			进口旧机电产品（11.2） 进口强制性产品认证（11.1）
8539100000	封闭式聚光灯			进口旧机电产品（11.2）
8539211000	科研、医疗专用卤钨灯			进口旧机电产品（11.2）
8539212000	火车、航空器及船舶用卤钨灯			进口旧机电产品（11.2）
8539213000	机动车辆用卤钨灯			进口旧机电产品（11.2）
8539219000	其他用卤钨灯			进口旧机电产品（11.2）
8539221000	科研、医疗用功率≤200瓦白炽灯泡（功率不超过200瓦，额定电压超过100伏）			进口旧机电产品（11.2）
8539229000	其他用功率≤200瓦白炽灯泡（功率不超过200瓦，额定电压超过100伏）			进口旧机电产品（11.2）
8539291000	科研，医疗专用其他白炽灯泡			进口旧机电产品（11.2）
8539292000	火车，航空及船舶用其他白炽灯泡			进口旧机电产品（11.2）
8539293000	机动车辆用其他白炽灯泡			进口旧机电产品（11.2）
8539299100	12伏及以下未列名的白炽灯泡			进口旧机电产品（11.2）
8539299900	其他未列名的白炽灯泡			进口旧机电产品（11.2）
8539311000	科研、医疗专用热阴极荧光灯			进口旧机电产品（11.2）
8539312000	火车，航空器，船舶用热阴极荧光灯			进口旧机电产品（11.2）
8539319110	紧凑型热阴极荧光灯（不超过30瓦、单支含汞量超过5毫克的）			禁止进出口 进口旧机电产品（11.2）
8539319190	其他紧凑型热阴极荧光灯			进口旧机电产品（11.2）
8539319910	直管型热阴极荧光灯［低于60瓦、单支含汞量超过5毫克的直管型荧光灯（使用三基色荧光粉）］			禁止进出口 进口旧机电产品（11.2）

续表199

商品编号	商品名称	监管条件	检验检疫类别	检验检疫要求
8539319920	直管型热阴极荧光灯［低于40瓦（含40瓦）、单支含汞量超过10毫克的直管型荧光灯（使用卤磷酸盐荧光粉）］			禁止进出口 进口旧机电产品（11.2）
8539319990	其他用途用其他热阴极荧光灯			进口旧机电产品（11.2）
8539323000	钠蒸汽灯			进口旧机电产品（11.2）
8539324010	用于普通照明用途的高压汞灯			禁止进出口 进口旧机电产品（11.2）
8539324020	品目8486项下光刻设备用超高压汞灯			进口旧机电产品（11.2）
8539324090	其他汞蒸汽灯			进口旧机电产品（11.2）
8539329000	金属卤化物灯			进口旧机电产品（11.2）
8539391000	科研，医疗专用其他放电灯			进口旧机电产品（11.2）
8539392000	火车，航空器，船舶用其他放电灯			进口旧机电产品（11.2）
8539399011	用于电子显示的冷阴极管荧光灯（长度≤500毫米的，单支含汞量超过3.5毫克；500毫米<长度≤1500毫米的，单支含汞量超过5毫克；长度>1500毫米的，单支含汞量超过13毫克）			禁止进出口 进口旧机电产品（11.2）
8539399019	其他用于平板显示器背光源的冷阴极管荧光灯			进口旧机电产品（11.2）
8539399020	其他紧凑型冷阴极管荧光灯（不超过30瓦、单支含汞量超过5毫克的）			禁止进出口 进口旧机电产品（11.2）
8539399030	其他直管型荧光灯［低于60瓦、单支含汞量超过5毫克的直管型荧光灯（使用三基色荧光粉）］			禁止进出口 进口旧机电产品（11.2）
8539399040	其他直管型荧光灯［低于40瓦（含40瓦）、单支含汞量超过10毫克的直管型荧光灯（使用卤磷酸盐荧光粉）］			禁止进出口 进口旧机电产品（11.2）
8539399050	用于电子显示的外置电极荧光灯（长度≤500毫米的，单支含汞量超过3.5毫克；500毫米<长度≤1500毫米的，单支含汞量超过5毫克；长度>1500毫米的，单支含汞量超过13毫克）			禁止进出口 进口旧机电产品（11.2）
8539399090	其他用途的其他放电灯管			进口旧机电产品（11.2）
8539410000	弧光灯			进口旧机电产品（11.2）
8539490000	紫外线或红外线灯			进口旧机电产品（11.2）
8539510000	发光二极管（LED）模块			进口旧机电产品（11.2）
8539521000	发光二极管（LED）灯泡			进口旧机电产品（11.2）
8539522000	发光二极管（LED）灯管			进口旧机电产品（11.2）
8539901000	发光二极管（LED）模块的零件			进口旧机电产品（11.2）
8539909000	其他品目8539所列货品的零件			进口旧机电产品（11.2）
8540110000	彩色阴极射线电视显像管（包括视频监视器用阴极射线管）			进口旧机电产品（11.2）
8540120000	单色阴极射线电视显像管（包括视频监视器用阴极射线管）			进口旧机电产品（11.2）
8540201000	电视摄像管			进口旧机电产品（11.2）
8540209000	变像管及图像增强管；其他光阴极管			进口旧机电产品（11.2）
8540401000	点距<0.4毫米彩色数据/图形显示管（指屏幕荧光点间距小于0.4毫米）			进口旧机电产品（11.2）
8540402000	单色数据/图形显示管			进口旧机电产品（11.2）
8540601000	雷达显示管			进口旧机电产品（11.2）
8540609000	其他阴极射线管			进口旧机电产品（11.2）
8540710010	医用直线加速器用磁控管			进口旧机电产品（11.2）
8540710090	其他磁控管			进口旧机电产品（11.2）
8540791000	速调管			进口旧机电产品（11.2）
8540799000	其他微波管（不包括栅控管）			进口旧机电产品（11.2）
8540810000	接收管或放大管			进口旧机电产品（11.2）
8540890010	光电倍增管（光电阴极面积大于20平方厘米，并且阳极脉冲上升时间小于1纳秒）			进口旧机电产品（11.2）
8540890090	其他电子管（包括光阴极管或汞弧整流管）			进口旧机电产品（11.2）

续表200

商品编号	商品名称	监管条件	检验检疫类别	检验检疫要求
8540911000	电视显像管零件			进口旧机电产品（11.2）
8540912000	雷达显示管零件			进口旧机电产品（11.2）
8540919000	其他阴极射线管零件			进口旧机电产品（11.2）
8540991000	电视摄像管零件			进口旧机电产品（11.2）
8540999000	其他热电子管、冷阴极管零件（包括光阴极管或汞弧整流管）			进口旧机电产品（11.2）
8541100000	二极管（光敏、发光二极管除外）			进口旧机电产品（11.2）
8541210000	耗散功率<1 瓦的晶体管（不含光敏晶体管）			进口旧机电产品（11.2）
8541290000	耗散功率≥1 瓦的晶体管（不含光敏晶体管）			进口旧机电产品（11.2）
8541300000	半导体及可控硅等开关元件（不含光敏器件）			进口旧机电产品（11.2）
8541410010	氮化镓外延片			进口旧机电产品（11.2）
8541410090	其他发光二极管			进口旧机电产品（11.2）
8541420000	未装在组件内或组装成块的光电池			进口旧机电产品（11.2）
8541430000	已装在组件内或组装成块的光电池			进口旧机电产品（11.2）
8541490000	其他光敏半导体器件（包括不论是否装在组件内或组装成块的光电池）			进口旧机电产品（11.2）
8541511100	用于检测湿度、气压及其组合指标的半导体基传感器			进口旧机电产品（11.2）
8541511210	用于检测温度的半导体基传感器（P）			进口旧机电产品（11.2）
8541511290	用于检测电量、理化指标的半导体基传感器；利用光学检测其他指标的半导体基传感器			进口旧机电产品（11.2）
8541511300	液体或气体的流量、液位、压力或其他变化量的半导体基传感器			进口旧机电产品（11.2）
8541511900	其他半导体基传感器			进口旧机电产品（11.2）
8541512100	半导体基电动机			进口旧机电产品（11.2）
8541512900	其他半导体基执行器			进口旧机电产品（11.2）
8541513000	半导体基振荡器			进口旧机电产品（11.2）
8541514010	满足谐振器定义的半导体基滤波器			进口旧机电产品（11.2）
8541514090	其他半导体基谐振器			进口旧机电产品（11.2）
8541590000	其他半导体器件			进口旧机电产品（11.2）
8541600000	已装配的压电晶体			进口旧机电产品（11.2）
8541900000	品目 8541 所列货品零件			进口旧机电产品（11.2）
8542311100	多元件集成电路中的具有变流功能的半导体模块			进口旧机电产品（11.2）
8542311910	安全芯片（不论是否带有存储器、转换器、逻辑电路、放大器、时钟及时序电路或其他电路）			进口旧机电产品（11.2）
8542311991	其他微处理器（MPU）（不论是否带有存储器、转换器、逻辑电路、放大器、时钟及时序电路或其他电路）			进口旧机电产品（11.2）
8542311992	其他微控制单元（MCU）（不论是否带有存储器、转换器、逻辑电路、放大器、时钟及时序电路或其他电路）			进口旧机电产品（11.2）
8542311999	其他用作处理器及控制器的多元件集成电路（不论是否带有存储器、转换器、逻辑电路、放大器、时钟及时序电路或其他电路）			进口旧机电产品（11.2）
8542319010	安全芯片（不论是否带有存储器、转换器、逻辑电路、放大器、时钟及时序电路或其他电路）			进口旧机电产品（11.2）
8542319091	其他微处理器（MPU）（不论是否带有存储器、转换器、逻辑电路、放大器、时钟及时序电路或其他电路）			进口旧机电产品（11.2）
8542319092	其他微控制单元（MUC）（不论是否带有存储器、转换器、逻辑电路、放大器、时钟及时序电路或其他电路）			进口旧机电产品（11.2）
8542319099	其他用作处理器及控制器的集成电路（不论是否带有存储器、转换器、逻辑电路、放大器、时钟及时序电路或其他电路）			进口旧机电产品（11.2）
8542321010	用作存储器的多元件集成电路（易失性存储器）			进口旧机电产品（11.2）
8542321090	用作存储器的多元件集成电路（非易失性存储器）			进口旧机电产品（11.2）
8542329010	其他用作存储器的集成电路（易失性存储器）			进口旧机电产品（11.2）

续表201

商品编号	商品名称	监管条件	检验检疫类别	检验检疫要求
8542329090	其他用作存储器的集成电路（非易失性存储器）			进口旧机电产品（11.2）
8542331000	用作放大器的多元件集成电路			进口旧机电产品（11.2）
8542339000	其他用作放大器的集成电路			进口旧机电产品（11.2）
8542391010	含硅基换能器的多元件集成电路			进口旧机电产品（11.2）
8542391090	未列名多元件集成电路			进口旧机电产品（11.2）
8542399000	其他集成电路			进口旧机电产品（11.2）
8542900000	其他集成电路及微电子组件零件			进口旧机电产品（11.2）
8543100010	脉冲电子加速器（峰值能量为500千电子伏或更高）			进口旧机电产品（11.2）
8543100020	中子发生器系统，包括中子管（真空下，利用静电加速来诱发氚-氘核反应）			进口旧机电产品（11.2）
8543100090	其他粒子加速器			进口旧机电产品（11.2）
8543201000	输出信号频率<1500兆赫兹的通用信号发生器			进口旧机电产品（11.2）
8543209010	高速脉冲发生器（脉冲上升时间小于500ps）			进口旧机电产品（11.2）
8543209090	其他输出信号频率≥1500兆赫兹的通用信号发生器			进口旧机电产品（11.2）
8543300010	电化学还原槽；锂汞齐电解槽（电化学还原槽为化学交换过程的铀浓缩设计的）			进口旧机电产品（11.2）
8543300020	产氟电解槽（每小时产250克以上）			进口旧机电产品（11.2）
8543300090	其他电镀、电解或电泳设备及装置			进口旧机电产品（11.2）
8543400010	可将编号24041200所列产品中的雾化物雾化为可吸入气溶胶的设备及装置，无论是否配有烟弹			进口旧机电产品（11.2）
8543400090	其他电子烟及类似的个人电子雾化设备			进口旧机电产品（11.2）
8543709100	金属、矿藏探测器			进口旧机电产品（11.2）
8543709200	其他高、中频放大器			进口旧机电产品（11.2）
8543709300	电篱网激发器			进口旧机电产品（11.2）
8543709910	飞行数据记录器、报告器			进口旧机电产品（11.2）
8543709920	无线广播电视用激励器（具有独立功能）			进口旧机电产品（11.2）
8543709930	模/数转换器（能设计或改进成军用，或设计成抗辐射的）			进口旧机电产品（11.2）
8543709940	质谱仪用的离子源（原子质量单位≥230，分辨率>2/230）			进口旧机电产品（11.2）
8543709950	密码机、密码卡、密钥管理产品（不包括数字电视智能卡、蓝牙模块、用于知识产权保护的加密狗）			进口旧机电产品（11.2）
8543709960	两用物项管制的民用反无人机系统专用电子干扰设备			进口旧机电产品（11.2）
8543709990	其他未列名的具有独立功能的电气设备及装置			进口旧机电产品（11.2）
8543901000	粒子加速器用零件			进口旧机电产品（11.2）
8543902100	输出信号频率<1500兆赫兹通用信号发生器零件			进口旧机电产品（11.2）
8543902900	输出信号频率≥1500兆赫兹通用信号发生器零件			进口旧机电产品（11.2）
8543903000	金属，矿藏探测器用零件			进口旧机电产品（11.2）
8543904000	高、中频放大器用零件			进口旧机电产品（11.2）
8543909000	品目8543项下其他电气设备零件			进口旧机电产品（11.2）
8544110000	铜制绕组电线			进口旧机电产品（11.2）
8544190000	其他绕组电线（非铜制）			进口旧机电产品（11.2）
8544200000	同轴电缆及其他同轴电导体			进口旧机电产品（11.2）
8544302000	机动车辆用点火布线组及其他布线组			进口旧机电产品（11.2）
8544309000	其他用点火布线组及其他用布线组			进口旧机电产品（11.2）
8544421100	额定电压≤80伏有接头电缆			进口旧机电产品（11.2）
8544421900	额定电压≤80伏有接头电导体			进口旧机电产品（11.2）
8544422100	80伏<额定电压≤1000伏有接头电缆	A/	L/	进口旧机电产品（11.2） 进口强制性产品认证（11.1）
8544422900	80伏<额定电压≤1000伏有接头电导体	A/	L/	进口旧机电产品（11.2） 进口强制性产品认证（11.1）

续表202

商品编号	商品名称	监管条件	检验检疫类别	检验检疫要求
8544491100	额定电压≤80 伏其他电缆			进口旧机电产品（11.2）
8544491900	额定电压≤80 伏其他电导体			进口旧机电产品（11.2）
8544492100	80 伏<额定电压≤1000 伏其他电缆	A/	L/	进口旧机电产品（11.2） 进口强制性产品认证（11.1）
8544492900	1000 伏≥额定电压>80 伏其他电导体			进口旧机电产品（11.2）
8544601210	250 千米/小时及以上高速动车组用高压电缆			进口旧机电产品（11.2）
8544601290	其他 1 千伏<额定电压≤35 千伏的电缆			进口旧机电产品（11.2）
8544601300	35 千伏<额定电压≤110 千伏的电缆			进口旧机电产品（11.2）
8544601400	110 千伏<额定电压≤220 千伏的电缆			进口旧机电产品（11.2）
8544601900	额定电压>220 千伏的电缆			进口旧机电产品（11.2）
8544609001	额定电压≥500 千伏的气体绝缘金属封闭输电线			进口旧机电产品（11.2）
8544609090	额定电压>1 千伏的其他电导体			进口旧机电产品（11.2）
8544700000	光缆			进口旧机电产品（11.2）
8545110000	炉用碳电极（不论是否带金属）			进口旧机电产品（11.2）
8545190010	燃料电池用碳电极片（不论是否带金属）			进口旧机电产品（11.2）
8545190090	其他碳电极（不论是否带金属）			进口旧机电产品（11.2）
8545200000	碳刷（不论是否带金属）			进口旧机电产品（11.2）
8545900000	灯碳棒，电池碳棒及其他石墨制品（不论是否带金属）			进口旧机电产品（11.2）
8546100000	玻璃制绝缘子			进口旧机电产品（11.2）
8546201000	输变电线路绝缘瓷套管			进口旧机电产品（11.2）
8546209001	输变电架空线路用长棒形瓷绝缘子瓷件（单支长度为 1~2 米，实芯）			进口旧机电产品（11.2）
8546209090	其他陶瓷制绝缘子（包括非输变电线路绝缘瓷套管）			进口旧机电产品（11.2）
8546900000	其他材料制绝缘子			进口旧机电产品（11.2）
8547100000	陶瓷制绝缘零件			进口旧机电产品（11.2）
8547200000	塑料制绝缘零件			进口旧机电产品（11.2） 进口强制性产品认证（11.1）
8547901000	内衬绝缘材料的贱金属导管，接头			进口旧机电产品（11.2）
8547909000	其他材料制绝缘配件			进口旧机电产品（11.2） 进口强制性产品认证（11.1）
8548000001	电磁干扰滤波器			进口旧机电产品（11.2）
8548000002	非电磁干扰滤波器			进口旧机电产品（11.2）
8548000010	可调脉冲单模染料振荡器（平均输出功率>1W，重复率>1kHz，脉宽<100ns，可见光范围）			进口旧机电产品（11.2）
8548000020	可调脉冲染料激光放大器和振荡器（不包括单模震荡器）（平均输出功率>30W，重复率>1kHz，脉宽<100ns，可见光范围）			进口旧机电产品（11.2）
8548000030	触摸感应数据输入装置（即触摸屏）无显示的性能，安装于有显示屏的设备中，通过检测显示区域内触摸动作的发生及位置进行工作。触摸感应可通过电阻、静电电容、声学脉冲识别、红外光或其他触摸感应技术来获得			进口旧机电产品（11.2）
8548000090	第八十五章其他编号未列名的电气零件			进口旧机电产品（11.2）
8549110000	铅酸蓄电池的废物、废料；废铅酸蓄电池			禁止进口 进口旧机电产品（11.2）
8549120000	其他原电池、原电池组及蓄电池的废物、废料；废原电池、废原电池组及废蓄电池（含铅、镉或汞的）			禁止进口 进口旧机电产品（11.2）
8549130000	其他原电池、原电池组及蓄电池的废物、废料；废原电池、废原电池组及废蓄电池（按化学类型分拣且不含铅、镉或汞的）			禁止进口 进口旧机电产品（11.2）
8549140000	其他原电池、原电池组及蓄电池的废物、废料；废原电池、废原电池组及废蓄电池（未分拣且不含铅、镉或汞的）			禁止进口 进口旧机电产品（11.2）

续表203

商品编号	商品名称	监管条件	检验检疫类别	检验检疫要求
8549190000	其他原电池、原电池组及蓄电池的废物、废料；废原电池、废原电池组及废蓄电池			禁止进口 进口旧机电产品（11.2）
8549210000	其他主要用于回收贵金属且含有原电池、原电池组、蓄电池、汞开关、源于阴极射线管的玻璃或其他活化玻璃，或含有镉、汞、铅或多氯联苯（PCBs）的电气或电子元件的电子电气废弃物及碎料			禁止进口 进口旧机电产品（11.2）
8549290000	其他主要用于回收贵金属的电子电气废弃物及碎料			禁止进口 进口旧机电产品（11.2）
8549310000	其他含有原电池、原电池组、蓄电池、汞开关、源于阴极射线管的玻璃或其他活化玻璃，或含有镉、汞、铅或多氯联苯（PCBs）的电气、电子组件及印刷电路板（电子电气废弃物及碎料）			禁止进口 进口旧机电产品（11.2）
8549390000	其他电气、电子组件及印刷电路板（电子电气废弃物及碎料）			禁止进口 进口旧机电产品（11.2）
8549910000	其他含有原电池、原电池组、蓄电池、汞开关、源于阴极射线管的玻璃或其他活化玻璃，或含有镉、汞、铅或多氯联苯（PCBs）的电气或电子元件（电子电气废弃物及碎料）			禁止进口 进口旧机电产品（11.2）
8549990000	其他电子电气废弃物及碎料			禁止进口 进口旧机电产品（11.2）
8601101100	微机控制的外部直流电动铁道机车			进口旧机电产品（11.2）
8601101900	由外部直流电驱动的其他铁道机车			进口旧机电产品（11.2）
8601102000	由外部交流电驱动的铁道机车			进口旧机电产品（11.2）
8601109000	由其他外部电力驱动的铁道机车			进口旧机电产品（11.2）
8601200000	由蓄电池驱动的铁道电力机车			进口旧机电产品（11.2）
8602101000	微机控制的柴油电力铁道机车			进口旧机电产品（11.2）
8602109000	其他柴油电力铁道机车			进口旧机电产品（11.2）
8602900000	其他铁道机车及机车煤水车			进口旧机电产品（11.2）
8603100000	由外电力驱动铁道用机动客，货车（包括电车道用的，但品目8604的货品除外）			进口旧机电产品（11.2）
8603900000	其他铁道用机动客车，货车，敞车（包括电车道用的，但品目8604的货品除外）			进口旧机电产品（11.2）
8604001100	隧道限界检查车（不论是否机动）			进口旧机电产品（11.2）
8604001200	钢轨在线打磨列车（不论是否机动）			进口旧机电产品（11.2）
8604001900	铁道或电车道用其他检验、查道车（不论是否机动）			进口旧机电产品（11.2）
8604009100	电气化接触网架线机（轨行式）（不论是否机动）			进口旧机电产品（11.2）
8604009900	铁道或电车道用其他维修车辆（包括服务车，不论是否机动）			进口旧机电产品（11.2）
8605001000	铁道用非机动客车			进口旧机电产品（11.2）
8605009000	电车道用的非机动客车，行李车等（还包括邮政车和其他铁道用的非机动特殊车辆）			进口旧机电产品（11.2）
8606100000	铁道用非机动油罐货车及类似车（包括电车道用，但不包括容积50立方米液化气铁路槽车）			进口旧机电产品（11.2）
8606300000	铁道用非机动自卸货车（包括电车道用，但子目860610的货品除外）			进口旧机电产品（11.2）
8606910000	铁道用非机动带篷及封闭货车（包括电车道用）			进口旧机电产品（11.2）
8606920000	铁道用非机动厢高>60厘米敞篷货车（包括电车道用）			进口旧机电产品（11.2）
8606990000	品目8606所列其他未列名非机动车			进口旧机电产品（11.2）
8607110000	铁道或电车道机车的驾驶转向架			进口旧机电产品（11.2）
8607120000	铁道或电车道机车非驾驶转向架			进口旧机电产品（11.2）
8607191000	铁道或电车道机车用轴			进口旧机电产品（11.2）
8607199000	铁道或电车道机车用轮（包括转向架、轴、轮的零件）			进口旧机电产品（11.2）
8607210000	铁道或电车道机车用空气制动器（包括零件）			进口旧机电产品（11.2）

续表204

商品编号	商品名称	监管条件	检验检疫类别	检验检疫要求
8607290000	铁道或电车道机车用非空气制动器（包括零件）			进口旧机电产品（11.2）
8607300000	铁道或电车道机车用钩、其他联结器、缓冲器（包括零件）			进口旧机电产品（11.2）
8607910000	铁道或电车道机车用其他零件			进口旧机电产品（11.2）
8607991000	铁道或电车道车辆用车体及端墙、侧墙、底架、车顶、脚蹬、翻板			进口旧机电产品（11.2）
8607999000	铁道或电车道非机车用其他零件			进口旧机电产品（11.2）
8608001000	轨道自动计轴设备			进口旧机电产品（11.2）
8608009000	铁道或电车道轨道固定装置及配件（包括交通机械信号，安全或交通管理设备及其零件）			进口旧机电产品（11.2）
8609001100	20 英尺的保温式集装箱	A/B	P/Q	集装箱 进口旧机电产品（11.2）
8609001200	20 英尺的罐式集装箱	A/B	P/Q	集装箱 进口旧机电产品（11.2）
8609001900	其他 20 英尺集装箱	A/B	P/Q	集装箱 进口旧机电产品（11.2）
8609002100	40 英尺的保温式集装箱	A/B	P/Q	集装箱 进口旧机电产品（11.2）
8609002200	40 英尺的罐式集装箱	A/B	P/Q	集装箱 进口旧机电产品（11.2）
8609002900	其他 40 英尺的集装箱	A/B	P/Q	集装箱 进口旧机电产品（11.2）
8609003000	45、48、53 英尺的集装箱	A/B	P/Q	集装箱 进口旧机电产品（11.2）
8609009000	其他集装箱（包括运输液体的集装箱）	A/B	P/Q	集装箱 进口旧机电产品（11.2）
8701100000	单轴拖拉机			进口旧机电产品（11.2）
8701210000	仅装有压燃式活塞内燃发动机（柴油或半柴油发动机）的半挂车用的公路牵引车	A/	L.M/	进口旧机电产品（11.2） 进口强制性产品认证（11.1） 机动车辆及其零部件（11.3）
8701220000	同时装有压燃式活塞内燃发动机（柴油或半柴油发动机）及驱动电动机的半挂车用的公路牵引车	A/	L.M/	进口旧机电产品（11.2） 进口强制性产品认证（11.1） 机动车辆及其零部件（11.3）
8701230000	同时装有点燃式活塞内燃发动机及驱动电动机的半挂车用的公路牵引车	A/	L.M/	进口旧机电产品（11.2） 进口强制性产品认证（11.1） 机动车辆及其零部件（11.3）
8701240000	仅装有驱动电动机的半挂车用的公路牵引车	A/	L.M/	进口旧机电产品（11.2） 进口强制性产品认证（11.1） 机动车辆及其零部件（11.3）
8701290000	其他半挂车用的公路牵引车	A/	L.M/	进口旧机电产品（11.2） 进口强制性产品认证（11.1） 机动车辆及其零部件（11.3）
8701300010	履带式拖拉机	A/	M/	农林机械（11.8） 进口旧机电产品（11.2）
8701300090	履带式牵引车	A/	M/	进口旧机电产品（11.2） 机动车辆及其零部件（11.3）
8701911000	其他发动机功率不超过 18 千瓦的拖拉机	A/	L.M/	农林机械（11.8） 进口旧机电产品（11.2） 进口强制性产品认证（11.1）

续表205

商品编号	商品名称	监管条件	检验检疫类别	检验检疫要求
8701919000	其他发动机功率不超过18千瓦的牵引车（不包括品目8709的牵引车）	A/	L. M/	进口旧机电产品（11.2） 进口强制性产品认证（11.1） 机动车辆及其零部件（11.3）
8701921000	其他发动机功率超过18千瓦但不超过37千瓦的拖拉机	A/	L. M/	农林机械（11.8） 进口旧机电产品（11.2） 进口强制性产品认证（11.1）
8701929000	其他发动机功率超过18千瓦但不超过37千瓦的牵引车（不包括品目8709的牵引车）	A/	L. M/	进口旧机电产品（11.2） 进口强制性产品认证（11.1） 机动车辆及其零部件（11.3）
8701931000	其他发动机功率超过37千瓦但不超过75千瓦的拖拉机	A/	M/	农林机械（11.8） 进口旧机电产品（11.2）
8701939000	其他发动机功率超过37千瓦但不超过75千瓦的牵引车（不包括品目8709的牵引车）	A/	L. M/	进口旧机电产品（11.2） 进口强制性产品认证（11.1） 机动车辆及其零部件（11.3）
8701941000	发动机功率超过75千瓦但不超过130千瓦的拖拉机	A/	M/	农林机械（11.8） 进口旧机电产品（11.2）
8701949000	其他发动机功率超过75千瓦但不超过130千瓦的牵引车（不包括品目8709的牵引车）	A/	L. M/	进口旧机电产品（11.2） 进口强制性产品认证（11.1） 机动车辆及其零部件（11.3）
8701951010	发动机功率超过190千瓦的轮式拖拉机	A/	M/	农林机械（11.8） 进口旧机电产品（11.2）
8701951090	发动机功率超过130千瓦的其他拖拉机	A/	M/	农林机械（11.8） 进口旧机电产品（11.2）
8701959000	其他发动机功率超过130千瓦的牵引车（不包括品目8709的牵引车）	A/	L. M/	进口旧机电产品（11.2） 进口强制性产品认证（11.1） 机动车辆及其零部件（11.3）
8702102000	仅装有压燃式活塞内燃发动机（柴油或半柴油发动机）的机坪客车（机场专用车）	A/	M/	进口旧机电产品（11.2） 机动车辆及其零部件（11.3）
8702109100	30座及以上仅装有压燃式活塞内燃发动机（柴油或半柴油发动机）的大型客车	A/	L. M/	进口旧机电产品（11.2） 进口强制性产品认证（11.1） 机动车辆及其零部件（11.3）
8702109210	20≤座≤23仅装有压燃式活塞内燃发动机（柴油或半柴油发动机）的客车	A/	L. M/	进口旧机电产品（11.2） 进口强制性产品认证（11.1） 机动车辆及其零部件（11.3）
8702109290	24≤座≤29仅装有压燃式活塞内燃发动机（柴油或半柴油发动机）的客车	A/	L. M/	进口旧机电产品（11.2） 进口强制性产品认证（11.1） 机动车辆及其零部件（11.3）
8702109300	10≤座≤19仅装有压燃式活塞内燃发动机（柴油或半柴油发动机）的客车	A/	L. M/	进口旧机电产品（11.2） 进口强制性产品认证（11.1） 机动车辆及其零部件（11.3）
8702201000	同时装有压燃式活塞内燃发动机（柴油或半柴油发动机）及驱动电动机的机坪客车（机场专用车）	A/	M/	进口旧机电产品（11.2） 机动车辆及其零部件（11.3）
8702209100	30座及以上同时装有压燃式活塞内燃发动机（柴油或半柴油发动机）及驱动电动机的大型客车（指装有柴油或半柴油发动机的30座及以上的客运车）	A/	L. M/	进口旧机电产品（11.2） 进口强制性产品认证（11.1） 机动车辆及其零部件（11.3）
8702209210	20≤座≤23同时装有压燃式活塞内燃发动机（柴油或半柴油发动机）及驱动电动机的客车	A/	L. M/	进口旧机电产品（11.2） 进口强制性产品认证（11.1） 机动车辆及其零部件（11.3）

续表206

商品编号	商品名称	监管条件	检验检疫类别	检验检疫要求
8702209290	24≤座≤29 同时装有压燃式活塞内燃发动机（柴油或半柴油发动机）及驱动电动机的客车	A/	L. M/	进口旧机电产品（11.2） 进口强制性产品认证（11.1） 机动车辆及其零部件（11.3）
8702209300	10≤座≤19 同时装有压燃式活塞内燃发动机（柴油或半柴油发动机）及驱动电动机的客车	A/	L. M/	进口旧机电产品（11.2） 进口强制性产品认证（11.1） 机动车辆及其零部件（11.3）
8702301000	30 座及以上同时装有点燃式活塞内燃发动机及驱动电动机的大型客车	A/	L. M/	进口旧机电产品（11.2） 进口强制性产品认证（11.1） 机动车辆及其零部件（11.3）
8702302010	20≤座≤23 同时装有点燃式活塞内燃发动机及驱动电动机的客车	A/	L. M/	进口旧机电产品（11.2） 进口强制性产品认证（11.1） 机动车辆及其零部件（11.3）
8702302090	24≤座≤29 同时装有点燃式活塞内燃发动机及驱动电动机的客车	A/	L. M/	进口旧机电产品（11.2） 进口强制性产品认证（11.1） 机动车辆及其零部件（11.3）
8702303000	10≤座≤19 同时装有点燃式活塞内燃发动机及驱动电动机的客车	A/	L. M/	进口旧机电产品（11.2） 进口强制性产品认证（11.1） 机动车辆及其零部件（11.3）
8702401010	纯电动机坪客车	A/	M/	进口旧机电产品（11.2） 机动车辆及其零部件（11.3）
8702401090	30 座及以上仅装有驱动电动机的大型客车	A/	M/	进口旧机电产品（11.2） 进口强制性产品认证（11.1） 机动车辆及其零部件（11.3）
8702402010	20≤座≤23 仅装有驱动电动机的客车	A/	L. M/	进口旧机电产品（11.2） 进口强制性产品认证（11.1） 机动车辆及其零部件（11.3）
8702402090	24≤座≤29 仅装有驱动电动机的客车	A/	L. M/	进口旧机电产品（11.2） 进口强制性产品认证（11.1） 机动车辆及其零部件（11.3）
8702403000	10≤座≤19 仅装有驱动电动机的客车	A/	L. M/	进口旧机电产品（11.2） 进口强制性产品认证（11.1） 机动车辆及其零部件（11.3）
8702901000	30 座及以上大型客车（其他型）（指装有其他发动机的 30 座及以上的客运车）	A/	L. M/	进口旧机电产品（11.2） 进口强制性产品认证（11.1） 机动车辆及其零部件（11.3）
8702902001	20≤座≤23 装有非压燃式活塞内燃发动机的客车	A/	L. M/	进口旧机电产品（11.2） 进口强制性产品认证（11.1） 机动车辆及其零部件（11.3）
8702902090	24≤座≤29 装有非压燃式活塞内燃发动机的客车	A/	L. M/	进口旧机电产品（11.2） 进口强制性产品认证（11.1） 机动车辆及其零部件（11.3）
8702903000	10≤座≤19 装有非压燃式活塞内燃发动机的客车	A/	L. M/	进口旧机电产品（11.2） 进口强制性产品认证（11.1） 机动车辆及其零部件（11.3）
8703101100	全地形车			进口旧机电产品（11.2）
8703101900	高尔夫球车及其他类似车			进口旧机电产品（11.2）
8703109000	其他，雪地行走专用车			进口旧机电产品（11.2）

续表207

商品编号	商品名称	监管条件	检验检疫类别	检验检疫要求
8703213010	仅装有排量≤1 升的点燃式活塞内燃发动机的小轿车	A/	L. M/	进口旧机电产品（11.2） 进口强制性产品认证（11.1） 机动车辆及其零部件（11.3）
8703213090	仅装有排量≤1 升的点燃式活塞内燃发动机小轿车的成套散件			进口旧机电产品（11.2）
8703214010	仅装有排量≤1 升的点燃式活塞内燃发动机的越野车（4 轮驱动）	A/	L. M/	进口旧机电产品（11.2） 进口强制性产品认证（11.1） 机动车辆及其零部件（11.3）
8703214090	仅装有排量≤1 升的点燃式活塞内燃发动机的越野车（4 轮驱动）的成套散件			进口旧机电产品（11.2）
8703215010	仅装有排量≤1 升的点燃式活塞内燃发动机的小客车（9 座及以下）	A/	L. M/	进口旧机电产品（11.2） 进口强制性产品认证（11.1） 机动车辆及其零部件（11.3）
8703215090	仅装有排量≤1 升的点燃式活塞内燃发动机的小客车的成套散件（9 座及以下）			进口旧机电产品（11.2）
8703219010	仅装有排量≤1 升的点燃式活塞内燃发动机的其他载人车辆	A/	L. M/	进口旧机电产品（11.2） 进口强制性产品认证（11.1） 机动车辆及其零部件（11.3）
8703219090	仅装有排量≤1 升的点燃式活塞内燃发动机的其他载人车辆的成套散件			进口旧机电产品（11.2）
8703223010	仅装有 1 升<排量≤1.5 升点燃式活塞内燃发动机小轿车	A/	L. M/	进口旧机电产品（11.2） 进口强制性产品认证（11.1） 机动车辆及其零部件（11.3）
8703223090	仅装有 1 升<排量≤1.5 升点燃式活塞内燃发动机小轿车的成套散件			进口旧机电产品（11.2）
8703224010	仅装有 1 升<排量≤1.5 升点燃式活塞内燃发动机四轮驱动越野车	A/	L. M/	进口旧机电产品（11.2） 进口强制性产品认证（11.1） 机动车辆及其零部件（11.3）
8703224090	仅装有 1 升<排量≤1.5 升点燃式活塞内燃发动机四轮驱动越野车的成套散件			进口旧机电产品（11.2）
8703225010	仅装有 1 升<排量≤1.5 升点燃式活塞内燃发动机小客车（≤9 座）	A/	L. M/	进口旧机电产品（11.2） 进口强制性产品认证（11.1） 机动车辆及其零部件（11.3）
8703225090	仅装有 1 升<排量≤1.5 升点燃式活塞内燃发动机小客车的成套散件（≤9 座）			进口旧机电产品（11.2）
8703229010	仅装有 1 升<排量≤1.5 升点燃式活塞内燃发动机其他载人车辆	A/	L. M/	进口旧机电产品（11.2） 进口强制性产品认证（11.1） 机动车辆及其零部件（11.3）
8703229090	仅装有 1 升<排量≤1.5 升点燃式活塞内燃发动机其他载人车的成套散件			进口旧机电产品（11.2）
8703234110	仅装有 1.5 升<排量≤2 升的点燃式活塞内燃发动机小轿车	A/	L. M/	进口旧机电产品（11.2） 进口强制性产品认证（11.1） 机动车辆及其零部件（11.3）
8703234190	仅装有 1.5 升<排量≤2 升的点燃式活塞内燃发动机小轿车的成套散件			进口旧机电产品（11.2）
8703234210	仅装有 1.5 升<排量≤2 升的点燃式活塞内燃发动机越野车（4 轮驱动）	A/	L. M/	进口旧机电产品（11.2） 进口强制性产品认证（11.1） 机动车辆及其零部件（11.3）
8703234290	仅装有 1.5 升<排量≤2 升的点燃式活塞内燃发动机越野车的成套散件（4 轮驱动）			进口旧机电产品（11.2）

续表208

商品编号	商品名称	监管条件	检验检疫类别	检验检疫要求
8703234310	仅装有 1.5 升<排量≤2 升的点燃式活塞内燃发动机小客车（9 座及以下的）	A/	L. M/	进口旧机电产品（11.2） 进口强制性产品认证（11.1） 机动车辆及其零部件（11.3）
8703234390	仅装有 1.5 升<排量≤2 升的点燃式活塞内燃发动机小客车的成套散件（9 座及以下的）			进口旧机电产品（11.2）
8703234910	仅装有 1.5 升<排量≤2 升的点燃式活塞内燃发动机的其他载人车辆	A/	L. M/	进口旧机电产品（11.2） 进口强制性产品认证（11.1） 机动车辆及其零部件（11.3）
8703234990	仅装有 1.5 升<排量≤2 升的点燃式活塞内燃发动机的其他载人车辆的成套散件			进口旧机电产品（11.2）
8703235110	仅装有 2 升<排量≤2.5 升的点燃式活塞内燃发动机小轿车	A/	L. M/	进口旧机电产品（11.2） 进口强制性产品认证（11.1） 机动车辆及其零部件（11.3）
8703235190	仅装有 2 升<排量≤2.5 升的点燃式活塞内燃发动机小轿车的成套散件			进口旧机电产品（11.2）
8703235210	仅装有 2 升<排量≤2.5 升的点燃式活塞内燃发动机越野车（4 轮驱动）	A/	L. M/	进口旧机电产品（11.2） 进口强制性产品认证（11.1） 机动车辆及其零部件（11.3）
8703235290	仅装有 2 升<排量≤2.5 升的点燃式活塞内燃发动机越野车的成套散件（4 轮驱动）			进口旧机电产品（11.2）
8703235310	仅装有 2 升<排量≤2.5 升的点燃式活塞内燃发动机小客车（9 座及以下的）	A/	L. M/	进口旧机电产品（11.2） 进口强制性产品认证（11.1） 机动车辆及其零部件（11.3）
8703235390	仅装有 2 升<排量≤2.5 升的点燃式活塞内燃发动机的小客车的成套散件（9 座及以下的）			进口旧机电产品（11.2）
8703235910	仅装有 2 升<排量≤2.5 升的点燃式活塞内燃发动机的其他载人车辆	A/	L. M/	进口旧机电产品（11.2） 进口强制性产品认证（11.1） 机动车辆及其零部件（11.3）
8703235990	仅装有 2 升<排量≤2.5 升的点燃式活塞内燃发动机的其他载人车辆的成套散件			进口旧机电产品（11.2）
8703236110	仅装有 2.5 升<排量≤3 升的点燃式活塞内燃发动机小轿车	A/	L. M/	进口旧机电产品（11.2） 进口强制性产品认证（11.1） 机动车辆及其零部件（11.3）
8703236190	仅装有 2.5 升<排量≤3 升的点燃式活塞内燃发动机小轿车的成套散件			进口旧机电产品（11.2）
8703236210	仅装有 2.5 升<排量≤3 升的点燃式活塞内燃发动机越野车（4 轮驱动）	A/	L. M/	进口旧机电产品（11.2） 进口强制性产品认证（11.1） 机动车辆及其零部件（11.3）
8703236290	仅装有 2.5 升<排量≤3 升的点燃式活塞内燃发动机越野车的成套散件（4 轮驱动）			进口旧机电产品（11.2）
8703236310	仅装有 2.5 升<排量≤3 升的点燃式活塞内燃发动机小客车（9 座及以下的）	A/	L. M/	进口旧机电产品（11.2） 进口强制性产品认证（11.1） 机动车辆及其零部件（11.3）
8703236390	仅装有 2.5 升<排量≤3 升的点燃式活塞内燃发动机小客车的成套散件（9 座及以下的）			进口旧机电产品（11.2）
8703236910	仅装有 2.5 升<排量≤3 升的点燃式活塞内燃发动机的其他载人车辆	A/	L. M/	进口旧机电产品（11.2） 进口强制性产品认证（11.1） 机动车辆及其零部件（11.3）

续表209

商品编号	商品名称	监管条件	检验检疫类别	检验检疫要求
8703236990	仅装有2.5升<排量≤3升的点燃式活塞内燃发动机的其他载人车辆的成套散件			进口旧机电产品（11.2）
8703241110	仅装有3升<排量≤4升的点燃式活塞内燃发动机小轿车	A/	L. M/	进口旧机电产品（11.2） 进口强制性产品认证（11.1） 机动车辆及其零部件（11.3）
8703241190	仅装有3升<排量≤4升的点燃式活塞内燃发动机小轿车的成套散件			进口旧机电产品（11.2）
8703241210	仅装有3升<排量≤4升的点燃式活塞内燃发动机越野车（4轮驱动）	A/	L. M/	进口旧机电产品（11.2） 进口强制性产品认证（11.1） 机动车辆及其零部件（11.3）
8703241290	仅装有3升<排量≤4升的点燃式活塞内燃发动机越野车的成套散件（4轮驱动）			进口旧机电产品（11.2）
8703241310	仅装有3升<排量≤4升的点燃式活塞内燃发动机的小客车（9座及以下的）	A/	L. M/	进口旧机电产品（11.2） 进口强制性产品认证（11.1） 机动车辆及其零部件（11.3）
8703241390	仅装有3升<排量≤4升的点燃式活塞内燃发动机的小客车的成套散件（9座及以下的）			进口旧机电产品（11.2）
8703241910	仅装有3升<排量≤4升的点燃式活塞内燃发动机的其他载人车辆	A/	L. M/	进口旧机电产品（11.2） 进口强制性产品认证（11.1） 机动车辆及其零部件（11.3）
8703241990	仅装有3升<排量≤4升的点燃式活塞内燃发动机的其他载人车辆的成套散件			进口旧机电产品（11.2）
8703242110	仅装有排气量>4升的点燃式活塞内燃发动机小轿车	A/	L. M/	进口旧机电产品（11.2） 进口强制性产品认证（11.1） 机动车辆及其零部件（11.3）
8703242190	仅装有排气量>4升的点燃式活塞内燃发动机小轿车的成套散件			进口旧机电产品（11.2）
8703242210	仅装有排气量>4升的点燃式活塞内燃发动机越野车（4轮驱动）	A/	L. M/	进口旧机电产品（11.2） 进口强制性产品认证（11.1） 机动车辆及其零部件（11.3）
8703242290	仅装有排气量>4升的点燃式活塞内燃发动机越野车的成套散件（4轮驱动）			进口旧机电产品（11.2）
8703242310	仅装有排气量>4升的点燃式活塞内燃发动机的小客车（9座及以下的）	A/	L. M/	进口旧机电产品（11.2） 进口强制性产品认证（11.1） 机动车辆及其零部件（11.3）
8703242390	仅装有排气量>4升的点燃式活塞内燃发动机的小客车的成套散件（9座及以下的）			进口旧机电产品（11.2）
8703242910	仅装有排气量>4升的点燃式活塞内燃发动机的其他载人车辆	A/	L. M/	进口旧机电产品（11.2） 进口强制性产品认证（11.1） 机动车辆及其零部件（11.3）
8703242990	仅装有排气量>4升的点燃式活塞内燃发动机的其他载人车辆的成套散件			进口旧机电产品（11.2）
8703311110	仅装有排气量≤1升的压燃式活塞内燃发动机小轿车	A/	L. M/	进口旧机电产品（11.2） 进口强制性产品认证（11.1） 机动车辆及其零部件（11.3）
8703311190	仅装有排气量≤1升的压燃式活塞内燃发动机小轿车的成套散件			进口旧机电产品（11.2）
8703311910	仅装有排气量≤1升的压燃式活塞内燃发动机的其他载人车辆	A/	L. M/	进口旧机电产品（11.2） 进口强制性产品认证（11.1） 机动车辆及其零部件（11.3）

续表210

商品编号	商品名称	监管条件	检验检疫类别	检验检疫要求
8703311990	仅装有排气量≤1 升的压燃式活塞内燃发动机的其他载人车辆的成套散件			进口旧机电产品（11.2）
8703312110	仅装有 1 升<排气量≤1.5 升的压燃式活塞内燃发动机小轿车	A/	L. M/	进口旧机电产品（11.2） 进口强制性产品认证（11.1） 机动车辆及其零部件（11.3）
8703312190	仅装有 1 升<排气量≤1.5 升的压燃式活塞内燃发动机小轿车的成套散件			进口旧机电产品（11.2）
8703312210	仅装有 1 升<排气量≤1.5 升的压燃式活塞内燃发动机越野车（4 轮驱动）	A/	L. M/	进口旧机电产品（11.2） 进口强制性产品认证（11.1） 机动车辆及其零部件（11.3）
8703312290	仅装有 1 升<排气量≤1.5 升的压燃式活塞内燃发动机越野车的成套散件（4 轮驱动）			进口旧机电产品（11.2）
8703312310	仅装有 1 升<排气量≤1.5 升的压燃式活塞内燃发动机小客车（9 座及以下的）	A/	L. M/	进口旧机电产品（11.2） 进口强制性产品认证（11.1） 机动车辆及其零部件（11.3）
8703312390	仅装有 1 升<排气量≤1.5 升的压燃式活塞内燃发动机小客车的成套散件（9 座及以下的）			进口旧机电产品（11.2）
8703312910	仅装有 1 升<排气量≤1.5 升的压燃式活塞内燃发动机的其他载人车辆	A/	L. M/	进口旧机电产品（11.2） 进口强制性产品认证（11.1） 机动车辆及其零部件（11.3）
8703312990	仅装有 1 升<排气量≤1.5 升的装压燃式活塞内燃发动机的其他载人车辆的成套散件			进口旧机电产品（11.2）
8703321110	仅装有 1.5 升<排量≤2 升的压燃式活塞内燃发动机小轿车	A/	L. M/	进口旧机电产品（11.2） 进口强制性产品认证（11.1） 机动车辆及其零部件（11.3）
8703321190	仅装有 1.5 升<排量≤2 升的压燃式活塞内燃发动机小轿车的成套散件			进口旧机电产品（11.2）
8703321210	仅装有 1.5 升<排量≤2 升的压燃式活塞内燃发动机越野车（4 轮驱动）	A/	L. M/	进口旧机电产品（11.2） 进口强制性产品认证（11.1） 机动车辆及其零部件（11.3）
8703321290	仅装有 1.5 升<排量≤2 升的压燃式活塞内燃发动机越野车的成套散件（4 轮驱动）			进口旧机电产品（11.2）
8703321310	仅装有 1.5 升<排量≤2 升的装压燃式活塞内燃发动机小客车（9 座及以下的）	A/	L. M/	进口旧机电产品（11.2） 进口强制性产品认证（11.1） 机动车辆及其零部件（11.3）
8703321390	仅装有 1.5 升<排量≤2 升的压燃式活塞内燃发动机小客车的成套散件（9 座及以下的）			进口旧机电产品（11.2）
8703321910	仅装有 1.5 升<排量≤2 升的压燃式活塞内燃发动机的其他载人车辆	A/	L. M/	进口旧机电产品（11.2） 进口强制性产品认证（11.1） 机动车辆及其零部件（11.3）
8703321990	仅装有 1.5 升<排量≤2 升的压燃式活塞内燃发动机的其他载人车辆的成套散件			进口旧机电产品（11.2）
8703322110	仅装有 2 升<排量≤2.5 升的压燃式活塞内燃发动机小轿车	A/	L. M/	进口旧机电产品（11.2） 进口强制性产品认证（11.1） 机动车辆及其零部件（11.3）
8703322190	仅装有 2 升<排量≤2.5 升的燃式活塞内燃发动机小轿车的成套散件			进口旧机电产品（11.2）

续表211

商品编号	商品名称	监管条件	检验检疫类别	检验检疫要求
8703322210	仅装有2升<排量≤2.5升的燃式活塞内燃发动机越野车（4轮驱动）	A/	L. M/	进口旧机电产品（11.2） 进口强制性产品认证（11.1） 机动车辆及其零部件（11.3）
8703322290	仅装有2升<排量≤2.5升的燃式活塞内燃发动机越野车的成套散件（4轮驱动）			进口旧机电产品（11.2）
8703322310	仅装有2升<排量≤2.5升的燃式活塞内燃发动机小客车（9座及以下的）	A/	L. M/	进口旧机电产品（11.2） 进口强制性产品认证（11.1） 机动车辆及其零部件（11.3）
8703322390	仅装有2升<排量≤2.5升的压燃式活塞内燃发动机小客车的成套散件（9座及以下的）			进口旧机电产品（11.2）
8703322910	仅装有2升<排量≤2.5升的压燃式活塞内燃发动机的其他载人车辆	A/	L. M/	进口旧机电产品（11.2） 进口强制性产品认证（11.1） 机动车辆及其零部件（11.3）
8703322990	仅装有2升<排量≤2.5升的压燃式活塞内燃发动机的其他载人车辆的成套散件			进口旧机电产品（11.2）
8703331110	仅装有2.5升<排量≤3升的压燃式活塞内燃发动机小轿车	A/	L. M/	进口旧机电产品（11.2） 进口强制性产品认证（11.1） 机动车辆及其零部件（11.3）
8703331190	仅装有2.5升<排量≤3升的压燃式活塞内燃发动机小轿车的成套散件			进口旧机电产品（11.2）
8703331210	仅装有2.5升<排量≤3升的压燃式活塞内燃发动机越野车（4轮驱动）	A/	L. M/	进口旧机电产品（11.2） 进口强制性产品认证（11.1） 机动车辆及其零部件（11.3）
8703331290	仅装有2.5升<排量≤3升的压燃式活塞内燃发动机越野车的成套散件（4轮驱动）			进口旧机电产品（11.2）
8703331310	仅装有2.5升<排量≤3升的压燃式活塞内燃发动机小客车（9座及以下的）	A/	L. M/	进口旧机电产品（11.2） 进口强制性产品认证（11.1） 机动车辆及其零部件（11.3）
8703331390	仅装有2.5升<排量≤3升的压燃式活塞内燃发动机小客车的成套散件（9座及以下的）			进口旧机电产品（11.2）
8703331910	仅装有2.5升<排量≤3升的压燃式活塞内燃发动机的其他载人车辆	A/	L. M/	进口旧机电产品（11.2） 进口强制性产品认证（11.1） 机动车辆及其零部件（11.3）
8703331990	仅装有2.5升<排量≤3升的压燃式活塞内燃发动机的其他载人车辆的成套散件			进口旧机电产品（11.2）
8703332110	仅装有3升<排量≤4升的压燃式活塞内燃发动机小轿车	A/	L. M/	进口旧机电产品（11.2） 进口强制性产品认证（11.1） 机动车辆及其零部件（11.3）
8703332190	仅装有3升<排量≤4升的压燃式活塞内燃发动机小轿车的成套散件			进口旧机电产品（11.2）
8703332210	仅装有3升<排量≤4升的压燃式活塞内燃发动机越野车（4轮驱动）	A/	L. M/	进口旧机电产品（11.2） 进口强制性产品认证（11.1） 机动车辆及其零部件（11.3）
8703332290	仅装有3升<排量≤4升的压燃式活塞内燃发动机越野车的成套散件（4轮驱动）			进口旧机电产品（11.2）
8703332310	仅装有3升<排量≤4升的压燃式活塞内燃发动机小客车（9座及以下的）	A/	L. M/	进口旧机电产品（11.2） 进口强制性产品认证（11.1） 机动车辆及其零部件（11.3）

续表212

商品编号	商品名称	监管条件	检验检疫类别	检验检疫要求
8703332390	仅装有 3 升<排量≤4 升的压燃式活塞内燃发动机小客车的成套散件（9 座及以下的）			进口旧机电产品（11.2）
8703332910	仅装有 3 升<排量≤4 升的压燃式活塞内燃发动机的其他载人车辆	A/	L. M/	进口旧机电产品（11.2） 进口强制性产品认证（11.1） 机动车辆及其零部件（11.3）
8703332990	仅装有 3 升<排量≤4 升的压燃式活塞内燃发动机的其他载人车辆的成套散件			进口旧机电产品（11.2）
8703336110	仅装有排量>4 升的压燃式活塞内燃发动机小轿车	A/	L. M/	进口旧机电产品（11.2） 进口强制性产品认证（11.1） 机动车辆及其零部件（11.3）
8703336190	仅装有排量>4 升的压燃式活塞内燃发动机小轿车的成套散件			进口旧机电产品（11.2）
8703336210	仅装有排量>4 升的压燃式活塞内燃发动机越野车（4 轮驱动）	A/	L. M/	进口旧机电产品（11.2） 进口强制性产品认证（11.1） 机动车辆及其零部件（11.3）
8703336290	仅装有排量>4 升的压燃式活塞内燃发动机越野车的成套散件（4 轮驱动）			进口旧机电产品（11.2）
8703336310	仅装有排量>4 升的压燃式活塞内燃发动机小客车（9 座及以下的）	A/	L. M/	进口旧机电产品（11.2） 进口强制性产品认证（11.1） 机动车辆及其零部件（11.3）
8703336390	仅装有排量>4 升的压燃式活塞内燃发动机小客车的成套散件（9 座及以下的）			进口旧机电产品（11.2）
8703336910	仅装有排量>4 升的压燃式活塞内燃发动机其他载人车辆	A/	L. M/	进口旧机电产品（11.2） 进口强制性产品认证（11.1） 机动车辆及其零部件（11.3）
8703336990	仅装有排量>4 升的压燃式活塞内燃发动机其他载人车辆的成套散件			进口旧机电产品（11.2）
8703401110	同时装有点燃式活塞内燃发动机（排量≤1 升）及驱动电动机的小轿车（可通过接插外部电源进行充电的除外）	A/	L. M/	进口旧机电产品（11.2） 进口强制性产品认证（11.1） 机动车辆及其零部件（11.3）
8703401190	同时装有点燃式活塞内燃发动机（排量≤1 升）及驱动电动机的小轿车的成套散件（可通过接插外部电源进行充电的除外）			进口旧机电产品（11.2）
8703401210	同时装有点燃式活塞内燃发动机（排量≤1 升）及驱动电动机的越野车（4 轮驱动）（可通过接插外部电源进行充电的除外）	A/	L. M/	进口旧机电产品（11.2） 进口强制性产品认证（11.1） 机动车辆及其零部件（11.3）
8703401290	同时装有点燃式活塞内燃发动机（排量≤1 升）及驱动电动机的越野车（4 轮驱动）的成套散件（可通过接插外部电源进行充电的除外）			进口旧机电产品（11.2）
8703401310	同时装有点燃式活塞内燃发动机（排量≤1 升）及驱动电动机的小客车（9 座及以下，可通过接插外部电源进行充电的除外）	A/	L. M/	进口旧机电产品（11.2） 进口强制性产品认证（11.1） 机动车辆及其零部件（11.3）
8703401390	同时装有点燃式活塞内燃发动机（排量≤1 升）及驱动电动机的小客车的成套散件（9 座及以下，可通过接插外部电源进行充电的除外）			进口旧机电产品（11.2）
8703401910	同时装有点燃式活塞内燃发动机（排量≤1 升）及驱动电动机的其他载人车辆（可通过接插外部电源进行充电的除外）	A/	L. M/	进口旧机电产品（11.2） 进口强制性产品认证（11.1） 机动车辆及其零部件（11.3）
8703401990	同时装有点燃式活塞内燃发动机（排量≤1 升）及驱动电动机的其他载人车辆的成套散件（可通过接插外部电源进行充电的除外）			进口旧机电产品（11.2）

续表213

商品编号	商品名称	监管条件	检验检疫类别	检验检疫要求
8703402110	同时装有点燃式活塞内燃发动机（1升<排量≤1.5升）及驱动电动机的小轿车（可通过接插外部电源进行充电的除外）	A/	L. M/	进口旧机电产品（11.2） 进口强制性产品认证（11.1） 机动车辆及其零部件（11.3）
8703402190	同时装有点燃式活塞内燃发动机（1升<排量≤1.5升）及驱动电动机的小轿车的成套散件（可通过接插外部电源进行充电的除外）			进口旧机电产品（11.2）
8703402210	同时装有点燃式活塞内燃发动机（1升<排量≤1.5升）及驱动电动机的四轮驱动越野车（可通过接插外部电源进行充电的除外）	A/	L. M/	进口旧机电产品（11.2） 进口强制性产品认证（11.1） 机动车辆及其零部件（11.3）
8703402290	同时装有点燃式活塞内燃发动机（1升<排量≤1.5升）及驱动电动机的四轮驱动越野车的成套散件（可通过接插外部电源进行充电的除外）			进口旧机电产品（11.2）
8703402310	同时装有点燃式活塞内燃发动机（1升<排量≤1.5升）及驱动电动机的小客车（9座及以下，可通过接插外部电源进行充电的除外）	A/	L. M/	进口旧机电产品（11.2） 进口强制性产品认证（11.1） 机动车辆及其零部件（11.3）
8703402390	同时装有点燃式活塞内燃发动机（1升<排量≤1.5升）及驱动电动机的小客车的成套散件（9座及以下，可通过接插外部电源进行充电的除外）			进口旧机电产品（11.2）
8703402910	同时装有点燃式活塞内燃发动机（1升<排量≤1.5升）及驱动电动机的其他载人车辆（可通过接插外部电源进行充电的除外）	A/	L. M/	进口旧机电产品（11.2） 进口强制性产品认证（11.1） 机动车辆及其零部件（11.3）
8703402990	同时装有点燃式活塞内燃发动机（1升<排量≤1.5升）及驱动电动机的其他载人车辆的成套散件（可通过接插外部电源进行充电的除外）			进口旧机电产品（11.2）
8703403110	同时装有点燃式活塞内燃发动机（1.5升<排量≤2升）及驱动电动机的小轿车（可通过接插外部电源进行充电的除外）	A/	L. M/	进口旧机电产品（11.2） 进口强制性产品认证（11.1） 机动车辆及其零部件（11.3）
8703403190	同时装有点燃式活塞内燃发动机（1.5升<排量≤2升）及驱动电动机的小轿车的成套散件（可通过接插外部电源进行充电的除外）			进口旧机电产品（11.2）
8703403210	同时装有点燃式活塞内燃发动机（1.5升<排量≤2升）及驱动电动机的四轮驱动越野车（可通过接插外部电源进行充电的除外）	A/	L. M/	进口旧机电产品（11.2） 进口强制性产品认证（11.1） 机动车辆及其零部件（11.3）
8703403290	同时装有点燃式活塞内燃发动机（1.5升<排量≤2升）及驱动电动机的四轮驱动越野车的成套散件（可通过接插外部电源进行充电的除外）			进口旧机电产品（11.2）
8703403310	同时装有点燃式活塞内燃发动机（1.5升<排量≤2升）及驱动电动机的小客车（9座及以下，可通过接插外部电源进行充电的除外）	A/	L. M/	进口旧机电产品（11.2） 进口强制性产品认证（11.1） 机动车辆及其零部件（11.3）
8703403390	同时装有点燃式活塞内燃发动机（1.5升<排量≤2升）及驱动电动机的小客车的成套散件（9座及以下，可通过接插外部电源进行充电的除外）			进口旧机电产品（11.2）
8703403910	同时装有点燃式活塞内燃发动机（1.5升<排量≤2升）及驱动电动机的其他载人车辆（可通过接插外部电源进行充电的除外）	A/	L. M/	进口旧机电产品（11.2） 进口强制性产品认证（11.1） 机动车辆及其零部件（11.3）
8703403990	同时装有点燃式活塞内燃发动机（1.5升<排量≤2升）及驱动电动机的其他载人车辆的成套散件（可通过接插外部电源进行充电的除外）			进口旧机电产品（11.2）

续表214

商品编号	商品名称	监管条件	检验检疫类别	检验检疫要求
8703404110	同时装有点燃式活塞内燃发动机（2 升<排量≤2.5 升）及驱动电动机的小轿车（可通过接插外部电源进行充电的除外）	A/	L. M/	进口旧机电产品（11.2） 进口强制性产品认证（11.1） 机动车辆及其零部件（11.3）
8703404190	同时装有点燃式活塞内燃发动机（2 升<排量≤2.5 升）及驱动电动机的小轿车的成套散件（可通过接插外部电源进行充电的除外）			进口旧机电产品（11.2）
8703404210	同时装有点燃式活塞内燃发动机（2 升<排量≤2.5 升）及驱动电动机的四轮驱动越野车（可通过接插外部电源进行充电的除外）	A/	L. M/	进口旧机电产品（11.2） 进口强制性产品认证（11.1） 机动车辆及其零部件（11.3）
8703404290	同时装有点燃式活塞内燃发动机（2 升<排量≤2.5 升）及驱动电动机的四轮驱动越野车的成套散件（可通过接插外部电源进行充电的除外）			进口旧机电产品（11.2）
8703404310	同时装有点燃式活塞内燃发动机（2 升<排量≤2.5 升）及驱动电动机的小客车（9 座及以下，可通过接插外部电源进行充电的除外）	A/	L. M/	进口旧机电产品（11.2） 进口强制性产品认证（11.1） 机动车辆及其零部件（11.3）
8703404390	同时装有点燃式活塞内燃发动机（2 升<排量≤2.5 升）及驱动电动机的小客车的成套散件（9 座及以下，可通过接插外部电源进行充电的除外）			进口旧机电产品（11.2）
8703404910	同时装有点燃式活塞内燃发动机（2 升<排量≤2.5 升）及驱动电动机的其他载人车辆（可通过接插外部电源进行充电的除外）	A/	L. M/	进口旧机电产品（11.2） 进口强制性产品认证（11.1） 机动车辆及其零部件（11.3）
8703404990	同时装有点燃式活塞内燃发动机（2 升<排量≤2.5 升）及驱动电动机的其他载人车辆的成套散件（可通过接插外部电源进行充电的除外）			进口旧机电产品（11.2）
8703405110	同时装有点燃式活塞内燃发动机（2.5 升<排量≤3 升）及驱动电动机的小轿车（可通过接插外部电源进行充电的除外）	A/	L. M/	进口旧机电产品（11.2） 进口强制性产品认证（11.1） 机动车辆及其零部件（11.3）
8703405190	同时装有点燃式活塞内燃发动机（2.5 升<排量≤3 升）及驱动电动机的小轿车的成套散件（可通过接插外部电源进行充电的除外）			进口旧机电产品（11.2）
8703405210	同时装有点燃式活塞内燃发动机（2.5 升<排量≤3 升）及驱动电动机的四轮驱动越野车（可通过接插外部电源进行充电的除外）	A/	L. M/	进口旧机电产品（11.2） 进口强制性产品认证（11.1） 机动车辆及其零部件（11.3）
8703405290	同时装有点燃式活塞内燃发动机（2.5 升<排量≤3 升）及驱动电动机的四轮驱动越野车的成套散件（可通过接插外部电源进行充电的除外）			进口旧机电产品（11.2）
8703405310	同时装有点燃式活塞内燃发动机（2.5 升<排量≤3 升）及驱动电动机的小客车（9 座及以下，可通过接插外部电源进行充电的除外）	A/	L. M/	进口旧机电产品（11.2） 进口强制性产品认证（11.1） 机动车辆及其零部件（11.3）
8703405390	同时装有点燃式活塞内燃发动机（2.5 升<排量≤3 升）及驱动电动机的小客车的成套散件（9 座及以下，可通过接插外部电源进行充电的除外）			进口旧机电产品（11.2）
8703405910	同时装有点燃式活塞内燃发动机（2.5 升<排量≤3 升）及驱动电动机的其他载人车辆（可通过接插外部电源进行充电的除外）	A/	L. M/	进口旧机电产品（11.2） 进口强制性产品认证（11.1） 机动车辆及其零部件（11.3）
8703405990	同时装有点燃式活塞内燃发动机（2.5 升<排量≤3 升）及驱动电动机的其他载人车辆的成套散件（可通过接插外部电源进行充电的除外）			进口旧机电产品（11.2）

续表215

商品编号	商品名称	监管条件	检验检疫类别	检验检疫要求
8703406110	同时装有点燃式活塞内燃发动机（3 升<排量≤4 升）及驱动电动机的小轿车（可通过接插外部电源进行充电的除外）	A/	L. M/	进口旧机电产品（11.2） 进口强制性产品认证（11.1） 机动车辆及其零部件（11.3）
8703406190	同时装有点燃式活塞内燃发动机（3 升<排量≤4 升）及驱动电动机的小轿车的成套散件（可通过接插外部电源进行充电的除外）			进口旧机电产品（11.2）
8703406210	同时装有点燃式活塞内燃发动机（3 升<排量≤4 升）及驱动电动机的四轮驱动越野车（可通过接插外部电源进行充电的除外）	A/	L. M/	进口旧机电产品（11.2） 进口强制性产品认证（11.1） 机动车辆及其零部件（11.3）
8703406290	同时装有点燃式活塞内燃发动机（3 升<排量≤4 升）及驱动电动机的四轮驱动越野车的成套散件（可通过接插外部电源进行充电的除外）			进口旧机电产品（11.2）
8703406310	同时装有点燃式活塞内燃发动机（3 升<排量≤4 升）及驱动电动机的小客车（9 座及以下，可通过接插外部电源进行充电的除外）	A/	L. M/	进口旧机电产品（11.2） 进口强制性产品认证（11.1） 机动车辆及其零部件（11.3）
8703406390	同时装有点燃式活塞内燃发动机（3 升<排量≤4 升）及驱动电动机的小客车的成套散件（9 座及以下，可通过接插外部电源进行充电的除外）			进口旧机电产品（11.2）
8703406910	同时装有点燃式活塞内燃发动机（3 升<排量≤4 升）及驱动电动机的其他载人车辆（可通过接插外部电源进行充电的除外）	A/	L. M/	进口旧机电产品（11.2） 进口强制性产品认证（11.1） 机动车辆及其零部件（11.3）
8703406990	同时装有点燃式活塞内燃发动机（3 升<排量≤4 升）及驱动电动机的其他载人车辆的成套散件（可通过接插外部电源进行充电的除外）			进口旧机电产品（11.2）
8703407110	同时装有点燃式活塞内燃发动机（排量>4 升）及驱动电动机的小轿车（可通过接插外部电源进行充电的除外）	A/	L. M/	进口旧机电产品（11.2） 进口强制性产品认证（11.1） 机动车辆及其零部件（11.3）
8703407190	同时装有点燃式活塞内燃发动机（排量>4 升）及驱动电动机的小轿车的成套散件（可通过接插外部电源进行充电的除外）			进口旧机电产品（11.2）
8703407210	同时装有点燃式活塞内燃发动机（排量>4 升）及驱动电动机的四轮驱动越野车（可通过接插外部电源进行充电的除外）	A/	L. M/	进口旧机电产品（11.2） 进口强制性产品认证（11.1） 机动车辆及其零部件（11.3）
8703407290	同时装有点燃式活塞内燃发动机（排量>4 升）及驱动电动机的四轮驱动越野车的成套散件（可通过接插外部电源进行充电的除外）			进口旧机电产品（11.2）
8703407310	同时装有点燃式活塞内燃发动机（排量>4 升）及驱动电动机的小客车（9 座及以下，可通过接插外部电源进行充电的除外）	A/	L. M/	进口旧机电产品（11.2） 进口强制性产品认证（11.1） 机动车辆及其零部件（11.3）
8703407390	同时装有点燃式活塞内燃发动机（排量>4 升）及驱动电动机的小客车的成套散件（9 座及以下，可通过接插外部电源进行充电的除外）			进口旧机电产品（11.2）
8703407910	同时装有点燃式活塞内燃发动机（排量>4 升）及驱动电动机的其他载人车辆（可通过接插外部电源进行充电的除外）	A/	L. M/	进口旧机电产品（11.2） 进口强制性产品认证（11.1） 机动车辆及其零部件（11.3）
8703407990	同时装有点燃式活塞内燃发动机（排量>4 升）及驱动电动机的其他载人车辆的成套散件（可通过接插外部电源进行充电的除外）			进口旧机电产品（11.2）
8703501110	同时装有压燃式活塞内燃发动机（柴油或半柴油发动机，排量≤1 升）及驱动电动机的小轿车（可通过接插外部电源进行充电的除外）	A/	L. M/	进口旧机电产品（11.2） 进口强制性产品认证（11.1） 机动车辆及其零部件（11.3）
8703501190	同时装有压燃式活塞内燃发动机（柴油或半柴油发动机，排量≤1 升）及驱动电动机的小轿车的成套散件（可通过接插外部电源进行充电的除外）			进口旧机电产品（11.2）

续表216

商品编号	商品名称	监管条件	检验检疫类别	检验检疫要求
8703501910	同时装有压燃式活塞内燃发动机（柴油或半柴油发动机，排量≤1升）及驱动电动机的其他载人车辆（可通过接插外部电源进行充电的除外）	A/	L. M/	进口旧机电产品（11.2） 进口强制性产品认证（11.1） 机动车辆及其零部件（11.3）
8703501990	同时装有压燃式活塞内燃发动机（柴油或半柴油发动机，排量≤1升）及驱动电动机的其他载人车辆的成套散件（可通过接插外部电源进行充电的除外）			进口旧机电产品（11.2）
8703502110	同时装有压燃式活塞内燃发动机（柴油或半柴油发动机，1升<排量≤1.5升）及驱动电动机的小轿车（可通过接插外部电源进行充电的除外）	A/	L. M/	进口旧机电产品（11.2） 进口强制性产品认证（11.1） 机动车辆及其零部件（11.3）
8703502190	同时装有压燃式活塞内燃发动机（柴油或半柴油发动机，1升<排量≤1.5升）及驱动电动机的小轿车的成套散件（可通过接插外部电源进行充电的除外）			进口旧机电产品（11.2）
8703502210	同时装有压燃式活塞内燃发动机（柴油或半柴油发动机，1升<排量≤1.5升）及驱动电动机的四轮驱动越野车（可通过接插外部电源进行充电的除外）	A/	L. M/	进口旧机电产品（11.2） 进口强制性产品认证（11.1） 机动车辆及其零部件（11.3）
8703502290	同时装有压燃式活塞内燃发动机（柴油或半柴油发动机，1升<排量≤1.5升）及驱动电动机的四轮驱动越野车的成套散件（可通过接插外部电源进行充电的除外）			进口旧机电产品（11.2）
8703502310	同时装有压燃式活塞内燃发动机（柴油或半柴油发动机，1升<排量≤1.5升）及驱动电动机的小客车（9座及以下，可通过接插外部电源进行充电的除外）	A/	L. M/	进口旧机电产品（11.2） 进口强制性产品认证（11.1） 机动车辆及其零部件（11.3）
8703502390	同时装有压燃式活塞内燃发动机（柴油或半柴油发动机，1升<排量≤1.5升）及驱动电动机的小客车的成套散件（9座及以下，可通过接插外部电源进行充电的除外）			进口旧机电产品（11.2）
8703502910	同时装有压燃式活塞内燃发动机（柴油或半柴油发动机，1升<排量≤1.5升）及驱动电动机的其他载人车辆（可通过接插外部电源进行充电的除外）	A/	L. M/	进口旧机电产品（11.2） 进口强制性产品认证（11.1） 机动车辆及其零部件（11.3）
8703502990	同时装有压燃式活塞内燃发动机（柴油或半柴油发动机，1升<排量≤1.5升）及驱动电动机的其他载人车辆的成套散件（可通过接插外部电源进行充电的除外）			进口旧机电产品（11.2）
8703503110	同时装有压燃式活塞内燃发动机（柴油或半柴油发动机，1.5升<排量≤2升）及驱动电动机的小轿车（可通过接插外部电源进行充电的除外）	A/	L. M/	进口旧机电产品（11.2） 进口强制性产品认证（11.1） 机动车辆及其零部件（11.3）
8703503190	同时装有压燃式活塞内燃发动机（柴油或半柴油发动机，1.5升<排量≤2升）及驱动电动机的小轿车的成套散件（可通过接插外部电源进行充电的除外）			进口旧机电产品（11.2）
8703503210	同时装有压燃式活塞内燃发动机（柴油或半柴油发动机，1.5升<排量≤2升）及驱动电动机的四轮驱动越野车（可通过接插外部电源进行充电的除外）	A/	L. M/	进口旧机电产品（11.2） 进口强制性产品认证（11.1） 机动车辆及其零部件（11.3）
8703503290	同时装有压燃式活塞内燃发动机（柴油或半柴油发动机，1.5升<排量≤2升）及驱动电动机的四轮驱动越野车的成套散件（可通过接插外部电源进行充电的除外）			进口旧机电产品（11.2）
8703503310	同时装有压燃式活塞内燃发动机（柴油或半柴油发动机，1.5升<排量≤2升）及驱动电动机的小客车（9座及以下，可通过接插外部电源进行充电的除外）	A/	L. M/	进口旧机电产品（11.2） 进口强制性产品认证（11.1） 机动车辆及其零部件（11.3）
8703503390	同时装有压燃式活塞内燃发动机（柴油或半柴油发动机，1.5升<排量≤2升）及驱动电动机的小客车的成套散件（9座及以下，可通过接插外部电源进行充电的除外）			进口旧机电产品（11.2）

续表217

商品编号	商品名称	监管条件	检验检疫类别	检验检疫要求
8703503910	同时装有压燃式活塞内燃发动机（柴油或半柴油发动机，1.5升<排量≤2升）及驱动电动机的其他载人车辆（可通过接插外部电源进行充电的除外）	A/	L.M/	进口旧机电产品（11.2） 进口强制性产品认证（11.1） 机动车辆及其零部件（11.3）
8703503990	同时装有压燃式活塞内燃发动机（柴油或半柴油发动机，1.5升<排量≤2升）及驱动电动机的其他载人车辆的成套散件（可通过接插外部电源进行充电的除外）			进口旧机电产品（11.2）
8703504110	同时装有压燃式活塞内燃发动机（柴油或半柴油发动机，2升<排量≤2.5升）及驱动电动机的小轿车（可通过接插外部电源进行充电的除外）	A/	L.M/	进口旧机电产品（11.2） 进口强制性产品认证（11.1） 机动车辆及其零部件（11.3）
8703504190	同时装有压燃式活塞内燃发动机（柴油或半柴油发动机，2升<排量≤2.5升）及驱动电动机的小轿车的成套散件（可通过接插外部电源进行充电的除外）			进口旧机电产品（11.2）
8703504210	同时装有压燃式活塞内燃发动机（柴油或半柴油发动机，2升<排量≤2.5升）及驱动电动机的四轮驱动越野车（可通过接插外部电源进行充电的除外）	A/	L.M/	进口旧机电产品（11.2） 进口强制性产品认证（11.1） 机动车辆及其零部件（11.3）
8703504290	同时装有压燃式活塞内燃发动机（柴油或半柴油发动机，2升<排量≤2.5升）及驱动电动机的四轮驱动越野车的成套散件（可通过接插外部电源进行充电的除外）			进口旧机电产品（11.2）
8703504310	同时装有压燃式活塞内燃发动机（柴油或半柴油发动机，2升<排量≤2.5升）及驱动电动机的小客车（9座及以下，可通过接插外部电源进行充电的除外）	A/	L.M/	进口旧机电产品（11.2） 进口强制性产品认证（11.1） 机动车辆及其零部件（11.3）
8703504390	同时装有压燃式活塞内燃发动机（柴油或半柴油发动机，2升<排量≤2.5升）及驱动电动机的小客车的成套散件（9座及以下，可通过接插外部电源进行充电的除外）			进口旧机电产品（11.2）
8703504910	同时装有压燃式活塞内燃发动机（柴油或半柴油发动机，2升<排量≤2.5升）及驱动电动机的其他载人车辆（可通过接插外部电源进行充电的除外）	A/	L.M/	进口旧机电产品（11.2） 进口强制性产品认证（11.1） 机动车辆及其零部件（11.3）
8703504990	同时装有压燃式活塞内燃发动机（柴油或半柴油发动机，2升<排量≤2.5升）及驱动电动机的其他载人车辆的成套散件（可通过接插外部电源进行充电的除外）			进口旧机电产品（11.2）
8703505110	同时装有压燃式活塞内燃发动机（柴油或半柴油发动机，2.5升<排量≤3升）及驱动电动机的小轿车（可通过接插外部电源进行充电的除外）	A/	L.M/	进口旧机电产品（11.2） 进口强制性产品认证（11.1） 机动车辆及其零部件（11.3）
8703505190	同时装有压燃式活塞内燃发动机（柴油或半柴油发动机，2.5升<排量≤3升）及驱动电动机的小轿车的成套散件（可通过接插外部电源进行充电的除外）			进口旧机电产品（11.2）
8703505210	同时装有压燃式活塞内燃发动机（柴油或半柴油发动机，2.5升<排量≤3升）及驱动电动机的四轮驱动越野车（可通过接插外部电源进行充电的除外）	A/	L.M/	进口旧机电产品（11.2） 进口强制性产品认证（11.1） 机动车辆及其零部件（11.3）
8703505290	同时装有压燃式活塞内燃发动机（柴油或半柴油发动机，2.5升<排量≤3升）及驱动电动机的四轮驱动越野车的成套散件（可通过接插外部电源进行充电的除外）			进口旧机电产品（11.2）
8703505310	同时装有压燃式活塞内燃发动机（柴油或半柴油发动机，2.5升<排量≤3升）及驱动电动机的小客车（9座及以下，可通过接插外部电源进行充电的除外）	A/	L.M/	进口旧机电产品（11.2） 进口强制性产品认证（11.1） 机动车辆及其零部件（11.3）
8703505390	同时装有压燃式活塞内燃发动机（柴油或半柴油发动机，2.5升<排量≤3升）及驱动电动机的小客车的成套散件（9座及以下，可通过接插外部电源进行充电的除外）			进口旧机电产品（11.2）

续表218

商品编号	商品名称	监管条件	检验检疫类别	检验检疫要求
8703505910	同时装有压燃式活塞内燃发动机（柴油或半柴油发动机，2.5 升<排量≤3 升）及驱动电动机的其他载人车辆（可通过接插外部电源进行充电的除外）	A/	L. M/	进口旧机电产品（11.2） 进口强制性产品认证（11.1） 机动车辆及其零部件（11.3）
8703505990	同时装有压燃式活塞内燃发动机（柴油或半柴油发动机，2.5 升<排量≤3 升）及驱动电动机的其他载人车辆的成套散件（可通过接插外部电源进行充电的除外）			进口旧机电产品（11.2）
8703506110	同时装有压燃式活塞内燃发动机（柴油或半柴油发动机，3 升<排量≤4 升）及驱动电动机的小轿车（可通过接插外部电源进行充电的除外）	A/	L. M/	进口旧机电产品（11.2） 进口强制性产品认证（11.1） 机动车辆及其零部件（11.3）
8703506190	同时装有压燃式活塞内燃发动机（柴油或半柴油发动机，3 升<排量≤4 升）及驱动电动机的小轿车的成套散件（可通过接插外部电源进行充电的除外）			进口旧机电产品（11.2）
8703506210	同时装有压燃式活塞内燃发动机（柴油或半柴油发动机，3 升<排量≤4 升）及驱动电动机的四轮驱动越野车（可通过接插外部电源进行充电的除外）	A/	L. M/	进口旧机电产品（11.2） 进口强制性产品认证（11.1） 机动车辆及其零部件（11.3）
8703506290	同时装有压燃式活塞内燃发动机（柴油或半柴油发动机，3 升<排量≤4 升）及驱动电动机的四轮驱动越野车的成套散件（可通过接插外部电源进行充电的除外）			进口旧机电产品（11.2）
8703506310	同时装有压燃式活塞内燃发动机（柴油或半柴油发动机，3 升<排量≤4 升）及驱动电动机的小客车（9 座及以下，可通过接插外部电源进行充电的除外）	A/	L. M/	进口旧机电产品（11.2） 进口强制性产品认证（11.1） 机动车辆及其零部件（11.3）
8703506390	同时装有压燃式活塞内燃发动机（柴油或半柴油发动机，3 升<排量≤4 升）及驱动电动机的小客车的成套散件（9 座及以下，可通过接插外部电源进行充电的除外）			进口旧机电产品（11.2）
8703506910	同时装有压燃式活塞内燃发动机（柴油或半柴油发动机，3 升<排量≤4 升）及驱动电动机的其他载人车辆（可通过接插外部电源进行充电的除外）	A/	L. M/	进口旧机电产品（11.2） 进口强制性产品认证（11.1） 机动车辆及其零部件（11.3）
8703506990	同时装有压燃式活塞内燃发动机（柴油或半柴油发动机，3 升<排量≤4 升）及驱动电动机的其他载人车辆的成套散件（可通过接插外部电源进行充电的除外）			进口旧机电产品（11.2）
8703507110	同时装有压燃式活塞内燃发动机（柴油或半柴油发动机，排量>4 升）及驱动电动机的小轿车（可通过接插外部电源进行充电的除外）	A/	L. M/	进口旧机电产品（11.2） 进口强制性产品认证（11.1） 机动车辆及其零部件（11.3）
8703507190	同时装有压燃式活塞内燃发动机（柴油或半柴油发动机，排量>4 升）及驱动电动机的小轿车的成套散件（可通过接插外部电源进行充电的除外）			进口旧机电产品（11.2）
8703507210	同时装有压燃式活塞内燃发动机（柴油或半柴油发动机，排量>4 升）及驱动电动机的四轮驱动越野车（可通过接插外部电源进行充电的除外）	A/	L. M/	进口旧机电产品（11.2） 进口强制性产品认证（11.1） 机动车辆及其零部件（11.3）
8703507290	同时装有压燃式活塞内燃发动机（柴油或半柴油发动机，排量>4 升）及驱动电动机的四轮驱动越野车的成套散件（可通过接插外部电源进行充电的除外）			进口旧机电产品（11.2）
8703507310	同时装有压燃式活塞内燃发动机（柴油或半柴油发动机，排量>4 升）及驱动电动机的小客车（9 座及以下，可通过接插外部电源进行充电的除外）	A/	L. M/	进口旧机电产品（11.2） 进口强制性产品认证（11.1） 机动车辆及其零部件（11.3）
8703507390	同时装有压燃式活塞内燃发动机（柴油或半柴油发动机，排量>4 升）及驱动电动机的小客车的成套散件（9 座及以下，可通过接插外部电源进行充电的除外）			进口旧机电产品（11.2）

续表219

商品编号	商品名称	监管条件	检验检疫类别	检验检疫要求
8703507910	同时装有压燃式活塞内燃发动机（柴油或半柴油发动机，排量>4升）及驱动电动机的其他载人车辆（可通过接插外部电源进行充电的除外）	A/	L. M/	进口旧机电产品（11.2） 进口强制性产品认证（11.1） 机动车辆及其零部件（11.3）
8703507990	同时装有压燃式活塞内燃发动机（柴油或半柴油发动机，排量>4升）及驱动电动机的其他载人车辆的成套散件（可通过接插外部电源进行充电的除外）			进口旧机电产品（11.2）
8703601100	同时装有点燃式活塞内燃发动机及驱动电动机、可通过接插外部电源进行充电的小轿车，气缸容量（排气量）不超过1000毫升	A/	L. M/	进口旧机电产品（11.2） 进口强制性产品认证（11.1） 机动车辆及其零部件（11.3）
8703601200	同时装有点燃式活塞内燃发动机及驱动电动机、可通过接插外部电源进行充电的四轮驱动越野车，气缸容量（排气量）不超过1000毫升	A/	L. M/	进口旧机电产品（11.2） 进口强制性产品认证（11.1） 机动车辆及其零部件（11.3）
8703601300	同时装有点燃式活塞内燃发动机及驱动电动机、可通过接插外部电源进行充电的9座及以下小客车，气缸容量（排气量）不超过1000毫升	A/	L. M/	进口旧机电产品（11.2） 进口强制性产品认证（11.1） 机动车辆及其零部件（11.3）
8703601900	同时装有点燃式活塞内燃发动机及驱动电动机、可通过接插外部电源进行充电的其他载人车辆，气缸容量（排气量）不超过1000毫升	A/	L. M/	进口旧机电产品（11.2） 进口强制性产品认证（11.1） 机动车辆及其零部件（11.3）
8703602100	同时装有点燃式活塞内燃发动机及驱动电动机、可通过接插外部电源进行充电的小轿车，气缸容量（排气量）超过1000毫升，但不超过1500毫升	A/	L. M/	进口旧机电产品（11.2） 进口强制性产品认证（11.1） 机动车辆及其零部件（11.3）
8703602200	同时装有点燃式活塞内燃发动机及驱动电动机、可通过接插外部电源进行充电的四轮驱动越野车，气缸容量（排气量）超过1000毫升，但不超过1500毫升	A/	L. M/	进口旧机电产品（11.2） 进口强制性产品认证（11.1） 机动车辆及其零部件（11.3）
8703602300	同时装有点燃式活塞内燃发动机及驱动电动机、可通过接插外部电源进行充电的9座及以下小客车，气缸容量（排气量）超过1000毫升，但不超过1500毫升	A/	L. M/	进口旧机电产品（11.2） 进口强制性产品认证（11.1） 机动车辆及其零部件（11.3）
8703602900	同时装有点燃式活塞内燃发动机及驱动电动机、可通过接插外部电源进行充电的其他载人车辆，气缸容量（排气量）超过1000毫升，但不超过1500毫升	A/	L. M/	进口旧机电产品（11.2） 进口强制性产品认证（11.1） 机动车辆及其零部件（11.3）
8703603100	同时装有点燃式活塞内燃发动机及驱动电动机、可通过接插外部电源进行充电的小轿车，气缸容量（排气量）超过1500毫升，但不超过2000毫升	A/	L. M/	进口旧机电产品（11.2） 进口强制性产品认证（11.1） 机动车辆及其零部件（11.3）
8703603200	同时装有点燃式活塞内燃发动机及驱动电动机、可通过接插外部电源进行充电的四轮驱动越野车，气缸容量（排气量）超过1500毫升，但不超过2000毫升	A/	L. M/	进口旧机电产品（11.2） 进口强制性产品认证（11.1） 机动车辆及其零部件（11.3）
8703603300	同时装有点燃式活塞内燃发动机及驱动电动机、可通过接插外部电源进行充电的9座及以下小客车，气缸容量（排气量）超过1500毫升，但不超过2000毫升	A/	L. M/	进口旧机电产品（11.2） 进口强制性产品认证（11.1） 机动车辆及其零部件（11.3）
8703603900	同时装有点燃式活塞内燃发动机及驱动电动机、可通过接插外部电源进行充电的其他载人车辆，气缸容量（排气量）超过1500毫升，但不超过2000毫升	A/	L. M/	进口旧机电产品（11.2） 进口强制性产品认证（11.1） 机动车辆及其零部件（11.3）
8703604100	同时装有点燃式活塞内燃发动机及驱动电动机、可通过接插外部电源进行充电的小轿车，气缸容量（排气量）超过2000毫升，但不超过2500毫升	A/	L. M/	进口旧机电产品（11.2） 进口强制性产品认证（11.1） 机动车辆及其零部件（11.3）
8703604200	同时装有点燃式活塞内燃发动机及驱动电动机、可通过接插外部电源进行充电的四轮驱动越野车，气缸容量（排气量）超过2000毫升，但不超过2500毫升	A/	L. M/	进口旧机电产品（11.2） 进口强制性产品认证（11.1） 机动车辆及其零部件（11.3）

续表220

商品编号	商品名称	监管条件	检验检疫类别	检验检疫要求
8703604300	同时装有点燃式活塞内燃发动机及驱动电动机、可通过接插外部电源进行充电的9座及以下小客车，气缸容量（排气量）超过2000毫升，但不超过2500毫升	A/	L. M/	进口旧机电产品（11.2） 进口强制性产品认证（11.1） 机动车辆及其零部件（11.3）
8703604900	同时装有点燃式活塞内燃发动机及驱动电动机、可通过接插外部电源进行充电的其他载人车辆，气缸容量（排气量）超过2000毫升，但不超过2500毫升	A/	L. M/	进口旧机电产品（11.2） 进口强制性产品认证（11.1） 机动车辆及其零部件（11.3）
8703605100	同时装有点燃式活塞内燃发动机及驱动电动机、可通过接插外部电源进行充电的小轿车，气缸容量（排气量）超过2500毫升，但不超过3000毫升	A/	L. M/	进口旧机电产品（11.2） 进口强制性产品认证（11.1） 机动车辆及其零部件（11.3）
8703605200	同时装有点燃式活塞内燃发动机及驱动电动机、可通过接插外部电源进行充电的四轮驱动越野车，气缸容量（排气量）超过2500毫升，但不超过3000毫升	A/	L. M/	进口旧机电产品（11.2） 进口强制性产品认证（11.1） 机动车辆及其零部件（11.3）
8703605300	同时装有点燃式活塞内燃发动机及驱动电动机、可通过接插外部电源进行充电的9座及以下小客车，气缸容量（排气量）超过2500毫升，但不超过3000毫升	A/	L. M/	进口旧机电产品（11.2） 进口强制性产品认证（11.1） 机动车辆及其零部件（11.3）
8703605900	同时装有点燃式活塞内燃发动机及驱动电动机、可通过接插外部电源进行充电的其他载人车辆，气缸容量（排气量）超过2500毫升，但不超过3000毫升	A/	L. M/	进口旧机电产品（11.2） 进口强制性产品认证（11.1） 机动车辆及其零部件（11.3）
8703606100	同时装有点燃式活塞内燃发动机及驱动电动机、可通过接插外部电源进行充电的小轿车，气缸容量（排气量）超过3000毫升，但不超过4000毫升	A/	L. M/	进口旧机电产品（11.2） 进口强制性产品认证（11.1） 机动车辆及其零部件（11.3）
8703606200	同时装有点燃式活塞内燃发动机及驱动电动机、可通过接插外部电源进行充电的四轮驱动越野车，气缸容量（排气量）超过3000毫升，但不超过4000毫升	A/	L. M/	进口旧机电产品（11.2） 进口强制性产品认证（11.1） 机动车辆及其零部件（11.3）
8703606300	同时装有点燃式活塞内燃发动机及驱动电动机、可通过接插外部电源进行充电的9座及以下小客车，气缸容量（排气量）超过3000毫升，但不超过4000毫升	A/	L. M/	进口旧机电产品（11.2） 进口强制性产品认证（11.1） 机动车辆及其零部件（11.3）
8703606900	同时装有点燃式活塞内燃发动机及驱动电动机、可通过接插外部电源进行充电的其他载人车辆，气缸容量（排气量）超过3000毫升，但不超过4000毫升	A/	L. M/	进口旧机电产品（11.2） 进口强制性产品认证（11.1） 机动车辆及其零部件（11.3）
8703607100	同时装有点燃式活塞内燃发动机及驱动电动机、可通过接插外部电源进行充电的小轿车，气缸容量（排气量）超过4000毫升	A/	L. M/	进口旧机电产品（11.2） 进口强制性产品认证（11.1） 机动车辆及其零部件（11.3）
8703607200	同时装有点燃式活塞内燃发动机及驱动电动机、可通过接插外部电源进行充电的四轮驱动越野车，气缸容量（排气量）超过4000毫升	A/	L. M/	进口旧机电产品（11.2） 进口强制性产品认证（11.1） 机动车辆及其零部件（11.3）
8703607300	同时装有点燃式活塞内燃发动机及驱动电动机、可通过接插外部电源进行充电的9座及以下小客车，气缸容量（排气量）超过4000毫升	A/	L. M/	进口旧机电产品（11.2） 进口强制性产品认证（11.1） 机动车辆及其零部件（11.3）
8703607900	同时装有点燃式活塞内燃发动机及驱动电动机、可通过接插外部电源进行充电的其他载人车辆，气缸容量（排气量）超过4000毫升	A/	L. M/	进口旧机电产品（11.2） 进口强制性产品认证（11.1） 机动车辆及其零部件（11.3）
8703701100	同时装有压燃活塞内燃发动机（柴油或半柴油发动机）及驱动电动机、可通过接插外部电源进行充电的小轿车，气缸容量（排气量）不超过1000毫升	A/	L. M/	进口旧机电产品（11.2） 进口强制性产品认证（11.1） 机动车辆及其零部件（11.3）
8703701200	同时装有压燃活塞内燃发动机（柴油或半柴油发动机）及驱动电动机、可通过接插外部电源进行充电的四轮驱动越野车，气缸容量（排气量）不超过1000毫升	A/	L. M/	进口旧机电产品（11.2） 进口强制性产品认证（11.1） 机动车辆及其零部件（11.3）

续表221

商品编号	商品名称	监管条件	检验检疫类别	检验检疫要求
8703701300	同时装有压燃活塞内燃发动机（柴油或半柴油发动机）及驱动电动机、可通过接插外部电源进行充电的9座及以下小客车，气缸容量（排气量）不超过1000毫升	A/	L. M/	进口旧机电产品（11.2） 进口强制性产品认证（11.1） 机动车辆及其零部件（11.3）
8703701900	同时装有压燃活塞内燃发动机（柴油或半柴油发动机）及驱动电动机、可通过接插外部电源进行充电的其他载人车辆，气缸容量（排气量）不超过1000毫升	A/	L. M/	进口旧机电产品（11.2） 进口强制性产品认证（11.1） 机动车辆及其零部件（11.3）
8703702100	同时装有压燃活塞内燃发动机（柴油或半柴油发动机）及驱动电动机、可通过接插外部电源进行充电的小轿车，气缸容量（排气量）超过1000毫升，但不超过1500毫升	A/	L. M/	进口旧机电产品（11.2） 进口强制性产品认证（11.1） 机动车辆及其零部件（11.3）
8703702200	同时装有压燃活塞内燃发动机（柴油或半柴油发动机）及驱动电动机、可通过接插外部电源进行充电的四轮驱动越野车，气缸容量（排气量）超过1000毫升，但不超过1500毫升	A/	L. M/	进口旧机电产品（11.2） 进口强制性产品认证（11.1） 机动车辆及其零部件（11.3）
8703702300	同时装有压燃活塞内燃发动机（柴油或半柴油发动机）及驱动电动机、可通过接插外部电源进行充电的9座及以下小客车，气缸容量（排气量）超过1000毫升，但不超过1500毫升	A/	L. M/	进口旧机电产品（11.2） 进口强制性产品认证（11.1） 机动车辆及其零部件（11.3）
8703702900	同时装有压燃活塞内燃发动机（柴油或半柴油发动机）及驱动电动机、可通过接插外部电源进行充电的其他载人车辆，气缸容量（排气量）超过1000毫升，但不超过1500毫升	A/	L. M/	进口旧机电产品（11.2） 进口强制性产品认证（11.1） 机动车辆及其零部件（11.3）
8703703100	同时装有压燃活塞内燃发动机（柴油或半柴油发动机）及驱动电动机、可通过接插外部电源进行充电的小轿车，气缸容量（排气量）超过1500毫升，但不超过2000毫升	A/	L. M/	进口旧机电产品（11.2） 进口强制性产品认证（11.1） 机动车辆及其零部件（11.3）
8703703200	同时装有压燃活塞内燃发动机（柴油或半柴油发动机）及驱动电动机、可通过接插外部电源进行充电的四轮驱动越野车，气缸容量（排气量）超过1500毫升，但不超过2000毫升	A/	L. M/	进口旧机电产品（11.2） 进口强制性产品认证（11.1） 机动车辆及其零部件（11.3）
8703703300	同时装有压燃活塞内燃发动机（柴油或半柴油发动机）及驱动电动机、可通过接插外部电源进行充电的9座及以下小客车，气缸容量（排气量）超过1500毫升，但不超过2000毫升	A/	L. M/	进口旧机电产品（11.2） 进口强制性产品认证（11.1） 机动车辆及其零部件（11.3）
8703703900	同时装有压燃活塞内燃发动机（柴油或半柴油发动机）及驱动电动机、可通过接插外部电源进行充电的其他载人车辆，气缸容量（排气量）超过1500毫升，但不超过2000毫升	A/	L. M/	进口旧机电产品（11.2） 进口强制性产品认证（11.1） 机动车辆及其零部件（11.3）
8703704100	同时装有压燃活塞内燃发动机（柴油或半柴油发动机）及驱动电动机、可通过接插外部电源进行充电的小轿车，气缸容量（排气量）超过2000毫升，但不超过2500毫升	A/	L. M/	进口旧机电产品（11.2） 进口强制性产品认证（11.1） 机动车辆及其零部件（11.3）
8703704200	同时装有压燃活塞内燃发动机（柴油或半柴油发动机）及驱动电动机、可通过接插外部电源进行充电的四轮驱动越野车，气缸容量（排气量）超过2000毫升，但不超过2500毫升	A/	L. M/	进口旧机电产品（11.2） 进口强制性产品认证（11.1） 机动车辆及其零部件（11.3）
8703704300	同时装有压燃活塞内燃发动机（柴油或半柴油发动机）及驱动电动机、可通过接插外部电源进行充电的9座及以下小客车，气缸容量（排气量）超过2000毫升，但不超过2500毫升	A/	L. M/	进口旧机电产品（11.2） 进口强制性产品认证（11.1） 机动车辆及其零部件（11.3）
8703704900	同时装有压燃活塞内燃发动机（柴油或半柴油发动机）及驱动电动机、可通过接插外部电源进行充电的其他载人车辆，气缸容量（排气量）超过2000毫升，但不超过2500毫升	A/	L. M/	进口旧机电产品（11.2） 进口强制性产品认证（11.1） 机动车辆及其零部件（11.3）
8703705100	同时装有压燃活塞内燃发动机（柴油或半柴油发动机）及驱动电动机、可通过接插外部电源进行充电的小轿车，气缸容量（排气量）超过2500毫升，但不超过3000毫升	A/	L. M/	进口旧机电产品（11.2） 进口强制性产品认证（11.1） 机动车辆及其零部件（11.3）
8703705200	同时装有压燃活塞内燃发动机（柴油或半柴油发动机）及驱动电动机、可通过接插外部电源进行充电的四轮驱动越野车，气缸容量（排气量）超过2500毫升，但不超过3000毫升	A/	L. M/	进口旧机电产品（11.2） 进口强制性产品认证（11.1） 机动车辆及其零部件（11.3）

续表222

商品编号	商品名称	监管条件	检验检疫类别	检验检疫要求
8703705300	同时装有压燃活塞内燃发动机（柴油或半柴油发动机）及驱动电动机、可通过接插外部电源进行充电的 9 座及以下小客车，气缸容量（排气量）超过 2500 毫升，但不超过 3000 毫升	A/	L. M/	进口旧机电产品（11.2） 进口强制性产品认证（11.1） 机动车辆及其零部件（11.3）
8703705900	同时装有压燃活塞内燃发动机（柴油或半柴油发动机）及驱动电动机、可通过接插外部电源进行充电的其他载人车辆，气缸容量（排气量）超过 2500 毫升，但不超过 3000 毫升	A/	L. M/	进口旧机电产品（11.2） 进口强制性产品认证（11.1） 机动车辆及其零部件（11.3）
8703706100	同时装有压燃活塞内燃发动机（柴油或半柴油发动机）及驱动电动机、可通过接插外部电源进行充电的小轿车，气缸容量（排气量）超过 3000 毫升，但不超过 4000 毫升	A/	L. M/	进口旧机电产品（11.2） 进口强制性产品认证（11.1） 机动车辆及其零部件（11.3）
8703706200	同时装有压燃活塞内燃发动机（柴油或半柴油发动机）及驱动电动机、可通过接插外部电源进行充电的四轮驱动越野车，气缸容量（排气量）超过 3000 毫升，但不超过 4000 毫升	A/	L. M/	进口旧机电产品（11.2） 进口强制性产品认证（11.1） 机动车辆及其零部件（11.3）
8703706300	同时装有压燃活塞内燃发动机（柴油或半柴油发动机）及驱动电动机、可通过接插外部电源进行充电的 9 座及以下小客车，气缸容量（排气量）超过 3000 毫升，但不超过 4000 毫升	A/	L. M/	进口旧机电产品（11.2） 进口强制性产品认证（11.1） 机动车辆及其零部件（11.3）
8703706900	同时装有压燃活塞内燃发动机（柴油或半柴油发动机）及驱动电动机、可通过接插外部电源进行充电的其他载人车辆，气缸容量（排气量）超过 3000 毫升，但不超过 4000 毫升	A/	L. M/	进口旧机电产品（11.2） 进口强制性产品认证（11.1） 机动车辆及其零部件（11.3）
8703707100	同时装有压燃活塞内燃发动机（柴油或半柴油发动机）及驱动电动机、可通过接插外部电源进行充电的小轿车，气缸容量（排气量）超过 4000 毫升	A/	L. M/	进口旧机电产品（11.2） 进口强制性产品认证（11.1） 机动车辆及其零部件（11.3）
8703707200	同时装有压燃活塞内燃发动机（柴油或半柴油发动机）及驱动电动机、可通过接插外部电源进行充电的四轮驱动越野车，气缸容量（排气量）超过 4000 毫升	A/	L. M/	进口旧机电产品（11.2） 进口强制性产品认证（11.1） 机动车辆及其零部件（11.3）
8703707300	同时装有压燃活塞内燃发动机（柴油或半柴油发动机）及驱动电动机、可通过接插外部电源进行充电的 9 座及以下小客车，气缸容量（排气量）超过 4000 毫升	A/	L. M/	进口旧机电产品（11.2） 进口强制性产品认证（11.1） 机动车辆及其零部件（11.3）
8703707900	同时装有压燃活塞内燃发动机（柴油或半柴油发动机）及驱动电动机、可通过接插外部电源进行充电的其他载人车辆，气缸容量（排气量）超过 4000 毫升	A/	L. M/	进口旧机电产品（11.2） 进口强制性产品认证（11.1） 机动车辆及其零部件（11.3）
8703801010	旧的仅装有驱动电动机的具有车辆识别代码（VIN 码）的其他载人车辆	A/	M/	进口旧机电产品（11.2） 机动车辆及其零部件（11.3）
8703801090	仅装有驱动电动机的具有车辆识别代码（VIN 码）的其他载人车辆	A/	L. M/	进口旧机电产品（11.2） 进口强制性产品认证（11.1） 机动车辆及其零部件（11.3）
8703809010	旧的仅装有驱动电动机的其他载人车辆［具有车辆识别代码（VIN 码）的除外］	A/	M/	进口旧机电产品（11.2） 机动车辆及其零部件（11.3）
8703809090	仅装有驱动电动机的其他载人车辆［具有车辆识别代码（VIN 码）的除外］	A/	L. M/	进口旧机电产品（11.2） 进口强制性产品认证（11.1） 机动车辆及其零部件（11.3）
8703900021	其他型排气量≤1 升的其他载人车辆	A/	L. M/	进口旧机电产品（11.2） 进口强制性产品认证（11.1） 机动车辆及其零部件（11.3）
8703900022	其他型 1 升<排气量≤1.5 升的其他载人车辆	A/	L. M/	进口旧机电产品（11.2） 进口强制性产品认证（11.1） 机动车辆及其零部件（11.3）

续表223

商品编号	商品名称	监管条件	检验检疫类别	检验检疫要求
8703900023	其他型 1.5 升<排气量≤2 升的其他载人车辆	A/	L. M/	进口旧机电产品（11.2） 进口强制性产品认证（11.1） 机动车辆及其零部件（11.3）
8703900024	其他型 2 升<排气量≤2.5 升的其他载人车辆	A/	L. M/	进口旧机电产品（11.2） 进口强制性产品认证（11.1） 机动车辆及其零部件（11.3）
8703900025	其他型 2.5 升<排气量≤3 升的其他载人车辆	A/	L. M/	进口旧机电产品（11.2） 进口强制性产品认证（11.1） 机动车辆及其零部件（11.3）
8703900026	其他型 3 升<排气量≤4 升的其他载人车辆	A/	L. M/	进口旧机电产品（11.2） 进口强制性产品认证（11.1） 机动车辆及其零部件（11.3）
8703900027	其他型排气量>4 升的其他载人车辆	A/	L. M/	进口旧机电产品（11.2） 进口强制性产品认证（11.1） 机动车辆及其零部件（11.3）
8703900029	其他无法区分排气量的载人车辆	A/	L. M/	进口旧机电产品（11.2） 进口强制性产品认证（11.1） 机动车辆及其零部件（11.3）
8703900091	编号 8703900021 所列车辆的成套散件			进口旧机电产品（11.2）
8703900092	编号 8703900022 所列车辆的成套散件			进口旧机电产品（11.2）
8703900093	编号 8703900023 所列车辆的成套散件			进口旧机电产品（11.2）
8703900094	编号 8703900024 所列车辆的成套散件			进口旧机电产品（11.2）
8703900095	编号 8703900025 所列车辆的成套散件			进口旧机电产品（11.2）
8703900096	编号 8703900026 所列车辆的成套散件			进口旧机电产品（11.2）
8703900097	编号 8703900027 所列车辆的成套散件			进口旧机电产品（11.2）
8703900099	编号 8703900029 所列车辆的成套散件			进口旧机电产品（11.2）
8704103000	非公路用电动轮货运自卸车	A/	M/	进口旧机电产品（11.2） 机动车辆及其零部件（11.3）
8704109000	其他非公路用货运自卸车	A/	M/	进口旧机电产品（11.2） 机动车辆及其零部件（11.3）
8704210000	柴油型其他小型货车（仅装有压燃式活塞内燃发动机，小型指车辆总重量≤5 吨）	A/	L. M/	进口旧机电产品（11.2） 进口强制性产品认证（11.1） 机动车辆及其零部件（11.3）
8704223000	柴油型其他中型货车（仅装有压燃式活塞内燃发动机，中型指 5<车辆总重量<14 吨）	A/	L. M/	进口旧机电产品（11.2） 进口强制性产品认证（11.1） 机动车辆及其零部件（11.3）
8704224000	柴油型其他重型货车（仅装有压燃式活塞内燃发动机，重型指 14≤车辆总重≤20 吨）	A/	L. M/	进口旧机电产品（11.2） 进口强制性产品认证（11.1） 机动车辆及其零部件（11.3）
8704230010	固井水泥车、压裂车、混砂车、连续油管车、液氮泵车用底盘（动力装置仅装有压燃式活塞内燃发动机，车辆总重量>35 吨，装驾驶室）	A/	L. M/	进口旧机电产品（11.2） 进口强制性产品认证（11.1） 机动车辆及其零部件（11.3）
8704230020	起重≥55 吨汽车起重机用底盘（动力装置仅装有压燃式活塞内燃发动机）	A/	L. M/	进口旧机电产品（11.2） 进口强制性产品认证（11.1） 机动车辆及其零部件（11.3）
8704230030	车辆总重量≥31 吨清障车专用底盘（动力装置仅装有压燃式活塞内燃发动机）	A/	L. M/	进口旧机电产品（11.2） 进口强制性产品认证（11.1） 机动车辆及其零部件（11.3）

续表224

商品编号	商品名称	监管条件	检验检疫类别	检验检疫要求
8704230090	柴油型的其他超重型货车（仅装有压燃式活塞内燃发动机，超重型指车辆总重量>20 吨）	A/	L. M/	进口旧机电产品（11.2） 进口强制性产品认证（11.1） 机动车辆及其零部件（11.3）
8704310000	总重量≤5 吨的其他货车（汽油型，仅装有点燃式活塞内燃发动机）	A/	L. M/	进口旧机电产品（11.2） 进口强制性产品认证（11.1） 机动车辆及其零部件（11.3）
8704323000	5 吨<总重量≤8 吨的其他货车（汽油型，仅装有点燃式活塞内燃发动机）	A/	L. M/	进口旧机电产品（11.2） 进口强制性产品认证（11.1） 机动车辆及其零部件（11.3）
8704324000	总重量>8 吨的其他货车（汽油型，仅装有点燃式活塞内燃发动机）	A/	L. M/	进口旧机电产品（11.2） 进口强制性产品认证（11.1） 机动车辆及其零部件（11.3）
8704410000	同时装有压燃式活塞内燃发动机（柴油或半柴油发动机）及驱动电动机的其他货车，车辆总重量不超过 5 吨	A/	L. M/	进口旧机电产品（11.2） 进口强制性产品认证（11.1） 机动车辆及其零部件（11.3）
8704421000	同时装有压燃式活塞内燃发动机（柴油或半柴油发动机）及驱动电动机的其他货车，车辆总重量超过 5 吨，但小于 14 吨	A/	L. M/	进口旧机电产品（11.2） 进口强制性产品认证（11.1） 机动车辆及其零部件（11.3）
8704422000	同时装有压燃式活塞内燃发动机（柴油或半柴油发动机）及驱动电动机的其他货车，车辆总重量在 14 吨及以上，但不超过 20 吨	A/	L. M/	进口旧机电产品（11.2） 进口强制性产品认证（11.1） 机动车辆及其零部件（11.3）
8704430000	同时装有压燃式活塞内燃发动机（柴油或半柴油发动机）及驱动电动机的其他货车，车辆总重量超过 20 吨	A/	L. M/	进口旧机电产品（11.2） 进口强制性产品认证（11.1） 机动车辆及其零部件（11.3）
8704510000	同时装有点燃式活塞内燃发动机及驱动电动机的其他货车，车辆总重量不超过 5 吨	A/	L. M/	进口旧机电产品（11.2） 进口强制性产品认证（11.1） 机动车辆及其零部件（11.3）
8704521000	同时装有点燃式活塞内燃发动机及驱动电动机的其他货车，车辆总重量超过 5 吨但不超过 8 吨	A/	L. M/	进口旧机电产品（11.2） 进口强制性产品认证（11.1） 机动车辆及其零部件（11.3）
8704522000	同时装有点燃式活塞内燃发动机及驱动电动机的其他货车，车辆总重量超过 8 吨	A/	L. M/	进口旧机电产品（11.2） 进口强制性产品认证（11.1） 机动车辆及其零部件（11.3）
8704600000	仅装有驱动电动机的其他货车	A/	L. M/	进口旧机电产品（11.2） 进口强制性产品认证（11.1） 机动车辆及其零部件（11.3）
8704900000	其他货运机动车辆	A/	L. M/	进口旧机电产品（11.2） 进口强制性产品认证（11.1） 机动车辆及其零部件（11.3）
8705102100	起重重量≤50 吨全路面起重车	A/	L. M/	特种设备（11.5） 进口旧机电产品（11.2） 进口强制性产品认证（11.1） 机动车辆及其零部件（11.3）
8705102200	50 吨<起重重量≤100 吨全路面起重车	A/	L. M/	特种设备（11.5） 进口旧机电产品（11.2） 进口强制性产品认证（11.1） 机动车辆及其零部件（11.3）

续表225

商品编号	商品名称	监管条件	检验检疫类别	检验检疫要求
8705102300	起重量>100 吨全路面起重车	A/	L. M/	特种设备（11.5） 进口旧机电产品（11.2） 进口强制性产品认证（11.1） 机动车辆及其零部件（11.3）
8705109100	起重重量≤50 吨其他机动起重车	A/	L. M/	特种设备（11.5） 进口旧机电产品（11.2） 进口强制性产品认证（11.1） 机动车辆及其零部件（11.3）
8705109200	50 吨<起重重量≤100 吨其他起重车	A/	L. M/	特种设备（11.5） 进口旧机电产品（11.2） 进口强制性产品认证（11.1） 机动车辆及其零部件（11.3）
8705109300	起重重量>100 吨其他机动起重车	A/	L. M/	特种设备（11.5） 进口旧机电产品（11.2） 进口强制性产品认证（11.1） 机动车辆及其零部件（11.3）
8705200000	机动钻探车	A/	L. M/	进口旧机电产品（11.2） 进口强制性产品认证（11.1） 机动车辆及其零部件（11.3）
8705301000	装有云梯的机动救火车	A/	M/	进口旧机电产品（11.2） 机动车辆及其零部件（11.3）
8705309000	其他机动救火车	A/	M/	进口旧机电产品（11.2） 机动车辆及其零部件（11.3）
8705400000	机动混凝土搅拌车	A/	L. M/	进口旧机电产品（11.2） 进口强制性产品认证（11.1） 机动车辆及其零部件（11.3）
8705901000	无线电通信车	A/	L. M/	进口旧机电产品（11.2） 进口强制性产品认证（11.1） 机动车辆及其零部件（11.3）
8705902000	机动放射线检查车	A/	L. M/	进口旧机电产品（11.2） 进口强制性产品认证（11.1） 机动车辆及其零部件（11.3）
8705903000	机动环境监测车	A/	L. M/	进口旧机电产品（11.2） 进口强制性产品认证（11.1） 机动车辆及其零部件（11.3）
8705904000	机动医疗车	A/	L. M/	进口旧机电产品（11.2） 进口强制性产品认证（11.1） 机动车辆及其零部件（11.3）
8705905100	航空电源车（频率为 400 赫兹）			进口旧机电产品（11.2）
8705905900	其他机动电源车（频率为 400 赫兹航空电源车除外）	A/	L. M/	进口旧机电产品（11.2） 进口强制性产品认证（11.1） 机动车辆及其零部件（11.3）
8705906000	飞机加油车、调温车、除冰车	A/	M/	进口旧机电产品（11.2） 机动车辆及其零部件（11.3）
8705907000	道路（包括跑道）扫雪车	A/	L. M/	进口旧机电产品（11.2） 进口强制性产品认证（11.1） 机动车辆及其零部件（11.3）

续表226

商品编号	商品名称	监管条件	检验检疫类别	检验检疫要求
8705908000	石油测井车、压裂车、混砂车	A/	L. M/	进口旧机电产品（11.2） 进口强制性产品认证（11.1） 机动车辆及其零部件（11.3）
8705909100	混凝土泵车	A/	L. M/	进口旧机电产品（11.2） 进口强制性产品认证（11.1） 机动车辆及其零部件（11.3）
8705909930	用于导弹、火箭等的车辆（为弹道导弹、运载火箭等运输、装卸和发射而设计的）			进口旧机电产品（11.2）
8705909990	其他特殊用途的机动车辆（主要用于载人或运货的车辆除外）	A/	L. M/	进口旧机电产品（11.2） 进口强制性产品认证（11.1） 机动车辆及其零部件（11.3）
8706001000	非公路用货运自卸车底盘（装有发动机的）			进口旧机电产品（11.2）
8706002100	车辆总重量≥14 吨的货车底盘（装有发动机的）	A/	L. M/	进口旧机电产品（11.2） 进口强制性产品认证（11.1） 机动车辆及其零部件（11.3）
8706002200	车辆总重量<14 吨的货车底盘（装有发动机的）	A/	L. M/	进口旧机电产品（11.2） 进口强制性产品认证（11.1） 机动车辆及其零部件（11.3）
8706003000	大型客车底盘（装有发动机的）			进口旧机电产品（11.2） 进口强制性产品认证（11.1）
8706004000	汽车起重机底盘（装有发动机的）	A/	L. M/	进口旧机电产品（11.2） 进口强制性产品认证（11.1） 机动车辆及其零部件（11.3）
8706009000	其他机动车辆底盘（装有发动机的，品目 8701、8703 和 8705 所列车辆用）	A/	L. M/	进口旧机电产品（11.2） 进口强制性产品认证（11.1） 机动车辆及其零部件（11.3）
8707100000	小型载人机动车辆车身（含驾驶室）（品目 8703 所列车辆用）			进口旧机电产品（11.2）
8707901000	大型客车用车身（含驾驶室）（30 座以下客车辆用）			进口旧机电产品（11.2）
8707909000	其他车辆用车身（含驾驶室）（品目 8701 至 8702、8704、8705 的车辆用）			进口旧机电产品（11.2）
8708100000	缓冲器（保险杠）及其零件（品目 8701 至 8705 的车辆用）			进口旧机电产品（11.2）
8708210000	坐椅安全带（品目 8701 至 8705 的车辆用）	A/	L. M/	进口旧机电产品（11.2） 进口强制性产品认证（11.1） 机动车辆及其零部件（11.3）
8708221100	汽车电动天窗		L/	进口旧机电产品（11.2） 进口强制性产品认证（11.1）
8708221200	汽车手动天窗		L/	进口旧机电产品（11.2） 进口强制性产品认证（11.1）
8708229000	本章子目注释一所列的前挡风玻璃、后窗及其他车窗（汽车天窗除外）		L/	进口旧机电产品（11.2） 进口强制性产品认证（11.1）
8708293000	机动车辆用车窗玻璃升降器			进口旧机电产品（11.2）
8708295100	侧围			进口旧机电产品（11.2）
8708295200	车门			进口旧机电产品（11.2）
8708295300	发动机罩盖			进口旧机电产品（11.2）
8708295400	前围			进口旧机电产品（11.2）
8708295500	行李箱盖（或背门）			进口旧机电产品（11.2）
8708295600	后围			进口旧机电产品（11.2）
8708295700	翼子板（或叶子板）			进口旧机电产品（11.2）

续表227

商品编号	商品名称	监管条件	检验检疫类别	检验检疫要求
8708295900	其他车身覆盖件			进口旧机电产品（11.2）
8708299000	其他车身未列名零部件（包括驾驶室的零件、附件）			进口旧机电产品（11.2）
8708301000	装在蹄片上的制动摩擦片		L/	进口旧机电产品（11.2） 进口强制性产品认证（11.1）
8708302100	牵引车、拖拉机、非公路用自卸车用防抱死制动系统			进口旧机电产品（11.2）
8708302900	其他车辆用防抱死制动系统			进口旧机电产品（11.2）
8708309100	牵引车、拖拉机用制动器及其零件（包括助力制动器及其零件）		L/	进口旧机电产品（11.2） 进口强制性产品认证（11.1）
8708309200	大型客车用制动器及其零件（包括助力制动器及其零件）		L/	进口旧机电产品（11.2） 进口强制性产品认证（11.1）
8708309300	非公路自卸车用制动器及其零件（包括助力制动器及其零件）			进口旧机电产品（11.2）
8708309400	柴、汽油轻型货车用制动器及零件（指编号87042100、87042230、87043100、87043230所列总重量≤14吨车辆用）		L/	进口旧机电产品（11.2） 进口强制性产品认证（11.1）
8708309500	柴、汽油型重型货车用制动器及其零件（指编号87042240、87042300及87043240所列车辆用）		L/	进口旧机电产品（11.2） 进口强制性产品认证（11.1）
8708309600	特种车用制动器及其零件（指品目8705所列车辆用，包括助动器及零件）		L/	进口旧机电产品（11.2） 进口强制性产品认证（11.1）
8708309911	纯电动或混合动力汽车用电动制动器（由制动器电子控制单元、踏板行程模拟器、制动执行器等组成）			进口旧机电产品（11.2）
8708309919	其他机动车辆用制动器（包括助力制动器）			进口旧机电产品（11.2）
8708309920	燃油汽车用电动制动器（由制动器电子控制单元、踏板行程模拟器、制动执行器等组成）			进口旧机电产品（11.2）
8708309990	其他机动车辆用制动器（包括助力制动器）的零件		L/	进口旧机电产品（11.2） 进口强制性产品认证（11.1）
8708401010	发动机功率65千瓦及以上的动力换挡拖拉机用变速箱			进口旧机电产品（11.2）
8708401090	其他牵引车、拖拉机用变速箱及其零件			进口旧机电产品（11.2）
8708402000	大型客车用变速箱及其零件			进口旧机电产品（11.2）
8708403001	扭矩>1500Nm非公路自卸车用变速箱			进口旧机电产品（11.2）
8708403090	其他非公路自卸车用变速箱及其零件			进口旧机电产品（11.2）
8708404000	柴、汽油轻型货车用变速箱及其零件（指编号87042100、87042230、87043100、87043230所列≤14吨车辆用）			进口旧机电产品（11.2）
8708405000	其他柴、汽油型重型货车用变速箱及其零件（指编号87042240、87042300及87043240所列车辆用）			进口旧机电产品（11.2）
8708406010	特殊用途的机动车辆用自动变速箱及其零件（指品目8705所列车辆用）			进口旧机电产品（11.2）
8708406090	其他特种车用变速箱及其零件（指品目8705所列车辆用）			进口旧机电产品（11.2）
8708409110	品目8703所列车辆用自动换挡变速箱的液力变矩器			进口旧机电产品（11.2）
8708409120	品目8703所列车辆用自动换挡变速箱的铝阀芯			进口旧机电产品（11.2）
8708409130	品目8703所列车辆用无级变速箱用钢带			进口旧机电产品（11.2）
8708409190	品目8703所列车辆用自动换挡变速箱，以及它的其他零件			进口旧机电产品（11.2）
8708409910	其他未列名机动车辆用变速箱			进口旧机电产品（11.2）
8708409990	其他未列名机动车辆用变速箱的零件			进口旧机电产品（11.2）
8708507110	发动机功率65千瓦及以上的动力换挡拖拉机用驱动桥（装有差速器的，不论是否装有其他传动件）			进口旧机电产品（11.2）
8708507190	其他牵引车、拖拉机用驱动桥及其零件（装有差速器的，不论是否装有其他传动件）			进口旧机电产品（11.2）
8708507200	编号87011091及87019010所列车辆用驱动桥及其零件（装有差速器的，不论是否装有其他传动件）			进口旧机电产品（11.2）

续表228

商品编号	商品名称	监管条件	检验检疫类别	检验检疫要求
8708507300	非公路自卸车用驱动桥及其零件（装有差速器的，不论是否装有其他传动件）			进口旧机电产品（11.2）
8708507400	柴、汽油型轻型货车用驱动桥及其零件（编号 87042100、87042230、87043100、87043230 所列车辆用，装差速器）			进口旧机电产品（11.2）
8708507500	其他柴、汽油型重型货车用驱动桥及其零件（指编号 87042240、87042300 及 87043240 所列车辆用）			进口旧机电产品（11.2）
8708507600	特种车用驱动桥及其零件（指品目 8705 所列车辆用，装有差速器，不论是否装有其他传动件）			进口旧机电产品（11.2）
8708507900	未列名机动车辆用驱动桥的零件（装有差速器的，不论是否装有其他传动件）			进口旧机电产品（11.2）
8708508100	牵引车、拖拉机用非驱动桥及零件			进口旧机电产品（11.2）
8708508200	座位≥30 的客车用非驱动桥及其零件			进口旧机电产品（11.2）
8708508300	非公路自卸车用非驱动桥及零件			进口旧机电产品（11.2）
8708508400	柴、汽油轻型货车用非驱动桥及零件（编号 87042100、87042230、87043100、87043230 所列总重量≤14 吨车辆用，装差速器）			进口旧机电产品（11.2）
8708508500	柴汽油重型货车用非驱动桥及零件（指编号 87042240、87042300 及 87043240 所列车辆用）			进口旧机电产品（11.2）
8708508600	特种车用非驱动桥及其零件（指品目 8705 所列车辆用）			进口旧机电产品（11.2）
8708508900	未列名机动车辆用非驱动桥及其零件			进口旧机电产品（11.2）
8708701000	牵引车及拖拉机用车轮及其零附件（不包括品目 8709 的牵引车）			进口旧机电产品（11.2）
8708702000	大型客车用车轮及其零、附件（指 30 座及以上的客运车）			进口旧机电产品（11.2）
8708703000	非公路货运自卸车用车轮及其零件			进口旧机电产品（11.2）
8708704000	中小型货车用车轮及其零件（指总重量<14 吨的货运车辆）			进口旧机电产品（11.2）
8708705000	大型货车用车轮及其零件（指编号 87042240、87042300 及 87043240 所列车辆用）			进口旧机电产品（11.2）
8708706000	特种车用车轮及其零件（指品目 8705 所列车辆用）			进口旧机电产品（11.2）
8708709100	其他车辆用铝合金制车轮及其零附件			进口旧机电产品（11.2）
8708709900	其他车辆用车轮及其零附件			进口旧机电产品（11.2）
8708801000	品目 8703 所列车辆用的悬挂系统（包括减震器）及其零件			进口旧机电产品（11.2）
8708809000	其他机动车辆用的悬挂系统（包括减震器）及其零件			进口旧机电产品（11.2）
8708911000	水箱散热器			进口旧机电产品（11.2）
8708912000	机油冷却器			进口旧机电产品（11.2）
8708919000	其他散热器及其零件（包括水箱散热器、机油冷却器的零件）			进口旧机电产品（11.2）
8708920000	机动车辆的消声器（消音器）及排气管及其零件			进口旧机电产品（11.2）
8708931010	发动机功率 65 千瓦及以上的动力换挡拖拉机用离合器			进口旧机电产品（11.2）
8708931090	其他牵引车、拖拉机用离合器及其零件			进口旧机电产品（11.2）
8708932000	座位≥30 的客车用离合器及其零件			进口旧机电产品（11.2）
8708933000	非公路自卸车用离合器及其零件			进口旧机电产品（11.2）
8708934000	柴、汽油轻型货车用离合器及零件（编号 87042100、87042230、87043100、87043230 所列总重量≤14 吨车辆用）			进口旧机电产品（11.2）
8708935000	柴、汽油型重型货车离合器及零件（编号 87042240、87042300、87043240 所列车辆用）			进口旧机电产品（11.2）
8708936000	特种车用的离合器及其零件（指品目 8705 所列车辆用）			进口旧机电产品（11.2）
8708939000	未列名机动车辆用离合器及其零件			进口旧机电产品（11.2）
8708941000	牵引车、拖拉机用转向盘、转向柱及其零件（包括转向器）			进口旧机电产品（11.2）
8708942000	编号 87021091 及 87029010 所列车辆用转向盘、转向柱、转向器及其零件			进口旧机电产品（11.2）
8708943000	非公路自卸车用转向盘、转向柱及其零件（包括转向器）			进口旧机电产品（11.2）

续表229

商品编号	商品名称	监管条件	检验检疫类别	检验检疫要求
8708944000	柴、汽油轻型货车用转向盘、转向柱、转向器及其零件（编号87042100、87042230、87043100、87043230所列总重量≤14吨车辆用）			进口旧机电产品（11.2）
8708945000	编号87042240、87042300及87043240所列车辆用转向盘、转向柱、转向器及其零件			进口旧机电产品（11.2）
8708946000	特种车用转向盘、转向柱及转向器及其零件（指品目8705所列车辆用）			进口旧机电产品（11.2）
8708949000	其他未列名机动车辆用转向盘、转向柱、转向器及其零件			进口旧机电产品（11.2）
8708950000	机动车辆用带充气系统的安全气囊及其零件			进口旧机电产品（11.2）
8708991000	牵引车及拖拉机用其他零附件（车轮及其零附件除外，不包括品目8709的牵引车）			进口旧机电产品（11.2）
8708992100	编号87021091及87029010所列车辆用车架			进口旧机电产品（11.2）
8708992900	大型客车用其他零附件（车轮及其零附件除外，指30座及以上的客运车）			进口旧机电产品（11.2）
8708993100	非公路自卸车用车架			进口旧机电产品（11.2）
8708993900	非公路用自卸车未列名零部件（车轮及其零件除外）			进口旧机电产品（11.2）
8708994100	中小型货车用车架（指总重量<14吨的货运车辆用）			进口旧机电产品（11.2）
8708994900	中小型货车用其他零附件（车轮及其零附件除外，指总重量<14吨的货运车辆）			进口旧机电产品（11.2）
8708995100	编号87042240、87042300、87043240所列车辆（含总重>8吨汽油货车）用车架			进口旧机电产品（11.2）
8708995900	总重≥14吨柴油货车用其他零部件（指编号87042240、87042300、87043240所列车辆用，含总重>8吨汽油货车）		L/	进口旧机电产品（11.2） 进口强制性产品认证（11.1）
8708996000	特种车用其他零附件（指品目8705所列车辆用）			进口旧机电产品（11.2）
8708999100	其他品目8701至8704所列车辆用车架			进口旧机电产品（11.2）
8708999200	其他车辆用传动轴（品目8701至8704所列车辆用）			进口旧机电产品（11.2）
8708999900	机动车辆用未列名零件．附件（品目8701至8704所列车辆用）			进口旧机电产品（11.2）
8709111000	电动的短距离牵引车（未装有提升或搬运设备，包括火车站台上用的电动牵引车）			进口旧机电产品（11.2）
8709119000	电动的其他短距离运货车（未装有提升或搬运设备，用于工厂、仓库、码头或机场）			进口旧机电产品（11.2）
8709191000	非电动的短距离牵引车（未装有提升或搬运设备，包括火车站台上用非电动牵引车）			进口旧机电产品（11.2）
8709199000	非电动的其他短距离运货车（未装有提升或搬运设备，用于工厂、仓库、码头或机场）			进口旧机电产品（11.2）
8709900000	短距离运货车、站台牵引车用零件			进口旧机电产品（11.2）
8711100010	微马力摩托车及脚踏两用车（装有活塞发动机，微马力指排气量=50cc）	A/	L.M/	进口旧机电产品（11.2） 进口强制性产品认证（11.1） 机动车辆及其零部件（11.3）
8711100090	微马力摩托车及脚踏两用车（装有活塞发动机，微马力指排气量<50cc）	A/	L.M/	进口旧机电产品（11.2） 进口强制性产品认证（11.1） 机动车辆及其零部件（11.3）
8711201000	50毫升<排量≤100毫升装有活塞内燃发动机摩托车及脚踏两用车	A/	L.M/	进口旧机电产品（11.2） 进口强制性产品认证（11.1） 机动车辆及其零部件（11.3）
8711202000	100毫升<排量≤125毫升装有活塞内燃发动机摩托车及脚踏两用车	A/	L.M/	进口旧机电产品（11.2） 进口强制性产品认证（11.1） 机动车辆及其零部件（11.3）

续表230

商品编号	商品名称	监管条件	检验检疫类别	检验检疫要求
8711203000	125 毫升<排量≤150 毫升装有活塞内燃发动机摩托车及脚踏两用车	A/	L. M/	进口旧机电产品（11.2） 进口强制性产品认证（11.1） 机动车辆及其零部件（11.3）
8711204000	150 毫升<排量≤200 毫升装有活塞内燃发动机摩托车及脚踏两用车	A/	L. M/	进口旧机电产品（11.2） 进口强制性产品认证（11.1） 机动车辆及其零部件（11.3）
8711205010	200 毫升<排量<250 毫升装有活塞内燃发动机摩托车及脚踏两用车	A/	L. M/	进口旧机电产品（11.2） 进口强制性产品认证（11.1） 机动车辆及其零部件（11.3）
8711205090	排量=250 毫升装有活塞内燃发动机摩托车及脚踏两用车	A/	L. M/	进口旧机电产品（11.2） 进口强制性产品认证（11.1） 机动车辆及其零部件（11.3）
8711301000	250 毫升<排量≤400 毫升装有活塞内燃发动机摩托车及脚踏两用车	A/	L. M/	进口旧机电产品（11.2） 进口强制性产品认证（11.1） 机动车辆及其零部件（11.3）
8711302000	400 毫升<排量≤500 毫升装有活塞内燃发动机摩托车及脚踏两用车	A/	L. M/	进口旧机电产品（11.2） 进口强制性产品认证（11.1） 机动车辆及其零部件（11.3）
8711400000	500 毫升<排量≤800 毫升装有活塞内燃发动机摩托车及脚踏两用车	A/	L. M/	进口旧机电产品（11.2） 进口强制性产品认证（11.1） 机动车辆及其零部件（11.3）
8711500000	800 毫升<排量装有活塞内燃发动机摩托车及脚踏两用车	A/	L. M/	进口旧机电产品（11.2） 进口强制性产品认证（11.1） 机动车辆及其零部件（11.3）
8711600000	其他装有驱动电动机的摩托车	A/	L. M/	电动自行车（11.10） 进口旧机电产品（11.2） 进口强制性产品认证（11.1） 机动车辆及其零部件（11.3）
8711900010	其他排气量≤250 毫升摩托车及脚踏两用车	A/	L. M/	进口旧机电产品（11.2） 进口强制性产品认证（11.1） 机动车辆及其零部件（11.3）
8711900020	其他排气量>250 毫升摩托车及脚踏两用车	A/	L. M/	进口旧机电产品（11.2） 进口强制性产品认证（11.1） 机动车辆及其零部件（11.3）
8711900030	其他无法区分排气量的摩托车及脚踏两用车	A/	L. M/	进口旧机电产品（11.2） 进口强制性产品认证（11.1） 机动车辆及其零部件（11.3）
8711900090	装有其他辅助发动机的脚踏车，边车	A/	L. M/	进口旧机电产品（11.2） 进口强制性产品认证（11.1） 机动车辆及其零部件（11.3）
8712002000	竞赛型自行车			进口旧机电产品（11.2）
8712003000	山地自行车			进口旧机电产品（11.2）
8712004100	16、18、20 英寸越野自行车			进口旧机电产品（11.2）
8712004900	其他越野自行车（包括运货三轮车）			进口旧机电产品（11.2）
8712008100	16 英寸及以下的未列名自行车			进口旧机电产品（11.2） 进口强制性产品认证（11.1）
8712008900	其他未列名自行车		L/	进口旧机电产品（11.2） 进口强制性产品认证（11.1）

续表231

商品编号	商品名称	监管条件	检验检疫类别	检验检疫要求
8712009000	其他非机动脚踏车		L/	进口旧机电产品（11.2） 进口强制性产品认证（11.1）
8713100000	非机械驱动的残疾人用车			进口旧机电产品（11.2）
8713900000	其他机动残疾人用车			进口旧机电产品（11.2）
8714100010	摩托车架			进口旧机电产品（11.2）
8714100090	摩托车其他零件、附件（包括机动脚踏两用车的零件、附件）			进口旧机电产品（11.2）
8714200000	残疾人车辆用零件、附件			进口旧机电产品（11.2）
8714910000	非机动脚踏车车架、轮叉及其零件			进口旧机电产品（11.2）
8714921000	非机动脚踏车等的轮圈			进口旧机电产品（11.2）
8714929000	非机动脚踏车等的辐条			进口旧机电产品（11.2）
8714931000	非机动脚踏车等的轮毂（倒轮制动毂及毂闸除外）			进口旧机电产品（11.2）
8714932000	非机动脚踏车等的飞轮（倒轮制动毂及毂闸除外）			进口旧机电产品（11.2）
8714939000	非机动脚踏车等的链轮（倒轮制动毂及毂闸除外）			进口旧机电产品（11.2）
8714940000	非机动脚踏车等的制动器及其零件（包括倒轮制动鼓及鼓闸）			进口旧机电产品（11.2）
8714950000	非机动脚踏车等的鞍座			进口旧机电产品（11.2）
8714961000	非机动脚踏车等的脚蹬及其零件			进口旧机电产品（11.2）
8714962000	非机动脚踏车等的曲柄链轮及其零件			进口旧机电产品（11.2）
8714990000	非机动脚踏车等的其他零件、附件			进口旧机电产品（11.2）
8715000000	婴孩车及其零件	A/	L. M/	玩具（11.10） 进口旧机电产品（11.2） 进口强制性产品认证（11.1）
8716100000	供居住或野营用厢式挂车及半挂车	A/	L. M/	进口旧机电产品（11.2） 进口强制性产品认证（11.1） 机动车辆及其零部件（11.3）
8716200000	农用自装或自卸式挂车及半挂车			进口旧机电产品（11.2）
8716311000	油罐挂车及半挂车	A/	L. M/	进口旧机电产品（11.2） 进口强制性产品认证（11.1） 机动车辆及其零部件（11.3）
8716319000	其他罐式挂车及半挂车	A/	L. M/	特种设备（11.5） 进口旧机电产品（11.2） 进口强制性产品认证（11.1） 机动车辆及其零部件（11.3）
8716391000	货柜挂车及半挂车	A/	L. M/	进口旧机电产品（11.2） 进口强制性产品认证（11.1） 机动车辆及其零部件（11.3）
8716399000	其他货运挂车及半挂车	A/	L. M/	特种设备（11.5） 进口旧机电产品（11.2） 进口强制性产品认证（11.1） 机动车辆及其零部件（11.3）
8716400000	其他未列名挂车及半挂车	A/	L. M/	特种设备（11.5） 进口旧机电产品（11.2） 进口强制性产品认证（11.1） 机动车辆及其零部件（11.3）
8716800000	其他未列名非机械驱动车辆			进口旧机电产品（11.2）
8716900000	挂车、半挂车及非机动车用零件			进口旧机电产品（11.2）
8908000000	供拆卸的船舶及其他浮动结构体	A/B	P/Q	禁止进口 固体废物

续表232

商品编号	商品名称	监管条件	检验检疫类别	检验检疫要求
9006300000	特种用途的照相机（主要是指水下、航空测量或体内器官检查等用；法庭或犯罪学用的比较照相机）			进口旧机电产品（11.2）
9006400000	一次成像照相机			进口旧机电产品（11.2）
9006531000	通过镜头取景［单镜头反光式（SLR）］的照相机（使用胶片宽度为35毫米）			进口旧机电产品（11.2）
9006539000	其他照相机（使用胶片宽度为35毫米）			进口旧机电产品（11.2）
9006591000	激光照相排版设备（使用胶片宽>35毫米）			进口旧机电产品（11.2）
9006592100	电子分色机			进口旧机电产品（11.2）
9006592900	其他制版照相机			进口旧机电产品（11.2）
9006593000	通过镜头取景［单镜头反光式（SLR）］的照相机（使用胶片宽度小于35毫米）			进口旧机电产品（11.2）
9006594100	使用缩微胶卷、胶片或其他缩微品的缩微照相机（使用胶片宽度小于35毫米）			进口旧机电产品（11.2）
9006594900	使用胶片宽度小于35毫米的其他照相机			进口旧机电产品（11.2）
9006599030	分幅相机			进口旧机电产品（11.2）
9006599090	使用胶片宽>35毫米的其他照相机			进口旧机电产品（11.2）
9006610001	照相手机用闪光灯组件			进口旧机电产品（11.2）
9006610090	其他放电式（电子式）闪光灯装置			进口旧机电产品（11.2）
9006691000	闪光灯泡			进口旧机电产品（11.2）
9006699000	其他照相闪光灯装置			进口旧机电产品（11.2）
9006911000	编号90063000、90065921、90065929所列照相机用的零件、附件			进口旧机电产品（11.2）
9006912000	一次成像照相机的零件、附件			进口旧机电产品（11.2）
9006919100	其他照相机的自动调焦组件			进口旧机电产品（11.2）
9006919200	其他照相机的快门组件			进口旧机电产品（11.2）
9006919900	其他照相机的其他零件、附件			进口旧机电产品（11.2）
9006990000	照相闪光灯装置及闪光灯泡的零件			进口旧机电产品（11.2）
9007101000	高速电影摄影机			进口旧机电产品（11.2）
9007109000	其他电影摄影机			进口旧机电产品（11.2）
9007201000	数字式放映机			进口旧机电产品（11.2）
9007209000	其他放映机			进口旧机电产品（11.2）
9007910000	电影摄影机用零件、附件			进口旧机电产品（11.2）
9007920010	2K及以上分辨率的硬盘式数字电影放映机用零附件			进口旧机电产品（11.2）
9007920090	电影放映机（不包括2K及以上分辨率的硬盘式）用零附件			进口旧机电产品（11.2）
9008501000	幻灯机			进口旧机电产品（11.2）
9008502000	缩微品的阅读机（不论是否可以进行复制）			进口旧机电产品（11.2）
9008503100	正射投影仪（不包括幻灯机）			进口旧机电产品（11.2）
9008503900	其他影像投影仪			进口旧机电产品（11.2）
9008504000	照片（电影片除外）放大机及缩片机			进口旧机电产品（11.2）
9008901000	缩微阅读机的零件、附件			进口旧机电产品（11.2）
9008902000	照片放大机及缩片机的零件、附件			进口旧机电产品（11.2）
9008909000	其他影像投影仪的零件、附件			进口旧机电产品（11.2）
9010101000	电影用胶卷的自动显影装置及设备（还包括成卷感光纸的自动显影装置）			进口旧机电产品（11.2）
9010102000	特种照相胶卷自动显影装置及设备（还包括成卷感光纸的自动显影装置）			进口旧机电产品（11.2）
9010109100	彩色胶卷用自动显影及设备			进口旧机电产品（11.2）
9010109900	其他胶卷的自动显影装置及设备（还包括成卷感光纸的自动显影装置）			进口旧机电产品（11.2）
9010501000	负片显示器			进口旧机电产品（11.2）

续表233

商品编号	商品名称	监管条件	检验检疫类别	检验检疫要求
9010502100	电影用的洗印装置			进口旧机电产品（11.2）
9010502200	特种照相用的洗印装置			进口旧机电产品（11.2）
9010502900	其他照相用的洗印装置			进口旧机电产品（11.2）
9010600000	银幕及其他投影屏幕			进口旧机电产品（11.2）
9010901000	电影洗印用洗印装置的零件、附件			进口旧机电产品（11.2）
9010902000	特种照相洗印用装置的零件、附件			进口旧机电产品（11.2）
9010909000	其他洗印用装置的零件、附件			进口旧机电产品（11.2）
9011100000	立体显微镜			进口旧机电产品（11.2）
9011200000	缩微照相等用的其他显微镜（还包括显微摄影及显微投影用）			进口旧机电产品（11.2）
9011800000	其他显微镜			进口旧机电产品（11.2）
9011900000	复式光学显微镜的零件、附件			进口旧机电产品（11.2）
9012100000	非光学显微镜及衍射设备			进口旧机电产品（11.2）
9012900000	非光学显微镜及衍射设备的零件			进口旧机电产品（11.2）
9013100010	设计用为本章或第十六类的机器、设备、仪器或器具部件的望远镜			进口旧机电产品（11.2）
9013100090	武器用望远镜瞄准具及潜望镜式望远镜			进口旧机电产品（11.2）
9013200020	AVLIS、MLIS 和 CRISLA 激光系统			进口旧机电产品（11.2）
9013200030	氩离子激光器（平均输出功率≥40 瓦特、工作波长 400 纳米～515 纳米）			进口旧机电产品（11.2）
9013200040	紫翠玉激光器（带宽≤0.005 纳米，重复率>125 赫兹，功率>30 瓦特等）			进口旧机电产品（11.2）
9013200050	脉冲二氧化碳激光器（重复率>250 赫兹，功率>500 瓦，脉冲宽度<200 纳秒等）			进口旧机电产品（11.2）
9013200060	脉冲受激准分子激光器（XeF、XeCl、KrF 型，重复率>250 赫兹，功率>500 瓦等）			进口旧机电产品（11.2）
9013200070	铜蒸汽激光器（平均输出功率≥40 瓦特、工作波长 500 纳米～600 纳米）			进口旧机电产品（11.2）
9013200080	掺钕激光器（非玻璃激光器）（两用物项管制商品）			进口旧机电产品（11.2）
9013200093	两用物项管制的无人机专用激光器、民用反无人机系统专用高功率激光器			进口旧机电产品（11.2）
9013200099	其他激光器（但激光二极管除外）			进口旧机电产品（11.2）
9013801000	放大镜			进口旧机电产品（11.2）
9013802000	光学门眼			进口旧机电产品（11.2）
9013809010	光刻机用光斑调节装置（第九十章其他品目未列名的）			进口旧机电产品（11.2）
9013809090	其他装置，仪器及器具（第九十章其他品目未列名的）			进口旧机电产品（11.2）
9013901010	武器用望远镜瞄准器具或潜望镜式望远镜用零件及附件			进口旧机电产品（11.2）
9013901090	激光器以及作为本章或第十六类的机器、设备、仪器或器具部件的望远镜用的零件及附件（武器用望远镜瞄准器具或潜望镜式望远镜用零件及附件除外）			进口旧机电产品（11.2）
9013909000	品目 9013 所列其他货品的零附件			进口旧机电产品（11.2）
9015101000	激光雷达			进口旧机电产品（11.2）
9015109000	其他测距仪			进口旧机电产品（11.2）
9015200000	经纬仪及视距仪			进口旧机电产品（11.2）
9015300000	水平仪			进口旧机电产品（11.2）
9015400000	摄影测量用仪器及装置			进口旧机电产品（11.2）
9015800090	其他测量仪器及装置			进口旧机电产品（11.2）
9015900090	其他品目 9015 所列仪器及装置的零、附件			进口旧机电产品（11.2）
9018110000	心电图记录仪			进口旧机电产品（11.2）
9018121000	B 型超声波诊断仪	A/	M/	医疗器械（11.4） 进口旧机电产品（11.2）

续表234

商品编号	商品名称	监管条件	检验检疫类别	检验检疫要求
9018129110	彩色超声波诊断仪（整机）	A/	M/	医疗器械（11.4） 进口旧机电产品（11.2）
9018129190	彩色超声波诊断仪的零件及附件			进口旧机电产品（11.2）
9018129900	其他超声波扫描诊断装置	A/	M/	医疗器械（11.4） 进口旧机电产品（11.2）
9018131000	成套的核磁共振成像装置（医疗、外科、牙科或兽医用）	A/	M/	医疗器械（11.4） 进口旧机电产品（11.2） 测量、控制和实验室用电气设备（11.7）
9018139000	核磁共振成像装置用零件（医疗、外科、牙科或兽医用）			进口旧机电产品（11.2）
9018140000	闪烁摄影装置	A/	M/	医疗器械（11.4） 进口旧机电产品（11.2）
9018193010	病员监护仪（整机）	A/	M/	医疗器械（11.4） 进口旧机电产品（11.2）
9018193090	病员监护仪的零件及附件			进口旧机电产品（11.2）
9018194100	听力计	A/	M/	医疗器械（11.4） 进口旧机电产品（11.2）
9018194900	其他听力诊断装置	A/	M/	医疗器械（11.4） 进口旧机电产品（11.2）
9018199000	其他电气诊断装置（编号90181000中未列名的）	A/	M/	医疗器械（11.4） 进口旧机电产品（11.2）
9018200000	紫外线及红外线装置	A/	M/	医疗器械（11.4） 进口旧机电产品（11.2）
9018310000	注射器（不论是否装有针头）	A/	M/	医疗器械（11.4） 进口旧机电产品（11.2）
9018321000	管状金属针头	A/	M/	医疗器械（11.4） 进口旧机电产品（11.2）
9018322000	缝合用针	A/	M/	医疗器械（11.4） 进口旧机电产品（11.2）
9018390000	导管、插管及类似品	A/	M/	医疗器械（11.4） 进口旧机电产品（11.2）
9018410000	牙钻机（不论是否与其他牙科设备组装在同一底座上）	A/	M/	医疗器械（11.4） 进口旧机电产品（11.2）
9018491000	装有牙科设备的牙科用椅	A/	M/	医疗器械（11.4） 进口旧机电产品（11.2）
9018499000	牙科用其他仪器及器具（但不包括牙钻机或牙科用椅）	A/	M/	医疗器械（11.4） 进口旧机电产品（11.2）
9018500000	眼科用其他仪器及器具	A/	M/	医疗器械（11.4） 进口旧机电产品（11.2） 普通设备（生产设备）（11.6）
9018901000	听诊器			进口旧机电产品（11.2）
9018902010	电血压测量仪器及器具	A/	M/	医疗器械（11.4） 进口旧机电产品（11.2）
9018902020	含汞的非电子血压测量仪器及器具			禁止进出口 进口旧机电产品（11.2）
9018902090	其他血压测量仪器及器具	A/	M/	医疗器械（11.4） 进口旧机电产品（11.2）

续表235

商品编号	商品名称	监管条件	检验检疫类别	检验检疫要求
9018903010	内窥镜（整机）	A/	M/	医疗器械（11.4） 进口旧机电产品（11.2）
9018903090	内窥镜的零件及附件			进口旧机电产品（11.2）
9018904000	肾脏透析设备（人工肾）	A/	M/	医疗器械（11.4） 进口旧机电产品（11.2）
9018905000	透热疗法设备	A/	M/	医疗器械（11.4） 进口旧机电产品（11.2）
9018906000	输血设备	A/	M/	医疗器械（11.4） 进口旧机电产品（11.2）
9018907010	电麻醉设备	A/	M/	医疗器械（11.4） 进口旧机电产品（11.2）
9018907090	其他麻醉设备	A/	M/	医疗器械（11.4） 进口旧机电产品（11.2）
9018908000	手术机器人	A/	M/	医疗器械（11.4） 进口旧机电产品（11.2）
9018909100	宫内节育器	A/	M/	医疗器械（11.4） 进口旧机电产品（11.2）
9018909911	电子的其他医疗、外科用仪器器具（整机）	A/	M/	医疗器械（11.4） 进口旧机电产品（11.2） 普通设备（生产设备）（11.6）
9018909912	医用可解脱弹簧圈（整机）	A/	M/	医疗器械（11.4） 进口旧机电产品（11.2）
9018909913	颅内取栓支架（整机）	A/	M/	医疗器械（11.4） 进口旧机电产品（11.2）
9018909914	伞形下腔静脉滤器（整机）	A/	M/	医疗器械（11.4） 进口旧机电产品（11.2）
9018909919	其他医疗、外科或兽医用仪器器具（整机）	A/	M/	医疗器械（11.4） 进口旧机电产品（11.2） 普通设备（生产设备）（11.6）
9018909991	电子的其他医疗、外科用仪器器具的零件及附件	A/	M/	医疗器械（11.4） 进口旧机电产品（11.2） 普通设备（生产设备）（11.6）
9018909999	其他医疗、外科或兽医用仪器器具的零件及附件			进口旧机电产品（11.2）
9019101000	按摩器具	A/	M/	医疗器械（11.4） 进口旧机电产品（11.2） 家用和类似用途电器（11.7）
9019109000	机械疗法器具，心理功能测验装置			进口旧机电产品（11.2）
9019201010	有创呼吸机（整机）（C）	A/	M/	医疗器械（11.4） 出口医疗物资（11.4） 进口旧机电产品（11.2）
9019201090	有创呼吸机的零件及附件（C）	A/	M/	医疗器械（11.4） 进口旧机电产品（11.2） 普通设备（生产设备）（11.6）

续表236

商品编号	商品名称	监管条件	检验检疫类别	检验检疫要求
9019202011	具有自动人机同步追踪功能或自动调节呼吸压力功能的无创呼吸机（整机）（P）（C）	A/	M/	医疗器械（11.4） 出口医疗物资（11.4） 进口旧机电产品（11.2）
9019202019	具有自动人机同步追踪功能或自动调节呼吸压力功能的无创呼吸机的零件及附件（P）（C）	A/	M/	医疗器械（11.4） 进口旧机电产品（11.2） 普通设备（生产设备）（11.6）
9019202091	其他无创呼吸机（整机）（C）	A/	M/	医疗器械（11.4） 出口医疗物资（11.4） 进口旧机电产品（11.2）
9019202099	其他无创呼吸机的零件及附件（C）	A/	M/	医疗器械（11.4） 进口旧机电产品（11.2） 普通设备（生产设备）（11.6）
9019209000	臭氧治疗器、氧气治疗器、喷雾治疗器等其他器具	A/	M/	医疗器械（11.4） 进口旧机电产品（11.2）
9020000000	其他呼吸器具及防毒面具（但不包括既无机械零件又无可互换过滤器的防护面具）		L/	进口旧机电产品（11.2） 进口强制性产品认证（11.1）
9021100010	钢铁制自攻螺钉（不包括不锈钢紧固件），矫形或骨折用（F）			进口旧机电产品（11.2）
9021100020	抗拉强度≥800兆帕，杆径>6毫米的其他钢铁制螺钉及螺栓（不包括不锈钢紧固件），矫形或骨折用［不论是否带有螺母或垫圈，不包括方头螺钉、钩头螺钉、环头螺钉（F）］			进口旧机电产品（11.2）
9021100030	杆径>6毫米的其他钢铁制螺钉及螺栓（不包括不锈钢紧固件），矫形或骨折用［不论是否带有螺母或垫圈（F）］			进口旧机电产品（11.2）
9021100040	钢铁制垫圈（不包括不锈钢紧固件），矫形或骨折用［不包括弹簧垫圈及其他防松垫圈（F）］			进口旧机电产品（11.2）
9021100050	矫形或骨折用钛管（P）			进口旧机电产品（11.2）
9021100090	其他矫形或骨折用器具（但不包括人造关节）			进口旧机电产品（11.2）
9021210000	假牙			进口旧机电产品（11.2）
9021290010	钢铁制自攻螺钉（不包括不锈钢紧固件），牙齿固定用（F）			进口旧机电产品（11.2）
9021290020	抗拉强度≥800兆帕，杆径>6毫米的其他钢铁制螺钉及螺栓（不包括不锈钢紧固件），牙齿固定用［不论是否带有螺母或垫圈，不包括方头螺钉、钩头螺钉、环头螺钉（F）］			进口旧机电产品（11.2）
9021290030	杆径>6毫米的其他钢铁制螺钉及螺栓（不包括不锈钢紧固件），牙齿固定用［不论是否带有螺母或垫圈（F）］			进口旧机电产品（11.2）
9021290040	钢铁制垫圈（不包括不锈钢紧固件），牙齿固定用［不包括弹簧垫圈及其他防松垫圈（F）］			进口旧机电产品（11.2）
9021290090	其他牙齿固定件			进口旧机电产品（11.2）
9021310000	人造关节			进口旧机电产品（11.2）
9021390010	人工心脏瓣膜			进口旧机电产品（11.2）
9021390090	其他人造的人体部分			进口旧机电产品（11.2）
9021400000	助听器，不包括零件、附件			进口旧机电产品（11.2）
9021500000	心脏起搏器，不包括零件、附件	A/	M/	医疗器械（11.4） 进口旧机电产品（11.2）
9021901100	血管支架			进口旧机电产品（11.2）
9021901900	其他支架			进口旧机电产品（11.2）
9021909000	其他弥补生理缺陷，残疾用器具等			进口旧机电产品（11.2）

续表237

商品编号	商品名称	监管条件	检验检疫类别	检验检疫要求
9022120000	X 射线断层检查仪	A/	M/	医疗器械（11.4） 进口旧机电产品（11.2） 测量、控制和实验室用电气设备（11.7）
9022130000	其他牙科用 X 射线应用设备	A/	M/	医疗器械（11.4） 进口旧机电产品（11.2）
9022140010	医用直线加速器	A/	M/	医疗器械（11.4） 进口旧机电产品（11.2）
9022140090	其他医疗或兽医用 X 射线应用设备	A/	M/	医疗器械（11.4） 进口旧机电产品（11.2） 测量、控制和实验室用电气设备（11.7）
9022191000	低剂量 X 射线安全检查设备	A/	M/	进口旧机电产品（11.2） 普通设备（生产设备）（11.6）
9022192000	X 射线无损探伤检测仪	A/	M/	进口旧机电产品（11.2） 测量、控制和实验室用电气设备（11.7）
9022199010	X 射线全自动燃料芯块检查台（专门设计或制造用于检验燃料芯块的最终尺寸和表面缺陷）	A/	M/	进口旧机电产品（11.2） 测量、控制和实验室用电气设备（11.7）
9022199020	X 射线晶圆制造厚度测量设备	A/	M/	进口旧机电产品（11.2） 测量、控制和实验室用电气设备（11.7）
9022199090	其他 X 射线应用设备	A/	M/	医疗器械（11.4） 进口旧机电产品（11.2） 测量、控制和实验室用电气设备（11.7）
9022211000	应用 α、β、γ 射线的设备（医疗、外科、牙科或兽医用）	A/	M/	医疗器械（11.4） 进口旧机电产品（11.2） 测量、控制和实验室用电气设备（11.7）
9022219000	应用其他离子射线的设备（医疗、外科、牙科或兽医用）	A/	M/	医疗器械（11.4） 进口旧机电产品（11.2） 测量、控制和实验室用电气设备（11.7）
9022291000	γ 射线无损探伤检测仪	A/	M/	进口旧机电产品（11.2） 测量、控制和实验室用电气设备（11.7）
9022299010	γ 射线全自动燃料芯块检查台（专门设计或制造用于检验燃料芯块的最终尺寸和表面缺陷）	A/	M/	进口旧机电产品（11.2） 测量、控制和实验室用电气设备（11.7）
9022299090	其他非医疗用 α、β、γ 射线设备			进口旧机电产品（11.2）
9022300000	X 射线管	A/	M/	医疗器械（11.4） 进口旧机电产品（11.2） 测量、控制和实验室用电气设备（11.7）

续表238

商品编号	商品名称	监管条件	检验检疫类别	检验检疫要求
9022901000	X射线影像增强器	A/	M/	医疗器械（11.4） 进口旧机电产品（11.2）
9022909020	闪光X射线发生器（峰值能量≥500千电子伏）			进口旧机电产品（11.2）
9022909030	X射线断层检查仪专用探测器			进口旧机电产品（11.2）
9022909040	数字化X射线摄影系统平板探测器			进口旧机电产品（11.2）
9022909050	应用除α、β、γ射线以外离子射线的医用设备的零件（医疗、外科、牙科或兽医用）	A/	M/	医疗器械（11.4） 进口旧机电产品（11.2） 普通设备（生产设备）（11.6）
9022909060	其他射线发生器的零部件			进口旧机电产品（11.2）
9022909070	X射线断层检查仪专用闪烁体、准直器			进口旧机电产品（11.2）
9022909090	品目9022所列其他设备及零件（包括高压发生器、控制板及控制台、荧光屏等）			进口旧机电产品（11.2）
9023001000	教习头			进口旧机电产品（11.2）
9023009000	其他专供示范（例如，教学或展览）而无其他用途的仪器、装置及模型			进口旧机电产品（11.2）
9024101000	电子万能试验机			进口旧机电产品（11.2）
9024102000	硬度计			进口旧机电产品（11.2）
9024109000	其他金属材料的试验用机器及器具			进口旧机电产品（11.2）
9024800000	非金属材料的试验用机器及器具			进口旧机电产品（11.2）
9024900000	各种材料的试验用机器零件、附件			进口旧机电产品（11.2）
9025110010	含汞的可直接读数的非电子液体温度计			禁止进出口 进口旧机电产品（11.2）
9025110090	其他可直接读数的液体温度计			进口旧机电产品（11.2）
9025191010	温度传感器			进口旧机电产品（11.2）
9025191020	其他含汞的非液体的工业用非电子温度计及高温计			禁止进出口 进口旧机电产品（11.2）
9025191090	其他非液体的工业用温度计及高温计			进口旧机电产品（11.2）
9025199020	其他含汞的非液体的非电子温度计及高温计			禁止进出口 进口旧机电产品（11.2）
9025199090	非液体的其他温度计，高温计			进口旧机电产品（11.2）
9025800010	含汞的非电子温度计和气压计			禁止进出口 进口旧机电产品（11.2）
9025800090	其他温度计，比重计，湿度计等仪器			进口旧机电产品（11.2）
9025900000	本品目项下商品的零件、附件			进口旧机电产品（11.2）
9026100000	测量、检验液体流量或液位的仪器			进口旧机电产品（11.2）
9026201040	锰铜制成压力计；镱制成的压力计；聚偏二氟乙烯/聚二氟乙烯制成的压力计			进口旧机电产品（11.2）
9026201090	其他压力、差压变送器			进口旧机电产品（11.2）
9026209010	压力传感器（两用物项管制商品）			进口旧机电产品（11.2）
9026209020	含汞的非电子压力表			禁止进出口 进口旧机电产品（11.2）
9026209090	其他测量、检验压力的仪器及装置			进口旧机电产品（11.2）
9026801000	测量气体流量的仪器及装置			进口旧机电产品（11.2）
9026809000	液体或气体的其他测量或检验仪器（除液体流量或液位及压力以外的其他变量的检测仪器）			进口旧机电产品（11.2）
9026900010	液位仪用探棒			进口旧机电产品（11.2）

续表239

商品编号	商品名称	监管条件	检验检疫类别	检验检疫要求
9026900090	其他液体或气体的测量或检验仪器零件（主要是进行流量、液位、压力或其他变化量的测量或检验）			进口旧机电产品（11.2）
9027100010	用于连续操作的气体检测器［可用于出口管制的化学品或有机化合物（含有磷、硫、氟或氯，其浓度低于0.3mg/m^3）的检测，或为检测受抑制的胆碱酯酶的活性而设计］			进口旧机电产品（11.2）
9027100090	其他气体或烟雾分析仪			进口旧机电产品（11.2）
9027201100	气相色谱仪			进口旧机电产品（11.2）
9027201200	液相色谱仪			进口旧机电产品（11.2）
9027201900	其他色谱仪			进口旧机电产品（11.2）
9027202000	电泳仪			进口旧机电产品（11.2）
9027300010	傅立叶红外光谱仪			进口旧机电产品（11.2）
9027300020	近红外光谱仪			进口旧机电产品（11.2）
9027300030	台式和手持拉曼光谱仪			进口旧机电产品（11.2）
9027300090	其他分光仪、分光光度计及摄谱仪［使用光学射线（紫外线、可见光、红外线）的］			进口旧机电产品（11.2）
9027501000	基因测序仪			进口旧机电产品（11.2）
9027509010	流式细胞仪			进口旧机电产品（11.2）
9027509090	其他使用光学射线的其他仪器及装置（光学射线是指紫外线、可见光、红外线）			进口旧机电产品（11.2）
9027811000	集成电路生产用氦质谱检漏台			进口旧机电产品（11.2）
9027812000	质谱联用仪			进口旧机电产品（11.2）
9027819010	两用物项管制的UF6质谱仪/离子源			进口旧机电产品（11.2）
9027819020	测大于230质量单位离子质谱仪（分辨率高于2/230）			进口旧机电产品（11.2）
9027819090	其他质谱仪			进口旧机电产品（11.2）
9027891000	曝光表			进口旧机电产品（11.2）
9027899010	转矩流变仪			进口旧机电产品（11.2）
9027899090	其他理化分析仪器及装置（包括测量或检验粘性及类似性能的仪器及装置）			进口旧机电产品（11.2）
9027900000	检镜切片机、理化分析仪器零件			进口旧机电产品（11.2）
9028101000	煤气表（包括它们的校准仪表）			进口旧机电产品（11.2）
9028109000	其他气量计（包括它们的校准仪表）			进口旧机电产品（11.2）
9028201000	水表（包括它们的校准仪表）			进口旧机电产品（11.2）
9028209000	其他液量计（包括它们的校准仪表）			进口旧机电产品（11.2）
9028301100	单相感应式电度表（包括它们的校准仪表）			进口旧机电产品（11.2）
9028301200	三相感应式电度表（包括它们的校准仪表）			进口旧机电产品（11.2）
9028301300	单相电子式（静止式）电度表（包括它们的校准仪表）			进口旧机电产品（11.2）
9028301400	三相电子式（静止式）电度表（包括它们的校准仪表）			进口旧机电产品（11.2）
9028301900	其他电度表（包括它们的校准仪表）			进口旧机电产品（11.2）
9028309000	其他电量计（包括它们的校准仪表）			进口旧机电产品（11.2）
9028901000	工业用计量仪表零件、附件			进口旧机电产品（11.2）
9028909000	非工业用计量仪表零件、附件			进口旧机电产品（11.2）
9029101000	转数计			进口旧机电产品（11.2）
9029102000	车费计、里程计			进口旧机电产品（11.2）
9029109000	产量计数器、步数计及类似仪表			进口旧机电产品（11.2）
9029201000	车辆用速度计			进口旧机电产品（11.2）
9029209000	其他速度计及转速表，频闪观测仪（车辆用速度计除外）			进口旧机电产品（11.2）

续表240

商品编号	商品名称	监管条件	检验检疫类别	检验检疫要求
9029900000	转数计、车费计及类似仪表零件（品目 9014 及 9015 的仪表零件除外）			进口旧机电产品（11.2）
9030100000	离子射线的测量或检验仪器及装置			进口旧机电产品（11.2）
9030201000	300 兆赫兹以下的通用示波器（指测试频率小于 300 兆赫兹的示波器）			进口旧机电产品（11.2）
9030209000	其他示波器（包括 300 兆赫兹的通用示波器）			进口旧机电产品（11.2）
9030311000	不带记录装置的五位半及以下的数字万用表（用于测试或检验半导体晶圆或器件用的除外）			进口旧机电产品（11.2）
9030319000	不带记录装置的其他万用表（用于测试或检验半导体晶圆或器件用的除外）			进口旧机电产品（11.2）
9030320000	带记录装置的万用表（用于测试或检验半导体晶圆或器件用的除外）			进口旧机电产品（11.2）
9030331000	不带记录装置的五位半及以下的数字电流、电压表（用于测试或检验半导体晶圆或器件用的除外）			进口旧机电产品（11.2）
9030332000	不带记录装置的电阻测试仪（用于测试或检验半导体晶圆或器件用的除外）			进口旧机电产品（11.2）
9030339000	不带记录装置的检测电压、电流及功率的其他仪器（用于测试或检验半导体晶圆或器件用的除外）			进口旧机电产品（11.2）
9030390000	其他带记录装置的检测电压、电流、电阻或功率的仪器（万用表除外，用于测试或检验半导体晶圆或器件用的除外）			进口旧机电产品（11.2）
9030401000	12.4 千兆赫兹以下数字式频率计			进口旧机电产品（11.2）
9030409000	其他无线电通讯专用仪器及装置（12.4 千兆赫兹以下数子式频率计除外）			进口旧机电产品（11.2）
9030820000	测试或检验半导体晶圆或器件（包括集成电路）用的仪器			进口旧机电产品（11.2）
9030841000	电感及电容测试仪（装有记录装置的）			进口旧机电产品（11.2）
9030849000	其他电量的测量或检验仪器及装置（装有记录装置的）			进口旧机电产品（11.2）
9030891000	其他电感及电容测试仪（未装有记录装置的）			进口旧机电产品（11.2）
9030899010	中子探测和测量仪表（专用于测定核反应堆堆芯内中子通量的）			进口旧机电产品（11.2）
9030899090	其他电量的测量或检验仪器及装置（未装有记录装置的）			进口旧机电产品（11.2）
9030900010	用于声表面滤波器测试的测试头（频率带宽在 81GHz 以上，且探针最小间距在周围排列下为 50 微米，阵列下为 180 微米）			进口旧机电产品（11.2）
9030900090	品目 9030 所属货品的其他零件及附件			进口旧机电产品（11.2）
9031100010	陀螺动态平衡测试仪			进口旧机电产品（11.2）
9031100090	其他机械零件平衡试验机			进口旧机电产品（11.2）
9031200010	陀螺/马达运转试验台			进口旧机电产品（11.2）
9031200020	加速度表测试台			进口旧机电产品（11.2）
9031200030	试车台（能试推力>90kN 火箭发动机的或同时测量三个推力分量的）			进口旧机电产品（11.2）
9031200040	惯性平台测试台（测试平台包括高精度离心机和转台）			进口旧机电产品（11.2）
9031200090	其他试验台			进口旧机电产品（11.2）
9031410000	制造半导体器件（包括集成电路）时检验半导体晶圆、器件（包括集成电路）或检测光掩模或光栅用的仪器和器具（第九十章其他税目未列名的）			进口旧机电产品（11.2）
9031491000	轮廓投影仪			进口旧机电产品（11.2）
9031492000	光栅测量装置（第九十章其他品目未列名的）			进口旧机电产品（11.2）
9031499000	其他光学测量或检验仪器和器具			进口旧机电产品（11.2）
9031801000	光纤通信及光纤性能测试仪			进口旧机电产品（11.2）
9031802000	坐标测量仪			进口旧机电产品（11.2）
9031803100	超声波探伤检测仪			进口旧机电产品（11.2）

续表241

商品编号	商品名称	监管条件	检验检疫类别	检验检疫要求
9031803200	磁粉探伤检测仪			进口旧机电产品（11.2）
9031803300	涡流探伤检测仪			进口旧机电产品（11.2）
9031803900	其他无损探伤检测仪器（射线探伤仪除外）			进口旧机电产品（11.2）
9031809010	惯性测量单元测试仪			进口旧机电产品（11.2）
9031809020	陀螺调谐测试仪			进口旧机电产品（11.2）
9031809081	专门设计用于制造燃气涡轮发动机/燃气轮机叶片、导向器、机匣等涡轮构型部件的精密铸造中间产品（包括陶瓷型芯、蜡模模组、型壳）的测量、检验仪器、器具及机器（指第九十章其他税目未列名的）			进口旧机电产品（11.2）
9031809082	专门设计用于燃气涡轮发动机/燃气轮机的高温合金、钛合金或金属间化合物等材料的盘片固态连接所需的测量、检验仪器、器具及机器（指第九十章其他税目未列名的）			进口旧机电产品（11.2）
9031809090	其他测量、检验仪器、器具及机器（指第九十章其他税目未列名的）			进口旧机电产品（11.2）
9031900020	惯性测量单元稳定元件加工夹具			进口旧机电产品（11.2）
9031900030	惯性平台平衡夹具			进口旧机电产品（11.2）
9031900090	品目9031的仪器及器具的其他零件（第九十章其他品目未列名的）			进口旧机电产品（11.2）
9032100000	恒温器			进口旧机电产品（11.2）
9032200000	恒压器			进口旧机电产品（11.2）
9032810000	其他液压或气压的仪器及装置（自动调节或控制用）			进口旧机电产品（11.2）
9032891100	列车自动防护系统（ATP）车载设备			进口旧机电产品（11.2）
9032891200	列车自动运行系统（ATO）车载设备			进口旧机电产品（11.2）
9032891900	其他列车自动控制系统（ATC）车载设备			进口旧机电产品（11.2）
9032899010	具有可再生能源和智能电网应用的自动电压和电流调节器；非液压或气压的自动调控流量、液位和湿度的仪器（自动控制、调节装置）			进口旧机电产品（11.2）
9032899020	超燃冲压喷气或组合循环发动机的燃烧调节装置（自动控制、调节装置）			进口旧机电产品（11.2）
9032899030	三坐标测量机用自动控制柜			进口旧机电产品（11.2）
9032899040	飞机自动驾驶系统（包括自动驾驶、电子控制飞行、自动故障分析、警告系统配平系统及推力监控设备及其相关仪表）			进口旧机电产品（11.2）
9032899050	机床用成套数控伺服装置（包括CNC操作单元，带有配套的伺服放大器和伺服电机）			进口旧机电产品（11.2）
9032899060	电喷点火程序控制单元（自动控制、调节装置）			进口旧机电产品（11.2）
9032899070	印刷机用成套数控伺服传动装置（包括运动控制器或可编程序自动控制器、人机界面单元，带有配套的伺服驱动器和伺服电机）			进口旧机电产品（11.2）
9032899091	发动机气门正时控制（VTC）模块			进口旧机电产品（11.2）
9032899092	出口管制的高压水炮操控系统			进口旧机电产品（11.2）
9032899093	光刻机用电机控制器			进口旧机电产品（11.2）
9032899094	六面顶压机专用关键零部件，合成压力大于5千兆帕的高压控制系统			进口旧机电产品（11.2）
9032899099	其他自动调节或控制仪器及装置			进口旧机电产品（11.2）
9032900010	飞机发动机燃油控制器用电路板			进口旧机电产品（11.2）
9032900090	其他自动调节或控制仪器零件、附件			进口旧机电产品（11.2）
9033000010	用于第九十章环境产品的其他品目未列名的零件、附件［太阳能定日镜，子目901580的商品，品目9026的商品，品目9027的商品（编号90278011和90278091除外），子目903149的商品，测振仪，手振动仪，可再生能源和智能电网应用的自动电压和电流调节器，自动调控流量、液位和湿度的仪器］			进口旧机电产品（11.2）

续表242

商品编号	商品名称	监管条件	检验检疫类别	检验检疫要求
9033000090	第九十章其他编号未列名零、附件（指第九十章所列机器、器具、仪器或装置用）			进口旧机电产品（11.2）
9207100000	通过电产生或扩大声音的键盘乐器（手风琴除外）		L/	进口旧机电产品（11.2）
9207900010	其他通过电产生或扩大声音的含濒危物种成分的乐器			进口旧机电产品（11.2）
9207900090	其他通过电产生或扩大声音的乐器			进口旧机电产品（11.2）
9401201000	皮革或再生皮革面的机动车辆用坐具		L/	进口强制性产品认证（11.1）
9401209000	其他机动车辆用坐具		L/	进口强制性产品认证（11.1）
9401491000	皮革或再生皮革面的能作床用的其他两用椅（但庭园坐具或野营设备除外）		L/	进口强制性产品认证（11.1）
9401499000	其他能作床用的其他两用椅（但庭园坐具或野营设备除外）		L/	进口强制性产品认证（11.1）
9401520010	濒危野生竹制的坐具（不包括人工培植的）	A/B	P/Q	其他非食用植物产品（4.4）
9401520090	其他竹制的坐具	A/B	P/Q	其他非食用植物产品（4.4）
9401530010	濒危藤制的坐具	A/B	P/Q	其他非食用植物产品（4.4）
9401530090	其他藤制的坐具	A/B	P/Q	其他非食用植物产品（4.4）
9401590000	柳条及类似材料制的坐具	A/B	P/Q	其他非食用植物产品（4.4）
9401611010	皮革或再生皮革面的装软垫的濒危木框架的其他坐具	A/B	P/Q	其他非食用植物产品（4.4）
9401611090	皮革或再生皮革面的装软垫的其他木框架的其他坐具	A/B	P/Q	其他非食用植物产品（4.4）
9401619010	其他装软垫的濒危木框架的坐具	A/B	P/Q	其他非食用植物产品（4.4）
9401619090	其他装软垫的其他木框架的坐具	A/B	P/Q	其他非食用植物产品（4.4）
9401690010	其他濒危木框架的坐具	A/B	P/Q	其他非食用植物产品（4.4）
9401690090	其他木框架的坐具（不包括编号94011000~94015000的坐具）	A/B	P/Q	其他非食用植物产品（4.4）
9401809091	儿童用汽车安全座椅	A/	L.M/	进口强制性产品认证（11.1） 机动车辆及其零部件（11.3）
9401809099	其他坐具		L/	进口强制性产品认证（11.1）
9401999000	其他座具零件		L/	进口强制性产品认证（11.1）
9402101000	理发用椅及其零件			进口旧机电产品（11.2）
9402109000	牙科及类似用途的椅及其零件			进口旧机电产品（11.2）
9402900000	其他医疗，外科，兽医用家具及零件（如手术台、检查台、带机械装置的病床等）			进口旧机电产品（11.2）
9403300010	濒危木制办公室用木家具	A/B	P/Q	其他非食用植物产品（4.4）
9403300090	其他办公室用木家具	A/B	M.P/Q	木家具（4.4） 其他非食用植物产品（4.4）
9403400010	濒危木制厨房用木家具	A/B	P/Q	其他非食用植物产品（4.4）
9403400090	其他厨房用木家具	A/B	M.P/Q	木家具（4.4） 其他非食用植物产品（4.4）
9403501010	卧室用濒危红木制家具	A/B	P/Q	其他非食用植物产品（4.4）
9403501090	其他卧室用红木制家具	A/B	P/Q	其他非食用植物产品（4.4）
9403509100	卧室用天然漆（大漆）漆木家具	A/B	M.P/Q	木家具（4.4） 其他非食用植物产品（4.4）
9403509910	卧室用其他濒危木家具	A/B	P/Q	其他非食用植物产品（4.4）
9403509990	卧室用其他木家具	A/B	M.P/Q	木家具（4.4） 其他非食用植物产品（4.4）
9403601010	濒危红木制其他家具（非卧室用）	A/B	P/Q	其他非食用植物产品（4.4）
9403601090	其他红木制家具（非卧室用）	A/B	P/Q	其他非食用植物产品（4.4）
9403609100	其他天然漆（大漆）漆木家具（非卧室用）	A/B	M.P/Q	木家具（4.4） 其他非食用植物产品（4.4）
9403609910	濒危木制其他家具（非卧室用）	A/B	P/Q	其他非食用植物产品（4.4）

续表243

商品编号	商品名称	监管条件	检验检疫类别	检验检疫要求
9403609990	其他木家具（非卧室用）	A/B	P/Q	其他非食用植物产品（4.4）
9403820010	濒危野生竹制的家具（不包括人工培植的）	A/B	P/Q	其他非食用植物产品（4.4）
9403820090	其他竹制的家具	A/B	P/Q	其他非食用植物产品（4.4）
9403830010	濒危藤制的家具	A/B	P/Q	其他非食用植物产品（4.4）
9403830090	其他藤制的家具	A/B	P/Q	其他非食用植物产品（4.4）
9403891000	柳条及类似材料制的家具	A/B	P/Q	其他非食用植物产品（4.4）
9404210010	蔺草包面的垫子（单件面积大于1平方米，无论是否包边）	A/B	P/Q	其他非食用植物产品（4.4）
9405110000	设计为仅使用发光二极管（LED）光源的枝形吊灯（包括天花板或墙壁上的照明装置，但露天或街道上的除外）		L/	进口旧机电产品（11.2） 进口强制性产品认证（11.1）
9405190000	其他枝形吊灯（包括天花板或墙壁上的照明装置，但露天或街道上的除外）		L/	进口旧机电产品（11.2） 进口强制性产品认证（11.1）
9405210010	设计为仅使用发光二极管（LED）光源的含濒危物种成分的电气台灯、床头灯、落地灯		L/	进口旧机电产品（11.2） 进口强制性产品认证（11.1）
9405210090	设计为仅使用发光二极管（LED）光源的其他电气台灯、床头灯、落地灯		L/	进口旧机电产品（11.2） 进口强制性产品认证（11.1）
9405290010	其他含濒危物种成分的电气台灯、床头灯、落地灯		L/	进口旧机电产品（11.2） 进口强制性产品认证（11.1）
9405290090	其他电气台灯、床头灯、落地灯		L/	进口旧机电产品（11.2） 进口强制性产品认证（11.1）
9405310000	设计为仅使用发光二极管（LED）光源的圣诞树用灯串			进口旧机电产品（11.2）
9405390000	其他圣诞树用灯串			进口旧机电产品（11.2）
9405410000	光伏的，且设计为仅使用发光二极管（LED）光源的其他电气灯具及照明装置			进口旧机电产品（11.2）
9405421000	其他设计为仅使用发光二极管（LED）光源的探照灯和聚光灯			进口旧机电产品（11.2）
9405429000	其他设计为仅使用发光二极管（LED）光源的其他电气灯具及照明装置			进口旧机电产品（11.2）
9405491000	其他探照灯和聚光灯			进口旧机电产品（11.2）
9405499000	其他电气灯具及照明装置			进口旧机电产品（11.2）
9405500000	非电气灯具及照明装置			进口旧机电产品（11.2）
9405610000	设计为仅使用发光二极管（LED）光源的发光标志、发光铭牌及类似品		L/	进口旧机电产品（11.2） 进口强制性产品认证（11.1）
9405690000	其他发光标志、发光铭牌及类似品		L/	进口旧机电产品（11.2） 进口强制性产品认证（11.1）
9405910000	品目9405所列物品的玻璃制零件			进口旧机电产品（11.2）
9405920000	品目9405所列物品的塑料制零件			进口旧机电产品（11.2）
9405990000	品目9405所列物品其他材料制零件			进口旧机电产品（11.2）
9406100000	木制的活动房屋	A/B	P/Q	其他非食用植物产品（4.4）
9406900010	用动植物材料制作的活动房屋（木制的除外）	A/B	P/Q	其他非食用植物产品（4.4）
9503001000	供儿童乘骑的带轮玩具（例如，三轮车、踏板车、踏板汽车）；玩偶车		L/	进口强制性产品认证（11.1）
9503002100	动物玩偶，不论是否着装	A/	L.M/	玩具（11.10） 进口强制性产品认证（11.1）
9503002900	其他玩偶，不论是否着装	A/	L.M/	玩具（11.10） 进口强制性产品认证（11.1）
9503006000	智力玩具	A/	L.M/	玩具（11.10） 进口强制性产品认证（11.1）

续表244

商品编号	商品名称	监管条件	检验检疫类别	检验检疫要求
9503008310	玩具无人机	A/	L. M/	玩具（11.10） 进口强制性产品认证（11.1）
9503008390	带动力装置的玩具及模型	A/	L. M/	玩具（11.10） 进口强制性产品认证（11.1）
9503008900	其他未列名玩具	A/	L. M/	玩具（11.10） 进口强制性产品认证（11.1）
9503009000	玩具、模型零件	A/	L. M/	玩具（11.10） 进口强制性产品认证（11.1）
9504301000	用特定支付方式使其工作的电子游戏机（用硬币、钞票、银行卡、代币或其他支付方式使其工作的）			进口旧机电产品（11.2）
9504309000	用特定支付方式工作的其他游戏用品，保龄球道设备除外（用硬币、钞票、银行卡、代币或其他支付方式使其工作的）			进口旧机电产品（11.2）
9504502000	自带视频显示装置的视频游戏控制器及设备（子目950430的货品除外）			进口旧机电产品（11.2）
9504503000	其他视频游戏控制器及设备（子目950430的货品除外）			进口旧机电产品（11.2）
9504508000	视频游戏控制器及设备的零件及附件（子目950430的货品除外）			进口旧机电产品（11.2）
9504901000	其他电子游戏机			进口旧机电产品（11.2）
9504902100	保龄球自动分瓶机			进口旧机电产品（11.2）
9504902900	其他保龄球自动球道设备及器具			进口旧机电产品（11.2）
9505100010	含动植物性材料的圣诞用品（不包括成套圣诞节灯具）	A/B	P/Q	非食用动物产品（3.4） 其他非食用植物产品（4.4）
9506911100	跑步机及其零件、附件			进口旧机电产品（11.2）
9506911900	其他健身及康复器械（包括设备）			进口旧机电产品（11.2）
9506919000	一般的体育活动、体操或竞技用品（包括设备）			进口旧机电产品（11.2）
9506991000	滑板			进口旧机电产品（11.2）
9506999000	其他未列名的第九十五章用品及设备（包括户外游戏用品及设备，如游冰池、戏水池）			进口旧机电产品（11.2）
9507100010	用植物性材料制作的钓鱼竿	A/B	P/Q	其他非食用植物产品（4.4）
9508100010	有濒危动物的流动马戏团（包括流动动物园）	A/B	P/Q	陆生动物（3.1） 进口旧机电产品（11.2）
9508100090	其他流动马戏团及流动动物园	A/B	P/Q	陆生动物（3.1） 进口旧机电产品（11.2）
9508210000	过山车	A/B	P/Q	进口旧机电产品（11.2）
9508220000	旋转木马，秋千和旋转平台	A/B	P/Q	进口旧机电产品（11.2）
9508230000	碰碰车	A/B	P/Q	进口旧机电产品（11.2）
9508240000	运动模拟器和移动剧场	A/B	P/Q	进口旧机电产品（11.2）
9508250000	水上乘骑游乐设施	A/B	P/Q	进口旧机电产品（11.2）
9508260000	水上乐园娱乐设备	A/B	P/Q	进口旧机电产品（11.2）
9508290000	其他游乐场乘骑游乐设施和水上乐园娱乐设备	A/B	P/Q	进口旧机电产品（11.2）
9508300000	游乐场娱乐设备	A/B	P/Q	进口旧机电产品（11.2）
9508400000	流动剧团	A/B	P/Q	进口旧机电产品（11.2）
9601100010	已加工的濒危兽牙及其制品	A/B	P/Q	非食用动物产品（3.4）
9601100090	其他已加工的兽牙及其制品	A/B	P/Q	非食用动物产品（3.4）
9601900010	其他已加工濒危动物质雕刻料（包括其制品）	A/B	P/Q	非食用动物产品（3.4）
9601900020	牛角纽扣坯圆片（濒危动物制除外）	A/B	P/Q	非食用动物产品（3.4）
9601900090	其他已加工动物质雕刻料及其制品	A/B	P/Q	非食用动物产品（3.4）

续表245

商品编号	商品名称	监管条件	检验检疫类别	检验检疫要求
9602009000	已加工植物或矿物质雕刻料及制品（指已加工的，包括蜡、硬脂、天然树胶、脂制模塑或雕刻）	A/B	P/Q	其他非食用植物产品（4.4）
9603100000	用枝条或其他植物材料捆扎成的帚（包括刷，不论是否有把）	A/B	P/Q	其他非食用植物产品（4.4）
9603210000	牙刷（包括齿板刷）	A/	M/	牙刷（11.10）
9603901010	濒危野禽羽毛掸	A/B	P/Q	非食用动物产品（3.4）
9603901090	其他羽毛掸	A/B	P/Q	非食用动物产品（3.4）
9603909010	濒危动物毛、鬃、尾制其他帚、刷（包括拖把及其他毛掸）	A/B	P/Q	非食用动物产品（3.4）
9603909020	其他动植物材料制帚，刷，拖把等（包括动植物材料制非机动的手工操作地板清扫器、毛掸）	A/B	P/Q	其他非食用植物产品（4.4）
9604000000	手用粗筛、细筛	A/B	P/Q	轻工、纺织产品（11.10）
9613100000	一次性袖珍气体打火机	/B	/N	打火机、点火枪（11.12）
9613200000	可充气袖珍气体打火机	/B	/N	打火机、点火枪（11.12）
9613800000	其他打火器	/B	/N	打火机、点火枪（11.12）
9614001010	含濒危动物成分的烟斗及烟斗头（仅指野生哺乳类牙齿制产品）	A/B	P/Q	非食用动物产品（3.4）
9614001020	用植物性材料制作的烟斗及烟斗头	A/B	P/Q	非食用动物产品（3.4）
9618000010	用植物性材料制作的人体模型	A/B	P/Q	其他非食用植物产品（4.4）
9619001100	供婴儿使用的尿裤及尿布	A/	M/	一次性卫生用品（11.10）
9619001900	其他尿裤及尿布	A/	M/	一次性卫生用品（11.10）
9619002000	卫生巾（护垫）及卫生棉条	A/	M/	医疗器械（11.4） 一次性卫生用品（11.10）
9619009000	尿布衬里及本品目商品的类似品	A/	M/	一次性卫生用品（11.10）
9701220010	含濒危动物成分的超过100年的镶嵌画（指一切源自濒危动物的产品）	A/B		油画、粉画及手绘画
9701220020	用其他动植物材料制作的超过100年的镶嵌画（指一切源自野生动物的产品）	A/B		油画、粉画及手绘画
9701290010	超过100年的含濒危动物成分的拼贴画（包括类似装饰板，指一切源自濒危动物的产品）	A/B	P/Q	油画、粉画及手绘画
9701290020	超过100年的用其他动植物材料制作的拼贴画（包括类似装饰板，指一切源自野生动物的产品）	A/B	P/Q	油画、粉画及手绘画
9701920010	含濒危动物成分的其他镶嵌画（指一切源自濒危动物的产品）	A/B	P/Q	油画、粉画及手绘画
9701920020	用其他动植物材料制作的其他镶嵌画（指一切源自野生动物的产品）	A/B	P/Q	油画、粉画及手绘画
9701990010	含濒危动物成分的其他拼贴画（包括类似装饰板，指一切源自濒危动物的产品）	A/B	P/Q	油画、粉画及手绘画
9701990020	用其他动植物材料制作的其他拼贴画（包括类似装饰板，指一切源自野生动物的产品）	A/B	P/Q	油画、粉画及手绘画
9705100010	具有考古学、人种学或历史学意义的含濒危动植物的收藏品	A/B	P/Q	收集品及珍藏品 其他非食用植物产品（4.4）
9705100020	具有考古学、人种学或历史学意义的含有人类遗传资源的组织标本、手术样本	A/B	V/W	特殊物品（2.1） 其他类别
9705100090	其他具有考古学、人种学或历史学意义的收藏品	A/B	P/Q	收集品及珍藏品 其他非食用植物产品（4.4）
9705210010	含有人类遗传资源的组织标本、手术样本	A/B	V/W	特殊物品（2.1） 收集品及珍藏品 其他类别
9705210090	其他人类标本及其部分	A/B	P/Q	特殊物品（2.1） 收集品及珍藏品 其他类别

续表246

商品编号	商品名称	监管条件	检验检疫类别	检验检疫要求
9705220010	含濒危动植物的收藏品（具有动植物学意义的）	A/B	P/Q	收集品及珍藏品 其他非食用植物产品（4.4）
9705220020	古生物化石	A/B	P/Q	收集品及珍藏品
9705220090	其他灭绝物种及其部分	A/B	P/Q	收集品及珍藏品 其他非食用植物产品（4.4）
9705290010	其他古生物化石	A/B	P/Q	收集品及珍藏品
9705290020	有矿物学研究价值、可供收集和珍藏的钟乳石	A/B	P/Q	收集品及珍藏品
9705290090	其他具有动、植、矿物学意义的收藏品（还包括具有解剖、古生物学意义的收藏品）	A/B	P/Q	收集品及珍藏品 其他非食用植物产品（4.4）
9705310000	超过 100 年的具有钱币学意义的收藏品	A/B	P/Q	收集品及珍藏品 其他非食用植物产品（4.4）
9705390000	其他具有钱币学意义的收藏品	A/B	P/Q	收集品及珍藏品 其他非食用植物产品（4.4）
9706100010	超过 250 年的濒危动植古物（具收藏或文史价值的）	A/B	P/Q	古物 其他非食用植物产品（4.4）
9706900010	其他超过 100 年的濒危动植古物（具收藏或文史价值的）	A/B	P/Q	古物 其他非食用植物产品（4.4）
9801009000	其他未分类商品			特殊物品（2.1）

第二部分

检验检疫要求

第一章

进出口货物检验检疫申报通用要求和操作要点

第一节　进出口货物检验检疫申报的基本规定

一、检验检疫申报的含义

检验检疫申报是指有关当事人根据法律、行政法规的规定，以及对外贸易合同的约定或证明履约的需要，向海关申请检验、检疫、鉴定，以获准进出口或取得销售使用的合法凭证及某种公证证明所必须履行的法定程序和手续。

《中华人民共和国进出口商品检验法实施条例》第十六条规定："法定检验的进口商品的收货人应当持合同、发票、装箱单、提单等必要的凭证和相关批准文件，向报关地的出入境检验检疫机构报检；通关放行后20日内，收货人应当依照本条例第十八条的规定，向出入境检验检疫机构申请检验。法定检验的进口商品未经检验的，不准销售，不准使用。"

《中华人民共和国进出口商品检验法实施条例》第二十四条规定："法定检验的出口商品的发货人应当在海关总署统一规定的地点和期限内，持合同等必要的凭证和相关批准文件向出入境检验检疫机构报检。法定检验的出口商品未经检验或者经检验不合格的，不准出口。"

《中华人民共和国进出境动植物检疫法实施条例》第十八条规定："输入动植物、动植物产品和其他检疫物的，货主或者其代理人应当在进境前或者进境时向进境口岸动植物检疫机关报检。属于调离海关监管区检疫的，运达指定地点时，货主或者其代理人应当通知有关口岸动植物检疫机关。属于转关货物的，货主或者其代理人应当在进境时向进境口岸动植物检疫机关申报；到达指运地时，应当向指运地口岸动植物检疫机关报检。输入种畜禽及其精液、胚胎的，应当在进境前30日报检；输入其他动物的，应当在进境前15日报检；输入植物种子、种苗及其他繁殖材料的，应当在进境前7日报检。动植物性包装物、铺垫材料进境时，货主或者其代理人应当及时向口岸动植物检疫机关申报；动植物检疫机关可以根据具体情况对申报物实施检疫。前款所称动植物性包装物、铺垫材料，是指直接用作包装物、铺垫材料的动物产品和植物、植物产品。"

《中华人民共和国国境卫生检疫法》第二十二条规定："血液等人体组织、病原微生物、生物制品等关系公共卫生安全的货物、物品进境出境，除纳入药品、兽药、医疗器械管理的外，应当由海关事先实施卫生检疫审批，并经检疫查验合格后方可进境出境。"

《中华人民共和国国境卫生检疫法实施细则》第十一条规定："入境、出境的微生物、人体组织、生物制品、血液及其制品等特殊物品的携带人、托运人或者邮递人，必须向卫生检疫机关申报并接受卫生检疫，凭卫生检疫机关签发的特殊物品审批单办理通关手续。未经卫生检疫机关许可，不准入境、出境。"

本书中涉及的检验检疫申报，在进口报关时指涉及检验检疫业务的申报；在出口时指涉及产地（含组货地）出境检验检疫的申请，或口岸出口报关时涉及检验检疫业务的申报。

二、进出口检验检疫申报的范围

检验检疫申报的范围包括：国家法律、行政法规规定必须由海关实施检验检疫的；输入国家或地区规定必须凭海关出具的证书方准入境的；有关国际条约规定或与中国有协定（协议）须经检验检疫的。

（一）国家法律、行政法规规定必须由海关实施检验检疫的申报范围

根据《中华人民共和国进出口商品检验法》及其实施条例、《中华人民共和国进出境动植物检疫法》及其实施条例、《中华人民共和国国境卫生检疫法》及其实施细则、《中华人民共和国食品安全法》及其实施条例等有关法律、行政法规的规定，以下对象在进出口时必须向海关申报，由海关实施检验检疫或鉴定工作：

1. 列入《必须实施检验的进出口商品目录》的货物（检验检疫类别为 M 或 N 的货物）；
2. 国家允许进口的旧机电产品；
3. 进境、出境、过境的动植物、动植物产品及其他检疫物（含携带、邮寄物）；
4. 出入境人员、交通工具、运输设备，以及可能传播检疫传染病的行李、货物和邮包等；
5. 需进行性能鉴定和使用鉴定的出口危险货物包装容器；
6. 进出境集装箱；
7. 装载动植物、动植物产品和其他检疫物的装载容器、包装物、铺垫材料，进境动植物性包装物、铺垫材料；
8. 来自动植物疫区的运输工具，装载进境、出境、过境的动植物、动植物产品及其他检疫物的运输工具；
9. 进境拆解的废旧船舶；
10. 其他需经海关实施检验检疫的应检对象。

本书主要关注进出口货物、需按照货物实施管理的进出境物品以及出口危险货物包装的检验检疫及鉴定。

（二）输入国家或地区规定必须凭海关出具的证书方准入境的申报范围

有的国家或地区发布法令或根据政府规定，对某些进口货物须凭官方签发的证书方可入境。如一些国家或地区规定，对动植物、动植物产品，凭官方签发的动植物检疫证书或有关检疫证书方可入境。因此，凡出口货物输入国家或地区有此类要求的，申报人须报经海关实施检验检疫，取得相关证书。

（三）有关国际条约或与中国有协定（协议），必须经检验检疫并取得有关证书（证明）方准入境的申报范围

加入世界贸易组织和其他一些区域性经济组织后，中国已成为一些国际条约、公约和协定的成员。此外，中国还与几十个国家或地区缔结了有关商品检验或动植物检疫的双边协定（协议），认真履行国际条约、公约或协定（协议）中的检验检疫条款是中国的义务。如根据双边协定，输往塞拉利昂、埃塞俄比亚等国家或地区的协定内商品，须向海关申报，并取得装运前检验证书后才能在进口国或地区通关。因此，凡国际条约、公约或协定（协议）规定须经中国海关实施检验检疫的进出口货物，申报人必须向海关申报，由海关实施检验检疫。

第二节 进口货物整合申报检验检疫业务的一般申报要求

一、进口货物检验检疫申报

进口货物检验检疫申报是指法定检验检疫进口货物的货主或其代理人，持有关单证向报关地海关申请对进境货物进行检验检疫以获得进境通关放行凭证，并取得进境货物销售、使用合法凭证的申报。对进境申报业务而言，对货物的检验检疫由口岸海关和（或）目的地海关完成，货主或其代理人在办理完通关手续后，应主动与目的地海关联系落实检验检疫工作。对进境货物，应在进境前或进境时向入境口岸、指定的或到达站的海关办理申报手续。

二、进口货物检验检疫申报时应提供的单据及提交要求

（一）单据要求

进口货物检验检疫申报时，应以电子形式提供贸易合同、发票、提（运）单、装箱单等必要的凭证及其他海关要求提供的特殊单证，并根据海关需要提供相关纸质单证。

下列情况在申报时还应按要求提供有关文件：

1. 国家实施许可制度管理的货物，应提供有关证明。

2. 进境的动植物及其产品，还必须提供输出国家或地区政府动植物检疫机关出具的检疫证书、产地证书。需办理进境检疫审批手续的，还应取得“中华人民共和国进境动植物检疫许可证”（以下简称“进境动植物检疫许可证”）。

3. 因科研等特殊需要，输入禁止进境物的，必须办理海关总署签发的特许检疫审批手续。

4. 进境特殊物品的，应提供有关的批件或规定的文件。

（二）提交要求

为进一步促进对外贸易便利，提升口岸通关效率，海关总署公布了检验检疫单证电子化相关事宜。

1. 自然人、法人或者其他组织（申请人）向海关办理检验检疫手续，可按照以下要求提供单证电子化信息，无须在申报时提交纸质单证：

（1）国内外相关主管部门或机构出具的单证，实现联网核查或可互联网查询的，只需录入单证编号。尚未实现联网核查且不能通过互联网查询的，需上传单证扫描件。

（2）海关出具的资质证明及其他单证，只需录入相关资质证明或单证编号。

（3）法律、行政法规、规章规定应当向海关提交的其他证明、声明类材料，只需依法申明持有相关材料。

2. 申请人应保证电子化单证信息的真实性和有效性，上传单证扫描件格式应符合海关要求，并按规定保存相关纸质单证。

3. 海关监管过程中按照风险布控、签注作业等要求需要验核纸质单证的，申请人应当补充提交相关纸质单证。

进境货物检验检疫申报相关单证电子化提交和验核方式见表 1-1。

表 1-1　检验检疫单证电子化提交和验核方式（进境）

序号	单证类别	单证名称	企业电子化提交方式	海关验核方式	备注
1	监管证件	农业转基因生物安全证书	提供单证名称和号码	系统联网核查	农业农村部证件
2		国（境）外引进农业种苗检疫审批单			
3		引进林木种子、苗木检疫审批单			国家林业和草原局证件
4		特种设备制造许可证、型式试验证书			国家市场监督管理总局证件
5		特殊医学用途配方食品注册证书			
6		保健食品注册证书/备案凭证			
7		强制性产品认证证书			
8		免予办理强制性产品认证证明			
9		进口医疗器械备案/注册证			国家药品监督管理局证件
10		婴幼儿配方乳粉产品配方注册证书			国家市场监督管理总局证件
11		中华人民共和国野生动植物允许进出口证明书 濒危野生动植物种国际贸易公约允许进出口证明书			国家濒危物种进出口管理办公室证件 进口申报与海关监管证件“E 证”信息共享
12	检验检疫证书	兽医（卫生）证书	1. 实现检验检疫证书无纸化的，仅需上传单证名称和号码。 2. 实现检验检疫证书数据传输的，仅需上传电子化文件。 3. 未实现检验检疫证书数据传输的，上传电子化文件，海关需要验核原件的，应按要求提供	系统联网核查/人工验核	1. 检验检疫证书，是境外相关部门/相关机构签发的单证。 2. 通过“进口肉类卫生证书电子信息核查系统”实现检验检疫证书信息传输的产品见注 1。 3. 通过“中国检验检疫电子证书核查系统”实现检验检疫证书信息传输的产品见注 2
13		动物检疫证书			
14		植物检疫证书			
15		装运前检验证书			
16		重量证书			
17		TCK 检验证书（美国小麦）			
18		熏蒸证书（部分粮谷类）			
19		放射性物质检测合格证明（日本食品、食用农产品及饲料）			
20		原产地证书（证明）			

表1-1 续1

<table>
<tr><th>序号</th><th>单证类别</th><th>单证名称</th><th>企业电子化提交方式</th><th>海关验核方式</th><th>备注</th></tr>
<tr><td>21</td><td rowspan="7">批准文件</td><td>进境动植物检疫许可证</td><td rowspan="7">仅需提供单证名称和号码</td><td rowspan="2">系统联网核查</td><td rowspan="7">1. 批准文件，是海关本部门签发的单证。
2. 对于“单一窗口”产品资质项下采集了单证数据信息的，实现系统联网核查；否则，进行人工验核</td></tr>
<tr><td>22</td><td>进口车辆识别代码（VIN）校验报告单</td></tr>
<tr><td>23</td><td>境外捐赠机构登记和捐赠医疗器械备案材料</td><td rowspan="2">系统联网核查/人工验核</td></tr>
<tr><td>24</td><td>入/出境特殊物品卫生检疫审批单</td></tr>
<tr><td>25</td><td>型式试验证书</td><td>系统联网核查</td></tr>
<tr><td>26</td><td>进口棉花境外供货企业登记证书（已登记的境外供货企业）</td><td rowspan="2">系统联网核查/人工验核</td></tr>
<tr><td>27</td><td>同意调入函（植物繁殖材料）</td></tr>
<tr><td>28</td><td rowspan="10">证明/声明材料</td><td>合格保证</td><td rowspan="10">1. 申报时仅需申明持有相关材料。
2. 海关需要验核原件的，应按要求提供</td><td rowspan="10">人工验核</td><td rowspan="10">1. 证明/声明类材料，是指企业自身提供的各类证明、声明性文件资料。
2. 通过电子化方式提交的检验检疫单证，企业应按相关规定妥善保存纸质原件。
3. 检验检疫过程中需要验核原件的，可要求企业提供</td></tr>
<tr><td>29</td><td>参展物品清单（展览品）</td></tr>
<tr><td>30</td><td>入境展会备案表（展览品）</td></tr>
<tr><td>31</td><td>进口商品煤标识</td></tr>
<tr><td>32</td><td>贸易合同中买卖双方出具的用途声明（食品加工用食品添加剂）</td></tr>
<tr><td>33</td><td>输入国或者地区的相关标准或技术要求（进口食品添加剂全部用来加工后复出口的）</td></tr>
<tr><td>34</td><td>食品生产许可证（食品添加剂进口企业是食品生产企业的）</td></tr>
<tr><td>35</td><td>食品添加剂说明书/成分说明</td></tr>
<tr><td>36</td><td>非用于人类食品和动物饲料添加剂及原料产品用途的证明</td></tr>
<tr><td>37</td><td>化妆品在生产国家（地区）允许生产、销售的证明文件（首次进口）国家没有实施卫生许可或者备案的化妆品）</td></tr>
</table>

表1-1 续2

序号	单证类别	单证名称	企业电子化提交方式	海关验核方式	备注
38	证明/声明材料	运输工具前三航次装载货物名单（散装食用植物油）	1. 申报时仅需申明持有相关材料。 2. 海关需要验核原件的，应按要求提供	人工验核	1. 证明/声明类材料，是指企业自身提供的各类证明、声明性文件资料。 2. 通过电子化方式提交的检验检疫单证，企业应按相关规定妥善保存纸质原件。 3. 检验检疫过程中需要验核原件的，可要求企业提供
39		进口乳品检测报告			
40		添加抑制剂或稳定剂说明（危险化学品）			
41		中文安全数据单（危险化学品）			
42		危险化学品中文危险公示标签			
43		旧机电产品进口声明			
44		免“进口旧机电产品装运前检验证书”进口特殊情况声明			
45	企业资质	进口食品境外出口商代理商备案	仅需提供单证名称和号码	系统联网核查	1. 资质类单证为海关或相关部门管理的企业资质证明文件。 2. 建有系统且已联网的企业资质的，通过系统联网核查企业资质。 3. 对于“单一窗口”产品资质项下采集了单证数据信息的，实现系统联网核查；否则，进行人工验核
46		进口食品进口商备案			
47		进口饲料和饲料添加剂境外企业注册登记			
48		进口食品境外生产企业注册			
49		进境水果境外果园/包装厂注册登记		系统联网核查/人工验核	
50		进境非食用动物产品国外生产、加工、存放企业注册登记			
51		饲料进口企业备案			
52		进口粮食境外出口、仓储企业注册登记	提供单证名称和号码		

注：

1. 通过“进口肉类卫生证书电子信息核查系统”实现检验检疫证书信息传输的产品有：冷冻猪肉（加拿大、巴西、墨西哥、法国、西班牙、英国、丹麦、爱尔兰、德国、比利时、匈牙利、芬兰），牛产品、猪产品（美国），冷冻牛肉（加拿大、墨西哥、乌拉圭、匈牙利、南非、哥斯达黎加），冷冻剔骨牛肉（巴西、阿根廷），去骨腌制猪肉（西班牙、意大利），冷冻禽肉（巴西），冷冻鸡肉（阿根廷），冷冻羊肉（乌拉圭），冷冻马肉、熟制牛羊肉（蒙古国），熟制猪肉、腌制猪肉（法国），热处理去骨猪肉（意大利）。

2. 通过“中国检验检疫电子证书核查系统”实现检验检疫证书信息传输的产品有：澳大利亚的水产品、肉类、皮毛、肠衣、植物产品；智利的葡萄、猪肉；新西兰的牛羊肉、水产品、蜂蜜制品、皮毛、鹿产品、肠衣、乳制品（无纸化）；荷兰的肉类产品（无纸化）、水产品、肠衣、乳制品（无纸化）、饲料用奶制品；俄罗斯的水产品（含食用水生动物）。

第三节　出口检验检疫的一般申请要求

出口检验检疫是指在全国通关一体化框架下，海关在企业办理出口货物通关手续前，对企业申报的出口法定检验检疫货物及包装，实施检验检疫、抽样、实验室检测、综合评定及出具单证等一系列海关监管执法活动。原则上，出口检验检疫由出口货物产地（含组货地）海关组织实施。

一、出口检验检疫申请

出口检验检疫申请是指法定检验检疫出口货物的货主或其代理人，办理出口货物通关手续前，持有关单证向出口货物产地（含组货地）海关申请检验检疫以取得出口电子底账及其他单证的行为。出口货物产地（含组货地）海关在检验检疫合格后签发出口货物电子底账；出口报关时，货主或其代理人凭出口电子底账信息申报。

二、出口检验检疫申请时应提供的单据

企业申请出口检验检疫时，应以电子形式提供合同、发票、装运箱单等必要的凭证及海关要求提供的其他特殊单证，并根据海关需要提供相关纸质单证。

下列情况还应按要求提供有关文件：

（一）国家实施许可制度管理的货物，应提供有关证明；

（二）出口货物须经生产者或经营者检验合格并加附检验合格证或检测报告；

（三）凭样成交的货物，应提供经买卖双方确认的样品；

（四）出口危险货物，必须提供危险货物包装容器性能鉴定结果单和使用鉴定结果单；

（五）出境特殊物品的，应根据法律法规规定提供有关的审批文件。

第四节　过境货物检验检疫申报范围及要求

一、过境货物检验检疫申报范围

过境货物是指由境外启运，通过中国境内继续运往境外的货物。要求运输动植物过境的，必须事先商得海关同意，并按照指定的口岸和路线过境。运输动植物、动植物产品和其他检疫物过境的，需在进境时向口岸海关申报检疫。

二、过境货物检验检疫申报要求

过境动植物及其产品申报时，应持货运单和输出国家或地区官方出具的检疫证书。运输动物过境前，还应当取得海关总署签发的“进境动植物检疫许可证”。过境水生动物、饲料和饲料添加剂、非食用动物产品、粮食和转基因产品等均有具体申报要求，详见本书对应章节。

第五节 进出口货物检验检疫申报录入填制规范及操作指南

一、申报当事人的规定

（一）报关单位，是指按照《中华人民共和国海关报关单位备案管理规定》在海关备案的进出口货物收发货人、报关企业。

（二）报关单位可以在中华人民共和国关境内办理报关业务。

（三）进出口货物收发货人、报关企业申请备案的，应当取得市场主体资格。其中，进出口货物收发货人申请备案的，还应当取得对外贸易经营者备案。进出口货物收发货人、报关企业已办理报关单位备案的，其符合上述条件的分支机构也可以申请报关单位备案。法律、行政法规、规章另有规定的，从其规定。

（四）下列单位按照国家有关规定需要从事非贸易性进出口活动的，应当办理临时备案：

1. 境外企业、新闻、经贸机构、文化团体等依法在中国境内设立的常驻代表机构；
2. 少量货样进出口的单位；
3. 国家机关、学校、科研院所、红十字会、基金会等组织机构；
4. 接受捐赠、礼品、国际援助或者对外实施捐赠、国际援助的单位；
5. 其他可以从事非贸易性进出口活动的单位。

二、检验检疫申报程序

全国海关于 2018 年 8 月 1 日起正式实施进出口货物整合申报。申报人员通过中国国际贸易单一窗口预录入系统进行申报数据录入时，录入检验检疫数据项并进行申报。

申报程序一般包括准备申报单证、电子申报数据（含检验检疫数据）录入、上传无纸化单据、联系配合现场查验、签领单证等几个环节。

（一）准备申报单证

申报人员了解进出口货物基本情况后，应按照货物的性质，根据海关有关规定和要求，准备好申报单证，并确认提供的数据和各种单证正确、齐全、真实、有效。需办理检疫审批、强制性产品认证等有关批准文件的，还应在申报前办妥相关手续。

（二）电子申报数据（含检验检疫数据）录入

1. 申报人员通过中国国际贸易单一窗口预录入系统进行申报。
2. 须在规定的申报时限内将相关进出口货物的申报数据发送至申报地海关。
3. 对于合同中涉及检验检疫特殊条款和特殊要求的，应在电子申报中同时提出。
4. 对经审核不符合要求的电子申报数据，申报人员可按照海关的有关要求对申报数据修改后，再次申报。
5. 需要对已发送的电子申报数据进行更改或撤销申报时，申报人员应发送更改或撤销申请。

（三）上传无纸化单据

根据海关总署要求，申报人员通过中国国际贸易单一窗口预录入系统进行申报的同时，应通过无纸化上传系统将随附单据电子版上传，无须在申报时提交纸质单证。海关监管过程中按照风险布控、签注作业等要求需要验核纸质单证的，申请人应当补充提交相关纸质单证。

（四）联系配合现场查验

申报人员应根据海关风险布控指令要求对需要现场查验的货物，主动联系配合海关对出入境货物实施检验检疫和查验。向海关提供进行抽样、检验、检疫和鉴定等必要的工作条件，配合海关为实施检验检疫和查验而进行的现场验（查）货、抽（采）样及检验检疫处理等事宜。落实海关提出的检验检疫监管措施和其他要求。

对经检验检疫合格放行的出口货物加强批次管理，不错发、错运、漏发。法定检验检疫的出口货物未经检验检疫或者经检验检疫不合格的，不准出口。未经检验检疫合格或未经海关许可的进境法检货物，不准销售、使用或拆卸、运递。

（五）签领单证

对进出口货物检验检疫完毕后，海关根据评定结果签发相应的单证，申报人在领取海关出具的有关检验检疫单证时应如实签署姓名和领证时间。

拓展阅读 1

进口货物“两步申报”改革

为贯彻落实国务院“放管服”改革要求，进一步优化营商环境、促进贸易便利化，海关总署决定于2020年1月1日起全面推广进口货物“两步申报”改革试点。

（一）申报方式

在“两步申报”通关模式下，企业不需要一次性填报所有申报项目，可分为概要申报及完整申报两步分别申报。

第一步，概要申报：对于不涉及进口禁限管制、检验或检疫的货物，企业只需申报9个项目，确认2个物流项目；对于涉及进口禁限管制或检验检疫的货物，分别增加申报2个或5个项目；应税货物须选择符合要求的担保备案编号。如果货物不需查验，即可提离；涉税货物已经提交税款担保的，或需查验货物海关已完成查验的，也可以提离。

第二步，完整申报：企业在货物提离后的规定时间内补充申报其他项目，办理缴纳税款等通关手续。

（二）申报途径

进口货物收货人或其代理人可通过中国国际贸易单一窗口预录入系统，开展进口货物“两步申报”；也可以通过“掌上海关”App开展非“涉证”、非“涉检”、非“涉税”情况下的概要申报。

（三）相关要求

1. 时限要求

概要申报与完整申报均需在自运输工具申报进境之日起14日内完成。其中，概要申报可以实施“提前申报”。

2. 资质要求

除“失信企业”外的境内收货人，其货物实际进境的可采用“两步申报”。

3. 进出口货物要求

目前“两步申报”只限进口货物。

4. 监管证件要求

所涉及的监管证件已实现联网核查的货物才能使用“两步申报”。

5. 其他要求

有纸申报报关单，通过特殊通道申报的报关单，使用纸质代理报关委托书、运输工具进境超过14

天的进口货物，非“金关二期”账册的进口加贸类货物或海关特殊监管区域货物，均不适用“两步申报”。

（四）涉及检验检疫业务的“两步申报”注意事项

1. 概要申报时勾选“涉检”的范围

进口货物根据法律、法规规定需实施检验或检疫的（可参考本书“进出口货物检验检疫要求查询表”进行判定），应在概要申报时勾选“涉检”。

2. 勾选“涉检”的联网监管证件

有 10 种监管证件应在概要申报时勾选“涉检”，具体见表 1–2。

表 1–2　已实现联网的监管证件表

序号	证件名称	报关单录入类型
1	中华人民共和国两用物项和技术进口许可证	涉证
2	中华人民共和国两用物项和技术出口许可证	涉证
3	中华人民共和国出口许可证	涉证
4	中华人民共和国进口许可证	涉证
5	中华人民共和国自动进口许可证	涉证
6	中华人民共和国技术出口许可证	涉证
7	中华人民共和国技术出口合同登记证	涉证
8	援外项目任务通知单	涉证
9	非《进出口野生动植物种商品目录》物种证明	涉证
10	濒危野生动植物种国际贸易公约允许进出口证明书	涉证
11	中华人民共和国野生动植物允许进出口证明书	涉证
12	药品进口准许证	涉证
13	药品出口准许证	涉证
14	进口药品通关单	涉证
15	麻精药品进出口准许证（含精神药物进、出口准许证，麻醉药品进、出口准许证）	涉证
16	进口非特殊用途化妆品卫生许可批件（现已免于提交凭证）	涉检
17	进口医疗器械注册证、进口医疗器械备案证	涉检
18	进口特殊用途化妆品卫生许可批件（现已免于提交凭证）	涉检
19	密码产品和含有密码技术的设备进口许可证	涉证
20	黄金及黄金制品进出口准许证	涉证
21	银行调运人民币现钞进出境证明文件	涉证
22	限制进口类可用作原料的固体废物进口许可证	涉证
23	有毒化学品进出口环境管理放行通知单	涉证
24	进口兽药通关单	涉证
25	农药进出口放行通知单	涉证
26	合法捕捞产品通关证明	涉证
27	农业转基因生物安全证书	涉检

表1-2　续

序号	证件名称	报关单录入类型
28	国（境）外引进农业种苗检疫审批单，引进林木种子、苗木检疫审批单	涉检
29	进口广播电影电视节目带（片）提取单	涉证
30	音像制品（成品）进口批准单	涉证
31	赴境外加工光盘进口备案证明	涉证
32	民用爆炸物品进口审批单	涉证
33	民用爆炸物品出口审批单	涉证
34	人类遗传资源材料出口、出境证明	涉证
35	古生物化石出境批件	涉证
36	特种设备制造许可证、型式试验证书	涉检
37	特殊医学用途配方食品注册证书	涉检
38	保健食品注册证书或保健食品备案凭证	涉检
39	婴幼儿配方乳粉产品配方注册证书	涉检
40	强制性产品认证证书或证明文件	涉检

3. 进口大宗商品申请重量鉴定与棉花、铁矿申请品质检验的申报

企业在概要申报时，可以在中国国际贸易单一窗口系统中以勾选“需要重量证书”“需要品质证书”的方式向海关提出申请，海关依企业申请实施重量鉴定、品质检验；完整申报后，出具重量鉴定证书、品质检验证书。

4. 中国国际贸易单一窗口“涉检”的相关功能

（1）概要申报设置“涉检”逻辑辅助提示功能。若企业在概要申报时勾选“不涉检”，但系统检查到商品编号前6位包含在《必须实施检验的进出口商品目录》中，中国国际贸易单一窗口将弹出提示信息，建议进一步核实商品是否“涉检”。

（2）概要申报增加“目的地海关”申报项。对于“涉检”报关单，企业可以在概要申报环节填报“目的地海关”。目的地检查指令将自动下发到“目的地海关”所对应的海关，并在中国国际贸易单一窗口中生成通知回执。

（3）完整申报设置商品项拆分功能。企业在完整申报时，勾选“商品拆分”复选框可对概要申报环节已申报的商品进行拆分。

①拆分后的成交数量总和应与概要申报的成交数量相同。

②对于“不涉检”报关单，拆分后的商品编号前6位、商品名称、成交计量单位、原产国（地区）应与概要申报相同。

③对于“涉检”报关单，拆分后的10位商品编号、监管类别名称、商品名称、成交计量单位、原产国（地区）应与概要申报相同。

拓展阅读2

出口检验检疫证书“云签发”模式改革

为深化海关业务改革，进一步优化检验检疫业务流程，海关总署决定自2023年4月10日起，在

全国海关启动属地查检业务管理系统和出口检验检疫证书“云签发”模式试运行工作。

1. 进出口货物收发货人或者其代理人（以下统称申请人）可通过中国国际贸易单一窗口或“互联网+海关”办理海关出口货物属地查检及出口检验检疫证书申请手续，在“预约通关”模块对出口货物预约申请海关检查，同时在“预约查询”中查看具体信息；在“货物申报”栏目下“属地查检”模块进行“电子底账申请”和“申请单查询”；在“拟证出证”模块进行“证书申请”，证书种类详见表 1-3。目前提供“自助打印”或“现场领证”两种打印方式。若选择自助打印，申请人可通过“云签发”直接打印海关签发的证书。相关操作手册可在中国国际贸易单一窗口自行下载。

2. 查检系统试运行期间，出口属地查检业务将在查检系统完成，同时保留原有系统和证书申请模式作为备用。

3. 对于采用“云签发”出具的证书，中国国际贸易单一窗口提供证书真伪查询功能。

表 1-3　“云签发”证书种类

序号	证书分类	证书中文名称	适用国家（地区）
1	品质证书	C1-1 检验证书—品质证书（英文证）	通用
2	其他证书	C1-1 检验证书—通用（英文证）	通用
3	重量证书	C1-1 检验证书—重量证书（英文证）	通用
4	卫生证书	C2-1 卫生证书—通用（英文证）	通用
5	卫生证书	C2-1 卫生证书—通用（中文证）	通用
6	卫生证书	C2-1 卫生证书—通用（中英文证）	通用
7	健康证书	C2-2 健康证书—通用（中英文证）	通用
8	健康证书	C2-2 健康证书—通用（英文证）	通用
9	兽医卫生证书	C3-1 兽医（卫生）证书—供港澳冰鲜、冷冻水产品及其制品（中文证）	中国香港
10	兽医卫生证书	C3-1 兽医（卫生）证书—输日本热加工禽肉（英文证）	日本
11	兽医卫生证书	C3-1 兽医（卫生）证书—输日本熟制偶蹄肉类制品（英文证）	日本
12	兽医卫生证书	C3-1 兽医（卫生）证书—通用（中文证）	通用
13	兽医卫生证书	C3-1 兽医（卫生）证书—通用（中英文证）	通用
14	兽医卫生证书	C3-1 兽医（卫生）证书—通用（英文证）	通用
15	动物卫生证书	C4-1 动物卫生证书—输韩国水生动物（英文证）	韩国
16	动物卫生证书	C4-1 动物卫生证书—通用（英文证）	通用
17	动物卫生证书	C4-1 动物卫生证书—通用（中文证）	通用
18	动物卫生证书	C4-1 动物卫生证书—通用（中英文证）	通用
19	植物检疫证书	C5-1 植物检疫证书—通用（英文证）	通用
20	植物检疫证书	C5-1 植物检疫证书—通用（中英文证）	通用
21	熏蒸/消毒证书	C7-1 熏蒸/消毒证书—通用（英文证）	通用
22	熏蒸/消毒证书	C7-1 熏蒸/消毒证书—通用（中英文证）	通用
23	空白证书	Ce-1 空白证书—恶喹酸证书—日本—鳗鱼产品（英文证）	日本

三、进口货物申报数据项调整情况

根据海关总署公告要求，申报数据的栏目和参数代码的修改如下。

(一) 栏目变化

1. 新增的栏目

(1) 境外收发货人。

(2) 货物存放地点。

(3) 启运港。

(4) 入境口岸/离境口岸。

2. 修改的栏目

(1)“收发货人”改为“境内收发货人”。

(2)“进口口岸/出口口岸”改为“进境关别/出境关别”。

(3)“装货港/指运港”改为“经停港/指运港”。

(4)“随附单证”改为“随附单证及编号”。

3. 修改填报要求的栏目

(1) 预录入编号。

(2) 海关编号。

(3) 备案号。

(4) 境内收发货人。

(5) 运输方式。

(6) 运输工具名称及航次号。

(7) 征免性质。

(8) 消费使用单位/生产销售单位。

(9) 监管方式。

(10) 包装种类。

(11) 项号。

(12) 申报单位。

(13) 标记唛码及备注。

(14) 商品名称及规格型号。

(15) 境内目的地/境内货源地。

4. 删除的栏目

(1) 版本号。

(2) 货号。

(3) 录入员。

(4) 录入单位。

5. 检验检疫主动触发申报项目

当进口货物属于法定检验检疫范畴，系统会自动触发检验检疫申报项目。检验检疫栏目分为基本信息内容和货物信息内容。

(1) 基本信息内容的必填栏目有以下 3 项：

①目的地海关；

②启运日期；

③B/L 号。

(2) 基本信息内容的选填栏目有以下 6 项：

①企业资质（企业资质代码、企业资质编号）；
②关联号码及理由（关联号码、关联理由）；
③使用人（使用单位联系人、使用单位联系电话）；
④原箱运输；
⑤特殊业务标识；
⑥检验检疫签证申报要素（所需单证、境内收发货人名称外文、境外收发货人名称中文、境外发货人地址、卸毕日期、商品英文名称）。

（3）货物信息内容的必填栏目有以下 3 项：
①监管类别名称；
②货物属性；
③用途。

（4）货物信息内容的选填栏目有以下 3 项：
①检验检疫货物规格（成分/原料/组分、产品有效期、保质期、境外生产企业、货物规格、货物型号、货物品牌、生产批次）；
②产品资质（许可证类别、许可证编号、核销货物序号、核销数量、核销数量单位、许可证信息）；
③危险货物信息（非危险货物、UN 编号、危险类别、包装类别、包装 UN 标记）。

（二）参数代码标准

实现关检融合后，报关单部分栏目录入代码调整为标准代码，包括国别（地区）代码、港口代码、币制代码、运输方式代码、监管方式代码、计量单位代码、包装种类代码、集装箱规格代码。

四、进口检验检疫项目录入指南

当进口货物属于法定检验检疫范畴时，系统会自动触发检验检疫申报项目校验。根据《中华人民共和国海关进出口货物报关单填制规范》等相关管理规定，下面就报关单的录入项目中有关检验检疫申报的项目逐一进行解释说明。

（一）企业资质类别

该申报项目为有条件必填项。对申报需实施检验检疫的货物，且根据进出口货物种类及法律、法规和相关规定的要求，相关企业须取得必要资质时为必填项。

根据进出口货物种类及法律、法规和相关规定的要求，须在本栏选择填报货物的生产商、进出口商、代理商必须取得的资质类别。属于多个资质的，须全部填报。

（二）企业资质编号

该申报项目为有条件必填项。对申报需实施检验检疫的货物，且根据进出口货物种类及法律、法规和相关规定的要求，相关企业须取得必要资质时为必填项。

根据进出口货物种类及相关要求，须在本栏填报货物生产商、进出口商、代理商必须取得的资质的对应注册/备案编号。属于多个资质的，须全部填写。

企业如持有海关要求的合格保证、标签标识及其他证明声明材料，在填报“企业资质信息”时，需勾选界面最下方红色标示的企业承诺事项。

（三）启运日期

填报入境货物离开境外第一个装运口岸的日期。

无实际进出境的货物，填报向海关申报的日期。其中，以电子数据报关单方式申报的，填报向海关计算机系统传送申报数据的日期。以纸质报关单方式申报的，填报向海关递交纸质报关单的日期。栏目的 8 位数字，顺序为年（4 位）、月（2 位）、日（2 位），格式为“YYYYMMDD”。

（四）B/L 号

填报进口货物的承运人开出的提（运）单号的总单号或直单号。该项目不可为空，如空时系统自动提取提（运）单号返填。

（五）目的地海关

填报《关区代码表》（详见本书附录 3-1“关区代码及对应的检验检疫机关代码对照表”）中相应目的地海关的 4 位关区代码，需要在目的地实施检验检疫的，在本栏填写对应的海关。录入时可根据下拉菜单选择或录入相应的海关代码。

（六）关联号码及理由

该申报项目为选填项，不涉及关联事项的，免予填报。

进出口货物报关单有关联报关单时，在本栏中填报相关关联报关单号码，并在下拉菜单中选择关联报关单的关联理由。

（七）使用单位联系人

该申报项目为选填项，填报进口货物销售、使用单位的联系人名字。

（八）使用单位联系电话

该申报项目为选填项，填报进口货物销售、使用单位的联系人电话。

（九）原箱运输

该申报项目为选填项，用于申报使用集装箱运输的进口货物。根据境内运输阶段是否原集装箱原箱运输，勾选“是”或“否”。

（十）特殊业务标识

该申报项目为选填项，属于国际赛事、特殊进出军工物资、国际援助物资、国际会议、直通放行、外交礼遇、转关等特殊业务的，根据实际情况勾选。

（十一）所需单证

该申报项目为选填项，进出口企业申请出具检验检疫单证时，应根据相关要求，在“所需单证”项下的“检验检疫签证申报要素”中，勾选申请出具的检验检疫单证类型（详见本书附录 3-8“检验检疫单证代码表”）。如有需要同时填写收发货人名称地址、商品英文名称等信息时，申请多个的可多选。

（十二）监管类别名称

“涉检”商品需在监管类别名称列表中选择对应的监管类别名称，非“涉检”编码可根据需要选择“是”或“否”。

除按照相关法律、法规需实施检验检疫的货物必须填报外，其余的情况可不填报。

（十三）检验检疫货物规格

该申报项目为项目组，申报“涉检”商品时，在“检验检疫货物规格”项下，填报“成分/原料/组分”“产品有效期”“产品保质期”“境外生产企业”“货物规格”“货物型号”“货物品牌”“生产批次”“生产单位代码”等栏目。

填报要求：

1.“成分/原料/组分”栏：填报货物含有的成分、货物原料或化学品组分。例如，特殊物品、化妆品、其他检疫物等所含的关注成分或者其他检疫物的具体成分、食品农产品的原料等。

2.“产品有效期”栏：有质量保证期的填报质量保证的截止日期。

3.“产品保质期”栏：有质量保证期的填报质量保证的天数。天数按照生产日期计算。

4.“境外生产企业”栏：填报进口货物的境外生产厂商名称。默认为境外发货人。

5.“货物规格”栏：输入货物的规格。

6.“货物型号”栏：填报本项申报货物的所有型号。多个型号以“；”隔开。

7.“货物品牌”栏：填报货物的品牌名称。品牌以合同或装箱单为准，需要录入中英文品牌的，录入格式为“中文品牌/英文品牌”。

8. “生产批次”栏：填报本批货物的生产批号。多个生产批号以“;”隔开。

9. “生产单位代码”栏：填报本批货物生产单位在海关的海关备案登记编号。市场采购时，填报组货单位的备案登记编号。

（十四）产品资质（产品许可、审批、备案）

该申报项目为项目组，申报需实施检验检疫的货物且根据进出口货物种类及法律、法规和相关规定的要求，相关产品须取得必要资质时为必填项。

对国家实施进出口许可、审批、备案等管理的进出口货物，填写本项货物必须取得的许可、审批、备案名称、编号，需要核销的须填写核销货物序号、核销数量。

1. “许可证类别”栏：进出口货物取得许可、审批或备案等资质时，应在产品资质项下的许可证类别栏中填报对应的许可、审批或备案证件类别和名称。

同一商品涉及多个许可、审批或备案证件类别时，须全部录入相应的证件类别。

2. “许可证编号”栏：进出口货物取得许可、审批或备案等资质时，应在产品资质项下的许可证编号栏中填报对应的许可、审批或备案证件编号。

同一商品有多个许可、审批或备案证件号码时，须全部录入相应的证件号码。

3. “核销货物序号”栏：进出口货物取得许可、审批或备案等资质时，应在产品资质项下的核销货物序号栏中填报被核销文件中对应货物的序号。

4. “核销数量”栏：进出口货物取得许可、审批或备案等资质时，应在产品资质项下的产品许可、审批、备案核销数量栏中，填报被核销文件中对应货物的本次实际进出口数（重）量。

5. “许可证 VIN 信息”栏：申报进口已获 3C 认证的机动车辆时，填报机动车车辆识别代码，包括 VIN 序号、车辆识别代码（VIN）、单价、底盘（车架号）、发动机号或电机号、发票所列数量、品名（英文名称）、品名（中文名称）、提运单日期、型号（英文）、质量保质期 11 项内容。

（十五）货物属性

根据进出口货物的商品编号和货物的实际情况，按照海关规定的货物属性代码表，在该栏下拉菜单中勾选货物属性的对应代码。有多种属性的要同时选择。详见本书附录 3-7“货物属性代码表、用途代码表”。

（十六）用途

根据进出口货物的使用范围或目的，按照海关规定的“货物用途代码表”，在该栏下拉菜单中填报。详见本书附录 3-7“货物属性代码表、用途代码表”。

（十七）危险货物信息

该申报项目为项目组，申报危险化学品时需要填写对应内容（见表 1-4）。

表 1-4　危险货物信息项目组录入要求表

序号	字段	填写方式	备注
1	包装种类	使用中型散装容器（代码 41）、便携式罐体（代码 42）、可移动罐柜（代码 43）的，应选择相应的代码	
2	货物属性	申报货物为危险化学品的，需在“31-散装危险化学品”“32-件装危险化学品”选择其一；当包装种类选择了 41/42/43 时，应选择“32-件装危险化学品”； 申报货物与危险化学品为同一商品编号，但为非危险化学品的，应选择“33-非危险化学品”	

表1-4　续

序号	字段		填写方式	备注
3	危险货物信息	非危险货物	属于危险货物的，留空； 不属于危险货物的，勾选；以下各栏均无须填写	
4		UN 编号	据实填写四位联合国危险货物编号	散装无须填写
5		危险类别	据实填写；“单一窗口”支持根据 UN 编号自动返填	
6		包装类别	根据申报货物使用包装的实际情况，分别选择一类、二类、三类； 使用限量包装的可选“无”	散装无须填写
7		包装 UN 标记	据实填写联合国危险货物包装标记； 使用限量包装的可填“/”	散装无须填写
8	随附单据		当申报商品为危险化学品且填报的“货物属性”为“31-散装危险化学品”时，需上传进口危险化学品企业符合性声明、中文安全数据单； 当申报商品为危险化学品且填报的“货物属性”为“32-件装危险化学品”时，需上传进口危险化学品企业符合性声明、中文危险公示标签、中文安全数据单； 对需要添加抑制剂或稳定剂的危险化学品，需上传抑制剂或稳定剂情况说明； 随附单据为上述单据时，需录入商品项号对应关系；每项商品需分别上传相关随附单据	

（十八）生产日期栏

填报货物生产加工的日期。例如，20230101（半角符号）。

1. 当报关单商品表体“产品资质”栏目中许可证类别包含519证书时，该条报关单商品表体的“生产日期”栏目不可为空。

（1）生产日期为具体某一天的，只允许填报8位数字，格式为年（4位）、月（2位）、日（2位），如20230111。

（2）生产日期为某个时间段的，两个生产日期之间用英文半角横线“-”分割，如20230111-20230310。

（3）同一个519证书涉及多个生产日期的，生产日期之间使用英文半角分号“;”分割，如20230111;20230310。

（4）当前商品不同519证书之间的生产日期使用英文半角斜杠“/”分割，如20230111/20230310。

（5）若当前商品存在多个519证书，且每个519证书存在多个生产日期，同时涉及时间段的，生产日期举例格式如下：20230111;20230113-20230310/20230222-20230312;20230412。

2. 进口报关单商品表体“生产日期”的个数要与表体“产品资质”栏目中的519证书个数保持一致。

五、出境检验检疫申请单填制指引

海关总署决定自2023年4月10日起，在全国海关启动属地查检业务管理系统，出口货物发货人或其代理人办理海关出口货物属地检验检疫手续，需填写“出境检验检疫申请单”。相关填写指引（试行）如下：

出境检验检疫申请单填制指引（试行）

本指引所述数字及尖括号（<>）、逗号（,）、连接符（-）、冒号（:）等标点符号，填报时都必须使用非中文状态下的半角字符。

本指引中涉及日期的，格式统一为“-年-月-日”，填写的内容使用阿拉伯数字，填报时都必须使用非中文状态下的半角字符。

本指引中国内行政区划、全球国别或地区、境外港口名称及币种等表述和代码遵循《世界各国和地区名称代码》、《中华人民共和国行政区划代码》、《中国及世界主要海运贸易港口代码》及《货币代码表》等标准，若发布新版本，则从其规定。

具体的出境检验检疫申报栏目填制指引如下：

一、申报信息

1. 统一编号（置灰）

统一编号指预录入出境检验检疫申请单的编号，由系统自动生成。

2. 检验检疫编号（置灰）

指出境检验检疫申请单的编号，由系统自动生成。

3. 电子底账数据号（置灰）

由系统自动生成。

4. 检验检疫申请状态（置灰）

指出境检验检疫申请单的申请状态，由系统自动生成。

5. 申请日期（置灰）

指预录入出境检验检疫申请单时的日期，由系统自动生成。

二、基本信息

1. 企业流水号（选填）

由企业自行确定填报内容。

2. 检验检疫类别（必填）

检验检疫类别包括：出境预检、出境检验检疫。

出境货物尚未确定收货人、装运日期或者运输方式等，需要申请提前实施检验检疫时；输俄柑橘类、仁果类、核果类水果、输港澳活动物、出口烟花爆竹等特殊模式业务时，可选择“出境预检”类别。

3. 申请受理机关（必填）

填报产地/组货地海关。

4. 企业资质（选填）

填报货物的生产商/出口商企业名称及必须取得的资质类别、编号。

（1）序号：由系统自动生成。

（2）企业资质类别编号：按照申报货物的实际情况在列表中选择对应的资质类别。

（3）企业资质编号：本栏目填写货物的生产/进出口/代理商必须取得的许可/审批/注册登记/备案文件编号。

（4）企业名称：本栏目填写货物的生产/进出口/代理商名称。

（5）企业组织机构代码：本栏目填写货物的生产/进出口/代理商的组织机构代码。

5. 申请单位代码（必填）

填报申请单位在海关的备案登记编号。

6. 申请单位企业中文名称（必填）

填报申请单位在海关的备案登记名称。

7. 联系人（必填）

填报与海关联系现场查检事宜的人员姓名。

8. 联系人电话（必填）

填报与海关联系现场查检事宜的人员的联系方式，如是固定电话则要填写区号。

9. 发货人代码（必填）

填报在海关备案登记的境内发货单位或自然人及其备案登记代码，特殊情况下，允许使用特殊申请单位代码。

10. 发货人中文（必填）

填报在海关备案登记的境内发货单位或自然人的中文名称。

11. 发货人英文（选填）

填报在海关备案登记的境内发货单位或自然人的英文名称。

12. 收货人代码（选填）

填报境外收货单位或自然人。收货人通常指外贸合同中的买方、信用证开证申请人或合同/信用证指定的收货人。

13. 收货人中文（选填）

填报境外收货单位或自然人。收货人通常指外贸合同中的买方、信用证开证申请人或合同/信用证指定的收货人。

14. 收货人英文（选填）

填报境外收货单位或自然人。收货人通常指外贸合同中的买方、信用证开证申请人或合同/信用证指定的收货人。

15. 收货人地址（选填）

填报境外收货单位或自然人的地址信息。

三、商品信息

1. HS 编码（必填）

输入有效的 10 位数商品编号（以当年海关公布的商品税则编码分类为准）。商品编号应与货物相对应，并与海关报关时的商品编号一致。

2. 监管类别名称（有条件必填）

在填报商品编号后系统会自动带出申报货物对应的监管类别名称列表，根据具体货物点选正确的监管类别名称。

3. 货物名称（必填）

输入货物的具体中文名称。不能笼统地输入商品编号描述。如商品编号 9401520090 在出境检验检疫申请时必须输入具体的货物名称，如“竹椅”，而不能笼统地输入“其他竹制的坐具”。

4. 货物英文名称（有条件必填）

根据实际情况填报货物英文名称。

5. 监管状态（置灰）

由系统根据商品编号自动带出。

6. 货物属性（必填，可多选）

企业应据实勾选申报的货物属性。

7. 货物规格（选填）

填报货物的规格。

8. 货物型号（选填）

填报货物的所有型号。多个型号的，以“;”分隔。

9. 货物品牌（选填）

填报货物的品牌名称，中文、英文都有的，同时填写。

10. 用途（必填）

填写货物的使用范围或目的。

11. 成分/原料（选填）

填报货物含有的成分、货物原料或化学品组分。

12. HS 标准量（必填）

填报货物的第一数量。

13. HS 标准量单位（有条件必填）

根据货物的数重量系统自动转换。

14. 申请数量（选填）

根据货物填写相应的数量。

15. 申请数量单位（有条件必填）

根据货物选择相应的数量单位。

16. 申请重量（选填）

根据货物填写相应的重量。

17. 申请重量单位（有条件必填）

根据货物选择相应的重量单位。

18. 单价（选填）

填报货物的实际成交单价和币制。

19. 货物总值（必填）

填报货物实际成交的商品总价格。

20. 币制（必填）

按海关规定的《货币代码表》选择相应的货币名称及代码填报，如《货币代码表》中无实际成交币种，需将实际成交货币按申报日外汇折算率折算成《货币代码表》列明的货币填报。

21. 产地（必填）

输入准确的产地，应具体至区、县，不得超过申请受理机关辖区范围。

22. 生产单位名称（必填）

填报货物在境内的生产单位的名称。

23. 包装种类（必填）

（1）商品编号：根据货物的商品信息由系统自动带出。

（2）商品名称：根据货物的商品信息由系统自动带出。

（3）监管识别码：根据货物的商品信息由系统自动带出。

（4）序号：根据货物的商品信息由系统自动带出。

（5）包装材料种类：根据实际情况选择与货物相匹配的包装材料种类。

（6）包装种类中文简称：根据所选的包装材料种类填写相对应的中文简称。

（7）包装件数：填报货物实际的运输包装件数。

（8）是否主要包装：根据实际情况勾选。

（9）加工厂家：填报包装的生产商名称。

（10）辅助包装材料长：根据辅助包装的实际尺寸填写。

（11）辅助包装材料宽：根据辅助包装的实际尺寸填写。

（12）辅助包装材料高：根据辅助包装的实际尺寸填写。

24. 包装件数（必填）

填报货物实际的运输包装件数。

25. 生产日期（必填）

填报货物生产加工制造完毕的日期。

26. 生产单位注册号（必填）

填报货物在境内的生产单位备案登记编号，海关10位企业备案号。

27. 生产批号（选填）

填写货物的生产批号，多个生产批号的，以“；”分隔。

28. 备用一

29. 备用二

30. 产品资质（选填）

（1）商品编号：根据申报的商品信息由系统自动带出。

（2）商品名称：根据申报的商品信息由系统自动带出。

（3）监管识别码：根据申报的商品信息由系统自动带出。

（4）序号：根据申报的商品信息由系统自动带出。

（5）许可证类别：按照货物的实际情况在列表中选择对应的许可证类别。

（6）许可证编号：填写所选许可证的证件编号。

（7）核销货物序号：根据实际情况填写核销货物序号。

（8）核销数量：根据货物的申报数量填写许可证件的核销数量。

（9）核销数量单位：根据货物的申报数量填写许可证件的核销数量单位。

（10）核销明细余量：根据货物的申报数量填写许可证件的核销明细余量。

（11）核销后余量：根据货物的申报数量填写许可证件的核销后余量。

31. 危险货物信息（有条件必填）

列入国家《危险化学品名录》的危险化学品应填写此栏目内容。如为危险货物则填写UN编号、危险类别、包装类别、包装UN标记；如为非危险货物，则勾选“非危险货物”项。

（1）UN编号：货物为危险货物的，本项目填写货物对应的《关于危险货物运输的建议书·规章范本》“危险货物一览表”中的UN编码。

（2）危险类别：本栏目填写危险货物所对应的危险类别。

（3）包装类别：本栏目填写盛装危险货物的包装所对应的类别。按照《危险货物运输包装类别划分方法》，危险货物包装根据其内装物的危险程度划分为三种包装类别：（a）Ⅰ类包装：盛装具有较大危险性的货物；（b）Ⅱ类包装：盛装具有中等危险性的货物；（c）Ⅲ类包装：盛装具有较小危险性的货物。

（4）包装UN标记：本栏目填写盛装危险货物的包装上所印铸的危险货物包装UN标记。

四、基本信息（其他）

1. 领证机关（必填）

填报领证海关。企业可在领证地领取检验检疫证单。

2. 离境口岸（必填）

选择货物随运输工具离开的离境口岸。

3. 运输方式（必填）

填报货物离境时使用的运输方式。

4. 运输工具名称（选填）

填报运输货物的有独立动力装置的交通工具名称。

5. 运输工具号码（选填）

填报运输货物的有独立动力装置的交通工具号码。

6. 目的地海关（必填）

填报实施货物属地现场查检的海关。

7. 贸易方式（必填）

选择正确的贸易方式。

8. 合同号（必填）

对外贸易合同、订单的号码。企业未签订合同的，应在此项注明无合同及原因，如：长期客户无合同。

9. 到达口岸（必填）

选择输往国家的具体口岸。口岸在系统中没有的，可选择国家名称。

10. 输往国家（地区）（必填）

选择输入货物最终的目的国家或地区。输往海关特殊监管区的，直接选择对应的海关特殊监管区。

11. 存放地点（必填）

填报货物的存放地点。

12. 报关海关（选填）

填报报关地所在的海关，原则上填写现场海关机构代码，无法确定的可填写报关地直属海关机构代码。

13. 海关注册号（有条件必填）

填报发货人在海关备案注册取得的编号。

14. 发货日期（选填）

填报出境拟装运日期。

15. 关联检验检疫号码（选填）

填报与货物相关的检验检疫号码，多个检验检疫号码的，用“;”分隔。

16. 关联理由（选填）

填报关联检验检疫号码的关联理由。

17. 特殊业务标识（选填）

本栏目用于标识需要特别说明的业务，如奥运、亚运、救灾物资等。可选项为：国际赛事、特殊进出军工物资、国际援助物资、国际会议。

18. 特殊通关模式（选填）

填报企业申请享受的特殊通关政策。

19. 特殊检验检疫要求（选填）

填报合同、信用证中与检验检疫有关的特殊要求或检验检疫机构要求在此栏输入的内容。

20. 标记号码（必填）

填报货物实际的标记及号码内容，应与合同、发票、提单等有关外贸单据保持一致。标记及号码不能在系统中输入或者输入不全的，应点击“附页”，并上传无法手工在计算机系统录入的标记及号码的图案或内容。无标记号码的输入“N/M”。

21. 标记号码附件（选填）

标记及号码不能在系统中输入或者输入不全的，应点击“附件”，并上传无法手工在计算机系统录入的标记及号码的图案或内容。

22. 所需单证（必填）

选择所需要的证单代码、名称、正、副本份数。

23. 随附单据（必填）

为满足目前关联调用无纸化系统的申报形式，至少录入一条，选择申报时所附的单据代码、名称、编号等信息。

五、集装箱信息

1. 集装箱规格（有条件必填）

填写载运货物出境货物集装箱规格。

2. 集装箱数量（选填）

填写各种规格集装箱的数量。

3. 集装箱号（选填）

填写每个规格集装箱对应的集装箱号码。

4. 拼箱标识（选填）

如有拼箱，填写拼箱标识。

第二章

特殊物品、生物材料和中药材

第一节　特殊物品

特殊物品是指微生物、人体组织、生物制品、血液及其制品等。

微生物是指病毒、细菌、真菌、放线菌、立克次氏体、螺旋体、衣原体、支原体等医学微生物菌（毒）种及样本，以及寄生虫、环保微生物菌剂。

人体组织是指人体细胞、细胞系、胚胎、器官、组织、骨髓、分泌物、排泄物等。

生物制品是指用于人类医学、生命科学相关领域的疫苗、抗毒素、诊断用试剂、细胞因子、酶及其制剂，以及毒素、抗原、变态反应原、抗体、抗原—抗体复合物、核酸、免疫调节剂、微生态制剂等生物活性制剂。

血液是指人类的全血、血浆成分和特殊血液成分。血液制品是指各种人类血浆蛋白制品。

出入境特殊物品单位是指从事特殊物品生产、使用、销售、科研、医疗、检验、医药研发外包的法人或者其他组织。

一、资质要求

（一）准入要求

自 2025 年 1 月 1 日起，海关按照《高风险特殊物品卫生检疫准入管理办法》对首次进境或者暂停后恢复进境的高风险特殊物品卫生检疫准入管理。当前《实施准入管理的高风险特殊物品名录》内物品为“3002909001410 人血（商品化含《人间传染的病原微生物名录》内三类病原微生物的人全血）”“3002909001411 人血（商品化含《人间传染的病原微生物名录》内四类病原微生物的人全血）”“3002909001412 人血（商品化经过血液传播病原体筛查为阴性的人全血）”3 项。列入《实施准入管理的高风险特殊物品名录》的产品不包括进口用于临床医疗的人体血液、血浆、组织、器官、细胞、骨髓等。

微生物、人体组织、生物制品、血液及其制品等特殊物品生物安全风险较高，禁止过境。

（二）特殊物品卫生检疫审批

海关总署对进出境特殊物品（纳入药品、兽药、医疗器械管理的除外）实行卫生检疫审批制度。入境特殊物品的货主或者其代理人应当在特殊物品交运前向目的地直属海关申请特殊物品检疫审批；出境特殊物品的货主或者其代理人应当在特殊物品交运前向其所在地直属海关申请特殊物品审批。办理指南见本书第二部分第十三章第一节。

出于人道主义、救死扶伤目的，用于患者、临床急需但无法在本国（地区）境内获得，需跨境获取的、捐献配型的特殊血型血液、骨髓造血干细胞、外周血造血干细胞和脐带血造血干细胞等特殊血液，需由血液中心、移植医疗机构、境外骨髓库作为申请主体向中国红十字总会递交特殊血液出入境申请材料，由中国红十字总会向海关申请办理特殊物品出入境卫生检疫审批及通关手续。

二、申报要求

（一）基本申报要求

入境特殊物品到达口岸后，货主或者其代理人应当向入境口岸海关申报。

出境特殊物品的货主或者其代理人应当在出境前向产地（含组货地）海关申请检验检疫。

（二）其他申报要求

商品编号检验检疫类别包含“V/W”① 的，如属于动植物检疫生物制品，还应按动植物检疫生物材料要求申报；其余情况均应按特殊物品进行申报。

（三）录入要求

1. 货物属性

申报涉及特殊物品的产品（包括但不限于本书“进出口货物检验检疫要求查询表”中检验检疫要求为“特殊物品”的商品编码）时，应如实录入货物属性信息。

属于特殊物品的，按照“入/出境特殊物品卫生检疫审批单”注明的风险等级选择货物属性（25-A 级特殊物品、26-B 级特殊物品、27-C 级特殊物品或 28-D 级特殊物品）；不属于特殊物品的，货物属性应选择“29-V/W 非特殊物品”。

2. 货物用途

根据实际用途，货物用途应分别选择“31-治疗、预防、诊断”“32-科研”或“99-其他”。

3. 产品资质

产品资质应选取“203-出入境特殊物品卫生检疫审批”②，并填写许可证编号等信息。

三、产品相关要求

（一）基本要求

出入境特殊物品名称、成分、批号、规格、数量、有效期、运输储存条件、输出/输入国（地区）和生产厂家等项目应与“入/出境特殊物品卫生检疫审批单”的内容相符；出入境特殊物品包装应安全无破损，不渗、不漏，存在生物安全风险的应具有符合相关要求的生物危险品标识。

其中，出现以下情况之一的，需退运或者销毁。

1. 名称、批号、规格、生物活性成分等与特殊物品审批内容不相符的；
2. 超出卫生检疫审批的数量范围的；
3. 包装不符合特殊物品安全管理要求的；
4. 经检疫查验不符合卫生检疫要求的。

（二）进境目的地监管

含有或者可能含有病原微生物、毒素等生物安全危害因子的入境特殊物品，需在目的地实施监管，并核查特殊物品使用单位的实验室是否与“入/出境特殊物品卫生检疫审批单”一致，入境特殊物品是否与“入/出境特殊物品卫生检疫审批单”货证相符。

目的地监管发现不符的，海关将撤回“入/出境特殊物品卫生检疫审批单”，责令退运或者销毁。

需实施后续监管的入境特殊物品，其使用单位应当在特殊物品入境后 30 日内，到目的地海关申报，由目的地海关实施后续监管。

---

① “V”表示进境特殊物品卫生检疫，“W”表示出境特殊物品卫生检疫。

② 中国国际贸易单一窗口等作业系统中“产品资质”选项的名称。

（三）其他监管要求

对需实验室检测的入境特殊物品，货主或者其代理人应当按照口岸海关的要求将特殊物品存放在符合条件的储存场所，经检疫合格后方可移运或者使用。

出入境特殊物品单位，应当建立特殊物品安全管理制度，严格按照特殊物品审批的用途生产、使用或者销售特殊物品。

出入境特殊物品单位应当建立特殊物品生产、使用、销售记录。记录应当真实，保存期限不得少于 2 年。

第二节　进境生物材料

生物材料是指以科研、研发、预防、诊断、注册、检验、保藏为目的进口的可能造成动植物疫病疫情传播风险的微生物、寄生虫，动植物组织、细胞、分泌物、提取物，动物器官、排泄物、血液及其制品、蛋白，以及由上述材料制成的培养基、诊断试剂、酶制剂、单（多）克隆抗体、生物合成体、抗毒素、细胞因子等生物制品和 SPF 级及以上级别的实验动物。

一、资质要求

（一）进境动植物检疫审批

海关总署对进境生物材料实施检疫审批制度。《进境生物材料风险级别及检疫监管措施清单》（见本节后文）中列明需要进境检疫审批的产品，申请单位应当办理检疫审批手续，取得进境动植物检疫许可。办理指南见本书第二部分第十三章第二节、第三节。

（二）国外企业名单

企业登录海关总署门户网站动植物检疫司页面（http：//dzs. customs. gov. cn/），点击“企业信息”—“动物产品类”—“生物材料”，可查询“允许向中国出口生物材料（包含血液制品）的国外企业名单”。

二、申报要求

（一）基本申报要求

货主或者其代理人应当在生物材料进境前向进境口岸海关申报，除贸易合同、提单、装箱单、发票等贸易凭证外，还应按照《进境生物材料风险级别及检疫监管措施清单》的要求提供境外官方检疫证书或附加声明。部分免于核查输出国家或地区动植物检疫证书的产品，须提供的附加声明要求见表 2-1。特定国家或者地区证书要求详见本小节“五、进境生物材料检验检疫要求”部分内容。

（二）其他申报要求

允许进口证明书（即濒危野生动植物种国际贸易公约允许进出口证明书，适用于濒危野生生物材料及其制品）。

表 2-1 免于核查动植物检疫证书的产品须提供的附加声明明细表

序号	产品范围	申报时须提供的附加声明
1	含微量（含量≤5%）动植物源性成分的琼脂培养基、蛋白胨培养基	境外输出单位出具的安全声明
2	含微量（含量≤5%）动物源性成分用于体外检测的商品化试剂盒	商品化试剂盒在境外市场销售使用的证明、产品说明书
3	对于检测抗原抗体等生物活性物质的商品化体外诊断试剂	随附境外提供者出具的安全声明及国外允许销售证明
4	经化学变性处理的科研用动物组织、器官；科研用工业明胶	境外输出单位出具的化学变性处理的工艺说明、进口使用单位的安全承诺书
5	来自商品化细胞库（ATCC、NVSL、DSMZ、ECACC、KCLB、JCRB、RIKEN）的传代细胞系	境外提供者出具的安全声明

（三）录入要求

需进境动植物检疫审批的生物材料，在产品资质栏目选取“325-进境动植物产品检疫许可证”，并填写许可证编号等信息。

三、产品要求

（一）基本要求

海关总署对生物材料实施分类管理，根据风险等级不同制定不同检验检疫要求，具体见《进境生物材料风险级别及检疫监管措施清单》。

进境生物材料的品种、生产、加工单位、规格、数量等应与相关材料严格相符。产品包装应完好，并符合运输要求。

（二）特定要求

1. 实验鼠

进境 SPF 级及以上级别实验鼠隔离检疫期间，在确保生物安全的前提下，经所在地直属海关批准，可边隔离边实验。

2. 动物诊断试剂

对进境动物诊断试剂实施分级管理。对于检测酶类、糖类、脂类、蛋白和非蛋白氮类和无机元素类等生化类商品化体外诊断试剂，口岸直接验放。对于检测抗原抗体等生物活性物质的商品化体外诊断试剂，口岸查验合格后直接放行。

3. 来自商品化细胞库的动物传代细胞系

来自商品化细胞库（ATCC、NVSL、DSMZ、ECACC、KCLB、JCRB、RIKEN）的动物传代细胞系调整为四级风险进行管理，口岸查验合格后直接放行。

4. 培养基

进口培养基中动物源性成分不高于 5%的，口岸凭境外生产商出具的安全声明核放。

（三）京津冀沪等地试行的新措施

1. 满足下列条件的进境 SPF 级小鼠或大鼠隔离期由 30 天调整为 14 天：

（1）进口时境外供货方提供出口前 3 个月内的动物健康监测报告，证明 SPF 级小鼠的淋巴细胞性脉络丛脑膜炎病毒、鼠痘病毒、仙台病毒、小鼠肝炎病毒和汉坦病毒监测均为阴性；

（2）进口时境外供货方提供出口前 3 个月内的动物健康监测报告，证明 SPF 级大鼠的仙台病毒和汉坦病毒监测为阴性；

（3）进口 SPF 级小鼠或大鼠，无出口前 3 个月内健康监测报告的或监测项目不满足上述要求的，进境后经中国合格评定国家认可委员会（CNAS）认可的实验机构检测上述疫病合格的。

2. 进口基因检测用动植物及其相关微生物 DNA/RNA，免于提供出口国家或者地区官方检疫证书，进境时随附境外提供者出具的成分说明和安全声明，口岸查验合格后直接放行。

3. 允许对尚未完成检疫准入的科研用 SPF 级小鼠饲料审批，进境后在指定场所使用。

4. 进境 SPF 级鼠指定隔离场使用证由批批办理调整为一次办理有效期内多次使用。

杭州、广州、南京等地复制推广了部分新措施，具体可以咨询当地海关。

四、进境生物材料风险级别及检疫监管措施清单

《进境生物材料风险级别及检疫监管措施清单》见表 2-2。

表 2-2　进境生物材料风险级别及检疫监管措施清单

（2019 年 4 月版，截至 2025 年 1 月 1 日仍为最新版本）

<table>
<tr><th>风险级别</th><th>生物材料范围</th><th>进境检疫审批</th><th>境外官方检疫证书</th><th>申报时附加声明</th><th>口岸查验</th><th>后续监管</th></tr>
<tr><td rowspan="4">一级</td><td>科研用《动物病原微生物分类名录》（2005 年农业部令第 53 号，见附件）中的动物病原微生物</td><td rowspan="4">是</td><td rowspan="4">是</td><td rowspan="4">否</td><td rowspan="4">是</td><td rowspan="4">是</td></tr>
<tr><td>科研用动物寄生虫、动物源性感染性物质（包括器官、组织、细胞、体液、血液、排泄物、羽毛、感染性生物合成体等）</td></tr>
<tr><td>动物疫苗注册、检验和保藏用菌（毒）种</td></tr>
<tr><td>用于国际比对试验或能力验证的疫病检测盲样</td></tr>
<tr><td rowspan="3">二级</td><td>SPF 级及以上级别实验动物</td><td rowspan="3">是</td><td rowspan="3">是</td><td rowspan="3">否</td><td rowspan="3">是</td><td rowspan="3">是</td></tr>
<tr><td>SPF 级及以上级别实验动物的精液、胚胎、卵细胞等遗传物质</td></tr>
<tr><td>非感染性的动物器官、组织、细胞、血液及其制品、分泌物、排泄物、提取物等（不包括源自 SPF 级及以上级别实验动物的生物材料）</td></tr>
<tr><td rowspan="5">三级</td><td>动物体内诊断试剂、含动物源性成分的非商品化诊断试剂</td><td>是</td><td>否</td><td>是</td><td>是</td><td>否</td></tr>
<tr><td>科研用明胶（仅限猪皮明胶、牛皮明胶、鱼皮明胶）</td><td>是</td><td>否</td><td>是</td><td>是</td><td>否</td></tr>
<tr><td>含动物源性成分高于 5%的培养基</td><td>否</td><td>是</td><td>否</td><td>是</td><td>否</td></tr>
<tr><td>SPF 级及以上级别的实验动物的器官、组织、细胞、血液及其制品、分泌物、排泄物、提取物等</td><td>否</td><td>是</td><td>否</td><td>是</td><td>否</td></tr>
<tr><td>实验用模式果蝇、模式线虫</td><td>是</td><td>否</td><td>否</td><td>是</td><td>否</td></tr>
</table>

表2-2 续

风险级别	生物材料范围	进境检疫审批	境外官方检疫证书	申报时附加声明	口岸查验	后续监管
四级	含动物源性成分≤5%的培养基	否	否	是	是	否
	检测抗原抗体等生物活性物质的商品化体外诊断试剂					
	检测酶类、糖类、脂类、蛋白和非蛋白氮类和无机元素类等生化类商品化体外诊断试剂					
	来自商品化细胞库（ATCC、NVSL、DSMZ、ECACC、KCLB、JCRB、RIKEN）的动物传代细胞系					
	《动物病原微生物分类名录》（2005年农业部令第53号）外的微生物，非致病性微生物的DNA/RNA，无感染性动物质粒、噬菌体等遗传物质和生物合成体					
	动物干扰素、激素、毒素、类毒素、酶和酶制剂、单（多）克隆抗体、抗毒素、细胞因子、微粒体等					
	经化学变性处理的动物组织、器官及其切片					

附件

动物病原微生物分类名录

（2005年5月24日，农业部令第53号）

根据《病原微生物实验室生物安全管理条例》第七条、第八条的规定，对动物病原微生物分类如下：

一、一类动物病原微生物

口蹄疫病毒、高致病性禽流感病毒、猪水泡病病毒、非洲猪瘟病毒、非洲马瘟病毒、牛瘟病毒、小反刍兽疫病毒、牛传染性胸膜肺炎丝状支原体、牛海绵状脑病病原、痒病病原。

二、二类动物病原微生物

猪瘟病毒、鸡新城疫病毒、狂犬病病毒、绵羊痘/山羊痘病毒、蓝舌病病毒、兔病毒性出血症病毒、炭疽芽孢杆菌、布氏杆菌。

三、三类动物病原微生物

多种动物共患病病原微生物：低致病性流感病毒、伪狂犬病病毒、破伤风梭菌、气肿疽梭菌、结核分枝杆菌、副结核分枝杆菌、致病性大肠杆菌、沙门氏菌、巴氏杆菌、致病性链球菌、李氏杆菌、产气荚膜梭菌、嗜水气单胞菌、肉毒梭状芽孢杆菌、腐败梭菌和其他致病性梭菌、鹦鹉热衣原体、放线菌、钩端螺旋体。

牛病病原微生物：牛恶性卡他热病毒、牛白血病病毒、牛流行热病毒、牛传染性鼻气管炎病毒、牛病毒腹泻/黏膜病病毒、牛生殖器弯曲杆菌、日本血吸虫。

绵羊和山羊病病原微生物：山羊关节炎/脑脊髓炎病毒、梅迪/维斯纳病病毒、传染性脓疱皮炎病毒。

猪病病原微生物：日本脑炎病毒、猪繁殖与呼吸综合征病毒、猪细小病毒、猪圆环病毒、猪流行性腹泻病毒、猪传染性胃肠炎病毒、猪丹毒杆菌、猪支气管败血波氏杆菌、猪胸膜肺炎放线杆菌、副猪嗜血杆菌、猪肺炎支原体、猪密螺旋体。

马病病原微生物：马传染性贫血病毒、马动脉炎病毒、马病毒性流产病毒、马鼻炎病毒、鼻疽假单胞菌、类鼻疽假单胞菌、假皮疽组织胞浆菌、溃疡性淋巴管炎假结核棒状杆菌。

禽病病原微生物：鸭瘟病毒、鸭病毒性肝炎病毒、小鹅瘟病毒、鸡传染性法氏囊病病毒、鸡马立克氏病病毒、禽白血病/肉瘤病毒、禽网状内皮组织增殖病病毒、鸡传染性贫血病毒、鸡传染性喉气管炎病毒、鸡传染性支气管炎病毒、鸡减蛋综合征病毒、禽痘病毒、鸡病毒性关节炎病毒、禽传染性脑脊髓炎病毒、副鸡嗜血杆菌、鸡毒支原体、鸡球虫。

兔病病原微生物：兔黏液瘤病病毒、野兔热土拉杆菌、兔支气管败血波氏杆菌、兔球虫。

水生动物病病原微生物：流行性造血器官坏死病毒、传染性造血器官坏死病毒、马苏大麻哈鱼病毒、病毒性出血性败血症病毒、锦鲤疱疹病毒、斑点叉尾病毒、病毒性脑病和视网膜病毒、传染性胰脏坏死病毒、真鲷虹彩病毒、白鲟虹彩病毒、中肠腺坏死杆状病毒、传染性皮下和造血器官坏死病毒、核多角体杆状病毒、虾产卵死亡综合征病毒、鳌鳃腺炎病毒、Taura 综合征病毒、对虾白斑综合征病毒、黄头病病毒、草鱼出血病毒、鲤春病毒血征病毒、鲍球形病毒、鲑鱼传染性贫血病毒。

蜜蜂病病原微生物：美洲幼虫腐臭病幼虫杆菌、欧洲幼虫腐臭病蜂房蜜蜂球菌、白垩病蜂球囊菌、蜜蜂微孢子虫、跗腺螨、雅氏大蜂螨。

其他动物病病原微生物：犬瘟热病毒、犬细小病毒、犬腺病毒、犬冠状病毒、犬副流感病毒、猫泛白细胞减少综合征病毒、水貂阿留申病病毒、水貂病毒性肠炎病毒。

四、四类动物病原微生物

四类动物病原微生物是指危险性小、低致病力、实验室感染机会少的兽用生物制品、疫苗生产用的各种弱毒病原微生物以及不属于第一、二、三类的各种低毒力的病原微生物。

五、进境生物材料检验检疫要求

进境生物材料检验检疫要求见表 2-3。

表 2-3 进境生物材料检验检疫要求

（截至 2025 年 1 月 1 日）

产品	原产国家或地区	产品要求	证书要求
牛血液制品	巴西	指源于牛且经过充分处理可直接用于科研、生产的牛血液制品成品，以及经过初加工的牛血液制品半成品，包括牛血清成品、牛血清白蛋白及牛血清半成品等	每批输华牛血液制品必须附有巴西出具的卫生证书，卫生证书至少应包含英文。卫生证书内容包括： 1. 陈述输华牛血液制品符合《议定书》规定的所有要求； 2. 品名和数（重）量； 3. 生产企业的名称、地址和注册号； 4. 产地、生产批号、储存条件、保质期； 5. 出口商和进口商的名称和地址； 6. 装运日期、启运口岸和运输工具名称； 7. 证书签发日期、官方兽医姓名印刷体和签字； 8. 巴西的官方印章。 牛血液制品如经过辐照处理，还应随附辐照证书

第三节 中药材（食药物质）

中药材是指药用植物、动物的药用部分，采收后经初加工形成的原料药材。食药物质[①]是指传统

① 习惯上也称为“药食同源”物质。

作为食品，且列入《中华人民共和国药典》的物质。

中药材（食药物质）进出口时，企业应当向主管海关申报预期用途，明确“药用”或者“食用”。为便于表述，本节下文中“中药材（食药物质）”统称为“中药材”。

一、进口中药材

申报为“药用”的进口中药材应为列入《中华人民共和国药典》药材目录的物品①。进口药用的中药材由国家药品监督管理部门依照《进口药材管理办法》等规定实施检验和检验监督管理。海关依照《进出境中药材检疫监督管理办法》对进境药用的中药材实施检疫和检疫监督管理。

申报为“食用”的中药材应为国家法律、行政法规、规章、文件规定可用于食品的物品（即应当是已纳入《按照传统既是食品又是中药材的物质目录》② 管理的物质）。现行《按照传统既是食品又是中药材的物质目录》详见本节参考资料 1。进口食药物质由海关依照进出口食品相关规定实施检验检疫和监督管理。

（一）资质要求

1. 准入要求

海关对进境中药材实施检疫准入制度。海关总署公布的《获得我国检疫准入动植物源性药材种类及输出国家地区名录》见本小节“（四）进口中药材准入名单及植物检疫卫生要求”部分内容。

中国禁止从日本福岛县、群马县、枥木县、茨城县、宫城县、新潟县、长野县、琦玉县、东京都、千叶县 10 个都县进口中药材。

2. 境外生产企业注册登记

海关总署对进出口中药材实施风险管理；对向中国境内输出中药材的境外生产、加工、存放单位（以下简称“境外生产企业”）实施注册登记管理。

海关总署根据风险分析的结果，确定需要实施境外生产、加工、存放单位注册登记的中药材品种目录。海关总署对列入目录的中药材境外生产企业实施注册登记。

部分已注册的境外中药材生产企业可在海关总署门户网站查询：“境外动物源性中药材注册生产加工企业名单”可在海关总署门户网站动植物检疫司页面（http：//dzs. customs. gov. cn/）的“企业信息”—“动物产品类”—“其他动物产品”栏目中查询；“允许进口境外植物源性中药材注册企业名单”可在海关总署门户网站动植物检疫司页面（http：//dzs. customs. gov. cn/）的“企业信息”—“植物产品类”—“其他植物产品”栏目中查询。

拓展阅读

药材进口单位的资质要求

按照《进口药材管理办法》的规定，药材进口单位，应当是中国境内的中成药上市许可持有人、中药生产企业，以及具有中药材或者中药饮片经营范围的药品经营企业。国家药品监督管理局对《进口药材管理办法》的政策解读中提及：考虑药材不同于制剂，其储存和养护有特殊的要求，以避免发霉、虫蛀，且通常单次进口量较大，为保证药材质量，要求药品经营企业需具有中药材或中药饮片经

① 在国家药品监督管理局官方网站公布的《进口药材管理办法》政策解读中提及：“申请进口的药材应当是中国药典现行版、进口药材标准及部颁标准等收载的品种。同时，为保证少数民族地区用药需求，对未收载入国家药品标准的，但相应的省、自治区药材标准收载的少数民族药材也可申请进口，供当地习用。”

② 《中华人民共和国食品安全法》规定：“按照传统既是食品又是中药材的物质目录由国务院卫生行政部门会同国务院食品药品监督管理部门制定、公布。”该目录习惯上也被称为“药食同源”物质目录。

营范围。

3. 进境动植物检疫审批

海关总署对进境动物源性中药材实施检疫审批。货主或者其代理人应当在签订贸易合同前，取得进境动植物检疫许可。办理指南见本书第二部分第十三章第二节。

4. 药材进口口岸

申报为“药用”的中药材应当从国务院批准的允许药品进口的口岸或者允许药材进口的边境口岸进口。药材进口边境口岸只能进口该口岸接壤及邻近国家（地区）所产药材。

口岸及边境口岸与口岸药品监督管理部门和口岸药品检验机构对应关系参见本节参考资料 2。

5. 进境中药材指定存放、加工企业备案

海关总署对需要检疫审批的进境动物源性中药材指定存放、加工企业实施备案管理。办理指南见本书第二部分第十四章第十四节。

进境动物源性中药材存放、加工指定企业名单可在中国海关企业进出口信用信息公示平台（http：//credit. customs. gov. cn/）“特定资质行政相对人名录”栏目中查询。

（二）申报要求

1. 基本申报要求

货主或者其代理人应当在中药材进口前或者进口时向海关申报，申报时应当提供贸易合同、提单、装箱单、发票等，并随附以下文件：

（1）输出国家或者地区的官方检验检疫证书［特定国家证书要求详见本小节“（四）进口中药材准入名单及植物检疫卫生要求”部分内容］；

（2）原产地证明。

2. 其他申报要求

进口日本中药材时，还应随附以下文件：

（1）日本官方出具的原产地证明；

（2）日本政府出具的放射性物质检测合格的证明（药用植物产品）。

进口濒危野生中药材，还应随附允许进口证明书（即濒危野生动植物种国际贸易公约允许进出口证明书）。

3. 录入要求

（1）进口动物源性中药材的，在产品资质栏目，选取“325-进境动植物产品检疫许可”，并填写许可证编号等信息。

（2）在货物用途栏目，药用的中药材应选择“17-药用”，食用的食药物质应选择“12-食用”。

（3）在货物属性栏目，食用的食药物质应根据货物实际情况选择“14-预包装”或“15-非预包装”。

（三）产品相关要求

1. 基本要求

进境中药材应符合《中华人民共和国进出境动植物检疫法》及《中华人民共和国进出境动植物检疫法实施条例》的规定，由海关实施检疫。

申报为“食用”的食药物质应符合食品安全国家标准要求，应当按照规定随附合格证明材料。现行食品安全国家标准目录见本书附录 2-6。

2022 年 1 月 1 日起生产的食用食药物质，应当在内、外包装上标注在中国注册编号或者所在国家（地区）主管当局批准的注册编号。

进口食用食药物质的包装和标签、标识应当符合中国法律法规和食品安全国家标准；依法应当有说明书的，还应当有中文说明书。食用食药物质产品标签标识中不得声称具有保健功能，不得涉及疾病预防治疗功能。

2. 运输工具和集装箱要求

装运进境中药材的运输工具和集装箱应当符合安全卫生要求。需要实施防疫消毒处理的，应当在进境口岸海关的监督下实施防疫消毒处理。未经海关许可，不得将进境中药材卸离运输工具、集装箱或者运递。

3. 检疫监督要求

（1）进境中药材在取得检疫合格证明前，应当存放在海关认可的地点，未经海关许可，任何单位和个人不得擅自调离、销售、加工。

（2）需要进境检疫审批的进境中药材，应当在检疫审批许可列明的指定企业中存放和加工。

（3）进境中药材经检疫合格，海关出具入境货物检验检疫证明后，方可销售、使用或者在指定企业存放、加工。

4. 企业要求

（1）中药材企业要求。

境内货主或者其代理人应当建立中药材进境和销售、加工记录制度，做好相关记录并至少保存2年。同时，应当配备中药材防疫安全管理人员，建立中药材防疫管理制度。

进境中药材的货主或者其代理人应当建立疫情信息报告制度和应急处置方案。发现疫情信息应当及时向海关报告并积极配合海关进行疫情处置。

（2）食药物质企业要求。

食药物质的进口商应当建立食品进口和销售记录制度，如实记录食品名称、净含量/规格、数量、生产日期、生产或者进口批号、保质期、境外出口商和购货者名称、地址及联系方式、交货日期等内容，并保存相关凭证。记录和凭证保存期限不得少于食品保质期满后6个月；没有明确保质期的，保存期限为销售后2年以上。

（3）食药物质的进口商应当建立境外出口商、境外生产企业审核制度，重点审核：制定和执行食品安全风险控制措施情况；保证食品符合中国法律法规和食品安全国家标准的情况。

5. 预包装食品标签要求

属于预包装食品的食药物质产品，其标签还应符合以下要求：

（1）进口的预包装食品应当有中文标签；依法应当有说明书的，还应当有中文说明书。标签、说明书应当符合《中华人民共和国食品安全法》以及中国其他有关法律、行政法规的规定和食品安全国家标准的要求，并载明食品的原产地以及境内代理商的名称、地址、联系方式。预包装食品没有中文标签、中文说明书或者标签、说明书不符合规定的，不得进口。

（2）标签应当标明下列事项：名称、规格、净含量、生产日期；成分或者配料表；生产者的名称、地址、联系方式；保质期；产品标准代号；贮存条件；所使用的食品添加剂在国家标准中的通用名称；生产许可证编号；法律、法规或者食品安全标准规定应当标明的其他事项。专供婴幼儿和其他特定人群的主辅食品，其标签还应当标明主要营养成分及其含量。

（3）食品的标签、说明书，不得含有虚假内容，不得涉及疾病预防、治疗功能。生产经营者对其提供的标签、说明书的内容负责。

（4）食品的标签、说明书，应当清楚、明显，生产日期、保质期等事项应当显著标注，容易辨识。

（四）进口中药材准入名单及植物检疫卫生要求

《获得我国检疫准入动植物源性药材种类及输出国家地区名录》见表2-4。

表 2-4　获得我国检疫准入动植物源性药材种类及输出国家地区名录

（2024 年 12 月版）

表 2-4-1　动物源性中药材部分

国家和地区	产品名称	产品描述	备注
澳大利亚	鹿茸	鹿科动物梅花鹿 *Cervus nippon* 或马鹿 *Cervus elaphus* 的雄鹿未骨化密生绒毛的幼角的干燥体	允许进口，逐步完成注册登记
缅甸	蛤蚧	壁虎科动物蛤蚧 *Gekko gecko* 的干燥体	允许进口，逐步完成注册登记
泰国	地龙	钜蚓科动物参环毛蚓 *Pheretima aspergillum*、通俗环毛蚓 *Pheretima vulgaris*、威廉环毛蚓 *Pheretima guillelmi* 或栉盲环毛蚓 *Pheretima pectinifera* 的干燥体	需核对登记注册企业名单
	蛤蚧	壁虎科动物蛤蚧 *Gekko gecko* 的干燥体	需核对登记注册企业名单
新西兰	鹿角	鹿科动物马鹿 *Cervus elaphus* 或梅花鹿 *Cervus nippon* 已骨化的角或锯茸后翌年春季脱落的角基的干燥体	需核对登记注册企业名单
	鹿茸	鹿科动物梅花鹿 *Cervus nippon* 或马鹿 *Cervus elaphus* 的雄鹿未骨化密生绒毛的幼角的干燥体	需核对登记注册企业名单
印度尼西亚	蛤蚧	壁虎科动物蛤蚧 *Gekko gecko* 的干燥体	允许进口，逐步完成注册登记
	乌梢蛇	游蛇科动物乌梢蛇 *Zaocys dhumnades* 的干燥体	允许进口，逐步完成注册登记

表 2-4-2　植物源性中药材部分

国家和地区	产品名称	产品描述	备注
阿尔巴尼亚	巴戟天	茜草科植物巴戟天 *Morinda officinalis* 的干燥根	允许进口，逐步完成注册登记
	薄荷	唇形科植物薄荷 *Mentha haplocalyx* 的干燥地上部分	允许进口，逐步完成注册登记（按照传统既是食品又是中药材的物质）
阿富汗	西红花	鸢尾科植物番红花 *Crocus sativus* 的干燥柱头	需核对登记注册企业名单（按照传统既是食品又是中药材的物质）
	苦杏仁	蔷薇科植物山杏 *Prunus armeniaca*、西伯利亚杏 *Prunus sibirica*、东北杏 *Prunus mandshurica* 或杏 *Prunus armeniaca* 的干燥成熟种子	允许进口，逐步完成注册登记
	阿魏	伞形科植物阿魏 *Ferula assafoetida* 及其他同属植物的新鲜根茎及根采得的油胶树脂	需核对登记注册企业名单
	鲜或干的甘草	豆科植物甘草 *Glycyrrhiza uralensis*、胀果甘草 *Glycyrrhiza inflata* 或光果甘草 *Glycyrrhiza glabra* 的新鲜或干燥根和根茎	需核对登记注册企业名单（按照传统既是食品又是中药材的物质）

表2-4-2　续1

国家和地区	产品名称	产品描述	备注
阿拉伯联合酋长国	豆蔻	姜科植物白豆蔻 *Amomum kravanh* 或爪哇白豆蔻 *Amomum compactum* 的干燥成熟果实	允许进口，逐步完成注册登记
	番泻叶	豆科植物狭叶番泻 *Cassia angustifolia* 或尖叶番泻 *Cassia acutifolia* 的干燥小叶	允许进口，逐步完成注册登记
	胡椒	胡椒科植物胡椒 *Piper nigrum* 的干燥近成熟或成熟果实	允许进口，逐步完成注册登记（黑胡椒为按照传统既是食品又是中药材的物质）
	西红花	鸢尾科植物番红花 *Crocus sativus* 的干燥柱头	允许进口，逐步完成注册登记（按照传统既是食品又是中药材的物质）
	鲜或干的甘草	豆科植物甘草 *Glycyrrhiza uralensis*、胀果甘草 *Glycyrrhiza inflata* 或光果甘草 *Glycyrrhiza glabra* 的新鲜或干燥根和根茎	允许进口，逐步完成注册登记（按照传统既是食品又是中药材的物质）
阿塞拜疆	鲜或干的甘草	豆科植物甘草 *Glycyrrhiza uralensis*、胀果甘草 *Glycyrrhiza inflata* 或光果甘草 *Glycyrrhiza glabra* 的新鲜或干燥根和根茎	允许进口，逐步完成注册登记（按照传统既是食品又是中药材的物质）
埃及	薄荷	唇形科植物薄荷 *Mentha haplocalyx* 的干燥地上部分	需核对登记注册企业名单（按照传统既是食品又是中药材的物质）
	番泻叶	豆科植物狭叶番泻 *Cassia angustifolia* 或尖叶番泻 *Cassia acutifolia* 的干燥小叶	需核对登记注册企业名单
	黑芝麻	脂麻科植物脂麻 *Sesamum indicum* 的干燥成熟种子	需核对登记注册企业名单（按照传统既是食品又是中药材的物质）
	辣椒	茄科植物辣椒 *Capsicum annuum* 或其栽培变种的干燥成熟果实	需核对登记注册企业名单
	鲜或干的菊花	菊科植物菊 *Chrysanthemum morifolium* 的新鲜或干燥头状花序	需核对登记注册企业名单（按照传统既是食品又是中药材的物质）
	小茴香	伞形科植物茴香 *Foeniculum vulgare* 的干燥成熟果实	需核对登记注册企业名单（按照传统既是食品又是中药材的物质）
	苏合香	金缕梅科植物苏合香树 *Liquidambar orientalis* 的树干渗出的香树脂经加工精制而成	需核对登记注册企业名单
	洋甘菊	菊科植物母菊 *Matricaria chamomilla* 的干燥头状花序或全草	需核对登记注册企业名单
埃塞俄比亚	黑芝麻	脂麻科植物脂麻 *Sesamum indicum* 的干燥成熟种子	需核对登记注册企业名单（按照传统既是食品又是中药材的物质）
	黑豆	豆科植物大豆 *Glycine max* 的干燥成熟种子	需核对登记注册企业名单
	没药	橄榄科植物地丁树 *Commiphora myrrha* 或哈地丁树 *Commiphora molmol* 的干燥树脂	允许进口，逐步完成注册登记
	乳香	橄榄科植物乳香树 *Boswellia carterii* 及同属植物 *Boswellia bhaw-dajiana* 树皮渗出的树脂	允许进口，逐步完成注册登记
	亚麻子	亚麻科植物亚麻 *Linum usitatissimum* 的干燥成熟种子	需核对登记注册企业名单

表2-4-2　续2

国家和地区	产品名称	产品描述	备注
奥地利	胡椒	胡椒科植物胡椒 *Piper nigrum* 的干燥近成熟或成熟果实	允许进口，逐步完成注册登记（黑胡椒为按照传统既是食品又是中药材的物质）
澳大利亚	豆蔻	姜科植物白豆蔻 *Amomum kravanh* 或爪哇白豆蔻 *Amomum compactum* 的干燥成熟果实	需核对登记注册企业名单
	核桃仁	胡桃科植物胡桃 *Juglans regia* 的干燥成熟种子	需核对登记注册企业名单
	胡椒	胡椒科植物胡椒 *Piper nigrum* 的干燥近成熟或成熟果实	需核对登记注册企业名单（黑胡椒为按照传统既是食品又是中药材的物质）
	生姜，干姜	姜科植物姜 *Zingiber officinale* 的新鲜、干燥根茎	需核对登记注册企业名单（按照传统既是食品又是中药材的物质）
	山药	薯蓣科植物薯蓣 *Dioscorea opposita* 的干燥根茎	需核对登记注册企业名单
	苦杏仁	蔷薇科植物山杏 *Prunus armeniaca*、西伯利亚杏 *Prunus sibirica*、东北杏 *Prunus mandshurica* 或杏 *Prunus armeniaca* 的干燥成熟种子	需核对登记注册企业名单
	亚麻子	亚麻科植物亚麻 *Linum usitatissimum* 的干燥成熟种子	需核对登记注册企业名单
	银杏叶	银杏科植物银杏 *Ginkgo biloba* 的干燥叶	需核对登记注册企业名单
	紫苏叶	唇形科植物紫苏 *Perilla frutescens* 的干燥叶（或带嫩枝）	需核对登记注册企业名单（按照传统既是食品又是中药材的物质）
	檀香	檀香科植物檀香 *Santalum album* 树干的干燥心材	需核对登记注册企业名单
巴布亚新几内亚	豆蔻	姜科植物白豆蔻 *Amomum kravanh* 或爪哇白豆蔻 *Amomum compactum* 的干燥成熟果实	允许进口，逐步完成注册登记
巴基斯坦	黑芝麻	脂麻科植物脂麻 *Sesamum indicum* 的干燥成熟种子	需核对登记注册企业名单（按照传统既是食品又是中药材的物质）
	乳香	橄榄科植物乳香树 *Boswellia carterii* 及同属植物 *Boswellia bhaw-dajiana* 树皮渗出的树脂	允许进口，逐步完成注册登记
	鲜或干的肉苁蓉	列当科植物肉苁蓉 *Cistanche deserticola* 或管花肉苁蓉 *Cistanche tubulosa* 的新鲜或干燥带鳞叶的肉质茎	允许进口，逐步完成注册登记（按照传统既是食品又是中药材的物质）
	鲜或干的甘草	豆科植物甘草 *Glycyrrhiza uralensis*、胀果甘草 *Glycyrrhiza inflata* 或光果甘草 *Glycyrrhiza glabra* 的新鲜或干燥根和根茎	允许进口，逐步完成注册登记（按照传统既是食品又是中药材的物质）
	苦杏仁	蔷薇科植物山杏 *Prunus armeniaca*、西伯利亚杏 *Prunus sibirica*、东北杏 *Prunus mandshurica* 或杏 *Prunus armeniaca* 的干燥成熟种子	允许进口，逐步完成注册登记
	紫草	紫草科植物新疆紫草 *Arnebia euchroma* 或内蒙紫草 *Arnebia guttata* 的干燥根	允许进口，逐步完成注册登记

表2-4-2 续3

国家和地区	产品名称	产品描述	备注
巴基斯坦	辣椒	茄科植物辣椒 *Capsicum annuum* 或其栽培变种的干燥成熟果实	需核对登记注册企业名单
	大腹皮	棕榈科植物槟榔 *Areca catechu* 的干燥果皮	需核对登记注册企业名单
	黑种草子	毛茛科植物腺毛黑种草 *Nigella glandulifera* Freyn et Sint. 的干燥成熟种子	需核对登记注册企业名单
	槟榔	棕榈科植物槟榔 *Areca catechu* 的干燥成熟种子	需核对登记注册企业名单
巴拉圭	黑芝麻	脂麻科植物脂麻 *Sesamum indicum* 的干燥成熟种子	需核对登记注册企业名单（按照传统既是食品又是中药材的物质）
巴西	大蒜	百合科植物大蒜 *Allium sativum* 的鳞茎	允许进口，逐步完成注册登记
	丁香	桃金娘科植物丁香 *Eugenia caryophyllata* 的干燥花蕾	允许进口，逐步完成注册登记（按照传统既是食品又是中药材的物质）
	黑芝麻	脂麻科植物脂麻 *Sesamum indicum* 的干燥成熟种子	需核对登记注册企业名单（按照传统既是食品又是中药材的物质）
	胡椒	胡椒科植物胡椒 *Piper nigrum* 的干燥近成熟或成熟果实	允许进口，逐步完成注册登记（黑胡椒为按照传统既是食品又是中药材的物质）
	鲜或干的菊花	菊科植物菊 *Chrysanthemum morifolium* 的新鲜或干燥头状花序	允许进口，逐步完成注册登记（按照传统既是食品又是中药材的物质）
保加利亚	鲜或干的当归	伞形科植物当归 *Angelica sinensis* 的新鲜或干燥根	需核对登记注册企业名单（按照传统既是食品又是中药材的物质）
	蒺藜草	蒺藜科植物蒺藜 *Tribulus terrestris* 的干燥地上部分	需核对登记注册企业名单
贝宁	黑芝麻	脂麻科植物脂麻 *Sesamum indicum* 的干燥成熟种子	需核对登记注册企业名单（按照传统既是食品又是中药材的物质）
比利时	番泻叶	豆科植物狭叶番泻 *Cassia angustifolia* 或尖叶番泻 *Cassia acutifolia* 的干燥小叶	允许进口，逐步完成注册登记
	胡椒	胡椒科植物胡椒 *Piper nigrum* 的干燥近成熟或成熟果实	允许进口，逐步完成注册登记（黑胡椒为按照传统既是食品又是中药材的物质）
	芥子	十字花科植物白芥 *Sinapis alba* 或芥 *Brassica juncea* 的干燥成熟种子	需核对登记注册企业名单（按照传统既是食品又是中药材的物质）
	蒺藜草	蒺藜科植物蒺藜 *Tribulus terrestris* 的干燥地上部分	需核对登记注册企业名单
玻利维亚	黑芝麻	脂麻科植物脂麻 *Sesamum indicum* 的干燥成熟种子	需核对登记注册企业名单（按照传统既是食品又是中药材的物质）
不丹	鲜或干的石斛	兰科植物金钗石斛 *Dendrobium nobile*、霍山石斛 *Dendrobium huoshanense*、鼓槌石斛 *Dendrobium chrysotoxum* 或流苏石斛 *Dendrobium fimbriatum* 的栽培品及其同属植物近似种的新鲜或干燥茎	允许进口，逐步完成注册登记（按照传统既是食品又是中药材的物质）

表2-4-2 续4

国家和地区	产品名称	产品描述	备注
布基纳法索	黑芝麻	脂麻科植物脂麻 *Sesamum indicum* 的干燥成熟种子	需核对登记注册企业名单（按照传统既是食品又是中药材的物质）
朝鲜	八角茴香	木兰科植物八角茴香 *Illicium verum* 的干燥成熟果实	允许进口，逐步完成注册登记（按照传统既是食品又是中药材的物质）
	白果	银杏科植物银杏 *Ginkgo biloba* 的干燥成熟种子	允许进口，逐步完成注册登记（按照传统既是食品又是中药材的物质）
	白头翁	毛茛科植物白头翁 *Pulsatilla chinensis* 的干燥根	允许进口，逐步完成注册登记
	白鲜皮	芸香科植物白鲜 *Dictamnus dasycarpus* 的干燥根皮	允许进口，逐步完成注册登记
	北豆根	防己科植物蝙蝠葛 *Menispermum dauricum* 的干燥根茎	允许进口，逐步完成注册登记
	荜茇	胡椒科植物荜茇 *Piper longum* 的干燥近成熟或成熟果穗	允许进口，逐步完成注册登记
	苍术	菊科植物茅苍术 *Atractylodes lancea* 或北苍术 *Atractylodes chinensis* 的干燥根茎	允许进口，逐步完成注册登记
	赤小豆	豆科植物赤小豆 *Vigna umbellata* 或赤豆 *Vigna angularis* 的干燥成熟种子	需核对登记注册企业名单（按照传统既是食品又是中药材的物质）
	穿山龙	薯蓣科植物穿龙薯蓣 *Dioscorea nipponica* 的干燥根茎	允许进口，逐步完成注册登记
	覆盆子	蔷薇科植物华东覆盆子 *Rubus chingii* 的干燥果实	允许进口，逐步完成注册登记（按照传统既是食品又是中药材的物质）
	核桃仁	胡桃科植物胡桃 *Juglans regia* 的干燥成熟种子	允许进口，逐步完成注册登记
	黑芝麻	脂麻科植物脂麻 *Sesamum indicum* 的干燥成熟种子	需核对登记注册企业名单（按照传统既是食品又是中药材的物质）
	胡椒	胡椒科植物胡椒 *Piper nigrum* 的干燥近成熟或成熟果实	允许进口，逐步完成注册登记（黑胡椒为按照传统既是食品又是中药材的物质）
	黄柏	芸香科植物黄皮树 *Phellodendron chinense* 的干燥树皮	允许进口，逐步完成注册登记
	金银花	忍冬科植物忍冬 *Lonicera japonica* 的干燥花蕾或带初开的花	允许进口，逐步完成注册登记（按照传统既是食品又是中药材的物质）
	桔梗	桔梗科植物桔梗 *Platycodon grandiflorum* 的干燥根	允许进口，逐步完成注册登记（按照传统既是食品又是中药材的物质）
	决明子	豆科植物钝叶决明 *Cassia obtusifolia* 或决明（小决明）*Cassia tora*（异名：*Senna tora*）的干燥成熟种子	允许进口，逐步完成注册登记（按照传统既是食品又是中药材的物质）
	昆布	海带科植物海带 *Laminaria japonica* 或翅藻科植物昆布 *Ecklonia kurome* 的干燥叶状体	允许进口，逐步完成注册登记（按照传统既是食品又是中药材的物质）

表2-4-2 续5

国家和地区	产品名称	产品描述	备注
朝鲜	老鹳草	牻牛儿苗科植物牻牛儿苗 *Erodium stephanianum*、老鹳草 *Geranium wilfordii* 或野老鹳草 *Geranium carolinianum* 的干燥地上部分	允许进口，逐步完成注册登记
	灵芝	多孔菌科真菌赤芝 *Ganoderma lucidum* 或紫芝 *Ganoderma sinense* 的干燥子实体	允许进口，逐步完成注册登记（按照传统既是食品又是中药材的物质）
	蒲公英	菊科植物蒲公英 *Taraxacum mongolicum*、碱地蒲公英 *Taraxacum borealisinense* 或同属数种植物的干燥全草	允许进口，逐步完成注册登记（按照传统既是食品又是中药材的物质）
	鲜或干的人参	五加科植物人参 *Panax ginseng* 的新鲜或干燥的根和根茎	允许进口，逐步完成注册登记
	山茱萸	山茱萸科植物山茱萸 *Cornus officinalis* 的干燥成熟果肉	允许进口，逐步完成注册登记（按照传统既是食品又是中药材的物质）
	升麻	毛茛科植物大三叶升麻 *Cimicifuga heracleifolia*、兴安升麻 *Cimicifuga dahurica* 或升麻 *Cimicifuga foetida* 的干燥根茎	允许进口，逐步完成注册登记
	松花粉	松科植物马尾松 *Pinus massoniana*、油松 *Pinus tabulieformis* 或同属数种植物的干燥花粉	允许进口，逐步完成注册登记
	威灵仙	毛茛科植物威灵仙 *Clematis chinensis*、棉团铁线莲 *Clematis hexapetala* 或东北铁线莲 *Clematis manshurica* 的干燥根和根茎	允许进口，逐步完成注册登记
	五味子	木兰科植物五味子 *Schisandra chinensis* 的干燥成熟果实	允许进口，逐步完成注册登记
	细辛	马兜铃科植物北细辛 *Asarum heterotropoides*、汉城细辛 *Asarum sieboldii* 或华细辛 *Asarum sieboldii* 的干燥根和根茎	允许进口，逐步完成注册登记
	鲜或干的白芍	毛茛科植物芍药 *Paeonia lactiflora* 的新鲜或干燥根	允许进口，逐步完成注册登记
	鲜或干的白术	菊科植物白术 *Atractylodes macrocephala* 的新鲜或干燥根茎	允许进口，逐步完成注册登记
	鲜或干的半夏	天南星科植物半夏 *Pinellia ternata* 的新鲜或干燥块茎	允许进口，逐步完成注册登记
	鲜或干的大黄	蓼科植物掌叶大黄 *Rheum palmatum*、唐古特大黄 *Rheum tanguticum* 或药用大黄 *Rheum officinale* 的新鲜或干燥根和根茎	允许进口，逐步完成注册登记
	鲜或干的当归	伞形科植物当归 *Angelica sinensis* 的新鲜或干燥根	允许进口，逐步完成注册登记（按照传统既是食品又是中药材的物质）
	鲜或干的杜仲	杜仲科植物杜仲 *Eucommia ulmoides* 的新鲜或干燥树皮	允许进口，逐步完成注册登记
	鲜或干的茯苓	多孔菌科真菌茯苓 *Poria cocos* 的新鲜或干燥菌核	允许进口，逐步完成注册登记（按照传统既是食品又是中药材的物质）

表2-4-2 续6

国家和地区	产品名称	产品描述	备注
朝鲜	鲜或干的枸杞	茄科植物宁夏枸杞 *Lycium barbarum* 的新鲜或干燥成熟果实	允许进口，逐步完成注册登记（按照传统既是食品又是中药材的物质）
	鲜或干的黄芪	豆科植物蒙古黄芪 *Astragalus membranaceus* 或膜荚黄芪 *Astragalus membranaceus* 的新鲜或干燥根	允许进口，逐步完成注册登记（按照传统既是食品又是中药材的物质）
	鲜或干的青蒿	菊科植物黄花蒿 *Artemisia annua* 的新鲜或干燥地上部分	允许进口，逐步完成注册登记
	鲜或干的北沙参	伞形科植物珊瑚菜 *Glehnia littoralis* 的新鲜或干燥根	允许进口，逐步完成注册登记
	鲜或干的南沙参	桔梗科植物轮叶沙参 *Adenophora tetraphylla* 或沙参 *Adenophora stricta* 的干燥根	允许进口，逐步完成注册登记
	苦杏仁	蔷薇科植物山杏 *Prunus armeniaca*、西伯利亚杏 *Prunus sibirica*、东北杏 *Prunus mandshurica* 或杏 *Prunus armeniaca* 的干燥成熟种子	允许进口，逐步完成注册登记
	淫羊藿	小檗科植物淫羊藿 *Epimedium brevicornu*、箭叶淫羊藿 *Epimedium sagittatum*、柔毛淫羊藿 *Epimedium pubescens* 或朝鲜淫羊藿 *Epimedium koreanum* 的干燥叶	允许进口，逐步完成注册登记
	银杏叶	银杏科植物银杏 *Ginkgo biloba* 的干燥叶	允许进口，逐步完成注册登记
	玉竹	百合科植物玉竹 *Polygonatum odoratum* 的干燥根茎	允许进口，逐步完成注册登记（按照传统既是食品又是中药材的物质）
	红参	五加科植物人参 *Panax ginseng* 的栽培品经蒸制后的干燥根和根茎	允许进口，逐步完成注册登记
	关黄柏	芸香科植物黄檗 *Phellodendron amurense* Rupr. 的干燥树皮	需核对登记注册企业名单
	木贼	木贼科植物木贼 *Equisetum hyemale* L. 的干燥地上部分	需核对登记注册企业名单
	桑黄	多孔菌科真菌忍冬木层孔菌 *Phellinus lonicerinus* 的干燥子实体	需核对登记注册企业名单
	冬青	冬青科植物毛冬青 *Ilex pubescens* 的干燥根	需核对登记注册企业名单
	胡枝子	豆科植物细梗胡枝子 *Lespedeza virgata* 的干燥全株	需核对登记注册企业名单
丹麦	胡椒	胡椒科植物胡椒 *Piper nigrum* 的干燥近成熟或成熟果实	允许进口，逐步完成注册登记（黑胡椒为按照传统既是食品又是中药材的物质）
东帝汶	檀香	檀香科植物檀香 *Santalum album* 树干的干燥心材	需核对登记注册企业名单

表2-4-2　续7

国家和地区	产品名称	产品描述	备注
德国	安息香	安息香科植物白花树 *Styrax tonkinensis* 的干燥树脂	允许进口，逐步完成注册登记
	大枣	鼠李科植物枣 *Ziziphus jujuba* 的干燥成熟果实	允许进口，逐步完成注册登记（按照传统既是食品又是中药材的物质）
	豆蔻	姜科植物白豆蔻 *Amomum kravanh* 或爪哇白豆蔻 *Amomum compactum* 的干燥成熟果实	允许进口，逐步完成注册登记
	胡椒	胡椒科植物胡椒 *Piper nigrum* 的干燥近成熟或成熟果实	允许进口，逐步完成注册登记（黑胡椒为按照传统既是食品又是中药材的物质）
	芥子	十字花科植物白芥 *Sinapis alba* 或芥 *Brassica juncea* 的干燥成熟种子	需核对登记注册企业名单（按照传统既是食品又是中药材的物质）
	没药	橄榄科植物地丁树 *Commiphora myrrha* 或哈地丁树 *Commiphora molmol* 的干燥树脂	允许进口，逐步完成注册登记
	乳香	橄榄科植物乳香树 *Boswellia carterii* 及同属植物 *Boswellia bhaw-dajiana* 树皮渗出的树脂	允许进口，逐步完成注册登记
	西红花	鸢尾科植物番红花 *Crocus sativus* 的干燥柱头	需核对登记注册企业名单（按照传统既是食品又是中药材的物质）
	玫瑰茄	锦葵科植物玫瑰茄 *Hibiscus sabdariffa* 的干燥花萼和小苞片	需核对登记注册企业名单
多哥	黑芝麻	脂麻科植物脂麻 *Sesamum indicum* 的干燥成熟种子	需核对登记注册企业名单（按照传统既是食品又是中药材的物质）
俄罗斯	亚麻子	亚麻科植物亚麻 *Linum usitatissimum* 的干燥成熟种子	需核对登记注册企业名单
	白鲜皮	芸香科植物白鲜 *Dictamnus dasycarpus* 的干燥根皮	需核对登记注册企业名单
	苍术	菊科植物茅苍术 *Atractylodes lancea* 或北苍术 *Atractylodes chinensis* 的干燥根茎	需核对登记注册企业名单
	防风	伞形科植物防风 *Saposhnikovia divaricata* 的干燥根	需核对登记注册企业名单
	桔梗	桔梗科植物桔梗 *Platycodon grandiflorum* 的干燥根	需核对登记注册企业名单（按照传统既是食品又是中药材的物质）
	五味子	木兰科植物五味子 *Schisandra chinensis* 的干燥成熟果实	需核对登记注册企业名单
	鲜或干的黄芪	豆科植物蒙古黄芪 *Astragalus membranaceus* 或膜荚黄芪 *Astragalus membranaceus* 的新鲜或干燥根	需核对登记注册企业名单（按照传统既是食品又是中药材的物质）
	红景天	景天科植物大花红景天 *Rhodiola crenulata* 的干燥根和根茎	需核对登记注册企业名单
	胡椒	胡椒科植物胡椒 *Piper nigrum* 的干燥近成熟或成熟果实	允许进口，逐步完成注册登记（黑胡椒为按照传统既是食品又是中药材的物质）
	鲜或干的人参	五加科植物人参 *Panax ginseng* 的新鲜或干燥的根和根茎	允许进口，逐步完成注册登记

表2-4-2 续8

国家和地区	产品名称	产品描述	备注
俄罗斯	山药	薯蓣科植物薯蓣 *Dioscorea opposita* 的干燥根茎	允许进口，逐步完成注册登记
	鲜或干的甘草	豆科植物甘草 *Glycyrrhiza uralensis*、胀果甘草 *Glycyrrhiza inflata* 或光果甘草 *Glycyrrhiza glabra* 的新鲜或干燥根和根茎	允许进口，逐步完成注册登记（按照传统既是食品又是中药材的物质）
	银杏叶	银杏科植物银杏 *Ginkgo biloba* 的干燥叶	允许进口，逐步完成注册登记
	黄芩	唇形科植物黄芩 *Scutellaria baicalensis* Georgi 的干燥根	允许进口，逐步完成注册登记
	秦艽	龙胆科植物秦艽 *Gentiana macrophylla* Pall.、麻花秦艽 *Gentiana straminea* Maxim.、粗茎秦艽 *Gentiana crassicaulis* Duthie ex Burk. 或小秦艽 *Gentiana dahurica* Fisch. 的干燥根	允许进口，逐步完成注册登记
厄瓜多尔	胡椒	胡椒科植物胡椒 *Piper nigrum* 的干燥近成熟或成熟果实	允许进口，逐步完成注册登记（黑胡椒为按照传统既是食品又是中药材的物质）
厄立特里亚	黑芝麻	脂麻科植物脂麻 *Sesamum indicum* 的干燥成熟种子	需核对登记注册企业名单（按照传统既是食品又是中药材的物质）
法国	白扁豆	豆科植物扁豆 *Dolichos lablab* 的干燥成熟种子	需核对登记注册企业名单（按照传统既是食品又是中药材的物质）
	胡椒	胡椒科植物胡椒 *Piper nigrum* 的干燥近成熟或成熟果实	需核对登记注册企业名单（黑胡椒为按照传统既是食品又是中药材的物质）
	鲜或干的大黄	蓼科植物掌叶大黄 *Rheum palmatum*、唐古特大黄 *Rheum tanguticum* 或药用大黄 *Rheum officinale* 的新鲜或干燥根和根茎	需核对登记注册企业名单
	亚麻子	亚麻科植物亚麻 *Linum usitatissimum* 的干燥成熟种子	需核对登记注册企业名单
	银杏叶	银杏科植物银杏 *Ginkgo biloba* 的干燥叶	需核对登记注册企业名单
	西红花	鸢尾科植物番红花 *Crocus sativus* 的干燥柱头	需核对登记注册企业名单（按照传统既是食品又是中药材的物质）
菲律宾	生姜，干姜	姜科植物姜 *Zingiber officinale* 的新鲜、干燥根茎	允许进口，逐步完成注册登记（按照传统既是食品又是中药材的物质）
	荜茇	胡椒科植物荜茇 *Piper longum* 的干燥近成熟或成熟果穗	需核对登记注册企业名单
	大腹皮	棕榈科植物槟榔 *Areca catechu* 的干燥果皮	需核对登记注册企业名单
	槟榔	棕榈科植物槟榔 *Areca catechu* 的干燥成熟种子	需核对登记注册企业名单
冈比亚	黑芝麻	脂麻科植物脂麻 *Sesamum indicum* 的干燥成熟种子	需核对登记注册企业名单（按照传统既是食品又是中药材的物质）

表2-4-2 续9

国家和地区	产品名称	产品描述	备注
刚果（布）	鲜或干的茯苓	多孔菌科真菌茯苓 *Poria cocos* 的新鲜或干燥菌核	需核对登记注册企业名单（按照传统既是食品又是中药材的物质）
哥斯达黎加	吐根	茜草科植物吐根的根	允许进口，逐步完成注册登记
格林纳达	豆蔻	姜科植物白豆蔻 *Amomum kravanh* 或爪哇白豆蔻 *Amomum compactum* 的干燥成熟果实	允许进口，逐步完成注册登记
哈萨克斯坦	亚麻子	亚麻科植物亚麻 *Linum usitatissimum* 的干燥成熟种子	需核对登记注册企业名单
	鲜或干的贝母	百合科贝母属植物 *Fritillaria* spp. 的新鲜或干燥鳞茎	允许进口，逐步完成注册登记
	鲜或干的肉苁蓉	列当科植物肉苁蓉 *Cistanche deserticola* 或管花肉苁蓉 *Cistanche tubulosa* 的新鲜或干燥带鳞叶的肉质茎	允许进口，逐步完成注册登记（按照传统既是食品又是中药材的物质）
	鲜或干的甘草	豆科植物甘草 *Glycyrrhiza uralensis*、胀果甘草 *Glycyrrhiza inflata* 或光果甘草 *Glycyrrhiza glabra* 的新鲜或干燥根和根茎	允许进口，逐步完成注册登记（按照传统既是食品又是中药材的物质）
	苦杏仁	蔷薇科植物山杏 *Prunus armeniaca*、西伯利亚杏 *Prunus sibirica*、东北杏 *Prunus mandshurica* 或杏 *Prunus armeniaca* 的干燥成熟种子	允许进口，逐步完成注册登记
	红花	菊科植物红花 *Carthamus tinctorius* L. 的干燥花	需核对登记注册企业名单
韩国	胡椒	胡椒科植物胡椒 *Piper nigrum* 的干燥近成熟或成熟果实	允许进口，逐步完成注册登记（黑胡椒为按照传统既是食品又是中药材的物质）
	生姜，干姜	姜科植物姜 *Zingiber officinale* 的新鲜、干燥根茎	允许进口，逐步完成注册登记（按照传统既是食品又是中药材的物质）
	鲜或干的人参	五加科植物人参 *Panax ginseng* 的新鲜或干燥的根和根茎	允许进口，逐步完成注册登记
	鲜或干的白术	菊科植物白术 *Atractylodes macrocephala* 的新鲜或干燥根茎	允许进口，逐步完成注册登记
	鲜或干的半夏	天南星科植物半夏 *Pinellia ternata* 的新鲜或干燥块茎	允许进口，逐步完成注册登记
	鲜或干的地黄	玄参科植物地黄 *Rehmannia glutinosa* 的新鲜或干燥块根	允许进口，逐步完成注册登记（按照传统既是食品又是中药材的物质）
	鲜或干的菊花	菊科植物菊 *Chrysanthemum morifolium* 的新鲜或干燥头状花序	允许进口，逐步完成注册登记（按照传统既是食品又是中药材的物质）
	鲜或干的木香	菊科植物木香 *Aucklandia lappa* 的新鲜或干燥根	允许进口，逐步完成注册登记
	银杏叶	银杏科植物银杏 *Ginkgo biloba* 的干燥叶	允许进口，逐步完成注册登记
	红参	五加科植物人参 *Panax ginseng* 的栽培品经蒸制后的干燥根和根茎	允许进口，逐步完成注册登记
	洋甘菊	菊科植物母菊 *Matricaria chamomilla* 的干燥头状花序或全草	需核对登记注册企业名单

表2-4-2　续10

国家和地区	产品名称	产品描述	备注
荷兰	胡椒	胡椒科植物胡椒 *Piper nigrum* 的干燥近成熟或成熟果实	允许进口，逐步完成注册登记（黑胡椒为按照传统既是食品又是中药材的物质）
	亚麻子	亚麻科植物亚麻 *Linum usitatissimum* 的干燥成熟种子	需核对登记注册企业名单
	薏苡仁	禾本科植物薏米 *Coix lacryma-jobi* 的干燥成熟种仁	需核对登记注册企业名单（按照传统既是食品又是中药材的物质）
洪都拉斯	苏合香	金缕梅科植物苏合香树 *Liquidambar orientalis* 的树干渗出的香树脂经加工精制而成	允许进口，逐步完成注册登记
吉布提	黑芝麻	脂麻科植物脂麻 *Sesamum indicum* 的干燥成熟种子	需核对登记注册企业名单（按照传统既是食品又是中药材的物质）
	乳香	橄榄科植物乳香树 *Boswellia carterii* 及同属植物 *Boswellia bhaw-dajiana* 树皮渗出的树脂	允许进口，逐步完成注册登记
吉尔吉斯斯坦	大枣	鼠李科植物枣 *Ziziphus jujuba* 的干燥成熟果实	允许进口，逐步完成注册登记（按照传统既是食品又是中药材的物质）
	核桃仁	胡桃科植物胡桃 *Juglans regia* 的干燥成熟种子	允许进口，逐步完成注册登记
	鲜或干的贝母	百合科贝母属植物 *Fritillaria* spp. 的新鲜或干燥鳞茎	允许进口，逐步完成注册登记
	鲜或干的甘草	豆科植物甘草 *Glycyrrhiza uralensis*、胀果甘草 *Glycyrrhiza inflata* 或光果甘草 *Glycyrrhiza glabra* 的新鲜或干燥根和根茎	允许进口，逐步完成注册登记（按照传统既是食品又是中药材的物质）
	苦杏仁	蔷薇科植物山杏 *Prunus armeniaca*、西伯利亚杏 *Prunus sibirica*、东北杏 *Prunus mandshurica* 或杏 *Prunus armeniaca* 的干燥成熟种子	允许进口，逐步完成注册登记
加拿大	薄荷	唇形科植物薄荷 *Mentha haplocalyx* 的干燥地上部分	允许进口，逐步完成注册登记（按照传统既是食品又是中药材的物质）
	覆盆子	蔷薇科植物华东覆盆子 *Rubus chingii* 的干燥果实	允许进口，逐步完成注册登记（按照传统既是食品又是中药材的物质）
	胡椒	胡椒科植物胡椒 *Piper nigrum* 的干燥近成熟或成熟果实	允许进口，逐步完成注册登记（黑胡椒为按照传统既是食品又是中药材的物质）
	芥子	十字花科植物白芥 *Sinapis alba* 或芥 *Brassica juncea* 的干燥成熟种子	需核对登记注册企业名单（按照传统既是食品又是中药材的物质）
	鲜或干的西洋参	五加科植物西洋参 *Panax quinquefolium* 的新鲜或干燥根	允许进口，逐步完成注册登记（按照传统既是食品又是中药材的物质）
	亚麻子	亚麻科植物亚麻 *Linum usitatissimum* 的干燥成熟种子	需核对登记注册企业名单
	银杏叶	银杏科植物银杏 *Ginkgo biloba* 的干燥叶	允许进口，逐步完成注册登记
加纳	黑芝麻	脂麻科植物脂麻 *Sesamum indicum* 的干燥成熟种子	需核对登记注册企业名单（按照传统既是食品又是中药材的物质）

表2-4-2 续11

国家和地区	产品名称	产品描述	备注
柬埔寨	黑芝麻	脂麻科植物脂麻 *Sesamum indicum* 的干燥成熟种子	需核对登记注册企业名单（按照传统既是食品又是中药材的物质）
	胡椒	胡椒科植物胡椒 *Piper nigrum* 的干燥近成熟或成熟果实	需核对登记注册企业名单（黑胡椒为按照传统既是食品又是中药材的物质）
	豆蔻	姜科植物白豆蔻 *Amomum kravanh* 或爪哇白豆蔻 *Amomum compactum* 的干燥成熟果实	需核对登记注册企业名单
	大腹皮	棕榈科植物槟榔 *Areca catechu* 的干燥果皮	需核对登记注册企业名单
	槟榔	棕榈科植物槟榔 *Areca catechu* 的干燥成熟种子	需核对登记注册企业名单
	桑黄	多孔菌科真菌忍冬木层孔菌 *Phellinus lonicerinus* 的干燥子实体	需核对登记注册企业名单
捷克	芥子	十字花科植物白芥 *Sinapis alba* 或芥 *Brassica juncea* 的干燥成熟种子	需核对登记注册企业名单（按照传统既是食品又是中药材的物质）
喀麦隆	黑芝麻	脂麻科植物脂麻 *Sesamum indicum* 的干燥成熟种子	需核对登记注册企业名单（按照传统既是食品又是中药材的物质）
科特迪瓦	灵芝	多孔菌科真菌赤芝 *Ganoderma lucidum* 或紫芝 *Ganoderma sinense* 的干燥子实体	允许进口，逐步完成注册登记（按照传统既是食品又是中药材的物质）
肯尼亚	黑芝麻	脂麻科植物脂麻 *Sesamum indicum* 的干燥成熟种子	需核对登记注册企业名单（按照传统既是食品又是中药材的物质）
	没药	橄榄科植物地丁树 *Commiphora myrrha* 或哈地丁树 *Commiphora molmol* 的干燥树脂	允许进口，逐步完成注册登记
	乳香	橄榄科植物乳香树 *Boswellia carterii* 及同属植物 *Boswellia bhaw-dajiana* 树皮渗出的树脂	允许进口，逐步完成注册登记
	鲜或干的青蒿	菊科植物黄花蒿 *Artemisia annua* 的新鲜或干燥地上部分	允许进口，逐步完成注册登记
老挝	赤小豆	豆科植物赤小豆 *Vigna umbellata* 或赤豆 *Vigna angularis* 的干燥成熟种子	需核对登记注册企业名单（按照传统既是食品又是中药材的物质）
	豆蔻	姜科植物白豆蔻 *Amomum kravanh* 或爪哇白豆蔻 *Amomum compactum* 的干燥成熟果实	需核对登记注册企业名单
	黑芝麻	脂麻科植物脂麻 *Sesamum indicum* 的干燥成熟种子	需核对登记注册企业名单（按照传统既是食品又是中药材的物质）
	黄藤	防己科植物黄藤 *Fibraurea recisa* 的干燥藤茎	需核对登记注册企业名单
	鸡血藤	豆科植物密花豆 *Spatholobus suberectus* 的干燥藤茎	需核对登记注册企业名单
	生姜，干姜	姜科植物姜 *Zingiber officinale* 的新鲜、干燥根茎	需核对登记注册企业名单（按照传统既是食品又是中药材的物质）
	龙眼肉	无患子科植物龙眼 *Dimocarpus longan* 的假种皮	需核对登记注册企业名单（按照传统既是食品又是中药材的物质）

表2-4-2　续12

国家和地区	产品名称	产品描述	备注
老挝	砂仁	姜科植物阳春砂 *Amomum villosum*、绿壳砂 *Amomum villosum* 或海南砂 *Amomum longiligulare* 的干燥成熟果实	需核对登记注册企业名单（按照传统既是食品又是中药材的物质）
	鲜或干的白术	菊科植物白术 *Atractylodes macrocephala* 的新鲜或干燥根茎	需核对登记注册企业名单
	鲜或干的沉香	瑞香科植物白木香 *Aquilaria sinensis* 含有树脂的木材	需核对登记注册企业名单
	鲜或干的胖大海	梧桐科植物胖大海 *Sterculia lychnophora* 的新鲜或干燥成熟种子	需核对登记注册企业名单（按照传统既是食品又是中药材的物质）
	鲜或干的石斛	兰科植物金钗石斛 *Dendrobium nobile*、霍山石斛 *Dendrobium huoshanense*、鼓槌石斛 *Dendrobium chrysotoxum* 或流苏石斛 *Dendrobium fimbriatum* 的栽培品及其同属植物近似种的新鲜或干燥茎	需核对登记注册企业名单（按照传统既是食品又是中药材的物质）
	血竭	棕榈科植物麒麟竭 *Daemonorops draco* 果实渗出的树脂经加工制成	需核对登记注册企业名单
	土茯苓	百合科植物光叶菝葜 *Smilax glabra* 的干燥根茎	需核对登记注册企业名单
	红豆蔻	姜科植物大高良姜 *Alpinia galanga* 的干燥成熟果实	需核对登记注册企业名单
	草豆蔻	姜科植物草豆蔻 *Alpinia katsumadai* 的干燥近成熟种子	需核对登记注册企业名单
	草果	姜科植物草果 *Amomum tsao-ko* 的干燥成熟果实	需核对登记注册企业名单（按照传统既是食品又是中药材的物质）
	肉豆蔻	肉豆蔻科植物肉豆蔻 *Myristica fragrans* 的干燥种仁	需核对登记注册企业名单（按照传统既是食品又是中药材的物质）
	木蝴蝶	紫葳科植物木蝴蝶 *Oroxylum indicum* 的干燥成熟种子	需核对登记注册企业名单
	山药	薯蓣科植物薯蓣 *Dioscorea opposita* 的干燥根茎	需核对登记注册企业名单
	山柰	姜科植物山柰 *Kaempferia galanga* 的干燥根茎	需核对登记注册企业名单（按照传统既是食品又是中药材的物质）
	黄精	百合科植物滇黄精 *Polygonatum kingianum*、黄精 *Polygonatum sibiricum* 或多花黄精 *Polygonatum cyrtonema* 的干燥根茎	需核对登记注册企业名单（按照传统既是食品又是中药材的物质）
	百部	百部科植物直立百部 *Stemona sessilifolia*、蔓生百部 *Stemona japonica* 或对叶百部 *Stemona tuberosa* 的干燥块根	需核对登记注册企业名单
	白及	兰科植物白及 *Bletilla striata* 的干燥块茎	需核对登记注册企业名单
	千年健	天南星科植物千年健 *Homalomena occulta* 的干燥根茎	需核对登记注册企业名单
	灵芝	多孔菌科真菌赤芝 *Ganoderma lucidum* 或紫芝 *Ganoderma sinense* 的干燥子实体	需核对登记注册企业名单（按照传统既是食品又是中药材的物质）
	安息香	安息香科植物白花树 *Styrax tonkinensis* 的干燥树脂	需核对登记注册企业名单

表2-4-2 续13

国家和地区	产品名称	产品描述	备注
卢旺达	辣椒	茄科植物辣椒 *Capsicum annuum* 或其栽培变种的干燥成熟果实	需核对登记注册企业名单
马达加斯加	丁香	桃金娘科植物丁香 *Eugenia caryophyllata* 的干燥花蕾	需核对登记注册企业名单（按照传统既是食品又是中药材的物质）
	母丁香	桃金娘科植物丁香 *Eugenia caryophyllata* Thumb. 的干燥近成熟果实	需核对登记注册企业名单（按照传统既是食品又是中药材的物质）
	鲜或干的茯苓	多孔菌科真菌茯苓 *Poria cocos* 的新鲜或干燥菌核	需核对登记注册企业名单（按照传统既是食品又是中药材的物质）
罗马尼亚	核桃仁	胡桃科植物胡桃 *Juglans regia* 的干燥成熟种子	允许进口，逐步完成注册登记
马来西亚	荜茇	胡椒科植物荜茇 *Piper longum* 的干燥近成熟或成熟果穗	允许进口，逐步完成注册登记
	槟榔	棕榈科植物槟榔 *Areca catechu* 的干燥成熟种子	允许进口，逐步完成注册登记
	丁香	桃金娘科植物丁香 *Eugenia caryophyllata* 的干燥花蕾	允许进口，逐步完成注册登记（按照传统既是食品又是中药材的物质）
	豆蔻	姜科植物白豆蔻 *Amomum kravanh* 或爪哇白豆蔻 *Amomum compactum* 的干燥成熟果实	允许进口，逐步完成注册登记
	莪术	姜科植物蓬莪术 *Curcuma phaeocaulis*、广西莪术 *Curcuma kwangsiensis* 或温郁金 *Curcuma wenyujin* 的干燥根茎	允许进口，逐步完成注册登记
	胡椒	胡椒科植物胡椒 *Piper nigrum* 的干燥近成熟或成熟果实	允许进口，逐步完成注册登记（黑胡椒为按照传统既是食品又是中药材的物质）
	生姜，干姜	姜科植物姜 *Zingiber officinale* 的新鲜、干燥根茎	允许进口，逐步完成注册登记（按照传统既是食品又是中药材的物质）
	鲜或干的沉香	瑞香科植物白木香 *Aquilaria sinensis* 含有树脂的木材	允许进口，逐步完成注册登记
	鲜或干的菊花	菊科植物菊 *Chrysanthemum morifolium* 的新鲜或干燥头状花序	允许进口，逐步完成注册登记（按照传统既是食品又是中药材的物质）
	鲜或干的木香	菊科植物木香 *Aucklandia lappa* 的新鲜或干燥根	允许进口，逐步完成注册登记
	血竭	棕榈科植物麒麟竭 *Daemonorops draco* 果实渗出的树脂经加工制成	允许进口，逐步完成注册登记
	天竺黄	禾本科植物青皮竹 *Bambusa textilis* 或华思劳竹 *Schizostachyum chinense* 等秆内的分泌液干燥后的块状物	需核对登记注册企业名单
	大腹皮	棕榈科植物槟榔 *Areca catechu* 的干燥果皮	需核对登记注册企业名单
	大风子	大风子科植物大风子 *Hydnocarpus anthelmintica* Pierre 的干燥成熟种子	需核对登记注册企业名单

表2-4-2 续14

国家和地区	产品名称	产品描述	备注
马来西亚	西青果	使君子科植物诃子 *Terminalia chebula* 的干燥幼果	需核对登记注册企业名单（按照传统既是食品又是中药材的物质）
	桑黄	多孔菌科真菌忍冬木层孔菌 *Phellinus lonicerinus* 的干燥子实体	需核对登记注册企业名单
	东革阿里	苦木科植物东革阿里 *Eurycoma longifolia* 的干燥根	需核对登记注册企业名单
马里	黑芝麻	脂麻科植物脂麻 *Sesamum indicum* 的干燥成熟种子	需核对登记注册企业名单（按照传统既是食品又是中药材的物质）
美国	八角茴香	木兰科植物八角茴香 *Illicium verum* 的干燥成熟果实	允许进口，逐步完成注册登记（按照传统既是食品又是中药材的物质）
	白扁豆	豆科植物扁豆 *Dolichos lablab* 的干燥成熟种子	需核对登记注册企业名单（按照传统既是食品又是中药材的物质）
	薄荷	唇形科植物薄荷 *Mentha haplocalyx* 的干燥地上部分	允许进口，逐步完成注册登记（按照传统既是食品又是中药材的物质）
	大蒜	百合科植物大蒜 *Allium sativum* 的鳞茎	允许进口，逐步完成注册登记
	豆蔻	姜科植物白豆蔻 *Amomum kravanh* 或爪哇白豆蔻 *Amomum compactum* 的干燥成熟果实	允许进口，逐步完成注册登记
	核桃仁	胡桃科植物胡桃 *Juglans regia* 的干燥成熟种子	允许进口，逐步完成注册登记
	黑芝麻	脂麻科植物脂麻 *Sesamum indicum* 的干燥成熟种子	需核对登记注册企业名单（按照传统既是食品又是中药材的物质）
	胡椒	胡椒科植物胡椒 *Piper nigrum* 的干燥近成熟或成熟果实	允许进口，逐步完成注册登记（黑胡椒为按照传统既是食品又是中药材的物质）
	生姜，干姜	姜科植物姜 *Zingiber officinale* 的新鲜、干燥根茎	允许进口，逐步完成注册登记（按照传统既是食品又是中药材的物质）
	芥子	十字花科植物白芥 *Sinapis alba* 或芥 *Brassica juncea* 的干燥成熟种子	需核对登记注册企业名单（按照传统既是食品又是中药材的物质）
	辣椒	茄科植物辣椒 *Capsicum annuum* 或其栽培变种的干燥成熟果实	允许进口，逐步完成注册登记
	猫爪草	毛茛科植物小毛茛 *Ranunculus ternatus* 的干燥块根	允许进口，逐步完成注册登记
	山药	薯蓣科植物薯蓣 *Dioscorea opposita* 的干燥根茎	允许进口，逐步完成注册登记
	西红花	鸢尾科植物番红花 *Crocus sativus* 的干燥柱头	允许进口，逐步完成注册登记（按照传统既是食品又是中药材的物质）
	鲜或干的菊花	菊科植物菊 *Chrysanthemum morifolium* 的新鲜或干燥头状花序	允许进口，逐步完成注册登记（按照传统既是食品又是中药材的物质）
	鲜或干的西洋参	五加科植物西洋参 *Panax quinquefolium* 的新鲜或干燥根	允许进口，逐步完成注册登记（按照传统既是食品又是中药材的物质）

表2-4-2 续15

国家和地区	产品名称	产品描述	备注
美国	小茴香	伞形科植物茴香 *Foeniculum vulgare* 的干燥成熟果实	允许进口，逐步完成注册登记（按照传统既是食品又是中药材的物质）
	苦杏仁	蔷薇科植物山杏 *Prunus armeniaca*、西伯利亚杏 *Prunus sibirica*、东北杏 *Prunus mandshurica* 或杏 *Prunus armeniaca* 的干燥成熟种子	允许进口，逐步完成注册登记
	亚麻子	亚麻科植物亚麻 *Linum usitatissimum* 的干燥成熟种子	需核对登记注册企业名单
	银杏叶	银杏科植物银杏 *Ginkgo biloba* 的干燥叶	允许进口，逐步完成注册登记
	紫苏叶	唇形科植物紫苏 *Perilla frutescens* 的干燥叶（或带嫩枝）	允许进口，逐步完成注册登记（按照传统既是食品又是中药材的物质）
	灵芝	多孔菌科真菌赤芝 *Ganoderma lucidum* 或紫芝 *Ganoderma sinense* 的干燥子实体	需核对登记注册企业名单（按照传统既是食品又是中药材的物质）
	洋甘菊	菊科植物母菊 *Matricaria chamomilla* 的干燥头状花序或全草	需核对登记注册企业名单
	紫锥菊	菊科植物松果菊 *Echinacea purpurea* 的干燥全株	需核对登记注册企业名单
蒙古国	防风	伞形科植物防风 *Saposhnikovia divaricata* 的干燥根	需核对登记注册企业名单
	鲜或干的肉苁蓉	列当科植物肉苁蓉 *Cistanche deserticola* 或管花肉苁蓉 *Cistanche tubulosa* 的新鲜或干燥带鳞叶的肉质茎	需核对登记注册企业名单（按照传统既是食品又是中药材的物质）
	水飞蓟	菊科植物水飞蓟 *Silybum marianum* 的干燥成熟果实	需核对登记注册企业名单
	芥子	十字花科植物白芥 *Sinapis alba* 或芥 *Brassica juncea* 的干燥成熟种子	需核对登记注册企业名单（按照传统既是食品又是中药材的物质）
孟加拉国	黑芝麻	脂麻科植物脂麻 *Sesamum indicum* 的干燥成熟种子	需核对登记注册企业名单（按照传统既是食品又是中药材的物质）
秘鲁	辣椒	茄科植物辣椒 *Capsicum annuum* 或其栽培变种的干燥成熟果实	允许进口，逐步完成注册登记
缅甸	八角茴香	木兰科植物八角茴香 *Illicium verum* 的干燥成熟果实	需核对登记注册企业名单（按照传统既是食品又是中药材的物质）
	白扁豆	豆科植物扁豆 *Dolichos lablab* 的干燥成熟种子	需核对登记注册企业名单（按照传统既是食品又是中药材的物质）
	槟榔	棕榈科植物槟榔 *Areca catechu* 的干燥成熟种子	需核对登记注册企业名单
	补骨脂	豆科植物补骨脂 *Psoralea corylifolia* 的干燥成熟果实	需核对登记注册企业名单
	草豆蔻	姜科植物草豆蔻 *Alpinia katsumadai* 的干燥近成熟种子	需核对登记注册企业名单

表2-4-2　续16

国家和地区	产品名称	产品描述	备注
缅甸	赤小豆	豆科植物赤小豆 *Vigna umbellata* 或赤豆 *Vigna angularis* 的干燥成熟种子	需核对登记注册企业名单（按照传统既是食品又是中药材的物质）
	大腹皮	棕榈科植物槟榔 *Areca catechu* 的干燥果皮	需核对登记注册企业名单
	大蒜	百合科植物大蒜 *Allium sativum* 的鳞茎	需核对登记注册企业名单
	莪术	姜科植物蓬莪术 *Curcuma phaeocaulis*、广西莪术 *Curcuma kwangsiensis* 或温郁金 *Curcuma wenyujin* 的干燥根茎	需核对登记注册企业名单
	番泻叶	豆科植物狭叶番泻 *Cassia angustifolia* 或尖叶番泻 *Cassia acutifolia* 的干燥小叶	需核对登记注册企业名单
	广天仙子	爵床科植物水蓑衣 *Hygrophila salicifolia* 或大花水蓑衣 *Hygrophila megalantha* 的干燥成熟种子	需核对登记注册企业名单
	诃子	使君子科植物诃子 *Terminalia chebula* 或绒毛诃子 *Terminalia chebula* 的干燥成熟果实	需核对登记注册企业名单
	黑豆	豆科植物大豆 *Glycine max* 的干燥成熟种子	需核对登记注册企业名单
	黑芝麻	脂麻科植物脂麻 *Sesamum indicum* 的干燥成熟种子	需核对登记注册企业名单（按照传统既是食品又是中药材的物质）
	厚朴	木兰科植物厚朴 *Magnolia officinalis* 或凹叶厚朴 *Magnolia officinalis* 的干燥干皮、根皮及枝皮	需核对登记注册企业名单
	胡椒	胡椒科植物胡椒 *Piper nigrum* 的干燥近成熟或成熟果实	需核对登记注册企业名单（黑胡椒为按照传统既是食品又是中药材的物质）
	黄精	百合科植物滇黄精 *Polygonatum kingianum*、黄精 *Polygonatum sibiricum* 或多花黄精 *Polygonatum cyrtonema* 的干燥根茎	需核对登记注册企业名单（按照传统既是食品又是中药材的物质）
	黄藤	防己科植物黄藤 *Fibraurea recisa* 的干燥藤茎	需核对登记注册企业名单
	生姜，干姜	姜科植物姜 *Zingiber officinale* 的新鲜、干燥根茎	需核对登记注册企业名单（按照传统既是食品又是中药材的物质）
	姜黄	姜科植物姜黄 *Curcuma Longa* 的干燥根茎	需核对登记注册企业名单（按照传统既是食品又是中药材的物质）
	决明子	豆科植物钝叶决明 *Cassia obtusifolia* 或决明（小决明）*Cassia tora*（异名：*Senna tora*）的干燥成熟种子	需核对登记注册企业名单（按照传统既是食品又是中药材的物质）
	辣椒	茄科植物辣椒 *Capsicum annuum* 或其栽培变种的干燥成熟果实	需核对登记注册企业名单
	龙眼肉	无患子科植物龙眼 *Dimocarpus longan* 的假种皮	需核对登记注册企业名单（按照传统既是食品又是中药材的物质）

表2-4-2 续17

国家和地区	产品名称	产品描述	备注
缅甸	马钱子	马钱科植物马钱 *Strychnos nux-vomica* 的干燥成熟种子	需核对登记注册企业名单
	马钱子粉	马钱子的炮制加工品	需核对登记注册企业名单
	蔓荆子	马鞭草科植物单叶蔓荆 *Vitex trifolia L. var. simplicifolia Cham.* 或蔓荆 *Vitex trifolia* 的干燥成熟果实	需核对登记注册企业名单
	木棉花	木棉科植物木棉 *Gossampinus malabarica* 的干燥花	需核对登记注册企业名单
	肉桂	樟科植物肉桂 *Cinnamomum cassia* 的干燥树皮	需核对登记注册企业名单（按照传统既是食品又是中药材的物质）
	砂仁	姜科植物阳春砂 *Amomum villosum*、绿壳砂 *Amomum villosum* 或海南砂 *Amomum longiligulare* 的干燥成熟果实	需核对登记注册企业名单（按照传统既是食品又是中药材的物质）
	山豆根	豆科植物越南槐 *Sophora tonkinensis* 的干燥根和根茎	需核对登记注册企业名单
	山药	薯蓣科植物薯蓣 *Dioscorea opposita* 的干燥根茎	需核对登记注册企业名单
	天仙子	茄科植物莨菪 *Hyoscyamus niger* 的干燥成熟种子	需核对登记注册企业名单
	仙茅	石蒜科植物仙茅 *Curculigo orchioides* 的干燥根茎	需核对登记注册企业名单
	鲜或干的白术	菊科植物白术 *Atractylodes macrocephala* 的新鲜或干燥根茎	需核对登记注册企业名单
	鲜或干的沉香	瑞香科植物白木香 *Aquilaria sinensis* 含有树脂的木材	需核对登记注册企业名单
	鲜或干的胖大海	梧桐科植物胖大海 *Sterculia lychnophora* 的新鲜或干燥成熟种子	需核对登记注册企业名单（按照传统既是食品又是中药材的物质）
	鲜或干的石斛	兰科植物金钗石斛 *Dendrobium nobile*、霍山石斛 *Dendrobium huoshanense*、鼓槌石斛 *Dendrobium chrysotoxum* 或流苏石斛 *Dendrobium fimbriatum* 的栽培品及其同属植物近似种的新鲜或干燥茎	需核对登记注册企业名单（按照传统既是食品又是中药材的物质）
	鲜或干的青蒿	菊科植物黄花蒿 *Artemisia annua* 的新鲜或干燥地上部分	需核对登记注册企业名单
	郁金	姜科植物温郁金 *Curcuma wenyujin*、姜黄 *Curcuma longa*、广西莪术 *Curcuma kwangsiensis* 或蓬莪术 *Curcuma phaeocaulis* 的干燥块根	需核对登记注册企业名单
	重楼	百合科植物云南重楼 Paris polyphylla Smith var. yunnanensis（Franch.）Hand.-Mazz. 或七叶一枝花 Paris polyphylla Smith var. chinensis（Franch.）Hara 的干燥根茎	需核对登记注册企业名单

表2-4-2　续18

国家和地区	产品名称	产品描述	备注
缅甸	西青果	使君子科植物诃子 *Terminalia chebula* 的干燥幼果	需核对登记注册企业名单（按照传统既是食品又是中药材的物质）
	木蝴蝶	紫葳科植物木蝴蝶 *Oroxylum indicum* 的干燥成熟种子	需核对登记注册企业名单
	骨碎补	水龙骨科植物槲蕨 *Drynaria fortunei*（Kunze）J. Sm. 的干燥根茎	需核对登记注册企业名单
	鸡骨草	豆科植物广州相思子 *Abrus cantoniensis* 的干燥全株	需核对登记注册企业名单
	千斤拔	豆科植物蔓性千斤拔 *Flemingia prostrata* 的干燥根	需核对登记注册企业名单
	鸡蛋花	夹竹桃科植物鸡蛋花 *Plumeria rubra* 的干燥花	需核对登记注册企业名单（允许作为凉茶饮料原料使用）
摩尔多瓦	核桃仁	胡桃科植物胡桃 *Juglans regia* 的干燥成熟种子	允许进口，逐步完成注册登记
莫桑比克	黑芝麻	脂麻科植物脂麻 *Sesamum indicum* 的干燥成熟种子	需核对登记注册企业名单（按照传统既是食品又是中药材的物质）
墨西哥	大蒜	百合科植物大蒜 *Allium sativum* 的鳞茎	允许进口，逐步完成注册登记
	核桃仁	胡桃科植物胡桃 *Juglans regia* 的干燥成熟种子	允许进口，逐步完成注册登记
	黑芝麻	脂麻科植物脂麻 *Sesamum indicum* 的干燥成熟种子	需核对登记注册企业名单（按照传统既是食品又是中药材的物质）
尼泊尔	诃子	使君子科植物诃子 *Terminalia chebula* 或绒毛诃子 *Terminalia chebula* 的干燥成熟果实	需核对登记注册企业名单
	没药	橄榄科植物地丁树 *Commiphora myrrha* 或哈地丁树 *Commiphora molmol* 的干燥树脂	需核对登记注册企业名单
	乳香	橄榄科植物乳香树 *Boswellia carterii* 及同属植物 *Boswellia bhaw-dajiana* 树皮渗出的树脂	需核对登记注册企业名单
	山药	薯蓣科植物薯蓣 *Dioscorea opposita* 的干燥根茎	需核对登记注册企业名单
	鲜或干的石斛	兰科植物金钗石斛 *Dendrobium nobile*、霍山石斛 *Dendrobium huoshanense*、鼓槌石斛 *Dendrobium chrysotoxum* 或流苏石斛 *Dendrobium fimbriatum* 的栽培品及其同属植物近似种的新鲜或干燥茎	需核对登记注册企业名单（按照传统既是食品又是中药材的物质）
	鲜或干的青蒿	菊科植物黄花蒿 *Artemisia annua* 的新鲜或干燥地上部分	需核对登记注册企业名单
	血竭	棕榈科植物麒麟竭 *Daemonorops draco* 果实渗出的树脂经加工制成	需核对登记注册企业名单
	黑芝麻	脂麻科植物脂麻 *Sesamum indicum* 的干燥成熟种子	需核对登记注册企业名单（按照传统既是食品又是中药材的物质）

表2-4-2 续19

国家和地区	产品名称	产品描述	备注
尼泊尔	余甘子	大戟科植物余甘子 *Phyllanthus emblica* 的干燥成熟果实	需核对登记注册企业名单（按照传统既是食品又是中药材的物质）
	重楼	百合科植物七叶一枝花 *Paris polyphylla* 的干燥根茎	需核对登记注册企业名单
	沉香	瑞香科植物白木香 *Aquilaria sinensis* 或马来沉香 *Aquilaria malaccensis*（异名：*Aquilaria agallocha*）含有树脂的干燥木材	需核对登记注册企业名单
	波棱瓜子	葫芦科植物波棱瓜 *Herpetospermum pedunculosum* 的干燥种子	需核对登记注册企业名单
	九里香	芸香科植物九里香 *Murraya exotica*、千里香 *Murraya paniculata* 和调料九里香 *Murraya koenigii* 的干燥叶	需核对登记注册企业名单
	决明子	豆科植物钝叶决明 *Cassia obtusifolia* 或决明（小决明）*Cassia tora*（异名：*Senna tora*）的干燥成熟种子	需核对登记注册企业名单（按照传统既是食品又是中药材的物质）
	檀香	檀香科植物檀香 *Santalum album* 树干的干燥心材	需核对登记注册企业名单
	印度獐牙菜	龙胆科植物印度獐牙菜 *Swertia chirayita* 的干燥全草	需核对登记注册企业名单
	黄精	百合科植物滇黄精 *Polygonatum kingianum*、黄精 *Polygonatum sibiricum*、多花黄精 *Polygonatum cyrtonema*、卷叶黄精 *Polygonatum cirrhifolium* 或轮叶黄精 *Polygonatum verticillatum* 的干燥根茎	需核对登记注册企业名单（按照传统既是食品又是中药材的物质）
	香豆蔻	姜科植物香豆蔻 *Amomum subulatum* 的干燥成熟果实	需核对登记注册企业名单
	灵芝	多孔菌科真菌赤芝 *Ganoderma lucidum* 或紫芝 *Ganoderma sinense* 的干燥子实体	需核对登记注册企业名单（按照传统既是食品又是中药材的物质）
	藏茜草	茜草科植物光茎茜草 *Rubia wallichiana* 和西藏茜草 *Rubia tibetica* 及同属数种植物的干燥根及根茎	需核对登记注册企业名单
	荜茇	胡椒科植物荜茇 *Piper longum* 的干燥近成熟或成熟果穗	需核对登记注册企业名单
	阿魏	伞形科植物新疆阿魏 *Ferula sinkiangensis*、阜康阿魏 *Ferula fukanensis* 或印度阿魏 *Ferula narthrex* 的树脂	需核对登记注册企业名单
	鸭嘴花	爵床科植物鸭嘴花 *Justicia adhatoda* 的干燥叶	需核对登记注册企业名单
	胡黄连	玄参科植物胡黄连 *Picrorhiza scrophulariiflora* Pennell 的干燥根茎	需核对登记注册企业名单
	毛诃子	使君子科植物毗黎勒 *Terminalia bellirica*（Gaertn.）Roxb. 的干燥成熟果实	需核对登记注册企业名单

表2-4-2 续20

国家和地区	产品名称	产品描述	备注
尼泊尔	广枣	漆树科植物南酸枣 *Choerospondias axillaris*（Roxb.）Burtt et Hill 的干燥成熟果实	需核对登记注册企业名单
	大托叶云实	豆科植物大托叶云实 *Caesalpinia crista* L. 的干燥成熟种子	需核对登记注册企业名单
	肉豆蔻	肉豆蔻科植物肉豆蔻 *Myristica fragrans* 的干燥种仁	需核对登记注册企业名单（按照传统既是食品又是中药材的物质）
	宽筋藤	防已科植物心叶宽筋藤 *Tinospora cordifolia*（wulld）Miers 或宽筋藤 *T. sinensis*（Lour.）Merr. 的干燥茎	需核对登记注册企业名单
尼日利亚	黑芝麻	脂麻科植物脂麻 *Sesamum indicum* 的干燥成熟种子	需核对登记注册企业名单（按照传统既是食品又是中药材的物质）
	生姜，干姜	姜科植物姜 *Zingiber officinale* 的新鲜、干燥根茎	允许进口，逐步完成注册登记（按照传统既是食品又是中药材的物质）
	决明子	豆科植物钝叶决明 *Cassia obtusifolia* 或决明（小决明）*Cassia tora*（异名：*Senna tora*）的干燥成熟种子	需核对登记注册企业名单（按照传统既是食品又是中药材的物质）
日本	八角茴香	木兰科植物八角茴香 *Illicium verum* 的干燥成熟果实	允许进口，逐步完成注册登记（按照传统既是食品又是中药材的物质）
	赤小豆	豆科植物赤小豆 *Vigna umbellata* 或赤豆 *Vigna angularis* 的干燥成熟种子	需核对登记注册企业名单（按照传统既是食品又是中药材的物质）
	大蒜	百合科植物大蒜 *Allium sativum* 的鳞茎	允许进口，逐步完成注册登记
	独活	伞形科植物重齿毛当归 *Angelica pubescens* 的干燥根	允许进口，逐步完成注册登记
	番泻叶	豆科植物狭叶番泻 *Cassia angustifolia* 或尖叶番泻 *Cassia acutifolia* 的干燥小叶	允许进口，逐步完成注册登记
	防己	防己科植物粉防己 *Stephania tetrandra* 的干燥根	允许进口，逐步完成注册登记
	核桃仁	胡桃科植物胡桃 *Juglans regia* 的干燥成熟种子	允许进口，逐步完成注册登记
	黑芝麻	脂麻科植物脂麻 *Sesamum indicum* 的干燥成熟种子	需核对登记注册企业名单（按照传统既是食品又是中药材的物质）
	胡椒	胡椒科植物胡椒 *Piper nigrum* 的干燥近成熟或成熟果实	允许进口，逐步完成注册登记（黑胡椒为按照传统既是食品又是中药材的物质）
	花椒	芸香科植物青椒 *Zanthoxylum schinifolium* 或花椒 *Zanthoxylum bungeanum* 的干燥成熟果皮	允许进口，逐步完成注册登记（按照传统既是食品又是中药材的物质）
	生姜，干姜	姜科植物姜 *Zingiber officinale* 的新鲜、干燥根茎	允许进口，逐步完成注册登记（按照传统既是食品又是中药材的物质）
	姜黄	姜科植物姜黄 *Curcuma Longa* 的干燥根茎	允许进口，逐步完成注册登记（按照传统既是食品又是中药材的物质）

表2-4-2 续21

国家和地区	产品名称	产品描述	备注
日本	辣椒	茄科植物辣椒 *Capsicum annuum* 或其栽培变种的干燥成熟果实	允许进口，逐步完成注册登记
	灵芝	多孔菌科真菌赤芝 *Ganoderma lucidum* 或紫芝 *Ganoderma sinense* 的干燥子实体	允许进口，逐步完成注册登记（按照传统既是食品又是中药材的物质）
	玫瑰花	蔷薇科植物玫瑰 *Rosa rugosa* 的干燥花蕾	允许进口，逐步完成注册登记（允许作为普通食品生产经营）
	鲜或干的人参	五加科植物人参 *Panax ginseng* 的新鲜或干燥的根和根茎	允许进口，逐步完成注册登记
	山药	薯蓣科植物薯蓣 *Dioscorea opposita* 的干燥根茎	允许进口，逐步完成注册登记
	西红花	鸢尾科植物番红花 *Crocus sativus* 的干燥柱头	允许进口，逐步完成注册登记（按照传统既是食品又是中药材的物质）
	鲜或干的当归	伞形科植物当归 *Angelica sinensis* 的新鲜或干燥根	允许进口，逐步完成注册登记（按照传统既是食品又是中药材的物质）
	鲜或干的茯苓	多孔菌科真菌茯苓 *Poria cocos* 的新鲜或干燥菌核	允许进口，逐步完成注册登记（按照传统既是食品又是中药材的物质）
	鲜或干的菊花	菊科植物菊 *Chrysanthemum morifolium* 的新鲜或干燥头状花序	允许进口，逐步完成注册登记（按照传统既是食品又是中药材的物质）
	鲜或干的青蒿	菊科植物黄花蒿 *Artemisia annua* 的新鲜或干燥地上部分	允许进口，逐步完成注册登记
	苦杏仁	蔷薇科植物山杏 *Prunus armeniaca*、西伯利亚杏 *Prunus sibirica*、东北杏 *Prunus mandshurica* 或杏 *Prunus armeniaca* 的干燥成熟种子	允许进口，逐步完成注册登记
	银杏叶	银杏科植物银杏 *Ginkgo biloba* 的干燥叶	允许进口，逐步完成注册登记
	砂仁	姜科植物阳春砂 *Amomum villosum*、绿壳砂 *Amomum villosum* 或海南砂 *Amomum longiligulare* 的干燥成熟果实	需核对登记注册企业名单（按照传统既是食品又是中药材的物质）
瑞典	八角茴香	木兰科植物八角茴香 *Illicium verum* 的干燥成熟果实	允许进口，逐步完成注册登记（按照传统既是食品又是中药材的物质）
	胡椒	胡椒科植物胡椒 *Piper nigrum* 的干燥近成熟或成熟果实	允许进口，逐步完成注册登记（黑胡椒为按照传统既是食品又是中药材的物质）
塞尔维亚	覆盆子	蔷薇科植物华东覆盆子 *Rubus chingii* 的干燥果实	允许进口，逐步完成注册登记（按照传统既是食品又是中药材的物质）
塞内加尔	黑芝麻	脂麻科植物脂麻 *Sesamum indicum* 的干燥成熟种子	需核对登记注册企业名单（按照传统既是食品又是中药材的物质）
沙特阿拉伯	大枣	鼠李科植物枣 *Ziziphus jujuba* 的干燥成熟果实	允许进口，逐步完成注册登记（按照传统既是食品又是中药材的物质）

表2-4-2 续22

国家和地区	产品名称	产品描述	备注
斯里兰卡	番泻叶	豆科植物狭叶番泻 *Cassia angustifolia* 或尖叶番泻 *Cassia acutifolia* 的干燥小叶	允许进口，逐步完成注册登记
	黑芝麻	脂麻科植物脂麻 *Sesamum indicum* 的干燥成熟种子	需核对登记注册企业名单（按照传统既是食品又是中药材的物质）
	胡椒	胡椒科植物胡椒 *Piper nigrum* 的干燥近成熟或成熟果实	允许进口，逐步完成注册登记（黑胡椒为按照传统既是食品又是中药材的物质）
	肉豆蔻	肉豆蔻科植物肉豆蔻 *Myristica fragrans* 的干燥种仁	允许进口，逐步完成注册登记（按照传统既是食品又是中药材的物质）
	丁香	桃金娘科植物丁香 *Eugenia caryophyllata* 的干燥花蕾	需核对登记注册企业名单（按照传统既是食品又是中药材的物质）
	诃子	使君子科植物诃子 *Terminalia chebula* 或绒毛诃子 *Terminalia chebula* 的干燥成熟果实	需核对登记注册企业名单
	母丁香	桃金娘科植物丁香 *Eugenia caryophyllata* Thumb. 的干燥近成熟果实	需核对登记注册企业名单（按照传统既是食品又是中药材的物质）
	豆蔻	姜科植物白豆蔻 *Amomum kravanh* 或爪哇白豆蔻 *Amomum compactum* 的干燥成熟果实	需核对登记注册企业名单
苏丹	番泻叶	豆科植物狭叶番泻 *Cassia angustifolia* 或尖叶番泻 *Cassia acutifolia* 的干燥小叶	允许进口，逐步完成注册登记
	黑芝麻	脂麻科植物脂麻 *Sesamum indicum* 的干燥成熟种子	需核对登记注册企业名单（按照传统既是食品又是中药材的物质）
	乳香	橄榄科植物乳香树 *Boswellia carterii* 及同属植物 *Boswellia bhaw-dajiana* 树皮渗出的树脂	允许进口，逐步完成注册登记
索马里	黑芝麻	脂麻科植物脂麻 *Sesamum indicum* 的干燥成熟种子	需核对登记注册企业名单（按照传统既是食品又是中药材的物质）
	没药	橄榄科植物地丁树 *Commiphora myrrha* 或哈地丁树 *Commiphora molmol* 的干燥树脂	允许进口，逐步完成注册登记
	乳香	橄榄科植物乳香树 *Boswellia carterii* 及同属植物 *Boswellia bhaw-dajiana* 树皮渗出的树脂	允许进口，逐步完成注册登记
	血竭	棕榈科植物麒麟竭 *Daemonorops draco* 果实渗出的树脂经加工制成	允许进口，逐步完成注册登记
塔吉克斯坦	鲜或干的甘草	豆科植物甘草 *Glycyrrhiza uralensis*、胀果甘草 *Glycyrrhiza inflata* 或光果甘草 *Glycyrrhiza glabra* 的新鲜或干燥根和根茎	允许进口，逐步完成注册登记（按照传统既是食品又是中药材的物质）
	苦杏仁	蔷薇科植物山杏 *Prunus armeniaca*、西伯利亚杏 *Prunus sibirica*、东北杏 *Prunus mandshurica* 或杏 *Prunus armeniaca* 的干燥成熟种子	允许进口，逐步完成注册登记

表2-4-2 续23

国家和地区	产品名称	产品描述	备注
泰国	槟榔	棕榈科植物槟榔 *Areca catechu* 的干燥成熟种子	允许进口，逐步完成注册登记
	黑豆	豆科植物大豆 *Glycine max* 的干燥成熟种子	需核对登记注册企业名单
	赤小豆	豆科植物赤小豆 *Vigna umbellata* 或赤豆 *Vigna angularis* 的干燥成熟种子	需核对登记注册企业名单（按照传统既是食品又是中药材的物质）
	大枣	鼠李科植物枣 *Ziziphus jujuba* 的干燥成熟果实	允许进口，逐步完成注册登记（按照传统既是食品又是中药材的物质）
	核桃仁	胡桃科植物胡桃 *Juglans regia* 的干燥成熟种子	允许进口，逐步完成注册登记
	黑芝麻	脂麻科植物脂麻 *Sesamum indicum* 的干燥成熟种子	需核对登记注册企业名单（按照传统既是食品又是中药材的物质）
	胡椒	胡椒科植物胡椒 *Piper nigrum* 的干燥近成熟或成熟果实	允许进口，逐步完成注册登记（黑胡椒为按照传统既是食品又是中药材的物质）
	鸡骨草	豆科植物广州相思子 *Abrus cantoniensis* 的干燥全株	允许进口，逐步完成注册登记
	生姜，干姜	姜科植物姜 *Zingiber officinale* 的新鲜、干燥根茎	允许进口，逐步完成注册登记（按照传统既是食品又是中药材的物质）
	辣椒	茄科植物辣椒 *Capsicum annuum* 或其栽培变种的干燥成熟果实	允许进口，逐步完成注册登记
	莲须	睡莲科植物莲 *Nelumbo nucifera* 的干燥雄蕊	允许进口，逐步完成注册登记
	龙眼肉	无患子科植物龙眼 *Dimocarpus longan* 的假种皮	允许进口，逐步完成注册登记（按照传统既是食品又是中药材的物质）
	山药	薯蓣科植物薯蓣 *Dioscorea opposita* 的干燥根茎	允许进口，逐步完成注册登记
	鲜或干的胖大海	梧桐科植物胖大海 *Sterculia lychnophora* 的新鲜或干燥成熟种子	允许进口，逐步完成注册登记（按照传统既是食品又是中药材的物质）
	鲜或干的石斛	兰科植物金钗石斛 *Dendrobium nobile*、霍山石斛 *Dendrobium huoshanense*、鼓槌石斛 *Dendrobium chrysotoxum* 或流苏石斛 *Dendrobium fimbriatum* 的栽培品及其同属植物近似种的新鲜或干燥茎	允许进口，逐步完成注册登记（按照传统既是食品又是中药材的物质）
	薏苡仁	禾本科植物薏米 *Coix lacryma-jobi* 的干燥成熟种仁	需核对登记注册企业名单（按照传统既是食品又是中药材的物质）
	紫苏叶	唇形科植物紫苏 *Perilla frutescens* 的干燥叶（或带嫩枝）	允许进口，逐步完成注册登记（按照传统既是食品又是中药材的物质）
	天竺黄	禾本科植物青皮竹 *Bambusa textilis* 或华思劳竹 *Schizostachyum chinense* 等秆内的分泌液干燥后的块状物	需核对登记注册企业名单

表2-4-2 续24

国家和地区	产品名称	产品描述	备注
泰国	豆蔻	姜科植物白豆蔻 *Amomum kravanh* 或爪哇白豆蔻 *Amomum compactum* 的干燥成熟果实	需核对登记注册企业名单
	大腹皮	棕榈科植物槟榔 *Areca catechu* 的干燥果皮	需核对登记注册企业名单
	大风子	大风子科植物大风子 *Hydnocarpus anthelmintica* Pierre 的干燥成熟种子	需核对登记注册企业名单
	马钱子	马钱科植物马钱 *Strychnos nux-vomica* 的干燥成熟种子	需核对登记注册企业名单
	砂仁	姜科植物阳春砂 *Amomum villosum*、绿壳砂 *Amomum villosum* 或海南砂 *Amomum longiligulare* 的干燥成熟果实	需核对登记注册企业名单（按照传统既是食品又是中药材的物质）
	安息香	安息香科植物白花树 *Styrax tonkinensis* 的干燥树脂	需核对登记注册企业名单
	藤黄	藤黄科植物藤黄 *Garcinia hanbyryi* Hook f. 树干渗出的树脂	需核对登记注册企业名单
坦桑尼亚	丁香	桃金娘科植物丁香 *Eugenia caryophyllata* 的干燥花蕾	允许进口，逐步完成注册登记（按照传统既是食品又是中药材的物质）
	辣椒	茄科植物辣椒 *Capsicum annuum* 或其栽培变种的干燥成熟果实	需核对登记注册企业名单
	黑芝麻	脂麻科植物脂麻 *Sesamum indicum* 的干燥成熟种子	需核对登记注册企业名单（按照传统既是食品又是中药材的物质）
坦桑尼亚（桑给巴尔）	母丁香	桃金娘科植物丁香 *Eugenia caryophyllata* Thumb. 的干燥近成熟果实	需核对登记注册企业名单（按照传统既是食品又是中药材的物质）
土耳其	八角茴香	木兰科植物八角茴香 *Illicium verum* 的干燥成熟果实	需核对登记注册企业名单（按照传统既是食品又是中药材的物质）
	白扁豆	豆科植物扁豆 *Dolichos lablab* 的干燥成熟种子	需核对登记注册企业名单（按照传统既是食品又是中药材的物质）
	黑芝麻	脂麻科植物脂麻 *Sesamum indicum* 的干燥成熟种子	需核对登记注册企业名单（按照传统既是食品又是中药材的物质）
	胡椒	胡椒科植物胡椒 *Piper nigrum* 的干燥近成熟或成熟果实	需核对登记注册企业名单（黑胡椒为按照传统既是食品又是中药材的物质）
	芥子	十字花科植物白芥 *Sinapis alba* 或芥 *Brassica juncea* 的干燥成熟种子	需核对登记注册企业名单（按照传统既是食品又是中药材的物质）
	苦杏仁	蔷薇科植物山杏 *Prunus armeniaca*、西伯利亚杏 *Prunus sibirica*、东北杏 *Prunus mandshurica* 或杏 *Prunus armeniaca* 的干燥成熟种子	需核对登记注册企业名单
	苏合香	金缕梅科植物苏合香树 *Liquidambar orientalis* 的树干渗出的香树脂经加工精制而成	需核对登记注册企业名单
	没食子	壳斗科植物没食子树 *Quercus infectoria* 幼枝上由没食子蜂 *Cynips gallaetinctoriae* 寄生而形成的虫瘿	需核对登记注册企业名单

表2-4-2 续25

国家和地区	产品名称	产品描述	备注
土库曼斯坦	鲜或干的甘草	豆科植物甘草 *Glycyrrhiza uralensis*、胀果甘草 *Glycyrrhiza inflata* 或光果甘草 *Glycyrrhiza glabra* 的新鲜或干燥根和根茎	允许进口，逐步完成注册登记（按照传统既是食品又是中药材的物质）
危地马拉	豆蔻	姜科植物白豆蔻 *Amomum kravanh* 或爪哇白豆蔻 *Amomum compactum* 的干燥成熟果实	允许进口，逐步完成注册登记
	黑芝麻	脂麻科植物脂麻 *Sesamum indicum* 的干燥成熟种子	需核对登记注册企业名单（按照传统既是食品又是中药材的物质）
委内瑞拉	黑芝麻	脂麻科植物脂麻 *Sesamum indicum* 的干燥成熟种子	需核对登记注册企业名单（按照传统既是食品又是中药材的物质）
乌干达	辣椒	茄科植物辣椒 *Capsicum annuum* 或其栽培变种的干燥成熟果实	需核对登记注册企业名单
	黑芝麻	脂麻科植物脂麻 *Sesamum indicum* 的干燥成熟种子	需核对登记注册企业名单（按照传统既是食品又是中药材的物质）
乌克兰	八角茴香	木兰科植物八角茴香 *Illicium verum* 的干燥成熟果实	允许进口，逐步完成注册登记（按照传统既是食品又是中药材的物质）
	弗朗鼠李皮	鼠李科植物弗朗鼠李树 *Rhamnusfrangula* 的干燥树皮	允许进口，逐步完成注册登记
	核桃仁	胡桃科植物胡桃 *Juglans regia* 的干燥成熟种子	允许进口，逐步完成注册登记
	水飞蓟	菊科植物水飞蓟 *Silybum marianum* 的干燥成熟果实	允许进口，逐步完成注册登记
	槲寄生	桑寄生科植物槲寄生 *Viscum coloratum*（Komar.）Nakai 的干燥带叶茎枝	需核对登记注册企业名单
	紫锥菊	菊科植物松果菊 *Echinacea purpurea* 的干燥全株	需核对登记注册企业名单
乌兹别克斯坦	核桃仁	胡桃科植物胡桃 *Juglans regia* 的干燥成熟种子	允许进口，逐步完成注册登记
	辣椒	茄科植物辣椒 *Capsicum annuum* 或其栽培变种的干燥成熟果实	需核对登记注册企业名单
	黑芝麻	脂麻科植物脂麻 *Sesamum indicum* 的干燥成熟种子	需核对登记注册企业名单（按照传统既是食品又是中药材的物质）
	西红花	鸢尾科植物番红花 *Crocus sativus* 的干燥柱头	需核对登记注册企业名单（按照传统既是食品又是中药材的物质）
	鲜或干的甘草	豆科植物甘草 *Glycyrrhiza uralensis*、胀果甘草 *Glycyrrhiza inflata* 或光果甘草 *Glycyrrhiza glabra* 的新鲜或干燥根和根茎	需核对登记注册企业名单（按照传统既是食品又是中药材的物质）
	苦杏仁	蔷薇科植物山杏 *Prunus armeniaca*、西伯利亚杏 *Prunus sibirica*、东北杏 *Prunus mandshurica* 或杏 *Prunus armeniaca* 的干燥成熟种子	允许进口，逐步完成注册登记

表2-4-2 续26

国家和地区	产品名称	产品描述	备注
西班牙	大蒜	百合科植物大蒜 *Allium sativum* 的鳞茎	允许进口，逐步完成注册登记
	苦杏仁	蔷薇科植物山杏 *Prunus armeniaca*、西伯利亚杏 *Prunus sibirica*、东北杏 *Prunus mandshurica* 或杏 *Prunus armeniaca* 的干燥成熟种子	允许进口，逐步完成注册登记
	西红花	鸢尾科植物番红花 *Crocus sativus* 的干燥柱头	需核对登记注册企业名单（按照传统既是食品又是中药材的物质）
希腊	西红花	鸢尾科植物番红花 *Crocus sativus* 的干燥柱头	需核对登记注册企业名单（按照传统既是食品又是中药材的物质）
新加坡	八角茴香	木兰科植物八角茴香 *Illicium verum* 的干燥成熟果实	允许进口，逐步完成注册登记（按照传统既是食品又是中药材的物质）
	胡椒	胡椒科植物胡椒 *Piper nigrum* 的干燥近成熟或成熟果实	允许进口，逐步完成注册登记（黑胡椒为按照传统既是食品又是中药材的物质）
	乳香	橄榄科植物乳香树 *Boswellia carterii* 及同属植物 *Boswellia bhaw-dajiana* 树皮渗出的树脂	允许进口，逐步完成注册登记
	苏合香	金缕梅科植物苏合香树 *Liquidambar orientalis* 的树干渗出的香树脂经加工精制而成	允许进口，逐步完成注册登记
	鲜或干的菊花	菊科植物菊 *Chrysanthemum morifolium* 的新鲜或干燥头状花序	允许进口，逐步完成注册登记（按照传统既是食品又是中药材的物质）
	血竭	棕榈科植物麒麟竭 *Daemonorops draco* 果实渗出的树脂经加工制成	允许进口，逐步完成注册登记
	天竺黄	禾本科植物青皮竹 *Bambusa textilis* 或华思劳竹 *Schizostachyum chinense* 等秆内的分泌液干燥后的块状物	需核对登记注册企业名单
叙利亚	八角茴香	木兰科植物八角茴香 *Illicium verum* 的干燥成熟果实	允许进口，逐步完成注册登记（按照传统既是食品又是中药材的物质）
新西兰	覆盆子	蔷薇科植物华东覆盆子 *Rubus chingii* 的干燥果实	允许进口，逐步完成注册登记（按照传统既是食品又是中药材的物质）
	山药	薯蓣科植物薯蓣 *Dioscorea opposita* 的干燥根茎	允许进口，逐步完成注册登记
	亚麻子	亚麻科植物亚麻 *Linum usitatissimum* 的干燥成熟种子	需核对登记注册企业名单
	银杏叶	银杏科植物银杏 *Ginkgo biloba* 的干燥叶	允许进口，逐步完成注册登记
	紫苏叶	唇形科植物紫苏 *Perilla frutescens* 的干燥叶（或带嫩枝）	允许进口，逐步完成注册登记（按照传统既是食品又是中药材的物质）

表2-4-2 续27

国家和地区	产品名称	产品描述	备注
伊朗	阿魏	伞形科植物阿魏 *Ferula assafoetida* 及其他同属植物的新鲜根茎及根采得的油胶树脂	允许进口，逐步完成注册登记
	大枣	鼠李科植物枣 *Ziziphus jujuba* 的干燥成熟果实	允许进口，逐步完成注册登记（按照传统既是食品又是中药材的物质）
	豆蔻	姜科植物白豆蔻 *Amomum kravanh* 或爪哇白豆蔻 *Amomum compactum* 的干燥成熟果实	允许进口，逐步完成注册登记
	西红花	鸢尾科植物番红花 *Crocus sativus* 的干燥柱头	需核对登记注册企业名单（按照传统既是食品又是中药材的物质）
	鲜或干的肉苁蓉	列当科植物肉苁蓉 *Cistanche deserticola* 或管花肉苁蓉 *Cistanche tubulosa* 的新鲜或干燥带鳞叶的肉质茎	允许进口，逐步完成注册登记（按照传统既是食品又是中药材的物质）
	鲜或干的甘草	豆科植物甘草 *Glycyrrhiza uralensis*、胀果甘草 *Glycyrrhiza inflata* 或光果甘草 *Glycyrrhiza glabra* 的新鲜或干燥根和根茎	允许进口，逐步完成注册登记（按照传统既是食品又是中药材的物质）
	小茴香	伞形科植物茴香 *Foeniculum vulgare* 的干燥成熟果实	需核对登记注册企业名单（按照传统既是食品又是中药材的物质）
	没食子	壳斗科植物没食子树 *Quercus infectoria* 幼枝上由没食子蜂 *Cynips gallaetinctoriae* 寄生而形成的虫瘿	需核对登记注册企业名单
意大利	胡椒	胡椒科植物胡椒 *Piper nigrum* 的干燥近成熟或成熟果实	允许进口，逐步完成注册登记（黑胡椒为按照传统既是食品又是中药材的物质）
	西红花	鸢尾科植物番红花 *Crocus sativus* 的干燥柱头	需核对登记注册企业名单（按照传统既是食品又是中药材的物质）
印度	八角茴香	木兰科植物八角茴香 *Illicium verum* 的干燥成熟果实	需核对登记注册企业名单（按照传统既是食品又是中药材的物质）
	槟榔	棕榈科植物槟榔 *Areca catechu* 的干燥成熟种子	需核对登记注册企业名单
	车前子	车前科植物车前 *Plantago asiatica* 或平车前 *Plantago depressa* 的干燥成熟种子	需核对登记注册企业名单
	豆蔻	姜科植物白豆蔻 *Amomum kravanh* 或爪哇白豆蔻 *Amomum compactum* 的干燥成熟果实	需核对登记注册企业名单
	香豆蔻	姜科植物香豆蔻 *Amomum subulatum* 的干燥成熟果实	需核对登记注册企业名单
	小豆蔻	姜科植物绿豆蔻 *Elettaria cardamomum* 的干燥成熟果实	需核对登记注册企业名单
	莪术	姜科植物蓬莪术 *Curcuma phaeocaulis*、广西莪术 *Curcuma kwangsiensis* 或温郁金 *Curcuma wenyujin* 的干燥根茎	需核对登记注册企业名单
	番泻叶	豆科植物狭叶番泻 *Cassia angustifolia* 或尖叶番泻 *Cassia acutifolia* 的干燥小叶	需核对登记注册企业名单
	诃子	使君子科植物诃子 *Terminalia chebula* 或绒毛诃子 *Terminalia chebula* 的干燥成熟果实	需核对登记注册企业名单

表2-4-2　续28

国家和地区	产品名称	产品描述	备注
印度	核桃仁	胡桃科植物胡桃 *Juglans regia* 的干燥成熟种子	需核对登记注册企业名单
	黑芝麻	脂麻科植物脂麻 *Sesamum indicum* 的干燥成熟种子	需核对登记注册企业名单（按照传统既是食品又是中药材的物质）
	胡椒	胡椒科植物胡椒 *Piper nigrum* 的干燥近成熟或成熟果实	需核对登记注册企业名单（黑胡椒为按照传统既是食品又是中药材的物质）
	胡芦巴	豆科植物胡芦巴 *Trigonella foenum-graecum* 的干燥成熟种子	需核对登记注册企业名单
	生姜，干姜	姜科植物姜 *Zingiber officinale* 的新鲜、干燥根茎	需核对登记注册企业名单（按照传统既是食品又是中药材的物质）
	姜黄	姜科植物姜黄 *Curcuma Longa* 的干燥根茎	需核对登记注册企业名单（按照传统既是食品又是中药材的物质）
	芥子	十字花科植物白芥 *Sinapis alba* 或芥 *Brassica juncea* 的干燥成熟种子	需核对登记注册企业名单（按照传统既是食品又是中药材的物质）
	决明子	豆科植物钝叶决明 *Cassia obtusifolia* 或决明（小决明）*Cassia tora*（异名：*Senna tora*）的干燥成熟种子	需核对登记注册企业名单（按照传统既是食品又是中药材的物质）
	辣椒	茄科植物辣椒 *Capsicum annuum* 或其栽培变种的干燥成熟果实	需核对登记注册企业名单
	没药	橄榄科植物地丁树 *Commiphora myrrha* 或哈地丁树 *Commiphora molmol* 的干燥树脂	需核对登记注册企业名单
	乳香	橄榄科植物乳香树 *Boswellia carterii* 及同属植物 *Boswellia bhaw-dajiana* 树皮渗出的树脂	需核对登记注册企业名单
	山药	薯蓣科植物薯蓣 *Dioscorea opposita* 的干燥根茎	需核对登记注册企业名单
	西青果	使君子科植物诃子 *Terminalia chebula* 的干燥幼果	需核对登记注册企业名单（按照传统既是食品又是中药材的物质）
	鲜或干的石斛	兰科植物金钗石斛 *Dendrobium nobile*、霍山石斛 *Dendrobium huoshanense*、鼓槌石斛 *Dendrobium chrysotoxum* 或流苏石斛 *Dendrobium fimbriatum* 的栽培品及其同属植物近似种的新鲜或干燥茎	需核对登记注册企业名单（按照传统既是食品又是中药材的物质）
	鲜或干的青蒿	菊科植物黄花蒿 *Artemisia annua* 的新鲜或干燥地上部分	需核对登记注册企业名单
	小茴香	伞形科植物茴香 *Foeniculum vulgare* 的干燥成熟果实	需核对登记注册企业名单（按照传统既是食品又是中药材的物质）
	血竭	棕榈科植物麒麟竭 *Daemonorops draco* 果实渗出的树脂经加工制成	需核对登记注册企业名单
	亚麻子	亚麻科植物亚麻 *Linum usitatissimum* 的干燥成熟种子	需核对登记注册企业名单

表2-4-2 续29

国家和地区	产品名称	产品描述	备注
印度	余甘子	大戟科植物余甘子 *Phyllanthus emblica* 的干燥成熟果实	需核对登记注册企业名单（按照传统既是食品又是中药材的物质）
	西红花	鸢尾科植物番红花 *Crocus sativus* 的干燥柱头	需核对登记注册企业名单（按照传统既是食品又是中药材的物质）
	檀香	檀香科植物檀香 *Santalum album* 树干的干燥心材	需核对登记注册企业名单
	大腹皮	棕榈科植物槟榔 *Areca catechu* 的干燥果皮	需核对登记注册企业名单
	马钱子	马钱科植物马钱 *Strychnos nux-vomica* 的干燥成熟种子	需核对登记注册企业名单
	草果	姜科植物草果 *Amomum tsao-ko* 的干燥成熟果实	需核对登记注册企业名单（按照传统既是食品又是中药材的物质）
	藤黄	藤黄科植物藤黄 *Garcinia hanbyryi* Hook f. 树干渗出的树脂	需核对登记注册企业名单
	胡黄连	玄参科植物胡黄连 *Picrorhiza scrophulariiflora Pennell* 的干燥根茎	需核对登记注册企业名单
	阿魏	伞形科植物阿魏 *Ferula assafoetida* 及其他同属植物的新鲜根茎及根采得的油胶树脂	需核对登记注册企业名单
	毛诃子	使君子科植物毗黎勒 *Terminalia bellirica*（Gaertn.）Roxb. 的干燥成熟果实	需核对登记注册企业名单
	广枣	漆树科植物南酸枣 *Choerospondias axillaris*（Roxb.）Burtt et Hill 的干燥成熟果实	需核对登记注册企业名单
	藏茜草	茜草科植物光茎茜草 *Rubia wallichiana* 和西藏茜草 *Rubia tibetica* 及同属数种植物的干燥根及根茎	需核对登记注册企业名单
	印度獐牙菜	龙胆科植物印度獐牙菜 *Swertia chirayita* 的干燥全草	需核对登记注册企业名单
	大托叶云实	豆科植物大托叶云实 *Caesalpinia crista* L. 的干燥成熟种子	需核对登记注册企业名单
	补骨脂	豆科植物补骨脂 *Psoralea corylifolia* 的干燥成熟果实	需核对登记注册企业名单
	宽筋藤	防已科植物心叶宽筋藤 *Tinospora cordifolia*（*wulld*）Miers 或宽筋藤 *T. sinensis*（*Lour.*）Merr. 的干燥茎	需核对登记注册企业名单
	萝芙木	夹竹桃科植物萝芙木 *Rauvolfia verticillata* 或云南萝芙木 *Rauvolfia yunnanensis* 的干燥根和根茎	需核对登记注册企业名单
	叶下珠	大戟科植物叶下珠 *Phyllanthus urinaria* 的干燥全草	需核对登记注册企业名单
	桫拉木	翅子藤科植物五层龙 *Salacia prinoides* 的干燥根	需核对登记注册企业名单

表2-4-2 续30

国家和地区	产品名称	产品描述	备注
印度尼西亚	八角茴香	木兰科植物八角茴香 *Illicium verum* 的干燥成熟果实	需核对登记注册企业名单（按照传统既是食品又是中药材的物质）
	荜茇	胡椒科植物荜茇 *Piper longum* 的干燥近成熟或成熟果穗	需核对登记注册企业名单
	槟榔	棕榈科植物槟榔 *Areca catechu* 的干燥成熟种子	需核对登记注册企业名单
	丁香	桃金娘科植物丁香 *Eugenia caryophyllata* 的干燥花蕾	需核对登记注册企业名单（按照传统既是食品又是中药材的物质）
	豆蔻	姜科植物白豆蔻 *Amomum kravanh* 或爪哇白豆蔻 *Amomum compactum* 的干燥成熟果实	需核对登记注册企业名单
	番泻叶	豆科植物狭叶番泻 *Cassia angustifolia* 或尖叶番泻 *Cassia acutifolia* 的干燥小叶	需核对登记注册企业名单
	黑芝麻	脂麻科植物脂麻 *Sesamum indicum* 的干燥成熟种子	需核对登记注册企业名单（按照传统既是食品又是中药材的物质）
	胡椒	胡椒科植物胡椒 *Piper nigrum* 的干燥近成熟或成熟果实	需核对登记注册企业名单（黑胡椒为按照传统既是食品又是中药材的物质）
	鸡骨草	豆科植物广州相思子 *Abrus cantoniensis* 的干燥全株	需核对登记注册企业名单
	灵芝	多孔菌科真菌赤芝 *Ganoderma lucidum* 或紫芝 *Ganoderma sinense* 的干燥子实体	需核对登记注册企业名单（按照传统既是食品又是中药材的物质）
	肉豆蔻	肉豆蔻科植物肉豆蔻 *Myristica fragrans* 的干燥种仁	需核对登记注册企业名单（按照传统既是食品又是中药材的物质）
	肉桂	樟科植物肉桂 *Cinnamomum cassia* 的干燥树皮	需核对登记注册企业名单（按照传统既是食品又是中药材的物质）
	乳香	橄榄科植物乳香树 *Boswellia carterii* 及同属植物 *Boswellia bhaw-dajiana* 树皮渗出的树脂	需核对登记注册企业名单
	山药	薯蓣科植物薯蓣 *Dioscorea opposita* 的干燥根茎	需核对登记注册企业名单
	苏合香	金缕梅科植物苏合香树 *Liquidambar orientalis* 的树干渗出的香树脂经加工精制而成	需核对登记注册企业名单
	鲜或干的沉香	瑞香科植物白木香 *Aquilaria sinensis* 含有树脂的木材	需核对登记注册企业名单
	血竭	棕榈科植物麒麟竭 *Daemonorops draco* 果实渗出的树脂经加工制成	需核对登记注册企业名单
	天竺黄	禾本科植物青皮竹 *Bambusa textilis* 或华思劳竹 *Schizostachyum chinense* 等秆内的分泌液干燥后的块状物	需核对登记注册企业名单
	檀香	檀香科植物檀香 *Santalum album* 树干的干燥心材	需核对登记注册企业名单

表2-4-2 续31

国家和地区	产品名称	产品描述	备注
印度尼西亚	大腹皮	棕榈科植物槟榔 *Areca catechu* 的干燥果皮	需核对登记注册企业名单
	诃子	使君子科植物诃子 *Terminalia chebula* 或绒毛诃子 *Terminalia chebula* 的干燥成熟果实	需核对登记注册企业名单
	砂仁	姜科植物阳春砂 *Amomum villosum*、绿壳砂 *Amomum villosum* 或海南砂 *Amomum longiligulare* 的干燥成熟果实	需核对登记注册企业名单（按照传统既是食品又是中药材的物质）
	小茴香	伞形科植物茴香 *Foeniculum vulgare* 的干燥成熟果实	需核对登记注册企业名单（按照传统既是食品又是中药材的物质）
	凉粉草	唇形科植物凉粉草 *Mesona chinensis* 的干燥地上部分	需核对登记注册企业名单（允许作为普通食品生产经营）
	东革阿里	苦木科植物东革阿里 *Eurycoma longifolia* 的干燥根	需核对登记注册企业名单
	鸡蛋花	夹竹桃科植物鸡蛋花 *Plumeria rubra* 的干燥花	需核对登记注册企业名单（允许作为凉茶饮料原料使用）
英国	安息香	安息香科植物白花树 *Styrax tonkinensis* 的干燥树脂	允许进口，逐步完成注册登记
	胡椒	胡椒科植物胡椒 *Piper nigrum* 的干燥近成熟或成熟果实	允许进口，逐步完成注册登记（黑胡椒为按照传统既是食品又是中药材的物质）
	苏合香	金缕梅科植物苏合香树 *Liquidambar orientalis* 的树干渗出的香树脂经加工精制而成	允许进口，逐步完成注册登记
	鲜或干的菊花	菊科植物菊 *Chrysanthemum morifolium* 的新鲜或干燥头状花序	允许进口，逐步完成注册登记（按照传统既是食品又是中药材的物质）
	苦杏仁	蔷薇科植物山杏 *Prunus armeniaca*、西伯利亚杏 *Prunus sibirica*、东北杏 *Prunus mandshurica* 或杏 *Prunus armeniaca* 的干燥成熟种子	允许进口，逐步完成注册登记
约旦	大枣	鼠李科植物枣 *Ziziphus jujuba* 的干燥成熟果实	允许进口，逐步完成注册登记（按照传统既是食品又是中药材的物质）
越南	凉粉草	唇形科植物凉粉草 *Mesona chinensis* 的干燥地上部分	需核对登记注册企业名单（允许作为普通食品生产经营）
	八角茴香	木兰科植物八角茴香 *Illicium verum* 的干燥成熟果实	允许进口，逐步完成注册登记（按照传统既是食品又是中药材的物质）
	荜茇	胡椒科植物荜茇 *Piper longum* 的干燥近成熟或成熟果穗	允许进口，逐步完成注册登记
	槟榔	棕榈科植物槟榔 *Areca catechu* 的干燥成熟种子	允许进口，逐步完成注册登记
	赤小豆	豆科植物赤小豆 *Vigna umbellata* 或赤豆 *Vigna angularis* 的干燥成熟种子	需核对登记注册企业名单（按照传统既是食品又是中药材的物质）
	丁香	桃金娘科植物丁香 *Eugenia caryophyllata* 的干燥花蕾	允许进口，逐步完成注册登记（按照传统既是食品又是中药材的物质）

表2-4-2　续32

国家和地区	产品名称	产品描述	备注
越南	豆蔻	姜科植物白豆蔻 *Amomum kravanh* 或爪哇白豆蔻 *Amomum compactum* 的干燥成熟果实	允许进口，逐步完成注册登记
	核桃仁	胡桃科植物胡桃 *Juglans regia* 的干燥成熟种子	允许进口，逐步完成注册登记
	黑芝麻	脂麻科植物脂麻 *Sesamum indicum* 的干燥成熟种子	需核对登记注册企业名单（按照传统既是食品又是中药材的物质）
	胡椒	胡椒科植物胡椒 *Piper nigrum* 的干燥近成熟或成熟果实	允许进口，逐步完成注册登记（黑胡椒为按照传统既是食品又是中药材的物质）
	黄藤	防己科植物黄藤 *Fibraurea recisa* 的干燥藤茎	允许进口，逐步完成注册登记
	鸡血藤	豆科植物密花豆 *Spatholobus suberectus* 的干燥藤茎	允许进口，逐步完成注册登记
	生姜，干姜	姜科植物姜 *Zingiber officinale* 的新鲜、干燥根茎	允许进口，逐步完成注册登记（按照传统既是食品又是中药材的物质）
	姜黄	姜科植物姜黄 *Curcuma Longa* 的干燥根茎	允许进口，逐步完成注册登记（按照传统既是食品又是中药材的物质）
	金钱草	报春花科植物过路黄 *Lysimachia christinae* 的干燥全草	允许进口，逐步完成注册登记
	辣椒	茄科植物辣椒 *Capsicum annuum* 或其栽培变种的干燥成熟果实	允许进口，逐步完成注册登记
	莲子	原为睡莲科植物莲 Nelumbo nucifera 的干燥成熟种子	允许进口，逐步完成注册登记（按照传统既是食品又是中药材的物质）
	灵芝	多孔菌科真菌赤芝 *Ganoderma lucidum* 或紫芝 *Ganoderma sinense* 的干燥子实体	允许进口，逐步完成注册登记（按照传统既是食品又是中药材的物质）
	龙眼肉	无患子科植物龙眼 *Dimocarpus longan* 的假种皮	允许进口，逐步完成注册登记（按照传统既是食品又是中药材的物质）
	肉桂	樟科植物肉桂 *Cinnamomum cassia* 的干燥树皮	允许进口，逐步完成注册登记（按照传统既是食品又是中药材的物质）
	山药	薯蓣科植物薯蓣 *Dioscorea opposita* 的干燥根茎	允许进口，逐步完成注册登记
	鲜或干的沉香	瑞香科植物白木香 *Aquilaria sinensis* 含有树脂的木材	允许进口，逐步完成注册登记
	鲜或干的胖大海	梧桐科植物胖大海 *Sterculia lychnophora* 的新鲜或干燥成熟种子	允许进口，逐步完成注册登记（按照传统既是食品又是中药材的物质）
	鲜或干的茯苓	多孔菌科真菌茯苓 *Poria cocos* 的新鲜或干燥菌核	允许进口，逐步完成注册登记（按照传统既是食品又是中药材的物质）
	鲜或干的槐花	豆科植物槐 *Sophora japonica* 的新鲜或干燥花及花蕾	允许进口，逐步完成注册登记（按照传统既是食品又是中药材的物质）

表2-4-2　续33

国家和地区	产品名称	产品描述	备注
越南	鲜或干的石斛	兰科植物金钗石斛 *Dendrobium nobile*、霍山石斛 *Dendrobium huoshanense*、鼓槌石斛 *Dendrobium chrysotoxum* 或流苏石斛 *Dendrobium fimbriatum* 的栽培品及其同属植物近似种的新鲜或干燥茎	允许进口，逐步完成注册登记（按照传统既是食品又是中药材的物质）
	鲜或干的黄连	毛茛科植物黄连 *Coptis chinensis*、三角叶黄连 *Coptis deltoidea* 或云连 *Coptis teeta* 的新鲜或干燥根茎	允许进口，逐步完成注册登记
	鲜或干的菊花	菊科植物菊 *Chrysanthemum morifolium* 的新鲜或干燥头状花序	允许进口，逐步完成注册登记（按照传统既是食品又是中药材的物质）
	鲜或干的青蒿	菊科植物黄花蒿 *Artemisia annua* 的新鲜或干燥地上部分	允许进口，逐步完成注册登记
	苦杏仁	蔷薇科植物山杏 *Prunus armeniaca*、西伯利亚杏 *Prunus sibirica*、东北杏 *Prunus mandshurica* 或杏 *Prunus armeniaca* 的干燥成熟种子	允许进口，逐步完成注册登记
	薏苡仁	禾本科植物薏米 *Coix lacryma-jobi* 的干燥成熟种仁	需核对登记注册企业名单（按照传统既是食品又是中药材的物质）
	大腹皮	棕榈科植物槟榔 *Areca catechu* 的干燥果皮	需核对登记注册企业名单
	大风子	大风子科植物大风子 *Hydnocarpus anthelmintica* Pierre 的干燥成熟种子	需核对登记注册企业名单
	砂仁	姜科植物阳春砂 *Amomum villosum*、绿壳砂 *Amomum villosum* 或海南砂 *Amomum longiligulare* 的干燥成熟果实	需核对登记注册企业名单（按照传统既是食品又是中药材的物质）
	安息香	安息香科植物白花树 *Styrax tonkinensis* 的干燥树脂	需核对登记注册企业名单
	广天仙子	爵床科植物水蓑衣 *Hygrophila salicifolia* 或大花水蓑衣 *Hygrophila megalantha* 的干燥成熟种子	需核对登记注册企业名单
中国台湾	槟榔	棕榈科植物槟榔 *Areca catechu* 的干燥成熟种子	允许进口，逐步完成注册登记
	车前子	车前科植物车前 *Plantago asiatica* 或平车前 *Plantago depressa* 的干燥成熟种子	允许进口，逐步完成注册登记
	莪术	姜科植物蓬莪术 *Curcuma phaeocaulis*、广西莪术 *Curcuma kwangsiensis* 或温郁金 *Curcuma wenyujin* 的干燥根茎	允许进口，逐步完成注册登记
	黑芝麻	脂麻科植物脂麻 *Sesamum indicum* 的干燥成熟种子	需核对登记注册企业名单（按照传统既是食品又是中药材的物质）
	胡椒	胡椒科植物胡椒 *Piper nigrum* 的干燥近成熟或成熟果实	允许进口，逐步完成注册登记（黑胡椒为按照传统既是食品又是中药材的物质）
	灵芝	多孔菌科真菌赤芝 *Ganoderma lucidum* 或紫芝 *Ganoderma sinense* 的干燥子实体	允许进口，逐步完成注册登记（按照传统既是食品又是中药材的物质）

表2-4-2 续34

国家和地区	产品名称	产品描述	备注
中国台湾	龙眼肉	无患子科植物龙眼 *Dimocarpus longan* 的假种皮	允许进口，逐步完成注册登记（按照传统既是食品又是中药材的物质）
	鲜或干的人参	五加科植物人参 *Panax ginseng* 的新鲜或干燥的根和根茎	允许进口，逐步完成注册登记
	鲜或干的菊花	菊科植物菊 *Chrysanthemum morifolium* 的新鲜或干燥头状花序	允许进口，逐步完成注册登记（按照传统既是食品又是中药材的物质）
	薏苡仁	禾本科植物薏米 *Coix lacryma-jobi* 的干燥成熟种仁	需核对登记注册企业名单（按照传统既是食品又是中药材的物质）
乍得	黑芝麻	脂麻科植物脂麻 *Sesamum indicum* 的干燥成熟种子	需核对登记注册企业名单（按照传统既是食品又是中药材的物质）
所有国家和地区	儿茶	豆科植物儿茶 *Acacia catechu* 的去皮枝、干的干燥煎膏	需核对登记注册企业名单
	芦荟	百合科植物库拉索芦荟 *Aloe barbadensis*、好望角芦荟 *Aloe ferox* 或其他同属近缘植物叶的汁液浓缩干燥物	需核对登记注册企业名单
	方儿茶	茜草科植物儿茶钩藤 *Uncaria gambier* 带叶嫩枝的干燥煎膏	需核对登记注册企业名单
	红豆杉	红豆杉科植物南方红豆杉 *Taxus chinensis* 及同属数种植物的干燥树皮或枝叶	需核对登记注册企业名单

进口中药材植物检疫卫生要求见表 2-5。《老挝输华植物源性中药材种类》见表 2-5-1。《尼泊尔输华植物源性中药材种类》见表 2-5-2。

表 2-5　进口中药材植物检疫卫生要求

序号	产品	原产国家或地区	产品要求	证书要求
1	藏红花	阿富汗	阿富汗输华藏红花 *Crocus sativus*	阿富汗政府主管部门应对阿富汗输华藏红花进行检疫，对经检疫合格的每批输华藏红花出具官方植物检疫证书，证明其符合中国的植物检疫要求，并注明种植基地、加工企业、出口商等英文信息
2	茯苓	刚果（布）	茯苓，是指在刚果共和国野生或种植的多孔菌科真菌茯苓（学名：*Poria cocos*；英文名：Poria）的干燥菌核	经检疫合格的输华茯苓，刚果（布）应按照国际植物检疫措施标准第 12 号（ISPM 12）出具植物检疫证书，注明企业名称或注册号码。植物检疫证书的附加声明应注明："This consignment complies with the requirements specified in the Protocol of Phytosanitary Requirements for Export of Poria from Congo to China, and is free from quarantine pests of concern to China."［该批货物符合刚果（布）茯苓输华植物检疫议定书要求，不带中方关注的检疫性有害生物。］①

① 此类证书要求中的中英文均为公告原文，为与公告一致，中英文的前后顺序及英文大小写不作修改，后同。

表2-5 续1

序号	产品	原产国家或地区	产品要求	证书要求
3	土茯苓和鸡血藤	老挝	1. 土茯苓，是指在老挝种植和加工的中药材用百合目菝葜科菝葜属光叶菝葜（学名：*Smilax glabra* Roxb.，Liliales：Smilacaceae）的干燥根茎或根茎切片。 2. 鸡血藤，是指在老挝种植和加工的中药材用豆目豆科密花豆属密花豆（学名：*Spatholobus suberectus* Dunn，Fabales：Fabaceae）的干燥藤茎或藤茎切片	老挝须对每一批输华土茯苓和鸡血藤实施检疫并出具一份植物检疫证书，并注明熏蒸温度、时间和药剂浓度。植物检疫证书用中文和英文打印（填写证书内容时英文必填）
4	植物源性中药材	老挝	指在老挝野生或种植的红豆蔻等12种药用植物制品，见表2-5-1《老挝输华植物源性中药材种类》	经检疫合格的输华中药材，老挝应按照国际植物检疫措施标准第12号（ISPM 12）出具植物检疫证书，注明企业名称或注册号码、集装箱或运输工具号码等信息。植物检疫证书的附加声明应注明："This consignment complies with the requirements specified in the Protocol of Phytosanitary Requirements for Export of Plant-derived Medicinal Materials from Laos to China, and is free from quarantine pests of concern to China."（该批货物符合老挝植物源性中药材输华植物检疫议定书要求，不带中方关注的检疫性有害生物。）
5	水飞蓟	蒙古国	蒙古国水飞蓟籽（Silybum-marianum Gaertn）	每批蒙古国输华水飞蓟籽应随附官方植物检疫证书，证明其符合中方的植物检疫要求，并注明具体产地。每一植物检疫证书上应有如下附加证明："该植物检疫证书所证明的水飞蓟籽符合中国和蒙古国于2016年8月29日在乌兰巴托签署的关于蒙古国水飞蓟籽输华植物检疫要求议定书的规定。"（The milk thistle seed covered by this phytosanitary certificate complies with the requirements of the Protocol of Phytosanitary Requirements for the Export of milk thistle seed from Mongolia to China, signed on Aug 29 2016 in Ulan Bator between China and Mongolia.）
6	植物源性中药材	尼泊尔	指在尼泊尔野生或种植的余甘子等15种药用植物制品。详见表2-5-2《尼泊尔输华植物源性中药材种类》	经检疫合格的输华中药材，尼泊尔应按照国际植物检疫措施标准第12号（ISPM 12）出具植物检疫证书，注明企业名称或注册号码等信息。植物检疫证书的附加声明应注明："This consignment complies with the requirements specified in the Protocol of Phytosanitary Requirements for Export of Plant-derived Medicinal Materials from Nepal to China, and is free from quarantine pests of concern to China."（该批货物符合尼泊尔植物源性中药材输华植物检疫议定书要求，不带中方关注的检疫性有害生物。）

表2-5　续2

序号	产品	原产国家或地区	产品要求	证书要求
7	天竺黄	印度尼西亚	指产自印度尼西亚禾本科植物青皮竹（*Bambusa textilis*）或华思劳竹（*Schizostachyum chinense*）等秆内分泌液干燥后的块状物，不直接供人食用	经检疫合格的天竺黄，印度尼西亚应出具植物检疫证书，注明加工企业名称或注册号码，并在附加声明中注明：“This consignment complies with the requirements specified in the Protocol of Phytosanitary Requirements for Export of Tabasheer from Indonesia to China.”（该批货物符合印度尼西亚天竺黄输华植物检疫议定书要求。）
8	西红花	乌兹别克斯坦	指在乌兹别克斯坦野生或种植的鸢尾科植物番红花（学名：*Crocus sativus*；英文名：saffron）的干燥柱头	经检疫合格的输华西红花，乌兹别克斯坦应按国际植物检疫措施标准第 12 号（ISPM 12）出具植物检疫证书，注明种植基地和加工包装厂名称或其注册号码以及集装箱号码，并填写以下附加声明：“This consignment complies with the requirements specified in the Protocol of Phytosanitary Requirements for Export of Saffrons from Uzbekistan to China, and is free from quarantine pests of concern to China.”（该批货物符合乌兹别克斯坦西红花输华植物检疫议定书要求，不带中方关注的检疫性有害生物。）

表 2-5-1　老挝输华植物源性中药材种类

序号	名称	产品描述
1	红豆蔻	姜科植物大高良姜 *Alpinia galanga* 的干燥成熟果实
2	草豆蔻	姜科植物草豆蔻 *Alpinia katsumadai* 的干燥近成熟种子
3	草果	姜科植物草果 *Amomum tsaoko* 的干燥成熟果实
4	肉豆蔻	肉豆蔻科植物肉豆蔻 *Myristica fragrans* 的干燥种仁
5	木蝴蝶	紫葳科植物木蝴蝶 *Oroxylum indicum* 的干燥成熟种子
6	山药	薯蓣科植物薯蓣 *Dioscorea opposita* 的干燥根茎
7	山柰	姜科植物山柰 *Kaempferia galanga* 的干燥根茎
8	黄精	百合科植物滇黄精 *Polygonatum kingianum*、黄精 *Polygonatum sibiricum* 或多花黄精 *Polygonatum cyrtonema* 的干燥根茎
9	百部	百部科植物直立百部 *Stemona sessilifolia*、蔓生百部 *Stemona japonica* 或对叶百部 *Stemona tuberosa* 的干燥块根
10	白及	兰科植物白及 *Bletilla striata* 的干燥块茎
11	千年健	天南星科植物千年健 *Homalomena occulta* 的干燥根茎
12	灵芝	多孔菌科真菌赤芝 *Ganoderma lucidum* 或紫芝 *Ganoderma sinense* 的干燥子实体

表 2-5-2　尼泊尔输华植物源性中药材种类

序号	名称	产品描述
1	余甘子	大戟科植物余甘子 *Phyllanthus emblica* 的干燥成熟果实
2	重楼	百合科植物七叶一枝花 *Paris polyphylla* 的干燥根茎

表2-5-2 续

序号	名称	产品描述
3	沉香	瑞香科植物白木香 *Aquilaria sinensis* 或马来沉香 *Aquilaria malaccensis*（异名：*Aquilaria agallocha*）含有树脂的干燥木材
4	波棱瓜子	葫芦科植物波棱瓜 *Herpetospermum pedunculosum* 的干燥种子
5	九里香	芸香科植物九里香 *Murraya exotica*、千里香 *Murraya paniculata* 和调料九里香 *Murraya koenigii* 的干燥叶
6	决明子	豆科植物钝叶决明 *Cassia obtusifolia* 或决明（小决明）*Cassia tora*（异名：*Senna tora*）的干燥成熟种子
7	檀香	檀香科植物檀香 *Santalum album* 树干的干燥心材
8	印度獐牙菜	龙胆科植物印度獐牙菜 *Swertia chirayita* 的干燥全草
9	黄精	百合科植物滇黄精 *Polygonatum kingianum*、黄精 *Polygonatum sibiricum*、多花黄精 *Polygonatum cyrtonema*、卷叶黄精 *Polygonatum cirrhifolium* 或轮叶黄精 *Polygonatum verticillatum* 的干燥根茎
10	香豆蔻	姜科植物香豆蔻 *Amomum subulatum* 的干燥成熟果实
11	灵芝	多孔菌科真菌赤芝 *Ganoderma lucidum* 或紫芝 *Ganoderma sinense* 的干燥子实体
12	藏茜草	茜草科植物光茎茜草 *Rubia wallichiana* 和西藏茜草 *Rubia tibetica* 及同属数种植物的干燥根及根茎
13	荜茇	胡椒科植物荜茇 *Piper longum* 的干燥近成熟或成熟果穗
14	阿魏	伞形科植物新疆阿魏 *Ferula sinkiangensis*、阜康阿魏 *Ferula fukanensis* 或印度阿魏 *Ferula narthrex* 的树脂
15	鸭嘴花	爵床科植物鸭嘴花 *Justicia adhatoda* 的干燥叶

二、出口中药材

按“食用”申报的产品，应按照“动物源性食品”或“食用植物产品”有关要求办理，详见本书第二部分第六章或第七章。

按“药用”申报的产品，按照以下有关内容办理。

（一）资质要求

境外国家（地区）对中国输往该国家（地区）的中药材生产企业实施注册登记的，海关实施注册登记；需要向其推荐注册的，海关总署统一向该国家（地区）主管当局推荐。

（二）申报要求

1. 基本申报要求

出口中药材生产企业、出口商应当按照法律、行政法规和海关总署规定，向产地（含组货地）海关申请检验检疫。申报时，需如实申报产品的预期用途，除合同、发票、装箱单外，还应提交以下材料：

（1）生产企业出具的出厂合格证明；

（2）产品符合进境国家或者地区动植物检疫要求的书面声明。

2. 录入要求

在货物用途栏目，应选择“17-药用”。

（三）产品相关要求

1. 基本要求

出口中药材应当符合中国政府与输入国家或者地区签订的检疫协议、议定书、备忘录等规定，以及进境国家或者地区的标准或者合同要求。

2. 企业要求

出口生产企业应当达到输入国家或者地区法律法规的相关要求，并符合中国有关法律法规规定。

出口生产企业应当建立完善的防疫体系和溯源管理制度。

出口生产企业应当建立原料、包装材料等进货采购记录、验收记录、生产加工记录、出厂检验记录、出入库记录等，详细记录出口中药材生产加工全过程的防疫管理和产品溯源情况。上述记录应当真实，保存期限不得少于 2 年。

出口生产企业应当配备检疫管理人员，明确防疫责任人。

出口中药材的货主或者其代理人和出口中药材生产企业应当建立疫情信息报告制度和应急处置方案。发现疫情信息应当及时向海关报告并积极配合海关进行疫情处置。

参考资料 1

按照传统既是食品又是中药材的物质目录

《中华人民共和国食品安全法》规定："按照传统既是食品又是中药材的物质目录由国务院卫生行政部门会同国务院食品药品监督管理部门制定、公布。"国家卫生健康委员会于 2021 年发布《按照传统既是食品又是中药材的物质目录管理规定》（国卫食品发〔2021〕36 号），进一步明确：国家卫生健康委员会会同国家市场监督管理总局制定、公布食药物质目录，对目录实施动态管理。

现行《按照传统既是食品又是中药材的物质目录》详见表 2-6 至表 2-9。

表 2-6 按照传统既是食品又是中药材的物质目录

（2002 年发布明确 87 种）①

序号	物质名称	植物名/动物名	拉丁学名	所属科名	使用部分	备注
1	丁香	丁香	*Eugenia caryophyllata* Thunb.	桃金娘科	花蕾	—
2	八角茴香	八角茴香	*Illicium verum* Hook. f.	木兰科	成熟果实	在调味品中也称"八角"
3	刀豆	刀豆	*Canavalia gladiata*（Jacq.）DC.	豆科	成熟种子	—
4	小茴香	茴香	*Foeniculum vulgare* Mill.	伞形科	成熟果实	用于调味时还可用叶和梗
5	小蓟	刺儿菜	*Cirsium setosum*（Willd.）MB.	菊科	地上部分	—
6	山药	薯蓣	*Dioscorea opposita* Thunb.	薯蓣科	根茎	—
7	山楂	山里红	*Crataegus pinnatifida* Bge. var. *major* N. E. Br.	蔷薇科	成熟果实	—
		山楂	*Crataegus pinnatifida* Bge.	蔷薇科		

① 按照植物、动物排序；按照 2014 年相关文件归并为 86 种，实际产品范围不变。

表2-6 续1

序号	物质名称	植物名/动物名	拉丁学名	所属科名	使用部分	备注
8	马齿苋	马齿苋	*Portulaca oleracea* L.	马齿苋科	地上部分	—
9	乌梅	梅	*Prunus mume* (Sieb.) Sieb. et Zucc.	蔷薇科	近成熟果实	—
10	木瓜	贴梗海棠	*Chaenomeles speciosa* (Sweet) Nakai	蔷薇科	近成熟果实	—
11	火麻仁	大麻	*Cannabis sativa* L.	桑科	成熟果实	—
12	代代花	代代花	*Citrus aurantium* L. var. *amara* Engl.	芸香科	花蕾	果实地方常用作枳壳
13	玉竹	玉竹	*Polygonatum odoratum* (Mill.) Druce	百合科	根茎	—
14	甘草	甘草	*Glycyrrhiza uralensis* Fisch.	豆科	根和根茎	—
		胀果甘草	*Glycyrrhiza inflata* Bat.	豆科		
		光果甘草	*Glycyrrhiza glabra* L.	豆科		
15	白芷	白芷	*Angelica dahurica* (Fisch. ex Hoffm.) Benth. et Hook. f.	伞形科	根	—
		杭白芷	*Angelica dahurica* (Fisch. ex Hoffm.) Benth. et Hook. f. var. *formosana* (Boiss.) Shan et Yuan	伞形科		
16	白果	银杏	*Ginkgo biloba* L.	银杏科	成熟种子	—
17	白扁豆	扁豆	*Dolichos lablab* L.	豆科	成熟种子	—
18	白扁豆花	扁豆	*Dolichos lablab* L.	豆科	花	—
19	龙眼肉（桂圆）	龙眼	*Dimocarpus longan* Lour.	无患子科	假种皮	—
20	决明子	决明	*Cassia obtusifolia* L.	豆科	成熟种子	需经过炮制方可使用
		小决明	*Cassia tora* L.	豆科		
21	百合	卷丹	*Lilium lancifolium*Thunb.	百合科	肉质鳞叶	—
		百合	*Lilium brownie* F. E. Brown var. *viridulum* Baker	百合科		
		细叶百合	*Lilium pumilum* DC.	百合科		
22	肉豆蔻	肉豆蔻	*Myristica fragrans* Houtt.	肉豆蔻科	种仁；种皮	种皮仅作为调味品使用
23	肉桂	肉桂	*Cinnamomum cassia* Presl	樟科	树皮	在调味品中也称“桂皮”
24	余甘子	余甘子	*Phyllanthus emblica* L.	大戟科	成熟果实	—
25	佛手	佛手	*Citrus medica* L. var. *sarcodactylis* Swingle	芸香科	果实	—

表2-6　续2

序号	物质名称	植物名/动物名	拉丁学名	所属科名	使用部分	备注
26	杏仁（苦、甜）	山杏	*Prunus armeniaca* L. var. *ansu* Maxim	蔷薇科	成熟种子	苦杏仁需经过炮制方可使用
		西伯利亚杏	*Prunus sibirica* L.	蔷薇科		
		东北杏	*Prunus mandshurica* (Maxim) Koehne	蔷薇科		
		杏	*Prunus armeniaca* L.	蔷薇科		
27	沙棘	沙棘	*Hippophae rhamnoides* L.	胡颓子科	成熟果实	—
28	芡实	芡	*Euryale ferox* Salisb.	睡莲科	成熟种仁	—
29	花椒	青椒	*Zanthoxylum schinifolium* Sieb. et Zucc.	芸香科	成熟果皮	花椒果实可作为调味品使用
		花椒	*Zanthoxylum bungeanum* Maxim.	芸香科		
30	赤小豆	赤小豆	*Vigna umbellata* Ohwi et Ohashi	豆科	成熟种子	—
		赤豆	*Vigna angularis* Ohwi et Ohashi	豆科		
31	麦芽	大麦	*Hordeum vulgare* L.	禾本科	成熟果实经发芽干燥的炮制加工品	—
32	昆布	海带	*Laminaria japonica* Aresch.	海带科	叶状体	—
		昆布	*Ecklonia kurome* Okam.	翅藻科		
33	枣（大枣、黑枣）①	枣	*Ziziphus jujuba* Mill.	鼠李科	成熟果实	—
34	罗汉果	罗汉果	*Siraitia grosvenorii* (Swingle.) C. Jeffrey ex A. M. Lu et Z. Y. Zhang	葫芦科	果实	—
35	郁李仁	欧李	*Prunus humilis* Bge.	蔷薇科	成熟种子	—
		郁李	*Prunus japonica* Thunb.	蔷薇科		
		长柄扁桃	*Prunus pedunculata* Maxim.	蔷薇科		
36	金银花	忍冬	*Lonicera japonica* Thunb.	忍冬科	花蕾或带初开的花	—
37	青果	橄榄	*Canarium album* Raeusch.	橄榄科	成熟果实	—
38	鱼腥草	蕺菜	*Houttuynia cordata* Thunb.	三白草科	新鲜全草或干燥地上部分	—
39	姜（生姜、干姜）	姜	*Zingiber officinale* Rosc.	姜科	根茎（生姜所用为新鲜根茎，干姜为干燥根茎）	—

① 2002 版名单中“酸枣”列在“枣（大枣、酸枣、黑枣）”项下，国卫办食品函〔2014〕975 号将其中的“酸枣”拆分到表中第 72 项。

表2-6 续3

序号	物质名称	植物名/动物名	拉丁学名	所属科名	使用部分	备注
40	枳椇子	枳椇	*Hovenia dulcis* Thunb.	鼠李科	药用为成熟种子；食用为肉质膨大的果序轴、叶及茎枝	—
41	枸杞子	宁夏枸杞	*Lycium barbarum* L.	茄科	成熟果实	—
42	栀子	栀子	*Gardenia jasminoides* Ellis	茜草科	成熟果实	—
43	砂仁	阳春砂	*Amomum villosum* Lour.	姜科	成熟果实	—
		绿壳砂	*Amomum villosum* Lour. var. *xanthioides* T. L. Wu et Senjen	姜科		
		海南砂	*Amomum longiligularg* T. L. Wu	姜科		
44	胖大海	胖大海	*Sterculia lychnophora* Hance	梧桐科	成熟种子	—
45	茯苓	茯苓	*Poria cocos* (Schw.) Wolf	多孔菌科	菌核	—
46	香橼	枸橼	*Citrus medica* L.	芸香科	成熟果实	—
		香圆	*Citrus wilsonii* Tanaka	芸香科		
47	香薷	石香薷	*Mosla chinensis* Maxim.	唇形科	地上部分	—
		江香薷	*Mosla chinensis* ‘jiangxiangru’	唇形科		
48	桃仁	桃	*Prunus persica* (L.) Batsch	蔷薇科	成熟种子	—
		山桃	*Prunus davidiana* (Carr.) Franch.	蔷薇科		
49	桑叶	桑	*Morus alba* L.	桑科	叶	—
50	桑葚	桑	*Morus alba* L.	桑科	果穗	—
51	桔红（橘红）	橘及其栽培变种	*Citrus reticulata* Blanco	芸香科	外层果皮	—
52	桔梗	桔梗	*Platycodon grandiflorum* (Jacq.) A. DC.	桔梗科	根	—
53	益智仁	益智	Alpinia oxyphylla Miq.	姜科	去壳之果仁，而调味品为果实	—
54	荷叶	莲	*Nelumbo nucifera* Gaertn.	睡莲科	叶	—
55	莱菔子	萝卜	*Raphanus sativus* L.	十字花科	成熟种子	—
56	莲子	莲	*Nelumbo nucifera* Gaertn.	睡莲科	成熟种子	—
57	高良姜	高良姜	*Alpinia officinarum* Hance	姜科	根茎	—
58	淡竹叶	淡竹叶	*Lophatherum gracile* Brongn.	禾本科	茎叶	—
59	淡豆豉	大豆	*Glycine max* (L.) Merr.	豆科	成熟种子的发酵加工品	—
60	菊花	菊	*Chrysanthemum morifolium* Ramat.	菊科	头状花序	—
61	菊苣	毛菊苣	*Cichorium glandulosum* Boiss. et Huet	菊科	地上部分或根	—
		菊苣	*Cichorium intybus* L.	菊科		

表2-6 续4

序号	物质名称	植物名/动物名	拉丁学名	所属科名	使用部分	备注
62	黄芥子	芥	*Brassica juncea* (L.) Czern. et Coss	十字花科	成熟种子	—
63	黄精	滇黄精	*Polygonatum kingianum* Coll. et Hemsl.	百合科	根茎	—
		黄精	*Polygonatum sibiricum* Red.	百合科		
		多花黄精	*Polygonatum cyrtonema* Hua	百合科		
64	紫苏	紫苏	*Perilla frutescens* (L.) Britt.	唇形科	叶(或带嫩枝)	—
65	紫苏子(籽)	紫苏	*Perilla frutescens* (L.) Britt.	唇形科	成熟果实	—
66	葛根	野葛	*Pueraria lobata* (Willd.) Ohwi	豆科	根	—
67	黑芝麻	脂麻	*Sesamum indicum* L.	脂麻科	成熟种子	在调味品中也称“胡麻、芝麻”
68	黑胡椒	胡椒	*Piper nigrum* L.	胡椒科	近成熟或成熟果实	在调味品中称“白胡椒”
69	槐花、槐米①	槐	*Sophora japonica* L.	豆科	花及花蕾	—
70	蒲公英	蒲公英	*Taraxacum mongolicum* Hand. -Mazz.	菊科	全草	—
		碱地蒲公英	*Taraxacum borealisinense* Kitam.	菊科		
		同属数种植物		菊科		
71	榧子	榧	*Torreya grandis* Fort.	红豆杉科	成熟种子	—
72	酸枣、酸枣仁②	酸枣	*Ziziphus jujuba* Mill. var. *spinosa* (Bunge) Hu ex H. F. Chou	鼠李科	果肉、成熟种子	—
73	鲜白茅根(或干白茅根)	白茅	*Imperata cylindrical* Beauv. var. *major* (Nees) C. E. Hubb.	禾本科	根茎	—
74	鲜芦根(或干芦根)	芦苇	*Phragmites communis* Trin.	禾本科	根茎	—
75	橘皮(或陈皮)	橘及其栽培变种	*Citrus reticulata* Blanco	芸香科	成熟果皮	—
76	薄荷	薄荷	*Mentha haplocalyx* Briq.	唇形科	地上部分	—
		薄荷	*Mentha arvensis* L.	唇形科	叶、嫩芽	仅作为调味品使用
77	薏苡仁	薏苡	*Coix lacryma-jobi*L. var. *mayuen.* (Roman.) Stapf	禾本科	成熟种仁	—
78	薤白	小根蒜	*Allium macrostemon* Bge.	百合科	鳞茎	—
		薤	*Allium chinense* G. Don	百合科		
79	覆盆子	华东覆盆子	*Rubus chingii* Hu	蔷薇科	果实	—

① 2002 版名单中为 2 项，此处按国卫办食品函〔2014〕975 号整合为 1 项。
② 2002 版名单中“酸枣”列在“枣（大枣、酸枣、黑枣）”项下。

表2-6　续5

序号	物质名称	植物名/动物名	拉丁学名	所属科名	使用部分	备注
80	藿香	广藿香	*Pogostemon cablin* (Blanco) Benth.	唇形科	地上部分	—
81	乌梢蛇	乌梢蛇	*Zaocys dhumnades* (Cantor)	游蛇科	剥皮、去除内脏的整体	仅限获得林业部门许可进行人工养殖的乌梢蛇
82	牡蛎	长牡蛎	*Ostrea gigas* Thunberg	牡蛎科	贝壳	—
		大连湾牡蛎	*Ostrea talienwhanensis* Crosse	牡蛎科		
		近江牡蛎	*Ostrea rivularis* Gould	牡蛎科		
83	阿胶	驴	*Equus asinus* L.	马科	干燥皮或鲜皮经煎煮、浓缩制成的固体胶	—
84	鸡内金	家鸡	*Gallus gallus domesticus* Brisson	雉科	沙囊内壁	—
85	蜂蜜	中华蜜蜂	*Apis cerana* Fabricius	蜜蜂科	蜂所酿的蜜	—
		意大利蜂	*Apis mellifera* Linnaeus	蜜蜂科		
86	蝮蛇（蕲蛇）	五步蛇	*Agkistrodon acutus* (Güenther)	蝰科	去除内脏的整体	仅限获得林业部门许可进行人工养殖的蝮蛇

注：《卫生部关于进一步规范保健食品原料管理的通知》（卫法监发〔2002〕51号）附件1发布了《既是食品又是药品的物品名单》。在2002版名单中仅列出了物质名称，按照国卫办食品函〔2014〕975号文件有关内容完善了其他项目。

表2-7　《按照传统既是食品又是中药材的物质目录》2002—2014年新增列入14种[①]

序号	物质名称	植物名/动物名	拉丁学名	所属科名	使用部分	备注
1	人参	人参	*Panax ginseng* C. A. Mey	五加科	根和根茎	为5年及5年以下人工种植的人参；食用量≤3克/天；孕妇、哺乳期妇女及14周岁以下儿童不宜食用
2	山银花	华南忍冬	*Loniceraconfuse* DC.	忍冬科	花蕾或带初开的花	—
		红腺忍冬	*Lonicera hypoglauca* Miq.			
		灰毡毛忍冬	*Lonicera macranthoides* Hand. -Mazz.			
		黄褐毛忍冬	*Lonicera fulvotomentosa* Hsu et S. C. Cheng			
3	芫荽	芫荽	*Coriandrum sativum*L.	伞形科	果实、种子	—
4	玫瑰花	玫瑰	*Rosa rugosa* Thunb 或 *Rose rugosa* cv. Plena	蔷薇科	花蕾	—

① 按照植物、动物排序。

表2-7　续

序号	物质名称	植物名/动物名	拉丁学名	所属科名	使用部分	备注
5	松花粉	马尾松	*Pinus massoniana*Lamb.	松科	干燥花粉	—
		油松	*Pinus tabuliformis* Carr.			
		同属数种植物				
6	粉葛	甘葛藤	*Pueraria thomsonii* Benth.	豆科	根	—
7	布渣叶	破布叶	*Microcos paniculata*L.	椴树科	叶	仅作为凉茶饮料原料；使用量≤15克/天
8	夏枯草	夏枯草	*Prunella vulgaris* L.	唇形科	果穗	仅作为凉茶饮料原料；使用量≤9克/天
9	当归	当归	*Angelica sinensis*（Oliv.）Diels.	伞形科	根	仅限用于香辛料；使用量≤3克/天
10	山柰	山柰	*Kaempferia galanga* L.	姜科	根茎	仅作为调味品使用；使用量≤6克/天；在调味品中标示“根、茎”
11	西红花	藏红花	*Crocus sativus* L.	鸢尾科	柱头	仅作为调味品使用；使用量≤1克/天；在调味品中也称“藏红花”
12	草果	草果	*Amomum tsao-ko* Crevost et Lemaire	姜科	果实	仅作为调味品使用；使用量≤3克/天
13	姜黄	姜黄	*Curcuma Longa*L.	姜科	根茎	仅作为调味品使用；使用量≤3克/天；在调味品中标示“根、茎”
14	荜茇	荜茇	*Piper longum* L.	胡椒科	果实或成熟果穗	仅作为调味品使用；使用量≤1克/天

注：《按照传统既是食品又是中药材物质目录》新增物质纳入依据如下。

1. 人参。卫生部公告2012年第17号《关于批准人参（人工种植）为新资源食品的公告》批准人参（人工种植）为新资源食品；《中华人民共和国药典》记载；基源植物和使用部分与《中华人民共和国药典》记载一致。

2. 山银花。金银花列入2002年卫生部公布的《既是食品又是药品的物品名单》，金银花来源为忍冬 *Lonicera japonica* Thunb.、红腺忍冬 *Lonicerahypog lauca* Miq.、山银花 *Lonicera confuse* DC.、毛花柱忍冬 *Lonicera dasystyla* Rehd.，金银花和山银花在《中华人民共和国药典》中二者未分开，遵循《中华人民共和国药典》的处理方法；经查阅文献和实地调研，山银花在南方种植时间悠久，在当地有食用历史，且无毒副反应报道。

3. 玫瑰花。卫生部公告2010年第3号《关于批准DHA藻油、棉籽低聚糖等7种物品为新资源食品及其他相关规定的公告》将玫瑰花作为普通食品；《中华人民共和国药典》记载；基源植物和使用部分与《中华人民共和国药典》记载一致。

4. 松花粉。卫生部公告2004年第17号《关于将油菜花粉等食品新资源列为普通食品管理的公告》将松花粉作为新资源食品；《中华人民共和国药典》记载；基源植物和使用部分与《中华人民共和国药典》记载一致。

5. 粉葛。《中华人民共和国药典》(2005版）为甘葛藤葛根基源之一。

6. 布渣叶、夏枯草。卫生部公告2010年第3号《关于批准DHA藻油、棉籽低聚糖等7种物品为新资源食品及其他相关规定的公告》允许夏枯草、布渣叶作为凉茶饮料原料使用；《中华人民共和国药典》记载；基源植物和使用部分与《中华人民共和国药典》记载一致。

7. 当归。美国联邦法典21CFR 182.10、欧盟食品安全局（EFSA）将当归作为香辛料（每天食用3~15克的当归根或3~6克的根粉）；日本将当归列入“源自植物或动物的天然香料名单”作为食品的香辛料使用；《中华人民共和国药典》记载；基源植物和使用部分与《中华人民共和国药典》记载一致。

8. 芫荽、西红花、草果、姜黄、荜茇、山柰。列入标准《香辛料和调味品》（GB/T 12729）；《中华人民共和国药典》记载；基源植物和使用部分与《中华人民共和国药典》记载一致。

表 2-8 《按照传统既是食品又是中药材的物质目录》2019 年更新列入 6 种

序号	物质名称	植物名/动物名	拉丁学名	所属科名	使用部分	备注
1	当归	当归	*Angelica sinensis* (Oliv.) Diels	伞形科	根	仅作为香辛料和调味品
2	山柰	山柰	*Kaempferia galanga* L.	姜科	根茎	仅作为香辛料和调味品
3	西红花	番红花	*Crocus sativus* L.	鸢尾科	柱头	仅作为香辛料和调味品，在香辛料和调味品中又称“藏红花”
4	草果	草果	*Amomum tsao-ko* Crevost et Lemaire	姜科	果实	仅作为香辛料和调味品
5	姜黄	姜黄	*Curcuma longa* L.	姜科	根茎	仅作为香辛料和调味品
6	荜茇	荜茇	*Piper longum* L.	胡椒科	果穗	仅作为香辛料和调味品

注：《关于当归等 6 种新增按照传统既是食品又是中药材的物质公告》（国家卫生健康委员会、国家市场监督管理总局公告 2019 年第 8 号）更新当归、山柰、西红花、草果、姜黄、荜茇 6 种物质，同时明确上述物质仅作为香辛料和调味品使用。

表 2-9 《按照传统既是食品又是中药材的物质目录》2023 年新增列入 9 种

序号	物质名称	植物名/动物名	拉丁学名	所属科名	使用部分
1	党参	党参	*Codonopsis pilosula* (Franch.) Nannf.	桔梗科	根
		素花党参	*Codonopsis pilosula* Nannf. var. *modesta* (Nannf.) L. T. Shen		
		川党参	*Codonopsis tangshen* Oliv.		
2	肉苁蓉（荒漠）	肉苁蓉	*Cistanche deserticola* Y. C. Ma	列当科	肉质茎
3	铁皮石斛	铁皮石斛	*Dendrobium officinale* Kimura et Migo	兰科	茎
4	西洋参	西洋参	*Panax quinquefolium* L.	五加科	根
5	黄芪	蒙古黄芪	*Astragalus membranaceus* (Fisch.) Bge. var. *mongholicus* (Bge.) Hsiao	豆科	根
		膜荚黄芪	*Astragalus membranaceus* (Fisch.) Bge.		
6	灵芝	赤芝	*Ganoderma lucidum* (Leyss. ex Fr.) Karst.	多孔菌科	子实体
		紫芝	*Ganoderma sinense* Zhao, Xu et Zhang		
7	山茱萸	山茱萸	*Cornus officinalis* Sieb. et Zucc.	山茱萸科	果肉
8	天麻	天麻	*Gastrodia elata* B1.	兰科	块茎
9	杜仲叶	杜仲	*Eucommia ulmoides* Oliv.	杜仲科	叶

注：《关于对党参等 9 种物质开展按照传统既是食品又是中药材的物质管理试点工作的通知》（国卫食品函〔2019〕311 号）对党参、肉苁蓉、铁皮石斛、西洋参、黄芪、灵芝、山茱萸、天麻、杜仲叶 9 种物质开展试点。《关于党参等 9 种新增按照传统既是食品又是中药材的物质公告》（国家卫生健康委员会 国家市场监督管理总局公告 2023 年 9 号）将党参、肉苁蓉（荒漠）、铁皮石斛、西洋参、黄芪、灵芝、山茱萸、天麻、杜仲叶 9 种物质纳入按照传统既是食品又是中药材的物质目录。

参考资料 2

口岸及边境口岸与口岸药品监督管理部门和口岸药品检验机构对应关系表

口岸及边境口岸与口岸药品监督管理部门和口岸药品检验机构对应关系表见表 2-10。

表 2-10　口岸及边境口岸与口岸药品监督管理部门和口岸药品检验机构对应关系表

（截至2024 年，按口岸所在地行政区划排序）

序号	口岸/边境口岸	口岸药品监督管理部门	口岸药品检验机构	备注
1	北京市行政区域内口岸	北京市药品监督管理局	中国食品药品检定研究院、北京市药品检验所	
2	天津市行政区域内口岸	天津市药品监督管理局	天津市药品检验研究院	
3	满洲里（边境口岸）	内蒙古满洲里市市场监督管理局	内蒙古自治区药品检验研究院	
4	二连浩特（边境口岸）	内蒙古二连浩特市市场监督管理局	内蒙古自治区药品检验研究院	
5	沈阳航空口岸	沈阳市市场监督管理局	辽宁省药品检验检测院	2022 年增加中药材项目
6	大连市行政区域内口岸	大连市市场监督管理局	大连市检验检测认证技术服务中心	
7	珲春（边境口岸）	延边朝鲜族自治州市场监督管理局	吉林省药品检验研究院（吉林省药品检验所）	2023 年增设
8	三合（边境口岸）	延边朝鲜族自治州市场监督管理局	吉林省药品检验研究院（吉林省药品检验所）	
9	集安（边境口岸）	通化市市场监督管理局	吉林省药品检验研究院（吉林省药品检验所）	
10	长白（边境口岸）	白山市市场监督管理局	吉林省药品检验研究院（吉林省药品检验所）	
11	图们（边境口岸）	延边朝鲜族自治州市场监督管理局	吉林省药品检验研究院（吉林省药品检验所）	
12	同江（边境口岸）	佳木斯市市场监督管理局	黑龙江省药品检验研究院（黑龙江省药品检验研究中心）	2023 年增设
13	绥芬河（边境口岸）	牡丹江市市场监督管理局	黑龙江省药品检验研究院（黑龙江省药品检验研究中心）	2023 年增设
14	东宁（边境口岸）	牡丹江市市场监督管理局	黑龙江省药品检验研究院（黑龙江省药品检验研究中心）	
15	黑河（边境口岸）	黑河市市场监督管理局	黑龙江省药品检验研究院（黑龙江省药品检验研究中心）	
16	上海市行政区域内口岸	上海市药品监督管理局	上海市食品药品检验所	

表2-10 续1

序号	口岸/边境口岸	口岸药品监督管理部门	口岸药品检验机构	备注
17	南京市行政区域内口岸	南京市市场监督管理局	江苏省食品药品监督检验研究院	
18	无锡航空口岸	无锡市市场监督管理局	无锡市药品安全检验检测中心	2022 年增加中药材项目
19	江阴港口岸	无锡市市场监督管理局	无锡市药品安全检验检测中心	2022 年增加中药材项目
20	苏州工业园区口岸	苏州市市场监督管理局	苏州市药品检验检测研究中心	2022 年增加中药材项目
21	杭州市行政区域内口岸	杭州市市场监督管理局	浙江省食品药品检验研究院	
22	宁波市行政区域内口岸	宁波市市场监督管理局	浙江省食品药品检验研究院	
23	福州市行政区域内口岸	福州市市场监督管理局	福建省食品药品质量检验研究院	
24	厦门市行政区域内口岸	厦门市市场监督管理局	厦门市食品药品质量检验研究院	
25	济南航空口岸	山东省药品监督管理局	山东省食品药品检验研究院	2022 年增加中药材项目
26	青岛市行政区域内口岸	青岛市市场监督管理局	青岛市食品药品检验研究院	
27	郑州航空港口岸	郑州市市场监督管理局	河南省食品药品检验所	2022 年增加中药材项目
28	武汉市行政区域内口岸	武汉市市场监督管理局	武汉市药品医疗器械检验所	
29	长沙航空口岸	湖南省药品监督管理局	湖南省药品检验检测研究院	2022 年增加中药材项目
30	广州市行政区域内口岸	广州市市场监督管理局	广州市药品检验所	
31	深圳口岸	深圳市市场监督管理局	广东省药品检验所、深圳市药品检验研究院	2022 年增加中药材项目
32	深圳市行政区域内口岸	深圳市市场监督管理局	广东省药品检验所	
33	珠海市行政区域内口岸	珠海市市场监督管理局	广东省药品检验所	
34	中山市中山港口岸	中山市市场监督管理局	广东省药品检验所	2021 年增设
35	南宁市行政区域内口岸	南宁市市场监督管理局	广西壮族自治区食品药品检验所	
36	东兴（边境口岸）	防城港市市场监督管理局	广西壮族自治区食品药品检验所	
37	龙邦（边境口岸）	百色市市场监督管理局	广西壮族自治区食品药品检验所	
38	爱店（边境口岸）	崇左市市场监督管理局	广西壮族自治区食品药品检验所	2022 年增设
39	凭祥（边境口岸）	崇左市市场监督管理局	广西壮族自治区食品药品检验所	
40	海口市行政区域内口岸	海口市药品监督管理局	海南省药品检验所	
41	重庆市行政区域内口岸	重庆市药品监督管理局	重庆市食品药品检验检测研究院	
42	成都市行政区域内口岸	四川省药品监督管理局	四川省食品药品检验检测院	
43	勐康（边境口岸）	普洱市市场监督管理局	云南省食品药品监督检验研究院	2024 年增设

表2-10 续2

序号	口岸/边境口岸	口岸药品监督管理部门	口岸药品检验机构	备注
44	河口（边境口岸）	红河哈尼族彝族自治州市场监督管理局	云南省食品药品监督检验研究院	
45	天保（边境口岸）	文山壮族苗族自治州市场监督管理局	云南省食品药品监督检验研究院	
46	景洪（边境口岸）	西双版纳傣族自治州市场监督管理局	云南省食品药品监督检验研究院	
47	磨憨（边境口岸）	昆明市市场监督管理局	云南省食品药品监督检验研究院	2024年增设
48	瑞丽（边境口岸）	德宏傣族景颇族自治州市场监督管理局	云南省食品药品监督检验研究院	
49	吉隆（边境口岸）	西藏日喀则市市场监督管理局	西藏自治区食品药品检验研究院	
50	樟木（边境口岸）	西藏日喀则市市场监督管理局	西藏自治区食品药品检验研究院	
51	普兰（边境口岸）	阿里地区市场监督管理局	西藏自治区食品药品检验研究院	
52	西安市行政区域内口岸	西安市市场监督管理局	陕西省食品药品监督检验研究院	
53	阿拉山口（边境口岸）	博尔塔拉蒙古自治州市场监督管理局	新疆维吾尔自治区药品检验研究院	
54	吐尔尕特（边境口岸）	克孜勒苏柯尔克孜自治州市场监督管理局	新疆维吾尔自治区药品检验研究院	
55	红其拉普（边境口岸）	喀什地区市场监督管理局	新疆维吾尔自治区药品检验研究院	
56	霍尔果斯（边境口岸）	伊犁哈萨克自治州市场监督管理局	新疆维吾尔自治区药品检验研究院	

说明：

1. 本表未作特别说明的，均为《国家药监局 海关总署 市场监管总局关于实施〈进口药材管理办法〉有关事项的公告》（2020年第3号）所列出的口岸或边境口岸。

2.《国家药监局 海关总署关于增设中山市中山港口岸为药品进口口岸的公告》（2021年第154号）明确“其他进口中药（含中药材）、化学药品（包括麻醉药品、精神药品）可经由中山市中山港口岸进口”。

3.《国家药监局 海关总署关于增设广西壮族自治区崇左市爱店口岸为药材进口边境口岸的公告》（2022年第20号）明确“药材可经由爱店口岸进口”。

4.《国家药监局关于同意长沙航空口岸等七个药品进口口岸增加进口药材事项的批复》（国药监药注函〔2022〕6号）“同意长沙、苏州、无锡、郑州、济南、沈阳、深圳7个药品进口口岸药品监督管理部门及其对应的口岸药品检验机构增加中药材进口事项的申请”。

5.《国家药监局 海关总署关于增设黑龙江省绥芬河、同江口岸为药材进口边境口岸的公告》（2023年第87号）明确“中药材可经由绥芬河口岸、同江口岸进口”。

6.《国家药监局 海关总署关于增设吉林省珲春口岸为药材进口边境口岸的公告》（2023年第95号）明确“中药材可经由珲春口岸进口”。

7.《国家药监局 海关总署关于增设云南省勐康、磨憨口岸为药材进口边境口岸的公告》（2024年第147号）明确“中药材可经由勐康口岸、磨憨口岸（含磨憨铁路口岸）进口”。

第三章

动物及其产品

第一节　陆生动物

进境活动物包括饲养、野生的陆生动物和水生动物。

陆生动物主要包括两类：一类是大中动物，如黄牛、水牛、牦牛、犀牛、马、驴、骡、骆驼、象、斑马、猪、绵羊、山羊、羚羊、鹿、狮、虎、豹、猴、狼、河马、海豚、海豹、海狮等；另一类是小动物，如猫、犬、兔、狐狸、水獭、鸡、鸭、鹅、鸽、各种鸟类等。

一、进境陆生动物

（一）资质要求

1. 准入要求

输出国家（地区）有关主管机构必须与海关总署签订输华动物双边检疫协定后，相关动物方可向中国出口。已完成检疫准入的畜禽品种清单详见本节参考资料。

海关总署和农业农村部根据《中华人民共和国进出境动植物检疫法》及其实施条例等有关法律法规的规定发布公告，禁止有关国家（地区）的相关动物输入，或对有关国家（地区）已禁止的相关动物解除禁令。企业办理动物进境手续前，可通过《禁止从动物疫病流行国家/地区输入的动物及其产品一览表》（详见本书附录 2-4）查阅已签署议定书产品是否被禁止进境。

2. 指定隔离检疫场使用核准

指定隔离检疫场是指海关总署设立的动物隔离检疫场所（以下简称“国家隔离场”）或者各直属海关指定的动物隔离场所（以下简称“指定隔离场”）。

进境种用大中动物应当在国家隔离场隔离检疫，进境种用大中动物之外的其他动物应当在国家隔离场或者指定隔离场隔离检疫。隔离场使用人应先向隔离场所在地直属海关申请办理“中华人民共和国进出境动物指定隔离检疫场使用证”。

3. 进境动植物检疫审批

海关总署对进境陆生动物实行检疫审批制度。进境陆生动物的进口商应当在签订贸易合同前办理检疫审批手续，取得进境动植物检疫许可。办理指南见本书第二部分第十三章第二节。

进境种用大中动物隔离场使用人应凭有效“中华人民共和国进出境动物指定隔离检疫场使用证”向隔离场所在地直属海关申请办理进境动植物检疫许可。

（二）申报要求

1. 基本申报要求

货主或者其代理人应当在陆生动物进境前向进境口岸海关申报，除贸易合同、提单、装箱单、发票等贸易凭证外，按要求提供以下材料。

（1）输出国家（地区）官方动物检疫证书［特定国家或者地区证书要求详见本小节“（四）进境陆生动物检疫卫生要求”部分内容］，输出国（地区）官方检疫部门出具的有效动物检疫证书（正本）及所附有关检测结果报告应与相关检疫条款一致，动物数量、品种应与“进境动植物检疫许可证”相符。

检疫证书须符合下列要求：检疫证书一正一副或多副，且正本必须随动物同行，不得涂改。除非由政府授权兽医修改后签上其姓名，否则涂改无效。

检疫证书应包含以下内容：输出动物的数量，收发货人的名称、地址，输出国（地区）官方检疫部门的兽医官签字，输出国（地区）官方检疫部门的印章，符合“进境动植物检疫许可证”要求的检疫证书评语。

（2）原产地证书。

（3）允许进出口证明书（即濒危野生动植物种国际贸易公约允许进出口证明书，适用于濒危野生动物）。

2. 录入要求

需在产品资质栏目选取“325-进境动植物产品检疫许可证”，并填写许可证编号等信息。

（三）产品相关要求

经海关登机（轮、车）清点动物数量、品种，并逐头进行临床检查，进境动物不应出现《中华人民共和国进境动物检疫疫病名录》（详见本书附录 2-1）所列的疫病临床症状。

随动物进境的饲料不得检出《中华人民共和国进境植物检疫性有害生物名录》（详见本书附录 2-2）所列的各类生物。

经入境口岸海关现场检验检疫合格的进境动物方可运往隔离场进行隔离检疫。

进境种用大中动物应当在国家隔离场隔离检疫，当国家隔离场不能满足需求，需要在指定隔离场隔离检疫时，应当报海关总署批准。进境种用大中动物之外的其他动物应当在国家隔离场或者指定隔离场隔离检疫。

进境种用大中动物隔离检疫期为 45 天，其他动物隔离检疫期为 30 天。需要延长或者缩短隔离检疫期的，应当报海关总署批准。

特定国家或者地区产品要求详见本小节“（四）进境陆生动物检疫卫生要求”部分内容。

（四）进境陆生动物检疫卫生要求

进境陆生动物检疫卫生要求见表 3-1。

表 3-1 进境陆生动物检疫卫生要求

（截至 2025 年 1 月 1 日）

序号	产品	原产国家或地区	产品要求	证书要求①
1	种猪	爱尔兰	种猪	爱尔兰共和国农业、食品和海事部在确认我国海关总署已签发“进境动植物检疫许可证”后，对输华种猪实施检验检疫。每份“进境动植物检疫许可证”只允许进口 1 批种猪。检疫合格的，由爱尔兰按照双方确认的证书样本签发动物卫生证书
2	种猪	法国	种猪	检疫合格的，由法国按照双方确认的证书样本签发动物卫生证书
3	屠宰用肉牛	老挝	指年龄小于 4 岁且在入境中国后 7 天内完成屠宰供人类食用的肉牛和水牛	检疫合格的，由老挝按照双方确认的证书样本签发检疫证书
4	屠宰用羊	蒙古国	指在中国入境后 14 天内完成屠宰，不用于繁殖目的的绵羊和山羊	检疫合格的，由蒙古国按照双方确认的证书样本签发检疫证书
5	熊蜂	斯洛伐克	熊蜂，仅限于红光熊蜂（Bombus ignitus）	检疫证书须用斯洛伐克文、中文和英文打印，手写（官方兽医官签名除外）或涂改无效；检疫证书正本随熊蜂同时运抵中国，并附有相关的实验室检测报告
6	运动马	乌拉圭	指在乌拉圭本土出生、饲养的，或在乌拉圭连续饲养至少 6 个月的运动马（速度和马术比赛马）	检疫合格的，由乌拉圭按照双方确认的证书样本签发检疫卫生证书（中文、西班牙文和英文打印），须一正本和至少两副本，并包括以下内容： 1. 出口商和进口商的名称和地址，以及出口检疫隔离场名称和地址； 2. 装运日期、启运口岸、运输工具和航班号； 3. 输出运动马的数量、品种、芯片号和/或护照号、性别、年龄； 4. 陈述已满足本议定书规定的检疫要求； 5. 临床检查结果，实验室检测方法及结果（并注明采样日期和检测日期），官方实验室或官方认可实验室的名称和地址； 6. 驱除寄生虫、预防治疗、消毒所用药物的名称、剂量、生产厂家及实施日期和地点；接种疫苗的种类、有效期、生产厂家及接种时间； 7. 证书签发的日期、签证官方兽医姓名印刷体和签字； 8. 官方印章
7	马	智利	指在智利本土出生、饲养的，或在智利连续饲养至少 6 个月的马	检疫合格的，由智利按照双方确认的证书样本签发检疫卫生证书

① “证书要求”中的各栏目内容均摘自海关总署和原国家质检总局公告。为与公告原文一致，简称等不影响阅读的部分未作修改，下同。

二、供港澳食用陆生动物

供港澳食用陆生动物指内地供应香港、澳门特别行政区用于屠宰食用的活牛、活羊、活猪、活禽等动物，其中活禽包括鸡、鸭、鹅、鸽、鹌鹑、鹧鸪及其他饲养的禽类。

（一）资质要求

海关对供港澳食用陆生动物饲养场实行注册登记管理。注册登记以饲养场为单位，一场一证，注册登记编号应专场专用。饲养场未经注册登记的，其饲养的食用陆生动物不得供应香港、澳门特别行政区。供港澳活禽饲养场向所在地海关提出注册登记申请。办理指南见本书第二部分第十四章第三节。

已获得注册登记的饲养场名单可在海关总署门户网站动植物检疫司页面（http://dzs.customs.gov.cn/）的“企业信息”—“活动物类”—“陆生动物”栏目中查询“内地供港澳活猪活牛活羊饲养场名单”“内地供港澳活禽注册养殖场名单”。

（二）申报要求

注册登记饲养场应当在供港澳食用陆生动物装运 7 日前向所在地海关报送供港澳计划。

注册登记饲养场应当在装运 3 日前向所在地海关申请启运地检验检疫。特殊情况下，经海关同意，可以临时申请启运地检验检疫。

货主或者其代理人出口供港澳食用陆生动物时应当依法向海关如实申报。

（三）产品相关要求

1. 隔离检疫

供港澳食用陆生动物装运前应当进行隔离检疫。供港澳活牛、活羊、活猪隔离检疫期不少于 7 日，供港澳活禽隔离检疫期不少于 5 日。必要时，海关可以对供港澳食用陆生动物采集样品进行检测。

检疫标志及其使用管理应当符合海关要求。

——供港澳活猪应当在两侧臀部加施清晰可辨的针印。

——供港澳活牛、活羊应当在左耳加施规格为 3cm×6cm 的耳牌，编号为注册登记饲养场编号加耳牌流水号，耳牌使用情况应当如实记录。

2. 装运前检查和监督装载

所在地海关对经隔离检疫合格的供港澳食用陆生动物实施装运前检查、监督装载，对运输工具加施封识。

装运前检查包括确认供港澳食用陆生动物来自注册登记的饲养场、核定供港澳食用陆生动物数量、检查供港澳食用陆生动物检疫标志加施情况、确认无任何动物疫病症状和伤残情况、确认运输工具及装载器具符合动物卫生要求等。

3. 动物卫生证书签发

经所在地海关检验检疫合格的供港澳食用陆生动物，由海关总署授权的兽医官签发动物卫生证书。

动物卫生证书自签发之日起生效，供港澳活猪、活牛、活羊动物卫生证书有效期为 14 日。供港澳活禽动物卫生证书有效期为 3 日。

4. 离境检验检疫

供港澳食用陆生动物运抵出境口岸或者接驳场地时，海关实施离境检验检疫。

海关审核动物检疫标志、货主或者其代理人提交的动物卫生证书等单证，并对动物实施临床检查，符合海关监管要求的供港澳食用陆生动物，准予出境。海关工作人员应当在动物卫生证书上加签实际供港澳食用陆生动物数量、出境日期等信息，签字确认并加盖海关印章。

无符合要求的动物检疫标志、无有效的动物卫生证书或者经临床检查不合格的供港澳食用陆生动物，不准出境。

5. 接驳场地要求

供港澳食用陆生动物需要由香港、澳门的运输工具在出境地接驳出境的，应当在符合海关监管要求的场地进行。活畜接驳场应符合以下动物卫生防疫要求：

（1）应与生活饮用水水源地、学校、医院等公共场所之间保持必要的距离，场址应地势高燥，通风、排水良好，应位于居民区主导风向的下风或侧向风。

（2）应与外界有效隔离，配备必要的消毒、供电、供水等设施设备，水质符合国家规定的生活饮用水卫生标准。

（3）具有出入场、运输、日常巡查、残次剔除、无害化处理、疫情报告等管理制度并有效运行。配备与其接驳经营规模相适应的工作人员，且工作人员无牛结核病、布鲁氏菌病等人畜共患病。

（4）供港澳食用陆生动物需由海关在接驳场实施离境检疫的，接驳场还应符合以下要求：

①具有经营主体资格，不具备经营主体资格的，应当有经营该接驳场的经营主体。符合地方主管部门对动物防疫的要求，污水处理、排放符合国家有关畜禽养殖污染防治的要求。

②周围1公里范围内没有相关陆生动物饲养场、隔离场、屠宰厂、牲畜交易市场、动物诊疗场所、无害化处理场所等。不满足1千米条件的，要有自然屏障或人工屏障，配套与防疫相对应的隔断设施。与居民生活区保持必要的距离。

③建有不低于2.5米的实心围墙，与外界有效隔离。出入口应当设置值班室和符合防疫要求的车辆、人员等消毒通道，按照人车分离原则，车辆出入通道设置符合海关监管要求的电子闸口。配备必要的防鼠、防虫、供电及备用供电、供水及蓄水设施设备。

④场内设置检疫作业区、检疫处理区和配套设施区等功能区域，不同功能区域分区合理。检疫作业区包括活畜装卸台、栏舍、通道等，检疫处理区包括药品储存室、器械物资储存室、消毒配药室、清洗消毒区、病死畜禽暂存区等，配套设施区包括符合海关监管要求的办公用房、技术用房、停车场等。

⑤接驳场出入口、装卸台、栏舍等重点区域应当设置符合海关监管要求的视频监控设备。

6. 运输工具及装载器具要求

注册登记饲养场、货主或者其代理人应当做好运输工具及装载器具的清洗消毒工作。

装运供港澳食用陆生动物的回空运输工具入境时应当清洗干净，并在海关的监督下作防疫消毒处理。

三、过境陆生动物

运输动物过境时，应当取得海关总署签发的“进境动植物检疫许可证”。

经海关特殊监管区域转口的，还应在入境申报时提供输入国家（地区）政府部门签发的允许进境的证明。

过境的动物经检疫合格的，准予过境；发现有《中华人民共和国进境动物检疫疫病名录》（详见本书附录2-1）所列疫病的，全群动物不准过境。

过境动物的饲料受病虫害污染的，分别作除害、不准过境或者销毁处理（详见本书附录2-2《中华人民共和国进境植物检疫性有害生物名录》）。

过境动物的尸体、排泄物、铺垫材料及其他废弃物，必须按照规定处理，不得擅自抛弃。

参考资料

已完成检疫准入的畜禽品种清单

《已完成检疫准入的畜禽品种清单》见表3-2。

表 3-2　已完成检疫准入的畜禽品种清单

（2024 年 11 月版，截至 2025 年 1 月 1 日仍为最新版本）

序号	动物品种	国家（地区）	监管识别码名称	监管识别码（13 位）	备注
1	猪	丹麦	改良种用猪（鹿豚、姬猪除外）	0103100090999	
2		法国	改良种用猪（鹿豚、姬猪除外）	0103100090999	
3		美国	改良种用猪（鹿豚、姬猪除外）	0103100090999	
4		爱尔兰	改良种用猪（鹿豚、姬猪除外）	0103100090999	
5	牛	乌拉圭	改良种用家牛（种用牛）	0102210000101	
6			非改良种用家牛（其他用途牛）	0102290000103	
7			改良种用水牛（濒危水牛除外）	0102310090999	
8			非改良种用其他水牛	0102390090999	
9		新西兰	改良种用家牛（种用牛）	0102210000101	
10			非改良种用家牛（其他用途牛）	0102290000103	
11			改良种用水牛（濒危水牛除外）	0102310090999	
12			非改良种用其他水牛	0102390090999	
13		智利	改良种用家牛（种用牛）	0102210000101	
14			非改良种用家牛（其他用途牛）	0102290000103	
15			改良种用水牛（濒危水牛除外）	0102310090999	
16			非改良种用其他水牛	0102390090999	
17		澳大利亚	改良种用家牛（种用牛）	0102210000101	
18			非改良种用家牛（其他用途牛）	0102290000103	
19			改良种用水牛（濒危水牛除外）	0102310090999	
20			非改良种用其他水牛	0102390090999	
21		老挝	非改良种用家牛（屠宰用牛）	0102290000102	
22		哈萨克斯坦	非改良种用家牛（屠宰用牛）	0102290000102	
23	绵羊	新西兰	改良种用绵羊	0104101000999	
24			其他绵羊（改良种用的除外）（其他用途绵羊）	0104109000102	
25		澳大利亚	改良种用绵羊	0104101000999	
26			其他绵羊（改良种用的除外）（其他用途绵羊）	0104109000102	
27		蒙古国	其他绵羊（改良种用的除外）（屠宰绵羊）	0104109000101	
28	山羊	新西兰	改良种用山羊（种山羊）	0104201000101	
29			非改良种用山羊（其他用途山羊）	0104209000102	
30		澳大利亚	改良种用山羊（种山羊）	0104201000101	
31			非改良种用山羊（其他用途山羊）	0104209000102	
32		蒙古国	非改良种用山羊（屠宰山羊）	0104209000101	

表3-2 续1

序号	动物品种	国家（地区）	监管识别码名称	监管识别码（13位）	备注
33	羊驼	智利	其他骆驼及其他骆驼科动物（其他饲养偶蹄动物）	0106139090102	
34		澳大利亚	其他骆驼及其他骆驼科动物（其他饲养偶蹄动物）	0106139090102	
35	马	俄罗斯	改良种用马（濒危野马除外）	0101210090999	
36			非改良种用其他马（其他用途马）	0101290090103	
37		新西兰	改良种用马（濒危野马除外）	0101210090999	
38			非改良种用其他马（其他用途马）	0101290090103	
39		中国澳门	非改良种用其他马（其他用途马）	0101290090103	
40		蒙古国	改良种用马（濒危野马除外）	0101210090999	
41		比利时	非改良种用其他马（其他用途马）	0101290090103	
42		日本	非改良种用其他马（其他用途马）	0101290090103	
43		英国	改良种用马（濒危野马除外）	0101210090999	
44			非改良种用其他马（其他用途马）	0101290090103	
45		荷兰	改良种用马（濒危野马除外）	0101210090999	
46		荷兰	非改良种用其他马（其他用途马）	0101290090103	
47		德国	非改良种用其他马（其他用途马）	0101290090103	
48		丹麦	非改良种用其他马（其他用途马）	0101290090103	
49		法国	非改良种用其他马（其他用途马）	0101290090103	
50		哈萨克斯坦	改良种用马（濒危野马除外）	0101210090999	
51			非改良种用其他马（屠宰用马）	0101290090101	
52			非改良种用其他马（其他用途马）	0101290090103	
53		美国	改良种用马（濒危野马除外）	0101210090999	
54			非改良种用其他马（其他用途马）	0101290090103	
55		爱尔兰	非改良种用其他马（其他用途马）	0101290090103	
56		阿根廷	非改良种用其他马（其他用途马）	0101290090103	
57		澳大利亚	改良种用马（濒危野马除外）	0101210090999	
58			非改良种用其他马（其他用途马）	0101290090103	
59		中国香港	非改良种用其他马（比赛用马）	0101290090102	
60			非改良种用其他马（其他用途马）	0101290090103	
61			非改良种用其他马（其他用途马）	0101290090103	
62		乌拉圭	非改良种用其他马（比赛用马）	0101290090102	
63		蒙古国	非改良种用其他马（比赛用马）	0101290090102	
64	兔	法国	改良种用家兔及野兔（濒危除外）	0106141090999	

表3-2　续2

序号	动物品种	国家（地区）	监管识别码名称	监管识别码（13位）	备注
65	驴	哈萨克斯坦	非改良种用其他驴	0101309090999	
66		吉尔吉斯斯坦	改良种用驴（濒危野驴除外）	0101301090999	
67			非改良种用其他驴	0101309090999	
68	鸡	新西兰	重量不超过185克的改良种用鸡（种用肉鸡）	0105111000101	
69			重量大于185克的改良种用鸡（种用肉鸡）	0105941000101	
70			重量不超过185克的改良种用鸡（种用蛋鸡）	0105111000102	
71			重量大于185克的改良种用鸡（种用蛋鸡）	0105941000102	
72	鸡	美国	重量不超过185克的改良种用鸡（种用肉鸡）	0105111000101	
73			重量大于185克的改良种用鸡（种用肉鸡）	0105941000101	
74			重量不超过185克的改良种用鸡（种用蛋鸡）	0105111000102	
75			重量大于185克的改良种用鸡（种用蛋鸡）	0105941000102	
76	火鸡		重量不超过185克的改良种用火鸡	0105121000999	
77	鸭		重量不超过185克的改良种用鸭	0105131000999	
78			重量大于185克的改良种用其他家禽（鸭）	0105991000104	
79	鹅		重量不超过185克的改良种用鹅	0105141000999	
80			重量大于185克的改良种用其他家禽（鹅）	0105991000103	
81	鸡	法国	重量不超过185克的改良种用鸡（种用肉鸡）	0105111000101	
82			重量大于185克的改良种用鸡（种用肉鸡）	0105941000101	
83			重量不超过185克的改良种用鸡（种用蛋鸡）	0105111000102	
84			重量大于185克的改良种用鸡（种用蛋鸡）	0105941000102	
85	鸭		重量不超过185克的改良种用鸭	0105131000999	
86			重量大于185克的改良种用其他家禽（鸭）	0105991000104	
87	鹅		重量不超过185克的改良种用鹅	0105141000999	
88			重量大于185克的改良种用其他家禽（鹅）	0105991000103	
89	观赏鸟		改良种用猛禽（包括人工驯养、繁殖的）（鹰）	0106311000101	
90			改良种用猛禽（包括人工驯养、繁殖的）（其他野生禽鸟）	0106311000102	
91			其他猛禽（包括人工驯养、繁殖的）（鹰）	0106319000101	
92			其他猛禽（包括人工驯养、繁殖的）（其他野生禽鸟）	0106319000102	
93			改良种用濒危鹦形目的鸟（包括人工繁育的）	0106321010999	
94			改良种用非濒危鹦形目的鸟	0106321090999	
95			非改良种用濒危鹦形目的鸟（包括人工繁育的）	0106329010999	

表3-2 续3

序号	动物品种	国家（地区）	监管识别码名称	监管识别码（13位）	备注
96	观赏鸟	法国	非改良种用非濒危鹦形目的鸟	0106329090999	
97			改良种用濒危鸵鸟（包括人工驯养、繁殖的）	0106331010999	
98			改良种用鸵鸟；鸸鹋（濒危鸵鸟除外）（鸵鸟）	0106331090101	
99			改良种用鸵鸟；鸸鹋（濒危鸵鸟除外）（鸸鹋）	0106331090102	
100			其他濒危鸵鸟（包括人工驯养、繁殖的）	0106339010999	
101			其他鸵鸟；鸸鹋（鸵鸟）	0106339090101	
102			其他鸵鸟；鸸鹋（鸸鹋）	0106339090102	
103			其他改良种用濒危鸟（包括人工驯养、繁殖的）（鹌鹑）	0106391010101	
104			其他改良种用濒危鸟（包括人工驯养、繁殖的）（鹧鸪）	0106391010102	
105			其他改良种用濒危鸟（包括人工驯养、繁殖的）（孔雀）	0106391010103	
106			其他改良种用濒危鸟（包括人工驯养、繁殖的）（竹鸡）	0106391010104	
107			其他改良种用濒危鸟（包括人工驯养、繁殖的）（松鸡）	0106391010105	
108			其他改良种用濒危鸟（包括人工驯养、繁殖的）（锦鸡）	0106391010106	
109			其他改良种用濒危鸟（包括人工驯养、繁殖的）［雉（山鸡）］	0106391010107	
110			其他改良种用濒危鸟（包括人工驯养、繁殖的）（乌骨鸡）	0106391010108	
111			其他改良种用濒危鸟（包括人工驯养、繁殖的）（鸬鹚）	0106391010109	
112			其他改良种用濒危鸟（包括人工驯养、繁殖的）（鹈鹕）	0106391010110	
113			其他改良种用濒危鸟（包括人工驯养、繁殖的）（其他野生鸡形目禽鸟）	0106391010111	
114			其他改良种用濒危鸟（包括人工驯养、繁殖的）（天鹅）	0106391010112	
115			其他改良种用濒危鸟（包括人工驯养、繁殖的）（鸳鸯）	0106391010113	
116			其他改良种用濒危鸟（包括人工驯养、繁殖的）（野鸭）	0106391010114	
117			其他改良种用濒危鸟（包括人工驯养、繁殖的）（大雁）	0106391010115	
118			其他改良种用濒危鸟（包括人工驯养、繁殖的）（其他野生雁形目禽鸟）	0106391010116	
119			其他改良种用濒危鸟（包括人工驯养、繁殖的）（画眉）	0106391010117	
120			其他改良种用濒危鸟（包括人工驯养、繁殖的）［杜鹃（野生禽鸟）］	0106391010118	
121			其他改良种用濒危鸟（包括人工驯养、繁殖的）（百灵）	0106391010119	
122			其他改良种用濒危鸟（包括人工驯养、繁殖的）（金丝鸟）	0106391010120	
123			其他改良种用濒危鸟（包括人工驯养、繁殖的）（相思鸟）	0106391010121	
124			其他改良种用濒危鸟（包括人工驯养、繁殖的）（鹤）	0106391010122	
125			其他改良种用濒危鸟（包括人工驯养、繁殖的）（鸵鸟）	0106391010123	
126			其他改良种用濒危鸟（包括人工驯养、繁殖的）（鸸鹋）	0106391010124	

表3-2 续4

序号	动物品种	国家（地区）	监管识别码名称	监管识别码（13 位）	备注
127	观赏鸟	法国	其他改良种用濒危鸟（包括人工驯养、繁殖的）（朱鹮）	0106391010125	
128			其他改良种用濒危鸟（包括人工驯养、繁殖的）（火烈鸟）	0106391010126	
129			其他改良种用濒危鸟（包括人工驯养、繁殖的）（巨嘴鸟）	0106391010127	
130			其他改良种用濒危鸟（包括人工驯养、繁殖的）（厚嘴鵎鵼）	0106391010128	
131			其他改良种用濒危鸟（包括人工驯养、繁殖的）（其他野生禽鸟）	0106391010129	
132			改良种用鸽、鹌鹑	0106391020999	
133			其他改良种用的鸟	0106391090999	
134			其他濒危鸟（包括人工驯养、繁殖的）（鹌鹑）	0106399010101	
135			其他濒危鸟（包括人工驯养、繁殖的）（鹧鸪）	0106399010102	
136			其他濒危鸟（包括人工驯养、繁殖的）（孔雀）	0106399010103	
137			其他濒危鸟（包括人工驯养、繁殖的）（竹鸡）	0106399010104	
138			其他濒危鸟（包括人工驯养、繁殖的）（松鸡）	0106399010105	
139			其他濒危鸟（包括人工驯养、繁殖的）（锦鸡）	0106399010106	
140			其他濒危鸟（包括人工驯养、繁殖的）［雉（山鸡）］	0106399010107	
141			其他濒危鸟（包括人工驯养、繁殖的）（乌骨鸡）	0106399010108	
142			其他濒危鸟（包括人工驯养、繁殖的）（鸬鹚）	0106399010109	
143			其他濒危鸟（包括人工驯养、繁殖的）（鹈鹕）	0106399010110	
144			其他濒危鸟（包括人工驯养、繁殖的）（其他野生鸡形目禽鸟）	0106399010111	
145			其他濒危鸟（包括人工驯养、繁殖的）（天鹅）	0106399010112	
146			其他濒危鸟（包括人工驯养、繁殖的）（鸳鸯）	0106399010113	
147			其他濒危鸟（包括人工驯养、繁殖的）（野鸭）	0106399010114	
148			其他濒危鸟（包括人工驯养、繁殖的）（大雁）	0106399010115	
149			其他濒危鸟（包括人工驯养、繁殖的）（其他野生雁形目禽鸟）	0106399010116	
150			其他濒危鸟（包括人工驯养、繁殖的）（画眉）	0106399010117	
151			其他濒危鸟（包括人工驯养、繁殖的）［杜鹃（野生禽鸟）］	0106399010118	
152			其他濒危鸟（包括人工驯养、繁殖的）（百灵）	0106399010119	
153			其他濒危鸟（包括人工驯养、繁殖的）（金丝鸟）	0106399010120	
154			其他濒危鸟（包括人工驯养、繁殖的）（相思鸟）	0106399010121	
155			其他濒危鸟（包括人工驯养、繁殖的）（鹤）	0106399010122	
156			其他濒危鸟（包括人工驯养、繁殖的）（鸵鸟）	0106399010123	
157			其他濒危鸟（包括人工驯养、繁殖的）（鸸鹋）	0106399010124	
158			其他濒危鸟（包括人工驯养、繁殖的）（朱鹮）	0106399010125	
159			其他濒危鸟（包括人工驯养、繁殖的）（火烈鸟）	0106399010126	
160			其他濒危鸟（包括人工驯养、繁殖的）（鹰）	0106399010127	

表3-2 续5

序号	动物品种	国家（地区）	监管识别码名称	监管识别码（13位）	备注
161	观赏鸟	法国	其他濒危鸟（包括人工驯养、繁殖的）（巨嘴鸟）	0106399010128	
162			其他濒危鸟（包括人工驯养、繁殖的）（厚嘴鵎鵼）	0106399010129	
163			其他濒危鸟（包括人工驯养、繁殖的）（其他野生禽鸟）	0106399010130	
164			其他鸟（其他饲养鸡形目禽鸟）	0106399090101	
165			其他鸟（其他饲养雁形目禽鸟）	0106399090102	
166			其他鸟（其他饲养禽鸟）	0106399090103	
167	鸭	西班牙	重量不超过185克的改良种用鸭	0105131000999	
168			重量大于185克的改良种用其他家禽（鸭）	0105991000104	
169	鹅		重量不超过185克的改良种用鹅	0105141000999	
170			重量大于185克的改良种用其他家禽（鹅）	0105991000103	
171	鸡		重量不超过185克的改良种用鸡（种用肉鸡）	0105111000101	
172			重量大于185克的改良种用鸡（种用肉鸡）	0105941000101	
173			重量不超过185克的改良种用鸡（种用蛋鸡）	0105111000102	
174			重量大于185克的改良种用鸡（种用蛋鸡）	0105941000102	
175			重量不超过185克的改良种用鸡（种用肉鸡）	0105111000101	
176			重量大于185克的改良种用鸡（种用肉鸡）	0105941000101	
177			重量不超过185克的改良种用鸡（种用蛋鸡）	0105111000102	
178			重量大于185克的改良种用鸡（种用蛋鸡）	0105941000102	
179	火鸡		重量不超过185克的改良种用火鸡	0105121000999	
180	珍珠鸡		重量不超过185克的改良种用珍珠鸡	0105151000999	
181			重量大于185克的改良种用其他家禽（珍珠鸡）	0105991000101	
182	鹌鹑		改良种用鸽、鹌鹑	0106391020999	
183			其他改良种用濒危鸟（包括人工驯养、繁殖的）（鹌鹑）	0106391010101	
184	鸭		重量不超过185克的改良种用鸭	0105131000999	
185			重量大于185克的改良种用其他家禽（鸭）	0105991000104	
186	鹅		重量不超过185克的改良种用鹅	0105141000999	
187			重量大于185克的改良种用其他家禽（鹅）	0105991000103	
188	鸽		改良种用鸽、鹌鹑	0106391020999	

注：该名单之外的动物品种检疫准入情况，请咨询所在地直属海关动植物检疫部门。

第二节　水生动物

水生动物是指人工养殖或者天然水域捕捞的活的鱼类、软体类、甲壳类、水母类、棘皮类、头索类、两栖类动物，包括其繁殖用的精液、受精卵。

一、进境水生动物

（一）资质要求

1. 准入要求

海关总署对进境水生动物实施检疫准入制度，允许进境水生动物种类及输出国家（地区）名单详见本节参考资料。

（1）禁止从日本福岛县、群马县、栃木县、茨城县、宫城县、新潟县、长野县、琦玉县、东京都、千叶县 10 个都县进口水生动物。

（2）为全面防范日本福岛核污染水排海对食品安全造成的放射性污染风险，保护中国消费者健康，确保进口食品安全，海关总署决定自 2023 年 8 月 24 日（含）起全面暂停进口原产地为日本的水产品（含食用水生动物）。

2. 境外养殖和包装企业注册登记

海关总署对向中国输出水生动物的养殖和包装企业实施注册登记管理。向中国输出水生动物的境外养殖和包装企业应当符合输出国家（地区）有关法律法规的规定，输出国家（地区）官方主管部门批准后向海关总署推荐。

登录海关总署门户网站动植物检疫司页面（http：//dzs. customs. gov. cn/），点击“企业信息”—“活动物类”—“水生动物”，查看“已准入水生动物国家或地区及品种名单”，可获得注册登记企业名单。

3. 指定隔离检疫场使用核准

进境种用、养殖和观赏水生动物应当在指定隔离场进行至少 14 天的隔离检疫。进境种用、养殖和观赏水生动物收货人或者其代理人，应当在办理检疫许可证前按照《进境动物隔离检疫场使用监督管理办法》的规定取得“中华人民共和国进出境动物指定隔离检疫场使用证”。

4. 进境动植物检疫审批

海关总署对进境水生动物实行检疫审批制度。进境水生动物的进口商应当在签订贸易合同前办理检疫审批手续，取得进境动植物检疫许可。办理指南见本书第二部分第十三章第二节。

5. 海关指定监管场地

食用水生动物应当从进境食用水生动物指定监管场地所在口岸进境。参见本书附录“2-7-1 进境食用水生动物指定监管场地名单”。

（二）申报要求

1. 基本申报要求

货主或者其代理人应当在水生动物进境前向进境口岸海关申报，除贸易合同、提单、装箱单、发票等贸易凭证外，按要求提供以下材料：

（1）输出国家（地区）官方检疫证书［特定国家或者地区证书要求详见本小节“（四）进境水生

动物检疫要求”部分内容]；

(2) 原产地证书；

(3) 允许进出口证明书（即濒危野生动植物种国际贸易公约允许进出口证明书，适用于濒危野生水生动物）。

2. 其他申报要求

(1) 进口日本水生动物（仅限非食用水生动物，食用水生动物暂停进口）时，还应随附以下文件：

日本官方出具的原产地证明；

日本政府出具的放射性物质检测合格的证明。

(2) 经第三方国家（地区）中转的，须由第三方国家（地区）官方主管部门按照海关总署有关要求出具中转证明文件。无有效中转证明文件的，不得进境。

3. 录入要求

在产品资质栏目选取“325-进境动植物产品检疫许可证”，并填写许可证编号等信息。

（三）产品相关要求

1. 口岸检疫要求

(1) 防疫消毒

装载进境水生动物的外包装、运输工具和装卸场地应进行防疫消毒处理。

(2) 现场检疫

进境水生动物的品名、数（重）量、包装、输出日期、运输工具信息、输出国家（地区）、中转国家（地区）等信息与检疫证书均应相符。

包装容器完好；包装容器上有牢固、清晰易辨的中文或者英文标识，标明水生动物的品名、学名、产地、养殖或者包装企业批准编号等内容。活鱼运输船、活鱼集装箱等难以加贴标签的除外。

水生动物游动无异常，体表无溃疡、出血、囊肿及寄生虫感染，体色无异常。鱼类腹部无肿胀、肛门无红肿，贝类闭壳肌收缩无异常，甲壳类体表和头胸甲无黑斑或者白斑、无鳃部发黑等。死亡率不超过50%。未出现具有水生动物疫病临床症状的异常死亡。

包装用水或者冰、铺垫材料未带有土壤及危害动植物和人体健康的有害生物等法律法规规定的禁止进境物。

进境食用水生动物在指定监管场所检疫，特殊要求如下：

海关按照有关标准、监控计划和警示通报等要求对进境食用水生动物实施采样，对水生动物疫病病原，食源性致病微生物、寄生虫，贝类毒素等生物毒素，重金属、农兽药残留以及其他关注的风险项目进行检验或者监测；

监控计划和警示通报有要求的，按照要求实施抽样检测，实验室检测不合格的，进境食用水生动物收货人或其代理人应当主动召回不合格食用水生动物并采取有效措施进行处理；

根据风险监控不合格发生的频次和危害程度，经风险评估，对海关总署采取扣留检测措施的进境食用水生动物，收货人或者其代理人应当将其调运至海关指定扣检暂存场所，实验室检测合格后方可放行；

进境食用水生动物，经海关现场查验合格后予以放行。

2. 隔离检疫要求

进境种用、养殖和观赏水生动物应当在指定隔离场进行至少14天的隔离检疫。

隔离检疫期间出现检疫不合格的，同一隔离设施内全部水生动物需实行扑杀或者销毁处理，并对隔离场所进行消毒。

（四）进境水生动物检疫要求

进境水生动物检疫要求见表3-3。

表 3-3 进境水生动物检疫要求

（截至 2025 年 1 月 1 日）

序号	产品	原产国家与地区	产品要求	证书要求
1	食用水生动物	阿联酋	指原产于阿联酋，输往中国用于供人类食用的活水生动物，生产方式包括野生捕捞和人工养殖，具体品种不包括《濒危野生动植物种国际贸易公约》（CITES）附录、中国《国家重点保护野生动物名录》和《重点管理外来入侵物种名录》所列物种，相关品种清单在海关总署网站公布	每批输华食用水生动物须附有阿联酋主管部门出具的卫生证书，卫生证书须一正本和两副本，且正本须随货同行。卫生证书须用中英文或英文打印，手写（除检查官员签字）或涂改无效。 卫生证书至少包括以下内容： 1. 食用水生动物的品种（学名及拉丁文名）、包装类型以及数量或重量； 2. 食用水生动物是养殖的，养殖场名称和批准编号等信息； 3. 食用水生动物是野生捕捞的，捕捞水域具体信息、包装企业名称和批准编号等信息； 4. 出口商和进口商的名称和地址； 5. 启运时间、口岸以及运输工具类别、编号； 6. 声明食用水生动物符合《议定书》规定的有关要求； 7. 声明适合人类食用； 8. 证书的签发时间、阿联酋官方兽医姓名的签名或印章； 9. 阿联酋主管部门的官方印章或验证二维码
2	食用水生动物	巴布亚新几内亚	指原产于巴布亚新几内亚，捕捞自巴布亚新几内亚独立管理海域，输往中国用于食用的甲壳类、鱼类、软体类活水生动物，不包括《濒危野生动植物种国际贸易公约》（CITES）附录、中国《国家重点保护野生动物名录》和《重点管理外来入侵物种名录》所列物种	巴布亚新几内亚应事先向中方提交双方已商定的卫生证书和官方出证机构印章样本备案。并按照双方商定的卫生证书样本对输华产品签发卫生证书。证书上完整填写捕捞、加工、包装、存储、运输、中转和出口等全过程中涉及的生产企业信息，包括生产企业名称和注册编号等。每批输华食用水生动物须附有官方卫生证书，卫生证书须一正本和两副本，且正本须随货同行。卫生证书须用中英文或英文打印，手写（除兽医官签字）或涂改无效
3	食用水生动物	柬埔寨	指原产于柬埔寨，输往中国用于食用的甲壳类、鱼类、软体类等活水生动物，生产方式包括野生捕捞和人工养殖，具体品种不包括《濒危野生动植物种国际贸易公约》（CITES）附录、中国《国家重点保护野生动物名录》和《重点管理外来入侵物种名录》所列物种	柬埔寨应事先向中方提供双方已商定的卫生证书、出证机构官方印章、签名样本备案，并按照双方商定的卫生证书样本对输华产品签发卫生证书。证书上完整填写养殖、捕捞、包装、存储、运输、中转和出口等全过程中涉及的生产企业信息，包括生产企业名称和注册编号等。每批输华食用水生动物须附有官方卫生证书，卫生证书须一正本和两副本，且正本须随货同行。卫生证书须用中英文或英文打印，手写（除检查官员签字）或涂改无效

表3-3 续

序号	产品	原产国家与地区	产品要求	证书要求
4	食用水生动物	科摩罗	指原产于科摩罗，输往中国用于食用的甲壳类、鱼类、软体类等活水生动物，生产方式包括野生捕捞和人工养殖，具体品种不包括《濒危野生动植物种国际贸易公约》（CITES）附录、中国《国家重点保护野生动物名录》和《重点管理外来入侵物种名录》所列物种	科摩罗应事先向中方提供双方已商定的卫生证书和官方出证机构印章、签名样本备案。并按照双方商定的卫生证书样本对输华产品签发卫生证书。证书上完整填写养殖、捕捞、加工、包装、存储、运输、中转和出口等全过程中涉及的生产企业信息，包括生产企业名称和注册编号等。每批输华食用水生动物须附有官方卫生证书，卫生证书须一正本和两副本，且正本须随货同行。卫生证书须用中文、法文、英文，或至少使用英文打印，手写（除兽医官签字）或涂改无效
5	食用水生动物	乌拉圭	指原产于乌拉圭，输往中国用于食用的鱼类、甲壳类、软体类等活水生动物，生产方式包括野生捕捞和人工养殖，具体品种不包括《濒危野生动植物种国际贸易公约》（CITES）附录、中国《国家重点保护野生动物名录》和《重点管理外来入侵物种名录》所列物种，相关品种清单在海关总署网站公布	每批输华食用水生动物须附有乌拉圭主管部门出具的卫生证书，卫生证书须一正本和两副本，且正本须随货同行。卫生证书须用中英文或英文打印，手写（除检查官员签字）或涂改无效。 卫生证书至少包括以下内容： 1. 食用水生动物的品种（学名及拉丁文名）、包装类型和数重量； 2. 食用水生动物是养殖的，养殖场名称和批准编号等信息； 3. 食用水生动物是野生捕捞的，捕捞水域具体信息和包装企业名称和批准编号等信息； 4. 出口商和进口商的名称和地址； 5. 启运时间、口岸以及运输工具类别、编号； 6. 声明食用水生动物符合本议定书规定的有关要求； 7. 声明适合人类食用； 8. 证书的签发时间、乌拉圭官方兽医姓名的签名或印章； 9. 乌拉圭主管部门的官方印章
6	食用水生动物	印度尼西亚	指原产于印度尼西亚，输往中国用于食用的鱼类、甲壳类、软体类等活水生动物，生产方式包括野生捕捞和人工养殖，具体品种不包括《濒危野生动植物种国际贸易公约》（CITES）附录、中国《国家重点保护野生动物名录》和《重点管理外来入侵物种名录》所列物种	证书上应完整填写食用水生动物的品种、生产方式（养殖或捕捞）、包装类型、数量或重量、运输方式、养殖场/中转包装场和出口企业名称、注册编号等信息，并声明适合人类食用。每批输华食用水生动物须附有官方卫生证书，且正本须随货同行。卫生证书须至少用英文打印，手写（除兽医官签字）或涂改无效

二、出境水生动物

（一）资质要求

出境水生动物养殖场、中转场注册登记：对输入国家（地区）要求中国对向其输出水生动物的生产、加工、存放单位注册登记的，海关总署对出境水生动物养殖场、中转场实施注册登记制度。办理指南详见本书第二部分第十四章第三节。

目前已实施注册登记的有内地供港澳水生动物企业、中国向日本出口金鱼养殖场、中国输日本活鳗鱼养殖场、中国输韩国水生动物养殖企业等。

登录海关总署门户网站动植物检疫司页面（http：//dzs. customs. gov. cn/），点击“企业信息”—“活动物类”—“水生动物”，可查询内地供港澳水生动物注册登记企业名单。

（二）申报要求

1. 出境野生捕捞水生动物的发货人或者其代理人应当按照法律、行政法规和海关总署规定，向产地（含组货地）海关申请检验检疫，提供捕捞渔船与出口企业的供货协议（含捕捞船只负责人签字）。进口国家（地区）对捕捞海域有特定要求的，申报时应当申明捕捞海域。

2. 出境养殖水生动物的货主或者其代理人应当向注养殖场、中转场所在地海关申报。

3. 属于濒危野生水生动物或国家重点保护的野生水生动物，报检时应提供允许进出口证明书（包括濒危野生动植物种国际贸易公约允许进出口证明书和中华人民共和国野生动植物允许进出口证明书）。

（三）产品相关要求

1. 基本要求

（1）产品来源

除捕捞后直接出口的野生捕捞水生动物外，输入国家（地区）对中国向其输出水生动物的生产、加工、存放单位有注册登记要求时，出境水生动物必须来自注册登记养殖场或者中转场。出境养殖水生动物应当持有注册登记养殖场或者中转场出具的“出境水生动物供货证明”。

（2）包装及运输

出境水生动物用水、冰、铺垫和包装材料、装载容器、运输工具、设备应当符合国家有关规定、标准和进口国家（地区）的要求。

出境养殖水生动物外包装或者装载容器上应当标注出口企业全称，注册登记养殖场和中转场名称和注册登记编号，出境水生动物的品名、数（重）量、规格等内容。来自不同注册登记养殖场的水生动物，应当分开包装。

2. 其他要求

经检验检疫合格的出境水生动物，不更换原包装异地出口的，经离境口岸海关现场查验，货证相符、封识完好的准予放行。

需在离境口岸换水、加冰、充氧、接驳更换运输工具的，应当在离境口岸海关监督下，在海关指定的场所进行，并在加施封识后准予放行。

出境水生动物运输途中需换水、加冰、充氧的，应当在海关指定的场所进行。

三、过境水生动物

运输水生动物过境的，承运人或者押运人应当按照规定办理检疫审批手续，并凭货运单、检疫许可证和输出国家（地区）官方主管部门出具的证书，向进境口岸海关申报。

装载过境水生动物的包装容器应当完好，无散漏。经进境口岸海关检查，发现包装容器在运输过程中可能存在散漏的，承运人或者押运人应当按照海关的要求进行整改。无法有效整改的，不准过境。

参考资料

已准入水生动物国家（地区）及品种名单

《已准入水生动物国家（地区）及品种名单》见表3-4至表3-6。

表 3-4 《已准入水生动物国家（地区）及品种名单》食用水生动物部分
（2024 年 12 月版，截至 2025 年 1 月 1 日仍为最新版本）

国家（地区）	种类（分类至属）		
	类别	学名	
		拉丁文	中文
亚洲			
中国台湾	鱼类	*Epinephelus*	石斑鱼属
		Oreochromis	罗非鱼属
	甲壳类	*Cherax*	滑螯虾属
		Eriocheir	绒螯蟹属
		Penaeus	对虾属
巴基斯坦	甲壳类	*Panulirus*	龙虾属
		Exopalaemon	白虾属
		Scylla	青蟹属
	软体类	*Babylonia*	东风螺属
		Sinonovacula	缢蛏属
		Solen	竹蛏属
菲律宾	甲壳类	*Calappa*	馒头蟹属
		Odontodactylus	齿指虾蛄属
		Oratosquilla	口虾蛄属
		Panulirus	龙虾属
		Penaeus	对虾属
		Portunus	梭子蟹属
		Scylla	青蟹属
	鱼类	*Cromileptes*	驼背鲈属
		Squalus	角鲨属
		Plectropomus	鳃棘鲈属
		Epinephelus	石斑鱼属
		Monopterus	黄鳝属
	软体类	*Paphia*	横帘蛤属
		Pseudocardium	马珂蛤属
		Haliotis	鲍属

表3-4 续1

国家（地区）	种类（分类至属）		
	类别	学名	
		拉丁文	中文
韩国	甲壳类	*Chionoecetes*	雪蟹属
		Cryptolithodes	隐石蟹属
		Eriocheir	绒螯蟹属
		Paralithodes	拟石蟹属
		Portunus	梭子蟹属
		Charybdis	蟳属
		Capitulum	龟足属
	软体类	*Arca*	蚶属
		Corbicula	蚬属
		Magallana（*or Crassostrea*）	巨蛎属
		Neptunea	香螺属
		Ostrea	牡蛎属
		Pecten	扇贝属
		Rapana	红螺属
		Scapharca	毛蚶属
		Bullacta	泥螺属
		Mactra	蛤蜊属
		Haliotis	鲍属
		Turbo	角蝾螺属
	鱼类	*Paralichthys*	牙鲆属
	棘皮类	*Holothuria*	海参属
柬埔寨	甲壳类	*Oratosquilla*	口虾蛄属
		Squilla	虾蛄属
	软体类	*Chicoreus*	棘螺属
	鱼类	*Monopterus*	黄鳝属
		Oxyeleotris	尖塘鳢属

表3-4 续2

国家（地区）	种类（分类至属）		
	类别	学名	
		拉丁文	中文
马来西亚	甲壳类	*Oratosquilla*	口虾蛄属
		Panulirus	龙虾属
		Penaeus	对虾属
		Scylla	青蟹属
		Squilla	虾蛄属
	鱼类	*Epinephelus*	石斑鱼属
		Oxyeleotris	尖塘鳢属
		Cromileptes	驼背鲈属
		Plectropomus	鳃棘鲈属
		Tor	结鱼属
	软体类	*Tegillarca*	血蚶属
孟加拉国	甲壳类	*Scylla*	青蟹属
	鱼类	*Anguilla*	鳗鲡属
		Monopterus	黄鳝属
缅甸	甲壳类	*Oratosquilla*	口虾蛄属
		Panulirus	龙虾属
		Scylla	青蟹属
		Squilla	虾蛄属
		Thenus	扁虾属
	软体类	*Meretrix*	文蛤属
		Sinonovacula	缢蛏属
		Babylonia	东风螺属
		Murex	骨螺属
		Buccinum	蛾螺属
		Monodonta labio	马蹄螺科
	鱼类	*Anguilla*	鳗鲡属
		Monopterus	黄鳝属
		Periophthalmus	弹涂鱼属

表3-4 续3

国家（地区）	种类（分类至属）		
	类别	学名	
		拉丁文	中文
日本（暂停）	甲壳类	*Chionoecetes*	雪蟹属
		Eriocheir	绒螯蟹属
		Panulirus	龙虾属
		Ibacus	扇虾属
		Erimacrus	毛甲蟹属
		Paralithodes	拟石蟹属
	软体类	*Magallana*（*or Crassostrea*）	巨蛎属
		Ostrea	牡蛎属
		Patinopecten	盘扇贝属
		Pecten	扇贝属
		Pseudocardium	马珂蛤属
		Haliotis	鲍属
		Turbo	蝾螺属
	鱼类	*Seriola*	鰤属
		pseudocaranx dentex	拟鲹属
		Pagrus	赤鲷属
		Epinephelus	石斑鱼属
		Trachurus	竹荚鱼属
斯里兰卡	甲壳类	*Panulirus*	龙虾属
		Oratosquilla	口虾蛄属
		Squilla	虾蛄属
		Scylla	青蟹属
泰国	甲壳类	*Litopenaeus*	凡纳滨对虾属
		Oratosquilla	口虾蛄属
		Panulirus	龙虾属
		Penaeus	对虾属
		Portunus	梭子蟹属
		Ranina	蛙蟹属
		Scylla	青蟹属
		Squilla	虾蛄属
		Thenus	扁虾属
		Procambarus	原蝲蛄属
		Macrobrachium	沼虾属

表3-4 续4

国家（地区）	种类（分类至属）		
	类别	学名	
		拉丁文	中文
泰国	软体类	*Paphia*	横帘蛤属
		Babylonia	东风螺属
		Natica	玉螺属
		Tegillarca	血蚶属
		Veneridae	帘蛤科
		Arca	蚶属
		Natica	玉螺属
		Zeuxis	粗肋织纹螺属
	鱼类	*Anago*	齐头鳗属
		Anguilla	鳗鲡属
		Epinephelus	石斑鱼属
		Lates	尖吻鲈属
		Ophichthus	蛇鳗属
		Oxyeleotris	尖塘鳢属
		Perca	鲈属
印度	鱼类	*Anguilla*	鳗鲡属
		Monopterus	黄鳝属
	软体类	*Babylonia*	东风螺属
		Natica	玉螺属
	甲壳类	*Homarus*	螯龙虾属
		Panulirus	龙虾属
		Scylla	青蟹属
印度尼西亚	软体类	*Babylonia*	东风螺属
		Veneridae	帘蛤科
		Paphia	横帘蛤属
		Natica	斑螺属
		Solen	竹蛏属

表3-4 续5

国家（地区）	种类（分类至属）		
	类别	学名	
		拉丁文	中文
印度尼西亚	甲壳类	*Procambarus*	原螯虾属
		Calappa	馒头蟹属
		Oratosquilla	口虾蛄属
		Panulirus	龙虾属
		Scylla	青蟹属
		Birgus	椰子蟹属
		Squilla	虾蛄属
		Thenus	扁虾属
	鱼类	*Anguilla*	鳗鲡属
		Cromileptes	驼背鲈属
		Plectropomus	鳃棘鲈属
		Oxyeleotris	尖塘鳢属
		Monopterus	黄鳝属
	棘皮类	*Holothuria*	海参属
越南	甲壳类	*Macrobrachium*	沼虾属
		Litopenaeus	凡纳滨对虾属
		Oratosquilla	口虾蛄属
		Panulirus	龙虾属
		Parribacus	拟扇虾属
		Penaeus	对虾属
		Portunus	梭子蟹属
		Scylla	青蟹属
		Squilla	虾蛄属
		Thenus	扁虾属
	鱼类	*Acanthopagrus*	棘鲷属
		Anguilla	鳗鲡属
		Choerodon	猪齿鱼属
		Ctenopharyngodon	草鱼属
		Cyprinus	鲤属
		Epinephelus	石斑鱼属
		Inimicus	鬼鲉属
		Lutjanus	笛鲷属
		Misgurnus	泥鳅属

表3-4 续6

国家（地区）	种类（分类至属）		
	类别	学名	
		拉丁文	中文
越南	鱼类	*Monopterus*	黄鳝属
		Oreochromis	罗非鱼属
		Oxyeleotris	尖塘鳢属
		Paralichthys	牙鲆属
		Periophthalmus	弹涂鱼属
		Salanx	银鱼属
		Scophthalmus	菱鲆属
		Siganus	篮子鱼属
		Silurus	鲶属
		Aristichthys	鳙属
		Ictalurus	鮰属
		Squalus	角鲨属
	软体类	*Babylonia*	东风螺属
		Calyptraeidae	帆螺属
		Solen	竹蛏属
		Mactra	蛤蜊属
		Meretrix	文蛤属
		Paphia	横帘蛤属
		Monetaria	货贝属
		Murex	骨螺属
		Neptunea	香螺属
		Ostrea	牡蛎属
		Panopea	海神蛤属
		Tapes blecheri	四射缀锦蛤
		Pinna	江珧属
	腔肠类	*Actinia*	海葵属
	沙蚕类	*Nereis*	沙蚕属
	星虫类	*Phascolosoma*	革囊星虫属（泥丁）
		Sipunculus	方格星虫属（沙虫）

表3-4 续7

国家（地区）	种类（分类至属）		
	类别	学名	
		拉丁文	中文
北美洲			
加拿大	棘皮类	*Paracentrotus*	拟球海胆属
	甲壳类	*Cancer*	黄道蟹属
		Calappa	馒头蟹属
		Chaceon	查氏蟹属
		Chionoecetes	雪蟹属
		Homarus	螯龙虾属
		Lithodes	石蟹属
		Pandalus	长额虾属
		Panulirus	龙虾属
		Paralithodes	拟石蟹属
		Scylla	青蟹属
	鱼类	*Anguilla*	鳗鲡属
	软体类	*Magallana*（or *Crassostrea*）	巨蛎属
		Protothaca（*Leukoma*）	布目蛤属
		Mytilus	贻贝属
		Ostrea	牡蛎属
		Panopea	海神蛤属
		Pecten	扇贝属
	棘皮类	*Strongylocentrotus/Hemicentrotus pulcherrimus*	海胆属
美国	鱼类	*Anguilla*	鳗鲡属
		Eptatretus	盲鳗属
	棘皮类	*Paracentrotus*	拟球海胆属
		Strongylocentrotus	球海胆属
	甲壳类	*Calappa*	馒头蟹属
		Cancer	黄道蟹属
		Chaceon	查氏蟹属
		Charybdis	蟳属
		Chionoecetes	雪蟹属
		Dorippe	关公蟹属
		Homarus	螯龙虾属
		Lithodes	石蟹属

表3-4 续8

国家（地区）	种类（分类至属）		
	类别	学名	
		拉丁文	中文
美国	甲壳类	*Lopholithodes*	冠石蟹属
		Pacifastacus	太平螯虾属
		Pandalus	长额虾属
		Panulirus	龙虾属
		Callinectes	美青蟹属
		Scylla	青蟹属
		Paralithodes	拟石蟹属
		Veneridae	帘蛤科
	软体类	*Busycon*	海螺属
		Magallana（*or Crassostrea*）	巨蛎属
		Mercenaria	硬壳蛤属
		Neptunea	香螺属
		Ostrea	牡蛎属
		Panopea	海神蛤属
		Mytilus	贻贝属
		Strombus	凤螺属
		Haliotis	鲍属
		Spisula	浪蛤属
		Tapes	缀锦蛤属
墨西哥	甲壳类	*Panulirus*	龙虾属
	软体类	*Anodonta*	无齿蚌属
		Magallana（*or Crassostrea*）	巨蛎属
		Panopea	海神蛤属
		Haliotis	鲍属
		Turbinella	铅螺属
古巴	甲壳类	*Panulirus*	龙虾属
多米尼加	甲壳类	*Panulirus*	龙虾属
		Homarus	螯龙虾属
牙买加	甲壳类	*Panulirus*	龙虾属
安巴	甲壳类	*Panulirus*	龙虾属
巴拿马	甲壳类	*Panulirus*	龙虾属

表3-4　续9

国家（地区）	种类（分类至属）		
	类别	学名	
		拉丁文	中文
南美洲			
智利	鱼类	*Oncorhynchus*	太平洋鲑属
	甲壳类	*Chaceon*	查氏蟹属
		Jasus	岩龙虾属
		Lithodes	石蟹属
		Cancer	黄道蟹属
		Paralithodes	拟石蟹属
	软体类	*Haliotis*	鲍属
哥伦比亚	甲壳类	*Panulirus*	龙虾属
厄瓜多尔	甲壳类	*Panulirus*	龙虾属
巴西	甲壳类	*Panulirus*	龙虾属
大洋洲			
澳大利亚	甲壳类	*Calappa*	馒头蟹属
		Chaceon	查氏蟹属
		Chionoecetes	雪蟹属
		Hypothalassia	深海蟹属
		Jasus	岩龙虾属
		Panulirus	龙虾属
		Pseudocarcinus	拟滨蟹属
		Ranina	蛙蟹属
		Scylla	青蟹属
		Cherax	滑螯虾属
	软体类	*Pecten*	扇贝属
		Saccostrea	小牡蛎属
		Magallana（*or Crassostrea*）	巨蛎属
		Haliotis	鲍属
		Mytilus	贻贝属
		Turbo	蝾螺属
		Ostrea	牡蛎属
	鱼类	*Epinephelus*	石斑鱼属
		Plectropomus	鳃棘鲈属
		Anguilla	鳗鲡属
		Maccullochella	麦鳕鲈属

表3-4 续10

国家（地区）	种类（分类至属）		
	类别	学名	
		拉丁文	中文
新西兰	鱼类	*Anguilla*	鳗鲡属
	甲壳类	*Jasus*	岩龙虾属
		Lithodes	石蟹属
		Panulirus	龙虾属
	软体类	*Veneridae*	帘蛤科
		Magallana（or *Crassostrea*）	巨蛎属
		Haliotis	鲍属
		Mesodesmatidae	中带蛤科
		Mytilus（*Perna canaliculus*）	贻贝属
		Ostrea	牡蛎属
		Panopea	海神蛤属
		Ruditapes	蛤仔属
		Dosinia	镜蛤属
		Tiostrea	平牡蛎属
		Spisula	浪蛤属
巴布亚新几内亚	甲壳类	*Scylla*	青蟹属
		Panulirus	龙虾属
		Thenus	扁虾属
		Oratosquilla	口虾蛄属
	鱼类	*Cephalopholis*	九棘鲈属
		Epinephelus	石斑鱼属
		Lutjanus	笛鲷属
		Perca	鲈属
		Cromileptes	驼背鲈属
		Plectropomus	鳃棘鲈属
非洲			
加纳	甲壳类	*Panulirus*	龙虾属
		Thenus	扁虾属

表3-4 续11

国家（地区）	种类（分类至属）		
	类别	学名	
		拉丁文	中文
马达加斯加	甲壳类	*Ibacus*	扇虾属
		Jasus	岩龙虾属
		Panulirus	龙虾属
		Birgus	椰子蟹属
		Scylla	青蟹属
	鱼类	*Anguilla*	鳗鲡属
毛里求斯	甲壳类	*Panulirus*	龙虾属
毛里塔尼亚	甲壳类	*Palinurus*	真龙虾属
		Panulirus	龙虾属
莫桑比克	甲壳类	*Panulirus*	龙虾属
		Scylla	青蟹属
纳米比亚	软体类	*Magallana* (*or Crassostrea*)	巨蛎属
		Ostrea	牡蛎属
	甲壳类	*Homarus*	螯龙虾属
		Jasus	岩龙虾属
		Panulirus	龙虾属
南非	甲壳类	*Calappa*	馒头蟹属
		Homarus	螯龙虾属
		Jasus	岩龙虾属
		Panulirus	龙虾属
		Scylla	青蟹属
	软体类	*Haliotis*	鲍属
		Magallana (*or Crassostrea*)	巨蛎属
塞内加尔	软体类	*Chicoreus*	棘螺属
		Perotrochus	翁戎螺属
	甲壳类	*Panulirus*	龙虾属
		Palinurus	真龙虾属
		Scyllarides	拟蝉虾属
		Thenus	扁虾属
埃及	甲壳类	*Homarus*	螯龙虾属
坦桑尼亚	甲壳类	*Panulirus*	龙虾属
		Scylla	青蟹属

表3-4 续12

国家（地区）	种类（分类至属）		
	类别	学名	
		拉丁文	中文
肯尼亚	甲壳类	*Palinurus*	真龙虾属
		Panulirus	龙虾属
		Chaceon Fenneri	黄金蟹
		Scylla	青蟹属
摩洛哥	甲壳类	*Palinurus*	真龙虾属
		Homarus	螯龙虾属
		Panulirus	龙虾属
科摩罗	甲壳类	*Panulirus*	龙虾属
欧洲			
爱尔兰	甲壳类	*Calappa*	馒头蟹属
		Cancer	黄道蟹属
		Homarus	螯龙虾属
	软体类	*Magallana*（*or Crassostrea*）	巨蛎属
		Ensis	刀蛏属
		Solen	竹蛏属
		Mytilus	贻贝属
		Buccinum	蛾螺属
		Ostrea	牡蛎属
	棘皮类	*Echinus*	海胆属
俄罗斯	甲壳类	*Eriocheir*	海水绒螯蟹属
		Paralithodes	拟石蟹属
		Erimacrus	毛甲蟹属
		Chionoecetes	雪蟹属
		Petalomera	板蟹属
		Lithodes	石蟹属
	软体类	*Pecten*	扇贝属
		Anadara	粗饰蚶属
		Mercenaria	硬壳蛤属
		Panopea	潜泥蛤属
		Spisula	浪蛤属
		Zirfaea	沟海笋属
	棘皮类	*Apostichopus*	仿海参属
		Echinus	海胆属

表3-4　续13

国家（地区）	种类（分类至属）		
	类别	学名	
		拉丁文	中文
法国	甲壳类	*Calappa*	馒头蟹属
		Cancer	黄道蟹属
		Homarus	螯龙虾属
		Nephrops	海螯虾属
		Palinurus	真龙虾属
		Maja	蜘蛛蟹属
		Panulirus	龙虾属
	软体类	*Magallana*（*or Crassostrea*）	巨蛎属
		Buccinum	蛾螺属
		Glycymeris	蚶蜊属
		Mytilus	贻贝属
		Ostrea	牡蛎属
		Pecten	扇贝属
		Busycon	海螺属
荷兰	甲壳类	*Calappa*	馒头蟹属
		Cancer	黄道蟹属
		Homarus	螯龙虾属
	软体类	*Mactra*	蛤蜊属
		Magallana（*or Crassostrea*）	巨蛎属
		Mytilus	贻贝属
		Ostrea	牡蛎属
		Solen	竹蛏属
	鱼类	*Lateolabrax*	花鲈属
		Scophthalmus	菱鲆属
挪威	甲壳类	*Nephrops*	螯虾属
		Paralithodes	拟石蟹属
		Chionoecetes	雪蟹属
	软体类	*Mytilus*	贻贝属
		Pecten	扇贝属
葡萄牙	甲壳类	*Cancer*	黄道蟹属
		Palinurus	真龙虾属

表3-4 续14

国家（地区）	种类（分类至属）		
	类别	学名	
		拉丁文	中文
西班牙	甲壳类	*Calappa*	馒头蟹属
		Cancer	黄道蟹属
		Jasus	岩龙虾属
		Panulirus	龙虾属
	软体类	*Magallana*（*or Crassostrea*）	巨蛎属
		Haliotis	鲍属
英国	甲壳类	*Calappa*	馒头蟹属
		Cancer	黄道蟹属
		Homarus	螯龙虾属
		Nephrops	海螯虾属
		Panulirus	龙虾属
	软体类	*Magallana*（*or Crassostrea*）	巨蛎属
		Ensis	刀蛏属
		Solen	竹蛏属
		Mytilus	贻贝属
希腊	甲壳类	*Panulirus*	龙虾属
		Callinectes	美青蟹属
土耳其	甲壳类	*Callinectes*	美青蟹属
法罗群岛	甲壳类	*Homarus*	螯龙虾属

注：

1. 本名单为传统贸易和完成检疫准入种类梳理，供工作参考。本名单根据境外动物疫情、检疫准入、传统贸易梳理和进口检疫情况动态调整。

2. 本名单中的各类螺需为海水养殖或海洋捕捞品种。

3. 本名单不包括《濒危野生动植物种国际贸易公约》（CITES）附录、中国《国家重点保护野生动物名录》和《重点管理外来入侵物种名录》所列物种。

表 3-5 《已准入水生动物国家（地区）及品种名单》观赏水生动物部分

（2024 年 12 月版，截至 2025 年 1 月 1 日仍为最新版本）

国家（地区）	种类（分类至科）		
	类别	学名	
		拉丁文	中文
亚洲			
泰国	鱼类	*Anabantidae*	攀鲈科
		Anguillidae	鳗鲡科
		Aplocheilidae	单唇鳉科
		Botiidae	沙鳅科
		Callichthyidae	美鲶科
		Channidae	鳢科
		Cichlidae	慈鲷科
		Cobitidae	鳅科
		Cyprinidae (*Except cold water fishes*, *Carassius cuvieri* , *Tinca tinca L.*)	鲤科（冷水鲤科、白鲫和丁鲅除外）
		Eleotridae	塘鳢科
		Gobiidae	鰕虎鱼科
		Gymnotidae	裸背电鳗科
		Lobotidae	松鲷科
		Monodactylidae	大眼鲳科
		Notopteridae	弓背鱼科
		Osphronemidae	丝足鲈科
		Osteoglossidae	骨舌鱼科
		Pangasiidae	巨鲶科
		Potamotrygonidae	江魟科
		Siluridae	鲶科
		Sparidae	鲷科
		Lophiidae	鮟鱇科
		Tetraodontidae	鲀科
		Apteronotidae	无背鱼科
	软体类	*Neritidae*	蜑螺科
	甲壳类	*Astacoidea*	螯虾总科
		Parathelphusidae	束腹蟹科
	爬行类	*Bataguridae*	潮龟科
		Kinosternidae	动胸龟科
		Testudinidae	陆龟科

表3-5 续1

国家（地区）	种类（分类至科）		
	类别	学名	
		拉丁文	中文
马来西亚	鱼类	*Acanthuridae*	刺尾鲷科
		Alopiidae	长尾鲨科
		Anabantidae	攀鲈科
		Apogonidae	天竺鲷科
		Balistidae	鳞鲀科
		Brachaeluridae	长须鲨科
		Callichthyidae	美鲶科
		Carcharhinidae	真鲨科
		Odontaspididae/Carchariidae	锥齿鲨科
		Chaetodontidae	蝴蝶鱼科
		Channidae	鳢科
		Cichlidae	慈鲷科
		Cobitidae	鳅科
		Congridae	康吉鳗科
		Cyprinidae（*Except cold water fishes*，*Carassius cuvieri*，*Tinca tinca L.*）	鲤科（冷水鲤科、白鲫和丁鲹除外）
		Emmelichthyidae	银鲈科
		Ginglymostomatidae	绞口鲨科
		Gobiidae	鰕虎鱼科
		Hemiscylliidae	天竺鲨科
		Labridae	隆头鱼科
		Lobotidae	松鲷科
		Monodactylidae	大眼鲳科
		Muraenesocidae	海鳗科
		Notopteridae	弓背鱼科
		Orectolobidae	须鲨科
		Osphronemidae	丝足鲈科
		Osteoglossidae	骨舌鱼科
		Ostraciontidae	箱鲀科
		Parascyllidae	斑鳍鲨科
		Pomacanthidae	盖刺鱼科
		Pomacentridae	雀鲷科
		Potamotrygonidae	江魟科

表3-5　续2

国家（地区）	种类（分类至科）		
	类别	学名	
		拉丁文	中文
马来西亚	鱼类	*Pristiophoridae*	锯鲨科
		Rajidae	鳐科
		Scorpaenidae	鲉科
		Serranidae	鮨科
		Siluridae	鲶科
		Sphyrnidae	双髻鲨科
		Squalidae	角鲨科
		Squatinidae	扁鲨科
		Stegostomatidae	豹纹鲨科
		Tetraodontidae	鲀科
		Lophiidae	鮟鱇科
		Triakidae	皱唇鲨科
	甲壳类	*Hippolytidae*	藻虾科
		Porcellanidae	磁蟹科
	棘皮类	*Asteroidea*	海星
		Strongylocentrotidae	球海胆科
	腔肠类	*Actiniaria*	海葵目
		Alcyonacea	软珊瑚目
		Antipatharia	角珊瑚目
		Ceriantharia	角海葵目
		Cubomedusae	立方水母目
		Gorgonacea	柳珊瑚目
		Helioporacea	苍珊瑚目
		Scleractinia	石珊瑚目
		Semaeostomae	旗口水母目
	爬行类	*Bataguridae*	潮龟科
		Dermochelyidae	棱皮龟科
	软体类	*Aplysiidae*	海兔科
		Trochidae	马蹄螺科
	多孔动物	*Clionidae*	穿贝海绵科

表3-5 续3

国家（地区）	种类（分类至科）		
	类别	学名	
		拉丁文	中文
印度尼西亚	鱼类	*Acanthuridae*	刺尾鲷科
		Alopiidae	长尾鲨科
		Anabantidae	攀鲈科
		Anguillidae	鳗鲡科
		Aplocheilidae	单唇鳉科
		Apogonidae	天竺鲷科
		Apteronotidae	无背鱼科
		Atherinidae	银汉鱼科
		Balistidae	鳞鲀科
		Brachaeluridae	长须鲨科
		Caesionidae	乌尾鮗科
		Callionymidae	鼠目鱼科
		Callichthyidae	美鲶科
		Carangidae	鲹科
		Carcharhinidae	真鲨科
		Odontaspididae/Carchariidae	锥齿鲨科
		Congridae	康吉鳗科
		Chactodontidae	棘蝶鱼科
		Chaetodontidae	蝴蝶鱼科
		Channidae	鳢科
		Cichlidae	慈鲷科
		Cobitidae	鳅科
		Congridae	康吉鳗科
		Cyprinidae（*Except cold water fishes*，*Carassius cuvieri*，*Tinca tinca L.*）	鲤科（冷水鲤科、白鲫和丁鲅除外）
		Dasyatidae	魟科
		Diodontidae	二齿鲀科
		Gerreidae	银鲈科
		Ginglymostomatidae	绞口鲨科
		Gobiidae	鰕虎鱼科
		Gymnotidae	裸背电鳗科
		Gyrinocheilidae	双孔鱼科
		Hemiscylliidae	天竺鲨科

表3-5　续4

国家（地区）	种类（分类至科）		
	类别	学名	
		拉丁文	中文
印度尼西亚	鱼类	*Hemiramphidae*	鱵科
		Labridae	隆头鱼科
		Lobotidae	松鲷科
		Lutjanidae	笛鲷科
		Monocentridae	松毬鱼科
		Monodactylidae	大眼鲳科
		Mullidae	须鲷科
		Muraenidae	海鳝科
		Myliobatidae	鲼科
		Apteronotidae	无背鱼科
		Notopteridae	弓背鱼科
		Octopodidae	章鱼科
		Orectolobidae	须鲨科
		Osphronemidae	丝足鲈科
		Osteoglossidae	骨舌鱼科
		Ostraciontidae	箱鲀科
		Parascyllidae	斑鳍鲨科
		Polyodontidae	匙吻鲟科
		Pomacanthidae	盖刺鱼科
		Pomacentridae	雀鲷科
		Potamotrygonidae	江魟科
		Pristiophoridae	锯鲨科
		Pseudochromidae	准雀鲷科
		Rajidae	鳐科
		Scaridae	鹦嘴鱼科
		Scatophagidae	金钱鱼科
		Scorpaenidae	鲉科
		Serranidae	鮨科
		Siluridae	鲶科
		Sphyrnidae	双髻鲨科
		Squalidae	角鲨科
		Squatinidae	扁鲨科
		Stegostomatidae	豹纹鲨科

表3-5 续5

国家（地区）	种类（分类至科）		
	类别	学名	
		拉丁文	中文
印度尼西亚	鱼类	*Synbranchidae*	合鳃科
		Syngnathidae	海龙科
		Rhinobatidae	犁头鳐科
		Tetraodontidae	鲀科
		Rhinidae	圆犁头鳐科
		Rhinobatidae	犁头鳐科
		Rhynchobatidae	尖犁头鳐科
		Carangidae	鲹科
		Toxotidae	射水鱼科
		Lophiidae	鮟鱇科
		Triakidae	皱唇鲨科
	甲壳类	*Coenobitidae*	陆寄居蟹科
		Hippolytidae	藻虾科
		Astacoidea	螯虾总科
		Atyidae	匙指虾科
		Cambaridae	蝲蛄科
		Majidae	蜘蛛蟹科
		Nephropidae	海螯虾科
		Gecarcinucidae	泽蟹科
		Hymenoceridae	海星虾科
		Paguridae	寄居蟹科
		Parathelphusidae	束腹蟹科
		Porcellanidae	磁蟹科
		Portunidae	梭子蟹科
		Stenopodidae	猬虾科
	软体类	*Neritidae*	蜑螺科
		Trochidae	马蹄螺科
		Limidae	狐蛤科
		Aplysiidae	海兔科
		Octopodidae	蛸科
	棘皮类	*Strongylocentrotidae*	球海胆科
		Asteroidea	海星

表3-5 续6

国家（地区）	种类（分类至科）		
	类别	学名	
		拉丁文	中文
印度尼西亚	腔肠类	*Actiniaria*	海葵目
		Alcyonacea	软珊瑚目
		Antipatharia	角珊瑚目
		Cerianthria	角海葵目
		Cubomedusae	立方水母目
		Gorgonacea	柳珊瑚目
		Helioporacea	苍珊瑚目
		Scleractinia	石珊瑚目
		Semaeostomae	旗口水母目
	爬行类	*Testudinidae*	陆龟科
		Chelidae	蛇颈龟科
		Bataguridae	潮龟科
	多孔动物	*Clionidae*	穿贝海绵科
	环节动物	*Sabellidae*	缨鳃虫科
中国台湾	鱼类	*Acanthuridae*	刺尾鲷科
		Anabantidae	攀鲈科
		Apteronotidae	无背鱼科
		Balistidae	鳞鲀科
		Caesionidae	乌尾鮗科
		Callichthyidae	美鲶科
		Carangidae	鲹科
		Carcharhinidae	真鲨科
		Chaetodontidae	蝴蝶鱼科
		Channidae	鳢科
		Cichlidae	慈鲷科
		Cobitidae	鳅科
		Cyprinidae（*Except cold water fishes*，*Carassius cuvieri*，*Tinca tinca L.*）	鲤科（冷水鲤科、白鲫和丁鲅除外）
		Dasyatidae	魟科
		Datnioididae	拟松鲷科
		Gobiidae	鰕虎鱼科
		Haemulidae	仿石鲈科
		Holocentridae	金鳞鱼科

表3-5 续7

国家（地区）	种类（分类至科）		
	类别	学名	
		拉丁文	中文
中国台湾	鱼类	*Labridae*	隆头鱼科
		Lobotidae	松鲷科
		Lutjanidae	笛鲷科
		Microdesmidae	蚓鳂虎科
		Monacanthidae	单棘鲀科
		Monodactylidae	大眼鲳科
		Muraenidae	海鳝科
		Myliobatidae	鲼科
		Notopteridae	弓背鱼科
		Osphronemidae	丝足鲈科
		Osteoglossidae	骨舌鱼科
		Pinguipedidae	虎鳝科
		Pomacanthidae	盖刺鱼科
		Pomacentridae	雀鲷科
		Potamotrygonidae	江魟科
		Pseudochromidae	准雀鲷科
		Scaridae	鹦嘴鱼科
		Scolopsidae	眶棘鲈科
		Serranidae	鮨科
		Siganidae	篮子鱼科
		Siluridae	鲶科
		Sparidae	鲷科
		Sphyrnidae	双髻鲨科
		Sternopygidae	鳍电鳗科
		Syngnathidae	海龙科
		Tetraodontidae	鲀科
		Zanclidae	镰鱼科
	两栖类	*Leptodactylidae*	细趾蟾科
		Rhacophoridaae	树蛙科

表3-5 续8

国家（地区）	种类（分类至科）		
	类别	学名	
		拉丁文	中文
中国台湾	软体类	*Sepiidae*	乌贼科
		Neritidae	蜑螺科
		Fasciolariidae	旋螺科
		Patellidae	笠螺科
		Ranellidae	法螺科
	甲壳类	*Atyidae*	匙指虾科
		Parathelphusidae	束腹蟹科
		Hippolytidae	藻虾科
	腔肠类	*Alcyonacea*	软珊瑚目
	爬行类	*Bataguridae*	潮龟科
菲律宾	鱼类	*Acanthuridae*	刺尾鲷科
		Alopiidae	长尾鲨科
		Apogonidae	天竺鲷科
		Aulopodidae	仙鱼科
		Balistidae	鳞鲀科
		Brachaeluridae	长须鲨科
		Carcharhinidae	真鲨科
		Odontaspididae/Carchariidae	锥齿鲨科
		Chactodontidae	棘蝶鱼科
		Chaetodontidae	蝴蝶鱼科
		Cichlidae	慈鲷科
		Congridae	康吉鳗科
		Ginglymostomatidae	绞口鲨科
		Gobiidae	鰕虎鱼科
		Hemiscylliidae	天竺鲨科
		Labridae	隆头鱼科
		Muraenesocidae	海鳗科
		Ostraciontidae	箱鲀科
		Parascyllidae	斑鳍鲨科
		Pomacanthidae	盖刺鱼科
		Pomacentridae	雀鲷科
		Pristiophoridae	锯鲨科
		Rajidae	鳐科

表3-5 续9

国家（地区）	种类（分类至科）		
	类别	学名	
		拉丁文	中文
菲律宾	鱼类	*Scorpaenidae*	鲉科
		Serranidae	鮨科
		Sphyrnidae	双髻鲨科
		Squalidae	角鲨科
		Squatinidae	扁鲨科
		Stegostomatidae	豹纹鲨科
		Dasyatidae	魟科
		Syngnathidae	海龙鱼科
		Triakidae	皱唇鲨科
	甲壳类	*Hippolytidae*	藻虾科
		Paguridae	寄居蟹科
		Porcellanidae	磁蟹科
	棘皮类	*Asteroidea*	海星
		Echinidae	海胆科
		Strongylocentrotidae	球海胆科
	腔肠类	*Alcyonacea*	软珊瑚目
		Helioporacea	苍珊瑚目
		Gorgonacea	柳珊瑚目
		Scleractinia	石珊瑚目
		Antipatharia	角珊瑚目
		Actiniaria	海葵目
		Cerianthria	角海葵目
		Cubomedusae	立方水母目
		Semaeostomae	旗口水母目
	多孔动物	*Clionidae*	穿贝海绵科
	环节动物	*Sabellidae*	缨鳃虫科
	软体类	*Trochidae*	马蹄螺科
		Limidae	狐蛤科
		Aplysiidae	海兔科
		Nautilidae	鹦鹉螺科
		Octopodidae	蛸科

表3-5 续10

国家（地区）	种类（分类至科）		
	类别	学名	
		拉丁文	中文
印度	鱼类	*Callichthyidae*	美鲶科
		Cichlidae	慈鲷科
		Cobitidae	鳅科
		Siluridae	鲶科
		Syngnathidae	海龙科
		Tetraodontidae	鲀科
	甲壳类	*Atyidae*	匙指虾科
		Cambaridae	蝲蛄科
		Gecarcinucidae	泽蟹科
韩国	鱼类	*Acanthuridae*	刺尾鲷科
		Congridae	康吉鳗科
		Liparidae	狮子鱼科
		Myxinidae	盲鳗科
		Pholidae	锦鳚科
		Alopiidae	长尾鲨科
		Balistidae	鳞鲀科
		Brachaeluridae	长须鲨科
		Carcharhinidae	真鲨科
		Cichlidae	慈鲷科
		Odontaspididae/Carchariidae	锥齿鲨科
		Dasyatidae	魟科
		Ginglymostomatidae	绞口鲨科
		Gobiidae	鰕虎鱼科
		Hemiscylliidae	天竺鲨科
		Hemitripteridae	绒杜父鱼科
		Labridae	隆头鱼科
		Muraenesocidae	海鳗科
		Myliobatidae	鲼科
		Oplegnathidae	石鲷科
		Orectolobidae	须鲨科
		Parascyllidae	斑鳍鲨科
		Pomacentridae	雀鲷科
		Pristiophoridae	锯鲨科

表3-5 续11

国家（地区）	种类（分类至科）		
	类别	学名	
		拉丁文	中文
韩国	鱼类	*Rajidae*	鳐科
		Rhinidae	圆犁头鳐科
		Rhynchobatidae	尖犁头鳐科
		Scorpaenidae	鲉科
		Serranidae	鮨科
		Sphyrnidae	双髻鲨科
		Squalidae	角鲨科
		Squatinidae	扁鲨科
		Stegostomatidae	豹纹鲨科
		Syngnathidae	海龙科
		Pomacanthidae	盖刺鱼科
		Hexagrammidae	六线鱼科
		Triakidae	皱唇鲨科
		Triglidae	鲂鮄科
	软体类	*Octopodidae*	章鱼科
	棘皮类	*Ophiotrichidae*	刺蛇尾科
		Asteroidea	海星
	腔肠类	*Actiniaria*	海葵目
	甲壳类	*Cheiragonidae*	角螯蟹科
		Palinuridae	龙虾科
		Majidae	蜘蛛蟹科
日本	鱼类	*Acanthuridae*	刺尾鲷科
		Alopiidae	长尾鲨科
		Anarhichadidae	狼鳚科
		Balistidae	鳞鲀科
		Blenniidae	鳚科
		Brachaeluridae	长须鲨科
		Carcharhinidae	真鲨科
		Odontaspididae/Carchariidae	锥齿鲨科
		Chaetodontidae	蝴蝶鱼科
		Cyprinidae（*Except Carassius cuvieri and Tinca tinca L.*）	鲤科（白鲫、丁鲹除外）
		Ginglymostomatidae	绞口鲨科
		Gobiidae	鰕虎鱼科

表3-5　续12

国家（地区）	种类（分类至科）		
	类别	学名	
		拉丁文	中文
日本	鱼类	*Hemiscylliidae*	天竺鲨科
		Labridae	隆头鱼科
		Macrorhamphosidae	鹭管鱼科
		Monocentridae	松毬鱼科
		Orectolobidae	须鲨科
		Parascyllidae	斑鳍鲨科
		Pomacanthidae	盖刺鱼科
		Pomacentridae	雀鲷科
		Potamotrygonidae	江魟科
		Pristiophoridae	锯鲨科
		Rajidae	鳐科
		Scorpaenidae	鲉科
		Sphyrnidae	双髻鲨科
		Squalidae	角鲨科
		Squatinidae	扁鲨科
		Stegostomatidae	豹纹鲨科
		Triakidae	皱唇鲨科
	甲壳类	*Hippolytidae*	藻虾科
		Majidae	蜘蛛蟹科
		Porcellanidae	磁蟹科
	棘皮类	*Asteroidea*	海星
	腔肠类	*Actiniaria*	海葵目
		Alcyonacea	软珊瑚目
		Antipatharia	角珊瑚目
		Cerianthria	角海葵目
		Cubomedusae	立方水母目
		Gorgonacea	柳珊瑚目
		Helioporacea	苍珊瑚目
		Scleractinia	石珊瑚目
		Semaeostomae	旗口水母目
	软体类	*Octopodidae*	章鱼科
	节肢动物	*Cirolanidae*	漂水虱科

表3-5 续13

国家（地区）	种类（分类至科）		
	类别	学名	
		拉丁文	中文
越南	鱼类	*Acanthuridae*	刺尾鲷科
		Apogonidae	天竺鲷科
		Balistidae	鳞鲀科
		Carcharhinidae	真鲨科
		Chaetodontidae	蝴蝶鱼科
		Congridae	康吉鳗科
		Ginglymostomatidae	绞口鲨科
		Gobiidae	鰕虎鱼科
		Labridae	隆头鱼科
		Ostraciontidae	箱鲀科
		Pomacanthidae	盖刺鱼科
		Pomacentridae	雀鲷科
		Rajidae	鳐科
		Scorpaenidae	鲉科
		Serranidae	鮨科
		Sphyrnidae	双髻鲨科
		Stegostomatidae	豹纹鲨科
	甲壳类	*Hippolytidae*	藻虾科
		Porcellanidae	磁蟹科
	棘皮类	*Asteroidea*	海星
		Strongylocentrotidae	球海胆科
	腔肠类	*Actiniaria*	海葵目
		Alcyonacea	软珊瑚目
		Antipatharia	角珊瑚目
		Cerianthria	角海葵目
		Cubomedusae	立方水母目
		Gorgonacea	柳珊瑚目
		Helioporacea	苍珊瑚目
		Scleractinia	石珊瑚目
		Semaeostomae	旗口水母目
	爬行类	*Bataguridae*	潮龟科
	软体类	*Tridacnidae*	砗磲科
		Aplysiidae	海兔科
		Trochidae	马蹄螺科
	多孔动物	*Clionidae*	穿贝海绵科

表3-5 续14

国家（地区）	种类（分类至科）		
	类别	学名	
		拉丁文	中文
斯里兰卡	鱼类	*Acanthuridae*	刺尾鲷科
		Alopiidae	长尾鲨科
		Apogonidae	天竺鲷科
		Aracanidae	六棱箱鲀科
		Balistidae	鳞鲀科
		Brachaeluridae	长须鲨科
		Carcharhinidae	真鲨科
		Odontaspididae/Carchariidae	锥齿鲨科
		Chaetodontidae	蝴蝶鱼科
		Congridae	康吉鳗科
		Ginglymostomatidae	绞口鲨科
		Gobiidae	鰕虎鱼科
		Hemiscylliidae	天竺鲨科
		Heterodontidae	虎鲨科
		Labridae	隆头鱼科
		Orectolobidae	须鲨科
		Ostraciontidae	箱鲀科
		Parascyllidae	斑鳍鲨科
		Pomacanthidae	盖刺鱼科
		Pristiophoridae	锯鲨科
		Rajidae	鳐科
		Scorpaenidae	鲉科
		Serranidae	鮨科
		Sphyrnidae	双髻鲨科
		Squalidae	角鲨科
		Squatinidae	扁鲨科
		Stegostomatidae	豹纹鲨科
		Pomacentridae	雀鲷科
		Tetraodontidae	鲀科
		Dasyatidae	魟科
		Myliobatidae	鲼科
		Rhinopteridae	牛鼻鲼科
		Rhinidae	圆犁头鳐科

表3-5 续15

国家（地区）	种类（分类至科）		
	类别	学名	
		拉丁文	中文
斯里兰卡	鱼类	*Rhynchobatidae*	尖犁头鳐科
		Carangidae	鲹科
		Caesionidae	乌尾鮗科
		Syngnathidae	海龙科
		Triakidae	皱唇鲨科
	甲壳类	*Hippolytidae*	藻虾科
		Porcellanidae	磁蟹科
	棘皮类	*Asteroidea*	海星
		Strongylocentrotidae	球海胆科
	腔肠类	*Actiniaria*	海葵目
		Alcyonacea	软珊瑚目
		Antipatharia	角珊瑚目
		Cerianthria	角海葵目
		Cubomedusae	立方水母目
		Gorgonacea	柳珊瑚目
		Helioporacea	苍珊瑚目
		Scleractinia	石珊瑚目
		Semaeostomae	旗口水母目
	软体类	*Aplysiidae*	海兔科
		Limidae	狐蛤科
		Trochidae	马蹄螺科
	多孔动物	*Clionidae*	穿贝海绵科
	环节动物	*Himerometridae*	美羽枝科
		Sabellidae	缨鳃虫科
北美洲			
美国	鱼类	*Acanthuridae*	刺尾鲷科
		Alopiidae	长尾鲨科
		Apogonidae	天竺鲷科
		Aulopodidae	仙鱼科
		Balistidae	鳞鲀科
		Brachaeluridae	长须鲨科
		Carcharhinidae	真鲨科
		Odontaspididae/Carchariidae	锥齿鲨科

表3-5 续16

国家（地区）	种类（分类至科）		
	类别	学名	
		拉丁文	中文
美国	鱼类	*Chaetodontidae*	蝴蝶鱼科
		Ginglymostomatidae	绞口鲨科
		Gobiidae	鰕虎鱼科
		Hemiscylliidae	天竺鲨科
		Labridae	隆头鱼科
		Orectolobidae	须鲨科
		Osteoglossidae	骨舌鱼科
		Parascyllidae	斑鳍鲨科
		Pomacanthidae	盖刺鱼科
		Pristiophoridae	锯鲨科
		Pseudochromidae	准雀鲷科
		Rajidae	鳐科
		Serranidae	鮨科
		Sparidae	鲷科
		Sphyrnidae	双髻鲨科
		Squalidae	角鲨科
		Squatinidae	扁鲨科
		Stegostomatidae	豹纹鲨科
		Syngnathidae	海龙科
		Opistognathidae	后颌鱼科
		Blenniidae	鳚科
		Siluridae	鲶科
		Potamotrygonidae	魟科
		Gymnotidae	裸背鱼科
		Triakidae	皱唇鲨科
	棘皮类	*Asteroidea*	海星
	甲壳类	*Porcellanidae*	磁蟹科
		Hippolytidae	藻虾科
	腔肠类	*Actiniaria*	海葵目
		Ceriantheria	角海葵目
		Sabellidae	缨鳃虫科

表3-5 续17

国家（地区）	种类（分类至科）		
	类别	学名	
		拉丁文	中文
美国	爬行类	*Dermatemydidae*	泥龟科
		Kinosternidae	动胸龟科
		Pelomedusidae	侧颈龟科
		Testudinidae	陆龟科
	两栖类	*Leptodactylidae*	细趾蟾科
		Microhylidae	姬蛙科
	多孔动物	*Clionidae*	穿贝海绵科
加拿大	鱼类	*Anarhichadidae*	狼鳚科
		Chimaeridae	银鲛科
		Hemitripteridae	绒杜父鱼科
		Rhamphocottidae	钩吻杜父鱼科
		Chimaeridae	银鲛科
		Cottidae	杜父鱼科
		Cyclopteridae	圆鳍鱼科
		Embiotocidae	海鲫科
		Gadidae	鳕科
		Hexagrammidae	六线鱼科
		Pseudochromidae	准雀鲷科
		Scorpaenidae	鲉科
		Sebastidae	平鲉科
		Syngnathidae	海龙科
	棘皮类	*Asteroidea*	海星
		Strongylocentrotidae	球海胆科
	甲壳类	*Hippolytidae*	藻虾科
		Nephropidae	海螯虾科
		Porcellanidae	磁蟹科
	腔肠类	*Actiniaria*	海葵目
		Cerianthria	角海葵目
	多孔动物	*Clionidae*	穿贝海绵科

表3-5 续18

国家（地区）	种类（分类至科）		
	类别	学名	
		拉丁文	中文
墨西哥	鱼类	*Acanthuridae*	刺尾鲷科
		Alopiidae	长尾鲨科
		Brachaeluridae	长须鲨科
		Carcharhinidae	真鲨科
		Chaetodontidae	蝴蝶鱼科
		Ginglymostomatidae	绞口鲨科
		Gobiidae	鰕虎鱼科
		Hemiscylliidae	天竺鲨科
		Labridae	隆头鱼科
		Odontaspididae/Carchariidae	锥齿鲨科
		Orectolobidae	须鲨科
		Parascyllidae	斑鳍鲨科
		Pomacanthidae	盖刺鱼科
		Pomacentridae	雀鲷科
		Pristiophoridae	锯鲨科
		Rajidae	鳐科
		Serranidae	鮨科
		Sphyrnidae	双髻鲨科
		Squalidae	角鲨科
		Squatinidae	扁鲨科
		Stegostomatidae	豹纹鲨科
		Triakidae	皱唇鲨科
	棘皮类	*Asteroidea*	海星
	甲壳类	*Hippolytidae*	藻虾科
		Porcellanidae	磁蟹科
	腔肠类	*Actiniaria*	海葵目
		Ceriantheria	角海葵目
南美洲			
哥伦比亚	鱼类	*Callichthyidae*	美鲶科
		Aulopodidae	仙鱼科
		Cichlidae	慈鲷科
		Cobitidae	鳅科
		Istiophoridae	旗鱼科

表3-5 续19

国家（地区）	种类（分类至科）		
	类别	学名	
		拉丁文	中文
哥伦比亚	鱼类	*Osteoglossidae*	骨舌鱼科
		Potamotrygonidae	江魟科
		Siluridae	鲶科
		Sparidae	鲷科
	爬行类	*Dermatemydidae*	泥龟科
		Kinosternidae	动胸龟科
秘鲁	鱼类	*Ariidae*	海鲶科
		Callichthyidae	美鲶科
		Cichlidae	慈鲷科
		Cobitidae	鳅科
		Osteoglossidae	骨舌鱼科
		Potamotrygonidae	江魟科
		Polyodontidae	匙吻鲟科
		Siluridae	鲶科
	爬行类	*Dermatemydidae*	泥龟科
		Kinosternidae	动胸龟科
		Pelomedusidae	侧颈龟科
		Testudinidae	陆龟科
巴西	鱼类	*Acanthuridae*	刺尾鲷科
		Alopiidae	长尾鲨科
		Brachaeluridae	长须鲨科
		Callichthyidae	美鲶科
		Carcharhinidae	真鲨科
		Odontaspididae/Carchariidae	锥齿鲨科
		Chaetodontidae	蝴蝶鱼科
		Cichlidae	慈鲷科
		Cobitidae	鳅科
		Cyprinidae（*Except Carassius cuvieri and Tinca tinca L.*）	鲤科（白鲫、丁鲹除外）
		Erythrinidae	红脂鲤科
		Ginglymostomatidae	绞口鲨科
		Gobiidae	鰕虎鱼科
		Hemiscylliidae	天竺鲨科
		Labridae	隆头鱼科

表3-5　续20

国家（地区）	种类（分类至科）		
	类别	学名	
		拉丁文	中文
巴西	鱼类	*Orectolobidae*	须鲨科
		Osphronemidae	丝足鲈科
		Parascyllidae	斑鳍鲨科
		Pomacanthidae	盖刺鱼科
		Potamotrygonidae	江魟科
		Pristiophoridae	锯鲨科
		Rajidae	鳐科
		Serranidae	鮨科
		Siluridae	鲶科
		Sphyrnidae	双髻鲨科
		Squalidae	角鲨科
		Squatinidae	扁鲨科
		Stegostomatidae	豹纹鲨科
		Triakidae	皱唇鲨科
	棘皮类	*Asteroidea*	海星
	甲壳类	*Porcellanidae*	磁蟹科
		Hippolytidae	藻虾科
	腔肠类	*Actiniaria*	海葵目
		Ceriantharia	角海葵目
非洲			
埃及	鱼类	*Acanthuridae*	刺尾鲷科
		Balistidae	鳞鲀科
		Chaetodontidae	蝴蝶鱼科
		Gobiidae	鰕虎鱼科
		Labridae	隆头鱼科
		Pomacanthidae	盖刺鱼科
		Pomacentridae	雀鲷科
		Pseudochromidae	准雀鲷科
	甲壳类	*Hippolytidae*	藻虾科
		Porcellanidae	磁蟹科
	棘皮类	*Asteroidea*	海星
		Strongylocentrotidae	球海胆科

表3-5 续21

国家（地区）	种类（分类至科）		
	类别	学名	
		拉丁文	中文
埃及	腔肠类	*Actiniaria*	海葵目
		Alcyonacea	软珊瑚目
		Antipatharia	角珊瑚目
		Cerianthria	角海葵目
		Cubomedusae	立方水母目
		Gorgonacea	柳珊瑚目
		Helioporacea	苍珊瑚目
		Scleractinia	石珊瑚目
		Semaeostomae	旗口水母目
	软体类	*Trochidae*	马蹄螺科
		Aplysiidae	海兔科
尼日利亚	鱼类	*Cichlidae*	慈鲷科
		Mormyridae	长颌鱼科
		Pantodontidae	齿蝶鱼科
		Tetraodontidae	鲀科
坦桑尼亚	鱼类	*Cichlidae*	慈鲷科
		Sparidae	鲷科
大洋洲			
澳大利亚	鱼类	*Acanthuridae*	刺尾鲷科
		Alopiidae	长尾鲨科
		Brachaeluridae	长须鲨科
		Carcharhinidae	真鲨科
		Odontaspididae/Carchariidae	锥齿鲨科
		Chaetodontidae	蝴蝶鱼科
		Ginglymostomatidae	绞口鲨科
		Gobiidae	鰕虎鱼科
		Hemiscylliidae	天竺鲨科
		Labridae	隆头鱼科
		Orectolobidae	须鲨科
		Parascyllidae	斑鳍鲨科
		Pomacanthidae	盖刺鱼科
		Pomacentridae	雀鲷科
		Pristiophoridae	锯鲨科

表3-5 续22

国家（地区）	种类（分类至科）		
	类别	学名	
		拉丁文	中文
澳大利亚	鱼类	*Rajidae*	鳐科
		Serranidae	鮨科
		Sphyrnidae	双髻鲨科
		Squalidae	角鲨科
		Squatinidae	扁鲨科
		Stegostomatidae	豹纹鲨科
		Syngnathidae	海龙科
		Triakidae	皱唇鲨科
	甲壳类	*Hippolytidae*	藻虾科
		Porcellanidae	磁蟹科
	软体类	*Tridacnidae*	砗磲科
		Trochidae	马蹄螺科
	棘皮类	*Asteroidea*	海星
		Strongylocentrotidae	球海胆科
	腔肠类	*Alcyonacea*	软珊瑚目
		Helioporacea	苍珊瑚目
		Gorgonacea	柳珊瑚目
		Scleractinia	石珊瑚目
		Antipatharia	角珊瑚目
		Actiniaria	海葵目
		Ceriantharia	角海葵目
		Cubomedusae	立方水母目
		Semaeostomae	旗口水母目
	多孔动物	*Clionidae*	穿贝海绵科
欧洲			
德国	鱼类	*Cichlidae*	慈鲷科
		Potamotrygonidae	江魟科
		Aulopodidae	仙鱼科
		Siluridae	鲶科

表3-5 续23

国家（地区）	种类（分类至科）		
	类别	学名	
		拉丁文	中文
葡萄牙	鱼类	*Acanthuridae*	刺尾鲷科
		Anomalopidae	灯眼鱼科
		Antennariidae	躄鱼科
		Aplocheilidae	单唇鳉科
		Apogonidae	天竺鲷科
		Aulostomidae	管口鱼科
		Balistidae	鳞鲀科
		Blenniidae	鳚科
		Carcharhinidae	真鲨科
		Centracanthidae	长身鲷科
		Centriscidae	虾鱼科
		Centrolophidae	长鲳科
		Chactodontidae	棘蝶鱼科
		Chaetodontidae	蝴蝶鱼科
		Cottidae	杜父鱼科
		Cyprinidae（*Except Carassius cuvieri and Tinca tinca L.*）	鲤科（白鲫、丁鲹除外）
		Dasyatidae	魟科
		Diodontidae	二齿鲀科
		Ginglymostomatidae	绞口鲨科
		Gobiidae	鰕虎鱼科
		Gymnuridae	燕魟科
		Haemulidae	石鲈科
		Labridae	隆头鱼科
		Lamnidae	鼠鲨科
		Lophiidae	鮟鱇科
		Microdesmidae	蚓鰕虎科
		Mobulidae	蝠鲼科
		Molidae	翻车鲀科
		Monacanthidae	单棘鲀科
		Monocentridae	松毬鱼科
		Myliobatidae	鲼科
		Ophichthidae	蛇鳗科

表3-5 续24

国家（地区）	种类（分类至科）		
	类别	学名	
		拉丁文	中文
葡萄牙	鱼类	*Pomacanthidae*	盖刺鱼科
		Pomacentridae	雀鲷科
		Pomatomidae	扁鲹科
		Potamotrygonidae	江魟科
		Priacanthidae	大眼鲷科
		Pristiophoridae	锯鲨科
		Rajidae	鳐科
		Rhinidae	圆犁头鳐科
		Rhinobatidae	犁头鳐科
		Scorpaenidae	鲉科
		Scyliorhinidae	猫鲨科
		Sebastidae	平鲉科
		Haemulidae	石鲈科
		Sphyrnidae	双髻鲨科
		Stegostomatidae	豹纹鲨科
		Syngnathidae	海龙科
		Tetraodontidae	鲀科
		Triakidae	皱唇鲨科
		Triglidae	鲂鮄科
	甲壳类	*Hippolytidae*	藻虾科
		Hymenoceridae	海星虾科
		Inachidae	尖头蟹科
		Limulidae	鲎科
		Palaemonidae	长臂虾科
		Palinuridae	龙虾科
	软体类	*Tridacnidae*	砗磲科
		Octopodidae	章鱼科
		Patellidae	笠螺科
		Pennatulidae	海笔科
		Ranellidae	法螺科
		Sepiidae	乌贼科
		Nautilidae	鹦鹉螺科
		Limidae	狐蛤科

表3-5 续25

国家（地区）	种类（分类至科）		
	类别	学名	
		拉丁文	中文
葡萄牙	环节类	*Sabellidae*	帚虫科
	棘皮类	*Asteroidea*	海星
		Diadematidae	冠海胆科
		Cucumariidae	瓜参科
		Ophiodermatidae	皮蛇尾科

注：

1. 本名单为传统贸易和完成检疫准入种类。
2. 本名单根据境外动物疫情、检疫准入、传统贸易整理和进口检疫情况、境外官方提供注册登记企业名单动态调整。

表 3-6 《已准入水生动物国家（地区）及品种名单》种用及养殖水生动物部分

（2024 年 12 月版，截至 2025 年 1 月 1 日仍为最新版本）

国家（地区）	种类（分类至种）		
	类别	学名	
		拉丁文	中文
亚洲			
马来西亚	鱼类	*Anguilla Bicolor*	双色鳗鲡
泰国	甲壳类	*Macrobrachium rosenbergii*	罗氏沼虾
		Penaeus monodon	斑节对虾
		Litopenaeus vannamei	凡纳滨对虾
	爬行类	*Pelodiscus Sinensis*	中华鳖
印度尼西亚	鱼类	*Anguilla Bicolor*	双色鳗鲡
		Litopenaeus vannamei	凡纳滨对虾
中国台湾	甲壳类	*Macrobrachium rosenbergii*	罗氏沼虾
		Cherax quadricarinatus	四脊滑螯虾
		Penaeus monodon	斑节对虾
		Penaeus orietalis	东方对虾
	鱼类	*Epinephelus lanceolatus*	龙胆石斑鱼
		lateolabrax japonicus	花鲈
		Ocadia Sinensis	花龟
		Pelodiscus Sinensis	中华鳖
日本	爬行类	*Mauremys japonica*	日本拟水龟
	鱼类	*Anguilla japonica*	日本鳗鲡
中国香港	鱼类	*Anguilla Bicolor*	双色鳗鲡
		Anguilla rostrata	美洲鳗鲡

表3-6　续1

国家（地区）	种类（分类至种）		
	类别	学名	
		拉丁文	中文
菲律宾	甲壳类	*Cherax quadricarinatus*	四脊滑螯虾
	鱼类	*Anguilla Bicolor*	双色鳗鲡
韩国	甲壳类	*Fenneropenaeus chinensis*	中国对虾
	软体类	*Scapharca broughtonii*	魁蚶
	尾索动物	*Pyrosomella verticilliata*	海鞘
北美洲			
加拿大	鱼类	*Anguilla rostrata*	美洲鳗鲡
		Oncorhynchus keta	大马哈鱼
		Salmo salar	大西洋鲑
美国	甲壳类	*Litopenaeus vannamei*	凡纳滨对虾
	鱼类	*Clupea pallasi*	鲱鱼
		Oncorhynchus mykiss	虹鳟
		Alosa sapidissima	美洲鲥
	爬行类	*Sternotherus odoratus*	麝香龟
		Kinosternon suhrubrum	头盔泥龟
		Staurotypus triporcatus	墨西哥大麝香龟
		Phrynops geoffroanus	花面龟
		Chelus fimbriatus	枯叶龟
		Pseudemys concinna	甜甜圈龟
		Malacochersus tornieri	黄泽泥龟
		Kinosternon baurii	果核泥龟
		Sternotherus carinatus	屋顶龟
		Rhinoclemmys pulcherrima	红头木纹龟
		Chrysemys picta	锦龟
		Kinosternon scorpioides	红脸蛋龟
		Claudius angustatus	窄桥匣子龟
		Pseudemys rubriventris	红肚龟
大洋洲			
澳大利亚	鱼类	*Maccullochella peelii*	鳕鲈
		lateolabrax japonicus	花鲈
		Lates calcarifer	尖吻鲈
		Macquaria ambigua	黄金鲈
		Scortum barcoo	宝石鲈

表3-6 续2

国家（地区）	种类（分类至种）		
	类别	学名	
		拉丁文	中文
欧洲			
丹麦	鱼类	*Oncorhynchus mykiss*	虹鳟
挪威	鱼类	*Salmo salar*	大西洋鲑
		Oncorhynchus mykiss	虹鳟
波兰	鱼类	*Oncorhynchus mykiss*	虹鳟
西班牙	鱼类	*Oncorhynchus mykiss*	虹鳟
冰岛	鱼类	*Salmo salar*	大西洋鲑
		Oncorhynchus keta	大马哈鱼
英国	鱼类	*Oncorhynchus mykiss*	虹鳟
俄罗斯	鱼类	*Coregonus autumnalis*	凹目白鲑
		Acipenser baeri	西伯利亚鲟
		Coregonus nasus	齐尔白鲑
		Coregonus peled	高白鲑

注：

1. 本名单所列为该水生动物种类的卵、苗、亲本。

2. 本名单所列为传统贸易和完成检疫准入种类。根据境外动物疫情、检疫准入、传统贸易整理和进口检疫情况动态调整。

第三节 进境动物遗传物质

动物遗传物质是指哺乳动物精液、胚胎和卵细胞。

一、资质要求

（一）准入要求

输出国家（地区）有关主管机构必须与中华人民共和国海关总署签订输华动物遗传物质双边检疫协定后，相关动物遗传物质才可向中国出口。海关总署对进境动物遗传物质实行风险分析管理。

《允许向中国出口动物遗传物质的国家（地区）及产品名单》见本节参考资料。

（二）境外生产、加工、存放单位注册登记

海关总署对输出动物遗传物质的境外生产单位实行检疫注册登记。办理指南见本书第二部分第十四章第一节。

登录海关总署门户网站动植物检疫司页面（http：//dzs. customs. gov. cn/），点击“企业信息”—“动物产品类”—“其他动物产品”，可查询允许向中国出口遗传物质注册企业名单。

（三）进境动植物检疫审批

输入动物遗传物质的，必须事先办理检疫审批手续，取得进境动植物检疫许可。办理指南见本书第二部分第十三章第二节。

（四）进境动物遗传物质使用单位备案

进境动物遗传物质的使用单位应当到所在地直属海关备案。办理指南见本书第二部分第十四章第五节。

二、申报要求

（一）基本申报要求

货主或者其代理人应当在动物遗传物质进境前向进境口岸海关申报，除贸易合同、提单、装箱单、发票等贸易凭证外，按要求提供以下材料：

1. 输出国家（地区）官方检疫证书，已与中国签订协定（含协议、议定书、备忘录等）的，还应符合相关协定中有关动物检疫证书的要求（特定国家或者地区证书要求详见本小节“四、进境动物遗传物质检疫要求”部分内容）；

2. 原产地证书；

3. 允许进出口证明书（即濒危野生动植物种国际贸易公约允许进出口证明书，适用于濒危野生动物遗传物质）。

（二）录入要求

在产品资质栏目选取“325-进境动植物产品检疫许可证”，并填写许可证编号等信息。

三、产品相关要求

海关对进境动物遗传物质的加工、存放、使用实施检疫监督管理；对动物遗传物质的第一代后裔实施备案。

使用单位应当建立进境动物遗传物质使用的管理制度，填写“进境动物遗传物质检疫监管档案”，接受海关监管；每批进境动物遗传物质使用结束后，应当将“进境动物遗传物质检疫监管档案”报海关备案。

海关根据需要，对进境动物遗传物质后裔的健康状况进行监测，有关单位应当予以配合。

四、进境动物遗传物质检疫要求

进境动物遗传物质检疫要求见表 3-7。

表 3-7 进境动物遗传物质检疫要求

（截至 2025 年 1 月 1 日）

序号	产品	原产国家或地区	产品要求	证书要求
1	水牛胚胎	巴基斯坦（允许巴基斯坦地理坐标北纬 31° 5′ 10.3″、东经 73° 41′ 28.4″；北纬 31°53′10.0″、东经 73° 41′10.8″；北纬 31°52′48.5″、东经 73° 41′ 11.5″；北纬 31° 52′ 48.9″、东经 73°41′28.8″四点连线所在范围内符合我国检疫卫生要求的水牛胚胎输华）	水牛胚胎，是指在巴基斯坦通过中巴双方注册的生产单位内，从水牛活体卵巢采集卵母细胞，使用体外授精方式生产的胚胎	巴基斯坦伊斯兰共和国国家粮食安全与研究部（以下简称“巴方”）凭中华人民共和国海关总署签发的《中华人民共和国进境动植物检疫许可证》对输华水牛胚胎实施检疫。每份进境水牛胚胎检疫许可证只允许进口一批水牛胚胎。检疫合格的，由巴方按照双方确认的证书样本签发检疫证书

表3-7 续

序号	产品	原产国家 或地区	产品要求	证书要求
2	猪精液	法国	猪精液	检疫合格的，由法国按照双方确认的证书样本签发动物卫生证书
3	种禽种蛋	法国	种禽种蛋指用于孵育、繁衍幼禽的禽鸟和受精禽蛋，包括鸡、鸭、鹅等饲养禽鸟	检疫合格的，由法国按照双方确认的证书样本签发检疫证书
4	猪精液	荷兰	猪精液	检疫合格的，由荷兰按照双方确认的证书样本签发检疫证书，且检疫证书应随输出的猪精液一起运输到中国。猪精液抵达中国入境口岸时，如无有效检疫证书或无检疫证书，作退回或销毁处理
5	牛精液	匈牙利	牛精液	检疫合格的，由匈牙利按照双方确认的证书样本签发动物卫生证书，且检疫证书应随输出的牛精液一起运输到中国。牛精液运抵中国入境口岸时，如无有效检疫证书或无检疫证书，作退回或销毁处理

参考资料

允许向中国出口动物遗传物质的国家（地区）及产品名单

《允许向中国出口动物遗传物质的国家（地区）及产品名单》见表3-8。

表3-8 允许向中国出口动物遗传物质的国家（地区）及产品名单

（2024年12月版，截至2025年1月1日仍为最新版本）

国家或地区		物种及遗传物质类型				
代码	名称	猪	牛		羊	
		精液	精液	胚胎	精液	胚胎
ARG	阿根廷		◎	◎		
AUS	澳大利亚		◎	◎	◎	◎
AUT	奥地利		◎			
CAN	加拿大	◎	◎	◎		
DEU	德国		◎			
FRA	法国	●	◎			
GBR	英国	◎	◎			
IRL	爱尔兰		◎			
ITA	意大利		◎			

表3-8 续

国家或地区		物种及遗传物质类型				
代码	名称	猪	牛		羊	
		精液	精液	胚胎	精液	胚胎
NLD	荷兰		◎			
NOR	挪威		◎			
NZL	新西兰		◎	◎	◎	◎
PAK	巴基斯坦			●		
ROU	罗马尼亚		◎	◎		
SWE	瑞典		◎			
URY	乌拉圭		◎	◎		
USA	美国	●	●	●		

注：标记●的为获得准入且仍有企业在注册有效期内的情形，标记◎的为曾获得准入但目前没有企业在注册有效期内的情形。有效注册的最新准入情况以海关总署门户网站动植物检疫司页面（http：//dzs. customs. gov. cn/）为准。

第四节　非食用动物产品

非食用动物产品是指非直接供人类或者动物食用的动物副产品及其衍生物、加工品，如非直接供人类或者动物食用的动物皮张、毛类、纤维、骨、蹄、角、油脂、明胶、标本、蚕产品、蜂产品、水产品、内脏、动物源性肥料、奶产品等，不包括动物源性饲料和饲料添加剂、动物遗传物质、动物源性生物材料及制品。

一、进境非食用动物产品

（一）资质要求

1. 准入要求

海关总署对进境非食用动物产品实施检疫准入制度，海关总署与输出国家（地区）主管部门协商确定向中国输出非食用动物产品的检验检疫要求，并商签有关双边协定或者确定检验检疫证书。

实施检疫准入的非食用动物产品见《进境非食用动物产品风险级别及检验检疫监管措施清单》（详见本小节后文）中“检验检疫监管措施”栏列明要求的产品。《已准入非食用动物产品国家（地区）及产品种类名单》详见本节参考资料。

2. 境外生产、加工、存放单位注册登记

海关总署对向中国输出非食用动物产品的境外生产、加工、存放企业实施注册登记制度。进境非食用动物产品境外生产加工存放企业注册要求见“已准入非食用动物产品国家（地区）及产品种类名单”。办理指南见本书第二部分第十四章第一节。

实施境外生产、加工、存放单位注册登记制度的产品见《进境非食用动物产品风险级别及检验检疫监管措施清单》中“检验检疫监管措施”栏列明要求的产品。

登录海关总署门户网站动植物检疫司页面（http：//dzs. customs. gov. cn/），点击“企业信息”—“动物产品类”—“非食用动物产品”—“已准入非食用动物产品国家或地区及产品种类名单”，可查询已获得注册的企业名单。

3. 进境动植物检疫审批

海关总署对进境非食用动物产品实行检疫审批制度。收货人应当在签订贸易合同前办理检疫审批手续，取得进境动植物检疫许可。办理指南见本书第二部分第十三章第二节。

实施进境动植物检疫审批的产品见《进境非食用动物产品风险级别及检验检疫监管措施清单》中“检验检疫监管措施”栏列明要求的产品。

4. 进境非食用动物产品存放、加工过程的检疫监督

高风险非食用动物产品进境后应当运往指定的存放、加工场所（指定企业）。办理指南见本书第二部分第十四章第六节。

实施进境非食用动物产品存放、加工过程的检疫监督的产品见《进境非食用动物产品风险级别及检验检疫监管措施清单》中“检验检疫监管措施”栏列明要求的产品。

登录中国海关企业进出口信用信息公示平台（http：//credit. customs. gov. cn/），点击“特定资质行政相对人名录”—“进境非食用动物产品生产/加工/存放企业名录”，可查询全国进境非食用动物产品生产、加工、存放企业名单。

（二）申报要求

1. 基本申报要求

货主或者其代理人应当在非食用动物产品进境前或者进境时向进境口岸海关申报，除贸易合同、提单、装箱单、发票等贸易凭证外，按要求提供以下材料：

（1）输出国家（地区）官方检疫证书（适用于《进境非食用动物产品风险级别及检验检疫监管措施清单》中检验检疫监管措施列明的产品）；

（2）原产地证书；

（3）进境动植物检疫许可（适用于《进境非食用动物产品风险级别及检验检疫监管措施清单》中“检验检疫监管措施”栏列明要求的产品）；

（4）允许进出口证明书（即濒危野生动植物种国际贸易公约允许进出口证明书，适用于濒危野生动物产品）。

2. 录入要求

须办理检疫审批的，在产品资质栏目选取“325-进境动植物产品检疫许可证”，并填写许可证编号等信息。

（三）产品相关要求

海关对非食用动物产品实施四级风险分类管理，根据非食用动物产品风险级别不同，分类采取检验检疫措施，详见《进境非食用动物产品风险级别及检验检疫监管措施清单》。

1. 口岸检疫要求

（1）防疫消毒

对运输工具有关部位、装载非食用动物产品的容器、包装外表、铺垫材料、污染场地等应进行防疫消毒处理。

（2）现场检疫

产品的包装、保存状况应良好，无腐败变质现象。不应携带动物尸体、土壤及其他禁止进境物，不应携带有害生物、动物排泄物或者其他动物组织等。

2. 监督管理要求

未经海关同意，不得将进境非食用动物产品卸离运输工具或者运递。

运往指定企业检疫的非食用动物产品，应当在检疫许可证列明的指定企业存放、加工。因特殊原因，需要变更指定企业的，货主或者其代理人应当办理检疫许可证变更，并向变更后的指定企业所在地海关申报，接受检验检疫和检疫监督。

（四）进境非食用动物产品风险级别及检验检疫监管措施清单

《进境非食用动物产品风险级别及检验检疫监管措施清单》见表 3-9。

表 3-9　进境非食用动物产品风险级别及检验检疫监管措施清单

（2024 年 12 月版，截至 2025 年 1 月 1 日仍为最新版本）

类别	产品	风险级别	检验检疫监管措施
皮张	马属动物生皮张	Ⅰ级	需检疫准入；境外生产加工企业注册登记；进境时查验检疫证书并实施检验检疫；进境后在指定企业存放、加工
	所有野生动物皮张	Ⅰ级	需检疫准入；进境前需办理《进境动植物检疫许可证》；境外生产加工企业注册登记；进境时查验检疫证书并实施检验检疫；进境后在指定企业存放、加工
	其他动物生皮张	Ⅱ级	需检疫准入；境外生产加工企业注册登记；进境时查验检疫证书并实施检验检疫
	灰皮（pH 值不低于 14 的环境中处理至少 2 小时）、浸酸皮（pH 值不高于 2 的环境中处理至少 1 小时）和其他等效方法加工的未鞣制动物皮张，鞣制皮张（来自相关动物疫情禁令国家或地区）	Ⅲ级	境外生产加工企业注册登记；进境时查验检疫证书并实施检验检疫
	鞣制皮张（来自无相关动物疫情禁令国家或地区）	Ⅳ级	进境时实施检验检疫
毛类和纤维	原毛，原绒，未水洗羽毛羽绒，未经加工的鬃、尾	Ⅰ级	需检疫准入；境外生产加工企业注册登记；进境前需办理《进境动植物检疫许可证》；进境时查验检疫证书并实施检验检疫；进境后在指定企业存放、加工
	洗净毛、绒，水洗羽毛羽绒，水洗马、牛（鬃）尾毛，水煮猪鬃，羊毛落毛	Ⅲ级	境外生产加工企业注册登记；进境时查验检疫证书并实施检验检疫
	已脱脂或染色的装饰羽毛羽绒，炭化毛，已梳毛，毛条	Ⅳ级	进境时实施检验检疫
骨蹄角	未经加工和初级加工的陆生动物骨、蹄、角	Ⅰ级	需检疫准入；境外生产加工企业注册登记；进境前需办理《进境动植物检疫许可证》；进境时查验检疫证书并实施检验检疫；进境后在指定企业存放、加工
	热加工（产品中心温度不低于 80℃至少 30 分钟）反刍动物骨、蹄、角，河马牙等动物原牙	Ⅱ级	需检疫准入；境外生产加工企业注册登记；进境前需办理《进境动植物检疫许可证》；进境时查验检疫证书并实施检验检疫
	热加工（产品中心温度不低于 80℃至少 30 分钟）非反刍动物骨、蹄、角	Ⅲ级	境外生产加工企业注册登记；进境时查验检疫证书并实施检验检疫
	猛犸牙等化石类动物骨、蹄、角、牙，深加工的动物骨蹄角牙制成的文化艺术品，动物角加工的研磨钵、茶叶勺、梳子、鞋拔等制品	Ⅳ级	进境时实施检验检疫

表3-9 续

类别	产品	风险级别	检验检疫监管措施
油脂	未经加工陆生动物脂肪及其冷榨油脂，TSE疫情禁令国家或地区的高温炼制（产品中心温度不低于80℃至少30分钟）反刍动物油脂	Ⅱ级	需检疫准入；境外生产加工企业注册登记；进境前需办理《进境动植物检疫许可证》；进境时查验检疫证书并实施检验检疫
	高温炼制（产品中心温度不低于80℃至少30分钟）的动物油脂（TSE疫情禁令国家或地区的反刍动物油脂除外），两栖类和爬行类动物油脂，羊毛脂	Ⅲ级	境外生产加工企业注册登记；进境时查验检疫证书并实施检验检疫
动物标本	经防腐处理动物标本	Ⅳ级	进境时实施检验检疫
蚕产品	未经加工蚕茧、蚕蛹、削口茧，长吐，滞头	Ⅱ级	需检疫准入；境外生产加工企业注册登记；进境前需办理《进境动植物检疫许可证》；进境时查验检疫证书并实施检验检疫
	落绵	Ⅲ级	进境时查验检疫证书并实施检验检疫
	生丝	Ⅳ级	进境时实施检验检疫
蜂产品	未经加工蜂巢、蜂蜡、蜂胶	Ⅱ级	需检疫准入；境外生产加工企业注册登记；进境前需办理《进境动植物检疫许可证》；进境时查验检疫证书并实施检验检疫
	其他蜂产品	Ⅳ级	进境时实施检验检疫
水产品	未经加工皮、骨、鳞、壳等水生动物副产品	Ⅲ级	进境时查验检疫证书并实施检验检疫
	加工的皮、骨、鳞、壳等水生动物副产品，珊瑚、珍珠、天然海绵及其制品	Ⅳ级	进境时实施检验检疫
其他非食用动物产品	未经加工和初级加工的内脏、组织和消化液	Ⅰ级	需检疫准入；境外生产加工企业注册登记；进境前需办理《进境动植物检疫许可证》；进境时查验检疫证书并实施检验检疫；进境后在指定企业存放、加工
	动物源性肥料，反刍动物源性骨明胶	Ⅱ级	需检疫准入；境外生产加工企业注册登记；进境前需办理《进境动植物检疫许可证》；进境时查验检疫证书并实施检验检疫
	干酪素等深加工或提炼的奶源性产品，其他明胶，硫酸软骨素、磷酸二氢钙、胆盐等深加工或提炼后的动物源性副产品	Ⅲ级	进境时查验检疫证书并实施检验检疫

（五）进境非食用动物产品检疫要求

进境非食用动物产品检疫要求见表3-10。

表 3-10　进境非食用动物产品检疫要求

（截至 2025 年 1 月 1 日）

序号	产品	原产国家或地区	产品要求	证书要求
1	原羊毛	阿根廷	原羊毛指产自阿根廷境内未经加工的含脂羊毛	原羊毛应由阿根廷根据阿根廷法律法规和有关议定书实施检验检疫，合格的出具卫生证书，证明符合有关议定书的要求
2	牛皮	哈萨克斯坦	指生牛皮，包括干制、盐干和盐湿牛皮	哈萨克斯坦负责对哈萨克斯坦输华牛皮实施兽医卫生控制和检疫监管，并出具兽医卫生证书，证明符合有关议定书的要求
3	蚕茧	老挝	指产自老挝境内，经过 100℃ 干热处理、时间不少于 2 小时的热加工蚕茧	老挝根据老挝法律法规和有关议定书要求对热加工蚕茧实施检验检疫，合格的出具卫生证书，证明符合有关议定书的要求
4	洗净毛绒	蒙古国	指经洗涤加工除去油脂、尘土、杂质等，达到规定技术指标的毛、绒，包括洗净绵羊毛、洗净羊绒（山羊绒）、洗净牛毛绒和洗净驼毛绒	输华洗净毛绒应由蒙古国实施检验检疫，并出具兽医卫生证书，证明产品符合双边有关议定书的要求
5	原羊毛	南非	原羊毛指产自南非境内未经加工的含脂羊毛，包括原羊毛和马海毛	原羊毛由南非根据南非法律法规和有关议定书实施检验检疫，合格的出具卫生证书，证明符合有关议定书的要求
6	原羊毛	匈牙利	原羊毛指产自匈牙利境内未经加工的含脂羊毛	原羊毛应由匈牙利根据匈牙利法律法规和有关议定书实施检验检疫，合格的出具卫生证书，证明符合有关议定书的要求
7	工业用陆生动物制品	蒙古国	工业用陆生动物制品指源自牛、羊、马的骨、角、蹄、脂肪等，经过烘干、蒸煮、炼制、喷雾干燥等工艺加工，制成的工业用途产品，包括工业用明胶、油脂、蛋白胨、骨粒、角蹄制品等	工业用陆生动物制品应由蒙古国实施检验检疫，并出具兽医卫生证书，证明产品符合双方有关议定书的要求

二、出境非食用动物产品

（一）资质要求

输入国家（地区）要求中国对向其输出非食用动物产品生产、加工、存放企业注册登记的，海关总署对出境生产加工企业实行注册登记。办理指南见本书第二部分第十四章第三节。

（二）申报要求

非食用动物产品的发货人或者其代理人应当按照法律、行政法规和海关总署规定，向产地（含组货地）海关申请检验检疫，提供贸易合同、自检自控合格证明等相关单证，以及允许进口证明书［允许进出口证明书（包括濒危野生动植物种国际贸易公约允许进出口证明书和中华人民共和国野生动植物允许进出口证明书，适用于濒危野生动物产品）]。海关对所提供的单证进行审核，符合要求的受理申报。

（三）产品相关要求

出境非食用动物产品应货证相符。需要注册登记的，相关单证所载内容和产品标识信息应与注册登记信息一致。

出境非食用动物产品包装、容器应完好，外观、色泽、组织状态、黏度、气味、异物、异色及其他相关项目均应正常。

三、过境非食用动物产品

运输非食用动物产品过境的，承运人或者押运人应当持货运单和输出国家（地区）主管部门出具的证书，并书面提交过境运输路线，向进境口岸海关申报。

装载过境非食用动物产品的运输工具和包装物、装载容器应当完好。经进境口岸海关检查，发现过境非食用动物产品存在途中散漏隐患的，承运人或者押运人应当按照口岸海关的要求，采取密封措施；无法采取密封措施的，不准过境。

过境非食用动物产品的输出国家（地区）未被列入允许进境非食用动物产品的国家（地区）以及产品种类名单的，应当获得海关总署的批准后方可过境。

过境的非食用动物产品，由进境口岸海关查验单证，加施封识后放行，同时通知出境口岸海关。到达出境口岸后，由出境口岸海关确认原货柜、原包装、原封识完好后，允许出境。

参考资料

已准入非食用动物产品国家或地区及产品种类名单

《已准入非食用动物产品国家或地区及产品种类名单》见表3-11。

表3-11 已准入非食用动物产品国家或地区及产品种类名单

（2024年10月版，截至2025年1月1日仍为最新版本）

国家（地区）	产品	境外生产加工存放企业注册情况
亚洲		
巴基斯坦	热加工牛骨粒	允许从注册登记企业进口
	未经加工虾蟹壳	逐步完成注册登记
	马属动物皮张	逐步完成注册登记
哈萨克斯坦	（牛）灰皮、浸酸皮	逐步完成注册登记
	未经加工的蚕茧、蚕蛹、削口茧，长吐，滞头	逐步完成注册登记
	未经加工的蜂巢、蜂蜡、蜂胶	不需要注册登记
	未经加工的马属动物（鬃）尾毛	逐步完成注册登记
	马属动物皮张	逐步完成注册登记
韩国	未经加工蜂蜡	不需要注册登记
	未经加工虾蟹壳	逐步完成注册登记

表3-11 续1

国家（地区）	产品	境外生产加工存放企业注册情况
吉尔吉斯斯坦	(牛羊) 灰皮、浸酸皮	逐步完成注册登记
	未经加工的蚕茧、蚕蛹、削口茧，长吐，滞头	逐步完成注册登记
	未经加工的蜂巢、蜂蜡、蜂胶	不需要注册登记
	原皮（牛、羊）[2]	逐步完成注册登记
	原羊毛[2]	逐步完成注册登记
	马属动物皮张	允许从注册登记企业进口
蒙古国	未经加工马属动物（鬃）尾毛	逐步完成注册登记
	工业用陆生动物制品（骨粒、牛羊油脂、蛋白胨、油渣、明胶、马油脂）	允许从注册登记企业进口
	马属动物皮张	允许从注册登记企业进口
孟加拉国	未经加工虾蟹壳	逐步完成注册登记
缅甸	未经加工虾蟹壳	逐步完成注册登记
	热加工蚕茧	允许从注册登记企业进口
日本	未经加工蜂蜡	不需要注册登记
	未经加工的蚕茧、蚕蛹、削口茧，长吐，滞头	逐步完成注册登记
	热处理鹿骨、皮	允许从注册登记企业进口
	羊毛脂	逐步完成注册登记
塔吉克斯坦	未经加工处理的虾蟹壳	逐步完成注册登记
	(牛羊) 灰皮、浸酸皮	逐步完成注册登记
	马属动物皮张	逐步完成注册登记
	未经加工的蚕茧、蚕蛹、削口茧，长吐，滞头	逐步完成注册登记
	原皮（牛、羊）[3]	逐步完成注册登记
	原羊毛[3]	逐步完成注册登记
泰国	未经加工的蚕茧、蚕蛹、削口茧，长吐，滞头	逐步完成注册登记
	未经加工虾蟹壳	逐步完成注册登记
土耳其	未经加工的蚕茧、蚕蛹、削口茧，长吐，滞头	逐步完成注册登记
土库曼斯坦	(牛羊) 灰皮、浸酸皮	逐步完成注册登记
	未经加工的蚕茧	逐步完成注册登记
	原皮（牛、羊）[4]	逐步完成注册登记
乌兹别克斯坦	(牛羊) 灰皮、浸酸皮	逐步完成注册登记
	原皮（牛、羊）[5]	逐步完成注册登记
	原羊毛[5]	逐步完成注册登记
	未经加工的蚕茧、蚕蛹、削口茧，长吐，滞头	逐步完成注册登记
	马属动物皮张	逐步完成注册登记

表3-11 续2

国家（地区）	产品	境外生产加工存放企业注册情况
新加坡	饲养偶蹄动物油脂类（非食用）	逐步完成注册登记
	羊毛脂及其制品	逐步完成注册登记
伊朗	（牛羊）灰皮、浸酸皮	逐步完成注册登记
	未经加工的蚕茧	逐步完成注册登记
印度	未经加工虾蟹壳	逐步完成注册登记
	未经加工的蚕茧、蚕蛹、削口茧；长吐，滞头	逐步完成注册登记
印度尼西亚	未经加工虾蟹壳	逐步完成注册登记
	未经加工的蚕茧、蚕蛹、削口茧，长吐，滞头	逐步完成注册登记
越南	未经加工虾蟹壳	逐步完成注册登记
	长吐，滞头	逐步完成注册登记
	热加工牛角	允许从注册登记企业进口
	工业用蛇皮	允许从注册登记企业进口
约旦	牛羊皮（仅限澳大利亚牛羊在约旦注册企业屠宰加工）	允许从注册登记企业进口
中国台湾	工业用猪皮	逐步完成注册登记
	未经加工虾蟹壳	逐步完成注册登记
	脱胶鹿角	允许从注册登记企业进口
欧洲		
爱尔兰	原皮（牛、羊）	逐步完成注册登记
	原羊毛	逐步完成注册登记
比利时	兔皮	逐步完成注册登记
	原皮（牛、羊）	允许从注册登记企业进口
	原羊毛	允许从注册登记企业进口
	马属动物皮张	逐步完成注册登记
波兰	原皮（牛、羊）	允许从注册登记企业进口
丹麦	兔皮	逐步完成注册登记
	养殖狐狸皮	逐步完成注册登记
	原皮（牛、羊、猪）	逐步完成注册登记
	工业用猪胰脏	允许从注册登记企业进口
德国	工业用猪皮明胶（非洲猪瘟疫情禁令暂停）	不需要注册登记
	原皮（牛、羊、鹿），原皮（猪）（非洲猪瘟疫情禁令暂停）	允许从注册登记企业进口
	马属动物皮张	逐步完成注册登记
	工业用烘干鹿角、骨	逐步完成注册登记
	猪骨粒（非洲猪瘟疫情禁令暂停）	非洲猪瘟疫情禁令暂停
	原羊毛	逐步完成注册登记

表3-11　续3

国家（地区）	产品	境外生产加工存放企业注册情况
俄罗斯	兔皮	逐步完成注册登记
	工业用烘干鹿角、骨	允许从注册登记企业进口
法国	兔皮	逐步完成注册登记
	马属动物皮张	逐步完成注册登记
	原皮（牛、羊）	逐步完成注册登记
	原羊毛	逐步完成注册登记
芬兰	养殖狐狸皮	逐步完成注册登记
	兔皮	逐步完成注册登记
	原皮（牛、羊）	逐步完成注册登记
荷兰	未经加工蜂蜡	不需要注册登记
	原皮（牛、羊）	逐步完成注册登记
	原羊毛	逐步完成注册登记
	猪骨粒	允许从注册登记企业进口
	马毛	逐步完成注册登记
捷克	兔皮	逐步完成注册登记
	原皮（牛、羊）、原皮（猪）（非洲猪瘟疫情禁令暂停）	逐步完成注册登记
罗马尼亚	原皮（牛、羊）	逐步完成注册登记
	原羊毛	逐步完成注册登记
挪威	原羊毛	逐步完成注册登记
	原皮（牛、羊）	逐步完成注册登记
葡萄牙	兔皮	逐步完成注册登记
	原羊毛	逐步完成注册登记
瑞典	原皮（牛、羊）	逐步完成注册登记
斯洛文尼亚	原皮（牛、羊）	逐步完成注册登记
克罗地亚	原皮（牛、羊）	允许从注册登记企业进口
乌克兰	兔皮	逐步完成注册登记
	原羊毛	逐步完成注册登记
西班牙	兔皮	逐步完成注册登记
	原皮（牛、猪），羊皮（绵羊痘和山羊痘疫情禁令暂停）	逐步完成注册登记
	原羊毛（绵羊痘和山羊痘疫情禁令暂停）	逐步完成注册登记
	鹿骨、皮、角	允许从注册登记企业进口
希腊	羊皮（绵羊痘和山羊痘疫情禁令暂停）、猪皮（非洲猪瘟疫情禁令暂停）	逐步完成注册登记
匈牙利	兔皮	逐步完成注册登记
	原羊毛	逐步完成注册登记

表3-11 续4

国家（地区）	产品	境外生产加工存放企业注册情况
意大利	原皮（牛、羊）	允许从注册登记企业进口
	原羊毛	允许从注册登记企业进口
	兔皮	允许从注册登记企业进口
	马属动物皮张	逐步完成注册登记
	动物源性肥料	允许从注册登记企业进口
英国	原皮（牛、羊）	逐步完成注册登记
	鹿骨鹿皮	允许从注册登记企业进口
	原羊毛	逐步完成注册登记
冰岛	原羊毛	逐步完成注册登记
南美洲		
阿根廷	兔皮	允许从注册登记企业进口
	工业用牛胰腺	允许从注册登记企业进口
	原皮（牛、羊、鹿）	允许从注册登记企业进口（不含鹿皮）
	原羊毛	允许从注册登记企业进口
巴西	未经加工的蚕茧、蚕蛹、削口茧，长吐，滞头	逐步完成注册登记
	未经加工虾蟹壳	逐步完成注册登记
	马属动物皮张	允许从注册登记企业进口
	工业用鱼副产品	允许从注册登记企业进口
秘鲁	精炼羊毛脂	逐步完成注册登记
	羊驼毛	逐步完成注册登记
	马属动物皮张	允许从注册登记企业进口
乌拉圭	原皮（牛、羊）	允许从注册登记企业进口
	马属动物皮张	允许从注册登记企业进口
	工业用牛羊油脂	允许从注册登记企业进口
	羊毛脂	允许从注册登记企业进口
	工业用烘干牛骨	逐步完成注册登记
	原羊毛	允许从注册登记企业进口
智利	原皮（牛、羊）	允许从注册登记企业进口
	原羊毛	允许从注册登记企业进口
北美洲		
哥斯达黎加	原皮（牛、羊）	逐步完成注册登记
加拿大	热处理鹿角、骨	逐步完成注册登记
	鹿皮	逐步完成注册登记
	兔皮	逐步完成注册登记
	未经加工虾蟹壳	逐步完成注册登记

表3-11 续5

国家（地区）	产品	境外生产加工存放企业注册情况
加拿大	马属动物皮张	逐步完成注册登记
	原皮（牛、羊、猪）	逐步完成注册登记
	原羊毛	逐步完成注册登记
	工业用牛羊油脂	允许从注册登记企业进口
墨西哥	马属动物皮张	逐步完成注册登记
	兔皮	逐步完成注册登记
	未经加工虾蟹壳	逐步完成注册登记
	盐湿猪皮	逐步完成注册登记
美国	鹿毛	逐步完成注册登记
	工业用牛皮明胶	不需要注册登记
	养殖负鼠皮	逐步完成注册登记
	养殖狐狸皮	逐步完成注册登记
	鹿皮	逐步完成注册登记
	养殖麝鼠皮	逐步完成注册登记
	兔皮（纽约州、艾奥瓦州、犹他州、伊利诺伊州除外）	逐步完成注册登记
	原皮（牛、羊、猪）	逐步完成注册登记
	禽源性有机肥	允许从注册登记企业进口
	工业用烘干鹿角	逐步完成注册登记
	工业用猪软骨	逐步完成注册登记
	兔原毛（纽约州、艾奥瓦州、犹他州、伊利诺伊州除外）	逐步完成注册登记
	原羊毛	逐步完成注册登记
	工业用牛羊油脂	允许从注册登记企业进口
大洋洲		
澳大利亚	牛胆汁、胆膏、胆粉	逐步完成注册登记
	脱脂牛骨粒	逐步完成注册登记
	炼制工业用牛羊油脂	逐步完成注册登记
	养殖狐狸皮	逐步完成注册登记
	马属动物皮张	逐步完成注册登记
	原皮（牛、羊、猪）	逐步完成注册登记
	羊毛脂	逐步完成注册登记
	原羊毛	逐步完成注册登记
	工业用烘干鹿角	逐步完成注册登记
	牛角	逐步完成注册登记
	工业用牛软骨	逐步完成注册登记

表3-11　续6

国家（地区）	产品	境外生产加工存放企业注册情况
新西兰	负鼠毛	允许从注册登记企业进口
	工业用烘干鹿角	逐步完成注册登记
	冷冻鹿茸鹿角	允许从注册登记企业进口
	工业用牛、羊软骨	逐步完成注册登记
	牛胆汁	逐步完成注册登记
	脱脂牛骨粒	逐步完成注册登记
	工业用牛羊油脂	逐步完成注册登记
	兔皮	允许从注册登记企业进口
	原皮（牛、羊、鹿）、浸酸羊皮	允许从注册登记企业进口
	原羊毛	允许从注册登记企业进口
非洲		
埃及	马属动物皮张	逐步完成注册登记
莱索托	原羊毛	逐步完成注册登记
南非	原皮（牛、羊）[6]	允许从注册登记企业进口
	原羊毛[6]	允许从注册登记企业进口
尼日利亚	工业用烘干牛、鹿角	逐步完成注册登记
	脱脂牛羊骨粒	允许从注册登记企业进口
	马属动物皮张（非洲马瘟疫情禁令暂停）	非洲马瘟疫情禁令暂停
坦桑尼亚	马属动物皮张	允许从注册登记企业进口（注册企业已注销）
	工业用烘干牛角[8]	允许从注册登记企业进口
毛里塔尼亚	马属动物皮张	允许从注册登记企业进口（注册企业已注销）
贝宁	动物皮张（马属动物、驼）	允许从注册登记企业进口
乌干达	工业用烘干牛角	允许从注册登记企业进口
喀麦隆	工业用烘干牛角	逐步完成注册登记
加纳	马属动物皮张（非洲马瘟疫情禁令暂停）	允许从注册登记企业进口
肯尼亚	马属动物皮张（非洲马瘟疫情禁令暂停）	允许从注册登记企业进口
所有国家和地区	原质检总局2015年第41号公告中Ⅲ级风险的毛类和纤维[7]	逐步完成注册登记（海关总署已完成注册登记的须来自注册登记企业，企业名单见海关总署门户网站动植物检疫司页面）
	原质检总局2015年第41号公告中Ⅲ级风险的蚕产品、蜂产品、水产品、蓝湿皮等以及Ⅳ级风险的非食用动物产品	不需要注册登记

注：

1. 该名单以外的非食用动物产品，需按照《进出境非食用动物产品检验检疫监督管理办法》（国家质检总局159

号令和海关总署240号令）规定，完成检疫准入程序（包括产品风险分析、监管体系评估与审查、确定检验检疫要求和境外生产企业注册登记）后方允许进口。名单中的灰皮和酸皮，须在海关总署下发有关卫生证书样本后方允许进口。

2. 对需要实施境外生产加工企业注册登记的产品，该表单中列出的产品均为传统贸易产品，境外生产加工企业注册登记完成前，仍可以正常进口；境外生产加工企业注册登记完成后，仅允许从注册登记企业进口。

3. [1] ~ [5] 须符合国质检动联函〔2002〕871号文件要求。[注：国家质检总局、农业部《关于同意新疆边境地区进口中亚五国偶蹄动物皮毛的函》（国质检动联函〔2002〕871号文件）的主要要求有：(1) 允许从中亚五国进口皮毛的口岸为吐尔尕特、霍尔果斯和阿拉山口。(2) 离霍尔果斯、阿拉山口口岸30千米，离土尔尕特口岸80千米范围内为隔离区，进口皮毛必须限制在隔离区内的企业就地加工。(3) 口岸货场和加工企业需由新疆维吾尔自治区畜牧厅组织动物防疫监督机构进行动物防疫条件审核，凭“动物防疫合格证”按程序向海关总署备案。]

4. [6] 不包括口蹄疫感染区和保护区。

5. [7] 输出国家（地区）官方检验检疫证书须由海关总署动植司确认后方可进口。

6. 该名单产品是已获准入产品，根据国外动物疫情禁令和解禁、有关检疫准入和境外生产加工企业考核注册完成情况和进口检验检疫情况动态调整；涉及有关疫情禁令的，以疫情禁令内容为准。

7. [8] 工业用烘干牛角应随附国外官方主管部门出具的兽医卫生证书，证明货物经过至少100摄氏度，时间至少30分钟的热处理。

8. 本表中狐狸仅限《国家畜禽遗传资源目录》所列有关品种。

第四章

植物及其产品

第一节　植物和植物繁殖材料

植物繁殖材料是植物种子、种苗及其他繁殖材料的统称，指栽培、野生的可供繁殖的植物全株或者部分，如植株、苗木（含试管苗）、果实、种子、砧木、接穗、插条、叶片、芽体、块根、块茎、鳞茎、球茎、花粉、细胞培养材料（含转基因植物）等。

一、进境植物和植物繁殖材料

（一）资质要求

1. 境外植物和植物繁殖材料出口商、种植企业和相关设施注册登记

向我国输出植物繁殖材料的境外出口商、种植企业和相关设施的注册，按海关总署与输出国家（地区）有关主管机构签订的输华植物繁殖材料植物检疫要求议定书规定办理。通常由输出国家（地区）进行注册，并向海关总署提供。

登录海关总署门户网站动植物检疫司页面（http：//dzs. customs. gov. cn/），点击“企业信息”—“植物类”，可查询获得输出国家（地区）注册的企业及产品名单（荷兰马铃薯微型薯、韩国大花蕙兰、美国阿拉斯加马铃薯种薯、智利种球、荷兰种球、以色列葡萄苗）。

海关根据种苗花卉风险高低实施分类管理。对风险较高的种苗花卉要派员赴境外进行产地预检。

2. 进境动植物检疫审批

输入植物和植物繁殖材料的，必须事先办理检疫审批手续。进境植物和植物繁殖材料的检疫审批根据以下不同情况分别由相应部门负责：

（1）因科学研究、教学等特殊原因，需从境外引进禁止进境的植物和植物繁殖材料的引种单位、个人或其代理人须按照有关规定向海关总署申请办理特许检疫审批手续；

（2）引进非禁止进境的植物和植物繁殖材料的，引种单位、个人或其代理人须按照有关规定向农业农村部，或国家林业和草原局、省级林业和草原主管部门及其所属的植物检疫机构申请办理境外引种检疫审批手续。办理指南见本书第二部分第十三章第四节、第五节；

（3）因特殊原因引进带有土壤或生长介质的植物和植物繁殖材料的，引种单位、个人或其代理人须向海关总署申请办理输入土壤和生长介质的特许检疫审批手续。

3. 进境植物和植物繁殖材料隔离检疫圃指定

经农业农村、林草部门审批，依法需实施隔离的进境植物繁殖材料，由农业农村、林草部门根据检疫审批单要求实施隔离监管；经海关特许检疫审批的，由海关根据检疫审批要求实施隔离监管。引种单位或者其代理人应当配合做好隔离监管。地方隔离检疫圃指定办理指南见本书第二部分第十四章

第九节。

4. 海关指定监管场地

植物种苗应当从进境植物种苗指定监管场地所在口岸进境。参见本书附录 2-7-2“进境植物种苗指定监管场地名单”。

（二）申报要求

1. 基本申报要求

货主或者其代理人应当在植物和植物繁殖材料进境前向进境口岸海关申报，除贸易合同、提单、装箱单、发票等贸易凭证外，还按要求提供以下材料：

（1）输出国家（地区）官方植物检疫证书［特定国家或者地区证书要求详见本小节“（四）进境植物和植物繁殖材料检疫要求”部分内容］；

（2）同意调入函（跨关区调运到异地检疫监管的需提供）；

（3）原产地证书；

（4）允许进出口证明书（即濒危野生动植物种国际贸易公约允许进出口证明书，适用于濒危野生植物繁殖材料）。

2. 录入要求

在产品资质栏目选取“325-进境动植物产品检疫许可证”（需办理检疫审批的）、“331-引进林木种子、苗木检疫审批单”或“332-国（境）外引进农业种苗检疫审批单”，并填写许可证编号等信息。

申请附条件提离的，勾选“两段准入”项下“附条件提离”申请，并随附海关考核报告。

（三）产品相关要求

进境植物和植物繁殖材料不得检出《中华人民共和国进境植物检疫性有害生物名录》（详见本书附录 2-2）所列的各类生物。

1. 口岸检疫

海关对进境植物和植物繁殖材料的运输、加工、存放和隔离检疫等过程，实施检疫监督管理。

进境植物和植物繁殖材料到达入境口岸后，未经海关许可不得卸离运输工具。因口岸条件限制等原因，经海关批准，可以运往指定地点检疫、处理。在运输装卸过程中，引种单位、个人或者其代理人应当采取有效防疫措施。

植物和植物繁殖材料到达入境口岸时，检疫人员要核对货证是否相符，按品种、数（重）量、产地办理核销手续。

需调离入境口岸所在地直属海关辖区进行隔离检疫的进境繁殖材料，入境口岸海关凭隔离检疫所在地直属海关出具的同意调入函予以调离。

2. 隔离检疫

有高、中风险的进境植物和植物繁殖材料必须在海关指定的隔离检疫圃进行隔离检疫。

海关凭指定隔离检疫圃出具的同意接收函和隔离检疫方案办理调离检疫手续，并对有关植物和植物繁殖材料进入隔离检疫圃实施监管。

海关对进境植物和植物繁殖材料的隔离检疫实施检疫监督。未经海关同意，任何单位或个人不得擅自调离、处理或使用进境植物和植物繁殖材料。

3. 其他要求

供展览用的植物和进境植物繁殖材料，在展览期间，必须接受所在地海关的检疫监管，未经其同意，不得改作他用。展览结束后，所有进境植物和植物繁殖材料须作销毁或退回处理，如因特殊原因，需改变用途的，按正常进境的检疫规定办理。展览遗弃的植物和植物繁殖材料、生长介质或包装材料在海关监督下进行无害化处理。

对进入保税区（含保税工厂、保税仓库等）的进境植物和植物繁殖材料须外包装完好，并接受海关的监管。

特定国家或者地区产品要求详见本小节“（四）进境植物和植物繁殖材料检疫要求”部分内容。

4. 附条件提离

经口岸现场检查未见异常且已取样送检的进境种苗，可根据企业申请，在实验室检疫鉴定结果出具前，允许提离进境地口岸海关监管区，存放于符合防疫要求的场所。实验室检疫鉴定结果出具后，企业凭海关放行通知办理通关手续。

申请附条件提离的，口岸检查未见异常，完成取样送检后即可提离至存放场所。

向口岸海关提出附条件提离申请的进口企业应具备以下条件：海关信用等级不为失信企业的；自有或有委托的存放场所，须经海关考核确认符合有关防疫规定，包括具备相对独立的存放空间、完善的出入库管理制度、防止有害生物逃逸、环境干净整洁等条件。

进口企业应遵守海关监管相关规定，未经海关允许，不得将相关货物调离存放场所，不得销售、使用。

进境种苗实施附条件提离一般适用于存放场所与进境口岸在同一直属关区内。如存放场所与进境口岸在不同直属关区，进口企业可提出申请，由相关直属海关根据风险评估，制订协同监管方案报海关总署批准后实施。

（四）进境植物和植物繁殖材料检疫要求

进境植物和植物繁殖材料检疫要求见表 4-1。

表 4-1 进境植物和植物繁殖材料检疫要求

（截至 2025 年 1 月 1 日）

序号	产品	原产国家（地区）	产品要求	证书要求
1	马铃薯微型薯	荷兰	用于种植用的马铃薯微型薯，学名 *Solanum tuberosum*，英文名 Potato mini tuber	荷兰出具植物检疫证书，并在附加声明中标注：“The consignment complies with the requirements described in the Protocol of Phytosanitary Requirements for the Export of Potato Mini Tubers from the Kingdom of the Netherlands to China and is free from the quarantine pests of concern of China.”（“该批微型薯符合荷兰输华马铃薯微型薯植物检疫要求议定书的规定，不带中方关注的检疫性有害生物。”）包装箱（袋）上的认证号码应在植物检疫证书或随附授权签发的装箱单上注明
2	百合、郁金香种球	荷兰	百合（*Lilium* sp.）、郁金香（*Tulipa*）种球，简称花卉种球	荷兰检疫部门对检疫合格的花卉种球签发植物检疫证书，并在附加声明中注明：“该批百合/郁金香种球符合中国植物检疫要求，不带中方关注的管制性有害生物。” 货物装箱单将作为植物检疫证书的附件，并由荷兰植物检疫部门签字盖章。装箱单包括出口商、种植地编码（Lot number）、品种、规格、数量等信息
3	大花蕙兰	韩国	大花蕙兰	韩国对检疫合格货物签发植物检疫证书，在附加声明栏中注明种植企业名称或注册登记编号及“该批大花蕙兰符合中国进境植物检疫要求，不带中方关注的有害生物。”

表4-1　续1

序号	产品	原产国家（地区）	产品要求	证书要求
4	罗汉松	泰国	罗汉松（学名 *Podocarpus macrophyllus*, *Podocarpus polystachyus*，英文名 podocarpus plant），是指在泰国境内育苗、栽培，输往中国用于观赏的罗汉松植株	经检疫合格的，泰国应按国际植物检疫措施标准第12号《植物检疫证书准则》出具植物检疫证书，并在附加声明中注明："The consignment is in compliance with requirements described in the Protocol of Phytosanitary Requirements for the Export of Podocarpus Plants from Thailand to China and free from soil and the pests of concerned to China."（该批货物符合泰国罗汉松输华植物检疫要求议定书要求的规定，不带有土壤及中方关注的有害生物。）同时注明苗圃注册编号及每株罗汉松对应的合格编号，如在出口前实施检疫除害处理的，还应在证书中注明处理方式、药剂名称、浓度、处理时间等内容
5	马铃薯田间种薯	英国（苏格兰地区）	马铃薯田间种薯，学名 *Solanum tuberosum* L.，英文名 Seed Potatoes	经检疫合格的，英国主管部门应出具植物检疫证书，注明集装箱号码，并在附加声明中注明："This batch of seed potatoes complies with the phytosanitary requirements of the Phytosanitary Protocol for the Supply of UK Solanum tuberosum Seed Potatoes for Import into China."（"该批马铃薯种薯符合英国马铃薯田间种薯输往中国植物检疫要求议定书。"）此类证书要求中的中英文均为公告原文，为与公告一致，中英文的前后顺序及英文大小写不做修改。植物检疫证书的内容和格式应符合国际植物检疫措施第12号标准要求
6	百合种球	智利	百合（*Lilium* L.）鳞球茎，简称百合	对检疫合格的百合，签发植物检疫证书，注明生产商和种植地编号，并在附加声明中注明："该批百合符合中国植物检疫要求，不带中方关注的检疫性有害生物。"（This batch of lily bulbs meet with the phytosanitary requirements of China and do not carry any quarantine pest concerned by China.）。集装箱号码和封识号必须在植物检疫证书中注明
7	番茄和辣椒属种子	原产国家或地区	番茄（Solanum lycopersicum）和辣椒属（Capsicum spp.）种子	如原产国家或地区未发生番茄褐色皱果病毒的，植物检疫主管部门须在出具的植物检疫证书附加声明中注明："This consignment of seeds is originated from (country or area), where is free of ToBRFV."〔该批种子产自未发生番茄褐色皱果病毒的（国家或地区）。〕 如原产国家或地区有番茄褐色皱果病毒发生，但来自按照国际植物检疫措施标准第4号《建立非疫区的要求》（ISPM No.4）建立的番茄褐色皱果病毒非疫区，植物检疫主管部门须在出具的植物检疫证书附加声明中注明："This consignment of seeds is originated from pest free area for ToBRFV."（该批种子产自番茄褐色皱果病毒非疫区。） 如原产国家或地区有番茄褐色皱果病毒发生，且未建立非疫区的，植物检疫主管部门应实施田间调查，确认其种植地在生长期未发生番茄褐色皱果病毒，并在出口前对该批种子抽取至少3000粒（小批量种子至少取10%）代表性样品，采用RT-PCR或实时荧光RT-PCR方法进行检测，确认不带番茄褐色皱果病毒。植物检疫主管部门应在植物

表4-1 续2

序号	产品	原产国家（地区）	产品要求	证书要求
7	番茄和辣椒属种子	原产国家或地区	番茄（Solanum lycopersicum）和辣椒属（Capsicum spp.）种子	检疫证书附加声明中注明："Field survey was carried out during the growth period of this consignment of seeds, no ToBRFV occurred in the planting area. Prior to export, this consignment of seeds has been tested by RT-PCR (or real-time RT-PCR) and found free of ToBRFV."〔在该批种子生长期进行田间调查，种植地未发生番茄褐色皱果病毒。出口前经 RT-PCR（或实时荧光 RT-PCR）检测，该批种子不带番茄褐色皱果病毒。〕 对于 2022 年 1 月 1 日前已收获的种子，可免于田间调查要求，应在植物检疫证书附加声明中注明："This consignment of Seeds was harvested before January 1st, 2022, tested by RT-PCR (or real-time RT-PCR) prior to export, and found free of ToBRFV."〔该批种子于 2022 年 1 月 1 日前收获，出口前经 RT-PCR（或实时荧光 RT-PCR）检测，不带番茄褐色皱果病毒。〕 经第三国或地区输华的番茄和辣椒属种子，应根据国际植物检疫措施标准第 12 号《植物检疫证书》（ISPM No. 12）要求，随附原产国家或地区植物检疫主管部门出具且带有相应附加声明的植物检疫证书正本，或经第三国或地区植物检疫主管部门确认的副本，同时：如该批种子在第三国或地区仅实施了储藏或与其他货物拼装，未受到有害生物污染，第三国或地区植物检疫主管部门应出具转口植物检疫证书。 如该批种子受到有害生物污染，第三国或地区植物检疫主管部门应实施出口前检测，并出具植物检疫证书，在附加声明中注明："Prior to export, this consignment of seeds has been tested by RT-PCR (or real-time RT-PCR), and found free of ToBRFV."［该批种子在出口前经 RT-PCR（或实时荧光 RT-PCR）检测，不带番茄褐色皱果病毒。］
8	栎树猝死病发生国家或地区进口寄主植物	栎树猝死病菌发生国家或地区名单：德国、荷兰、波兰、西班牙、英国、比利时、法国、意大利、丹麦、瑞典、爱尔兰、斯洛文尼亚、芬兰、瑞士、挪威、立陶宛、美国（暂限加利福尼亚州、俄勒冈州）	栎树猝死病菌寄主植物名单	植物检疫要求适用于从栎树猝死病菌发生国家或地区［名单见（3）商品产地］输往中国的寄主植物［名单见（2）商品名称］。 对符合要求的寄主植物，输出国家或地区检验检疫部门应出具植物检疫证书，并在证书附加声明栏中注明："The plants in this shipment originate in (name of registered nursery) where is free of Phytophthora ramorum, and have been tested found free of Phytophthora ramorum prior to export."（本批植物产自没有栎树猝死病菌发生的××注册种植苗圃，出口前检测没有发现栎树猝死病菌。）

注：栎树猝死病菌寄主植物名单如下（共 73 种）。

Abies 冷杉属、*Acer* 槭属、*Adiantum* 铁线蕨属、*Aesculus* 七叶树属、*Arbutus* 浆果鹃属、*Arctostaphylos* 熊果属、*Ardisia* 紫金牛属、*Berberis* 小蘗属、*Calluna* 帚石楠属、*Calycanthus* 夏腊梅属、*Camellia* 山茶属、*Castanea* 栗属、*Castanopsis* 栲

属、*Cercis* 紫荆属、*Ceanothus* 美洲茶属、*Cinnamomum* 樟属、*Clintonia* 七筋姑属、*Cornus* 木属、*Corylopsis* 蜡瓣花属、*Corylus* 榛属、*Distylium* 蚊母树属、*Drimys* 卤室木属、*Dryopteris* 鳞毛蕨属、*Eucalyptus* 桉属、*Euonymus* 卫茅属、*Fagus* 水青冈属、. *Fraxinus* 白蜡属、*Garrya* 丝穗木属、*Gaultheria* 白珠树属、*Griselinia* 山茱萸属、*Hamamelis* 金缕梅属、*Heteromeles* 假苹果属、*Ilex* 冬青属、*Kalmia* 山月桂属、*Laurus* 月桂属、*Leucothoe* 木藜芦属、*Lithocarpus* 石栎属、*Lonicera* 忍冬属、*Loropetalum* 木属、*Magnolia* 木兰属、*Maianthemum* 舞鹤草属、*Manglietia* 木莲属、*Michelia* 含笑属、*Nerium* 夹竹桃属、*Nothofagus* 假山毛榉属、*Osmanthus* 木犀属、*Osmorhiza* 香根芹属、*Parakmeria* 拟单性木兰属、*Parrotia* 银缕梅属、*Photinia* 石楠属、*Physocarpus* 风箱果属、*Pieris* 马醉木属、*Pittosporum* 海桐属、*Prunus* 李属、*Pseudotsuga* 黄杉属、*Pyracantha* 火棘属、*Quercus* 栎属、*Rhamnus* 鼠李属、*Rhododendron* 杜鹃花属、*Rosa* 蔷薇属、*Rubus* 悬钩子属、*Salix* 柳属、*Schima* 木荷属、*Sequoia* 红杉属、*Syringa* 丁香属、*Taxus* 紫杉属、*Torreya* 榧树属、*Toxicodendron* 漆树属、*Trientalis* 七瓣莲属、*Umbellularia* 伞桂属、*Vaccinium* 越橘属、*Vancouveria* 范库弗草属、*Viburnum* 荚属。

二、出境植物和植物繁殖材料

出境植物和植物繁殖材料可按照本章第四节“其他非食用植物产品”有关要求办理。

第二节　原木和木材

一、进境原木和木材

（一）资质要求

1. 准入要求

（1）禁止从白蜡树枯梢病发生国家（地区）进口白蜡木属原木、锯材。

①白蜡木枯梢病发生国家（地区）有：波兰、立陶宛、拉脱维亚、瑞典、捷克、德国、丹麦、爱沙尼亚、白俄罗斯、斯洛伐克、罗马尼亚、奥地利、挪威、俄罗斯（加里宁格勒）、斯洛文尼亚、瑞士、芬兰、法国、匈牙利、意大利、克罗地亚、比利时、荷兰、英国、爱尔兰、乌克兰。

②白蜡树枯梢病菌主要寄主植物有：欧洲白蜡（*Fraxinus excelsior*）、垂枝欧洲白蜡（*Fraxinus excelsior Pendula*）、窄叶白蜡（*Fraxinus angustifolia*）、多瑙窄叶白蜡（*Fraxinus angustifolia subsp. Danubialis*）、花白蜡（*Fraxinus ornus*）、黑白蜡（*Fraxinus nigra*）、洋白蜡（*Fraxinus pennsylvanica*）、美国白蜡（*Fraxinus americana*）、水曲柳（*Fraxinus mandschurica*）。

允许进口来自白蜡木枯梢病疫区经过高温长时间加工处理后的白蜡木属板材和木制品。加工处理的指标为板材或木制品去皮，厚度不超过 30 毫米，经过 66℃以上持续处理 24 小时，处理后含水率低于 20%。相关产品须随附出口国（地区）所出具的植物检疫证书，并且在证书中注明热处理的温度和时间。来自非疫区的板材须随附原产地证书。

（2）对松材线虫发生国家的松木的要求。

适用国家有加拿大、日本、韩国、墨西哥、葡萄牙、西班牙、美国。

出口前检疫：

①原木：输出国（地区）植物检疫主管部门应对每批输华原木取样进行松材线虫实验室检测，如检出松材线虫，该批原木不得向中国出口；未检出松材线虫的，应在出口前对每批原木使用溴甲烷、硫酰氟实施熏蒸处理，确保杀死天牛等林木有害生物。

②锯材：应对每批出口的锯材实施热处理，以杀死松材线虫、天牛等林木有害生物；未实施热处理的锯材，应取样进行松材线虫实验室检测，如检出松材线虫，该批锯材不得向中国出口；未检出松材线虫的，应在出口前对每批锯材使用溴甲烷、硫酰氟实施熏蒸处理，确保杀死天牛等林木有害生物。

2. 海关指定监管场地

原木应当从进境原木指定监管场地所在口岸进境。参见本书附录2-7-3“进境原木指定监管场地名单”。

来自加拿大、日本、韩国、墨西哥、葡萄牙、西班牙、美国的松木从指定口岸进境，具体口岸明细如下。

（1）江苏省：连云港（赣榆港、燕尾港、新东方码头）、南京（龙潭码头、新生圩港）。

（2）浙江省：宁波北仑港、舟山港、温州港、台州港。

（3）福建省：福州港（马尾、江阴）。

（4）山东省：黄岛港、日照港、日照岚山港、董家口港。

（5）广东省：佛山南海三山港、肇庆新港、黄埔港、东莞港、珠海湾仔港、汕头广澳港。

（二）申报要求

1. 基本申报要求

货主或者其代理人应当在木材进境前向进境口岸海关申报，除贸易合同、提单、装箱单、发票等贸易凭证外，并按要求提供以下材料。

（1）输出国家（地区）官方植物检疫证书。

①进口原木植物检疫证书需证明不带有中国关注的检疫性有害生物或双边植物检疫协定中规定的有害生物和土壤；进口原木带有树皮的，应当在输出国家（地区）进行有效的除害处理，并在植物检疫证书中注明除害处理方法、使用药剂、剂量、处理时间和温度；进口原木不带树皮的，应在植物检疫证书中做出声明。

单根原木带树皮表面积不超过5%，且整批原木带树皮表面积不超过2%的，该批原木可视为不带树皮原木。

②对来自加拿大、日本、韩国、墨西哥、葡萄牙、西班牙、美国的松木做以下要求。

实验室检测和熏蒸处理的原木或锯材，植物检疫证书上应注明熏蒸剂种类、持续时间、环境温度和剂量，并在附加声明中标注：“This consignment of pine wood has been sampled and tested in laboratory, and Bursaphelenchus xylophilus was not detected.”（该批松木已取样进行实验室检测，未检出松材线虫。）

出口前实施热处理的锯材，植物检疫证书上应注明热处理的锯材中心温度和持续时间。

（2）原产地证书。

（3）允许进出口证明书（即濒危野生动植物种国际贸易公约允许进出口证明书，适用于濒危野生木材）。

2. 录入要求

进境木材申报时应如实录入货物属性信息。对于带有树皮的木材，“货物属性”应选择“23-带皮木材、板材”；对于不带树皮的木材，“货物属性”栏目应选择“24-不带皮木材、板材”。

（三）产品相关要求

进境木材不得检出《中华人民共和国进境植物检疫性有害生物名录》（详见本书附录2-2）所列的各类生物。

1. 基本要求

（1）进口原木未附有植物检疫证书的以及带有树皮但未进行除害处理的，不准入境。

（2）进口原木发现检疫性有害生物的，进口商可进行除害处理。无法作除害处理的需作退运处理。

（3）所有白蜡木属板材或木制品均须在口岸对枯梢病菌进行查验，并对疑似症状取样送实验室鉴定。实验室结果出来前，货物不得放行。如检出白蜡木枯梢病菌，货物作退运或销毁处理。

（4）来自加拿大、日本、韩国、墨西哥、葡萄牙、西班牙、美国的松木需实施检疫，并取样进行松材线虫实验室检测，如检出松材线虫或天牛等活的林木有害生物，该批松木作退回或销毁处理。

2. 其他要求

进口商应将中国关于进口原木的检疫要求列入贸易合同中。

符合条件的带树皮原木，经海关同意，可在 A 类进境原木指定监管场地内进行初加工、深加工或除害处理，具体可以咨询当地海关。

海关在输出国家（地区）检疫部门提供原木发生有害生物名单的基础上，可根据情况组织开展境外疫情调查和预检工作。

二、出境木材

出境木材可按照本章第四节“其他非食用植物产品”有关要求办理。

第三节　烟　草

烟草，包括烟叶及烟草薄片。

一、进境烟草

（一）资质要求

无。

（二）申报要求

货主或者其代理人应当在烟草入境前或者入境时向海关申报，申报时应当提供贸易合同、提单、发票等凭证，并随附以下文件：

1. 输出国家（地区）官方植物检疫证书［特定国家或者地区的证书要求详见本小节“（四）进境烟草植物检疫要求”部分内容］；

2. 原产地证书。

（三）产品相关要求

进境烟草不得检出《中华人民共和国进境植物检疫性有害生物名录》（详见本书附录 2-2）所列的各类生物，并应符合议定的检验检疫要求。

特定国家或者地区产品要求详见本小节“（四）进境烟草植物检疫要求”部分内容。

（四）进境烟草植物检疫要求

进境烟草植物检疫要求见表 4-2。

表 4-2 进境烟草植物检疫要求

（截至 2025 年 1 月 1 日）

序号	产品	原产国家（地区）	产品要求	证书要求
1	烟叶	阿根廷（允许进境商品产自阿根廷 Tucuman、Misiones、Salta、Jujuy 4 个省）	经过初烤、复烤的烤烟和白肋烟	对符合议定书要求的输华烟叶，阿根廷应按国际植物保护组织的标准签发植物检疫证书，并在植物检疫证书附加声明中注明："本批烟叶符合 2006 年 10 月 3 日签署的《阿根廷烟叶输华植物卫生要求议定书》的规定，不带有烟草霜霉病等中方关注的检疫性有害生物及土壤。"（"The consignment is in compliance with requirements described in the protocol of phytosanitary requirements for the export of tobacco leaves from argentina to china signed on October 3，2006，and is free from tbm and other quarantine pests and soil."）
2	雪茄烟叶	多米尼加	雪茄烟叶（Nicotiana tabacum）	经检验检疫合格的，多米尼加农业部（MA/RD）签发植物检疫证书，并填写以下附加声明："本批烟叶符合多米尼加共和国雪茄烟叶输华植物检疫要求，不带有中方关注的检疫性有害生物。"（"THIS BATCH OF CIGAR TOBACCO LEAVES COMPLIES WITH THE PROTOCOL OF PHYTOSANITARY REQUIREMENTS FOR EXPORT OF CIGAR TOBACCO LEAVES FROM THE DOMINICAN REPUBLIC TO THE PEOPLE'S REPUBLIC OF CHINA. IT IS FREE OF ANY QUARANTINE PESTS CONCERNED TO CHINA."）
3	烟叶	保加利亚（保加利亚烟叶产区）	经过调制、打叶和复烤加工后的烤烟烟叶，学名 *Nicotiana tabacum*，英文名 Tobacco leaves	经检验检疫合格的烟叶，保加利亚食品安全局签发植物检疫证书，并填写以下附加声明："THIS BATCH OF TOBACCO LEAVES COMPLIES WITH THE PROTOCOL OF PHYTOSANITARY REQUIREMENTS FOR EXPORT OF TOBACCO LEAVES FROM BULGARIA TO CHINA. IT IS FREE OF ANY QUARANTINE PESTS CONCERNED TO CHINA."（"本批烟叶符合保加利亚烟叶输华植物检疫要求，不带有任何中方关注的检疫性有害生物。"）
4	烤烟	加拿大［加拿大烤烟是指产于加拿大安大略省，并在加拿大经过调制和加工（烤制和复烤）后的烤烟。加拿大其他省的烤烟如果满足同样的条件，经中加两国检疫部门认可，也可向中国出口］	烤烟	加拿大烤烟向中国出口前，海关总署将派检疫人员随中国烤烟采购团，赴加拿大对拟采购的烤烟实施预检，加拿大官方检疫部门对输往中国的烤烟监督加工并进行严格检疫，对符合检疫要求的烤烟出具植物检疫证书，并在证书上注明烤烟的合同编号（批次编号）及烤烟生产的省。没有上述植物检疫证书的加拿大烤烟不得入境

表4-2 续

序号	产品	原产国家（地区）	产品要求	证书要求
5	烟叶	老挝（老挝烟叶产区）	经初烤或复烤的烟叶（学名 *Nicotiana tabacum* L.，英文名 flue-cured tobacco leaves）	经检验检疫合格的烟叶，老挝应出具植物检疫证书，并在证书附加声明中注明："This consignment complies with the Protocol of the Phytosanitary Requirements for Export of Tobacco Leaves from Lao PDR to China, and is free from any quarantine pests of concern to China and soil."（该批货物符合老挝烟叶输华植物检疫要求，不带中方关注的检疫性有害生物和土壤。） 输华烟叶在出口前实施熏蒸处理的，应在植物检疫证书上标明熏蒸药剂种类、浓度、时间和处理时的温度
6	烟叶	美国［美国烟叶是指产于美国，并在美国经过调制和加工（打叶和复烤）后的烤烟和白肋烟］	美国输往中国的烟叶不得带有烟草霜霉菌卵孢子或者活的孢囊孢子、菌丝以及其他检疫性有害生物	美国官方检疫部门对输往中国的烟叶监督加工并进行严格检疫，对符合检疫要求的烟叶出具植物检疫证书，并在证书上注明烟叶的批次编号（合同编号）及烟草种植的州和县。没有上述植物检疫证书的美国烟叶不得入境
7	烟叶	马拉维	经韧烤、复烤的烟叶，包括烤烟（英文名 Flue-cured tobacco leaves）和白肋烟（英文名 Burley tobacco leaves）	马拉维应对输华烟叶进行出口检验检疫，对符合中方检疫要求的，应按国际植物保护组织有关标准签发植物检疫证书，并在植物检疫证书附加声明中注明："The consignment is in compliance with requirements described in the Agreement of Phytosanitary Requirements for the Export of tobacco leaves from Malawi to China signed in Beijing on March 25, 2008, and is free from tobacco blue mold and other quarantine pests and soil."（"本批烟叶符合 2008 年 3 月 25 日在北京签署的《关于马拉维输华烟叶植物检疫要求协议》的规定，不带烟草霜霉病等检疫性有害生物及土壤。"）

二、出境烟草

出境烟草可按照本章第四节"其他非食用植物产品"有关要求办理。

第四节　其他非食用植物产品

本章未提及的其他非食用植物产品暂未收集到特定要求，申报时可遵从如下通用要求。

一、进境其他非食用植物及其产品

（一）资质要求

1. 准入要求

（1）国家禁止下列各物进境：

①动植物病原体（包括菌种、毒种等）、害虫及其他有害生物；

②动植物疫情流行的国家（地区）的有关动植物、动植物产品和其他检疫物。

海关发现禁止进境物，作退回或者销毁处理。

因科学研究等特殊需要引进上述禁止进境物的，必须事先提出申请，经国家动植物检疫机关批准。

禁止进境的植物及植物产品，包括但不限于《中华人民共和国进境植物检疫性有害生物名录》《中华人民共和国进境植物检疫禁止进境物名录》（详见本书附录2）。

（2）通过贸易、科技合作、交换、赠送、援助等方式输入动植物、动植物产品和其他检疫物的，应当在合同或者协议中订明中国法定的检疫要求，并订明必须附有输出国家（地区）政府动植物检疫机关出具的检疫证书。

2. 境外生产、加工、存放单位注册登记

境外生产加工企业应当符合输出国家（地区）法律法规和标准的相关要求，并达到中国有关法律法规和强制性标准的要求。办理指南见本书第二部分第十四章第二节。

3. 进境动植物检疫审批

海关总署根据法律法规的有关规定以及国务院有关部门发布的禁止进境物名录，制定、调整并发布需要检疫审批的动植物及其产品名录。申请办理检疫审批手续的单位应当在签订贸易合同或者协议前，向审批机构提出申请并取得进境动植物检疫许可。办理指南见本书第二部分第十三章第三节。

4. 生产、加工、存放过程的检疫监督

海关对进境动植物、动植物产品的生产、加工、存放过程，实行检疫监督制度。

（二）申报要求

1. 基本申报要求

货主或者其代理人应当在植物产品进境前或者进境时向海关申报，申报时应提供提单、发票等，并随附以下文件。

（1）输出国家（地区）政府出具的植物检疫证书。深加工的木制品、木家具、树根雕刻制品、木质雕刻制品、藤蔓编织品、植物枝条编织品，免于提交植物检疫证书，但是须提交出口商出具的产品经加热、加压等深加工制作的声明。

（2）原产地证书。

2. 录入要求

在产品资质栏目选取“325-进境动植物产品检疫许可证”（需要办理动植物检疫审批时），并填写许可证编号等信息。

（三）产品相关要求

进境植物产品不得检出《中华人民共和国进境植物检疫性有害生物名录》（详见本书附录2-2）所列的各类生物，并应符合以下要求：

1. 输入植物产品，应当在进境口岸实施检疫，未经海关同意，不得卸离运输工具；

2. 因口岸条件限制等原因，可以由海关决定将植物产品运往指定地点检疫，在运输、装卸过程中，货主或者其代理人应当采取防疫措施；

3. 输入植物产品，经检疫合格的，准予进境；

4. 输入植物产品，经检疫发现有植物危险性病、虫、杂草的，由口岸动植物检疫机关签发“检疫处理通知单”，通知货主或者其代理人作除害、退回或者销毁处理，经除害处理合格的，准予进境。

（四）部分产品的特定要求

1. 食品接触产品

属于食品接触产品的，应同时符合对应的要求，详见本书第二部分第九章第二节“进口食品接触产品”有关内容。

2. 人造板、强化木

人造板、强化木等产品应符合《室内装饰装修材料 人造板及其制品中甲醛释放限量》（GB 18580—2017）关于甲醛释放量的规定。

3. 木家具产品

木家具产品应符合《室内装饰装修材料 木家具中有害物质限量》（GB 18584—2001，将于 2025 年 7 月 1 日废止）/《家具中有害物质限量》（GB 18584—2024，将于 2025 年 7 月 1 日生效）、《室内装饰装修材料 人造板及其制品中甲醛释放限量》（GB 18580—2017），儿童木家具还应符合《儿童家具通用技术条件》（GB 28007—2011，将于 2026 年 1 月 1 日废止）/《婴幼儿及儿童家具安全技术规范》（GB 28007—2024，将于 2026 年 1 月 1 日生效）等强制性国家标准要求。

二、出境其他非食用植物及其产品

（一）资质要求

输入国（地区）要求中国对向其输出的植物产品的生产、加工、存放单位注册登记的，海关可以实行注册登记。办理指南见本书第二部分第十四章第四节。

（二）申报要求

1. 出境其他植物及其产品的发货人或者其代理人，应当按照法律、行政法规和海关总署规定，向产地（含组货地）申请检验检疫。

2. 经检疫合格的植物产品，有下列情形之一的，货主或者其代理人应当重新申报：

（1）更改输入国家（地区）的，且更改后的输入国家（地区）又有不同检疫要求的；

（2）改换包装或者原未拼装后来拼装的；

（3）超过检疫规定有效期的。

（三）产品相关要求

输出植物产品由海关实施检疫，经检疫合格或者经除害处理合格的，准予出境；检疫不合格又无有效方法作除害处理的，不准出境。

三、过境其他非食用植物及其产品

运输植物产品过境的，由承运人或者押运人持货运单和输出国家（地区）政府动植物检疫机关出具的检疫证书，在进境时向海关申报，出境口岸不再检疫。

对过境植物产品，海关检查运输工具或者包装，经检疫合格的，准予过境；发现有病虫害的，作除害处理或者不准过境。《中华人民共和国进境植物检疫性有害生物名录》详见本书附录 2-2。

植物产品过境期间，未经海关批准，不得开拆包装或者卸离运输工具。

第五章

饲料、肥料、栽培介质

第一节　饲料和饲料添加剂

饲料，是指经种植、养殖、加工、制作的供动物食用的产品及其原料，包括饵料用活动物、饲料用（含饵料用）冰鲜冷冻动物产品及水产品、加工动物蛋白及油脂、宠物食品及咬胶、饲草类、青贮料、糠麸饼粕渣类、加工植物蛋白及植物粉类、配合饲料、添加剂预混合饲料等。其中，加工动物蛋白及油脂，包括肉粉（畜禽）、肉骨粉（畜禽）、鱼粉、鱼油、鱼膏、虾粉、鱿鱼肝粉、鱿鱼粉、乌贼膏、乌贼粉、鱼精粉、干贝精粉、血粉、血浆粉、血球粉、血细胞粉、血清粉、发酵血粉、动物下脚料粉、羽毛粉、水解羽毛粉、水解毛发蛋白粉、皮革蛋白粉、蹄粉、角粉、鸡杂粉、肠膜蛋白粉、明胶、乳清粉、乳粉、蛋粉、干蚕蛹及其粉、骨粉、骨灰、骨炭、骨制磷酸氢钙、虾壳粉、蛋壳粉、骨胶、动物油渣、动物脂肪、饲料级混合油、干虫及其粉等。

饲料添加剂，是指饲料加工、制作、使用过程中添加的少量或者微量物质，包括营养性饲料添加剂、一般饲料添加剂等，不包含药物饲料添加剂。

一、进口饲料和饲料添加剂

（一）资质要求

1. 准入要求

海关总署对饲料和饲料添加剂实施检疫准入制度。

禁止从日本福岛县、群马县、枥木县、茨城县、宫城县、新潟县、长野县、琦玉县、东京都、千叶县 10 个都县进口饲料。

允许进口的饲料和饲料添加剂种类及输出国家或者地区名单可在海关总署门户网站动植物检疫司页面（http：//dzs. customs. gov. cn/）查询。

（1）允许进口的动物源性饲料种类及输出国家或者地区名单，可在“企业信息”—“动物产品类”—“动物源性饲料”栏目查询；

（2）允许进口的植物源性饲料种类及输出国家或者地区名单，可在“动植物检疫要求和警示信息”—“准予进口农产品名单”栏目查询；

（3）允许进口饲料添加剂和预混料产品及输出国家（地区）名单，可在“企业信息”—“动物产品类”—“饲料添加剂”栏目查询。

2. 境外生产、加工、存放单位注册登记

海关总署对允许进口饲料的国家或者地区的生产企业实施注册登记制度，进口饲料应当来自注册登记的境外生产企业。办理指南见本书第二部分第十四章第一节和第二节。

其中，动物源性饲料逐步完成注册登记，具体要求参见本节参考资料中《允许进口动物源性饲料国家（地区）及产品名单》有关内容。

已获得注册登记的企业名单可在海关总署门户网站动植物检疫司页面（http：//dzs. customs. gov. cn/）查询：动物源性饲料企业在“企业信息”—“动物产品类”—“动物源性饲料”栏目查询；

植物源性饲料企业在“企业信息”—“植物产品类”—“植物源性饲料”栏目查询；

饲料添加剂和预混料企业在“企业信息”—“动物产品类”—“饲料添加剂”栏目查询。

3. 进境动植物检疫审批

在“进出口饲料和饲料添加剂风险级别及检验检疫监管方式”［详见本小节“（四）进出口饲料和饲料添加剂风险级别及检验检疫监管方式”部分内容］清单中“进口检验检疫监管方式”栏列明要求的产品应办理进境动植物检疫审批。收货人应当在签订贸易合同前办理检疫审批手续，取得进境动植物检疫许可。办理指南见本书第二部分第十三章第二节和第三节。

4. 存放、加工场所检疫监督

海关总署对“进出口饲料和饲料添加剂风险级别及检验检疫监管方式”清单中“进口检验检疫监管方式”栏列明要求的饲料进口后的存放、加工场所实施检疫监督。办理指南见本书第二部分第十四章第七节。

登录中国海关企业进出口信用信息公示平台（http：//credit. customs. gov. cn/），点击“特定资质行政相对人名录”—“进口饲料和饲料添加剂企业名录”，可查询全国进口饲料存放、加工企业名单。

（二）申报要求

1. 基本申报要求

货主或者其代理人应当在饲料入境前或者入境时向海关申报，申报时应当提供贸易合同、提单、装箱单、发票等，并随附以下文件：

（1）输出国家或者地区官方签发的检验检疫证书（适用于《进出口饲料和饲料添加剂风险级别及检验检疫监管方式》中进口检验检疫监管方式列明的产品，特定国家或者地区证书要求详见本小节“（五）进口饲料产品检验检疫要求”部分内容）；

（2）原产地证书；

（3）申报转基因产品的，如转基因苜蓿草，还应当取得“农业转基因生物安全证书”。海关对“农业转基因生物安全证书”电子数据进行系统自动比对验核。

2. 其他申报要求

（1）进口日本饲料时，还应随附日本官方出具的原产地证明。

（2）饲料样品（重量、件数等特征符合饲料样品的管理要求）：

①免于核查输出国家或地区动植物检疫证书，但需提供产品动植物成分说明；

②饲料样品的用途说明。

3. 录入要求

（1）需在产品资质栏目选取“325-进境动植物产品检疫许可证”（适用于《进出口饲料和饲料添加剂风险级别及检验检疫监管方式》中“进口检验检疫监管方式”栏列明的产品）、“330-农业转基因生物安全证书（进口）”（申报转基因产品需要），并分别填写许可证编号等信息。

（2）饲料产品申报时，“货物用途”应选择“18-饲用”。

（3）在货物属性栏目，申报为转基因产品的，需选择“16-转基因产品”；申报为非转基因产品，需选择“17-非转基因产品”；如属于样品，还需根据用途分别选择“42-办理进口登记用饲料和饲料添加剂样品”“43-科研用饲料和饲料添加剂样品”“44-其他用途饲料和饲料添加剂样品”。

（三）产品相关要求

实际货物的名称、数（重）量、包装、生产日期、集装箱号码、输出国家（地区）、生产企业名称和注册登记号等应与申报信息相符。

产品的包装、保存状况应良好，标签应符合饲料标签国家或地区标准。可参阅国家强制性标准《饲料标签》（GB 10648—2013/XG1—2020）有关内容。

产品应在保质期内，应无腐败变质现象。不应携带有害生物，不应携带土壤、动物尸体、动物排泄物等禁止进境物（详见本书附录 2-2“中华人民共和国进境植物检疫性有害生物名录”）。

散装的进口饲料，进口企业应当在海关指定的场所包装并加施饲料标签后方可入境，直接调运到海关指定的生产、加工企业用于饲料生产的，免予加施标签。

国家对进口动物源性饲料的饲用范围有限制的，进入市场销售的动物源性饲料包装上应当注明饲用范围。

特定国家或者地区产品要求详见本小节“（五）进口饲料产品检验检疫要求”部分内容。

（四）进出口饲料和饲料添加剂风险级别及检验检疫监管方式

进出口饲料和饲料添加剂风险级别及检验检疫监管方式见表 5-1。

表 5-1 进出口饲料和饲料添加剂风险级别及检验检疫监管方式

类别	种类		风险级别	进口检验检疫监管方式	出口检验检疫监管方式
动物源性饲料	饵料用活动物		Ⅰ级	进口前须申请并取得“进境动植物检疫许可证”；进口时查验检疫证书并实施检疫；对进口后的隔离、加工场所实施检疫监督	符合进口国家或地区的要求
	饲料用（含饵料用）冰鲜冷冻动物产品		Ⅰ级	进口前须申请并取得“进境动植物检疫许可证”（鱼粉除外）；进口时查验检疫证书并实施检疫；对进口后的加工场所实施检疫监督	符合进口国家或地区的要求
	饲料用（含饵料用）水产品		Ⅲ级	进口时查验检疫证书并实施检疫	符合进口国家或地区的要求
	加工动物蛋白及油脂		Ⅱ级	进口前须申请并取得“进境动植物检疫许可证”（另有规定的按照相关要求执行）；进口时查验检疫证书并实施检疫	符合进口国家或地区的要求
	宠物食品和咬胶	生的宠物食品	Ⅰ级	进口前须申请并取得“进境动植物检疫许可证”；进口时查验检疫证书并实施检疫，对进口后的加工场所实施检疫监督	符合进口国家或地区的要求
		其他	Ⅱ级	进口前须申请并取得“进境动植物检疫许可”（另有规定的按照相关要求执行）；进口时查验检疫证书并实施检疫	符合进口国家或地区的要求
植物源性饲料	饲料粮谷类①		Ⅰ级	进口时查验检疫证书并实施检疫；对进口后的加工场所实施检疫监督	符合进口国家或地区的要求
	饲料用草籽		Ⅰ级	进口时查验检疫证书并实施检疫；对进口后的加工场所实施检疫监督	符合进口国家或地区的要求
	饲草类		Ⅱ级	进口时查验检疫证书并实施检疫	符合进口国家或地区的要求

① 根据检验检疫监管实际，饲料粮谷类产品检验检疫要求见本书第二部分第七章第一节。

表5-1　续

类别	种类		风险级别	进口检验检疫监管方式	出口检验检疫监管方式
植物源性饲料	加工植物蛋白、糠麸饼粕渣类	来自 TCK 疫区的麦麸	Ⅰ级	进口时查验检疫证书并实施检疫；对进口后的加工场所实施检疫监督	符合进口国家或地区的要求
		其他	Ⅱ级	进口时查验检疫证书并实施检疫	符合进口国家或地区的要求
	青贮料		Ⅲ级	进口时查验检疫证书并实施检疫	符合进口国家或地区的要求
	植物粉类		Ⅲ级	进口时查验检疫证书并实施检疫	符合进口国家或地区的要求
配合饲料			Ⅱ级	进口前须申请并取得“进境动植物检疫许可证”（另有规定的按照相关要求执行）；进口时查验检疫证书并实施检疫	符合进口国家或地区的要求
饲料添加剂、添加剂预混合饲料	含动物源性成分		Ⅱ级	进口前须申请并取得“进境动植物检疫许可证”（另有规定的按照相关要求执行）；进口时查验检疫证书并实施检疫	符合进口国家或地区的要求
	不含动物源性成分但含植物源性成分		按所含的植物源性成分分级	参照对应植物源性成分的监管方式	符合进口国家或地区的要求
	其他		Ⅳ级	进口时实施检疫	符合进口国家或地区的要求

（五）进口饲料产品检验检疫要求

进口饲料产品检验检疫要求见表 5-2。

表 5-2　进口饲料产品检验检疫要求

（截至 2025 年 1 月 1 日）

序号	产品	原产国家或地区	产品要求	证书要求
1	豆粕	阿根廷	阿根廷豆粕（Soybean meal）是指在阿根廷境内种植的大豆经压榨和浸出等工艺制取分离油脂后的副产品	1. 每批输华豆粕应随附阿根廷农牧渔业部下属的国家农业食品质量卫生局（SENASA）出具的符合国际植物检疫措施标准第 12 号要求的植物检疫证书。植物检疫证书应注明加工厂名称和注册登记号码、集装箱或运输工具号码等信息；如果豆粕在输出前或运输途中经除害处理的，应注明除害处理方式及处理指标等信息。 2. 植物检疫证书的“附加声明”应注明：“This consignment complies with the requirements described in the protocol of sanitary and phytosanitary requirements for the export of soybean meal from the Republic of Argentine to the People's Republic of China .”（“该批货物符合《中华人民共和国海关总署与阿根廷农牧渔业部关于阿根廷豆粕输华卫生与植物卫生要求议定书》要求。”）
2	苜蓿草	阿根廷	苜蓿草（*Medicago sativa* L.），是指在阿根廷共和国生产、经二次压缩的苜蓿草捆	苜蓿草离境前，如经检疫发现活的有害生物，该批苜蓿草应不准输往中国。SENASA 仅允许经检疫合格的苜蓿草输往中国。经检疫合格的，SENASA 应出具官方植物检疫证书

表5-2 续1

序号	产品	原产国家或地区	产品要求	证书要求
3	饲用高粱	阿根廷	非种用的高粱籽实，学名 *Sorghum bicolor*，英文名 sorghum，不作食品、种植用途，以下简称高粱	出口前，阿根廷应对输华高粱进行检验检疫。对符合议定书要求的，出具植物检疫证书，并在附加声明栏中注明：“The consignment meets the requirements established in the Protocol of Phytosanitary Requirements for the Export of sorghum from Argentina to China and has been inspected in order to avoid the presence of the quarantine pests of concern to China.”（该批货物符合《阿根廷高粱输华植物检疫要求议定书》要求，并经过查验以避免存在中方关注的检疫性有害生物。）同时，请注明出口前供货仓储企业名称及地点
4	甜菜粕	埃及	甜菜粕（Sugar beet pulp）是指埃及生产的甜菜块根经清洗、扩散、挤压、干燥和制粒等工艺分离蔗糖后的制糖残余物干燥颗粒	每批输华甜菜粕，埃及应依照国际植物检疫措施标准第 12 号（ISPM 12）出具植物检疫证书。证书上应注明生产企业名称和注册登记号码、集装箱号码或船舶名称（散装船运时）等信息；输出前或运输途中经除害处理的，应注明除害处理方式及处理指标等信息，并在附加声明栏注明：“The consignment is free form quarantine pests of China concern and complies with the requirements of the Memorandum of Understanding for sanitary and phytosanitary requirements for the export of sugar beet pulp from Egypt to China between the Ministry of Agriculture and Land Reclamation of the Arab Republic of Egypt and the General Administration of Customs of the People's Republic of China.”（“该批货物符合《中华人民共和国海关总署与埃及农业与土地开垦部关于埃及甜菜粕输华卫生与植物卫生条件的谅解备忘录》要求，不带有中方关注的检疫性有害生物。”）
5	菜籽粕	巴基斯坦	菜籽粕（Rapeseed meal，包括 Canola meal）是指在巴基斯坦生产的油菜籽经压榨和浸出等工艺制取分离油脂后的残余物	巴基斯坦伊斯兰共和国国家食品安全研究部（MNFSR）应对输华菜籽粕加工厂通过日常监管（至少 6 个月 1 次）加强官方控制，确保产品安全卫生状况良好。离境前，MNFSR 应按照双边要求对菜籽粕进行现场检疫。如经检疫发现活的有害生物，应不准该批菜籽粕输往中国。经检验检疫合格的菜籽粕，MNFSR 应出具官方植物检疫证书
6	虎尾草	巴基斯坦	虎尾草（*Chloris gayana* Kunth）是指在巴基斯坦境内种植，经高压压缩的虎尾草捆	1. 植物检疫证书 每批输华虎尾草应随附巴基斯坦官方出具的符合国际标准的植物检疫证书。植物检疫证书应注明加工企业名称和注册登记号码、集装箱或运输工具号码等信息，并在附加声明中注明“This consignment complies with the Protocol between the General Administration of Customs of the People's Republic of China and the Ministry of National Food Security & Research of the Islamic Republic of Pakistan on the sanitary and phytosanitary requirements for rhodes grass exported from the Islamic Republic of Pakistan to the People's Republic of China and free of pests of quarantine of concern to the People's Republic of China”（该批货物符合《中华人民共和国海关总署与巴基斯坦伊斯兰共和国粮食安全与研究部关于巴基斯坦虎尾草输华卫生与植物卫生要求议定书》规定，不带中方关注的检疫性有害生物）。 2. 兽医卫生证书 巴基斯坦官方应出具兽医卫生证书，证明以下内容： ①无明显的动物源性物料污染； ②经过以下任一方法处理，如果打捆包装，则应保证处理作用能达到草捆中心： ——蒸汽密闭仓内处理，草捆中心温度达到 80℃，至少 10 分钟； ——或用 35%~40%甲醛溶液（甲醛气体）在密闭室内熏蒸，温度 19℃以上，至少熏蒸 8 小时；或者， ③在获准出口前，已储存至少 4 个月

表5-2　续2

序号	产品	原产国家或地区	产品要求	证书要求
7	橙纤维颗粒	巴西	橙纤维颗粒，是指以巴西境内种植的柑橘类水果为原料，对提取果汁后的柑橘皮、籽、果肉残渣等混合物进行浸灰、压榨、干燥和制粒后得到的副产品。除石灰外，在加工过程中不添加其他任何化学添加剂	每批输华橙纤维颗粒应随附由巴西出具的植物检疫证书。植物检疫证书附加声明中注明“This consignment complies with the requirements described in the protocol of sanitary and phytosanitary requirements for the export of citric pulp pellet from the Federative Republic of Brazil to the People's Republic of China”（该批货物符合《巴西橙纤维颗粒输华卫生与植物卫生要求议定书》的要求）。植物检疫证书应注明加工企业名称和注册登记号码、集装箱或运输工具号码等信息。出口前或运输途中经除害处理的，应在证书中注明除害处理方式及处理指标等信息。 每批输华橙纤维颗粒应根据加工企业制定的质量管理体系进行检测，并随附巴方出具的国际卫生证书
8	大豆蛋白	巴西	大豆蛋白，是指以巴西境内种植的大豆为原料，分离油脂产生的低温大豆粕，在去除其中非蛋白成分后获得的产品，蛋白质含量不低于 65%（以干基计）	每批输华大豆蛋白应随附由巴西按照国际植物检疫措施标准第 12 号《植物检疫证书准则》要求出具的植物检疫证书。植物检疫证书附加声明中注明“This consignment complies with the requirements described in the protocol of sanitary and phytosanitary requirements for the export of soy protein from the Federative Republic of Brazil to the People's Republic of China ”（该批货物符合《巴西大豆蛋白输华卫生与植物卫生要求议定书》的要求）。同时注明加工企业名称和注册登记号码、集装箱或运输工具号码等信息。出口前或运输途中经除害处理的，应在证书中注明除害处理方式及处理指标等信息。 每批输华大豆蛋白应根据加工企业制定的质量管理体系进行检测，并随附巴西出具的国际卫生证书
9	豆粕	巴西	豆粕（Soybean meal）是指在巴西境内种植的大豆经压榨和浸出等工艺制取分离油脂后的副产品	每批输华豆粕应随附由巴方按照国际植物检疫措施标准第 12 号《植物检疫证书准则》要求出具的植物检疫证书。植物检疫证书附加声明中注明“This consignment complies with the requirements described in the protocol of sanitary and phytosanitary requirements for the export of soybean meal from the Federative Republic of Brazil to the People's Republic of China ”（该批货物符合《巴西豆粕输华卫生与植物卫生要求议定书》的要求）。同时注明加工企业名称和注册登记号码、集装箱或运输工具号码等信息。出口前或运输途中经除害处理的，应在证书中注明除害处理方式及处理指标等信息。 每批输华豆粕应根据加工企业制定的质量管理体系进行检测，并随附巴西出具的国际卫生证书
10	陆生动物蛋白饲料	巴西	指禽源性蛋白饲料和猪源性蛋白饲料，包括肉粉、骨粉、肉骨粉、血粉和羽毛粉等	巴西负责对经检验检疫符合双方议定书要求的每批输华陆生动物蛋白饲料出具兽医卫生证书

表5-2 续3

序号	产品	原产国家或地区	产品要求	证书要求
11	棉籽粕	巴西	棉籽粕（Cottonseed meal）是指在巴西境内种植的棉籽经压榨、浸提等工艺分离油脂后而生产的副产品	1. 每批输华棉籽粕应随附巴西农牧业和食品供应部（MAPA）出具的符合国际植物检疫措施标准第 12 号要求的植物检疫证书。植物检疫证书应注明加工厂名称和注册登记号码、集装箱或运输工具号码等信息。出口前或运输途中经除害处理的，应注明除害处理方式及处理指标等信息。 2. 植物检疫证书的“附加声明”应注明：“This consignment complies with the requirements described in the protocol of sanitary and phytosanitary requirements for the export of cottonseed meal from the Federative Republic of Brazil to the People's Republic of China.”（“该批货物符合《中华人民共和国海关总署与巴西联邦共和国农牧业和食品供应部关于巴西棉籽粕输华卫生与植物卫生要求议定书》的要求。”）
12	饲用水生动物蛋白及油脂	巴西	指水生动物（水生哺乳动物除外）及其加工过程中产生的副产品制成的鱼粉、鱼油等动物源性饲料	巴西根据巴西法律法规和议定书要求对输华饲用水生动物蛋白及油脂实施检验检疫，合格的出具兽医卫生证书，证明符合有关议定书的要求
13	菜籽粕和豆粕	白俄罗斯	菜籽粕（Rapeseed meal）和豆粕（Soybean meal）是指在白俄罗斯境内种植的油菜籽和大豆经压榨和浸出等工艺制取分离油脂后的副产品	1. 每批输华菜籽粕和豆粕应随附由白俄罗斯按照国际植物检疫措施标准第 12 号《植物检疫证书准则》要求出具的植物检疫证书。植物检疫证书附加声明中注明：“The consignment complies with the requirements of the Protocol of sanitary and phytosanitary requirements for the export of the rapeseed meal and soybean meal from Belarus to China and is free from quarantine pests of China's concern.”（该批货物符合《白俄罗斯菜籽粕、豆粕输华卫生与植物卫生要求议定书》要求，不带中方关注的检疫性有害生物。）同时注明加工企业名称和注册登记号码、集装箱号码或船舶名称（散装船运时）等信息。出口前或运输途中经除害处理的，应在证书中注明除害处理方式及处理指标等信息。 2. 每批输华菜籽粕和豆粕应由加工企业依据其实验室检测计划进行检测并随附白方出具的安全卫生声明
14	甜菜粕	白俄罗斯	甜菜粕（Sugar beet pulp）是指在白俄罗斯共和国境内种植的甜菜块根经清洗、切割、压榨、干燥、造粒等工艺分离糖后而生产的副产品	1. 每批输华甜菜粕应随附白俄罗斯农业和食品部（MOAFB）出具的符合国际植物检疫措施标准第 12 号（ISPM 12）要求的植物检疫证书。证书上应注明生产企业名称和注册登记号码、集装箱（车厢）号码或船舶名称（散装船运时）等信息；如果甜菜粕在输出前或运输途中经除害处理的，应注明除害处理方式及处理指标等信息。 2. 植物检疫证书的“附加声明”应用英文注明：“The consignment complies with the requirements of the Protocol of sanitary and phytosanitary requirements for the export of the sugar beet pulp from the Republic of Belarus to the People's Republic of China between the General Administration of Customs of the People's Republic of China and the Ministry of Agriculture and Food of the Republic of Belarus and is free from quarantine pests of China's concern.”（“该批货物符合《中华人民共和国海关总署与白俄罗斯共和国农业和食品部关于白俄罗斯甜菜粕输华卫生与植物卫生要求议定书》要求，不带中方关注的检疫性有害生物。”）

表5-2 续4

序号	产品	原产国家或地区	产品要求	证书要求
15	葵花籽粕	保加利亚	葵花籽粕（Sunflower seed meal），又称葵花粕，是指葵花籽经压榨和浸出等工艺制取分离油脂后的残余物	每批输华葵花籽粕，保加利亚应依照国际植物检疫措施标准第 12 号（ISPM 12）出具植物检疫证书。证书上应注明生产企业名称和注册登记号码、集装箱号码或船舶名称（散装船运时）等信息；输出前或运输途中经除害处理的，应注明除害处理方式及处理指标等信息，并在附加声明栏注明："This consignment is in compliance with Protocol of Safety and Sanitary Requirements for Bulgarian Sunflower Seed Meal to be Exported to China Between the General Administration of Customs of the People's Republic of China and the Ministry of Agriculture, Food and Forestry of the Republic of Bulgaria."（"该批货物符合《中华人民共和国海关总署与保加利亚共和国农业、食品和林业部关于保加利亚葵花籽粕输华安全与卫生条件议定书》要求。"）
16	苜蓿草	保加利亚	苜蓿草（*Medicago sativa* L.）是指在保加利亚生产的苜蓿干草及其加工产品如草粉、颗粒等	苜蓿草离境前，保加利亚食品安全署（BFSA）应对苜蓿草进行检验检疫。检疫合格或经熏蒸处理合格的苜蓿草允许向中国出口。经检验检疫或经熏蒸处理合格的苜蓿草，BFSA 应出具官方植物检疫证书
17	植物源性配合饲料和饲料添加剂	保加利亚	输华植物源性配合饲料是指在保加利亚本国生产，根据饲养动物的营养需要，将多种植物源性饲料原料和饲料添加剂按饲料配方经工业化加工的饲料。 输华饲料添加剂（含添加剂预混料）是指在保加利亚本国生产，为满足特殊需要而在饲料加工、制作、使用过程中添加的少量或者微量物质	每批输华植物源性配合饲料应随附由 BFSA 出具的植物检疫证书和兽医证书。植物检疫证书应按照国际植物检疫措施标准第 12 号《植物检疫证书准则》要求出具。证书上应注明加工厂称、注册登记号码和集装箱号码等信息。输出前或运输途中经除害处理的，应注明除害处理方式及处理指标等信息。BFSA 需在证书附加声明中注明"该批货物符合 AQSIQ-MAFF 关于保加利亚植物源性配合饲料和饲料添加剂输华安全与卫生条件的议定书要求"兽医证书应注明该批货物不含未经中国官方批准的转基因成分，符合中国饲料相关安全卫生标准，放射性符合中国相关要求。 每批输华饲料添加剂应随附由 BFSA 出具的兽医证书。兽医证书应注明加工厂名称、注册登记号码和集装箱号码等信息，还应注明该批货物不含未经中国官方批准的转基因成分，符合中国饲料相关安全卫生标准，放射性符合中国相关要求。BFSA 需在兽医证书附加声明中注明"该批货物符合 AQSIQ-MAFF 关于保加利亚植物源性配合饲料及饲料添加剂输华安全与卫生条件的议定书要求"

表5-2 续5

序号	产品	原产国家或地区	产品要求	证书要求
18	玉米酒糟粕	保加利亚	玉米酒糟粕（Distiller's dried grains with solubles，DDGS），是指以玉米为原料，通过与酵母、酶等混合发酵制取乙醇的过程中，其工业副产品干酒精糟（Distillers Dried Grains，DDG）和可溶干酒糟（Distillers Dried Soluble，DDS）的统称	1. 每批输华玉米酒糟粕应随附BFSA出具的兽医卫生证书和符合国际植物检疫措施标准第12号要求的植物检疫证书。植物检疫证书应注明生产加工企业名称和注册登记号码、集装箱号码等信息；如果玉米酒糟粕在输出前或运输途中经除害处理的，应注明除害处理方式及处理指标等信息。 2. 植物检疫证书的附加声明应注明："This consignment is in compliance with Protocol of Sanitary and Phytosanitary Requirements for Bulgarian Distiller's Dried Grains with Solubles（DDGS）to be Exported to China Between the General Administration of Customs of the People's Republic of China and the Ministry of Agriculture，Food and Forestry of the Republic of Bulgaria."［"该批货物符合《中华人民共和国海关总署与保加利亚共和国农业、食品和林业部关于保加利亚玉米酒糟粕（DDGS）输华卫生与植物卫生要求议定书》要求。"］
19	植物源性配合饲料	保加利亚	指在保加利亚本国生产，根据饲养动物的营养需要，将多种植物源性饲料原料和饲料添加剂按饲料配方经工业化加工的饲料	每批输华植物源性配合饲料应随附由BFSA出具的植物检疫证书和兽医证书。 植物检疫证书应按照国际植物检疫措施标准第12号《植物检疫证书准则》要求出具。证书上应注明加工厂称、注册登记号码和集装箱号码等信息。输出前或运输途中经除害处理的，应注明除害处理方式及处理指标等信息。BFSA需在证书附加声明中注明"该批货物符合AQSIQ-MAFF关于保加利亚植物源性配合饲料和饲料添加剂输华安全与卫生条件的议定书要求"。 兽医证书应注明该批货物不含未经中国官方批准的转基因成分，符合中国饲料相关安全卫生标准，放射性符合中国相关要求
20	宠物食品	波兰	指经工业化加工、制作的供宠物直接食用的产品，包括宠物干粮、罐头、零食和咬胶等	输华宠物食品应由波兰实施检验检疫，并出具卫生证书，证明产品符合双方有关议定书的要求。每批宠物食品须随附中文、波兰文和英文写成的卫生证书，一份正本和两份副本
21	饲用乳制品	波兰	指由蔬菜成分、维生素预混合饲料、益生菌以及其他中国与波兰法律准许使用的非动物源性原料与乳清、乳酪、脱脂乳等混合制成的饲用乳制品，及由不含以上原料的乳清、乳酪、脱脂乳等制成的饲用乳制品	波兰官方负责对输华饲用乳制品实施检验检疫，并出具卫生证书，证明其符合双方议定书的要求。向中国出口的每批饲用乳制品均须随附一份正本官方卫生证书

表5-2　续6

序号	产品	原产国家或地区	产品要求	证书要求
22	甜菜粕	德国	甜菜粕（Dried sugar beet pulp pellets）是指在由德国境内种植的甜菜经制糖工艺提取糖分之后的残余物制成的副产品，包括添加糖蜜和未添加糖蜜的产品	德国官方主管部门应在出口前对输华甜菜粕实施检验检疫，确保其符合中国进境植物检疫法律法规和饲料安全卫生标准的要求每批输华甜菜粕应随附德国植物卫生主管部门（NPPO）依照国际植物检疫措施标准第 12 号（ISPM 12）出具的植物检疫证书。植物检疫证书附加声明中注明："The shipment is in accord with Protocol of Sanitary and Phytosanitary Requirements for the Export of dried sugar beet pulp pellets from Germany to China between GACC and BMEL, free from phytosanitary quarantine pests of China's concern."（"该批货物符合《中华人民共和国海关总署与德意志联邦食品和农业部关于德国甜菜粕输华卫生与植物卫生要求议定书》规定，不带有中方关注的检疫性有害生物。"）同时注明生产加工企业名称和注册登记号码、集装箱号码或运输工具名称（散装运输时）等信息；如输出前经除害处理的，应注明除害处理方式及处理指标等信息
23	甜菜粕、大豆粕（饼）、油菜籽粕（饼）、葵花籽粕（饼）	俄罗斯	甜菜粕（Sugar beet pulp）、大豆粕（饼）（Soybean meal）、油菜籽粕（饼）（Rapeseed meal）、葵花籽粕（饼）（Sunflower meal）是指俄罗斯联邦境内种植的甜菜根、大豆、油菜籽、葵花籽经压榨、浸提、干燥等工艺分离糖或油脂后而生产的副产品	1. 每批粕/饼应附有俄罗斯颁发的植物检疫证书。植物检疫证书应按照国际植物检疫措施标准第 12 号（ISPM 12）要求出具。证书应包括以下信息：经批准的注册生产企业的名称及其注册号，运输方式与相应的物流信息；如果货物在运输之前或运输过程中进行熏蒸，则应标明处理方法和相关参数。 2. 植物检疫证书的"附加声明"应注明："The consignment complies with the requirements specified in the Protocol between the General Administration of Customs of the People's Republic of China and the Federal Service for Veterinary and Phytosanitary Surveillance (the Russian Federation) on phytosanitary requirements for the export of beetroot pulp from the Russian Federation to the People's Republic of China."（"该货物符合《中华人民共和国海关总署与俄罗斯联邦兽医与植物卫生监督局关于俄罗斯甜菜粕输华卫生与植物卫生要求议定书》要求。"）或注明："The consignment complies with the requirements specified in the Protocol between the General Administration of Customs of the People's Republic of China and the Federal Service for Veterinary and Phytosanitary Surveillance (the Russian Federation) on phytosanitary requirements for the export of soybean, rapeseed, sunflower meals, cakes from the Russian Federation to the People's Republic of China."（"该货物符合《俄罗斯联邦兽医与植物卫生监督局与中华人民共和国海关总署关于俄罗斯大豆粕（饼）、油菜籽粕（饼）、葵花籽粕（饼）输华卫生与植物卫生要求议定书》要求。"）
24	饲用动物蛋白和油脂	芬兰	从芬兰注册屠宰场获取的禽源、猪源性原料，经一定的加工工艺制成的用做动物饲料原料的动物蛋白、油脂	芬兰官方主管部门负责对输华饲用动物蛋白和油脂进行检验检疫监督管理，并出具卫生证书，证明符合有关议定书的要求。 向中国出口的每批饲用动物蛋白和油脂须随附双方确认的卫生证书正本，卫生证书至少应包含英文

表5-2 续7

序号	产品	原产国家或地区	产品要求	证书要求
25	饲用鱼粉、鱼油等水生动物蛋白及油脂	冈比亚	指来源于海洋捕捞水生动物（包括水生无脊椎动物，但不包括海洋哺乳类动物）非供人类食用的蛋白和油脂	每批输华产品均须随附一份正本官方卫生证书
26	菜籽粕	哈萨克斯坦	菜籽粕（Rapeseed meal）是指在哈萨克斯坦生产的油菜籽经压榨和浸出等工艺制取分离油脂后的残余物	经植物检疫合格的，每批输华菜籽粕应随附哈方出具的符合国际植物检疫措施标准第12号要求的植物检疫证书。植物检疫证书应注明生产加工企业名称和注册登记号码、集装箱或运输工具号码等信息；输出前或运输途中经除害处理的，应注明除害处理方式及处理指标等信息；并在附加声明注明：“该批货物符合《中华人民共和国海关总署与哈萨克斯坦共和国农业部关于哈萨克斯坦菜籽粕输华卫生与植物卫生条件的议定书》要求。”
27	葵花籽粕（饼）、红花籽粕（饼）、大豆粕（饼）、亚麻籽粕（饼）	哈萨克斯坦	指在哈萨克斯坦境内种植的葵花籽、红花籽、大豆、亚麻籽经压榨和浸出等工艺制取分离油脂后的副产品	每批输华粕/饼应随附由哈方按照国际植物检疫措施标准第12号《植物检疫证书准则》要求出具的植物检疫证书。植物检疫证书附加声明中注明“The consignment complies with the requirements of the Protocol of sanitary and phytosanitary requirements for the export of sunflower seed meal (cake), safflower seed meal (cake), soybean meal (cake) or flaxseed meal (cake) from the Republic of Kazakhstan to the People's Republic of China between the General Administration of Customs of the People's Republic of China and the Ministry of Agriculture of the Republic of Kazakhstan and is free of quarantine pests of China's concern”（该批货物符合《中华人民共和国海关总署与哈萨克斯坦共和国农业部关于哈萨克斯坦葵花籽粕（饼）、红花籽粕（饼）、大豆粕（饼）、亚麻籽粕（饼）输华卫生与植物卫生要求议定书》要求，不带中方关注的检疫性有害生物）。同时注明加工企业名称和注册登记号码、集装箱号码或船舶名称（散装船运时）等信息。出口前或运输途中经除害处理的，应在证书中注明除害处理方式及处理指标等信息
28	苜蓿草	哈萨克斯坦	苜蓿草（*Medicago sativa* L.），是指哈萨克斯坦生产的苜蓿干草捆及其颗粒	1. 经检疫合格的苜蓿草，哈方应按照国际植物检疫措施标准第12号（ISPM 12）的要求出具官方植物检疫证书。植物检疫证书必须包括发货人的名称、集装箱号、产地、加工厂名称及注册号。对于离境前实施熏蒸处理的，哈方还应在证书“处理（Treatment）”栏中注明所采取化学药剂熏蒸处理的浓度及持续时间等信息。 2. 植物检疫证书附加声明中应注明：“该批货物符合《中华人民共和国海关总署与哈萨克斯坦共和国农业部关于哈萨克斯坦共和国苜蓿干草输华卫生与植物卫生条件的议定书》。”

表5-2 续8

序号	产品	原产国家或地区	产品要求	证书要求
29	饲用大麦粉	哈萨克斯坦	饲用大麦粉是指在哈萨克斯坦生产的大麦经加工而获得的精细粉状饲料原料（大麦全粉，含麸皮）	用于生产输华饲用大麦粉的大麦应当符合 2018 年 11 月 22 日签署的《中华人民共和国海关总署与哈萨克斯坦共和国农业部关于哈萨克斯坦饲用大麦输华植物检疫要求议定书》要求，并来自经中华人民共和国海关总署注册登记的仓储企业，经哈方检验检疫合格的饲用大麦粉允许向中国出口。每批输华饲用大麦粉应随附由哈方出具的植物检疫证书，并在附加声明栏中使用中文或英文注明："该批货物符合《中华人民共和国海关总署和哈萨克斯坦共和国农业部关于哈萨克斯坦饲用大麦粉输华植物检疫要求的议定书》的要求，不带中方关注的检疫性有害生物（2021 年 7 月 27 日签署）。"（"Feeding barley powder covered by this phytosanitary certificate complies with the requirements of the Protocol between the General Administration of Customs of the People's Republic of China and the Ministry of Agriculture of the Republic of Kazakhstan on phytosanitary requirements for the export of barley powder for feed from the Republic of Kazakhstan to the People's Republic of China，dated July 27，2021."）
30	饲用小麦粉	哈萨克斯坦	指在哈萨克斯坦生产的春小麦经加工而获得的精细粉状饲料原料（小麦全粉，含麸皮）	饲用小麦粉向中国出口前，哈萨克斯坦应对其进行检验检疫，并对每批符合议定书要求的饲用小麦粉出具植物检疫证书，注明原料小麦产区，并在附加声明栏中使用中文或英文注明："该植物检疫证书所证明的饲用小麦粉符合中哈双方于 2019 年 11 月 4 日签署的中华人民共和国海关总署与哈萨克斯坦共和国农业部关于哈萨克斯坦饲用小麦粉输华植物检疫要求议定书列明的要求。"（The wheat flour for feed covered by this phytosanitary certificate complies with the requirements of the Protocol between General Administration of Customs of People's Republic of China and Ministry of Agriculture of the Republic of Kazakhstan on Phytosanitary Requirements for The Export of wheat flour for feed From The Republic of Kazakhstan to The People's Republic of China，on November 4，2019.）
31	梯牧草	加拿大	梯牧草（*Phleum pratense* L.），是指经二次压缩生产的干草。英文名称：Timothy hay	检疫合格的，CFIA（加拿大食品检验署）应出具官方植物检疫证书，注明梯牧草的品名、重量、目的地、发货人及收货人的名称及地址、集装箱号及在"产地（Origin）"栏内注明产地省。对于离境前实施熏蒸处理的，CFIA 还应在证书"处理（Treatment）"栏中注明所采取化学药剂熏蒸处理的浓度及持续时间等信息。加工厂的名称及其在 CFIA 的注册号应在证书的"识别标志（Distinguishing Marks）"栏注明。CFIA 要在出具的植检证书附加声明中注明："THIS CONSIGNMENT OF GOODS COMPLIES WEITH THE TERMS OF THE PROTOCOL ON SANITARY AND PHYTOSANTITARY CONDITIONS BETWEEN AQSIQ AND CIFA REGARDING THE EXPORT OF TIMOTHY HAY（该批货物符合 AQSIQ-CFIA 关于加拿大梯牧草输华卫生与植物卫生条件的议定书）"。 加工厂应为每一批输华货物出具安全卫生声明

表5-2 续9

序号	产品	原产国家或地区	产品要求	证书要求
32	牛皮咬胶半成品	柬埔寨	指生牛皮经褪毛脱脂、脱灰软化、水洗烘干等工艺加工，制成的宠物食品加工用牛皮咬胶半成品	输华牛皮咬胶半成品应由柬埔寨实施检验检疫，并出具卫生证书，证明产品符合双方有关议定书的要求。每批牛皮咬胶半成品须随附用英文、柬文或者中文写成的卫生证书
33	猪源性蛋白饲料	法国	猪源性蛋白饲料包括肉粉、骨粉、肉骨粉、血粉、血浆蛋白粉，血液制品如喷雾干燥的血浆粉和血红蛋白粉等	法国负责输华猪源性蛋白饲料的检疫监管，并对经检疫合格的输华猪源性蛋白饲料出具兽医卫生证书，证明产品符合双方有关议定书的要求。每批货物应附有卫生证明原件
34	饲用乳制品	法国	指由含有蔬菜成分、维生素预混合饲料、益生菌以及其他中国和法国法律批准使用的原辅料的原料奶或副产品（乳清、酪乳、脱脂乳、初乳等）制成的饲用乳制品，以及由不含有以上原辅料成分的原料奶或副产品制成的饲用乳制品	法国官方负责对输华饲用乳制品实施检验检疫，并出具卫生证书，证明该批产品符合双方议定书的要求。每批输华产品均须随附一份正本官方卫生证书
35	麦麸	哈萨克斯坦	哈萨克斯坦春小麦籽实加工后产生的麸皮副产品	出口中国的麦麸原料小麦必须是来自哈萨克斯坦矮小麦黑穗病（Tilletia controversa）和小麦印度腥黑穗病（Tilletia indica Mitra）的非疫区。哈萨克斯坦确定非疫区，且符合国际植物保护公约的标准
36	配合饲料	捷克	指根据养殖动物营养需要，将多种饲料原料和饲料添加剂按照一定比例配制的饲料	捷克官方应对输华配合饲料进行检验检疫监督管理，并出具卫生证书，证明配合饲料符合双边议定书的要求。向中国出口的每批配合饲料均须随附一份正本官方卫生证书

表5-2 续10

序号	产品	原产国家或地区	产品要求	证书要求
37	青贮饲草	立陶宛	输往中国的青贮饲草（haylage）是指在立陶宛种植、青贮、分拣包装的人工栽培牧草，包括多花黑麦草（*Lolium multiflorum*）、多年生黑麦草（*Lolium perenne*）、草甸羊茅（*Festuca pratensis*）、紫羊茅（*Festuca rubra*）、梯牧草（*Phleum pratense*）、草地早熟禾（*Poa pratensis*）、红三叶草（*Trifolium pratense*）、白三叶草（*Trifolium repens*）、羊茅黑麦草（*Festulolium braunii*）、苜蓿草（*Medicago sativa*）	青贮饲草离境前，立陶宛应按照议定书要求对输华青贮饲草进行检疫，经检疫合格或经熏蒸除害处理合格的青贮饲草准予向中国出口。 1. 每批输华青贮饲草，立陶宛应依照国际植物检疫措施标准第 12 号（ISPM 12）出具植物检疫证书，注明青贮饲草的品名、重量、产地（精确到省）、加工厂的名称及注册号、目的地、发货人及收货人的名称及地址、集装箱号。对于离境前实施熏蒸处理的，立陶宛还应在证书“处理（Treatment）”栏中注明所采取熏蒸剂名称、熏蒸处理的药剂浓度、处理温度及持续时间、熏蒸气压等信息。 2. 立陶宛出具的证书附加声明中应注明：“This consignment is in compliance with SFVS－MoA－GACC Protocol of Veterinary and Phytosanitary Requirements for Lithuanian Haylage to Be Exported to China.”（“该批货物符合《中华人民共和国海关总署与立陶宛共和国农业部、食品兽医局关于立陶宛青贮饲草输华卫生与植物卫生条件的议定书》要求。”）
38	苜蓿草	罗马尼亚	苜蓿草（*Medicago sativa* L.），是指在罗马尼亚生产、经二次压缩的苜蓿草捆	苜蓿草离境前，罗马尼亚国家兽医卫生与食品安全局（NSVFSA）和县兽医卫生与食品安全局（CSVFSD）、国家植物检疫局（NPA）应按照双边议定书要求对苜蓿草进行现场检疫。如经检疫发现活的有害生物，该批苜蓿草应不准输往中国。CSVFSD 只允许经检疫合格或经熏蒸处理合格的苜蓿草向中国出口。经检疫合格的，NPA 应出具官方植物检疫证书
39	扁桃壳颗粒	美国	扁桃（学名 *Prunus dulcis*，异名 Amygdalus communis）壳颗粒是指扁桃分离出的果荚和果壳经研磨或（和）压缩，并在高温高压下烘干处理制成的块和颗粒	输华扁桃壳颗粒在离境前，美国农业部动植物检疫局（USDA）或其授权人员对货物进行现场检疫，如果发现活的有害生物，则该批货物不得输往中国。USDA 只允许经检疫合格或经熏蒸处理合格的扁桃壳颗粒向中国出口。检疫发现活的有害生物的货物需实施熏蒸处理植物检疫证书的附加声明中应注明：“The consignment complies with Protocol of Phytosanitary Requirements for the Export of Almond Meal Cubes and Pellets from U. S. A. to China, and is free from the quarantine pests of concern to China.”（“该批货物符合《美国扁桃壳颗粒输华植物检疫要求议定书》规定，不带有中方关注的检疫性有害生物。”）证书上还应注明加工企业名称和注册登记号、集装箱号码或船舶名称（散装船运时）等信息。输出前或运输途中经除害处理的，应注明除害处理方式及处理指标等信息

表5-2 续11

序号	产品	原产国家或地区	产品要求	证书要求
40	苜蓿干草块和颗粒	美国	苜蓿干草块或颗粒（学名 *Medicago sativa* L.）是指经高温和高压处理的苜蓿干草块或颗粒	输华苜蓿干草块或颗粒离境前，USDA 将对货物进行现场检疫，如果发现活的有害生物，该批货物不得输往中国。USDA 只允许经检疫合格或经熏蒸处理合格的苜蓿干草块或颗粒向中国出口每批输华苜蓿干草块或颗粒应随附 USDA 出具的符合国际植物检疫措施标准要求的植物检疫证书。植物检疫证书的附加声明中应注明：“The consignment complies with Protocol of Phytosanitary Requirements for the Export of Alfalfa Hay Cubes and Pellets from U. S. A. to China, and is free from the quarantine pests of concern to China.”（“该批货物符合《美国苜蓿干草块和颗粒输华植物检疫要求议定书》规定，不带有中方关注的检疫性有害生物。”）植物检疫证书上还应注明加工企业名称和注册登记号、集装箱号码或船舶名称（散装船运时）等信息。输出前或运输途中经除害处理的，应注明除害处理方式及处理指标等信息
41	梯牧干草	美国	梯牧干草（学名 *Phleum pratense* L.）是指经二次压缩生产的梯牧干草捆	梯牧干草离境前，USDA 或 USDA 授权人员对货物进行现场检疫，对经检疫合格的梯牧干草，按照国际标准格式出具官方植物检疫证书。如经检疫发现活的有害生物，该批梯牧干草不得输往中国。USDA 只允许经检疫合格或经熏蒸处理合格的梯牧干草向中国出口植物检疫证书的附加声明中应注明：“The consignment complies with Protocol of Phytosanitary Requirements for the Export of Timothy Hay from U. S. A. to China, and is free from the quarantine pests of concern to China.”（“该批货物符合《美国梯牧干草输华植物检疫要求议定书》规定，不带有中方关注的检疫性有害生物。”）对于离境前实施熏蒸处理的，应注明熏蒸日期、熏蒸方式、使用的化学药剂、熏蒸的时间及温度、药剂浓度和熏蒸气压。如在美国境内经过转运，还应注明转运仓库的名称及注册号
42	甜菜粕	美国	甜菜粕（Sugar beet pulp）是指在美国生产的甜菜经浸出、烘干和压制等工艺分离糖分后的干燥颗粒	USDA（输华甜菜粕必须来自美国农业部）应对输华甜菜粕加工厂通过日常监管（至少6个月1次）加强官方控制，确保产品安全卫生状况。甜菜粕离境前，USDA 应按照双边议定书要求对甜菜粕进行现场检疫。如经检疫发现活的有害生物，该批甜菜粕应不准输往中国。经检验检疫合格的，USDA 应出具官方植物检疫证书
43	饲用蛋白粉和油脂	蒙古国	饲用动物蛋白粉是指源自供人类食用动物屠宰厂的新鲜马有关副产品，经过高温高压蒸煮和高温喷雾干燥等工艺加工制成的饲料用蛋白粉。 饲用油脂是指源自供人类食用动物屠宰厂的新鲜马牛羊有关副产品，经过高温高压蒸煮和沉淀等工艺加工制成的饲料用油脂	蒙古国根据蒙古国法律法规和有关议定书要求对输华饲用蛋白粉和饲用油脂实施检验检疫，合格的出具兽医卫生证书，证明符合有关议定书的要求

表5-2　续12

序号	产品	原产国家或地区	产品要求	证书要求
44	天然饲草	蒙古国	产自蒙古国境内，收割后晒干，经湿热处理打包成捆（包）的天然饲草	1. 蒙古国对输华天然饲草实施动植物检疫监管，如检疫发现中方关注的植物有害生物和动物疫病病原体、有毒杂草、土壤、动物源性物料的，则该批货物不得向中国出口，蒙方暂停相关企业的天然饲草输华并查明原因；经检疫合格，确认符合中国进境动植物检疫要求的天然饲草，允许向中国出口。 2. 输华天然饲草应随附蒙古国官方按照国际标准出具的植物检疫证书和兽医卫生证书，证书内容由双方协商确定
45	水产饲料	马来西亚	指经工业化加工、制作的供水生动物食用的产品，包括添加剂预混合饲料、浓缩饲料、配合饲料等	马来西亚官方应对输华水产饲料进行检验检疫监督管理，并出具卫生证书，证明水产饲料符合双边议定书的要求。向中国出口的每批水产饲料均须随附一份正本官方卫生证书
46	苜蓿草	南非	苜蓿草（*Medicago sativa* L.），是指在南非生产、经高压压缩的苜蓿草捆	1. 苜蓿草离境前，南非应按照议定书要求对输华苜蓿草进行检疫，对经检疫合格的苜蓿草按照国际植物检疫措施标准第 12 号（ISPM 12）的要求出具官方植物检疫证书。对于离境前实施熏蒸处理的，南方还应在证书“处理（Treatment）”栏中注明所采取熏蒸剂名称、熏蒸处理的浓度、温度及熏蒸持续时间等信息。 2. 植物检疫证书附加声明中应注明：“该批货物符合《中华人民共和国海关总署与南非共和国农林渔业部关于南非苜蓿草输华的卫生与植物卫生条件的议定书》要求。”
47	青贮饲草	尼泊尔	青贮饲料（haylage）是指在尼泊尔境内种植、分拣、粉碎、包装的人工栽培青贮饲料，包括青贮玉米（Zea mays）、青贮象草（Pennisetum purpureum）、青贮高粱（Sorghum bicolor）	每批输华青贮饲料应随附尼泊尔官方出具的符合国际标准的植物检疫证书和兽医卫生证书。植物检疫证书应注明加工企业名称和注册登记号码、集装箱或其他运输工具号码等信息。出口前或运输途中经消毒或除害处理的，应注明处理指标，并在植物检疫证书附加声明中注明：“This consignment complies with the Protocol of safety and Health Conditions for the export of haylage from Nepal to China, and is free of any pests of quarantine concern to China”（该批货物符合《尼泊尔青贮饲料输华安全卫生条件议定书》的要求，不带中方关注的检疫性有害生物）。 兽医卫生证书应根据处理措施，注明以下内容： ①无明显动物源性物料污染； ②经过以下方法处理：蒸汽密闭仓内处理，草捆中心温度达到 80℃，至少 10 分钟；或用 35%～40%甲醛溶液（甲醛气体）在密闭室内熏蒸，温度 19℃以上，至少熏蒸 8 小时；或由世界动物卫生组织规定的其他处理方法；或者， ③在获准出口前，已储存至少 4 个月
48	高粱（饲用）	尼日利亚	高粱（学名 *Sorghum bicolor*，英文名 sorghum）是指产自尼日利亚，输往中国用于饲用加工的高粱籽实，不作种植用途	出口前，尼日利亚应对输华高粱进行检验检疫。对符合议定书要求的，出具植物检疫证书，并在附加声明栏中注明：“该批货物符合《尼日利亚高粱输华植物检疫要求议定书》要求，不带有中方关注的检疫性有害生物。”（The consignment meets the requirements established in the Protocol of Phytosanitary Requirements for the Export of sorghum from Nigeria to China and has been inspected in order to avoid the presence of the quarantine pests of concern to China.）同时，注明出口前供货仓储企业名称及地点

表5-2 续13

序号	产品	原产国家或地区	产品要求	证书要求
49	苜蓿草	苏丹	苜蓿草（*Medicago sativa* L.），是指在苏丹共和国生产、经二次压缩的苜蓿草捆	经检验检疫合格的，苏丹共和国农业与林业部（SMOAF）应出具官方植物检疫证书
50	椰子粕	所罗门群岛椰子粕	椰子粕（copra oil cake），是指在所罗门群岛境内种植的椰子清洗、压榨和提炼油脂后的副产品	每批输华椰子粕应随附由所罗门群岛官方按照国际植物检疫措施标准第12号《植物检疫证书准则》要求出具的植物检疫证书。证书上应注明生产企业名称和注册登记号码，集装箱（车厢）号码或船舶名称（散装船运时）等信息，并在附加声明栏注明："The consignment complies with the requirements of the Protocol of sanitary and phytosanitary requirements for the export of copra oil cake from the Solomon Islands to the People's Republic of China between the General Administration of Customs of the People's Republic of China and the Ministry of Agriculture and Livestock of the Solomon Islands and is free of quarantine pests of China's concern."（该批货物符合《中华人民共和国海关总署与所罗门群岛农业和畜牧业部关于所罗门群岛输华椰子粕卫生与植物卫生要求议定书》要求，不带中方关注的检疫性有害生物）。输出前或运输途中实施除害处理的，应在证书中注明除害处理方式及处理指标等信息
51	宠物食品	塞尔维亚	指经工业化加工、制作的供宠物直接食用的产品，包括宠物干粮、罐头、零食和咬胶等	输华宠物食品应由塞尔维亚实施检验检疫，并出具卫生证书，证明产品符合双方有关议定书的要求。每批宠物食品须随附用中文、塞尔维亚文和英文写成的卫生证书，一份正本和两份副本
52	甜菜粕	塞尔维亚	甜菜粕（Pellet Beet Pulp），是指在塞尔维亚境内种植的甜菜，经清洗、切割、压榨、干燥、造粒等工艺分离糖后的残余物制成的副产品	经塞尔维亚农业、林业和水管理部（MAFWM）检验检疫合格的甜菜粕允许向中国出口每批输华甜菜粕应随附由MAFWM按照国际植物检疫措施标准第12号出具的植物检疫证书，植物检疫证书附加声明中注明："This consignment complies with the requirements of the Protocol of sanitary and phytosanitary requirements for the export of pellet beet pulp from Serbia to China between the General Administration of Customs of the People's Republic of China and the Ministry of Agriculture, Forestry and Water Management of the Republic of Serbia, and is free from quarantine pests of China's concern."（"该批货物符合《中华人民共和国海关总署与塞尔维亚共和国农业、林业和水管理部关于塞尔维亚甜菜粕输华卫生与植物卫生要求议定书》要求，不带有中方关注的检疫性有害生物。"）同时注明加工企业名称和注册登记号码、集装箱（车厢）号码或船舶名称（散装船运时）等信息；如出口前或运输途中作除害处理的，应注明除害处理方式及处理指标等信息
53	苜蓿草	苏丹	苜蓿草（*Medicago sativa* L.），是指在苏丹共和国生产、经二次压缩的苜蓿草捆	经检验检疫合格的，苏丹共和国农业与林业部（SMOAF）应出具官方植物检疫证书

表5-2 续14

序号	产品	原产国家或地区	产品要求	证书要求
54	椰子粕	所罗门群岛	椰子粕（copra oil cake），是指在所罗门群岛境内种植的椰子清洗、压榨和提炼油脂后的副产品	每批输华椰子粕应随附由所罗门群岛官方按照国际植物检疫措施标准第12号《植物检疫证书准则》要求出具的植物检疫证书。证书上应注明生产企业名称和注册登记号码，集装箱（车厢）号码或船舶名称（散装船运时）等信息，并在附加声明栏注明："The consignment complies with the requirements of the Protocol of sanitary and phytosanitary requirements for the export of copra oil cake from the Solomon Islands to the People's Republic of China between the General Administration of Customs of the People's Republic of China and the Ministry of Agriculture and Livestock of the Solomon Islands and is free of quarantine pests of China's concern."（该批货物符合《中华人民共和国海关总署与所罗门群岛农业和畜牧业部关于所罗门群岛输华椰子粕卫生与植物卫生要求议定书》要求，不带中方关注的检疫性有害生物）。输出前或运输途中实施除害处理的，应在证书中注明除害处理方式及处理指标等信息
55	米糠粕（饼）、棕榈仁粕（饼）	泰国	米糠粕（饼）（Rice Bran meal/cake）、棕榈仁粕（饼）（Plam Kernel meal/cake）是指原产于泰国的米糠和棕榈仁，经过榨油工艺后生产的副产品	1. 每批输华米糠粕（饼）、棕榈仁粕（饼）应随附泰王国农业与合作社部（MOAC）出具的符合国际植物检疫措施标准第 12 号要求的植物检疫证书。植物检疫证书应注明加工企业名称和注册登记号码、集装箱或运输工具号码等信息。输出前或运输途中经除害处理的，应注明除害处理方式及处理指标等信息。 2. 植物检疫证书的附加声明应注明："The consignment complies with the requirements described in the Protocol of Sanitary and Phytosanitary Requirements of Importing Thailand Rice Bran Meal/Cake and Palm Kernel Meal/Cake between the General Administration of Customs of the People's Republic of China and the Ministry of Agriculture and Cooperatives of the Kingdom of Thailand."（"该批货物符合《中华人民共和国海关总署与泰王国农业与合作社部关于泰国米糠粕（饼）、棕榈仁粕（饼）输华卫生与植物卫生要求议定书》要求。"）
56	葵花籽饼	坦桑尼亚	葵花籽饼（sunflower seed cake），是指在坦桑尼亚境内种植的葵花籽经压榨和浸出等工艺分离油脂后的副产品	每批输华葵花籽饼应随附由坦方官方按照国际植物检疫措施标准第 12 号《植物检疫证书准则》要求出具的植物检疫证书。证书上应注明生产企业名称和注册登记号，集装箱号码或船舶名称（散装船运时）等信息，并在附加声明栏用英文注明："The consignment complies with the requirements of the Protocol of sanitary and phytosanitary requirements for the export of sunflower seed cake from Tanzania to China and is free of quarantine pests of China's concern"（该批货物符合《坦桑尼亚输华葵花籽饼卫生与植物卫生要求议定书》的要求，不带中方关注的检疫性有害生物）。输出前或运输途中经除害处理的，应在证书中注明除害处理方式及处理指标等信息
57	甜菜粕	乌克兰	甜菜粕（Sugar beet pulp）是指在乌克兰生产的甜菜经清洗、扩散、挤压、干燥和制粒等工艺制取分离蔗糖后的残余物	每批输华甜菜粕应随附乌克兰官方出具的符合国际植物检疫措施标准第12号要求的植物检疫证书。植物检疫证书应注明生产加工企业名称和注册登记号码、集装箱号码等信息；输出前或运输途中经除害处理的，应注明除害处理方式及处理指标等信息。植物检疫证书附加声明栏同时应注明："该批货物符合中乌双方关于乌克兰甜菜粕输华卫生与植物卫生条件的议定书要求"。 每批输华甜菜粕应进行理化指标、重金属、农药残留、微生物、真菌毒素、放射性残留等项目检测，并随附由乌克兰官方出具的动物卫生证书

表5-2 续15

序号	产品	原产国家或地区	产品要求	证书要求
58	葵粕	乌克兰	葵粕是指在乌克兰生产的葵花籽经压榨和浸出等工艺制取分离油脂后的残余物	每批输华葵粕应随附乌克兰官方出具的符合国际植物检疫措施标准第 12 号要求的植物检疫证书。植物检疫证书应注明生产加工企业名称和注册登记号码、集装箱或车皮号码等信息；输出前或运输途中经除害处理的，应注明除害处理方式及处理指标等信息。植物检疫证书附加声明栏同时应注明："该批货物符合中乌双方关于乌克兰葵粕输华卫生与植物卫生条件的议定书要求。" 每批输华葵粕应进行理化指标、重金属、农药残留、微生物、真菌毒素、放射性残留等项目检测，并随附由乌克兰官方出具的动物卫生证书
59	油菜籽粕（饼）	乌克兰	油菜籽粕（饼）（Rapeseed meal）是指在乌克兰境内种植的油菜籽经压榨、浸提等工艺分离油脂后而生产的副产品	1. 每批输华油菜籽粕（饼）应随附乌克兰国家食品安全和消费者保护局（SSUFSCP）出具的植物检疫证书和国际兽医证书。植物检疫证书应符合国际植物检疫措施标准第 12 号（ISPM 12）要求，并注明生产加工企业名称和注册登记号码、集装箱号码或船舶名称（散装船运时）等信息；如输出前经除害处理的，应注明除害处理方式及处理指标等信息。 2. 植物检疫证书的附加声明应注明："The consignment complies with the requirements of Protocol of Sanitary and Phytosanitary Requirements for the Export of the Rapeseed Meal from Ukraine to the People's Republic of China between the General Administration of Customs of the People's Republic of China and the State Service of Ukraine on Food Safety and Consumer Protection and is free from quarantine pests of China's concern."（"该批货物符合《中华人民共和国海关总署与乌克兰国家食品安全和消费者保护局关于乌克兰油菜籽粕（饼）输华卫生与植物卫生要求议定书》要求，不带有中方关注的检疫性有害生物。"）
60	橄榄粕	西班牙	橄榄粕（Olive paste）是指在西班牙境内种植的橄榄果经压榨、浸提等工艺分离油脂后而产生的副产品，不含橄榄枝、叶等其他组织的回填物	1. 每批输华橄榄粕应随附西班牙农业、渔业和食品部（MAPA）出具的符合国际植物检疫措施标准第 12 号（ISPM 12）要求的植物检疫证书。证书上应注明经批准的生产企业名称及其注册号、运输方式与相应的物流信息；如果货物在运输之前或运输过程中进行熏蒸，则应标明处理方法和相关参数。 2. 植物检疫证书的"附加声明"应注明："This consignment complies with the requirements specified in the Protocol on Sanitation and Phytosanitary Requirements for Spanish Olive paste Exported to China between the General Administration of Customs of the People's Republic of China and the Ministry of Agriculture, Fisheries and Food of Spain and is free from quarantine pests of China's concern."（"该批货物符合《中华人民共和国海关总署与西班牙农业、渔业和食品部关于西班牙橄榄粕输华卫生与植物卫生要求议定书》要求，不得带有中方关注的检疫性有害生物。"）
61	苜蓿草	西班牙	苜蓿草（*Medicago sativa* L.），是指在西班牙生产的脱水苜蓿草捆和颗粒	苜蓿草离境前，西班牙农业、食品与环境部（MAGRAMA）应对苜蓿草进行检验检疫。经检验检疫合格的，MAGRAMA 应出具官方植物检疫证书和兽医卫生证书

表5-2　续16

序号	产品	原产国家或地区	产品要求	证书要求
62	燕麦草	西班牙	燕麦草（燕麦 *Avena sativaL.* 和糙伏毛燕麦 *Avena Strigosa*Schreb）是指在西班牙境内种植，经高温脱水的燕麦干草	每批输华燕麦草应随附西班牙官方出具的符合国际标准的植物检疫证书。植物检疫证书应注明加工企业名称和注册登记号码、发货人及收货人名称及地址、集装箱或运输工具号码等信息，并在附加声明中注明“This consignment complies with the ‘Protocol on the sanitary and phytosanitary requirements for the export of oaten hay from Spain to China’, and is free of any quarantine pest concerned by China.”（该批货物符合《西班牙燕麦草输华卫生与植物卫生要求议定书》规定，不带中方关注的有害生物。）
63	苜蓿草	意大利	输往中国的苜蓿草（*Medicago sativa* L.）是指在意大利生产的脱水苜蓿草捆和颗粒	意大利出具的证书附加声明中应注明：“This consignment complies with GACC-MIPAAFT Protocol of Phytosanitary Requirements for Italian Alfalfa Hay to Be Exported to China.”（“该批货物符合《中华人民共和国海关总署与意大利共和国农业、食品、林业政策与旅游部关于意大利苜蓿草输华安全卫生条件的议定书》要求。”）
64	菜籽粕	印度	输华菜籽粕（Rapeseed meal）是指在印度生产的油菜籽，经压榨和浸出等工艺制取分离油脂后的残余物	经植物检疫合格的，印度应出具官方植物检疫证书。输华菜籽粕应进行理化指标、重金属、农药残留、微生物、真菌毒素、放射性残留等项目检测，并随附印度共和国商业与工业部出口检验委员会（EIC）出具的“安全卫生声明”
65	辣椒粕	印度	辣椒粕（Chilli spent）是指在印度生产的辣椒果皮，经溶剂萃取工艺提取辣椒红素和辣椒素后的副产品，不含辣椒枝、叶等其他组织的回填物	每批输华辣椒粕应经印度共和国商业与工业部出口检验委员会（EIC）检验合格并出具“安全卫生声明”，且由印度农业与农民福利部依照国际植物检疫措施标准第 12 号（ISPM 12）出具植物检疫证书。植物检疫证书上应注明生产企业名称和注册登记号码、集装箱号码或船舶名称等信息。如输出前经除害处理的，应注明除害处理方式及处理指标等信息，并在附加声明栏注明：“The shipment is in accord with Protocol of Sanitary and Phytosanitary Regulations on importing India Chilli Spent, between General Administration of Customs, People's Republic of China（GACC）and the Export Inspection Council（EIC）Ministry of Commerce and Industry, Government of India, free from quarantine pests of China concern.”（“该批货物符合《中华人民共和国海关总署与印度共和国商业与工业部出口检验委员会关于印度辣椒粕输华卫生与植物卫生条件议定书》的规定，不带有中国关注的检疫性有害生物。”）
66	豆粕	赞比亚	豆粕（Soybean meal）是指在赞比亚境内种植的大豆，经压榨和浸出等工艺制取分离油脂后的副产品	每批输华豆粕应随附由赞方按照国际植物检疫措施标准第 12 号《植物检疫证书准则》要求出具的植物检疫证书。植物检疫证书附加声明中注明“This consignment complies with the requirements described in the protocol of sanitary and phytosanitary requirements for the export of soybean meal from Zambia to China, and is free from the quarantine pests concerned by China”（该批货物符合《赞比亚豆粕输华卫生与植物卫生要求议定书》的要求，不带中方关注的检疫性有害生物）。同时注明加工企业名称和注册登记号码、集装箱或运输工具号码等信息。出口前经除害处理的，应注明除害处理方式及处理指标等信息

二、出口饲料和饲料添加剂

（一）资质要求

海关总署对出口饲料的出口生产企业实施注册登记制度，输入国家或地区有注册登记要求的，出口饲料应当来自注册登记的出口生产企业。办理指南见本书第二部分第十四章第三节和第四节。

（二）申报要求

1. 基本申报要求

饲料出口前，货主或者代理人应当凭贸易合同、出厂合格证明等单证，向产地（含组货地）海关申请检验检疫。海关对所提供的单证进行审核，符合要求的受理申报。

出厂合格证明指注册登记的出口饲料或者饲料添加剂生产、加工企业出具的，证明其产品经本企业自检自控体系评定为合格的文件。

2. 录入要求

饲料产品申报时，“货物用途”应选择“18-饲用”。

（三）产品相关要求

出口饲料产品应符合进口国家或地区的要求，应货证相符。需要注册登记的，相关单证所载内容和产品标识信息应与注册登记信息一致。

出口饲料产品包装、容器应完好，标签应符合要求，不应腐败变质，不应携带有害生物，不应携带土壤、动物尸体、动物排泄物等。

三、过境动物源性饲料

运输饲料过境的，承运人或者押运人应当持货运单和输出国家或者地区主管部门出具的证书，向入境口岸海关申报，并书面提交过境运输路线。

装载过境饲料的运输工具和包装物、装载容器应当完好，经入境口岸海关检查，发现运输工具或者包装物、装载容器有可能造成途中散漏的，承运人或者押运人应当按照口岸海关的要求，采取密封措施；无法采取密封措施的，不准过境。

输出国家或者地区未被列入允许进口的国家或者地区名单的，应当获得海关总署的批准方可过境。

过境的饲料，由入境口岸海关查验单证，核对货证相符，加施封识后放行，并通知出境口岸海关，由出境口岸海关监督出境。

参考资料

允许进口饲料国家（地区）及产品名单

《允许进口动物源性饲料国家（地区）及产品名单》见表5-3，《允许进口植物源性饲料国家（地区）及产品名单》见表5-4。

表 5-3　允许进口动物源性饲料国家（地区）及产品名单

（2024 年 8 月版，截至 2025 年 1 月 1 日仍为最新版本）

国家（地区）		产品类别（名称）	境外生产加工企业注册登记情况
亚洲			
1	泰国	鱼粉/油	允许从注册登记企业（名单）进口
		宠物食品	允许从注册登记企业（名单）进口
		丰年虫卵	允许进口，逐步完成注册登记
		水产配合饲料	允许从注册登记企业（名单）进口
2	韩国	鱿鱼肝粉	允许进口，逐步完成注册登记
		磷虾粉	允许从注册登记企业（名单）进口
		饵料用南极磷虾	允许进口，逐步完成注册登记
		饲用蛋粉	允许从注册登记企业（名单）进口
		单细胞蛋白类	允许从注册登记企业（名单）进口
		混合饲料原料	允许从注册登记企业（名单）进口
		天然矿物质类	允许从注册登记企业（名单）进口
		水生动物配合饲料	允许从注册登记企业（名单）进口
3	朝鲜	活沙蚕（饵料）	允许进口，逐步完成注册登记
		活河虾（饵料）	允许进口，逐步完成注册登记
4	中国台湾	虾饲料（仅含水产动物源性成分）	允许进口，逐步完成注册登记
		鱼饲料（不含反刍动物源性成分）	允许进口，逐步完成注册登记
		猪饲料（仅含乳源性动物成分）	允许进口，逐步完成注册登记
		宠物食品	允许从注册登记企业（名单）进口
5	马来西亚	鱼粉/油	允许从注册登记企业（名单）进口
		配合饲料	允许从注册登记企业（名单）进口
6	巴基斯坦	鱼粉/油/油脂	允许从注册登记企业（名单）进口
7	日本	鱼饲料（不含牛羊源性成分，乳成分除外）	允许进口，逐步完成注册登记
		天然矿物质类	允许从注册登记企业（名单）进口
8	菲律宾	宠物食品	允许从注册登记企业（名单）进口
9	哈萨克斯坦	丰年虫卵	允许进口，逐步完成注册登记
10	缅甸	鱼粉/油	允许从注册登记企业（名单）进口
11	越南	混合饲料原料	允许从注册登记企业（名单）进口
		鱼粉/油	允许从注册登记企业（名单）进口
12	中国香港	猪油、猪油渣	允许从注册登记企业（名单）进口
13	蒙古国	马骨粉（粒）	允许从注册登记企业（名单）进口
14	吉尔吉斯斯坦	宠物食品生产用原料	允许从注册登记企业（名单）进口

表5-3 续1

国家（地区）		产品类别（名称）	境外生产加工企业注册登记情况
15	乌兹别克斯坦	丰年虫卵	允许进口，逐步完成注册登记
		宠物食品	允许从注册登记企业（名单）进口
16	印度	鱼粉/油	允许从注册登记企业（名单）进口
		混合饲料原料	允许从注册登记企业（名单）进口
		天然矿物质类	允许从注册登记企业（名单）进口
17	新加坡	天然矿物质类	允许从注册登记企业（名单）进口
18	柬埔寨	牛皮咬胶半成品	允许从注册登记企业（名单）进口
欧洲			
19	荷兰	饲用乳制品	允许从注册登记企业（名单）进口
		饲用油脂	允许从注册登记企业（名单）进口
		宠物食品	允许从注册登记企业（名单）进口
		饲用明胶	允许从注册登记企业（名单）进口
		饲用猪肠粘膜蛋白	允许从注册登记企业（名单）进口
		天然矿物质类	允许从注册登记企业（名单）进口
		混合饲料原料	允许从注册登记企业（名单）进口
		配合饲料	允许从注册登记企业（名单）进口
		单细胞蛋白类	允许从注册登记企业（名单）进口
20	法国	宠物食品	允许从注册登记企业（名单）进口
		天然矿物质类	允许从注册登记企业（名单）进口
		饲用乳制品	允许从注册登记企业（名单）进口
		猪源性蛋白饲料	允许从注册登记企业（名单）进口
		混合饲料原料	允许从注册登记企业（名单）进口
		单细胞蛋白类	允许从注册登记企业（名单）进口
21	比利时	宠物食品	允许从注册登记企业（名单）进口
		配合饲料	允许从注册登记企业（名单）进口
		天然矿物质类	允许从注册登记企业（名单）进口
22	德国	乳清粉	允许进口，逐步完成注册登记
		宠物食品	允许从注册登记企业（名单）进口
		天然矿物质类	允许从注册登记企业（名单）进口
		混合饲料原料	允许从注册登记企业（名单）进口
		单细胞蛋白类	允许从注册登记企业（名单）进口
23	丹麦	鱼粉/油及含水生动物蛋白鱼饲料	允许从注册登记企业（名单）进口
		天然矿物质类	允许从注册登记企业（名单）进口
		单细胞蛋白类	允许从注册登记企业（名单）进口
		宠物食品	允许从注册登记企业（名单）进口

表5-3 续2

国家（地区）		产品类别（名称）	境外生产加工企业注册登记情况
24	俄罗斯	丰年虫卵	允许进口，逐步完成注册登记
		鱼粉/油	允许从注册登记企业（名单）进口
		宠物食品	允许从注册登记企业（名单）进口
25	西班牙	饲用猪肠粘膜蛋白	允许从注册登记企业（名单）进口
		禽羽毛水解蛋白粉	允许从注册登记企业（名单）进口
		猪血蛋白粉	允许从注册登记企业（名单）进口
		单细胞蛋白类	允许从注册登记企业（名单）进口
		天然矿物质类	允许从注册登记企业（名单）进口
		混合饲料原料	允许从注册登记企业（名单）进口
		宠物食品	允许从注册登记企业（名单）进口
26	爱尔兰	马饲料	允许从注册登记企业（名单）进口
27	捷克	配合饲料	允许从注册登记企业（名单）进口
		宠物食品	允许从注册登记企业（名单）进口
28	保加利亚	配合饲料	允许从注册登记企业（名单）进口
29	意大利	宠物食品	允许从注册登记企业（名单）进口
		单细胞蛋白类	允许从注册登记企业（名单）进口
		混合饲料原料	允许从注册登记企业（名单）进口
		天然矿物质类	允许从注册登记企业（名单）进口
30	匈牙利	单细胞蛋白类	允许从注册登记企业（名单）进口
		宠物食品	允许从注册登记企业（名单）进口
31	英国	单细胞蛋白类	允许从注册登记企业（名单）进口
		天然矿物质类	允许从注册登记企业（名单）进口
		混合饲料原料	允许从注册登记企业（名单）进口
32	爱沙尼亚	单细胞蛋白类	允许从注册登记企业（名单）进口
33	瑞士	单细胞蛋白类	允许从注册登记企业（名单）进口
34	冰岛	鱼粉/油/油脂	允许从注册登记企业（名单）进口
35	挪威	鱼粉/油	允许从注册登记企业（名单）进口
36	奥地利	宠物食品	允许从注册登记企业（名单）进口
		天然矿物质类	允许从注册登记企业（名单）进口
37	白俄罗斯	饲用乳制品	允许从注册登记企业（名单）进口
38	波兰	饲用乳制品	允许从注册登记企业（名单）进口
		宠物食品	允许从注册登记企业（名单）进口
39	马耳他	混合饲料原料	允许从注册登记企业（名单）进口
40	芬兰	鱼饲料	允许从注册登记企业（名单）进口
41	塞尔维亚	宠物食品	允许从注册登记企业（名单）进口

表5-3 续3

国家（地区）		产品类别（名称）	境外生产加工企业注册登记情况
美洲			
42	美国	饲用乳制品	允许进口，逐步完成注册登记
		宠物食品	允许从注册登记企业（名单）进口
		非反刍动物源性饲料和油脂	允许从注册登记企业（名单）进口
		鱼粉/油	允许从注册登记企业（名单）进口
		丰年虫卵	允许进口，逐步完成注册登记
		配合饲料	允许从注册登记企业（名单）进口
		单细胞蛋白类	允许从注册登记企业（名单）进口
		混合饲料原料	允许从注册登记企业（名单）进口
		天然矿物质类	允许从注册登记企业（名单）进口
43	智利	鱼饲料	允许从注册登记企业（名单）进口
		鱼粉/油	允许从注册登记企业（名单）进口
		混合饲料原料	允许从注册登记企业（名单）进口
44	加拿大	冷冻虾产品	允许进口，逐步完成注册登记
		猪血浆蛋白粉	允许从注册登记企业（名单）进口
		宠物食品	允许从注册登记企业（名单）进口
		单细胞蛋白类	允许从注册登记企业（名单）进口
45	墨西哥	鱼粉/油	允许从注册登记企业（名单）进口
		天然矿物质类	允许从注册登记企业（名单）进口
46	秘鲁	鱼粉/油	允许从注册登记企业（名单）进口
47	巴西	宠物食品	允许从注册登记企业（名单）进口
		单细胞蛋白类	允许从注册登记企业（名单）进口
		陆生动物蛋白（禽源性、猪源性）	允许从注册登记企业（名单）进口
		混合饲料原料	允许从注册登记企业（名单）进口
		天然矿物质类	允许从注册登记企业（名单）进口
48	阿根廷	鱼粉/油	允许从注册登记企业（名单）进口
		宠物食品	允许从注册登记企业（名单）进口
		饲用乳制品	允许从注册登记企业（名单）进口
		肉骨粉、血粉	允许从注册登记企业（名单）进口
		天然矿物质类	允许从注册登记企业（名单）进口
49	乌拉圭	肉骨粉	允许从注册登记企业（名单）进口
50	厄瓜多尔	鱼粉/油	允许从注册登记企业（名单）进口
51	巴拿马	鱼粉/油	允许从注册登记企业（名单）进口

表5-3 续4

国家（地区）		产品类别（名称）	境外生产加工企业注册登记情况
大洋洲			
52	新西兰	鸡、牛、羊肉骨粉	允许进口，逐步完成注册登记
		鱼粉/油等水生动物蛋白和油脂	允许从注册登记企业（名单）进口
		宠物食品	允许从注册登记企业（名单）进口
		宠物食品生产用原料	允许从注册登记企业（名单）进口
53	澳大利亚	牛、羊油	允许进口，逐步完成注册登记
		宠物食品	允许从注册登记企业（名单）进口
		陆生动物蛋白	允许从注册登记企业（名单）进口
非洲			
54	南非	鱼粉/油	允许从注册登记企业（名单）进口
55	毛里求斯	鱼粉/油	允许从注册登记企业（名单）进口
56	摩洛哥	鱼粉/油	允许从注册登记企业（名单）进口
57	纳米比亚	鱼粉/油	允许从注册登记企业（名单）进口
58	毛里塔尼亚	鱼粉/油	允许从注册登记企业（名单）进口
59	刚果（布）	鱼粉/油	允许从注册登记企业（名单）进口
60	冈比亚	鱼粉/油	允许从注册登记企业（名单）进口

表 5-4 允许进口植物源性饲料国家（地区）及产品名单

（2024 年 9 月版，截至 2025 年 1 月 1 日仍为最新版本）

类型	种类	输出国家或地区
籽实类粮食、油籽	高粱	缅甸、美国、澳大利亚、阿根廷、尼日利亚（饲用）、墨西哥、乌拉圭
	干豌豆	波兰、法国、荷兰、匈牙利、英国、缅甸、印度、南非、马拉维、阿根廷、加拿大、美国、新西兰、澳大利亚、比利时（饲用）、日本（饲用）、越南（饲用）
	燕麦	俄罗斯、芬兰、美国、澳大利亚、马来西亚、英国
植物源饲料及饲料原料（粕渣麸糠类）	豆粕	韩国（发酵豆粕）、中国台湾（发酵膨化豆粕）、俄罗斯（粕/饼）、阿根廷、白俄罗斯、巴西、赞比亚、哈萨克斯坦（粕/饼）
	菜籽粕	哈萨克斯坦、巴基斯坦、阿联酋、日本、埃塞俄比亚、澳大利亚、加拿大、印度、俄罗斯（粕/饼）、乌克兰（粕/饼）、白俄罗斯
	玉米酒糟粕	美国、保加利亚
	葵花籽粕	乌克兰、保加利亚、俄罗斯（粕/饼）、哈萨克斯坦（粕/饼）、坦桑尼亚（粕/饼）
	花生粕	苏丹
	甜菜粕	乌克兰、美国、埃及、俄罗斯、白俄罗斯、德国、塞尔维亚
	米糠粕（饼）	泰国
	棕榈仁粕	泰国（粕/饼）、印度尼西亚、马来西亚
	亚麻籽粕	哈萨克斯坦（粕/饼）

表5-4 续

类型	种类	输出国家或地区
植物源饲料及饲料原料（粕渣麸糠类）	红花籽粕	哈萨克斯坦（粕/饼）
	棕榈脂肪粉	印度尼西亚、马来西亚
	棉子粕	坦桑尼亚（粕/壳）、巴西
	椰子粕	印度尼西亚、菲律宾、所罗门群岛
	辣椒粕	印度
	橄榄粕	西班牙
	扁桃壳颗粒	美国
	米糠	越南、美国、西班牙
	麦麸	哈萨克斯坦、蒙古国、法国、塞尔维亚、日本、马来西亚、新加坡、澳大利亚、印度尼西亚
	木薯渣	老挝、柬埔寨、泰国
	饲用小麦粉	哈萨克斯坦
	饲用大麦粉	哈萨克斯坦
	其他产品（深加工）	丹麦（大豆蛋白）、美国（过瘤蛋白）、巴西（大豆蛋白），巴西（橙纤维颗粒）
饲草	苜蓿草	保加利亚（包括颗粒）、罗马尼亚、西班牙（包括颗粒）、哈萨克斯坦（包括颗粒）、苏丹、阿根廷、加拿大、美国（包括干草块和颗粒）、南非、意大利（包括颗粒）、俄罗斯（包括颗粒）
	燕麦草	澳大利亚、西班牙
	梯牧草	加拿大、美国
	天然饲草	立陶宛（青贮饲料）、尼泊尔（青贮饲料）、蒙古国
	虎尾草	巴基斯坦

第二节　栽培介质

栽培介质，是指除土壤外的所有由一种或几种混合的具有贮存养分、保持水分、透气良好和固定植物等作用的人工或天然固体物质。

一、进境栽培介质

（一）资质要求

海关总署对向中国输出贸易性栽培介质的境外生产、加工、存放单位实行注册登记制度。办理指南见本书第二部分第十四章第二节。

进口有机栽培介质境外供货企业名单可在海关总署门户网站动植物检疫司页面（http：//dzs. customs. gov. cn/）的“企业信息”—“植物产品类”—“其他植物产品”栏目中查询。

（二）申报要求

货主或者其代理人应当在栽培介质进境前向进境口岸海关申报，除贸易合同、提单、装箱单、发票等贸易凭证外，按要求提供输出国家或地区官方植物检疫证书，特定国家或者地区证书要求详见本小节“（四）进境栽培介质检验检疫要求”部分内容。经高温、高压等自然生成的泥炭（泥煤）、苔藓（地衣）、泥炭藓有机栽培介质，免于核查输出国家或地区动植物检疫证书，需提供境外生产加工企业为海关总署动植物检疫司批准的优良企业的证明材料。

（三）产品相关要求

进境栽培介质中不得带有土壤，也不应带有病原真菌、细菌和线虫、昆虫、软体动物及其他有害生物。

带有栽培介质的进境参展盆栽植物必须具备严格的隔离措施。进境时应更换栽培介质并对植物进行洗根处理，如确需保活而不能进行更换栽培介质处理的盆栽植物，必须按有关规定向海关总署办理进口栽培介质审批手续，但无须预先提供样品。

带有栽培介质的进境参展植物在参展期间由参展地海关进行检疫监管；展览结束后需要在国内销售的，应按有关贸易性进境栽培介质检疫规定办理。

特定国家或者地区产品要求详见本小节“（四）进境栽培介质检验检疫要求”部分内容。

（四）进境栽培介质检验检疫要求

进境栽培介质检验检疫要求见表 5-5。

表 5-5 进境栽培介质检验检疫要求

（截至 2025 年 1 月 1 日）

产品	原产国家或地区	产品要求	证书要求
有机栽培介质	白俄罗斯	指在白俄罗斯境内开采或种植的原料，经加工处理制成的有机栽培介质，包括以下产品： 1. 组织培养介质、椰壳纤维、椰糠、木屑、木材刨花、木片、软木、无活力的苔藓、泥炭、泥煤、稻壳/糠、谷壳、咖啡果壳、花生壳、棉籽壳、甘蔗渣、葡萄果渣、可可豆荚、油棕壳炭、树皮以及其他有机栽培介质，不包括土壤； 2. 含有或由两种以上上述栽培介质组成的混合介质	每批输华有机栽培介质应随附白俄罗斯出具的符合国际标准的植物检疫证书。植物检疫证书应注明加工企业名称和注册登记号码、集装箱（车厢）号码等信息，并在附加声明中注明：“This batch of goods meets the requirements of the Protocol on Phytosanitary Requirements for Organic Culture Medium Exported to China from Belarus, and is free from pests of China’s concern.”（该批货物符合《白俄罗斯有机栽培介质输华植物检疫要求议定书》要求，不带中方关注的有害生物）。经除害处理的，还应在植物检疫证书中注明处理指标，包括温度、湿度、药剂及其浓度等

二、出境栽培介质

出境栽培介质，可按照本书第二部分第四章第四节“其他非食用植物产品”有关要求办理。

第三节 植物源性肥料

植物源性肥料，是指来源于植物源材料，施用于土壤并为生长植物提供、保持、改善营养的有机物质，包括有机肥、生物有机肥等。

一、进境植物源性肥料

（一）资质要求

1. 境外生产、加工、存放单位注册登记

境外植物源性肥料生产供应者，应申请获得海关总署检疫注册登记。注册登记可选择采取以下方式进行：一是境外官方植物检疫部门注册后，向海关总署推荐确认；二是通过境内进口商提供申请技术材料，在送样检测及专家考察基础上注册；三是境外生产供应者直接申请，并提供技术材料，在送样检测及专家考察基础上注册。办理指南见本书第二部分第十四章第二节。

2. 肥料产品登记证书

进口植物源性肥料应获得中国肥料产品登记证书。办理指南见本书第二部分第十三章第六节。

（二）申报要求

1. 基本申报要求

货主或者其代理人应当在植物源性肥料入境前或者入境时向海关申报，申报时应当提供贸易合同、提单、发票等，并随附以下文件：

（1）输出国家或地区官方植物检疫证书；

（2）原产地证书；

（3）中国农业农村部肥料登记证明。

2. 录入要求

肥料产品申报时，货物用途应选择“29-肥料”。

（三）产品相关要求

1. 原则性要求

进境植物源性肥料原则性要求如下：

（1）植物源性肥料不得带有土壤等中国法律法规规定的禁止进境物；

（2）植物源性肥料不得带有中方关注的植物检疫性有害生物，包括有害昆虫、线虫、杂草、病原菌和软体动物等（详见本书附录2-2“中华人民共和国进境植物检疫性有害生物名录”）；

（3）植物源性肥料应干净卫生、成分稳定，并符合相关包装标签等相关规定标准；

（4）植物源性肥料生产加工应采取相应防疫措施，实施规范化生产加工工序，并获得中国肥料产品登记证书；

（5）植物源性肥料不带有动物尸体、粪便、羽毛及其他动物源成分；

（6）植物源性肥料应从具备植物防疫条件及能力的指定口岸入境；

（7）植物源性肥料应符合中国农业、环保、卫生等部门关于肥料登记管理、固体废物污染环境防治、微生物菌剂环境安全等相关法律法规及标准。

2. 进境检疫要求

发现以下情况的植物源性肥料需做退运或销毁处理：

（1）未按规定办理检疫许可手续，或与许可货物品种不一致；

（2）带有土壤等禁止进境物；

（3）检出检疫性有害生物或具有检疫意义的有害生物，且无有效除害处理办法；

（4）带有动物尸体、粪便、羽毛及其他动物源物质；

（5）其他违反国家安全卫生法规标准的。

二、出境植物源性肥料

出境植物源性肥料，可按照本书第二部分第四章第四节“其他非食用植物产品”有关要求办理。

第六章

动物源性食品

食品，是指各种供人食用或者饮用的成品和原料，以及按照传统既是食品又是中药材的物品，但是不包括以治疗为目的的物品。

动物源性食品，是指全部可食用的动物组织以及蛋、奶和蜂产品①。在本章中不包括深加工食品。

预包装食品，是指预先定量包装或者制作在包装材料和容器中的食品。

第一节　肉类产品

肉类产品，是指动物屠体的任何可供人类食用的部分，包括胴体、脏器、副产品，以及以上述产品为原料的制品，不包括罐头产品。

一、进口肉类产品

（一）资质要求

1. 准入要求

海关对进口肉类产品实施准入制度。列入《符合评估审查要求的国家或地区输华肉类产品名单》或《符合评估审查要求及有传统贸易的国家或地区输华肠衣产品名单》的国家或地区对应的产品，方可进口。

禁止从日本福岛县、群马县、栃木县、茨城县、宫城县、新潟县、长野县、琦玉县、东京都、千叶县10个都县进口肉类产品。

《符合评估审查要求的国家或地区输华肉类产品名单》和《符合评估审查要求及有传统贸易的国家或地区输华肠衣产品名单》可在海关总署门户网站进出口食品安全局页面（http://jckspj. customs. gov. cn/）的“信息服务”—“产品监管重要信息”—“陆生动物源性食品”栏目中查询。

2. 境外生产企业注册

肉类产品的境外生产企业，应当获得海关总署注册。肉类产品的境外生产企业由所在国家（地区）主管当局向海关总署推荐注册。办理指南见本书第二部分第十四章第十节。

进口食品境外生产企业注册信息可在网站（https://ciferquery. singlewindow. cn/）查询。

3. 进出口商备案

向中国境内出口肉类产品的出口商或者代理商应当向海关总署备案。肉类进口商应当向其住所地

① 见《出口动物及动物源性食品残留监控技术规范》（SN/T 3197—2012）。

海关实施备案管理。办理指南见本书第二部分第十四章第十一节和第十二节。

进口食品境外出口商或者代理商、食品进口商备案信息可通过中国海关企业进出口信用信息公示平台（http：//credit. customs. gov. cn/）的“特定资质行政相对人名录”栏目查询。

4. 进境动植物检疫审批

海关总署对进口肉类产品实行检疫审批制度（腌制肉产品、肠衣除外）。进口商应当在签订贸易合同前办理检疫审批手续，取得进境动植物检疫许可。办理指南见本书第二部分第十三章第二节。

5. 进境肠衣定点加工、存放企业备案

进口肠衣的企业应事先办理进境肠衣定点加工企业备案。办理指南见本书第二部分第十四章第十三节。

进境肠衣定点加工、存放企业名单可通过中国海关企业进出口信用信息公示平台（http：//credit. customs. gov. cn/）的“特定资质行政相对人名录”栏目查询。

6. 海关指定监管场地

肉类产品应当从进境肉类指定监管场地所在口岸进境，详见本书附录 2-7-4“进境肉类产品指定监管场地名单”。

（二）申报要求

1. 基本申报要求

货主或者其代理人应当在肉类产品进口前或者进口时向海关申报，申报时应当提供贸易合同、提单、装箱单、发票等，并随附以下文件：

（1）输出国家或者地区官方检验检疫证书（荷兰已不再签发纸质证书，提供证书编号即可）[特定国家或者地区证书要求详见本小节“（四）进口肉类产品检验检疫要求”部分内容]；

（2）原产地证。

2. 其他申报要求

进口日本肉类时，还应随附日本官方出具的原产地证明。

3. 录入要求

（1）在企业资质栏目选取“508-进口食品境外出口商代理商备案”“509-进口食品进口商备案”，并分别填写 18 位统一编码和食品进口商的统一社会信用代码。

（2）在产品资质栏目选取“325-进境动植物产品检疫许可”“519-进口食品境外生产企业注册”，并分别填写许可证编号和在华注册编号等信息。

（3）在货物属性栏目，根据货物实际情况选择“14-预包装”或“15-非预包装”。

（三）产品相关要求

1. 基本要求

进口肉类产品应符合食品安全国家标准要求，应当按照规定随附合格证明材料。现行食品安全国家标准目录见本书附录 2-6。

进口肉类产品的包装和标签、标识应当符合中国法律法规和食品安全国家标准；依法应当有说明书的，还应当有中文说明书。销售包装应符合国家强制性标准《限制商品过度包装要求 食品和化妆品》及其修改单（GB 23350—2021/XG1—2022）[①] 或《限制商品过度包装要求 生鲜食用农产品》（GB 43284—2023）[②] 的要求。

对于进口鲜冻肉类产品，内外包装上应当有牢固、清晰、易辨的中英文或者中文和出口国家（地区）文字标识，标明以下内容：产地国家（地区）、品名、生产企业注册编号、生产批号；外包装上应当以中文标明规格、产地（具体到州、省、市）、目的地、生产日期、保质期限、储存温度等内容，

① 运输包装和出厂时价格为零且标识“赠品或非卖品”字样的产品不适用于本标准。

② 2024 年 4 月 1 日起实施，实施之日前进口的可销售至保质期结束。

必须标注目的地为中华人民共和国，加施出口国家（地区）官方检验检疫标识。

2. 企业要求

（1）食品进口商应当建立食品进口和销售记录制度，如实记录食品名称，净含量（规格），数量，生产日期，生产或者进口批号，保质期，境外出口商和购货者名称、地址及联系方式，交货日期等内容，并保存相关凭证。记录和凭证保存期限不得少于食品保质期满后6个月；没有明确保质期的，保存期限为销售后2年以上。

（2）食品进口商应当建立境外出口商、境外生产企业审核制度，重点审核：制定和执行食品安全风险控制措施情况；保证食品符合中国法律法规和食品安全国家标准。

3. 预包装食品标签要求

属于预包装食品的肉类产品，其标签还应符合以下要求：

（1）进口的预包装食品应当有中文标签；依法应当有说明书的，还应当有中文说明书。标签、说明书应当符合《中华人民共和国食品安全法》以及中国其他有关法律、行政法规的规定和食品安全国家标准的要求，并载明食品的原产地以及境内代理商的名称、地址、联系方式。预包装食品没有中文标签、中文说明书或者标签、说明书不符合规定的，不得进口。

（2）标签应当标明下列事项：名称、规格、净含量、生产日期；成分或者配料表；生产者的名称、地址、联系方式；保质期；产品标准代号；贮存条件；所使用的食品添加剂在国家标准中的通用名称；生产许可证编号；法律、法规或者食品安全标准规定应当标明的其他事项。专供婴幼儿和其他特定人群的主辅食品，其标签还应当标明主要营养成分及其含量。

（3）食品的标签、说明书，不得含有虚假内容，不得涉及疾病预防、治疗功能。生产经营者对其提供的标签、说明书的内容负责。

(4）食品的标签、说明书应当清楚、明显，生产日期、保质期等事项应当显著标注，容易辨识。

4. 其他要求

特定国家或者地区产品要求详见本小节“（四）进口肉类产品检验检疫要求”部分内容。

（四）进口肉类产品检验检疫要求

进口肉类产品检验检疫要求见表6-1。

表6-1 进口肉类产品检验检疫要求

（截至2025年1月1日）

序号	产品	原产国家或地区	产品要求	证书要求
1	猪肉	奥地利	允许进口的猪肉是指冷冻（去骨和带骨）猪肉。 允许进口的可食用猪副产品包括： 1. 胴体的分割部分：冷冻未炼制猪脂肪（体脂，不包括内脏脂肪）、冷冻猪心、冷冻猪肝、冷冻猪肾。 2. 其他：冷冻猪肉〔包括冷冻猪舌、冷冻猪耳（不包括内耳）、冷冻猪鼻、冷冻猪脸、冷冻猪下颚〕、冷冻猪心管、冷冻猪气管、冷冻猪食管、冷冻猪横膈膜、冷冻猪连肝肉（猪肝带）、冷冻猪蹄（全蹄）（包括前蹄和后蹄）、冷冻猪尾	向中国出口的每一集装箱猪肉应至少随附一份官方正本兽医卫生证书，证明该批产品符合中国、欧盟和奥地利兽医和公共卫生法律法规及议定书的有关规定。 兽医卫生证书用中文、德文或英文（填写时英文必填）打印或书写。兽医卫生证书的格式、内容（声明）须事先获得双方认可

表6-1　续1

序号	产品	原产国家或地区	产品要求	证书要求
2	肉制品	中国澳门	指以畜禽肉或其可食副产品等为主要原料，添加或不添加辅料，经腌、腊、卤、酱、蒸、煮、熏、烤、烘焙、干燥、油炸、成型、发酵、调制等有关工艺加工而成的生或熟的肉类制品	1. 每批次货物应至少随附一份官方正本食品卫生证明书，证明该批产品符合内地和澳门公共卫生法律法规及检验检疫要求的有关规定。使用内地原料生产的肉制品与使用内地批准的“准入国家（地区）、准入产品、注册企业”原料生产的肉制品应分别出具食品卫生证明书。 2. 同一生产批次、通过多次陆路（不包括铁路）运输发给同一收货人的肉制品，每车运抵内地入境口岸时，随附澳门市政署出具的《食品卫生证明书》副本；同一生产批次的最后一车肉制品运抵入境口岸时，除随附《食品卫生证明书》副本外，还需随附《食品卫生证明书》正本
3	热处理牛肉	巴基斯坦	指以30月龄以下牛的去骨骨骼肌［牛经宰杀、放血后除去毛、内脏、头、尾及四肢（腕及关节以下）后的躯体部分］为原料，预先去骨去脂肪后加热处理，内部中心温度达到70℃以上，至少持续30分钟生产的肉制品。以隔膜、碎肉、绞肉、碎脂、机械分离肉及其他副产品为原料生产的产品不允许输华	向中国出口的每一集装箱/批热处理牛肉制品应至少随附一份正本兽医卫生证书，证明该批产品符合中国和巴基斯坦法律法规及双边议定书的有关规定。兽医卫生证书用中文、乌尔都语和英文写成（填写证书内容时，英文必填）。兽医卫生证书的格式、内容须事先获得双方认可
4	牛肉	波兰	指30月龄以下冷冻可食用去骨牛肉［牛经宰杀、放血后除去毛、内脏、头尾及四肢（腕及关节以下）后的骨骼肌肉］。 颊部肌肉、头部肌肉、横膈肌、碎肉、肉糜、绞肉、下脚料、机械分离肉及牛副产品不允许输华。必须剔除回肠末端，胸腺、脾、扁桃体、颅骨包括脑、眼、三叉神经节，脊髓、脊柱包括背根神经节	输华牛肉每一集装箱应至少随附一份正本兽医卫生证书，证明该批产品符合中国和波兰兽医和公共卫生法律法规及双边议定书的有关内容。 兽医卫生证书用中文、波兰文和英文写成（填写证书内容时，英文必填）
5	牛肉	白俄罗斯	指冷冻和冰鲜剔骨和带骨骨骼肌［牛经宰杀、放血后除去毛、内脏、头、尾及四肢（腕及关节以下）后的躯体部分］。膈膜、碎肉、绞肉、碎脂、机械分离肉及其它副产品不允许输华。 牛肉制品指以上述允许进口的牛肉作为主要原料，经加工处理、装罐、密封、加热杀菌等工序加工而成的不含有致病性微生物，也不含有在通常温度下能在其中繁殖的非致病性微生物的商业无菌的罐装食品	向中国出口的每一集装箱牛肉及其制品应至少随附一份正本兽医卫生证书，证明该批产品符合中国和白俄罗斯兽医和公共卫生法律法规及有关规定。证书用中文、俄文和英文（必填）写成，证书的格式、内容须事先获得双方认可

表6-1 续2

序号	产品	原产国家或地区	产品要求	证书要求
6	牛肉	俄罗斯	允许进口的牛肉是指30月龄以下牛的冷冻或冰鲜的剔骨或带骨骨骼肌（包括附着的脂肪）。 允许进口的可食用牛副产品包括： 1. 冷冻牛筋（包括牛蹄筋、板筋等，30月龄以下）； 2. 冷冻牛横膈膜（30月龄以下）； 3. 冷冻牛蹄（去匣）（30月龄以下）； 4. 冷冻牛鞭（30月龄以下）； 5. 冷冻牛心管（30月龄以下）； 6. 冷冻牛软骨（30月龄以下）； 7. 冷冻牛胃（30月龄以下）； 8. 冷冻未炼制的体脂肪（30月龄以下）	每一集装箱/批输华牛肉应至少随附一份官方正本兽医卫生证书，证明该批产品符合中国和俄罗斯法律法规及议定书的有关规定。 兽医卫生证书用中文、俄文和英文写成（填写证书内容时，英文必填）。兽医卫生证书的格式、内容须事先获得双方认可
7	禽肉	俄罗斯	指冷冻禽肉（去骨和带骨）以及胴体、部分胴体和副产品，不包括羽毛。副产品具体为冷冻鸡心、冷冻鸡肝、冷冻鸡肾、冷冻鸡胗、冷冻鸡头、冷冻鸡皮、冷冻鸡翅（不含翅尖）、冷冻鸡翅尖、冷冻鸡爪、冷冻鸡软骨。 必须繁殖、出生并饲养在俄罗斯境内经认可未感染禽流感、新城疫的非疫区。来自过去12个月未因发生中国和欧亚经济联盟、俄罗斯兽医规定中提及的传染病和寄生虫而实施隔离检疫或限制活动的区域	每批出口禽肉应随附一份主管部门出具的官方兽医卫生证书，证明其符合中俄以及欧亚经济联盟的检验检疫要求
8	猪肉	俄罗斯	允许进口的猪肉是指冰鲜或冷冻猪带骨或剔骨骨骼肌。 允许进口的可食用猪副产品包括：冷冻猪蹄（全蹄）/冷冻猪脚圈、冷冻猪尾、未炼制的猪脂肪（不包括内脏周围的脂肪）、冷冻猪软骨、冷冻猪骨、冷冻猪皮。 允许进口的其他可食用猪杂碎包括：来自于口蹄疫非免疫无疫区的冷冻猪头（包括冷冻猪脑、冷冻猪下颚、冷冻猪舌、冷冻猪耳、冷冻猪鼻、冷冻猪唇）、冷冻猪食管、冷冻猪气管、冷冻猪喉骨	向中国出口的每一集装箱猪肉应至少随附一份正本兽医卫生证书，证明该批产品符合中国和俄罗斯兽医和公共卫生法律法规及议定书的有关规定。 兽医卫生证书用中文或英文书写或打印（填写证书内容时，英文必填）。兽医卫生证书的格式、内容须事先获得双方认可
9	猪肉	法国	允许进口的猪肉是指冷鲜、冷冻猪骨骼肌（剔骨或带骨）及附着的脂肪、胴体分割部分和可食用副产品。 允许进口的可食用猪副产品包括：冷鲜或冷冻的猪心、猪肝、猪肾、猪胃、猪肠、未炼制猪脂肪（仅包括体脂肪，不含内脏脂肪）、猪舌、猪尾、猪耳、猪蹄（全蹄）、猪睾丸、猪鼻、猪脚圈、猪脸、猪唇、猪下颚、猪心管、猪皮、猪头、猪脑、猪横膈膜、猪软骨、猪气管、猪食管、猪喉管（骨）、猪骨、猪鞭、猪膀胱、猪子宫	向中国输出的每一批猪肉应随附一份正本卫生证书，证明该批产品符合法国兽医和公共卫生法律法规及双边议定书的有关卫生证书用中文和法文写成

表6-1　续3

序号	产品	原产国家或地区	产品要求	证书要求
10	熟制猪肉制品	法国	指以猪肉为主要原料，经过中方确认有效的熟制加工处理而制成的直接可以食用的去骨猪肉制品。 熟制猪肉应经过下面一种加工处理： 1. 灌装猪肉：以去骨猪肉为主要原料，在密封容器中经杀菌、冷却制成的，具有一定真空度并保持商业无菌的灌装食品。密封容器是指能够阻止微生物进入、保持加工后的内容物为商业无菌状态的容器，包括金属罐、玻璃罐、蒸煮袋、塑料和层状复合材料制作的容器等。 2. 烹调猪肉：将事先去骨去脂肪的肉经过热处理，使其中心温度达到70℃或更高并至少保持30分钟。烹调后，用避免交叉污染的方式包装和处理。允许进口的熟制猪肉制品包括以下产品种类： （1）熟制火腿； （2）熟制香肠，包括传统类型的香肠，例如法式“andouilles”（猪肠香肠），“andouillettes”（内脏肠），“boudins noirs”（猪血肠/黑香肠），“boudins blancs”（白香肠）或“quenelles”（肉汤圆）； （3）肉酱类产品，例如法式“rillettes”（熟肉酱），“galantines”（肉冻）或“ballotines”（肉丸）； （4）熟制猪肉块，例如法式“rôti”（烤肉），“jambonneau”（烤大腿肉）或“jarret”（小腿肉）	向中国出口的每一批熟制猪肉制品应附一份正本卫生证书，证明该批猪肉符合中国和法国兽医和公共卫生法律法规标准及双边议定书的有关规定。卫生证书应用中、法及英文写成，卫生证书的格式、内容须事先获得法方和中方的认可
11	腌制猪肉制品	法国	指以猪肉为唯一主要原料，经过中方确认有效的腌制加工处理而制成的直接可以食用的去骨猪肉制品，通常加入硝酸钾和/或亚硝酸盐以及抗坏血酸或异抗坏血酸（或其盐），让盐类向产品扩散渗透，以达到保藏的目的，并形成独特风味；该类产品是经过脱水干燥和熟化的。 腌制猪肉应经过中方确认有效的下面一种腌制加工处理： 1. 自然发酵熟化：猪肉须在水分活度值不大于0.93或酸碱度不大于6.0的条件下经过自然发酵熟化的腌制处理。 2. 脱水腌制猪肉： （1）带骨猪肉：带骨猪肉须用盐腌制并脱水干燥，干燥时间为肩肉至少140天，背脊肉至少126天，腿肉至少140天。 （2）去骨猪肉：宰后僵直完毕的猪肉必须去骨，用食盐（氯化钠）腌制并完全干燥。室温下不腐败变质。脱水干燥是指水分与蛋白质含量的比例不得高于2.25∶1。 允许进口的腌制猪肉制品包括以下产品种类： 1. 干火腿，包括干盐腌火腿或传统干火腿； 2. 干香肠，例如干“saucisson”（硬香肠）或“dry sausages”（干香肠）； 3. 风干熟化的猪肉块，例如法式“noix sèche”，“coppa”，或“dry pork filet”（干猪肉里脊）； 4. 用盐或卤水腌制后蒸熟或烟熏的猪肉块，例如法式“pancetta”（烟肉）或“bacon”（培根）	向中国出口的每一批腌制猪肉制品应附一份正本卫生证书，证明该批猪肉符合中国和法国兽医和公共卫生法律法规标准及双边议定书的有关规定。卫生证书应用中、法及英文写成，卫生证书的格式、内容须事先获得法方和中方的认可

表6-1 续4

序号	产品	原产国家或地区	产品要求	证书要求
12	冷冻牛肉	哥伦比亚	指冷冻可食用剔骨牛肉〔牛经宰杀、放血后除去毛、内脏、头尾及四肢（腕及关节以下）后的骨骼肌肉〕。碎肉、肉糜、绞肉、下脚料、机械分离肉及牛副产品不允许输华。必须剔除肠道（从十二指肠到直肠，包括回肠末端），胸腺、脾、扁桃体、颅骨包括脑、眼、三叉神经节，脊髓、脊柱包括背根神经节	输华冷冻牛肉每一集装箱应至少随附一份正本兽医卫生证书，证明该批产品符合中国和哥伦比亚兽医和公共卫生法律法规及议定书的有关规定。兽医卫生证书用中文、西班牙文和英文写成（填写证书内容时，英文必填）。兽医卫生证书的格式、内容须事先获得双方认可
13	禽肉	芬兰	指可食用的冷冻鸡肉（活禽经宰杀、放血后除去毛、内脏、头、脖、翅及脚的躯体可食部分）及其副产品，包括：冷冻鸡肉（整的或块的，不包括冷冻鸡胸、冷冻鸡腿）、冷冻鸡胸、冷冻鸡腿、冷冻的整只鸡（不包括内脏及胃肠等消化道器官）、冷冻鸡琵琶腿；冷冻鸡爪、冷冻鸡整翅、冷冻鸡翅（翼）中、冷冻鸡翅根、冷冻鸡翅尖、冷冻鸡两节翅（含翅尖）、冷冻鸡软骨、冷冻鸡心、冷冻鸡肝、冷冻鸡骨、冷冻鸡皮	向中国出口的每一集装箱禽肉应至少随附一份官方正本兽医卫生证书，证明该批产品符合中国、欧盟和芬兰兽医和公共卫生法律法规及议定书的有关规定
14	热处理猪肉产品	芬兰	指以带骨或去骨猪肉为主要原料，不含有其他动物源性成分，经以下有效热处理工艺加工，可直接食用的猪肉制品： 1. 商业无菌处理。以去骨猪肉为主要原料，封闭于密闭容器内，杀菌冷却后抽真空且保持商业无菌。 密闭容器是指为防止微生物侵入，在加工后可保持其内容物商业无菌的容器，包括金属、玻璃、蒸煮袋、塑料和层压复合材料等制成的容器。 2. 热处理。指猪肉，加热并保持内部温度 80℃或以上，维持至少 10 分钟，或经中方认可的相应的处理方式（熟制猪肉香肠及肉酱类产品可加热并保持内部温度 70℃或以上，维持至少 30 分钟），其后经包装处理无交叉污染。 加热过程中，产品中心温度介于 10℃至 54℃之间不得超过 6 小时；冷却过程中，产品中心温度介于 54℃至 27℃之间不得超过 1.5 小时，降至 4.4℃之间总时长不得超过 6.5 小时。加热及冷却过程确保没有金黄色葡萄球菌、蜡样芽孢杆菌、产气荚膜梭菌芽孢和肉毒梭菌芽孢产生毒素的风险。 碎肉、下脚料、机械分离肉及未经许可的猪副产品不允许作为热处理猪肉产品原料出口中国	输华的每一集装箱热处理猪肉产品应至少随附一份官方正本兽医卫生证书，证明该批产品符合中国、芬兰和欧盟兽医和公共卫生法律法规，中国和芬兰签署的有关中国从芬兰输入猪肉和热处理猪肉等议定书的有关规定。兽医卫生证书用中文或英文（填写时英文必填）打印或书写，兽医卫生证书的格式、内容（声明）须事先获得双方认可

表6-1　续5

序号	产品	原产国家或地区	产品要求	证书要求
15	猪肉	荷兰	允许进口的猪肉是指冷冻或者冰鲜（去骨和带骨）猪肉。 允许进口的可食用猪副产品包括： 1. 猪内脏：冷冻猪心、冷冻猪肝、冷冻猪肾、冷冻猪肚； 2. 其他副产品：冷冻猪蹄（全蹄）/冷冻猪脚圈、冷冻猪尾、未炼制的猪脂肪（不包括内脏周围的脂肪）； 3. 其他猪杂碎：冷冻猪头〔包括冷冻猪脑、冷冻猪上颚、冷冻猪下颚、冷冻猪舌、冷冻猪耳（不包括内耳）、冷冻猪鼻、冷冻猪脸〕、冷冻猪心管、冷冻猪食管、冷冻猪气管、冷冻猪软骨、冷冻猪骨、冷冻猪睾丸、冷冻猪阴茎、冷冻猪皮、冷冻猪隔膜	输华猪肉每一集装箱应至少随附一份官方正本兽医卫生证书，证明该批产品符合中国、荷兰和欧盟兽医和公共卫生法律法规及议定书的有关规定。 兽医卫生证书用中文或英文（填写时英文必填）打印或书写，兽医卫生证书的格式、内容（声明）应事先获得双方认可
16	牛肉	美国	指30月龄以下剔骨和带骨牛肉，包括心、肾、肝、瓣胃、牛筋，不包括扁桃体、回肠末端、碎肉及机械分离肉	每批美国输华牛肉应随附美国农业部出具的兽医卫生证书，证明其符合中方的检验检疫要求
17	羊肉	马达加斯加	12月龄以下的冷冻（剔骨和带骨）绵羊或山羊骨骼肌〔羊经宰杀、放血后除去毛、内脏、头尾及四肢（腕及关节以下）后的躯体部分〕。 羊碎肉、绞肉、肉糜、边脚料，机械分离肉及其他副产品不允许出口中国。必须剔除头（包括大脑、神经节和眼），脊柱（包括神经节和脊髓），扁桃体、胸腺、脾、小肠、肾上腺、胰腺和肝脏等物质	向中国出口的每一集装箱羊肉应至少随附一份正本兽医卫生证书，证明该批产品符合中国和马达加斯加兽医和公共卫生法律法规及双边议定书的有关规定。兽医卫生证书用中文，法文和英文写成（填写证书内容时，英文必填）
18	马肉产品	蒙古国	指由马肉为馅心、小麦粉为皮，制作而成的速冻包子或饺子	每批符合要求的蒙古国输华马肉产品应随附蒙古国技术监督总局出具的英文食品卫生证书
19	牛肉	尼加拉瓜	指冷冻可食用剔骨和带骨牛肉〔牛经宰杀、放血后除去毛、内脏、头尾及四肢（腕及关节以下）后的骨骼肌肉〕及冷冻可食用牛副产品〔冷冻牛心、冷冻牛肝、冷冻牛肾、冷冻牛脸颊肉、冷冻牛心管、冷冻牛食管、冷冻牛舌、冷冻牛筋、冷冻未炼制牛脂肪、冷冻牛软骨、冷冻牛尾、冷冻牛骨（不包括脊柱骨）〕。 碎肉、肉糜、绞肉、下脚料、机械分离肉不允许输华。必须剔除肠道（从十二指肠到直肠，包括回肠末端），胸腺、脾、扁桃体、颅骨包括脑、眼、三叉神经节，脊髓、脊柱包括背根神经节	每一集装箱输华牛肉应至少随附一份正本兽医卫生证书，证明该批产品符合中国和尼加拉瓜兽医和公共卫生法律法规及本议定书的有关规定。兽医卫生证书用中文、西班牙文和英文写成（填写证书内容时，英文必填）
20	绵羊及山羊肉	纳米比亚	羊肉是指冷冻和冰鲜（剔骨和带骨）绵羊和山羊肉〔羊经宰杀、放血后除去毛、内脏、头尾及四肢（腕及关节以下）后的骨骼肌肉〕（以下称输华羊肉）。 喉、舌、碎肉、肉糜、绞肉、下脚料、机械分离肉及其他副产品应一并去除，不允许输华	输华羊肉每一集装箱应至少随附一份正本兽医卫生证书，证明该批产品符合中国和纳米比亚兽医和公共卫生法律法规及议定书的有关规定。 兽医卫生证书用中文和英文写成（填写证书内容时，英文必填）

表6-1 续6

序号	产品	原产国家或地区	产品要求	证书要求
21	羊肉	斯洛伐克	指12月龄以下的冷冻和冰鲜（剔骨和带骨）绵羊或山羊骨骼肌肉［羊经宰杀、放血后除去毛、内脏、头尾及四肢（腕及关节以下）后的躯体部分］	每一集装箱输华羊肉应至少随附一份主管部门出具的官方正本兽医卫生证书，证明其符合中国和斯洛伐克的检验检疫要求
22	禽肉	斯洛文尼亚	指可食用的冷冻（带骨或去骨）鸡肉（活禽经宰杀、放血后除去毛、内脏、头、翅及脚后的躯体可食部分）及其可食用副产品。 可食用禽副产品包括：冻鸡爪、冻鸡翼（包括或不包括翼尖）、冻鸡冠、冻鸡软骨、冻鸡皮、冻鸡脖、冻鸡肝、冻鸡心	每一集装箱输华禽肉应至少随附一份主管部门出具的官方正本兽医卫生证书，证明其符合中国、斯洛文尼亚和欧盟的检验检疫要求
23	鳄鱼肉	泰国	用于生产向中国输出鳄鱼肉的屠宰用鳄鱼应符合下列条件：出生、饲养并屠宰于泰国境内；来自由官方确认在过去6个月未发生衣原体病、鳄鱼痘、霍乱弧菌、旋毛虫病和绦虫病的养殖场；来自过去6个月内未因发生过泰国动物卫生法规规定应申报的动物疫病而受到限制或监测的农场；从未饲喂过通过转基因技术生产的饲料，也未饲喂过含有转基因产品的饲料；动物没有使用过天然或人工合成的激素、激素类物质、甲状腺制剂；执行泰国农兽药残留和有毒有害物质残留监控计划和病原微生物监控计划	向中国输出的每一批鳄鱼肉应随附一份正本卫生证书，证明输出产品符合泰国兽医和公共卫生法律法规及议定书的有关规定，并标明启运地、目的地、收货人、发货人、生产企业名称、地址等信息。卫生证书用中文和英文写成，卫生证书的格式、内容须事先获得双方认可
24	牛肉	瓦努阿图	允许进口的牛肉是指12月龄以下冷冻剔骨牛肉〔牛经宰杀、放血后除去毛、内脏、头尾及四肢（腕及关节以下）后的骨骼肌肉（包括肌肉附着的脂肪）〕。 内脏脂肪、下脚料（碎脂、碎肉、碎骨）、肉糜、绞肉、机械分离肉及副产品不允许输华。必须剔除肠道（从十二指肠到直肠，包括回肠末端），胸腺、脾、扁桃体、颅骨包括脑、眼、三叉神经节，脊髓、脊柱包括背根神经节等组织	输华牛肉每一集装箱应至少随附一份官方正本兽医卫生证书，证明该批产品符合中国和瓦努阿图兽医和公共卫生法律法规及议定书的有关规定。 兽医卫生证书用中文或英文写成（填写证书内容时，英文必填）
25	牛肉	乌拉圭	指冷冻和冷鲜剔骨和带骨可食用牛肉。可食用牛肉指牛经宰杀、放血后除去毛、内脏、头、尾及四肢（腕及关节以下）后的骨骼肌肉，不包括喉、舌、碎肉、下脚料、机械分离肉及其他副产品。 可食用牛副产品包括：冷冻牛软骨（不含喉软骨）、冷冻牛横膈膜、冷冻未炼制的食用牛脂肪（仅指体脂肪，不包括内脏脂肪）、冷冻牛心、冷冻牛肝、冷冻牛肾、冷冻牛肚、冷冻牛鞭、冷冻牛睾丸、冷冻牛心管、冷冻牛动脉管、冷冻牛尾、冷冻牛筋和牛板筋、冷冻牛骨髓、冷冻牛骨	向中国出口的每一集装箱牛肉应至少随附一份正本兽医卫生证书，证明该批产品符合中国和乌拉圭兽医和公共卫生法律法规及议定书的有关规定。 兽医卫生证书用中文、西班牙文和英文书写或打印（填写证书内容时，英文必填）

表6-1 续7

序号	产品	原产国家或地区	产品要求	证书要求
26	羊肉	乌拉圭	指冷冻和冷鲜剔骨和带骨可食用绵羊和山羊肉。可食用绵羊和山羊肉指羊经宰杀、放血后除去毛、内脏、头尾及四肢（腕及关节以下）后的骨骼肌肉。不包括喉、舌、横膈肌、碎肉、下脚料、机械分离肉及其他副产品。 可食用羊副产品包括：冷冻未炼制的食用羊脂肪（仅指体脂肪，不包括内脏脂肪）、冷冻羊心、冷冻羊肝、冷冻羊肾、冷冻羊鞭、冷冻羊睾丸、冷冻羊蹄、冷冻羊尾、冷冻羊筋和板筋、冷冻羊骨	向中国出口的每一集装箱羊肉应至少随附一份正本兽医卫生证书，证明该批产品符合中国和乌拉圭兽医和公共卫生法律法规及议定书的有关规定。兽医卫生证书用中文、西班牙文和英文书写或打印（填写证书内容时，英文必填）
27	禽肉	乌兹别克斯坦	指可食用的冷冻鸡屠体（活鸡经宰杀、放血后除去毛、内脏、头、翅及脚后的躯体可食部分）及分割部分和副产品（允许进口的可食用禽副产品包括：冷冻鸡翅、冷冻鸡爪）	向中国出口的每一集装箱冷冻禽肉应至少随附一份官方正本兽医卫生证书，证明该批产品符合中国和乌兹别克斯坦兽医和公共卫生法律法规及双边议定书的有关规定。兽医卫生证书用中文、乌兹别克语和英文（填写时英文必填）打印或书写
28	牛肉	意大利	30 月龄以下牛的冷冻和冰鲜剔骨骨骼肌肉，即：牛经宰杀、放血后除去皮（毛）、内脏、头、尾及四肢（腕及关节以下）后的骨骼肌肉。绞肉、肉糜、碎肉、下脚料、机械分割肉及其他副产品不允许输华	每一批（集装箱）进口意大利牛肉应至少随附一份意大利主管部门出具的官方兽医卫生证书，证明该批产品符合中国和意大利兽医和公共卫生法律法规以及双边议定书的有关规定
29	牛肉	智利	冷冻和冰鲜剔骨和带骨骨骼肌［牛经宰杀、放血后除去皮毛、内脏、头尾及四肢（腕及关节以下）后的躯体部分］及牛副产品（牛心、牛肝、牛肾、牛头肉、牛软骨、牛心管、牛食管、牛气管、牛舌、牛唇、牛脸颊肉、牛蹄筋、牛横膈膜、牛尾）。 碎肉、肉糜、绞肉、下脚料、机械分离肉及不可食用牛副产品不允许输华	向中国出口的每一集装箱牛肉应至少随附一份正本兽医卫生证书，证明该批产品符合中国和智利兽医和公共卫生法律法规及有关规定。证书用中文，西班牙文和英文（必填）写成，证书的格式、内容须事先获得双方认可
30	禽肉	智利	禽肉	检疫合格的，由智利按照双方确认的证书样本签发检疫卫生证书
31	羊肉	智利	冷冻和冰鲜剔骨和带骨绵羊肉和山羊肉［羊经宰杀、放血后除去皮毛、内脏、头尾及四肢（腕及关节以下）后的躯体部分］及羊副产品（包括羊心、羊肝、羊肾、羊头肉、羊软骨、羊心管、羊食管、羊气管、羊舌、羊唇、羊脸颊肉、羊蹄筋、羊横膈膜、羊尾）碎肉、肉糜、绞肉、下脚料、机械分离肉及不可食用羊副产品不允许输华	向中国出口的每一集装箱羊肉应至少随附一份正本兽医卫生证书，证明该批产品符合中国和智利兽医和公共卫生法律法规及有关规定。证书用中文，西班牙文和英文（必填）写成，证书的格式、内容须事先获得双方认可

二、出口肉类产品

（一）资质要求

1. 出口食品原料养殖场备案

出口肉类产品加工用动物应当来自经海关备案的饲养场。办理指南见本书第二部分第十四章第十九节。

备案养殖场名单可通过中国海关企业进出口信用信息公示平台（http：//credit. customs. gov. cn/）的“特定资质行政相对人名录”栏目查询。

2. 出口食品生产企业备案

海关对出口肉类产品的生产企业实施备案管理。办理指南见本书第二部分第十四章第十六节。

出口食品生产企业备案信息可在海关总署门户网站企业管理和稽查司页面（http：//qgjcs. customs. gov. cn/）的“信息服务”栏目中查询。

3. 出口食品生产企业对外推荐注册

境外国家（地区）对中国输往该国家（地区）的出口肉类产品生产企业实施注册管理且要求海关总署推荐的，海关总署统一向该国家（地区）主管当局推荐。办理指南见本书第二部分第十四章第十七节。

获国外（境外）注册的食品生产企业名单可在海关总署门户网站企业管理和稽查司页面（http：//qgjcs. customs. gov. cn/）的“信息服务”栏目中查询。

（二）申报要求

出口肉类产品生产企业、出口商应当按照法律、行政法规和海关总署规定，向产地（含组货地）海关申请检验检疫。

（三）产品相关要求

1. 基本要求

生产企业应当保证其出口肉类产品符合进口国家（地区）的标准或者合同要求；中国缔结或者参加的国际条约、协定有特殊要求的，还应当符合国际条约、协定的要求。

进口国家（地区）暂无标准，合同也未做要求，且中国缔结或者参加的国际条约、协定无相关要求的，生产企业应当保证其出口肉类产品符合中国食品安全国家标准。现行食品安全国家标准目录见本书附录 2-6。

2. 原料要求

出口肉类产品加工用动物应当来自经海关备案的饲养场。出口肉类产品加工用动物备案饲养场或者屠宰场应当为其生产的每一批出口肉类产品原料出具供货证明。

3. 企业要求

（1）生产企业应当建立完善可追溯的食品安全卫生控制体系，保证食品安全卫生控制体系有效运行，确保出口食品生产、加工、贮存过程持续符合中国相关法律法规、出口食品生产企业安全卫生要求；进口国家（地区）相关法律法规和相关国际条约、协定有特殊要求的，还应当符合相关要求。

（2）生产企业应当建立供应商评估制度、进货查验记录制度、生产记录档案制度、出厂检验记录制度、出口食品追溯制度和不合格食品处置制度。相关记录应当真实有效，保存期限不得少于食品保质期期满后 6 个月；没有明确保质期的，保存期限不得少于 2 年。

（3）获得境外注册的企业，应当每年就是否能够持续符合进口国家（地区）注册条件进行自我评定，并向住所地海关报告。

（4）获得境外注册的企业，应当接受进口国家（地区）主管当局和海关实施的监督检查，如实提供有关情况和材料。

（5）出口食品存在安全问题，已经或者可能对人体健康和生命安全造成损害的，出口食品生产经营者应当立即采取相应措施，避免和减少损害发生，并向所在地海关报告。

4. 包装运输要求

生产企业应当保证出口食品包装和运输方式符合食品安全要求。

生产企业应当在运输包装上标注生产企业备案号、产品品名、生产批号和生产日期。

进口国家（地区）或者合同有特殊要求的，在保证产品可追溯的前提下，经直属海关同意，出口食品生产企业可以调整前款规定的标注项目。

对装运出口易变质、需要冷冻或者冷藏肉类产品的集装箱、船舱、飞机、车辆等运载工具，承运人、装箱单位或者其代理人应当按照规定对运输工具和装载容器进行清洗消毒并做好记录，在装运前向海关申请清洁、卫生、冷藏、密固等适载检验（详见本书第二部分第十五章第三节“适载检验”部分）；未经检验或者经检验不合格的，不准装运。

5. 其他要求

特定国家或者地区产品要求详见本小节“（四）出口肉类产品检验检疫要求”部分内容。

（四）出口肉类产品检验检疫要求

出口肉类产品检验检疫要求见表 6-2。

表 6-2　出口肉类产品检验检疫要求

（截至 2025 年 1 月 1 日）

序号	产品	进口国（地区）对企业注册的要求	产品要求	证书要求
1	禽肉	俄罗斯［出口禽肉的生产企业（包括屠宰、分割、加工和储存）应符合中国和俄罗斯以及欧亚经济联盟的兽医与公共卫生法律法规要求，应获得双方主管部门注册，获准出口的生产企业名单及批准日期将在双方主管部门官方网站公布］	指冷冻禽肉（去骨和带骨）以及胴体、部分胴体和副产品，不包括羽毛。副产品具体为冷冻鸡心、冷冻鸡肝、冷冻鸡肾、冷冻鸡胗、冷冻鸡头、冷冻鸡皮、冷冻鸡翅（不含翅尖）、冷冻鸡翅尖、冷冻鸡爪、冷冻鸡软骨	每批出口禽肉应随附一份主管部门出具的官方兽医卫生证书，证明其符合中俄以及欧亚经济联盟的检验检疫要求
2	鸭肉	哈萨克斯坦（向哈萨克斯坦出口鸭肉的生产企业应获得哈萨克斯坦政府主管部门注册。生产企业指屠宰、分割、加工和储存企业）	允许出口的鸭肉指冷冻鸭胴体、分割肉和可食用内脏	每批出口鸭肉应随附一份主管部门出具的官方兽医卫生证书，证明其符合中国、哈萨克斯坦以及欧亚经济联盟的检验检疫要求
3	禽肉（自产原料熟制）	美国（1. 中国输美自产原料熟制禽肉保证符合美国的标准和要求。生产企业应持续符合美国法律法规的相关要求，并根据美国法规要求接受美国官方检查；2. 对美推荐注册生产企业包括熟制禽肉生产加工企业、储存冷库以及提供自产原料的屠宰厂。生产企业在获得美国农业部注册后方可开展出口贸易）	中国自产原料熟制禽肉	中国输美熟制禽肉需逐批出具《出口禽肉产品兽医卫生证书》
4	冰鲜禽肉	中国香港特别行政区（屠宰加工企业，必须取得出口备案资格，并向香港食物环境卫生署推荐注册，方可屠宰加工供港冰鲜禽肉产品）	冰鲜禽肉：包含鸡、鸭、鹅、鸽、鹌鹑、鹧鸪、鸵鸟和其他饲养的禽鸟整只屠体、分割屠体及内脏	供港澳活禽《动物卫生证书》有效期为 3 日
5	冷冻禽肉	中国香港特别行政区（屠宰加工企业，必须取得出口备案资格，并向香港食物环境卫生署推荐注册，方可屠宰加工供港冰鲜禽肉产品）	冷冻禽肉：包含鸡、鸭、鹅、鸽、鹌鹑、鹧鸪、鸵鸟和其他饲养的禽鸟整只屠体、分割屠体及内脏	供港澳活禽《动物卫生证书》有效期为 3 日

表6-2 续

序号	产品	进口国（地区）对企业注册的要求	产品要求	证书要求
6	冰鲜猪肉	中国香港特别行政区（屠宰加工企业，必须取得出口备案资格，并向香港食物环境卫生署推荐注册，方可屠宰加工供港冰鲜猪肉产品）	冰鲜猪肉（胴体、分割肉或内脏）	每批成品须随货附有属地海关官方兽医签发的兽医卫生证书。 兽医卫生证书须附加下列注明：屠宰日期；生产日期；出境日期；饲养场编号。 供港澳活猪、活牛、活羊《动物卫生证书》有效期为14日

第二节 食用蛋品

一、进口食用蛋品

（一）资质要求

1. 准入要求

禁止从日本福岛县、群马县、枥木县、茨城县、宫城县、新潟县、长野县、琦玉县、东京都、千叶县10个都县进口食用蛋品。

2. 境外生产企业注册

食用蛋品的境外生产企业，应当获得海关总署注册。食用蛋品的境外生产企业由所在国家（地区）主管当局向海关总署推荐注册。办理指南见本书第二部分第十四章第十节。

进口食品境外生产企业注册信息可在网站（https：//ciferquery. singlewindow. cn/）查询。

3. 进出口商备案

向中国境内出口食用蛋品的境外出口商或者代理商应当向海关总署备案。食用蛋品进口商应当向其住所地海关备案。办理指南见本书第二部分第十四章第十一节和第十二节。

进口食品境外出口商或者代理商、食品进口商备案信息可通过中国海关企业进出口信用信息公示平台（http：//credit. customs. gov. cn/）的“特定资质行政相对人名录”栏目查询。

4. 进境动植物检疫审批

海关依法对鲜蛋类（含食用鲜乌龟蛋、食用甲鱼蛋）产品实施检疫审批管理。食品进口商应当在签订贸易合同或者协议前取得进境动植物检疫许可。办理指南见本书第二部分第十三章第二节。

（二）申报要求

1. 基本申报要求

货主或者其代理人应当在食用蛋品进口前或者进口时向海关申报，申报时应当提供贸易合同、提单、装箱单、发票文件。

2. 其他申报要求

进口日本食用蛋品时，还应随附日本官方出具的原产地证明。

3. 录入要求

（1）在企业资质栏目选取“508-进口食品境外出口商代理商备案”“509-进口食品进口商备案”，

并分别填写 18 位统一编码和食品进口商的统一社会信用代码。

（2）在产品资质栏目选取“325-进境动植物产品检疫许可”（鲜蛋类适用）、“519-进口食品境外生产企业注册”，并分别填写许可证编号和在华注册编号等信息。

（三）产品相关要求

1. 基本要求

进口食用蛋品应符合食品安全国家标准要求，应当按照规定随附合格证明材料。现行食品安全国家标准目录见本书附录 2-6。

2022 年 1 月 1 日起生产的输华食用蛋品，应当在内、外包装上标注在华注册编号或者所在国家（地区）主管当局批准的注册编号。

进口食用蛋品的包装和标签、标识应当符合中国法律法规和食品安全国家标准；依法应当有说明书的，还应当有中文说明书。销售包装应符合国家强制性标准《限制商品过度包装要求 食品和化妆品》及其修改单（GB 23350—2021/XG1—2022）① 或《限制商品过度包装要求 生鲜食用农产品》（GB 43284—2023）② 的要求。

2. 企业要求

（1）食品进口商应当建立食品进口和销售记录制度，如实记录食品名称、净含量（规格）、数量、生产日期、生产或者进口批号、保质期、境外出口商和购货者名称、地址及联系方式、交货日期等内容，并保存相关凭证。记录和凭证保存期限不得少于食品保质期满后 6 个月；没有明确保质期的，保存期限为销售后 2 年以上。

（2）食品进口商应当建立境外出口商、境外生产企业审核制度，重点审核：制定和执行食品安全风险控制措施情况；保证食品符合中国法律法规和食品安全国家标准。

3. 预包装食品标签要求

属于预包装食品的食用蛋品，其标签还应符合以下要求：

（1）进口的预包装食品应当有中文标签；依法应当有说明书的，还应当有中文说明书。标签、说明书应当符合《中华人民共和国食品安全法》以及中国其他有关法律、行政法规的规定和食品安全国家标准的要求，并载明食品的原产地以及境内代理商的名称、地址、联系方式。预包装食品没有中文标签、中文说明书或者标签、说明书不符合规定的，不得进口。

（2）标签应当标明下列事项：名称、规格、净含量、生产日期；成分或者配料表；生产者的名称、地址、联系方式；保质期；产品标准代号；贮存条件；所使用的食品添加剂在国家标准中的通用名称；生产许可证编号；法律、法规或者食品安全标准规定应当标明的其他事项。专供婴幼儿和其他特定人群的主辅食品，其标签还应当标明主要营养成分及其含量。

（3）食品的标签、说明书，不得含有虚假内容，不得涉及疾病预防、治疗功能。生产经营者对其提供的标签、说明书的内容负责。

（4）食品的标签、说明书应当清楚、明显，生产日期、保质期等事项应当显著标注，容易辨识。

二、出口食用蛋品

（一）资质要求

1. 出口食品原料养殖场备案

出口食用禽蛋及其制品原料养殖场应当向所在地海关备案。

出口食品原料养殖场备案名单可在海关总署门户网站企业管理和稽查司页面（http://qgjcs.customs.gov.cn/）的“信息服务”栏目中查询。办理指南见本书第二部分第十四章第十九节。

---

① 运输包装和出厂时价格为零且标识“赠品或非卖品”字样的产品不适用于本标准。

② 2024 年 4 月 1 日起实施，实施之日前进口的可销售至保质期结束。

2. 出口食品生产企业备案

海关总署对出口食用蛋品生产企业实施备案管理。办理指南见本书第二部分第十四章第十六节。

出口食品生产企业备案信息可在海关总署门户网站企业管理和稽查司页面（http：//qgjcs. customs. gov. cn/）的“信息服务”栏目中查询。

3. 出口食品生产企业对外推荐注册

境外国家（地区）对中国输往该国家（地区）的出口食用蛋品原料养殖场生产企业实施注册管理且要求海关总署推荐的，海关总署统一向该国家（地区）主管当局推荐。办理指南见本书第二部分第十四章第十七节。

获国外（境外）注册的食品生产企业名单可在海关总署门户网站企业管理和稽查司页面（http：//qgjcs. customs. gov. cn/）的“信息服务”栏目中查询。

（二）申报要求

出口食用蛋品生产企业、出口商应当按照法律、行政法规和海关总署规定，向产地（含组货地）申请检验检疫。

（三）产品相关要求

1. 基本要求

生产企业应当保证其出口食用蛋品符合进口国家（地区）的标准或者合同要求；中国缔结或者参加的国际条约、协定有特殊要求的，还应当符合国际条约、协定的要求。

进口国家（地区）暂无标准，合同也未做要求，且中国缔结或者参加的国际条约、协定无相关要求的，生产企业应当保证其出口食用蛋品符合中国食品安全国家标准。现行食品安全国家标准目录见本书附录 2-6。

2. 原料要求

出口食用蛋品的原料应当来自经海关备案的养殖场。

3. 企业要求

（1）生产企业应当建立完善可追溯的食品安全卫生控制体系，保证食品安全卫生控制体系有效运行，确保出口食品生产、加工、贮存过程持续符合中国相关法律法规、出口食品生产企业安全卫生要求；进口国家（地区）相关法律法规和相关国际条约、协定有特殊要求的，还应当符合相关要求。

（2）生产企业应当建立供应商评估制度、进货查验记录制度、生产记录档案制度、出厂检验记录制度、出口食品追溯制度和不合格食品处置制度。相关记录应当真实有效，保存期限不得少于食品保质期期满后 6 个月；没有明确保质期的，保存期限不得少于 2 年。

（3）获得境外注册的企业，应当每年就是否能够持续符合进口国家（地区）注册条件进行自我评定，并向住所地海关报告。

（4）获得境外注册的企业，应当接受进口国家（地区）主管当局和海关实施的监督检查，如实提供有关情况和材料。

（5）出口食品存在安全问题，已经或者可能对人体健康和生命安全造成损害的，出口食品生产经营者应当立即采取相应措施，避免和减少损害发生，并向所在地海关报告。

4. 包装运输要求

生产企业应当保证出口食品包装和运输方式符合食品安全要求。

生产企业应当在运输包装上标注生产企业备案号、产品品名、生产批号和生产日期。

进口国家（地区）或者合同有特殊要求的，在保证产品可追溯的前提下，经直属海关同意，出口食品生产企业可以调整前款规定的标注项目。

第三节　乳　品

乳品，包括初乳、生乳和乳制品。

初乳，是指奶畜产犊后 7 天内的乳。

生乳，是指从符合中国有关要求的健康奶畜乳房中挤出的无任何成分改变的常乳。奶畜初乳、应用抗生素期间和休药期间的乳汁、变质乳不得用作生乳。

生乳制品，是指由生乳加工而成，加工工艺中无热处理杀菌过程的产品。

乳制品，是指由乳为主要原料加工而成的食品，如巴氏杀菌乳、灭菌乳、调制乳、发酵乳、干酪及再制干酪、稀奶油、奶油、无水奶油、炼乳、乳粉、乳清粉及乳清蛋白粉、乳基婴幼儿配方食品及其生产原料基粉、酪蛋白及其他乳与乳制品（如乳矿物盐和乳蛋白等）。

一、进口乳品

（一）资质要求

1. 准入要求

海关对进口乳品实施准入制度。列入《符合评估审查要求及有传统贸易的国家或地区输华食品目录》的国家或地区对应的产品，方可进口。

禁止从日本福岛县、群马县、枥木县、茨城县、宫城县、新潟县、长野县、琦玉县、东京都、千叶县 10 个都县进口乳品。

《符合评估审查要求及有传统贸易的国家或地区输华食品目录》可在网站（http：//43.248.49.223/）查询。

2. 境外生产企业注册

乳品的境外生产企业，应当获得海关总署注册。乳品的境外生产企业由所在国家（地区）主管当局向海关总署推荐注册。办理指南见本书第二部分第十四章第十节。

进口食品境外生产企业注册信息可在网站（https：//ciferquery.singlewindow.cn/）查询。

3. 进出口商备案

向中国境内出口乳品的境外出口商或者代理商应当向海关总署备案。乳品进口商应当向其住所地海关备案。办理指南见本书第二部分第十四章第十一节和第十二节。

进口食品境外出口商或者代理商、食品进口商备案信息可通过中国海关企业进出口信用信息公示平台（http：//credit.customs.gov.cn/）的“特定资质行政相对人名录”栏目查询。

（二）申报要求

1. 基本申报要求

货主或者其代理人应当在乳品进口前或者进口时向海关申报，申报时应当提供贸易合同、提单、装箱单、发票等，并随附以下文件。

（1）卫生证书。进口乳品需随附出口国家或者地区政府主管部门出具的卫生证书（荷兰、新西兰已不再签发纸质证书，提供证书编号即可）。证书应当有出口国家或者地区政府主管部门印章和其授权人签字，目的地应当标明为中华人民共和国。卫生证书样本应当经海关总署确认。［特定国家或者地区证书要求详见本小节“（四）进口乳品检验检疫要求”部分内容。］

（2）检测报告。为进口乳品出具检测报告的检测机构，可以是境外官方实验室、第三方检测机构或企业实验室，也可以是境内取得食品检验机构资质认定的检测机构。

①首次进口的乳品，应当提供相应食品安全国家标准中列明项目的检测报告。首次进口，指境外生产企业、产品名称、配方、境外出口商、境内进口商等信息完全相同的乳品从同一口岸第一次进口。

②非首次进口的乳品，应当提供首次进口检测报告的复印件以及海关总署要求项目的检测报告。非首次进口检测报告项目由海关总署根据乳品风险监测等有关情况确定并在海关总署门户网站公布［在海关总署门户网站进出口食品安全局页面（http：//jckspj. customs. gov. cn/）的“信息服务”—“检验检疫要求”栏目中查询］。

③检测报告应与进口乳品的生产日期或生产批号对应。

④对进口乳品检测报告实行证明事项告知承诺制。

2. 其他申报要求

（1）进口日本乳品时，还应随附以下文件：

①日本官方出具的原产地证明；

②日本政府出具的放射性物质检测合格的证明。

（2）《食品安全国家标准 再制干酪和干酪制品》（GB 25192—2022）、《食品安全国家标准 浓缩乳制品》（GB 13102—2022）均于2022年12月30日实施，需执行以下要求：

①自新国标实施之日起，境外企业应按新国标生产输华食品。在新国标实施日期前生产、进口的符合原国标规定的产品，根据国内标准实施的规定和世界贸易组织规则，可在保质期内继续进口、销售。有特殊规定的，以特殊规定为准。

②为做好新旧标准衔接，进口货物境内收货人或其报关代理人在向海关申报实际进境的上述产品时，必须填报“生产日期”，生产日期应与商品标签上的生产日期一致，具体填报为8位数字，顺序为年（4位）、月（2位）、日（2位）。

3. 录入要求

（1）在企业资质栏目，选取“508-进口食品境外出口商代理商备案”“509-进口食品进口商备案”，并分别填写18位统一编码和食品进口商的统一社会信用代码。

（2）在产品资质栏目，选取“519-进口食品境外生产企业注册”，填写在华注册编号信息。

（3）在货物属性栏目，根据货物实际情况选择“14-预包装”或“15-非预包装”。

（三）产品相关要求

1. 基本要求

进口乳品应符合食品安全国家标准要求，应当按照规定随附合格证明材料。现行食品安全国家标准目录见本书附录2-6。

2022年1月1日起生产的输华乳品，应当在内、外包装上标注在华注册编号或者所在国家（地区）主管当局批准的注册编号。

进口乳品的包装和标签、标识应当符合中国法律法规和食品安全国家标准；依法应当有说明书的，还应当有中文说明书。销售包装应符合国家强制性标准《限制商品过度包装要求 食品和化妆品》及其修改单（GB 23350—2021/XG1—2022）① 的要求。

2. 企业要求

（1）食品进口商应当建立食品进口和销售记录制度，如实记录食品名称、净含量（规格）、数量、生产日期、生产或者进口批号、保质期、境外出口商和购货者名称、地址及联系方式、交货日期等内容，并保存相关凭证。记录和凭证保存期限不得少于食品保质期满后6个月；没有明确保质期的，保

① 运输包装和出厂时价格为零且标识“赠品或非卖品”字样的产品不适用于本标准。

存期限为销售后 2 年以上。

（2）食品进口商应当建立境外出口商、境外生产企业审核制度，重点审核：制定和执行食品安全风险控制措施情况；保证食品符合中国法律法规和食品安全国家标准。

3. 预包装食品标签要求

属于预包装食品的乳品产品，其标签还应符合以下要求：

（1）进口的预包装食品应当有中文标签；依法应当有说明书的，还应当有中文说明书。标签、说明书应当符合《中华人民共和国食品安全法》以及中国其他有关法律、行政法规的规定和食品安全国家标准的要求，并载明食品的原产地以及境内代理商的名称、地址、联系方式。预包装食品没有中文标签、中文说明书或者标签、说明书不符合规定的，不得进口。

（2）标签应当标明下列事项：名称、规格、净含量、生产日期；成分或者配料表；生产者的名称、地址、联系方式；保质期；产品标准代号；贮存条件；所使用的食品添加剂在国家标准中的通用名称；生产许可证编号；法律、法规或者食品安全标准规定应当标明的其他事项。专供婴幼儿和其他特定人群的主辅食品，其标签还应当标明主要营养成分及其含量。

（3）食品的标签、说明书，不得含有虚假内容，不得涉及疾病预防、治疗功能。生产经营者对其提供的标签、说明书的内容负责。

（4）食品的标签、说明书应当清楚、明显，生产日期、保质期等事项应当显著标注，容易辨识。

4. 其他要求

特定国家或者地区产品要求详见本小节“（四）进口乳品检验检疫要求”部分内容。

（四）进口乳品检验检疫要求

进口乳品检验检疫要求见表 6-3。

表 6-3 进口乳品检验检疫要求

（截至 2025 年 1 月 1 日）

序号	产品	原产国家或地区	产品要求	证书要求
1	乳品	阿尔巴尼亚	指以经过加热处理的牛奶、绵羊奶和山羊奶为主要原料加工而成的乳及乳制品，包括巴氏杀菌乳、灭菌乳、调制乳、发酵乳、干酪及再制干酪、稀奶油、奶油、无水奶油、炼乳、乳粉、乳清粉、乳清蛋白粉、牛初乳粉、酪蛋白、乳矿物盐、乳基婴幼儿配方食品及其预混料（或基粉）等	应随附阿尔巴尼亚官方签发的卫生证书
2	骆驼乳	阿拉伯联合酋长国	原产于阿拉伯联合酋长国、以经过适当热处理的骆驼乳为主要原料加工而成的乳产品，包括发酵乳和乳粉	输华骆驼乳产品应随附阿联酋官方签发的卫生证书
3	乳品	奥地利	原产于奥地利，以牛乳、山羊乳和绵羊乳为主要原料加工而成，经适当热处理的食品，包括巴氏杀菌乳、灭菌乳、调制乳、发酵乳、干酪及再制干酪、稀奶油、奶油、无水奶油、炼乳、乳粉、乳清粉、乳清蛋白粉、牛初乳粉、酪蛋白、乳矿物盐、乳基婴幼儿配方食品及其预混料（或基粉）等	输华乳品应随附奥地利官方签发的兽医卫生出口证书
4	乳品	巴基斯坦	巴基斯坦输华乳品是指原产于巴基斯坦、用牛乳或骆驼乳为主要原料加工而成的食品，包括乳粉、乳清粉、乳清蛋白粉、牛初乳粉、灭菌乳、调制乳、发酵乳、干酪及再制干酪、稀奶油、奶油、无水奶油等	输华乳品应随附巴基斯坦官方签发的兽医卫生证书

表6-3 续1

序号	产品	原产国家或地区	产品要求	证书要求
5	乳品	俄罗斯	以经过加热处理的牛乳或羊乳为主要原料加工而成的食品	应随附俄罗斯联邦兽医部门签发的兽医卫生证书
6	乳品	哈萨克斯坦	指以经过加热处理的牛乳或羊乳为主要原料加工而成的食品，包括巴氏杀菌乳、灭菌乳、调制乳、发酵乳、干酪及再制干酪、稀奶油、奶油、无水奶油、炼乳、乳粉、乳清粉、乳清蛋白粉、牛初乳粉、酪蛋白、乳矿物盐、乳基婴幼儿配方食品及其预混料（或基粉）以及骆驼乳粉等	应随附哈萨克斯坦官方签发的卫生证书
7	乳品	吉尔吉斯斯坦	包括牛乳来源的脱脂乳粉和干酪	应随附吉尔吉斯斯坦官方签发的卫生证书
8	乳品	克罗地亚	指以经过加热处理的牛乳或羊乳为主要原料加工而成的食品，包括巴氏杀菌乳、灭菌乳、调制乳、发酵乳、干酪及再制干酪、稀奶油、奶油、无水奶油、炼乳、乳粉、乳清粉、乳清蛋白粉、牛初乳粉、酪蛋白、乳矿物盐、乳基婴幼儿配方食品及其预混料（或基粉）	应随附克罗地亚官方签发的卫生证书
9	乳品	蒙古国	蒙古国输华乳品是指原产于蒙古国，以经过适当热处理的奶牛乳、山羊乳和绵羊乳为主要原料加工而成的乳及乳制品，包括灭菌乳、调制乳、发酵乳、干酪及再制干酪、稀奶油、奶油、无水奶油、炼乳、乳粉、乳清粉和乳清蛋白粉、牛初乳粉等	蒙古国输华乳品应随附蒙古国官方签发的卫生证书
10	乳品	南非	原产于南非，以牛乳为主要原料加工而成的食品，包括乳粉、发酵乳、奶油、稀奶油、巴氏杀菌乳、乳清粉、干酪及再制干酪等	原产于南非，用牛乳为主要原料加工而成的食品，包括乳粉、发酵乳、奶油、稀奶油、巴氏杀菌乳、乳清粉、干酪及再制干酪等
11	乳品	塞尔维亚	指以经过加热处理的牛乳或羊乳为主要原料加工而成的乳及乳制食品，包括巴氏杀菌乳、灭菌乳、调制乳、发酵乳、干酪及再制干酪、稀奶油、奶油、无水奶油、炼乳、乳粉、乳清粉、乳清蛋白粉、牛初乳粉、酪蛋白、乳矿物盐、乳基婴幼儿配方食品及其预混料（或基粉）等	应随附塞尔维亚官方签发的卫生证书
12	乳品	斯洛伐克	指以经过加热处理的牛乳或羊乳为主要原料加工而成的食品，包括巴氏杀菌乳、灭菌乳、调制乳、发酵乳、干酪及再制干酪、稀奶油、奶油、无水奶油、炼乳、乳粉、乳清粉、乳清蛋白粉、牛初乳粉、酪蛋白、乳矿物盐、乳基婴幼儿配方食品及其预混料（或基粉）等	应随附斯洛伐克官方签发的卫生证书
13	乳品	伊朗	指原产于伊朗，用牛乳为主要原料加工而成、经适当热处理的食品，包括乳粉、乳清粉、乳清蛋白粉、牛初乳粉、灭菌乳、调制乳、发酵乳、干酪及再制干酪、稀奶油、奶油、无水奶油、炼乳等	应随附伊朗官方签发的卫生证书

表6-3 续2

序号	产品	原产国家或地区	产品要求	证书要求
14	乳品	越南	指以经过加热处理的牛乳为主要原料加工而成的食品，包括巴氏杀菌乳、灭菌乳、调制乳、发酵乳、干酪及再制干酪、稀奶油、奶油、无水奶油、炼乳、乳粉、乳清粉、乳清蛋白粉、牛初乳粉、酪蛋白、乳矿物盐、乳基婴幼儿配方食品及其预混料（或基粉）等	应随附越南官方签发的卫生证书

二、出口乳品

（一）资质要求

1. 出口食品生产企业备案

海关总署对出口乳品生产企业实施备案管理。办理指南见本书第二部分第十四章第十六节。

出口食品生产企业备案信息可在海关总署门户网站企业管理和稽查司页面（http：//qgjcs. customs. gov. cn/）的“信息服务”栏目中查询。

2. 出口食品生产企业对外推荐注册

境外国家（地区）对中国输往该国家（地区）的出口乳品生产企业实施注册管理且要求海关总署推荐的，海关总署统一向该国家（地区）主管当局推荐。办理指南见本书第二部分第十四章第十七节。

获国外（境外）注册的食品生产企业名单可在海关总署门户网站企业管理和稽查司页面（http：//qgjcs. customs. gov. cn/）的“信息服务”栏目中查询。

（二）申报要求

出口乳品生产企业、出口商应当按照法律、行政法规和海关总署规定，向产地（含组货地）海关申请检验检疫。

海关总署通过公告公布的部分国家商品的检验检疫要求，详见本小节“（四）出口乳品检验检疫要求”部分内容。

（三）产品相关要求

1. 基本要求

生产企业应当保证其出口乳品符合进口国家（地区）的标准或者合同要求；中国缔结或者参加的国际条约、协定有特殊要求的，还应当符合国际条约、协定的要求。

进口国家（地区）暂无标准，合同也未做要求，且中国缔结或者参加的国际条约、协定无相关要求的，生产企业应当保证其出口乳品符合中国食品安全国家标准。现行食品安全国家标准目录见本书附录 2-6。

2. 企业要求

（1）生产企业应当建立完善可追溯的食品安全卫生控制体系，保证食品安全卫生控制体系有效运行，确保出口食品生产、加工、贮存过程持续符合中国相关法律法规、出口食品生产企业安全卫生要求；进口国家（地区）相关法律法规和相关国际条约、协定有特殊要求的，还应当符合相关要求。

（2）生产企业应当建立供应商评估制度、进货查验记录制度、生产记录档案制度、出厂检验记录制度、出口食品追溯制度和不合格食品处置制度。相关记录应当真实有效，保存期限不得少于食品保质期期满后 6 个月；没有明确保质期的，保存期限不得少于 2 年。

（3）获得境外注册的企业，应当每年就是否能够持续符合进口国家（地区）注册条件进行自我评定，并向住所地海关报告。

（4）获得境外注册的企业，应当接受进口国家（地区）主管当局和海关实施的监督检查，如实提供有关情况和材料。

（5）出口食品存在安全问题，已经或者可能对人体健康和生命安全造成损害的，出口食品生产经营者应当立即采取相应措施，避免和减少损害发生，并向所在地海关报告。

3. 包装运输要求

生产企业应当保证出口乳品包装和运输方式符合食品安全要求。

生产企业应当在运输包装上标注生产企业备案号、产品品名、生产批号和生产日期。

进口国家（地区）或者合同有特殊要求的，在保证产品可追溯的前提下，经直属海关同意，出口乳品生产企业可以调整前款规定的标注项目。

对装运出口易变质、需要冷冻或者冷藏乳品的集装箱、船舱、飞机、车辆等运载工具，承运人、装箱单位或者其代理人应当按照规定对运输工具和装载容器进行清洗消毒并做好记录，在装运前向海关申请清洁、卫生、冷藏、密固等适载检验（详见本书第二部分第十五章第三节“适载检验”部分）；未经检验或者经检验不合格的，不准装运。

4. 其他要求

特定国家或者地区产品要求详见本小节“（四）出口乳品检验检疫要求”部分内容。

（四）出口乳品检验检疫要求

出口乳品检验检疫要求见表6-4。

表6-4　出口乳品检验检疫要求

（截至2025年1月1日）

产品	进口国（地区）对企业注册的要求	产品要求	证书要求
乳品	中国输俄乳品生产企业应当经俄罗斯联邦兽医和植物卫生监督局批准，相关企业名单可在俄罗斯联邦兽医和植物卫生监督局网站查询	以经过加热处理的牛乳或羊乳为主要原料加工而成的食品，详见附表《输俄乳品产品清单》	中国输俄乳品应随附中国海关部门签发的兽医卫生证书
乳品	生产企业应当向住所地海关备案；生产企业、出口商应当向产地或者组货地海关提出出口监管申请	生乳等乳品	输越乳品应随附经中越两国主管部门确认的、由中国海关签发的兽医卫生证书

附表

输俄乳品产品清单

HS 编码	产品
040110	未浓缩及未加糖或其他甜物质的乳及奶油：脂肪含量小于1%
040120	未浓缩及未加糖或其他甜物质的乳及奶油：脂肪含量在1%~6%
040140	未浓缩及未加糖或其他甜物质的乳及奶油：脂肪含量在6%~10%
040150	未浓缩及未加糖或其他甜物质的乳及奶油：脂肪含量大于10%
040210	浓缩、加糖或其他甜物质的乳及奶油：脂肪含量小于1.5%的粉、颗粒或其他固体类型
040221 040291	浓缩、加糖或其他甜物质的乳及奶油：不加糖或其他甜物质（按脂肪的质量分数进行分级）

续表

HS 编码	产品
040229 040299	浓缩、加糖或其他甜物质的乳及奶油：其他（按脂肪的质量分数进行分级）
040310	不论是否浓缩、加糖或其他甜物质、加香料、加水果、加坚果或加可可的酪乳、结块的乳和奶油、酸乳、酸乳酒和其他发酵或酸化的乳和奶油：酸乳
040390	不论是否浓缩、加糖或其他甜物质、加香料、加水果、加坚果或加可可的酪乳、结块的乳和奶油、酸乳、酸乳酒和其他发酵或酸化的乳和奶油：其他（通过添加风味添加剂和脂肪质量分数来进行分级）
040410	乳清，不论是否浓缩、加糖或其他甜物质；其他品目未列明的含天然乳的产品，不论是否加糖或其他甜物质：乳清和改性乳清，不论是否浓缩、加糖或其他甜物质
040490	乳清，不论是否浓缩、加糖或其他甜物质；其他品目未列明的含天然乳的产品，不论是否加糖或其他甜物质：其他（按脂肪的质量分数进行分级）
040510	黄油和其他从乳中提取的脂和油；乳酱：黄油
040520	黄油和其他从乳中提取的脂和油；乳酱：乳酱
040590	黄油和其他从乳中提取的脂和油；乳酱：其他（按脂肪的质量分数进行分级）
040610	乳酪和凝乳：包括乳清和白蛋白奶酪、凝乳的未成熟干酪（未成熟或未固化的）
040630	乳酪和凝乳：经加工的乳酪，但磨碎或粉化的除外
040640	乳酪和凝乳：蓝纹乳酪和娄地青霉生产的带有纹理的其他乳酪
040690	乳酪和凝乳：其他奶酪
210500	冰淇淋及其他冰制食品，无论是否含可可
350110	酪蛋白
350220	乳白蛋白（包括两种或两种以上乳清蛋白浓缩物）

第四节　水产品

水产品，是指供人类食用的水生动物产品及其制品，包括水母类、软体类、甲壳类、棘皮类、头索类、鱼类、两栖类、爬行类、水生哺乳类动物等其他水生动物产品，以及藻类等海洋植物产品及其制品，不包括活水生动物及水生动植物繁殖材料。

一、进口水产品

（一）资质要求

1. 准入要求

海关对进口水产品实施准入制度。其中，对水产动物油脂、海洋植物产品（冰鲜、冷冻除外）、干制鱼鳔不再实施检疫准入管理。列入《符合评估审查要求及有传统贸易的国家或地区输华食品目录》的国家或地区对应的产品，方可进口。

禁止从日本福岛县、群马县、栃木县、茨城县、宫城县、新潟县、长野县、琦玉县、东京都、千叶县10个都县进口水产品。

为全面防范日本福岛核污染水排海对食品安全造成的放射性污染风险，保护中国消费者健康，确保进口食品安全，海关总署决定自2023年8月24日（含）起全面暂停进口原产地为日本的水产品（含食用水生动物）。

《符合评估审查要求及有传统贸易的国家或地区输华食品目录》可在网站（http：//43.248.49.223/）查询。

2. 境外生产企业注册

水产品的境外生产企业，应当获得海关总署注册。水产品的境外生产企业由所在国家（地区）主管当局向海关总署推荐注册。办理指南见本书第二部分第十四章第十节。

进口食品境外生产企业注册信息可在网站（https：//ciferquery.singlewindow.cn/）查询。

3. 检验检疫证书确认

输出国家或者地区官方签发的检验检疫证书需经海关总署确认，参考“（四）已与海关总署确认输华水产品检验检疫证书的出口国家（地区）名单”。

4. 进出口商备案

向中国境内出口水产品的出口商或者代理商应当向海关总署备案。进口水产品进口商应当向其住所地海关备案。办理指南见本书第二部分第十四章第十一节和第十二节。

进口食品境外出口商或者代理商、食品进口商备案信息可通过中国海关企业进出口信用信息公示平台（http：//credit.customs.gov.cn/）的“特定资质行政相对人名录”栏目查询。

5. 海关指定监管场地

冰鲜水产品应当从进境冰鲜水产品指定监管场地所在口岸进境，参见本书附录2-7-5“进境冰鲜水产品指定监管场地名单”。

（二）申报要求

1. 基本申报要求

货主或者其代理人应当在水产品进口前或者进口时向海关申报，申报时应当提供贸易合同、提单、装箱单、发票等，并随附原产地证书、输出国家或者地区官方签发的检验检疫证书［特定国家或者地区证书要求详见本小节“（五）进口水产品检验检疫要求”部分内容］。

2. 其他申报要求

进口日本水产品（暂停）时，还应随附以下文件：

（1）日本官方出具的原产地证明；

（2）日本政府出具的放射性物质检测合格的证明。

3. 录入要求

（1）在企业资质栏目选取“508-进口食品境外出口商代理商备案”“509-进口食品进口商备案”，并分别填写18位统一编码和食品进口商的统一社会信用代码。

（2）在产品资质栏目选取“519-进口食品境外生产企业注册”，填写在华注册编号信息。

（3）在货物属性栏目，根据货物实际情况选择“14-预包装”或“15-非预包装”。

（三）产品相关要求

1. 基本要求

进口水产品应符合食品安全国家标准要求，应当按照规定随附合格证明材料。现行食品安全国家标准目录见本书附录2-6。

进口水产品的包装和标签、标识应当符合中国法律法规和食品安全国家标准；依法应当有说明书的，还应当有中文说明书。销售包装应符合国家强制性标准《限制商品过度包装要求 食品和化妆品》

及其修改单（GB 23350—2021/XG1—2022）[①] 或《限制商品过度包装要求 生鲜食用农产品》（GB 43284—2023）[②] 的要求。

对于进口水产品，内外包装上应当有牢固、清晰、易辨的中英文或者中文和出口国家（地区）文字标识，标明以下内容：商品名和学名、规格、生产日期、批号、保质期限和保存条件、生产方式（海水捕捞、淡水捕捞、养殖）、生产地区（海洋捕捞海域、淡水捕捞国家或者地区、养殖产品所在国家或者地区）、涉及的所有生产加工企业（含捕捞船、加工船、运输船、独立冷库）名称、注册编号及地址（具体到州、省、市），必须标注目的地为中华人民共和国。

2. 企业要求

（1）食品进口商应当建立食品进口和销售记录制度，如实记录食品名称、净含量（规格）、数量、生产日期、生产或者进口批号、保质期、境外出口商和购货者名称、地址及联系方式、交货日期等内容，并保存相关凭证。记录和凭证保存期限不得少于食品保质期满后 6 个月；没有明确保质期的，保存期限为销售后 2 年以上。

（2）食品进口商应当建立境外出口商、境外生产企业审核制度，重点审核：制定和执行食品安全风险控制措施情况；保证食品符合中国法律法规和食品安全国家标准。

3. 预包装食品标签要求

属于预包装食品的水产品，其标签还应符合以下要求：

（1）进口的预包装食品应当有中文标签；依法应当有说明书的，还应当有中文说明书。标签、说明书应当符合《中华人民共和国食品安全法》以及中国其他有关法律、行政法规的规定和食品安全国家标准的要求，并载明食品的原产地以及境内代理商的名称、地址、联系方式。预包装食品没有中文标签、中文说明书或者标签、说明书不符合规定的，不得进口。

（2）标签应当标明下列事项：名称、规格、净含量、生产日期；成分或者配料表；生产者的名称、地址、联系方式；保质期；产品标准代号；贮存条件；所使用的食品添加剂在国家标准中的通用名称；生产许可证编号；法律、法规或者食品安全标准规定应当标明的其他事项。专供婴幼儿和其他特定人群的主辅食品，其标签还应当标明主要营养成分及其含量。

（3）食品的标签、说明书，不得含有虚假内容，不得涉及疾病预防、治疗功能。生产经营者对其提供的标签、说明书的内容负责。

（4）食品的标签、说明书应当清楚、明显，生产日期、保质期等事项应当显著标注，容易辨识。

4. 其他要求

特定国家或者地区产品要求详见本小节“（五）进口水产品检验检疫要求”部分内容。

（四）已与海关总署确认输华水产品检验检疫证书的出口国家（地区）名单

《已与海关总署确认输华水产品检验检疫证书的出口国家（地区）名单》见表 6-5。

表 6-5 已与海关总署确认输华水产品检验检疫证书的出口国家（地区）名单

（共 97 个，截至 2024 年 12 月）

所在洲	国家或地区
亚洲（28 个）	巴基斯坦、朝鲜、菲律宾、哈萨克斯坦、韩国、马来西亚、马尔代夫、孟加拉国、缅甸、日本（暂停）、斯里兰卡、泰国、土耳其、新加坡、中国香港、中国台湾、柬埔寨、伊朗、印度、印度尼西亚、文莱、越南、以色列、沙特阿拉伯、蒙古国、老挝、阿曼、吉尔吉斯斯坦

① 运输包装和出厂时价格为零且标识“赠品或非卖品”字样的产品不适用于本标准。

② 2024 年 4 月 1 日起实施，实施之日前进口的可销售至保质期结束。

表6-5 续

所在洲	国家或地区
欧洲（27个）	爱尔兰、爱沙尼亚、保加利亚、比利时、冰岛、丹麦、俄罗斯、法国、法罗群岛、芬兰、荷兰、捷克、克罗地亚、立陶宛、挪威、葡萄牙、瑞士、瑞典、西班牙、意大利、英国、德国、波兰、拉脱维亚、斯洛文尼亚、白俄罗斯、马耳他
美洲（19个）	阿根廷、巴西、秘鲁、厄瓜多尔、哥斯达黎加、古巴、圭亚那、加拿大、美国、墨西哥、苏里南、乌拉圭、智利、巴拿马、格陵兰、委内瑞拉、牙买加、尼加拉瓜、洪都拉斯
非洲（14个）	加纳、肯尼亚、马达加斯加、毛里求斯、摩洛哥、莫桑比克、南非、乌干达、毛里塔尼亚、塞内加尔、塞舌尔、坦桑尼亚、埃及、索马里
大洋洲（9个）	澳大利亚、斐济、库克群岛、马绍尔群岛、密克罗尼西亚、新西兰、瓦努阿图、巴布亚新几内亚、基里巴斯

（五）进口水产品检验检疫要求

进口水产品检验检疫要求见表6-6。《古巴输华养殖类水产品目录》见表6-6-1。《洪都拉斯输华养殖水产品目录》见表6-6-2。《吉尔吉斯斯坦输华养殖水产品目录》见表6-6-3。《柬埔寨输华养殖水产品目录》见表6-6-4。《马耳他输华养殖水产品目录》见表6-6-5。《缅甸输华养殖水产品目录》见表6-6-6。《尼加拉瓜输华养殖水产品目录》见表6-6-7。《所罗门输华养殖水产品目录》见表6-6-8。《文莱输华养殖类水产品目录》见表6-6-9。《新加坡输华养殖水产品目录》见表6-6-10。《伊朗输华养殖水产品目录》见6-6-11。《智利输华养殖水产品目录》见表6-6-12。

表6-6 进口水产品检验检疫要求

（截至2025年1月1日）

序号	产品	原产国家或地区	产品要求	证书要求
1	野生水产品	阿曼	指野生的、供人类食用的水生动物产品及其制品、藻类等海洋植物产品及其制品，不包括《濒危野生动植物种国际贸易公约》（CITES）附录和中国《国家重点保护野生动物名录》（LSKPWA）所列物种、活水生动物及水生动植物繁殖材料	阿曼向中国出口的每一集装箱野生水产品应至少随附一份正本兽医（卫生）证书，证明该批产品符合中国和阿曼兽医和公共卫生法律法规及议定书的有关规定。阿方应在兽医（卫生）证书中完整填写从捕捞、加工、包装、存储、运输、中转和出口等全过程中涉及生产企业信息，包括加工厂、捕捞船、运输船、加工船和独立冷库的名称和注册编号等，不得遗漏上述任何环节涉及的生产企业信息。 证书至少用中文和英文印制（填写证书内容时英文为必选语言）
2	野生水产品	巴布亚新几内亚	指供人类食用的野生水生动物产品及其制品、藻类等海洋植物产品及其制品，不包括《濒危野生动植物种国际贸易公约》CITES附录或中国《国家重点保护野生动物名录》所列物种、活水生动物及水生动植物繁殖材料	向中国出口的每一集装箱野生水产品应至少随附一份正本兽医（卫生）证书，证明该批产品符合中国和巴布亚新几内亚兽医和公共卫生法律法规及议定书的有关规定。巴新方应在兽医（卫生）证书中完整填写从捕捞、加工、包装、存储、运输、中转和出口等全过程中涉及生产企业信息，包括加工厂、捕捞船、运输船、加工船和独立冷库的名称和注册编号等，不得遗漏上述任何环节涉及的生产企业信息。 证书用中文和英文打印（填写证书内容时英文必填）

表6-6　续1

序号	产品	原产国家或地区	产品要求	证书要求
3	野生水产品	巴拿马	指野生的、供人类食用的水生动物产品及其制品，不包括《濒危野生动植物种国际贸易公约》（CITES）附录和中国《国家重点保护野生动物名录》（LSKPWA）所列物种、活水生动物及水生动物繁殖材料	巴拿马向中国出口的每一集装箱野生水产品应至少随附一份正本兽医（卫生）证书，证明该批产品符合中国和巴拿马兽医和公共卫生法律法规及议定书的有关规定。巴方应在兽医（卫生）证书上完整填写捕捞、加工、包装、存储、运输、中转和出口等全过程中涉及的生产企业信息，包括加工厂、捕捞船、运输船、加工船和独立冷库的名称和注册编号等，不得遗漏上述任何环节涉及的生产企业信息。 证书至少用中文、英文和西班牙文印制（填写证书时英文为必选语言）。证书的格式、内容须事先获得双方认可
4	野生水产品	波兰	指供人类食用的野生水生动物产品及其制品，不包括《濒危野生动植物种国际贸易公约》（CITES）附录和中国《国家重点保护野生动物名录》所列物种、活水生动物及水生动物繁殖材料	波兰向中国出口的每批或每一集装箱野生水产品应至少随附一份正本卫生证书，证明该批产品符合中国和波兰食品安全相关法律法规及议定书的有关规定。波方应在卫生证书上完整填写从捕捞、生产加工、包装、存储、运输、中转和出口等全过程中涉及的生产企业信息。 证书至少用中文、波兰文和英文印制（填写证书时英文和波兰文为必选语言）
5	冷冻南美白虾	厄瓜多尔	指人工养殖、供人类食用的冷冻南美白虾（学名：*Penaeus vannamei*）及其制品，不包括活的南美白虾	每一批厄瓜多尔输华冷冻南美白虾应至少随附一份厄瓜多尔官方签发的正本兽医（卫生）证书，并在证书中声明：该产品来自主管当局注册的企业；该产品是在卫生条件下生产、包装、储藏和运输，并置于主管当局监督之下的；该产品经主管当局检验检疫，未发现中国规定的致病微生物、有毒有害物质和异物，及中国和世界动物卫生组织所列的疫病。该产品符合兽医卫生要求，适合人类食用
6	野生水产品	俄罗斯	指野生的、供人类食用的水生生物资源，即鱼类、水生无脊椎动物、水生哺乳动物、藻类等水生动植物产品，不包括《濒危野生动植物种国际贸易公约》（CITES）附录和中国《国家重点保护野生动物名录》所列物种、活水生动物及水生动物繁殖材料	俄罗斯向中国出口的每一集装箱野生水产品应至少随附一份正本兽医（卫生）证书，证明该批产品符合中国和俄罗斯兽医和公共卫生法律法规及议定书的有关规定。俄方应在兽医（卫生）证书上完整填写捕捞、加工、包装、存储、运输、中转和出口等全过程中涉及的生产企业信息，包括捕捞船、加工船、运输船、加工厂和独立冷库的名称和注册编号等。 证书用中文、俄文和英文印制（填写证书时英文为必选语言）
7	养殖水产品	古巴	指人工养殖的、供人类食用的水生动物产品及其制品、藻类等海洋植物产品及其制品，不包括《濒危野生动植物种国际贸易公约》（CITES）附录和中国《国家重点保护野生动物名录》所列物种、活水生动物及水生动植物繁殖材料。《古巴输华养殖类水产品目录》见表6-6-1	古巴向中国出口的每一集装箱养殖水产品应至少随附一份正本兽医（卫生）证书，证明该批产品符合中国和古巴兽医和公共卫生法律法规及本议定书的有关规定。古巴方应在兽医（卫生）证书上完整填写养殖、加工、包装、存储、运输、中转和出口等全过程中涉及的生产企业信息，包括养殖场、加工厂和独立冷库的名称和注册编号等，不得遗漏上述任何环节涉及的生产企业信息。 证书用中文和英文印制（填写证书时英文为必选语言）

表6-6 续2

序号	产品	原产国家或地区	产品要求	证书要求
8	野生水产品	古巴	指野生的、供人类食用的水生动物产品及其制品、藻类等海洋植物产品及其制品，不包括《濒危野生动植物种国际贸易公约》（CITES）附录和中国《国家重点保护野生动物名录》所列物种、活水生动物及水生动植物繁殖材料	古巴向中国出口的每一集装箱野生水产品应至少随附一份正本兽医（卫生）证书，证明该批产品符合中国和古巴兽医和公共卫生法律法规及本议定书的有关规定。古方应在兽医（卫生）证书上完整填写从捕捞、加工、包装、存储、运输、中转和出口等全过程中涉及的生产企业信息，包括加工厂、捕捞船、运输船、加工船和独立冷库的名称和注册编号等，不得遗漏上述任何环节涉及的生产企业信息
9	野生水产品	哈萨克斯坦	指哈萨克斯坦输华的自由生活在自然水域的水产资源及其罐头制品，不包括活水生动物及水生动植物繁殖材料以及《濒危野生动植物种国际贸易公约》（CITES）附录或中国《国家重点保护野生动物名录》（LSKPWA）包含的水生动植物及其产品	哈萨克斯坦向中国出口的每一集装箱野生水产品须至少随附一份正本兽医（卫生）证书，证明该批产品符合中国和哈萨克斯坦兽医和公共卫生法律法规及议定书的有关规定。哈方应在兽医（卫生）证书中完整填写从捕捞、加工、包装、存储、运输、中转和出口等全过程中涉及的生产企业信息，包括加工厂、捕捞船、运输船、加工船和独立冷库的名称和注册编号等，不得遗漏上述任何环节涉及的生产企业信息。 证书须用中文和英文打印（填写证书内容时英文必填）
10	养殖水产品	洪都拉斯	指人工养殖的、供人类食用的水生动物产品及其制品、藻类等海洋植物产品及其制品，不包括《濒危野生动植物种国际贸易公约》（CITES）附录和中国《国家重点保护野生动物名录》（LSKPWA）所列物种、活水生动物及水生动植物繁殖材料。《洪都拉斯输华养殖水产品目录》见表6-6-2	洪都拉斯向中国出口的每一集装箱养殖水产品应至少随附一份正本兽医（卫生）证书，证明该批产品符合中国和洪都拉斯兽医和公共卫生法律法规及议定书的有关规定。洪方应在兽医（卫生）证书上完整填写养殖、加工、包装、存储、运输、中转和出口等全过程中涉及的生产企业信息，包括养殖场、加工厂和独立冷库的名称和注册编号等，不得遗漏上述任何环节涉及的生产企业信息。 证书至少用中文和英文印制（填写证书时英文为必选语言）
11	养殖水产品	吉尔吉斯斯坦	指人工养殖的、供人类食用的水生动物产品及其制品、藻类等海洋植物产品及其制品，不包括《濒危野生动植物种国际贸易公约》附录和中国《国家重点保护野生动物名录》所列物种、活水生动物及水生动植物繁殖材料。《吉尔吉斯斯坦输华养殖水产品目录》见表6-6-3	吉尔吉斯斯坦向中国出口的每批或每一集装箱养殖水产品应至少随附一份正本卫生证书，证明该批产品符合中国和吉尔吉斯斯坦食品安全相关法律法规及议定书的有关规定。吉方应在卫生证书上完整填写养殖、生产加工、包装、存储、运输、中转和出口等全过程中涉及的生产企业信息。 证书应用中文和英文印制（填写证书时英文为必选语言）
12	野生水产品	基里巴斯	指供人类食用的野生水生动物产品及其制品、藻类等海洋植物产品及其制品，不包括《濒危野生动植物种国际贸易公约》（CITES）附录和中国《国家重点保护野生动物名录》（LSKPWA）所列物种、活水生动物及水生动植物繁殖材料	向中国出口的每批或每一集装箱野生水产品应至少随附一份正本卫生证书，证明该批产品符合中国和基里巴斯食品安全相关法律法规及议定书的有关规定。基方应在卫生证书上完整填写从捕捞、生产加工、包装、储存、运输、中转和出口等全过程中涉及的生产企业信息。 证书应用中文和英文印制（填写证书时英文为必选语言）

表6-6　续3

序号	产品	原产国家或地区	产品要求	证书要求
13	养殖水产品	柬埔寨	指人工养殖的、供人类食用的水生动物产品及其制品、藻类等海洋植物产品及其制品，不包括《濒危野生动植物种国际贸易公约》（CITES）附录和中国《国家重点保护野生动物名录》所列物种、活水生动物及水生动植物繁殖材料。《柬埔寨输华养殖水产品目录》见表6-6-4	柬埔寨向中国出口的每一集装箱养殖水产品应至少随附一份正本兽医（卫生）证书，证明该批产品符合中国和柬埔寨兽医和公共卫生法律法规及本议定书的有关规定。柬方应在兽医（卫生）证书上完整填写养殖、加工、包装、存储、运输、中转和出口等全过程中涉及的生产企业信息，包括养殖场、加工厂和独立冷库的名称和注册编号等，不得遗漏上述任何环节涉及的生产企业信息。 证书用中文和英文印制（填写证书时英文为必选语言）
14	野生水产品	柬埔寨	指野生的、供人类食用的野生水生动物产品及其制品、藻类等海洋植物产品及其制品，不包括《濒危野生动植物种国际贸易公约》（CITES）附录和中国《国家重点保护野生动物名录》所列物种、活水生动物及水生动植物繁殖材料	柬埔寨向中国出口的每一集装箱野生水产品应至少随附一份正本兽医（卫生）证书，证明该批产品符合中国和柬埔寨兽医和公共卫生法律法规及本议定书的有关规定。柬方应在兽医（卫生）证书上完整填写从捕捞、加工、包装、存储、运输、中转和出口等全过程中涉及生产企业信息，包括加工厂、捕捞船、运输船、加工船和独立冷库的名称和注册编号等，不得遗漏上述任何环节涉及的生产企业信息。 证书至少用中文和英文印制（填写证书时英文为必选语言）
15	野生水产品	肯尼亚	指供人类食用的野生水生动物产品及其制品，不包括《濒危野生动植物种国际贸易公约》（CITES）附录和中国《国家重点保护野生动物名录》所列物种、活水生动物及水生动物繁殖材料	肯尼亚向中国出口的每一集装箱野生水产品应至少随附一份正本兽医（卫生）证书，证明该批产品符合中国和肯尼亚食品安全、兽医和公共卫生法律法规及本议定书的有关规定。肯方应在兽医（卫生）证书上完整填写捕捞、加工、包装、存储、运输、中转和出口等全过程中涉及的生产企业信息，包括捕捞船、加工船、运输船、加工厂和独立冷库的名称和注册编号等，不得遗漏上述任何环节涉及的生产企业信息
16	斑节对虾	马达加斯加	指冰鲜或冷冻的未经加工的整只虾，或经加工的去头（去头去壳）虾（无论是否带尾），不包括活的斑节对虾	向中国输出的每一批斑节对虾应随附一份检验检疫证书和原产地证书
17	野生水产品	马达加斯加	指野生的、供人类食用的野生水生动物产品及其制品、藻类等海洋植物产品及其制品，不包括《濒危野生动植物种国际贸易公约》附录和中国《国家重点保护野生动物名录》所列物种、活水生动物及水生动植物繁殖材料	向中国出口的每一集装箱野生水产品应至少随附一份正本兽医（卫生）证书，证明该批产品符合中国和马达加斯加兽医和公共卫生法律法规及议定书的有关规定。马方应在兽医（卫生）证书上完整填写从捕捞、加工、包装、存储、运输、中转和出口等全过程中涉及生产企业信息，包括加工厂、捕捞船、运输船、加工船和独立冷库的名称和注册编号等，不得遗漏上述任何环节涉及的生产企业信息

表6-6 续4

序号	产品	原产国家或地区	产品要求	证书要求
18	野生水产品	马尔代夫	指供人类食用的野生水生动物产品及其制品、藻类等海洋植物产品及其制品，不包括《濒危野生动植物种国际贸易公约》（CITES）附录和中国《国家重点保护野生动物名录》（LSKPWA）所列物种、活水生动物及水生动植物繁殖材料	向中国出口的每批或每一集装箱野生水产品应至少随附一份正本卫生证书，证明该批产品符合中国和马尔代夫食品安全相关法律法规及议定书的有关规定。马方应在卫生证书上完整填写从捕捞、生产加工、包装、储存、运输、中转和出口等全过程中涉及的生产企业信息。 证书应用中文和英文印制（填写证书时英文为必选语言）
19	养殖水产品	马耳他	人工养殖的、供人类食用的水生动物产品及其制品、藻类等海洋植物产品及其制品，不包括《濒危野生动植物种国际贸易公约》（CITES）附录和中国《国家重点保护野生动物名录》（LSKPWA）所列物种、活水生动物及水生动植物繁殖材料。《马耳他输华养殖水产品目录》见表6-6-5	马耳他向中国出口的每一集装箱养殖水产品应至少随附一份正本卫生证书，证明该批产品符合中国和马耳他食品安全相关法律法规及议定书的有关规定。马方应在卫生证书上完整填写养殖、加工、包装、存储、运输、中转和出口等全过程中涉及的生产企业信息，包括养殖场、加工厂和独立冷库的名称和注册编号等，不得遗漏上述任何环节涉及的生产企业信息。 证书至少用中文和英文印制（填写证书时英文为必选语言）
20	野生水产品	缅甸	指野生的、供人类食用的水生动物产品及其制品、藻类等海洋植物产品及其制品，不包括《濒危野生动植物种国际贸易公约》（CITES）附录和中国《国家重点保护野生动物名录》所列物种、活水生动物及水生动植物繁殖材料	缅甸向中国出口的每一集装箱野生水产品应至少随附一份正本兽医（卫生）证书，证明该批产品符合中国和缅甸兽医和公共卫生法律法规及议定书的有关规定。缅方应在兽医（卫生）证书上完整填写从捕捞、加工、包装、存储、运输、中转和出口等全过程中涉及生产企业信息，包括加工厂、捕捞船、运输船、加工船和独立冷库的名称和注册编号等，不得遗漏上述任何环节涉及的生产企业信息。 证书至少用中文和英文印制（填写证书时英文为必选语言）
21	养殖水产品	缅甸	指人工养殖的、供人类食用的水生动物产品及其制品、藻类等海洋植物产品及其制品，不包括《濒危野生动植物种国际贸易公约》（CITES）附录和中国《国家重点保护野生动物名录》所列物种、活水生动物及水生动植物繁殖材料。《缅甸输华养殖水产品目录》见表6-6-6	缅甸向中国出口的每批（每一集装箱或每车）养殖水产品应至少随附一份正本兽医（卫生）证书，证明该批产品符合中国和缅甸兽医和公共卫生法律法规及议定书的有关规定。缅方应在兽医（卫生）证书上完整填写养殖、加工、包装、存储、运输、中转和出口等全过程中涉及的生产企业信息，包括养殖场、加工厂和独立冷库的名称和注册编号等，不得遗漏上述任何环节涉及的生产企业信息。 证书至少用中文和英文印制（填写证书时英文为必选语言）

表6-6 续5

序号	产品	原产国家或地区	产品要求	证书要求
22	养殖水产品	尼加拉瓜	指人工养殖的、供人类食用的水生动物产品及其制品、藻类等海洋植物产品及其制品，不包括《濒危野生动植物种国际贸易公约》（CITES）附录和中国《国家重点保护野生动物名录》所列物种、活水生动物及水生动植物繁殖材料。《尼加拉瓜输华养殖水产品目录》见表6-6-7	向中国出口的每一集装箱养殖水产品应至少随附一份正本兽医（卫生）证书，证明该批产品符合中国和尼加拉瓜兽医和公共卫生法律法规及本议定书的有关规定。尼方应在兽医（卫生）证书上完整填写养殖、加工、包装、存储、运输、中转和出口等全过程中涉及的生产企业信息，包括养殖场、加工厂和独立冷库的名称和注册编号等，不得遗漏上述任何环节涉及的生产企业信息。 证书至少用中文和英文印制（填写证书时英文为必选语言）。证书的格式、内容须事先获得双方认可
23	野生水产品	尼加拉瓜	是指野生的、供人类食用的水生动物产品及其制品、藻类等海洋植物产品及其制品，不包括《濒危野生动植物种国际贸易公约》（CITES）附录和中国《国家重点保护野生动物名录》所列物种、活水生动物及水生动植物繁殖材料	尼加拉瓜向中国出口的每一集装箱野生水产品应至少随附一份正本兽医（卫生）证书，证明该批产品符合中国和尼加拉瓜兽医和公共卫生法律法规及本议定书的有关规定。尼方应在兽医（卫生）证书上完整填写捕捞、加工、包装、存储、运输、中转和出口等全过程中涉及的生产企业信息，包括捕捞船、加工船、运输船、加工厂和独立冷库的名称和注册编号等，不得遗漏上述任何环节涉及的生产企业信息。 证书至少用中文和英文印制（填写证书时英文为必选语言）
24	野生水产品	塞拉利昂	指野生的、供人类食用的水生动物产品及其制品、藻类等海洋植物产品及其制品，不包括活水生动物及水生动植物繁殖材料	塞方负责按照中方的要求，对输华野生水产品实施检验检疫，并对向中国出口的每批野生水产品出具经双方确认的卫生证书，证明该批产品符合中国食品安全相关法律法规的有关规定。证书至少用中文、英文印制（填写证书时英文为必选语言）。 卫生证书应完整填写输华野生水产品生产企业的信息
25	野生水产品	斯里兰卡	野生的、供人类食用的水生动物产品及其制品，不包括《濒危野生动植物种国际贸易公约》（CITES）附录和中国《国家重点保护野生动物名录》（LSKPWA）所列物种、活水生动物及水生动植物繁殖材料	斯里兰卡向中国出口的每一集装箱野生水产品应至少随附一份正本卫生证书，证明该批产品符合中国和斯里兰卡兽医和公共卫生法律法规及议定书的有关规定。斯方应在卫生证书上完整填写捕捞、加工、包装、存储、运输、中转和出口等全过程中涉及的生产企业信息，包括捕捞船、加工船、运输船、加工厂和独立冷库的名称和注册编号等，不得遗漏上述任何环节涉及的生产企业信息。证书用中文和英文印制（填写证书时英文为必填语言）

表6-6 续6

序号	产品	原产国家或地区	产品要求	证书要求
26	野生水产品	所罗门群岛	指供人类食用的野生水生动物产品及其制品、藻类等海洋植物产品及其制品，不包括《濒危野生动植物种国际贸易公约》附录和中国《国家重点保护野生动物名录》所列物种、活水生动物及水生动植物繁殖材料，不包括《所罗门群岛野生动物保护与管理法》所列物种、活水生动物及水生动植物繁殖材料	所罗门向中国出口的每批或每一集装箱野生水产品应至少随附一份正本卫生证书，证明该批产品符合中国和所罗门食品安全相关法律法规及议定书的有关规定。所方应在卫生证书上完整填写从捕捞、生产加工、包装、储存、运输、中转和出口等全过程中涉及的生产企业信息。 证书应用中文和英文印制（填写证书时英文为必选语言）
27	养殖水产品	所罗门群岛	指人工养殖的、供人类食用的水生动物产品及其制品、藻类等海洋植物产品及其制品，不包括《濒危野生动植物种国际贸易公约》附录和中国《国家重点保护野生动物名录》所列物种、活水生动物及水生动植物繁殖材料，不包括《所罗门群岛野生动物保护与管理法》所列物种、活水生动物及水生动植物繁殖材料。《所罗门输华养殖水产品目录》见表6-6-8	所罗门向中国出口的每批或每一集装箱养殖水产品应至少随附一份正本卫生证书，证明该批产品符合中国和所罗门食品安全相关法律法规及议定书的有关规定。所方应在卫生证书上完整填写从养殖、生产加工、包装、储存、运输、中转和出口等全过程中涉及的生产加工企业信息。 证书至少用中文和英文印制（填写证书时英文为必选语言）
28	野生水产品	坦桑尼亚	指野生的、供人类食用的水生动物产品及其制品，不包括《濒危野生动植物种国际贸易公约》（CITES）附录和中国《国家重点保护野生动物名录》所列物种、活水生动物及水生动植物繁殖材料	坦桑尼亚向中国出口的每一集装箱野生水产品应至少随附一份正本兽医（卫生）证书，证明该批产品符合中国和坦桑尼亚兽医和公共卫生法律法规及议定书的有关规定。坦方应在兽医（卫生）证书上完整填写捕捞、加工、包装、存储、运输、中转和出口等全过程中涉及的生产企业信息，包括捕捞船、加工船、运输船、加工厂和独立冷库的名称和注册编号等，不得遗漏上述任何环节涉及的生产企业信息。证书至少用中文和英文印制（填写证书时英文为必选语言）
29	野生水产品	委内瑞拉（在委内瑞拉或国际水域合法捕捞）	指供人类食用的野生水生动物产品及其制品、藻类等海洋植物产品及其制品，不包括《濒危野生动植物种国际贸易公约》（CITES）附录和中国《国家重点保护野生动物名录》（LSKPWA）所列物种、活水生动物及水生动植物繁殖材料	委内瑞拉向中国出口的每批或每一集装箱野生水产品应至少随附一份正本卫生证书，证明该批产品符合中国和委内瑞拉食品安全相关法律法规及议定书的有关规定。委方应在卫生证书上完整填写从捕捞、生产加工、包装、储存、运输、中转和出口等全过程中涉及的生产企业信息。 证书至少用中文和英文印制（填写证书时英文为必选语言）

表6-6 续7

序号	产品	原产国家或地区	产品要求	证书要求
30	养殖水产品	文莱（在文莱本国水域养殖）	人工养殖的、供人类食用的水生动物产品及其制品、藻类等海洋植物产品及其制品，不包括《濒危野生动植物种国际贸易公约》（CITES）附录和中国《国家重点保护野生动物名录》（LSKPWA）所列物种、活水生动物及水生动植物繁殖材料。《文莱输华养殖类水产品目录》见表6-6-9	文莱向中国出口的每批（每一集装箱或每车）养殖水产品应至少随附一份正本卫生证书，证明该批产品符合中国和文莱食品安全相关法律法规及议定书的有关规定。文方应在卫生证书上完整填写养殖、加工、包装、存储、运输、中转和出口等全过程中涉及的生产企业信息，包括养殖场、加工厂和独立冷库的名称和注册编号等，不得遗漏上述任何环节涉及的生产企业信息。 证书至少用中文和英文印制（填写证书时英文为必选语言）。证书的格式、内容须事先获得双方认可
31	野生水产品	文莱（在文莱或国际水域合法捕捞）	供人类食用的野生水生动物产品及其制品、藻类等水生植物产品及其制品，不包括《濒危野生动植物种国际贸易公约》（CITES）附录和中国《国家重点保护野生动物名录》（LSKPWA）所列物种、活水生动物及水生动植物繁殖材料	文莱向中国出口的每批（每一集装箱或每车）野生水产品应至少随附一份正本卫生证书，证明该批产品符合中国和文莱食品安全相关法律法规及议定书的有关规定。文方应在卫生证书上完整填写从捕捞、加工、包装、存储、运输、中转和出口等全过程中涉及的生产企业信息，包括加工厂、捕捞船、运输船、加工船和独立冷库的名称和注册编号等，不得遗漏上述任何环节涉及的生产企业信息。 证书至少用中文和英文印制（填写证书时英文为必选语言）。证书的格式、内容须事先获得双方认可
32	野生水产品	乌干达	指供人类食用的野生水生动物产品及其制品、藻类等海洋植物产品及其制品，不包括《濒危野生动植物种国际贸易公约》附录和中国《国家重点保护野生动物名录》所列物种、活水生动物及水生动植物繁殖材料	向中国出口的每批或每一集装箱野生水产品应至少随附一份正本卫生证书，证明该批产品符合中国和乌干达食品安全相关法律法规及议定书的有关规定。乌方应在卫生证书上完整填写从捕捞、生产加工、包装、储存、运输、中转和出口等全过程中涉及的生产企业信息。 证书应用中文和英文印制（填写证书时英文为必选语言）
33	野生水产品	乌拉圭（在乌拉圭或国际海域合法捕捞）	指供人类食用的野生水生动物产品及其制品、藻类等海洋植物产品及其制品，不包括《濒危野生动植物种国际贸易公约》（CITES）附录和中国《国家重点保护野生动物名录》（LSKPWA）所列物种、活水生动物及水生动植物繁殖材料	乌拉圭向中国出口的每批或每一集装箱野生水产品应至少随附一份正本卫生证书，证明该批产品符合中国和乌拉圭兽医和公共卫生法律法规及议定书的有关规定。乌方应在卫生证书中完整填写从捕捞、加工、包装、存储、运输、中转和出口等全过程中涉及生产企业信息，包括加工厂、捕捞船、运输船、加工船和独立冷库的名称和注册编号等，不得遗漏上述任何环节涉及的生产企业信息。 证书用中文、西班牙文和英文印制（填写证书内容时英文和西班牙文为必填语言）
34	野生水产品	西班牙	指供人类食用的野生水生动物产品及其制品、藻类等海洋植物产品及其制品，不包括《濒危野生动植物种国际贸易公约》（CITES）附录和中国《国家重点保护野生动物名录》（LSKPWA）所列物种、活水生动物及水生动植物繁殖材料	西班牙向中国出口的每批或每一集装箱野生水产品应至少随附一份正本卫生证书，证明该批产品符合中国和西班牙食品安全相关法律法规及议定书的有关规定。西方应在卫生证书上完整填写从捕捞、生产加工、包装、储存、运输、中转和出口等全过程中涉及的生产企业信息。 证书应至少用中文和英文印制（填写证书时英文为必选语言）

表6-6 续8

序号	产品	原产国家或地区	产品要求	证书要求
35	养殖水产品	新加坡	指人工养殖的、供人类食用的水生动物产品及其制品、藻类等海洋植物产品及其制品，不包括《濒危野生动植物种国际贸易公约》（CITES）附录和中国《国家重点保护野生动物名录》所列物种、活水生动物及水生动植物繁殖材料。《新加坡输华养殖水产品目录》见表6-6-10	新加坡向中国出口的每批养殖水产品应随附一份正本卫生证书，证明该批产品符合中国和新加坡食品安全相关法律法规及议定书的有关规定。新方应在卫生证书上完整填写从养殖、生产加工、包装、储存、运输、中转和出口等全过程中涉及的生产加工企业信息，包括养殖场、加工厂和独立冷库的名称和注册编号。 证书以中文和英文印制（填写证书时英文为必选语言）
36	养殖水产品	伊朗	指人工养殖的、供人类食用的水生动物产品及其制品、藻类等海洋植物产品及其制品，不包括《濒危野生动植物种国际贸易公约》（CITES）附录和中国《国家重点保护野生动物名录》所列物种、活水生动物及水生动植物繁殖材料。《伊朗输华养殖水产品目录》见表6-6-11	伊朗向中国出口的每一集装箱养殖水产品应至少随附一份正本兽医（卫生）证书，证明该批产品符合中国和伊朗兽医和公共卫生法律法规及议定书的有关规定。伊方应在兽医（卫生）证书上完整填写养殖、加工、包装、存储、运输、中转和出口等全过程中涉及的生产企业信息，包括养殖场、加工厂和独立冷库的名称和注册编号等，不得遗漏上述任何环节涉及的生产企业信息。证书至少用中文和英文印制（填写证书时英文为必选语言）
37	野生水产品	印度尼西亚	供人类食用的野生水生动物产品及其制品、藻类等水生植物产品及其制品，不包括《濒危野生动植物种国际贸易公约》（CITES）附录和中国《国家重点保护野生动物名录》（LSKPWA）所列物种、活水生动物及水生动植物繁殖材料	印度尼西亚向中国出口的每一集装箱野生水产品应至少随附一份正本卫生证书，证明该批产品符合中国和印度尼西亚兽医和公共卫生法律法规及议定书的有关规定。印尼方应在卫生证书上完整填写从捕捞、加工、包装、存储、运输、中转和出口等全过程中涉及生产企业信息，包括加工厂、捕捞船、运输船、加工船和独立冷库的名称和注册编号等，不得遗漏上述任何环节涉及的生产企业信息。 卫生证书至少用中文和英文印制（填写证书时英文为必选语言）
38	养殖水产品	智利	人工养殖的、供人类食用的水生动物产品及其制品、藻类等海洋植物产品及其制品，不包括《濒危野生动植物种国际贸易公约》（CITES）附录和中国《国家重点保护野生动物名录》（LSKPWA）所列物种、活水生动物及水生动植物繁殖材料。《智利输华养殖水产品目录》见表6-6-12	智利向中国出口的每一集装箱养殖水产品应至少随附一份正本卫生证书，证明该批产品符合中国和智利兽医和公共卫生法律法规及议定书的有关规定。智方应在卫生证书上完整填写养殖、加工、包装、存储、运输、中转和出口等全过程中涉及的生产企业信息，包括养殖场、加工厂和独立冷库的名称和注册编号等，不得遗漏上述任何环节涉及的生产企业信息。 证书至少用中文和英文印制（填写证书时英文为必选语言）

附表

表 6-6-1 古巴输华养殖类水产品目录

序号	产品	拉丁学名	纲	目	科	生产方式（野生或养殖）	生活水域（海水或淡水）
1	南美白对虾	*Penaeus vannamei*	甲壳纲	十足目	对虾科	养殖	海水和淡水

表 6-6-2 洪都拉斯输华养殖水产品目录

序号	中文品名	拉丁学名	纲	目	科	属	生产方式（野生或养殖）	生活水域（海水、淡水）
1	南美白对虾（凡纳滨对虾）	*Litopenaeus vannamei*	软甲纲	十足目	对虾科	滨对虾属	养殖	海水

注：经双方确认，该表中的养殖水产品种类可以增加或删除。

表 6-6-3 吉尔吉斯斯坦输华养殖水产品目录

序号	英文品名	拉丁学名	纲	目	科	属	种	生产方式（野生或养殖）	生活水域（海水、淡水等）
1	Rainbow trout（虹鳟鱼）	*Oncorhynchus mykiss*	Teleostei（硬骨鱼纲）	Salmoniformes（鲑形目）	Salmonidae（鲑科）	*Oncorhynchus*（大马哈鱼属）	虹鳟鱼	养殖	淡水

注：经双方通过正式信函确认，该表中的养殖水产品种类可以增加或删除。

表 6-6-4 柬埔寨输华养殖水产品目录

序号	中英文品名	拉丁学名	纲	目	科	属	生产方式（野生或养殖）	生活水域（海水或淡水）
1	低眼无齿𩷶（Striped catfish）	*Pangasianodon hypophthalmus*	辐鳍鱼纲（Actinopteri）	鲇形目（Siluriformes）	巨鲶科（Pangasiidae）	无齿鲶属（*Pangasianodon*）	养殖	淡水

表 6-6-5 马耳他输华养殖水产品目录

序号	中文品名	拉丁学名	纲	目	科	属	生产方式（野生或养殖）	生活水域（海水或淡水）
1	北方蓝鳍金枪鱼	*Thunnus thynnus*	硬骨鱼纲	鲈形目	鲭科	金枪鱼属	养殖	海水

注：经双方通过正式信函确认，该表中的养殖水产品种类可以增加或删除。

表6-6-6 缅甸输华养殖水产品目录

序号	中文品名	拉丁学名	纲	目	科	属	种	加工方式	生活水域（海水、淡水等）
1	卡特拉鲃	*Gibelion catla*	辐鳍鱼纲	鲤形目	鲤科	卡特拉鲃属	卡特拉鲃	冰鲜、冷冻	淡水
2	麦瑞加拉鲮	*Cirrhinus mrigala*	辐鳍鱼纲	鲤形目	鲤科	鲮属	麦瑞加拉鲮	冰鲜、冷冻	淡水
3	鲤鱼	*Cyprinus Carpio*	辐鳍鱼纲	鲤形目	鲤科	鲤属	鲤	冰鲜、冷冻	淡水
4	露斯塔野鲮	*Labeo rohita*	辐鳍鱼纲	鲤形目	鲤科	野鲮属	露斯塔野鲮	冰鲜、冷冻	淡水
5	凡纳滨对虾	*Litopenaeus vannamei*	软甲纲	十足目	对虾科	滨对虾属	南美白对虾	冰鲜、冷冻、干制、冻煮	海水
6	尼罗罗非鱼	*Oreochromis niloticus*	辐鳍鱼纲	鲈形目	慈鲷科	罗非鱼属	尼罗罗非鱼	冰鲜、冷冻	淡水
7	低眼无齿𩷶	*Pangasianodon hypophthalmus*	辐鳍鱼纲	鲇形目	𩷶科	𩷶属	苏氏圆腹𩷶	冰鲜、冷冻、干制	淡水
8	博氏巨鲶	*Pangasius bocourti*	辐鳍鱼纲	鲇形目	𩷶科	𩷶鲶属	巴沙鱼	冰鲜、冷冻	淡水
9	斑节对虾	*Penaeus monodon*	软甲纲	十足目	对虾科	对虾属	斑节对虾	冰鲜、冷冻	海水
10	榄绿青蟹	*Scylla olivacea*	软甲纲	十足目	梭子蟹科	青蟹属	榄绿青蟹	冷冻	咸水
11	锯缘青蟹	*Scylla serrata*	软甲纲	十足目	梭子蟹科	青蟹属	锯缘青蟹	冷冻	咸水
12	罗氏沼虾	*Macrobrachium rosenbergii*	软甲纲	十足目	长臂虾科	沼虾属	罗氏沼虾	冰鲜、冷冻	淡水
13	尖吻鲈鱼	*Lates calcarifer*	辐鳍鱼纲	鲈形目	尖吻鲈科	尖吻鲈属	尖吻鲈	冰鲜、冷冻	咸水

注：经双方通过正式信函确认，该表中的养殖水产品种类可以增加或删除。

表6-6-7 尼加拉瓜输华养殖水产品目录

序号	产品	拉丁学名	纲	目	科	属	生产方式（野生或养殖）	生活水域（海水或淡水）
1	凡纳滨对虾	*Litopenaus vannamei*	软甲纲	十足目	对虾科	滨对虾属	养殖	海水
2	尼罗罗非鱼	*Oreochromis niloticus*	辐鳍鱼纲	慈鲷目	慈鲷科	口孵非鲫属	养殖	淡水
3	墨西哥笛鲷	*Lutjanus guttatus*	辐鳍鱼纲	鲈形目	笛鲷科	笛鲷属	养殖	海水

注：经双方通过正式信函确认，该表中的养殖水产品种类可以增加或删除。

表6-6-8 所罗门输华养殖水产品目录

序号	中文品名	拉丁学名	纲	目	科	属	种	生产方式（野生或养殖）	生活水域（海水、淡水等）
1	长心卡帕藻	*Kappaphycus alvarezii*	红藻纲	杉海苔目	红翎菜科	卡帕藻属	长心卡帕藻	养殖	海水

注：经双方通过正式信函确认，该表中的养殖水产品种类可以增加或删除。

表 6-6-9 文莱输华养殖类水产品目录

序号	中文品名	拉丁学名	纲	目	科	属	生产方式（野生或养殖）	生活水域（海水、淡水等）
1	Hybrid Grouper（石斑鱼）	*Epinephelus* spp.	Actinopterygii（辐鳍鱼纲）	Perciformes（鲈形目）	Serranidae（鮨科）	*Epinephelus*（石斑鱼属）	养殖	海水
2	Golden Pompano（金鲳鱼）	*Trachinotus blochii*	Actinopterygii（辐鳍鱼纲）	Carangiformes（鲹形目）	Carangidae（鲹科）	*Trachinotus*（鲳鲹属）	养殖	海水
3	Asian Seabass（尖吻鲈）	*Lates calcarifer*	Actinopterygii（辐鳍鱼纲）	Perciformes（鲈形目）	Latidae（尖吻鲈科）	*Lates*（尖吻鲈属）	养殖	海水
4	Giant Tiger Prawn（斑节对虾）	*Penaeus monodon*	Malacostraca（软甲纲）	Decapoda（十足目）	Penaeidae（对虾科）	*Penaeus*（对虾属）	养殖	海水
5	Whiteleg Shrimp（南美白对虾）	*Litopenaeus vannamei*	Malacostraca（软甲纲）	Decapoda（十足目）	Penaeidae（对虾科）	*Litopenaeus*（滨对虾属）	养殖	海水
6	Oyster（牡蛎）	*Ostrea* spp, *Crassostrea* spp, *Ostreola* spp, *Magallana* spp, *Saccostrea* spp	Bivalvia（双壳纲）	Ostreida（牡蛎目）	Ostreidae（牡蛎科）	*Ostrea*（牡蛎属），*Crassostrea*（厚牡蛎属），*Ostreola*（扁牡蛎属），*Magallana*（太平洋牡蛎属），*Saccostrea*（小蛎属）	养殖	海水
7	Atlantic salmon（大西洋鲑鱼）	*Salmo salar*	Actinopterygii（辐鳍鱼纲）	Salmoniformes（鲑形目）	Salmonidae（鲑科）	*Salmo*（鲑属）	养殖	淡水
8	Giant Freshwater Prawn（淡水长臂大虾）	*Macrobrachium rosenbergii*	Malacostraca（软甲纲）	Decapoda（十足目）	Palaemonidae（长臂虾科）	*Macrobrachium*（沼虾属）	养殖	淡水
9	Mudcrab（锯缘青蟹）	*Scylla serrata*	Malacostraca（软甲纲）	Decapoda（十足目）	Portunidae（梭子蟹科）	*Scylla*（青蟹属）	养殖	淡水
10	Red Snapper（摩拉吧笛鲷）	*Lutjanus malabaricus*	Actinopterygii（辐鳍鱼纲）	Perciformes（鲈形目）	Lutjanidae（笛鲷科）	*Lutjanus*（笛鲷属）	养殖	海水
11	Lobster（锦绣龙虾）	*Panulirus ornatus*	Malacostraca（软甲纲）	Decapoda（十足目）	Palinuridae（海龙虾科）	*Panulirus*（龙虾属）	养殖	海水

表6-6-9 续1

序号	中文品名	拉丁学名	纲	目	科	属	生产方式（野生或养殖）	生活水域（海水、淡水等）
12	Yellow Fin Tuna（黄鳍金枪鱼）	*Thunnus albacares*	Actinopterygii（辐鳍鱼纲）	Scombriformes（鲭形目）	Scombridae（鲭科）	*Thunnus*（金枪鱼属）	养殖	海水
13	Humpback Grouper（驼背鲈）	*Cromileptes altivelis*	Actinopterygii（辐鳍鱼纲）	Perciformes（鲈形目）	Serranidae（鮨科）	*Cromileptes*（驼背鲈属）	养殖	海水
14	Leopard Coral Trout（豹纹鳃棘鲈）	*Plectropomus leopardus*	Actinopterygii（辐鳍鱼纲）	Perciformes（鲈形目）	Scombridae（鲭科）	*Plectropomus*（鳃棘鲈属）	养殖	海水
15	Chinese Herring（长鳓）	*Ilisha elongata*	Teleostei（硬骨鱼纲）	Clupeiformes（鲱鱼目）	Pristigasteridae（鲱科）	*Ilisha*（鲱属）	养殖	海水
16	Yellow Croaker（小黄鱼）	*Larimichthys polyactis*	Actinopterygii（辐鳍鱼纲）	Acanthuriformes（棘形目）	Sciaenidae（石首鱼科）	*Larimichthys*（黄鱼属）	养殖	海水
17	Hong Kong Grouper（赤点石斑鱼）	*Epinephelus akaara*	Actinopterygii 辐鳍鱼纲	Perciformes（鲈形目）	Serranidae（鲽科）	*Epinephelus*（石斑鱼属）	养殖	海水
18	Marbled Goby（云斑尖塘鳢）	*Oxyleotris marmorata*	Actinopterygii（辐鳍鱼纲）	Gobiiformes（虾虎鱼目）	Butidae（钳蝎科）	*Oxyleotris*（多纪鲀属）	养殖	海水
19	Bester sturgeon（小鲟鳇）（杂交鲟）	*Huso huso x Acipenser ruthenus*	Actinopterygii（辐鳍鱼纲）	Acipenseriformes（鲟目）	Acipenseridae（鲟科）	*Huso x Acipenser*（Hybrid）（鲟属）	养殖	淡水
20	Greasyback shrimp（刀额新对虾）	*Metapenaeus ensis*	Malacostraca（软甲纲）	Decapoda（十足目）	Penaidae（对虾科）	*Metapenaeus*（对虾属）	养殖	海水
21	Pink Northern shrimp（北方长额虾）	*Pandalus borealis*	Malacostraca（软甲纲）	Decapoda（十足目）	Pandalidae（长额虾科）	*Pandalus*（长额虾属）	养殖	海水
22	East Asian river prawn（日本沼虾）	*Macrobranchium nipponense*	Malacostraca（软甲纲）	Decapoda（十足目）	Palaemonidae（长臂虾科）	*Macrobranchium*（沼虾属）	养殖	淡水
23	Blue shrimp（蓝虾）	*Litopenaues stylirostris*	Malacostraca 软甲纲	Decapoda（十足目）	Penaeidae（对虾科）	*Litopenaues*（对虾属）	养殖	海水
24	Kuruma shrimp（日本对虾）	*Marsupenaeus japonicus*	Malacostraca 软甲纲	Decapoda（十足目）	Penaeidae（对虾科）	*Marsupenaeus*（沼虾属）	养殖	海水

表6-6-9 续2

序号	中文品名	拉丁学名	纲	目	科	属	生产方式（野生或养殖）	生活水域（海水、淡水等）
25	*Giant Scallop*（扇贝）	*Placopecten magellanicus*	Bivalvia（双壳纲）	Pectinida（海扇蛤目）	Pectinidae（扇贝科）	*Placopecten*（扇贝属）	养殖	海水
26	*Abalone*（鲍鱼）	*Haliotis* spp.	Gastropoda（腹足纲）	Lepetellida（腹足目）	Haliotidae（鲍鱼科）	*Haliotis*（鲍鱼属）	养殖	海水
27	*Chilean abalone*（南美鲍鱼）	*Concholepas* spp.	Gastropoda（腹足纲）	Neogastropoda（新腹足目）	Muricidae（骨螺科）	*Concholepas*（小螺蜚属）	养殖	海水
28	Maculate Ivory Whelk（象牙凤螺）	*Babylonia areolata*	Gastropoda（腹足纲）	Neogastropoda（新腹足目）	Babyloniidae（凤螺科）	*Babylonia*（凤螺属）	养殖	海水
29	Mud Ivory Whelk（泥东凤螺）	*Babylonia lutosa*	Gastropoda（腹足纲）	Neogastropoda（新腹足目）	Babyloniidae（凤螺科）	*Babylonia*（凤螺）	养殖	海水
30	Green Mussel（绿壳菜蛤）	*Perna viridis*	Bivalvia（双壳纲）	Mytilida（贻贝科）	Mytilidae（贻贝科）	*Perna*（贻贝属）	养殖	海水
31	Coldwater seaweed（紫菜）	*Porphyra* spp	Bangiophyceae（红绵纲）	Bangiales（紫菜目）	Bangiaceae（红毛菜科）	*Porphyra*（紫菜属）	养殖	海水
32	Blue - Green Algae（钝顶节螺藻）	*Arthrospira platensis*	Cyanophyceae（蓝藻纲）	Oscillatoriales（颤藻目）	Microcoleaceae（微鞘藻科）	*Arthrospira*（节旋藻属）	养殖	海水
33	Green algae（衣藻）	*Chlamydomonas* spp.	Chlorophyceae（绿藻纲）	Chlamydomonadales（衣藻目）	Chlamydomonadaceae（衣藻科）	*Chlamydomonas*（衣藻属）	养殖	淡水

注：经双方通过正式信函确认，该表中的养殖水产品种类可以增加或删除。

表6-6-10 新加坡输华养殖水产品目录

序号	英文品名	拉丁学名	纲	目	科	属	种	生产方式（野生或养殖）	加工方式	生活水域（海水、淡水等）
1	Four - finger Threadfin	四指马鲅（*Eleutheronema tetradactylum*）	硬骨鱼纲（Osteichthyes）	鲈形目（Perciformes）	马鲅科（Polynemidae）	四指马鲅属（*Eleutheronema*）	四指马鲅	养殖	冰鲜、冷冻	海水
2	Red Snapper	赤鳍笛鲷（*Lutjanus erythropterus*）	硬骨鱼纲（Osteichthyes）	鲈形目（Perciformes）	笛鲷科（Lutjanidae）	笛鲷属（*Lutjanus*）	赤鳍笛鲷	养殖	冰鲜、冷冻	海水
3	Golden Snapper	黑斑笛鲷（*Lutjanus johnii*）	硬骨鱼纲（Osteichthyes）	鲈形目（Perciformes）	笛鲷科（Lutjanidae）	笛鲷属（*Lutjanus*）	黑斑笛鲷	养殖	冰鲜、冷冻	海水

表6-6-10 续

序号	英文品名	拉丁学名	纲	目	科	属	种	生产方式（野生或养殖）	加工方式	生活水域（海水、淡水等）
4	Pompano	布氏鲳鲹（*Trachinotus blochii*）	硬骨鱼纲（Osteichthyes）	鲈形目（Perciformes）	鲹科（Carangidae）	鲳鲹属（*Trachinotus*）	布氏鲳鲹	养殖	冰鲜、冷冻	海水
5	Golden Trevally	黄鹂无齿鲹（*Gnathanodon speciosus*）	硬骨鱼纲（Osteichthyes）	鲈形目（Perciformes）	鲹科（Carangidae）	无齿鲹属（*Gnathanodon*）	黄鹂无齿鲹	养殖	冰鲜、冷冻	海水
6	Asian Seabass / Barramundi	尖吻鲈鱼（*Lates calcarifer*）	硬骨鱼纲（Osteichthyes）	鲈形目（Perciformes）	尖嘴鲈科（Latidae）	尖吻鲈属（*Lates*）	尖吻鲈鱼	养殖	冰鲜、冷冻	海水

注：经双方通过正式信函确认，上述目录中的养殖水产品种类可以增加或删除。上述目录变更后，不再另行发布公告，以海关总署公布的《符合评估审查要求及有传统贸易的国家或地区输华食品目录》为准。

表6-6-11 伊朗输华养殖水产品目录

序号	中文品名	拉丁学名	纲	目	科	生产方式（野生或养殖）	生活水域（海水或淡水）
1	南美白对虾（凡纳滨对虾）	*Litopenaeus vannamei*	软甲纲	十足目	对虾科	养殖	海水
2	鳗鲡属（欧洲鳗除外）	*Anguilla* spp.（*Anguilla anguilla execpted*），*Gymnomuraena* sp.，*Echidna* sp.，*Gymnothorax* sp.	硬骨鱼纲	鳗鲡目	鳗鲡科，海鳝科，海鳗科	养殖	海水
3	金头鲷	*Sparus aurata*	硬骨鱼纲	鲈形目	鲷科	养殖	淡水
4	虹鳟鱼	*Oncorhynchus mykiss*	辐鳍鱼纲	鲑形目	鲑科	养殖	淡水
5	尖吻鲈鱼	*Lates calcarifer*	硬骨鱼纲	鲈形目	尖吻鲈科	养殖	淡水

注：经双方通过正式信函确认，该表中的养殖水产品种类可以增加或删除。

表6-6-12 智利输华养殖水产品目录

序号	中文品名	拉丁学名	纲	目	科	属	生产方式（野生或养殖）	生活水域（海水或淡水）
1	贻贝	*Mytilus chilensis*	双壳纲	贻贝目	贻贝科	贻贝属	养殖	海水
2	虹鳟	*Oncorhynchus mykiss*	硬骨鱼纲	鲑形目	鲑科	太平洋鲑属	养殖	海水
3	银鲑	*Oncorhynchus kisutch*	辐鳍鱼纲	鲑形目	鲑科	太平洋鲑属	养殖	海水
4	海湾扇贝	*Argopecten purpuratus*	瓣鳃纲	珍珠贝目	扇贝科	海湾扇贝属	养殖	海水
5	大麻哈鱼	*Oncorhynchus keta*	硬骨鱼纲	鲑形目	鲑科	太平洋鲑属	养殖	海水
6	大西洋鲑	*Salmo salar*	硬骨鱼纲	鲑形目	鲑科	鳟属	养殖	海水
7	吉尔大麻哈鱼	*Oncorhynchus gilae*	硬骨鱼纲	鲑形目	鲑科	太平洋鲑属	养殖	海水

表6-6-12 续

序号	中文品名	拉丁学名	纲	目	科	属	生产方式（野生或养殖）	生活水域（海水或淡水）
8	金腹大麻哈鱼	*Oncorhynchus chrysogaster*	硬骨鱼纲	鲑形目	鲑科	太平洋鲑属	养殖	海水
9	克拉克大麻哈鱼	*Oncorhynchus clarkii clarkii*	硬骨鱼纲	鲑形目	鲑科	太平洋鲑属	养殖	海水
10	玫瑰大麻哈鱼	*Oncorhynchus rhodurus*	硬骨鱼纲	鲑形目	鲑科	太平洋鲑属	养殖	海水

注：经双方通过正式信函确认，该表中的养殖水产品种类可以增加或删除。

二、出口水产品

（一）资质要求

1. 出口食品原料养殖场备案

海关对出口水产品原料养殖场实施备案管理。办理指南见本书第二部分第十四章第十九节。

“出口水产品备案养殖场名单”可在海关总署门户网站企业管理和稽查司页面（http：//qgjcs. customs. gov. cn/）的“信息服务”栏目中查询。

2. 出口食品生产企业备案

海关对出口水产品的生产企业实施备案管理。办理指南见本书第二部分第十四章第十六节。

出口食品生产企业备案信息可在海关总署门户网站企业管理和稽查司页面（http：//qgjcs. customs. gov. cn/）的“信息服务”栏目中查询。

3. 出口食品生产企业对外推荐注册

境外国家（地区）对中国输往该国家（地区）的出口水产品生产企业实施注册管理且要求海关总署推荐的，海关总署统一向该国家（地区）主管当局推荐。办理指南见本书第二部分第十四章第十七节。

获国外（境外）注册的食品生产企业名单可在海关总署门户网站企业管理和稽查司页面（http：//qgjcs. customs. gov. cn/）的“信息服务”栏目中查询。

（二）申报要求

出口水产品生产企业、出口商应当按照法律、行政法规和海关总署规定，向产地（含组货地）申请检验检疫。

特定国家或者地区申报要求详见本小节“（四）出口水产品检验检疫要求”部分内容。

（三）产品相关要求

1. 基本要求

生产企业应当保证其出口水产品符合进口国家（地区）的标准或者合同要求；中国缔结或者参加的国际条约、协定有特殊要求的，还应当符合国际条约、协定的要求。

进口国家（地区）暂无标准，合同也未做要求，且中国缔结或者参加的国际条约、协定无相关要求的，生产企业应当保证其出口水产品符合中国食品安全国家标准。现行食品安全国家标准目录见本书附录 2-6。

2. 原料要求

出口水产品生产企业所用的原料应当来自备案的养殖场、经渔业行政主管部门批准的捕捞水域或者捕捞渔船，并符合拟输入国家或者地区的检验检疫要求。出口水产品备案养殖场应当为其生产的每一批出口水产品原料出具供货证明。

3. 企业要求

(1) 生产企业应当建立完善可追溯的食品安全卫生控制体系，保证食品安全卫生控制体系有效运行，确保出口食品生产、加工、贮存过程持续符合中国相关法律法规、出口食品生产企业安全卫生要求；进口国家（地区）相关法律法规和相关国际条约、协定有特殊要求的，还应当符合相关要求。

(2) 生产企业应当建立供应商评估制度、进货查验记录制度、生产记录档案制度、出厂检验记录制度、出口食品追溯制度和不合格食品处置制度。相关记录应当真实有效，保存期限不得少于食品保质期期满后6个月；没有明确保质期的，保存期限不得少于2年。

(3) 获得境外注册的企业，应当每年就是否能够持续符合进口国家（地区）注册条件进行自我评定，并向住所地海关报告。

(4) 获得境外注册的企业，应当接受进口国家（地区）主管当局和海关实施的监督检查，如实提供有关情况和材料。

(5) 出口食品存在安全问题，已经或者可能对人体健康和生命安全造成损害的，出口食品生产经营者应当立即采取相应措施，避免和减少损害发生，并向所在地海关报告。

4. 包装运输要求

生产企业应当保证出口食品包装和运输方式符合食品安全要求。

生产企业应当在运输包装上标注生产企业备案号、产品品名、生产批号和生产日期。

进口国家（地区）或者合同有特殊要求的，在保证产品可追溯的前提下，经直属海关同意，出口食品生产企业可以调整前款规定的标注项目。

对装运出口易变质、需要冷冻或者冷藏水产品的集装箱、船舱、飞机、车辆等运载工具，承运人、装箱单位或者其代理人应当按照规定对运输工具和装载容器进行清洗消毒并做好记录，在装运前向海关申请清洁、卫生、冷藏、密固等适载检验（详见本书第二部分第十五章第三节“适载检验”部分）；未经检验或者经检验不合格的，不准装运。

5. 其他要求

特定国家或者地区产品要求详见本小节“（四）出口水产品检验检疫要求”部分内容。

（四）出口水产品检验检疫要求

出口水产品检验检疫要求见表6-7。

表6-7 出口水产品检验检疫要求

（截至2025年1月1日）

产品	进口国（地区）对企业注册的要求	产品范围
鲶形目鱼类产品	美国 1. 我国输美鲶鱼产品的生产企业应持续符合美国法律法规的相关要求，并根据美国法规要求接受美国官方检查；生产企业应按我国法律法规规定组织生产和出口，并应当保证出口的鲶鱼产品符合美国的标准和要求。 2. 对美推荐注册生产企业包括鲶鱼产品生产加工企业、储存冷库。生产企业在获得美国农业部注册后方可开展出口贸易	中国生制鲶形目鱼类

第五节　燕窝产品

燕窝产品，是指由金丝燕及相同类型燕子唾液形成，已去除污垢和羽毛，适合人类食用的食用燕窝及其制品，包括毛燕、食用燕窝、燕窝制品，以及具有保健食品批准文号的燕窝等。

毛燕，是指由金丝燕及同类型燕子唾液形成，经去除粪便、土壤以及一般杂质的初级处理，无霉变，未添加任何物质的产品。

食用燕窝，是指经分拣、用水浸泡、清洁、去除羽毛、重新塑型、加热烘干、分装等工艺制成的燕窝产品，不包括冰糖燕窝等燕窝制品。

燕窝制品，是指以燕窝为主要原料，添加或不添加适当辅料，经相关加工工艺制成的食品，按原卫生部复函要求目前仅限冰糖燕窝。

一、进口燕窝产品

（一）资质要求

1. 准入要求

海关对进口燕窝产品实施准入制度。列入《符合评估审查要求的国家或地区输华燕窝产品名单》的国家或地区对应的产品，方可进口。

《符合评估审查要求的国家或地区输华燕窝产品名单》可在海关总署门户网站进出口食品安全局页面（http：//jckspj. customs. gov. cn/）的“信息服务”—“产品监管重要信息”—“陆生动物源性食品”栏目中查询。

2. 境外生产企业注册

燕窝产品的境外生产企业，应当获得海关总署注册。燕窝产品的境外生产企业由所在国家（地区）主管当局向海关总署推荐注册。办理指南见本书第二部分第十四章第十节。

进口食品境外生产企业注册信息可在网站（https：//ciferquery. singlewindow. cn/）查询。

3. 进出口商备案

向中国境内出口燕窝产品的境外出口商或者代理商应当向海关总署备案。燕窝产品进口商应当向其住所地海关备案。办理指南见本书第二部分第十四章第十一节和第十二节。

进口食品境外出口商或者代理商、食品进口商备案信息可通过中国海关企业进出口信用信息公示平台（http：//credit. customs. gov. cn/）的“特定资质行政相对人名录”栏目查询。

4. 进口毛燕指定加工企业备案

进口毛燕的企业应事先办理进口毛燕指定加工企业备案。办理指南见本书第二部分第十四章第十五节。

进口毛燕指定加工企业名单可通过中国海关企业进出口信用信息公示平台（http：//credit. customs. gov. cn/）的“特定资质行政相对人名录”栏目查询。

（二）申报要求

1. 基本申报要求

发货人或者其代理人应当在燕窝产品进口前或者进口时向海关申报，申报时应当提供贸易合同、提单、装箱单、发票等，并随附以下文件：

（1）经海关总署确认的兽医（卫生）证书。

（2）原产地证书［具体要求详见本小节“（四）进口燕窝产品检验检疫要求”部分内容］。

2. 录入要求

（1）在企业资质栏目选取“508-进口食品境外出口商代理商备案”“509-进口食品进口商备案”，并分别填写18位统一编码和食品进口商的统一社会信用代码。

（2）在产品资质栏目选取“519-进口食品境外生产企业注册”，填写在华注册编号信息。

（3）在货物属性栏目，根据货物实际情况选择“14-预包装”或“15-非预包装”。

（4）准确填写燕窝种类、来源（屋燕、洞燕）、颜色等信息。

（三）产品相关要求

1. 基本要求

进口燕窝产品应符合国家食品安全标准要求。现行食品安全国家标准目录见本书附录2-6。

2022年1月1日起生产的输华燕窝产品，应当在内、外包装上标注在华注册编号或者所在国家（地区）主管当局批准的注册编号。

进口燕窝产品的包装和标签、标识应当符合中国法律法规和食品安全国家标准；依法应当有说明书的，还应当有中文说明书。销售包装应符合国家强制性标准《限制商品过度包装要求 食品和化妆品》及其修改单（GB 23350—2021/XG1—2022）① 的要求。

其中，属于保健食品的燕窝产品，还应同时符合进口保健食品相关规定，详见本书第二部分第八章第一节“特殊食品”相关内容。

2. 企业要求

（1）食品进口商应当建立食品进口和销售记录制度，如实记录食品名称、净含量（规格）、数量、生产日期、生产或者进口批号、保质期、境外出口商和购货者名称、地址及联系方式、交货日期等内容，并保存相关凭证。记录和凭证保存期限不得少于食品保质期满后6个月；没有明确保质期的，保存期限为销售后2年以上。

（2）食品进口商应当建立境外出口商、境外生产企业审核制度，重点审核：制定和执行食品安全风险控制措施情况；保证食品符合中国法律法规和食品安全国家标准。

3. 预包装食品标签要求

属于预包装食品的燕窝产品，其标签还应符合以下要求：

（1）进口的预包装食品应当有中文标签；依法应当有说明书的，还应当有中文说明书。标签、说明书应当符合《中华人民共和国食品安全法》以及中国其他有关法律、行政法规的规定和食品安全国家标准的要求，并载明食品的原产地以及境内代理商的名称、地址、联系方式。预包装食品没有中文标签、中文说明书或者标签、说明书不符合规定的，不得进口。

（2）标签应当标明下列事项：名称、规格、净含量、生产日期；成分或者配料表；生产者的名称、地址、联系方式；保质期；产品标准代号；贮存条件；所使用的食品添加剂在国家标准中的通用名称；生产许可证编号；法律、法规或者食品安全标准规定应当标明的其他事项。专供婴幼儿和其他特定人群的主辅食品，其标签还应当标明主要营养成分及其含量。

（3）食品的标签、说明书不得含有虚假内容，不得涉及疾病预防、治疗功能。生产经营者对其提供的标签、说明书的内容负责。

（4）食品的标签、说明书应当清楚、明显，生产日期、保质期等事项应当显著标注，容易辨识。

4. 其他要求

特定国家或者地区产品要求详见本小节“（四）进口燕窝产品检验检疫要求”部分内容。

---

① 运输包装和出厂时价格为零且标识“赠品或非卖品”字样的产品不适用于本标准。

（四）进口燕窝产品检验检疫要求

进口燕窝产品检验检疫要求见表6-8。

表6-8　进口燕窝产品检验检疫要求

（截至2025年1月1日）

序号	产品	原产国家与地区	产品要求	证书要求
1	毛燕	马来西亚	毛燕是指由金丝燕及同类型燕子唾液形成，经去除粪便、土壤以及一般杂质的初级处理，无霉变，未添加任何物质的产品	进口毛燕应随附马来西亚政府主管部门签发的兽医卫生证书，证明符合中国法律法规要求
2	燕窝产品	马来西亚	燕窝产品是指由金丝燕及相同类型燕子唾液形成，已去除污垢和羽毛，适合人类食用的食用燕窝及其制品	马来西亚政府主管部门应当对输华燕窝产品出具原产地证书、兽医卫生证书和卫生证书，证明其符合中国法律法规和相关标准的要求
3	燕窝产品	泰国	燕窝产品是指由金丝燕及相同类型燕子唾液形成，已去除污垢和羽毛，适合人类食用的食用燕窝及其制品。 泰国白色燕窝产品是指颜色呈白色、黄色或金色的可食用燕窝产品（燕窝颜色与燕子栖息地有关）（引自泰国农业标准TAS 6705—2014）	泰国政府主管部门应当对输华燕窝产品出具原产地证书、兽医（卫生）证书，证明其符合中国法律法规和相关标准的要求
4	燕窝	印度尼西亚	燕窝产品是指由金丝燕及相同类型燕子唾液形成，已去除污垢和羽毛，适合人类食用的食用燕窝及其制品	印度尼西亚政府主管部门应当对输华燕窝产品出具原产地证书、兽医（卫生）证书，证明其符合中国法律法规和相关标准的要求，并在兽医（卫生）证书中注明动物卫生状况（禽流感疫情和其他疫情疫病情况）
5	燕窝产品	越南	由金丝燕及相同类型燕子唾液形成、已去除污垢和羽毛、适合人类食用的燕窝及其制品	每一批产品应随附一份原产地证书和正本兽医卫生证书。兽医卫生证书用中文和英文写成，其格式、内容须事先获得双方认可。 越方出具的兽医卫生证书，应注明：燕屋注册号、加工企业注册号、产品原料来源；已采取必要的预防措施防止产品与所有禽流感病毒源接触；产品符合中国法律法规及相关标准和要求；适合人类食用

二、出口燕窝产品

出口燕窝产品可按照本书第二部分第六章第七节“其他动物源性食品”有关要求办理。

第六节 蜂产品

本节蜂产品包括蜂蜜、蜂王浆及制品、蜂胶、蜂花粉、其他蜂产品等。

一、进口蜂产品

（一）资质要求

1. 准入要求

海关对进口蜂产品实施检疫准入制度。列入《符合评估审查要求及有传统贸易的国家或地区输华蜂产品名单》的国家或地区对应的产品，方可进口。

禁止从日本福岛县、群马县、栃木县、茨城县、宫城县、新潟县、长野县、琦玉县、东京都、千叶县10个都县进口蜂产品。

《符合评估审查要求及有传统贸易的国家或地区输华蜂产品名单》可在海关总署门户网站进出口食品安全局页面（http：//jckspj. customs. gov. cn/）的“信息服务”—“产品监管重要信息”—“陆生动物源性食品”栏目中查询。

2. 境外生产企业注册

蜂产品的境外生产企业，应当获得海关总署注册。蜂产品的境外生产企业由所在国家（地区）主管当局向海关总署推荐注册。办理指南见本书第二部分第十四章第十节。

进口食品境外生产企业注册信息可在网站（https：//ciferquery. singlewindow. cn/）查询。

3. 进出口商备案

向中国境内出口蜂产品的境外出口商或者代理商应当向海关总署备案。蜂产品进口商应当向其住所地海关备案。办理指南见本书第二部分第十四章第十一节和第十二节。

进口食品境外出口商或者代理商、食品进口商备案信息可通过中国海关企业进出口信用信息公示平台（http：//credit. customs. gov. cn/）的“特定资质行政相对人名录”栏目查询。

（二）申报要求

1. 基本申报要求

货主或者其代理人应当在蜂产品进口前或者进口时向海关申报，申报时应当提供贸易合同、提单、装箱单、发票等，并随附以下文件：

（1）输出国家（地区）官方卫生证书（新西兰的蜂蜜产品已实施联网核查）[特定国家或者地区证书要求详见本小节“（四）进口蜂产品检验检疫要求”部分内容]；

（2）原产地证明。

2. 其他申报要求

进口日本蜂产品时，还应随附日本官方出具的原产地证明。

3. 录入要求

（1）在企业资质栏目选取“508-进口食品境外出口商代理商备案”“509-进口食品进口商备案”，并分别填写18位统一编码和食品进口商的统一社会信用代码。

（2）在产品资质栏目选取“519-进口食品境外生产企业注册”，并填写在华注册编号等信息。

（3）在货物属性栏目，根据货物实际情况选择“14-预包装”或“15-非预包装”。

（三）产品相关要求

1. 基本要求

进口蜂产品应符合食品安全国家标准要求，应当按照规定随附合格证明材料。现行食品安全国家标准目录见本书附录 2-6。

2022 年 1 月 1 日起生产的输华蜂产品，应当在内、外包装上标注在华注册编号或者所在国家（地区）主管当局批准的注册编号。

进口蜂产品的包装和标签、标识应当符合中国法律法规和食品安全国家标准；依法应当有说明书的，还应当有中文说明书。销售包装应符合国家强制性标准《限制商品过度包装要求 食品和化妆品》及其修改单（GB 23350—2021/XG1—2022）[①] 的要求。

2. 企业要求

（1）食品进口商应当建立食品进口和销售记录制度，如实记录食品名称、净含量（规格）、数量、生产日期、生产或者进口批号、保质期、境外出口商和购货者名称、地址及联系方式、交货日期等内容，并保存相关凭证。记录和凭证保存期限不得少于食品保质期满后 6 个月；没有明确保质期的，保存期限为销售后 2 年以上。

（2）食品进口商应当建立境外出口商、境外生产企业审核制度，重点审核：制定和执行食品安全风险控制措施情况；保证食品符合中国法律法规和食品安全国家标准。

3. 预包装食品标签要求

属于预包装食品的蜂产品，其标签还应符合以下要求：

（1）进口的预包装食品应当有中文标签；依法应当有说明书的，还应当有中文说明书。标签、说明书应当符合《中华人民共和国食品安全法》以及中国其他有关法律、行政法规的规定和食品安全国家标准的要求，并载明食品的原产地以及境内代理商的名称、地址、联系方式。预包装食品没有中文标签、中文说明书或者标签、说明书不符合规定的，不得进口。

（2）标签应当标明下列事项：名称、规格、净含量、生产日期；成分或者配料表；生产者的名称、地址、联系方式；保质期；产品标准代号；贮存条件；所使用的食品添加剂在国家标准中的通用名称；生产许可证编号；法律、法规或者食品安全标准规定应当标明的其他事项。专供婴幼儿和其他特定人群的主辅食品，其标签还应当标明主要营养成分及其含量。

（3）食品的标签、说明书不得含有虚假内容，不得涉及疾病预防、治疗功能。生产经营者对其提供的标签、说明书的内容负责。

（4）食品的标签、说明书应当清楚、明显，生产日期、保质期等事项应当显著标注，容易辨识。

4. 其他要求

特定国家或者地区产品要求详见本小节“（四）进口蜂产品检验检疫要求”部分内容。

（四）进口蜂产品检验检疫要求

进口蜂产品检验检疫要求见表 6-9。

---

① 运输包装和出厂时价格为零且标识“赠品或非卖品”字样的产品不适用于本标准。

表 6-9 进口蜂产品检验检疫要求

（截至 2025 年 1 月 1 日）

序号	产品	原产国家（地区）	产品要求	证书要求
1	蜂蜜	阿尔巴尼亚	允许进口的阿尔巴尼亚蜂蜜指蜜蜂采集植物的花蜜、分泌物或蜜露，与自身分泌物混合后，经充分酿造而成的天然甜物质	每一集装箱输华蜂蜜应至少随附一份主管部门出具的官方正本卫生证书，证明其符合中国和阿尔巴尼亚的检验检疫要求
2	蜂蜜	白俄罗斯	允许进口的白俄罗斯蜂蜜是指蜜蜂采集植物的花蜜、分泌物或蜜露，与自身分泌物混合后，经充分酿造而成的天然甜物质	输华蜂蜜每一集装箱/批次应至少随附一份正本卫生证书，证明该批次产品符合中国和白俄罗斯兽医和公共卫生相关法律法规及议定书的有关规定。 兽医卫生证书用中文、俄语和英文写成
3	蜂蜜	保加利亚	允许进口的保加利亚蜂蜜指蜜蜂采集植物的花蜜、分泌物或蜜露，与自身分泌物混合后，经充分酿造而成的天然甜物质	每一集装箱输华蜂蜜应至少随附一份主管部门出具的官方正本卫生证书，证明其符合中国和保加利亚的检验检疫要求
4	蜂蜜	古巴	指蜜蜂采集植物的花蜜、分泌物或蜜露，与自身分泌物混合后，经充分酿造而成的天然甜物质	每一批产品应至少随附一份正本卫生证书，证明该批次产品符合中国和古巴卫生相关法律法规及议定书的有关规定。卫生证书用中文、西班牙文和英文写成，卫生证书的格式、内容须事先获得双方认可
5	蜂蜜	卢旺达	指蜜蜂采集植物的花蜜、分泌物或蜜露，与自身分泌物混合后，经充分酿造而成的天然甜物质	输华蜂蜜每一集装箱/批次应至少随附一份官方正本兽医卫生证书，证明该批次产品符合中国和卢旺达兽医和公共卫生相关法律法规及议定书的有关规定。兽医卫生证书用中文、卢旺达语和英文写成，兽医卫生证书的格式、内容须事先获得双方认可
6	蜂蜜	塞尔维亚	指蜜蜂采集植物的花蜜、分泌物或蜜露，与自身分泌物混合后，经充分酿造而成的天然甜物质	输华蜂蜜每一集装箱/批次应至少随附一份正本卫生证书，证明该批次产品符合中国和塞尔维亚兽医和公共卫生相关法律法规及议定书的有关规定。 卫生证书用中文、塞尔维亚语和英文写成，兽医卫生证书的格式、内容须事先获得双方认可
7	蜂蜜	坦桑尼亚	指蜜蜂采集植物的花蜜、分泌物或蜜露，与自身分泌物混合后，经充分酿造而成的天然甜物质	输华蜂蜜每一集装箱/批次应至少随附一份正本卫生证书，证明该批次产品符合中国和坦桑尼亚兽医和公共卫生相关法律法规及议定书的有关规定。 兽医卫生证书用中文、斯瓦希里语和英文写成，兽医卫生证书的格式、内容须事先获得双方认可

二、出口蜂产品

（一）资质要求

1. 出口食品原料养殖场备案

出口蜂产品原料养殖场应当向所在地海关备案。办理指南见本书第二部分第十四章第十九节。

出口食品原料种植养殖场备案名单可通过中国海关企业进出口信用信息公示平台（http：//

credit. customs. gov. cn/）的“特定资质行政相对人名录”栏目查询。

2. 出口食品生产企业备案

海关总署对出口蜂产品生产企业实施备案管理。办理指南见本书第二部分第十四章第十六节。

出口食品生产企业备案信息可在海关总署门户网站企业管理和稽查司页面（http：//qgjcs. customs. gov. cn/）的“信息服务”栏目查询。

3. 出口食品生产企业对外推荐注册

境外国家（地区）对中国输往该国家（地区）的出口蜂产品生产企业实施注册管理且要求海关总署推荐的，海关总署统一向该国家（地区）主管当局推荐。办理指南见本书第二部分第十四章第十七节。

获国外（境外）注册的食品生产企业名单可在海关总署门户网站企业管理和稽查司页面（http：//qgjcs. customs. gov. cn/）的“信息服务”栏目中查询。

（二）申报要求

出口蜂产品生产企业、出口商应当按照法律、行政法规和海关总署规定，向产地（含组货地）海关申请检验检疫。

（三）产品相关要求

1. 基本要求

生产企业应当保证其出口蜂产品符合进口国家（地区）的标准或者合同要求；中国缔结或者参加的国际条约、协定有特殊要求的，还应当符合国际条约、协定的要求。

进口国家（地区）暂无标准，合同也未做要求，且中国缔结或者参加的国际条约、协定无相关要求的，出口蜂产品生产企业应当保证其出口蜂产品符合中国食品安全国家标准。现行食品安全国家标准目录见本书附录2-6。

2. 原料要求

出口蜂产品原料应当来自经海关备案的养殖场。

3. 企业要求

（1）生产企业应当建立完善可追溯的食品安全卫生控制体系，保证食品安全卫生控制体系有效运行，确保出口食品生产、加工、贮存过程持续符合中国相关法律法规、出口食品生产企业安全卫生要求；进口国家（地区）相关法律法规和相关国际条约、协定有特殊要求的，还应当符合相关要求。

（2）生产企业应当建立供应商评估制度、进货查验记录制度、生产记录档案制度、出厂检验记录制度、出口食品追溯制度和不合格食品处置制度。相关记录应当真实有效，保存期限不得少于食品保质期期满后6个月；没有明确保质期的，保存期限不得少于2年。

（3）获得境外注册的企业，应当每年就是否能够持续符合进口国家（地区）注册条件进行自我评定，并向住所地海关报告。

（4）获得境外注册的企业，应当接受进口国家（地区）主管当局和海关实施的监督检查，如实提供有关情况和材料。

（5）出口食品存在安全问题，已经或者可能对人体健康和生命安全造成损害的，出口食品生产经营者应当立即采取相应措施，避免和减少损害发生，并向所在地海关报告。

4. 包装运输要求

生产企业应当保证出口蜂产品包装和运输方式符合食品安全要求。

生产企业应当在运输包装上标注生产企业备案号、产品品名、生产批号和生产日期。

进口国家（地区）或者合同有特殊要求的，在保证产品可追溯的前提下，经直属海关同意，出口蜂产品生产企业可以调整前款规定的标注项目。

第七节 其他动物源性食品

被现行版《中华人民共和国药典》、进口药材标准及部颁标准等收载的品种，同时为国家法律、行政法规、规章、文件规定可用于食品的物品，企业向主管海关申报预期用途为“食用”的，由海关依照进出口食品相关规定实施检验检疫和监督管理。《按照传统既是食品又是中药材的物质目录》参见本书第二部分第二章第三节参考资料。

一、进口其他动物源性食品

（一）资质要求

1. 准入要求

禁止从日本福岛县、群马县、枥木县、茨城县、宫城县、新潟县、长野县、琦玉县、东京都、千叶县 10 个都县进口其他动物源性食品。

2. 境外生产企业注册

动物源性食品的境外生产企业，应当获得海关总署注册。食用油脂和油料、包馅面食等产品的境外生产企业由所在国家（地区）主管当局向海关总署推荐注册。办理指南见本书第二部分第十四章第十节。

进口食品境外生产企业注册信息可在网站（https：//ciferquery. singlewindow. cn/）查询。

3. 进出口商备案

海关总署对向中国境内出口动物源性食品的出口商或者代理商实施备案管理，动物源性食品进口商应当向其住所地海关备案。办理指南见本书第二部分第十四章第十一节和第十二节。

进口食品境外出口商或者代理商、食品进口商备案信息可通过中国海关企业进出口信用信息公示平台（http：//credit. customs. gov. cn/）的“特定资质行政相对人名录”栏目查询。

4. 进境动植物检疫审批

海关依法对可食用骨蹄角及其产品等动物源性食品实施检疫审批管理，对供人类食用的腌制肉产品、肠衣、乳品、水产品、燕窝不再实施检疫审批管理。食品进口商应当在签订贸易合同或者协议前取得进境动植物检疫许可。办理指南见本书第二部分第十三章第二节。

（二）申报要求

1. 基本申报要求

货主或者其代理人应当在动物源性食品进口前或者进口时向海关申报，申报时应当提供贸易合同、提单、装箱单、发票文件。

2. 其他申报要求

允许输华的日本动物源性食品，还应随附日本官方出具的原产地证明。

3. 录入要求

（1）在企业资质栏目选取“508-进口食品境外出口商代理商备案”“509-进口食品进口商备案”，并分别填写 18 位统一编码和食品进口商的统一社会信用代码。

（2）在产品资质栏目选取“325-进境动植物产品检疫许可”（需要办理时）、“519-进口食品境外生产企业注册”，并分别填写许可证编号和在华注册编号等信息。

（3）在货物属性栏目，根据货物实际情况选择“14-预包装”或“15-非预包装”。

（三）产品相关要求

1. 基本要求

进口动物源性食品应符合食品安全国家标准要求，应当按照规定随附合格证明材料。现行食品安全国家标准目录见本书附录 2-6。对于食用动物油脂产品，在《食品安全国家标准 食用动物油脂》（GB 10146—2015）强制性国家标准中可以检索到更加具体的检验要求。

2022 年 1 月 1 日起生产的输华动物源性食品，应当在内、外包装上标注在华注册编号或者所在国家（地区）主管当局批准的注册编号。

进口动物源性食品的包装和标签、标识应当符合中国法律法规和食品安全国家标准；依法应当有说明书的，还应当有中文说明书。销售包装应符合国家强制性标准《限制商品过度包装要求 食品和化妆品》及其修改单（GB 23350—2021/XG1—2022）[①] 的要求。

2. 企业要求

（1）食品进口商应当建立食品进口和销售记录制度，如实记录食品名称、净含量（规格）、数量、生产日期、生产或者进口批号、保质期、境外出口商和购货者名称、地址及联系方式、交货日期等内容，并保存相关凭证。记录和凭证保存期限不得少于食品保质期满后 6 个月；没有明确保质期的，保存期限为销售后 2 年以上。

（2）食品进口商应当建立境外出口商、境外生产企业审核制度，重点审核：制定和执行食品安全风险控制措施情况；保证食品符合中国法律法规和食品安全国家标准。

3. 预包装食品标签要求

属于预包装食品的动物源性食品产品，其标签还应符合以下要求：

（1）进口的预包装食品应当有中文标签；依法应当有说明书的，还应当有中文说明书。标签、说明书应当符合《中华人民共和国食品安全法》以及中国其他有关法律、行政法规的规定和食品安全国家标准的要求，并载明食品的原产地以及境内代理商的名称、地址、联系方式。预包装食品没有中文标签、中文说明书或者标签、说明书不符合规定的，不得进口。

（2）标签应当标明下列事项：名称、规格、净含量、生产日期；成分或者配料表；生产者的名称、地址、联系方式；保质期；产品标准代号；贮存条件；所使用的食品添加剂在国家标准中的通用名称；生产许可证编号；法律、法规或者食品安全标准规定应当标明的其他事项。专供婴幼儿和其他特定人群的主辅食品，其标签还应当标明主要营养成分及其含量。

（3）食品的标签、说明书，不得含有虚假内容，不得涉及疾病预防、治疗功能。生产经营者对其提供的标签、说明书的内容负责。

（4）食品的标签、说明书应当清楚、明显，生产日期、保质期等事项应当显著标注，容易辨识。

二、出口其他动物源性食品

（一）资质要求

1. 出口食品生产企业备案

出口食品生产企业应当向住所地海关备案。办理指南见本书第二部分第十四章第十六节。

2. 出口食品生产企业对外推荐注册

境外国家（地区）对中国输往该国家（地区）的出口食品生产企业实施注册管理且要求海关总署推荐的，海关总署统一向该国家（地区）主管当局推荐。办理指南见本书第二部分第十四章第十七节。

---

① 运输包装和出厂时价格为零且标识“赠品或非卖品”字样的产品不适用于本标准。

境外国家（地区）有注册要求的，出口食品生产企业及其产品应当先获得该国家（地区）主管当局注册批准，其产品方能出口。企业注册信息情况以进口国家（地区）公布为准。

（二）申报要求

出口肉类产品生产企业、出口商应当按照法律、行政法规和海关总署规定，向产地（含组货地）海关申请检验检疫。

（三）产品相关要求

1. 基本要求

生产企业应当保证其出口食品符合进口国家（地区）的标准或者合同要求；中国缔结或者参加的国际条约、协定有特殊要求的，还应当符合国际条约、协定的要求。

进口国家（地区）暂无标准，合同也未做要求，且中国缔结或者参加的国际条约、协定无相关要求的，出口食品生产企业应当保证其出口食品符合中国食品安全国家标准。现行食品安全国家标准目录见本书附录 2-6。

2. 企业要求

（1）生产企业应当建立完善可追溯的食品安全卫生控制体系，保证食品安全卫生控制体系有效运行，确保出口食品生产、加工、贮存过程持续符合中国相关法律法规、出口食品生产企业安全卫生要求；进口国家（地区）相关法律法规和相关国际条约、协定有特殊要求的，还应当符合相关要求。

（2）生产企业应当建立供应商评估制度、进货查验记录制度、生产记录档案制度、出厂检验记录制度、出口食品追溯制度和不合格食品处置制度。相关记录应当真实有效，保存期限不得少于食品保质期期满后 6 个月；没有明确保质期的，保存期限不得少于 2 年。

（3）获得境外注册的企业，应当每年就是否能够持续符合进口国家（地区）注册条件进行自我评定，并向住所地海关报告。

（4）获得境外注册的企业，应当接受进口国家（地区）主管当局和海关实施的监督检查，如实提供有关情况和材料。

（5）出口食品存在安全问题，已经或者可能对人体健康和生命安全造成损害的，出口食品生产经营者应当立即采取相应措施，避免和减少损害发生，并向所在地海关报告。

3. 包装运输要求

生产企业应当保证出口食品包装和运输方式符合食品安全要求。

生产企业应当在运输包装上标注生产企业备案号、产品品名、生产批号和生产日期。

进口国家（地区）或者合同有特殊要求的，在保证产品可追溯的前提下，经直属海关同意，出口食品生产企业可以调整前款规定的标注项目。

第七章 食用植物产品

第一节 粮 食

粮食，是指用于加工、非繁殖用途的禾谷类、豆类、油料类等作物的籽实，以及薯类的块根或者块茎等。

一、进口粮食

（一）资质要求

1. 准入要求

海关总署对进口粮食实施检疫准入制度。首次从输出国家（地区）进口某种粮食，应当由输出国家（地区）官方主管机构向海关总署提出书面申请。特殊情况下，可以由进口企业申请并提供技术资料。

禁止从日本福岛县、群马县、栃木县、茨城县、宫城县、新潟县、长野县、琦玉县、东京都、千叶县10个都县进口粮食。

《准予进口（含籽实类和块茎类粮食、油籽）粮食种类及输出国家或地区名录》见本节参考资料。

2. 境外生产、加工、存放单位注册登记

海关总署对进口粮食（大豆、小麦、大麦、油菜籽、玉米等）境外生产、加工、存放企业实施注册登记制度。实施注册登记管理的进口粮食境外生产加工企业，经输出国家（地区）主管部门审查合格后向海关总署推荐。办理指南见本书第二部分第十四章第二节。

登录海关总署门户网站动植物检疫司页面（http：//dzs. customs. gov. cn/），点击“企业信息”—“植物产品类”—“粮食”，可查询允许进口粮食境外注册登记企业名单。

3. 进境动植物检疫审批

海关总署对进口粮食实施检疫许可制度。进口粮食货主应当在签订贸易合同前，申请办理检疫审批手续，取得进境动植物检疫许可。办理指南见本书第二部分第十三章第三节。

4. 进境粮食存放、加工过程的检疫监督

海关对进口粮食实施检疫监督。进口粮食应当运往符合防疫及监管条件的指定存放、加工场所（指定企业）。办理指南见本书第二部分第十四章第八节。

5. 海关指定监管场地

粮食应当从进口粮食指定监管场地所在口岸进境。参见本书附录2-7-6“进境粮食指定监管场地名单”。

（二）申报要求

1. 基本申报要求

货主或者其代理人应当在粮食进境前向进境口岸海关申报，除贸易合同、提单、装箱单、发票等贸易凭证外，并按要求提供以下材料：

（1）输出国家（地区）官方植物检疫证书［特定国家或者地区证书要求详见本小节“（四）进口粮食植物检疫要求”部分内容］；

（2）原产地证书。

鼓励货主向境外粮食出口商索取由输出国家（地区）主管部门或者由第三方检测机构出具的品质证书、卫生证书、适载证书、重量证书等其他单证。

2. 其他申报要求

（1）申报转基因产品的，还应当取得“农业转基因生物安全证书”。海关对“农业转基因生物安全证书”电子数据进行系统自动比对验核。

（2）进口日本粮食，还应随附日本官方出具原产地证明。

3. 录入要求

（1）根据货物是否含有转基因成分，货物属性栏目选择“16-转基因产品”或“17-非转基因产品”。

（2）需在产品资质栏目选取“325-进境动植物产品检疫许可证”“330-农业转基因生物安全证书（进口）（含转基因成分时需要）”“519-进口食品境外生产企业注册［食用谷物、干豆、油料（油籽）］”，并填写许可证编号等信息。

（三）产品相关要求

进口粮食不得检出《中华人民共和国进境植物检疫性有害生物名录》（详见本书附录 2-2）所列的各类生物。

1. 口岸检疫

使用船舶装载进口散装粮食的，在锚地对货物表层实施检验检疫，无重大异常质量安全情况后船舶方可进港，散装粮食应当在港口继续接受检验检疫。需直接靠泊检验检疫的，应当事先征得海关的同意。

以船舶集装箱、火车、汽车等其他方式进口粮食的，应当在海关指定的查验场所实施检验检疫，未经海关同意不得擅自调离。

2022 年 1 月 1 日起生产的输华食用谷物、干豆、油料（油籽），应当在内、外包装上标注在华注册编号或者所在国家（地区）主管当局批准的注册编号。

（1）检出以下情况的进口粮食需退运销毁：

①未列入海关总署进境准入名单，或者无法提供输出粮食国家（地区）主管部门出具的“植物检疫证书”等单证的，或者无“进境动植物检疫许可证”的；

②有毒、有害物质及其他安全卫生项目检测结果不符合国家技术规范的强制性要求，且无法改变用途或者无有效处理方法的；

③检出转基因成分，无“农业转基因生物安全证书”，或者与证书不符的；

④发现土壤、检疫性有害生物及其他禁止进境物且无有效检疫处理方法的；

⑤因水湿、发霉等造成腐败变质或者受到化学、放射性等污染，无法改变用途或者无有效处理方法的；

⑥其他原因造成粮食质量安全受到严重危害的。

（2）检出以下情况的进口粮食需检疫处理：

①发现检疫性有害生物或者其他具有检疫风险的活体有害昆虫，且可能造成扩散的；

②发现种衣剂、熏蒸剂污染，有毒杂草籽超标等安全卫生问题，且有有效技术处理措施的；

③其他原因造成粮食质量安全受到危害的。

2. 检疫监督

进口粮食装卸、运输、加工、下脚料处理等环节应当采取防止撒漏、密封等防疫措施。进口粮食加工过程应当具备有效杀灭杂草籽、病原菌等有害生物的条件。粮食加工下脚料应当进行有效的热处理、粉碎或者焚烧等除害处理。

进口粮食用作储备、期货交割等特殊用途的，其生产、加工、存放应当符合海关总署相应检验检疫监督管理规定。

3. 商品包装要求

进口粮食的销售包装应符合国家强制性标准《限制商品过度包装要求 食品和化妆品》及其修改单（GB 23350—2021/XG1—2022）① 的要求。

4. 其他要求

特定国家或者地区产品要求详见本小节“（四）进口粮食植物检疫要求”部分内容。

（四）进口粮食植物检疫要求

进口粮食植物检疫要求见表 7-1。

表 7-1 进口粮食植物检疫要求

（截至 2025 年 1 月 1 日）

序号	产品	原产国家或地区	产品要求	证书要求
1	玉米	阿根廷	非种用的玉米籽实，学名 *Zea mays* L.，英文名 Maize、Corn，以下简称玉米	出口前，阿根廷必须对输华玉米进行检验检疫。对符合议定书要求的玉米，出具植物检疫证书，并在附加声明栏中注明：“The consignment is in compliance with requirements described in the Protocol of Phytosanitary Requirements for the Export of maize from Argentina to China and is free from the quarantine pests concerned by China.”（该批货物符合《阿根廷玉米输华植物检疫要求议定书》要求，不带中方关注的检疫性有害生物。）
2	高粱	阿根廷	非种用的高粱籽实，学名 *Sorghum bicolor*，英文名 sorghum，不作食品、种植用途，以下简称高粱	出口前，阿根廷应对输华高粱进行检验检疫。对符合议定书要求的，出具植物检疫证书，并在附加声明栏中注明：“The consignment meets the requirements established in the Protocol of Phytosanitary Requirements for the Export of sorghum from Argentina to China and has been inspected in order to avoid the presence of the quarantine pests of concern to China.”（批货物符合《阿根廷高粱输华植物检疫要求议定书》要求，并经过查验以避免存在中方关注的检疫性有害生物。）同时，请注明出口前供货仓储企业名称及地点。 阿方应事先向中方提供现行有效的植物检疫证书样本，以便高粱到达中国入境港口时中方核查植物检疫证书的真实性

① 运输包装和出厂时价格为零且标识“赠品或非卖品”字样的产品不适用于本标准。

表7-1　续1

序号	产品	原产国家或地区	产品要求	证书要求
3	大豆	埃塞俄比亚	大豆（学名 *Glycine max* Merrill，英文名 Soybean）	出口前，MOA（埃塞俄比亚农业部）应对输华大豆实施检疫。对符合议定书要求的，出具植物检疫证书，并在附加声明栏中注明："The consignment is in compliance with phytosanitary requirements described in the Protocol of soybean from the Federal Democratic of Ethiopia to the People's Republic of China between the General Administration of Quality Supervision, Inspection and Quarantine of China and the Ministry of Agriculture of Ethiopia, and does not contain the quarantine pests of concern to China."同时注明本批货物注册出口、仓储企业名称或代码
4	绿豆	埃塞俄比亚	在埃塞俄比亚境内生产、加工的绿豆（*Vigna radiate*）	每批进口埃塞俄比亚绿豆须随附埃方出具的官方植物检疫证书，并注明具体产地。每一植物检疫证书都应有如下中文或英文附加证明："该植物检疫证书所证明的绿豆符合中埃双方于 2019 年 11 月 14 日在亚的斯亚贝巴签署的《关于埃塞俄比亚绿豆输华检验检疫要求议定书》的规定。"（The mung beans covered by this phytosanitary certificate comply with the requirements of the Protocol of Inspection and Quarantine Requirements for the Export of Mung Beans from Ethiopia to China, signed on November 14th, 2019, in Addis Ababa, between the Chinese side and the Ethiopia side.）
5	芸豆	埃塞俄比亚（埃塞俄比亚全境）	芸豆（*Phaseolus vulgaris* L.），是指在埃塞俄比亚种植和加工，输往中国用于食用或食品加工用的非种用的芸豆籽粒	出口前，埃塞俄比亚应对输华芸豆实施检验检疫。对符合要求的货物，根据国际植物检疫措施标准第 12 号（ISPM12）出具植物检疫证书，注明加工企业名称或注册号、集装箱号及封识号，并在附加声明中注明："This consignment complies with the requirements specified in the Protocol of Inspection and Quarantine Requirements for Export of kidney beans from Ethiopia to China, and is free from quarantine pests of concern to China."（该批货物符合《埃塞俄比亚芸豆输华检验检疫要求议定书》的规定，不带中方关注的检疫性有害生物。） 输华芸豆经熏蒸处理的，应在植物检疫证书中注明熏蒸剂的名称、使用剂量、处理温度和持续时间等信息
6	小麦、大麦	澳大利亚	非种用的小麦、大麦籽实，小麦学名 *Triticu maestivum* L.、*Triticum durum* L.、*Triticum Tauschill* L.，英文名 wheat；大麦学名 *Hordeum vulgare* L，英文名 barley，不作种植用途，以下简称小麦大麦	出口前，澳大利亚应对输华小麦大麦进行检验检疫。对符合议定书要求的，出具植物检疫证书，并在附加声明栏中注明："The consignment meets the requirements established in the Protocol of phytosanitary requirements for the export of wheat and barley from Australia to China."（该批货物符合《关于澳大利亚小麦大麦输华植物检疫要求议定书》要求）。同时，注明出口前供货仓储企业名称及地点

表7-1　续2

序号	产品	原产国家或地区	产品要求	证书要求
7	葡萄籽	澳大利亚	非种用的葡萄籽，英文名 Grape seed，以下简称葡萄籽	澳大利亚政府农林渔业部应对输华葡萄籽进行检疫并出具植物检疫证书，证明其符合中方的植物检疫要求，还需注明具体产地，并在附加声明栏中注明："The grape seeds certificated by this phytosanitary certificate have been through high-temperature treatment, with no viability, and complied with the requirements of Plant Quarantine Protocol on Australian Grape Seeds Exported to China signed on June 20, 2013 in Beijing between China and Australia."
8	花生	巴西	花生（*Arachis hypogaea* L.），指产自巴西境内的脱壳花生籽实，输往中国用于加工，不作种植用途	对符合要求的货物，巴西应出具植物检疫证书，并在附加声明中用英文注明："The consignment meets the phytosanitary requirements described in the Peanut Protocol from Brazil to China and is free from the quarantine pests concerned by China."（该批货物符合巴西花生输华植物检疫要求议定书要求，不带中方关注的检疫性有害生物。）同时，注明企业名称、注册号以及集装箱编号。如发现活虫，应在出口前进行熏蒸处理，处理指标应在植物检疫证书上注明
9	玉米	巴西	用于加工的玉米籽实，不作种植用途（学名 *Zea mays* L.，英文名 Maize、Corn）	出口前，巴西必须对输华玉米进行检验检疫。对符合议定书要求的，出具植物检疫证书，并在附加声明栏中注明："The consignment is in compliance with requirements described in the Protocol of Phytosanitary Requirements for the Export of Maize from Brazil to China and is free from the quarantine pests concerned by China."（该批货物符合《巴西玉米输华植物检疫要求议定书》要求，不带中方关注的检疫性有害生物。）
10	芝麻	巴西（巴西全境）	指在巴西境内种植和加工，用于食用或食品加工用的非种用芝麻籽实	出口前，巴方应对芝麻实施检验检疫，对每批符合议定书要求的芝麻出具植物检疫证书，注明芝麻品种和加工单位名称及注册号，并在附加声明栏中注明："This batch of goods complies with the provisions of the Protocol on Inspection and Quarantine Requirements for the Exportation of Sesame from Brazil to China, and is free from the quarantine pests concerned by China."（该批货物符合《巴西芝麻输华检验检疫要求议定书》的规定，不带中方关注的检疫性有害生物。）植物检疫证书格式应当由双方事先确认。如输华芝麻出口前发现活体昆虫，巴方应进行检疫处理，以保证杀灭活虫，特别是仓储性害虫。检疫处理方法（如药剂、温度、时间等技术要求）由双方共同确认并在植物检疫证书中注明
11	去壳葵花籽	保加利亚	指产自保加利亚境内的去壳向日葵（*Helianthus annuus* L.）籽粒	每批保加利亚输华去壳葵花籽须随附保加利亚共和国农业林业和粮食部食品安全局（BFSA）出具的官方植物检疫证书，证明其符合中国植物检疫要求，并注明具体产地
12	玉米	保加利亚	非种用的玉米籽实，学名 *Zea mays* L.，英文名 Maize、Corn	出口前，保加利亚应对输华玉米进行检验检疫。对符合议定书要求的，出具植物检疫证书，并在附加声明栏中注明："The consignment is in compliance with phytosanitary requirements described in the Protocol of Phytosanitary Requirements for the Export of Maize from Bulgaria to China."（该批货物符合《保加利亚玉米输华植物检疫要求议定书》要求。）

表7-1 续3

序号	产品	原产国家或地区	产品要求	证书要求
13	大豆	贝宁	输华大豆（学名 *Glycine max*，英文名 Soybean）是指产自贝宁，输往中国仅用于加工的大豆籽实，不作种植用途	出口前，贝宁应对输华大豆实施植物检疫。对符合议定书要求的货物，贝方应出具植物检疫证书，并在附加声明栏注明："The consignment is in compliance with Phytosanitary Requirements described in the Protocol of soybean from Benin to China between the General Administration of Customs of the People's Republic of China and the Ministry of Agriculture, Livestock and Fisheries of the Republic of Benin, and free from the quarantine pests concerned by China."（该批货物符合《贝宁大豆输华植物检疫要求议定书》要求，不带中方关注的检疫性有害生物。）同时注明本批货物仓储企业名称或其代码。对于发现活虫的货物，应在出口前进行熏蒸处理，其熏蒸处理指标应在植物检疫证书上注明
14	藜麦	秘鲁	在秘鲁种植并加工的藜麦谷物（*Chenopodium quinoa Willd.*）（包括去皮藜麦籽粒、藜麦粉、藜麦片）	每批进口秘鲁藜麦须随附秘鲁官方出具的植物检疫证书，并注明熏蒸处理的温度、时间、药剂等信息，以及附加声明栏中使用中文或英文注明："该植物检疫证书所证明的藜麦符合中秘双方于 2019 年 6 月 28 日在北京签署的《关于秘鲁藜麦输华植物检疫要求议定书》的规定。"
15	大豆	玻利维亚	输华大豆［学名 *Glycine max*（L.）Merr.，英文名 Soybean］，是指玻利维亚生产，输往中国用于加工的大豆籽实，不作种植用途	玻利维亚应在大豆输华前对其进行植物检疫。对符合议定书要求的货物，出具植物检疫证书，并在附加声明中用英文注明："The consignment is in compliance with requirements described in the Protocol of Phytosanitary Requirements for the Export of soybean from BOLIVIA to China and is free from the quarantine pests concerned by China."（该批货物符合《玻利维亚大豆输华植物检疫要求议定书》要求，不带中方关注的检疫性有害生物。）
16	藜麦	玻利维亚	在玻利维亚种植和加工的藜麦谷物（学名 *Chenopodium quinoa* Willd.）（包括去皮藜麦籽粒、藜麦粉、藜麦片）	每批玻利维亚输华藜麦须随附玻利维亚农村发展与土地部（SENASAG）出具的官方植物检疫证书，证明其符合中国植物检疫要求，并注明具体产地
17	大豆	俄罗斯	用于加工的大豆［学名 *Glycine max*（L.）Merr，英文名 Soybean］，不作种植用途	出口前，俄罗斯应对输华大豆、玉米、水稻和油菜籽实施检疫。对符合议定书要求的，依照国际植物保护组织有关标准要求出具植物检疫证书，注明玉米、水稻、大豆和油菜籽名称和产区，并在附加声明中注明："该批玉米、水稻、大豆和油菜籽符合《俄罗斯玉米、水稻、大豆和油菜籽输华植物检疫要求议定书》（2015 年 12 月 17 日，北京）的要求。"

表7-1 续4

序号	产品	原产国家或地区	产品要求	证书要求
18	大麦	俄罗斯（大麦产自俄罗斯车里亚宾斯克州、鄂木斯克州、新西伯利亚州、库尔干州、阿尔泰边疆区、克拉斯诺亚尔斯克边疆区和阿穆尔州。上述七个地区被认为没有发生小麦矮腥黑穗病）	输华大麦（学名 *Hordeum vulgare* L.，英文名 Barley）是指俄罗斯生产，输往中国仅用于加工的春大麦籽实，不作种植用途	每批输华大麦，俄罗斯在完成出口检验检疫后，依照国际植物检疫措施标准第 12 号（ISPM 12）出具植物检疫证书，并在附加声明中注明："The consignment of barley complies with the requirements specified in the Protocol between the General Administration of Customs of the People's Republic of China and the Federal Service for Veterinary and Phytosanitary Surveillance (the Russian Federation) on phytosanitary requirements for barely exported from the Russian Federation to the People's Republic of China."（该批大麦符合《中华人民共和国海关总署与俄罗斯联邦兽医和植物检疫监督局关于俄罗斯大麦输华植物检疫要求议定书》要求。）同时标明来源产区（州或边疆区）、出口存放地点、出口存放企业名称等信息
19	葵花籽	俄罗斯	俄罗斯葵花籽 *Helianthus annuus* 是指食用或食品加工用的非种用的向日葵籽实	俄罗斯输华葵花籽应符合中国的植物检疫要求，并且不得携带下列检疫性有害生物：向日葵茎溃疡病菌 *Phomopsis helianthi*、向日葵白锈病菌 *Albugotragopogonis*、苜蓿黄萎病菌 *Verticillium albo-atrum*、黑斑皮蠹 *Trogoderma glabrum*、谷斑皮蠹 *Trogoderma granarium*、花斑皮蠹 *Trogoderma variabile*、杂色斑皮蠹 *Trogoderma versicolor*、谷象 *Sitophilus granarius*、法国野燕麦 *Avena ludovisiana*、匍匐矢车菊 *Centaurea repens*、菟丝子属 *Cuscuta spp.*、毒麦 *Lolium temulentum*、假高粱（及其杂交种）*Sorghum halepense*（Aleppo sorghum and its hybrid seeds）、豚草（属）*Ambrosia spp.*、北美刺龙葵 *Solanum carolinense*、铺散矢车菊 *Centaurea diffusa*、列当属 *Orobanche spp.* 和疣果匙荠 *Bunias orientalis*，不带有土壤、其他活体昆虫
20	荞麦	俄罗斯	俄罗斯荞麦 *Fagopyrum esculentum* 是指食用或食品加工用的非种用荞麦籽实，包括荞麦片	俄罗斯输华葵花籽应随附俄方主管部门出具的植物检疫证书，证明其符合中方的植物检疫要求，并在证书附加声明中注明："该批葵花籽符合于 2017 年 11 月 1 日在北京签订的《中华人民共和国国家质量监督检验检疫总局与俄罗斯联邦农业部关于俄罗斯葵花籽输华植物检疫要求议定书》及中华人民共和国植物检疫要求的规定，不携带中国关注的检疫性有害生物。"

表7-1 续5

序号	产品	原产国家或地区	产品要求	证书要求
21	水稻	俄罗斯（仅限俄罗斯哈巴罗夫斯克边疆区、滨海边疆区、后贝加尔边疆区、阿穆尔州、犹太自治州）	用于加工的水稻，不作种植用途，学名 *Oryza sativa*，英文名 rice	出口前，俄罗斯应对输华大豆、玉米、水稻和油菜籽实施检疫。对符合议定书要求的，依照国际植物保护组织有关标准要求出具植物检疫证书，注明玉米、水稻、大豆和油菜籽名称和产区，并在附加声明中注明："该批玉米、水稻、大豆和油菜籽符合《俄罗斯玉米、水稻、大豆和油菜籽输华植物检疫要求议定书》（2015 年 12 月 17 日，北京）的要求。"
22	小麦	俄罗斯	在俄罗斯联邦境内且未发生小麦矮腥黑穗病的地区种植的，仅限于加工用途的春小麦	俄罗斯出具符合国际植物检疫措施标准的植物检疫证书，并在附加声明中注明："The consignment of wheat complies with the requirements specified in the Protocol of phytosanitary requirements for wheat exported from the Russian Federation to the People's Republic of China and is free from dwarf bunt of wheat Tilletia controversa J. G. Kuhn."（该批小麦符合俄罗斯小麦输华植物检疫要求议定书要求，不带小麦矮腥黑穗病菌。）同时标明来源产区、出口存放地点、出口存放企业名称等信息
23	玉米	俄罗斯（仅限俄罗斯哈巴罗夫斯克边疆区、滨海边疆区、后贝加尔边疆区、阿穆尔州、犹太自治州）	用于加工的玉米，不作种植用途，学名 *Zea mays* L. Merr，英文名 maize 或 corn	出口前，俄罗斯应对输华大豆、玉米、水稻和油菜籽实施检疫。对符合议定书要求的，依照国际植物保护组织有关标准要求出具植物检疫证书，注明玉米、水稻、大豆和油菜籽名称和产区，并在附加声明中注明："该批玉米、水稻、大豆和油菜籽符合《俄罗斯玉米、水稻、大豆和油菜籽输华植物检疫要求议定书》（2015 年 12 月 17 日，北京）的要求。"
24	亚麻籽	俄罗斯	俄罗斯亚麻籽 *Linum usitatissimum* 是指食用或食品加工用的非种用的亚麻籽实	俄罗斯输华亚麻籽应随附俄方主管部门出具的植物检疫证书，证明其符合中方的植物检疫要求，并在证书附加声明中注明："该批亚麻籽符合于 2017 年 11 月 1 日在北京签订的《中华人民共和国国家质量监督检验检疫总局与俄罗斯联邦农业部关于俄罗斯亚麻籽输华植物检疫要求议定书》及中华人民共和国植物检疫要求的规定，不携带中国关注的检疫性有害生物。"
25	油菜籽	俄罗斯	用于加工的油菜籽籽实（*Brassica napus* L.，英文名 rapeseed，canola）不作种植用途	出口前，俄罗斯应对输华大豆、玉米、水稻和油菜籽实施检疫。对符合议定书要求的，依照国际植物保护组织有关标准要求出具植物检疫证书，注明玉米、水稻、大豆和油菜籽名称和产区，并在附加声明中注明："该批玉米、水稻、大豆和油菜籽符合《俄罗斯玉米、水稻、大豆和油菜籽输华植物检疫要求议定书》（2015 年 12 月 17 日，北京）的要求。"
26	燕麦	芬兰	芬兰输华燕麦（*Avena sativa*）的籽实，非种用，包括经去壳的圆粒燕麦、燕麦粉和燕麦片	芬兰输华燕麦应随附官方植物检疫证书，并在附加声明栏中注明："该批货物符合《芬兰燕麦输往中国植物卫生要求议定书》要求，不带有中方关注的检疫性有害生物。"

表7-1 续6

序号	产品	原产国家或地区	产品要求	证书要求
27	大麦	芬兰	用于加工的大麦籽实，不作种植用途（学名 *Hordeum vulgare*，英文名 barley）	芬兰出口商应确保大麦在储运或装船前采取适当的过筛清杂等措施，以避免大麦携带土壤、杂质和危险性杂草种子。 出口前，芬兰食品管理局须对大麦进行检验检疫。对符合议定书要求的，出具植物检疫证书，并在附加声明栏中注明："The consignment is in compliance with requirements described in the Protocol of Phytosanitary Requirements for the Export of barley from Finland to China and is free from the quarantine pests concerned by China."（该批货物符合《芬兰大麦输往中国植物检疫要求议定书》要求，不带有中方关注的检疫性有害生物。）
28	大豆	哈萨克斯坦	用于加工的大豆籽实，不作种植用途，学名为 *Glycine max Merrill*	哈萨克斯坦应在大豆输华前对其进行检验检疫。对符合议定书要求的，出具植物检疫证书，并在附加声明栏中注明："This consignment of soybean complies with the Protocol between The Ministry of Agriculture of the Republic of Kazakhstan and the General Administration of Quality Supervision, inspection and quarantine of the People's Republic of China on Phytosanitary Requirements for the Export of Soybean From the Republic of Kazakhstan to the People's Republic of China, and is free from the quarantine pests of concern to China."（该批大豆符合《哈萨克斯坦共和国农业部和中华人民共和国国家质量监督检验检疫总局关于哈萨克斯坦大豆输华植物检疫要求议定书》要求，不带中方关注的检疫性有害生物。）如发现检疫性有害生物或其他违规情况，哈方应采取熏蒸、消毒、除杂等有效处理措施。只有符合中国法律规定植物检疫要求的大豆，方可允许向中国出口
29	大麦	哈萨克斯坦（输华大麦应产自哈萨克斯坦小麦矮腥黑穗病的非疫区）	输华大麦（学名 *Hordeum vulgare* L.，英文名 Barley）是指哈萨克斯坦生产，输往中国用于加工的春大麦，不作种植用途	每批输华大麦，哈萨克斯坦应依照国际植物检疫措施标准第 12 号（ISPM 12）出具植物检疫证书，注明大麦产区，并在附加声明中注明："Export consignment of goods is in compliance with the requirements listed in the Protocol between the General Administration of Customs of the People's Republic of China and the Ministry of Agriculture of the Republic of Kazakhstan on Phytosanitary Requirements for the Export of Barley from the Republic of Kazakhstan to the people's Republic of China, is free from the quarantine pests."（该批货物符合《中华人民共和国海关总署和哈萨克斯坦共和国农业部关于哈萨克斯坦大麦输往中国植物检疫要求议定书》列明的要求，不带检疫性有害生物。）
30	小麦	哈萨克斯坦	用于加工的春小麦籽实，不作种植用途	哈萨克斯坦应在小麦输华前对其进行检验检疫。如发现检疫性有害生物或其他违规情况，应采取熏蒸、消毒、除杂等有效处理措施。只有符合要求的小麦，方可允许向中国出口。 哈方依照国际植物保护组织有关标准出具植物检疫证书，注明春小麦产区，并在附加声明中注明："该批货物符合《关于哈萨克斯坦小麦输华植物检疫要求议定书》列明的要求，不带检疫性有害生物。"

表7-1 续7

序号	产品	原产国家或地区	产品要求	证书要求
31	玉米	哈萨克斯坦	输华玉米（学名 *Zea mays* L.，英文名 maize 或 corn）是指哈萨克斯坦生产，输往中国用于加工的玉米籽实，不作种植用途	每批输华玉米，哈萨克斯坦应依照国际植物检疫措施标准第 12 号（ISPM 12）出具植物检疫证书，注明玉米产区，并在附加声明注明："Export consignment of goods is in compliance with the requirements listed in the Protocol between the General Administration of Customs of the People's Republic of China and the Ministry of Agriculture of the Republic of Kazakhstan on Phytosanitary Requirements for the Export of maize from the Republic of Kazakhstan to the people's Republic of China, is free from the quarantine pests."（该批货物符合《中华人民共和国海关总署和哈萨克斯坦共和国农业部关于哈萨克斯坦玉米输往中国植物检疫要求议定书》列明的要求，不带检疫性有害生物。）
32	亚麻籽	哈萨克斯坦	指在哈萨克斯坦种植和加工的用于食用或食品加工用亚麻籽实（*Linum usitatissimum*）	每批进口哈萨克斯坦亚麻籽须随附哈萨克斯坦官方出具的植物检疫证书，注明检疫处理的药剂、温度、时间等技术条件，以及亚麻籽品种和产区，并在附加声明栏中使用英文（海关总署公告 2019 年第 150 号《关于进口哈萨克斯坦亚麻籽检验检疫要求的公告》原文未提供英文）和中文注明："该植物检疫证书证明的亚麻籽符合中华人民共和国海关总署与哈萨克斯坦共和国农业部于 2019 年 9 月 11 日在北京签署的《关于哈萨克斯坦亚麻籽输华检验检疫要求议定书》规定。"
33	木薯干	加纳	木薯干（学名 *Manihot esculenta Crantz*，英文名 Tapioca），包括木薯片和木薯粒	出口前，加纳应对输华木薯干进行检验检疫。符合议定书要求的，由加方植物检疫部门出具植物检疫证书，并在附加声明栏中注明："The consignment is in compliance with requirements described in the Protocol on Phytosanitary Requirements for the Export of tapioca from Ghana to China and is free of the quarantine pests concerned by China."（该批货物符合《加纳木薯干输华植物检验检疫要求议定书》要求，不带有中方关注的检疫性有害生物。）如采取了熏蒸处理，应在植物检疫证书上标明熏蒸药剂、处理时间、温度等技术指标，或者由加方植物检疫部门或认可的第三方机构出具正式熏蒸证书
34	谷物油籽	加拿大	非种用的谷物、油籽籽实，包括小麦、大麦、大豆	加拿大应通过出口前检验及出证，确保输华谷物油籽符合中国进口检疫要求。对符合议定书列出要求的货物，加方须出具植物检疫证书，并在附加声明一栏中填写"This consignment was shipped under the Phytosanitary Arrangement between AQSIQ and CFIA for Canadian Grain and Oilseed Imports into China."（本批货物符合 AQSIQ 与 CFIA 签署的《加拿大谷物油籽输华植物检疫议定书》。）
35	小麦、大麦、大豆	加拿大	非种用的谷物、油籽籽实，包括小麦、大麦、大豆，简称谷物油籽	加拿大应通过出口前检验及出证，确保输华谷物油籽符合中国进口检疫要求。对符合本议定书列出要求的货物，加方须出具植物检疫证书，并在附加声明一栏中填写"This consignment was shipped under the Phytosanitary Arrangement between AQSIQ and CFIA for Canadian Grain and Oilseed Imports into China."（本批货物符合 AQSIQ 与 CFIA 签署的《加拿大谷物油籽输华植物检疫议定书》。）

表7-1　续8

序号	产品	原产国家或地区	产品要求	证书要求
36	野米	加拿大	加拿大输华野米（*Zizania palustris* L. 和 *Z. aquatic* L.）是指经过150℃至350℃的热处理约2小时，水分含量为5%至8%，不再具有发芽能力的加工野米	每批加拿大输华野米应随附由出口商出具的“出口证明”
37	甘薯	老挝	输华甘薯［学名 *Ipomoea batatas*（L.）Lam.，英文名 Sweet potato］是指产自老挝，输往中国仅用于加工，不作种植用的甘薯	出口前，老挝农林部（MAF）应对输华甘薯进行检验检疫。符合议定书要求的，出具植物检疫证书，并在附加声明栏注明：“The consignment is in compliance with requirements described in the protocol of phytosanitary requirements for export of sweet potato from Laos to China and is free of soil and the quarantine pests concerned by China.”（该批货物符合《老挝甘薯输华植物检疫要求议定书》列明的要求，不带土壤和中方关注的检疫性有害生物。）
38	玉米	老挝	非种用的玉米籽实，学名 *Zea mays* L.，英文名 Maize、Corn。进口玉米应从磨憨等指定口岸入境，并在指定加工厂生产加工	出口前，老挝须对玉米实施检验检疫。对符合议定书要求的玉米，出具植物检疫证书，并在证书附加声明中注明：“该批玉米符合《老挝玉米输往中国植物检疫要求议定书》。”
39	小麦	立陶宛	输华小麦（学名 *Triticum aestivum* L.、*Triticum durum* L. 或 *Triticum tauschii* L.，英文名 Wheat）是指产自立陶宛，输往中国用于加工的小麦籽实，不作种植用途	每批经检疫合格的输华小麦，立陶宛应依照国际植物检疫措施标准第12号（ISPM 12）出具植物检疫证书，并在附加声明中注明：“The consignment is in compliance with requirements described in the Protocol of Phytosanitary Requirements for the Export of wheat from Lithuania to China and is free from the quarantine pests concerned by China.”（该批货物符合《立陶宛小麦输华植物检疫要求议定书》要求，不带中方关注的检疫性有害生物。）

表7-1 续9

序号	产品	原产国家或地区	产品要求	证书要求
40	木薯干	马达加斯加	木薯块根，学名 *Manihot esculenta Crantz*，英文名 Cassava，包括木薯片和木薯粒	出口前，如发现活虫，须在马达加斯加植物保护检疫局官方监督下对输华木薯干在装船前实施有效熏蒸处理。运输工具应干净、卫生，并避免运输过程中货物受到污染马方应对输华木薯干进行检验检疫。符合议定书要求的，由马方植物检疫部门出具植物检疫证书，并在附加声明栏中注明："该批货物符合《马达加斯加木薯干输华植物检验检疫要求议定书》要求，不带有中方关注的检疫性有害生物。"（The consignment is in compliance with requirements described in the Protocol on Phytosanitary Requirements for the Export of cassava from Madagascar to China and is free of the quarantine pests concerned by China. 或简写为 The consignment is in compliance with the Cassava Protocol between China and Madagascar）如采取了熏蒸处理，应在植物检疫证书上标明熏蒸药剂、处理时间、温度等技术指标，或者由马方植物检疫部门或认可的第三方机构出具正式熏蒸证书
41	大麦	美国（美国华盛顿州、俄勒冈州、爱达荷州）	输华大麦（学名 *Hordeum vulgare* L.，英文名 Barley）是指产自美国，输往中国仅用于加工，不作种植用途的大麦籽实	输华大麦出口前须按照国际标准进行熏蒸，采用规范的操作程序防止熏蒸剂残留对大麦造成污染，以确保不携带活虫，特别是仓储害虫，并随附含有熏蒸内容的官方植物检疫证书。装运前，运输工具必须经过彻底检查，如发现有害生物或检疫关注物质，在有害生物或检疫关注物质被清除，或者更换的运输工具符合检查要求前，不得装运。美国农业部（USDA）应在大麦出口前对其进行检验检疫，经检疫合格后签发植物检疫证书，并在附加声明中注明："The consignment complies with Protocol of Phytosanitary Requirements for the Export of Barley from U. S. A. to China, and is free from the quarantine pests of concern to China."（该批货物符合美国大麦输华植物检疫要求议定书规定，不带中方关注的检疫性有害生物。）证书上还应注明出口企业、出口设施（如仓储企业）名称及熏蒸处理指标
42	马铃薯	美国（美国华盛顿州、俄勒冈州、爱达荷州）	加工用新鲜马铃薯（*Solanum tuberosum*）是指输往中国仅用于加工的马铃薯块茎，不作种植用途	对符合议定书要求的货物，USDA 应出具植物检疫证书，并在附加声明中注明"本批货物符合《中华人民共和国海关总署与美利坚合众国农业部关于美国加工用新鲜马铃薯输华植物检疫要求议定书》，不带中方关注的检疫性有害生物。"（This consignment of fresh potatoes complies with Protocol of Phytosanitary Requirements for Fresh Potato for processing export from the United States of America U. S. A. to the People's Republic of China between USDA and GACC, and does not carry quarantine pests of concern to China.）同时在植物检疫证书的"识别标志"中注明注册的出口商名称和种植企业批号

表7-1 续10

序号	产品	原产国家或地区	产品要求	证书要求
43	小麦	美国	各种类型的小麦	1. 美国输往中国的小麦，在出口前，美国官方检验检疫部门须对小麦进行检验检疫，出具检验检疫证书。 美国动植物检疫局（AOHIS）出具的植物检疫证书附加声明栏应注明："The wheat in this shipment orifinated in areas of the United States where Tilletia indica Mitra is not known to occor."（该批小麦来自小麦印度腥黑穗病菌的非疫区。）检验检疫发现小麦印度腥黑穗病菌的，作退货或销毁处理。 2. 美国输往中国的小麦，如含有 TCK，其孢子数量不得超过《中美农业合作协议》规定的数量。 3. 美国联邦谷物检验局（FGIS）出具的 TCK 检验证书应注明："Tilletia controversa Kuhn spores (exceed / do not exceed) 30000 per 50 grams of sample."（每 50 克样品含 TCK 孢子数目超过或不超过 30000 个。）检验检疫发现 TCK，如孢子含量超过《中美农业合作协议》规定的每 50g 小麦样品 30000 个的，作退货或销毁处理；如孢子含量低于每 50g 小麦样品 30000 个的，在检验检疫机构监督下作灭菌处理
44	大麦	蒙古国	非种用的大麦籽实，学名 *Hordeum vulgare* L.，英文名 Barley	进口大麦应在双方指定的二连浩特（扎门乌德）口岸进境，并在指定加工厂生产加工、储藏出口前，蒙古国应对输华大麦进行检验检疫。符合议定书要求的，出具带有授权植物检疫官员签名的植物检疫证书，并在附加声明栏中注明：" The consignment is in compliance with requirements described in the Protocol of Phytosanitary Requirements for the Export of Barley from Mongolia to China and is free of the quarantine pests concerned by China."（该批货物符合《蒙古国大麦输华植物检疫要求议定书》要求，不带有中方关注的检疫性有害生物。）
45	水飞蓟籽	蒙古国	蒙古国水飞蓟籽（*Silybummarianum Gaertn*）	每批蒙古国输华水飞蓟籽应随附官方植物检疫证书，证明其符合中方的植物检疫要求，并注明具体产地。每一植物检疫证书上应有如下附加证明："该植物检疫证书所证明的水飞蓟籽符合中国和蒙古国于 2016 年 8 月 29 日在乌兰巴托签署的《关于蒙古国水飞蓟籽输华植物检疫要求议定书》的规定。"（The milk thistle seed covered by this phytosanitary certificate complies with the requirements of the Protocol of Phytosanitary Requirements for the Export of milk thistle seed from Mongolia to China, signed on Aug 29 2016 in Ulan Bator between China and Mongolia.）
46	玉米	缅甸	产自缅甸，输往中国用于加工的玉米籽实，不作种植用途	缅甸应在玉米输华前对其实施检验检疫，以确保输华玉米不携带中方关注的检疫性有害生物。对符合议定书要求的货物，缅方应出具植物检疫证书，并在证书附加声明中注明："The consignment is in compliance with the requirements described in the Protocol of Phytosanitary Requirements for the Export of Maize from Myanmar to China between the General Administration of Customs of the People's Republic of China and theMinistry of Agriculture, Livestock and Irrigation of the Republic of the Union of Myanmar and is free from the quarantine pests concerned by China."（该批玉米符合《中华人民共和国海关总署与缅甸联邦共和国农业、畜牧和灌溉部关于缅甸玉米输往中国植物检疫要求议定书》要求，不带中方关注的检疫性有害生物。）

表7-1 续11

序号	产品	原产国家或地区	产品要求	证书要求
47	脱壳花生	马拉维（马拉维全境）	花生（*Arachis hypogaea* L.），指产自马拉维境内脱壳花生籽实，输往中国用于加工或食用，不作种植用途	对符合要求的货物，马拉维应根据国际植物检疫措施标准 ISPM 第 12 号《植物检疫证书准则》出具植物检疫证书，并在附加声明中注明："The consignment meets the phytosanitary requirements described in the Peanut Protocol from Malawi to China and is free from the quarantine pests concerned by China."（该批货物符合《马拉维花生输华植物检疫要求议定书》的要求，不带中方关注的检疫性有害生物。）同时注明本批货物生产企业名称、注册号以及集装箱编号。 输华脱壳花生在储藏过程中如发现仓储害虫或其他活虫，应当采取熏蒸处理，其熏蒸处理指标应在植物检疫证书上注明
48	木豆	莫桑比克（莫桑比克全境）	木豆（*Cajanus Cajan*），是指在莫桑比克境内种植和加工，用于食用或食品加工用的非种用木豆的籽实	出口前，莫桑比克应对木豆实施检验检疫。对符合要求的货物，莫方根据国际植物检疫措施标准 ISPM 第 12 号《植物检疫证书准则》出具植物检疫证书，并在附加声明中用英文注明："This consignment meets requirements of the Protocol of Inspection and Quarantine Requirements for pigeon pea exported from Mozambique to China, and is free of any quarantine pest concerned by China."（该批货物符合《莫桑比克木豆输华植物检疫要求议定书》的规定，不带有中方关注的检疫性有害生物。）同时注明该批货物的加工企业及其注册号等信息。 如发现输华木豆中有活体昆虫的，应在出口前进行有效的检疫处理，检疫处理的方法、时间、温度、药剂等信息应在植物检疫证书中注明
49	高粱	墨西哥	墨西哥输华高粱是指在墨西哥种植和加工的高粱籽实［*Sorghum bicolor*（L.）］	出口前，墨西哥须对输华高粱进行检验检疫，并对每批符合议定书要求的输华高粱出具植物检疫证书。植物检疫证书中注明应熏蒸处理的温度、时间、药剂等信息，在附加声明栏中应注明："该植物检疫证书所证明的高粱符合中墨双方于 2020 年 10 月 29 日签署的《关于墨西哥高粱输华植物检疫要求议定书》的规定。"
50	玉米	墨西哥	玉米（学名 *Zea mays* L.，英文名 Maize 或 Corn）	出口前，墨西哥食品卫生、安全和质量服务局（SENASICA）应对输华玉米实施检疫。对符合议定书要求的，出具植物检疫证书，并在附加声明栏中注明："The consignment is in compliance with requirements described in the Protocol of Phytosanitary Requirements for the Export of maize from Mexico to China and is free from the quarantine pests of concern to China."
51	花生	尼日利亚（尼日利亚全境）	花生（*Arachis hypogaea* L.），指产自尼日利亚境内脱壳花生籽实，输往中国用于加工，不作种植用途	对符合要求的货物，出具植物检疫证书，并在附加声明中用英文注明："The consignment is in compliance with phytosanitary requirements described in the MOU of peanut from Nigeria to China, and free from the quarantine pests concerned by China."（该批货物符合《尼日利亚花生输华植物检疫要求谅解备忘录》的要求，不带中方关注的检疫性有害生物。）
52	木薯干	尼日利亚	木薯干	尼日利亚官方部门须对输华木薯干进行检验检疫，合格后出具植物检疫证书，并在证书中注明："该批货物符合中国法律法规要求，不带中方关注的检疫性有害生物和土壤。"

表7-1 续12

序号	产品	原产国家或地区	产品要求	证书要求
53	小麦	塞尔维亚	小麦（学名 *Triticum aestiumLinn*，英文名 weat），加工用	出口前，塞尔维亚植物保护组织须对输华小麦进行检验检疫。符合议定书要求的，根据国际植物保护公约组织的有关标准出具植物检疫证书，并在附加声明中注明：“The consignment is in compliance with requirements described in the Protocol of Phytosanitary Requirements for the Export of wheat from Serbia to China signed in Belgrade on April 18th，2007 and is free from the quarantine pests concerned by China.”（该批货物符合 2007 年 4 月 18 日在贝尔格莱德签署的《塞尔维亚小麦输往中国植物检疫要求议定书》要求，不带中方关注的检疫性有害生物。）
54	玉米	塞尔维亚	玉米（*Zea mays* L.），是指产自塞尔维亚，输往中国用于加工的玉米籽实，不作种植用途	塞尔维亚农业、林业和水管理部（MAFWM）应在玉米输华前对其实施检验检疫。如果发现活的昆虫，应在出口前或者运输途中对货物实施熏蒸处理。对符合议定书要求的货物，出具植物检疫证书，并在附加声明中用英文注明：“The consignment is in compliance with phytosanitary requirements described in the Protocol of maize from Serbia to China between the General Administration of Customs of the People's Republic of China and the Ministry of Agriculture，Forestry and Water Management of the Republic of Serbia，and free from the quarantine pests concerned by China.”（该批货物符合《塞尔维亚玉米输华植物检疫要求议定书》要求，不带中方关注的检疫性有害生物。）
55	花生	塞内加尔	塞内加尔输华食用及榨油用花生，不包括种用花生	塞内加尔应根据中方的植物卫生要求，对输华花生进行检疫，并出具带有经过授权的植物检疫官员签名的官方植物检疫证书，证书声明栏中应注明：“该批货物符合《中华人民共和国国家质量监督检验检疫总局和塞内加尔共和国农业和农村装备部关于塞内加尔花生输华植物卫生要求议定书》的要求（英文）。”（国家质检总局公告 2015 年第 67 号《质检总局关于进口塞内加尔花生检验检疫要求的公告》原文未提供英文）
56	花生	苏丹	苏丹脱壳花生是指产自苏丹，并在苏丹加工、储藏的脱壳花生	苏丹输华脱壳花生须随附苏丹官方植物检疫证书，证书声明栏中应注明：“该批货物符合苏丹输华花生植物卫生要求议定书的要求，不携带中方关注的检疫性有害生物。”植物检疫证书内容须用英文书写
57	大豆	坦桑尼亚	大豆（学名 *Glycine max*，英文名 Soybean）是指产自坦桑尼亚，输往中国用于加工的大豆籽实（限非转基因），不作种植用途	输华大豆的出口、仓储企业应当经海关总署注册登记，确保大豆出口、仓储满足中国检验检疫的相关要求。坦方应提前向中方提交出口和仓储企业名单。出口前，坦方相关部门应对输华大豆实施检疫，对符合议定书要求的货物，出具植物检疫证书，并在附加声明栏注明：“该批货物符合坦桑尼亚大豆输华植物检疫要求议定书要求，不带中方关注的检疫性有害生物。”（The consignment complies with Protocol of Phytosanitary Requirements for the Export of soybean from Tanzania to China，and is free from the quarantine pests of concern to China.）同时注明该批货物出口、仓储企业名称或其代码。对于发现活虫的货物，应在出口前进行熏蒸处理，其熏蒸处理指标应在植物检疫证书上注明

表7-1 续13

序号	产品	原产国家或地区	产品要求	证书要求
58	木薯干	坦桑尼亚	木薯干（学名 *Manihot esculenta Crantz*，英文名 Tapioca），包括木薯片和木薯粒	坦桑尼亚应对输华木薯干实施检验检疫。符合议定书要求的，由农业畜牧业渔业部植物健康服务部门（PHS）出具植物检疫证书，并在附加声明栏中注明："该批货物符合《坦桑尼亚木薯干输华植物检验检疫要求议定书》要求，不带有中方关注的检疫性有害生物。"（The consignment is in compliance with requirements described in the Protocol on Phytosanitary Requirements for the Export of dry cassava from the United Republic of Tanzania to China and is free of the quarantine pests of concern by China.）如采取了熏蒸处理，应在植物检疫证书上标明熏蒸药剂、处理时间、温度或者由 PHS 或其认可的企业出具熏蒸处理证书。认可企业出具的熏蒸证书应经 PHS 认证
59	大豆	乌克兰	用于加工的大豆籽实（学名 *Glycine max Merrill*，英文名 Soybean），不作种植用途	乌克兰农业政策和食品部（MAPFU）应确保输华大豆的企业在储运或装船前采取适当的过筛清杂等措施，以避免大豆携带土壤、植物病残体和杂草种子。 出口前，MAPFU 应对输华大豆实施检验检疫。对符合议定书要求的，出具植物检疫证书，并在附加声明栏中注明："The consignment is in compliance with phytosanitary requirements described in the Protocol of phytosanitary and inspection requirements for the export of soybean from Ukraine to the People's Republic of China between the General Administration of Quality Supervision, Inspection and Quarantine of the People's Republic of China and the Ministry of Agrarian Policy and Food of Ukraine and does not contain the quarantine pests of concern to China."（该批货物符合《乌克兰大豆输华植物检疫要求议定书》要求，不带中方关注的检疫性有害生物。）
60	大麦	乌克兰	用于加工的大麦籽实（学名 *Hordeum vulgare* L.，英文名 Barley），不作种植用途	MAPFU 应确保输华大麦的企业在储运或装船前采取适当的过筛清杂等措施，以避免大麦携带土壤、植物病残体和杂草种子。 出口前，MAPFU 应对输华大麦实施检验检疫。对符合议定书要求的，出具植物检疫证书，并在附加声明栏中注明："The consignment is in compliance with phytosanitary requirements described in the Protocol of phytosanitary and inspection requirements for the export of Barley from Ukraine to the People's Republic of China between the General Administration of Quality Supervision, Inspection and Quarantine of the People's Republic of China and the Ministry of Agrarian Policy and Food of Ukraine and does not contain the quarantine pests of concern to China."（该批货物符合《乌克兰大麦输华植物检疫要求议定书》要求，不带中方关注的检疫性有害生物。）
61	玉米	乌克兰	非种用的玉米籽实，学名 *Zea mays* L.，英文名 Maize、Corn	出口前，乌克兰必须对输华玉米进行检验检疫。对符合议定书要求的玉米，出具植物检疫证书，并在附加声明栏注明："The consignment meets the requirements established in the Protocol of Phytosanitary Requirements for the Export of Maize from Ukraine to China and does not contain the quarantine pests of concern to China."（该批货物符合《乌克兰玉米输华植物检疫要求议定书》要求，不带中方关注的检疫性有害生物。）

表7-1 续14

序号	产品	原产国家或地区	产品要求	证书要求
62	大豆	乌拉圭	用于加工的大豆籽实，不作种植用途，学名为 *Glycine max* Merrill	乌拉圭应在大豆输华前对其实施检验检疫。如果发现活的昆虫，货物应在出口前或者运输途中经过熏蒸处理。对符合议定书要求的货物，出具植物检疫证书，并在附加声明中用英文注明："The consignment is in compliance with requirements described in the Protocol of Phytosanitary Requirements for the Export of soybean from Uruguay to China and is free from the quarantine pests concerned by China."（该批货物符合《乌拉圭大豆输华植物检疫要求议定书》要求，不带中方关注的检疫性有害生物。）
63	大麦	乌拉圭	输华大麦（学名 *Hordeum vulgare* L.，英文名 Barley）是指乌拉圭生产，输往中国用于加工的大麦，不作种植用途	乌方应在大麦输华前对其进行植物检疫。对符合本议定书要求的，乌方出具植物检疫证书，并在附加声明栏中用英文注明："The consignment is in compliance with requirements described in the Protocol of Phytosanitary Requirements for the Export of Barley from Uruguay to China and is free from the quarantine pests concerned by China."（该批货物符合《乌拉圭大麦输华植物检疫要求议定书》要求，不带中方关注的检疫性有害生物。）
64	玉米	乌拉圭	输华玉米（学名 *Zea mays* L.，英文名 maize 或 corn）指乌拉圭生产，输往中国用于加工的玉米籽实，不作种植用途	乌方对符合议定书要求的货物，出具植物检疫证书，并在附加声明中用英文注明："The consignment is in compliance with requirements described in the Protocol of Phytosanitary Requirements for the Export of maize from Uruguay to China and is free from the quarantine pests concerned by China."（该批货物符合《乌拉圭玉米输华植物检疫要求议定书》要求，不带中方关注的检疫性有害生物。）
65	菜豆	乌兹别克斯坦	菜豆是指在乌兹别克斯坦境内种植和加工，用于食用或食品加工用的非种用的菜豆（*Phaseolus vulgaris*）的籽实	对符合要求的货物，乌方应按照国际植物检疫措施标准 ISPM 第 12 号《植物检疫证书准则》出具植物检疫证书，并在附加声明中注明："The kidney bean meets the provisions of the Protocol of Inspection and Quarantine Requirements for kidney bean Exported from Uzbekistan to China and does not carry any quarantine pests of concern to China."（该批货物符合《乌兹别克斯坦菜豆输华检验检疫要求议定书》的要求，不带中方关注的检疫性有害生物。） 输华菜豆中发现活体昆虫的，乌方应在出口前进行有效的检疫处理，检疫处理的方法、时间、温度、药剂等信息应在植物检疫证书中注明
66	花生	乌兹别克斯坦	是指在乌兹别克斯坦生产、加工、存放的花生	每批乌兹别克斯坦输华花生须随附乌方出具的官方植物检疫证书，并在附加声明栏中注明："该批货物符合《中华人民共和国海关总署与乌兹别克斯坦共和国国家植物检验检疫局关于乌兹别克斯坦花生输华检验检疫要求议定书》要求，不带有中方关注的检疫性有害生物。"

表7-1 续15

序号	产品	原产国家或地区	产品要求	证书要求
67	绿豆	乌兹别克斯坦	原产地为乌兹别克斯坦的绿豆（*Vigna radiate*）	每批乌兹别克斯坦输华绿豆应随附官方植物检疫证书，并注明具体产地。植物检疫证书应具有如下附加证明："该植物检疫证书所证明的绿豆符合中乌双方于2017年9月15日在上海签署的《关于乌兹别克斯坦绿豆输华植物检疫要求议定书》的规定。"
68	鹰嘴豆	乌兹别克斯坦	指在乌兹别克斯坦境内种植和加工，输华用于食用或食品加工用的非种用鹰嘴豆的籽实	出口前，乌兹别克斯坦应对鹰嘴豆进行检验检疫。对符合中方要求的货物，根据国际植物检疫措施标准ISPM第12号《植物检疫证书准则》出具植物检疫证书，并在附加声明中注明："The chickpeas meets the provisions of 'the Protocol of Inspection and Quarantine Requirements for Chickpeas Exported from Uzbekistan to China' and does not carry any quarantine pests of concern to China."（该批鹰嘴豆符合乌兹别克斯坦鹰嘴豆输华检验检疫要求议定书的规定，不带有中方关注的检疫性有害生物。）同时注明生产加工企业名称及其注册号、集装箱号及封识号。 如发现输华鹰嘴豆中有活虫的，应在出口前进行有效的检疫处理，检疫处理的方法、时间、温度、药剂等信息应在植物检疫证书中注明
69	玉米	匈牙利	用于加工的玉米籽实，不作种植用途	匈牙利主管当局应对输华玉米进行检验检疫。对符合本议定书要求的货物，匈牙利主管当局应出具植物检疫证书，并在附加声明栏注明："该批货物符合《关于匈牙利玉米输华植物检疫要求议定书》要求，不带有中方关注的检疫性有害生物。"
70	大麦	英国	大麦（学名 *Hordeum vulgare* L.，英文名Barley）	出口前，英国食品环境与乡村事务部应对输华大麦实施检疫。对符合议定书要求的，出具植物检疫证书，并在附加声明栏中注明："The consignment is in compliance with requirements described in the Protocol of Phytosanitary Requirements for the Export of barley from UK to China and is free from the quarantine pests concerned by China."
71	甘薯	越南	甘薯（拉丁名 *Ipomoea batatas*，英文名sweet potato）是指产自越南，输往中国不作种植用途的新鲜甘薯	经越南检疫，符合中国进境植物检疫要求的甘薯，允许向中国出口。越方应按国际标准出具植物检疫证书，注明种植基地、加工企业名称或注册号、集装箱号及封识号，并在附加声明中注明："This consignment complies with the requirements specified in the Protocol of Phytosanitary Requirements for Export of sweet potato from Vietnam to China, and is free from quarantine pests of concern to China."（该批货物符合《越南甘薯输华植物检疫要求议定书》的要求，不带中方关注的检疫性有害生物。）

表7-1 续16

序号	产品	原产国家或地区	产品要求	证书要求
72	花生、芝麻	乍得（乍得全境）	花生（*Arachis hypogaea* L.）、芝麻（*Sesamum indicum* L.），是指在乍得共和国境内种植和加工，用于食用或加工用的非种用脱壳花生、芝麻籽实	1. 花生。对符合要求的货物，由乍得负责植物保护和植物检疫控制的中央机关“植物保护和调节部（DPVC）”出具植物检疫证书，并在附加声明中注明：“The consignment meets the phytosanitary requirements described in the Peanut Protocol from Chad to China, and is free from the quarantine pests concerned by China.”（该批货物符合《乍得花生输华植物检疫要求议定书》的规定，不带中方关注的检疫性有害生物。）同时注明本批货物企业名称、注册登记号以及集装箱编号。对于发现活虫的货物，应在出口前进行熏蒸处理，其熏蒸处理指标应在植物检疫证书上注明。 2. 芝麻。出口前，乍方应对芝麻实施检验检疫，对每批符合议定书要求的芝麻出具植物检疫证书，注明芝麻品种和产区，并在附加声明中注明：“This batch of goods complies with the provisions of the Protocol on Inspection and Quarantine Requirements for the Exportation of Sesame from Chad to China, and is free from the quarantine pests concerned by China.”（该批货物符合《乍得芝麻输华检验检疫议定书》的规定，不带中方关注的检疫性有害生物。）出口前，乍得输华芝麻应进行检疫处理，以保证杀灭活虫，特别是仓储性害虫，检疫处理方法（如药剂、温度、时间等技术要求）由双方共同确认并在植物检疫证书中注明

拓展阅读

进口离岸现货交易大豆监督管理规范

为规范海关对进口离岸现货交易大豆的监督管理工作，海关总署发布《进口离岸现货交易大豆监督管理规范》。离岸现货交易大豆，是指通过深圳前海联合交易中心（以下简称“前海联交中心”）进口、交易，用于加工的非种用大豆。

（一）资质要求

1. 进口商白名单

前海联交中心应根据海关监管要求建立进口商白名单，向海关总署报备。名单内的进口商可通过前海联交中心开展进口大豆离岸现货交易。

2. 保税交易库认定

保税仓库或海关特殊监管区域、保税物流中心（B 型）内的仓储场所，经前海联交中心推荐，由场所经营企业向所在地直属海关或其授权的隶属海关提交《保税交易库申请表》，由场所所在地直属海关认定为保税交易库，在直属海关门户网站公布并向海关总署报备。

3. 进境动植物检疫审批

大豆进境前，进口商可以保税交易库作为境内存放场所，申请取得用途为“现货交易和期货实物交割”的进境动植物检疫许可证。

（二）申报要求

1. 大豆从境外进入保税交易库报关或者备案时，境内收货人或其代理人应当在报关单或备案清单的“货物存放地点”栏填写保税交易库经营企业 10 位海关编码，“运输方式”栏填写实际进出境运输方式，“用途”栏填写“现货交易和期货实物交割”，并提供检疫许可证、植物检疫证书、农业转基因生物安全证书等。

2. 大豆调出保税交易库办理进口报关时，境内收货人或其代理人向保税交易库主管海关申报纳税，监管方式应为一般贸易（0110），“运输方式”栏填写实际出库的特殊运输方式，“备注”栏需注明大豆从境外进入保税交易库的报关单号或者备案清单号，并提供自动进口许可证等。

二、出口粮食

（一）资质要求

输入国家（地区）要求中国对向其输出粮食生产、加工、存放企业注册登记的，直属海关负责组织注册登记，并向海关总署备案。办理指南见本书第二部分第十四章第四节。

（二）申报要求

粮食的发货人或者其代理人应当按照法律、行政法规和海关总署规定，向储存或者加工企业所在地海关申报，并提供贸易合同、发票、质量合格声明等材料。贸易方式为凭样成交的，还应当提供成交样品。

（三）产品相关要求

1. 基本要求

出口粮食应符合进口国家（地区）的要求。

2. 运输工具适载检验要求

装运出口粮食的船舶、集装箱等运输工具的承运人、装箱单位或者其代理人，应当在装运前向海关申请清洁、卫生、密固等适载检验（详见本书第二部分第十五章第三节“适载检验”部分）。未经检验检疫或者检验检疫不合格的，不得装运。

三、过境粮食

境外粮食需经中国过境的，货主或者其代理人应当提前向海关总署或者主管海关提出申请，提供过境路线、运输方式及管理措施等，由海关总署组织制订过境粮食检验检疫监管方案后，方可依照该方案过境，并接受主管海关的监督管理。过境粮食应当密封运输，杜绝撒漏。未经主管海关批准，不得开拆包装或者卸离运输工具。

参考资料

准予进口粮食种类（含籽实类和块茎类粮食、油籽）及输出国家或地区名录

《准予进口粮食种类（含籽实类和块茎类粮食、油籽）及输出国家或地区名录》见表7-2。

表7-2 准予进口粮食种类（含籽实类和块茎类粮食、油籽）及输出国家或地区名录

（2024年12月版，截至2025年1月1日仍为最新版本）

类型	种类	输出国家或地区
籽实类粮食、油籽	大豆	加拿大、乌拉圭、俄罗斯、乌克兰、埃塞俄比亚、哈萨克斯坦、美国、巴西、阿根廷、玻利维亚、贝宁、坦桑尼亚、吉尔吉斯斯坦、马拉维、南非、赞比亚
	油菜籽	加拿大、澳大利亚、蒙古国、俄罗斯、哈萨克斯坦
	小麦	澳大利亚、加拿大、哈萨克斯坦、匈牙利、塞尔维亚、蒙古国、俄罗斯、法国、英国、美国、阿根廷

表7-2　续1

类型	种类	输出国家或地区
籽实类粮食、油籽	玉米	泰国、老挝、阿根廷、俄罗斯、乌克兰、保加利亚、巴西、柬埔寨、南非、匈牙利、美国、秘鲁（限大玉米）、哈萨克斯坦、墨西哥、乌拉圭、塞尔维亚、缅甸、吉尔吉斯斯坦
	大麦	澳大利亚、加拿大、丹麦、阿根廷、蒙古国、乌克兰、芬兰、乌拉圭、英国、法国、哈萨克斯坦、俄罗斯、美国
	稻谷	俄罗斯
	高粱	缅甸、美国、澳大利亚、阿根廷、墨西哥、乌拉圭
	干豌豆	波兰、法国、荷兰、匈牙利、英国、缅甸、印度、南非、马拉维、阿根廷、加拿大、美国、新西兰、澳大利亚、俄罗斯（食用）、哈萨克斯坦（食用）
	燕麦	俄罗斯、芬兰、美国、澳大利亚、马来西亚、英国
	花生	阿根廷、埃塞俄比亚、巴西、马拉维、美国、缅甸、尼日利亚、塞内加尔、苏丹、乌兹别克斯坦、印度、印度尼西亚、越南、乍得、中国台湾
	谷子（粟）	吉尔吉斯斯坦、加纳、缅甸
	小米	俄罗斯
	芝麻	埃及、埃塞俄比亚、巴基斯坦、巴拉圭、贝宁、玻利维亚、布基纳法索、朝鲜、多哥、厄立特里亚、冈比亚、吉布提、加纳、柬埔寨、喀麦隆、肯尼亚、老挝、马里、美国、孟加拉国、缅甸、莫桑比克、墨西哥、尼日尔、尼日利亚、日本、塞内加尔、斯里兰卡、苏丹、索马里、泰国、坦桑尼亚、土耳其、危地马拉、委内瑞拉、乌干达、乌兹别克斯坦、印度、印度尼西亚、越南、乍得、中国台湾
	干白凤豆	缅甸
	干白豆	日本、意大利
	干扁豆	法国、美国、缅甸、土耳其
	兵豆（小扁豆）	哈萨克斯坦
	干蚕豆	缅甸
	干赤豆	朝鲜、缅甸、日本、泰国、越南、老挝
	干饭豆	缅甸
	干瓜尔豆	巴基斯坦、印度
	干黑豆	缅甸、泰国、埃塞俄比亚
	干红腰豆	美国、缅甸、泰国
	干豇豆	巴基斯坦、美国、缅甸、印度
	干角豆	美国
	干绿豆	埃塞俄比亚、乌兹别克斯坦、澳大利亚、丹麦、缅甸、泰国、印度、印度尼西亚、越南
	干眉豆	美国、缅甸
	干鹰嘴豆	法国、哈萨克斯坦、土耳其、意大利、印度、乌兹别克斯坦
	菜豆（芸豆）	埃塞俄比亚、朝鲜、哥斯达黎加、吉尔吉斯斯坦、加拿大、美国、缅甸、日本、乌兹别克斯坦、泰国、印度、波兰

表7-2 续2

类型	种类	输出国家或地区
籽实类粮食、油籽	干珍珠豆	缅甸
	干竹豆	缅甸
	干西豆	加纳、尼日利亚
	木豆	莫桑比克
	黍子	丹麦、老挝、缅甸、日本、泰国
	野米	加拿大
	薏米	泰国、越南、中国台湾、荷兰
	加那利草子（非种用）	加拿大
	藜麦	玻利维亚、秘鲁、哥伦比亚
	荞麦	俄罗斯、缅甸、日本
	黑加仑籽	波兰、新西兰、英国
	红花子	哈萨克斯坦、印度
	芥子	比利时、德国、加拿大、捷克、美国、蒙古国、土耳其、印度
	葵花籽（仁）	阿根廷、保加利亚、俄罗斯、哈萨克斯坦、美国
	琉璃苣籽	波兰、加拿大、新西兰、英国、智利
	棉籽	澳大利亚、巴基斯坦、美国、缅甸、印度
	牛油树果	多哥、加纳、塞拉利昂
	葡萄籽	澳大利亚、法国、乌兹别克斯坦、意大利
	奇亚籽	墨西哥
	苏籽	朝鲜、韩国
	亚麻子	埃塞俄比亚、澳大利亚、俄罗斯、法国、哈萨克斯坦、荷兰、加拿大、美国、新西兰、印度
	油棕果及油棕仁	埃塞俄比亚、朝鲜、德国、美国、缅甸、越南
	月见草籽	朝鲜、荷兰、新西兰
	棕榈果及棕榈仁	美国
块茎类粮食	木薯干（片）	柬埔寨、老挝、坦桑尼亚、加纳、马达加斯加、尼日利亚、泰国、印度尼西亚、越南
	马铃薯	美国
	甘薯	老挝、越南
其他	凉粉草	越南、印度尼西亚
	甜叶菊	卢旺达、赞比亚、肯尼亚

第二节　粮食加工品

本节的粮食加工品包括小麦粉、米粉、麦芽、已焙制麦芽、未焙制麦芽、其他麦芽、玉米粉、荞麦粉、黑麦粉、大豆粉、燕麦粉和其他粮食加工产品等，以及大米、豆类制品及薯类制品等。

一、进口粮食加工品

（一）资质要求

1. 准入要求

海关对进口植物源性食品实施准入制度。列入《符合评估审查要求及有传统贸易的国家或地区输华食品目录》的国家或地区对应的产品，方可进口。

禁止从日本福岛县、群马县、枥木县、茨城县、宫城县、新潟县、长野县、琦玉县、东京都、千叶县 10 个都县进口粮食加工品。

《符合评估审查要求及有传统贸易的国家或地区输华食品目录》可在网站（http：//43.248.49.223/）查询。

2. 境外生产企业注册

粮食加工品的境外生产企业，应当获得海关总署注册。谷物制粉工业产品和麦芽的境外生产企业由所在国家（地区）主管当局向海关总署推荐注册；粮食制品以及其他产品境外生产企业，应当自行或者委托代理人向海关总署提出注册申请。办理指南见本书第二部分第十四章第十节。

进口食品境外生产企业注册信息可在网站（https：//ciferquery.singlewindow.cn/）查询。

3. 进出口商备案

向中国境内出口粮食加工品的境外出口商或者代理商应当向海关总署备案。进口商应当向其住所地海关备案。办理指南见本书第二部分第十四章第十一节和第十二节。

进口食品境外出口商或者代理商、食品进口商备案信息可通过中国海关企业进出口信用信息公示平台（http：//credit.customs.gov.cn/）的“特定资质行政相对人名录”栏目查询。

（二）申报要求

1. 基本申报要求

货主或者其代理人应当在粮食加工品进口前或者进口时向海关申报，申报时应当提供贸易合同、提单、装箱单、发票等，并随附以下文件：

（1）输出国家或者地区官方检验检疫证书（检验检疫类别含有 P 的需要），特定国家或者地区证书要求详见本小节“（四）进口粮食加工品检验检疫要求”部分内容；

（2）原产地证书（检验检疫类别含有 P 的需要）；

（3）熏蒸证书（大米需要）。

2. 其他申报要求

进口日本粮食加工品，还应随附日本官方出具的原产地证明。

3. 录入要求

（1）在企业资质栏目，选取“508-进口食品境外出口商代理商备案”“509-进口食品进口商备案”，并分别填写 18 位统一编码和食品进口商的统一社会信用代码。

（2）在产品资质栏目，选取“519-进口食品境外生产企业注册”，并填写在华注册编号等信息。

（3）在货物属性栏目，根据货物实际情况选择“14-预包装”或“15-非预包装”。

（三）产品相关要求

1. 基本要求

进口粮食加工品应符合食品安全国家标准要求，应当按照规定随附合格证明材料。现行食品安全国家标准目录见本书附录 2-6。

进口粮食加工品产品的包装和标签、标识应当符合中国法律法规和食品安全国家标准；依法应当有说明书的，还应当有中文说明书。销售包装应符合国家强制性标准《限制商品过度包装要求 食品和化妆品》及其修改单（GB 23350—2021/XG1—2022）① 的要求。

2. 企业要求

（1）食品进口商应当建立食品进口和销售记录制度，如实记录食品名称、净含量/规格、数量、生产日期、生产或者进口批号、保质期、境外出口商和购货者名称、地址及联系方式、交货日期等内容，并保存相关凭证。记录和凭证保存期限不得少于食品保质期满后 6 个月；没有明确保质期的，保存期限为销售后 2 年以上。

（2）食品进口商应当建立境外出口商、境外生产企业审核制度，重点审核：制定和执行食品安全风险控制措施情况；保证食品符合中国法律法规和食品安全国家标准的情况。

3. 预包装食品标签要求

属于预包装食品的粮食加工品产品，其标签还应符合以下要求：

（1）进口的预包装食品应当有中文标签；依法应当有说明书的，还应当有中文说明书。标签、说明书应当符合《中华人民共和国食品安全法》以及中国其他有关法律、行政法规的规定和食品安全国家标准的要求，并载明食品的原产地以及境内代理商的名称、地址、联系方式。预包装食品没有中文标签、中文说明书或者标签、说明书不符合规定的，不得进口。

（2）标签应当标明下列事项：名称、规格、净含量、生产日期；成分或者配料表；生产者的名称、地址、联系方式；保质期；产品标准代号；贮存条件；所使用的食品添加剂在国家标准中的通用名称；生产许可证编号；法律、法规或者食品安全标准规定应当标明的其他事项。专供婴幼儿和其他特定人群的主辅食品，其标签还应当标明主要营养成分及其含量。

（3）食品的标签、说明书，不得含有虚假内容，不得涉及疾病预防、治疗功能。生产经营者对其提供的标签、说明书的内容负责。

（4）食品的标签、说明书应当清楚、明显，生产日期、保质期等事项应当显著标注，容易辨识。

4. 其他要求

特定国家或者地区产品要求详见本小节“（四）进口粮食加工品检验检疫要求”部分内容。

（四）进口粮食加工品检验检疫要求

进口粮食加工品检验检疫要求见表 7-3。

---

① 运输包装和出厂时价格为零且标识“赠品或非卖品”字样的产品不适用于本标准。

表 7-3　进口粮食加工品检验检疫要求

（截至 2025 年 1 月 1 日）

序号	产品	原产国家与地区	产品要求	证书要求
1	小麦粉	白俄罗斯	白俄罗斯输华小麦粉是指由白俄罗斯境内生产的小麦（*Triticum aestivum* L.），在白俄罗斯境内经加工而获得供人类食用的精细粉状产品	白俄罗斯官方应对每批符合议定书要求的小麦粉出具植物检疫证书，注明原料产区，并在附加声明栏中使用中文或英文注明："该批小麦粉符合中白双方于 2022 年 9 月 14 日签订的《中华人民共和国海关总署与白俄罗斯共和国农业和食品部关于白俄罗斯共和国小麦粉输华检验检疫要求议定书》的规定，不带有可可梢枯蠕孢丛赤壳菌（可可花瘿病菌）（*Albonectria rigidiuscula*）、澳洲蛛甲（*Ptinus tectus*）、褐拟谷盗（*Tribolium destructor*）等中方关注的检疫性有害生物，符合中国现行的植物检疫要求。"
2	面粉	波兰	波兰输华面粉是指由波兰境内生产的小麦（*Triticum aestivum* L.）［包括斯卑尔脱小麦 *Triticum aestivum ssp. spelta*）或黑麦（*Secale cereal* L.）］在波兰加工完成并输往中国的面粉	波兰官方应对每批符合议定书检验检疫要求的面粉出具植物检疫证书，并在证书附加声明中注明："该批面粉符合于 2021 年 2 月 5 日签订的《中华人民共和国海关总署与波兰共和国农业和农村发展部关于波兰面粉输华检验检疫要求的议定书》要求和中华人民共和国植物检疫相关规定，不带有谷斑皮蠹（*Trogoderma granarium*）、大谷蠹（*Prostephanus truncatus*）和小麦矮腥黑穗病（*Tilletia controversa*）等中方关注的检疫性有害生物。"
3	麦芽	芬兰	芬兰输华麦芽是指以在芬兰种植的大麦（*Hordeum vulgare* L.）、小麦（*Triticum aestivum* L.）、黑麦（*Secale cereale* L.）、燕麦（*Avena sativa* L.）的成熟果实为原料，在芬兰境内经过发芽、干燥等工艺制成的仅用于食用或食品加工用的产品	芬兰官方应对每批经检验检疫符合议定书要求的输华麦芽出具植物检疫证书。证书附加声明栏中应注明麦芽生产加工企业名称、在华注册号及"该植物检疫证书所证明的麦芽符合中芬双方于 2023 年 9 月 21 日在赫尔辛基签署的《关于芬兰麦芽输华检验检疫要求议定书》的规定。该批货物不带有阔鼻谷象 *Caulophilus oryzae*、花斑皮蠹 *Trogoderma variabile Ballion* 等中方关注的检疫性有害生物。"
4	大米	韩国	韩国输华大米包括糙米、精米和碎米	每批韩国输华大米进境时应随附官方植物检疫证书，证明其符合我国的植物检疫要求，还需附加如下信息："This consignment of rice complies with 'The Requirements of Inspection and Quarantine on Korean Rice to be Exported to China' agreed on Oct 31, 2015 by Chinese side and Korean side."
5	小麦粉	吉尔吉斯	在吉尔吉斯共和国种植的小麦（*Triticum aestivum* L.）经加工而获得可食用的精细粉状食物	每批进口吉尔吉斯小麦粉须随附吉方出具的官方植物检疫证书，注明原料小麦品种和产区，并在附加声明栏中使用中文或英文注明："该植物检疫证书所证明的小麦粉符合中吉双方于 2019 年 6 月 13 日在比什凯克签署的《关于吉尔吉斯共和国小麦粉输华植物检疫要求的议定书》的规定。"

表7-3 续1

序号	产品	原产国家与地区	产品要求	证书要求
6	大米	柬埔寨	柬埔寨输华大米包括精米和碎米	柬埔寨输华大米应随附官方植物检疫证书，证明其符合中方的植物检疫要求，并注明具体产地
7	麦芽	捷克	捷克输华麦芽是由捷克春季播种的大麦 *Hordeum vulgare* L. 成熟果实发芽干燥制得的麦芽	每批捷克输华麦芽须随附捷克农业部出具的官方植物检疫证书，证明其符合中国植物检疫要求，并注明麦芽的具体产地和原料大麦的播种季节
8	大米	老挝	经碾制加工、不带稻壳以及其他杂物的精米（*Oryza sativa* L.），以下简称大米	老挝农林部应对输华大米进行检疫并出具植物检疫证书，证明其符合中方的植物检疫要求，还需注明具体产地，并在附加声明栏中注明："This batch of rice meets the requirements of The Protocol on Plant Inspection and Quarantine Requirements for Exporting Rice from Lao to China and is free of quarantine pests of concern to China."
9	大米	美国	原产地为美国的大米（含糙米、精米和碎米，子目100620、100630、100640）	每批美国输华大米应随附美国官方出具的植物检疫证书。植物检疫证书应有如下附加信息："该植物检疫证书所证明的大米符合中国和美国于 2017 年 7 月 19 日在华盛顿签署的《关于美国大米输华植物卫生要求议定书》的规定。"
10	面粉	蒙古国［蒙古国输华面粉的原料小麦和黑麦应产自没有发生小麦矮腥黑穗病菌（Tilletia controversa Kühn）及小麦印度腥黑穗病菌（Tilletia indica Mitra）的地区］	蒙古国输华面粉是指由蒙古国境内生产的小麦（*Triticum aestivum* L.）或黑麦（*Secale cereal* L.）加工获得的面粉	在蒙古国境内经加工而获得可食用的精细粉状食物蒙古国输华面粉在向中国出口前，蒙古国国家技术监督总局应对其实施检验检疫，对每批符合议定书要求的面粉出具植物检疫证书，注明原料品种和产区，并在附加声明栏中使用中文或英文注明："该批面粉符合双方于 2020 年 9 月 15 日在乌兰巴托签订的《中华人民共和国海关总署与蒙古国国家技术监督总局关于蒙古国面粉输华检验检疫要求的议定书》规定。"
11	大米	缅甸	在缅甸境内生产、加工的经碾制加工的大米，包括精米及碎米	1. 每批进口缅甸大米须随附缅方出具的官方植物检疫证书。每一植物检疫证书都应有如下中文或英文附加证明："该批大米符合《缅甸大米输华植物检验检疫要求议定书》的规定，不携带中方关注的检疫性有害生物。"（This batch of rice meets the requirements of The Protocol on Plant Inspection and Quarantine Requirements for Exporting Rice from Myanmar to China and is free of quarantine pests of concern to China.） 2. 缅甸大米对华出口前应进行熏蒸处理，以保证大米中不带有活的昆虫，特别是仓储害虫，并随附熏蒸处理证书
12	大米	泰国	泰国输华大米包括糙米、精米和碎米	每批泰国输华大米应随附官方植物检疫证书，证明其符合中国和泰国的检疫法规和植物卫生要求。植物检疫证书上应注明具体产地

表7-3　续2

序号	产品	原产国家与地区	产品要求	证书要求
13	大米	意大利［意大利输华大米应来自意大利官方根据国际植物保护公约（IPPC）的国际标准建立并经海关总署认可的谷斑皮蠹 Trogoderma granarium、大谷蠹 Prostephanus truncatus 的非疫区］	意大利输华大米是指在意大利境内种植、加工的精米（子目 100630）	每批意大利输华大米应由意大利官方检疫，须随附官方植物检疫证书。每一植物检疫证书都应在“附加声明”栏中注明：“该批大米符合意大利农业、食品和林业政策部与中华人民共和国海关总署之间签订的《意大利大米输华检验检疫要求议定书》规定，不带中方关注的检疫性有害生物。”（This consignment of rice complies with the Protocol on inspection and quarantine requirements for the export of rice from Italy to China between the General Administration of Customs of the People's Republic of China and the Ministry of Agricultural, Food and Forestry Policies of the Italian Republic. It is free from any quarantine pests of concern for China.）
14	大米	印度	在印度种植、生产的大米（包括 *Basmati* 大米和非 *Basmati* 大米）	每批印度输华大米须随附 DAC&FW 出具的官方植物检疫证书，证明其符合中国植物检疫要求，并注明具体产地
15	大米	越南［越南输华大米须来自水稻茎线虫（Ditylenchus angustus）和（Aphelenchoides nechaleos）的非疫区或非疫点］	越南输华大米包括糙米、精米和碎米	1. 每批越南输华大米要随附越南官方出具的植物检疫证书，证明其符合中方的植物检疫要求，并注明具体产地。 2. 熏蒸企业、熏蒸日期和地点，以及熏蒸使用的药剂、时间、温度等信息应在植物检疫证书中注明
16	大米	中国台湾（大米产区）	大米（子目 100620、100630、100640），本要求适用于以一般贸易方式输往大陆的台湾大米，参展或研究用样品、旅客携带及专案输入大米除外	对经检疫合格的每批大米要出具有关证明文件，证明其符合大陆的植物检疫要求，并注明具体产地。每一证明文件都要表明如下附加声明：“该批大米符合台湾大米输往大陆植物检疫管理规范，不带大陆关注的检疫性有害生物。”

二、出口粮食加工品

出口粮食加工品按本章第十二节“其他植物源性食品”办理。

第三节 食用植物油

本节食用植物油包括初榨植物食用油、食用植物油等。

一、进口食用植物油

（一）资质要求

1. 准入要求

禁止从日本福岛县、群马县、栃木县、茨城县、宫城县、新潟县、长野县、琦玉县、东京都、千叶县10个都县进口食用植物油。

2. 境外生产企业注册

食用植物油的境外生产企业，应当获得海关总署注册。食用油脂的境外生产企业由所在国家（地区）主管当局向海关总署推荐注册。办理指南见本书第二部分第十四章第十节。

进口食品境外生产企业注册信息可在网站（https：//ciferquery. singlewindow. cn/）查询。

3. 进出口商备案

向中国境内出口食用植物油的境外出口商或者代理商应当向海关总署备案。食用植物油进口商应当向其住所地海关备案。办理指南见本书第二部分第十四章第十一节和第十二节。

进口食品境外出口商或者代理商、食品进口商备案信息可通过中国海关企业进出口信用信息公示平台（http：//credit. customs. gov. cn/）的“特定资质行政相对人名录”栏目查询。

（二）申报要求

1. 基本申报要求

货主或者其代理人应当在食用植物油进口前或者进口时向海关申报，申报时应当提供贸易合同、提单、装箱单、发票等，并随附以下文件：

（1）输出国家或者地区官方检验检疫证书（入境后用于分装加工并且检验检疫要求有P的植物油提供）；

（2）原产地证书；

（3）运输工具前三航次装载货物名单（散装植物油提供）；

（4）相应食品安全国家标准中规定项目的检测报告（每批散装食用植物油及首次向中国出口的预包装食用植物油）；

（5）首次进口检测报告复印件、进口商经风险分析确定的重要指标和检验检疫机构指定指标的检测报告（预包装食用植物油再次进口时提供）。

2. 其他申报要求

进口日本食用植物油时，还应随附日本官方出具的原产地证明。

3. 录入要求

（1）在企业资质栏目，选取“508-进口食品境外出口商代理商备案”“509-进口食品进口商备案”，并分别填写18位统一编码和食品进口商的统一社会信用代码。

（2）在产品资质栏目，选取“519-进口食品境外生产企业注册”，并填写在华注册编号等信息。

（3）在货物属性栏目，根据货物实际情况选择“14-预包装”或“15-非预包装”。

（三）产品相关要求

1. 基本要求

进口食用植物油应符合食品安全国家标准要求，应当按照规定随附合格证明材料。现行食品安全国家标准目录见本书附录 2-6。

2022 年 1 月 1 日起生产的输华食用植物油，应当在内、外包装上标注在华注册编号或者所在国家（地区）主管当局批准的注册编号。

进口食用植物油的包装和标签、标识应当符合中国法律法规和食品安全国家标准；依法应当有说明书的，还应当有中文说明书。销售包装应符合国家强制性标准《限制商品过度包装要求 食品和化妆品》及其修改单（GB 23350—2021/XG1—2022）[①] 的要求。

2. 企业要求

（1）食品进口商应当建立食品进口和销售记录制度，如实记录食品名称、净含量/规格、数量、生产日期、生产或者进口批号、保质期、境外出口商和购货者名称、地址及联系方式、交货日期等内容，并保存相关凭证。记录和凭证保存期限不得少于食品保质期满后 6 个月；没有明确保质期的，保存期限为销售后 2 年以上。

（2）食品进口商应当建立境外出口商、境外生产企业审核制度，重点审核：制定和执行食品安全风险控制措施情况；保证食品符合中国法律法规和食品安全国家标准的情况。

3. 预包装食品标签要求

属于预包装食品的食用植物油产品，其标签还应符合以下要求：

（1）进口的预包装食品应当有中文标签；依法应当有说明书的，还应当有中文说明书。标签、说明书应当符合《中华人民共和国食品安全法》以及中国其他有关法律、行政法规的规定和食品安全国家标准的要求，并载明食品的原产地以及境内代理商的名称、地址、联系方式。预包装食品没有中文标签、中文说明书或者标签、说明书不符合规定的，不得进口。

（2）标签应当标明下列事项：名称、规格、净含量、生产日期；成分或者配料表；生产者的名称、地址、联系方式；保质期；产品标准代号；贮存条件；所使用的食品添加剂在国家标准中的通用名称；生产许可证编号；法律、法规或者食品安全标准规定应当标明的其他事项。专供婴幼儿和其他特定人群的主辅食品，其标签还应当标明主要营养成分及其含量。

（3）食品的标签、说明书，不得含有虚假内容，不得涉及疾病预防、治疗功能。生产经营者对其提供的标签、说明书的内容负责。

（4）食品的标签、说明书应当清楚、明显，生产日期、保质期等事项应当显著标注，容易辨识。

4. 运输要求

进口食用植物油产品运输工具及其前三航次装载货物应符合以下要求：

（1）油罐应使用不与食用植物油发生反应并适于与食品接触的惰性材料制造，不锈钢材料最为适宜。软钢油罐内部应有惰性材料镀层，如酚醛—环氧树脂。禁止用铜及其合金储罐装运食用植物油。

（2）油罐上航次装运货物应是食品或在允许装运货物列表中的物质；油罐第二、第三航次装运货物应是禁止装运货物列表以外的物质。上述列表详见本节参考资料。

二、出口食用植物油

出口食用植物油产品按本章第十二节“其他植物源性食品”办理。

---

① 运输包装和出厂时价格为零且标识“赠品或非卖品”字样的产品不适用于本标准。

参考资料

进口食用植物油允许装运货物列表及禁止装运货物列表

允许装运货物列表见表 7-4，禁止装运货物列表见表 7-5。

表 7-4 允许装运货物列表

物质名称	参考译文	CAS 编码
Acetic acid (ethanoic acid; vinegar acid; methane carboxylic acid)	乙酸（醋酸；甲烷羧酸）	64-19-7
Acetic anhydride (ethanoic anhydride)	醋酸酐（乙酐）	108-24-7
Acetone (dimethylketone; 2-propanone)	丙酮（二甲基甲酮；2-丙酮）	67-64-1
Acid oils and fatty acid distillates - from animal, marine and vegetable fats and oils	从动物、海洋生物和植物油脂中提取的酸性油和脂肪酸蒸馏物	
Ammonium hydroxide (ammonium hydrate; ammonia solution; aqua ammonia)	氢氧化铵（铵基水合物；氨溶液；氨水）	1336-21-6
Ammonium polyphosphate	聚磷酸铵	68333-79-9
Animal, marine and vegetable oils and fats (including hydrogenated oils and fats) —other than cashew shell nut oil and tall oil	动物、海洋生物和植物油脂，包括氢化油和脂肪—腰果壳油和妥尔油除外	
Beeswax white	蜂蜡—白的	8006-40-4
Beeswax yellow	蜂蜡—黄的	8012-89-3
Benzyl alcohol (pharmaceutical and reagent grades)	苯甲醇（药品级和试剂级）	100-51-6
1,3-Butanediol (1,3-butylene glycol)	1,3-丁二醇（1,3-丁烯二醇）	107-88-0
1,4-Butanediol (1,4-butylene glycol)	1,4-丁二醇（1,4-丁烯二醇）	110-63-4
Butyl acetate, *n*-	乙酸正丁酯	123-86-4
Butyl acetate, *iso*-	乙酸异丁酯	110-19-0
Butyl acetate, *sec*-	乙酸仲丁酯	105-46-4
Butyl acetate, *tert*-	乙酸叔丁酯	540-88-5
Calcium ammonium nitrate solution	硝酸铵钙溶液	6484-52-2
Calcium chloride solution	氯化钙溶液	10043-52-4
Calcium lignosulphonate liquid (lignin liquor; sulphite lye)	木质素磺酸钙（亚硫酸盐碱液，木质素酒）	8061-52-7
Calcium nitrate (CN-9) solution	硝酸钙（CN-9）溶液	35054-52-5
Candelilla wax	烛蜡	8006-44-8
Carnauba wax (Brazil wax)	巴西棕榈蜡（巴西蜡）	8015-86-9
Cyclohexane (hexamethylene; hexanaphthene; hexahydrobenzene)	环己烷（六氢苯）	110-82-7
Ethanol (ethyl alcohol; spirits)	乙醇（酒精；蒸馏酒精）	64-17-5
Ethyl acetate (acetic ether; acetic ester; vinegar naphtha)	乙酸乙酯（醋酸酯；乙酸酯；醋石脑油）	141-78-6
2-Ethylhexanol (2-ethylhexy alcohol)	2-乙基己醇	104-76-7

表7-4 续1

物质名称	参考译文	CAS 编码
Fatty acids:	脂肪酸:	
Arachidic acid (eicosanoic acid)	花生酸(二十烷酸)	506-30-9
Behenic acid (docosanoic acid)	山俞酸(二十二烷酸)	112-85-6
Butyric acid (*n*-butyric acid; butanoic acid; ethyl acetic acid; propyl forinic acid)	丁酸(正丁酸;乙基醋酸;丙基甲酸)	107-92-6
Capric acid (*n*-decanoic acid)	癸酸(正癸酸)	334-48-5
Caproic acid (*n*-hexanoic acid)	己酸(正己酸)	142-62-1
Caprylic acid (*n*-octanoic acid)	辛酸(正辛酸)	124-07-2
Erucic acid (*cis*-13-docosenoic acid)	芥酸(顺式-13-二十二碳烯酸)	112-86-7
Heptoic acid (*n*-heptanoic acid)	庚酸(正庚酸)	111-14-8
Lauric acid (*n*-dodecanoic acid)	月桂酸(正十二烷酸)	143-07-7
Lauroleic acid (dodecenoic acid)	月桂烯酸(十二碳烯酸)	4998-71-4
Linoleic acid (9,12-octadecadienoic acid)	亚油酸(9,12-十八碳二烯酸)	60-33-3
Linolenic acid (9,12,15-octadecatrienoic acid)	亚麻酸(9,12,15 十八碳二烯酸)	463-40-1
Myristic acid (*n*-tetradecanoic acid)	肉豆蔻酸(正十四烷酸)	544-63-8
Myristoleic acid (*n*-tetradecenoic acid)	肉豆蔻脑酸(正十四烷酸)	544-64-9
Oleic acid (*n*-octadecenoic acid)	油酸(正十八烯酸)	112-80-1
Palmitic acid (*n*-hexadecanoic acid)	棕榈酸(正十六烷酸)	57-10-3
Palmitoleic acid (*cis*-9-hexadecenoic acid)	棕榈油酸(顺-9-十六碳烯酸)	373-49-9
Pelargonic acid (*n*-nonanoic acid)	壬酸(正壬酸)	112-05-0
Ricinoleic acid (*cis*-12-hydroxy octadec-9-enoic acid; castor oil acid)	蓖麻油酸(顺式-12-羟基十八碳-9-烯酸)	141-22-0
Stearic acid (*n*-octadecanoic acid)	硬脂酸(正十八烷酸)	57-11-4
Valeric acid (*n*-pentanoic acid; valerianic acid)	戊酸(正戊酸)	109-52-4
Unfractionated fatty acid mixture or mixtures of fatty acids from natural oils	从天然植物油中提取的未分离的混合脂肪酸或脂肪酸混合物	
Fatty alcohols:	脂肪醇:	
Butyl alcohol (1-butanol; butyric alcohol)	丁醇(1-丁醇;正丁醇)	71-36-3
iso-Butanol (2-methyl-1-propanol)	异丁醇(2-甲基-1-丙醇)	78-83-1
Caproyl alcohol (1-hexanol; hexyl alcohol)	己醇(1-己醇)	111-27-3
Capryl alcohol (1-*n*-octanol; heptyl carbinol)	辛醇(1-正辛醇;庚基甲醇)	111-87-5
Cetyl alcohol (alcohol C-16; 1-hexadecanol; cetylic alcohol; palmityl alcohol; n-prirnary hexadecyl alcohol)	十六醇(醇 C-16;1-十六烷醇;棕榈醇;正十六烷醇)	36653-82-4
Decyl alcohol (1-decanol)	癸醇(1-癸醇)	112-30-1
Iso decyl alcohol (isodecanol)	异癸醇	25339-17-7
Enanthyl alcohol (1-heptanol; heptyl alcohol)	庚醇(1-庚醇)	111-70-6
Lauryl alcohol (*n*-dodecanol; dodecyl alcohol)	月桂醇(正月桂醇,十二醇)	112-53-8

表7-4 续2

物质名称	参考译文	CAS 编码
Myristyl alcohol (1-tetradecanol; tetradecanol)	肉豆蔻醇(1-十四烷醇;十四烷醇)	112-72-1
Nonyl alcohol (1-nonanol; pelargonic alcohol; octyl carbinol)	壬醇(1-壬醇;辛基甲醇)	143-08-8
Iso nonyl alcohol (isononanol)	异壬醇	27458-94-2
Oleyl alcohol (octadecenol)	油醇(十八烯醇)	143-28-2
Stearyl alcohol (1-octadecanol)	硬脂醇(1-十八醇)	112-92-5
Tridecyl alcohol (I-tridecanol)	十三烷醇(I-十三醇)	27458-92-0
Unfractionated fatty alcohol mixture or mixtures of fatty alcohols from natural oils and fats	从天然植物油脂中提取的未分离的混合脂肪酸或脂肪酸混合物	
Fatty alcohol blends:	脂肪醇混合物:	
Cetyl stearyl alcohol (C16-C18)	十六烷基醇和十八烷基醇混合物(C16-C18)	67762-27-0
Lauryl myristyl alcohol (C12-C14)	十二烷基醇和十四烷基醇混合物(C12-C14)	
Fatty acid esters-combination of above fatty acids and fatty alcohols:	脂肪酸酯—上述脂肪酸和脂肪醇的化合物:	
e. g. Butyl myristate	例如:肉豆蔻酸丁酯	110-36-1
Cetyl stearate	硬脂酸十六烷醇酯	110-63-2
Oleyl palmitate	棕榈酸油醇酯	2906-55-0
Unfractionated fatty esters or mixtures of fatty esters from natural oils and fats	从天然植物油脂中提取的未分离的混合脂肪酸或脂肪酸混合物	
Fatty acid methyl esters (these include for example):	脂肪酸甲酯:	
e. g. Methyl laurate (methyl dodecanoate)	例如:月桂酸甲酯(十二酸甲酯)	111-82-0
Methyl oleate (methyl octadecenoate)	油酸甲酯(十八碳-顺-9-烯酸甲酯)	112-62-9
Methyl palmitate (methyl hexadecanoate)	棕榈酸甲酯(十六烷酸甲酯)	112-39-0
Methyl stearate (methyl octadecanoate)	硬脂酸甲酯(十八烷酸甲酯)	112-61-8
Formic acid (methanoic acid; hydrogen carboxylic acid)	蚁酸(甲酸;氢羧酸)	64-18-6
Fructose	果糖	
Glycerine (glycerol, glycerin)	甘油(丙三醇)	56-81-5
Heptane	庚烷	142-82-5
n-Hexane	正己烷	110-54-3
Hydrogen peroxide	过氧化氢/双氧水	
Kaolin slurry	高岭土浆	1332-58-7
Limonene (dipentene)	柠檬烯(二戊烯)	138-86-3
Magnesium chloride solution	氯化镁溶液	7786-30-3
Methanol (methyl alcohol)	甲醇(甲基醇)	67-56-1
Methyl ethyl ketone (2-butanone; MEK)	甲基乙基酮(2-丁酮;丁酮)	78-93-3
Methyl isobutyl ketone (4-methyl-2-pentanone; iso propylacetone; MIBK)	甲基异丁基酮(4-甲基-2-戊酮;异丙基丙酮)	108-10-1

表7-4 续3

物质名称	参考译文	CAS 编码
Methyl tertiary butyl ether (MBTE)	甲基叔丁基醚	1634-04-4
Molasses	糖蜜	57-50-1
Montan wax	褐煤蜡	8002-53-7
iso-Octyl alcohol (isooctanol)	异辛醇	26952-21-6
Pentane	戊烷	109-66-0
Petroleum wax (parafin wax)	石油蜡（石蜡）	8002-74-2
Phosphoric acid (ortho phosphoric acid)	磷酸（正磷酸）	7664-38-2
Potable water-only acceptable where the immediate previous cargo is also on the list	饮用水-只有在前批次装载的货物也在允许装载的物质清单中才可以接受	7732-18-5
Polypropylene glycol	聚丙二醇	25322-69-4
Potassium hydroxide solution (caustic potash)	氢氧化钾溶液（苛性钾）	1310-58-3
Propyl acetate	乙酸丙酯	109-60-4
Propyl alcohol (propane-1-ol; l-propanol)	丙醇（丙烷-1-醇；1-丙醇）	71-23-8
iso-Propyl alcohol (isopropanol; dimethyl carbinol; 2-propanol)	异丙醇（2-丙醇）	67-63-0
Propylene glycol, 1, 2- [1, 2-propylene glycol; propan-1, 2-diol; 1. 2-dihydroxypropane; monopropylene glycol (MPG); methyl glycol]	丙二醇（1,2-丙二醇；甲基乙二醇）	57-55-6
1,3-Propylene glycol	1,3-丙二醇	504-63-2
Propylene tetramer (tetrapropylene; dodecene)	四聚丙烯（四丙烯；十二碳烯）	6842-15-5
Silicon dioxide (microsilica)	二氧化硅（硅微粉）	7631-86-9
Sodium hydroxide solution (caustic soda, lye; sodium hydrate; white caustic)	氢氧化钠溶液（苛性钠；碱液）	1310-73-2
Sodium silicate (water glass)	硅酸钠（水玻璃）	1344-09-8
Sorbitol (D-sorbitol; hexahydric alcohol; D-sorbite)	山梨糖醇（D-山梨醇；六元醇；D-索氏体）	50-70-4
Soybean oil epoxidized	环氧化大豆油	8013-7-8
Sulphuric acid	硫酸	7664-93-9
Urea ammonia nitrate solution (UAN)	尿素氨硝酸溶液（UAN）	
White mineral oils	石蜡油	8042-47-5

表 7-5 禁止装运货物列表

序号	英文名称	参考中文名称	CAS 编码
1	Ethylene dichloride (EDC; 1, 2-dichloroethane; ethylene chloride)	二氯化乙烯（EDC；1,2-二氯乙烷；氯化乙烯）	107-06-2
2	Styrene monomer (vinyl benzene; phenyl ethylene; cinnamene)	苯乙烯单体（苯乙烯；苯基乙烯；肉桂烯）	100-42-5
3	Leaded products	含铅物质	

注：有机涂层油罐前两航次不得装运序号 1、2 的货物；所有油罐前三航次均不得装载序号 3 的货物。

第四节 新鲜水果

本节的水果指新鲜水果，不包含加工后在-18℃以下储存、运输的冷冻水果。

一、进口新鲜水果

（一）资质要求

1. 准入要求

海关总署对新鲜水果实施准入制度。输出国家（地区）与中国签订双边协议、议定书的种类，才可进口。

禁止从日本福岛县、群马县、栃木县、茨城县、宫城县、新潟县、长野县、琦玉县、东京都、千叶县10个都县进口水果。

《获得我国检验检疫准入的新鲜水果种类及输出国家（地区）名录》见本节参考资料。

2. 果园、包装厂、冷藏库及冷处理设施的注册

向中国出口水果的果园、包装厂、冷藏库及冷处理设施等需经输出国家（地区）官方注册。办理指南见本书第二部分第十四章第二节。

登录海关总署门户网站动植物检疫司页面（http：//dzs. customs. gov. cn/），点击“企业信息”—“植物产品类”—“水果”，可查询允许进口水果境外注册登记企业名单。

3. 进境动植物检疫审批

海关总署对进口水果实行检疫审批制度。进口水果的进口商应当在签订贸易合同前办理检疫审批手续，取得进境动植物检疫许可。办理指南见本书第二部分第十三章第三节。

4. 海关指定监管场地

水果应当从进境水果指定监管场地所在口岸进境。参见本书附录2-7-7“进境水果指定监管场地名单”。

（二）申报要求

1. 基本申报要求

货主或者其代理人应当在水果入境前或者入境时向海关申报，申报时应当提供贸易合同、提单、发票等凭证，并随附输出国（地区）官方植物检疫证书。

植物检疫证书应当符合以下要求：

（1）植物检疫证书的内容与格式应当符合国际植物检疫措施标准第12号的要求；

（2）用集装箱运输进境的，植物检疫证书上应注明集装箱号码；

（3）已与中国签订协定（含协议、议定书、备忘录等）的，还应符合相关协定中有关植物检疫证书的要求［特定国家或者地区证书要求详见本小节“（四）进口水果植物检疫要求”部分内容］。

2. 其他申报要求

进口日本水果时，还应随附以下文件：

（1）日本官方出具的原产地证明；

（2）日本政府出具的放射性物质检测合格的证明。

3. 录入要求

需在产品资质栏目选取“325-进境动植物产品检疫许可证”，并填写许可证编号等信息。

（三）产品相关要求

1. 进口检验检疫要求

进口水果应当符合以下检验检疫要求：

（1）不得混装或夹带植物检疫证书上未列明的其他水果；

（2）包装箱上须用中文或英文注明水果名称、产地、包装厂名称或代码；

（3）不带有中国禁止进境的检疫性有害生物、土壤及枝、叶等植物残体（《中华人民共和国进境植物检疫性有害生物名录》详见本书附录 2-2）；

（4）有毒有害物质检出量不得超过中国相关安全卫生标准的规定；

（5）输出国（地区）与中国签订有协定（议定书）的，还须符合协定（议定书）的有关要求。

2. 监督管理要求

未完成检验检疫的进口水果，应当存放在海关指定的场所，不得擅自移动、销售、使用。

对于展览用水果，在展览期间，应当接受海关的监督管理，未经海关许可，不得擅自调离、销售、使用；展览结束后，应当在海关的监督下做退回或销毁处理。

3. 商品包装要求

进口水果的销售包装应符合国家强制性标准《限制商品过度包装要求 食品和化妆品》及其修改单（GB 23350—2021/XG1—2022）① 或《限制商品过度包装要求 生鲜食用农产品》（GB 43284—2023）② 的要求。

4. 其他要求

特定国家或者地区产品要求详见本小节“（四）进口水果植物检疫要求”部分内容。

（四）进口水果植物检疫要求

进口水果植物检疫要求见表 7-6。

表 7-6　进口水果植物检疫要求

（截至 2025 年 1 月 1 日）

序号	产品	原产国家（地区）	产品要求	证书要求
1	柑橘（鲜食）	阿根廷	鲜食柑橘，包括橘及其杂交种（Citrus reticulata and its hybrids）、橙（Citrus sinensis）、葡萄柚（Citrus paradisi）及柠檬（Citrus limon）	1. 经检疫合格的，阿根廷农牧渔业部下属的国家农业食品卫生质量局（SENASA）签发植物检疫证书，并在附加声明中注明：“THIS CONSIGNMETN OF CITRUS COMPLIES WITH REQUIREMENTS SPECIFIED IN THE PROTOCOL OF PHYTOSANITARY REQUIREMENTS FOR EXPORT OF ARGENTINE FRESH CITRUS FRUITS TO CHINA, AND IS FREE FROM ANY QUARANTINE PESTS OF CONCERN TO CHINA.”（该批柑橘符合《阿根廷鲜食柑橘输华植物检疫要求议定书》列明的要求，不带中方关注的检疫性有害生物。） 2. 应在植物检疫证书上注明冷处理的温度、处理时间、集装箱号码及封识编号等。柑橘到达中国入境口岸时，海关核查冷处理报告、果温探针校正记录等

① 运输包装和出厂时价格为零且标识“赠品或非卖品”字样的产品不适用于本标准。

② 2024 年 4 月 1 日起实施，实施之日前进口的可销售至保质期结束。

表7-6 续1

序号	产品	原产国家（地区）	产品要求	证书要求
2	蓝莓（鲜食）	阿根廷	鲜食蓝莓，学名 *Vaccinium* L.，英文名 Blueberry	1. 经检疫合格的，阿根廷农牧渔业部下属的国家农业食品卫生质量局（SENASA）签发植物检疫证书，并在附加声明中注明："该批蓝莓符合《阿根廷共和国鲜食蓝莓输往中华人民共和国植物检疫要求的议定书》，不带中方关注的检疫性有害生物。"（THIS CONSIGNMENT OF BLUEBERRIES COMPLIES WITH THE PROTOCOL OF PHYTOSANITARY REQUIREMENTS FOR THE EXPORT OF FRESH BLUEBERRIES FROM THE ARGENTINE REPUBLIC TO THE People's REPUBLIC OF CHINA，AND IS FREE FROM ANY QUARANTINE PESTS OF CONCERN TO CHINA.） 2. 对于实施出口前检疫处理的，应在植物检疫证书上注明处理温度、剂量（熏蒸处理）、持续时间及处理设施名称或编号、集装箱号码等。对于实施运输途中冷处理的，应在植物检疫证书上注明冷处理的温度、处理时间、集装箱号码及封识号码等
3	苹果和梨	阿根廷	1. 新鲜梨，学名 *Pyrus communis*，英文名 Pear。 2. 新鲜苹果，学名 *Malus domestica*，英文名 Apple	对符合本议定书所有要求的水果，阿根廷农牧渔业部下属的国家农业食品卫生质量局（SENASA）将出具植物检疫证书。植物检疫证书中须声明："该批货物符合议定书中的阿根廷苹果和梨输华的植物检疫要求，不带有中方关注的检疫性有害生物。"植物检疫证书上应注明果园和包装厂名称及注册号。冷处理的温度、处理时间以及集装箱号码及封识号也须在植物检疫证书处理部分中注明
4	葡萄（鲜食）	阿根廷	鲜食葡萄，学名 *Vitis vinifera* L.，英文名 Table Grapes	1. 经检疫合格的，由阿根廷农牧渔业部下属的国家农业食品卫生质量局签发植物检疫证书，注明集装箱号码和封识号，并填写以下附加声明："The consignment complies with the Protocol of Phytosanitary Requirements for the Export of Table Grapes from the Argentine Republic to the People's Republic of China，and is free of any quarantine pests of concern to China."（该批货物符合《阿根廷共和国鲜食葡萄输往中华人民共和国植物检疫要求的议定书》，不带中华人民共和国关注的检疫性有害生物。） 2. 对于实施出口前冷处理的，应在植物检疫证书上注明冷处理的温度、持续时间及处理设施名称或编号等。对于运输途中冷处理的，应在植物检疫证书上注明冷处理的温度、处理时间、集装箱号码及封识编号等。 3. 该植物检疫证书的内容和格式应按照《国际植物保护公约》（IPPC）指南填写
5	樱桃	阿根廷	鲜食樱桃，学名 *Prunus avium*，英文名 Cherry	1. 经检疫合格的，阿根廷农牧渔业部下属的国家农业食品卫生质量局签发植物检疫证书，并在附加声明中注明："该批樱桃符合《阿根廷鲜食樱桃输华植物检疫要求的议定书》，不带中方关注的检疫性有害生物。"（THIS CONSIGNMENT OF CHERRIES COMPLIES WITH THE PROTOCOL OF PHYTOSANITARY REQUIREMENTS FOR EXPORT OF ARGENTINE FRESH CHERRIES TO CHINA，AND IS FREE FROM ANY QUARANTINE PESTS OF CONCERN TO CHINA.） 2. 对于实施出口前冷处理的，应在植物检疫证书上注明冷处理的温度、持续时间及处理设施名称或编号等。对于实施运输途中冷处理的，应在植物检疫证书上注明冷处理的温度、处理时间、集装箱号码及封识号码等

表7-6 续2

序号	产品	原产国家（地区）	产品要求	证书要求
6	芒果（鲜食）	埃及（埃及芒果产区）	鲜食芒果，学名 *Mangifera indica*，英文名 Mango	1. 经检疫合格的，埃及应出具植物检疫证书，注明果园和包装厂名称或注册号，并填写以下附加声明："This consignment complies with requirements specified in the MOU on Phytosanitary Requirements for Export of Egypt Fresh Mango to China, and is free from any quarantine pests of concert to China."（该批货物符合埃及鲜食芒果输华植物检疫谅解备忘录要求，不带中方关注的检疫性有害生物。） 2. 在植物检疫证书检疫处理栏目内，填写热处理的温度、持续时间及处理设施名称或编号等
7	葡萄	埃及	鲜食葡萄，学名 *Vitis vinifera* Linn，英文名 Table Grapes	1. 经检疫合格的产品，由埃及农业和土地开垦部中央植物检疫局（CAPQ）或其授权人员签发植物检疫证书，注明集装箱号码，并填写以下附加声明："该批葡萄符合《埃及鲜食葡萄输往中国植物检疫要求的议定书》，不带中方关注的检疫性有害生物。" 2. 对于实施出口前冷处理的（见此公告附1），应在植物检疫证书上注明冷处理的温度、持续时间及处理设施名称或编号、集装箱号码等。对于实施运输途中冷处理的（见此公告附2），应在植物检疫证书上注明冷处理的温度、处理时间、集装箱号码及封识号码等
8	石榴（鲜食）	埃及	新鲜石榴，学名 *Punica granatum* L.，英文名 Pomegranate	1. 经检疫合格的，埃及农业和土地开垦部中央植物检疫局应签发植物检疫证书，注明集装箱号码，并填写以下附加声明："This consignment of pomegranates complies with the Memorandum of Understanding on Phytosanitary Requirements for Export of Fresh Pomegranates from Egypt to China, and is free from quarantine pests of concern to China."（该批石榴符合《埃及新鲜石榴输华植物检疫要求的合作谅解备忘录》，不带中方关注的检疫性有害生物。） 2. 对于实施出口前冷处理的，应在植物检疫证书上注明冷处理的温度、持续时间及处理设施名称或编号等。对于实施运输途中冷处理的，应在植物检疫证书上注明冷处理的温度、处理时间、集装箱号码及封识编号等
9	椰枣（新鲜）	埃及（埃及椰枣产区）	新鲜椰枣，学名 *Phoenix dactylifera*，英文名 Dates palm	1. 经检疫合格的，埃及农业和土地开垦部签发植物检疫证书，注明集装箱号码和封识号，并填写以下附加声明："THIS CONSIGNMENT OF DATES COMPLIES WITH THE MEMORANDUM OF UNDERSTANDING ON PHYTOSANITARY REQUIREMENTS FOR THE EXPORT OF FRESH DATE FROM EGYPT TO CHINA."（该批椰枣符合《埃及新鲜椰枣输华植物检疫要求的合作谅解备忘录》，不带中方关注的检疫性有害生物。） 2. 对于出口前实施冷处理的，应在植物检疫证书上注明冷处理的温度、持续时间及处理设施名称或编号等。对于在运输途中实施冷处理的，应在植物检疫证书上注明冷处理的温度、处理时间、集装箱号码及封识编号等

表7-6 续3

序号	产品	原产国家（地区）	产品要求	证书要求
10	柑橘	澳大利亚（澳大利亚柑橘产区）	柑橘，包括橙（学名 *Citrus sinensis*，英文名 Orange）、橘（学名 Citrus reticulata，英文名 Mandarin）、柠檬（学名 *Citrus limon*，英文名 Lemon）、葡萄柚（学名 *Citrus paradisi*，英文名 Grapefruit）、酸橙（学名 *Citrus aurantifolia*、*Citrus latifolia*、*Citrus limonia*，英文名 Limes）、橘柚（学名 *Citrus tangelo*，英文名 Tangelo）和甜葡萄柚（学名 *Citrus grandis*、*Citrus paradisi*，英文名 Sweetie grapefruit）	1. 检疫合格的，澳大利亚农业与水利部（DA）应出具植物检疫证书，并在附加声明中注明："该批柑橘符合《关于澳大利亚柑橘输往中国植物检疫要求的议定书》，不带中方关注的检疫性有害生物。"（This consignment of citrus complies with the Protocol of Phytosanitary Requirements for the Export of Citrus from Australia to China, and is free of any pests of quarantine concern to China.） 2. 于实施出口前冷处理的，植物检疫证书上应注明冷处理的温度、持续时间及处理设施的名称和编号、集装箱号和封识号（海运）。对于实施运输途中的冷处理，应在植物检疫证书上注明冷处理的温度、持续时间、集装箱号和封识号（海运）。对于实施出口前熏蒸处理的，植物检疫证书上应注明剂量、熏蒸处理的温度和持续时间、集装箱号和封识号（海运）。 3. 自有害生物非疫区的柑橘，植物检疫证书应注明相关有害生物的非疫区。 4. 对于出口前实施冷处理的货物，需提供冷处理结果报告单以及果温探针校准记录表格；对于运输途中实施冷处理的货物，需提供冷处理结果报告、果温探针校准记录等
11	核果（油桃、桃、李、杏）	澳大利亚［澳大利亚核果（油桃、桃、李、杏）产区］	核果，包括油桃（学名 *Prunus persica* var. *nectarina*，英文名 Nectarine）、桃（学名 *Prunus persica*，英文名 Peach）、李（学名 *Prunus domestica/salicina*，英文名 Plum）、杏（学名 *Prunus armeniaca*，英文名 Apricot），包括杂交种在内的所有的栽培品种	1. 经检疫合格的，澳大利亚农业与水利部（DA）应出具植物检疫证书，并填写以下声明"该批油桃/桃/李/杏符合《关于澳大利亚鲜食油桃、桃、李、杏输华植物检疫要求的议定书》，不带中方关注的检疫性有害生物。"（This consignment of nectarines/ peaches/ plums/ apricots complies with the Protocol of Phytosanitary Requirements for the Export of Nectarines, Peaches, Plums or Apricots from Australia to China, and is free of any pests of quarantine concern to China.） 2. 对于实施出口前冷处理的，植物检疫证书上应注明冷处理的温度、持续时间及处理设施的名称和编号、集装箱号和封识号（海运）。对于实施运输途中冷处理的，植物检疫证书上应注明冷处理的温度、持续时间、集装箱号和封识号（海运）。对于实施出口前熏蒸处理的，植物检疫证书上应注明剂量、熏蒸处理的温度和持续时间、集装箱号和封识号（海运）。 3. 对来自有害生物非疫区的油桃、桃、李、杏，在植物检疫证书上应注明相关有害生物的非疫区

表7-6 续4

序号	产品	原产国家（地区）	产品要求	证书要求
12	葡萄（鲜食）	澳大利亚（澳大利亚葡萄产区）	鲜食葡萄（学名 *Vitis vinifera Linn*，英文名 Table Grapes），包括杂交种在内的所有栽培品种	经检疫合格的，澳大利亚农业与水利部（DA）应出具植物检疫证书，并在附加声明中注明："该批葡萄符合《关于澳大利亚鲜食葡萄输往中国植物检疫要求的议定书》，不带中方关注的检疫性有害生物。"（This consignment of table Grapes complies with the Protocol of Phytosanitary Requirements for the Export of Table Grapes from Australia to China，and is free of any pests of quarantine concern to China.）
13	樱桃（鲜食）	澳大利亚（澳大利亚樱桃产区）	樱桃，学名 *Prunus avium*，英文名 Cherry，包括杂交种在内的所有栽培品种	1. 经检疫合格的，澳大利亚农业与水利部（DA）应出具植物检疫证书，并在附加声明中注明："该批樱桃符合《关于澳大利亚樱桃输往中国植物检疫要求的议定书》，不带中方关注的检疫性有害生物。"（This consignment of cherries complies with the Protocol of Phytosanitary Requirements for the Export of Cherries from Australia to China，and is free of any pests of quarantine concern to China.） 2. 对于出口前实施冷处理的，植物检疫证书上应注明冷处理的温度、持续时间及处理设施的名称和编号、集装箱号和封识号（海运）。对于在运输途中实施冷处理的，植物检疫证书上应注明冷处理的温度、持续时间、集装箱号和封识号（海运）。对于出口前实施熏蒸处理的，植物检疫证书上应注明剂量、熏蒸处理的温度和持续时间、处理设施的名称及编号、集装箱号和封识号（海运）。 3. 对来自有害生物非疫区的樱桃，植物检疫证书应注明相关害虫的非疫区
14	芒果	巴基斯坦	芒果，学名 *Mangifera indica* Linn，英文名 Mango	芒果出口前，巴基斯坦须对芒果实施检验检疫，合格的出具植物检疫证书，并在证书附加声明中注明"The mango fruit is inspected and treated in compliance with the requirements established by the protocol signed between China and Pakistan"（该批芒果按照中国和巴基斯坦签署的议定书要求进行了检疫和处理）。同时，在证书中要注明处理方法和技术指标。此外，应随附热水处理温度探针校正报告和处理温度记录
15	樱桃	巴基斯坦	巴基斯坦鲜食樱桃 *Prunus avium* L.	经检疫合格的，巴基斯坦应出具植物检疫证书，注明果园和包装厂名称或注册号，并在附加声明中注明："This consignment of cherries complies with the Protocol of Phytosanitary Requirements for Export of Fresh Cherries from Pakistan to China，and is free from any quarantine pests of concern to China."（该批货物符合巴基斯坦鲜食樱桃输华植物检疫要求的议定书，不带中方关注的检疫性有害生物。） 对于实施出口前冷处理的樱桃，应在植物检疫证书上注明检疫处理方式、处理温度、持续时间及处理设施名称或编号等信息。对于实施运输途中冷处理的，应在植物检疫证书上标注"Cold treatment in transit"（途中冷处理），并注明冷处理的温度、处理时间、集装箱号码及封识号码等

表7-6 续5

序号	产品	原产国家（地区）	产品要求	证书要求
16	菠萝（鲜食）	贝宁（贝宁菠萝产区）	鲜食菠萝，学名 *Ananas comosus*，英文名 Pineapple	经检疫合格的货物，贝宁应出具植物检疫证书，注明果园、包装厂名称或其注册号以及集装箱号码，并在附加声明中注明："This consignment complies with the requirements specified in the Protocol of Phytosanitary Requirements for Export of Fresh Pineapple Fruits from Benin to China, and is free from quarantine pests of concern to China."（该批货物符合《贝宁鲜食菠萝输华植物检疫议定书》要求，不带中方关注的检疫性有害生物）。 同时，在植物检疫证书检疫处理栏目内，还应注明熏蒸处理所使用的溴甲烷剂量、持续时间和处理温度，以及熏蒸处理企业名称或其注册号
17	蓝莓（鲜食）	波兰（波兰蓝莓产区）	鲜食蓝莓，学名 *Vaccinium* L.，英文名 Blueberry	经检疫合格的蓝莓，波兰应出具植物检疫证书，注明果园和包装厂名称或注册号码，并填写以下附加声明："This consignment of blueberries complies with requirements specified in the Protocol of Phytosanitary Requirements for Export of Polish Fresh Blueberries to China, and is free from any quarantine pests of concern to China."（该批货物符合《波兰鲜食蓝莓输华植物检疫议定书》要求，不带中方关注的检疫性有害生物。）
18	菠萝（鲜食）	巴拿马（巴拿马菠萝产区）	鲜食菠萝，学名 *Ananas comosus*，英文名 Pineapple	经检疫合格的，巴拿马农业发展部（MIDA）签发植物检疫证书，注明集装箱和封识号，并填写以下附加声明："该批货物符合《巴拿马鲜食菠萝输华植物检疫要求的议定书》的规定，不携带中方关注的检疫性有害生物。"（The consignment is in compliance with regulations described in the PROTOCOL OF PHYTOSANITARY REQUIREMENTS FOR THE EXPORT OF FRESH PINEAPPLES FROM PANAMA TO CHINA, and is free from the quarantine pests of concern to China.）
19	葡萄	巴西［巴西伯南布哥州（Pernambuco）和巴伊亚州（Bahia）葡萄产区］	鲜食葡萄，学名 *Vitis vinifera*，英文名 Table grapes	1. 经检疫合格的葡萄，巴西出具植物检疫证书，注明果园和包装厂名称或注册号码，并在附加声明中注明："This consignment complies with the requirements specified in the Protocol of Phytosanitary Requirements for Export of Table Grapes from Brazil to China, and is free from quarantine pests of concern to China."（该批货物符合《巴西鲜食葡萄输华植物检疫议定书》要求，不带中方关注的检疫性有害生物。） 2. 对于实施出口前冷处理的葡萄，应在植物检疫证书上注明处理温度、持续时间及处理设施名称或注册号码等信息。对于实施运输途中冷处理的，应在植物检疫证书上标注"Cold treatment in transit"（途中冷处理），并注明处理温度、持续时间、集装箱和封识号码等信息

表7-6　续6

序号	产品	原产国家（地区）	产品要求	证书要求
20	甜瓜（鲜食）	巴西（巴西甜瓜产区）	鲜食甜瓜，学名 *Cucumis melo* L.，英文名 Melon。巴西输华甜瓜限于以下品种的商业级果实：Amarelo 甜瓜（*Melon* var. *Amarelo*）、罗马甜瓜（*Melon* var. *Cantaloupe*）、加西亚甜瓜（*Melon* var. *Gália*）、*Rami* 甜瓜（*Melon* var. *Rami*）、波尔撒甜瓜（*Melon* var. *Pele de sapo*）、Dino 甜瓜（*Melon* var. *Dino*）	经检疫合格的，由巴西农业、畜牧和食品供应部（也称为巴西农牧业和食品供应部，MAPA）或 MAPA 授权人员签发植物检疫证书，并在附加声明栏中以英文注明："THIS BATCH OF MELONS COMPLIES WITH REQUIREMENTS SPECIFIED IN THE PROTOCOL OF PHYTOSANITARY REQUIREMENTS FOR EXPORT OF BRAZILIAN MELONS TO CHINA, AND IS FREE FROM ANY QUARANTINE PESTS OF CONCERN TO CHINA."（该批货物符合《巴西甜瓜输华植物检疫要求的议定书》，不带有中方关注的检疫性有害生物。）
21	鳄梨	秘鲁［鳄梨应来自鳄梨织蛾（*Stenoma catenifer*）非疫生产点］	鲜食鳄梨，学名 *Persea americana* Mills，英文名 avocado。仅限于 Hass 非过成熟果（果实为绿色），果柄不得长于 3 毫米	对符合本议定书所有要求的水果，秘鲁国家动植物检疫局或秘鲁国家动植物检疫局授权人员应出具植物检疫证书，注明集装箱号，并填写以下附加声明："该批鳄梨符合《中华人民共和国国家质量监督检验检疫总局与秘鲁国农业部关于秘鲁鲜食鳄梨输往中国植物检疫要求的议定书》，不带中方关注的检疫性有害生物。"
22	柑橘	秘鲁	包括葡萄柚（Citrus paradisii）、橘子（Citrus reticulate）及其杂交种、橙（Citrus sinensis）、莱檬（Citrus aurantifolia）和塔西提莱檬（Citrus latifolia）	检验检疫合格后，秘鲁国家动植物检疫局签发植物检疫证书，证书"原产地"栏中应注明柑橘生产的省，并在附加声明中用英文注明："Theconsignment is in compliance with requirement described in the Protocol of phytosanitary requirements for the export of citrusfrom Peru to China and is free from quarantine pest concern to China"（该批货物符合《秘鲁柑橘输华植物检疫要求议定书》，不带有中方关注的检疫性有害生物。）
23	蓝莓	秘鲁（秘鲁蓝莓产区）	鲜食蓝莓，学名 *Vaccinium* L.，英文名 Blueberry	1. 经检疫合格的，秘鲁国家动植物检疫局的检疫官员应出具植物检疫证书，注明集装箱号码，并填写以下附加声明："该批蓝莓符合《秘鲁鲜食蓝莓输往中国植物检疫要求的议定书》，不携带中方关注的检疫性有害生物。" 2. 对于实施出口前冷处理的，应在植物检疫证书上注明冷处理的温度、持续时间及处理设施名称或编号等信息。对于实施运输途中冷处理的，应在植物检疫证书上注明冷处理的温度、处理时间、集装箱号码及封识号码等

表7-6 续7

序号	产品	原产国家（地区）	产品要求	证书要求
24	芒果	秘鲁	芒果（*Mangifera indica* L.），英文名称：Mangoes	秘鲁国家动植物检疫局出具的植物检疫证书应注明产区（大区）、热处理温度、持续时间和日期，并在附加声明中注明："The consignment is in compliance with requirements described in the Protocol of Phytosanitary Requirements for the Export of Mango from Peru to China and is free of the quarantine pests of concern to China."（该批芒果符合《秘鲁芒果输华植物检疫要求的议定书》规定的要求，不带中方关注的检疫性有害生物。） 热水处理详细记录数据复印件应随附植物检疫证书
25	苹果（鲜食）	德国（德国苹果产区）	鲜食苹果（以下简称苹果）学名 *Malus domestica*，英文名 Apple	1. 经检疫合格的苹果，由德国为其签发植物检疫证书，并在附加声明中注明："This consignment complies with the requirements described in the Arrangement on Phytosanitary Requirements for Export of Fresh Apples from Germany to China, and is free from the quarantine pests of concern to China."（该批货物符合德国鲜食苹果输华植物检疫工作安排要求，不带中方关注的检疫性有害生物。） 2. 对于实施出口前冷处理的苹果，应在植物检疫证书上注明处理温度、持续时间及处理设施名称或注册号码等信息。对于实施运输途中冷处理的，应在植物检疫证书上标注"Cold treatment in transit"（途中冷处理），并注明处理温度、持续时间、集装箱和封识号码等信息
26	鳄梨（鲜食）	多米尼加（多米尼加鳄梨产区）	鲜食鳄梨（Hass 品种），学名 *Persea americana* Mills	经检疫合格的鳄梨，由多米尼加农业部（MA/RD）签发植物检疫证书，并在附加声明中用英文注明："This consignment is in compliance with the requirements specified in the Protocol of Phytosanitary Requirements for the Export of Fresh Avocados from the Dominican Republic to China, and is free from quarantine pests of concern to China."（该批货物符合《多米尼加鲜食鳄梨输华植物检疫要求的议定书》，不带有中方关注的检疫性有害生物。）
27	火龙果	厄瓜多尔（厄瓜多尔火龙果产区）	商业级火龙果，包括黄色火龙果［*Hylocereus magalanthus*（K. Schmann ex Vaupel）Ralf Bauer］、红色火龙果（*Hylocereus undatus* *Haw.*），英文名 Pitahaya	经检验检疫合格的火龙果，由厄瓜多尔植物和动物卫生调控局（AGROCALIDAD）签发植物检疫证书，并在附加声明栏目中注明："This consignment of pitahayas complies with the requirements specified in the Protocol of Phytosanitary Requirements for Export of Ecuadorian Pitahaya fruits to China, and is free of any quarantine pests of concern to China."（该批货物符合《厄瓜多尔火龙果输华植物检疫要求的议定书》，不带中方关注的检疫性有害生物。）

表7-6 续8

序号	产品	原产国家（地区）	产品要求	证书要求
28	软枣猕猴桃（鲜食）	法国（法国软枣猕猴桃产区）	鲜食软枣猕猴桃，学名 *Actinidia arguta*，英文名 kiwi berry	1. 经检疫合格的软枣猕猴桃，法国应出具植物检疫证书，注明果园与包装厂注册号和集装箱封识号，并填写以下附加声明："This consignment complies with the requirements specified in the Protocol of Phytosanitary Requirements for Export of Fresh Kiwi berries from France to China, and is free from the quarantine pests of concern to China."（该批货物符合《法国鲜食软枣猕猴桃输华植物检疫议定书》要求，不带中方关注的检疫性有害生物。） 2. 对于实施出口前检疫处理的软枣猕猴桃，应在植物检疫证书上注明检疫处理方式、处理温度、持续时间及处理设施名称或编号等信息。对于实施运输途中冷处理的，应在植物检疫证书上注明冷处理的温度、处理时间、集装箱号码及封识号码等
29	鳄梨（鲜食）	菲律宾（菲律宾鳄梨产区）	鲜食 HASS 鳄梨，学名 *Persea americana* Mills.，英文名 Avocado	经检疫合格的，由菲律宾共和国农业部（DA）签发植物检疫证书，并填写以下附加声明："该批货物符合《菲律宾鲜食鳄梨输往中国植物检疫要求的议定书》，不带有中方关注的检疫性有害生物。"（This consignment is in compliance with the requirements specified in the Protocol of Phytosanitary Requirements for the Export of avocado from the Philippines to China, and is free from quarantine pests of concern to China.）
30	鲜食榴莲	菲律宾（菲律宾榴莲产区）	鲜食榴莲，学名 *Durio zibethinus* Murr.，英文名 Durian	经检疫合格的，由菲律宾签发植物检疫证书，注明果园和包装厂名称或注册号，并填写以下附加声明："This consignment of durian fruits complies with the requirements specified in the Protocol of Phytosanitary Requirements for Export of Fresh Durians from The Philippines to China, and is free from quarantine pests of concern to China."（该批货物符合《菲律宾鲜食榴莲输华植物检疫议定书》要求，不带中方关注的检疫性有害生物。）
31	椰子（新鲜）	菲律宾［菲律宾棉兰老岛（Mindanao islands）及雷伊泰岛（Leyte islands）椰子产区］	新鲜椰子，学名 *Cocos nucifera* L.，英文名 Fresh Young Coconuts，是指从开花到收获时间为 8 至 9 个月，并完全去除果皮和果柄的椰子	经检疫合格的椰子，菲律宾农业部（DA）签发植物检疫证书，注明集装箱号码，并填写以下附加声明："该批椰子符合《关于菲律宾新鲜椰子输华植物检疫要求的议定书》，不带中方关注的检疫性有害生物。"（This consignment of fresh young coconuts conform to the Protocol of Phytosanitary Requirements for the Export of Fresh Young Coconuts from Philippines to China, and will not carry quarantine pests concerned by China.）
32	鳄梨（鲜食）	哥伦比亚（哥伦比亚海拔 1500 米以上的鳄梨产区）	鲜食鳄梨的 Has 品种，学名 *Persea americana* Mills，英文名 Avocado	经检疫合格的，哥伦比亚农牧业署（ICA）签发植物检疫证书，注明集装箱码和封识号，并填写以下附加声明：" THIS BATCH OF AVOCADOS COMPLIES WITH THE PROTOCOL OF PHYTOSANITARY REQUIREMENTS FOR EXPORT OF COLOMBIAN FRESH AVOCADOS TO CHINA. AND IS FREE OF ANY QUARANTINE PESTS OF CONCERN TO CHINA."（该批货物符合《哥伦比亚鲜食鳄梨输华植物检疫要求的议定书》的规定，不携带中方关注的检疫性有害生物。）

表7-6 续9

序号	产品	原产国家（地区）	产品要求	证书要求
33	菠萝	哥斯达黎加	新鲜菠萝，学名 *Ananas comosus*，英文名 Pineapple	对每批经检验检疫合格的货物，国家植物检疫服务局（SPS）应签发植物检疫证书，注明集装箱和封识号，并在附加声明中注明："该批货物符合《哥斯达黎加菠萝输往中国检验检疫要求议定书》的规定，不带中方关注的检疫性有害生物。"
34	葡萄	韩国（韩国葡萄产区）	葡萄（*Vitis vinifera* Linn.）	经检疫合格的，韩国动植物检疫局（QIA）或 QIA 授权人员应出具植物检疫证书，注明集装箱号码，并填写以下附加声明："该批葡萄符合《韩国鲜食葡萄输华检验检疫要求》，不带中方关注的检疫性有害生物。"
35	鲜梨	荷兰	新鲜梨，学名 *Pyrus communis*，英文名 Pear	经检疫合格的，荷兰经济部（EA）将签发植物检疫证书，并在附加声明中注明："该批梨符合《荷兰鲜梨输华植物检疫要求的议定书》，不带中方关注的检疫性有害生物。"同时，还应在植物检疫证书上注明该批货物的产区、包装厂和冷藏信息
36	甜瓜（鲜食）	洪都拉斯（洪都拉斯甜瓜产区）	鲜食甜瓜（以下简称"甜瓜"），学名 *Cucumis melo*，英文名 Melon。洪都拉斯输华甜瓜仅限于厚皮甜瓜，包括哈密瓜（Cantaloupe：Harper）、白皮和黄皮密瓜（White and Yellow Honey Dew Melon）、Galia 甜瓜（Galia Melon：Amaregal，Agrogal，Apacigal）	经检疫合格的甜瓜，洪都拉斯应按国际植物检疫措施标准第 12 号（ISPM 12）出具植物检疫证书，注明果园和包装厂名称或注册号码，并在附加声明中注明："This consignment complies with the requirements specified in the Protocol of Phytosanitary Requirements for Export of Fresh Melons from Honduras to China, and is free from quarantine pests of concern to China."（该批货物符合《洪都拉斯鲜食甜瓜输华植物检疫议定书》要求，不带中方关注的检疫性有害生物。）
37	香蕉（鲜食）	洪都拉斯（洪都拉斯香蕉产区）	鲜食香蕉，学名 *Musa sapientum*，英文名 Banana，仅限开花后 10～11 周内采收的未成熟且果皮未开裂的青香蕉	经检疫合格的香蕉，洪都拉斯应按国际植物检疫措施标准第 12 号（ISPM 12）出具植物检疫证书，注明果园和包装厂名称或注册号码，并填写以下附加声明："This consignment complies with the Protocol of Phytosanitary Requirements for Export of Fresh Bananas from Honduras to China, and is free from quarantine pests of concern to China."（该批货物符合《洪都拉斯鲜食香蕉输华植物检疫议定书》要求，不带中方关注的检疫性有害生物。）
38	核果（鲜食）	哈萨克斯坦核果产区	鲜食核果，包括桃 Prunus persica、杏 Prunus armeniaca	经检疫合格的，哈萨克斯坦应按国际植物检疫措施标准第 12 号（ISPM 12）出具植物检疫证书，注明果园和包装厂名称或注册号码，并在附加声明中注明："This consignment complies with the requirements specified in the Protocol of Phytosanitary Requirements for Export of Stone fruits from Kazakhstan to China, and is free from quarantine pests of concern to China."（该批货物符合《哈萨克斯坦鲜食核果输华植物检疫议定书》要求，不带中方关注的检疫性有害生物。）

表7-6 续10

序号	产品	原产国家（地区）	产品要求	证书要求
39	核果（鲜食）	吉尔吉斯斯坦（吉尔吉斯斯坦核果产区）	鲜食核果（以下简称核果）包括杏（学名 *Prunus armeniaca*，英文名 Apricot）和桃（学名 *Prunus persica*，英文名 Peach）	经检疫合格的核果，吉尔吉斯斯坦应按照国际植物检疫措施标准第12号（ISPM 12）出具植物检疫证书，注明果园和包装厂名称或注册号码，并在附加声明中注明："This consignment complies with requirements specified in the Protocol of Phytosanitary Requirements for Export of Fresh Stone fruits from the Kyrgyz Republic to the People's Republic of China, and is free from quarantine pests of concern to the People's Republic of China."（该批货物符合《吉尔吉斯鲜食核果输华植物检疫议定书》要求，不带中方关注的检疫性有害生物。）
40	葡萄（鲜食）	吉尔吉斯斯坦（吉尔吉斯斯坦葡萄产区）	鲜食葡萄，学名 *Vitis vinifera* L.，英文名 Table grapes	经检疫合格的葡萄，吉尔吉斯斯坦应按国际植物检疫措施标准第 12 号（ISPM 12）出具植物检疫证书，注明果园和包装厂名称或注册号码，并在附加声明中注明："This consignment complies with the requirements specified in the Protocol of Phytosanitary Requirements for Export of Table Grapes from the Kyrgyz Republic to the Peoplen to China. AND IS FREE OF ANY QUARANTINE PESTS OF CONCERN concern to the People's Republic of China."（该批货物符合《吉尔吉斯鲜食葡萄输华植物检疫议定书》要求，不带中方关注的检疫性有害生物。）
41	甜瓜（鲜食）	吉尔吉斯斯坦	鲜食甜瓜，学名 *Cucumis melo* L.，英文名 Melon	对检疫合格的甜瓜，吉尔吉斯农业、食品工业和土壤改良部（MAFIM）应出具植物检疫证书，注明集装箱号码，并填写以下附加声明："该批甜瓜符合《吉尔吉斯斯坦鲜食甜瓜输华植物检疫要求的议定书》，不带中方关注的检疫性有害生物。"（THIS CONSIGNMENT OF MELONS COMPLIES WITH THE PROTOCOL OF PHYTOSANITARY REQUIREMENTS FOR THE EXPORT OF FRESH MELON FROM THE KYRGYZ REPUBLIC TO THE People's REPUBLIC OF CHINA, AND IS FREE FROM ANY QUARANTINE PESTS OF CONCERN TO CHINA.） 植物检疫证书的内容和格式应符合国际植物检疫措施标准第 12 号要求
42	龙眼（鲜食）	柬埔寨（柬埔寨龙眼产区）	鲜食龙眼，学名 *Dimocarpus longan*，英文名 Longan	经检疫合格的龙眼，由柬埔寨农林渔业部（MAFF）出具植物检疫证书，注明果园、包装厂的名称或注册号码，并在附加声明中注明："This consignment complies with requirements specified in the Protocol of Phytosanitary Requirements for Export of Fresh Longans from Cambodia to China, and is free from the quarantine pests of concern to China."（该批货物符合《柬埔寨鲜食龙眼输华植物检疫要求议定书》，不带有中方关注的检疫性有害生物。）
43	芒果（鲜食）	柬埔寨（柬埔寨芒果产区）	鲜食芒果，学名 *Mangifera indica*，英文名 Mango	经检验检疫合格的芒果，由柬埔寨农林渔业部（MAFF）签发植物检疫证书，注明热处理类型、温度、持续时间等技术指标和集装箱号码，并在植物检疫证书的附加声明中注明："The consignment complies with the provisions of Protocol of Phytosanitary Requirements for the Export of Fresh Mango from Cambodia to China, and is free of any quarantine pests concerns by China."（该批货物符合《柬埔寨芒果输华植物检验检疫要求议定书》的规定，不带中方关注的检疫性有害生物。） 附加声明中还需要标注涉及的果园和包装厂的名称或注册号

表7-6 续11

序号	产品	原产国家（地区）	产品要求	证书要求
44	香蕉	柬埔寨	香蕉，学名 *Musa supientum*，英文名 Banana。柬埔寨输华香蕉限定为开花后 10 ~ 11 周内采收的未成熟青香蕉，任何成熟香蕉或果皮开裂的香蕉不得向中国出口	经检疫合格的，柬埔寨王国农林渔业部需按国际植物检疫措施标准第 12 号出具植物检疫证书，注明集装箱号码、包装厂的名称或注册号码，并填写以下附加声明：“该批货物符合《柬埔寨香蕉输华植物检验检疫要求议定书》的规定，不带中方关注的检疫性有害生物。”（The consignment accords with the Protocol of Phytosanitary Requirements for the export of bananas from Cambodia to China and free of quarantine pests concern to China.）
45	椰子（鲜食）	柬埔寨（柬埔寨椰子产区）	鲜食椰子，学名 *Cocos nucifera*，英文名 Coconut	经检疫合格的椰子，柬埔寨应按国际植物检疫措施标准第 12 号（ISPM 12）出具植物检疫证书，注明果园和包装厂名称或注册号码，并填写以下附加声明：“This consignment complies with requirements specified in the Protocol of Phytosanitary Requirements for Export of Fresh Coconut Fruits from Cambodia to China, and is free from quarantine pests of concern to China.”（该批货物符合《柬埔寨鲜食椰子输华植物检疫议定书》要求，不带中方关注的检疫性有害生物。）
46	鳄梨（鲜食）	津巴布韦（津巴布韦鳄梨产区）	鲜食鳄梨（以下简称鳄梨），学名 *Persea americana*，英文名 Avocado	1. 经检疫合格的鳄梨，津巴布韦应出具植物检疫证书，注明果园、包装厂、熏蒸处理企业名称或其注册号以及集装箱号码，并在附加声明中注明：“This consignment complies with the requirements specified in the Protocol of Phytosanitary Requirements for Export of Fresh Avocado Fruits from Zimbabwe to China, and is free from quarantine pests of concern to China.”（该批货物符合津巴布韦鲜食鳄梨输华植物检疫议定书要求，不带中方关注的检疫性有害生物。） 2. 在植物检疫证书检疫处理栏目内，还须注明熏蒸处理所使用的溴甲烷剂量、持续时间和处理温度
47	柑橘（鲜食）	津巴布韦	新鲜柑橘，包括甜橙 *Citrus sinensis*、橘 *Citrus reticulata*、葡萄柚 *Citrus paradisi*、柠檬 *Citrus limon*、莱檬 *Citrus aurantifolia*、酸橙 *Citrus aurantium*	1. 经检疫合格的柑橘，由津巴布韦土地、农业、渔业、水资源和农村发展部（MLAFWRD）签发植物检疫证书，注明果园和包装厂注册号，并在附加声明中注明：“THIS CONSIGNMENT OF CITRUS COMPLIES WITH THE PROTOCOL OF PHYTOSANITARY REQUIREMENTS FOR EXPORT OF ZIMBABWEAN FRESH CITRUS TO CHINA, AND IS FREE FROM ANY QUARANTINE PESTS OF CONCERN TO CHINA.”（该批柑橘符合《津巴布韦鲜食柑橘输华植物检疫要求的议定书》，不带中方关注的检疫性有害生物。） 2. 植物检疫证书需注明冷处理的温度、处理时间、集装箱号码及封识号码等。 3. 允许津巴布韦输华鲜食柑橘途经第三国实施运输途中冷处理。津方应详细注明每批货物所包含的托盘数目及货物编号清单（以下简称货物清单）。货物清单一式三份，一份以附件形式随附在植物检疫证书中，一份给船运公司以便其验核运抵的货物，另一份给授权的监管人员，并以附件形式随附在冷处理报告中

表7-6　续12

序号	产品	原产国家（地区）	产品要求	证书要求
48	鳄梨（鲜食）	肯尼亚（肯尼亚鳄梨产区）	鲜食鳄梨，学名 *Persea americana* Mills.，英文名 Avocado，仅限 Hass 品种	经检疫合格的鳄梨，由肯尼亚国家植物健康监督局（KEPHIS）签发植物检疫证书，注明集装箱和封识号，并在附加声明中注明："This consignment is in compliance with the requirements specified in the Protocol of Phytosanitary Requirements for Export of Fresh Avocado Fruits from Kenya to China, and is free from quarantine pests of concern to China."（该批货物符合《肯尼亚鲜食鳄梨输华植物检疫要求的议定书》，不带中方关注的检疫性有害生物。）同时，在检疫处理栏目内，填写熏蒸处理所使用的溴甲烷剂量、持续时间和处理温度
49	百香果（鲜食）	老挝（老挝百香果产区）	鲜食百香果为紫果西番莲，学名 *Passiflora edulis*，英文名 Passion fruits	经检疫合格的，由老挝农林部（MAF）签发植物检疫证书，注明果园和包装厂注册号，并在附加声明中注明："This consignment of passion fruits complies with the Protocol on Phytosanitary Requirements for Export of Fresh Passion Fruits from Lao PDR to China, and is free from any quarantine pests of concern to China."（该批百香果符合《老挝鲜食百香果输华植物检疫要求的议定书》规定，不带中方关注的检疫性有害生物。）
50	柑橘	老挝（老挝柑橘产区）	柑橘类水果，包括橘（学名 *Citrus reticulata*，英文名 Mandarin）、柚子（学名 *Citrus maxima*，英文名 Pomelo）和柠檬（学名 *Citrus limon*，英文名 Lemon）	1. 经检疫合格的，由老挝农林部（MAF）签发植物检疫证书，注明果园和包装厂注册号，并在附加声明栏目中注明："This consignment of citrus fruits complies with the Protocol on Phytosanitary Requirements for Export of Fresh Citrus Fruits from Lao PDR to China, and is free from any quarantine pests of concern to China."（该批柑橘符合《老挝鲜柑橘输华植物检疫要求的议定书》规定，不带中方关注的检疫性有害生物。） 2. 橘和柠檬的植物检疫证书上须注明冷处理情况，包括处理温度、持续时间和冷处理设施注册号等信息
51	芒果	老挝（老挝芒果产区）	鲜食芒果，学名 *Mangifera indica* L.，英文名 Mango	1. 经检疫合格的货物，老挝应出具植物检疫证书，注明果园和包装厂名称或注册号码，并填写以下附加声明："This consignment complies with requirements specified in the Protocol of Phytosanitary Requirements for Export of Fresh Mango from LAO PDR to China, and is free from any quarantine pests of concern to China."（该批货物符合《老挝鲜食芒果输华植物检疫议定书》要求，不带中方关注的检疫性有害生物）。 2. 在植物检疫证书检疫处理栏目内，填写热处理的温度、持续时间及处理设施名称或注册号码等
52	西瓜	老挝（老挝西瓜产区）	鲜食西瓜，学名 *Citrullus lanatus Matsum et Nakai*，英文名 Watermelon	经检疫合格的西瓜，老挝农林部（MAF）签发植物检疫证书，注明果园及包装厂的备案代码，并填写以下附加声明："The consignment is in compliance with requirements described in the Protocol on Phytosanitary Requirements for the Export of Watermelon from Laos to China and is free of soil and the quarantine pests concerned by China."（该批西瓜符合《老挝西瓜输华植物检验检疫要求议定书》的规定，不带中方关注的检疫性有害生物。）

表7-6 续13

序号	产品	原产国家（地区）	产品要求	证书要求
53	香蕉	老挝	香蕉，学名 *Musa supientum*，英文名 Banana	1. 香蕉出口时，老挝须实施检验检疫，保证输华香蕉处于未成熟状态且不带有中方关注的检疫性有害生物。对符合中方要求的，出具植物检疫证书，注明果园及包装厂的注册代码，并在附加声明中注明："The consignment is in compliance with requirements described in the Protocol on Phytosanitary Requirements for the Export of Banana from Laos to China and is free of soil and the quarantine pests concerned by China."（该批香蕉符合《老挝香蕉输华植物检验检疫要求议定书》的规定，不带土壤和中方关注的检疫性有害生物。）证书格式须符合 ISPM 12 号标准，老方应向中方提供证书样本，以便确认和备案
54	菠萝	马来西亚（马来西亚菠萝产区）	菠萝，学名 *Ananas comosus*，英文名 Pineapple	对检验检疫合格的货物，马来西亚农业和农基产业部（MOA）应签发植物检疫证书。检疫处理企业或设施名称、集装箱号和封识号须在植物检疫证书中注明。并在附加声明中注明："该批货物符合《马来西亚菠萝出口中国检验检疫要求议定书》的规定，不带中方关注的检疫性有害生物。"
55	菠萝蜜（鲜食）	马来西亚（马来西亚菠萝蜜产区）	鲜食菠萝蜜，学名 *Artocarpus heterophyllus*，英文名 Jackfruit	经检疫合格的菠萝蜜，马来西亚应出具植物检疫证书，注明果园和包装厂名称或注册号码，并填写以下附加声明："The consignment complies with requirements specified in the Protocol of Phytosanitary Requirements for Export of Jackfruits from Malaysia to China, and is free from soil and the quarantine pests of concern to China."（该批货物符合《马来西亚菠萝蜜输华植物检疫议定书》要求，不带土壤和中方关注的检疫性有害生物。）
56	榴莲（鲜食）	马来西亚（马来西亚榴莲产区）	鲜食榴莲（以下简称榴莲），学名 *Durio zibethinus Murr.*，英文名 Durian	经检疫合格的货物，由马来西亚签发植物检疫证书，注明果园和包装厂名称或注册号码，并填写以下附加声明："This consignment complies with the requirements specified in the Protocol of Phytosanitary Requirements for Export of Fresh Durian Fruits from Malaysia to China, and is free from quarantine pests of concern to China."（该批货物符合《马来西亚鲜食榴莲输华植物检疫议定书》要求，不带中方关注的检疫性有害生物。）
57	鳄梨（鲜食）	美国（加利福尼亚州）	商业级鲜食哈斯鳄梨，学名 *Persea americana* Mills，英文名 Hass Avocado	经检疫合格的鳄梨，由美国农业部动植物检疫局（USDA）或 USDA 授权人员签发植物检疫证书，并填写以下附加声明："This consignment of avocado fruit complies with Protocol of Phytosanitary Requirements for the Export of Fresh Avocado Fruit from U. S. A. to China, and is free from any quarantine pests of concern to China."（该批鳄梨符合《美国鲜食鳄梨输华植物检疫要求的议定书》规定，不携带中方关注的检疫性有害生物。）在植物检疫证书的"识别标志"中注明包装厂名称和生产地块编号

表7-6 续14

序号	产品	原产国家（地区）	产品要求	证书要求
58	柑橘	美国（加利福尼亚州、佛罗里达州、亚利桑那州、得克萨斯州；美国佛罗里达州Charlotte、Polk、Pasco和Orange 4县）	柑橘	附加声明中注明："All fruit in the shipment with relevant regulations of the PRC and complies with the California（Florida, Arizona, Texas）Citris Protocol."
59	蓝莓（鲜食）	美国（美国加利福尼亚州、佛罗里达州、佐治亚洲、印第安纳州、路易斯安那州、密歇根州、密西西比州、新泽西州、北卡罗来纳州、俄勒冈州、华盛顿州等蓝莓产区）	商品级鲜食蓝莓，学名 *Vaccinium corymbosum*、*V. virgatum* 及其杂交种，英文名 Fresh blueberry	1. 经检疫合格的蓝莓，由美国农业部动植物检疫局（USDA）或其授权人员签发植物检疫证书。在植物检疫证书中要注明包装厂或发货人的名称和生产地块编号，并填写以下附加声明："The consignment complies with Protocol of Phytosanitary Requirements for the Export of Fresh Blueberry from U. S. A. to China, and is free of any quarantine pests of concern to China."（该批货物符合《美国鲜食蓝莓输华植物检疫要求的议定书》规定，不带有任何中方关注的检疫性有害生物。） 2. 对于实施熏蒸处理的，还须在植物检疫证书上注明溴甲烷剂量、处理温度和持续时间
60	鲜梨	美国（加利福尼亚州、华盛顿州及俄勒冈州）	新鲜梨，学名 *Pyrus communis*，英文名 Pear	1. 经植物检疫合格的梨，美国将出具一份植物检疫证书，并在附加声明栏中注明："This shipment of pears complies with the 'Protocol of Phytosanitary Requirements for the U. S. Fresh Pears Exported to China' and do not carry quarantine pests of concern to China."（该批梨符合《美国鲜食梨输往中国植物检疫要求的议定书》，不带中方关注的检疫性有害生物。）同时，还应在植物检疫证书上注明该批货物的产地、包装厂代码和集装箱号码。 2. 对于实施出口前冷处理的，应在植物检疫证书上注明冷处理的温度、持续时间及处理设施名称或编号、集装箱号码等。对于运输途中实施冷处理的，应在植物检疫证书上注明冷处理的温度、处理时间、集装箱号码及封识号码等
61	苹果	美国	新鲜苹果，学名 *Malus domestica*，英文名 Apple	1. 经植物检疫合格的苹果，美国将出具一份植物检疫证书，并在附加声明栏中注明："All fruits in the shipment meet the requirements of the work plan of quarantine inspection for U. S. fresh apples to be exported to China" and "Fruit in this shipment were produced under a systems approach to mitigate postharvest diseases of quarantine concern."（该批苹果符合美国鲜苹果出口中国检疫工作计划要求和所有装运果实已采取了降低产后检疫性病害的系统管理措施）。同时，还应在植物检疫证书上注明包装厂注册号和集装箱封识号。 2. 对于实施冷处理的，应在植物检疫证书上同时注明冷处理的温度、持续时间及处理设施名称或编号等。对于运输途中实施冷处理的，应在植物检疫证书上同时注明冷处理的温度、要求持续的处理时间、集装箱封识号等

表7-6 续15

序号	产品	原产国家（地区）	产品要求	证书要求
62	油桃	美国（来自加利福尼亚州的 Fresno、Tulare、Kern、Kings 和 Madera 5 个产区）	商业级新鲜油桃，学名 *Prunus persica var. nucipersica*，英文名 Nectarine	1. 经检疫合格的油桃，由美国农业部动植物检疫局（USDA）或 USDA 授权人员签发植物检疫证书，并填写以下附加声明："The consignment complies with Protocol of Phytosanitary Requirements for the Export of Nectarines from U. S. A. to China, and is free of any quarantine pests of concern to China."（该批货物符合《美国油桃输华植物检疫要求的议定书》规定，不带有任何中方关注的检疫性有害生物。） 2. 植物检疫证书注明包装厂或发货人的名称，通过海运集装箱运输的，需注明集装箱号
63	菠萝（鲜食）	缅甸（缅甸菠萝产区）	鲜食菠萝（以下简称菠萝），学名 *Ananas comosus*，英文名 Pineapple	经检疫合格的菠萝，缅甸应出具植物检疫证书，注明果园和包装厂名称或其注册号码，并在附加声明中注明："This consignment complies with the requirements specified in the Protocol of Phytosanitary Requirements for Export of Fresh Pineapple Fruits from Myanmar to China, and is free from the quarantine pests of concern to China."（该批货物符合《缅甸鲜食菠萝输华植物检疫议定书》要求，不带中方关注的检疫性有害生物。）
64	香蕉	缅甸（缅甸香蕉产区）	香蕉，学名 *Musa sapientum*，英文名 Banana。香蕉是指开花后 10~11 周内采收的未成熟的青香蕉，任何黄香蕉不得出口中国	经检疫合格的香蕉，由缅甸农业、畜牧和灌溉部（MOALI）签发植物检疫证书，注明果园及包装厂的注册代码，并在附加声明中注明："The consignment is in compliance with requirements described in the Protocol of Phytosanitary Requirements for the Export of Banana from Myanmar to China, and is free of soil and the quarantine pests of concern to China."（该批香蕉符合《缅甸香蕉输华植物检验检疫要求议定书》，不带土壤和中方关注的检疫性有害生物。）证书格式须符合 ISPM12 号（植物检疫证书准则）标准
65	芒果（鲜食）	孟加拉国（孟加拉国芒果产区）	鲜食芒果（以下简称芒果），学名 Mangifera indica，英文名 Mango	1. 经检疫合格的货物，孟加拉国应按国际植物检疫措施标准第 12 号（ISPM 12）出具植物检疫证书，注明果园和包装厂名称或注册号码，并在附加声明中注明："This consignment complies with requirements specified in the Protocol of Phytosanitary Requirements for Export of Fresh Mangoes from Bangladesh to China, and is free from quarantine pests of concern to China."（该批货物符合《孟加拉国鲜食芒果输华植物检疫议定书》要求，不带中方关注的检疫性有害生物。） 2. 在植物检疫证书检疫处理栏目内，填写热处理的温度、持续时间及处理设施名称或注册号码等信息
66	鳄梨	墨西哥	鳄梨（*Persea anericana*，仅限于 Hass 品种），英文名称为 avocado	经检验检疫合格的，墨西哥农业、畜牧业、农村发展、渔业和食品部（SAGAPRA）将出具植检证书，证明该批鳄梨符合议定书列明的中方检疫要求，不带有中方关注的检疫性有害生物。证书中应注明产地和包装厂

表7-6　续16

序号	产品	原产国家（地区）	产品要求	证书要求
67	浆果（陆海联运）	墨西哥	采用陆海联运方式进境的墨西哥浆果，包括已经获得中国检疫准入的黑莓、树莓和蓝莓	1. 墨西哥国家食品卫生、安全和质量服务局（SENASICA）代表墨西哥农业和农村发展部，按照议定书要求对输华浆果进行检疫并出具植物检疫证书，证书中应附加声明该货物通过“Land-Sea Modality”（陆海联运）方式运输，并标注运输路线及托盘的编号。 2. 植物检疫证书需同时符合《质检总局关于进口墨西哥鲜食黑莓和树莓植物检验检疫要求的公告》（国家质检总局公告 2014 年第 134 号）、《质检总局关于出口新西兰葡萄及进口新西兰苹果、墨西哥蓝莓、秘鲁蓝莓、智利油桃、埃及葡萄植物检验检疫要求的公告》（国家质检总局公告 2017 年第 1 号）的相关规定
68	浆果（陆空联运）	墨西哥	浆果，包括已经获得中国检疫准入的黑莓、树莓和蓝莓	1. 墨西哥国家食品卫生、安全和质量服务局（SENASICA）按照议定书要求对输华浆果进行检疫、出具植物检疫证书，并在证书附加声明内标注“陆空联运”方式（Land-Air Modality）、运输路线及托盘的编号。 2. 植物检疫证书需同时符合《质检总局关于进口墨西哥鲜食黑莓和树莓植物检验检疫要求的公告》（国家质检总局公告 2014 年第 134 号）、《质检总局关于出口新西兰葡萄及进口新西兰苹果、墨西哥蓝莓、秘鲁蓝莓、智利油桃、埃及葡萄植物检验检疫要求的公告》（国家质检总局公告 2017 年第 1 号）的相关规定
69	葡萄	墨西哥（墨西哥蓝莓产区）	葡萄（*Vitis vinifera Linn*），英文名称为 table grape	经 2%抽样检验检疫合格后，墨西哥农业、畜牧业、农村发展、渔业和食品部（SAGARPA）将出具植物检疫证书，证明该批葡萄符合议定书列明的中方检疫要求，不带有中方关注的检疫性有害生物。证书中应注明产地和包装厂
70	黑莓和树莓（鲜食）	墨西哥	1. 新鲜黑莓，学名 *Rubus ulmifo-lius*，英文名 Blackberry。 2. 新鲜树莓，学名 *Rubus idaeus*，英文名 Raspberry	经检疫合格的输华黑莓和树莓，墨西哥农业、畜牧业、农村发展、渔业和食品部（SAGARPA）或 SAGARPA 授权人员应出具植物检疫证书，并填写以下附加声明：“该批黑莓和树莓符合《墨西哥鲜食黑莓和树莓输往中国植物检疫要求的议定书》，不带中方关注的有害生物。”
71	蓝莓（鲜食）	墨西哥（墨西哥蓝莓产区）	鲜食蓝莓，学名 *Vaccinium* spp.，英文名 Blueberry	经检疫合格的输华蓝莓，墨西哥农业、畜牧业、农村发展、渔业和食品部（SAGARPA）人员应出具植物检疫证书，并填写以下附加声明：“该批蓝莓符合《墨西哥鲜食蓝莓输华植物检疫要求议定书》要求，不带中方关注的检疫性有害生物。”使用海运集装箱运输的应在植物检疫证书注明集装箱号
72	香蕉	墨西哥	墨西哥香蕉，学名 *Musa* spp.，英文名 Banana	经检疫合格的，墨西哥国家食品卫生、安全和质量服务局出具植物检疫证书，注明集装箱号码，并填写以下附加声明：“The consignment is in compliance with requirements established in the Protocol of Phytosanitary Requirements for the Export of Bananas from Mexico to China, and is free of soil and the quarantine pests concerned by China.”（该批货物符合《墨西哥香蕉输华植物检验检疫要求议定书》规定，不带土壤和中方关注的检疫性有害生物。）

表7-6 续17

序号	产品	原产国家（地区）	产品要求	证书要求
73	鳄梨	南非（南非鳄梨产区）	鲜食鳄梨，学名 *Persea americana* Mills.，英文名 Avocado	1. 经检疫合格的南非鳄梨，南非应出具植物检疫证书，注明果园、包装厂、熏蒸处理设施名称或其注册号码以及集装箱号码，并在附加声明中注明："This consignment complies with the requirements specified in the Protocol of Phytosanitary Requirements for Export of Fresh Avocado Fruits from South Africa to China, and is free from quarantine pests of concern to China."（该批货物符合《南非鲜食鳄梨输华植物检疫议定书》要求，不带中方关注的检疫性有害生物。） 2. 在植物检疫证书检疫处理栏目内，须注明熏蒸处理所使用的溴甲烷剂量、持续时间和处理温度
74	柑橘（冷藏船）	南非	采用冷藏船运输方式进境的南非柑橘	南非农林渔业部①按照议定书要求对输华柑橘进行检疫、出具植物检疫证书。植物检疫证书附加声明内标注冷藏船运输方式（Chartered reefer ships）、运输路线（南非离境港口到中国进境港口）、冷处理温度、持续时间、船舱号、封识号和托盘号
75	柑橘	南非（南非柑橘产区）	新鲜柑橘，包括橙（学名 *Citrus sinensis*，英文名 Orange）、葡萄柚（学名 *Citrus paradisi*，英文名 Grapefruit）、柠檬（学名 *Citrus limon*，英文名 Lemon）、橘（学名 *Citrus reticulata*，英文名 Mandarin）及其杂交品种	1. 经检疫合格的柑橘，由南非农业、土地改革和农村发展部（DALRRD）签发植物检疫证书，并在附加声明栏中注明："This consignment is in compliance with the requirements specified in the Protocol of Phytosanitary Requirements for Export of South African Citrus Fruits to China, and is free from quarantine pests of concern to China."（该批货物符合《南非柑橘输华植物检疫要求的议定书》，不带有中方关注的检疫性有害生物。） 2. 实施途中冷处理的，附加声明需用英文标注"Cold treatment in transit"（途中冷处理），并注明冷处理温度、处理时间、集装箱、封识号码等信息
76	鲜梨	南非（南非鲜梨产区）	学名 *Pyrus communis*，英文名 Pear	1. 经检疫合格的鲜梨，由南非农业、土地改革和农村发展部（DALRRD）签发植物检疫证书，并在附加声明栏中注明："This consignment is in compliance with the requirements specified in the Protocol of Phytosanitary Requirements for the Export of Fresh Pears from South Africa to China, and is free from quarantine pests of concern to China."（该批货物符合《南非鲜梨输华植物检疫要求的议定书》，不带有中方关注的检疫性有害生物。） 2. 实施出口前检疫处理的，应在植物检疫证书上注明处理温度、持续时间及处理设施名称或编号等信息。实施运输途中冷处理的，应在植物检疫证书上标注"Cold treatment in transit"（途中冷处理），并注明处理温度、持续时间、集装箱号码及封识号码等信息

① 现为农业、土地改革和农村发展部（DALRRD）。

表7-6 续18

序号	产品	原产国家（地区）	产品要求	证书要求
77	鲜食苹果	南非	新鲜苹果果实，学名 *Malus domestica*，英文名 Apple	如在离境前进行冷处理，冷处理的温度、处理时间和集装箱号码及封识号必须在植物检疫证书中处理部分注明。经检疫合格的，南非官方应出具植物检疫证书，并填写以下附加声明："该批苹果符合《南非鲜食苹果输往中国植物检疫要求的议定书》，不带中方关注的检疫性有害生物"。应在植物检疫证书注明生产单元代码、包装厂代码及集装箱代码
78	鲜食葡萄	葡萄牙（葡萄牙葡萄产区）	鲜食葡萄，学名 *Vitis vinifera* L.，英文名 Table Grapes	1. 经检疫合格的，葡萄牙农业、林业与农村发展部（MAFDR）出具植物检疫证书，注明集装箱号码，并填写以下附加声明："该批葡萄符合《中华人民共和国海关总署与葡萄牙农业、林业与农村发展部关于葡萄牙鲜食葡萄输往中国植物检疫要求的议定书》，不带中方关注的检疫性有害生物。"（THIS BATCH OF GRAPES COMPLIES WITH THE PROTOCOL OF PHYTOSANITARY REQUIREMENTS FOR EXPORT OF PORTUGUESE TABLE GRAPES TO THE PEOPLE'S REPUBLIC OF CHINA BETWEEN GENERAL ADMINISTRATION OF CUSTOMS OF THE PEOPLE'S REPUBLIC OF CHINA AND THE MINISTRY OF AGRICULTURE, FORESTRY AND RURAL DEVELOPMENT OF PORTUGAL, AND IS FREE FROM ANY QUARANTINE PESTS CONCERNED TO THE PEOPLE'S REPUBLIC OF CHINA.） 2. 对于实施出口前检疫处理的，应在植物检疫证书上注明检疫处理方式、处理温度、持续时间及处理设施名称或编号等信息。对于实施运输途中冷处理的，应在植物检疫证书上注明冷处理的温度、处理时间、集装箱号码及封识号码等
79	蓝莓（鲜食）	塞尔维亚（塞尔维亚蓝莓产区）	鲜食蓝莓（以下简称蓝莓），学名 *Vaccinium* L.，英文名 Blueberry	1. 经检疫合格的蓝莓，由塞尔维亚签发植物检疫证书，注明果园和包装厂名称或注册号码，并在附加声明中注明："This consignment complies with requirements specified in the Protocol of Phytosanitary Requirements for Export of Fresh Blueberries from Republic of Serbia to the People's Republic of China, and is free from the quarantine pests of concern to the People's Republic of China."（该批货物符合《塞尔维亚鲜食蓝莓输华植物检疫议定书》要求，不带中方关注的检疫性有害生物。） 2. 对于实施出口前冷处理的蓝莓，应在植物检疫证书上注明处理温度、持续时间及处理设施名称或代码等信息。对于实施运输途中冷处理的，应在植物检疫证书上标注"Cold treatment in transit"（途中冷处理），并注明处理温度、持续时间、集装箱和封识号码等信息
80	苹果	塞尔维亚（塞尔维亚苹果产区）	鲜食苹果，学名 *Malus domestica*，英文名 Apple	1. 经检疫合格的，塞尔维亚签发植物检疫证书，注明果园和包装厂名称或注册号码，并在附加声明中注明："This consignment complies with requirements specified in the Protocol of Phytosanitary Requirements for Export of Fresh Apples from Serbia to China, and is free from the quarantine pests of concern to China."（该批货物符合《塞尔维亚苹果输华植物检疫议定书》要求，不带中方关注的检疫性有害生物。） 2. 对于实施出口前冷处理的苹果，应在植物检疫证书上注明处理温度、持续时间及处理设施名称或代码等信息。对于实施运输途中冷处理的，应在植物检疫证书上标注"Cold treatment in transit"（途中冷处理），并注明处理温度、持续时间、集装箱和封识号码等信息

表7-6 续19

序号	产品	原产国家（地区）	产品要求	证书要求
81	菠萝	斯里兰卡（斯里兰卡菠萝产区）	鲜食菠萝（以下简称菠萝），学名 *Ananas comosus*，英文名 Pineapple	经检疫合格的菠萝，斯里兰卡应出具植物检疫证书，注明果园和包装厂名称或注册号码以及集装箱号码，并在附加声明中注明：“This consignment complies with the requirements specified in the Protocol of Phytosanitary Requirements for Export of Fresh Pineapple Fruits from Sri Lanka to China, and is free from quarantine pests of concern to China.”（该批货物符合《斯里兰卡鲜食菠萝输华植物检疫议定书》要求，不带中方关注的检疫性有害生物。）
82	香蕉	斯里兰卡（斯里兰卡香蕉产区）	香蕉（*Musa supientum*），英文名为 Banana	对符合中方要求的，斯里兰卡农业灌溉部（MOA）出具植物检疫证书，注明果园及包装厂的注册代码，并在附加声明中注明：“The consignment is in compliance with requirements described in the Protocol on Phytosanitary Requirements for the Export of Banana from Sri Lanka to China and is free of soil and the quarantine pests concerned by China.”（该批香蕉符合《斯里兰卡香蕉输华植物检验检疫要求议定书》的规定，不带土壤和中方关注的检疫性有害生物）。证书格式须符合 ISPM 12 号标准，并向中方提供证书样本，以便确认和备案
83	柠檬	塔吉克斯坦（塔吉克斯坦柠檬产区）	柠檬，学名 *Citrus-limon*，英文名 Lemon	经检疫合格的柠檬，由塔吉克斯坦粮食安全委员会授权机构签发植物检疫证书，并在附加声明中注明：“该批柠檬符合《塔吉克斯坦共和国粮食安全委员会与中华人民共和国海关总署关于塔吉克斯坦柠檬输往中国植物检疫要求的议定书》，不带中方关注的检疫性有害生物。”（This batch of lemons complies with the Protocol on phytosanitary requirements for the export of fruit-lemon from the Republic of Tajikistan to the People's Republic of China between the Committee for Food Security under the Government of the Republic of Tajikistan and the General Administration of Customs of the People's Republic of China, and is free from any quarantine pest of China's concern.）
84	葡萄鲜食）	塔吉克斯坦（塔吉克斯坦葡萄产区）	鲜食葡萄，学名 *Vitis vinifera* L.，英文名 Table grapes	经检疫合格的，塔吉克斯坦应按照国际植物检疫措施标准第 12 号（ISPM 12）出具植物检疫证书，注明果园和包装厂名称或注册号码，并在附加声明中注明：“This consignment complies with the requirements specified in the Protocol of Phytosanitary Requirements for Export of Table Grapes from Tajikistan to China, and is free from quarantine pests of concern to China.”（该批货物符合《塔吉克斯坦鲜食葡萄输华植物检疫议定书》要求，不带中方关注的检疫性有害生物。）
85	柿子（鲜食）	塔吉克斯坦（塔吉克斯坦柿子产区）	鲜食柿子（以下简称柿子），学名 *Diospyros kaki*，英文名 Persimmon	经检疫合格的柿子，塔吉克斯坦应按国际植物检疫措施标准第 12 号（ISPM 12）出具植物检疫证书，注明果园和包装厂名称或注册号码，并在附加声明中注明：“This consignment complies with requirements specified in the Protocol of Phytosanitary Requirements for Export of Fresh Persimmons from Tajikistan to China, and is free from the quarantine pests of concern to China.”（该批货物符合《塔吉克斯坦鲜食柿子输华植物检疫议定书》要求，不带中方关注的检疫性有害生物。）
86	樱桃	塔吉克斯坦	鲜食樱桃，学名 *Prunus avium*，英文名 Fresh Cherry	经检验检疫合格的，塔吉克斯坦应出具植物检疫证书。如在出口前进行检疫除害处理的，应在植物检疫证书上注明处理方法和技术指标

表7-6　续20

序号	产品	原产国家（地区）	产品要求	证书要求
87	莲雾	泰国（泰国莲雾产区）	鲜食莲雾（*Syzygium samarangense*）英文名为 Rose apple	经检验检疫符合中国检验检疫法律法规和议定书要求的，泰国农业与合作社部（MOAC）将出具植物检疫证书。证书中注明果园、包装厂注册信息。植物检疫证书应包括以下附加声明："该批莲雾符合《关于泰国鲜食莲雾输往中国植物检疫要求的议定书》，不带中方关注的检疫性有害生物"
88	水果（过境第三国）①	泰国	海关总署允许的水果种类清单中所列的水果	1. 水果出口前，泰国农业与合作社部（MOAC）应实施检验检疫。对符合要求的水果签发植物检疫证书，并在附加声明栏中注明："This fruit is in compliance with the Protocol on the Inspection and Quarantine Requirements for Exportation and Importation of Fruits between China and Thailand through Territories of the Third Countries."（"该批水果符合中国和泰国进出口水果过境第三国检验检疫要求的议定书。"），以及集装箱号和封识号码。 2. 植物检疫证书有效期为 10 天
89	西番莲（鲜食）	泰国（泰国西番莲产区）	鲜食西番莲（以下简称西番莲）包括西番莲 *Passiflora caerulea* 和百香果（紫果西番莲）*Passiflora edulis*，英文名 Passion fruit	经检疫合格的西番莲，泰国官员应签发植物检疫证书，注明果园和包装厂注册号码，并填写以下附加声明："This consignment complies with the requirements specified in the Protocol on the Phytosanitary Requirements for the Export of Fresh Passion Fruits from Thailand to China, and is free from quarantine pests of concern to China."（该批货物符合《泰国西番莲输华植物检疫要求议定书》，不带中方关注的检疫性有害生物。）
90	鳄梨（鲜食）	坦桑尼亚（坦桑尼亚鳄梨产区）	鲜食鳄梨，学名 *Persea americana* Mills.，英文名 Avocado（以下简称"鳄梨"），仅限 Hass 品种	经检疫合格的鳄梨，坦桑尼亚官员应出具植物检疫证书，注明果园和包装厂名称或注册代码，并在附加声明中注明："This consignment complies with the requirements specified in the Protocol of Phytosanitary Requirements for Export of Fresh Avocado Fruits from Tanzania to China, and is free from quarantine pests of concern to China."（该批鳄梨符合《坦桑尼亚鲜食鳄梨输华植物检疫要求的议定书》，不带中方关注的检疫性有害生物。） 此外，在植物检疫证书检疫处理栏中，须填写熏蒸处理所使用的熏蒸剂名称、剂量、持续时间和处理温度以及处理设施名称或代码
91	樱桃	土耳其全境（产自地中海实蝇疫区的樱桃，须进行冷处理。地中海实蝇非疫区的确认，应符合植物检疫措施国际标准第 26 号要求，并由双方专家认可）	新鲜樱桃果实，学名 *Prunus avium* L.，英文名 Cherry	1. 土耳其对符合要求的输华樱桃出具植物检疫证书，并在植物检验证书附加声明栏中注明："This consignment of cherry complies with the Protocol of Phytosanitary Requirements for the Export of Fresh Cherry Fruit from Turkey to China, and is free of any pests of quarantine concern to China."（该批樱桃符合《土耳其樱桃输华植物检疫要求议定书》的规定，不带中方关注的检疫性有害生物。） 2. 对于实施运输途中冷处理的，应在植物检疫证书上注明冷处理的温度、处理时间、集装箱号码及封识号码等

① 对泰国过境第三国的进境水果，企业需关注的特殊要求还有：1. 中国允许进境口岸：友谊关、磨憨、东兴、凭祥铁路、磨憨铁路、龙邦、水口、河口、河口铁路、天保；2. 水果在过境第三国运输期间，不得打开集装箱或更换集装箱。

表7-6 续21

序号	产品	原产国家（地区）	产品要求	证书要求
92	甜瓜（鲜食）	文莱（文莱甜瓜产区）	鲜食甜瓜（网纹甜瓜），学名 *Cucumis melo Linn* var. reticulatus，英文名 Melon	经检疫合格的，文莱初级资源与旅游部（MPRT）应出具植物检疫证书，注明集装箱号码，并填写以下附加声明："该批甜瓜符合《文莱鲜食网纹甜瓜输华植物检疫要求的议定书》，不带中方关注的检疫性有害生物。"（The consignment is in compliance with requirement described in the Protocol on Phytosanitary Requirement for the Export of Melons from Brunei to China，and free from the quarantine pests of concern to China.）
93	鳄梨	委内瑞拉（委内瑞拉鳄梨产区）	鲜食鳄梨的 Hass 品种，学名 *Persea americana* Mills.，英文名 Avocado	经检疫合格的鳄梨，委内瑞拉应出具植物检疫证书，注明果园、包装厂名称或其注册号以及集装箱号码，并在附加声明中注明："This consignment complies with the requirements specified in the Protocol of Phytosanitary Requirements for Export of Fresh Avocado Fruits from Venezuela to China，and is free from quarantine pests of concern to China."（该批货物符合《委内瑞拉鲜食鳄梨输华植物检疫议定书》要求，不带中方关注的检疫性有害生物。）
94	鲜食柑橘	乌拉圭（乌拉圭柑橘产区）	鲜食柑橘（以下简称柑橘），包括橙（学名 *Citrus sinensis*，英文名 Orange）、橘及其杂交品种（学名 *Citrus reticulata*，英文名 Mandarin and their hybrids）、葡萄柚（学名 *Citrus paradisi*，英文名 Grapefruit）、柠檬（学名 *Citrus limon*，英文名 Lemon）	1. 经检疫合格的柑橘，由乌拉圭签发植物检疫证书，证书"原产地"栏中应注明柑橘产地，并在附加声明中用英文注明："The consignment is in compliance with requirement described in the Protocol of Phytosanitary Requirements for Export of Citrus from Uruguay to China，and is free from quarantine pest concern to China."（该批货物符合《乌拉圭柑橘输华植物检疫议定书》要求，不带中方关注的检疫性有害生物。） 2. 实施冷处理的，应将冷处理的温度、处理时间和集装箱号码及封识号在植物检疫证书中注明
95	蓝莓（鲜食）	乌拉圭	鲜食蓝莓，学名 *Vaccinium* L.，英文名 Blueberry	1. 经检疫合格的，乌拉圭农牧渔业部（MGAP）签发植物检疫证书，注明集装箱号码，并填写以下附加声明："该批蓝莓符合《乌拉圭鲜食蓝莓输往中国植物检疫要求的议定书》，不带中方关注的检疫性有害生物。"（THIS BATCH OF BLUEBERRIES COMPLIES WITH THE PROTOCOL OF PHYTOSANITARY REQUIREMENTS FOR EXPORT OF URUGUAYAN FRESH BLUEBERRIES TO CHINA. IT IS FREE FROM ANY QUARANTINE PESTS CONCERNED TO CHINA.） 2. 对于出口前实施检疫处理的，应在植物检疫证书上注明检疫处理方式、处理温度、持续时间及处理设施名称或编号等信息。 3. 对于在运输途中实施冷处理的，应在植物检疫证书上注明冷处理的温度、处理时间、集装箱号码及封识号码等

表7-6　续22

序号	产品	原产国家（地区）	产品要求	证书要求
96	核果（鲜食）	乌兹别克斯坦（乌兹别克斯坦核果产区）	鲜食核果（以下简称核果）包括油桃（学名 *Prunus persica var. nucipersica*，英文名 Nectarine）、李子（学名 *Prunus salicina*，英文名 Plum）和杏（学名 *Prunus armeniaca*，英文名 Apricot）	经检疫合格的，乌兹别克斯坦应按国际植物检疫措施标准第 12 号（ISPM 12）出具植物检疫证书，注明果园和包装厂名称或注册号码，并在附加声明中注明："This consignment complies with the requirements specified in the Protocol of Phytosanitary Requirements for Export of Fresh Stone Fruits from Uzbekistan to China, and is free from any quarantine pests of concern to China."（该批货物符合《乌兹别克斯坦鲜食核果输华植物检疫议定书》要求，不带中方关注的检疫性有害生物。）
97	葡萄（鲜食）	乌兹别克斯坦（乌兹别克斯坦葡萄产区）	鲜食葡萄，学名 *Vitis vinifera* L.，英文名 Table grapes	经检疫合格的葡萄，乌兹别克斯坦应按国际植物检疫措施标准第 12 号（ISPM 12）出具植物检疫证书，注明果园和包装厂名称或注册号码，并填写以下附加声明："This consignment complies with the requirements specified in the Protocol of Phytosanitary Requirements for Export of Table grapes from Uzbekistan to China, and is free from quarantine pests of concern to China."（该批货物符合《乌兹别克斯坦鲜食葡萄输华植物检疫议定书》要求，不带中方关注的检疫性有害生物。）
98	樱桃（鲜食）	乌兹别克斯坦（乌兹别克斯坦塔什干、撒马尔罕、纳曼干、安集延、菲尔干纳 5 个樱桃产区）	鲜食樱桃，学名 *Prunus avium* L.，英文名 Cherry	经检疫合格的樱桃，由乌兹别克斯坦签发植物检疫证书，并在附加声明中注明："该批樱桃符合《乌兹别克斯坦鲜食樱桃输往中国植物检疫要求的议定书》规定，不带有中方关注的检疫性有害生物。"（The cherry accords with the provisions of the Protocol on the Phytosanitary Requirements for Export of Cherries from Uzbekistan to China , and does not carry quarantine pests concern to China.） 植物检疫证书必须注明检疫处理方法、温度、浓度（熏蒸）和持续时间，以及处理设施名称或代码和集装箱编号。对于实施出口前冷处理的，还须随附冷处理温度记录
99	柠檬	乌兹别克斯坦（乌兹别克斯坦柠檬产区）	柠檬，学名 *Citrus limon*，英文名 Lemon	经检疫合格的，由乌兹别克斯坦签发植物检疫证书，并在附加声明中注明："This batch of lemons complies with the Protocol of Phytosanitary Requirements for the Export of Fresh Lemon from Uzbekistan to China, and are free from any quarantine pests of concern to China."（该批柠檬符合《乌兹别克斯坦柠檬输华植物检疫要求的议定书》，不带中方关注的检疫性有害生物。）
100	石榴	乌兹别克斯坦（乌兹别克斯坦石榴产区）	石榴，学名 *Punica granatum* L.，英文名 Pomegranate	经检疫合格的，由乌方签发植物检疫证书，注明集装箱号码，并填写以下附加声明："THIS CONSIGNMENT OF POMEGRANATES COMPLIES WITH THE PROTOCOL OF PHYTOSANITARY REQUIREMENTS FOR THE EXPORT OF FRESH POMEGRANATE FROM THE REPUBLIC OF UZBEKSTAN TO THE PEOPLE'S REPUBLIC OF CHINA, AND IS FREE FROM ANY QUARANTINE PESTS OF CONCERN TO CHINA."（该批石榴符合《乌兹别克斯坦石榴输华植物检疫要求的议定书》，不带中方关注的检疫性有害生物。）

表7-6 续23

序号	产品	原产国家（地区）	产品要求	证书要求
101	水果（过境第三国）	乌兹别克斯坦	适用“过境第三国”方式进出口水果是指已获得进口国家检疫准入的水果	产品出口前，出口国主管部门应当按照双方签署的有关协议要求，对产品实施检验检疫，并签发植物检疫证书
102	甜瓜（鲜食）	乌兹别克斯坦（乌兹别克斯坦花剌子模州、锡尔河州、吉扎克州和卡什卡达里亚州4个甜瓜产区）	鲜食甜瓜，学名 *Cucumis melo* L.，英文名 Melon	经检疫合格的，乌兹别克斯坦应出具植物检疫证书，注明集装箱号码，并填写以下附加声明：“该批甜瓜符合《乌兹别克斯坦共和国鲜食甜瓜输华植物检疫要求的议定书》，不带中方关注的检疫性有害生物。”（THIS CONSIGNMENT OF MELONS COMPLIES WITH THE PROTOCOL ON PHYTOSANITARY REQUIREMENTS FOR THE EXPORT OF FRESH MELON FROM THE UZBEKISTAN REPUBLIC TO THE People's REPUBLIC OF CHINA, AND IS FREE FROM ANY QUARANTINE PESTS OF CONCERN TO CHINA.）
103	樱桃（鲜食）	乌兹别克斯坦（乌兹别克斯坦塔什干、撒马尔罕、纳曼干、安集延、菲尔干纳5个樱桃产区）	鲜食樱桃，学名 *Prunus avium* L.，英文名 Cherry	1. 经检疫合格的樱桃，由乌兹别克斯坦签发植物检疫证书，并在附加声明中注明：“该批樱桃符合《乌兹别克斯坦鲜食樱桃输往中国植物检疫要求的议定书》规定，不带有中方关注的检疫性有害生物。”（The cherry accords with the provisions of the Protocol on the Phytosanitary Requirements for Export of Cherries from Uzbekistan to China , and does not carry quarantine pests concern to China.） 2. 植物检疫证书必须注明检疫处理方法、温度、浓度（熏蒸）和持续时间，以及处理设施名称或代码和集装箱编号。对于实施出口前冷处理的，还须随附冷处理温度记录
104	葡萄（鲜食）	西班牙（西班牙葡萄产区）	鲜食葡萄（学名 Vitis vinifera L.，英文名 Table Grapes）	1. 经检疫合格的葡萄，由西班牙农业、渔业和食品部签发植物检疫证书，注明集装箱号码，并填写以下附加声明：“该批葡萄符合《中华人民共和国海关总署与西班牙王国农业、渔业和食品部关于西班牙鲜食葡萄输华植物检疫要求的议定书》，不带中方关注的检疫性有害生物。”（THIS BATCH OF GRAPES COMPLIES WITH THE PROTOCOL OF PHYTOSANITARY REQUIREMENTS FOR EXPORT OF SPANISH FRESH TABLE GRAPES TO CHINA BETWEEN GENERAL ADMINISTRATION OF CUSTOMS Of THE PEOPLE'S REPUBLIC OF CHINA And MINISTRY OF AGRICULTURE, FISHERIES AND FOOD OF THE KINGDOM OF SPAIN. IT IS FREE FROM ANY QUARANTINE PESTS CONCERNED TO CHINA.） 2. 对于实施出口前检疫处理的，应在植物检疫证书上注明检疫处理方式、处理温度、持续时间及处理设施名称或编号等信息。对于实施运输途中冷处理的，应在植物检疫证书上注明冷处理的温度、处理时间、集装箱号码及封识号码等

表7-6 续24

序号	产品	原产国家（地区）	产品要求	证书要求
105	柿子（鲜食）	西班牙（西班牙柿子产区）	鲜食柿子，学名 *Diospyros kaki*，英文名 Persimmon	1. 经检疫合格的柿子，西班牙应出具植物检疫证书，注明果园和包装厂名称或其注册号码以及集装箱号码，并在附加声明中注明："This consignment complies with the requirements specified in the Protocol of Phytosanitary Requirements for Export of Fresh Persimmon Fruits from Spain to China and is free from quarantine pests of concern to China."（该批货物符合《西班牙鲜食柿子输华植物检疫议定书》要求，不带中方关注的检疫性有害生物。） 2. 对于实施出口前冷处理的柿子，植物检疫证书上还应注明处理温度、持续时间及处理设施名称或其注册号码。对于实施运输途中冷处理的，植物检疫证书上还应注明冷处理温度、处理持续时间、集装箱号码及封识号码
106	猕猴桃（鲜食）	希腊（希腊猕猴桃产区）	鲜食猕猴桃，学名 *Actinidia chinensis*、*A. deliciosa*，英文名 Kiwi fruit	1. 经检疫合格的，希腊农村发展与食品部（MRDF）签发植物检疫证书，注明集装箱号码，并填写以下附加声明："This consignment is in compliance with the requirements specified in the Protocol of Phytosanitary Requirements for the Export of Kiwi Fruits from the Hellenic Republic to China, and is free from quarantine pests of concern to China."（该批猕猴桃符合《希腊猕猴桃输华植物检疫要求议定书》，不带中方关注的检疫性有害生物。） 2. 对于实施出口前冷处理的，应在植物检疫证书上注明冷处理方式，处理温度、持续时间及处理设施名称或编号等信息。对于实施运输途中冷处理的，应在植物检疫证书上注明"Cold treatment in transit"（运输途中冷处理），以及冷处理的温度、处理时间、集装箱号码及封识号码等
107	鳄梨	新西兰（新西兰鳄梨产区）	鳄梨，仅限于 Hass 品种，学名 *Persea americana* Mills，英文名 Avocado	经检疫合格的鳄梨，新西兰初级产业部（MPI）应出具植物检疫证书，还应在植物检疫证书上注明果园与包装厂注册号和集装箱封识号，并填写以下附加声明："该批鳄梨符合《中华人民共和国国家质量监督检验检疫总局与新西兰初级产业部关于新西兰鲜食鳄梨输往中国植物检疫要求的议定书》，不携带中方关注的检疫性有害生物。"
108	猕猴桃（鲜食）	新西兰（新西兰猕猴桃产区）	鲜食猕猴桃，英文名：Kiwi fruits，包括中华猕猴桃（学名：*Actinidia chinensis*）、美味猕猴桃（学名：*Actinidia deliciosa*）及其杂交种（*Actinidia deliciosa* x *A. chinensis*）	1. 经检疫合格的猕猴桃，新西兰需出具植物检疫证书，在证书上注明果园注册号、包装厂注册号及集装箱封识号（如使用）。每批货物的果园和包装厂注册号可标注在植物检疫证书附页上。 2. 植物检疫证书附加声明需包括以下内容："This consignment is in compliance with the requirements specified in the Export Plan for Export of Fresh Kiwi fruits from New Zealand to China, and is free from any quarantine pests of concern to China."（该批货物符合新西兰输华鲜食猕猴桃出口计划要求，不带中方关注的检疫性有害生物。）

表7-6 续25

序号	产品	原产国家（地区）	产品要求	证书要求
109	软枣猕猴桃（鲜食）	新西兰（新西兰软枣猕猴桃产区）	鲜食软枣猕猴桃，学名 *Actinidia arguta*，英文名 kiwiberry	1. 经检疫合格的软枣猕猴桃，由新西兰为其签发植物检疫证书，证书上应注明果园注册号码、包装厂注册号码及集装箱封识号（如使用）。每批货物的果园和包装厂注册号可标注在植物检疫证书附页上。 2. 植物检疫证书须包括以下附加声明："This consignment is in compliance with the requirements specified in the Export Plan for Export of Fresh Kiwiberry from New Zealand to China, and is free from any quarantine pests of concern to China."（该批货物符合新西兰输华鲜食软枣猕猴桃出口计划要求，不带中方关注的检疫性有害生物。）
110	苹果（鲜食）	新西兰（新西兰苹果产区）	鲜食苹果，学名 *Malus domestica*，英文名 Apple	经检疫合格的，新西兰初级产业部（MPI）签发植物检疫证书。植物检疫证书中需注明集装箱号和封识号，并在附加声明中注明："该批苹果符合《新西兰苹果输华植物检疫要求议定书》的规定，并被认为不带中方关注的检疫性有害生物。"
111	柿子	新西兰	柿子果实，学名 *Diospyros kaki*，英文名 Persimmon	1. 植检证书附加声明栏中注明："This consignment of Persimmon complies with the Protocol of Phytosanitary Requirements for the Export of Fresh Persimmon Fruit from New Zealand to China, and is free of any pests of quarantine concern to China."（该批柿子完全符合双方达成的《新西兰柿子输往中国植物检疫要求的议定书》，不带中方关注的检疫性有害生物。） 2. 植物检疫证书上应注明果园和包装厂名称及注册号。冷处理的温度、处理时间及处理设施名称或编号、集装箱号码等也须在植物检疫证书处理栏中注明
112	樱桃（鲜食）	匈牙利（匈牙利樱桃产区）	鲜食樱桃（以下简称樱桃），学名 *Prunus avium* L.，英文名 Cherry	1. 经检疫合格的樱桃，匈方应出具植物检疫证书，注明果园和包装厂注册号码，并在附加声明中注明："This consignment complies with the requirements specified in the Protocol of Phytosanitary Requirements for Export of Fresh Cherries from Hungary to China, and is free from quarantine pests of concern to China."（该批货物符合《匈牙利鲜食樱桃输华植物检疫议定书》要求，不带中方关注的检疫性有害生物。） 2. 对于实施出口前冷处理的樱桃，应在植物检疫证书上注明处理温度、持续时间及处理设施名称或注册号码等信息。对于实施运输途中冷处理的，应在植物检疫证书上标注"Cold treatment in transit"（途中冷处理），并注明冷处理的温度、处理时间、集装箱号码及封识号码等
113	柑橘	伊朗（伊朗柑橘产地）	鲜食柑橘，包括橙 *Citrus sinensis*、橘 *Citrus reticulata*、甜柠檬 *Citrus limetta*	1. 经检疫合格的柑橘，由伊朗农业部（MJA）签发植物检疫证书，注明果园和包装厂名称或代码，并在附加声明中注明："This consignment of citrus complies with the Protocol of Phytosanitary Requirements for Export of Iranian Fresh Citrus to China, and is free from any quarantine pests of concern to China."（该批货物符合《伊朗鲜食柑橘输华植物检疫要求的议定书》，不带中方关注的检疫性有害生物。） 2. 对于实施出口前冷处理的柑橘，应在植物检疫证书上注明处理温度、持续时间及处理设施名称或代码等信息。对于实施运输途中冷处理的，应在植物检疫证书上标注"Cold treatment in transit"（途中冷处理），并注明处理温度、持续时间、集装箱和封识号码等信息

表7-6 续26

序号	产品	原产国家（地区）	产品要求	证书要求
114	苹果（鲜食）	伊朗（伊朗苹果产区）	鲜食苹果，学名 *Malus domestica*，英文名 Fresh apple	1. 经检疫合格的苹果，伊方签发植物检疫证书，注明果园和包装厂名称或代码，并在附加声明中注明："This consignment of apples complies with the Protocol of Phytosanitary Requirements for Export of Iranian Fresh Apples to China, and is free from any quarantine pests of concern to China."（该批货物符合《伊朗苹果输华植物检疫议定书要求》，不带中方关注的检疫性有害生物。） 2. 对于实施出口前冷处理的苹果，应在植物检疫证书上注明处理温度、持续时间及处理设施名称或代码等信息。对于实施运输途中冷处理的，应在植物检疫证书上标注"Cold treatment in transit"（途中冷处理），并注明处理温度、持续时间、集装箱和封识号码等信息
115	柑橘（鲜食）	意大利（意大利柑橘产区）	鲜食柑橘，种类包括产自意大利的甜橙（*Citrus sinensis*）中的血橙品种（包括 cv. *Tarocco*, cv. *Sanguinello* 和 cv. *Moro*）和柠檬（*Citrus limon* cv. *Femminello comune*）	1. 经检疫合格的，意大利农业、食品、林业政策与旅游部（MIPAAFT）或其授权人员签发植物检疫证书，注明集装箱号码、封识号码、果园、包装厂名称或注册号，并填写以下附加声明："该批柑橘符合《意大利鲜柑橘输华植物检疫要求的议定书》，不带中方关注的检疫性有害生物。"（This lot of citrus fruit complies with the Protocol on the phytosanitary requirements for the exports of fresh citrus fruits from Italy to China and it carries no quarantine pests indicated by the Chinese Party.） 2. 对于实施出口前检疫处理的，应在植物检疫证书上注明检疫处理方式、处理温度、持续时间及处理设施名称或编号等信息。对于实施运输途中冷处理的，应在植物检疫证书上注明冷处理的温度、处理时间、集装箱号码及封识号码等
116	猕猴桃	意大利	采用"冷藏船运输"方式进境的意大利猕猴桃	意大利农业、食品、林业政策部（MiPAAFT）按照相关规定，对输华猕猴桃进行检疫并出具植物检疫证书。植物检疫证书附加声明中应以英文注明"chartered reefer ships"（冷藏船运输），同时标注运输路线及冷处理温度、持续时间、船舶号、封识号和托盘号
117	鲜梨	意大利（意大利梨产区）	鲜梨，学名 *Pyrus communis*，英文名 Pear	1. 经检疫合格的意大利梨，意大利需签发植物检疫证书，注明果园和包装厂名称或注册号码，并在附加声明中注明："This consignment complies with the requirements specified in the Protocol on Phytosanitary Requirements for the Export of Fresh Pears from Italy to China and is free from quarantine pests of concern to China."（该批货物符合《意大利鲜梨输华植物检疫议定书》要求，不带中方关注的检疫性有害生物。） 2. 对于实施出口前冷处理的意大利梨，需在植物检疫证书上注明处理温度、持续时间及处理设施名称或编号等信息。对于实施运输途中（在集装箱或者冷藏船）冷处理的，需在植物检疫证书上标注"Cold treatment in transit"（途中冷处理），并注明处理温度、持续时间、集装箱号码及封识号码等
118	芒果	印度	芒果	印度出具官方植物检疫证书，并在证书的附加声明中注明："该植物检疫证书所证明的芒果符合中国和印度 2003 年 6 月 23 日签署的《关于印度芒果输华植物卫生条件的议定书》要求。"

表7-6 续27

序号	产品	原产国家（地区）	产品要求	证书要求
119	菠萝（鲜食）	印度尼西亚	新鲜石榴，学名 *Punica granatum* L.，英文名 Pomegranate	经检疫合格的菠萝，印度尼西亚农业部农业检疫局（IAQA）应出具植物检疫证书，注明果园和包装厂名称或注册号码，并在附加声明中注明："This consignment is in compliance with the requirements specified in the Protocol of Phytosanitary Requirements for Export of Fresh Pineapple Fruits from Indonesia to China, and is free from quarantine pests of concern to China."（该批货物符合《印度尼西亚鲜食菠萝输华植物检疫要求的议定书》，不带中方关注的检疫性有害生物。）
120	火龙果	印度尼西亚	火龙果，包括红皮紫红肉火龙果（学名 *Hylocereus costaricensis*，英文名 Purple or super Red dragon fruit）、红皮红肉火龙果（学名 *Hylocereus polyrhizus*，英文名 Red dragon fruit）和红皮白肉火龙果（学名 *Hylocereus undatus*，英文名 White dragon fruit）3 个品种	经检验检疫合格的火龙果，由印度尼西亚农业检疫局（IAQA）签发植物检疫证书，并在植物检疫证书的附加声明中注明："The consignment is in compliance with requirements described in the Protocol of Phytosanitary Requirements for the Export of Dragon Fruit from Indonesia to China and is free from quarantine pests concerned by China."（该批货物符合《印度尼西亚火龙果输华植物检疫要求议定书》的要求，不带有中方关注的检疫性有害生物。）
121	香蕉（鲜食）	印度尼西亚（印度尼西亚香蕉产区）	鲜食香蕉（学名 Musa spp.，英文名 Banana），仅限用于食用的未成熟青香蕉	经检疫合格的，印度尼西亚应按国际植物检疫措施标准第 12 号（ISPM 12）出具植物检疫证书，注明果园和包装厂名称或注册代码，并填写以下附加声明："This consignment complies with requirements specified in the Protocol of Phytosanitary Requirements for Export of Fresh Banana Fruits from Indonesia to China, and is free from quarantine pests of concern to China."（该批货物符合《印度尼西亚鲜食香蕉输华植物检疫议定书》要求，不带中方关注的检疫性有害生物。）
122	山竹	印度尼西亚（印度尼西亚山竹产区）	山竹，学名 *Garcinia mangostana* L.，英文名 Mangosteen	经检验检疫合格的山竹，由印度尼西亚农业部下属农业检疫局（IAQA）签发植物检疫证书，注明处理企业或设施名称、集装箱号和封识号，并在植物检疫证书的附加声明中注明："该批山竹符合《印度尼西亚山竹输华植物检疫要求议定书》的规定，不带中方关注的检疫性有害生物。"（This batch of mangosteen fruits comply with Protocol of Phytosanitary Requirements for the Export of Mangosteen Fruits from Indonesia to China and are free of any quarantine pest of concern to China.）
123	椰子（鲜食）	印度尼西亚（印度尼西亚椰子产区）	鲜食椰子（以下简称椰子），学名 *Cocos nucifera*，英文名 Coconut	经检疫合格的货物，印度尼西亚应按国际植物检疫措施标准第 12 号出具植物检疫证书，注明果园和包装厂名称或其注册号码，并填写以下附加声明："This consignment complies with requirements specified in the Protocol of Phytosanitary Requirements for Export of Fresh Coconuts from Indonesia to China, and is free from the quarantine pests of concern to China."（该批货物符合《印度尼西亚鲜食椰子输华植物检疫议定书》要求，不带中方关注的检疫性有害生物。）

表7-6　续28

序号	产品	原产国家（地区）	产品要求	证书要求
124	榴莲（鲜食）	越南（越南榴莲产区）	鲜食榴莲，学名 *Durio zibethinus Murr.*，英文名 Durian	经检疫合格的，由越南农业与农村发展部（MARD）签发植物检疫证书，注明果园和包装厂名称或代码，并填写以下附加声明："This consignment of durian fruits complies with the requirements specified in the Protocol of Phytosanitary Requirements for Export of Fresh Durians from Vietnam to China, and is free from quarantine pests of concern to China."（该批货物符合《越南鲜食榴莲输华植物检疫要求的议定书》，不带中方关注的检疫性有害生物。）
125	山竹	越南（越南山竹产区）	山竹，学名 *Garcinia mangostana* L.，英文名 Mangosteen	经检疫合格的山竹，越南农业与农村发展部（MARD）或其授权人员签发植物检疫证书，注明运输工具号码，并在附加声明中注明："该批山竹符合《越南山竹输往中国检验检疫要求的议定书》的规定，不带中方关注的检疫性有害生物。"（The consignment complies with the requirements described in the Protocol of Phytosanitary Requirements for the Export of Mangosteen from Vietnam to China and is free from the quarantine pests of concern to China.）
126	西瓜（鲜食）	越南（越南西瓜产区）	鲜食西瓜，学名 *Citrullus lanatus*，英文名 Watermelon	经检疫合格的，越南应按国际植物检疫措施标准第 12 号（ISPM 12）出具植物检疫证书，注明果园和包装厂名称或注册号码，并在附加声明中注明："This consignment complies with the requirements specified in the Protocol of Phytosanitary Requirements for Export of Fresh Watermelons from Viet Nam to China, and is free from quarantine pests of concern to China."（该批货物符合《越南鲜食西瓜输华植物检疫议定书》要求，不带中方关注的检疫性有害生物。）
127	香蕉（鲜食）	越南（越南香蕉产区）	鲜食香蕉（学名 Musa spp.，英文名 Banana），仅限开花后 10～16 周内采收的未成熟且果皮未开裂的青香蕉	经检疫合格的，越南农业与农村发展部（MARD）应按国际植物检疫措施标准第 12 号（ISPM 12）出具植物检疫证书，注明果园和包装厂名称或注册代码，并填写以下附加声明："This consignment complies with requirements specified in the Protocol of Phytosanitary Requirements for Export of Fresh Bananas from Viet Nam to China, and is free from the quarantine pests of concern to China."（该批货物符合《越南鲜食香蕉输华植物检疫要求的议定书》，不带中方关注的检疫性有害生物。）
128	椰子（鲜食）	越南（越南椰子产区）	鲜食椰子（包括果柄≤5cm 的绿色椰子和去皮椰子，以下简称椰子），学名 *Cocos nucifera*，英文名 Coconut	经检疫合格的货物，越方应按国际植物检疫措施标准第 12 号（ISPM 12）出具植物检疫证书，注明果园和包装厂名称或其注册号码，并填写以下附加声明："This consignment complies with requirements specified in the Protocol of Phytosanitary Requirements for Export of Fresh Coconuts from Viet Nam to China, and is free from the quarantine pests of concern to China."（该批货物符合《越南鲜食椰子输华植物检疫议定书》要求，不带中方关注的检疫性有害生物。）

表7-6 续29

序号	产品	原产国家（地区）	产品要求	证书要求
129	蓝莓（鲜食）	赞比亚（赞比亚共和国Chisamba地区）	商品级鲜食蓝莓，学名 *Vaccinium* L.，英文名 Fresh blueberry	经检疫合格的蓝莓，由赞比亚植物检疫局（PQPS）签发植物检疫证书。在植物检疫证书中注明果园和包装厂名称或代码、冷处理的温度和处理时间、处理设施名称或编号、集装箱号码及封识号码等信息。并用英文填写以下附加声明："THIS CONSIGNMENT OF BLUEBERRIES COMPLIES WITH REQUIREMENTS SPECIFIED IN THE PROTOCOL OF PHYTOSANITARY REQUIREMENTS FOR EXPORT OF ZAMBIAN FRESH BLUEBERRIES TO CHINA, AND IS FREE FROM ANY QUARANTINE PESTS OF CONCERN TO CHINA."（该批蓝莓符合《赞比亚鲜食蓝莓输华植物检疫要求的议定书》，不带中方关注的检疫性有害生物。）
130	蓝莓（鲜食）	赞比亚（赞比亚 Chisamba地区）	鲜食蓝莓，学名 *Vaccinium* L.，英文名 Blueberry	1. 经检疫合格的输华蓝莓，赞比亚应出具植物检疫证书，注明果园和包装厂名称或代码，并用英文填写以下附加声明："This consignment of blueberries complies with requirements specified in the Protocol of Phytosanitary Requirements for Export of Zambian Fresh Blueberries to China, and is free from any quarantine pests of concern to China."（该批货物符合《赞比亚鲜食蓝莓输华植物检疫议定书》要求，不带中方关注的检疫性有害生物。） 2. 对于实施出口前检疫处理的输华蓝莓，需在植物检疫证书上注明处理温度、持续时间及处理设施名称或编号等信息。对于实施运输途中冷处理的，应在植物检疫证书上标注"Cold treatment in transit"（途中冷处理），并注明处理温度、持续时间、集装箱号码及封识号码等
131	鳄梨	智利（智利鳄梨产区）	鲜食鳄梨，学名 *Perseaamericana* Mills，英文名 Avocado，仅限于 Hass 品种智利鳄梨产区	经检疫合格的，智利农牧局（SAG）或SAG授权人员应出具植物检疫证书，注明集装箱号，并填写以下附加声明："该批鳄梨符合《中华人民共和国国家质量监督检验检疫总局与智利共和国农业部关于智利鲜食鳄梨输华植物检疫要求的议定书》，不带中方关注的检疫性有害生物。"
132	核果（鲜食）	智利［智利核果产自覆盖科金博第四大区和阿劳卡尼亚第九大区之间的区域，包括首都区（MR）和尼布勒第十六大区］	鲜食核果（以下简称核果），包括油桃 *Prunus persica var. nectarina*、桃 *Prunus persica*、杏 *Prunus armeniaca* 和李 *Prunus domestica / Prunus salicina*	1. 经检疫合格的核果，智方应出具植物检疫证书，注明果园和包装厂名称或注册号，并填写以下附加声明："This consignment complies with the requirements specified in the Protocol of Phytosanitary Requirements for Export of Fresh Stone fruits from Chile to China, and is free from any quarantine pests of concern to China."（该批货物符合《智利鲜食核果输华植物检疫议定书》要求，不带中方关注的检疫性有害生物。） 2. 对于实施出口前冷处理的智利核果，需在植物检疫证书上注明处理温度、持续时间及处理设施名称或代码等信息。对于实施运输途中冷处理的，应在植物检疫证书上标注"Cold treatment in transit"（途中冷处理），并注明冷处理的温度、持续时间、集装箱号码及封识号码等

表7-6 续30

序号	产品	原产国家（地区）	产品要求	证书要求
133	柑橘（鲜食）	智利［智利第三大区（阿塔卡玛 Atacama）至第六大区（奥希金斯将军解放者 O'Higgins），及圣地亚哥首都大区（Metropolitan Region，MR）］	鲜食柑橘，包括橘及其杂交种（Citrus reticulata and its hybrids）、葡萄柚（Citrus paradisi）、橙（Citrus sinensis）和柠檬（Citrus limon）	1. 经检疫合格的柑橘，由智利农业部的智利农牧局（SAG）签发植物检疫证书，并在附加声明中用英文注明："This consignment is in compliance with the requirements specified in the Protocol of Phytosanitary Requirements for Export of Chilean Fresh Citrus to China，and is free from quarantine pests of concern to China."（该批货物符合《智利鲜食柑橘输华植物检疫要求的议定书》，不带有中方关注的检疫性有害生物。） 2. 对于实施出口前冷处理的，必须在植物检疫证书上注明处理温度、持续时间以及完成该处理设施的 SAG 代码等信息。对于实施运输途中冷处理的，必须在证书中用英文注明"Cold treatment in transit"（运输途中冷处理），以及处理温度、持续时间、集装箱号和封识号
134	蓝莓（鲜食）	智利（智利第三区至第十一区和第十四区及首都区）	新鲜蓝莓果实，学名 *Vaccinium* L.，英文名 Blueberry	1. 经检疫合格的，智利农业部下属的农牧局（SAG）签发植物检疫证书，并在附加声明中注明："This batch of blueberries complies with the Protocol of Phytosanitary Requirements for Export of Chilean Fresh Blueberries to China between the Chilean Ministry of Agriculture and the General Administration for Quality Supervision，Inspection and Quarantine of the People's Republic of China. It is free from any quarantine pests of concern to China."（该批蓝莓符合《中华人民共和国国家质量监督检验检疫总局与智利共和国农业部关于智利鲜食蓝莓输往中国植物检疫要求议定书》列明的要求，不带中方关注的检疫性有害生物。） 2. 对于实施出口前冷处理的，应在植物检疫证书上注明冷处理的温度、持续时间及处理设施名称或编号、集装箱号码等。对于实施运输途中冷处理的，应在植物检疫证书上注明冷处理的温度、处理时间、集装箱号码及封识号码等
135	鲜梨	智利［智利科金博（Coquimbo）］第四区域到阿劳卡尼亚（Araucania）第九区域的地区，包括首都区（Metropolitan Region，MR）	智利鲜梨，学名 *Pyrus communis* L.，英文名 Pear）	1. 经检疫合格的，智利农业部下属的农牧局（SAG）签发植物检疫证书，并在附加声明中注明："该批货物符合智利鲜梨输往中国植物检疫要求的议定书，不带有中方关注的检疫性有害生物。"（This consignment is in compliance with the requirements specified in the Protocol of Phytosanitary Requirements for Chilean Fresh Pear Exports to China and is free from quarantine pests of concern to China.） 2. 对于出口前实施冷处理的，应在植物检疫证书上注明处理温度、持续时间以及完成该处理设施的 SAG 批准代码。对于在运输途中实施冷处理的，应在植物检疫证书中注明"Cold treatment in transit（运输途中冷处理）"，以及处理温度、持续时间、集装箱号和封识号

表7-6 续31

序号	产品	原产国家（地区）	产品要求	证书要求
136	水果（途经第三国转运输华的海空联运）	智利	采用海空联运方式进境的智利鲜食水果指获得中国检疫准入的水果 允许智利鲜食水果途经墨西哥采用“海空联运”方式进境	智利按照相关议定书要求对输华水果进行检疫、出具植物检疫证书，并在证书上注明托盘识别码 智利鲜食水果途经墨西哥采用“海空联运”方式进境的，代表智利共和国农业部的智利农牧局必须根据双边议定书中规定的要求对输华水果进行检疫、出具植物检疫证书，并在识别标记部分注明“途经墨西哥的海运空运”
137	水果（冷藏船运输）	智利	采用冷藏船运输方式进境的智利水果指获得中国检疫准入的水果	每个船舱内所装载的水果托盘信息应在植物检疫证书及其附件上注明。智利农牧局按照议定书要求对输华水果进行检疫、出具植物检疫证书。植物检疫证书附加声明内标注冷藏船运输方式（Chartered reefer ships）、运输路线、船舱号和托盘号
138	梨	中国台湾（台湾梨产区）	新鲜梨果实，学名 *Pyrus pyrifolia*，英文名 Pear	经检疫合格的，中国台湾农业部门植保组织或其授权人员应出具有关证明文件，注明集装箱号码，并填写以下附加声明：“该批梨符合台湾梨输往大陆检验检疫管理规范，不带大陆关注的检疫性有害生物。”
139	葡萄	中国台湾（台湾葡萄产区）	新鲜葡萄果穗，学名 *Vitis vinifera* Linn，英文名 Table Grapes	经检疫合格的，中国台湾农业部门植保组织或其授权人员应出具有关证明文件，注明集装箱号码，并填写以下附加声明：“该批葡萄符合台湾葡萄输往大陆检验检疫要求，不带大陆关注的检疫性有害生物。”

二、出口新鲜水果

（一）资质要求

中国与输入国家（地区）签订的双边协议、议定书等有明确规定的，或者输入国家（地区）法律法规要求对输入该国家（地区）的水果果园和包装厂实施注册登记的，海关按照规定对输往该国家（地区）的出境水果果园和包装厂实行注册登记。办理指南见本书第二部分第十四章第四节。

中国与输入国家（地区）签订的双边协议、议定书未有明确规定的，且输入国家（地区）法律法规未明确要求的，出境水果果园、包装厂可以向海关申请注册登记。

登录海关总署门户网站动植物检疫司页面（http：//dzs. customs. gov. cn/），点击“企业信息”—“植物产品类”—“水果”，可查询中国出口水果注册企业名单。

（二）申报要求

出口新鲜水果应当向包装厂所在地海关申请检验检疫，按申报规定提供有关单证及产地供货证明；出口水果来源不清楚的，不予受理申报。

（三）产品相关要求

出口水果应符合以下要求：

1. 中国与输入国家（地区）签订的双边检疫协议（含协定、议定书、备忘录等）规定；
2. 输入国家（地区）进境水果检验检疫规定或者要求；
3. 国际植物检疫措施标准；
4. 中国出口水果检验检疫规定；

5. 贸易合同和信用证等订明的检验检疫要求。

实际出口产品应与申报信息相符。植物检疫证书和包装箱的相关信息需符合输入国（地区）的要求。出口水果不应带虫体、病症、枝叶、土壤和病虫为害状。

特定国家或者地区产品要求详见本小节“（四）出口新鲜水果植物检疫要求”部分内容。

（四）出口新鲜水果植物检疫要求

出口新鲜水果植物检疫要求见表7-7。

表7-7 出口新鲜水果植物检疫要求

（截至2025年1月1日）

序号	产品	目的国家	产品要求	证书要求
1	龙眼、荔枝	澳大利亚	出口龙眼、荔枝产自中国。 出口果园、加工厂须在中国检验检疫机构（现为海关）注册，并按照有关标准要求采取严格的病虫害控制措施	中国海关应对出口龙眼、荔枝实施严格的出境前检验检疫，并对检疫合格的货物出具植物检疫证书
2	核果（油桃、桃、李、杏）	澳大利亚	中国油桃（*Prunuspersica var. nectarina*）、桃（*Prunus persica*）、李（*Prunus domestica/salicina*）、杏（*Prunus armeniaca*），包括杂交在内的所有的栽培品种	出口油桃、桃、李、杏的果园、包装厂及处理设施（如需要）须经出入境检验检疫机构注册登记，并在每年出口季前，由中国海关向澳大利亚农业与水利部提供所有注册登记名单
3	苹果	澳大利亚	产品范围：苹果（*Malus domestica* Borkh.），包括杂交种在内的所有栽培品种。 允许的产地：中国所有商业产区。 出口苹果果园、包装厂及处理设施（如需要）须经出入境检验检疫机构（海关）注册登记，并在每年出口季前，由海关总署（GACC）向澳大利亚农业与水利部（DA）提供所有注册登记名单	1. 经检验检疫合格的苹果，海关应签发植物检疫证书，并附加以下声明：“该批苹果符合《中国苹果输往澳大利亚植物检疫要求的议定书》，不带澳方关注的检疫性有害生物”。（This consignment of apples complies with the Protocol of Phytosanitary Requirements for the Export of Apples from China to Australia, and is free of any pests of quarantine concern to Australia.） 2. 对来自非疫区的苹果，植物检疫证书要加以注明。 3. 实施出口前冷处理的，植物检疫证书上应注明冷处理的温度、持续时间及处理设施的名称和编号、集装箱号和封识号（海运）。实施运输途中冷处理的，植物检疫证书上应注明冷处理的温度、持续时间、集装箱号和封识号（海运）。 4. 实施出口前熏蒸处理的，应在植物检疫证书上注明剂量、熏蒸处理的温度和持续时间、集装箱号和封识号（海运）
4	苹果和梨	阿根廷	输阿苹果和梨必须符合阿根廷有关检疫法律和法规，不带有阿方关注的橘小实蝇等12种检疫性有害生物。 输阿苹果和梨应来自橘小实蝇非疫区，并在产区实施针对橘小实蝇的监测。 输阿苹果和梨应来自梨锈病的非疫生产点（或果园）。产地1千米范围内不得有梨锈病的转主寄主（桧柏）	经检疫合格并符合出口条件的鲜枣，中国海关应出具植物检疫证书

表7-7 续1

序号	产品	目的国家	产品要求	证书要求
5	鲜梨	巴西	产品范围：鲜梨（*Pyrus* spp.）。 允许的产地：来自橘小实蝇（*Bactrocera dorsalis*）非疫区的鲜梨产区（中国北纬33°以北地区）。 出口鲜梨果园和包装厂均须经中国海关总署（GACC）审核注册。GACC 须在出口前至少 30 天，向巴西农业、畜牧和食品供应部（MAPA）提供批准的注册果园和包装厂名单，以获得巴方审核批准	经检疫合格的，海关总署官员应出具植物检疫证书，注明集装箱号和封识号，并在附加声明栏中以英文注明： 1. 鲜梨（产自新疆的香梨除外）。 "THIS BATCH OF PEARS COMPLIES WITH THE REQUIREMENTS SPECIFIED IN THE PROTOCOL OF PHYTOSANITARY REQUIREMENTS FOR EXPORT OF CHINESE FRESH PEARS TO BRAZIL, AND IS FREE FROM ANY QUARANTINE PESTS OF CONCERN TO BRAZIL."（该批鲜梨符合《中国鲜梨输往巴西植物检疫要求的议定书》，不带有巴方关注的检疫性有害生物。） 2. 产自新疆的香梨。 "THIS BATCH OF FRAGRANT PEARS（PYRUS SINKIANGENSIS）FROM XINJIANG OF CHINA COMPLIES WITH THE REQUIREMENTS SPECIFIED IN THE PROTOCOL OF PHYTOSANITARY REQUIREMENTS FOR EXPORT OF CHINESE FRESH PEARS TO BRAZIL, AND IS FREE FROM ANY QUARANTINE PESTS OF CONCERN TO BRAZIL."（该批香梨产自中国新疆，符合《中国鲜梨输往巴西植物检疫要求的议定书》，不带有巴方关注的检疫性有害生物。）
6	柑橘	秘鲁	葡萄柚（Citrus paradisi）、橘子（Citrus reticulale）及其杂交种、橙（Citrus sinensis）、柠檬（Citrus limon）和柚子（Citrus maxima 或 Citrus grandis）（简称为"柑橘"） 输秘柑橘果园、包装厂须在海关总署注册，并由秘鲁国家动植物检疫局（SENASA）和海关总署共同批准。出口季节前，海关总署应向 SENASA 提供输往秘鲁的注册果园、包装厂名单	1. 检验检疫合格后，签发植物检疫证书，证书"原产地"栏中应注明柑橘生产的省，并在附加声明中用英文注明："The consignment is in compliance with requirement described in the Protocol of phytosanitary requirements for the export of citrus from China to Peru and is free from quarantine pest concern to Peru."（该批货物符合《中国柑橘输往秘鲁植物检疫要求议定书》，不带秘方关注的检疫性有害生物。） 实施冷处理的，应将冷处理的温度、处理时间和集装箱号码及封识号在植物检疫证书中注明

表7-7 续2

序号	产品	目的国家	产品要求	证书要求
7	苹果	秘鲁	输秘苹果应产自中国山东、陕西、山西、河南、河北、辽宁、甘肃、宁夏和北京 9 省、自治区、直辖市。 输秘苹果果园、包装厂应在出入境检验检疫机构注册，并由中秘双方共同指定。果园、包装厂应采取有效的病虫害综合防治措施，以避免和控制秘方关注的 8 种检疫性有害生物的发生。 输秘苹果应在生长期间采取果实套袋措施。 输秘苹果包装箱应用英文标出产地（省、区、市）、果园或其注册号、包装厂或其注册号及输往秘鲁共和国等信息	海关实施出口前检验检疫，合格后出具植物检疫证书
8	鲜梨	厄瓜多尔	鲜梨，包括砂梨 *Pyrus pyrifolia*、白梨 *Pyrus bretschneideri*、香梨 *Pyrus sinkiangensis* 及其杂交种，英文名 Pear。 出口鲜梨果园和包装厂须经中国海关总署注册，并由厄瓜多尔植物和动物卫生调控局（AGROCALIDAD）批准。注册信息包括名称、地址及标识代码，以便在出口水果不符合本检疫要求相关规定时准确溯源。注册名单须在每年出口季节前由海关总署向 AGROCALIDAD 提供，经后者评估后批准	1. 经检疫合格的，中国海关将出具植物检疫证书，并在附加声明栏中注明：“This consignment of fresh pear fruits complies with the requirements specified in the Protocol of Phytosanitary Pequirements for Export of Pear Fruits from China to Ecuador, and is free of any quarentine pests of concern for Ecuador.”（该批货物符合《中国鲜梨输往厄瓜多尔植物检疫要求的议定书》，不带厄方关注的检疫性有害生物。） 2. 对于来自橘小实蝇疫区须实施出口前冷处理的货物，应在植物检疫证书上注明处理温度、持续时间、处理设施名称或编号等信息。对于在运输途中实施冷处理的，应在植物检疫证书上用英文注明“Cold treatment in transit”（运输途中冷处理），以及冷处理的温度、处理时间、集装箱号码和封识号等
9	苹果、梨	菲济	中国的苹果、梨可以向斐济出口	海关实施出口前检验检疫，合格后出具植物检疫证书
10	水果	哈萨克斯坦	新鲜水果（以下简称“水果”），包括苹果、梨、桃、李、杏、油桃、柑橘类水果、葡萄、柿子、芒果、火龙果、猕猴桃、草莓、菠萝、番木瓜、甜瓜、百香果、龙眼、椰子、香蕉、荔枝等。 出口水果果园、包装厂和口岸仓储库，须由中国海关审核批准注册，并在海关总署备案（注册登记条件详见海关总署公告 2020 年第 58 号附件）。海关总署将向哈萨克斯坦农业部提供注册果园、包装厂及口岸仓储库名单	经检疫合格并符合出口条件的水果，中国海关应出具植物检疫证书，并在附加声明中标注：“This consignment is free from quarantine pests specified in Decisions 157 and 158 of the Eurasian Economic Commission Council.”（该批货物不携带欧亚经济委员会理事会第 157 号和 158 号决议中规定的检疫性有害生物。）植物检疫证书上需要标注该批水果来自果园和包装厂的注册登记号。经口岸仓储库存储的，植物检疫证书上还需标注口岸仓储库的名称或注册登记号

表7-7 续3

序号	产品	目的国家	产品要求	证书要求
11	荔枝	韩国	产品范围：新鲜荔枝（*Litchi chinensis*），以下简称“荔枝”。 允许的产地：中国荔枝产区。 向韩国出口荔枝的水果种植园（以下简称“出口果园”）和包装加工厂（以下简称“出口包装加工厂”）必须向出入境检验检疫机构（现为海关）注册，分拣、包装和储存应接受海关监管。每年荔枝出口前海关总署应该向韩国动植物检疫局（QIA）提供出口的果园和具备蒸热处理设备包装加工厂名称和注册号码的清单	1. 检疫完后，海关将为每批出口货物出具植物检疫证书，并注明注册果园和包装加工厂的名称或注册号、货物批号、蒸热处理的详细信息（包括处理日期、温度和持续处理时间）。 2. 在附加声明内还应标注以下内容：“本批荔枝是按韩国的进口要求进行生产、管理和除害处理，未携带荔枝异型小卷蛾和荔枝小灰蝶。”（“The litchi consignment has been produced, managed and treated in compliance with the import requirements of Korea, and is believed to be free from *Cryptophlebia ombrodelta* and *Deudorix epijarbas*.）
12	水果	毛里求斯	在水果生长期，必须对果园进行有效的检查管理，以保证不发生香梨优斑螟（Euzophera pyriella）、橘小实蝇（Bactrocera dorsalis）和其他具有检疫意义的实蝇，并在苹果、梨果园中采取措施避免和控制下列有害生物的发生：苹果褐腐病（Monilinia fructigena）、梨黑斑病（Alternaria gaisen）、梨黑星病（Venturia nashicola）、梨锈病（Gymnosporangium asiaticum）、苹果锈病（Gymnosporangium yamadae）、苹果轮纹病（Botryosphaeria berengeriana f. sp. piricola）、苹果树枝溃疡病（Nectria galligena）、梨笠圆盾蚧（Quadraspidiotus perniciosus）。 水果包装材料必须是干净、未使用过的，并且不是植物源性的。 每批水果包装箱上必须明确标记批号、注册果园和包装厂的名称或号码。 水果必须不带有任何活的检疫性昆虫和螨类、树叶、树枝、土壤。 水果须在冷藏条件下运输	经检疫合格并符合出口条件的鲜枣，中国海关应出具植物检疫证书

表7-7 续4

序号	产品	目的国家	产品要求	证书要求
13	柑橘	美国	产自中国的鲜食柑橘［包括蜜柚 *Citrus grandis*（Pummelo/Pomelo）、南丰蜜橘 *Citrus kinokuni*（Nanfeng honey mandarin）、芦柑/椪柑 *Citrus poonensis*（Ponkan）、甜橙 *Citrus sinensis*（Sweet orange）、温州蜜橘 *Citrus unshiu*（Satsuma mandarin）以及相关品种］（以下简称“柑橘”），允许出口到美国大陆。具体信息如下： 1. 蜜柚 *Citrus grandis* = *Citrus maxima*； 2. 南丰蜜橘 *Citrus kinokuni* = *Citrus* × *aurantium cv.* ‘*Kinokuni*’、*Citrus kinokuni hort. ex Tanaka*、*Citrus cv.* ‘*Kinokuni*’； 3. 芦柑/椪柑 *Citrus poonensis* = *Citrus* × *poonensis hort. ex Tanaka*、*Citrus cv.* ‘*Poonensis*’； 4. 甜橙 *Citrus sinensis*； 5. 温州蜜橘 *Citrus unshiu* = *Citrus unshiu*、*Citrus* × *aurantium cv.* ‘*Unshiu*’、*Citrus cv.* ‘*Unshiu*’。 出口柑橘果园和包装厂须由口岸海关审核批准注册，并由中国海关总署备案。海关总署将应要求向代表美国农业部的 APHIS 提供注册果园和包装厂名单	根据 AHPIS FAVIR 在线数据库关于从中国进口柑橘的相关规定（https：//epermits. aphis. usda. gov/manual，动态更新），植物检疫证书附加声明应用英文注明以下内容： 1. 南丰蜜橘、芦柑/椪柑、甜橙和温州蜜橘。 “The consignment requires cold treatment in transit to the United States. The consignment was produced in pest-free place of production for*Bactrocera minax* and *B. tsuneonis* and an area of low-pest prevalence of the remaining pests of concern according to the systems approach.”（该批货物需采取运输途中冷处理措施，并符合系统控制措施工作计划要求，来自橘大实蝇和蜜柑大实蝇非疫产区以及美方关注的其他有害生物的低度流行区。） 或： “The consignment was produced in a pest-free place of production for the pests of concern according to the systems approach.”（该批货物符合系统控制措施工作计划要求，来自美方关注的有害生物的非疫产区。） 2. 蜜柚。 “The consignment was produced in accordance with the systems approach.”（该批货物符合系统控制措施工作计划要求。）
14	砂梨	美国	新鲜砂梨果实（学名 *Pyrus pyrifolia*，英文名 Sand pear）	出口果园和包装厂须经中国海关注册，由海关总署批准后提供美方。该名单可在海关总署网站上查询
15	新疆香梨	美国	产自中国新疆库尔勒和阿克苏地区的鲜食香梨果实（*Pyrus sinkiangensis*）（以下简称“香梨”），允许出口到美国及其管辖领地。 出口香梨果园和包装厂须由海关总署审核批准注册。海关总署将应要求向代表美利坚合众国农业部的 APHIS 提供注册果园和包装厂名单	经检疫合格并符合出口条件的香梨，中国海关应出具植物检疫证书，并在附加声明中标注：“All fruit in the consignment complies with the bilateral workplan for the exportation of fragrant pears（*Pyrus sinkiangensis*）from the People's Republic of China.”（该批货物符合中国香梨出口美国双边工作计划。）
16	鲜枣	美国	产自中国的鲜枣［*Ziziphus jujuba*（Rhamnaceae）］（以下简称“鲜枣”），允许出口到美国大陆。 出口鲜枣果园和包装厂须由中国海关总署审核批准注册。海关总署将应要求向以动植物卫生检验局（APHIS）为代表的美国农业部提供注册果园和包装厂名单	经检疫合格并符合出口条件的鲜枣，中国海关应出具植物检疫证书

表7-7 续5

序号	产品	目的国家	产品要求	证书要求
17	鲜苹果	美国	新鲜苹果果实，学名 *Malus Pumila*，异名 *Malus domestica*，英文名 Apple。 出口果园和包装厂须经中国海关注册，由海关总署批准后提供美方	经检疫合格的货物，在出口前由海关签发植物检疫证书，声明该批货物已经检疫并未发现检疫性有害生物。植物检疫证书还应包含以下附加声明："所有装运果实均符合中国鲜苹果出口美国检验检疫工作计划要求。All fruits in the shipment meet the requirements of the work plan of quarantine inspection for China fresh apples to be exported to the U. S."，以及果园注册号、包装厂注册号、集装箱号等。 如进行冷处理的，必须在植物检疫证书的检疫处理栏目注明相关信息
18	苹果	墨西哥	商品产地：输墨苹果应产自中国山东、陕西、山西、河南、河北、辽宁、甘肃、宁夏和北京。 输墨苹果果园、包装厂应在出入境检验检疫机构注册，并由中墨双方共同指定。果园、包装厂应采取有效的病虫害综合防治措施，以避免和控制墨方关注的检疫性有害生物发生	海关对输墨苹果实施出口前检验检疫，合格后出具植物检疫证书
19	梨	墨西哥	商品范围：梨。 商品产地：输墨梨应产自中国山东、河北、新疆、陕西、安徽和北京市。 输墨梨果园、包装厂应在海关注册，并由中墨双方共同指定。果园、包装厂应采取有效的病虫害综合防治措施，以避免和控制墨方关注的检疫性有害生物发生	海关对输墨梨实施出口前检验检疫，合格后出具植物检疫证书
20	柑橘	墨西哥	商品范围：柑橘果实，包括橘（*Citrus reticulata*）、橙（*Citrus sinensis*）、杂柑（*Citrus hybrids*）、沙田柚（*Citrus maxima*）和柚（*Citrus grandis*）。 商品产地：陕西、云南、贵州、四川、湖南、江西、浙江、福建、广西、广东、重庆和湖北。 柑橘果园、冷处理设施和包装厂必须经过海关总署和墨西哥农业、畜牧业、农村发展、渔业和食品部（SAGARPA）的注册批准。海关总署在每个出口季节前将通过批准的名单提供给 SAGARPA。柑橘果园、冷处理设施和包装厂必须有综合预防和治理措施，以控制墨方关注的有害生物处于较低水平。如果需要，该措施还需提交给 SAGARPA 批准	1. 海关进行查验后，签发植物检疫证书。 2. 植物检疫证书包括： （1）如果是在运输途中进行的冷处理，附加声明："Based on the inspection, the fruits of this shipment are free of quarantine pests and comply with the requirements pointed out in the Protocol."（经检验，该批水果不带有检疫性有害生物，符合本议定书的要求。） 同时，植物检疫证书附带如下冷处理的证明材料：集装箱封识证书（包括集装箱标识、集装箱封识日期、海关检疫官的姓名与签名等信息）、集装箱封识编码、温度记录。 （2）如果是在原产地进行的冷处理，附加声明："Based on the cold treatment and the inspection, the fruits of this shipment are free of quarantine pests and comply with the requirements pointed out in the Protocol."（经冷处理与检验，该批水果不带有检疫性有害生物，符合本议定书的要求。）注明产地、冷处理公司注册名称、冷处理库注册名称、授权的冷处理设施和集装箱堆放区号等信息，并详细注明"Tratamiento en Frío"（冷处理）字样，冷处理开始和结束日期、持续时间、持续温度与最高温度

表7-7 续6

序号	产品	目的国家	产品要求	证书要求
21	苹果、梨	南非	商品产地：陕西、山东、河北、辽宁、山西、安徽、河南、甘肃、江苏、北京、天津、新疆、吉林。 出口果园和包装厂须在出入境检验检疫机构注册登记，并经南非农业部批准。 出口水果应在注册的包装厂进行加工、包装和储存，确保出口的苹果、梨符合南非进境检验检疫要求。包装箱上应用英文标明产地、包装厂和果园的名称或注册代码，以及输往南非共和国等信息	海关按照有关规定和议定书要求，对出口南非的苹果、梨实施检验检疫，合格的签发植物检疫证书
22	鲜枣	南非	产品范围：中国鲜枣果实，学名 *Ziziphus jujube*，英文名 Chinese dates。 允许的产地：中国鲜枣产区包括安徽、北京、甘肃、河北、河南、江苏、吉林、辽宁、陕西、山西、山东、天津和新疆。 出口鲜枣果园、包装厂、冷藏库须经出入境检验检疫机构注册编号，由海关总署提供给南非农业、林业和渔业部（DAFF）共同批准	经检验检疫合格的鲜枣，出入境检验检疫机构在发运前的 14 日内签发植物检疫证书，并附加以下声明："该批货物符合《关于中国鲜枣输往南非植物检疫要求议定书》的规定，不带有南非关注的检疫性有害生物。"（This consignment of Chinese dates complies with the Protocol of Phytosanitary Requirements for the Export of Chinese dates from China to South Africa, and is free of any pests of quarantine concern to South Africa.）同时，还应在植物检疫证书中注明该批货物的原产省份、果园、包装厂及集装箱代码
23	水果	泰国（对泰国过境第三国的出境水果）	泰国允许进境口岸有：清孔、穆达汉、那空帕农、班帕格、布恩坎、廊开。 水果在过境第三国运输期间，不得打开集装箱或更换集装箱	1. 植物检疫证书附加声明栏注明："This fruit is in compliance with the Protocol on the Inspection and Quarantine Requirements for Exportation and Importation of fruits between China and Thailand through Territories of the Third Countries."（该批水果符合《中国和泰国进出口水果过境第三国检验检疫要求议定书》列明的要求。），以及集装箱号和封识号码。 2. 植物检疫证书有效期为 10 天
24	水果（苹果、梨、柑橘、葡萄、枣）	泰国	水果必须来自中国海关注册的果园和包装厂	中国海关对每批水果按 3% 抽样比例进行检验检疫，合格的水果出具植物检疫证书
25	荔枝和龙眼	乌拉圭	商品范围：荔枝和龙眼。 1. 输乌荔枝和龙眼不得带有乌方关注的 4 种有害生物，即橘小实蝇（Bactrocera dorsalis）、拟小黄卷蛾（Adoxophyes cyrtosema）、黑点褐卷叶蛾（Crytophlebia ombrodelta）和双线盗毒蛾（Porthesia scintillans）。 2. 出口荔枝和龙眼的产地、包装厂、储存库应在中国海关注册，并采取有害生物管理措施	海关对输乌荔枝和龙眼应实施出口前检验检疫，并出具官方植物检疫证书
26	水果	乌兹别克斯坦（水果过境第三国）	适用"过境第三国"方式进出口水果是指已获得进口国家检疫准入的水果	产品出口前，出口国主管部门应当按照双方签署的有关协议要求，对产品实施检验检疫，并签发植物检疫证书

表7-7 续7

序号	产品	目的国家	产品要求	证书要求
27	鲜食葡萄	新西兰	产品范围：鲜食葡萄，学名 *Vitis vinifera* Linn，英文名 Table Grapes。适用于葡萄科（*Vitis vinifera*、*Vitis labrusca* 和 *Vitis labruscana*）鲜食葡萄串出口，包括葡萄、果梗和总果梗，不含卷须、茎、叶或根。 允许的产地：出口鲜食葡萄要来自斑翅果蝇和橘小实蝇非疫区，或者是经过处理且检验后保证安全的产品。 出口果园、包装厂、仓储设施、处理设施及出口商（如果独立于包装厂和处理设施）须经海关注册，并由海关总署批准	经检验检疫合格的货物，在出口前由海关按照 ISPM 12 签发植物检疫证书。植物检疫证书要按照《鲜食葡萄进口卫生标准》规定，在附加声明中注明相关信息（包括唯一识别代码确定果园和包装厂编号）。如果出口水果已进行处理，需在植物检疫证书上注明集装箱封识号
28	香蕉	新西兰	产品范围：香蕉，学名 *Musa* spp.，英文名 Banana。适用于成扇香蕉的出口，每扇由两排蕉果组成，不带茎、叶、根或其他植物组织。 出口果园、包装厂、存储设施及出口商（如果独立于包装厂）须经中国海关注册，并由海关总署批准。该名单可在国家质检总局网站上查询。应要求，可向新西兰初级产业部（MPI）提供注册记录副本以供核查。 出口果园、包装厂、存储设施和出口商的注册信息需包括地址和联系方式	海关对输新西兰香蕉应实施出口前检验检疫，并出具官方植物检疫证书
29	梨（沙梨、鸭梨）	以色列	产品范围：中国鸭梨（*Pyrus bretschneideri*）和沙梨（*Pyrus pyrifolia*）。 允许的产地：中国河北、山东和陕西省。 向以色列出口鸭梨和砂梨的水果种植园和包装加工厂必须向海关总署注册，水果的分拣、包装和储存应接受海关监管。 每年水果出口前海关总署应该向以色列植物保护和检疫局（PPIS）提供出口的果园和加工厂名称和注册号清单	检疫合格后，出入境检验检疫机构（海关）将为每批出口货物出具植物检疫证书。内容 需要包括以下信息： 1. 附加声明： “该批货物符合 2015 年 8 月草签的来自中国的鸭梨和砂梨进入以色列的双边检疫安排要求。”(The consignment is accord with the bilateral quarantine arrangement on Chinese Ya and Nashi pears from The People's Republic of China to lsrael of initialed on Aug., 2015) 2. 货物的集装箱铅封号 3. 省的名称（河北、山东或陕西） 4. 果园注册号 5. 包装厂注册号

表7-7 续8

序号	产品	目的国家	产品要求	证书要求
30	猕猴桃	智利	商品范围：输往智利的鲜食猕猴桃，包括中华猕猴桃（*Actinidia chinensis Planchon*）、美味猕猴桃（*A. deliciosa* C. F. *Liang et* A. R. *Ferguson*）、软枣猕猴桃［*A. arguta*（*Siebold & Zuccarini*）*Planchon et Miquel*］，以及它们的杂交种。 商品产地：中国猕猴桃产区。输往智利的猕猴桃果园、包装厂及冷库均须在海关总署注册，并由智利农业部下属的农牧局（SAG）批准。注册信息需包括名称、地址及标识代码。海关总署需对出口猕猴桃果园、包装厂和冷库进行监管，并在每年出口季节前向 SAG 提供注册名单	海关总署应对输往智利的猕猴桃进行抽样检查，并按照要求出具植物检疫证书
31	鲜枣	智利	产品范围：中国鲜枣（*Ziziphus jujuba* Mill.）（以下简称“鲜枣”）。 允许的产地：中国鲜枣产区。 出口鲜枣果园和包装厂均须在海关总署注册，并由智利农牧局和海关总署共同批准。注册信息需包括名称、地址及标识代码，以便在出口货物不符合本检疫要求相关规定时准确溯源。注册名单应在每年出口季节前，由海关总署向智利农牧局提供	经检疫合格的，海关总署官员应出具植物检疫证书，注明集装箱号，并在附加声明中注明：“该批鲜枣符合《关于中国鲜枣输往智利植物检疫要求的议定书》，不带智方关注的检疫性有害生物。”（THIS BATCH OF JUJUBES COMPLIES WITH THE PROTOCOL OF PHYTOSANITARY REQUIREMENTS FOR EXPORT OF CHINESE FRESH JUJUBES TO CHILE, AND IS FREE FROM ANY QUARANTINE PESTS CONCERNED TO CHILE.） 对于实施出口前检疫处理的，应在植物检疫证书上注明冷处理温度、持续时间、处理设施名称或编号、集装箱号及封识号等信息。对于实施运输途中冷处理的，应在植物检疫证书上注明冷处理的温度、处理时间、集装箱号及封识号等信息
32	水果	智利	商品范围：中国输往智利的苹果、梨、新疆香梨、荔枝、龙眼。 商品产地：输智苹果应产自中国山东、陕西、山西、河南、河北、辽宁、甘肃、宁夏、北京。 输智水果包装箱应用英文标出产地、果园、包装厂	海关应对输智水果实施出口前检验检疫，合格后出具植物检疫证书

参考资料

获得我国检验检疫准入的新鲜水果种类及输出国家（地区）名录

《获得我国检验检疫准入的新鲜水果种类及输出国家（地区）名录》见表 7-8。

表 7-8 获得我国检验检疫准入的新鲜水果种类及输出国家（地区）名录

（2024 年 12 月版，截至 2025 年 1 月 1 日仍为最新版本）

分布	输出国家/地区	水果种类
亚洲	巴基斯坦	芒果（*Mangifera indica*；Mango）、柑橘类［橘（*Citrus reticulata*；Mandarin）、橙（*Citrus sinensis*；Orange）］、樱桃（*Prunus avium*；Cherry）
	朝鲜	蓝靛果（*Lonicera caerulea* var. *edulis*；Sweetberry honeysuckle）、越橘（*Vaccinium* sp.；Lingonberry）（仅限加工使用）
	菲律宾	菠萝（*Ananas comosus*；Pineapple）、香蕉（*Musa* sp.；Banana）、芒果（*Mangifera indica*；Mango）、番木瓜（*Carica papaya* ；Papaya）、椰子（*Cocos nucifera*；Fresh Young Coconut）、鳄梨（*Persea americana*；Avocado）、榴莲（*Durio zibethinus*；Durian）
	韩国	葡萄（*Vitis vinifera*；Grape）
	吉尔吉斯斯坦	樱桃（*Prunus avium*；Cherry）、甜瓜（*Cucumis melo*；Melon）、葡萄（*Vitis vinifera*；Grape）、核果［桃（*Prunus persica*；Peach）、杏（*Prunus armeniaca*；Apricot）］
	柬埔寨	香蕉（*Musa supientum*；Banana）、芒果（*Mangifera indica*；Mango）、龙眼（*Dimocarpus longan*；Longan）、椰子（*Cocos nucifera*；Coconut）
	老挝	香蕉（*Musa supientum*；Banana）、西瓜（*Citrullus lanatus*；Watermelon）、百香果（*Passiflora edulis*；Passion fruit）、柑橘［橘（*Citrus reticulata*）、柚子（*Citrus maxima*）和柠檬（*Citrus limon*）］、芒果（*Mangifera indica*；Mango）
	马来西亚	龙眼（*Dimocarpus longan*；longan）、山竹（*Garcinia mangostana*；Mangosteen）、荔枝（*Litchi chinensis*；Litchi）、椰子（*Cocos nucifera*；Coconut）、西瓜（*Citrullus lanatus*；Watermelon）、番木瓜（*Carica papaya* ；Papaya）、红毛丹（*Nephelium lappaceum*；Rambutan）、菠萝（*Ananas comosus*；Pineapple）、菠萝蜜（*Artocarpus heterophyllus*；Jackfruit）、榴莲（*Durio zibethinus*；Durian）
	缅甸	龙眼（*Dimocarpus longan*；Longan）、山竹（*Garcinia mangostana*；Mangosteen）、红毛丹（*Nephelium lappaceum*；Rambutan）、荔枝（*Litchi chinensis*；Litchi）、芒果（*Mangifera indica*；Mango）、西瓜（*Citrullus lanatus*；Watermelon）、甜瓜（*Cucumis melo*；Melon）、毛叶枣（*Ziziphus mauritiana* ；Indian jujube）、香蕉（*Musa supientum*；Banana）、菠萝（*Ananas comosus*；Pineapple）

表7-8 续1

分布	输出国家/地区	水果种类
亚洲	日本	苹果（*Malus domestica*；Apple）、梨（*Pyrus pyrifolia*；Pear）
	孟加拉国	芒果（*Mangifera indica*；Mango）
	斯里兰卡	香蕉（*Musa supientum*；Banana）、菠萝（*Ananas comosus*；Pineapple）
	哈萨克斯坦	桃（*Prunus persica*；Peach）、杏（*Prunus armeniaca*；Apricot）
	塔吉克斯坦	樱桃（*Prunus avium*；Cherry）、柠檬（*Citrus limon*；Lemon）、葡萄（*Vitis vinifera*；Grape）、柿子（*Diospyros kaki*；Persimmon）
	泰国	罗望子（*Tamarindus indica*；Tamarind）、番荔枝（*Annona squamosa*；Sugarapple）、番木瓜（*Carica papaya*；Papaya）、杨桃（*Averrhoa carambola*；Carambola）、番石榴（*Psidium guajava*；Guava）、红毛丹（*Nephelium lappaceum*；Rambutan）、莲雾（*Syzygium samarangense*；Rose apple）、菠萝蜜（*Artocarpus heterophyllus*；Jackfruit）、椰色果（*Lansium parasiticum*；Long kong）、菠萝（*Ananas comosus*；Pineapple）、人心果（*Manilkara zapota*；Sapodilla）、香蕉（*Musa* sp.；Banana）、西番莲（*Passiflora caerulea*；Passion fruit）、百香果［（紫果西番莲）*Passiflora edulis*；Passion fruit］、椰子（*Cocos nucifera*；Coconut）、龙眼（*Dimocarpus longan*；Longan）、榴莲（*Durio zibethinus*；Durian）、芒果（*Mangifera indica*；Mango）、荔枝（*Litchi chinensis*；Litchi）、山竹（*Garcinia mangostana*；Mangosteen）、柑橘［橘（*Citrus reticulata*；Mandarin orange）、橙（*Citrus sinensis*；Orange）、柚（*Citrus maxima*；Pomelo）］
	土耳其	樱桃（*Prunus avium*；Cherry）（暂停进口）
	伊朗	苹果（*Malus domestica*；Apple）
	文莱	甜瓜（*Cucumis melo*；Melon）
	乌兹别克斯坦	樱桃（*Prunus avium*；Cherry）、甜瓜（*Cucumis melo*；Melon）、石榴（*Punica granatum*；Pomegranate）、柠檬（*Citrus limon*；Lemon）、葡萄（*Vitis vinifera*；Grape）、核果［油桃（*Prunus persica* var. *nectarine*；Nectarine）、李（*Prunus domestica*、*Prunus salicina*；Plum）、杏（*Prunus armeniaca*；Apricot）］
	以色列	柑橘［橙（*Citrus sinensis*；Orange）、柚（*Citrus maxima*；Pomelo（= *Citrus grandis*，议定书异名））、橘子（*Citrus reticulata*；Mandarin）、柠檬（*Citrus limon*；Lemon）、葡萄柚（*Citrus paradisi*；Grapefruit（= *Citrus paradise*，议定书异名）］（均为试进口）
	伊朗	柑橘［橙（*Citrus sinensis*）、橘（*Citrus reticulata*）、甜柠檬（*Citrus limetta*）］
	斯里兰卡	菠萝（*Ananas comosus*；Pineapple）
	尼泊尔	柑橘［甜橙（*Citrus sinensis*；Orange）、橘（*Citrus reticulata*；Mandarin）及柠檬（*Citrus limon*；Lemon）］（仅限西藏自治区消费和使用）
	印度	芒果（*Mangifera indica*；Mango）、葡萄（*Vitis vinifera*；Grape）
	印度尼西亚	香蕉（*Musa nana*；Banana）、龙眼（*Dimocarpus longan*；longan）、山竹（*Garcinia mangostana*；Mangosteen）、蛇皮果（*Salacca zalacca*；Salacca）、火龙果（*Hylocereus costaricensis*、*Hylocereus polyrhizus*、*Hylocereus undatus*；Purple or super Red dragon fruit / Red dragon fruit/White dragon fruit）、菠萝（*Ananas comosus*；Pineapple）、椰子（*Cocos nucifera*；Coconut）

表7-8 续2

分布	输出国家/地区	水果种类
亚洲	越南	芒果（*Mangifera indica*；Mango）、龙眼（*Dimocarpus longan*；longan）、香蕉（*Musa* sp.；Banana）、荔枝（*Litchi chinensis*；Litchi）、西瓜（*Citrullus lanatus*；Watermelon）、红毛丹（*Nephelium lappaceum*；Rambutan）、菠萝蜜（*Artocarpus heterophyllus*；Jackfruit）、火龙果（*Hylocereus undulatus*；Dragon Fruit/Pitahaya/Pitaya）、山竹（*Garcinia mangostana*；Mangosteen）、榴莲（*Durio zibethinus*；Durian）、百香果（*Passiflora edulis*；Passion fruit）（试进口，仅限于广西边境口岸落地加工使用）、椰子（*Cocos nucifera*；Fresh Young Coconut）
	中国台湾	香蕉（*Musa* sp.；Banana）、椰子（*Cocos nucifera*；Coconut）、木瓜（*Chaenomeles sinensis*；Pawpaw）、番木瓜（*Carica papaya*；Papaya）、杨桃（*Averrhoa carambola*；Fruit of Carambola）、番石榴（*Psidium guajava*；Guava）、槟榔（*Areca catechu*；Betel nut）、李（*Prunus salicina*；Plum）、枇杷（*Eriobotrya japonica*；Loguat）、柿子（*Diospyros kaki*；Persimmon）、桃（*Prunus persica*；Peach）、毛叶枣（*Ziziphus mauritiana*；Indian jujube）、梅（*Prunus mume*；Japanese apricot，Mei）、火龙果（*Hylocereus undulatus*、*Hylocereus polyrhizus*、*Hylocereus costaricensis*；Dragon Fruit/Pitahaya/Pitaya）、哈密瓜（*Cucunmis melo*；Melon，Cantaloupe）、梨（*Pyrus pyrifolia*；Pear）、葡萄（*Vitis vinifera*、*Vitis labrusca* 及其杂交种，主要是巨峰葡萄 *Vitis vinifera* × *Vitis labrusca*；Grape）、番荔枝（*Annona squamosa*；Sugarapple）、文旦柚（*Citrus maxima*；Pomelo）
非洲	埃及	柑橘类（*Citrus* spp.）、葡萄（*Vitis vinifera*；Grape）、椰枣（*Phoenix dactylifera*；Date）、芒果（*Mangifera indica*；Mango）、石榴（*Punica granatum*；Pomegranate）
	贝宁	菠萝（*Ananas comosus*；Pineapple）
	摩洛哥	柑橘［橙（*Citrus sinensis*；Orange）、橘（*Citrus reticulata*；Mandarin）、克里曼丁橘（*Citrus clementina*；Clementine）、葡萄柚（*Citrus paradisi*；Grapefruit）］
	南非	柑橘［橘（*Citrus reticulata*；Mandarin）、橙（*Citrus sinensis*；Orange）、葡萄柚（*Citrus paradisi*；Grapefruit）、柠檬（*Citrus limon*；Lemon）］、葡萄（*Vitis vinifera*；Grape）、苹果（*Malus domestica*；Apple）、梨（*Pyrus communis*；Pear）、鳄梨（*Persea americana*；Avocado）
	赞比亚	蓝莓（*Vaccinium* spp.；Blueberry）
	肯尼亚	鳄梨（*Persea americana*；Avocado）
	坦桑尼亚	鳄梨（*Persea americana* Var. Hass；Avocado）
	津巴布韦	柑橘［橘（*Citrus reticulata*；Mandarin）、橙（*Citrus sinensis*；Orange）、葡萄柚（*Citrus paradisi*；Grapefruit）、柠檬（*Citrus limon*；Lemon）、莱檬（*Citrus aurantifolia*；Lemon）、酸橙（*Citrus aurantium*；Sour orange）］、鳄梨（*Persea americana*；Avocado）

表7-8 续3

分布	输出国家/地区	水果种类
欧洲	比利时	梨（*Pyrus communis*；Pear）
	波兰	苹果（*Malus domestica*；Apple）、蓝莓（*Vaccinium* spp.；Blueberry）
	法国	苹果（*Malus domestica*；Apple）、猕猴桃（*Actinidia chinensis*，*Actinidia deliciosa*；Kiwi fruit）、软枣猕猴桃（*Actinidia arguta*；Kiwi berry）
	德国	苹果（*Malus domestica*；Apple）
	荷兰	梨（*Pyrus communis*；Pear）
	葡萄牙	葡萄（*Vitis vinifera*；Grape）
	塞浦路斯	柑橘［橙（*Citrus sinensis*；Orange）、柠檬（*Citrus limon*；Lemon）、葡萄柚（*Citrus paradisi*；Grapefruit）、橘橙（*Citrus sinensis* × *Citrus reticulata*；Mandora）］
	西班牙	柑橘［橘（*Citrus reticulata*；Mandarin）、橙（*Citrus sinensis*；Orange）、葡萄柚（*Citrus paradisi*；Grapefruit）、柠檬（*Citrus limon*；Lemon）］、桃（*Prunus persica*；Peach）、李（*Prunus salicina*，*Prunus domoestica*；Plum）、葡萄（*Vitis vinifera*；Grape）、柿子（*Diospyros kaki*；Persimmon）
	塞尔维亚	苹果（*Malus domestica*；Apple）、蓝莓（*Vaccinium* spp.；Blueberry）
	匈牙利	樱桃（*Prunus avium*；Cherry）
	希腊	猕猴桃（*Actinidia chinensis*、*Actinidia deliciosa*；Kiwi fruit）
	意大利	猕猴桃（*Actinidia chinensis*，*Actinidia deliciosa*；Kiwi fruit）、柑橘［橙（*Citrus sinensis* cv. *Tarocco*，cv. *Sanguinello*，cv. *Moro*；Orange）、柠檬（*Citrus limon* cv. *Femminello comune*；Lemon）］、梨（*Pyrus communis*；Pear）
北美洲	巴拿马	香蕉（*Musa* sp.；Banana）、菠萝（*Ananas comosus*；Pineapple）
	洪都拉斯	香蕉（*Musa* sp.；Banana）、甜瓜（*Cucumis melo*；Melon）
	哥斯达黎加	香蕉（*Musa* AAA；Banana）、菠萝（*Ananas comosus*；Pineapple）
	加拿大	樱桃（*Prunus avium*；Cherry。不列颠哥伦比亚省）、蓝莓（*Vaccinium* spp.；Blueberry。不列颠哥伦比亚省）
	美国	李（*Prunus salicina*、*Prunus domestica*；Plum。加利福尼亚州），樱桃（*Prunus avium*；Cherry。华盛顿州、俄勒冈州、加利福尼亚州、爱达荷州），葡萄（*Vitis vinifera*；Grape。加利福尼亚州），苹果（*Malus domestica*；Apple），柑橘类（*Citrus* spp.；加利福尼亚州、佛罗里达州、亚利桑那州、得克萨斯州），梨（*Pyrus communis*；Pear。加利福尼亚州、华盛顿州、俄勒冈州），草莓（*Fragaria ananassa*；Strawberry。加利福尼亚州），油桃（*Prunus persica* var. *nucipersica*；Nectarine。加利福尼亚州），鳄梨（*Persea americana*；Avocado。加利福尼亚州），蓝莓（*Vaccinium corymbosum*、*V. virgatum* 及其杂交种；Blueberry）
	墨西哥	鳄梨（*Persea americana* Var. Hass；Avocado）、葡萄（*Vitis vinifera*；Grape）、黑莓（*Rubus ulmifo-lius*；Blackberry）和树莓（*Rubus idaeus*；Raspberry）、蓝莓（*Vaccinium* spp.；Blueberry）、香蕉（*Musa* spp.；Banana）
	多米尼加	鳄梨（*Persea americana* Var. Hass；Avocado）

表7-8 续4

分布	输出国家/地区	水果种类
南美洲	阿根廷	柑橘［橙（*Citrus sinensis*；Orange）、葡萄柚（*Citrus paradisi*；Grapefruit）、橘（*Citrus reticulata*；Mandarin）及其杂交种、柠檬（*Citrus limon*；Lemon）］、苹果（*Malus domestica*；Apple）、梨（*Pyrus communis*；Pear）、蓝莓（*Vaccinium* spp.；Blueberry）、樱桃（*Prunus avium*；Cherry）、葡萄（*Vitis vinifera*；Table grapes）
	委内瑞拉	鳄梨（*Persea americana* Var. Hass；Avocado）
	巴西	甜瓜（*Cucumis melo*；Melon）
	秘鲁	葡萄（*Vitis vinifera*；Grape）、芒果（*Mangifera indica*；Mango）、柑橘｛葡萄柚［*Citrus paradisi*；Grapefruit（= *Citrus* × *paradisii*，议定书异名）］，橘［*Citrus reticulata*；Mandarin（= *Citrus reticulate*，议定书异名）］及其杂交种，橙（*Citrus sinensis*），莱檬（*Citrus aurantifolia*）和塔西提莱檬（*Citrus latifolia*）｝、鳄梨（*Persea americana*；Avocado）、蓝莓（*Vaccinium* spp.；Blueberry）
	厄瓜多尔	香蕉（*Musa* sp.；Banana）、芒果（*Mangifera indica*；Mango）、火龙果［包括黄色火龙果 *Hylocereus megalanthus*（= *Hylocereus magalanthus*，议定书异名）］、红色火龙果 *Hylocereus undatus*；Dragon Fruit/Pitahaya/Pitaya）
	哥伦比亚	香蕉（*Musa* sp.；Banana）、鳄梨（*Persea americana*；Avocado）
	乌拉圭	柑橘类［橙（*Citrus sinensis*；Orange）、橘及杂交种（*Citrus reticulata* and their hybrids；Mandarin）、葡萄柚（*Citrus paradisi*；Grapefruit）及柠檬（*Citrus limon*；Lemon）］、蓝莓（*Vaccinium* spp.；Blueberry）
	智利	猕猴桃（*Actinidia chinensis*、*Actinidia deliciosa*；Kiwi fruit）、苹果（*Malus domestica*；Apple）、葡萄（*Vitis vinifera*；Grape）、李（*Prunus salicina*，*Prunus domestica*；Plum）、樱桃（*Prunus avium*；Cherry）、桃（*Prunus persica*；Peach）、杏（*Prunus armeniaca*；Apricot）、蓝莓（*Vaccinium* spp.；Blueberry）、鳄梨（*Persea americana*；Avocado）、油桃（*Prunus persica* var. *nectarine*；Nectarine）、梨（*Pyrus communis*；Pear）、柑橘［橘（*Citrus reticulata* 及其杂交种；Mandarin）、葡萄柚（*Citrus paradisi*；Grapefruit）、橙（*Citrus sinensis*；Orange）和柠檬（*Citrus limon*；Lemon）］
大洋洲	澳大利亚	柑橘［橙（*Citrus sinensis*；Orange）、橘（*Citrus reticulata*；Mandarin）、柠檬（*Citrus limon*；Lemon）、葡萄柚（*Citrus paradisi*；Grapefruit）、酸橙（*Citrus aurantifolia*、*Citrus latifolia*、*Citrus limonia*；Lime）、橘柚（*Citrus tangelo*）、甜葡萄柚（*Citrus grandis* × *Citrus paradisi*）］、芒果（*Mangifera indica*；Mango）、苹果（*Malus domestica*；Apple，塔斯马尼亚州）、葡萄（*Vitis vinifera*；Grape）、樱桃（*Prunus avium*；Cherry）、核果［油桃（*Prunus persica* var. *nectarine*；Nectarine）、桃（*Prunus persica*；Peach）、李（*Prunus domestica*、*Prunus salicina*；Plum）、杏（*Prunus armeniaca*；Apricot）］
	新西兰	柑橘［橘（*Citrus reticulata*、*Citrus deliciosa*、*Citrus unshiu*；Mandarin）、橙（*Citrus sinensis*；Orange）、柠檬（*Citrus limon*、*Citrus meyeri*；Lemon）］、苹果（*Malus domestica*；Apple）、樱桃（*Prunus avium*；Cherry）、葡萄（*Vitis vinifera*；Grape）、猕猴桃（*Actinidia chinensis*、*Actinidia deliciosa*、*Actinidia deliciosa*×*Actinidia chinensis*；Kiwi fruit）、软枣猕猴桃（*Actinidia arguta*；Kiwi berry）、李（*Prunus salicina*、*Prunus domestica*；Plum）、梨（*Pyrus pyrifolia*、*Pyrus communis*；Pear）、梅（*Prunus mume*；Japanese apricot，Mei）、柿子（*Diospyros kaki*；Persimmon）、鳄梨（*Persea americana*；Avocado）

第五节　冷冻水果

本节的冷冻水果是指去除不可食用果皮、果核后（樱桃除外），经过速冻处理，并在整个冷链环节中保持果肉核心达到-18℃或以下，且符合国际食品标准《速冻食品加工和处理操作规范》（CAC/RCP 8—1976）要求的水果。新鲜水果相关要求见本章第四节。

一、进口冷冻水果

（一）资质要求

1. 准入要求

禁止从日本福岛县、群马县、栃木县、茨城县、宫城县、新潟县、长野县、琦玉县、东京都、千叶县10个都县进口冷冻水果。

2. 境外生产企业注册

冷冻水果的境外生产企业，应当获得海关总署注册。冷冻水果的境外生产企业，应当自行或者委托代理人向海关总署提出注册申请。办理指南见本书第二部分第十四章第十节。

进口食品境外生产企业注册信息可在网站（https：//ciferquery. singlewindow. cn/）查询。

3. 进出口商备案

向中国境内出口冷冻水果的境外出口商或者代理商应当向海关总署备案。进口商应当向其住所地海关备案。

进口食品境外出口商或者代理商、食品进口商备案信息可通过中国海关企业进出口信用信息公示平台（http：//credit. customs. gov. cn/）的“特定资质行政相对人名录”栏目查询。

（二）申报要求

1. 基本申报要求

货主或者其代理人应当在冷冻水果入境前或者入境时向海关申报，申报时应当提供贸易合同、提单、发票等凭证，并随附输出国（地区）官方植物检疫证书。

植物检疫证书应当符合以下要求：

（1）植物检疫证书的内容与格式应当符合国际植物检疫措施标准第12号的要求；

（2）用集装箱运输进境的，植物检疫证书上应注明集装箱号码；

（3）已与中国签订协定（含协议、议定书、备忘录等）的，还应符合相关协定中有关植物检疫证书的要求，特定国家或者地区证书要求详见本小节“（四）进口冷冻水果检验检疫要求”部分内容。

2. 其他申报要求

进口日本水果时，还应随附以下文件：

（1）日本官方出具的原产地证明；

（2）日本政府出具的放射性物质检测合格的证明。

3. 录入要求

（1）在企业资质栏目，选取“508-进口食品境外出口商代理商备案”“509-进口食品进口商备案”，并分别填写18位统一编码和食品进口商的统一社会信用代码。

（2）在产品资质栏目，选取“519-进口食品境外生产企业注册”，并填写在华注册编号等信息。

（3）在货物属性栏目，根据货物实际情况选择“14-预包装”或“15-非预包装”。

（三）产品相关要求

1. 基本要求

进口冷冻水果应符合食品安全国家标准要求，应当按照规定随附合格证明材料。现行食品安全国家标准目录见本书附录 2-6。

2022 年 1 月 1 日起生产的进口冷冻水果，应当在内、外包装上标注在华注册编号或者所在国家（地区）主管当局批准的注册编号。

进口冷冻水果的包装和标签、标识应当符合中国法律法规和食品安全国家标准；依法应当有说明书的，还应当有中文说明书。销售包装应符合国家强制性标准《限制商品过度包装要求 食品和化妆品》及其修改单（GB 23350—2021/XG1—2022）① 或《限制商品过度包装要求 生鲜食用农产品》（GB 43284—2023）② 的要求。

2. 企业要求

（1）食品进口商应当建立食品进口和销售记录制度，如实记录食品名称、净含量/规格、数量、生产日期、生产或者进口批号、保质期、境外出口商和购货者名称、地址及联系方式、交货日期等内容，并保存相关凭证。记录和凭证保存期限不得少于食品保质期满后 6 个月；没有明确保质期的，保存期限为销售后 2 年以上。

（2）食品进口商应当建立境外出口商、境外生产企业审核制度，重点审核：制定和执行食品安全风险控制措施情况；保证食品符合中国法律法规和食品安全国家标准的情况。

3. 预包装食品标签要求

属于预包装食品的进口冷冻水果，其标签还应符合以下要求：

（1）进口的预包装食品应当有中文标签；依法应当有说明书的，还应当有中文说明书。标签、说明书应当符合《中华人民共和国食品安全法》以及中国其他有关法律、行政法规的规定和食品安全国家标准的要求，并载明食品的原产地以及境内代理商的名称、地址、联系方式。预包装食品没有中文标签、中文说明书或者标签、说明书不符合规定的，不得进口。

（2）标签应当标明下列事项：名称、规格、净含量、生产日期；成分或者配料表；生产者的名称、地址、联系方式；保质期；产品标准代号；贮存条件；所使用的食品添加剂在国家标准中的通用名称；生产许可证编号；法律、法规或者食品安全标准规定应当标明的其他事项。专供婴幼儿和其他特定人群的主辅食品，其标签还应当标明主要营养成分及其含量。

（3）食品的标签、说明书，不得含有虚假内容，不得涉及疾病预防、治疗功能。生产经营者对其提供的标签、说明书的内容负责。

（4）食品的标签、说明书应当清楚、明显，生产日期、保质期等事项应当显著标注，容易辨识。

4. 其他要求

特定国家或者地区产品要求详见本小节“（四）进口冷冻水果检验检疫要求”部分内容。

（四）进口冷冻水果检验检疫要求

进口冷冻水果检验检疫要求见表 7-9。

---

① 运输包装和出厂时价格为零且标识“赠品或非卖品”字样的产品不适用于本标准。

② 2024 年 4 月 1 日起实施，实施之日前进口的可销售至保质期结束。

表 7-9 进口冷冻水果检验检疫要求

（截至 2025 年 1 月 1 日）

序号	产品	原产国家与地区	产品要求	证书要求
1	冷冻水果	菲律宾（菲律宾香蕉、菠萝和芒果产区）	除不可食用果皮后经过-20℃或以下速冻处理且在-18℃或以下冷藏运输的水果（以下简称冷冻水果）。冷冻水果品种有冷冻香蕉（*Musa sapientum*）、冷冻菠萝（*Ananas comosus*）、冷冻芒果（*Mangifera indica*）	每批检验检疫合格的冷冻水果，菲律宾卫生部（DOH）和菲律宾农业部（DA）应分别出具通关单和植物检疫证书，并在植物检疫证书的附加声明中注明“The consignment is in compliance with requirements described in the PROTOCOL OF SANITARY AND PHYTOSANITARY REQUIREMENTS FOR THE EXPORT OF FROZEN FRUITS FROM THE PHILIPPINES TO CHINA.”（该批货物符合《菲律宾冷冻水果输华检验检疫要求的议定书》的规定。） 植物检疫证书处理栏内须注明速冻处理的温度、持续时间及加工厂名称
2	冷冻鳄梨	肯尼亚（肯尼亚鳄梨产区）	冷冻鳄梨（*Persea americana* Mills.）是指去除不可食用果皮、果核后，经-30℃或以下速冻处理不少于 30 分钟，且在-18℃或以下存储、运输的鳄梨	经检验检疫合格的冷冻鳄梨，由肯尼亚卫生和植物检疫局（KEPHIS）签发植物检疫证书，并随附检测报告。植物检疫证书需注明：“The consignment is in compliance with requirements described in the PROTOCOL OF SANITARY AND PHYTOSANITARY REQUIREMENTS FOR THE EXPORT OF FROZEN AVOCADO FRUITS FROM KENYA TO CHINA.”（该批货物符合《肯尼亚冷冻鳄梨输华检验检疫要求议定书》的要求。）
3	冷冻榴莲	马来西亚（马来西亚榴莲产区）	冷冻榴莲，学名 *Durio zibethinus*，英文名 Frozen Durian，是指：在-18℃或以下储藏和运输之前，经过-30℃或以下冷冻 30 分钟的榴莲果肉和果泥（不带果壳）和在-80℃至-110℃之间冷冻不少于 1 小时的榴莲整果（带果壳）	经检验检疫合格的冷冻榴莲，由马来西亚农业和农基产业部（MOA）签发植物检疫证书，并在植物检疫证书的附加声明中注明：“The consignment is in compliance with requirements described in the Protocol of Inspection and Quarantine Requirements for the Export of Frozen Durian from Malaysia to China.”（该批货物符合《马来西亚冷冻榴莲出口中国检验检疫要求议定书》规定的要求。） 如出口的是果肉或浆料，在出具植物检疫证书的同时还需出具卫生证书

表7-9 续

序号	产品	原产国家与地区	产品要求	证书要求
4	冷冻水果	智利	指去除不可食用果皮、果核后（樱桃除外），经过速冻处理，并在整个冷链环节中保持果肉核心达到-18℃或以下的水果，且符合国际食品标准《速冻食品加工和处理操作规范》（CAC/RCP 8—1976）要求。冷冻水果品种有冷冻木莓（Frozen Raspberries）Rubus idaeus、冷冻博伊森莓（Frozen Boysenberry）Rubus ursinus var. Longanobaccus、冷冻蔓越莓（Frozen Cranberry）Vaccinium macrocarpon、冷冻苹果（Frozen Apple）Malus domestica、冷冻鳄梨（Frozen Avocado）Persea americana、冷冻樱桃（Frozen Cherry）Prunus avium、冷冻番荔枝（Frozen Cherimoya）Annona cherimola、冷冻葡萄（Frozen Grape）Vitis vinifera、冷冻猕猴桃（Frozen Kiwi）Actinidia chinensis/A. deliciosa、冷冻桃（Frozen Peach）Prunus persica、冷冻芒果（Frozen Mango）Mangifera indica、冷冻番木瓜（Frozen Papaya）Carica papaya、冷冻菠萝（Frozen Pineapple）Ananas comosus、冷冻石榴（Frozen Pomegranate）Punica granatum、冷冻蓝莓（Frozen blueberry）Vaccinium spp.、冷冻黑莓（Frozen blackberry）Rubus ulmifo-lius、冷冻草莓（Frozen Strawberry）Fragaria ananassa	经检验检疫合格的冷冻水果，由智利农业部下属的农牧局（SAG）出具植物检疫证书，并随附检测证书。植物检疫证书附加声明应注明：“This consignment is in compliance with the requirements specified in the Protocol of Inspection and Quarantine Requirements for Export of Chilean Frozen Fruits to China.”（该批货物符合《智利冷冻水果输华检验检疫要求的议定书》。）
5	冷冻水果	中东欧国家	冷冻水果是指除去不可食用果皮、果核后，经过-18℃或以下速冻处理不少于30分钟，且在-18℃或以下存储、运输的水果，并符合国际食品标准《速冻食品加工和处理操作规范》（CAC/RCP 8—1976）要求	每批检验检疫合格的冷冻水果，出口国官方应出具健康证书、卫生证书或植物检疫证书以及其他等效证书，在证书的附加声明中注明：“The consignment is in compliance with Requirements of Inspection and Quarantine for Export of Frozen Fruits from Central and Eastern European Countries to China.”（该批货物符合中东欧国家冷冻水果输华检验检疫要求。）同时，在证书内须注明速冻处理的温度、持续时间及加工厂名称

二、出口冷冻水果

出口冷冻水果按本章第四节“新鲜水果”办理。

第六节 新鲜蔬菜

本节的新鲜蔬菜不包括冷冻蔬菜、脱水蔬菜、腌渍蔬菜等。

一、进口新鲜蔬菜

（一）资质要求

1. 准入要求

海关对进口植物源性食品实施准入制度。列入《准予进口新鲜蔬菜产品种类及输出国家地区名录》的国家或地区对应的产品，方可进口。

禁止从日本福岛县、群马县、栃木县、茨城县、宫城县、新潟县、长野县、琦玉县、东京都、千叶县 10 个都县进口蔬菜。

《准予进口新鲜蔬菜产品种类及输出国家地区名录》见本节参考资料。

2. 境外生产企业注册

蔬菜的境外生产企业，应当获得海关总署注册。允许进口境外新鲜蔬菜注册登记企业名单见海关总署门户网站动植物检疫司页面（http：//dzs. customs. gov. cn/）的“企业信息”—“植物产品类”—“其他植物产品”栏目。

（二）申报要求

1. 基本申报要求

货主或者其代理人应当在新鲜蔬菜进口前或者进口时向海关申报，申报时应当提供贸易合同、提单、装箱单、发票等，并随附输出国家或者地区官方检验检疫证书［特定国家或者地区证书要求详见本小节“（四）进口蔬菜检验检疫要求”部分内容］。

2. 其他申报要求

进口日本蔬菜及制品时，还应随附以下文件：

（1）日本官方出具的原产地证明；

（2）日本政府出具的放射性物质检测合格证明。

3. 录入要求

在货物属性栏目，根据货物实际情况选择“14-预包装”或“15-非预包装”。

（三）产品相关要求

1. 基本要求

进口蔬菜应符合食品安全国家标准要求，应当按照规定随附合格证明材料。现行食品安全国家标准目录见本书附录 2-6。

2022 年 1 月 1 日起生产的输华蔬菜，应当在内、外包装上标注在华注册编号或者所在国家（地区）主管当局批准的注册编号。

进口蔬菜的包装和标签、标识应当符合中国法律法规和食品安全国家标准；依法应当有说明书的，还应当有中文说明书。销售包装应符合国家强制性标准《限制商品过度包装要求 生鲜食用农产品》（GB 43284—2023）① 的要求。

---

① 2024 年 4 月 1 日起实施，实施之日前进口的可销售至保质期结束。

2. 企业要求

（1）食品进口商应当建立食品进口和销售记录制度，如实记录食品名称、净含量/规格、数量、生产日期、生产或者进口批号、保质期、境外出口商和购货者名称、地址及联系方式、交货日期等内容，并保存相关凭证。记录和凭证保存期限不得少于食品保质期满后6个月；没有明确保质期的，保存期限为销售后2年以上。

（2）食品进口商应当建立境外出口商、境外生产企业审核制度，重点审核：制定和执行食品安全风险控制措施情况；保证食品符合中国法律法规和食品安全国家标准的情况。

3. 预包装食品标签要求

属于预包装食品的蔬菜产品，其标签还应符合以下要求：

（1）进口的预包装食品应当有中文标签；依法应当有说明书的，还应当有中文说明书。标签、说明书应当符合《中华人民共和国食品安全法》以及中国其他有关法律、行政法规的规定和食品安全国家标准的要求，并载明食品的原产地以及境内代理商的名称、地址、联系方式。预包装食品没有中文标签、中文说明书或者标签、说明书不符合规定的，不得进口。

（2）标签应当标明下列事项：名称、规格、净含量、生产日期；成分或者配料表；生产者的名称、地址、联系方式；保质期；产品标准代号；贮存条件；所使用的食品添加剂在国家标准中的通用名称；生产许可证编号；法律、法规或者食品安全标准规定应当标明的其他事项。专供婴幼儿和其他特定人群的主辅食品，其标签还应当标明主要营养成分及其含量。

（3）食品的标签、说明书，不得含有虚假内容，不得涉及疾病预防、治疗功能。生产经营者对其提供的标签、说明书的内容负责。

（4）食品的标签、说明书应当清楚、明显，生产日期、保质期等事项应当显著标注，容易辨识。

4. 其他要求

特定国家或者地区产品要求详见本小节“（四）进口蔬菜检验检疫要求”部分内容。

（四）进口蔬菜检验检疫要求

进口蔬菜检验检疫要求见表7-10。

表7-10 进口蔬菜检验检疫要求

（截至2025年1月1日）

序号	产品	原产国家与地区	产品要求	证书要求
1	豌豆、兵豆	哈萨克斯坦（哈萨克斯坦全境）	豌豆（*Pisum sativum*）、兵豆（*Lens culinaris*），是指在哈萨克斯坦境内种植和加工，输华用于食用或食品加工的籽实，不得作种植用途	1. 输华豌豆、兵豆的运输工具应符合卫生和防疫要求。 2. 装运前，运输工具要进行彻底的检查，以防止混入杂草籽、活体昆虫、其他谷物杂质、植物残体、土壤。 3. 哈方应在豌豆、兵豆出口前对其实施检疫，对符合要求的货物出具植物检疫证书，注明品种并在附加声明栏注明：“The peas covered by this Phytosanitary Certificate comply with the requirements of the protocol of inspection and quarantine requirements for the export of peas used as food from Kazakhstan to China”或“The lentils covered by this Phytosanitary Certificate comply with the requirements of the protocol of inspection and quarantine requirements for the export of lentils used as food from Kazakhstan to China.”（该植物检疫证书证明的豌豆符合《哈萨克斯坦豌豆输华检验检疫要求议定书》规定或该植物检疫证书证明的兵豆符合《哈萨克斯坦兵豆输华检验检疫要求议定书》规定）。 4. 出口前，应对豌豆、兵豆实施检疫处理，确保不带中方关注的有害生物和其他活虫。检疫处理方法（如药剂、温度、时间等技术要求）由双方共同确认并在植物检疫证书中注明

表7-10 续1

序号	产品	原产国家与地区	产品要求	证书要求
2	菜豆	波兰（波兰全境）	指在波兰境内种植和加工，用于直接食用或食品加工用的非种用的菜豆（*Phaseolus vulgaris* L.）的籽实	1. 出口前，波兰应对输华菜豆实施检验检疫。对符合要求的货物，根据国际植物检疫措施标准（ISPM）第 12 号《植物检疫证书准则》出具植物检疫证书，并在附加声明中注明：“This consignment meets requirement of the Protocol of phytosanitary requirements applicable to the export of beans (Phaseolus vulgaris L.) from the Republic of Poland to the People's Republic of China and is free of any quarantine pest concerned to the People's Republic of China.” ［该批货物符合《波兰菜豆(Phaseolus vulgaris L.）输华植物检疫要求议定书》的规定，不带有中方关注的检疫性有害生物］，同时注明该批货物的加工企业及其注册号、出口商信息等。 2. 如发现输华菜豆中有活体昆虫的，应在出口前进行有效的检疫处理，并在植物检疫证书中注明处理方法、时间、温度、药剂等信息
3	芽球菊苣	比利时（比利时芽球菊苣产区）	新鲜芽球菊苣的可食用芽球部分，以下简称“芽球菊苣”，学名 *Cichorium intybus* var. *foliosum*，英文名 Witloof chicory	1. 经检疫合格的芽球菊苣，比利时应出具植物检疫证书，并填写以下附加声明：“The consignment complies with the requirements specified in the Protocol of Phytosanitary Requirements for Export of Witloof Chicory from Belgium to China, and is free from quarantine pests of concern to China.”（该批货物符合《比利时芽球菊苣输华植物检疫要求议定书》的规定，不带中方关注的检疫性有害生物。） 2. 在收获后经除害处理的，还应在植物检疫证书中注明除害处理方法、时间和持续时长等信息
4	甜椒	比利时	指在比利时境内种植和加工（分拣或包装）的甜椒（*Capsicum annuum* 或 *Capsicum grossum*）果实	经出口前检疫合格的货物，比利时应出具植物检疫证书，并附加英文声明：“The consignment complies with the requirements specified in the Protocol of Phytosanitary Requirements for Export of Bell Peppers from Belgium to China, and is free from quarantine pests of concern to China.”（该批货物符合《比利时甜椒输华植物检疫议定书》要求，不带中方关注的检疫性有害生物。）
5	菊芋	俄罗斯	菊芋（*Helianthus tuberosus*），是指在俄罗斯联邦境内种植和加工的新鲜或干燥菊芋块茎及其切片，不得做种植用途	经检疫合格的货物，输华菊芋应随附俄罗斯按照国际标准出具的植物检疫证书，并按照国际植物保护公约批准的样本注明企业名称、注册号码、集装箱或其他运输工具号码等信息。植物检疫证书附加声明应由俄方注明：“The lot meets the requirements of the Protocol between the Federal Service for Veterinary and Phytosanitary Surveillance (Russian Federation) and the General Administration of Customs of the People's Republic of China on phytosanitary requirements for the Jerusalem artichoke, exported from the Russian Federation to the People's Republic of China and is free of any pests subject to quarantine for the People's Republic of China.”（该批货物符合《俄罗斯联邦兽医和植物检疫监督局与中华人民共和国海关总署关于俄罗斯菊芋输华植物检疫议定书》要求，不带中方关注的检疫性有害生物。）
6	分葱	法国	在法国种植和加工的用于食用的分葱（*Allium cepa* var. *aggreatum*）	每批法国输华分葱须随附法国农业食品部出具的官方植物检疫证书，证明其符合中国植物检疫要求，注明具体产地，并在附加声明栏中注明：“该植物检疫证书所证明的分葱符合中法双方于 2018 年 9 月 19 日在巴黎签署的《关于法国分葱输华植物检疫要求议定书》的规定。”植物检疫证书样本可在海关总署网站查询

表7-10 续2

序号	产品	原产国家与地区	产品要求	证书要求
7	甜椒	韩国	在韩国温室种植的不同栽培品种的甜椒（*Capsicum annuum* var. *grossum*）	每批进口韩国甜椒须随附韩方出具的官方植物检疫证书，并在附加声明栏中注明："该批甜椒符合《韩国甜椒输华检验检疫要求》，不携带中方关注的检疫性有害生物。"
8	甜椒	荷兰	甜椒（Capsicum annuum）	每批符合要求的荷兰输华甜椒应随附荷兰国家植物保护组织出具的植物检疫证书
9	新鲜豆类	老挝	老挝输华新鲜豆类是指在老挝境内种植和加工的供人类食用的饱满且未成熟的新鲜连荚的毛豆［*Glycine max*（L.）*Merr*］、新鲜菜豆（*Phaseolus vulgaris Linn*）和新鲜豇豆［*Vigna unguiculata*（L.）*Walp*］	老挝官方应对每批符合议定书要求的输华新鲜豆类出具植物检疫证书，并在附加声明栏中注明以下内容： 1. 老挝输华鲜毛豆植物检疫证书附加声明栏中注明："该植物检疫证书所证明的鲜毛豆由×××（具体生产企业）生产，符合中老双方于2021年4月12日在北京和万象签署的关于老挝新鲜豆类输华检验检疫要求议定书的规定，不带有螺旋粉虱（*Aleurodicus dispersus*）、木薯绵粉蚧（*Phenacoccus manihoti*）、大洋臀纹粉蚧（*Planococcus minor*）、刺蒺藜草（*Cenchrus echinatus*）、飞机草（*Eupatorium odoratum L.*）、薇甘菊（*Mikania micrantha Kunth*）等中方关注的检疫性有害生物。"（This fresh vegetable soybean covered by this Phytosanitary Certificate was produced by the name of production, processing and storage establishment, comply with the requirements of Protocol between China and Laos on Inspection and Quarantine Requirements for the Export of Fresh Beans from Laos to China, signed on April 12, 2021 in Beijing and Vientiane, is free of the following quarantine pests of concern to China: Aleurodicus dispersus, Phenacoccus manihoti, Planococcus minor, Cenchrus echinatus, Eupatorium odoratum L., and Mikania micrantha Kunth.） 2. 老挝输华鲜菜豆植物检疫证书附加声明栏中注明："该植物检疫证书所证明的鲜菜豆由×××（具体生产企业）生产，符合中老双方于2021年4月12日在北京和万象签署的关于老挝新鲜豆类输华检验检疫要求议定书的规定，不带有螺旋粉虱（*Aleurodicus dispersus*）、瓜实蝇（*Bactrocera cucurbitae*）、南瓜实蝇（*Bactrocera tau*）、蚕豆象（*Bruchus rufimanus*）、扶桑绵粉蚧（*Phenacoccus solenopsis*）、大洋臀纹粉蚧（*Planococcus minor*）、薇甘菊（*Mikania micrantha Kunth*）等中方关注的检疫性有害生物。"（The fresh kidney bean covered by this Phytosanitary Certificate was produced by the name of production, processing and storage establishment, comply with the requirements of Protocol between China and Laos on Inspection and Quarantine Requirements for the Export of Fresh Beans from Laos to China, signed on April 12, 2021 in Beijing and Vientiane, is free of the following quarantine pests of concern to China: Aleurodicus dispersus, Bactrocera cucurbitae, Bactrocera tau, Bruchus rufimanus, Phenacoccus solenopsis, Planococcus minor, and Mikania micrantha Kunth.）

表7-10 续3

序号	产品	原产国家与地区	产品要求	证书要求
				3. 老挝输华鲜豇豆植物检疫证书附加声明栏中注明："该植物检疫证书所证明的鲜豇豆由×××（具体生产企业）生产，符合中老双方于2021年4月12日在北京和万象签署的关于老挝新鲜豆类输华检验检疫要求议定书的规定，不带有螺旋粉虱（*Aleurodicus dispersus*）、瓜实蝇（*Bactrocera cucurbitae*）、新菠萝灰粉蚧（*Dysmicoccus neobrevipes*）、扶桑绵粉蚧（*Phenacoccus solenopsis*）、薇甘菊（*Mikania micrantha Kunth*）等中方关注的检疫性有害生物。"（The fresh cowpea covered by this Phytosanitary Certificate was produced by the name of production, processing and storage establishment, comply with the requirements of Protocol between China and Laos on Inspection and Quarantine Requirements for the Export of Fresh Beans from Laos to China, signed on April 12, 2021 in Beijing and Vientiane, is free of the following quarantine pests of concern to China: Aleurodicus dispersus, Bactrocera cucurbitae, Dysmicoccus neobrevipes, Phenacoccus solenopsis, and Mikania micrantha Kunth.）
10	芦笋	秘鲁	秘鲁芦笋	秘鲁农业部所属的秘鲁国家动植物检疫局须按照议定书的要求对输华芦笋进行检疫并出具植物检疫证书，证明其符合中方的植物检疫要求，还需注明具体产地，并在附加声明栏中注明："The asparagus in this shipment complies with the requirements specified in the *Protocol of Phytosanitary Requirements for the Export of Asparagus from Peru to China*, signed on April 6, 2013 in Sanya."
11	新鲜蔬菜	泰国	蔬菜包括以下5类：块茎、根和丁香类，果菜和豆类，花叶类，食用菌类，芽类蔬菜	蔬菜应附有植物检疫证书。农药残留量不得超过以CODEX标准（国际食品法典标准）为参照而制定的进口国标准要求
12	南瓜	汤加	原产地为汤加的南瓜（*Cucurbita maxima*）	每批汤加输华南瓜应随附官方植物检疫证书，注明集装箱号码，并填写如下附加声明："该批南瓜符合《汤加南瓜输华植物卫生要求议定书》，不携带中方关注的检疫性有害生物。"
13	红辣椒	乌兹别克斯坦	在乌兹别克斯坦种植和加工的用于食用的红辣椒（*Cápsicumánnuum*）	每批进口乌兹别克斯坦红辣椒须随附乌方出具的官方植物检疫证书，并在附加声明栏中注明："该植物检疫证书所证明的红辣椒符合中乌双方于2019年7月18日在北京、塔什干签署的《关于乌兹别克斯坦红辣椒输华植物卫生要求议定书》的规定。"
14	双孢菇	中国香港	在香港特别行政区种植的双孢菇 *Agaricus bisporus*（J. E. Lange）Pilát（1951）	每批香港输内地的双孢菇须随附香港官方植物保护组织出具的植物检疫证书

二、出口新鲜蔬菜

（一）资质要求

1. 出口食品原料种植备案

出口蔬菜产品原料种植场应当向所在地海关备案。办理指南见本书第二部分第十四章第十八节。

出口食品原料种植场备案名单可通过中国海关企业进出口信用信息公示平台（http://credit.customs.gov.cn/）的"特定资质行政相对人名录"栏目查询。

2. 出口食品生产企业备案

海关总署对出口蔬菜产品生产企业实施备案管理。办理指南见本书第二部分第十四章第十六节。

出口食品生产企业备案信息可通过"中国出口食品生产企业备案管理系统"（http://qgs.customs.gov.cn:10081/efpe/login）进行查询。

3. 出口食品生产企业对外推荐注册

境外国家（地区）对中国输往该国家（地区）的出口蔬菜产品生产企业实施注册管理且要求海关总署推荐的，海关总署统一向该国家（地区）主管当局推荐。办理指南见本书第二部分第十四章第十七节。

获国外（境外）注册的食品生产企业名单可在海关总署门户网站企业管理和稽查司页面（http://qgjcs.customs.gov.cn/）的"信息服务"栏目中查询。

（二）申报要求

出口蔬菜生产企业、出口商应当按照法律、行政法规和海关总署规定，向产地（含组货地）海关申请检验检疫。

（三）产品相关要求

1. 基本要求

生产企业应当保证其出口蔬菜产品符合进口国家（地区）的标准或者合同要求；中国缔结或者参加的国际条约、协定有特殊要求的，还应当符合国际条约、协定的要求。

进口国家（地区）暂无标准，合同也未做要求，且中国缔结或者参加的国际条约、协定无相关要求的，生产企业应当保证其出口蔬菜产品符合中国食品安全国家标准。现行食品安全国家标准目录见本书附录2-6。

2. 原料要求

出口蔬菜产品原料应当来自经海关备案的种植场。

3. 企业要求

（1）生产企业应当建立完善可追溯的食品安全卫生控制体系，保证食品安全卫生控制体系有效运行，确保出口食品生产、加工、贮存过程持续符合中国相关法律法规、出口食品生产企业安全卫生要求；进口国家（地区）相关法律法规和相关国际条约、协定有特殊要求的，还应当符合相关要求。

（2）生产企业应当建立供应商评估制度、进货查验记录制度、生产记录档案制度、出厂检验记录制度、出口食品追溯制度和不合格食品处置制度。相关记录应当真实有效，保存期限不得少于食品保质期期满后6个月；没有明确保质期的，保存期限不得少于2年。

（3）获得境外注册的企业，应当每年就是否能够持续符合进口国家（地区）注册条件进行自我评定，并向住所地海关报告。

（4）获得境外注册的企业，应当接受进口国家（地区）主管当局和海关实施的监督检查，如实提供有关情况和材料。

（5）出口食品存在安全问题，已经或者可能对人体健康和生命安全造成损害的，出口食品生产经营者应当立即采取相应措施，避免和减少损害发生，并向所在地海关报告。

4. 包装运输要求

生产企业应当保证出口蔬菜产品包装和运输方式符合食品安全要求。

生产企业应当在运输包装上标注生产企业备案号、产品品名、生产批号和生产日期。

进口国家（地区）或者合同有特殊要求的，在保证产品可追溯的前提下，经直属海关同意，出口蔬菜产品生产企业可以调整前款规定的标注项目。

参考资料

准予进口新鲜蔬菜产品种类及输出国家（地区）名录

《准予进口新鲜蔬菜产品种类及输出国家（地区）名录》见表 7-11。

表 7-11　准予进口新鲜蔬菜产品种类及输出国家（地区）名录

（截至 2025 年 1 月 1 日）

产品名称	国家或地区
鲜、冷藏的南瓜	汤加
鲜、冷藏的双孢菇	中国香港
鲜、冷藏的非种用藕	日本
鲜或冷藏的抱子甘蓝	美国、中国台湾
鲜或冷藏的菜心	埃塞俄比亚
鲜或冷藏的蚕豆	比利时、美国、日本、新西兰、越南
鲜或冷藏的莼菜	泰国
鲜或冷藏的大白菜	朝鲜、俄罗斯、韩国、尼泊尔、日本、越南
鲜或冷藏的大葱	泰国、印度
鲜或冷藏的冬瓜	埃塞俄比亚
鲜或冷藏的分葱	法国
鲜或冷藏的胡萝卜	比利时、韩国、美国、日本、中国台湾
鲜或冷藏的花椰菜	比利时、法国、瑞士、中国台湾
鲜或冷藏的黄瓜及小黄瓜	加拿大
鲜或冷藏的豇豆及菜豆（不论是否脱荚）	巴基斯坦、法国、老挝、美国、缅甸、印度
鲜或冷藏的结球莴苣（包心生菜）	澳大利亚、中国台湾
鲜或冷藏的芥蓝	朝鲜、越南
鲜或冷藏的金针菇	朝鲜、韩国、马来西亚、日本、中国台湾
鲜或冷藏的韭葱	泰国、印度
鲜或冷藏的卷心菜（结球甘蓝）	法国、中国台湾
鲜或冷藏的蕨菜	俄罗斯
鲜或冷藏的苦瓜	中国台湾
鲜或冷藏的苦苣	荷兰、美国

表7-11 续

产品名称	国家或地区
鲜或冷藏的辣椒（包括甜椒）	坦桑尼亚、韩国、比利时、荷兰、缅甸、泰国、乌兹别克斯坦、越南
鲜或冷藏的芦笋	澳大利亚、秘鲁、泰国
鲜或冷藏的萝卜	澳大利亚、比利时、韩国、荷兰、美国、日本
鲜或冷藏的毛豆（未成熟大豆）	老挝、美国
鲜或冷藏的魔芋	比利时、朝鲜、缅甸、日本
鲜或冷藏的南瓜、笋瓜及瓠瓜（南瓜属）	老挝、缅甸、新西兰
鲜或冷藏的牛蒡	韩国、日本
鲜或冷藏的欧芹	美国
鲜或冷藏的荞头	菲律宾、泰国、印度
鲜或冷藏的茄子	泰国
鲜或冷藏的芹菜	美国、新西兰
鲜或冷藏的青葱	菲律宾、泰国、越南
鲜或冷藏的青江菜	中国台湾
鲜或冷藏的伞菌属蘑菇	朝鲜、韩国、日本、泰国
鲜或冷藏的山药	澳大利亚、缅甸、日本、泰国、新西兰、印度、印度尼西亚、越南
鲜或冷藏的丝瓜	中国台湾
鲜或冷藏的四棱豆	新西兰
鲜或冷藏的松茸	朝鲜
鲜或冷藏的蒜薹及蒜苗（包括青蒜）	巴西、美国、缅甸、墨西哥、日本、西班牙
鲜或冷藏的蒜头	巴西、美国、缅甸、墨西哥、日本、西班牙
鲜或冷藏的豌豆（不论是否脱荚）	比利时、波兰、加拿大、美国、日本、新西兰、匈牙利、越南
鲜或冷藏的维特罗夫菊苣（芽球菊苣）	比利时、荷兰
鲜或冷藏的莴苣	荷兰、美国、中国台湾
鲜或冷藏的西兰花	韩国、中国台湾
鲜或冷藏的香椿芽	埃塞俄比亚
鲜或冷藏的香菇	墨西哥
鲜或冷藏的小白菜	埃塞俄比亚、泰国、中国台湾
鲜或冷藏的小松菜	澳大利亚、泰国
鲜或冷藏的杏鲍菇	韩国
鲜或冷藏的洋葱	巴西、比利时、德国、法国、韩国、美国、缅甸、日本、乌克兰、印度、越南、中国台湾
鲜或冷藏的紫苏	澳大利亚、美国、泰国、新西兰
鲜或冷藏羽衣甘蓝	韩国、美国、瑞士、中国台湾
菊芋	俄罗斯

第七节　蔬菜制品

本部分蔬菜制品包括冷冻蔬菜、脱水蔬菜、腌渍蔬菜等，不包含保鲜蔬菜。

一、进口蔬菜制品

（一）资质要求

1. 准入要求

海关对进口植物源性食品实施准入制度。列入《符合评估审查要求及有传统贸易的国家或地区输华食品目录》的国家或地区对应的产品，方可进口。

禁止从日本福岛县、群马县、栃木县、茨城县、宫城县、新潟县、长野县、琦玉县、东京都、千叶县 10 个都县进口蔬菜。

《符合评估审查要求及有传统贸易的国家或地区输华食品目录》可在网站（http：//43.248.49.223/）查询。

2. 境外生产企业注册

蔬菜制品的境外生产企业，应当获得海关总署注册。脱水蔬菜的境外生产企业由所在国家（地区）主管当局向海关总署推荐注册。其他蔬菜及制品自行或者委托代理人向海关总署提出注册申请。办理指南见本书第二部分第十四章第十节。

进口食品境外生产企业注册信息可在网站（https：//ciferquery.singlewindow.cn/）查询。

3. 进出口商备案

向中国境内出口蔬菜制品的境外出口商或者代理商应当向海关总署备案。蔬菜制品进口商应当向其住所地海关备案。办理指南见本书第二部分第十四章第十一节和第十二节。

进口食品境外出口商或者代理商、食品进口商备案信息可通过中国海关企业进出口信用信息公示平台（http：//credit.customs.gov.cn/）的“特定资质行政相对人名录”栏目查询。

（二）申报要求

1. 基本申报要求

货主或者其代理人应当在蔬菜制品进口前或者进口时向海关申报，申报时应当提供贸易合同、提单、装箱单、发票等，并随附输出国家或者地区官方检验检疫证书［特定国家或者地区证书要求详见本小节“（四）进口蔬菜制品检验检疫要求”部分内容］。

2. 其他申报要求

进口日本蔬菜制品时，还应随附以下文件：

（1）日本官方出具的原产地证明；

（2）日本政府出具的放射性物质检测合格证明。

3. 录入要求

（1）在企业资质栏目，选取“508-进口食品境外出口商代理商备案”“509-进口食品进口商备案”，并分别填写 18 位统一编码和食品进口商的统一社会信用代码。

（2）在产品资质栏目，选取“519-进口食品境外生产企业注册”，并填写在华注册编号等信息。

（3）在货物属性栏目，根据货物实际情况选择“14-预包装”或“15-非预包装”。

（三）产品相关要求

1. 基本要求

进口蔬菜制品应符合食品安全国家标准要求，应当按照规定随附合格证明材料。现行食品安全国家标准目录见本书附录2-6。

2022年1月1日起生产的输华蔬菜制品，应当在内、外包装上标注在华注册编号或者所在国家（地区）主管当局批准的注册编号。

进口蔬菜制品的包装和标签、标识应当符合中国法律法规和食品安全国家标准；依法应当有说明书的，还应当有中文说明书。销售包装应符合国家强制性标准《限制商品过度包装要求 食品和化妆品》及其修改单（GB 23350—2021/XG1—2022）① 的要求。

2. 企业要求

（1）食品进口商应当建立食品进口和销售记录制度，如实记录食品名称、净含量/规格、数量、生产日期、生产或者进口批号、保质期、境外出口商和购货者名称、地址及联系方式、交货日期等内容，并保存相关凭证。记录和凭证保存期限不得少于食品保质期满后6个月；没有明确保质期的，保存期限为销售后2年以上。

（2）食品进口商应当建立境外出口商、境外生产企业审核制度，重点审核：制定和执行食品安全风险控制措施情况；保证食品符合中国法律法规和食品安全国家标准的情况。

3. 预包装食品标签要求

属于预包装食品的蔬菜制品，其标签还应符合以下要求：

（1）进口的预包装食品应当有中文标签；依法应当有说明书的，还应当有中文说明书。标签、说明书应当符合《中华人民共和国食品安全法》以及中国其他有关法律、行政法规的规定和食品安全国家标准的要求，并载明食品的原产地以及境内代理商的名称、地址、联系方式。预包装食品没有中文标签、中文说明书或者标签、说明书不符合规定的，不得进口。

（2）标签应当标明下列事项：名称、规格、净含量、生产日期；成分或者配料表；生产者的名称、地址、联系方式；保质期；产品标准代号；贮存条件；所使用的食品添加剂在国家标准中的通用名称；生产许可证编号；法律、法规或者食品安全标准规定应当标明的其他事项。专供婴幼儿和其他特定人群的主辅食品，其标签还应当标明主要营养成分及其含量。

（3）食品的标签、说明书，不得含有虚假内容，不得涉及疾病预防、治疗功能。生产经营者对其提供的标签、说明书的内容负责。

（4）食品的标签、说明书应当清楚、明显，生产日期、保质期等事项应当显著标注，容易辨识。

4. 其他要求

特定国家或者地区产品要求详见本小节“（四）进口蔬菜制品检验检疫要求”部分内容。

（四）进口蔬菜制品检验检疫要求

进口蔬菜制品检验检疫要求见表7-12。

---

① 运输包装和出厂时价格为零且标识“赠品或非卖品”字样的产品不适用于本标准。

表 7-12　进口蔬菜制品检验检疫要求

（截至 2025 年 1 月 1 日）

序号	产品	原产国家或地区	产品要求	证书要求
1	菊芋	俄罗斯	菊芋（*Helianthus tuberosus*），是指在俄罗斯联邦境内种植和加工的新鲜或干燥菊芋块茎及其切片，不得做种植用途	经检疫合格的货物，输华菊芋应随附俄罗斯按照国际标准出具的植物检疫证书，并按照国际植物保护公约批准的样本注明企业名称、注册号码、集装箱或其他运输工具号码等信息。植物检疫证书附加声明应由俄方注明："The lot meets the requirements of the Protocol between the Federal Service for Veterinary and Phytosanitary Surveillance (Russian Federation) and the General Administration of Customs of the People's Republic of China on phytosanitary requirements for the Jerusalem artichoke, exported from the Russian Federation to the People's Republic of China and is free of any pests subject to quarantine for the People's Republic of China."（该批货物符合《俄罗斯联邦兽医和植物检疫监督局与中华人民共和国海关总署关于俄罗斯菊芋输华植物检疫议定书》要求，不带中方关注的检疫性有害生物。）
2	魔芋干片	印度尼西亚	印度尼西亚输华魔芋干片是指由印度尼西亚境内种植和加工的珠芽弥勒魔芋（*Amorphophallus muelleri*）块茎为原料，经清洗、切片、烘干等工艺加工而成的，非直接供人类食用并输往中国的干燥切片	印度尼西亚官方应对每批符合议定书要求的魔芋干片出具植物检疫证书，并在证书附加声明中注明："该植物检疫证书所证明的魔芋干片由×××（具体生产企业）生产，符合中印（尼）双方于 2021 年 11 月 28 日签署的《关于印度尼西亚魔芋干片输华检验检疫要求议定书》的规定。"

二、出口蔬菜制品

（一）资质要求

1. 出口食品原料种植备案

出口蔬菜制品原料种植场应当向所在地海关备案。办理指南见本书第二部分第十四章第十八节。

出口食品原料种植场备案名单可通过中国海关企业进出口信用信息公示平台（http：//credit. customs. gov. cn/）的"特定资质行政相对人名录"栏目查询。

2. 出口食品生产企业备案

海关总署对出口蔬菜制品生产企业实施备案管理。办理指南见本书第二部分第十四章第十六节。

出口食品生产企业备案信息可在海关总署门户网站企业管理和稽查司页面（http：//qgjcs. customs. gov. cn/）的"信息服务"栏目中查询

3. 出口食品生产企业对外推荐注册

境外国家（地区）对中国输往该国家（地区）的出口蔬菜制品生产企业实施注册管理且要求海关总署推荐的，海关总署统一向该国家（地区）主管当局推荐。办理指南见本书第二部分第十四章第十七节。

获国外（境外）注册的食品生产企业名单可在海关总署门户网站企业管理和稽查司页面（http：//qgjcs. customs. gov. cn/）的"信息服务"栏目中查询。

（二）申报要求

出口蔬菜制品生产企业、出口商应当按照法律、行政法规和海关总署规定，向产地（含组货地）海关申请检验检疫。

（三）产品相关要求

1. 基本要求

生产企业应当保证其出口蔬菜制品符合进口国家（地区）的标准或者合同要求；中国缔结或者参加的国际条约、协定有特殊要求的，还应当符合国际条约、协定的要求。

进口国家（地区）暂无标准，合同也未做要求，且中国缔结或者参加的国际条约、协定无相关要求的，生产企业应当保证其出口蔬菜制品符合中国食品安全国家标准。现行食品安全国家标准目录见本书附录2-6。

2. 原料要求

出口蔬菜制品原料应当来自经海关备案的种植场。

3. 企业要求

（1）生产企业应当建立完善可追溯的食品安全卫生控制体系，保证食品安全卫生控制体系有效运行，确保出口食品生产、加工、贮存过程持续符合中国相关法律法规、出口食品生产企业安全卫生要求；进口国家（地区）相关法律法规和相关国际条约、协定有特殊要求的，还应当符合相关要求。

（2）生产企业应当建立供应商评估制度、进货查验记录制度、生产记录档案制度、出厂检验记录制度、出口食品追溯制度和不合格食品处置制度。相关记录应当真实有效，保存期限不得少于食品保质期期满后6个月；没有明确保质期的，保存期限不得少于2年。

（3）获得境外注册的企业，应当每年就是否能够持续符合进口国家（地区）注册条件进行自我评定，并向住所地海关报告。

（4）获得境外注册的企业，应当接受进口国家（地区）主管当局和海关实施的监督检查，如实提供有关情况和材料。

（5）出口食品存在安全问题，已经或者可能对人体健康和生命安全造成损害的，出口食品生产经营者应当立即采取相应措施，避免和减少损害发生，并向所在地海关报告。

4. 包装运输要求

生产企业应当保证出口蔬菜制品包装和运输方式符合食品安全要求。

生产企业应当在运输包装上标注生产企业备案号、产品品名、生产批号和生产日期。

进口国家（地区）或者合同有特殊要求的，在保证产品可追溯的前提下，经直属海关同意，出口蔬菜制品生产企业可以调整前款规定的标注项目。

第八节　干（坚）果

本节干（坚）果包含坚果和籽类、干果。其中，坚果和籽类食品含有核桃、带壳核桃、核桃仁、苦杏仁、甜杏仁、板栗、开心果、夏威夷坚果、带壳夏威夷坚果、夏威夷坚果仁、榧子、腰果、松子、榛子、白果、扁桃仁（巴旦木）、瓜子、红瓜子、黑瓜子、白瓜子、其他瓜子、莲子、巴西果等；干果食品含有干枣、椰枣、葡萄干、龙眼干、杏干、干无花果、干菠萝、李干、梅干、柿饼、干椰子肉、山楂干、柠檬干、荔枝干、香蕉干、芒果干、干的槟榔果等。

一、进口干（坚）果

（一）资质要求

1. 准入要求

海关对进口植物源性食品实施准入制度。列入《符合评估审查要求及有传统贸易的国家或地区输华食品目录》的国家或地区对应的产品，方可进口。

禁止从日本福岛县、群马县、枥木县、茨城县、宫城县、新潟县、长野县、琦玉县、东京都、千叶县 10 个都县进口干（坚）果。

《符合评估审查要求及有传统贸易的国家或地区输华食品目录》可在网站（http：//43. 248. 49. 223/）查询。

2. 境外生产企业注册

干（坚）果的境外生产企业需获得海关总署注册方可向中国出口。坚果与籽类、干果的境外生产企业由所在国家（地区）主管当局向海关总署推荐注册。办理指南见本书第二部分第十四章第十节。

进口食品境外生产企业注册信息可在网站（https：//ciferquery. singlewindow. cn/）查询。

3. 进出口商备案

向中国境内出口干（坚）果的境外出口商或者代理商应当向海关总署备案。干（坚）果的进口商应当向其住所地海关备案。办理指南见本书第二部分第十四章第十一节和第十二节。

进口食品境外出口商或者代理商、食品进口商备案信息可通过中国海关企业进出口信用信息公示平台（http：//credit. customs. gov. cn/）的“特定资质行政相对人名录”栏目查询。

（二）申报要求

1. 基本申报要求

货主或者其代理人应当在干果进口前或者进口时向海关申报，申报时应当提供贸易合同、提单、装箱单、发票等，并随附输出国家或者地区官方检验检疫证书［特定国家或者地区证书要求详见本小节“（四）进口干（坚）果检验检疫要求”部分内容］。

2. 其他申报要求

进口日本干（坚）果时，还应随附以下文件：

（1）日本官方出具的原产地证明；

（2）日本政府出具的放射性物质检测合格证明（干果需要）。

3. 录入要求

（1）在企业资质栏目，选取“508-进口食品境外出口商代理商备案”“509-进口食品进口商备案”，并分别填写 18 位统一编码和食品进口商的统一社会信用代码。

（2）在产品资质栏目，选取“519-进口食品境外生产企业注册”，并填写在华注册编号等信息。

（3）在货物属性栏目，根据货物实际情况选择“14-预包装”或“15-非预包装”。

（三）产品相关要求

1. 基本要求

进口干（坚）果应符合食品安全国家标准要求，应当按照规定随附合格证明材料。现行食品安全国家标准目录见本书附录 2-6。

2022 年 1 月 1 日起生产的输华干（坚）果，应当在内、外包装上标注在华注册编号或者所在国家（地区）主管当局批准的注册编号。

进口干（坚）果的包装和标签、标识应当符合中国法律法规和食品安全国家标准；依法应当有说明书的，还应当有中文说明书。销售包装应符合国家强制性标准《限制商品过度包装要求 食品和化妆品》及其修改单（GB 23350—2021/XG1—2022）① 的要求。

---

① 运输包装和出厂时价格为零且标识“赠品或非卖品”字样的产品不适用于本标准。

2. 企业要求

（1）食品进口商应当建立食品进口和销售记录制度，如实记录食品名称、净含量/规格、数量、生产日期、生产或者进口批号、保质期、境外出口商和购货者名称、地址及联系方式、交货日期等内容，并保存相关凭证。记录和凭证保存期限不得少于食品保质期满后6个月；没有明确保质期的，保存期限为销售后2年以上。

（2）食品进口商应当建立境外出口商、境外生产企业审核制度，重点审核：制定和执行食品安全风险控制措施情况；保证食品符合中国法律法规和食品安全国家标准的情况。

3. 预包装食品标签要求

属于预包装食品的干（坚）果产品，其标签还应符合以下要求：

（1）进口的预包装食品应当有中文标签；依法应当有说明书的，还应当有中文说明书。标签、说明书应当符合《中华人民共和国食品安全法》以及中国其他有关法律、行政法规的规定和食品安全国家标准的要求，并载明食品的原产地以及境内代理商的名称、地址、联系方式。预包装食品没有中文标签、中文说明书或者标签、说明书不符合规定的，不得进口。

（2）标签应当标明下列事项：名称、规格、净含量、生产日期；成分或者配料表；生产者的名称、地址、联系方式；保质期；产品标准代号；贮存条件；所使用的食品添加剂在国家标准中的通用名称；生产许可证编号；法律、法规或者食品安全标准规定应当标明的其他事项。专供婴幼儿和其他特定人群的主辅食品，其标签还应当标明主要营养成分及其含量。

（3）食品的标签、说明书，不得含有虚假内容，不得涉及疾病预防、治疗功能。生产经营者对其提供的标签、说明书的内容负责。

（4）食品的标签、说明书应当清楚、明显，生产日期、保质期等事项应当显著标注，容易辨识。

4. 其他要求

特定国家或者地区产品要求详见本小节“（四）进口干（坚）果检验检疫要求”部分内容。

（四）进口干（坚）果检验检疫要求

进口干（坚）果检验检疫要求见表7-13。

表7-13 进口干（坚）果检验检疫要求

（截至2025年1月1日）

序号	产品	原产国家或地区	产品要求	证书要求
1	松子	阿富汗	阿富汗输华松子是指产自阿富汗境内的非种用喜马拉雅白皮松（*Pinus gerardiana* Wall.）子粒	每批阿富汗输华松子须随附阿富汗农业部出具的官方植物检疫证书，证书中应列明熏蒸工艺，并以英文注明：“该批货物符合《中华人民共和国海关总署和阿富汗伊斯兰共和国农业、灌溉和畜牧业部关于阿富汗输华松子植物卫生条件议定书》的要求。”
2	碧根果	秘鲁	指由秘鲁境内种植的碧根果（Carya illinoinensis）成熟果实为原料，经挑选、干燥等工艺在秘鲁境内制成去壳或者不去壳的可供人类食用的坚果	经官方检验检疫合格后，秘鲁应对批准输华的碧根果出具植物检疫证书。植物检疫证书附加声明栏中应注明碧根果生产加工企业名称、在华注册编号及“该植物检疫证书所证明的碧根果符合中秘双方于2024年11月14日在利马签署的《关于秘鲁碧根果输华检验检疫和卫生要求议定书》的规定。该批货物不带有衰叶蛾（Oiketicus kirbyi）、螺旋粉虱（Aleurodicus dispersus）等中方关注的检疫性有害生物”

表7-13 续1

序号	产品	原产国家或地区	产品要求	证书要求
3	巴西坚果	秘鲁	指由秘鲁境内野生树木上采集的巴西坚果(Bertholletia excelsa)成熟果实为原料，在秘鲁境内经去壳、挑选、干燥等加工工艺制作而成的供人类食用的坚果	经官方检验检疫后，秘鲁应对批准输华的巴西坚果出具植物检疫证书。植物检疫证书附加声明栏中应注明巴西坚果生产加工企业名称、在华注册编号及“该植物检疫证书所证明的巴西坚果符合中秘双方签署的《关于秘鲁巴西坚果输华检验检疫和卫生要求议定书》的规定。该批货物不带有咖啡果小蠹 Hypothenemus hampei 和四纹豆象 Callosobruchus maculatus 等中方关注的检疫性有害生物”
4	碧根果	巴西	指由巴西境内种植的薄壳山核桃[*Caryaillinoensis* (*Wangenh.*) *K. Koch*]成熟果实为原料，在巴西境内经挑选、去壳、干燥等加工工艺制作而成的供人类食用的坚果	经官方检验检疫后，巴西应对批准输华的碧根果出具植物检疫证书。证书附加声明栏中应注明碧根果生产加工企业名称、在华注册编号及“该植物检疫证书所证明的碧根果符合中巴双方签署的《关于巴西碧根果输华检验检疫要求议定书》的规定”
5	腰果	几内亚比绍	指以几内亚比绍境内种植的腰果(*Anacardium occidentale* Linn.)为原料，在几内亚比绍境内经挑选、干燥等加工工艺制作而成的供人类食用的带壳或去壳坚果	经官方检验检疫后，几内亚比绍应对批准输华的腰果出具植物检疫证书。植物检疫证书附加声明栏中应注明腰果生产加工企业名称、在华注册编号及“该植物检疫证书所证明的腰果符合中几比双方于 2024 年 7 月 10 日在北京签署的《关于几内亚比绍腰果输华检验检疫要求议定书》的规定，不带中方关注的检疫性有害生物”。熏蒸剂的名称、使用剂量、处理温度和持续时间等信息需在植物检疫证书中注明
6	腰果	老挝	以老挝境内种植的腰果(*Anacardium occidentale* L.)成熟果实为原料，在老挝境内经挑选、去壳、干燥等加工工艺制作而成的供人类食用的坚果	老挝官方应对经检验检疫符合议定书要求的输华腰果出具植物检疫证书。证书附加声明栏中应注明腰果生产加工企业名称、在华注册号及“该植物检疫证书所证明的腰果符合中老双方签署的《关于老挝腰果输华检验检疫要求议定书》的规定”
7	夏威夷果	莫桑比克	指由莫桑比克境内种植的夏威夷果树(*Macadamia ternifolia* F. Muell.,*Macadamia integrifolia*Maiden &Betche,*Macadamia tetraphylla* L. A. S. Johnson)的成熟果实为原料，在莫桑比克境内经挑选、干燥等加工工艺制成供人类食用的去壳或未去壳夏威夷果	输华夏威夷果植物检疫证书附加声明栏中应注明夏威夷果生产加工企业名称、在华注册编号及“该植物检疫证书所证明的夏威夷果符合中莫双方于 2024 年 9 月 2 日在北京签署的《关于莫桑比克腰果和夏威夷果输华检验检疫和卫生要求议定书》的规定。该批货物不带有：苹果异形小卷蛾(*Thaumatotibia leucotreta*)、南非桔蓟马(*Scirtothrips aurantii*)、东非可可缘蝽(*Pseudotheraptus wayi*)、花角绿蝽(*Nezara antennata*)、棉刺盲蝽(*Helopeltis schoutedeni*)、谷斑皮蠹(*Trogoderma granarium*)等中方关注的检疫性有害生物”。 检疫处理方法(如药剂、温度、时间和其他技术要求)应在植物检疫证书中注明

表7-13 续2

序号	产品	原产国家或地区	产品要求	证书要求
8	腰果	莫桑比克	是指由莫桑比克境内种植的腰果树（*Anacardium occidentale* L.）的成熟果实为原料，在莫桑比克境内经挑选、干燥等加工工艺制成供人类食用的去壳或未去壳腰果	输华腰果的植物检疫证书附加声明栏中应注明腰果生产加工企业名称、在华注册编号及“该植物检疫证书所证明的腰果符合中莫双方于 2024 年 9 月 2 日在北京签署的《关于莫桑比克腰果和夏威夷果输华检验检疫和卫生要求议定书》的规定。该批货物不带有：棉刺盲蝽（*Helopeltis schoutedeni*）、东非桉刺盲蝽（*Helopeltis anacardii*）、东非可可缘蝽（*Pseudotheraptus wayi*）、乌黑副盔蚧（*Parasaissetia nigra*）、胶孢炭疽菌（*Colletotrichum gloeosporioides Penz.*）、谷斑皮蠹（*Trogoderma granarium*）等中方关注的检疫性有害生物”
9	开心果	土耳其	是指在土耳其生产的、未经过焙烤等熟制工艺的、不论是否去壳的开心果	土耳其输华开心果须随附土耳其官方植物检疫证书，证书声明栏中应注明：“该批货物符合《土耳其开心果输华植物卫生要求议定书》要求，不带有中方关注的检疫性有害生物。”植物检疫证书内容须用英文书写
10	李子干	乌兹别克斯坦	乌兹别克斯坦输华李子干是指在乌兹别克斯坦生产的新鲜李子，经挑选、清洗、浸泡、烘干等加工工艺制作而成的干果	乌兹别克斯坦官方应对每批输华李子干出具植物检疫证书，植物检疫证书附加声明栏中，应用英文注明：“该批货物符合《中华人民共和国海关总署与乌兹别克斯坦共和国国家植物检验检疫局关于乌兹别克斯坦李子干输华检验检疫要求议定书》要求，不带有中方关注的检疫性有害生物。”
11	沙枣干	乌兹别克斯坦	乌兹别克斯坦沙枣干是指以乌兹别克斯坦境内种植的沙枣（Elaeagnus angustifolia）为原料，在乌兹别克斯坦境内经采收、清洗、干燥或其他加工工艺制作而成的供人类食用的干果	乌兹别克斯坦官方应对经检验检疫符合议定书要求的输华沙枣干出具植物检疫证书。证书中应注明沙枣干生产加工企业名称、在华注册号及“该植物检疫证书所证明的沙枣干符合中乌双方签署的《关于乌兹别克斯坦沙枣干输华检验检疫要求议定书》的规定。该批货物不带有地中海粉螟 *Ephestia kuehniella Zeller*、拱殖嗜渣螨 *Chortoglyphus arcuatus*（*Troupeau*）、谷斑皮蠹 *Trogoderma granarium*、花斑皮蠹 *Trogoderma variabile Ballion*、黄曲霉菌 *Aspergillus flavus* 等中方关注的检疫性有害生物”
12	甜瓜干	乌兹别克斯坦	用乌兹别克斯坦境内种植的甜瓜（*Cucumis melon* L.）为原料，经挑选、清洗、削皮、去籽、干燥等加工工艺制作而成的供人类食用的干果	乌兹别克斯坦官方应对每批符合议定书要求的甜瓜干出具植物检疫证书，并在证书附加声明栏中注明：“该植物检疫证书所证明的甜瓜干由×××（具体生产、加工、贮存企业）生产，符合中乌双方于 2022 年 9 月 13 日在北京/撒马尔罕签署的《关于乌兹别克斯坦甜瓜干输华检验检疫要求议定书》的规定，不带有甜瓜迷实蝇 Myiopardalis pardalina、瓜枝孢 Cladosporium cucumerinum、黄萎轮枝孢 Verticillium albo-atrum、大丽花轮枝孢 Verticillium dahlia 等中方关注的检疫性有害生物。”

表7-13　续3

序号	产品	原产国家或地区	产品要求	证书要求
13	扁桃仁	西班牙	指由西班牙境内种植的扁桃的果实 *Prunus dulcis* (*Mill.*) *D. A. Webb* 为原料，在西班牙境内经去壳、干燥、挑选等加工工艺制作而成的供人类食用带皮或去皮的坚果	西班牙官方应对每批符合议定书要求的扁桃仁出具植物检疫证书，在证书附加声明中应注明扁桃仁生产加工企业名称、在华注册号及“该植物检疫证书所证明的扁桃仁符合中西双方于 2023 年 3 月 31 日在北京签署的《关于西班牙扁桃仁输华检验检疫要求议定书》的规定。该批货物不带有谷斑皮蠹 *Trogoderma granarium* Everts、拟肾斑皮蠹 *Trogoderma versicolor*（Creutzer）、花斑皮蠹 *Trogoderma variabile* Ballion、肾斑皮蠹 *Trogoderma inclusum* LeConte、石榴螟 *Ectomyelois ceratoniae*（zeller）等中方关注的检疫性有害生物。”
14	榛子	意大利	是指在意大利生产的、去壳的、不再有萌发力的欧洲榛（*Corylus avellana* L.）成熟果实	意大利输华榛子须随附意大利官方植物检疫证书，证书声明栏中应以英文注明“该批货物符合《中华人民共和国海关总署和意大利共和国农业、食品与林业政策部关于意大利榛子输华植物卫生要求议定书》的要求，不带有中方关注的检疫性有害生物”。植物检疫证书内容须用英文书写
15	扁桃仁产品	智利	指由智利共和国境内种植的扁桃（*Prunus dulcis*）的种子为原料，在智利共和国境内经去壳和其他加工而获得的仅用于食用或食品加工用的扁桃仁产品，包括：去壳扁桃仁（包括完整、切片、棒状或立方形状），由扁桃仁经分捡、去壳、熏蒸、清洗、干燥、筛选、切割、包装等加工后获得的产品；扁桃仁粉，由扁桃仁经分捡、去壳、熏蒸、清洗、干燥、筛选、粉碎、包装等加工后获得的产品	经官方检验后，智利应对批准输华的扁桃仁产品出具植物检疫证书。证书附加声明栏中应注明：“该植物检疫证书所证明的扁桃仁产品符合中智双方签署的《关于智利扁桃仁产品输华检验检疫要求议定书》的规定。该批货物不带有石榴螟、李痘病毒、李属坏死环斑病毒、番茄环斑病毒和苜蓿黄萎病菌等中方关注的检疫性有害生物。”
16	核桃	智利	智利输华去壳核桃仁及带壳核桃	获准对华出口的智利核桃的植物检疫证书需经智利农业部农牧局（SAG）签发。植物检疫证书应带有如下附加声明：“该批货物不含有巴西豆象、白斑蛛甲、球蛛甲、瘤鞘薪甲和阿根廷蚁。”
17	榛子	智利	是指在智利生产的去壳的欧洲榛（Corylus avellana L.）成熟果仁	智利输华榛子须随附智利官方植物检疫证书，证书声明栏中应注明：“该批货物符合《中华人民共和国海关总署和智利共和国农业部关于智利榛子输华植物卫生要求议定书》的要求，不带有中方关注的检疫性有害生物。”植物检疫证书内容须用英文书写

二、出口干（坚）果

出口干（坚）果按本章第十二节“其他植物源性食品”办理。

第九节　调味香料

本节调味香料包含：籽实调味料，经过加工成粉状或浆状调味料，茎皮、叶、花瓣调味料，辣椒干，根茎调味料，其他调味香料等。根据加工状态可区分为未磨的调味香料和调味香料粉两类。

一、进口调味香料

（一）资质要求

1. 准入要求

海关对进口植物源性食品实施准入制度。未磨的调味香料列入《准予进口调味料产品种类及输出国家（地区）名录》的国家或地区对应的产品，方可进口；调味香料粉列入《符合评估审查要求及有传统贸易的国家或地区输华食品目录》，方可进口。

禁止从日本福岛县、群马县、枥木县、茨城县、宫城县、新潟县、长野县、琦玉县、东京都、千叶县10个都县进口调味香料。

《准予进口调味料产品种类及输出国家地区名录》见本节参考资料，《符合评估审查要求及有传统贸易的国家或地区输华食品目录》可在网站（http：//43.248.49.223/）查询。

2. 境外生产企业注册

调味香料的境外生产企业需获得海关总署注册方可向中国出口。调味香料粉的境外生产企业由所在国家（地区）主管当局向海关总署推荐注册，办理指南见本书第二部分第十四章第十节。

允许进口境外未磨的调味香料注册登记企业名单见海关总署门户网站动植物检疫司页面（http：//dzs.customs.gov.cn/）的“企业信息”—“植物产品类”—“其他植物产品”栏目。

调味香料粉境外生产企业注册信息可在网站（https：//ciferquery.singlewindow.cn/）查询。

3. 进出口商备案

向中国境内出口调味香料粉的境外出口商或者代理商应当向海关总署备案。调味香料粉的进口商应当向其住所地海关备案。办理指南见本书第二部分第十四章第十一节和第十二节。

进口食品境外出口商或者代理商、食品进口商备案信息可通过中国海关企业进出口信用信息公示平台（http：//credit.customs.gov.cn/）的“特定资质行政相对人名录”栏目查询。

（二）申报要求

1. 基本申报要求

货主或者其代理人应当在调味香料进口前或者进口时向海关申报，申报时应当提供贸易合同、提单、装箱单、发票等，并随附输出国家或者地区官方检验检疫证书［特定国家或者地区证书要求详见本小节“（四）进口调味香料检验检疫要求”部分内容］。

2. 其他申报要求

进口日本调味香料时，还应随附日本官方出具的原产地证明。

3. 录入要求

（1）申报调味香料粉，需在企业资质栏目，选取“508-进口食品境外出口商代理商备案”“509-

进口食品进口商备案”，并分别填写 18 位统一编码和食品进口商的统一社会信用代码。

（2）申报调味香料粉，需在产品资质栏目，选取“519-进口食品境外生产企业注册”，并填写在华注册编号等信息。

（3）在货物属性栏目，根据货物实际情况选择“14-预包装”或“15-非预包装”。

（三）产品相关要求

1. 基本要求

进口调味香料应符合食品安全国家标准要求，应当按照规定随附合格证明材料。现行食品安全国家标准目录见本书附录 2-6。

2022 年 1 月 1 日起生产的输华调味香料，应当在内、外包装上标注在华注册编号或者所在国家（地区）主管当局批准的注册编号。

进口调味香料的包装和标签、标识应当符合中国法律法规和食品安全国家标准；依法应当有说明书的，还应当有中文说明书。销售包装应符合国家强制性标准《限制商品过度包装要求 食品和化妆品》及其修改单（GB 23350—2021/XG1—2022）① 的要求。

2. 企业要求

（1）食品进口商应当建立食品进口和销售记录制度，如实记录食品名称、净含量/规格、数量、生产日期、生产或者进口批号、保质期、境外出口商和购货者名称、地址及联系方式、交货日期等内容，并保存相关凭证。记录和凭证保存期限不得少于食品保质期满后 6 个月；没有明确保质期的，保存期限为销售后 2 年以上。

（2）食品进口商应当建立境外出口商、境外生产企业审核制度，重点审核：制定和执行食品安全风险控制措施情况；保证食品符合中国法律法规和食品安全国家标准的情况。

3. 预包装食品标签要求

属于预包装食品的调味香料产品，其标签还应符合以下要求：

（1）进口的预包装食品应当有中文标签；依法应当有说明书的，还应当有中文说明书。标签、说明书应当符合《中华人民共和国食品安全法》以及中国其他有关法律、行政法规的规定和食品安全国家标准的要求，并载明食品的原产地以及境内代理商的名称、地址、联系方式。预包装食品没有中文标签、中文说明书或者标签、说明书不符合规定的，不得进口。

（2）标签应当标明下列事项：名称、规格、净含量、生产日期；成分或者配料表；生产者的名称、地址、联系方式；保质期；产品标准代号；贮存条件；所使用的食品添加剂在国家标准中的通用名称；生产许可证编号；法律、法规或者食品安全标准规定应当标明的其他事项。专供婴幼儿和其他特定人群的主辅食品，其标签还应当标明主要营养成分及其含量。

（3）食品的标签、说明书，不得含有虚假内容，不得涉及疾病预防、治疗功能。生产经营者对其提供的标签、说明书的内容负责。

（4）食品的标签、说明书应当清楚、明显，生产日期、保质期等事项应当显著标注，容易辨识。

4. 其他要求

特定国家或者地区产品要求详见本小节“（四）进口调味香料检验检疫要求”部分内容。

（四）进口调味香料检验检疫要求

进口调味香料检验检疫要求见表 7-14。

---

① 运输包装和出厂时价格为零且标识“赠品或非卖品”字样的产品不适用于本标准。

表 7-14 进口调味香料检验检疫要求

（截至 2025 年 1 月 1 日）

序号	产品	原产国家与地区	产品要求	证书要求
1	干辣椒	埃及	指以在埃及种植的食用辣椒（*Capsicum annuum* L.）为原料，经自然晾晒或其他干制工艺加工后的产品	经检疫合格的干辣椒，埃及应出具植物检疫证书，注明种植基地和加工包装厂名称或注册号码，并填写以下附加声明："This consignment complies with the requirements specified in the Memorandum of Phytosanitary Requirements for Export of Dried Chilies from Egypt to China, and is free from quarantine pests of concern to China."（该批货物符合《埃及干辣椒输华植物检疫备忘录》的要求，不带中方关注的检疫性有害生物。）
2	干辣椒	巴基斯坦	干辣椒，是指以在巴基斯坦种植的食用辣椒（*Capsicum annuum* L.）为原料，经自然晾晒或其他干制工艺加工后的产品	经检疫合格的干辣椒，巴基斯坦应出具植物检疫证书，注明种植基地和加工包装企业名称或注册号码，并在附加声明中注明："This consignment complies with the requirements specified in the Protocol of Phytosanitary Requirements for Export of Dried Chilies from Pakistan to China, and is free from quarantine pests of concern to China."（该批货物符合《巴基斯坦干辣椒输华植物检疫议定书》要求，不带中方关注的检疫性有害生物。）
3	胡椒	柬埔寨（柬埔寨胡椒产区）	胡椒，学名 *Piper nigrum*，英文名 Peppercorns，仅限以食用胡椒果实为原料，采收后经脱粒、浸泡、烘干等工艺加工后的产品	经检疫合格的，柬埔寨应按国际植物检疫措施标准第 12 号（ISPM12）出具植物检疫证书，注明种植基地和包装厂名称或代码，并填写以下附加声明："This consignment complies with the requirements specified in the Protocol of Phytosanitary Requirements for Export of Peppercorns from Cambodia to China, and is free from quarantine pests of concern to China."（该批货物符合《柬埔寨胡椒输华植物检疫议定书》要求，不带有中方关注的检疫性有害生物。）
4	锡兰肉桂	斯里兰卡	锡兰肉桂，是指以在斯里兰卡种植的锡兰肉桂（*Cinnamomum verum*）树皮为原料，采收后经干制工艺加工后的产品	经检疫合格的货物，斯里兰卡应出具植物检疫证书，注明种植基地和加工包装厂名称或注册号码，并填写以下附加声明："The consignment complies with the requirements specified in the Protocol of Phytosanitary Requirements for Export of Ceylon Cinnamon from Sri Lanka to China, and is free from quarantine pests of concern to China."（该批货物符合《斯里兰卡锡兰肉桂输华植物检疫议定书》要求，不带中方关注的检疫性有害生物。）
5	辣椒	坦桑尼亚	辣椒，是指在坦桑尼亚境内种植和加工的食用辣椒果实（*Capsium* spp.）	经检疫合格的，坦桑尼亚应按国际植物检疫措施标准第 12 号（ISPM 12）出具植物检疫证书，注明种植基地和包装厂名称或注册号码，以及对该批货物使用的检疫处理条件，并填写以下附加声明："This consignment complies with the requirements specified in the Protocol of Phytosanitary Requirements for Export of Chilies from Tanzania to China, and is free from quarantine pests of concern to China."（该批货物符合《坦桑尼亚辣椒输华植物检疫议定书》要求，不带中方关注的检疫性有害生物。）

表7-14 续

序号	产品	原产国家与地区	产品要求	证书要求
6	干辣椒	乌干达	干辣椒，是指以在乌干达种植的食用辣椒（*Capsicum* spp.）为原料，经自然晾晒或其他干制工艺加工后的产品	经检疫合格的干辣椒，乌干达应出具植物检疫证书，注明种植基地和加工包装厂名称或注册号码，并填写以下附加声明：“This consignment complies with the requirements specified in the Protocol of Phytosanitary Requirements for Export of Dried Chilies from Uganda to China, and is free from quarantine pests of concern to China.”（该批货物符合《乌干达干辣椒输华植物检疫议定书》要求，不带中方关注的检疫性有害生物。）

二、出口调味香料

出口调味香料按本章第十二节“其他植物源性食品”办理。

参考资料

准予进口调味料产品种类及输出国家（地区）名录

《准予进口调味料产品种类及输出国家（地区）名录》见表7-15。

表7-15 准予进口调味料产品种类及输出国家（地区）名录

（截至2025年1月1日）

产品名称	国家或地区
八角茴香	朝鲜、美国、缅甸、日本、瑞典、土耳其、乌克兰、新加坡、叙利亚、印度、印度尼西亚、越南
毕拨	朝鲜、菲律宾、尼泊尔、马来西亚、印度尼西亚、越南
丁香	巴西、马达加斯加、马来西亚、斯里兰卡、坦桑尼亚、印度尼西亚、越南
豆蔻	阿拉伯联合酋长国、澳大利亚、巴布亚新几内亚、德国、格林纳达、柬埔寨、老挝、马来西亚、美国、泰国、斯里兰卡、危地马拉、伊朗、印度、印度尼西亚、越南
多香果	美国、墨西哥
番红花（西红花）Crocus sativus L.	阿拉伯联合酋长国、美国、日本、法国、德国、西班牙、乌兹别克斯坦、伊朗、阿富汗、意大利、印度、希腊
干薄荷叶	阿尔巴尼亚、埃及、加拿大、美国
胡椒	阿拉伯联合酋长国、奥地利、澳大利亚、巴西、比利时、朝鲜、丹麦、德国、俄罗斯、厄瓜多尔、法国、韩国、荷兰、加拿大、马来西亚、美国、缅甸、日本、瑞典、斯里兰卡、泰国、土耳其、新加坡、意大利、印度、印度尼西亚、英国、越南、柬埔寨、中国台湾
葫芦巴子	印度
花椒	日本
茴芹子	美国
姜黄	缅甸、日本、印度、越南
枯茗子	埃及、德国、美国、日本、西班牙、印度、越南

表7-15 续

产品名称	国家或地区
辣椒干	乌干达、坦桑尼亚、卢旺达、巴基斯坦、埃及、美国、秘鲁、缅甸、日本、泰国、印度、越南、乌兹别克斯坦
兰香子（学名明列子，又名罗勒子）	柬埔寨、印度、越南
迷迭香	美国
墨角兰（甘牛至）	美国
柠檬草	马来西亚
牛至叶	奥地利、德国、法国、马来西亚、美国、日本、土耳其、西班牙、新加坡、意大利
芹菜子	马来西亚、美国、印度
肉豆蔻	老挝、尼泊尔、斯里兰卡、印度尼西亚
肉桂及肉桂花	缅甸、印度尼西亚、越南
生姜	澳大利亚、菲律宾、韩国、老挝、马来西亚、美国、缅甸、尼日利亚、日本、泰国、印度、越南
鼠尾草	马来西亚、土耳其
香草	埃及、奥地利、澳大利亚、巴布亚新几内亚、德国、美国、西班牙、意大利
香蜂叶	保加利亚
香叶	格鲁吉亚
香子兰豆	巴布亚新几内亚、法国、马达加斯加、新加坡、印度尼西亚
小茴香子	埃及、美国、伊朗、印度尼西亚、印度
芫荽子	巴布亚新几内亚、德国、马来西亚、日本、泰国、印度
洋苏叶	美国
贳蒿子	波兰、德国、西班牙、印度
鸡蛋花	缅甸、印度尼西亚
锡兰肉桂	斯里兰卡

第十节　茶叶产品

本节的茶叶产品包括绿茶、花茶、红茶、乌龙茶、白茶、黑茶、代用茶、马黛茶、其他茶叶及制品等。

一、进口茶叶

（一）资质要求

1. 准入要求

禁止从日本福岛县、群马县、枥木县、茨城县、宫城县、新潟县、长野县、琦玉县、东京都、千叶县 10 个都县进口茶叶产品。

2. 境外生产企业注册

茶叶产品的境外生产企业，应当获得海关总署注册。茶叶产品的境外生产企业，应当自行或者委托代理人向海关总署提出注册申请。办理指南见本书第二部分第十四章第十节。

进口食品境外生产企业注册信息可在网站（https：//ciferquery. singlewindow. cn/）查询。

3. 进出口商备案

向中国境内出口茶叶产品的境外出口商或者代理商应当向海关总署备案。茶叶产品进口商应当向其住所地海关备案。办理指南见本书第二部分第十四章第十一节和第十二节。

进口食品境外出口商或者代理商、食品进口商备案信息可通过中国海关企业进出口信用信息公示平台（http：//credit. customs. gov. cn/）的“特定资质行政相对人名录”栏目查询。

（二）申报要求

1. 基本申报要求

货主或者其代理人应当在茶叶进口前或者进口时向海关申报，申报时应当提供贸易合同、提单、装箱单、发票等，并随附输出国家或者地区官方检验检疫证书。

2. 其他申报要求

进口日本茶叶产品时，还应随附以下文件：

（1）日本官方出具的原产地证明；

（2）日本政府出具的放射性物质检测合格证明。

3. 录入要求

（1）在企业资质栏目，选取“508-进口食品境外出口商代理商备案”“509-进口食品进口商备案”，并分别填写 18 位统一编码和食品进口商的统一社会信用代码。

（2）在产品资质栏目，选取“519-进口食品境外生产企业注册”，并填写在华注册编号等信息。

（3）在货物属性栏目，根据货物实际情况选择“14-预包装”或“15-非预包装”。

（三）产品相关要求

1. 基本要求

进口茶叶产品应符合食品安全国家标准要求，应当按照规定随附合格证明材料。现行食品安全国家标准目录见本书附录 2-6。我国茶叶的首个强制执行的产品标准《食品安全国家标准 茶叶》（GB 31608—2023）于 2024 年 9 月 6 日起正式实施。

2022 年 1 月 1 日起生产的输华茶叶，应当在内、外包装上标注在华注册编号或者所在国家（地区）主管当局批准的注册编号。

进口茶叶产品的包装和标签、标识应当符合中国法律法规和食品安全国家标准；依法应当有说明书的，还应当有中文说明书。销售包装应符合国家强制性标准《限制商品过度包装要求 食品和化妆品》及其修改单（GB 23350—2021/XG1—2022）①。

特定品种茶叶具体要求见本节参考资料。

2. 企业要求

（1）食品进口商应当建立食品进口和销售记录制度，如实记录食品名称、净含量（规格）、数量、生产日期、生产或者进口批号、保质期、境外出口商和购货者名称、地址及联系方式、交货日期等内容，并保存相关凭证。记录和凭证保存期限不得少于食品保质期满后 6 个月；没有明确保质期的，保存期限为销售后 2 年以上。

（2）食品进口商应当建立境外出口商、境外生产企业审核制度，重点审核：制定和执行食品安全风险控制措施情况；保证食品符合中国法律法规和食品安全国家标准的情况。

---

① 运输包装和出厂时价格为零且标识“赠品或非卖品”字样的产品不适用于本标准。

3. 预包装食品标签要求

属于预包装食品的茶叶产品，其标签还应符合以下要求：

（1）进口的预包装食品应当有中文标签；依法应当有说明书的，还应当有中文说明书。标签、说明书应当符合《中华人民共和国食品安全法》以及中国其他有关法律、行政法规的规定和食品安全国家标准的要求，并载明食品的原产地以及境内代理商的名称、地址、联系方式。预包装食品没有中文标签、中文说明书或者标签、说明书不符合规定的，不得进口。

（2）标签应当标明下列事项：名称、规格、净含量、生产日期；成分或者配料表；生产者的名称、地址、联系方式；保质期；产品标准代号；贮存条件；所使用的食品添加剂在国家标准中的通用名称；生产许可证编号；法律、法规或者食品安全标准规定应当标明的其他事项。专供婴幼儿和其他特定人群的主辅食品，其标签还应当标明主要营养成分及其含量。

（3）食品的标签、说明书，不得含有虚假内容，不得涉及疾病预防、治疗功能。生产经营者对其提供的标签、说明书的内容负责。

（4）食品的标签、说明书应当清楚、明显，生产日期、保质期等事项应当显著标注，容易辨识。

二、出口茶叶

（一）资质要求

1. 出口食品原料种植场备案

出口茶叶产品原料种植场应当向所在地海关备案。办理指南见本书第二部分第十四章第十八节。

出口食品原料种植场备案名单可通过中国海关企业进出口信用信息公示平台（http：//credit. customs. gov. cn/）的“特定资质行政相对人名录”栏目查询。

2. 出口食品生产企业备案

海关总署对出口茶叶产品生产企业实施备案管理。办理指南见本书第二部分第十四章第十六节。

出口食品生产企业备案信息可在海关总署门户网站企业管理和稽查司页面（http：//qgjcs. customs. gov. cn/）的“信息服务”栏目中查询。

3. 出口食品生产企业对外推荐注册

境外国家（地区）对中国输往该国家（地区）的出口茶叶产品生产企业实施注册管理且要求海关总署推荐的，海关总署统一向该国家（地区）主管当局推荐。办理指南见本书第二部分第十四章第十七节。

获国外（境外）注册的食品生产企业名单可在海关总署门户网站企业管理和稽查司页面（http：//qgjcs. customs. gov. cn/）的“信息服务”栏目中查询。

（二）申报要求

出口茶叶生产企业、出口商应当按照法律、行政法规和海关总署规定，向产地（含组货地）海关申请检验检疫。

（三）产品相关要求

1. 基本要求

生产企业应当保证其出口茶叶产品符合进口国家（地区）的标准或者合同要求；中国缔结或者参加的国际条约、协定有特殊要求的，还应当符合国际条约、协定的要求。

进口国家（地区）暂无标准，合同也未做要求，且中国缔结或者参加的国际条约、协定无相关要求的，生产企业应当保证其出口茶叶产品符合中国食品安全国家标准。现行食品安全国家标准目录见本书附录 2-6。

国家标准 GB/Z 21722—2008《出口茶叶质量安全控制规范》给出了相关的指导性要求。特定品种茶叶具体要求见本节参考资料。

2. 原料要求

出口茶叶产品原料应当来自经海关备案的种植场。

3. 企业要求

（1）生产企业应当建立完善可追溯的食品安全卫生控制体系，保证食品安全卫生控制体系有效运行，确保出口食品生产、加工、贮存过程持续符合中国相关法律法规、出口食品生产企业安全卫生要求；进口国家（地区）相关法律法规和相关国际条约、协定有特殊要求的，还应当符合相关要求。

（2）生产企业应当建立供应商评估制度、进货查验记录制度、生产记录档案制度、出厂检验记录制度、出口食品追溯制度和不合格食品处置制度。相关记录应当真实有效，保存期限不得少于食品保质期期满后 6 个月；没有明确保质期的，保存期限不得少于 2 年。

（3）获得境外注册的企业，应当每年就是否能够持续符合进口国家（地区）注册条件进行自我评定，并向住所地海关报告。

（4）获得境外注册的企业，应当接受进口国家（地区）主管当局和海关实施的监督检查，如实提供有关情况和材料。

（5）出口食品存在安全问题，已经或者可能对人体健康和生命安全造成损害的，出口食品生产经营者应当立即采取相应措施，避免和减少损害发生，并向所在地海关报告。

4. 包装运输要求

生产企业应当保证出口茶叶产品包装和运输方式符合食品安全要求。

生产企业应当在运输包装上标注生产企业备案号、产品品名、生产批号和生产日期。

进口国家（地区）或者合同有特殊要求的，在保证产品可追溯的前提下，经直属海关同意，出口茶叶产品生产企业可以调整前款规定的标注项目。

（四）特定国家要求

英国对我国输英国（含英格兰、苏格兰、威尔士，不包括北爱尔兰）的茶叶要求如下：

1. 每批茶叶需随附中国官方出具的证书；

2. 每批茶叶须随附农药残留检测合格报告，报告编号须填写在官方证书中。

参考资料

特定品种茶叶具体要求

按照我国国家标准《茶叶分类》（GB/T 30766—2014），以加工工艺、产品特性为主，结合茶树品种、鲜叶原料、生产地域进行分类，主要茶叶类别及对应的主要国家标准如下：

——绿茶（green tea），以鲜叶为原料，经杀青、揉捻、干燥等工艺制成的产品。对应 GB/T 14456《绿茶》系列标准的要求。

——红茶（black tea），以鲜叶为原料，经萎凋、揉捻（切）、发酵、干燥等工艺制成的产品。对应 GB/T 13738《红茶》系列标准的要求。

——黄茶（yellow tea），以鲜叶为原料，经杀青、揉捻、闷黄、干燥等工艺制成的产品。对应 GB/T 21726《黄茶》标准的要求。

——白茶（white tea），以特定茶树品种的鲜叶为原料，经萎凋、干燥等工艺制成的产品。对应 GB/T 22291《白茶》标准的要求。

——乌龙茶（oolong tea），以特定茶树品种的鲜叶为原料，经萎凋、做青、杀青、揉捻、干燥等工艺制成的产品。对应 GB/T 30357《乌龙茶》系列标准的要求。

——黑茶（dark tea），以鲜叶为原料，经杀青、揉捻、渥堆、干燥等工艺制成的产品。对应 GB/T

32719《黑茶》系列标准的要求。

——再加工茶（reprocessing tea），以茶叶为原料，采用特定工艺加工的、供人们引用或食用的产品。具体可包括花茶、紧压茶、袋泡茶、粉茶等。相关的特定产品标准有：GB/T 22292《茉莉花茶》标准，GB/T 9833《紧压茶》系列标准，GB/T 24690《袋泡茶》标准，GB/T 34778《抹茶》标准，GB/T 31740《茶制品》系列标准，GB/T 18798《固态速溶茶》系列标准，GB/T 21733《茶饮料》标准，等等。

第十一节　咖啡豆、可可豆

一、进口咖啡豆、可可豆

（一）资质要求

1. 准入要求

海关对进口未烘焙咖啡豆、未烘焙可可豆（以下简称咖啡豆、可可豆）实施检疫准入制度。

已获准入的咖啡豆输出国家（地区）有：埃塞俄比亚、奥地利、澳大利亚、巴布亚新几内亚、巴拿马、巴西、玻利维亚、布隆迪、德国、东帝汶、多米尼加共和国、厄瓜多尔、法国、菲律宾、哥伦比亚、哥斯达黎加、洪都拉斯、加拿大、喀麦隆、肯尼亚、老挝、卢旺达、美国、秘鲁、缅甸、墨西哥、尼加拉瓜、瑞士、萨尔瓦多、所罗门群岛、坦桑尼亚、危地马拉、委内瑞拉、乌干达、西班牙、新加坡、牙买加、意大利、印度、印度尼西亚、英国、越南、赞比亚、中国台湾。

已获准入的可可豆输出国家（地区）有：巴布亚新几内亚、比利时、多哥、厄瓜多尔、加纳、喀麦隆、科特迪瓦、马来西亚、尼日利亚、塞拉利昂、圣多美和普林西比、所罗门群岛、坦桑尼亚、委内瑞拉、乌干达、新加坡、印度尼西亚。

2. 境外生产企业注册

咖啡豆、可可豆的境外生产企业，应当获得海关总署注册。

允许进口境外咖啡豆、可可豆注册登记企业名单见海关总署门户网站动植物检疫司页面（http：//dzs. customs. gov. cn/）的“企业信息”—“植物产品类”—“其他植物产品”栏目。

（二）申报要求

1. 基本申报要求

货主或者其代理人应当在咖啡豆、可可豆进口前或者进口时向海关申报，申报时应当提供贸易合同、提单、装箱单、发票等，并随附输出国家或者地区官方检验检疫证书。

2. 录入要求

在货物属性栏目，根据货物实际情况选择“14-预包装”或“15-非预包装”。

（三）产品相关要求

1. 基本要求

进口咖啡豆、可可豆不得带中方关注的检疫性有害生物，符合中国进口植物检疫法律法规和中国食品安全国家标准要求，应当按照规定随附合格证明材料。现行食品安全国家标准目录见本书附录2-6。

进口咖啡豆、可可豆的包装和标签、标识应当符合中国法律法规和食品安全国家标准；依法应当有说明书的，还应当有中文说明书。销售包装应符合国家强制性标准《限制商品过度包装要求 食品和化妆品》及其修改单（GB 23350—2021/XG1—2022）[①] 的要求。

2. 企业要求

（1）食品进口商应当建立食品进口和销售记录制度，如实记录食品名称、净含量（规格）、数量、生产日期、生产或者进口批号、保质期、境外出口商和购货者名称、地址及联系方式、交货日期等内容，并保存相关凭证。记录和凭证保存期限不得少于食品保质期满后6个月；没有明确保质期的，保存期限为销售后2年以上。

（2）食品进口商应当建立境外出口商、境外生产企业审核制度，重点审核：制定和执行食品安全风险控制措施情况；保证食品符合中国法律法规和食品安全国家标准的情况。

3. 预包装食品标签要求

属于预包装食品的，其标签还应符合以下要求：

（1）进口的预包装食品应当有中文标签；依法应当有说明书的，还应当有中文说明书。标签、说明书应当符合《中华人民共和国食品安全法》以及中国其他有关法律、行政法规的规定和食品安全国家标准的要求，并载明食品的原产地以及境内代理商的名称、地址、联系方式。预包装食品没有中文标签、中文说明书或者标签、说明书不符合规定的，不得进口。

（2）标签应当标明下列事项：名称、规格、净含量、生产日期；成分或者配料表；生产者的名称、地址、联系方式；保质期；产品标准代号；贮存条件；所使用的食品添加剂在国家标准中的通用名称；生产许可证编号；法律、法规或者食品安全标准规定应当标明的其他事项。专供婴幼儿和其他特定人群的主辅食品，其标签还应当标明主要营养成分及其含量。

（3）食品的标签、说明书，不得含有虚假内容，不得涉及疾病预防、治疗功能。生产经营者对其提供的标签、说明书的内容负责。

（4）食品的标签、说明书应当清楚、明显，生产日期、保质期等事项应当显著标注，容易辨识。

4. 其他要求

特定国家或者地区产品要求详见本小节“（四）进口咖啡豆、可可豆检验检疫要求”部分内容。

（四）进口咖啡豆、可可豆检验检疫要求

进口咖啡豆、可可豆检验检疫要求见表7-16。

表7-16 进口咖啡豆、可可豆检验检疫要求

（截至2025年1月1日）

序号	产品	原产国家（地区）	产品要求	证书要求
1	咖啡豆	埃塞俄比亚（埃塞俄比亚全境）	咖啡豆，英文名 Coffee Beans，是指在埃塞俄比亚种植和加工的未经烘焙脱壳咖啡（*Coffea arabica* L.）籽粒，已去除外皮、果肉、内果皮及银皮，经干燥、筛选等工艺制成	出口前，埃塞俄比亚须对输华咖啡豆实施检验检疫，对符合要求的出具植物检疫证书，注明加工企业名称和注册号，并在附加声明中注明：“This consignment complies with the requirements specified in the Protocol of Phytosanitary Requirements for Export of Unroasted Coffee Beans from Ethiopia to China, and is free from quarantine pests of concern to China.”（该批货物符合《埃塞俄比亚未烘焙咖啡豆输华植物检疫要求的议定书》，不带中方关注的检疫性有害生物。）经熏蒸处理的，熏蒸剂的名称、使用剂量、处理温度和持续时间等信息需在植物检疫证书中注明

① 运输包装和出厂时价格为零且标识“赠品或非卖品”字样的产品不适用于本标准。

表7-16 续1

序号	产品	原产国家（地区）	产品要求	证书要求
2	咖啡豆	巴布亚新几内亚（巴布亚新几内亚全境）	巴布亚新几内亚咖啡豆，学名 *Coffea arabica* L.，英文名 Coffee Beans，是指在巴布亚新几内亚境内种植和加工的未经烘焙脱壳咖啡籽粒，已去除外皮、果肉、内果皮及银皮，经干燥、筛选等工艺制成	出口前，巴布亚新几内亚须对输华咖啡豆实施检验检疫，对符合要求的出具植物检疫证书，注明加工企业名称和注册号，并在附加声明中注明："This consignment complies with the requirements specified in the Protocol of Phytosanitary Requirements for Export of Unroasted Coffee Beans from Papua New Guinea to China, and is free from quarantine pests of concern to China."（该批货物符合《巴布亚新几内亚未烘焙咖啡豆输华植物检疫要求的议定书》，不带中方关注的检疫性有害生物。）如发现输华咖啡豆中有活体昆虫的，应在出口前进行有效的检疫处理，检疫处理的方法、时间、温度、药剂等信息应在植物检疫证书中注明
3	可可豆	巴布亚新几内亚（巴布亚新几内亚全境）	巴布亚新几内亚可可豆，学名 *Theobroma cacao* L.，英文名 Cocoa Beans，是指在巴布亚新几内亚境内种植和加工的未经烘焙可可籽粒，去除果肉和果荚，经发酵、干燥、筛选等工艺制成	出口前，巴布亚新几内亚须对输华可可豆实施检验检疫，对符合要求的出具植物检疫证书，注明加工企业名称和注册号，并在附加声明中注明："This consignment complies with the requirements specified in the Protocol of Phytosanitary Requirements for Export of Unroasted Cocoa Bean from Papua New Guinea to China, and is free from quarantine pests of concern to China."（该批货物符合《巴布亚新几内亚可可豆输华植物检疫要求的议定书》，不带中方关注的检疫性有害生物。）如发现输华可可豆中有活体昆虫的，应在出口前进行有效的检疫处理，检疫处理的方法、时间、温度、药剂等信息应在植物检疫证书中注明
4	咖啡豆	布隆迪（布隆迪全境）	咖啡豆（Coffee Beans），是指在布隆迪种植和加工的未经烘焙脱壳咖啡（Coffea Arabica L.）籽粒，已去除外皮、果肉、内果皮及银皮等，经干燥、筛选等工艺制成	出口前，布隆迪须对输华咖啡豆实施检验检疫，对符合要求的出具植物检疫证书，注明加工企业名称和注册号，并在附加声明中注明："This consignment complies with the requirements specified in the Protocol of Phytosanitary Requirements for Export of Coffee Bean from Burundi to China, and is free from quarantine pests of concern to China."（该批货物符合《布隆迪咖啡豆输华植物检疫要求议定书》的要求，不带中方关注的检疫性有害生物）。经熏蒸处理的，熏蒸剂的名称、使用剂量、处理温度和持续时间等信息需在植物检疫证书中注明
5	咖啡豆	洪都拉斯（洪都拉斯全境）	学名 *Coffea arabica* L.，英文名 Coffee Beans，是指在洪都拉斯境内种植和加工的未经烘焙脱壳咖啡籽粒，已去除外皮、果肉、内果皮及银皮，经干燥、筛选等工艺制成	出口前，洪都拉斯须对输华咖啡豆实施检验检疫，对符合要求的出具植物检疫证书，注明加工企业名称和注册号，并在附加声明中注明："This consignment complies with the requirements specified in the Protocol of Phytosanitary Requirements for Export of Unroasted Coffee Bean from Honduras to China, and is free from quarantine pests of concern to China."（该批货物符合《洪都拉斯未烘焙咖啡豆输华植物检疫要求的议定书》，不带中方关注的检疫性有害生物。）经熏蒸处理的，熏蒸剂的名称、使用剂量、处理温度和持续时间等信息需在植物检疫证书中注明

表7-16 续2

序号	产品	原产国家（地区）	产品要求	证书要求
6	可可豆	圣多美和普林西比（圣多美和普林西比全境）	可可豆，英文名 Cocoa Beans，是指在圣多美和普林西比种植和加工的未经烘焙可可（*Theobroma cacao* L.）籽粒，去除果肉和果荚，经发酵、干燥、筛选等工艺制成	出口前，圣多美和普林西比须对输华可可豆实施检验检疫，对符合要求的出具植物检疫证书，注明加工企业名称和注册登记号，并在附加声明中注明："This consignment complies with the requirements specified in the Protocol of Phytosanitary Requirements for Export of Cocoa Beans from Sao Tome and Principe to China, and is free from quarantine pests of concern to China."（该批货物符合《圣多美和普林西比可可豆输华植物检疫要求议定书》的要求，不带中方关注的检疫性有害生物。）经熏蒸处理的，熏蒸剂的名称、使用剂量、处理温度和持续时间等信息需在植物检疫证书中注明
7	咖啡豆和可可豆	所罗门群岛（所罗门群岛全境）	指在所罗门群岛种植和加工的未经烘焙脱壳咖啡（Coffea arabica L.）、可可（Theobroma cacao L.）籽粒，已去除外皮、果肉、内果皮及银皮等，经干燥、筛选等工艺制成	出口前，所罗门群岛须对输华咖啡豆、可可豆实施检验检疫，对符合要求的出具植物检疫证书，注明加工企业名称和注册号，并在附加声明中注明："This consignment complies with the requirements specified in the Protocol of Phytosanitary Requirements for Export of Unroasted Coffee Beans and Cocoa Beans from Solomon Islands to China, and is free from quarantine pests of concern to China."（该批货物符合《所罗门群岛未烘焙咖啡豆和可可豆输华植物检疫议定书》的要求，不带中方关注的检疫性有害生物。）经熏蒸处理的，熏蒸剂的名称、使用剂量、处理温度和持续时间等信息需在植物检疫证书中注明
8	可可豆	委内瑞拉（委内瑞拉全境）	委内瑞拉可可豆，学名 *Theobroma cacao* L.，英文名 Cocoa Beans，是指在委内瑞拉境内种植和加工的未经烘焙可可籽粒，去除果肉和果荚，经发酵、干燥、筛选等工艺制成	出口前，委内瑞拉须对输华可可豆实施检验检疫，对符合要求的出具植物检疫证书，注明加工企业名称和注册登记号，并在附加声明中注明："This consignment complies with the requirements specified in the Protocol of Phytosanitary Requirements for Export of Unroasted Cocoa Bean from Venezuela to China, and is free from quarantine pests of concern to China."（该批货物符合《委内瑞拉可可豆输华植物检疫要求议定书》的规定，不带中方关注的检疫性有害生物。）如发现输华可可豆中有活体昆虫的，应在出口前进行有效的检疫处理，检疫处理的方法、时间、温度、药剂等信息应在植物检疫证书中注明
9	咖啡豆	委内瑞拉（委内瑞拉全境）	委内瑞拉咖啡豆，学名 *Coffea arabica* L.，英文名 Coffee Beans，是指在委内瑞拉种植和加工的未经烘焙脱壳咖啡籽粒，已去除外皮、果肉、内果皮及银皮，经干燥、筛选等工艺制成	出口前，委内瑞拉须对输华咖啡豆实施检验检疫，对符合要求的出具植物检疫证书，注明加工企业名称和注册号，并在附加声明中注明："This shipment complies with the requirements specified in the Protocol of Phytosanitary Requirements for the Export of Unroasted Coffee Beans from Venezuela to China, and is free of quarantine pests of concern to China."（该批货物符合《委内瑞拉未烘焙咖啡豆输华植物检疫要求的议定书》，不带中方关注的检疫性有害生物。）经熏蒸处理的，熏蒸剂的名称、使用剂量、处理温度和持续时间等信息需在植物检疫证书中注明

二、出口咖啡豆、可可豆

出口咖啡豆、可可豆按本章第十二节"其他植物源性食品"办理。

第十二节 其他植物源性食品

被中国药典现行版、进口药材标准及部颁标准等收载的品种，同时为国家法律、行政法规、规章、文件规定可用于食品的物品，企业向主管海关申报预期用途为“食用”的，由海关依照进出口食品相关规定实施检验检疫和监督管理。《按照传统既是食品又是中药材的物质目录》参见本书第二部分第二章第三节参考资料。

一、进口其他植物源性产品

（一）资质要求

1. 准入要求

海关对进口植物源性食品实施准入制度。列入《符合评估审查要求及有传统贸易的国家或地区输华食品目录》的国家或地区对应的产品，方可进口。

禁止从日本福岛县、群马县、枥木县、茨城县、宫城县、新潟县、长野县、琦玉县、东京都、千叶县 10 个都县进口植物源性食品。

《符合评估审查要求及有传统贸易的国家或地区输华食品目录》可在网站（http：//43.248.49.223/）查询。

2. 境外生产企业注册

植物源性食品的境外生产企业，应当获得海关总署注册。食用油脂和油料、包馅面食、食用谷物、谷物制粉工业产品和麦芽、保鲜和脱水蔬菜以及干豆、调味料、坚果与籽类、干果、未烘焙的咖啡豆与可可豆等产品的境外生产企业由所在国家（地区）主管当局向海关总署推荐注册。办理指南见本书第二部分第十四章第十节。

进口食品境外生产企业注册信息可在网站（https：//ciferquery.singlewindow.cn/）查询。

3. 进出口商备案

海关总署对向中国境内出口植物源性食品的出口商或者代理商实施备案管理，植物源性食品进口商应当向其住所地海关备案。办理指南见本书第二部分第十四章第十一节和第十二节。

进口食品境外出口商或者代理商、食品进口商备案信息可通过中国海关企业进出口信用信息公示平台（http：//credit.customs.gov.cn/）的“特定资质行政相对人名录”栏目查询。

4. 进境动植物检疫审批

海关依法对具有疫情疫病传播风险的植物源性食品实施检疫审批管理。食品进口商应当在签订贸易合同或者协议前取得进境动植物检疫许可。办理指南见本书第二部分第十三章第三节。

经风险评估，海关总署取消甜叶菊叶、凉粉草进境动植物检疫审批。但相关货物须来自我国检疫准入的国家（地区）及海关总署注册登记的境外生产、加工、存放企业。货物入境时，应当按照规定向海关申报，并依法接受检验检疫。

（二）申报要求

1. 基本申报要求

货主或者其代理人应当在植物源性食品进口前或者进口时向海关申报，申报时应当提供贸易合同、提单、装箱单、发票等，并随附输出国家或者地区官方检验检疫证书（检验检疫类别含有 P 的）。植物粉末、水果粉末可免于提交植物检疫证书，但是须提交出口商出具的产品经加热、加压等深加工制作的声明。

2. 录入要求

（1）在企业资质栏目，选取“508-进口食品境外出口商代理商备案”“509-进口食品进口商备案”，并分别填写 18 位统一编码和食品进口商的统一社会信用代码。

（2）在产品资质栏目，选取“519-进口食品境外生产企业注册”，并填写在华注册编号等信息。

（3）在货物属性栏目，根据货物实际情况选择“14-预包装”或“15-非预包装”。

（三）产品相关要求

1. 基本要求

进口植物源性食品应符合食品安全国家标准要求，应当按照规定随附合格证明材料。现行食品安全国家标准目录见本书附录 2-6。

2022 年 1 月 1 日起生产的输华植物源性食品，应当在内、外包装上标注在华注册编号或者所在国家（地区）主管当局批准的注册编号。

进口植物源性食品的包装和标签、标识应当符合中国法律法规和食品安全国家标准；依法应当有说明书的，还应当有中文说明书。销售包装应符合国家强制性标准《限制商品过度包装要求 食品和化妆品》及其修改单（GB 23350—2021/XG1—2022）① 的要求。

2. 企业要求

（1）食品进口商应当建立食品进口和销售记录制度，如实记录食品名称、净含量/规格、数量、生产日期、生产或者进口批号、保质期、境外出口商和购货者名称、地址及联系方式、交货日期等内容，并保存相关凭证。记录和凭证保存期限不得少于食品保质期满后 6 个月；没有明确保质期的，保存期限为销售后 2 年以上。

（2）食品进口商应当建立境外出口商、境外生产企业审核制度，重点审核：制定和执行食品安全风险控制措施情况；保证食品符合中国法律法规和食品安全国家标准的情况。

3. 预包装食品标签要求

属于预包装食品的其他植物源性食品产品，其标签还应符合以下要求：

（1）进口的预包装食品应当有中文标签；依法应当有说明书的，还应当有中文说明书。标签、说明书应当符合《中华人民共和国食品安全法》以及中国其他有关法律、行政法规的规定和食品安全国家标准的要求，并载明食品的原产地以及境内代理商的名称、地址、联系方式。预包装食品没有中文标签、中文说明书或者标签、说明书不符合规定的，不得进口。

（2）标签应当标明下列事项：名称、规格、净含量、生产日期；成分或者配料表；生产者的名称、地址、联系方式；保质期；产品标准代号；贮存条件；所使用的食品添加剂在国家标准中的通用名称；生产许可证编号；法律、法规或者食品安全标准规定应当标明的其他事项。专供婴幼儿和其他特定人群的主辅食品，其标签还应当标明主要营养成分及其含量。

（3）食品的标签、说明书，不得含有虚假内容，不得涉及疾病预防、治疗功能。生产经营者对其提供的标签、说明书的内容负责。

（4）食品的标签、说明书应当清楚、明显，生产日期、保质期等事项应当显著标注，容易辨识。

二、出口其他植物源性产品

（一）资质要求

1. 出口食品生产企业备案

出口食品生产企业应当向住所地海关备案。办理指南见本书第二部分第十四章第十六节。

---

① 运输包装和出厂时价格为零且标识“赠品或非卖品”字样的产品不适用于本标准。

2. 出口食品生产企业对外推荐注册

境外国家（地区）对中国输往该国家（地区）的出口食品生产企业实施注册管理且要求海关总署推荐的，海关总署统一向该国家（地区）主管当局推荐。办理指南见本书第二部分第十四章第十七节。

（二）申报要求

出口食品生产企业、出口商应当按照法律、行政法规和海关总署规定，向产地（含组货地）海关申请检验检疫。

（三）产品相关要求

1. 基本要求

生产企业应当保证其出口食品符合进口国家（地区）的标准或者合同要求；中国缔结或者参加的国际条约、协定有特殊要求的，还应当符合国际条约、协定的要求。

进口国家（地区）暂无标准，合同也未做要求，且中国缔结或者参加的国际条约、协定无相关要求的，生产企业应当保证其出口食品符合中国食品安全国家标准。现行食品安全国家标准目录见本书附录 2-6。

2. 企业要求

（1）生产企业应当建立完善可追溯的食品安全卫生控制体系，保证食品安全卫生控制体系有效运行，确保出口食品生产、加工、贮存过程持续符合中国相关法律法规、出口食品生产企业安全卫生要求；进口国家（地区）相关法律法规和相关国际条约、协定有特殊要求的，还应当符合相关要求。

（2）生产企业应当建立供应商评估制度、进货查验记录制度、生产记录档案制度、出厂检验记录制度、出口食品追溯制度和不合格食品处置制度。相关记录应当真实有效，保存期限不得少于食品保质期期满后 6 个月；没有明确保质期的，保存期限不得少于 2 年。

（3）获得境外注册的企业，应当每年就是否能够持续符合进口国家（地区）注册条件进行自我评定，并向住所地海关报告。

（4）获得境外注册的企业，应当接受进口国家（地区）主管当局和海关实施的监督检查，如实提供有关情况和材料。

（5）出口食品存在安全问题，已经或者可能对人体健康和生命安全造成损害的，出口食品生产经营者应当立即采取相应措施，避免和减少损害发生，并向所在地海关报告。

3. 包装运输要求

生产企业应当保证出口食品包装和运输方式符合食品安全要求。

生产企业应当在运输包装上标注生产企业备案号、产品品名、生产批号和生产日期。

进口国家（地区）或者合同有特殊要求的，在保证产品可追溯的前提下，经直属海关同意，出口食品生产企业可以调整前款规定的标注项目。

第八章

特殊食品和深加工食品

食品，是指各种供人食用或者饮用的成品和原料，以及按照传统既是食品又是中药材的物品，但是不包括以治疗为目的的物品。

国家对保健食品、特殊医学用途配方食品和婴幼儿配方食品等特殊食品实行严格监督管理。

保健食品，是指声称并具有特定保健功能或者以补充维生素、矿物质为目的的食品，即适用于特定人群食用，具有调节机体功能，不以治疗疾病为目的，并且对人体不产生任何急性、亚急性或慢性危害的食品。

特殊医学用途配方食品，是指为了满足进食受限、消化吸收障碍、代谢紊乱或特定疾病状态人群对营养素或膳食的特殊需要，专门加工配制而成的配方食品。该类产品必须在医生或临床营养师指导下，单独食用或与其他食品配合食用。

婴幼儿配方食品，是指以乳类及乳蛋白制品和/或大豆及大豆蛋白制品为主要原料，加入适量的维生素、矿物质和/或其他辅料，仅用物理方法生产加工制成的液态或粉状产品，适用于婴儿、较大婴儿和幼儿食用，其能量和营养成分能够满足0~6月龄婴儿的正常营养需要，或正常较大婴儿和幼儿的部分营养需要。乳基婴幼儿配方食品，还应符合乳品的规定（详见本书第二部分第六章第三节）。

深加工食品，包括罐头、熟制坚果炒货、饮料、冷冻饮品、咖啡、果冻、酒、糖与糖果、巧克力和可可制品、调味品、糕点饼干、粮食制品、蜜饯、食用油脂、食品加工用植物蛋白等。本章深加工食品不包括特殊食品。

第一节　特殊食品

一、进口特殊食品

（一）资质要求

1. 准入要求

海关对进口肉类、水产品、乳制品、燕窝、肠衣、植物源性食品、蜂产品等食品实施准入制度。属于上述种类的特殊食品，列入《符合评估审查要求的国家或地区输华肉类产品名单》《符合评估审查要求及有传统贸易的国家或地区输华肠衣产品名单》《符合评估审查要求的国家或地区输华燕窝产品名单》《符合评估审查要求及有传统贸易的国家或地区输华蜂产品名单》［以上名单可在海关总署门户网站进出口食品安全局页面（http：//jckspj. customs. gov. cn/）的“信息服务”—“产品监管重要信息”—“陆生动物源性食品”栏目中查询］，或《符合评估审查要求及有传统贸易的国家或地区输华食品目录》（可在网站 http：// 43. 248. 49. 223 查询）的，方可进口。

禁止从日本福岛县、群马县、枥木县、茨城县、宫城县、新潟县、长野县、琦玉县、东京都、千叶县 10 个都县进口食品。

2. 境外生产企业注册

特殊食品的境外生产企业，应当获得海关总署注册。特殊食品的境外生产企业由所在国家（地区）主管当局向海关总署推荐注册。办理指南见本书第二部分第十四章第十节。

进口食品境外生产企业注册信息可在相关网站（https：//ciferquery. singlewindow. cn/）查询。

3. 进出口商备案

海关总署对向中国境内出口特殊食品的出口商或者代理商实施备案管理，特殊食品进口商应当向其住所地海关备案。办理指南见本书第二部分第十四章第十一节和第十二节。

进口食品境外出口商或者代理商、食品进口商备案信息可通过中国海关企业进出口信用信息公示平台（http：//credit. customs. gov. cn/）的“特定资质行政相对人名录”栏目查询。

4. 进境动植物检疫审批

海关依法对需要进境动植物检疫审批的进口食品实施检疫审批管理。属于审批范围内的特殊食品，进口商应当在签订贸易合同或者协议前取得进境动植物检疫许可。

根据法律法规及相关规定需要办理检疫审批的进境食品包括：肉类及其产品（含脏器，不含腌制肉产品）、鲜蛋类（含食用鲜乌龟蛋、食用甲鱼蛋）、可食用骨蹄角及其产品等动物源性食品；各种杂豆、杂粮等具有疫情疫病传播风险的植物源性食品。办理指南见本书第二部分第十三章第二节和第三节。

5. 食品安全监督管理部门的注册备案

除进口食品的通用要求外，进口特殊食品还涉及以下食品安全监督管理部门的注册备案要求：

（1）进口保健食品

首次进口的保健食品应当经国务院食品安全监督管理部门注册。首次进口的保健食品中属于补充维生素、矿物质等营养物质的，应当报国务院食品安全监督管理部门备案。办理指南见本书第二部分第十三章第七节。

进口保健食品注册号格式为：国食健注 J+4 位年代号+4 位顺序号。进口保健食品备案号格式为：食健备 J+4 位年代号+00+6 位顺序编号。保健食品注册证书或保健食品备案凭证电子数据已与进出口货物报关单电子数据实现联网核查。

（2）进口特殊医学用途配方食品

特殊医学用途配方食品应当经国务院食品安全监督管理部门注册。办理指南见本书第二部分第十三章第八节。

特殊医学用途配方食品注册证书电子数据已与进出口货物报关单电子数据实现联网核查。

（3）进口婴幼儿配方食品

婴幼儿配方乳粉的产品配方应当经国务院食品安全监督管理部门注册。办理指南见本书第二部分第十三章第九节。

婴幼儿配方乳粉产品配方注册证书电子数据已与进出口货物报关单电子数据实现联网核查。

（二）申报要求

除进口食品通用要求和所属类型产品要求外，特殊食品申报还应符合以下要求：

1. 保健食品

（1）特殊申报要求

进口日本保健食品时，应随附以下文件：

①日本官方出具的原产地证明；

②日本政府出具的放射性物质检测合格的证明（适用于鱼油、鱼肝油制品）。

（2）录入要求

①在企业资质栏目，选取“508-进口食品境外出口商代理商备案”“509-进口食品进口商备案”，并分别填写 18 位统一编码和食品进口商的统一社会信用代码。

②在产品资质栏目，选取“325-进境动植物产品检疫许可”（需要提供时）、“519-进口食品境外生产企业注册”、“529-保健食品注册证书或保健食品备案凭证（进口）”，并分别填写许可证编号、在华注册企业编号等信息。

③在货物属性栏目，根据货物实际情况选择“14-预包装”或“15-非预包装”。

2. 特殊医学用途配方食品

（1）特殊申报要求

进口日本特殊医学用途配方食品时，还应随附以下文件：

①日本官方出具的原产地证明；

②日本政府出具的放射性物质检测合格的证明（乳制品适用）。

（2）录入要求

①在企业资质栏目，选取“508-进口食品境外出口商代理商备案”“509-进口食品进口商备案”，并分别填写企业资质编号。

②在产品资质栏目，选取“519-进口食品境外生产企业注册”“528-特殊医学用途配方食品注册证书（进口）”，并分别填写许可证编号等信息。

③在货物属性栏目，根据货物实际情况选择“14-预包装”或“15-非预包装”。

3. 婴幼儿配方食品

（1）特殊申报要求

进口日本婴幼儿配方食品时，还应随附以下文件：

①日本官方出具的原产地证明；

②日本政府出具的放射性物质检测合格的证明（乳制品适用）。

《食品安全国家标准 婴儿配方食品》（GB 10765—2021）、《食品安全国家标准 较大婴儿配方食品》（GB 10766—2021）、《食品安全国家标准 幼儿配方食品》（GB 10767—2021）均自 2023 年 2 月 22 日起实施，需执行以下要求：

一是自实施之日起，境外企业应按新国标生产输华食品。在新国标实施日期前生产、进口的符合原国标规定的产品，根据国内标准实施的规定和世界贸易组织规则，可在保质期内继续进口、销售。有特殊定的，以特殊规定为准。

二是为做好新旧标准衔接，进口货物境内收货人或其报关代理人在向海关申报实际进境的上述产品时，必须填报“生产日期”，生产日期应与商品标签上的生产日期一致，具体填报为 8 位数字，顺序为年（4 位）、月（2 位）、日（2 位）。

（2）录入要求

①在企业资质栏目，选取“508-进口食品境外出口商代理商备案”“509-进口食品进口商备案”，并分别填写企业资质编号。

②在产品资质栏目，选取“519-进口食品境外生产企业注册”、“527-婴幼儿配方乳粉配方注册证明文件（进口）”（属于婴幼儿配方乳粉的产品），并分别填写许可证编号等信息。

③在货物属性栏目，根据货物实际情况选择“14-预包装”或“15-非预包装”。

（三）产品相关要求

1. 进口特殊食品的通用要求

（1）基本要求

进口特殊食品应符合食品安全国家标准要求，应当按照规定随附合格证明材料。现行食品安全国家标准目录见本书附录 2-6。

食品中不得添加药品，但是可以添加按照传统既是食品又是中药材的物质。《按照传统既是食品又是中药材的物质目录》由国务院卫生行政部门会同国务院食品安全监督管理部门制定、公布。现行《按照传统既是食品又是中药材的物质目录》详见本书第二部分第二章第三节参考资料。

进口特殊食品的包装和标签、标识应当符合中国法律法规的规定和食品安全国家标准；依法应当有说明书的，还应当有中文说明书。销售包装应符合国家强制性标准《限制商品过度包装要求 食品和化妆品》及其修改单（GB 23350—2021/XG1—2022）[①] 的要求。

2022 年 1 月 1 日起生产的输华特殊食品，应当在内、外包装上标注在华注册编号或者所在国家（地区）主管当局批准的注册编号。

（2）企业要求

食品进口商应当建立食品进口和销售记录制度，如实记录食品名称、净含量/规格、数量、生产日期、生产或者进口批号、保质期、境外出口商和购货者名称、地址及联系方式、交货日期等内容，并保存相关凭证。记录和凭证保存期限不得少于食品保质期满后 6 个月；没有明确保质期的，保存期限为销售后 2 年以上。

食品进口商应当建立境外出口商、境外生产企业审核制度，重点审核：制定和执行食品安全风险控制措施的情况；保证食品符合中国法律法规和食品安全国家标准的情况。

2. 进口保健食品的特殊要求

进口的保健食品应当是出口国（地区）主管部门准许上市销售的产品。

（1）保健食品原料要求

保健食品中声称保健功能的原料应列入“保健食品原料目录”（国家市场监督管理总局、国家卫生健康委员会、国家中医药管理局公告 2020 年第 54 号和 2020 年第 55 号）。

保健食品中不得添加药品，但列入《按照传统既是食品又是中药材的物质目录》（见本书第二部分第二章第三节参考资料）及《可用于保健食品的物品名单》（见本节参考资料 1）的中药材可在符合要求的情况下使用；列入《禁止和限制用于保健食品的物质目录》（见本节参考资料 2）中的中药材禁止或限制在保健食品中使用。

保健食品所用辅料应符合《保健食品备案产品可用辅料及其使用规定（2021 年版）》（国家市场监督管理总局公告 2021 年第 7 号）的规定。

（2）保健食品标签、说明书的附加要求

保健食品的标签、说明书不得涉及疾病预防、治疗功能，内容应当真实，与注册或者备案的内容一致，载明适宜人群、不适宜人群、功效成分或者标志性成分及其含量等，并声明“本品不能代替药物”。保健食品的功能和成分应当与标签、说明书一致。

进口保健食品、特殊膳食用食品的中文标签必须印制在最小销售包装上，不得加贴。

3. 进口特殊医学用途配方食品的特殊要求

进口特殊医学用途配方食品的标签、说明书内容应当与注册或者备案的标签、说明书一致。

进口特殊医学用途配方食品的中文标签必须印制在最小销售包装上，不得加贴。

特殊医学配方食品标识应符合《特殊医学用途配方食品标识指南》（国家市场监督管理总局公告 2022 年第 42 号）的各项要求，详见本节参考资料 3。

4. 进口婴幼儿配方食品的特殊要求

进口婴幼儿配方食品的标签、说明书内容应当与注册或者备案的标签、说明书一致。

进口婴幼儿配方食品的中文标签必须印制在最小销售包装上，不得加贴。

对添加食品安全国家标准规定的选择性添加物质的婴幼儿配方食品，不得以选择性添加物质命名。

---

① 运输包装和出厂时价格为零且标识“赠品或非卖品”字样的产品不适用于本标准。

进口婴幼儿配方乳粉，其申报日期到保质期截止日不足3个月的，不予进口。

不得以分装方式生产婴幼儿配方乳粉，同一企业不得用同一配方生产不同品牌的婴幼儿配方乳粉。

二、出口特殊食品

出口特殊食品应符合进口国家（地区）的要求。

进口国家（地区）无特殊要求时，可根据实际产品属性，分别按照动物源性食品（见本书第二部分第六章）、食用植物产品（见本书第二部分第七章）或本章第三节“其他深加工食品”有关要求办理。

参考资料1

可用于保健食品的物品名单

《卫生部关于进一步规范保健食品原料管理的通知》（卫法监发［2002］51号）附件2发布的《可用于保健食品的物品名单》中列明的114种物质（其中3种已调出，1种部分调出）如下（按笔画顺序排列）：

1人参（注1）、2人参叶、3人参果、4三七、5土茯苓、6大蓟、7女贞子、8山茱萸、9川牛膝、10川贝母、11川芎、12马鹿胎、13马鹿茸、14马鹿骨、15丹参、16五加皮、17五味子、18升麻、19天门冬、20天麻、21太子参、22巴戟天、23木香、24木贼、25牛蒡子、26牛蒡根（注2）、27车前子、28车前草、29北沙参、30平贝母、31玄参、32生地黄、33生何首乌、34白及、35白术、36白芍、37白豆蔻、38石决明、39石斛（需提供可使用证明）、40地骨皮、41当归、42竹茹、43红花、44红景天、45西洋参、46吴茱萸、47怀牛膝、48杜仲、49杜仲叶、50沙苑子、51牡丹皮、52芦荟、53苍术、54补骨脂、55诃子、56赤芍、57远志、58麦门冬、59龟甲、60佩兰、61侧柏叶、62制大黄、63制何首乌、64刺五加、65刺玫果、66泽兰、67泽泻、68玫瑰花、69玫瑰茄、70知母、71罗布麻、72苦丁茶（注3、注4）、73金荞麦、74金樱子、75青皮、76厚朴、77厚朴花、78姜黄、79枳壳、80枳实、81柏子仁、82珍珠、83绞股蓝、84胡芦巴、85茜草、86荜茇、87韭菜子、88首乌藤、89香附、90骨碎补、91党参、92桑白皮、93桑枝、94浙贝母、95益母草、96积雪草、97淫羊藿、98菟丝子、99野菊花、100银杏叶、101黄芪、102湖北贝母、103番泻叶、104蛤蚧、105越橘、106槐实、107蒲黄、108蒺藜、109蜂胶、110酸角（注5）、111墨旱莲、112熟大黄、113熟地黄、114鳖甲。

注1：人参（人工种植）(*Panax Ginseng* C. A. Meyer)：根据《关于批准人参（人工种植）为新资源食品的公告》（卫生部公告2012年第17号），批准5年及5年以下人工种植的人参为新资源食品。

注2：牛蒡根（Arctium lappa root）：根据《国家卫生计生委关于牛蒡作为普通食品管理有关问题的批复》（国卫食品函〔2013〕83号），同意牛蒡根作为普通食品管理。

注3：木犀科粗壮女贞苦丁茶（Ligustrum robustum（Roxb.）Blum.）：根据《卫生部关于同意木犀科粗壮女贞苦丁茶为普通食品的批复》（卫监督函〔2011〕428号），同意木犀科粗壮女贞苦丁茶为普通食品。

注4：冬青科苦丁茶（Ilex kudingcha C. J. Tseng）：根据《关于同意将冬青科苦丁茶作为普通食品管理的批复》（卫计生函〔2013〕86号），同意将冬青科苦丁茶作为普通食品管理。

注5：酸角（Tamarindus indica）：根据卫生部2019年第18号公告，允许酸角作为普通食品生产经营。

参考资料 2

禁止和限制用于保健食品的物质目录

一、《卫生部关于限制以野生动植物及其产品为原料生产保健食品的通知》（卫法监发［2001］160 号）规定的禁止与限制物质：

（1）禁止使用国家一级和二级保护野生动植物及其产品作为保健食品成分。

（2）禁止使用人工驯养繁殖或人工栽培的国家一级保护野生动植物及其产品作为保健食品成分。

（3）使用人工驯养繁殖或人工栽培的国家二级保护野生动植物及其产品作为保健食品成分的，应提供省级以上农业（渔业）、林业行政主管部门的批准文件。

（4）使用国家保护的有益的或者有重要经济、科学研究价值的陆生野生动物及其产品作为保健食品成分的，应提供省级以上农业（渔业）、林业行政主管部门依据管理职能批准的开发利用的证明。

（5）使用中华人民共和国林业植物新品种保护名录中植物及其产品作为保健食品成分的，如果该种植物已获“品种权”，应提供该种植物品种权所有人许可使用的证明；如该种植物尚未取得品种权，应提供国务院林业主管部门出具的该种品种尚未取得品种权的证明。

（6）对于进口保健食品中使用《濒危野生动植物种国际贸易公约》名录中动植物及其产品的，应提供国务院农业（渔业）、林业行政主管部门批准文件、进出口许可证及海关的证明文件。

二、《卫生部关于限制以甘草、麻黄草、苁蓉和雪莲及其产品为原料生产保健食品的通知》（卫法监发［2001］188 号）规定的限制物质：

（1）禁止使用野生甘草、麻黄草、苁蓉和雪莲及其产品作为保健食品成分。

（2）使用人工栽培的甘草、麻黄草、苁蓉和雪莲及其产品作为保健食品成分的，应提供原料来源、购销合同以及原料供应商出具的收购许可证（复印件）。

三、《卫生部关于不再审批以熊胆粉和肌酸为原料生产的保健食品的通告》（卫法监发［2001］267 号）规定的禁用物质：

卫生部不再审批以熊胆粉和肌酸为原料生产的保健食品。

四、《卫生部关于进一步规范保健食品原料管理的通知》（卫法监发［2002］51 号）附件 3 规定的禁用物质（按笔划顺序排列）：

八角莲、八里麻、千金子、土青木香、山莨菪、川乌、广防己、马桑叶、马钱子、六角莲、天仙子、巴豆、水银、长春花、甘遂、生天南星、生半夏、生白附子、生狼毒、白降丹、石蒜、关木通、农吉痢、夹竹桃、朱砂、米壳（罂粟壳）、红升丹、红豆杉、红茴香、红粉、羊角拗、羊踯躅、丽江山慈姑、京大戟、昆明山海棠、河豚、闹羊花、青娘虫、鱼藤、洋地黄、洋金花、牵牛子、砒石（白砒、红砒、砒霜）、草乌、香加皮（杠柳皮）、骆驼蓬、鬼臼、莽草、铁棒槌、铃兰、雪上一枝蒿、黄花夹竹桃、斑蝥、硫磺、雄黄、雷公藤、颠茄、藜芦、蟾酥。

参考资料 3

特殊医学用途配方食品标识指南

（国家市场监督管理总局公告 2022 年第 42 号）

为指导特殊医学用途配方食品（以下简称特医食品）企业规范标识，引导医生、临床营养师和消费者科学合理使用特医食品，根据《中华人民共和国食品安全法》《特殊医学用途配方食品注册管理办法》等法律法规，制定本指南。

一、基本要求

特医食品标识是指印刷、粘贴、标注或者随附于特医食品最小销售单元的包装上，用以辨识和说明食品基本信息、特征或者属性的文字、符号、数字、图案以及其他说明的总称。特医食品标识包括标签和说明书。

特医食品标识应符合相关法律、法规、规章和食品安全国家标准的规定，涉及特医食品注册证书内容的，应当与注册证书内容一致，并标明注册号。特医食品的标签和说明书的内容应当一致，若标签已涵盖说明书全部内容的，可以不另附说明书。

标签、说明书应真实规范、科学准确、通俗易懂、清晰易辨，不得含有虚假、夸大内容或者绝对化语言。

特医食品最小销售包装应标注特医食品专属标志。

二、内容要求

（一）产品名称

产品名称由商品名称、通用名称组成。每个产品只能有一个产品名称，且商品名称不应与已批准的特医食品、保健食品、药品的商品名称相同。产品名称应使用规范的汉字（《通用规范汉字表》中的汉字），不得使用繁体字、数字、字母（©除外）、图形、符号等。进口产品还可标注英文名称，英文名称应与中文名称有对应关系。产品名称字体颜色应与标签背景颜色区分，可清晰辨识。

商品名称字号应小于通用名称，字体和颜色不得比通用名称更突出和显著。以单字面积计，商品名称字体总面积（矩形法计）不得大于通用名称所用字体总面积的二分之一。商品名称可以是依法注册的商标名称。

使用除商品名称以外的注册商标，商标的总面积（矩形法计）不得大于通用名称所用字体面积的四分之一，且小于商品名称面积，不得与产品名称连用。商标文字字号不得大于商品名称字号。

通用名称应当醒目、显著，原则上不应分开标注，受版面限制无法整行标注的除外。具体参照《市场监管总局关于调整特殊医学用途配方产品通用名称的公告》（2019 年第 26 号）调整后的通用名称。

（二）产品类别

按照《食品安全国家标准 特殊医学用途配方食品通则》（GB 29922）（以下简称 GB 29922）和《食品安全国家标准 特殊医学用途婴儿配方食品通则》（GB 25596）（以下简称 GB 25596）规定的产品类别（分类）进行标注。

（三）配料表

配料表中各种配料的名称应当按照相应标准、有关规定标示具体名称。例如，若使用固体玉米糖浆，则应标示“固体玉米糖浆”或“淀粉糖（固体玉米糖浆）”。如果某种配料是两种或两种以上的其他配料构成的复合配料（不包括复配食品添加剂），应在配料表中标示复合配料的名称，随后将复合配料的原始配料在括号内按加入量的递减顺序标示。加入量小于产品总量 25%的复合配料中含有的食品添加剂，若符合《食品安全国家标准 食品添加剂使用标准》（GB 2760）规定的带入原则且在最终产品中不起工艺作用的，不需要标示，但复合配料中在终产品起工艺作用的食品添加剂应当标示。

产品配方中加入量不超过 2%的配料，按照蛋白质、脂肪、碳水化合物、维生素、矿物质、可选择性成分、其他成分（如叶黄素）、食品添加剂、其他配料（如可食用菌种）的顺序标示，其中维生素、矿物质等按照营养成分表中的顺序排列。

（四）营养成分表

营养成分表以“方框表”的形式标示每 100 g（克）/每 100 mL（毫升）以及每 100 kJ（千焦）产品中的能量（kJ）、营养素和可选择成分的含量，也可同时标示每 100 kca（1 千卡）产品的量；非液体产品还可标示每 100 mL 标准冲调液的能量（kJ）、营养素和可选择性成分的含量。当选择性标示每份产品时，应标明每份产品的能量（kJ）、营养素和可选择成分的含量。每 100 g（克）/每 100 mL（毫升）和每 100 kJ（千焦）产品中的能量、营养素和可选择成分含量的数值应具有对应关系。方框表可为任意尺寸，并与包装的基线垂直，表题为“营养成分表”。

能量、营养素和可选择成分使用 GB 29922、GB 25596 等食品安全国家标准中的计量单位，标示数值可通过产品检测或原料计算获得。营养成分表修约间隔应不少于相应食品安全国家标准对应的小数位数，GB 25596 中营养素比值的要求（如亚油酸与α-亚麻酸比值、钙磷比值等）按照食品安全国家标准可选择性标示。

（五）配方特点/营养学特征

产品配方特点及营养学特征的相关描述应有充分依据，结合产品配方特点、工艺特点、营养学特征等进行客观描述或说明，包括对产品与适用人群疾病或医学状况的说明。

若标准中已有明确规定的，原则上不应作为配方特点进行描述，如 GB 25596 中规定只有经过预糊化后的淀粉才可以加入特殊医学用途婴儿配方食品中，不得使用果糖。对于这类产品，在配方特点/营养学特征中不宜出现“马铃薯淀粉经预糊化处理”“未使用果糖”等描述。

（六）临床试验

特定全营养配方食品的标签和说明书应对所开展的临床试验进行概括性描述，对临床试验研究目的、临床试验设计、观察人群、样本量、观察周期、对照样品、主要/次要观察指标、观察结果等内容进行客观阐述。

（七）组织状态

描述应当符合产品相应特性，如粉状、液态等。

（八）适用人群

按照 GB 29922、GB 25596 规定，以及产品研发的适用人群、特殊医学状况等进行标注，应准确、详细描述适用人群年龄范围和（或）特殊医学状况。

（九）食用方法和食用量

食用方法和食用量应标示“食用方法和食用量应在医生或临床营养师指导下，根据适用人群的年龄、体重和医学状况等综合确定”或类似表述；根据产品特性和适用人群，对冲调量、冲调方式、摄入途径（例如，口服或管饲）进行标示，可选择性对产品维持的温度、服用速度、冲调后产品保存方式等内容进行描述。

（十）净含量和规格

单件预先定量的预包装食品标示净含量；同一预包装内含有多个单件预先定量的预包装食品时，在标示净含量的同时还应标示规格。

（十一）生产日期和保质期

应按照年、月、日的顺序清晰标示生产日期和保质期。如日期标示采用“见包装物某部位”的形式，应标明所在包装物的具体部位。日期标示不应与包装物、容器分离，不得补贴、补印、篡改。可以采用“保质期至××××年××月××日”“请于××××年××月××日前食（饮）用”等表述方式。

（十二）贮存条件

应注明产品的贮存条件，如温湿度要求、阴凉处贮存、常温贮存等。如有必要，注明开封后的贮存条件。若开封后的产品不易贮存或不宜在原包装容器内贮存，应向消费者特别提示。对贮存有特殊要求的产品，应特别注明。

（十三）警示说明和注意事项

应在醒目位置标示“请在医生或临床营养师指导下使用”“不适用于非目标人群使用”“本品禁止用于肠外营养支持和静脉注射”“配制不当和使用不当可能引起××危害”；还应根据实际需求选择性地标注“严禁××人群使用或××疾病状态下人群使用”等警示说明，以及“产品使用后可能引起不耐受（不适）”“××人群使用可能引起健康危害”“可作为单一营养来源单独食用”或“不可作为单一营养来源”“使用期间应避免细菌污染”“管饲系统应当正确使用”“包装不能用于微波加热”等注意事项。“警示说明和注意事项”标题一栏应加粗呈现，字体应不小于标签非主要展示版面的其他内容。

三、主展示版面要求

特医食品标签的主要展示版面应当标示产品名称、特医食品标志、净含量（规格）、注册号、适用人群，“请在医生或临床营养师的指导下使用”提示语，可标示产品口味（如香草味等），配符合食品安全国家标准要求且不会使消费者误解的图形，也可在主要展示版面的边角标示已注册商标，不得标示其他内容。

特医食品的标签应设置标志区域，位于销售包装标签主要展示版面左上角或右上角，主要展示版面方向同文字方向。当主要展示版面的表面积大于 $100cm^2$ 时，标志直径不得小于 2cm，面积小于 $100cm^2$ 时，标志直径不得小于 1cm。当包装物或包装容器的最大表面面积小于 $10cm^2$ 时，可不标示标志。特医食品标志应清晰醒目、易于识别，可以按样式等比例变化，但不得变形、变色。非特医食品不得冒用、盗用特医食品标志。整体比例及标志样稿如下：

特医食品标志整体比例：98：98（高：宽）。基本图案部分：77：77（高：宽）。花形图案比例：50：50（高：宽），中心位置于标识左右居中直径为 62 正圆中心处。叶子图案比例：24.5：61（高：宽），两叶片间距离 2，叶片位置于基本图案的同心圆直径为 69.5 底齐，弧度基本保持一致，高度在基本图案黄金比例以下。单字比例：“特”高 6.2，宽 6.5；“医”高 6，宽 5.8；“食”高 6.2，宽 6.5；“品”高 6，宽 6.5；“F”高 4.65，宽 3；“S”高 4.8，宽 3.5；“M”高 4.65，宽 4.5；“P”高 4.65，宽 3.65。

印刷标准色 CMYK 色值：蓝色为 C100 M0 Y0 K0，屏幕标准色 RGB 色值：蓝色为 R0 G160 B233。

四、禁止性要求

标签和说明书中不得标注以下内容：

（一）涉及虚假、夸大、违反科学原则或者绝对化的词语，如“特效”“全效”等；

（二）涉及预防、治疗疾病的词语，如“预防”“治疗”“速康”“优术”等；

（三）涉及保健功能的词语，如“强壮”等；涉及明示或者暗示具有益智、增加抵抗力或者免疫力、保护肠道等功能性表述；

（四）涉及庸俗或带有封建迷信色彩的词语，如“神效”等；

（五）其他误导消费者的词语，如使用谐音字或形似字容易造成消费者误解的，如“亲体”“母爱”“仿生”等；

（六）婴儿或者病患的形象作为标签图案，以及“人乳化”“母乳化”或近似术语表述；

（七）其他不符合法律、法规、规章和食品安全国家标准规定的情形。

五、其他要求

（一）特医食品标签和说明书还应包括法律、法规、规章、食品安全国家标准规定以及注册要求的其他内容。

（二）同一企业生产的同一特医食品，其标签的内容（净含量和规格、口味除外）、格式及颜色应保持一致。

（三）标签和说明书不得对产品中的营养素进行功能声称。

（四）当特医食品包装最大表面积小于 100cm^{2}或产品质量小于 100g、体积小于 100mL 时，可不标示配制指导图解。

（五）特殊医学用途早产/低出生体重婴儿配方食品、特殊医学用途婴儿营养补充剂、特殊医学用途蛋白质（氨基酸）组件配方食品、特殊医学用途碳水化合物组件配方食品、特殊医学用途电解质配方食品、特定全营养配方食品等产品应在产品标签、说明书【警示说明和注意事项】项下标示产品即食状态或其他适当状态下的渗透压，标示“本产品（标准冲调液）的渗透压约为×××，供使用参考”或类似表述。

（六）特殊医学用途早产/低出生体重婴儿配方食品还应标示“对于 0~6 月龄的婴儿最理想的食品是母乳，早产/低出生体重婴儿应在医生或临床营养师指导下，在母乳不足或无母乳时食用本品”；“根据不同早产/低出生体重婴儿情况，当生长发育各项指标达到相应矫正月龄婴儿的正常范围时，可在医生或临床营养师指导下转为普通婴儿配方食品或配合添加辅助食品”或类似表述。

（七）可供 6 月龄以上婴儿食用的特殊医学用途配方食品，应标明“6 月龄以上特殊医学状况婴儿食用本品时，应配合添加辅助食品”。

（八）特殊医学用途碳水化合物组件配方食品应标识“临床使用中应注意监测血糖”等类似表述。

（九）特殊医学用途电解质配方食品应标识“临床使用中应注意监测产品中涉及元素的血清离子浓度”等类似表述。

（十）进口特殊医学用途婴儿配方食品的中文标签须在入境前直接印制在最小销售包装上。

第二节　酒类产品

本节的酒类产品包括发酵酒、蒸馏酒、配制酒、原酒、食用酒精、酿酒原料等。

一、进口酒类产品

（一）资质要求

1. 准入要求

禁止从日本福岛县、群马县、栃木县、茨城县、宫城县、新潟县、长野县、琦玉县、东京都、千叶县 10 个都县进口酒类产品。

2. 境外生产企业注册

酒类产品的境外生产企业，应当获得海关总署注册。酒类产品的境外生产企业，应当自行或者委托代理人向海关总署提出注册申请。办理指南见本书第二部分第十四章第十节。

进口食品境外生产企业注册信息可在网站（https：//ciferquery. singlewindow. cn/）查询。

3. 进出口商备案

向中国境内出口酒类产品的境外出口商或者代理商应当向海关总署备案。酒类产品进口商应当向其住所地海关备案。办理指南见本书第二部分第十四章第十一节和第十二节。

进口食品境外出口商或者代理商、食品进口商备案信息可通过中国海关企业进出口信用信息公示平台（http：//credit. customs. gov. cn/）的“特定资质行政相对人名录”栏目查询。

（二）申报要求

1. 基本申报要求

货主或者其代理人应当在酒进口前或者进口时向海关申报，申报时应当提供贸易合同、提单、装箱单、发票等，并随附原产地证明。

2. 其他申报要求

（1）进口美国葡萄酒，应随附“葡萄酒出口证书”。

（2）进口日本酒类产品，应随附日本官方出具的原产地证明。

3. 录入要求

（1）在企业资质栏目，选取“508-进口食品境外出口商代理商备案”“509-进口食品进口商备案”，并分别填写 18 位统一编码和食品进口商的统一社会信用代码。

（2）在产品资质栏目，选取“519-进口食品境外生产企业注册”，并填写在华注册编号等信息。

（3）在货物属性栏目，根据货物实际情况选择“14-预包装”或“15-非预包装”。

（三）产品相关要求

1. 基本要求

进口酒类产品应符合食品安全国家标准要求，应当按照规定随附合格证明材料。现行食品安全国家标准目录见本书附录 2-6。

2022 年 1 月 1 日起生产的输华酒类产品，应当在内、外包装上标注在华注册编号或者所在国家（地区）主管当局批准的注册编号。

进口酒类产品的包装和标签、标识应当符合中国法律法规和食品安全国家标准；依法应当有说明书的，还应当有中文说明书。销售包装应符合国家强制性标准《限制商品过度包装要求 食品和化妆品》及其修改单（GB 23350—2021/XG1—2022）① 的要求。

2. 企业要求

（1）食品进口商应当建立食品进口和销售记录制度，如实记录食品名称、净含量/规格、数量、生产日期、生产或者进口批号、保质期、境外出口商和购货者名称、地址及联系方式、交货日期等内容，并保存相关凭证。记录和凭证保存期限不得少于食品保质期满后 6 个月；没有明确保质期的，保存期限为销售后 2 年以上。

（2）食品进口商应当建立境外出口商、境外生产企业审核制度，重点审核：制定和执行食品安全风险控制措施情况；保证食品符合中国法律法规和食品安全国家标准的情况。

3. 预包装食品标签要求

属于预包装食品的酒类产品，其标签还应符合以下要求：

（1）进口的预包装食品应当有中文标签；依法应当有说明书的，还应当有中文说明书。标签、说明书应当符合《中华人民共和国食品安全法》以及中国其他有关法律、行政法规的规定和食品安全国家标准的要求，并载明食品的原产地以及境内代理商的名称、地址、联系方式。预包装食品没有中文标签、中文说明书或者标签、说明书不符合规定的，不得进口。

（2）标签应当标明下列事项：名称、规格、净含量、生产日期；成分或者配料表；生产者的名称、地址、联系方式；保质期；产品标准代号；贮存条件；所使用的食品添加剂在国家标准中的通用名称；生产许可证编号；法律、法规或者食品安全标准规定应当标明的其他事项。专供婴幼儿和其他特定人群的主辅食品，其标签还应当标明主要营养成分及其含量。

（3）食品的标签、说明书，不得含有虚假内容，不得涉及疾病预防、治疗功能。生产经营者对其提供的标签、说明书的内容负责。

---

① 运输包装和出厂时价格为零且标识“赠品或非卖品”字样的产品不适用于标准。

（4）食品的标签、说明书应当清楚、明显，生产日期、保质期等事项应当显著标注，容易辨识。

二、出口酒类产品

出口酒类产品按本章第三节“其他深加工食品”办理。

第三节　其他深加工食品

本节所述的其他深加工食品，不包含保健食品、特殊医学用途配方食品和婴幼儿配方食品等产品。保健食品、特殊医学用途配方食品和婴幼儿配方食品的要求，详见本章第一节“特殊食品”相关内容。

一、进口其他深加工食品

（一）资质要求

1. 准入要求

禁止从日本福岛县、群马县、栃木县、茨城县、宫城县、新潟县、长野县、琦玉县、东京都、千叶县 10 个都县进口食品。

2. 境外生产企业注册

进口食品境外生产企业，应当获得海关总署注册。进口食品境外生产企业注册方式包括所在国家（地区）主管当局推荐注册和企业申请注册。深加工食品境外生产企业，应当自行或者委托代理人向海关总署提出注册申请。办理指南见本书第二部分第十四章第十节。

进口食品境外生产企业注册信息可在网站（https：//ciferquery. singlewindow. cn/）查询。

3. 进出口商备案

向中国境内出口食品的境外出口商或者代理商应当向海关总署备案。食品进口商应当向其住所地海关备案。办理指南见本书第二部分第十四章第十一节和第十二节。

进口食品境外出口商或者代理商、食品进口商备案信息可通过中国海关企业进出口信用信息公示平台（http：//credit. customs. gov. cn/）的“特定资质行政相对人名录”栏目查询。

（二）申报要求

1. 基本申报要求

进口食品的进口商或者其代理人应当按照规定，持下列材料向海关申报：

（1）合同、发票、装箱单、提单等必要的凭证；

（2）法律法规、双边协定、议定书以及其他规定要求提交的“输出国家（地区）官方检疫（卫生）证书”。

2. 其他申报要求

进口日本食品时，还应随附日本官方出具的原产地证明。

3. 录入要求

（1）在企业资质栏目，选取“508-进口食品境外出口商代理商备案”“509-进口食品进口商备案”，并分别填写 18 位统一编码和食品进口商的统一社会信用代码。

（2）在产品资质栏目，选取“519-进口食品境外生产企业注册”，并填写在华注册编号等信息。

（3）在货物属性栏目，根据货物实际情况选择“14-预包装”或“15-非预包装”。

（三）产品相关要求

1. 基本要求

进口食品应符合食品安全国家标准要求，应当按照规定随附合格证明材料。现行食品安全国家标准目录见本书附录 2-6。对于食用油脂制品，在《食品安全国家标准 食用油脂制品》（GB 15196—2015）等强制性国家标准中，可以检索到更加具体的检验要求。

2022 年 1 月 1 日起生产的输华食品，应当在内、外包装上标注在华注册编号或者所在国家（地区）主管当局批准的注册编号。

进口食品的包装和标签、标识应当符合中国法律法规和食品安全国家标准；依法应当有说明书的，还应当有中文说明书。销售包装应符合国家强制性标准《限制商品过度包装要求 食品和化妆品》及其修改单（GB 23350—2021/XG1—2022）① 的要求。

2. 企业要求

（1）食品进口商应当建立食品进口和销售记录制度，如实记录食品名称、净含量/规格、数量、生产日期、生产或者进口批号、保质期、境外出口商和购货者名称、地址及联系方式、交货日期等内容，并保存相关凭证。记录和凭证保存期限不得少于食品保质期满后 6 个月；没有明确保质期的，保存期限为销售后 2 年以上。

（2）食品进口商应当建立境外出口商、境外生产企业审核制度，重点审核：制定和执行食品安全风险控制措施情况；保证食品符合中国法律法规和食品安全国家标准的情况。

3. 预包装食品标签要求

属于预包装食品的食品产品，其标签还应符合以下要求：

（1）进口的预包装食品应当有中文标签；依法应当有说明书的，还应当有中文说明书。标签、说明书应当符合《中华人民共和国食品安全法》以及中国其他有关法律、行政法规的规定和食品安全国家标准的要求，并载明食品的原产地以及境内代理商的名称、地址、联系方式。预包装食品没有中文标签、中文说明书或者标签、说明书不符合规定的，不得进口。

（2）标签应当标明下列事项：名称、规格、净含量、生产日期；成分或者配料表；生产者的名称、地址、联系方式；保质期；产品标准代号；贮存条件；所使用的食品添加剂在国家标准中的通用名称；生产许可证编号；法律、法规或者食品安全标准规定应当标明的其他事项。专供婴幼儿和其他特定人群的主辅食品，其标签还应当标明主要营养成分及其含量。

（3）食品的标签、说明书，不得含有虚假内容，不得涉及疾病预防、治疗功能。生产经营者对其提供的标签、说明书的内容负责。

（4）食品的标签、说明书应当清楚、明显，生产日期、保质期等事项应当显著标注，容易辨识。

二、出口其他深加工食品

（一）资质要求

1. 出口食品生产企业备案

海关对出口食品的生产企业实施备案管理。办理指南见本书第二部分第十四章第十六节。

出口食品生产企业备案信息可通过中国海关企业进出口信用信息公示平台（http：//credit. customs. gov. cn/）的“特定资质行政相对人名录”栏目查询。

2. 出口食品生产企业对外推荐注册

境外国家（地区）对中国输往该国家（地区）的出口食品生产企业实施注册管理且要求海关总署

① 运输包装和出厂时价格为零标识“赠品或非卖品”字样的产品不适用于本标准。

推荐的，海关总署统一向该国家（地区）主管当局推荐。办理指南见本书第二部分第十四章第十七节。

获国外（境外）注册的食品生产企业名单可在海关总署门户网站企业管理和稽查司页面（http：//qgjcs. customs. gov. cn/）的“信息服务”栏目中查询。

（二）申报要求

出口食品的出口商或者其代理人应当按照规定，凭合同、发票、装箱单、出厂合格证明、出口食品加工原料供货证明文件等必要的凭证和相关批准文件，向产地（或组货地）海关申请检验检疫。

申报时，应当将所出口的食品按照品名、规格、数（重）量、生产日期逐一申报。

（三）产品相关要求

1. 基本要求

生产企业应当保证其出口食品符合进口国家（地区）的标准或者合同要求；中国缔结或者参加的国际条约、协定有特殊要求的，还应当符合国际条约、协定的要求。

进口国家（地区）暂无标准，合同也未做要求，且中国缔结或者参加的国际条约、协定无相关要求的，出口食品生产企业应当保证其出口食品符合中国食品安全国家标准。现行食品安全国家标准目录见本书附录2-6。

2. 企业要求

（1）生产企业应当建立完善可追溯的食品安全卫生控制体系，保证食品安全卫生控制体系有效运行，确保出口食品生产、加工、贮存过程持续符合中国相关法律法规、出口食品生产企业安全卫生要求；进口国家（地区）相关法律法规和相关国际条约、协定有特殊要求的，还应当符合相关要求。

（2）生产企业应当建立供应商评估制度、进货查验记录制度、生产记录档案制度、出厂检验记录制度、出口食品追溯制度和不合格食品处置制度。相关记录应当真实有效，保存期限不得少于食品保质期期满后6个月；没有明确保质期的，保存期限不得少于2年。

（3）获得境外注册的企业，应当每年就是否能够持续符合进口国家（地区）注册条件进行自我评定，并向住所地海关报告。

（4）获得境外注册的企业，应当接受进口国家（地区）主管当局和海关实施的监督检查，如实提供有关情况和材料。

（5）出口食品存在安全问题，已经或者可能对人体健康和生命安全造成损害的，出口食品生产经营者应当立即采取相应措施，避免和减少损害发生，并向所在地海关报告。

3. 包装运输要求

生产企业应当保证出口食品包装和运输方式符合食品安全要求。

生产企业应当在运输包装上标注生产企业备案号、产品品名、生产批号和生产日期。

进口国家（地区）或者合同有特殊要求的，在保证产品可追溯的前提下，经直属海关同意，出口食品生产企业可以调整前款规定的标注项目。

第九章

食品相关产品

第一节 进出口食品添加剂（营养强化剂）

食品添加剂，是指为改善食品品质和色、香、味以及为防腐、保鲜和加工工艺的需要而加入食品中的人工合成或者天然物质，包括营养强化剂。

本节内容包括与食品添加剂属于同一商品编号，但仅用于工业用途或动物饲料，不用于食品添加的产品。

一、进口食品添加剂

（一）资质要求

进口食品添加剂无特定企业及产品资质要求。

（二）申报要求

1. 基本申报要求

货主或者其代理人应当在食品添加剂进口前或者进口时向海关申报，申报时应当提供贸易提单、装箱单、发票等，并随附以下文件：

（1）注明产品用途（食品加工用）的贸易合同，或者贸易合同中买卖双方出具的用途声明（食品加工用）；

（2）食品添加剂完整的成分说明。

2. 录入要求

（1）根据进口货物的实际情况在“货物用途”字段勾选对应的选项：用于食品添加剂（营养强化剂）的，应选择“21-食品添加剂”；用于动物饲料加工的，应选择“18-饲用”；仅用于工业用途的，应选择“26-仅工业用途”。

（2）属于危险化学品的食品添加剂（营养强化剂），应同时满足危险化学品的申报和录入要求（详见本书第二部分第十二章第一节“进出口危险化学品”部分）。

（三）产品相关要求

1. 基本要求

《进出口食品添加剂检验检疫监督管理工作规范》第四条规定，进口食品添加剂应当符合下列条件之一：

（1）有食品安全国家标准的（现行有效的食品安全国家标准目录见本书附录2-6）；

（2）经国务院卫生行政管理部门批准、发布列入我国允许使用食品添加剂目录的；

（3）列入《食品添加剂使用卫生标准》（GB 2760）、《食品营养强化剂使用卫生标准》（GB

14880）的；

（4）列入《食品安全法实施前已有进口记录但尚无食品安全国家标准的食品添加剂目录》的。

除符合上列四项条件之一外，应当办理进境动植物检疫许可的，还应取得“进境动植物检疫许可证”。

进口食品添加剂（营养强化剂）属于危险化学品的，产品及其包装应同时符合对进口危险化学品及其包装对应的要求（详见本书第二部分第十二章第一节“进出口危险化学品”部分）。

进口食品添加剂外包装上须印明产品用途（用于食品加工）；商品编码涉及食品添加剂，但不作为人类食品添加剂使用的，产品外包装上须印明具体产品用途（用于动物饲料加工或仅用于工业用途），所印内容应与申报的用途一致。

2. 标签和说明书

进口食品添加剂（营养强化剂）应当按照要求随附合格证明材料；应当有中文标签；依法应当有说明书的，还应当有中文说明书。

标签、说明书应载明食品的原产地以及境内代理商的名称、地址、联系方式。

标签应当标明下列事项：

（1）名称、规格、净含量、生产日期；

（2）成分或者配料表；

（3）生产者的名称、地址、联系方式；

（4）保质期；

（5）产品标准代号；

（6）贮存条件；

（7）生产许可证编号；

（8）法律、法规或者食品安全标准规定应当标明的其他事项。

标签还应标明食品添加剂的使用范围、用量、使用方法，以及“食品添加剂”字样。

标签、说明书应当清楚、明显，生产日期、保质期等事项应当显著标注，容易辨识。不得含有虚假内容，不得涉及疾病预防、治疗功能。

二、出口食品添加剂

（一）资质要求

出口食品添加剂应当已按照《中华人民共和国食品安全法》的规定获得生产许可。

（二）申报要求

1. 基本申报要求

出口食品添加剂的生产企业、出口商应当按照法律、行政法规和海关总署规定，向产地（含组货地）海关申请检验检疫，并提供以下材料：

（1）注明产品用途（食品加工用）的贸易合同，或者贸易合同中买卖双方出具的用途（食品加工用）声明；

（2）产品检验合格证明原件。检验合格证明中应列明检验依据的标准，包括标准的名称、编号。

2. 录入要求

（1）应根据货物的实际情况在“货物用途”字段勾选对应的选项：用于食品添加剂（营养强化剂）的，应选择“21-食品添加剂”；用于动物饲料加工的，应选择“18-饲用”；仅用于工业用途的，应选择“26-仅工业用途”。

（2）属于危险化学品的食品添加剂（营养强化剂），应同时满足危险化学品的申报和录入要求（详见第十二章第一节“进出口危险化学品”部分）。

（三）产品相关要求

1. 基本要求

出口食品添加剂（营养强化剂）属于危险化学品的，产品及其包装应符合出口危险化学品及其包装对应的要求（详见本书第二部分第十二章第一节“进出口危险化学品”部分）。

出口食品添加剂外包装上须印明产品用途（用于食品加工）；商品编码涉及食品添加剂但不作为人类食品添加剂使用的，产品外包装上须印明具体产品用途（用于动物饲料加工或仅用于工业用途），所印内容应与申报的用途一致。

2. 技术要求

食品添加剂出口企业应当保证其出口的食品添加剂符合进口国家或者地区技术法规、标准及合同要求。进口国家或者地区无相关标准且合同未有要求的，应当保证出口食品添加剂符合中国食品安全国家标准；无食品安全国家标准的，应当符合食品安全地方标准；无食品安全国家标准和食品安全地方标准的，应当符合经省级卫生行政部门备案的企业标准。

3. 标签和说明书

出口食品添加剂应当有包装、标签、说明书。标签、说明书和包装是一个整体，不得分离。

说明书应置于食品添加剂的外包装内，并避免与添加剂直接接触。

标签应当直接标注在最小销售单元的包装上。出口食品添加剂标签应标明以下事项：

（1）名称（标准中的通用名称）、规格、净含量；

（2）生产日期（生产批次号）和保质期；

（3）成分（表）或配料（表）；

（4）产品标准代号；

（5）贮存条件；

（6）“食品添加剂”字样；

（7）进口国家或者地区对食品添加剂标签的其他要求。

4. 包装和运输要求

出口食品添加剂内外包装应符合相关食品质量安全要求，其承载工具需要进行适载检验的，应按规定进行适载检验（详见本书第二部分第十五章第三节“适载检验”部分），并经检验检疫合格。

第二节　进口食品接触产品

食品接触产品，是指用于食品的包装材料和容器，指包装、盛放食品或者食品添加剂用的纸、竹、木、金属、搪瓷、陶瓷、塑料、橡胶、天然纤维、化学纤维、玻璃等制品和直接接触食品或者食品添加剂的涂料。

一、资质要求

进口食品接触产品无特定企业及产品资质要求。

二、申报要求

（一）基本申报要求

货主或者其代理人应当在食品接触产品进口前或者进口时向海关申报，申报时应当提供贸易合同、提单、装箱单、发票等，并随附进口食品接触产品符合性声明。

（二）录入要求

应根据货物的实际情况在“货物用途”字段勾选对应的选项：实际产品与食品接触的，应选择“19-食品包装材料”“23-食品容器”等；实际产品不与食品接触的，可选择“99-其他”。

三、产品相关要求

进口食品接触产品应符合 GB 4806 系列食品安全国家标准。其中，属于消毒餐（饮）具的，还应适用于《食品安全国家标准 消毒餐（饮）具》（GB 14934—2016）标准；属于婴幼儿用奶瓶和奶嘴的，还应适用于《婴幼儿用奶瓶和奶嘴》（GB 38995—2020）标准。

食品接触材料相关的国家强制性标准目录见本书附录 2-6。

此外，按照国家强制性标准《电子烟》（GB 41700—2022）中有关内容，电子烟产品也涉及 GB 4806 系列食品安全国家标准的要求。

第十章

化妆品

化妆品，是指以涂擦、喷洒或者其他类似方法，施用于皮肤、毛发、指甲、口唇等人体表面，以清洁、保护、美化、修饰为目的的日用化学工业产品。

化妆品分为特殊化妆品和普通化妆品。用于染发、烫发、祛斑美白、防晒、防脱发的化妆品以及宣称新功效的化妆品为特殊化妆品；特殊化妆品以外的化妆品为普通化妆品。

化妆品成品包括销售包装化妆品成品和非销售包装化妆品成品。销售包装化妆品成品是指以销售为主要目的，已有销售包装，与内装物一起到达消费者手中的化妆品成品；非销售包装化妆品成品是指最后一道接触内容物的工序已经完成，但尚无销售包装的化妆品成品。

儿童化妆品，是指适用于年龄在 12 岁以下（含 12 岁）儿童，具有清洁、保湿、爽身、防晒等功效的化妆品。标识“适用于全人群”“全家使用”等词语或者利用商标、图案、谐音、字母、汉语拼音、数字、符号、包装形式等暗示产品使用人群包含儿童的产品按照儿童化妆品管理。

牙膏（指以摩擦的方式，施用于人体牙齿表面，以清洁为主要目的的膏状产品）按照普通化妆品的规定进行管理。

香皂不作为化妆品管理，但宣称具有特殊化妆品功效的香皂仍作为化妆品管理。

第一节　进口化妆品

一、资质要求

国家对化妆品实行注册和备案管理。特殊化妆品经国务院药品监督管理部门注册后方可进口。普通化妆品应当在进口前向国务院药品监督管理部门备案。

牙膏实行备案管理，牙膏备案人对牙膏的质量安全和功效宣称负责。进口牙膏应当在进口前向国家药品监督管理局备案（国家药品监督管理局可以依法委托具备相应能力的省、自治区、直辖市药品监督管理部门实施进口牙膏备案管理工作）。

二、申报要求

（一）基本申报要求

货主或者其代理人应当在化妆品进口前或者进口时向海关申报，申报时应当提供贸易合同、提单、装箱单、发票等。

（二）其他申报要求

1. 首次进口的化妆品

首次进口的化妆品应当符合下列要求：

（1）国家没有实施卫生许可或者备案的化妆品，应提供产品安全性承诺，以及在生产国家（地区）允许生产、销售的证明文件或者原产地证明；

（2）销售包装化妆品成品，还应当提交中文标签样张和外文标签及翻译件；

（3）非销售包装的化妆品成品还应当提供包括产品的名称、数（重）量、规格、产地、生产批号和限期使用日期（生产日期和保质期），加施包装的目的地名称，加施包装的工厂名称、地址、联系方式。

2. 离境免税化妆品

首次进口的离境免税化妆品，应当提供供货人出具的产品质量安全符合中国相关规定的声明、境外官方或者有关机构颁发的自由销售证明或者原产地证明、产品安全性承诺、产品配方等。

3. 非贸易性化妆品

（1）化妆品卫生许可或者备案用样品、企业研发和宣传用的非试用样品，进口申报时应当由进口商或者其代理人提供样品的使用和处置情况说明及非销售使用承诺书。进口商应当如实记录化妆品流向，记录保存期限不得少于2年；

（2）进口非试用或者非销售用的展品，申报时应当提供展会主办（主管）单位出具的参展证明。

4. 其他

进口货物收货人及其代理人申报进口商品品目在33.03、33.04项下的化妆品时，应按以下规定填报报关单：

（1）化妆品的第一法定计量单位为“千克”，第二法定计量单位为“件”。

（2）包装标注含量以重量计的化妆品，按照净含量申报第一法定数量，即液体/乳状/膏状/粉状部分的重量；按照有独立包装的瓶/罐/支等数量申报第二法定数量。

（3）包装标注含量以体积计的化妆品，按照净含量1升=1千克的换算关系申报第一法定数量，即液体/乳状/膏状/粉状部分的体积；按照有独立包装的瓶/罐/支等数量申报第二法定数量。

（4）包装标注规格为“片”或“张”的化妆品，按照净含量申报第一法定数量，即液体/乳状/膏状/粉状部分的重量，净含量以体积标注的化妆品，按照净含量1升=1千克的换算关系申报；按照“片”或“张”的数量申报第二法定数量。

（5）其他包装标注规格的化妆品，参照本条第（2）项要求进行申报。

（三）录入要求

1. 在产品资质栏目，选择“526-进口（非）特殊用途化妆品行政许可批件”，并填写许可证编号等信息。

2. 在货物属性栏目，属于销售包装化妆品成品的，选择“14-预包装”；不属于销售包装化妆品成品的，选择“15-非预包装”；首次进口的化妆品产品还应选择“18-首次进出口”。

3. 在货物用途栏目，属于化妆品成品的，选择“27-化妆品”；属于化妆品原料的，选择“28-化妆品原料”。

三、产品相关要求

《化妆品监督管理条例》施行前已经注册的用于育发、脱毛、美乳、健美、除臭的化妆品，自2021年1月1日起设置5年的过渡期，过渡期内可以继续进口，过渡期满后不得进口。

进口商应当对拟进口的化妆品是否已经注册或者备案以及是否符合《化妆品监督管理条例》和强制性国家标准、技术规范进行审核；审核不合格的，不得进口。

进口化妆品应符合以下对应要求。

（一）原料要求

化妆品原料、直接接触化妆品的包装材料应当符合强制性国家标准、技术规范。不得使用超过使用期限、废弃、回收的化妆品或者化妆品原料生产化妆品。

化妆品原料分为新原料和已使用的原料。在中国境内首次使用于化妆品的天然或者人工原料为化妆品新原料。国家对风险程度较高的化妆品新原料实行注册管理，对其他化妆品新原料实行备案管理。进口化妆品的原料应当列入《已使用化妆品原料目录（2021 年版）》（国家药品监督管理局公告 2021 年第 62 号）或为经注册、备案的化妆品新原料。

进口化妆品禁止使用《化妆品禁用原料目录》和《化妆品禁用植（动）物原料目录》（国家药品监督管理局公告 2021 年第 74 号）内的原料。

（二）标签要求

1. 通用要求

化妆品标签，是指产品销售包装上用以辨识说明产品基本信息、属性特征和安全警示等的文字、符号、数字、图案等标识，以及附有标识信息的包装容器、包装盒和说明书。

化妆品标签应符合以下要求：

（1）销售包装化妆品的最小销售单元应当有标签。标签应当符合相关法律、行政法规、强制性国家标准的规定，内容真实、完整、准确。

（2）进口销售包装化妆品可以直接使用中文标签，也可以加贴中文标签；加贴中文标签的，中文标签内容应当与原标签内容一致。

（3）销售包装化妆品标签应当标注下列内容：产品名称、特殊化妆品注册证编号；注册人、备案人、受托生产企业的名称、地址；化妆品生产许可证编号；产品执行的标准编号；全成分；净含量；使用期限、使用方法以及必要的安全警示；法律、行政法规和强制性国家标准规定应当标注的其他内容。

（4）销售包装化妆品标签禁止标注下列内容：明示或者暗示具有医疗作用的内容；虚假或者引人误解的内容；违反社会公序良俗的内容；法律、行政法规禁止标注的其他内容。

2022 年 5 月 1 日起，新注册备案的化妆品，其标签还应符合《化妆品标签管理办法》（国家药品监督管理局公告 2021 年第 77 号）的规定。此前申请注册或者进行备案的化妆品，必须在 2023 年 5 月 1 日前完成产品标签的更新。

离境免税化妆品可免于加贴中文标签，免于标签的符合性检验。

2. 儿童化妆品的特殊要求

（1）儿童化妆品应当在销售包装展示面标注国家药品监督管理局规定的儿童化妆品“小金盾”标志。非儿童化妆品不得标注儿童化妆品标志。

——“小金盾”标志应当等比例标注在销售包装容易被观察到的展示面（以下称主要展示版面）的左上方，清晰易识别。

——当主要展示版面的表面积大于 100 平方厘米时，儿童化妆品标志最宽处的宽度不得小于 2 厘米。当主要展示版面的表面积小于等于 100 平方厘米时，儿童化妆品标志最宽处的宽度不得小于 1 厘米。

——儿童化妆品“小金盾”标志样式及推荐的配色详见《国家药监局关于发布儿童化妆品标志的公告》（2021 年第 143 号）的附件。

（2）儿童化妆品应当以“注意”或者“警告”作为引导语，在销售包装可视面标注“应当在成人监护下使用”等警示用语。

（3）儿童化妆品标签不得标注“食品级”“可食用”等词语或者食品有关图案。

（三）技术要求

进口化妆品应符合《化妆品安全技术规范》（2015 年版）（Safety and Technical Standards for Cosmetics）和强制性国家标准的要求。化妆品主要的产品标准见表 10-1（使用时应注意相关标准是否已有更新版本）。

表 10-1 化妆品主要的产品标准

序号	标准号	标准名称	备注
1	GB 7916—1987	化妆品卫生标准	
2	GB 5296. 3—2008	消费品使用说明 化妆品通用标签	
3	GB 22115—2008	牙膏用原料规范	
4	GB 23350—2021	限制商品过度包装要求 食品和化妆品	2022 年、2024 年有修改单
5	GB 29337—2012	口腔清洁护理用品通用标签	

四、牙膏产品特定要求

《牙膏监督管理办法》自 2023 年 12 月 1 日起施行，该办法未作规定的，参照适用《化妆品注册备案管理办法》《化妆品生产经营监督管理办法》等的规定。

（一）牙膏产品名称

牙膏产品名称一般由商标名、通用名和属性名三部分组成。牙膏的属性名统一使用“牙膏”字样进行表述。非牙膏产品不得通过标注“牙膏”字样等方式欺骗误导消费者。

（二）牙膏标签

牙膏应当有中文标签。中文标签应当使用规范汉字，使用其他文字或者符号的，应当在产品销售包装可视面使用规范汉字对应解释说明，网址、境外企业的名称和地址以及约定俗成的专业术语等必须使用其他文字的除外。加贴中文标签的，中文标签有关产品安全、功效宣称的内容应当与原标签相关内容对应一致，原标签中关于使用人群的注意事项需要调整适应我国法规要求的除外。除注册商标之外，中文标签同一可视面上其他文字字体的字号应当小于或者等于相应的规范汉字字体的字号。

牙膏标签应当标注下列内容：（1）产品名称；（2）备案人、受托生产企业的名称、地址，备案人为境外的应当同时标注境内责任人的名称、地址；（3）生产企业的名称、地址；（4）产品执行的标准编号；（5）全成分；（6）净含量；（7）使用期限；（8）必要的安全警示用语（如对适用于儿童等特殊人群牙膏要求标注相关注意事项；对添加氟化物的非儿童牙膏应当标注“本产品不适用于儿童”）；（9）法律、行政法规、强制性国家标准规定应当标注的其他内容。根据产品特点，需要特别标注产品使用方法的，应当在销售包装可视面进行标注。

牙膏标签禁止标注下列内容：（1）明示或者暗示具有医疗作用的内容；（2）虚假或者引人误解的内容；（3）违反社会公序良俗的内容；（4）法律、行政法规、强制性国家标准、技术规范禁止标注的其他内容。

（三）牙膏微生物和理化检验项目要求

牙膏的微生物和理化指标应当符合牙膏备案微生物和理化检验项目要求（见表 10-2）所载相关项目要求。

表 10-2　牙膏备案微生物和理化检验项目要求

类别	类型	项目	要求	检验方法	备注
微生物检验项目	常规项目	菌落总数	≤500 CFU/g	《化妆品安全技术规范》	
		霉菌和酵母菌总数	≤100 CFU/g	《化妆品安全技术规范》	
		耐热大肠菌群	不得检出	《化妆品安全技术规范》	
		铜绿假单胞菌	不得检出	《化妆品安全技术规范》	
		金黄色葡萄球菌	不得检出	《化妆品安全技术规范》	
理化项目		pH 值	≤10.5	《化妆品安全技术规范》	
		对口腔硬组织的安全评价	非劣于正对照	《牙膏对口腔硬组织的安全评价》（GB/T 40002）	当 pH 值<5.5 时，需进行对口腔硬组织的安全评价
		过硬颗粒	玻片无划痕	《化妆品安全技术规范》或《牙膏》（GB/T 8372）	
		铅	≤10 mg/kg	《化妆品安全技术规范》	
		砷	≤2 mg/kg	《化妆品安全技术规范》	
		汞	≤1 mg/kg	《化妆品安全技术规范》	
		镉	≤5 mg/kg	《化妆品安全技术规范》	
	根据产品配方选择的检验项目	总氟	≤0.15%（其中，含氟牙膏：0.05%~0.15%，儿童含氟牙膏：0.05%~0.11%）	《化妆品安全技术规范》或《牙膏》（GB/T 8372）	1. 产品配方中含有氟化物的，需检测总氟。 2. 当总氟<0.05%时，不得宣称产品为含氟牙膏、含氟防龋牙膏等；此时，如宣称产品为防龋牙膏，需通过相关功效评价
		可溶氟、游离氟	≤0.15%（其中，含氟牙膏：0.05%~0.15%，儿童含氟牙膏：0.05%~0.11%）	《化妆品安全技术规范》或《牙膏》（GB/T 8372）	产品配方中含有氟化物的，需检测可溶氟、游离氟： 1. 产品配方中含有单氟磷酸钠的，适合检测可溶氟。 2. 产品配方中不含有单氟磷酸钠而仅是以氟化钠、氟化亚锡或（和）氟化铵为原料的，适合检测游离氟。 3. 如产品使用的氟化物不是单氟磷酸钠、氟化钠、氟化亚锡、氟化铵，需对所使用的检测方法进行验证
		二甘醇和乙二醇	二甘醇和乙二醇的和≤0.1%	《化妆品安全技术规范》或《口腔护理产品中乙二醇与二甘醇的测定方法》（GB/T 32115）	产品配方中含有甘油、丙二醇、聚乙二醇等原料的，需检测二甘醇和乙二醇
		甲醇	≤2000 mg/kg	《化妆品安全技术规范》	产品配方中乙醇和异丙醇的质量分数和≥10%的，需检测甲醇
		二恶烷	≤30 mg/kg	《化妆品安全技术规范》	产品配方中含有乙氧基结构原料的，需检测二恶烷
		游离甲醛	≤0.1%	《化妆品安全技术规范》	1. 产品配方中含有甲醛、甲醛释放体类原料的，需检测游离甲醛。 2. 当产品中游离甲醛浓度>0.05%时，需在产品标签上标注“含甲醛”

（四）儿童牙膏的特殊要求

儿童牙膏是指宣称适用于年龄在12岁以下（含12岁）儿童的牙膏。标识“适用于全人群”“全家使用”等词语或者利用商标、图案、谐音、字母、汉语拼音、数字、符号、包装形式等暗示产品使用人群包含儿童的牙膏按照儿童牙膏管理。

儿童牙膏可以宣称的功效类别仅限于清洁、防龋。

儿童牙膏应当以“注意”或者“警告”作为引导语，在销售包装可视面标注“应当在成人监护下使用”“不能食用”“谨防吞咽”等相关警示用语；添加氟化物的儿童牙膏应当标注单次使用限量。

儿童牙膏应当在销售包装展示面标注儿童牙膏标志，儿童牙膏标志的图案及要求与儿童化妆品“小金盾”标志相同，标志的文字部分由“儿童化妆品”替换为“儿童牙膏”。

第二节　出口化妆品

一、资质要求

出口化妆品生产企业应当建立质量管理体系并持续有效运行；应当保证其出口化妆品符合进口国家（地区）标准或者合同要求。

二、申报要求

出口化妆品生产企业、出口商应当按照法律、行政法规和海关总署规定，向产地（含组货地）海关申请检验检疫。

其中，首次出口的化妆品应当提供以下文件：

自我声明。声明企业已经取得化妆品生产许可证，且化妆品符合进口国家（地区）相关法规和标准的要求，正常使用不会对人体健康产生危害等内容。

销售包装化妆品成品应当提交外文标签样张和中文翻译件。

三、产品相关要求

出口的化妆品应当符合进口国（地区）的标准或者合同要求。

拓展阅读

出口牙膏产品的备案要求

自2023年12月1日起施行的《牙膏监督管理办法》（国家市场监督管理总局令第71号）第五条规定：“牙膏实行备案管理，牙膏备案人对牙膏的质量安全和功效宣称负责。牙膏生产经营者应当依照法律、法规、强制性国家标准、技术规范从事生产经营活动，加强管理，诚信自律，保证牙膏产品质量安全。”

作为《国家药监局关于发布实施牙膏备案资料管理规定的公告》（2023年第148号）附件发布的《牙膏备案资料管理规定》第三十一条对仅供出口的牙膏产品也明确了备案要求，即“仅供出口的牙膏产品，应当在注册备案信息服务平台进行备案，由生产企业提交以下资料：1. 产品名称；2. 拟出口国家（地区）；3. 产品标签图片，包括产品销售包装正面立体图、产品包装平面图和产品说明书（如有）”。

第三节　特殊贸易化妆品

一、来料加工产品

来料加工全部复出口的化妆品，来料进口时，能够提供符合拟复出口国家（地区）法规或者标准的证明性文件的，可免于按照中国标准进行检验；加工后的产品，按照进口国家（地区）的标准进行检验检疫。

二、样品

化妆品卫生许可或者备案用样品、企业研发和宣传用的非试用样品，进口申报时应当由收货人或者其代理人提供样品的使用和处置情况说明及非销售使用承诺书，入境口岸海关进行审核备案，数量在合理使用范围的，可免于检验。

三、展品

进口非试用或者非销售用的展品，检验检疫申报时应当提供展会主办（主管）单位出具的参展证明，可以免予检验。展览结束后，在海关监督下做退回或者销毁处理。

四、自用物品

外国及国际组织驻华官方机构进口自用化妆品，符合外国及国际组织驻华官方机构自用物品进境检验检疫相关规定的，免于检验。

第十一章

工业产品

第一节　进口强制性产品认证

为保护国家安全、防止欺诈行为、保护人体健康或者安全、保护动植物生命或者健康、保护环境，国家规定的相关产品必须经过认证，即“中国强制性产品认证”（China Compulsory Certification，CCC）。国家对必须经过认证的产品，统一产品目录，统一技术规范的强制性要求、标准和合格评定程序，统一标志。列入目录的产品，必须经过认证并标注认证标志后，方可出厂、销售、进口或者在其他经营活动中使用。

目前，实施强制性产品认证的产品目录由《关于发布强制性产品认证目录描述与界定表的公告》（国家市场监督管理总局公告 2023 年第 36 号），以及《关于对商用燃气燃烧器具等产品实施强制性产品认证管理的公告》（国家市场监督管理总局公告 2024 年第 9 号）、《关于对电动自行车用锂离子蓄电池、电动自行车用充电器实施强制性产品认证管理的公告》（国家市场监督管理总局公告 2024 年第 26 号）、《关于对燃气用具连接用软管等产品实施强制性产品认证管理的公告》（国家市场监督管理总局公告 2024 年第 28 号）、《关于对电动汽车供电设备实施强制性产品认证管理的公告》（国家市场监督管理总局公告 2024 年第 50 号）和《关于对消防安全标志不再实施强制性产品认证管理的公告》（国家市场监督管理总局　国家消防救援局公告 2025 年第 10 号）发布。该目录共涉及 17 个产品大类、106 种产品，具体类别详见本节参考资料 1。

产品是否在《强制性产品认证目录》内，应由生产者（或境外生产者及在中国境内合法注册的生产者授权代表，下同）自行判定。收货人或其代理人可参考“《强制性产品认证目录》产品与 2020 年商品编号对应参考表”（详见本节参考资料 2）识别申报产品是否在强制性产品认证范围内，必要时应根据国家市场监督管理总局（认监委）发布的“《强制性产品认证目录》描述与界定表”（详见本节参考资料 3），结合相关产品对应的适用标准判定。对于部分产品，在相关强制性产品认证技术专家组决议中给出了进一步的信息，本书收集整理了涉及具体产品有关 CCC 产品目录范围识别界定的部分决议（详见本节参考资料 4），以方便查阅。认监委指定的 CCC 实施机构和实验室，也能在指定的业务范围内提供专业性服务。

经判定不在《强制性产品认证目录》内的产品，不涉及以下资质要求，应按照“申报要求”中“不属于强制性产品认证范围的产品”的规定申报。

一、资质要求

（一）强制性产品认证证书（强制性认证产品符合性自我声明）

列入认证目录的产品，进口时应获得“中国国家强制性产品认证证书”（以下简称“强制性产品认证证书”）。其中，适用强制性产品认证自我声明评价方式的产品，在“自我声明符合性信息报送系统”生成“强制性认证产品符合性自我声明”后，视同获得“强制性产品认证证书”。办理指南见本书第二部分第十三章第十节和第十一节。

（二）免予办理强制性产品认证（6 种）

列入《强制性产品认证目录》的产品，符合以下 6 种情形之一的，经批准取得“免予办理强制性产品认证证明”后，可以进口，并按照申报用途使用。办理指南见本书第二部分第十三章第十二节。

1. 为科研、测试和认证检测所需的产品和样品。

科研，是指对该产品进行科学研究，以开发、生产出相关产品所需的产品，并不是指进行研究工作所需的科研器材；测试，是指对该产品进行测试以获得测试数据，或测试某一产品的部分性能所必须用到的该产品（如开发测试某一型号的打印机软件，需进口少量该型号打印机）；认证检测，是指 CCC 认证所进行型式试验的样品。

2. 直接为最终用户维修目的所需的零部件产品。

不适用于产品召回改进后复进关的情况。

3. 工厂生产线/成套生产线配套所需的设备/零部件（不含办公用品）。

4. 仅用于商业展示但不销售的产品。

5. 以整机全数出口为目的进口的零部件。

6. 其他因特殊用途免予办理强制性产品认证的情形。

（三）无须办理强制性产品认证（5 种）

列入《强制性产品认证目录》的物品，符合以下 5 种情形之一的，入境时无须办理强制性产品认证。

1. 外国驻华使馆、领事馆或者国际组织驻华机构及其外交人员的自用物品。

国际组织指的是国际官方机构，如联合国（UN）、世界贸易组织（WTO）等，并不是指跨国公司或跨国公司组成的某种利益集团（如跨国公司组成的协会、标准组织等）。

2. 香港特别行政区、澳门特别行政区政府驻内地官方机构及其工作人员的自用物品。

3. 入境人员随身从境外带入境内的自用物品。

“随身携带”和“自用物品”这两个条件须同时具备，这并不包含在境外采购后在中国有关商店（如出国人员服务总公司）取货以及通过邮件邮寄入境的情况。入境人员在入境过程中通过飞机托运的自用物品，在提供有效证明材料（如入境签证和机票）后可适用本款，但数量应控制在合理范围。

对于自用汽车、摩托车，是指国家政策允许，在进口时减免关税的乘用车（M 类汽车），包括中国驻外使馆人员及留学人员期满回国时自境外携带入境的物品。企业和个人自境外以自用名义申请入境未获关税减免的汽车、摩托车不符合无须办理强制性产品认证条件，应获得 CCC 认证或免予认证特殊处理程序的要求。

4. 外国政府援助、赠送的物品。

这里指的是外国政府用物品对中国进行的援助和赠送时的情况，并不包括外国政府资金援助后中国用该资金购买的物品。

5. 其他依法无须办理强制性产品认证的情形。

（四）无须提供强制性认证文件（9 种）

对于列入《强制性产品认证目录》的进口产品，海关总署在原国家质检总局相关文件规定的基础上进一步明确，符合以下情形之一的，无须提供强制性产品认证文件可直接办理申报手续。

1. 属于出境维修复进口、暂时出口复进口、出口退货复进口（国内生产的专供出口货物以一般贸易方式复进口时不适用）、国内转移复进口 4 种情形的。

2. 属于特殊监管区仓储物流货物、出口产品零部件 2 种情形的。

3. 属于暂时进口监管、国内贸易货物、海关监管处置 3 种情形的。

以上相关情形的具体说明详见本章第二节参考资料 3“机电类商品许可证特殊情形说明”。

二、申报要求

(一) 基本申报要求

货主或者其代理人应当在强制性产品认证产品进口前或者进口时向海关申报，除贸易合同、提单、装箱单、发票等贸易凭证外，同时按要求提供进口许可制度规定的相关证明文件，并配合海关实施入境验证工作。

(二) 录入要求

申报涉及强制性认证产品监管的产品（包括但不限于本书“进出口货物检验检疫要求查询表”部分检验检疫要求栏标识为“强制性产品认证”的产品）时，应准确填写产品资质和货物属性。具体要求如下：

1. 持有“强制性产品认证证书”或“强制性认证产品符合性自我声明”的产品。

货物属性字段选择“11-3C 目录内”；在产品资质栏目选取“411-强制性产品认证（CCC 认证）证书”，并填写许可证编号等信息（“强制性产品认证证书”或“强制性认证产品符合性自我声明”编号为 16 位数字）。

2. 持有“免予办理强制性产品认证证明”的产品。

货物属性字段选择“11-3C 目录内”；在产品资质栏目选取“410-免予办理强制性产品认证证明”，并填写许可证编号等信息（“免予办理强制性产品认证证明”编号为：M+12 位数字）。

3. 属于无须办理强制性认证范围的 5 种情形。

货物属性字段选择“13-无须办理 3C 认证”，根据实际情况上传相应的证明材料。

(1) 外国驻华使馆、领事馆或者国际组织驻华机构及其外交人员的自用物品，提供外国驻华使馆、领事馆和国际组织驻华机构的正式公函或证明材料。

(2) 香港特别行政区、澳门特别行政区政府驻内地官方机构及其工作人员的自用物品，提供香港特别行政区、澳门特别行政区政府驻内地官方机构的正式公函或证明材料。

(3) 入境人员随身从境外带入境内的自用物品，视情况提供相关材料。

(4) 外国政府援助、赠送的物品，提供县级以上政府机构的正式公函或证明材料，同时申明对援助、赠送的物品的安全、环保和卫生负责。

(5) 其他依法无须办理强制性产品认证的情形，视情况提供相关材料。

4. 属于无须提供强制性认证文件的 9 种情形。

货物属性字段选择“13-无须办理 3C 认证”，根据实际情况上传相应的证明材料。

(1) 属于出境维修复进口、暂时出口复进口等情形的，需提供原出口报关单。

(2) 属于出口退货复进口情形的，需提供原出口报关单，以及关于货物入境后处理方式及保证入境后不进入流通领域销售的声明。

(3) 属于国内转移复进口情形的，需提供原进口报关单。

(4) 属于特殊监管区仓储物流货物、出口产品零部件、暂时进口监管、国内贸易货物、海关监管处置等情形的，可通过申报的监管方式确定，无材料要求。

以上相关情形的具体说明详见本章第二节参考资料 3“机电类商品许可证特殊情形说明”。

5. 不属于强制性产品认证范围的产品。

“货物属性”字段选择“12-3C 目录外”，并上传相应的证明材料。

三、强制性认证持证产品相关要求

列入《强制性产品认证目录》的产品，必须获得国家认证认可监督管理委员会指定的认证机构颁发的认证证书（或获得“强制性认证产品符合性自我声明”），并在认证有效期内，符合认证要求，方可使用 CCC 标志。

列入《强制性产品认证目录》的产品，必须经认证合格、加施 CCC 标志后，方可出厂、进口、销售和在经营活动中使用。

另外，申报品名如与“强制性产品认证证书”或“强制性认证产品符合性自我声明”所载的品名差异较大，建议预先准备必要的技术性说明材料。除品名外，实际进口货物的规格型号、制造商（含生产厂商名称和地址）等信息应与提供的文件相符。

（一）基本要求

在“《强制性产品认证目录》描述与界定表（2023 年修订）”（详见本节参考资料 3）中，按照强制性认证产品种类列明了应实施强制性认证的产品适用范围以及适用的具体标准，相关企业应遵从。

根据强制性产品认证实施规则：工厂是产品质量的责任主体，其质量保证能力应持续符合认证要求，生产的产品应符合标准要求，并保证认证产品与型式试验样品一致。

持“强制性产品认证证书”或“强制性认证产品符合性自我声明”进口的产品，其产品（含包装、说明书、合格证明等）所标明的相关信息应与对应的认证证书或自我声明所载明的信息相符。

（二）认证标志

自 2018 年 3 月 20 日起，CCC 标志不再标注 S（安全产品）、EMC（电磁兼容）、S&E（安全与电磁兼容）、F（消防）、I（信息安全）等细分类别，原有 CCC 标志可根据模具更换周期及产品库存等情况自然过渡淘汰。

在境外生产并获得认证的产品必须在进口前加施 CCC 标志，获证企业需要标准规格 CCC 标志时，可向指定认证机构购买标准规格 CCC 标志。获证企业可以采用印刷、模压、模制、丝印、喷漆、蚀刻、雕刻、烙印、打戳等方式（以上各种方式以下简称“印刷/模压”）在产品或产品铭牌上加施认证标志。

1. CCC 标志的规格

CCC 标志分为标准规格 CCC 标志和非标准规格 CCC 标志。CCC 标志椭圆形长短轴外直径比例为 8∶6.3,具体图形比例如图 11-1 所示。

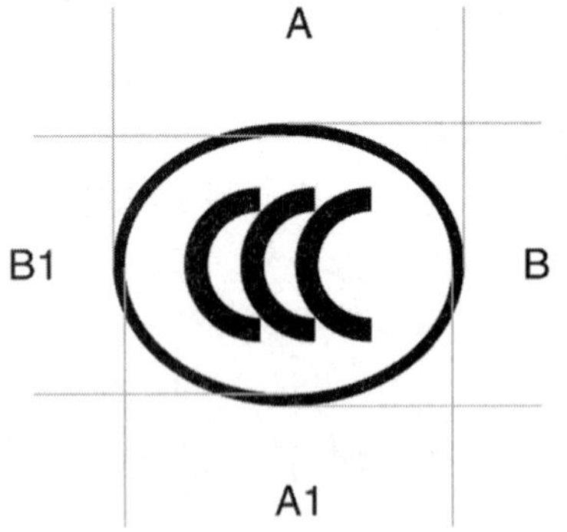

名称	A	A1	B	B1
比例值	8	7.5	6.3	5.8

图 11-1　CCC 标志图形比例

2. CCC 标志的颜色

统一印制的标准规格 CCC 标志的颜色为白色底版、黑色图案。如采用印刷/模压方式在产品或产品铭牌上加施 CCC 标志，其底版和图案颜色可根据产品外观或铭牌总体设计情况合理选用。

3. CCC 标志的加施位置

统一印制的标准规格 CCC 标志，必须加施在获得认证产品外体明显的位置上。印刷/模压 CCC 标志的，CCC 标志应当被印刷、模压在铭牌或产品外体的明显位置上。在相关获得认证产品的本体上不能加施 CCC 标志的，其 CCC 标志必须加施在产品的最小包装上及随附文件中。

获得认证的特殊产品不能按以上规定加施 CCC 标志的，必须在产品本体上印刷或者模压“中国强制认证”标志的特殊式样。

获得认证的产品可以在产品外包装上加施 CCC 标志。

4. 印刷/模压 CCC 标志的加施要求

（1）印刷/模压 CCC 标志基本式样的加施要求

CCC 标志可按照基本式样比例放大或者缩小，但不得变形，且确保认证标志图案清晰可识。

（2）印刷/模压 CCC 标志特殊式样的加施要求

以下产品允许获证企业加施特殊式样 CCC 标志：

①电线电缆产品。当使用特殊式样标志时，应印刷“中国强制性认证”英文缩写“CCC”字样，字号应与电线电缆产品外形尺寸相适应，如图 11-2 所示。

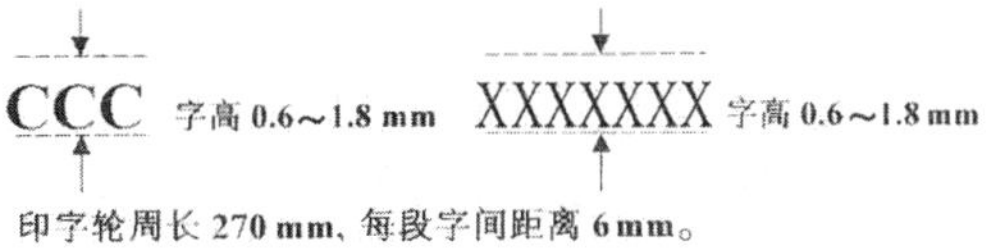

图 11-2 电线电缆产品外形尺寸

②机动车制动软管产品。当使用特殊式样标志时，制动软管管体应印刷“中国强制性认证”英文缩写“CCC”字样，如图 11-3 所示。

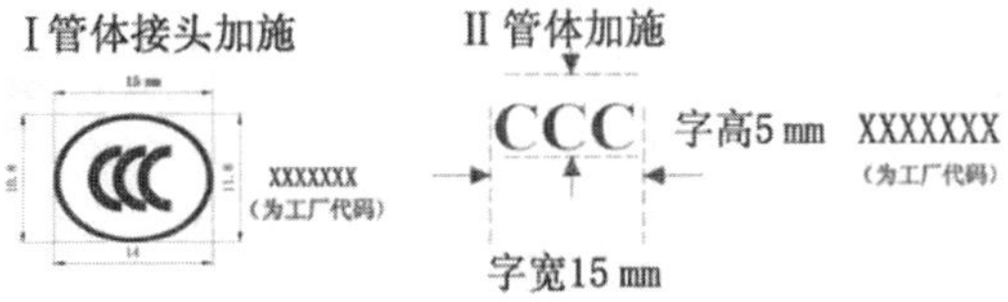

图 11-3 机动车制动软管产品外形尺寸

（三）特定产品认证标志使用要求

部分产品的强制性产品认证实施规则中，对认证标志的使用提出了特定的要求，相关产品的具体要求如下。

1. 电线电缆

应在电线电缆的外表面印刷（模压或油墨）认证标志，电线电缆产品最外层为编织层的产品可以在编织层内的绝缘线芯的外表面印刷认证标志。

2. 汽车

获得认证证书的汽车，应在汽车前风窗玻璃右上角（按汽车前进方向）加贴规定的认证标志，挂车应在车辆的明显部位加贴规定的认证标志。应使用规格为 60 毫米的认证标志。对于多阶段获证车辆，应保留各阶段认证标志。

每一辆获证车辆须在随车文件中附带车辆一致性证书（COC），以向消费者或有关部门明示认证产品信息。

3. 摩托车

获得认证证书的摩托车应在产品本体的适当位置或产品标牌上加施标准规格 CCC 标志或自行印刷/模压 CCC 标志。

每一辆获证摩托车须在随车文件中附带车辆一致性证书（COC），以向消费者或有关部门明示认证产品信息。

4. 摩托车乘员头盔

摩托车乘员头盔的 CCC 标识应采用印刷、模压的方式，认证标识应能永久保存，在不破坏头盔和认证产品的情况下清晰可见。根据产品和工艺特点，印刷、模压标志可在产品形成的各阶段完成。

CCC 认证标识下方应标注产品序列代号，代号结构为：“工厂编号+生产日期+产品流水号”。必要时加施电子代码。

5. 电动自行车

获得认证证书的电动自行车应在产品本体的适当位置或产品标牌上加施标准规格 CCC 标志或自行印刷/模压 CCC 标志。

6. 汽车用制动器衬片

衬片的 CCC 标志应采用印刷/模压方式，加施在衬片的非工作面上。根据产品和工艺特点，印刷/模压标志可在产品形成的各阶段完成。

7. 机动车辆轮胎

认证标志及工厂代码应模压在胎侧上，对于区分内侧外侧的机动车辆轮胎，应至少模压在外侧。

8. 安全玻璃

与安全有关的汽车用玻璃及铁道车辆用玻璃，应采用模压法、丝网印刷、蚀刻法或喷砂等方法加施永久性标志，标志应清晰。

与安全有关的建筑用玻璃可以加施标准标志，也可以采用模压法、丝网印刷、蚀刻法或喷砂等方法加施永久性标志。对部分建筑玻璃本体上不宜使用永久性标志或标准标志时，应在其最小外包装上或随附文件（如合格证）中使用标志。

安全玻璃产品采用模压、丝网印刷、蚀刻或喷砂等自行印刷方式加施永久性标志时，应在标志的适当位置加注工厂代码。

9. 农机产品

对植物保护机械，采用统一印制的标准规格认证标志时，认证标志应加施在产品铭牌附近；采用模压或铭牌印刷时应按批准的位置加施认证标志。

对轮式拖拉机，采用统一印制的标准规格认证标志时，认证标志尺寸为 45 毫米；采用模压或铭牌印刷时应按批准的位置加施认证标志。

10. 建筑产品

对溶剂型木器涂料产品，当配套销售（多种组分在一个外包装中）时，应在最小销售包装上加施认证标志，包装内的主漆可一并加施认证标志；当非配套销售时，应将认证标志加施在主漆的最小销售包装上，同时应在主漆的使用说明书中明确施工时需使用的稀释剂和固化剂的名称、型号、生产者名称及施工配比。稀释剂、固化剂的最小销售包装上不能加施认证标志。在加施认证标志的位置下方应标注“适用于室内装饰装修”。

对瓷质砖产品，应将认证标志加施在最小销售包装上。在加施认证标志的位置下方应注明其放射性水平类别。

11. 机动车儿童乘员用约束系统

认证标志应能永久保存，在不破坏车辆和认证产品的情况下清晰可见。应采用非标准规格印刷/模压的强制性产品认证标志。根据产品和工艺特点，印刷/模压标志可在产品形成的各阶段完成。

四、其他涉及强制性认证管理的产品要求

（一）无须办理 CCC 强制性认证情形

无须办理强制性产品认证的，无须申请“强制性产品认证证书”，也不需加施中国强制性产品认证标志。

（二）免予办理 CCC 强制性认证情形

在《市场监管总局关于明确免予办理强制性产品认证工作要求的通知》（国市监认证函〔2019〕153 号）中，明确了免予办理 CCC 强制性认证的后续监管要求：

1. 为科研、测试和认证检测所需的产品和样品：销毁处理的，申请人须保留销毁处理证明材料

（如视频、照片等）；退运的，申请人须留存出口报关单等证明材料。

2. 直接为最终用户维修目的所需的零部件产品：无须出口核销。

3. 工厂生产线/成套生产线配套所需的设备/零部件（不含办公用品）：无须出口核销。

4. 仅用于商业展示但不销售的产品：销毁处理的，申请人须保留销毁处理证明材料（如视频、照片等）；退运的，申请人须留存出口报关单等证明材料。

5. 以整机全数出口为目的进口的零部件：申请人须留存出口报关单等证明材料。

同时，实际进口货物的商品名称、商标、规格型号以及数量等情况应与提供的“免予办理强制性产品认证证明”所载内容相符。

（三）不再实施 CCC 强制性认证的产品

企业采用印刷/模压方式标注 CCC 标志的，从不增加企业负担的目的出发，考虑到企业生产模具更换周期、产品和包装的库存等情况，企业可采用自然过渡的方式逐步在产品外体、包装等位置取消印刷/模压 CCC 标志图案。

企业直接在产品上加贴标准规格 CCC 标志的，自认证证书失效之日起不得继续加贴标准规格 CCC 标志。

参考资料 1

强制性产品认证目录

表 11-1 根据国家市场监督管理总局公告 2023 年第 36 号以及 2024 年第 9 号、第 26 号、第 28 号、第 50 号更新。

表 11-1　强制性产品认证目录

产品大类	产品种类及代码
一、电线电缆（3种）	1. 电线组件（0101）
	2. 额定电压 450/750 伏及以下橡皮绝缘电线电缆（0104）[☆☆额定电压 450/750 伏及以下橡皮绝缘阻燃电线电缆（0104）]
	3. 额定电压 450/750 伏及以下聚氯乙烯绝缘电线电缆（0105）[☆☆额定电压 450/750 伏及以下聚氯乙烯绝缘阻燃电线电缆（0105）]
二、电路开关及保护或连接用电器装置（5种）	4. 插头插座（0201）
	5. 家用和类似用途固定式电气装置的开关（0202）
	6. 器具耦合器（0204）
	7. 家用和类似用途固定式电气装置电器附件外壳（0206）
	**8. 熔断体（0205、0207）
三、低压电器（2种）	**9. 低压成套开关设备（0301）
	10. 低压元器件（0302、0303、0304、0305、0306、0307、0308、0309）
四、小功率电动机（1种）	**11. 小功率电动机（0401）
五、电动工具（3种）	*12. 电钻（0501）
	*13. 电动砂轮机（0503）
	*14. 电锤（0506）

表11-1 续1

产品大类	产品种类及代码
六、电焊机（4种）	*15. 直流弧焊机（0603）
	*16. TIG弧焊机（0604）
	*17. MIG/MAG弧焊机（0605）
	*18. 等离子弧切割机（0607）
七、家用和类似用途设备（20种）	19. 家用电冰箱和食品冷冻箱（0701）
	20. 电风扇（0702）
	21. 空调器（0703）
	**22. 电动机-压缩机（0704）
	23. 家用电动洗衣机（0705）
	24. 电热水器（0706）
	25. 室内加热器（0707）
	26. 真空吸尘器（0708）
	27. 皮肤和毛发护理器具（0709）
	28. 电熨斗（0710）
	29. 电磁灶（0711）
	30. 电烤箱（便携式烤架、面包片烘烤器及类似烹调器具）（0712）
	31. 电动食品加工器具［食品加工机（厨房机械）］（0713）
	32. 微波炉（0714）
	33. 电灶、灶台、烤炉和类似器具（驻立式电烤箱、固定式烤架及类似烹调器具）（0715）
	34. 吸油烟机（0716）
	35. 液体加热器和冷热饮水机（0717）
	36. 电饭锅（0718）
	37. 电热毯、电热垫及类似柔性发热器具（0719）
	☆☆38. 电子坐便器（0720）
八、电子产品及安全附件（13种）	39. 各种成像方式的彩色电视接收机、电视机顶盒（0808）
	***40. 微型计算机（0901）
	***41. 便携式计算机（0902）
	***42. 与计算机连用的显示设备（0903）
	***43. 与计算机相连的打印设备（0904）
	***44. 多用途打印复印机（0905）
	***45. 扫描仪（0906）
	***46. 服务器（0911）
	47. 传真机（1602）
	48. 移动用户终端（1606）
	49. 电源（0807、***0907）
	***50. 移动电源（0914）
	***51. 锂离子电池和电池组（0915）

表11-1 续2

产品大类	产品种类及代码
九、照明电器（2种）	52. 灯具（1001）
	53. 镇流器（1002）
十、车辆及安全附件（15种）	54. 汽车（1101）
	55. 摩托车（1102）
	56. 电动自行车（1119）
	57. 机动车辆轮胎（1201、1202）
	58. 摩托车乘员头盔（1105）☆电动自行车乘员头盔（1105）
	59. 汽车用制动器衬片（1120）
	☆☆☆☆60. 电动自行车用锂离子蓄电池（1121）
	☆☆☆☆61. 电动自行车用充电器（1122）
	**62. 汽车安全玻璃（1301）
	**63. 汽车安全带（1104）
	**64. 机动车外部照明及光信号装置（1109、1116）
	**65. 机动车辆间接视野装置（1110、1115）
	**66. 汽车座椅及座椅头枕（1114）
	**67. 汽车行驶记录仪（1117）
	**68. 车身反光标识（1118）
十一、农机产品（2种）	69. 植物保护机械（1401）
	70. 轮式拖拉机（1402）
十二、消防产品（3种）	71. 火灾报警产品（1801）[☆☆可燃气体探测报警产品（1801）]
	72. 灭火器（1810）
	73. 避难逃生产品（1815）
十三、建材产品（4种）	74. 溶剂型木器涂料（2101）
	☆☆75. 水性内墙涂料（2104）
	76. 瓷质砖（2102）
	77. 建筑安全玻璃（1302）
十四、儿童用品（3种）	78. 童车类产品（2201）
	79. 玩具（2202）
	80. 机动车儿童乘员用约束系统（2207）

表11-1　续3

产品大类	产品种类及代码
十五、防爆电气（18 种）	81. 防爆电机（2301）
	82. 防爆电泵（2302）
	83. 防爆配电装置类产品（2303）
	84. 防爆开关、控制及保护产品（2304）
	85. 防爆起动器类产品（2305）
	86. 防爆变压器类产品（2306）
	87. 防爆电动执行机构、电磁阀类产品（2307）
	88. 防爆插接装置（2308）
	89. 防爆监控产品（2309）
	90. 防爆通讯、信号装置（2310）
	91. 防爆空调、通风设备（2311）
	92. 防爆电加热产品（2312）
	93. 防爆附件、Ex 元件（2313）
	94. 防爆仪器仪表类产品（2314）
	95. 防爆传感器（2315）
	96. 安全栅类产品（2316）
	97. 防爆仪表箱类产品（2317）
	☆98. 防爆灯具及控制装置（2318）
十六、燃气燃烧器具及安全附件（6 种）	99. 家用燃气灶具（2401）
	100. 家用燃气快速热水器（2402）
	101. 燃气采暖热水炉（2403）
	☆☆102. 商用燃气燃烧器具（2404）
	☆☆☆103. 燃气用具连接用软管（2405）
	☆☆☆104. 燃气紧急切断阀（2406）
十七、电动汽车供电设备（2 种）	☆☆☆☆☆105. 电动汽车交流供电设备（2501）
	☆☆☆☆☆106. 电动汽车直流供电设备（2502）

注：强制性产品认证目录共 17 大类 106 种产品，具体范围详见《〈强制性产品认证目录〉描述与界定表》。其中标记＊的 7 种产品实施自我声明程序 A（自选实验室型式试验+自我声明），标记＊＊的 11 种产品实施自我声明程序 B（指定实验室型式试验+自我声明）；

根据《关于在有条件的自由贸易试验区和自由贸易港调整进口信息技术设备强制性产品认证要求的公告》（国家市场监督管理总局　海关总署公告 2023 年 47 号），试点地区（适用范围：上海、广东、天津、福建、北京自由贸易试验区和海南自由贸易港）进口的标记＊＊＊的 10 种产品，认证委托人在申请 CCC 认证时，可以采用自我声明评价方式证明产品符合 CCC 认证电磁兼容性标准；

☆所标记产品，自 2025 年 5 月 1 日起，应当经过 CCC 认证并标注 CCC 认证标志后，方可出厂、销售、进口或者在其他经营活动中使用；

☆☆所标记产品，自 2025 年 7 月 1 日起，应当经过 CCC 认证并标注 CCC 认证标志后，方可出厂、销售、进口或者在其他经营活动中使用；

☆☆☆所标记产品，自 2025 年 10 月 1 日起，应当经过 CCC 认证并标注 CCC 认证标志后，方可出厂、销售、进口或者在其他经营活动中使用；

☆☆☆☆所标记产品，自2025年11月1日起，应当经过CCC认证并标注CCC认证标志后，方可出厂、销售、进口或者在其他经营活动中使用。

☆☆☆☆☆所标记产品，自2026年8月1日起，应当经过CCC认证并标注CCC认证标志后，方可出厂、销售、进口或者在其他经营活动中使用。

参考资料2

《强制性产品认证目录》产品与2020年商品编号对应参考表

表11-2根据国家市场监管总局、海关总署公告2020年第21号及最新版的《强制性产品认证目录》整理，所用商品编号为2020年版，如申报产品商品编号已修改，可结合商品编号对应的商品名称，判断适用的强制性产品认证目录产品种类。

表11-2 《强制性产品认证目录》产品与2020年商品编号对应参考表

商品编号	商品编号对应的商品名称	《强制性产品认证目录》产品种类及代码
3208901091	其他聚氨酯油漆清漆等，施工状态下挥发性有机物含量大于420克/升（溶于非水介质以聚氨酯类化合物为基本成分，含瓷漆大漆）	溶剂型木器涂料（2101）
3208901099	其他聚氨酯油漆清漆等；以聚氨酯类化合物为基本成分的本章注释四所述溶液（分散于或溶于非水介质以聚氨酯类化合物为基本成分，含瓷漆大漆）	溶剂型木器涂料（2101）
3208909010	分散于或溶于非水介质其他油漆、清漆溶液，施工状态下挥发性有机物含量大于420克/升（包括以聚合物为基本成分的漆，本章注释四所述溶液）	溶剂型木器涂料（2101）
3208909090	分散于或溶于非水介质其他油漆、清漆溶液；其他本章注释四所述溶液（包括以聚合物为基本成分的漆，本章注释四所述溶液）	溶剂型木器涂料（2101）
3210000091	其他油漆及清漆，皮革用水性颜料，施工状态下挥发性有机物含量大于420克/升（包括非聚合物为基料的瓷漆，大漆及水浆涂料 ）	溶剂型木器涂料（2101）
3210000099	其他油漆及清漆，皮革用水性颜料，施工状态下挥发性有机物含量不大于420克/升（包括非聚合物为基料的瓷漆，大漆及水浆涂料）	溶剂型木器涂料（2101）
4011100000	机动小客车用新的充气轮胎（橡胶轮胎，包括旅行小客车及赛车用）	机动车辆轮胎（1201、1202）
4011200090	其他客或货车用新充气橡胶轮胎（指机动车辆用橡胶轮胎）	机动车辆轮胎（1201、1202）
4011400000	摩托车用新的充气橡胶轮胎	摩托车轮胎（1202）
4011909090	其他新的充气橡胶轮胎（其他用途，新充气橡胶轮胎，非人字形胎面）	机动车辆轮胎（1201、1202）
6301100000	电暖毯	电热毯、电热垫及类似柔性发热器具（0719）
6506100090	其他安全帽（不论有无衬里或饰物）	摩托车乘员头盔（1105）

表11-2　续1

商品编号	商品编号对应的商品名称	《强制性产品认证目录》产品种类及代码
6904100000	陶瓷制建筑用砖	瓷质砖（2102）
6904900000	陶瓷制铺地砖、支撑或填充用砖（包括类似品）	瓷质砖（2102）
6905900000	其他建筑用陶瓷制品（包括烟囱罩通风帽，烟囱衬壁，建筑装饰物）	瓷质砖（2102）
6907211000	不论是否矩形，其最大表面积以可置入边长小于7厘米的方格的贴面砖、铺面砖，包括炉面砖及墙面砖，但子目690730和690740所列商品除外（按重量计吸水率不超过0.5%）	瓷质砖（2102）
6907219000	其他贴面砖、铺面砖，包括炉面砖及墙面砖，但子目690730和690740所列商品除外（按重量计吸水率不超过0.5%）	瓷质砖（2102）
6907301000	不论是否矩形，其最大表面积以可置入边长小于7厘米的方格的镶嵌砖（马赛克）及其类似品，但子目690740的货品除外	瓷质砖（2102）
6907309000	其他镶嵌砖（马赛克）及其类似品，但子目690740的货品除外	瓷质砖（2102）
6907401000	不论是否矩形，其最大表面积以可置入边长小于7厘米的方格的饰面陶瓷	瓷质砖（2102）
6907409000	其他饰面陶瓷	瓷质砖（2102）
7007119000	车辆用钢化安全玻璃（规格及形状适于安装在车辆上的）	汽车安全玻璃（1301）
7007190000	其他钢化安全玻璃	建筑安全玻璃（1302）
7007219000	车辆用层压安全玻璃（规格及形状适于安装在车辆上的）	汽车安全玻璃（1301）
7007290000	其他层压安全玻璃	建筑安全玻璃（1302）
7008001000	中空或真空隔温、隔音玻璃组件	汽车安全玻璃（1301）
		建筑安全玻璃（1302）
7009100000	车辆后视镜（不论是否镶框）	机动车辆间接视野装置（1110、1115）
7321110000	可使用气体燃料的家用炉灶	家用燃气灶具（2401）
8403101000	家用型热水锅炉	燃气采暖热水炉（2403）
8414301100	电动机额定功率≤0.4千瓦冷藏或冷冻箱用压缩机	电动机—压缩机（0704）
8414301200	其他电驱动冷藏或冷冻箱用压缩机（指0.4千瓦<电动机额定功率≤5千瓦）	电动机—压缩机（0704）
8414301300	电动机额定功率>0.4千瓦，但≤5千瓦的空调器用压缩机	电动机—压缩机（0704）
8414301900	电动机驱动其他用于制冷设备的压缩机	电动机—压缩机（0704）
8414511000	功率≤125瓦的吊扇（本身装有一个输出功率≤125瓦的电动机）	电风扇（0702）
8414512000	其他功率≤125瓦的换气扇（装有一个输出功率≤125瓦电动机）	电风扇（0702）
8414513000	功率≤125瓦有旋转导风轮的风扇（本身装有一个输出功率≤125瓦的电动机）	电风扇（0702）
8414519100	功率≤125瓦的台扇（本身装有一个输出功率≤125瓦的电动机）	电风扇（0702）

表11-2 续2

商品编号	商品编号对应的商品名称	《强制性产品认证目录》产品种类及代码
8414519200	功率≤125瓦的落地扇（本身装有一个输出功率≤125瓦的电动机）	电风扇（0702）
8414519300	功率≤125瓦的壁扇（本身装有一个输出功率≤125瓦的电动机）	电风扇（0702）
8414519900	其他功率≤125瓦其他风机、风扇（本身装有一个输出功率≤125瓦的电动机）	电风扇（0702）
8414591000	其他吊扇（电动机输出功率>125瓦的）	电风扇（0702）
8414592000	其他换气扇（电动机输出功率>125瓦的）	电风扇（0702）
8414599091	其他台扇、落地扇、壁扇（电动机输出功率>125瓦的）	电风扇（0702）
8414601000	抽油烟机（指罩的平面最大边长不超过120厘米，装有风扇的）	吸油烟机（0716）
8415101000	独立式空气调节器，窗式、壁式、置于天花板或地板上的（装有电扇及调温、调湿装置，包括不能单独调湿的空调器）	空调器（0703）
8415102100	制冷量≤4千大卡/时分体式空调，窗式、壁式、置于天花板或地板上的（装有电扇及调温、调湿装置，包括不能单独调湿的空调器）	空调器（0703）
8415102210	4000大卡/时<制冷量≤12046大卡/时（14000瓦）分体式空调，窗式、壁式、置于天花板或地板上的（装有电扇及调温、调湿装置，包括不能单独调湿的空调器）	空调器（0703）
8415102290	其他制冷量>12046大卡/时（14000瓦）分体式空调，窗式、壁式、置于天花板或地板上的（装有电扇及调温、调湿装置，包括不能单独调湿的空调器）	空调器（0703）
8415811000	制冷量≤4千大卡/时热泵式空调器（装有制冷装置及一个冷热循环换向阀的）	空调器（0703）
8415812001	4000大卡/时<制冷量≤12046大卡/时（14000瓦）热泵式空调器（装有制冷装置及一个冷热循环换向阀的）	空调器（0703）
8415812090	其他制冷量>12046大卡/时（14000瓦）热泵式空调器（装有制冷装置及一个冷热循环换向阀的）	空调器（0703）
8415821000	制冷量≤4千大卡/时的其他空调器（仅装有制冷装置，而无冷热循环装置的）	空调器（0703）
8415822001	4000大卡/时<制冷量≤12046大卡/时（14000瓦）的其他空调（仅装有制冷装置，而无冷热循环装置的）	空调器（0703）
8415822090	其他制冷量>12046大卡/时（14000瓦）的其他空调（仅装有制冷装置，而无冷热循环装置的）	空调器（0703）
8418101000	容积>500升冷藏-冷冻组合机	家用电冰箱和食品冷冻箱（0701）
8418102000	200升<容积≤500升冷藏冷冻组合机（各自装有单独外门的）	家用电冰箱和食品冷冻箱（0701）
8418103000	容积≤200升冷藏-冷冻组合机（各自装有单独外门的）	家用电冰箱和食品冷冻箱（0701）
8418211000	容积>150升压缩式家用型冷藏箱	家用电冰箱和食品冷冻箱（0701）
8418212000	压缩式家用型冷藏箱（50升<容积≤150升）	家用电冰箱和食品冷冻箱（0701）

表11-2　续3

商品编号	商品编号对应的商品名称	《强制性产品认证目录》产品种类及代码
8418213000	容积≤50升压缩式家用型冷藏箱	家用电冰箱和食品冷冻箱（0701）
8418291000	半导体制冷式家用型冷藏箱	家用电冰箱和食品冷冻箱（0701）
8418292000	电气吸收式家用型冷藏箱	家用电冰箱和食品冷冻箱（0701）
8418299000	其他家用型冷藏箱	家用电冰箱和食品冷冻箱（0701）
8418301000	制冷温度≤-40℃的柜式冷冻箱	家用电冰箱和食品冷冻箱（0701）
8418302100	制冷温度>-40℃大的其他柜式冷冻箱	家用电冰箱和食品冷冻箱（0701）
8418302900	制冷温度>-40℃小的其他柜式冷冻箱（小的指容积≤500升）	家用电冰箱和食品冷冻箱（0701）
8418401000	制冷温度≤-40℃的立式冷冻箱	家用电冰箱和食品冷冻箱（0701）
8418402100	制冷温度>-40℃大的立式冷冻箱	家用电冰箱和食品冷冻箱（0701）
8418402900	制冷温度>-40℃小的立式冷冻箱（小的指容积≤500升）	家用电冰箱和食品冷冻箱（0701）
8418500000	装有冷藏或冷冻装置的其他设备，用于存储及展示（包括柜、箱、展示台、陈列箱及类似品）	家用电冰箱和食品冷冻箱（0701）
8419110000	非电热燃气快速热水器	家用燃气快速热水器（2402）
		燃气采暖热水炉（2403）
8419810000	加工热饮料，烹调，加热食品的机器	液体加热器和冷热饮水机（0717）
8421121000	干衣量不超过10千克的离心干衣机	家用电动洗衣机（0705）
8421191000	脱水机	家用电动洗衣机（0705）
8424100000	灭火器（不论是否装药）	灭火器（1810）
8424410000	农业或园艺用便携式喷雾器	植物保护机械（1401）
8424490000	农业或园艺用非便携式喷雾器	植物保护机械（1401）
8424820000	农业或园艺用其他喷射器具（喷雾器除外）	植物保护机械（1401）
8426411000	轮胎式起重机	汽车（1101）
8443311010	静电感光式多功能一体加密传真机（可与自动数据处理设备或网络连接）	多用途打印复印机（0905）
8443311090	其他静电感光式多功能一体机（可与自动数据处理设备或网络连接）	多用途打印复印机（0905）
8443319010	其他具有打印和复印两种功能的机器（可与自动数据处理设备或网络连接）	多用途打印复印机（0905）
8443319020	其他多功能一体加密传真机（兼有打印、复印中一种及以上功能的机器）	传真机（1602）
8443319090	其他具有打印、复印或传真中两种及以上功能的机器（具有打印和复印两种功能的机器除外，可与自动数据处理设备或网络连接）	多用途打印复印机（0905）
		传真机（1602）
8443321100	专用于品目8471所列设备的针式打印机（可与自动数据处理设备或网络连接）	与计算机相连的打印设备（0904）
8443321200	专用于品目8471所列设备的激光打印机（可与自动数据处理设备或网络连接）	与计算机相连的打印设备（0904）

表11-2 续4

商品编号	商品编号对应的商品名称	《强制性产品认证目录》产品种类及代码
8443321300	专用于品目 8471 所列设备的喷墨打印机（可与自动数据处理设备或网络连接）	与计算机相连的打印设备（0904）
8443321400	专用于品目 8471 所列设备的热敏打印机（可与自动数据处理设备或网络连接）	与计算机相连的打印设备（0904）
8443321900	专用于品目 8471 所列设备的其他打印机（可与自动数据处理设备或网络连接）	与计算机相连的打印设备（0904）
8443329010	其他加密传真机（可与自动数据处理设备或网络连接）	传真机（1602）
8443329090	其他印刷（打印）机、复印机、传真机和电传打字机（可与自动数据处理设备或网络连接）	与计算机相连的打印设备（0904）
8450111000	干衣量≤10 千克全自动波轮式洗衣机	家用电动洗衣机（0705）
8450112000	干衣量≤10 千克全自动滚筒式洗衣机	家用电动洗衣机（0705）
8450119000	其他干衣量≤10 千克的全自动洗衣机	家用电动洗衣机（0705）
8450120000	装有离心甩干机的非全自动洗衣机（干衣量≤10 千克）	家用电动洗衣机（0705）
8450190000	干衣量≤10 千克的其他洗衣机	家用电动洗衣机（0705）
8456401000	等离子切割机	等离子弧切割机（0607）
8467210000	手提式电动钻	电钻（0501）
8467291000	手提式电动砂磨工具	电动砂轮机（0503）
8467299000	其他手提式电动工具	电锤（0506）
8470501000	销售点终端出纳机	微型计算机（0901）
8470509000	其他现金出纳机	微型计算机（0901）
8471301000	平板电脑（重量≤10 千克，至少由一个中央处理器、键盘和显示器组成）	便携式计算机（0902）
8471309000	其他便携式自动数据处理设备（重量≤10 千克，至少由一个中央处理器、键盘和显示器组成）	便携式计算机（0902）
8471412000	小型自动数据处理设备	微型计算机（0901）
8471414000	微型机	微型计算机（0901）
		服务器（0911）
8471419000	其他数据处理设备（同一机壳内至少有一个 CPU 和一个输入输出部件；包括组合式）	微型计算机（0901）
8471492000	以系统形式报验的小型计算机（计算机指自动数据处理设备）	微型计算机（0901）
8471494000	以系统形式报验的微型机	微型计算机（0901）
8471499900	以系统形式报验的其他计算机	微型计算机（0901）
8471504001	含显示器和主机的微型机（不论是否在同一机壳内有一或两个存储，输入或输出部件）	微型计算机（0901）
8471605000	自动数据处理设备的扫描器	扫描仪（0906）

表11-2 续5

商品编号	商品编号对应的商品名称	《强制性产品认证目录》产品种类及代码
8471900090	未列名的磁性或光学阅读器（包括将数据以代码形式转录的机器及处理这些数据的机器）	微型计算机（0901）
8472100000	胶版复印机、油印机	与计算机相连的打印设备（0904）
8472901000	自动柜员机	微型计算机（0901）
8479892000	空气增湿器及减湿器	空调器（0703）
8501200000	输出功率>37.5 瓦的交直流两用电动机	小功率电动机（0401）
8501310000	其他输出功率≤750 瓦的直流电动机、发电机	小功率电动机（0401）
8501320000	750 瓦<输出功率≤75 千瓦的直流电动机、发电机	小功率电动机（0401）
8501400000	单相交流电动机	小功率电动机（0401）
8501510090	其他输出功率≤750 瓦多相交流电动机	小功率电动机（0401）
8501520000	750 瓦<输出功率≤75 千瓦的多相交流电动机	小功率电动机（0401）
8504101000	电子镇流器	镇流器（1002）
8504109000	其他放电灯或放电管用镇流器	镇流器（1002）
8504401300	品目 8471 所列机器用的稳压电源	电源（0807、0907）
8504401400	功率<1 千瓦直流稳压电源（稳压系数低于万分之一，品目 8471 所列机器用除外）	电源（0807、0907）
8504401990	其他稳压电源	电源（0807、0907）
8507600090	其他锂离子蓄电池	锂离子电池和电池组（0915）
8507809000	其他蓄电池	移动电源（0914）
8508110000	电动的真空吸尘器（功率不超过 1500 瓦，且带有容积不超过 20 升的集尘袋或其他集尘容器）	真空吸尘器（0708）
8508190000	其他电动的真空吸尘器	真空吸尘器（0708）
8509401000	水果或蔬菜的榨汁机	电动食品加工器具［食品加工机（厨房机械）］（0713）
8509409000	食品研磨机，搅拌器	电动食品加工器具［食品加工机（厨房机械）］（0713）
8509809000	其他家用电动器具	电动食品加工器具［食品加工机（厨房机械）］（0713）
8512201000	机动车辆用照明装置	机动车外部照明及光信号装置（1109）
8512209000	其他照明或视觉信号装置（包括机动车辆用视觉装置）	车身反光标识（1118）
		避难逃生产品（1815）
8515312000	电弧（包括等离子弧）焊接机器人	直流弧焊机（0603）
		TIG 弧焊机（0604）
		MIG/MAG 弧焊机（0605）

表11-2 续6

商品编号	商品编号对应的商品名称	《强制性产品认证目录》产品种类及代码
8515319100	螺旋焊管机［电弧（包括等离子弧）焊接式，全自动或半自动的］	直流弧焊机（0603）
		TIG弧焊机（0604）
		MIG/MAG弧焊机（0605）
8515319900	其他电弧（包括等离子弧）焊接机及装置（全自动或半自动的）	直流弧焊机（0603）
		TIG弧焊机（0604）
		MIG/MAG弧焊机（0605）
8515390000	其他电弧（等离子弧）焊接机器及装置（非全自动或半自动）	直流弧焊机（0603）
		TIG弧焊机（0604）
		MIG/MAG弧焊机（0605）
8515809090	其他焊接机器及装置	直流弧焊机（0603）
		TIG弧焊机（0604）
		MIG/MAG弧焊机（0605）
8516101000	储存式电热水器	电热水器（0706）
8516102000	即热式电热水器	电热水器（0706）
8516109000	其他电热水器	电热水器（0706）
8516292000	辐射式空间加热器	室内加热器（0707）
8516293100	风扇式对流空间加热器	室内加热器（0707）
8516293200	充液式对流空间加热器	室内加热器（0707）
8516293900	其他对流式空间加热器	室内加热器（0707）
8516299000	电气空间加热器	室内加热器（0707）
8516310000	电吹风机	皮肤和毛发护理器具（0709）
8516320000	其他电热理发器具	皮肤和毛发护理器具（0709）
8516330000	电热干手器	皮肤和毛发护理器具（0709）
8516400000	电熨斗	电熨斗（0710）
8516500000	微波炉	微波炉（0714）
8516601000	电磁炉	电磁灶（0711）
8516603000	电饭锅	电饭锅（0718）
8516605000	电烤箱	电烤箱（便携式烤架、面包片烘烤器及类似烹调器具）（0712）
8516609000	其他电热炉（包括电热板、加热环、烧烤炉及烘烤器）	电烤箱（便携式烤架、面包片烘烤器及类似烹调器具）（0712）
		电灶、灶台、烤炉和类似器具（驻立式电烤箱、固定式烤架及类似烹调器具）（0715）
8516711000	滴液式咖啡机	液体加热器和冷热饮水机（0717）

表11-2 续7

商品编号	商品编号对应的商品名称	《强制性产品认证目录》产品种类及代码
8516712000	蒸馏渗滤式咖啡机	液体加热器和冷热饮水机（0717）
8516713000	泵压式咖啡机	液体加热器和冷热饮水机（0717）
8516719000	其他电热咖啡机和茶壶	液体加热器和冷热饮水机（0717）
8516721000	家用自动面包机	电烤箱（便携式烤架、面包片烘烤器及类似烹调器具）（0712）
8516722000	片式烤面包机（多士炉）	电烤箱（便携式烤架、面包片烘烤器及类似烹调器具）（0712）
8516729000	其他电热烤面包器	电烤箱（便携式烤架、面包片烘烤器及类似烹调器具）（0712）
8516791000	电热饮水机	液体加热器和冷热饮水机（0717）
8516799000	其他电热器具	电灶、灶台、烤炉和类似器具（驻立式电烤箱、固定式烤架及类似烹调器具）（0715）
8517121019	其他 GSM 数字式手持无线电话机	移动用户终端（1606）
8517121029	其他 CDMA 数字式手持无线电话机	移动用户终端（1606）
8517121090	其他手持式无线电话机（包括车载式无线电话机）	移动用户终端（1606）
8517129000	其他用于蜂窝网络或其他无线网络的电话机	移动用户终端（1606）
8517629200	无线网络接口卡	移动用户终端（1606）
8517629300	无线接入固定台	移动用户终端（1606）
8517691099	其他无线通信设备	移动用户终端（1606）
8525803990	非特种用途的其他类型视屏摄录一体机（非广播级、非多用途）	汽车行驶记录仪（1117）
8528420000	可直接连接且设计用于品目 8471 的自动数据处理设备的阴极射线管监视器	与计算机连用的显示设备（0903）
8528521100	专用或主要用于品目 8471 商品的液晶监视器	与计算机连用的显示设备（0903）
8528521200	其他可直接连接且设计用于品目 8471 的自动数据处理设备的彩色液晶监视器	与计算机连用的显示设备（0903）
8528521900	其他可直接连接且设计用于品目 8471 的自动数据处理设备的单色液晶监视器	与计算机连用的显示设备（0903）
8528529100	专用或主要用于品目 8471 商品的其他彩色监视器	与计算机连用的显示设备（0903）
8528529200	其他可直接连接且设计用于品目 8471 的自动数据处理设备的其他彩色监视器	与计算机连用的显示设备（0903）
8528529900	其他可直接连接且设计用于品目 8471 的自动数据处理设备的其他单色监视器	与计算机连用的显示设备（0903）
8528621010	专用或主要用于品目 8471 商品的彩色投影机	与计算机连用的显示设备（0903）
8528621090	其他专用或主要用于品目 8471 商品的投影机	与计算机连用的显示设备（0903）

表11-2 续8

商品编号	商品编号对应的商品名称	《强制性产品认证目录》 产品种类及代码
8528622000	其他可直接连接且设计用于品目 8471 的自动数据处理设备的彩色投影机	与计算机连用的显示设备（0903）
8528629000	其他可直接连接且设计用于品目 8471 的自动数据处理设备的单色投影机	与计算机连用的显示设备（0903）
8528691000	其他彩色的投影机	各种成像方式的彩色电视接收机、电视机顶盒（0808） 与计算机连用的显示设备（0903）
8528699000	其他单色的投影机	各种成像方式的彩色电视接收机、电视机顶盒（0808） 与计算机连用的显示设备（0903）
8528711000	彩色的卫星电视接收机（在设计上不带有视频显示器或屏幕的）	各种成像方式的彩色电视接收机、电视机顶盒（0808）
8528718000	其他彩色的电视接收装置（在设计上不带有视频显示器或屏幕的）	各种成像方式的彩色电视接收机、电视机顶盒（0808）
8528721100	其他彩色的模拟电视接收机，带阴极射线显像管的	各种成像方式的彩色电视接收机、电视机顶盒（0808）
8528721200	其他彩色的数字电视接收机，阴极射线显像管的	各种成像方式的彩色电视接收机、电视机顶盒（0808）
8528721900	其他彩色的电视接收机，阴极射线显像管的	各种成像方式的彩色电视接收机、电视机顶盒（0808）
8528722100	彩色的液晶显示器的模拟电视接收机	各种成像方式的彩色电视接收机、电视机顶盒（0808）
8528722200	彩色的液晶显示器的数字电视接收机	各种成像方式的彩色电视接收机、电视机顶盒（0808）
8528722900	其他彩色的液晶显示器的电视接收机	各种成像方式的彩色电视接收机、电视机顶盒（0808）
8528723100	彩色的等离子显示器的模拟电视接收机	各种成像方式的彩色电视接收机、电视机顶盒（0808）
8528723200	彩色的等离子显示器的数字电视接收机	各种成像方式的彩色电视接收机、电视机顶盒（0808）
8528723900	其他彩色的等离子显示器的电视接收机	各种成像方式的彩色电视接收机、电视机顶盒（0808）
8528729100	其他彩色的模拟电视接收机	各种成像方式的彩色电视接收机、电视机顶盒（0808）
8528729200	其他彩色的数字电视接收机	各种成像方式的彩色电视接收机、电视机顶盒（0808）
8528729900	其他彩色的电视接收机	各种成像方式的彩色电视接收机、电视机顶盒（0808）

表11-2　续9

商品编号	商品编号对应的商品名称	《强制性产品认证目录》产品种类及代码
8529901011	卫星电视接收用解码器	各种成像方式的彩色电视接收机、电视机顶盒（0808）
8531100000	防盗或防火报警器及类似装置	火灾报警产品（1801）
8535100000	电路熔断器（电压>1000伏）	熔断器（0308）
8535210000	电压<72.5千伏自动断路器（用于电压超过1000伏的线路）	低压元器件（0302、0303、0304、0305、0306、0307、0308、0309）
8535309000	其他隔离开关及断续开关（用于电压超过1000伏的线路）	低压元器件（0302、0303、0304、0305、0306、0307、0308、0309）
8535900090	其他电压>1000伏电路开关等电气装置	其他电路保护装置
8536100000	熔断器（电压不超过1000伏）	熔断体（0205、0207）
		熔断器（0308）
8536200000	电压不超过1000伏自动断路器	低压元器件（0302、0303、0304、0305、0306、0307、0308、0309）
8536300000	电压≤1000伏其他电路保护装置	漏电保护器
		其他电路保护装置
		其他装置
8536419000	36伏<电压≤60伏的继电器	漏电保护器
		其他电路保护装置
		继电器
8536490000	电压大于60伏的继电器（用于电压不超过1000伏的线路）	漏电保护器
		其他电路保护装置
		继电器
8536500000	电压≤1000伏的其他开关	家用和类似用途固定式电气装置的开关（0202）
		低压元器件（0302、0303、0304、0305、0306、0307、0308、0309）
		其他开关
8536690000	电压≤1000伏的插头及插座	插头插座（0201）
8536901900	其他36伏<电压≤1000伏的接插件	器具耦合器（0204）
8536909000	其他电压≤1000伏电路连接器等电气装置	电线组件（0101）
		器具耦合器（0204）
8537109090	其他电力控制或分配的装置（电压不超过1000伏的线路）	低压成套开关设备（0301）
8538900000	品目8535、8536、8537装置的零件（专用于或主要用于）	家用和类似用途固定式电气装置电器附件外壳（0206）
8544422100	80伏<额定电压≤1000伏有接头电缆	电线组件（0101）
8544422900	80伏<额定电压≤1000伏有接头电导体	电线组件（0101）

表11-2 续10

商品编号	商品编号对应的商品名称	《强制性产品认证目录》产品种类及代码
8544492100	80伏<额定电压≤1000伏其他电缆	额定电压450/750伏及以下橡皮绝缘电线电缆（0104）
		额定电压450/750伏及以下聚氯乙烯绝缘电线电缆（0105）
8547200000	塑料制绝缘零件	家用和类似用途固定式电气装置电器附件外壳（0206）
8547909000	其他材料制绝缘配件	家用和类似用途固定式电气装置电器附件外壳（0206）
8701200000	半挂车用的公路牵引车	汽车（1101）
8701911000	其他发动机功率不超过18千瓦的拖拉机	轮式拖拉机（1402）
8701919000	其他发动机功率不超过18千瓦的牵引车（不包括品目8709的牵引车）	汽车（1101）
8701921000	其他发动机功率超过18千瓦但不超过37千瓦的拖拉机	轮式拖拉机（1402）
8701929000	其他发动机功率超过18千瓦但不超过37千瓦的牵引车（不包括品目8709的牵引车）	汽车（1101）
8701939000	其他发动机功率超过37千瓦但不超过75千瓦的牵引车（不包括品目8709的牵引车）	汽车（1101）
8701949000	其他发动机功率超过75千瓦但不超过130千瓦的牵引车（不包括品目8709的牵引车）	汽车（1101）
8701959000	其他发动机功率超过130千瓦的牵引车（不包括品目8709的牵引车）	汽车（1101）
8702109100	30座及以上仅装有压燃式活塞内燃发动机（柴油或半柴油发动机）的大型客车	汽车（1101）
8702109210	20≤座≤23仅装有压燃式活塞内燃发动机（柴油或半柴油发动机）的客车	汽车（1101）
8702109290	24≤座≤29仅装有压燃式活塞内燃发动机（柴油或半柴油发动机）的客车	汽车（1101）
8702109300	10≤座≤19仅装有压燃式活塞内燃发动机（柴油或半柴油发动机）的客车	汽车（1101）
8702209100	30座及以上同时装有压燃式活塞内燃发动机（柴油或半柴油发动机）及驱动电动机的大型客车（指装有柴油或半柴油发动机的30座及以上的客运车）	汽车（1101）
8702209210	20≤座≤23同时装有压燃式活塞内燃发动机（柴油或半柴油发动机）及驱动电动机的客车	汽车（1101）
8702209290	24≤座≤29同时装有压燃式活塞内燃发动机（柴油或半柴油发动机）及驱动电动机的客车	汽车（1101）
8702209300	10≤座≤19同时装有压燃式活塞内燃发动机（柴油或半柴油发动机）及驱动电动机的客车	汽车（1101）

表11-2 续11

商品编号	商品编号对应的商品名称	《强制性产品认证目录》产品种类及代码
8702301000	30 座及以上同时装有点燃往复式活塞内燃发动机及驱动电动机的大型客车	汽车（1101）
8702302010	20≤座≤23 同时装有点燃往复式活塞内燃发动机及驱动电动机的客车	汽车（1101）
8702302090	24≤座≤29 同时装有点燃往复式活塞内燃发动机及驱动电动机的客车	汽车（1101）
8702303000	10≤座≤19 同时装有点燃往复式活塞内燃发动机及驱动电动机的客车	汽车（1101）
8702401000	30 座及以上仅装有驱动电动机的大型客车	汽车（1101）
8702402010	20≤座≤23 仅装有驱动电动机的客车	汽车（1101）
8702402090	24≤座≤29 仅装有驱动电动机的客车	汽车（1101）
8702403000	10≤座≤19 仅装有驱动电动机的客车	汽车（1101）
8702901000	30 座及以上大型客车（其他型）（指装有其他发动机的 30 座及以上的客运车）	汽车（1101）
8702902001	20≤座≤23 装有非压燃式活塞内燃发动机的客车	汽车（1101）
8702902090	24≤座≤29 装有非压燃式活塞内燃发动机的客车	汽车（1101）
8702903000	10≤座≤19 装有非压燃式活塞内燃发动机的客车	汽车（1101）
8703213010	仅装有排量≤1 升的点燃往复式活塞内燃发动机的小轿车	汽车（1101）
8703214010	仅装有排量≤1 升的点燃往复式活塞内燃发动机的越野车（4 轮驱动）	汽车（1101）
8703215010	仅装有排量≤1 升的点燃往复式活塞内燃发动机的小客车（9 座及以下）	汽车（1101）
8703219010	仅装有排量≤1 升的点燃往复式活塞内燃发动机的其他载人车辆	汽车（1101）
8703223010	仅装有 1 升<排量≤1.5 升点燃往复式活塞内燃发动机小轿车	汽车（1101）
8703224010	仅装有 1 升<排量≤1.5 升点燃往复活塞内燃发动机四轮驱动越野车	汽车（1101）
8703225010	仅装有 1 升<排量≤1.5 升点燃往复式活塞内燃发动机小客车（≤9 座）	汽车（1101）
8703229010	仅装有 1 升<排量≤1.5 升点燃往复式活塞内燃发动机其他载人车辆	汽车（1101）
8703234110	仅装有 1.5 升<排量≤2 升的点燃往复式活塞内燃发动机小轿车	汽车（1101）
8703234210	仅装有 1.5 升<排量≤2 升的点燃往复式活塞内燃发动机越野车（4 轮驱动）	汽车（1101）
8703234310	仅装有 1.5 升<排量≤2 升的点燃往复式活塞内燃发动机小客车（9 座及以下的）	汽车（1101）
8703234910	仅装有 1.5 升<排量≤2 升的点燃往复式活塞内燃发动机的其他载人车辆	汽车（1101）

表11-2 续12

商品编号	商品编号对应的商品名称	《强制性产品认证目录》产品种类及代码
8703235110	仅装有 2 升<排量≤2.5 升的点燃往复式活塞内燃发动机小轿车	汽车（1101）
8703235210	仅装有 2 升<排量≤2.5 升的点燃往复式活塞内燃发动机越野车（4 轮驱动）	汽车（1101）
8703235310	仅装有 2 升<排量≤2.5 升的点燃往复式活塞内燃发动机小客车（9 座及以下的）	汽车（1101）
8703235910	仅装有 2 升<排量≤2.5 升的点燃往复式活塞内燃发动机的其他载人车辆	汽车（1101）
8703236110	仅装有 2.5 升<排量≤3 升的点燃往复式活塞内燃发动机小轿车	汽车（1101）
8703236210	仅装有 2.5 升<排量≤3 升的点燃往复式活塞内燃发动机越野车（4 轮驱动）	汽车（1101）
8703236310	仅装有 2.5 升<排量≤3 升的点燃往复式活塞内燃发动机小客车（9 座及以下的）	汽车（1101）
8703236910	仅装有 2.5 升<排量≤3 升的点燃往复式活塞内燃发动机的其他载人车辆	汽车（1101）
8703241110	仅装有 3 升<排量≤4 升的点燃往复式活塞内燃发动机小轿车	汽车（1101）
8703241210	仅装有 3 升<排量≤4 升的点燃往复式活塞内燃发动机越野车（4 轮驱动）	汽车（1101）
8703241310	仅装有 3 升<排量≤4 升的点燃往复式活塞内燃发动机的小客车（9 座及以下的）	汽车（1101）
8703241910	仅装有 3 升<排量≤4 升的点燃往复式活塞内燃发动机的其他载人车辆	汽车（1101）
8703242110	仅装有排气量>4 升的点燃往复式活塞内燃发动机小轿车	汽车（1101）
8703242210	仅装有排气量>4 升的点燃往复式活塞内燃发动机越野车（4 轮驱动）	汽车（1101）
8703242310	仅装有排气量>4 升的点燃往复式活塞内燃发动机的小客车（9 座及以下的）	汽车（1101）
8703242910	仅装有排气量>4 升的点燃往复式活塞内燃发动机的其他载人车辆	汽车（1101）
8703311110	仅装有排气量≤1 升的压燃式活塞内燃发动机小轿车	汽车（1101）
8703311910	仅装有排气量≤1 升的压燃式活塞内燃发动机的其他载人车辆	汽车（1101）
8703312110	仅装有 1 升<排气量≤1.5 升的压燃式活塞内燃发动机小轿车	汽车（1101）
8703312210	仅装有 1 升<排气量≤1.5 升的压燃式活塞内燃发动机越野车（4 轮驱动）	汽车（1101）
8703312310	仅装有 1 升<排气量≤1.5 升的压燃式活塞内燃发动机小客车（9 座及以下的）	汽车（1101）
8703312910	仅装有 1 升<排气量≤1.5 升的压燃式活塞内燃发动机的其他载人车辆	汽车（1101）
8703321110	仅装有 1.5 升<排量≤2 升的压燃式活塞内燃发动机小轿车	汽车（1101）

表11-2 续13

商品编号	商品编号对应的商品名称	《强制性产品认证目录》产品种类及代码
8703321210	仅装有 1.5 升<排量≤2 升的压燃式活塞内燃发动机越野车（4 轮驱动）	汽车（1101）
8703321310	仅装有 1.5 升<排量≤2 升的装压燃式活塞内燃发动机小客车（9 座及以下的）	汽车（1101）
8703321910	仅装有 1.5 升<排量≤2 升的压燃式活塞内燃发动机的其他载人车辆	汽车（1101）
8703322110	仅装有 2 升<排量≤2.5 升的压燃式活塞内燃发动机小轿车	汽车（1101）
8703322210	仅装有 2 升<排量≤2.5 升的燃式活塞内燃发动机越野车（4 轮驱动）	汽车（1101）
8703322310	仅装有 2 升<排量≤2.5 升的燃式活塞内燃发动机小客车（9 座及以下的）	汽车（1101）
8703322910	仅装有 2 升<排量≤2.5 升的压燃式活塞内燃发动机的其他载人车辆	汽车（1101）
8703331110	仅装有 2.5 升<排量≤3 升的压燃式活塞内燃发动机小轿车	汽车（1101）
8703331210	仅装有 2.5 升<排量≤3 升的压燃式活塞内燃发动机越野车（4 轮驱动）	汽车（1101）
8703331310	仅装有 2.5 升<排量≤3 升的压燃式活塞内燃发动机小客车（9 座及以下的）	汽车（1101）
8703331910	仅装有 2.5 升<排量≤3 升的压燃式活塞内燃发动机的其他载人车辆	汽车（1101）
8703332110	仅装有 3 升<排量≤4 升的压燃式活塞内燃发动机小轿车	汽车（1101）
8703332210	仅装有 3 升<排量≤4 升的压燃式活塞内燃发动机越野车（4 轮驱动）	汽车（1101）
8703332310	仅装有 3 升<排量≤4 升的压燃式活塞内燃发动机小客车（9 座及以下的）	汽车（1101）
8703332910	仅装有 3 升<排量≤4 升的压燃式活塞内燃发动机的其他载人车辆	汽车（1101）
8703336110	仅装有排量>4 升的压燃式活塞内燃发动机小轿车	汽车（1101）
8703336210	仅装有排量>4 升的压燃式活塞内燃发动机越野车（4 轮驱动）	汽车（1101）
8703336310	仅装有排量>4 升的压燃式活塞内燃发动机小客车（9 座及以下的）	汽车（1101）
8703336910	仅装有排量>4 升的压燃式活塞内燃发动机其他载人车辆	汽车（1101）
8703401110	同时装有点燃往复式活塞内燃发动机（排量≤1 升）及驱动电动机的小轿车（可通过接插外部电源进行充电的除外）	汽车（1101）
8703401210	同时装有点燃往复式活塞内燃发动机（排量≤1 升）及驱动电动机的越野车（4 轮驱动）（可通过接插外部电源进行充电的除外）	汽车（1101）
8703401310	同时装有点燃往复式活塞内燃发动机（排量≤1 升）及驱动电动机的小客车（9 座及以下，可通过接插外部电源进行充电的除外）	汽车（1101）

表11-2 续14

商品编号	商品编号对应的商品名称	《强制性产品认证目录》产品种类及代码
8703401910	同时装有点燃往复式活塞内燃发动机（排量≤1 升）及驱动电动机的其他载人车辆（可通过接插外部电源进行充电的除外）	汽车（1101）
8703402110	同时装有点燃往复式活塞内燃发动机（1 升<排量≤1.5 升）及驱动电动机的小轿车（可通过接插外部电源进行充电的除外）	汽车（1101）
8703402210	同时装有点燃往复式活塞内燃发动机（1 升<排量≤1.5 升）及驱动电动机的四轮驱动越野车（可通过接插外部电源进行充电的除外）	汽车（1101）
8703402310	同时装有点燃往复式活塞内燃发动机（1 升<排量≤1.5 升）及驱动电动机的小客车（9 座及以下，可通过接插外部电源进行充电的除外）	汽车（1101）
8703402910	同时装有点燃往复式活塞内燃发动机（1 升<排量≤1.5 升）及驱动电动机的其他载人车辆（可通过接插外部电源进行充电的除外）	汽车（1101）
8703403110	同时装有点燃往复式活塞内燃发动机（1.5 升<排量≤2 升）及驱动电动机的小轿车（可通过接插外部电源进行充电的除外）	汽车（1101）
8703403210	同时装有点燃往复式活塞内燃发动机（1.5 升<排量≤2 升）及驱动电动机的四轮驱动越野车（可通过接插外部电源进行充电的除外）	汽车（1101）
8703403310	同时装有点燃往复式活塞内燃发动机（1.5 升<排量≤2 升）及驱动电动机的小客车（9 座及以下，可通过接插外部电源进行充电的除外）	汽车（1101）
8703403910	同时装有点燃往复式活塞内燃发动机（1.5 升<排量≤2 升）及驱动电动机的其他载人车辆（可通过接插外部电源进行充电的除外）	汽车（1101）
8703404110	同时装有点燃往复式活塞内燃发动机（2 升<排量≤2.5 升）及驱动电动机的小轿车（可通过接插外部电源进行充电的除外）	汽车（1101）
8703404210	同时装有点燃往复式活塞内燃发动机（2 升<排量≤2.5 升）及驱动电动机的四轮驱动越野车（可通过接插外部电源进行充电的除外）	汽车（1101）
8703404310	同时装有点燃往复式活塞内燃发动机（2 升<排量≤2.5 升）及驱动电动机的小客车（9 座及以下，可通过接插外部电源进行充电的除外）	汽车（1101）
8703404910	同时装有点燃往复式活塞内燃发动机（2 升<排量≤2.5 升）及驱动电动机的其他载人车辆（可通过接插外部电源进行充电的除外）	汽车（1101）
8703405110	同时装有点燃往复式活塞内燃发动机（2.5 升<排量≤3 升）及驱动电动机的小轿车（可通过接插外部电源进行充电的除外）	汽车（1101）
8703405210	同时装有点燃往复式活塞内燃发动机（2.5 升<排量≤3 升）及驱动电动机的四轮驱动越野车（可通过接插外部电源进行充电的除外）	汽车（1101）
8703405310	同时装有点燃往复式活塞内燃发动机（2.5 升<排量≤3 升）及驱动电动机的小客车（9 座及以下，可通过接插外部电源进行充电的除外）	汽车（1101）

表11-2 续15

商品编号	商品编号对应的商品名称	《强制性产品认证目录》产品种类及代码
8703405910	同时装有点燃往复式活塞内燃发动机（2.5 升<排量≤3 升）及驱动电动机的其他载人车辆（可通过接插外部电源进行充电的除外）	汽车（1101）
8703406110	同时装有点燃往复式活塞内燃发动机（3 升<排量≤4 升）及驱动电动机的小轿车（可通过接插外部电源进行充电的除外）	汽车（1101）
8703406210	同时装有点燃往复式活塞内燃发动机（3 升<排量≤4 升）及驱动电动机的四轮驱动越野车（可通过接插外部电源进行充电的除外）	汽车（1101）
8703406310	同时装有点燃往复式活塞内燃发动机（3 升<排量≤4 升）及驱动电动机的小客车（9 座及以下，可通过接插外部电源进行充电的除外）	汽车（1101）
8703406910	同时装有点燃往复式活塞内燃发动机（3 升<排量≤4 升）及驱动电动机的其他载人车辆（可通过接插外部电源进行充电的除外）	汽车（1101）
8703407110	同时装有点燃往复式活塞内燃发动机（排量>4 升）及驱动电动机的小轿车（可通过接插外部电源进行充电的除外）	汽车（1101）
8703407210	同时装有点燃往复式活塞内燃发动机（排量>4 升）及驱动电动机的四轮驱动越野车（可通过接插外部电源进行充电的除外）	汽车（1101）
8703407310	同时装有点燃往复式活塞内燃发动机（排量>4 升）及驱动电动机的小客车（9 座及以下，可通过接插外部电源进行充电的除外）	汽车（1101）
8703407910	同时装有点燃往复式活塞内燃发动机（排量>4 升）及驱动电动机的其他载人车辆（可通过接插外部电源进行充电的除外）	汽车（1101）
8703409010	其他同时装有点燃往复式活塞内燃发动机及驱动电动机的载人车辆（可通过接插外部电源进行充电的除外）	汽车（1101）
8703501110	同时装有压燃式活塞内燃发动机（柴油或半柴油发动机，排量≤1 升）及驱动电动机的小轿车（可通过接插外部电源进行充电的除外）	汽车（1101）
8703501910	同时装有压燃式活塞内燃发动机（柴油或半柴油发动机，排量≤1 升）及驱动电动机的其他载人车辆（可通过接插外部电源进行充电的除外）	汽车（1101）
8703502110	同时装有压燃式活塞内燃发动机（柴油或半柴油发动机，1 升<排量≤1.5 升）及驱动电动机的小轿车（可通过接插外部电源进行充电的除外）	汽车（1101）
8703502210	同时装有压燃式活塞内燃发动机（柴油或半柴油发动机，1 升<排量≤1.5 升）及驱动电动机的四轮驱动越野车（可通过接插外部电源进行充电的除外）	汽车（1101）
8703502310	同时装有压燃式活塞内燃发动机（柴油或半柴油发动机，1 升<排量≤1.5 升）及驱动电动机的小客车（9 座及以下，可通过接插外部电源进行充电的除外）	汽车（1101）
8703502910	同时装有压燃式活塞内燃发动机（柴油或半柴油发动机，1 升<排量≤1.5 升）及驱动电动机的其他载人车辆（可通过接插外部电源进行充电的除外）	汽车（1101）

表11-2　续16

商品编号	商品编号对应的商品名称	《强制性产品认证目录》产品种类及代码
8703503110	同时装有压燃式活塞内燃发动机（柴油或半柴油发动机，1.5 升<排量≤2 升）及驱动电动机的小轿车（可通过接插外部电源进行充电的除外）	汽车（1101）
8703503210	同时装有压燃式活塞内燃发动机（柴油或半柴油发动机，1.5 升<排量≤2 升）及驱动电动机的四轮驱动越野车（可通过接插外部电源进行充电的除外）	汽车（1101）
8703503310	同时装有压燃式活塞内燃发动机（柴油或半柴油发动机，1.5 升<排量≤2 升）及驱动电动机的小客车（9 座及以下，可通过接插外部电源进行充电的除外）	汽车（1101）
8703503910	同时装有压燃式活塞内燃发动机（柴油或半柴油发动机，1.5 升<排量≤2 升）及驱动电动机的其他载人车辆（可通过接插外部电源进行充电的除外）	汽车（1101）
8703504110	同时装有压燃式活塞内燃发动机（柴油或半柴油发动机，2 升<排量≤2.5 升）及驱动电动机的小轿车（可通过接插外部电源进行充电的除外）	汽车（1101）
8703504210	同时装有压燃式活塞内燃发动机（柴油或半柴油发动机，2 升<排量≤2.5 升）及驱动电动机的四轮驱动越野车（可通过接插外部电源进行充电的除外）	汽车（1101）
8703504310	同时装有压燃式活塞内燃发动机（柴油或半柴油发动机，2 升<排量≤2.5 升）及驱动电动机的小客车（9 座及以下，可通过接插外部电源进行充电的除外）	汽车（1101）
8703504910	同时装有压燃式活塞内燃发动机（柴油或半柴油发动机，2 升<排量≤2.5 升）及驱动电动机的其他载人车辆（可通过接插外部电源进行充电的除外）	汽车（1101）
8703505110	同时装有压燃式活塞内燃发动机（柴油或半柴油发动机，2.5 升<排量≤3 升）及驱动电动机的小轿车（可通过接插外部电源进行充电的除外）	汽车（1101）
8703505210	同时装有压燃式活塞内燃发动机（柴油或半柴油发动机，2.5 升<排量≤3 升）及驱动电动机的四轮驱动越野车（可通过接插外部电源进行充电的除外）	汽车（1101）
8703505310	同时装有压燃式活塞内燃发动机（柴油或半柴油发动机，2.5 升<排量≤3 升）及驱动电动机的小客车（9 座及以下，可通过接插外部电源进行充电的除外）	汽车（1101）
8703505910	同时装有压燃式活塞内燃发动机（柴油或半柴油发动机，2.5 升<排量≤3 升）及驱动电动机的其他载人车辆（可通过接插外部电源进行充电的除外）	汽车（1101）
8703506110	同时装有压燃式活塞内燃发动机（柴油或半柴油发动机，3 升<排量≤4 升）及驱动电动机的小轿车（可通过接插外部电源进行充电的除外）	汽车（1101）

表11-2　续17

商品编号	商品编号对应的商品名称	《强制性产品认证目录》产品种类及代码
8703506210	同时装有压燃式活塞内燃发动机（柴油或半柴油发动机，3 升<排量≤4 升）及驱动电动机的四轮驱动越野车（可通过接插外部电源进行充电的除外）	汽车（1101）
8703506310	同时装有压燃式活塞内燃发动机（柴油或半柴油发动机，3 升<排量≤4 升）及驱动电动机的小客车（9 座及以下，可通过接插外部电源进行充电的除外）	汽车（1101）
8703506910	同时装有压燃式活塞内燃发动机（柴油或半柴油发动机，3 升<排量≤4 升）及驱动电动机的其他载人车辆（可通过接插外部电源进行充电的除外）	汽车（1101）
8703507110	同时装有压燃式活塞内燃发动机（柴油或半柴油发动机，排量>4 升）及驱动电动机的小轿车（可通过接插外部电源进行充电的除外）	汽车（1101）
8703507210	同时装有压燃式活塞内燃发动机（柴油或半柴油发动机，排量>4 升）及驱动电动机的四轮驱动越野车（可通过接插外部电源进行充电的除外）	汽车（1101）
8703507310	同时装有压燃式活塞内燃发动机（柴油或半柴油发动机，排量>4 升）及驱动电动机的小客车（9 座及以下，可通过接插外部电源进行充电的除外）	汽车（1101）
8703507910	同时装有压燃式活塞内燃发动机（柴油或半柴油发动机，排量>4 升）及驱动电动机的其他载人车辆（可通过接插外部电源进行充电的除外）	汽车（1101）
8703509010	其他同时装有压燃式活塞内燃发动机（柴油或半柴油发动机）及驱动电动机的载人车辆（可通过接插外部电源进行充电的除外）	汽车（1101）
8703600000	同时装有点燃往复式活塞内燃发动机及驱动电动机、可通过接插外部电源进行充电的其他载人车辆	汽车（1101）
8703700000	同时装有压燃活塞内燃发动机（柴油或半柴油发动机）及驱动电动机、可通过接插外部电源进行充电的其他载人车辆	汽车（1101）
8703800090	仅装有驱动电动机的其他载人车辆	汽车（1101）
8703900021	其他型排气量≤1 升的其他载人车辆	汽车（1101）
8703900022	其他型 1 升<排气量≤1.5 升的其他载人车辆	汽车（1101）
8703900023	其他型 1.5 升<排气量≤2 升的其他载人车辆	汽车（1101）
8703900024	其他型 2 升<排气量≤2.5 升的其他载人车辆	汽车（1101）
8703900025	其他型 2.5 升<排气量≤3 升的其他载人车辆	汽车（1101）
8703900026	其他型 3 升<排气量≤4 升的其他载人车辆	汽车（1101）
8703900027	其他型排气量>4 升的其他载人车辆	汽车（1101）
8703900029	其他无法区分排气量的载人车辆	汽车（1101）
8704210000	柴油型其他小型货车（装有压燃式活塞内燃发动机，小型指车辆总重量≤5 吨）	汽车（1101）

表11-2 续18

商品编号	商品编号对应的商品名称	《强制性产品认证目录》产品种类及代码
8704223000	柴油型其他中型货车（装有压燃式活塞内燃发动机，中型指5吨<车辆总重量<14吨）	汽车（1101）
8704224000	柴油型其他重型货车（装有压燃式活塞内燃发动机，重型指14吨≤车辆总重≤20吨）	汽车（1101）
8704230010	固井水泥车、压裂车、混砂车、连续油管车、液氮泵车用底盘（车辆总重量>35吨，装驾驶室）	汽车（1101）
8704230020	起重≥55吨汽车起重机用底盘（装有压燃式活塞内燃发动机）	汽车（1101）
8704230030	车辆总重量≥31吨清障车专用底盘	汽车（1101）
8704230090	柴油型的其他超重型货车（装有压燃式活塞内燃发动机，超重型指车辆总重量>20吨）	汽车（1101）
8704310000	总重量≤5吨的其他货车（汽油型，装有点燃式活塞内燃发动机）	汽车（1101）
8704323000	5吨<总重量≤8吨的其他货车（汽油型，装有点燃式活塞内燃发动机）	汽车（1101）
8704324000	总重量>8吨的其他货车（汽油型，装有点燃式活塞内燃发动机）	汽车（1101）
8704900000	装有其他发动机的货车	汽车（1101）
8705102100	起重重量≤50吨全路面起重车	汽车（1101）
8705102200	50吨<起重重量≤100吨全路面起重车	汽车（1101）
8705102300	起重量>100吨全路面起重车	汽车（1101）
8705109100	起重重量≤50吨其他机动起重车	汽车（1101）
8705109200	50吨<起重重量≤100吨其他起重车	汽车（1101）
8705109300	起重重量>100吨其他机动起重车	汽车（1101）
8705200000	机动钻探车	汽车（1101）
8705400000	机动混凝土搅拌车	汽车（1101）
8705901000	无线电通信车	汽车（1101）
8705902000	机动放射线检查车	汽车（1101）
8705903000	机动环境监测车	汽车（1101）
8705904000	机动医疗车	汽车（1101）
8705905900	其他机动电源车（频率为400赫兹航空电源车除外）	汽车（1101）
8705907000	道路（包括跑道）扫雪车	汽车（1101）
8705908000	石油测井车，压裂车，混沙车	汽车（1101）
8705909100	混凝土泵车	汽车（1101）
8705909990	其他特殊用途的机动车辆（主要用于载人或运货的车辆除外）	汽车（1101）
8706002100	车辆总重量≥14吨的货车底盘（装有发动机的）	汽车（1101）
8706002200	车辆总重量<14吨的货车底盘（装有发动机的）	汽车（1101）
8706004000	汽车起重机底盘（装有发动机的）	汽车（1101）

表11-2 续19

商品编号	商品编号对应的商品名称	《强制性产品认证目录》产品种类及代码
8706009000	其他机动车辆底盘（装有发动机的，品目 8701、8703 和 8705 所列车辆用）	汽车（1101）
8708210000	坐椅安全带（品目 8701 至 8705 的车辆用）	汽车安全带（1104）
		机动车儿童乘员用约束系统（2207）
8708294100	汽车电动天窗	汽车安全玻璃（1301）
8708294200	汽车手动天窗	汽车安全玻璃（1301）
8708995900	总重≥14 吨柴油货车用其他零部件（指 87042240、87042300、87043240 所列车辆用，含总重>8 吨汽油货车）	汽车座椅及座椅头枕（1114）
8711100010	微马力摩托车及脚踏两用车（装有往复式活塞发动机，微马力指排气量=50cc）	摩托车（1102）
8711100090	微马力摩托车及脚踏两用车（装有往复式活塞发动机，微马力指排气量<50cc）	摩托车（1102）
8711201000	50 毫升<排气量≤100 毫升装往复式活塞内燃发动机摩托车及脚踏两用车	摩托车（1102）
8711202000	100 毫升<排气量≤125 毫升装往复式活塞内燃发动机摩托车及脚踏两用车	摩托车（1102）
8711203000	125 毫升<排气量≤150 毫升装往复式活塞内燃发动机摩托车及脚踏两用车	摩托车（1102）
8711204000	150 毫升<排气量≤200 毫升装往复式活塞内燃发动机摩托车及脚踏两用车	摩托车（1102）
8711205010	200 毫升<排气量<250 毫升装往复式活塞内燃发动机摩托车及脚踏两用车	摩托车（1102）
8711205090	排气量=250 毫升装往复式活塞内燃发动机摩托车及脚踏两用车	摩托车（1102）
8711301000	250 毫升<排气量≤400 毫升装往复式活塞内燃发动机摩托车及脚踏两用车	摩托车（1102）
8711302000	400 毫升<排气量≤500 毫升装往复式活塞内燃发动机摩托车及脚踏两用车	摩托车（1102）
8711400000	500 毫升<排气量≤800 毫升装往复式活塞内燃发动机摩托车及脚踏两用车	摩托车（1102）
8711500000	800 毫升<排气量装往复式活塞内燃发动机摩托车及脚踏两用车	摩托车（1102）
8711600010	电动自行车（包括机器脚踏两用车；脚踏车）	电动自行车（1119）
8711600090	其他装有电驱动电动机的摩托车	摩托车（1102）
		电动自行车（1119）
8711900010	其他排气量≤250 毫升摩托车及脚踏两用车	摩托车（1102）
8711900020	其他排气量>250 毫升摩托车及脚踏两用车	摩托车（1102）
8711900030	其他无法区分排气量的摩托车及脚踏两用车	摩托车（1102）

表11-2 续20

商品编号	商品编号对应的商品名称	《强制性产品认证目录》产品种类及代码
8711900090	装有其他辅助发动机的脚踏车，边车	摩托车（1102）
		电动自行车（1119）
8712008110	12-16英寸的未列名自行车	童车类产品（2201）
8712008190	11英寸及以下的未列名自行车	童车类产品（2201）
8712008900	其他未列名自行车	童车类产品（2201）
8712009000	其他非机动脚踏车	童车类产品（2201）
8715000010	婴孩车	童车类产品（2201）
8715000090	婴孩车零件	童车类产品（2201）
8716100000	供居住或野营用厢式挂车及半挂车	汽车（1101）
8716311000	油罐挂车及半挂车	汽车（1101）
8716319000	其他罐式挂车及半挂车	汽车（1101）
8716391000	货柜挂车及半挂车	汽车（1101）
8716399000	其他货运挂车及半挂车	汽车（1101）
8716400000	其他未列名挂车及半挂车	汽车（1101）
9020000000	其他呼吸器具及防毒面具（但不包括既无机械零件又无可互换过滤器的防护面具）	避难逃生产品（1815）
9401201000	皮革或再生皮革面的机动车辆用坐具	汽车座椅及座椅头枕（1114）
		机动车儿童乘员用约束系统（2207）
9401209000	其他机动车辆用坐具	汽车座椅及座椅头枕（1114）
		机动车儿童乘员用约束系统（2207）
9401401000	皮革或再生皮革面的能作床用的两用椅（但庭园坐具或野营设备除外）	机动车儿童乘员用约束系统（2207）
9401409000	其他能作床用的两用椅（但庭园坐具或野营设备除外）	机动车儿童乘员用约束系统（2207）
9401809091	儿童用汽车安全座椅	机动车儿童乘员用约束系统（2207）
9401809099	其他坐具	机动车儿童乘员用约束系统（2207）
9401901900	机动车辆用其他座具零件	汽车座椅及座椅头枕（1114）
		机动车儿童乘员用约束系统（2207）
9405100000	枝形吊灯（包括天花板或墙壁上的照明装置，但露天或街道上的除外）	灯具（1001）
9405200010	含濒危物种成分的电气台灯、床头灯、落地灯	灯具（1001）
9405200090	其他电气台灯、床头灯、落地灯	灯具（1001）
9405600000	发光标志、发光铭牌及类似品	避难逃生产品（1815）
9503001000	三轮车、踏板车、踏板汽车和类似的带轮玩具；玩偶车	童车类产品（2201）
		玩具（2202）
9503002100	动物玩偶，不论是否着装	玩具（2202）

表11-2 续21

商品编号	商品编号对应的商品名称	《强制性产品认证目录》产品种类及代码
9503002900	其他玩偶，不论是否着装	玩具（2202）
9503006000	智力玩具	玩具（2202）
9503008310	玩具无人机	玩具（2202）
9503008390	带动力装置的玩具及模型	玩具（2202）
9503008900	其他未列名玩具	童车类产品（2201）
		玩具（2202）
9503009000	玩具、模型零件	玩具（2202）
	此类产品包括防爆电机、防爆电泵、防爆配电装置类产品、防爆开关、控制及保护产品、防爆起动器类产品、防爆变压器类产品、防爆电动执行机构、电磁阀类产品、防爆插接装置、防爆监控产品、防爆通讯、信号装置、防爆空调、通风设备、防爆电加热产品、防爆附件、Ex元件、防爆仪器仪表类产品、防爆传感器、安全栅类产品、防爆仪表箱类产品、防爆灯具及控制装置等多种电气类产品，需根据商品的自然属性、功能、用途等进行归类判定	防爆电气产品（2301~2318）

注：上表缺少新增认证类别“电子坐便器（0720）”“电动自行车用锂离子蓄电池（1121）”“电动自行车用充电器（1122）”“水性内墙涂料（2104）”“防爆灯具及控制装置（2318）”“商用燃气燃烧器具（2404）”“燃气用具连接用软管（2405）”“燃气紧急切断阀（2406）”对应的商品编号。

参考资料 3

《强制性产品认证目录》描述与界定表

说 明

1. 对于电气电子产品，除电信终端设备、电焊机、防爆电气，适用范围仅限于可直接或间接连接到大于36V（直流或交流有效值）供电电源的产品。

2. 对于电气电子产品，除车载移动用户终端、防爆电气或特别说明外，专为汽车及摩托车、火车、船舶、飞机设计、制造和使用的、具有专门设计和安装结构的产品不在CCC认证范围内。

3. 再制造产品不在CCC认证范围内。

4. 具有两种或两种以上强制性产品认证目录内功能和用途的多功能产品，以产品的主要功能和主要使用目的进行归类。多功能产品应符合主要功能产品的适用标准及认证实施规则要求，同时兼顾其他功能产品对应的适用标准及认证实施规则要求。

5. 适用产品界定应当结合“对产品种类的描述”和“对产品适用范围的描述或列举”及“说明”等内容，并以此判定产品是否属于认证范围。

6. 产品列举不一定包括所有可能存在的产品名称，未列举的产品可根据具体情况参照相应描述界定。

7. *所标记产品为实施自我声明程序A（自选实验室型式试验+自我声明）的产品，**所标记产品为实施自我声明程序B（指定实验室型式试验+自我声明）的产品。根据《关于在有条件的自由贸易试验区和自由贸易港调整进口信息技术设备强制性产品认证要求的公告》（国家市场监督管理总局 海关总署公告2023年47号），试点地区（适用范围：上海、广东、天津、福建、北京自由贸易试验区和海南自由贸易港）进口的标记＊＊＊的10种产品，认证委托人在申请CCC认证时，可以采用自我声明评价方式证明产品符合CCC认证电磁兼容性标准。

产品种类及代码	对产品种类的描述	产品适用范围	对产品适用范围的描述或列举	说明
一、电线电缆（3种） 1. 不包括阻燃电线电缆、耐火电线电缆、裸电线、电力电缆、控制电缆、架空绝缘电缆、通信电缆和光缆、绕组线产品； 2. 不包括认证依据标准中未列明的型号、规格				
1. 电线组件（0101）	适用于家用和类似一般设备所用的电线组件（即，由带不可拆线插头和不可拆线的连接器的软缆或软线构成的组件）和互连电线组件（即，由带有不可拆线插头连接器和不可拆线的连接器的软缆或软线构成的组件）	电线组件	1. 包括带有以下规格连接器的电线组件： 用于冷条件下Ⅱ类设备的0.2A 250V连接器 用于冷条件下Ⅰ类设备的2.5A 250V连接器 用于冷条件下Ⅱ类设备的2.5A 250V连接器 用于冷条件下Ⅱ类设备的6A 250V连接器 用于冷条件下Ⅰ类设备的10A 250V连接器 用于热条件下Ⅰ类设备的10A 250V连接器 用于酷热条件下Ⅰ类设备的10A 250V连接器 用于冷条件下Ⅱ类设备的10A 250V连接器 用于冷条件下Ⅰ类设备的16A 250V连接器 用于酷热条件下Ⅰ类设备的16A 250V连接器 用于冷条件下Ⅱ类设备的16A 250V连接器 2. 互连电线组件 3. Y型电线组件 4. Y型互连电线组件	适用标准： GB/T 15934 GB/T 26219
2. 额定电压450/750V及以下橡皮绝缘电线电缆（0104）	1. 交流额定电压不超过450/750V的动力装置用电缆； 2. 橡皮绝缘； 3. 铜芯； 4. 单芯电缆	耐热硅橡胶绝缘电缆 耐热乙烯-乙酸乙烯酯橡皮绝缘电缆	具有良好的耐热特性。 60245 IEC 03（YG）300/500V 0.5~16（1芯） 60245 IEC 04（YYY）450/750V 0.5~95（1芯） 60245 IEC 05（YRYY）450/750V 0.5~95（1芯） 60245 IEC 06（YYY）300/500V 0.5~1（1芯） 60245 IEC 07（YRYY）300/500V 0.5~1（1芯）	适用标准： GB/T 5013.3 GB/T 5013.7
	1. 交流额定电压不超过450/750V的动力装置用电缆； 2. 橡皮挤包覆盖层或复合覆盖层； 3. 铜芯； 4. 单芯电缆	橡皮绝缘电焊机电缆	1. 具有良好的柔软性； 2. 用于连接电焊机和焊钳。 60245 IEC 81（YH）16~95（1芯） 60245 IEC 82（YHF）16~95（1芯）	适用标准： GB/T 5013.6
	1. 交流额定电压不超过450/750V的动力装置用电缆； 2. 橡皮绝缘和橡皮护套（若有护套）； 3. 铜芯	橡皮绝缘电梯电缆	用于电梯等场合（不用于高速电梯和高层建筑用电梯）。 60245 IEC 70（YTB）300/500V 0.75~1（6芯~30芯） 60245 IEC 74（YT）300/500V 0.75~1（6芯~30芯） 60245 IEC 75（YTF）300/500V 0.75~1（6芯~30芯）	适用标准： GB/T 5013.5

续表1

产品种类及代码	对产品种类的描述	产品适用范围	对产品适用范围的描述或列举	说明
	1. 交流额定电压不超过 450/750V 的动力装置用电缆； 2. 橡皮绝缘和橡皮护套； 3. 铜芯	通用橡套软电缆电线	用于家用电器、电动工具和各种移动电器的电源连接。 60245 IEC 53（YZ）300/500V 0.75~2.5（2 芯~5 芯） 60245 IEC 57（YZW）300/500V 0.75~2.5（2 芯~5 芯） 60245 IEC 66（YCW）450/750V 1~400（1 芯~5 芯） 60245 IEC 58（YS）300/500V 0.75~1.5（1 芯） 60245 IEC 58f（YSB）300/500V 1.5（2 芯） YQ 300/300V 0.3~0.5（2 芯~3 芯） YQW 300/300V 0.3~0.5（2 芯~3 芯） YZ 300/500V 0.75~6（2 芯~6 芯） YZW 300/500V 0.75~6（2 芯~6 芯） YZB 300/500V 0.75~6（2 芯~6 芯） YZWB 300/500V 0.75~6（2 芯~6 芯） YC 450/750V 1~400（1 芯~5 芯） YCW 450/750V 2.5~150（2 芯~5 芯）	适用标准： GB/T 5013.4 JB/T 8735.2
	1. 交流额定电压不超过 450/750V 的动力装置用电缆； 2. 橡皮绝缘和橡皮保护层（若有保护层）； 3. 铜芯	橡皮绝缘编织软电线	用于照明灯具、家用电器的电源连接。 60245 IEC 89（RQB）300/300V 0.75~1.5（2 芯~3 芯） RE 300/300V 0.3~4（2 芯~3 芯） RES 300/300V 0.3~4（2 芯） REH 300/300V 0.3~4（2 芯~3 芯）	适用标准： GB/T 5013.8 JB/T 8735.3
3. 额定电压 450/750V 及以下聚氯乙烯绝缘电线电缆 (0105)	1. 交流额定电压不超过 450/750V 的动力装置用电缆； 2. 聚氯乙烯绝缘； 3. 铜芯、铝芯； 4. 单芯电缆	聚氯乙烯绝缘无护套电线电缆	1. 用于固定布线； 2. 可用于工业，大量用于家庭（如照明、空调的动力线路）。 60227 IEC 01（BV）450/750V 1.5~400（1 芯） 60227 IEC 02（RV）450/750V 1.5~240（1 芯） 60227 IEC 05（BV）300/500V 0.5~1（1 芯） 60227 IEC 06（RV）300/500V 0.5~1（1 芯） 60227 IEC 07（BV-90）300/500V 0.5~2.5（1 芯） 60227 IEC 08（RV-90）300/500V 0.5~2.5（1 芯） BV 300/500V 0.75~1（1 芯） BLV 450/750V 2.5~400（1 芯） BVR 450/750V 2.5~185（1 芯）	适用标准： GB/T 5023.3 JB/T 8734.2
	1. 交流额定电压不超过 450/750V 的动力装置用电缆； 2. 聚氯乙烯绝缘和聚氯乙烯护套； 3. 铜芯、铝芯	聚氯乙烯绝缘聚氯乙烯护套电缆	用于固定布线。 60227 IEC 10（BVV）300/500V 1.5~35（2 芯~5 芯） BVV 300/500V 0.75~185（1 芯） BLVV 300/500V 2.5~185（1 芯） BVVB 300/500V 0.75~10（2 芯~3 芯） BLVVB 300/500V 2.5~10（2 芯~3 芯）	适用标准： GB/T 5023.4 JB/T 8734.2

续表2

产品种类及代码	对产品种类的描述	产品适用范围	对产品适用范围的描述或列举	说明
	1. 交流额定电压不超过450/750V的动力装置用电缆； 2. 聚氯乙烯绝缘和聚氯乙烯护套（若有护套）； 3. 铜芯	聚氯乙烯绝缘软电缆电线	1. 用于固定布线； 2. 具有一定的可移动性。 60227 IEC 41（RTPVR）300/300V（2芯） 60227 IEC 43（SVR）300/300V 0.5~0.75（1芯） 60227 IEC 52（RVV）300/300V 0.5~0.75（2芯~3芯） 60227 IEC 53（RVV）300/500V 0.75~2.5（2芯~5芯） 60227 IEC 56（RVV-90）300/300V 0.5~0.75（2芯~3芯） 60227 IEC 57（RVV-90）300/500V 0.75~2.5（2芯~5芯） RVV 300/500V 0.5~10（2芯~41芯，不含2芯1.0产品） RVS 300/300V 0.5~6（2芯） RVB 300/300V 0.5~6（2芯）	适用标准： GB/T 5023.5 JB/T 8734.3
	1. 交流额定电压不超过450/750V的动力装置用电缆； 2. 聚氯乙烯绝缘和聚氯乙烯护套； 3. 铜芯	聚氯乙烯绝缘聚氯乙烯护套电梯电缆和挠性连接用电缆	1. 电梯、升降机随行用； 2. 挠性连接用。 60227 IEC 71f（TVVB）300/500V 0.75~1（3芯~24芯，不含通信单元的产品） 60227 IEC 71f（TVVB）450/750V 1.5~25（3芯~12芯，不含通信单元的产品） TVVB 300/500V 0.5~1［3芯~60芯，其中0.75~1（3芯~24芯）仅限包含通信单元的产品］ 60227 IEC 71c（TVV）300/500V 0.75~1（6芯~30芯） 60227 IEC 71c（TVV）450/750V 1.5~25（4芯~30芯）	适用标准： GB/T 5023.6 JB/T 8734.6
	1. 交流额定电压不超过450/750V的动力装置用电缆； 2. 聚氯乙烯绝缘和耐油聚氯乙烯护套； 3. 铜芯	聚氯乙烯绝缘耐油聚氯乙烯护套软电缆	1. 用于机床、起重运输设备在内的机器各部件间的内部连接； 2. 有屏蔽型和非屏蔽型，屏蔽电缆用于有中等水平电磁干扰的场合； 3. 具有较好的耐油性。 60227 IEC 74（RVVYP）300/500V 0.5~2.5（2芯~60芯） 60227 IEC 75（RVVY）300/500V 0.5~2.5（2芯~60芯）	适用标准： GB/T 5023.7

续表3

产品种类及代码	对产品种类的描述	产品适用范围	对产品适用范围的描述或列举	说明
	1. 交流额定电压不超过 450/750V 的动力装置用电缆; 2. 聚氯乙烯绝缘和聚氯乙烯护套（若有护套）; 3. 铜芯	聚氯乙烯绝缘安装用电线	用于电器、仪表、电子设备和自动化装置的内部。 AV 300/300V 0. 08～0. 4（1 芯） AV-90 300/300V 0. 08～0. 4（1 芯） AVR 300/300V 0. 08～0. 4（1 芯） AVR-90 300/300V 0. 08～0. 4（1 芯） AVRB 300/300V 0. 12～0. 4（2 芯） AVRS 300/300V 0. 12～0. 4（2 芯） AVVR 300/300V 0 08～0 4（2 芯～30 芯）	适用标准： JB/T 8734. 4
	1. 交流额定电压不超过 450/750V 的动力装置用电缆; 2. 聚氯乙烯绝缘和聚氯乙烯护套（若有护套）; 3. 铜芯; 4. 金属编织或缠绕屏蔽	聚氯乙烯绝缘屏蔽电线	1. 用于电器、仪表和电子设备及自动化装置; 2. 具有良好的屏蔽性能。 AVP 300/300V 0. 08～0. 4（1 芯） AVP-90 300/300V 0. 08～0. 4（1 芯） RVP 300/300V 0. 08～2. 5（1 芯～2 芯） RVP-90 300/300V 0. 08～2. 5（1 芯～2 芯） RVVP 300/300V 0. 08～4（1 芯～26 芯） RVVP1 300/300V 0. 08～4（1 芯～26 芯） RVVPS 300/300V 0. 12～2. 5（2×2 芯）	适用标准： JB/T 8734. 5
二、电路开关及保护或连接用电器装置（5 种）				
4. 插头插座（0201）	1. 适用于户内或户外使用的、家用和类似用途的、仅用于交流电、额定电压在 50V 以上但不超过 440V、额定电流不超过 32A 的、带或不带接地触头的插头和固定式、移动式插座; 2. 也适用于装在电线组件中的插头和装在电线加长组件（延长线插座）中的插头和移动式插座; 3. 也适用于与器具组成一整体的和安装在器具里或固定到器具上的插座; 4. 对装有无螺纹端子的固定式插座，额定电流最大仅限为 16A	1. 单相两极插头、插座、器具插座; 2. 单相两极带接地插头、插座、器具插座; 3. 三相插头和插座; 4. 转换器; 5. 延长线插座	1. 单相两极可拆线插头; 2. 单相两极带接地可拆线插头; 3. 单相两极不可拆线插头; 4. 单相两极带接地不可拆线插头; 5. 单相两极无接地不可拆线插头; 6. 单相两极明装插座; 7. 单相两极暗装插座; 8. 单相两极带接地明装插座; 9. 单相两极带接地暗装插座; 10. 带保护门单相两极明装插座; 11. 带保护门单相两极暗装插座; 12. 带保护门单相两极带接地明装插座; 13. 带保护门单相两极带接地暗装插座; 14. 带开关单相两极明装插座; 15. 带开关单相两极暗装插座; 16. 带开关单相两极带接地明装插座; 17. 带开关单相两极带接地暗装插座; 18. 单相两极、两极带接地明装插座; 19. 单相两极、两极带接地暗装插座; 20. 带保护门单相两极、两极带接地明装插座; 21. 带保护门单相两极、两极带接地暗装插座; 22. 带开关单相两极、两极带接地明装插座; 23. 带开关单相两极、两极带接地暗装插座; 24. 单相两极可拆线移动式插座;	1. 适用标准： GB/T 2099. 1 GB/T 2099. 2 GB/T 2099. 3 GB/T 2099. 4 GB/T 2099. 5 GB/T 2099. 7 GB/T 1002 GB/T 1003 2. 不包括： （1）ELV（特低电压）的插头和固定式或移动式插座，与熔断体、自动开关等组合在一起的固定式插座;

续表4

产品种类及代码	对产品种类的描述	产品适用范围	对产品适用范围的描述或列举	说明
			25. 单相两极带接地可拆线移动式插座； 26. 单相两极不可拆线移动式插座； 27. 单相两极带接地不可拆线移动式插座； 28. 单相两极带接地不可拆线移动式多位插座； 29. 延长线插座（电线加长组件）； 30. 单相两极或两极带接地器具插座； 31. 三相四线可拆线插头； 32. 三相四线不可拆线插头； 33. 三相四线明装插座； 34. 三相四线暗装插座； 35. 三相五线可拆线插头； 36. 三相五线不可拆线插头； 37. 三相五线明装插座； 38. 三相五线暗装插座； 39. 地板插座； 40. 组合型插座； 41. 带有辅助装置的固定式插座； 42. 固定式无联锁带开关插座； 43. 固定式有联锁带开关插座； 44. 转换器	(2) 不符合我国标准 GB/T 1002、GB/T 1003 的插头插座（如：圆脚插销的插头、矩形插销的插头、矩形插孔的插座）； (3) 带有国外标准插头或插座的转换器； (4) 工业用插头、插座
5. 家用和类似用途固定式电气装置的开关(0202)	1. 适用于户内或户外使用的，仅用于交流电、额定电压不超过440V、额定电流不大于63A的家用和类似用途固定式电气装置的手动操作的一般用途的开关； 2. 还适用于装有信号灯的开关，带有开关和其他功能组合的开关(但不适用于与熔断器组合的开关)，装有软缆保持装置和软缆出口装置的开关； 3. 对装有无螺纹端子的开关的额定电流限为最大16A	家用和类似用途固定式电气装置的开关	1. 明装式或暗装式按钮开关； 2. 明装或暗装式拉线开关； 3. 明装式或暗装式旋转开关； 4. 明装或暗装跷板式单极开关； 5. 明装或暗装跷板式双极开关； 6. 明装或暗装跷板式三极开关； 7. 明装或暗装跷板式三极加分合中线的开关； 8. 明装或暗装跷板式双控开关； 9. 明装或暗装跷板式有带公共进入线的双路开关； 10. 明装或暗装跷板式有一个断开位置的双控开关； 11. 明装或暗装跷板式双控双极开关； 12. 明装或暗装跷板式双控换向开关（或中间开关）； 13. 明装或暗装倒扳式单极开关； 14. 明装或暗装倒扳式双极开关； 15. 明装或暗装倒扳式三极开关； 16. 明装或暗装倒扳式三极加分合中线的开关； 17. 明装或暗装倒扳式双控开关； 18. 明装或暗装倒扳式带公共进线的双路开关； 19. 明装或暗装倒扳式有一个断开位置的双控开关； 20. 明装或暗装倒扳式双控双极开关； 21. 明装或暗装倒扳式双控换向开关（或中间开关）； 22. 明装或暗装跷板式瞬动开关（如，门铃开关）； 23. 明装或暗装按钮式瞬动开关（如，门铃开关）	1. 适用标准：GB/T 16915. 1 2. 不包括 GB/T 15092 涉及的开关

续表5

产品种类及代码	对产品种类的描述	产品适用范围	对产品适用范围的描述或列举	说明
6. 器具耦合器（0204）	1. 适用于家用和类似用途的、有接地触头和无接地触头的交流两极器具耦合器，该耦合器用于将电源软线连接到额定电压不超过250V，额定电流不超过16A，电源频率为50Hz或60Hz的器具或其他电气设备上； 2. 也适用于安装在器具或设备上以及与器具或设备形成一体的器具输入插座； 3. 也适用于家用和类似用途器具或设备用交流两极，带有接地触头或不带接地触头的互连耦合器，使用于额定电压不超过250V，额定电流不超过16A，频率为50Hz或60Hz的交流电源上； 4. 也适用于与器具或其他设备成一整体的或装在器具或其他设备里的器具输出插座	1. 器具耦合器，包括连接器和器具输入插座两部分； 2. 连接器； 3. 互连耦合器，包括插头连接器和器具输出插座两部分； 4. 插头连接器； 5. 靠器具重量啮合的耦合器； 6. 防护等级高于IPX0的器具耦合器	1. 用于冷条件下Ⅱ类设备的0.2A 250V连接器； 2. 用于冷条件下Ⅱ类设备的0.2A 250V器具输入插座； 3. 用于冷条件下Ⅰ类设备的2.5A 250V连接器； 4. 用于冷条件下Ⅰ类设备的2.5A 250V器具输入插座； 5. 用于冷条件下Ⅱ类设备的2.5A 250V连接器； 6. 用于冷条件下Ⅱ类设备的2.5A 250V器具输入插座； 7. 用于冷条件下Ⅱ类设备用的2.5A 250V连接器（分极性型式）； 8. 用于冷条件下Ⅱ类设备用的2.5A 250V器具输入插座（分极性型式）； 9. 用于冷条件下Ⅱ类设备的6A 250V连接器； 10. 用于冷条件下Ⅱ类设备的6A 250V器具输入插座； 11. 用于冷条件下Ⅰ类设备的10A 250V连接器； 12. 用于冷条件下Ⅰ类设备的10A 250V器具输入插座； 13. 用于热条件下Ⅰ类设备的10A 250V连接器； 14. 用于酷热条件下Ⅰ类设备的10A 250V连接器； 15. 用于热条件下Ⅰ类设备的10A 250V器具输入插座； 16. 用于酷热条件下Ⅰ类设备的10A 250V器具输入插座； 17. 用于冷条件下Ⅱ类设备的10A 250V连接器； 18. 用于冷条件下Ⅱ类设备的10A 250V器具输入插座； 19. 用于冷条件下Ⅰ类设备的16A 250V连接器； 20. 用于冷条件下Ⅰ类设备的16A 250V器具输入插座； 21. 用于酷热条件下Ⅰ类设备的16A 250V连接器； 22. 用于酷热条件下Ⅰ类设备的16A 250V器具输入插座； 23. 用于冷条件下Ⅱ类设备的16A 250V连接器； 24. 用于冷条件下Ⅱ类设备的16A 250V器具输入插座； 25. 用于冷条件下Ⅰ类设备的2.5A 250V插头连接器；	1. 适用标准： GB/T 17465.1 GB/T 17465.3 GB/T 17465.4 GB/T 17465.6 2. 不包括工业用连接器、器具输入插座、耦合器

续表6

产品种类及代码	对产品种类的描述	产品适用范围	对产品适用范围的描述或列举	说明
			26. 用于冷条件下Ⅰ类设备的2.5A 250V器具输出插座； 27. 用于冷条件下Ⅱ类设备的2.5A 250V插头连接器； 28. 用于冷条件下Ⅱ类设备的2.5A 250V器具输出插座； 29. 用于冷条件下Ⅰ类设备的10A 250V插头连接器； 30. 用于冷条件下Ⅰ类设备的10A 250V器具输出插座； 31. 用于冷条件下Ⅱ类设备的10A 250V插头连接器； 32. 用于冷条件下Ⅱ类设备的10A 250V器具输出插座； 33. 用于冷条件下Ⅰ类设备的16A 250V插头连接器； 34. 用于冷条件下Ⅰ类设备的16A 250V器具输出插座； 35. 用于冷条件下Ⅱ类设备的16A 250V插头连接器； 36. 用于冷条件下Ⅱ类设备的16A 250V器具输出插座； 37. 由器具输入插座和连接器组成的器具耦合器； 38. 由器具输出插座和插头连接器组成的互连耦合器； 39. 两极不可折线连接器； 40. 两极带接地不可折线连接器； 41. 器具耦合器； 42. 连接器； 43. 器具输入插座； 44. 互连耦合器； 45. 插头连接器； 46. 器具输出插座	

续表7

产品种类及代码	对产品种类的描述	产品适用范围	对产品适用范围的描述或列举	说明
7. 家用和类似用途固定式电气装置电器附件外壳（0206）	1. 适用于户内或户外使用的额定电压不超过440V的家用和类似用途固定式电气装置电器附件外壳或外壳部件； 2. 本产品目录中所指的外壳，包括电器附件所装的明装式、暗装式和半暗装式安装盒的盖或盖板，这些盖或盖板可以是，也可以不是电器附件的一部分； 3. 亦适用于以安装或悬吊照明设备用的安装盒； 4. 亦适用于家用和类似固定式电气装置的电器附件的空壳体和其中的部件，其预期使用的额定电压不超过400V，输入总负载电流不超过125A，在正常使用中的最大功耗容量由制造商声明。这些壳体预期用于家用的保护装置和带有或不带有电源功耗的装置。它们预期被安装在预期短路电流不超过10kA的场合，除非它们有被限制电流保护设备提供保护，其带有切断电流不超过17kA	安装盒、盖或盖板、面板、空白电气箱体	1. 塑料或金属面板； 2. 明装式安装盒； 3. 暗装式或暗装塑料安装盒； 4. 暗装式或暗装金属安装盒； 5. 半暗装式塑料或金属安装盒； 6. 塑料或金属盖或盖板； 7. 塑料或金属外壳； 8. 塑料配电箱箱体； 9. 金属配电箱箱体； 10. 塑料照明箱箱体； 11. 金属照明箱箱体； 12. 防溅面盖； 13. 地板插座安装盒	1. 适用标准： GB/T 17466.1 GB/T 17466.21 GB/T 17466.23 GB/T 17466.24 2. 不包括开关设备和控制设备装有过电流保护装置的组合装置的外壳和用于汇流条线槽型的外壳

续表8

产品种类及代码	对产品种类的描述	产品适用范围	对产品适用范围的描述或列举	说明
**8. 熔断体（0205、0207）	当通过该部件的电流超过规定值，并持续足够的时间，该部件熔断，断开其所接入的电路，从而切断电流。以及，装有热元件的不可复位的器件，当它被暴露在超过所设计的温度下达到一个足够长的时间时会将电路断开	热熔断体（0205）	1. 安装在一般户内环境下使用的电器、电子设备及其组件里，用以防止它们在发生故障情况下出现超温的热熔断体； 2. 只要熔断体周围的气候和其他直接环境与规定的条件相类似，也适用于在非户内条件下使用的热熔断体； 3. 适用于简单形状的热熔断体。如熔断片或熔断丝，只要工作时排除的熔融材料不会影响设备的安全使用，尤其对手持式或便携式设备，无论使用位置如何，均不会影响他们的使用安全； 4. 适用于交流额定电压不超过660V、额定电流不超过63A、频率在45Hz~62Hz的热熔断体； 5. 包括： （1）金属外壳热熔断体 （2）塑料外壳热熔断体 （3）陶瓷外壳热熔断体 （4）陶瓷底座热熔断体	1. 适用标准：GB/T 9816. 1 2. 不包括在腐蚀性或爆炸性大气等极端条件下使用的热熔断体
		小型熔断器的管状熔断体（0207）	1. 适用于保护通常在户内使用的电气装置、电子设备和其中元件的小型熔断器。 2. 适用于保护那些通常使用于户内电气装置、电子设备和其中元件的小型熔断器用管状熔断体，包括： （1）快速动作高分断能力的5×20mm熔断体（标准规格单1）； （2）快速动作低分断能力的5×20mm熔断体（标准规格单2）； （3）延时动作（耐浪涌）低分断能力的5×20mm熔断体（标准规格单3）； （4）快速动作低分断能力的6.3 ×32mm熔断体（标准规格单4）； （5）延时动作（耐浪涌）高分断能力的5×20mm熔断体（标准规格单5）； （6）延时动作（耐浪涌）增强分断能力的5×20mm熔断体（标准规格单6）； （7）快速动作增强分断能力的6.3 ×32mm熔断体（标准规格单7）； （8）延时动作增强分断能力的6.3 ×32mm熔断体（标准规格单8）； （9）快速动作高分断能力的6.3 ×32mm熔断体（标准规格单9）； （10）延时动作高分断能力的6.3 ×32mm熔断体（标准规格单10）。 3. 适用于印制电路用并且用来保护户内使用的电气装置、电子设备和其中元件的超小型熔断体，包括： （1）快速动作低分断能力的超小型熔断体（标准规格单1）； （2）快速动作低分断能力的超小型熔断体（标准规格单2）； （3）快速动作低分断能力的超小型熔断体（标准规格单3）； （4）延时动作低分断能力的超小型熔断体（标准规格单4）	1. 适用标准：GB/T 9364. 1 GB/T 9364. 2 GB/T 9364. 3 2. 不包括在特殊条件（例如腐蚀或易爆环境）下使用的电气装置的熔断器

续表9

产品种类及代码	对产品种类的描述	产品适用范围	对产品适用范围的描述或列举	说明
三、低压电器（2 种） 工作电压交流 1000V、直流 1500V 以下的电气线路中的电气设备				
**9. 低压成套开关设备（0301）	由一个或多个低压开关设备和与之相关的控制、测量、信号、保护、调节等设备，由制造厂家负责完成所有内部的电气和机械的连接，用结构部件完整地组装在一起的一种组合体。 适用于在额定电压为交流不超过 1000V，频率不超过 1000Hz 的低压成套开关设备。适用于与发电、输电、配电和电能转换的设备以及控制电能消耗的设备配套使用的成套设备。适用于一次性设计、制造和验证或完全标准化批量制造的成套设备	成套电力开关设备	开启式成套设备、固定面板式成套设备、封闭式成套设备（柜式成套设备、柜组式成套设备、固定封闭式成套设备、抽出式成套设备、台式成套设备、箱式成套设备、箱组式成套设备）	1. 适用标准： GB/T 7251.1 GB/T 7251.2 2. 对于智能型设备，还应按照 GB/T7251.8 补充测试
		母线干线系统（母线槽）	由母线、母线支撑件和绝缘件、外壳、某些固定件及与其他单元相接的连接件组成。它可具有分接装置也可无分接装置。 1. 密集绝缘母线槽； 2. 空气绝缘母线槽； 3. 滑触式母线槽	1. 适用标准： GB/T 7251.1 GB/T 7251.6 2. 对于智能型设备，还应按照 GB/T 7251.8 补充测试
		由一般人员操作的配电板（DBO）	拟由一般人员操作（例如开关操作和更换熔断体），为民用（家用）应用和其他场所分配电能的成套设备。可装有开关器件、保护器件及与电能分配相关的控制和/或信号器件。封闭式，固定式安装。用于户内或户外。 1. 照明配电箱； 2. 计量箱； 3. 插座箱	1. 适用标准： GB/T 7251.1 GB/T 7251.3 2. 对于智能型设备，还应按照 GB/T 7251.8 补充测试
		低压成套无功功率补偿装置	由一个或多个低压开关设备、低压电容器和与之相关的控制、测量、信号、保护、调节等设备，由制造商完成所有内部的电气和机械的连接，用结构部件完整地组装在一起的一种组合体。 适用于额定电压为交流不超过 1000V，频率不超过 1000Hz 的低压配电系统的无功功率补偿。 1. 低压无功功率补偿装置； 2. 低压滤波及无功功率补偿装置； 3. 低压配电、补偿综合成套装置； 4. 集成低压无功功率补偿装置	1. 适用标准： GB/T 15576 2. 对于智能型设备，还应按照 GB/T 7251.8 补充测试

续表10

产品种类及代码	对产品种类的描述	产品适用范围	对产品适用范围的描述或列举	说明
**10. 低压元器件（0302、0303、0304、0305、0306、0307、0308、0309）	能根据外界的信号和要求，手动或自动地接通、断开电路，以实现对电路或非电对象的切换、控制、保护、检测、变换和调节的元件	开关、隔离器、隔离开关及熔断器组合电器（0302）	在断开状态下能符合规定的隔离功能要求的机械开关电器。 1. 熔断器式隔离器； 2. 隔离器	适用标准： GB/T 14048.1 GB/T 14048.3
			断开状态下能符合隔离器的隔离要求的开关。 1. 熔断器式隔离开关； 2. 熔断器式开关； 3. 隔离开关； 4. 刀开关； 5. 手动转换开关/电动转换开关； 6. 倒顺开关； 7. 组合开关； 8. 铁壳开关； 9. 双投开关； 10. 开启式负荷开关	适用标准： GB/T 14048.1 GB/T 14048.3
			在制造厂或按其说明书将机械开关电器与一个或数个熔断器组装在同一个单元内的组合电器。 1. 开关熔断器组； 2. 隔离开关熔断器组； 3. 隔离器熔断器组	适用标准： GB/T 14048.1 GB/T 14048.3
		机电式控制电路电器（0303、0305）	继电器（0303） 1. 接触器式继电器； 2. 晶体管时间继电器； 3. 时间继电器； 4. 电压继电器； 5. 频率继电器； 6. 温度继电器； 7. 液位继电器； 8. 速度继电器； 9. 过电流继电器； 10. 直流电磁继电器	1. 适用标准： GB/T 14048.1 GB/T 14048.5 2. 不包括GB/T 14598及IEC60255涉及的继电器
			控制开关（0305） 1. 电器开关； 2. 凸轮开关； 3. 控制开关； 4. 跑偏开关； 5. 急停开关； 6. 拉绳开关； 7. 延时开关； 8. 真空开关； 9. 压力开关	1. 适用标准： GB/T 14048.1 GB/T 14048.5 2. 不包括家用及类似用途的自动电气控制器件

续表11

产品种类及代码	对产品种类的描述	产品适用范围	对产品适用范围的描述或列举	说明
			10. 脚踏开关; 11. 热敏开关; 12. 液位开关; 13. 按钮开关; 14. 组合按钮开关; 15. 钥匙式操作按钮; 16. 指示灯式按钮; 17. 定向防护式按钮; 18. 导向按钮; 19. 限位开关; 20. 微动开关; 21. 温度开关; 22. 行程开关; 23. 倒顺开关; 24. 程序控制器; 25. 旋转开关; 26. 固态开关（非电动机负载）; 27. 信号灯; 28. 信号灯组; 29. 辅助触头组件; 30. 辅助开关; 31. 主令控制器	
		机电式接触器和电动机起动器（含电动机保护器）(0304)	1. 电子式继电器; 2. 过载继电器/热继电器; 3. 热保护器; 4. 过流保护器; 5. 低压机电式接触器; 6. 电动机起动器; 7. 星三角起动器; 8. 可逆起动器; 9. 转子变阻式起动器; 10. 电磁起动器; 11. 综合保护起动器; 12. 自耦减压起动器; 13. 交流接触器; 14. 直流接触器; 15. 切换电容接触器; 16. 真空接触器	适用标准: GB/T 14048.1 GB/T 14048.4

续表12

产品种类及代码	对产品种类的描述	产品适用范围	对产品适用范围的描述或列举	说明
		交流电动机用半导体控制器和起动器（含软起动器）(0304)	为交流电动机提供起动功能和截止状态的半导体开关电器。 1. 电动机软起动器； 2. 电动机负载半导体接触器	1. 适用标准： GB/T 14048.1 GB/T 14048.6 2. 不包括在非正常转速下持续控制交流电动机的转速、控制非电动机负载的半导体装置和半导体接触器、IEC60146中的电子式交流变流器
		家用及类似用途机电式接触器（0304）	家用及类似用途用接触器	适用标准： GB/T 17885
		接近开关(0305)	与运动部件无机械接触而能动作的位置开关。 适用于能检测金属的和（或）非金属的物体存在与否的电感式和电容式接近开关、能检测反射声音物体存在与否的超声波式接近开关、能检测物体存在与否的光电式接近开关。 1. 接近开关； 2. 电感式接近开关； 3. 电容式接近开关； 4. 超声波式接近开关； 5. 光电式接近开关； 6. 非机械磁性式接近开关	1. 适用标准： GB/T 14048.1 GB/T 1404810 2. 不包括具有模拟量输出的接近开关
		转换开关电器(0305)	适用于额定电压交流不超过1000V或直流不超过1500V的转换开关电器（TSE），TSE用于在转换过程中中断对负载供电的电源系统。 1. 自动转换开关电器（ATSE）； 2. 手动操作转换开关电器（MTSE）； 3. 遥控操作转换开关电器（RTSE）	1. 适用标准： GB/T 14048.1 GB/T 14048.11 2. 不包括仅用于紧急照明的TSE
		家用和类似用途的不带过电流保护的移动式剩余电流装置（PRCD）(0306)	由一个插头、一个漏电动作保护器和一个或几个插座或接线装置组合在一起的漏电保护器。此类产品通常额定电压不超过AC250V，额定电流不超过16A，额定剩余电流不超过0.03A	1. 适用标准： GB/T 20044 2. 不包括包含电池的PRCD、具有检测电源侧故障的附加功能并能在供电电路故障时防止其闭合的PRCD

续表13

产品种类及代码	对产品种类的描述	产品适用范围	对产品适用范围的描述或列举	说明
		家用和类似用途的带或不带过电流保护的插座式剩余电流电器(SRCD)(0306)	组装入或专门与家用和类似用途的带或不带接地触头的两极插座一起使用的剩余电流动作电器。此类产品通常额定电压不超过 AC250V，额定电流不超过 20A，额定剩余电流不超过 0. 03A	1. 适用标准：GB/T 28527 2. 不包括包含电池的 SRCD、除了供电给负载以外的其他电路供电的 SRCD
		剩余电流动作继电器(0306)	能同时完成检测剩余电流，将剩余电流与基准值相比较，以及当剩余电流超过基准值时，发出一个机械开闭信号的装置。此类产品通常额定电压超过 AC400V，可与低压断路器或低压接触器等产品组合使用。 1. AC 型剩余电流动作继电器； 2. A 型剩余电流动作继电器	1. 适用标准：GB/T 22387 2. 不包括兼有过载保护的继电器、鉴相鉴幅漏电继电器、脉冲型漏电继电器
		断路器(0307)	能接通、承载和分断正常电路条件下的电流，也能在规定的非正常条件下（例如短路条件下）接通、承载电流一定时间和分断电流的一种机械开关电器。 1. 塑料外壳式断路器（MCCB）； 2. 具有剩余电流保护的断路器（CBR）； 3. 电子式塑料外壳式断路器； 4. 智能型塑料外壳式断路器； 5. 电动机保护用断路器； 6. 万能式（框架式）断路器； 7. 带熔断器的断路器； 8. 直流快速断路器； 9. 空气断路器（ACB）； 10. 真空断路器（VCB）； 11. 限流断路器； 12. 插入式断路器； 13. 抽屉式断路器； 14. 气体断路器； 15. 无过电流保护要求的断路器； 16. 剩余电流装置模块（无内部电流分断装置）； 17. 瞬时脱扣断路器（ICB）； 18. 限流器	适用标准： GB/T 14048. 1 GB/T 14048. 2

续表14

产品种类及代码	对产品种类的描述	产品适用范围	对产品适用范围的描述或列举	说明
		家用和类似用途的不带过电流保护的剩余电流动作断路器（RCCB）(0307)	在正常运行条件下能接通、承载和分断电流，以及在规定的条件下当剩余电流达到规定值时能使触头断开的机械开关电器。 1. 动作功能与电源电压无关的 RCCB（电磁式）； 2. 动作功能与电源电压有关的 RCCB（电子式）； 3. 固定装设和固定接线的 RCCB； 4. 移动式以及用电缆连接的 RCCB； 5. AC 型 RCCB； 6. A 型 RCCB； 7. B 型 RCCB； 8. 延时型 RCCB； 9. 非延时型 RCCB； 10. F 型 RCCB	1. 适用标准： GB/T 16916.1 GB/T 16916.21 GB/T 16916.22 GB/T 22794 2. 不包括采用电池的 RCCB
		家用和类似用途的带过电流保护的剩余电流动作断路器(RCBO)(0307)	能执行过载和/或短路保护功能的剩余电流动作断路器。 1. 动作功能与电源电压无关的 RCBO（电磁式）； 2. 动作功能与电源电压有关的 RCBO（电子式）； 3. 固定装设和固定接线的 RCBO； 4. 移动式以及用电缆连接的 RCBO； 5. AC 型 RCBO； 6. A 型 RCBO； 7. B 型 RCBO； 8. 延时型 RCBO； 9. 非延时型 RCBO； 10. F 型 RCBO	1. 适用标准： GB/T 16917.1 GB/T 16917.21 GB/T 16917.22 GB/T 22794 2. 不包括用于电动机保护的 RCBO、整定电流值可由用户在使用时自行调节的 RCBO、采用电池的 RCBO
		家用及类似场所用过电流保护断路器(0307)	用作保护建筑物的线路设施的过电流及类似用途，这些断路器是设计成适用于未受过训练的人员使用，无须进行维修。 1. 单极断路器； 2. 带一个保护极的二极断路器； 3. 带两个保护极的二极断路器； 4. 带三个保护极的三极断路器； 5. 带三个保护极的四极断路器； 6. 带四个保护极的四极断路器	1. 适用标准： GB/T 10963.1 GB/T 10963.2 GB/T 24350 2. 不包括整定电流可由用户能触及的器具调节的断路器

续表15

产品种类及代码	对产品种类的描述	产品适用范围	对产品适用范围的描述或列举	说明
		设备用断路器（0307）	专门用于保护设备，在正常电路的情况下能接通，承载和分断电流，而且在规定的非正常电路情况下也能接通，承载一规定时间和自动分断电流的机械开关电器。 1. R 型设备用断路器； 2. M 型设备用断路器； 3. S 型设备用断路器； 4. J 型设备用断路器； 5. E 型设备用断路器	适用标准： GB/T 17701
		低压熔断器（0308）	适用于在专职人员使用的熔断器。 1. 刀型触头熔断器； 2. 带撞击器的刀型触头熔断器； 3. 螺栓连接熔断器； 4. 圆筒形帽熔断器； 5. 偏置触刀熔断器； 6. “gD”和“gN”特性熔断器	适用标准： GB/T 13539. 1 GB/T 13539. 2
			适用于额定电流不超过 100A，额定电压不超过交流 500V 的非熟练人员使用的家用及类似用途的“gG”熔断器。 1. D 型熔断器； 2. NF 圆管式熔断器； 3. BS 圆管式熔断器； 4. 用于插头的圆管式熔断体	适用标准： GB/T 13539. 1 GB/T 13539. 3
			在规定条件下，可以分断其分断范围内任何电流的半导体设备保护用熔断体。 1. A 型螺栓连接熔断体； 2. B 型螺栓连接熔断体； 3. C 型螺栓连接熔断体； 4. A 型接触片式熔断体； 5. B 型接触片式熔断体； 6. A 型圆筒形帽熔断体； 7. B 型圆筒形帽熔断体	适用标准： GB/T 13539. 1 GB/T 13539. 4
		控制与保护开关电器（设备）（CPS）（0309）	控制与保护开关电器	适用标准： GB/T 14048. 1 GB/T 14048. 9

续表16

产品种类及代码	对产品种类的描述	产品适用范围	对产品适用范围的描述或列举	说明
四、小功率电动机（1种）				
＊＊11. 小功率电动机（0401）	1. 适用于额定电压大于36V（直流或交流有效值），小于直流1500V、交流1000V的驱动用小功率电动机。包括： （1）转速折算到1500r/min时，最大连续定额不超过1.1kW的各类交流异步电动机、交流同步电动机（额定功率≤同步转速×1.1kW/1500）； （2）最大连续定额不超过1.1kW的交流换向器电动机、直流电动机。 2. 不包括： （1）控制用途电动机（如伺服电动机、步进电动机、自整角机、旋转变压器、测速发电机、感应移相器等）； （2）有一种定额超出以上适用范围的多电压、多转速电动机。 3. 防爆电机仅按防爆电气强制性产品认证要求实施认证	三相异步电动机（YS系列）	用于工业及类似用途	适用标准：GB/T 12350
		电阻起动异步电动机（YU系列）	家用、工业及类似用途；电阻起动，带有离心开关	
		电容起动异步电动机（YC系列）	家用、工业及类似用途；带有起动用的电容器，离心开关	
		电容运转异步电动机（YY系列）	家用、工业及类似用途；带有电动机运转用电容器	
		双值电容异步电动机（YL系列）	工业及类似用途；带有起动用的电容器，离心开关，电动机运转用电容器	
		一般用途的罩极异步电动机	适用于一般用途的罩极异步电动机	
		三相电泵用电动机	主要供输送冷却液用	
		盘式制动异步电动机	工业及类似用途；电枢与转子为盘状，气隙磁场—轴向结构	
		单相串励电动机	适用于一般用途、家用及类似用途家用电器、医疗器械、一般设备、仪器、机械等用的小功率单相串励电动机	
		三相机械离合器电动机	主要供工业缝纫机使用	
		单相机械离合器电动机	主要供工业缝纫机使用	
		水泵用电动机	与水泵共轴的三相、单相电阻起动、单相电容起动和单相电容运转小功率异步电动机	
		家用缝纫机电动机	家用缝纫机电动机	
		洗衣机用电动机	一般家用电动洗衣机（洗涤机和洗涤—脱水机）用电动机	
		洗衣机脱水用电动机	一般家用洗衣机脱水用电动机	
		空调器风扇用电动机	装有冷凝器、蒸发器、全封闭电动机压缩机的房间空调器风扇用电动机，以及热泵、除湿机、风机盘管式空调器风扇用电动机	

续表17

产品种类及代码	对产品种类的描述	产品适用范围	对产品适用范围的描述或列举	说明
		交流台扇用电动机	交流台扇（包括壁扇、台地扇、落地扇）用的单相电容运转异步电动机、无刷直流电动机和单相罩极异步电动机	
		转页扇用电动机	转页扇用的单相电容运转异步电动机、无刷直流电动机和单相罩极异步电动机	
		吸排油烟机用电动机	家用吸排油烟机用单相电容运转异步电动机、无刷直流电动机	
		家用换气扇用电动机	家用和类似用途的换气扇用单相电容运转异步电动机、无刷直流电动机和单相罩极异步电动机	
		食品搅拌器用串励电动机	带有刀具的食物搅碎器及类似用途用电动机	
		家用真空吸尘器用单相串励电动机—风机	适用于家用真空吸尘器用单相串励电动机—风机	
		一般用途用永磁同步电动机	适用于一般用途用永磁同步电动机	
		爪极式永磁同步电动机	带多级减速齿轮箱的永磁同步电动机	
		直流电动机	最大连续额定功率不超过 1.1kW 的永磁式和电磁式小功率有刷直流电动机和无刷直流电动机	
		—	以上范围以外、按 GB/T 12350 标准设计、生产的符合本规则适用范围的其他系列电动机	
		三相异步电动机	工业及类似用途	1. 适用标准：GB/T 14711 2. 不包括插入式混凝土振动器用电动机
		变极多速三相异步电动机（YD 系列）	工业及类似用途；电动机以变极而变速，有二速、三速、四速三种类型，电动机定子绕组在二速时为单套绕组，三速、四速时为双套绕组	
		高转差率三相异步电动机（YH 系列）	工业及类似用途；以 S3 为基准的周期工作定额，负载持续率分为 15%、25%、40%、60%四种	
		电磁调速电动机（YCT 系列）	工业及类似用途；由电磁转差离合器、拖动电动机及电磁调速控制器组成。拖动电动机借凸缘端盖止口直接安装在离合器机座上的组合式结构	
		电磁调速电动机（YCTD 系列）	工业及类似用途；由电磁转差离合器、拖动电动机及电磁调速控制器组成。拖动电动机借凸缘端盖止口直接安装在离合器机座上的组合式结构；是一种低电阻端环电磁调速电动机，调速范围比 YCT 调速电动机大	

续表18

产品种类及代码	对产品种类的描述	产品适用范围	对产品适用范围的描述或列举	说明
		齿轮减速三相异步电动机（YCJ 系列）	工业及类似用途；输出转速约为 15r/min～600r/min；减速电动机采用外啮合渐开线圆柱齿轮，分单级、两级和三级减速传动，并可正反向运转	
		变极多速三相异步电动机（YDT 系列）	主要配用于风机、水泵类负载的一种变极多速三相异步电动机；电动机以变极而变速，有二速、三速两种类型	
		电磁制动三相异步电动机（YEJ 系列）	工业及类似用途；由三相异步电动机和电磁制动器组成	
		户外及户外化学腐蚀三相异步电动机（Y-W 系列及 Y-WF 系列）	工业及类似用途；适用于户外及户外腐蚀环境中；电动机按所能承受的使用环境化学介质的严酷程度，分为户外防轻腐蚀型（Y-W），户外防中等腐蚀型（Y-WF1）及户外防强腐蚀型（Y-WF2）	
		防腐蚀型三相异步电动机（Y-F 系列）	工业及类似用途；适用于户内腐蚀环境中；电动机按所能承受的使用环境化学介质的严酷程度，分为户内防中等腐蚀型（Y-F1）及户内防强腐蚀型（Y-F2）	
		木工用三相异步电动机（Y-M 系列）	工业及类似用途；主要用于驱动木工机械	
		振动源三相异步电动机	工业及类似用途；振动电机的偏心块在规定位置条件下，由振动电机自激产生振动力	
		YLJ 系列力矩三相异步电动机	工业及类似用途；电动机的定额是从空载至堵转之间负载和转速连续变化的 S9 工作制的非周期工作定额	
		变频调速专用三相异步电动机（YVF2）	工业及类似用途；电动机在规定频率范围内恒转矩（3Hz 或 5Hz～50Hz）和恒功率（50Hz～100Hz）运行	
		小型平面制动三相异步电动机	工业及类似用途；盘式定、转子结构	
		阀门电动装置用三相异步电动机（YDF2 系列）	工业及类似用途；适用于阀门电动装置；电动机的定额以短时工作制（S2-10min）为基准的短时定额	
		—	除以上电动机以外，按 GB/T 14711 设计、生产的符合本规则适用范围的其他系列电动机	

续表19

<table>
<tr><th>产品种类及代码</th><th>对产品种类的描述</th><th>产品适用范围</th><th>对产品适用范围的描述或列举</th><th>说明</th></tr>
<tr><td colspan="5">五、电动工具（3种）
1. 用手握持操作的，装有电源线（含带电源箱或电动机—发电机组）并内装电源开关的、由电动机或由电磁铁作动力来驱动的；
2. 交流单相和直流额定电压不大于250V，交流三相额定电压不大于440V；
3. 不适用于中频电动工具（用电源箱或电动机—发电机组或电源转换器供电的工具除外）和GB/T3883. 1附录K涉及的电池式电动工具</td></tr>
<tr><td rowspan="2">* 12. 电钻（0501）</td><td rowspan="2">—</td><td>电钻、手电钻、角向电钻、万向电钻。</td><td>1. 对金属、木料、塑料构件等各种材料上进行钻孔用的电动工具；
2. 有单速、双速、多速结构，没有冲击机构；
3. 一般采用串励电动机作动力，少量产品采用三相异步电动机作动力</td><td rowspan="2">适用标准：
GB/T 3883. 1
GB/T 3883. 201
GB 4343. 1
GB 17625. 1</td></tr>
<tr><td>冲击电钻</td><td>1. 用装在输出轴上的钻头，靠冲击机构在混凝土、砖石及类似材料上钻孔用的电动工具；
2. 可通过调节冲击—旋转装置，去除冲击功能但保留旋转功能，从而可在金属、木料、塑料构件上进行钻孔作业；
3. 一般采用串励电动机作动力</td></tr>
<tr><td rowspan="5">* 13. 电动砂轮机（0503）</td><td rowspan="5">—</td><td>角向磨光机、砂磨机、湿式磨光机、切割机、砂轮开槽机</td><td>1. 用跛形、杯形、平行砂轮对金属材料、构件、石材上的不平整部位、焊缝，或对地面等进行磨光作业或切割金属材料的电动工具，对地面进行磨光作业时，一般需带水源；
2. 当带水源作业时，该产品应当用额定电压不超过115V的隔离变压器供电；
3. 一般采用串励电动机作动力</td><td rowspan="5">适用标准：
GB/T 3883. 1
GB/T 3883. 3
GB 4343. 1
GB 17625. 1</td></tr>
<tr><td>电磨、模具电磨、阀座电磨、吊磨机</td><td>1. 用多种形式的小型砂轮、磨石对特定形状的构件进行磨光、去除表面材料的电动工具；
2. 一般产品整体为手持操作，也有产品采用软轴传动，电机部分悬挂使用；
3. 一般采用串励电动机作动力</td></tr>
<tr><td>直向砂轮机</td><td>1. 用圆柱形砂轮的圆柱面对金属材料、构件上的不平整部位以及焊缝等进行磨光、去除表面材料的电动工具；
2. 一般采用串励电动机作动力，少量产品采用三相异步电动机作动力</td></tr>
<tr><td>抛光机</td><td>1. 用抛轮对各种材料表面进行抛光的电动工具；
2. 一般采用串励电动机作动力</td></tr>
<tr><td>盘式砂光机、墙壁打磨机</td><td>1. 用装在底盘衬垫上的圆形砂纸对材料表面进行砂光的电动工具；
2. 砂盘与电机轴成刚性连接，砂盘只能随电动机做旋转运动；
3. 一般采用串励电动机作动力</td></tr>
</table>

续表20

产品种类及代码	对产品种类的描述	产品适用范围	对产品适用范围的描述或列举	说明
＊14. 电锤(0506)	—	电锤	1. 以活塞冲击能量辅以钎杆、钻头的旋转运动，在砖块，水泥构件、轻质墙、石料等建筑材料上钻孔用的电动工具； 2. 输出轴仅具有旋转—冲击功能； 3. 一般采用串励电动机作动力	适用标准： GB/T 3883.1 GB/T 3883.7 GB 4343.1 GB 17625.1
		锤钻、旋转电锤	1. 以活塞冲击能量辅以钎杆、钻头的旋转运动，在砖块，水泥构件、轻质墙、石料等建筑材料上钻孔用的电动工具； 2. 输出轴具有旋转—冲击和纯旋转两种功能； 3. 一般采用串励电动机作动力	
		电镐、电动凿岩机、枕木电镐	1. 以活塞冲击能量捶击钎杆，在砖块，水泥构件、轻质墙、石料、地面等建筑材料上凿孔用的电动工具； 2. 输出轴只有冲击功能，无旋转功能； 3. 一般采用串励电动机作动力	
六、电焊机（4种） 将电能转换为焊接能量的整套装置或设备，包括电网输入和机械设备驱动的焊接电源（弧焊电源、电阻焊机）、辅助设备及焊接附件				
＊15. 直流弧焊机(0603) ＊16. TIG弧焊机(0604) ＊17. MIG/MAG弧焊机(0605) ＊18. 等离子弧切割机(0607)	电弧焊机（直流弧焊机、TIG弧焊机、MIG/MAG弧焊机、等离子弧切割机等）是提供电流和电压，并具有适合于弧焊及类似工艺所需特性的设备	直流弧焊机、TIG弧焊机、MIG/MAG弧焊机、等离子弧切割机和多种焊接工艺组合的电弧焊机等	电弧焊机（直流弧焊机、TIG弧焊机、MIG/MAG弧焊机、等离子弧切割机等）是由主变压器、调节机构和外壳等组成的弧焊电源，配合送丝装置和焊枪/焊炬/焊钳及焊接材料等将电能转换为焊接能量的设备。通过对焊接工件施加高温电弧，使焊接工件局部发生冶金反应，形成焊缝。按输出外特性分为：恒流、恒压和介于两者间的缓降外特性三种类型。有机械式、电磁式和电子式等焊接参数多种调节类型。 1. WS系列TIG弧焊机； 2. NB和NBC系列MIG/MAG弧焊机； 3. LG系列等离子弧切割机； 4. ZX5、ZX7、ZX1系列直流弧焊机； 5. 机械设备驱动弧焊机； 6. 多功能（如手工焊/TIG焊/MIG/MAG焊）弧焊机	适用标准： GB/T 15579.1 GB/T 8118

续表21

产品种类及代码	对产品种类的描述	产品适用范围	对产品适用范围的描述或列举	说明
七、家用和类似用途设备（19 种） 1. 包括满足以下要求的家用和类似用途设备： （1）作为家用及类似用途的； （2）对公众存在危险的，包括在商店、办公场所、酒店、轻工业、农场等场所由非电专业人员使用的设备； 2. 除电动机-压缩机外，器具如果通过市网供电，单相器具额定电压必须包含 220V、额定频率必须包括 50Hz，三相器具额定电压必须包含 380V、额定频率必须包括 50Hz； 3. 不包括专为工业用而设计的器具和由可拆卸电源装置供电且销售时不带有可拆卸电源装置的器具				
19. 家用电冰箱和食品冷冻箱（0701）	1. 单相器具额定电压不超过 250V，其他器具额定电压不超过 480V； 2. 具有合适的容积、由内置装置冷却，并具有一个或多个用于储存食品（包括饮料的冷却）间室的密封绝热器具	家用电冰箱和食品冷冻箱	1. 电动机-压缩机驱动的冷冻箱（柜）、冷藏箱（柜）、冷藏冷冻箱（柜）、无霜冰箱； 2. 电动机-压缩机驱动的非敞开式冷藏/冷冻展示柜、自携封闭式陈列柜、非零售用餐饮陈列柜； 3. 带有制冰机或冰激凌机功能的家用电冰箱； 4. 吸收式冰箱； 5. 帕耳帖效应式（半导体制冷）冰箱	1. 适用标准： GB 4706. 1 GB 4706. 13 GB 4343. 1 GB 17625. 1 2. 不包括商用售卖机、敞开式冷藏/冷冻展示柜、以独立形式存在的制冰机和冰激凌机、远置式陈列柜、生鲜自提柜、物流冷柜、冷库等。
20. 电风扇（0702）	1. 单相器具额定电压不超过 250V，其他器具额定电压不超过 480V； 2. 通过电动机驱动扇叶旋转产生流动气流通风排气	电风扇	转页扇、落地扇、台扇（台地扇）、壁扇、吊扇、冷风扇、风幕扇、换气扇、吸顶扇、夹子扇、可独立使用的其他类型风扇等	1. 适用标准： GB 4706. 1 GB 4706. 27① GB 17625. 1 GB 4343. 1 2. 不包括： （1）不单独使用，仅作设备配件使用的风扇（如计算机中的散热风扇、电梯专用风扇）； （2）仅作为工业用途，一般人员无法触及的通风机、工业场所用的电风扇； （3）微风吊扇（明显无法按照标准要求在正常工作状态（吊扇安装于天花板上）下使用）； （4）吹地机。

① 根据国家认监委公告 2024 年第 29 号，修改为：GB/T 4706. 27（适用于非蒸发式冷风扇）或 GB/T 4706. 115（适用于蒸发式冷风扇）。

续表22

产品种类及代码	对产品种类的描述	产品适用范围	对产品适用范围的描述或列举	说明
21. 空调器（0703）	1. 单相器具额定电压不超过250V，其他器具额定电压不超过480V； 2. 装有全封闭电动机-压缩机，额定制冷量/制热量≤21000大卡/每小时（24360W）（制热量限制适用于仅具有制热功能的器具）； 3. 可作为一个组件或组件系统的一部分独立销售	空调器	窗式空调器、挂壁式空调器、落地式空调器、吊顶式空调器、嵌入式空调器、多联式空调器、移动式空调器、除湿机、冷水机组、水冷机组、单元式空调机、机房精密空调、采暖用空调、热风机、电梯空调、机柜空调等各种空调器等	1. 适用标准： GB 4706.1 GB 4706.32 GB 4343.1 GB 17625.1 2. 不包括： （1）不带有压缩机的末端设备（与室外机没有匹配关系、控制关系和电气连接），如风机盘管等； （2）不带有压缩机的空气调节产品； （3）吸收式、吸附式、热电式、喷射式空调器； （4）加湿器、空气净化器、负离子发生器、利用热泵原理的干衣机等
**22. 电动机-压缩机（0704）	1. 输入功率≤5000W家用和类似用途装置所用的密闭式（全封闭型和半封闭型）电动机-压缩机； 2. 额定电压单相不超过250V，额定电压三相不超过480V	电动机-压缩机	1. 制冷器具、冰激凌机、制冰机用电动机-压缩机； 2. 热泵、空调器、除湿机用电动机-压缩机； 3. 饮水机用的电动机-压缩机； 4. 商用售卖机用电动机-压缩机； 5. 用于制冷、空气调节或加热用途或这些用途的组合而传递热量的由工厂制造的装配组件用电动机-压缩机，如商用展示柜或冷库用压缩冷凝机组用电动机-压缩机； 6. 用于车辆或船上的器具用电动机-压缩机	1. 适用标准： GB 4706.1 GB 4706.17 2. 不包括专为工业用途设计的电动机-压缩机等

续表23

产品种类及代码	对产品种类的描述	产品适用范围	对产品适用范围的描述或列举	说明
23. 家用电动洗衣机(0705)	1. 单相器具额定电压不超过250V，其他器具额定电压不超过480V； 2. 用于对衣物和纺织物品进行洗涤、脱水处理的； 3. 可结合有加热、脱水和干燥的装置； 4. 离心式脱水机、带有离心式脱水功能的洗衣机，其负载容量≤10kg的干衣	家用电动洗衣机	单桶洗衣机、离心式脱水机、带脱水装置的双桶洗衣机、带干衣或不带干衣功能的波轮式全自动洗衣机、带加热或不带加热的全自动滚筒式洗衣机、滚筒式洗衣干衣机、带有电动挤水器的洗衣机、搅拌式洗衣机等	1. 适用标准： GB 4706.1 GB 4706.24 GB 4706.20(适用时) GB 4706.26(适用时) GB 4343.1 GB 17625.1 2. 不包括仅有干衣功能的单干衣机、干洗设备、洗鞋机等
24. 电热水器（0706）	电热水器-储水式热水器： 1. 单相器具额定电压不超过250V，其他器具额定电压不超过480V； 2. 具有储存水并将水加热至沸点以下某个可控温度功能、连接水源并用于洗浴、洗涤和类似用途的驻立式器具； 3. 器具通过金属铠装电热元件、非金属铠装电热元件、电热膜或类似膜状电热元件或其他型式的加热元件（如微波加热、电磁加热、热泵）实现加热水的功能	电热水器-储水式热水器	1. 密闭式储水热水器； 2. 出口敞开式储水热水器； 3. 水箱式储水热水器； 4. 水槽供水式储水热水器； 5. 带电加热的太阳能热水器； 6. 热泵热水器	1. 适用标准： GB 4706.1 GB 4706.12 GB 4706.32(适用时) 2. 不包括专门为工业用设计的器具、腐蚀性和爆炸性场所使用的器具、设计打算同时使用气源的器具、商用售卖机、定制生产和安装的大型太阳能热水器（带电辅助加热）、可移动洗澡机等
	电热水器-快热式热水器： 1. 单相器具额定电压不超过250V，其他器具额定电压不超过480V； 2. 具有当水流过器具时将水加热到沸点以下温度功能、连接水源并用于洗浴、洗涤和类似用途的器具； 3. 器具通过金属铠装电热元件、非金属铠装电热元件、电热膜或类似膜状电热元件、裸露式电热元件或其他加热方式实现加热水的功能	电热水器-快热式热水器	1. 封闭式快热热水器； 2. 出口开放式快热热水器； 3. 裸露电热元件快热式热水器	1. 适用标准： GB 4706.1 GB 4706.11 2. 不包括专门为工业用设计的器具、腐蚀性和爆炸性场所使用的器具、设计打算同时使用气源的器具、商用售卖机等。

续表24

产品种类及代码	对产品种类的描述	产品适用范围	对产品适用范围的描述或列举	说明
25. 室内加热器(0707)	1. 单相器具额定电压不超过250V，其他器具额定电压不超过480V； 2. 用于对房间空气进行加热的加热器	室内加热器	辐射式加热器、对流式加热器、风扇式加热器，如：充油式电暖气（油汀）、浴霸、取暖器等	1. 适用标准： GB 4706. 1 GB 4706. 23 2. 不包括： (1) 不单独使用，仅作设备配件使用的加热器； (2) 储热式房间加热器、地毯式加热器； (3) 暖手宝、干衣架、毛巾烘干机、柔性加热装置； (4) 加热元件与散热装置分离的加热器
26. 真空吸尘器(0708)	1. 额定电压不超过250V； 2. 利用真空原理用于地面或其他表面去除灰尘和污物、吸水，以及动物清洁等目的的器具	真空吸尘器	真空吸尘器（包括中央安置吸尘器）、吸水清洁器具、动物清洁器具、带有电源适配器的充电式吸尘器等	1. 适用标准： GB 4706. 1 GB 4706. 7 GB 4343. 1 GB 17625. 1 2. 不包括专门为工业用设计的器具、腐蚀性和爆炸性场所使用的器具等。
27. 皮肤和毛发护理器具（0709）	1. 额定电压不超过250V； 2. 用于对头发或皮肤护理的带电加热元件的个人护理器具	皮肤和毛发护理器具	电吹风、干手器、电热梳、卷发器、电发夹、毛发定型器、面部桑拿器等	1. 适用标准： GB 4706. 1 GB 4706. 15 GB 17625. 1 GB 4343. 1 2. 不包括医用皮肤和毛发护理器具，电动剃须刀，美容仪，卸妆仪，有治疗理疗功能、使用药物的器具，箱式宠物吹水机等。

续表25

产品种类及代码	对产品种类的描述	产品适用范围	对产品适用范围的描述或列举	说明
28. 电熨斗(0710)	1. 额定电压不超过250V; 2. 具有一定重量的平的底板,采用电热元件加热,加热后可熨压织物并使其平滑; 3. 可包括相关设备,如容量不超过5升的分离式水箱或蒸汽器	电熨斗	干式电熨斗、蒸汽电熨斗(包括开口式、压力式)、无绳电熨斗、带有单独蒸汽发生器或水箱的电熨斗等	1. 适用标准: GB 4706.1 GB 4706.2 GB 4343.1 GB 17625.1 2. 不包括旋转式或平台式熨平机、织物蒸汽机(蒸汽熨刷)、专为工业用途设计的器具等
29. 电磁灶(0711)	1. 单相器具额定电压不超过250V,其他器具额定电压不超过480V; 2. 通过电磁线圈元件,将放在金属容器中的食物、水进行加热的器具	电磁灶	便携式电磁灶、驻立式电磁灶、气电组合电磁灶器具中的电器部分等	1. 便携式器具适用:① GB 4706.1 GB 4706.29 或 GB 4706.142. 驻立式器具适用: GB 4706.1 GB 4706.22 3. 不包括商用电磁灶台等
30. 电烤箱(便携式烤架、面包片烘烤器及类似烹调器具)(0712)	1. 额定电压不超过250V; 2. 采用电热元件加热,具有烘烤、烧煮等食物烹调功能; 3. 属于便携式器具; 4. 容积不超过10L	电烤箱(便携式烤架、面包片烘烤器及类似烹调器具)	面包片烘烤器、华夫饼炉、电烤箱、电烤炉、旋转烤架、烘烤器、烤肉叉、辐射烤架、烤盘、烧烤架、奶酪烤架、接触烤架、室内用烧烤炉、食物烘烤器、电炉、电灶、气电组合烧烤器具中的电器部分、面包机、光波炉、多士炉、空气炸锅等	1. 适用标准: GB 4706.1 GB 4706.14 2. 不包括打算用于商用餐饮业的器具、保温板等
31. 电动食品加工器具[食品加工机(厨房机械)](0713)	1. 额定电压不超过250V; 2. 用于对食物进行加工准备的器具,用于开罐头的器具,用于磨刀的器具	电动食品加工器具[食品加工机(厨房机械)]	食物混合器、奶油搅打器、打蛋机、搅拌器、筛分器、搅乳器、柑橘果汁压榨器、离心式榨汁机、绞肉机、面条机、果浆汁榨取器、切片机、豆类切片机、土豆剥皮机、磨碎器与切碎器、磨刀器、开罐头器、刀具、食品加工器、谷类磨碎器(漏斗容量≤3L)、咖啡碾碎器(漏斗容量≤500克)、家用榨油机等	1. 适用标准: GB 4706.1 GB 4706.30 GB 4706.19(适用时) 2. 不包括商用食品加工机、商用咖啡研磨机等

① 根据国家认监委公告2024年第29号,修改为:GB/T 4706.1、GB/T 4706.14。

续表26

产品种类及代码	对产品种类的描述	产品适用范围	对产品适用范围的描述或列举	说明
32. 微波炉（0714）	1. 额定电压不超过250V； 2. 利用频率在300MHz~30GHz之间的电磁能量加热腔体内食物和饮料的器具； 3. 可对食物有附加的功能，如着色功能、烧烤功能、蒸汽功能等	微波炉	微波炉、烧烤微波炉、光波微波炉、转波炉、蒸汽微波炉、热风循环式微波炉等	适用标准： GB 4706.1 GB 4706.21
33. 电灶、灶台、烤炉和类似器具（驻立式电烤箱、固定式烤架及类似烹调器具）（0715）	1. 单相器具额定电压不超过250V，其他器具额定电压不超过480V； 2. 采用电热元件加热，具有烘烤、烧煮等食物烹调功能； 3. 属于驻立式器具	电灶、灶台、烤炉和类似器具（驻立式电烤箱、固定式烤架及类似烹调器具）	驻立式烤架、驻立式烤盘、烤炉（包括蒸汽烤炉及热解式自洁烤炉）电灶、灶台、气电组合烹调器具中的电器部分等	1. 适用标准： GB 4706.1 GB 4706.22 2. 不包括打算用于商用餐饮业的器具等
34. 吸油烟机（0716）	1. 额定电压不超过250V； 2. 安装在烹调炉具、炉灶或类似器具上部，用电动机驱动用于抽吸被污染空气的吸油烟机	吸油烟机	深型吸油烟机、欧式吸油烟机、薄型吸油烟机、亚深型吸油烟机、分体式吸油烟机等	1. 适用标准： GB 4706.1 GB 4706.28 2. 不包括仅为工业或商业目的安装的排烟系统或仅依靠静电除尘的器具等
35. 液体加热器和冷热饮水机（0717）	额定电压不超过250V	液体加热器	电水壶、电茶壶、电热杯、电热水瓶等产生沸水的电开水器（额定容量≤10L）、咖啡壶、煮蛋器、电热奶器、喂食瓶加热器、额定蒸煮压力不超过140kPa且额定容量不超过10L的电压力锅（不含电压力饭锅）、电烹调平锅、电炖锅、电热锅、电蒸锅、电药壶（煲）、电酸奶器、煮沸清洗器、带有水壶的多功能的早餐机、多用途电热锅、电火锅、电消毒器、家畜饲料蒸煮器、带有水套的煮胶锅等	1. 适用标准： GB 4706.1 GB 4706.19 2. 不包括煎锅和深油炸锅、用液体或蒸汽清洁表面的清洗器、便携浸入式加热器、商用开水器、商用电煮锅、电极型液体加热器、干式消毒器、蒸汽压力消毒器、蒸馏水机等

续表27

产品种类及代码	对产品种类的描述	产品适用范围	对产品适用范围的描述或列举	说明
	1. 额定电压不超过250V； 2. 将桶装、管道中或其他水源提供的饮用水直接加热或冷却到适宜温度供使用者直接饮用的器具	冷热饮水机	可对饮用水进行前期净化和/或消毒和/或软化等处理后，再进行加热或冷却，供使用者直接饮用的器具	1. 适用标准： GB 4706. 1 GB 4706. 19 GB 4706. 13 2. 不包括商用电热水锅炉、装有电极型加热器的器具、商用售卖机、不带有加热或冷却功能的直饮机、不带有加热或冷却功能的净水机等
36. 电饭锅(0718)	1. 额定电压不超过250V； 2. 以煮饭为主要功能的器具； 3. 可结合有煮粥、炖汤等功能	电饭锅	电饭锅（煲）、电压力饭锅（煲）、自动电饭锅（煲）、全自动电饭锅（煲）、多功能电脑电饭锅（煲）、定时电饭锅（煲）、西施锅（煲）、智能（电饭）锅（煲）等	1. 适用标准； GB 4706. 1 GB 4706. 19 GB 4343. 1 GB 17625. 1 2. 不包括使用石油气、煤气等加热的饭锅
37. 电热毯、电热垫及类似柔性发热器具(0719)	1. 额定电压不超过250V； 2. 对床或人体进行加热的柔性器具； 3. 打算用于人体局部加热、且在每面带有发热面积不超过 0. 3m^2 的一块柔性部件构成的电热垫	电热毯、电热垫及类似柔性发热器具	电热毯（上盖电热毯、下铺电热毯）、电热垫、电热被、电热褥垫、柔性电发帽等	1. 适用标准： GB 4706. 1 GB 4706. 8 2. 不包括刚性床取暖器、暖脚器、热脚垫、水暖/冷垫（床）、有医疗或理疗功能的柔性器具、使用药物的柔性器具等

续表28

产品种类及代码	对产品种类的描述	产品适用范围	对产品适用范围的描述或列举	说明
八、电子产品及安全附件（共计13种） 1. 不包括预定仅在室外环境安装使用的设备（“室外”是指会直接受到风吹、雨淋、日晒等气候条件影响的自然环境）； 2. 不包括不可连接到公共通信网（包括PSTN/无线通信网络/公共互联网）内、或由通信运营商管理维护的用户端通信产品； 3. 集显示、打印、计算等多功能于一体、以实现收款为主要功能的收款机产品，使用代码0913实施认证，适用标准为GB 4943.1、GB/T 9254.1。不包括税控收款机； 4. 具有两种或者两种以上目录内信息技术设备或电信终端设备功能的自助终端类产品使用代码0901实施认证。不包括带有传送、存储或放置实物的自助服务终端。 5. 音视频设备（代码前两位为08）、信息技术设备（代码前两位为09）中的标称额定电压小于等于5VDC，标称额定消耗功率小于15W（或15VA），且无可充电电池的设备（Ⅲ类设备）实施自我声明程序A				
38. 各种成像方式的彩色电视接收机、电视机顶盒（0808）	可以接收广播电视信号，能解调并能输出或重现广播电视信号的设备	彩色电视接收机、电视机顶盒	液晶显示彩色电视接收机、等离子彩色电视接收机、投影（背投、前投）彩色电视接收机、彩色视频投影电视机、数字电视机顶盒等	适用标准： GB 4943.1 GB/T 9254.1 GB 17625.1
＊＊＊39. 微型计算机（0901）	由计算模块、存储模块、供电模块和操作系统组成，具有独立结构的实体。该实体可以外接或内置外围设备，实现以办公/服务电子化为主要功能的信息处理系统	微型计算机	适用于额定电流小于等于6A的微型计算机。 家用、办公用的计算机、台式计算机、控制智能仪表用的计算机、数据处理设备、文本处理设备、网络计算机等	1. 适用标准： GB 4943.1 GB/T 9254.1 GB 17625.1 2. 不包括对生产过程及其机电设备、工艺装备进行检测与控制的工业控制计算机
＊＊＊40. 便携式计算机（0902）	以便携性为特点，具有输入输出设备、电池模块的微型计算系统	便携式数据处理设备	笔记本电脑、平板电脑等	适用标准： GB 4943.1 GB/T 9254.1 GB 17625.1

续表29

产品种类及代码	对产品种类的描述	产品适用范围	对产品适用范围的描述或列举	说明
＊＊＊41. 与计算机连用的显示设备（0903）	能够与计算机连接使用，可以是单独的直观显示设备，也可以作为一个设备单元组装到系统的设备上，还可以是带有显示功能和控制功能的显示终端设备	显示设备	LCD 液晶显示器、OLED 显示器、LED 电子显示屏、其他显示终端等	1. 适用标准： GB 4943. 1 GB/T 9254. 1 GB 17625. 1 2. 不包括医用显示器（非通用接口）、无显示器功能的电子白板
	能够与计算机连接使用，将输入信号通过透射式投射方式或反射式投射方式等显示在投影面上的设备	数据投影机	LCD 投影机、DLP 投影机、DLV 投影机等	适用标准： GB 4943. 1 GB/T 9254. 1 GB 176251
＊＊＊42. 与计算机相连的打印设备（0904）	能够与计算机连接使用，打印文件、票据或照片等	打印设备	激光打印机、针式打印机、喷墨打印机、热敏打印机、热转印打印机、票据打印机、宽幅打印机、标签打印机、条码打印机等	1. 适用标准： GB 4943. 1 GB/T 9254. 1 GB 17625. 1 2. 不包括光盘、服装、塑料件的打印机或 A4 幅面打印速度大于 60ppm 的打印机
	能够与计算机连接使用，用来将图形准确绘制在介质上的绘图仪设备	绘图仪	从原理上分类，绘图仪分为笔式、喷墨式、热敏式、静电式、激光式等；从结构上可分为平台式和滚筒式；从颜色上可分为单色和彩色绘图仪。平台式绘图仪的工作原理是，在计算机控制下，笔或喷墨头在 X、Y 方向移动，而纸在平面上固定不动。滚筒式绘图仪的工作原理是，笔或喷墨头沿 X 方向移动，纸沿 Y 方向移动。 笔式绘图仪、喷墨式绘图仪、热敏式绘图仪、静电式绘图仪、激光式绘图仪等	适用标准： GB 4943. 1 GB/T 9254. 1 GB 17625. 1

续表30

产品种类及代码	对产品种类的描述	产品适用范围	对产品适用范围的描述或列举	说明
＊＊＊43. 多用途打印复印机（0905）	能够与计算机连接使用，具有打印和复印等功能	多用途打印复印机	打印和/或复印和/或传真多用机等	1. 适用标准：GB 4943. 1 GB/T 9254. 1 GB 17625. 1 2. 不包括A4幅面打印速度大于60ppm和能复制开本大于A1规格的打印复印机
＊＊＊44. 扫描仪（0906）	能够与计算机连接使用，用来扫描文件、图纸或照片等	扫描仪	平板扫描仪、图纸扫描仪、立式扫描仪、其他高速扫描仪等	1. 适用标准：GB 4943. 1 GB/T 9254. 1 GB 17625. 1 2. 不包括不带打印功能的条形码扫描器和笔式扫描器
＊＊＊45. 服务器（0911）	服务器是基于某种操作系统、具有通用开放体系结构，能通过网络为客户端计算机提供各种服务的高性能的计算机产品。具有高扩充性、高可用性、高稳定性	服务器	适用于额定电流小于等于6A的服务器。 具有服务器功能的磁盘阵列、塔式服务器、机架式服务器、刀片服务器等	适用标准：GB 4943. 1 GB/T 9254. 1 GB 17625. 1
46. 传真机（1602）	在商业和民用设备内使用的，具有传真功能的办公和家用设备	传真机	传真机、多功能传真一体机等	1. 适用标准：GB 4943. 1 GB/T 9254. 1 2. 不包括工业传真机
47. 移动用户终端（1606）	在为社会公众服务的公共移动通信网络中使用，实现通信功能的各类制式蜂窝移动终端设备。包含移动通信模块	移动用户终端	GSM/GPRS用户终端设备、CDMA、CDMA1X、CDMA2000用户终端设备、TD-SCDMA用户终端设备、WCDMA用户终端设备、TD-LTE用户终端设备等，以及使用以上制式的其他终端设备（包括车载、固定台、通信模块、无线数据终端、可穿戴式设备等）	1. 适用标准：GB 4943. 1 GB/T 19484. 1 GB/T 22450. 1 YD/T 1592. 1 YD/T 1595. 1 YD/T 2583. 14 YD/T 2583. 18 2. 不包括PHS手机、对讲机、SCDMA终端、工业环境和预定仅在室外环境中使用的模块。

续表31

产品种类及代码	对产品种类的描述	产品适用范围	对产品适用范围的描述或列举	说明
48. 电源（0807、＊＊＊0907）	直接与交流电网电源连接，输出可配接电子产品及安全附件，具有电压转换功能的设备。包括供电性质和电气参数转换	音视频设备配套的电源适配器/充电器（0807），信息技术设备、电信终端设备配套的电源适配器/充电器（0907）	音视频设备、信息技术设备、电信终端设备配套的电源适配器、充电器、电源转换器等	1. 适用标准： GB 4943.1 GB/T 9254.1 GB 17625.1 2. 不包括专为干电池充电的充电器
	适用于安装在额定电流小于等于6A计算机或服务器内部的电源	计算机/服务器内置电源（0907）	计算机/服务器机内电源（带机内外壳或不带机内防护外壳）	适用标准： GB 4943.1 GB/T 9254.1 GB 17625.1
＊＊＊49. 移动电源（0914）	质量不超过18kg，包含额定容量大于600mAh的锂离子电池和/或电池组，具有交直流输入/输出的可移动式电源	移动电源	充电宝、便携式储能电源、露营用移动电源等	适用标准： GB 4943.1 GB 31241
＊＊＊50. 锂离子电池和电池组（0915）	依靠锂电子在正极和负极之间移动实现化学能与电能互相转化的装置，并被设计成可充电；包含有保护电路的任意数量的锂离子电池组合而成准备使用的组合体	便携式电子产品用锂离子电池和电池组	便携式办公产品、移动通信产品、便携式音/视频产品等便携式电子产品用锂离子电池和电池组	1. 适用标准： GB 31241 2. 不包括电子烟用锂离子电池和电池组
九、照明电器（2种） 不包括光源产品				

续表32

产品种类及代码	对产品种类的描述	产品适用范围	对产品适用范围的描述或列举	说明
51. 灯具（1001）	分配、透出或改变一个或多个光源发出光线的器具，它包括支承、固定和保护光源必需的所有部件，以及必需的电路辅助装置和将它们连接到电源的装置，但不包括光源本身	固定式通用灯具	1. 指不为专门用途设计的灯具，其只能借助于工具才能拆卸的固定方式、或在伸臂范围外的使用位置而不能轻易地从一处移动到另一处的灯具； 2. 适用范围为电源电压高于36V和不超过1000V的以电光源为光源的固定式通用灯具； 3. 电源连接方式包括：灯具连接装置、接线端子、与插座配合的插头、连接引线、电源线、与电源导轨连接的接合器、器具插座、安装耦合器、接合器或连接器； 4. 部分适用产品示例： (1) 悬吊在天花板上的灯具，如枝形花灯、吊灯等； (2) 表面安装灯具，如天花板表面安装灯具、墙面安装的灯具、家具表面安装灯具等； (3) 安装在电源导轨上的灯具； (4) 草坪、私人庭园地面安装的、且总高度低于2.5m的灯具	1. 适用标准： GB 7000.1 GB 7000.201 GB/T 17743 GB 17625.1 2. 不包括： (1) 隧道灯具； (2) 道路和街路照明灯具； (3) 总高度不低于2.5m（≥2.5m）的柱式合成灯具和室外公共场所照明用灯具； (4) 投光灯具； (5) 舞台灯光、电视、电影及摄影场所（室内外）用灯具； (6) 游泳池和类似场所用灯具； (7) 医院和康复大楼诊所用灯具； (8) 通风式灯具； (9) 仅能使用自镇流双端LED灯的固定式通用灯具

续表33

产品种类及代码	对产品种类的描述	产品适用范围	对产品适用范围的描述或列举	说明
		可移式通用灯具	1. 指不为专门用途设计的灯具，连着电源正常使用状态下能从一处移动到另一处的灯具； 2. 适用范围为电源电压高于36V和不超过250V的以电光源为光源的可移式通用灯具； 3. 电源连接方式包括：电源线带插头、器具插座； 4. 部分适用产品示例： (1) 桌面放置的灯具，如台灯； (2) 地面放置的灯具，如落地灯； (3) 夹持在垂直或水平表面、或圆杆的灯具，如夹灯	1. 适用标准： GB 7000.1 GB 7000.204 GB/T 17743 GB 17625.1 2. 不包括： (1) 以电池为电源的手电筒； (2) 以电池为电源的可移式灯具； (3) 庭园用可移式灯具； (4) 手提灯； (5) 灯串、灯带
		嵌入式灯具	1. 指制造商打算完全或部分嵌入安装表面的灯具； 2. 适用范围为电源电压高于36V和不超过1000V的以电光源为光源的嵌入式灯具； 3. 电源连接方式同固定式通用灯具； 4. 部分适用产品示例： (1) 嵌入安装在吊顶或天花板表面的灯具，如格栅灯、筒灯； (2) 嵌入安装在墙面的灯具，如墙脚灯具； (3) 嵌入安装在家具表面的灯具	1. 适用标准： GB 7000.1 GB 7000.202 GB/T 17743 GB 17625.1 2. 不包括： (1) 游泳池或类似场所嵌入池壁表面安装的水下灯具； (2) 通风式灯具
		水族箱灯具	1. 用于照明一个水族箱内部的灯具，灯具被放在离水缸顶部很近的地方，或放在水缸里或水缸上； 2. 适用范围为电源电压高于36V和不超过1000V的以电光源为光源家用水族箱灯具； 3. 电源连接方式包括：软线、软缆和插头； 4. 部分适用产品示例： (1) 非永久固定的水族箱的灯具，指可以放在水族箱水缸顶部或可移式顶部盖框或固定式顶部盖框上的灯具，灯具可以徒手移动； (2) 永久固定的水族箱灯具，指固定在水族箱的水缸上或水族箱的固定式顶部盖框上的灯具，且灯具只能使用工具移动	1. 适用标准： GB 7000.1 GB 7000.211 GB/T 17743 GB 17625.1 2. 不包括： (1) 非用于照明水族箱内部的灯具； (2) 非家用水族箱灯具

续表34

产品种类及代码	对产品种类的描述	产品适用范围	对产品适用范围的描述或列举	说明
		电源插座安装的夜灯	1. 指夜晚为不需要正常照明的区域提供低照度光源的灯具； 2. 适用范围为电源电压高于36V和不超过250V的以电光源为光源的电源插座安装的夜灯； 3. 电源连接方式：整体式插销； 4. 部分适用产品示例：插头直插安装的夜灯	适用标准： GB 7000.1 GB 7000.212 GB/T 17743 GB 17625.1
		地面嵌入式灯具	1. 指电源连接和电气部件在地面以下，适宜于安装到地面内的灯具； 2. 适用范围为电源电压高于36V和不超过1000V的以电光源为光源的地面嵌入式灯具。适于在室内或室外使用，如庭园、院子、非机动车道、停车场、自行车道、人行道、行人徒步区域、游泳池安全特低电压区域以外的区域、托儿所和类似场所； 3. 电源连接方式同固定式通用灯具； 4. 部分适用产品示例： (1) 地埋灯具，灯具出光面与地表平齐的地面嵌入式灯具； (2) 矮柱灯具，灯具的电源连接和电气部件在地面以下，预定安装到地面内，但灯具出光面可能高出地表的灯具	1. 适用标准： GB 7000.1 GB 7000.213 GB/T 17743 GB 17625.1 2. 不包括： (1) 安装在机动车道的地面嵌入式灯具。 (2) 机场跑道上的地面嵌入式助航灯具； (3) 游泳池或类似场所嵌入池底表面安装的水下灯具
		儿童用可移式灯具	1. 指正常使用情况下，连接着电源可从一处移至另一处的灯具，而且灯具设计所提供的安全程度超过符合GB 7000.204的可移式通用灯具。儿童用可移式灯具是为使用时可能没有适合的人监护的儿童设计的； 2. 适用范围为电源电压高于36V和不超过250V的以钨丝灯或单端荧光灯为光源的儿童用可移式灯具； 3. 电源连接方式同可移式通用灯具； 4. 部分适用产品示例：在可移式罩子上面具有人物或动物的三维图形或造型的灯具	1. 适用标准： GB 7000.1 GB 7000.4 GB/T 17743 GB 17625.1 2. 不包括用电池的灯具或者不与电网电源直接连接的灯具

续表35

产品种类及代码	对产品种类的描述	产品适用范围	对产品适用范围的描述或列举	说明
52. 镇流器（1002）	连接在电源和一支或若干支灯之间用来变换电源电压、限制灯的电流至规定值，提供启动电压和预热电流，防止冷启动，校正功率因数或降低无线电干扰的一个或若干个部件	荧光灯用镇流器	1. 指连接在电源和一支或若干支荧光灯之间，利用电感、电容或电感电容的组合将灯电流限制在规定值的装置； 2. 适用范围为采用 36V 以上和 1000V 以下交流电源的荧光灯电感镇流器，与其配套使用的荧光灯包括双端（直管形）荧光灯或单端（环形、H 形、π 形、方形或 2D 形以及多管紧凑型）荧光灯； 3. 部分适用产品示例： （1）电抗式镇流器； （2）谐振式镇流器； （3）漏磁升压式镇流器	1. 适用标准： GB 19510. 1 GB 19510. 9 GB/T 17743 GB 17625. 1 2. 不包括： （1）电阻型荧光灯镇流器； （2）荧光灯试验用基准镇流器； （3）荧光灯寿命试验用镇流器
		放电灯（荧光灯除外）用镇流器	1. 指连接在电源和一支或若干支高强度气体放电灯之间，利用电感、电容或电感电容的组合将灯电流限制在规定值的装置； 2. 适用范围为采用 36V 以上和 1000V 以下交流电源的高强度气体放电灯用电感镇流器，与其配套使用的气体放电灯包括高压汞灯、低压钠灯、高压钠灯和金属卤化物灯； 3. 部分适用产品示例： （1）阻抗式高强度气体放电灯镇流器； （2）漏磁升压式高强度气体放电灯镇流器； （3）超前顶峰式高强度气体放电灯镇流器（又称 CWA 型）	1. 适用标准： GB 19510. 1 GB 19510. 10 GB/T 17743 GB 17625. 1 2. 不包括： （1）高强度气体放电灯试验用基准镇流器； （2）高强度气体放电灯寿命试验用镇流器； （3）霓虹灯变压器
		荧光灯用交流电子镇流器	1. 指包含有稳定器件的交流-交流逆变器，其通常在高频下启动并使一支或几支荧光灯工作； 2. 适用范围为采用 36V 以上和 1000V 以下交流电源的荧光灯电子镇流器，与其配套使用的荧光灯包括双端（直管形）荧光灯、单端（环形、H 形、π 形、方形或 2D 形以及多管紧凑型）荧光灯和无电极荧光灯等； 3. 部分适用产品示例： （1）独立式或内装式的荧光灯用电子镇流器，具有金属外壳或塑料外壳、内部装有电子元件的印刷线路板，用接线端子输出或用导线输出； （2）整体式的荧光灯用电子镇流器，无独立的外壳、有一块或多块装有电子元器件的印刷线路板，具有引出线或接线端子，通常其外面包有一层绝缘衬或用树脂灌封在灯具内，依靠灯具外壳提供防止机械损坏以及防触电保护等； （3）带有调光等控制功能的荧光灯用电子镇流器	1. 适用标准： GB 19510. 1 GB 19510. 4 GB/T 17743 GB 17625. 1 2. 不包括： （1）荧光灯用直流电子镇流器； （2）仅适用于应急照明的荧光灯用电子镇流器； （3）普通照明用自镇流荧光灯内的电子镇流器

续表36

产品种类及代码	对产品种类的描述	产品适用范围	对产品适用范围的描述或列举	说明
		高强度气体放电灯用电子镇流器	1. 指装有触发和稳定部件的转换器，这种转换器能在直流或与电源频率不同的频率下使高强度气体放电灯工作； 2. 适用范围为采用36V以上、250V以下直流电源和/或1000V以下交流电源的高强度气体放电灯用电子镇流器，与其配套使用的气体放电灯包括高压汞灯、低压钠灯、高压钠灯和金属卤化物灯； 3. 部分适用产品示例： (1) 独立式或内装式的高强度气体放电灯用电子镇流器，具有金属外壳或塑料外壳、内部装有电子元件的印刷线路板，用接线端子输出或用导线输出； (2) 整体式的高强度气体放电灯用电子镇流器，无独立的外壳、有一块或多块装有电子元器件的印刷线路板，具有引出线或接线端子，通常其外面包有一层绝缘衬或用树脂灌封在灯具内，依靠灯具外壳提供防止机械损坏以及防触电保护等； (3) 带有调光等控制功能的高强度气体放电灯用电子镇流器	1. 适用标准： GB 19510.1 GB 19510.13 GB/T 17743 GB 17625.1 2. 不包括： (1) 高强度气体放电灯寿命试验用电子镇流器； (2) 霓虹灯电子变压器； (3) 剧院和机动车辆用特种灯用的镇流器
		LED模块用直流或交流电子控制装置	1. 指置于电源和一个或多个LED模块之间，为LED模块提供额定电压或电流的装置。此装置可以由一个或多个独立的部件组成，并且可以具有调光、校正功率因数和抑制无线电干扰的功能； 2. 适用范围为采用36V以上、250V以下直流电源和/或1000V以下交流电源的LED模块用电子控制装置； 3. 部分适用产品示例： (1) 独立式或内装式的LED模块用电子控制装置，具有金属外壳或塑料外壳、内部装有电子元件的印刷线路板，用接线端子输出或用导线输出； (2) 整体式的LED模块用电子控制装置，无独立的外壳、有一块或多块装有电子元器件的印刷线路板，具有引出线或接线端子，通常其外面包有一层绝缘衬或用树脂灌封在灯具内，依靠灯具外壳提供防止机械损坏以及防触电保护等； (3) 带有调光等控制功能的LED模块用电子控制装置	1. 适用标准： GB 19510.1 GB 19510.14 GB/T 17743 GB 17625.1 2. 不包括普通照明用自镇流LED灯、双端LED灯（替换直管荧光灯用）等光源内的LED模块用电子控制装置
十、车辆及安全附件（13种） 1. 在中国公路及城市道路上行驶的M类汽车、N类汽车和O类挂车（须上普通牌照的车辆）及安全附件； 2. 在中国公路及城市道路上行驶的摩托车及安全附件； 3. 电动自行车及安全附件				

续表37

产品种类及代码	对产品种类的描述	产品适用范围	对产品适用范围的描述或列举	说明
53. 汽车(1101)	1. 由动力驱动，具有四个或四个以上车轮的非轨道承载车辆； 2. 设计和制造上需要由汽车牵引，才能在道路上正常使用的无动力道路车辆	M 类汽车	至少有四个车轮并且用于载客的机动车辆。 1. M_1 类：包括驾驶员座位在内，座位数不超过九座的载客车辆； 2. M_2 类：包括驾驶员座位在内，座位数超过九个，且最大设计总质量不超过 5000kg 的载客车辆； 3. M_3 类：包括驾驶员座位在内，座位数超过九个，且最大设计总质量超过 5000kg 的载客车辆	1. 车辆分类应符合 GB/T 15089 标准规定。 2. 车辆定义应符合 GB/T 3730.1 标准规定。 3. 专用车辆定义应符合 GB/T 17350 标准规定。 4. 不包括： (1) 三类底盘：不具有车身、载货平台以及作业设备的非完整车辆； (2) GB 7258 中规定的低速汽车（三轮汽车和低速货车的总称）； (3) 无轨电车； (4) 在轨道上行驶的车辆、农业与林业用拖拉机和各种工程机械以及其他设计上不在道路上行驶和使用而主要用于封闭道路和场所作业施工的轮式专用机械车
		N 类汽车	至少有四个车轮并且用于载货的机动车辆。 1. N_1 类：最大设计总质量不超过 3500kg 的载货车辆； 2. N_2 类：最大设计总质量超过 3500kg，但不超过 12000kg 的载货车辆； 3. N_3 类：最大设计总质量超过 12000kg 的载货车辆	
		O 类挂车	挂车（包括半挂车）。 1. O_1 类：最大设计总质量不超过 750kg 的挂车； 2. O_2 类：最大设计总质量超过 750kg，但不超过 3500kg 的挂车； 3. O_3 类：最大设计总质量超过 3500kg，但不超过 10000kg 的挂车； 4. O_4 类：最大设计总质量超过 10000kg 的挂车	

续表38

产品种类及代码	对产品种类的描述	产品适用范围	对产品适用范围的描述或列举	说明
54. 摩托车（1102）	由动力装置驱动的，具有两个或三个车轮的道路车辆	L_1 类（两轮轻便摩托车）	无论采用何种驱动方式，其最大设计车速不大于50km/h的摩托车，且： ——如使用内燃机，其排量不大于50mL； ——如使用电驱动，其电机额定功率总和不大于4kW； ——车辆纵向中心平面上装有两个车轮的轻便摩托车	1. 车辆分类应符合GB/T 15089标准规定，术语和定义应符合GB 7258标准规定。 2. 不包括： （1）整车整备质量超过400kg、不带驾驶室、用于载运货物的三轮车辆； （2）整车整备质量超过600kg、不带驾驶室、不具有载运货物结构或功能且设计和制造上最多乘坐2人（包括驾驶人）的三轮车辆； （3）整车整备质量超过600kg的带驾驶室的三轮车辆； （4）最大设计车速、整车整备质量、外廓尺寸等指标符合相关国家标准和规定的，专供残疾人驾驶的机动轮椅车； （5）符合电动自行车国家标准规定的车辆； 3. 对于电驱动的正三轮轻便摩托车（L2类）、边三轮摩托车（L4类）和正三轮摩托车（L5类），其整车整备质量不包含动力蓄电池的质量
		L_2 类（正三轮轻便摩托车）	无论采用何种驱动方式，其最大设计车速不大于50km/h的摩托车，且： ——如使用内燃机，其排量不大于50mL； ——如使用电驱动，其电机额定功率总和不大于4kW； ——装有与前轮对称分布的两个后轮的轻便摩托车	
		L_3 类（两轮普通摩托车）	无论采用何种驱动方式，其最大设计车速大于50km/h，或如使用内燃机，其排量大于50mL，或如使用电驱动，其电机额定功率总和大于4kW，车辆纵向中心平面上装有两个车轮的摩托车	
		L_4 类（边三轮摩托车）	无论采用何种驱动方式，其最大设计车速大于50km/h，或如使用内燃机，其排量大于50mL，或如使用电驱动，其电机额定功率总和大于4kW的，在两轮普通摩托车的右侧装有边车的摩托车	
		L_5 类（正三轮摩托车）	无论采用何种驱动方式，其最大设计车速大于50km/h，或如使用内燃机，其排量大于50mL，或如使用电驱动，其电机额定功率总和大于4kW，装有三个车轮，其中一个车轮在纵向中心平面上，另外两个车轮与纵向中心平面对称布置的普通摩托车，包括： （1）装有与前轮对称分布的两个后轮的摩托车，且如设计和制造上允许载运货物或超过2名乘员（含驾驶人），其最大设计车速小于70km/h； （2）装有与后轮对称分布的两个前轮、设计和制造上不具有载运货物结构且最多乘坐2人（包括驾驶人）的摩托车	

续表39

产品种类及代码	对产品种类的描述	产品适用范围	对产品适用范围的描述或列举	说明
55. 电动自行车（1119）	以车载蓄电池作为辅助能源，具有脚踏骑行能力，能实现电助动或/和电驱动功能的两轮自行车	电动自行车	电动自行车应符合下列要求： （1）具有脚踏骑行能力； （2）具有电驱动或/和电助动功能； （3）电驱动行驶时，最高设计车速不超过25km/h；电助动行驶时，车速超过25km/h，电动机不得提供动力输出； （4）装配完整的电动自行车的整车质量小于或等于55kg； （5）蓄电池标称电压小于或等于48V； （6）电动机额定连续输出功率小于或等于400W	术语和定义应符合 GB 17761 的标准规定
56. 机动车辆轮胎（1201、1202）	安装在机动车辆车轮上，供机动车辆行驶使用的圆环形弹性制品。 新的机动车辆充气轮胎，包括轿车轮胎、载重汽车轮胎、摩托车轮胎，其原始设计的目的是在 M、N、O 和 L 类的机动车辆（车辆类别定义参见 GB/T 15089）上使用的机动车辆轮胎。 不包括翻新轮胎、专为竞赛设计的轮胎	轿车子午线轮胎（1201）	新的轿车充气子午线轮胎	适用标准：GB 9743
		轿车斜交轮胎（1201）	新的轿车充气斜交轮胎	
		载重汽车子午线轮胎（1201）	新的载重汽车充气子午线轮胎	适用标准：GB 9744
		载重汽车斜交轮胎（1201）	新的载重汽车充气斜交轮胎	
		摩托车轮胎（1202）	新的摩托车充气轮胎	适用标准：GB 518
57. 摩托车乘员头盔（1105）	摩托车乘员（包括驾驶人及乘坐人员）佩戴的头盔	摩托车乘员头盔	在事故中降低摩托车乘员头部伤害的装具	适用标准：GB 811
58. 汽车用制动器衬片（1120）	汽车鼓式或盘式制动器的部件，分别压靠在制动鼓或制动盘面而产生摩擦力的摩擦材料部件	汽车用制动器衬片	M_1、M_2、N_1、O_1、O_2 类车辆用盘式及鼓式衬片产品 M_3、N_2、N_3、O_3、O_4 类车辆用盘式及鼓式衬片产品	1. 适用标准：GB 5763 2. 不包括：M_1、M_2、N_1、O_1、O_2 类车辆使用的独立的驻车制动系统（不参与行车制动和应急制动）使用的鼓式制动器衬片

续表40

产品种类及代码	对产品种类的描述	产品适用范围	对产品适用范围的描述或列举	说明
＊＊59. 机动车安全玻璃（1301）	安装在机动车（M类、N类、O类、有驾驶室的L类车辆，林业和农业在内的专用车）上用于为驾驶员和乘员提供观察视野、采光、分隔车厢空间或其他功能用安全玻璃。由无机材料和/或有机材料经处理或复合而成的透明材料。能有效减少人员伤害的可能性，并具有一定的视野、强度和耐久性。	机动车夹层安全玻璃	用于汽车、工程车辆或农用车辆上的，由两层或多层玻璃与一层或多层有机材料黏结而成的安全玻璃，也称夹胶玻璃	1. 适用标准：GB 9656 2. 不包括车辆前风窗以外用刚性塑料材料
		机动车钢化安全玻璃	用于汽车、工程车辆或农用车辆上的，通过适当处理的安全玻璃材料，一旦破碎其碎片可以最大程度减少对人体的伤害	
		机动车塑玻复合材料	用于汽车、工程车辆或农用车辆上的，由玻璃与有机塑料材料复合而成的材料，通常在车内侧面为有机塑料材料	
		机动车安全中空玻璃	用于汽车、工程车辆或农用车辆上的，由两层或多层钢化或夹层玻璃组合而成的中空玻璃	
＊＊60. 汽车安全带（1104）	汽车安全带	汽车安全带	安装在M、N类车辆的座椅上，作为成年乘员独立装备单独使用的安全带产品，如腰带、三点式安全带、全背带式安全带等	1. 适用标准： GB 14166 GB 8410 GB 38262 2. 不包括： (1) 用于特定车辆类型的约束系统； (2) 儿童乘员使用的安全带和约束系统； (3) 构成安全带总成或约束系统的零部件（如：安全带织带、卷收器、带扣、预紧装置、调节装置等）
＊＊61. 机动车外部照明及光信号装置（1109、1116）	M类、N类、O类和L类机动车辆使用的外部照明及光信号装置。外部照明及光信号装置：设计用于照明道路或向其他使用道路者发出光信号的装置（简称灯具）	汽车用外部照明及光信号装置（汽车灯具）（1109）	1. 汽车用的前照灯、前雾灯、后雾灯、前位灯、后位灯、示廓灯、制动灯、倒车灯、转向信号灯、昼间行驶灯、角灯、驻车灯、侧标志灯、后牌照板照明装置、自适应照明系统（AFS）、回复反射器和尾部标志板等； 2. 仅仅不带灯泡和/或插座的灯具装置	1. 各种类型灯具的定义见GB 4785和GB 18100。 2. 不包括： (1) 构成灯具总成的零件（如反射镜、配光镜、灯泡、壳体，可制成回复反射器或尾部标志板的光学单元材料等）； (2) 单独使用成形的回复反射器产品； (3) 外部装饰性灯具（如绿色、蓝色等装饰灯）和汽车内部照明灯具（如阅读灯、踏步灯等）
		摩托车用外部照明及光信号装置（摩托车灯具）（1116）	1. 摩托车用的前照灯、前位灯、后位灯、制动灯、转向信号灯、后牌照板灯、前雾灯、后雾灯、倒车灯和回复反射器等； 2. 仅仅不带灯泡和/或插座的灯具装置	

续表41

产品种类及代码	对产品种类的描述	产品适用范围	对产品适用范围的描述或列举	说明
＊＊62. 机动车辆间接视野装置(1110、1115)	安装在M类、N类和L类机动车辆上的间接视野装置。 间接视野装置：用来呈现驾驶员无法直接观察到的车辆后方、侧方或前方规定区域视野的装置	汽车视镜(1110)	通过反射面来获得视野的间接视野装置	1. 适用标准： GB 15084 GB 17352 2. 不包括： (1) 构成视镜总成的零件(如镜片、支架、壳体等)； (2) 起类似间接视野作用的雷达等装置； (3) 潜望镜等复杂光学系统
		摩托车后视镜(1115)	用于提供清晰后方视野的摩托车和轻便摩托车的后视镜总成	
＊＊63. 汽车座椅及座椅头枕(1114)	汽车座椅及座椅头枕	1. 汽车座椅； 2. 座椅头枕	1. M、N类汽车的座椅； 2. 上述座椅使用的头枕（如其单独出厂、销售或进口）	1. 适用标准： GB 15083 GB 11550 GB 13057 GB 24406 GB 8410 GB 38262 2. 不包括： (1) 后向座椅及其在这些座椅上安装的头枕； (2) 儿童乘员使用的座椅系统； (3) 客车和卡车的卧铺； (4) 构成座椅总成的零件，如座椅骨架、座椅护面等； (5) 构成头枕总成（如其单独出厂、销售或进口）的零件，如头枕骨架、头枕护面等

续表42

产品种类及代码	对产品种类的描述	产品适用范围	对产品适用范围的描述或列举	说明
＊＊64. 汽车行驶记录仪（1117）	对车辆行驶速度、时间、位置等数据以及音视频数据进行记录、存储并可通过数据通信实现数据输出的数字式电子记录装置	1. 汽车行驶记录仪； 2. 具有行驶记录功能且行驶记录功能符合 GB 7258 及 GB/T 19056 相关规定的卫星定位装置	GB 7258 规定的所有客车、危险货物运输货车、半挂牵引车和总质量大于等于 12000kg 的货车等车辆安装使用的汽车行驶记录仪（包括具有行驶记录功能且行驶记录功能符合 GB7258 及 GB/T 19056 相关规定的卫星定位装置）	适用标准： GB/T 19056 GB 7258
＊＊65. 车身反光标识（1118）	为增强车辆的可识别性而设置在车身表面的反光材料的组合	车身反光标识	1. 半挂牵引车在驾驶室后部上方设置的能体现驾驶室的宽度和高度的车身反光标识，其他货车（多用途货车除外）、货车底盘改装的专项作业车和挂车（设置有符合规定的车辆尾部标志板的专项作业车和挂车，以及旅居挂车除外）在后部设置的车身反光标识； 2. 所有货车（半挂牵引车、多用途货车除外）、货车底盘改装的专项作业车和挂车（旅居挂车除外）在侧面设置的车身反光标识	适用标准： GB 23254 GB 7258
十一、农机产品（2 种）				
66. 植物保护机械（1401）	通过液力、气力、热力等分散并喷射农药，用于防治植物病、虫、草害和/或其他生物侵害的机具	背负式喷雾喷粉机	1. 由操作者背负，利用汽油机驱动高速离心风机产生的气流进行喷雾或喷粉的机器； 2. 主要由汽油机、药箱总成、风机总成、机架等组成	适用标准： GB 10395. 1（仅适用于自走式、牵引式、悬挂式、半悬挂式、风送式植保机械） GB 10395. 6
		背负式动力喷雾机	1. 由操作者背负，由汽油机驱动小型液泵利用液力进行喷雾的机器； 2. 主要由汽油机、药液箱、液泵、机架等组成	
		背负式喷雾器	1. 由操作者背负，用手摇杠杆驱动液泵利用液力进行喷雾的机器； 2. 主要由药箱、空气室、液泵、喷射部件等组成	
		背负式电动喷雾器	1. 由操作者背负，以蓄电池为能源，驱动微型直流电机，带动液泵进行喷雾的机器； 2. 主要由微型电机、液泵、蓄电池、药箱、喷射部件等组成	
		压缩式喷雾器	1. 用手动气泵（打气筒）向药液箱内充入压缩气体，使机具中的药液具有压力并从喷头喷出的机器； 2. 主要由药箱、气泵、喷射部件、压力表等部件组成	
		踏板式喷雾器	1. 扳动加长杠杆驱动装在脚踏板上的液泵进行喷雾的机器； 2. 主要由液泵、气室、喷射部件和杠杆组件组成	

续表43

产品种类及代码	对产品种类的描述	产品适用范围	对产品适用范围的描述或列举	说明
		烟雾机	1. 利用热能或利用空气压缩机的气体压力能使药液雾化成烟雾微粒散布的喷雾机器； 2. 烟雾机按雾化原理分为热烟雾机和常温烟雾机。热烟雾机是利用热能使油剂农药在烟化管内发生蒸发、裂化形成烟雾；常温烟雾机是利用空气压缩机产生的压缩空气的压力能使药液与高速气流混合，在常温下形成烟雾	
		动力喷雾机	1. 由发动机或电机驱动液泵进行液力喷雾的机器； 2. 按照机架型式和携带方式又可分为担架式、手推车式、手提式和车载式等。主要组成部件为内燃机、液泵、喷射部件和药液箱。其中担架式和手提式机动喷雾机没有药液箱	
		喷杆式喷雾机	1. 用装有喷头的喷杆喷洒药液的机器，分为悬挂式、牵引式、车载式和自走式等； 2. 其主要工作部件为：药液箱、液泵、喷杆、喷头、调压阀和控制阀等。工作时由动力驱动液泵，将药液箱中的药液以一定的压力通过控制阀和输液管路输往喷杆，当喷头处的喷雾液体压力达到预定值时，防滴装置便自动开启，药液以雾状喷出	
		风送式喷雾机	1. 靠风机产生的高速气流雾化药液或辅助雾化药液，并输送雾滴的喷雾机器，分为悬挂式、牵引式、车载式和自走式等； 2. 工作时内燃机或电动机驱动风机和液泵，液泵将药液箱中的药液以一定的压力输往喷筒上的多个喷头，喷头喷出的药液在高速气流的作用下，进一步雾化成细小的雾滴并被定向送往目标物	
		电动气力超低量喷雾器	由高速电机驱动风机，产生高速气流，通过气液流喷头雾化成极小雾粒的机器	
67. 轮式拖拉机(1402)	通过车轮行走，具有两轴（或多轴），用于牵引、推动、携带或/和驱动配套农机具进行作业的自走式动力机械	以单缸柴油机或功率不大于18.40kW（25马力）的多缸柴油机为动力的轮式拖拉机	1. 一般由柴油机、底盘和电器系统组成； 2. 拖拉机底盘由传动系、行走系、转向系、制动系和工作装置组成； 3. 工作装置主要用来连接或吊挂农机具，以便和各种农机具配套完成不同作业	1. 适用标准： GB 18447.1 GB 18447.4 2. 不包括手扶拖拉机

续表44

产品种类及代码	对产品种类的描述	产品适用范围	对产品适用范围的描述或列举	说明
十二、消防产品（3种）				
68. 火灾报警产品（1801）	点型感烟火灾探测器	点型感烟火灾探测器	1. 对悬浮在大气中的燃烧和/或热解产生的固体或液体微粒敏感的点型火灾探测器； 2. 点型感烟火灾探测器、点型离子感烟火灾探测器、点型光电感烟火灾探测器	适用标准：GB 4715
	点型感温火灾探测器	点型感温火灾探测器	1. 对温度和/或升温速率和/或温度变化响应的点型火灾探测器； 2. 点型感温火灾探测器	适用标准：GB 4716
	独立式感烟火灾探测报警器	独立式感烟火灾探测报警器	1. 一个包括感烟探测、电源和报警器件的报警器，主要用于家庭住宅的火灾探测和报警； 2. 独立式感烟火灾探测报警器、独立式光电感烟火灾探测报警器、独立式离子感烟火灾探测报警器	适用标准：GB 20517
	手动火灾报警按钮	手动火灾报警按钮	通过手动启动器件发出火灾报警信号的装置	1. 适用标准：GB 19880 2. 不包括防盗报警按钮
	点型紫外火焰探测器	点型紫外火焰探测器	对火焰中波长小于300nm的紫外光辐射响应的火焰探测器	适用标准：GB 12791
	特种火灾探测器	点型红外火焰探测器	对火焰中波长大于850nm的红外光辐射响应的火焰探测器	适用标准：GB 15631
		吸气式感烟火灾探测器	采用吸气工作方式获取探测区域火灾烟参数的感烟火灾探测器	
		图像型火灾探测器	使用摄像机、红外热成像器件等视频设备或它们的组合方式获取监控现场视频信息，进行火灾探测的探测器	
		点型一氧化碳火灾探测器	对一氧化碳响应的点型火灾探测器	
	线型光束感烟火灾探测器	线型光束感烟火灾探测器	应用光束被烟雾粒子吸收而减弱的原理的线型感烟火灾探测器	1. 适用标准：GB 14003 2. 不包括红外光束入侵探测器

续表45

产品种类及代码	对产品种类的描述	产品适用范围	对产品适用范围的描述或列举	说明
	火灾显示盘	火灾显示盘	火灾报警指示设备的一部分。它是接收火灾报警控制器发出的信号，显示发出火警部位或区域，并能发出声光火灾信号的楼层或区域显示盘（显示器）	适用标准：GB 17429
	火灾声和/或光警报器	火灾声光警报器	1. 与火灾报警控制器分开设置，火灾情况下能够发出声和/或光火灾警报信号的装置； 2. 火灾声光警报器、火灾声警报器、火灾光警报器	1. 适用标准：GB 26851 2. 不包括气体释放警报器、民用警告灯
	火灾报警控制器	火灾报警控制器	1. 作为火灾自动报警系统的控制中心，能够接收并发出火灾报警信号和故障信号，同时完成相应的显示和控制功能的设备； 2. 火灾报警控制器、独立型火灾报警控制器、区域型火灾报警控制器、集中型火灾报警控制器、集中区域兼容型火灾报警控制器	1. 适用标准：GB 4717 2. 不包括防盗报警控制器
	家用火灾报警产品	家用火灾报警产品	1. 在家庭住宅户内使用的火灾探测报警产品； 2. 点型家用感烟火灾探测器、点型家用感温火灾探测器、燃气管道专用电动阀、手动报警开关、家用火灾报警控制器、控制中心监控设备	适用标准：GB 22370
69. 灭火器（1810）	手提式灭火器	手提式灭火器	1. 能在其内部压力作用下，将所装的灭火剂喷出以扑救火灾，并可手提移动的灭火器具； 2. 手提式干粉灭火器、手提式二氧化碳灭火器、手提式水基型灭火器、手提式洁净气体灭火器	适用标准：GB 4351. 1 GB 4351. 2
	推车式灭火器	推车式灭火器	1. 装有轮子的可由一人推或拉至火场，并能在其内部压力作用下，将所装的灭火剂喷出以扑救火灾的灭火器具； 2. 总质量大于25kg，但不大于450kg； 3. 推车式水基型灭火器、推车式干粉灭火器、推车式二氧化碳灭火器、推车式洁净气体灭火器	适用标准：GB 8109
	简易式灭火器	简易式灭火器	1. 可任意移动的，由一只手指开启的，不可重复充装使用的一次性贮压式灭火器； 2. 灭火剂充装量小于1000mL（或g）； 3. 简易式水基型灭火器、简易式干粉灭火器、简易式氢氟烃类气体灭火器	适用标准：XF 86

续表46

产品种类及代码	对产品种类的描述	产品适用范围	对产品适用范围的描述或列举	说明
70. 避难逃生产品(1815)	消防应急照明和疏散指示产品	消防应急标志灯具	1. 用图形和/或文字指示疏散方向，指示安全出口、楼层、避难层（间）、灭火器材、消火栓箱、消防电梯、残疾人楼梯位置，指示禁止入内的通道、场所及危险品存放处的消防应急灯具； 2. 消防应急标志灯具、集中电源型消防应急标志灯具、集中控制型消防应急标志灯具、集中电源集中控制型消防应急标志灯具、消防应急照明标志复合灯具	1. 适用标准：GB 17945 2. 不包括疏散用手电筒
		消防应急照明灯具	1. 为人员疏散和/或消防作业提供照明的消防应急灯具； 2. 消防应急照明灯具、集中电源型消防应急照明灯具、集中控制型消防应急照明灯具、集中电源集中控制型消防应急照明灯具、消防应急照明标志复合灯具	
		应急照明控制器	控制并显示集中控制型消防应急灯具、应急照明集中电源、应急照明分配电装置及应急照明配电箱及相关附件等工作状态的控制与显示装置	
		应急照明集中电源	火灾发生时，为集中电源型消防应急灯具供电、以蓄电池为能源的电源	
		应急照明配电箱	为自带电源型消防应急灯具供电的供配电装置	
		应急照明分配电装置	为应急照明集中电源应急输出进行分配电的供配电装置	

续表47

<table>
<tr><th>产品种类及代码</th><th>对产品种类的描述</th><th>产品适用范围</th><th>对产品适用范围的描述或列举</th><th>说明</th></tr>
<tr><td rowspan="7">70. 避难逃生产品（1815）</td><td rowspan="5">逃生产品</td><td>逃生缓降器</td><td>依靠使用者自重安全下降并能往复使用的缓降器</td><td>适用标准：GB 21976. 2</td></tr>
<tr><td>逃生梯</td><td>1. 建筑火灾发生时，供被困人员逃生使用的专用逃生梯；
2. 固定式逃生梯、悬挂式逃生梯</td><td>适用标准：GB 21976. 3</td></tr>
<tr><td>逃生滑道</td><td>建筑火灾发生时，使用者依靠自重以一定速度在其内部滑降逃生，并能反复使用的柔性滑道</td><td>适用标准：GB 21976. 4</td></tr>
<tr><td>应急逃生器</td><td>建筑火灾发生时，供被困人员一次性使用的专用应急逃生器</td><td>适用标准：GB 21976. 5</td></tr>
<tr><td>逃生绳</td><td>供发生建筑火灾时单人使用的逃生绳</td><td>适用标准：GB 21976. 6</td></tr>
<tr><td rowspan="2">自救呼吸器</td><td>过滤式消防自救呼吸器</td><td>1. 通过过滤装置吸附、吸收、催化及直接过滤等作用去除一氧化碳、烟雾等有害气体、供人员在发生火灾时逃生用的呼吸器；
2. 发生火灾时空气中氧气浓度不低于17%；
3. 一次性使用</td><td>适用标准：GB 21976. 7</td></tr>
<tr><td>化学氧消防自救呼吸器</td><td>1. 使人的呼吸器官同大气环境隔绝，利用化学生氧剂产生的氧，供人在发生火灾时缺氧情况下逃生用的呼吸器；
2. 一次性使用</td><td>1. 适用标准：XF 411
2. 不包括作业型、救护型和潜水型呼吸器</td></tr>
<tr><td colspan="5">十三、建材产品（3 种）</td></tr>
<tr><td rowspan="3">71. 溶剂型木器涂料（2101）</td><td rowspan="3">适用于室内装饰装修和工厂化涂装用聚氨酯类、硝基类和醇酸类溶剂型木器涂料（包括底漆和面漆）</td><td>硝基类涂料</td><td>由硝酸和硫酸的混合物与纤维素酯化反应制得的硝酸纤维素为主要成膜物质的一类涂料</td><td rowspan="3">1. 适用标准：GB 18581
2. 不包括辐射固化涂料和不饱和聚酯腻子、木器用溶剂型腻子</td></tr>
<tr><td>醇酸类涂料</td><td>由多元酸、脂肪酸（或植物油）与多元醇缩聚制得的醇酸树脂为主要成膜物质的一类涂料</td></tr>
<tr><td>聚氨酯类涂料</td><td>由多异氰酸酯与含活性氢的化合物反应而成的聚氨（基甲酸）酯树脂为主要成膜物质的一类涂料</td></tr>
</table>

续表48

产品种类及代码	对产品种类的描述	产品适用范围	对产品适用范围的描述或列举	说明
72. 瓷质砖(2102)	1. 用于建筑物装修用的吸水率(E)不超过0.5%的干压陶瓷砖; 2. 产品执行GB/T 4100标准附录G	瓷质砖	瓷质砖根据其放射性水平可被认证为: 1. A类:产销及使用范围不受限制; 2. B类:不可用于住宅、老年公寓、托儿所、医院和学校、办公楼、宾馆等Ⅰ类民用建筑的内饰面,但可用于Ⅱ类民用建筑(如商场、文化娱乐场所、书店、图书馆、展览馆、体育馆和公共交通等候室、餐厅、理发店等)、工业建筑的内饰面和其他一切建筑物的外饰面	适用标准:GB 6566
73. 建筑安全玻璃(1302)	建筑物上使用的,当应用和破坏时对人体伤害程度达到最小的玻璃	建筑夹层玻璃	1. 由两层或多层玻璃与一层或多层有机材料黏结而成的安全玻璃,也称夹胶玻璃; 2. 可细分为:建筑钢化夹层玻璃、建筑普通夹层玻璃、建筑用太阳能光伏夹层玻璃; 3. 建筑用太阳能光伏夹层玻璃是指由玻璃、太阳电池、中间层、汇流条、绝缘胶带、引出端等材料组成,用中间层分隔并通过处理使其粘接为一体,且具有发电功能的产品统称,俗称双玻组件或三玻组件	1. 适用标准: GB 15763.3(适用于建筑夹层玻璃) GB/T 29551(适用于建筑用太阳能光伏夹层玻璃) 2. 不包括:栈道用玻璃
		建筑钢化玻璃	1. 用于建筑物上,经热处理加工的特殊玻璃,一旦破碎其碎片可以最大程度减少对人体的伤害; 2. 可细分为:建筑装饰类钢化玻璃、建筑普通钢化玻璃、太阳能光伏组件封装用钢化玻璃; 3. 太阳能光伏组件封装用钢化玻璃是指使用在光伏组件的前板玻璃或背板钢化玻璃	1. 适用标准: GB 15763.2 2. 不包括: (1)采用化学方法钢化的玻璃; (2)家具、家电用钢化玻璃
		建筑安全中空玻璃	用于建筑上的内、外侧均由钢化或夹层玻璃组合而成的中空玻璃	1. 适用标准: GB/T 11944 2. 不包括内侧或外侧由非安全玻璃组成的中空玻璃

续表49

产品种类及代码	对产品种类的描述	产品适用范围	对产品适用范围的描述或列举	说明
十四、儿童用品（3 种）				
74. 童车类产品(2201)	设计或预定供运载儿童或供儿童乘骑的童车类产品	儿童自行车	GB 14746 标准范围覆盖的所有儿童自行车： 1. 适用于四岁至八岁的儿童骑行； 2. 鞍座的最大高度大于 435mm 而小于 635mm； 3. 仅借儿童的人力，主要以脚蹬通过传动机构驱动后轮的至少有两个车轮的车辆（包括带有平衡轮的车辆）	1. 适用标准：GB 14746 2. 不包括供特技骑行的自行车
		儿童三轮车	GB 14747 标准范围覆盖的所有儿童三轮车： 1. 可承载一名或多名儿童，仅借人力靠脚蹬驱动前轮而行驶的车辆； 2. 各车轮与地面接触点呈三角形或梯形，如为梯形，窄轮距宽度应小于宽轮距的一半	1. 适用标准：GB 14747 2. 不包括玩具三轮车或设计用于其他特殊目的的三轮车（如游乐三轮车）
		儿童推车	GB 14748 标准范围覆盖的所有儿童推车： 设计用于运载一名或多名儿童，由人工推行的车辆	1. 适用标准：GB 14748 2. 不包括玩具推车或设计用于其他特殊用途推车
		婴儿学步车	GB 14749 标准范围覆盖的所有婴儿学步车： 1. 适用于从能够坐立到能够自己行走的婴儿使用； 2. 车体具有能在脚轮上运转的座架； 3. 婴儿在车内就座后，可以借助框架的支撑进行任意方向活动的车辆	1. 适用标准：GB 14749 2. 不包括医疗用学步车以及气垫支撑婴儿的学步车

续表50

产品种类及代码	对产品种类的描述	产品适用范围	对产品适用范围的描述或列举	说明
75. 玩具(2202)	设计或预定供14岁以下儿童玩耍时使用的电玩具、塑胶玩具、金属玩具、乘骑车辆玩具。 不包括： 1. 不带电的纸制、竹制、木制、毛绒布制、陶瓷、玻璃、石膏玩具（但套装中具有独立玩耍功能的塑胶或金属部件仍属于强制性产品认证目录范围）； 2. 不带电的口动玩具、出牙器（牙胶）、水上玩具、可充气的玩具、彩泥或水晶泥等软体造型玩具（但套装中具有独立玩耍功能的塑胶或金属部件仍属于强制性产品认证目录范围）； 3. 适用GB 6675.11的家用秋千、滑梯及类似用途室内、室外活动玩具，适用GB 6675.12的玩具滑板车，适用GB 6675.13的除实验玩具外的化学套装玩具，适用GB 6675.14的指画颜料，适用GB 26387的化学及类似活动的实验玩具； 4. 具有玩耍功能的文具； 5. GB 6675.1标准范围不适用的玩具和不认为是玩具的产品	电玩具	无论由何种材料制成，至少有一种功能需要使用电能的玩具，包括电动玩具、视频玩具、声光玩具、热源玩具、实验型玩具等	1. 适用标准： GB 6675.1 GB 6675.2 GB 6675.3 GB 6675.4 GB 19865（不包括第二十章） 2. 不包括变压器、电池充电器
		塑胶玩具	主体或主要玩耍部分由塑胶材料制成的非使用电能的玩具，包括静态塑胶玩具、机动塑胶玩具，含娃娃玩具（至少头部和四肢由非纺织物材质的聚合材料制成，并带有服装或身体由软性材料填充的玩具）、塑胶材质的弹射玩具、“爬爬垫”类产品等	1. 适用标准： GB 6675.1 GB 6675.2 GB 6675.3 GB 6675.4 2. 不包括预定承载儿童体重的玩具
		金属玩具	主体或主要玩耍部分由金属材料制成的非使用电能的玩具，包括静态金属玩具、机动金属玩具，含金属材质的弹射玩具等	1. 适用标准： GB 6675.1 GB 6675.2 GB 6675.3 GB 6675.4 2. 不包括预定承载儿童体重的玩具
		乘骑车辆玩具	设计或预定供儿童乘骑的车辆玩具，包括： 1. 玩具自行车：带或不带稳定装置的、鞍座的最大高度小于或等于435mm，仅以儿童的人力特别是借助于脚踏板来驱动的两轮车； 2. 电动童车：由儿童驾驶和或乘坐、以直流电驱动的车辆； 3. 其他车辆玩具：除玩具自行车、电动童车、童车类产品外，由儿童自身力量驱动、预定承载儿童体重的其他乘骑车辆玩具，如滑行车、平衡车、扭扭车等	1. 适用标准： GB 6675.1 GB 6675.2 GB 6675.3 GB 6675.4 GB 19865（不包括第二十章）

续表51

产品种类及代码	对产品种类的描述	产品适用范围	对产品适用范围的描述或列举	说明
76. 机动车儿童乘员用约束系统（2207）	设计是通过限制儿童乘员身体的移动来减轻在车辆碰撞事故或突然加（减）速情况下对其伤害的机动车儿童乘员用约束系统	机动车儿童乘员用约束系统	安装在三个车轮或三个车轮以上机动车上的儿童乘员用约束系统，包括儿童安全座椅、增高垫、婴儿提篮、便携床等	1. 适用标准：GB 27887 2. 不包括用于安装在折叠座椅或侧向座椅上的儿童乘员用约束系统
十五、防爆电气（17 种） 1. 爆炸性气体环境（Ⅰ类和Ⅱ类）和爆炸性粉尘环境（Ⅲ类）用防爆电气产品； 2. 适用标准：GB/T 3836. 1、GB/T 3836. 2、GB/T 3836. 3、GB/T 3836. 4、GB/T 3836. 5、GB/T 3836. 6、GB/T 3836. 7、GB/T 3836. 8、GB/T 3836. 9、GB/T 3836. 31； 3. 不包括不具有“对产品适用范围的描述或列举”中产品功能的产品				
77. 防爆电机（2301）	适用于爆炸性环境，具有防爆安全功能，用于将电能转化为机械能的各类电动机，该类产品通常由定子、转子及其他结构件组成	防爆电机	1. 中心高≤160mm 或额定功率≤15kW 的各类电动机； 2. 160mm<中心高≤280mm 或 15kW<额定功率≤100kW 的各类电动机； 3. 280mm<中心高≤500mm 或 100kW<额定功率≤500kW 的各类电动机； 4. 中心高>500mm 或额定功率>500kW 的各类电动机	
78. 防爆电泵（2302）	适用于爆炸性环境，具有防爆安全功能，用于将电能转化为机械能，使介质以一定流量和扬程（或压力）传输的各类电驱动的泵产品。该类产品由电驱动部分和泵同轴连接而成	防爆电泵	1. 额定功率≤15kW 的各类电泵； 2. 15kW<额定功率≤100kW 的各类电泵； 3. 额定功率>100kW 的各类电泵	不包括驱动电机与泵体在结构上各自独立，两者之间借助皮带等传动方式通过现场安装组成的成套产品
79. 防爆配电装置类产品（2303）	适用于爆炸性环境，具有防爆安全功能，用于作为电源或连接在电网上以接受和分配电能、改善电源质量和进行电源变换以使用电设备得到所需电能的电气装置（含作为 Ex 元件使用的此类产品）	防爆配电装置类产品	1. 配电箱（柜）； 2. 动力检修箱； 3. 接线箱； 4. 接线盒； 5. 电源（箱）； 6. 滤波器（箱）； 7. 功率补偿装置； 8. 整流器（箱）； 9. 电源变换器（切换装置）	

续表52

产品种类及代码	对产品种类的描述	产品适用范围	对产品适用范围的描述或列举	说明
80. 防爆开关、控制及保护产品(2304)	适用于爆炸性环境，具有防爆安全功能，用于通过就地、远程手动控制或通过传感器检测自动控制电路分断与闭合，实现用电设备的开启、控制及过电流、过电压、过热、短路、断相、接地等保护功能的产品（含作为Ex元件使用的此类产品）	防爆开关、控制及保护产品	1. 开关（箱、柜）； 2. 按钮（盒）； 3. 断路器； 4. 控制柜（箱、器、台）； 5. 继电器； 6. 操作（箱、台、柱）； 7. 保护器（箱）； 8. 保护装置； 9. 司钻台； 10. 脱扣器； 11. 司机控制器； 12. 调速控制装置； 13. 断电器（仪）； 14. 遥控发射器（接收器）； 15. 斩波器	
81. 防爆起动器类产品(2305)	适用于爆炸性环境，具有防爆安全功能，用于在较大用电设备（通常指电动机）起动过程中通过采用降压、补偿或变频等技术手段以减少起动电流对电网的影响并降低起动过程中对负载的冲击，使电网和机械系统得以保护的产品（含作为Ex元件使用的此类产品）	防爆起动器类产品	1. 起动器； 2. 软起动器； 3. 变频器（箱）； 4. 电抗器	
82. 防爆变压器类产品(2306)	适用于爆炸性环境，具有防爆安全功能，利用电磁感应原理实现电压、电流变换的能量隔离传输设备，或用于电压、电流测量的互感器类产品。他们通常具有初级线圈、次级线圈和铁芯（磁芯）结构（含作为Ex元件使用的此类产品）	防爆变压器类产品	1. 移动变电站； 2. 变压器（箱）； 3. 调压器； 4. 互感器	

续表53

产品种类及代码	对产品种类的描述	产品适用范围	对产品适用范围的描述或列举	说明
83. 防爆电动执行机构、电磁阀类产品(2307)	适用于爆炸性环境，具有防爆安全功能，用于安装在管路系统中进行阀门的开关或阀位控制的执行机构及其电气部件（含作为Ex元件使用的此类产品）	防爆电动执行机构、电磁阀类产品	1. 电动执行机构； 2. 阀门电动装置； 3. 电气阀门定位器； 4. 电动阀； 5. 电磁阀； 6. 电磁铁； 7. 电磁头； 8. 电磁线圈； 9. 电截止阀； 10. 电切断阀； 11. 调节阀； 12. 电/气转换器； 13. 制动器； 14. 推动器	不包括列入特种设备管理目录的电磁阀产品
84. 防爆插接装置(2308)	适用于爆炸性环境，具有防爆安全功能，用于在馈电系统中提供电缆与电缆、电缆与用电设备之间快速连接或断开的联接器、插销/插销开关（含作为Ex元件使用的此类产品）	防爆插接装置	1. 电联接器； 2. 插销（含插头、插座）； 3. 插销开关	
85. 防爆监控产品(2309)	适用于爆炸性环境，具有防爆安全功能，用于监控系统中的音视频采集、显示、报警、控制和数据传输、后台数据处理的电气装置（含作为Ex元件使用的此类产品）	防爆监控产品	1. 摄像机（仪）； 2. 云台； 3. 监视器； 4. 监控（分）站； 5. 中继器； 6. 传输接口； 7. 视频服务器； 8. 显示器（仪、屏、箱）； 9. 计算机、工控机（含附件）； 10. 声光（语言、信号、静电）报警装置（器）	

续表54

产品种类及代码	对产品种类的描述	产品适用范围	对产品适用范围的描述或列举	说明
86. 防爆通讯、信号装置（2310）	适用于爆炸性环境，具有防爆安全功能，用于完成信息传递的通信系统和信号装置中，实现发信、信号接入、转换、传输、联网、接收、显示/播放等功能的设备（含作为Ex元件使用的此类产品）	防爆通讯、信号装置	1. 对讲机； 2. 扬声器（电喇叭）； 3. 电话机； 4. 播放器； 5. 话站； 6. 基站（基地台）； 7. 交换机； 8. 光端机； 9. 汇接机； 10. 信号耦合器； 11. 放大器； 12. 分配器； 13. 扩展器； 14. 网络（线路）终端； 15. 隔离器； 16. 音箱； 17. 打点器（拉点器）； 18. 信号装置； 19. 电铃（电笛）； 20. 通信接口； 21. 信号器（仪、箱）； 22. 指示器； 23. 网络接入器； 24. 网桥（桥接器）； 25. 驱动器； 26. 网关； 27. 发讯机、接收机（器）； 28. 信号（光电、数据）转换器	不包括利用基站进行无线信号传输的手机（手持机）等移动终端
87. 防爆空调、通风设备（2311）	适用于爆炸性环境，具有防爆安全功能，用于现场环境空气的温、湿度调节设备和通风设备（含作为Ex元件使用的此类产品）	防爆空调、通风设备	1. 制冷（热）空调或机组； 2. 除湿机； 3. 风机盘管机组； 4. 风机； 5. 暖风机； 6. 电风扇	
88. 防爆电加热产品（2312）	适用于爆炸性环境，具有防爆安全功能，用于对环境空气或液态、气态介质（或其容器、管路）进行加热以实现保温、升温功能的用电设备（含作为Ex元件使用的此类产品）	防爆电加热产品	1. 电加热器； 2. 电暖器； 3. 电加热带； 4. 电伴热带； 5. 电加热棒； 6. 电热板； 7. 电加热管	

续表55

产品种类及代码	对产品种类的描述	产品适用范围	对产品适用范围的描述或列举	说明
89. 防爆附件、Ex 元件（2313）	适用于爆炸性环境，具有防爆安全功能，通常须与电气设备或系统一起使用	防爆附件、Ex 元件	1. 穿线盒； 2. 分线盒； 3. 密封盒； 4. 隔爆外壳； 5. 挠性连接管； 6. 电缆引入装置； 7. 填料函； 8. 塑料风扇（叶）； 9. 接线端子； 10. 端子套； 11. 管接头； 12. 绝缘子	
90. 防爆仪器仪表类产品（2314）	适用于爆炸性环境，具有防爆安全功能，用于进行现场数据记录、数据采集和数据传输的仪器仪表类产品（含作为 Ex 元件使用的此类产品）	防爆仪器仪表类产品	1. 采集器（箱）； 2. 计数器； 3. 编码器； 4. 解码器； 5. 读卡器； 6. 识别器； 7. 标识卡； 8. 识别卡	
91. 防爆传感器(2315)	适用于爆炸性环境，具有防爆安全功能，用于感知现场各种物理量变化的敏感元件、电路、结构件及外壳组成的传感器产品（含作为 Ex 元件使用的此类产品）	防爆传感器	1. 光电传感器； 2. 速度传感器； 3. 温度（湿度）传感器； 4. 状态传感器； 5. 声（光）控传感器； 6. 热释（红外）传感器； 7. 张力传感器； 8. 烟雾传感器； 9. 堆煤（煤位）传感器； 10. 触控传感器； 11. 撕裂传感器； 12. 跑偏传感器； 13. 风门传感器； 14. 电压（电流）传感器； 15. 倾角传感器； 16. 磁性（霍尔）传感器； 17. 馈电传感器； 18. 接近开关（传感器）； 19. 延时传感器； 20. 开停（急停）传感器； 21. 物料传感器； 22. 位置（位移、行程）传感器	

续表56

产品种类及代码	对产品种类的描述	产品适用范围	对产品适用范围的描述或列举	说明
92. 安全栅类产品（2316）	适用于和爆炸性环境中的本质安全型产品相连接以进行电能传输、信号传递或通讯的本安关联设备。该类产品安装于安全场所或由其他防爆型式保护，能够对传递至爆炸性环境中的能量或信号进行有效限制或隔离	安全栅类产品	1. 齐纳安全栅； 2. 隔离安全栅； 3. 安全限能器（模块）； 4. 安全耦合器； 5. 本质安全电源	
93. 防爆仪表箱类产品（2317）	适用于爆炸性环境，具有防爆安全功能，用于显示数据的装置。该产品由内装计量仪表、连接或控制电路、结构件及外壳组成（含作为Ex元件使用的此类产品）	防爆仪表箱类产品	1. 仪表箱； 2. 仪表盘； 3. 仪表柜； 4. 电度表箱	
十六、家用燃气器具（3种） 1. 不包括在移动的交通运输工具中使用的燃气器具； 2. 不包括专门在工业生产及工业楼宇等工业过程中使用的燃气器具； 3. 不包括将燃气、太阳能、热泵等能源利用方式结合在一起，且不能单独使用的燃气器具				
94. 家用燃气灶具（2401）	用本身带的支架支撑器皿，并用燃气燃烧的火直接加热器皿的家用器具的燃气灶部分，且灶的单个燃烧器额定热负荷不大于5.23kW	家用燃气灶	1. 台式燃气灶； 2. 嵌入式燃气灶； 3. 燃气烤箱和燃气烘烤器部分的额定热负荷不大于5.82kW的燃气烤箱灶和燃气烘烤灶上的燃气灶； 4. 电的总额定输入功率不大于5.00kW的气电两用灶具的燃气灶部分； 5. 电的总额定输入功率不大于5.00kW的集成式燃气灶具（集烹饪、吸排油烟、烘烤、消毒（保洁）、贮物等两种或两种以上功能于一体的集成式组合器具）的燃气灶部分	1. 适用标准：GB 16410 2. 不包括： (1) 燃气烤箱、燃气烘烤器； (2) 燃气饭锅； (3) 沼气灶； (4) 便携式丁烷气灶； (5) 以非城镇燃气为燃料的灶； (6) 商用燃气燃烧器具； (7) 室外环境使用的燃气灶(室外是指：会直接受到风吹、雨淋、日晒等气候类型影响的自然环境)。

续表57

产品种类及代码	对产品种类的描述	产品适用范围	对产品适用范围的描述或列举	说明
95. 家用燃气快速热水器（2402）	通过具有水、气联动功能的装置启动燃气燃烧，利用燃烧的热量快速加热流经热交换器的水的器具，且符合以下条件： 1. 额定热负荷不大于70kW； 2. 仅有提供生活热水功能	家用供热水燃气快速热水器	1. 家用供热水燃气快速热水器； 2. 冷凝式家用供热水燃气快速热水器； 3. 室外型家用供热水燃气快速热水器	1. 适用标准：GB 6932 2. 不包括： (1) 燃气容积式热水器； (2) 家用供暖燃气快速热水器； (3) 家用两用型燃气快速热水器
96. 燃气采暖热水炉（2403）	采用燃气燃烧的热量快速加热流经热交换器的水以用于采暖、或采暖和生活热水两用的器具。且符合以下条件： 1. 额定热输入不大于70kW； 2. 最大采暖工作水压不大于0.3MPa； 3. 工作时水温不大于95℃； 4. 采用大气式或全预混式燃烧	燃气采暖热水炉	1. 燃气采暖热水炉； 2. 冷凝式燃气采暖热水炉； 3. 家用供暖燃气快速热水器； 4. 家用两用型燃气快速热水器	1. 适用标准：GB 25034 2. 不包括： (1) 自然给排气式、强制排气式和室外型器具； (2) 容积式器具； (3) 在同一外壳内采暖和热水分别采用两套独立燃烧系统的器具，包括两者有共同烟道的器具

注：根据《市场监管总局 国家消防救援局关于对消防安全标志不再实施强制性产品认证管理的公告》（2025年第10号），自2025年2月25日，对强制性产品认证目录中的消防安全标志（属于避难逃生产品类别）不再实施强制性产品认证管理。

参考资料4

《强制性产品认证目录》描述与界定表（2024年增补部分）

根据相关文件，2024年《强制性产品认证目录描述与界定表》内容有所增加，详见表11-3~表11-6。

表 11-3 国家市场监督管理总局公告 2024 年第 9 号增补

产品大类	产品种类及代码	对产品种类的描述	产品适用范围	对产品适用范围的描述或列举	说明
电线电缆	额定电压 450/750V 及以下橡皮绝缘、聚氯乙烯绝缘阻燃电线电缆（0104、0105）	交流额定电压不超过 450/750V 的动力装置用阻燃电缆	额定电压 450/750V 及以下橡皮绝缘阻燃电线电缆（0104）	产品标准中列明型号规格、具有阻燃特性的橡皮绝缘电线电缆	产品标准： GB/T 5013. 3 ~ GB/T 5013. 8 JB/T 8735. 2 ~ JB/T 8735. 3 燃烧特性标准： GB/T 19666 GB 31247
			额定电压 450/750V 及以下聚氯乙烯绝缘阻燃电线电缆（0105）	产品标准中列明型号规格、具有阻燃特性的聚氯乙烯绝缘电线电缆	产品标准： GB/T 5023. 3 ~ GB/T 5023. 7 JB/T 8734. 2 ~ JB/T 8734. 6 燃烧特性标准： GB/T 19666 GB 31247
家用和类似用途设备	电子坐便器（0720）	1. 额定电压不超过 250V； 2. 以存储、干燥或者销毁方式处理人体排泄物，或喷洗、烘干人体的电子坐便器； 3. 还包括与普通坐便器一同使用的电子设备	电子坐便器	模制式电子坐便器、包装式电子坐便器、冷冻式电子坐便器、真空式电子坐便器；自动盖板装置、加热坐圈、喷洗坐圈	1. 适用标准： GB 4706. 1 GB 4706. 53 2. 不包括打算使用在经常产生腐蚀性或爆炸性气体（如灰尘、蒸气或瓦斯气体）特殊环境场所的坐便器。 3. 不包括用化学方式、燃烧方式处理人体排泄物的坐便器。 4. 不包括不与自动盖板装置、加热坐圈、喷洗坐圈组合使用的切碎组件、抽吸水组件、冲洗用水加热组件
车辆及安全附件	电动自行车乘员头盔（1105）	电动自行车驾驶人及乘坐人员佩戴的头盔	电动自行车乘员头盔	在事故中降低电动自行车乘员头部伤害的装具	适用标准：GB 811

表11-3　续1

产品大类	产品种类及代码	对产品种类的描述	产品适用范围	对产品适用范围的描述或列举	说明
消防产品	可燃气体探测报警产品（1801）	可燃气体探测报警产品	可燃气体报警控制器	作为可燃气体报警系统的控制中心，能为可燃气体探测器供电、显示可燃气体浓度及接收并发出可燃气体报警信号和故障信号，同时完成相应的显示和控制功能的设备	适用标准：GB 16808
			工业及商业用途点型可燃气体探测器	工业及商业场所安装使用的用于探测烃类、醚类、酯类、醇类、一氧化碳、氢气及其他可燃性气体、蒸气的点型可燃气体探测器	适用标准：GB 15322.1
			家用可燃气体探测器	家庭环境使用的用于探测天然气、液化石油气、人工煤气等可燃气体及其不完全燃烧产物的探测器	适用标准：GB 15322.2
			工业及商业用途便携式可燃气体探测器	工业及商业场所使用的用于探测烃类、醚类、酯类、醇类、一氧化碳、氢气及其他可燃性气体、蒸气的便携式可燃气体探测器	适用标准：GB 15322.3
			工业及商业用途线型光束可燃气体探测器	工业及商业场所安装使用的采用光谱吸收原理探测烃类、醚类、酯类、醇类等可燃性气体、蒸气的线型光束可燃气体探测器	适用标准：GB 15322.4
建材产品	水性内墙涂料（2104）	适用于直接在现场涂装、工厂化涂装，对以水泥基及其他非金属材料（木质材料除外）为基材的建筑物内表面进行装饰和保护的各类建筑用水性内墙面涂料	水性内墙涂料	以合成树脂乳液、天然树脂乳液等为主要成膜物质，加入助剂、水或助溶剂等配制而成，涂覆在水泥基及其他非金属材料（木质材料除外）为基材的建筑物内表面的墙面涂料	1. 适用标准：GB 18582 2. 不包括水性外墙涂料、腻子、装饰板涂料、建筑无机粉体涂装材料
防爆电气	防爆灯具及控制装置（2318）	适用于爆炸性环境，具有防爆安全功能的照明灯具、指示和标志灯具，及配套防爆灯具一起使用、独立安装在灯具之外的光源控制装置	防爆灯具	1. 固定式防爆灯具 2. 便携式防爆灯具 3. 移动式防爆灯具	1. 适用标准：GB/T 3836.1～GB/T 3836.9 GB/T 3836.31 2. 不包括消防应急标志灯具和消防应急照明灯具
			防爆灯具用光源控制装置	1. 独立安装在防爆灯具之外的LED模块用直流/交流电子控制装置 2. 独立安装在防爆灯具之外的气体放电灯用镇流器	

表11-3 续2

产品大类	产品种类及代码	对产品种类的描述	产品适用范围	对产品适用范围的描述或列举	说明
燃气燃烧器具	商用燃气燃烧器具（2404）	以城镇燃气为能源，燃烧用空气取自室内、燃烧产物直接或间接排向室外的商用燃气燃烧器具及类似用途的燃具	1. 额定热负荷不大于80kW、蒸汽压力不大于80kPa，且设计正常水位水容积小于30L的蒸汽发生器类燃具； 2. 额定热负荷不大于80kW、蒸腔蒸汽压力不大于1200Pa的蒸箱类燃具； 3. 额定热负荷不大于50kW、腔体内压力不大于80kPa的炸炉类燃具； 4. 额定热负荷不大于50kW的煮食炉类燃具； 5. 额定热负荷不大于80kW的大锅灶类燃具； 6. 额定热负荷不大于50kW的平头炉类燃具； 7. 额定热负荷不大于100kW的常压固定式沸水器类燃具； 8. 焖饭量大于等于6L的饭锅类燃具； 9. 额定热负荷不大于50kW的洗碗机类燃具； 10. 额定热负荷不大于60kW的炒灶类燃具； 11. 额定热负荷不大于50kW的烧烤炉类燃具； 12. 额定热负荷不大于35kW的热板炉类燃具； 13. 额定热负荷不大于80kW的烤箱类燃具； 14. 额定热负荷不大于100kW的类似用途燃具； 15. 以上产品的组合体。 注：以上热负荷指单个燃烧单元的热负荷	1. 蒸汽发生器类：蒸汽发生器 2. 蒸箱类：水胆式蒸箱、蒸汽发生式蒸箱 3. 炸炉类：常压炸炉、承压炸炉 4. 煮食炉类：煮面炉、意粉炉、烫菜炉 5. 大锅灶类：大锅灶、摇摆汤锅、夹层锅 6. 平头炉类：煲仔炉、矮汤炉、火锅灶 7. 沸水器类：储水式沸水器、连续式沸水器 8. 饭锅类：饭锅 9. 洗碗机类：洗碗机 10. 炒灶类：炒菜灶 11. 烧烤炉类：烧烤炉、面火炉、烧猪炉 12. 热板炉类：煎炉、扒炉、铁板烧 13. 烤箱类：烤箱、蒸烤箱 14. 类似用途：炒菜机、翻转锅 15. 以上产品的组合体	1. 适用标准：GB 35848 2. 如果器具通过市电供电，只涉及额定电压不超过250V的单相电源。 3. 俗称“猛火灶”、“猛火炉”的产品属于商用燃气燃烧器具，根据其用途可归为炒灶类、平头炉类或类似用途燃具。 4. 不包括固定放置/安装在室外环境使用的燃气燃烧器具（室外是指：会直接受到风吹、雨淋、日晒等气候类型影响的自然环境）

注：CCC认证目录中“家用燃气器具”产品大类名称修改为“燃气燃烧器具”。

表 11-4　国家市场监督管理总局公告 2024 年第 26 号增补

产品大类	产品种类及代码	对产品种类的描述	产品适用范围	对产品适用范围的描述或列举	说明
车辆及安全附件	电动自行车用锂离子蓄电池（1121）	1. 单体电池：直接将化学能转化为电能的基本单元装置。包括电极、电解质、外壳和端子，并被设计成可充电。 2. 电池组：由一个或多个单体电池和外壳、端子及保护装置等必需的部件装配成的组合体	符合 GB 17761 规定的电动自行车用锂离子蓄电池单体电池和电池组	电动自行车用磷酸铁锂离子蓄电池、锰酸锂离子蓄电池、三元锂离子蓄电池、固态（半固态）锂离子蓄电池、其他锂离子蓄电池	1. 适用标准：GB 43854 2. 不包括铅酸蓄电池、镍氢蓄电池、钠离子蓄电池
	电动自行车用充电器（1122）	利用电源转换技术对电动自行车用蓄电池进行充电的装置	符合 GB 17761 规定的电动自行车用充电器	电动自行车用锂离子蓄电池组充电器、铅酸蓄电池组充电器、钠离子蓄电池组充电器、其他蓄电池组充电器	1. 适用标准：GB 42296 2. 不包括电动自行车的车载充电器、充/换电柜、充电桩、快速充电站等充电设施

表 11-5　国家市场监督管理总局公告 2024 年第 28 号增补

产品大类	产品种类及代码	对产品种类的描述	产品适用范围	对产品适用范围的描述或列举	说明
燃气燃烧器具及安全附件	燃气用具连接用软管（2405）	适用于输送介质为城镇燃气的燃气用具连接用软管	主要包括以下两种产品：(1) 公称尺寸不大于 DN32、最大工作压力 0.01Mpa、与燃气燃烧器具或燃气设备连接的不锈钢波纹软管；(2) 公称尺寸不大于 DN15、最大工作压力 0.01Mpa、使用环境温度为 -10℃ ~ 70℃ 的室内燃气管道或瓶装液化石油气调压器出口与用户燃气燃烧器具连接用金属包覆软管	普通型不锈钢波纹管　超柔型不锈钢波纹管　编织型金属包覆软管　铠装型金属包覆软管	1. 适用标准：GB 41317 GB 44017 2. 不包括输送介质为二甲醚的连接用不锈钢波纹软管和金属包覆软管；在移动的交通运输工具中使用的产品；专门在工业生产过程中使用的产品
	燃气紧急切断阀（2406）	适用于安装在输送介质为天然气、液化石油气、人工煤气的用户燃气管道上，与城镇燃气安全控制系统实现联动的电磁式燃气紧急切断阀	最高工作压力不大于 0.4MPa、公称尺寸不大于 DN300 的电磁式燃气紧急切断阀	—	1. 适用标准：GB 44016 2. 不包括在移动的交通运输工具中使用的产品；专门在工业生产过程中使用的产品

注：CCC 认证目录中“燃气燃烧器具”产品大类名称修改为“燃气燃烧器具及安全附件”。

表 11-6 国家市场监督管理总局公告 2024 年第 50 号增补

产品大类	产品种类及代码	对产品种类的描述	产品适用范围	对产品适用范围的描述或列举	说明
电动汽车供电设备	电动汽车交流供电设备（2501）	额定输出电压小于等于交流 1000V，为电动汽车车载充电机提供交流电源的供电设备	电动汽车交流供电设备	1. 电动汽车交流充电桩/固定式电动汽车交流充电设备。 2. 非固定式电动汽车交流充电设备（如缆上控制与保护装置 IC-CPD）	1. 适用标准： GB 39752 GB 44263 2. 不包括：换电设备、无线充电设备
	电动汽车直流供电设备（2502）	额定输出电压小于等于直流 1500V，为电动汽车可充电储能系统提供直流电源的供电设备	电动汽车直流供电设备	一体式、分体式、便携式、移动式等电动汽车直流充电设备	

参考资料 5

《强制性产品认证目录》相关技术决议（18 个）

关于部分电子产品申请音视频设备、信息技术设备及电信终端设备强制性认证产品界定的决议（TC03-2019-01）

一、机器人形态的电子产品强制性认证产界定

（一）产品背景

目前市场上出现了大量做成机器人形态的电子产品。有用于家庭教育娱乐的；有用于公共场所提供自助服务的；还有通过接受指令运行预置程序，自主移动，协助或取代人的工作提供服务的。在国标 GB/T 12643—2013 标准中对服务机器人给出了定义，且对于这类机器人形态的电子产品在新版 IEC 62368—1 标准的适用范围中明确“服务机器人”不适用于该标准。

2.10

服务机器人 service robot

除工业自动化应用外，能为人类或设备完成有用任务的机器人(2.6)。

注 1：工业自动化应用包括(但不限于)制造、检验、包装和装配。

注 2：用于生产线的关节机器人(3.15.5)是工业机器人(2.9)，而类似的关节机器人用于供餐的就是服务机器人(2.10)。

2.11

个人服务机器人 personal service robot

用于非营利性任务的、一般由非专业人士使用的服务机器人(2.10)。

示例：家政服务机器人、自动轮椅、个人移动助理机器人和小型健身机器人。

2.12

专用服务机器人 professional service robot

用于营利性任务的、一般由培训合格的操作员(2.17)操作的服务机器人(2.10)。

示例：用于公共空间的清洁机器人、办公室或医院的运送机器人、消防机器人、康复机器人和外科手术机器人。

GB/T12643-2013标准中的定义

（二）界定描述

1. 作为家庭使用，并且仅用于教育或娱乐目的的机器人形态的电子产品需根据其具体功能选择音视频设备 08 类或信息技术设备 09 类或电信终端设备 16 类进行认证。但此类机器人形态的电子产品不可具有诸如：搬运、清洁、移动导引等服务功能。说明书中应明确产品使用场景为家用，并明确产品具体功能。

2. 作为公共场所使用，如：商场、银行、饭店等，由两种或者两种以上强制性认证的信息技术设备或电信终端设备组成的主要用于提供自主服务功能的机器人形态的电子产品可根据其具体功能按照信息技术设备 09 类进行认证。此类机器人形态的电子产品不可具有自主移动能（包括肢体移动）。说明书应明确说明不可自主移动。

3. 对于可根据预置程序进行自主移动并提供服务诸如：移动导引、传送、清洁等功能的机器人形态的电子产品不属于强制性产品认证中音视频设备 08 类，或信息技术设备 09 类，或电信终端设备 16 类范围。

二、关于带实体物品的自助终端类产品强制性认证界定的补充说明

（一）产品背景

国家认监委于 2008 年第 4 号公告明确自助终端类产品为同时具有两种或者两种以上 CCC 目录内信息技术设备或电信终端设备功能的多功能产品，属于强制性产品认证范围。但随着技术进步，市场上出现了越来越多的可传送、放置实物的自助终端类产品，诸如：图书馆自助服务终端、超市自助结算终端、自助游戏币售卖机等。

（二）界定描述

1. 认监委 2008 年第 4 号公告中描述的对于能够提供自助服务的终端类产品，诸如：银行自助终端，触摸/综合查询机，存/取款机，交纳话费、水费、电费、气费，取号排队机等仍属于强制性产品认证范围。

2. 对带有传送、储存或放置实物的自助服务终端类产品，诸如：图书馆自助服务终端，超市自助称重结算终端，自助游戏币售卖机等，仅主机（或含显示设备等）属于强制性产品认证范围。如主机（或含显示设备等）不单独出厂、销售、进口或在其他经营活动中使用，则无须获得强制性认证。

关于 USB 供电的吸尘器的技术决议（TC04-2018-02）

一款吸尘器产品如下图所示，带有充电电池，并由带 USB 端口的连接线供电，输入电压 5 V 直流，销售时有带 USB 端口的连接线，无电源适配器。

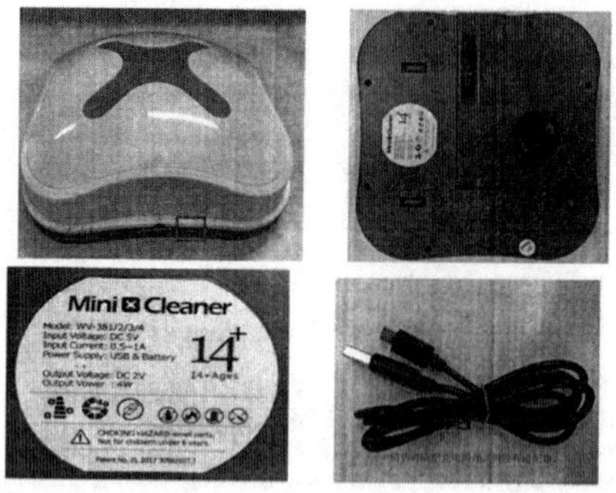

问题：GB 4706. 1—2005、GB 4706. 7—2014 是否适用于该产品？该产品是否属于 CCC 认证范围？

结论：1. 根据《强制性产品认录描述与界定》，因家用和类似用途设备中明确了“除电动机—压缩机外，如果通过市网供电，单相器具额定电压必须包括 220 V，额定频率必须包括 50 Hz，三相器具额定电压必须包括 380 V，额定频率必须包括 50 Hz”的范围限定，因此该产品目前应不属于强制性产品认证目录范围。

2. 有关标准适用相关问题建议由问题提出单位提交标委会做出答复。

关于新风系统的技术决议（TC04-2018-03）

新风系统/装置产品，是一种将室外新风引入室内的空气处理装置，有些产品具有空气过滤净化功能，越来越多应用于家庭或类似场所，产品也越来越多。

问题：1. 新风系统是否属于 CCC 认证范围？

2. 新风系统若属于 CCC 认证范围，认证标准是否依据 GB 4706. 27？

3. 带空气过滤净化功能的新风系进行 CCC 认证时，是否还需要依据 GB 4706.45 进行检验？

结论：所提问题涉及新风系统，考虑到部分换气扇产品以“新风系统”命名销售的情况，依据《标准化法》“企业应当按照标准组织生产经营活动，其生产的产品、提供的服务应当符合企业公开标准的技术要求”之规定，在 CCC 认证受理时，应以相关产品对应企业公开标准为判定依据，即：依据 GB 4706.27 标准设计生产，带有独立风扇结构的（新风系统）产品，应按照电风扇实施强制性产品认证，否则应不属于强制性产品认证目录范围。

关于电热暖手桌垫 CCC 认证决议（TC04-2020-01）

有一款电热暖手桌垫，发热元件为电热膜，正面为纺织材料，背面为 PVC 材料，尺寸小于 0.3 m^2（长为 80 cm，宽为 32 cm）。

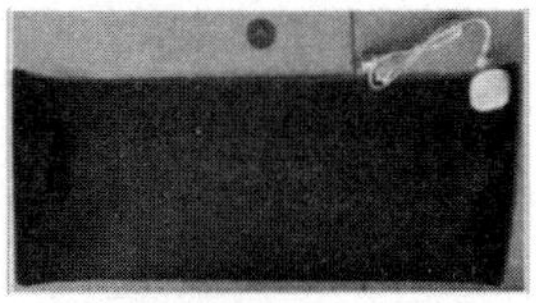

正面

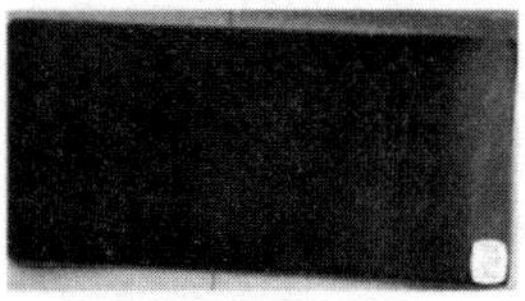

背面

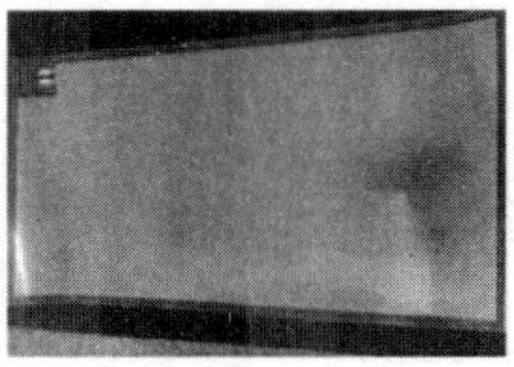

电热元件

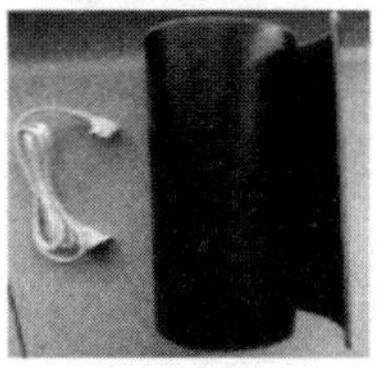

卷起状态

问题：此类产品是否属于 CCC 目录范围？

结论：额定电压为交流 220V 或配有额定电压为交流 220V 的电源适配器一起销售的此类电热暖手桌垫属于 CCC 目录范围。

关于带有电光源的地球仪是否属于强制性产品认证目录范围的技术决议（TC05-2018-01）

经全国照明电器标准化技术委员会灯具分技术委员会确认，考虑到现行 GB 7000 系列标准对于带有电光源的地球仪（俗称“地球仪灯”）的适用性，国家认监委 TC05 技术专家组对带有电光源的地球仪是否属于强制性产品认证目录范围形成技术决议如下：

如果地球仪中的电光源预定照亮目标是地球仪本身，预定用途仅是使地球仪表面的图案和文字更清晰，则该产品不属于照明电器强制性产认证范围。

附件 《关于“地球仪灯”的标准适用性说明》

关于“地球仪灯”的标准适用性说明

强制性产品认证 TC05 技术专家组：

贵专家组来函所图示和文字描述的“地球仪灯”，应按可移式通用灯具标准或儿童用可移式灯具标准考核的问讯，我们说明如下：

这个产品的主要功能是地球仪，应首先符合该产品的相关技术标准。地球仪内部或外部电光源照亮的目标是地球仪，使由透光材料制成的地球仪表面更亮、文字和图案更清晰。当电光源时未点亮时，该产品已经具有地球仪的功能，点亮内部或外部电光源后，提高了地球仪表面的文字和图案的识别度。

当然，一个透亮的地球仪的周围也会被照亮。当产品声称该地球仪兼有灯具功能时应考虑电器安全的相关要求。图中的地球仪有可移动支架、内部含有电光源，从产品结构上该产品的电器安全特性可以参照可移式通用灯具相关标准 GB 7000.204—2008 进行考核。

按目前 GB 7000. 4—2007 的描述，儿童用灯具的界定尚存在很多不确定性。如果把透明球体视作灯罩的话，灯罩具有吸引儿童的三维图案或造型是识别儿童用灯具的要素，而地球仪图案本身是否具有吸引儿童的特质，目前未见相关示例。

关于采用 USB 接口作为电源输入的可移式通用灯具是否属于强制性产品认证目录范围的技术决议（TC05-2018-02）

经全国照明电器标准化技术委员会灯具分技术委员会确认，考虑到现行 GB 7000 系列标准对于带 USB 接口灯具的适用性，国家认监委 TC05 技术专家组对采用 USB 接口作为电源输入的可移式通用灯具是否属于强制性产品认证目录范围形成技术决议如下：

1. 灯具不带电源适配器、以 USB 接口作为灯具的电源连接方式，此类可移式通用灯具目前属于非标产品，不适用现有的 CCC 认证依据的灯具国家标准，不属于 CCC 认证目录范围内的产品。

2. 灯具自带电源适配器、电源适配器输入端使用规定的电源连接方式、电源适配器与灯具之间用 USB 接口连接，此类灯具应按要求进行 CCC 认证。

附件　《关于带 USB 接口灯具的标准适用性说明》

关于带 USB 接口灯具的标准适用性说明

强制性产品认证 TC05 技术专家组：

目前灯具标准 GB 7000. 1—2015 规定的电源连接方式中不包括 USB 接口，而这个接口已经在很多可移式灯具等产品中用作提供电源连接的方式，关于 GB 7000 系列标准对于这类灯具产品的适用性问题，按下述两种情况具体说明如下。

情况 1：灯具不带适配器、以 USB 接口作为灯具的电源连接方式说明：目前灯具产品安全基础标准 GB 7000. 1—2015 规定的电源连接方式中不包括 USB 接口，情况 1 的产品不符合规定的电源连接方式，这类产品属于非标产品。

情况 2：灯具带适配器、适配器输入端使用规定的电源连接方式、适配器与灯具之间用 USB 接口连接。

说明：可以按 GB 7000 标准系列检验，USB 接口应满足部件标准（如有的话）和整机标准的要求，整机标准的要求主要包括绝缘、温度和材料等方面。

关于带充电电池或电池组的可移式通用灯具是否属于强制性产品认证目录范围的技术决议（TC05-2018-05）

带充电电池或电池组的可移式灯具带有充电电池或者电池组，并配有内置充电电路或外置独立的充电装置，可以直接或者间接连接到 36V 以上电源电压。灯具在外接电源电压的情况下，能够同时提供照明功能和为灯具的电池或电池组充电；也能够在不外接电源电压的情况下，灯具由自带电池或者电池组供电实现照明功能。

经全国照明电器标准化技术委员会灯具分技术委员会确认，考虑到现行 GB 7000 系列标准对于带充电电池或电池组的可移式通用灯具的适用性，国家认监委 TC05 技术专家组形成技术决议如下：

带充电电池或电池组的可移式灯具内含充电电池或者电池组，并配有内置充电电路或外置独立的充电装置，目前照明电器 CCC 认证依据的 GB 7000. 204 标准尚未考虑以上部件的安全要求，故带充电电池或电池组的可移式通用灯具暂不列入照明电器强制性认证目录范围，待标准完善后再考虑。

关于“磁悬浮灯”是否属于强制性产品认证范围的技术决议（TC05-2018-06）

近期，市场上出现一种新型照明产品“磁悬浮灯”，该产品有非直接电气连接的结构，主要组成部件包括电转换装置、磁体底座、悬浮模块和发光模块等，如下图所示产品。

图示“磁悬浮灯”工作时须外接电源适配器，额定电源电压220V，其工作原理：

磁体底座和悬浮模块：上方的悬浮模块内含1块永磁体，下方的磁体底座内含1块永磁体和若干块电磁体。上、下两块永磁体提供主要的斥力实现悬浮，磁体底座中电磁体在电源输入时产生变化的磁场，使悬浮模块保持平衡。

发光模块：实现发光的是1只LED灯珠，发光模块工作时，上、下两个铜绕组通过无线感应方式传输电能。

经全国照明电器标准化技术委员会灯具分技术委员会确认，考虑到现行GB 7000系列标准对于“磁悬浮灯”的适用性，国家认监委TC05技术专家组形成技术决议如下：

“磁悬浮灯”在工作时，发光部件可以悬浮于灯具中设定的位置，与常见灯其不同的是，“磁悬浮灯”具有非直接电气连接等特殊结构。目前照明电器CCC认证依据的GB 7000灯具系列标准尚未考虑此种结构和相关安全要求，故“磁悬浮灯”暂不列入照明电器强制性认证目录，待标准完善后再考虑。

关于“灯笼”是否属于强制性产品认证范围的技术决议（TC05-2019-01）

目前市场上有大量使用电光源（钨丝灯或者LED光源等）的“灯笼”，产品内部不带充电电池或者电池组，可直接或间接连接到电源电压220V 50Hz。在工作时，“灯笼”悬挂于室内外提供照明功能。常见产品如下图所示：

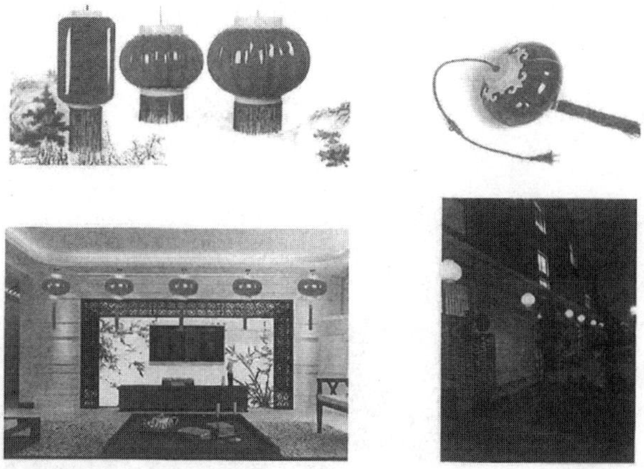

经全国照明电器标准化技术委员会灯具分技术委员会确认，考虑到现行GB 7000系列标准对于“灯笼”产品的适用性，国家认监委TC05技术专家组形成技术决议如下：

上述“灯笼”产品视结构不同，属于照明电器强制性产品认证范围的固定式通用灯具或可移式通用灯具。

附件　《关于“灯笼”产品标准适用性的说明》

关于“灯笼”产品标准适用性的说明

强制性产品认证TC05技术专家组：

贵专家组日前发出的“关于提请‘灯笼’产品是否适用GB 7000灯具标准的问询函”收到，根据函中提供的产品信息，灯具分标委就该产品的标准适用性的问询作如下说明。

根据问询函中的照片及相应的描述，目前市场上“灯笼”产品使用电光源、电源电压不超过1000V，工作时，“灯笼”悬挂于室内外、提供照明功能。

按GB 7000.1—2015“范围”的描述，上述“灯笼”产品在GB 7000系列标准覆盖的范围内。同时，根据GB 7000.1—2015对固定式通用灯具、可移动式通用灯具的定义，视产品结构不同，这类“灯笼”应属于GB 7000.201或GB 7000.204标准覆盖的范围。

关于“LED镜灯”是否属于强制性产品认证范围的技术决议（TC05-2019-03）

目前市场上出现一种被称为“LED镜灯”的产品，该产品以LED模块或LED灯带作为发光部件，内置LED电子控制装置，采用电源线或插头电源线等方式连接到电源电压220 V 50 Hz。使用时，“LED镜灯”被固定安装或悬挂于室内墙壁上，通电后，产品提供照明功能。如下图所示：

经全国照明电器标准化技术委员会灯具分技术委员会确认，考虑到现行GB 7000系列标准对于“LED镜灯”产品的适用性，认监委TC05技术专家组形成技术决议如下：

上述“LED镜灯”应属于照明电器强制性产品认证范围。

关于几种工业用连接器产品是否属于强制性产品认证目录范围的技术决议（TC07-2014-04）

根据器具耦合器（工业用）、插头插座（工业用）产品强制性认证适用标准GB/T 11918.1—2014《工业用插头插座和耦合器 第1部分：通用要求》和GB/T 11918.2—2014《工业用插头插座和耦合器 第2部分：带插销和插套的电器附件的尺寸兼容性和互换性要求》，生产者依据非GB/T 11918.1—2014和GB/T 11918.2—2014标准设计、生产的工业用连接器产品（示例如图1、图2），应不属于强制性产品认证目录范围。

图1

图2

关于不在现有标准范围内的电器附件产品是否属于强制性产品认证目录范围的技术决议（TC07-2016-02）

经产品标准制定技术组织确认的、不在现有标准范围内的电器附件产品，不适用现有的CCC认证依据的电器附件国家标准，不属于CCC认证目录范围内产品。

关于对部分延长线插座（电线加长组件）和转换器产品实施强制性认证中相关问题予以解释的决议（TC07-2017-03）

根据《国家认监委关于转换器和延长线插座产品强制性产品认证要求的公告》（2016 年第 3 号）要求。转换器产品（带有国外标准插头或插座的除外）和带有国标组合孔的延长线插座（电线加长组件）产品已纳入强制性认证实施范围。对相关产品执行《国家认监委关于明确带有 USB 充电接口产品强制性产品认证要求的公告》（2016 年第 2 号）要求的执行中，相关企业理解存在较多疑惑。经强制性产品认证技术专家组器具附件组（TC07）讨论，现形成如下决议：

1. 凡属于国家认监委 2014 年第 45 号公告范围内的插头插座产品，若其带有 USB 充电接口，则应按照国家认监委 2016 年 2 号公告要求，于 2016 年 12 月 31 日前按照信息技术设备或者音视频设备的 CCC 认证实施规则要求完成补充认证，否则 2017 年 1 月 1 日起不得出厂、销售、进口或在其他经营活动中使用。

2. 转换器产品（带有国外标准插头或插座的除外）和带有国标组合孔的延长线插座（电线加长组件）产品为 2016 年 3 号公告明确新纳入强制性认证实施范围的产品，其依据 GB/T 2099. 3—2015 和 GB/T 2099. 7—2015 标准申请 CCC 认证时，若带有 USB 充电接口，则应按照信息技术设备或者音视频设备的 CCC 认证实施规则要求一并完成认证。

3. 对于执行 GB2099. 3—2008 标准的产品，均未列入强制性产品认证目录实施管理。即使其带有 USB 充电接口，也应无须按照信息技术设备或者音视频设备的 CCC 认证规则要求完成补充认证，其应可按新版标准明确提出的过渡期销售。

关于部分额定电压 450/750V 及以下聚氯乙烯双层绝缘电线电缆暂不列入强制性产品认证目录的决议（TC08-2019-01）

额定电压 450/750 V 及以下聚氯乙烯双层绝缘电线电缆产品（以下简称双层绝缘电线电缆产品），是指产品结构类似于 GB/T 5023—2008 和 JB/T 8734—2016 系列标准规定的电线电缆产品，除采用颜色有明显反差的双层绝缘外，导体和护套的结构与 GB/T 5023—2008 和 JB/T 8734—2016 系列标准的规定没有差异，但不包括 GB/T5023. 5—2008 规定的 60227 IEC 43（SVR）户内装饰照明回路用软线。示例样品见下图。

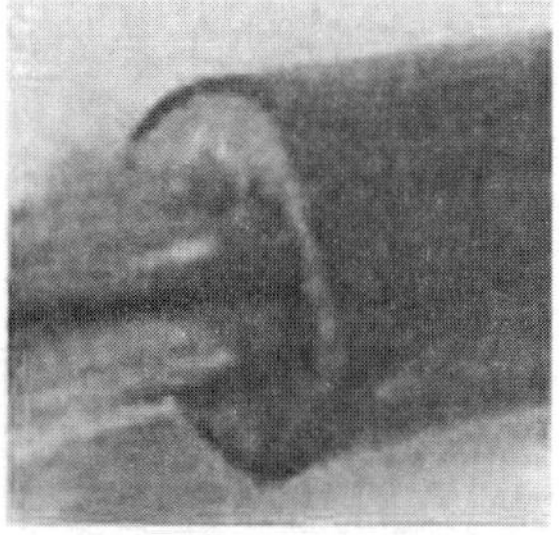

经强制性产品认证技术专家组电线电缆组研讨、验证，决定双层绝缘电线电缆产品［除 GB/T 5023. 5—2008 规定的 60227 IEC 43（SVR）户内装饰照明回路用软线外］暂不列入强制性产品认证目录。

关于搅拌器产品暂不属于强制性产品认证目录范围的技术决议（TC23-2014-01）

搅拌器是一种用于对涂料、腻子、混合泥灰料及类似材料进行搅拌作业的电动工具。其产品结构与电钻类似，也称搅拌钻、搅拌机等。

由于现行有效国家安全标准中未明确包含上述搅拌器产品，因此搅拌器产品目前暂不属于强制性产品认证目录范围。

关于平板电脑等防爆电气产品 CCC 认证目录界定的技术决议（TC28-2021-01）

按照认监委 2020 年 4 月发布的《强制性产品认证目录描述与界定表（2020 年修订）》的基本原则，产品名称或主要功能，应涵盖在 CCC 认证产品目录的 17 类 158 种产品种类之中。

为了规范平板电脑等防爆电气产品 CCC 认证的管理，认监委 TC28 技术专家组经过讨论，在符合《强制性产品认证目录描述与界定表（2020 年修订）》的基本原则下，对于平板电脑等防爆电气产品是否属于 CCC 认证目录范围，形成的技术决议如下：

1. 明确以下产品属于 CCC 认证目录范围：

（1）平板电脑（2309）；

（2）防爆信号灯/指示灯/警示灯（仅作为信号指示功能的 Ex 元件，2304）；

（3）尾端盒（作为电伴热带的附件，2303）；

（4）增安型外壳（2313）；

（5）人机界面（2309）；

（6）插槽/底座模块（具有电气连接功能的插槽/底座模块，2308）；

（7）逆变器（2303）；

（8）防爆伺服电机（2301）；

（9）封堵件、堵头和接头（2313）；

（10）液位传感器（2315）；

（11）具有指示功能的防爆按钮、按钮开关（2304）；

（12）电液执行器/机构/装置（2307）；

（13）正压产品用正压吹扫控制装置（2304）；

（14）监测分站、传输主站（2309）；

2. 明确以下产品不属于 CCC 认证目录范围：

（1）温度仪表；

（2）压力传感器；

（3）二维码扫描器、防爆智能扫描终端等；

（4）气体传感器；

（5）变送器类；

（6）防爆呼吸阀/排水阀；

（7）用于执法的便携式音视频记录仪；

（8）观察视窗；

（9）可燃气体探测器；

（10）物位计、液位计、流量计。

3. 手持终端，具体产品可按目录界定表规定的功能判断是否属于 CCC 目录范围。

关于元件 CCC 认证和管理的技术决议（TC28-2021-06）

对于外购或外协的绝缘套管、接线端子、隔爆外壳等属于关键元器件（或配套件）的元件 CCC 认证和管理要求不明确，希望各认证机构统一规定，明确操作方法。

对于元件的 CCC 取证和管理，认监委 TC28 技术专家组形成的技术决议如下：

元件是否属于 CCC 目录范围应严格遵守 CNCA-C23-01：2019《强制性产品认证实施规则　防爆电气》及《强制性产品认证目录描述与界定表（2020 年修订）》的规定。外购 Ex 元件是指带有防爆铭牌/防爆标志作为独立成品出厂、销售、进口或在其他经营活动中使用的元件，必须要有 CCC 认证；

外协不带防爆铭牌/防爆标志的 Ex 元件，元件作为外协关键件，可随整机一起进行检测，按各认证机构规定的进行管控。

隔爆外壳按元件的管控要求实施，存在以下三种情况：

1）隔爆外壳自产自用：不需要单独取得 CCC 认证证书，外壳防爆性能随整机一起进行型式试验；

2）隔爆外壳生产厂自行设计制造，作为 Ex 元件，对外销售：须取得 CCC 认证证书；

3）隔爆外壳生产厂作为外协方，根据整机企业设计图纸，进行加工：不需要取得 CCC 证书，外壳防爆性能随整机一起进行型式检验；对整机企业进行工厂检查时，可延伸到外协方进行工厂检查。或认证机构可根据生产企业对外协方质量管控的有效性进行延伸评审。

关于隔爆型锂离子蓄电池电源装置 CCC 认证和管理的技术决议（TC28-2021-07）

为了规范隔爆型锂离子蓄电池电源装置的 CCC 认证和管理，认监委 TC28 技术专家组形成的技术决议如下：

隔爆型锂离子蓄电池电源装置（2303）类产品，仅限内部使用的锂离子蓄电池和蓄电池组符合 GB/T 30426《含碱性或其他非酸性电解质的蓄电池和蓄电池组　便携式锂蓄电池和蓄电池组》标准的产品，否则不属于 CCC 目录范围产品。

第二节　进口成套设备与旧机电产品

机电产品（含旧机电产品），是指机械设备、电气设备、交通运输工具、电子产品、电器产品、仪器仪表、金属制品等及其零部件、元器件。

成套设备，是指完整的生产线、成套装置设施（含工程项目和技术改造项目中的成套装置设施和与国产设备配套组成的成套设备中的进口关键设备）。成套设备属于机电产品的范围，无对应的商品编码范围。机动车辆、医疗器械等产品不属于成套设备；随成套设备进口的化学品（如油漆涂料、润滑剂清洗剂等）也不属于成套设备。

旧机电产品，是指具有下列情形之一的机电产品：

——已经使用（不含使用前测试、调试的设备），仍具备基本功能和一定使用价值的；

——未经使用，但超过质量保证期（非保修期）的；

——未经使用，但存放时间过长，部件产生明显有形损耗的；

——新旧部件混装的；

——经过翻新的。

再制造产品进口，不按照旧机电产品进行管理。

一、资质要求

（一）成套设备

成套设备无企业资质要求。

成套设备如属于旧机电产品（或含有旧机电组件/零件）的，还应同时满足旧机电产品相关要求。

1. 装运前预检验、监造或者监装要求

《中华人民共和国进出口商品检验法实施条例》规定，对属于法定检验范围内的关系国计民生、价值较高、技术复杂的以及其他重要的进口商品和大型成套设备，应当按照对外贸易合同约定监造、装运前检验或者监装。收货人保留到货后最终检验和索赔的权利。

海关可以根据需要派出检验人员参加或者组织实施监造、装运前检验或者监装。

2. 设备组件的要求

（1）强制性认证产品要求

新成套设备中列入《强制性产品认证目录》的组件/零件，按照“工厂生产线/成套生产线配套所需的设备/零部件（不含办公用品）”的情形办理“免予办理强制性产品认证证明”后，方可进口，并按照申报用途使用。（详见本章第一节有关内容）

（2）特种设备要求

成套设备如属于特种设备（或含有属于特种设备的组件/零件）的，在申报时应提供对应的“特种设备生产许可证”或“特种设备型式试验证书”。（详见本章第五节有关内容）

（二）旧机电产品

商品编号列入《实施检验监管的进口旧机电产品目录》（详见本节参考资料 1 中的表 11-8）的旧机电产品需实施检验监管，本书“进出口货物检验检疫要求查询表”中已列明。

1. 禁止进口

列入《禁止进口的旧机电产品目录》（详见本节参考资料 1 中的表 11-9）的旧机电产品，禁止进口。但属于以下情形的除外：

（1）国家特殊需要的；

（2）在符合环境保护、安全生产的条件下，可以进境维修（含再制造）并复出境的（需商务部门批准）；

（3）中国驻外机构或者境外企业（中方控股）在境外购置（购置时应为新品）的机电产品需调回自用的（需商务部门批准）；

（4）符合 TSG 23《气瓶安全技术规程》的技术要求，作为货物包装的周转用气瓶。

2. 装运前检验

涉及人身健康安全、卫生、环境保护的旧机电设备/产品，以及国家特殊需要的旧机电产品应实施装运前检验（进口特殊情况除外）。进口旧机电产品收发货人或者其代理人可通过中国国际贸易单一窗口（http://www.singlewindow.cn/）中“业务应用”—“口岸执法申报”—“检验检疫”—“进口旧机电产品装运前检验监督管理”系统办理装运前检验。（装运前检验的第三方检验机构的备案详见第十四章第二十二节。）

（1）涉及人身健康安全、卫生、环境保护的旧机电设备/产品共 15 类（详见本节参考资料 1 中的表 11-10）。具体产品清单可登录中国国际贸易单一窗口中“业务应用”—“口岸执法申报”—“检验检疫”—“进口旧机电产品装运前检验监督管理”系统进行查询。

（2）国家特殊需要的旧机电产品具体包括：国家特别许可准予进口的、列入《禁止进口的旧机电产品目录》（详见本节参考资料 1 中的表 11-8）的旧机电产品；国家特别许可准予进口的、使用了氯氟烃（CFCs）物质的旧机电产品；省级以上政府管理部门明确批准进口的国家限制投资、限制进口的产业、产品或技术目录内的产业、产品或技术涉及的旧机电产品。

二、申报要求

（一）成套设备

1. 机械电子产品，属于成套设备的，应在“货物属性”字段选择“22-成套设备”。

2. 既属于成套设备又属于旧机电产品的，应在“货物属性”字段同时选择“21-旧品”和“22-成套设备”，并同时按照旧机电产品有关规定进行申报。

3. 监管方式为“退运货物（4561）”，且关联报关单号填写的出口报关单的监管方式为“一般贸易（0110）”的，货物属性还应当选择“48-一般贸易出口的退运工业品”。

（二）旧机电产品

1. 基本申报要求

货主或者其代理人应当在旧机电产品进口前或者进口时向海关申报，除贸易合同、提单、装箱单、发票等贸易凭证外，同时按要求提供以下材料。

（1）未列入《进口旧机电产品检验监管措施清单》的旧机电产品。

未列入《进口旧机电产品检验监管措施清单》的旧机电产品，应提交“旧机电产品进口声明”（详见本节参考资料2）及相关必备材料。

（2）列入《进口旧机电产品检验监管措施清单》的旧机电产品。

列入《进口旧机电产品检验监管措施清单》内且属于“出境维修复进口”“暂时出口复进口”“出口退货复进口”“国内转移复进口”4种特殊情况旧机电产品进口时，应提供“免‘进口旧机电产品装运前检验证书’进口特殊情况声明”（详见本节参考资料2）及相关必备材料（如原进出口报关单等）。

列入《禁止进口的旧机电产品目录》的旧机电产品，经国家特别许可的旧机电产品进口的，还应提交“旧机电产品进口特别声明（1）”（详见本节参考资料2）及相关必备材料。

商品编码涉及氯氟烃（CFCs）物质，但实际制冷介质为非氟氯烃物质（CFCs）的旧机电产品，还应提交“旧机电产品进口特别声明（2）”（详见本节参考资料2）及相关必备材料。

2. 其他申报要求

需实施装运前检验的，申报前还应当取得装运前检验证书。装运前检验证书及随附的检验报告应当符合以下要求：

（1）检验依据准确、检验情况明晰、检验结果真实；

（2）有统一、可追溯的编号；

（3）检验报告应当包含检验依据、检验对象、现场检验情况、装运前检验机构及授权签字人签名等要素；

（4）检验证书及随附的检验报告文字应当为中文，若为中外文对照的，以中文为准；

（5）检验证书应当有明确的有效期限，有效期限由签发机构根据进口旧机电产品情况确定，一般为半年或一年；

（6）工程机械的检验报告除满足上述要求外，还应当逐台列明名称、商品编码、规格型号、产地、发动机号/车架号、制造日期（年）、运行时间（小时）、检测报告、维修记录、使用说明书核查情况等内容。

3. 录入要求

对于机械电子产品，符合本节关于旧机电产品任一情形的，无论商品编码是否在《实施检验监管的进口旧机电产品目录》内，均应在“货物属性”字段选择“21-旧品”。

实施了装运前检验的旧机电产品，申报时应添加“423-进口旧机电产品装运前检验证书”，并录入证书编号，同时上传“进口旧机电产品装运前检验证书”和“进口旧机电产品装运前检验报告”。

属于有关特殊情形的（特殊情形具体说明详见本节参考资料3），按《旧机电产品特殊情形许可证编号表》（详见表11-7）录入许可证编号。

表 11-7 旧机电产品特殊情形许可证编号表

序号	情形	423 证书编号
1	出境维修复进口	423 出境维修复进口
2	暂时出口复进口	423 暂时出口复进口
3	出口退货复进口	423 出口退货复进口
4	国内转移复进口	423 国内转移复进口
5	暂时进口监管	423 暂时进口监管
6	出口产品零部件	423 出口产品零部件
7	货样广告品	423 货样广告品
8	驻外机构调回	423 驻外机构调回
9	对外承包返回	423 对外承包返回
10	常驻机构公用	423 常驻机构公用
11	国内贸易货物	423 国内贸易货物
12	海关监管处置	423 海关监管处置

监管方式为“退运货物（4561）”，且关联报关单号填写的出口报关单的监管方式为“一般贸易（0110）”的，货物属性还应当选择“48-一般贸易出口的退运工业品”。

（三）再制造产品

进口再制造产品，货物属性应当选择“47-再制造产品”。

三、产品相关要求

（一）检验地点

成套设备必须在安装使用地实施检验和监督管理。

旧机电产品属于《应逐批实施现场检验的旧机电产品目录》（详见本节参考资料 1 中的表 11-11）的，除原生产厂售后服务维修情况外，应在口岸逐批依据相关产品国家技术规范的强制性要求实施现场检验。

（二）通用要求

成套设备、旧机电产品均不得夹带卫生检疫、动植物检疫领域的禁止或限制进境物，也不得夹带气体、液体、固体废物以及其他禁止进境物。

成套设备、旧机电产品（维修再制造的除外）均应符合国家技术规范的强制性要求，详见本章第六节和第七节有关内容。其中，属于特种设备（或含有属于特种设备的组件/零件）的，还应符合特种设备相关要求。

成套设备、旧机电中夹带的、与整机一起安装或配套使用的 CCC 强制性认证产品，无须单独提供认证文件（也无须加施 CCC 标识）。但数量明显超过合理配套数量的，仍需办理相关手续（应加施 CCC 标识）。

自由贸易试验区可试点进口再制造产品，试点方案需经有关部门批准后施行。进口再制造产品不适用我国禁止或限制旧品进口的相关措施，但应符合国家对同等新品的全部适用技术要求（包括但不限于质量特性、安全环保性能等方面）和再制造产品有关规定，并在显著位置标注“再制造产品”字样。

参考资料 1

进口旧机电产品相关目录

（一）《实施检验监管的进口旧机电产品目录》

《实施检验监管的进口旧机电产品目录》见表 11-8。

表 11-8 实施检验监管的进口旧机电产品目录

产品类别	涉及的商品编号
一、金属制品	7309、7310、7311、7321、7322、7611、7612（除 76121、7612901 外）、7613、7615109010
二、机械及设备	第八十四章（除 8401、84061、8407101、8407102、8407210、8407290、84091、8409911、8412101090、8412800010、8412800020、8412901020、8412901090、8428909020、8479891、8479901、8483101、84871 外）
三、电器及电子产品	第八十五章（除 8526101、8526109001、8526109011、8526109091、8526919010、8548100000 外）
四、运输工具	第八十六章；第八十七章（除 8710 外）
五、仪器仪表	9006～9008、9010～9013、9015（除 9015800010、9015800020、9015900010 外）、9018～9031、9032（除 9032899002、9032900001 外）、9033
六、医用家具、办公室用金属家具、各种灯具及照明装置	9402、9405
七、其他（含电子乐器、儿童带轮玩具、带动力装置的玩具及模型、健身器械等）	7011、9207、95043、95045、9504901、95049021、95049029、9506911、9506919、950699、9508

（二）禁止进口的旧机电产品目录

《禁止进口的旧机电产品目录》见表 11-9。

表 11-9 禁止进口的旧机电产品目录

序号	商品编号	商品名称	单位
1	701120	显像管玻壳及其零件	千克
2	7311001000	装压缩或液化气的钢铁容器（指零售包装用）	台/千克
3	7311009000	其他装压缩或液化气的容器（指非零售包装用）	台/千克
4	7321110000	可使用气体燃料的家用炉灶	台/千克
5	7321810000	可使用气体燃料的其他家用器具	台/千克
6	7613009000	非零售包装装压缩、液化气体铝容器（铝及铝合金制）	台/千克
7	8402111000	蒸发量在 900 吨/时及以上的发电用蒸汽水管锅炉	台/千克
8	8402119000	其他蒸发量超过 45 吨/时的蒸汽水管锅炉	台/千克
9	8402120010	纸浆厂废料锅炉	台/千克
10	8402120090	其他蒸发量不超过 45 吨/时的水管锅炉	台/千克

表11-9　续1

序号	商品编号	商品名称	单位
11	8402190000	其他蒸汽锅炉（包括混合式锅炉）	台/千克
12	8402200000	过热水锅炉	台/千克
13	8403101000	家用型热水锅炉（但品目 8402 的货品除外）	台/千克
14	8403109000	其他集中供暖用的热水锅炉（但品目 8402 的货品除外）	台/千克
15	8404101010	使用（可再生）生物质燃料的非水管蒸汽锅炉的辅助设备（例如：节热器、过热器、除灰器、气体回收器）	台/千克
16	8404101090	其他蒸汽锅炉、过热水锅炉的辅助设备（例如：节热器、过热器、除灰器、气体回收器）	台/千克
17	8404102000	集中供暖用热水锅炉的辅助设备（例如：节热器、过热器、除灰器、气体回收器）	台/千克
18	8404200000	水及其他蒸汽动力装置的冷凝器	台/千克
19	84073	点燃往复式活塞内燃发动机（第八十七章所列车辆用）	台/千瓦
20	84082	压燃式活塞内燃发动机（柴油或半柴油发动机，第八十七章所列车辆用）	台/千瓦
21	8416100000	使用液体燃料的炉用燃烧器	台/千克
22	8416201101	溴化锂空调用天然气燃烧机	台/千克
23	8416201190	其他使用天然气的炉用燃烧器	台/千克
24	8416201900	使用其他气的炉用燃烧器	台/千克
25	8416209001	溴化锂空调用复式燃烧机	台/千克
26	8416209090	其他使用粉状固体燃料炉用燃烧器（包括其他复式燃烧器）	台/千克
27	8416300000	机械加煤机及类似装置（包括机械炉算、机械出灰器）	台/千克
28	8417100000	矿砂、金属的焙烧、熔化用炉（含烘箱及黄铁矿的焙烧、溶化或其他热处理用炉及烘箱）	台/千克
29	8417801000	炼焦炉	台/千克
30	8417802000	放射性废物焚烧炉	台/千克
31	8417805000	垃圾焚烧炉	台/千克
32	8417809010	平均温度超过 1000℃的耐腐蚀焚烧炉（为销毁管制化学品或化学弹药用）	台/千克
33	8417809020	热裂解炉	台/千克
34	8417809090	其他非电热的工业用炉及烘箱（包括实验室用炉、烘箱和焚烧炉）	台/千克
35	8519811900	其他使用磁性媒体的声音录制或重放设备	台/千克
36	8519812910	具有录音功能的激光唱机	台/千克
37	8519813100	装有声音重放装置的闪速存储器型声音录制设备	台/千克
38	8519813900	其他使用半导体媒体的声音录制或重放设备	台/千克
39	8519899000	其他声音录制或重放设备（使用磁性、光学或半导体媒体的除外）	台/千克
40	8521909020	光盘型广播级录像机	台/千克
41	8521909090	其他视频信号录制或重放设备（不论是否装有高频调谐放大器）	台/千克
42	8528420000	可直接连接且设计用于品目 8471 的自动数据处理设备的阴极射线管监视器	台/千克

表11-9 续2

序号	商品编号	商品名称	单位
43	8528491000	其他彩色的阴极射线管监视器	台/千克
44	8528499000	其他单色的阴极射线管监视器	台/千克
45	8528521200	其他可直接连接且设计用于品目 8471 的自动数据处理设备的彩色液晶监视器	台/千克
46	8528521900	其他可直接连接且设计用于品目 8471 的自动数据处理设备的单色液晶监视器	台/千克
47	8528529200	其他可直接连接且设计用于品目 8471 的自动数据处理设备的其他彩色监视器	台/千克
48	8528529900	其他可直接连接且设计用于品目 8471 的自动数据处理设备的其他单色监视器	台/千克
49	8528591010	专用于车载导航仪的液晶监视器	台/千克
50	8528591090	其他彩色的监视器	台/千克
51	8528599000	其他单色的监视器	台/千克
52	8528622000	其他可直接连接且设计用于品目 8471 的自动数据处理设备的彩色投影机	台/千克
53	8528691000	其他彩色的投影机	台/千克
54	8528721100	其他彩色的模拟电视接收机，带阴极射线显像管的	台/千克
55	8528721200	其他彩色的数字电视接收机，带阴极射线显像管的	台/千克
56	8528721900	其他彩色的电视接收机，带阴极射线显像管的	台/千克
57	8528730000	其他单色的电视接收机	台/千克
58	8540110000	彩色阴极射线电视显像管（包括视频监视器用阴极射线管）	台/千克
59	8540120000	单色阴极射线电视显像管（包括视频监视器用阴极射线管）	台/千克
60	8540401000	屏幕荧光点间距小于 0.4 毫米的彩色的数据/图形显示管	台/千克
61	8540402000	屏幕荧光点间距小于 0.4 毫米的单色的数据/图形显示管	台/千克
62	8540609000	其他阴极射线管	台/千克
63	第八十七章	车类	台/千克
64	9018	旧的医疗、外科、牙科或兽医用仪器及器具（包括闪烁扫描装置、其他电气医疗装置及视力检查仪器）	台/千克
65	9022120000	X 射线断层检查仪	台/千克
66	9022130000	其他用于牙科的 X 射线的应用设备	台/千克
67	9022140010	医用直线加速器	台/千克
68	9022140090	其他用于医疗或兽医的 X 射线的应用设备	台/千克
69	9022199090	其他 X 射线的应用设备（X 射线全自动燃料芯块检查台、X 射线晶圆制造厚度测量设备除外）	台/千克
70	9022210000	用于医疗的 α 射线、β 射线、γ 射线的应用设备	台/千克
71	9027500000	使用光学射线（紫外线、可见光、红外线）的其他仪器及装置	台
72	9027809900	其他理化分析仪器及装置（包括测量或检验黏性及类似性能的仪器及装置）	台

（三）涉及人身健康安全、卫生、环境保护的旧机电设备/产品

涉及人身健康安全、卫生、环境保护的 15 类旧机电设备/产品见表 11-10。

表 11-10　涉及人身健康安全、卫生、环境保护的旧机电设备/产品

序号	设备/产品名称	设备/产品涉及的范围及描述
1	化工（含石油化工）生产设备	包括但不限于：原油加工设备，乙烯、丙烯装置，合成氨装置，化肥装置，化工原料生产装置，染料生产装置，橡胶、塑料生产设备，化工生产用空气泵或真空泵、压缩机、风机、提净塔、精馏塔、蒸馏塔、热交换装置、液化器、发酵罐、反应器，与以上设备（装置、机械）配套的控制系统、输送系统、检测设备
2	能源、动力设备	包括但不限于：汽轮、水轮、风力、燃气、燃油发电机组，空气及其他气体压缩机械，制冷机组及热泵，与以上设备（机械）配套的控制系统、变压系统、传导系统、检测设备
3	电子工业专用设备	包括但不限于：制造半导体单晶柱或圆晶的设备，制造半导体器件或集成电路用的设备，制造平板显示器用的设备，在印刷电路板上封装元器件的设备，与以上设备配套的控制系统、输送系统、检测设备
4	冶金工业设备	包括但不限于：冶炼设备，压延加工设备，焦化设备，碳素制品设备，耐火材料设备，与以上设备配套的控制系统、输送系统、检测设备
5	通信设备	包括但不限于：光通信设备，移动通信设备，卫星地面站设备，与以上设备配套的控制系统、检测设备
6	建材生产设备	包括但不限于：水泥生产、制品设备，玻璃生产及加工设备，人造纤维板生产设备，与以上设备配套的控制系统、检测设备
7	工程施工机械	包括但不限于：起重机，叉车、升降机，推土机，筑路机及平地机，铲运机，捣固机械及压路机，机械铲、挖掘机及机铲装载机，打桩机及拔桩机，凿岩机及隧道掘进机，工程钻机
8	金属切削机床	包括但不限于：加工中心，单工位组合机床及多工位组合机床，车床（包括车削中心），钻床、镗床、铣床、攻丝机、磨床、刨床、插床、拉床、切齿机、锯床、切断机
9	金属非切削机床	包括但不限于：激光、超声波、放电等处理金属材料的加工机床，锻造或冲压机床，弯曲、折叠、矫直、矫平、剪切、冲孔、开槽机床，液压、机械压力机
10	纺织生产机械	包括但不限于：化纤挤压、拉伸、变形或切割设备，纺织纤维预处理设备，纺纱机械，织机，后整理设备
11	食品加工机械	包括但不限于：奶制品生产设备，饮料生产、灌装设备，糕点生产设备，果蔬加工设备，制糖及糖果生产设备，制酒设备，肉类加工设备
12	农牧林业加工机械	包括但不限于：拖拉机、联合收割机、棉花采摘机、机动植保机械、机动脱粒机、饲料粉碎机、插秧机、铡草机，木材加工设备
13	印刷机械	包括但不限于：制版设备，印刷设备，装订设备
14	纸浆、造纸及纸制品机械	包括但不限于：纸浆设备，造纸设备，纸或纸板整理设备，切纸机，纸、纸板及纸塑包装设备
15	电气产品	包括但不限于：电阻加热炉及烘箱，电阻焊接机器及装置、电弧焊接机器及装置，通过感应或介质损耗对材料进行热处理的设备，粒子加速器，电镀、电解或电泳设备及装置，激光器

（四）应逐批实施现场检验的旧机电产品目录

《应逐批实施现场检验的旧机电产品目录》见表 11-11。

表 11-11　应逐批实施现场检验的旧机电产品目录

序号	商品编码	商品名称
1	84151010~84159090	空调
2	84181010~84189999	电冰箱
3	84713010~84715090	计算机类设备
4	85284100~85285990	显示器
5	84433211~84433219	打印机
6	84716040~84719000	其他计算机输入输出部件及自动数据处理设备的其他部件
7	85165	微波炉
8	8516603	电饭锅
9	85171100~85176990	电话机及移动通信设备
10	84433110~84433190，84433290	传真机
11	84690011~84690030	打字机
12	85211011~85219019	录像机、放像机及激光视盘机
13	85258011~85258039	摄像机、摄录一体机及数字相机
14	85287110~85287300	电视机
15	85340010~85340090	印刷电路
16	85401100~85409990	热电子管、冷阴极管或光阴极管等
17	85423100~85429000	集成电路及微电子组件
18	84433911~84433924	复印机

参考资料 2

进口旧机电产品相关声明

《关于调整进口旧机电产品检验监管的公告》（国家质检总局公告 2014 年第 145 号）要求的进口旧机电产品相关声明如下。

（一）旧机电产品进口声明（该公告附件 4）

旧机电产品进口声明

致________海关：

我单位本次以__________________的贸易方式报检进口的货物（发票号：______，提/运单号：______）情况如下：

H. S. 编码	货物名称及规格	数量	金额	用途

以上货物未列入“进口旧机电产品检验监管措施清单”。我单位承诺上述货物将按照上述贸易方式进口，对货物使用过程中的质量安全问题承担责任。我单位愿意接受海关的监督检查，并承担相应的法律责任。

经营/收货单位名称（公章）：

经营/收货单位联系人：

联系电话：

日期：

（二）免“进口旧机电产品装运前检验证书”进口特殊情况声明（该公告附件 5）

免“进口旧机电产品装运前检验证书”进口特殊情况声明

致__________海关：

我单位本次以__________的贸易方式报检进口的货物（发票号：__________，提/运单号：__________）情况如下：

H. S. 编码	货物名称及规格	数量	金额	用途

以上货物属于__________________________的特殊情况。我单位承诺上述货物将按照上述贸易方式进口，对货物使用过程中的质量安全问题承担责任。我单位愿意接受海关的监督检查，并承担相应的法律责任。

经营/收货单位名称（公章）：

经营/收货单位联系人：

联系电话：

日期：

（三）旧机电产品进口特别声明（1）（该公告附件 6-1）

旧机电产品进口特别声明（1）

致__________海关：

我单位本次以__________________的贸易方式报检进口的货物（发票号：______________，提/运单号：__________________）情况如下：

声明进口货物范围	品名	—		
	规格型号		HS 编码	—
	商标		数量	—
	序列号			

续表

声明内容： 一、我已获得　　　　　　　　　　特别许可准予进口上列货物。 二、我承诺上述货物将按照上述贸易方式进口，对货物使用过程中的质量安全问题承担责任。我愿意接受海关的监督检查，并承担相应的法律责任。 三、我自愿遵守国家质检总局《进口旧机电产品检验监管措施清单（2014 年版）》管理措施表 1 禁止进口货物的规定。如有违反，愿意承担相应的法律责任。 申请上述货物进口的理由： 四、上述货物将被如下经销商/使用人所使用： 名　　称：　　　　　　　　　　地　　址： 法人代表：　　　　　　　　　　联系电话： 五、上述声明内容真实有效
申请单位法人代表（签名）： 加盖公章： 签署日期：

注：凡拟进口涉及“检验监管措施清单”管理措施表 1 第 1 项、第 2 项旧机电产品的，均需填写本声明。

（四）旧机电产品进口特别声明（2）（该公告附件 6-2）

旧机电产品进口特别声明（2）

致__________海关：

我单位本次以________________的贸易方式报检进口的货物（发票号：______________，提/运单号：__________________）情况如下：

声明进口货物范围	品名	—		
	规格型号		HS 编码	—
	商标		数量	—
	序列号			

声明内容： 一、我愿意履行保护臭氧层的国际公约，已经熟知《保护臭氧层维也纳公约》、《关于消耗臭氧层物质的蒙特利尔议定书》（伦敦修正案）、《中国逐步淘汰消耗臭氧层物质国家方案（修订稿）》、《消耗臭氧层物质进出口管理办法》以及商务部、海关总署、质检总局和环保总局联合发布的 2005 年第 117 号公告和环保总局、发改委、商务部、海关总署、质检总局联合发布的公告（环函〔2007〕200 号）的内容，并自愿遵守有关规定。 上述货物符合下列第________条的要求。如有违反，愿意承担相应的法律责任。 1. 承诺上述货物不含任何制冷剂、发泡剂，不在禁止进口之列。 2. 承诺上述货物不含下列全氯氟烃类制冷剂、发泡剂，不在禁止进口之列。 （1）三氯一氟甲烷　化学式：$CFCl_3$　代码：CFC-11（R11） （2）二氯二氟甲烷　化学式：CF_2Cl_2　代码：CFC-12（R12） （3）三氯三氟乙烷　化学式：$C_2F_3Cl_3$　代码：CFC-113（R113） （4）二氯四氟乙烷　化学式：$C_2F_4Cl_2$　代码：CFC-114（R114） （5）一氯五氟乙烷　化学式：C_2F_5Cl　代码：CFC-115（R115） （6）一氯三氟甲烷　化学式：CF_3Cl　代码：CFC-13（R13） 3. 承诺上述货物使用的制冷剂、发泡剂为：　　　　　　　，不在禁止进口之列。 二、上述货物将被如下经销商/使用人所使用： 名　　称：　　　　　　　　　　地　　址： 法人代表：　　　　　　　　　　联系电话： 三、上述声明内容真实有效

续表

申请单位法人代表（签名）： 加盖公章：　　　　　签署日期：

注：凡拟进口涉及“检验监管措施清单”管理措施表 1 第 3 项、第 4 项旧机电产品的，均需填写本声明。

参考资料 3

机电类商品许可证特殊情形说明

进口列入《强制性产品认证目录》的产品所涉及的“无须提供强制性认证文件”，进口旧机电产品所涉及的“423-进口旧机电产品装运前检验证书”，进口医疗器械产品所涉及的“612-进口医疗器械注册证”和“629-进口医疗器械备案证”，以及进口特种设备产品所涉及的“430-境外特种设备制造许可证”和“429-进口特种设备型式试验证书”等，所适用的特殊情形说明详见表 11-12。

表 11-12　机电类商品许可证特殊情形说明

序号	情形	说明
1	出境维修复进口	出境维修后返回中国，需办理进口手续的
2	暂时出口复进口	暂时出境后复运进境，需办理进口手续的
3	出口退货复进口	质保期内、收货人为生产厂的出口退货返回中国，需办理进口手续的
4	国内转移复进口	已经在国内使用，因提前解除海关监管或海关监管期满后继续在中国使用，需办理进口手续的
5	暂时进口监管	暂时进境并且在规定期限内复运出境的
6	特殊监管区仓储物流货物	境外进入特殊监管区域仓储、物流的货物
7	货样广告品	进口机电产品货样、广告物品、实验品的，每批次价值不超过 5000 元人民币的
8	驻外机构调回	我国驻外机构或境外企业（中方控股）在境外购置的机电产品需调回自用的（仅限物品）
9	对外承包返回	我对外承包工程使用的，出境使用后重新运回国内自用的
10	常驻机构公用	境外（地区）企业、新闻机构、经贸机构、文化团体及其他境外（地区）法人经我国政府主管部门批准，在境内设立的常驻代表机构为开展公务活动所需进出境的（仅限物品）
11	出口产品零部件	特殊监管区域内生产加工或特殊监管区外加工贸易项下的，为复出口而进口的属于机电产品的零部件及组件的
12	国内贸易货物	跨境运输的国内贸易货物、特殊监管区域间流转货物、进出特殊监管区域的国内货物等
13	海关监管处置	其他为完成监管、征税、统计和处置等程序需要的（不涉及商品检验）
14	检验检测样品	为办理许可证件或满足其他监管要求，以送第三方机构实施检验检测为目的而进口的待检测样品
15	提供药监部门证明	取得医疗器械监管部门许可文件，准予进口的
16	提供特检部门证明	取得特种设备监管部门许可文件，准予进口的

表11-12 续

序号	情形	说明
17	不适用特种设备许可	核设施、航空航天器、铁路机车、海上设施和船舶以及矿山井下使用的特种设备、民用机场专用设备
18	周转用包装气瓶	仅供周转使用，作为包装容器的气瓶

第三节 进口机动车辆及其零部件

根据《中华人民共和国道路交通安全法》的规定：机动车是指以动力装置驱动或者牵引，上道路行驶的供人员乘用或者用于运送物品以及进行工程专项作业的轮式车辆。

需要说明的是：轮式专用机械车如涉及特种设备的，还应同时符合特种设备相关要求；叉车等场（厂）内专用机动车辆，不属于道路机动车辆，按照特种设备相关规定执行。

一、资质要求

（一）旧机电准入

根据《禁止进口的旧机电产品目录》（商务部、海关总署公告2018年第106号），商品编号列入第八十七章“车类”的旧机电产品，禁止进口。但是，属于“出境维修复进口”“暂时出口复进口”“出口退货复进口”“国内转移复进口”4种特殊情况的，可按照旧机电产品相关规定办理进口手续。

（二）CCC强制性认证

国家将汽车、摩托车及安全附件产品列入CCC强制性产品认证范围。具体要求详见本章第一节“进口强制性产品认证”有关内容。

（三）进口机动车车辆识别代号入境验证

海关对进口机动车车辆识别代号（VIN）实施入境验证管理。除国家特殊需要并经批准的，以及常驻中国的境外人员、中国驻外使领馆人员自带的情况外，禁止进口VIN不符合《道路车辆 车辆识别代号（VIN）》（GB 16735）标准的机动车。“强制性产品认证证书”（CCC证书）的持有人或其授权人可在进口前向签发CCC证书的认证机构提交拟进口的全部机动车VIN和相关结构参数资料进行备案，认证机构在对上述资料进行核对、整理后上报，以便入境验证。

二、申报要求

（一）基本申报要求

货主或者其代理人应当在汽车进口前或者进口时向海关申报，除贸易合同、提单、装箱单、发票等贸易凭证外，同时按要求提供有关技术资料。

（二）录入要求

1. 在产品资质栏目选取“411-强制性产品认证（CCC认证）证书”，并填写许可证编号等信息；其他特殊情况，参考本章第一节“进口强制性产品认证”的录入要求。

2. 在产品资质栏目填写许可证VIN信息栏。申报进口已获CCC认证的机动车辆时，填报机动车车辆识别代码，包括 VIN 序号、车辆识别代码（VIN）、单价、底盘（车架号）、发动机号或电机号、发票所列数量、品名（英文名称）、品名（中文名称）、提运单日期、型号（英文）、质量保质期 11 项内容。

3. 监管方式为“退运货物（4561）”，且关联报关单号填写的出口报关单的监管方式为“一般贸易（0110）”的，货物属性还应当选择“48-—般贸易出口的退运工业品”。

4. 进口汽车、摩托车制造厂名称和车辆品牌中文译名应该按照《进口机动车辆制造厂名称和车辆品牌中英文对照表（2004 年版）》准确填写。《进口机动车辆制造厂名称和车辆品牌中英文对照表（2004 年版）》的最新修订版本可在海关总署商品检验司官网（http：//sjs. customs. gov. cn/）的“风险预警信息”—“其他信息服务”板块下载。

参考资料

《货物进口证明（汽车、摩托车）》和《进口机动车辆随车检验单》“两证合一”改革试点

为进一步优化营商环境，提升进口机动车辆通关效率，促进我国汽车产业持续健康发展，2023 年 6 月 1 日起，海关总署决定在上海海关开展《货物进口证明书（汽车、摩托车）》（以下简称《证明书》）和《进口机动车辆随车检验单》（以下简称《随车单》）“两证合一”改革试点。

2023 年 6 月 1 日起，海关总署决定在上海海关开展《货物进口证明书（汽车、摩托车）》（以下简称《证明书》）和《进口机动车辆随车检验单》（以下简称《随车单》）“两证合一”改革试点。自 2024 年 7 月 1 日起，将改革试点范围扩大至天津海关。

1. 自上海、天津海关申报进口的汽车、摩托车，对原按照海关总署公告 2015 年第 34 号（关于《货物进口证明书》相关事宜的公告）、《进口汽车检验管理办法》等相关规定需要分别签发《证明书》和《随车单》的，在进口车辆办结放行手续并经检验合格后，试点签发“两证合一”的《证明书》。

2. 收货人应自进口汽车、摩托车放行并经检验合格后三年内向海关提出签发新版《证明书》申请。

3. 进口非中规车的，应在报关单“规格型号”中申报原销售目的国车版、型（如“原欧规”“原美规”“原加规”“原中东规”等）。

4. 收货人申请仅需原单一《证明书》或《随车单》的进口汽车、摩托车，按照原管理规定办理签发手续。

三、产品相关要求

（一）强制性认证产品验证要求

汽车、摩托车等车辆，农机产品，以及机动车辆轮胎、摩托车乘员头盔、汽车用制动器衬片、汽车安全玻璃、汽车安全带、机动车外部照明及光信号装置、机动车辆间接视野装置、汽车座椅及座椅头枕、汽车行驶记录仪、车身反光标识等车辆安全附件，均属于应实施强制性认证的产品范围。

1. 整车产品验证要求

汽车、摩托车的整车以及农机产品，在强制性产品认证实施规则中对认证标志的使用提出了特定的要求（详见本章第一节“进口强制性产品认证”有关内容），应按规定加施 CCC 认证标识。

汽车、摩托车的整车还应在每一辆获证车辆的随车文件中附带车辆一致性证书（COC），以向消费者或有关部门明示认证产品信息。

2. 车辆安全附件产品验证要求

摩托车乘员头盔、汽车用制动器衬片、汽车安全玻璃、机动车儿童乘员用约束系统等车辆安全附件，在强制性产品认证实施规则中对认证标志的使用提出了特定的要求（详见本章第一节“进口强制性产品认证”有关内容），应按规定加施 CCC 认证标识。

（二）产品检验要求

1. 机动车整车

机动车辆应符合《机动车运行安全技术条件》及其修改单（GB 7258—2017/XG1—2019/XG2—2021）、《机动车安全技术检验项目和方法》（GB 38900—2020）等强制性国家标准的要求。

电动汽车还应符合《电动汽车安全要求》（GB 18384—2020）、《电动汽车用动力蓄电池安全要求》（GB 38031—2020）、《电动客车安全要求》（GB 38032—2020）等强制性国家标准的要求。

电动摩托车还应符合《电动摩托车和电动轻便摩托车安全要求》（GB 24155—2020）等强制性国家标准的要求。

（1）汽车产品

进口汽车的检验包括一般项目检验、安全性能检验和品质检验。

一般项目检验：在进口汽车入境时逐台核查安全标志，并进行规格、型号、数量、外观质量、随车工具、技术文件和零备件等项目的检验。

安全性能检验：按国家有关汽车的安全环保等法律法规、强制性标准和《进出口机动车辆检验规程 第 4 部分：汽车产品》（SN/T 1688. 4—2013）实施检验。

品质检验：品质检验及其标准、方法等应在合同或合同附件中明确规定，进口合同无规定或规定不明确的，按《进出口机动车辆检验规程 第 4 部分：汽车产品》（SN/T 1688. 4—2013）实施检验。

（2）其他机动车辆产品检验

进口摩托车等其他进口机动车辆参照汽车产品相关要求执行。

2. 机动车发动机

液体燃料发动机（包括压燃式发动机和点燃式发动机），应符合安全、环保（噪声、排放等）以及对应类型发动机所适用的强制性国家技术规范的要求。

3. 机动车零部件

属于应实施强制性产品认证的机动车零部件，其产品要求详见对应的强制性产品认证实施规则。

（1）铝合金车轮

铝合金车轮（含其零部件）的尺寸和基本参数、安全性能、外观质量、标志等应符合相关标准的要求。

（2）轮胎

轮胎的外观质量、标志、安全环保性能、物理机械性能、有毒有害物质含量等应符合相关标准的要求。所涉及的强制性国家标准主要有《摩托车轮胎》（GB 518—2020）、《轿车轮胎》（GB 9743—2015）、《载重汽车轮胎》（GB 9744—2015）等。

第四节 进口医疗器械

医疗器械，是指直接或者间接用于人体的仪器、设备、器具、体外诊断试剂及校准物、材料以及其他类似或者相关的物品，包括所需要的计算机软件。其效用主要通过物理等方式获得，不是通过药理学、免疫学或者代谢的方式获得，或者虽然有这些方式参与但是只起辅助作用。其目的，一是疾病的诊断、预防、监护、治疗或者缓解；二是损伤的诊断、监护、治疗、缓解或者功能补偿；三是生理结构或者生理过程的检验、替代、调节或者支持；四是生命的支持或者维持；五是妊娠控制；六是通过对来自人体的样本进行检查，为医疗或者诊断目的提供信息。

医疗器械分类目录和注册备案情况可在国家药品监督管理局网站（https：//www. nmpa. gov. cn/datasearch/home-index. html）查询。

进口三类医疗器械注册证书编号的格式为“国械注进×××× 3 ×× ××××”；进口二类医疗器械注册证书编号的格式为“国械注进×××× 2 ×× ××××”；进口一类医疗器械备案证书编号的格式为“国械备×××× ××××号”。（中国香港、中国澳门和中国台湾地区的医疗器械注册证书为“国械注许”字）

产品原理、结构、功能等与医疗器械类似，但不属于《医疗器械监督管理条例》有关医疗器械定义的产品，货物属性使用“38-非医疗器械”申报。

一、资质要求

（一）准入要求

禁止进口过期、失效、淘汰等已使用过的医疗器械。

（二）医疗器械备案或者注册

1. 第一类医疗器械实行产品备案管理，第二类、第三类医疗器械实行产品注册管理。办理指南见本书第二部分第十三章第十三节。

2. 进口的医疗器械应当是已注册或者已备案的医疗器械。

医疗机构因临床急需进口少量第二类、第三类医疗器械的，经国务院药品监督管理部门或者国务院授权的省、自治区、直辖市人民政府批准，可以进口。进口的医疗器械应当在指定医疗机构内用于特定医疗目的。

3. 提供给医疗器械生产企业作为生产资料生产医疗器械的零部件，不需单独办理医疗器械备案或者注册。

（三）捐赠医疗器械

向中国境内捐赠医疗器械的境外捐赠机构，须由其或者其在中国的代理机构向海关办理捐赠机构及其捐赠医疗器械的备案。必要时，海关总署将组织实施装运前预检验。国家特殊需要的，由民政部商海关总署做特殊处理。

进口捐赠医疗器械应当未经使用，且不得夹带有害环境、公共卫生的物品或者其他违禁物品。进口捐赠医疗器械禁止夹带列入《禁止进口货物目录》的物品。

二、申报要求

（一）基本申报要求

医疗器械进口时，进口医疗器械的收货人或者其代理人应在进口前或者进口时向申报地海关申报，申报时除提供贸易合同、提单、装箱单、发票等贸易凭证外，同时按以下要求申报录入。

（二）其他申报要求

捐赠医疗器械进口时，接受进口捐赠医疗器械的单位或者其代理人应当持相关批准文件向申报地海关申报。

（三）录入要求

1. 对于商品编码涉及医疗器械产品，在申报时，“货物属性”字段必须在“34-Ⅰ类医疗器械”“35-Ⅱ类医疗器械”“36-Ⅲ类医疗器械”“37-医疗器械零部件”“38-非医疗器械”等选项中选择至少一项。

（1）属于一类医疗器械的，“货物属性”字段应选择“34－Ⅰ类医疗器械”；产品资质栏应选择“629-进口医疗器械备案证”，并录入许可证书编号等信息。

（2）属于二类医疗器械的，“货物属性”字段应选择“35－Ⅱ类医疗器械”；产品资质栏应选“612-进口医疗器械注册证”，并录入许可证书编号等信息。

（3）属于三类医疗器械的，“货物属性”字段应选择“36－Ⅲ类医疗器械”；产品资质栏应选“612-进口医疗器械注册证”，并录入许可证书编号等信息。

2. 用于生产医疗器械的零部件/组件，“货物属性”字段应选择“37-医疗器械零部件”。零部件/组件本身属于持证医疗器械，应录入该零部件/组件的“612-进口医疗器械注册证”或“629-进口医疗器械备案证”相关信息；使用进口零部件/组件生产持证医疗器械的，应录入成品医疗器械对应的“612-进口医疗器械注册证”或“629-进口医疗器械备案证”相关信息；使用进口零部件/组件生产出口医疗器械的，应使用“612 出口产品零部件”或“629 出口产品零部件”识别字串录入对应的“612-进口医疗器械注册证”或“629-进口医疗器械备案证”编号栏。

3. 不属于医疗器械，或实际产品不直接或者间接用于人体的，“货物属性”字段应选择“38-非医疗器械”；产品资质栏不应选择“612-进口医疗器械注册证”或者“629-进口医疗器械备案证”，需提供必要的证明材料。

4. 医疗器械注册证中“结构及组成”栏内所载明的组合部件，以更换耗材、售后服务、维修等为目的，用于原注册产品的，申报时使用原注册产品的注册证书。“货物属性”字段应选择“37-医疗器械零部件”，产品资质栏选择“612-进口医疗器械注册证”或“629-进口医疗器械备案证”并录入相关信息。

5. 属于有关特殊情形的（特殊情形具体说明详见第二节参考资料 3），按《医疗器械产品特殊情形许可证编号表》（详见表 11-13）录入许可证编号。

表 11-13　医疗器械产品特殊情形许可证编号表

序号	情形	612 证书编号	629 证书编号
1	出境维修复进口	612 出境维修复进口	629 出境维修复进口
2	暂时出口复进口	612 暂时出口复进口	629 暂时出口复进口
3	出口退货复进口	612 出口退货复进口	629 出口退货复进口
4	暂时进口监管	612 暂时进口监管	629 暂时进口监管
5	特殊监管区仓储物流货物	612 特殊监管区仓储物流货物	629 特殊监管区仓储物流货物
6	货样广告品	612 货样广告品	629 货样广告品
7	驻外机构调回	612 驻外机构调回	629 驻外机构调回
8	对外承包返回	612 对外承包返回	629 对外承包返回
9	常驻机构公用	612 常驻机构公用	629 常驻机构公用
10	出口产品零部件	612 出口产品零部件	629 出口产品零部件
11	国内贸易货物	612 国内贸易货物	629 国内贸易货物
12	海关监管处置	612 海关监管处置	629 海关监管处置
13	检验检测样品	612 检验检测样品	629 检验检测样品
14	提供药监部门证明	612 提供药监部门证明	629 提供药监部门证明

6. 监管方式为“退运货物（4561）”，且关联报关单号填写的出口报关单的监管方式为“一般贸

易（0110）”的，货物属性还应当选择“48-—般贸易出口的退运工业品”。

三、产品相关要求

（一）检验地点

进口医疗器械原则上在申报的目的地检验。

对需要结合安装调试实施检验的进口医疗器械，应当在申报时明确使用地，在使用地实施检验。

进口心脏起搏器在指定口岸实施检验。粤港澳大湾区内地 9 市（广州、深圳、珠海、佛山、惠州、东莞、中山、江门、肇庆）区域内开业的指定医疗机构使用，经广东省药品监督管理部门批准的临床急需进口心脏起搏器由广州海关实施法定检验。经海南省药品监督管理部门批准的临床急需进口心脏起搏器由海口海关实施法定检验。其他进口心脏起搏器由北京海关、上海海关按相关规定实施检验。

进口心脏起搏器在指定的经国家认可的医疗器械检测机构进行检测。

进口高风险呼吸机在北京、天津、辽宁、上海、浙江、山东、湖北、广东等指定口岸实施检验。进口其他呼吸机按照目的地检验的原则实施检验监管。

（二）产品说明书、标签要求

进口的医疗器械应当有中文说明书、中文标签。说明书中应载明医疗器械的原产地以及境外医疗器械注册人、备案人指定的中国境内企业法人的名称、地址、联系方式。

医疗器械说明书、标签应当标明下列事项：通用名称、型号、规格；医疗器械注册人、备案人、受托生产企业的名称、地址以及联系方式；生产日期，使用期限或者失效日期；产品性能、主要结构、适用范围；禁忌、注意事项以及其他需要警示或者提示的内容；安装和使用说明或者图示；维护和保养方法，特殊运输、贮存的条件、方法；产品技术要求规定应当标明的其他内容。

第二类、第三类医疗器械还应当标明医疗器械注册证编号。

由消费者个人自行使用的医疗器械还应当具有安全使用的特别说明。

（三）产品技术要求

医用电气设备应符合《医用电气设备》（GB 9706）系列标准的强制性要求。

第二类、第三类医疗器械产品应符合医疗器械注册证书载明的产品技术要求（含其引用的国家标准、医药行业标准等）。

（四）进口捐赠医疗器械的特殊要求

进口捐赠的医疗器械（不论监管证件要求），均应实施检验。

捐赠的医疗器械应为新品，并且已在中国办理过医疗器械注册，其中不得夹带有害环境、公共卫生和社会道德及政治渗透等违禁物品。

第五节　进口特种设备

特种设备，是指对人身和财产安全有较大危险性的锅炉、压力容器（含气瓶）、压力管道、电梯、起重机械、客运索道、大型游乐设施、场（厂）内专用机动车辆，以及法律、行政法规规定适用《特种设备安全法》的其他特种设备。

现行《特种设备目录》包括锅炉（1000）、压力容器（2000）、压力管道（8000）、压力管道元件（7000）、电梯（3000）、起重机械（4000）、客运索道（9000）、大型游乐设施（6000）、场（厂）内专用机动车辆（5000）、安全附件（F000）十个大类（类别名称后括号内内容为特种设备分类代码）。部分类别产品的具体定义如下：

锅炉（1000），是指利用各种燃料、电或者其他能源，将所盛装的液体加热到一定的参数，并通过对外输出介质的形式提供热能的设备，其范围规定为设计正常水位容积大于或者等于30L，且额定蒸汽压力大于或者等于0.1MPa（表压）的承压蒸汽锅炉；出口水压大于或者等于0.1MPa（表压），且额定功率大于或者等于0.1MW的承压热水锅炉；额定功率大于或者等于0.1MW的有机热载体锅炉。

压力容器（2000），是指盛装气体或者液体，承载一定压力的密闭设备，其范围规定为最高工作压力大于或者等于0.1MPa（表压）的气体、液化气体和最高工作温度高于或者等于标准沸点的液体、容积大于或者等于30L且内直径（非圆形截面指截面内边界最大几何尺寸）大于或者等于150mm的固定式容器和移动式容器；盛装公称工作压力大于或者等于0.2MPa（表压），且压力与容积的乘积大于或者等于1.0MPa·L的气体、液化气体和标准沸点等于或者低于60℃液体的气瓶；氧舱。

压力管道（8000），是指利用一定的压力，用于输送气体或者液体的管状设备，其范围规定为最高工作压力大于或者等于0.1MPa（表压），介质为气体、液化气体、蒸汽或者可燃、易爆、有毒、有腐蚀性、最高工作温度高于或者等于标准沸点的液体，且公称直径大于或者等于50mm的管道。公称直径小于150mm，且其最高工作压力小于1.6MPa（表压）的输送无毒、不可燃、无腐蚀性气体的管道和设备本体所属管道除外。其中，石油天然气管道的安全监督管理还应按照《中华人民共和国安全生产法》《中华人民共和国石油天然气管道保护法》等法律法规实施。

电梯（3000），是指动力驱动，利用沿刚性导轨运行的箱体或者沿固定线路运行的梯级（踏步），进行升降或者平行运送人、货物的机电设备，包括载人（货）电梯、自动扶梯、自动人行道等。非公共场所安装且仅供单一家庭使用的电梯除外。

起重机械（4000），是指用于垂直升降或者垂直升降并水平移动重物的机电设备，其范围规定为额定起重量大于或者等于0.5t的升降机；额定起重量大于或者等于3t（或额定起重力矩大于或者等于40t·m的塔式起重机，或生产率大于或者等于300t/h的装卸桥），且提升高度大于或者等于2m的起重机；层数大于或者等于2层的机械式停车设备。

客运索道（9000），是指动力驱动，利用柔性绳索牵引箱体等运载工具运送人员的机电设备，包括客运架空索道、客运缆车、客运拖牵索道等。非公用客运索道和专用于单位内部通勤的客运索道除外。

大型游乐设施（6000），是指用于经营目的，承载乘客游乐的设施，其范围规定为设计最大运行线速度大于或者等于2m/s，或者运行高度距地面高于或者等于2m的载人大型游乐设施。用于体育运动、文艺演出和非经营活动的大型游乐设施除外。

场（厂）内专用机动车辆（5000），是指除道路交通、农用车辆以外仅在工厂厂区、旅游景区、游乐场所等特定区域使用的专用机动车辆。

一、资质要求

（一）特种设备制造许可

进口的特种设备应当符合中国安全技术规范的要求，并经检验合格；承压类特种设备需要取得中国特种设备制造许可，包括锅炉、压力容器、气瓶、安全附件（安全阀、爆破片装置、紧急切断阀、气瓶阀门）；压力管道元件（压力管道管子、压力管道阀门）。办理指南见本书第二部分第十三章第十四节。

2022年6月1日起，境外承压类特种设备实施制造许可制度的目录修改为：锅炉；压力容器；气瓶；安全附件（安全阀、爆破片装置、紧急切断阀、燃气气瓶阀门）；压力管道元件（压力管道管子、压力管道阀门）。

（二）特种设备型式试验

进口境外机电类特种设备［电梯、起重机械、客运索道、大型游乐设施、场（厂）内专用机动车辆］及其部件，在投入使用前应通过型式试验。

设备型式试验报告和证书可在“全国特种设备公示信息查询平台”（http：//cnse. samr. gov. cn/）进行查询。

二、申报要求

（一）基本申报要求

货主或者其代理人应当在特种设备进口前或者进口时向海关申报，申报时除贸易合同、提单、装箱单、发票等贸易凭证外，同时按以下要求申报录入。

（二）其他申报要求

作为货物包装的周转用气瓶，申报时还应提供气瓶产权国家（或者地区）官方认可的检验机构出具的安全性能合格证明文件或者中国特种设备检验机构出具的检验报告。

（三）录入要求

1. 对于本书“进出口货物检验检疫要求查询表”部分“检验检疫要求”栏标识为“特种设备”的商品编号下的产品，“货物属性”应选择“39-特种设备”“40-非特种设备”中的一项；对于使用其他商品编号的产品，如属于特种设备或含有属于特种设备的组件/零部件，“货物属性”应选择“39-特种设备”。

2. 监管方式为“退运货物（4561）”，且关联报关单号填写的出口报关单的监管方式为“一般贸易（0110）”的，货物属性还应当选择“48-—般贸易出口的退运工业品”。

3. 属于特种设备的，在产品资质栏目选取“430-境外特种设备制造许可证”（承压类特种设备适用）或“429-进口特种设备型式试验证书”（已完成型式试验的机电类特种设备及其部件适用），并填写许可证编号等信息。

4. 属于有关特殊情形的（特殊情形具体说明详见第二节参考资料 3），按《特种设备产品特殊情形许可证编号表》（详见表 11-14）录入许可证编号。

表 11-14　特种设备产品特殊情形许可证编号表

序号	情形	429 证书编号	430 证书编号
1	出境维修复进口	429 出境维修复进口	430 出境维修复进口
2	暂时出口复进口	429 暂时出口复进口	430 暂时出口复进口
3	出口退货复进口	429 出口退货复进口	430 出口退货复进口
4	暂时进口监管	429 暂时进口监管	430 暂时进口监管
5	特殊监管区仓储物流货物	429 特殊监管区仓储物流货物	430 特殊监管区仓储物流货物
6	货样广告品	429 货样广告品	430 货样广告品
7	驻外机构调回	429 驻外机构调回	430 驻外机构调回
8	对外承包返回	429 对外承包返回	430 对外承包返回
9	常驻机构公用	429 常驻机构公用	430 常驻机构公用
10	出口产品零部件	429 出口产品零部件	430 出口产品零部件
11	国内贸易货物	429 国内贸易货物	430 国内贸易货物
12	海关监管处置	429 海关监管处置	430 海关监管处置

表11-14 续

序号	情形	429 证书编号	430 证书编号
13	检验检测样品	429 检验检测样品	—
14	提供特检部门证明	429 提供特检部门证明	430 提供特检部门证明
15	不适用特种设备许可	429 不适用特种设备许可	430 不适用特种设备许可
16	周转用包装气瓶	—	430 周转用包装气瓶

三、产品相关要求

进口的特种设备应当符合我国安全技术规范的要求。进口特种设备由海关总署和国家市场监督管理总局核准的特种设备检验检测机构分别实施检验。

常用的特种设备安全技术规范见表 11-15（使用时应注意相关规范是否已有更新版本）。

表 11-15 常用的特种设备安全技术规范

序号	编号	名称	备注
1	TSG 11—2020	《锅炉安全技术规程》	替代 TSG G0001、TSG G1001、TSG G5001、TSG G5002、TSG G5003、TSG G7001、TSG G7002、TSG ZB001、TSG ZB002
2	TSG 21—2016	《固定式压力容器安全技术监察规程》	替代 TSG R0001 ~ TSG R0004，部分替代 TSG R7001、TSG R70042020 年有修改单
3	TSG 23—2021	《气瓶安全技术规程》	替代 TSG R0006、TSG R0009、TSG R1003、TSG R7002、TSG R7003、TSG RF001
4	TSG 24—2015	《氧舱安全技术监察规程》	部分替代 TSG R7001、TSG R7004、TSG R5002
5	TSG D7002—2023	《压力管道元件型式试验规则》	2023 年 10 月 1 日起替代 TSG D7002—2006
6	TSG D7006—2020	《压力管道监督检验规则》	替代 TSG D7001
7	TSG 51—2023	《起重机械安全技术规程》	2024 年 1 月 1 日起替代 TSG Q0002、TSG Q7002、TSG Q7015、TSG Q7016
8	TSG 71—2023	《大型游乐设施安全技术规程》	2024 年 3 月 1 日起施行，过渡期 1 年
9	TSG 81—2022	《场（厂）内专用机动车辆安全技术规程》	2022 年 12 月 1 日起替代 TSG N0001—2017
10	TSG R0005—2011	《移动式压力容器安全技术监察规程》	2014 年、2017 年、2021 年有修改单
11	TSG R7004—2013	《压力容器监督检验规则》	
12	TSG S7001—2013	《客运索道监督检验和定期检验规则》	替代 TSG S7002
13	TSG S7003—2005	《客运索道型式试验规则》	
14	TSG S7004—2005	《客运拖牵索道型式试验细则》	
15	TSG S7005—2005	《客运索道部件型式试验细则》	
16	TSG T7007—2022	《电梯型式试验规则》	2022 年 7 月 1 日起替代 TSG T7007—2016
17	TSG ZF001—2006	《安全阀安全技术监察规程》	2009 年有修改单
18	TSG ZF003—2011	《爆破片装置安全技术监察规程》	2017 年有修改单

自 2023 年 12 月 1 日起，强制性国家标准《液化石油气钢瓶》（GB 5842—2023）和《液化石油气瓶阀》（GB 7512—2023）正式生效，替代了此前的推荐性国家标准《液化石油气钢瓶》（GB/T 5842—2022）和《液化石油气瓶阀》（GB/T 7512—2017）。相关产品应符合前述标准的强制性要求。

第六节　进口普通设备（生产设备）

普通设备（生产设备），指在生产过程中，为生产、加工、制造、检验、运输、安装、贮存、维修产品而使用的各种机器、设施、装置和器具。

一、资质要求

无。

二、申报要求

（一）基本申报要求

货主或者其代理人应当在生产设备进口前或者进口时向海关申报，申报时应提供合同、发票、提单、装箱单等商业单据。

（二）录入要求

1. 货物用途栏目

产品与食品接触的，应选择“20-食品加工设备”；产品不与食品接触的，可选择“99-其他”。

2. 货物属性栏目

（1）不属于旧机电的，选择“19-正常”；属于旧机电的，选择“21-旧品”（以上两个属性不得同时勾选）。

（2）属于成套设备的，货物属性栏应选择“22-成套设备”。

（3）同时涉及强制性产品认证的，按照本章第一节录入要求选择货物属性。

（4）同时涉及特种设备的，按照本章第五节录入要求选择货物属性。

（5）监管方式为“退运货物（4561）”，且关联报关单号填写的出口报关单的监管方式为“一般贸易（0110）”的，货物属性还应当选择“48-一般贸易出口的退运工业品”。

三、产品相关要求

（一）生产设备通用要求

商品编号监管条件不包含 A 的生产设备，除属于成套设备或旧机电产品的情况外，不实施进口商品检验。

对于生产设备，如同时属于成套设备或旧机电产品的，还应同时符合对应的要求（详见本章第二节）；属于特种设备的组件/部件，应同时满足特种设备的对应要求（详见本章第五节）。

1. 基本要求

生产设备应符合《生产设备安全卫生设计总则》（GB 5083—1999）的强制性要求。表 11-16 中列明的相关标准有关内容已通过在该标准中的引用而成为该强制性标准的要求（使用时应注意相关标准是否已有更新版本）。

表 11-16 被 GB 5083—1999 引用的相关标准

序号	标准号	标准名称	GB 5083 对应版本
1	GB 2893—2008	安全色	GB 2893—1982
2	GB 2894—2008	安全标志及其使用导则	GB 2894—1996 GB/T 6527. 2—1986
3	GB 4053. 1—2009	固定式钢梯及平台安全要求 第 1 部分：钢直梯	GB 4053. 1—1993
4	GB 4053. 2—2009	固定式钢梯及平台安全要求 第 2 部分：钢斜梯	GB 4053. 2—1993
5	GB 4053. 3—2009	固定式钢梯及平台安全要求 第 3 部分：工业防护栏杆及钢平台	GB 4053. 3—1993 GB 4053. 4—1993
6	GB/T 12265—2021	机械安全 防止人体部位挤压的最小间距	GB 12265—1990
7	GB/T 23821—2022	机械安全 防止上下肢触及危险区的安全距离	GB 12265-1990
8	GB/T 14774—1993	工作座椅一般人类工效学要求	GB/T 14774—1993
9	GB/T 14775—1993	操纵器一般人类工效学要求	GB/T 14775—1993
10	GB/T 15052—2010	起重机 安全标志和危险图形符号 总则	GB 15052—1994
11	GB/T 50034—2024	建筑照明设计标准	GB 50034-1992
12	GB/T 50087—2013	工业企业噪声控制设计规范	GBJ 87—1985

注：

1.《生产设备安全卫生设计总则》(GB 5083—1999) 所引用的《作业场所局部振动卫生标准》(GB 10434—1989) 已被废止，相关要求体现在国家职业卫生标准《工作场所有害因素职业接触限值 第 2 部分：物理因素》(GBZ 2. 2—2007) 等强制性标准中。

2. 按照《工业企业噪声控制设计规范》(GB/T 50087—2013) 相关内容，工业企业厂界的噪声限值应符合《工业企业厂界环境噪声排放标准》(GB 12348—2008) 的规定。

2. 附加要求

对于机械电气设备，如适用，也应符合表 11-17 所列强制性国家标准的相关要求（使用时应注意相关标准是否已有更新版本)。

表 11-17 机械电气设备常用的检验标准

序号	标准号	标准名称
1	GB 5226. 3—2005	机械安全 机械电气设备 第 11 部分：电压高于 1000Va. c. 或 1500Vd. c. 但不超过 36kV 的高压设备的技术条件
2	GB 19436. 3—2008	机械电气安全 电敏防护装置 第 3 部分：使用有源光电漫反射防护器件 (AOPDDR) 设备的特殊要求
3	GB 28526—2012	机械电气安全 安全相关电气、电子和可编程电子控制系统的功能安全

(二) 加工机械的专用要求

部分类型的加工机械已制定了强制性国家标准。常用的加工机械强制性国家标准及涉及食品安全的加工机械国家标准见表 11-18（使用时应注意相关标准是否已有更新版本)。食品加工设备所用的与食品接触的材料，还应符合 GB 4806 系列关于食品接触材料的食品安全国家标准，目录见本书附录2-6。

表 11-18　加工机械常用的检验标准

序号	标准号	标准名称	备注
1	GB 4674—2009	磨削机械安全规程	
2	GB 6077-1985	剪切机械安全规程	
3	GB 16454—2008	金属锯床 安全防护技术条件	
4	GB 17120—2012	锻压机械 安全技术条件	
5	GB 20905—2007	铸造机械 安全要求	
6	GB 18399—2001	棉花加工机械安全要求	
7	GB 16798—2023	食品机械安全要求	替代《食品机械安全卫生》（GB 16798—1997）
8	GB/T 22747—2022	饮食加工设备 基本要求	替代《食品加工机械 基本概念 卫生要求》（GB 22747—2008）
9	GB/T 22748—2022	饮食加工设备 电动设备 立式和面机	替代《食品加工机械 立式和面机 安全和卫生要求》（GB 22748—2008）
10	GB/T 22749—2022	饮食加工设备 电动设备 切片机	替代《食品加工机械 切片机 安全和卫生要求》（GB 22749—2008）
11	GB/T 23242—2022	饮食加工设备 电动设备 食物切碎机和搅拌机	替代《食品加工机械 食物切碎机和搅拌机 安全和卫生要求》（GB 23242—2009）
12	GB/T 30780—2014	食品加工机械 面包切片机	
13	GB/T 30781—2014	食品加工机械 切碎机	
14	GB/T 30782—2024	饮食加工设备 电动设备 面团辊轧机	替代《食品加工机械 生面和面团辊轧机》（GB/T 30782—2014）
15	GB/T 30783—2014	食品加工机械 果馅糕点机	
16	GB/T 30784—2024	饮食加工设备 电动设备 行星式搅拌机	替代《食品加工机械 行星式搅拌机》（GB/T 30784—2014）
17	GB/T 41602—2022	饮食加工设备 组合型设备 旋转热风烤炉	
18	GB/T 43734—2024	饮食加工设备 电动设备 臂式搅拌机	

第七节　进口电气设备

电气设备，指凡按功能和结构适用于电能应用的产品或部件。例如，发电、输电、配电、贮存、测量、控制、调节、转换、监督、保护和消费电能的产品，还包括通信技术领域中的及由它们组合成的电气设备、电气装置、电气器具。

一、资质要求

涉氯氟烃物质设备：中国禁止进口、出口以全氯氟烃物质（简称 CFCs）为制冷剂的工业、商业用压缩机；禁止进口、出口以氯氟烃物质为制冷剂、发泡剂的家用电器产品和以氯氟烃为制冷工质的家用电器产品用压缩机。

二、申报要求

（一）基本申报要求

货主或者其代理人应当在电气设备进口前或者进口时向海关申报，申报时应提供合同、发票、提单、装箱单等商业单据。

（二）录入要求

1. 属于旧机电的，货物属性栏应选择“21-旧品”，同时涉及成套设备的，还应选择“22-成套设备”。

2. 属于成套设备的，货物属性栏应选择“22-成套设备”，同时涉及强制性产品认证的，还应按照本章第一节录入要求选择货物属性。

3. 既不属于旧品又不属于成套设备的，货物属性栏应选择“19-正常”；同时涉及强制性产品认证的，还应按照本章第一节录入要求选择货物属性。

4. 监管方式为“退运货物（4561）”，且关联报关单号填写的出口报关单的监管方式为“一般贸易（0110）”的，货物属性还应当选择“48-一般贸易出口的退运工业品”。

三、产品相关要求

商品编号监管条件不包含 A 的电气设备，除属于成套设备或旧机电产品的情况外，不实施进口商品检验。

同时列入《强制性产品认证目录》的电气设备，应同时符合对应的要求（详见本章第一节）；如同时属于成套设备或旧机电产品的，还应同时符合对应的要求（详见本章第二节）。

（一）国家电气设备安全技术规范要求

《国家电气设备安全技术规范》（GB 19517—2023）已于 2023 年 5 月 23 日发布，2024 年 6 月 1 日起实施，替代《国家电气设备安全技术规范》（GB 19517—2009）。

最新的标准除结构调整和编辑性改动外，主要技术变化如下：

——“范围”一章更改交流额定电压为 1000V（1140V）以下（2023 年版第 1 章，2009 年版的第 1 章）；

——增加了“规范性引用文件”（2023 年版第 2 章）；

——增加了“术语和定义”（2023 年版第 3 章）；

——增加了第 4 章“总则”（2023 年版第 4 章）；

——将“安全技术要求”一章调整到第 5 章“电气安全危险防护的要求”，并进行了技术内容调整（2023 年版第 5 章，2009 年版第 2 章）；

——增加了“安全项目要求”（2023 年版第 6 章）；

——将“检验”一章调整到第 7 章“检验检测方法和合格判定”，并进行了技术内容调整（2023 年版第 7 章，2009 年版第 3 章）；

——删除了“实施与监督”一章（2009 年版第 4 章）；

——删除了规范性附录 A 和附录 B（2009 年版附录 A、附录 B）。

《国家电气设备安全技术规范》（GB 19517—2023）规定了交流额定电压 1000V（1140V）以下、直流额定电压 1500V 以下的户内和户外使用的手持式、可移式和固定式的各类电气设备（简称“产品”）的基本安全要求。

《国家电气设备安全技术规范》（GB 19517—2023）适用于包括由化学能、光能和风能等转化的电能应用范围内的产品或部件。对于由产品内部生成的不可触及的交流电压高于 1000V 及直流电压高于 1500V 的产品也属于其适用范围。

《国家电气设备安全技术规范》（GB 19517—2023）不适用于以下 6 种情形对应的产品：材料和辅助材料，本文件规定的产品的材料和辅助材料除外；不能独立使用的半成品或初级产品；用于医疗目的的电气设备；电梯；电栅栏激发器；船舶、飞行器和铁路等特殊产品。

电气设备应符合《国家电气设备安全技术规范》（GB 19517—2023）的强制性要求。符合要求的产品，可认为达到了基本的安全水平。需要注意的是，为了保证产品的安全，可以要求配合必要的安全措施，这些要求包括但不限于：安装、使用、维护、维修、更新等。产品的应用软件、信息（智能化），及（或）功能安全等因素都会影响产品安全，制造商应给出相应的要求或约束。

具体电气设备如有其他适用的强制性国家标准，则还应同时满足对应标准的要求。

（二）能源效率标识产品相关要求

国家对节能潜力大、使用面广的用能产品实行能效标识管理，对具体产品实行目录管理。

除以下 8 种情形外，列入《中华人民共和国实行能源效率标识的产品目录》（第一批~第十六批）（详见表 11-19）的用能产品，应在实际产品上加施符合《中国能源效率标识基本样式》要求的“中国能源效率标识”：

——外国驻华使馆、领事馆或者国际组织驻华机构及其外交人员的自用物品；

——香港特别行政区、澳门特别行政区政府驻内地官方机构及其工作人员的自用物品；

——入境人员随身从境外带入境内的自用物品；

——外国政府援助、赠送的物品；

——为科研、测试所需的产品；

——为考核技术引进生产线所需的零部件；

——直接为最终用户维修目的所需的产品；

——工厂生产线/成套生产线配套所需的设备/零部件（不包含办公用品）等免予标注能效标识及备案的产品。

1. 能源效率标识产品目录

《中华人民共和国实行能源效率标识的产品目录》（第一批~第十六批）见表 11-19。

表 11-19　中华人民共和国实行能源效率标识的产品目录（第一批~第十六批）

批次	序号	产品类别	能效标准
第一批	1	家用电冰箱	GB 12021.2 家用电冰箱耗电量限定值及能效等级
	2	房间空气调节器	GB 21455 房间空气调节器能效限定值及能效等级
第二批	3	电动洗衣机	GB 12021.4 电动洗衣机能效水效限定值及等级
	4	单元式空气调节机	GB 19576 单元式空气调节机能效限定值及能效等级
第三批	5	普通照明用自镇流荧光灯	GB 19044 普通照明用荧光灯能效限定值及能效等级
	6	高压钠灯	GB 19573 高压钠灯能效限定值及能效等级
	7	冷水机组	GB 19577 热泵和冷水机组能效限定值及能效等级
	8	中小型三相异步电机	GB 18613 电动机能效限定值及能效等级
	9	家用燃气快速热水器和燃气采暖热水炉	GB 20665 家用燃气快速热水器和燃气采暖热水炉能效限定值及能效等级

表11-19 续1

批次	序号	产品类别	能效标准
第四批	10	转速可控型房间空气调节器	GB 21455 房间空气调节器能效限定值及能效等级
	11	多联式空调（热泵）机组	GB 21454 多联式空调（热泵）机组能效限定值及能效等级
	12	储水式电热水器	GB 21519 储水式电热水器能效限定值及能效等级
	13	家用电磁灶	GB 21456 家用电磁灶能效限定值及能效等级①
	14	显示器*	GB 21520 显示器能效限定值及能效等级
	15	复印机、打印机和传真机	GB 21521 复印机、打印机和传真机能效限定值及能效等级
第五批	16	电饭锅	GB 12021.6 电饭锅能效限定值及能效等级
	17	交流电风扇	GB 12021.9 电风扇能效限定值及能效等级
	18	交流接触器*	GB 21518 交流接触器能效限定值及能效等级
	19	容积式空气压缩机	GB 19153 容积式空气压缩机能效限定值及能效等级
第六批	20	电力变压器	GB 20052 电力变压器能效限定值及能效等级
	21	通风机	GB 19761 通风机能效限定值及能效等级
第七批	22	平板电视	GB 24850 平板电视与机顶盒能效限定值及能效等级
	23	家用和类似用途微波炉	GB 24849 家用和类似用途微波炉能效限定值及能效等级
第八批	24	数字电视接收器	GB 25957 数字电视接收器（机顶盒）能效限定值及能效等级②
第九批	25	远置冷凝机组冷藏陈列柜	GB 26920.1 商用制冷器具能效限定值及能效等级 第 1 部分：远置冷凝机组冷藏陈列柜
	26	家用太阳能热水系统	GB 26969 家用太阳能热水系统能效限定值及能效等级
第十批	27	微型计算机	GB 28380 微型计算机能效限定值及能效等级
第十一批	28	吸油烟机	GB 29539 吸油烟机能效限定值及能效等级
	29	热泵热水机（器）	GB 29541 热泵热水机（器）能效限定值及能效等级
第十二批	30	家用燃气灶具	GB 30720 家用燃气灶具能效限定值及能效等级
	31	商用燃气灶具	GB 30531 商用燃气灶具能效限定值及能效等级
	32	水（地）源热泵机组	GB 30721 水（地）源热泵机组能效限定值及能效等级③
	33	溴化锂吸收式冷水机组	GB 29540 溴化锂吸收式冷水机组能效限定值及能效等级④
第十三批	34	普通照明用非定向自镇流LED 灯	GB 30255 室内照明用 LED 产品能效限定值及能效等级
	35	投影机	GB 32028 投影机能效限定值及能效等级
第十四批	36	家用和类似用途交流换气扇	GB 32049 家用和类似用途交流换气扇能效限定值及能效等级
	37	自携冷凝机组商用冷柜	GB 26920.2 商用制冷器具能效限定值及能效等级 第 2 部分：自携冷凝机组商用冷柜

① 该标准将于 2025 年 9 月 1 日被《家用和类似用途厨房电器能效限定值及能效等级》（GB 21456—2024）替代。
② 已被最新版本《平板电视与机顶盒能效限定值及能效等级》（GB 24850 ）替代。
③ 已被最新版本《热泵和冷水机组能效限定值及能效等级》（GB 19577）替代。
④ 已被最新版本《热泵和冷水机组能效限定值及能效等级》（GB 19577）替代。

表11-19　续2

批次	序号	产品类别	能效标准
第十五批	38	永磁同步电动机	GB 30253 永磁同步电动机能效限定值及能效等级①
	39	空气净化器	GB 36893 空气净化器能效限定值及能效等级②
	40	道路和隧道照明用 LED 灯具	GB 37478 道路和隧道照明用 LED 灯具能效限定值及能效等级
	41	风管送风式空调机组	GB 37479 风管送风式空调机组能效限定值及能效等级
	42	低环境温度空气源热泵（冷水）机组	GB 37480 低环境温度空气源热泵（冷水）机组能效限定值及能效等级③
第十六批	43	电焊机	GB 28736 电焊机能效限定值及能效等级
	44	普通照明用 LED 平板灯	GB 38450 普通照明用 LED 平板灯能效限定值及能效等级
	45	商用电磁灶	GB 40876 商用电磁灶能效限定值及能效等级

注：第十六批纳入能源效率标识的、2024 年 6 月 1 日前出厂或进口的产品，可延迟至 2026 年 6 月 1 日按实施规则加施能效标识。

2. 能源效率标识基本样式

能源效率标识的 4 种基本样式如图 11-4 所示。

a）样式一　　b）样式二

c）样式三　　d）样式四

图 11-4　能源效率标识的 4 种基本样式

① 该标准将于 2025 年 10 月 1 日被《永磁同步电动机能效限定值及能效等级》（GB 30253—2024）替代。

② 该标准将于 2025 年 10 月 1 日被《空气净化器能效限定值及能效等级》（GB 36893—2024）替代。

③ 已被最新版本《热泵和冷水机组能效限定值及能效等级》（GB 19577）替代。

（三）特定类型产品的专用要求

1. 电池

电池产品常用的国家标准包括但不限于表 11-20 所列（使用时应注意相关标准是否已有更新版本）。

表 11-20 电池产品常用的检验标准

序号	标准号	标准名称	备注
1	GB 8897.4—2008	原电池 第 4 部分：锂电池的安全要求	
2	GB 8897.5—2013	原电池 第 5 部分：水溶液电解质电池的安全要求	
3	GB 21966—2008	锂原电池和蓄电池在运输中的安全要求	
4	GB 24427—2021	锌负极原电池汞镉铅含量的限制要求	
5	GB 24462—2009	民用原电池安全通用要求	
6	GB 31241—2022	便携式电子产品用锂离子电池和电池组 安全技术规范	2024 年 1 月 1 日起替代 GB 31241—2014
7	GB 38031—2020	电动汽车用动力蓄电池安全要求	
8	GB 40165—2021	固定式电子设备用锂离子电池和电池组 安全技术规范	该标准为首次制定，自 2022 年 5 月 1 日起实施

按照国家强制性标准《电子烟》（GB 41700—2022）中有关内容，电子烟产品使用的锂离子电池和电池组应符合《电子烟用锂离子电池和电池组通用规范》（SJ/T 11796）中的标识和安全要求。

电动自行车用锂电池应符合《电动自行车用锂离子蓄电池安全技术规范》（GB 43854—2024）的要求；按照国家强制性标准《电动自行车电气安全要求》（GB 42295—2022）中有关内容，电动自行车用的电池还应符合《民用铅酸蓄电池安全技术规范》（GB/T 32504—2016）、《电动助力车用阀控式铅酸蓄电池 第 1 部分：技术要求》（GB/T 22199.1—2017）或《电动自行车用锂离子蓄电池》（GB/T 36972—2018）等标准中的指定要求。

2. 测量、控制和实验室用电气设备（测控仪器）

测量、控制和实验室用电气设备应符合《测量、控制和实验室用电气设备的安全要求》（GB 4793）系列标准①的要求，现行标准清单见表 11-21。

表 11-21 测量、控制和实验室用电气设备常用的国家标准

序号	标准号	标准名称	备注
1	GB 4793—2024	测量、控制和实验室用电气设备安全技术规范	2026 年 11 月 1 日起实施，部分替代 GB 4793.1—2007
2	GB 4793.1—2007	测量、控制和实验室用电气设备的安全要求 第 1 部分：通用要求	
3	GB 4793.2—2008	测量、控制和实验室用电气设备的安全要求 第 2 部分：电工测量和试验用手持和手操电流传感器的特殊要求	

① 《测量、控制和实验室用电气设施安全技术规范》（GB 4793—2024）已于 2024 年 10 月 28 日发布，将于 2026 年 11 月 1 日实施。

表11-21 续

序号	标准号	标准名称	备注
4	GB 4793. 3—2008	测量、控制和实验室用电气设备的安全要求 第 3 部分：实验室用混合和搅拌设备的特殊要求	
5	GB 4793. 4—2019	测量、控制和实验室用电气设备的安全要求 第 4 部分：用于处理医用材料的灭菌器和清洗消毒器的特殊要求	替代 GB 4793. 8—2008
6	GB 4793. 5—2008	测量、控制和实验室用电气设备的安全要求 第 5 部分：电工测量和试验用手持探头组件的安全要求	
7	GB 4793. 6—2008	测量、控制和实验室用电气设备的安全要求 第 6 部分：实验室用材料加热设备的特殊要求	
8	GB 4793. 7—2008	测量、控制和实验室用电气设备的安全要求 第 7 部分：实验室用离心机的特殊要求	
9	GB 4793. 9—2013	测量、控制和实验室用电气设备的安全要求 第 9 部分：实验室用分析和其他目的自动和半自动设备的特殊要求	

3. 家用和类似用途电器（家用电器）

家用和类似用途电器应符合安全标准《家用和类似用途电器的安全》（GB 4706）系列标准的要求。其中，部分产品还需同时符合电磁兼容标准《家用电器、电动工具和类似器具的电磁兼容要求 第 1 部分：发射》（GB 4343. 1—2018）和《电磁兼容 限值 第 1 部分：谐波电流发射限值（设备每相输入电流≤16A）》（GB 17625. 1—2022）的要求。

4. 音视频、信息技术和通信技术设备

（1）安全要求

音视频、信息技术和通信技术设备应符合安全标准《音视频、信息技术和通信技术设备 第 1 部分：安全要求》（GB 4943. 1—2022）的要求。

以上《音视频、信息技术和通信技术设备 第 1 部分：安全要求》（GB 4943. 1—2022）于 2023 年 8 月 1 日起替代《信息技术设备 安全 第 1 部分：通用要求》（GB 4943. 1—2011）和《音频、视频及类似电子设备 安全要求》（GB 8898—2011）等标准。

（2）电磁兼容要求

音视频、信息技术和通信技术设备应符合电磁兼容标准《信息技术设备、多媒体设备和接收机 电磁兼容 第 1 部分：发射要求》（GB/T 9254. 1—2021）、《信息技术设备、多媒体设备和接收机 电磁兼容 第 2 部分：抗扰度要求》（GB/T 9254. 2—2021）以及《电磁兼容 限值 第 1 部分：谐波电流发射限值（设备每相输入电流≤16A）》（GB 17625. 1—2022）的要求。

《信息技术设备、多媒体设备和接收机 电磁兼容 第 1 部分：发射要求》（GB/T 9254. 1—2021）于 2022 年 7 月 1 日起替代《信息技术设备的无线电骚扰限值和测量方法》（GB/T 9254—2008）及《声音和电视广播接收机及有关设备 无线电骚扰特性 限值和测量方法》（GB/T 13837—2012）等标准。

《信息技术设备、多媒体设备和接收机 电磁兼容 第 2 部分：抗扰度要求》（GB/T 9254. 2—2021）于 2022 年 7 月 1 日起替代《声音和电视广播接收机及有关设备抗扰度 限值和测量方法》（GB/T 9383—2008）及《信息技术设备 抗扰度 限值和测量方法》（GB/T 17618—2015）等标准。

第八节 其他机械、电子产品

一、资质要求

强制性产品认证：对列入《强制性产品认证目录》的进口其他机械、电子产品应当取得“强制性产品认证证书”。

当前实施强制性产品认证的其他机械、电子产品包括：火灾报警产品、灭火器产品。

二、申报要求

（一）基本申报要求

货主或者其代理人应当在机械、电子产品进口前或者进口时向海关申报，申报时应提供合同、发票、提单、装箱单等商业单据。

（二）录入要求

1. 进口机械、电子产品在申报时，“货物属性”字段必须在“19-正常”“21-旧品”“22-成套设备”三个选项中选择至少一项。

其中，涉及 CCC 强制性认证的：如不属于旧机电产品，应根据货物的实际情况准确录入“货物属性”及相关的许可证信息（详见本章第一节）；如属于旧机电产品，按旧机电相关要求录入。

2. 监管方式为“退运货物（4561）”，且关联报关单号填写的出口报关单的监管方式为“一般贸易（0110）”的，货物属性还应当选择“48-一般贸易出口的退运工业品”。

三、产品相关要求

（一）农林机械

针对农林机械，相关部门已制定了 GB 10395 系列国家标准。现行的 GB 10395 系列标准见表 11-22（使用时应注意相关标准是否已有更新版本）。

表 11-22 农林机械常用的检验标准

序号	标准号	标准名称	备注
1	GB 10395. 1—2009	农林机械 安全 第 1 部分：总则	
2	GB 10395. 2—2010	农林机械 安全 第 2 部分：自卸挂车	
3	GB/T 10395. 3—2019	农业机械 安全 第 3 部分：固体肥料撒施机	
4	GB 10395. 5—2013	农林机械 安全 第 5 部分：驱动式耕作机械	
5	GB 10395. 6—2006	农林拖拉机和机械 安全技术要求 第 6 部分：植物保护机械	
6	GB 10395. 7—2006	农林拖拉机和机械 安全技术要求 第 7 部分：联合收割机、饲料和棉花收获机	

表11-22 续

序号	标准号	标准名称	备注
7	GB 10395. 8—2006	农林拖拉机和机械 安全技术要求 第 8 部分：排灌泵和泵机组	
8	GB 10395. 9—2014	农林机械 安全 第 9 部分：播种机械	
9	GB 10395. 10—2006	农林拖拉机和机械 安全技术要求 第 10 部分：手扶微型耕耘机	
10	GB 10395. 12—2005	农林拖拉机和机械 安全技术要求 第 12 部分：便携式动力绿篱修剪机	
11	GB 10395. 14—2006	农林拖拉机和机械 安全技术要求 第 14 部分：动力粉碎机和切碎机	
12	GB 10395. 15—2006	农林拖拉机和机械 安全技术要求 第 15 部分：配刚性切割装置的动力修边机	
13	GB 10395. 16—2010	农林机械 安全 第 16 部分：马铃薯收获机	
14	GB 10395. 17—2010	农林机械 安全 第 17 部分：甜菜收获机	
15	GB 10395. 18—2010	农林机械 安全 第 18 部分：软管牵引绞盘式喷灌机	
16	GB 10395. 19—2010	农林机械 安全 第 19 部分：中心支轴式和平移式喷灌机	
17	GB/T 10395. 20—2021	农林机械 安全 第 20 部分：捡拾打捆机	2022 年 5 月 1 日起替代《农林机械 安全 第 20 部分：捡拾打捆机》（GB 10395. 20—2010）
18	GB/T 10395. 21—2021	农林机械 安全 第 21 部分：旋转式摊晒机和搂草机	2022 年 5 月 1 日起替代《农林机械 安全 第 21 部分：动力摊晒机和搂草机》（GB 10395. 21—2010）
19	GB/T 10395. 22—2010	农林机械 安全 第 22 部分：前装载装置	
20	GB 10395. 23—2010	农林机械 安全 第 23 部分：固定式圆形青贮窖卸料机	
21	GB 10395. 24—2010	农林机械 安全 第 24 部分：液体肥料施肥车	
22	GB/T 10395. 25—2020	农林机械 安全 第 25 部分：旋转式圆盘割草机、转鼓式割草机和甩刀式割草机	
23	GB/T 10395. 26—2020	农林机械 安全 第 26 部分：大型旋转式割草机	
24	GB/T 10395. 27—2020	农林机械 安全 第 27 部分：缠膜机	
25	GB/T 10395. 28—2024	农业机械 安全 第 28 部分：移动式谷物螺旋输送机	

使用柴油机的农林机械还应符合《非道路移动机械用柴油机排气污染物排放限值及测量方法（中国第三、四阶段）》及其修改单（GB 20891—2014/XG1—2020）的要求。

（二）土方机械

针对土方机械，相关部门已制定了 GB 25684 系列国家标准。现行的 GB 25684 系列标准见表 11-23（使用时应注意相关标准是否已有更新版本）。

表 11-23 土方机械常用的检验标准

序号	标准号	标准名称	备注
1	GB/T 25684. 1—2021	土方机械 安全 第 1 部分：通用要求	替代 GB 25684. 1—2010
2	GB/T 25684. 2—2021	土方机械 安全 第 2 部分：推土机的要求	替代 GB 25684. 2—2010
3	GB/T 25684. 3—2021	土方机械 安全 第 3 部分：装载机的要求	替代 GB 25684. 3—2010
4	GB/T 25684. 4—2021	土方机械 安全 第 4 部分：挖掘装载机的要求	替代 GB 25684. 4—2010
5	GB/T 25684. 5—2021	土方机械 安全 第 5 部分：液压挖掘机的要求	替代 GB 25684. 5—2010
6	GB/T 25684. 6—2021	土方机械 安全 第 6 部分：自卸车的要求	替代 GB 25684. 6—2010
7	GB/T 25684. 7—2021	土方机械 安全 第 7 部分：铲运机的要求	替代 GB 25684. 7—2010
8	GB/T 25684. 8—2021	土方机械 安全 第 8 部分：平地机的要求	替代 GB 25684. 8—2010
9	GB/T 25684. 9—2021	土方机械 安全 第 9 部分：吊管机的要求	替代 GB 25684. 9—2010
10	GB/T 25684. 10—2021	土方机械 安全 第 10 部分：挖沟机的要求	替代 GB 25684. 10—2010
11	GB/T 25684. 11—2021	土方机械 安全 第 11 部分：土方回填压实机的要求	替代 GB 25684. 11—2010
12	GB/T 25684. 12—2021	土方机械 安全 第 12 部分：机械挖掘机的要求	替代 GB 25684. 12—2010
13	GB/T 25684. 13—2021	土方机械 安全 第 13 部分：压路机的要求	替代 GB 25684. 13—2010
14	GB/T 25684. 14—2023	土方机械 安全 第 14 部分：小型机具承载机的要求	
15	GB/T 25684. 15—2023	土方机械 安全 第 15 部分：轮胎式叉装机的要求	

除上述安全标准外，土方机械还涉及《土方机械 机器安全标签 通则》（GB/T 20178—2022）和《土方机械 噪声限值》（GB 16710—2010）的要求。

使用柴油机的土方机械还应符合《非道路移动机械用柴油机排气污染物排放限值及测量方法（中国第三、四阶段）》及其修改单（GB 20891—2014/XG1—2020）的要求。

第九节 进口棉花

一、资质要求

海关按照《进口棉花检验监督管理办法》对棉花境外供货企业实施自愿原则登记，并对获准登记的境外供货企业颁发“进口棉花境外供货企业登记证书”。办理指南见本书第二部分第十四章第二十节。

最新的“准予登记的进口棉花境外供货企业名单”“准予续延进口棉花境外供货企业登记证书有效期的企业名单”“准予变更进口棉花境外供货企业名单”在海关总署商品检验司页面（http：//sjs. customs. gov. cn/）的“风险预警”栏目上公开发布。

二、申报要求

（一）基本申报要求

货主或者其代理人应当在棉花进口前或者进口时向口岸海关申报，申报时应提供合同、发票、提单、装箱单等商业单据。

（二）录入要求

境外供货企业已实施登记的，应在产品资质栏目选择“416-进口棉花境外供货企业登记”，并填写许可证编号等信息。

进口棉花收货人需要出具棉花品质证书、重量证书的，应在所需证书栏目勾选“11-品质证书”“12-重量证书”（“两步申报”模式下的概要申报时，应在申报界面勾选“需要品质证书”“需要重量证书”）。

三、产品相关要求

（一）检疫要求

进口棉花产品的动植物检疫、卫生检疫按照法律法规及相关规定执行。

（二）检验要求

海关根据境外供货企业的质量信用层级，对进口棉花实施检验：对 A、B 级境外供货企业的棉花，在收货人申报的目的地实施检验；对 C 级境外供货企业的棉花，在入境口岸实施检验。

海关对进口棉花依企业申请实施抽样检测。进口棉花收货人或代理人需海关出棉花具品质证书的，应向海关提出申请，海关在对进口棉花实施现场检验检疫合格后实施现场抽样、实验室检测、出具品质证书；不需要海关出具棉花品质证书的，海关在对进口棉花实施现场检验检疫合格后直接放行。

（三）鉴定要求

海关对进口棉花依企业申请实施重量鉴定。进口棉花收货人或代理人需要海关出具棉花重量证书的，应向海关提出申请，海关依申请实施重量鉴定并出具重量证书（详见本书第二部分第十五章第一节）；不需要海关出具棉花重量证书的，海关不再实施重量鉴定。

第十节　进口轻工、纺织产品

一、资质要求

强制性产品认证：对列入《强制性产品认证目录》的进口轻工、纺织产品，应当取得“强制性产品认证证书”（详见本章第一节有关内容）。

当前实施强制性产品认证的轻工、纺织产品包括：童车、玩具。

二、申报要求

（一）基本申报要求

货主或者其代理人应当在轻工、纺织产品进口前或者进口时向海关申报，申报时应提供合同、发票、提单、装箱单等商业单据。

其中，涉及毒理学项目检测的一次性卫生用品的产品，还应提供经 CNAS 认可相关检测项目的实验室出具的毒理学检测报告；对不能按规定提交毒理学检测报告的，需抽样进行毒理学和卫生项目检验检测，未经检测合格的，不准销售使用。

（二）录入要求

1. 对涉及强制性产品认证的童车、玩具产品，应根据货物的实际情况准确录入“货物属性”及相关的许可证信息（详见本章第一节）。

2. 如需对进口服装申请检验结果采信，应在“货物属性”栏选择“46-检验结果需采信”类型申报，在对应货物项号的“产品资质”栏中录入“采信机构代码/检验报告编号”，并在“随附单据”栏上传检验报告、《质量安全符合性声明》等资料。

3. 监管方式为“退运货物（4561）”，且关联报关单号填写的出口报关单的监管方式为“一般贸易（0110）”的，货物属性还应当选择“48-一般贸易出口的退运工业品”。

三、产品相关要求

（一）进口一次性卫生用品

一次性使用卫生用品，是指使用一次后即丢弃的、与人体直接或间接接触的并为达到人体生理卫生或卫生保健（抗菌或抑菌）目的而使用的各种日常生活用品，产品性状可以是固体也可以是液体。

一次性使用卫生用品的安全、卫生指标和外观、包装等必须符合国家标准《一次性使用卫生用品卫生标准》（GB 15979—2002）① 的规定；经检验不符合国家标准规定的，不得进口。

一次性使用卫生用品的中间产品应符合国家标准《一次性使用卫生用品卫生标准》（GB 15979—2002）对原材料的卫生要求。

进口一次性使用卫生用品涉及毒理学项目检测的，不能按规定提交毒理学检测报告的，海关对进口产品抽样进行毒理学和卫生项目检验检测。未经检测合格的，不准销售使用。

进口一次性使用卫生用品销售包装应有中文标识。

以“B级品、次级品、二级品”等任何其他名义申报的进口一次性使用卫生用品，严格按照一次性使用卫生用品的检验程序和相关标准实施检验。

其中，属于纳入消毒产品生产类别分类目录的一次性卫生用品，还涉及《消毒产品标签说明书通用要求》（GB 38598—2020）标准的强制性要求。

（二）进口牙刷

牙刷产品应符合《牙刷及口腔器具安全通用技术要求》（GB 39669—2020）的强制性要求。此前牙刷产品所适用的《牙刷》（GB 19342—2013）、《儿童牙刷》（GB 30002—2013）、《磨尖丝牙刷》（GB 30003—2013）等强制性国家标准要求中涉及安全的强制性内容已被替代更新。

（三）进口纺织产品

纺织产品，是指以天然纤维和化学纤维为主要原料，经纺、织、染等加工工艺或再经缝制、复合等工艺而制成的产品，如纱线、织物及其制成品。其中的婴幼儿用品，是指年龄在36个月以内的婴幼儿穿着或使用的纺织产品。

1. 纺织服装

进口服装检验可实施采信管理。货主及其代理人可以委托采信机构实施检验，海关依照《中华人民共和国海关进出口商品检验采信管理办法》对采信机构的检验结果实施采信。采信机构出具的检验报告，自签发之日起，一年内有效。

进口纺织服装产品涉及《国家纺织产品基本安全技术规范》（GB 18401—2010）、《消费品使用说明 第1部分：总则》（GB/T 5296.1—2012）和《消费品使用说明 第4部分：纺织品和服装》（GB/T

---

① 《一次性使用卫生品卫生要求》（GB 15979—2024）已于2024年6月25日发布，将于2025年7月1日实施。

5296. 4—2012）等国家标准的要求。

属于婴幼儿及儿童服装产品的，还应符合《婴幼儿及儿童纺织产品安全技术规范》（GB 31701—2015）的要求。

2. 电热毯

电热毯产品应同时符合《国家纺织产品基本安全技术规范》（GB 18401—2010）和《家用和类似用途电器的安全 电热毯、电热垫及类似柔性发热器具的特殊要求》（GB 4706. 8—2008）等强制性国家标准的要求。

（四）进口童鞋

童鞋产品应符合《儿童鞋安全技术规范》（GB 30585—2014）等强制性国家标准要求。

其中，适用于《布面童胶鞋》（GB/T 25036—2021）国家标准的产品，还应同时符合该标准的要求。

（五）进口玩具

玩具，是指设计或预定为 14 周岁以下儿童玩耍的所有产品和材料。

1. 检验要求

进口玩具按照中国国家技术规范的强制性要求实施检验。

常用的检验标准包括但不限于表 11-24 所列（使用时应注意相关标准是否已有更新版本）。

表 11-24　进口玩具常用的检验标准

标准编号	标准名称	备注
GB 6675. 1—2014	玩具安全 第 1 部分：基本规范	
GB 6675. 2—2014	玩具安全 第 2 部分：机械与物理性能	2022 年有修改单
GB 6675. 3—2014	玩具安全 第 3 部分：易燃性能	
GB 6675. 4—2014	玩具安全 第 4 部分：特定元素的迁移	
GB 6675. 11—2014	玩具安全 第 11 部分：家用秋千、滑梯及类似用途室内、室外活动玩具	2022 年有修改单
GB 6675. 12—2014	玩具安全 第 12 部分：玩具滑板车	
GB 6675. 13—2014	玩具安全 第 13 部分：除实验玩具外的化学套装玩具	
GB 6675. 14—2014	玩具安全 第 14 部分：指画颜料技术要求及测试方法	
GB 19865—2005	电玩具的安全	2022 年有修改单。将于 2026 年 8 月 1 日起被《电玩具的安全》（GB/T 19865—2024）替代
GB 26387—2011	玩具安全 化学及类似活动的实验玩具	
GB 24613—2009	玩具用涂料中有害物质限量	

2. 验证要求

玩具产品属于 CCC 强制性认证产品范围，还应符合强制性产品认证有关要求（详见本章第一节有关内容）。

（六）进口电动自行车

1. 检验要求

电动自行车应符合《电动自行车安全技术规范》（GB 17761—2024，2025 年 9 月 1 日起实施）/《电动自行车安全技术规范》（GB 17761—2018，将于 2025 年 9 月 1 日废止）和《电动自行车电气安全要求》(GB 42295—2022)等标准的强制性要求。

电动自行车的充电器应符合《电动自行车用充电器安全技术要求》(GB 42296—2022)标准的强制性要求。

电动自行车的电池还应同时满足《电动自行车用锂离子蓄电池安全技术规范》(GB 43854—2024)等电池产品的安全要求(详见本章第七节有关内容)。

2. 验证要求

电动自行车属于CCC强制性认证产品范围，还应符合强制性产品认证有关要求(详见本章第一节有关内容)。

(七)其他进口轻工、纺织产品

医疗用途的轻工、纺织类产品应按照实际用途，符合对应的国家标准或医药行业标准的要求。

食品接触用轻工、纺织类产品应符合食品安全相关国家标准的要求(参见第九章第二节“进口食品接触产品”相关内容)。

学生用品应符合《学生用品的安全通用要求》(GB 21027—2020)的强制性要求。

带有电器功能的家用轻工、纺织类产品应符合《家用和类似用途电器的安全》(GB 4706)系列标准中的对应要求。

第十一节　进出口烟花爆竹

烟花爆竹，是以烟火药为主要原料制成，然后通过燃烧或爆炸，产生光、声、色、型、烟雾等效果，用于观赏，具有易燃易爆危险的物品。

一、进口烟花爆竹

(一)资质要求

无。

(二)申报要求

1. 单证要求：货主或者其代理人应当在烟花爆竹进口前或者进口时向海关申报，申报时应提供合同、发票、提单、装箱单等商业单据。

2. 录入要求：监管方式为“退运货物(4561)”，且关联报关单号填写的出口报关单的监管方式为“一般贸易(0110)”的，货物属性应当选择“48--一般贸易出口的退运工业品”。

(三)产品相关要求

进口烟花爆竹应当符合国家法律法规规定的标准要求。

进口烟花爆竹的企业应当按照联合国《关于危险货物运输的建议书 规章范本》和有关法律、法规的规定储存进口烟花爆竹。

二、出口烟花爆竹

(一)资质要求

海关对出口烟花爆竹的生产企业实施登记管理制度。

(二)申报要求

烟花爆竹出口前，货主或者其代理人应当向属地海关申报，除按规定申请并提供合同、发票、装箱单等商业单据外，同时提供以下材料：

1. 出境货物运输包装性能检验结果单；

2. 出境危险货物运输包装使用鉴定结果单（同时为出口烟花爆竹的包装申请使用鉴定时可暂不提供）；

3. 生产企业对出口烟花爆竹的质量和安全作出承诺的声明。

（三）产品相关要求

出口烟花爆竹应当符合国家法律法规规定的标准，对进口国（地区）以及贸易合同高于中国法律法规规定标准的，按其标准进行检验。

出口烟花爆竹的生产企业应当按照联合国《关于危险货物运输的建议书 规章范本》和有关法律、法规的规定生产、储存出口烟花爆竹。

1. 检验内容

出口烟花爆竹产品在产地实施检验，包括以下方面的内容。

（1）安全性能检验

对首次出口或者原材料、配方发生变化的烟花爆竹应当实施烟火药剂安全稳定性能检测。对长期出口的烟花爆竹产品，每年应当进行不少于一次的烟火药剂安全性能检验。

针对不同的产品，分别选择对应的标准所列明的方法实施检验。

（2）分类定级测试

在联合国《关于危险货物运输的建议书 规章范本》中，按烟花爆竹具有的危险性或最主要的危险性，将其划入第 1 类爆炸物。第 1 类爆炸物又可以划分为 1.1、1.2、1.3 和 1.4 项，企业应通过联合国《关于危险货物运输的建议书 试验和标准手册》上的试验对具体的烟花爆竹产品实施分类定级。

（3）常规项目检验

常规项目检验在其烟火药剂安全稳定性能检测合格的基础上逐批进行。

出口烟花爆竹的检验有效期为 12 个月。

（4）运输包装使用鉴定

盛装出口烟花爆竹的运输包装，应达到Ⅱ类危险品包装要求。

（5）外包装检查

盛装出口烟花爆竹的运输包装，应当标有联合国规定的危险货物包装标记和出口烟花爆竹生产企业的登记代码标记。

盛装出口烟花爆竹的外包装，标识的名称、数量、规格、生产企业登记代码等应与实际一致。

2. 检验证单

凡经检验合格的出口烟花爆竹，按规定出具“出口货物换证凭单”。

3. 口岸查验

出口烟花爆竹在出口口岸实施查验，具体内容主要包括：货证是否相符；外包装上是否印刷有烟花爆竹生产企业代码及产品生产批次；是否有正确的爆炸品运输警示标签；外包装是否完好无损；是否超检验检疫有效期。

查验不合格的，不予出口放行。

三、进出口烟花爆竹检验标准

烟花爆竹常用的检验标准包括但不限于表 11-25 所列（使用时应注意相关标准是否已有更新版本）。

表 11-25 烟花爆竹常用的检验标准

序号	标准号	标准名称	备注
1	GB 10631—2013	烟花爆竹 安全与质量	
2	GB/T 10632—2014	烟花爆竹 抽样检查规则	
3	GB 11652—2012	烟花爆竹 作业安全技术规程	
4	GB 19593—2015	烟花爆竹 组合烟花	
5	GB 19594—2015	烟花爆竹 礼花弹	
6	GB 19595—2004	烟花爆竹 引火线	
7	GB 20208—2006	烟花爆竹 礼花弹发射炮筒	
8	GB 21552—2008	烟花爆竹 黑火药爆竹（爆竹类产品）	
9	GB 21553—2008	烟花爆竹 火箭（升空类产品）	
10	GB 21555—2008	烟花爆竹 双响（升空类产品）	2009 年有修改单
11	GB 24426—2015	烟花爆竹 标志	
12	GB 31368—2015	烟花爆竹 包装	

第十二节 出口打火机、点火枪

打火机，在标准中的定义为：一种手动操作的点火装置，用石化衍生物作燃料，通常用于以特意的方式点燃香烟、雪茄和烟斗，可以预料它也能用来点燃纸、灯芯、蜡烛和灯笼。(打火机并非设计用来当作蜡烛、手电筒或其他需要长时间燃烧的用途)

点火枪，是指手持并带有手动操作点火系统的点火装置，在充分伸展状态下，长度大于或等于100mm，充灌有24℃时标准蒸汽压超过103kPa的丁烷、异丁烷、丙烷或其他液态烃或其混合物燃料，主要用于点燃下列物品，如蜡烛、燃料壁炉、碳式或气体烧烤炉、露营炉、灯笼、燃气装置或标灯。

一、资质要求

各直属海关对出口打火机、点火枪类商品的生产企业实施登记管理制度。

二、申报要求

打火机、点火枪出口前，货主或者其代理人应当向属地海关申报，除贸易合同、提单、装箱单、发票等贸易凭证外，同时按要求提供以下材料：

——出口打火机、点火枪类商品生产企业自我声明报告；

——出口打火机、点火枪类商品生产企业登记证；

——出口打火机、点火枪类商品的型式试验报告。

三、产品相关要求

（一）检验标准

出口打火机、点火枪的检验应当严格执行国家法律法规规定的标准，对进口国（地区）以及贸易合同高于中国法律法规规定标准的，按其标准进行检验。常用的检验标准包括但不限于表 11-26（使用时应注意相关标准是否已有更新版本）。

表 11-26 出口打火机、点火枪常用的检验标准

序号	标准号	标准名称	备注
1	GB 25722—2010	打火机安全与质量	
2	GB 25723—2010	点火枪安全与质量	

（二）型式试验

出口打火机、点火枪产品需进行型式试验。型式试验项目包括：防止儿童开启试验装置试验、燃烧高度试验、倒置试验、跌落试验、温度试验、持续操作试验、压力试验。

打火机、点火枪类商品首次出口时或其结构、原材料、生产工艺发生变化时，需进行全项型式试验。

对于连续出口的相同结构、原材料、生产工艺的打火机、点火枪类商品：金属外壳打火机、点火枪类商品全项型式试验周期为 12 个月；塑料外壳打火机、点火枪类商品全项型式试验周期为 9 个月。

（三）检验内容

出口打火机、点火枪产品在产地实施检验，包括：包装性能检验、包装使用鉴定、充灌量鉴定、渗漏试验等。具体内容详见相关标准。

（四）检验证单

凡经检验合格的出口打火机、点火枪，按规定出具“出口货物换证凭单”。

（五）口岸查验

出口打火机、点火枪在出口口岸实施查验，具体内容主要包括：封识是否完好，货证是否相符；货物唛头、标志、批次、编号是否完好，是否与单证一致；外包装是否完好无损；是否超检验检疫有效期。

查验不合格的，不予出口放行。

第十二章

资源与化工产品

第一节　进出口危险化学品

海关对列入《危险化学品目录》的进出口危险化学品实施检验。

一、进口危险化学品

（一）资质要求

无。

（二）申报要求

1. 基本申报要求

货主或者其代理人应当在危险化学品进口前或进口时向口岸海关申报，如实填报货物属性、监管类别名称、包装种类、危险货物信息［是否非危险货物、联合国危险货物编号（UN 编号）、危险类别、包装类别（散装产品除外）、危险货物包装标记（包装 UN 标记，联合国危险货物包装标记，散装产品除外）］和目的地海关等，还应提供下列材料：

（1）进口危险化学品企业符合性声明（样式见本节参考资料 2）；

（2）对需要添加抑制剂或稳定剂的产品，应提供实际添加抑制剂或稳定剂的名称、数量等情况说明；

（3）中文危险公示标签（散装产品除外）、中文安全数据单的样本。

2. 录入要求

填报事项应依照表 12-1 填写。

表 12-1　进口危险化学品的录入要求

序号	字段	填写方式	备注
1	包装种类	使用中型散装容器（代码 41）、便携式罐体（代码 42）、可移动罐柜（代码 43）的，应选择相应的代码	相关说明见本节参考资料
2	货物属性	申报货物为危险化学品的，需在“31-散装危险化学品”“32-件装危险化学品”中选择其一；当包装种类选择了代码 41/42/43 时，应选择“32-件装危险化学品”； 申报货物与危险化学品为同一商品编号、但为非危险化学品的，应选择“33-非危险化学品”。	

表12-1 续

序号	字段		填写方式	备注
3	危险货物信息	非危险货物	属于危险货物的，留空； 不属于危险货物的，勾选；以下各栏均无须填写。	
4		UN 编号	据实填写四位联合国危险货物编号	散装无须填写
5		危险类别	据实填写；"单一窗口"支持根据 UN 编号自动返填。	
6		包装类别	根据申报货物使用包装的实际情况，分别选择一类、二类、三类； 使用限量包装的可选"无"	散装无须填写
7		包装 UN 标记	据实填写联合国危险货物包装标记。 使用限量包装的可填"/"	散装无须填写

监管方式为"退运货物（4561）"，且关联报关单号填写的出口报关单的监管方式为"一般贸易（0110）"的，货物属性还应当选择"48-一般贸易出口的退运工业品"。

参考资料 1

危险货物包装类别

中型散装容器，是指一切硬质或软体的可移动包装，其容量：在装包装类别Ⅱ和包装类别Ⅲ的固体和液体时，不大于 3.0 立方米（3000 升）；包装类别Ⅰ的固体装入软性、硬塑料、复合、纤维板和木质中型散装容器时，不大于 1.5 立方米；包装类别Ⅰ的固体装入金属中型散装容器时，不大于 3.0 立方米；装第 7 类放射性物质时，不大于 3.0 立方米；且设计上采用机械方法装卸，能经受装卸和运输中产生的应力（该应力由试验确定）。（摘编自《关于危险货物运输的建议书 规章范本》第二十二修订版）

便携式罐体：用以运输第 3 类至第 9 类物质的、容量大于 450 升的多式联运罐体。便携式罐体的罐壳装有运输危险货物所必要的辅助设备和结构装置［摘自《危险货物便携式罐体检验安全规范》（GB 19454—2009）］。通常指罐式集装箱。

可移动罐柜，用于运输第 1 类和第 3 至第 9 类的物质时，系指多式联运罐体，其罐壳装有运输危险物质所需的辅助设备和结构装置；用于运输第 2 类非冷冻液化气体时，系指容量大于 450 升的多式联运罐体，其罐壳装有运输气体所需的辅助设备和结构装置；用于运输冷冻液化气体时，系指容量大于 450 升的隔热罐体，装有运输冷冻液化气体所需的辅助设备和结构装置。可移动罐柜应在装货和卸货时不需去除结构装置。罐壳外部应具有稳定部件，并可在满载时吊起。公路槽罐车、铁路罐车、非金属罐体（有纤维增强塑料罐壳的可移动罐柜除外）、气瓶、大型贮器及中型散装容器不属于本定义范围。（摘编自《关于危险货物运输的建议书 规章范本》第二十二修订版）

（三）产品相关要求

进口危险化学品必须符合相应要求：中国国家技术规范的强制性要求；有关国际公约、国际规则、条约、协议、议定书、备忘录等；海关总署以及原国家质检总局指定的技术规范、标准。

1. 危险化学品检验内容

进口危险化学品检验的内容包括：

（1）产品的主要成分/组分信息、物理及化学特性、危险类别应符合相关要求。

（2）产品包装上应有中文危险公示标签，应随附中文安全数据单；危险公示标签、安全数据单的内容是否符合规定。

用作食品、食品添加剂、涂料的进口危险化学品，还应符合食品安全、涂料相关规定。

2. 危险化学品的包装检验内容

进口危险化学品所用包装，检验包装型式、包装标记、包装类别、包装规格、单件重量、包装使用状况等必须符合相关要求。

二、出口危险化学品

（一）资质要求

无。

（二）申报要求

危险化学品出口前，货主或者其代理人应当向属地海关申报，除按规定申请并提供合同、发票、装箱单等商业单据外，还应提供下列材料：

1. 出口危险化学品生产企业符合性声明（样式见本节参考资料 2）；
2. 出境货物运输包装性能检验结果单（散装产品及国际规章豁免使用危险货物包装的除外）；
3. 危险特性分类鉴别报告；
4. 危险公示标签（散装产品除外）、安全数据单样本，如是外文样本，应提供对应的中文翻译件；
5. 对需要添加抑制剂或稳定剂的产品，应提供实际添加抑制剂或稳定剂的名称、数量等情况说明。

（三）产品相关要求

危险化学品出口企业应当保证危险化学品符合相应要求：有关国际公约、国际规则、条约、协议、议定书、备忘录等；输入国家或者地区技术法规、标准；海关总署以及原国家质检总局指定的技术规范、标准。

1. 危险化学品检验内容

出口危险化学品检验的内容包括：

（1）产品的主要成分/组分信息、物理及化学特性、危险类别等是否符合相关要求。

（2）产品包装上是否有危险公示标签，是否随附安全数据单；危险公示标签、安全数据单的内容是否符合规定。

用作食品、食品添加剂的出口危险化学品，还应符合食品安全相关规定。

2. 危险化学品的包装检验内容

对出口危险化学品的包装，按照海运、空运、公路运输及铁路运输出口危险货物包装检验管理规定、标准实施性能检验和使用鉴定，分别出具出境货物运输包装性能检验结果单、出境危险货物运输包装使用鉴定结果单。

三、进出口危险化学品检验标准

进出口危险化学品常用检验标准如表 12-2 所示（使用时应注意相关标准是否已有更新版本）。

表 12-2　进出口危险化学品常用检验标准

序号	标准号	标准名称	备注
1	GB 15258—2009	化学品安全标签编写规定	
2	GB 13690—2009	化学品分类和危险性公示 通则	
3	GB/T 16483—2008	化学品安全技术说明书 内容和项目顺序	
4	GB 30000 系列标准	化学品分类和标签规范	

参考资料 2

进出口危险化学品企业符合性声明式样

《关于进出口危险化学品及其包装检验监管有关问题的公告》（海关总署公告 2020 年第 129 号）要求的进出口危险化学品相关声明如下。

（一）进口危险化学品企业符合性声明式样

进口危险化学品企业符合性声明

（要素）

(企业名称) 申报的 (商品名称)（HS 编码：________，化学品正式名称：________，联合国 UN 编号：______），产品的危险化学品危险种类为__________，共__________（桶/袋/箱等）__________（吨/千克），使用包装 UN 标记__________，从__________国家（或地区）进口至中国。

以上申报货物的危险特性与其要求的包装类别相一致，符合联合国《关于危险货物运输的建议书规章范本》等国际规章要求，危险公示标签和安全数据单符合中华人民共和国法律、行政法规、规章的规定以及国家标准、行业标准的要求。

上述内容真实无误，本企业对以上声明愿意承担相应的法律责任。

特此声明。

法定代表人或其授权人（签字）：

企业（盖章）：

年　　月　　日

（二）出口危险化学品生产企业符合性声明式样

出口危险化学品生产企业符合性声明

（要素）

(企业名称) 申报的 (商品名称)（HS 编码：__________，化学品正式名称：__________，联合国 UN 编号：__________），共__________（桶/袋/箱等）__________（吨/千克），包装 UN 标记__________，出口至__________国家（或地区），与提交的危险化学品分类鉴别报告（报告编号：__________）检测的产品一致，并经自我检验合格。

以上申报货物的安全数据单及危险公示标签符合联合国《全球化学品统一分类和标签制度》（GHS）基本要求，使用包装符合联合国《关于危险货物运输的建议书 规章范本》（TDG）的相关要求。

上述内容真实无误，本企业对以上声明愿意承担相应的法律责任。

特此声明。

法定代表人或其授权人（签字）：

企业（盖章）：

年　　月　　日

第二节 进口非金属矿产品

一、资质要求

无。

二、申报要求

（一）基本申报要求

货主或者其代理人应当在石材、煤炭产品进口前或者进口时向海关申报，申报时应提供合同、发票、提单、装箱单等商业单据。

（二）录入要求

1. 进口矿产品收货人或者代理人需要海关出具重量证书的，应在所需证书栏目勾选“12-重量证书”（“两步申报”模式下的概要申报时，应在申报界面勾选“需要重量证书”）。

2. 如需对进口原油、水泥申请检验结果采信，应在“货物属性”栏选择“46-检验结果需采信”类型申报，在对应货物项号的“产品资质”栏中录入“采信机构代码/检验报告编号”，并在“随附单据”栏上传检验报告、《质量安全符合性声明》等资料。

3. 监管方式为“退运货物（4561）”，且关联报关单号填写的出口报关单的监管方式为“一般贸易（0110）”的，货物属性还应当选择“48-一般贸易出口的退运工业品”。

三、产品相关要求

海关对进口矿产品依企业申请实施重量鉴定。进口矿产品收货人或代理人需要海关出具矿产品重量证书的，应向海关提出申请，海关依申请实施重量鉴定并出具重量证书（详见本书第二部分第十五章第一节）；不需要海关出具重量证书的，海关不再实施重量鉴定。

（一）进口石材

进口石材的环境控制要求必须符合《民用建筑工程室内环境污染控制标准》（GB 50325—2020）和《建筑材料放射性核素限量》（GB 6566—2010）的要求。

（二）进口煤炭

进口商品煤应符合《商品煤质量管理暂行办法》第六条至第十条的具体要求。

1. 商品煤应当满足下列基本要求：

（1）灰分（Ad）：褐煤≤30%，其他煤种≤40%；

（2）硫分（St,d）：褐煤≤1.5%，其他煤种≤3%；

（3）其他指标：汞（Hgd）≤0.6 μg/g，砷（Asd）≤80 μg/g，磷（Pd）≤0.15%，氯（Cld）≤0.3%，氟（Fd）≤200 μg/g。

2. 在中国境内远距离运输（运距超过600千米）的商品煤除在满足基本要求外，还应当同时满足下列要求：

（1）褐煤：发热量（Qnet,ar）≥16.5 MJ/kg，灰分（Ad）≤20%，硫分（St,d）≤1%；

（2）其他煤种：发热量（Qnet,ar）≥18 MJ/kg，灰分（Ad）≤30%，硫分（St,d）≤2%。

上述运距是指从货物进境口岸到消费地距离。

3. 对于供应给具备高效脱硫、废弃物处理、硫资源回收等设施的化工、电力及炼焦等用户的商品煤，可适当放宽其商品煤供应和使用的含硫标准，具体办法由国家煤炭管理部门商有关部门制定。

4. 京津冀及周边地区、长三角、珠三角限制销售和使用灰分（Ad）≥16%、硫分（St,d）≥1%的散煤。

5. 进口的煤炭应按照《商品煤标识》（GB/T 25209—2022）进行标识，标识内容应与实际煤质相符。

（三）进口硅酸盐水泥

进口水泥检验可实施采信管理。货主及其代理人可以委托采信机构实施检验，海关依照《中华人民共和国海关进出口商品检验采信管理办法》对采信机构的检验结果实施采信。采信机构出具的检验报告，自签发之日起，6 个月内有效。

进口普通硅酸盐水泥应符合《通用硅酸盐水泥》（GB 175—2023）和《水泥中水溶性铬（Ⅵ）的限量及测定方法》（GB 31893—2015）等标准的强制性要求。

（四）进口石油及制品

1. 石油原油

进口原油检验可实施采信管理。货主及其代理人可以委托采信机构实施检验，海关依照《中华人民共和国海关进出口商品检验采信管理办法》对采信机构的检验结果实施采信。采信机构出具的检验报告，应与所检验原油装载容器及运输工具信息相对应，自签发之日起，6 个月内有效。海关对同期装载在同一运输工具上的进口原油采用相同的检验监管模式。进口商品原油应符合《原油》（GB 36170—2018）的强制性要求。

参考资料 1

进口原油“先放后检”新模式

海关对进口原油采取“先放后检”监管方式。“先放”是指进口原油经海关现场检查（信息核查、取制样等）符合要求后，企业即可开展卸货、转运工作；“后检”是指对进口原油开展实验室检测并进行合格评定。

实施“先放后检”的进口原油经海关检验合格、出具证单后，企业方可销售、使用。

参考资料 2

进口原油检验采信管理

海关总署对进口原油检验实施采信管理，根据进口原油质量安全风险评估结果，进口货物收货人或者其代理人进口的原油（商品编码 2709000000），可以委托采信机构实施检验，海关依照《中华人民共和国海关进出口商品检验采信管理办法》对采信机构的检验结果实施采信。

采信机构出具的检验报告，应与所检验原油装载容器及运输工具信息相对应，自签发之日起，6 个月内有效。

海关对同期装载在同一运输工具上的进口原油采用相同的检验监管模式。进口货物收货人或者其代理人如需对进口货物申请检验结果采信，申报时应在“货物属性”栏选择“46-检验结果需采信”类型申报，在对应货物项号的“产品资质”栏中录入“采信机构代码/检验报告编号”，并在“随附单据”栏上传检验报告、《质量安全符合性声明》等资料，海关按照《中华人民共和国海关进出口商品检验采信管理办法》实施采信。

2. 燃料、矿物油及类似品

实际产品如适用以下相关标准（表 12-3），则应符合对应的强制性要求。

表 12-3 燃料、矿物油及类似品适用的相关标准

序号	标准号	标准名称	备注
1	GB 253—2008	煤油	
2	GB 1922—2006	油漆及清洗用溶剂油	
3	GB 2536—2011	电工流体 变压器和开关用的未使用过的矿物绝缘油	
4	GB 5903—2011	工业闭式齿轮油	
5	GB 9053—2013	稳定轻烃	
6	GB 11118.1—2011	液压油（L-HL、L-HM、L-HV、L-HS、L-HG）	
7	GB 11120—2011	涡轮机油	
8	GB 11121—2006	汽油机油	
9	GB 11122—2006	柴油机油	
10	GB 13895—2018	重负荷车辆齿轮油（GL-5）	
11	GB 15179—1994	食品机械润滑脂	
12	GB 16663—1996	醇基液体燃料	
13	GB 17411—2015	船用燃料油	2018 年有修改单
14	GB 17930—2016	车用汽油	
15	GB 18350—2013	变性燃料乙醇	2016 年、2020 年有修改单
16	GB 18351—2017	车用乙醇汽油（E10）	
17	GB 19147—2016	车用柴油	2018 年有修改单
18	GB 19592—2019	车用汽油清净剂	
19	GB 22030—2017	车用乙醇汽油调合组分油	
20	GB 23971—2009	有机热载体	
21	GB 25199—2017	B5 柴油	
22	GB 25989—2010	炉用燃料油	
23	GB 35793—2018	车用乙醇汽油 E85	

第三节　进口金属矿产品

一、资质要求

无。

二、申报要求

（一）基本申报要求

货主或者其代理人应当在金属矿产品进口前或者进口时向海关申报，申报时应提供合同、发票、提单、装箱单等商业单据。

（二）录入要求

1. 进口矿产品收货人或者代理人需要海关出具重量证书的，应在所需证书栏目勾选“12-重量证书”（“两步申报”模式下的概要申报时，应在申报界面勾选“需要重量证书”）。

2. 进口铜精矿、铁矿、铅矿砂及其精矿、锌矿砂及其精矿收货人或代理人需要海关出具品质证书的，应在所需证书栏目勾选“11-品质证书”（“两步申报”模式下的概要申报时，应在申报界面勾选“需要品质证书”）。

3. 监管方式为“退运货物（4561）”，且关联报关单号填写的出口报关单的监管方式为“一般贸易（0110）”的，货物属性还应当选择“48-一般贸易出口的退运工业品”。

三、产品相关要求

进口金属矿产品不应夹带固体废物，也不应夹杂土壤、杂草、动植物病残体等检疫风险物质。

海关对进口矿产品放射性实施检验监管。铜、铅、锌、锡、镍、钴等有色金属矿产品依据《有色金属矿产品的天然放射性限值》（GB 20664—2006）执行。其他矿产品的放射性核素活度浓度应符合《可免于辐射防护监管的物料中放射性核素活度浓度》（GB 27742—2011）的规定。

海关对进口矿产品依企业申请实施重量鉴定。进口矿产品收货人或代理人需要海关出具矿产品重量证书的，应向海关提出申请，海关依申请实施重量鉴定并出具重量证书（详见本书第二部分第十五章第一节）；不需要海关出具重量证书的，海关不再实施重量鉴定。

（一）进口铜精矿

海关对进口铜精矿实施有毒有害元素（铅、砷、氟、镉、汞）等环保项目检测，具体要求是：铅（Pb）不得大于 6.00%，砷（As）不得大于 0.50%，氟（F）不得大于 0.10%，镉（Cd）不得大于 0.05%，汞（Hg）不得大于 0.01%。

海关对进口铜精矿依企业申请实施抽样品质检验。进口铜精矿的收货人或其代理人需要海关出具品质证书的，应向海关提出申请。在现场检验及环保项目检测符合要求的前提下，进口铜精矿的收货人或其代理人可申请提离海关监管作业场所后，由海关实施品质项目检测并出具品质证书。不需要海关出具进口铜精矿品质证书的，现场检验及环保项目符合要求后即可通关放行。

（二）进口铁矿、铅矿砂及其精矿、锌矿砂及其精矿

海关对进口铁矿、铅矿砂及其精矿、锌矿砂及其精矿依企业申请实施抽样品质检验。收货人或者

代理人需要海关出具品质证书的，应向海关提出申请。海关对上述进口矿产品实施现场检验检疫（包括现场放射性检测、外来夹杂物检疫处理、疑似或掺杂固体废物排查），并实施现场抽样、实验室检测、出具品质证书；不需要海关出具品质证书的，海关实施现场检验检疫，不实施现场抽样、实验室检测、出具品质证书。

参考资料

进口金属矿产品“先放后检”新模式

海关对进口铁矿、锰矿、铬矿，铅矿及其精矿，锌矿及其精矿，采取“先放后检”监管方式。“先放”指进口矿产品经现场检验检疫［包括放射性检测、外来夹杂物检疫、数（重）量鉴定、外观检验以及取制样等］符合要求后，即可提离海关监管作业场所；“后检”指进口矿产品提离后实施实验室检测并签发证书。

现场检验检疫中如发现货物存在放射性超标、疑似或掺杂固体废物、货证不一致、外来夹杂物等情况，不适用“先放后检”监管方式。

海关完成合格评定并签发证书后，企业方可销售、使用进口矿产品。

第四节　进口再生金属原料产品

一、资质要求

无。

二、申报要求

货主或者其代理人应当在再生金属原料产品进口前或者进口时向海关申报，申报时应提供合同、发票、提单、装箱单等商业单据。

三、产品相关要求

符合《再生钢铁原料》（GB/T 39733—2020）标准的再生钢铁原料，以及符合《关于规范再生铜及铜合金原料、再生铝及铝合金原料进口管理有关事项的公告》（生态环境部、海关总署、国家发展和改革委员会、商务部、工业和信息化部、商务部、国家市场监督管理总局公告 2024 年第 23 号）所列性能指标要求的再生铜合金原料、再生铜原料、再生铸造铝合金原料、再生变形铝合金原料、再生纯铝原料，不属于固体废物，可自由进口。

除放射性污染检验应符合海关专门检验要求外，再生铜铝原料的检验首先采用感官检验，当不能确定是否符合附表指标要求时，按照海关行业技术规范或国家标准《再生铜合金原料》（GB/T 38470—2023）、《再生铜原料》（GB/T 38471—2023）、《再生铸造铝合金原料》（GB/T 38472—2023）、《再生变形铝合金原料》（GB/T 40382—2021）、《再生纯铝原料》（GB/T 40386—2021）的相应检验方法进行检验。

不符合对应国家标准和性能指标要求的，禁止进口。

第五节　进口复合橡胶

一、资质要求

无。

二、申报要求

货主或者其代理人应当在石材产品进口前或者进口时向海关申报，申报时应提供合同、发票、提单、装箱单等商业单据，同时提供相应材料：产品合格证；质量报告和配料表。其中，质量报告为产品出厂的详细报告；配料表为复合橡胶所包含的生橡胶及配合剂的名称和含量的列表。

三、产品相关要求

进口复合橡胶的外观、生橡胶含量等项目应符合《复合橡胶通用技术规范》（GB/T 31357—2014）的要求。

第六节　进出口其他资源与化工产品

一、进口其他资源与化工产品

（一）资质要求

无。

（二）申报要求

1. 单证要求：货主或者其代理人应当在产品进口前或者进口时向海关申报，申报时应提供合同、发票、提单、装箱单等商业单据。

其中属于危险化学品的，应同时满足危险化学品相关要求（详见本章第一节）。

2. 录入要求：监管方式为“退运货物（4561）”，且关联报关单号填写的出口报关单的监管方式为“一般贸易（0110）”的，货物属性还应当选择“48-一般贸易出口的退运工业品”。

（三）产品相关要求

进口产品应符合中国法律、法规，以及国家技术规范的强制性要求。部分产品应符合的强制性国家标准如下（使用时应注意相关标准是否已有更新版本）。

1. 食品洗涤剂、消毒剂

属于食品洗涤剂、消毒剂的，应符合《食品安全国家标准 洗涤剂》（GB 14930. 1—2022）、《食品

安全国家标准 消毒剂》(GB 14930.2—2012)、《消毒产品标签说明书通用要求》(GB 38598—2020)等标准的强制性要求。

2. 涂料

食品接触用涂料按照食品接触材料有关要求执行(详见本书第二部分第九章第二节“进口食品接触产品”有关内容)。非食品接触用涂料要求如下。

(1)强制性认证

溶剂型木器涂料产品属于CCC强制性认证产品范围,还应符合强制性产品认证有关要求(详见本书第二部分第十三章第十节有关内容)。

(2)检验标准

实际产品如适用以下相关标准(表12-4),则应符合对应的强制性要求。

表12-4 进口涂料产品常用检验标准

序号	标准号	标准名称	备注
1	GB 12441—2018	饰面型防火涂料	
2	GB 14907—2018	钢结构防火涂料	
3	GB 18581—2020	木器涂料中有害物质限量	替代《室内装饰装修材料 溶剂型木器涂料中有害物质限量》(GB 18581—2009)以及《室内装饰装修材料 水性木器涂料中有害物质限量》(GB 24410—2009)等标准
4	GB 18582—2020	建筑用墙面涂料中有害物质限量	替代《室内装饰装修材料 内墙涂料中有害物质限量》(GB 18582—2008)以及《建筑用外墙涂料中有害物质限量》(GB 24408—2009)等标准
5	GB 19457—2009	危险货物涂料包装检验安全规范	
6	GB 24409—2020	车辆涂料中有害物质限量	替代《汽车涂料中有害物质限量》(GB 24409—2009)
7	GB 24613—2009	玩具用涂料中有害物质限量	
8	GB 28374—2012	电缆防火涂料	
9	GB 28375—2012	混凝土结构防火涂料	
10	GB 30981—2020	工业防护涂料中有害物质限量	替代《建筑钢结构防腐涂料中有害物质限量》(GB 30981—2014)
11	GB 37824—2019	涂料、油墨及胶粘剂工业大气污染物排放标准	
12	GB 38468—2019	室内地坪涂料中有害物质限量	
13	GB 38469—2019	船舶涂料中有害物质限量	
14	GB 5369—2008	船用饮水舱涂料通用技术条件	

(3)其他要求

进口涂料产品属于危险化学品的,应同时符合对应要求(详见本章第一节)。

进口涂料产品用于食品接触产品的,应同时符合对应要求(详见本书第二部分第九章第二节)。

3. 肥料

实际产品如适用以下相关标准(表12-5),则应符合对应的强制性要求。

表 12-5　肥料适用的相关标准

序号	标准号	标准名称	备注
1	GB 18382—2021	肥料标识 内容和要求	替代《肥料标识 内容和要求》（GB 18382—2001）
2	GB 38400—2019	肥料中有毒有害物质的限量要求	
3	GB 8921—2011	磷肥及其复合肥中 226 镭限量卫生标准	

4. 农药

向中国出口农药的企业应当申请农药登记，取得农药登记证。禁止进口未取得农药登记证的农药。

向中国出口的农药应当附具中文标签、说明书，符合产品质量标准，并经海关依法检验合格。

实际产品如适用以下相关标准（表 12-6），则应符合对应的强制性要求。

表 12-6　农药适用的相关标准

序号	标准号	标准名称
1	GB 434—1995	溴甲烷原药
2	GB 2548—2008	敌敌畏乳油
3	GB 2549—2003	敌敌畏原药
4	GB 3796—2018	农药包装通则
5	GB 4838—2018	农药乳油包装
6	GB 4839—2009	农药中文通用名称
7	GB 20678—2006	溴敌隆原药
8	GB 20679—2006	溴敌隆母药
9	GB 20687—2006	溴鼠灵母药
10	GB 20690—2006	溴鼠灵原药
11	GB 20813—2006	农药产品标签通则
12	GB 22609—2008	丁硫克百威原药
13	GB 23550—2009	35%水胺硫磷乳油
14	GB 23557—2009	灭多威乳油
15	GB 24752—2009	灭多威原药
16	GB 24753—2009	水胺硫磷原药
17	GB 28157—2011	乙酰甲胺磷乳油
18	GB 29382—2012	硝磺草酮原药
19	GB 29384—2012	乙酰甲胺磷原药

二、出口其他资源与化工产品

（一）资质要求

无。

（二）申报要求

出口商或者其代理人应当按照规定，凭合同、发票、装箱单、出厂合格证明等必要的文件，向产地（含组货地）海关申请检验检疫。

其中，属于危险化学品的，应同时满足危险化学品相关要求（详见本章第一节）。

（三）产品相关要求

生产企业应当保证其出口产品符合进口国家（地区）的标准或者合同要求。

第三部分

资质办理指南及检验鉴定

第十三章 海关检验检疫业务相关产品资质办理指南

第一节 入/出境特殊物品卫生检疫审批（行政许可）

一、办理事项

入/出境特殊物品卫生检疫审批单。

二、办理方式

1. 网上办理：申请人登录“互联网+海关”全国一体化在线政务服务平台（http://online.customs.gov.cn/），进入“行政审批”模块，选择“特殊物品出入境卫生检疫审批”事项办理。

2. 现场办理：申请人到各直属海关现场相关业务窗口办理。

三、申请条件

法律法规规定须获得相关部门批准文件的，应当获得相应批准文件。

具备与出入境特殊物品相适应的生物安全控制能力。

四、提交材料

1. 线上填写申请材料，无须提交纸本申请材料。

2. 申请特殊物品审批的，货主或者其代理人应当按照以下规定提供相应材料：

（1）入/出境特殊物品卫生检疫审批申请表；

（2）出入境特殊物品描述性材料，包括特殊物品中英文名称、类别、成分、来源、用途、主要销售渠道、输出输入的国家或者地区、生产商等；

（3）入境用于预防、诊断、治疗人类疾病的生物制品、人体血液制品，应当提供国务院药品监督管理部门发给的进口注册证书（不再验核依据海关总署门户网站首页—“政务公开”—“政府信息公开专栏”—“政府信息公开目录”，于2019年12月2日发布的《海关总署决定公布第一批取消的证明事项》）；

（4）入境、出境特殊物品含有或者可能含有病原微生物的，应当提供病原微生物的学名（中文和拉丁文）、生物学特性的说明性文件（中英文对照件），以及生产经营者或者使用者具备相应生物安全防控水平的证明文件；

（5）出境用于预防、诊断、治疗的人类疾病的生物制品、人体血液制品，应当提供药品监督管理部门出具的销售证明《关于出入境特殊物品卫生检疫审批有关事宜的公告》（海关总署公告2021年第

52 号）规定，“销售证明”包含药品监督管理部门出具的《医疗器械出口备案表》和《医疗器械产品出口销售证明》，两者均可作为企业办理出入境特殊物品卫生检疫审批相关申请材料；

（6）出境特殊物品涉及人类遗传资源管理范畴的，应当取得人类遗传资源管理部门出具的批准文件，海关对有关批准文件电子数据进行系统自动比对验核；

（7）使用含有或者可能含有病原微生物的出入境特殊物品的单位，应当提供与生物安全风险等级相适应的生物安全实验室资质证明，BSL-3 级以上实验室必须获得有关国家机构的认可；

（8）出入境高致病性病原微生物菌（毒）种或者样本的，应当提供省级以上人民政府卫生主管部门的批准文件。

3. 申请人为单位的，首次申请特殊物品审批时，除提供上述第 2 项所规定的材料以外，还应当提供单位基本情况，如单位管理体系认证情况、单位地址、生产场所、实验室设置、仓储设施设备、产品加工情况、生产过程或者工艺流程、平面图等。生物安全实验室应提供实验室生物安全资质证明文件。

4. 申请人为自然人的，应当提供身份证复印件。出入境病原微生物或者可能含有病原微生物的特殊物品，其申请人不得为自然人。

五、办理流程

1. 申请（网上办理，全天）。
2. 受理（申请人发现申请错误需要补正的，可以在海关受理前自行撤回修改）。
3. 初审（必要时组织风险评估）。
4. 复核和决定（自受理之日起 20 个工作日，不含风险评估和实验室检测时间）。
5. 办结。

六、办理时限

现场办理。办理时间为各直属海关现场审批窗口部门工作时间或拨打 12360 海关热线查询。

网上办理。企业申请时间：24 小时。海关审核时间：周一至周五，各直属海关或隶属海关工作时间。

受理机构自受理之日起 20 个工作日内作出是否准予许可的决定。20 个工作日不能作出决定的，经本行政机关负责人批准，延长 10 个工作日。

专家资料审核、现场评估、实验室检测等时间不纳入法定办结时限，但须尽快开展。原则上专家资料审核不超过 20 个工作日，境内现场评估不超过 2 个月，实验室检测时间视检测项目和方法而定，不宜超过 2 个月。

七、受理机构

各直属海关卫生检疫主管部门。

第二节　进境（过境）动物及其产品检疫审批（行政许可）

一、办理事项

“进境动植物检疫许可证”。

二、办理方式

网上办理：申请人登录“互联网+海关”全国一体化在线政务服务平台（http：//online. customs. gov. cn/），进入“行政审批”模块，选择“过境动物、进境特定动植物及其产品检疫审批”事项办理。

三、申请条件

1. 申请办理检疫审批手续的单位应当是具有独立法人资格并直接对外签订贸易合同或者协议的单位（单位法人资格证明文件不再验核）。

2. 过境动物的申请单位应当是具有独立法人资格并直接对外签订贸易合同或者协议的单位或者其代理人。须向海关申请办理检疫审批的动物及其产品范围见本书附录 2-3。

《禁止从动物疫病流行国家/地区输入的动物及其产品一览表》见本书附录 2-4。申请人也可登录海关总署动植物检疫司页面（http：//dzs. customs. gov. cn/），点击“动植物检疫要求和警示信息”栏目查询。

四、提交材料

在线填写申请表，并根据随附单证要求上传扫描件。随附单证要求如下：

1. 输入动物需要隔离检疫的，应当提交有效的隔离场使用证；

2. 输入进境后需要指定生产、加工、存放的动植物及其产品，应当提交生产、加工、存放单位信息以及符合海关要求的生产、加工、存放能力证明材料；

3. 办理动物过境的，应当说明过境路线，并提供输出国家或者地区官方检疫部门出具的动物卫生证书（复印件）和输入国家或者地区官方检疫部门出具的准许动物进境的证明文件；

4. 因科学研究等特殊需要，引进《中华人民共和国进出境动植物检疫法》第五条第一款所列禁止进境物的，必须提交书面申请，说明其数量、用途、引进方式、进境后的防疫措施、科学研究的立项报告及相关主管部门的批准立项证明文件。

五、办理流程

1. 申请单位登录海关行政审批网上办理平台（http：//pre. chinaport. gov. cn/car）向海关提交材料。海关向申请人出具受理单或不予受理通知书。

2. 海关相关部门受理申请后，根据法定条件和程序进行全面审查，自受理申请之日起 20 个工作日内作出准予许可或不予许可的决定。

3. 依法作出许可决定的，签发“进境动植物检疫许可证”，或者依法作出不予许可的决定。

六、办理时限

海关相关部门自受理申请之日起 20 个工作日内作出准予许可或不予许可的决定；20 个工作日内不能作出决定的，经本行政机关负责人批准，延长 10 个工作日。

七、受理机构

海关总署或经海关总署授权的直属海关。直属海关授权范围可查询《关于授权直属海关开展部分进境动植物及其产品检疫审批事宜的公告》（海关总署公告 2021 年第 101 号）、《关于授权直属海关开展部分进境动植物及其产品检疫审批事宜的公告》（海关总署公告 2022 年第 83 号）。

第三节　进境（过境）植物及其产品检疫审批（行政许可）

一、办理事项

“进境动植物检疫许可证”。

二、办理方式

网上办理：申请人登录“互联网+海关”全国一体化在线政务服务平台（http://online.customs.gov.cn/），进入“行政审批”模块，选择“过境动物、进境特定动植物及其产品检疫审批”事项办理。

三、申请条件

申请办理检疫审批手续的单位应当是具有独立法人资格并直接对外签订贸易合同或者协议的单位（单位法人资格证明文件不再验核）。

须向海关申请办理检疫审批的植物及其产品范围见本书附录 2-3。

四、提交材料

在线填写申请表，并根据随附单证要求上传扫描件。随附单证要求如下。

1. 输入进境后需要指定生产、加工、存放的动植物及其产品，应当提交生产、加工、存放单位信息以及符合海关要求的生产、加工、存放能力证明材料；

2. 因科学研究等特殊需要，引进《中华人民共和国进出境动植物检疫法》第五条第一款所列禁止进境物的，必须提交书面申请，说明其数量、用途、引进方式、进境后的防疫措施、科学研究的立项报告及相关主管部门的批准立项证明文件。

五、办理流程

1. 申请单位登录海关行政审批网上办理平台（http://pre.chinaport.gov.cn/car）向海关提交材料。海关向申请人出具受理单或不予受理通知书。

2. 受理申请后，根据法定条件和程序进行全面审查，自受理申请之日起 20 个工作日内作出准予许可或不予许可的决定。

3. 依法作出许可决定的，签发“进境动植物检疫许可证”，或者依法作出不予许可的决定。

六、办理时限

海关相关部门自受理申请之日起 20 个工作日内作出准予许可或不予许可的决定；20 个工作日内不能作出决定的，经本行政机关负责人批准，延长 10 个工作日。

七、受理机构

海关总署或经海关总署授权的直属海关。直属海关授权范围可查询：《关于授权直属海关开展部分进境动植物及其产品检疫审批事宜的公告》（海关总署公告 2021 年第 101 号）、《关于授权直属海关开展进境粮食等植物产品检疫审批事宜的公告》（海关总署公告 2022 年第 22 号）、《关于授权直属海关开展部分进境动植物及其产品检疫审批事宜的公告》（海关总署公告 2022 年第 83 号）。

第四节 引进农业种子、苗木检疫审批（行政许可）

一、办理事项

从国外引进农业种子、苗木检疫审批。

自 2024 年 11 月 1 日起，农业农村部在全国范围内推行应用本级颁发的“国（境）外引进农业种苗检疫审批单”电子证照，电子证照与纸质证照同步制发、并行使用，具有同等法律效力。自 2025 年 1 月 1 日起，不再制发纸质证照。

二、办理方式

接收单位：农业农村部政务服务大厅种业窗口。

联系电话：010-59191810。

办公地址：北京市朝阳区农展馆南里 11 号。

传真：010-59191808。

网址：http：//zwfw. moa. gov. cn。

三、申请条件

经省级植物检疫机构签署审查意见。

禁止从植物疫情发生区引进有关寄主作物种子、苗木，有关名录参照如下文件：《中华人民共和国进境植物检疫禁止进境物名录》（农业部公告第 72 号）、农业部国家质检总局公告第 1472 号、农业部国家质检总局公告第 1676 号。

四、提交材料

1. “引进国外植物种苗检疫审批申请书”原件 1 份。

2. 经农业种业行政主管部门批准的“进（出）口农作物种子（苗）审批表”原件 1 份（可选择采用书面承诺方式，以告知承诺书替代）。

3. 首次引种的（从未引进或连续 3 年没有引进），需提供引进种苗原产地病虫害发生情况说明原件 1 份。

五、办理流程

1. 农业农村部政务服务大厅种业窗口审查“引进国外植物种苗检疫审批申请书”及相关材料，申请材料齐全的予以受理。

2. 全国农业技术推广服务中心进行评审，必要时组织专家进行评审或风险分析。

3. 全国农业技术推广服务中心根据国家有关法律法规审批后办理批件。

六、办理时限

15 个工作日（需要专家评审的，评审时间不超过 2 个月）。

七、受理机构

农业农村部政务服务大厅种业主管部门。

第五节　引进林草种子、苗木检疫审批（行政许可）

一、办理事项

国务院有关部门所属的在京单位从境外引进林草种子、苗木检疫审批。

二、办理方式

网上办理。

企业用户在中国国际贸易单一窗口（https：//www. singlewindow. cn/）通过账号密码或者卡介质登录后，进入“全部应用”，点击“口岸执法申报”—“监管证件”，选择“引进林草种子、苗木检疫审批单”，显示业务办理入口选择：当用户为国务院有关部门所属的在京单位，需要向国家林业和草原局提出引进林草种子、苗木检疫审批申请，选择“国务院有关部门所属在京单位”，点击进入。

三、申请条件

1. 国务院有关部门所属在京单位。

2. 具备与引进的种苗种类、数量相适应的隔离试种地。其中，引进果品生产或经营用种苗的，隔离试种地应为国家林业和草原局认定的普及型境外引种试种苗圃；政府、团体、科研教学机构引进用于展览、科研、交流、交换、赠送的种苗的，隔离试种地需通过审批机构组织的专家评审。

3. 无法确定引种风险程度开展专家评审，评审结果为风险可控建议引进的。

4. 不属于国家禁止进境物。

四、提交材料

（一）新办申请材料

1. 引进林草种子、苗木检疫审批申请表（网上填写）。

2. 引进需要隔离试种种苗的，还需提供隔离试种条件说明材料。

3. 引进展览用种苗的，还需提供展会批准文件、展览期间及结束后的管理措施。

4. 引进科研、交流、交换和赠送用种苗的，还需提供科研项目任务书、合同、协议、公函及隔离措施、项目完成后的处理措施等材料。

（二）变更申请材料

向作出行政许可决定的行政机关提出申请，并提交变更情况说明。

五、办理流程

（一）新办

1. 申请

申请人向国家林业和草原局提交申请。

2. 受理

收到材料后进行收文登记，并进行形式审查。对材料齐全、符合法定形式的予以受理；对材料不齐全或者不符合法定形式的，在5日内出具“国家林业和草原局行政许可申请补正材料通知书”，并送达申请人。在申请人将材料补齐后，予以受理。

3. 审查与决定

根据有关规定，对材料进行实质性审查，作出许可决定。

审查过程中，需要对申请材料的实质内容进行核实的，按程序出具并向申请人送达国家林业和草原局行政许可需要听证、招标、拍卖、检验、检测、检疫、鉴定和专家评审通知书，在规定时限内进行现场核查、风险评估、引种地风险查定，并出具《现场核查报告》《风险评估报告》《引种地风险查定报告》。根据上述报告的实质性审查结果作出准予或不予许可的决定。

4. 证件（文书）制作与送达

对于准予许可的，印制“引进林草种子、苗木检疫审批单”；对于不予许可的，印制“国家林业和草原局不予行政许可决定书”，告知复议或者诉讼的权利。许可决定可通过直接送达或邮寄的方式送达被许可人。

（二）依申请变更

被许可人变更“引进林草种子、苗木检疫审批单”入境口岸的，按一般程序办理。变更引进种类、类型、数量、用途、引种地、输出国（地区）、供货商、种植地点等审批信息的，应当重新办理检疫审批手续。

（三）补证

被许可人遗失“引进林草种子、苗木检疫审批单”的，向国家林业和草原局提交补发申请，国家林业和草原局核实情况后进行补发。

（四）延续

许可决定有效期届满需要延续的，被许可人需要在有效期届满30日前提出申请，报国家林业和草原局，按一般程序办理。

六、办理时限

20个工作日。其中，依法需要听证、招标、拍卖、检验、检测、检疫、鉴定、风险评估和引种地风险查定的所需时间不计入时限。

七、受理机构

国家林业和草原局政务服务中心。

第六节　肥料登记证（行政许可）

一、办理事项

肥料登记。

自 2024 年 11 月 1 日起，农业农村部在全国范围内推行应用本级颁发的“肥料登记证”电子证照，电子证照与纸质证照同步制发、并行使用，具有同等法律效力。自 2025 年 1 月 1 日起，不再制发纸质证照。

二、办理方式

（一）纸质材料

接收单位：农业农村部政务服务大厅肥料窗口。

联系电话：010-59191736。

邮编：100125。

地址：北京市朝阳区农展馆南里 11 号。

传真：010-59191808。

网址：http：//zwfw. moa. gov. cn。

（二）肥料样品

接收单位：农业农村部肥料登记评审委员会秘书处。

联系电话：010-82107213（化学肥料）。

　　　　　010-82106734（微生物肥料）。

邮编：100081。

地址：北京市海淀区中关村南大街 12 号中国农科院资源区划所区划楼 226 房间。

传真：010-82107897。

三、申请条件

1. 申请人应是经行政管理机关正式注册，具有法人资格的肥料生产企业。国外及中国香港、中国澳门、中国台湾地区申请人可直接办理，也可由其在境内设立的办事机构或委托的境内代理机构办理。

2. 经省级农业农村部门初审（国外及中国香港、中国澳门、中国台湾地区申请人除外）（“省级单位意见”处仅有公章、无明确审核意见的，视为审核同意）。

3. 禁止性要求如下：

（1）没有生产国（地区）使用证明（登记注册）的境外产品；

（2）不符合国家产业政策的产品；

（3）知识产权有争议的产品；

（4）不符合国家有关安全、卫生、环保等国家或行业标准要求的产品；

（5）申请人隐瞒有关情况或提供虚假材料申请肥料登记，农业农村部作出不予受理或者不予批准决定未满 1 年的；

（6）产品登记审批办结前，同一申请人提交同一产品登记申请的。

4. 根据《国务院关于取消和下放一批行政许可事项的决定》（国发〔2020〕13号）及《肥料登记管理办法》的相关规定，含大量元素水溶肥料（执行标准号 NY/T 1107—2020）、中量元素水溶肥料（执行标准号 NY 2266—2012）、微量元素水溶肥料（执行标准号 NY 1428—2010）、农用氯化钾镁、农用硫酸钾镁、复混肥料（执行标准号 GB/T 15063—2020）、掺混肥料（执行标准号 GB/T 21633—2020）7类肥料产品取消登记许可，改为备案。

四、提交材料

1. 肥料登记申请书（1份、纸质材料、原件、申请人自备）。

2. 企业证明文件。境内申请人应提交标注统一社会信用代码的企业注册证明文件复印件，加盖企业公章（可选择采用书面承诺方式，以告知承诺书替代）。国外及中国香港、中国澳门、中国台湾地区申请人应提交所在国（地区）政府签发的企业注册证书和肥料管理机构批准的生产、销售证明。国外肥料生产企业的注册证书和生产销售证明还需经中华人民共和国驻企业所在国（地区）使馆（或领事馆）确认。国外及中国香港、中国澳门、中国台湾地区申请人还需提交委托代理协议，代理协议应明确境内代理机构或国外及中国香港、中国澳门、中国台湾地区企业常驻代表机构职责，确定其能全权办理在境内的肥料登记、包装、进口肥料等业务，并承担相应的法律责任。

3. 省级农业农村部门初审意见表。

4. 生产企业考核表。境内申请人应提交所在地省级农业农村部门或其委托单位出具的肥料生产企业考核表，并附企业生产和质量检测设备设施（包括检验仪器）图片等资料；国外及中国香港、中国澳门、中国台湾地区申请人应提交相应的企业生产和质量检测设备设施（包括检验仪器）图片等资料。

5. 产品安全性资料。安全性风险较高的产品，申请人还应按要求提交产品对土壤、作物、水体、人体等方面的安全性风险评价资料。

6. 产品有效性资料。

（1）田间试验报告。申请人应按相关技术要求在境内开展规范的田间试验，提交每一种作物1年2个（含）以上不同地区或同一地区2年（含）以上的试验报告。肥料田间试验应客观准确反映供试产品的应用效果，有确定的试验地点、科学的试验设计和规范的田间操作，由具有农艺师（中级）以上职称人员主持并签字认可。田间试验报告需注明试验主持人并附职称证明材料、承担田间试验的农户姓名和联系方式，相关试验记录和影像资料要留存备查。土壤调理剂（含土壤修复微生物菌剂）试验应针对土壤障碍因素选择有代表性的2个地点开展，提交连续3年（含）以上的试验结果；专用于有机物料堆沤或堆腐的有机物料腐熟剂产品提交2次（点）堆沤或堆腐试验结果。申请人可按要求自行或委托有关机构开展肥料田间试验。受托开展田间试验的机构可视情况要求委托方提交供试产品的检测报告。

（2）产品执行标准。申请人应提交申请登记产品的执行标准。境内企业标准应当经所在地标准化行政主管部门备案。

7. 产品标签样式。

申请人应提交符合《肥料登记管理办法》《肥料登记资料要求》规定的产品标签样式。

8. 企业及产品基本信息。

（1）生产企业基本情况资料。包括企业的基本概况、人员组成、技术力量、生产规模、设计产能等。

（2）产品研发报告。包括研发背景、目标、过程、原料组成、技术指标、检验方法、应用效果及产品适用范围等。微生物肥料还应提交生产用菌种来源、分类地位（种名）、培养条件、菌种安全性等方面资料。

（3）生产工艺资料。包括原料组成、工艺流程、主要设备配置、生产控制措施。

9. 肥料样品。

（1）产品质量检验和急性经口毒性试验应提交同一批次的肥料样品 2 份，每份样品不少于 600 克（毫升），颗粒剂型产品不少于 1000 克。

（2）抗爆性试验需提交 1 份不少于 9000 克的样品。

（3）包膜降解试验需提交 1 份不少于 1000 克的包膜材料。微生物肥料菌种鉴定需提交试管斜面 2 支。

（4）样品应采用无任何标记的瓶（袋）包装。样品抽样单应标注生产企业名称、产品名称、有效成分及含量、生产日期等信息。境内产品由申请人所在省级农业主管部门或其委托的单位抽取肥料样品并封口，在封条上签字、加盖封样单位公章。

五、办理流程

1. 省级农业农村部门受理辖区肥料生产企业肥料登记申请，对企业生产条件进行考核，提出初审意见。

2. 农业农村部政务服务大厅肥料窗口审查申请人递交的肥料登记相关资料，农业农村部肥料登记评审委员会秘书处核验申请人提交的肥料样品，申请资料齐全符合法定形式且肥料样品符合要求的予以受理。

3. 农业农村部肥料登记评审委员会秘书处根据有关规定对申请资料进行技术审查并组织开展产品质量检测和安全性评价试验。

4. 产品质量检测或安全性评价试验结果不符合要求的，申请人自收到农业农村部肥料登记评审委员会秘书处书面通知之日起 15 日内，可提出一次复检申请。

5. 农业农村部肥料登记评审委员会对申请登记产品进行评审。

6. 农业农村部种植业管理司按照有关规定，根据技术审查和评审意见提出审批方案，按程序报批。

7. 农业农村部种植业管理司根据签批文件办理批件，制作肥料登记证。

根据《农业农村部关于修改和废止部分规章、规范性文件的决定》（农业农村部令 2022 年第 1 号），自 2022 年 1 月 7 日起，省、自治区、直辖市人民政府农业农村主管部门负责本行政区域内的精制有机肥、床土调酸剂的登记审批、登记证发放和公告工作，负责本行政区域内的复混肥、掺混肥备案工作。省、自治区、直辖市人民政府农业农村主管部门不得越权审批登记和备案管理。省、自治区、直辖市人民政府农业农村主管部门参照本办法制定有关复混肥、掺混肥、精制有机肥、床土调酸剂的具体登记和备案管理办法，并报农业农村部备案。省、自治区、直辖市人民政府农业农村主管部门可委托所属的土肥机构承担本行政区域内的具体肥料登记工作。

六、办理时限

农业农村部自受理申请或收到省级农业农村部门报送的初审意见之日起，在 9 个月内由农业农村部肥料登记评审委员会秘书处完成技术审查，并将审查意见提交肥料登记评审委员会评审。

农业农村部收到肥料登记评审委员会评审意见后，在 20 个工作日内作出审批决定。

七、受理机构

农业农村部政务服务大厅，农业农村部肥料登记评审委员会。

第七节　进口保健食品备案

一、办理事项

进口保健食品备案凭证。

二、办理方式

窗口接收。

办理地址：北京市西城区三里河东路8号C座1层。

时间：工作日9：00—11：30及13：00—16：30。每周三、周五下午不办理现场受理、发证等业务。

联系电话：010-88650123。

三、申请条件

进口保健食品备案人应当是上市保健食品境外生产厂商。境外生产厂商（备案人）是指符合其所在国（地区）上市要求的法人或其他组织。产品生产国（地区）是指进口保健食品上市销售的国家（地区）。

四、提交材料

备案人获得备案管理信息系统登录账号后，通过网址 http：//xbjspzc. gsxt. gov. cn/regist_ enter/进入系统，认真阅读并按照相关要求逐项填写备案人及申请备案产品相关信息，逐项打印系统自动生成的附带条形码、校验码的备案申请表、产品配方、标签说明书、产品技术要求等，连同其他备案材料，逐页在文字处加盖备案人公章（检验机构出具的检验报告、公证文书、证明文件除外）。备案人若无印章，可以法人代表签字或签名章代替。

备案人将所有备案纸质材料清晰扫描成彩色电子版（PDF格式）上传至保健食品备案管理信息系统，确认后提交，并应当向国家药品监督管理局行政受理服务部门提交全套备案材料原件1份。

备案人除应按国产产品提交相关材料外，还应提交以下材料。

1. 备案人主体登记证明文件。

产品生产国（地区）政府主管部门或者法律服务机构出具的备案人为上市保健食品境外生产厂商的资质证明文件。应载明出具文件机构名称、生产厂商名称地址、产品名称和出具文件的日期等。

2. 备案产品上市销售一年以上证明文件。

产品生产国（地区）政府主管部门或者法律服务机构出具的保健食品类似产品上市销售一年以上的证明文件，或者产品境外销售以及人群食用情况的安全性报告。

上市销售一年以上的证明文件，应为在产品生产国（地区）作为保健食品类似产品销售一年以上的证明文件，应载明文件出具机构的名称、备案人名称地址、生产企业名称地址、产品名称和出具文件的日期，应明确标明该产品符合产品生产国（地区）法律和相关技术法规、标准，允许在该国（地区）生产销售。同时提供产品功能作用、食用人群等与申请备案产品声称相对应、保证食用安全的相关材料。

产品出口国（地区）实施批准的，还应当出具出口国（地区）主管部门准许上市销售的证明文件。

3. 产品生产国（地区）或者国际组织与备案保健食品相关的技术法规或者标准原文。境外生产厂商保证向中国出口的保健食品符合我国有关法律、行政法规的规定和食品安全国家标准的要求的说明，以及保证生产质量管理体系有效运行的自查报告。

申请材料涉及提交产品生产企业质量管理体系文件的，应当提交产品生产国（地区）政府主管部门或者政府主管部门指定的承担法律责任的有关部门出具的，符合良好生产质量管理规范的证明文件，应载明出具文件机构名称、产品名称、生产企业名称和出具文件的日期。

4. 备案人应确保检验用样品的来源清晰、可溯源，进口备案产品应为产品生产国（地区）上市销售的产品。

5. 产品在产品生产国（地区）上市的包装、标签说明书实样。

应提供与产品生产国（地区）上市销售的产品一致的标签说明书实样及照片，以及经境内公证机构公证、与原文内容一致的中文译本。

6. 由境外备案人常驻中国代表机构办理备案事务的，应当提交外国企业常驻中国代表机构登记证扫描件。

境外备案人委托境内的代理机构办理备案事项的，应当提交经过公证的委托书原件以及受委托的代理机构营业执照扫描件。委托书应载明备案人、被委托单位名称、产品名称、委托事项及委托书出具日期。

7. 备案材料应使用中文，外文材料附后。外文证明性文件、外文标签说明书等中文译本应当由中国境内公证机构进行公证，与原文内容一致。

8. 境外机构出具的证明文件、委托书（协议）等应为原件，应使用产品生产国（地区）的官方文字，备案人盖章或法人代表（或其授权人）签字，需经所在国（地区）的公证机构公证和中国驻所在国使领馆确认。证明文件、委托书（协议）等载明有效期的，应在有效期内使用。

9. 提供生产和销售证明文件、质量管理体系或良好生产规范的证明文件、委托加工协议等证明文件可以同时列明多个产品。这些产品同时备案时，允许一个产品使用原件，其他产品使用复印件，并书面说明原件所在的备案产品名称；这些产品不同时备案时，一个产品使用原件，其他产品需使用经公证后的复印件，并书面说明原件所在的备案产品名称。

五、办理流程

1. 申请人备案信息填报提交。
2. 国家市场监督管理总局食品审评中心核对材料。
3. 国家市场监督管理总局出具备案凭证。

六、办理时限

当场备案，当场出具。

七、受理机构

国家市场监督管理总局食品审评中心。

第八节　进口特殊医学用途配方食品注册（行政许可）

一、办理事项

特殊医学用途配方食品注册证书。

二、办理方式

现场办理。

办理地址：北京市西城区三里河东路8号C座1层。

时间：工作日9：00—11：30及13：00—16：30。每周三、周五下午不办理现场受理、发证等业务。

联系电话：010-88650123。

三、申请条件

注册申请人应当为拟在中国境内生产并销售特殊医学用途配方食品的生产企业和拟向中国境内出口特殊医学用途配方食品的境外生产企业。

四、提交材料

1. 申请人在提交纸质申请材料之前，应先完成电子申请程序。

申请人通过国家市场监督管理总局网站（http：//www. samr. gov. cn/）或国家市场监督管理总局食品审评中心网站（http：//www. cfe-samr. org. cn/）进入特殊医学用途配方食品注册申请系统，按规定格式和内容填写并打印注册申请书。

各项申请材料应逐页或骑缝加盖申请人公章或印章，并扫描成电子版上传至特殊医学用途配方食品注册申请系统。

2. 申请人需按照《特殊医学用途配方食品注册申请材料项目与要求（试行）》提交纸质申请材料。

五、办理流程

申请人申请—国家市场监督管理总局食品审评中心审查并受理—国家市场监督管理总局食品审评中心技术审评—国家市场监督管理总局审批并作出许可决定—国家市场监督管理总局食品审评中心制作注册证书并将决定送达申请人。

六、办理时限

受理：5个工作日。

行政许可决定：20个工作日（不含技术审评、抽样检验、现场核查、复审所需的时间）。

七、受理机构

国家市场监督管理总局食品审评中心。

第九节　进口婴幼儿配方乳粉产品配方注册（行政许可）

一、办理事项

婴幼儿配方乳粉产品配方注册证书。

二、办理方式

窗口接收；信函接收。

办理地址：北京市西城区三里河东路 8 号 C 座 1 层。

时间：工作日 9：00—11：30 及 13：00—16：30。每周三、周五下午不办理现场受理、发证等业务。

联系电话：010-88650123。

三、申请条件

拟在中国境内生产并销售婴幼儿配方乳粉的生产企业或者拟向中国出口婴幼儿配方乳粉的境外生产企业。

四、提交材料

申请人在到受理大厅提交纸质版的申请材料之前，应先完成电子申请程序。

申请人通过国家市场监督管理总局网站（http：//www. samr. gov. cn/）或国家市场监督管理总局食品审评中心网站（http：//www. cfe-samr. org. cn/）进入婴幼儿配方乳粉产品配方注册申请系统，按规定格式和内容填写并打印申请书。

（一）婴幼儿配方乳粉产品配方注册

1. 申请材料清单

（1）婴幼儿配方乳粉产品配方注册申请书。

（2）申请人主体资质证明文件。

（3）原辅料的质量安全标准。

（4）产品配方。

（5）产品配方研发论证报告。

（6）生产工艺说明。

（7）产品检验报告。

（8）研发能力、生产能力、检验能力的证明材料。

（9）标签和说明书样稿及其声称的说明、证明材料。

2. 申请材料一般要求

（1）申请材料使用 A4 规格纸张打印（中文不得小于宋体小四号字，英文不得小于 12 号字），内容应完整、清楚，不得涂改。

（2）申请人应当同时提交申请材料的原件 1 份、复印件 5 份和电子版本；审评过程中需要申请人补正材料的，应提供补正材料原件 1 份、复印件 4 份和电子版本。

3. 对申报资料的具体要求

（1）除注册申请书和检验机构出具的检验报告外，申请材料应逐页或骑缝加盖申请人公章或印章，境外申请人无公章或印章的，应加盖驻中国代表机构或境内代理机构公章或印章，公章或印章应加盖在文字处。

（2）申请材料中填写的申请人名称、地址、法定代表人等内容应当与申请人主体资质证明文件中相关信息一致，申请材料中同一内容（如申请人名称、地址、产品名称等）的填写应前后一致。加盖的公章或印章应与申请人名称一致（驻中国代表机构或境内代理机构除外）。

（3）申请人主体资质证明材料、原辅料的质量安全标准、产品配方、生产工艺、检验报告、标签和说明书样稿及有关证明文件等申请材料中的外文，均应译为规范的中文；外文参考文献（技术文件）中的摘要、关键词及与配方科学性、安全性有关部分的内容应译为规范的中文（外国人名、地址除外），外文资料附后。申请人应当确保译本的真实性、准确性与一致性。

（二）产品配方变更注册申请材料项目及要求

1. 婴幼儿配方乳粉产品配方注册变更申请书。

2. 婴幼儿配方乳粉产品配方注册证书及附件复印件。

3. 与变更事项有关的证明材料如下：

（1）境外申请人委托办理变更事项的，参照产品配方注册提交委托相关证明材料。

（2）申请人合法有效的主体资质证明文件复印件（如营业执照、组织机构代码和境外申请人注册资质等）。

（3）变更事项的具体名称、理由及依据：

申请商品名称变更的，拟变更的商品名应符合相关命名规定；

申请企业名称、生产地址名称和法定代表人变更的，应当提交当地政府主管部门出具的相关变更证明材料；

申请产品配方变更的，列表标注拟变更和变更后内容。提交变更的必要性、安全性、科学性论证报告。对于影响产品配方科学性、安全性的变更，应当根据实际需要按照首次申请注册要求提交变更注册申请材料。

（三）产品配方延续注册申请材料项目及要求

1. 婴幼儿配方乳粉产品配方延续注册申请书。

2. 申请人主体资质证明文件复印件。

3. 企业研发能力、生产能力、检验能力情况。

4. 生产企业质量管理体系自查报告。

5. 产品营养、安全方面的跟踪评价情况：包括五年内产品生产（或进口）、销售、监管部门抽检和企业检验情况总结以及对产品不合格情况的说明，产品配方上市后人群食用及跟踪评价情况的分析报告，食品原料、食品添加剂等可能含有的危害物质的研究和控制说明。

6. 申请人所在地省、自治区、直辖市市场监督管理部门延续注册意见书。

7. 婴幼儿配方乳粉产品配方注册证书及附件复印件。

五、办理流程

申请人申请—国家市场监督管理总局食品审评中心审查并受理—国家市场监督管理总局食品审评

中心技术审评—国家市场监督管理总局审批并作出许可决定—国家市场监督管理总局食品审评中心制作注册证书并将决定送达申请人。

六、办理时限

受理：5 个工作日。

行政许可决定：20 个工作日（不含技术审评、抽样检验、现场核查、申请人补充资料及补充资料审评所需的时间）。

七、受理机构

国家市场监督管理总局食品审评中心。

第十节　强制性产品认证（认证模式）

一、办理事项

强制性产品认证证书。

二、办理方式

申请企业登录国家市场监督管理总局全国认证认可信息公共服务平台（http：//cx. cnca. cn/）首页的查询专区，选择国家市场监督管理总局认证监督管理司公布的强制性产品认证指定认证机构和指定实验室名录所列机构，申请强制性产品认证。

三、申请条件

根据《强制性产品认证管理规定》第十条规定，列入目录产品的生产者或者销售者、进口商（以下统称认证委托人）应当委托经国家认监委指定的认证机构（以下简称认证机构）对其生产、销售或者进口的产品进行认证。

委托其他企业生产列入目录产品的，委托企业或者被委托企业均可以向认证机构进行认证委托。

四、提交材料

认证委托人应当按照具体产品认证规则的规定，向认证机构提供相关技术材料。

销售者、进口商作为认证委托人时，还应当向认证机构提供销售者与生产者或者进口商与生产者订立的相关合同副本。

委托其他企业生产列入目录产品的，认证委托人还应当向认证机构提供委托企业与被委托企业订立的相关合同副本。

五、办理流程

申请人的申请一般包括如下程序：

——认证申请和受理。

——型式试验。
——工厂检查。
——抽样检测。
——认证结果评价和批准。
——获得认证后的监督。

具体办理流程：登录“强制性产品认证专栏”（https：//www. cnca. gov. cn/hlwfw/ywzl/qzxcprz/ssgz/index. html）—“实施规则”—强制性产品认证实施规则汇总”，参照具体通用规则的有关内容执行。

六、办理时限

指定认证机构在一般情况下，应当自受理申请人认证申请的 90 日内，作出认证决定并通知申请人。

七、受理机构

国家市场监督管理总局认证监督管理司主管，指定认证机构负责受理。

第十一节　强制性产品认证（自我声明模式）

一、办理事项

强制性认证产品符合性自我声明。

二、办理方式

在国家市场监督管理总局自我声明符合性信息报送系统（http：//sdoc. cnca. cn/）报送产品符合性信息。产品符合性信息报送成功后，系统生成“强制性认证产品符合性自我声明”，视同获得“强制性产品认证证书”，后续监督管理要求相同。

三、申请条件

适用强制性产品认证自我声明评价方式的产品清单详见表 13-1。

表 13-1　适用强制性产品认证自我声明评价方式的产品清单

序号	产品名称		程序 A/B
	产品大类	产品种类和代码	
1	电动工具	电钻（0501）	自我声明程序 A（自选实验室型式试验+自我声明）
2		电动砂轮机（0503）	
3		电锤（0506）	
4	电焊机	直流弧焊机（0603）	
5		TIG 弧焊机（0604）	
6		MIG/MAG 弧焊机（0605）	
7		等离子弧切割机（0607）	
8	电路开关及保护或连接用电器装置	热熔断体（0205）	自我声明程序 B（指定实验室型式试验+自我声明）
9		小型熔断器的管状熔断体（0207）	
10	低压电器	漏电保护器（0306）	
11		断路器（0307）	
12		熔断器（0308）	
13		低压开关（隔离器、隔离开关、熔断器组合电器）（0302）	
14		其他电路保护装置（0304、0307、0309）	
15		继电器（0303）	
16		其他开关（0305）	
17		其他装置（0304、0305）	
18		低压成套开关设备（0301）	
19	小功率电动机	小功率电动机（0401）	
20	家用和类似用途设备	电动机-压缩机（0704）	
21	机动车辆及安全附件	汽车安全带（1104）	
22		机动车外部照明及光信号装置（1109、1116）	
23		汽车座椅及座椅头枕（1114）	
24		机动车辆间接视野装置（1110、1115）	
25		汽车行驶记录仪（1117）	
26		车身反光标识（1118）	
27	安全玻璃	汽车安全玻璃（1301）	
	信息技术设备、音视频设备	标称额定电压小于等于 5VDC，标称额定消耗功率小于 15W（或 15VA），且无可充电电池的设备（Ⅲ类设备）	自我声明程序 A（自选实验室型式试验+自我声明）

四、提交材料

适用强制性产品认证自我声明评价方式的产品，只能采用自我声明评价方式，不再发放“强制性产品认证证书”。企业应依据《强制性产品认证自我声明实施规则》要求完成自我评价，在国家市场监督管理总局自我声明符合性信息报送系统（http：//sdoc. cnca. cn/）报送产品符合性信息，并对产品加施强制性产品认证标志后，方可出厂、销售、进口或者在其他经营活动中使用。

五、办理流程

具体办理流程：登录“强制性产品认证专栏”（https：//www. cnca. gov. cn/hlwfw/ywzl/qzxcprz/ssgz/index. html）—“实施规则”—“强制性产品认证实施规则汇总”，参照《强制性产品认证实施规则 自我声明》（CNCA-00C-008：2019）有关内容执行。

六、办理时限

无。

七、受理机构

国家市场监督管理总局认证监督管理司。

第十二节 免予办理强制性产品认证

一、办理事项

免予办理强制性产品认证（以下简称“CCC 免办”）证明。

二、办理方式

CCC 免办证明的受理、审核，实现全程电子化申请和管理，登录国家市场监督管理总局 CCC 免办及特殊用途进口产品检测处理管理系统（http：//cccmb. cnca. cn/），提交有关资料，申请人无须到现场办理。

三、申请条件

1. 为科研、测试和认证检测所需的产品和样品。

其中所称科研，是指对该产品进行科学研究，以开发、生产出相关产品所需的产品，并不是指进行研究工作所需的科研器材；所称测试，是指对该产品进行测试以获得测试数据，或测试某一产品的部分性能所必须用到的产品（如开发测试某一型号的打印机软件，需进口少量该型号打印机）；所称认证检测，是指 CCC 认证所进行型式试验的样品。

2. 直接为最终用户维修目的所需的零部件/产品。
3. 工厂生产线/成套生产线配套所需的设备/零部件（不含办公用品）。
4. 仅用于商业展示但不销售的产品。
5. 以整机全数出口为目的进口的零部件。
6. 其他因特殊用途免予办理强制性产品认证的情形。

四、提交材料

符合 CCC 免办条件的申请人，应当向所在地市场监管部门提交 CCC 免办申请。申请人应提交的材料以及后续监管要求详见表 13-2。

表 13-2　CCC 免办应提交的材料以及后续监管要求

免办条件	申请人要求	申请 CCC 免办提交的材料（每份材料均须加盖公章）	后续监管要求
条件 1：为科研、测试和认证检测所需的产品和样品	对此类产品进行研究、开发、测试的机构；CCC 认证委托人	1. 申请人营业执照；2. 后续管理承诺书；3. 本次研究、开发、测试计划书/项目书；4. 附有产品明细的进口合同、发票或提单；5. CCC 指定认证机构出具的 CCC 认证送样通知书（含认证委托人、样品全称、规格型号、数量等信息）	1. 销毁处理的，申请人须保留销毁处理证明材料（如视频、照片等）；2. 退运的，申请人须留存《出口报关单》等证明材料
条件 2：直接为最终用户维修目的所需的零部件/产品	维修单位（包括整机/整车集中采购商/仓储商/其指定的零部件采购商）或者最终用户	1. 申请人营业执照；2. 后续管理承诺书；3. 附有产品明细的进口合同、发票或提单；4. 关于相应产品符合国内安全标准的承诺	无须出口核销
条件 3：工厂生产线/成套生产线配套所需的设备/零部件（不含办公用品）	使用此类设备/零部件的工厂/公司	1. 申请人营业执照；2. 后续管理承诺书；3. 该工厂生产线/成套设备生产线的相关证明材料；4. 附有产品明细的进口合同、发票或提单	无须出口核销
条件 4：仅用于商业展示但不销售的产品	负责商业展示的公司	1. 申请人营业执照；2. 后续管理承诺书；3. 附有产品明细的进口合同、发票或提单；4. 关于相应产品符合国内安全标准的承诺	1. 销毁处理的，申请人须保留销毁处理证明材料（如视频、照片等）；2. 退运的，申请人须留存《出口报关单》等证明材料
条件 5：以整机全数出口为目的进口的零部件	使用此类零部件的工厂/公司	1. 申请人营业执照；2. 后续管理承诺书；3. 成品出口合同；4. 附有产品明细的进口合同、发票或提单	申请人须留存《出口报关单》等证明材料
各地市场监管部门可要求申请人留存相应的加盖企业公章的申请资料（含各类证明性资料），留存期 2 年，以备市场监管部门核查			

CCC 免办相关要求具体说明如下：

1. 为科研、测试和认证检测所需的产品和样品。此类产品的免办申请人必须是对此类产品进行研究、开发、测试的机构。CCC 认证检测样品的免办申请人必须是 CCC 认证委托人。此类产品和样品均不得销售或提供给普通消费者使用。

2. 直接为最终用户维修目的所需的零部件/产品。此类零部件/产品的免办申请人必须是维修单位（包括整机/整车集中采购商/仓储商/其指定的零部件采购商）或者最终用户。零部件/产品的数量应当控制在合理范围内。

3. 工厂生产线/成套生产线配套所需的设备/零部件（不含办公用品）。此类设备/零部件的免办申请人必须是使用此类设备/零部件的工厂/公司。

4. 仅用于商业展示但不销售的产品。此类产品的免办申请人必须是负责商业展示的公司，申请人应当在申请资料中表明展示的时间及展示后该产品的处理方式（不得销售或提供给普通消费者使用），保证其不改变产品的用途。

5. 以整机全数出口为目的进口的零部件。此类零部件的免办申请人必须是使用此类零部件的工厂/公司。申请人应当在申请材料中承诺成品出口后两周内向市场监管部门办理核销手续，以备市场监管部门核查。

五、办理流程

（一）企业网上申请

企业登录国家市场监督管理总局 CCC 免办及特殊用途进口产品检测处理管理系统（http：//cccmb. cnca. cn/），注册账号后，符合“《强制性产品认证目录》描述与界定表”的产品名称及适用范围等要求的，提交申请免办的相关证明材料（每份材料均须加盖公章），“产品信息”中的“产品特点描述”一栏按照“《强制性产品认证目录》描述与界定表”中对应的产品名称、适用标准及产品详细信息进行填写。

（二）初审

初审人员根据企业提交的申请，对企业提交的申请材料予以初审，确认提交的材料要件是否齐备（若申请免办产品不在 CCC 目录内或申请不符合免办条件，退回申请并告知企业；若材料不足或企业填写错误，告知企业补正，再次提交申请），初审合格后，提交复审。

（三）复审

复审人员对通过初审的申请予以复审，确认材料的符合性（若材料不足或企业填写错误，告知企业补正，再次提交申请），复审合格后，提交发证。

（四）签发免办证明

发证人员对通过复审的申请，予以签发免办证明。

六、办理时限

5 个工作日。

七、受理机构

CCC 免办工作由各省、自治区、直辖市及新疆生产建设兵团市场监管局（厅、委）实施，或者视情况下放给下级市场监管部门实施。

第十三节　进口医疗器械注册申请（行政许可）

一、办理事项

进口医疗器械注册申请。

二、办理方式

窗口办理；快递申请。

申请人需登录国家药品监督管理局政务服务门户（https：//zwfw. nmpa. gov. cn），如无账号需先进行注册。相关操作可参考《关于启用总局行政受理服务大厅网上预约受理系统的公告》（国家食品药品监督管理总局第 192 号）。

办理地址：北京经济技术开发区广德大街 22 号院一区 2 号楼一层。

时间：工作日 9：00—11：30 及 13：00—16：30（周三、周五下午不对外受理）。

联系电话：010-88331776。

三、申请条件

境外申请人、备案人应当指定中国境内的企业法人作为代理人，办理相关医疗器械注册、备案事项。代理人应当依法协助注册人、备案人履行《医疗器械监督管理条例》第二十条第一款规定的义务，并协助境外注册人、备案人落实相应法律责任。

1. 进口第一类医疗器械备案，备案人向国家药品监督管理局提交备案资料。

2. 进口第二类、第三类医疗器械由国家药品监督管理局审查，批准后发给医疗器械注册证。

3. 申请注册或者进行备案，应当按照国家药品监督管理局有关注册、备案的要求提交相关资料，申请人、备案人对资料的真实性负责。

注册、备案资料应当使用中文。根据外文资料翻译的，应当同时提供原文。引用未公开发表的文献资料时，应当提供资料权利人许可使用的文件。

4. 申请进口医疗器械注册、办理进口医疗器械备案，应当提交申请人、备案人注册地或者生产地所在国家（地区）主管部门准许该医疗器械上市销售的证明文件。

申请人、备案人注册地或者生产地所在国家（地区）未将该产品作为医疗器械管理的，申请人、备案人需提供相关文件，包括注册地或者生产地所在国家（地区）准许该产品上市销售的证明文件。

未在申请人、备案人注册地或者生产地所在国家（地区）上市的创新医疗器械，不需提交相关文件。

5. 医疗器械应当符合适用的强制性标准。产品结构特征、预期用途、使用方式等与强制性标准的适用范围不一致的，申请人、备案人应当提出不适用强制性标准的说明，并提供相关资料。

没有强制性标准的，鼓励申请人、备案人采用推荐性标准。

四、提交材料

申请人应当在完成支持医疗器械注册的安全性、有效性研究，做好接受质量管理体系核查的准备后，提出医疗器械注册申请，并按照相关要求，通过在线注册申请等途径向药品监督管理部门提交下列注册申请资料：

——产品风险分析资料；

——产品技术要求；

——产品检验报告；

——临床评价资料；

——产品说明书以及标签样稿；

——与产品研制、生产有关的质量管理体系文件；

——证明产品安全、有效所需的其他资料。具体包括：申请表、证明性文件、医疗器械安全有效基本要求清单、综述资料、研究资料、生产制造信息、临床评价资料、产品风险分析资料、产品技术要求、产品注册检验报告、说明书和标签样稿、符合性声明等。

五、办理流程

（一）受理

申请人通过医疗器械注册电子申报信息化系统申报，无须提交纸质资料，申请资料应当符合相应医疗器械注册申请电子提交技术指南要求。

提交纸质资料的应当与相应医疗器械注册申请电子提交技术指南规定的电子申报目录形式一致，同时需提交相应资料电子文档。

受理人员根据申报事项按照国家药品监督管理局《关于公布医疗器械注册申报资料要求和批准证明文件格式的公告》（2021 年第 121 号）、《国家药监局关于印发境内第三类和进口医疗器械注册审批操作规范的通知》（国药监械注〔2021〕53 号）的要求对申报资料进行形式审查。

国家药品监督管理局医疗器械技术审评中心在受理环节，对产品注册、变更注册、临床试验审批申请事项按照立卷审查要求对相应申请的注册申请资料进行审核，对相应注册申请资料进入技术审评环节的完整性、合规性、一致性进行判断。对其余申请事项按照形式审核要求进行审核。

1. 对申请人提交的注册申请资料进行签收，并根据受理审核操作规范分配受理及审评路径。

2. 根据受理审核操作规范，对申请事项开展审核。对产品注册、变更注册、临床试验审批申请事项由审评人员根据相应立卷审查标准进行受理审核。对于其他申请事项由审评人员根据形式审核要求进行受理审核。

3. 申请事项属于本行政机关职权范围，申请资料齐全、符合受理要求，予以受理，出具受理通知书，需要申请人缴纳费用的，出具缴费通知书，受理通知书和缴费通知书应当加盖本行政机关专用章并注明日期。

4. 申请资料存在可以当场更正的错误的，应当允许申请人当场更正。

5. 申请资料不齐全或者不符合受理要求的，应当在 5 个工作日内一次告知申请人需要补正的全部内容，并出具补正材料通知书，逾期不告知的，自收到申请资料之日起即为受理。

6. 对申请事项依法不属于本行政机关职权范围的，应当即时做出不予受理的决定，出具不予受理通知书，加盖本行政机关专用章并注明日期。

7. 自受理申请之日起 3 个工作日内，由国家药品监督管理局医疗器械技术审评中心开展技术审评。

（二）技术审评（60/90 个工作日）

国家药品监督管理局医疗器械技术审评中心对进口第二类、第三类医疗器械产品注册、变更注册、延续注册、临床试验审批项目进行技术审评，并提出技术审评意见。

（三）行政审批（20 个工作日）

对进口第二类、三类医疗器械产品注册、变更注册、延续注册、临床试验审批的受理、技术审评的审查内容和审评过程进行行政复核，并根据技术审评结论作出批准注册或不予行政许可的决定。

其中，变更注册、延续注册、临床试验审批的行政审批由国家药品监督管理局医疗器械技术审评中心开展，按照其操作规范办理。审评报告签发后即完成行政审批。

（四）批件（文件）制作（10 个工作日）

国家药品监督管理局行政事项受理服务和投诉举报中心负责批件（文件）制作。制证人员应当按照行政审批结论制作批件（文件）。

六、办理时限

受理：5 个工作日，自受理之日起 3 个工作日内将申报资料转交技术审评机构。

审评：技术审评机构应当在 60 个工作日内完成第二类医疗器械注册的技术审评工作，应当在 90 个工作日内完成第三类医疗器械注册的技术审评工作。需要外聘专家审评、药械组合产品需与药品审评机构联合审评的，所需时间不计算在内，技术审评机构应当将所需时间书面告知申请人。质量管理体系核查的时间和申请人补充资料的时间，不计算在审评时限内，技术审评机构应当自收到补充资料之日起 60 个工作日内完成技术审评。

许可决定：20 个工作日。

送达：10 个工作日。

全部办理时限共计 188 个工作日。

七、受理机构

国家药品监督管理局医疗器械技术审评中心负责需进行临床试验审批的医疗器械临床试验申请以及境内第三类和进口第二类、第三类医疗器械产品注册申请、变更注册申请、延续注册申请等的技术审评工作。

国家药品监督管理局医疗器械标准管理中心、中国食品药品检定研究院、国家药品监督管理局食品药品审核查验中心、国家药品监督管理局药品评价中心、国家药品监督管理局行政事项受理服务和投诉举报中心、国家药品监督管理局信息中心等其他专业技术机构，依职责承担实施医疗器械监督管理所需的医疗器械标准管理、分类界定、检验、核查、监测与评价、制证送达以及相应的信息化建设与管理等相关工作。

第十四节　中华人民共和国特种设备生产许可证（行政许可）

一、办理事项

中华人民共和国特种设备生产许可证。

二、办理方式

网上申请：http：//sepsclient. cnse. samr. gov. cn/。

现场办理地址：北京市海淀区马甸东路 9 号一层办事大厅。

时间：周一至周五的 8：30—11：30 及 13：30—17：00（法定节假日除外）。

联系电话：010-82261762（锅炉、压力容器），010-82261763（压力管道元件、压力管道设计、安全附件），010-82260381（电梯、大型游乐设施、客运索道、厂车、起重机械），010-82261672（压力管道安装、特种设备检验检测机构）。

三、申请条件

申请条件按照《特种设备生产和充装单位许可规则》（TSG 07—2019）。

申请单位应当具有以下与许可范围相适应，并且满足生产需要的资源条件：

人员，包括管理人员、技术人员、检测人员、作业人员等；

工作场所，包括场地、厂房、办公场所、仓库等；

设备设施，包括生产（充装）设备、工艺装备、检测仪器、试验装置等；

技术资料，包括涉及文件、工艺文件、施工方案、检验规程等；

法规标准，包括法律、法规、规章、安全技术规范及相关标准。

具体资源条件和要求详见《特种设备生产和充装单位许可规则》（TSG 07—2019）附件 B 至附件 L。

四、提交材料

1. 申请书（在系统中填写并提交）。
2. 申请单位营业执照（无法在线核验时，可在系统内提交）。
3. 申请书中的“申请许可项目表”［经申请单位法定代表人（主要负责人）签字，并且加盖单位公章，扫描后在系统提交］。
4. 原许可证（仅申请增项、改变许可级别或者换证，且无法在线核验时）。
5. 公司法人书面授权文件（分公司单独申请的）扫描件1份。

五、办理流程

（一）首次申请、申请增项（增加制造地址除外）或者申请提高许可参数级别

1. 发证机关收到申请资料后，对于资料齐全、符合法定形式的，应当在5个工作日内予以受理，出具特种设备行政许可受理决定书。

2. 发证机关在收到申请资料后，对于申请资料不齐全或者不符合法定形式的，应当在5个工作日内一次性告知申请单位需要补正的全部内容，出具特种设备行政许可申请资料补正告知书。

3. 发证机关收到申请资料后，凡有下列情形之一的，应当在5个工作日内向申请单位发出特种设备行政许可不予决定书：

申请项目不属于特种设备许可范围的；

隐瞒有关情况或者提供虚假申请资料被发现的；

被依法吊（撤）销许可证，并且自吊（撤）销许可证之日起不满3年的。

4. 鉴定评审机构接到发证机关委托后，应当在10个工作日内与申请单位商定鉴定评审日期。

5. 鉴定评审组在备忘录中提出整改要求，整改时间不得超过6个月。

6. 发证机关在收到鉴定评审机构上报的鉴定评审报告和相关资料后，应当在20个工作日内，对鉴定评审报告和相关资料进行审查，符合发证条件的，向申请单位颁发相应许可证；不符合发证条件的，向申请单位发出特种设备不予许可决定书。

（二）许可证变更

1. 持证单位改变单位名称或者地址更名，应当在30个工作日内向原发证机关提出变更许可证申请。

2. 发证机关应当自收到变更申请资料之日起20个工作日内作出是否准予变更的决定。

（三）许可证延续

1. 持证单位在其许可证有效期届满后，需要继续从事相应活动的，应当在其许可有效期届满的6个月以前（并且不超过12个月），向发证机关提出许可证延续申请；未及时提出申请的，应当在换证申请时书面说明理由。

2. 持证单位在其许可证有效期届满前，因改制或者批准的场地搬迁等需要延期换证的，应当提前6个月向发证机关提出延期换证申请，并且填报许可证申请变更表。

六、办理时限

在20个工作日内办结。其中，办理过程中所需的鉴定评审和型式试验时间（不含申请单位工作准备、整改等时间）一般不超过12个月，其不计入时限。

七、受理机构

国家市场监督管理总局特种设备安全监察局。

第十四章

海关检验检疫业务相关企业资质办理指南

第一节　进境动物产品国外生产、加工、存放单位注册登记

一、办理事项

进境动物产品国外生产、加工、存放单位注册登记。

二、办理方式

网上办理：登录“互联网 + 海关”全国一体化在线政务服务平台（http://online.customs.gov.cn/），进入“动植物检疫”模块，选择出境特定动植物及其产品和其他检疫物的生产、加工存放单位注册登记“进境动物产品国外生产、加工、存放单位注册登记”后办理。

三、申请条件

向中国输出动物产品的境外生产加工企业应当符合输出国家或者地区相关法律法规和标准要求，并达到中国有关法律法规和强制性标准要求。

1. 产品种类：动物遗传物质（精液、胚胎）、动物源性饲料（水生动物蛋白、陆生动物蛋白、动物油脂、宠物食品等）、高中风险非食用动物产品（生皮毛、水洗羽毛羽绒、热处理动物骨等）、饲料添加剂、生物材料（牛血液制品）等。

2. 境外动物产品生产、加工、存放单位的注册登记首次、延续、变更和注销申请。

3. 动物产品已获准入资质。

四、提交材料

（一）注册登记

1. 输出国家或者地区相关动物疫情防控、兽医卫生管理、兽药残留控制、生产企业注册管理等方面的法律法规和标准规范。

2. 输出国家或者地区主管部门机构设置、实验室检测体系以及管理和技术人员配置情况。

3. 输出国家或者地区主管部门对其推荐企业的检验检疫、兽医卫生控制情况的评估。

4. 生产、加工、存放企业信息（企业名称、地址、官方批准编号）、注册产品信息（产品名称、主要原料、用途等）、企业产品允许在输出国家或者地区自由销售的官方证明。

（二）延续

材料同注册登记。

（三）变更

输出国家或者地区主管部门对已注册登记企业信息变更的证明性材料。

（四）注销

注册登记的境外生产加工存放企业不再向中国输出动物产品的，输出国家或者地区主管部门书面通报海关总署。

五、办理流程

（一）推荐

实施注册登记管理的动物产品境外生产、加工、存放企业，经输出国家或者地区主管部门审查合格后向海关总署推荐。

（二）审查

海关总署对推荐材料进行审查，必要时经与输出国家或者地区主管部门协商，派出专家到输出国家或者地区对申请注册登记的企业进行检查评估。

海关总署动植物检疫司负责进境动物产品境外生产、加工、存放单位注册审查，所有关键环节包括申请受理、文件审查、组建专家组、专家评审（包括文件审查及境外现场评审）、审核、结果反馈。

（三）注册登记

符合要求的国家或者地区的境外生产加工存放企业，经检查合格的予以注册登记。不符合要求的国家或者地区的境外生产加工存放企业，不予注册登记。

六、办理时限

自受理之日起20个工作日内作出决定；不能作出决定的，经负责人批准，可以延长10个工作日。涉及首次输华检疫准入事项的除外。

七、受理机构

海关总署动植物检疫司。

第二节　进境植物产品国外生产、加工、存放单位注册登记

一、办理事项

进境植物产品国外生产、加工、存放单位注册登记。

二、办理方式

网上办理：登录“互联网+海关”全国一体化在线政务服务平台（http://online.customs.gov.cn/），进入“动植物检疫”模块，选择“进境植物产品国外生产、加工、存放单位注册登记”后办理。

三、申请条件

1. 产品种类：粮食（大豆、小麦、大麦、油菜籽、玉米等）、水果、植物源性饲料（粕类饲料、

饲草等）等。

2. 境外植物产品生产、加工、存放单位的注册登记首次、延续、变更和注销申请。

3. 植物产品已获准入资质。

四、提交材料

（一）首次申请

1. 所在国（地区）相关的动植物疫情、兽医卫生、植物保护、农药兽药残留、生产企业注册管理和卫生要求等方面的法律法规和标准规范。

2. 所在国（地区）主管当局机构设置和人员情况。

3. 企业信息：企业名称、地址、官方批准编号。

4. 注册产品信息：注册产品名称、主要原料、用途等。

5. 所在国家（地区）主管当局对其推荐企业的检验检疫、卫生控制实际情况的评估答卷。

（二）延续申请

材料同注册登记。

（三）变更申请

提交出口国（地区）官方出具的更改证明性材料。

（四）注销申请

出口国（地区）官方出具注销申请。

五、办理流程

（一）推荐

实施注册登记管理的植物产品境外生产、加工、存放企业，经输出国家或者地区主管部门审查合格后向海关总署推荐。

（二）审查

海关总署对推荐材料进行审查，必要时经与输出国家或者地区主管部门协商，派出专家到输出国家或者地区对申请注册登记的企业进行检查评估。

海关总署动植物检疫司负责进境植物产品境外生产、加工、存放单位注册审查，所有关键环节包括申请受理、文件审查、组建专家组、专家评审（包括文件审查及境外现场评审）、审核、结果反馈。

（三）注册登记

符合要求的国家或者地区的境外生产、加工、存放企业，经检查合格的予以注册登记；不符合要求的国家或者地区的境外生产加工存放企业，不予注册登记。

六、办理时限

自收到输出国家或地区官方推荐的注册企业名单 20 个工作日内办结。如有特殊情况，经负责人批准，可延长 10 个工作日。涉及首次输华检疫准入事项的除外。

七、受理机构

海关总署动植物检疫司。

第三节 出境动物及其产品、其他检疫物的生产、加工、存放单位注册登记（行政许可）

一、办理事项

出境动物及其产品、其他检疫物的生产、加工、存放单位注册登记。

二、办理方式

登录“互联网+海关”全国一体化在线政务服务平台（http：//online. customs. gov. cn/），进入“行政审批”模块，选择“出境特定动植物及其产品和其他检疫物的生产、加工存放单位注册登记”后办理；或到各直属海关、隶属海关现场相关业务窗口办理。

三、申请条件

（一）供港澳活猪饲养场

1. 具有经营主体资格；不具备经营主体资格的，应当由经营该饲养场的经营主体申请注册登记。

2. 取得农业农村部门颁发的《动物防疫条件合格证》。

3. 周围10千米范围内过去6个月没有《一、二、三类动物疫病病种名录》中与猪相关的一类动物疫病发生和流行；周围1000米范围内无涉及偶蹄动物的下列场所，包括动物饲养场、动物疫病实验室、饲养场、隔离场所、野生动物保护区、病死畜禽无害化处理场、动物屠宰加工场、原毛原皮加工厂、动物诊疗或繁育场所、动物和动物产品集贸市场等；周围500米范围内无居民生活区、生活饮用水水源地、学校、医院等公共场所。

4. 饲养场年出栏量应当大于1万头，并严格执行“自繁自养”的规定。采取种猪和育成猪分离式“点对点”饲养模式的，种猪和育成猪所在的饲养区应属同一经营主体，生产过程做到统一管理，实施统一标准的卫生防疫制度，并均需取得农业农村部门颁发的《动物防疫条件合格证》，符合“自繁自养”的原则要求。

5. 饲养场周围设有围墙，并设有专人看守的大门；场区整洁，布局合理，生产区与生活区严格分开，生产区内设置有饲料存放区、饲养区、兽医室、病死畜隔离处理区、粪便处理区和独立的种猪引进隔离区等，不同功能区分开；饲养场及其生产区出入口处以及生产区中饲料加工及存放区、病死畜隔离处理区、粪便处理区与饲养区之间均有隔离屏障，且须设置：

（1）生产区出入口须设置与门同宽、长度不少于4米、深度不少于0.3米的车辆消毒池；

（2）生产区出入口具有淋浴室和更衣室；

（3）生产区人行通道出入口设有消毒池或消毒垫；

（4）每栋猪舍门口设有消毒池或消毒垫。

6. 设置配备疫苗冷藏冷冻设备、消毒和诊疗等防疫设备的兽医室；兽医室内药物放置规范，记录详细，无禁用药品，配备有必要的诊疗设施；生产区清洁道、污染道分设；配备与其生产经营规模相适应的污水、污物处理设施，清洗消毒设施设备，以及必要的防鼠、防鸟、防虫设施设备；配备符合国家规定的病死畜禽无害化处理设施设备或者冷藏冷冻等暂存设施设备。

7. 设有动物卫生防疫领导小组；具有健全的动物卫生防疫制度（包括日常卫生管理制度、防疫消毒制度、疫情报告制度、疫病防治制度、用药管理制度）和饲养管理制度（包括种猪引进管理制度、饲料及添加剂使用管理制度）及相关的记录表。

8. 场区工作人员健康，无牛结核病、布鲁氏菌病等人畜共患病；场区内水源充足，水质符合国家规定的饮用水卫生标准；生产区内不得饲养除猪以外的其他动物；所用饲料及饲料添加剂不含违禁物质。

9. 配备与其生产经营规模相适应的执业兽医或者动物防疫技术人员。

（二）供港澳活羊牛饲养场育肥场

1. 具有经营主体资格；不具备经营主体资格的，应当由经营该饲养场的经营主体申请注册登记。

2. 取得农业农村部门颁发的《动物防疫条件合格证》。

3. 周围 10 千米范围内过去 6 个月没有《一、二、三类动物疫病病种名录》中与羊相关的一类动物疫病发生和流行；在过去 21 天内，未发生过炭疽；周围 500 米范围内无涉及偶蹄动物的下列场所，包括动物饲养场、动物疫病实验室、饲养场、隔离场所、野生动物保护区、病死畜禽无害化处理场、动物屠宰加工场、原毛原皮加工厂、动物诊疗或繁育场所、动物和动物产品集贸市场等；周围 500 米范围内无居民生活区、生活饮用水水源地、学校、医院等公共场所。

4. 活羊饲养场设计存栏量应当大于 200 只。

5. 饲养场周围设有围墙；场内分设健康羊圈舍和与其远离的病羊隔离舍；场内清洁卫生，生产区出入口须设置与门同宽、长度不少于 4 米、深度不少于 0. 3 米的车辆消毒池，生产区人行通道出入口设有消毒池或消毒垫。生产区出入口具有淋浴室或更衣室；生产区人行通道出入口设有消毒池或消毒垫。

6. 设置配备疫苗冷藏冷冻设备、消毒和诊疗等防疫设备的兽医室；生产区清洁道、污染道分设；配备与其生产经营规模相适应的污水、污物处理设施，清洗消毒设施设备，以及必要的防鼠、防鸟、防虫设施设备；配备符合国家规定的病死畜禽无害化处理设施设备或者冷藏冷冻等暂存设施设备。

7. 设有动物卫生防疫领导小组；具有健全的动物卫生防疫制度（包括日常卫生管理制度、防疫消毒制度、疫情报告制度、疫病防治制度、用药管理制度）和饲养管理制度（包括活羊入出场管理制度、饲料饲草及添加剂使用管理制度）及相关的记录表。

8. 场区工作人员健康，无牛结核病、布鲁氏菌病等人畜共患病；场区内水源充足，水质符合国家规定的生活饮用水卫生标准；生产区内不得饲养除羊以外的其他动物；所用饲料及饲料添加剂不含违禁物质。

9. 配备与其生产经营规模相适应的执业兽医或者动物防疫技术人员。

（三）供港澳活牛中转仓饲养场

1. 具有经营主体资格；不具备经营主体资格的，应当由经营该饲养场的经营主体申请注册登记。

2. 取得农业农村部门颁发的《动物防疫条件合格证》。

3. 周围 10 公里范围内过去 6 个月没有《一、二、三类动物疫病病种名录》中与牛相关的一类动物疫病发生和流行；场内未发生过炭疽、结核病和布氏杆菌病；周围 500 米范围内无涉及偶蹄动物的下列场所，包括动物饲养场、动物疫病实验室、饲养场、隔离场所、野生动物保护区、病死畜禽无害化处理场、动物屠宰加工场、原毛原皮加工厂、动物诊疗或繁育场所、动物和动物产品集贸市场等；周围 500 米范围内无居民生活区、生活饮用水水源地、学校、医院等公共场所。

4. 活牛饲养场设计存栏量及实际存栏量均应当大于 200 头。

5. 饲养场周围设有围墙（围栏或铁丝网），并设有专人看守的大门；场区整洁，生产区与生活区严格分开，生产区内设置有饲料存放区、进出场隔离检疫区、育肥区、兽医室、病畜隔离区等，不同功能区分开，布局合理；进出场隔离检疫区为专用或兼用检疫圈舍，距离育肥区至少 50 米；生产区出入口须设置与门同宽、长度不少于4米、深度不少于0.3米的车辆消毒池；生产区出入口具有淋浴室或更衣室；生产区人行通道出入口设有消毒池或消毒垫。

6. 设置配备疫苗冷藏冷冻设备、消毒和诊疗等防疫设备的兽医室；具有相对独立的动物隔离舍；配备与其生产经营规模相适应的污水、污物处理设施，清洗消毒设施设备；配备符合国家规定的病死畜禽无害化处理设施设备或者冷藏冷冻等暂存设施设备。

7. 设有动物卫生防疫领导小组；具有健全的动物卫生防疫制度（包括日常卫生管理制度、防疫消毒制度、疫情报告制度、疫病防治制度、用药管理制度）和饲养管理制度（包括活牛入出场管理制度、饲料及添加剂使用管理制度）及相应的记录表册。

8. 场区工作人员健康，无牛结核病、布鲁氏菌病等人畜共患病；场区内水源充足，水质符合国家规定的生活饮用水卫生标准；生产区内不得饲养除牛以外的其他动物；所有饲料及饲料添加剂不含违禁物质。

9. 配备与其生产经营规模相适应的执业兽医或者动物防疫技术人员。

（四）供港澳活禽饲养场

1. 具有经营主体资格；不具备经营主体资格的，应当由经营该饲养场的经营主体申请注册登记。

2. 取得农业农村部门颁发的《动物防疫条件合格证》。

3. 周围10公里范围内过去3个月没有《一、二、三类动物疫病病种名录》中禽鸟的一类动物疫病发生。

4. 与周边禽鸟饲养场、禽鸟隔离场、动物屠宰加工场、禽副产品加工厂、病死畜禽无害化处理场、动物诊疗场所、动物和动物产品集贸市场、居民生活区、生活饮用水水源地、学校、医院等场所保持必要的生物安全距离。

5. 活禽饲养场年出栏量应当大于5万羽，具有自繁自养能力。

6. 场内除注册登记的养殖禽鸟品种外，没有养殖其他品种禽鸟和其他动物（看护犬除外）。

7. 饲养场周围设有围墙或围栏；场区整洁，生产区与生活区严格分开，生产区内设置有饲料存放区、活禽出场隔离检疫区、育雏区、兽医室、病死禽隔离处理区和独立的种禽引进隔离区等，不同功能区分开，布局合理；生产区出入口须设置与门同宽、长度不少于4米、深度不少于0.3米的车辆消毒池；生产区出入口设有更衣室；每栋禽舍门口设有消毒池或消毒垫；生产区人行通道出入口设有消毒池或消毒垫。

8. 设置配备疫苗冷藏冷冻设备、消毒和诊疗等防疫设备的兽医室；药物放置规范，记录详细，无禁用药物、疫苗、兴奋剂和激素等，且配备有必要的诊疗设施；具有相对独立的动物隔离舍；配备与其生产经营规模相适应的污水、污物处理设施，清洗消毒设施设备，以及必要的防鼠、防鸟、防虫设施设备；配备符合国家规定的病死畜禽无害化处理设施设备或者冷藏冷冻等暂存设施设备。

9. 场区内水源充足，水质符合国家规定的生活饮用水卫生标准；所用饲料、饲料添加剂符合国家饲料卫生有关规定。

10. 设有动物卫生防疫领导小组；具有健全的生物安全管理制度（包括免疫、用药、检疫申报、人员、车辆、物料出入管理、无害化处理、防疫管理、疫情报告和应急处置制度、用药管理制度）和饲养管理制度（包括标识、养殖档案、种禽引进、饲料及饲料添加剂使用等制度）及相关记录表册，有效执行各项制度并真实、全面填写记录表册。

11. 配备与其生产经营规模相适应的执业兽医或者动物防疫技术人员；场区工作人员身体健康。

12. 在满足上述条件基础上，种禽场还应满足下列条件：

（1）取得农业农村部门颁发的《种畜禽生产经营许可证》；

（2）具有与养殖和孵化规模配套的孵化间；

（3）孵化间与养殖区设置了隔离设施，并配备种蛋熏蒸消毒设施，孵化间的流程应当单向，不得交叉或者回流；

（4）繁殖种群具有一定规模，符合防疫要求并能够严格落实有关生物安全和防疫制度；

（5）具有农业农村部门规定的动物疫病净化制度并持续有效执行。

（五）出境水生动物养殖场、中转场

1. 周边和场内卫生环境良好，无工业、生活垃圾等污染源和水产品加工厂，场区布局合理，分区科学，有明确的标识。

2. 具有符合检验检疫要求的养殖、包装、防疫、饲料和药物存放等设施、设备和材料。

3. 具有符合检验检疫要求的养殖、包装、防疫、疫情报告、饲料和药物存放及使用、废弃物和废水处理、人员管理、引进水生动物等专项管理制度。

4. 配备有养殖、防疫方面的专业技术人员，有从业人员培训计划，从业人员持有健康证明。

5. 中转场的场区面积、中转能力应当与出口数量相适应。

（六）出境食用水生动物非开放性水域养殖场、中转场

1. 周边和场内卫生环境良好，无工业、生活垃圾等污染源和水产品加工厂，场区布局合理，分区科学，有明确的标识。

2. 具有符合检验检疫要求的养殖、包装、防疫、饲料和药物存放等设施、设备和材料。

3. 具有符合检验检疫要求的养殖、包装、防疫、疫情报告、饲料和药物存放及使用、废弃物和废水处理、人员管理、引进水生动物等专项管理制度。

4. 配备有养殖、防疫方面的专业技术人员，有从业人员培训计划，从业人员持有健康证明。

5. 中转场的场区面积、中转能力应当与出口数量相适应。

6. 具有与外部环境隔离或者限制无关人员和动物自由进出的设施，如隔离墙、网、栅栏等。

7. 养殖场养殖水面应当具备一定规模，一般水泥池养殖面积不少于 20 亩，土池养殖面积不少于 100 亩。

8. 养殖场具有独立的引进水生动物的隔离池；各养殖池具有独立的进水和排水渠道；养殖场的进水和排水渠道分设。

（七）出境食用水生动物开放性水域养殖场、中转场

1. 周边和场内卫生环境良好，无工业、生活垃圾等污染源和水产品加工厂，场区布局合理，分区科学，有明确的标识。

2. 具有符合检验检疫要求的养殖、包装、防疫、饲料和药物存放等设施、设备和材料。

3. 具有符合检验检疫要求的养殖、包装、防疫、疫情报告、饲料和药物存放及使用、废弃物和废水处理、人员管理、引进水生动物等专项管理制度。

4. 配备有养殖、防疫方面的专业技术人员，有从业人员培训计划，从业人员持有健康证明。

5. 中转场的场区面积、中转能力应当与出口数量相适应。

6. 养殖、中转、包装区域无规定的水生动物疫病。

7. 养殖场养殖水域面积不少于 500 亩，网箱养殖的网箱数一般不少于 20 个。

（八）出境观赏用和种用水生动物养殖场、中转场

1. 周边和场内卫生环境良好，无工业、生活垃圾等污染源和水产品加工厂，场区布局合理，分区科学，有明确的标识。

2. 具有符合检验检疫要求的养殖、包装、防疫、饲料和药物存放等设施、设备和材料。

3. 具有符合检验检疫要求的养殖、包装、防疫、疫情报告、饲料和药物存放及使用、废弃物和废水处理、人员管理、引进水生动物等专项管理制度。

4. 配备有养殖、防疫方面的专业技术人员，有从业人员培训计划，从业人员持有健康证明。

5. 中转场的场区面积、中转能力应当与出口数量相适应。

6. 场区位于水生动物疫病的非疫区，过去 2 年内没有发生世界动物卫生组织（WOAH）规定应当通报和农业农村部规定应当上报的水生动物疾病。

7. 养殖场具有独立的引进水生动物的隔离池和水生动物出口前的隔离养殖池，各养殖池具有独立的进水和排水渠道。养殖场的进水和排水渠道分设。

8. 具有与外部环境隔离或者限制无关人员和动物自由进出的设施，如隔离墙、网、栅栏等。

9. 养殖场的水泥池养殖面积不少于20亩，土池养殖面积不少于100亩。

10. 出口淡水水生动物的包装用水必须符合饮用水标准；出口海水水生动物的包装用水必须清洁、透明并经有效消毒处理。

11. 养殖场有自繁自养能力，并有与养殖规模相适应的种用水生动物。

12. 不得养殖食用水生动物。

（九）出境非食用动物产品生产加工企业

应当符合进境国家或者地区的法律法规规定，并遵守下列要求：

建立并维持进境国家或者地区有关法律法规规定的注册登记要求；

按照建立的兽医卫生防疫制度组织生产；

按照建立的合格原料供应商评价制度组织生产；

建立并维护企业档案，确保原料、产品可追溯；

如实填写“出境非食用动物产品生产、加工、存放注册登记企业监管手册”；

符合中国其他法律法规规定的要求。

四、提交材料

（一）申请供港澳食用陆生动物饲养场

1. 饲养场注册登记申请表。

2. 饲养场（仓）平面图。

（二）申请出境水生动物养殖场、中转场

1. 注册登记申请表。

2. 废弃物、废水处理程序说明材料。

3. 进口国家或者地区对水生动物疾病有明确检测要求的，需提供有关检测报告。

（三）申请出境非食用动物产品生产、加工、存放企业

1. 出境非食用动物产品生产、加工、存放企业检验检疫注册登记申请表。

2. 企业厂区平面图及简要说明。

3. 工艺流程图，包括生产、加工的温度、使用化学试剂的种类、浓度和pH值、处理的时间和使用的有关设备等情况。

五、办理流程

1. 企业登录“互联网+海关”全国一体化在线政务服务平台（http：//online. customs. gov. cn/），向所在地直属海关或隶属海关提出网上申请，提交电子版申请材料。

2. 所在地直属海关或隶属海关受理申请后，应当根据法定条件和程序进行全面审查，自受理之日起20个工作日内作出决定。审核工作参照“出境动植物及其产品、其他检疫物的生产、加工、存放单位注册登记”审查工作细则实施。

3. 经审查符合许可条件的，依法作出准予注册登记许可的书面决定，并送达申请人，同时核发注册登记证书。经审查不符合许可条件的，出具不予许可决定书。

六、办理时限

自受理申请之日起20个工作日内作出是否核准的决定；20个工作日内不能作出决定的，经直属海关负责人批准，可以延长10个工作日，并将延长期限的理由书面告知申请单位。

七、受理机构

各直属海关、隶属海关。

第四节　出境植物及其产品、其他检疫物的生产、加工、存放单位注册登记（行政许可）

一、办理事项

出境植物及其产品、其他检疫物的生产、加工、存放单位注册登记。

二、办理方式

登录“互联网+海关”全国一体化在线政务服务平台（http：//online. customs. gov. cn/），进入“行政审批”模块，选择“出境特定动植物及其产品和其他检疫物的生产、加工存放单位注册登记”后办理；或到各直属海关、隶属海关现场相关业务窗口办理。

三、申请条件

（一）出境饲料生产、加工、存放企业

1. 厂房、工艺、设备和设施：

（1）厂址应当避开工业污染源，与养殖场、屠宰场、居民点保持适当距离；

（2）厂房、车间布局合理，生产区与生活区、办公区分开；

（3）工艺设计合理，符合安全卫生要求；

（4）具备与生产能力相适应的厂房、设备及仓储设施；

（5）具备有害生物（啮齿动物、苍蝇、仓储害虫、鸟类等）防控设施。

2. 具有与其所生产产品相适应的质量管理机构和专业技术人员。

3. 具有与安全卫生控制相适应的检测能力。

4. 管理制度：

（1）岗位责任制度；

（2）人员培训制度；

（3）从业人员健康检查制度；

（4）按照危害分析与关键控制点（HACCP）原理建立质量管理体系，在风险分析的基础上开展自检自控；

（5）卫生标准操作规范（SSOP）；

（6）原辅料、包装材料合格供应商评价和验收制度；

（7）饲料标签管理制度和产品追溯制度；

（8）废弃物、废水处理制度；

（9）客户投诉处理制度；

（10）质量安全突发事件应急管理制度。

5. 海关总署按照饲料产品种类分别制定的出口检验检疫要求。审查合格，准予注册登记；审查不合格，不予注册登记。

6. 根据《海关总署关于调整部分进出口货物监管要求的公告》（海关总署公告 2020 年第 99 号）的要求，出境饲料及饲料添加剂生产企业，输入国家或地区无注册登记要求的，免于向海关注册登记。

（二）出境新鲜水果果园和包装厂

1. 申请注册出境新鲜水果（含冷冻水果）果园须符合下列要求：

（1）连片种植，面积在 100 亩以上；

（2）周围无影响水果生产的污染源；

（3）有专职或者兼职植保专业技术人员，负责果园有害生物监测防治等工作；

（4）建立完善的质量管理体系，质量管理体系文件包括组织机构、人员培训、农用化学品使用管理、良好农业操作规范等有关资料；

（5）近两年未发生重大植物疫情；

（6）双边协议、议定书或输入国家或地区法律法规对注册登记有特别规定的，还须符合其规定。

2. 申请注册出境新鲜水果（含冷冻水果）包装厂须符合下列要求：

（1）厂区整洁卫生，有满足水果贮存要求的原料场、成品库；

（2）水果存放、加工、处理、储藏等功能区相对独立、布局合理，且与生活区采取隔离措施并有适当的距离；

（3）具有符合检疫要求的清洗、加工、防虫防病及除害处理设施；

（4）加工水果所使用的水源及使用的农用化学品均须符合有关食品卫生要求及输入国家或地区的要求；

（5）有完善的卫生质量管理体系，包括对水果供货、加工、包装、储运等环节的管理，对水果溯源信息、防疫监控措施等信息有详细记录；

（6）配备专职或者兼职植保专业技术人员，负责原料水果验收、加工、包装、存放等环节防疫措施的落实、有毒有害物质的控制、弃果处理和成品水果自检等工作；

（7）有与其加工能力相适应的提供水果货源的果园，或与供货果园建有固定的供货关系；

（8）双边协议、议定书或输入国家或地区法律法规对注册登记有特别规定的，还须符合其规定。

（三）出境种苗花卉生产企业

1. 申请注册出境种苗花卉种植基地须符合下列要求：

（1）应符合中国和输入国家或地区规定的植物卫生防疫要求；

（2）近两年未发生重大植物疫情，未出现重大质量安全事故；

（3）应建立完善的质量管理体系。质量管理体系文件包括组织机构、人员培训、有害生物监测与控制、农用化学品使用管理、良好农业操作规范、溯源体系等有关资料；

（4）建立种植档案，对种苗花卉来源流向、种植收获时间，有害生物监测防治措施等日常管理情况进行详细记录；

（5）应配备专职或者兼职植保专业技术人员，负责基地有害生物监测、报告、防治等工作；

（6）符合其他相关规定。

2. 申请注册出境种苗花卉加工包装厂及储存库须符合下列要求：

（1）厂区整洁卫生，有满足种苗花卉贮存要求的原料场、成品库；

（2）存放、加工、处理、储藏等功能区相对独立、布局合理，且与生活区采取隔离措施并有适当的距离；

（3）具有符合检疫要求的清洗、加工、防虫防病及必要的除害处理设施；

（4）加工种苗花卉所使用的水源及使用的农用化学品均须符合中国和输入国家或地区有关卫生环

保要求；

（5）建立完善的质量管理体系，包括对种苗花卉加工、包装、储运等相关环节疫情防控措施、应急处置措施、人员培训等内容；

（6）建立产品进货和销售台账，种苗花卉各个环节溯源信息要有详细记录；

（7）出境种苗花卉包装材料应干净卫生，不得二次使用，在包装箱上标明货物名称、数量、生产经营企业注册登记号、生产批号等信息；

（8）配备专职或者兼职植保专业技术人员，负责原料种苗花卉验收、加工、包装、存放等环节防疫措施的落实、质量安全控制、成品自检等工作；

（9）有与其加工能力相适应的提供种苗花卉货源的种植基地，或与经注册登记的种植基地建有固定的供货关系。

（四）出境竹木草制品生产企业

1. 厂区整洁卫生、道路及场地地面硬化、无积水。

2. 厂区布局合理，原料存放区、生产加工区、包装及成品存放区划分明显，相对隔离。

3. 有相对独立的成品存放场所，成品库/区干净卫生，产品堆垛整齐，标识清晰。

4. 具备相应的防疫除害处理措施，防疫除害处理能力与出口数量相适应。

5. 配备经海关培训合格的厂检员，熟悉生产工艺，并能按要求做好相关防疫和自检工作。

6. 建立质量管理体系或制度，包括卫生防疫制度、原辅料合格供方评价制度、溯源管理制度、厂检员管理制度、自检自控制度等。

（五）出境货物木质包装除害处理标识加施企业

1. 热处理条件及设施应符合下列要求：

（1）热处理库应保温，密闭性能良好，具备供热、调湿、强制循环设备，如采用非湿热装置提供热源的，需安装加湿设备；

（2）配备木材中心温度检测仪或耐高温的干湿球温度检测仪，且具备自动打印、不可人为修改或数据实时传输功能；

（3）供热装置的选址与建造应符合环保、劳动、消防、技术监督等部门的要求；

（4）热处理库外具备一定面积的水泥地面周转场地；

（5）设备运行能达到热处理技术指标要求。

2. 熏蒸处理条件及设施应符合下列要求：

（1）具备经海关考核合格的熏蒸队伍或签约委托的经海关考核合格的熏蒸队伍；

（2）熏蒸库应符合《熏蒸库中植物有害生物熏蒸处理操作规程》（SN/T 1143—2013）的要求，密闭性能良好，具备低温下的加热设施，并配备相关熏蒸气体检测设备；

（3）具备相应的水泥硬化地面周转场地；

（4）配备足够的消防设施及安全防护用具。

3. 厂区环境与布局应符合下列要求：

（1）厂区道路及场地应平整、硬化，热处理库、熏蒸库、成品库及周围应为水泥地面，厂区内无杂草、积水，树皮等下脚料集中存放处理；

（2）热处理库、熏蒸库和成品库与原料存放场所、加工车间及办公、生活区域有效隔离，成品库应配备必要的防疫设施，防止有害生物再次侵染；

（3）配备相应的灭虫药械，定期进行灭虫防疫并做好记录。

4. 组织机构及人员管理应符合下列要求：

（1）建立职责明确的防疫管理小组，成员由企业负责人、相关部门负责人、除害处理技术人员等组成，防疫小组成员应熟悉有关检验检疫法律法规；

（2）配备经海关考核合格的协管员，应掌握木质包装检疫要求及除害处理效果验收标准，协助海关做好监管工作，协管员应为防疫管理小组成员；

（3）主要管理和操作人员应经海关培训并考核合格，除害处理技术及操作人员应掌握除害处理操作规程。

5. 防疫、质量管理体系应符合下列要求：

（1）明确生产质量方针和目标，将除害处理质量纳入质量管理目标；

（2）制定原料采购质量控制要求，建立原料采购台账，注明来源、材种、数量等；

（3）制定木质包装检疫及除害处理操作流程及质量控制要求，进行自检和除害处理效果检查，并做好记录；

（4）制定标识加施管理及成品库防疫管理要求，并做好进出库、销售记录，保证有效追溯产品流向；

（5）制定环境防疫控制要求，定期做好下脚料处理、环境防疫并做好记录；

（6）建立异常情况的处置和报告程序。

（六）出境粮食加工、仓储企业

1. 具有法人资格，在工商行政管理部门注册，持有企业法人营业执照，并具有粮食仓储经营的资格。

2. 仓储区域布局合理，不得建在有碍粮食卫生和易受有害生物侵染的区域，仓储区内不得兼营、生产、存放有毒有害物质。具有足够的粮食储存库房和场地，库场地面平整、无积水，货场应硬化，无裸露土地面。

3. 在装卸、验收、储存、出口等全过程建立仓储管理制度和质量管理体系，并运行有效。仓储企业的各台账记录应清晰完整，能准确反映出入库粮食物流信息及在储粮食信息，具备追溯性。台账在粮食出库后的保存期限至少为 2 年。

4. 建立完善的有害生物监控体系，制订有害生物监测计划及储存库场防疫措施（如垛位间隔距离、场地卫生、防虫计划、防虫设施等），保留监测记录；制订有效的防鼠计划，储存库场及周围应当具备防鼠、灭鼠设施，保留防鼠记录；具有必要的防鸟设施。

5. 制订仓储粮食检疫处理计划，出现疫情时应及时上报海关，在海关的监管下由海关认可的检疫处理部门进行除害处理，并做好除害处理记录。

6. 建立质量安全事件快速反应机制，对储存期间及出入库时发现的撒漏、水湿、发霉、污染、掺伪、虫害等情况，能及时通知货主、妥善处理、做好记录，并向海关报告，未经海关允许不得将有问题的货物码入垛内或出库。

7. 仓储粮食应集中分类存放，离地、离墙、堆垛之间应保留适当的间距，并以标牌标明货物的名称、规格、发站、发货人、收货人、车号、批号、垛位号及入库日期等。不同货物不得混杂堆放。

8. 应具备与业务量相适应的粮食检验检疫实验室，实验室具备品质、安全卫生常规项目检验能力及常见仓储害虫检疫鉴定能力。

9. 配备满足需要的仓库保管员和实验室检验员。经过海关培训并考核合格，能熟练完成仓储管理、疫情监控及实验室检测及检疫鉴定工作。

出口粮食中转、暂存库房、场地、货运堆场等设施的所属企业，应符合以上第 2、4、5、6、7 条要求。

（七）出境烟叶加工、仓储企业

1. 申请出口烟叶加工企业须符合下列要求：

（1）具有法人资格，在工商行政管理部门注册，持有企业法人营业执照，并具有烟叶及其副产品经营的资格；

（2）具有健全的质量管理体系，有完整的生产加工过程产品质量控制记录，获得质量体系认证或者具备相应的质量保证能力，且运行有效；

（3）了解原料烟叶产地、种植期间的质量和安全状况，对原料烟种植安全卫生管理提出要求，并提供技术指导和协助；

（4）具有完善的厂区及周边有害生物监测体系，监测人员应经过海关培训，监测设施齐备，具有监测计划、监测记录及检疫处理预案等；

（5）产品所使用的原料、辅料、添加剂应符合进口国家或地区法律、行政法规的规定和强制性标准；

（6）产品形成一定的规模，产品质量稳定，信誉良好，企业诚信度高；

（7）具有原料进货和产品销售台账，且至少保存至成品出口后 2 年。进货台账包括货物名称、规格、等级、数/重量、批次号、来源地区、供货商及其联系方式、进货时间、除害处理时间、药剂及浓度等，销售台账包括货物名称、规格、等级、数量、批次号、进口国家或地区、收货人及其联系方式、加工时间、出口时间、除害处理时间、药剂及浓度等。在出口烟叶及其副产品的外包装和厂检合格单上标明检验检疫批次编号，完善溯源记录。

2. 申请注册出口烟叶仓储企业须符合下列要求：

（1）具有法人资格，在工商行政管理部门注册，持有企业法人营业执照，并具有烟叶及其副产品经营的资格；

（2）仓储场地应保持整洁、仓库密闭情况良好，检疫处理场所和设施等应符合安全防护措施要求；

（3）国内销售烟草、出口烟草应分区分仓存放，出口烟草按种类堆垛整齐，并注明检验检疫批次号、数/重量、生产厂、等级、生产年份，对已加工的烟草和未加工的烟草应分仓仓储；

（4）建立烟草仓储害虫监控体系，监测人员应经过海关培训，监测设施齐备，具有监测计划、监测记录及检疫处理预案等，定期将本单位仓储的虫情发生情况及所采取的防疫处理措施上报当地海关；

（5）仓库能够进行温度、湿度监测与控制，仓库温度、湿度数据能够记录，确保适应烟叶及其副产品储存安全的温度和湿度，必要时采取降温、排湿措施。

3. 申请注册出口烟叶中转、暂存场所须符合下列要求：

（1）仓储场地应保持整洁，具有防雨、防潮、防虫设施；

（2）出口烟草应按种类、检验检疫批次号分别堆码、堆垛整齐；

（3）具有有效的烟草仓储害虫监测措施、监测记录和检疫处理预案。

四、提交材料

（一）首次申请

1. 出境饲料生产、加工、存放企业

（1）出境饲料生产、加工、存放企业检验检疫注册登记申请表。

（2）生产工艺流程图，并标明必要的工艺参数（涉及商业秘密的除外）。

（3）厂区平面图（无须提供照片或者视频资料①）。

（4）申请注册登记的产品及原料清单。

以上材料，申请表提供一份原件，其他材料均提供一份复印件。

2. 出境新鲜水果果园和包装厂

（1）出境水果果园申请材料如下：

出境水果果园注册登记申请表；

果园示意图、平面图。

---

① 根据《海关总署关于修改部分规章的决定》（海关总署令第 262 号），自 2023 年 4 月 15 日起实施。

（2）出境水果包装厂申请材料如下：

出境水果包装厂注册登记申请表；

包装厂厂区平面图，包装厂工艺流程及简要说明；

提供水果货源的果园名单及包装厂与果园签订的有关水果生产、收购合约复印件。

以上材料，申请表提供一份原件，其他材料均提供一份复印件。

3. 出境种苗花卉生产企业

（1）出境种苗花卉生产经营企业注册登记申请表。

（2）种植基地及加工包装厂布局示意图、检测实验室平面图，以及主要生产加工区域、除害处理设施的照片。

以上材料，申请表提供一份原件，其他材料均提供一份复印件。

4. 出境竹木草制品生产企业

（1）出境竹木草制品生产企业注册登记申请表。

（2）企业厂区平面图及简要说明。

（3）生产工艺流程图，包括各环节的技术指标及相关说明。

（4）生产加工过程中所使用主要原辅料清单、自检自控计划。

以上材料，申请表提供一份原件，其他材料均提供一份复印件。

5. 出境货物木质包装除害处理标识加施企业

（1）出境货物木质包装除害处理标识加施资格申请考核表。

（2）企业厂区平面图及简要说明。

（3）热处理或者熏蒸处理等除害设施及相关技术、管理人员的资料。

以上材料，申请表提供一份原件，其他材料均提供一份复印件。

6. 出境粮食加工、存储企业

（1）出境其他植物生产、加工、存放企业注册登记申请表。

（2）企业厂区平面图及简要说明。

（3）涉及本企业粮食业务的全流程管理制度、质量安全控制措施和溯源管理体系说明。

（4）有害生物监测与控制措施（包括配备满足防疫需求的人员，具有对虫、鼠、鸟等的防疫措施及能力）。

以上材料，申请表提供一份原件，其他材料均提供一份复印件。

7. 出境烟叶加工、仓储企业

（1）出境其他植物产品生产、加工、存放企业注册登记申请表。

（2）企业厂区平面图及简要说明。

（3）生产加工情况的说明材料。

以上材料，申请表提供一份原件，其他材料均提供一份复印件。

（二）变更申请

1. 出口动植物产品生产、加工、存放企业注册登记变更申请。

2. 与变更内容相关的资料（变更项目的生产工艺说明、产业政策证明材料）。

以上材料，申请表提供一份原件，其他材料均提供一份复印件。

（三）延续申请

企业延期申请书。

以上材料，申请表提供一份原件。

（四）注销申请

注销申请书。

企业取得准予注销许可后应当一并交回原注册登记证书。

以上材料，申请表提供一份原件。

五、办理流程

1. 企业登录“互联网+海关”全国一体化在线政务服务平台（http：//online. customs. gov. cn/）向所在地直属海关或隶属海关提出网上申请，提交电子版申请材料。

2. 所在地直属海关或隶属海关受理申请后，应当根据法定条件和程序进行全面审查，自受理之日起 20 个工作日内作出决定。审核工作参照“出境动植物及其产品、其他检疫物的生产、加工、存放单位注册登记”审查工作细则实施。

3. 经审查符合许可条件的，依法作出准予注册登记许可的书面决定，并送达申请人，同时核发注册登记证书；经审查不符合许可条件的，出具不予许可决定书。

六、办理时限

自受理申请之日起 20 个工作日内作出是否核准的决定。20 个工作日内不能作出决定的，经直属海关负责人批准，可以延长 10 个工作日，并将延长期限的理由书面告知申请单位。

七、受理机构

各直属海关、隶属海关。

第五节　进境动物遗传物质使用单位备案

一、办理事项

进境动物遗传物质使用单位备案。

二、办理方式

用户登录“互联网+海关”全国一体化在线政务服务平台，进入“动植物检疫”模块，选择“进境动物遗传物质存放、使用的检疫监督”后办理；或到各直属海关、隶属海关现场相关业务窗口办理。

三、申请条件

1. 动物遗传物质进口来源国或地区与中国签订过双边检疫协定。
2. 输入动物遗传物质的货主或代理人应持有贸易合同或者协议等有效单证。

四、提交材料

1. 进境动物遗传物质使用单位备案表（法定代表人签字、盖章）。
2. 熟悉动物遗传物质保存、运输、使用技术的专业人员证明文件复印件（加盖公章）。
3. 进境动物遗传物质的专用存放场所及其他必要的设施的图片资料（加盖公章）。

以上材料，网上办理提供电子材料，现场办理提供纸质材料。

五、办理流程

1. 进境动物遗传物质使用单位首次申请“进境动植物检疫许可证”前，应向直属海关申请办理进境动物遗传物质使用单位备案，并提交有关材料。

2. 直属海关对申请单位提交的申请材料在5个工作日内完成受理审核，材料符合申请要求的，予以受理；不符合要求的，一次性告知需补正的材料。材料符合要求正式受理后，直属海关依据《进境动物遗传物质检疫管理办法》及海关总署的有关要求进行备案。

3. 备案完成后，直属海关应将已备案的使用单位报告海关总署。

六、办理时限

自受理之日起20个工作日内作出准予备案或者不予备案的决定。

七、受理机构

各直属海关。

第六节　进境非食用动物产品存放、加工过程的检疫监督

一、办理事项

进境非食用动物产品存放、加工过程的检疫监督。

二、办理方式

登录“互联网+海关”全国一体化在线政务服务平台（http：//online. customs. gov. cn/），进入“动植物检疫”模块，选择“进境非食用动物产品存放、加工过程的检疫监督”办理。

三、申请条件

符合进境非食用动物产品生产、加工、存放企业兽医卫生基本要求。

四、提交材料

（一）新申请

1. 进境非食用动物产品存放、加工指定企业申请表。

2. 厂区平面图。

3. 工艺流程图，包括加工的温度、使用化学试剂的种类、浓度和pH值、处理的时间和使用的有关设备等情况（不适用于存放企业）。

4. 规章制度：应涵盖存放、加工各环节，包括兽医卫生防疫工作领导小组及其职责，防疫处理制度，检疫处理药物管理制度，出入库登记及加工登记制度，人员管理制度，疫情应急处置预案，以及有效的防火、防盗、防鸟、防虫、灭鼠等安全保障制度。

（二）申请变更

1. 进境非食用动物产品存放、加工指定企业申请表。

2. 企业改建或扩建平面图（适用于调整加工、存放能力及加工产品种类）。

3. 工艺流程图，包括加工的温度、使用化学试剂的种类、浓度和 pH 值、处理的时间和使用的有关设备等情况（不适用于存放企业）。

4. 图片资料：有关生产、加工、存放设施布局发生变更的情况。

五、办理流程

1. 企业登录“互联网+海关”全国一体化在线政务服务平台（http：//online. customs. gov. cn/），向所在地直属海关申请，提交电子版申请材料。

2. 直属海关收到申请后对申请材料进行审查，不符合受理条件的不予受理，材料符合或经补正合格的予以受理。

3. 直属海关受理申请后，组织进行现场评估，评估合格的，上报海关总署备案；评估不合格的，不予核准。

4. 全国进境非食用动物产品指定企业名单可在海关总署动植物检疫司页面（http：//dzs. customs. gov. cn/）的“企业信息”—“动物产品类”—“非食用动物产品”栏目查询。

六、办理时限

自受理申请之日起 20 个工作日之内。

七、受理机构

各直属海关。

第七节　进境Ⅰ级风险饲料原料存放、生产、加工过程的检疫监督

一、办理事项

进境Ⅰ级风险饲料原料存放、生产、加工过程的检疫监督。

二、办理方式

登录“互联网+海关”全国一体化在线政务服务平台（http：//online. customs. gov. cn/），进入“动植物检疫”模块，选择“进境Ⅰ级风险饲料原料存放、生产、加工过程的检疫监督”办理。

三、申请条件

（一）动物源性饲料原料存放、生产、加工指定企业条件

1. 企业选址及环境要求

（1）生产、加工、存放企业的选址应符合动物卫生防疫要求；企业应远离动物饲养场、兽医站、屠宰厂和水源等，以厂区或库区为中心半径 1 千米范围内没有饲养家畜、家禽。

（2）企业应有围墙，厂区布局合理，存放加工生产区和生活区须分开。加工存放区按产品进厂、原料存放、深加工等工艺流程单向布局。

（3）厂区环境应保持干净、整洁，物品堆放整齐，有专门的垃圾存放场所和杂物堆放区。

（4）厂区路面应硬化，车间、库房等墙面、地面应不渗水、不积水，易于清洗消毒。

2. 防疫消毒设施及设备要求

（1）加工存放区入口处的人员与车辆通道应分设；车辆进出通道须设置与门等宽、长度不少于4米、深度不低于0.2米的消毒池，或其他等效设施；人员进出通道应设置与门等宽、长度不少于2米的消毒池（垫）。工作人员和车辆凭证经此进出，无关人员和车辆不得随意进出。

（2）原料库的出入口和加工车间的入口处应设有与门等宽、长度不少于2米的消毒池（垫）。

（3）原料库应设更衣室，配有与防疫消毒员数量相适应的更衣柜、消毒杀菌装置、洗手消毒设施、带锁的防疫消毒药品和器械存放柜。日常衣物和工作服应分柜放置。

（4）加工存放区应设更衣室、盥洗室和浴室。更衣室应配有消毒杀菌装置，与工作人员数量相适应的更衣柜，日常衣物和工作服应分柜放置；盥洗室内应有洗手消毒设施、防护用品、清洗消毒的设备。

（5）接触原料的工作人员应配备工作服、工作鞋、帽、手套、口罩等必要的防护用品，并有相应的清洗消毒设施。

（6）配备与加工存放产品类别、加工存放能力相适应的防疫消毒器械和防疫消毒药品，并存放在专人保管的专用存放场所。

（7）配备必要的突发疫情应急处置设施和物资。

（8）须有对进境动物源性饲料包装物或铺垫材料、加工过程中产生的下脚料与废弃物等进行无害化处理的设施。

（9）存放仓库及加工车间有防火、防盗、防鸟、防虫、灭鼠设施。

（10）具有与其加工能力相适应的加工设备，有经检验检疫审核符合兽医卫生防疫要求、经过加工能使疫病传播风险降低到可接受水平的加工工艺及设施。

（11）具有专用存放库，库容量应与生产加工能力相适应。仓库应有与产品储存要求相适应的温度保持系统，必要时应建有冷库。

（12）厂区显著位置设立防疫知识宣传栏。

3. 规章制度及措施

（1）成立以单位主要负责人任组长的兽医卫生防疫领导小组，明确职责，制定相关管理制度。

（2）建立防疫处理制度，包括对包装物、铺垫材料和加工过程中产生的下脚料、废弃物等进行防疫处理所用药物名称及浓度、负责及操作岗位或人员、处理操作程序等。

（3）建立出入库登记及加工登记制度。

（4）建立检疫处理药物管理制度，包括采购、存放保管、使用、回收等。

（5）建立人员管理制度，包括出入人员登记、人员防护、员工培训及体检等。

（6）制订详细的疫情应急处置预案。

（7）有防火、防盗、防鸟、防虫、灭鼠等安全保障制度。

4. 日常管理及相关记录

（1）进境产品流向记录，包括出入库记录、加工记录、下脚料流向记录等。

（2）产品与车辆防疫处理记录等。

（3）产品包装物、铺垫材料和加工过程中产生的下脚料、废弃物的防疫处理记录、场地日常防疫处理记录等记录。

（4）药物使用及管理记录，包括采购、存放保管、使用、回收等记录。

（5）员工体检及培训记录。

（6）有防火、防盗、防鸟、防虫、灭鼠等措施的落实记录。

（二）植物源性饲料原料存放、生产、加工指定企业条件

1. 存放企业

（1）厂区布局合理，整洁卫生，地面硬化，设施良好，具有防疫条件及设施，与生活区有适当距离，并采取隔离措施。

（2）具有完善的质量管理体系并有效运行。建立进口饲料进口装卸、运输、入库、出库等全过程质量安全管理措施，并实施可溯源的登记管理制度。

（3）存储能力与申请进口数量相适应。

（4）进口饲料不得与其他货物混存混运，且相对隔离，避免交叉污染。

（5）具备疫情防控、监测设施，建立外来有害生物防疫制度及措施，并有效运行。

2. 生产、加工企业

（1）企业周围由实体围墙与周边环境隔离。

（2）企业布局合理，整洁卫生，地面硬化，设施良好。接卸、储存、加工等场所应与周边环境相对隔离，能有效防止进口植物源性饲料撒漏和疫情扩散。

（3）运输工具应采取密封措施，防止进口植物源性饲料撒漏。

（4）生产、加工指定企业应具有经海关认可的无害化处理设施，处理能力与加工能力相匹配。

（5）具有植物疫情防控、监测设施及措施，建立进口饲料突发应急处置措施，并有效运行。

四、提交材料

1. 进境Ⅰ级风险动物源性饲料原料存放、生产、加工指定企业申请表（原件）。
2. 厂区平面图（原件）。
3. 工艺流程图，包括加工的温度、使用化学试剂的种类、浓度和 pH 值、处理的时间和使用的有关设备等情况（复印件）。（此项不适用于存放企业）
4. 规章制度（复印件）。
5. 企业改建或扩建平面图（适用于调整加工、存放能力及加工产品种类）（原件）。
6. 图片资料（有关生产、加工、存放设施布局发生变更的情况）（原件）。
7. 进境Ⅰ级风险植物源性饲料原料存放、生产、加工指定企业申请表（原件）。
8. 进口植物源性饲料原料企业检验检疫考核申请（复印件）。
9. 工艺流程、关键技术指标、下脚料处理方法（复印件）。
10. 接卸、运输、储存、加工、下脚料处理能力说明（复印件）。
11. 进口植物源性饲料原料从装卸码头、中转库到加工企业的运输方式和路线示意图（复印件）。
12. 质量管理体系（ISO 9001）或 HACCP 证书（复印件）。（非必要）
13. 质量管理体系中涉及进口植物源性饲料原料疫情防控的相关制度（复印件）。
14. 企业防疫领导小组人员名单及质量监督员培训合格证明（复印件）。

五、办理流程

1. 企业登录“互联网+海关”全国一体化在线政务服务平台（http：//online. customs. gov. cn/），向所在地直属海关提出申请，提交电子版申请材料。

2. 直属海关收到申请后对申请材料进行审查，不符合受理条件的不予受理，材料符合或经补正合格的予以受理。

3. 直属海关受理申请后，组织进行现场评估。评估合格的，上报海关总署备案；评估不合格的，不予核准。

4. 全国进境风险饲料原料存放、生产、加工指定企业名单可在海关总署动植物检疫司页面（ht-

tp：//dzs. customs. gov. cn/）的“企业信息”—“动物产品类”—“动物源性饲料”栏目中查询。

六、办理时限

20个工作日。

七、受理机构

各直属海关。

第八节 进境粮食存放、加工过程的检疫监督

一、办理事项

进境粮食存放、加工指定场证明。

二、办理方式

登录“互联网+海关”全国一体化在线政务服务平台（http：//online. customs. gov. cn/），向所在地直属海关或隶属海关申请办理。

三、申请条件

（一）进口粮食定点加工厂应具备条件

1. 加工厂周围有实体围墙与周边环境隔离。

2. 加工厂布局合理，整洁卫生，地面硬化，设施良好；接卸、储存、加工等场所应与周边环境相对隔离，能有效防止疫情扩散。

3. 进口粮进入加工厂的运输工具及运输路线应经所在地海关确认。运输工具应采取密封措施，防止进口粮撒漏。

4. 加工过程应具有过筛清杂设施，加工工艺流程满足检疫性病菌或杂草灭活的要求。

5. 加工厂应具有对下脚料焚烧、深埋或其他经海关认可的无害化处理设施，处理能力与加工能力相匹配。

6. 具有完善的进口粮加工质量安全管理制度及措施，建立进口粮突发疫情应急处置措施，并有效运行。

（二）进口粮食中转库应具备条件

1. 位于进境口岸港区内。

2. 库区布局合理，整洁卫生，地面硬化，设施良好，满足进口粮储存条件。

3. 具有完善的质量安全管理及防疫措施，并有效运行。

4. 进口粮不得与其他货物混存混运，且相对隔离，避免交叉污染。

5. 仓储能力与申请进口数量相适应。

（三）进口粮储备库应具备条件

1. 被列入国家进口储备粮接收计划名单。

2. 库区布局合理，整洁卫生，地面硬化，设施良好，满足进口粮储存条件，符合进口储备粮库统一标准及管理要求。

3. 具有防疫条件及设施，与生活区有适当距离，并采取隔离措施。

4. 具有完善的质量管理体系，并有效运行。建立进口储备粮进口装卸、运输、入库、出库等全过程质量安全管理措施，并实施可溯源的登记管理制度。

5. 储备库存储能力与申请进口数量相适应。

6. 与进口储备粮中转库、出库加工企业等保持稳定、良好的合作关系。

7. 具备疫情防控、监测设施，建立外来有害生物防疫制度及措施，并有效运行。

8. 具有进口储备粮检验检疫应急突发处置制度及措施。

四、提交材料

（一）加工厂

1. 拟加工进口粮的企业，向所在地海关提出书面申请，填写进口粮食加工企业考核申请表。

2. 加工企业平面图及主要设施照片。

3. 加工工艺流程、关键技术指标、下脚料处理方法。

4. 接卸、运输、储存、加工、下脚料处理能力说明。

5. 进口粮食从装卸码头、中转库到加工企业的运输方式和路线示意图。

6. 质量管理体系（ISO 9001）或 HACCP 证书。

7. 质量管理体系中涉及进口粮食疫情防控的相关制度。

8. 企业防疫领导小组人员名单及质量监督员培训合格证明。

以上材料，申请表为一份原件，其他材料均为一份复印件。

（二）中转库

1. 进口储备粮需使用港口中转库临时储存的，向进境口岸所在地海关提出书面申请，填写进口粮储备库、中转库考核申请表。

2. 储备库提供国家进口储备粮接收计划名单，储备库、中转库的法人代码证、工商注册证等文件。

3. 接卸、运输、仓储、下脚料处理的设施照片及能力说明。

4. 从卸货码头到储备库、中转库的运输方式和路线示意图。

5. 仓库平面图（包括各仓库的大小、容量）。

6. 质量管理体系文件。

7. 防疫体系文件和外来有害生物监测体系（包括监测制度和监测设施）。

8. 企业防疫领导小组人员名单。

9. 进口粮入库、储存、出库流程。

以上材料，申请表为一份原件，其他材料均为一份复印件。

（三）储备库

1. 列入国家进口储备粮接收计划名单的进口粮储备库，向所在地海关提出书面申请，填写进口粮储备库、中转库考核申请表。

2. 储备库提供国家进口储备粮接收计划名单，储备库、中转库的法人代码证、工商注册证等文件。

3. 从卸货码头到储备库、中转库的运输方式和路线示意图。

4. 仓库平面图（包括各仓库的大小、容量）。

5. 接卸、运输、仓储、下脚料处理的设施照片及能力说明。

6. 质量管理体系文件。

7. 防疫体系文件和外来有害生物监测体系（包括监测制度和监测设施）。
8. 企业防疫领导小组人员名单。
9. 进口粮入库、储存、出库流程。

以上材料，申请表为一份原件，其他材料均为一份复印件。

五、办理流程

1. 企业登录“互联网+海关”全国一体化在线政务服务平台（http：//online. customs. gov. cn/），向所在地直属海关或隶属海关申请，提交电子版申请材料。
2. 直属海关或隶属海关收到申请后对申请材料进行审查，不符合受理条件的不予受理，材料符合或经补正合格的予以受理。
3. 直属海关或隶属海关受理申请后，组织进行现场评估。评估合格的，由直属海关上报海关总署备案；评估不合格的，不予核准。
4. 海关总署在官网公布指定企业名单。

六、办理时限

自受理申请之日起 20 个工作日内作出是否批准的决定。20 个工作日内不能作出决定的，经直属海关负责人批准，可以延长 10 个工作日，并将延长期限的理由书面告知申请单位。

七、受理机构

各直属海关、隶属海关。

第九节　进境植物繁殖材料地方隔离检疫圃指定

一、办理事项

进境植物繁殖材料地方隔离检疫圃指定。

二、办理方式

窗口办理。

三、申请条件

具有独立法人资格的隔离检疫圃经营企业。

四、提交材料

1. 进境植物繁殖材料临时隔离检疫圃指定申请表。
2. 营业执照。
3. 隔离检疫圃位置及平面图（标注主要设施设备及周边作物）。
4. 进境植物繁殖材料从入境口岸进入隔离检疫圃的运输安排计划和运输路线说明。

5. 拟进境植物繁殖材料背景材料（如生物学分类、形态特征、主要发生的病虫害等）。
6. 防疫管理制度。

五、办理流程

在直属海关网站上予以公布。

六、办理时限

5~20 个工作日（以各关规定为准）。

七、受理机构

各直属海关或指定的隶属海关。

第十节 进口食品境外生产企业注册

一、办理事项

进口食品境外生产企业注册。

二、办理方式

进口食品境外生产企业注册方式包括所在国家（地区）主管当局推荐注册和企业申请注册。

海关总署根据对食品的原料来源、生产加工工艺、食品安全历史数据、消费人群、食用方式等因素的分析，并结合国际惯例确定进口食品境外生产企业注册方式和申请材料。

经风险分析或者有证据表明某类食品的风险发生变化的，海关总署可以对相应食品的境外生产企业注册方式和申请材料进行调整。

（一）境外官方推荐注册

下列食品的境外生产企业由所在国家（地区）主管当局向海关总署推荐注册：肉与肉制品，肠衣，水产品，乳品，燕窝与燕窝制品，蜂产品，蛋与蛋制品，食用油脂和油料，包馅面食，食用谷物，谷物制粉工业产品和麦芽，保鲜和脱水蔬菜以及干豆，调味料，坚果与籽类，干果，未烘焙的咖啡豆与可可豆，特殊膳食食品，保健食品（共 18 类）。

（二）企业申请注册

除上述 18 类以外的其他食品种类由境外生产企业申请注册，包括：蔬菜及其制品（保鲜和脱水蔬菜除外），粮食制品以及其他产品，茶叶类，坚果及籽类制品，酒类，饮料及冷冻饮品，饼干糕点面包，糖类（包括原糖、食糖、乳糖、糖浆等），糖果巧克力（包括巧克力、代可可脂巧克力及其制品），调味品（不包括食糖），经烘焙的咖啡豆，可可豆及其制品（不包括巧克力），水果制品，其他加工食品等。

除相关国家（地区）主管当局与海关总署就申请方式和申请材料另有约定的，进口食品境外生产企业注册、变更、延续、注销的申请，应通过登录中国国际贸易单一窗口（https：//www.singlewindow.cn），选择“全部应用”—“口岸执法申报”—“进口食品”—“进口食品境外生产企业注册”办理。

三、申请条件

所有向中国境内出口食品的境外生产、加工、贮存企业都应当申请并获得海关总署的注册。食品添加剂、食品相关产品的企业不在注册范围之内。根据《中华人民共和国食品安全法》，食品相关产品是指用于食品的包装材料、容器、洗涤剂、消毒剂和用于食品生产经营的工具、设备。

1. 所在国家（地区）的食品安全管理体系通过海关总署等效性评估、审查。

2. 经所在国家（地区）主管当局批准设立并在其有效监管下。

3. 建立有效的食品安全卫生管理和防护体系，在所在国家（地区）合法生产和出口，保证向中国境内出口的食品符合中国相关法律法规和食品安全国家标准。

4. 符合海关总署与所在国家（地区）主管当局商定的相关检验检疫要求。

四、提交材料

（一）首次申请

1. 所在国家（地区）主管当局应当对其推荐注册的企业进行审核检查，确认符合注册要求后，向海关总署推荐注册并提交以下申请材料：

（1）所在国家（地区）主管当局推荐函；

（2）企业名单与企业注册申请书；

（3）企业身份证明文件，如所在国家（地区）主管当局颁发的营业执照等；

（4）所在国家（地区）主管当局推荐企业符合本规定要求的声明；

（5）所在国家（地区）主管当局对相关企业进行审核检查的审查报告。

必要时，海关总署可以要求提供企业食品安全卫生和防护体系文件，如企业厂区、车间、冷库的平面图，以及工艺流程图等。

2. 前述办理方式（一）所列食品以外的其他食品境外生产企业，应当自行或者委托代理人向海关总署提出注册申请并提交以下申请材料：

（1）企业注册申请书；

（2）企业身份证明文件，如所在国家（地区）主管当局颁发的营业执照等；

（3）企业承诺符合本规定要求的声明。

3. 企业注册申请书内容应当包括企业名称、所在国家（地区）、生产场所地址、法定代表人、联系人、联系方式、所在国家（地区）主管当局批准的注册编号、申请注册食品种类、生产类型、生产能力等信息。

4. 注册申请材料应当用中文或者英文提交，相关国家（地区）与中国就注册方式和申请材料另有约定的，按照双方约定执行。

5. 所在国家（地区）主管当局或进口食品境外生产企业应当对提交材料的真实性、完整性、合法性负责。

（二）变更申请

1. 在注册有效期内，进口食品境外生产企业注册信息发生变化的，应当通过注册申请途径，向海关总署提交变更申请，并提交以下材料：

（1）注册事项变更信息对照表；

（2）与变更信息有关的证明材料。

2. 海关总署评估后认为可以变更的，予以变更。

3. 生产场所迁址、法定代表人变更或者所在国家（地区）授予的注册编号改变的应当重新申请注册，在华注册编号自动失效。

（三）延续申请

1. 进口食品境外生产企业需要延续注册的，应当在注册有效期届满前 3~6 个月内，通过注册申请途径，向海关总署提出延续注册申请。

2. 延续注册申请材料包括：

（1）延续注册申请书；

（2）承诺持续符合注册要求的声明。

3. 海关总署对符合注册要求的企业予以延续注册，注册有效期延长 5 年。

（四）注销申请

已注册进口食品境外生产企业有下列情形之一的，海关总署注销其注册，通知其所在国家（地区）主管当局或进口食品境外生产企业，并予以公布：

未按规定申请延续注册的；

所在国家（地区）主管当局或进口食品境外生产企业主动申请注销的；

不再符合申请条件第 2 项要求的。

（五）整改

1. 进口食品境外生产企业所在国家（地区）主管当局应当对已注册企业实施有效监管，督促已注册企业持续符合注册要求，发现不符合注册要求的，应当立即采取控制措施，暂停相关企业向中国出口食品，直至整改符合注册要求。

2. 进口食品境外生产企业自行发现不符合注册要求时，应当主动暂停向中国出口食品，立即采取整改措施，直至符合注册要求。

3. 海关总署发现已注册进口食品境外生产企业不再符合注册要求的，应当责令其在规定期限内进行整改，整改期间暂停相关企业食品进口。

所在国家（地区）主管当局推荐注册的企业被暂停进口的，主管当局应当监督相关企业在规定期限内完成整改，并向海关总署提交书面整改报告和符合注册要求的书面声明。

自行或者委托代理人申请注册的企业被暂停进口的，应当在规定期限内完成整改，并向海关总署提交书面整改报告和符合注册要求的书面声明。

海关总署应当对企业整改情况进行审查，审查合格的，恢复相关企业食品进口。

（六）撤销

已注册的进口食品境外生产企业有下列情形之一的，海关总署撤销其注册并予以公告：

1. 因企业自身原因致使进口食品发生重大食品安全事故的；

2. 向中国境内出口的食品在进境检验检疫中被发现食品安全问题，情节严重的；

3. 企业食品安全卫生管理存在重大问题，不能保证其向中国境内出口食品符合安全卫生要求的；

4. 经整改后仍不符合注册要求的；

5. 提供虚假材料、隐瞒有关情况的；

6. 拒不配合海关总署开展复查与事故调查的；

7. 出租、出借、转让、倒卖、冒用注册编号的。

五、办理流程

（一）注册

登录中国国际贸易单一窗口（https：//www. singlewindow. cn），选择“全部应用”—“口岸执法申报”—“进口食品”—“进口食品境外生产企业注册”。

（二）提交进口食品境外企业注册申请

进入进口食品境外生产企业注册管理系统，点击“注册申请”，根据推荐注册、企业申请注册方式选择注册产品类别，同时上传相关文件，向海关总署发送信息。

（三）海关总署收到申请材料后进行处理

受理海关总署进出口食品安全局收到申请材料后，根据下列情况分别作出处理：

1. 材料符合要求的，予以受理；

2. 材料不符合法定形式或者不齐全的，自收到申请材料之日起20个工作日内，一次性告知所在国家（地区）主管当局或进口食品境外生产企业需补正的全部内容；

3. 不属于《中华人民共和国进口食品境外生产企业注册管理规定》（海关总署令第248号）要求实施注册管理的，不予受理，并告知所在国家（地区）主管当局或进口食品境外生产企业；

4. 发现申请注册境外企业提供虚假材料的，不予受理，并告知所在国家（地区）主管当局或进口食品境外生产企业；发现已注册境外企业提供虚假材料的，按《中华人民共和国进口食品境外生产企业注册管理规定》（海关总署令第248号）第二十四条相关要求办理。

海关总署进出口食品安全局可通过书面函件、传真文书、电子邮件或信息化系统等形式，向所在国家（地区）主管当局或进口食品境外生产企业反馈受理情况。

（四）海关总署评估审查

海关总署自行或者委托有关机构组织评审组，通过书面检查、视频检查、现场检查等形式及其组合，对申请注册的进口食品境外生产企业实施评估审查。评审组由2名以上评估审查人员组成。

1. 书面检查：海关总署组织评审组，通过对所递交申请文件材料的审阅，对所在国家（地区）主管当局或境外生产企业提交申请文件材料实施检查。根据申请文件材料情况，海关总署可以要求申请国家（地区）的主管当局或境外生产企业补充缺少的信息或者材料。

2. 视频检查：海关总署组织评审组，通过互联网视频连线的方式，对企业食品安全卫生管理体系及其食品安全卫生状况等实施检查。接受视频检查的企业及所在国家（地区）主管当局，应当为视频检查提供必要的协助。对于视频检查中发现的相关问题，海关总署可以要求接受视频检查的企业及所在国家（地区）主管当局进行整改并提交相应整改情况。

3. 现场检查：海关总署组织评审组，赴境外到申请注册的境外生产企业实地现场，对企业食品安全卫生管理体系及其食品安全卫生状况等实施检查验证。接受现场检查的企业及所在国家（地区）主管当局，应当为现场检查提供必要的协助。对于现场检查中发现的相关问题，海关总署可要求被现场检查的企业及所在国家（地区）主管当局进行整改并提交相应整改情况。

评估审查的内容和标准，将根据WOAH、IPPC、CAC相关指南，海关总署与所在国家（地区）主管当局商定的相关检验检疫要求以及中国相关法律法规和食品安全国家标准执行。

海关总署食品局组织评审组开展视频检查、现场检查，将根据风险分析及国际惯例，并与企业所在国家（地区）主管当局提前沟通协商。

进口食品境外生产企业和所在国家（地区）主管当局应当协助开展上述评估审查工作。

（五）审核

海关总署进出口食品安全局对评审组工作报告进行审核。

（六）予以注册

海关总署根据评估审查情况，对符合要求的进口食品境外生产企业予以注册并给予在华注册编号，通知所在国家（地区）主管当局或进口食品境外生产企业；对不符合要求的进口食品境外生产企业不予注册，通知所在国家（地区）主管当局或进口食品境外生产企业。

海关总署进出口食品安全局可通过书面函件、传真文书、电子邮件或信息化系统等形式，通知所在国家（地区）主管当局或进口食品境外生产企业。已获得注册的企业向中国境内出口食品时，应当在食品的内、外包装上标注在华注册编号或者所在国家（地区）主管当局批准的注册编号。

（七）查询网址

企业可在海关总署进出口食品安全局页面（http：//jckspj. customs. gov. cn/）的“信息服务”—“进口食品境外生产企业注册名单”栏目，或者海关总署企业管理和稽查司页面（http：//

qgjcs. customs. gov. cn/）的“信息服务”—“进口食品、化妆品进出口商备案名单”—“进口食品化妆品进出口商备案系统”栏目查询进口食品境外生产企业注册信息。

（八）有效期

进口食品境外生产企业注册有效期为 5 年，海关总署在对进口食品境外生产企业予以注册时，应当确定注册有效期的起止日期。

2022 年 1 月 1 日前已获得注册的进口食品境外生产企业在注册有效期内继续有效。

（九）注册事项变更

已注册境外企业的注册事项发生变更时，应当由所在国家（地区）主管当局或进口食品境外生产企业，按照注册申请途径，递交相应的变更申请材料。

经评估审查，如认为变更事项不涉及境外企业食品安全卫生管理控制（例如企业名称改变等），确认符合变更要求的，予以变更；经评估审查，如认为相关变更调整可能影响境外企业食品安全卫生管理控制的，不予变更并通知所在国家（地区）主管当局或进口食品境外生产企业按照申请途径，提交新的注册申请。新的注册申请通过后，原有在华注册编号将自动失效，注册资格被注销。

企业生产场所迁址、法定代表人变更或是所在国家（地区）授予的注册编号改变等，应提交新的注册申请。新的注册申请通过后，原有的在华注册编号将自动失效，注册资格被注销。

生产场所迁址，指向中国出口食品的实际生产场所（厂区）实施搬迁。管理人员办公场所变化不属于生产场所迁址。法定代表人变更，指境外企业的实际拥有者发生变化。如果境外企业实际拥有者不变，但代表实际拥有者执行企业生产场所（厂区）管理的人员发生变化的，生产企业可先申请变更，海关总署评估相应变更对企业食品安全卫生管理控制的实际影响，决定是否予以变更。

（十）延续注册

已注册境外企业，应在其注册有效期届满前 3~6 个月，由所在国家（地区）主管当局或进口食品境外生产企业，按照注册申请途径，递交相应的延续注册申请材料。

经评估审查，确认符合延续注册要求的，予以延续注册；如不符合要求的，不予延续并书面通知所在国家（地区）主管当局或进口食品境外生产企业，原有在华注册编号将到期自动失效，注册资格被注销。

海关总署进出口食品安全局可通过书面函件、传真文书、电子邮件或信息化系统等形式，通知所在国家（地区）主管当局或进口食品境外生产企业。

（十一）注销注册

已注册进口食品境外生产企业申请注销其资格时，应当由所在国家（地区）主管当局或进口食品境外生产企业，按照注册申请途径，递交相应的注销申请材料。

海关总署进出口食品安全局对符合注销要求的予以注销，通知所在国家（地区）主管当局或进口食品境外生产企业，并予以公布。

六、办理时限

无。

七、受理机构

海关总署进出口食品安全局。

第十一节 进口食品进口商备案

一、办理事项

进口食品进口商备案。

二、办理方式

1. 网上提交申请：“互联网+海关”全国一体化在线政务服务平台（http：//online. customs. gov. cn/）。

2. 现场提交申请：各主管海关业务现场。

三、申请条件

营业执照的经营范围涵盖拟进口的食品种类。

四、提交材料

1. 进口食品收货人备案申请表。
2. 与食品安全相关的组织机构设置、部门职能和岗位职责。
3. 拟经营的食品种类、存放地点。
4. 2年内曾从事食品进口、加工和销售的，应当提供相关说明（食品品种、数量）。

上述资料除申请表可为电子版外，其他均为纸质版，需加盖申请单位公章，一式一份。

五、办理流程

1. 企业向所在地主管海关提交备案申请。食品进口商可以通过国际贸易“单一窗口”或者“互联网+海关”向海关提交备案申请。食品进口商也可以向住所地海关提交纸质《收货人备案申请表》及有关材料申请备案。

2. 企业所在地主管海关审核，符合要求的报海关总署审核，不符合要求的退回企业（企业可以修改申请信息后重新提交）。

3. 可在海关总署企业管理和稽查司页面（http：//qgjcs. customs. gov. cn/）—“信息服务”—“进口食品、化妆品进出口商备案名单”—“进口食品化妆品进出口商备案系统”栏目查询。

六、办理时限

5个工作日。

七、受理机构

主管海关负责企业管理工作的部门。

第十二节　进口食品境外出口商、代理商备案

一、办理事项

进口食品境外出口商、代理商备案。

二、办理方式

登录“互联网+海关”全国一体化在线政务服务平台（http：//online. customs. gov. cn/），进入“企业管理和稽查”模块，或者登录中国国际贸易单一窗口（https：//www. singlewindow. cn）办理。

三、申请条件

从事进口食品的境外出口商或代理商。

四、提交材料

线上填写进口食品境外出口商或代理商备案申请表单。

五、办理流程

1. 出口商或者代理商在“互联网+海关”全国一体化在线政务服务平台（http：//online. customs. gov. cn/）进行注册，使用用户名、密码登录。
2. 完整填写申请表单并提交。
3. 海关总署审核，符合要求的予以备案并公布境外出口商名单，不符合要求的退回企业。
4. 可在海关总署企业管理和稽查司页面（http：//qgjcs. customs. gov. cn/）的“信息服务”—“进口食品、化妆品进出口商备案名单”—“进口食品化妆品进出口商备案系统”栏目查询。

六、办理时限

5 个工作日。

七、受理机构

主管海关负责企业管理工作的部门。

第十三节　进境肠衣定点加工企业备案

一、办理事项

进境肠衣定点加工、存放企业备案。

二、办理方式

网上办理：用户登录“互联网+海关”全国一体化在线政务服务平台（http：//online. customs. gov. cn/），进入“动植物检疫”模块办理，或登录中国国际贸易单一窗口（https：//www. singlewindow. cn/）办理。

窗口办理：各主管海关业务现场，具体地址可通过主管海关网站查询。

三、申请条件

1. 获得出口肠衣生产企业备案资质。
2. 应建立健全防疫体系，完善防疫设施。

四、提交材料

1. 进境肠衣类加工、存放企业申请表。
2. 厂区平面示意图（应注明卫生防疫设施分布情况）及车间平面图原件。
3. 加工工艺流程图原件。
4. 卫生防疫工作领导小组名单及职责原件。
5. 卫生防疫制度原件。

上述资料均为纸质版，需加盖申请单位公章，一式两份。

五、办理流程

1. 申请进境肠衣定点加工、存放企业向主管海关提出申请并上传材料。
2. 主管海关成立专家组对申请企业防疫条件考核验收。
3. 对审核通过的企业在网站上予以公布。
4. 可在海关总署企业管理和稽查司页面（http：//qgjcs. customs. gov. cn/）的“信息服务”—“出口食品原料种植、养殖场备案名单”—“进境肠衣定点加工、存放企业名单”栏目查询。

六、办理时限

无。

七、受理机构

主管海关负责企业管理工作的部门。

第十四节　进境中药材指定存放、加工企业备案

一、办理事项

进境中药材指定存放、加工企业备案。

二、办理方式

网上办理：用户登录“互联网+海关”全国一体化在线政务服务平台（http：//online. customs. gov. cn/），进入“动植物检疫”版块办理，或登录中国国际贸易单一窗口（https：//www. singlewindow. cn/）办理。

窗口办理：各主管海关业务现场，具体地址可通过主管海关网站查询。

三、申请条件

具有独立法人资格和符合相应防疫要求的企业可以作为申请人。

四、提交材料

1. 进境中药材存放、加工单位申请表。
2. 拟存放、加工单位所建立的各项制度。
3. 厂区平面图，并提供重点区域的照片或者视频资料。
4. 产品加工工艺。

上述资料为纸质版（视频资料除外）或电子版，需加盖申请单位公章，一式两份。

五、办理流程

1. 申请人提交材料齐全的，主管海关应当受理备案申请。申请人提交材料不齐全的，主管海关应当当场或者在接到申请后 5 个工作日内一次性书面告知申请人需补正的全部内容，以申请人补正材料之日为受理日期。

2. 主管海关应当自受理备案申请之日起 20 个工作日内，组织评审组完成评审工作，并出具评审报告。

3. 主管海关对经评审合格的企业，予以备案、编号并公布。自发布之日起，有效期为 4 年。进境动物源性中药材存放、加工指定企业名单将在网站上公布。

4. 可在海关总署门户网站企业管理和稽查司页面（http：//qgjcs. customs. gov. cn/）的“信息服务”—“出口食品原料种植、养殖场备案名单”—“进境动物源性中药材存放、加工指定企业名单”栏目查询。

六、办理时限

20 个工作日。

七、受理机构

主管海关负责企业管理工作的部门。

第十五节　进口毛燕指定加工企业备案

一、办理事项

进口毛燕指定加工企业备案。

二、办理方式

前往企业所在地主管海关现场办理，或登录“互联网+海关”全国一体化在线政务服务平台（http：//online. customs. gov. cn/）办理。

三、申请条件

具有独立法人资格和符合相应防疫要求的企业。

四、提交材料

1. 进口毛燕指定加工企业申请表（原件）。
2. 企业食品生产许可证或兽医防疫许可证（复印件）。
3. 企业功能区域布局平面图原件。
4. 企业全景、正门、生产车间、仓库等区域，以及主要生产加工、防疫处理设备设施等照片原件。
5. 企业管理组织机构图原件。
6. 生产工艺流程图原件。
7. 企业防疫管理体系文件原件。

上述资料均为纸质版，需加盖申请单位公章，一式两份。

五、办理流程

1. 申请人向所在地主管海关申请进口毛燕指定加工企业资质，并提交申请材料。
2. 主管海关成立专家组对申请企业防疫条件考核验收，对存在问题的企业应书面通知其限期整改，并跟踪整改情况，整改结束后做出是否符合防疫要求的意见。
3. 对审核通过的企业在网站上予以公布。
4. 可在海关总署门户网站企业管理和稽查司页面（http：//qgjcs. customs. gov. cn/）的“信息服务”—“出口食品原料种植、养殖场备案名单”—“进口毛燕指定加工企业名单”栏目查询。

六、办理时限

无。

七、受理机构

主管海关负责企业管理工作的部门。

第十六节　出口食品生产企业备案

一、办理事项

出口食品生产企业备案核准。

二、办理方式

1. 中国出口食品生产企业备案管理系统（http：//qgs. customs. gov. cn：10081/efpe/login）。

2. 中国出口食品生产企业备案管理系统已与互联网+海关一体化平台集成，企业可通过如下方式登录："互联网+海关" 全国一体化在线政务服务平台（http：//online. custoums. gov. cn/）—"企业管理和稽查"—"出口食品生产企业备案核准"。

三、申请条件

1. 中华人民共和国境内拟从事出口的食品生产企业。

2. 已建立和实施以危害分析和预防控制措施为核心的食品安全卫生控制体系，该体系还应当包括食品防护计划。出口食品生产企业应当保证食品安全卫生控制体系有效运行，确保出口食品生产、加工、储存过程持续符合我国相关法律法规和出口食品生产企业安全卫生要求，以及进口国（地区）相关法律法规要求。

四、提交材料

出口食品生产企业备案申请书。

五、办理流程

（一）申请备案

1. 申请人通过中国出口食品生产企业备案管理系统（http：//qgs. customs. gov. cn：10081/efpe/login），或者登录"互联网+海关"全国一体化在线政务服务平台（https：//online. customs. gov. cn/）—"企业管理和稽查"—"出口食品生产企业备案核准"，向所在地主管海关提出申请并上传材料。

2. 主管海关对申请人提出的申请进行审核，对材料齐全、符合法定条件的，核发出口食品生产企业备案证明。

3. 出口食品生产企业备案名单可在海关总署门户网站企业管理和稽查司页面（http：//qgjcs. customs. gov. cn/）的"信息服务"—"出口食品生产企业备案名单"栏目查询。

（二）备案变更

出口食品生产企业的名称、法定代表人、生产企业地址发生变化的，申请人应当自发生变更之日起 15 日内，通过中国出口食品生产企业备案管理系统（http：//qgs. customs. gov. cn：10081/efpe/

login）向原发证海关递交申请材料（出口食品生产企业备案信息变更申请单），原发证海关对申请变更内容进行审核。变更申请材料齐全、证明材料真实有效的，准予变更。

（三）备案的注销

申请人需要注销备案证明的，向主管海关提出书面申请，经主管海关审核后，办理注销手续。

六、办理时限

3个工作日。

七、受理机构

主管海关负责企业管理工作的部门。

第十七节　出口食品生产企业对外推荐注册

一、办理事项

出口食品生产企业对外推荐注册。

二、办理方式

企业向所在地直属海关境外注册主管部门或者经直属海关授权的隶属海关相关部门申请办理。

三、申请条件

1. 已完成出口食品生产企业备案手续。
2. 建立完善可追溯的食品安全卫生控制体系，保证食品安全卫生控制体系有效运行，确保出口食品生产、加工、贮存过程持续符合中国相关法律法规、出口食品生产企业安全卫生要求。
3. 进口国家（地区）相关法律法规和相关国际条约、协定有特殊要求的，还应当符合相关要求。
4. 切实履行企业主体责任，诚信自律、规范经营，且信用状况为非海关失信企业。
5. 一年内未因企业自身安全卫生方面的问题被进口国（地区）主管当局通报。

四、提交材料

出口食品生产企业申请境外注册时，应当通过信息化系统向住所地海关提出申请，提供以下申请材料并对其真实性负责：

出口食品生产企业境外注册申请书；

出口食品生产企业申请境外注册自我评估表；

企业生产条件（包括但不限于厂区布局图、车间平面图、人流、物流图、水流/气流图、关键工序图片等）、生产工艺等基本情况；

企业建立的可追溯的食品安全卫生控制体系文件；

进口国家（地区）要求的随附资料。

五、办理流程

1. 企业向所在地直属海关境外注册主管部门或者经直属海关授权的隶属海关相关部门申请办理。受理海关应该在收到申请材料后 5 个工作日内完成形式审查。申请材料齐全且符合要求的，予以受理；申请材料不齐全的，应当一次告知企业需要补正的全部内容；不符合要求的不予受理，应当告知企业并说明理由。

2. 受理海关根据企业申请组织评审，结合企业信用、监督管理、出口食品安全等情况，符合要求的上报海关总署推荐境外注册。不符合要求的不予推荐境外注册。组织评审和审核上报工作应当在 30 个工作日内完成。如遇特殊情况，在规定时限内不能完成评审和审核上报工作的，可以延长 10 个工作日，并且将延长时限的理由告知企业。

3. 海关总署根据相关国家（地区）要求或实际工作需要，统一向进口国家（地区）主管当局推荐。如遇特殊情况，可根据实际工作情况进行调整。

4. 企业补正材料、整改或因组织生产等原因所需时间不计算在公里工作时限内。

5. 需经进口国家（地区）主管当局现场检查合格方能获得注册资格的，出口食品生产企业应当按照进口国家（地区）的要求配合做好相关检查工作。

6. 获国外（境外）注册的食品生产企业名单可在海关总署门户网站企业管理和稽查司页面（http：//qgjcs. customs. gov. cn/）的“信息服务”—“获国外（境外）注册的食品生产企业名单”栏目查询。

7. 获得境外注册的企业应在每年 3 月底以前通过信息化系统向住所地海关提交是否持续符合进口国家（地区）注册条件的自我评定报告。

六、办理时限

无。

七、受理机构

主管海关负责企业管理工作的部门。

第十八节　出口食品原料种植场备案

一、办理事项

出口食品原料种植场备案。

二、办理方式

网上办理：申请人登录“互联网+海关”全国一体化在线政务服务平台（http：//online. customs. gov. cn/），进入“企业管理和稽查”模块办理，或者登录中国国际贸易单一窗口（https：//www. singlewindow. cn/）办理。

窗口办理：各主管海关业务现场办理，具体地址可通过主管海关网站查询。

三、申请条件

（一）出口食品原料种植场

具有独立法人资格的出口食品生产加工企业、种植场、农民专业合作经济组织或者行业协会等组织均可申请。申请备案的种植场应当具备以下条件：

1. 有合法经营种植用地的证明文件（不再验核①）；

2. 土地相对固定连片，周围具有天然或者人工的隔离带（网），符合当地检验检疫机构根据实际情况确定的土地面积要求；

3. 大气、土壤和灌溉用水符合国家有关标准，种植场及周边无影响种植原料质量安全的污染源；

4. 有专门部门或者专人负责农药等农业投入品的管理，有适宜的农业投入品存放场所，农业投入品符合中国或者进口国家（地区）有关法规要求；

5. 有完善的质量安全管理制度，应当包括组织机构、农业投入品使用管理制度、疫情疫病监测制度、有毒有害物质控制制度、生产和追溯记录制度等；

6. 配置与生产规模相适应、具有植物保护基本知识的专职或者兼职植保员；

7. 法律法规规定的其他条件。

（二）供港澳蔬菜种植基地

具有独立法人资格的种植基地、生产加工企业或者农民专业合作经济组织均可申请。对实施区域化管理的种植基地，可以由地方政府有关部门向海关推荐备案。申请备案的种植基地应当具备以下条件：

1. 有合法用地的证明文件（不再验核）；

2. 土地固定连片，周围具有天然或者人工的隔离带（网），符合各地海关根据实际情况确定的土地面积要求；

3. 土壤和灌溉用水符合国家有关标准的要求，周边无影响蔬菜质量安全的污染源；

4. 有专门部门或者专人负责农药等农业投入品的管理，有专人管理的农业投入品存放场所；有专用的农药喷洒工具及其他农用器具；

5. 有完善的质量安全管理体系，包括组织机构、农业投入品使用管理制度、有毒有害物质监控制度等；

6. 有植物保护基本知识的专职或者兼职管理人员；

7. 有农药残留检测能力。

四、提交材料

（一）出口食品原料种植场

1. 出口食品原料种植场备案申请表。

2. 种植场平面图。

3. 要求种植场建立的各项质量安全管理制度，包括组织机构、农业投入品管理制度、疫情疫病监测制度、有毒有害物质控制制度、生产和追溯记录制度等。

4. 种植场负责人或者经营者身份证。

5. 种植场常用农业化学品清单。

（二）供港澳蔬菜种植基地

1. 出口食品原料种植场备案申请表。

---

① 依据海关总署门户网站首页—“政务公开”—“政府信息公开专栏”—“政府信息公开目录”，于 2019 年 12 月 2 日发布的《海关总署决定公布第一批取消的证明事项》。

2. 种植基地示意图、平面图。
上述资料均为书面材料，需加盖申请单位公章，一式两份。

五、办理流程

1. 种植场向所在主管海关申请备案。
2. 种植场所在地主管海关受理申请后应当进行文件审核，必要时可以实施现场审核。
3. 审核符合条件的，予以备案。
4. 可在海关总署门户网站企业管理和稽查司页面—“信息服务”—“出口食品原料种植、养殖场备案名单”，点击相关备案种植场名单栏目查询。

六、办理时限

无。

七、受理机构

主管海关负责企业管理工作的部门。

第十九节　出口食品原料养殖场备案

一、办理事项

出口食品原料养殖场备案。

二、办理方式

网上办理：申请人登录“互联网+海关”全国一体化在线政务服务平台（http：//online. customs. gov. cn/），进入“企业管理和稽查”模块办理，或者登录中国国际贸易单一窗口（https：//www. singlewindow. cn/）办理。
窗口办理：各主管海关业务现场办理，具体地址可通过主管海关网站查询。

三、申请条件

（一）水产品
出口水产品原料养殖场应当满足以下基本条件和卫生要求：
1. 依法取得县级以上农业或渔业部门认可为合法养殖的证明材料；
2. 养殖场周围无畜禽养殖场、医院、化工厂、垃圾场等污染源，内部环境卫生良好；
3. 养殖场内养殖池或网箱有规范的编号；
4. 水源充足，养殖用水水质符合《渔业水质标准》；
5. 场区卫生整洁、布局合理，符合卫生防疫要求，避免进排水交叉污染；
6. 具有独立分设的药物和饲料仓库，仓库保持清洁干燥，通风良好，有专人负责记录入出库登记；

7. 养殖密度适当，配备与养殖密度相适应的增氧设施；

8. 不存放和使用中国、输入国家（地区）禁止使用的药物和其他有毒有害物质，使用的药物应当标注有效成分，建立真实完整的用药记录，并严格遵守停药期规定；

9. 投喂的饲料符合《饲料和饲料添加剂管理条例》要求；

10. 建立完善的水产养殖管理制度并有效运行，养殖场应准确、规范、及时填写养殖日志，相关记录应当保存至该批水产品全部销售后2年以上；

11. 配备养殖技术员，养殖技术员应熟悉并遵守相关法律法规等规定，熟悉其养殖原料加工的水产品输入国家（地区）相关药残控制法规和标准并能遵照其要求开展养殖管理。

（二）其他

1. 养殖场获得农业主管部门养殖许可。

2. 养殖场与出口食品生产企业签订供货协议。

四、提交材料

（一）水产品

出口水产品原料养殖场备案申请人通过信息化系统向养殖场所在地海关提出申请，提供以下申请材料并对其真实性负责：

1. “出口水产品原料养殖场备案申请表”；

2. 县级以上农业或渔业部门认可为合法养殖的证明材料，合法养殖证明材料中养殖场所有人与申请人不一致的，需提供双方签订的租赁、承包或使用协议。

出口水产品原料备案养殖场应当于备案次年起，每年3月底前向所在地海关报送上年度“出口水产品原料备案养殖场年度报告表”。

（二）蜂产品

1. 出口蜂产品原料备案养殖场申请表。

2. 申请单位对养蜂场的各项管理制度，主要包括养蜂场管理制度、管理机构名称和设置、养蜂用药管理制度及相关记录（购买、贮存、发放等）、养蜂用药督查制度及相应的督查记录、养蜂现场跟踪监督指导计划、蜜蜂养殖操作规范、养蜂户投售原料标识卡（样张）、养蜂户档案、养蜂日志（样本）、蜂蜜及蜂王浆追溯管理制度等。

3. 养蜂场管理负责人、管理人员及技术人员的名单和相关资格证明材料。

4. 各养蜂生产小组所属区域及养蜂户数、蜂群数清单。

5. 企业和养蜂场签订的供货合同。

（三）畜禽原料

1. 出口禽肉原料养殖场备案表。

2. 农业行政部门颁发的防疫条件合格证。

3. 场区平面图和行政区划位置图。

4. 动物卫生防疫管理制度，包括日常卫生管理制度、消毒制度、疫病防治制度、人员和车辆进出控制、病死动物处理、疫情报告等。

5. 饲养用药管理制度，包括饲料和添加剂使用管理制度、用药管理制度等。

6. 饲养场和出口企业签订的合同（适用于合同饲养场）。

（四）蛋禽原料

1. 出口禽蛋原料养殖场备案申请表。

2. 动物防疫条件合格证。

3. 动物卫生防疫制度，包括日常卫生管理制度、疫病防治制度、用药管理制度。

4. 饲养管理制度，包括饲料和添加剂使用管理制度、活禽出入场管理制度。

5. 养殖场行政区划位置图、场区平面示意图原件（标明大门、禽舍、生活区、水域、饲料库、药品库等）。

6. 养殖场和出口加工企业签订的合同（适用于合同养殖场）。

7. 由拟供货出口食品生产企业代为办理的，需提供养殖场委托生产企业办理的授权委托书。

上述资料均为纸质版，需加盖申请单位公章，一式两份。

五、办理流程

1. 养殖场向所在地主管海关提交备案申请。

2. 养殖场所在地主管海关受理申请后进行审核。

3. 审核符合条件的，予以备案。

4. 可在海关总署门户网站企业管理和稽查司页面（http：//qgjcs. customs. gov. cn/）的“信息服务”—“出口食品原料种植、养殖场备案名单”，点击相关备案养殖场及加工企业名单栏目查询。

六、办理时限

无。

七、受理机构

主管海关负责企业管理工作的部门。

第二十节　进口棉花境外供货企业登记

一、办理事项

进口棉花境外供货企业登记证书。

二、办理方式

邮寄办理：010-82023324，海关总署商品检验司，北京市东城区建国门内大街 6 号。

网上办理：登录“互联网+海关”全国一体化在线政务服务平台（https：//online. customs. gov. cn/）。

三、申请条件

1. 具有所在国家或者地区合法经营资质。

2. 具有固定经营场所。

3. 具有稳定供货来源，并有相应质量控制体系。

4. 熟悉中国进口棉花检验相关规定。

四、提交材料

1. 进口棉花境外供货企业登记申请表原件一份。

2. 合法商业经营资质证明文件的公证件原件一份。
3. 组织机构图及经营场所平面图原件一份。
4. 质量控制体系的相关材料原件一份。
5. 质量承诺书原件一份。

五、办理流程

1. 申请：申请人向海关总署提交申请材料。
2. 海关总署受理：海关总署对申请人提交的书面申请材料是否齐全进行审查。如果申请人缺少相关资料需一次性告知申请人，要求其补充材料。
3. 海关总署审核、决定：海关总署对受理的申请材料组织书面评审，必要时开展现场评审。经审核合格的，对外公告企业名单。经审核不合格的，不予登记，并书面告知境外供货企业。
4. “进口棉花境外供货企业名单”可在海关总署门户网站商品检验司页面（http：//sjs. customs. gov. cn/）的“进出口商品检验信息”—“进口棉花境外供货企业名单”中查询。

六、办理时限

自受理之日起 3 个月内完成评审。

七、受理机构

海关总署商品检验司。

第二十一节　出口危险货物包装生产企业登记

一、办理事项

出口危险货物包装容器生产企业代码。

二、办理方式

所属地海关现场办理。

三、申请条件

出口危险货物包装容器生产企业。

四、提交材料

1. 出口危险货物包装容器生产企业代码申请书。
2. 拟用于出口危险货物包装容器的产品明细清单。
3. 质量管理体系相关资料，包括检测设备和环境设施清单、检验人员信息表、检验相关的质量管理体系文件清单，如质量手册、程序文件、作业指导书等（应包含文件编号信息）。
4. 其他海关需要提供的资料。

5. 原代码证书（或出口危险货物包装容器质量许可证）原件（换证复查企业提供）。

以上材料，初次申请企业提交一式两份，换证复查企业提交一式一份。

五、办理流程

1. 申请企业应提供相关材料。
2. 直属海关主管部门或其他指定部门负责申报材料的受理、审核。审核不合格的，不予受理；审核合格的，及时安排现场考核。
3. 直属海关主管部门组成考核组对企业进行现场考核。考核合格的，予以发证；考核不合格，不予发证。
4. 直属海关主管部门对符合要求的企业颁发代码证书。

六、办理时限

以各直属海关主管部门公布时限为准。

七、受理机构

直属海关商品检验处或其他指定部门。

第二十二节　进口旧机电产品装运前检验的第三方检验机构备案

一、办理事项

进口旧机电产品装运前检验的第三方检验机构备案。

二、办理方式

登录进口旧机电产品装运前检验监督管理系统（https：//swapp. singlewindow. cn/psiiumewebserver/static/home. html）办理。

三、申请条件

1. 为所在国家（地区）合法注册的第三方检验机构。
2. 具备固定的办公地点或经营场所。
3. 通过 ISO/IEC 17020 体系认证，认证范围涵盖进口旧机电产品装运前检验作业。
4. 设立与进口旧机电产品装运前检验活动相适应的作业岗位和审核岗位。

四、提交材料

1. 进口旧机电产品装运前检验机构备案表。
2. 所在国家（地区）合法注册的第三方检验机构资质证明。
3. ISO/IEC 17020 体系认证证明材料，认证范围应涵盖进口旧机电产品装运前检验作业。
4. 装运前检验证书授权签字人信息及印签样本。

上述材料应当使用中文，若为中外文对照的，以中文为准。

五、办理流程

1. 装运前检验机构提交的材料符合要求的，予以备案。

2. 海关总署应当对外公开已备案的装运前检验机构信息，公开内容包括：

（1）备案编号；

（2）装运前检验机构名称（中外文）；

（3）注册国别/地区；

（4）公司地址、联系方式。

3. 装运前检验机构的机构名称、商业登记地址、法定代表人、出资方、所有权或检验证书授权签字人等重要信息发生变化的，应当向海关总署重新办理备案手续。

4. 装运前检验机构的联系电话、传真、电子邮件等发生变化的，应当在变化后的 5 个工作日内告知海关总署，海关总署及时更新备案信息。

六、办理时限

无。

七、受理机构

海关总署商品检验司。

第十五章

检验鉴定

检验鉴定机构通过检验、鉴别、认定事实状况，出具检验鉴定证书，供有关方面解决、处理有关经济贸易、运输、保险、税务等方面的各种问题的纠纷、诉讼，维护对外经济贸易各方的合法权益和国家的信誉，促进生产和对外经济贸易的发展。

第一节　数（重）量鉴定

一、业务范围

海关实施数（重）量鉴定的范围如下：

——列入海关实施检验检疫的进出境商品目录内的进出口商品；

——法律、行政法规规定必须经海关检验的其他进出口商品；

——进出口危险品和废旧物品；

——实行验证管理、配额管理，并需由海关检验的进出口商品；

——涉嫌有欺诈行为的进出口商品；

——双边、多边协议协定、国际条约规定或者国际组织委托、指定的进出口商品；

——国际政府间协定规定或者国内外司法机构、仲裁机构和国际组织委托、指定的进出口商品。

海关根据国家规定对上述规定以外的进出口商品数（重）量实施抽查检验。

二、申请要求

进口大宗商品收货人或其代理人需要海关出具重量证书的，收货人或代理人通过中国国际贸易单一窗口等申报平台填写申报信息时，应在所需单证栏勾选“12-重量证书”（两步申报的概要申报时，应在申报界面勾选“需要重量证书”）。

三、实施方式

海关对进口大宗商品重量鉴定依企业申请实施；必要时，海关依职权实施。

进口大宗商品收货人或者代理人申请海关出具重量证书的，海关依企业申请实施重量鉴定并出具重量证书；未申请海关出具重量证书的，海关除依职权实施的情况外，不再实施重量鉴定。

第二节 残损鉴定

一、业务范围

海关负责对法定检验进口商品的残损检验鉴定工作。法定检验商品以外的其他进口商品发生残损需要进行残损检验鉴定的，对外贸易关系人可以向海关申请残损检验鉴定，也可以向经海关总署许可的检验机构申请残损检验鉴定。

海关根据需要对有残损的下列进口商品实施残损检验鉴定：

——列入海关必须实施检验检疫的进出境商品目录内的进出口商品；

——法定检验以外的进口商品收货人或者其他贸易关系人，发现进口商品质量不合格或者残损、短缺，申请出证的；

——进口的危险品、废旧物品；

——实行验证管理、配额管理，并需由海关检验的进口商品；

——涉嫌有欺诈行为的进口商品；

——收货人或者其他贸易关系人需要海关出证索赔的进口商品；

——双边、多边协议协定、国际条约规定或者国际组织委托、指定的进出口商品；

——相关法律、行政法规规定须经海关检验的其他进口商品。

二、申请要求

进口商品的收货人或者其他贸易关系人可以自行向海关申请残损检验鉴定，也可以委托办理申请手续。

申请残损鉴定的，应提供合同、发票、提单、装箱单等商业单据，同时还应根据情况提交必要的相关资料：

——申请舱口检视、载损鉴定和监视卸载的，应提供舱单、积载图、航海日志及（或）海事声明等；

——申请海损鉴定的，应提供舱单、积载图、提单、海事报告、事故报告等；

——申请验残的，应提供合同、提单、发票、装箱单、理货残损单、说明书、重量明细单、品质证书等；

——申请拆箱鉴定的，应提供合同、提单、发票、装箱单、重量明细单、品质证书等。

（一）申请残损鉴定的时间

残损鉴定申请应在索赔有效期内并应留有充分的检验时间。

1. 舱口检视、载损鉴定、监视卸载应在船舶开舱卸货前申请。

2. 海损鉴定一般应在残损货物卸货前申请。

3. 验残的申请时间为：

（1）卸货时发现包装或外表残损的进口商品，应在发现残损时或在船方签残后提出申请，最迟应在提货前申请鉴定；

（2）需要登轮了解受损情况，确定受损范围和判定致损原因的，应在卸货前或发现残损时申请鉴定；

（3）对易腐、易变、易扩大损失的残损商品，发现残损应立即申请鉴定；

（4）需申请到货地海关鉴定的残损商品，应在索赔期满 20 天前申请鉴定；

（5）为了能够明确残损货物的致损原因，集装箱货物应在拆箱前申请拆箱鉴定。

（二）申请残损鉴定的地点

1. 卸货时发现包装或货物、集装箱外表残损的进口商品，向卸货口岸海关申请鉴定申请。

2. 包装外表完整但有隐蔽性缺陷，向到货地海关申请鉴定；集装箱外表完好但箱内货物残损的，向拆箱地海关申请鉴定。

第三节　适载检验

一、业务范围

对装运出口的易腐烂变质食品、冷冻品的集装箱、船舱、飞机、车辆等运载工具，承运人、装箱单位或者其代理人应当在装运前向海关申请清洁、卫生、冷藏、密固等适载检验。未经检验或者经检验不合格的，不准装运。

二、申请要求

装运出口易腐烂变质食品、冷冻品的集装箱应实施适载检验，应在装货前向集装箱所在地海关申报，未经海关许可，不准装运。

三、适载检验要求

（一）一般要求

1. 集装箱箱体必须清晰牢固地标明集装箱的识别系统、尺寸和箱型代码及相关标记。

2. 集装箱应符合国际集装箱安全公约（CSC）的规定，取得有关机构的认证，处在检验有效期内或按规定实施了经批准的连续检验计划（ACEP）。

（二）检疫要求

集装箱不应发现病媒生物、活害虫及其他有害生物，应符合卫生检疫及动植物检疫相关要求。

（三）检验要求

1. 集装箱箱体完整，无漏洞、裂缝、明显变形等。

2. 集装箱的活动部分、胶垫、箱门开关和风雨密状况良好。

3. 集装箱内无可致货物受损的条件或异常情况。

4. 集装箱箱内清洁卫生、干燥、无异味。

5. 冷藏集装箱绝热设备、冷藏效能良好。箱内温度应达到和保持运输契约和贸易合同规定的要求，并能保护拟装货物的品质。

6. 罐式集装箱还要核查前一次所装货物是否为有毒、有害货物。

（四）签发证书

经检验判定为适载性检验合格的，按照规定签发检验检疫证明或合格证书（集装箱检验检疫结果单）。

经检验判定为适载性检验不合格的，签发相应的检验检疫证单。

第四节　出口危险货物包装容器检验鉴定

一、出口危险货物包装容器性能检验

出口危险货物包装容器的生产企业，应当向所在地海关申请包装容器的性能鉴定。包装容器经鉴定合格并取得性能鉴定证书的，方可用于包装危险货物。

（一）申请要求

1. 基本申报要求

为出口危险货物生产运输包装容器的企业，必须向所在地海关申请运输包装容器性能检验。

申请危险货物运输包装容器的性能检验时，应按规定填写“出入境货物包装检验申请单”，并提交以下单证：

（1）该批运输包装容器的生产标准；

（2）该批运输包装容器的设计工艺、材料检验标准等技术资料。

2. 其他申报要求

（1）首次用于盛装危险货物出口的包装容器，企业需提供包装容器的设计、工艺、原材料合格单。

（2）申请空运危险货物包装性能检验时，对于盛装液体的包装容器还须提供每个包装容器气密试验合格单。

（二）性能鉴定实施要求

危险货物包装性能检验目的，是为了检查危险货物包装能否满足安全运输危险货物的需要。

1. 出口危险货物包装生产企业责任

出口危险货物包装生产企业应当按照联合国《关于危险货物运输的建议书　规章范本》及中国相关强制性标准的要求，在经检验合格的包装容器上铸压或者印刷“联合国规定的危险货物包装标记”“出口危险货物包装生产企业代码”“生产批号”等信息。其中，“出口危险货物包装生产企业代码”应向当地海关登记申领。办理指南详见本书第二部分第十四章第二十二节。

出口危险货物包装生产企业应针对相应运输形式，参照国际海事组织《国际海运危险货物规则》（IMDG Code）、国际民航组织《危险物品安全航空运输技术细则》（ICAO-TI）、铁路合作组织《国际铁路运输危险货物规则》（RID）、《国际公路运输危险货物协定》（ADR）、《国际内河运输危险货物协定》（ADN）等国际规则，以及中国交通运输部《危险货物道路运输规则》（JT/T 617）的相关要求，组织危险货物包装的生产，建立检验制度，配备检验人员和检验设备，加强质量管理和产品检验工作。

出口危险货物包装生产企业对危险货物包装负有主体责任，应根据法律、法规和有关规定正确地设计、制造危险货物包装，建立健全生产验收制度。

2. 性能鉴定实施

经性能检验合格，在检测报告有效期内，生产企业可凭检测报告、自检报告、合格保证等文件资料办理同一生产商、同一设计类型、同一材料、同一工艺的危险货物运输包装的“出入境货物包装性

能检验结果单”。

3. 性能鉴定签证

（1）签证有效期

“出入境货物包装性能检验结果单”有效期根据货物预期运输形式、包装容器的材料性质和所装危险货物性质确定，自“出入境货物包装性能检验结果单”签发之日起计算，终止日期在“出入境货物包装性能检验结果单”上注明。

①海运、铁路、公路运输危险货物包装“出入境货物包装性能检验结果单”有效期：钢桶、复合桶、纤维板桶、纸板桶盛装固体货物的“出入境货物包装性能检验结果单”有效期为18个月，盛装液体货物的有效期为12个月；其他包装容器的“出入境货物包装性能检验结果单”有效期为12个月。

②空运出口危险货物包装“出入境货物包装性能检验结果单”有效期：玻璃、陶瓷制包装容器为2年，金属、木、纸制包装容器为1年，塑料包装容器为半年。

（2）延期与分证

出口危险货物包装如未能在“出入境货物包装性能检验结果单”有效期内使用完毕，生产企业可重新申请包装容器性能检验，经检验合格后海关出具新的“出入境货物包装性能检验结果单”，其有效期自重新检验完毕日期起计算不超过6个月。

当一批包装容器有两个以上使用单位时，生产企业可凭“出入境货物包装性能检验结果单”在签证机构办理分证。

二、出口危险货物包装使用鉴定

出口危险货物的生产企业，应当向所在地海关申请危险货物包装容器的使用鉴定。使用未经鉴定或者经鉴定不合格的包装容器的危险货物，不准出口。

（一）申请要求

1. 基本申报要求

申请危险货物包装使用鉴定时，应按规定填写“出入境货物包装检验申请单”，并提交以下单证：

（1）出入境货物包装性能检验结果单；

（2）危险货物包装使用企业出具的厂检单。

2. 其他申报要求

（1）首次出口的危险品应提供具备资质的检验机构出具的危险品分类定级报告。

（2）首次使用塑料容器，塑料复合容器及有涂（镀）层的容器，需提供“相容性试验报告”。

（二）使用鉴定实施要求

1. 出口危险货物包装使用企业责任

出口危险货物包装使用企业选用的容器的包装类别应等于或高于盛装的危险货物要求的包装类别；选用的容器应与所装危险货物的性质相适应，容器和与之相接触的危险货物不得发生任何影响容器强度及发生危险的化学反应；选用的容器的性能应符合相应性能检验标准的要求，并附有相应的性能检验结果单正本。

出口危险货物包装使用企业应提供危险货物的危险特性分类鉴别报告、安全数据表（SDS）、危险信息公示标签中文版样本；应提供6个月以上内装物与包装相容性试验报告或相容性自我声明；应对使用的包装容器进行留样，留样保存期限至少为半年。

出口危险货物包装使用企业应当提供符合相关安全要求的环境和安全防护条件。如：应设有安全通道、符合要求的照明和通风条件；在储罐或槽车要有防止摔落的安全设施及防止堆垛容器和散装货物的倒塌；港口危险化学品码头应设有安全通道及应急安全消防设施；危险化学品运输船舶应设定危险化学品抽/采样工作区域。

2. 使用鉴定实施

出口危险货物包装使用鉴定以同一类型、材料和规格的包装容器盛装的同一品种、组分、含量的危险货物作为一个检验批，按照检验批实施逐批检验。

出口危险货物包装使用鉴定内容任意一项不合格，则该批危险货物包装容器使用鉴定不合格。经检验鉴定不合格的报检批，且不合格包装件数量在允许复检的范围以内，可经返工整理或剔除不合格的包装件后，在自检合格的基础上重新申报检验。再次检验时，其严格度不变。再次检验不合格的包装，不允许用于出口。

对需加贴危险公示标签的出口危险货物，如经检验，危险公示信息不符合要求的，可进行整改，经重新检验合格后方可签发相关单证；经重新检验仍不合格的，不准用于出口。

常见危险公示信息不符合的情况有：不能提供有效的危险性分类鉴别报告或危险公示信息与申报资料不符；包装件上未加贴危险公示标签（散装除外），或标签的内容不真实、不完整、不准确等；未随附安全数据单或安全数据单的信息不真实、不完整、不准确。

3. 使用鉴定签证

（1）海运、铁路、公路运输签证有效期

海运、铁路、公路运输出口危险货物，其“出境货物运输包装使用鉴定结果单”有效期：盛装第8类及带有腐蚀性次危险性的，从货物灌装之日起有效期为半年；盛装其他危险类别的，从货物灌装之日起有效期为1年。

（2）空运运输签证有效期

空运出口危险货物，其“出境货物运输包装使用鉴定结果单”有效期为3个月。

三、出口危险货物包装检验鉴定技术规范

出口危险货物的包装应当严格执行对应的安全规范。常用的检验标准详见表15-1（使用时应注意相关标准是否已有更新版本）。

表15-1　常用的检验标准

序号	标准号	标准名称
1	GB 190—2009	危险货物包装标志
2	GB 19269—2009	公路运输危险货物包装检验安全规范
3	GB 19270—2009	水路运输危险货物包装检验安全规范
4	GB 19359—2009	铁路运输危险货物包装检验安全规范
5	GB 19432—2009	危险货物大包装检验安全规范
6	GB 19433—2009	空运危险货物包装检验安全规范
7	GB 19358—2003	黄磷包装安全规范 使用鉴定
8	GB 19434—2009	危险货物中型散装容器检验安全规范
9	GB 19453—2009	危险货物电石包装检验安全规范
10	GB 19454—2009	危险货物便携式罐体检验安全规范
11	GB 19457—2009	危险货物涂料包装检验安全规范

四、出口危险货物包装运输标签式样

目前，中国危险化学品管理标准化技术委员会（TC251）已经将联合国《关于危险货物运输的建

议书　规章范本》相关内容非等效转化为国家标准《危险货物包装标志》（GB 190—2009）强制实施。

以下给出《关于危险货物运输的建议书 规章范本》中规定的常用的标签式样（见表 15-2-1～表 15-2-18）便于使用。

（一）第 1 类～第 9 类运输标签

标签形状应为呈 45°角的正方形（菱形），尺寸最小为 100 毫米×100 毫米。

第 1 类：爆炸性物质或物品。

表 15-2-1　1. 1 项、1. 2 项、1. 3 项

1. 1 项	1. 2 项	1. 3 项
符号（爆炸的炸弹）：黑色； 底色：橙色；数字“1”写在底角。		

表 15-2-2　1. 4 项、1. 5 项、1. 6 项

1. 4 项	1. 5 项	1. 6 项
底色：橙色； 数字：黑色；数字高约 30mm，宽约 5mm；数字“1”写在底角； ＊：配装组字母的位置。		

第 2 类：气体。

表 15-2-3　2. 1 项

2. 1 项：易燃气体	

符号（火焰）：黑色或白色； 底色：红色；数字“2”写在底角。

表 15-2-4　2. 2 项

<table>
<tr><td></td><td></td></tr>
<tr><td colspan="2">2. 2 项：非易燃无毒气体</td></tr>
<tr><td colspan="2">符号（气瓶）：黑色或白色；
底色：绿色；数字“2”写在底角。</td></tr>
</table>

表 15-2-5　2. 3 项

<table>
<tr><td></td></tr>
<tr><td>2. 3 项：有毒气体</td></tr>
<tr><td>符号（骷髅和两根交叉的大腿骨）：黑色；
底色：白色；数字“2”写在底角。</td></tr>
</table>

第 3 类：易燃液体。

表 15-2-6　3 项

<table>
<tr><td></td><td></td></tr>
<tr><td colspan="2">3 项：易燃液体</td></tr>
<tr><td colspan="2">符号（火焰）：黑色或白色
底色：红色；数字“3”写在底角。</td></tr>
</table>

第 4 类：易燃固体；易于自燃的物质；遇水放出易燃气体的物质。

表 15-2-7　4.1 项、4.2 项

4.1 项：易燃固体	4.2 项：易于自燃的物质
符号（火焰）：黑色； 底色：白色，带有七条垂直的红色条纹；数字“4”写在底角。	符号（火焰）：黑色 底色：上半部分为白色，下半部分为红色；数字“4”写在底角。

表 15-2-8　4.3 项

4.3 项：遇水放出易燃气体的物质	
符号（火焰）：黑色或白色； 底色：蓝色；数字“4”写在底角。	

第 5 类：氧化性物质和有机过氧化物。

表 15-2-9　5.1 项

5.1 项：氧化性物质
符号（圆圈上火焰）：黑色； 底色：黄色；数字“5.1”写在底角。

表 15-2-10　5.2 项

5.2 项：有机过氧化物	
符号（圆圈上火焰）：黑色或白色； 底色：上半部红色、下半部黄色；数字“5.2”写在底角。	

第 6 类：毒性物质和感染性物质。

表 15-2-11　6.1 项

6.1 项：毒性物质
符号（骷髅和两根交叉的大腿骨）：黑色； 底色：白色；数字“6”写在底角。

表 15-2-12　6.2 项

6.2 项：感染性物质
符号（三个新月形重叠在一个圆圈上）和印文：黑色； 底色：白色；数字“6”写在底角。

第 7 类：放射性物质。

表 15-2-13　7A 项、7B 项、7C 项

<table>
<tr><td></td><td></td><td></td></tr>
<tr><td>7A 项</td><td>7B 项</td><td>7C 项</td></tr>
<tr><td colspan="3">符号（三页形）：黑色；
底色：I 类白色；Ⅱ类（Ⅲ类）上半部分黄色带白边，下半部分白色；
文字（应有）：黑色，在标签下半部分写上“放射性（加红字标明的类别）”“内装物……”“放射性强度……”；在一个黑边框格内写上：“运输指南”；数字“7”写在底角。</td></tr>
</table>

表 15-2-14　7E 项

<table>
<tr><td>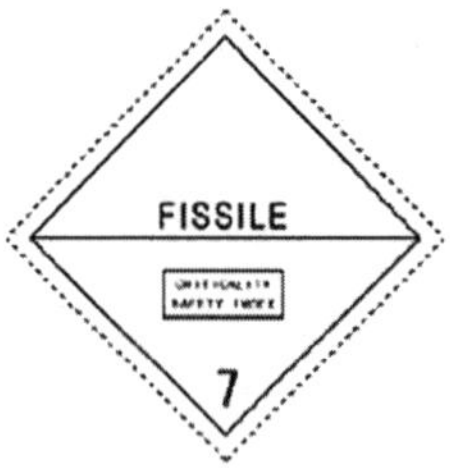</td></tr>
<tr><td>7E 项：易裂变物质</td></tr>
<tr><td>底色：白色；
文字（应有）：黑色，在标签上半部分写上“易裂变”，在标签下半部分写上“临界安全系数”；数字“7”写在底角。</td></tr>
</table>

第 8 类：腐蚀性物质。

表 15-2-15　8 项

<table>
<tr><td></td></tr>
<tr><td>8 项：腐蚀性物质</td></tr>
<tr><td>符号（从两个玻璃器皿中溢出的液体腐蚀着一只手和一块金属）：黑色；
底色：上半部分为白色，下半部分为黑色带白边；数字“8”写在底角。</td></tr>
</table>

第 9 类：杂项危险物质和物品，包括危害环境物质。

表 15-2-16　9 项（9A 项）

9 项：杂项危险物质和物品，包括危害环境物质（右侧 9A 项供含锂电池货物使用）	
符号（上半部分有七条垂直条纹）：黑色； 底色：白色；数字“9”下边划线，写在底角。	

（二）有限数量标记和例外数量标记

1. 有限数量标记

内装有限数量危险货物的包件必须显示规定的标记。标记必须明显、清晰，并能承受露天暴露而不明显减低效果。

上下部分和边线应为黑色，中心区域为白色或适当反差底色。最小尺寸为 100 毫米×100 毫米，菱形边的最小宽度为 2 毫米。符号“Y”置于标记中央，须清晰可见。如包件的大小需要，可缩小尺寸，但不得小于 50 毫米×50 毫米，且标记仍必须清晰可见。（见表 15-18）

表 15-2-17　有限数量标记

	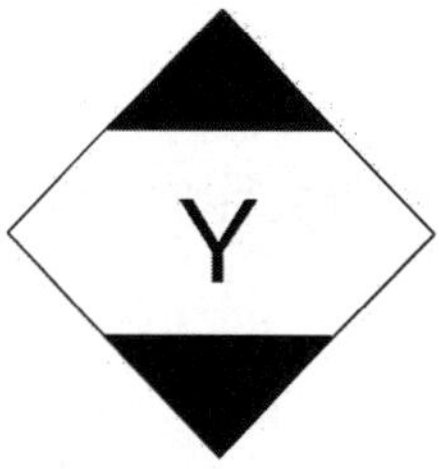
有限数量标记（非空运）	有限数量标记（空运）

当装有有限数量危险货物的包件被放在一个外包装内时，外包装必须标明“外包装”字样及本章所要求的标记，除非外包装内每一项危险货物的标记均清晰可见。

2. 例外数量标记

装有例外数量危险货物的包件，应永久、清楚地做上表 15-19 中显示的标记。标记应显示主要危险类别；如果危险类别已经划定，应显示包件内所装每一项危险货物所属的项。如果包件没有在其他地方显示发货人或收货人的姓名，这个信息也应列入标记内。

标记的尺寸应至少为 100 毫米×100 毫米。

表 15-2-18　例外数量标记

例外数量标记
影线和符号使用同一颜色，黑或红，白底或适当反差底色。 * 此处显示分类；如果已经划定，显示项目编号。 ** 如果包件没有在其他位置显示发货人或收货人的姓名，则在此处显示。

装有例外数量危险货物的外包装，也应作出标记，除非可以清楚地从外包装看到内包件上的这一标记。

第五节　出口装运前检验

一、出口塞拉利昂货物的装运前检验

（一）管理要求

为保证出口商品质量、数量和价格的真实性，制止欺诈行为，打击假冒伪劣产品出口，方便进出口贸易，促进中非贸易的顺利发展，中国与塞拉利昂签署了质检合作协议，于 2004 年 2 月 1 日起对中华人民共和国出口至塞拉利昂的出口产品实施装运前检验。

出口塞拉利昂的每批次价值在 2000 美元以上的所有贸易性出口产品，需实施装运前检验。

（二）申报要求

买卖双方签订出口合同后，在规定的时间内，出口商或其代理人到当地海关申报。出口商或其代理人在申报时应提供合同以及相应的文件和商业单证的电子信息。

二、出口埃塞俄比亚货物的装运前检验

（一）管理要求

为保证出口商品质量、数量和价格的真实性，制止欺诈行为，打击假冒伪劣产品出口，方便进出口贸易，促进中非贸易的顺利发展，中国与埃塞俄比亚签署了质检合作协议，于 2006 年 10 月 1 日对中华人民共和国出口至埃塞俄比亚的出口产品实施装运前检验。

出口埃塞俄比亚的每批次价值在 2000 美元以上的所有贸易性出口产品，需实施装运前检验。

（二）申报要求

买卖双方签订出口合同后，在规定的时间内，出口商或其代理人到当地海关申报。出口商或其代理人在申报时应提供合同以及相应的文件和商业单证的电子信息。

三、出口伊朗工业产品的装运前检验

（一）管理要求

为保证出口伊朗工业产品的质量，防止欺诈行为发生和假冒伪劣产品出口，维护中国出口产品质量信誉，避免产品质量纠纷和影响中伊经贸关系，中国与伊朗签署谅解备忘录，自 2011 年 12 月 1 日起对中国出口伊朗列入法检目录内的工业产品实施装运前检验。

商品编码第二十五章至第二十九章、第三十一章至第九十七章、海关监管条件包含 B、检验检疫类别包含 N 的所有产品，需实施装运前检验。

（二）申请要求

申报人应提供合同及相关单据的电子信息。

四、出口也门工业产品的装运前检验

（一）管理要求

为打击进出口假冒伪劣商品行为，保证出口产品质量，促进中国和也门之间贸易的健康发展，中国与也门签署了谅解备忘录，自 2014 年 3 月 1 日起，对中国出口至也门的工业产品实施装运前检验。

商品编码第二十五章至第二十九章、第三十一章至第九十七章的产品，需实施装运前检验。

（二）申请要求

申报人应提供合同及相关单据的电子信息。

第四部分

附　录

附录 1

海关检验检疫法律法规和规章

附录 1-1 检验检疫法律、行政法规

序号	法律法规名称	发布文号
1	中华人民共和国进出口商品检验法	中华人民共和国主席令第 14 号（1989 年 2 月 21 日第七届全国人民代表大会常务委员会第六次会议通过；根据 2002 年 4 月 28 日第九届全国人民代表大会常务委员会第二十七次会议《关于修改〈中华人民共和国进出口商品检验法〉的决定》第一次修正；根据 2013 年 6 月 29 日第十二届全国人民代表大会常务委员会第三次会议《关于修改〈中华人民共和国文物保护法〉等十二部法律的决定》第二次修正；根据 2018 年 4 月 27 日第十三届全国人民代表大会常务委员会第二次会议《关于修改〈中华人民共和国国境卫生检疫法〉等六部法律的决定》第三次修正；根据 2018 年 12 月 29 日第十三届全国人民代表大会常务委员会第七次会议《关于修改〈中华人民共和国产品质量法〉等五部法律的决定》第四次修正；根据 2021 年 4 月 29 日第十三届全国人民代表大会常务委员会第二十八次会议《关于修改〈中华人民共和国道路交通安全法〉等八部法律的决定》第五次修正）
2	中华人民共和国进出口商品检验法实施条例	中华人民共和国国务院令第 447 号（2005 年 8 月 31 日由国务院发布；根据 2013 年 7 月 18 日《国务院关于废止和修改部分行政法规的决定》第一次修订；根据 2016 年 2 月 6 日《国务院关于修改部分行政法规的决定》第二次修订；根据 2017 年 3 月 1 日《国务院关于修改和废止部分行政法规的决定》第三次修订；根据 2019 年 3 月 2 日《国务院关于修改和废止部分行政法规的决定》第四次修订；根据 2022 年 3 月 29 日《国务院关于修改和废止部分行政法规的决定》第五次修订）
3	中华人民共和国进出境动植物检疫法	中华人民共和国主席令第 53 号（1991 年 10 月 30 日第七届全国人民代表大会常务委员会第二十二次会议通过；根据 2009 年 8 月 27 日第十一届全国人民代表大会常务委员会第十次会议《全国人民代表大会常务委员会关于修改部分法律的决定》修正）
4	中华人民共和国进出境动植物检疫法实施条例	中华人民共和国国务院令第 206 号（1996 年 12 月 2 日由国务院发布）
5	中华人民共和国国境卫生检疫法	中华人民共和国主席令第 46 号（1986 年 12 月 2 日第六届全国人民代表大会常务委员会第十八次会议通过；根据 2007 年 12 月 29 日第十届全国人民代表大会常务委员会第三十一次会议《关于修改〈中华人民共和国国境卫生检疫法〉的决定》第一次修正；根据 2009 年 8 月 27 日第十一届全国人民代表大会常务委员会第十次会议《关于修改部分法律的决定》第二次修正；根据 2018 年 4 月 27 日第十三届全国人民代表大会常务委员会第二次会议《关于修改〈中华人民共和国国境卫生检疫法〉等六部法律的决定》第三次修正）；2024 年 6 月 28 日第十四届全国人民代表大会常务委员会第十次会议修订）

附录1-1 续

序号	法律法规名称	发布文号
6	中华人民共和国国境卫生检疫法实施细则	中华人民共和国卫生部令第 2 号（根据 2010 年 4 月 24 日《国务院关于修改〈中华人民共和国国境卫生检疫法实施细则〉的决定》第一次修订；根据 2016 年 2 月 6 日《国务院关于修改部分行政法规的决定》第二次修订；根据 2019 年 3 月 2 日《国务院关于修改部分行政法规的决定》第三次修订）
7	中华人民共和国食品安全法	中华人民共和国主席令第 9 号（2009 年 2 月 28 日第十一届全国人民代表大会常务委员会第七次会议通过；2015 年 4 月 24 日第十二届全国人民代表大会常务委员会第十四次会议修订；根据 2018 年 12 月 29 日第十三届全国人民代表大会常务委员会第七次会议《关于修改〈中华人民共和国产品质量法〉等五部法律的决定》修正；根据 2021 年 4 月 29 日第十三届全国人民代表大会常务委员会第二十八次会议《关于修改〈中华人民共和国道路交通安全法〉等八部法律的决定》第二次修正）
8	中华人民共和国食品安全法实施条例	中华人民共和国国务院令第 557 号、第 712 号（2009 年 7 月 20 日中华人民共和国国务院令第 557 号公布；根据 2016 年 2 月 6 日《国务院关于修改部分行政法规的决定》修订；2019 年 3 月 26 日国务院第 42 次常务会议修订通过，2019 年 10 月 11 日中华人民共和国国务院令第 712 号公布）
9	中华人民共和国生物安全法	中华人民共和国主席令第 56 号（2020 年 10 月 17 日第十三届全国人民代表大会常务委员会第二十二次会议通过；根据 2024 年 4 月 26 日第十四届全国人民代表大会常务委员会第九次会议《关于修改〈中华人民共和国农业技术推广法〉、〈中华人民共和国未成年人保护法〉、〈中华人民共和国生物安全法〉的决定》修正）
10	国务院关于加强食品等产品安全监督管理的特别规定	中华人民共和国国务院令第 503 号（2007 年 7 月 26 日由国务院发布）

附录 1-2　检验检疫规章

序号	规章名称	发布文号
	一、综合类	
1	出入境检验检疫报检规定	国家出入境检验检疫局令第 16 号
2	进出境集装箱检验检疫管理办法	国家出入境检验检疫局令第 17 号
3	出入境检验检疫封识管理办法	国家出入境检验检疫局令第 22 号
4	出入境快件检验检疫管理办法	国家质检总局令第 3 号
5	沙头角边境特别管理区进出物品检验检疫管理规定	国家质检总局令第 55 号
6	保税区检验检疫监督管理办法	国家质检总局令第 71 号
7	进出口商品复验办法	国家质检总局令第 77 号
8	进口商品残损检验鉴定管理办法	国家质检总局令第 97 号
9	进出口商品数量重量检验鉴定管理办法	国家质检总局令第 103 号
10	出入境检验检疫查封、扣押管理规定	国家质检总局令第 108 号
11	出入境检疫处理单位和人员管理办法	国家质检总局令第 181 号

附录1-2 续1

序号	规章名称	发布文号
12	中华人民共和国海关风险管理办法	海关总署令第 271 号
13	中华人民共和国海关进出境行李物品监管办法	海关总署令第 276 号
二、动植类		
14	进境植物繁殖材料检疫管理办法	国家出入境检验检疫局令第 10 号
15	进境植物繁殖材料隔离检疫圃管理办法	国家出入境检验检疫局令第 11 号
16	进境栽培介质检疫管理办法	国家出入境检验检疫局令第 13 号
17	进境动植物检疫审批管理办法	国家质检总局令第 25 号
18	进境动物和动物产品风险分析管理办法	国家质检总局令第 40 号
19	进境植物和植物产品风险分析管理办法	国家质检总局令第 41 号
20	出境竹木草制品检疫管理办法	国家质检总局令第 45 号
21	进境动物遗传物质检疫管理办法	国家质检总局令第 47 号
22	进出境转基因产品检验检疫管理办法	国家质检总局令第 62 号
23	进境水果检验检疫监督管理办法	国家质检总局令第 68 号
24	出境货物木质包装检疫处理管理办法	国家质检总局令第 69 号
25	进境货物木质包装检疫监督管理办法	国家质检总局令第 84 号
26	出境水果检验检疫监督管理办法	国家质检总局令第 91 号
27	出境水生动物检验检疫监督管理办法	国家质检总局令第 99 号
28	进出口饲料和饲料添加剂检验检疫监督管理办法	国家质检总局令第 118 号
29	供港澳蔬菜检验检疫监督管理办法	国家质检总局令第 120 号
30	进境动物隔离检疫场使用监督管理办法	国家质检总局令第 122 号
31	进出境非食用动物产品检验检疫监督管理办法	国家质检总局令第 159 号
32	进出境中药材检疫监督管理办法	国家质检总局令第 169 号
33	进出境粮食检验检疫监督管理办法	国家质检总局令第 177 号
34	进境水生动物检验检疫监督管理办法	国家质检总局令第 183 号
35	中华人民共和国海关过境货物监管办法	海关总署令第 260 号
36	供港澳食用陆生动物检验检疫管理办法	海关总署令第 266 号
37	外来入侵物种管理办法	农业农村部、自然资源部、生态环境部、海关总署令 2022 年第 4 号
三、食品化妆品类		
38	进出口化妆品检验检疫监督管理办法	国家质检总局令第 143 号
39	中华人民共和国进口食品境外生产企业注册管理规定	海关总署令第 248 号
40	中华人民共和国进出口食品安全管理办法	海关总署令第 249 号
四、工业品类		
41	进口汽车检验管理办法	国家出入境检验检疫局令第 1 号
42	出口烟花爆竹检验管理办法	国家出入境检验检疫局令第 9 号

附录1-2　续2

序号	规章名称	发布文号
43	进口许可制度民用商品入境验证管理办法	国家质检总局令第6号
44	进出口商品免验办法	国家质检总局令第23号
45	进出口商品抽查检验管理办法	国家质检总局令第39号
46	汽车运输出境危险货物包装容器检验管理办法	国家质检总局、交通部、发改委、商务部令第48号
47	进出口煤炭检验管理办法	国家质检总局令第90号
48	进出口玩具检验监督管理办法	国家质检总局令第111号
49	进口棉花检验监督管理办法	国家质检总局令第151号
50	进口旧机电产品检验监督管理办法	国家质检总局令第171号
51	进出口工业品风险管理办法	国家质检总局令第188号
52	中华人民共和国海关进出口商品检验采信管理办法	海关总署令第259号
53	重点旧机电产品进口管理办法	商务部、海关总署、国家质检总局令2008年第5号
54	机电产品进口管理办法	商务部、海关总署、国家质检总局令2008年第7号
55	电器电子产品有害物质限制使用管理办法	工信部、发改委、科技部、财政部、环保部、商务部、海关总署、国家质检总局令第32号
56	商品煤质量管理暂行办法	发改委、环保部、商务部、海关总署、工商总局、国家质检总局令第16号
五、特殊物品类		
57	出入境特殊物品卫生检疫管理规定	国家质检总局令第160号
58	出入境尸体骸骨卫生检疫管理办法	国家质检总局令第189号
59	中华人民共和国海关过境货物监管办法	海关总署令第260号
60	进出口环保用微生物菌剂环境安全管理办法	环保部、国家质检总局令第10号
61	尸体出入境和尸体处理的管理规定	卫生部、科技部、公安部、民政部、司法部、商务部、海关总署、工商总局、国家质检总局令第47号

附录 2

相关名录及货物范围

附录 2-1 中华人民共和国进境动物检疫疫病名录

List of Quarantine Diseases for the Animals Imported to the People's Republic of China

一类传染病、寄生虫病（15 种） List A diseases

口蹄疫 Infection with foot and mouth disease virus
猪水泡病 Swine vesicular disease
猪瘟 Infection with classical swine fever virus
非洲猪瘟 Infection with African swine fever virus
尼帕病 Nipah virus encephalitis
非洲马瘟 Infection with African horse sickness virus
牛传染性胸膜肺炎 Infection with Mycoplasma mycoides subsp. mycoides SC（contagious bovine pleuropneumonia）
牛海绵状脑病 Bovine spongiform encephalopathy
痒病 Scrapie
蓝舌病 Infection with bluetongue virus
小反刍兽疫 Infection with peste des petits ruminants virus
绵羊痘和山羊痘 Sheep pox and Goat pox
高致病性禽流感 Infection with highly pathogenic avian influenza
新城疫 Infection with Newcastle disease virus
埃博拉出血热 Ebola haemorrhagic fever

二类传染病、寄生虫病（155 种） List B diseases

共患病（29 种） Multiple species diseases

狂犬病 Infection with rabies virus
布鲁氏菌病 Infection with Brucella abortus, Brucella melit-ensis and Brucella suis
炭疽 Anthrax
伪狂犬病 Aujeszky's disease（Pseudorabies）
魏氏梭菌感染 Clostridium perfringens infections
副结核病 Paratuberculosis（Johne's disease）
弓形虫病 Toxoplasmosis
棘球蚴病 Infection with Echinococcus granulosus，Infection with Echinococcus multilocularis
钩端螺旋体病 Leptospirosis
施马伦贝格病 Schmallenberg disease
梨形虫病 Piroplasmosis
日本脑炎 Japanese encephalitis
旋毛虫病 Infection with Trichinella spp.
土拉杆菌病 Tularemia
水泡性口炎 Vesicular stomatitis
西尼罗热 West Nile fever

裂谷热　Infection with Rift Valley fever virus
结核病　Infection with Mycobacterium tuberculosis complex
新大陆螺旋蝇蛆病　（嗜人锥蝇）New world screwworm（*Cochliomyia hominivorax*）
旧大陆螺旋蝇蛆病　（倍赞氏金蝇）Old world screwworm（*Chrysomya bezziana*）
Q 热　Q Fever
克里米亚刚果出血热　Crimean Congo hemorrhagic fever
伊氏锥虫感染（包括苏拉病）　Trypanosoma Evansi infection（including Surra）
利什曼原虫病　Leishmaniasis
巴氏杆菌病　Pasteurellosis
心水病　Heartwater
类鼻疽　Malioidosis
流行性出血病感染　Infection with epizootic haemorrhagicdis-ease
小肠结肠炎耶尔森菌病　（Yersinia enterocolitica）

牛病（12 种）Bovine diseases

牛传染性鼻气管炎/传染性脓疱性阴户阴道炎　Infectious bo-vine rhinotracheitis/Infectious pustular vulvovaginitis
牛恶性卡他热　Malignant catarrhal fever
牛白血病　Enzootic bovine leukosis
牛无浆体病　Bovine anaplasmosis
牛生殖道弯曲杆菌病　Bovine genital campylobacteriosis
牛病毒性腹泻/黏膜病　Bovine viral diarrhoea/Mucosal disease
赤羽病　Akabane disease
牛皮蝇蛆病　Cattle Hypodermosis
牛巴贝斯虫病　Bovine babesiosis
出血性败血症　Haemorrhagic septicaemia
泰勒虫病　Theileriosis
牛结节性皮肤病　Infection with lumpy skin disease virus①

马病（11 种）Equine diseases

马传染性贫血　Equine infectious anaemia
马流行性淋巴管炎　Epizootic lymphangitis
马鼻疽　Infection with Burkholderia mallei（Glanders）
马病毒性动脉炎　Infection with equine arteritis virus
委内瑞拉马脑脊髓炎　Venezuelan equine encephalomyelitis
马脑脊髓炎（东部和西部）　Equine encephalomyelitis（East-ern and Western）
马传染性子宫炎　Contagious equine metritis
亨德拉病　Hendra virus disease
马腺疫　Equine strangles
溃疡性淋巴管炎　Equine ulcerative lymphangitis
马疱疹病毒-1 型感染　Infection with equid herpesvirus-1（EHV-1）

猪病（16 种）Swine diseases

猪繁殖与呼吸道综合征　Infection with porcine reproductive and respiratory syndrome virus
猪细小病毒感染　Porcine parvovirus infection
猪丹毒　Swine erysipelas
猪链球菌病　Swine streptococosis
猪萎缩性鼻炎　Atrophic rhinitis of swine
猪支原体肺炎　Mycoplasmal hyopneumonia

---

① 根据农业农村部、海关总署公告第 521 号，牛结节性皮肤病由一类动物传染病调整为二类动物传染病。

猪圆环病毒感染　Porcine circovirus infection

革拉泽氏病（副猪嗜血杆菌）　Glaesser's disease（Haemoph-ilus parasuis）

猪流行性感冒　Swine influenza

猪传染性胃肠炎　Transmissible gastroenteritis of swine

猪铁上古病毒性脑脊髓炎（原称猪肠病毒脑脊髓炎、捷申或塔尔凡病）　Teschovirus encephalomyelitis（previously Enterovirus encephalomyelitis or Teschen/Talfan disease）

猪密螺旋体痢疾　Swine dysentery

猪传染性胸膜肺炎　Infectious pleuropneumonia of swine

猪带绦虫感染/猪囊虫病　Infection with Taenia solium（Porcine cysticercosis）

塞内卡病毒病　（Infection with Seneca virus）

猪δ冠状病毒（德尔塔冠状病毒）　Porcine deltacorona virus（PDCoV）

禽病（21种）Avian diseases

鸭病毒性肠炎（鸭瘟）　Duck virus enteritis

鸡传染性喉气管炎　Avian infectious laryngotracheitis

鸡传染性支气管炎　Avian infectious bronchitis

传染性法氏囊病　Infectious bursal disease

马立克氏病　Marek's disease

鸡产蛋下降综合征　Avian egg drop syndrome

禽白血病　Avian leukosis

禽痘　Fowl pox

鸭病毒性肝炎　Duck virus hepatitis

鹅细小病毒感染（小鹅瘟）　Goose parvovirus infection

鸡白痢　Pullorum disease

禽伤寒　Fowl typhoid

禽支原体病（鸡败血支原体、滑液囊支原体）　Avian mycoplasmosis（*Mycoplasma Gallisepticum*, *M. synoviae*）

低致病性禽流感　Infection with Low pathogenic avian influenza

禽网状内皮组织增殖症　Reticuloendotheliosis

禽衣原体病（鹦鹉热）　Avian chlamydiosis

鸡病毒性关节炎　Avian viral arthritis

禽螺旋体病　Avian spirochaetosis

住白细胞原虫病（急性白冠病）　Leucocytozoonosis

禽副伤寒　Avian paratyphoid

火鸡鼻气管炎（禽偏肺病毒感染）　Turkey rhinotracheitis（avian metapneumovirus）

羊病（4种）Sheep and goat diseases

山羊关节炎/脑炎　Caprine arthritis/encephalitis

梅迪—维斯纳病　Maedi-visna

边界病　Border disease

羊传染性脓疱皮炎　Contagious pustular dermertitis（Contagious Echyma）

水生动物病（43种）Aquatic animal diseases

鲤春病毒血症　Infection with spring viraemia of carp virus

流行性造血器官坏死病　Epizootic haematopoietic necrosis

传染性造血器官坏死病　Infection with infectious haematopoietic necrosis

病毒性出血性败血症　Infection with viral haemorrhagic septicaemia virus

流行性溃疡综合征　Infection with Aphanomyces invadans（epizootic ulcerative syndrome）

鲑鱼三代虫感染　Infection with Gyrodactylus Salaris

真鲷虹彩病毒病　Infection with red sea bream iridovirus

锦鲤疱疹病毒病　Infection with koi herpesvirus

鲑传染性贫血　Infection with HPR-deleted or HPRO infectious salmon anaemia virus
病毒性神经坏死病　Viral nervous necrosis
斑点叉尾鮰病毒病　Channel catfish virus disease
鲍疱疹样病毒感染　Infection with abalone herpesvirus
牡蛎包拉米虫感染　Infection with Bonamia Ostreae
杀蛎包拉米虫感染　Infection with Bonamia Exitiosa
折光马尔太虫感染　Infection with Marteilia Refringens
奥尔森派琴虫感染　Infection with Perkinsus Olseni
海水派琴虫感染　Infection with Perkinsus Marinus
加州立克次体感染　Infection with Xenohaliotis Californiensis
白斑综合征　Infection with white spot syndrome virus
传染性皮下和造血器官坏死病　Infection with infectious hypodermal and haematopoietic necrosis virus
传染性肌肉坏死病　Infection with infectious myonecrosis virus
桃拉综合征　Infection with Taura syndrome virus
罗氏沼虾白尾病　Infection with Macrobrachium rosenbergii nodavirus（white tail disease）
黄头病　Infection with yellow head virus genotype 1
螯虾瘟　Infection with Aphanomyces astaci（crayfish plague）
箭毒蛙壶菌感染　Infection with Batrachochytrium Dendrobatidis
蛙病毒感染　Infection with Ranavirus species
异尖线虫病　Anisakiasis
坏死性肝胰腺炎　Infection with Hepatobacter penaei（necrotising hepatopancreatitis）
传染性脾肾坏死病　Infectious spleen and kidney necrosis
刺激隐核虫病　Cryptocaryoniasis
淡水鱼细菌性败血症　Freshwater fish bacteria septicemia
鮰类肠败血症　Enteric septicaemia of catfish
迟缓爱德华氏菌病　Edwardsiellasis
鱼链球菌病　Fish streptococcosis
蛙脑膜炎败血金黄杆菌病　Chryseobacterium meningsepticum of frog（Rana spp.）
鲑鱼甲病毒感染　Infection with salmonid alphavirus
蝾螈壶菌感染　Infection with Batrachochytrium salamandrivorans
鲤浮肿病毒病　Carp edema virus disease
罗非鱼湖病毒病　Tilapia Lake virus disease
细菌性肾病　Bacterial kidney disease
急性肝胰腺坏死　Acute hepatopancreatic necrosis disease
十足目虹彩病毒 1 感染　Infection with Decapod iridescent virus 1

蜂病（6 种）Bee diseases

蜜蜂盾螨病　Acarapisosis of honey bees
美洲蜂幼虫腐臭病　Infection of honey bees with Paenibacillus larvae（American foulbrood）
欧洲蜂幼虫腐臭病　Infection of honey bees with Melissococcus plutonius（European foulbrood）
蜜蜂瓦螨病　Varroosis of honey bees
蜂房小甲虫病（蜂窝甲虫）　Small hive beetle infestation（*Aethina tumida*）
蜜蜂亮热厉螨病　Tropilaelaps infestation of honey bees

其他动物病（13 种）Diseases of other animals

鹿慢性消耗性疾病　Chronic wasting disease of deer
兔黏液瘤病　Myxomatosis
兔出血症　Rabbit haemorrhagic disease
猴痘　Monkey pox

猴疱疹病毒Ⅰ型（B病毒）感染症　Cercopithecine Herpesvirus Type I（B virus）infectious diseases
猴病毒性免疫缺陷综合征　Simian virus immunodeficiency syndrome
马尔堡出血热　Marburg haemorrhagic fever
犬瘟热　Canine distemper
犬传染性肝炎　Infectious canine hepatitis
犬细小病毒感染　Canine parvovirus infection
水貂阿留申病　Mink aleutian disease
水貂病毒性肠炎　Mink viral enteritis
猫泛白细胞减少症（猫传染性肠炎）　Feline panleucopenia（Feline infectious enteritis）

其他传染病、寄生虫病（41种）Other diseases

共患病（9种）Multiple species diseases
大肠杆菌病　Colibacillosis
李斯特菌病　Listeriosis
放线菌病　Actinomycosis
肝片吸虫病　Fasciolasis
丝虫病　Filariasis
附红细胞体病　Eperythrozoonosis
葡萄球菌病　Staphylococcosis
血吸虫病　Schistosomiasis
疥癣　Mange
牛病（5种）Bovine diseases
牛流行热　Bovine ephemeral fever
毛滴虫病　Trichomonosis
中山病　Chuzan disease
茨城病　Ibaraki disease
嗜皮菌病　Dermatophilosis
马病（3种）Equine diseases
马流行性感冒　Equine influenza
马媾疫　Dourine
马副伤寒（马流产沙门氏菌）　Equine paratyphoid（*Salmonella Abortus Equi.*）
猪病（2种）Swine diseases
猪副伤寒　Swine salmonellosis
猪流行性腹泻　Porcine epizootic diarrhea
禽病（5种）　Avian diseases
禽传染性脑脊髓炎　Avian infectious encephalomyelitis
传染性鼻炎　Infectious coryza
禽肾炎　Avian nephritis
鸡球虫病　Avian coccidiosis
鸭疫里默氏杆菌感染（鸭浆膜炎）　Riemerella anatipestifer infection
绵羊和山羊病（7种）Sheep and goat diseases
羊肺腺瘤病　Ovine pulmonary adenocarcinoma
干酪性淋巴结炎　Caseous lymphadenitis
绵羊地方性流产（绵羊衣原体病）　Infection with Chlamydophila abortus（Enzootic abortion of ewes, ovine chlamydiosis）
传染性无乳症　Contagious agalactia
山羊传染性胸膜肺炎　Contagious caprine pleuropneumonia
羊沙门氏菌病（流产沙门氏菌）　Salmonellosis（*S. abortusovis*）

内罗毕羊病　Nairobi sheep disease

蜂病（2 种）Bee diseases

蜜蜂孢子虫病　Nosemosis of honey bees

蜜蜂白垩病　Chalkbrood of honey bees

其他动物病（8 种）Diseases of other animals

兔球虫病　Rabbit coccidiosis

骆驼痘　Camel pox

家蚕微粒子病　Pebrine disease of Chinese silkworm

蚕白僵病　Bombyx mori white muscardine

淋巴细胞性脉络丛脑膜炎　Lymphocytic choriomeningitis

鼠痘　Mouse pox

鼠仙台病毒感染症　Sendai virus infectious disease

小鼠肝炎　Mouse hepatitis

附录 2-2　中华人民共和国进境植物检疫性有害生物名录①

序号	拉丁名	中文名
昆虫		
1	*Acanthocinus carinulatus* (Gebler)	白带长角天牛
2	*Acanthoscelides obtectus* (Say)	菜豆象
3	*Acleris variana* (Fernald)	黑头长翅卷蛾
4	*Agrilus* spp.（non-Chinese）	窄吉丁（非中国种）
5	*Aleurodicus dispersus* Russell	螺旋粉虱
6	*Anastrepha* Schiner	按实蝇属
7	*Anthonomus grandis* Boheman	墨西哥棉铃象
8	*Anthonomus quadrigibbus* Say	苹果花象
9	*Aonidiella comperei* McKenzie	香蕉肾盾蚧
10	*Apate monachus* Fabricius	咖啡黑长蠹
11	*Aphanostigma piri* (Cholodkovsky)	梨矮蚜
12	*Arhopalus syriacus* Reitter	辐射松幽天牛
13	*Bactrocera* Macquart	果实蝇属
14	*Baris granulipennis* (Tournier)	西瓜船象
15	*Batocera* spp.（non-Chinese）	白条天牛（非中国种）
16	*Brontispa longissima* (Gestro)	椰心叶甲
17	*Bruchidius incarnates* (Boheman)	埃及豌豆象
18	*Bruchophagus roddi* Gussak	苜蓿籽蜂
19	*Bruchus* spp.（non-Chinese）	豆象（属）（非中国种）
20	*Cacoecimorpha pronubana* (Hübner)	荷兰石竹卷蛾
21	*Callosobruchus* spp.［*maculatus*（F.）and non-Chinese］	瘤背豆象（四纹豆象和非中国种）

① 2007 年 5 月 28 日发布 435 种（属），2009 年 2 月 3 日增补 1 种、2010 年 10 月 20 日增补 1 种、2011 年 6 月 20 日增补 2 种（属）、2012 年 9 月 17 日增补 1 种、2013 年 3 月 6 日增补 1 种、2021 年 4 月 9 日增补 5 种、2024 年 11 月 28 日增补 47 种，合计 493 种（属）。

附录2-2 续1

序号	拉丁名	中文名
22	*Carpomya incompleta* (Becker)	欧非枣实蝇
23	*Carpomya vesuviana* Costa	枣实蝇
24	*Carulaspis juniperi* (Bouchè)	松唐盾蚧
25	*Caulophilus oryzae* (Gyllenhal)	阔鼻谷象
26	*Ceratitis* Macleay	小条实蝇属
27	*Ceroplastes rusci* (L.)	无花果蜡蚧
28	*Chionaspis pinifoliae* (Fitch)	松针盾蚧
29	*Choristoneura fumiferana* (Clemens)	云杉色卷蛾
30	*Conotrachelus* Schoenherr	鳄梨象属
31	*Contarinia sorghicola* (Coquillett)	高粱瘿蚊
32	*Coptotermes* spp. (non-Chinese)	乳白蚁（非中国种）
33	*Craponius inaequalis* (Say)	葡萄象
34	*Crossotarsus* spp. (non-Chinese)	异胫长小蠹（非中国种）
35	*Cryptophlebia leucotreta* (Meyrick)	苹果异形小卷蛾
36	*Cryptorrhynchus lapathi* L.	杨干象
37	*Cryptotermes brevis* (Walker)	麻头砂白蚁
38	*Ctenopseustis obliquana* (Walker)	斜纹卷蛾
39	*Curculio elephas* (Gyllenhal)	欧洲栗象
40	*Cydia janthinana* (Duponchel)	山楂小卷蛾
41	*Cydia packardi* (Zeller)	樱小卷蛾
42	*Cydia pomonella* (L.)	苹果蠹蛾
43	*Cydia prunivora* (Walsh)	杏小卷蛾
44	*Cydia pyrivora* (Danilevskii)	梨小卷蛾
45	*Dacus* spp. (non-Chinese)	寡鬃实蝇（非中国种）
46	*Dasineura mali* (Kieffer)	苹果瘿蚊
47	*Dendroctonus* spp. (*valens* LeConte and non-Chinese)	大小蠹（红脂大小蠹和非中国种）
48	*Deudorix isocrates* Fabricius	石榴小灰蝶
49	*Diabrotica* Chevrolat	根萤叶甲属
50	*Diaphania nitidalis* (Stoll)	黄瓜绢野螟
51	*Diaprepes abbreviata* (L.)	蔗根象
52	*Diatraea saccharalis* (Fabricius)	小蔗螟
53	*Dryocoetes confusus* Swaine	混点毛小蠹
54	*Dysmicoccus grassi* Leonari	香蕉灰粉蚧
55	*Dysmicoccus neobrevipes* Beardsley	新菠萝灰粉蚧
56	*Ectomyelois ceratoniae* (Zeller)	石榴螟
57	*Epidiaspis leperii* (Signoret)	桃白圆盾蚧
58	*Eriosoma lanigerum* (Hausmann)	苹果绵蚜
59	*Eulecanium gigantea* (Shinji)	枣大球蚧
60	*Eurytoma amygdali* Enderlein	扁桃仁蜂
61	*Eurytoma schreineri* Schreiner	李仁蜂
62	*Gonipterus scutellatus* Gyllenhal	桉象
63	*Helicoverpa zea* (Boddie)	谷实夜蛾

附录2-2 续2

序号	拉丁名	中文名
64	*Hemerocampa leucostigma* (Smith)	合毒蛾
65	*Hemiberlesia pitysophila* Takagi	松突圆蚧
66	*Heterobostrychus aequalis* (Waterhouse)	双钩异翅长蠹
67	*Hoplocampa flava* (L.)	李叶蜂
68	*Hoplocampa testudinea* (Klug)	苹叶蜂
69	*Hoplocerambyx spinicornis* (Newman)	刺角沟额天牛
70	*Hylobius pales* (Herbst)	苍白树皮象
71	*Hylotrupes bajulus* (L.)	家天牛
72	*Hylurgopinus rufipes* (Eichhoff)	美洲榆小蠹
73	*Hylurgus ligniperda* Fabricius	长林小蠹
74	*Hyphantria cunea* (Drury)	美国白蛾
75	*Hypothenemus hampei* (Ferrari)	咖啡果小蠹
76	*Incisitermes minor* (Hagen)	小楹白蚁
77	*Ips* spp. (non-Chinese)	齿小蠹（非中国种）
78	*Ischnaspis longirostris* (Signoret)	黑丝盾蚧
79	*Lepidosaphes tapleyi* Williams	芒果蛎蚧
80	*Lepidosaphes tokionis* (Kuwana)	东京蛎蚧
81	*Lepidosaphes ulmi* (L.)	榆蛎蚧
82	*Leptinotarsa decemlineata* (Say)	马铃薯甲虫
83	*Leucoptera coffeella* (Guérin-Méneville)	咖啡潜叶蛾
84	*Liriomyza trifolii* (Burgess)	三叶斑潜蝇
85	*Lissorhoptrus oryzophilus* Kuschel	稻水象甲
86	*Listronotus bonariensis* (Kuschel)	阿根廷茎象甲
87	*Lobesia botrana* (Denis et Schiffermuller)	葡萄花翅小卷蛾
88	*Mayetiola destructor* (Say)	黑森瘿蚊
89	*Mercetaspis halli* (Green)	霍氏长盾蚧
90	*Monacrostichus citricola* Bezzi	桔实锤腹实蝇
91	*Monochamus* spp. (non-Chinese)	墨天牛（非中国种）
92	*Myiopardalis pardalina* (Bigot)	甜瓜迷实蝇
93	*Naupactus leucoloma* (Boheman)	白缘象甲
94	*Neoclytus acuminatus* (Fabricius)	黑腹尼虎天牛
95	*Opogona sacchari* (Bojer)	蔗扁蛾
96	*Pantomorus cervinus* (Boheman)	玫瑰短喙象
97	*Parlatoria crypta* Mckenzie	灰白片盾蚧
98	*Pharaxonotha kirschi* Reither	谷拟叩甲
99	*Phenacoccus manihoti* Matile-Ferrero	木薯绵粉蚧
100	*Phenacoccus solenopsis* Tinsley	扶桑绵粉蚧
101	*Phloeosinus cupressi* Hopkins	美柏肤小蠹
102	*Phoracantha semipunctata* (Fabricius)	桉天牛
103	*Pissodes* Germar	木蠹象属
104	*Planococcuslilacius* Cockerell	南洋臀纹粉蚧
105	*Planococcus minor* (Maskell)	大洋臀纹粉蚧

附录2-2 续3

序号	拉丁名	中文名
106	*Platypus* spp. （non-Chinese）	长小蠹（属）（非中国种）
107	*Popillia japonica* Newman	日本金龟子
108	*Prays citri* Milliere	桔花巢蛾
109	*Promecotheca cumingi* Baly	椰子缢胸叶甲
110	*Prostephanustruncatus* (Horn)	大谷蠹
111	*Ptinus tectus* Boieldieu	澳洲蛛甲
112	*Quadrastichus erythrinae* Kim	刺桐姬小蜂
113	*Reticulitermes lucifugus* (Rossi)	欧洲散白蚁
114	*Rhabdoscelus lineaticollis* (Heller)	褐纹甘蔗象
115	*Rhabdoscelus obscurus* (Boisduval)	几内亚甘蔗象
116	*Rhagoletis* spp. （non-Chinese）	绕实蝇（非中国种）
117	*Rhynchites aequatus* (L.)	苹虎象
118	*Rhynchites bacchus* L.	欧洲苹虎象
119	*Rhynchites cupreus* L.	李虎象
120	*Rhynchites heros* Roelofs	日本苹虎象
121	*Rhynchophorus ferrugineus* (Olivier)	红棕象甲
122	*Rhynchophorus palmarum* (L.)	棕榈象甲
123	*Rhynchophorus phoenicis* (Fabricius)	紫棕象甲
124	*Rhynchophorus vulneratus* (Panzer)	亚棕象甲
125	*Sahlbergella singularis* Haglund	可可盲蝽象
126	*Saperda* spp. （non-Chinese）	楔天牛（非中国种）
127	*Scolytus multistriatus* (Marsham)	欧洲榆小蠹
128	*Scolytus scolytus* (Fabricius)	欧洲大榆小蠹
129	*Scyphophorus acupunctatus* Gyllenhal	剑麻象甲
130	*Selenaspidus articulatus* Morgan	刺盾蚧
131	*Sinoxylon* spp. （non-Chinese）	双棘长蠹（非中国种）
132	*Sirex noctilio* Fabricius	云杉树蜂
133	*Solenopsis invicta* Buren	红火蚁
134	*Spodoptera littoralis* (Boisduval)	海灰翅夜蛾
135	*Stathmopoda skelloni* Butler	猕猴桃举肢蛾
136	*Sternochetus* Pierce	芒果象属
137	*Taeniothrips inconsequens* (Uzel)	梨蓟马
138	*Tetropium* spp. （non-Chinese）	断眼天牛（非中国种）
139	*Thaumetopoea pityocampa* (Denis et Schiffermuller)	松异带蛾
140	*Toxotrypana curvicauda* Gerstaecker	番木瓜长尾实蝇
141	*Tribolium destructor* Uyttenboogaart	褐拟谷盗
142	*Trogoderma* spp. （non-Chinese）	斑皮蠹（非中国种）
143	*Vesperus* Latreile	暗天牛属
144	*Vinsonia stellifera* (Westwood)	七角星蜡蚧
145	*Viteus vitifoliae* (Fitch)	葡萄根瘤蚜
146	*Xyleborus* spp. （non-Chinese）	材小蠹（非中国种）
147	*Xylotrechus rusticus* L.	青杨脊虎天牛

附录2-2 续4

序号	拉丁名	中文名
148	*Zabrotes subfasciatus* (Boheman)	巴西豆象
149	*Amyelois transitella* (Walker)	脐橙螟
150	*Ancylonotus tribulus* (Fabricius)	爪哇木棉棘胸天牛
151	*Cordylomera spinicornis* (Fabricius)	刺角楝天牛
152	*Deanolis sublimbalis* Snellen	芒果蛀果螟
153	*Dysmicoccus lepelleyi* (Betrem)	李比利氏灰粉蚧
154	*Epiphyas postvittana* (Walker)	苹淡褐卷蛾
155	*Exallomochlus hispidus* (Morrison)	甘蔗簇粉蚧
156	*Gnathotrichus sulcatus* (LeConte)	沟缝锤小蠹
157	*Hordeolicoccus nephelii* (Takahashi)	红毛丹眼粉蚧
158	*Linepithema humile* (Mayr)	阿根廷蚁
159	*Melanaspis bromiliae* (Leonardi)	日黑圆盾蚧
160	*Melanaspis smilacis* (Comstock)	菝葜黑圆盾蚧
161	*Mudaria luteileprosa* Holloway	榴莲果核夜蛾
162	*Paracoccus interceptus* Lit	截获秀粉蚧
163	*Phloeotribus liminaris* (Harris)	桃韧皮胫小蠹
164	*Pityophthorus juglandis* Blackman	胡桃木细小蠹
165	*Platynota stultana* Walsingham	荷兰石竹小卷蛾
166	*Polygraphus rufipennis* (Kirby)	红翅四眼小蠹
167	*Pseudococcus aurantiacus* Williams	黄皮粉蚧
168	*Pseudococcus elisae* Borchsenius	香蕉粉蚧
169	*Pseudococcus nakaharai* Gimpel & Miller	仙人掌粉蚧
170	*Pseudohylesinus granulatus* (LeConte)	粗点平海小蠹
171	*Rastrococcus tropicasiaticus* Williams	热带平刺粉蚧
172	*Saissetia neglecta* De Lotto	弗州黑盔蚧
173	*Solenopsis richteri* Forel	黑火蚁
174	*Solenopsis xyloni* McCook	南方火蚁
175	*Stenoma catenifer* Walsingham	鳄梨织蛾
176	*Tomicus destruens* (Wollaston)	欧洲纵坑切梢小蠹
177	*Wasmannia auropunctata* (Roger)	金刻沃氏蚁
178	*Xyloperthella crinitarsis* (Imhoff)	多毛碎木长蠹
软体动物		
179	*Achatina fulica* Bowdich	非洲大蜗牛
180	*Acusta despecta* Gray	硫球球壳蜗牛
181	*Cepaea hortensis* Müller	花园葱蜗牛
182	*Cernuella virgata* Da Costa	地中海白蜗牛
183	*Euglandina rosea* (Ferussac)	玫瑰蜗牛
184	*Helix aspersa* Müller	散大蜗牛
185	*Helix pomatia* Linnaeus	盖罩大蜗牛
186	*Otala lactea* (Müller)	乳状耳形螺
187	*Theba pisana* Müller	比萨茶蜗牛
188	*Eobania vermiculata* (Müller)	蠕虫尹氏蜗牛

附录2-2 续5

序号	拉丁名	中文名
真菌		
189	*Albugo tragopogi* (Persoon) Schröter var. helianthi Novotelnova	向日葵白锈病菌
190	*Alternaria triticina* Prasada et Prabhu	小麦叶疫病菌
191	*Anisogramma anomala* (Peck) E. Muller	榛子东部枯萎病菌
192	*Apiosporina morbosa* (Schweinitz) von Arx	李黑节病菌
193	*Atropellis pinicola*Zaller et Goodding	松生枝干溃疡病菌
194	*Atropellis piniphila* (Weir) Lohman et Cash	嗜松枝干溃疡病菌
195	*Botryosphaeria laricina* (K. Sawada) Y. Zhong	落叶松枯梢病菌
196	*Botryosphaeria stevensii* Shoemaker	苹果壳色单隔孢溃疡病菌
197	*Cephalosporium gramineum* Nisikado et Ikata	麦类条斑病菌
198	*Cephalosporium maydis*Samra, Sabet et Hingorani	玉米晚枯病菌
199	*Cephalosporium sacchari*E. J. Butler et Hafiz Khan	甘蔗凋萎病菌
200	*Ceratocystis fagacearum* (Bretz) Hunt	栎枯萎病菌
201	*Chalara fraxinea* T. Kowalski	白蜡鞘孢菌
202	*Chrysomyxa arctostaphyli* Dietel	云杉帚锈病菌
203	*Ciborinia camelliae* Kohn	山茶花腐病菌
204	*Cladosporium cucumerinum*Ellis et Arthur	黄瓜黑星病菌
205	*Colletotrichum kahawae* J. M. Waller et Bridge	咖啡浆果炭疽病菌
206	*Crinipellis perniciosa* (Stahel) Singer	可可丛枝病菌
207	*Cronartium coleosporioides* J. C. Arthur	油松疱锈病菌
208	*Cronartium comandrae* Peck	北美松疱锈病菌
209	*Cronartium conigenum* Hedgcock et Hunt	松球果锈病菌
210	*Cronartium fusiforme*Hedgcock et Hunt ex Cummins	松纺锤瘤锈病菌
211	*Cronartium ribicola* J. C. Fisch.	松疱锈病菌
212	*Cryphonectria cubensis* (Bruner) Hodges	桉树溃疡病菌
213	*Cylindrocladium parasiticum* Crous, Wingfield et Alfenas	花生黑腐病菌
214	*Diaporthe helianthi* Muntanola-Cvetkovic Mihaljcevic et Petrov	向日葵茎溃疡病菌
215	*Diaporthe perniciosa* É. J. Marchal	苹果果腐病菌
216	*Diaporthe phaseolorum* (Cooke et Ell.) Sacc. var. *caulivora* Athow et Caldwell	大豆北方茎溃疡病菌
217	*Diaporthe phaseolorum* (Cooke et Ell.) Sacc. var. *meridionalis* F. A. Fernandez	大豆南方茎溃疡病菌
218	*Diaporthe vaccinii* Shear	蓝莓果腐病菌
219	*Didymella ligulicola* (K. F. Baker, Dimock et L. H. Davis) von Arx	菊花花枯病菌
220	*Didymella lycopersici* Klebahn	番茄亚隔孢壳茎腐病菌
221	*Endocronartium harknessii* (J. P. Moore) Y. Hiratsuka	松瘤锈病菌
222	*Eutypalata* (Pers.) TuL. et C. TuL.	葡萄藤猝倒病菌
223	*Fusarium circinatum* Nirenberg et O'Donnell	松树脂溃疡病菌
224	*Fusarium oxysporum* Schlecht. f. sp. *apii* Snyd. et Hans	芹菜枯萎病菌
225	*Fusarium oxysporum* Schlecht. f. sp. *asparagi* Cohen et Heald	芦笋枯萎病菌
226	*Fusarium oxysporum* Schlecht. f. sp. *cubense* (E. F. Sm.) Snyd. et Hans (Race 4 non-Chinese races)	香蕉枯萎病菌（4号小种和非中国小种）
227	*Fusarium oxysporum* Schlecht. f. sp. *elaeidis* Toovey	油棕枯萎病菌
228	*Fusarium oxysporum* Schlecht. f. sp. *fragariae*Winks et Williams	草莓枯萎病菌
229	*Fusarium tucumaniae* T. Aoki, O'Donnell, Yos. Homma et Lattanzi	南美大豆猝死综合征病菌
230	*Fusarium virguliforme* O'Donnell et T. Aoki	北美大豆猝死综合征病菌
231	*Gaeumannomyces graminis* (Sacc.) Arx et D. Olivier var. *avenae* (E. M. Turner) Dennis	燕麦全蚀病菌

附录2-2 续6

序号	拉丁名	中文名
232	*Greeneria uvicola* (Berk. et M. A. Curtis) Punithalingam	葡萄苦腐病菌
233	*Gremmeniella abietina* (Lagerberg) Morelet	冷杉枯梢病菌
234	*Gymnosporangium clavipes* (Cooke et Peck) Cooke et Peck	榅桲锈病菌
235	*Gymnosporangium fuscum* R. Hedw.	欧洲梨锈病菌
236	*Gymnosporangium globosum* (Farlow) Farlow	美洲山楂锈病菌
237	*Gymnosporangium juniperi-virginianae* Schwein	美洲苹果锈病菌
238	*Helminthosporium solani* Durieu et Mont.	马铃薯银屑病菌
239	*Hypoxylon mammatum* (Wahlenberg) J. Miller	杨树炭团溃疡病菌
240	*Inonotus weirii* (Murrill) Kotlaba et Pouzar	松干基褐腐病菌
241	*Leptosphaeria libanotis* (Fuckel) Sacc.	胡萝卜褐腐病菌
242	*Leptosphaeria maculans* (Desm.) Ces. et De Not.	十字花科蔬菜黑胫病菌
243	*Leptosphaeria lindquistii* Frezzi	向日葵黑茎病菌
244	*Leucostoma cincta* (Fr.: Fr.) Hohn.	苹果溃疡病菌
245	*Melampsora farlowii* (J. C. Arthur) J. J. Davis	铁杉叶锈病菌
246	*Melampsora medusae* Thumen	杨树叶锈病菌
247	*Microcyclus ulei* (P. Henn.) von Arx	橡胶南美叶疫病菌
248	*Monilinia fructicola* (Winter) Honey	美澳型核果褐腐病菌
249	*Moniliophthora roreri* (Ciferri et Parodi) Evans	可可链疫孢荚腐病菌
250	*Monosporascus cannonballus* Pollack et Uecker	甜瓜黑点根腐病菌
251	*Mycena citricolor* (Berk. et Curt.) Sacc.	咖啡美洲叶斑病菌
252	*Mycocentrospora acerina* (Hartig) Deighton	香菜腐烂病菌
253	*Mycosphaerella dearnessii* M. E. Barr	松针褐斑病菌
254	*Mycosphaerella fijiensis* Morelet	香蕉黑条叶斑病菌
255	*Mycosphaerella gibsonii* H. C. Evans	松针褐枯病菌
256	*Mycosphaerella linicola* Naumov	亚麻褐斑病菌
257	*Mycosphaerella musicola* J. L. Mulder	香蕉黄条叶斑病菌
258	*Mycosphaerella pini* E. Rostrup	松针红斑病菌
259	*Nectria rigidiuscula* Berk. et Broome	可可花瘿病菌
260	*Ophiostoma novo-ulmi* Brasier	新榆枯萎病菌
261	*Ophiostoma ulmi* (Buisman) Nannf.	榆枯萎病菌
262	*Ophiostoma wageneri* (Goheen et Cobb) Harrington	针叶松黑根病菌
263	*Ovulinia azaleae* Weiss	杜鹃花枯萎病菌
264	*Periconia circinata* (M. Mangin) Sacc.	高粱根腐病菌
265	*Peronosclerospora* spp. (non-Chinese)	玉米霜霉病菌（非中国种）
266	*Peronospora farinosa* (Fries: Fries) Fries f. sp. *betae* Byford	甜菜霜霉病菌
267	*Peronospora hyoscyamide* Bary f. sp. *tabacina* (Adam) Skalicky	烟草霜霉病菌
268	*Pezicula malicorticis* (Jacks.) Nannfeld	苹果树炭疽病菌
269	*Phaeoramularia angolensis* (T. Carvalho et O. Mendes) P. M. Kirk	柑橘斑点病菌
270	*Phellinus noxius* (Corner) G. H. Cunn.	木层孔褐根腐病菌
271	*Phialophora gregata* (Allington et Chamberlain) W. Gams	大豆茎褐腐病菌
272	*Phialophora malorum* (Kidd et Beaum.) McColloch	苹果边腐病菌
273	*Phomaexigua* Desmazières f. sp. *foveata* (Foister) Boerema	马铃薯坏疽病菌
274	*Phoma glomerata* (Corda) Wollenweber et Hochapfel	葡萄茎枯病菌
275	*Phoma pinodella* (L. K. Jones) Morgan-Jones et K. B. Burch	豌豆脚腐病菌
276	*Phoma tracheiphila* (Petri) L. A. Kantsch. et Gikaschvili	柠檬干枯病菌
277	*Phomopsis sclerotioides* van Kesteren	黄瓜黑色根腐病菌
278	*Phymatotrichopsis omnivora* (Duggar) Hennebert	棉根腐病菌

附录2-2 续7

序号	拉丁名	中文名
279	*Phytophthora cambivora* (Petri) Buisman	栗疫霉黑水病菌
280	*Phytophthora erythroseptica* Pethybridge	马铃薯疫霉绯腐病菌
281	*Phytophthora fragariae* Hickman	草莓疫霉红心病菌
282	*Phytophthora fragariae* Hickman var. *rubi* W. F. Wilcox et J. M. Duncan	树莓疫霉根腐病菌
283	*Phytophthora hibernalis* Carne	柑橘冬生疫霉褐腐病菌
284	*Phytophthora lateralis* Tucker et Milbrath	雪松疫霉根腐病菌
285	*Phytophthora medicaginis* E. M. Hans. et D. P. Maxwell	苜蓿疫霉根腐病菌
286	*Phytophthora phaseoli* Thaxter	菜豆疫霉病菌
287	*Phytophthora ramorum* Werres, De Cock et Man in't Veld	栎树猝死病菌
288	*Phytophthora sojae* Kaufmann et Gerdemann	大豆疫霉病菌
289	*Phytophthora syringae* (Klebahn) Klebahn	丁香疫霉病菌
290	*Polyscytalum pustulans* (M. N. Owen et Wakef.) M. B. Ellis	马铃薯皮斑病菌
291	*Protomyces macrosporus* Unger	香菜茎瘿病菌
292	*Pseudocercosporella herpotrichoides* (Fron) Deighton	小麦基腐病菌
293	*Pseudopezicula tracheiphila* (Müller-Thurgau) Korf et Zhuang	葡萄角斑叶焦病菌
294	*Puccinia pelargonii-zonalis* Doidge	天竺葵锈病菌
295	*Pycnostysanus azaleae* (Peck) Mason	杜鹃芽枯病菌
296	*Pyrenochaeta terrestris* (Hansen) Gorenz, Walker et Larson	洋葱粉色根腐病菌
297	*Pythium splendens* Braun	油棕猝倒病菌
298	*Ramularia beticola* Fautr. et Lambotte	甜菜叶斑病菌
299	*Rhizoctonia fragariae* Husain et W. E. McKeen	草莓花枯病菌
300	*Rigidoporus lignosus* (Klotzsch) Imaz.	橡胶白根病菌
301	*Sclerophthora rayssiae* Kenneth, Kaltin et Wahl var. *zeae* Payak et Renfro	玉米褐条霜霉病菌
302	*Septoria petroselini* (Lib.) Desm.	欧芹壳针孢叶斑病菌
302	*Sphaeropsis pyriputrescens* Xiao et J. D. Rogers	苹果球壳孢腐烂病菌
304	*Sphaeropsis tumefaciens* Hedges	柑橘枝瘤病菌
305	*Stagonospora avenae* Bissett f. sp. *triticea* T. Johnson	麦类壳多胞斑点病菌
306	*Stagonospora sacchari* Lo et Ling	甘蔗壳多胞叶枯病菌
307	*Synchytrium endobioticum* (Schilberszky) Percival	马铃薯癌肿病菌
308	*Thecaphora solani* (Thirumalachar et M. J. O' Brien) Mordue	马铃薯黑粉病菌
309	*Tilletia controversa* Kühn	小麦矮腥黑穗病菌
310	*Tilletia indica* Mitra	小麦印度腥黑穗病菌
311	*Urocystis cepulae* Frost	葱类黑粉病菌
312	*Uromyces transversalis* (Thümen) Winter	唐菖蒲横点锈病菌
313	*Venturia inaequalis* (Cooke) Winter	苹果黑星病菌
314	*Verticillium albo-atrum* Reinke et Berthold	苜蓿黄萎病菌
315	*Verticillium dahliae* Kleb.	棉花黄萎病菌
316	*Neofabraea actinidiae* (P. R. Johnst., M. A. Manning & X. Meier) P. R. Johnst.	猕猴桃果腐病菌（猕猴桃明孢盘菌）
317	*Neofabraea kienholzii* (Seifert, Spotts & Lévesque) Spotts, Lévesque & Seifert	苹果牛眼果腐病菌（金霍尔茨明孢盘菌）
318	*Neofabraea perennans* Kienholz	苹果牛眼果腐病菌（多年生明孢盘菌）

附录2-2 续8

序号	拉丁名	中文名
319	*Neofabraea vagabunda* (Desm.) Rossman	苹果牛眼果腐病菌（白明孢盘菌）
320	*Phacidiopycnis washingtonensis* C. L. Xiao & J. D. Rogers	苹果星裂壳孢果腐病菌
原核生物		
321	*Acidovorax avenae*subsp. *cattleyae* (Pavarino) Willems et aL.	兰花褐斑病菌
322	*Acidovorax avenae*subsp. *citrulli* (Schaad et aL.) Willems et aL.	瓜类果斑病菌
323	*Acidovorax konjaci* (Goto) Willems et aL.	魔芋细菌性叶斑病菌
324	*Alder yellows phytoplasma*	桤树黄化植原体
325	*Apple proliferation phytoplasma*	苹果丛生植原体
326	*Apricot chlorotic leafroll phtoplasma*	杏褪绿卷叶植原体
327	*Ash yellows phytoplasma*	白蜡树黄化植原体
328	*Blueberry stunt phytoplasma*	蓝莓矮化植原体
329	*Burkholderia caryophylli* (Burkholder) Yabuuchi et aL.	香石竹细菌性萎蔫病菌
330	*Burkholderia gladioli* pv. *alliicola* (Burkholder) Urakami et aL.	洋葱腐烂病菌
331	*Burkholderia glumae* (Kurita et Tabei) Urakami et aL.	水稻细菌性谷枯病菌
332	*Candidatus Liberobacter africanum* Jagoueix et aL.	非洲柑橘黄龙病菌
333	*Candidatus Liberobacter asiaticum* Jagoueix et aL.	亚洲柑橘黄龙病菌
334	*Candidatus* Liberibacter solanacearum Liefting et aL.	马铃薯斑纹片病菌
335	*Candidatus* Phytoplasma australiense	澳大利亚植原体候选种
336	*Clavibacter michiganensis* subsp. *insidiosus* (McCulloch) Davis et aL.	苜蓿细菌性萎蔫病菌
337	*Clavibacter michiganensis* subsp. *michiganensis* (Smith) Davis et aL.	番茄溃疡病菌
338	*Clavibacter michiganensis* subsp. *nebraskensis* (Vidaver et aL.) Davis et aL.	玉米内州萎蔫病菌
339	*Clavibacter michiganensis* subsp. *sepedonicus* (Spieckermann et aL.) Davis et aL.	马铃薯环腐病菌
340	Coconut lethal yellowing phytoplasma	椰子致死黄化植原体
341	*Curtobacterium flaccumfaciens* pv. *flaccumfaciens* (Hedges) Collins et Jones	菜豆细菌性萎蔫病菌
342	*Curtobacterium flaccumfaciens* pv. *oortii* (Saaltink et aL.) Collins et Jones	郁金香黄色疱斑病菌
343	*Elm phloem necrosis phytoplasma*	榆韧皮部坏死植原体
344	*Enterobacter cancerogenus* (Urosevi) Dickey et Zumoff	杨树枯萎病菌
345	*Erwinia amylovora* (Burrill) Winslow et aL.	梨火疫病菌
346	*Erwinia chrysanthemi* Burkhodler et aL.	菊基腐病菌
347	*Erwinia pyrifoliae*Kim, Gardan, Rhim et Geider	亚洲梨火疫病菌
348	Grapevine flavescence dorée phytoplasma	葡萄金黄化植原体
349	Lime witches' broom phytoplasma	来檬丛枝植原体
350	*Pantoea stewartii* subsp. *stewartii* (Smith) Mergaert et aL.	玉米细菌性枯萎病菌
351	*Peach X-disease phytoplasma*	桃 *X* 病植原体
352	*Pear decline phytoplasma*	梨衰退植原体
353	*Potato witches' broom phytoplasma*	马铃薯丛枝植原体
354	*Pseudomonas savastanoi* pv. *phaseolicola* (Burkholder) Gardan et aL.	菜豆晕疫病菌
355	*Pseudomonas syringae* pv. *morsprunorum* (Wormald) Young et aL.	核果树溃疡病菌
356	*Pseudomonas syringae* pv. *persicae* (Prunier et aL.) Young et aL.	桃树溃疡病菌
357	*Pseudomonas syringae* pv. *pisi* (Sackett) Young et aL.	豌豆细菌性疫病菌
358	*Pseudomonas syringae* pv. *maculicola* (McCulloch) Young et aL.	十字花科黑斑病菌
359	*Pseudomonas syringae* pv. *tomato* (Okabe) Young et aL.	番茄细菌性叶斑病菌
360	*Ralstonia solanacearum* (Smith) Yabuuchi et aL. (race 2)	香蕉细菌性枯萎病菌（2 号小种）

附录2-2 续9

序号	拉丁名	中文名
361	*Rathayibacter rathayi* (Smith) Zgurskaya et aL.	鸭茅蜜穗病菌
362	*Spiroplasma citri* Saglio et aL.	柑橘顽固病螺原体
363	Strawberry multiplier phytoplasma	草莓簇生植原体
364	*Xanthomonas albilineans* (Ashby) Dowson	甘蔗白色条纹病菌
365	*Xanthomonas arboricola* pv. *celebensis* (Gaumann) Vauterin et aL.	香蕉坏死条纹病菌
366	*Xanthomonas axonopodis* pv. *betlicola* (Patel et aL.) Vauterin et aL.	胡椒叶斑病菌
367	*Xanthomonas axonopodis* pv. *citri* (Hasse) Vauterin et aL.	柑橘溃疡病菌
368	*Xanthomonas axonopodis* pv. *manihotis* (Bondar) Vauterin et aL.	木薯细菌性萎蔫病菌
369	*Xanthomonas axonopodis* pv. *vasculorum* (Cobb) Vauterin et aL.	甘蔗流胶病菌
370	*Xanthomonas campestris* pv. *mangiferaeindicae* (Patel et aL.) Robbs et aL.	芒果黑斑病菌
371	*Xanthomonas campestris* pv. *musacearum* (Yirgou et Bradbury) Dye	香蕉细菌性萎蔫病菌
372	*Xanthomonas cassavae* (exWieheet Dowson) Vauterin et aL.	木薯细菌性叶斑病菌
373	*Xanthomonas fragariae* Kennedy et King	草莓角斑病菌
374	*Xanthomonas hyacinthi* (Wakker) Vauterin et aL.	风信子黄腐病菌
375	*Xanthomonas oryzae* pv. *oryzae* (Ishiyama) Swings et aL.	水稻白叶枯病菌
376	*Xanthomonas oryzae* pv. *oryzicola* (Fang et aL.) Swings et aL.	水稻细菌性条斑病菌
377	*Xanthomonas populi* (ex Ride) Ride et Ride	杨树细菌性溃疡病菌
378	*Xylella fastidiosa* Wells et aL.	木质部难养细菌
379	*Xylophilus ampelinus* (Panagopoulos) Willems et aL.	葡萄细菌性疫病菌
380	*Pseudomonas cannabina* pv. *Alisalensis*	十字花科细菌性疫病菌
381	Ralstonia syzygii *subsp.* Celebesensis	香蕉红腐病菌
382	*Xanthomonas vasicola* pv. *vasculorum*	玉米细菌性条斑病菌
线虫		
383	*Anguina agrostis* (Steinbuch) Filipjev	剪股颖粒线虫
384	*Aphelenchoides fragariae* (Ritzema Bos) Christie	草莓滑刃线虫
385	*Aphelenchoides ritzemabosi* (Schwartz) Steiner et Bührer	菊花滑刃线虫
386	*Bursaphelenchus cocophilus* (Cobb) Baujard	椰子红环腐线虫
387	*Bursaphelenchus xylophilus* (Steineret Bührer) Nickle	松材线虫
388	*Ditylenchus angustus* (Butler) Filipjev	水稻茎线虫
389	*Ditylenchus destructor* Thorne	腐烂茎线虫
390	*Ditylenchus dipsaci* (Kühn) Filipjev	鳞球茎茎线虫
391	*Globodera pallida* (Stone) Behrens	马铃薯白线虫
392	*Globodera rostochiensis* (Wollenweber) Behrens	马铃薯金线虫
393	*Heterodera schachtii* Schmidt	甜菜胞囊线虫
394	*Longidorus* (Filipjev) Micoletzky (The species transmit viruses)	长针线虫属（传毒种类）
395	*Meloidogyne* Goeldi (non-Chinese species)	根结线虫属（非中国种）
396	*Nacobbus abberans* (Thorne) Thorne et Allen	异常珍珠线虫
397	*Paralongidorus maximus* (Bütschli) Siddiqi	最大拟长针线虫
398	*Paratrichodorus* Siddiqi (The species transmit viruses)	拟毛刺线虫属（传毒种类）
399	*Pratylenchus* Filipjev (non-Chinese species)	短体线虫（非中国种）
400	*Radopholus similis* (Cobb) Thorne	香蕉穿孔线虫
401	*Trichodorus* Cobb (The species transmit viruses)	毛刺线虫属（传毒种类）
402	*Xiphinema* Cobb (The species transmit viruses)	剑线虫属（传毒种类）
403	*Anguina funesta* Price，Fisher&Kerr	致死粒线虫

附录2-2　续10

序号	拉丁名	中文名
病毒及类病毒		
404	*African cassava mosaic virus*, ACMV	非洲木薯花叶病毒（类）
405	*Apple stem grooving virus*, ASPV	苹果茎沟病毒
406	*Arabis mosaic virus*, ArMV	南芥菜花叶病毒
407	*Banana bract mosaic virus*, BBrMV	香蕉苞片花叶病毒
408	*Beanpod mottle virus*, BPMV	菜豆荚斑驳病毒
409	*Broad beanstain virus*, BBSV	蚕豆染色病毒
410	*Cacao swollen shoot virus*, CSSV	可可肿枝病毒
411	*Carnation ringspot virus*, CRSV	香石竹环斑病毒
412	*Cotton leaf crumple virus*, CLCrV	棉花皱叶病毒
413	*Cotton leaf curl virus*, CLCuV	棉花曲叶病毒
414	*Cowpea severe mosaic virus*, CPSMV	豇豆重花叶病毒
415	*Cucumber green mottle mosaic virus*, CGMMV	黄瓜绿斑驳花叶病毒
416	*Maize chlorotic dwarf virus*, MCDV	玉米褪绿矮缩病毒
417	*Maize chlorotic mottle virus*, MCMV	玉米褪绿斑驳病毒
418	*Maize dwarf mosaic virus*	玉米矮花叶病毒
419	*Oat mosaic virus*, OMV	燕麦花叶病毒
420	*Peach rosette mosaic virus*, PRMV	桃丛簇花叶病毒
421	*Peanut stunt virus*, PSV	花生矮化病毒
422	*Plum pox virus*, PPV	李痘病毒
423	*Potato mop-top virus*, PMTV	马铃薯帚顶病毒
424	*Potato virus A*, PVA	马铃薯 A 病毒
425	*Potato virus V*, PVV	马铃薯 V 病毒
426	*Potato yellow dwarf virus*, PYDV	马铃薯黄矮病毒
427	*Prunus necrotic ringspot virus*, PNRSV	李属坏死环斑病毒
428	*Southern bean mosaic virus*, SBMV	南方菜豆花叶病毒
429	*Sowbane mosaic virus*, SoMV	藜草花叶病毒
430	*Strawberry latent ringspot virus*, SLRSV	草莓潜隐环斑病毒
431	*Sugarcane streak virus*, SSV	甘蔗线条病毒
432	*Tobacco ringspot virus*, TRSV	烟草环斑病毒
433	*Tomato black ring virus*, TBRV	番茄黑环病毒
434	*Tomato brown rugose fruit virus*	番茄褐色皱果病毒
435	*Tomato ringspot virus*, ToRSV	番茄环斑病毒
436	*Tomato spotted wilt virus*, TSWV	番茄斑萎病毒
437	*Wheat streak mosaic virus*, WSMV	小麦线条花叶病毒
438	*Apple fruit crinkle viroid*, AFCVd	苹果皱果类病毒
439	*Avocado sunblotch viroid*, ASBVd	鳄梨日斑类病毒
440	*Coconut cadang-cadang viroid*, CCCVd	椰子死亡类病毒
441	*Coconut tinangaja viroid*, CTiVd	椰子败生类病毒
442	*Hop latent viroid*, HLVd	啤酒花潜隐类病毒
443	*Pear blister canker viroid*, PBCVd	梨疱症溃疡类病毒
444	*Potato spindle tuber viroid*, PSTVd	马铃薯纺锤块茎类病毒
445	*Columnea latent viroid*, CLVd	金鱼草潜隐类病毒
446	*High Plains wheat mosaic virus*, HPWMoV	高原小麦花叶病毒
447	*Pepper chat fruit viroid*, PCFVd	辣椒小果类病毒
448	*Tomato chlorotic dwarf viroid*, TCDVd	番茄褪绿矮化类病毒

附录2-2 续11

序号	拉丁名	中文名
449	*Tomato leaf curl New Delhi virus*, ToLCNDV	新德里番茄曲叶病毒
杂草		
450	*Aegilops cylindrica* Horst	具节山羊草
451	*Aegilops squarrosa* L.	节节麦
452	*Ambrosia* spp.	豚草（属）
453	*Ammi majus* L.	大阿米芹
454	*Avena barbata* Brot.	细茎野燕麦
455	*Avena ludoviciana* Durien	法国野燕麦
456	*Avena sterilis* L.	不实野燕麦
457	*Bromus rigidus* Roth	硬雀麦
458	*Bunias orientalis* L.	疣果匙荠
459	*Caucalis latifolia* L.	宽叶高加利
460	*Cenchrus* spp.（non-Chinese species）	蒺藜草（属）（非中国种）
461	*Centaurea diffusa* Lamarck	铺散矢车菊
462	*Centaurea repens* L.	匍匐矢车菊
463	*Crotalaria spectabilis* Roth	美丽猪屎豆
464	*Cuscuta* spp.	菟丝子（属）
465	*Emex australis* Steinh.	南方三棘果
466	*Emex spinosa*（L.）Campd.	刺亦模
467	*Eupatorium adenophorum* Spreng.	紫茎泽兰
468	*Eupatorium odoratum* L.	飞机草
469	*Euphorbia dentata* Michx.	齿裂大戟
470	*Flaveria bidentis*（L.）Kuntze	黄顶菊
471	*Ipomoea pandurata*（L.）G. F. W. Mey.	提琴叶牵牛花
472	*Iva axillaris* Pursh	小花假苍耳
473	*Iva xanthifolia* Nutt.	假苍耳
474	*Knautia arvensis*（L.）Coulter	欧洲山萝卜
475	*Lactuca pulchella*（Pursh）DC.	野莴苣
476	*Lactuca serriola* L.	毒莴苣
477	*Lolium temulentum* L.	毒麦
478	*Mikania micrantha* Kunth	薇甘菊
479	*Orobanche* spp.	列当（属）
480	*Oxalis latifolia* Kubth	宽叶酢浆草
481	*Senecio jacobaea* L.	臭千里光
482	*Solanum carolinense* L.	北美刺龙葵
483	*Solanum elaeagnifolium* Cay.	银毛龙葵
484	*Solanum rostratum* DunaL.	刺萼龙葵
485	*Solanum torvum* Swartz	刺茄
486	*Sorghum almum* Parodi.	黑高粱
487	*Sorghum halepense*（L.）Pers.（Johnsongrass and its cross breeds）	假高粱（及其杂交种）
488	*Striga* spp.（non-Chinese species）	独脚金（属）（非中国种）
489	*Subgen Acnida* L.	异株苋亚属

附录2-2　续12

序号	拉丁名	中文名
490	*Tribulus alatus* Delile	翅蒺藜
491	*Xanthium* spp. （non-Chinese species）	苍耳（属）（非中国种）
492	*Heracleum mantegazzianum* Sommier & Levier	巨独活
493	*Nassella trichotoma*（Nees）Hack. ex Arechav.	三叉针茅

注：

1. 非中国种是指中国未有发生的种；
2. 非中国小种是指中国未有发生的小种；
3. 传毒种类是指可以作为植物病毒传播介体的线虫种类。

附录 2-3　须向海关申请办理进境动植物检疫审批的货物范围①

（截至 2024 年 12 月 1 日）

一、动物及其产品检疫审批

1. 活动物：动物（指饲养、野生的活动物如畜、禽、兽、蛇、水生动物、蚕、蜂等）、胚胎、精液、受精卵、种蛋及其他动物遗传物质。

2. 食用性动物产品：冰鲜、冷冻肉类及其产品（包括可食用副产品（含脏器））、鲜蛋类（含食用乌龟蛋、食用甲鱼蛋）、可食用骨蹄角及其产品、动物源性中药材。

3. 非食用性动物产品：野生动物皮张，原毛，原绒，未水洗羽毛羽绒，未经加工鬃、尾，未经加工和初级加工的陆生动物骨、蹄、角，热加工（产品中心温度不低于 80℃至少 30 分钟）反刍动物骨、蹄、角，河马牙等动物原牙，未经加工陆生动物脂肪及其冷榨油脂，TSE 疫情禁令国家或地区的高温炼制（产品中心温度不低于 80℃至少 30 分钟）反刍动物油脂，未经加工蚕茧、蚕蛹、削口茧、长吐、滞头，未经加工蜂巢、蜂蜡、蜂胶，未经加工和初级加工的内脏、组织和消化液，动物源性肥料，反刍动物源性骨明胶，动物源性饲料（饲料用乳清粉、肉粉、骨粉、肉骨粉、油脂、血粉、血液等）。

4. 生物材料：见《关于推广京津冀沪进境生物材料监管试点经验及开展新一轮试点的公告》（国家质检总局公告 2017 年第 94 号）附件 1“进境生物材料风险级别及检疫监管措施清单”（见本书第三章第一节）。

“禁止从动物疫病流行国家/地区输入的动物及其产品一览表”见本书附录 2。

二、植物及其产品检疫审批

1. 水果类：新鲜水果。

2. 粮谷类：小麦、玉米、稻谷、大麦、黑麦、燕麦、高粱等（不包括植物源性饲料、粮食加工品，如大米、面粉、米粉、淀粉等）。

3. 豆类：大豆、绿豆、豌豆、赤豆、蚕豆、鹰嘴豆等。

4. 薯类：马铃薯、木薯、甘薯等（不包括薯类加工品，如马铃薯细粉、冷冻马铃薯制品等）。

三、特许审批

1. 动植物病原体（包括菌种、毒种等）、害虫及其他有害生物，动植物疫情流行国家和地区的有关动植物、动植物产品和其他检疫物，动物尸体，土壤。

2. 列入《中华人民共和国进境植物检疫禁止进境物名录》（见本书第三章第一节）内的货物。

四、过境动物检疫审批

过境动物。

---

① 本货物范围为本书作者根据历年调整情况梳理，须向海关申请办理检疫审批的货物范围以海关总署要求为准。

附录 2-4 禁止从动物疫病流行国家/地区输入的动物及其产品一览表

（2025 年 2 月 21 日更新）

洲别	国家或地区	疫病	禁止进境物名称
亚洲	阿富汗	口蹄疫	偶蹄动物及其产品
		小反刍兽疫	绵羊、山羊及其相关产品
		绵羊痘和山羊痘	绵羊、山羊及其相关产品
		禽流感	禽类及其相关产品
	阿曼	牛海绵状脑病	牛及其相关产品
		口蹄疫	偶蹄动物及其相关产品
	阿塞拜疆	非洲猪瘟	猪、野猪及其相关产品
		绵羊痘和山羊痘	绵羊、山羊及其相关产品
		牛结节性皮肤病	牛及其相关产品
		高致病性禽流感	观赏鸟、野生鸟类及其相关产品
	阿联酋	口蹄疫	偶蹄动物及其相关产品
	巴基斯坦	口蹄疫（区域化）	偶蹄动物及其相关产品（北纬 31°53′10.3″、东经 73°41′28.4″；北纬 31°53′10.0″、东经 73°41′10.8″；北纬 31°52′48.5″、东经 73°41′11.5″；北纬 31°52′48.9″、东经 73°41′28.8″四点连线所在范围内符合我国检疫卫生要求的水牛胚胎除外）
		绵羊痘和山羊痘	绵羊、山羊及其相关产品
		小反刍兽疫	绵羊、山羊及其相关产品
		高致病性禽流感	禽类及其相关产品
	巴勒斯坦	蓝舌病	反刍动物及其相关产品
		小反刍兽疫	绵羊、山羊及其相关产品
		绵羊痘和山羊痘	绵羊、山羊及其相关产品
		痒病	羊及其相关产品
		口蹄疫	偶蹄动物及其相关产品
		新城疫（区域化）	禽类及其相关产品（仅限西岸地区）
	巴林	口蹄疫	偶蹄动物及其相关产品
	不丹	非洲猪瘟	猪、野猪及其相关产品
		猪瘟	猪、野猪及其相关产品
		口蹄疫	偶蹄动物及其相关产品
		绵羊痘和山羊痘	绵羊、山羊、斑羚及其相关产品
		牛结节性皮肤病	牛及其相关产品
		高致病性禽流感	禽类及其相关产品

附录2-4　续1

洲别	国家或地区	疫病	禁止进境物名称
亚洲	朝鲜	非洲猪瘟	猪、野猪及其相关产品
		口蹄疫	偶蹄动物及其相关产品
		高致病性禽流感	禽类及其相关产品
	东帝汶	非洲猪瘟	猪、野猪及其相关产品
		痒病	羊及其相关产品
		猪瘟	猪、野猪及其相关产品
		新城疫	禽类及其相关产品
	菲律宾	非洲猪瘟	猪、野猪及其相关产品
		口蹄疫	偶蹄动物及其相关产品
		雷斯顿埃博拉病毒	猪及其相关产品
		高致病性禽流感	禽类及其相关产品
	格鲁吉亚	非洲猪瘟	猪、野猪及其相关产品
		绵羊痘和山羊痘	绵羊、山羊及其相关产品
		小反刍兽疫	绵羊、山羊及其相关产品
		牛结节性皮肤病	牛及其相关产品
		高致病性禽流感	观赏鸟、野生鸟类及其相关产品
	哈萨克斯坦	口蹄疫（区域化）	偶蹄动物及其相关产品［阿拉木图州（Almaty）、杰特苏州（Zhetsu）、东哈萨克斯坦州（Shyghys kazakstan）、阿拜州（Abai）、江布尔州（Jambyl）、图尔克斯坦州（Turkistan）、克孜勒奥尔达州（Kyzylorda）、阿拉木图市（Almaty）、奇姆肯特市（Shymkent）符合我国法律法规要求的偶蹄动物及其相关产品除外］
		绵羊痘和山羊痘	绵羊、山羊及其相关产品
	韩国	非洲猪瘟	猪、野猪及其相关产品
		猪瘟	猪、野猪及其相关产品
		口蹄疫	偶蹄动物及其相关产品
		高致病性禽流感	禽类及其相关产品
	吉尔吉斯斯坦	口蹄疫	偶蹄动物及其相关产品
	柬埔寨	非洲猪瘟	猪、野猪及其相关产品
		口蹄疫	偶蹄动物及其相关产品
		牛结节性皮肤病	牛及其相关产品
		高致病性禽流感	禽类及其相关产品
	科威特	口蹄疫	偶蹄动物及其相关产品
		高致病性禽流感	禽类及其相关产品

附录2-4 续2

洲别	国家或地区	疫病	禁止进境物名称
亚洲	老挝	非洲猪瘟	猪、野猪及其相关产品
		口蹄疫（区域化）	偶蹄动物及其相关产品（南塔省勐新县35个地理坐标点连线所在范围区域除外，详见海关总署 农业农村部公告2021年第7号）
		高致病性禽流感	禽类及其相关产品
	马来西亚	非洲猪瘟	猪、野猪及其相关产品
		口蹄疫	偶蹄动物及其相关产品
		非洲马瘟	马属动物及其相关产品
		牛结节性皮肤病	牛及其相关产品
		日本脑炎	猪及其相关产品
		新城疫（区域化）	禽类及其相关产品（仅限霹雳州、沙巴州、森美兰州、雪兰莪州和马六甲州）
	蒙古国	非洲猪瘟	猪、野猪及其相关产品
		猪瘟	猪、野猪及其相关产品
		口蹄疫（区域化）	偶蹄动物及其相关产品（东戈壁省扎门乌德市地理坐标北纬43°49′34.01″、东经111°44′59.19″；北纬43°29′06″、东经111°42′14.14″；北纬43°29′59.15″、东经111°44′5.53″；北纬43°51′3.89″、东经111°43′7.81″四点连线所在范围区域除外）
		绵羊痘和山羊痘（区域化）	绵羊、山羊及其相关产品（东戈壁省扎门乌德市地理坐标北纬43°49′34.01″、东经111°44′59.19″；北纬43°29′06″、东经111°42′14.14″；北纬43°29′59.15″、东经111°44′5.53″；北纬43°51′3.89″、东经111°43′7.81″四点连线所在范围区域除外）
		小反刍兽疫（区域化）	牛、羊及其相关产品（东戈壁省扎门乌德市地理坐标北纬43°49′34.01″、东经111°44′59.19″；北纬43°29′06″、东经111°42′14.14″；北纬43°29′59.15″、东经111°44′5.53″；北纬43°51′3.89″、东经111°43′7.81″四点连线所在范围区域除外）
		牛结节性皮肤病	牛及其相关产品
		高致病性禽流感	禽类及其相关产品
	孟加拉国	非洲猪瘟	猪、野猪及其相关产品
		牛结节性皮肤病	牛及其相关产品
		小反刍兽疫	绵羊、山羊及其相关产品
		口蹄疫	偶蹄动物及其相关产品
		绵羊痘和山羊痘	绵羊、山羊及其相关产品
		高致病性禽流感	禽类及其相关产品

附录2-4　续3

洲别	国家或地区	疫病	禁止进境物名称
亚洲	缅甸	非洲猪瘟	猪、野猪及其相关产品
		口蹄疫（区域化）	偶蹄动物及其相关产品（掸邦北部贵概镇37个地理坐标端点的连线范围内区域除外，经纬度坐标和区划图见海关总署 农业农村部联合公告2023年第91号）
		牛结节性皮肤病	牛及其相关产品
		高致病性禽流感	禽类及其相关产品
	尼泊尔	非洲猪瘟	猪、野猪及其相关产品
		口蹄疫	偶蹄动物及其相关产品
		牛结节性皮肤病	牛及其相关产品
		小反刍兽疫	绵羊、山羊及其相关产品
		高致病性禽流感	禽类及其相关产品
	日本	猪瘟	猪、野猪及其相关产品
		牛海绵状脑病	牛及其相关产品（30月龄以下剔骨牛肉除外）
		痒病	羊及其相关产品
		高致病性禽流感	禽类及其相关产品
		新城疫	禽类及其相关产品
	沙特阿拉伯	口蹄疫	偶蹄动物及其相关产品
		牛结节性皮肤病	牛及其相关产品
		高致病性禽流感	禽类及其相关产品
	斯里兰卡	牛结节性皮肤病	牛及其相关产品
		非洲猪瘟	猪、野猪及其相关产品
	塔吉克斯坦	口蹄疫	偶蹄动物及其相关产品
	泰国	非洲猪瘟	猪、野猪及其相关产品
		非洲马瘟	马属动物及其相关产品
		口蹄疫	偶蹄动物及其相关产品
		小反刍兽疫	绵羊、山羊及其相关产品
		牛结节性皮肤病	牛及其相关产品
	土耳其	口蹄疫	偶蹄动物及其相关产品
		蓝舌病	反刍动物及其相关产品
		小反刍兽疫	绵羊、山羊及其相关产品
		高致病性禽流感	禽类及其相关产品
	土库曼斯坦	口蹄疫	偶蹄动物及其相关产品
	新加坡	非洲猪瘟	猪、野猪及其相关产品
	亚美尼亚	非洲猪瘟	猪、野猪及其相关产品

附录2-4 续4

洲别	国家或地区	疫病	禁止进境物名称
亚洲	伊拉克	口蹄疫	偶蹄动物及其相关产品
		蓝舌病	反刍动物及其相关产品
		高致病性禽流感	禽类及其相关产品
	伊朗	口蹄疫	偶蹄动物及其相关产品
		高致病性禽流感	禽类及其相关产品
	以色列	牛海绵状脑病	牛及其相关产品
		口蹄疫	偶蹄动物及其相关产品
		痒病	羊及其相关产品
		绵羊痘和山羊痘	绵羊、山羊及其相关产品
		小反刍兽疫	绵羊、山羊及其相关产品
		高致病性禽流感	禽类及其相关产品
		新城疫	禽类及其相关产品
	印度	非洲猪瘟	猪、野猪及其相关产品
		口蹄疫	偶蹄动物及其相关产品
		牛结节性皮肤病	牛及其相关产品
		高致病性禽流感	禽类及其相关产品
	印度尼西亚	非洲猪瘟	猪、野猪及其相关产品
		口蹄疫	偶蹄动物及其相关产品
		高致病性禽流感	禽类及其相关产品
	约旦	口蹄疫	偶蹄动物及其相关产品
		绵羊痘和山羊痘	绵羊、山羊及其相关产品
		小反刍兽疫	绵羊、山羊及其相关产品
		高致病性禽流感	禽类及其相关产品
	越南	非洲猪瘟	猪、野猪及其相关产品
		口蹄疫	偶蹄动物及其相关产品
		牛结节性皮肤病	牛及其相关产品
		高致病性禽流感	禽类及其相关产品
	卡塔尔	口蹄疫	偶蹄动物及其相关产品
	中国香港	非洲猪瘟	猪、野猪及其相关产品
		口蹄疫	偶蹄动物及其相关产品

附录2-4　续5

洲别	国家或地区	疫病	禁止进境物名称
欧洲	阿尔巴尼亚	非洲猪瘟	猪、野猪及其相关产品
		牛结节性皮肤病	牛及其相关产品
		高致病性禽流感	禽类及其相关产品
	爱尔兰	牛海绵状脑病	牛及其相关产品（30 月龄以下剔骨牛肉除外）
		痒病	羊及其相关产品
		高致病性禽流感	禽类及其相关产品
	爱沙尼亚	非洲猪瘟	猪、野猪及其相关产品
		高致病性禽流感	禽类及其相关产品
	奥地利	牛海绵状脑病	牛及其相关产品
		痒病	羊及其相关产品
		蓝舌病	反刍动物及其相关产品
		高致病性禽流感	禽类及其相关产品
		新城疫	禽类及其相关产品
	白俄罗斯	非洲猪瘟	猪、野猪及其相关产品
	保加利亚	非洲猪瘟	猪、野猪及其相关产品
		猪瘟	猪、野猪及其相关产品
		口蹄疫	偶蹄动物及其相关产品
		痒病	羊及其相关产品
		绵羊痘和山羊痘	绵羊、山羊及其相关产品
		小反刍兽疫	牛、羊及其相关产品
		蓝舌病	反刍动物及其相关产品
		高致病性禽流感	禽类及其相关产品
		新城疫（区域化）	禽类及其相关产品（仅限克尔贾利州、维丁州）
	北马其顿	非洲猪瘟	猪、野猪及其相关产品
		蓝舌病	反刍动物及其相关产品
		新城疫（区域化）	禽类及其相关产品（仅限斯科普里大区 Skopje District）
	比利时	牛海绵状脑病	牛及其相关产品（30 月龄以下剔骨牛肉除外）
		痒病	羊及其相关产品
		蓝舌病	反刍动物及其相关产品
		施马伦贝格病	牛胚胎、羊精液、羊胚胎
		高致病性禽流感	观赏鸟、野生鸟类及其相关产品
		新城疫（区域化）	禽类及其相关产品（仅限东佛兰德省、西佛兰德省）
	冰岛	痒病	羊及其相关产品
		高致病性禽流感	禽类及其相关产品

附录2-4 续6

洲别	国家或地区	疫病	禁止进境物名称
欧洲	波黑	非洲猪瘟	猪、野猪及其相关产品
		高致病性禽流感	观赏鸟、野生鸟类及其相关产品
	波兰	非洲猪瘟	猪、野猪及其相关产品
		蓝舌病	反刍动物及其相关产品
		牛海绵状脑病	牛及其相关产品（30 月龄以下剔骨牛肉除外）
		高致病性禽流感	禽类及其相关产品
	丹麦	牛海绵状脑病	牛及其相关产品（30 月龄以下剔骨牛肉除外）
		蓝舌病	反刍动物及其相关产品
		施马伦贝格病	牛胚胎、羊精液、羊胚胎
		高致病性禽流感	禽类及其相关产品
	德国	非洲猪瘟	猪、野猪及其相关产品
		牛海绵状脑病	牛及其相关产品（30 月龄以下剔骨牛肉除外）
		痒病	羊及其相关产品
		蓝舌病	反刍动物及其相关产品
		口蹄疫	偶蹄动物及其相关产品
		施马伦贝格病	牛胚胎、羊精液、羊胚胎
		高致病性禽流感	禽类及其相关产品
	俄罗斯	非洲猪瘟（区域化）	猪、野猪及其相关产品（符合非洲猪瘟区域化管理要求的猪肉除外，具体地区以海关总署发布为准）
		口蹄疫（区域化）	偶蹄动物及其相关产品（阿尔汉格尔斯克州、弗拉基米尔州等 72 个地区除外，详见海关总署公告 2019 年第 99 号、2023 年第 132 号）
		绵羊痘和山羊痘	绵羊、山羊及其相关产品
		高致病性禽流感（区域化）	禽类及其相关产品（仅限马加丹州、萨哈林州、沃洛格达州、科米共和国）
	法国	牛海绵状脑病	牛及其相关产品（30 月龄以下剔骨牛肉除外）
		痒病	羊及其相关产品
		蓝舌病	反刍动物及其相关产品
		施马伦贝格病	牛胚胎、羊精液、羊胚胎
		高致病性禽流感（区域化）	禽类及其相关产品（仅限伊勒-维莱讷省、莫尔比昂省、菲尼斯泰尔省、新阿基坦大区朗德省、奥弗涅-罗讷-阿尔卑斯大区阿列省、诺曼底大区厄尔省、诺曼底大区卡尔瓦多斯省 ）
		新城疫（区域化）	禽类及其相关产品（仅限于莫尔比昂省）
	芬兰	牛海绵状脑病	牛及其相关产品（30 月龄以下剔骨牛肉除外）
		痒病	羊及其相关产品
		高致病性禽流感	观赏鸟、野生鸟类及其相关产品

附录2-4 续7

洲别	国家或地区	疫病	禁止进境物名称
欧洲	荷兰	牛海绵状脑病	牛及其相关产品（12月龄以下小牛肉除外）
		痒病	羊及其相关产品
		蓝舌病	反刍动物及其相关产品
		施马伦贝格病	牛胚胎、羊精液、羊胚胎
		高致病性禽流感	禽类及其相关产品
	黑山共和国	非洲猪瘟	猪、野猪及其相关产品
		牛结节性皮肤病	牛及其相关产品
		高致病性禽流感	观赏鸟、野生鸟类及其相关产品
	捷克	非洲猪瘟	猪、野猪及其相关产品
		牛海绵状脑病	牛及其相关产品（30月龄以下剔骨牛肉除外）
		痒病	羊及其相关产品
		蓝舌病	反刍动物及其相关产品
		施马伦贝格病	牛精液、牛胚胎、羊精液、羊胚胎
		高致病性禽流感	禽类及其相关产品
	克罗地亚	非洲猪瘟	猪、野猪及其相关产品
		猪瘟	猪、野猪及其相关产品
		蓝舌病	反刍动物及其相关产品
		高致病性禽流感	禽类及其相关产品
	拉脱维亚	非洲猪瘟	猪、野猪及其相关产品
	立陶宛	非洲猪瘟	猪、野猪及其相关产品
		高致病性禽流感	禽类及其相关产品
	列支敦士登	牛海绵状脑病	牛及其相关产品
		蓝舌病	反刍动物及其相关产品
	卢森堡	牛海绵状脑病	牛及其相关产品
		蓝舌病	反刍动物及其相关产品
		施马伦贝格病	牛精液、牛胚胎、羊精液、羊胚胎
		新城疫	禽类及其相关产品
	罗马尼亚	非洲猪瘟	猪、野猪及其相关产品
		牛海绵状脑病	牛及其相关产品
		痒病	羊及其相关产品
		小反刍兽疫	绵羊、山羊及其相关产品
		高致病性禽流感	禽类及其相关产品
		新城疫（区域化）	禽类及其相关产品（仅限亚雅洛米察县）
	马耳他	非洲猪瘟	猪、野猪及其相关产品

附录2-4 续8

洲别	国家或地区	疫病	禁止进境物名称
欧洲	摩尔多瓦	非洲猪瘟	猪、野猪及其相关产品
		高致病性禽流感	禽类及其相关产品
	挪威	牛海绵状脑病	牛及其相关产品
		痒病	羊及其相关产品
		蓝舌病	反刍动物及其相关产品
		高致病性禽流感	禽类及其相关产品
	葡萄牙	牛海绵状脑病	牛及其相关产品
		痒病	羊及其相关产品
		蓝舌病	反刍动物及其相关产品
		高致病性禽流感	禽类及其相关产品
		低致病性禽流感（区域化）	禽类及其相关产品（仅限阿连特茹省）
		新城疫（区域化）	禽类及其相关产品（仅限科英布拉区）
	瑞典	非洲猪瘟	猪、野猪及其相关产品
		牛海绵状脑病	牛及其相关产品
		痒病	羊及其相关产品
		蓝舌病	反刍动物及其相关产品
		施马伦贝格病	牛胚胎、羊精液、羊胚胎
		高致病性禽流感	禽类及其相关产品
		新城疫（区域化）	禽类及其相关产品（仅限哥特兰省、东约特兰省）
	瑞士	牛海绵状脑病	牛及其相关产品
		痒病	羊及其相关产品
		蓝舌病	反刍动物及其相关产品
		施马伦贝格病	牛精液、牛胚胎、羊精液、羊胚胎
		高致病性禽流感	观赏鸟、野生鸟类及其相关产品
	塞尔维亚	非洲猪瘟	猪、野猪及其相关产品
		牛结节性皮肤病	牛及其相关产品
		高致病性禽流感	观赏鸟、野生鸟类及其相关产品
	塞浦路斯	口蹄疫	偶蹄动物及其相关产品
		痒病	羊及其相关产品
		蓝舌病	反刍动物及其相关产品
		高致病性禽流感	观赏鸟、野生鸟类及其相关产品
	斯洛伐克	非洲猪瘟	猪、野猪及其相关产品
		猪瘟	猪、野猪及其相关产品
		牛海绵状脑病	牛及其相关产品（30月龄以下剔骨牛肉除外）
		高致病性禽流感	禽类及其相关产品

附录2-4　续9

洲别	国家或地区	疫病	禁止进境物名称
欧洲	斯洛文尼亚	牛海绵状脑病	牛及其相关产品
		蓝舌病	反刍动物及其相关产品
		高致病性禽流感	禽类及其相关产品
	乌克兰	非洲猪瘟	猪、野猪及其相关产品
	西班牙	牛海绵状脑病	牛及其相关产品（30月龄以下剔骨牛肉除外）
		绵羊痘和山羊痘	绵羊、山羊及其相关产品
		蓝舌病	反刍动物及其相关产品
		施马伦贝格病	牛精液、牛胚胎、羊精液、羊胚胎
	希腊	非洲猪瘟	猪、野猪及其相关产品
		蓝舌病	反刍动物及其相关产品
		绵羊痘和山羊痘	绵羊、山羊及其相关产品
		小反刍兽疫	绵羊、山羊及其相关产品
		牛结节性皮肤病	牛及其相关产品
		高致病性禽流感	观赏鸟、野生鸟类及其相关产品
	匈牙利	非洲猪瘟	猪、野猪及其相关产品
		小反刍兽疫	绵羊、山羊及其相关产品
		高致病性禽流感	禽类及其相关产品
	意大利	非洲猪瘟	猪、野猪及其相关产品
		牛海绵状脑病	牛及其相关产品（30月龄以下剔骨牛肉除外）
		蓝舌病	反刍动物及其相关产品
		施马伦贝格病	牛胚胎、羊精液、羊胚胎
		高致病性禽流感	禽类及其相关产品
		新城疫（区域化）	禽类及其相关产品（仅限托斯卡纳大区）
	英国	牛海绵状脑病	牛及其相关产品
		痒病	羊及其相关产品
		蓝舌病	反刍动物及其相关产品
		施马伦贝格病	牛胚胎、羊精液、羊胚胎
		高致病性禽流感	禽类及其相关产品
		低致病性禽流感（区域化）	禽类及其相关产品（仅限诺福克郡和汉普郡）
	所有欧盟国家	牛海绵状脑病	反刍动物源性饲料

附录2-4 续10

洲别	国家或地区	疫病	禁止进境物名称
非洲	阿尔及利亚	口蹄疫	偶蹄动物及其相关产品
		小反刍兽疫	绵羊、山羊及其相关产品
		高致病性禽流感	禽类及其相关产品
	埃及	口蹄疫	偶蹄动物及其相关产品
		小反刍兽疫	绵羊、山羊及其相关产品
		高致病性禽流感	禽类及其相关产品
	埃塞俄比亚	非洲马瘟	马属动物及其相关产品
	贝宁	高致病性禽流感	禽类及其相关产品
	博茨瓦纳	非洲猪瘟	猪、野猪及其相关产品
		口蹄疫（区域化）	牛及其相关产品（部分地区除外，详见海关总署 农业农村部公告 2020 年第 27 号及 2022 年第 90 号）
		高致病性禽流感	禽类及其相关产品
	布基纳法索	高致病性禽流感	禽类及其相关产品
	多哥	高致病性禽流感	禽类及其相关产品
		猴疱疹病毒（猴 B 病毒）	灵长类动物
	厄立特里亚	非洲马瘟	马属动物及其相关产品
		绵羊痘和山羊痘	绵羊、山羊及其相关产品
		新城疫	禽类及其相关产品
	冈比亚	非洲马瘟	马属动物及其相关产品
	刚果（金）	埃博拉出血热	猴子、猩猩等灵长类动物
		小反刍兽疫	绵羊、山羊及其相关产品
		牛传染性胸膜肺炎	牛及其相关产品
		口蹄疫	偶蹄动物及其相关产品
		新城疫	禽类及其相关产品
	吉布提	牛结节性皮肤病	牛及其相关产品
		高致病性禽流感	禽类及其相关产品
	几内亚	口蹄疫	偶蹄动物及其相关产品
		高致病性禽流感	禽类及其相关产品
		埃博拉出血热	猴子、猩猩等灵长类动物

附录2-4　续11

洲别	国家或地区	疫病	禁止进境物名称
非洲	加纳	非洲猪瘟	猪、野猪及其相关产品
		口蹄疫	偶蹄动物及其相关产品
		小反刍兽疫	绵羊、山羊及其相关产品
		牛传染性胸膜肺炎	牛及其相关产品
		绵羊痘和山羊痘	绵羊、山羊及其相关产品
		痒病	羊及其相关产品
		非洲马瘟	马属动物及其相关产品
		高致病性禽流感	禽类及其相关产品
	加蓬	小反刍兽疫	绵羊、山羊及其相关产品
		高致病性禽流感	禽类及其相关产品
	津巴布韦	口蹄疫	偶蹄动物及其相关产品
		非洲马瘟	马属动物及其相关产品
		高致病性禽流感	禽类及其相关产品
	喀麦隆	非洲马瘟	马属动物及其相关产品
		高致病性禽流感	禽类及其相关产品
	科摩罗	口蹄疫	偶蹄动物及其相关产品
	科特迪瓦	高致病性禽流感	禽类及其相关产品
	肯尼亚	非洲马瘟	马属动物及其相关产品
	莱索托	高致病性禽流感	禽类及其相关产品
	利比亚	口蹄疫	偶蹄动物及其相关产品
		蓝舌病	反刍动物及其相关产品
		绵羊痘和山羊痘	绵羊、山羊及其相关产品
	卢旺达	口蹄疫	偶蹄动物及其相关产品
		小反刍兽疫	绵羊、山羊及其相关产品
	马达加斯加	非洲猪瘟	猪、野猪及其相关产品
		新城疫	禽类及其相关产品
	马拉维	口蹄疫	偶蹄动物及其相关产品
	马里	高致病性禽流感	禽类及其相关产品
	毛里求斯	口蹄疫	偶蹄动物及其相关产品
	摩洛哥	口蹄疫	偶蹄动物及其相关产品
		小反刍兽疫	绵羊、山羊及其相关产品
	莫桑比克	口蹄疫	偶蹄动物及其相关产品
		高致病性禽流感	禽类及其相关产品

附录2-4 续12

洲别	国家或地区	疫病	禁止进境物名称
非洲	纳米比亚	口蹄疫（区域化）	偶蹄动物及其相关产品［纳米比亚兽医警戒围栏（Veterinary Cordon Fence，VCF）以南地区，包括 Otjozondjupa、Omaheke、Khomas、Erongo、Hardap、Karas 等 6 个省，以及 Kunene 和 Oshikoto 省获得 WOAH 认可的南部地区除外］
		牛传染性胸膜肺炎（区域化）	牛及其相关产品［纳米比亚兽医警戒围栏（Veterinary Cordon Fence，VCF）以南地区除外］
		非洲马瘟	马属动物及其相关产品
		牛结节性皮肤病	牛及其相关产品
	南非	口蹄疫（区域化）	偶蹄动物及其相关产品［林波波省（Limpopo）Sekhukhune、Waterberg 地区，自由省（Free State）Xhariep、Mangaung 地区，豪登省（Gauteng）City of Johannesburg、West Rand、Ekurhuleni、Sedibeng 地区，普马兰加省（Mpumalanga）Nkangala、Gert Sibande 地区，西北省（North West）Bonjanala、Ngaka Modiri Molema、Dr Ruth Segomotsi Mompati 地区，北开普省（Northern Cape），西开普省（Western Cape）除外；符合 WOAH 口蹄疫病毒灭活技术要求和中国相关法律法规规定的羊毛和偶蹄动物皮张除外］
		痒病	羊及其相关产品
		非洲马瘟	马属动物及其相关产品
		牛结节性皮肤病	牛及其相关产品（带骨和剔骨牛肉除外）
		高致病性禽流感	禽类及其相关产品
	尼日尔	高致病性禽流感	禽类及其相关产品
	尼日利亚	非洲猪瘟	猪、野猪及其相关产品
		非洲马瘟	马属动物及其相关产品
		小反刍兽疫	绵羊、山羊及其相关产品
		绵羊痘和山羊痘	绵羊、山羊及其相关产品
		口蹄疫	偶蹄动物及其相关产品
		高致病性禽流感	禽类及其相关产品
	塞内加尔	非洲猪瘟	猪、野猪及其相关产品
		非洲马瘟	马属动物及其相关产品
		高致病性禽流感	禽类及其相关产品

附录2-4　续13

洲别	国家或地区	疫病	禁止进境物名称
非洲	坦桑尼亚	口蹄疫	偶蹄动物及其相关产品
		绵羊痘和山羊痘	绵羊、山羊及其相关产品
		非洲马瘟	马属动物及其相关产品
		牛传染性胸膜肺炎	牛及其相关产品
		新城疫（区域化）	禽类及其相关产品［仅限达累斯萨拉姆区（Dar es Salaam）、伊林加区（Iringa）、乞力马扎罗区（Kilimanjaro）、马腊区（Mara）、姆贝亚区（Mbeya）、莫洛戈罗区（Morogoro）、鲁伍马区（Ruvuma）、欣延加区（Shinyanga）、辛吉达区（Singida）、坦噶区（Tanga）］
	斯威士兰	非洲马瘟	马属动物及其相关产品
	苏丹	高致病性禽流感	禽类及其相关产品
		猴疱疹病毒（猴B病毒）	灵长类动物
	突尼斯	口蹄疫	偶蹄动物及其相关产品
		痒病	羊及其相关产品
	乌干达	高致病性禽流感	观赏鸟、野生鸟类及其相关产品
	赞比亚	口蹄疫	偶蹄动物及其相关产品
		牛传染性胸膜肺炎	牛及其相关产品
	乍得	非洲马瘟	马属动物及其相关产品
	索马里	口蹄疫	偶蹄动物及其相关产品
		小反刍兽疫	绵羊、山羊及其相关产品
		绵羊痘和山羊痘	绵羊、山羊及其相关产品
		牛传染性胸膜肺炎	牛及其相关产品
	整个非洲	非洲猪瘟	猪、野猪及其相关产品
美洲	阿根廷	口蹄疫（区域化）	偶蹄动物及其相关产品［阿根廷南纬42度以南地区、北帕塔贡尼雅B地区、里奥内格罗省以北地区（不包括北部长度约2200公里，宽度为15公里的边境区域）除外，详见原农业部 质检总局联合公告2007年第935号］
		高致病性禽流感	禽类及其相关产品
	巴拉圭	口蹄疫	偶蹄动物及其相关产品

附录2-4 续14

洲别	国家或地区	疫病	禁止进境物名称
美洲	巴西	牛海绵状脑病	牛及其相关产品（30月龄以下剔骨牛肉除外）
		口蹄疫（区域化）	偶蹄动物及其相关产品［Santa Catarina 州，Acre 州，Bahia 州（不包括设定的缓冲区和监测区），Espírito Santo 州，Goiás 州，联邦区（Distrito Federal），Minas Gerais 州，Mato Grosso 州，Mato Grosso do Sul 州（不包括设定的缓冲区和监测区），Paraná 州，Rondônia 州（不包括设定的缓冲区和监测区），Rio Grande doSul 州，Rio de Janeiro 州，Sergipe 州，São Paulo 州，Tocantins 州（不包括设定的缓冲区和监测区）和 Pará 州获得 WOAH 认可的中南部地区除外］
		痒病	羊及其相关产品
		新城疫（区域化）	禽类及其相关产品［仅限南里奥格朗德州（Rio Grande do Sul）］
	玻利维亚	高致病性禽流感	禽类及其相关产品
		新城疫（区域化）	禽类及其相关产品（仅限拉巴斯省）
	多米尼加	非洲猪瘟	猪、野猪及其相关产品
		低致病性禽流感（区域化）	禽类及其相关产品（仅限普拉塔岗省）
	厄瓜多尔	口蹄疫	偶蹄动物及其相关产品
		猪瘟	猪、野猪及其相关产品
		高致病性禽流感	禽类及其相关产品
	哥伦比亚	猪瘟（区域化）	猪、野猪及其相关产品（哥伦比亚中西部地区和中东部地区除外，详见海关总署 农业农村部联合公告 2023 年第 8 号）
		口蹄疫（区域化）	偶蹄动物及其相关产品［哥伦比亚乔科省西北区、圣安德列斯—普罗维登西亚群岛、第三区（贸易区）、第四区（其他地区）除外，详见海关总署 农业农村部联合公告 2023 年第 8 号］
		痒病	羊及其相关产品
	海地	非洲猪瘟	猪、野猪及其相关产品
	加拿大	牛海绵状脑病	牛及其相关产品（30 月龄以下牛肉除外）
		痒病	羊及其相关产品
		蓝舌病（区域化）	牛、来自屠宰场的牛体外受精胚胎、羊、羊精液、羊胚胎（限奥拉山谷内；其周围 25 公里地区可在 10 月 1 日至翌年 4 月 1 日间出口）
		鹿流行性出血热（区域化）	牛、来自屠宰场的牛体外受精胚胎、羊、羊精液、羊胚胎（限奥拉山谷内；其周围 25 公里地区可在 10 月 1 日至翌年 4 月 1 日间出口）
		高致病性禽流感	禽类及其相关产品
		低致病性禽流感（区域化）	禽类及其相关产品（仅限魁北克省、不列颠哥伦比亚省、曼尼托巴省）

附录2-4　续15

洲别	国家或地区	疫病	禁止进境物名称
美洲	美国	牛海绵状脑病	牛及其相关产品（剔骨和带骨牛肉、含反刍动物成分宠物食品除外）
		痒病	羊及其相关产品
		兔病毒性出血症（区域化）	兔及其相关产品（仅限纽约州、艾奥瓦州、犹他州、伊利诺伊州）
	秘鲁	高致病性禽流感	禽类及其相关产品
	墨西哥	高致病性禽流感	禽类及其相关产品
		新城疫	禽类及其相关产品
	委内瑞拉	口蹄疫	偶蹄动物及其相关产品
	波多黎各（美属）	高致病性禽流感	禽类及其相关产品
大洋洲	澳大利亚	高致病性禽流感	禽类及其相关产品
		低致病性禽流感（区域化）	禽类及其相关产品（仅限维多利亚州）
		新城疫（区域化）	禽类及其相关产品（维多利亚州除外）
	巴布亚新几内亚	非洲猪瘟	猪、野猪及其相关产品
	新西兰	高致病性禽流感	禽类及其相关产品

说明：

1. 本表所列相关产品，均指源于相关动物未经加工或者虽经加工但仍有可能传播疫病的相关产品。

2. 本表所列牛海绵状脑病禁令涉及商品均不包括符合相关检疫要求的牛皮、牛奶及奶制品、牛精液、牛胚胎、无蛋白油脂及其相关产品、骨制磷酸氢钙（不含蛋白或油脂）、完全由皮革或皮张加工的工业用明胶和胶原、照相用明胶、非反刍动物源性饲料及相关产品（出口国家或地区禁止使用的除外）、牛血液制品（收集前供体牛没有接受过向颅腔中注射压缩空气和气体或脊髓刺毁）。

3. 本表所列蓝舌病疫病禁令涉及商品均不包括符合相关检疫要求的动物皮毛。

4. 本表所列牛结节性皮肤病禁令涉及商品均不包括符合相关检疫要求的牛骨骼肌。

5. 本表所列高致病性禽流感、低致病性禽流感、新城疫禁令涉及商品均不包括符合相关检疫要求的水洗羽绒羽毛。

6. 本表所列痒病禁令涉及商品均包括羊、羊胚胎、羊精液、羊内脏（含肠衣，但不包括痒病发病地点周围半径 50 公里以外地区的肠衣）及其制品、肉骨粉、骨粉、羊脂（油）以及含羊蛋白的动物饲料。

7. 本表所列施马伦贝格病禁令均禁止直接或间接输入 2011 年 6 月 1 日后生产的涉及商品。

8. 本表根据发布的禁令公告、风险警示通告及双边议定书等文件整理而成，将根据实际情况适时调整。本表仅作为工作参考，有关工作要求以发布的文件为准。

9. 更新内容依据（2018 年 6 月 26 日起）：

2018 年 6 月 26 日 海关总署 农业农村部公告 2018 年第 66 号（关于解除英国 30 月龄以下剔骨牛肉禁令的公告）

2018 年 7 月 2 日 海关总署 农业农村部公告 2018 年第 86 号（关于解除德国禽流感疫情禁令的公告）

2018 年 7 月 26 日 海关总署 农业农村部公告 2018 年第 99 号（关于防止保加利亚小反刍兽疫传入我国的公告）

2018 年 8 月 10 日 海关总署 农业农村部公告 2018 年第 105 号（关于防止比利时部分地区新城疫传入我国的公告）

2018 年 8 月 14 日 海关总署办公厅关于进一步加强非洲猪瘟防控工作的通知（署办动植函 23 号）

2018 年 8 月 31 日 海关总署 农业农村部公告 2018 年第 114 号（关于解除捷克 30 月龄以下剔骨牛肉禁令的公告）

2018 年 9 月 28 日 海关总署 农业农村部公告 2018 年第 123 号（关于防止日本古典猪瘟疫情传入我国的公告）

2018 年 9 月 28 日 海关总署 农业农村部公告 2018 年第 126 号（关于防止保加利亚非洲猪瘟传入我国的公告）

2018 年 9 月 29 日 海关总署 农业农村部公告 2018 年第 124 号（关于防止比利时非洲猪瘟传入我国的公告）

2018 年 10 月 15 日 海关总署 农业农村部公告 2018 年第 133 号（关于防止摩尔多瓦非洲猪瘟传入我国的公告）

2018 年 10 月 22 日 海关总署 农业农村部公告 2018 年第 139 号（关于解除玻利维亚口蹄疫禁令的公告）

2018 年 10 月 30 日 海关总署 农业农村部公告 2018 年第 158 号（关于防止哥伦比亚口蹄疫传入我国的公告）

2019 年 1 月 28 日 海关总署 农业农村部公告 2019 年第 24 号（关于解除蒙古国部分地区口蹄疫疫情禁令的公告）

2019 年 1 月 29 日 海关总署 农业农村部公告 2019 年第 25 号（关于防止蒙古国非洲猪瘟传入我国的公告）

2019 年 1 月 30 日 海关总署公告 2019 年第 23 号（关于解除哈萨克斯坦牛结节性皮肤病风险警示的公告）

2019 年 2 月 21 日 海关总署 农业农村部公告 2019 年第 34 号（关于防止南非口蹄疫传入我国的公告）

2019 年 3 月 6 日 海关总署 农业农村部公告 2019 年第 42 号（关于防止越南非洲猪瘟传入我国的公告）

2019 年 3 月 27 日 海关总署 农业农村部公告 2019 年第 55 号（关于解除法国禽流感疫情禁令的公告）

2019 年 3 月 27 日 海关总署公告 2019 年第 59 号（关于解除蒙古国部分地区小反刍兽疫风险警示的公告）

2019 年 4 月 26 日 海关总署 农业农村部公告 2019 年第 42 号（关于防止柬埔寨非洲猪瘟传入我国的公告）

2019 年 5 月 8 日 海关总署 农业农村部公告 2019 年第 82 号（关于防止斯威士兰非洲马瘟传入我国的公告）

2019 年 5 月 8 日 海关总署 农业农村部公告 2019 年第 83 号（关于防止乍得非洲马瘟传入我国的公告）

2019 年 5 月 8 日 海关总署 农业农村部公告 2019 年第 86 号（关于解除南非动物皮张和羊毛口蹄疫禁令限制的公告）

2019 年 5 月 24 日 海关总署 农业农村部公告 2019 年第 97 号（关于防止哈萨克斯坦绵羊痘和山羊痘传入我国的公告）

2019 年 5 月 30 日 海关总署公告 2019 年第 99 号（关于解除俄罗斯部分地区口蹄疫风险警示的公告）

2019 年 6 月 12 日 海关总署 农业农村部公告 2019 年第 100 号（关于防止朝鲜非洲猪瘟传入我国的公告）

2019 年 6 月 21 日 海关总署 农业农村部公告 2019 年第 117 号（关于防止老挝非洲猪瘟传入我国的公告）

2019 年 7 月 23 日 海关总署 农业农村部公告 2019 年第 122 号（关于解除南非部分区域口蹄疫禁令的公告）

2019 年 8 月 6 日 海关总署 农业农村部公告 2019 年 130 号（关于防止斯洛伐克非洲猪瘟传入我国的公告）

2019 年 8 月 23 日 海关总署 农业农村部公告 2019 年 137 号（关于防止塞尔维亚非洲猪瘟传入我国的公告）

2019 年 8 月 26 日 海关总署 农业农村部公告 2019 年 138 号（关于防止缅甸非洲猪瘟传入我国的公告）

2019 年 9 月 18 日 海关总署 农业农村部公告 2019 年 149 号（关于防止菲律宾、韩国非洲猪瘟传入我国的公告）

2019 年 10 月 12 日 海关总署 农业农村部公告 2019 年 154 号（关于防止东帝汶非洲猪瘟传入我国的公告）

2019 年 12 月 6 日 海关总署 农业农村部公告 2019 年第 192 号（关于防止印度牛结节性皮肤病传入我国的公告）

2019 年 12 月 22 日 海关总署 农业农村部公告 2019 年第 200 号（关于解除日本口蹄疫禁令的公告）

2019 年 12 月 22 日 海关总署 农业农村部公告 2019 年第 202 号（关于解除日本疯牛病禁令的公告）

2019 年 12 月 26 日 海关总署 农业农村部公告 2019 年第 224 号（关于防止印度尼西亚非洲猪瘟传入我国的公告）

2020 年 1 月 17 日 海关总署 农业农村部公告 2020 年第 26 号（关于解除博茨瓦纳传染性胸膜肺炎禁令的公告）

2020 年 1 月 17 日 海关总署 农业农村部公告 2020 年第 27 号（关于解除博茨瓦纳部分地区口蹄疫禁令的公告）

2020 年 1 月 17 日 海关总署 农业农村部公告 2020 年第 28 号（关于防止希腊非洲猪瘟传入我国的公告）

2020 年 1 月 21 日 海关总署 农业农村部公告 2020 年第 11 号（关于防止波兰高致病性禽流感传入我国的公告）

2020 年 2 月 14 日 海关总署 农业农村部公告 2020 年第 25 号（关于解除美国禽类和禽类产品进口限制的公告）

2020 年 2 月 21 日 海关总署 农业农村部公告 2020 年第 31 号（关于防止斯洛伐克、匈牙利、德国和乌克兰高致病性禽流感传入我国的公告）

2020 年 2 月 19 日 海关总署 农业农村部公告 2020 年第 30 号（关于解除美国含反刍动物成分宠物食品进口限制的公告）

2020 年 2 月 19 日 海关总署 农业农村部公告 2020 年第 34 号（关于解除进口美国牛肉及牛肉产品月龄限制的公告）

2020 年 3 月 17 日 海关总署 农业农村部公告 2020 年第 41 号（关于防止孟加拉国牛结节性皮肤病传入我国的公告）

2020 年 3 月 27 日 海关总署 农业农村部公告 2020 年第 47 号（关于防止菲律宾高致病性禽流感传入我国的公告）

2020 年 4 月 1 日 海关总署 农业农村部公告 2020 年第 48 号（关于防止泰国非洲马瘟传入我国的公告）

2020 年 4 月 3 日 海关总署 农业农村部公告 2020 年第 51 号（关于防止巴布亚新几内亚非洲猪瘟传入我国的公告）

2020 年 4 月 27 日 海关总署 农业农村部公告 2020 年第 61 号（关于防止北马其顿新城疫传入我国的公告）

2020 年 5 月 27 日 海关总署 农业农村部公告 2020 年第 71 号（关于防止印度非洲猪瘟传入我国的公告）

2020 年 7 月 6 日 海关总署 农业农村部公告 2020 年第 82 号（关于防止以色列绵羊痘和山羊痘传入我国的公告）

2020 年 7 月 3 日 海关总署 农业农村部公告 2020 年第 83 号（关于防止卢旺达口蹄疫传入我国的公告）

2020 年 7 月 10 日 海关总署 农业农村部公告 2020 年第 85 号（关于防止葡萄牙痒病 传入我国的公告）

2020 年 7 月 28 日 海关总署 农业农村部公告 2020 年第 88 号（关于防止保加利亚新城疫传入我国的公告）

2020 年 8 月 20 日 海关总署 农业农村部公告 2020 年第 96 号（关于防止莫桑比克口蹄疫传入我国的公告）

2020 年 9 月 11 日 海关总署 农业农村部公告 2020 年第 104 号（关于防止德国非洲猪瘟传入我国的公告）

2020 年 9 月 11 日 海关总署 农业农村部公告 2020 年第 105 号（关于防止马来西亚非洲马瘟传入我国的公告）

2020 年 12 月 8 日 海关总署 农业农村部公告 2020 年第 125 号（关于防止比利时高致病性禽流感传入我国的公告）

2020 年 12 月 25 日 海关总署 农业农村部公告 2020 年第 131 号（关于防止爱尔兰高致病性禽流感传入我国的公告）

2021 年 1 月 6 日 海关总署 农业农村部公告 2021 年第 2 号（关于防止法国高致病性禽流感传入我国的公告）

2021 年 1 月 19 日 海关总署 农业农村部公告 2021 年第 6 号（关于防止塞内加尔高致病性禽流感传入我国的公告）

2021 年 1 月 20 日 海关总署 农业农村部公告 2021 年第 7 号（关于解除老挝部分地区口蹄疫疫情禁令的公告）

2021 年 1 月 25 日 海关总署 农业农村部公告 2021 年第 10 号（关于防止立陶宛高致病性禽流感传入我国的公告）

2021 年 1 月 25 日《海关总署办公厅 农业农村部办公厅关于防止不丹绵羊痘和山羊痘传入我国的通知》（署办动植函〔2021〕2 号）

2021 年 1 月 28 日 海关总署 农业农村部公告 2021 年第 12 号（关于防止斯里兰卡牛结节性皮肤病传入我国的公告）

2021 年 2 月 19 日《海关总署办公厅 农业农村部办公厅关于防止泰国小反刍兽疫传入我国的通知》（署办动植函〔2021〕4 号）

2021 年 2 月 20 日 海关总署 农业农村部公告 2021 年第 15 号（关于防止阿尔及利亚高致病性禽流感传入我国的公告）

2021 年 2 月 26 日 海关总署 农业农村部公告 2021 年第 19 号（关于防止芬兰高致病性禽流感传入我国的公告）

2021 年 3 月 1 日 海关总署 农业农村部公告 2021 年第 20 号（关于防止爱沙尼亚高致病性禽流感传入我国的公告）

2021 年 3 月 8 日 海关总署 农业农村部公告 2021 年第 24 号（关于防止马来西亚非洲猪瘟传入我国的公告）

2021 年 4 月 2 日《海关总署办公厅 农业农村部办公厅关于防止阿尔及利亚小反刍兽疫传入我国的通知》（署办动植函〔2021〕7 号）

2021 年 4 月 6 日 海关总署 农业农村部公告 2021 年第 29 号（关于防止毛里求斯口蹄疫传入我国的公告）

2021 年 4 月 19 日 海关总署 农业农村部公告 2021 年第 32 号（关于防止玻利维亚新城疫传入我国的公告）

2021 年 4 月 19 日《海关总署办公厅 农业农村部办公厅关于防止泰国牛结节性皮肤病传入我国的通知》（署办动植函〔2021〕8 号）

2021 年 4 月 26 日 海关总署 农业农村部公告 2021 年第 35 号（关于防止马里高致病性禽流感传入我国的公告）

2021 年 6 月 9 日 海关总署 农业农村部公告 2021 年第 40 号（关于防止莱索托高致病性禽流感传入我国的公告）

2021 年 6 月 9 日《海关总署办公厅 农业农村部办公厅关于防止不丹非洲猪瘟传入我国的通知》（署办动植函〔2021〕11 号）

2021 年 6 月 25 日 海关总署 农业农村部公告 2021 年第 48 号（关于防止柬埔寨牛结节性皮肤病传入我国的公告）

2021 年 7 月 7 日《海关总署办公厅 农业农村部办公厅关于防止马来西亚牛结节性皮肤病传入我国的通知》（署办动植函〔2021〕16 号）

2021 年 7 月 15 日 海关总署 农业农村部公告 2021 年第 58 号（关于防止老挝牛结节性皮肤病传入我国的公告）

2021 年 7 月 16 日《海关总署办公厅 农业农村部办公厅关于防止不丹猪瘟传入我国的通知》（署办动植函〔2021〕17 号）

2021 年 8 月 18 日 海关总署 农业农村部公告 2021 年第 63 号（关于防止多米尼加非洲猪瘟传入我国的公告）

2021 年 9 月 1 日 海关总署 农业农村部公告 2021 年第 67 号（关于防止贝宁高致病性禽流感传入我国的公告）

2021 年 9 月 14 日 海关总署 农业农村部公告 2021 年第 71 号（关于防止博茨瓦纳高致病性禽流感传入我国的公告）

2021 年 9 月 26 日海关总署 农业农村部公告 2021 年第 75 号（关于防止蒙古牛结节性皮肤病传入我国的公告）

2021 年 9 月 29 日 海关总署 农业农村部公告 2021 年第 76 号（关于防止海地非洲猪瘟传入我国的公告）

2021 年 9 月 29 日 海关总署 农业农村部公告 2021 年第 77 号（关于禁止英国 30 月龄以下剔骨牛肉进口的公告）

2021 年 10 月 22 日《 海关总署办公厅 农业农村部办公厅关于防止摩洛哥小反刍兽疫传入我国的通知》（署办动植函〔2021〕22 号）

2021 年 10 月 22 日《海关总署办公厅 农业农村部办公厅关于防止纳米比亚牛传染性胸膜肺炎传入我国的通知》（署办动植函〔2021〕23 号）

2021 年 11 月 24 日 海关总署 农业农村部公告 2021 年第 99 号（关于防止挪威高致病性禽流感传入我国的公告）

2021年12月16日 海关总署 农业农村部公告2021年第109号（关于防止蒙古国西部5省口蹄疫传入我国的公告）

2022年1月12日 海关总署 农业农村部公告2022年第4号（关于防止斯洛文尼亚高致病性禽流感传入我国的公告）

2022年1月12日 海关总署 农业农村部公告2022年第5号（关于防止巴勒斯坦口蹄疫传入我国的公告）

2022年1月24日 海关总署 农业农村部公告2022年第9号（关于防止意大利、北马其顿非洲猪瘟传入我国的公告）

2022年1月26日 海关总署 农业农村部公告2022年第11号（关于防止泰国非洲猪瘟传入我国的公告）

2022年1月30日 海关总署 农业农村部公告2022年第15号（关于防止西班牙、摩尔多瓦亚高致病性禽流感传入我国的公告）

2022年2月21日 海关总署 农业农村部公告2022年第20号（关于防止加拿大高致病性禽流感传入我国的公告）

2022年2月25日《海关总署办公厅 农业农村部办公厅关于防止哈萨克斯坦口蹄疫传入我国的通知》（署办动植函〔2022〕4号）

2022年4月1日 海关总署 农业农村部公告2022年第30号（关于防止南非口蹄疫传入我国的公告）

2022年4月29日 海关总署 农业农村部公告2022年第37号（关于解除老挝牛结节性皮肤病疫情禁令的公告）

2022年4月29日 海关总署 农业农村部公告2022年第38号（关于防止蒙古绵羊痘和山羊痘传入我国的公告）

2022年5月20日 海关总署 农业农村部公告2022年第44号（关于防止印度尼西亚口蹄疫传入我国的公告）

2022年5月27日 海关总署 农业农村部公告2022年第46号（关于防止尼泊尔非洲猪瘟传入我国的公告）

2022年6月2日 海关总署 农业农村部公告2022年第48号（关于防止加蓬高致病性禽流感传入我国的公告）

2022年6月15日 海关总署 农业农村部公告2022年第50号（关于防止几内亚高致病性禽流感传入我国的公告）

2022年8月3日 海关总署 农业农村部公告2022年第71号（关于解除蒙古国部分地区绵羊痘和山羊痘疫情禁令的公告）

2022年8月19日 海关总署 农业农村部公告2022年第76号（关于解除南非羊毛和偶蹄动物皮张口蹄疫限制的公告）

2022年9月21日 海关总署 农业农村部公告2022年第90号（关于取消博茨瓦纳部分地区口蹄疫非免疫无疫区地位的公告）

2022年9月30日 海关总署 农业农村部公告2022年第93号（关于防止西班牙绵羊痘和山羊痘传入我国的公告）

2022年10月27日 海关总署 农业农村部公告2022年第103号（关于防止葡萄牙高致病性禽流感传入我国的公告）

2022年11月11日 海关总署 农业农村部公告2022年第109号（关于防止赞比亚牛传染性胸膜肺炎传入我国的公告）

2022年12月21日 海关总署 农业农村部公告2022年第130号（关于防止厄瓜多尔高致病性禽流感传入我国的公告）

2022年12月22日 海关总署 农业农村部公告2022年第128号（关于防止塞浦路斯蓝舌病传入我国的公告）

2023年1月10日 海关总署 农业农村部公告2023年第4号（关于防止尼日利亚非洲马瘟传入我国的公告）

2023年2月2日 海关总署 农业农村部公告2023年第8号（关于解除哥伦比亚部分地区古典猪瘟和口蹄疫疫情禁令的公告）

2023年2月9日 海关总署 农业农村部公告2023年第9号（关于防止伊拉克口蹄疫传入我国的公告）

2023年2月9日 海关总署 农业农村部公告2023年第10号（关于防止阿塞拜疆绵羊痘和山羊痘传入我国的公告）

2023年2月17日 海关总署 农业农村部公告2023年第13号（关于防止秘鲁、玻利维亚和土耳其高致病性禽流感传入我国的公告）

2023年2月24日 海关总署 农业农村部公告2023年第19号（关于防止新加坡非洲猪瘟传入我国的公告）

2023年3月7日 海关总署 农业农村部公告2023年第23号（关于防止厄立特里亚等国家非洲马瘟传入我国的公告）

2023年3月13日 海关总署 农业农村部公告2023年第22号（关于防止阿根廷高致病性禽流感传入我国的公告）

2023年3月30日 海关总署 农业农村部公告2023年第26号（关于防止智利高致病性禽流感传入我国的公告）

2023年4月6日 海关总署 农业农村部公告2023年第30号（关于防止利比亚口蹄疫传入我国的公告）

2023年5月16日 海关总署 农业农村部公告2023年第52号（关于防止科摩罗口蹄疫传入我国的公告）

2023年6月15日 海关总署 农业农村部公告2023年第70号（关于解除波兰30月龄以下剔骨牛肉禁令的公告）

2023 年 6 月 15 日 海关总署 农业农村部公告 2023 年第 71 号（关于解除比利时 30 月龄以下剔骨牛肉禁令的公告）

2023 年 6 月 15 日 海关总署 农业农村部公告 2023 年第 72 号（关于解除意大利其他地区猪水泡病疫情禁令的公告）

2023 年 7 月 6 日 海关总署 农业农村部公告 2023 年第 84 号（关于防止克罗地亚非洲猪瘟传入我国的公告）

2023 年 7 月 6 日 海关总署 农业农村部公告 2023 年第 85 号（关于防止波斯尼亚和黑塞哥维那非洲猪瘟传入我国的公告）

2023 年 7 月 14 日 海关总署 农业农村部公告 2023 年第 91 号（关于解除缅甸部分地区口蹄疫疫情的公告）

2023 年 8 月 17 日 海关总署 农业农村部公告 2023 年第 99 号（关于解除南非部分地区口蹄疫禁令的公告）

2023 年 8 月 21 日 海关总署 农业农村部公告 2023 年第 101 号（关于解除俄罗斯牛结节性皮肤病疫情禁令的公告）

2023 年 9 月 2 日 海关总署 农业农村部公告 2023 年第 113 号（关于防止阿曼口蹄疫传入我国的公告）

2023 年 9 月 15 日 海关总署 农业农村部公告 2023 年第 116 号（关于解除芬兰 30 月龄以下剔骨牛肉禁令的公告）

2023 年 9 月 20 日 海关总署 农业农村部公告 2023 年第 121 号（关于防止瑞典非洲猪瘟传入我国的公告）

2023 年 9 月 28 日 海关总署 农业农村部公告 2023 年第 123 号（关于解除俄罗斯符合检疫要求猪肉输华限制的公告）

2023 年 9 月 27 日 海关总署 农业农村部公告 2023 年第 124 号（关于防止保加利亚绵羊痘和山羊痘传入我国的公告）

2023 年 9 月 28 日 海关总署公告 2023 年第 125 号（关于解除马来西亚高致病性禽流感风险警示的公告）

2023 年 10 月 13 日 海关总署 农业农村部公告 2023 年第 132 号（关于解除俄罗斯部分区域口蹄疫禁令的公告）

2023 年 10 月 24 日 海关总署 农业农村部公告 2023 年第 139 号（关于防止比利时蓝舌病传入我国的公告）

2023 年 10 月 24 日 海关总署 农业农村部公告 2023 年第 140 号（关于防止荷兰蓝舌病传入我国的公告）

2023 年 10 月 24 日 海关总署 农业农村部公告 2023 年第 141 号（关于防止卢旺达小反刍兽疫传入我国的公告）

2023 年 11 月 22 日 海关总署 农业农村部公告 2023 年第 169 号（关于防止希腊绵羊痘和山羊痘传入我国的公告）

2023 年 12 月 5 日 海关总署 农业农村部公告 2023 年第 175 号（关于防止英国蓝舌病传入我国的公告）

2023 年 12 月 8 日 海关总署 农业农村部 2023 年第 179 号（关于解除阿塞拜疆高致病性禽流感疫情禁令的公告）

2023 年 12 月 8 日 海关总署 农业农村部 2023 年第 180 号（关于解除芬兰高致病性禽流感疫情禁令的公告）

2023 年 12 月 22 日 海关总署 农业农村部公告 2023 年第 191 号（关于防止土耳其小反刍兽疫传入我国的公告）

2024 年 1 月 5 日 海关总署 农业农村部公告 2024 年第 3 号（关于防止孟加拉国非洲猪瘟传入我国的公告）

2024 年 1 月 12 日 海关总署 农业农村部公告 2024 年第 5 号（关于解除比利时非洲猪瘟疫情禁令的公告）

2024 年 1 月 26 日 海关总署 农业农村部公告 2024 年第 8 号（关于防止伊拉克蓝舌病传入我国的公告）

2024 年 2 月 1 日 海关总署 农业农村部公告 2024 年第 16 号（关于防止黑山非洲猪瘟传入我国的公告）

2024 年 2 月 6 日 海关总署 农业农村部公告 2024 年第 19 号（关于防止意大利蓝舌病传入我国的公告）

2024 年 2 月 7 日 海关总署 农业农村部公告 2024 年第 20 号（关于解除哈萨克斯坦部分区域口蹄疫禁令的公告）

2024 年 2 月 7 日 海关总署 农业农村部公告 2024 年第 21 号（关于解除哈萨克斯坦高致病性禽流感疫情禁令的公告）

2024 年 2 月 19 日 海关总署 农业农村部公告 2024 年第 22 号（关于解除西班牙 30 月龄以下剔骨牛肉禁令的公告）

2024 年 3 月 2 日 海关总署 农业农村部公告 2024 年第 26 号（关于防止格鲁吉亚绵羊痘和山羊痘传入我国的公告）

2024 年 3 月 10 日 海关总署 农业农村部公告 2024 年第 29 号（关于防止阿尔巴尼亚非洲猪瘟传入我国的公告）

2024 年 3 月 15 日 海关总署 农业农村部公告 2024 年第 31 号（关于防止格鲁吉亚小反刍兽疫传入我国的公告）

2024 年 3 月 22 日 海关总署 农业农村部公告 2024 年第 34 号（关于防止利比亚绵羊痘和山羊痘传入我国的公告）

2024 年 4 月 8 日 海关总署 农业农村部公告 2024 年第 37 号（关于解除乌克兰高致病性禽流感疫情禁令的公告）

2024 年 4 月 10 日 海关总署 农业农村部公告 2024 年第 40 号（关于允许巴基斯坦部分区域水牛胚胎输华的公告）

2024 年 4 月 16 日 海关总署 农业农村部公告 2024 年第 41 号（关于解除德国 30 月龄以下剔骨牛肉疯牛病禁令的公告）

2024 年 5 月 7 日 海关总署公告 2024 年第 51 号（关于解除塞尔维亚高致病性禽流感风险警示的公告）

2024 年 5 月 8 日 海关总署 农业农村部公告 2024 年第 56 号（关于解除西班牙高致病性禽流感疫情禁令的公告）

2024 年 6 月 7 日 海关总署 农业农村部公告 2024 年第 68 号（关于解除法国高致病性禽流感疫情禁令的公告）

2024 年 6 月 24 日 海关总署 农业农村部公告 2024 年第 71 号（关于解除波兰高致病性禽流感疫情禁令的公告）

2024 年 6 月 30 日 海关总署 农业农村部公告 2024 年第 80 号（关于解除比利时高致病性禽流感疫情禁令的公告）

2024 年 7 月 26 日 海关总署 农业农村部公告 2024 年第 95 号（关于防止希腊小反刍兽疫传入我国的公告）

2024 年 8 月 2 日 海关总署 农业农村部公告 2024 年第 99 号（关于防止罗马尼亚小反刍兽疫传入我国的公告）

2024 年 8 月 2 日 海关总署 农业农村部公告 2024 年第 100 号（关于防止巴西南里奥格郎德州新城疫传入我国的公告）

2024 年 8 月 5 日 海关总署 农业农村部公告 2024 年第 101 号（关于防止希腊蓝舌病传入我国的公告）

2024 年 9 月 4 日 海关总署 农业农村部公告 2024 年第 113 号（关于防止波兰高致病性禽流感传入我国的公告）

2024 年 9 月 19 日 海关总署 农业农村部公告 2024 年第 127 号（关于防止法国蓝舌病传入我国的公告）

2024 年 9 月 19 日 海关总署 农业农村部公告 2024 年第 128 号（关于防止丹麦蓝舌病传入我国的公告）

2024 年 9 月 19 日 海关总署 农业农村部公告 2024 年第 129 号（关于防止加蓬共和国小反刍兽疫传入我国的公告）

2024 年 9 月 19 日 海关总署 农业农村部公告 2024 年第 130 号（关于防止挪威蓝舌病传入我国的公告）

2024 年 9 月 19 日 海关总署 农业农村部公告 2024 年第 131 号（关于防止捷克蓝舌病传入我国的公告）

2024 年 9 月 19 日 海关总署 农业农村部公告 2024 年第 132 号（关于防止肯尼亚非洲马瘟传入我国的公告）

2024 年 9 月 27 日 海关总署 农业农村部公告 2024 年第 142 号（关于防止奥地利蓝舌病传入我国的公告）

2024 年 9 月 27 日 海关总署 农业农村部公告 2024 年第 141 号（关于防止瑞典蓝舌病传入我国的公告）

2024 年 9 月 27 日 海关总署 农业农村部公告 2024 年第 140 号（关于防止葡萄牙蓝舌病传入我国的公告）

2024 年 9 月 27 日 海关总署 农业农村部公告 2024 年第 139 号（关于解除智利高致病性禽流感疫情禁令的公告）

2024 年 11 月 1 日 海关总署 农业农村部公告 2024 年第 151 号（关于防止北马其顿蓝舌病传入我国的公告）

2024 年 11 月 8 日 海关总署 农业农村部公告 2024 年第 154 号（关于防止列支敦士登公国蓝舌病传入我国的公告）

2024 年 11 月 21 日 海关总署 农业农村部公告 2024 年第 166 号（关于防止利比亚国蓝舌病传入我国的公告）

2024 年 11 月 11 日 海关总署 农业农村部公告 2024 年第 155 号（关于解除斯洛伐克 30 月龄以下剔骨牛肉疯牛病禁令的公告）

2024 年 11 月 14 日 海关总署 农业农村部公告 2024 年第 159 号（关于解除秘鲁口蹄疫禁令的公告）

2024 年 12 月 9 日 海关总署 农业农村部公告 2024 年第 187 号（关于防止新西兰高致病性禽流感传入我国的公告）

2024 年 12 月 9 日 海关总署 农业农村部公告 2024 年第 184 号（关于防止波兰、克罗地亚蓝舌病传入我国的公告）

2024 年 12 月 13 日 海关总署 农业农村部公告 2024 年第 191 号（关于防止冰岛高致病性禽流感传入我国的公告）

2024 年 12 月 13 日 海关总署 农业农村部公告 2024 年第 193 号（关于防止斯里兰卡非洲猪瘟传入我国的公告）

2024 年 12 月 13 日 海关总署 农业农村部公告 2024 年第 192 号（关于防止厄瓜多尔猪瘟传入我国的公告）

2024 年 12 月 19 日 海关总署 农业农村部公告 2024 年第 199 号（关于防止巴勒斯坦蓝舌病传入我国的公告）

2024 年 12 月 27 日 海关总署 农业农村部公告 2024 年第 205 号（关于防止巴勒斯坦、马来西亚部分地区新城疫传入我国的公告）

2025 年 1 月 3 日 海关总署 农业农村部公告 2025 年第 1 号（关于防止索马里牛传染性胸膜肺炎传入我国的公告）

2025 年 1 月 21 日 海关总署 农业农村部公告 2025 年第 14 号（关于防止东帝汶、刚果（金）、厄立特里亚和坦桑尼亚部分地区新城疫传入我国的公告）

2025 年 1 月 21 日 海关总署 农业农村部公告 2025 年第 11 号（关于防止加纳等国家口蹄疫传入我国的公告）-加纳、索马里、孟加拉国、卡塔尔、刚果（金）、尼日利亚、坦桑尼亚

2025 年 1 月 21 日 海关总署 农业农村部公告 2025 年第 10 号（关于防止巴勒斯坦等国家小反刍兽疫传入我国的公告）-巴勒斯坦、巴基斯坦、阿富汗、尼泊尔、加纳、索马里、孟加拉国、刚果（金）、尼日利亚、埃及

2025 年 1 月 21 日 海关总署 农业农村部公告 2025 年第 9 号（关于防止巴勒斯坦等国家绵羊痘和山羊痘传入我国的公告）-巴勒斯坦、巴基斯坦、阿富汗、尼泊尔、加纳、索马里、孟加拉国、刚果（金）、尼日利亚、埃及

2025 年 1 月 21 日 海关总署 农业农村部公告 2025 年第 12 号（关于防止巴勒斯坦等国家痒病传入我国的公告）-巴勒斯坦、保加利亚、东帝汶

2025 年 1 月 21 日 海关总署 农业农村部公告 2025 年第 13 号（关于防止德国口蹄疫传入我国的公告）

2025 年 1 月 26 日海关总署 农业农村部公告 2025 年第 15 号（关于防止波多黎各高致病性禽流感传入我国的公告）

2025 年 1 月 27 日 海关总署 农业农村部公告 2025 年第 18 号（关于防止加纳等国家牛传染性胸膜肺炎传入我国的公告）-加纳、刚果（金）、坦桑尼亚

2025 年 1 月 27 日 海关总署 农业农村部公告 2025 年第 16 号（关于防止东帝汶猪瘟传入我国的公告）

2025 年 1 月 27 日 海关总署 农业农村部公告 2025 年第 17 号（关于防止坦桑尼亚非洲马瘟传入我国的公告）

附录 2-5　中华人民共和国进境植物检疫禁止进境物名录

（农业部公告第 72 号，农业农村部公告第 176 号确认为现行有效规范性文件）

禁止进境物	禁止进境的原因 （防止传入的危险性病虫害）	禁止的国家或地区
玉米（Zea mavs）种子	玉米细菌性枯萎病菌 Erwinia stewartii（E. F. Smith）Dye	亚洲：越南、泰国 欧洲：独联体、波兰、瑞士、意大利、罗马尼亚、南斯拉夫 美洲：加拿大、美国、墨西哥
大豆（Glycine max）种子	大豆疫病菌 Phytophthora megasperma（D.）f. sp. glycinea K. & E.	亚洲：日本 欧洲：英国、法国、独联体、德国 美洲：加拿大、美国 大洋洲：澳大利亚、新西兰
马铃薯（Solanum tuberosum）块茎及其繁殖材料	马铃薯黄矮病毒 Potato yellow dwarf virus 马铃薯帚顶病毒 Potato mop-top virus 马薯金线虫 Clobodera rostochiensis（Wollen.）Skarbilovich 马铃薯白线虫 Globodera pallida（Stone）Mulvey & Stone 马铃薯癌肿病菌 Synchytrium endobioticum（Schilb.）Percival	亚洲：日本、印度、巴勒斯坦、黎巴嫩、尼泊尔、以色列、缅甸 欧洲：丹麦、挪威、瑞典、独联体、波兰、捷克、斯洛伐克、匈牙利、保加利亚、芬兰、冰岛、德国、奥地利、瑞士、荷兰、比利时、英国、爱尔兰、法国、西班牙、葡萄牙、意大利 非洲：突尼斯、阿尔及利亚、南非、肯尼亚、坦桑尼亚、津巴布韦 美洲：加拿大、美国、墨西哥、巴拿马、委内瑞拉、秘鲁、阿根廷、巴西、厄瓜多尔、玻利维亚、智利 大洋洲：澳大利亚、新西兰
榆属（Ulmus spp.）苗、插条	榆枯萎病菌 Ceratocystis ulmi（Buisman）Moreall	亚洲：印度、伊朗、土耳其 欧洲：各国 美洲：加拿大、美国
松属（Pinus spp.）苗、接穗	松材线虫 Bursaphelenchusxylophilus (Steiner & Buhrer) Nckle 松突圆蚧 Hemiberlesia pitysophila Takagi	亚洲：朝鲜、日本、中国香港、中国澳门 欧洲：法国 美洲：加拿大、美国
橡胶属（Hevea spp.）芽、苗、籽	橡胶南美叶疫病菌 Microcyclus ulei（P. Henn.）Von Arx.	美洲：墨西哥、中美洲及南美洲各国
烟属(Nicotiana spp.)繁殖材料烟叶	烟霜霉病菌 Peronospora hyoscyami de Bary f. sp. tabacia（Adam.）Skalicky	亚洲：缅甸、伊朗、也门、伊拉克、叙利亚、黎巴嫩、约旦、以色列、土耳其 欧洲：各国 非洲：埃及、利比亚、突尼斯、阿尔及利亚、摩洛哥 美洲：加拿大、美国、墨西哥、危地马拉、萨尔瓦多、古巴、多米尼加、巴西、智利、阿根廷、乌拉圭 大洋洲：各国

附录2-5 续

禁止进境物	禁止进境的原因（防止传入的危险性病虫害）	禁止的国家或地区
小麦（商品）	小麦矮腥黑穗病菌 Tilletia Controversa Kuehn 小麦印度腥黑穗病菌 Tilletia indica Mitra	亚洲：印度、巴基斯坦、阿富汗、尼泊尔、伊朗、伊拉克、土耳其、沙特阿拉伯 欧洲：独联体、捷克、斯洛伐克、保加利亚、匈牙利、波兰（海乌姆、卢步林、普热梅布尔、热舒夫、塔尔诺布热格、扎莫希奇）、罗马尼亚、阿尔巴尼亚、南斯拉夫、德国、奥地利、比利时、瑞士、瑞典、意大利、法国（罗讷-阿尔卑斯） 非洲：利比亚、阿尔及利亚 美洲：乌拉圭、阿根廷（布宜诺斯艾利斯、圣非）、巴西、墨西哥、加拿大（安大略）、美国（华盛顿、怀俄明、蒙大拿、科罗拉多、爱达荷、俄勒冈、犹他及其他有小麦印度腥黑穗病发生的地区）
水果及茄子、辣椒、番茄果实	地中海实蝇 Ceratitis capitata (Wiedemann)	亚洲：印度、伊朗、沙特阿拉伯、叙利亚、黎巴嫩、约旦、巴勒斯坦、以色列、塞浦路斯、土耳其 欧洲：匈牙利、德国、奥地利、比利时、法国、西班牙、葡萄牙、意大利、马耳他、南斯拉夫、阿尔巴尼亚、希腊 非洲：埃及、利比亚、突尼斯、阿尔及利亚、摩洛哥、塞内加尔、布基纳法索、马里、几内亚、塞拉利昂、利比里亚、加纳、多哥、贝宁、尼日尔、尼日利亚、喀麦隆、苏丹、埃塞俄比亚、肯尼亚、乌干达、坦桑尼亚、卢旺达、布隆迪、扎伊尔、安哥拉、赞比亚、马拉维、莫桑比克、马达加斯加、毛里求斯、留尼汪、津巴布韦、博茨瓦纳、南非 美洲：美国（包括夏威夷）、墨西哥、危地马拉、萨尔瓦多、洪都拉斯、尼加拉瓜、厄瓜多尔、哥斯达黎加、巴拿马、牙买加、委内瑞拉、秘鲁、巴西、玻利维亚、智利、阿根廷、乌拉圭、哥伦比亚 大洋洲：澳大利亚、新西兰（北岛）
植物病原体（包括菌种、毒种）、害虫生物体及其他转基因生物材料	根据《中华人民共和国进出境动植物检疫法》第5条规定	所有国家或地区
土壤	同上	所有国家或地区

注：因科学研究等特殊原因需要引进本表所列禁止进境的物品，必须事先提出申请，由海关总署批准。

附录 2-6　食品安全国家标准目录

（不含检测方法标准，截至 2024 年 12 月 31 日）

附录 2-6-1　通用标准 15 项

序号	标准名称	标准号
1	食品安全国家标准 食品中真菌毒素限量	GB 2761—2017
2	食品安全国家标准 食品中污染物限量	GB 2762—2022
3	食品安全国家标准 食品中农药最大残留限量	GB 2763—2021
4	食品安全国家标准 食品中 2,4-滴丁酸钠盐等 112 种农药最大残留限量	GB 2763. 1—2022
5	食品安全国家标准 食品中兽药最大残留限量	GB 31650—2019
6	食品安全国家标准 食品中 41 种兽药最大残留限量	GB 31650. 1—2022
7	食品安全国家标准 食品中致病菌限量	GB 29921—2021
8	食品安全国家标准 散装即食食品中致病菌限量	GB 31607—2021
9	食品安全国家标准 食品添加剂使用标准	GB 2760—2024
10	食品安全国家标准 食品接触材料及制品用添加剂使用标准	GB 9685—2016
11	食品安全国家标准 食品营养强化剂使用标准	GB 14880—2012
12	食品安全国家标准 预包装食品标签通则	GB 7718—2011
13	食品安全国家标准 预包装食品营养标签通则	GB 28050—2011
14	食品安全国家标准 预包装特殊膳食用食品标签	GB 13432—2013
15	食品安全国家标准 食品添加剂标识通则	GB 29924—2013

附录 2-6-2　食品产品标准 72 项

序号	标准名称	标准号
1	食品安全国家标准 干酪	GB 5420—2021
2	食品安全国家标准 乳清粉和乳清蛋白粉	GB 11674—2010
3	食品安全国家标准 浓缩乳制品	GB 13102—2022
4	食品安全国家标准 生乳	GB 19301—2010
5	食品安全国家标准 发酵乳	GB 19302—2010
6	食品安全国家标准 乳粉和调制乳粉	GB 19644—2024
7	食品安全国家标准 巴氏杀菌乳	GB 19645—2010
8	食品安全国家标准 稀奶油、奶油和无水奶油	GB 19646—2010
9	食品安全国家标准 灭菌乳	GB 25190—2010
10	食品安全国家标准 调制乳	GB 25191—2010
11	食品安全国家标准 再制干酪和干酪制品	GB 25192—2022
12	食品安全国家标准 蜂蜜	GB 14963—2011
13	食品安全国家标准 速冻面米与调制食品	GB 19295—2021
14	食品安全国家标准 食用盐碘含量	GB 26878—2011
15	食品安全国家标准 蒸馏酒及其配制酒	GB 2757—2012

附录2-6-2 续1

序号	标准名称	标准号
16	食品安全国家标准 发酵酒及其配制酒	GB 2758—2012
17	食品安全国家标准 面筋制品	GB 2711—2014
18	食品安全国家标准 豆制品	GB 2712—2014
19	食品安全国家标准 酿造酱	GB 2718—2014
20	食品安全国家标准 食用菌及其制品	GB 7096—2014
21	食品安全国家标准 巧克力、代可可脂巧克力及其制品	GB 9678. 2—2014
22	食品安全国家标准 水产调味品	GB 10133—2014
23	食品安全国家标准 食糖	GB 13104—2014
24	食品安全国家标准 淀粉糖	GB 15203—2014
25	食品安全国家标准 保健食品	GB 16740—2014
26	食品安全国家标准 膨化食品	GB 17401—2014
27	食品安全国家标准 包装饮用水	GB 19298—2014
28	食品安全国家标准 坚果与籽类食品	GB 19300—2014
29	食品安全国家标准 淀粉制品	GB 2713—2015
30	食品安全国家标准 酱腌菜	GB 2714—2015
31	食品安全国家标准 味精	GB 2720—2015
32	食品安全国家标准 食用盐	GB 2721—2015
33	食品安全国家标准 腌腊肉制品	GB 2730—2015
34	食品安全国家标准 鲜、冻动物性水产品	GB 2733—2015
35	食品安全国家标准 蛋与蛋制品	GB 2749—2015
36	食品安全国家标准 冷冻饮品和制作料	GB 2759—2015
37	食品安全国家标准 罐头食品	GB 7098—2015
38	食品安全国家标准 糕点、面包	GB 7099—2015
39	食品安全国家标准 饼干	GB 7100—2015
40	食品安全国家标准 饮料	GB 7101—2022
41	食品安全国家标准 动物性水产制品	GB 10136—2015
42	食品安全国家标准 食用动物油脂	GB 10146—2015
43	食品安全国家标准 胶原蛋白肠衣	GB 14967—2015
44	食品安全国家标准 食用油脂制品	GB 15196—2015
45	食品安全国家标准 食品工业用浓缩液（汁、浆）	GB 17325—2015
46	食品安全国家标准 方便面	GB 17400—2015
47	食品安全国家标准 果冻	GB 19299—2015
48	食品安全国家标准 食用植物油料	GB 19641—2015
49	食品安全国家标准 干海参	GB 31602—2015
50	食品安全国家标准 鲜（冻）畜、禽产品	GB 2707—2016
51	食品安全国家标准 粮食	GB 2715—2016
52	食品安全国家标准 熟肉制品	GB 2726—2016

附录2-6-2　续2

序号	标准名称	标准号
53	食品安全国家标准 蜜饯	GB 14884—2016
54	食品安全国家标准 食品加工用粕类	GB 14932—2016
55	食品安全国家标准 糖果	GB 17399—2016
56	食品安全国家标准 冲调谷物制品	GB 19640—2016
57	食品安全国家标准 藻类及其制品	GB 19643—2016
58	食品安全国家标准 食品加工用植物蛋白	GB 20371—2016
59	食品安全国家标准 花粉	GB 31636—2016
60	食品安全国家标准 食用淀粉	GB 31637—2016
61	食品安全国家标准 酪蛋白	GB 31638—2016
62	食品安全国家标准 食品加工用菌种制剂	GB 31639—2023
63	食品安全国家标准 食用酒精	GB 31640—2016
64	食品安全国家标准 植物油	GB 2716—2018
65	食品安全国家标准 酱油	GB 2717—2018
66	食品安全国家标准 食醋	GB 2719—2018
67	食品安全国家标准 饮用天然矿泉水	GB 8537—2018
68	食品安全国家标准 乳糖	GB 25595—2018
69	食品安全国家标准 复合调味料	GB 31644—2018
70	食品安全国家标准 胶原蛋白肽	GB 31645—2018
71	食品安全国家标准 茶叶	GB 31608—2023
72	食品安全国家标准 食品加工用植物蛋白肽	GB 31611—2023

附录 2-6-3　特殊膳食食品标准 10 项

序号	标准名称	标准号
1	食品安全国家标准 婴儿配方食品	GB 10765—2021
2	食品安全国家标准 较大婴儿配方食品	GB 10766—2021
3	食品安全国家标准 幼儿配方食品	GB 10767—2021
4	食品安全国家标准 婴幼儿谷类辅助食品	GB 10769—2010
5	食品安全国家标准 婴幼儿罐装辅助食品	GB 10770—2010
6	食品安全国家标准 特殊医学用途婴儿配方食品通则	GB 25596—2010
7	食品安全国家标准 特殊医学用途配方食品通则	GB 29922—2013
8	食品安全国家标准 辅食营养补充品	GB 22570—2014
9	食品安全国家标准 运动营养食品通则	GB 24154—2015
10	食品安全国家标准 孕妇及乳母营养补充食品	GB 31601—2015

附录 2-6-4 生产经营规范标准 36 项

序号	标准名称	标准号
1	食品安全国家标准 食品生产通用卫生规范	GB 14881—2013
2	食品安全国家标准 食品经营过程卫生规范	GB 31621—2014
3	食品安全国家标准 乳制品良好生产规范	GB 12693—2023
4	食品安全国家标准 婴幼儿配方食品良好生产规范	GB 23790—2023
5	食品安全国家标准 特殊医学用途配方食品良好生产规范	GB 29923—2023
6	食品安全国家标准 食品接触材料及制品生产通用卫生规范	GB 31603—2015
7	食品安全国家标准 罐头食品生产卫生规范	GB 8950—2016
8	食品安全国家标准 蒸馏酒及其配制酒生产卫生规范	GB 8951—2016
9	食品安全国家标准 啤酒生产卫生规范	GB 8952—2016
10	食品安全国家标准 食醋生产卫生规范	GB 8954—2016
11	食品安全国家标准 食用植物油及其制品生产卫生规范	GB 8955—2016
12	食品安全国家标准 蜜饯生产卫生规范	GB 8956—2016
13	食品安全国家标准 糕点、面包卫生规范	GB 8957—2016
14	食品安全国家标准 畜禽屠宰加工卫生规范	GB 12694—2016
15	食品安全国家标准 饮料生产卫生规范	GB 12695—2016
16	食品安全国家标准 谷物加工卫生规范	GB 13122—2016
17	食品安全国家标准 糖果巧克力生产卫生规范	GB 17403—2016
18	食品安全国家标准 膨化食品生产卫生规范	GB 17404—2016
19	食品安全国家标准 食品辐照加工卫生规范	GB 18524—2016
20	食品安全国家标准 蛋与蛋制品生产卫生规范	GB 21710—2016
21	食品安全国家标准 发酵酒及其配制酒生产卫生规范	GB 12696—2016
22	食品安全国家标准 原粮储运卫生规范	GB 22508—2016
23	食品安全国家标准 水产制品生产卫生规范	GB 20941—2016
24	食品安全国家标准 肉和肉制品经营卫生规范	GB 20799—2016
25	食品安全国家标准 食品冷链物流卫生规范	GB 31605—2020
26	食品安全国家标准 航空食品卫生规范	GB 31641—2016
27	食品安全国家标准 酱油生产卫生规范	GB 8953—2018
28	食品安全国家标准 熟肉制品生产卫生规范	GB 19303—2023
29	食品安全国家标准 包装饮用水生产卫生规范	GB 19304—2018
30	食品安全国家标准 速冻食品生产和经营卫生规范	GB 31646—2018
31	食品安全国家标准 食品添加剂生产通用卫生规范	GB 31647—2018
32	食品安全国家标准 食品中黄曲霉毒素污染控制规范	GB 31653—2021
33	食品安全国家标准 餐（饮）具集中消毒卫生规范	GB 31651—2021
34	食品安全国家标准 即食鲜切果蔬加工卫生规范	GB 31652—2021
35	食品安全国家标准 餐饮服务通用卫生规范	GB 31654—2021
36	食品安全国家标准 食品加工用菌种制剂生产卫生规范	GB 31612—2023

附录 2-6-5　食品添加剂质量规格及相关标准 643 项

序号	标准名称	标准号
1	食品安全国家标准 复配食品添加剂通则	GB 26687—2011
2	食品安全国家标准 食品用香料通则	GB 29938—2020
3	食品安全国家标准 食品用香精	GB 30616—2020
4	食品安全国家标准 食品添加剂 碳酸钠	GB 1886. 1—2021
5	食品安全国家标准 食品添加剂 碳酸氢钠	GB 1886. 2—2015
6	食品安全国家标准 食品添加剂 磷酸氢钙	GB 1886. 3—2021
7	食品安全国家标准 食品添加剂 六偏磷酸钠	GB 1886. 4—2020
8	食品安全国家标准 食品添加剂 硝酸钠	GB 1886. 5—2015
9	食品安全国家标准 食品添加剂 硫酸钙	GB 1886. 6—2016
10	食品安全国家标准 食品添加剂 焦亚硫酸钠	GB 1886. 7—2015
11	食品安全国家标准 食品添加剂 亚硫酸钠	GB 1886. 8—2015
12	食品安全国家标准 食品添加剂 盐酸	GB 1886. 9—2016
13	食品安全国家标准 食品添加剂 冰乙酸（又名冰醋酸）	GB 1886. 10—2015
14	食品安全国家标准 食品添加剂 亚硝酸钠	GB 1886. 11—2016
15	食品安全国家标准 食品添加剂 丁基羟基茴香醚（BHA）	GB 1886. 12—2015
16	食品安全国家标准 食品添加剂 高锰酸钾	GB 1886. 13—2015
17	食品安全国家标准 食品添加剂 没食子酸丙酯	GB 1886. 14—2015
18	食品安全国家标准 食品添加剂 磷酸	GB 1886. 15—2015
19	食品安全国家标准 食品添加剂 香兰素	GB 1886. 16—2015
20	食品安全国家标准 食品添加剂 紫胶红（又名虫胶红）	GB 1886. 17—2015
21	食品安全国家标准 食品添加剂 糖精钠	GB 1886. 18—2015
22	食品安全国家标准 食品添加剂 红曲米	GB 1886. 19—2015
23	食品安全国家标准 食品添加剂 氢氧化钠	GB 1886. 20—2016
24	食品安全国家标准 食品添加剂 乳酸钙	GB 1886. 21—2016
25	食品安全国家标准 食品添加剂 柠檬油	GB 1886. 22—2016
26	食品安全国家标准 食品添加剂 小花茉莉浸膏	GB 1886. 23—2015
27	食品安全国家标准 食品添加剂 桂花浸膏	GB 1886. 24—2015
28	食品安全国家标准 食品添加剂 柠檬酸钠	GB 1886. 25—2016
29	食品安全国家标准 食品添加剂 石蜡	GB 1886. 26—2016
30	食品安全国家标准 食品添加剂 蔗糖脂肪酸酯	GB 1886. 27—2015
31	食品安全国家标准 食品添加剂 D-异抗坏血酸钠	GB 1886. 28—2016
32	食品安全国家标准 食品添加剂 生姜油	GB 1886. 29—2015
33	食品安全国家标准 食品添加剂 可可壳色	GB 1886. 30—2015
34	食品安全国家标准 食品添加剂 对羟基苯甲酸乙酯	GB 1886. 31—2015
35	食品安全国家标准 食品添加剂 高粱红	GB 1886. 32—2015

附录2-6-5 续1

序号	标准名称	标准号
36	食品安全国家标准 食品添加剂 桉叶油（蓝桉油）	GB 1886.33—2015
37	食品安全国家标准 食品添加剂 辣椒红	GB 1886.34—2015
38	食品安全国家标准 食品添加剂 山苍子油	GB 1886.35—2015
39	食品安全国家标准 食品添加剂 留兰香油	GB 1886.36—2015
40	食品安全国家标准 食品添加剂 环己基氨基磺酸钠（又名甜蜜素）	GB 1886.37—2015
41	食品安全国家标准 食品添加剂 薰衣草油	GB 1886.38—2015
42	食品安全国家标准 食品添加剂 山梨酸钾	GB 1886.39—2015
43	食品安全国家标准 食品添加剂 L-苹果酸	GB 1886.40—2015
44	食品安全国家标准 食品添加剂 黄原胶	GB 1886.41—2015
45	食品安全国家标准 食品添加剂 dl-酒石酸	GB 1886.42—2015
46	食品安全国家标准 食品添加剂 抗坏血酸钙	GB 1886.43—2015
47	食品安全国家标准 食品添加剂 抗坏血酸钠	GB 1886.44—2016
48	食品安全国家标准 食品添加剂 氯化钙	GB 1886.45—2016
49	食品安全国家标准 食品添加剂 低亚硫酸钠	GB 1886.46—2015
50	食品安全国家标准 食品添加剂 天门冬酰苯丙氨酸甲酯（又名阿斯巴甜）	GB 1886.47—2016
51	食品安全国家标准 食品添加剂 玫瑰油	GB 1886.48—2015
52	食品安全国家标准 食品添加剂 D-异抗坏血酸	GB 1886.49—2016
53	食品安全国家标准 食品添加剂 2-甲基-3-巯基呋喃	GB 1886.50—2015
54	食品安全国家标准 食品添加剂 2，3-丁二酮	GB 1886.51—2015
55	食品安全国家标准 食品添加剂 植物油抽提溶剂（又名己烷类溶剂）	GB 1886.52—2015
56	食品安全国家标准 食品添加剂 己二酸	GB 1886.53—2015
57	食品安全国家标准 食品添加剂 丙烷	GB 1886.54—2015
58	食品安全国家标准 食品添加剂 丁烷	GB 1886.55—2015
59	食品安全国家标准 食品添加剂 1-丁醇（正丁醇）	GB 1886.56—2015
60	食品安全国家标准 食品添加剂 单辛酸甘油酯	GB 1886.57—2016
61	食品安全国家标准 食品添加剂 乙醚	GB 1886.58—2015
62	食品安全国家标准 食品添加剂 石油醚	GB 1886.59—2015
63	食品安全国家标准 食品添加剂 姜黄	GB 1886.60—2015
64	食品安全国家标准 食品添加剂 红花黄	GB 1886.61—2015
65	食品安全国家标准 食品添加剂 硅酸镁	GB 1886.62—2015
66	食品安全国家标准 食品添加剂 膨润土	GB 1886.63—2015
67	食品安全国家标准 食品添加剂 焦糖色	GB 1886.64—2015
68	食品安全国家标准 食品添加剂 单，双甘油脂肪酸酯	GB 1886.65—2015
69	食品安全国家标准 食品添加剂 红曲黄色素	GB 1886.66—2015
70	食品安全国家标准 食品添加剂 皂荚糖胶	GB 1886.67—2015

附录2-6-5　续2

序号	标准名称	标准号
71	食品安全国家标准 食品添加剂 二甲基二碳酸盐（又名维果灵）	GB 1886.68—2015
72	食品安全国家标准 食品添加剂 天门冬酰苯丙氨酸甲酯乙酰磺胺酸	GB 1886.69—2016
73	食品安全国家标准 食品添加剂 沙蒿胶	GB 1886.70—2015
74	食品安全国家标准 食品添加剂 1，2-二氯乙烷	GB 1886.71—2015
75	食品安全国家标准 食品添加剂 聚氧乙烯聚氧丙烯胺醚	GB 1886.72—2016
76	食品安全国家标准 食品添加剂 不溶性聚乙烯聚吡咯烷酮	GB 1886.73—2015
77	食品安全国家标准 食品添加剂 柠檬酸钾	GB 1886.74—2015
78	食品安全国家标准 食品添加剂 L-半胱氨酸盐酸盐	GB 1886.75—2016
79	食品安全国家标准 食品添加剂 姜黄素	GB 1886.76—2015
80	食品安全国家标准 食品添加剂 罗汉果甜苷	GB 1886.77—2016
81	食品安全国家标准 食品添加剂 番茄红素（合成）	GB 1886.78—2016
82	食品安全国家标准 食品添加剂 硫代二丙酸二月桂酯	GB 1886.79—2015
83	食品安全国家标准 食品添加剂 乙酰化单、双甘油脂肪酸酯	GB 1886.80—2015
84	食品安全国家标准 食品添加剂 月桂酸	GB 1886.81—2015
85	食品安全国家标准 食品添加剂 铵磷脂	GB 1886.83—2016
86	食品安全国家标准 食品添加剂 巴西棕榈蜡	GB 1886.84—2015
87	食品安全国家标准 食品添加剂 冰乙酸（低压羰基化法）	GB 1886.85—2016
88	食品安全国家标准 食品添加剂 刺云实胶	GB 1886.86—2015
89	食品安全国家标准 食品添加剂 蜂蜡	GB 1886.87—2015
90	食品安全国家标准 食品添加剂 富马酸一钠	GB 1886.88—2015
91	食品安全国家标准 食品添加剂 甘草抗氧化物	GB 1886.89—2015
92	食品安全国家标准 食品添加剂 硅酸钙	GB 1886.90—2015
93	食品安全国家标准 食品添加剂 硬脂酸镁	GB 1886.91—2016
94	食品安全国家标准 食品添加剂 硬脂酰乳酸钠	GB 1886.92—2016
95	食品安全国家标准 食品添加剂 乳酸脂肪酸甘油酯	GB 1886.93—2015
96	食品安全国家标准 食品添加剂 亚硝酸钾	GB 1886.94—2016
97	食品安全国家标准 食品添加剂 聚甘油蓖麻醇酸酯（PGPR）	GB 1886.95—2015
98	食品安全国家标准 食品添加剂 松香季戊四醇酯	GB 1886.96—2024
99	食品安全国家标准 食品添加剂 5’-肌苷酸二钠	GB 1886.97—2015
100	食品安全国家标准 食品添加剂 乳糖醇（又名 4-β-D 吡喃半乳糖-D-山梨醇）	GB 1886.98—2024
101	食品安全国家标准 食品添加剂 L-α-天冬氨酰-N-（2，2，4，4-四甲基-3-硫化三亚甲基）-D-丙氨酰胺（又名阿力甜）	GB 1886.99—2015
102	食品安全国家标准 食品添加剂 乙二胺四乙酸二钠	GB 1886.100—2015
103	食品安全国家标准 食品添加剂 硬脂酸（又名十八烷酸）	GB 1886.101—2016
104	食品安全国家标准 食品添加剂 硬脂酸钙	GB 1886.102—2016

附录2-6-5 续3

序号	标准名称	标准号
105	食品安全国家标准 食品添加剂 微晶纤维素	GB 1886.103—2015
106	食品安全国家标准 食品添加剂 喹啉黄	GB 1886.104—2024
107	食品安全国家标准 食品添加剂 辣椒橙	GB 1886.105—2016
108	食品安全国家标准 食品添加剂 罗望子多糖胶	GB 1886.106—2015
109	食品安全国家标准 食品添加剂 柠檬酸一钠	GB 1886.107—2015
110	食品安全国家标准 食品添加剂 偶氮甲酰胺	GB 1886.108—2015
111	食品安全国家标准 食品添加剂 羟丙基甲基纤维素（HPMC）	GB 1886.109—2015
112	食品安全国家标准 食品添加剂 天然苋菜红	GB 1886.110—2015
113	食品安全国家标准 食品添加剂 甜菜红	GB 1886.111—2015
114	食品安全国家标准 食品添加剂 聚氧乙烯木糖醇酐单硬脂酸酯	GB 1886.112—2015
115	食品安全国家标准 食品添加剂 菊花黄浸膏	GB 1886.113—2015
116	食品安全国家标准 食品添加剂 紫胶（又名虫胶）	GB 1886.114—2015
117	食品安全国家标准 食品添加剂 黑豆红	GB 1886.115—2015
118	食品安全国家标准 食品添加剂 木糖醇酐单硬脂酸酯	GB 1886.116—2015
119	食品安全国家标准 食品添加剂 羟基香茅醛	GB 1886.117—2015
120	食品安全国家标准 食品添加剂 杭白菊花浸膏	GB 1886.118—2015
121	食品安全国家标准 食品添加剂 1,8-桉叶素	GB 1886.119—2015
122	食品安全国家标准 食品添加剂 己酸	GB 1886.120—2015
123	食品安全国家标准 食品添加剂 丁酸	GB 1886.121—2015
124	食品安全国家标准 食品添加剂 桃醛（又名 γ-十一烷内酯）	GB 1886.122—2015
125	食品安全国家标准 食品添加剂 α-己基肉桂醛	GB 1886.123—2015
126	食品安全国家标准 食品添加剂 广藿香油	GB 1886.124—2015
127	食品安全国家标准 食品添加剂 肉桂醇	GB 1886.125—2015
128	食品安全国家标准 食品添加剂 乙酸芳樟酯	GB 1886.126—2015
129	食品安全国家标准 食品添加剂 山楂核烟熏香味料Ⅰ号、Ⅱ号	GB 1886.127—2016
130	食品安全国家标准 食品添加剂 甲基环戊烯醇酮（又名 3-甲基-2-羟基-2-环戊烯-1-酮）	GB 1886.128—2015
131	食品安全国家标准 食品添加剂 丁香酚	GB 1886.129—2022
132	食品安全国家标准 食品添加剂 庚酸乙酯	GB 1886.130—2015
133	食品安全国家标准 食品添加剂 α-戊基肉桂醛	GB 1886.131—2015
134	食品安全国家标准 食品添加剂 己酸烯丙酯	GB 1886.132—2015
135	食品安全国家标准 食品添加剂 枣子酊	GB 1886.133—2015
136	食品安全国家标准 食品添加剂 γ-壬内酯	GB 1886.134—2015
137	食品安全国家标准 食品添加剂 苯甲醇	GB 1886.135—2015
138	食品安全国家标准 食品添加剂 丁酸苄酯	GB 1886.136—2015
139	食品安全国家标准 食品添加剂 十六醛（又名杨梅醛）	GB 1886.137—2015

附录2-6-5 续4

序号	标准名称	标准号
140	食品安全国家标准 食品添加剂 2-乙酰基吡嗪	GB 1886. 138—2015
141	食品安全国家标准 食品添加剂 百里香酚	GB 1886. 139—2015
142	食品安全国家标准 食品添加剂 八角茴香油	GB 1886. 140—2015
143	食品安全国家标准 食品添加剂 *d*-核糖	GB 1886. 141—2016
144	食品安全国家标准 食品添加剂 α-紫罗兰酮	GB 1886. 142—2015
145	食品安全国家标准 食品添加剂 γ-癸内酯	GB 1886. 143—2015
146	食品安全国家标准 食品添加剂 γ-己内酯	GB 1886. 144—2015
147	食品安全国家标准 食品添加剂 δ-癸内酯	GB 1886. 145—2015
148	食品安全国家标准 食品添加剂 δ-十二内酯	GB 1886. 146—2015
149	食品安全国家标准 食品添加剂 二氢香芹醇	GB 1886. 147—2015
150	食品安全国家标准 食品添加剂 芳樟醇	GB 1886. 148—2015
151	食品安全国家标准 食品添加剂 己醛	GB 1886. 149—2015
152	食品安全国家标准 食品添加剂 甲酸香茅酯	GB 1886. 150—2015
153	食品安全国家标准 食品添加剂 甲酸香叶酯	GB 1886. 151—2015
154	食品安全国家标准 食品添加剂 辛酸乙酯	GB 1886. 152—2015
155	食品安全国家标准 食品添加剂 乙酸 2-甲基丁酯	GB 1886. 153—2015
156	食品安全国家标准 食品添加剂 乙酸丙酯	GB 1886. 154—2015
157	食品安全国家标准 食品添加剂 乙酸橙花酯	GB 1886. 155—2015
158	食品安全国家标准 食品添加剂 乙酸松油酯	GB 1886. 156—2015
159	食品安全国家标准 食品添加剂 乙酸香叶酯	GB 1886. 157—2015
160	食品安全国家标准 食品添加剂 异丁酸乙酯	GB 1886. 158—2015
161	食品安全国家标准 食品添加剂 异戊酸 3-己烯酯	GB 1886. 159—2015
162	食品安全国家标准 食品添加剂 正癸醛（又名癸醛）	GB 1886. 160—2015
163	食品安全国家标准 食品添加剂 棕榈酸乙酯	GB 1886. 161—2015
164	食品安全国家标准 食品添加剂 2,6-二甲基-5-庚烯醛	GB 1886. 162—2015
165	食品安全国家标准 食品添加剂 2-甲基-4-戊烯酸	GB 1886. 163—2015
166	食品安全国家标准 食品添加剂 2-甲基丁酸 2-甲基丁酯	GB 1886. 164—2015
167	食品安全国家标准 食品添加剂 2-甲基丁酸 3-己烯酯	GB 1886. 165—2015
168	食品安全国家标准 食品添加剂 γ-庚内酯	GB 1886. 166—2015
169	食品安全国家标准 食品添加剂 大茴香脑	GB 1886. 167—2015
170	食品安全国家标准 食品添加剂 γ-十二内酯	GB 1886. 168—2015
171	食品安全国家标准 食品添加剂 卡拉胶	GB 1886. 169—2016
172	食品安全国家标准 食品添加剂 5′-鸟苷酸二钠	GB 1886. 170—2016
173	食品安全国家标准 食品添加剂 5′-呈味核苷酸二钠（又名呈味核苷酸二钠）	GB 1886. 171—2016
174	食品安全国家标准 食品添加剂 迷迭香提取物	GB 1886. 172—2016

附录2-6-5 续5

序号	标准名称	标准号
175	食品安全国家标准 食品添加剂 乳酸	GB 1886.173—2016
176	食品安全国家标准 食品添加剂 食品工业用酶制剂	GB 1886.174—2024
177	食品安全国家标准 食品添加剂 亚麻籽胶（又名富兰克胶）	GB 1886.175—2016
178	食品安全国家标准 食品添加剂 异构化乳糖液	GB 1886.176—2016
179	食品安全国家标准 食品添加剂 D-甘露糖醇	GB 1886.177—2016
180	食品安全国家标准 食品添加剂 聚甘油脂肪酸酯	GB 1886.178—2016
181	食品安全国家标准 食品添加剂 硬脂酰乳酸钙	GB 1886.179—2016
182	食品安全国家标准 食品添加剂 红曲红	GB 1886.181—2016
183	食品安全国家标准 食品添加剂 异麦芽酮糖	GB 1886.182—2016
184	食品安全国家标准 食品添加剂 苯甲酸	GB 1886.183—2016
185	食品安全国家标准 食品添加剂 苯甲酸钠	GB 1886.184—2016
186	食品安全国家标准 食品添加剂 琥珀酸单甘油酯	GB 1886.185—2016
187	食品安全国家标准 食品添加剂 山梨酸	GB 1886.186—2016
188	食品安全国家标准 食品添加剂 山梨糖醇和山梨糖醇液	GB 1886.187—2016
189	食品安全国家标准 食品添加剂 田菁胶	GB 1886.188—2016
190	食品安全国家标准 食品添加剂 3-环己基丙酸烯丙酯	GB 1886.189—2016
191	食品安全国家标准 食品添加剂 乙酸乙酯	GB 1886.190—2016
192	食品安全国家标准 食品添加剂 柠檬醛	GB 1886.191—2016
193	食品安全国家标准 食品添加剂 苯乙醇	GB 1886.192—2016
194	食品安全国家标准 食品添加剂 丙酸乙酯	GB 1886.193—2016
195	食品安全国家标准 食品添加剂 丁酸乙酯	GB 1886.194—2016
196	食品安全国家标准 食品添加剂 丁酸异戊酯	GB 1886.195—2016
197	食品安全国家标准 食品添加剂 己酸乙酯	GB 1886.196—2016
198	食品安全国家标准 食品添加剂 乳酸乙酯	GB 1886.197—2016
199	食品安全国家标准 食品添加剂 α-松油醇	GB 1886.198—2016
200	食品安全国家标准 食品添加剂 天然薄荷脑	GB 1886.199—2016
201	食品安全国家标准 食品添加剂 香叶油（又名玫瑰香叶油）	GB 1886.200—2016
202	食品安全国家标准 食品添加剂 乙酸苄酯	GB 1886.201—2016
203	食品安全国家标准 食品添加剂 乙酸异戊酯	GB 1886.202—2016
204	食品安全国家标准 食品添加剂 异戊酸异戊酯	GB 1886.203—2016
205	食品安全国家标准 食品添加剂 亚洲薄荷素油	GB 1886.204—2016
206	食品安全国家标准 食品添加剂 *d*-香芹酮	GB 1886.205—2016
207	食品安全国家标准 食品添加剂 *l*-香芹酮	GB 1886.206—2016
208	食品安全国家标准 食品添加剂 中国肉桂油	GB 1886.207—2016
209	食品安全国家标准 食品添加剂 乙基麦芽酚	GB 1886.208—2016

附录2-6-5 续6

序号	标准名称	标准号
210	食品安全国家标准 食品添加剂 正丁醇	GB 1886. 209—2016
211	食品安全国家标准 食品添加剂 丙酸	GB 1886. 210—2016
212	食品安全国家标准 食品添加剂 茶多酚（又名维多酚）	GB 1886. 211—2016
213	食品安全国家标准 食品添加剂 酪蛋白酸钠（又名酪朊酸钠）	GB 1886. 212—2016
214	食品安全国家标准 食品添加剂 二氧化硫	GB 1886. 213—2016
215	食品安全国家标准 食品添加剂 碳酸钙（包括轻质和重质碳酸钙）	GB 1886. 214—2016
216	食品安全国家标准 食品添加剂 白油（又名液体石蜡）	GB 1886. 215—2016
217	食品安全国家标准 食品添加剂 氧化镁（包括重质和轻质）	GB 1886. 216—2016
218	食品安全国家标准 食品添加剂 亮蓝	GB 1886. 217—2016
219	食品安全国家标准 食品添加剂 亮蓝铝色淀	GB 1886. 218—2016
220	食品安全国家标准 食品添加剂 苋菜红铝色淀	GB 1886. 219—2016
221	食品安全国家标准 食品添加剂 胭脂红	GB 1886. 220—2016
222	食品安全国家标准 食品添加剂 胭脂红铝色淀	GB 1886. 221—2016
223	食品安全国家标准 食品添加剂 诱惑红	GB 1886. 222—2016
224	食品安全国家标准 食品添加剂 诱惑红铝色淀	GB 1886. 223—2016
225	食品安全国家标准 食品添加剂 日落黄铝色淀	GB 1886. 224—2016
226	食品安全国家标准 食品添加剂 乙氧基喹	GB 1886. 225—2016
227	食品安全国家标准 食品添加剂 海藻酸丙二醇酯	GB 1886. 226—2016
228	食品安全国家标准 食品添加剂 吗啉脂肪酸盐果蜡	GB 1886. 227—2024
229	食品安全国家标准 食品添加剂 二氧化碳	GB 1886. 228—2016
230	食品安全国家标准 食品添加剂 硫酸铝钾（又名钾明矾）	GB 1886. 229—2016
231	食品安全国家标准 食品添加剂 抗坏血酸棕榈酸酯	GB 1886. 230—2016
232	食品安全国家标准 食品添加剂 乳酸链球菌素	GB 1886. 231—2023
233	食品安全国家标准 食品添加剂 羧甲基纤维素钠	GB 1886. 232—2016
234	食品安全国家标准 食品添加剂 维生素 E	GB 1886. 233—2016
235	食品安全国家标准 食品添加剂 木糖醇	GB 1886. 234—2016
236	食品安全国家标准 食品添加剂 柠檬酸	GB 1886. 235—2016
237	食品安全国家标准 食品添加剂 丙二醇脂肪酸酯	GB 1886. 236—2016
238	食品安全国家标准 食品添加剂 植酸（又名肌醇六磷酸）	GB 1886. 237—2016
239	食品安全国家标准 食品添加剂 改性大豆磷脂	GB 1886. 238—2016
240	食品安全国家标准 食品添加剂 琼脂	GB 1886. 239—2016
241	食品安全国家标准 食品添加剂 甘草酸一钾	GB 1886. 240—2016
242	食品安全国家标准 食品添加剂 甘草酸三钾	GB 1886. 241—2016
243	食品安全国家标准 食品添加剂 甘草酸铵	GB 1886. 242—2016
244	食品安全国家标准 食品添加剂 海藻酸钠（又名褐藻酸钠）	GB 1886. 243—2016

附录2-6-5 续7

序号	标准名称	标准号
245	食品安全国家标准 食品添加剂 紫甘薯色素	GB 1886. 244—2016
246	食品安全国家标准 食品添加剂 复配膨松剂	GB 1886. 245—2016
247	食品安全国家标准 食品添加剂 滑石粉	GB 1886. 246—2016
248	食品安全国家标准 食品添加剂 碳酸氢钾	GB 1886. 247—2016
249	食品安全国家标准 食品添加剂 稳定态二氧化氯	GB 1886. 248—2016
250	食品安全国家标准 食品添加剂 4-己基间苯二酚	GB 1886. 249—2016
251	食品安全国家标准 食品添加剂 植酸钠	GB 1886. 250—2016
252	食品安全国家标准 食品添加剂 氧化铁黑	GB 1886. 251—2016
253	食品安全国家标准 食品添加剂 氧化铁红	GB 1886. 252—2016
254	食品安全国家标准 食品添加剂 羟基硬脂精（又名氧化硬脂精）	GB 1886. 253—2016
255	食品安全国家标准 食品添加剂 刺梧桐胶	GB 1886. 254—2016
256	食品安全国家标准 食品添加剂 活性炭	GB 1886. 255—2016
257	食品安全国家标准 食品添加剂 甲基纤维素	GB 1886. 256—2024
258	食品安全国家标准 食品添加剂 溶菌酶	GB 1886. 257—2016
259	食品安全国家标准 食品添加剂 正己烷	GB 1886. 258—2016
260	食品安全国家标准 食品添加剂 蔗糖聚丙烯醚	GB 1886. 259—2016
261	食品安全国家标准 食品添加剂 橙皮素	GB 1886. 260—2016
262	食品安全国家标准 食品添加剂 根皮素	GB 1886. 261—2016
263	食品安全国家标准 食品添加剂 柚苷（柚皮甙提取物）	GB 1886. 262—2016
264	食品安全国家标准 食品添加剂 玫瑰净油	GB 1886. 263—2016
265	食品安全国家标准 食品添加剂 小花茉莉净油	GB 1886. 264—2016
266	食品安全国家标准 食品添加剂 桂花净油	GB 1886. 265—2016
267	食品安全国家标准 食品添加剂 红茶酊	GB 1886. 266—2016
268	食品安全国家标准 食品添加剂 绿茶酊	GB 1886. 267—2016
269	食品安全国家标准 食品添加剂 罗汉果酊	GB 1886. 268—2016
270	食品安全国家标准 食品添加剂 黄芥末提取物	GB 1886. 269—2016
271	食品安全国家标准 食品添加剂 茶树油（又名互叶白千层油）	GB 1886. 270—2016
272	食品安全国家标准 食品添加剂 香茅油	GB 1886. 271—2016
273	食品安全国家标准 食品添加剂 大蒜油	GB 1886. 272—2016
274	食品安全国家标准 食品添加剂 丁香花蕾油	GB 1886. 273—2016
275	食品安全国家标准 食品添加剂 杭白菊花油	GB 1886. 274—2016
276	食品安全国家标准 食品添加剂 白兰花油	GB 1886. 275—2016
277	食品安全国家标准 食品添加剂 白兰叶油	GB 1886. 276—2016
278	食品安全国家标准 食品添加剂 树兰花油	GB 1886. 277—2016
279	食品安全国家标准 食品添加剂 椒样薄荷油	GB 1886. 278—2016

附录2-6-5 续8

序号	标准名称	标准号
280	食品安全国家标准 食品添加剂 洋茉莉醛（又名胡椒醛）	GB 1886.279—2016
281	食品安全国家标准 食品添加剂 2-甲基戊酸乙酯	GB 1886.280—2016
282	食品安全国家标准 食品添加剂 香茅醛	GB 1886.281—2016
283	食品安全国家标准 食品添加剂 麦芽酚	GB 1886.282—2016
284	食品安全国家标准 食品添加剂 乙基香兰素	GB 1886.283—2016
285	食品安全国家标准 食品添加剂 覆盆子酮（又名悬钩子酮）	GB 1886.284—2016
286	食品安全国家标准 食品添加剂 丙酸苄酯	GB 1886.285—2016
287	食品安全国家标准 食品添加剂 丁酸丁酯	GB 1886.286—2016
288	食品安全国家标准 食品添加剂 异戊酸乙酯	GB 1886.287—2016
289	食品安全国家标准 食品添加剂 苯甲酸乙酯	GB 1886.288—2016
290	食品安全国家标准 食品添加剂 苯甲酸苄酯	GB 1886.289—2016
291	食品安全国家标准 食品添加剂 2-甲基吡嗪	GB 1886.290—2016
292	食品安全国家标准 食品添加剂 2,3-二甲基吡嗪	GB 1886.291—2016
293	食品安全国家标准 食品添加剂 2,3,5-三甲基吡嗪	GB 1886.292—2016
294	食品安全国家标准 食品添加剂 5-羟乙基-4-甲基噻唑	GB 1886.293—2016
295	食品安全国家标准 食品添加剂 2-乙酰基噻唑	GB 1886.294—2016
296	食品安全国家标准 食品添加剂 2,3,5,6-四甲基吡嗪	GB 1886.295—2016
297	食品安全国家标准 食品添加剂 柠檬酸铁铵	GB 1886.296—2016
298	食品安全国家标准 食品添加剂 聚氧丙烯甘油醚	GB 1886.297—2018
299	食品安全国家标准 食品添加剂 聚氧丙烯氧化乙烯甘油醚	GB 1886.298—2018
300	食品安全国家标准 食品添加剂 冰结构蛋白	GB 1886.299—2018
301	食品安全国家标准 食品添加剂 离子交换树脂	GB 1886.300—2018
302	食品安全国家标准 食品添加剂 半乳甘露聚糖	GB 1886.301—2018
303	食品安全国家标准 食品添加剂 聚乙二醇	GB 1886.302—2021
304	食品安全国家标准 食品添加剂 食用单宁	GB 1886.303—2021
305	食品安全国家标准 食品添加剂 磷酸（湿法）	GB 1886.304—2020
306	食品安全国家标准 食品添加剂 D-木糖	GB 1886.305—2020
307	食品安全国家标准 食品添加剂 谷氨酸钠	GB 1886.306—2020
308	食品安全国家标准 食品添加剂 叶绿素铜钾盐	GB 1886.307—2020
309	食品安全国家标准 食品添加剂 海藻酸钙（又名褐藻酸钙）	GB 1886.308—2020
310	食品安全国家标准 食品添加剂 藻蓝	GB 1886.309—2020
311	食品安全国家标准 食品添加剂 金樱子棕	GB 1886.310—2020
312	食品安全国家标准 食品添加剂 黑加仑红	GB 1886.311—2020
313	食品安全国家标准 食品添加剂 甲壳素	GB 1886.312—2020
314	食品安全国家标准 食品添加剂 联苯醚（又名二苯醚）	GB 1886.313—2020

附录2-6-5 续9

序号	标准名称	标准号
315	食品安全国家标准 食品添加剂 乙二胺四乙酸二钠钙	GB 1886. 314—2020
316	食品安全国家标准 食品添加剂 胭脂虫红及其铝色淀	GB 1886. 315—2021
317	食品安全国家标准 食品添加剂 胭脂树橙	GB 1886. 316—2021
318	食品安全国家标准 食品添加剂 β-胡萝卜素（盐藻来源）	GB 1886. 317—2021
319	食品安全国家标准 食品添加剂 玉米黄	GB 1886. 318—2021
320	食品安全国家标准 食品添加剂 沙棘黄	GB 1886. 319—2021
321	食品安全国家标准 食品添加剂 葡萄糖酸钠	GB 1886. 320—2021
322	食品安全国家标准 食品添加剂 索马甜	GB 1886. 321—2021
323	食品安全国家标准 食品添加剂 可溶性大豆多糖	GB 1886. 322—2021
324	食品安全国家标准 食品添加剂 花生衣红	GB 1886. 323—2021
325	食品安全国家标准 食品添加剂 偏酒石酸	GB 1886. 324—2021
326	食品安全国家标准 食品添加剂 聚偏磷酸钾	GB 1886. 325—2021
327	食品安全国家标准 食品添加剂 酸式焦磷酸钙	GB 1886. 326—2021
328	食品安全国家标准 食品添加剂 磷酸三钾	GB 1886. 327—2021
329	食品安全国家标准 食品添加剂 焦磷酸二氢二钠	GB 1886. 328—2021
330	食品安全国家标准 食品添加剂 磷酸氢二钠	GB 1886. 329—2021
331	食品安全国家标准 食品添加剂 磷酸二氢铵	GB 1886. 330—2021
332	食品安全国家标准 食品添加剂 磷酸氢二铵	GB 1886. 331—2021
333	食品安全国家标准 食品添加剂 磷酸三钙	GB 1886. 332—2021
334	食品安全国家标准 食品添加剂 磷酸二氢钙	GB 1886. 333—2021
335	食品安全国家标准 食品添加剂 磷酸氢二钾	GB 1886. 334—2021
336	食品安全国家标准 食品添加剂 三聚磷酸钠	GB 1886. 335—2021
337	食品安全国家标准 食品添加剂 磷酸二氢钠	GB 1886. 336—2021
338	食品安全国家标准 食品添加剂 磷酸二氢钾	GB 1886. 337—2021
339	食品安全国家标准 食品添加剂 磷酸三钠	GB 1886. 338—2021
340	食品安全国家标准 食品添加剂 焦磷酸钠	GB 1886. 339—2021
341	食品安全国家标准 食品添加剂 焦磷酸四钾	GB 1886. 340—2021
342	食品安全国家标准 食品添加剂 二氧化钛	GB 1886. 341—2021
343	食品安全国家标准 食品添加剂 硫酸铝铵	GB 1886. 342—2021
344	食品安全国家标准 食品添加剂 L-苏氨酸	GB 1886. 343—2021
345	食品安全国家标准 食品添加剂 DL-丙氨酸	GB 1886. 344—2021
346	食品安全国家标准 食品添加剂 桑椹红	GB 1886. 345—2021
347	食品安全国家标准 食品添加剂 柑橘黄	GB 1886. 346—2021
348	食品安全国家标准 食品添加剂 4-氨基-5,6-二甲基噻吩并［2,3-d］嘧啶-2（1H）-酮盐酸盐	GB 1886. 347—2021

附录2-6-5　续10

序号	标准名称	标准号
349	食品安全国家标准 食品添加剂 焦磷酸一氢三钠	GB 1886. 348—2021
350	食品安全国家标准 食品添加剂 茶多酚棕榈酸酯	GB 1886. 360—2022
351	食品安全国家标准 食品添加剂 叶绿素铜	GB 1886. 361—2022
352	食品安全国家标准 食品添加剂 ε-聚赖氨酸	GB 1886. 362—2022
353	食品安全国家标准 食品添加剂 植物活性炭（稻壳来源）	GB 1886. 363—2022
354	食品安全国家标准 食品添加剂 越橘红	GB 1886. 364—2022
355	食品安全国家标准 食品添加剂 5-戊基-3H-呋喃-2-酮	GB 1886. 376—2024
356	食品安全国家标准 食品添加剂 爱德万甜	GB 1886. 377—2024
357	食品安全国家标准 食品添加剂 茶黄素	GB 1886. 378—2024
358	食品安全国家标准 食品添加剂 皂树皮提取物	GB 1886. 379—2024
359	食品安全国家标准 食品添加剂 甲酸钠	GB 1886. 380—2024
360	食品安全国家标准 食品添加剂 酒石酸铁	GB 1886. 381—2024
361	食品安全国家标准 食品添加剂 碳酸氢铵	GB 1888—2014
362	食品安全国家标准 食品添加剂 二丁基羟基甲苯（BHT）	GB 1900—2010
363	食品安全国家标准 食品添加剂 硫磺	GB 3150—2010
364	食品安全国家标准 食品添加剂 苋菜红	GB 4479. 1—2010
365	食品安全国家标准 食品添加剂 柠檬黄	GB 4481. 1—2010
366	食品安全国家标准 食品添加剂 柠檬黄铝色淀	GB 4481. 2—2010
367	食品安全国家标准 食品添加剂 日落黄	GB 6227. 1—2010
368	食品安全国家标准 食品添加剂 明胶	GB 6783—2013
369	食品安全国家标准 食品添加剂 葡萄糖酸-δ-内酯	GB 7657—2020
370	食品安全国家标准 食品添加剂 栀子黄	GB 7912—2010
371	食品安全国家标准 食品添加剂 甜菊糖苷	GB 1886. 355—2022
372	食品安全国家标准 食品添加剂 葡萄糖酸锌	GB 8820—2010
373	食品安全国家标准 食品添加剂 β-胡萝卜素	GB 1886. 366—2023
374	食品安全国家标准 食品添加剂 松香甘油酯和氢化松香甘油酯	GB 10287—2012
375	食品安全国家标准 食品添加剂 山梨醇酐单硬脂酸酯（司盘 60）	GB 13481—2011
376	食品安全国家标准 食品添加剂 山梨醇酐单油酸酯（司盘 80）	GB 13482—2011
377	食品安全国家标准 食品添加剂 维生素 A	GB 14750—2010
378	食品安全国家标准 食品添加剂 维生素 B_1（盐酸硫胺）	GB 14751—2010
379	食品安全国家标准 食品添加剂 维生素 B_2（核黄素）	GB 14752—2010
380	食品安全国家标准 食品添加剂 维生素 B_6（盐酸吡哆醇）	GB 14753—2010
381	食品安全国家标准 食品添加剂 维生素 C（抗坏血酸）	GB 14754—2010
382	食品安全国家标准 食品添加剂 维生素 D_2（麦角钙化醇）	GB 14755—2010
383	食品安全国家标准 食品添加剂 维生素 E（dl-α-醋酸生育酚）	GB 14756—2010

附录2-6-5 续11

序号	标准名称	标准号
384	食品安全国家标准 食品添加剂 烟酸	GB 14757—2010
385	食品安全国家标准 食品添加剂 咖啡因	GB 14758—2010
386	食品安全国家标准 食品添加剂 牛磺酸	GB 14759—2010
387	食品安全国家标准 食品添加剂 新红	GB 14888. 1—2010
388	食品安全国家标准 食品添加剂 新红铝色淀	GB 14888. 2—2010
389	食品安全国家标准 食品添加剂 硅藻土	GB 14936—2012
390	食品安全国家标准 食品添加剂 叶酸	GB 15570—2010
391	食品安全国家标准 食品添加剂 葡萄糖酸钙	GB 15571—2010
392	食品安全国家标准 食品添加剂 赤藓红	GB 17512. 1—2010
393	食品安全国家标准 食品添加剂 赤藓红铝色淀	GB 17512. 2—2010
394	食品安全国家标准 食品添加剂 L-苏糖酸钙	GB 17779—2010
395	食品安全国家标准 食品添加剂 过氧化氢	GB 22216—2020
396	食品安全国家标准 食品添加剂 三氯蔗糖	GB 25531—2010
397	食品安全国家标准 食品添加剂 纳他霉素	GB 25532—2010
398	食品安全国家标准 食品添加剂 果胶	GB 25533—2010
399	食品安全国家标准 食品添加剂 红米红	GB 25534—2010
400	食品安全国家标准 食品添加剂 结冷胶	GB 25535—2010
401	食品安全国家标准 食品添加剂 萝卜红	GB 25536—2010
402	食品安全国家标准 食品添加剂 乳酸钠（溶液）	GB 25537—2010
403	食品安全国家标准 食品添加剂 双乙酸钠	GB 25538—2010
404	食品安全国家标准 食品添加剂 双乙酰酒石酸单双甘油酯	GB 25539—2010
405	食品安全国家标准 食品添加剂 乙酰磺胺酸钾	GB 25540—2010
406	食品安全国家标准 食品添加剂 聚葡萄糖	GB 25541—2010
407	食品安全国家标准 食品添加剂 甘氨酸（氨基乙酸）	GB 25542—2010
408	食品安全国家标准 食品添加剂 L-丙氨酸	GB 25543—2010
409	食品安全国家标准 食品添加剂 DL-苹果酸	GB 25544—2010
410	食品安全国家标准 食品添加剂 L（+）-酒石酸	GB 25545—2010
411	食品安全国家标准 食品添加剂 富马酸	GB 25546—2010
412	食品安全国家标准 食品添加剂 脱氢乙酸钠	GB 25547—2010
413	食品安全国家标准 食品添加剂 丙酸钙	GB 1886. 356—2022
414	食品安全国家标准 食品添加剂 丙酸钠	GB 25549—2010
415	食品安全国家标准 食品添加剂 山梨醇酐单月桂酸酯（司盘 20）	GB 25551—2010
416	食品安全国家标准 食品添加剂 山梨醇酐单棕榈酸酯（司盘 40）	GB 25552—2010
417	食品安全国家标准 食品添加剂 聚氧乙烯（20）山梨醇酐单硬脂酸酯（吐温 60）	GB 25553—2010
418	食品安全国家标准 食品添加剂 聚氧乙烯（20）山梨醇酐单油酸酯（吐温 80）	GB 25554—2010

附录2-6-5　续12

序号	标准名称	标准号
419	食品安全国家标准 食品添加剂 L-乳酸钙	GB 25555—2010
420	食品安全国家标准 食品添加剂 酒石酸氢钾	GB 25556—2010
421	食品安全国家标准 食品添加剂 焦亚硫酸钾	GB 25570—2010
422	食品安全国家标准 食品添加剂 活性白土	GB 25571—2011
423	食品安全国家标准 食品添加剂 氢氧化钙	GB 1886. 375—2024
424	食品安全国家标准 食品添加剂 过氧化钙	GB 25573—2010
425	食品安全国家标准 食品添加剂 次氯酸钠	GB 25574—2010
426	食品安全国家标准 食品添加剂 氢氧化钾	GB 25575—2010
427	食品安全国家标准 食品添加剂 二氧化硅	GB 25576—2020
428	食品安全国家标准 食品添加剂 硫酸锌	GB 25579—2010
429	食品安全国家标准 食品添加剂 亚铁氰化钾（黄血盐钾）	GB 25581—2010
430	食品安全国家标准 食品添加剂 硅酸钙铝	GB 25582—2010
431	食品安全国家标准 食品添加剂 硅铝酸钠	GB 25583—2010
432	食品安全国家标准 食品添加剂 氯化镁	GB 25584—2010
433	食品安全国家标准 食品添加剂 氯化钾	GB 25585—2010
434	食品安全国家标准 食品添加剂 碳酸氢三钠（倍半碳酸钠）	GB 25586—2010
435	食品安全国家标准 食品添加剂 碳酸镁	GB 25587—2010
436	食品安全国家标准 食品添加剂 碳酸钾	GB 25588—2010
437	食品安全国家标准 食品添加剂 亚硫酸氢钠	GB 25590—2010
438	食品安全国家标准 食品添加剂 N,2,3-三甲基-2-异丙基丁酰胺	GB 25593—2010
439	食品安全国家标准 食品添加剂 碘酸钾	GB 26402—2011
440	食品安全国家标准 食品添加剂 特丁基对苯二酚	GB 26403—2011
441	食品安全国家标准 食品添加剂 赤藓糖醇	GB 26404—2011
442	食品安全国家标准 食品添加剂 叶黄素	GB 26405—2011
443	食品安全国家标准 食品添加剂 叶绿素铜钠盐	GB 26406—2011
444	食品安全国家标准 食品添加剂 核黄素 5'-磷酸钠	GB 28301—2012
445	食品安全国家标准 食品添加剂 辛，癸酸甘油酯	GB 28302—2012
446	食品安全国家标准 食品添加剂 辛烯基琥珀酸淀粉钠	GB 1886. 370—2023
447	食品安全国家标准 食品添加剂 可得然胶	GB 28304—2012
448	食品安全国家标准 食品添加剂 乳酸钾	GB 28305—2012
449	食品安全国家标准 食品添加剂 L-精氨酸	GB 28306—2012
450	食品安全国家标准 食品添加剂 麦芽糖醇和麦芽糖醇液	GB 28307—2012
451	食品安全国家标准 食品添加剂 植物炭黑	GB 28308—2012
452	食品安全国家标准 食品添加剂 酸性红（偶氮玉红）	GB 28309—2012
453	食品安全国家标准 食品添加剂 β-胡萝卜素（发酵法）	GB 28310—2012

附录2-6-5 续13

序号	标准名称	标准号
454	食品安全国家标准 食品添加剂 栀子蓝	GB 28311—2012
455	食品安全国家标准 食品添加剂 玫瑰茄红	GB 28312—2012
456	食品安全国家标准 食品添加剂 葡萄皮红	GB 28313—2012
457	食品安全国家标准 食品添加剂 辣椒油树脂	GB 28314—2012
458	食品安全国家标准 食品添加剂 紫草红	GB 28315—2012
459	食品安全国家标准 食品添加剂 番茄红	GB 28316—2012
460	食品安全国家标准 食品添加剂 靛蓝	GB 28317—2012
461	食品安全国家标准 食品添加剂 靛蓝铝色淀	GB 1886. 357—2022
462	食品安全国家标准 食品添加剂 庚酸烯丙酯	GB 28319—2012
463	食品安全国家标准 食品添加剂 苯甲醛	GB 28320—2012
464	食品安全国家标准 食品添加剂 十二酸乙酯（月桂酸乙酯）	GB 28321—2012
465	食品安全国家标准 食品添加剂 十四酸乙酯（肉豆蔻酸乙酯）	GB 28322—2012
466	食品安全国家标准 食品添加剂 乙酸香茅酯	GB 28323—2012
467	食品安全国家标准 食品添加剂 丁酸香叶酯	GB 28324—2012
468	食品安全国家标准 食品添加剂 乙酸丁酯	GB 28325—2012
469	食品安全国家标准 食品添加剂 乙酸己酯	GB 28326—2012
470	食品安全国家标准 食品添加剂 乙酸辛酯	GB 28327—2012
471	食品安全国家标准 食品添加剂 乙酸癸酯	GB 28328—2012
472	食品安全国家标准 食品添加剂 顺式-3-己烯醇乙酸酯（乙酸叶醇酯）	GB 28329—2012
473	食品安全国家标准 食品添加剂 乙酸异丁酯	GB 28330—2012
474	食品安全国家标准 食品添加剂 丁酸戊酯	GB 28331—2012
475	食品安全国家标准 食品添加剂 丁酸己酯	GB 28332—2012
476	食品安全国家标准 食品添加剂 顺式-3-己烯醇丁酸酯（丁酸叶醇酯）	GB 28333—2012
477	食品安全国家标准 食品添加剂 顺式-3-己烯醇己酸酯（己酸叶醇酯）	GB 28334—2012
478	食品安全国家标准 食品添加剂 2-甲基丁酸乙酯	GB 28335—2012
479	食品安全国家标准 食品添加剂 2-甲基丁酸	GB 28336—2012
480	食品安全国家标准 食品添加剂 乙酸薄荷酯	GB 28337—2012
481	食品安全国家标准 食品添加剂 乳酸 l-薄荷酯	GB 28338—2012
482	食品安全国家标准 食品添加剂 二甲基硫醚	GB 28339—2012
483	食品安全国家标准 食品添加剂 3-甲硫基丙醇	GB 28340—2012
484	食品安全国家标准 食品添加剂 3-甲硫基丙醛	GB 28341—2012
485	食品安全国家标准 食品添加剂 3-甲硫基丙酸甲酯	GB 28342—2012
486	食品安全国家标准 食品添加剂 3-甲硫基丙酸乙酯	GB 28343—2012
487	食品安全国家标准 食品添加剂 乙酰乙酸乙酯	GB 28344—2012
488	食品安全国家标准 食品添加剂 乙酸肉桂酯	GB 28345—2012

附录2-6-5 续14

序号	标准名称	标准号
489	食品安全国家标准 食品添加剂 肉桂醛	GB 28346—2012
490	食品安全国家标准 食品添加剂 肉桂酸	GB 28347—2012
491	食品安全国家标准 食品添加剂 肉桂酸甲酯	GB 28348—2012
492	食品安全国家标准 食品添加剂 肉桂酸乙酯	GB 28349—2012
493	食品安全国家标准 食品添加剂 肉桂酸苯乙酯	GB 28350—2012
494	食品安全国家标准 食品添加剂 5-甲基糠醛	GB 28351—2012
495	食品安全国家标准 食品添加剂 苯甲酸甲酯	GB 28352—2012
496	食品安全国家标准 食品添加剂 茴香醇	GB 28353—2012
497	食品安全国家标准 食品添加剂 大茴香醛	GB 28354—2012
498	食品安全国家标准 食品添加剂 水杨酸甲酯（柳酸甲酯）	GB 28355—2012
499	食品安全国家标准 食品添加剂 水杨酸乙酯（柳酸乙酯）	GB 28356—2012
500	食品安全国家标准 食品添加剂 水杨酸异戊酯（柳酸异戊酯）	GB 28357—2012
501	食品安全国家标准 食品添加剂 丁酰乳酸丁酯	GB 28358—2012
502	食品安全国家标准 食品添加剂 乙酸苯乙酯	GB 28359—2012
503	食品安全国家标准 食品添加剂 苯乙酸苯乙酯	GB 28360—2012
504	食品安全国家标准 食品添加剂 苯乙酸乙酯	GB 28361—2012
505	食品安全国家标准 食品添加剂 苯氧乙酸烯丙酯	GB 28362—2012
506	食品安全国家标准 食品添加剂 二氢香豆素	GB 28363—2012
507	食品安全国家标准 食品添加剂 2-甲基-2-戊烯酸（草莓酸）	GB 28364—2012
508	食品安全国家标准 食品添加剂 4-羟基-2,5-二甲基-3（2H）呋喃酮	GB 28365—2012
509	食品安全国家标准 食品添加剂 2-乙基-4-羟基-5-甲基-3（2H）-呋喃酮	GB 28366—2012
510	食品安全国家标准 食品添加剂 4-羟基-5-甲基-3（2H）呋喃酮	GB 28367—2012
511	食品安全国家标准 食品添加剂 2,3-戊二酮	GB 28368—2012
512	食品安全国家标准 食品添加剂 磷脂	GB 1886. 358—2022
513	食品安全国家标准 食品添加剂 普鲁兰多糖	GB 28402—2012
514	食品安全国家标准 食品添加剂 瓜尔胶	GB 28403—2012
515	食品安全国家标准 食品添加剂 氨水及液氨	GB 29201—2020
516	食品安全国家标准 食品添加剂 氮气	GB 29202—2012
517	食品安全国家标准 食品添加剂 碘化钾	GB 29203—2012
518	食品安全国家标准 食品添加剂 硅胶	GB 29204—2012
519	食品安全国家标准 食品添加剂 硫酸	GB 29205—2012
520	食品安全国家标准 食品添加剂 硫酸铵	GB 29206—2012
521	食品安全国家标准 食品添加剂 硫酸镁	GB 29207—2012
522	食品安全国家标准 食品添加剂 硫酸锰	GB 29208—2012
523	食品安全国家标准 食品添加剂 硫酸钠	GB 29209—2012

附录2-6-5　续15

序号	标准名称	标准号
524	食品安全国家标准 食品添加剂 硫酸铜	GB 29210—2012
525	食品安全国家标准 食品添加剂 硫酸亚铁	GB 29211—2012
526	食品安全国家标准 食品添加剂 羰基铁粉	GB 29212—2012
527	食品安全国家标准 食品添加剂 硝酸钾	GB 29213—2012
528	食品安全国家标准 食品添加剂 亚铁氰化钠	GB 29214—2012
529	食品安全国家标准 食品添加剂 植物活性炭（木质活性炭）	GB 29215—2012
530	食品安全国家标准 食品添加剂 丙二醇	GB 29216—2012
531	食品安全国家标准 食品添加剂 环己基氨基磺酸钙	GB 29217—2012
532	食品安全国家标准 食品添加剂 甲醇	GB 29218—2012
533	食品安全国家标准 食品添加剂 山梨醇酐三硬脂酸酯（司盘 65）	GB 29220—2012
534	食品安全国家标准 食品添加剂 聚氧乙烯（20）山梨醇酐单月桂酸酯（吐温 20）	GB 29221—2012
535	食品安全国家标准 食品添加剂 聚氧乙烯（20）山梨醇酐单棕榈酸酯（吐温 40）	GB 29222—2012
536	食品安全国家标准 食品添加剂 脱氢乙酸	GB 29223—2012
537	食品安全国家标准 食品添加剂 凹凸棒粘土	GB 29225—2012
538	食品安全国家标准 食品添加剂 天门冬氨酸钙	GB 29226—2012
539	食品安全国家标准 食品添加剂 丙酮	GB 29227—2012
540	食品安全国家标准 食品添加剂 醋酸酯淀粉	GB 29925—2013
541	食品安全国家标准 食品添加剂 磷酸酯双淀粉	GB 29926—2013
542	食品安全国家标准 食品添加剂 氧化淀粉	GB 29927—2013
543	食品安全国家标准 食品添加剂 酸处理淀粉	GB 29928—2013
544	食品安全国家标准 食品添加剂 乙酰化二淀粉磷酸酯	GB 29929—2013
545	食品安全国家标准 食品添加剂 羟丙基淀粉	GB 29930—2013
546	食品安全国家标准 食品添加剂 羟丙基二淀粉磷酸酯	GB 29931—2013
547	食品安全国家标准 食品添加剂 乙酰化双淀粉己二酸酯	GB 29932—2013
548	食品安全国家标准 食品添加剂 氧化羟丙基淀粉	GB 29933—2013
549	食品安全国家标准 食品添加剂 辛烯基琥珀酸铝淀粉	GB 29934—2013
550	食品安全国家标准 食品添加剂 磷酸化二淀粉磷酸酯	GB 29935—2013
551	食品安全国家标准 食品添加剂 淀粉磷酸酯钠	GB 29936—2013
552	食品安全国家标准 食品添加剂 羧甲基淀粉钠	GB 29937—2013
553	食品安全国家标准 食品添加剂 琥珀酸二钠	GB 29939—2013
554	食品安全国家标准 食品添加剂 柠檬酸亚锡二钠	GB 29940—2013
555	食品安全国家标准 食品添加剂 脱乙酰甲壳素（壳聚糖）	GB 29941—2013
556	食品安全国家标准 食品添加剂 维生素 E（dl-α-生育酚）	GB 29942—2013
557	食品安全国家标准 食品添加剂 棕榈酸视黄酯（棕榈酸维生素 A）	GB 29943—2013

附录2-6-5 续16

序号	标准名称	标准号
558	食品安全国家标准 食品添加剂 N-［N-（3，3-二甲基丁基）］-L-α-天门冬氨-L-苯丙氨酸1-甲酯（纽甜）	GB 29944—2013
559	食品安全国家标准 食品添加剂 槐豆胶（刺槐豆胶）	GB 29945—2013
560	食品安全国家标准 食品添加剂 纤维素	GB 1886. 374—2024
561	食品安全国家标准 食品添加剂 聚丙烯酸钠	GB 29948—2013
562	食品安全国家标准 食品添加剂 阿拉伯胶	GB 29949—2013
563	食品安全国家标准 食品添加剂 甘油	GB 29950—2013
564	食品安全国家标准 食品添加剂 柠檬酸脂肪酸甘油酯	GB 29951—2013
565	食品安全国家标准 食品添加剂 γ-辛内酯	GB 29952—2013
566	食品安全国家标准 食品添加剂 δ-辛内酯	GB 29953—2013
567	食品安全国家标准 食品添加剂 δ-壬内酯	GB 29954—2013
568	食品安全国家标准 食品添加剂 δ-十一内酯	GB 29955—2013
569	食品安全国家标准 食品添加剂 δ-突厥酮	GB 29956—2013
570	食品安全国家标准 食品添加剂 二氢-β-紫罗兰酮	GB 29957—2013
571	食品安全国家标准 食品添加剂 l-薄荷醇丙二醇碳酸酯	GB 29958—2013
572	食品安全国家标准 食品添加剂 d,l-薄荷酮甘油缩酮	GB 29959—2013
573	食品安全国家标准 食品添加剂 二烯丙基硫醚	GB 29960—2013
574	食品安全国家标准 食品添加剂 4,5-二氢-3（2H）噻吩酮（四氢噻吩-3-酮）	GB 29961—2013
575	食品安全国家标准 食品添加剂 2-巯基-3-丁醇	GB 29962—2013
576	食品安全国家标准 食品添加剂 3-巯基-2-丁酮（3-巯基-丁-2-酮）	GB 29963—2013
577	食品安全国家标准 食品添加剂 二甲基二硫醚	GB 29964—2013
578	食品安全国家标准 食品添加剂 二丙基二硫醚	GB 29965—2013
579	食品安全国家标准 食品添加剂 烯丙基二硫醚	GB 29966—2013
580	食品安全国家标准 食品添加剂 柠檬酸三乙酯	GB 29967—2013
581	食品安全国家标准 食品添加剂 肉桂酸苄酯	GB 29968—2013
582	食品安全国家标准 食品添加剂 肉桂酸肉桂酯	GB 29969—2013
583	食品安全国家标准 食品添加剂 2,5-二甲基吡嗪	GB 29970—2013
584	食品安全国家标准 食品添加剂 苯甲醛丙二醇缩醛	GB 29971—2013
585	食品安全国家标准 食品添加剂 乙醛二乙缩醛	GB 29972—2013
586	食品安全国家标准 食品添加剂 2-异丙基-4-甲基噻唑	GB 29973—2013
587	食品安全国家标准 食品添加剂 糠基硫醇（咖啡醛）	GB 29974—2013
588	食品安全国家标准 食品添加剂 二糠基二硫醚	GB 29975—2013
589	食品安全国家标准 食品添加剂 1-辛烯-3-醇	GB 29976—2013
590	食品安全国家标准 食品添加剂 2-乙酰基吡咯	GB 29977—2013
591	食品安全国家标准 食品添加剂 2-己烯醛（叶醛）	GB 29978—2013

附录2-6-5 续17

序号	标准名称	标准号
592	食品安全国家标准 食品添加剂 氧化芳樟醇	GB 29979—2013
593	食品安全国家标准 食品添加剂 异硫氰酸烯丙酯	GB 29980—2013
594	食品安全国家标准 食品添加剂 N-乙基-2-异丙基-5-甲基-环己烷甲酰胺	GB 29981—2013
595	食品安全国家标准 食品添加剂 δ-己内酯	GB 29982—2013
596	食品安全国家标准 食品添加剂 δ-十四内酯	GB 29983—2013
597	食品安全国家标准 食品添加剂 四氢芳樟醇	GB 29984—2013
598	食品安全国家标准 食品添加剂 叶醇（顺式-3-己烯-1-醇）	GB 29985—2013
599	食品安全国家标准 食品添加剂 6-甲基-5-庚烯-2-酮	GB 29986—2013
600	食品安全国家标准 食品添加剂 胶基及其配料	GB 1886. 359—2022
601	食品安全国家标准 食品添加剂 海藻酸钾（褐藻酸钾）	GB 29988—2013
602	食品安全国家标准 食品添加剂 对羟基苯甲酸甲酯钠	GB 30601—2014
603	食品安全国家标准 食品添加剂 对羟基苯甲酸乙酯钠	GB 30602—2014
604	食品安全国家标准 食品添加剂 乙酸钠	GB 30603—2014
605	食品安全国家标准 食品添加剂 甘氨酸钙	GB 30605—2014
606	食品安全国家标准 食品添加剂 甘氨酸亚铁	GB 30606—2014
607	食品安全国家标准 食品添加剂 酶解大豆磷脂	GB 30607—2014
608	食品安全国家标准 食品添加剂 DL-苹果酸钠	GB 30608—2014
609	食品安全国家标准 食品添加剂 聚氧乙烯聚氧丙烯季戊四醇醚	GB 30609—2014
610	食品安全国家标准 食品添加剂 乙醇	GB 30610—2014
611	食品安全国家标准 食品添加剂 异丙醇	GB 30611—2014
612	食品安全国家标准 食品添加剂 聚二甲基硅氧烷及其乳液	GB 30612—2014
613	食品安全国家标准 食品添加剂 氧化钙	GB 30614—2014
614	食品安全国家标准 食品添加剂 竹叶抗氧化物	GB 30615—2014
615	食品安全国家标准 食品添加剂 决明胶	GB 31619—2014
616	食品安全国家标准 食品添加剂 β-阿朴-8'-胡萝卜素醛	GB 31620—2014
617	食品安全国家标准 食品添加剂 杨梅红	GB 31622—2014
618	食品安全国家标准 食品添加剂 硬脂酸钾	GB 31623—2014
619	食品安全国家标准 食品添加剂 天然胡萝卜素	GB 31624—2014
620	食品安全国家标准 食品添加剂 二氢茉莉酮酸甲酯	GB 31625—2014
621	食品安全国家标准 食品添加剂 水杨酸苄酯（柳酸苄酯）	GB 31626—2014
622	食品安全国家标准 食品添加剂 香芹酚	GB 31627—2014
623	食品安全国家标准 食品添加剂 高岭土	GB 31628—2014
624	食品安全国家标准 食品添加剂 聚丙烯酰胺	GB 31629—2014
625	食品安全国家标准 食品添加剂 聚乙烯醇	GB 31630—2014
626	食品安全国家标准 食品添加剂 氯化铵	GB 31631—2014

附录2-6-5　续18

序号	标准名称	标准号
627	食品安全国家标准 食品添加剂 镍	GB 31632—2014
628	食品安全国家标准 食品添加剂 氢气	GB 31633—2014
629	食品安全国家标准 食品添加剂 珍珠岩	GB 31634—2014
630	食品安全国家标准 食品添加剂 聚苯乙烯	GB 31635—2014
631	食品安全国家标准 食品添加剂 γ-环状糊精	GB 1886. 353—2021
632	食品安全国家标准 食品添加剂 3-［（4-氨基-2,2-二氧-1H-2，1，3-苯并噻二嗪-5-基）氧］-2,2-二甲基-N-丙基丙酰胺	GB 1886. 354—2021
633	食品安全国家标准 食品添加剂 β-环状糊精	GB 1886. 352—2021
634	食品安全国家标准 食品添加剂 α-环状糊精	GB 1886. 351—2021
635	食品安全国家标准 食品添加剂 五碳双缩醛（又名戊二醛）	GB 1886. 349—2021
636	食品安全国家标准 食品添加剂 氧化亚氮	GB 1886. 350—2021
637	食品安全国家标准 食品添加剂 5-甲基-2-呋喃甲硫醇	GB 1886. 365—2023
638	食品安全国家标准 食品添加剂 6-甲基辛醛	GB 1886. 367—2023
639	食品安全国家标准 食品添加剂（2S,5R）-N-［4-（2-氨基-2-氧代乙基）苯基］-5-甲基-2-（丙基-2-）环己烷甲酰胺	GB 1886. 368—2023
640	食品安全国家标准 食品添加剂 蓝锭果红	GB 1886. 369—2023
641	食品安全国家标准 食品添加剂 ε-聚赖氨酸盐酸盐	GB 1886. 371—2023
642	食品安全国家标准 食品添加剂 L-蛋氨酰基甘氨酸盐酸盐	GB 1886. 372—2023
643	食品安全国家标准 食品添加剂 甲醇钠	GB 1886. 373—2023

附录 2-6-6　食品营养强化剂质量规格标准 75 项

序号	标准名称	标准号
1	食品安全国家标准 食品营养强化剂 5’-尿苷酸二钠	GB 1886. 82—2015
2	食品安全国家标准 食品营养强化剂 L-盐酸赖氨酸	GB 1903. 1—2015
3	食品安全国家标准 食品营养强化剂 甘氨酸锌	GB 1903. 2—2015
4	食品安全国家标准 食品营养强化剂 5’-单磷酸腺苷	GB 1903. 3—2015
5	食品安全国家标准 食品营养强化剂 氧化锌	GB 1903. 4—2015
6	食品安全国家标准 食品营养强化剂 5’-胞苷酸二钠	GB 1903. 5—2016
7	食品安全国家标准 食品营养强化剂 维生素 E 琥珀酸钙	GB 1903. 6—2015
8	食品安全国家标准 食品营养强化剂 葡萄糖酸锰	GB 1903. 7—2015
9	食品安全国家标准 食品营养强化剂 葡萄糖酸铜	GB 1903. 8—2015
10	食品安全国家标准 食品营养强化剂 亚硒酸钠	GB 1903. 9—2015
11	食品安全国家标准 食品营养强化剂 葡萄糖酸亚铁	GB 1903. 10—2015
12	食品安全国家标准 食品营养强化剂 乳酸锌	GB 1903. 11—2015
13	食品安全国家标准 食品营养强化剂 L-硒-甲基硒代半胱氨酸	GB 1903. 12—2015
14	食品安全国家标准 食品营养强化剂 左旋肉碱（L-肉碱）	GB 1903. 13—2016

附录2-6-6 续1

序号	标准名称	标准号
15	食品安全国家标准 食品营养强化剂 柠檬酸钙	GB 1903. 14—2016
16	食品安全国家标准 食品营养强化剂 醋酸钙（乙酸钙）	GB 1903. 15—2016
17	食品安全国家标准 食品营养强化剂 焦磷酸铁	GB 1903. 16—2016
18	食品安全国家标准 食品营养强化剂 乳铁蛋白	GB 1903. 17—2016
19	食品安全国家标准 食品营养强化剂 柠檬酸苹果酸钙	GB 1903. 18—2016
20	食品安全国家标准 食品营养强化剂 骨粉	GB 1903. 19—2016
21	食品安全国家标准 食品营养强化剂 硝酸硫胺素	GB 1903. 20—2016
22	食品安全国家标准 食品营养强化剂 富硒酵母	GB 1903. 21—2016
23	食品安全国家标准 食品营养强化剂 富硒食用菌粉	GB 1903. 22—2016
24	食品安全国家标准 食品营养强化剂 硒化卡拉胶	GB 1903. 23—2016
25	食品安全国家标准 食品营养强化剂 维生素 C 磷酸酯镁	GB 1903. 24—2016
26	食品安全国家标准 食品营养强化剂 D-生物素	GB 1903. 25—2016
27	食品安全国家标准 食品营养强化剂 1,3-二油酸-2-棕榈酸甘油三酯	GB 30604—2015
28	食品安全国家标准 食品营养强化剂 酪蛋白磷酸肽	GB 31617—2014
29	食品安全国家标准 食品营养强化剂 棉子糖	GB 31618—2014
30	食品安全国家标准 食品营养强化剂 硒蛋白	GB 1903. 28—2018
31	食品安全国家标准 食品营养强化剂 葡萄糖酸镁	GB 1903. 29—2018
32	食品安全国家标准 食品营养强化剂 醋酸视黄酯（醋酸维生素 A）	GB 1903. 31—2018
33	食品安全国家标准 食品营养强化剂 D-泛酸钠	GB 1903. 32—2018
34	食品安全国家标准 食品营养强化剂 氯化锌	GB 1903. 34—2018
35	食品安全国家标准 食品营养强化剂 乙酸锌	GB 1903. 35—2018
36	食品安全国家标准 食品营养强化剂 氯化胆碱	GB 1903. 36—2018
37	食品安全国家标准 食品营养强化剂 柠檬酸铁	GB 1903. 37—2018
38	食品安全国家标准 食品营养强化剂 琥珀酸亚铁	GB 1903. 38—2018
39	食品安全国家标准 食品营养强化剂 海藻碘	GB 1903. 39—2018
40	食品安全国家标准 食品营养强化剂 葡萄糖酸钾	GB 1903. 41—2018
41	食品安全国家标准 食品营养强化剂 肌醇（环已六醇）	GB 1903. 42—2020
42	食品安全国家标准 食品营养强化剂 氰钴胺	GB 1903. 43—2020
43	食品安全国家标准 食品营养强化剂 羟钴胺	GB 1903. 44—2020
44	食品安全国家标准 食品营养强化剂 烟酰胺	GB 1903. 45—2020
45	食品安全国家标准 食品营养强化剂 富马酸亚铁	GB 1903. 46—2020
46	食品安全国家标准 食品营养强化剂 乳酸亚铁	GB 1903. 47—2020
47	食品安全国家标准 食品营养强化剂 磷酸氢镁	GB 1903. 48—2020
48	食品安全国家标准 食品营养强化剂 柠檬酸锌	GB 1903. 49—2020
49	食品安全国家标准 食品营养强化剂 胆钙化醇（维生素 D_3）	GB 1903. 50—2020

附录2-6-6 续2

序号	标准名称	标准号
50	食品安全国家标准 食品营养强化剂 碘化钠	GB 1903. 51—2020
51	食品安全国家标准 食品营养强化剂 D-泛酸钙	GB 1903. 53—2021
52	食品安全国家标准 食品营养强化剂 酒石酸氢胆碱	GB 1903. 54—2021
53	食品安全国家标准 食品营养强化剂 氯化高铁血红素	GB 1903. 52—2021
54	食品安全国家标准 食品营养强化剂 L-抗坏血酸钾	GB 1903. 55—2022
55	食品安全国家标准 食品营养强化剂 硒酸钠	GB 1903. 56—2022
56	食品安全国家标准 食品营养强化剂 柠檬酸锰	GB 1903. 57—2022
57	食品安全国家标准 食品营养强化剂 碳酸锰	GB 1903. 58—2022
58	食品安全国家标准 食品营养强化剂 低聚果糖	GB 1903. 40—2022
59	食品安全国家标准 食品营养强化剂 多聚果糖	GB 1903. 30—2022
60	食品安全国家标准 食品营养强化剂 二十二碳六烯酸油脂（金枪鱼油）	GB 1903. 26—2022
61	食品安全国家标准 食品营养强化剂 低聚半乳糖	GB 1903. 27—2022
62	食品安全国家标准 食品营养强化剂 5’-单磷酸胞苷（5′-CMP）	GB 1903. 33—2022
63	食品安全国家标准 食品营养强化剂 碳酸铜	GB 1903. 61—2023
64	食品安全国家标准 食品营养强化剂 氯化锰	GB 1903. 64—2023
65	食品安全国家标准 食品添加剂 花生四烯酸油脂（发酵法）	GB 1903. 65—2024
66	食品安全国家标准 食品添加剂 二十二碳六烯酸油脂（发酵法）	GB 1903. 66—2024
67	食品安全国家标准 食品营养强化剂 植物甲萘醌（维生素 K_1）	GB 1903. 67—2024
68	食品安全国家标准 食品营养强化剂 钼酸铵	GB 1903. 68—2024
69	食品安全国家标准 食品营养强化剂 5’-单磷酸尿苷	GB 1903. 69—2024
70	食品安全国家标准 食品营养强化剂 电解铁	GB 1903. 70—2024
71	食品安全国家标准 食品营养强化剂 全反式视黄醇	GB 1903. 71—2024
72	食品安全国家标准 食品营养强化剂 甘油磷酸钙	GB 1903. 63—2023
73	食品安全国家标准 食品营养强化剂 还原铁	GB 1903. 62—2023
74	食品安全国家标准 食品营养强化剂 氯化铬	GB 1903. 59—2023
75	食品安全国家标准 食品营养强化剂 L-肉碱酒石酸盐	GB 1903. 60—2023

附录 2-6-7 食品相关产品标准 18 项

序号	标准名称	标准号
1	食品安全国家标准 洗涤剂	GB 14930. 1—2022
2	食品安全国家标准 消毒剂	GB 14930. 2—2012
3	食品安全国家标准 食品接触材料及制品迁移试验通则	GB 31604. 1—2023
4	食品安全国家标准 食品接触材料及制品通用安全要求	GB 4806. 1—2016
5	食品安全国家标准 奶嘴	GB 4806. 2—2015

附录2-6-7 续

序号	标准名称	标准号
6	食品安全国家标准 搪瓷制品	GB 4806.3—2016
7	食品安全国家标准 陶瓷制品	GB 4806.4—2016
8	食品安全国家标准 玻璃制品	GB 4806.5—2016
9	食品安全国家标准 食品接触用塑料材料及制品	GB 4806.7—2023
10	食品安全国家标准 食品接触用纸和纸板材料及制品	GB 4806.8—2022
11	食品安全国家标准 食品接触用金属材料及制品	GB 4806.9—2023
12	食品安全国家标准 食品接触用涂料及涂层	GB 4806.10—2016
13	食品安全国家标准 食品接触用橡胶材料及制品	GB 4806.11—2023
14	食品安全国家标准 食品接触用竹木材料及制品	GB 4806.12—2022
15	食品安全国家标准 食品接触用复合材料及制品	GB 4806.13—2023
16	食品安全国家标准 食品接触材料及制品用油墨	GB 4806.14—2023
17	食品安全国家标准 食品接触材料及制品用黏合剂	GB 4806.15—2024
18	食品安全国家标准 消毒餐（饮）具	GB 14934—2016

附录2-6-8 2024年起替代和待废止标准24项

序号	标准名称	时间	标准号
1	食品安全国家标准 食品添加剂乳酸链球菌素	2024年3月6日被替代	GB 1886.231—2016
2	食品安全国家标准 食品添加剂辛烯基琥珀酸淀粉钠	2024年3月6日被替代	GB 28303—2012
3	食品安全国家标准 食品添加剂β-胡萝卜素	2024年3月6日被替代	GB 8821—2011
4	食品安全国家标准 食品添加剂L-肉碱酒石酸盐	2024年3月6日被替代	GB 25550—2010
5	食品安全国家标准 食品添加剂纤维素	2024年8月8日被替代	GB 29946—2013
6	食品安全国家标准 食品添加剂松香季戊四醇酯	2024年8月8日被替代	GB 1886.96—2016
7	食品安全国家标准 食品添加剂吗啉脂肪酸盐果蜡	2024年8月8日被替代	GB 1886.227—2016
8	食品安全国家标准 食品添加剂氢氧化钙	2024年8月8日被替代	GB 25572—2010
9	食品安全国家标准 食品添加剂食品工业用酶制剂	2024年8月8日被替代	GB 1886.174—2016
10	食品安全国家标准 食品添加剂甲基纤维素	2024年8月8日被替代	GB 1886.256—2016
11	食品安全国家标准 食品添加剂喹啉黄	2024年8月8日被替代	GB 1886.104—2015
12	食品安全国家标准 食品添加剂乳糖醇（又名4-β-D吡喃半乳糖-D-山梨醇）	2024年8月8日被替代	GB 1886.98—2016
13	食品安全国家标准 食品添加剂花生四烯酸油脂（发酵法）	2024年8月8日被替代	GB 26401—2011
14	食品安全国家标准 食品添加剂二十二碳六烯酸油脂（发酵法）	2024年8月8日被替代	GB 26400—2011
15	食品安全国家标准 乳粉	2025年2月8日被替代	GB 19644—2010
16	食品安全国家标准 食品接触用塑料材料及制品	2024年9月6日被替代	GB 4806.7—2016
17	食品安全国家标准 食品接触用塑料树脂	2024年9月6日被替代	GB 4806.6—2016

附录2-6-8 续

序号	标准名称	时间	标准号
18	食品安全国家标准 食品接触用金属材料及制品	2024年9月6日被替代	GB 4806.9—2016
19	食品安全国家标准 食品接触用橡胶材料及制品	2024年9月6日被替代	GB 4806.11—2016
20	食品安全国家标准 食品加工用酵母	2024年9月6日被替代	GB 31639—2016
21	食品安全国家标准 乳制品良好生产规范	2024年9月6日被替代	GB 12693—2010
22	食品安全国家标准 特殊医学用途配方食品良好生产规范	2024年9月6日被替代	GB 29923—2013
23	食品安全国家标准 粉状婴幼儿配方食品良好生产规范	2024年9月6日被替代	GB 23790—2010
24	食品安全国家标准 食品添加剂使用标准	2025年2月8日被替代	GB 2760—2014

附录2-7 指定监管场地名单

附录2-7-1 进境食用水生动物指定监管场地名单

（80家，截至2025年2月28日）

序号	直属海关	主管海关（隶属海关）	指定监管场地名称	允许进境类别	场所/场地编码	所在口岸区域
1	北京海关	首都机场海关	首都机场进境食用水生动物指定监管场地	鱼类、甲壳类、软体类	CNBJS01S001	首都国际机场
2	北京海关	北京大兴国际机场海关	北京大兴国际机场进境食用水生动物指定监管场地		CNBJS01S981	北京大兴国际机场
3	天津海关	天津滨海机场海关	天津航空口岸大通关基地进境食用水生动物指定监管场地		CNTSN02S665	天津滨海国际机场
4	呼和浩特海关	鄂尔多斯海关	鄂尔多斯航空口岸综合性指定监管场地（食用水生动物）		CNORD070135	鄂尔多斯航空口岸
5	大连海关	大连周水子机场海关	大连国际机场进境食用水生动物指定监管场地	鱼类、甲壳类、软体类	CNDLC090088	大连周水子国际机场
6	大连海关	大东港海关	丹东港进境食用水生动物指定监管场地	鱼类、甲壳类、软体类	CNDDG090018	丹东港大东港区
7	大连海关	旅顺海关	旅顺新港进境食用水生动物指定监管场地	鱼类、甲壳类、软体类	CNLSH090022	旅顺新港
8	沈阳海关	沈阳桃仙机场海关	沈阳桃仙国际机场进境食用水生动物指定监管场地	鱼类、甲壳类、软体类	CNSHE080027	沈阳桃仙国际机场
9	长春海关	珲春海关	珲春通关服务中心进境食用水生动物指定监管场地		CNHCG150041	
10	哈尔滨海关	东宁海关	东宁口岸进境食用水生动物指定监管场地	鱼类、甲壳类、软体类	CNDON190044	东宁（公路）
11	哈尔滨海关	绥芬河海关	绥芬河公路口岸进境食用水生动物指定监管场地	鱼类、甲壳类、软体类	CNSFH19S051	绥芬河（公路）
12	哈尔滨海关	抚远海关	抚远进境食用水生动物指定监管场地	鱼类、甲壳类、软体类	CNHUY19S052	抚远（水运）

附录2-7-1 续1

序号	直属海关	主管海关（隶属海关）	指定监管场地名称	允许进境类别	场所/场地编码	所在口岸区域
13	哈尔滨海关	哈尔滨太平机场海关	哈尔滨太平国际机场进境食用水生动物指定监管场地		CNHRB19S168	哈尔滨太平国际机场
14	哈尔滨海关	逊克海关	逊克水运口岸进境食用水生动物指定监管场地		CNXUK19S172	逊克水运口岸
15	上海海关	浦东机场海关	上海浦东机场浦虹进境食用水生动物指定监管场地	鱼类、甲壳类、软体类	CNPVG22S050	
16	上海海关	崇明海关	上海长兴岛进境食用水生动物指定监管场地	鱼类、甲壳类、软体类	CNCGM220472	横沙渔港
17	上海海关	浦东海关	华辰优安进口食品产业园进境食用水生动物指定监管场地		CNSGH22S051	
18	南京海关	无锡海关	苏南硕放国际机场进境食用水生动物指定监管场地	鱼类、甲壳类、软体类	CNWUX230001	苏南硕放国际机场
19	南京海关	南京禄口机场海关	南京禄口国际机场进境食用水生动物指定监管场地	鱼类、甲壳类、软体类	CNNKG230011	南京禄口国际机场
20	南京海关	徐州海关	徐州观音国际机场进境食用水生动物指定监管场地	鱼类、甲壳类、软体类	CNFAX230004	徐州观音国际机场
21	南京海关	连云港海关	连云港新东方集装箱码头进境食用水生动物指定场地	鱼类、甲壳类、软体类	CNLYG230026	连云港
22	南京海关	常州海关	常州国际机场进境食用水生动物指定场地	鱼类、甲壳类、软体类	CNCZX230037	常州奔牛国际机场
23	南京海关	太仓海关	苏州现代货箱码头进境食用水生动物指定场地	鱼类、甲壳类、软体类	CNTAC230013	太仓港
24	杭州海关	杭州萧山机场海关	杭州萧山国际机场进境食用水生动物指定监管场地	鱼类、甲壳类、软体类	CNHGH290077	杭州萧山国际机场
25	杭州海关	温州海关	温州龙湾国际机场进境食用水生动物指定监管场地	鱼类、甲壳类、软体类	CNWNZ290311	温州市龙湾国际机场
26	杭州海关	舟山海关	舟山沈家门港区进境食用水生动物指定监管场地	鱼类、甲壳类、软体类	CNZOS290347	舟山港
27	杭州海关	台州海关	台州港大麦屿港区进境食用水生动物指定监管场地		CNDMY290362	台州港大麦屿港区
28	杭州海关	杭州萧山机场海关	杭州萧山国际机场综合性指定监管场地（进境食用水生动物）		CNHGH290383	杭州萧山国际机场
29	杭州海关	嘉兴海关	嘉兴港乍浦港区浙江中润综合性指定监管场地（进境食用水生动物）		CNZPU290387	嘉兴港乍浦港区
30	宁波海关	宁波机场海关	宁波栎社国际机场进境食用水生动物指定监管场地	鱼类、甲壳类、软体类	CNNGB310207	宁波栎社国际机场

附录2-7-1　续2

序号	直属海关	主管海关（隶属海关）	指定监管场地名称	允许进境类别	场所/场地编码	所在口岸区域
31	宁波海关	象山海关	宁波石浦港区进境食用水生动物指定监管场地	鱼类、甲壳类、软体类	CNXSP310151	宁波港
32	合肥海关	合肥新桥机场海关	合肥新桥国际机场进境食用水生动物指定监管场地	鱼类、甲壳类、软体类	CNHFE33S005	合肥新桥国际机场
33	福州海关	福州长乐机场海关	福州长乐国际机场进境食用水生动物指定监管场地	鱼类、甲壳类、软体类	CNFOC350172	福州长乐国际机场
34	福州海关	平潭海关	福建省平潭港口岸金井港区进境食用水生动物指定监管场地	鱼类、甲壳类、软体类、棘皮类	CNPTJ350145	平潭港金井港区
35	厦门海关	东山海关	漳州东山港进境食用水生动物指定监管场地	鱼类、甲壳类、软体类	CNDSN370195	漳州港
36	厦门海关	泉州海关	泉州晋江国际机场进境食用水生动物指定监管场地	鱼类、甲壳类、软体类	CNJJN370233	泉州晋江国际机场
37	厦门海关	厦门机场海关	厦门高崎国际机场进境食用水生动物指定监管场地	鱼类、甲壳类、软体类	CNXAM370220	厦门高崎国际机场
38	厦门海关	邮轮海关	厦门港东渡港区国际邮轮中心码头进境食用水生动物指定监管场地	鱼类、甲壳类、软体类	CNXAM370251	厦门港东渡港区
39	南昌海关	南昌昌北机场海关	南昌昌北国际机场进境食用水生动物指定监管场地		CNKHN400058	南昌昌北国际机场
40	青岛海关	青岛大港海关	青岛中外运集装箱仓码进境食用水生动物指定监管场地	鱼类、甲壳类、软体类	CNQGD420170	青岛港
41	青岛海关	黄岛海关	青岛前湾港鲁海丰进境食用水生动物指定监管场地	鱼类、甲壳类、软体类	CNQGD42S401	
42	青岛海关	荣成海关	山东荣成龙眼港进境食用水生动物指定查验场地	鱼类、甲壳类、软体类	CNLGY420319	龙眼港
43	青岛海关	威海海关	山东威海港进境食用水生动物查验场	鱼类、甲壳类、软体类	CNWEI420298	威海港
44	青岛海关	荣成海关	山东荣成石岛新港进境食用水生动物指定监管场地	鱼类、甲壳类、软体类	CNSHD420314	石岛港
45	青岛海关	威海海关	山东威海机场进境食用水生动物指定监管场地	鱼类、甲壳类、软体类	CNWEH42S401	山东威海国际机场
46	青岛海关	烟台海关	烟台蓬莱国际机场进境食用水生动物指定监管场地	鱼类、甲壳类、软体类	CNYAT420299	烟台蓬莱国际机场
47	青岛海关	烟台海关	烟台芝罘湾港区进境食用水生动物指定监管场地	鱼类、甲壳类、软体类	CNYAT42S402	烟台港
48	青岛海关	烟台海关	烟台综保区综合性指定监管场地	甲壳类、软体类	CNYAT42S403	

附录2-7-1 续3

序号	直属海关	主管海关（隶属海关）	指定监管场地名称	允许进境类别	场所/场地编码	所在口岸区域
49	青岛海关	日照海关	日照中盛进境食用水生动物指定监管场地	甲壳类、软体类	CNRZH420219	日照港
50	青岛海关	青岛流亭机场海关	青岛胶东国际机场进境食用水生动物指定监管场地	甲壳类、软体类、棘皮类	CNTAO420321	青岛胶东国际机场
51	济南海关	济南机场海关	济南国际机场股份有限公司进境食用水生动物指定监管场地	鱼类、甲壳类、软体类	CNTNA430013	济南遥墙国际机场
52	郑州海关	郑州机场海关	郑州新郑国际机场进境食用水生动物指定监管场地	鱼类、甲壳类、软体类	CNCGO460006	郑州新郑国际机场
53	武汉海关	武汉天河机场海关	武汉天河国际机场进境食用水生动物指定监管场地	鱼类、甲壳类、软体类	CNWUH470061	武汉天河国际机场
54	武汉海关	鄂州海关	鄂州花湖机场进境食用水生动物指定监管场地		CNEZH470063	鄂州花湖机场
55	长沙海关	长沙黄花机场海关	长沙黄花国际机场进境食用水生动物指定监管场地	鱼类、甲壳类、软体类	CNCSX491014 CNCSX491067	长沙黄花国际机场
56	长沙海关	长沙黄花机场海关	长沙黄花综合保税区进境食用水生动物指定监管场地	鱼类、甲壳类、软体类	CNCSX49S306	长沙黄花国际机场
57	长沙海关	张家界海关	张家界荷花国际机场进境食用水生动物指定监管场地	鱼类、甲壳类、软体类、棘皮类	CNDYG491052	张家界荷花国际机场
58	广州海关	广州白云机场海关	广州白云机场新运进境食用水生动物指定监管场地	鱼类、甲壳类、软体类	CNCAN51S004	广州白云国际机场
59	广州海关	广州白云机场海关	广州白云机场联邦快递亚太转运中心进境食用水生动物指定监管场地	鱼类、甲壳类、软体类	CNCAN510003	广州白云国际机场
60	深圳海关	深圳湾海关	深圳湾口岸进境食用水生动物指定监管场地	鱼类、甲壳类、软体类	CNSNZ53S004	深圳湾（公路）
61	深圳海关	文锦渡海关	文锦渡口岸进境食用水生动物指定监管场地	鱼类、甲壳类、软体类	CNSNZ53S008	文锦渡（公路）
62	深圳海关	深圳宝安机场海关	深圳机场口岸进境食用水生动物指定监管场地	鱼类、甲壳类、软体类	CNSZX530124	深圳宝安国际机场
63	拱北海关	青茂海关	珠澳跨境工业区专用口岸进境食用水生动物指定监管场地	鱼类、甲壳类、软体类	CNZHU57S020	珠澳跨境工业区专用口岸
64	拱北海关	港珠澳大桥海关	港珠澳大桥珠海公路口岸综合性指定监管场地（进境食用水生动物）		CNGBP570161	港珠澳大桥珠海公路口岸
65	汕头海关	潮汕机场海关	揭阳潮汕机场进境食用水生动物指定监管场地	鱼类、甲壳类、软体类	CNSTG601055	揭阳潮汕国际机场

附录2-7-1　续4

序号	直属海关	主管海关（隶属海关）	指定监管场地名称	允许进境类别	场所/场地编码	所在口岸区域
66	南宁海关	南宁吴圩机场海关	南宁吴圩机场进境食用水生动物查验场	鱼类、甲壳类、软体类	CNNNG72S022	南宁吴圩国际机场
67	南宁海关	东兴海关	广西东兴边民互市贸易区进境食用水生动物指定监管场地	鱼类、甲壳类、软体类、棘皮类	CNDOX720060	东兴（公路）
68	南宁海关	友谊关海关	广西凭祥弄尧通道进境食用水生动物指定监管场地		CNYYG720271	友谊关公路口岸 弄尧通道
69	南宁海关	东兴海关	东兴公路口岸（北仑河二桥）进境食用水生动物指定监管场地		CNDOX720259	东兴公路口岸（北仑河二桥）
70	海口海关	三亚机场海关	三亚凤凰机场进境食用水生动物指定监管场地	鱼类、甲壳类、软体类	CNSYX640098	三亚凤凰国际机场
71	重庆海关	重庆江北机场海关	重庆江北国际机场进境食用水生动物指定监管场地		CNCKG80S001	重庆江北国际机场
72	成都海关	成都双流机场海关	成都双流国际机场进境食用水生动物指定监管场地	鱼类、甲壳类、软体类	CNCDU790046	成都双流国际机场
73	成都海关	成都双流机场海关	成都天府国际机场进境食用水生动物指定监管场地		CNCDU790047	成都天府国际机场
74	贵阳海关	贵阳龙洞堡机场海关	贵阳龙洞堡国际机场进境食用水生动物指定监管场地		CNKWE830018	贵阳龙洞堡国际机场
75	昆明海关	昆明长水机场海关	昆明长水机场东方航空进境食用水生动物指定监管场地	鱼类、甲壳类、软体类	CNKMG860170	昆明长水国际机场
76	昆明海关	昆明长水机场海关	昆明长水机场云南空港进境食用水生动物指定监管场地	鱼类、甲壳类、软体类	CNKMG860168	昆明长水国际机场
77	昆明海关	畹町海关	畹町口岸广发进境食用水生动物指定监管场地	鱼类、甲壳类、软体类	CNWAN86S006	
78	西安海关	西安咸阳机场海关	西安咸阳国际机场进境食用水生动物指定监管场地	鱼类、甲壳类、软体类	CNSIA900027	西安咸阳国际机场
79	乌鲁木齐海关	喀什海关	喀什航空口岸综合性指定监管场地（食用水生动物）		CNKHG94S005	喀什航空口岸
80	乌鲁木齐海关	吉木乃海关	吉木乃进境食用水生动物指定监管场地		CNJEM94S004	

附录 2-7-2 进境植物种苗指定监管场地名单

（57 家，截至 2025 年 2 月 28 日）

序号	直属海关	主管海关（隶属海关）	指定监管场地名称	场所/场地编码	所在口岸区域
1	北京海关	首都机场海关	首都机场海关查验中心	CNBJS01S001	首都国际机场
2	北京海关	天竺海关	北京天竺综保区指定监管场地	CNBJS01S008	首都国际机场
3	北京海关	北京大兴国际机场海关	北京大兴国际机场进境植物种苗指定监管场地	CNBJS01S981	北京大兴国际机场
4	天津海关	天津新港海关	天津港强集团有限公司	CNTXG02S608	天津新港
5	天津海关	天津滨海机场海关	天津航空口岸大通关基地进境植物种苗指定监管场地	CNTSN02S665	天津滨海国际机场
6	天津海关	天津东疆海关	天津东疆兴东物流进境植物种苗指定监管场地	CNDJG02S663	天津港东疆港区
7	大连海关	大连周水子机场海关	辽宁省大连市国际机场种苗指定监管场地	CNDLC090088	大连周水子国际机场
8	大连海关	大窑湾海关	辽宁省大连市大连港毅都冷链二期种苗指定监管场地	CNDYW090083	大连港大窑湾港区
9	哈尔滨海关	哈尔滨太平机场海关	哈尔滨太平国际机场进境植物种苗指定监管场地	CNHRB190125	哈尔滨太平国际机场
10	上海海关	洋山海关	上海深水港国际物流有限公司查验点	CNYSA22S053	洋山港
11	上海海关	外高桥港区海关	上港集团冷链物流进境植物种苗指定监管场地	CNWIG220540	外高桥港
12	上海海关	浦东机场海关	东方航空物流进境植物种苗指定监管场地	CNPVG220481	浦东国际机场
13	上海海关	浦东机场海关	浦东国际机场西区进境植物种苗指定监管场地	CNPVG220292	浦东国际机场
14	南京海关	南京禄口机场海关	南京禄口国际机场国际货运中心	CNNKG230011	南京禄口国际机场
15	南京海关	连云港海关	连云港新东方集装箱码头	CNLYG230026	
16	南京海关	连云港海关	连云港外贸冷库有限责任公司	CNLYG23S012	
17	杭州海关	杭州萧山机场海关	杭州萧山国际机场航空物流有限公司监管场所	CNHGH290077	杭州萧山国际机场
18	杭州海关	杭州萧山机场海关	杭州萧山国际机场综合性指定监管场地（进境植物种苗）	CNHGH290383	杭州萧山国际机场
19	宁波海关	大榭海关	大亚中创	CNNBO310205	宁波港
20	宁波海关	梅山海关	*浙江省宁波市梅山进口罗汉松种苗类指定监管场地	CNNBO310209	宁波港
21	福州海关	福州长乐机场海关	福州国际航空港有限公司海关监管仓库	CNFOC350172	福州长乐国际机场

附录2-7-2　续1

序号	直属海关	主管海关（隶属海关）	指定监管场地名称	场所/场地编码	所在口岸区域
22	福州海关	马尾海关	福州青州集装箱码头有限公司	CNMAW350020	福州港闽江口内港区
23	福州海关	榕城海关	福州新港国际集装箱码头有限公司海关监管码头	CNFZH350042	福州港江阴港区
24	福州海关	平潭海关	福建省平潭港口岸金井港区进境种苗指定监管场地	CNPTJ350145	平潭港金井港区
25	厦门海关	东渡海关	＊厦门集装箱码头集团有限公司海天码头监管场所	CNXAM370226	厦门港
26	厦门海关	厦门机场海关	厦门航空有限公司货运监管仓库	CNXAM370220	厦门高崎国际机场
27	厦门海关	厦门机场海关	元翔货服国际进港仓库	CNXAM370218	厦门高崎国际机场
28	青岛海关	青岛大港海关	青岛中外运集装箱仓码有限公司	CNQGD420170	青岛港
29	青岛海关	烟台海关	烟台国际集装箱码头有限公司监管作业场所	CNYAT420286	烟台港
30	青岛海关	青岛流亭机场海关	青岛胶东国际机场进境植物种苗指定监管场地	CNTAO420321	青岛胶东国际机场
31	武汉海关	武汉天河机场海关	武汉天河机场监管作业场所	CNWUH470061	武汉天河国际机场
32	广州海关	番禺海关	＊广州市番禺区莲花山港	CNPNY510150	广州港莲花山港区莲花山港货运码头
33	广州海关	佛山海关驻顺德办事处	＊佛山市顺德区勒流港	CNSUD510099	佛山顺德勒流港货运码头
34	广州海关	佛山海关驻南海办事处	＊佛山市南海区三山港	CNNHS510088	佛山南海港三山港
35	广州海关	广州白云机场海关	广州白云机场新运进境植物种苗指定监管场地	CNCAN51S004	广州白云国际机场
36	广州海关	南沙海关	南沙港进境植物种苗监管场地	CNGGZ510121	广州港南沙港区南沙港二期码头
37	广州海关	南沙海关	广州南沙国际冷链进境植物种苗指定监管场地	CNNSA510013	广州港南沙港区南沙港三期码头
38	深圳海关	蛇口海关	＊蛇口集装箱码头	CNSHK530196	蛇口港
39	深圳海关	蛇口海关	＊赤湾集装箱码头	CNSHK530197	赤湾港
40	深圳海关	蛇口海关	＊广东省深圳市妈湾集装箱码头进境植物种苗指定监管场地	CNSHK530905	妈湾港

附录2-7-2 续2

序号	直属海关	主管海关（隶属海关）	指定监管场地名称	场所/场地编码	所在口岸区域
41	深圳海关	大鹏海关	盐田国际集装箱码头进境植物种苗指定监管场地	CNYTN530200	盐田港国际集装箱码头
42	拱北海关	湾仔海关	广东省珠海市洪湾港进境植物种苗指定监管场地	CNZUH570128	洪湾港
43	汕头海关	广澳海关	汕头招商局港口集团有限公司广澳港区	CNSTG601039	汕头港
44	黄埔海关	黄埔新港海关	广州集装箱码头	CNGGZ521813	广州港黄埔港区
45	南宁海关	东兴海关	东兴公路口岸（北仑河二桥）进境植物种苗指定监管场地	CNDOX720259	东兴公路口岸（北仑河二桥）
46	海口海关	三亚机场海关	三亚凤凰国际机场进境植物种苗指定监管场地	CNSYX640098	三亚凤凰国际机场
47	重庆海关	重庆江北机场海关	重庆江北国际机场进境植物种苗指定监管场地	CNCKG80S001	重庆江北国际机场
48	成都海关	成都双流机场海关	成都双流国际机场货站	CNCDU790046	成都双流国际机场
49	成都海关	成都双流机场海关	成都天府国际机场进境植物种苗指定监管场地	CNCDU790047	成都天府国际机场
50	昆明海关	瑞丽海关	瑞丽市口岸联检中心查验货场	CNRUI860145	瑞丽（公路）
51	昆明海关	勐腊海关	*磨憨口岸国际物流中心	CNMHN860136	磨憨（公路）
52	昆明海关	昆明长水机场海关	东航物流云南分公司海关监管作业场所	CNKMG860170	昆明长水国际机场
53	昆明海关	昆明长水机场海关	云南空港物流海关监管作业场所	CMKMG860168	昆明长水国际机场
54	西安海关	西安咸阳机场海关	西安咸阳国际机场进境植物种苗指定监管场地	CNSIA900027	西安咸阳国际机场
55	兰州海关	兰州中川机场海关	兰州中川国际机场监管作业场所	CNLHW950021	兰州中川国际机场
56	贵阳海关	贵阳龙洞堡机场海关	贵阳龙洞堡国际机场进境植物种苗指定监管场地	CNKWE830018	贵阳龙洞堡国际机场
57	乌鲁木齐海关	阿拉山口海关	阿拉山口进境种苗指定监管场地	CNAKL04S009	阿拉山口（公路、铁路）

注：标*场地为可承接进口罗汉松监管业务的特定监管场地。

附录 2-7-3 进境原木指定监管场地名单

附录 2-7-3-1 进境原木指定监管场地（A 类）——除害处理区明细

（9 家，截至 2025 年 2 月 28 日）

序号	直属海关	主管海关（隶属海关）	指定监管场地名称	场所/场地编码	所处口岸区域
1	石家庄海关	曹妃甸海关	唐山曹妃甸文丰码头有限公司件杂货码头水路运输类海关监管作业场所	CNCFD040144	曹妃甸港区
2	大连海关	大连长兴岛海关	辽宁长兴岛进境原木指定监管场地	CNDAL09S008	大连长兴岛港区
3	上海海关	洋山海关	上海港（洋山港区）检申进境原木（A 类）指定监管场地	CNYSA22S058	上海港洋山港区
4	南京海关	太仓海关	太仓港太仓国际码头进境原木指定监管场地	CNTAC230020	太仓港
5		盐城海关	大丰港通用码头进境原木指定监管场地	CNDFG230520	大丰港区
6		连云港海关	连云港港灌河港区燕尾作业区进境原木指定监管场地	CNLYG232302	连云港港灌河港区
7	福州海关	莆田海关	福建省莆田港口岸秀屿港区进境原木指定监管场地	CNPUT350028	莆田港秀屿港区
8	青岛海关	日照海关	山东岚山进境原木检疫处理区	CNLSN420065	日照港
9		日照海关	山东日照岚桥港进境原木检疫处理区	CNLSN420202	日照港

附录 2-7-3-2 进境原木指定监管场地（A 类）——检疫加工区明细

（10 家，截至 2025 年 2 月 28 日）

序号	直属海关	主管海关（隶属海关）	指定监管场地名称	场所/场地编码	所处口岸区域
1	呼和浩特海关	二连海关	恒利达货场（828830 宽轨线）	CNERC07S015	二连铁路口岸
2	满洲里海关	满洲里车站海关	中国铁路哈尔滨局集团有限公司满洲里站进境原木指定监管场地（第二机械换装货场）	CNMLX06S008	满洲里铁路口岸
3		满洲里车站海关	满洲里四方运输有限责任公司进境原木指定监管场地	CNMLX06S009	满洲里铁路口岸
4		满洲里车站海关	满洲里铁福经济发展有限责任公司进境原木指定监管场地	CNMLX06S010	满洲里铁路口岸
5	哈尔滨海关	抚远海关	抚远口岸进境原木指定监管场地	CNFUY19S141	抚远口岸
6		饶河海关	饶河口岸进境原木指定监管场地	CNROH19S142	饶河口岸
7		绥芬河海关	绥芬河口岸进境原木指定监管场地	CNSFH19S143	
8		同江海关	同江口岸进境原木指定监管场地	CNTOJ19S144	同江西港口岸
9		萝北海关	萝北口岸进境原木指定监管场地	CNLUB19S145	萝北口岸
10	乌鲁木齐海关	阿拉山口海关	阿拉山口口岸进境原木指定监管场地	CNALK04S015	阿拉山口口岸

附件 2-7-3-3 进境原木指定监管场地（B 类）明细

（81 家，截至 2025 年 2 月 28 日）

序号	直属海关	主管海关（隶属海关）	类型	指定监管场地名称	场所（场地）编码	所处口岸区域
1	天津海关	天津新港海关	B 类	天津港国际物流发展有限公司进境原木指定监管场地	CNTXG020444	天津新港
2		天津新港海关	B 类	天津港集装箱码头有限公司进境原木指定监管场地	CNTXG020443	天津新港
3		天津东疆海关	B 类	天津港兴东物流有限公司进境原木指定监管场地	CNDJG02S663	天津东疆港
4		天津东疆海关	B 类	天津港太平洋国际集装箱码头有限公司进境原木指定监管场地	CNDJG02S664	天津东疆港
5	大连海关	大窑湾海关	B 类	大连集发港口物流有限公司进境原木指定监管场地	CNDYW09S064	大连港大窑湾港区
6		大窑湾海关	B 类	大连耐卓木业进境原木指定监管场地	CNDYW09S065	大连港大窑湾港区
7	上海海关	外高桥港区海关	B 类	上港集团冷链物流有限公司	CNWIG220540	外高桥港区
8		洋山海关	B 类	上海洋山港冠东码头进境原木指定监管场地	CNYSA22S056	洋山港区
9		洋山海关	B 类	上海洋山港盛东码头进境原木指定监管场地	CNYSA22S055	洋山港区
10		洋山海关	B 类	上海洋山港尚东码头进境原木指定监管场地	CNYSA22S057	洋山港区
11		外高桥港区海关	B 类	上港物流有限公司浦东分公司查验场站	CNWIG220047	外高桥港区
12		洋山海关	B 类	上海洋山港深水港物流进境原木指定监管场地	CNYSA22S053	洋山港区
13	南京海关	连云港海关	B 类	连云港新东方集装箱码头进境原木指定监管场地	CNLYG230132	连云港
14		连云港海关	B 类	连云港新东方国际货柜码头进境原木指定监管场地	CNLYG230026	连云港
15		连云港海关	B 类	新龙港港口进境原木指定监管场地	CNLYG232302	连云港
16		连云港海关	B 类	赣榆港新海湾进境原木指定监管场地	CNLYG232303	连云港
17		太仓海关	B 类	太仓港万方码头进境原木指定监管场地	CNTAC230009	太仓港
18		太仓海关	B 类	太仓港鑫海码头进境原木指定监管场地	CNTAC230052	太仓港
19		太仓海关	B 类	太仓港正和国际集装箱码头进境原木指定监管场地	CNTAC230019	太仓港

附录2-7-3-3 续1

序号	直属海关	主管海关（隶属海关）	类型	指定监管场地名称	场所（场地）编码	所处口岸区域
20	南京海关	张家港海关	B类	张家港永嘉集装箱码头有限公司进境原木指定监管场地	CNZJG230015	张家港港
21		张家港海关	B类	张家港港务集团有限公司进境原木指定监管场地	CNZJG230016	张家港港
22		张家港海关	B类	张家港锦隆重件码头有限公司进境原木指定监管场地	CNZJG230032	张家港港
23		张家港海关	B类	张家港永恒码头有限公司进境原木指定监管场地	CNZJG230008	张家港港
24		如皋海关	B类	如皋港苏中国际码头进境原木指定监管场地	CNRUG230041	如皋港
25		常熟海关	B类	常熟港兴华港口进境原木指定监管场地	CNCGS230021	常熟港
26		常熟海关	B类	常熟港长江港务进境原木指定监管场地	CNCGS230011	常熟港
27		靖江海关	B类	靖江盈利港务有限公司杂散货码头	CNTSI230010	靖江港
28		扬州海关	B类	江都港扬州远扬进境原木指定监管场地	CNYZH230014	江都港
29		扬州海关	B类	扬州港扬州远扬进境原木指定监管场地	CNYZH230011	扬州港
30		常州海关	B类	常州录安洲长江码头有限公司码头	CNCZX230035	常州港
31		常州海关	B类	常州新长江港口有限公司码头	CNCZX230030	常州港
32		镇江海关	B类	镇江港江苏新民洲港务进境原木指定监管场地	CNZHE230013	镇江港
33	杭州海关	嘉兴海关	B类	嘉兴市乍浦港口经营有限公司进境原木指定监管场地	CNZPU290375	嘉兴港
34		舟山海关	B类	宁波舟山港金塘大浦口集装箱码头进境原木指定监管场地	CNZOS290310	宁波舟山港
35		湖州海关	B类	安吉上港进境原木指定监管场地	CNHZH290351	
36	宁波海关	北仑海关	B类	宁波北三集司进境原木指定监管场地	CNNBO310196	宁波北仑港区
37		大榭海关	B类	宁波大榭集装箱码头有限公司进境原木指定监管场地	CNNBO310106	宁波大榭港区
38		梅山海关	B类	宁波梅山码头进境原木指定监管场地	CNNBO310135	宁波梅山港区
39		大榭海关	B类	宁波大亚中创进境原木指定监管场地	CNNBO310205	

附录2-7-3-3 续2

序号	直属海关	主管海关（隶属海关）	类型	指定监管场地名称	场所（场地）编码	所处口岸区域
40	福州海关	榕城海关	B类	福州港口岸江阴港区福州新港国际集装箱码头有限公司进境原木指定监管场地	CNFZH350042	福州港口岸江阴港区
41		马尾海关	B类	福州港（马尾）福州青州集装箱码头有限公司进境原木指定监管场地	CNMAW350020	福州港闽江口内港区（马尾港）
42		莆田海关	B类	莆田港秀屿港区莆头作业区进境原木指定监管场地（B类）	CNXYG350173	莆田港秀屿港区莆头作业区
43	厦门海关	东渡海关	B类	厦门集装箱码头集团有限公司海天码头监管场所	CNXAM370226	厦门港
44		海沧海关	B类	海沧保税港区东集中查验区	CNXAM37S250	厦门港
45		海沧海关	B类	海沧保税港区西集中查验区	CNXAM37S251	厦门港
46		海沧海关	B类	厦门远海集装箱码头	CNXAM370224	厦门港
47		海沧海关	B类	达达堆场	CNXAM370243	厦门港
48		海沧海关	B类	海投物流综合监管场	CNXAM370242	厦门港
49		漳州海关	B类	招银港开发区综合码头	CNZZU370230	漳州港
50	青岛海关	董家口港海关	B类	山东董家口港进境原木指定监管场地	CNQIN420305	董家口港
51		黄岛海关	B类	山东青岛港国际物流进境原木指定监管场地	CNQGD42S701	青岛港
52		黄岛海关	B类	山东青岛港前湾联合集装箱码头进境原木指定监管场地	CNQGD420057	青岛港
53		蓬莱海关	B类	山东蓬莱港进境原木指定监管场地	CNPLI420077	蓬莱港
54	济南海关	潍坊海关	B类	潍坊港区散货码头进境原木指定监管场地	CNWEF431003	潍坊港
55	武汉海关	武汉新港海关	B类	武汉港武港集箱进境原木指定监管场地	CNWHG470034	武汉港
56		武汉新港海关	B类	武汉阳逻港进境原木指定监管场地	CNWHG470003	武汉港
57	长沙海关	岳阳海关	B类	岳阳城陵矶进境原木指定监管场地	CNYYA491016	城陵矶港

附录2-7-3-3 续3

序号	直属海关	主管海关（隶属海关）	类型	指定监管场地名称	场所（场地）编码	所处口岸区域
58	广州海关	佛山海关驻顺德办事处	B类	佛山顺德勒流港进境原木指定监管场地	CNSUD510099	佛山顺德勒流港货运码头
59		佛山海关驻顺德办事处	B类	佛山顺德北滘港进境原木指定监管场地	CNBIJ510098	佛山顺德北滘港货运码头
60		佛山海关驻顺德办事处	B类	佛山顺德新港进境原木指定监管场地	CNSUD510222	佛山顺德新港
61		佛山海关驻南海办事处	B类	佛山南海三山港进境原木指定监管场地	CNNHS510088	佛山南海港口岸三山港
62		南沙海关	B类	广州南沙港二期码头进境原木指定监管场地	CNGGZ 510121	广州港南沙港区南沙港二期码头
63	深圳海关	蛇口海关	B类	蛇口集装箱码头进境原木指定监管场地	CNSHK530196	蛇口集装箱码头
64		蛇口海关	B类	赤湾集装箱码头进境原木指定监管场地	CNSHK530197	赤湾集装箱码头
65		蛇口海关	B类	妈湾集装箱码头进境原木指定监管场地	CNSHK530905	妈湾集装箱码头
66		大鹏海关	B类	盐田港盐田国际进境原木指定监管场地	CNYTN530200	盐田国际集装箱码头
67	拱北海关	中山港海关	B类	中山港国际货柜码头进境原木指定监管场地	CNZSN570111	中山港国际货柜码头
68		中山港海关	B类	中山市神湾港码头进境原木指定监管场地	CNSNW570119	中山市神湾港码头
69	汕头海关	广澳海关	B类	汕头港广澳港区进境原木指定监管场地	CNSTG601039	汕头港广澳港区
70	黄埔海关	沙田海关	B类	东莞（国际）货柜码头进境原木指定监管场地	CNHMN521816	虎门港沙田作业区
71		黄埔老港海关	B类	广州港股份有限公司黄埔港务分公司大码头进境原木指定监管场地	CNGZG520613	广州港黄埔港区
72		黄埔老港海关	B类	广东中外运黄埔仓码头进境原木指定监管场地	CNGGZ521804	广州港黄埔港区
73		黄埔老港海关	B类	广裕码头进境原木指定监管场地	CNGGZ521835	广州港黄埔港区
74		黄埔新港海关	B类	广州集装箱码头进境原木指定监管场地	CNGGZ521813	广州港黄埔港区
75		沙田海关	B类	东莞港集装箱港务有限公司7、8号泊位进境原木指定监管场地	CNHMN521812	虎门港沙田作业区
76		沙田海关	B类	东莞港国际集装箱码头有限公司5、6号泊位进境原木指定监管场地	CNHMN521811	虎门港沙田作业区
77		沙田海关	B类	东莞港三期集装箱码头有限公司9、10号泊位进境原木指定监管场地	CNHMN522002	虎门港沙田作业区

附录2-7-3-3　续4

序号	直属海关	主管海关（隶属海关）	类型	指定监管场地名称	场所（场地）编码	所处口岸区域
78	江门海关	外海海关	B 类	江门高新港进境原木指定监管场地	CNWIH680061	江门高新港公共码头
79		新会海关	B 类	新会港进境原木指定监管场地	CNXIN680007	新会港
80		台山海关	B 类	台山公益港进境原木指定监管场地	CNTSG680015	台山公益港码头
81	南宁海关	钦州港海关	B 类	广西钦州港大榄坪南作业区进境原木指定监管场地	CNQZH720266	钦州港

附录 2-7-4　进境肉类产品指定监管场地名单

（135 家，截至 2025 年 2 月 28 日）

序号	直属海关	主管海关（隶属海关）	指定监管场地名称	场所/场地编码	所在口岸区域
1	北京海关	首都机场海关	首都机场海关查验中心	CNBJS01S001	首都国际机场
2	北京海关	平谷海关	北京平谷国际陆港进口肉类指定查验场	CNBJS01S006	
3	北京海关	天竺海关	北京天竺综合保税区指定监管场地	CNBJS01S008	
4	天津海关	天津新港海关	泰达行（天津）冷链物流有限公司	CNTXG02S605	天津新港
5	天津海关	天津新港海关	天津港强集团有限公司	CNTXG02S608	天津新港
6	天津海关	北塘海关	中农批（天津）国际冻品交易市场有限公司	CNTGG02S616	
7	天津海关	北塘海关	天津金三国际物流有限公司	CNTGG02S617	
8	天津海关	静海海关	天津海吉星农产品物流有限公司	CNTXG02S611	
9	天津海关	天津东疆海关	天津东疆港大冷链商品交易市场有限公司	CNDJG02S613	天津新港
10	天津海关	天津东疆海关	天津港首农食品进出口贸易有限公司	CNDJG02S614	天津新港
11	天津海关	天津新港海关	天津港国际物流发展有限公司进境肉类指定监管场地	CNTXG02S662	天津新港
12	天津海关	天津东疆海关	华锐全日物流股份有限公司进境肉类指定监管场地	CNDJG02S661	天津新港
13	天津海关	天津滨海机场海关	天津航空口岸大通关基地进境肉类指定监管场地	CNTSN02S665	天津滨海国际机场
14	石家庄海关	曹妃甸海关	曹妃甸综保区肉类指定口岸查验检疫场地	CNCFD04S003	唐山港曹妃甸港区
15	石家庄海关	鹿泉海关	辛集进境肉类指定监管场地	CNSJZ04S004	
16	太原海关	大同海关	大同进口肉类指定监管场地	CNDAT05S303	

附录2-7-4　续1

序号	直属海关	主管海关（隶属海关）	指定监管场地名称	场所/场地编码	所在口岸区域
17	呼和浩特海关	二连海关	二连浩特进口肉类指定监管场地	CNERC070037	二连浩特（公路）
18	呼和浩特海关	包头海关	满都拉进口肉类指定监管场地	CNMDL07S016	满都拉
19	呼和浩特海关	额济纳海关	策克进口肉类指定监管场地	CNCEK07S017	策克
20	大连海关	大窑湾海关	大连毅都冷链一期进口肉类指定监管场地	CNDYW09S002	大连港大窑湾港区
21	大连海关	大窑湾海关	金山冷库	CNDYW090062	大连港大窑湾港区
22	大连海关	大窑湾海关	大连獐子岛中央冷藏物流有限公司	CNDYW09S005	大连港大窑湾港区
23	大连海关	大窑湾海关	大连港毅都冷链有限公司二期	CNDYW090083	大连港大窑湾港区
24	大连海关	鲅鱼圈海关	营口港盖州物流有限公司冷鲜库查验场地	CNBYQ090064	营口港鲅鱼圈港区
25	沈阳海关	辽中海关	沈阳桃仙机场冷链查验中心进口肉类指定监管场地	CNSHY080047	
26	长春海关	兴隆海关	长春兴隆综合保税区进口肉类监管场地	CNCGC15S005	
27	哈尔滨海关	齐齐哈尔海关	齐齐哈尔进口肉类指定监管场地	CNNDG19S066	
28	哈尔滨海关	冰城海关	哈尔滨综合保税区进境肉类指定监管场地	CNHRB19S146	哈尔滨铁路口岸
29	哈尔滨海关	绥芬河海关	绥芬河昂全进出口贸易有限公司进境肉类指定监管场地	CNSFH19S147	
30	上海海关	洋山海关	上海洋山保税港区物流服务有限公司冷链查验点	CNYSA22S054	洋山港
31	上海海关	外高桥港区海关	中外运普菲斯物流（上海）有限公司冷链查验点	CNWIG22S051	
32	上海海关	外高桥港区海关	上港集团外高桥冷链物流中心	CNWIG220540	外高桥港
33	上海海关	崇明海关	上海长兴润稼农产品批发市场冷链查验点	CNCGM22S050	
34	上海海关	浦东国际机场海关	上海机场浦虹国际物流有限公司冷链查验点	CNPVG22S050	
35	上海海关	青浦海关	上海西郊国际农产品交易有限公司查验点	CNQGP22S050	
36	上海海关	青浦海关	上海青浦综合保税区名联进境肉类指定监管场地	CNQGP22S052	
37	上海海关	浦东海关	华辰优安进口食品产业园进境肉类指定监管场地	CNSGH22S051	
38	南京海关	金陵海关	万纬冷链物流有限公司	CNNJG23S022	

附录2-7-4 续2

序号	直属海关	主管海关（隶属海关）	指定监管场地名称	场所/场地编码	所在口岸区域
39	南京海关	连云港海关	连云港外贸冷库有限责任公司进口肉类指定监管场地	CNLYG23S012	
40	南京海关	连云港海关	江苏天缘物流集团有限公司进口肉类指定监管场地	CNLYG230031	
41	南京海关	镇江海关	镇江港国际集装箱码头进境肉类指定监管场地	CNZHE230028	镇江港
42	南京海关	金港海关	张家港保税港区港务有限公司	CNZJG23S009	
43	南京海关	太仓海关	太仓华商冷藏物流有限公司冷库进境肉类指定监管场地	CNTAC23S005	
44	南京海关	徐州海关	徐州淮海国际陆港内河港双楼作业片区进境肉类指定监管场地	CNXZH232301	
45	南京海关	南通海关	江苏海安保税物流中心（B 型）进境肉类指定监管场地	CNNTG23S001	
46	南京海关	盐城海关	盐城港大丰港区进境肉类指定监管场地	CNDFG230527	盐城港大丰港区
47	南京海关	江阴海关	江阴苏南国际集装箱码头进境肉类指定监管场地	CNJIA230017	江阴港
48	杭州海关	温州海关	温州状元岙港区进口肉类指定监管场地	CNWZO290343	温州港
49	杭州海关	舟山海关	舟山港综合保税区进口肉类指定监管场地	CNZOS29S061	
50	杭州海关	义乌海关	义乌铁路口岸进口肉类指定查验场	CNYIU290323	
51	杭州海关	金华海关	金义综合保税区进境肉类指定监管场地	CNJHA29S001	
52	杭州海关	钱江海关	杭州进口肉类指定监管场地	CNHAZ29S013	
53	杭州海关	嘉兴海关	嘉兴港乍浦港区浙江中润综合性指定监管场地（进境肉类）	CNZPU290387	嘉兴港乍浦港区
54	宁波海关	北仑海关	宁波万纬进口肉类指定监管场地	CNNBO310217	宁波港
55	宁波海关	宁波保税区海关	中外运物流（宁波）进口肉类指定监管场地	CNNBO31S024	宁波港
56	宁波海关	梅山海关	浙江蓝雪食品进口肉类指定监管场地	CNNBO310220	宁波港
57	宁波海关	梅山海关	宁波梅山国际冷链进境肉类指定监管场地	CNNBO310219	宁波港
58	合肥海关	马鞍山海关	马鞍山郑蒲港进口肉类指定监管场地	CNMAA33S001	马鞍山港
59	合肥海关	芜湖海关	芜湖港进口肉类指定监管场地	CNWHI33S004	芜湖港
60	合肥海关	合肥新桥机场海关	合肥新桥国际机场进境肉类指定监管场地	CNHFI33S007	

附录2-7-4 续3

序号	直属海关	主管海关（隶属海关）	指定监管场地名称	场所/场地编码	所在口岸区域
61	福州海关	榕城海关	福建省福州港口岸江阴港区福州新港国际集装箱码头进境肉类指定监管场地	CNFZH350042	福州港江阴港区
62	福州海关	榕城海关	福建丰大集团有限公司进境肉类指定监管场地	CNFQX350230	
63	厦门海关	东渡海关	厦门万翔物流管理有限公司	CNXAM370252	
64	厦门海关	海沧海关	中盛冷链存查一体库	CNXAM370236	厦门港
65	厦门海关	海沧海关	厦门万纬海投冷链存查一体库	CNXAM370238	
66	厦门海关	泉州海关	福建闽台农产品市场有限公司	CNSIJ370247	
67	南昌海关	九江海关	九江进口肉类指定监管场地	CNJIU40S503	
68	南昌海关	赣州海关	赣州进口肉类指定监管场地	CNGZH402012	
69	青岛海关	黄岛海关	青岛联合华通贸易有限公司	CNQGD42S101	
70	青岛海关	黄岛海关	青岛师帅冷链物流股份有限公司	CNQGD42S102	
71	青岛海关	黄岛海关	青岛港怡之航冷链物流有限公司	CNQGD42S103	
72	青岛海关	胶州海关	青岛天驰仓储有限公司（进口肉查验场查验平台）	CNJZH42S101	
73	青岛海关	胶州海关	青岛冠宇生态农业有限公司（进口肉查验场查验平台	CNJZH42S102	
74	青岛海关	烟台海关	烟台龙大食品有限公司（进口肉一体化查验平台）	CNYAT42S102	
75	青岛海关	威海海关	威海金琳水产有限公司进境肉类查验场	CNWEI42S101	
76	青岛海关	荣成海关	石岛港口岸新作业区	CNSHD420314	石岛港
77	青岛海关	荣成海关	荣成泰广进出口有限公司	CNSHD42S101	
78	青岛海关	日照海关	山东日照石臼港进口肉类指定监管场地	CNRZH42S101	
79	青岛海关	黄岛海关	青岛鲁海丰食品集团物流有限公司	CNQGD42S104	
80	青岛海关	董家口港海关	青岛鲁海丰董家口进口肉类指定监管场地	CNQGD42S106	
81	青岛海关	临沂海关	临沂综合保税区进境肉类指定监管场地	CNLYI42S101	
82	青岛海关	烟台海关	烟台综保区综合性指定监管场地	CNYAT42S403	
83	青岛海关	即墨海关	青岛东方鼎信进境肉类指定监管场地	CNJMO42S501	
84	青岛海关	青岛胶东机场海关	青岛胶东国际机场进境肉类指定监管场地	CNTAO420321	青岛胶东国际机场
85	济南海关	潍坊海关	潍坊综合保税区进口肉类指定监管场地	CNWEF43S017	

附录2-7-4 续4

序号	直属海关	主管海关（隶属海关）	指定监管场地名称	场所/场地编码	所在口岸区域
86	济南海关	滨州海关	阳信进境肉类指定监管场地	CABIN43S001	
87	郑州海关	新郑海关	河南省郑州市航空港区进境肉类指定监管场地	CNZGZ46S001	
88	郑州海关	漯河海关	河南漯河进口肉类指定监管场地	CNZGZ46S241	
89	郑州海关	焦作海关	河南省焦作市孟州进口肉类指定监管场地	CNZGZ46S003	
90	武汉海关	武汉新港海关	武汉阳逻港进口肉类指定监管场地	CNWHG47S001	
91	武汉海关	武昌海关	武汉东湖综保区进口肉类指定监管场地	CNNHN47S006	
92	武汉海关	武汉天河机场海关	武汉天河国际机场进境肉类指定监管场地	CNWUH470061	武汉天河国际机场
93	武汉海关	鄂州海关	鄂州花湖机场进境肉类指定监管场地	CNEZH470063	鄂州花湖机场
94	长沙海关	岳阳海关	湖南岳阳城陵矶进口肉类指定监管场地	CNYYA491016	岳阳城陵矶
95	长沙海关	星沙海关	湖南红星进口肉类查验场	CNCSH49S304	
96	长沙海关	郴州海关	郴州进口肉类查验场	CNCNZ49S305	
97	广州海关	南沙海关	南沙港中可诚进口肉类指定监管场地	CNGGZ510121	广州港南沙港区南沙港二期码头
98	广州海关	南沙海关	南沙合捷进口肉类指定监管场地	CNNSA51S002	
99	广州海关	广州白云机场海关	广州白云机场新运进境肉类指定监管场地	CNCAN51S004	广州白云国际机场
100	广州海关	南沙海关	南沙港海新冷链查验中心进口肉类指定监管场地	CNNSA510223	
101	广州海关	南沙海关	普福南沙新垦物流园进口肉类指定监管场地	CNNSA51S004	
102	广州海关	南沙海关	广州南沙国际冷链进境肉类指定监管场地	CNNSA510013	广州港南沙港区
103	深圳海关	蛇口海关	招商局国际冷链（深圳）有限公司华南冷库	CNSNZ53S024	
104	深圳海关	蛇口海关	招商局国际冷链（深圳）有限公司前海保税港区冷库	CNSNZ53S031	
105	深圳海关	大鹏海关	深圳市保惠物流有限公司保惠冷库	CNSNZ53S025	
106	深圳海关	大鹏海关	深圳市瑞源冷链服务有限公司瑞源冷库	CNSNZ53S026	
107	深圳海关	大鹏海关	深圳盐田港进境肉类指定监管场地	CNSNZ53S037	盐田港
108	深圳海关	深圳宝安机场海关	深圳宝安国际机场进境肉类指定监管场地	CNSZX530124	深圳宝安国际机场

附录2-7-4　续5

序号	直属海关	主管海关（隶属海关）	指定监管场地名称	场所/场地编码	所在口岸区域
109	拱北海关	湾仔海关	湾仔口岸进口肉类监管场地	CNZUH570105	西域码头（原二类口岸装卸点）
110	汕头海关	饶平海关	潮州港三百门码头进口肉类指定监管场地	CNSBM601015	潮州港
111	黄埔海关	沙田海关	东莞（国际）货柜码头	CNHMN521816	虎门港沙田作业区
112	黄埔海关	黄埔新港海关	广州鼎丰水产品食品开发有限公司	CNGGZ52S021	广州港黄埔港区
113	湛江海关	霞海海关	湛江南方进口肉类指定监管场地	CNZNG67S702	
114	南宁海关	钦州港海关	钦州港口岸大榄坪南作业区进境肉类指定监管场地	CNQZH720266	钦州港
115	海口海关	洋浦经济开发区海关	洋浦雷马进口肉类指定监管场地	CNYPG64S005	洋浦港
116	海口海关	马村港海关	海口中铁保税冷链进境肉类指定监管场地	CNMAC64S002	
117	重庆海关	重庆港海关	重庆港果园港区进境肉类指定监管场地	CNCHQ800043	重庆港果园港区
118	重庆海关	重庆江北机场海关	重庆江北国际机场进境肉类指定监管场地	CNCKG80S001	重庆江北国际机场
119	重庆海关	渝州海关	重庆铁路场站进境肉类指定监管场地	CNCQI800030	
120	成都海关	青白江海关	成都铁路场站进口肉类指定监管场地	CNCTU790045	
121	成都海关	泸州海关	四川川南临港片区进口肉类指定监管场地	CNCDU790030	
122	成都海关	成都双流机场海关	成都双流国际机场进口肉类指定监管场地	CNCDU790046	成都双流国际机场
123	昆明海关	西双版纳海关	景洪港（关累码头）进口肉类指定监管场地	CNJHG860129	关累港
124	西安海关	西安车站海关	西安国际陆港保税物流进口肉类指定监管场地	CNSIA90S005	
125	西安海关	西安咸阳机场海关	西安咸阳国际机场进口肉类指定监管场地	CNSIA90S006	西安咸阳国际机场
126	兰州海关	金城海关	兰州新区综合保税区进口肉类指定监管场地	CNLAZ95S003	
127	兰州海关	金昌海关	武威进口肉类指定监管场地	CNLAZ950021	
128	乌鲁木齐海关	阿勒泰海关	塔克什肯进口肉类指定监管场地	CNTKK940163	塔克什肯（公路）
129	乌鲁木齐海关	哈密海关	老爷庙进口肉类指定监管场地	CNLYM940156	老爷庙（公路）
130	乌鲁木齐海关	乌昌海关	乌鲁木齐国际陆港区进口肉类指定监管场地	CNURM940155	

附录2-7-4 续6

序号	直属海关	主管海关（隶属海关）	指定监管场地名称	场所/场地编码	所在口岸区域
131	乌鲁木齐海关	阿拉山口海关	阿拉山口进口肉类指定监管场地	CNAKL04S014	阿拉山口（公路、铁路）
132	乌鲁木齐海关	塔城海关	巴克图进口肉类指定监管场地	CNBKT940039	巴克图（公路）
133	乌鲁木齐海关	吉木乃海关	吉木乃进口肉类指定监管场地	CNJEM940168	
134	乌鲁木齐海关	喀什海关	喀什航空口岸综合性指定监管场地（肉类）	CNKHG94S005	喀什航空口岸
135	乌鲁木齐海关	伊尔克什坦海关	伊尔克什坦口岸进境肉类指定监管场地	CNYRK940186	伊尔克什坦公路口岸

附录 2-7-5　进境冰鲜水产品指定监管场地名单

（73 家，截至 2025 年 2 月 28 日）

序号	直属海关	主管海关（隶属海关）	指定监管场地名称	场所/场地编码	所在口岸区域
1	北京海关	首都机场海关	首都机场海关查验中心	CNBJS01S001	首都国际机场
2	北京海关	天竺海关	北京天竺综保区指定监管场地	CNBJS01S008	
3	天津海关	天津东疆海关	天津东疆港大冷链进境冰鲜水产品指定监管场地	CNDJG02S613	天津新港
4	天津海关	天津滨海机场海关	天津航空口岸大通关基地进境冰鲜水产品指定监管场地	CNTSN02S665	天津滨海国际机场
5	太原海关	武宿海关	太原武宿综合保税区进境冰鲜水产品指定监管场地	CNTYU05S112	
6	呼和浩特海关	鄂尔多斯海关	鄂尔多斯航空口岸综合性指定监管场地（冰鲜水产品）	CNORD070135	鄂尔多斯机场
7	呼和浩特海关	呼和浩特白塔机场海关	呼和浩特机场进境冰鲜水产品指定监管场地	CNHET070149	呼和浩特白塔国际机场
8	大连海关	大连周水子机场海关	大连国际机场海关监管一级库	CNDLC090088	大连周水子国际机场
9	沈阳海关	沈阳桃仙机场海关	沈阳空港物流有限公司海关监管作业场所	CNSHE080027	沈阳桃仙国际机场
10	长春海关	珲春海关	珲春合作区通关服务有限公司进境冰鲜水产品指定监管场地	CNHCG150041	
11	哈尔滨海关	哈尔滨太平机场海关	哈尔滨机场货运海关监管作业场所	CNHRB190125	哈尔滨太平国际机场
12	哈尔滨海关	同江海关	同江丰林达海关监管仓库	CNTOJ190083	同江（水运）
13	哈尔滨海关	绥芬河海关	绥芬河鑫东燕进境冰鲜水产品指定监管场地	CNSFH19S061	绥芬河（公路、铁路）
14	哈尔滨海关	抚远海关	抚远进境冰鲜水产品指定监管场地	CNFUY19S062	抚远（水运）

附录2-7-5　续1

序号	直属海关	主管海关（隶属海关）	指定监管场地名称	场所/场地编码	所在口岸区域
15	哈尔滨海关	饶河海关	饶河新阳进境冰鲜水产品指定监管场地	CNROH19S063	饶河（水运）
16	哈尔滨海关	虎林海关	虎林吉祥进境冰鲜水产品指定监管场地	CNHUL19S064	虎林（公路）
17	哈尔滨海关	逊克海关	逊克水运口岸进境冰鲜水产品指定监管场地	CNXUK19S171	逊克水运口岸
18	上海海关	浦东国际机场海关	上海机场浦虹国际物流有限公司冷链查验点	CNPVG22S050	
19	上海海关	青浦海关	上海西郊国际农产品交易有限公司查验点	CNQGP22S050	
20	上海海关	浦东海关	华辰优安进口食品产业园进境冰鲜水产品指定监管场地	CNSGH22S051	
21	南京海关	南京禄口机场海关	南京禄口国际机场国际货运中心	CNNKG230011	南京禄口国际机场
22	南京海关	徐州海关	徐州市观音国际机场有限公司	CNFAX230004	徐州观音国际机场
23	南京海关	常州海关	常州机场物流有限公司空运货栈	CNCZX230037	常州奔牛国际机场
24	南京海关	无锡海关	江苏省无锡市苏南硕放国际机场进境冰鲜水产品指定监管场地	CNWUX230001	无锡硕放国际机场
25	南京海关	太仓海关	太仓港进境冰鲜水产品指定监管场地	CNTAC230019	太仓港
26	杭州海关	舟山海关	舟山港综合保税区进境冰鲜水产品指定监管场地	CNZOS29S064	
27	杭州海关	杭州萧山机场海关	杭州萧山国际机场航空物流有限公司监管场所	CNHGH290077	杭州萧山国际机场
28	杭州海关	温州海关	温州航空货站有限公司龙湾机场海关监管作业场所	CNWNZ290311	温州市龙湾国际机场
29	杭州海关	义乌海关	浙江省义乌市进境冰鲜水产品指定监管场地	CNYIU290323	
30	杭州海关	杭州萧山机场海关	杭州萧山国际机场综合性指定监管场地（进境冰鲜水产品）	CNHGH290383	杭州萧山国际机场
31	杭州海关	嘉兴海关	嘉兴港乍浦港区浙江中润综合性指定监管场地（进境冰鲜水产品）	CNZPU290387	嘉兴港乍浦港区
32	宁波海关	宁波机场海关	宁波栎社国际机场国际货运区	CNNGB310207	宁波栎社国际机场
33	宁波海关	梅山海关	宁波梅山国际冷链进境冰鲜水产品指定监管场地	CNNBO310219	宁波港
34	合肥海关	合肥新桥机场海关	合肥空港进境指定监管场地	CNHFE33S003	合肥新桥国际机场
35	福州海关	福州长乐机场海关	福州国际航空港有限公司海关监管仓库	CNFOC350172	福州长乐国际机场

附录2-7-5 续2

序号	直属海关	主管海关（隶属海关）	指定监管场地名称	场所/场地编码	所在口岸区域
36	福州海关	平潭海关	福建省平潭港口岸金井港区进口冰鲜水产品指定监管场地	CNPTU350145	平潭港金井港区
37	厦门海关	泉州海关	福建港闽台农市场有限公司进境冰鲜水产品指定监管场地	CNSIJ370247	泉州港
38	厦门海关	东渡海关	厦门万翔冷链物流中心	CNXAM370252	厦门港
39	厦门海关	厦门机场海关	厦门高崎机场进境冰鲜水产品指定监管场地	CNXAM37S047	厦门高崎国际机场
40	厦门海关	邮轮港海关	厦门港东渡港区国际邮轮中心码头进境冰鲜水产品指定监管场地	CNXAM370251	厦门港东渡港区
41	南昌海关	南昌昌北机场海关	南昌昌北国际机场进境冰鲜水产品指定监管场地	CNKHN400058	南昌昌北国际机场
42	青岛海关	荣成海关	荣成泰广进出口有限公司	CNSHD42S101	
43	青岛海关	威海海关	威海金琳水产有限公司进境冰鲜水产品查验场	CNWEI42S101	
44	青岛海关	荣成海关	石岛港口岸新作业	CNSHD420314	石岛港
45	青岛海关	烟台海关	烟台蓬莱国际机场货站仓库 B 区	CNYAT420003	烟台蓬莱国际机场
46	青岛海关	烟台海关	烟台综保区综合性指定监管场地	CNYAT42S403	
47	青岛海关	青岛流亭机场海关	青岛胶东国际机场进境冰鲜水产品指定监管场地	CNTAO420321	青岛胶东国际机场
48	济南海关	济南机场海关	济南国际机场股份有限公司进境冰鲜水产品指定监管场地	CNTNA430013	济南遥墙国际机场
49	郑州海关	郑州机场海关	郑州新郑国际机场进境冰鲜水产品指定监管场地	CNCGO460006	郑州新郑国际机场
50	武汉海关	武汉天河机场海关	武汉天河机场监管作业场所	CNWUH470061	武汉天河国际机场
51	武汉海关	鄂州海关	鄂州花湖机场进境冰鲜水产品指定监管场地	CNEZH470063	鄂州花湖机场
52	长沙海关	长沙黄花机场海关	长沙黄花国际机场空港国际货运站	CNCSX491014 CNCSX491067	长沙黄花国际机场

附录2-7-5 续3

序号	直属海关	主管海关（隶属海关）	指定监管场地名称	场所/场地编码	所在口岸区域
53	长沙海关	张家界海关	张家界荷花机场进境冰鲜水产品指定监管场地	CNDYG491052	张家界荷花国际机场
54	广州海关	广州白云机场海关	广州白云机场新运进境冰鲜水产品指定监管场地	CNCAN51S004	广州白云国际机场
55	广州海关	广州白云机场海关	广州白云机场国际航空货运站	CNCAN510136	广州白云国际机场
56	深圳海关	深圳湾海关	深圳湾口岸货运进出境海关监管现场	CNSNZ53S004	深圳湾（公路）
57	深圳海关	深圳宝安机场海关	深圳机场国际货站	CNSZX530124	深圳宝安国际机场
58	拱北海关	港珠澳大桥海关	港珠澳大桥珠海公路口岸综合性指定监管场地（进境冰鲜水产品）	CNGBP570161	港珠澳大桥珠海公路口岸
59	汕头海关	潮汕机场海关	揭阳潮汕机场海关监管仓库	CNSTG601055	揭阳潮汕国际机场
60	南宁海关	东兴海关	东兴边民互市贸易区海关监管作业场	CNDOX720060	东兴（公路）
61	南宁海关	南宁吴圩机场海关	南宁吴圩机场新货运海关监管仓	CNNNG720122	南宁吴圩国际机场
62	南宁海关	东兴海关	东兴公路口岸（北仑河二桥）进境冰鲜水产品指定监管场地	CNDOX720259	东兴公路口岸（北仑河二桥）
63	重庆海关	重庆江北机场海关	重庆江北国际机场进境冰鲜水产品指定监管场地	CNCKG80S001	重庆江北国际机场
64	成都海关	成都双流机场海关	成都双流国际机场进口冰鲜水产品指定监管场地	CNCDU790046	成都双流国际机场
65	成都海关	成都双流机场海关	成都天府国际机场进境冰鲜水产品指定监管场地	CNCDU790047	成都天府国际机场
66	贵阳海关	贵阳龙洞堡机场海关	贵阳龙洞堡国际机场进境冰鲜水产品指定监管场地	CNKWE830018	贵阳龙洞堡国际机场
67	昆明海关	畹町海关	瑞丽市畹町进口冰鲜水产品指定监管场地	CNWAN86S005	

附录2-7-5 续4

序号	直属海关	主管海关（隶属海关）	指定监管场地名称	场所/场地编码	所在口岸区域
68	昆明海关	河口海关	河口北山边民互市市场	CNHKM860140	河口（公路）
69	昆明海关	天保海关	天保口岸边民互市市场	CNTBO860167	天保（公路）
70	昆明海关	勐腊海关	磨憨铁路口岸进境冰鲜水产品指定监管场地	CNMHN860195	磨憨（铁路）
71	兰州海关	兰州中川机场海关	兰州中川国际机场监管作业场所	CNHLW950021	兰州中川国际机场
72	乌鲁木齐	乌鲁木齐地窝堡机场海关	新疆机场集团进出口监管仓库	CNURC940036	乌鲁木齐地窝堡国际机场
73	乌鲁木齐	喀什海关	喀什航空口岸综合性指定监管场地（冰鲜水产品）	CNKHG94S005	喀什航空口岸

附录 2-7-6 进境粮食指定监管场地名单

（168 家，截至 2025 年 2 月 28 日）

序号	直属海关	主管海关（隶属海关）	指定监管场地名称	类型	进口品种	场所/场地编码	所在口岸区域
1	天津海关	天津临港海关	天津临港佳悦粮油进境粮食指定监管场地	A		CNDGN02S619	天津新港
2	天津海关	天津新港海关	天津港第一港埠有限公司进境粮食指定监管场地	A		CNTXG020051	天津新港
3	天津海关	天津临港海关	天津临港港务集团进境粮食指定监管场地	A		CNDGN02S620	天津新港
4	天津海关	天津新港海关	天津港第四港埠公司进境粮食指定监管场地	A		CNTXG020448	天津新港
5	天津海关	天津新港海关	新港北疆进境粮食指定监管场地	A		CNTXG020448	天津新港
6	天津海关	天津新港海关	天津港进境粮食指定监管场地	B	高粱、玉米、芝麻 木薯干、大豆、小麦、大麦、杂粮等	CNTXG020444	天津新港

附录2-7-6 续1

序号	直属海关	主管海关（隶属海关）	指定监管场地名称	类型	进口品种	场所/场地编码	所在口岸区域
7	天津海关	天津东疆海关	天津东疆兴东物流进境粮食指定监管场地	B	木薯干，大豆、玉米、小麦、大麦、杂粮（含高粱、荞麦、燕麦、豌豆、绿豆、红小豆等）	CNDJG02S663	天津港东疆港区
8	石家庄海关	京唐港海关	京唐港杂货码头进境粮食指定监管场地	A		CNTGS040165	唐山港京唐港区
9	石家庄海关	秦皇岛海关	秦皇岛港杂货码头进境粮食指定监管场地	A		CNSHP040121	秦皇岛港
10	石家庄海关	黄骅港海关	黄骅港冀海码头进境粮食指定监管场地	A		CNHUH040175	黄骅港
11	石家庄海关	曹妃甸海关	曹妃甸港区进境粮食指定监管场地	B	大豆、玉米、小麦、大麦、杂粮	CNCFD04S006	唐山港曹妃甸港区
12	石家庄海关	京唐港海关	唐山港京唐港区集装箱进境粮食指定监管场地	B	木薯干、大豆、玉米、大麦、小麦、杂粮（含高粱、荞麦、燕麦、豌豆、绿豆、红小豆等）	CNJTG040176	唐山港京唐港区
13	呼和浩特海关	二连海关	二连浩特进境粮食指定监管场地	C		CNERC070036	二连浩特（公路）
14	满洲里海关	满洲里车站海关	满洲里铁路口岸进境粮食指定监管场地	C		CNMLX06S008	满洲里（铁路）
15	满洲里海关	满洲里车站海关	满洲里铁路口岸内蒙古伊泰生态农业有限公司进境粮食指定监管场地	C	小麦、玉米、水稻、大豆、油菜籽、亚麻籽、荞麦、燕麦等	CNMLX06S040	满洲里（铁路）
16	满洲里海关	满洲里车站海关	满洲里伊利托国际铁路物流港进境粮食指定监管场地	D	大豆、玉米、小麦、大麦、杂粮（含高粱、荞麦、燕麦、豌豆、绿豆、红小豆等）	CNMLX06S031	满洲里（铁路）

附录2-7-6 续2

序号	直属海关	主管海关（隶属海关）	指定监管场地名称	类型	进口品种	场所/场地编码	所在口岸区域
17	大连海关	北良港海关	大连北良港码头进境粮食指定监管场地	A		CNDYW090108	大连港北良港区
18	大连海关	大窑湾海关	大连港散粮码头进境粮食指定监管场地	A		CNDYW090085	大连港大窑湾港区
19	大连海关	大窑湾海关	大连港集装箱码头进境粮食指定监管场地	B		CNDYW090084	大连港大窑湾港区
20	大连海关	大东港海关	丹东港粮食码头进境粮食指定监管场地	A		CNDDG09S004	丹东港大东港区
21	大连海关	鲅鱼圈海关	营口港中储粮码头进境粮食指定监管场地	A		CNBYQ09S002	营口港鲅鱼圈港区
22	大连海关	鲅鱼圈海关	营口港粮食公司码头进境粮食指定监管场地	A		CNBYQ09S003	营口港鲅鱼圈港区
23	大连海关	盘锦海关	盘锦港进境粮食指定监管场地	A	大豆、玉米、高粱、大麦、小麦、油菜籽	CNPAJ09S001	盘锦港
24	沈阳海关	锦州海关	锦州港粮食码头进境粮食指定监管场地	A		CNJNZ080023	
25	长春海关	珲春海关	珲春口岸进境粮食指定监管场地	C		CNHCG150041	珲春（公路、铁路）
26	哈尔滨海关	绥芬河海关	绥芬河铁路口岸进境粮食指定监管场地	C		CNSFH19S054	绥芬河（铁路）
27	哈尔滨海关	绥芬河海关	绥芬河公路口岸进境粮食指定监管场地	C		CNSFH19S055	绥芬河（公路）
28	哈尔滨海关	黑河海关	黑河口岸进境粮食指定监管场地	C		CNHEK190052	黑河（水运）
29	哈尔滨海关	东宁海关	东宁口岸进粮食指定监管场地	C		CNDON190044	东宁（公路）
30	哈尔滨海关	密山海关	密山口岸进境粮食指定监管场地	C	农业“走出去”返销粮	CNMIS190117	密山（公路）
31	哈尔滨海关	同江海关	同江口岸进境粮食指定监管场地	C		CNTOJ190039	同江（水运）
32	哈尔滨海关	抚远海关	抚远口岸进境粮食指定监管场地	C		CNFUY19S056	抚远（水运）
33	哈尔滨海关	萝北海关	萝北口岸进境粮食指定监管场地	C		CNLBB19S057	萝北（水运）
34	哈尔滨海关	虎林海关	虎林口岸进境粮食指定监管场地	C		CNHUL19S058	虎林（公路）

附录2-7-6　续3

序号	直属海关	主管海关（隶属海关）	指定监管场地名称	类型	进口品种	场所/场地编码	所在口岸区域
35	哈尔滨海关	逊克海关	逊克口岸进境粮食指定监管场地	C		CNXUK19S059	逊克（水运）
36	哈尔滨海关	黑河海关	黑河公路口岸进境粮食指定监管场地	C	大豆	CNHEK190137	黑河（公路）
37	上海海关	浦东海关	外高桥良友码头进境粮食指定监管场地	A		CNSGH220328	外高桥港良友码头
38	上海海关	青浦海关	洋山港西郊国农进境粮食指定监管场地	B		CNQGP22S050	
39	上海海关	洋山海关	洋山港深水港进境粮食指定监管场地	B		CNYSA22S053	洋山港
40	上海海关	外高桥港区海关	上港冷链进境粮食指定监管场地	B	木薯干、大豆、玉米、小麦、大麦、杂粮（含高粱、荞麦、燕麦、豌豆、绿豆、红小豆等）	CNWIG220540	上海港外高桥港区
41	南京海关	新生圩海关	南京港（集团）有限公司新生圩港务分公司进境粮食指定监管场地	A		CNNJG231922	南京港
42	南京海关	新生圩海关	南京港龙潭集装箱码头进境粮食指定监管场地	B		CNNJG231010	南京港
43	南京海关	张家港海关	张家港港东海进境粮食指定监管场地	A		CNZJG230033	张家港港
44	南京海关	张家港海关	张家港港江海进境粮食指定监管场地	A		CNZJG230030	张家港港
45	南京海关	镇江海关	镇江港中储粮进境粮食指定监管场地	A		CNZHE230019	镇江港
46	南京海关	镇江海关	镇江港务码头进境粮食指定监管场地	A		CNZHE230012	镇江港
47	南京海关	镇江海关	镇江港润华进境粮食指定监管场地	A		CNZHE230008	镇江港
48	南京海关	盐城海关	大丰港北港一号码头进境粮食指定监管场地	A		CNDFG230522	大丰港
49	南京海关	泰州海关	泰州港永安进境粮食指定监管场地	A		CNTZU230015	泰州港
50	南京海关	泰州海关	泰州港过船进境粮食指定监管场地	A		CNTZU230012	泰州港

附录2-7-6 续4

序号	直属海关	主管海关（隶属海关）	指定监管场地名称	类型	进口品种	场所/场地编码	所在口岸区域
51	南京海关	泰州海关	泰州港永安二期进境粮食指定监管场地	A		CNTZU230015	泰州港
52	南京海关	连云港海关	连云港港东泰进境粮食指定监管场地	A		CNLYG230034	连云港港
53	南京海关	连云港海关	连云港港新东润进境粮食指定监管场地	A		CNLYG232305	连云港港
54	南京海关	连云港海关	连云港港新海湾进境粮食指定监管场地	A	木薯干	CNLYG232303	连云港港
55	南京海关	连云港海关	连云港港新东方货柜进境粮食指定监管场地	B		CNLYG230022	连云港港
56	南京海关	连云港海关	连云港港新东方集装箱进境粮食指定监管场地	B		CNLYG230026	连云港港
57	南京海关	连云港海关	连云港港新圩港进境粮食指定监管场地	A	木薯干	CNLYG230668	连云港港
58	南京海关	连云港海关	连云港港东联进境粮食指定监管场地	A	木薯干	CNLYG230035	连云港港
59	南京海关	江阴海关	江阴港中粮进境粮食指定监管场地	A		CNJIA230016	江阴港
60	南京海关	江阴海关	江阴港苏南进境粮食指定监管场地	B		CNJIA230017	江阴港
61	南京海关	南通海关	南通港华粮进境粮食指定监管场地	A		CNNTG230040	南通港
62	南京海关	南通海关	南通港嘉达进境粮食指定监管场地	A		CNNTG230024	南通港
63	南京海关	南通海关	南通港一德进境粮食指定监管场地	A		CNNTG230008	南通港
64	南京海关	太仓海关	太仓港现代进境粮食指定监管场地	B		CNTAC230013	太仓港
65	南京海关	常州海关	常州港录安洲进境粮食指定监管场地	B		CNCZX230035	常州港
66	南京海关	如皋海关	如皋进境粮食指定监管场地	B	大豆、大小麦、高粱、玉米等粮食饲料	CNRUG230041	如皋港
67	南京海关	南通海关	南通港通海港区通海港口公司进境粮食指定监管场地	B	木薯干、大豆、玉米、小麦、大麦、杂粮	CNNTG230001	南通港

附录2-7-6 续5

序号	直属海关	主管海关（隶属海关）	指定监管场地名称	类型	进口品种	场所/场地编码	所在口岸区域
68	南京海关	镇江海关	镇江港国际集装箱码头有限公司进境粮食指定监管场地	B	木薯干、大豆、玉米、大麦、杂粮（含高粱、荞麦、燕麦、豌豆、绿豆、红小豆等）	CNZHE230028	镇江港
69	南京海关	靖江海关	靖江新华港务有限公司进境粮食指定监管场地	A	大豆、玉米、小麦、大麦、杂粮（含高粱、荞麦、燕麦、豌豆、绿豆、红小豆等）	CNTSI230012	靖江港
70	南京海关	启东海关	南通通洋港口有限公司进境粮食指定监管场地	A	大豆	CNQID230064	启东港
71	南京海关	启东海关	江苏沪通集装箱码头有限公司进境粮食指定监管场地	B	木薯干，大豆、玉米、小麦、大麦、杂粮（含高粱、荞麦、燕麦、豌豆、绿豆、红小豆等）	CNQID230074	启东港
72	南京海关	南通海关	南通通常港务有限公司进境粮食指定监管场地	A	大豆、玉米、大麦、杂粮（含高粱、荞麦、燕麦、豌豆、绿豆、红小豆等）	CNNTG230055	南通港
73	杭州海关	舟山海关	舟山港老塘山进境粮食指定监管场地	A		CNZOS290280	舟山港
74	宁波海关	大榭海关	宁波港金光进境粮食指定监管场地	A		CNNBO310107	宁波港
75	宁波海关	大榭海关	宁波港大亚进境粮食指定监管场地	B		CNNBO310205	宁波港
76	合肥海关	芜湖海关	芜湖港朱家桥进境粮食指定监管场地	B		CNWHI330105	芜湖港
77	合肥海关	安庆海关	安庆港进境粮食指定监管场地	B		CNAQG330108	安庆港

附录2-7-6 续6

序号	直属海关	主管海关（隶属海关）	指定监管场地名称	类型	进口品种	场所/场地编码	所在口岸区域
78	福州海关	榕城海关	福州港松下进境粮食指定监管场地	A		CNFQX350043	福州港牛头湾港区
79	福州海关	莆田海关	莆田港秀屿进境粮食指定监管场地	A		CNPUT350026	莆田港秀屿港区
80	福州海关	榕城海关	福州港江阴港区进境粮食指定监管场地	A、B	油菜籽、木薯干、大豆、玉米、小麦、大麦、杂粮（含高粱、荞麦、燕麦、豌豆、绿豆、红小豆等）	CNFZH350042	福州港江阴港区
81	福州海关	榕城海关	福州港松下港区元洪作业区进境粮食指定监管场地	A	大豆、玉米、小麦、大麦、杂粮（含高粱、荞麦、燕麦、豌豆、绿豆、红小豆等）	CNFQX350217	福州港松下港区
82	厦门海关	泉州海关	泉州港肖厝进境粮食指定监管场地	A		CNXCU370196	泉州港
83	厦门海关	海沧海关	厦门海隆进境粮食指定监管场地	A		CNXAM370158	厦门港
84	厦门海关	东渡海关	厦门港海天进境粮食指定监管场地	B		CNXAM370226	厦门港
85	厦门海关	海沧海关	厦门海沧进境粮食指定监管场地	B		CNXAM370250	厦门港
86	厦门海关	漳州海关	漳州招银港综合码头进境粮食指定监管场地	A		CNZZU370230	厦门港
87	厦门海关	漳州海关	漳州招银港区7-9号泊位进境粮食指定监管场地	A		CNZZU370116	漳州港
88	南昌海关	九江海关	九江港进境粮食指定监管场地	B		CNJIU400052	九江港
89	青岛海关	青岛大港海关	青岛港大港进境粮食指定监管场地	A、B		CNQGD420132	青岛港
90	青岛海关	黄岛海关	青岛前湾港进境粮食指定监管场地	B		CNQGD42S301	青岛港
91	青岛海关	黄岛海关	青岛港国际进境粮食指定监管场地	B		CNQGD42S302	青岛港

附录2-7-6 续7

序号	直属海关	主管海关（隶属海关）	指定监管场地名称	类型	进口品种	场所/场地编码	所在口岸区域
92	青岛海关	董家口港海关	董家口码头进境粮食指定监管场地	A		CNQIN420305	董家口港
93	青岛海关	烟台海关	烟台港 41、42 号泊位进境粮食指定监管场地	A		CNYAT420297	烟台港
94	青岛海关	日照海关	日照港裕廊码头进境粮食指定监管场地	A		CNRZH420073	日照港
95	青岛海关	日照海关	日照港集发进境粮食指定监管场地	B		CNRZH420073	日照港
96	青岛海关	日照海关	日照港岚山进境粮食指定监管场地	A		CNLSN420065	日照港
97	青岛海关	龙口海关	龙口港进境粮食指定监管场地	A	木薯干、大豆、玉米、杂粮	CNLKU420306	龙口港
98	青岛海关	莱州海关	莱州港进境粮食指定监管场地	A	大豆、玉米、大麦、小麦、杂粮（含高粱、荞麦、燕麦、豌豆、绿豆、红小豆等）	CNLZO420001	莱州港
99	济南海关	潍坊海关	潍坊港进境粮食指定监管场地	A	玉米、小麦、大豆	CNWEF431010	潍坊港
100	郑州海关	郑州车站海关	郑州铁路东站进境粮食指定监管场地	D	大豆、绿豆、小麦、芝麻、亚麻籽、其他杂粮	CNCGZ460047	郑州（铁路）
101	武汉海关	武汉新港海关	武汉阳逻港进境粮食指定监管场地	B		CNWHG470003	武汉港
102	武汉海关	武汉新港海关	武汉阳逻新港进境粮食指定监管场地	B		CNWHG470034	
103	武汉海关	黄石海关	黄石港口岸棋盘洲港区进境粮食指定监管场地	B	大豆、玉米、小麦、高粱、大麦	CNHSI470056	黄石港
104	长沙海关	岳阳海关	岳阳城陵矶新港进境粮食指定监管场地	B		CNYYA491016	岳阳城陵矶新港
105	广州海关	南沙海关	南沙粮食通用码头进境粮食指定监管场地	A		CNGZG510200	广州港南沙港区南沙粮食及通用码头

附录2-7-6 续8

序号	直属海关	主管海关（隶属海关）	指定监管场地名称	类型	进口品种	场所/场地编码	所在口岸区域
106	广州海关	南沙海关	南沙港二期码头进境粮食指定监管场地	B		CNGGZ510121	广州港南沙港区南沙港二期码头
107	广州海关	肇庆海关	肇庆三榕港码头进境粮食指定监管场地	B		CNGGZ510084	肇庆三榕港码头
108	广州海关	番禺海关	番禺莲花山货运港进境粮食指定监管场地	B		CNPNY510150	广州港莲花山港区莲花山港货运码头
109	广州海关	佛山海关驻三水办事处	佛山三水港码头进境粮食指定监管场地	B	小麦、大豆、玉米、大麦、其它杂粮	CNSJQ510082	佛山三水港码头
110	深圳海关	蛇口海关	蛇口招商港务码头进境粮食指定监管场地	A		CNSHK530111	蛇口港
111	深圳海关	蛇口海关	蛇口集装箱码头进境粮食指定监管场地	B		CNSHK530196	蛇口港
112	深圳海关	蛇口海关	深圳赤湾码头进境粮食指定监管场地	A		CNCWN530071	赤湾港
113	深圳海关	蛇口海关	赤湾集装箱码头进境粮食指定监管场地	B		CNSHK530197	赤湾港
114	深圳海关	大鹏海关	盐田港码头进境粮食指定监管场地	B		CNYTN530200	盐田港
115	汕头海关	广澳海关	汕头广澳码头进境粮食指定监管场地	B	大米、玉米、燕麦及其他粮食等	CNSTG601040	汕头港
116	黄埔海关	新沙海关	广州港新沙港区进境粮食指定监管场地	A、B		CNGZG520615	广州港新沙港区
117	黄埔海关	黄埔新港海关	广州新港港务公司进境粮食指定监管场地	A		CNGZG521820	广州港黄埔港区
118	黄埔海关	黄埔老港海关	广州黄埔港务公司进境粮食指定监管场地	A、B		CNGZG520613	广州港黄埔港区
119	黄埔海关	黄埔新港海关	黄埔集司码头进境粮食指定监管场地	B		CNGGZ521813	广州港黄埔港区
120	黄埔海关	黄埔新港海关	黄埔东江仓码头进境粮食指定监管场地	B		CNGGZ521818	广州港黄埔港区
121	黄埔海关	黄埔新港海关	黄埔东江口码头进境粮食指定监管场地	B		CNGGZ521819	广州港黄埔港区
122	黄埔海关	黄埔老港海关	黄埔外运仓码头进境粮食指定监管场地	B		CNGGZ521804	广州港黄埔港区

附录2-7-6 续9

序号	直属海关	主管海关（隶属海关）	指定监管场地名称	类型	进口品种	场所/场地编码	所在口岸区域
123	黄埔海关	黄埔老港海关	黄埔广裕码头进境粮食指定监管场地	B		CNGGZ521835	广州港黄埔港区
124	黄埔海关	新沙海关	虎门港深赤湾进境粮食指定监管场地	A		CNHMN521810	虎门港麻涌作业区
125	黄埔海关	新沙海关	中粮广东产业园配套码头进境粮食指定监管场地	A	油菜籽、大豆、玉米、小麦、大麦、杂粮（含高粱、荞麦、燕麦、豌豆、绿豆、红小豆等）	CNGZG522309	广州港新沙港区
126	黄埔海关	沙田海关	虎门港宏业进境粮食指定监管场地	B		CNHMN520611	虎门港沙角作业区
127	黄埔海关	沙田海关	虎门港海腾进境粮食指定监管场地	A	木薯干	CNSTI521829	虎门港沙田作业区
128	江门海关	新会海关	新会港江门天马码头进境粮食指定监管场地	A、B	木薯干	CNXIN680007	新会港
129	江门海关	阳江海关	阳江良港码头进境粮食指定监管场地	A		CNYJI680018	阳江港
130	湛江海关	霞山海关	湛江港霞山港区进境粮食指定监管场地	A		CNZNG670116	湛江港
131	湛江海关	霞山海关	湛江港宝满集装箱进境粮食指定监管场地	B		CNZNG670119	湛江港
132	湛江海关	茂名海关	茂名港博贺新港区广港码头进境粮食指定监管场地	A	油菜籽、大豆、玉米、小麦、大麦、木薯干、杂粮（高粱等）	CNDBX670127	茂名港
133	南宁海关	防城海关	广西防城港码头进境粮食指定监管场地	A、B		CNFAN720139	防城港
134	南宁海关	钦州港海关	广西钦州港中粮码头进境粮食指定监管场地	A		CNQZH720134	钦州港
135	南宁海关	钦州港海关	广西钦州港勒沟作业区进境粮食指定监管场地	A		CNQZH720045	钦州港
136	南宁海关	钦州港海关	广西钦州港大榄坪码头进境粮食指定监管场地	A、B		CNQZH72S030	钦州港
137	南宁海关	北海海关	北海港铁山港码头进境粮食指定监管场地	A		CNSTB720126	北海港

附录2-7-6 续10

序号	直属海关	主管海关（隶属海关）	指定监管场地名称	类型	进口品种	场所/场地编码	所在口岸区域
138	南宁海关	梧州海关	梧州港李家庄码头进境粮食指定监管场地	B		CNWUZ720042	梧州港（内河）
139	南宁海关	水口海关	广西水口口岸进境粮食指定监管场地	C		CNSKO720149	水口（公路）
140	南宁海关	贵港海关	贵港罗泊湾作业区进境粮食指定监管场地	B	小麦、高粱、玉米、大麦、燕麦、大豆、豌豆、木薯干	CNGUG720150	贵港（内河）
141	南宁海关	东兴海关	东兴公路口岸（北仑河二桥）进境粮食指定监管场地	C	木薯干、大豆、玉米、小麦、大麦、杂粮（含高粱、荞麦、燕麦、豌豆、绿豆、红小豆等）	CNDOX720259	东兴（公路）
142	南宁海关	友谊关海关	广西友谊关公路口岸浦寨通道进境粮食指定监管场地	C	木薯干、杂粮（含甘薯、绿豆、高粱、荞麦、燕麦、豌豆、红小豆等）	CNYYG720130	友谊关（公路）浦寨通道
143	海口海关	洋浦海关	海南洋浦港进境粮食指定监管场地	A、B		CNYPG64S007	洋浦港
144	重庆海关	重庆港海关	重庆港果园港区进境粮食指定监管场地	B	木薯干、大豆、玉米、小麦、大麦、杂粮（含高粱、荞麦、燕麦、豌豆、绿豆、红小豆等）	CNCHQ800043	重庆港果园港区
145	成都海关	泸州海关	泸州港进境粮食指定监管场地	B		CNCDU790030	
146	成都海关	宜宾海关	宜宾港进境粮食指定监管场地	B		CNCDU790040	
147	成都海关	青白江海关	成都铁路场站进境粮食指定监管场地	D	小麦、大麦、玉米、绿豆、高粱、大豆及其他粮食杂粮	CNCTU790045	
148	昆明海关	瑞丽海关	瑞丽口岸联检中心进境粮食指定监管场地	C		CNRUI860145	瑞丽（公路）

附录2-7-6 续11

序号	直属海关	主管海关（隶属海关）	指定监管场地名称	类型	进口品种	场所/场地编码	所在口岸区域
149	昆明海关	瑞丽海关	瑞丽利民边民互市区进境粮食指定监管场地	C		CNRUI860151	瑞丽（公路）
150	昆明海关	畹町海关	畹町边民互市区进境粮食指定监管场地	C		CNWAN86S008	
151	昆明海关	天保海关	天保口岸进境粮食指定监管场地	C	木薯干	CNTBO860142	天保（公路）
152	昆明海关	勐腊海关	磨憨口岸锦亿进境粮食指定监管场地	C		CNMHN86S005	
153	昆明海关	孟定海关	孟定口岸南大进境粮食指定监管场地	C		CNMDN860183	孟定清水河
154	昆明海关	河口海关	河口口岸北山货场进境粮食指定监管场地	C		CNHKM860139	河口（公路）
155	昆明海关	腾冲海关	腾冲猴桥进境粮食指定监管场地	C		CNTCH860124	腾冲猴桥（公路）
156	昆明海关	勐腊海关	磨憨铁路口岸进境粮食指定监管场地	D	木薯干、玉米、杂粮（含高粱、荞麦、燕麦、豌豆、绿豆、红小豆等）	CNMHN860195	磨憨（铁路）
157	昆明海关	勐康海关	勐康公路口岸进境粮食指定监管场地	C	木薯干、玉米、杂粮（含高粱、荞麦、燕麦、豌豆、绿豆、红小豆等）	CNMNK860216	勐康（公路）
158	西安海关	西安车站海关	西安铁路口岸进境粮食指定监管场地	C		CNSIA900024	
159	兰州海关	金城海关	兰州铁路中川北站进境粮食指定监管场地	D	小麦、大麦、玉米、杂粮、亚麻籽、葵花籽、大豆、杂豆	CNLAZ950019	
160	乌鲁木齐海关	阿拉山口海关	阿拉山口铁路 3 号线进境粮食指定监管场地	C		CNAKL04S010	阿拉山口（公路、铁路）
161	乌鲁木齐海关	阿拉山口海关	阿拉山口铁路 5 号线进境粮食指定监管场地	C		CNAKL04S011	阿拉山口（公路、铁路）
162	乌鲁木齐海关	阿拉山口海关	阿拉山口铁路 6 号线进境粮食指定监管场地	C		CNAKL04S012	阿拉山口（公路、铁路）

附录2-7-6 续12

序号	直属海关	主管海关（隶属海关）	指定监管场地名称	类型	进口品种	场所/场地编码	所在口岸区域
163	乌鲁木齐海关	阿拉山口海关	阿拉山口地平线进境粮食指定监管场地	C		CNAKL04S013	阿拉山口（公路、铁路）
164	乌鲁木齐海关	塔城海关	巴克图口岸进境粮食指定监管场地	C		CNBKT05S005	
165	乌鲁木齐海关	霍尔果斯海关	霍尔果斯铁路换 3 线进境粮食指定监管场地	C		CNHRS02S008	霍尔果斯（公路、铁路）
166	乌鲁木齐海关	霍尔果斯海关	霍尔果斯铁路口岸进境粮食指定监管场地	C		CNHRS02S009	霍尔果斯（公路、铁路）
167	乌鲁木齐海关	霍尔果斯国际边境合作中心海关	霍尔果斯铁路口岸综合保税区铁路专用线粮食现代物流中心进境粮食指定监管场地	D	大豆、玉米、小麦、大麦	CNHRS94S010	霍尔果斯（铁路）
168	乌鲁木齐海关	伊尔克什坦海关	伊尔克什坦口岸进境粮食指定监管场地	C	大豆、玉米、杂粮（含高粱、荞麦、燕麦、豌豆、绿豆、红小豆等）	CNYRK94S004	伊尔克什坦（公路）

注：A：水运散装；B：水运集装箱；C：边境陆运；D：铁路集装箱。

附录 2-7-7 进境水果指定监管场地名单

（125 家，截至 2025 年 2 月 28 日）

序号	直属海关	主管海关（隶属海关）	指定监管场地名称	场所/场地编码	所在口岸区域
1	北京海关	首都机场海关	首都机场进境水果指定监管场地	CNBJS01S001	首都国际机场
2	北京海关	北京大兴国际机场海关	北京大兴国际机场综合性指定监管场地（进境水果）	CNBJS01S981	北京大兴国际机场
3	天津海关	天津新港海关	天津港国际物流进境水果指定监管场地	CNTXG020444	天津新港
4	天津海关	天津新港海关	天津港强集团进境水果指定监管场地	CNTXG02S608	天津新港
5	天津海关	天津东疆海关	天津东疆港大冷链进境水果指定监管场地	CNDJG02S613	天津新港
6	天津海关	天津东疆海关	天津东疆首农食品进境水果指定监管场地	CNDJG02S614	天津新港
7	天津海关	天津滨海机场海关	天津航空口岸大通关基地进境水果指定监管场地	CNTSN02S665	天津滨海国际机场
8	石家庄海关	秦皇岛海关	河北秦皇岛港进境水果指定监管场地	CNSHP04S007	
9	石家庄海关	曹妃甸海关	唐山港曹妃甸港区进境水果指定监管场地	CNCFD04S005	唐山港曹妃甸港区

附录2-7-7　续1

序号	直属海关	主管海关（隶属海关）	指定监管场地名称	场所/场地编码	所在口岸区域
10	太原海关	武宿海关	太原武宿综合保税区进境水果指定监管场地	CNTYU05S111	
11	呼和浩特海关	鄂尔多斯海关	鄂尔多斯航空口岸综合性指定监管场地（水果）	CNORD070135	鄂尔多斯航空口岸
12	大连海关	大窑湾海关	大连港毅都冷链进境水果指定监管场地	CNDYW090083	大连港大窑湾港区
13	大连海关	大连周水子机场海关	大连周水子国际机场进境水果指定监管产地	CNDLC090088	大连周水子国际机场
14	大连海关	大窑湾海关	大连港毅都冷链有限公司进境水果指定监管场地	CNDYW090063	大连港大窑湾港区
15	沈阳海关	沈阳桃仙机场海关	沈阳桃仙国际机场进境水果指定监管场地	CNSHE080027	沈阳桃仙国际机场
16	上海海关	青浦海关	上海洋山港西郊国农进境水果指定监管场地	CNQGP22S050	
17	上海海关	洋山海关	上海洋山港深水港物流进境水果指定监管场地	CNYSA22S053	洋山港
18	上海海关	洋山海关	上海港（临港作业区）进境水果指定监管场地	CNSGH220454	上海港洋山港区
19	上海海关	外高桥海关	上港冷链进境水果指定监管场地	CNWIG220540	上海港外高桥港区
20	上海海关	浦东国际机场海关	上海浦东机场西区公共货运站进境水果指定监管场地	CNPVG220292	上海浦东国际机场
21	上海海关	浦东国际机场海关	上海浦东机场东航物流西区货运站进境水果指定监管场地	CNPVG220481	上海浦东国际机场
22	上海海关	浦东海关	华辰优安进口食品产业园进境水果指定监管场地	CNSGH22S051	
23	南京海关	南京禄口机场海关	南京禄口国际机场进境水果指定监管场地	CNNKG230011	南京禄口国际机场
24	南京海关	新生圩海关	南京港龙潭进境水果指定监管场地	CNNJG231010	南京港
25	南京海关	连云港海关	连云港外贸进境水果指定监管场地	CNLYG23S012	
26	南京海关	太仓海关	苏州现代货箱码头进境水果指定监管场地	CNTAC230013	太仓港
27	南京海关	徐州海关	江苏省徐州市徐州观音国际机场进境水果指定监管场地	CNFAX230004	徐州观音国际机场
28	南京海关	盐城海关	盐城港大丰港区进境水果指定监管场地	CNDFG230527	盐城港大丰港区
29	杭州海关	义乌海关	浙江省义乌市义乌机场进境水果指定监管场地	CNYIU290291	义乌机场
30	杭州海关	温州海关	温州市状元岙进境水果指定监管场地	CNWZO290343	温州港

附录2-7-7 续2

序号	直属海关	主管海关（隶属海关）	指定监管场地名称	场所/场地编码	所在口岸区域
31	杭州海关	杭州萧山机场海关	杭州萧山国际机场进境水果指定监管场地	CNHGH290077	杭州萧山国际机场
32	杭州海关	舟山海关	舟山市沈家门港区进境水果指定监管场地	CNZOS290347	舟山港
33	杭州海关	台州海关	台州港大麦屿港区进境水果指定监管场地	CNDMY290362	台州港
34	杭州海关	杭州萧山机场海关	杭州萧山国际机场综合性指定监管场地（进境水果）	CNHGH290383	杭州萧山国际机场
35	杭州海关	嘉兴海关	嘉兴港乍浦港区浙江中润综合性指定监管场地（进境水果）	CNZPU290387	嘉兴港乍浦港区
36	宁波海关	宁波机场海关	宁波栎社国际机场进境水果指定监管场地	CNNGB310207	宁波栎社国际机场
37	宁波海关	梅山海关	宁波梅山国际冷链进境水果指定监管场地	CNNBO310219	宁波港
38	合肥海关	铜陵海关	安徽铜陵进境水果指定监管场地	CNTOL330111	铜陵港
39	合肥海关	合肥新桥机场海关	合肥新桥国际机场进境水果指定监管场地	CNHFE33S003	合肥新桥国际机场
40	合肥海关	黄山海关	安徽省黄山市黄山屯溪国际机场进境水果指定监管场地	CNTXN33S001	黄山屯溪国际机场
41	福州海关	平潭海关	福建省平潭港口岸金井港区进境水果指定监管场地	CNPTJ350145	平潭港口岸金井港区
42	福州海关	马尾海关	福州港（马尾）进境水果指定监管场地	CNMAW350020	福州港闽江口内港区
43	福州海关	榕城海关	福州港（福清）江阴港区进境水果指定监管场地	CNFZH350042	福州港口岸江阴港区
44	福州海关	福州长乐机场海关	福州长乐国际机场进境水果指定监管场地	CNFOC350172	福州长乐国际机场
45	厦门海关	厦门邮轮港海关	厦门港国际邮轮码头进境水果指定监管场地	CNXAM370251	厦门港
46	厦门海关	东渡海关	厦门市海天码头进境水果指定监管场地	CNXAM370226	厦门港
47	厦门海关	海沧海关	厦门海沧港远海进境水果指定监管场地	CNXAM370224	厦门港
48	厦门海关	厦门机场海关	厦门高崎机场厦航进境水果指定监管场地	CNXAM370220	厦门高崎国际机场
49	厦门海关	厦门机场海关	厦门高崎机场元翔进境水果指定监管场地	CNXAM370218	厦门高崎国际机场
50	南昌海关	南昌昌北机场海关	南昌昌北国际机场进境水果指定监管场地	CNKHN400058	南昌昌北国际机场

附录2-7-7　续3

序号	直属海关	主管海关（隶属海关）	指定监管场地名称	场所/场地编码	所在口岸区域
51	青岛海关	即墨海关	青岛港东方鼎信进境水果指定监管场地	CNJMO42S501	
52	青岛海关	黄岛海关	青岛港怡之航进境水果指定监管场地	CNQGD42S103	
53	青岛海关	青岛流亭机场海关	青岛胶东国际机场进境水果指定监管场地	CNTAO420321	青岛胶东国际机场
54	青岛海关	烟台海关	烟台港泉之源进境水果指定监管场地	CNYAT42S501	烟台港芝罘港区
55	济南海关	济南机场海关	济南国际机场股份有限公司进境水果指定监管场地	CNTNA430013	济南遥墙国际机场
56	郑州海关	郑州机场海关	郑州新郑国际机场进境水果指定监管场地	CNCGO460006	郑州新郑国际机场
57	武汉海关	武汉天河机场海关	武汉天河国际机场进境水果指定监管场地	CNWUH470061	武汉天河国际机场
58	武汉海关	鄂州海关	鄂州花湖机场进境水果指定监管场地	CNEZH470063	鄂州花湖机场
59	长沙海关	长沙黄花机场海关	湖南长沙黄花国际机场进境水果指定监管场地	CNCSX491014 CNCSX491067	长沙黄花国际机场
60	长沙海关	张家界海关	湖南张家界荷花国际机场进境水果指定监管场地	CNDYG491052	张家界荷花国际机场
61	长沙海关	岳阳海关	岳阳城陵矶进境水果指定监管场地	CNYYA491016	城陵矶水运口岸
62	广州海关	广州白云机场海关	广州白云机场新运进境水果指定监管场地	CNCAN51S004	广州白云国际机场
63	广州海关	南沙海关	广州市南沙港海港集装箱码头进境水果指定监管场地	CNGGZ510121	广州港口岸南沙港区南沙港二期码头
64	广州海关	佛山海关驻顺德办事处	顺德北滘港进境水果指定监管场地	CNBIJ510098	佛山顺德北滘港货运码头
65	广州海关	佛山海关驻南海办事处	南海九江码头进境水果指定监管场地	CNJUJ510090	佛山南海九江码头
66	广州海关	佛山海关驻南海办事处	南海三山港进境水果指定监管场地	CNNHS510088	佛山南海港口岸三山港
67	广州海关	佛山海关驻高明办事处	高明珠江码头进境水果指定监管场地	CNGOM510118	佛山高明珠江码头
68	广州海关	南沙海关	广东省广州市南沙港海新进境水果指定监管场地	CNNSA510223	
69	广州海关	南沙海关	广州南沙国际冷链进境水果指定监管场地	CNNSA510013	广州港南沙港区南沙港三期码头
70	深圳海关	深圳宝安机场海关	深圳宝安国际机场进境水果指定监管场地	CNSZX530124	深圳宝安国际机场
71	深圳海关	文锦渡海关	文锦渡口岸 进境水果指定监管场地	CNSNZ53S008	文锦渡（公路）
72	深圳海关	深圳湾海关	深圳湾口岸进境水果指定监管场地	CNSNZ53S004	深圳湾（公路）
73	深圳海关	大铲湾海关	大铲湾口岸进境水果指定监管场地	CNSNZ530198	大铲湾港

附录2-7-7 续4

序号	直属海关	主管海关（隶属海关）	指定监管场地名称	场所/场地编码	所在口岸区域
74	深圳海关	大鹏海关	盐田集装箱码头进境水果指定监管场地	CNYTN530200	盐田港
75	深圳海关	大鹏海关	深圳盐田港进境水果指定监管场地	CNSNZ3S037	盐田港
76	深圳海关	蛇口海关	蛇口集装箱码头进境水果指定监管场地	CNSHK530196	蛇口港
77	深圳海关	蛇口海关	赤湾集装箱码头进境水果指定监管场地	CNSHK530197	赤湾港
78	深圳海关	蛇口海关	妈湾集装箱码头进境水果指定监管场地	CNSHK530905	妈湾港
79	拱北海关	中山港海关	中山神湾码头进境水果指定监管场地	CNSNW570119	中山港神湾港区
80	拱北海关	高栏海关	高栏国际货柜码头进境水果指定监管场地	CNZUH570142	珠海港
81	拱北海关	港珠澳大桥海关	港珠澳大桥珠海公路口岸综合性指定监管场地（进境水果）	CNGBP570161	港珠澳大桥珠海公路口岸
82	汕头海关	广澳海关	汕头广澳港区进境水果指定监管场地	CNSTG601039	汕头港
83	汕头海关	潮汕机场海关	揭阳潮汕机场进境水果指定监管场地	CNSTG601055	揭阳潮汕国际机场
84	黄埔海关	沙田海关	东莞（国际）货柜进境水果指定监管场地	CNHMN521816	虎门港沙田作业区
85	黄埔海关	沙田海关	东莞港进境水果指定监管场地	CNHMN521812	虎门港沙田作业区
86	湛江海关	霞山海关	湛江港宝满港区集装箱码头进境水果指定监管场地	CNZNG670119	湛江港
87	南宁海关	友谊关海关	凭祥友谊关口岸进境水果指定监管场地	CNYYG72S028	友谊关（公路）
88	南宁海关	友谊关海关	凭祥浦寨进境水果指定监管场地	CNYYG720130	友谊关（公路）
89	南宁海关	防城海关	广西防城港进境水果指定监管场地	CNFAN720139	防城港
90	南宁海关	东兴海关	广西东兴口岸进境水果指定监管场地	CNDOX720060	东兴（公路）
91	南宁海关	龙邦海关	广西龙邦口岸进境水果指定监管场地	CNLGB720607	龙邦（公路）
92	南宁海关	水口海关	广西水口口岸进境水果指定监管场地	CNSKO720127	水口（公路）
93	南宁海关	友谊关海关	广西凭祥弄尧通道进境水果指定监管场地	CNYYG722008	友谊关（公路）
94	南宁海关	凭祥海关	广西凭祥（铁路）口岸进境水果指定监管场地	CNPIN720151	凭祥（铁路）
95	南宁海关	东兴海关	东兴公路口岸（北仑河二桥）进境水果指定监管场地	CNDOX720259	东兴（公路）
96	南宁海关	钦州港海关	钦州港口岸大榄坪南作业区进境水果指定监管场地	CNQZH720266	钦州港
97	南宁海关	南宁吴圩机场海关	南宁吴圩国际机场进境水果指定监管场地	CNNIN720276	南宁吴圩国际机场

附录2-7-7　续5

序号	直属海关	主管海关（隶属海关）	指定监管场地名称	场所/场地编码	所在口岸区域
98	南宁海关	爱店海关	广西爱店公路口岸进境水果指定监管场地	CNAID720144	爱店（公路）
99	海口海关	八所海关	海南八所港进境水果指定监管场地	CNBSP640055	八所港
100	海口海关	洋浦经济开发区海关	洋浦国际集装箱码头进境水果指定监管场地	CNYPG640090	洋浦港
101	重庆海关	重庆江北机场海关	重庆江北国际机场进境水果指定监管场地	CNCKG80S001	重庆江北国际机场
102	重庆海关	重庆港海关	重庆港果园港区进境水果指定监管场地	CNCHQ800043	重庆港果园港区
103	成都海关	成都双流机场海关	成都双流国际机场进境水果指定监管场地	CNCDU790046	成都双流国际机场
104	成都海关	成都双流机场海关	成都天府国际机场进境水果指定监管场地	CNCDU790047	成都天府国际机场
105	贵阳海关	贵阳龙洞堡机场海关	贵阳龙洞堡国际机场进境水果指定监管场地	CNKWE830018	贵阳龙洞堡国际机场
106	昆明海关	昆明长水机场海关	昆明长水机场东航进境水果指定监管场地	CNKMG860170	昆明长水国际机场
107	昆明海关	昆明长水机场海关	昆明长水机场云南空港进境水果指定监管场地	CMKMG860168	昆明长水国际机场
108	昆明海关	河口海关	云南河口口岸进境水果指定监管场地	CNHKM860139	河口（公路）
109	昆明海关	天保海关	云南天保口岸进境水果指定监管场地	CNTBO860167	天保（公路）
110	昆明海关	打洛海关	云南打洛口岸进境水果指定监管场地	CNDLO860182	打洛（公路）
111	昆明海关	勐腊海关	云南磨憨口岸进境水果指定监管场地	CNMHN860136	磨憨（公路）
112	昆明海关	勐腊海关	磨憨铁路口岸进境水果指定监管场地	CNMHN860195	磨憨铁路口岸
113	昆明海关	章凤海关	云南章凤口岸进境水果指定监管场地	CNZHF860149	章凤（原二类口岸）
114	昆明海关	畹町海关	瑞丽畹町口岸进境水果指定监管场地	CNWAN86S007	
115	昆明海关	腾冲海关	腾冲市猴桥口岸进境水果指定监管场地	CNTCH86S002	
116	昆明海关	西双版纳海关	关累港口岸进境水果指定监管场地	CNJHG860129	关累港
117	昆明海关	勐康海关	勐康公路口岸进境水果指定监管场地	CNMNK860216	勐康（公路）
118	拉萨海关	吉隆海关	吉隆口岸进境水果指定监管场地	CNGIR880006	吉隆（公路）
119	西安海关	西安咸阳机场海关	西安咸阳国际机场进境水果指定监管场地	CNSIA900027	西安咸阳国际机场
120	兰州海关	兰州中川机场海关	兰州中川机场进境水果指定监管场地	CNLHW950021	兰州中川国际机场
121	乌鲁木齐海关	伊尔克什坦海关	新疆伊尔克什坦进境水果指定监管场地	CNYRK940165	伊尔克什坦（公路）
122	乌鲁木齐海关	霍尔果斯海关	新疆霍尔果斯进境水果指定监管场地	CNHRS940103	霍尔果斯（公路、铁路）

附录2-7-7 续6

序号	直属海关	主管海关（隶属海关）	指定监管场地名称	场所/场地编码	所在口岸区域
123	乌鲁木齐海关	乌鲁木齐地窝堡机场海关	乌鲁木齐机场进境水果指定监管场地	CNURC940036	乌鲁木齐地窝堡国际机场
124	乌鲁木齐海关	红其拉甫海关	红其拉甫进境水果指定监管场地	CNKJP940143	红其拉甫（公路）
125	乌鲁木齐海关	喀什海关	喀什航空口岸综合性指定监管场地（水果）	CNKHG94S005	喀什航空口岸

附录 3

通用代码表

附录 3-1　关区代码及对应的检验检疫机关代码对照表

（截至 2025 年 1 月 1 日）

关区代码	关区名称	关区简称	检验检疫机关代码
0000	海关总署/全部关区	海关总署	—
0100	北京关区	北京关区	—
0101	首都机场海关	京机场关	115100
0102	京监管处	京监管处	—
0103	京关展览	京关展览	—
0104	北京西城海关	京西城关	115800
0105	北京会展中心海关	京会展关	116700
0106	北京大兴国际机场海关	大兴机场	115300
0107	机场库区	机场库区	—
0108	北京海关综合业务处	京综合处	—
0109	机场旅检	机场旅检	—
0110	平谷海关	平谷海关	116600
0111	北京车站海关	京车站关	115400
0112	北京邮局海关	京邮局关	115500
0113	京中关村	京中关村	115600
0114	海淀海关	海淀海关	116000
0115	北京东城海关	京东城关	115700
0116	大兴机场旅检	大兴旅检	—
0117	亦庄海关	亦庄海关	116300
0118	北京朝阳海关	京朝阳关	116500
0119	通州海关	通州海关	116100
0121	京稽查处	京稽查处	—
0123	机场调技	机场调技	—
0124	北京站	北京站	—
0125	西客站	西客站	—
0126	丰台海关	丰台海关	115900
0127	京快件	京快件	—
0128	顺义海关	顺义海关	116200
0129	天竺海关	天竺海关	116400
0130	北京亦庄保税物流中心	亦庄物流	116301
0131	北京大兴国际机场综合保税区	大兴综保	—
0132	北京中关村综合保税区	中关村综保	—
0200	天津关区	天津关区	—
0201	南开海关	南开海关	127400
0202	新港海关	新港海关	127100
0203	塘沽海关	塘沽海关	125200
0204	东港海关	东港海关	—
0205	津塘沽办	津塘沽办	—
0206	天津邮局海关	邮局海关	126800
0207	津机场办	津机场办	126700（天津滨海机场海关）
0208	天津港综合保税区空港片区	津保空港	—
0209	蓟州海关	津蓟州关	125500
0210	武清海关	武清海关	126300
0211	天津泰达综合保税区	泰达综保	—
0212	天津港综合保税区海港片区	津保海港	—
0213	天津东疆综合保税区	东疆综保	—
0214	天津滨海新区综合保税区	津滨综保	—

附录3-1 续1

关区代码	关区名称	关区简称	检验检疫机关代码	关区代码	关区名称	关区简称	检验检疫机关代码
0215	天津机场海关快件监管中心	津机快件	—	0412	曹妃甸海关	曹妃甸关	136600
				0413	邢台海关	邢台海关	135800
0216	天津经济技术开发区保税物流中心	津开物流	—	0414	曹妃甸综合保税区	曹综保区	—
				0415	衡水海关	衡水海关	136000
0217	天津东疆海关	东疆海关	126500	0416	石家庄国际快件监管中心	石关快件	—
0218	静海海关	静海海关	125400				
0219	北辰海关	津北辰关	126200	0417	中华人民共和国承德海关	承德海关	135400
0220	津关税处	津关税处	—				
0221	宁河海关	津宁河关	125700	0418	石家庄综合保税区	石综保区	—
0222	天津大港海关	津大港关	126900	0419	河北武安保税物流中心（B型）	武安物流	—
0223	天津临港海关	津临港关	125800				
0224	天津南疆海关	津南疆关	126000	0420	唐山港京唐港区保税物流中心（B型）	京唐物流	—
0225	西青海关	津西青关	127200				
0226	北塘海关	津北塘关	127000	0421	正定海关	正定海关	136400
0227	天津河西海关	津河西关	127500	0422	京唐港海关	京唐港关	136700
0228	天津东丽海关	津东丽关	127300	0423	雄安海关	雄安海关	136800
0229	蓟州保税物流中心（B型）	津蓟物流	—	0424	黄骅港海关	黄骅港关	136100
0230	天津保税区海关	津保税关	127600	0425	辛集保税物流中心（B型）	辛集物流	—
0400	石家庄区	石家庄区	—				
0401	鹿泉海关	鹿泉海关	136300	0426	北戴河海关	北戴河关	136500
0402	秦皇岛关	秦皇岛关	135100	0427	石家庄国际邮件处理中心	石关邮件	—
0403	唐山海关	唐山海关	135200				
0404	廊坊海关	廊坊海关	135700	0428	雄安综合保税区	雄安综保	—
0405	保定海关	保定海关	135900	0429	石家庄国际陆港保税物流中心（B型）	高邑B保	—
0406	中华人民共和国邯郸海关	邯郸海关	135300				
				0500	太原关区	太原关区	—
0407	秦皇岛综合保税区	秦综保区	—	0501	晋阳海关	晋阳海关	145800
0408	中华人民共和国沧州海关	沧州海关	135600	0502	太原机场海关	并机场关	145500
				0503	大同海关	大同海关	145100
0409	廊坊综合保税区	廊坊综保	—	0504	临汾海关	临汾海关	145400
0410	石家庄机场海关	石机场关	136200	0505	山西方略保税物流中心	方略物流	—
0411	中华人民共和国张家口海关	张家口关	135500	0506	太原武宿综合保税区	太原综保	—
				0507	运城海关	运城海关	145600

附录 3-1　续 2

关区代码	关区名称	关区简称	检验检疫机关代码	关区代码	关区名称	关区简称	检验检疫机关代码
0508	晋城海关	晋城海关	146000	0700	呼特关区	呼特关区	—
0509	山西兰花保税物流中心（B型）	兰花物流	—	0701	赛罕海关	塞罕海关	156600
0510	太原国际邮件处理中心	太原邮件	—	0702	二连海关驻铁路口岸办事处	二关铁路	—
0511	武宿海关	武宿海关	145900	0703	包头海关	包头海关	155400
0512	长治海关	长治海关	145300	0704	呼关邮办	呼关邮办	—
0513	阳泉海关	阳泉海关	145200	0705	二连海关驻公路口岸办事处	二关公路	—
0514	朔州海关	朔州海关	145700	0706	包头海关驻国际集装箱中转站办事处	包头箱站	—
0515	忻州海关	忻州海关	146100	0707	额济纳海关	额济纳关	155900
0516	大同国际陆港保税物流中心（B型）	大同保B	—	0708	乌拉特海关	乌拉特关	156100
0600	满洲里关	满洲里关	—	0709	满都拉口岸	满达口岸	—
0601	海拉尔关	海拉尔关	165400	0710	东乌海关	东乌海关	156000
0602	额尔古纳	额尔古纳	165500	0711	呼和浩特白塔机场海关	机场海关	156700
0603	满洲里十八里海关	满十八里	165300	0712	呼和浩特综合保税区	呼综保区	—
0604	赤峰海关	赤峰海关	166000	0713	鄂尔多斯海关	鄂尔多斯	156800
0605	通辽海关	通辽海关	165900	0714	集宁海关	集宁海关	156300
0606	阿日哈沙特海关	满哈沙特	165700	0715	乌海海关	乌海海关	156400
0607	满室韦	满室韦	—	0716	鄂尔多斯综合保税区	鄂综保区	—
0608	满互贸区	满互贸区	—	0717	包头保税物流中心（B型）	包头保B	—
0609	满洲里车站海关	满铁路	165200	0718	巴彦淖尔市保税物流中心（B型）	巴市保B	—
0610	满市区	满市区	—	0719	二关公路口岸直通	二关公直	—
0611	满洲里机场海关	满机场	165100	0720	七苏木保税物流中心（B型）	七苏保B	—
0612	阿尔山海关	阿尔山关	165800	0721	阿拉善海关	阿拉善关	156500
0613	赤峰保税物流中心	赤峰物流	—	0800	沈阳关区	沈阳关区	—
0614	额布都格海关	额布都格	165600	0801	浑南海关	浑南海关	245100
0615	满洲里综合保税区	满综保区	—	0802	锦州海关	锦州海关	245200
0616	满洲里国际邮件互换局兼交换站	满关邮办	—	0803	沈阳邮局海关	沈邮局关	245300
0617	满洲里综合保税区口岸功能作业区	满综口岸	—	0804	抚顺海关	抚顺海关	245400
0618	通辽保税物流中心（B型）	通辽B保	—	0805	铁西海关	铁西海关	245500

附录 3-1　续 3

关区代码	关区名称	关区简称	检验检疫机关代码	关区代码	关区名称	关区简称	检验检疫机关代码
0806	辽阳海关	辽阳海关	245600	0919	金石滩海关	金石滩关	215700
0807	沈阳桃仙机场海关	沈机海关	245700	0930	丹东海关	丹东海关	216700
0808	辽中海关	辽中海关	245800	0931	本溪海关	本溪海关	216800
0809	沈阳国际快件监管中心	沈快件	—	0932	太平湾海关	丹太平湾	—
0810	葫芦岛关	葫芦岛关	246000	0940	营口海关	营口海关	216200
0811	辽宁朝阳海关	辽宁朝阳	246100	0941	盘锦海关	盘锦海关	216400
0812	沈抚新区海关	沈抚新区	246200	0942	盘锦港保税物流中心（B型）	盘港物流	—
0813	铁岭海关	铁岭海关	246400				
0814	铁岭保税物流中心（B型）	铁保（B型）	—	0943	营口综合保税区	营口综保	—
				0950	鲅鱼圈关	鲅鱼圈关	216300
0815	阜新海关	阜新海关	245900	0951	营口港保税物流中心	营港物流	—
0816	锦州港保税物流中心（B型）	锦港保 B	—	0953	鲅鱼圈海关驻仙人岛办事处	仙人岛办	216310
0817	中欧班列（沈阳）集结中心	班列沈集	—	0960	大东港关	大东港关	216600
				0980	鞍山海关	鞍山海关	216500
0900	大连海关	大连海关	—	1500	长春关区	长春关区	—
0901	大连港湾海关	大连港湾	215800	1501	长春绿园海关	绿园海关	226000
0902	大连机场	大连机场	215200	1502	长春兴隆海关	兴隆海关	226100
0903	连开发区	连开发区	—	1503	长白海关	长白海关	225600
0904	大连湾里综合保税区	湾里综保	—	1504	白山海关临江口岸	临江口岸	—
0905	北良港海关	北良港关	215300	1505	图们海关	图们海关	225900
0906	连保税区	连保税区	—	1506	通化海关	通化海关	225400
0907	大连保税物流园区	连物流园	—	1507	珲春海关	珲春海关	225200
0908	连大窑湾	连大窑湾	215100	1508	吉林海关	吉林海关	225700
0909	大连邮局海关	连邮局关	215400	1509	延吉海关	延吉海关	225100
0910	大连大窑湾综合保税区	连窑综保	—	1510	长春兴隆综合保税区	长春综保	—
0911	大连长兴岛海关	长兴岛关	216100	1511	长春龙嘉机场海关	龙嘉机场	225800
0912	大连国际快件监管中心	大连快件	—	1512	松原海关	松原海关	226300
0915	庄河海关	庄河海关	216000	1513	白城海关	白城海关	225300
0916	七贤岭海关	七贤岭关	215500	1514	白山海关	白山海关	226600
0917	旅顺海关	旅顺海关	215900	1515	图们车办	图们车办	—
0917	大连大窑湾保税物流中心（B型）	连窑物流	—	1516	通海关村	通海关村	—
				1517	珲长岭子	珲长岭子	—

附录 3-1　续 4

关区代码	关区名称	关区简称	检验检疫机关代码
1518	吉林海关驻车站办事处	吉关车办	—
1519	图们海关三合口岸	图们三合	—
1521	一汽场站	一汽场站	—
1522	长白山海关	长白山海关	226700
1523	四平海关	四平海关	226400
1524	辽源海关	辽源海关	226500
1525	图们桥办	图们桥办	—
1526	通集青石	通集青石	—
1527	珲春圈河	珲春圈河	—
1528	吉林市保税物流中心（B型）	吉林物流	—
1529	延吉南坪	延吉南坪	—
1531	长春兴隆铁路集装箱场站	兴隆铁路	—
1536	通化海关驻集安车站办事处	通集铁路	—
1537	珲沙坨子	珲沙坨子	—
1539	图们海关开山屯口岸	图开山屯	—
1546	通化海关集安公路口岸	通集公路	—
1547	珲春综合保税区	珲综保区	—
1549	延古城里	延古城里	—
1557	珲春海关驻车站办事处	珲春车办	—
1559	延吉邮办	延吉邮办	—
1567	珲春综合保税区口岸作业区	珲综口岸	—
1569	延吉海关驻机场办事处	延吉机办	—
1579	延吉空港海关快件监管中心	延关快件	—
1589	延吉国际空港经济技术开发区保税物流中心（B型）	延吉保 B	—
1591	长春邮局海关	长邮局办	226200
1593	长白邮办	长白邮办	—
1595	图们邮办	图们邮办	—
1596	通集邮办	通集邮办	—
1900	哈尔滨区	哈尔滨区	—
1901	哈尔滨关	哈尔滨关	—
1902	绥关铁路	绥关铁路	—
1903	黑河海关	黑河海关	236700
1904	同江海关	同江海关	235900
1905	佳木斯海关	佳木斯关	235700
1906	牡丹江关	牡丹江关	235400
1907	东宁海关	东宁海关	235600
1908	逊克海关	逊克海关	236800
1909	齐齐哈尔	齐齐哈尔	235300
1910	大庆海关	大庆海关	236000
1911	密山海关	密山海关	236100
1912	虎林海关	虎林海关	236200
1913	同江海关富锦口岸监管点	同江富锦	—
1914	抚远海关	抚远海关	235800
1915	漠河海关	漠河海关	237000
1916	萝北海关	萝北海关	236600
1917	嘉荫海关	嘉荫海关	236400
1918	饶河海关	饶河海关	236300
1919	冰城海关驻香坊办事处	冰城香办	235110
1921	黑龙江绥芬河综合保税区	绥综保区	—
1922	冰城海关驻邮局办事处	冰城邮办	235120
1924	哈尔滨太平机场海关	哈关机场	235200
1925	绥关公路	绥关公路	235510
1926	哈尔滨综合保税区	哈综保区	—
1927	哈尔滨综合保税区口岸作业区	哈综口岸	—
1928	绥芬河综合保税区口岸作业区	绥综口岸	—

附录3-1 续5

关区代码	关区名称	关区简称	检验检疫机关代码	关区代码	关区名称	关区简称	检验检疫机关代码
1929	牡丹江保税物流中心（B型）	牡保B型	—	2223	上海科创中心海关	沪科创关	317600
				2224	崇明海关	崇明海关	317100
1930	冰城海关	冰城海关	235100	2225	外港海关	外港海关	315600
1931	鹤岗海关	鹤岗海关	236500	2226	贸易网点	贸易网点	—
1932	黑河物流保税中心（B型）	黑河保B	—	2227	普陀区站	普陀区站	—
				2228	上海会展中心海关	沪会战关	317200
1933	绥化海关	绥化海关	236900	2229	航交办	航交办	—
1934	黑关公路	黑关公路	—	2230	徐汇海关	沪徐汇关	316200
1935	同江海关铁路口岸	同关铁路	—	2231	洋山海关驻市内报关点	洋山市内	—
2200	上海海关	上海海关	—	2232	上海嘉定综合保税区	嘉定综保	—
2201	浦江海关	浦江海关	315500	2233	浦东机场	浦东机场	315100
2202	吴淞海关	吴淞海关	317300	2234	上海钻石交易所海关	沪钻交所	317700
2203	上海虹桥机场海关	虹桥机场	315400	2235	上海松江综合保税区A区	松江综A	—
2204	闵开发区	闵开发区	—				
2205	上海车站海关	车站海关	315900	2236	洋山海关驻芦潮港铁路集装箱中心站监管点	洋山芦潮	—
2206	上海邮局海关	邮局海关	316000				
2207	洋山海关	洋山海关	315800	2237	上海松江综合保税区B区	松江综B	—
2208	宝山海关	宝山海关	315700				
2209	龙吴海关	龙吴海关	317400	2238	上海青浦综合保税区	青浦综保	—
2210	浦东海关	浦东海关	315200	2239	上海奉贤综合保税区	奉贤综保	—
2211	卢湾监管	卢湾监管	—	2240	上海漕河泾综合保税区	漕河泾综	—
2212	奉贤海关	奉贤海关	317000	2241	黄浦海关	黄浦海关	316100
2213	莘庄海关	莘庄海关	316500	2242	沪业二处	沪业二处	—
2214	漕河泾发	漕河泾发	—	2243	虹口海关	沪虹口关	316300
2215	上海西北物流园区	西北物流	—	2244	上海快件	上海快件	—
2216	上海浦东机场综合保税区	浦机综保	—	2245	上海金桥综合保税区	金桥综保	—
				2246	上海外高桥港综合保税区	外高桥综	—
2217	嘉定海关	嘉定海关	316600				
2218	外高桥关	外高桥关	—	2247	上海海关驻化学工业区办事处	沪化工区	—
2219	杨浦海关	沪杨浦关	316400				
2220	金山海关	金山海关	316700	2248	洋山海关（港区）	洋山港区	—
2221	松江海关	松江海关	316800	2249	洋山特殊综合保税区	洋山特综	—
2222	青浦海关	青浦海关	316900	2250	驻空港区域办事处	沪空港办	—

附录 3-1 续 6

关区代码	关区名称	关区简称	检验检疫机关代码	关区代码	关区名称	关区简称	检验检疫机关代码
2251	驻金桥办事处	沪金桥办	—	2330	泰州海关驻泰兴办事处	泰泰兴办	326810
2252	虹桥商务区保税物流中心（B 型）	虹桥 B 保	—	2331	宜兴海关	宜兴海关	327800
				2332	锡锡山办	锡锡山办	325420
2300	南京海关	南京海关	—	2333	南通关办	南通关办	—
2301	连云港关	连云港关	325800	2334	新沂报税物流中心（B 型）	新沂保 B	—
2302	南通海关	南通海关	325900				
2303	苏州海关	苏州海关	325200	2335	昆山加工	昆山加工	—
2304	无锡海关	无锡海关	325400	2336	苏园加工	苏园加工	—
2305	张家港关	张家港关	326000	2337	徐州综合保税区	徐州综保	—
2306	常州海关	常州海关	326300	2338	苏关邮办	苏关邮办	325210
2307	镇江海关	镇江海关	326200	2339	南通海关驻出口加工区办事处	南通加工	—
2308	新生圩关	新生圩关	325600				
2309	盐城海关	盐城海关	326500	2340	无锡海关驻出口加工区办事处	无锡加工	—
2310	扬州海关	扬州海关	326700				
2311	徐州海关	徐州海关	326400	2341	连云港海关驻连云港出口加工区办事处	连关加工	—
2312	江阴海关	江阴海关	325700				
2313	张保税区	张保税区	—	2342	连云港海关驻赣榆办事处	连赣榆办	325820
2314	苏工业区	苏工业区	325300				
2315	淮安海关	淮安海关	326600	2343	南京海关驻江苏南京出口加工区（南区）办事处	宁南加工	—
2316	泰州海关	泰州海关	326800				
2317	南京禄口机场海关	禄口机场	325500	2344	苏州海关驻苏州高新区出口加工区办事处	苏高加工	—
2318	金陵海关驻江北办事处	金陵江北	325130				
2319	如皋海关	如皋海关	326900	2345	镇江海关驻镇江出口加工区办事处	镇江加工	—
2320	无锡海关驻机场办事处	锡关机办	325410				
2321	常溧阳办	常溧阳办	326310	2346	连云港综合保税区	连关综保	—
2322	镇丹阳办	镇丹阳办	326210	2347	苏州工业园区海关驻苏州工业园区出口加工区 B 区办事处	苏园 B 区	—
2323	金陵海关	金陵海关	325100				
2324	常熟海关	常熟海关	327500				
2325	昆山海关	昆山海关	327600	2348	金港海关	金港海关	326100
2326	吴江海关	吴江海关	327700	2349	金陵海关驻邮局办事处	金陵邮办	325110
2327	太仓海关	太仓海关	327400	2350	苏州高新区保税物流中心（B 型）	苏高物流	—
2328	苏州海关驻吴中办事处	苏吴中办	325230				
2329	启东海关	启东海关	327300	2351	金陵海关驻江宁办事处	金陵江宁	325120

附录3-1 续7

关区代码	关区名称	关区简称	检验检疫机关代码	关区代码	关区名称	关区简称	检验检疫机关代码
2352	南京空港保税物流中心（B型）	宁空保B	—	2373	淮安综合保税区	淮安综保	—
				2374	无锡高新区综合保税区	锡高综保	—
2353	常州海关驻出口加工区办事处	常关出加	—	2375	靖江海关	靖江海关	327100
				2376	南通综合保税区	南通综保	—
2354	扬州海关驻出口加工区办事处	扬关出加	—	2377	南京综合保税区（龙潭片）	龙潭综保	—
2355	常熟海关驻出口加工区办事处	常熟出加	—	2378	南京综合保税区（江宁片）	江宁综保	—
2356	吴江海关驻出口加工区办事处	吴江出加	—	2379	苏州海关驻相城办事处	苏相城办	325240
				2380	太仓港综合保税区	太仓综保	—
2357	常州海关驻武进办事处	常关武办	326320	2381	苏州工业园综合保税区贸易功能区	苏园贸易	—
2358	苏州工业园综合保税区	苏园保税	—				
2359	苏州海关驻吴中出口加工区办事处	吴中出加	—	2382	苏州海关驻虎丘办事处	苏虎丘办	325220
				2383	如东海关	如东海关	327200
2360	盐城海关驻大丰港办事处	盐关港办	326520	2384	如皋港保税物流中心	如皋物流	—
				2385	泰州综合保税区	泰州综保	—
2361	淮安海关驻出口加工区办事处	淮关出加	—	2386	镇江综合保税区	镇江综保	—
				2387	常州综合保税区	常州综保	—
2362	江阴保税物流中心	澄关物流	—	2388	武进综合保税区	武进综保	—
2363	靖江保税物流中心（B型）	靖江物流	—	2389	常熟综合保税区	常熟综保	—
				2390	吴江综合保税区	吴江综保	—
2364	江苏武进出口加工区	武进出加	—	2391	徐州保税物流中心	徐州物流	—
2365	张家港保税港区	张保税港	—	2392	南通海关驻海门办事处	通海门办	325910
2366	中华人民共和国宿迁海关	宿迁海关	327000	2393	南通海关驻海安办事处	通海安办	325920
				2394	吴中综合保税区	吴中综保	—
2367	泰州海关驻出口加工区办事处	泰出加区	—	2395	大丰港保税物流中心	大丰物流	—
				2396	海安保税物流中心（B型）	海安物流	—
2368	苏州高新技术产业开发区综合保税区	苏高综保	—	2397	江阴综合保税区	江阴综保	—
2369	昆山综合保税区	昆山综保	—	2398	扬州综合保税区	扬州综保	—
2370	连云港保税物流中心	连关物流	—	2900	杭州关区	杭州关区	—
2371	盐城海关驻机场办事处	盐机场办	326510	2901	钱江海关综合业务三处	钱综三处	—
2372	盐城综合保税区	盐城综保	—	2902	钱江海关	钱江海关	338300

附录 3-1　续 8

关区代码	关区名称	关区简称	检验检疫机关代码	关区代码	关区名称	关区简称	检验检疫机关代码
2903	温州海关	温州海关	335100	2938	温州综合保税区	温州综保	—
2904	舟山海关	舟山海关	335300	2941	嵊泗海关	嵊泗海关	335400
2905	台州海关	台州海关	335500	2942	舟山海关金塘监管科	舟关金塘	—
2906	绍兴海关	绍兴海关	335600	2943	舟山海关驻舟山港综合保税区办事处	舟关综保	—
2907	湖州海关	湖州海关	335800				
2908	嘉兴海关	嘉兴海关	335700	2951	台州海关驻临海办事处	台关临办	335510
2909	钱江海关驻下沙办事处	钱关下沙	338320	2952	台州海关驻温岭办事处	台关温办	—
2910	杭州萧山机场海关	杭州机场	336300	2953	台州海关驻玉环办事处	台关玉办	335530
2911	钱江海关驻邮局办事处	钱关邮办	338310	2954	台州综合保税区	台州综保	—
2912	钱江海关驻萧然办事处	钱关萧办	338350	2961	绍兴海关驻上虞办事处	绍关虞办	—
2915	丽水海关	丽水海关	336000	2962	绍兴海关驻诸暨办事处	绍关诸办	335620
2916	杭州萧山机场海关快件监管中心	杭州快件	—	2963	绍兴海关驻新嵊办事处	绍关新办	335630
				2964	绍兴综合保税区	绍兴综保	—
2917	衢州海关	衢州海关	335900	2971	湖州海关驻安吉办事处	湖关安办	335830
2918	钱江海关驻余杭办事处	钱关余办	338330	2972	湖州海关驻德清办事处	湖关德办	335810
2919	钱江海关驻富阳办事处	钱关富办	338360	2973	湖州德清保税物流中心（B 型）	德清保 B	—
2920	金华海关	金华海关	335200				
2921	义乌海关	义乌海关	336200	2979	湖州物流报税中心（B 型）	湖州保 B	—
2922	金华海关驻永康办事处	金关永办	335220				
2923	义乌保税物流中心	义乌物流	—	2981	嘉关乍办	嘉关乍办	335710
2924	金义综合保税区	金义综保	—	2982	嘉兴海关驻嘉善办事处	嘉关善办	335720
2925	义乌综合保税区	义乌综保	—	2983	嘉兴综合保税区	嘉兴综保	—
2927	义乌海关驻机场办事处	义关机办	336210	2984	嘉兴海关驻海宁办事处	嘉关宁办	—
2928	杭州跨境电子商务海关监管中心	杭关电商	—	2985	嘉兴海关驻桐乡办事处	嘉兴桐办	—
2929	钱江海关驻建德办事处	钱关建办	338340	2986	嘉兴综合保税区（B）区	嘉综 B 区	—
2931	温关邮办	温关邮办	—	2991	杭州综合保税区	杭州综保	—
2932	温经开关	温经开关	—	2992	杭州保税物流中心（B 型）	杭州物流	—
2933	温关机办	温关机办	—				
2934	温关鳌办	温关鳌办	—	3100	宁波关区	宁波关区	—
2935	温州海关驻瑞安办事处	温关瑞办	335150	3101	海曙海关	海曙海关	386400
2936	温州海关驻乐清办事处	温关乐办	335120	3102	镇海海关	镇海海关	385300
2937	温州保税物流中心（B 型）	温州物流	—	3103	北仑海关驻甬城办事处	甬北城办	385410

附录3-1 续9

关区代码	关区名称	关区简称	检验检疫机关代码	关区代码	关区名称	关区简称	检验检疫机关代码
3104	北仑海关	北仑海关	385400	3305	蚌埠海关	蚌埠海关	345500
3105	宁波保税区海关	甬保税区	386500	3306	铜陵海关	铜陵海关	345300
3106	大榭海关	大榭海关	385500	3307	阜阳海关	阜阳海关	345600
3107	余姚海关	余姚海关	386300	3308	池州海关	池州海关	345800
3108	慈溪海关	慈溪海关	386200	3309	滁州海关	滁州海关	345900
3109	宁波机场海关	甬机场关	385100	3310	庐州海关	庐州海关	346100
3110	象山海关	象山海关	385700	3311	合肥新桥机场海关	新桥机场	346500
3111	宁波保税区海关驻出口加工区办事处	甬加工区	—	3312	芜湖综合保税区	芜湖综保	—
				3313	合肥出口加工区	合关加办	—
3112	宁波保税物流园区	甬物流区	—	3315	宣城海关	宣城海关	346000
3113	浙江慈溪出口加工区	慈加工区	—	3316	蚌埠（皖北）保税物流中心（B型）	蚌埠物流	—
3114	鄞州海关	鄞州海关	385900				
3115	栎社海关	栎社海关	386600	3317	合肥综合保税区	合肥综保	—
3116	宁波梅山保税港区港口功能区	梅山港区	—	3318	淮南海关	淮南海关	346700
				3319	宿州海关	宿州海关	346300
3117	宁波梅山保税港区保税加工物流功能区	梅山保税	—	3320	合肥新桥国际机场海关监管快件中心	合关快件	—
3118	宁波栎社国际机场快件监管中心	宁波快件	—	3322	安徽皖东南保税物流中心（B型）	宣城物流	—
3119	宁波邮局海关	甬邮局关	385200	3323	合肥空港保税物流中心（B型）	空港物流	—
3120	宁波镇海保税物流中心（B型）	镇海物流	—				
				3324	马鞍山综合保税区	马综保区	—
3121	北仑海关驻临港办事处	甬北港办	385420	3325	六安海关	六安海关	346400
3122	北仑海关驻穿山办事处	甬北穿办	385430	3326	淮北海关	淮北海关	346200
3123	甬江海关	甬江海关	385800	3327	亳州海关	亳州海关	346600
3124	奉化海关	奉化海关	386000	3328	铜陵（皖中南）保税物流中心（B型）	铜陵物流	—
3125	宁海海关	宁海海关	386100				
3126	杭州湾新区海关	甬新区关	386700	3329	安庆综合保税区	安庆综保	—
3300	合肥海关	合肥海关	—	3330	皖江江南保税物流中心（B型）	池州物流	—
3301	芜湖海关	芜湖海关	345100				
3302	安庆海关	安庆海关	345200	3500	福州关区	福州关区	—
3303	马鞍山海关	马鞍山关	345400	3501	马尾海关	马尾海关	355300
3304	黄山海关	黄山海关	345700	3502	榕城海关驻福清办事处	榕福清办	355130

附录 3-1　续 10

关区代码	关区名称	关区简称	检验检疫机关代码	关区代码	关区名称	关区简称	检验检疫机关代码
3503	宁德海关	宁德海关	355400	3709	厦门海沧保税港区保税加工物流功能区	海沧保税	—
3504	三明海关	三明海关	355500				
3505	榕城海关驻罗源湾办事处	榕罗源办	355140	3710	高崎海关	高崎海关	395700
				3711	厦门东渡海关	东渡海关	396000
3506	莆田海关	莆田海关	355600	3712	海沧海关	海沧海关	395100
3507	福州长乐机场海关	长乐机场	355200	3713	厦门邮局海关	邮局海关	395600
3508	福州江阴港区港口功能区	榕江阴港	—	3714	象屿保税	象屿保税	—
				3715	厦门机场海关	机场海关	395200
3509	榕城海关驻邮局办事处	榕邮局办	355110	3716	集同海关	集同海关	395800
3510	南平海关	南平海关	355700	3717	象屿综合保税区	象屿综保	—
3511	武夷山关	武夷山关	355900	3718	泉州综合保税区	泉综保区	—
3512	黄岐对台小额贸易监管点	黄岐监管	—	3719	厦门加工	厦门加工	—
3513	榕城海关驻快安办事处	榕快安办	355120	3720	厦门火炬（翔安）保税物流中心	厦门物流	—
3515	平潭港区港口功能区	平潭港区	—				
3516	平潭海关	平潭海关	355800	3722	翔安海关大嶝监管科	大嶝监管	395901
3518	榕城海关	榕城海关	—	3723	泉州海关驻晋江办事处	泉晋江办	395440
3519	宁德保税物流中心（B型）	宁德保 B	—	3724	厦门邮轮港海关	邮轮海关	395500
				3725	翔安海关	翔安海关	395900
3520	福州综合保税区	福州综保	—	3726	泉州海关驻晋江办事处陆地港监管科	泉陆地港	395441
3521	翔福保税物流中心（B）	榕翔保 B	—				
				3727	古雷海关	古雷海关	396100
3522	福州保税物流园区	福物流园	—	3728	泉州海关驻安溪办事处	泉安溪办	395420
3523	福州江阴港综合保税区	榕江阴综	—	3729	泉州海关驻南安办事处	泉南安办	—
3700	厦门关区	厦门关区	—	3730	厦门邮轮港海关驻五通办事处	厦五通办	395510
3701	厦门海关	厦门海关	—				
3702	泉州海关驻刺桐办事处	泉刺桐办	395430	3731	漳州海关驻招银办事处	漳招银办	395310
3703	漳州海关	漳州海关	395300	3732	泉州海关	泉州海关	395400
3704	东山海关	东山海关	396200	3733	漳州台商投资区保税物流中心	漳州保 B	—
3705	泉州海关驻石狮办事处	泉石狮办	—				
3706	龙岩海关	龙岩海关	396300	3735	泉州石湖港保税物流中心	泉州保 B	—
3707	泉州海关驻泉港办事处	泉泉港办	395410				
3708	厦门海沧保税港区港口功能区	海沧港区	—	4000	南昌关区	南昌关区	—
				4001	赣江新区海关	赣江海关	366000

附录3-1 续11

关区代码	关区名称	关区简称	检验检疫机关代码	关区代码	关区名称	关区简称	检验检疫机关代码
4002	九江海关	九江海关	365100	4203	龙口海关	龙口海关	375500
4003	赣州海关	赣州海关	365300	4204	威海海关	威海海关	376200
4004	景德镇关	景德镇关	365200	4208	烟台综合保税区西区	烟综保西	—
4005	吉安海关	吉安海关	365600	4209	荣成海关	荣成海关	375400
4006	南昌昌北机场海关	昌北机场	365700	4210	青保税区	青保税区	—
4007	青山湖海关	青山湖关	365900	4211	济宁海关	济宁海关	375800
4008	龙南海关	龙南海关	366400	4213	临沂海关	临沂海关	376800
4009	新余海关	新余海关	365800	4214	青前湾港	青前湾港	—
4010	九江海关驻出口加工区办事处	浔关区办	—	4215	菏泽海关	菏泽海关	376400
				4217	枣庄海关	枣庄海关	376700
4011	南昌海关驻出口加工区办事处	洪关区办	—	4218	青开发区	青开发区	—
				4219	蓬莱海关	蓬莱海关	377400
4012	赣州海关驻出口加工区办事处	虔关区办	—	4220	青机场关	青机场关	377300
				4221	烟机场办	烟机场办	375340
4013	上饶海关	上饶海关	365400	4222	莱州海关	莱州海关	375600
4014	南昌保税物流中心	南昌物流	—	4223	青岛邮局海关	青岛邮关	377800
4015	井冈山出口加工区	吉井加工	—	4224	烟台海关驻长岛办事处	烟关长办	—
4016	鹰潭海关	鹰潭海关	366300	4225	威海海关驻海港办事处	威海港办	376250
4017	赣州综合保税区	赣州综保	—	4227	青岛大港	青岛大港	375100
4018	宜春海关	宜春海关	365500	4228	烟关快件	烟关快件	—
4019	南昌综合保税区	南昌综保	—	4230	青岛前湾保税港区保税功能区	前湾保税	—
4020	龙南保税物流中心	龙南物流	—				
4021	萍乡海关	萍乡海关	366100	4231	烟开发区	烟开发区	—
4022	抚州海关	福州海关	366200	4232	日岚山办	日岚山办	376010
4023	九江综合保税区	九江综保	—	4236	荣成海关驻龙眼港办事处	荣龙眼办	375410
4024	南昌昌北机场海关快件监管中心	南昌快件	—				
				4238	威海海关驻邮局办事处	威邮局办	376240
4025	南昌昌北机场海关邮件监管中心	南昌邮件	—	4240	青岛海关快件监管中心	青关快件	—
				4241	烟台综合保税区东区	烟综保东	—
4026	井冈山综合保税区	吉井综保	—	4242	威加工区	威加工区	—
4200	青岛海关	青岛海关	—	4243	济宁海关驻曲阜办事处	济曲阜办	375810
4201	烟台海关	烟台海关	375300	4245	烟台海关驻邮局办事处	烟台邮办	375390
4202	日照海关	日照海关	376000	4246	青岛胶州湾综合保税区	青胶综保	—

附录 3-1　续 12

关区代码	关区名称	关区简称	检验检疫机关代码	关区代码	关区名称	关区简称	检验检疫机关代码
4247	威海海关驻机场办事处	威机场办	376220	4278	威海威高国际快件监管中心	威高快件	—
4250	青岛西海岸综合保税区	青西综区	—	4279	临沂机场航空口岸	临沂机场	—
4253	日照保税物流中心	日照物流	—	4280	青岛空港综合保税区	青空综保	—
4254	青岛保税物流中心	青岛物流	—	4281	济宁高新保税物流中心（B 型）	济宁保 B	—
4256	威海国际物流园快件监管中心	威港快件	—	4288	烟台海关驻八角办事处	烟八角办	375320
4257	临沂综合保税区	临综保区	—	4300	济南海关	济南海关	—
4258	青岛前湾保税港区口岸作业区	前湾口岸	—	4301	泉城海关	泉城海关	405300
				4302	济南机场海关	济机场关	405100
4259	黄岛海关快件监管中心	黄关快件	—	4303	济南综合保税区	济综保区	—
4260	青岛国际陆港快件监管中心	青港快件	—	4305	济南邮局海关	济邮局关	405200
				4306	济南章锦综合保税区	章锦综保	—
4261	烟台国际陆港快件监管中心	烟港快件	—	4310	潍坊海关	潍坊海关	405500
				4311	潍诸城办	潍诸城办	405520
4263	海阳海关	海阳海关	377500	4312	潍坊综合保税区	潍综保区	—
4264	烟台海关驻莱阳办事处	烟莱阳办	375380	4313	潍坊海关驻寿光办事处	潍寿光办	405510
4265	胶州海关	胶州海关	378000	4315	诸城保税物流中心	诸城物流	—
4266	即墨海关	即墨海关	377900	4316	潍坊综保区跨境电商海关监管作业场所	潍综电商	—
4267	烟台海关驻招远办事处	烟招远办	375330				
4268	董家口海关	青董港关	377600	4320	淄博海关	淄博海关	405400
4269	石岛新港国际快件中心	石港快件	—	4322	淄博综合保税区	淄博综保	—
4270	威海海关驻文登办事处	威文登办	376210	4330	泰安海关	泰安海关	405600
4271	日照综合保税区	日照综保	376001	4341	济南机场海关快件监管现场	济机快件	—
4272	青岛大港 H986 快件监管中心	大港快件	—	4342	济南邮局海关快件监管现场	济邮快件	—
4273	青岛即墨综合保税区	即墨综保	—	4350	东营海关	东营海关	405700
4274	烟台福山回里保税物流中心（B 型）	烟福保 B	—	4351	东营综合保税区	东营综保	—
				4360	聊城海关	聊城海关	406000
4275	烟台海关驻芝罘办事处	烟芝罘办	375350	4370	德州海关	德州海关	405800
4276	菏泽内陆港保税物流中心（B 型）	菏港保税	—	4380	滨州海关	滨州海关	405900
				4381	滨州保税物流中心	滨州物流	—
4277	青岛西海岸新区保税物流中心（B 型）	青西保 B	—	4390	莱芜海关	莱芜海关	406100
				4600	郑州关区	郑州关区	—

附录 3-1 续 13

关区代码	关区名称	关区简称	检验检疫机关代码	关区代码	关区名称	关区简称	检验检疫机关代码
4601	金水海关	金水海关	416600	4629	驻马店海关	驻马店海关	417200
4602	洛阳海关	洛阳海关	415100	4630	平顶山海关	平顶山海关	416900
4603	南阳海关	南阳海关	415600	4631	开封海关	开封海关	417100
4604	郑州机场海关	郑机场关	416300	4632	河南许昌保税物流中心(B型)	许昌保 B	—
4605	郑州邮局海关	郑邮局关	416500				
4606	郑州车站海关	郑车站关	416400	4633	洛阳综合保税区	洛阳综保	—
4607	安阳海关	安阳海关	415300	4634	开封综合保税区	开封综合	—
4608	郑州新区海关	新区海关	416700	4700	武汉海关	武汉海关	—
4609	商丘海关	商丘海关	415400	4701	宜昌海关	宜昌海关	425800
4610	周口海关	周口海关	416800	4702	荆州海关	荆州海关	426100
4611	郑州经开综合保税区	经开综保	—	4703	襄阳海关	襄阳海关	425700
4612	新郑海关	新郑海关	415900	4704	黄石海关	黄石海关	425900
4613	郑州海关航空进出境快件监管中心	郑州空港	—	4705	汉阳海关	汉阳海关	425400
				4706	宜三峡办	宜三峡办	—
4614	焦作海关	焦作海关	415200	4707	鄂加工区	鄂加工区	—
4615	三门峡海关	三门峡关	415800	4708	现场业务一处	现场一处	—
4616	新乡海关	新乡海关	416100	4709	武汉海关驻江汉办事处东西湖保税物流中心	武江物流	—
4617	信阳海关	信阳海关	415700				
4618	鹤壁海关	鹤壁海关	416200	4710	武关货管	武关货管	—
4619	河南德众保税物流中心	德众物流	—	4711	武汉海关快件监管中心	武关快件	—
4620	郑州航空港经济综合实验区	郑州空港	—	4712	武关机场	武关机场	425100
				4713	武汉邮局海关	邮局海关	425300
4621	中华人民共和国许昌海关	许昌海关	416000	4714	新港海关	新港海关	425200
				4715	汉口海关	汉口海关	425600
4622	南阳卧龙综合保税区	南阳综保	—	4716	十堰海关	十堰海关	426000
4623	河南商丘保税物流中心(B型)	商丘物流	—	4718	武昌海关	武昌海关	425500
				4719	武汉东湖综合保税区	东湖综保	—
4624	漯河海关	漯河海关	415500	4720	黄石棋盘洲保税物流中心	黄石物流	—
4625	濮阳海关	濮阳海关	417000				
4626	商丘海关驻民权办事处	民权办	415410	4721	仙桃海关	仙桃海关	426600
4627	河南民权保税物流中心(B型)	民权保 B	—	4722	武汉东湖综合保税区口岸作业区	东湖陆港	—
4628	济源海关	济源海关	417300				

附录 3-1　续 14

关区代码	关区名称	关区简称	检验检疫机关代码
4723	宜昌三峡保税物流中心（B 型）	宜昌物流	—
4724	襄阳保税物流中心（B 型）	襄阳物流	—
4725	武汉新港空港综合保税区东西湖园区	空港综保	—
4726	武汉新港空港综合保税区阳逻港园区	新港综保	—
4727	荆门海关	荆门海关	426200
4728	鄂州海关	鄂州海关	426300
4729	随州海关	随州海关	426400
4730	恩施海关	恩施海关	426500
4731	武汉经开综合保税区	经开综保	—
4732	仙桃保税物流中心（B）	仙桃保 B	—
4733	荆门保税物流中心（B 型）	荆门保 B	—
4734	宜昌综合保税区	宜昌综保	—
4735	襄阳综合保税区	襄阳综保	—
4736	黄石棋盘洲综合保税区	黄石综保	—
4900	长沙关区	长沙关区	—
4901	衡阳海关	衡阳海关	435900
4902	岳阳海关	岳阳海关	435600
4903	郴州海关	郴州海关	436000
4904	星沙海关霞凝辖区	星关霞办	—
4905	长沙海关	长沙海关	—
4906	株洲海关	株洲海关	436100
4907	韶山海关	韶山海关	436400
4908	长沙黄花机场海关	湘机场关	435200
4909	株洲海关驻醴陵办事处	株关醴办	436110
4910	郴州综合保税区	郴州综保	—
4911	永州海关	永州海关	435300
4913	长沙金霞保税物流中心	金霞物流	—
4914	张家界海关	张家界关	435100
4915	衡阳综合保税区	衡阳综保	—
4916	星沙海关	星沙海关	436200
4917	湘潭综合保税区	湘潭综保	—
4918	星沙海关驻浏阳办事处	星关浏办	436210
4919	岳阳城陵矶综合保税区	岳阳综保	—
4920	长沙邮局海关	湘邮海关	436300
4921	长沙黄花综合保税区	黄花综保	—
4922	株洲铜塘湾保税物流中心（B 型）	株洲物流	—
4923	邵阳海关	邵阳海关	435500
4924	益阳海关	益阳海关	435400
4925	怀化海关	怀化海关	435800
4926	湘西海关	湘西海关	436500
4927	星沙海关长沙国际铁路港监管作业区	星关铁运	—
4928	娄底海关	娄底海关	436600
5000	广东分署	广东分署	—
5100	广州海关	广州海关	—
5101	内港新风	内港新风	—
5102	越秀海关	越秀海关	448700
5103	清远海关	清远海关	446800
5104	清远英德	清远英德	—
5105	查检二科	天河保税	—
5106	南沙海关散货码头监管科	南沙散货	—
5107	肇庆高新区大旺进出境货运车辆检查场	肇庆大旺	—
5108	肇庆德庆	肇庆德庆	—
5109	滘心审核业务科	海珠滘心	—
5110	南海海关	南海海关	—
5111	南海陆港	南海陆港	—

附录3-1 续15

关区代码	关区名称	关区简称	检验检疫机关代码
5112	南海九江	南海九江	—
5113	南海北村	南海北村	—
5114	南海平洲	南海平洲	—
5115	荔湾海关	荔湾海关	448900
5116	南海业务	南海业务	—
5117	桂江货柜车场	桂江车场	—
5118	平洲旅检	平洲旅检	—
5119	南海三山	南海三山	—
5120	海珠海关	海珠海关	448800
5121	内港芳村	内港芳村	—
5122	内港洲嘴	内港洲嘴	—
5123	内港四仓	内港四仓	—
5124	罗定监管科	双东车场	—
5125	从化海关	从化海关	447700
5126	内港赤航	内港赤航	—
5130	广州萝岗	广州萝岗	—
5131	花都海关	花都海关	447500
5132	花都码头	花都码头	—
5133	广州海关中新知识城	穗知识城	—
5134	穗保税处	穗保税处	—
5135	天河海关驻市政务中心监管点	天河海关	445100（天河海关）
5136	穗统计处	穗统计处	—
5137	穗价格处	穗价格处	—
5138	高明食出	高明食出	—
5139	穗监管处	穗监管处	—
5140	穗关税处	穗关税处	—
5141	广州机场	广州机场	447300
5142	民航快件	民航快件	—
5143	广州车站	广州车站	447200
5144	广州白云机场综合保税区	穗机综保	—
5145	广州邮办	广州邮办	448500（广州邮局海关）
5146	驻会展中心办事处	穗关会展	448600（广州会展中心海关）
5147	穗邮办监	穗邮办监	—
5148	穗大郎站	穗大郎站	—
5149	大铲海关	大铲海关	449000
5150	顺德海关	顺德海关	—
5151	顺德海关加工贸易监管科	顺德保税	—
5152	顺德食出	顺德食出	—
5153	顺德车场	顺德车场	—
5154	北窖车场	北窖车场	—
5155	顺德旅检	顺德旅检	—
5157	顺德陈村港澳货柜车检查场	陈村车场	—
5158	顺德勒流	顺德勒流	—
5160	番禺海关	番禺海关	447400
5161	沙湾车场	沙湾车场	—
5162	番禺旅检	番禺旅检	—
5163	番禺货柜	番禺货柜	—
5164	番禺船舶	番禺船舶	—
5165	南沙海关保税港区监管点	南沙保税	—
5166	南沙海关南沙港区监管点	南沙新港	—
5167	南沙货港	南沙货港	—
5168	南沙海关汽车码头监管点	南沙汽车	—
5169	南沙海关	南沙海关	448400
5170	肇庆海关	肇庆海关	446200

附录 3-1　续 16

关区代码	关区名称	关区简称	检验检疫机关代码	关区代码	关区名称	关区简称	检验检疫机关代码
5171	肇庆高要	肇庆高要	—	5203	增城海关	增城海关	565300
5172	肇庆车场	肇庆车场	—	5204	东莞海关	东莞海关	565400
5173	肇庆新港	肇庆新港	—	5205	太平海关	太平海关	565500
5174	肇庆旅检	肇庆旅检	—	5207	凤岗海关	凤岗海关	565700
5175	肇庆码头	肇庆码头	—	5208	穗东海关	穗东海关	565800
5176	肇庆四会	肇庆四会	—	5209	东江口海关	埔东海关	565900
5177	肇庆三榕	肇庆三榕	—	5210	埔红海办	埔红海办	—
5178	云浮海关	云浮海关	448300	5212	新沙海关	新沙海关	566200
5179	罗定海关	罗定海关	449100	5213	东莞长安海关	埔长安关	566300
5180	佛山禅办	佛山禅办	—	5214	常平海关	常平海关	566400
5181	高明海关	高明海关	—	5216	沙田海关	沙田海关	566600
5182	佛山澜石	佛山澜石	—	5217	东莞海关寮步车检场	寮步车场	—
5183	三水码头	三水码头	—	5218	新塘海关江龙车检场	江龙车场	—
5184	佛山窖口	佛山窖口	—	5219	广州黄埔综合保税区	黄埔综保	—
5185	佛山海关快件监管现场	佛山快件	—	5220	东莞保税物流中心（B型）	东莞物流	—
5186	佛山保税	佛山保税	—				
5187	佛山车场	佛山车场	—	5221	增城海关驻荔城办事处	埔荔城办	565310
5188	佛山海关	佛山海关	—	5222	东莞清溪保税物流中心（B型）	清溪物流	—
5189	佛山新港	佛山新港	—				
5190	韶关海关	韶关海关	445200	5223	东莞海关驻邮局办事处	东莞邮办	565410
5191	韶关乐昌	韶关乐昌	—	5224	萝岗海关	萝岗海关	567400
5192	三水海关	三水海关	—	5225	东莞虎门港综合保税区	虎门综保	—
5193	三水车场	三水车场	—	5300	深圳海关	深圳海关	—
5194	三水港	三水港	—	5301	皇岗海关	皇岗海关	475200
5195	审单中心	审单中心	—	5302	罗湖海关	罗湖海关	475300
5196	云浮新港	云浮新港	—	5303	沙头角关	沙头角关	475500
5197	广州白云机场海关驻跨境电商监管中心办事处	白云电商	447310	5304	蛇口海关	蛇口海关	475100
				5305	福强海关	福强海关	477400
5198	穗河源关	穗河源关	446600	5306	笋岗海关	笋岗海关	475900
5199	穗技术处	穗技术处	—	5307	南头海关	南头海关	477600
5200	黄埔关区	黄埔关区	—	5308	龙岗海关	龙岗海关	475700
5201	黄埔老港海关	埔老港关	565100	5309	布吉海关	布吉海关	477800
5202	黄埔新港海关	埔新港关	565200	5310	淡水办	淡水办	477910

附录 3-1 续 17

关区代码	关区名称	关区简称	检验检疫机关代码
5311	深关车站	深关车站	—
5312	深监管处	深监管处	—
5313	深调查局	深调查局	—
5314	深关邮局	深关邮局	476200
5315	惠东海关	惠东海关	478100
5316	大鹏海关	大鹏海关	475600
5317	深关宝安机场	深机场关	476000
5318	梅林海关	梅林海关	477300
5319	同乐海关	同乐海关	475800
5320	文锦渡关	文锦渡关	475400
5321	福田海关	福田海关	476100
5322	沙保税关	沙保税关	—
5323	深审单处	深审单处	—
5324	深审价办	深审价办	—
5325	深关税处	深关税处	—
5326	深数统处	深数统处	—
5327	深法规处	深法规处	—
5328	深规范处	深规范处	—
5329	深保税处	深保税处	—
5330	盐保税关	盐保税关	—
5331	三门岛办	三门岛办	477200（三门岛海关）
5332	深财务处	深财务处	—
5333	深侦查局	深侦查局	—
5334	深稽查处	深稽查处	—
5335	深技术处	深技术处	—
5336	深办公室	深办公室	—
5337	大亚湾核	大亚湾核	—
5338	惠州港关	惠州港关	478000
5339	坪山海关	坪山海关	476300
5340	沙湾海关	沙湾海关	477500
5341	深惠州关	深惠州关	477900

关区代码	关区名称	关区简称	检验检疫机关代码
5342	深红海办	深红海办	—
5343	深圳盐田港保税物流园区	深盐物流	—
5344	惠州港海关驻大亚湾石化区办事处	惠石化办	—
5345	深圳湾海关	深圳湾关	476400
5346	深圳机场海关快件监管中心	深机快件	—
5348	大铲湾海关	深关大铲	476600
5349	深圳前海综合保税区	前海综保	—
5350	大运物资通关服务中心	大运通关	—
5351	深圳前海湾保税港区保税功能区	前海保税	—
5352	梅沙海关	梅沙海关	476900
5353	西九龙站海关	西九龙关	477000
5354	莲塘海关	莲塘海关	477100
5355	福中海关	福中海关	477700
5356	前海海关	前海海关	476800
5357	观澜海关	观澜海关	476500
5358	西沥海关	西沥海关	476700
5700	拱北关区	拱北关区	—
5701	拱稽查处	拱稽查处	—
5710	闸口海关	闸口海关	485600
5720	中山海关	中山海关	486000
5721	中山港	中山港	486100
5724	中石岐办	中石岐办	486010
5725	坦洲货场	坦洲货场	—
5726	中山保税物流中心	中山物流	—
5727	小榄港	小榄港	—
5728	神湾港	神湾港	—
5729	中山国际快件监管中心	中山快件	—
5730	香洲海关	香洲海关	485900
5740	湾仔海关	湾仔海关	485800

附录 3-1 续 18

关区代码	关区名称	关区简称	检验检疫机关代码
5741	湾仔船舶	湾仔船舶	—
5750	九洲海关	九洲海关	485700
5760	拱白石办	拱白石办	—
5770	斗门海关	斗门海关	485100
5771	斗井岸办	斗井岸办	—
5772	斗平沙办	斗平沙办	—
5780	高栏海关	高栏海关	485200
5781	高栏港综合保税区	高综保区	—
5782	宏达码头	宏达码头	—
5788	港珠澳大桥海关	大桥海关	485500
5790	青茂海关	青茂海关	486200
5791	珠澳跨境工业区珠海园区海关办事机构	拱跨工区	—
5792	拱保税区	拱保税区	—
5793	万山海关	万山海关	485300
5794	万山海关桂山中途监管站	桂山中途	—
5795	横琴海关	横琴海关	485400
5796	澳门大学新校区临时监管区	澳大校区	—
5798	拱关邮检	公关邮检	—
5799	珠海快件	珠海快件	—
6000	汕头海关	汕头海关	—
6004	潮汕机场海关	潮汕机场	575100
6008	濠江海关	濠江海关	575600
6009	汕关邮包	汕关邮包	—
6010	汕头保税物流中心	汕保物流	—
6011	揭阳海关	揭阳海关	576100
6012	普宁海关	普宁海关	576400
6013	澄海海关	澄海海关	575400
6014	广澳海关	广澳海关	575300
6015	南澳海关	南澳海关	—
6016	濠江海关业务现场	濠江现场	—
6018	揭阳海关驻惠来办事处	揭关惠来	576110
6019	龙湖海关	龙湖海关	575500
6020	汕头港海关	汕港海关	575200
6021	潮州海关	潮州海关	576000
6022	饶平海关	饶平海关	576200
6026	汕头综合保税区	汕头综保	—
6028	潮阳海关	潮阳海关	575700
6031	汕尾海关	汕尾海关	575900
6032	海城海关	海城海关	576300
6033	汕尾海关驻陆丰办事处	尾关陆丰	575910
6041	梅州海关	梅州海关	575800
6046	梅州综合保税区	梅州综保	—
6400	海口关区	海口关区	—
6401	海口港海关	海口港	465600
6402	三亚海关	三亚海关	465100
6403	八所海关	八所海关	465200
6404	洋浦海关	洋浦海关	—
6405	海保税区	海保税区	—
6406	文昌海关	文昌海关	465400
6407	美兰机场	美兰机场	465500
6408	洋浦保税港区	洋浦保税	—
6409	海口综合保税区园区	海口综保	—
6410	马村港海关	马村港	466000
6411	椰城海关	椰城海关	465700
6412	三沙海关	三沙海关	466100
6413	博鳌机场海关	博鳌机场	465900
6414	海口空港综合保税区	海空综保	—
6415	三亚市保税物流中心（B型）	三亚 B 保	—
6416	三亚机场海关	三亚机场	—
6700	湛江关区	湛江关区	—
6701	湛江海关	湛江海关	—
6702	茂名海关	茂名海关	585800

附录3-1 续19

关区代码	关区名称	关区简称	检验检疫机关代码	关区代码	关区名称	关区简称	检验检疫机关代码
6703	徐闻海关	徐闻海关	585500	6847	开平电商	开平电商	—
6704	海东新区海关	海东海关	585400	6850	恩平海关	恩平海关	595700
6705	茂名海关驻水东办事处	茂名水东	—	6851	恩平港	恩平港	—
6706	湛江吴川	湛江吴川	—	6860	鹤山海关	鹤山海关	595400
6707	廉江海关	廉江海关	585700	6861	鹤山码头	鹤山码头	—
6708	茂名高州	茂名高州	—	6866	鹤山南方跨境电商快件分拣清关中心	南方电商	—
6709	茂名信宜	茂名信宜	—				
6710	东海岛海关	东海岛关	585300	6867	万年松电商	鹤松电商	—
6711	霞山海关	霞山海关	585200	6870	阳江海关	阳江海关	595800
6712	霞海海关	霞海海关	585600	6871	阳江港	阳江港	595810
6713	湛江机场海关	湛江机场	585100	6872	阳江车场	阳江车场	—
6714	湛江博贺	湛江博贺	—	7200	南宁关区	南宁关区	—
6715	湛江进出境快件监管中心	湛江快件	—	7201	邕州海关	邕州海关	456500
				7202	北海海关	北海海关	455200
6716	湛江保税物流中心	湛江物流	—	7203	梧州海关	梧州海关	455100
6717	湛江调顺	湛江调顺	—	7204	桂林海关	桂林海关	455800
6718	遂溪北部湾园区	湛江遂溪	—	7205	柳州海关	柳州海关	455900
6719	湛江综合保税区	湛江综保	—	7206	防城海关	防城海关	455300
6800	江门关区	江门关区	—	7207	东兴海关	东兴海关	455600
6810	江门海关	江门海关	—	7208	凭祥海关	凭祥海关	455400
6811	高沙海关	高沙海关	595200	7209	贵港海关	贵港海关	456100
6812	外海海关	外海海关	595100	7210	水口海关	水口海关	455500
6813	江门旅检	江门旅检	—	7211	龙邦海关	龙邦海关	456200
6815	江门跨境电商快件分拣清关中心	外海电商	—	7212	钦州海关	钦州海关	455700
				7213	桂林机办	桂林机办	455810
6816	江门市进出境货运车辆检查场	江门车场	—	7214	北海综合保税区	北海综保	—
				7215	钦州综合保税区	钦州综保	—
6820	新会海关	新会海关	595300	7216	南宁综合保税区	南宁综保	—
6821	新会港	新会港	595310	7217	钦州港海关	钦州海关	456300
6830	台山海关	台山海关	595600	7218	玉林海关	玉林海关	456000
6831	台公益港	台公益港	—	7219	广西凭祥综合保税区	南凭综保	—
6840	开平海关	开平海关	595500	7220	友谊关海关	友谊关	457200
6841	开平码头	开平码头	—	7221	南宁吴圩机场海关	邕机场关	—

附录 3-1　续 20

关区代码	关区名称	关区简称	检验检疫机关代码	关区代码	关区名称	关区简称	检验检疫机关代码
7222	南宁邮局海关	邕邮局关	456900	7918	德阳海关	蓉旌关	516000
7223	贺州海关	贺州海关	456600	7919	达州海关	蓉通关	516700
7224	河池海关	河池海关	456400	7920	成都空港保税物流中心	蓉机保 B	—
7225	爱店海关	爱店海关	457100	7921	泸州港保税物流中心	蓉泸保 B	—
7226	峒中海关	峒中海关	457000	7922	成都高新综合保税区双流园区	蓉锦双流	—
7227	防城港保税物流中心（B型）海关	防港保 B	—	7923	宜宾港保税物流中心	蓉戎保 B	—
7228	中华人民共和国硕龙海关	硕龙海关	456800	7924	成都铁路保税物流中心	蓉青保 B	—
				7925	天府新区海关	蓉新关	515500
7229	平孟海关	平孟海关	456700	7926	广元海关	蓉利关	516100
7230	柳州保税物流中心（B型）	柳州保 B	—	7927	天府新区成都片区保税物流中心（B 型）	蓉新物流	—
7231	梧州综合保税区	梧州综保	—	7928	成都国际铁路港综合保税区	蓉青综保	—
7900	成都关区	成都关区	—				
7901	青白江海关	蓉青关	515300	7929	泸州综合保税区	蓉泸综保	—
7902	成都双流机场海关	蓉机双流	515100	7930	宜宾综合保税区	蓉戎综保	—
7903	乐山海关	蓉乐山关	516400	7932	绵阳综合保税区	蓉绵综保	—
7904	攀枝花海关	蓉攀关	515800	7933	南充保税物流中心	蓉南保 B	—
7905	绵阳海关	蓉绵关	515600	7934	广安海关	蓉賨关	516800
7906	成都邮局海关	蓉邮关	515200	7935	成都航空口岸（天府机场）	蓉机天府	—
7907	自贡海关	蓉盐关	515700				
7908	内江海关	蓉内关	516300	7936	成都天府国际机场快件中心	天府快件	—
7909	成都公路国际物流中心监管场站	公路场站	—				
				7937	内江保税物流中心（B型）	蓉内保 B	—
7910	成都双流机场海关非邮政快件监管点	蓉机快件	—				
				8000	重庆关区	重庆关区	—
7911	泸州海关	蓉泸关	515900	8001	重庆海关	重庆海关	—
7912	宜宾海关	蓉戎关	516500	8002	两江海关	两江海关	506100
7913	南充海关	蓉南关	516600	8003	重庆江北机场海关	重庆机场	505600
7914	绵阳出口加工区	蓉绵加工	—	8004	重庆邮局海关	重庆邮局	505800
7915	锦城海关	蓉锦关	515400	8005	万州海关	万州海关	505100
7916	成都高新综合保税区	蓉锦西区	—	8006	渝州海关	渝州海关	505900
7917	遂宁海关	蓉遂关	516200	8007	重庆港海关	重庆水港	505200

附录3-1 续21

关区代码	关区名称	关区简称	检验检疫机关代码
8008	两路寸滩海关	两寸海关	505400
8009	涪陵海关	涪陵海关	505300
8010	重庆两路寸滩保税港区水港功能区	寸滩水港	—
8011	重庆江北机场国际快件中心	渝关快件	—
8012	重庆两路果园港综合保税区两路片区	两果两路	—
8013	重庆西永综合保税区	西永综保	—
8014	重庆西永海关	西永海关	505500
8015	重庆两路果园港综合保税区贸易功能区	渝贸园区	—
8016	重庆铁路保税物流中心	渝铁物流	—
8017	重庆南彭公路保税物流中心（B型）	渝公物流	—
8018	黔江海关	黔江海关	505700
8019	重庆江津综合保税区	江津综保	—
8020	永川海关	永川海关	506000
8021	重庆涪陵综合保税区	涪陵综保	—
8022	重庆两路果园港综合保税区果园港片区	两果果园	—
8023	重庆万州综合保税区	万州综保	—
8024	重庆永川综合保税区	永川综保	—
8300	贵阳海关	贵阳海关	—
8301	筑城海关	筑城海关	525400
8302	贵阳龙洞堡机场海关	黔机场关	525300
8303	中华人民共和国遵义海关	遵义海关	525100
8304	筑城海关贵阳综合保税区功能区	贵阳综保	—
8305	贵阳现场	贵阳现场	—
8306	贵安新区海关贵安综合保税区功能区	贵安综保	—
8307	贵安新区海关	贵安海关	525500
8308	中华人民共和国六盘水海关	六盘水关	525600
8309	遵义综合保税区	遵义综保	—
8310	凯里海关	凯里海关	525700
8311	毕节海关	毕节海关	525800
8312	兴义海关	兴义海关	525200
8313	铜仁海关	铜仁海关	525900
8600	昆明关区	昆明关区	—
8601	滇中海关	滇中海关	535300
8602	畹町海关	畹町海关	535500
8603	瑞丽海关	瑞丽海关	535400
8604	章凤海关	章凤海关	535800
8605	盈江海关	盈江海关	535700
8606	孟连海关	孟连海关	537200
8607	南伞海关	南伞海关	536500
8608	孟定海关	孟定海关	536400
8609	打洛海关	打洛海关	536800
8610	腾冲海关	腾冲海关	535900
8611	沧源海关	沧源海关	536600
8612	勐腊海关	勐腊海关	536900
8613	河口海关	河口海关	537300
8614	金水河关	金水河关	537500
8615	天保海关	天保海关	537600
8616	田蓬海关	田蓬海关	537800
8617	大理海关	大理海关	536000
8618	芒市海关	芒市海关	535600
8619	腾冲海关驻阳隆办事处	腾驻隆阳	535910
8620	昆明机场	昆明机场	535100
8621	昆明邮局海关	邮局海关	535200
8622	西双版纳	西双版纳	536700
8623	丽江海关	丽江海关	536200
8624	思茅海关	思茅海关	537000

附录 3-1　续 22

关区代码	关区名称	关区简称	检验检疫机关代码	关区代码	关区名称	关区简称	检验检疫机关代码
8625	河口海关驻山腰办事处	河口山腰	537310	8801	聂拉木关	聂拉木关	545300
8626	怒江海关	怒江海关	536100	8802	日喀则关	日喀则关	545700
8627	昆明海关现场业务处开发区监管科	昆明高新	—	8803	狮泉河关	狮泉河关	545800
				8804	拉萨贡嘎机场海关	贡嘎机场	545100
8628	云南昆明出口加工区	昆明加工	—	8805	八廓海关	八廓海关	545200
8629	香格里拉海关	香格里拉	536300	8806	普兰海关	普兰海关	545500
8631	勐康海关	勐康海关	537100	8807	亚东海关	亚东海关	545600
8632	昆明国际快件监管中心	昆明快件	—	8808	吉隆海关	吉隆海关	545400
8633	红河综合保税区	红河综保	—	8809	林芝海关	林芝海关	545900
8634	昆明综合保税区	昆明综保	—	8810	拉萨综合保税区	拉萨综保	545201
8635	昆明综合保税区口岸作业区	昆综口岸	—	8811	里孜口岸	里孜口岸	—
				9000	西安关区	西安关区	—
8636	昆明高新保税物流中心（B 型）	高新物流	—	9001	关中海关	关中海关	615800
				9002	咸阳机场	咸阳机场	615400
8637	红河综合保税区口岸作业区	红综口岸	—	9003	宝鸡海关	宝鸡海关	615200
				9004	西安邮局海关	邮局海关	615900
8638	磨憨口岸国际快件监管中心	磨憨快件	—	9005	西安关中综合保税区 A 区	关中综 A	—
8639	昆明机场跨境电子商务直购监管中心	机场电商	—	9006	西安关中综合保税区 B 区	关中综 B	—
8640	腾俊国际陆港保税物流中心（B 型）	腾俊物流	—	9007	西安综合保税区	西安综保	—
				9008	西安高新综合保税区	高新综保	—
8641	都龙海关	都龙海关	537700	9009	西安车站海关	车站海关	615700
8642	瑞丽海关驻姐告办事处	瑞驻姐告	535410	9010	延安海关	延安海关	615500
8643	瑞丽海关驻弄岛办事处	瑞驻弄岛	535420	9011	渭南海关	渭南海关	615600
8644	孟定海关驻临翔办事处	孟驻临翔	536410	9012	榆林海关	榆林海关	615100
8645	西双版纳海关驻关累办事处	西驻关累	536710	9013	山西西咸空港综合保税区	西咸综保	—
8646	蒙自海关	蒙自海关	537400	9014	汉中海关	汉中海关	615300
8647	曲靖海关	曲靖海关	537900	9015	商洛海关	商洛海关	616000
8648	玉溪海关	玉溪海关	538000	9016	西安航空基地综合保税区	航空综保	—
8649	云南磨憨铁路口岸	磨憨铁路	—				
8800	拉萨海关	拉萨海关	—	9017	宝鸡综合保税区	宝鸡综保	—

附录3-1 续23

关区代码	关区名称	关区简称	检验检疫机关代码	关区代码	关区名称	关区简称	检验检疫机关代码
9018	陕西杨凌综合保税区	杨凌综保	—	9427	中哈霍尔果斯国际边境合作中心中方配套区	中哈合作中心配套区	—
9400	乌关区	乌关区	—				
9401	乌昌海关公路现场	乌昌公路	—	9428	乌鲁木齐邮局海关	乌邮局关	656700
9402	霍尔果斯	霍尔果斯	655500	9429	乌鲁木齐综合保税区	乌综保区	—
9403	吐尔尕特	吐尔尕特	655900	9430	阿克苏海关	阿克苏关	655600
9404	阿拉山口	阿拉山口	655300	9431	和田海关	和田海关	657100
9405	塔城海关	塔城海关	655200	9500	兰州关区	兰州关区	—
9406	伊宁海关	伊宁海关	655400	9501	金城海关	金城海关	625600
9407	吉木乃海关	吉木乃关	656000	9502	酒泉海关	酒泉海关	625100
9408	喀什海关	喀什海关	655800	9503	兰州中川机场海关	中川机场	625700
9409	红其拉甫	红其拉甫	656800	9504	武威保税物流中心	武威物流	—
9410	乌鲁木齐海关隶属阿勒泰海关	阿勒泰关	655100	9505	天水海关	天水海关	625200
				9506	金昌海关	金昌海关	625400
9411	塔克什肯	塔克什肯	655110	9507	兰州海关驻兰州新区综合保税区监管组	兰州综保	—
9412	乌拉斯太	乌拉斯太	—				
9413	哈密海关	哈密海关	656400	9508	敦煌机场海关	敦煌机场	625500
9414	红山嘴	红山嘴	—	9509	平凉海关	平凉海关	625300
9415	伊尔克什	伊尔克什	656900	9600	银川海关	银川海关	—
9416	库尔勒海关	库尔勒关	655700	9601	兴庆海关	兴庆海关	645200
9417	乌鲁木齐地窝堡机场海关	乌机场关	656600	9602	银川河东机场海关	河东机场	645100
				9603	石嘴山海关	石嘴山关	645300
9418	乌鲁木齐海关驻出口加工区办事处	乌加工区	—	9604	银川综合保税区	银川综保	—
				9605	银川海关快件中心	银关快件	—
9419	都拉塔海关	都拉塔关	657000	9606	石嘴山保税物流中心（B型）	石嘴山物流	—
9420	乌昌海关	乌昌海关	656500				
9421	霍尔果斯国际边境合作中心海关	霍中心A	656300	9607	中卫海关	中卫海关	645400
				9700	西宁关区	西宁关区	—
9422	石河子海关	石河子关	656200	9701	西海海关	西海海关	635200
9423	阿拉山口综合保税区	山口综保	—	9702	青海曹家堡保税物流中心（B型）	青海物流	—
9424	喀什综合保税区	喀什综保	—				
9425	卡拉苏海关	卡拉苏关	656100	9703	西宁曹家堡机场海关	西宁机场	635100
				9704	格尔木海关	格尔木海关	635300
9426	奎屯保税物流中心	奎屯物流	—	9705	西宁综合保税区	西宁综保	—

附录 3-2 中国行政区划代码表

（更新至 2025 年 1 月 1 日）

说明：

本表根据海关总署网站、民政部网站整理。有关备注的说明如下：

1. 通用：该编码为方便海关申报而设，并非独立的行政区划；

2. 新增：该编码为现行有效的代码，但申报系统可能未更新；

3. 作废：该编码已作废，但申报系统可能还保留。

申报过程中，上述三类代码如何选择，请咨询当地海关。

代码	中文名称	备注	代码	中文名称	备注
110000	北京市		120113	天津市北辰区	
110100	北京市市辖区	通用	120114	天津市武清区	
110101	北京市东城区		120115	天津市宝坻区	
110102	北京市西城区		120116	天津市滨海新区	
110105	北京市朝阳区		120117	天津市宁河区	
110106	北京市丰台区		120118	天津市静海区	
110107	北京市石景山区		120119	天津市蓟州区	
110108	北京市海淀区		120200	天津市县	通用
110109	北京市门头沟区		130000	河北省	
110111	北京市房山区		130100	河北省石家庄市	
110112	北京市通州区		130101	石家庄市市辖区	通用
110113	北京市顺义区		130102	石家庄市长安区	
110114	北京市昌平区		130104	石家庄市桥西区	
110115	北京市大兴区		130105	石家庄市新华区	
110116	北京市怀柔区		130107	石家庄市井陉矿区	
110117	北京市平谷区		130108	石家庄市裕华区	
110118	北京市密云区		130109	石家庄市藁城区	
110119	北京市延庆区		130110	石家庄市鹿泉区	
120000	天津市		130111	石家庄市栾城区	
120100	天津市市辖区	通用	130121	石家庄市井陉县	
120101	天津市和平区		130123	石家庄市正定县	
120102	天津市河东区		130125	石家庄市行唐县	
120103	天津市河西区		130126	石家庄市灵寿县	
120104	天津市南开区		130127	石家庄市高邑县	
120105	天津市河北区		130128	石家庄市深泽县	
120106	天津市红桥区		130129	石家庄市赞皇县	
120110	天津市东丽区		130130	石家庄市无极县	
120111	天津市西青区		130131	石家庄市平山县	
120112	天津市津南区		130132	石家庄市元氏县	

附录3-2 续1

代码	中文名称	备注	代码	中文名称	备注
130133	石家庄市赵县		130404	邯郸市复兴区	
130181	石家庄市辛集市		130406	邯郸市峰峰矿区	
130183	石家庄市晋州市		130407	邯郸市肥乡区	
130184	石家庄市新乐市		130408	邯郸市永年区	
130200	河北省唐山市		130421	邯郸市邯郸县	作废
130201	唐山市市辖区	通用	130423	邯郸市临漳县	
130202	唐山市路南区		130424	邯郸市成安县	
130203	唐山市路北区		130425	邯郸市大名县	
130204	唐山市古冶区		130426	邯郸市涉县	
130205	唐山市开平区		130427	邯郸市磁县	
130207	唐山市丰南区		130428	邯郸市肥乡县	作废
130208	唐山市丰润区		130429	邯郸市永年县	作废
130209	唐山市曹妃甸区		130430	邯郸市邱县	
130223	唐山市滦县	作废	130431	邯郸市鸡泽县	
130224	唐山市滦南县		130432	邯郸市广平县	
130225	唐山市乐亭县		130433	邯郸市馆陶县	
130227	唐山市迁西县		130434	邯郸市魏县	
130229	唐山市玉田县		130435	邯郸市曲周县	
130281	唐山市遵化市		130481	邯郸市武安市	
130283	唐山市迁安市		130500	河北省邢台市	
130284	唐山市滦州市	新增	130501	邢台市市辖区	通用
130300	河北省秦皇岛市		130502	邢台市桥东区	
130301	秦皇岛市市辖区	通用	130503	邢台市桥西区	
130302	秦皇岛市海港区		130505	邢台市任泽区	新增
130303	秦皇岛市山海关区		130506	邢台市南和区	新增
130304	秦皇岛市北戴河区		130521	邢台市邢台县	作废
130306	秦皇岛市抚宁区		130522	邢台市临城县	
130321	秦皇岛市青龙满族自治县		130523	邢台市内丘县	
130322	秦皇岛市昌黎县		130524	邢台市柏乡县	
130324	秦皇岛市卢龙县		130525	邢台市隆尧县	
130400	河北省邯郸市		130526	邢台市任县	作废
130401	邯郸市市辖区	通用	130527	邢台市南和县	作废
130402	邯郸市邯山区		130528	邢台市宁晋县	
130403	邯郸市丛台区		130529	邢台市巨鹿县	

附录 3-2　续 2

代码	中文名称	备注	代码	中文名称	备注
130530	邢台市新河县		130684	保定市高碑店市	
130531	邢台市广宗县		130700	河北省张家口市	
130532	邢台市平乡县		130701	张家口市市辖区	通用
130533	邢台市威县		130702	张家口市桥东区	
130534	邢台市清河县		130703	张家口市桥西区	
130535	邢台市临西县		130705	张家口市宣化区	
130581	邢台市南宫市		130706	张家口市下花园区	
130582	邢台市沙河市		130708	张家口市万全区	
130600	河北省保定市		130709	张家口市崇礼区	
130601	保定市市辖区	通用	130722	张家口市张北县	
130602	保定市竞秀区		130723	张家口市康保县	
130604	保定市南市区	作废	130724	张家口市沽源县	
130606	保定市莲池区		130725	张家口市尚义县	
130607	保定市满城区		130726	张家口市蔚县	
130608	保定市清苑区		130727	张家口市阳原县	
130609	保定市徐水区		130728	张家口市怀安县	
130623	保定市涞水县		130730	张家口市怀来县	
130624	保定市阜平县		130731	张家口市涿鹿县	
130626	保定市定兴县		130732	张家口市赤城县	
130627	保定市唐县		130800	河北省承德市	
130628	保定市高阳县		130801	承德市市辖区	通用
130629	保定市容城县		130802	承德市双桥区	
130630	保定市涞源县		130803	承德市双滦区	
130631	保定市望都县		130804	承德市鹰手营子矿区	
130632	保定市安新县		130821	承德市承德县	
130633	保定市易县		130822	承德市兴隆县	
130634	保定市曲阳县		130823	承德市平泉县	作废
130635	保定市蠡县		130824	承德市滦平县	
130636	保定市顺平县		130825	承德市隆化县	
130637	保定市博野县		130826	承德市丰宁满族自治县	
130638	保定市雄县		130827	承德市宽城满族自治县	
130681	保定市涿州市		130828	承德市围场满族蒙古族自治县	
130682	保定市定州市		130881	承德市平泉市	新增
130683	保定市安国市		130900	河北省沧州市	

附录3-2 续3

代码	中文名称	备注	代码	中文名称	备注
130901	沧州市市辖区	通用	131122	衡水市武邑县	
130902	沧州市新华区		131123	衡水市武强县	
130903	沧州市运河区		131124	衡水市饶阳县	
130921	沧州市沧县		131125	衡水市安平县	
130922	沧州市青县		131126	衡水市故城县	
130923	沧州市东光县		131127	衡水市景县	
130924	沧州市海兴县		131128	衡水市阜城县	
130925	沧州市盐山县		131182	衡水市深州市	
130926	沧州市肃宁县		133100	河北雄安新区	新增
130927	沧州市南皮县		140000	山西省	
130928	沧州市吴桥县		140100	山西省太原市	
130929	沧州市献县		140101	太原市市辖区	通用
130930	沧州市孟村回族自治县		140105	太原市小店区	
130981	沧州市泊头市		140106	太原市迎泽区	
130982	沧州市任丘市		140107	太原市杏花岭区	
130983	沧州市黄骅市		140108	太原市尖草坪区	
130984	沧州市河间市		140109	太原市万柏林区	
131000	河北省廊坊市		140110	太原市晋源区	
131001	廊坊市市辖区	通用	140121	太原市清徐县	
131002	廊坊市安次区		140122	太原市阳曲县	
131003	廊坊市广阳区		140123	太原市娄烦县	
131022	廊坊市固安县		140181	太原市古交市	
131023	廊坊市永清县		140200	山西省大同市	
131024	廊坊市香河县		140201	大同市市辖区	通用
131025	廊坊市大城县		140202	大同市城区	作废
131026	廊坊市文安县		140203	大同市矿区	作废
131028	廊坊市大厂回族自治县		140211	大同市南郊区	作废
131081	廊坊市霸州市		140212	大同市新荣区	
131082	廊坊市三河市		140213	大同市平城区	新增
131100	河北省衡水市		140214	大同市云冈区	新增
131101	衡水市市辖区	通用	140215	大同市云州区	新增
131102	衡水市桃城区		140221	大同市阳高县	
131103	衡水市冀州区		140222	大同市天镇县	
131121	衡水市枣强县		140223	大同市广灵县	

附录 3-2　续 4

代码	中文名称	备注	代码	中文名称	备注
140224	大同市灵丘县		140522	晋城市阳城县	
140225	大同市浑源县		140524	晋城市陵川县	
140226	大同市左云县		140525	晋城市泽州县	
140227	大同市大同县	作废	140581	晋城市高平市	
140300	山西省阳泉市		140600	山西省朔州市	
140301	阳泉市市辖区	通用	140601	朔州市市辖区	通用
140302	阳泉市城区		140602	朔州市朔城区	
140303	阳泉市矿区		140603	朔州市平鲁区	
140311	阳泉市郊区		140621	朔州市山阴县	
140321	阳泉市平定县		140622	朔州市应县	
140322	阳泉市盂县		140623	朔州市右玉县	
140400	山西省长治市		140624	朔州市怀仁县	作废
140401	长治市市辖区	通用	140681	朔州市怀仁市	新增
140402	长治市城区	作废	140700	山西省晋中市	
140403	长治市潞州区	新增	140701	晋中市市辖区	通用
140404	长治市上党区	新增	140702	晋中市榆次区	
140405	长治市屯留区	新增	140703	晋中市太谷区	新增
140406	长治市潞城区	新增	140721	晋中市榆社县	
140411	长治市郊区	作废	140722	晋中市左权县	
140421	长治市长治县	作废	140723	晋中市和顺县	
140423	长治市襄垣县		140724	晋中市昔阳县	
140424	长治市屯留县	作废	140725	晋中市寿阳县	
140425	长治市平顺县		140726	晋中市太谷县	作废
140426	长治市黎城县		140727	晋中市祁县	
140427	长治市壶关县		140728	晋中市平遥县	
140428	长治市长子县		140729	晋中市灵石县	
140429	长治市武乡县		140781	晋中市介休市	
140430	长治市沁县		140800	山西省运城市	
140431	长治市沁源县		140801	运城市市辖区	通用
140481	长治市潞城市	作废	140802	运城市盐湖区	
140500	山西省晋城市		140821	运城市临猗县	
140501	晋城市市辖区	通用	140822	运城市万荣县	
140502	晋城市城区		140823	运城市闻喜县	
140521	晋城市沁水县		140824	运城市稷山县	

附录 3-2 续 5

代码	中文名称	备注	代码	中文名称	备注
140825	运城市新绛县		141028	临汾市吉县	
140826	运城市绛县		141029	临汾市乡宁县	
140827	运城市垣曲县		141030	临汾市大宁县	
140828	运城市夏县		141031	临汾市隰县	
140829	运城市平陆县		141032	临汾市永和县	
140830	运城市芮城县		141033	临汾市蒲县	
140881	运城市永济市		141034	临汾市汾西县	
140882	运城市河津市		141081	临汾市侯马市	
140900	山西省忻州市		141082	临汾市霍州市	
140901	忻州市市辖区	通用	141100	山西省吕梁市	
140902	忻州市忻府区		141101	吕梁市市辖区	通用
140921	忻州市定襄县		141102	吕梁市离石区	
140922	忻州市五台县		141121	吕梁市文水县	
140923	忻州市代县		141122	吕梁市交城县	
140924	忻州市繁峙县		141123	吕梁市兴县	
140925	忻州市宁武县		141124	吕梁市临县	
140926	忻州市静乐县		141125	吕梁市柳林县	
140927	忻州市神池县		141126	吕梁市石楼县	
140928	忻州市五寨县		141127	吕梁市岚县	
140929	忻州市岢岚县		141128	吕梁市方山县	
140930	忻州市河曲县		141129	吕梁市中阳县	
140931	忻州市保德县		141130	吕梁市交口县	
140932	忻州市偏关县		141181	吕梁市孝义市	
140981	忻州市原平市		141182	吕梁市汾阳市	
141000	山西省临汾市		150000	内蒙古自治区	
141001	临汾市市辖区	通用	150100	内蒙古自治区呼和浩特市	
141002	临汾市尧都区		150101	呼和浩特市市辖区	通用
141021	临汾市曲沃县		150102	呼和浩特市新城区	
141022	临汾市翼城县		150103	呼和浩特市回民区	
141023	临汾市襄汾县		150104	呼和浩特市玉泉区	
141024	临汾市洪洞县		150105	呼和浩特市赛罕区	
141025	临汾市古县		150121	呼和浩特市土默特左旗	
141026	临汾市安泽县		150122	呼和浩特市托克托县	
141027	临汾市浮山县		150123	呼和浩特市和林格尔县	

附录 3-2　续 6

代码	中文名称	备注	代码	中文名称	备注
150124	呼和浩特市清水河县		150502	通辽市科尔沁区	
150125	呼和浩特市武川县		150521	通辽市科尔沁左翼中旗	
150200	内蒙古自治区包头市		150522	通辽市科尔沁左翼后旗	
150201	包头市市辖区	通用	150523	通辽市开鲁县	
150202	包头市东河区		150524	通辽市库伦旗	
150203	包头市昆都仑区		150525	通辽市奈曼旗	
150204	包头市青山区		150526	通辽市扎鲁特旗	
150205	包头市石拐区		150581	通辽市霍林郭勒市	
150206	包头市白云鄂博矿区		150600	内蒙古自治区鄂尔多斯市	
150207	包头市九原区		150601	鄂尔多斯市市辖区	通用
150221	包头市土默特右旗		150602	鄂尔多斯市东胜区	
150222	包头市固阳县		150603	鄂尔多斯市康巴什区	
150223	包头市达尔罕茂明安联合旗		150621	鄂尔多斯市达拉特旗	
150300	内蒙古自治区乌海市		150622	鄂尔多斯市准格尔旗	
150301	乌海市市辖区	通用	150623	鄂尔多斯市鄂托克前旗	
150302	乌海市海勃湾区		150624	鄂尔多斯市鄂托克旗	
150303	乌海市海南区		150625	鄂尔多斯市杭锦旗	
150304	乌海市乌达区		150626	鄂尔多斯市乌审旗	
150400	内蒙古自治区赤峰市		150627	鄂尔多斯市伊金霍洛旗	
150401	赤峰市市辖区	通用	150700	内蒙古自治区呼伦贝尔市	
150402	赤峰市红山区		150701	呼伦贝尔市市辖区	通用
150403	赤峰市元宝山区		150702	呼伦贝尔市海拉尔区	
150404	赤峰市松山区		150703	呼伦贝尔盟扎赉诺尔区	
150421	赤峰市阿鲁科尔沁旗		150721	呼伦贝尔市阿荣旗	
150422	赤峰市巴林左旗		150722	呼伦贝尔市莫力达瓦达斡尔族自治旗	
150423	赤峰市巴林右旗		150723	呼伦贝尔市鄂伦春自治旗	
150424	赤峰市林西县		150724	呼伦贝尔市鄂温克族自治旗	
150425	赤峰市克什克腾旗		150725	呼伦贝尔市陈巴尔虎旗	
150426	赤峰市翁牛特旗		150726	呼伦贝尔市新巴尔虎左旗	
150428	赤峰市喀喇沁旗		150727	呼伦贝尔市新巴尔虎右旗	
150429	赤峰市宁城县		150781	呼伦贝尔市满洲里市	
150430	赤峰市敖汉旗		150782	呼伦贝尔市牙克石市	
150500	内蒙古自治区通辽市		150783	呼伦贝尔市扎兰屯市	
150501	通辽市市辖区	通用	150784	呼伦贝尔市额尔古纳市	

附录 3-2 续 7

代码	中文名称	备注	代码	中文名称	备注
150785	呼伦贝尔市根河市		152523	锡林郭勒盟苏尼特左旗	
150800	内蒙古自治区巴彦淖尔市		152524	锡林郭勒盟苏尼特右旗	
150801	巴彦淖尔市市辖区	通用	152525	锡林郭勒盟东乌珠穆沁旗	
150802	巴彦淖尔市临河区		152526	锡林郭勒盟西乌珠穆沁旗	
150821	巴彦淖尔市五原县		152527	锡林郭勒盟太仆寺旗	
150822	巴彦淖尔市磴口县		152528	锡林郭勒盟镶黄旗	
150823	巴彦淖尔市乌拉特前旗		152529	锡林郭勒盟正镶白旗	
150824	巴彦淖尔市乌拉特中旗		152530	锡林郭勒盟正蓝旗	
150825	巴彦淖尔市乌拉特后旗		152531	锡林郭勒盟多伦县	
150826	巴彦淖尔市杭锦后旗		152900	内蒙古自治区阿拉善盟	
150900	内蒙古自治区乌兰察布市		152921	阿拉善盟阿拉善左旗	
150901	乌兰察布市市辖区	通用	152922	阿拉善盟阿拉善右旗	
150902	乌兰察布市集宁区		152923	阿拉善盟额济纳旗	
150921	乌兰察布市卓资县		210000	辽宁省	
150922	乌兰察布市化德县		210100	辽宁省沈阳市	
150923	乌兰察布市商都县		210101	沈阳市市辖区	通用
150924	乌兰察布市兴和县		210102	沈阳市和平区	
150925	乌兰察布市凉城县		210103	沈阳市沈河区	
150926	乌兰察布市察哈尔右翼前旗		210104	沈阳市大东区	
150927	乌兰察布市察哈尔右翼中旗		210105	沈阳市皇姑区	
150928	乌兰察布市察哈尔右翼后旗		210106	沈阳市铁西区	
150929	乌兰察布市四子王旗		210111	沈阳市苏家屯区	
150981	乌兰察布市丰镇市		210112	沈阳市浑南区	
152200	内蒙古自治区兴安盟		210113	沈阳市沈北新区	
152201	兴安盟乌兰浩特市		210114	沈阳市于洪区	
152202	兴安盟阿尔山市		210115	沈阳市辽中区	
152221	兴安盟科尔沁右翼前旗		210123	沈阳市康平县	
152222	兴安盟科尔沁右翼中旗		210124	沈阳市法库县	
152223	兴安盟扎赉特旗		210181	沈阳市新民市	
152224	兴安盟突泉县		210200	辽宁省大连市	
152500	内蒙古自治区锡林郭勒盟		210201	大连市市辖区	通用
152501	锡林郭勒盟二连浩特市		210202	大连市中山区	
152502	锡林郭勒盟锡林浩特市		210203	大连市西岗区	
152522	锡林郭勒盟阿巴嘎旗		210204	大连市沙河口区	

附录 3-2　续 8

代码	中文名称	备注	代码	中文名称	备注
210211	大连市甘井子区		210601	丹东市市辖区	通用
210212	大连市旅顺口区		210602	丹东市元宝区	
210213	大连市金州区		210603	丹东市振兴区	
210214	大连市普兰店区		210604	丹东市振安区	
210224	大连市长海县		210624	丹东市宽甸满族自治县	
210281	大连市瓦房店市		210681	丹东市东港市	
210283	大连市庄河市		210682	丹东市凤城市	
210300	辽宁省鞍山市		210700	辽宁省锦州市	
210301	鞍山市市辖区	通用	210701	锦州市市辖区	通用
210302	鞍山市铁东区		210702	锦州市古塔区	
210303	鞍山市铁西区		210703	锦州市凌河区	
210304	鞍山市立山区		210711	锦州市太和区	
210311	鞍山市千山区		210726	锦州市黑山县	
210321	鞍山市台安县		210727	锦州市义县	
210323	鞍山市岫岩满族自治县		210781	锦州市凌海市	
210381	鞍山市海城市		210782	锦州市北镇市	
210400	辽宁省抚顺市		210800	辽宁省营口市	
210401	抚顺市市辖区	通用	210801	营口市市辖区	通用
210402	抚顺市新抚区		210802	营口市站前区	
210403	抚顺市东洲区		210803	营口市西市区	
210404	抚顺市望花区		210804	营口市鲅鱼圈区	
210411	抚顺市顺城区		210811	营口市老边区	
210421	抚顺市抚顺县		210881	营口市盖州市	
210422	抚顺市新宾满族自治县		210882	营口市大石桥市	
210423	抚顺市清原满族自治县		210900	辽宁省阜新市	
210500	辽宁省本溪市		210901	阜新市市辖区	通用
210501	本溪市市辖区	通用	210902	阜新市海州区	
210502	本溪市平山区		210903	阜新市新邱区	
210503	本溪市溪湖区		210904	阜新市太平区	
210504	本溪市明山区		210905	阜新市清河门区	
210505	本溪市南芬区		210911	阜新市细河区	
210521	本溪市本溪满族自治县		210921	阜新市阜新蒙古族自治县	
210522	本溪市桓仁满族自治县		210922	阜新市彰武县	
210600	辽宁省丹东市		211000	辽宁省辽阳市	

附录3-2 续9

代码	中文名称	备注	代码	中文名称	备注
211001	辽阳市市辖区	通用	211402	葫芦岛市连山区	
211002	辽阳市白塔区		211403	葫芦岛市龙港区	
211003	辽阳市文圣区		211404	葫芦岛市南票区	
211004	辽阳市宏伟区		211421	葫芦岛市绥中县	
211005	辽阳市弓长岭区		211422	葫芦岛市建昌县	
211011	辽阳市太子河区		211481	葫芦岛市兴城市	
211021	辽阳市辽阳县		220000	吉林省	
211081	辽阳市灯塔市		220100	吉林省长春市	
211100	辽宁省盘锦市		220101	长春市市辖区	通用
211101	盘锦市市辖区	通用	220102	长春市南关区	
211102	盘锦市双台子区		220103	长春市宽城区	
211103	盘锦市兴隆台区		220104	长春市朝阳区	
211104	盘锦市大洼区		220105	长春市二道区	
211122	盘锦市盘山县		220106	长春市绿园区	
211200	辽宁省铁岭市		220112	长春市双阳区	
211201	铁岭市市辖区	通用	220113	长春市九台区	
211202	铁岭市银州区		220122	长春市农安县	
211204	铁岭市清河区		220182	长春市榆树市	
211221	铁岭市铁岭县		220183	长春市德惠市	
211223	铁岭市西丰县		220184	长春市公主岭市	新增
211224	铁岭市昌图县		220200	吉林省吉林市	
211281	铁岭市调兵山市		220201	吉林市市辖区	通用
211282	铁岭市开原市		220202	吉林市昌邑区	
211300	辽宁省朝阳市		220203	吉林市龙潭区	
211301	朝阳市市辖区	通用	220204	吉林市船营区	
211302	朝阳市双塔区		220211	吉林市丰满区	
211303	朝阳市龙城区		220221	吉林市永吉县	
211321	朝阳市朝阳县		220281	吉林市蛟河市	
211322	朝阳市建平县		220282	吉林市桦甸市	
211324	朝阳市喀喇沁左翼蒙古族自治县		220283	吉林市舒兰市	
211381	朝阳市北票市		220284	吉林市磐石市	
211382	朝阳市凌源市		220300	吉林省四平市	
211400	辽宁省葫芦岛市		220301	四平市市辖区	通用
211401	葫芦岛市市辖区	通用	220302	四平市铁西区	

附录 3-2　续 10

代码	中文名称	备注	代码	中文名称	备注
220303	四平市铁东区		220781	松原市扶余市	
220322	四平市梨树县		220800	吉林省白城市	
220323	四平市伊通满族自治县		220801	白城市市辖区	通用
220381	四平市公主岭市	作废	220802	白城市洮北区	
220382	四平市双辽市		220821	白城市镇赉县	
220400	吉林省辽源市		220822	白城市通榆县	
220401	辽源市市辖区	通用	220881	白城市洮南市	
220402	辽源市龙山区		220882	白城市大安市	
220403	辽源市西安区		222400	吉林省延边朝鲜族自治州	
220421	辽源市东丰县		222401	延边朝鲜族自治州延吉市	
220422	辽源市东辽县		222402	延边朝鲜族自治州图们市	
220500	吉林省通化市		222403	延边朝鲜族自治州敦化市	
220501	通化市市辖区	通用	222404	延边朝鲜族自治州珲春市	
220502	通化市东昌区		222405	延边朝鲜族自治州龙井市	
220503	通化市二道江区		222406	延边朝鲜族自治州和龙市	
220521	通化市通化县		222424	延边朝鲜族自治州汪清县	
220523	通化市辉南县		222426	延边朝鲜族自治州安图县	
220524	通化市柳河县		230000	黑龙江省	
220581	通化市梅河口市		230100	黑龙江省哈尔滨市	
220582	通化市集安市		230101	哈尔滨市市辖区	通用
220600	吉林省白山市		230102	哈尔滨市道里区	
220601	白山市市辖区	通用	230103	哈尔滨市南岗区	
220602	白山市浑江区		230104	哈尔滨市道外区	
220605	白山市江源区		230108	哈尔滨市平房区	
220621	白山市抚松县		230109	哈尔滨市松北区	
220622	白山市靖宇县		230110	哈尔滨市香坊区	
220623	白山市长白朝鲜族自治县		230111	哈尔滨市呼兰区	
220681	白山市临江市		230112	哈尔滨市阿城区	
220700	吉林省松原市		230113	哈尔滨市双城区	
220701	松原市市辖区	通用	230123	哈尔滨市依兰县	
220702	松原市宁江区		230124	哈尔滨市方正县	
220721	松原市前郭尔罗斯蒙古族自治县		230125	哈尔滨市宾县	
220722	松原市长岭县		230126	哈尔滨市巴彦县	
220723	松原市乾安县		230127	哈尔滨市木兰县	

附录3-2 续11

代码	中文名称	备注	代码	中文名称	备注
230128	哈尔滨市通河县		230401	鹤岗市市辖区	通用
230129	哈尔滨市延寿县		230402	鹤岗市向阳区	
230183	哈尔滨市尚志市		230403	鹤岗市工农区	
230184	哈尔滨市五常市		230404	鹤岗市南山区	
230200	黑龙江省齐齐哈尔市		230405	鹤岗市兴安区	
230201	齐齐哈尔市市辖区	通用	230406	鹤岗市东山区	
230202	齐齐哈尔市龙沙区		230407	鹤岗市兴山区	
230203	齐齐哈尔市建华区		230421	鹤岗市萝北县	
230204	齐齐哈尔市铁锋区		230422	鹤岗市绥滨县	
230205	齐齐哈尔市昂昂溪区		230500	黑龙江省双鸭山市	
230206	齐齐哈尔市富拉尔基区		230501	双鸭山市市辖区	通用
230207	齐齐哈尔市碾子山区		230502	双鸭山市尖山区	
230208	齐齐哈尔市梅里斯达斡尔族区		230503	双鸭山市岭东区	
230221	齐齐哈尔市龙江县		230505	双鸭山市四方台区	
230223	齐齐哈尔市依安县		230506	双鸭山市宝山区	
230224	齐齐哈尔市泰来县		230521	双鸭山市集贤县	
230225	齐齐哈尔市甘南县		230522	双鸭山市友谊县	
230227	齐齐哈尔市富裕县		230523	双鸭山市宝清县	
230229	齐齐哈尔市克山县		230524	双鸭山市饶河县	
230230	齐齐哈尔市克东县		230600	黑龙江省大庆市	
230231	齐齐哈尔市拜泉县		230601	大庆市市辖区	通用
230281	齐齐哈尔市讷河市		230602	大庆市萨尔图区	
230300	黑龙江省鸡西市		230603	大庆市龙凤区	
230301	鸡西市市辖区	通用	230604	大庆市让胡路区	
230302	鸡西市鸡冠区		230605	大庆市红岗区	
230303	鸡西市恒山区		230606	大庆市大同区	
230304	鸡西市滴道区		230621	大庆市肇州县	
230305	鸡西市梨树区		230622	大庆市肇源县	
230306	鸡西市城子河区		230623	大庆市林甸县	
230307	鸡西市麻山区		230624	大庆市杜尔伯特蒙古族自治县	
230321	鸡西市鸡东县		230700	黑龙江省伊春市	
230381	鸡西市虎林市		230701	伊春市市辖区	通用
230382	鸡西市密山市		230702	伊春市伊春区	作废
230400	黑龙江省鹤岗市		230703	伊春市南岔区	作废

附录 3-2　续 12

代码	中文名称	备注	代码	中文名称	备注
230704	伊春市友好区	作废	230883	佳木斯市抚远市	
230705	伊春市西林区	作废	230900	黑龙江省七台河市	
230706	伊春市翠峦区	作废	230901	七台河市市辖区	通用
230707	伊春市新青区	作废	230902	七台河市新兴区	
230708	伊春市美溪区	作废	230903	七台河市桃山区	
230709	伊春市金山屯区	作废	230904	七台河市茄子河区	
230710	伊春市五营区	作废	230921	七台河市勃利县	
230711	伊春市乌马河区	作废	231000	黑龙江省牡丹江市	
230712	伊春市汤旺河区	作废	231001	牡丹江市市辖区	通用
230713	伊春市带岭区	作废	231002	牡丹江市东安区	
230714	伊春市乌伊岭区	作废	231003	牡丹江市阳明区	
230715	伊春市红星区	作废	231004	牡丹江市爱民区	
230716	伊春市上甘岭区	作废	231005	牡丹江市西安区	
230717	伊春市伊美区	新增	231025	牡丹江市林口县	
230718	伊春市乌翠区	新增	231081	牡丹江市绥芬河市	
230719	伊春市友好区	新增	231083	牡丹江市海林市	
230722	伊春市嘉荫县		231084	牡丹江市宁安市	
230723	伊春市汤旺县	新增	231085	牡丹江市穆棱市	
230724	伊春市丰林县	新增	231086	牡丹江市东宁市	
230725	伊春市大箐山县	新增	231100	黑龙江省黑河市	
230726	伊春市南岔县	新增	231101	黑河市市辖区	通用
230751	伊春市金林区	新增	231102	黑河市爱辉区	
230781	伊春市铁力市		231121	黑河市嫩江县	作废
230800	黑龙江省佳木斯市		231123	黑河市逊克县	
230801	佳木斯市市辖区	通用	231124	黑河市孙吴县	
230803	佳木斯市向阳区		231181	黑河市北安市	
230804	佳木斯市前进区		231182	黑河市五大连池市	
230805	佳木斯市东风区		231183	黑河市嫩江市	新增
230811	佳木斯市郊区		231200	黑龙江省绥化市	
230822	佳木斯市桦南县		231201	绥化市市辖区	通用
230826	佳木斯市桦川县		231202	绥化市北林区	
230828	佳木斯市汤原县		231221	绥化市望奎县	
230881	佳木斯市同江市		231222	绥化市兰西县	
230882	佳木斯市富锦市		231223	绥化市青冈县	

附录 3-2 续 13

代码	中文名称	备注	代码	中文名称	备注
231224	绥化市庆安县		320104	南京市秦淮区	
231225	绥化市明水县		320105	南京市建邺区	
231226	绥化市绥棱县		320106	南京市鼓楼区	
231281	绥化市安达市		320111	南京市浦口区	
231282	绥化市肇东市		320113	南京市栖霞区	
231283	绥化市海伦市		320114	南京市雨花台区	
232700	黑龙江省大兴安岭地区		320115	南京市江宁区	
232701	大兴安岭地区漠河市	新增	320116	南京市六合区	
232721	大兴安岭地区呼玛县		320117	南京市溧水区	
232722	大兴安岭地区塔河县		320118	南京市高淳区	
232723	大兴安岭地区漠河县	作废	320200	江苏省无锡市	
310000	上海市		320201	无锡市市辖区	通用
310100	上海市市辖区	通用	320205	无锡市锡山区	
310101	上海市黄浦区		320206	无锡市惠山区	
310104	上海市徐汇区		320211	无锡市滨湖区	
310105	上海市长宁区		320213	无锡市梁溪区	
310106	上海市静安区		320214	无锡市新吴区	
310107	上海市普陀区		320281	无锡市江阴市	
310109	上海市虹口区		320282	无锡市宜兴市	
310110	上海市杨浦区		320300	江苏省徐州市	
310112	上海市闵行区		320301	徐州市市辖区	通用
310113	上海市宝山区		320302	徐州市鼓楼区	
310114	上海市嘉定区		320303	徐州市云龙区	
310115	上海市浦东新区		320305	徐州市贾汪区	
310116	上海市金山区		320311	徐州市泉山区	
310117	上海市松江区		320312	徐州市铜山区	
310118	上海市青浦区		320321	徐州市丰县	
310120	上海市奉贤区		320322	徐州市沛县	
310151	上海市崇明区		320324	徐州市睢宁县	
310200	上海市县	通用	320381	徐州市新沂市	
320000	江苏省		320382	徐州市邳州市	
320100	江苏省南京市		320400	江苏省常州市	
320101	南京市市辖区	通用	320401	常州市市辖区	通用
320102	南京市玄武区		320402	常州市天宁区	

附录 3-2　续 14

代码	中文名称	备注	代码	中文名称	备注
320404	常州市钟楼区		320722	连云港市东海县	
320411	常州市新北区		320723	连云港市灌云县	
320412	常州市武进区		320724	连云港市灌南县	
320413	常州市金坛区		320800	江苏省淮安市	
320481	常州市溧阳市		320801	淮安市市辖区	通用
320500	江苏省苏州市		320803	淮安市淮安区	
320501	苏州市市辖区	通用	320804	淮安市淮阴区	
320505	苏州市虎丘区		320812	淮安市清江浦区	
320506	苏州市吴中区		320813	淮安市洪泽区	
320507	苏州市相城区		320826	淮安市涟水县	
320508	苏州市姑苏区		320830	淮安市盱眙县	
320509	苏州市吴江区		320831	淮安市金湖县	
320581	苏州市常熟市		320900	江苏省盐城市	
320582	苏州市张家港市		320901	盐城市市辖区	通用
320583	苏州市昆山市		320902	盐城市亭湖区	
320585	苏州市太仓市		320903	盐城市盐都区	
320600	江苏省南通市		320904	盐城市大丰区	
320601	南通市市辖区	通用	320921	盐城市响水县	
320602	南通市崇川区	作废	320922	盐城市滨海县	
320611	南通市港闸区	作废	320923	盐城市阜宁县	
320612	南通市通州区		320924	盐城市射阳县	
320613	南通市崇川区	新增	320925	盐城市建湖县	
320614	南通市海门区	新增	320981	盐城市东台市	
320621	南通市海安县	作废	321000	江苏省扬州市	
320623	南通市如东县		321001	扬州市市辖区	通用
320681	南通市启东市		321002	扬州市广陵区	
320682	南通市如皋市		321003	扬州市邗江区	
320684	南通市海门市	作废	321012	扬州市江都区	
320685	南通市海安市	新增	321023	扬州市宝应县	
320700	江苏省连云港市		321081	扬州市仪征市	
320701	连云港市市辖区	通用	321084	扬州市高邮市	
320703	连云港市连云区		321100	江苏省镇江市	
320706	连云港市海州区		321101	镇江市市辖区	通用
320707	连云港市赣榆区		321102	镇江市京口区	

附录3-2 续15

代码	中文名称	备注	代码	中文名称	备注
321111	镇江市润州区		330114	杭州市钱塘区	新增
321112	镇江市丹徒区		330122	杭州市桐庐县	
321181	镇江市丹阳市		330127	杭州市淳安县	
321182	镇江市扬中市		330182	杭州市建德市	
321183	镇江市句容市		330185	杭州市临安市	作废
321200	江苏省泰州市		330200	浙江省宁波市	
321201	泰州市市辖区	通用	330201	宁波市市辖区	通用
321202	泰州市海陵区		330203	宁波市海曙区	
321203	泰州市高港区		330204	宁波市江东区	作废
321204	泰州市姜堰区		330205	宁波市江北区	
321281	泰州市兴化市		330206	宁波市北仑区	
321282	泰州市靖江市		330211	宁波市镇海区	
321283	泰州市泰兴市		330212	宁波市鄞州区	
321300	江苏省宿迁市		330213	宁波市奉化区	
321301	宿迁市市辖区	通用	330225	宁波市象山县	
321302	宿迁市宿城区		330226	宁波市宁海县	
321311	宿迁市宿豫区		330281	宁波市余姚市	
321322	宿迁市沭阳县		330282	宁波市慈溪市	
321323	宿迁市泗阳县		330283	宁波市奉化市	作废
321324	宿迁市泗洪县		330300	浙江省温州市	
330000	浙江省		330301	温州市市辖区	通用
330100	浙江省杭州市		330302	温州市鹿城区	
330101	杭州市市辖区	通用	330303	温州市龙湾区	
330102	杭州市上城区		330304	温州市瓯海区	
330103	杭州市下城区	作废	330305	温州市洞头区	
330104	杭州市江干区	作废	330324	温州市永嘉县	
330105	杭州市拱墅区		330326	温州市平阳县	
330106	杭州市西湖区		330327	温州市苍南县	
330108	杭州市滨江区		330328	温州市文成县	
330109	杭州市萧山区		330329	温州市泰顺县	
330110	杭州市余杭区		330381	温州市瑞安市	
330111	杭州市富阳区		330382	温州市乐清市	
330112	杭州市临安区	新增	330383	温州市龙港市	新增
330113	杭州市临平区	新增	330400	浙江省嘉兴市	

附录 3-2　续 16

代码	中文名称	备注	代码	中文名称	备注
330401	嘉兴市市辖区	通用	330800	浙江省衢州市	
330402	嘉兴市南湖区		330801	衢州市市辖区	通用
330411	嘉兴市秀洲区		330802	衢州市柯城区	
330421	嘉兴市嘉善县		330803	衢州市衢江区	
330424	嘉兴市海盐县		330822	衢州市常山县	
330481	嘉兴市海宁市		330824	衢州市开化县	
330482	嘉兴市平湖市		330825	衢州市龙游县	
330483	嘉兴市桐乡市		330881	衢州市江山市	
330500	浙江省湖州市		330900	浙江省舟山市	
330501	湖州市市辖区	通用	330901	舟山市市辖区	通用
330502	湖州市吴兴区		330902	舟山市定海区	
330503	湖州市南浔区		330903	舟山市普陀区	
330521	湖州市德清县		330921	舟山市岱山县	
330522	湖州市长兴县		330922	舟山市嵊泗县	
330523	湖州市安吉县		331000	浙江省台州市	
330600	浙江省绍兴市		331001	台州市市辖区	通用
330601	绍兴市市辖区	通用	331002	台州市椒江区	
330602	绍兴市越城区		331003	台州市黄岩区	
330603	绍兴市柯桥区		331004	台州市路桥区	
330604	绍兴市上虞区		331021	台州市玉环县	作废
330624	绍兴市新昌县		331022	台州市三门县	
330681	绍兴市诸暨市		331023	台州市天台县	
330683	绍兴市嵊州市		331024	台州市仙居县	
330700	浙江省金华市		331081	台州市温岭市	
330701	金华市市辖区	通用	331082	台州市临海市	
330702	金华市婺城区		331083	台州市玉环市	新增
330703	金华市金东区		331100	浙江省丽水市	
330723	金华市武义县		331101	丽水市市辖区	通用
330726	金华市浦江县		331102	丽水市莲都区	
330727	金华市磐安县		331121	丽水市青田县	
330781	金华市兰溪市		331122	丽水市缙云县	
330782	金华市义乌市		331123	丽水市遂昌县	
330783	金华市东阳市		331124	丽水市松阳县	
330784	金华市永康市		331125	丽水市云和县	

附录3-2 续17

代码	中文名称	备注	代码	中文名称	备注
331126	丽水市庆元县		340311	蚌埠市淮上区	
331127	丽水市景宁畲族自治县		340321	蚌埠市怀远县	
331181	丽水市龙泉市		340322	蚌埠市五河县	
340000	安徽省		340323	蚌埠市固镇县	
340100	安徽省合肥市		340400	安徽省淮南市	
340101	合肥市市辖区	通用	340401	淮南市市辖区	通用
340102	合肥市瑶海区		340402	淮南市大通区	
340103	合肥市庐阳区		340403	淮南市田家庵区	
340104	合肥市蜀山区		340404	淮南市谢家集区	
340111	合肥市包河区		340405	淮南市八公山区	
340121	合肥市长丰县		340406	淮南市潘集区	
340122	合肥市肥东县		340421	淮南市凤台县	
340123	合肥市肥西县		340422	淮南市寿县	
340124	合肥市庐江县		340500	安徽省马鞍山市	
340181	合肥市巢湖市		340501	马鞍山市市辖区	通用
340200	安徽省芜湖市		340503	马鞍山市花山区	
340201	芜湖市市辖区	通用	340504	马鞍山市雨山区	
340202	芜湖市镜湖区		340506	马鞍山市博望区	
340203	芜湖市弋江区	作废	340521	马鞍山市当涂县	
340207	芜湖市鸠江区		340522	马鞍山市含山县	
340208	芜湖市三山区	作废	340523	马鞍山市和县	
340209	芜湖市弋江区	新增	340600	安徽省淮北市	
340210	芜湖市湾沚区	新增	340601	淮北市市辖区	通用
340212	芜湖市繁昌区	新增	340602	淮北市杜集区	
340221	芜湖市芜湖县	作废	340603	淮北市相山区	
340222	芜湖市繁昌县	作废	340604	淮北市烈山区	
340223	芜湖市南陵县		340621	淮北市濉溪县	
340225	芜湖市无为县	作废	340700	安徽省铜陵市	
340281	芜湖市无为市	新增	340701	铜陵市市辖区	通用
340300	安徽省蚌埠市		340705	铜陵市铜官区	
340301	蚌埠市市辖区	通用	340706	铜陵市义安区	
340302	蚌埠市龙子湖区		340711	铜陵市郊区	
340303	蚌埠市蚌山区		340722	铜陵市枞阳县	
340304	蚌埠市禹会区		340800	安徽省安庆市	

附录 3-2　续 18

代码	中文名称	备注	代码	中文名称	备注
340801	安庆市市辖区	通用	341203	阜阳市颍东区	
340802	安庆市迎江区		341204	阜阳市颍泉区	
340803	安庆市大观区		341221	阜阳市临泉县	
340811	安庆市宜秀区		341222	阜阳市太和县	
340822	安庆市怀宁县		341225	阜阳市阜南县	
340824	安庆市潜山县	作废	341226	阜阳市颍上县	
340825	安庆市太湖县		341282	阜阳市界首市	
340826	安庆市宿松县		341300	安徽省宿州市	
340827	安庆市望江县		341301	宿州市市辖区	通用
340828	安庆市岳西县		341302	宿州市埇桥区	
340881	安庆市桐城市		341321	宿州市砀山县	
340882	安庆市潜山市	新增	341322	宿州市萧县	
341000	安徽省黄山市		341323	宿州市灵璧县	
341001	黄山市市辖区	通用	341324	宿州市泗县	
341002	黄山市屯溪区		341500	安徽省六安市	
341003	黄山市黄山区		341501	六安市市辖区	通用
341004	黄山市徽州区		341502	六安市金安区	
341021	黄山市歙县		341503	六安市裕安区	
341022	黄山市休宁县		341504	六安市叶集区	
341023	黄山市黟县		341522	六安市霍邱县	
341024	黄山市祁门县		341523	六安市舒城县	
341100	安徽省滁州市		341524	六安市金寨县	
341101	滁州市市辖区	通用	341525	六安市霍山县	
341102	滁州市琅琊区		341600	安徽省亳州市	
341103	滁州市南谯区		341601	亳州市市辖区	通用
341122	滁州市来安县		341602	亳州市谯城区	
341124	滁州市全椒县		341621	亳州市涡阳县	
341125	滁州市定远县		341622	亳州市蒙城县	
341126	滁州市凤阳县		341623	亳州市利辛县	
341181	滁州市天长市		341700	安徽省池州市	
341182	滁州市明光市		341701	池州市市辖区	通用
341200	安徽省阜阳市		341702	池州市贵池区	
341201	阜阳市市辖区	通用	341721	池州市东至县	
341202	阜阳市颍州区		341722	池州市石台县	

附录 3-2 续 19

代码	中文名称	备注	代码	中文名称	备注
341723	池州市青阳县		350212	厦门市同安区	
341800	安徽省宣城市		350213	厦门市翔安区	
341801	宣城市市辖区	通用	350300	福建省莆田市	
341802	宣城市宣州区		350301	莆田市市辖区	通用
341821	宣城市郎溪县		350302	莆田市城厢区	
341822	宣城市广德县	作废	350303	莆田市涵江区	
341823	宣城市泾县		350304	莆田市荔城区	
341824	宣城市绩溪县		350305	莆田市秀屿区	
341825	宣城市旌德县		350322	莆田市仙游县	
341881	宣城市宁国市		350400	福建省三明市	
341882	宣城市广德市	新增	350401	三明市市辖区	通用
350000	福建省		350402	三明市梅列区	作废
350100	福建省福州市		350403	三明市三元区	作废
350101	福州市市辖区	通用	350404	三明市三元区	新增
350102	福州市鼓楼区		350405	三明市沙县区	新增
350103	福州市台江区		350421	三明市明溪县	
350104	福州市仓山区		350423	三明市清流县	
350105	福州市马尾区		350424	三明市宁化县	
350111	福州市晋安区		350425	三明市大田县	
350112	福州市长乐区	新增	350426	三明市尤溪县	
350121	福州市闽侯县		350427	三明市沙县	作废
350122	福州市连江县		350428	三明市将乐县	
350123	福州市罗源县		350429	三明市泰宁县	
350124	福州市闽清县		350430	三明市建宁县	
350125	福州市永泰县		350481	三明市永安市	
350128	福州市平潭县		350500	福建省泉州市	
350181	福州市福清市		350501	泉州市市辖区	通用
350182	福州市长乐市	作废	350502	泉州市鲤城区	
350200	福建省厦门市		350503	泉州市丰泽区	
350201	厦门市市辖区	通用	350504	泉州市洛江区	
350203	厦门市思明区		350505	泉州市泉港区	
350205	厦门市海沧区		350521	泉州市惠安县	
350206	厦门市湖里区		350524	泉州市安溪县	
350211	厦门市集美区		350525	泉州市永春县	

附录 3-2　续 20

代码	中文名称	备注	代码	中文名称	备注
350526	泉州市德化县		350802	龙岩市新罗区	
350527	泉州市金门县		350803	龙岩市永定区	
350581	泉州市石狮市		350821	龙岩市长汀县	
350582	泉州市晋江市		350823	龙岩市上杭县	
350583	泉州市南安市		350824	龙岩市武平县	
350600	福建省漳州市		350825	龙岩市连城县	
350601	漳州市市辖区	通用	350881	龙岩市漳平市	
350602	漳州市芗城区		350900	福建省宁德市	
350603	漳州市龙文区		350901	宁德市市辖区	通用
350604	漳州市龙海区	新增	350902	宁德市蕉城区	
350605	漳州市长泰区	新增	350921	宁德市霞浦县	
350622	漳州市云霄县		350922	宁德市古田县	
350623	漳州市漳浦县		350923	宁德市屏南县	
350624	漳州市诏安县		350924	宁德市寿宁县	
350625	漳州市长泰县	作废	350925	宁德市周宁县	
350626	漳州市东山县		350926	宁德市柘荣县	
350627	漳州市南靖县		350981	宁德市福安市	
350628	漳州市平和县		350982	宁德市福鼎市	
350629	漳州市华安县		360000	江西省	
350681	漳州市龙海市	作废	360100	江西省南昌市	
350700	福建省南平市		360101	南昌市市辖区	通用
350701	南平市市辖区	通用	360102	南昌市东湖区	
350702	南平市延平区		360103	南昌市西湖区	
350703	南平市建阳区		360104	南昌市青云谱区	
350721	南平市顺昌县		360105	南昌市湾里区	作废
350722	南平市浦城县		360111	南昌市青山湖区	
350723	南平市光泽县		360112	南昌市新建区	
350724	南平市松溪县		360113	南昌市红谷滩区	新增
350725	南平市政和县		360121	南昌市南昌县	
350781	南平市邵武市		360123	南昌市安义县	
350782	南平市武夷山市		360124	南昌市进贤县	
350783	南平市建瓯市		360200	江西省景德镇市	
350800	福建省龙岩市		360201	景德镇市市辖区	通用
350801	龙岩市市辖区	通用	360202	景德镇市昌江区	

附录 3-2 续 21

代码	中文名称	备注	代码	中文名称	备注
360203	景德镇市珠山区		360622	鹰潭市余江县	作废
360222	景德镇市浮梁县		360681	鹰潭市贵溪市	
360281	景德镇市乐平市		360700	江西省赣州市	
360300	江西省萍乡市		360701	赣州市市辖区	通用
360301	萍乡市市辖区	通用	360702	赣州市章贡区	
360302	萍乡市安源区		360703	赣州市南康区	
360313	萍乡市湘东区		360704	赣州市赣县区	
360321	萍乡市莲花县		360721	赣州市赣县	作废
360322	萍乡市上栗县		360722	赣州市信丰县	
360323	萍乡市芦溪县		360723	赣州市大余县	
360400	江西省九江市		360724	赣州市上犹县	
360401	九江市市辖区	通用	360725	赣州市崇义县	
360402	九江市濂溪区		360726	赣州市安远县	
360403	九江市浔阳区		360727	赣州市龙南县	作废
360404	九江市柴桑区	新增	360728	赣州市定南县	
360421	九江市九江县	作废	360729	赣州市全南县	
360423	九江市武宁县		360730	赣州市宁都县	
360424	九江市修水县		360731	赣州市于都县	
360425	九江市永修县		360732	赣州市兴国县	
360426	九江市德安县		360733	赣州市会昌县	
360428	九江市都昌县		360734	赣州市寻乌县	
360429	九江市湖口县		360735	赣州市石城县	
360430	九江市彭泽县		360781	赣州市瑞金市	
360481	九江市瑞昌市		360783	赣州市龙南市	新增
360482	九江市共青城市		360800	江西省吉安市	
360483	九江市庐山市		360801	吉安市市辖区	通用
360500	江西省新余市		360802	吉安市吉州区	
360501	新余市市辖区	通用	360803	吉安市青原区	
360502	新余市渝水区		360821	吉安市吉安县	
360521	新余市分宜县		360822	吉安市吉水县	
360600	江西省鹰潭市		360823	吉安市峡江县	
360601	鹰潭市市辖区	通用	360824	吉安市新干县	
360602	鹰潭市月湖区		360825	吉安市永丰县	
360603	鹰潭市余江区	新增	360826	吉安市泰和县	

附录 3-2　续 22

代码	中文名称	备注	代码	中文名称	备注
360827	吉安市遂川县		361103	上饶市广丰区	
360828	吉安市万安县		361104	上饶市广信区	新增
360829	吉安市安福县		361121	上饶市上饶县	作废
360830	吉安市永新县		361123	上饶市玉山县	
360881	吉安市井冈山市		361124	上饶市铅山县	
360900	江西省宜春市		361125	上饶市横峰县	
360901	宜春市市辖区	通用	361126	上饶市弋阳县	
360902	宜春市袁州区		361127	上饶市余干县	
360921	宜春市奉新县		361128	上饶市鄱阳县	
360922	宜春市万载县		361129	上饶市万年县	
360923	宜春市上高县		361130	上饶市婺源县	
360924	宜春市宜丰县		361181	上饶市德兴市	
360925	宜春市靖安县		370000	山东省	
360926	宜春市铜鼓县		370100	山东省济南市	
360981	宜春市丰城市		370101	济南市市辖区	通用
360982	宜春市樟树市		370102	济南市历下区	
360983	宜春市高安市		370103	济南市市中区	
361000	江西省抚州市		370104	济南市槐荫区	
361001	抚州市市辖区	通用	370105	济南市天桥区	
361002	抚州市临川区		370112	济南市历城区	
361003	抚州市东乡区		370113	济南市长清区	
361021	抚州市南城县		370114	济南市章丘区	
361022	抚州市黎川县		370115	济南市济阳区	新增
361023	抚州市南丰县		370116	济南市莱芜区	新增
361024	抚州市崇仁县		370117	济南市钢城区	新增
361025	抚州市乐安县		370124	济南市平阴县	
361026	抚州市宜黄县		370125	济南市济阳县	作废
361027	抚州市金溪县		370126	济南市商河县	
361028	抚州市资溪县		370181	济南市章丘市	作废
361029	抚州市东乡县	作废	370200	山东省青岛市	
361030	抚州市广昌县		370201	青岛市市辖区	通用
361100	江西省上饶市		370202	青岛市市南区	
361101	上饶市市辖区	通用	370203	青岛市市北区	
361102	上饶市信州区		370211	青岛市黄岛区	

附录3-2 续23

代码	中文名称	备注	代码	中文名称	备注
370212	青岛市崂山区		370601	烟台市市辖区	通用
370213	青岛市李沧区		370602	烟台市芝罘区	
370214	青岛市城阳区		370611	烟台市福山区	
370215	青岛市即墨区	新增	370612	烟台市牟平区	
370281	青岛市胶州市		370613	烟台市莱山区	
370282	青岛市即墨市	作废	370614	烟台市蓬莱区	新增
370283	青岛市平度市		370634	烟台市长岛县	作废
370285	青岛市莱西市		370681	烟台市龙口市	
370300	山东省淄博市		370682	烟台市莱阳市	
370301	淄博市市辖区	通用	370683	烟台市莱州市	
370302	淄博市淄川区		370684	烟台市蓬莱市	作废
370303	淄博市张店区		370685	烟台市招远市	
370304	淄博市博山区		370686	烟台市栖霞市	
370305	淄博市临淄区		370687	烟台市海阳市	
370306	淄博市周村区		370700	山东省潍坊市	
370321	淄博市桓台县		370701	潍坊市市辖区	通用
370322	淄博市高青县		370702	潍坊市潍城区	
370323	淄博市沂源县		370703	潍坊市寒亭区	
370400	山东省枣庄市		370704	潍坊市坊子区	
370401	枣庄市市辖区	通用	370705	潍坊市奎文区	
370402	枣庄市市中区		370724	潍坊市临朐县	
370403	枣庄市薛城区		370725	潍坊市昌乐县	
370404	枣庄市峄城区		370781	潍坊市青州市	
370405	枣庄市台儿庄区		370782	潍坊市诸城市	
370406	枣庄市山亭区		370783	潍坊市寿光市	
370481	枣庄市滕州市		370784	潍坊市安丘市	
370500	山东省东营市		370785	潍坊市高密市	
370501	东营市市辖区	通用	370786	潍坊市昌邑市	
370502	东营市东营区		370800	山东省济宁市	
370503	东营市河口区		370801	济宁市市辖区	通用
370505	东营市垦利区		370811	济宁市任城区	
370522	东营市利津县		370812	济宁市兖州区	
370523	东营市广饶县		370826	济宁市微山县	
370600	山东省烟台市		370827	济宁市鱼台县	

附录 3-2　续 24

代码	中文名称	备注	代码	中文名称	备注
370828	济宁市金乡县		371311	临沂市罗庄区	
370829	济宁市嘉祥县		371312	临沂市河东区	
370830	济宁市汶上县		371321	临沂市沂南县	
370831	济宁市泗水县		371322	临沂市郯城县	
370832	济宁市梁山县		371323	临沂市沂水县	
370881	济宁市曲阜市		371324	临沂市兰陵县	
370883	济宁市邹城市		371325	临沂市费县	
370900	山东省泰安市		371326	临沂市平邑县	
370901	泰安市市辖区	通用	371327	临沂市莒南县	
370902	泰安市泰山区		371328	临沂市蒙阴县	
370911	泰安市岱岳区		371329	临沂市临沭县	
370921	泰安市宁阳县		371400	山东省德州市	
370923	泰安市东平县		371401	德州市市辖区	通用
370982	泰安市新泰市		371402	德州市德城区	
370983	泰安市肥城市		371403	德州市陵城区	
371000	山东省威海市		371422	德州市宁津县	
371001	威海市市辖区	通用	371423	德州市庆云县	
371002	威海市环翠区		371424	德州市临邑县	
371003	威海市文登区		371425	德州市齐河县	
371082	威海市荣成市		371426	德州市平原县	
371083	威海市乳山市		371427	德州市夏津县	
371100	山东省日照市		371428	德州市武城县	
371101	日照市市辖区	通用	371481	德州市乐陵市	
371102	日照市东港区		371482	德州市禹城市	
371103	日照市岚山区		371500	山东省聊城市	
371121	日照市五莲县		371501	聊城市市辖区	通用
371122	日照市莒县		371502	聊城市东昌府区	
371200	山东省莱芜市	作废	371503	聊城市茌平区	新增
371201	莱芜市市辖区	作废	371521	聊城市阳谷县	
371202	莱芜市莱城区	作废	371522	聊城市莘县	
371203	莱芜市钢城区	作废	371523	聊城市茌平县	作废
371300	山东省临沂市		371524	聊城市东阿县	
371301	临沂市市辖区	通用	371525	聊城市冠县	
371302	临沂市兰山区		371526	聊城市高唐县	

附录 3-2 续 25

代码	中文名称	备注	代码	中文名称	备注
371581	聊城市临清市		410183	郑州市新密市	
371600	山东省滨州市		410184	郑州市新郑市	
371601	滨州市市辖区	通用	410185	郑州市登封市	
371602	滨州市滨城区		410200	河南省开封市	
371603	滨州市沾化区		410201	开封市市辖区	通用
371621	滨州市惠民县		410202	开封市龙亭区	
371622	滨州市阳信县		410203	开封市顺河回族区	
371623	滨州市无棣县		410204	开封市鼓楼区	
371625	滨州市博兴县		410205	开封市禹王台区	
371626	滨州市邹平县	作废	410212	开封市祥符区	
371681	滨州市邹平市	新增	410221	开封市杞县	
371700	山东省菏泽市		410222	开封市通许县	
371701	菏泽市市辖区	通用	410223	开封市尉氏县	
371702	菏泽市牡丹区		410225	开封市兰考县	
371703	菏泽市定陶区		410300	河南省洛阳市	
371721	菏泽市曹县		410301	洛阳市市辖区	通用
371722	菏泽市单县		410302	洛阳市老城区	
371723	菏泽市成武县		410303	洛阳市西工区	
371724	菏泽市巨野县		410304	洛阳市瀍河回族区	
371725	菏泽市郓城县		410305	洛阳市涧西区	
371726	菏泽市鄄城县		410306	洛阳市吉利区	作废
371728	菏泽市东明县		410307	洛阳市偃师区	新增
410000	河南省		410308	洛阳市孟津区	新增
410100	河南省郑州市		410311	洛阳市洛龙区	
410101	郑州市市辖区	通用	410322	洛阳市孟津县	作废
410102	郑州市中原区		410323	洛阳市新安县	
410103	郑州市二七区		410324	洛阳市栾川县	
410104	郑州市管城回族区		410325	洛阳市嵩县	
410105	郑州市金水区		410326	洛阳市汝阳县	
410106	郑州市上街区		410327	洛阳市宜阳县	
410108	郑州市惠济区		410328	洛阳市洛宁县	
410122	郑州市中牟县		410329	洛阳市伊川县	
410181	郑州市巩义市		410381	洛阳市偃师市	作废
410182	郑州市荥阳市		410400	河南省平顶山市	

附录 3-2　续 26

代码	中文名称	备注	代码	中文名称	备注
410401	平顶山市市辖区	通用	410711	新乡市牧野区	
410402	平顶山市新华区		410721	新乡市新乡县	
410403	平顶山市卫东区		410724	新乡市获嘉县	
410404	平顶山市石龙区		410725	新乡市原阳县	
410411	平顶山市湛河区		410726	新乡市延津县	
410421	平顶山市宝丰县		410727	新乡市封丘县	
410422	平顶山市叶县		410728	新乡市长垣县	作废
410423	平顶山市鲁山县		410781	新乡市卫辉市	
410425	平顶山市郏县		410782	新乡市辉县市	
410481	平顶山市舞钢市		410783	新乡市长垣市	新增
410482	平顶山市汝州市		410800	河南省焦作市	
410500	河南省安阳市		410801	焦作市市辖区	通用
410501	安阳市市辖区	通用	410802	焦作市解放区	
410502	安阳市文峰区		410803	焦作市中站区	
410503	安阳市北关区		410804	焦作市马村区	
410505	安阳市殷都区		410811	焦作市山阳区	
410506	安阳市龙安区		410821	焦作市修武县	
410522	安阳市安阳县		410822	焦作市博爱县	
410523	安阳市汤阴县		410823	焦作市武陟县	
410526	安阳市滑县		410825	焦作市温县	
410527	安阳市内黄县		410882	焦作市沁阳市	
410581	安阳市林州市		410883	焦作市孟州市	
410600	河南省鹤壁市		410900	河南省濮阳市	
410601	鹤壁市市辖区	通用	410901	濮阳市市辖区	通用
410602	鹤壁市鹤山区		410902	濮阳市华龙区	
410603	鹤壁市山城区		410922	濮阳市清丰县	
410611	鹤壁市淇滨区		410923	濮阳市南乐县	
410621	鹤壁市浚县		410926	濮阳市范县	
410622	鹤壁市淇县		410927	濮阳市台前县	
410700	河南省新乡市		410928	濮阳市濮阳县	
410701	新乡市市辖区	通用	411000	河南省许昌市	
410702	新乡市红旗区		411001	许昌市市辖区	通用
410703	新乡市卫滨区		411002	许昌市魏都区	
410704	新乡市凤泉区		411003	许昌市建安区	

附录3-2 续27

代码	中文名称	备注	代码	中文名称	备注
411023	许昌市许昌县	作废	411381	南阳市邓州市	
411024	许昌市鄢陵县		411400	河南省商丘市	
411025	许昌市襄城县		411401	商丘市市辖区	通用
411081	许昌市禹州市		411402	商丘市梁园区	
411082	许昌市长葛市		411403	商丘市睢阳区	
411100	河南省漯河市		411421	商丘市民权县	
411101	漯河市市辖区	通用	411422	商丘市睢县	
411102	漯河市源汇区		411423	商丘市宁陵县	
411103	漯河市郾城区		411424	商丘市柘城县	
411104	漯河市召陵区		411425	商丘市虞城县	
411121	漯河市舞阳县		411426	商丘市夏邑县	
411122	漯河市临颍县		411481	商丘市永城市	
411200	河南省三门峡市		411500	河南省信阳市	
411201	三门峡市市辖区	通用	411501	信阳市市辖区	通用
411202	三门峡市湖滨区		411502	信阳市浉河区	
411203	三门峡市陕州区		411503	信阳市平桥区	
411221	三门峡市渑池县		411521	信阳市罗山县	
411224	三门峡市卢氏县		411522	信阳市光山县	
411281	三门峡市义马市		411523	信阳市新县	
411282	三门峡市灵宝市		411524	信阳市商城县	
411300	河南省南阳市		411525	信阳市固始县	
411301	南阳市市辖区	通用	411526	信阳市潢川县	
411302	南阳市宛城区		411527	信阳市淮滨县	
411303	南阳市卧龙区		411528	信阳市息县	
411321	南阳市南召县		411600	河南省周口市	
411322	南阳市方城县		411601	周口市市辖区	通用
411323	南阳市西峡县		411602	周口市川汇区	
411324	南阳市镇平县		411603	周口市淮阳区	新增
411325	南阳市内乡县		411621	周口市扶沟县	
411326	南阳市淅川县		411622	周口市西华县	
411327	南阳市社旗县		411623	周口市商水县	
411328	南阳市唐河县		411624	周口市沈丘县	
411329	南阳市新野县		411625	周口市郸城县	
411330	南阳市桐柏县		411626	周口市淮阳县	作废

附录 3-2　续 28

代码	中文名称	备注	代码	中文名称	备注
411627	周口市太康县		420201	黄石市市辖区	通用
411628	周口市鹿邑县		420202	黄石市黄石港区	
411681	周口市项城市		420203	黄石市西塞山区	
411700	河南省驻马店市		420204	黄石市下陆区	
411701	驻马店市市辖区	通用	420205	黄石市铁山区	
411702	驻马店市驿城区		420222	黄石市阳新县	
411721	驻马店市西平县		420281	黄石市大冶市	
411722	驻马店市上蔡县		420300	湖北省十堰市	
411723	驻马店市平舆县		420301	十堰市市辖区	通用
411724	驻马店市正阳县		420302	十堰市茅箭区	
411725	驻马店市确山县		420303	十堰市张湾区	
411726	驻马店市泌阳县		420304	十堰市郧阳区	
411727	驻马店市汝南县		420322	十堰市郧西县	
411728	驻马店市遂平县		420323	十堰市竹山县	
411729	驻马店市新蔡县		420324	十堰市竹溪县	
419000	河南省省直辖县级行政区划	通用	420325	十堰市房县	
419001	河南省省直辖县级行政区划济源市		420381	十堰市丹江口市	
420000	湖北省		420500	湖北省宜昌市	
420100	湖北省武汉市		420501	宜昌市市辖区	通用
420101	武汉市市辖区	通用	420502	宜昌市西陵区	
420102	武汉市江岸区		420503	宜昌市伍家岗区	
420103	武汉市江汉区		420504	宜昌市点军区	
420104	武汉市硚口区		420505	宜昌市猇亭区	
420105	武汉市汉阳区		420506	宜昌市夷陵区	
420106	武汉市武昌区		420525	宜昌市远安县	
420107	武汉市青山区		420526	宜昌市兴山县	
420111	武汉市洪山区		420527	宜昌市秭归县	
420112	武汉市东西湖区		420528	宜昌市长阳土家族自治县	
420113	武汉市汉南区		420529	宜昌市五峰土家族自治县	
420114	武汉市蔡甸区		420581	宜昌市宜都市	
420115	武汉市江夏区		420582	宜昌市当阳市	
420116	武汉市黄陂区		420583	宜昌市枝江市	
420117	武汉市新洲区		420600	湖北省襄阳市	
420200	湖北省黄石市		420601	襄阳市市辖区	通用

附录3-2 续29

代码	中文名称	备注	代码	中文名称	备注
420602	襄阳市襄城区		421003	荆州市荆州区	
420606	襄阳市樊城区		421022	荆州市公安县	
420607	襄阳市襄州区		421023	荆州市监利县	作废
420624	襄阳市南漳县		421024	荆州市江陵县	
420625	襄阳市谷城县		421081	荆州市石首市	
420626	襄阳市保康县		421083	荆州市洪湖市	
420682	襄阳市老河口市		421087	荆州市松滋市	
420683	襄阳市枣阳市		421088	荆州市监利市	新增
420684	襄阳市宜城市		421100	湖北省黄冈市	
420700	湖北省鄂州市		421101	黄冈市市辖区	通用
420701	鄂州市市辖区	通用	421102	黄冈市黄州区	
420702	鄂州市梁子湖区		421121	黄冈市团风县	
420703	鄂州市华容区		421122	黄冈市红安县	
420704	鄂州市鄂城区		421123	黄冈市罗田县	
420800	湖北省荆门市		421124	黄冈市英山县	
420801	荆门市市辖区	通用	421125	黄冈市浠水县	
420802	荆门市东宝区		421126	黄冈市蕲春县	
420804	荆门市掇刀区		421127	黄冈市黄梅县	
420821	荆门市京山县	作废	421181	黄冈市麻城市	
420822	荆门市沙洋县		421182	黄冈市武穴市	
420881	荆门市钟祥市		421200	湖北省咸宁市	
420882	荆门市京山市	新增	421201	咸宁市市辖区	通用
420900	湖北省孝感市		421202	咸宁市咸安区	
420901	孝感市市辖区	通用	421221	咸宁市嘉鱼县	
420902	孝感市孝南区		421222	咸宁市通城县	
420921	孝感市孝昌县		421223	咸宁市崇阳县	
420922	孝感市大悟县		421224	咸宁市通山县	
420923	孝感市云梦县		421281	咸宁市赤壁市	
420981	孝感市应城市		421300	湖北省随州市	
420982	孝感市安陆市		421301	随州市市辖区	通用
420984	孝感市汉川市		421303	随州市曾都区	
421000	湖北省荆州市		421321	随州市随县	
421001	荆州市市辖区	通用	421381	随州市广水市	
421002	荆州市沙市区		422800	湖北省恩施土家族苗族自治州	

附录 3-2 续 30

代码	中文名称	备注	代码	中文名称	备注
422801	恩施土家族苗族自治州恩施市		430223	株洲市攸县	
422802	恩施土家族苗族自治州利川市		430224	株洲市茶陵县	
422822	恩施土家族苗族自治州建始县		430225	株洲市炎陵县	
422823	恩施土家族苗族自治州巴东县		430281	株洲市醴陵市	
422825	恩施土家族苗族自治州宣恩县		430300	湖南省湘潭市	
422826	恩施土家族苗族自治州咸丰县		430301	湘潭市市辖区	通用
422827	恩施土家族苗族自治州来凤县		430302	湘潭市雨湖区	
422828	恩施土家族苗族自治州鹤峰县		430304	湘潭市岳塘区	
429000	湖北省省直辖县级行政区划	通用	430321	湘潭市湘潭县	
429004	湖北省省直辖县级行政区划仙桃市		430381	湘潭市湘乡市	
429005	湖北省省直辖县级行政区划潜江市		430382	湘潭市韶山市	
429006	湖北省省直辖县级行政区划天门市		430400	湖南省衡阳市	
429021	湖北省省直辖县级行政区划神农架林区		430401	衡阳市市辖区	通用
430000	湖南省		430405	衡阳市珠晖区	
430100	湖南省长沙市		430406	衡阳市雁峰区	
430101	长沙市市辖区	通用	430407	衡阳市石鼓区	
430102	长沙市芙蓉区		430408	衡阳市蒸湘区	
430103	长沙市天心区		430412	衡阳市南岳区	
430104	长沙市岳麓区		430421	衡阳市衡阳县	
430105	长沙市开福区		430422	衡阳市衡南县	
430111	长沙市雨花区		430423	衡阳市衡山县	
430112	长沙市望城区		430424	衡阳市衡东县	
430121	长沙市长沙县		430426	衡阳市祁东县	
430124	长沙市宁乡县	作废	430481	衡阳市耒阳市	
430181	长沙市浏阳市		430482	衡阳市常宁市	
430182	长沙市宁乡市	新增	430500	湖南省邵阳市	
430200	湖南省株洲市		430501	邵阳市市辖区	通用
430201	株洲市市辖区	通用	430502	邵阳市双清区	
430202	株洲市荷塘区		430503	邵阳市大祥区	
430203	株洲市芦淞区		430511	邵阳市北塔区	
430204	株洲市石峰区		430521	邵阳市邵东县	作废
430211	株洲市天元区		430522	邵阳市新邵县	
430212	株洲市渌口区	新增	430523	邵阳市邵阳县	
430221	株洲市株洲县	作废	430524	邵阳市隆回县	

附录3-2 续31

代码	中文名称	备注	代码	中文名称	备注
430525	邵阳市洞口县		430900	湖南省益阳市	
430527	邵阳市绥宁县		430901	益阳市市辖区	通用
430528	邵阳市新宁县		430902	益阳市资阳区	
430529	邵阳市城步苗族自治县		430903	益阳市赫山区	
430581	邵阳市武冈市		430921	益阳市南县	
430582	邵阳市邵东市	新增	430922	益阳市桃江县	
430600	湖南省岳阳市		430923	益阳市安化县	
430601	岳阳市市辖区	通用	430981	益阳市沅江市	
430602	岳阳市岳阳楼区		431000	湖南省郴州市	
430603	岳阳市云溪区		431001	郴州市市辖区	通用
430611	岳阳市君山区		431002	郴州市北湖区	
430621	岳阳市岳阳县		431003	郴州市苏仙区	
430623	岳阳市华容县		431021	郴州市桂阳县	
430624	岳阳市湘阴县		431022	郴州市宜章县	
430626	岳阳市平江县		431023	郴州市永兴县	
430681	岳阳市汨罗市		431024	郴州市嘉禾县	
430682	岳阳市临湘市		431025	郴州市临武县	
430700	湖南省常德市		431026	郴州市汝城县	
430701	常德市市辖区	通用	431027	郴州市桂东县	
430702	常德市武陵区		431028	郴州市安仁县	
430703	常德市鼎城区		431081	郴州市资兴市	
430721	常德市安乡县		431100	湖南省永州市	
430722	常德市汉寿县		431101	永州市市辖区	通用
430723	常德市澧县		431102	永州市零陵区	
430724	常德市临澧县		431103	永州市冷水滩区	
430725	常德市桃源县		431121	永州市祁阳县	作废
430726	常德市石门县		431122	永州市东安县	
430781	常德市津市市		431123	永州市双牌县	
430800	湖南省张家界市		431124	永州市道县	
430801	张家界市市辖区	通用	431125	永州市江永县	
430802	张家界市永定区		431126	永州市宁远县	
430811	张家界市武陵源区		431127	永州市蓝山县	
430821	张家界市慈利县		431128	永州市新田县	
430822	张家界市桑植县		431129	永州市江华瑶族自治县	

附录 3-2 续 32

代码	中文名称	备注	代码	中文名称	备注
431181	永州市祁阳市	新增	440103	广州市荔湾区	
431200	湖南省怀化市		440104	广州市越秀区	
431201	怀化市市辖区	通用	440105	广州市海珠区	
431202	怀化市鹤城区		440106	广州市天河区	
431221	怀化市中方县		440111	广州市白云区	
431222	怀化市沅陵县		440112	广州市黄埔区	
431223	怀化市辰溪县		440113	广州市番禺区	
431224	怀化市溆浦县		440114	广州市花都区	
431225	怀化市会同县		440115	广州市南沙区	
431226	怀化市麻阳苗族自治县		440117	广州市从化区	
431227	怀化市新晃侗族自治县		440118	广州市增城区	
431228	怀化市芷江侗族自治县		440200	广东省韶关市	
431229	怀化市靖州苗族侗族自治县		440201	韶关市市辖区	通用
431230	怀化市通道侗族自治县		440203	韶关市武江区	
431281	怀化市洪江市		440204	韶关市浈江区	
431300	湖南省娄底市		440205	韶关市曲江区	
431301	娄底市市辖区	通用	440222	韶关市始兴县	
431302	娄底市娄星区		440224	韶关市仁化县	
431321	娄底市双峰县		440229	韶关市翁源县	
431322	娄底市新化县		440232	韶关市乳源瑶族自治县	
431381	娄底市冷水江市		440233	韶关市新丰县	
431382	娄底市涟源市		440281	韶关市乐昌市	
433100	湖南省湘西土家族苗族自治州		440282	韶关市南雄市	
433101	湘西土家族苗族自治州吉首市		440300	广东省深圳市	
433122	湘西土家族苗族自治州泸溪县		440301	深圳市市辖区	通用
433123	湘西土家族苗族自治州凤凰县		440303	深圳市罗湖区	
433124	湘西土家族苗族自治州花垣县		440304	深圳市福田区	
433125	湘西土家族苗族自治州保靖县		440305	深圳市南山区	
433126	湘西土家族苗族自治州古丈县		440306	深圳市宝安区	
433127	湘西土家族苗族自治州永顺县		440307	深圳市龙岗区	
433130	湘西土家族苗族自治州龙山县		440308	深圳市盐田区	
440000	广东省		440309	深圳市龙华区	
440100	广东省广州市		440310	深圳市坪山区	
440101	广州市市辖区	通用	440311	深圳市光明区	新增

附录3-2 续33

代码	中文名称	备注	代码	中文名称	备注
440400	广东省珠海市		440804	湛江市坡头区	
440401	珠海市市辖区	通用	440811	湛江市麻章区	
440402	珠海市香洲区		440823	湛江市遂溪县	
440403	珠海市斗门区		440825	湛江市徐闻县	
440404	珠海市金湾区		440881	湛江市廉江市	
440500	广东省汕头市		440882	湛江市雷州市	
440501	汕头市市辖区	通用	440883	湛江市吴川市	
440507	汕头市龙湖区		440900	广东省茂名市	
440511	汕头市金平区		440901	茂名市市辖区	通用
440512	汕头市濠江区		440902	茂名市茂南区	
440513	汕头市潮阳区		440904	茂名市电白区	
440514	汕头市潮南区		440981	茂名市高州市	
440515	汕头市澄海区		440982	茂名市化州市	
440523	汕头市南澳县		440983	茂名市信宜市	
440600	广东省佛山市		441200	广东省肇庆市	
440601	佛山市市辖区	通用	441201	肇庆市市辖区	通用
440604	佛山市禅城区		441202	肇庆市端州区	
440605	佛山市南海区		441203	肇庆市鼎湖区	
440606	佛山市顺德区		441204	肇庆市高要区	
440607	佛山市三水区		441223	肇庆市广宁县	
440608	佛山市高明区		441224	肇庆市怀集县	
440700	广东省江门市		441225	肇庆市封开县	
440701	江门市市辖区	通用	441226	肇庆市德庆县	
440703	江门市蓬江区		441284	肇庆市四会市	
440704	江门市江海区		441300	广东省惠州市	
440705	江门市新会区		441301	惠州市市辖区	通用
440781	江门市台山市		441302	惠州市惠城区	
440783	江门市开平市		441303	惠州市惠阳区	
440784	江门市鹤山市		441322	惠州市博罗县	
440785	江门市恩平市		441323	惠州市惠东县	
440800	广东省湛江市		441324	惠州市龙门县	
440801	湛江市市辖区	通用	441400	广东省梅州市	
440802	湛江市赤坎区		441401	梅州市市辖区	通用
440803	湛江市霞山区		441402	梅州市梅江区	

附录 3-2　续 34

代码	中文名称	备注	代码	中文名称	备注
441403	梅州市梅县区		441826	清远市连南瑶族自治县	
441422	梅州市大埔县		441881	清远市英德市	
441423	梅州市丰顺县		441882	清远市连州市	
441424	梅州市五华县		441900	广东省东莞市	
441426	梅州市平远县		442000	广东省中山市	
441427	梅州市蕉岭县		445100	广东省潮州市	
441481	梅州市兴宁市		445101	潮州市市辖区	通用
441500	广东省汕尾市		445102	潮州市湘桥区	
441501	汕尾市市辖区	通用	445103	潮州市潮安区	
441502	汕尾市城区		445122	潮州市饶平县	
441521	汕尾市海丰县		445200	广东省揭阳市	
441523	汕尾市陆河县		445201	揭阳市市辖区	通用
441581	汕尾市陆丰市		445202	揭阳市榕城区	
441600	广东省河源市		445203	揭阳市揭东区	
441601	河源市市辖区	通用	445222	揭阳市揭西县	
441602	河源市源城区		445224	揭阳市惠来县	
441621	河源市紫金县		445281	揭阳市普宁市	
441622	河源市龙川县		445300	广东省云浮市	
441623	河源市连平县		445301	云浮市市辖区	通用
441624	河源市和平县		445302	云浮市云城区	
441625	河源市东源县		445303	云浮市云安区	
441700	广东省阳江市		445321	云浮市新兴县	
441701	阳江市市辖区	通用	445322	云浮市郁南县	
441702	阳江市江城区		445381	云浮市罗定市	
441704	阳江市阳东区		450000	广西壮族自治区	
441721	阳江市阳西县		450100	广西壮族自治区南宁市	
441781	阳江市阳春市		450101	南宁市市辖区	通用
441800	广东省清远市		450102	南宁市兴宁区	
441801	清远市市辖区	通用	450103	南宁市青秀区	
441802	清远市清城区		450105	南宁市江南区	
441803	清远市清新区		450107	南宁市西乡塘区	
441821	清远市佛冈县		450108	南宁市良庆区	
441823	清远市阳山县		450109	南宁市邕宁区	
441825	清远市连山壮族瑶族自治县		450110	南宁市武鸣区	

附录 3-2 续 35

代码	中文名称	备注	代码	中文名称	备注
450123	南宁市隆安县		450330	桂林市平乐县	
450124	南宁市马山县		450331	桂林市荔浦县	作废
450125	南宁市上林县		450332	桂林市恭城瑶族自治县	
450126	南宁市宾阳县		450381	桂林市荔浦市	新增
450127	南宁市横县	作废	450400	广西壮族自治区梧州市	
450181	南宁市横州市	新增	450401	梧州市市辖区	通用
450200	广西壮族自治区柳州市		450403	梧州市万秀区	
450201	柳州市市辖区	通用	450405	梧州市长洲区	
450202	柳州市城中区		450406	梧州市龙圩区	
450203	柳州市鱼峰区		450421	梧州市苍梧县	
450204	柳州市柳南区		450422	梧州市藤县	
450205	柳州市柳北区		450423	梧州市蒙山县	
450206	柳州市柳江区		450481	梧州市岑溪市	
450222	柳州市柳城县		450500	广西壮族自治区北海市	
450223	柳州市鹿寨县		450501	北海市市辖区	通用
450224	柳州市融安县		450502	北海市海城区	
450225	柳州市融水苗族自治县		450503	北海市银海区	
450226	柳州市三江侗族自治县		450512	北海市铁山港区	
450300	广西壮族自治区桂林市		450521	北海市合浦县	
450301	桂林市市辖区	通用	450600	广西壮族自治区防城港市	
450302	桂林市秀峰区		450601	防城港市市辖区	通用
450303	桂林市叠彩区		450602	防城港市港口区	
450304	桂林市象山区		450603	防城港市防城区	
450305	桂林市七星区		450621	防城港市上思县	
450311	桂林市雁山区		450681	防城港市东兴市	
450312	桂林市临桂区		450700	广西壮族自治区钦州市	
450321	桂林市阳朔县		450701	钦州市市辖区	通用
450323	桂林市灵川县		450702	钦州市钦南区	
450324	桂林市全州县		450703	钦州市钦北区	
450325	桂林市兴安县		450721	钦州市灵山县	
450326	桂林市永福县		450722	钦州市浦北县	
450327	桂林市灌阳县		450800	广西壮族自治区贵港市	
450328	桂林市龙胜各族自治县		450801	贵港市市辖区	通用
450329	桂林市资源县		450802	贵港市港北区	

附录 3-2　续 36

代码	中文名称	备注	代码	中文名称	备注
450803	贵港市港南区		451122	贺州市钟山县	
450804	贵港市覃塘区		451123	贺州市富川瑶族自治县	
450821	贵港市平南县		451200	广西壮族自治区河池市	
450881	贵港市桂平市		451201	河池市市辖区	通用
450900	广西壮族自治区玉林市		451202	河池市金城江区	
450901	玉林市市辖区	通用	451203	河池市宜州区	
450902	玉林市玉州区		451221	河池市南丹县	
450903	玉林市福绵区		451222	河池市天峨县	
450921	玉林市容县		451223	河池市凤山县	
450922	玉林市陆川县		451224	河池市东兰县	
450923	玉林市博白县		451225	河池市罗城仫佬族自治县	
450924	玉林市兴业县		451226	河池市环江毛南族自治县	
450981	玉林市北流市		451227	河池市巴马瑶族自治县	
451000	广西壮族自治区百色市		451228	河池市都安瑶族自治县	
451001	百色市市辖区	通用	451229	河池市大化瑶族自治县	
451002	百色市右江区		451281	河池市宜州市	作废
451003	百色市田阳区	新增	451300	广西壮族自治区来宾市	
451021	百色市田阳县	作废	451301	来宾市市辖区	通用
451022	百色市田东县		451302	来宾市兴宾区	
451023	百色市平果县	作废	451321	来宾市忻城县	
451024	百色市德保县		451322	来宾市象州县	
451026	百色市那坡县		451323	来宾市武宣县	
451027	百色市凌云县		451324	来宾市金秀瑶族自治县	
451028	百色市乐业县		451381	来宾市合山市	
451029	百色市田林县		451400	广西壮族自治区崇左市	
451030	百色市西林县		451401	崇左市市辖区	通用
451031	百色市隆林各族自治县		451402	崇左市江州区	
451081	百色市靖西市		451421	崇左市扶绥县	
451082	百色市平果市	新增	451422	崇左市宁明县	
451100	广西壮族自治区贺州市		451423	崇左市龙州县	
451101	贺州市市辖区	通用	451424	崇左市大新县	
451102	贺州市八步区		451425	崇左市天等县	
451103	贺州市平桂区		451481	崇左市凭祥市	
451121	贺州市昭平县		460000	海南省	

附录3-2 续37

代码	中文名称	备注	代码	中文名称	备注
460100	海南省海口市		469030	海南省省直辖县级行政区划琼中黎族苗族自治县	
460101	海口市市辖区	通用	500000	重庆市	
460105	海口市秀英区		500100	重庆市市辖区	通用
460106	海口市龙华区		500101	重庆市万州区	
460107	海口市琼山区		500102	重庆市涪陵区	
460108	海口市美兰区		500103	重庆市渝中区	
460200	海南省三亚市		500104	重庆市大渡口区	
460201	三亚市市辖区	通用	500105	重庆市江北区	
460202	三亚市海棠区		500106	重庆市沙坪坝区	
460203	三亚市吉阳区		500107	重庆市九龙坡区	
460204	三亚市天涯区		500108	重庆市南岸区	
460205	三亚市崖州区		500109	重庆市北碚区	
460300	海南省三沙市		500110	重庆市綦江区	
460302	三沙市西沙区	新增	500111	重庆市大足区	
460303	三沙市南沙区	新增	500112	重庆市渝北区	
460400	海南省儋州市		500113	重庆市巴南区	
469000	海南省省直辖县级行政区划	通用	500114	重庆市黔江区	
469001	海南省省直辖县级行政区划五指山市		500115	重庆市长寿区	
469002	海南省省直辖县级行政区划琼海市		500116	重庆市江津区	
469005	海南省省直辖县级行政区划文昌市		500117	重庆市合川区	
469006	海南省省直辖县级行政区划万宁市		500118	重庆市永川区	
469007	海南省省直辖县级行政区划东方市		500119	重庆市南川区	
469021	海南省省直辖县级行政区划定安县		500120	重庆市璧山区	
469022	海南省省直辖县级行政区划屯昌县		500151	重庆市铜梁区	
469023	海南省省直辖县级行政区划澄迈县		500152	重庆市潼南区	
469024	海南省省直辖县级行政区划临高县		500153	重庆市荣昌区	
469025	海南省省直辖县级行政区划白沙黎族自治县		500154	重庆市开州区	
469026	海南省省直辖县级行政区划昌江黎族自治县		500155	重庆市梁平区	
469027	海南省省直辖县级行政区划乐东黎族自治县		500156	重庆市武隆区	
469028	海南省省直辖县级行政区划陵水黎族自治县		500200	重庆市县	通用
469029	海南省省直辖县级行政区划保亭黎族苗族自治县		500228	重庆市梁平县	作废
			500229	重庆市城口县	
			500230	重庆市丰都县	

附录 3-2　续 38

代码	中文名称	备注	代码	中文名称	备注
500231	重庆市垫江县		510184	成都市崇州市	
500232	重庆市武隆县	作废	510185	成都市简阳市	
500233	重庆市忠县		510300	四川省自贡市	
500235	重庆市云阳县		510301	自贡市市辖区	通用
500236	重庆市奉节县		510302	自贡市自流井区	
500237	重庆市巫山县		510303	自贡市贡井区	
500238	重庆市巫溪县		510304	自贡市大安区	
500240	重庆市石柱土家族自治县		510311	自贡市沿滩区	
500241	重庆市秀山土家族苗族自治县		510321	自贡市荣县	
500242	重庆市酉阳土家族苗族自治县		510322	自贡市富顺县	
500243	重庆市彭水苗族土家族自治县		510400	四川省攀枝花市	
510000	四川省		510401	攀枝花市市辖区	通用
510100	四川省成都市		510402	攀枝花市东区	
510101	成都市市辖区	通用	510403	攀枝花市西区	
510104	成都市锦江区		510411	攀枝花市仁和区	
510105	成都市青羊区		510421	攀枝花市米易县	
510106	成都市金牛区		510422	攀枝花市盐边县	
510107	成都市武侯区		510500	四川省泸州市	
510108	成都市成华区		510501	泸州市市辖区	通用
510112	成都市龙泉驿区		510502	泸州市江阳区	
510113	成都市青白江区		510503	泸州市纳溪区	
510114	成都市新都区		510504	泸州市龙马潭区	
510115	成都市温江区		510521	泸州市泸县	
510116	成都市双流区		510522	泸州市合江县	
510117	成都市郫都区		510524	泸州市叙永县	
510118	成都市新津区	新增	510525	泸州市古蔺县	
510121	成都市金堂县		510600	四川省德阳市	
510124	成都市郫县	作废	510601	德阳市市辖区	通用
510129	成都市大邑县		510603	德阳市旌阳区	
510131	成都市蒲江县		510604	德阳市罗江区	新增
510132	成都市新津县	作废	510623	德阳市中江县	
510181	成都市都江堰市		510626	德阳市罗江县	作废
510182	成都市彭州市		510681	德阳市广汉市	
510183	成都市邛崃市		510682	德阳市什邡市	

附录 3-2 续 39

代码	中文名称	备注	代码	中文名称	备注
510683	德阳市绵竹市		511025	内江市资中县	
510700	四川省绵阳市		511028	内江市隆昌县	作废
510701	绵阳市市辖区	通用	511083	内江市隆昌市	新增
510703	绵阳市涪城区		511100	四川省乐山市	
510704	绵阳市游仙区		511101	乐山市市辖区	通用
510705	绵阳市安州区		511102	乐山市市中区	
510722	绵阳市三台县		511111	乐山市沙湾区	
510723	绵阳市盐亭县		511112	乐山市五通桥区	
510725	绵阳市梓潼县		511113	乐山市金口河区	
510726	绵阳市北川羌族自治县		511123	乐山市犍为县	
510727	绵阳市平武县		511124	乐山市井研县	
510781	绵阳市江油市		511126	乐山市夹江县	
510800	四川省广元市		511129	乐山市沐川县	
510801	广元市市辖区	通用	511132	乐山市峨边彝族自治县	
510802	广元市利州区		511133	乐山市马边彝族自治县	
510811	广元市昭化区		511181	乐山市峨眉山市	
510812	广元市朝天区		511300	四川省南充市	
510821	广元市旺苍县		511301	南充市市辖区	通用
510822	广元市青川县		511302	南充市顺庆区	
510823	广元市剑阁县		511303	南充市高坪区	
510824	广元市苍溪县		511304	南充市嘉陵区	
510900	四川省遂宁市		511321	南充市南部县	
510901	遂宁市市辖区	通用	511322	南充市营山县	
510903	遂宁市船山区		511323	南充市蓬安县	
510904	遂宁市安居区		511324	南充市仪陇县	
510921	遂宁市蓬溪县		511325	南充市西充县	
510922	遂宁市射洪县	作废	511381	南充市阆中市	
510923	遂宁市大英县		511400	四川省眉山市	
510981	遂宁市射洪市	新增	511401	眉山市市辖区	通用
511000	四川省内江市		511402	眉山市东坡区	
511001	内江市市辖区	通用	511403	眉山市彭山区	
511002	内江市市中区		511421	眉山市仁寿县	
511011	内江市东兴区		511423	眉山市洪雅县	
511024	内江市威远县		511424	眉山市丹棱县	

附录 3-2　续 40

代码	中文名称	备注	代码	中文名称	备注
511425	眉山市青神县		511803	雅安市名山区	
511500	四川省宜宾市		511822	雅安市荥经县	
511501	宜宾市市辖区	通用	511823	雅安市汉源县	
511502	宜宾市翠屏区		511824	雅安市石棉县	
511503	宜宾市南溪区		511825	雅安市天全县	
511504	宜宾市叙州区	新增	511826	雅安市芦山县	
511521	宜宾市宜宾县	作废	511827	雅安市宝兴县	
511523	宜宾市江安县		511900	四川省巴中市	
511524	宜宾市长宁县		511901	巴中市市辖区	通用
511525	宜宾市高县		511902	巴中市巴州区	
511526	宜宾市珙县		511903	巴中市恩阳区	
511527	宜宾市筠连县		511921	巴中市通江县	
511528	宜宾市兴文县		511922	巴中市南江县	
511529	宜宾市屏山县		511923	巴中市平昌县	
511600	四川省广安市		512000	四川省资阳市	
511601	广安市市辖区	通用	512001	资阳市市辖区	通用
511602	广安市广安区		512002	资阳市雁江区	
511603	广安市前锋区		512021	资阳市安岳县	
511621	广安市岳池县		512022	资阳市乐至县	
511622	广安市武胜县		513200	四川省阿坝藏族羌族自治州	
511623	广安市邻水县		513201	阿坝藏族羌族自治州马尔康市	
511681	广安市华蓥市		513221	阿坝藏族羌族自治州汶川县	
511700	四川省达州市		513222	阿坝藏族羌族自治州理县	
511701	达州市市辖区	通用	513223	阿坝藏族羌族自治州茂县	
511702	达州市通川区		513224	阿坝藏族羌族自治州松潘县	
511703	达州市达川区		513225	阿坝藏族羌族自治州九寨沟县	
511722	达州市宣汉县		513226	阿坝藏族羌族自治州金川县	
511723	达州市开江县		513227	阿坝藏族羌族自治州小金县	
511724	达州市大竹县		513228	阿坝藏族羌族自治州黑水县	
511725	达州市渠县		513230	阿坝藏族羌族自治州壤塘县	
511781	达州市万源市		513231	阿坝藏族羌族自治州阿坝县	
511800	四川省雅安市		513232	阿坝藏族羌族自治州若尔盖县	
511801	雅安市市辖区	通用	513233	阿坝藏族羌族自治州红原县	
511802	雅安市雨城区		513300	四川省甘孜藏族自治州	

附录 3-2　续 41

代码	中文名称	备注	代码	中文名称	备注
513301	甘孜藏族自治州康定市		513435	凉山彝族自治州甘洛县	
513322	甘孜藏族自治州泸定县		513436	凉山彝族自治州美姑县	
513323	甘孜藏族自治州丹巴县		513437	凉山彝族自治州雷波县	
513324	甘孜藏族自治州九龙县		520000	贵州省	
513325	甘孜藏族自治州雅江县		520100	贵州省贵阳市	
513326	甘孜藏族自治州道孚县		520101	贵阳市市辖区	通用
513327	甘孜藏族自治州炉霍县		520102	贵阳市南明区	
513328	甘孜藏族自治州甘孜县		520103	贵阳市云岩区	
513329	甘孜藏族自治州新龙县		520111	贵阳市花溪区	
513330	甘孜藏族自治州德格县		520112	贵阳市乌当区	
513331	甘孜藏族自治州白玉县		520113	贵阳市白云区	
513332	甘孜藏族自治州石渠县		520115	贵阳市观山湖区	
513333	甘孜藏族自治州色达县		520121	贵阳市开阳县	
513334	甘孜藏族自治州理塘县		520122	贵阳市息烽县	
513335	甘孜藏族自治州巴塘县		520123	贵阳市修文县	
513336	甘孜藏族自治州乡城县		520181	贵阳市清镇市	
513337	甘孜藏族自治州稻城县		520200	贵州省六盘水市	
513338	甘孜藏族自治州得荣县		520201	六盘水市钟山区	
513400	四川省凉山彝族自治州		520203	六盘水市六枝特区	
513401	凉山彝族自治州西昌市		520204	六盘水市水城区	新增
513402	凉山彝族自治州会理市	新增	520221	六盘水市水城县	作废
513422	凉山彝族自治州木里藏族自治县		520222	六盘水市盘县	作废
513423	凉山彝族自治州盐源县		520281	六盘水市盘州市	新增
513424	凉山彝族自治州德昌县		520300	贵州省遵义市	
513425	凉山彝族自治州会理县	作废	520301	遵义市市辖区	通用
513426	凉山彝族自治州会东县		520302	遵义市红花岗区	
513427	凉山彝族自治州宁南县		520303	遵义市汇川区	
513428	凉山彝族自治州普格县		520304	遵义市播州区	
513429	凉山彝族自治州布拖县		520322	遵义市桐梓县	
513430	凉山彝族自治州金阳县		520323	遵义市绥阳县	
513431	凉山彝族自治州昭觉县		520324	遵义市正安县	
513432	凉山彝族自治州喜德县		520325	遵义市道真仡佬族苗族自治县	
513433	凉山彝族自治州冕宁县		520326	遵义市务川仡佬族苗族自治县	
513434	凉山彝族自治州越西县		520327	遵义市凤冈县	

附录 3-2　续 42

代码	中文名称	备注	代码	中文名称	备注
520328	遵义市湄潭县		520627	铜仁市沿河土家族自治县	
520329	遵义市余庆县		520628	铜仁市松桃苗族自治县	
520330	遵义市习水县		522300	贵州省黔西南布依族苗族自治州	
520381	遵义市赤水市		522301	黔西南布依族苗族自治州兴义市	
520382	遵义市仁怀市		522302	黔西南布依族苗族自治州兴仁市	新增
520400	贵州省安顺市		522322	黔西南布依族苗族自治州兴仁县	作废
520401	安顺市市辖区	通用	522323	黔西南布依族苗族自治州普安县	
520402	安顺市西秀区		522324	黔西南布依族苗族自治州晴隆县	
520403	安顺市平坝区		522325	黔西南布依族苗族自治州贞丰县	
520422	安顺市普定县		522326	黔西南布依族苗族自治州望谟县	
520423	安顺市镇宁布依族苗族自治县		522327	黔西南布依族苗族自治州册亨县	
520424	安顺市关岭布依族苗族自治县		522328	黔西南布依族苗族自治州安龙县	
520425	安顺市紫云苗族布依族自治县		522600	贵州省黔东南苗族侗族自治州	
520500	贵州省毕节市		522601	黔东南苗族侗族自治州凯里市	
520501	毕节市市辖区	通用	522622	黔东南苗族侗族自治州黄平县	
520502	毕节市七星关区		522623	黔东南苗族侗族自治州施秉县	
520521	毕节市大方县		522624	黔东南苗族侗族自治州三穗县	
520522	毕节市黔西县	作废	522625	黔东南苗族侗族自治州镇远县	
520523	毕节市金沙县		522626	黔东南苗族侗族自治州岑巩县	
520524	毕节市织金县		522627	黔东南苗族侗族自治州天柱县	
520525	毕节市纳雍县		522628	黔东南苗族侗族自治州锦屏县	
520526	毕节市威宁彝族回族苗族自治县		522629	黔东南苗族侗族自治州剑河县	
520527	毕节市赫章县		522630	黔东南苗族侗族自治州台江县	
520581	毕节市黔西市	新增	522631	黔东南苗族侗族自治州黎平县	
520600	贵州省铜仁市		522632	黔东南苗族侗族自治州榕江县	
520601	铜仁市市辖区	通用	522633	黔东南苗族侗族自治州从江县	
520602	铜仁市碧江区		522634	黔东南苗族侗族自治州雷山县	
520603	铜仁市万山区		522635	黔东南苗族侗族自治州麻江县	
520621	铜仁市江口县		522636	黔东南苗族侗族自治州丹寨县	
520622	铜仁市玉屏侗族自治县		522700	贵州省黔南布依族苗族自治州	
520623	铜仁市石阡县		522701	黔南布依族苗族自治州都匀市	
520624	铜仁市思南县		522702	黔南布依族苗族自治州福泉市	
520625	铜仁市印江土家族苗族自治县		522722	黔南布依族苗族自治州荔波县	
520626	铜仁市德江县		522723	黔南布依族苗族自治州贵定县	

附录 3-2 续 43

代码	中文名称	备注	代码	中文名称	备注
522725	黔南布依族苗族自治州瓮安县		530324	曲靖市罗平县	
522726	黔南布依族苗族自治州独山县		530325	曲靖市富源县	
522727	黔南布依族苗族自治州平塘县		530326	曲靖市会泽县	
522728	黔南布依族苗族自治州罗甸县		530381	曲靖市宣威市	
522729	黔南布依族苗族自治州长顺县		530400	云南省玉溪市	
522730	黔南布依族苗族自治州龙里县		530401	玉溪市市辖区	通用
522731	黔南布依族苗族自治州惠水县		530402	玉溪市红塔区	
522732	黔南布依族苗族自治州三都水族自治县		530403	玉溪市江川区	
530000	云南省		530422	玉溪市澄江县	作废
530100	云南省昆明市		530423	玉溪市通海县	
530101	昆明市市辖区	通用	530424	玉溪市华宁县	
530102	昆明市五华区		530425	玉溪市易门县	
530103	昆明市盘龙区		530426	玉溪市峨山彝族自治县	
530111	昆明市官渡区		530427	玉溪市新平彝族傣族自治县	
530112	昆明市西山区		530428	玉溪市元江哈尼族彝族傣族自治县	
530113	昆明市东川区		530481	玉溪市澄江市	新增
530114	昆明市呈贡区		530500	云南省保山市	
530115	昆明市晋宁区		530501	保山市市辖区	通用
530122	昆明市晋宁县	作废	530502	保山市隆阳区	
530124	昆明市富民县		530521	保山市施甸县	
530125	昆明市宜良县		530523	保山市龙陵县	
530126	昆明市石林彝族自治县		530524	保山市昌宁县	
530127	昆明市嵩明县		530581	保山市腾冲市	
530128	昆明市禄劝彝族苗族自治县		530600	云南省昭通市	
530129	昆明市寻甸回族彝族自治县		530601	昭通市市辖区	通用
530181	昆明市安宁市		530602	昭通市昭阳区	
530300	云南省曲靖市		530621	昭通市鲁甸县	
530301	曲靖市市辖区	通用	530622	昭通市巧家县	
530302	曲靖市麒麟区		530623	昭通市盐津县	
530303	曲靖市沾益区		530624	昭通市大关县	
530304	曲靖市马龙区	新增	530625	昭通市永善县	
530321	曲靖市马龙县	作废	530626	昭通市绥江县	
530322	曲靖市陆良县		530627	昭通市镇雄县	
530323	曲靖市师宗县		530628	昭通市彝良县	

附录 3-2　续 44

代码	中文名称	备注	代码	中文名称	备注
530629	昭通市威信县		532302	楚雄彝族自治州禄丰市	新增
530630	昭通市水富县	作废	532322	楚雄彝族自治州双柏县	
530681	昭通市水富市	新增	532323	楚雄彝族自治州牟定县	
530700	云南省丽江市		532324	楚雄彝族自治州南华县	
530701	丽江市市辖区	通用	532325	楚雄彝族自治州姚安县	
530702	丽江市古城区		532326	楚雄彝族自治州大姚县	
530721	丽江市玉龙纳西族自治县		532327	楚雄彝族自治州永仁县	
530722	丽江市永胜县		532328	楚雄彝族自治州元谋县	
530723	丽江市华坪县		532329	楚雄彝族自治州武定县	
530724	丽江市宁蒗彝族自治县		532331	楚雄彝族自治州禄丰县	作废
530800	云南省普洱市		532500	云南省红河哈尼族彝族自治州	
530801	普洱市市辖区	通用	532501	红河哈尼族彝族自治州个旧市	
530802	普洱市思茅区		532502	红河哈尼族彝族自治州开远市	
530821	普洱市宁洱哈尼族彝族自治县		532503	红河哈尼族彝族自治州蒙自市	
530822	普洱市墨江哈尼族自治县		532504	红河哈尼族彝族自治州弥勒市	
530823	普洱市景东彝族自治县		532523	红河哈尼族彝族自治州屏边苗族自治县	
530824	普洱市景谷傣族彝族自治县		532524	红河哈尼族彝族自治州建水县	
530825	普洱市镇沅彝族哈尼族拉祜族自治县		532525	红河哈尼族彝族自治州石屏县	
530826	普洱市江城哈尼族彝族自治县		532527	红河哈尼族彝族自治州泸西县	
530827	普洱市孟连傣族拉祜族佤族自治县		532528	红河哈尼族彝族自治州元阳县	
530828	普洱市澜沧拉祜族自治县		532529	红河哈尼族彝族自治州红河县	
530829	普洱市西盟佤族自治县		532530	红河哈尼族彝族自治州金平苗族瑶族傣族自治县	
530900	云南省临沧市				
530901	临沧市市辖区	通用	532531	红河哈尼族彝族自治州绿春县	
530902	临沧市临翔区		532532	红河哈尼族彝族自治州河口瑶族自治县	
530921	临沧市凤庆县		532600	云南省文山壮族苗族自治州	
530922	临沧市云县		532601	文山壮族苗族自治州文山市	
530923	临沧市永德县		532622	文山壮族苗族自治州砚山县	
530924	临沧市镇康县		532623	文山壮族苗族自治州西畴县	
530925	临沧市双江拉祜族佤族布朗族傣族自治县		532624	文山壮族苗族自治州麻栗坡县	
530926	临沧市耿马傣族佤族自治县		532625	文山壮族苗族自治州马关县	
530927	临沧市沧源佤族自治县		532626	文山壮族苗族自治州丘北县	
532300	云南省楚雄彝族自治州		532627	文山壮族苗族自治州广南县	
532301	楚雄彝族自治州楚雄市		532628	文山壮族苗族自治州富宁县	

附录3-2 续45

代码	中文名称	备注	代码	中文名称	备注
532800	云南省西双版纳傣族自治州		540101	拉萨市市辖区	通用
532801	西双版纳傣族自治州景洪市		540102	拉萨市城关区	
532822	西双版纳傣族自治州勐海县		540103	拉萨市堆龙德庆区	
532823	西双版纳傣族自治州勐腊县		540104	拉萨市达孜区	新增
532900	云南省大理白族自治州		540121	拉萨市林周县	
532901	大理白族自治州大理市		540122	拉萨市当雄县	
532922	大理白族自治州漾濞彝族自治县		540123	拉萨市尼木县	
532923	大理白族自治州祥云县		540124	拉萨市曲水县	
532924	大理白族自治州宾川县		540126	拉萨市达孜县	作废
532925	大理白族自治州弥渡县		540127	拉萨市墨竹工卡县	
532926	大理白族自治州南涧彝族自治县		540200	西藏自治区日喀则市	
532927	大理白族自治州巍山彝族回族自治县		540201	日喀则市市辖区	通用
532928	大理白族自治州永平县		540202	日喀则市桑珠孜区	
532929	大理白族自治州云龙县		540221	日喀则市南木林县	
532930	大理白族自治州洱源县		540222	日喀则市江孜县	
532931	大理白族自治州剑川县		540223	日喀则市定日县	
532932	大理白族自治州鹤庆县		540224	日喀则市萨迦县	
533100	云南省德宏傣族景颇族自治州		540225	日喀则市拉孜县	
533102	德宏傣族景颇族自治州瑞丽市		540226	日喀则市昂仁县	
533103	德宏傣族景颇族自治州芒市		540227	日喀则市谢通门县	
533122	德宏傣族景颇族自治州梁河县		540228	日喀则市白朗县	
533123	德宏傣族景颇族自治州盈江县		540229	日喀则市仁布县	
533124	德宏傣族景颇族自治州陇川县		540230	日喀则市康马县	
533300	云南省怒江傈僳族自治州		540231	日喀则市定结县	
533301	怒江傈僳族自治州泸水市		540232	日喀则市仲巴县	
533323	怒江傈僳族自治州福贡县		540233	日喀则市亚东县	
533324	怒江傈僳族自治州贡山独龙族怒族自治县		540234	日喀则市吉隆县	
533325	怒江傈僳族自治州兰坪白族普米族自治县		540235	日喀则市聂拉木县	
533400	云南省迪庆藏族自治州		540236	日喀则市萨嘎县	
533401	迪庆藏族自治州香格里拉市		540237	日喀则市岗巴县	
533422	迪庆藏族自治州德钦县		540300	西藏自治区昌都市	
533423	迪庆藏族自治州维西傈僳族自治县		540301	昌都市市辖区	通用
540000	西藏自治区		540302	昌都市卡若区	
540100	西藏自治区拉萨市		540321	昌都市江达县	

附录3-2 续46

代码	中文名称	备注	代码	中文名称	备注
540322	昌都市贡觉县		540602	那曲市色尼区	新增
540323	昌都市类乌齐县		540621	那曲市嘉黎县	新增
540324	昌都市丁青县		540622	那曲市比如县	新增
540325	昌都市察雅县		540623	那曲市聂荣县	新增
540326	昌都市八宿县		540624	那曲市安多县	新增
540327	昌都市左贡县		540625	那曲市申扎县	新增
540328	昌都市芒康县		540626	那曲市索县	新增
540329	昌都市洛隆县		540627	那曲市班戈县	新增
540330	昌都市边坝县		540628	那曲市巴青县	新增
540400	西藏自治区林芝市		540629	那曲市尼玛县	新增
540401	林芝市市辖区	通用	540630	那曲市双湖县	新增
540402	林芝市巴宜区		542400	西藏自治区那曲地区	作废
540421	林芝市工布江达县		542421	那曲地区那曲县	作废
540422	林芝市米林县	作废	542422	那曲地区嘉黎县	作废
540423	林芝市墨脱县		542423	那曲地区比如县	作废
540424	林芝市波密县		542424	那曲地区聂荣县	作废
540425	林芝市察隅县		542425	那曲地区安多县	作废
540426	林芝市朗县		542426	那曲地区申扎县	作废
540481	林芝市米林市	新增	542427	那曲地区索县	作废
540500	西藏自治区山南市		542428	那曲地区班戈县	作废
540502	山南市乃东区		542429	那曲地区巴青县	作废
540521	山南市扎囊县		542430	那曲地区尼玛县	作废
540522	山南市贡嘎县		542431	那曲地区双湖县	作废
540523	山南市桑日县		542500	西藏自治区阿里地区	
540524	山南市琼结县		542521	阿里地区普兰县	
540525	山南市曲松县		542522	阿里地区札达县	
540526	山南市措美县		542523	阿里地区噶尔县	
540527	山南市洛扎县		542524	阿里地区日土县	
540528	山南市加查县		542525	阿里地区革吉县	
540529	山南市隆子县		542526	阿里地区改则县	
540530	山南市错那县	作废	542527	阿里地区措勤县	
540531	山南市浪卡子县		610000	陕西省	
540581	山南市错那市	新增	610100	陕西省西安市	
540600	那曲市	新增	610101	西安市市辖区	通用

附录3-2 续47

代码	中文名称	备注	代码	中文名称	备注
610102	西安市新城区		610331	宝鸡市太白县	
610103	西安市碑林区		610400	陕西省咸阳市	
610104	西安市莲湖区		610401	咸阳市市辖区	通用
610111	西安市灞桥区		610402	咸阳市秦都区	
610112	西安市未央区		610403	咸阳市杨陵区	
610113	西安市雁塔区		610404	咸阳市渭城区	
610114	西安市阎良区		610422	咸阳市三原县	
610115	西安市临潼区		610423	咸阳市泾阳县	
610116	西安市长安区		610424	咸阳市乾县	
610117	西安市高陵区		610425	咸阳市礼泉县	
610118	西安市鄠邑区		610426	咸阳市永寿县	
610122	西安市蓝田县		610427	咸阳市彬县	作废
610124	西安市周至县		610428	咸阳市长武县	
610125	西安市户县	作废	610429	咸阳市旬邑县	
610200	陕西省铜川市		610430	咸阳市淳化县	
610201	铜川市市辖区	通用	610431	咸阳市武功县	
610202	铜川市王益区		610481	咸阳市兴平市	
610203	铜川市印台区		610482	咸阳市彬州市	新增
610204	铜川市耀州区		610500	陕西省渭南市	
610222	铜川市宜君县		610501	渭南市市辖区	通用
610300	陕西省宝鸡市		610502	渭南市临渭区	
610301	宝鸡市市辖区	通用	610503	渭南市华州区	
610302	宝鸡市渭滨区		610522	渭南市潼关县	
610303	宝鸡市金台区		610523	渭南市大荔县	
610304	宝鸡市陈仓区		610524	渭南市合阳县	
610305	宝鸡市凤翔区	新增	610525	渭南市澄城县	
610322	宝鸡市凤翔县	作废	610526	渭南市蒲城县	
610323	宝鸡市岐山县		610527	渭南市白水县	
610324	宝鸡市扶风县		610528	渭南市富平县	
610326	宝鸡市眉县		610581	渭南市韩城市	
610327	宝鸡市陇县		610582	渭南市华阴市	
610328	宝鸡市千阳县		610600	陕西省延安市	
610329	宝鸡市麟游县		610601	延安市市辖区	通用
610330	宝鸡市凤县		610602	延安市宝塔区	

附录 3-2　续 48

代码	中文名称	备注	代码	中文名称	备注
610603	延安市安塞区		610825	榆林市定边县	
610621	延安市延长县		610826	榆林市绥德县	
610622	延安市延川县		610827	榆林市米脂县	
610623	延安市子长县	作废	610828	榆林市佳县	
610625	延安市志丹县		610829	榆林市吴堡县	
610626	延安市吴起县		610830	榆林市清涧县	
610627	延安市甘泉县		610831	榆林市子洲县	
610628	延安市富县		610881	榆林市神木市	新增
610629	延安市洛川县		610900	陕西省安康市	
610630	延安市宜川县		610901	安康市市辖区	通用
610631	延安市黄龙县		610902	安康市汉滨区	
610632	延安市黄陵县		610921	安康市汉阴县	
610681	延安市子长市	新增	610922	安康市石泉县	
610700	陕西省汉中市		610923	安康市宁陕县	
610701	汉中市市辖区	通用	610924	安康市紫阳县	
610702	汉中市汉台区		610925	安康市岚皋县	
610703	汉中市南郑区	新增	610926	安康市平利县	
610721	汉中市南郑县	作废	610927	安康市镇坪县	
610722	汉中市城固县		610928	安康市旬阳县	作废
610723	汉中市洋县		610929	安康市白河县	
610724	汉中市西乡县		610981	安康市旬阳市	新增
610725	汉中市勉县		611000	陕西省商洛市	
610726	汉中市宁强县		611001	商洛市市辖区	通用
610727	汉中市略阳县		611002	商洛市商州区	
610728	汉中市镇巴县		611021	商洛市洛南县	
610729	汉中市留坝县		611022	商洛市丹凤县	
610730	汉中市佛坪县		611023	商洛市商南县	
610800	陕西省榆林市		611024	商洛市山阳县	
610801	榆林市市辖区	通用	611025	商洛市镇安县	
610802	榆林市榆阳区		611026	商洛市柞水县	
610803	榆林市横山区		620000	甘肃省	
610821	榆林市神木县	作废	620100	甘肃省兰州市	
610822	榆林市府谷县		620101	兰州市市辖区	通用
610824	榆林市靖边县		620102	兰州市城关区	

附录3-2 续49

代码	中文名称	备注	代码	中文名称	备注
620103	兰州市七里河区		620623	武威市天祝藏族自治县	
620104	兰州市西固区		620700	甘肃省张掖市	
620105	兰州市安宁区		620701	张掖市市辖区	通用
620111	兰州市红古区		620702	张掖市甘州区	
620121	兰州市永登县		620721	张掖市肃南裕固族自治县	
620122	兰州市皋兰县		620722	张掖市民乐县	
620123	兰州市榆中县		620723	张掖市临泽县	
620200	甘肃省嘉峪关市		620724	张掖市高台县	
620201	嘉峪关市市辖区	通用	620725	张掖市山丹县	
620300	甘肃省金昌市		620800	甘肃省平凉市	
620301	金昌市市辖区	通用	620801	平凉市市辖区	通用
620302	金昌市金川区		620802	平凉市崆峒区	
620321	金昌市永昌县		620821	平凉市泾川县	
620400	甘肃省白银市		620822	平凉市灵台县	
620401	白银市市辖区	通用	620823	平凉市崇信县	
620402	白银市白银区		620824	平凉市华亭县	作废
620403	白银市平川区		620825	平凉市庄浪县	
620421	白银市靖远县		620826	平凉市静宁县	
620422	白银市会宁县		620881	平凉市华亭市	新增
620423	白银市景泰县		620900	甘肃省酒泉市	
620500	甘肃省天水市		620901	酒泉市市辖区	通用
620501	天水市市辖区	通用	620902	酒泉市肃州区	
620502	天水市秦州区		620921	酒泉市金塔县	
620503	天水市麦积区		620922	酒泉市瓜州县	
620521	天水市清水县		620923	酒泉市肃北蒙古族自治县	
620522	天水市秦安县		620924	酒泉市阿克塞哈萨克族自治县	
620523	天水市甘谷县		620981	酒泉市玉门市	
620524	天水市武山县		620982	酒泉市敦煌市	
620525	天水市张家川回族自治县		621000	甘肃省庆阳市	
620600	甘肃省武威市		621001	庆阳市市辖区	通用
620601	武威市市辖区	通用	621002	庆阳市西峰区	
620602	武威市凉州区		621021	庆阳市庆城县	
620621	武威市民勤县		621022	庆阳市环县	
620622	武威市古浪县		621023	庆阳市华池县	

附录 3-2　续 50

代码	中文名称	备注	代码	中文名称	备注
621024	庆阳市合水县		623000	甘肃省甘南藏族自治州	
621025	庆阳市正宁县		623001	甘南藏族自治州合作市	
621026	庆阳市宁县		623021	甘南藏族自治州临潭县	
621027	庆阳市镇原县		623022	甘南藏族自治州卓尼县	
621100	甘肃省定西市		623023	甘南藏族自治州舟曲县	
621101	定西市市辖区	通用	623024	甘南藏族自治州迭部县	
621102	定西市安定区		623025	甘南藏族自治州玛曲县	
621121	定西市通渭县		623026	甘南藏族自治州碌曲县	
621122	定西市陇西县		623027	甘南藏族自治州夏河县	
621123	定西市渭源县		630000	青海省	
621124	定西市临洮县		630100	青海省西宁市	
621125	定西市漳县		630101	西宁市市辖区	通用
621126	定西市岷县		630102	西宁市城东区	
621200	甘肃省陇南市		630103	西宁市城中区	
621201	陇南市市辖区	通用	630104	西宁市城西区	
621202	陇南市武都区		630105	西宁市城北区	
621221	陇南市成县		630106	西宁市湟中区	新增
621222	陇南市文县		630121	西宁市大通回族土族自治县	
621223	陇南市宕昌县		630122	西宁市湟中县	作废
621224	陇南市康县		630123	西宁市湟源县	
621225	陇南市西和县		630200	青海省海东市	
621226	陇南市礼县		630202	海东市乐都区	
621227	陇南市徽县		630203	海东市平安区	
621228	陇南市两当县		630222	海东市民和回族土族自治县	
622900	甘肃省临夏回族自治州		630223	海东市互助土族自治县	
622901	临夏回族自治州临夏市		630224	海东市化隆回族自治县	
622921	临夏回族自治州临夏县		630225	海东市循化撒拉族自治县	
622922	临夏回族自治州康乐县		632200	青海省海北藏族自治州	
622923	临夏回族自治州永靖县		632221	海北藏族自治州门源回族自治县	
622924	临夏回族自治州广河县		632222	海北藏族自治州祁连县	
622925	临夏回族自治州和政县		632223	海北藏族自治州海晏县	
622926	临夏回族自治州东乡族自治县		632224	海北藏族自治州刚察县	
622927	临夏回族自治州积石山保安族东乡族撒拉族自治县		632300	青海省黄南藏族自治州	
			632301	黄南藏族自治州同仁市	新增

附录3-2 续51

代码	中文名称	备注	代码	中文名称	备注
632321	黄南藏族自治州同仁县	作废	640104	银川市兴庆区	
632322	黄南藏族自治州尖扎县		640105	银川市西夏区	
632323	黄南藏族自治州泽库县		640106	银川市金凤区	
632324	黄南藏族自治州河南蒙古族自治县		640121	银川市永宁县	
632500	青海省海南藏族自治州		640122	银川市贺兰县	
632521	海南藏族自治州共和县		640181	银川市灵武市	
632522	海南藏族自治州同德县		640200	宁夏回族自治区石嘴山市	
632523	海南藏族自治州贵德县		640201	石嘴山市市辖区	通用
632524	海南藏族自治州兴海县		640202	石嘴山市大武口区	
632525	海南藏族自治州贵南县		640205	石嘴山市惠农区	
632600	青海省果洛藏族自治州		640221	石嘴山市平罗县	
632621	果洛藏族自治州玛沁县		640300	宁夏回族自治区吴忠市	
632622	果洛藏族自治州班玛县		640301	吴忠市市辖区	通用
632623	果洛藏族自治州甘德县		640302	吴忠市利通区	
632624	果洛藏族自治州达日县		640303	吴忠市红寺堡区	
632625	果洛藏族自治州久治县		640323	吴忠市盐池县	
632626	果洛藏族自治州玛多县		640324	吴忠市同心县	
632700	青海省玉树藏族自治州		640381	吴忠市青铜峡市	
632701	玉树藏族自治州玉树市		640400	宁夏回族自治区固原市	
632722	玉树藏族自治州杂多县		640401	固原市市辖区	通用
632723	玉树藏族自治州称多县		640402	固原市原州区	
632724	玉树藏族自治州治多县		640422	固原市西吉县	
632725	玉树藏族自治州囊谦县		640423	固原市隆德县	
632726	玉树藏族自治州曲麻莱县		640424	固原市泾源县	
632800	青海省海西蒙古族藏族自治州		640425	固原市彭阳县	
632801	海西蒙古族藏族自治州格尔木市		640500	宁夏回族自治区中卫市	
632802	海西蒙古族藏族自治州德令哈市		640501	中卫市市辖区	通用
632803	海西蒙古族藏族自治州茫崖市	新增	640502	中卫市沙坡头区	
632821	海西蒙古族藏族自治州乌兰县		640521	中卫市中宁县	
632822	海西蒙古族藏族自治州都兰县		640522	中卫市海原县	
632823	海西蒙古族藏族自治州天峻县		650000	新疆维吾尔自治区	
640000	宁夏回族自治区		650100	新疆维吾尔自治区乌鲁木齐市	
640100	宁夏回族自治区银川市		650101	乌鲁木齐市市辖区	通用
640101	银川市市辖区	通用	650102	乌鲁木齐市天山区	

附录 3-2　续 52

代码	中文名称	备注	代码	中文名称	备注
650103	乌鲁木齐市沙依巴克区		652723	博尔塔拉蒙古自治州温泉县	
650104	乌鲁木齐市新市区		652800	新疆维吾尔自治区巴音郭楞蒙古自治州	
650105	乌鲁木齐市水磨沟区		652801	巴音郭楞蒙古自治州库尔勒市	
650106	乌鲁木齐市头屯河区		652822	巴音郭楞蒙古自治州轮台县	
650107	乌鲁木齐市达坂城区		652823	巴音郭楞蒙古自治州尉犁县	
650109	乌鲁木齐市米东区		652824	巴音郭楞蒙古自治州若羌县	
650121	乌鲁木齐市乌鲁木齐县		652825	巴音郭楞蒙古自治州且末县	
650200	新疆维吾尔自治区克拉玛依市		652826	巴音郭楞蒙古自治州焉耆回族自治县	
650201	克拉玛依市市辖区	通用	652827	巴音郭楞蒙古自治州和静县	
650202	克拉玛依市独山子区		652828	巴音郭楞蒙古自治州和硕县	
650203	克拉玛依市克拉玛依区		652829	巴音郭楞蒙古自治州博湖县	
650204	克拉玛依市白碱滩区		652900	新疆维吾尔自治区阿克苏地区	
650205	克拉玛依市乌尔禾区		652901	阿克苏地区阿克苏市	
650400	新疆维吾尔自治区吐鲁番市		652902	阿克苏地区库车市	新增
650401	吐鲁番市市辖区	通用	652922	阿克苏地区温宿县	
650402	吐鲁番市高昌区		652923	阿克苏地区库车县	作废
650421	吐鲁番市鄯善县		652924	阿克苏地区沙雅县	
650422	吐鲁番市托克逊县		652925	阿克苏地区新和县	
650500	新疆维吾尔自治区哈密市		652926	阿克苏地区拜城县	
650502	哈密市伊州区		652927	阿克苏地区乌什县	
650521	哈密市巴里坤哈萨克自治县		652928	阿克苏地区阿瓦提县	
650522	哈密市伊吾县		652929	阿克苏地区柯坪县	
652300	新疆维吾尔自治区昌吉回族自治州		653000	新疆维吾尔自治区克孜勒苏柯尔克孜自治州	
652301	昌吉回族自治州昌吉市		653001	克孜勒苏柯尔克孜自治州阿图什市	
652302	昌吉回族自治州阜康市		653022	克孜勒苏柯尔克孜自治州阿克陶县	
652323	昌吉回族自治州呼图壁县		653023	克孜勒苏柯尔克孜自治州阿合奇县	
652324	昌吉回族自治州玛纳斯县		653024	克孜勒苏柯尔克孜自治州乌恰县	
652325	昌吉回族自治州奇台县		653100	新疆维吾尔自治区喀什地区	
652327	昌吉回族自治州吉木萨尔县		653101	喀什地区喀什市	
652328	昌吉回族自治州木垒哈萨克自治县		653121	喀什地区疏附县	
652700	新疆维吾尔自治区博尔塔拉蒙古自治州		653122	喀什地区疏勒县	
652701	博尔塔拉蒙古自治州博乐市		653123	喀什地区英吉沙县	
652702	博尔塔拉蒙古自治州阿拉山口市		653124	喀什地区泽普县	
652722	博尔塔拉蒙古自治州精河县		653125	喀什地区莎车县	

附录 3-2 续 53

代码	中文名称	备注	代码	中文名称	备注
653126	喀什地区叶城县		654225	塔城地区裕民县	
653127	喀什地区麦盖提县		654226	塔城地区和布克赛尔蒙古自治县	
653128	喀什地区岳普湖县		654300	新疆维吾尔自治区阿勒泰地区	
653129	喀什地区伽师县		654301	阿勒泰地区阿勒泰市	
653130	喀什地区巴楚县		654321	阿勒泰地区布尔津县	
653131	喀什地区塔什库尔干塔吉克自治县		654322	阿勒泰地区富蕴县	
653200	新疆维吾尔自治区和田地区		654323	阿勒泰地区福海县	
653201	和田地区和田市		654324	阿勒泰地区哈巴河县	
653221	和田地区和田县		654325	阿勒泰地区青河县	
653222	和田地区墨玉县		654326	阿勒泰地区吉木乃县	
653223	和田地区皮山县		659000	新疆维吾尔自治区自治区直辖县级行政单位	通用
653224	和田地区洛浦县		659001	新疆维吾尔自治区省直辖行政区划石河子市	
653225	和田地区策勒县		659002	新疆维吾尔自治区省直辖县级行政单位阿拉尔市	
653226	和田地区于田县		659003	新疆维吾尔自治区省直辖县级行政单位图木舒克市	
653227	和田地区民丰县		659004	新疆维吾尔自治区省直辖县级行政单位五家渠市	
654000	新疆维吾尔自治区伊犁哈萨克自治州		659005	新疆维吾尔自治区省直辖县级行政单位北屯市	
654002	伊犁哈萨克自治州伊宁市		659006	新疆维吾尔自治区省直辖县级行政单位铁门关市	
654003	伊犁哈萨克自治州奎屯市		659007	新疆维吾尔自治区省直辖县级行政单位双河市	
654004	伊犁哈萨克自治州霍尔果斯市		659008	新疆维吾尔自治区省直辖县级行政单位可克达拉市	
654021	伊犁哈萨克自治州伊宁县		659009	新疆维吾尔自治区省直辖县级行政单位昆玉市	
654022	伊犁哈萨克自治州察布查尔锡伯自治县		659010	新疆维吾尔自治区省直辖县级行政单位胡杨河市	新增
654023	伊犁哈萨克自治州霍城县		659011	新疆维吾尔自治区省直辖县级行政单位新星市	新增
654024	伊犁哈萨克自治州巩留县		659012	新疆维吾尔自治区省直辖县级行政单位白杨市	新增
654025	伊犁哈萨克自治州新源县		710000	台湾省	
654026	伊犁哈萨克自治州昭苏县		810000	香港特别行政区	
654027	伊犁哈萨克自治州特克斯县		820000	澳门特别行政区	
654028	伊犁哈萨克自治州尼勒克县		910000	中国	通用
654200	新疆维吾尔自治区塔城地区		920000	境外	通用
654201	塔城地区塔城市				
654202	塔城地区乌苏市				
654203	塔城地区沙湾市	增加			
654221	塔城地区额敏县				
654223	塔城地区沙湾县	作废			
654224	塔城地区托里县				

附录 3-3　国家和地区代码表

说明：

1. 三字符代码：用于进出口报关单中国家和地区的申报；
2. 数字代码：用于属地出口前申报中国家和地区的申报。

海关代码	三字符代码	两字符代码	数字代码	中文名称	英文名称
101	AFG	AF	004	阿富汗	Afghanistan
102	BHR	BH	048	巴林	Bahrain
103	BGD	BD	050	孟加拉国	Bangladesh
104	BTN	BT	064	不丹	Bhutan
105	BRN	BN	096	文莱	Brunei Darussalam
106	MMR	MM	104	缅甸	Myanmar
107	KHM	KH	116	柬埔寨	Cambodia
108	CYP	CY	196	塞浦路斯	Cyprus
109	PRK	KP	408	朝鲜	Democratic People's Republic of Korea
110	HKG	HK	344	中国香港	Hong Kong，China
111	IND	IN	356	印度	India
112	IDN	ID	360	印度尼西亚	Indonesia
113	IRN	IR	364	伊朗	Iran
114	IRQ	IQ	368	伊拉克	Iraq
115	ISR	IL	376	以色列	Israel
116	JPN	JP	392	日本	Japan
117	JOR	JO	400	约旦	Jordan
118	KWT	KW	414	科威特	Kuwait
119	LAO	LA	418	老挝	Lao
120	LBN	LB	422	黎巴嫩	Lebanon
121	MAC	MO	446	中国澳门	Macao，China
122	MYS	MY	458	马来西亚	Malaysia
123	MDV	MV	462	马尔代夫	Maldives
124	MNG	MN	496	蒙古国	Mongolia
125	NPL	NP	524	尼泊尔	Nepal
126	OMN	OM	512	阿曼	Oman
127	PAK	PK	586	巴基斯坦	Pakistan
128	PSE	PS	275	巴勒斯坦	Palestine
129	PHL	PH	608	菲律宾	Philippines

附录3-3 续1

海关代码	三字符代码	两字符代码	数字代码	中文名称	英文名称
130	QAT	QA	634	卡塔尔	Qatar
131	SAU	SA	682	沙特阿拉伯	Saudi Arabia
132	SGP	SG	702	新加坡	Singapore
133	KOR	KR	410	韩国	Republic of Korea
134	LKA	LK	144	斯里兰卡	Sri Lanka
135	SYR	SY	760	叙利亚	Syria
136	THA	TH	764	泰国	Thailand
137	TUR	TR	792	土耳其	Türkiye
138	ARE	AE	784	阿联酋	United Arab Emirates (the)
139	YEM	YE	887	也门	Yemen
141	VNM	NV	704	越南	Viet Nam
142	CHN	CN	156	中国	China
143	TWN	TW	158	中国台湾	Taiwan, China
144	TLS	TL	626	东帝汶	Timor-Leste
145	KAZ	KZ	398	哈萨克斯坦	Kazakhstan
146	KGZ	KG	417	吉尔吉斯斯坦	Kyrgyzstan
147	TJK	TJ	762	塔吉克斯坦	Tajikistan
148	TKM	TM	795	土库曼斯坦	Turkmenistan
149	UZB	UZ	860	乌兹别克斯坦	Uzbekistan
150	GEO	GE	268	格鲁吉亚	Georgia
151	ARM	AM	051	亚美尼亚	Armenia
152	AZE	AZ	031	阿塞拜疆	Azerbaijan
199	ZAS	—	903	亚洲其他国家（地区）	Other Asian Territories
201	DZA	DZ	012	阿尔及利亚	Algeria
202	AGO	AO	024	安哥拉	Angola
203	BEN	BJ	204	贝宁	Benin
204	BWA	BW	072	博茨瓦纳	Botswana
205	BDI	BI	108	布隆迪	Burundi
206	CMR	CM	120	喀麦隆	Cameroon
207	CAI	—	999	加那利群岛	Canary Islands
208	CPV	CV	132	佛得角	Cabo Verde
209	CAF	CF	140	中非	Central African Republic
210	CEU	—	142	休达	Ceuta

附录3-3　续2

海关代码	三字符代码	两字符代码	数字代码	中文名称	英文名称
211	TCD	TD	148	乍得	Chad
212	COM	KM	174	科摩罗	Comoros
213	COG	CG	178	刚果共和国	Congo
214	DJI	DJ	262	吉布提	Djibouti
215	EGY	EG	818	埃及	Egypt
216	GNQ	GQ	226	赤道几内亚	Equatorial Guinea
217	ETH	ET	231	埃塞俄比亚	Ethiopia
218	GAB	GA	266	加蓬	Gabon
219	GMB	GM	270	冈比亚	Gambia
220	GHA	GH	288	加纳	Ghana
221	GIN	GN	324	几内亚	Guinea
222	GNB	GW	624	几内亚比绍	Guinea-Bissau
223	CIV	CI	384	科特迪瓦	Cote d'Ivoire
224	KEN	KE	404	肯尼亚	Kenya
225	LBR	LR	430	利比里亚	Liberia
226	LBY	LY	434	利比亚	Libya
227	MDG	MG	450	马达加斯加	Madagascar
228	MWI	MW	454	马拉维	Malawi
229	MLI	ML	466	马里	Mali
230	MRT	MR	478	毛里塔尼亚	Mauritania
231	MUS	MU	480	毛里求斯	Mauritius
232	MAR	MA	504	摩洛哥	Morocco
233	MOZ	MZ	508	莫桑比克	Mozambique
234	NAM	NA	516	纳米比亚	Namibia
235	NER	NE	562	尼日尔	Niger
236	NGA	NG	566	尼日利亚	Nigeria
237	REU	RE	638	留尼汪	Réunion
238	RWA	RW	646	卢旺达	Rwanda
239	STP	ST	678	圣多美和普林西比	Sao Tome and Principe
240	SEN	SN	686	塞内加尔	Senegal
241	SYC	SC	690	塞舌尔	Seychelles
242	SLE	SL	694	塞拉利昂	Sierra Leone
243	SOM	SO	706	索马里	Somalia

附录3-3 续3

海关代码	三字符代码	两字符代码	数字代码	中文名称	英文名称
244	ZAF	ZA	710	南非	South Africa
245	ESH	EH	732	西撒哈拉	Western Sahara
246	SDN	SD	729	苏丹	Sudan
247	TZA	TZ	834	坦桑尼亚	Tanzania
248	TGO	TG	768	多哥	Togo
249	TUN	TN	788	突尼斯	Tunisia
250	UGA	UG	800	乌干达	Uganda
251	BFA	BF	854	布基纳法索	Burkina Faso（the）
252	COD	CD	180	刚果民主共和国	Democratic Republic of Congo
253	ZMB	ZM	894	赞比亚	Zambia
254	ZWE	ZW	716	津巴布韦	Zimbabwe
255	LSO	LS	426	莱索托	Lesotho
256	MEL	—	482	梅利利亚	Melilla
257	SWZ	SZ	748	斯威士兰	Eswatini（Swaziland）
258	ERI	ER	232	厄立特里亚	Eritrea
259	MYT	YT	175	马约特	Mayotte
260	SSD	SS	728	南苏丹	South Sudan
261	ATF	TF	260	法属南方领地	French Southern Territories
262	IOT	IO	086	英属印度洋领地	British Indian Ocean Territory
263	SHN	SH	654	圣赫勒拿	Saint Helena
299	ZAO	—	906	非洲其他国家（地区）	Other Africa Territories
301	BEL	BE	056	比利时	Belgium
302	DNK	DK	208	丹麦	Denmark
303	GBR	GB	826	英国	United Kingdom of Great Britain and Northern Ireland（the）
304	DEU	DE	276	德国	Germany
305	FRA	FR	250	法国	France
306	IRL	IE	372	爱尔兰	Ireland
307	ITA	IT	380	意大利	Italy
308	LUX	LU	442	卢森堡	Luxembourg
309	NLD	NL	528	荷兰	Netherlands（the）
310	GRC	GR	300	希腊	Greece
311	PRT	PT	620	葡萄牙	Portugal

附录3-3　续4

海关代码	三字符代码	两字符代码	数字代码	中文名称	英文名称
312	ESP	ES	724	西班牙	Spain
313	ALB	AL	008	阿尔巴尼亚	Albania
314	AND	AD	020	安道尔	Andorra
315	AUT	AT	040	奥地利	Austria
316	BGR	BG	100	保加利亚	Bulgaria
318	FIN	FI	246	芬兰	Finland
320	GIB	GI	292	直布罗陀	Gibraltar
321	HUN	HU	348	匈牙利	Hungary
322	ISL	IS	352	冰岛	Iceland
323	LIE	LI	438	列支敦士登	Liechtenstein
324	MLT	MT	470	马耳他	Malta
325	MCO	MC	492	摩纳哥	Monaco
326	NOR	NO	578	挪威	Norway
327	POL	PL	616	波兰	Poland
328	ROU	RO	642	罗马尼亚	Romania
329	SMR	SM	674	圣马力诺	San Marino
330	SWE	SE	752	瑞典	Sweden
331	CHE	CH	756	瑞士	Switzerland
334	EST	EE	233	爱沙尼亚	Estonia
335	LVA	LV	428	拉脱维亚	Latvia
336	LTU	LT	440	立陶宛	Lithuania
340	BLR	BY	112	白俄罗斯	Belarus
343	MDA	MD	498	摩尔多瓦	Moldova（the Republic of）
344	RUS	RU	643	俄罗斯	Russia
347	UKR	UA	804	乌克兰	Ukraine
350	SVN	SI	705	斯洛文尼亚	Slovenia
351	HRV	HR	191	克罗地亚	Croatia
352	CZE	CZ	203	捷克	Czechia（Czech Republic）
353	SVK	SK	703	斯洛伐克	Slovak
354	MKD	MK	807	北马其顿	North Macedonia
355	BIH	BA	070	波斯尼亚和黑塞哥维那	Bosnia and Herzegovina
356	VAT	VA	336	梵蒂冈	Holy See
357	FRO	FO	234	法罗群岛	Faroe Islands（the）

附录3-3 续5

海关代码	三字符代码	两字符代码	数字代码	中文名称	英文名称
358	SRB	RS	688	塞尔维亚	Serbia
359	MNE	ME	499	黑山	Montenegro
360	ALA	AX	248	奥兰群岛	Aland Islands
361	GGY	GG	831	格恩西	Guernsey
362	IMN	IM	833	马恩岛	Isle of Man
363	JEY	JE	832	泽西	Jersey
364	SJM	SJ	744	斯瓦尔巴群岛和扬马延岛	Svalbard and Jan Mayen Islands
399	ZEU	—	909	欧洲其他国家（地区）	Other Europe Territories
401	ATG	AG	028	安提瓜和巴布达	Antigua and Barbuda
402	ARG	AR	032	阿根廷	Argentina
403	ABW	AW	533	阿鲁巴	Aruba
404	BHS	BS	044	巴哈马	Bahamas (the)
405	BRB	BB	052	巴巴多斯	Barbados
406	BLZ	BZ	084	伯利兹	Belize
408	BOL	BO	068	玻利维亚	Bolivia
410	BRA	BR	076	巴西	Brazil
411	CYM	KY	136	开曼群岛	Cayman Islands (the)
412	CHL	CL	152	智利	Chile
413	COL	CO	170	哥伦比亚	Colombia
414	DMA	DM	212	多米尼克	Dominica
415	CRI	CR	188	哥斯达黎加	Costa Rica
416	CUB	CU	192	古巴	Cuba
417	CUW	CW	531	库拉索	Curaçao
418	DOM	DO	214	多米尼加	Dominican Republic
419	ECU	EC	218	厄瓜多尔	Ecuador
420	GUF	GF	254	法属圭亚那	French Guiana
421	GRD	GD	308	格林纳达	Grenada
422	GLP	GP	312	瓜德罗普	Guadeloupe
423	GTM	GT	320	危地马拉	Guatemala
424	GUY	GY	328	圭亚那	Guyana
425	HTI	HT	332	海地	Haiti
426	HND	HN	340	洪都拉斯	Honduras
427	JAM	JM	388	牙买加	Jamaica

附录3-3　续6

海关代码	三字符代码	两字符代码	数字代码	中文名称	英文名称
428	MTQ	MQ	474	马提尼克	Martinique
429	MEX	MX	484	墨西哥	Mexico
430	MSR	MS	500	蒙特塞拉特	Montserrat
431	NIC	NI	558	尼加拉瓜	Nicaragua
432	PAN	PA	591	巴拿马	Panama
433	PRY	PY	600	巴拉圭	Paraguay
434	PER	PE	604	秘鲁	Peru
435	PRI	PR	630	波多黎各	Puerto Rico
437	LCA	LC	662	圣卢西亚	Saint Lucia
438	MAF	MF	663	法属圣马丁	Saint Martin (French part)
439	VCT	VC	670	圣文森特和格林纳丁斯	Saint Vincent and the Grenadines
440	SLV	SV	222	萨尔瓦多	El Salvador
441	SUR	SR	740	苏里南	Suriname
442	TTO	TT	780	特立尼达和多巴哥	Trinidad and Tobago
443	TCA	TC	796	特克斯和凯科斯群岛	Turks and Caicos Islands (the)
444	URY	UY	858	乌拉圭	Uruguay
445	VEN	VE	862	委内瑞拉	Venezuela
446	VGB	VG	092	英属维尔京群岛	British Virgin Islands
447	KNA	KN	659	圣基茨和尼维斯	Saint Kitts and Nevis
449	BES	BQ	535	博纳尔，圣俄斯塔修斯和萨巴	Bonaire, Sint Eustatius and Saba
450	BLM	BL	652	圣巴泰勒米	Saint Barthélemy
451	BVT	BV	074	布维岛	Bouvet Island
452	FLK	FK	238	福克兰群岛（马尔维纳斯）	Falkland Islands (Malvinas)
453	SGS	GS	239	南乔治亚岛和南桑德韦奇岛	South Georgia and the South Sandwich Islands
454	SXM	SX	534	荷属圣马丁	Sint Maarten (Dutch part)
455	VIR	VI	850	美属维尔京群岛	United States Virgin Islands
456	AIA	AI	660	安圭拉	Anguilla
499	ZSA	—	912	拉丁美洲其他国家（地区）	Other Latin American Territories
501	CAN	CA	124	加拿大	Canada
502	USA	US	840	美国	United States of America (the)
503	GRL	GL	304	格陵兰	Greenland
504	BMU	BM	060	百慕大	Bermuda

附录3-3 续7

海关代码	三字符代码	两字符代码	数字代码	中文名称	英文名称
505	SPM	PM	666	圣皮埃尔和密克隆	Saint Pierre and Miquelon
599	ZNA	—	915	北美洲其他国家（地区）	Other North America Territories
601	AUS	AU	036	澳大利亚	Australia
602	COK	CK	184	库克群岛	Cook Islands (the)
603	FJI	FJ	242	斐济	Fiji
606	NRU	NR	520	瑙鲁	Nauru
607	NCL	NC	540	新喀里多尼亚	New Caledonia
608	VUT	VU	548	瓦努阿图	Vanuatu
609	NZL	NZ	554	新西兰	New Zealand
610	NFK	NF	574	诺福克岛	Norfolk Island
611	PNG	PG	598	巴布亚新几内亚	Papua New Guinea
613	SLB	SB	090	所罗门群岛	Solomon Islands
614	TON	TO	776	汤加	Tonga
617	WSM	WS	882	萨摩亚	Samoa
618	KIR	KI	296	基里巴斯	Kiribati
619	TUV	TV	798	图瓦卢	Tuvalu
620	FSM	FM	583	密克罗尼西亚联邦	The Federated States of Micronesia
621	MHL	MH	584	马绍尔群岛	Marshall Islands
622	PLW	PW	585	帕劳	Palau
623	PYF	PF	258	法属波利尼西亚	French Polynesia
625	WLF	WF	876	瓦利斯和富图纳	Wallis and Futuna
626	ASM	AS	016	美属萨摩亚	American Samoa
627	CCK	CC	166	科科斯（基林）群岛	Cocos (Keeling) Island
628	CXR	CX	162	圣诞岛	Christmas Island
629	GUM	GU	316	关岛	Guam
630	HMD	HM	334	赫德岛和麦克唐纳岛	Herd Island and McDonald Islands
631	MNP	MP	580	北马里亚纳群岛	Northern Marana Islands
632	NIU	NU	570	纽埃	Niue
633	PCN	PN	612	皮特凯恩岛	Pitcairn
634	TKL	TK	772	托克劳	Tokelau
635	UMI	UM	581	美国本土外小岛屿	United States Minor Outlying Islands
699	ZOC	—	918	大洋洲其他国家（地区）	Other Oceanian Territories
700	ATA	AQ	010	南极洲	Antarctica

附录3-3　续8

海关代码	三字符代码	两字符代码	数字代码	中文名称	英文名称
701	ZZZ	—	999	国家（地区）不明	Countries（Territories）Unknow
801	HRA	—	—	原产地不明（按相关成员最高税率）	
802	HRB	—	—	原产地不明（按所有成员最高税率）	

附录 3-4　计量单位代码表

计量单位代码	计量单位名称	对应统计计量单位代码	换算率
001	台	—	1
002	座	—	1
003	辆	—	1
004	艘	—	1
005	架	—	1
006	套	—	1
007	个	—	1
008	只	—	1
009	头	—	1
010	张	—	1
011	件	—	1
012	支	—	1
013	枝	—	1
014	根	—	1
015	条	—	1
016	把	—	1
017	块	—	1
018	卷	—	1
019	副	—	1
020	片	—	1
021	组	—	0
022	份	—	0
023	幅	—	1
025	双	—	1
026	对	—	1
027	棵	—	0

附录3-4 续1

计量单位代码	计量单位名称	对应统计计量单位代码	换算率
028	株	—	1
029	井	—	0
030	米	—	1
031	盘	—	0
032	平方米	—	1
033	立方米	—	1
034	筒	—	0
035	千克	—	1
036	克	—	1
037	盆	—	0
038	万个	007	10000
039	具	—	0
040	百副	—	1
041	百支	—	1
042	百把	—	1
043	百个	—	1
044	百片	—	1
045	刀	—	0
046	疋	—	0
047	公担	035	100
048	扇	—	0
049	百枝	—	1
050	千只	—	1
051	千块	—	1
052	千盒	—	1
053	千枝	—	1
054	千个	—	1
055	亿支	—	0
056	亿个	—	0
057	万套	006	10000
058	千张	010	1000
059	万张	010	10000
060	千伏安	—	1
061	千瓦	—	1
062	千瓦时	—	1

附录3-4　续2

计量单位代码	计量单位名称	对应统计计量单位代码	换算率
063	千升	—	0
067	英尺	030	0. 3048
070	吨	035	1000
071	长吨	035	1016
072	短吨	035	907. 2
073	司马担	035	60. 5
074	司马斤	035	0. 605
075	斤	035	0. 5
076	磅	035	0. 4536
077	担	035	100
078	英担	035	50. 8024
079	短担	035	45. 36
080	两	035	0. 05
081	市担	035	50
083	盎司	036	31. 1
084	克拉	036	0. 2
085	市尺	030	0. 3333
086	码	030	0. 9144
088	英寸	030	0. 0254
089	寸	030	0. 0333
095	升	—	1
096	毫升	095	0. 001
097	英加仑	033	0. 0045
098	美加仑	033	0. 0037
099	立方英尺	033	0. 0283
101	立方尺	033	0. 037
110	平方码	032	0. 8361
111	平方英尺	032	0. 0929
112	平方尺	032	0. 111
115	英制马力	061	0. 7463
116	公制马力	061	0. 7353
118	令	—	0
120	箱	—	0
121	批	—	0
122	罐	—	0

附录3-4 续3

计量单位代码	计量单位名称	对应统计计量单位代码	换算率
123	桶	—	0
124	扎	—	0
125	包	—	0
126	箩	—	0
127	打	011	12
128	筐	—	0
129	罗	007	144
130	匹	—	0
131	册	—	0
132	本	—	0
133	发	—	0
134	枚	—	0
135	捆	—	0
136	袋	—	0
139	粒	—	0
140	盒	—	0
141	合	—	0
142	瓶	—	0
143	千支	—	1
144	万双	025	10000
145	万粒	—	0
146	千粒	—	0
147	千米	030	1000
148	千英尺	030	304.8
149	百万贝可	—	0
163	部	—	0
164	亿株	—	0
170	人份	—	0

附录 3-5　货币单位代码表

代码	中文名称	英文名称	属地申报用
AUD	澳大利亚元	Australian Dollar	36
CAD	加拿大元	Canadian Dollar	124
CHF	瑞士法郎	Swiss Franc	756
CNY	人民币	Yuan Renminbi	156
DKK	丹麦克朗	Danish Krone	208
EUR	欧元	Euro	910
GBP	英镑	Pound Sterling	826
HKD	港币	Hong Kong Dollar	344
JPY	日本元	Yen	392
KRW	韩国圆	Won	410
MOP	澳门元	Pataca	446
MYR	马来西亚林吉特	Malaysian Ringgit	458
NOK	挪威克朗	Norwegian Krone	578
RUB	俄罗斯卢布	Russian Ruble	643
SEK	瑞典克朗	Swedish Krona	752
SGD	新加坡元	Singapore Dollar	702
THB	泰国铢	Baht	764
USD	美元	US Dollar	840

附录 3-6　集装箱规格代码表、包装种类代码表、危险货物运输包装规格表

附录 3-6-1　集装箱规格代码表

代码	中文名称	代码	中文名称
11	普通 2×标准箱（L）	23	罐式标准箱（S）
12	冷藏 2×标准箱（L）	31	其他标准箱（S）
13	罐式 2×标准箱（L）	32	其他 2×标准箱（L）
21	普通标准箱（S）	N	非集装箱
22	冷藏标准箱（S）		

附录 3-6-2 包装种类代码表

代码	中文名称	代码	中文名称
00	散装	39	其他材料制桶
01	裸装	41	中型散装容器
04	球状罐类	42	便携式罐体
06	包/袋	43	可移动罐柜
22	纸制或纤维板制盒/箱	92	再生木托
23	木制或竹藤等植物性材料制盒/箱	93	天然木托
29	其他材料制盒/箱	98	植物性铺垫材料
32	纸制或纤维板制桶	99	其他包装
33	木制或竹藤等植物性材料制桶		

附录 3-6-3 危险货物运输包装规格表

代码	中文名称	中文简称
1A1	钢制不可拆装桶顶圆桶	闭口钢桶
1A2	钢制可拆装桶顶圆桶	开口钢桶
1B1	铝制不可拆装桶顶圆桶	闭口铝桶
1B2	铝制可拆装桶顶圆桶	开口铝桶
1D	胶合板圆桶	胶板圆桶
1G	纤维圆桶	纤维圆桶
1H1	塑料不可拆装桶顶圆桶	闭口塑料圆桶
1H2	塑料可拆装桶顶圆桶	开口塑料圆桶
2C1	塞式木琵琶桶	木琵琶桶
2C2	非水密型木琵琶桶	木琵琶桶
3A1	钢制不可拆装罐顶罐	闭口钢罐
3A2	钢制可拆装罐顶罐	开口钢罐
3B1	铝制不可拆装罐顶罐	闭口铝罐
3B2	铝制可拆装罐顶罐	开口铝罐
3H1	塑料制不可拆装罐顶罐	闭口塑料罐
3H2	塑料制可拆装罐顶罐	开口塑料罐
4A	钢箱	钢箱
4B	铝箱	铝箱
4C1	大木箱	大木箱
4C2	箱壁防撒漏木箱	防漏木箱
4D	胶合板箱	胶合板箱
4F	再生木木箱	再生木木箱
4G	纤维板箱	纤维板箱

附录3-6-3 续1

代码	中文名称	中文简称
4H1	膨胀的塑料箱	塑料箱
4H2	硬质的塑料箱	塑料箱
5H	塑料编织袋	塑料编织袋
5H1	塑料编织无内衬或涂层的袋	塑料编织袋
5H2	塑料编织防撒漏的袋	塑料编织袋
5H3	塑料编织防水的袋	塑料编织袋
5H4	塑料薄膜袋	塑料薄膜袋
5L1	无内衬或涂层的纺织品编织袋	纺织品编织袋
5L2	纺织品防撒漏的纺织品编织袋	纺织品编织袋
5L3	纺织品防水的纺织品编织袋	纺织品编织袋
5M1	多层的纸袋	纸袋
5M2	多层防水纸袋	纸袋
6HA1	塑料容器在钢桶内复合包装	钢桶塑料复包
6HA2	塑料容器在钢条或钢皮箱内复合包装	钢皮箱塑料复包
6HB	塑料容器在铝桶内复合包装	铝桶塑料复包
6HB2	塑料容器在铝条或铝皮箱内复合包装	铝皮箱塑料复包
6HC	塑料容器在木箱内复合包装	木箱塑料复包
6HD1	塑料容器在胶合板桶内复合包装	胶板桶塑料复包
6HD2	塑料容器在胶合板箱内复合包装	胶板箱塑料复包
6HG1	塑料容器在纤维桶内复合包装	纤维桶塑料复包
6HG2	塑料容器在纤维板箱内复合包装	纤维板箱塑料复包
6HH1	塑料容器在塑料桶内复合包装	塑料桶塑料复包
6HH2	塑料容器在硬塑料箱内复合包装	硬塑料箱复包
6PA1	玻璃、陶瓷、粗陶器在钢桶内复合包装	玻璃钢桶复包
6PA2	玻璃、陶瓷、粗陶器在钢条或钢皮箱内复合包装	玻璃陶瓷钢皮箱复包
6PB1	玻璃、陶瓷、粗陶器在铝桶内复合包装	玻璃陶瓷铝桶复包
6PB2	玻璃、陶瓷、粗陶器在铝条或铝皮箱内复合包装	玻璃陶瓷铝皮箱复包
6PC	玻璃、陶瓷、粗陶器在木箱内复合包装	玻璃陶瓷木箱复包
6PD1	玻璃、陶瓷、粗陶器在胶合板内复合包装	玻璃陶瓷胶板复包
6PD2	玻璃、陶瓷、粗陶器在柳条筐内复合包装	玻璃陶瓷柳条筐复包
6PG1	玻璃、陶瓷、粗陶器在纤维桶内复合包装	玻璃陶瓷纤维桶复包
6PG2	玻璃、陶瓷、粗陶器在纤维板箱内复合包装	玻璃陶瓷纤维板复包
6PH1	玻璃、陶瓷、粗陶器在膨胀塑料包装内复合包	玻璃陶瓷膨塑复包
6PH2	玻璃、陶瓷、粗陶器在硬塑料包装内复合包装	玻璃陶瓷硬塑复包

附录3-7 货物属性代码表、用途代码表

附录3-7-1 货物属性代码表

代码	中文名称	代码	中文名称
11	3C① 目录内	30	市场采购
12	3C 目录外	31	散装危险化学品
13	无须办理 3C 认证	32	件装危险化学品
14	预包装	33	非危险化学品
15	非预包装	34	Ⅰ类医疗器械
16	转基因产品	35	Ⅱ类医疗器械
17	非转基因产品	36	Ⅲ类医疗器械
18	首次进出口	37	医疗器械零部件
19	正常	38	非医疗器械
20	废品	39	特种设备
21	旧品	40	非特种设备
22	成套设备	41	真空包装等货物
23	带皮木材/板材	42	办理进口登记用饲料和饲料添加剂样品
24	不带皮木材/板材	43	科研用饲料和饲料添加剂样品
25	A 级特殊物品	44	其他用途饲料和饲料添加剂样品
26	B 级特殊物品	46	检验结果采信
27	C 级特殊物品	47	再制造产品
28	D 级特殊物品	48	一般贸易出口的退运工业品
29	V/W 非特殊物品		

附录3-7-2 货物用途代码表

代码	中文名称	代码	中文名称
11	种用或繁殖	23	食品容器
12	食用	24	食品洗涤剂
13	奶用	25	食品消毒剂
14	观赏或演艺	26	仅工业用途
15	伴侣	27	化妆品
16	实验	28	化妆品原料
17	药用	29	肥料
18	饲用	30	保健品
19	食品包装材料	31	治疗、预防、诊断
20	食品加工设备	32	科研
21	食品添加剂	33	展览展示
22	介质土	99	其他

① 为《强制性产品认证管理规定》规定的“中国强制性认证”，英文名称为“China Compulsory Certification”，英文缩写为“CCC”，也可简写为“3C”。

附录 3-8 检验检疫单证代码表

单证代码	单证名称	单证代码	单证名称
11	品质证书	21	入境货物检验检疫证明（申请出具）
12	重量证书	22	出境货物不合格通知单
13	数量证书	23	集装箱检验检疫结果单
14	兽医（卫生）证书	24	入境货物检验检疫证明（申请不出具）
15	健康证书	94	电子底账
16	卫生证书	95	入境货物调离通知单
17	动物卫生证书	96	出境货物检验检疫工作联系单
18	植物检疫证书	98	其他单
19	熏蒸/消毒证书	99	其他证书
20	出境货物换证凭单		